哈珀-柯林斯

T.N.杜派等 著

世界军事人物全书

The Harper Encyclopedia of Military Biography

中国友谊出版公司

图书在版编目（CIP）数据

哈珀-柯林斯世界军事人物全书/（美）杜派（Dupuy，T.N.）等著；传海等译．—北京：中国友谊出版公司，1998.8

书名原文：THE HARPER ENCYCLOPEDIA OF MILITARY BIOGRAPHY

ISBN 7－5057－1488－0

Ⅰ.世… Ⅱ.T… Ⅲ.军事人物-列传-世界 Ⅳ.K815.2

中国版本图书馆 CIP 数据核字（98）第 16037 号

特约编辑：罗　威
责任编辑：张　纯
责任技编：谭美文
装帧设计：梁健莹

书名　哈珀-柯林斯世界军事人物全书
作者　（美）T.N. 杜派等
出版　中国友谊出版公司
发行　中国友谊出版公司
经销　新华书店
排版　广州公元传播有限公司
印刷　东莞新丰印刷有限公司
规格　889×1194 毫米　16 开本　52 印张　1955 千字
版次　1998 年 8 月第 1 版
印次　1998 年 8 月第 1 次印刷
印数　1—5000 册
书号　ISBN 7－5057－1488－0/Z·170
定价　248.00 元
地址　北京市朝阳区西坝河南里 17 号楼
邮编　100028　**电话**（010）64668676

版权登记号：图字 01－98－942

出版说明

本书译自美国哈珀-柯林斯出版公司（Harper Collins Publishers，Inc.）的《哈珀-柯林斯世界军事人物全书》（THE HARPER ENCYCLOPEDIA OF MILITARY BIOGRAPHY）。全书约 196 万字，收入世界历史上的军事人物 3000 多人。本书是一个庞大而结构严谨、内容充实的世界军事人物的资料库。

本书的主要作者 T.N. 杜派是世界军事历史学界的权威专家，早年毕业于西点军校，参加过二战，战后以上校军衔退役，先后任哈佛大学教授、俄亥俄州立大学军事历史研究室主任。海湾战争期间，被美国国防部指定为军情分析员。迄今为止，杜派已出版了 90 多部著作，这些著作都是五角大楼的常用参考书，本书及其姊妹篇《哈珀-柯林斯世界军事历史全书》系其代表作，在世界军事历史学界占有相当重要的地位。本书的特点概括起来有如下几点：

1. 从孙武、亚历山大、汉尼拔、成吉思汗、拿破仑、毛泽东等军事巨人，到军事技术领域的著名武器专家、军医、军事工程专家；从冷兵器时代的步、弓、骑诸兵种，到核武器时代的战略、战术诸兵种的将领，本书收录了 3000 多名突出人物的传记，收入的人数之多、范围之广是同类出版物中最为突出的。

2. 体例统一、层次分明，评价精辟独到。本书以人物姓名为词条编排，词条开始是人物的生卒时间、头衔及参加的重要军事活动。中间部分以人为经、以事为纬，简明扼要地叙述了该人物一生中的重要经历，叙述中还穿插了一些趣闻轶事，既凸显了人物的性格，也增强了本书的可读性。每个词条的末尾有对该人物的评价，这些评价都较为公允，且颇多创见。

3. 提供了庞大的参考资料库。本书在每个词条（人物）的最后部分，几乎都列明了该人物的参考（文献）目录，在很大程度上保证了史料的可靠性，同时为想获得该人物更详尽资料的读者指明了方向。

4. 中文版特有的双索引系统：中文版的正文采用中英对照的词条名，并按英文的字母顺序排列，而书末附有按中文词条名的笔画顺序排列的笔画索引，确保读者能够快速查阅，使本书更具工具书的功能。

在中文版的出版过程中，按照以下的原则进行编辑：

1. 基于尊重著作权、尽最大可能向读者展示全书原貌的的考虑，对其结构、选材、叙述方式、观点原则上不作改动。

2. 人名、地名以及一些专有名词的翻译，除了约定俗成的以及广为人知的习惯译法，均按我国出版的权威工具书翻译。

3. 参考（文献）部份列明了每个词条（人物）的参考书目，考虑到其中大部分都未曾译成中文出版，故所有的“参考”都保留英文名。

4. 对个别中文读者可能混淆或疑有错漏的地方，采用“译注”或“编注”的方式加以说明，这些说明都以括注的方式列在其后。

5. 凡涉及中国的民族、历史、人物、事件等方面的内容，依照我国已出版的权威工具书对其准确性及提法作了核对和必要的删改。

当然，本书也存在一些不足的地方，由于东西方不同的价值观及学术观点的差异，并且，在这样一部涉及古今中外不同时代诸多人物的巨著中，限于编辑人员的知识及能力，我们只能在版权协议允许的范围内进行力所能及的订正，疏漏在所难免。敬请读者在阅读此书时，特别对于某些意识形态的问题，要有批判地接受——此书的观点，并不代表出版者的立场。我们真诚欢迎并期待广大读者对本书存在的缺点、错误和不足之处加以批评、指正，以利我们改进。

中国友谊出版公司

1998 年 8 月

撰稿者缩写一览表

缩写	撰稿者姓名	缩写	撰稿者姓名
AA	亚伯拉罕·阿亚龙(Avraham Ayalon)	LH	伦纳德·汉弗莱斯(Leonard Humphreys)
ACD	阿诺德·C. 杜派(Arnold C. Dupuy)	MJC	玛丽·简·蔡斯(Mary Jane Chase)
AL	安杰洛·路易莎(Angelo Louisa)	MLH	玛丽·L. 亨策(Mary L. Henze)
AS	艾伦·斯奈德(Alan Snyder)	MRP	马克·R. 皮蒂(Mark R. Peattie)
BAR	布伦敦·A. 雷姆(Brendon A. Rehm)	PDM	保罗·D. 马热里(Paul D. Mageli)
BRB	布里安·R. 巴德尔(Brian R. Bader)	PM	保罗·马泰尔(Paul Martell)
CCJ	C. 柯尔蒂斯·约翰逊(C. Curtiss Johnson)	PWK	彼得·W. 科祖姆普里克(Peter W. Kozumplik)
CLW	谢里尔·L. 沃克(Cheryl L. walker)	RCH	里查德·C. 海斯(Richard C. Hayes)
DB	道尔蒙特·布拉德利(Dermot Bradley)	RRB	罗伯特·R. 布林克霍夫(Robert R. Brinkerhoff)
DE	大卫·埃文斯(David Evans)	SAS	斯蒂芬·A. 施特茨(Stephen A. Stertz)
DLB	大卫·L. 邦加德(David L. Bongard)	SJW	S.J. 韦吉尔(S.J. Wajer)
DR	大卫·鲁斯(David Ruth)	SLS	谢尔比·L. 斯坦顿(Shelby L. Stanton)
JCC	约翰·C. 科尼利厄斯(John C. Cornelius)	TM	汤姆·芒努松(Tom Magnusson)
KH	基姆·霍列恩(Kim Holien)	TND	T.N. 杜派(Treveor N. Dupuy)
KS	肯·斯特林格(Ken Stringer)	VBH	文森特·B. 霍金斯(Vincent B. Hawkins)
LAS	李·A. 斯威特阿普尔(Lee A. Sweetapple)	WO	W. 奥纳西维克(W. Onaciewic)

标准参考书

ADB 《德意志人物传记全书》，56 卷本，莱比锡，1888 年

Boatner, Encyclopedia 《博特纳百科全书》，博特纳，马克·M.，第 3 卷

Chambers' Biographical Dictionary 《钱伯斯人名词典》，纽约，1962 年

Chambers' Encyclopedia 《钱伯斯百科全书》，伦敦，1967 年

DAB 《美国人物传记词典》，第 3 版，纽约，1980 年

DAMB 《美国军事人物传记词典》，罗杰·L. 斯皮勒、约瑟夫·G. 道森和 T. 哈里·威廉斯编著，3 卷本，韦斯特波特，康涅狄格州，1984 年

DBL 《丹麦人物传记》，35 卷本，哥本哈根，1940 年

DNB 《英国人物传记词典》，伦敦，1892 年

EA 《大美百科全书》，10 卷本，丹伯里，康涅狄格州，1985 年

EB 《不列颠百科全书》，24 卷本，芝加哥，1966 年

EMH 《军事历史百科全书》，T.N. 杜派，R.E. 杜派编著，费尔法克斯，弗吉尼亚州，1984 年

NDB 《新德意志人物传记》，柏林，1955 年

OCD 《牛津人文科学词典》，第 3 版，伦敦，1970 年

WAMB 《韦伯斯特美国军事人物传记》，斯普林菲尔德，马萨诸塞州，1978 年

WBD 《韦伯斯特人物传记词典》，斯普林菲尔德，马萨诸塞州，1953 年

主要译者名单

李传海　程晋明　徐义忠　邵　杰　王跃利　兰文萱

薄继臣　张海廷　刘长青　左　亦　杜文龙　吴　莉

甄芳洁　竟　晓　何仁学　王少兵　庹　平　褚　群

洪　兵　杜正艾　张春明　张天平　王　鹏　王志军

卢　勇　李　文　于立明　陈　坚　罗海曦

哈珀-柯林斯

世界军事人物全书

A

皇太极(Abahai〈TaiTsung,Ch'ungTeh〉,1592—1643年) 清太宗。参加主要战争：统一东北女真各部及侵略朝鲜战争（1627—1628年）、数次进攻明朝北部的战争（1629—1638年）、黑龙江流域的战争（1636—1643年）；参加主要战役（战斗）：北京之战（1629年）。

皇太极生于1592年，为努尔哈赤的第八个儿子，清朝的缔造者，1619年对明王朝战争中的英雄。他被其父指定为继承人并于1626年成功地继承了王位。趁明王朝走向衰弱之时，他于1627年命人带兵入侵朝鲜，但在第二年便被驱逐了出来。1629年率兵进攻明朝北部，占领并掠夺了北京。1631年改革了后金内部行政，并开始铸造大炮，为夺取明朝江山做准备（1631—1632年）。1632—1634年远征明朝北部，并于1633年占领了内蒙古。1636年在盛京（沈阳）自立为皇帝并定国号为大清。为确保其南方边界的安全，于1636—1637年征服了朝鲜。1638—1640年发动了规模较大的入侵明朝北部的战争，占领了直隶（河北）和山东的许多城市。为确保黑龙江流域的安全，于1640—1643年连续发动了四次战役。1643年卒于首都盛京。

皇太极是一位获得了很大成就的足智多谋的领袖，为建立清朝帝国和统一全国奠定了基础，其子顺治皇帝将他视为清朝的第一位皇帝。

TM and PWK

参考:Hummel,Arthur W.,ed.,EminentChinese of the Ch'ing Period. Washington,D.C.,1943.

阿巴泰(Abatai,1589—1646年) 清朝将军。参加主要战争：远征野人女真窝集部（1611年）、远征扎鲁特部（1623年），进攻明朝北部（1629—1638年）、征服明朝（1644—1646年）；参加主要战役（战斗）：旅顺围攻战（1633年）和锦州围攻战（1641年）。

阿巴泰生于1589年7月27日，是努尔哈赤的第七个儿子。1611年率兵征服窝集部，1623年征服扎鲁特部。1629年在征服明朝期间因放弃同伴之举而受到训诫。1629—1630年对丢失永平和其他城市负有责任。1631年被指派镇守后金边界城市。1633年在旅顺攻城战中因其部队作战不力而受到斥责。1636年由于改进了指挥，他与阿济格将军一道赢得了56次作战的胜利，并因此战绩而受到重赏。1641年因擅自从锦州攻城战中撤出部队而被削爵。1642—1643年1月，他率一支部队攻入明朝北部，率先进入直隶、山东和江苏。1644年成为贝子。1645年在山东指挥军队作战，卒于1646年10月，1662年被追认为贝勒。

阿巴泰一生充满矛盾，生活放荡，对朝廷不满，但仍然被公认为一位具有军事和行政才能的将军。

TM

参考:Hummel,Arthur W.,ed.,Eminent Chinese of the Ch'ing Period.
Ⅰ Washington,D.C.,1943.

阿巴德一世（阿巴德·伊本-穆罕默德·阿布-阿姆鲁）(Abbad Ⅰ〈Abbad Ibn-Muhammad abu-'Amr〉,卒于1042年) 阿拉伯统治者。参加主要战争：西班牙中部固有性的边境战争（1023—1042年）。

出生日期和早期经历不详。1023年之前曾任塞维利亚的法官，科尔多瓦哈里发（伊斯兰教执掌政教大权的领袖）统治区动乱期间，他在当地贵族的支持下成为塞维利亚的国王并创立了阿巴德王朝。阿卜杜拉·马利克-阿尔-莫宰法尔死后，被大多数穆斯林承认为西班牙哈里发王朝宗主（1031年）。同卡斯蒂利亚的斐迪南一世和阿拉贡的拉米罗一世以及毗邻的穆斯林诸统治者进行过战争。1042年卒于塞维利亚。

阿巴德是一位不讲信义的投机者，善于审时度势，最大限度地利用混乱的形势建立了他的王朝政权并扩大其权力。

TM

参考：Dozy, R. P. A., Histoire des mussulmans d'Espagne. Paris,1932.

Holt, P. M., A. K. S. Lambton, and Bernard Lewis, eds., Cambridge History of Islam, Vol. Ⅰ. Cambridge, 1970.

阿巴德二世，阿尔-穆塔迪德（Abbad Ⅱ, al-Mu'tadid, 卒于 1069 年） 阿拉伯统治者。

早期经历不详。继阿巴德一世之位并竭力推行其扩张政策。组织邻近穆斯林诸王公结成反对安达卢西亚东部的柏柏尔人的侵略性联盟，其目的可能主要是夺取科尔多瓦并重建这一哈里发统治区。他的计划因家族叛乱（他至少处死了一个儿子）和卡斯蒂利亚的斐迪南一世的积极抵抗而破产。后向斐迪南称臣纳贡。1069 年卒于塞维利亚。

阿巴德二世是诗歌的倡导者和名副其实的诗人。他行为古怪，性好猜疑，荒淫无耻，冷酷寡恩，睚眦必报且草菅人命。

TM

参考：Dozy, R. P. A., Histoire des mussulmans d'Espagne. Paris, 1932.

Holt, P. M., A. K. S. Lambton, and Bernard Lewis, eds., Cambridge History of Islam, Vol. Ⅰ. Cambridge, 1970.

阿巴德三世，阿尔-穆塔米德（Abbad Ⅲ al-Mutamid, 卒于 1095 年） 阿拉伯统治者，阿巴德二世的儿子和继承者。参加主要战争：征服西班牙（1086—1091 年）；参加主要战役（战斗）：扎拉卡（巴达霍斯附近）之战（1088 年）、塞维利亚围攻（1095 年）。

阿拔斯一世（大帝）（Abbas Ⅰ the Great, 1571—1629 年） 波斯萨非王朝国王。参加主要战争：与乌兹别克的战争（1590—1598 年）、与奥斯曼帝国的战争（1602—1612 年）、远征格鲁吉亚的战争（1613—1615 年）、与奥斯曼土耳其帝国的战争（1616—1618 年）、与蒙古帖木儿帝国的战争（1622—1623 年）、与奥斯曼帝国的战争（1623—1638 年）；参加主要战役（战斗）：赫拉特战斗（1597 年）、瓦泽拉巴地区的巴尔干战斗（1598 年）、塔布依兹攻城战（1603 年）、厄鲁米耶地区之锡斯战斗（1605 年）、苏丹尼耶之战（1618 年）、巴格达之战（1624—1625 年）。

阿拔斯一世是穆罕默德·胡代班达国王的儿子、伊斯梅尔的侄子。1581 年为库拉萨省的统治者，1587 年因父亲让位而成为波斯国王。为了阻挡乌兹别克的侵略，他于 1590 年放弃了西方的几个省而换得与土耳其的和平。1590—1598 年从事有力的远征乌兹别克之战，并且于 1597 年在赫拉特大败乌兹别克部队；但是在 1598 年却反被乌兹别克部队击败于巴尔干，不得不进行停战谈判。1602 年宣布与奥斯曼土耳其人作战，次年 10 月 21 日，率军迅速地进攻塔布依兹，后经过长期的攻击作战后占领了它。1603—1604 年继续进行了埃里温、卡尔斯、希尔凡的攻城战。1604—1605 年为反击土耳其人的进攻而做准备。1606 年，在锡斯战斗中，阿拔斯一世组织的一支新的波斯军队打败了土耳其皇帝艾哈迈德的军队。然后，这支波斯军队侵略了阿塞拜疆、库尔德斯坦、摩苏尔和巴格达。1612 年与土耳其媾和并同意向其进贡。1613—1615 年领导军队远征格鲁吉亚，用武力强迫格鲁吉亚承认波斯的宗主国地位，于是又引起了与土耳其的战争。但是，1616—1618 年之间，阿拔斯一世在塔布依兹挡住了土耳其军队的多次进攻，而且在 1618 年的苏丹尼耶之战中获得小胜。是年以后不久，他又与土耳其缔结了新的和平条约，减少了对土耳其的贡物。1622 年，在英国船队的帮助下，他把葡萄牙人从霍尔木兹海峡驱逐出去。1622—1623 年，率兵侵入帖木儿帝国，并且于 1623 年占领了巴格达。1623 年他又面临与土耳其的新战争。1624—1625 年阿拔斯一世统帅一支援军到巴格达进行了抵抗土耳其军队的战役，直到 1626 年迫使其撤兵。1629 年 1 月 16 日，卒于首都伊斯法罕。在去世前，虽然边界战争断断续续地进行着，但没有发生大的战斗。

阿拔斯是一位非凡的君主，既聪明又有远见，但有时也残忍和苛刻。他又是一位老练且精力充沛的行政首脑和将军，对波斯军队的改革几乎使其能与土耳其军队匹敌。

TM

参考：Bellan, L. L., Chah'Abbas I: sa vie, son histoire. Paris, 1932.

Eskander Beg Monshi, History of Shah Abbas the Great. 2 vols. Translated by Roger M. Savory. Boulder, Colo., 1978.

Ross, E. D., ed., Sir Anthony Sherley and His Persian Adventures. London, 1933.

阿拔斯二世（Abbas Ⅱ, 1632—1667 年） 波斯国王（该国称国王为“沙”）。参加主要战争：与蒙古的战争（1649—1653 年）、抵挡哥萨克侵略的战争（1644 年）。

阿拔斯二世是生活放荡的国王萨非一世之子，也就是阿拔斯（一世）大帝的孙子。1642 年成功地继承了萨非一世的王位。1649 年入侵蒙古帖木儿帝国并占领了坎大哈。1650—1652 年连续三次击败蒙古将军奥朗则布反攻坎大哈的军事行动。1659 年镇压了由塔穆拉斯汗领导的叛乱。1644 年击退了由俄国鼓动的哥萨克骑兵的侵略。1667 年卒于伊斯法罕。

阿拔斯二世与自己的祖父相比，在阻止萨非维德王朝的衰落方面采取了更多的措施；同时，他还是一位精力旺盛的指挥官。

TM

参考：Holt, P. M., A. K. S. Lambton, and Bernard Lewis, eds., Cambridge History of Islam, Vol. Ⅰ. Cam-

bridge,1970.
Sykes,Percy,History of persia,3d ed.2 vols. London,1958.

阿拔斯·米尔扎(Abbas Mirza,1783—1833 年) 波斯将军。参加主要战争：俄国-波斯战争（1804—1813 年；1825—1828 年）、同土耳其的战争（1821—1823 年）；参加主要战役（战斗）：埃奇米阿津之战（1804 年）、阿斯兰杜兹之战（1812 年）、埃尔祖鲁姆之战（1821 年）、根贾（今基洛瓦巴德）之战（1826 年）。

阿拔斯·米尔扎是法思·阿里沙之子。1804 年，他率部解俄军对埃里温之围，并在埃奇米阿津打败西塞诺夫将军的军队；随之在高加索及沿里海海岸地区展开游击战。1821 年 10 月 31 日，因阿斯兰杜兹之战而一鸣惊人。1821 年，在同土耳其的战争中，侵入万湖地区。埃尔祖鲁姆之战中，他与拥有绝对优势的土耳其军队对阵，取得巨大胜利。在同俄国战争期间，再次受命指挥波斯军队，率部沿里海海岸发起进攻，曾远达格鲁吉亚的梯弗利斯（今第比利斯）。1826 年 9 月 26 日，同俄国伊万·F. 帕基维齐将军所部在根贾发生激战，初战小胜后，被俄军击败；随后，无力阻止俄军的攻势，埃里温与大不里士相继沦陷。卒于 1833 年继位前。

阿拔斯·米尔扎是一位精力充沛又颇富才干的将军，不幸的是他率领的却是一支较弱的军队，其国家也正处于衰落的境地。

TM

参考：Holt,P.M.,A.K.S.Lambton, and Bernard Lewis, eds., The Cambridge History of Islam, Vol. Ⅰ. Cambridge,1970.
Sykes, Percy, A History of Persia, 3d ed. 2 vols. London,1958.

阿卜杜拉·马利克·伊本·迈尔万(Abd-al-Malik ibn Marwan,646—705 年) 阿拉伯统治者。参加主要战争：夺回伊拉克和阿拉伯半岛战争（690—691 年）、拜占庭-阿拉伯战争（690—692 年）；参加主要战役（战斗）：底格里斯战役（690 年）、塞瓦斯托波里斯（今波季）战役（692 年）。

阿拉伯倭马亚王朝第五代哈里发，是哈里发迈尔万一世之子。他镇压了穆斯林反对派的叛乱，夺回了伊拉克。690 年，在巴士拉（今伊拉克境内）附近进行的底格里斯战役中，打败穆斯阿卜·伊本·祖拜尔，夺回阿拉伯半岛，将其牢固地置于倭马亚王朝统治之下。690—692 年，断断续续与拜占庭皇帝查士丁尼二世进行战争，于 692 年，在塞瓦斯托波里斯战役中取得重大胜利。因此，他不仅控制了塞浦路斯的一部分，还获得了亚美尼亚和科尔奇斯（今格鲁吉亚西部）。他首次铸造了阿拉伯钱币，确定阿拉伯语为哈里发的官方用语。此外，他还对行政机构进行了改革。

他是位能力超群、精力旺盛的统治者，被将军们所尊崇，其拥护者主要有伊本·优素福。从其一生的经历来看，阿卜杜拉·马利克同时也是位杰出的军事家。

TM

参考：Wellhausen, Julius. The Arab Kingdom and Its Fall. Translated by Margaret Graham Weir. Beirut,1963;reprint,Totowa,M.J.,1973.

阿卜杜拉-慕敏(Abd-al-Mumin,1094—1163 年) 柏柏尔（阿拉伯）将军与统治者。参加主要战争：征服摩洛哥（1140—1147 年）、征服北非（1147—1160 年）、征服穆斯林的西班牙（1145—1150 年）、与卡斯蒂利亚的战争（1157 年）；参加主要战役（战斗）：科尔多瓦之战（1148 年）、阿尔梅利亚之战（1151 年）、格拉纳达之战（1154 年）。

他是图阿里格柏柏人、宗教领袖迈赫迪·穆罕默德·伊本-图马尔特的信徒。继图马尔特死（1130 年）后成为穆瓦希德教派的领袖，为争夺对摩洛哥的控制，同江河日下的穆拉比王朝进行战争（1130—1140 年），获“哈里发”称号（1140 年）。在摩洛哥战争（1140—1147 年）中打败阿尔莫拉维德人，并侵入西班牙（1145 年），夺取了科尔多瓦（1148 年）、阿尔梅里亚（1151 年）和格拉纳达（1154 年），完全征服了穆斯林的西班牙。击退卡斯蒂利亚和莱昂的阿方索七世对西班牙南部的入侵（1157 年）。指挥了沿非洲海岸东进的一系列作战，征服了远达的黎波里塔尼亚西部的北部非洲（1149—1160 年）。卒于 1163 年。

阿卜杜拉·慕敏是一位狂热的穆斯林，一位凶猛而果断的勇士，一位熟知作战且精力旺盛的将军，他还是穆瓦希德王朝的创建者。

TM

参考：Abdal-al-Wahid, The History of the Almohades. Edited by R.P.A.Dozy. Leyden,1881.
Le Tourneau, Roger, The Almohad Movement in North Africa in the Twelfth and Thirteenth Centuries. Princeton,N.J.,1969.

阿卜杜拉-卡迪尔(Abd-al-Kadir,1808—1883 年) 阿尔及利亚统治者、抗法民族英雄。参加主要战争：法国征服阿尔及利亚（1830—1847 年）；参加主要战斗（战役）：拉马克塔（沼泽，位于阿尔泽附近）之战（1835 年）、锡卡河（今特莱姆森附近）之战（1836 年）、宰迈莱（西迪贝勒阿巴斯附近）之战（1843 年）、伊斯里河之战（1844 年）、西迪易卜拉欣（今奈德鲁马附近）之战（1845 年）。

阿卜杜拉·卡迪尔于 1808 年 9 月 6 日生于阿尔及利亚西北部的穆阿斯凯尔，是马希尔丁的第三子，哈希姆部落首领，（伊斯兰教）泛神论神秘主义宗教奠基人。1832 年，在其父死后成为穆阿斯凯尔埃米尔（伊斯兰教

国家对统治者、王公及军事长官的称呼），并继承其父反对法国的圣战事业。此后，他小心谨慎地扩大实力，曾于1843年7月与法国结盟打败残余的土耳其军队，并于年底成为当地主要的领导人。1835年6月28日，在拉马克塔之战获胜，但未能阻止倍尔特兰·克洛塞尔将军于同年9月攻占穆阿斯凯尔。1836年6月6日，在锡卡之战中被托马斯·R.毕若将军打败，随后与毕若将军和谈，于1837年5月30日订立《塔夫纳和约》，从而避免了部落的分崩离析，并组建了政府，原则上统治阿尔及利亚三分之二的领土，使当地部族得以统一。1837年10月13日，法军席卷君士坦丁堡，并继续扩张，从而迫使阿布杜尔·卡迪尔于1839年11月再次向法国展开圣战。1842年失去特莱姆森。1843年5月10日在宰迈莱之战中，其4万军队被奥马尔公爵的2000人的纵队打得七零八落，遂撤至摩洛哥以征得援助。1844年8月14日，其45 000人的新军队在伊斯里河之战中，被毕若的7500人的军队打败，并被摩洛哥政府宣布为非法。遂在宰赫拉地区（谢利夫河北部）反叛，使之得以重返阿尔及利亚，并赢得了几次胜利，其中比较有名的是1845年9月的西迪易卜拉欣之战。但迫于法国的压力，他被迫返回摩洛哥，并驻扎于里夫，以召集其部族人员。他的行为引起摩洛哥人的怀疑，并导致了战争而被打败，只得返回阿尔及利亚，并于1847年12月23日投降奥马尔公爵，条件是保证其家人安全返回特莱姆森。由于法国公众的压力，他于1848—1852年被囚于法国，1852年10月16日被拿破仑三世释放。他先定居于土耳其，后于1855年移居大马士革。1860年，他从大批狂热的穆斯林人中发展了1200名基督徒，被拿破仑三世授以名誉军团荣衔。1863—1865年在巴黎居住。1883年5月25—26日夜，卒于大马士革。

作为著名的领导人，阿卜杜拉·卡迪尔聪慧、诚恳、性格坚强且受过良好的教育。他通过综合使用政治、外交、宗教及军事等手段，使阿尔及利亚部族得以统一，他还创建了一支1万人的常备军（通常从当地人中征召），利用这支军队及其国家的力量，几乎使阿尔及利亚摆脱法国人的控制达20年之久。

DLB

参考：Azan, Col. Paul, L'émir Abd el-Kader, 1808—1883: du fanatisme musulman au patriotisme français. Paris, 1925.

Danziger, Raphael, Abd-al Qadir and the Algerians: Resistance to the French Internal Consolidation, NewYork, 1977.

Julien, Charles-André, Histoire de l'Algérie contemporaine: la conquête et les débuts de la colonisation. Paris, 1964.

Sahli, Mohammed Chérif, Abd el-Kader, chevalier de la foi. Paris, 1968.

阿卜杜拉·克里姆（Abd-el-Krim，1881—1963年） 绰号"里夫狼"。摩洛哥柏柏尔人领袖。参加主要战争：里夫人起义（1920—1926年）；参加主要战役（战斗）：阿努瓦勒之战（1922年）。

阿卜杜拉·克里姆生于1881年，是柏柏尔人埃特乌里亚格尔部落权势人物之子。曾任西班牙属摩洛哥梅利利亚区穆斯林大法官，并在《里夫电讯报》任编辑。因与一西班牙官员发生争执而遭监禁，后逃走并在埃特乌里亚格尔部族中组织抵抗武装（1920—1921年），在梅利利亚的南部和东部地区袭击西班牙人的前线哨岗，伏击西班牙巡逻队。在阿努瓦勒之战（1922年7月21日）中，伏击并歼灭了费南德斯·西尔韦斯特尔将军率领的西班牙军，推进到梅利利亚城郊区。1923年，他宣告里夫共和国成立，并组织了一支现代军队，其中包括许多雇佣兵，装备有机关枪和山炮。1925年4月12日至7月间，一支法军进入瓦尔格拉地区谷地，迫使克里姆向法军发起攻击并进至班斯城下。法国将军路易·H.G.利奥泰实施巧妙的防御，阻止了克里姆的进攻。1925年9月8日至1926年5月间，克里姆遭到法西军队联合行动的沉重打击，被迫于1926年5月26日向一支正向塔吉斯特进军的法军部队投降，被放逐到印度洋留尼汪岛。1947年获准定居法国，中途在埃及下船并定居开罗。1958年，苏丹穆罕默德五世宣布阿卜杜拉·克里姆为摩洛哥的民族英雄。卒于1963年2月6日。

阿卜杜拉·克里姆受过教育，精力充沛而且智慧超人，并显示了相当的军事和管理才干。他的人民太落后，资源亦极为有限，使他难以抵抗法西军队的联合攻势；但法国人尊重其才能，当他投降时，向他致以欢呼。

DLB and TM

参考：Harris, Walter B., France, Spain, and the Rif. London, 1927.

阿卜杜拉·拉赫曼（Abder-Rahman〈Abdul Rahman〉，卒于732年） 阿拉伯将领。参加主要战争：远征法兰西战争（721—732年）；参加主要战役（战斗）：图卢兹战役（722年）、多尔涅战役、图尔战役（732年）。

阿卜杜拉的早期经历不详。721年，他成为高莱（今阿基塔尼亚）南部的统治者。721—722年，在阿尔萨姆赫·伊本·马利克手下担任阿拉伯首次入侵法兰西的副指挥。722年，当马利克在与阿基坦公爵欧多进行的图卢兹战役中阵亡后，阿卜杜拉·拉赫曼继任指挥。723—730年，他指挥了几次入侵法兰西的行动。731年，被任命为安达卢西亚埃米尔。732年春，他再次入侵法兰西，在多尔涅被欧多击败，直到夏季，他才包围并占领了波尔多。他率军继续向北进发，在图尔和普瓦提埃之间（可能在维埃纳河上的希农附近）受到查理·马特军队的阻击，他的轻骑兵没能突破法兰克重骑兵筑起的坚固防线。732年10月，在战斗中阵亡。

他是一位能力非凡、经验丰富的军事家和政治家。他指挥的图尔战役的失败，标志着阿拉伯进军西方达到了一个高潮。

DLB and TM

参考：Glubb, Sir John Bagot, The Great Arab Conquests. Reprint. Englewood Cliffs, N.J., 1964.
Oman, Sir Charles W. C., A History of the Art of War in the Middle Ages. 2 vols. London, 1924.
Siddiqi, Amir Hassan, Muslim Generals. Karachi, 1971.

阿卜杜拉·拉赫曼一世（Abd-er-Rahman Ⅰ，731—788 年） 阿拉伯统治者。参加主要战争：倭马亚王朝征服北非和西班牙的战争（751—764 年）、和查理曼之间的战争（778—801 年）；参加主要战役（战斗）：瓜达尔基维尔河战役（756 年）、朗塞瓦尔（布尔格特附近）之战（778 年）。

他是希沙姆的孙子，第十代倭马亚哈里发。750 年，他逃脱了倭马亚王朝灭亡后阿拔斯的大屠杀，流亡北非。755 年，他建立起自己的军队，入侵阿拔斯王朝统治的西班牙。756 年，在瓜达尔基维尔河战役中，他击败了科尔多瓦的凯迪·优素福的军队。756—764 年，逐步出征西班牙，建立后倭马亚王朝，稳扎稳打，最终征服了西班牙穆斯林，将其置于后伍麦叶王朝统治之下。778 年，在萨拉戈萨击退了法兰克国王查理入侵西班牙北部的行动，并于同年在朗塞瓦尔山口追击查理后卫部队。卒于 788 年。

阿卜杜拉·拉赫曼一世是一位精力充沛的军事天才，他使摩洛哥和西班牙从阿拔斯王朝的统治之下独立出来。

TM

参考：Shaban, M. A., The Abbasid Revolution. Cambridge, 1971.
Siddiqi, Amir Hassan, Muslim Generals. Karachi, 1971.

阿卜杜拉·拉赫曼二世（Abd-er-Rahman Ⅱ，788—852 年） 摩洛哥-西班牙君主。参加主要战争：与阿斯图里亚斯的阿方索二世进行的边境战争（822—842 年）。

阿卜杜拉·拉赫曼二世是埃米尔哈卡姆一世的儿子，阿卜杜拉·拉赫曼一世的重孙。822 年，拉赫曼二世成为科尔多瓦埃米尔。822—842 年，卷入与阿斯图里亚斯的阿方索二世持续不断的战争，阿方索二世向南进军时，被其击退。837 年，在托莱多镇压了基督教徒和犹太人的叛乱。844 年，他击退了一次斯堪的纳维亚海盗的袭击。此后，拉赫曼二世在塞维利亚建立起一支舰队和海军军火库以防海盗再次侵袭。在科尔多瓦，拉赫曼二世以其大力建设公共设施而闻名。852 年，拉赫曼二世卒于科尔多瓦。

拉赫曼二世是位强悍的斗士，他有效地保卫了自己国家的边境不受侵犯。同时，他也因为酷爱艺术而闻名于世。

TM

参考：The Encyclopedia of Islam new ed. Brill, England, 1960.
Holt, P. M., A. K. S. Lambton, and Bernard Lewis, eds. Cambridge History of Islam, Vol. Ⅰ. Cambridge, 1970.

阿卜杜拉·拉赫曼三世（Abd-er-Rahman Ⅲ，891—961 年） 摩洛哥-西班牙统治者。参加主要战争：与法蒂玛王朝、阿拔斯王朝以及莱昂王国、纳瓦拉王国进行的地方战争（912—961 年）；参加主要战役（战斗）：锡曼卡斯（巴利阿多里德附近）之战（934 年）、萨莫拉战役（937 年）。

912 年，拉赫曼三世成为科尔多瓦埃米尔后，面临着严重的内讧，但他最终重又控制了穆斯林西班牙，并于 929 年 1 月 16 日，自立为科尔多瓦哈里发。922—961 年，拉赫曼三世进行了一系列激烈的边境战役，抵御莱昂和纳瓦拉二王国的入侵。934 年，他在锡曼卡斯战役中，被莱昂的拉米罗二世击败。937 年，他在萨莫拉再次被拉米罗二世打败。拉赫曼三世粉碎了法蒂玛王朝进军北非的行动，继续保持自己在摩洛哥的统治。他建立了一支强大的舰队，占领了地中海西部海域。他的首都科尔多瓦有 50 万居民，是欧洲文化和学术研究的中心，以拥有欧洲第一所机械学校而自豪。

拉赫曼三世是一位杰出的政治家和军事家，他使西班牙的穆斯林达到权力的顶峰。

DLB and TM

参考：Hitti, Philip K., A History of the Arabs, 5th ed. London, 1951.
Siddiqi, Amir Hassan, Muslim Generals. Karachi, 1971.

阿卜杜拉·拉赫曼（Abd-el-Rahman，1844—1901 年） 阿富汗埃米尔。参加主要战争：阿富汗内战（1863—1880 年）。

阿卜杜拉·拉赫曼汗 1844 年生于喀布尔，是阿夫扎尔的第三子，多斯特·穆罕默德汗的孙子。1863 年，多斯特·穆罕默德死后，其年轻的叔父阿里汗继位，他支持其父及支持者为推翻其年轻叔父的统治而起义。1870 年起义失败后，他逃亡俄属土耳其斯坦，在那里受到当地统治者的欢迎，并研究俄国的行政管理体制。1880 年，第二次英阿战争结束后，他返回阿富汗并成为阿富汗埃米尔。1880 年 7 月 22 日，在喀布尔正式任埃米尔，受到公众的盛大欢迎。他平息内乱，巩固统治，并于 1887 年同俄国谈判，确定永久性边界，1893 年又同英属印度划定边界。1901 年 10 月 1 日卒于喀布尔。

由于阿卜杜拉·拉赫曼的坚定、果断和充沛的精力，给阿富汗带来了和平。事实证明，他是一位出色能干的政府首脑。他还引进了许多改革措施和现代化的手段，从而促进了经济的长足发展。

TM and DLB

参考：Gray, W., At the Court of the Amir, 2d ed. London, 1901.

Wheeler, S., The Ameer Abdur Rahman. London, 1895.

阿卜杜拉·伊本-穆罕默德（Abdullah ibn-Mohammed, 1846—1899 年） 哈里发，苏丹伊斯兰教领袖和统治者。参加主要战争：马赫迪起义（1883—1899 年）；参加主要战役（战斗）：埃尔奥波耶德之战（1883 年）、喀土穆围攻战（1884—1885 年）、阿特拉巴之战（1898 年）和恩图曼之战（1898 年）。

阿卜杜拉 1846 年生于达富尔达的泰沙巴卡拉部落。后被作为一名传教士和一位圣人加以培养训练。1880 年成为穆罕默德·艾哈迈德（马赫迪）的追随者。1881 年被马赫迪命名为“哈里发”，并成为几名主要官员之一。1883 年 11 月 5 日，在埃尔奥波耶德之战中击败了威廉·希克斯（希克斯帕沙）的英埃联军，是喀土穆围攻战（1884 年 2 月至 1885 年 1 月 26 日）中的主要指挥官。1885 年 7 月 21 日马赫迪去世后，继任马赫迪运动的领袖、独立的伊斯兰苏丹王国的君主。1885—1886 年，1888—1889 年及 1891 年，镇压了几次暴乱。后继续与周边国家发生冲突。1887 年入侵埃塞俄比亚并洗劫了康德城。他组建了内河舰队，创办了兵工厂，装备了小规模电报系统。当 1896 年英军入侵、栋古拉夫的失陷和 1897 年柏柏尔及阿卜·哈密德也投降了基钦纳率领的英埃联军之后，他亲临战场指挥。1898 年 4 月 8 日在阿特巴拉河之战中被击败并溃退到恩图曼，9 月 2 日全军覆没。后率领几个随从逃出，被 F.R. 温盖特子爵率领的埃及军队俘获，并于 1899 年 1 月 24 日被处死。

阿卜杜拉是一位虔诚、聪明而有能力的指挥官和行政官员，但作为哈里发，他无法解决部族冲突以实现苏丹的统一。为维护其军事独裁，他被迫雇佣埃及人以求得所必需的训练有素的行政官员和技术人员。

DLB

参考：Holt, P. M., The Mahdist Sate in the Sudan. London, 1958.

Wingate, F. R., Mahdiism and the Egyptian Soudan. London, 1891.

阿卜杜拉·伊本·祖拜尔少君（Abdullah ibn-Zubayr the younger, 卒于 692 年） 倭马亚王朝将军和统治者。参加主要战争：征服西利比亚战争（647—648 年）、倭马亚王朝内战（682—698 年）；参加主要战役（战斗）：斯贝特拉之战（647 年）、麦加攻坚战（683—692 年）。

阿卜杜拉·伊本·祖拜尔是祖拜尔·伊本·奥万的儿子，确切生年不详。647 年，阿卜杜拉在阿卜杜拉·伊本·赛义德率领下，参加了第二次阿拉伯远征拜占庭所属的特里波利（又译的黎波里，不同于北非之的黎波里）战争。他在特里波利（今黎巴嫩境内）附近的斯贝特拉与拜占庭人的作战中，表现突出。阿卜杜拉在 7 世纪 80 年代阿拉伯哈里发发动内战进行夺权的时候，于 682 年发动了一次反对第一代倭马亚哈里发耶齐德的叛乱。683 年 9 月 7 日—11 月 10 日，耶齐德派兵讨伐，围困麦加，阿卜杜拉保卫麦加取得成功；但在耶齐德死后，麦加才彻底解围。后阿卜杜拉自立为哈里发，并得到阿拉伯半岛、伊拉克和埃及的拥护；但在叙利亚，他的卡尔布部落追随者们却被迈尔万·伊本·哈卡姆的部下在 684 年 6 月进行的迈尔杰拉希特之战中击败。同年 12 月，迈尔万占领埃及。因伊拉克境内的哈里吉教派也反对他的统治，这样，阿卜杜拉就在西阿拉伯半岛（赫贾兹）被孤立起来。686 年 8 月，阿卜杜拉的兄弟、巴士拉的统治者穆斯阿卜·祖拜尔夺取了反叛者占领的库费城，局势才暂时得到恢复。692 年，迈尔万之子阿卜杜拉·马利克从叙利亚派 2000 名士兵围攻麦加，在最后进行的决战中，阿卜杜拉在城墙上的肉搏战中中剑阵亡。

阿卜杜拉勇敢、果断，但面对阿卜杜拉·马利克组织严密的军队时，没能使自己的部下团结一致而招致失败。

DLB

参考：Glubb, Sir John Bagot, The Empire of the Arabs. Englewood Cliffs, N.J., 1967.

Muir, Sir W., The Caliphate: Its Rise, Decline, and Fall. London, 1924.

Siddiqi, Amir Hassan, Muslim Generals. Karachi, 1971.

Shaban, M. A., Islamic History A. D. 600—750: A New Interpretation. Cambridge, 1971.

阿卜杜拉汗（Abdullah Khanh, 卒于 1598 年） 人称“老汗”。乌兹别克及土库曼的统治者。参加主要战争：入侵波斯（1587—1598 年）。

阿部弘明（Abe, Hiroaki, 1889—1949 年） 日本海军将领。参加主要战争：第二次世界大战（1941—1945 年）；参加主要战役（战斗）：偷袭珍珠港（1941 年）、威克岛海战（1941 年）、东所罗门群岛海战、圣克鲁兹海战和瓜达尔卡纳尔海战（1942 年）。

阿部弘明 1889 年生于爱知县。1911 年毕业于海军军官学校。1925 年毕业于海军大学。1925—1938 年，先后在驱逐舰、巡洋舰和战列舰上任多种指挥职务。1938 年晋升少将军衔。1941 年 11—12 月，指挥突袭珍珠港部队中的第八巡洋舰分队。在突击威克岛海战（12 月 11—23 日）中，担任支援部队司令。在瓜达尔卡纳尔战

役中，任第十一攻击分队司令（第三战列舰分队和第八巡洋舰分队）。在东所罗门群岛（1942 年 8 月 23—25 日）和圣克鲁兹（10 月 26—28 日）展开的航空母舰交战中，他的舰只担任突击部队。在轰炸瓜达尔卡纳尔岛的亨德森机场的行动中，他任袭击部队指挥官（含“比睿”号和“雾岛”号战列舰、1 艘轻巡洋舰和 14 艘驱逐舰）。在瓜达尔卡纳尔之战中他的部队与盟军丹尼尔·卡拉汉少将指挥的第六七·四特混舰队遭遇。11 月 12—13 日，经过一场激烈的夜战，他损失了 2 艘驱逐舰和“比睿”号战列舰，未能轰炸亨德森机场便退出了战斗。事后他被山本五十六解职，不久便于 1943 年 3 月退出海军，卒于 1949 年。

阿部是一位有才干的得力部属，但缺乏独立作战的决心和想象力。

MRP

参考：Morison, Samuel Eliot, History of United States Naval Operations in World War Ⅱ, Vol. 5. Boston, 1950.

阿部信行（Abe Nobuyuki, 1875—1953 年） 日本将军和侵华日军头目。参加主要战争：日俄战争（1904—1905 年）、日本侵华战争（1937—1945 年）、第二次世界大战（1942—1945 年）。

阿伯克朗比，詹姆士（Abercrombie, James, 1706—1781 年） 英国将军。参加主要战争：法国与印第安人的七年战争（1756—1763 年）；参加主要战役（战斗）：泰孔德罗加（今纽约）之战（1758 年）。

阿伯克朗比生于苏格兰，年青时加入英国陆军，1746 年时为皇家苏格兰团第一营中校。后晋升为少将（1756 年）。为进攻法军的战略要塞泰孔德罗加（1757—1758 年），率大量援军抵达北美。从乔治湖率 12 000 人（其中 6000 人为英军正规军）北进（1758 年 6 月），并向位于要塞前方山上的路易·约瑟夫·德·蒙卡尔姆侯爵的人数较少的掩护部队发起正面进攻，但被击退，遭受重大损失（1600 人），后撤退（7 月 8 日）。被杰弗里·安赫斯特爵士解除指挥权（9 月 18 日）。后擢升为中将（1759 年）和上将（1772 年）。卒于 1781 年。

阿伯克朗比是一位富有才干和经验的军官，但他不善边境战，也不是狡诈多端的蒙卡尔姆的对手。

DLB and TM

参考：Boatner, Encyclopedia.
WBD.

阿伯克朗比，拉尔夫爵士（Abercromby, Sir Ralph, 1734—1801 年） 英国将军。参加主要战争：七年战争（1756—1763 年）、法国革命战争（1792—1799 年）、拿破仑战争（1800—1815 年）；参加主要战役（战斗）：菲尔讷（弗尔讷）之战、瓦朗谢讷之战（1793 年）、西印度群岛战役（1795—1796 年）、第二次阿布吉尔（阿布·吉尔）之战（1801 年）。

阿伯克朗比 1743 年 10 月 7 日生于苏格兰克拉克曼南郡的塔利波底。就读于爱丁堡大学和莱比锡大学。曾获得第三龙骑兵卫队旗手的荣誉（1756 年），并在汉诺威效力于不伦瑞克亲王斐迪南麾下。曾任中尉（1760 年）和上尉（1762 年）。七年战争末期任职于爱尔兰，并于 1770 年晋升为少校。后升为中校（1773 年）并被选入克拉克曼南议会（1774 年）。他对美洲的移民明确表示同情，这妨碍了他在美国独立战争期间的升迁，因而他逐渐厌倦政治，并离开了议会（1780 年）。后重新入伍参加了约克公爵远征荷兰的军队，在菲尔讷之战（1793 年 5 月 23 日）和瓦朗谢讷围城战（1793 年 5 月 25 日—8 月 27 日）中战功卓著。从荷兰撤退期间（1794 年与 1795 年之交），担任后卫部队指挥官。回到英国后被授予骑士勋章，并被任命为远征西印度群岛的司令官。解除了圣文森特之围，夺取了包括对圣卢西亚、德梅拉拉和特林达迪在内的法国在加勒比海的大部分占领地，重新组织了格林纳达的防御（1795—1796 年）。在西印度群岛期间，他实行改革，改变军装，使之适合于热带气候，并改善了卫生和保健条件。后任驻爱尔兰的英军司令官（1797—1799 年）。在荷兰境内的英俄战役（1799 年 8—10 月）中表现不凡，被任命为驻地中海的英军司令官（1800 年）。攻取了梅诺卡（1800 年），并指挥了实施良好的英土军队在阿布吉尔的两栖登陆作战（1801 年 3 月 8 日）。法军进攻阿布吉尔期间（3 月 20 日夜间），他的大腿受重伤；1801 年 3 月 28 日，因伤卒于“富德罗扬特”号船上，葬于马耳他。

阿伯克朗比是一位学识极为渊博的军官。他还不同寻常地接受了新思想，虽然这常常是受其爱子约翰的影响。尽管其晚年几乎失明，但还是在荷兰、西印度群岛和埃及显示了能力和冒险精神。他在阿布吉尔的登陆是两栖作战的经典之作。

DLB and TM

参考：Abercrombie, John, Sir Ralph Abercrombie, K. B., 1793—1801. Edited by Lord Dunfermline. London, 1861.
DNB.

阿伯拉罕（Abraha, 卒于 570 年） 也门的阿拉伯统治者。参加主要战争：征服沙巴（约 525 年）、入侵赫贾兹（570 年）。

艾布拉姆斯，小克莱顿·威廉斯（Abrams, Creighton Williams, Jr., 1914—1974 年） 美国陆军上将。参加主要战争：第二次世界大战（1941—1945 年）、朝鲜战争（1950—1953 年）、越南战争（1964—1973 年）；参加的主要战役（战斗）：巴斯托尼之战（1944 年）、新春攻势（1968 年）。

艾布拉姆斯1914年9月15日生于马萨诸塞州的斯普林菲尔德。1936年以276人中名列第185名的成绩毕业于西点军校，任骑兵少尉。1940年晋升上尉并转入装甲部队服役。第二次世界大战期间，他指挥坦克部队作战，因担任第三十七坦克营营长而出名。1944年12月26日，他率领第四装甲师一部进入巴斯托尼，救援遭围攻的第一〇一空降师，受到巴顿将军的公开称赞。巴顿将军说："我将成为陆军最优秀的坦克指挥官，但我又有了一个竞争者——艾布拉姆斯。"1945年晋升战时上校。1946—1948年任诺克斯堡装甲兵学校战术教研室主任。1949年毕业于指挥参谋学院。1950年6月—1953年7月在朝鲜战争中相继任第一、第十和第九军的参谋长。1953年毕业于陆军军事学院。1956年2月晋升准将，任陆军参谋部主管后备役部队的助理部长帮办。1960年5月晋升少将，担任多种指挥与参谋职务。1960—1962年任第三装甲师师长。1962年9月—1963年5月率部平息密西西比州因民权问题引起的动乱。1963年8月晋升中将，任驻德国的第五军军长。1964年9月晋升上将，任陆军副参谋长。1967年5月任侵越美军"军事援助司令部"副司令。在新春攻势期间（1968年1月30日—2月29日）及其后（1968年3月1日—4月15日），指挥南越北部的作战行动。后来艾布拉姆斯接替了威廉·威斯特摩兰上将任驻越南美国军事援助司令部司令。艾布拉姆斯在任期间，推行战争"越南化"和美军脱离战斗的政策。艾布拉姆斯1974年9月4日卒于华盛顿。

艾布拉姆斯是一位敢作敢为又善于思考的指挥官。他在机械化常规战争方面的经验和才能没能使他对越南战争在军事上的特点有充分的准备。尽管存在这种不利条件，他仍勤奋工作，使南越军队作好独立作战的准备，并将威斯特摩兰的大规模"寻歼"作战转为巡逻和伏击作战，竭力摧毁北越的军事支援系统，残酷镇压越共武装。

TM and DLB

参考：Millett, Allan R., A Short History of the Vietnam War. Bloomington, Ind., 1978.
Palmer, David R., Summons of the Trumpet. San Rafael, Calif, 1978.
DAMB.
WAMB.

阿布里奥尔，让-马利·沙尔（Abrial, Jean-Marie Charles, 1879—1962年） 法国海军上将。参加主要战争：第一次世界大战（1914—1918年）、第二次世界大战（1939—1945年）；参加主要战役（战斗）：敦刻尔克之战（1940年）。

阿布萨隆（Absalon，约1128—1201年） 丹麦士兵、水手、宗教领袖与政治家。参加主要战争：丹麦内战（1156—1157年）、与文德海盗的战争（1160—1169年）、日耳曼入侵（1182—1184年）；参加主要战役（战斗）：格拉特希德之战（1157年）、吕根围城战（1169年）、施特雷拉（施特拉尔松德）之战（1184年）。

阿布萨隆约1128年生于显赫的维德家族，国王瓦尔德马一世大帝的义弟。曾求学于巴黎，之后返回丹麦（1156年）。与瓦尔德马一起参加了格拉特希德之战（1157年）。因其在瓦尔德马胜利中的作用被任命为罗斯基勒主教（1158年），并成为国王最亲近的大臣之一。筑建杭（今哥本哈根）要塞，并与文德海盗进行作战。他攻取了文德人的大堡垒吕根，从而摧毁了其政权并扩大了丹麦在日耳曼北部的影响。晋升为隆城大主教（1177年）。瓦尔德马死后（1182年）成为其子卡纽特六世的监护人，制止了对日耳曼皇帝的再次宣誓效忠。同年，击退日耳曼的入侵，在施特雷拉之战（1184年）中打败波罗拉尼亚公爵博吉斯拉夫的入侵舰队。建立了许多教堂，是历史学家萨克索·格拉马蒂库斯的资助人。1201年卒于其家族的索勒修道院。

阿布萨隆精力充沛，富于远见，谨守戒律，一贯致力于丹麦的统一与独立。除政治和军事上的业绩外，他还编修了丹麦法律，建立了许多修道院和教堂，充当学术资助人。

TM

参考：Arup, E., Danmarks Historie, Vo l Ⅰ. Copenhagen, 1925.
Olrik, H., Absalon. Copenhagen, 1909.

阿卜尔-阿拔斯（Abu-al-Abbas，约721—754年） 绰号"萨法赫"。阿拔斯王朝统治者。参加主要战争：阿拔斯王朝建立新政战争（747—750年）、与中国唐朝进行的怛罗斯（今吉尔吉斯共和国江达尔）之战（751年）。

阿卜尔-阿拔斯约生于721年，是阿拔斯的曾孙、穆罕默德的叔叔。他的家族与什叶哈希姆派有世交，在呼罗珊省，同其他什叶派组成联盟，反对倭马亚王朝。他在兄弟易卜拉欣死后，于749年11月28日在库法自称为"萨法赫"（马赫迪派的先驱者，该教派宗旨为"让世界充满公正，驱除暴力和邪恶"）。750年1—8月，他的追随者阿卜·穆斯里姆将军打败了倭马亚哈里发迈尔万二世的军队。750年秋，迈尔万死后，阿卜尔·阿拔斯在库法就任哈里发职位，极力灭绝倭马亚王孙贵族及同盟者。他亲自镇压了各省份君主以及军队头领制造的数次暴动。在阿卜尔-阿拔斯统治期间，他的部下阿卜·穆斯里姆于751年在怛罗斯之战中打败了一支中国唐朝军队。唐军虽败，但遏止了阿拉伯军队的东扩。754年卒于库法城。

阿卜尔-阿拔斯才华出众，足智多谋，报复心强。他在政治上利用了人们的宗教热情，发动民众进行宗教运动建立新政，从而创建了阿拔斯王朝。他的绰号"萨法赫"不仅是屠夫的意思，而且还有消灭异教徒和不忠诚

者、让世界上只留下“正义的传教者”——马赫迪教派之意。

TMD and LB

参考：Arnold, T. W., The Caliphate. Oxford, 1912.
Hitti, Philip K., A History of the Arabs, 5th ed. London, 1951.
Shaban, M. A., The Abbasid Revolution. Cambridge, 1971.
EB.

阿卜-巴卡尔(Abu-Bakr, 573—634 年) 绰号“西迪克”（诚实者、正直者），阿拉伯统治者。参加主要战争：麦地那-麦加战争（624—630 年）、阿拉伯征服叙利亚和伊拉克战争（632—645 年）；参加主要战役（战斗）：拜德尔（巴德胡奈因）之战（624 年）、奥霍德（芒特尤胡德，位于麦地那西北部）战役（625 年）。

阿卜-巴卡尔 573 年生于麦加附近的古莱西族（穆罕默德所属的阿拉伯人部落，由于在前伊斯兰教时期世代保管在麦加的天房即“克尔白”而从 5 世纪早期在宗教上居于卓越显赫的地位——译者注）泰诺部落，被认为是穆罕默德家族外第一位皈依穆斯林教的人。622 年，阿卜-巴卡尔和穆罕默德一起逃往麦地那（海吉拉），并把他的女儿阿以莎嫁给了穆罕默德。在 624 年的拜德尔之战以及 625 年的奥霍德战役中，阿卜-巴卡尔紧紧跟随在穆罕默德的身旁，尽管他极力避免抛头露面，但他依然是穆罕默德的一名军师。632 年，在穆罕默德病重期间，他主持祷告仪式。632 年 6 月 8 日，穆罕默德死后，他在欢呼声中被拥戴为第一任哈里发。632—633 年，阿卜-巴卡尔对另外自立的哈里发图雷哈和穆萨利马采取了行动。633—634 年，开始进攻叙利亚和伊拉克。634 年 8 月 23 日卒于麦地那。

阿卜-巴卡尔是先知穆罕默德最早的追随者之一，是第一位哈里发；尽管他不是位杰出的将领，但当时依然被人们所尊崇。

TM

参考：Glubb, Sir John Bagot, The Great Arab Conquests. London, 1963.
Siddiqi, Amir Hassan, Heroes of Islam. Karachi, 1965.

阿卜-贝克尔·伊本-奥马尔(Abu-Bakr-Ibn-Umar, 卒于 1088 年) 摩洛哥的阿尔莫哈德人统治者。参加主要战争：征服摩洛哥和阿尔及利亚（1056 — 1080 年）。

阿卜-贝克尔在他的兄长叶海亚死后被（摩洛哥阿尔莫拉维德教派领袖伊本-亚辛）任命为该教派的将军（1056 年）。曾夺取苏斯和阿格马特（约 1057 年），并在伊本-亚辛阵亡于同柏格瓦塔的柏柏尔人的战斗后成为阿尔莫拉维德教派的领袖（1059 年）。后收服柏格瓦塔。他越过撒哈拉沙漠向南袭击西非期间，派其堂弟优素福·伊本-塔什芬率一支阿尔莫拉维德派军队向北作战（约 1061 年）。阿卜-贝克尔从西非返回后允许优素福·伊本-塔什芬继续独立作战，而不愿通过强制重建其权威冒进行内战的危险。后又在西非作战，征服加纳（1076 年），开始了伊斯兰教在撒哈拉沙漠南缘的传播。卒于 1087 年，在得知伊本-塔什芬取得扎拉卡（西班牙的巴达霍斯附近）之战的胜利之后。

阿卜-贝克尔是一位具有非凡才能的领袖，他以宗教改革运动将其各部落融合在一起。他对优素福·伊本-塔什芬抗命行为的超常容忍保存了弱小的阿尔莫哈德（阿尔莫拉维德）国家，并使之得以向穆斯林西班牙和大半个北非进行迅速扩张。

TM

参 考：Dozy, R. P. A., Histoire des Mussulmans d'Espagne. Paris, 1932.
Hopkins, J. F. P., Corpus of Early Arabic Sources for West African History. Cambridge, 1981.
Ibn Khaldum, Histoire des Berbères. Translated by W. M. de Slane of Kitab al-Ibar, 2d ed. Paris, 1925—1926.

阿卜-贝克尔·马利克·阿尔-阿迪勒一世（阿尔-阿迪勒，沙卜哈丁）(Abu-Bakr Malik al-Adil Ⅰ, 1145—1218 年) 埃及阿尤布王朝将军与统治者。参加主要战争：埃及境内的王朝战争（1196—1200 年）、第五次十字军战争（1217—1221 年）；参加主要战役（战斗）：大马士革围城战（1199 年）、比勒拜斯之战（1200 年）。

阿尔-阿迪勒生于 1145 年 6 月，出生地可能是大马士革；他是萨拉丁的幼弟。其叔希尔库勒在埃及的第三次亦即最后一次作战（1168—1169 年）期间，他在努尔·阿尔丁军中任职并初露头角。努尔·阿尔丁去世（1174 年）后，阿尔-阿迪勒代其兄萨拉丁统领埃及，动员该国的大量资源支持其兄在叙利亚的作战和对十字军的圣战（1175—1183 年）。任阿勒颇总督（1183—1186 年）。第三次十字军战争（1186—1192 年）期间重返埃及，统治该国。担任萨拉丁的北方诸行省总督（1192—1193 年）。平定萨拉丁去世（1193 年 3 月）后摩苏尔的伊兹·阿尔丁的叛乱。萨拉丁的两个儿子阿尔-阿齐兹和阿尔-阿夫达尔争夺王位继承权期间（1193—1196 年），他在扶立国王方面发挥了作用，被任命为大马士革总督。他利用这一基地扩张权力，并在阿尔-阿齐兹死（1198 年）后，支持反对阿尔-阿夫达尔无能统治的派别。尽管大马士革受到严密包围（1199 年），他还是突破围困并进入埃及（1199 年末）。在比勒拜斯之战（1200 年 1 月）打败阿尔-阿夫达尔。这场胜利之后，他被拥立为苏丹，英明而妥善地统治着埃及与叙利亚近 20 年之久，与十字军各国发展贸易并改善了关系（1200—1217 年）。得知十字军第五次东侵的消息后，他不顾高

龄（1217年），再次走上战场，组织了埃及和巴勒斯坦的防御战，他在作战中患病，卒于1218年8月。其子阿尔-卡米勒继位。

阿尔-阿迪勒是一位具有天才和魄力的政治家和组织家，他为萨拉丁的伟大作战提供了决定性的军事和民事支援（古代伟大的军事部长之一）；他还是一位名副其实的有才能的将军和战略家。在创建和维护阿尤布国家方面，其贡献与萨拉丁不相上下。

DLB

参考：Al-Maqrizi, A History of the Ayyubid Sultans of Egypt. Translated by R. J. C. Broadhurst from Kitab al-Suluk li Marifa Duwal al-Muluk. London, 1980.
Gabrieli, Francesco, compiler and tr., Arab Historians of the Crusades. Translated by E. J. Costello. Berkeley, Calif., 1969.
Humphreys, Stephen, From Saladin to the Mongols. Albany, N. Y., 1977.
Lyons, M. C., and D. E. P. Jackson, Saladin: The Politics of the Holy War. Cambridge, 1982.
Runciman, Steven, A History of the Crusades. 3 vols. New York, 1964—1967.

阿卜·穆斯里姆（Abu Muslim, 720—755年） 阿拔斯王朝将军。参加主要战争：阿拔斯建立新政战争（747—750年）、与中国唐朝进行的怛罗斯（今江达尔）之战（751年）、阿拔斯王朝内战（754—755年）；参加主要战役（战斗）：梅尔夫（马里）之战（748年）、塔拉斯战役（751年）。

阿卜·穆斯里姆生于库法一个非阿拉伯家庭。743年，他同哈希姆教派的领袖易卜拉欣（易卜拉欣是阿卜·阿拔斯的兄弟）结盟。747年，他举起宗教起义的旗帜，公开表明支持马赫迪教派。748年占领了梅尔夫，并且很快夺取了呼罗珊省。750年，他的军队支持阿卜·阿拔斯登上哈里发王朝的王位。他指挥阿拉伯军队增兵塔什干与唐朝军队作战，并于751年在怛罗斯打败唐朝军队，使唐朝军队退出了特兰索希亚纳，但东扩势头亦被唐朝遏制。754年，阿卜·穆斯里姆打败了在阿拔斯死后叛乱的叙利亚君主阿卜杜拉的部队。新任哈里发曼苏尔嫉妒穆斯里姆的权力，于755年在穆斯里姆返回呼罗珊前命人谋杀了他。

阿卜·穆斯里姆头脑敏锐，善用计谋，有军事指挥才能；他为阿拔斯王朝建立新政取得成功作出了很大的贡献。

TM

参考：Shabban, M. A., The Abbasid Revolution. Cambridge, 1971.

阿卜·赛义德（Abu Said, 1424—1469年） 波斯帖木儿统治者。参加主要战争：黑羊王朝扩张战争（1420—1467年）。

阿卜·赛义德可能生于赫拉特，系帖木儿曾孙，帖木儿之子米兰沙（约1415年）之孙。年青时，作为帖木儿嫡孙便在绵延一个世纪之久的帖木儿子孙、黑羊王朝和白羊王朝之间争夺帖木儿帝国的遗留土地的战争中起主要作用（约1405—约1510年）。1448—1449年，他集中一支军队，但未能在撒马尔罕或布哈拉夺取立足点。1450年，在亚辛建立基地，并征服土耳其斯坦许多地区。1451年6月在乌兹别克突厥人帮助下攻克撒马尔罕。1454年与巴布尔呼罗珊进行了一场徒劳无功的战争。1457年末，其堂兄弟沙·贾汗攻克赫拉特，他趁机于1458年将赫拉特据为己有，由此获得印度之外的巴布尔的大部分领土，并成为中亚地区帖木儿诸后继者中的最强者。1459年3月在萨拉赫之战中击败其他三位帖木儿王子的联军。至1461年，征服了伊朗东部和阿富汗绝大多数土地，并与沙·贾汗共同瓜分伊朗。白羊王朝首领乌宗·哈桑攻击并杀死沙·贾汗，并向他提出媾和建议，他不予理睬，答应了沙·贾汗之子的请援。在与白羊王朝进行的一次战役中，他率一支小部队在阿塞拜疆被俘，后被乌宗·哈桑处死（1469年）。

阿卜·赛义德是一位颇有才干、谨慎的统治者，他试图恢复米兰沙鲁哈的辉煌和国家的繁荣。他是一位泛神论神秘主义信徒，竭力恢复其王国的繁荣。

DLB and TM

参考：Mirza, Haydar, A History of the Moghuls of Central Asia. Translated by E. Denison Ross and N. Elias from Tarikh-i Rashidi, 1895. Reprint. NewYork, 1972.
EB.

阿卜叶海亚·莫拉辛（Abuyahia Yarmorasen, 卒于1282年） 齐亚尼德-摩尔统治者，参加主要战争：摧毁阿尔莫哈德帝国的战争（1236—1248年）、与马里尼德人的诸战争（1270—1359年）；参加主要战役（战斗）：特莱姆森围城战（1248年）、菲斯围城战（1269年）。

阿卜叶海亚出生于阿尔及利亚西部，为宰纳达部落首领（该部落声称为穆罕默德之婿阿里的后裔）。与阿尔莫哈德人作战（1236—1248年），夺取了特莱姆森城（1248年），建立了齐亚尼德王朝。与邻国进行的一系列战争期间，夺取了菲斯（1269年）。从1270年直到1282年去世止，他一直与敌对的马里尼德王朝进行战争。

阿卜叶海亚是一位部落酋长，其军事才能使他得以建立起王朝。能干且好战。

TM

参考：Hitti, Philip K., A History of the Arabs, 5th ed. London, 1951.

阿卜·扎卡里亚（Abu Zakariya, 约1203—1249年） 阿尔莫哈德-哈夫西德统治者。参加主要战争：摧毁阿尔莫哈德

帝国的战争（1236—1248 年）。

阿尔莫哈德王朝的加贝斯总督，后为突尼斯总督（1229 年）。乘阿尔莫哈德帝国动乱之机宣布独立（1229 年底），夺取君士坦丁和布日伊（1230 年），兼并的黎波里塔尼亚（1234 年），征服阿尔及尔（1235 年）。收服了柏柏尔人的重要部落联盟（1235—1238 年）。攻取特莱姆森，迫使其统治者成为藩属（1242 年）。到其统治末期，摩洛哥的马里尼德人和西班牙的几个穆斯林国王向其纳贡，并在名义上臣属于他。

阿卜是一位才干卓越的将军，其利用部落成员军事力量的能力使他得以建立起强大的国家。他的哈夫西德王朝为突尼斯带来了和平、繁荣与稳定。

DLB

参考：Brunschvig, R., La Berberie orientale sous les Hafsids. Paris, 1947.

阿卜佐拉·塔理夫（Abu Zora Tarif，约活动于 700 年） 乌马雅德将军。参加主要战争：阿拉伯征服西班牙（710—712 年）。

安达二十三（Adachi, Hatazo, 1884—1947 年） "二战"战犯，日本将军。参加主要战争：第二次世界大战（1939—1945 年）；参加主要战斗（战役）：新几内亚之战（1943—1944 年）。

安达二十三 1884 年生于石川县。1910 年从军事学院毕业。后又入陆军大学学习并于 1922 年结业。1934 年晋升上校军衔，1940 年晋升为中将。1941—1942 年升任侵华日军华北方面军参谋长。1942—1945 年任驻拉包尔和新几内亚北部沿岸的日军第十八集团军司令。1944 年 4 月 22—27 日，当麦克阿瑟挥师在亚彭和霍南迪亚登陆后，安达麾下的 65 000 人大部被分割，但仍坚守至战争结束。1945 年 9 月，安达二十三向盟军投降。因他应对虐待囚禁在拉包尔的盟军战俘负责任，故于 1947 年被绞死。

虽然安达二十三能力出众且具有强烈的武士道精神，但在盟军掌握制空权和制海权的处境下他不可能有所作为。

MRP

参考：Hayashi, Saburo, and Alvin D. Coox, Kogun: the Japanese Army in the Pacific War. Quantico, Va., 1959.

阿丹，亚伯拉罕·"布朗"（Adan, Avraham "Bren"，生于 1926 年） 以色列陆军将领。参加主要战争：巴勒斯坦战争（1948—1949 年）、苏伊士-西奈战争（1956 年）、"六五"战争（1967 年）、消耗战争（1968—1970 年）、十月战争（1973 年）；参加主要战役（战斗）：阿布奥格拉之战（1956 年）、坎塔拉-费丹之战、中国农场之战、德维斯瓦西部战斗和苏伊士之战（1973 年）。

阿丹 1926 年生于以色列。1943 年 17 岁时，参加了巴勒斯坦犹太复国主义定居者组织的地下军队中的精锐作战部队"派尔马契"，从此开始了他的军事生涯。1948—1949 年，在巴勒斯坦战争中任在巴勒斯坦南部作战的内盖夫旅的连长，率部与埃及军队作战。战争结束时，他指挥一个机械化连于 1949 年 3 月 5—10 日向南推进到红海边上的埃拉特，从而确保了以色列拥有通向红海边的出海口。战后他退出军界，但在苏伊士危机期间（1956 年夏秋季）再度应召服役。在阿布奥格拉之战中任坦克营营长，10 月 30 日将以军一次几乎要失败的进攻扭转为一次辉煌的胜利。鉴于他的指挥才能，战后被任命为装甲旅旅长。1967 年 6 月 5—10 日，在"六五"战争中任驻西奈的亚伯拉罕·约菲少将指挥的装甲师副师长，参加了西奈战役（6 月 5—8 日）的大部分作战行动。以色列在"六五"战争中获胜后，以阿丹为首的一群军官在 1968 年建议沿苏伊士运河修建众多的筑垒观察所，这样尽管在消耗战争期间会遭到埃及军队重炮的猛烈轰炸，但仍能使以色列继续控制运河东岸。这项建议遭到其他装甲部队军官（如以色列·塔尔和阿里尔·沙龙）的强烈反对，但 1969 年得到了以军参谋长哈伊姆·巴列夫中将的批准，他指示阿丹负责督造后来众所周知的巴列夫防线。十月战争爆发时，阿丹任 24 小时内动员起来的一个后备役师师长。1973 年 10 月 6—7 日，埃及军队成功地发动突然袭击，跨过苏伊士运河后，阿丹所部不到 48 小时即已投入西奈的作战。10 月 8 日，阿丹根据南方军区司令什穆尔·戈南将军在情报不足的情况下发出的模糊指令，在坎塔拉-费丹地区发动反攻，被击退，使以军遭到有史以来最惨重的失败。10 月 16—17 日，他从失败中恢复过来，在持续两天的中国农场（在中东一个日本人废弃的农业实验基地——编者注）之战中获胜，重新与沙龙师取得联系。该师在 10 月 15 日跨越苏伊士运河，取得部分成功，但被埃军切断了退路。10 月 18—23 日，阿丹师越过运河西岸的沙龙师，巧妙地突入埃军的后方地域，进抵苏伊士城以南的苏伊士湾，切断了运河以东埃军第三军两个师的退路。10 月 24 日，就在停火生效、战争结束前夕，阿丹企图夺占苏伊士城，被埃及守军击退。战后，就战争初期以军作战失利的责任问题，与戈南和沙龙将军展开激烈的争论。后来出任以色列驻华盛顿武官。1977 年退役。

阿丹是一位富于才干、足智多谋的装甲和机械化部队指挥官。他在坎塔拉-费丹遭到的失败，不仅是由于当时以军指挥体制混乱无序，还在于以军装甲战理论不完善（中国农场之战前得到了纠正），以及苏联向埃及军队提供的反坦克武器具有出人意料的压制效果。

TND

参考：Adan, Avraham, On the Banks of the Suez. San Francisco, 1980.

Dupuy, T. N., Elusive Victory: The Arab-Israeli Wars, 1947—1975. New York, 1978.

Herzog, Chaim, The War of Atonement. Jerusalem, 1975.

阿代马尔·德·蒙泰伊，勒皮主教(Adhemar de Monteil, Bishop of Le Puy, 卒于 1098 年) 法国教士。参加主要战争：第一次十字军东侵（1096—1099 年）；参加主要战役（战斗）：尼西亚（伊兹尼克）围城战（1097 年）、多里莱乌姆（埃斯基谢希尔）之战（1097 年）、安条克（安塔基亚）围城战（1097—1098 年）、奥龙特斯（阿西）河之战（1098 年）。

阿代马尔为法国教士，教皇格列高利七世罢免其前任之后，就任命勒皮为主教（1077 年）。曾进行过一次朝圣，朝圣地可能是耶路撒冷（1086—1087 年）。得知格列高利在克莱芒发出的教谕（1095 年 11 月）后，参加东侵的十字军并被任命为十字军中的教皇使节。与图卢兹伯爵雷蒙德四世一起到达君士坦丁堡。当最高指挥官不在位时，他常常在各贵族的纷争中充当调解人，尤其是在穿越小亚细亚的行军（1097 年 5—10 月）中。参加了尼西亚围城战（1097 年 5 月 14 日—6 月 19 日）和十字军取得胜利的多里莱乌姆之战（1097 年 7 月 1 日）。后又在内讧不断的各贵族中间进行调解，在十字军对安条克的长期围城战期间（1097 年 10 月 21 日—1098 年 6 月 3 日）保持其统一。尽管彼得·巴塞洛缪宣称已发现"圣矛"，阿代马尔对此不以为然，他还是支持十字军出击摩苏尔的克尔博加率领的土耳其围城军队，并可能参加了奥龙特斯河之战（1098 年 6 月 28 日）。不久，因瘟疫而于 1098 年 8 月 1 日卒于安条克。

阿代马尔虽然不是一位著名的勇士，但他的冷静指挥和调解却维护了十字军在极艰难时期所仅存的一群乌合之众，受到整个十字军侵略者的认同。

TM and DLB

参考：Fulcher of Chartres, Deeds of the Franks (Gesta Francorum). Translated and edited by Rosalind Hill. London, 1962.

Krey, August Charles, ed. and tr., The First Crusade, the Accounts of Eye-witnesses and Participants. Princeton, 1921.

Runciman, Steven, A History of the Crusades., 3 vols. New York, 1964—1967.

阿德哈尔拔(Adherbal, 作战时间：约公元前 249 年) 迦太基舰队司令。参加主要战争：第一次布匿战争（公元前 264—前 241 年）；参加主要战役（战斗）：德里帕努姆（西西里的特腊帕尼）之战（公元前 249 年）。

阿德哈尔拔作为迦太基的舰队司令，在第一次布匿战争后期指挥迦太基主力舰队在西西里海域作战。他灵活、巧妙地运用了迦太基战船的机动性比罗马战船的机动性高的特点，在西西里北部的特腊帕尼附近海域，伏击由 P.C. 普尔克尔指挥的罗马舰队，将罗马舰队将近一半的船只击沉，而迦太基舰队的船只无一损伤。

阿德哈尔拔是一位天才的海军指挥官，他集中兵力对付罗马舰队并将其击溃。

TM

参考：Livy, History.

Rodgers, William Ledyard, Greek and Roman Naval Warfare. Annapolis, 1937.

阿德哈尔拔(Adherbal, 卒于公元前 113 年) 努米底亚统治者。参加主要战争：努米底亚王位继承战争（公元前 118—前 112 年）。

阿迭多一世(Aditya Ⅰ, 870—906 年) 印度统治者。参加主要战争：提岸人征服坎奇普兰（约 888 年）；参加主要战役（战斗）：坎奇普兰之战（888 年）。

艾德·芬里亚特(Aed Finliath, 卒于 879 年) 爱尔兰统治者。参加主要战争：镇压爱尔兰北部的土著人叛乱（约 860—880 年）。

爱吉达斯(Aegidius, 活动于 457—？年) 罗马-法兰克将军和统治者。参加主要战争：平息里基默尔人叛乱。

埃米利亚努斯，马可·埃米利乌斯(Aemilianus, Marcus Aemilius, 约 206—253 年) 罗马皇帝。参加主要战争：多瑙河流域之战（约 245 年）、罗马内战（248—253 年）。

埃米利乌斯，Q.(Aemilius, Quintus, 作战时间：约公元前 280 年) 罗马将军和政治家。参加主要战争：同伊庇鲁斯的皮洛士的战争（公元前 281—前 272 年）；参加主要战役（战斗）：阿斯科利之战（公元前 279 年）。

埃米利乌斯是一位罗马贵族，生于一个古老而显赫的家庭。公元前 279 年，他同盖·法布里齐乌斯·鲁斯西尼乌斯一起当选为罗马执政官。会同法布里齐乌斯，率领一支罗马及同盟军队抵御伊庇鲁斯国王皮洛士的进攻。双方在阿斯利科进行了一场为时两天的艰苦、激烈交战，最后罗马军队被击败，但同时皮洛士的军队也付出了惨重的代价。这次作战之后，皮洛士说过一句名言："再来一次这样的胜利，我将不剩一兵一卒。"

TM

参考：Léveque, F., pyrrhos. Paris, 1957.

Plutarch, "Pyrrhus," Parallel Lives.

艾堤乌斯，弗拉维(Aëtius, Flavius, 约 395—454 年) 罗马皇帝和政治家。参加主要战争：罗马内战及对"蛮族"的战争（423—454 年）；参加主要战役（战斗）：阿尔之战（425 年，435 年）、拉文纳之战（432 年）、纳尔榜之战（436 年）、毛里克（卡达拉翁）平原-夏龙马恩河战

役。

艾堤乌斯约于395年生于默西亚（今保加利亚北部地区）的杜罗科尔托卢（今的西里斯特拉）地区，是西徐亚骑兵指挥官卡乌德恩堤乌斯之子，他母亲是一位意大利人。401年前后，他父亲在一次阴谋中被杀，他本人也被当做人质，送到了哥特阿拉里克的宫廷。在哥特期间，他学习了哥特人的语言和军事战术，并结识了很多朋友。412年（?）参军。423年当皇帝洪诺留（又译霍诺琉斯）去世以后，艾堤乌斯招募了一支匈奴军队，前往意大利支援篡权者约翰。等他赶到意大利时已经为时太晚，篡权者约翰已经失败，但他很快就同洪诺留的妹妹G.普拉西迪娅讲和，并取得了她的信任，在425年被任命为高卢地区的骑兵指挥官。425年，他在阿尔地区击败了图卢兹的西哥特国王狄奥多里克。426—430年期间，他在高卢地区进行了一系列作战，征服了法兰克人和其他的日耳曼民族，使除了西哥特的阿奎塔尼以外的整个高卢地区又回到了罗马的统治之下。427年，他曾一度被召回意大利，被任命为西部的副指挥官；但是在429—430年期间，被怀疑谋杀他的上级和对帝国怀有野心。艾堤乌斯对这些污辱感到十分气愤。432年，他率军侵入意大利，在拉文纳附近与波尼法斯率领的罗马军队相遇，尽管波尼法斯在这次拉文纳战斗中阵亡，但罗马军队还是击退了艾堤乌斯的部队。艾堤乌斯逃到其盟友匈奴军中，并于433年率领一支匈奴部队从潘诺尼亚（今匈牙利西部地区）返回，并说服普拉西迪娅恢复了对他的信任。434年（?）他击败了一次勃艮第人的叛乱，并在435年同盖塞里克讲和。435年，他在阿尔地区击退了狄奥多里克发动的又一次入侵，并在纳尔榜再次击败西哥特人。在这之后的437—439年期间，又进行了一些作战。440年他旅居意大利。442年，同狄奥多里克缔结了和平条约。443年，将勃艮第人从沃尔姆斯迁移到萨瓦。约445年，他征服了在克洛迪奥领导下的萨里安法兰克人，但最终允许他们在索姆河沿岸定居。451年6月中旬，在法兰克人和西哥特国王狄奥多里克的支援下，取得了卡隆斯（毛里克或称卡达拉翁平原）会战的胜利，阻止了阿堤拉对高卢地区的入侵。阿堤拉退往在东欧的根据地。454年9月21日，艾堤乌斯在谒见皇帝时，被瓦伦提尼安三世谋杀。这次谋杀，可能是由后来的皇帝P.马克西姆策划的。

艾堤乌斯是一位能力出众、敢于冒险的指挥官，也是一位不择手段的无耻之徒。他是罗马帝国最后一位著名的将军。

DLB

参考：Brion, M., Attila, the Scourge of God. Trans lated by H. Ward. New York, 1929.

Bury, J. B., A History of the Later Roman Empire, 395A. D. to 800A. D. 2 vols. 1889. Reprint, Amsterdam, 1895.

Gibbon, Edward, The Decline and Fall of the Roman Empire. Edited by J. B. Bury. 7 vols. London, 1897—1902.

阿尔-马利克·阿尔-阿夫达尔（al-Malik al-Afdal，约1066—1121年） 埃及法蒂玛王朝的将军和国务活动家。参加主要战争：埃及内战（1095年）、征服叙利亚（1097—1098年）、反抗第一次十字军东侵战争（1096—1099年）；参加主要战役（战斗）：提尔之战（1097年）、耶路撒冷之战（1098年）、阿斯卡隆之战（1099年）。

阿尔-阿夫达尔约1066年生于埃及，法蒂玛王朝大臣巴德尔·阿尔-贾马勒之子。其父死后继任大臣（1094年）。他在法蒂玛王朝哈里发阿尔-穆斯塔恩希尔去世后不久，卷入王位继承危机（1094年），支持哈里发的幼子阿尔-穆斯塔伊尔反对哈里发的长子纳泽尔。打败并杀死纳泽尔，取得了对国家的控制，使阿尔-穆斯塔恩希尔成为傀儡（1095年）。担任法蒂玛军队的“阿米尔·阿尔-朱优什”（最高军事长官）后，他开始征服塞尔柱突厥人的叙利亚，夺取了提尔（今苏尔）（1097年）和耶路撒冷（1098年）。他的计划被第一次十字军战争所中断。解救耶路撒冷之围的行军期间（1099年初夏），他的军队在阿斯卡隆之战（8月12日）中受到戈弗雷·德·布永的突然进攻并被打败。指挥了叙利亚和巴勒斯坦境内的一系列作战，其主要目的是保持法蒂玛王朝对沿海诸城的控制（1100—1120年）。阿尔-阿夫达尔及其军队仅仅是在欧洲舰队不进行干涉时才取得了一些胜利，后逐渐丧失了对其沿海据点的控制。1121年卒于埃及。

阿尔-阿夫达尔是除名义之外所有方面的埃及统治者，也是一位能干的将军。他竭力坚守沿海诸城而不对十字军侵略者进行大规模地面进攻的战略一直受到批评。但是，他是位务实主义者，承认十字军在野战中存在的巨大作战优势。

DLB

参考：Gabrieli, Francesco, compiler and tr., Arab Historians of the Crusades. Translated by E. J. Costello. Berkeley, Calif., 1969.

Hamblin, William, “Fatimid Military Organization and the Crusades.” Unpublished Ph. D. dissertation, University of Michigan, Ann Arbor, 1984.

Runciman, Steven, A History of the Crusades. 3 vols. New York, 1964—1967.

阿方索一世，恩里克斯（Afonso Ⅰ Henriques，约1109—1185年） 葡萄牙王国第一代国王。参加主要战争：葡萄牙内战（1127—1128年）、对穆斯林诸战争（1130—1185年）；参加主要战役（战斗）：圣马梅迪（雷阿尔城附近）之战（1128年）、欧里基之战（1139年）。

阿方索·恩里克斯约生于1109年，勃艮第的亨利与特利萨——卡斯蒂利亚和莱昂的阿方索六世的私生女——之子。亨利为葡萄牙伯爵（约1095年），去世

（1112年）后阿方索继为伯爵。由于年幼，其母代为摄政。当他长大成人（1127年）时，其母恋位不去，导致内战。在大多数葡萄牙贵族和教士支持下，阿方索的支持者在圣马梅迪之战（1128年6月24日）中打败了其母及其情夫斐迪南的支持者。特利萨被废黜，阿方索成为葡萄牙伯爵（1128年）。他经常与南方的穆斯林、北方的加利西亚人和东方的莱昂人进行边境战争。他在欧里基（可能不在今欧里基附近）之战（1139年7月25日）中取得对穆斯林的胜利，因而名声大噪，次年获"国王"尊号。不久，他迫使莱昂承认其独立，并使其王国成为直接受封于教皇的封地（1143年）。攻取圣塔伦（1147年3月），后又在法国、英格兰和弗拉芒人组成的远征军的帮助下攻取了里斯本（10月），定为国都。在随后的作战中，他夺取了贝雅（1162年）、埃武拉（1165年）和茹罗梅尼亚（巴达霍斯东南）（1166年）。尽管在其统治后期的六年中，阿尔莫哈德人夺回了一些地方（1179—1184年），但他于1185年12月6日去世后葡萄牙仍是一个强大的王国。

作为葡萄牙的第一位独立君主，阿方索·恩里克斯的大半生都用于创立中世纪葡萄牙国家。他是一位富于魄力、精力旺盛而且雄心勃勃的统治者，对政治运动具有敏锐的反应。

DLB

参考：Carvalho e Araujo, Alexandre Herculano de, História de Portugal, 7th ed. 8 vols. Lisbon, 1914—1916.
EB.

阿方索四世（Afoso Ⅳ，1291—1357年） 绰号"勇敢者"，葡萄牙统治者。参加主要战争：葡萄牙-卡斯蒂利亚战争（1336—1340年）、摩尔战争（1340—1344年）；参加的主要战役（战斗）：萨拉多河（塔里法）之战（1340年）。

阿方索四世1291年2月2日生于科英布拉，迪尼什和伊莎贝拉之子。1325年其父驾崩后即王位。后来与卡斯蒂利亚的碧垂丝（桑乔四世之女）结婚，故亦是卡斯蒂利亚的阿方索十一世之叔。尽管有此亲戚关系，1336—1340年他还是与卡斯蒂利亚进行了一场徒劳无功的战争。卡斯蒂利亚海军在阿尔赫西拉败北后，两国言和，结盟共同对付阿拉伯人（1340年）。率军帮助西班牙阿方索十一世，1340年10月30日在萨拉多河之战（塔里法附近）共同取得对西班牙和摩洛哥人的大捷。后来，再次与卡斯蒂利亚作战。其统治后半期忙于应付主要是由其父迪什尼众多的难以驾驭的私生子们引发的内讧。1355年指使谋杀其子佩德罗的情妇伊涅丝·德·卡斯特罗，激起佩德罗反叛。1356年经布拉加主教斡旋，与其子修好。1357年3月1日卒于里斯本。

阿方索四世是一位富有才华的名将，但脾气急躁，不计后果，使其所取得的成就大打折扣。

DLB

参考：Gonzaga de Azevedo, Padre Luis, História de Portugal. 5 vols. Lisbon, 1935—1942.
Huici Miranda, Ambrosio, Las Grandas Batallas de la Reconquista Durante las Invasiones Africanas. Madrid?, n. d.

阿方辛（Afshin，活动于约835年） 阿拔斯-波斯将军。参加主要战争：霍拉米叛乱（816—837年）。

阿夫塔金（Aftakin，活动于约975年） 服役于哈姆丹尼德的土耳其将军。参加主要战争：在叙利亚反对法蒂米兹的战争。984年占领了全部苏格兰高地，并在茵克图基尔建立了一个军事城堡，之后返回罗马。拒绝担任亚细亚总督，解甲归隐，卒于977年。

阿加托克勒斯（Agathocles，公元前361—前289年） 叙拉古统治者。参加主要战争：征服西西里之战（公元前316—前304年）、叙拉古-迦太基战争（公元前311—前306年）；参加主要战役（战斗）：士墨拿之战（公元前311年）。

阿加托克勒斯于公元前361年生于巴勒莫附近的特尔米士墨拿。公元前343年，他移民到叙拉古并且参了军。由于在进攻阿克拉加和埃特纳的战役中表现出色，晋升为千人长（约相当于上校）。后因晋升无望而弃武从政。公元前323年，参与反对独裁政权的斗争，两次因企图颠覆政府罪而被流放。公元前317年，他将周围城镇对政府不满的人们组织成一支军队，一举攻克叙拉古。他上台之后残酷无情，疯狂屠杀反对党（主要是前独裁政府裁员），因此，西西里的希腊人城镇对他十分仇恨。公元前316年，他发起征服西西里西部的战役，并且攻克附近许多城镇，其中包括麦撒那。迦太基被迫向叙拉古宣战，于公元前311年派遣哈米尔卡·格里斯哥率领的大军前往叙拉古。公元前311年在士墨拿之战中，哈米尔卡击败了阿加托克勒斯，并于公元前311—前310年围困叙拉古。阿加托克勒斯破围而出，组建了一支由60艘战船和13 000人组成的远征军，于公元前310年8月14日攻打敌人在非洲的后方。公元前310年，切断了迦太基人的粮食供给线，并在叙拉古城附近击败了迦太基人。公元前308年，继续扩大战果，攻占乌蒂卡（今突尼斯扎那附近）。公元前308—前307年冬季，由于迦太基人在此进行顽强抵抗，阿加托克勒斯被迫返回西西里。他离开后不久，他的部队就被击败。他匆忙逃往非洲，后又回到西西里，并将其残余部队抛弃。公元前306年，与迦太基人订立和约，此后继续巩固自己对西西里岛希腊城市的统治。公元前305—前302年，应他林敦（今塔兰托）的请求，对意大利南部进行干预。公元前304年，自封为西西里王。公元前300—前290年间，阿加托克勒斯组建了一支强大的舰队，建

造了许多新防御工事，兴修了许多公共建筑物。卒于公元前 289 年，可能因为癌症。按其遗嘱，叙拉古人恢复了自由。

阿加托克勒斯是一位残暴、野心勃勃及无道德原则的人。公元前 256 和前 204 年，他攻击迦太基人的战略基本上未获成功，却使他赢得了和平，同时也鼓舞了后来的罗马入侵行动。

DLB

参考：Berve, H., Die Heerschaft des Agathokles. Munich, 1952.

Diodorus Siculus, Biblioteca Historica.

Freeman, E. A., and A. J. Evans, History of Sicily, Vol. Ⅳ. Oxford, 1894.

Tillyard, H. J. W., Agathocles. Cambridge, 1908.

阿革西拉乌斯二世（Agesilaus Ⅱ，约公元前 444—前 360 年）

斯巴达国王。参加主要战争：与波斯的战争（公元前 400—前 387 年）、柯林斯战争（公元前 395—前 387 年）、底比斯独立战争（公元前 379—前 371 年）、在埃及的战争（公元前 361—前 360 年）；参加主要战役（战斗）：科洛尼之战（公元前 394 年）、柯林斯围攻战（公元前 394—前 390 年）。

阿革西拉乌斯二世于公元前 444 年生于斯巴达，是欧吕波恩提德家族中阿希达穆斯二世的儿子。公元前 398 年（?），阿革西拉乌斯和来山得说服公民反对阿吉斯二世的儿子莱奥泰基达斯继位；之后，阿革西拉乌斯继承其兄阿吉斯二世的王位。公元前 396 年，和来山得一同前往小亚细亚作战，并与波斯总督提萨菲伦斯订立了一个休战协定，之后又扫荡了弗里吉亚。公元前 395 年春天，率骑兵袭击吕底亚和弗金吉亚。公元前 394 年，被召回希腊，经陆路到达科洛尼，与柯林斯及其同盟在此展开战争，并取得重大胜利，为来山得之死报了一箭之仇。公元前 394 年下半年攻占柯林斯，但是在公元前 393—前 390 年的一场持久战中陷入困境。公元前 390 年，面对由伊菲克拉特率领的雅典主力部队，他不得不从柯林斯撤出。公元前 389 年在阿卡纳尼亚地区（位于希腊大陆的西南部）展开了一系列较小规模的战役。公元前 386 年春缔结安塔西达和约，其中有保证希腊各城邦独立的条款。公元前 385—前 382 年他以此为借口，强迫底比斯解散玻俄奥提亚同盟和阿各斯与科林斯同盟。公元前 382 年，支持斯巴达人福比达斯在底比斯进行掠夺。由于底比斯人不懈地进行独立斗争，他于公元前 378—前 377 年的两次围攻底比斯，几乎使底比斯人民活活饿死。公元前 372—前 371 年，由于在和谈中坚持其要求，再次导致战争爆发，其继任者克列翁布罗特于公元前 371 年 7 月在留克特拉会战中被底比斯名将伊帕密浓达击败。公元前 370 年春，阿革西拉乌斯率兵入侵曼提尼亚地区，但为防御底比斯伊帕密浓达对斯巴达的进攻，于同年 8 月撤回斯巴达。公元前 368 年（?），被派往海外筹集战争物资。公元前 362 年春回到斯巴达，再次指挥抵抗伊帕密浓达对斯巴达的进攻，但没有参加后来的曼提尼亚会战。公元前 361 年，率领一支斯巴达雇佣部队前往埃及为其国王塔科斯效力，帮助塔科斯进攻巴勒斯坦和叙利亚。公元前 361—前 360 年，他支持塔科斯的政敌内克塔尼波发动叛乱，获得成功，并帮助内克塔尼波镇压其另一个政敌。公元前 360 年，卒于从埃及归国途中。

阿革西拉乌斯是一位出色的政治家和指挥官。在公元前 4 世纪，他一直致力于斯巴达的扩张战争。色诺芬对其极高的评价是否属实，已引起人们的怀疑；然而他在战争中所取得的辉煌战绩，却是事实。

DLB

参考：Adcock, Frank E., The Greek and Macedonian Art of War. Berkeley, Calif, 1957.

Dodge, T. A., Alexander the Great. Boston, 1890.

Michell, Humphrey, Sparta. Cambridge, 1952.

Plutarch, "Agesilaus," Parallel Lives.

Xenophon, Scripta Minora. Translated by E. C. Marchant. London, 1925.

阿迦·穆罕默德汗（Agha Mohammed Khan，1720—1797 年）

波斯将军和统治者。参加主要战争：波斯内战（1779—1794 年）、入侵格鲁吉亚（1795—1796 年）；参加主要战役（战斗）：梯弗利斯（第比利斯）之战（1795 年）。

阿迦生于 1720 年，卡加尔部落酋长穆罕默德·哈桑汗之子。童年时落入阿迪勒国王（阿里·古里汗）之手，被迫充任宦官。在被送入卡里姆汗·赞德的宫廷中作为人质（1750—1779 年）之后，他逃出其都城设拉子，回到故乡的部落，在故里招募了一支强大的骑兵部队（1779 年）。他与卡里姆汗·赞德的大臣哈吉·易卜拉欣结为联盟，通过长期斗争（1780—1794 年），打败了赞德王朝的末代汗——年老的卢图夫·阿里汗。为重新建立波斯在格鲁吉亚的影响而入侵格鲁吉亚（1795 年），并在梯弗利斯郊外打败了国王埃雷克勒（埃拉克利斯），之后洗劫了该城（1795 年夏秋）。返回都城德黑兰，并在大臣的敦促下加冕为王，然后入侵并征服了呼罗珊（1796 年春）。回国迎击俄国人对波斯西北的入侵，但俄军在得知叶卡捷琳娜二世女皇去世（1796 年 11 月）的消息后撤军。后又在格鲁吉亚境内作战，在战役之初被谋杀于自已的帐篷内（1797 年春）。其侄法塔赫·阿里继承其王位。

阿迦冷酷无情，野心勃勃而又能干，是一位娴熟的政治家和军人。其众所周知的残酷和报复心很可能是阿迪勒国王对他的残酷虐待所致。

DLB and TM

参考：Sykes, Sir Percy, A History of Persia, 3d ed. 2vols. London, 1958.

阿吉斯三世(Agis Ⅲ,卒于公元前 331 年) 斯巴达国王。参加主要战争：反抗马其顿统治的起义（公元前 333—前 331 年）；参加主要战役（战斗）：克里特岛和伯罗奔尼撒之战（公元前 332 年）、迈加洛波利斯之战（公元前 331 年）。

阿吉斯是阿希达穆斯三世的儿子，公元前 338 年，其父亲去世后继承王位。乘亚历山大率军前往亚洲之机，发动了反抗马其顿在希腊统治的战争。公元前 333 年，依靠波斯的资金和船只，创建了一支由 8000 名雇佣兵组成的军队，其中绝大部分是波斯士兵。公元前 333—前 332 年，率领这支军队在克里特岛和伯罗奔尼撒地区，与亲马其顿的军队进行了几场作战并赢得胜利。公元前 331 年，组成伯罗奔尼撒同盟，除迈加洛波利斯之外，得到了比利斯、亚沙亚和阿加特亚（伯罗奔尼撒国家）的支持。联军围攻迈加洛波利斯，他因寡不敌众，被亚历山大的大将安提帕特击溃，并在此战中被杀。

尽管阿吉斯勇敢而且足智多谋，但是他的起义未能得到雅典、阿各斯、柯林斯或迈锡尼等国至关重要的支持；因此，起义军很快被安提帕特击溃。此后，安提帕特在希腊维持了十年的和平。

SAS

参考：Michell, Humphrey, Sparta. Cambridge, 1952.
Pausanias, Guide to Greece.

阿格里科拉(Agricola, Gnaeus Julius, 40—93 年) 罗马帝国将军，参加主要战争：征服不列颠之战（78—84 年）；参加主要战役（战斗）：蒙斯格劳皮乌斯之战（战场位置不确，公元 84 年）。

阿格里科拉于 40 年 6 月 13 日生于高卢纳尔榜南西斯的尤利广场，是一位被卡利古拉处死的元老院议员的儿子。59—61 年期间，在不列颠总督斯维托尼乌斯·保利努斯属下任军事保民官，后于 64 年任亚细亚行省财务官。66 年任保民官，68 年任行政长官。在 68—69 年的内战中，支持韦帕芗。70 年被任命为第二十军团司令官。73 年返回罗马，封为贵族，74—77 年任阿基坦尼亚总督。77 年任执政官，之后任不列颠总督，77 年夏末回到不列颠。77—78 年，征服北部瓦勒斯和莫纳岛，并占领奥尔多维亚斯。78—79 年，下令在德瓦为第二军团建立一个新城堡，并于 78—80 年继续向北征战，一直到泰河。81—83 年在北部边界一带建立了许多兵营和工事，并向福斯河以北出击，打败了喀里多尼亚人。84 年占领了全部苏格兰高地，并在茵克图基尔建立了一个军事城堡，之后返回罗马。拒绝担任亚细亚总督，解甲归隐，卒于 93 年。

阿格里科拉办事果断，谦虚且具有才干，他为建立罗马对不列颠的统治立下了汗马功劳。人们主要通过其女婿塔西图斯的作品了解他。

DLB and TM

参考：Richmond, I. A., "Gnaeus Iulius Agricola," Journal of Roman Studies. Vol. 34(1944).
Syme, Ronald, Tacitus. London, 1958.
Tacitus, Agricola.

阿格里巴(Agrippa, Marcus Vipsanius, 约公元前 64〈?〉—前 12 年) 罗马将军、政治家。参加主要战争："后三头同盟"战争（公元前 43—前 34 年）、安东尼和屋大维之战（公元前 33—前 30 年）；参加主要战役（战斗）：波鲁西亚之战（公元前 41 年）、米拉之战和瑙洛库斯之战（公元前 36 年）、阿克兴之战（公元前 31 年）。

阿格里巴于公元前 64 或 63 年生于罗马（城内或城郊的）一个新兴贵族家庭，是屋大维童年时期的朋友。公元前 44 年春天恺撒死后，他随屋大维回意大利，并成为屋大维的密友和副手。公元前 42 年 10—11 月间，可能率部队在菲利皮地区进行了一场作战，但没有记载。公元前 41 年，作为屋大维的得力干将参加了对 L. 安东尼和马可·安东尼的妹妹福尔维娅的作战，并在佩鲁西亚地区获得很大胜利。公元前 40—前 37 年先后任司法官和执政官。公元前 37—前 36 年，屋大维在被庞培之子塞克斯都·庞培击败后，将他重新召回。他在那不勒斯组建起一支新舰队，并在其建造的一个港口附近训练水兵。公元前 36 年，阿格里巴在迈利和瑙洛丘斯两次海战中均击败庞培之子的舰队，取得决定性胜利。公元前 35—前 34 年，指挥部队与伊利里亚人作战，并在与安东尼的战争中再次指挥舰队。公元前 31 年 9 月 2 日，在阿克兴角海战中，亲自指挥左翼部队，与安东尼的海军进行激烈交战，并获得决定性胜利。公元前 28—前 27 年任执政官，成为奥古斯都在各省的全权代表。公元前 23 年屋大维病重期间，指定他为帝位继承人。公元前 23—前 21 年，以帝国首相身份主持东方事务。公元前 21—前 19 年，回罗马代主朝政，随后又前往高卢和西班牙。公元前 18 年，屋大维授予他特殊权力，并任命其为保民官。公元前 17—前 13 年，作为皇帝代表再驻东方诸行省。在东方，他建立城邦，并与博斯普拉王国和赫洛德达成和解。因在潘诺尼亚（匈牙利西部）身染重病，卒于公元前 12 年 3 月。

阿格里巴才能卓著，忠诚而谦虚，同时也是屋大维值得信任的大将和忠实代表。他除了具有出色的将才和帅才外，也是一位出色的组织者、管理者和工程师。他著有一部自传和一本地理学导论，可惜均已失传。

DLB and TM

参考：Reinhold, Meyer, Marcus Agrippa, a Biography. NewYork, 1933.
Syme, Ronald, The Roman Revolution, 2d ed. London, 1951.
Wright, F. A., Marcus Agrippa, Organizer of Victory. London, 1937.

阿奎纳多，埃米利奥(Aguinaldo, Emilio, 1869—1964 年) 菲律宾革命者和政客。参加主要战争：卡蒂普南起义(1896—1897 年)、美西战争（1898 年）、菲律宾起义(1899—1902 年）和第二次世界大战（1941—1945 年)。

阿奎纳多 1869 年 3 月 23 日生于吕宋岛甲米地附近地区，为华人和他加禄人后裔。早年就读于马尼拉圣托马斯大学。曾任旧甲米地市长和反西班牙殖民者的革命团体“卡蒂普南”（意为“至高无上的人民之子社团”）的地方领袖（1895 年?）。在反抗西班牙政府的卡蒂普南起义（1896 年 8 月 26 日）中成为著名的人物。虽然起义在浴血奋战 52 天之后被镇压，但西班牙军处决起义领导者何塞·里萨尔·Y. 梅尔卡多引发了新的更广泛的起义，最终使西班牙政府和阿奎纳多和谈并签订了《破石洞条约》（1897 年 12 月）。阿奎纳多同意永久地离开菲律宾，以换取西班牙政府支付一大笔现金并且进行政治改革。他于 1897 年 12 月 27 日离开马尼拉，前往新加坡和香港。美西战争爆发后（1898 年 5 月 19 日）回到菲律宾。同年 9 月 9 日，他出任新的菲律宾共和国临时总统。12 月 23 日在新首都马洛洛斯批准宪法。1899 年 1 月 23 日，被革命大会选为总统，之后不久，美国-菲律宾战争爆发（2 月 4—5 日)。由于他不信任民族主义军事指挥官安东尼奥·卢纳而使菲律宾人的抵抗力受到削弱。3 月 31 日马洛洛斯陷落。阿奎纳多和其他民族主义力量逃往北部，面对优势的美国军事力量，转而采取游击战争（1899 年 11 月)。1901 年 3 月 23 日，被美国准将弗里德里克·芬斯顿俘获。他立誓效忠美国，获得一笔津贴后退隐。1935 年 9 月，竞选菲律宾共和国总统失败，再次退隐。在日本占领菲律宾岛期间（1941 年 12 月—1945 年 9 月)，他站在日本人一边，并渴望施展民族主义的抱负。战后，他曾短时间地被监禁于比利比德监狱，后因总统特赦获释。1950 年成为议会议员，晚年从事退伍军人工作，并致力于发扬菲律宾民族精神和民主，以及改善菲美关系。

阿奎纳多勇敢、机智、精力过人，曾是受欢迎的革命领袖，但他在起义期间没能对美军组织有效的抵抗。在被俘后，他忠于美军的占领，在情感上他失去了和人民的联系。此外他还是在二战期间支持日本的少数人之一，这更是他人生的污点。

DLB

参考：Zaide, G. F., A History of the Filipino People, Manila, 1959.

亚哈(Ahab, 约卒于公元前 853 年) 以色列国国王。参加主要战争：反抗亚述入侵的战争（公元前 854 年)；参加的主要战役（战斗)：卡尔卡尔（位置不确，可能位于叙利亚的阿帕米亚地区）之战（公元前 854 年)。

亚哈是暗利王之子。公元前 875 年前后，其父亲去世后，亚哈继位成为以色列国王。他所继承的是一个庞大而繁荣的国家。与太尔的耶泽巴尔亲王的女儿结婚，因此而获得了海上的安全保障。同大马士革发生边境冲突，双方的战争尽管时断时续，但却异常激烈。恰在此时，摩押地区发生梅沙叛乱，大马士革乘机占领了这一地区。派遣一支军队支援大马士革的本哈达德二世抗击亚述的入侵，这支军队的数量在所有反亚述同盟国中位居第二。公元前 854 年，亚哈的这支部队在卡尔卡尔之战中，击溃了由沙尔马尼赛三世率领的入侵部队。传说，亚哈于公元前 853 年在与从前的盟国大马士革的作战中阵亡。

亚哈是一位有才能且非常勇敢的国王，他在击败亚述军队的作战中起到了关键性的作用，但却未能维护他父亲留下的帝国。

TM

参考：The Bible. Ⅰ Kings, 16:28—22:40.

阿赫诺巴尔布斯，鲁齐乌斯·多米齐乌斯(Ahenobarbus, Lucius Domitius, 卒于公元前 48 年) 罗马将军和政治家。参加主要战争：罗马内战（公元前 50—前 44 年)；参加主要战役（战斗)：围攻马西利亚（马赛，公元前 49 年)、法尔萨拉之战（公元前 48 年)。

阿马德，巴马尼沙(Ahmad, Shah of Bahmani, 卒于 1435 年) 印度德里苏丹国家的统治者。参加主要战争：对维贾亚纳加尔的战争（1423 年)、对瓦朗加尔的战争（1424—1425 年)、对马尔瓦（首都设在乌贾因的古代王国）的战争（1425—1435 年)、对古吉拉特的战争（1425—1435 年)。

艾哈迈德沙·杜兰尼(Ahmad Shah Durani, 约 1722—1772 年) 阿富汗将军和酋长。参加主要战争：入侵旁遮普(1747—1753 年)、征服德里（1757 年)、与锡克人和马拉地人的战争（1761 年)、锡克战争（1764—1769 年)；参加主要战役（战斗)：巴尼伯德之战（1761 年)。

艾哈迈德生于木尔坦附近的豪门望族——萨多扎伊家族（1722 年)，阿卜杜拉人酋长穆罕默德·扎曼汗的次子。于波斯国王纳迪尔征服阿富汗（1738 年）之后投效纳迪尔军队，后升至阿卜杜拉骑兵队队长。纳迪尔国王被杀后回归故里，被其部众选为国王（1747 年)。改其部落名为杜兰尼，并在坎大哈周围建立了国家（1747—1750 年)。艾哈迈德三次入侵旁遮普（1747—1753 年)，夺取了赫拉特（1750 年)、尼沙布尔和麦什德（1751 年)。为惩罚莫卧儿尔人，艾哈迈德第四次入侵旁遮普，并劫掠了德里。立傀儡皇帝可尔马吉尔二世为莫卧儿人的皇帝，其父子与皇室通婚（1757 年)。再次入侵旁遮普（1759 年)，并在巴尼伯德之战（1761 年 1 月 14 日）中打败锡克-马拉地军队。该战斗使印度当地的统治力量荡然无存，并加速了英国的扩张。在与锡克人的作战中战绩寥寥（1764—1769 年)。1772 年 10 月卒于阿富汗的马鲁夫。

艾哈迈德是众多的阿富汗侵略者中的又一位成员。他富于野心，精力充沛而又博闻强志，是一位胆大心细的将军和建立了庞大帝国的残忍贪婪的征服者。

DLB and TM

参考：Ganda Singh, Ahmad Sheh Durani. Delhi, 1959.
Shejwalkar, T. S., Panipat: 1761. Deccan College Monograph Series, n. p., 1946.

阿罕默德一世（Ahmed Ⅰ, 1590—1617 年） 土耳其的统治者。参加主要战争：长期战争（1593—1606 年）、与波斯的战争（1602—1612 年）、镇压德鲁斯叛乱的战争（1610—1613 年）、与波兰的战争（1614—1621 年）、与波斯的战争（1616—1618 年）。

阿罕默德于 1590 年 4 月生于马革勒西亚，为马哈迈德三世的儿子。1603 年 1 月 22 日，当他父亲去世时继承了苏丹王位。1606 年 11 月同意缔结《兹特瓦脱沃克条约》，从此结束了与奥地利之间的所谓长期战争。1610—1613 年镇压了由法克尔·阿丁领导的德鲁斯人在黎巴嫩地区的叛乱，还在伊斯坦布尔镇压了封建领主的骑兵队长西帕赫斯的叛乱。为恢复对土耳其的有效统治，处死了那些无能和腐败的大臣，以及制定一些新的制度。1617 年 12 月 22 日卒于伊斯坦布尔，由其子奥斯曼二世继承王位。

阿罕默德意志坚强而虔诚，竭尽全力地重建已经衰退的土耳其国家，在不太长的时间里成功地重建了“苏丹”权威。

TM

参考：EMH.
WBD.

阿罕默德·帕夏（Ahmed Pasha, 鼎盛期约在 1799 年） 绰号“杰扎尔”（屠夫）。土耳其将军。参加主要战争：法国入侵埃及和叙利亚（1798—1801 年）；参加主要战役（战斗）：阿卡围城战、塔沃尔山（纳盖拉特附近）之战（1799 年）。

阿卡地区的半自治总督和驻叙利亚的土耳其军司令。与土耳其苏丹一起与法军作战，利用其由阿尔巴尼亚和波斯尼亚雇佣兵组成的独立军队抵御拿破仑对阿卡的围攻（1799 年 3 月 17 日—5 月 21 日）。其解围努力在塔沃尔山之战（1799 年 4 月 17 日）中被粉碎。当时，拿破仑对克莱贝的围攻部队进行了紧急增援。

根据土耳其的标准，阿罕默德具有才干，其对苏丹的忠诚更大程度上是权宜之计。

TM

参考：Chandler, David G., The Campaigns of Napoleon. New York, 1969.

雅赫摩斯二世（Ahmose Ⅱ, 卒于公元前 525 年） 埃及将军和统治者。参加主要战争：反抗阿普里斯国王的起义（公元前 569 年）、与巴比伦的战争（公元前 567 年）、吕底亚-波斯战争（公元前 547—前 546）；参加主要战役（战斗）：摩梅姆菲斯之战（公元前 570 年）。

雅赫摩斯在阿普里斯统治时期是一位将军，公元前 570 年阿普里斯在围攻昔兰尼（今利比亚）的作战中失利，埃及军民发生叛乱。雅赫摩斯奉命率军平定叛乱，但却被叛军拥立为皇帝。在内战中，率领埃及人在摩梅姆菲斯附近地区击败并俘虏了阿普里斯。公元前 568 年，阿普里斯发动叛乱未遂，被杀。公元前 567 年击败巴比伦国王尼布甲尼撒的一次进攻，随后与塞英斯岛和吕底亚结盟，实行相互友好和限制与希腊国家交往的政策。他的军队中雇佣了许多希腊士兵。大概在公元前 565 年，他率军征服了塞浦路斯岛。公元前 547—前 546 年，派遣一支远征部队前去援助吕底亚国王克雷兹，以抵抗波斯居鲁士大帝的进攻。公元前 546 年春季，尽管吕底亚人在提姆波莱（位于古代的特洛伊附近）的决定性战斗中被击溃，但居鲁士允许埃及人返回国土。当埃及人回到其本土后，三国同盟彻底瓦解。在雅赫摩斯统治末期，虽然波斯人始终虎视眈眈，随时都想入侵埃及，但在他活着的时候，却始终不敢越雷池一步。卒于公元前 526 年，他的儿子萨姆迪克三世继位。

雅赫摩斯是一位精明能干、深谋远虑、勇敢善战的国王，待人宽厚、热情；在他统治时期，埃及经济发展、文化繁荣。

DLB

参考：Herodotus, The Histories.
Keinitz, F. K., Politisches Geschichte Ägyptens, vom 7 bis zum 4 Jahrhunderts. N. p., 1953.

艾丹（Aidan, 卒于 606 年） 苏格兰统治者。参加主要战争：入侵诺森伯利亚（603 年）、德加斯坦受挫（603 年）。

艾迪克（伊兹-阿尔-丁·艾巴克）（Aidik〈Izz-al-din Aybak〉, 卒于 1257 年） 埃及的马穆鲁克将军与统治者。参加主要战争：埃及境内的马穆鲁克叛乱。

阿尤布王朝的一位马穆鲁克将军，被王公委员会任命为总司令（1250 年 6 月），不久与执政的苏丹之妻、沙贾尔·阿尔-杜尔——阿尔-萨利赫苏丹的遗孀结婚。尽管叙利亚的阿尤布王朝的穆萨亲王也被选为苏丹，艾迪克仍对国家进行着有效的控制。他的统治堪称强劲，但缺乏策略与外交。他处死曾平定埃及中部阿拉伯人叛乱的一名司令官（1254 年 9 月 18 日），就是一个例子。许多马穆鲁克人逃往叙利亚求生。他最后被醋意大发的沙贾尔·阿尔-杜尔所杀。不久后，据说其第一位妻子被其奴仆们用拖鞋痛打致死。

艾迪克性格狡诈、精力旺盛，但敏感和机警不足，从而未能给马穆鲁克政治带来昌明。

TM and DLB

参考：Hitti, Philip K., A History of the Arabs, 5th ed.

London, 1951.

Muir, W., The Mamelukeor Slave Dynasty of Egypt. London, 1896.

艾斯图尔夫(Aistulf,卒于 757 年) 伦巴第统治者。参加主要战争：征服拉文纳战争（751 年）、与罗马天主教教皇及法兰克人进行的战争（752—756 年）；参加主要战役（战斗）：芒特塞尼斯（意大利苏塞附近）之战（754 年）、帕维亚攻坚战（754 年、756 年）、罗马攻坚战（756 年）。

749 年，艾斯图尔夫成为伦巴第国王。751 年夺取拉文纳（拉文纳名义上是拜占庭总督的辖区），随后指挥其军队向罗马进军。753 年挺进到罗马城下。754 年，在芒特塞尼斯之战中，艾斯图尔夫被国王矮子丕平所率领的法兰克军队击败，围困在帕维亚。矮子丕平是前来营救教皇司提反二世和罗马的。756 年 1—4 月，艾斯图尔夫与丕平讲和，答应将所占领的土地归还。但丕平刚一撤走，他马上就撕毁了协议，重新包围了罗马。丕平再次率领军队进入意大利，在帕维亚包围了艾斯图尔夫。结果，艾斯图尔夫被迫向丕平纳贡，并把所占土地拱手奉还，而丕平将这些战利品送给了教皇司提反二世，此即“丕平献土”。卒于 757 年 1 月（?）。

艾斯图尔夫主张侵略和扩张，他是造成法兰克干涉意大利事务这一传统的第一人。

DLB

参考：Bogentti, Gian Piero, L'Età Longobarda. 4 vols. Milan, 1966—1970.

Hodgkin, T., Italy and Invaders, Vol Ⅵ. Oxford, 1899.

Leicht, Pier Silverio, “King Aistulfs Heeresgesetze.” Miscellanea Academia Berolinensia, Vol. Ⅱ, no. 1. (1950).

Paul the Deacon, History of the Lombards. Translated by William Dudley Foulke. 1907. Reprint, Philadelphia, 1974.

阿阇世王(Ajatasatru,作战时间:约公元前 500 年) 印度（摩揭陀）统治者。参加主要战争：征服威德哈（今比哈尔附近）地区以及同科萨拉（今奥德）的战争（日期不详）。

阿阇世王谋杀了他父亲频毗沙罗王以后，篡夺了摩揭陀的王位。他继承了其父的扩张政策，征服了威德哈及印度北方的其他地区。同科萨拉的战争双方不分胜负。定都于巴特利普特拉（华氏城），在后来的几个世纪中，这一城市成为印度北方的政治中心。

DLB

参考：Cambridge History of India, 6 vols. Cambridge, 1922—1937.

Raychaudhuri, H. C., Political History of Ancient India. Delhi, 1953.

阿克巴(Akbar,1542—1605 年) 印度莫卧儿帝国皇帝和统治者。参加主要战争：莫卧儿内战（1556—1557 年）、征服马尔瓦王国（其都城为乌贾因）战争（1561—1562 年）、征讨拉杰普塔纳联邦的战争（1562—1567 年）、征服古吉拉特王国的战争（1573 年）、征服比哈尔和孟加拉的战争（1574—1576 年）、阿富汗战争（1581 年）、征服克什米尔和信德奥里萨的战争（1586—1595 年）、远征德干地区的战争（1596—1600 年）、讨伐萨里姆的战争（1601—1603 年）；参加主要战役（战斗）：帕尼帕特之战（1556 年）。

阿克巴 1542 年 10 月（一说是 11 月）生于信德地区的欧迈尔果德村。当时正值他的父亲胡马雍被阿富汗投机者舍尔沙夺走王位，流亡他乡。胡马雍在 1556 年 1 月 27 日死于一次偶然事故，阿克巴随即登上王位。在能干的重臣贝拉姆的辅佐下，阿克巴打败了他父亲的对手，之后在旁遮普内纠集起一支军队，于 1556 年 11 月 5 日的帕尼帕特之战中，经过一场血战，击败由印度将军赫穆率领的强大军队，重新控制了德里及其郊区。1556—1560 年间，在贝拉姆的摄政下，阿克巴逐步地控制了印度中北部的大部分地区。1560 年，阿克巴免去了贝拉姆的摄政王职务，开始独立执政。1561—1562 年间，他进军并征服了马尔瓦地区。到 1562 年，他已将疆界扩展到包括旁遮普、木尔拉、瓜廖尔和恒河平原西北部及喀布尔省在内的广大地区。同年，他挥师进入拉杰普塔纳联邦地域，经过几年的艰苦征战，在 1567—1568 年间占领了其首都吉多尔。以后，他对拉杰普塔纳联邦采取了安抚政策，打破该地区印度人和穆斯林族人的宗教界线，设置由印度人组成的公共机关，并于 1562 年和 1570 年两度带头与联邦公主联姻。1573 年，他率军征服古吉拉特之后，又于 1574—1576 年间征服了比哈尔和孟加拉两个王国。1576 年，他命他的儿子穆拉德率军远征德干地区。这次远征使印度斯坦（包括有旁遮普和拉杰普塔纳联邦）卷入战争（大约是 1577—1580 年间，具体不详），而且成了一次没有胜负的长时间征战。1581 年，阿克巴击退了由其同父异母兄弟米扎·穆罕默德·哈基姆领导的一次叛乱，进而挥师阿富汗，并征服了它。1586—1595 年间，他率军征服了信德、克什米尔、奥里萨和下俾路支斯坦。以后，他又进军多次未征服的德干地区，并以四年多的努力（1596—1600 年），征服整个北印度地区，将边界向南扩至戈达瓦里河流域。1601—1603 年间，他的儿子萨里姆反叛，他急忙领军向北，击败并抓住萨里姆。后来又饶恕了萨里姆。阿克巴 1605 年卒于阿格拉，据说可能被萨里姆毒死。

阿克巴仁慈、宽容、精明强干，是印度莫卧儿王朝最伟大的统治者，莫卧儿王朝实质上的缔造者。他在行政、财政和军事等方面的改革，使他的国家成为一个强大的、宗教信仰自由的中央集权国家。这些改革从波斯

模式中汲取了许多新的内涵。尽管他是个至高无上的统治者，但他致力于公平合理的税制改革，使那些从事小农经济的农民受益匪浅。

DLB

参考：Malleson, G. B., Rulers of India, N. p., n. d.
Moreland, William Harrison, India at the Death of Akbar. 1920. Delhi, 1962.
Smith, V. A., Akbar, 2d ed. London, 1927.

阿克巴汗（Akbar khan，卒于 1849 年） 阿富汗将军。参加主要战争：第一次阿富汗战争（1839—1842 年）；参加主要战役（战斗）：喀布尔包围战（1841—1842 年）、甘达马克（在贾拉库特附近）之战（1842 年）。

阿克巴是多斯特·穆罕默德汗之子。1841 年 11 月在喀布尔领导起义，反对英国的威廉·麦克诺顿和亚历山大·白恩士所属团，以及支持他们的由 4500 名士兵组成的卫队。他杀死两位英国代理人，并在喀布尔包围了陆军少将威廉·乔·基·埃耳芬斯顿的军队。1842 年 1 月 6 日接受埃耳芬斯顿的请降，并允许这支小部队及 12 000 名难民前往印度。1 月 15 日，这些人在通往开伯尔山口道路上的甘达马克被包围，经过短暂战斗后全部被杀。英军侵入阿富汗，阿克巴得以幸存，后卒于 1849 年。

DLB and TM

参考：EB.
EMH.

明智光秀（Akechi, Mitsuhide, 1526—1582 年） 日本军阀和将军。参加主要战争：统一战争（1560—1590 年）；参加主要战役（战斗）：征讨甲州（1582 年）、发动“本能寺之变”。

秋山真之（Akiyama, Saneyuki, 1868—1918 年） 日本海军上将。参加主要战争：中日甲午战争（1894—1895 年）、日俄战争（1904—1905 年）；参加主要战役（战斗）：黄海海战（1904 年）、对马海战（1905 年）。

秋山义福（Akiyama, Yoshifuru, 1859—1930 年） 日本将军、军国主义者。参加主要战争：中日甲午战争（1894—1895 年）、庚子叛乱（1900 年）、日俄战争（1904—1905 年）；参加主要战役（战斗）：围攻旅顺港（1894 年）、沙河之战（1904 年）、山德浦（新京附近）之战（1905 年）。

阿卡黛维（Akkadevi，成名期约为 1047 年） 印度女将军。参加主要战争：对注辇（古印度王国，位于马德拉斯地区）的战争（1042—1052 年）。

阿卡黛维是位于印度西海岸的遮娄其王国的公主，后成为反注辇联盟的主要将军之一。该联盟结成于注辇国王拉查拉查一世在位（1049—1052 年）期间。她在多次野战和围城战中表现极为突出，是历史上少有的几位女将军之一。

DLB

参考：EMH.

阿兰布鲁克第一伯爵，阿兰·弗朗西斯·布鲁克（Alanbrooke, Sir Alan Francis Brooke, 1st Viscount, 1883—1963 年） 英国陆军元帅。参加主要战争：第一次世界大战（1914—1918 年）、第二次世界大战（1939—1945 年）；参加的主要战役（战斗）：第一次世界大战中的前线战斗、佛兰德之战和敦刻尔克战役（1940 年）。

阿兰布鲁克 1883 年 7 月 23 日生于巴涅尔德比戈尔，父母都是北爱尔兰人。他在国外接受教育，1902 年回到英格兰，在炮兵部队任职。第一次世界大战中在西线服役，指挥加拿大和印度部队作战。1919 年、1923—1927 年在坎伯雷的参谋学院任教。1927 年、1932—1934 年在帝国国防学院任教。1936—1937 年任陆军部军训局局长。1937—1940 年任防空司令部和南方军区司令。1940 年 5 月任英国远征军第二军军长。1940 年 5 月 17 日—6 月 4 日，在艰难地撤往敦刻尔克及其后的部队疏散期间，显示出卓越的指挥才干。1940 年 7 月任英国本土部队总司令。1941 年 12 月接替约翰·迪尔爵士任帝国总参谋长。在此期间，他参与了大多数有关战争的重大战略决策。尽管他在“霸王”行动中指挥盟军的愿望没能实现，但他仍能和美国人和睦相处。1944 年晋升陆军元帅。1945 年被封为男爵。1946 年辞去参谋总长职务，获伯爵头衔。1963 年 6 月 17 日卒于汉普郡的哈特利温特尼。

阿兰布鲁克是战时英国最杰出的指挥官之一。因长期担任参谋职务，掩盖了他的作战指挥才干。他是有才华的战略家，与美国人和俄国人都能友好相处，在德黑兰会议上和斯大林结下了友情。他还赢得了丘吉尔和罗斯福的尊敬。

PDM

参考：Bryant, Sir Arthur, The Turn of the Tide, 1939—43. A Study Based on the Diaries and Autobiographical Notes of Field-Marshal the Viscount Alanbrooke. London, 1957.
——, Triumph in the West, 1943—1946. London, 1959.

阿拉里克（Alaric，约 370—410 年） 古罗马帝国军官、西哥特人首领和统治者。参加主要战争：入侵巴尔干半岛（395—397 年）、两次入侵意大利（第一次在 400—404 年期间、第二次在 409—411 年期间）；参加主要战役（战斗）：围攻米兰和阿斯塔（阿斯提）以及波伦提亚（位于阿尔巴附近）（402 年）、围攻维罗纳（403 年）、围攻罗马（410 年）。

阿拉里克约生于 370 年。在其孩提时代（376—382

年期间），西哥特人已经进入罗马帝国，并在今保加利亚北部地区默西亚定居。395年，他被推选为西哥特国王，当罗马大帝狄奥多西一世去世后，他以东罗马拖延给西哥特津贴为由，率军进军君士坦丁堡。这次进攻遭到罗马地方行政长官鲁弗努斯的抵抗而受阻。后率军转向色雷斯和马其顿，席卷并蹂躏了这一地区。与斯提利科率领的一支部队相遇，但由于鲁弗努斯和东罗马皇帝阿喀狄乌斯的外交斡旋，双方避免了一场一触即发的交战。397年初期，阿拉里克率军继续南下，劫掠了希腊的大部分地区，包括比雷埃夫斯、柯林斯、阿各斯和斯巴达。397年春，阿拉里克在厄利斯城被斯提利科包围，但斯提利科最终再次将他放走。约在398年，他接受了阿喀狄乌斯的招安，被任命为伊利里亚地区的军事行政长官（司令）。401年10月，他率军通过朱利安地区的阿尔卑斯山侵入意大利，并在402年的2（？）—4月间围攻米兰。斯提利科匆忙从莱茵河和不列颠守备部队中征集一些士兵，临时拼凑起一支部队赶往意大利追击；约在这一年的3月中旬，双方遭遇并进行了一场交战，但未分胜负。同年4月6日，斯提利科在复活节的早晨对哥特军队的营地发动了一次突然袭击，阿拉里克被击败。他平安离开了意大利，但是第二年又返回。403年6月，在维罗纳附近再次被斯提利科击败，而且又被允许撤退，并被西罗马皇帝洪诺留任命为依利芮孔地区的地方军事行政长官（同他曾经从阿喀丢那里得到的职务相同）。408年，由于斯提利科已被谋杀，阿拉里克再次翻越阿尔卑斯山，侵入意大利，直捣罗马。罗马元老院付出大笔贡金，以求哥特军队解除对罗马的封锁。409年11月—410年4月期间，率军到托斯卡纳过冬，并同洪诺留谈判，但是没能达成任何协议。阿拉里克率军又返回罗马，任命了一位傀儡皇帝，而后又进军拉文纳，但是没能攻取这座具有坚固城防设施的城市。后又返回罗马，经过短暂的围攻，占领了这座城市，并于410年8月24—29日期间，对这座城市进行了6天洗劫。410年12月，正准备入侵意大利时，卒于重疾。

阿拉里克是一位有名的暴君，凶暴而又残酷无情，但同时亦是一位基督教徒。他并不像人们所想象的那样，是一个愚昧无知、粗鲁的野蛮人物。他是一位具有超凡魅力的领袖和一位能力出众的战术家，但在战场上却始终是斯提利科的手下败将。

DLB

参考：Brion，M.，Alaric the Goth. Translated by F. H. Martens. New York，1930.

Bury，J. B.，History of the Later Roman Empire，A. D. 395 to A. D. 800. 2 vols. 1889. Amsterdam，1966.

阿拉里克二世（Alaric Ⅱ，卒于507年） 西哥特统治者。参加主要战争：与法兰克进行的战争（507年）；参加主要战役（战斗）：福格拉登西斯营（武耶）之战（507年）。

阿拉里克二世是欧里克之子；484年12月，他在父亲死后成为国王，统治西班牙（除加利西亚外）、朗格多克、普罗旺斯西部和阿基坦。阿拉里克二世虽然是雅利安人，但他减轻了对天主教徒的迫害，于506年准许阿格德设立天主教会。507年，法兰克国王克洛维组成联军，与阿拉里克交战，其中有部分原因是由宗教问题引起的，因为法兰克人是天主教徒。阿拉里克在福格拉登西斯营战役中战败。同年，据称在法兰克人的追击下，被克洛维亲手杀死。

DLB

参考：Dalton，O. M.，The History of the franks by Gregory of Tours. 2 vols. Oxford，1927.

Thompson. E. A.，The Goths in Spain. Oxford，1969.

Wallace-Hedrill，John Michael，The Long-Haired Kings. New York，1962.

阿拉底亚斯（Alatheus，卒于387年） 东哥特人首领和将军。参加主要战争：抗击匈奴人侵（376年）、同罗马的战争（376—383年）、入侵巴尔干（387年）；参加主要战役（战斗）：第二次阿德里安堡（埃迪尔内）会战（378年）。

376年，哥特人国王维底米尔在同匈奴人作战时不幸阵亡，阿拉底亚斯和萨法拉克斯成为哥特人的首领。当时哥特人正面临着一场匈奴人的大屠杀，在这危急关头，阿拉底亚斯协助领导了哥特人的大迁徙。376年，阿拉底亚斯乘罗马人正忙于处理西哥特难民问题时，率众偷渡多瑙河，进入罗马境内，并与西哥特首领堤格兰和阿拉维乌斯结成同盟，共同与罗马军队作战。377年，东、西哥特人合兵一处，在多瑙河下游的萨利塞斯（威尔劳斯）地区，同一支罗马军队进行了一场残酷的战斗，双方未分胜负。377—378年间，为避开罗马军队的打击，阿拉底亚斯率众进入色雷斯和默西亚（今南斯拉夫和保加利亚境内），并对这些地区进行残酷的劫掠和蹂躏。378年春、夏，在巴尔干地区取得了一些小规模作战的胜利。378年8月9日，阿拉底亚斯率众在阿德里安堡地区同罗马军队进行了一场大会战，正当罗马皇帝华伦斯坦的主力部队向他发起进攻之时，他得到了堤格兰的增援，粉碎了罗马军队右翼骑兵的进攻，并包围了罗马步兵，最后彻底歼灭了罗马军队。380—383年期间，他率军继续入侵色雷斯和希腊北部地区，但是被狄奥多西大帝的将军普罗莫塔斯击败。他率军撤退渡过多瑙河，并在多瑙河以北地区驻扎。387年，他再次率军跨过多瑙河，侵入罗马境内，但在作战中再次被普罗莫塔斯击败并被杀死。

阿拉底亚斯是一位能力出众的骑兵指挥官和深得人心的领袖人物，但缺乏作为一个伟大统治者的远大眼光。他在阿德里安堡所取得的胜利，使骑兵开始在欧洲战争中居于统治地位，并延续了长达1000年的时间。

DLB

参考：Bury, J. B., Invasion of Europe by the Barbarians. 1928. Reprint, New York, 1963.

阿拉-乌德-丁·贾汉舒兹（Ala-ud-din Jahanshuz of Ghor，鼎盛时期约在 1150 年） 阿富汗吉尔（阿富汗的一部分）统治者。参加主要战争：与伊朗呼罗珊的战争（1150 年）、与加兹尼的战争（1152 年）；参加主要战役（战斗）：加兹尼围城战（1152 年）。

他是赛义夫·乌德-丁的近亲，1149—1150 年时成为显赫的阿富汗诸侯。被呼罗珊苏丹桑贾尔打败并被短期囚禁（1150 年）。赛义夫·乌德-丁死于加兹尼的沙阿·巴什拉姆之手后，他包围并夺取了该城，杀死沙阿·巴什拉姆，将该城夷为平地（1152 年）。他因此而获得了“贾汉舒兹”（世界焚毁者）的绰号。

DLB

参考：EB.
EMH.

阿拉-乌德-丁·卡伊科巴德（科哈伊科巴德）（Ala-ud-din Kaikobad〈khaikobad〉，卒于 1234 年） 塞尔柱突厥统治者。参加主要战争：同花剌子模的战争（1230 年）、与叙利亚的阿尤布王朝的战争（1231—1233 年）；参加主要战役（战斗）：埃尔津让（埃尔津詹）之战（1230 年）。

塞尔柱苏丹卡伊科霍斯鲁之子，艾勒卜·艾尔斯兰的远房后裔。于其兄卡伊库斯死后成为苏丹（1219 年），在多次作战中获胜，最著名的是与阿尤布王朝的诸侯阿什拉夫结盟对国王贾拉勒·乌德-丁率领的花剌子模残余的作战。在埃尔津让之战（1230 年）中打败了贾拉勒·乌德-丁。战争的结果是，卡伊科巴德征服了这一附属的塞尔柱国家——埃及祖鲁姆，并夺得了克拉特。然而他的扩张引起了阿尤布王朝的北方叙利亚和美索不达米亚这两个小诸侯国的不安，他们与埃及的马利克-阿尔-卡米尔联合起来与之对抗（1231 年）。由于该联盟内部互相倾轧，分歧重重，卡伊科巴德一直保有军事主动权，并短期占领过哈兰、埃德萨（乌尔法）和拉卡（阿尔-拉加）（1232—1233 年）。后被继他登位的儿子吉亚斯·乌德-丁·卡伊科霍斯鲁二世毒死。

阿拉-乌德-丁是一位精力充沛而有才华的军人，在其军队中有大量的基督教雇佣兵。他还因其公共建设计划和与基督教商人以及同特拉布宗、尼西亚（伊兹尼克）、小亚美尼亚这些基督教小国的友好关系而著名。他打败贾拉勒·乌德-丁，为蒙古对小亚细亚的入侵撤除了领土上的屏障。

DLB

参考：Cahen, Claude, Pre-Ottoman Turkey. Translated by J. Jones-Williams. New York, 1968.

阿拉-乌德-丁·基尔吉（Ala-ud-din Khilji，卒于 1316 年） 阿富汗-印度统治者。参加主要战争：入侵德干（1294 年）、征服古吉拉特（1297 年）、反蒙古之战（1297—1308 年）、征服拉贾斯坦（1301—1312 年）、入侵印度南方（1307—1312 年）；参加主要战役（战斗）：代奥克尔围攻战（1249 年）、伦腾波尔（拉尔斯坦邦的纳尔马达河北）围攻战（大约 1311 年）、吉多尔（吉大俄加）围攻战（大约 1311 年）。

阿拉-乌德-丁·基尔吉是德里国王贾拉勒-乌德-丁·菲鲁兹的外甥和女婿。1294 年他指挥其舅舅的军队入侵印度南方。由于这是穆斯林首次侵入纳巴达河南部，加之其间他曾一举攻克并洗劫亚达瓦王朝国都德瓦基里，因而颇为引人注目。菲鲁兹极力褒奖他，而他却于 1296 年谋杀菲鲁兹并攫取王位。1297 年征服古吉拉特，并击退蒙古的首次入侵。1301 年入侵拉贾斯坦，并着手攻占该地区的主要要塞兴都。在长逾十年的征服拉贾斯坦的过程中，他还几次发起对印度南方的入侵（目的主要是为了掠夺和抢劫），并至少两次击败蒙古人的入侵，其中最后一次几乎是在德里的城门口击溃了蒙古军队（1308 年）。大约在 1311 年，尽管吉多尔的防御者以杀掉自己的妻子和女儿为代价固守，以免城破受辱，他最终还是攻克了伦腾波尔和吉多尔的拉杰普特人的城堡。

阿拉-乌德-丁·基尔吉冷酷无情、嗜血成性、蛮横专制，却是一位极有才干的将军和严厉的行政官员。他尽可能搜刮民脂民膏并用于不断扩充军队和加强自己在印度北方的穆斯林统治。

DLB

参考：Habibullah, A. B. M., Foundation of Muslim Rule in India. Karachi?, 1945.
Majumdar, R. C., ed., The Delhi Sultanate. N. p., 1960.
Quereshi, I. H., The Administration of the Delhi Sultanate, 3d ed. N. p., 1958.

约翰·斯图亚特（Albany, John Stuart，约 1481—1536 年） 奥尔巴尼的第二位公爵，苏格兰-法国的军事家和政治家。参加主要战争：哈布斯堡-瓦卢瓦战争（1521—1559 年）。

约翰·斯图亚特约生于 1481 年，是奥尔巴尼公爵亚历山大·斯图亚特与他第二个妻子安娜·德拉图尔之子，在法国长大。1515 年应苏格兰国会的请求回到苏格兰，7 月出任摄政，8 月在斯特林逮捕了玛格丽特女王。在以后的九年里（1515—1524 年），他继续实行亲法政策，反对英国统治，取得了一些小的胜利。在英国-苏格兰战争期间（1522 年 9 月至 1523 年），他两次（1522 年和 1523 年）试图侵入英格兰，未果。1524 年 5 月他回到了法国，10 月跟随弗朗西斯一世侵入意大利。1524 年 12 月底，他率领 11 000 人的军队进军那不勒斯，以达到弗朗西斯一世与罗马教廷结盟的目的。当他得知弗朗西斯

被打败的消息之后，便遣散了部队。1525 年 2 月 24 日他率军劫掠了帕维亚，之后乘船回到法国。1530 年，出任法国驻罗马大使。1533 年他负责护送卡特琳·德·梅迪契去法国与弗朗西斯的大公子亨利成婚。卒于 1536 年 6 月 2 日。

约翰·斯图亚特是一位能干的外交官，但不具备一位战略家应有的天分。同时他的组织能力和管理才能也有限。

CCJ

参考：Mackenzie, A. M. The Scotland of Queen Mary, 1513—1638. Edinburgh, 1937.

Oman, Sir Charles W. C., A History of the Art of War in the Sixteenth Century. NewYork, 1937.

阿尔贝特（Albert，1559—1621 年） 奥地利大公，绰号“虚伪者”，奥地利将军和政务家。参加主要战争：八十年战争（1567—1648 年）；参加主要战役（战斗）：尼乌波特之战（1600 年）。

阿尔贝特是马克西米利安二世之子。早年在马德里接受神学教育。1595 年 2 月他的兄长——前任司令恩斯特去世，12 月他接管佛兰德军队，任司令。1598 年 8 月—1599 年 5 月到西班牙旅行，此间于 1598 年 11 月与西班牙公主伊莎贝拉结婚。为此出任西属尼德兰执政。1599 年 5 月携伊莎贝拉回到尼德兰。1600 年 7 月 2 日，率军与荷军激战于尼乌波特，被拿骚的莫里斯军队打败。1601 年 7 月 9 日—1604 年 9 月 20 日，率军围攻奥斯坦德，并最终占领该地。从 1609 年 4 月 9 日开始，经过 12 年的交战，终于在 1621 年 4 月 20 日与荷兰签定和约。卒于 1621 年 7 月。后来，伊莎贝拉仍继续统治着西属尼德兰（即今比利时）。

阿尔贝特是个能干的将军和管理者，有缜密的战役战术和战略头脑。但与斯皮诺拉和拿骚的莫里斯相比，其威名稍逊一筹。

DLB

参考：Geyl, Peter, The Netherlands in the Seventeenth Century. New York, 1964.

Oman, Sir Charles W. C., A History of the Art of War in the Sixteenth Century. New York, 1937.

Parker, Geoffrey, The Army of Flanders and the Spanish Road, 1567—1659. Cambridge, 1972.

阿尔贝特，弗里德里希·鲁道夫·阿尔勃莱希特（Albert, Friedrich Rudolf Albrecht, 1817—1895 年） 奥地利大公，奥地利陆军元帅。参加主要战争：意大利战争（1848—1849 年）、七周战争（1866 年）；参加主要战役（战斗）：库斯托扎（在维罗那附近）之战（1848 年）、诺瓦拉之战（1849 年）、第二次库斯托扎之战（1866 年）。

阿尔贝特 1817 年 8 月 3 日生于维也纳，为拿骚魏尔堡查理大公长子。1837 年加入奥地利陆军，成为上校。此前，他一直在其父监督之下接受私人教育。1839 年转入骑兵服役，并于 1845 年成为奥地利要塞司令官。在其服役期间，非正式地向约瑟夫·拉德茨基元帅学习了战争理论。在 1848—1849 年的意大利战争期间，他作为一名志愿者在拉德茨基手下参加战斗，并因赢得 1848 年 7 月 24—25 日库斯托扎之战以及 1849 年 3 月 21—23 日莫尔塔拉-诺瓦拉之战的胜利而闻名。在这两次作战中，他指挥第二集团军的一个师。1849 年秋，他成为监控波希米亚西北部的集团军司令官及美因兹要塞的卫戍司令。1850 年成为骑兵将军。1851 年 9 月成为匈牙利总督。1859 年 4 月，在努力得到普鲁士的支持后，同法国及皮蒙特作战，并在是年的 4 月下旬—7 月 11 日指挥莱茵军队。1860 年受命指挥维琴察及韦内齐亚的军队，并于 1863 年荣升陆军元帅。1866 年 6 月 14—20 日，七周战争爆发时，他作为南部军队司令官同意大利作战。6 月 24 日，在第二次库斯托扎之战中将缺乏协调的各路意大利军队打得落花流水，从而声名大振。这次胜利使阿尔贝特得以派遣其军队大部前往波希米亚。7 月 10 日，任奥地利陆军元帅，受命指挥军队保卫维也纳；但由于同普鲁士及意大利的战争结束，遂未在地面发生主要战斗。战争结束后，负责督察军队，并努力使之现代化。他建立起征兵体制，改进参谋机构，提高运输能力。在其生命的最后几年，他主要致力于编辑其父的军事著作，并写了几本有关军事题材的书籍。1895 年 2 月 18 日卒于蒂罗尔的阿科。

阿尔贝特有着非凡的军旅生涯。他不仅是一位颇有能力的军队管理者，而且也是一位可以独当一面的野战司令官。七周战争后，他在推动军队改革方面显露出卓越的才华。

PDM

参考：Duncker, Karl von, F. M. Erzherzog Albrecht. Vienna, 1897.

Verdy du Vernois, Gen. J. A. F. W., von, A Tactical Study Based on the Battle of Custozza. Reprint, NewYork. 1968.

阿尔贝特一世（Albert Ⅰ，约 1100—1170 年） 绰号“笨熊”，勃兰登堡侯爵。参加主要战争：文德战争（1136—1140 年）、霍亨施陶芬-韦尔夫（归尔甫）王朝冲突（1135—1182 年）。

阿尔贝特约生于 1100 年，巴伦施泰特伯爵“富人”奥托与其妻艾丽卡——萨克森的马格纳斯·比龙之女——的独生子。1123 年后卷入王朝争端，代表皇帝洛泰尔二世在意大利作战（1132 年），且在易北河东北获得一大片领地（1132 年），自称勃兰登堡侯爵，并发起对文德人的战争（约 1136—1140 年，此后战争时起时伏）。领导了平毁森林，排除沼泽积水的工作，并在新征服的领土上督促兴建殖民区和修道院。恢复了哈弗尔堡和勃兰登堡的主教。支持“巴巴罗萨”腓特烈一世在意大利

和对阿尔贝特的大敌——萨克森的“狮子”亨利的政策。可能被任命为大管家。卒于 1170 年 11 月 13 日。

阿尔贝特是日耳曼向东欧扩张的主要人物之一，还是霍亨施陶芬王朝的坚定支持者；一位富有才干、精力充沛的军人和天才的总督与行政家。

DLB and RGS

参考：Hampe, Karl, Germany Under the Salian and Hohen staufen Emperors. Translated by R. Bennett. Totowa, N.J., 1975.

Jaster, A., Geschichte der Askanischen Kolonisation in Brandenburg. Berlin, 1934.

Krabbo, A., "Albrecht der Bär," Forschungen zur Bran-denburg-Preussischen Geschichte, Vol. XIX, pt. 2. (Berlin, 1906).

阿尔贝特·冯·霍亨索伦（Albert von Hohenzollern，1490—1568 年） 条顿骑士团最后一任首领，普鲁士公国第一位公爵。参加主要战争：康布雷联盟之战（1508—1510 年）、波兰-条顿战争（1519—1522 年）。

阿尔贝特 1490 年 5 月 16 日生于安斯巴赫，是霍亨索伦的弗里德里希和他的妻子——波兰国王卡什米尔四世的女儿——索菲娅的第三个儿子。1507 年成为科隆教牧师会成员。1508—1510 年间，跟随马克西米利安皇帝御驾亲征威尼斯。1510 年 12 月 14 日被任命为条顿骑士团首领，1511 年 2 月 13 日走马上任。1519 年 12 月，因拒绝效忠波兰而引发条顿骑士团与波兰交战。1519—1521 年间，尽管在兵力上占有优势，但因其疏于才略，交战未分出结果。于是他于 1521 年 4 月 4 日与波兰人签定了停战协议。鉴于骑士团与地方军阀之间的矛盾，他听从宗教改革家路德的劝告，于 1525 年 4 月解散了条顿骑士团，自封为普鲁士第一位公爵，将普鲁士领地改为波兰王室统治下的世袭公国。尽管自 1410 年的坦伦堡之战以后，条顿骑士团已经衰落，但这一举措还是正式结束了条顿骑士团作为一支军事力量的使命。1530 年他试图在普鲁士公国重新恢复骑士团，但受挫。1531 年皇帝查理五世下旨废黜阿尔贝特，但这一旨意从未得到真正实施。后来阿尔贝特与其他德意志诸侯结盟反对查理五世统治。1544 年创立了柯希斯堡（今加里宁格勒）大学，并成为一个著名的人文科学者和基督教新教领导人。1556 年以后，他处于内忧外患之中，对宗教问题尤感棘手。1568 年 3 月 20 日卒于塔皮亚乌。

阿尔贝特作为一位领导者，在早期的军事生涯中表现出某些才干。把条顿骑士团领地变成固定公国的这一做法，显示了他的远见卓识。

AL

参考：Forstreuter, K., Vom Ordensstaat zum Fürstenrum. N.P., 1951.

Hunbatsch, Albrecht von Brandenburg-Ansbach, Deu-tschordens-Hochmeister und Herzog in Preussen 1490—1568. Heidelberg, 1960.

Lohmeyer, K., Herzog Albrecht von Preussen. Berlin, 1890.

ADB.

EB.

霍亨索伦-库尔姆巴赫的阿尔贝特二世（Albert Ⅱ of Hohen-zollern-Kulmbach，1522—1557 年） 又称“阿尔齐比亚德斯”，勃兰登堡-库尔姆巴赫侯爵。参加主要战争：第四、五次哈布斯堡-瓦卢瓦战争（1542—1544 年；1547—1559 年）、施马尔卡尔登战争（1546—1547 年）；参加主要战役（战斗）：罗赫利茨之战（1547 年）、锡沃斯豪森（汉诺威附近）和不伦瑞克之战（1553 年）。

阿尔贝特二世 1522 年 3 月 28 日生于安斯巴赫，是勃兰登堡的卡什米尔之子。1541 年被查理五世授予少校军衔。1543—1544 年查理五世入侵法国，为此他招集起一支雇佣军。尽管他信仰新教，但在施马尔卡尔登之战中，仍站到查理一边。1547 年 3 月 2 日在进攻萨克森的罗赫利茨小战中被俘。神圣罗马帝国取胜后，他于 4 月 24 日在米尔贝格被释放。1550 年，他背叛查理五世而跟随他的朋友萨克森选侯莫里斯。1552 年 1 月 15 日，促成莫里斯与法国国王亨利二世结盟。但随之而来的 4 月，他与莫里斯产生争执，离开了同盟。5—8 月，独来独往，率领他的非正规军队进行劫掠。8 月 29 日在皇帝的禁令下整顿军队。11 月 12 日，匆忙地与查理结盟，在梅斯附近打败了法国的军队。此举充分地表白了他的忠心。他在法兰克尼亚的行动，赢得了神圣罗马帝国皇帝的赏识，于是再次得宠。但信奉天主教和新教的亲王们在莫里斯的领导下联合起来反对他。1553 年 7 月 9 日，他在锡沃斯豪森之战中战败，而莫里斯亦死于战斗中。9 月 12 日，在不伦瑞克附近再战，以失败告终。1554 年 6 月，阿尔贝特被驱逐，而后流亡法国。1556 年底重返德意志，图谋东山再起。1557 年 1 月 8 日卒于其姐夫普福尔茨海姆的巴登侯爵宫中。

阿尔贝特善变、野心勃勃，不墨守陈规，具备一位雇佣军队长的天分。但他不是一个杰出的统治者和政治家。

DLB

参考：Kneitz, O., Albrecht Alcibiades, Markgraf von Kulmbach. Kulmbach, 1951.

Koenigsberger, Helmut Georg, The Hapsburgs and Europe, 1516—1660. Ithaca. N.Y., 1971.

Oman, Sir Charles W.C., A History of the Art of War in the Sixteenth Century. London, 1937.

阿尔博因（Alboin，卒于 572 年） 意大利伦巴第统治者。参加主要战争：征服格庇迪人战争（565—567 年）、入侵并征服意大利战争（568—572 年）。

阿尔博因是国王奥杜安之子，565 年，其父死后，

他成为伦巴第国王。他与阿瓦尔人联盟，进攻格庇迪人。567 年，阿尔博因在战斗中打败并杀死了格庇迪国王库尼蒙德，后与库尼蒙德的女儿罗莎蒙德结婚。因疑心其阿瓦尔同盟者，决定在意大利找一个更安全的地盘。568 年 4 月，他率领所有伦巴第人和两万名撒克逊人穿过位于朱利安地区的阿尔卑斯山，大约在 6 月打败了拉文纳总督朗金，并于 569 年 9 月占领了米兰。569—572 年，他率军包围帕维亚，并于攻克之后，将其作为首都。572 年或 573 年，因逼罗莎蒙德用她父亲头盖骨做成的酒杯喝酒，激怒了罗莎蒙德，据说最后便被罗莎蒙德所谋害。

阿尔博因是一位少见的暴君，是日耳曼人最后大规模迁徙的首领。

DLB and RGS

参考：Hodgkin，Thomas，Italy and Her Invaders，Vol. V. Oxford，1897.

Paul the Deacon，History of the Lombards. Translated by W. D. Foulke. 1907. Reprint，Philadelphia，1974.

阿尔布雷特，查尔斯·德（Albret，Charles d'，约 1347—1415 年）法国元帅。参加主要战争：英法百年战争（1337—1453 年）；参加主要战役（战斗）：阿金库尔之战（1415 年）。

阿尔布雷特约 1347 年生于一个古老的加斯科涅家族，阿尔布雷特勋爵阿尔诺·阿玛尼厄之子。14 世纪六七十年代在著名的勃特朗·迪·盖克兰元帅麾下作战。1402 年 2 月 6 日受封法国元帅。1411 年 3 月，勃艮第派掌权及圣波尔伯爵出任元帅后，国王查理六世将其解职。1413 年勃艮第派败于其对手阿马尼亚克派后，阿尔布雷特又官复原职。1415 年夏秋，挂名指挥法军集中抵抗亨利五世所率英军的入侵。10 月 10—28 日，阿尔布雷特为最大限度地发挥法军供应良好和数量居多的优势，采取审慎的机动战法对付亨利。1415 年 10 月 29 日，在当权的法国贵族的催逼下，于阿金库尔攻击英格兰军队，在随之发生的战斗中，法军遭到毁灭性失败，阿尔布雷特亦阵亡。

阿尔布雷特年轻时追随著名的迪·盖克兰元帅，是一位颇有才干、富有活力的军人，但却根本不是亨利五世的对手。在战前，他一直缺乏与其军事职责相称的政治影响力。

DLD and RGS

参考：Burne，Alfred Higgins，The Agincourt War. London，1955.

Jacob，E. F.，Henry V and the Invasion of France. London，1947.

Oman，Sir Charles W. C.，The Art of War in the Middle Ages. 2 vols. London，1924.

阿方索·德·阿尔布克尔克（Albuquerque，Affonso de，1453—1515 年）　葡萄牙海军将领和总督。参加主要战争：葡萄牙征服东印度群岛战争（1503—1515 年）；参加主要战役（战斗）：霍尔木兹之战（1507 年）、果阿之战（1510 年）、马六甲围攻战（1511 年）、亚丁之战（1513 年）、霍尔木兹之战（1515 年）。

阿尔布克尔克 1453 年生于里斯本附近的一个城镇，从小就喜爱打仗和航海。长大以后，参加了海军。到了 1500 年，他已成为一位知名的军事家和经验丰富的航海家。1503—1504 年 7 月间，他带领殖民军第一次远征印度，在马拉巴沿海的科钦建立了一个港口。大约在 1507 年，他率领一支由五艘战船组成的小型舰队经特里斯坦-达库尼亚群岛远航到印度洋。此间，沿东非海岸航行时，他参加了一系列侵略阿拉伯贸易港口的战斗。9 月，占领了霍尔木兹岛。1508 年底，秉承葡萄牙国王的旨意到达马拉巴地区，接替弗朗西斯科·德·阿尔梅达的总督职务，但遭阿尔梅达软禁。1509 年 2 月阿尔梅达取得第乌大捷。大约在 5 月份，葡萄牙海军司令率领一支大型舰队赶到，阿尔梅达才不得不释放阿尔布克尔克。同年底，他派遣一支远征军征服马来亚。1510 年 1 月在攻打卡利卡特时失利。该年 3 月，他率军向前推进，占领了果阿。8 月结束远征行动。11 月得到援军后，重新开始远征。1511 年经过长期围攻，侵占了马六甲，随后派遣远征军扫荡摩鹿加海域。1512 年 9 月，回师果阿镇压起义。1513 年围攻亚丁未果。1515 年，重占霍尔木兹岛。后来当他率军回到马拉巴时，接到命令回国。1515 年 12 月 15 日卒于归国途中，后葬于果阿。他的陵墓被建成陵殿，以防止后任总督对其进行破坏。

阿尔布克尔克能干、果敢、意志坚强。他高瞻远瞩地建立基地网，从而使葡萄牙海军能够牢固地控制印度洋的制海权。在其任总督期间，以公平、平等而著称。

DLB

参考：Cartas de Affonso de Albuquerque. 7 vols. Lisbon，1884—1935.

Prestage，Edgar，Afonso de Albuquerque. London，1929.

Whiteway，Richard Stephen，The Rise of Portuguese Power in India，1497—1550. 1899. Reprint，London，1967.

阿基比阿德（Alcibiades，约公元前 450—前 404 年）　雅典将军和政治家。参加主要战争：伯罗奔尼撒战争（公元前 431—前 405 年）；参加主要战役（战斗）：波提德亚（位于塞萨洛尼基附近）之战（公元前 432 年）、德利于姆之战（公元前 424 年）、阿比多斯之战（公元前 411 年）、西齐喀斯之战（公元前 410 年）、以弗所之战（公元前 406 年）。

阿基比阿德于公元前 450 年前后生于雅典的一个富裕家庭。他非常钦佩哲学家苏格拉底，而苏格拉底也很

欣赏他。公元前 432 年在波提德亚战役中，苏格拉底救了他的性命。公元前 424 年在德利于姆战役中，阿基比阿德又救了苏格拉底的性命。公元前 421 年，阿基比阿德当选为将军，反对以尼塞斯为首的主和派，筹划与比利斯、亚各斯和曼提尼组成民主同盟；但是公元前 418 年由于斯巴达在曼提尼的胜利，使这个同盟彻底瓦解。当年改选时，他未能连任将军。随后，在公元前 418—前 417 年间，尼塞斯在色雷斯遭到失败。公元前 417—前 416 年，阿基比阿德开始主张成立西西里远征队。公元前 415 年，成为西西里远征队的指挥官之一，会同尼塞斯和拉马巧斯指挥这支远征队。远征队刚刚在西西里登陆，阿基比阿德因受到亵渎神灵的指控而被召回雅典受审。公元前 415 年，当他在途中听说自己已被缺席判处死刑后，便投奔斯巴达，并为斯巴达人出谋划策。公元前 414—前 413 年，前往小亚细亚鼓动几个爱奥尼亚城邦叛离雅典的提洛同盟，并且促成斯巴达与波斯总督提沙费尼组成联盟。公元前 412 年，受到斯巴达主子的冷遇，转而逃往提沙费尼的宫廷。劝说波斯解除与斯巴达的联盟，并策划逃回雅典。在公元前 411 年的独裁革命之后，他加入了赛漠斯岛附近的一个舰队，并被任命为希腊海地区的指挥官。公元前 411 年，在阿比多斯海域击败了斯巴达舰队，并于次年在西齐喀斯海域又取得了胜利。公元前 408 年，收复卡尔克东和拜占庭。公元前 407 年，载誉回到雅典。公元前 406 年，他在诺提乌姆被击败，其职务被柯农替代，退居于色雷斯的克尔索涅岛。公元前 404 年 4 月，离开雅典，之后不久雅典终于被击溃。他逃往夫利吉亚（位于土耳其中部）隐匿，但斯巴达控制了波斯总督法尔那巴扎斯，于公元前 404 年，令其将基比阿德杀害。

阿基比阿德一表人才，而且非常富裕，被认为是政治和海军指挥方面的天才。他十分残忍，而且野心勃勃，因而在政治上很不稳定，在雅典不受重用。

DLB

参考：Grundy, George B., Thucydides and the History of His Age. 2 vols London, 1911.

Hatzfeld. J., Alcibiade. N. p., 1940.

Henderson, Bernard W., The Great War Between Athens and Sparta. London, 1927.

Thucydides, The Peloponnesian War. Translated by Rex Warner. Baltimore, 1968.

阿尔特林格·约翰伯爵（Aldgringen, Count Johann, 1588—1634 年） 日耳曼帝国将军。参加主要战争：三十年战争（1618—1648 年）；参加主要战役（战斗）：德斯奥桥之战（1626 年）、鲁恩柏格附近的勒车战斗（1632 年）、阿尔维斯特之战（1632 年）。

三十年战争爆发后，他于 1625 年由主教的秘书变成华伦斯坦的助手之一，并且在其指挥官的位置上发挥了重要作用。1626 年 4 月 25 日，在抵抗曼斯菲尔德和保卫德斯奥桥的战斗中勇敢坚定，取得了华伦斯坦的首战之捷。1626—1627 年，他奉命率领华伦斯坦的一支部队援助蒂利。1628—1631 年，在曼脱安王位继承战争期间，他在华伦斯坦派遣军科拉托的部队中服役。后来重新返回日耳曼，再次被任命为副司令官，奉命率帝国军队到蒂利作战，于 1632 年 4 月 15 日在勒车的蒂利打败敌人。此役虽然负伤，但不久（8 月 24 日）又参加了华伦斯坦在韦恩特的战斗。之后，他再次回到派遣军中任职。1632—1634 年在费拉的西班牙军队中任司令官。后来，他参与了谋杀华伦斯坦的阴谋。华伦斯坦及其部属被谋杀后，财产被瓜分，阿尔特林格大获其益。在瑞典入侵巴伐利亚期间的 1634 年 7 月 22 日，他因试图阻止瑞典军队侵占兰茨胡特失败而被杀。

阿尔特林格被华伦斯坦称为“喝过墨水”的人，但并未得到华伦斯坦的赏识。他把华伦斯坦的一切活动都定期地报告给维也纳。也许在没死之前，他就已经谋划着如何背叛帝国了。

CCJ

参考：Brohm, Johann von Aldringen. Halle, 1882.

Hallwich, H., “Aldringens letzter Ritt,” Mitteilungen des Vereins für die Geschichte der Deutschen in Böhmen, Vol. XLV.

Wedgwood, Cicely V. The Thirty Years War. 1938. Reprint, Garden City, N. Y., 1961.

涅瓦的亚历山大·涅夫斯基（Aleksandr Nevski, 1220—1263 年） 诺夫哥罗德公爵、弗拉基米尔大公。参加主要战争：与瑞典的战争（1240 年）、与条顿骑士团的战争（1241—1242 年）；参加主要战役（战斗）：涅瓦河之战（1240 年）、佩普西湖之战（1242 年）。

亚历山大生于 1220 年，弗拉基米尔与基辅大公雅罗斯拉夫·弗谢沃洛多维奇之子。弗拉基米尔与基辅大公作为蒙古的藩臣曾一度统治着北方的商业重镇诺夫哥罗德。亚历山大率领诺夫哥罗德军队与比尔耶·芒努松率领的瑞典入侵军作战，并在涅瓦河打败了他们（1240 年），从而赢得了“涅瓦的涅夫斯基”的雅号。由于对纷争不已的诺夫哥罗德居民感到不快，他离开了这座城市，但条顿骑士团的威胁又迫使他重返该城（1241 年）。他解放了骑士团占领的罗斯（即俄罗斯前身）领土，之后攻入爱沙尼亚，不久为条顿骑士团所阻。在结冰的佩普西湖上的一场激烈战斗（1242 年 4 月初）中，他粉碎了骑士团的军队，并迫使骑士团首领放弃所有的罗斯人领地。其父死后，亚历山大与其弟安德烈被拔都汗派往喀喇昆仑，在那里受封为基辅大公；而安德烈则受封为弗拉基米尔大公。当其弟在一场叛乱之后被杀（1251 年）后，他兼领弗拉基米尔大公。在其有生之年的大部分时间里，他既对西方保持高度戒备，又与蒙古钦察汗国（又译金帐汗国）的统治者进行着谨慎的合作。叙兹达尔（罗斯中部，莫斯科东北）爆发大起义后，他劝说

蒙古统治者拔都的继承人别尔克汗不要采取惩罚性措施。镇压起义返回时（1263 年 11 月），卒于伏尔加河沿岸的戈罗杰茨。

亚历山大是中世纪俄罗斯的伟大英雄之一，被奥索多克斯教堂奉为圣徒（1380 年），并被斯大林称为俄国英雄（1941 年）。

BAR

参考：Thompson, Michael Welman, Novgorod the Great: Excavations at the Medieval City. New York, 1967.
Urban, William, The Baltic Crusade. DeKalb, Ill., 1975.
Verndsky, George, Kievan Russia. London, 1948.

阿列克谢耶夫，米哈伊尔·瓦西里耶维奇（Alekseev, Mikhail Vasilievich, 1857—1918 年） 俄国将军。参加主要战争：日俄战争（1904—1905 年）、第一次世界大战（1914—1918 年）和苏俄国内革命战争（1918—1921 年）；参加主要战役（战斗）：加利西亚之战（1914 年）、戈尔利采-塔尔诺夫之战（1915 年）。

阿列克谢耶夫 1857 年 11 月 15 日生于特维尔（今加里宁），为军人之后，1876 年入伍，1890 年毕业于参谋学院，1904 年升为将军。在日俄战争期间（1904 年 2 月—1905 年 9 月），供职于中国东北俄军第三集团军军需局局长。1908 年出任基辅军区参谋长，1912 年任第十三军军长。第一次世界大战爆发时，出任西南方面军（辖第三、第四、第五和第八集团军）参谋长，策划了俄军侵入加利西亚的攻势（1914 年 8 月 23 日—9 月 11 日）。1915 年 3—8 月任西北方面军总司令。1915 年 8 月沙皇担任最高统帅以后，受任最高统帅部参谋长。阿列克谢耶夫为沙皇尼古拉二世因受拉斯普廷的影响而与公众相隔离感到心灰意冷，准备向沙皇发出改革的最后通牒，但密谋被发现。阿列克谢耶夫病倒了，并在 1916 年 11 月退役。随后，负责沙皇的退位事宜（1917 年 3 月），任临时政府最高统帅。由于对临时政府缺乏信心，于该年 5 月 21 日辞职。1917 年夏季，阿列克谢耶夫曾试图在科尔尼洛夫和克伦斯基之间调解，未果。布尔什维克革命（11 月）之后，在俄国南部聚集白军。科尔尼洛夫死（1918 年 3 月）后，成为白卫政府的领导人。1918 年 10 月 8 日，因心脏病卒于叶卡捷琳诺达尔（今克拉斯诺达尔）。

阿列克谢耶夫是一位非常有能力的参谋军官，也是有天赋的计划者和热心的改革者。由于下属的无能，他不得不大权独揽。

DLB

参考：Snyder, Jack, The Cult of the Offensive in European War Planning, 1870—1914. Ithaca, 1984.
Stone, Norman, The Eastern Front, 1914—1917. London and New York, 1975.
Wildman, Allan K., The End of the Russian Imperial Army. New York, 1975.
Zaionchkovskii, A. M., Podgotovka Rossii K imperialisticheskoi voine. Moscow, 1926.

阿朗松公爵，查理四世（Alençon, Charles Ⅳ, Duke of, 1489—1525 年） 法国贵族。参加主要战争：康布雷联盟战争（1508—1510 年）、法国入侵意大利战争（1515 年）、第一次哈布斯堡-瓦卢瓦战争（1521—1526 年）；参加主要战役（战斗）：阿纳迪洛（洛迪附近）之战（1509 年）、马林雅诺之战（1515 年）、帕维亚之战（1525 年）。

查理四世生于 1489 年，是阿朗松公爵勒奈的儿子。1482 年勒奈去世，查理四世继承父业，并于 1497 年袭承阿马尼亚克和鲁尔盖（大概位于今法国阿丰龙省内）等领地。1509 年 5 月 9 日，率军与威尼斯军队激战于阿纳迪洛。同年 8 月 8 日—9 月 30 日，在与威尼斯军队争夺帕多瓦时败北。1509 年底，撤军回到法国，与多芬（即后来的弗朗西斯一世）的妹妹瓦卢瓦的玛格丽特结为伉俪。1515 年，执政诺曼底。后跟随弗朗西斯一世御驾亲征意大利地区，率军于 1515 年 9 月 13—14 日与瑞士军队于马林雅诺展开血战。为表彰其战功，1517 年弗朗西斯一世降旨封其为贝里公爵。1524 年 9 月中旬，遵从弗朗西斯一世旨令，率军到里昂集结。10 月 4—27 日间，以副总司令的身份率领法军越过阿尔卑斯山，侵入意大利。1525 年 2 月 24 日，与神圣罗马帝国军队交战于帕维亚地区，由于弗朗西斯援助不力，结果败退。因受胸膜炎困扰，再加上因失败遭到人们的指责，1525 年 4 月卒于悲伤中。

尽管历史上认为查理四世作战经验丰富，但他算不上杰出将领。作为辅佐者，他呆板且运气不佳。在帕维亚之战中，他忘恩负义，有投敌叛国之嫌。

AL

参考：Oman, Sir Charles W. C., A History of the Art of War in the Sixteenth Century. New York, 1937.
Terasse. C., François Ier, le roi et le règne. 2vols. Paris, 1945—1948.
Wilkinson, Burke, Francis in All His Glory. New York, 1972.

阿朗松，弗朗西斯（Alencon, Francis, 1554—1584 年） 法国皇太子。参加主要战争：法国宗教战争（1562—1589 年）、八十年战争（荷兰独立战争，1567—1648 年）。

巴滕贝克的亚历山大（Alexander of Battenberg, 1857—1893 年） 保加利亚亲王。参加主要战争：俄国-土耳其战争（1877—1878 年）和塞尔维亚-保加利亚战争（1885—1886 年）；参加主要战役（战斗）：斯利夫尼之战（1885 年）和皮罗特之战（1885 年）。

亚历山大 1857 年 4 月 5 日生于意大利的维罗那，是亚历山大亲王（黑森的）与朱利娅（冯·霍克伯爵夫人）

所生的第二个儿子。在俄国-土耳其战争期间（1877 年 4 月—1878 年 1 月），加入俄国陆军。1879 年 4 月 29 日在沙皇亚历山大二世的支持下，被封为保加利亚亲王。亚历山大二世去世后，他在宫廷中失宠。因政治动乱，他中止了保加利亚宪法。1881 年，俄国为保持其对保加利亚的控制，迫使他任命俄罗斯将军 L.N. 索勃莱夫和 A.I. 考尔巴斯为其政府的内务大臣和国防大臣。然而，由于这两位将军的无能和民众的忿恨，俄国这一图谋未能实现——1883 年，两位俄国将军被解职。同年，未与沙皇商议就吞并了东鲁米里亚（北保加利亚），此举更加激怒了俄国。1885 年 11 月，在奥地利的支持下，塞尔维亚人入侵。亚历山大亲王在斯利夫尼（11 月 17—19 日）和皮罗特（11 月 26—27 日）先后两次击败塞军，但军事上的胜利未能消除保加利亚军官对他的敌意。在 1866 年 10 月 20—21 日的军事政变中，他被推翻。应国民的要求，他于数周内回到国内，并在 1866 年 9 月 8 日宣布为了国家的利益而退位。不久，受封哈滕瑙伯爵并成为一名将军，在奥匈军队中服役。1893 年 10 月 23 日卒于格拉茨。

BAR

参考：Corti, E. C., Alexander von Battenberg. N. P., 1955.
Koch, A., Prince Alexander of Battenberg. N. P., 1887.
EB.
EMH.

伊庇鲁斯的亚历山大一世（Alexander Ⅰ of Epirus，卒于公元前 331 年） 希腊伊庇鲁斯统治者。参加主要战争：在意大利南部地区的作战（公元前 334—前 331 年）；参加主要战役（战斗）：潘多西亚（在意大利南部地区的斯堪扎诺附近）之战（公元前 331 年）。

伊庇鲁斯的亚历山大一世是奥林匹娅斯（马其顿菲利普二世的王后，亚历山大大帝的母亲——译者注）的兄弟，他既是马其顿的亚历山大三世大帝的舅父，也是亚历山大的姐夫。公元前 343 年，当他击败并驱逐了雅利波巴斯以后，被马其顿的菲利普二世扶上王位，成为伊庇鲁斯国王。公元前 336 年，同菲利普二世与奥林匹娅斯的女儿克娄巴特拉结婚。在这次婚礼宴会上，菲利普二世被谋杀。公元前 334 年，他林敦（今塔兰托）受到萨谟奈人和劳卡尼亚人的威胁而向他求救，他立即率军进入意大利南部地区。公元前 332 年，率军在佩斯图姆登陆，进行了一些成功的作战，攻占了一些劳卡尼亚人的城市，但在公元前 331 年的潘多尼亚之战中被击败并被杀。

伊庇鲁斯的亚历山大一世是一位具有一定指挥艺术的指挥官。传说，他的外甥马其顿的亚历山大三世大帝在亚洲作战时，曾给他捎来一封信，报告在亚洲作战的一些情况。他给亚历山大复信说：亚历山大只不过是在同女人们作战，而他本人却是在同男人们作战。

DLB

参考：Curteis, Arthur M., Rise of the Macedonian Empire. New York ,1886.
Wust, Fritz R., Philipp Ⅱ von Makedonien und Griechenland in den Jahre von 346—338 v. Chr. Munich, 1938.

亚历山大三世（大帝）（Alexander Ⅲ the Great，公元前 356—前 323 年） 马其顿国王，实际上也是波斯皇帝。参加主要战争：第四次神圣战争（公元前 339—前 338 年）、巩固战争（公元前 336 年）、征服波斯（公元前 334—前 330 年）、入侵中亚（公元前 330—前 327 年）、入侵印度（公元前 327—前 326 年）；参加主要战役（战斗）：喀罗尼亚之战（公元前 338 年）、格勒奈克斯之战（公元前 334 年）、伊苏斯之战（公元前 333 年）、阿贝拉（位于古尼内韦赫附近）之战（公元前 331 年）、海达斯佩斯之战（公元前 326 年）。

亚历山大于公元前 356 年夏生于马其顿的珀拉，是菲利普二世与伊庇鲁斯公主奥林匹娅斯之子。公元前 343（?）—前 340 年期间，他曾受教于亚里士多德。公元前 340—前 339 年，当菲利普二世围攻拜占庭（今伊斯坦布尔）时，亚历山大于国内摄政，在此期间他击败了马伊第人。在公元前 338 年 8 月 2 日的喀罗尼亚之战中，亚历山大是马其顿左翼骑兵的指挥官，因战功卓著而脱颖而出。公元前 337 年，菲利普二世与奥林匹娅斯之间发生了激烈争吵，之后亚历山大随其母亲逃往伊庇鲁斯；但几个月之后，他又返回马其顿，并再次获得菲利普国王的宠爱。菲利普二世被谋杀（公元前 336 年 7 月）后，亚历山大登基成为马其顿国王。公元前 336 年八九月份，他在玻俄提亚地区实施了一场旋风般的作战，在短时间内平定了色萨利，并巩固了他在希腊同盟中的霸主地位。公元前 335 年 4—6 月间，他率军平定了特里巴利人和盖塔人的叛乱。七八月间，率军在皮利翁（普利亚萨，位于阿拉伯半岛的科尔察附近）同伊利里亚人作战，取得胜利，平定了这一地区。这一年 9 月，亚历山大平定了发生在底比斯的叛乱，并将底比斯城夷为平地，以惩戒叛乱者。公元前 334 年 4 月，他率领 4 万人马进入亚洲，开始实施菲利普二世解放爱奥尼亚希腊人城市的掠夺计划。公元前 334 年 5 月 2 日，他在格勒奈克斯河，击败了由波斯当地总督率领的一支军队。9—11 月间，经过艰苦的围攻，他最终攻克了哈利卡纳苏斯。公元前 334 年冬季—前 333 年，他在短时间内平定了弗里吉亚（加拉提亚，位于土耳其中部地区）。公元前 333 年 4 月，攻占了戈尔狄翁。4—8 月间，又征服了卡帕多细亚（土耳其中部地区，位于弗里吉亚以东）。9 月，他率领一支部队迅速进军，完全出乎防守西利西亚大门（在土耳其的玻尔科尔附近）的阿萨米斯的意料，突然兵临城下，不费一兵一卒，就夺取了这个重要

的通道。公元前333年10月中旬，波斯皇帝大流士四世率军尾击马其顿军队，并切断了其交通线；亚历山大迅速集中兵力，准备向波斯主力部队发动进攻。公元前333年11月1日，亚历山大率军在伊苏斯附近，沿皮纳鲁斯河向波斯军队发起攻击，击败了在数量上占有绝对优势的敌军，夺取了他们的后勤辎重，并俘虏了大流士的家眷。公元前332年1—8月，经过长达8个月的围攻，占领了提尔，并平定了腓尼基地区。大流士献出1万金塔兰特（相当于300吨黄金），还提出其他一些优厚的条件，希望能同亚历山大讲和，遭到拒绝。9—10月间，亚历山大围攻并占领了加沙。公元前332年11月一前331年4月，占领埃及。公元前331年4—9月间，亚历山大得知大流士正在集中一支军队，并开始向提尔进发，于是立即率军乘虚而入，避开敌人的主力部队，在没有任何抵抗的情况下，占领了美索不达米亚北部地区。9月19日，他率军越过底格里斯河；10月1日，在阿贝拉（高加米拉）之战中，再次战胜了由大流士亲自指挥的、数量上占有绝对优势的波斯军队。是年10月，占领了巴比伦，11月占领了波斯门户，12月又占领了苏撒。公元前331年12月一前330年3月，占领了波斯波利斯，并将该城洗劫一空，最后又付之一炬。继续追击大流士。5月，占领了埃克巴塔纳（今哈马丹），不久派人给希腊的家庭和色萨利联盟送去了一封信。公元前330年7月1日大流士被自己的部下所杀，亚历山大得知后开始率军转向里海南海岸，在公元前330年7—9月间，平定了生活于这一地区的一些部落。公元前330年九、十月间，率军继续追击波斯的残余军队，并平定了安息（帕提亚）以及阿里亚。公元前330年12月，镇压了军中部分军官发动的一次阴谋叛乱，处决了为首的菲洛塔斯及其父亲帕尔米尼奥。公元前329年1—4月，率军入侵阿腊科西亚（阿富汗南部地区），四五月间，又侵入巴克特里亚（大夏），并按照他的个人意愿建立了一些城市。公元前329年8—10月，率军在乌浒河（药杀水，又称阿穆达尔雅河）附近，经过一系列大规模交战，击败了西徐亚人。公元前329年10月，消灭了马拉坎达的救援纵队。公元前328年2（?）—8月，镇压了在粟特（索格狄安纳，或称布卡拉）的一次叛乱。公元前327年一、二月间，围攻粟特和基奥伦尼斯，尽管这两个城市的城堡几乎是坚不可摧的，但最终他还是占领了这两个城市。公元前327年3月（?），同粟特起义者首领、粟特罗克贵族斯皮塔米尼斯的女儿洛克萨妮结婚。公元前327年5月（?），平定了童子军军团的叛乱，处决了这个军团的指挥官卡利斯特尼斯。公元前327年7—9月，通过巴米亚和开伯尔山口侵入印度。公元前326年3月，围困并强攻阿奥尔尼斯城堡。公元前326年4月，率军横穿印度，在同年5月的海达斯佩斯之战中击败了印度国王波罗斯。是年7月，亚历山大准备继续率军向前推进，但已对这次远征感到厌烦的军队，拒绝继续前进，并发生哗变，使他被迫中止了这次远征计划。是年8月一前325年7月，他率军撤出海达斯佩斯和印度河流域，到达印度洋海岸。在这期间，于公元前326年的11—12月份，曾镇压了一场雅利安人举行的反抗，并组建起一支舰队，交给奈阿尔科斯指挥。公元前325年9—11月，亚历山大率领军队进行了一次艰难的、几乎是灾难性的行军，通过了格德洛西亚沙漠（俾路支），于公元前324年1月到达已成废墟的波斯波利斯城遗址。是年7月，他试图恢复波斯帝国，并竭尽全力想将波斯帝国同希腊和马其顿融为一体，这在奥林匹斯（位于巴格达北部）又引起了第二次叛乱。亚历山大没有使用暴力，轻而易举地稳定了部队。公元前324年冬季一前323年，率军剿灭了以卢里斯坦山区为根据地的一些强盗。公元前323年早春，到达巴比伦，显然，亚历山大想把这座城市作为自己的首都。尚有许多未竟事业的亚历山大，不幸在巴比伦身染重病（可能是疟疾），卒于公元前323年6月13日。

亚历山大是一位具有非凡能力的将军，其优秀的才能不仅表现在战略和正规作战的战术方面，而且表现在山区以及平原和沙漠地带的非正规战争中。他的能力鼓舞了他的人民，其事迹即使在当时也带有传奇色彩。他作为一位管理者和统治者的天才是非凡和显著的。亚历山大是世界历史上最优秀的军事将领之一，也是一位伟大的领袖人物。

DLB

参考：Arrianus Flavius(Arrian), The life of Alexander the Great, Harmondsworth, 1960.

Dodge, Theodore A., Alexander the Great. Boston, 1890.

Dupuy, Trevor N., The Military Life of Alexander the Great of Macedonia, New York, 1969.

Engels, Donald W., Alexander the Great and the Logistics of the Macedonian Army. Berkeley, Calif., 1978.

Fuller, J. F. C., The Generalship of Alexander the Great. New Brunswichk, N.J., 1960.

Plutarch, "Alexander," Parallel Lives.

Tarn, William Woodthorpe, Alexander the Great. 2 vols. Cambridge, 1948.

Wilken, Ulrich, Alexander the Great. Edited by Eugene N. Borza. Translated by G. C. Richards. New York, 1967.

亚历山大·塞维鲁（Alexander Severus，208—235年） 罗马皇帝。参加主要战争：波斯战争（231—233年）、阿勒曼尼人叛乱（234年）。

亚历山大·塞维鲁生于腓尼基，是著名的罗马皇帝海利奥加巴尔的堂兄弟，并被海利奥加巴尔指定为继承人。222年，海利奥加巴尔被谋杀（其幕后策划者可能是亚历山大的母亲朱丽娅·马马依娅）后，亚历山大被

拥立为皇帝。当时只有 14 岁的亚历山大，深受其母亲影响，在其统治期的头十年内基本上是成功的，但是其内部冲突和国内反抗始终持续不断。他试图将军队置于元老院的控制之下，但遭到军队的强烈反对，特别在 228 年，支持他改革的地方行政长官乌尔比安纳斯被谋杀；而第二年（229 年），他又被迫解除了其能力出众的顾问狄奥·卡西乌斯的职务。230 年，当波斯萨珊帝国皇帝阿尔达希尔一世入侵叙利亚和罗马的保护人科斯洛伊斯的亚美尼亚王国时，亚历山大和他的母亲立即迎战。231—233 年间，尽管阿尔达希尔一世侵入了卡帕多细亚（土耳其中部地区），并且又入侵叙利亚，最远到达安提克（安塔基亚）；但是不久，亚历山大、他母亲和科斯洛伊斯也率领三支军队侵入波斯，击退了阿尔达希尔，收复了罗马从前的所有领土。此后，尽管波斯仍时断时续地侵袭罗马领土，但总的来看，双方基本上恢复了战前态势。与此同时，阿勒曼尼人乘机侵入日耳曼和高卢地区，亚历山大不得不率军迎战。234 年，亚历山大击退了阿勒曼尼人的入侵，取得了外交和军事上的胜利。235 年初，野心勃勃的保民官盖尤斯·尤利乌斯·维鲁斯·马克西姆煽动士兵反叛，塞维鲁与他母亲一起被杀。亚历山大·塞维鲁死后，罗马进入了一个长达 30 多年的混乱、罪恶和无秩序的时期。

BAR

参考：Cary, M., and H. H. Scullard, A History of Rome Down to the Age of Constantine. New York, 1975.
Dio Cassius, History.
EB.
EMH.

亚历山大一世，（亚历山大·巴甫洛维奇）（Alexander Ⅰ,〈Aleksandr pavlovich〉, 1777—1825 年） 俄国沙皇。参加主要战争：拿破仑战争（1800—1815 年）、波斯战争（1804—1813 年）、土耳其战争（1806—1812 年）；参加主要战役（战斗）：奥斯特利茨（斯拉夫科夫）之战（1805 年）、得累斯顿及莱比锡之战（1813 年）。

亚历山大 1777 年 12 月 23 日生于圣彼得堡（原列宁格勒），他是大公爵帕维尔·彼得洛维奇（后来的沙皇保罗一世）及符滕堡之索菲亚之长子。1793 年 10 月 9 日，未经亚历山大同意，其父便为他迎娶了巴登-杜拉赫的路易斯。1801 年 10 月 9 日，其父被谋杀后，成为沙皇。在这次谋杀事件中，亚历山大极可能卷入其中。这位新沙皇十分热心于改革，他对拿破仑时代的法国所获得的成就十分佩服，但发现其改革由于内部的反对及其独裁而遇到了极大的挫折。1804—1813 年，他向波斯宣战。1805 年加入反拿破仑的第三次同盟。在 12 月 2 日灾难性的奥斯特利茨战役中，任俄奥联军名义指挥。1806—1807 年，在东普鲁士的冬夏战役后，亚历山大被迫于 1807 年 7 月 7—9 日同拿破仑在蒂尔西特（苏维埃茨克）签订和约。1806—1812 年，卷入同法国名义上的盟友土耳其的战争，逐渐与拿破仑疏远了友好的关系。1811 年早期，他礼貌地拒绝了拿破仑欲娶其小妹安娜的请求，从而令俄法关系迅速恶化，并于 1812 年 6 月 24 日—12 月 2 日拿破仑入侵俄国而达到顶峰。他努力争取在德国境内进行战争。1813 年 8 月 26—27 日，在得累斯顿之战中，其名义上任指挥的军队被拿破仑打败。10 月 16—19 日的莱比锡之战，他所率的联军大胜法军。后来，他积极倡导欧洲和平，但其发起建立“神圣同盟”的主张在 1814—1815 年的维也纳会议上受到怀疑。他那企图创建神圣同盟以处理欧洲日常事务以及为自由而战的主张也没有什么人响应。在其生命的最后几年，他变得越来越独裁和神秘。1825 年 12 月 1 日，卒于俄国南部的塔甘罗格。

年轻时，亚历山大看似一位改革者，对变革有一定兴趣，但骨子里却尊崇独裁。作为将军，他勉胜其职，但却极力插手下属的事务。他同拿破仑的战争使俄国对欧洲的东部和中部产生了巨大影响；而其同波斯及土耳其的战争使俄国在巴尔干及高加索得以扩张。亚历山大是一位颇有计谋的成功的外交家和统治者。

DLB

参考：Cate, Curtis, The War of the Two Emperors. New York, 1985.
Ley, Francis, Alexandre Ier et sa Sainte-Alliance. Paris, 1975.
McConnell, Allen, Tsar Alexander Ⅰ. Northbrook, Ill., 1970.
Troyat, Henri, Alexander of Russia. Translated by Joan Pinkham. New York, 1982.

亚历山大二世（Alexander Ⅱ, 1199—1249 年） 苏格兰统治者。参加主要战争：英格兰内战（1215—1217 年）。

亚历山大三世（Alexander Ⅲ, 1241—1286 年） 苏格兰君主。参加主要战争：与哈康四世的战争（1263—1266 年）；参加主要战役（战斗）：拉格斯之战（1263 年）。

亚历山大二世 1241 年 9 月 4 日生于罗克斯堡，是亚历山大二世的独生子。1249 年继其父位成为国王。由于年幼，加之苏格兰政治常常悬而不决的特点，英格兰国王亨利三世遂竭力谋取对苏格兰的控制。1251 年，亚历山大娶亨利之女玛格丽特为妻后，亨利的行动受阻，而且摄政权落入亚历山大派之手。1272 年，亚历山大以自己为人质在国王爱德华一世的朝廷期间，只对英国的三个等级效忠。同时，由于谣传他要吞并赫布里底群岛，挪威的哈康四世率军前往苏格兰以保卫这些岛屿（1263 年）。作战未决胜负。9 月（?），苏格兰在伦弗鲁的拉格斯取胜后，哈康被迫撤往奥克尼，并于 12 月卒于那里。1266 年，这一有限胜利的结果是：亚历山大向哈康之子马格纳斯六世支付现金并交纳年租以换取赫布里底群岛和曼恩岛。1286 年 3 月 18 日深夜骑马与其第二任妻子

德勒的约朗德团聚时，从马上摔下致伤重不治，死后王位传给了其年幼的孙女玛格丽特。

亚历山大是一位谦恭而有才干的君主，给苏格兰带来了统一和繁荣。在后人看来，他在位期间堪称黄金时代；因为后来，苏格兰便一直笼罩在英格兰入侵与内乱的阴影之中。

BAR

参考：EB.

亚历山大，爱德华·波特（Alexander Edward Porter，1835—1910 年） 美国南部同盟将军。参加主要战争：美国内战（1861—1865 年）；参加主要战役（战斗）：第一次布尔溪之战（弗吉尼亚州的马纳萨斯附近，1861 年）、腓特烈堡之战（1862 年）、钱瑟勒斯维尔之战（1863 年）、葛底斯堡之战（1863 年）、斯波齐尔韦尼亚之战（1864 年）、冷港之战（1864 年）、彼得斯堡之战（弗吉尼亚州，1864 年）、阿波马托克斯之战（1865 年）。

亚历山大 1835 年 5 月 26 日生于佐治亚州的华盛顿。1857 年在 38 名学员中以第三名的成绩毕业于西点军校后，获得了一个令人羡慕的任命——在工程兵部队服役。1857—1858 年，加入约瑟夫·埃·约翰斯顿上校的部队远征犹他州的摩门教徒。1858 年末返回西点军校任军事工程专业教官。完成了通信专业的开创工作之后，被派到了西海岸。1861 年 4 月辞职，6 月加入南部同盟军队，授上尉军衔，就职于比·古·土·博雷加德将军的参谋部。7 月 21 日参加第一次布尔溪之战，晋升为少校，并任北弗吉尼亚军团的军械局局长。1862 年 11 月在朗斯特里特将军的军中任炮兵营长。12 月晋升为上校，其炮兵火力在腓特烈堡之战（12 月 13 日）和钱瑟勒斯维尔之战（1863 年 5 月 2—4 日）中起到了重要作用，并随素有“石壁”之称的托·卓·杰克逊将军实施对联邦军队的翼侧突击，在 7 月 1—3 日的葛底斯堡之战中也是如此。1864 年 2 月晋升为准将。在 1864 年的作战中，指挥朗斯特里特将军的全部炮兵部队。参加了斯波齐尔韦尼亚之战（5 月 8—18 日）、冷港之战（6 月 3—12 日）和彼得斯堡附近的作战（1864 年 6 月 15 日—1865 年 4 月）。1865 年 4 月 9 日，在阿波马托克斯之战爆发前夜，亚历山大强烈反对李将军投降，但却与李将军手下的其他人一起投降。1866—1869 年，在南卡罗来纳学院工程专业任教，之后进入商界，经营南方的几个铁路公司。1885—1887 年任太平洋联合会的官方指导者。1891 年任尼加拉瓜-哥斯达黎加边界谈判的工程部仲裁人。亚历山大先后出版了几本书，有 1887 年出版的《铁路实践》，1888 年的《卡特里尔·拉特里尔》，1907 年的《一个南方军人的回忆》等。1910 年 4 月 28 日卒于佐治亚州的萨凡纳。

BAR

参考：Wakelyn, Jon R., Biographical Dictionary of the Confederacy. Westpoint, Conn., 1977.

Warner, Ezra, Generals in Gray. Baton Rouge, 1978.

WAMB.

突尼斯的亚历山大，哈罗德·R.L.G. 亚历山大第一伯爵（Alexander of Tunis, Harold Rupert Leofric George Alexander, 1st Earl, 1891—1969 年） 英国陆军元帅。参加主要战争：第一次世界大战（1914—1918 年）、第二次世界大战（1939—1945 年）；参加主要战役（战斗）：法国和比利时战役（1940 年）、缅甸战役（1942 年）、突尼斯战役（1942—1943 年）、西西里战役（1943 年）、意大利战役（1943—1945 年）。

亚历山大 1891 年 12 月 10 日生于伦敦，是卡莱敦第四伯爵的第三个儿子，参加爱尔兰卫队之前在哈罗和皇家军事学院接受教育。一战中在法国服役，表现卓著，1917 年晋升陆军少校，1918 年又被提升为陆军中校，担任营长。战后联盟干涉苏俄国内革命战争时期，1919 年他指挥拉脱维亚民军武装。1928—1930 年指挥爱尔兰卫队。1930—1934 年任北方司令部参谋军官。1934—1938 年在印度指挥北方司令部所属瑙什拉旅。1938 年衔至陆军少将并任第一陆军师师长，参加法国和比利时战役（1940 年 5—6 月）。后来荣升敦刻尔克 30 万英军指挥。在 5 月 28 日—6 月 4 日的大撤退中，以其镇静而巧妙的指挥而扬名。回到英国后，12 月被任命为南方司令部司令。1942 年 3 月往缅甸担任总指挥，当仰光失守后，从内陆撤退，并于 5 月协助组织到印度的退却。其间被提升为陆军上将。8 月，被派往中东担任英军总司令。他将地面部队的指挥权大部下放给其下属蒙哥马利将军。1943 年 2 月，亚历山大在北非取得了成功并成为艾森豪威尔的代理人。2—5 月征服突尼斯期间，指挥盟军第十八集团军群，而后是第十五集团军群（第十八集团军群重新整编为第十五集团军群）。7 月 10 日—8 月 21 日进攻并占领西西里岛。9 月指挥进攻意大利半岛。虽然 1943 年 10 月—1944 年 11 月其后续的进攻因诺曼底登陆抽调走登陆船只和有经验的部队而受到阻碍，但他的多国混合部队还是稳步向北推进。1944 年 12 月被提升为陆军元帅并任地中海战区盟军最高司令，由马克·克拉克将军继之担任第十五集团军司令。1945 年 5 月 2 日接受在意德军的投降，而后（1946—1952 年）到加拿大担任总督。1952—1954 年在丘吉尔的最后政府里担当国防大臣，后退役并开展商业活动。1969 年 6 月 16 日卒于英格兰斯芬。

亚历山大是一位干练而又机智的指挥官，多次被召请挽救危局，以其个人魅力和镇静自若而闻名。

PDM

参考：Current Biography 1942.

Parrish, Thomas A., and S. L, A. Marshall, eds., Simon and Schuster Encyclopedia of World War Ⅱ. New York, 1978.

Tunney, Christopher, A Biographical Dictionary of World War Ⅱ. New York, 1972.
DNB.

亚历山大，威廉(Alexander, William, 1726—1783 年) “有名无实的斯特灵伯爵”，美国将军。参加主要战争：法国与印第安人的战争（1754—1763 年）、美国独立战争（1775—1783 年）；参加主要战役（战斗）：长岛之战、特伦顿之战（1776 年）、布兰瓦恩（宾夕法尼亚州）之战、日耳曼敦之战（1777 年）、蒙茅斯之战（1778 年）。

亚历山大 1726 年生于纽约，苏格兰移民詹姆斯·亚历山大之子。由于他计算娴熟，在法国与印第安人的战争（1754—1763 年）中担任粮秣员，后以少校军衔担任马萨诸塞总督雪雷的副官。1756 年陪同雪雷前往英国，以协助其对军事管理不当的指责进行辩护。1756—1761 年提出获取“斯特林伯爵”的要求，虽未获成功，但此后人乃称其斯特林勋爵。1762 年返回美国后，定居新泽西州巴斯金山，继其父担任新泽西州总测量官，并担任地方议会议员和国王大学（今哥伦比亚大学）校长。1775 年 11 月 7 日任新泽西第一团上校后，在夺取英国运输船“兰山谷”号中作出了贡献。3 月 1 日晋升为准将。3 月 7 日接替查理·李担任纽约市司令官，并与福茨·李和华盛顿一起设置城市和港口的堡垒。8 月 27 日在长岛被俘，后被换回（9 月）。在特伦顿之战（12 月 26 日）中作战突出。1777 年 2 月 19 日晋升为少将。6 月 26 日在肖特山战败。与华盛顿会合进行布兰瓦恩之战（9 月 11 日）和日耳曼敦之战（10 月 4 日）。11 月 3 日在致华盛顿的一封信中揭发了“康韦阴谋”。在蒙茅斯之战（1778 年 6 月 28 日）中担任左翼司令官时获褒奖。7 月 4 日—8 月 12 日主持对查理·李将军的军事审判。1779 年 8 月 19 日支持亨利·李袭击保勒斯湾。1780 年 1 月 14—15 日指挥了对斯塔滕岛的进攻，但劳而无功。9 月 29 日曾参加约翰·安得列的调查委员会。1781 年 10 月曾任北方战区司令官。1783 年 1 月 15 日因痛风并发症卒于其在奥尔巴尼的司令部。

亚历山大是一位刚强、聪颖、勇敢的指挥官，纪律的严厉实施者，娴熟的军事工程师和能干的行政家，但命途多蹇。他是深得华盛顿信任的爱国者，于和约缔结前一星期去世。

VBH

参考：Duer, William Alexander, The Life of William Alexander, Earl of Stirling. New York. 1847.
Valentine, Alan, Lord Stirling. New York, 1969.

阿列克谢·米哈伊洛维奇(Aleksei Mikhailovich, 1629—1676 年) 俄国沙皇，统帅。参加主要战争：俄国-波兰战争（1654—1656 年）、俄国-瑞典战争（1656—1658 年）、俄国-波兰战争（1658—1666 年）；参加主要战役（战斗）：斯摩棱斯克和鲍里索夫之攻城战、里加攻城战。

阿列克谢 1629 年 3 月 20 日生于莫斯科，是罗曼诺夫沙皇米哈伊尔的儿子。他受到的教育很少。1645 年成功地继承皇位，前三年即 1645—1648 年的大量政务均由他的主要大臣，即原来的宫廷教师伊万诺维奇·莫罗佐夫主持处理。1648 年夏，莫斯科发生了反对盐税的起义，起义者迫使阿列克谢同意其提出的要求，即召开泽姆斯基·梭博尔土地会议以及制定一部新的正式法典。这一事件导致伊万诺维奇·莫罗佐夫的影响削弱。1654 年 1 月，由于阿列克谢承认自己的国家是第聂伯河哥萨克的宗主国，导致与波兰的战争。阿列克谢亲自出阵指挥作战，经过 6 月 2 日—9 月 26 日三个多月的攻城战斗，他占领了斯摩棱斯克，然后约在 10 月的鲍里索夫战斗中打败了波兰的一支小部队。然而，在冬季到来之前他不得不停止战斗。1655 年 1 月初，俄国军队在明斯克附近的奥卡马脱瓦被波兰军队击败，阿列克谢亲临战场指挥军队一直挺进到涅曼河。在这里，他的军队受到游击部队的困扰。当克里木的可汗穆罕默德·吉雷侵入乌克兰并于 11 月在扎鲁兹泽打败俄国军队之后，阿列克谢便将俄军撤回。1656 年 11 月，为获得通往波罗的海的出海口，终于决定与波兰停战并且与之结成了进攻瑞典的联盟。于是他又陷入了俄国-瑞典战争。他的军队以博洛茨基为基地沿德维纳河向下游往里加方向挺进，7 月，占领了道纳堡和普拉维纳斯附近的克凯源泽要塞。他指挥军队围攻里加，但是当守军在马格纳斯·德·拉·加尔迪领导下于 8 月从城内出击时，俄军被击败。阿列克谢不得不忍辱撤退，并遭到瑞典人的嘲笑。1657 年，瑞典取得了进一步的胜利。1658 年，俄军重新进攻，但重遭败绩。于是阿列克谢在当年确信自己应该与瑞典实行三年的停战以便重新与波兰进行战争。在 1658—1667 年的俄波八年战争中，普林斯·多尔戈鲁基、卓万斯基、特鲁别茨科伊率领的俄军并未在作战中占据明显的优势。最后，双方于 1667 年 1 月签定了《安德鲁索瓦条约》。俄国得到了斯摩棱斯克、基辅和第聂伯河以东的土地。阿列克谢统治的后期是相对和平的，只有 1667—1671 年发生了斯滕卡·拉津的叛乱。1676 年 2 月 8 日卒于莫斯科。

阿列克谢忠实、虔诚和厚道，是一位相当有能力的统治者和性情温和的统帅，但是，除此以外，他既有惰性又缺乏精力。他的第二个妻子纳塔莉娅·基里洛夫娜·纳雷什金娜所生之子成为彼得沙皇，即彼得大帝。

BAR

参考：Bain, R. Nisbet, The First Romanovs. London, 1905.
EB.

阿列克塞一世·康尼纳斯(Alexius Ⅰ Comnenus, 1048—1118 年) 拜占庭皇帝。参加主要战争：拜占庭内战（1071—1081 年）、诺曼战争（1081—1085 年）、鲍格米勒派的叛乱（1086—1091 年）、君士坦丁·第欧根尼的叛乱（1094

年）、第一次十字军战争（1097—1102 年）、诺曼战争（1104—1108 年）、塞尔柱战争（1110—1117 年）；参加主要战役（战斗）：卡拉夫里塔之战（1079 年）、第二次都拉斯之战（1081 年）、拉里萨之战（1082 年）、杜罗斯托鲁姆（锡利斯特拉）之战（1086 年）、莱武尼昂山之战（1091 年）、尼西亚（伊兹尼克）之战、菲洛米利昂（阿克谢希尔）之战（1116 年）。

阿列克塞生于君士坦丁堡，是皇帝伊萨克一世康尼纳斯之侄——约翰·康尼纳斯的第三子，故为军事贵族家庭的成员。阿列克塞在同罗曼努斯四世第欧根尼率领的塞尔柱突厥人的作战（1068—1069 年；1070—1071 年）中表现突出，并于米海尔七世杜卡斯和尼斯福鲁斯三世·波塔尼亚狄斯在位（分别为 1071—1078 年和 1078—1081 年）时的内乱期间同叛乱者作战，在色雷斯半岛的卡拉夫里塔大胜叛乱者尼斯福鲁斯·布里恩努斯（1079 年）。尼斯福鲁斯三世的无能引起了王位纷争，阿列克塞在纷争中获胜，并在首都加冕为皇帝（1081 年 4 月 4 日）。面对诺曼人和塞尔柱人的威胁，阿列克塞匆忙与塞尔柱人媾和，转而迎战南意大利的诺曼人统治者——罗伯特·吉斯卡尔。拜占庭的舰队，尤其是其威尼斯盟军，在都拉斯附近海域获得胜利（1081 年），但他对威尼斯做出了极大的、且与帝国命运休戚相关的让步。在附近进行的激烈地面战斗中，皇帝的瓦兰吉亚近卫军被诺曼骑兵歼灭，拜占庭遭到惨败（1081 年 10 月）。其后，诺曼军队越过希腊向瓦尔达尔河进军，但博希蒙德率领诺曼军队在拉里萨围城战（1082 年）中被阿列克塞打败，进军受阻。这场战争以罗伯特·吉斯卡尔的去世而告终（1085 年），但阿列克塞不久即卷入鲍格米勒派的叛乱之中（1086 年）。鲍格米勒派得到了佩彻涅格游牧民族的援助，而阿列克塞则与库曼人结成联盟。阿列克塞的军队遭受了包括杜罗斯托鲁姆之战（1086 年）在内的多次失败。阿列克塞亲自指挥该战，却仍未能取得胜利；然而鲍格米勒派-佩彻涅格联军在 1090 年与 1091 年之交才向首都进军。阿列克塞再次亲自指挥，在莱武尼昂山之战（1091 年 4 月 29 日）中击退来犯之敌，并全歼佩彻涅格军。挟得胜之威，阿列克塞将这些桀骜不驯的塞尔维亚人赶向北方（1091—1094 年），但接着又爆发了库曼人的入侵（1094 年）。入侵军领袖自称罗曼努斯四世之子——君士坦丁·第欧根尼。以巧计除掉君士坦丁后，阿列克塞的军队在陶罗科蒙（保加利亚东南部）击溃库曼人（1094 年），并将其赶过多瑙河。与此同时，阿列克塞在小亚细亚开展巧妙的外交，使塞尔柱人处于四分五裂和争斗的状态之中。阿列克塞与基里吉·艾尔斯兰缔约（1091 年），避免了在东方的战争。他要求西欧派遣雇佣兵帮助其收复小亚细亚，结果引来了根本不是其所需要的十字军（尤其是其中的一位首领与他 12 年前曾交战过的博希蒙德同名）（1096—1097 年），而且这些难以驾驭的新来者使其收复计划更加复杂化。他向十字军提供补给和向导，利用他们帮助其夺取了尼西亚（1097 年 5 月 14 日—6 月 19 日）。尽管该城的陷落是由于拜占庭的外交与计谋而非十字军的勇猛，但它却使阿列克塞与十字军诸首领之间的关系恶化。十字军进入塞尔柱领土（1097 年秋）后，双方都未发生大的悲剧。在此期间，阿列克塞利用其尼西亚的战果夺取了士麦那（伊兹密尔）、以弗所和萨迪斯（士麦那以东）以及小亚细亚西南部的其他地方。十字军夺取曾为拜占庭城市的安条克（安塔基亚），标志着他们与阿列克塞的最后决裂（1098 年），但阿列克塞明智地保持着与图卢兹的雷蒙德的关系。由于阿列克塞拒绝帮助博希蒙德征服其他突厥城池，且拒绝默认十字军对拜占庭国土的占领，博希蒙德愤而返回欧洲（1105 年），并另招一军，意欲效仿其父当年之所为，进攻拜占庭。他在都拉斯附近登陆（1107 年 10 月）后，大败于阿列克塞之手。在随后的和约中，阿列克塞接受博希蒙德的臣服，却将安条克授其作为采邑（1108 年）。塞尔柱人入侵安纳托利亚，旨在夺回阿列克塞 1097 年夺取的地盘（1110 年），并在初期获得了一些胜利，但在几年的战斗之后，阿列克塞重上战场，于 1116 年的菲洛米利昂之战大捷，迫使战败的塞尔柱人乞和。卒于 1118 年，留下了较其过去（半个多世纪中）强大得多的帝国。

阿列克塞是一位能干、精力旺盛且足智多谋的将军，他的大多数胜利归功于他对外交与军事力量的巧妙结合，攻取尼西亚和早期与威尼斯结盟反对罗伯特·吉斯卡尔就是例证。在国内，他竭力压制异端邪说，稳定货币，一度使拜占庭帝国中兴。但即便他具有这样的天才，也只能暂时减缓帝国的衰落，使其敌人受到短期的挫折而已。

BAR

参考：Buckler，Georgina Grenfell，Anna Comnena，A Study. 1929. London，1968.

Chalandon，F.，Essai sur le regne d'Alexis Ⅰ Comnène(1081—1118). Paris,1900.

Dawes，E.，trans. The Alexias of Princess Anna Comnena. London，1928.

Ostrogorsky，George，A History of the Byzantine State. Translated by Joan Hussey. 1955. New Brunswick，N.J.，1969.

“勇士”阿方索一世（Alfonso Ⅰ the Warrior，约 1073—1134 年） 阿拉贡和纳瓦拉国王。参加主要战争：卡斯蒂利亚与莱昂的内乱（1109—1126 年）、与阿拉伯人连续不断的战争；参加主要战役（战斗）：塞普尔韦达之战（1111 年）、萨拉哥萨围城战（1118 年）、弗拉加之战（1134 年）。

阿方索约生于 1073 年，国王桑乔五世·拉米雷斯之子。在莱昂与卡斯蒂利亚的国王阿方索六世的劝说下，娶其女继承人乌拉卡为妻。后继父称王（1104 年）。阿

方索六世死后，他成为全基督教西班牙的统治者（1109年）。不幸的是，阿方索的粗鲁，加之卡斯蒂利亚人对其阿拉贡背景的怀疑以及其妻对婚姻的不满（另外，托莱多主教贝尔纳对乌拉卡之子阿方索·拉米雷斯怀有野心），最终导致了一场战争。尽管阿方索在塞普尔韦达之战（1111年）中打败了乌拉卡派，但却未能保住王位，最后在乌拉卡死（1126年）后将王号让与其继子。阿方索还在比利牛斯山以北扩大影响，并获得法国南部众多权贵们，尤其是成为其藩属（1116年）的图卢兹伯爵的支持。同时，他与阿拉伯人进行战争，赢得了对阿尔莫拉维德人的伟大胜利，攻取了萨拉戈萨（1118年）。与阿拉伯人继续作战的同时，他深入安达卢西亚进行了一次伟大的袭击（1125年），掳获数千人而归。他将这些人安置在其新占领的土地上。后在与阿拉伯人作战的弗拉加之战（1134年）中受重伤，卒于同年9月。传位于其弟拉米罗二世。

阿方索是一位英勇且精力充沛的勇士。他是一位将军而非外交官和行政官，由于言语粗俗而朋友极少。

DLB

参考：O'Callaghan, J. F., A History of Medieval Spain. Ithaca, N.Y., 1975.

Shneidman, Jerome L., The Rise of the Aragonese-Catalan Empire, 1200—1350. 2 vols. New York, 1970.

EB.

阿方索五世（Alfonso Ⅴ the Magnanimous，约 1396—1458 年） 阿拉贡国王。参加主要战争：撒丁尼亚战争（1418—1420年）、那不勒斯王位继承战争（1421—1435年）、那不勒斯征服战争（1435—1442年）；参加主要战役（战斗）：蓬扎岛之战（1435年）。

阿方索五世大约生于1396年，后期阿拉贡的费尔南多一世费尔南多·德·安特克拉之子。1416年4月2日继承其父王位。1420年征服撒丁。1421年恢复西西里岛秩序。后来，他把这些岛屿作为实现其攫取意大利大陆的野心的前进基地。是年稍晚，那不勒斯女王朱安二世受到安茹的路易三世的威胁，邀他作她的继承人。为获得那不勒斯王位，在以后的14年间他卷入了一场事端纷呈、血流漂杵的争斗。1421—1435年，与罗马教皇、热那亚、米兰、安茹的路易及其他意大利王国作战。朱安支持路易三世之兄固特曼·雷涅，声明与他脱离关系。在1435年的蓬扎海战中，他被热那亚人和他们的米兰盟军俘虏。阿方索五世以个人魄力说服俘虏他的菲利普·马里亚·维斯康蒂公爵，使公爵同意与其结盟（1442年）。在维斯康蒂支持下，他于1443年夺取了那不勒斯。在其生命的最后15年，致力于加强阿拉贡在意大利南部的统治。在其统治时期，当时王国疆域内的诸侯，难以驾驭，积重难返，而他不仅保持了内部稳定，并且专心扶持和奖励文学艺术和科学，成绩十分显著。他开始准备对热那亚的重要远征，但未来得及实施便于1458年6月27日卒于那不勒斯。

阿方索五世是一位富有活力、志向远大的统治者，一位有相当才干的将军，并无疑是阿拉贡较著名的国王之一。其王位交接看起来十分别致：他将自己苦心经营起来的王国领土分割开来，将在意大利的部分分给其私生子斐迪南，而将西班牙和巴利阿里诸岛交给其兄弟约翰二世。

DLB

参考：Croce, Benedetto, Storia de Regno di Napoli, 4th ed. N.P., 1953.

Ryder, A. The Kingdom of Naples Under Alfonso the Magnanimous. London, 1976.

阿方索三世（大帝）（Alfonso Ⅲ, el Grande〈the Great〉，约 838—910 年） 西班牙北部阿斯图里亚斯国王。

阿方索六世（Alfonso Ⅵ，约 1042—1109 年） 西班牙莱昂与卡斯蒂利亚的君主。参加主要战争：与卡斯蒂利亚的桑乔的内战（1065—1072年）、同穆斯林西班牙的战争（1073—1086年）、与阿尔莫哈德人的战争（1086—1109年）；参加主要战役（战斗）：托莱多围城战（1085年）、萨格拉哈斯（位于巴达霍斯附近）之战（1086年）、乌克莱斯（昆卡以西）之战（1108年）。

阿方索六世约生于1042年，斐迪南一世的幼子。其父死后被立为莱昂国王，而其兄桑乔则成为卡斯蒂利亚的统治者（1065年）。对这一王位继承安排大为不满的桑乔向阿方索发起进攻，并于同年底兼并了他的领地（1065年）。阿方索流亡寄居于托莱多国王叶海亚一世的宫廷，在桑乔阵亡于萨莫拉围城战后返国（1072年）。成为莱昂与卡斯蒂利亚的国王后，阿方索对穆斯林西班牙的各个小王国发起了一系列侵略战争。作为比利牛斯半岛（今伊比利亚兰岛）最强大的基督教君主，他接受了“全西班牙的皇帝”的尊号（1077年）。后夺取托莱多，获得其一生中最大的胜利（1085年）。在其早期的作战中，他得到了其天才的大臣罗德里戈·迪亚斯·德·比瓦尔（后称埃尔·锡德）的贤明辅佐，但迪亚斯功高震主，引起了阿方索的猜忌而将其流放（1081年）。托莱多的陷落使西班牙的其他穆斯林诸王国惊慌不已，他们纷纷向令人生畏且十分狂热的摩洛哥的阿尔莫哈德各部落求援（1085—1086年）。在随后与阿拉伯入侵者的艰苦斗争中，阿方索首战即在萨格拉哈斯被优素福·伊本-塔什芬打败（1086年10月23日），丧失了大部分征服地。尽管埃尔·锡德在巴伦西亚打败了塔什芬的阿尔莫哈德人（1094年），但阿方索在乌克莱斯再遭败绩，其子兼王储（阿方索与塞维利亚的穆斯林国王之女私通所生的后代）阵亡（1108年）。由于渴望有一位强大的统治者继承其王位，不久他将女儿乌拉卡嫁给了阿拉贡的阿方索一世。1109年6月30日卒于托莱多，其女继

位。

阿方索六世是一位雷厉风行、足智多谋的统治者，能干而心胸开阔。在宗教改革方面，他延纳克吕尼骑士团僧侣帮助其重建西班牙国教，但这些僧侣和前来帮助其与穆斯林作战的法国骑士们却反对阿方索随和的宗教宽容政策。死后留下了一个强大而统治有方的政权。

DLB

参考：Huici Miranda, Ambrosio, Las Grandes Batallas de la Reconquista Durante las Invasiones Africanas (Almoravides, Almohades, y Benimerines). Madrid, 1956.

Menendez Pijal, R., The Cid and His Spain. London, 1934.

O'Callaghan, J. F., A History of Medieval Spain. Ithaca, N.Y., 1975.

阿方索七世(Alfonso Ⅶ,约1104—1157年) 莱昂与卡斯蒂利亚的君主。参加主要战争：与穆斯林的战争（1126—1146年）、对阿尔莫哈德人的战争（1146—1157年）；参加主要战役（战斗）：阿尔梅里亚之战（1147年）、穆拉德尔（可能是今莫雷利亚）之战（1157年）。

阿方索约生于1104年，阿方索六世之女乌拉卡与其第一位丈夫勃艮第的雷蒙的儿子。其童年由于其母与她的第二位丈夫阿拉贡国王阿方索一世为争夺卡斯蒂利亚的王位而知之甚少。乌拉卡死后，阿方索一世放弃其对卡斯蒂利亚王位的要求，并承认阿方索七世为皇帝（1126年），使他同时被纳瓦拉和巴塞罗那的基督教统治者以及众多的穆斯林统治者奉为皇帝。在与阿拉伯人的战争中，他获得了许多著名的胜利，但未能永久占有其地。面对由阿尔莫哈德人引导的摩洛哥人的再次入侵，阿方索与阿尔莫拉维德人结成联盟（1146年）以阻止其再次征服西班牙。夺取了阿尔梅里亚（1147年），但10年后该地得而复失。入侵南西班牙（1157年春），但在西班牙东部的穆拉德尔之战中战败，并在北撤途中1157年8月卒于拉弗雷纳达（阿尔卡尼斯附近）。

阿方索是一位富于进攻精神的勇士，但作为政治家和统治者，他不能与其外祖父相媲美。他的早期生活由于其母的摄政而无从得知，有关其生平的资料亦寥寥无几，以致他至今仍是一位相当模糊不清的人物。

DLB

参考：O'Callaghan, J. F., A history of Medieval Spain. Ithaca, N.Y., 1975.

EB.

阿方索八世(Alfonso Ⅷ,1155—1214年) 卡斯蒂利亚与莱昂的君主。参加主要战争：与穆斯林西班牙的战争（1172—1212年）；参加主要战役（战斗）：阿拉科斯（雷阿尔城以北）之战（1195年）、拉斯纳瓦斯-德托洛萨（哈恩省境内）之战（1212年）。

阿方索生于1155年，桑乔三世之子，阿方索七世之孙。3岁时继承其父之位（1158年）。未成年时，纳瓦拉人多次干涉卡斯蒂利亚事务。娶英格兰国王亨利二世之女——阿基坦的小埃莱亚诺为妻（1170年），后在今西班牙南部的哈恩省境内签署《卡索拉条约》（1179年）。该条约规定：完成复地运动后，与亨利二世分占西班牙。接受其表弟莱昂的阿方索九世的效忠（1188年）。借助这一支持，他召集了一支大军与阿尔莫哈德人进行战争。他在阿拉科斯遭到大败（1195年），回到卡斯蒂利亚后，又面临纳瓦拉、莱昂以及得胜的穆斯林的入侵，但他努力将所有入侵击退。这次受挫之后，阿方索开始准备与阿尔莫哈德人决一雌雄，他求得了远自法国和意大利的支持。他率领一支大军进入安达卢西亚并在拉斯纳瓦斯-德托洛萨之战（1212年7月16日）中打败阿尔莫哈德人。阿尔莫哈德人也从其盟国那里求得支援。这一胜利摧毁了西班牙境内的阿尔莫哈德政权，在40年的时间里，穆斯林仅拥有格拉纳达这一小王国。阿方索因积劳成疾，卒于1214年10月6日。

阿方索八世可能是中世纪西班牙最伟大的勇士和君主之一，他能干、多谋、果断且充满活力。他在拉斯纳瓦斯-德托洛萨的伟大胜利，决定了穆斯林西班牙的命运，并确保了基督教徒对伊比利亚半岛的控制。

DLB

参考：Castro Montijano, M., Batalla de Las Navas de Tolosa. Estudio historico-militar, tactico y estrategico. Toledo, 1912.

Huici Miranda, Ambrosio, Estudio Sobre la Campana de Las Navas de Tolosa. Valencia, 1916.

O'Callaghan, J. F., A History of Medieval Spain. Ithaca, N.Y., 1975.

阿方索十一世(Alfonso Ⅺ,1311—1350年) 卡斯蒂利亚的西班牙统治者。参加主要战争：与阿拉伯人的战争（1340—1350年）；参加的主要战役（战斗）：萨拉多河之战（1340年）、阿尔赫西拉斯围攻战（1344年）。

阿方索十一世1311年8月13日生于萨拉曼肯，斐迪南四世和康斯坦萨之子。1312年其父驾崩后即位，当时国家由摄政统治，直到1325年8月阿方索成年后才归政于他。他与自治城及议会结盟以消弭混乱，使难以驾驭的贵族驯服。大约1329—1333年，他对格拉纳达的阿拉伯人发起多次袭击和攻击，由此引发格拉纳达的阿拉伯人攻占直布罗陀（1333年）。他断续地与其叔葡萄牙的阿方索四世（勇敢者）发生战事。此外组织了一个由葡萄牙、阿拉贡、纳瓦拉和本国构成的联盟，对正在得到摩洛哥的贝尼梅因王朝支持的阿拉伯人诉诸战争（1340年）。1340年10月30日，在萨拉多河之战中取得巨大胜利，并于1344年继续围攻和攻克阿尔赫西拉斯。在14世纪40年代后期，他实行刑律、政治改革。在围攻直布罗陀期间，于1350年3月26日卒于瘟疫。

阿方索十一世好战而富有才干，是中世纪武士国王的杰出代表。

DLB

参考：Huici Miranda, Ambrosio, Las Grandas Batallas de la Reconquista Durante les Invasiones Africanas. Madrid?, n. d.
Jackson, Gabriel, The Making of Medieval Spain. New York, 1972.
O'Callaghan, Joseph F., A History of Medieval Spain. Ithaca, N. Y., 1975.

艾伦，伊桑（Allen, Ethan, 1738—1789 年） 美国战士和爱国者。参加主要战争：法国与印第安人的战争（1754—1763 年）、美国独立战争（1775—1783 年）；参加主要战役（战斗）：泰孔德罗加之战、蒙特利尔之战（1775 年）。

艾伦 1738 年 1 月 21 日生于康涅狄格的利奇菲尔德。其父去世（1755 年）后，未能进一步接受正规教育，但他博览群书。参加了对法国与印第安人的战争，服役于威廉·亨利堡（1757 年）。与四位兄弟一起在"新罕布什尔授地"（今佛蒙特，当时是纽约与新罕布什尔州之间一块有争议的地区）获得土地（1769 年）。组织抵制纽约人在"授地"定居，并指挥"绿山健儿"（一种特召的自卫性民兵组织）对他们发动游击进攻。他的活动非常有名，以致纽约总督特鲁瓦永悬赏 100 英镑抓捕他（1774 年）。在本尼迪克特·阿诺德的协同下，他率"绿山健儿"于 1775 年 5 月 10 日清晨以奇袭手段夺取了泰孔德罗加堡。"绿山健儿"加入大陆军时，他被解除指挥权。曾参加对加拿大的远征，并在一场提议不当的对蒙特利尔的进攻中被俘（1775 年 9 月 25 日）锁押至英国；但获假释回国（1776 年 10 月）。与一名英军军官进行正式交换（1778 年 5 月 6 日）后到乔治·华盛顿在福吉谷的大陆军司令部报到。晋升为大陆军名誉中校，却返回佛蒙特（1778 年夏）。他使佛蒙特成为一个州的目标未能引起议会的兴趣。为使佛蒙特成为英国的殖民地，他参加了与英军司令官在魁北克的谈判（1779 年 9 月—1780 年），但其计划最终落空。1789 年 2 月 11 日卒于伯灵顿。

艾伦是一位天才的游击战领导人，但脾气暴躁、喜爱争吵。相对而言，他更喜欢佛蒙特，却对合众国漠不关心。一生出版过多种书籍。

Staff

参考：Allen, Ethan, The Narrative of Colonel Ethan Allen. 1779. Reprint, New York, 1961.
Holbrook, Stewart Hall, Ethan Allen. New York, 1940
Jellison, Charles A., Ethan Allen: Frontier Rebel. Syracuse, N. Y., 1969.

艾伦比第一子爵，埃德蒙·亨利·海因曼（Allenby, Edmund Henry Hynman, 1st Viscount, 1861—1936 年）英国陆军元帅。参加主要战争：第二次英布战争（1899—1902 年）和第一次世界大战（1914—1918 年）；参加主要战役（战斗）：阿腊斯之战、第三次加沙之战、耶路撒冷之战和交叉站之战（位于巴勒斯坦的主要铁路线上，皆在 1917 年）、美吉多之战（1918 年）。

艾伦比 1861 年 4 月 23 日生于诺丁汉郡，是海因曼·凯恩·艾伦比和卡特琳之子。1882 年加入龙骑兵，参加了贝专纳（非洲博茨瓦纳）远征（1884—1885 年）。1900—1902 年英布战争期间，在南非供职于基纳钦的参谋部并活跃于战场上。回国后，任第五长矛骑兵团团长（1902—1905 年）。第一次世界大战初期（1914 年 8—11 月），任英国远征军骑兵师（后为骑兵军）指挥官，后任第五军指挥官，1915 年 10 月被任命为第三军团司令。虽然在阿腊斯攻势（1917 年 4 月 9—15 日）中取得了很大的成功，但其作战方法并不为英国最高统帅部看好。1917 年 6 月，代替阿奇博尔德·默里爵士出任在埃及的英军司令，一到达便以其富有活力的领导使英军低落的士气高涨起来。他将其部队集中于面对土耳其的内陆一翼，通过奇袭比尔谢巴（10 月 31 日），使第三次加沙之战取得辉煌胜利。尽管面临土军抵抗增强、缺乏水源和物质供应等问题，他仍在交叉站击溃土军（11 月 13—15 日），并夺取至关重要的水源。12 月 8 日，他向土军在耶路撒冷的防御阵地发动进攻，10 日攻入该城。随后，由于其部队被抽调往法国，进一步的推进受到影响，两次试图夺取安曼（3 月 20—25 日和 4 月 30 日—5 月 3 日），未果。1918 年 7—8 月间，他终于从其他地方得到了增援部队以重新开始他的进攻行动。他在内陆一侧以假象和阿拉伯游击队的活动吸引土军的注意力，而在海岸附近地区突然发动主攻，粉碎了土军在美吉多的防线（9 月 19—21 日）。9 月 22 日—10 月 30 日，他以极大的气魄紧追溃逃的土军，不给他们以重新集结的机会，并接连夺取大马士革（10 月 1 日）、霍姆斯（10 月 16 日）和阿勒颇（10 月 25 日）。他在巴勒斯坦和叙利亚的伟大胜利是迫使土耳其退出战争（10 月 30 日）的主要因素。1918 年 10 月获子爵称号，1919 年晋升元帅。从是年至 1925 年间，他任驻埃及高级专员，使埃及克服了几次政治动乱，并使之于 1922 年正式成为主权国家。1936 年 5 月 14 日卒于伦敦。

艾伦比很可能是第一次世界大战期间英国最好的陆军指挥官。他机智、充满活力并富于挑战性。对战略战术的透彻理解使之成为一位天才的、巧妙的计划者。他在美吉多的胜利是突破和追击的杰作——完美的计划和周密的实施，使英军以最小的代价获胜。他是英国最伟大的统帅之一。

DLB and PDM

参考：Falls, Cyril, Armageddon: 1918. Philadelphia, 1964.
Lawrence, Thomas Edward, The Seven Pillars of

Wisdom.

Wavell，Archibald P.，1st Viscount，Allenby，A Study in Greatness. London，1943.

阿尔梅达，弗朗西斯科·德（Almeida，Francisco de，约 1450—1510 年） 葡萄牙舰队司令、总督、探险家。参加主要战争：征服格拉纳达（1481—1492 年）、葡萄牙在印度的征服战争（1500—1559 年）；参加主要战役（战斗）：第乌之战（1509 年）。

阿尔梅达约 1450 年生于里斯本，阿布兰特伯爵拉波·德·阿尔梅达次子。在 1481 年 12 月—1492 年 1 月进行的西班牙-格拉纳达战争中立下战功。1505 年 3 月国王曼努埃尔一世任命他为葡萄牙属印度的首任总督，于是他率领 21 艘船出发赴任。是年 7—8 月，攻占基卢瓦·基凡尼，并洗劫蒙巴萨。1505 年秋，着手在坎纳诺尔的果阿附近建筑要塞，在科钦建立他的指挥部。他在锡兰建立一块殖民地，与摩鹿加群岛人签订贸易协定，并在印度洋海区指挥探险和扩张（1506—1508 年）。1508 年其子洛伦索在与埃及人的作战中阵亡，促使其决心复仇。1508 年后期，阿方索·德·阿尔布克尔克奉命前来接任，他将其监禁，然后率舰队溯印度海岸北上，烧毁果阿和焦尔（孟买以南 24 公里处），并于 1509 年 2 月 9 日在印度第乌附近海域粉碎埃及-阿拉伯联合舰队。1509 年 11 月，他最终交权于阿尔布克尔克，率三只船回返葡萄牙。1510 年 3 月 1 日，在好望角塔布尔湾附近同南非霍屯都族人发生的小规模冲突中被杀死。

阿尔梅达是一位勇敢和有才干的军官。他机智、富有活力、意志坚强；认识到殖民印度的重要性，并为葡萄牙扩大在印度的影响不遗余力，建树颇丰。

DLB

参考：Barros，Jose de，Decadas de Asia，Vol. Ⅱ. Lisbon，1553.

Whiteway，Richard Stephen，The Rise of Portuguese Power in India 1497—1550. 1899. Reprint，London，1967.

阿尔蒙德，爱德华·马洛里（Almond，Edward Mallory，1892—1979 年） 美国陆军将领。参加主要战争：第一次世界大战（1917—1918 年）、第二次世界大战（1941—1945 年）、朝鲜战争（1950—1953 年）；参加主要战役（战斗）：埃纳河-马恩河战役、圣米耶尔战役、默兹-阿尔贡战役（1918 年）、戈特希克防线战役（1945 年）、仁川登陆战役、鸭绿江之战（1950 年）。

阿尔蒙德 1892 年 12 月 12 日生于弗吉尼亚州的卢雷。1915 年毕业于弗吉尼亚军事学院。1916 年任步兵军官。1918 年 6 月—1919 年在驻法国的美军第四师中服役，先后参加了埃纳河-马恩河（7 月 18 日—8 月 5 日）、圣米耶尔战役（9 月 12—16 日）和默兹-阿尔贡（9 月 26 日—11 月 11 日）等战役。1923—1924 年，在本宁堡步兵学校学习。1924—1928 年在该校任教。1930 年毕业于指挥与参谋学校。1930—1933 年，在驻菲律宾美军第四十五步兵师中服役。1934 年毕业于陆军军事学院。1934—1938 年，在华盛顿陆军参谋部任职。1938 年晋升中校。1938—1939 年，在空军战术学校学习。1939—1940 年在海军军事学院学习。1940—1941 年 1 月，回到陆军参谋部任职。1941 年 1 月—1942 年 3 月，在第六军中任职。1942 年 3 月晋升战时准将，任第九十三步兵师副师长。1942 年 7 月，任全部由黑人构成、新组建的第九十二步兵师师长。1942 年 9 月晋升战时少将。1944 年 8 月，经组训后，率第九十二步兵师赴意大利作战。1944 年 9 月—1945 年 2 月，率部参加了利古里亚沿岸和塞齐奥山谷（在托斯卡纳）的激战。1945 年 4 月 28 日，率部参加了盟军对戈特希克防线的最后攻势，先后占领了拉斯佩齐亚和热那亚。1945 年 8 月，回国任第二师师长。1946 年 6 月，赴东京麦克阿瑟的司令部任职。1947 年 1 月任远东司令部副参谋长。1949 年 2 月任该司令部参谋长。1950 年 9 月，朝鲜战争爆发后不久任第十军军长。9 月 15 日率第十军在仁川登陆，后攻入汉城。10 月，所部经朝鲜海域被运送到釜山登陆。10—11 月，与南朝鲜第一军（由阿尔蒙德指挥）一同向鸭绿江推进。11 月 25 日，中国人民志愿军发动反攻。11 月 27 日—12 月 9 日，率部败退至釜山。12 月 5—15 日，所部从海路撤走。后率部在朝鲜东部和中部地区作战。1951 年 2 月晋升战时中将。1951 年 7 月，回国任陆军军事学院院长。1953 年 1 月退役，定居亚拉巴马州。1979 年 6 月 11 日卒于华盛顿。

阿尔蒙德是一位称职的精明强干的军官。他指挥军队在反法西斯战争中的一系列表现值得称赞。

DLB and BRB

参考：Appleman，Roy E.，U. S. Army in the Korean War，Vol. Ⅱ：South to the Natkong，North to the Yalu (June-November 1950). Washington，D. C.，1961.

Fisher，Ernest F.，Jr.，U. S Army in World War Ⅱ：Mediterranean Theater of Operations，Vol. Ⅳ：Cassino to the Alps. Washington，D. C.，1977.

DAMB.

WAMB.

埃尔蒙德，菲利普斯·万（Almonde，Philips Van，1644—1711 年） 荷兰海军上将。参加主要战争：第二次英荷战争（1665—1667 年）、荷兰战争（1672—1678 年）、奥格斯堡同盟战争（1688—1697 年）、西班牙继承王位战争（1701—1714 年）；参加主要战役（战斗）："四日之战"（1666 年）、巴夫勒尔海面上的拉霍谷战斗（1692 年）、维哥湾战斗（1702）、巴塞罗那攻城战（1705 年）。

埃尔蒙德生于布里埃尔，早年生活在海上。在 1666 年 6 月 11—14 日的喋血的"四日之战"中，他在德·勒伊特舰队指挥"多得热"号舰参战。1672 年在莱茵河-

默兹河江湾的胡雷岛任荷兰的一支小舰队的指挥官。1676年7月，被派到地中海去收容德·勒伊特阵亡后的残余舰队。1688年11月，他从荷兰远送玛丽公主即后来的玛丽二世女王到英国。1692年5月29日，在拉霍谷战斗中指挥一支分舰队参战。1702年10月14日参加维哥湾战斗并且战绩显著。后又于1705年9月18日—10月6日援助巴塞罗那攻城战取得成功。1708年成为荷兰和佛兰德省西部海军上将。

埃尔蒙德勇敢、有才能，因而当然地成为德·勒伊特的继承者，成为英国的海上敌手。

DLB

参考：Mets, James Andrew, Naval Heroes of Holland. New York, 1902.

Powley, Edward B., The Naval Side of King Williams War. New York, 1972.

Vere, Francis, Salt in Their Blood: The Lives of Famous Dutch Admirals. London, 1955.

阿隆帕拉（阿朗帕耶，貌昂策耶）（Alompra〈Alaungpaya, Maung Aung Zeya〉, 1714—1760年） 缅甸君主。参加主要战争：统一缅甸（1752—1757年）、对曼尼普尔的诸战役（1755年、1758年）、入侵暹罗（1760年）；参加主要战役（战斗）：阿瓦（伊洛瓦底江沿岸，今已毁）之战（1753年）、大光（今仰光）之战（1755年）、沙廉（仰光附近）围城战（1756年）、勃固之战（1757年）和阿育他亚之战（1760年）。

出生后取名貌昂策耶，上缅甸或北缅甸瑞保地区的首领。孟人将缅甸人逐出下缅甸，推翻东吁王朝的末代国王，并向上缅甸推进之后，阿隆帕拉成为抵抗孟人的领袖。在一场小战中获胜后，他自称缅甸国王，改名为阿朗帕耶（意即“终将成佛的国王”），开始准备统一整个缅甸。1753年夺取了前东吁王朝的都城阿瓦。同年，英国殖民者在讷格雷斯建立了一个贸易据点，阿朗帕耶从该处获得了急需的军事援助，尤其是武器。打败丙耶达拉率领的一支大军（1754年）之后，以庞大的舰队顺伊洛瓦底江而下，占领瑞·大光·帕固大遗址——大光（1755年），改该城为仰光。由于曼尼普尔频繁袭击，他入侵该国并征服这个国家，留军驻守以防再度出现袭扰（1756年）。尽管法国人援助守城者，但阿朗帕耶还是在长期围困后夺取了沙廉，控制了下缅甸的这一主要港口（1756年）。次年，他包围丙耶达拉的都城勃固，通过长期而艰难的围困之后，夺取了孟人在下缅甸的这一最后据点（1757年），并屠杀了大部分守城军兵。这一暴行达到了瓦解孟人抵抗的目的，不久，阿朗帕耶君临全缅。由于驻守曼尼普尔的缅甸军队受到攻击，他再次率军入侵（1758年），使该国饱受劫掠。几年后，因谣传英国人将供给孟人叛乱者，他进攻并屠杀了驻讷格雷斯的一支孟-英守军（1759年）。1760年入侵暹罗，进围其都城阿育他亚，在指挥炮击时受伤（当时，一门火炮爆炸）。因伤势或疟疾，抑或两者兼有而死；其军队撤回缅甸。

阿朗帕耶是一位娴熟的统帅。他自私、冷酷，但其建立的康邦王朝给缅甸带来了相当的安定。

BAR

参考：Bunge, Frederica M., ed., Burma—A Country Study. Washington D.C., 1983.

艾勒卜·艾尔斯兰，穆罕默德·伊本·达乌德（Alp Arslan, Mohammed ibn Da'ud, 约1030—1072年） 塞尔柱突厥统治者。参加主要战争：征服亚美尼亚（1064年）、与拜占庭的战争（1068—1071年）、花剌子模的入侵（1072年）；参加主要战役（战斗）：锡瓦斯提亚（锡瓦斯）之战（1068年）、赫拉克利亚之战（1069年）、曼济克特（马拉兹吉尔特）之战（1071年）、贝尔泽姆之战（1072年）。

艾勒卜约生于1030年，呼罗珊统治者达乌德恰格拉伊·贝格之子。继其父位（1060年）后，成为大塞尔柱家族的第二任苏丹。后又继其叔图格利尔·贝格成为伊朗和美索不达米亚的统治者（1063年）。于次年入侵亚美尼亚，夺取其都城阿尼（今亚美尼亚有遗址，位于土耳其亚美尼亚地区的卡尔斯附近），并征服了该国（1064年）。然后，他对安纳托利亚发起袭击（1065—1067年），接着进行入侵。夺取了弗里吉亚（土耳其中部）和本都（位于黑海南岸地区），后在锡瓦斯提亚之战（1068年）中被拜占庭皇帝罗慕勒四世第欧根尼打败，被迫撤退。第二年，他再次进行入侵，并向伊康（科尼亚）进军，但罗慕勒在赫拉克利亚再次将其打败，使之被迫再次后撤（1069年）。罗慕勒在意大利期间，艾勒卜和其将军阿里西吉入侵安纳托利亚（1070年）。艾勒卜攻克曼济克特，阿里西吉夺取了赫拉克利亚。之后，艾勒卜回国招募更多的军队。在他离开期间，罗慕勒从意大利归国并发起进攻。罗慕勒的进攻被反对他的叛变阴谋所破坏，其拜占庭营垒内部的敌人诱使佩彻涅格骑兵逃跑。后来，罗慕勒在曼济克特受到艾勒卜的奇袭（1071年）。尽管存在这些不利条件，罗慕勒在安德罗尼柯·杜卡斯撤走所部军队之前仍然占据着对塞尔柱军队的优势。杜卡斯的撤军使艾勒卜在曼济克特之战（1071年8月19日）中打败了罗慕勒的军队。艾勒卜在获得交纳赎金的承诺后释放了罗慕勒，但这位不幸的皇帝不久即被杜卡斯废黜。艾勒卜的主力在安纳托利亚作战期间，其帝国的其他军队入侵了黎凡特并夺取了耶路撒冷（1071年）。当花剌子模（基发）的阿古柏（雅洛布）从东方入侵塞尔柱帝国时，艾勒卜在贝尔泽姆之战中轻易将其打败（1072年）。后在与被俘的阿古柏交谈时被这位俘虏所杀（1072年）。

BAR

参考：Rice, Tamara T., The Seljuks in Asia Minor. London, 1961.

EB.
EMH.

阿尔维亚诺，巴尔托洛梅奥·德（Alviano, Bartolomec d', 1455—1515年） 意大利雇佣队长。参加主要战争：法国-西班牙战争（1502—1504年）、康布雷联盟战争（1508—1510年）、弗朗西斯一世的意大利战争（1515年）；参加主要战役（战斗）：加里利亚诺（位于意大利中部）之战（1503年）、阿纳迪洛（洛迪附近）之战（1509年）、马林雅诺之战（1515年）。

阿尔维亚诺1455年生于翁布里亚区著名的利维尔维亚尼家族。1503年12月29日加里利亚诺之战中，以果断的指挥率领一支轻骑兵打败贡萨洛·德·科尔多瓦的法国军队，因之首次扬名。1507年，为威尼斯军队效力。在康布雷联盟战争中，他和皮蒂利亚诺公爵尼科洛·奥尔西尼联合指挥威尼斯军队从事作战。在1509年5月14日的阿纳洛迪之战中，他率前锋部队发起猛烈的攻击。尽管首战告捷，却由于皮蒂利亚诺公爵拒绝增援而被打败，本人被俘，尔后被释放回国。1513年，被推荐为威尼斯军队总司令。1513—1514年，神圣同盟战争的最后阶段，他率军征服了弗留利地区。1515年，阿尔维亚诺指挥威尼斯军队协助法国国王弗朗西斯一世侵入米兰。在同年9月13—14日的马林雅诺之战中，出色地指挥一支骑兵部队作战，大胜瑞士军队。卒于一个月以后即10月中旬。

阿尔维亚诺顽强、独断，是一位有才干的军事家。尽管他是个天生好斗的骑兵指挥官，但与国内政府官员也能和平相处。

CCJ

参考：Hale, J. R., ed., A Concise Encyclopedia of the Italian Renaissance. New York, 1981.
Humbert, Jacques, "Une grande victoire oubliée, Agnadel, 19 juin, 1509," Revue historique des armées, No.4 (December 1986).
Leonij, L., La vita di Bartolomeo d'Alviano. Venice?, 1858.
Oman, Sir Charles W. C., A History of the Art of War in the Sixteenth Century. New York, 1937.

阿尔温奇（阿尔温茨），约瑟夫，冯·博尔贝雷克男爵（Alvinczy〈Alvintzi〉, Josef, Baron von Borberek, 1735—1810年） 奥地利元帅。参加主要战争：七年战争（1756—1763年）、与土耳其的战争（1787—1791年）、法国大革命战争（1792—1799年）；参加主要战役（战斗）：内尔温登（列日附近）之战（1793年）、卡尔迭罗和阿科莱（两者均位于维罗纳附近）之战（1796年）、里沃利之战（1797年）。

阿尔温奇1735年生于特兰西瓦尼亚。约于1755年参军，并在七年战争期间首次参战。在与土耳其的战争期间表现突出。奥地利军队在内尔温登之战（1793年3月18日）取得对法国将军杜木里埃的胜利，他战绩显赫。拿破仑围困曼图亚、武尔姆泽时，他于第二次解围失败后被任命为驻意大利的奥军司令官（1796年9月）。发起第三次解围作战（11月1日），但在卡尔迭罗击退法军反冲击（11月12日）后进展缓慢。抗住了拿破仑在阿科莱的进攻达两天之久。第三天，法军的进攻威胁到他的交通线，使之被迫撤退（11月15—17日）。再次进行曼图亚解围战（1797年1月初），但在里沃利之战中，他的多路进攻为拿破仑所击退。拿破仑接着追击并歼灭了其溃军（1月14—15日）。1797年晋升为元帅。1798年被委任为匈牙利总督。1810年卒于布达。

阿尔温奇是一位勇敢的守旧派军人。他谨小慎微，缺乏创见，无法与拿破仑匹敌。

RGS and DLB

参考：Chandler, David G., The Campaigns of Napoleon. New York, 1966.
Clausewitz, Karl von, La Campagne de 1796 en Italie. Paris, 1899.

安布罗西奥，维托里奥（Ambrosio, Vittorio, 1879—1958年） 意大利将军。参加主要战争：意大利-土耳其战争（1911—1912年）、第一次世界大战（1915—1918年）和第二次世界大战（1940—1943年）。

安赫斯特第一男爵，杰弗里（Amherst, Jeffrey, 1st Baron, 1717—1797年） 英国元帅。参加主要战争：奥地利王位继承战争（1740—1748年），法国与印第安人的战争（1754—1763年）；参加主要战役（战斗）：代廷根（巴伐利亚境内的村庄）之战（1743年）、丰特努瓦（位于比利时埃诺省境内）之战（1745年）、鲁库克斯（列日附近）之战（1746年）、劳费尔德（马斯特里赫特附近）之战（1747年）、阿斯滕贝克（哈默尔恩附近）之战（1757年）、路易斯堡围城战（1758年）、泰孔德罗加之战、克朗波因特之战（1759年）。

安赫斯特1717年1月29日生于肯特郡。曾在"终身卫队"中供职（1731年）。任利戈尼尔将军的副官时，参加了代廷根之战（1743年6月27日）、丰特努瓦之战（1745年5月11日）和鲁库克斯之战（1746年10月11日）。劳费尔德之战（1747年7月2日）中在坎伯兰公爵的参谋部任职。在公爵的参谋部任中校时，参加了阿斯滕贝克之战（1757年7月25日）。为老威廉·皮特所举荐，率远征军前往加拿大（1758年）。在短期围困（1758年6月2日—7月27日）后，夺取了位于布雷顿角岛上的法军要塞——路易斯堡。在围城战斗中，他得到了詹姆斯·沃尔夫将军的协助。接替詹姆斯·阿伯克朗比任驻美洲的总司令（9月18日），并制定了于次年向蒙特利尔进行向心攻击的计划。作为蒙特利尔攻击战的组成部分，攻取了泰孔德罗加堡（1759年7日26日）

和克朗波因特（7 月 31 日）。与此同时，沃尔夫进攻了魁北克，约翰·普里多将军进攻了尼亚加拉堡。后攻克蒙特利尔（1760 年 9 月 8 日）。曾出任英国驻北美的大总督（1760—1763 年）。因其对印第安人的政策失败被召回国；该政策导致了庞蒂亚克战争（1763 年 5—11 月）。后历任弗吉尼亚总督兼富特第六十团中校（1768 年）、根西地区长官（1770 年）、枢密院官员（1772 年）。任陆军总司令时（1778—1782 年，1783—1795 年），支持对美洲殖民地采取强硬政策。受封为安赫斯特男爵（1776 年）、上将（1778 年）。平息了“戈登骚乱”。后退职（1795 年），次年被授予元帅。1797 年 8 月 3 日卒于肯特郡。

安赫斯特是一位堪当大任的军官，但不是一位成功的行政官，缺乏政治理解力。

DLB

参考：Amherst, Jeffrey, Journal of Jeffrey Amherst. Edited by J. C. Webster. Toronto and Chicago, 1931.

Long, J. C., Lord Jeffrey Amherst. New York, 1933.

阿慕尔·伊本·阿斯（Amr Ibn al-As，约 585—664 年） 阿拉伯将领和政治家。参加主要战争：征服巴勒斯坦、埃及和利比亚战争（633—643 年）、同阿里进行的内战（656—661 年）；参加主要战役（战斗）：达辛（贝尔谢巴附近）之战（634 年）、阿杰纳达因（耶路撒冷附近）之战（634 年）、培琉喜阿姆之战和赫利奥波利斯（迈斯拉尔杰迪达，640 年）之战、尼基欧（纳特龙附近）之战（645 年）、绥芬（革命城）之战（657 年）。

阿慕尔·伊本·阿斯 577—594 年间生于麦加附近的古莱西部落。629 年，他改信伊斯兰教，而在此之前却一直反对该教。此后不久，他在阿拉伯军队中崛起。634 年 1 月，他率领三支入侵叙利亚部队中的一支，于同年 3 月左右，在达辛打败了一支拜占庭小股部队。7 月，在巴勒斯坦中心的阿杰纳达因取得了更大的胜利。639 年，他指挥第一次远征埃及的行动，并取得成功。640 年 1 月，夺取了培琉喜阿姆。同年 7 月，在埃及中部巴比伦附近的赫利奥波利斯打败拜占庭主力部队。641 年 4 月，占领巴比伦堡。642 年 9 月，经过长期围攻后，占领了亚历山大，直接威胁到埃及的统治者。642—643 年，派兵远征利比亚，在现代开罗的位置上建立了伏斯泰特城作为要塞。645 年春，拜占庭干涉并支持了亚历山大的一次叛乱，面对这种局面，他在同年的 12 月把拜占庭军队赶到埃及中部地带，并在尼基欧将其打败。646 年 7 月，围攻并再次夺取亚历山大城，平息了这次暴乱。此后不久的 646 年秋天，他被哈里发奥斯曼撤职。657—661 年，他支持奥斯曼的亲戚穆阿维耶，反对穆罕默德的侄子阿里。657 年 5—7 月，他同穆阿维耶一起与阿里进行了绥芬战役，在 7 月份的大规模激战中，发挥了重要作用。659 年，他为穆阿维耶夺取了埃及。为表彰其功绩，穆阿维耶任命他为埃及总督。664 年，卒于伏斯泰特城。

阿慕尔·伊本·阿斯是一位能干的将军。他精力旺盛、聪明果断，在伊斯兰教扩张期间，可说是阿拉伯第二代最好的将领。

TM

参考：Butler, Alfred Joshua, The Arab Conquest of Egypt and the Last Thirty Years of the Roman Dominion. 1902. Reprint, New York, 1973.

Glubb, Sir John Bagot, The Great Arab Conquests. Englewood Cliffs. N.J., 1964.

阿南惟几（Anami Korechika，1887—1945 年） 日本将军、法西斯军人。参加主要战争：日本侵华战争（1937—1941 年）、第二次世界大战（1941—1945 年）。

阿那毕隆（Anaukpetlun，卒于 1628 年） 缅甸东吁王朝国王。参加主要战争：重新统一缅甸的战争（1605—1628 年）。

阿那毕隆是良渊王之子。他以缅甸高地为基地征服了缅甸平原。1607 年占领卑谬，1610 年占领东吁。1613 年，他向当时由葡萄牙人勃利多统治和由葡萄牙殖民军占领的沙廉进军，经长期围攻后将其收复。勃利多被阿那毕隆钉死在十字架上。葡萄牙人和欧亚混血儿同时被迫世世代代成为缅甸王国的军人。竭尽全力侵略暹罗并于 1613—1614 年占领了景迈省，但不久即被葡萄牙和暹罗的武装力量赶了出来。1628 年，阿那毕隆被其子所弑；因为其子与其妻妾有染，害怕受到他的严厉惩罚而先行下手。

BAR

参考：EB.

EMB.

阿那律陀（Anawrahta，卒于 1077 年） 缅甸统治者。

阿那律陀生于 11 世纪初，初为位于伊洛瓦底江中部的小国——蒲甘的统治者（1044 年）。他是一位雷厉风行且行之有效的将军和娴熟的政治家，将伊洛瓦底江中部诸国牢牢置于其控制之下，并兼并了阿拉干和下缅甸（1044—1056 年）。1057 年征服了孟人的达通王国。曾多次深入东方的掸（泰）族诸国进行惩罚性远征，其袭击范围可能远达今泰国的昭披耶河谷。由于仍然受到掸人的袭击，他沿东部边境修建了一条防线。后于侵略归来途中，在蒲甘狭谷为一头野牛所害。

BAR

参考：Historical and Cultural Dictionary of Burma. Edited by J. M. Maring and E. G. Maring. Metuchen, N.J., 1973.

EMB.

安德森，肯尼思·阿瑟·纳埃尔（Anderson, Kenneth Arthur Noel, 1891—1959 年） 英国陆军上将。参加主要战争：第一次世界大战（1914—1918 年）、第二次世界大战（1939—1945 年）；参加主要战役（战斗）：西线战役（1914—1918 年）、佛兰德之战（1904 年）、突尼斯战役（1942—1943 年）。

安德森，理查·赫伦（Anderson, Richard Heron1821—1879 年） 美国南部同盟将军。参加主要战争：美墨战争（1846—1848 年）和美国内战（1861—1865 年）；参加主要战役（战斗）：萨姆特堡之战（1861 年）、七棵松之战（弗吉尼亚州的费尔奥克斯，1862 年）、七天战役（弗吉尼亚州，1862 年）、第二次布尔溪之战（弗吉尼亚州的马纳萨斯，1862 年）、安蒂特姆之战（马里兰州，1862 年）、钱瑟勒斯维尔之战（1863 年）、葛底斯堡之战（宾夕法尼亚州，1863 年）、斯波齐尔韦尼亚之战（1864 年）、赛勒克里克之战（弗吉尼亚州，1865 年）。

安德森 1821 年 10 月 7 日生于南卡罗来纳州的萨姆特县，是一位物理学家之子。1842 年毕业于西点军校，在龙骑兵部队中服役。墨西哥战争中，在温菲尔德·斯科特的部队服役，表现十分出色。1847 年 8 月 17 日由于在圣奥古斯丁阿特拉普科作战勇猛而被晋升中尉。1848—1861 年在宾夕法尼亚州、堪萨斯州和内布拉斯加州服役，期间被晋升为上尉。1861 年 3 月退出联邦陆军转而加入南部同盟军，被授予南卡罗来纳第一骑兵团上校之职。支援围攻萨姆特堡的战斗（4 月 12—14 日），7 月，晋升准将。1862 年春，在北弗吉尼亚军团的朗斯特里特师任旅长。在七棵松（费尔奥克斯）（5 月 31 日—6 月 1 日）之战和七天战役（6 月 25 日—7 月 1 日）中名声大噪。作为一名少将，率一个师参加了第二次布尔溪之战（8 月 29—30 日）和安蒂特姆之战（9 月 17 日），在作战中负伤。1863 年 5 月 1—6 日，参加了钱瑟勒斯维尔之战。葛底斯堡之战中任职于 A.P. 希尔的军团，率军夺占了塞米纳里突出部。作为一名临时中将，1864 年 5 月代替负伤的朗斯特里特任第一军指挥官，经一夜疾进，（5 月 7 日）占领了斯波齐尔韦尼亚法院。在随后的作战中（5 月 8—12 日），他始终占据着这个重要的战术要地。率领第一军参加了冷港之战（6 月 8—12 日）和在彼得斯堡以南作战（6—10 月）。10 月，朗斯特里特伤愈后他交还了指挥权，仍为师长职务和少将军衔。1865 年 4 月 6 日，在赛勒克里克遭到了其唯一的一次失败；战斗中，他未能掩护李将军退却。率残部艰难地突出重围后，再次加入了北弗吉尼亚军团，随之被改编，并丧失指挥权。战后，返回南卡来罗纳州，任铁路官员和磷酸盐生产监察员。1879 年 6 月 26 日卒于博福特。

作为一位师长，安德森能干、多谋又极为诚实。

Staff

参考：Catton, Bruce, The Army of the Potomac. 3 vols. New York ,1962.

Freeman, Douglas Southall, Lee's Lieutenants. 3 vols. New York,1944.

Wamer, Ezra, Generals in Gray. Baton Rouge. 1978.

安德森，罗伯特（Anderson Robert, 1805—1871 年） 美国将军。参加主要战争：黑鹰（布莱克·霍克）战争（1832 年）、塞米诺尔战争（1835—1842 年）、美墨战争（1846—1848 年）、美国内战（1861—1865 年）；参加主要战役（战斗）：莫利诺（在墨西哥城附近）之战（1847 年）、萨姆特堡之战（1861 年）。

安德森 1805 年 6 月 14 日生于肯塔基州路易斯维尔附近的一个显赫的弗吉尼亚人家庭。1825 年从西点军校毕业后分配于骑兵服役，在其到位前，曾为其兄（哥伦比亚外交大臣）当过一段秘书。1832 年 4—8 月黑鹰战争期间，任伊利诺伊志愿者上校军官。在 1836—1838 年间的反塞米诺尔人战争中，由于其在佛罗里达的出色表现而晋升为上尉。墨西哥战争爆发后，他在温菲尔德·斯科特手下服役。1847 年 9 月 8 日的莫利诺之战胜利后，荣升少校，在此次作战中负伤。1860 年 9 月，经挑选而受命指挥查尔斯顿港周围要塞的防务，这部分是因为他是南方人及有同情奴隶制的倾向。12 月 20 日，由于南卡罗来纳州脱离联邦，安德森将其司令部从难以防守的莫尔特里堡移至萨姆特堡。他对查尔斯顿当局采取调和的态度，但是拒绝投降。当 1861 年 1 月 9 日，北部联邦供应船“西部之星”号遭岸炮轰击时，他未假援手。4 月 11 日，他第二次拒降。4 月 12—13 日遭炮火打击，使其驻守的城堡无力防守，被迫于 4 月 14 日投降。5 月升陆军准将并受命指挥肯塔基州军事防务，直至 10 月染病。1863 年 10 月退出现役，但仍于 1865 年 2 月晋升陆军少将。1865 年 4 月 14 日在萨姆特堡举起联邦旗帜。1871 年 10 月 26 日，在前往欧洲旅行途中，卒于法国尼斯。

安德森是一位才华出众、足智多谋的官员。在需要外交及政治技巧的困难境地中，他的表现游刃有余，较之于军事方面毫不逊色。

Staff

参考：EB.

WAMB.

安德烈，约翰（André, John, 1751—1780） 绰号“勇敢的安德烈少校”。英国陆军军官。参加主要战争：美国独立战争（1775—1783 年）。

安德烈 1751 年 5 月 2 日生于伦敦，一位瑞士商人与其法国妻子的儿子。在富特第七团供职（1771 年 1 月），曾旅欧学习军事工程学，后在魁北克组建其团队（1774 年）。尚布利堡陷落（1775 年 11 月 5 日）时在圣约翰（魁北克省的圣-让地区）被俘，保释（1776 年 11 日）前一直关押于宾夕法尼亚中部。任驻费城的查理·格雷

将军的副官，上尉军衔，在那里结识佩吉·希彭（后来的本尼迪克·阿诺德夫人，1777年）。他曾任副官长，分管亨利·克林顿爵士的通信与情报工作，后牵扯进——可能是通过佩吉——本尼迪克特·阿诺德少将的叛乱阴谋案件之中（1779年5月）。参加了获得胜利的克林顿对南卡罗来纳查尔斯顿的远征（1779年12月—1780年6月）。阿诺德复出后继续与其交往。曾充当阿诺德与克林顿之间的调解人。一次与阿诺德会晤后曾发生一系列事件。这些事件之后，他被纽约民兵所俘（1780年9月23日）。庭审裁定（部分是由于安德烈的口供）他是一名间谍，并于1780年10月2日在纽约的塔潘被处绞刑。

安德烈是一位特别能干、聪明而又勤奋的军官。他正直可敬、外貌迷人。和内森·黑尔一样，敌对双方对他的去世都表示哀痛。

Staff

参考：Flexner, James Thomas, The Traitor and the Spy. New York, 1953.

Tillotson, Harry S., The Beloved Spy. Caldwell, Ind., 1948.

Van Doren, Carl, Secret History of the American Revolution. New York, 1941.

安禄山（An Lu-Shan，卒于757年） 中国唐朝好战的节度使和叛乱首领。参加主要战争：唐朝边境战争（741—755年）、安史之乱（755—763年）。

安禄山生于大唐帝国的西北边境地区，属突厥和粟特（布哈拉）人的混血后代。他曾因偷盗羊只被判处死刑，但却逃避了刑罚，成为唐帝国军队里的一名士兵。751—752年，他在唐朝西北部进行的边界战斗中表现突出，尤其是在与入侵的契丹人作战时，战绩显著。安禄山受到唐玄宗的青睐，被朝廷封为范阳（今北京市）节度使，最后成为扼守要塞的三镇节度使。755年，安禄山叛乱，率领15万大军从位于范阳的大本营出发，向南进军，于秋天夺取了洛阳。756年，他率军占领了当时唐朝的首都长安（今西安），自封为燕朝皇帝。757年，安禄山被唐朝军队中的回鹘士兵赶出长安，最后被儿子和随从谋杀。

安禄山身材高大魁梧，作战勇猛，为人狡诈，善于投机钻营，是一个暴君。安禄山叛乱在763年被平息。这次叛乱使千百万生灵涂炭，从而加速了唐朝的衰亡。

PWK

参考：An Lu-shan, Biography of An Lu-shan. Translated by H.S. Levy. Berkeley, Calif, 1961.

Pulleybank, E.G., The Background of the Rebellion of An Lu -shan. London, 1955.

安南齐奥，加布里埃勒德（Annuntio, Gabriele d', 1863—1938年） 意大利冒险家。参加主要战争：第一次世界大战（1915—1918年）、占领阜姆（即里耶卡）（1919—1920年）。

安森，乔治，勋爵（Anson, George, Lord, 1697—1762年） "英国海军之父"，英国海军上将。参加主要战争：奥地利王位继承战争（1740—1748年）；参加主要战役（战斗）：菲尼斯泰尔角之战（1747年）。

安森生于1697年4月23日。1712年加入海军，并迅速逐级升迁为海军上校（1723年）。曾乘"百夫长"号率6艘船只进行环球航行（1740年9月—1744年6月）。只有"百夫长"号完成了此次航行，而且一半以上的船员患坏血病而死。途中夺取了西班牙人的马尼拉大帆船"努埃斯特拉·塞诺拉·德·科瓦东加"号（1743年），并在广州出售其船上的财物，获40万英镑（"百夫长"号是进入中国水域的第一艘英国船只）。英雄般地返回英国（1744年6月15日）。在供职于海军部（1745—1762年）期间两度出海（1747年、1756—1757年）。曾在菲尼斯泰尔角附近拦截由9艘舰船组成的法国舰队（1747年5月14日），俘获其中的6艘，以及所有的被护航船只。提倡实行根据"级别"划分军舰（1748年?）、校订战争文件（1749年）、创建有固定编制的海军陆战队（1755年）等多种行政改革。1751—1756年及1757—1762年，先后出任海军大臣。为表彰其功绩，被授予海军元帅军衔（1761年）。卒于1762年6月6日。

安森外表冷漠而不善言谈，是一位具有行政天才的聪明过人的军官。七年战争时的皇家海军多得力于他的组织能力。他还是一位足智多谋、堪当大任的舰队指挥官。

CCJ

参考：Anson, W. V., Life of Admiral Lord Anson. London, 1912.

Pack, S. W. C., Admiral Lord Anson. London, 1960.

Williams, G., ed., Documents Relating to Anson's Voyage Round the World, 1740—1744. London, 1967.

安森，乔治（Anson, George, 1797—1857年） 英国将军。参加主要战争：拿破仑战争（1800—1815年）、镇压印度土兵起义（1857—1858年）；参加主要战役（战斗）：滑铁卢之战（1815年）。

安蒂库埃拉，约瑟（Antiquera, José, 1690—1731年） 西班牙统治者。参加主要战争：巴拉圭平叛（1721—1725年）。

奥斯塔公爵，阿梅代奥·翁贝托（Aosta, Amedeo Umberto, Duke of, 1898—1942年） 意大利将军。参加主要战争：第一次世界大战（1915—1918年）、第二次征服利比亚

(1923—1932 年) 和第二次世界大战 (1940—1945 年); 参加主要战役 (战斗): 东非战役 (1941 年)。

奥斯塔是法国移民艾曼努埃尔·菲利贝尔和埃莱娜之子。第一次世界大战期间 (1915—1918 年) 参军, 因对奥地利军作战勇敢而获殊荣。1921 年以上尉军衔退出军界。1922—1925 年间漫游非洲。返回意大利后再入军界, 在鲁道夫·格拉齐亚尼麾下再次征服利比亚 (1925—1932 年)。1932 年 5 月参加空军。1937 年被任命为埃塞俄比亚总督。1940 年升任将军, 成为意大利在东非诸军种的最高统帅。曾指挥入侵英属索马里兰 (北索马里) (8 月)。1941 年 1 月 19 日—5 月 18 日, 指挥意军防御英军的进攻, 但未能阻止英军推进, 亚的斯亚贝巴遂在 4 月 4 日失陷。5 月 18 日, 他在安巴阿拉吉山 (贡德尔附近) 向英军投降。1942 年 3 月, 作为战俘卒于设在肯尼亚的战俘营。

奥斯塔是一位勇敢而有能力的低级指挥官; 但由于部队士气低落, 远离意大利, 他在东非表现平平。

PDM

参考: Dizionario Enciclopedico Italiano, Vol. X. Rome, 1959.

Enciclopedia Italiana, Vol. Ⅱ. Rome, 1949.

奥斯塔公爵, 艾曼努埃尔·菲利贝托, 萨伏依亲王 (Aosta, Emanuele Filiberto, Duke d', Prince of Savoy, 1869—1931 年) 意大利陆军元帅。参加主要战争: 第一次世界大战 (1915—1918 年); 参加主要战役 (战斗): 多次伊松佐河之战 (1915—1917 年) 和卡波雷托 (科巴里德) 之战 (1917 年)。

阿保机 (A-Pao-Chi, 872—926 年) 契丹统治者。参加主要战争: 复兴契丹 (中国北方少数民族一支) 战争 (907—930 年)。

阿保机即耶律阿保机, 是一个契丹首领的儿子, 约在 901 年继承了父亲的权力, 着手统一契丹。907 年, 他组成契丹联盟, 开始征服周围部落。阿保机组织了一支 30 万人的军队, 这支军队纪律严明、组织严密。916 年, 他统治了从日本海到鄂尔多斯沙漠这样一个较大疆域的强大政权。同年, 阿保机自封为契丹皇帝, 并着手建立北宋模式的中央集权国家。在他统治期间, 实行鼓励中原汉人迁入的政策, 但屡次进攻北宋北方却未获成功。阿保机的继承者们将其帝国更名为"辽"。阿保机卒于 926 年。

阿保机精力旺盛、野心勃勃、机智而富有远见, 是一位杰出的政治家和军事家。

PWK

阿普拉克辛伯爵, 费多尔·马特维耶维奇 (Apraksin, Fedor Matveevich, Count, 1661—1728 年) 俄国海军元帅。参加主要战争: 北方战争 (1700—1721 年)、波斯战争 (1722—1723 年); 参加主要战役 (战斗): 维堡围攻战 (1710 年)、汉科之战 (1714 年)。

阿普拉克辛生于 1661 年。1682 年被任命为后来成为沙皇的彼得一世的就餐侍者。后参与彼得的战争游戏, 并很快与其结下了持久的友谊。出任阿尔汉格尔斯克总督 (1692 年)。任亚速的行政长官时, 他在黑海建立了一支海军分舰队, 还建造了船坞和塔甘罗格港口设施 (1700 年)。1707 年晋升为海军上将和波罗的海舰队司令, 这实际上使他成为俄国的最高司令官。击退瑞典人对英格里亚 (原列宁格勒地区) 的入侵 (1708 年), 从而拯救了彼得堡和弱小的波罗的海舰队。他因此次胜利而受封为伯爵, 并晋升为俄国第一个海军元帅。围攻并夺取维堡 (1710 年)。彼得在普鲁特河 (位于罗马尼亚和乌克兰之间) 被土耳其人打败后, 他主持黑海分舰队的解散工作 (1711—1712 年)。任驻芬兰的陆军司令 (1712 年), 1713 年后兼任随陆军同驻芬兰的舰队司令官。占领奥布 (图尔库; 1713 年)。在汉科之战 (1714 年 7 月 7 日) 中打败瑞典海军上将冯·埃伦斯克约尔德, 从而建立了俄国海军在波罗的海的优势。对瑞典的许多沿海地区发起两栖作战, 结果夺取了奥兰群岛 (1715 年)。指挥哥德兰岛登陆 (1717 年) 和沿斯德哥尔摩附近瑞典海岸的破坏性袭击 (1719—1720 年)。他的占领大多通过《尼斯达德条约》(1721 年 8 月 30 日) 加以确认。波斯战争 (1722—1723 年) 期间, 他率海军远征部队从阿斯特拉罕转战于里海的阿格拉汉湾。曾是最高秘密委员会的成员 (1726—1728 年), 但彼得死 (1725 年) 后其影响削弱。1728 年 11 月 21 日卒于莫斯科。

阿普拉克辛凭借其与彼得一世的密切关系而成为高级指挥官。他是一位天赋聪颖、精力充沛的行政家, 天才的海军战略家和战术家。其在波罗的海的两栖登陆是促使瑞典求和的主要原因。

CCJ

参考: Anderson, R. C., Naval Wars in the Baltic in the Sailing-Ship Epoch. London, 1910.

阿拉比 (艾哈迈德恩·乌拉比帕夏) (Arabi Pasha〈Ahmen Urabi Pasha〉, 1839—1911 年) 埃及陆军军官和民族领袖。参加主要战争: 埃及-埃塞俄比亚战争 (1875—1879 年)、埃及民族革命 (1882 年); 参加主要战役 (战斗): 泰勒凯比尔 (宰加济格附近, 1882 年)。

阿拉比 1839 年生于下 (北) 埃及的一个农民家庭。应征参军后于 1862 年被晋升为军官。在埃及-埃塞俄比亚战争中 (1875—1876 年) 任军需官。可能于 1877 年加入了阿利阿鲁比领导的一个秘密民族团体。在 1879 年被解职的埃及军官示威后获得中校军衔, 得到赞同其强烈民族主义倾向的部队的支持。1882 年他成为艾哈迈德·萨米·巴鲁迪民族政府中的陆军大臣兼海军大臣, 被晋升为帕夏 (阿拉伯国家对将军的称呼)。随着驻亚历山大的一支英军分舰队的到达以及随后的反欧抗战, 他

开始指挥部队。尽管如此，亚历山大要塞却因英国海军舰队的炮击（7月11日）和爵士加尼特·沃尔斯利将军的部队在伊斯梅利亚登陆而显得颇为平静。9月13日，他在泰勒凯比尔之战中被沃尔斯利将军击败。后在开罗被俘。在监禁中，曾试图发动囚徒再次反抗，结果被判处死刑，后被减刑流放到锡兰。1901年回到埃及。1911年9月21日卒于开罗。

相对而言，阿拉比是一位平凡的军事家，也不是一位有力的领导者。他将自己微不足道的战绩与其声望归功于他的忠诚和炽热的民族情感。

DLB

参考：Broadley, A. M., How We Defended Arabi and His Friends. London, 1884.
Ninet, J., Arabi Pacha. London, 1884.

荒木贞夫（Araki, Sadao, 1877—1966年） 日本将军、甲级战犯。参加主要战争：日俄战争（1904—1905年）。

荒木贞夫生于东京，1897年毕业于陆军士官学校，曾参加日俄战争。1908年毕业于陆军大学。曾任驻俄国翻译官（1909年）和驻圣彼得堡的武官（1912年），1918年任日本西伯利亚远征军司令部参谋。1923年任第二十三步兵旅少将司令。1924年任宪兵司令。1927年晋升中将。1928年任陆军大学校长。1929年任第六步兵师师长。1931年任军事教育总监部本部长。1931—1936年任陆军大臣，极力鼓吹军队的武士道精神，成为激进的民族主义少壮派军官的偶像。同情1936年2月流产政变中的少壮派军官们的行动，因此被逐出现役。1938年任文相，在第二次世界大战早期，对东条英机首相有着重要的影响。1948年经远东国际军事法庭宣判，定为甲级战犯，判处无期徒刑，但于1955年因病获释。卒于1966年。

荒木贞夫是极端的民族主义者和顽固的军国主义者，在其职业生涯的后期积极鼓吹日本军队的武士道精神。他傲慢自大而且恃强凌弱，曾丧心病狂地称在1937年爆发的全面侵略中国的战争是"上帝的礼物"。

MRP

参考：Brackman, Arnold C., The Other Nuremberg. New York, 1981.
Crowley, James, "Japanese Army Factionalism in the 1930s," Journal of Asian Studies, Vol. 31: 3 (May 1962).
Shillony, Ben-Ami, Revolt in Japan: The Young Officers and the February 1936 Incident. Princeton, 1973.
Storry, Richard, The Double Patriots: A Study of Japanese Nationalism. London, 1957.

锡科延的阿拉图斯（Aratus of Sicyon, 公元前271—前213年） 希腊将军和政治家。参加主要战争：希腊骚乱（公元前252—前215年）；参加主要战役（战斗）：阿克劳科林思之战（公元前243年）、佩兰纳（希洛卡斯特朗附近）之战（公元前241年）、拉奥迪希亚（梅加洛波利斯附近）之战（公元前227年）。

阿伯思诺特，马里奥特（Arbuthnot, Marriot, 1711—1794年） 英国海军上将。参加主要战争：七年战争（1756—1763年）、美国独立战争（1775—1783年）；参加主要战役（战斗）：基伯龙湾之战（1759年），第一次切萨皮克湾之战（1781年）。

阿伯思诺特1711年生于韦茅斯，父母不详，可能是著名的苏格兰数学家与作家约翰·阿巴思诺特的侄子。早期经历亦不清楚，但曾任海军上尉（1728年），后晋升为上校（1747年）。基伯龙湾之战（1759年11月20日）中在霍克海军上将麾下任"波特兰"号舰长。历任朴次茅斯警戒舰舰长（1771—1773年）、驻哈利法克斯海军专员（1775—1778年1月）。奉召回到英国后晋升为海军少将，并返回美洲出任美国基地总司令（1779年5月）。在爵士亨利·克林顿上将进攻南卡罗来纳的查尔斯顿时，与其进行过勉强合作（1779—1780年5月）。一支法国小型舰队护送罗尚博的军队前往美国后，他将其封锁于罗得岛的纽波特港（1780年7月）。当海军上将乔治·罗德尼爵士取代其美国基地司令的职务时（9月），他曾提出强烈抗议，但未能奏效。将法国海军上将德图什的小型舰队追击至切萨皮克湾，并在那里进行了一次未分胜负的交战（1781年3月16日）。其职务为托马斯·格雷夫斯接替，乘船抵达英国（7月4日）。后未再担任海军职务，但被擢升为海军上将（1793年2月1日）。卒于次年。

阿伯思诺特性格暴躁、反复无常，通常难与人合作，既无战术才能又无战略才能，是英国海军领导层处于最低点时期的代表人物。

Staff

参考：Boatner, Encyclopedia.

阿尔当·杜·皮科，沙尔·让·雅克·约瑟夫（Ardant Du Picq, Charles Jean Jacques Joseph, 1831—1870年） 法国陆军军官和军事理论家。参加主要战争：克里木战争（1853—1856年）和普法战争（1870—1871年）；参加主要战役（战斗）：博尔恩之战（梅斯附近的科隆布，1870年）。

阿尔当1831年10月19日生于多尔涅的佩里格。毕业于圣西尔军校，参加了克里木战争。在塞瓦斯托波尔附近被俘，战后未被释放，后再服现役，在叙利亚和阿尔及利亚任职。1870年晋升中校。同年8月15日率其团参加博尔恩之战时阵亡。去世前，他的著作《昔日的战斗》（《古代的战斗》）出版。稍后，他的手稿被扩编为著名的《战斗的过去与现在》一书。此书在1880年前只出版了一部分，1902年才全部出完。

尽管对他的生平知之甚少，然而他编著的小文集使其置身于最伟大的军事理论家之列。虽然他强调士气和心理素质对作战的影响，但却没有忽略热兵器的决定性作用，尽管这些常被后来的评论者所忽略。

DLB

参考：Ardant Du Picq，Charles J. J. J.，Battle Studies：Ancient and Modern Battle. Translated by John M. Greeley and Robert C. Cotton. New York，1921.

——，Études sur le combat：combat antique et moderne. Paris，1942.

Possony，Stephan T.，and Etienne Mantoux.“Du Picq and Foch：The French School，”Makers of Modern Strategy. Edited by Edward Meade Earle，et al. Princeton，N. J.，1943.

Trochu，Louis Charles，L'Armée française en 1867. Paris，1867.

阿莱扎贾，J·卡洛斯（Areizaga，Juan Carlos，活动于约 1809 年） 西班牙将军。参加主要战争：拿破仑战争（1800—1815 年）；参加主要战役（战斗）：奥卡尼亚之战（1809 年）。

阿兰贝格伯爵，让·德利格奈（Arenberg，Jean de Ligne，Count of，1525—1568 年） 在西班牙服役的弗莱芒贵族。参加主要战争：八十年战争（1566—1648 年）；参加主要战役（战斗）：赫利加里之战（1568 年）。

阿伦茨塞尔蒂，亚历山大·卡尔·弗里德里希·冯（Arentschildt，Alexander Carl Friedrich von，1806—1881 年） 汉诺威将军。参加主要战争：普鲁士-丹麦战争（1848—1850 年）、七周战争（1866 年）；参加主要战役（战斗）：朗根塞萨尔策之战（1866 年）。

阿伦茨塞尔蒂生于汉诺威的吕讷堡。普鲁士-丹麦战争期间（1848—1850 年），在石勒苏益格-荷尔斯泰因的汉诺威陆军中服役。1858 年晋升为中校，指挥第六步兵团。1861 年晋升准将，指挥第二步兵旅。1866 年 6 月 16 日七周战争爆发时，指挥一个混成旅。6 月 17 日军方违背他的意愿晋升其为中将并任汉诺威陆军总指挥。6 月 27—29 日，他突破巴伐利亚的计划因普鲁士军队在朗根塞萨尔策的集结而遭挫败，尽管在那里他击败了普鲁士的一个军；随后便被其另外三个军包围，被迫投降。7 月 5 日，随着汉诺威陆军的解散，虽有机会服役于普鲁士军队，却被他拒绝。12 月 25 日定居汉诺威城附近。卒于 1881 年。

阿伦茨塞尔蒂是一位有能力且富献身精神的指挥官。他被快速晋升为陆军最高指挥官的事实说明，在 1866 年的战争中，普鲁士的各个小联邦的军事准备过于匆忙。

PDM

参考：Grossgeneralstab（Greater General Staff），Der Feldzug von 1866 in Deutschland. Berlin，1867.

Lettow-Vorbeck，Osakar von，Geschichte des Krieges von 1866 in Deutschland. 3 vols. Berlin，1896—1902.

阿盖尔，阿契波德·坎伯尔（Argyll，Archibald Campbell，1607—1661 年） 阿盖尔王朝的第一位侯爵和第八位伯爵及苏格兰贵族。参加主要战争：第一、二次主教战争（1639—1640 年）、第一次英国内战（1642—1646 年）、第三次英国内战（1650—1651 年）；参加主要战役（战斗）：因弗雷里城堡战斗（1644 年）、威廉堡附近之因弗洛基战斗、基尔赛斯战斗以及塞尔基克附近之皮尼堡战斗（1645 年）。

阿盖尔生于 1607 年，是阿盖尔王朝的第七位贵族阿契波德及其夫人安妮·道格拉斯的长子。1619 年，当他的父亲放弃崇拜新教时他接管了家庭财产。1628 年任枢密顾问官，1635 年成为上议院临时议员。1638 年继承父亲爵位并成为国民契约会的成员。1639 年春夺得汉密尔顿侯爵的布罗迪克城堡，在伯威克主持举行了一次和平谈判，旨在结束第一次主教战争。1640 年 7—11 月，在第二次主教战争期间，他进攻珀斯、阿伯丁和福弗尔地区保皇党贵族的领地。1641 年在国王查理一世访问苏格兰期间成为阿盖尔王朝的第一位侯爵。1641—1643 年，为保持新教徒之间的团结以及与英国议会结成联盟而努力。1644 年 1 月成为两个王国委员会的成员，还在利文贵族的军队中指挥一支骑兵。7 月，回到苏格兰反对蒙特罗斯的侵略。12 月，他的驻地受到蒙特罗斯率领的保皇军的偷袭并且自己被赶出因弗雷里城堡。1645 年 2 月 19 日，他在因弗洛基受到蒙特罗斯的偷袭和包围。8 月 15 日在基尔赛斯再次被蒙特罗斯打败。1645 年 9 月 12—13 日，他配合莱斯利的军队偷袭菲力堡并挫败了蒙特罗斯全军。1648 年夏他反对汉密尔顿的政策，也反对对英国实施突然性的侵略，但结果徒然。10 月，他领导新的政府在爱丁堡欢迎克伦威尔，但当 1649 年 1 月 1 日查理一世被处死后又转而反对英国。1651 年 1 月，支持威尔士王子返回并在斯昆为之加冕，使之成为查理二世国王。再度反对侵略英国的计划，但在伍斯特和邓巴遭到失败后则主张抵抗英国的侵略。1652 年 8 月，在因弗雷里城堡遭到偷袭后被迫服从于共和政治。1653—1654 年支持共和政治，帮助镇压格伦凯恩伯爵领导的保皇党起义。1658—1659 年成为克伦威尔下议院亚伯丁州的议员。1660 年 5 月，查理二世复辟后他亲自去见查理二世，但被其下命令逮捕。12 月被送往爱丁堡，以叛国罪受审。在审判中，他与蒙克将军的通信被确定为他献身于共和政治的证据，因而被确认为国王的敌人而被判死刑。1661 年 5 月 7 日在爱丁堡被送上断头台。

阿盖尔起初的活动表明他是一位成功的苏格兰新教

温和派政治家，同时还显示了他在军事方面的一些才能。但当查理二世复辟后，他的经历又使之成为了替罪羊。

AL

参考：Firth, Charles M., ed., Scotland and the Commonwealth. Oxford, 1895.
Willock, J., The Great Marquess: Life and Times of Archibald, 8th Earl and 1st Marquess of Argyll. N. p., 1903.

阿盖尔·坎伯尔，阿契波德（Argyll, Archibald Campbell, 1629—1685 年） 阿盖尔王朝的第九位伯爵及苏格兰贵族。参加主要战争：第三次英国内战（1650—1651 年）、蒙茅斯叛乱（1685 年）；参加主要战役（战斗）：邓达尔之战（1650 年）、伍斯特之战（1651 年）。

阿契波德 1629 年 2 月 26 日生于达基斯，是阿盖尔第八伯爵和玛格丽特·道格拉斯女士夫妇的长子。在国外接受教育，1649 年回到苏格兰。第三次英国内战期间站在保皇党一边，任查理二世的苏格兰卫队队长（1650 年），参加了邓达尔（1650 年 9 月 3 日）和伍斯特（1651 年 9 月 3 日）两次会战。失利后出逃，后加入在苏格兰高地活动的格伦凯恩伯爵领导下的保皇党游击武装（1653—1654 年）。1655 年国王查理二世命其同共和派妥协，他为此私下表示抗议（1655 年）。1657—1660 年因拒绝与斯图亚特王朝脱离关系而被监禁在爱丁堡要塞。1660 年 5 月王朝复辟后获释，但在 1661 年因批评查理二世政府曾被短期监禁。1664 年任苏格兰枢密院官员，1674—1680 年任议会特别议员。1681 年反对苏格兰宣誓法。同年，在约克公爵詹姆斯（后来的詹姆斯二世国王）的幕后唆使下，以捏造的叛国罪将其监禁并判处死刑，但他不久即逃脱。1682 年定居荷兰。在那里，阿契波德加入旨在推翻詹姆斯二世统治并让蒙茅斯公爵荣登苏格兰王位的阴谋集团。1685 年 6 月重返苏格兰以支援蒙茅斯在萨默塞特的登陆行动，但并未像期望的那样得到小心翼翼的苏格兰人的大力支持。6 月 18 日在克莱德河畔的因奇南被俘，6 月 30 日被送上断头台。

阿契波德是一位虔诚的新教徒和保皇党员，但因固执地反对约克公爵詹姆斯同时支持蒙茅斯而导致了他的最终毁灭。

AL

参考：Carswell, John, The Descent on England: A Study of the English Revolution of 1688 and Its Background. New York, 1969.
Willcock, J., A Scots Earl in Covenanting Times. N. p., 1907.

有贺小作（Ariga Kosaku, 1897—1945 年） 日本海军军官、军国主义者。参加主要战争：第二次世界大战（1941—1945 年）；参加主要战役（战斗）：莱特湾海战（1944 年）、东海海战（1945 年）。

有间雅文（Arima, Masafumi, 1895—1944 年） 日本海军将领、军国主义者。参加主要战争：第二次世界大战（1941—1945 年）；参加主要战役（战斗）：莱特湾海战（1944 年）。

有间雅文 1895 年生于鹿儿岛县。1915 年毕业于海军军官学校。在其军事生涯的早期，曾在各种水面舰艇上服役。1928 年毕业于海军大学。30 年代初转入海军航空兵服役。1938—1941 年主管过许多海军航空站，任上校站长。1941—1943 年任“翔鹤”号轻型航空母舰舰长。1943 年晋升海军少将。1944 年任第二十六海军航空战队司令官。在莱特湾海战期间（1944 年 10 月 23—25 日），他指挥该航空纵队攻击美军第三十八特混舰队，但在起飞前扯掉了军衔徽章，表示决不生还（10 月 26 日）。尽管日军在 10 月 22 日攻击美舰“普林斯顿”号时即已首创神风突击战，但有间雅文的行为仍在日本海军中产生了相当影响。

MRP

参考：Inoguchi Rikihei, Nakajima Tadashi, and Roger Pineau, The Divine Wind. Annapolis, 1958.
Morison, Samuel Eliot. History of United States Naval Operations in World War Ⅱ, Vol. Ⅻ. Boston, 1958.

阿姆斯特朗，约翰（Armstrong, John, 1717—1795 年） 美国将军。参加主要战争：法国与印第安人的战争（1754—1763 年）、庞蒂亚克战争（1763—1764 年）、美国独立战争（1775—1783 年）；参加主要战役（战斗）：基坦宁之战（1756 年）、迪尤肯堡（匹兹堡）之战（1758 年）、布兰瓦恩之战、日耳曼敦之战（1777 年）。

阿姆斯特朗 1717 年 10 月 3 日生于爱尔兰弗马纳县。曾接受测量员培训，后前往美洲，定居于宾夕法尼亚。他在那里规划了卡莱尔城。历任民兵上尉（1756 年 1 月）和中校（5 月），率部袭击特拉华印第安人的城镇基坦宁，获大胜；救出了被俘人员，并摧毁了法国人在该地的补给物资（9 月 8 日）。修筑劳登堡（1756 年）和宾夕法尼亚贝德福德附近的赖斯顿堡（1757 年）。约翰·福布斯对迪尤肯堡进行远征时，他率宾夕法尼亚部队参战（1758 年）。参加了庞蒂亚克战争（1763 年 5—11 月）。在大陆军中任准将（1776 年 3 月），后参加了查尔斯顿保卫战（1776 年 6 月）。辞去正规军职务（1777 年 4 月），但旋被任命为宾法尼亚民兵准将。在布兰瓦恩之战（9 月 11 日）和日耳曼敦之战（10 月 4 日）中率部参战，指挥华盛顿军的右翼部队。后任民兵少将（1778 年 6 月 9 日）、议会议员（1778—1780 年；1787—1788 年）。1795 年 3 月 9 日卒于卡莱尔。

阿姆斯特朗是一位有才能的军官，处事果断。1776 年，他身患风湿，否则可能会担任更高的指挥职务。

Staff

参考:Boatner,Encyclopedia.

阿尔宁，汉斯·乔治伯爵(Arnin, Count Hans Geoorg of, 1582? —1641 年) 萨克森州与帝国将军。参加主要战争：俄国-瑞典战争（1613—1617 年）、图尔科-波兰战争（1617—1621 年）、瑞典-波兰战争（1617—1629 年）、三十年战争（1618—1648 年）；参加主要战役（战斗）：什图姆战斗（1629 年）、莱比锡附近之第一次勃兰登费尔德战斗（1631 年）。

阿尔宁约 1582 年生于梅克伦堡的博伊岑堡一个贵族家庭。1613 年在瑞典参军并到俄国和利沃利亚作战；然而，当 1621 年在波兰与土耳其作战时，因与古斯塔夫发生争执而离开了瑞典。约在 1622 年又到瑞典参军与波兰军队作战。1626 年在德国参加华伦斯坦领导的帝国军队。在 1626—1627 年锡勒西亚战斗和 1627 年 9—10 月的梅克伦堡-荷尔斯泰因战斗中战功卓著。1628 年 2 月 24 日—8 月 2 日参加了华伦斯坦在斯塔拉逊德发起的一次成功的攻城战。1628 年 4 月被提升为陆军元帅。1629 年去波兰，出任与古斯塔夫领导的波兰帝国军队作战的德军司令。他与赫特曼合作，于 1629 年 6 月 17 日在什图库姆打败古斯塔夫。但是此后不久，他作为一名严格的路德教徒辞去了自己的职务，以表明自己对 1629 年 3 月 29 日之“恢复布告”的抗议。他参加了由约翰培植的军队，成为萨克森州的选举人，致力于建立“第三党”，试图在帝国军队和法国及瑞典的影响之间搞平衡。1631 年 6 月 21 日成为陆军元帅和司令指挥萨克森州的军队。在 1631 年 7 月 17 日第一次勃兰登费尔德战斗中指挥萨克森军队作战。1631 年 11 月，继续占领布拉格，但次年春被华伦斯坦的军队赶了出来。由于不满瑞典的政策，他与华伦斯坦进行谈判，后因华伦斯坦被杀而致计划流产。1635 年 6 月，因为他于是年 5 月 30 日签订《布拉格萨克森——帝国和平协定》遭到人们的憎恨而离开了军队。他拒绝法国军队对他的任命。1637 年被瑞典派人逮捕后送到斯德哥尔摩。1638 年他逃到汉堡，又被重新任命为帝国和萨克森州的陆军中将。卒于 1641 年 4 月 28 日他在得累斯顿为反抗瑞典和法国侵略作准备期间。

阿尔宁是一位才华横溢的将军，但他的上司除华伦斯坦外，都待他很薄。此外，他还是一名娴熟的外交官和谈判者，主持过华伦斯坦与德国北方许多州的谈判。他与华伦斯坦结下了很深的友谊，即使他们成为敌对者，这种友谊仍然保存着。

DLB and CCJ

参考:Irmer, G., Hans Georg von Arnim. N. P., 1894.
Wittrich, K., “Zur Würdigung Hans Georg von Arnims,” Neues Archiv für sächsische Geshichte, Vol. XXⅡ(1901).

阿尔宁，尤尔根·冯(Arnim, Jürgen von, 1889—1971 年) 德国陆军上将。参加主要战争：第一次世界大战（1914—1918 年）、第二次世界大战（1939—1945 年）；参加主要战役（战斗）：“巴巴罗萨”（入侵苏联）行动（1941 年）和突尼斯战役（1942—1943 年）。

阿尔宁生于旧普鲁士军人家庭。第一次世界大战中任低级军官。魏玛共和国时期仍留在军队中服役。30 年代进入装甲部队服役。1941 年 6 月 22 日“巴巴罗萨”行动开始时升任装甲师师长。后在东线指挥装甲军。盟军在法属北非登陆（1942 年 11 月）后，赶赴突尼斯指挥新组建的第五装甲集团军。在卡塞林关隘隆美尔发动的攻势（1943 年 2 月 14—22 日）中，他没能予以支持。后来，他进一步向北发动进攻，但收效甚微（2 月 26—28 日）。3 月 6 日，隆美尔因病离去，由他指挥非洲装甲军团，负责对突尼斯的防御。马雷特（靠近加贝斯）之战（3 月 20—26 日）后，他将其部队集中在北部，但得不到充足的补给和支援，无法实施有效的防御。5 月 12 日他被盟军俘获。先被拘禁在英国，后又到了美国，卒于 1971 年。

他是一位精明强干、行动果敢的军官，但又刚愎自用，难以与人相处。他的个人品性妨碍了隆美尔在卡塞林的行动。

PDM

参考:Parrish, Thomas A., and S. L. A Marshall, eds., Simon and Schuster Encyclopedia of World War Ⅱ. New York, 1978.

阿诺德，本尼迪克特(Arnold, Benedict, 1741—1801 年) 美国独立战争将军，后沦为叛徒。参加主要战争：法国与印第安人的战争（1754—1763 年）、美国独立战争（1775—1783 年）；参加主要战役（战斗）：泰孔德罗加之战、魁北克之战（1775 年），瓦尔库尔岛（尚普兰湖中）之战（1776 年）、丹伯里之战，斯坦尼克斯堡（纽约州之罗马镇）解围战、自由人农场和比米斯高地（两地均位于纽约的斯凯勒维尔附近）之战（1777 年）。

阿诺德 1741 年 1 月 14 日生于康涅狄格州诺威奇的一个名门望族。法国与印第安人战争期间，曾两度在民兵部队中服役（1758 年 5 月—1759 年 4 月?；1760 年春），但两次逃跑。父母双亡（1762 年）后迁居纽黑文，并在经商中获得成功。当时，他游历加拿大和西印度群岛，可能进行过走私活动（1762—1775 年）。1775 年 4 月 29 日，担任民兵上尉，率部参加波士顿围困战，后任马萨诸塞的民兵上校，随伊桑·艾伦参加了攻克泰孔德罗加堡的作战（5 月 10 日）。为协同蒙哥马利对蒙特利尔的袭击，曾率远征部队进攻魁北克（9 月 13 日—11 月 9 日）。此役失败，他在进攻中负伤（12 月 31 日）。1776 年 1 月晋升为准将，但放弃指挥权，将其交与戴维·伍斯特。率远征部队残部离开加拿大（5 月）。在尚普兰湖组建临时舰队以防止英军的进攻（7—10 月）。尽

管其装备低劣的舰队在瓦尔库尔岛战败（10 月 11 日），且其残部在斯普利特岩被歼（10 月 13 日），但他赢得了宝贵的时间并破坏了英军的计划。因议会不晋升其为少将（1777 年 2 月），他感到恼怒。华盛顿欣赏其才华，说服他不要辞职。在丹伯里袭击战中再获声誉，将英军登陆部队赶回舰上（4 月 23—28 日）。8 月 23 日任少将，率援军前往斯坦尼克斯堡。到达那里后，发现巴里·圣莱杰上校已经撤退。返回萨拉托加，后在自由人农场之战（9 月 19 日）和比米斯高地之战（10 月 7 日）中发挥了重要作用，在那里身负重伤。康复后被授予费城司令之职，不久即卷入论争与丑闻之中。受到军事法庭审判，但唯一的惩处是华盛顿非常温和的批评（1780 年 1 月）。就在此时，他与佩吉·希彭结为伉俪（1779 年 4 月），后勾结驻纽约的爵士乔治·克林顿将军通敌叛国。其叛国行为是在约翰·安德烈少校被俘后发现的。他逃归英军（1780 年 9 月 25 日），担任准将、弗吉尼亚殖民地诺福克地区的指挥官，进行过几次中等规模的袭击，获得胜利。由于与同事军官不和而出走伦敦（1781 年 12 月）。从事商业，但成效甚微，并在与法国的战争（1793—1800 年）期间进行私掠行动时，遭受经济损失。1801 年 6 月 14 日卒于伦敦。

阿诺德是一位具有一定才学的人，也许是美国独立战争中作战双方最优秀的战术指挥官。他创建尚普兰湖舰队的功绩也许可以开脱其叛国罪。另一方面，他野心勃勃、嫉妒他人、固执任性、睚眦必报、桀骜不驯。他之所以叛国，主要是因为自私自利和报复其私敌。

DLB

参考：Boylan, Brian R., Benedict Arnold: The Dark Eagle. New York, 1973.

Flexner, James Thomas, The Traitor and the Spy. New York, 1953.

Van Doren, Carl, Secret History of the American Revolution. New York. 1941.

Wallace, Willard, Traitorous Hero. New York, 1954.

阿诺德，亨利·哈利（Arnold, Henry Harley, 1886—1950 年） 绰号“幸运者”，美国空军五星上将。参加主要战争：第一次世界大战（1917—1918 年）、第二次世界大战（1941—1945 年）；参加主要战役（战斗）：对日本的战略轰炸（1944—1945 年）。

阿诺德 1886 年 6 月 25 日生于宾夕法尼亚的格拉德维耶。1907 年毕业于西点军校，在步兵中任职。1907—1909 年在菲律宾服役。1911 年 4 月转入通信兵航空队服役。1911 年 6 月，经莱特兄弟的指导，获得飞行员执照。1912 年 10 月，首次驾机进行侦察飞行，并因其杰出的飞行成就首次获得麦凯奖章。1913 年 4 月返回步兵服役。1916 年 5 月重返航空队服役并晋升上尉。在第一次世界大战期间（1917 年 5 月—1918 年）负责监察陆军航空训练学校。1919—1928 年，大部分时间在太平洋国家担任航空队军官职务。1929 年毕业于指挥与参谋学校。1931 年 2 月—1935 年 2 月任第一轰炸机联队和驻加利福尼亚马奇机场的第一驱逐机联队中校队长。1934 年 7—8 月，率 10 架 B-10 轰炸机从华盛顿的博林机场飞至阿拉斯加的费尔班克斯并返航，因此获得第二枚麦凯奖章。1935 年 2 月任航空兵总部第一联队准将队长。1935 年 12 月任航空兵助理参谋长。1938 年 9 月因奥斯卡·韦斯托弗将军去世，晋升战时少将并任航空兵参谋长。在此期间，他将大部分有限的精力用于提高航空兵的作战能力和战备。1940 年 10 月任主管航空事务的陆军航空兵副参谋长。1941 年 6 月任更名后的美国陆军航空兵司令。1941 年 12 月晋升战时中将。1942 年 3 月任陆军航空兵总指挥。1943 年晋升战时上将。战争期间，在美国参谋长联席会议任职，对制定盟军在欧洲和太平洋战区的战略计划作出了重要贡献。1944 年 4 月，组建以 B-29 轰炸机为主、用来轰炸日本本土的第二十航空军，并作为参谋长联席会议的代表直接指挥该航空军作战，向成立独立的空军军种迈出了重要的一步。1944 年 12 月与艾森豪威尔、麦克阿瑟和马歇尔一起晋升陆军五星上将。1946 年 3 月将陆军航空兵的指挥职务移交给卡尔·斯帕茨上将。1946 年 6 月退出现役，回到加利福尼亚索诺马附近的农场。1949 年 5 月被任命为第一位空军五星上将。他在有生之年出版过多部著作，包括 1941 年出版的《空中战争》和 1942 年出版的《航空兵》。1950 年 1 月 15 日卒于索诺马。

作为美国军用飞机驾驶员的先驱之一和空军的创建者，阿诺德具有才华和远见，且行事果断，是一位很有天赋的军政官员和战略家。他为创建独立的美国空军作出了重大贡献。

BRB

参考：Arnold, Henry H., Global Mission. New York, 1949.

Coffey, Thomas M., HAP: The Story of the U.S. Air Force and the Man Who Built It, General Henry H. “Hap” Arnold. New York, 1982.

DuPre, Flint O., Hap Arnold: Architect of American Air Power. New York, 1972.

阿兰蒂乌斯，鲁齐乌斯（Arruntius, Lucius, 约公元前 60—公元 10 年） 罗马海军上将。参加主要战争：同庞培的战争（公元前 40—前 36 年）、安东尼和屋大维的战争（公元前 33—前 30 年）；参加主要战役（战斗）：阿克提亚姆之战（公元前 31 年）。此战他统率屋大维的胜利舰队的中路集群。

阿塔瓦斯都斯（Artavasdus, 卒于 743 年） 拜占庭将军和皇帝。参加主要战争：对阿纳斯塔西乌斯三世的反叛（717 年）、拜占庭内战（742—743 年）。

阿特威尔德，菲利普·范(Artevelde Philip Van，1340—1382年) 佛兰德市民起义领导人。参加主要战争：佛兰德市民起义（1382年）；参加主要战役（战斗）：布鲁士（布吕日）之战（1382年）、鲁思拜克之战（东佛兰德的鲁瑟拉勒附近）（1382年）。

阿特威尔德1340年生于根特，佛兰德爱国政治家和爱德华三世的盟友雅各布·范·阿特威尔德的幼子。在英格兰长大并接受教育。1360年回根特。1382年哥特市民起义反抗佛兰德伯爵路易·德·马累的统治，哥特居民授予他最高指挥权。5月2日在布鲁士附近地区击败路易伯爵，不久便控制了整个佛兰德。他所取得的成就与民众参与其事业的热情，使站在路易伯爵一边的法兰西朝野陷入恐慌。11月27日所部在鲁瑟拉勒之战中为法军击溃，本人兵败身亡。

阿特威尔德尽管缺乏经验，但富有才干，深受民众喜爱。此外，他所获得的许多成就与他出身名门不无关系。

DLB

参考：Lucas, Henry Stephen, The Low Countries in the Hundred Years' War. 1929. Reprint, Philadelphia, 1976.

Rogghé, p., Filips van Artevelde. Brussels, 1947.

阿蒂加斯，约瑟·热瓦齐奥(Artigas José Gervasio，1764—1850年) "自由人民保护主"，乌拉圭将军。参加主要战争：独立战争（1810—1820年）、同葡萄牙的战争（1816—1820年）；参加主要战役（战斗）：拉斯彼德拉斯之战（1811年）。

阿蒂加斯1764年6月19日生于蒙得维的亚附近，他是弗朗西斯阿诺尔德及马丁·约瑟·阿蒂加斯之子。少年时曾经牧羊，1797年参加西班牙军队，并参加了反土匪的战斗。1810年晋升上尉，参加了布宜诺斯艾利斯的独立运动，在独立运动军队中升为中校。1811年，率部进入乌拉圭，向班达·奥伦塔尔挑战，并在拉斯彼得拉斯之战中，以牧人和游击队组成的军队取得了作战的胜利。1811年率部包围西班牙人的据点蒙得维的亚；但由于葡萄牙人从巴西介入，在蒙得维的亚的西班牙人也积极活动，阿蒂加斯被两线夹击，被迫率16 000人（全部人口的四分之一）横渡乌拉圭河进入阿根廷。1813年他从西班牙人手中夺回蒙得维的亚之后，同其阿根廷盟友发生争执，以防止阿根廷人夺走蒙得维的亚。1814年，乌拉圭与阿根廷两国爆发战争，阿蒂加斯拒绝了阿根廷提出的一项独立建议，于1815年热衷地提出以普拉塔河为领土建立联邦。在阿根廷人的鼓动下，葡萄牙人于1816年侵入乌拉圭，于1820年在图奎伦波（阿根廷北部）摧毁了乌拉圭军队。阿蒂加斯参加了此战。战后，阿蒂加斯逃亡至巴拉圭，并因贫困交加而于1850年9月23日卒于伊博里（在亚松森附近）。

阿蒂加斯是乌拉圭独立的建筑师。他不屈不挠、精力充沛，受过良好教育。他心地仁慈，但在原则问题上从不妥协。在他的努力下，乌拉圭于19世纪20年代晚期赢得独立。

RCH and DLB

参考：Archivo Artigas. Edited by J. E. Pivel Devoto. 20 vols. Montevideo, 1950—1981.

H. D. (Gilbert Eduardo Perret), Ensayo de historia Patria. 10th ed., Montevideo, 1955.

阿尔茨·冯·施特劳森伯格男爵，亚瑟(Arz von Straussenburg, Arthur, Baron，1857—1935年) 奥匈帝国将军。参加主要战争：第一次世界大战（1914—1918年）；参加主要战役（战斗）：利马诺瓦-利帕诺夫之战（1914年）、戈尔利采-塔尔诺夫之战（1915年）和卡波雷托（科巴里德）之战（1917年）。

阿尔茨1857年生于特兰西瓦尼亚的赫曼施塔特（锡比乌），1878年参加奥匈军队，陆军学校毕业后就职于总参谋部，后在陆军部就职。第一次世界大战爆发时任第十五步兵师师长。加利西亚战役时（1914年8—9月）任第六军军长，在戈尔利采-塔尔诺夫之战（1915年5月2日—6月27日）中率领该军而声名大振。指挥奥地利第一军团在对罗马尼亚的作战中（1916年8月28日—12月下旬）赢得辉煌胜利。1917年2月3日取代康拉德·冯·赫岑道夫，出任总参谋长，成功地防御了布鲁西洛夫的第二次攻势（又称克伦斯基攻势）（6月29日—7月23日）。努力争得德军部队投入意大利战线作战并夺取"卡波雷托攻势"（10月24日—11月12日）大捷。一直任总参谋长到大战结束。1918年11月4日退休。卒于1935年。

阿尔茨是一位有能力的职业军人，在危机期间仍能镇定自若。在根据奥匈军队有限的能力而制定作战计划和选定目标方面，他比康拉德·冯·赫岑道夫要现实得多。

PDM

参考：österreichisches biographisches Lexikon, 1815—1950. Vol. Ⅰ. Vienna, n. d.

朝香宫鸠彦(Asaka, Yasuhiko，生于1887年) 日本陆军将领、战犯。参加主要战争：日本侵华战争（1937—1945年）；参加主要战役（战斗）：南京大屠杀（1937年）。

朝香宫鸠彦1887年生于东京，其父为久迩宫浅彦亲王的第八个儿子，其母为明治天皇的第八个女儿，因而是裕仁天皇的叔叔。1908年毕业于陆军军官学校。1914年毕业于陆军大学。1925年晋升上校。1933年晋升中将，任帝国近卫师师长。在上海-南京战役期间（8月8日—12月13日），任上海派遣军司令。以他这种身份，人们认为他必须对南京陷落（12月13日）后日军犯下的暴行（南京大屠杀）至少负部分责任。然而，大概因为他是皇室成员，尽管罪大恶极却没有受到远东国际军

事法庭的审判。

MRP

参考：Brackman, Arnold C., The Other Nuremberg. New York, 1987.

Coox, Alvin D., The Year of the Tiger. Philadelphia, 1964.

阿什比，约翰爵士（Ashby, Sir John，卒于 1693 年） 英国海军上将。参加主要战争：奥格斯堡同盟战争（1689—1697 年）；参加主要战役（战斗）：班特里湾战斗、比奇角战斗（1690 年）、巴夫勒尔战斗。

阿什比约于 1640 年生于萨福克地区的洛斯托夫特。1665 年在皇家海军"冒险"号舰上任海军少校，1668 年任"德蒲特福德"号舰长。1688 年任"挑战"号舰长。1689 年 5 月 10 日于班特里湾战斗中，在赫伯特海军上将的英国舰队的先头部队里指挥作战，战绩卓著。是年晚些时候被授予爵士荣衔和蓝舰队海军少将。1690 年 6 月 10 日在比奇角战斗中，服役于托林顿伯爵的"三明治"号战舰，晋升为红舰队海军中将。1690 年 6 月，托林顿被捕而监禁在伦敦塔后，他与理查·克莱德克和亨利·吉得格鲁联合实行指挥权。1692 年晋升为红舰队海军上将。1692 年 5 月 29 日在巴夫勒尔战斗中，他指挥"皇家威廉"号舰为英国舰队殿后，战斗结束后仍对法舰穷追不舍；尽管其在战斗中的领导艺术并非出类拔萃。1690—1693 年，任海军军需品监察官。卒于 1693 年。

阿什比虽具有一定的才能，但作为一位海军司令官却缺乏特有的天分。尽管他坚定和勇敢，缺乏进取心。

AL and DLB

参考：Ehrman, John, The Navy in the War of William Ⅲ. London, 1953.

Mordal, Jacques, Twenty-five Centuries of Sea Warfare. Translated by Len Ortzen. 1959. Reprint. London, 1970.

Powley, Edward B., The Navy and the Revolution of 1688. Cambridge, 1928.

阿什比，特纳（Ashby Turner，1828—1862 年） 美国南部同盟将军。参加主要战争：美国内战（1861—1865 年）；参加主要战役（战斗）：克恩斯顿之战（1862 年）、温彻斯特之战（1862 年）、麦克道尔之战（1862 年）和哈里森堡之战（均在弗吉尼亚州，1862 年）。

特纳 1828 年 10 月 23 日生于弗吉尼亚州福尔基县玫瑰岸种植园，是特纳上校与多萝茜·格林·阿什比的儿子。受过私立学校教育，曾在商务和种植业中取得过一些成绩。1859 年成为志愿军骑兵连的一名上尉，因没有及时到达哈珀斯渡口，而未能参加生俘约翰·布朗的战斗。弗吉尼亚州脱离联邦后，他参加了南部同盟军队并任骑兵上尉。1861 年 6 月底任弗吉尼亚州第七骑兵团上校。7 月，在第一次布尔溪之战中，参加了约瑟夫·埃·约翰斯顿将军部队的骑兵掩护行动。1862 年 3 月 23 日参加斯通维尔·杰克逊指挥的克恩斯顿之战。5 月 1 日—6 月 9 日，参加了谢南多厄河谷战役，指挥杰克逊的骑兵部队。5 月 8 日在麦克道尔之战中表现十分出色。作为一名准将参加了 5 月 25 日的温彻斯特之战。6 月 6 日在哈里森堡的后卫作战中，他的坐骑被杀，后在徒步指挥一次进攻时阵亡。

阿什比机智、勇敢、精力旺盛，是一位极为出色的骑兵指挥官。

DR

参考：Avirett, James B., The Memoirs of General Turner Ashby. Baltimore, 1867.

Thomas, Clarence, General Turner Ashby: Centaur of the South. Washington. Va., 1907.

Warner, Ezra, Generals in Gray. Baton Rouge, 1978.

足利直义（Ashikaga, Tadayoshi，1307—1352 年） 日本武将。参加主要战争：倒幕战争（1331—1335 年）、南北朝战争（1335—1392 年）；参加主要战役（战斗）：凑川之战（神户附近，1333 年）

足利尊氏之弟。1333—1334 年助其兄保住后醍醐天皇皇位。1335 年又参与其兄反对天皇的叛乱。作为其兄帐下的一名能征善战的战地指挥官而颇具盛名。1335 年足利尊氏就任征夷大将军后，他成为其兄的副手。1350 年由于他不同意足利尊氏把京都附近的资产分封给其效忠者的做法，与足利尊氏发生争吵，后被迫辞职。较之其兄，其保守主义观念更浓，认为那些资产应尽可能退还原主。是年晚些时候参加反对其兄的叛乱，1352 年失败被俘。是年秋卒于镰仓监狱中。

LH

参考：Grossberg, Kenneth A., "Ashikaga Takauji and Yoshimitsu," Great Historical Figures of Japan. Tokyo, 1978.

Hall, John W., and Takeshi Toyoda, Japan in the Muromachi Age, Berkeley, Calif., 1977.

Morris, Ivan, The Nobility of Failure. New York, 1975.

Sansom, George B., A History of Japan: 1334—1615. Stanford, Calif., 1961.

足利尊氏（Ashikaga, Takauji，1305—1358 年） 日本将军、幕府首领。参加主要战争：倒幕战争（1331—1335 年）、南北朝战争（1335—1392 年）；参加主要战役（战斗）：凑川之战（神户附近，1333 年）、京都之战（1336 年）。

足利尊氏 1305 年生于与北条幕府联盟的一个上层武士家族。1333 年北条高派他去镇压后醍醐天皇发起的京都叛乱，他改变立场，加入叛军，使后醍醐得以攻入京

都，暂时实行高度集中的皇权。发现天皇并非无能之辈，可任人操纵；同时对其没有酬之以高官深感失望，便发动叛乱，并于1335年在凑川决战中击败天皇军队。1336年在京都再次击败天皇军队，并进入该城，罢黜后醍醐，改立自己选定的光明天皇。后醍醐逃至南方吉野，重建自己的朝廷（该朝廷一直延续到1392年）。足利尊氏僭取了征夷大将军之职。作为征夷大将军和足利家族首领，以及所有武士的总头领和最高仲裁执行者，他运用自己掌握的权力，强化本家族对本州岛中部和西部的控制。他向主要竞争对手后醍醐天皇开战，尽管作了很大努力，仍未能消灭吉野朝廷。他还与其弟足利直义及其他几位主要副手发生激烈争吵，而这一争吵在某种意义上是由于他在1350年把京都地区没收的资产分封给忠于他的近臣而诱发的。卒于1358年。

足利尊氏是一位令人敬畏、好战和有才干的将军。面对危机和险境，他表现得冷静、坚定。与之同时代的作家认为他对朋友和敌人都同样仁慈，并且慷慨（尽管通常是慷他人之慨）。

LH

参考：Grossberg, Kenneth A.,"Ashikaga Takauji and Yoshimitsu,"Great Historical Figures of Japan. Tokyo,1978.

Hall,John W.,and Takeshi Toyoda,Japan in the Muromachi Age, Berkeley,Calif.,1977.

Sansom,George B.,A History of Japan to 1334. Stanford, Calif.,1958.

______, A History of Japan: 1334—1615. Stanford,Calif.,1961.

亚述巴尼拔（Ashurbanipal,公元前693—前627年） 亚述末代国王。参加主要战争：平定埃及叛乱（公元前668—前667年，公元前663年）、同伊兰人（位于伊拉春西南部地区）的八次战争（公元前667—前642年?）、亚述内战（公元前652—前648年）；参加主要战役（战斗）：围攻巴比伦之战（公元前650—前648年）。

亚述巴尼拔生于公元前693年，是亚述国王以撒哈顿的幼子。公元前668年，其父亲去世后顺利继位，并且在其母后娜琪雅的支持下，巩固了皇位。击败了塔哈尔卡，镇压了埃及的起义，并于公元前668—前667年，占领埃及首都孟菲斯。公元前667年，他领导了第一次反伊兰的战争。公元前663年，平定了第二次由塔哈尔卡侄子坦塔穆恩发动的埃及叛乱，并洗劫了埃及城市底比斯。大约公元前658年，占领腓尼基太尔城，由此而使叙利亚和小亚细亚米诺东南部地区的一些小国家臣服。公元前654年，亚述巴尼拔与吕底亚的盖吉兹结盟，共同抵抗辛梅里安人，但当盖吉兹援助埃及起义成功后解除联盟。公元前650—前648年，经过两年的战争，最终占领了巴比伦。公元前647—前640年，组建远征军讨伐伊兰，于公元前639年（?）洗劫其首都苏萨。在以后的数年里，他不再抛头露面，身体渐渐衰弱，并不断遭到诽谤和阴谋的袭扰。可能于公元前627年或630年卒于当时亚述的首都尼尼微。

DLB

参考：Grayson, A. K.,"The Chronology of the Reign of Ashurbanipal," Zeitschrift für Assyriologie, Vol. LXX(1981),226—245.

Luckenbill, Daniel N.,Ancient Records of Assyria and Babylonia. 2 vols. Chicago,1926—1927.

Olmstead, Arthur T., History of Assyria. 1923. Chicago,1975.

亚述拿西拔二世（Ashurnasirpal Ⅱ,约卒于公元前859年） 亚述国王。参加主要战争：库尔德斯坦战争（公元前883—前881年）、亚述战争（公元前881和875年）、平定苏鲁叛乱（公元前878年）和平定卡什阿里叛乱（公元前866年）。

亚述拿西拔二世的早期生平不详。公元前884—前883年间其父去世后，继位成为亚述国王。征服了底格里斯北部的山区部落（今库尔德斯坦），并于公元前883年残暴地洗劫了尼什顿城。公元前882年平定了发生在苏鲁城中心的叛乱，并将该城交叙利亚国王比特-阿迪尼管理，同时击败阿拉米亚人，将其赶往北部地区。公元前881—前880年，击败了底格里斯河东部的部落同盟。公元前878年，平定苏鲁叛乱，占领该城。公元前875—前874年，入侵叙利亚，击败比特-阿迪尼，进而越过奥伦提斯河，使腓尼基城臣服。公元前866年，他实施了最后一次大规模作战，平定了卡什阿里山区部落的叛乱；叛乱者全部逃往亚述西北部地区。卒于公元前859年。

亚述拿西拔是一位有才能、精力充沛、勇于进取的将军，他扩大了亚述的领土和影响，并整顿了军队。在其征战生涯中，其性格残酷的一面亦暴露无遗，残暴和屠杀的事件时有发生，包括杀害、迫害俘虏和反对派，甚至对他们施以断肢的酷刑。

DLB

参考：Brinkman,J.A.,A Political History of Post-Kassite Babylonia. Rome,1968.

Grayson, A. K., Assyrian Royal Inscriptions, Vol. Ⅱ. Wiesbaden,1976.

Olmstead, Arthur T., History of Assyria. 1923. Chicago,1975.

阿斯基亚·穆罕默德（Askia Muhammad,卒于1538年） 非洲桑海王国的君主和将军。参加主要战争：王位继承战争（1493年）、与亚腾加的莫西人的战争（1498—1502年）、征服阿伊尔战争（1505—1506年）、镇压富兰尼人和博尔努人起义（1507—1514年）、镇压凯比的康塔起义（1516—1517年）；参加主要战役（战斗）：昂佛之战

(马里东南部的加奥附近，1493年)、凯比（今尼日利亚西北部的比尔尼恩凯比，索科托的东南部）之战。

阿斯基亚的出生日期和家庭情况不详，是迁入桑海王国首都加奥的索林凯人的后裔。1492年末桑海帝国君主桑尼·阿里·巴罗去世后，国内爆发了王位争夺战。由于阿斯基亚原是桑尼·阿里·巴罗的一位部将，所以他也卷入了这场战争。他组织了一支军队，在1493年4月12日的昂佛之战中击败了兵力占优的桑尼·巴鲁（桑尼·阿里之子），夺取了政权。他自称阿斯基亚，后来这个名字被其继任者当作朝代名。他对桑海王国进行了全面改革，用更传统、更正规的措施替代桑尼时代带有伊斯兰异教色彩的陈规，建立了常备陆军和海军（以尼日尔后期江河战船队为基础），设置了财政、司法、内政、礼仪、农业、水利、林业等部门总监，另有“白种部族总监，”管辖负责桑海军队中阿拉伯人和图阿累格人的骆驼队和骑兵队。在改革期间（1495—1497年），他去麦加朝觐，回来后开始一系列的军事行动，显然表明了他扩张桑海王国，把大部分萨赫勒（撒哈拉南部边缘的大草原）地区纳入自己版图的企图。1498—1502年，占领了亚腾加的莫西人居住区（布尔基那或上沃尔特以北地区）。1502—1504年间，他一直居住在首都加奥。1505—1506年，他领导军队打败了今尼日尔的阿加德斯附近阿伊尔地区的图阿累格人。但是1507—1514年，在与西部的富拉尼人（在塞内加尔境内）和博尔努人（尼日尔和尼日利亚边界地区）的作战中，他以失败告终，未彻底占领两地。在同一时期，他镇压了尼日利亚东北部博尔努人的起义，但在1516—1517年，他却未能有效地平定他的副将凯比王康塔的反叛。此后，他扩张桑海王国的努力受挫。阿斯基亚晚景凄凉，他的儿子们对王座争夺不休。1528年底，他儿子穆萨将他废黜，定号为阿斯基亚·穆萨。后来他几乎失明，被流放到尼日尔河中的一个小岛。他的第三个继承人即其子阿斯基亚·伊斯梅尔把他从流亡生活中解脱出来；为此伊斯梅尔得到了他的绿头巾和哈里发宝剑。卒于1538年，葬于加奥的一个伊斯兰教寺院内。

后来，桑海王国于1591年被摩洛哥人灭亡。作为君主和全才的政治家，阿斯基亚被当地人誉为传奇式英雄。

DLB

参考：Chu, Daniel, and Elliott Skinner, A Glorious Age in Africa: The Story of Three Great African Empires. Garden City, N. Y., 1965.

Imperato, Pascal James, Historical Dictionary of Mali. Metuchen, N. J., 1977.

Rouch, Jean, Contribution à l'histoire des Songhay. Dakar, Institute Français d'Afrique Noire (IFAN), 1953.

EB.

阿斯特利，雅各布爵士(Astley, Sir Jacob, 1579—1652年)

英国军人。参加主要战争：荷兰独立战争（1567—1609年)、第一次英国内战（1642—1646年)；参加主要战役（战斗）：纽波特战斗（1600年)、埃奇丘陵战斗（在班伯里附近，1642年)、第二次纽波特之战（1644年)、纳斯比战斗（1645年)、斯托平原战斗（1646年)。

阿斯特利是艾斯克·阿斯特烈的第二个儿子。1598—1609年的荷兰独立战争中，他在荷兰军队的英国派遣军中服役，勇气和才能均十分引人注目，尤其表现在1600年7月2日的纽波特战斗以及1601年7月11日—1604年9月2日的奥斯坦德攻城战中。当1609年实施《十二年休战条约》之后，他回到英国。但是三十年战争爆发后，他去了德国。1619—1622年他在腓特烈五世选帝侯的将军、基督教徒安尔哈特-贝恩伯格的麾下作战，而1630—1632年则转到古斯塔夫·阿道夫麾下。1638年被国王查理一世指派为普利茅斯和圣·尼古拉斯小岛的地方长官。1638年春末被任命为团长派往纽卡斯尔防备苏格兰的侵略。1640年被指派出席战地军事会议。1642年8月22日，国王查理提升他为诺丁汉军队的指挥官，阿斯特利急忙到那里去会见国王并被任命为步兵主要将领。1642年10月23日，在埃奇丘陵指挥保皇党军队作战。在战斗中，他应士兵的要求祈祷说：“啊，上帝，您最知道这些日子里我们必须紧张地战斗，如果我忘了您，您可千万别抛弃我。士兵们，冲啊!”1643年8月他指挥军队包围了格罗斯特，9月19日参加第一次纽波特战斗。1643年9月28日重占里丁。是年12月6—9日他帮助拉尔夫爵士攻占了阿伦德尔城堡。1644年10月26日，在第二次纽波特战斗中表现得特别勇敢，以肖伯纳住宅为基地抵抗了议会党的数次进攻。11月他因战功而受封，到里丁领地成为阿斯特利贵族。1645年6月14日，他在纳斯比率领保皇党步兵一直打到议会党人的中心地区，但其军队最终被包围起来。1645年9月23日，他替代查理·杰勒德成为威尔士地区征募部队的司令。在打败罗顿·赫斯的战斗中，他率领马默杜克爵士部队的步兵参战。1645—1646年他在威尔士招募了一支小部队，但在1646年3月21日的斯托平原战斗中，这支小部队被托马斯的军队所歼灭。战斗结束后，阿斯特利对俘虏自己的人说：“你们已经完成了任务，可以去玩了，除非你们自己发生内讧。”他在沃里克城堡被监禁了几个月，后于1646年夏天被释放，此后便隐居肯特州。在斯托平原战斗之后他曾有过宣誓，因此在1648—1649年的第一次内战以及1650—1651年的第三次内战期间，他持中立态度；尽管在1651年6月—9月3日查理二世侵略期间，他曾被短期监禁过。1652年2月卒于肯特州的梅德斯通。

阿斯特利没有野心，小心谨慎和忠实。他既是一位经验丰富的老兵，也是一位有勇气而又坚定和善于鼓励士兵作战的步兵将领。他不仅受到官兵们的尊敬而且产生了很大的影响。

DLB and AL

参考：Rodgers, Hugh C. B., Battles and Generals of the Civil War, 1642—1651. London, 1968.

Smith, Geoffrey Ridsdill, and Margaret Toynbee, Leaders of the Civil Wars, 1642—1648. London, 1977.

Wedgwood, Cecily V., The King's War 1641—1647. London, 1958.

阿塔图尔克（穆斯塔法，凯末尔，凯末尔·阿塔图尔克）（Atatürk〈Mustafa Kemal, Kemal Atatürk〉, 1881—1938年） 土耳其元帅，共和国缔造者，第一任总统。参加主要战争：意大利-土耳其战争（1911—1912年）、巴尔干战争（1912—1913年）、第一次世界大战（1914—1918年）和希腊-土耳其战争（1920—1922年）；参加主要战役（战斗）：阿德里安堡（埃迪尔内）之战（1913年）、加利波利（埃迪尔内）之战（1913年）、加利波利（格里博卢）之战（1915年）、美吉多之战（1918年）、萨卡里亚之战（1921年）、阿菲永（伊兹密尔）之战（1922年）。

凯末尔·阿塔图尔克1881年生于萨洛尼卡（塞萨洛尼基）的一个海关官员家庭，原名穆斯塔法·里兹。后进入设在伊斯坦布尔的哈尔比耶参谋学院，在学习期间他显示了超群的数学才能，并获得“凯末尔”之名（在阿拉伯语中该名意为“完美”）。1906年他作为骑兵上尉被派往大马士革。1907年9月被任命为驻萨洛尼卡的第三集团军参谋。1909年4月，当该集团军司令穆罕默德·谢卫凯特帕夏率部向伊斯坦布尔进军并废黜阿卜杜拉·哈米德二世哈里发时，凯末尔任他的参谋。1910年他任镇压阿尔巴尼亚起义的部队参谋长。1911年穆罕默德·谢卫凯特任陆军部长时，凯末尔任陆军部军官。意大利-土耳其战争期间，他曾在利比亚供职数月，在那里晋升为少校（11月27日）。1912年10月巴尔干战争爆发之际，他返回伊斯坦布尔，被任命为驻加利波利的一个师的参谋长。当保军向先前的盟友发动攻击而挑起第二次巴尔干战争时，凯末尔参加了土军重占阿德里安堡的行动（1913年7月）。1913—1914年，任驻保加利亚索菲亚武官。1915年2月任驻色雷斯的第十九师师长。1915年4月，他在抗击英军两栖攻击的加利波利防御战中发挥了主要作用。在该年8月英军的再次攻击中，他指挥3个师与英军在哈勒斯角（加利波利半岛的最南端）的滩头阵地对峙。当英军于1916年从加利波利撤退后，他率第十六军进至阿德里安堡，随后赴安纳托利亚东部的高加索战区（1916年3月）。4月升将军，曾在凡湖（凡戈卢）附近发动了短时间成功的攻势，但因缺乏物资而被迫撤退（8—9月）。1917年7月任驻叙利亚第七军集团军司令。他撰写了关于军事形势的报告，催促放弃帝国中非土耳其的部分，集中资源以防御土耳其本土（9月）。这些观点引发了当时任陆军部长的恩维尔帕夏的不满，被令无限期休病假（1917年12月）。1918年8月7日被重新任命为第七集团军司令。虽然在美吉多遭到艾伦比攻势的沉重打击（9月19—22日），但他撤出了集团军的大部并在阿勒颇北侧重新建立了一条防线（10月25—26日）。随着与英国达成停战协议（10月30日），他率军撤至安纳托利亚南部（11月13日）。在希军占领士麦拿之后不久，凯末尔作为在安纳托利亚中部和东部的土耳其军的督察使到达萨姆松（1919年5月19日）。6—12月间他确立了自己在安纳托利亚中部新的民族政府中实际领导人的地位。由于协约国军占领伊斯坦布尔并逮捕知识分子和民族主义政治家（1920年3月16日），他的地位得以加强。他号召召开新的安纳托利亚大国民议会，并主持了在安卡拉举行的大会（4月23日），被选为大国民议会和新政府的主席。5月11日，支持协约国的哈里发政府判处凯末尔死刑。《塞夫尔条约》实际上剥夺了土耳其作为一个独立国家的地位，在凯末尔的领导下，土耳其民族主义力量挫败了协约国的计划。在亚历山德罗波（列宁纳坎，亚美尼亚）短时间的交战中，他曾遭到挫折（9—11月）。1920年12月，他任命伊斯梅特帕夏（伊纳尼）为其副司令，以应付希军在安纳托利亚西部形成的威胁。伊斯梅特在第一次伊纳尼之战（1921年1月）和第二次伊纳尼之战（3月28—30日）中获得的胜利为凯末尔的成功奠定了基础；土军在萨卡里亚河之战（8月24日—9月16日）中阻止了希军向安卡拉的侵略。1921年10月—1922年7月间，凯末尔巩固其统治，并争取外国对其政府的支持。他最终击败了希军，并夺取阿菲永（8月30日）。经过艰苦的战斗夺取了士麦拿，随后对该城的希腊区进行洗劫和焚烧（9月9—13日）。他试图统一土耳其并确保在色雷斯东部的土耳其领土，率军向伊斯坦布尔进发（9月13—23日）。根据《穆达尼亚协议》，协约国同意撤出占领军（10月3—11日）。11月17日土耳其政府宣布废除哈里发制，结束了奥斯曼王朝在土耳其600多年的封建统治。同时，《塞夫尔条约》被《洛桑条约》取代（1923年7月24日签署），协约国军撤出君士坦丁堡。10月2日土军进占该城。1923年10月29日，凯末尔被宣布为土耳其共和国的第一任总统。1924年3月3日，土耳其宣布为非宗教的共和国，在随后的15年里他继续领导着土耳其，并分别在1927年、1931年、1935年连任总统。他实施了许多改革，拆除了寺庙（1925年），使妇女摘掉面纱（1926年），废除了多妻制（1928年），以拉丁文取代阿拉伯文，命令所有土耳其人登记家姓。1934年11月国民大会授予他“阿塔图尔克”称号（意为“土耳其之父”）。1938年11月10日，他因积劳成疾（也因酒精中毒）卒于伊斯坦布尔。

凯末尔·阿塔图尔克是现代土耳其的创立者，一位足智多谋、意志坚定、精力充沛的指挥官。他在军队中极大地激发了忠诚。作为一名政治家，他的为政之道虽常常表现为专制，但其目的是要创立强大的民族主义的民

主国家。

DLB

参考：Armstrong, H. C., Grey Wolf. London, 1932.
Kinross, Lord, Ataturk. New York, 1964.
Orga, Irfan and Margrete, Atatürk. N, p., 1962.
EB.
EMH,
WBD.

阿陶尔福(Athaulf，卒于416年) 维希戈斯酋长，阿拉里克的妻兄。参加主要战争：征服戈尔（412—414年）、征服西班牙（415—419年）。

阿特金森，亨利(Atkinson, Henry, 1782—1842年) 美国将军。参加主要战争：1812年的战争（1812—1815年）、黑鹰战争（1832年）；参加主要战役（战斗）：巴德阿克斯河（在威斯康星州维多利附近）之战（1832年）。

阿特金森1782年生于北卡罗来纳，其双亲及童年情况已一无所知。他参军后于1808年7月在第三步兵团任上尉。1814年4月任第四十五步兵团团长，晋升为上校。1815年5月任第六步兵团团长。1819—1820年，率部向黄石挺进探险，后因缺乏供应及资金而仅达于内布拉斯加州之布拉夫斯。1820年5月晋升准将，但不久因军队改组而降为上校。1825年率部探险至黄石河。1826年折返途中在圣路易斯州挑选了杰弗逊巴罗克斯城址。1827年，调解与温纳贝戈印第安人的争执。1832年4—8月，率主力部队参加反黑鹰的战争，并直接指挥在8月2日发生于威斯康星州的决定性的巴德阿克斯之战，残酷屠杀萨克和福克斯印第安人。1840年负责将温纳贝戈印第安人从威斯康星州迁移至艾奥瓦州。1842年6月14日卒于杰弗逊巴罗克斯。

阿特金森足智善变、小有才干、作风残忍，特别是在解决边境战争中颇有手段。

Staff

参考：Nichols, Roger L., General Henry Atkinson: A Western Military Career. Norman, Okla., 1965.
Prucha, Francis P., Broadax and Bayonet: The Role of the United States Army in the Development of the Northwest, 1815—1860. Madison, Wis., 1953.
DAMB.
WAMB.

奥金莱克，约翰爵士(Auchinleck, Sir Claude John Ayre, 1884—1981年) 绰号“海雀”。英国陆军元帅。参加主要战争：第一次世界大战（1914—1918年）、第二次世界大战（1939—1945年）。

奥金莱克1884年生于奥尔德肖特，一个陆军军官的儿子。在惠灵顿和桑赫斯特接受教育后，被派至印度陆军。一战中，在中东参加了进攻特克斯的作战行动，1917年晋升至陆军中校。在参谋学院任教以后，回到印度服役。1927年进入帝国国防学院学习，1929—1930年指挥旁遮普团第一营。1930—1933年在奎达参谋学院任教。1933—1936年回到西北边界任白沙瓦旅旅长，同该区域的边界部族分子作战。1936年被任命为西姆拉印军司令部副总参谋长，两年后（1938—1940年）任密拉特区司令，担任该职时为陆军上校。1940年1月离任时衔至陆军少将。到英格兰游历，而后，指挥在挪威纳尔维克的英法远征军（5月），监管最后的撤离工作（6月）。回到印度担任英军司令，后又被选中担任中东总司令（1941年6月）。虽然起初获得了丘吉尔的大力支持，但由于屡次拒绝发起主攻作战行动而受冷落。他之所以如此，是因为担心部队战备物资不足，同时也由于第八集团军缺乏优秀的野战司令官。1942年1月托卜鲁克陷落后，他遭至了进一步的挫折，但仍能阻止纳粹德军隆美尔向阿拉曼的前进（6月）。7月，被亚历山大将军替代而回到印度。1943年6月被任命为驻印军总司令，战后（1946年）被提升为陆军元帅。1981年3月23日卒于摩洛哥马拉喀什。

PDM

参考：Current Biography, 1942.
New York Times obituary, March 25, 1981.
Parrish, Thomas A., and S. L. A. Marshall, Simon and Schuster Encyclopedia of World War Ⅱ. New York, 1978.
Who Was Who, 1981.

奥热罗，比埃尔·弗朗索瓦·沙尔，卡斯蒂廖内公爵(Augereau, Pierre François Charles, Duke of Castiglione, 1757—1816年) 绰号“人民之子”、“骄傲的土匪”，法兰西帝国元帅。参加主要战争：法国大革命战争（1792—1799年）、拿破仑战争（1800—1815年）；参加主要战役（战斗）：菲格拉斯之战（1794年）、洛阿诺之战（1795年）、蒙特诺特（在迪戈附近）之战（1796年）、密尔西莫之战（1796年）、洛迪之战（1796年）、斯蒂维耶雷堡之战（1796年）、巴萨诺-德尔格拉帕之战（1796年）、阿克雷（在维罗那附近）之战（1796年）、耶拿之战（1806年）、埃劳之战（1807年）、热罗那包围战（1809年）、莱比锡之战（1813年）、莱昂斯之战（1814年）。

奥热罗1757年10月21日生于巴黎，为佣人之子。1774年参加法兰西军队。在随后的16年军旅生涯中，曾于俄国军队、普鲁士军队（1786年）和那不勒斯军队（1787年）中服役。1790年人法兰西国家卫队，1791年入“德国军团”。1793年因叛国罪被捕，旋获释，参加第十一轻骑兵团，并于6月26日荣获上尉军衔。1793—1796年，因协助平息叛乱而荣升中校。1793年12月23日，所部全部转属比利牛斯军队。1794年8月13日，

他在圣劳伦德拉蒙加地区作战（位于佩皮尼昂和菲格拉斯之间），并因赢得菲格拉斯之战（11 月 17—20 日）及罗萨斯包围战（1794 年 11 月 21 日—1795 年 2 月 3 日）的胜利而闻名。1795 年转入意大利军队，并在洛阿诺（11 月 24—25 日）、蒙特诺特（1796 年 4 月 12 日）、密雷栖摩（4 月 13 日）和洛迪（5 月 10 日）作战。8 月 5 日，在卡斯蒂廖内之战中，受命在右翼防御，因其坚决顽强的作战而赢得了拿破仑的盛赞和奖赏。9 月 8 日的巴萨诺之战及 11 月 15—17 日的阿克雷之战后，他带着缴获的 60 面奥地利军旗回到巴黎，将其奉献给督政府。随后受命为维罗那的军事总督，接着于 1797 年 7 月成为巴黎第十七军区的司令官。1797 年 9 月 4 日因被选举为雅各宾派而卷入雾月十八日的政变。激进的雅各宾派支持拿破仑发动战争，他们通过"选举"这种方法对那些温和的中间派加以控制。当选为 500 人议会成员后，他反对拿破仑于 11 月 9—10 日的雾月十八日政变，此举使之成为三位"领事"之首席。1800 年在德国、1801 年在荷兰任低职，后退休（1801 年 10 月—1803 年 8 月）。1803 年 9 月被重召入伍并指挥贝央和布列斯特战斗。1804 年 5 月 19 日升元帅。1805 年 8 月 30 日指挥第七集团军。1806 年 10 月 14 日率该部至耶拿，并在耶拿战役中指挥左翼，12 月 24 日又率该部参加克罗佐姆伯（在维茨克夫附近）战役。在 1807 年 2 月 7—8 日埃劳之战中，其军队因暴风雪迷失方向，被俄军炮火打散。因在埃劳战役中受重伤，他于 1807—1809 年回到其庄园恢复元气。1808 年 3 月 19 日成为卡斯蒂廖内公爵。1809 年 5 月被派至卡塔洛尼亚以代替圣西尔指挥重组的第七集团军，10 月到位，并于 12 月 10 日攻克热罗那，从而结束了从 6 月 6 日—12 月 10 日的长期围攻。1810 年 4 月 12 日被召至德国指挥第十一集团军。在 1812 年侵俄战争期间，任柏林及法兰克福的总督及军事指挥官。1813 年战役期间，他指挥第十一及十六军，并亲率后者参加了瑙姆堡（在萨克森）之战（10 月 9 日）及莱比锡（10 月 16—19 日）之战。1814 年侵法战争期间为东线司令官并亲自指挥里昂防御。3 月 16—20 日在利蒙斯特和圣乔治周围发生一系列小规模作战，于战败后的 3 月 23 日将里昂弃于联军。1814 年波旁王朝复辟后，他归附王朝，受命指挥第十九军区，并成为法兰西贵族。百日王朝期间被谴责为叛徒，从而未参加 1815 年的滑铁卢战役。在审判奈（又译内伊）的军事法庭上，他被判无罪，但削去爵位并撤职。遂退役回在沙托城堡的庄园，并于 1816 年 6 月 12 日卒于斯地。

奥热罗不仅是一位勇敢和精力充沛的指挥官，还是一位颇有计谋的战术家。尽管他治军严格，但仍得到部属的喜爱。他似乎更适宜于在前方率领一个师冲锋陷阵，而不是统领一个军在后方出谋划策。

VBH

参考：Humble, R., Napoleon's Peninsular Marshals. New York, 1974.

Meeks. E., ed., Napoleon and the Marshal of the Empire. Reprint(2 vols in 1), Philadelphia, 1885.

Six, G., Dictionnaire biographique des généraux et amiraux français de la Révolution et de l'Empire (1792—1814), Vol Ⅰ. Paris, 1934—1938.

奥古斯都，盖尤斯·尤利乌斯·恺撒·屋大维（Augustus, Gaius Julius Caesar Octavianus，公元前 63 年—公元 14 年） 罗马政治家和统治者。参加主要战争：同阴谋者的战争（公元前 44—前 43 年）、后三头同盟（"后三雄"）战争（公元前 43—前 36 年）、同安东尼的战争（公元前 33—前 30 年）；参加主要战役（战斗）：第一次和第二次菲利比之战（公元前 42 年）、佩鲁西亚（现在的佩鲁贾）之战（公元前 41 年）、阿克兴海战（公元前 31 年）。

盖尤斯·屋大维是尤利乌斯·恺撒的侄子，于公元前 63 年生于一个富裕、受人尊敬的但并不高贵的一个拉丁人大家庭中。公元前 45 年，跟随恺撒在西班牙地区作战。公元前 44 年，成为恺撒的继承人和养子，同时被任命为"祭司长"，并授予贵族头衔。公元前 44 年（?），接受其养父的荣誉姓氏，改名为盖尤斯·尤利乌斯·恺撒。公元前 44 年 3 月尤利乌斯·恺撒去世后，屋大维处于岌岌可危的境地，马克·安东尼以及刺杀恺撒的阴谋家们都想除掉他。屋大维在尤利乌斯·恺撒的老兵中建立起一支军队。公元前 43 年，他当选为罗马元老院成员，成为元老院中同安东尼对抗的首领。派两个执政官率军同安东尼作战。公元前 43 年 4 月（?），安东尼战败和执政官在摩德纳战死以后，屋大维亲率大军进军罗马。8 月 19 日，被选为执政官。11 月 27 日，同安东尼和马·埃米利乌斯·李必达组成第二次"三人执政同盟"（后三雄）。公元前 42 年 9 月，他率军入侵希腊，讨伐以马·尤利乌斯·布鲁图和盖·卡西乌斯为首的刺杀恺撒的阴谋集团，在公元前 42 年 10 月 26 日和 11 月 16 日的两次菲利比作战中，击败了对手。公元前 41 年返回意大利，前去镇压安东尼的兄弟鲁齐乌斯·安东尼在佩鲁西亚（佩鲁贾）发动的一次叛乱。为避免同安东尼公开冲突，公元前 40 年，他们两人在勃隆度辛（今布林底西）会晤，调解彼此之间的矛盾，并达成了协议。公元前 40—前 36 年间，屋大维在其能力出众的助手马可·维普萨尼·阿格利巴的协助下，同塞克斯都·庞培（"前三雄"中庞培之子，史称小庞培）作战。公元前 34 年，为平定达尔马提亚、伊利里亚（南斯拉夫）和潘诺尼亚（匈牙利西部地区），率军远征。因安东尼粗暴地对待他妹妹并同克娄巴特拉结婚，屋大维同安东尼之间的冲突日益激烈。公元前 33 年，鼓动罗马人同安东尼对抗。公元前 32—前 31 年冬季，屋大维在意大利东南部地区集中了一支庞大的陆军和舰队，4 月（?）越海进军希腊。公元前 31 年 9 月 2 日，他同安东尼在阿克兴海域展开了一场决定性的会战，亲自指挥其舰队的右翼，俘虏了安东尼的大部分部队。后率军进入埃及追击安东尼。7 月 30

日，安东尼被迫自杀。公元前29年凯旋，回到罗马。公元前27年，被元老院授予“奥古斯都”称号。公元前27—前1年，开始着手改革军队，将常备军减少为28个军团，总共15万人；另有数量大致相等的辅助部队，全部沿边境线驻扎。公元前22—前19年间，他前往东方进行广泛的旅行，并于公元前20年，同帕提亚的皇帝签定了友好条约。公元前15—公元13年，开始向日耳曼地区扩张，但他本人并没有亲自指挥这些作战。在向日耳曼地区扩张时，最引人注目的作战是“蛮族”首领阿尔米纽斯发动的一次叛乱（8—9年）和普·昆克提乌斯·瓦鲁斯的部队在条陀堡森林中的惨败（9年9月?）。传说，当听到罗马军队在条陀堡森林全军覆没这个灾难性的消息以后，当时已年迈的奥古斯都大喊：“昆克提乌斯·瓦鲁斯，还我军团!”。屋大维对罗马的英明统治受到普遍称赞。他实行了一些社会和政治改革。在他统治期间，罗马在形式上仍然保留着共和国体制，并且这一体制对后来的亚平宁半岛产生了深刻影响。14年8月18日卒于罗马，其养子提比略继位。

屋大维雄心勃勃，为夺取权力忍辱负重，甚至不择手段，无耻而又残忍。他是一位辉煌的战略家，但只是一位平庸的战术家。作为罗马的第一位皇帝，他的统治是温和、适度和公道的。他为国家的和平与繁荣竭尽全力。他是一位具有超凡能力和极端机智、老练的政治家和统治者。

CLW and DLB

参考：Augustus, Gaius Julius Caesar Octavianus, Monumentum Ancyranum. Translated by F. W. Shipley. Cambridge, Mass., n. d.

Carter, John M., The Battle of Actium: The Rise and Triumph of Augustus Caesar. London, 1970.

Suetonius, G. Tranquillus, Lives of the Twelve Caesars. Translated by Robert Graves. Harmondsworth, England, 1958.

Syme, Ronald, The Roman Revolution. Oxford, 1939.

Tarn, William W., and M. P. Charlesworth, Octavian, Antony and Cleopatra. Cambridge, 1965.

昂山（Aung-San，1915—1947年） 又称“大将军”、“猛将”、“德钦昂山”，缅甸政治和军事领袖。参加主要战争：第二次世界大战（1941—1945年）。

昂山1915年生于马圭区那卯镇。任仰光大学学生会主席时，与吴努一起领导了1936年2月的学生罢课。1938年获文学学士学位。1939年任“德钦党”总书记。1940—1941年旅居东京（今越南的北部湾）。1942年2—5月，日军入侵缅甸时，回国任缅甸独立军司令。期间，昂山及其军队没有进行过什么大的战斗。后在巴貌傀儡政府中任国防部长，但由于与日军的关系恶化，他倒向英军，任缅甸国民军司令。1944年组织了反法西斯人民自由同盟。1945年春夏，在战争快结束的几个月里与日军展开游击战。1946年赴伦敦与英国谈判，达成了关于缅甸独立的《艾德礼-昂山协议》。1947年缅甸独立后，昂山领导的反法西斯人民自由同盟在大选中赢得了压倒多数。1947年7月19日，正当昂山和反法西斯人民自由同盟的5位高级官员起草宪法时，被其政敌吴苏唆使的暴徒暗杀。

BAR

参考：Historical and Cultural Dictionary of Burma. Edited by J. M. Maring and E. G. Maring. Metuchen, N. J., 1973.

EB.

EMH.

艾默里奇，梅尔基奥尔（Aymerich, Melchior，约1822年流亡） 西班牙将军和省级行政官员。参加主要战争：拉丁美洲独立战争（1807—1825年）；参加主要战役（战斗）：皮琴察之战（1822年）。

艾默里奇是奥登西亚最后一位总统（1822年4—5月在位）。1822年5月24日，在皮琴察之战中，被约瑟·安东尼奥·德·苏克雷将军所率的起义军打败。两天后，他正式投降。

PDM

B

巴布尔（查希尔·乌丁·穆罕默德）（Babur〈Zahir ud-Din Muhammad〉，1483—1530 年） 莫卧儿帝国创建者。参加主要战争：费尔干纳和撒马尔罕战争（1494—1512 年）、旁遮普战争（1515—1525 年）、德里攻夺战（1526 年）、拉杰普塔纳战争（1527 年）、比哈尔和孟加拉（孟加拉国）征服战（1528—1529 年）；参加主要战役（战斗）：萨尔普勒之战（1501 年）、帕尼帕特之战（1526 年）、坎诺（阿格拉以西地区）之战（1527 年）、戈塔拉河之战（1529 年）。

巴布尔 1483 年 2 月 14 日生在费尔干纳附近，据说是帖木儿和成吉思汗的后裔。在他父亲去世后（1494 年），成为费尔干纳王国的统治者。在帖木儿的后代子孙里，他参加了收复特兰索夏纳（布哈拉和撒马尔罕）的部分战斗；尽管年纪尚轻，但在纷繁复杂的王位争夺战中，他有自己的主见，毫不退缩，并两度占领了撒马尔罕（1497 年和 1501 年 2—3 月）。1501 年 4—5 月在萨尔普勒之战中，他的军队被乌兹别克-土库曼首领沙巴尼汗打败，被赶出撒马尔罕，最终于 1504 年在喀布尔立稳脚根。1511—1512 年，他率军侵入特兰索夏纳，结果被击退，而后他进军印度。1515—1523 年他率军侦察并袭击了旁遮普。1522 年夺取了坎大哈。1524 年侵入旁遮普并占领了拉合尔，后被道拉特汗·洛迪驱赶出来。1525 年道拉特汗又挑起事端，巴布尔再攻德里，侵占了旁遮普。1526 年 3—4 月他进军德里。在 1526 年 4 月 20 日的帕尼帕特之战中击败并杀死了德里苏丹易卜拉欣·洛迪（道拉特汗的叔叔）。1526 年 4 月 27 日占领了德里，灭德里苏丹国，建莫卧儿王朝。接着又夺取阿格拉。1527 年 3 月 16 日，在坎诺之战中打败了拉纳·沙雅率领的拉杰普特的强大军队。之后，巴布尔侵人了比哈尔和孟加拉。在 1529 年 5 月的阿格拉三日交战中，他击败了由阿富汗酋长们组成的联盟军；但是还未完成扩张计划，便于 1530 年 12 月 26 日卒于阿格拉。

作为莫卧儿王朝的缔造者，巴布尔坦荡、开明，是一位杰出的领导人。同时，他又是一位伟大的战术家和有才能的战略家，能战胜任何强敌。

DLB

参考：Babur, Babur-nama (Babur's Memoirs). Translated by Annette S. Beverbridge. 2 vols. London, 1921—1922.

Rushbrook Williams, L. F., An Empire Builder of the Sixteenth Century. London, 1918.

巴赫-泽列维斯基，埃里克·冯·德（Bach-Zelewski, Erich von der，1898—1972 年） 纳粹德国将军。参加主要战争：第二次世界大战（1939—1945 年）；参加主要战役（战斗）：镇压华沙犹太人区起义（1943 年）。

培根·纳撒尼尔（Bacon Nathaniel，1647—1676 年） 美洲殖民地的起义者。参加主要战争：培根起义战争（1676 年）。

培根 1647 年 1 月 2 日生于英格兰的萨福克，是弗朗西斯·培根爵士的亲属。1668 年毕业于剑桥大学圣卡特琳学院，也许还在格雷学院学过法律。1674 年 8 月，他诈取一位青年人的继承权失败，其父将他送到弗吉尼亚。在那里，他得到堂兄纳撒尼尔·培根及殖民地总督威廉·贝克莱爵士夫人弗朗西斯的许多帮助。他用父亲给的 1800 英镑很快就成了一名拥有 1200 亩土地的成功的农场主，此外还在詹姆斯河上游 20 公里处的库尔勒斯有一幢住房。由于他是总督贝克莱的朋友，因而于 1675 年 3 月 3 日被指派参加了政府议会。1675—1676 年，他因对印第安人扰动边境的反应与贝克莱总督的意见不一致而与其发生争执。他站在边境居民一边反对政府比较温和的政策，并由此而被边境居民选为领袖，率兵进攻帕芒基地区的印第安人。这是从属于殖民地的一个部落。1675 年 9—10 月，他被贝克莱宣布为不受法律保护的人。紧接着这些事件之后，贝克莱总督命令进行新的选举，培根于 1676 年 5 月被选为亨利考县议会议员。因不能保证到詹姆斯镇参加会议的安全，培根随身带着 40 多

名保镖，乘车于6月6日到会，但他的议员席位却被否决。他企图沿河的上游逃走，却于6月8日被逮捕。当被带到总督面前时，培根跪在他面前求饶，贝克莱原谅了他，而且还在6月10日同意他为议员。但两天后，贝克莱不得不发出一份新的逮捕他的命令；此时，培根已避开了政府军队的搜捕，而且很快地招集了一支拥有400人和120匹马的部队。他率领队伍向詹姆斯镇前进。当贝克莱在6月23日召集起一支民军时，发现其中多数人都支持培根。培根没有经过战斗就占领了詹姆斯镇，利用议员中的一些人劝说贝克莱承认他的议员席位，以及开始响应边境居民的要求，实行大量的改革。贝克莱于7月初逃到东海岸避难。培根率领并指挥这支已增加到600人和700匹马的部队反对印第安人。当培根与欧克尼切和苏斯奎汉洛克作战时，贝克莱将保皇党的部队集结起来，并于9月2日捕获到由起义者控制的"雷伯卡"号船，由此确保了对切萨皮克湾的控制。然后，贝克莱于9月7日收复詹姆斯镇。9月13—14日，培根召集其部队再次攻克詹姆斯镇。培根的部队利用保皇党的女囚犯为掩护，修建炮兵阵地。9月19日，在炮火掩护下，保皇党军队撤退；然而，由于贝克莱占有海军优势，培根无法控制詹姆斯镇。第二天，他放火焚烧了这个城镇，又将其让给了贝克莱总督，撤退到格林斯普林的总督府。但不久他得了伤寒，1676年10月26日卒于一个朋友家里，尸体被秘密埋掉，其坟墓至今无人知晓。他的起义很快归于失败。

培根身材高挑修长，满头黑发，是一位粗率的、有雄心的鼓动者。他经常扮演民主改革先锋的角色，把自己装扮成一位"人民的斗士"，以此来反对贝克莱对殖民地贵族政治的支持和信赖。

DLB

参考：Billings, Warren M., The Old Dominion in the Seventeenth Century: A Documentary History of Virginia, 1606—1689. Chapel Hill, N.C., 1975.

Firestone, Harry, Bacon's Rebellion: The Contemporary News Sheets, Charlottesville, Va., 1956.

Washburn, Wilcomb E., The Governor and the Rebel. Chapel Hill, N.C., 1957.

Webb, Stephen Saunders, 1676: The End of American Independence. New York, 1984.

Wertenbaker, Thomas Jefferson, Torchbearer of the Revolution. Princeton, N.J., 1940.

巴登-巴登，L.（Baden-Baden, Louis, 1655—1707年） 奥地利陆军元帅。参加主要战争：土耳其战争（1683—1699年）、西班牙王位继承战争（1701—1714年）；参加主要战役（战斗）：维也纳之战（1683年）、索兰克蒙之战（1691年）、巴塞尔以北莱茵河上的弗里德林根战斗（1702年）以及谢伦贝格战斗（1704年）。

巴登-巴登1655年4月8日生于巴黎，是巴登的斐迪南·马克西米利安王子和路易莎·克里斯蒂安娜公主之子。在荷兰战争（1675—1678年）后期参军，并在洛林的查理麾下同法军作战。1683年9月12日在维也纳战斗中指挥一骑兵旅作战。在1688年8月11日—9月6日攻占贝尔格莱德战斗中，是几个起重要作用的帝国将领之一。1691年8月19日在索兰克蒙取得击败穆斯塔法·库普利军队的著名胜利，缴获土耳其大炮154门；穆斯塔法·库普利在战斗中被杀。1692年6月5日，攻占了大瓦代恩（奥拉迪亚）。1696—1700年，扬·萨比斯基死后他摄取了波兰政权，然后于1700—1701年回来统治巴登。1702年6月18日—9月9日，作为莱茵河地区的帝国之最高统帅，率军侵略阿尔萨斯，包围和占领了莱茵河沿岸圣罗马帝国选帝侯之领地兰道。但是，当巴伐利亚作为法国的盟军参战后，他便撤回到巴登。10月14日在弗里德林根被维拉尔陆军元帅击败，次年在非决定性的多瑙河流域战役中与维拉尔对垒。1703年9月，在奥地利将军斯梯鲁姆帮助下很容易地攻占了奥格斯堡。1704年6月10—13日，同马尔波罗和欧根王子的军队汇合蒙德尔西姆，并与马尔波罗一同率兵南进。7月22日，猛攻谢伦贝格，但因奉马尔波罗之命参加因哥尔施塔特的攻城战而没有参加奥格斯堡以北多瑙河上的布莱尼姆战斗。9月9日—11月11日成功地进行了兰道攻城战。1705年出征佛兰德地区。1706年退役并开始撰写回忆录。1707年1月2日卒于拉施塔特。

巴登是一位忠实能干的军官，但其才能不足以与维拉尔匹敌。然而，他一旦坚信战术正确可靠，便能大胆地去实施。

DLB

参考：Barker, Thomas M., Double Eagle and Crescent. New York, 1967.

Feldzüge des Prinz Eugen von Savoyen. 20 vols. Vienna, 1876—1892.

巴登-鲍埃尔第一男爵，罗伯特·斯蒂芬森·斯迈斯（Baden-Powell, Robert Stephenson Smyth, 1st Baron, 1857—1941年） 英国将军。参加主要战争：第四次阿散蒂战争（1895—1896年）、马塔贝莱暴动（1896年）和第二次英布战争（1899—1902年）；参加主要战役（战斗）：马弗京围攻战（姆马巴托和博普塔茨瓦纳附近，1899—1900年）。

巴登1857年2月22日生于牛津，是一位几何学教授的第七个儿子。未能通过牛津大学的入学考试，但却轻易地通过军方的考试，并于1876年加入驻印度的第十三骑兵团。1887年在祖鲁兰服役。1895—1896年参加了第四次阿散蒂战争。在印度期间，他还因创建了一支侦察搜索部队（常伪装起来）而闻名。他的这一思想集中反映在他所著的一系列小册子中，如著名的《侦察支援》（1898年）。1896年3—10月在罗得西亚镇压马塔贝莱暴动的部队中任少校。1897年作为一名上校返回印度指挥

第五骑兵卫队。英布战争爆发前，被派往南非（1899 年 7 月），在贝专纳（博茨瓦纳）组建了两个非正规的警卫步兵团。9 月受命在战争爆发前夜于开普殖民地以北的马弗京指挥作战。1899 年 10 月 14 日—1900 年 5 月 17 日，他在没有足够的火力和补给的情况下，仅以一支不足 1000 人的部队，凭借熟练而富有想象力的手段挫败了一支由 6000 布尔人组成的指挥松散的军队，成功地防守了马弗京。尽管他从未实施强有力的进攻，但其过人的防御能力使之成为英雄。战争结束后晋升少将。1902 年 5 月—1903 年，负责招募、训练南非警察部队。1903 年回国后，被任命为骑兵监察官。1904 年在维尔特希德创建骑兵学校。1907 年晋升中将。其著作被获准用于对孩子们的训练后，他在多斯通创办了童子军侦察训练基地。1910 年退出军界后，他把全部精力和时间都用于男童子军事业，并帮助妹妹艾格尼丝组织女向导（美国的女童子军）。1922 年被封为男爵。1929 年被封为伯爵。1933 年出版了回忆录《毕生的教训》。退役后赴肯尼亚疗养。1941 年 1 月 8 日卒于肯尼亚的涅里。

巴登-鲍埃尔迷人而又离奇。作为一位军官，他关于童子军和侦察的重要思想表明他有着过人的智慧与创造力。

PDM

参考：Baden-Powell, Robert S. S., Lessons of a Lifetime. London, 1933.

——, Sketches in Mafeking and East Africa. London, 1907.

Gardner, Brian, Mafeking, A Victorian Legend. London, 1966.

Neilly, J. E., Besieged with B-P. London, 1900.

Pakenham, Thomas, The Boer War. New York, 1979.

巴德，道格拉斯·罗伯特·斯图亚特爵士（Bader, Sir Douglas Robert Steuart, 1910—1982 年） 英国空军军官。参加主要战争：第二次世界大战（1939—1945 年）；参加主要战役（战斗）：不列颠之战（1940 年）。

巴德 1910 年 2 月 21 日生于伦敦，是杰西与弗雷德里克·罗伯茨·巴德的次子。1928—1930 年先后就学于圣爱德华兹公学和克兰威尔皇家空军飞行学校，以优异的成绩毕业，成为战斗机驾驶员。1931 年 12 月，在一次飞行事故中失去双腿。1933 年 5 月，退出皇家空军，享受伤残抚恤金。后再度学习飞行。1939 年 11 月，在他的力争下，重服现役。1940 年 8—10 月，在不列颠之战中，以指挥第二四二中队作战而出名。1941 年 3 月 19 日，任驻唐米罗（在苏塞克斯郡）第十一联队队长。他因大胆指挥英吉利海峡的空战而更加出名。1941 年 8 月 9 日，他驾机在空战中与德军飞机相撞，坠毁于比利时境内而被俘。1941 年 8 月—1945 年 4 月 14 日，他在德军的几个战俘营里被囚禁了将近四年，后在科尔迪兹（莱比锡附近）获救。1946 年初退出空军，到壳牌石油公司任飞行员。后任壳牌飞机有限公司总经理。1969 年退休。1976 年受封爵士。卒于 1982 年 9 月 4 日。

巴德是一位杰出的飞行员，也是一位优秀的战斗机指挥官。他英勇顽强，敢做敢为，是英国的英雄，也颇为德国空军所敬重。

DLB

参考：Bader, Douglas R. S., Fight for the Sky: The Story of the Spitfire and the Hurricane. N. P., 1973.

Brickhill, Paul, Reach for the Sky. 1954. Reprint, New York, 1978.

巴多利奥，彼得罗（Badoglio, Pietro, 1871—1956 年） 意大利陆军元帅。参加主要战争：意大利-埃塞俄比亚战争（1895—1896 年）、意大利-土耳其战争（1911—1912 年）、第一次世界大战（1915—1918 年）、侵略埃塞俄比亚（1935—1936 年）、第二次世界大战（1940—1945 年）；参加主要战役（战斗）：阿杜瓦（阿斯马拉附近）之战（1896 年）、蒙特萨伯丁之战（1916 年）、科巴里德之战（1917 年）。

巴多利奥 1871 年 9 月 28 日生于皮蒙特。1890 年在炮兵部队服役。1895—1896 年，在入侵埃塞俄比亚的战争中首次参战。后在阿杜瓦惨败（1896 年 3 月 1 日）中得以生还。1911—1912 年，在意大利-土耳其战争中，他在利比亚作战。1915—1917 年，参加了伊松索的战斗，并首次担任第二集团军参谋长。后来担任第二军军长，以夺占蒙特萨伯丁（戈里齐亚附近，1916 年 8 月 6 日）而声名显赫。1917 年 10 月 24 日—11 月 12 日，在科巴里德之战中仍指挥第二军，并使所部摆脱了困境。11 月上旬，任新任意军总司令阿尔曼多·迪亚斯将军的参谋长。1918 年 11 月，与奥匈帝国进行停战谈判。1919—1921 年任总参谋长。后由于不支持墨索里尼和“进军罗马”的行动（1922 年 10 月）而引退。1924 年 10 月—1925 年 4 月，任驻巴西大使。1925 年 5 月 4 日，被墨索里尼召回意大利复任总参谋长。1926 年 5 月 24 日晋升陆军元帅。1928—1934 年任利比亚总督。1935 年 10 月—1936 年 5 月，指挥意大利军队侵占埃塞俄比亚。1940 年 12 月 4 日，在入侵希腊的失败战役中辞去总参谋长之职。1943 年 7 月 25 日墨索里尼下台后任首相。1943 年 9 月 3 日与盟军达成无条件投降及停战协定。9 月 8 日取缔了法西斯政党。10 月 13 日对德宣战。1944 年 6 月罗马解放后辞职，以成立新内阁。退休后回到家乡皮蒙特定居。1956 年 10 月 31 日卒于故里。

巴多利奥是第一次世界大战中战功卓著的指挥官；但其最著名的经历，则是他在 1943 年夏秋对意大利反法西斯政府的卓越领导。

PDM

参考：Tosti, A., Pietro Badoglio. Turin, 1956.

巴格里申亲王，彼得·伊万诺维奇（Bagration, Peter Ivanovich, Prince, 1765—1812年） 俄国步兵上将。参加主要战争：第二次俄国-土耳其战争（1787—1792年）、入侵波兰（1794年）、法国大革命战争（1792—1799年）和拿破仑战争（1800—1815年）、同土耳其的战争（1806—1812年）、俄国-瑞典战争（1808—1809年）；参加主要战役（战斗）：奥察克夫之围（1788年）、华沙之围（1794年）、布雷西亚之战（1799年）、霍拉布伦及奥斯特利茨之战（1805年）、埃劳之战（1807年）、海尔斯堡之战（1807年）、弗里德兰之战（1807年）、莫吉廖夫之战（1812年）、博罗迪诺之战（1812年）。

巴格里申1765年生于格鲁吉亚一公爵之家。1782年参加俄国军队，参加了1787—1792年高加索反土耳其的战争。1794年参加波兰战役，并在8月26日—9月6日的华沙包围战中参战，因其出色表现引起苏沃洛夫的注意。1799年在苏沃洛夫手下供职，转战于意大利及瑞士，因4月21日攻克布雷西亚而声名鹊起。在1805年的战役中，因其在11月16日霍拉布伦之战的出色表现使之更加出名。此战在遭到法军优势兵力的数次进攻下，他掩护俄军安全后撤。12月2日，在奥斯特利茨之战中，他再次受命指挥后卫部队。1807年2月7—8日，他参加了埃劳战役。6月10日转战海尔斯堡。6月14日在弗里德兰之战中由于其勇敢的表现而使之成为传奇人物。后于1808年参加反瑞典的战斗，并因强行军穿越冰封的芬兰湾攻占奥兰群岛而使其名望更加巩固。1809年转入保加利亚军队，参加反土耳其的战斗，同样获得成功。1812年，法国入侵俄国期间，他指挥西线第二集团军。7月23日战败于莫吉廖夫，但由于他在后方保卫战中的顽强阻击，使之得以同巴克莱·德·托里的主力重新会师。9月7日，在博罗迪诺之战中，他受命指挥左翼，身受重伤。同年9月24日，因伤势过重而卒于莫斯科以东弗拉基米尔省的西米。为纪念他，在博罗迪诺建立了纪念碑。

巴格里申是无畏和坚定的，他受到了部属的普遍尊敬。他不是一位伟大的战略家，但却是一位卓越的战术家及足智多谋的后卫指挥官。人们经常将他与奈（内伊）作比较，称之为善于鼓舞士气的领导人。他的死引起了俄国人的巨大悲伤。

VBH

参考：Chandler, D., The Campaigns of Napoleon. New York, 1966.

Clausewitz, Karl von, La Campagne de 1812 en Russie. Paris, 1900.

Duffy, C.J., Borodine. London. 1972.

贝利，威廉爵士（Baillie, Sir William, 约1595—?） 苏格兰将军。参加主要战争：三十年战争（1618—1648年）、第一次（1639年）与第二次（1640年）主教战争、第一次（1642—1646年）和第二次（1648—1649年）英国内战；参加主要战役（战斗）：马斯顿荒原之战（1644年）、阿尔福德战斗、基尔赛斯战斗（1645年）、普雷斯顿战斗（1648年）。

贝利生于1595年，是拉明顿的威廉·贝利的私生子。年轻时在瑞典参军，1632年升为陆军上校，1638年回到苏格兰。1639年和1640年在两次主教战争中参战。成为利文勋爵军队中的陆军中将后，在1644年7月2日的马斯顿荒原之战中战绩突出。参加7月4—16日的约克攻城战以及7月16日—10月的纽斯卡尔攻城战，表现得胆识过人。1644年9月1日在阿伯费尔迪附近的梯帕尔缪尔取得了蒙特罗斯战斗的胜利。继9月3日在阿伯丁、1645年2月19日在威廉堡附近的因弗尔洛基战斗胜利之后，他被召回苏格兰以挽救局势。1645年5月8日约翰·哈里爵士在奥德姆战败之后，他为了抗议以政治干涉军事行动，辞去了司令一职。但后来被说服重掌指挥权。1645年6月2日，由于遭到苏格兰议员委员会对其指挥的干涉，在阿尔福德被蒙特罗斯彻底打败。后将其军队与阿盖尔伯爵的军队合在一起并肩作战；但尽管如此，还是于1645年8月15日在基尔赛斯被再次打败。1648年春天，在汉密尔顿公爵的步兵中任中将。1648年8月17—19日，在普雷斯顿进行了一场灾难性的战斗，他重新集合残兵组成新的兵团在温尼克附近进行抵抗，一直到被迫投降。其后生死无闻。

贝利是内战时期比较典型的、优秀的苏格兰军官。他勇敢并有才干，但不能与蒙特罗斯匹敌。

DLB and AL

参考：Buchan, James, Montrose, 2d ed. N. p., 1958.

Rodgers, Hugh C. B., Battles and Generals of the Civil War, 1642—1651. London, 1968.

班布里奇，威廉（Bainbridge, William, 1774—1833年） 美国海军准将。参加主要战争：同法国的半官方战争（1798—1800年）、的黎波里战争（1801—1805年）、1812年的战争（1812—1815年）；参加主要战役（战斗）：美国"宪法"号同英国"爪哇"号的战斗（1812年）。

班布里奇1774年5月7日生于新泽西州的普林斯顿。15岁时，他乘商船出海；20岁时，自己任船长远航。在1796—1797年同英国不宣而战的海上作战中，第一次目睹同英国私人船只交战的情形。1798年在美国海军中任中尉，并指挥有14门炮的双桅船"报复"号。9月被法国私人船队俘获并短期囚于瓜达卢佩。1799年任双桅方帆船"诺福克"号主要指挥官，成功地将美国船队从西印度群岛安全护送回家。1800年10月，任"乔治·华盛顿"号船长，护送贡奉至阿尔及尔。1803年8月，在同的黎波里的战争中，率有36门炮的"费城"号在海军代准将爱德华的舰队中参战。10月31日在追击一的黎波里敌舰时，搁浅于的黎波里海岸附近，被迫投降。1805年6月，从的黎波里获释后，暂时加入商船船

队。1808—1810年再次被召服役，指挥“总统”号。1812年的战争开始时，负责查尔斯顿海军造船厂。后继伊萨克·霍尔指挥有44门炮的“宪法”号。1812年11月29日，在巴西海岸同英国有44门炮的“爪哇”号交战，取得巨大胜利。1813年2月，重返查尔斯顿以监督制造有74门炮的大型战舰“独立”号。当迪凯特打败阿尔及尔贝伊后，班布里奇率“独立”号于1815年游弋地中海。1815—1820年负责一系列海岸港口的防务，其中包括费城海军造船厂。1817年在查尔斯顿创建美国第一个海军军官学校。1820—1821年在地中海指挥大型战舰“哥伦布”号。1821—1831年在一系列海岸港口服役。1832—1833年任海军委员会主席。1833年7月27日卒于费城。

班布里奇是一位有魄力、有胆量和颇有谋略的海军指挥官。他还是一位很好的行政官员。其“费城”号的损失应归结于运气欠佳。

DLB

参考：Dearborn, Henry A. S., The Life of William Bainbridge, Esq., of the United States Navy. Edited by James Barnes. Princeton, N.J., 1931.

Guttridge, Leonard F., and Jay D. Smith, The Commodores. New York, 1969.

Pratt, Fletcher, Preble's Boys: Commodore Preble and the Birth of American Sea Power. New York, 1950.

Tucker, Glenn, Dawn Like Thunder: The Barbary Wars and the Birth of the United States Navy. Indianapolis, Ind., 1963.

贝尔德，戴维爵士(Baird, Sir David, 1757—1829年) 英国将军。参加主要战争：第二次迈索尔战争（1780—1783年）、第三次迈索尔战争（1789—1791年）、第四次迈索尔战争（1799年）、拿破仑战争（1800—1815年）；参加主要战役（战斗）：塞林伽巴丹之战（1799年）、哥本哈根之战（1807年）、科伦纳（拉科鲁尼亚）之战（1809年）。

童年情况不详。曾任海军少尉（1772年）并在直布罗陀服役（1773—1775年）。在印度任第七十三（后来的第七十一）高地轻步兵团的上尉时，在贝伦巴卡姆（泰米尔纳德邦境内）为海德·阿里所俘（1780年9月10日）。监禁四年后获释（1784年）。晋升为少校（1787年）后回到英国（1789—1791年）。1791年返回印度，并在第三次迈索尔战争后期指挥一个土著旅进攻提普·萨希布。任上校时在南非服役（1795—1798年）。第四次迈索尔战争期间任少将，指挥了对塞林伽巴丹的进攻（1799年5月）。1801—1802年任一支从印度派往埃及的部队的司令官，之后回到英国，在英国受封为骑士。任中将时，统帅远征军夺取了好望角（1805年1月）。哥本哈根作战（1807年9月2—7日）中任第一师师长。在西班牙时，任爵士约翰·穆尔上将的副司令（1808年9月—1809年1月）。在科伦纳之战（1809年1月16日）中失去右臂。当时，他指挥英军中路部队。被封为男爵（1810年），后晋升为上将（1814年）。历任金塞尔总督（1819年）、驻爱尔兰总司令（1820—1829年）。后被任命为苏格兰因弗内斯乔治堡的行政长官。卒于该地。

贝尔德是一位英勇顽强的部属，但不是一位才华出众的将军。

PDM

参考：Chandler, David G., Dictionary of the Napoleoniec Wars. New York, 1979.

DNB.

巴亚恩(Bajan, 卒于609年) 阿瓦尔统治者。参加主要战争：入侵日耳曼战争（562—569年）、征服格庇迪人战争（567年）、拜占庭战争（570年、584—587年、592—599年、600—602年）；参加主要战役（战斗）：锡尔米乌姆攻坚战（582年）、阿德里安堡（埃迪尔内）战役（587年）、维米纳丘姆战役（601年）。

巴亚恩的确切生辰不详，只知道558年他被补选为阿瓦尔人的“卡干”（大可汗）。阿瓦尔人过着游牧生活，部落群居，和匈奴人关系密切。中世纪初期，阿瓦尔人被其他游牧民族从其在中亚的多处家园里赶出。巴亚恩被选为卡干后不久，同拜占庭皇帝查士丁尼一世缔结了一个条约，即阿瓦尔人为拜占庭把守北方边塞，而每年得到拜占庭的俸禄。558—563年，巴亚恩率领阿瓦尔人向现在的罗马尼亚和匈牙利地区扩张。566年，阿瓦尔人屡次入侵法兰克王国，有一次俘获了奥斯特拉西亚国王西格伯特一世，在得到大量赎金后，才释放了他。570年，当查士丁尼二世不愿继续给钱给物时，巴亚恩便率领大军进攻锡尔米乌姆（塞尔维亚北部斯雷姆米特罗维察附近）。巴亚恩打败拜占庭援军后，返回锡尔米乌姆，获得了更多的俸禄。578年，提比略二世继位后，再次续约。581年，斯拉夫人渡过多瑙河，入侵伊里利亚。这时，拜占庭军队正忙于同波斯交战，提比略皇帝向巴亚恩求援。582年，巴亚恩乘拜占庭之危，以武力胁迫拜占庭割让锡尔米乌姆给阿瓦尔人。同年，莫里斯登上王位后，巴亚恩再次要求增加俸禄，但莫里斯错误地估计了局势，拒绝了这个要求。为此，巴亚恩于584年夺取了辛达纳姆（贝尔格莱德）、维米纳丘姆（摩拉瓦河与多瑙河交汇处）和其他一些边界地区，并强居于此。584年末，拜占庭人为对付斯拉夫人的入侵，默认了巴亚恩的所作所为，但拒绝继续提供俸禄。587年，巴亚恩入侵并进攻到色雷斯的阿德里安堡，被拜占庭军队打败，被迫撤退。590—592年，当莫里斯打败波斯人，把注意力转向巴尔干后，战事才暂告一段落。592年，莫里斯同法兰克人组成同盟军进攻巴亚恩和阿瓦尔人。当时，巴亚恩已年近60，却带领军队冲锋陷阵，攻克了德兹帕拉，把普里斯卡斯率领的拜占庭军队赶了回去，迫使拜

占庭人躲到色雷斯境内的楚鲁拉姆要塞里。巴亚恩在几乎逼临君士坦丁堡（即后来的伊斯坦布尔）城下的时候，普里斯卡斯休战，巴亚恩撤兵。595 年，普里斯卡斯重开战火，夺回锡尔米乌姆、辛吉达纳姆和其他多瑙河沿岸地区。此时，巴亚恩正忙于劫掠达尔马提亚沿岸。597 年，巴亚恩入侵莫西亚，包围托米（罗马尼亚的康斯坦察），消灭了拜占庭援军，最终占领了托米和德兹帕拉两地。这些胜利迫使莫里斯于 599 年与其握手言和，签署和约。巴亚恩不顾和约的限制，进攻达尔马提亚；为此，拜占庭派大军对付阿瓦尔人。在辛吉达纳姆附近经数次战役，拜占庭将军普里斯卡斯和科梅堤欧留斯打败了巴亚恩的骑兵，实际上使多瑙河成为拜占庭的边界。此后巴亚恩解甲归田，深居简出，再没有与拜占庭人交手。卒于 609 年。

巴亚恩是位禀赋很高、具有超众才能的统治者，同时也是一位出类拔萃的将领。他所创立的阿瓦尔王国，靠着精诚团结，存在了约两个世纪，直到 8 世纪末才被查理曼消灭。巴亚恩善于利用自己王国令人生畏的力量，保住并扩张自己的疆土，几乎从拜占庭手中夺走巴尔干。

SMG

参考：Feher, Jeno. A Nyugati Avarok Birodalma. Buenos Aires, 1972.

Laszlo, Gyula. Emlekezunk Regiekrol. Budapest, 1978.

Nemeth, Gyula. Atilla es Hunjai. Budapest, 1986.

Pirenne, Henri. Mohamed and Charlemagne. Totowa, N.J., 1980(reprint of 1939 edition).

贝克，爱德华·迪金森（Baker, Edward Dickinson, 1811—1861 年） 美国陆军军官和政治家。参加主要战争：侵墨战争（1846—1848 年）和美国内战（1861—1865 年）；参加主要战役（战斗）：塞罗戈多之战（维拉克鲁兹和夏拉帕之间，1847 年）、拜拉斯布拉夫之战（弗吉尼亚州，1861 年）。

贝克 1811 年 2 月 24 日生于伦敦。1815 年移居美国。1830 年获准在伊利诺伊州从事律师职业。1832 年参加了黑鹰战争。1837—1844 年任职于伊利诺伊州议会。1844 年由朋友阿伯拉罕·林肯提名经选举进入国会。1846 年 5 月侵墨战争爆发时，回到伊利诺伊州，招募了一个志愿团，加入在得克萨斯的泰勒军团（1846 年秋）。12 月赴华盛顿并辞去议员职务，返回墨西哥，指挥其志愿团，在塞罗戈多之战中表现出色。1847 年 4 月 18 日接替负伤的伊利诺伊志愿旅旅长指挥该旅。1848 年竞选进入国会。1852 年到加利福尼亚州。1860 年到俄勒冈州。1860 年经选举从俄勒冈州进入参议院。1861 年 4 月指挥“加利福尼亚团”（第七十一宾夕法尼亚志愿团）。他谢绝晋升准将军衔，而保留了在参议院的职务。1861 年 10 月 21 日指挥一个旅在弗吉尼亚州的拜拉斯布拉夫的一次小规模交战中阵亡。其死亡引发了国会特别是通过战争行为联合委员会就此进行的广泛的调查。

贝克是一位极富能力和进取精神的军人和政治家，他作为参议员和政治家的声望要高于指挥官。

Staff

参考：Shutes, Milton H., "Colonel E. D. Baker," California Historical Society Quarterly, December 1938.

贝克，亨利（Baker, Henry, 卒于 1689 年） 苏格兰-爱尔兰军人。参加主要战争：奥格斯堡同盟战争（1689—1697 年）、爱尔兰战争（1689—1691 年）；参加主要战役（战斗）：伦敦德里攻城战（1689 年）。

贝克生于爱尔兰劳斯县，在这里成为一名职业军人。约 1689 年 4 月，在科尔雷恩战斗中打败了由厄尔斯特领导的天主教徒军队；他是这次战斗的主要领导者之一。当 1689 年 4 月 17 日詹姆斯二世开始对伦敦德里进行围攻时，他与乔治·沃克一同被选为城防指挥官，负责保卫城市。6 月底卒于伤寒病。

AL

参考：Bagwell, James, Ireland Under the Stuarts. London, 1916.

Simms, J. G., Jacobite Ireland, 1685—1691. London, 1969.

贝克，瓦伦丁尼（Baker, Valentine, 1827—1887 年） 英国官员，土耳其将军，埃及将军。参加主要战争：克里木战争（1853—1856 年）、卡菲尔战争（1855—1857 年）、俄国-土耳其战争（1877—1878 年）和马赫迪战争（1882—1889 年）；参加主要战斗（战役）：塞瓦斯托波尔之战（1854—1855 年）、乔尔纳亚河之战（1855 年）和埃尔特巴之战（苏丹的皮罗特附近，1884 年）。

贝克 1827 年生于恩菲尔德，是一位富商的儿子，其弟是南非探险家塞米尔·贝克爵士。1848 年作为一名上尉进入锡兰来福枪队。1852 年调到第十三长枪团。参加了塞瓦斯托波尔围攻战（1854 年 9 月 27 日—1855 年 9 月 8 日）。1855 年 8 月 16 日参加了乔尔纳亚河（土耳其桥）之战。在第八次卡菲尔战争（1855—1857 年）、七周战争（1866 年）和普法战争中任军事观察员。1859 年晋升中校。1860 年指挥第十轻骑兵团。1871—1873 年在中亚广泛旅行。1874 年在奥尔德肖特任军需主任助理。1875 年因“在火车上调戏一位夫人”，被判有罪及开除军籍，人狱服刑。1876 年出狱后去了土耳其。1877—1878 年在俄国-土耳其战争中表现出色，晋升为中将。1882 年被阿哈比帕夏击败后，受英国委派指挥埃及宪兵。1884 年 1 月率领一支小分队在萨瓦金（苏丹港附近）登陆，参加马赫迪战争。1884 年 2 月 4 日在一次不谨慎的行军后，于埃尔特巴被奥斯曼·丁加的僧兵击败。此后重新指挥埃及宪兵部队，至 1887 年 11 月 17 日卒于开罗。

贝克是一位勇敢而富有能力的军人，但可能太冲动，以致于无法胜任独立指挥，其1884年在苏丹所进行的战役就足以为证。

PDM

参考：Farwell, Byron, Queen Victoria's Little Wars. New York, 1972.
DNB.

巴尔班，吉亚斯-乌德-丁（Balban, Ghiyas-ud-din, 1205—1287年） 突厥后裔的印度苏丹。参加主要战争：蒙古入侵印度的战争（1279年、1285年）。

巴尔班生于1205年，原为苏丹伊尔杜德米什的突厥奴隶，因才能和功绩而官高位显；将女儿嫁与苏丹纳西尔-乌德-丁（1246—1266年在位）后，成为苏丹的首席大臣。任职期间，他恢复了印度北部的秩序，击退了蒙古人的多次侵略，一直管理着德里苏丹国的内政。纳西尔死（1266年）后，巴尔班改名吉亚斯-乌德-丁，并成为苏丹。他残酷镇压突厥贵族的叛乱，加强一系列公正审判，从而保持了安定。他借助广泛而高效的特务体系推行其政府计划。他的统治还因镇压都阿巴的印度教和孟加拉总督图格里拉汗的叛乱而著名。统治后期，他意识到蒙古入侵的威胁，加强了西北的防御，任命其子穆罕默德汗为该地区的总督，其本人也在该地区投入了大量时间。1279年，蒙古人的入侵被穆罕默德汗击退。六年后，蒙古人再度入侵，尽管又一次被击退，但穆罕默德汗也被杀死（1285年）。丧子的巴尔班卒于两年后（1287年），留下了没有嗣君的苏丹国。

BAR

参考：Bhattacharya, Sachchidananda, A Dictionary of Indian History. New York, 1967.
Encyclopedia of Islam.
Majumdar, R. C., ed., The Sultanate of Delhi. N. p., 1960.
EMB.

巴尔博，艾塔勒（Balbo, Italo, 1896—1940年） 意大利空军元帅。参加主要战争：第一次世界大战（1915—1918年）、第二次世界大战（1940—1945年）。

巴尔佛尔，约翰（Balfour, John, 活动于约1679年） 苏格兰反叛领袖。参加主要战争：考文南特尔暴动（1679年）；参加主要战役（战斗）：德拉姆克拉格（格拉斯哥附近）之战（1679年）。

巴利奥尔，爱德华·德（Baliol〈Balliol〉, Edward de, 约1295—1364年） 有争议的苏格兰统治者。参加主要战争：苏格兰内战（1332—1333年）；参加主要战役（战斗）：杜普林沼地（珀斯附近）之战（1332年）、安嫩之战（1332年）、哈利登山（贝里克附近）之战（1333年）。

巴利奥尔约生于1295年，约翰·德·巴利奥尔和萨里伯爵之女伊萨贝拉之子。1296—1315年在英格兰生活，然后赴法国。1332年夏趁苏格兰国王戴维二世尚未成年之际，在英格兰国王爱德华三世的帮助下回到苏格兰。1332年8月在杜普林沼地之战中，虽然其率领的军队仅2500人，而对手有22 000人，具有压倒优势，但他还是击败了戴维二世的摄政马尔伯爵唐纳德，攻克了珀斯。同年9月在斯康即王位。1332年12月在安嫩野营中被阿奇博尔德·道格拉斯爵士指挥的军队击败，被逐出苏格兰。后同爱德华三世的军队重返苏格兰，1333年7月参加哈利登山之战。作为酬谢，巴利奥尔后来将洛锡安和其它一些边境地区割让给英格兰国王爱德华三世。1339年丧失珀斯。1356年将在苏格兰的全部财产和领地交给爱德华三世，自己向英格兰国王领取年金。1364年卒于伦敦。

巴利奥尔是一位有才干的领导人，一位勇敢、足智多谋的战士，但却成为爱德华三世的工具，始终未能获得苏格兰人的拥戴。

DLB

参考：Holmes, George, The Later Middle Ages, 1272—1485. New York, 1966.
Oman, Sir Charles W. C., The Art of War in the Middle Ages. 2 vols. London, 1924.

巴利奥尔，约翰·德（Baliol, John de, 约1250—1314年） 外号"空心外套"，苏格兰统治者。参加主要战争：苏格兰内战与王位继承战争（1290—1306年）。

巴利奥尔约生于1250年，伯纳德的约翰·德·巴利奥尔与加洛韦勋爵之女德尔沃吉拉的幼子，其兄死后承袭其父的领地（1278年），并袭封为加洛韦勋爵（1290年）。挪威处女玛格丽特死（1290年9月）后，有13人要求继承苏格兰王位，他就是其中之一。由于英格兰国王爱德华一世的仲裁，他得以成为苏格兰国王，并在斯康加冕（1292年11月30日）。后因法律事务和军事援助与爱德华国王发生争端（1293—1294年）。随后英格兰入侵（1296年1—7月），他被退位并被囚禁于伦敦塔（1296—1299年）。由于教皇的干涉而获释，隐退于诺曼底，并于1314年卒于该地。

他在几乎不可能得到的职位上是一位平庸之辈。任国王时的大部分契约都不为苏格兰国王罗伯特一世·布鲁斯所承认。

DLB

参考：Holmes, George, The Later Middle Ages, 1272—1485. New York, 1966.

巴利维安，约瑟（Ballivian, José, 1804—1852年） 玻利维亚将军和政治家。参加主要战争：秘鲁-玻利维亚战争（1840—1841年）；参加主要战役（战斗）：因加维（在拉佩兹附近）（1841年）之战。

巴利维安生于1804年，早期经历不详。1841年11月20日在因加维之战中，打败了奥古斯丁·加马拉将军率领的秘鲁入侵军，从而避免了玻利维亚在威逼下同秘鲁结盟的厄运。此战后，他被视为民族英雄，从而轻易地成为总统。他曾承诺收复失去的领土，但未兑现，从而没有获得公众的支持，也没有获得皇家军队的支持；因此，当1847年12月军队发生政变时，他被解职，遂于1848年1月逃亡秘鲁。1852年10月16日卒于流放地里约热内卢。

巴利维安在军事上可胜其任，但想解决其国家所面临的问题，却心有余而力不足。

SJM

参考：Martin, Michael R., and Gabriel H. Lovett, Encyclopedia of Latin-American History. Indianapolis, Ind., 1968.

班纳，约翰（Banér, John, 1596—1641年） 瑞典陆军元帅。参加主要战争：俄国-瑞典战争（1613—1617年）、波瑞战争（1617—1629年）、三十年战争（1618—1648年）；参加主要战役（战斗）：第一次布莱登菲尔德战斗（1631年）、纽伦堡附近的阿尔特维斯特战斗（1632年）、维特施托克战斗（1636年）、开姆尼茨（卡尔·马克思城）战斗（1639年）。

班纳1596年7月3日生于什霍尔姆城堡，古斯塔夫·阿克森·班纳之子。1615年加入瑞典军队并参加了普斯克瓦的攻城战。1617年提升为骑兵旗士，1620年在王室军团任尉官，1622年在欧斯特哥塔军团中任陆军上校，1625—1626年任里加要塞司令。指挥格劳顿兹强攻（1626年）、特切夫之战（1627年）和诺因堡之战（1628年）。1629—1630年任梅梅尔（克莱佩达）的地方总督，并被提升为陆军上将。1631年9月17日同古斯塔夫的集团军联合，率右翼的瑞典骑兵作战，赢得了第一次布莱登菲尔德战斗的胜利。不久，成为古斯塔夫的参谋长。1632年4月15—16日，他率军在莱希作战。同年9月3—4日又在阿尔特维斯特作战，并在战斗中负伤。1632年11月16日吕岑战斗时，他的伤仍在恢复中。1634年2月，古斯塔夫死后他继续在德国服役，并被提升为陆军元帅，在西里西亚地区指挥一支小部队。1634年9月6日在纳德林根打败了萨克森-魏玛公国的霍恩元帅及伯恩哈德元帅。此后，约在1635年初成为在德国作战的所有瑞典军队的司令。1636年10月4日，他不顾兵力少而在维特施托克进攻，经过一场艰苦血战，赢得了一次大的胜利。这一仗使瑞典军队在纳德林根溃败后的局势得以恢复。1637年春，他率军侵入德国中心，但在萨克森被加拉斯的军队所阻击。1638年晚些时候，班纳的部队从一窄道上逃跑才避免被加拉斯和格林属地歼灭，其部队被赶到波美拉尼亚地区。1639年4月14日，班纳大胆地入侵萨克森属地，而且在开姆尼茨的作战中击败萨克森帝国军队。1639年秋冬，他的军队劫掠了波希米亚并威胁布拉格。1640年春，他得到由古布依安特伯爵率领的一支法国分遣队的支援，于同年夏秋进军至德国南部。1640年12月—1641年2月，他因无法迫使敌人出来迎战，只好通过波希米亚向德国北部撤退，沿途受到帝国军队的袭扰。1641年5月20日，班纳卒于哈尔伯施塔特，或许是因在通过波希米亚地区时染上了肺炎。

班纳足智多谋，诡计多端，是一位严厉的训练官。他对自己的军队十分自信，其战略战术显示了他的勇气和能力。他漠视习俗，不愧为古斯塔夫的继承人。

DLB

参考：Björlin, G., Johan Banér. 3 vols. Stockholm, 1908—1910.

Cust, Sir Edward, Lives of the Warriors of the Thirty Years' War. London, 1865.

Steckzen, B., Johan Banér. Stockholm, 1939.

——, Der schwedische Löwe, Johan Banér. Leipzig, 1942.

班克斯，纳萨尼尔·普伦蒂斯（Banks, Nathaniel Prentiss, 1816—1894年） 素有“委员”之称，美国将军和政治家。参加主要战争：美国内战（1861—1865年）；参加主要战役（战斗）：温彻斯特之战（1862年）和锡达山之战（均在弗吉尼亚州，1862年）、哈得逊港围攻战（1863年）、萨宾克罗得斯之战（1864年）和普莱森特希尔之战（均在路易斯安那州，1864年）。

班克斯1816年1月30日生于马萨诸塞州的沃尔瑟姆。通过自学于1839年成为一名律师，但未开业。1849—1853年，在马萨诸塞州议会任职，1853年进入国会，1854—1857年任众议院发言人。1857—1860年任马萨诸塞州州长。1860年任伊利诺伊州中央铁路协会会长。1862年5月辞职从军，被林肯总统授予志愿军少将军衔。在谢南多厄河谷战役中指挥第五军抗击斯通沃尔·杰克逊。6月25日在温彻斯特之战中被杰克逊击败。后加入波普的弗吉尼亚军团。8月9日在锡达山之战中再次被杰克逊击败。曾一度指挥保卫华盛顿。11月被派往新奥尔良接替巴特勒将军。1863年5月攻占亚历山大（路易斯安那州）。5月27日—7月9日围攻并占领了哈得逊港。1863年底指挥沿得克萨斯海岸的作战，但没有成功。指挥雷德河远征军，在萨宾克罗得斯之战（1864年4月8日）和4月9日的普莱森特希尔之战中惨败。5月1—12日率其部队艰难地撤退，被劝说不抛弃海军上将戴维·波特的内河舰队，直至工兵上校约瑟夫·贝利建好水坝使波特的舰队撤出为止。不久被R.S.坎贝将军取代，于1865年8月辞职回到家乡。1865—1878年在国会和参议院工作。1879—1888年任马萨诸塞州的联邦法院执行官。1888—1891年又回到国会任职，直至其因健康情况恶化而被迫辞职。1894年9月1日卒于沃尔瑟姆。

班克斯是几位政治家式的将军之一。他是一位优秀

的政府官员，但作为一位军人，却过于谨慎和缺乏进取精神。雷德河战役的失败尽管不是他一人失误所致，但他的迟缓和缺乏勇气使结局变得更坏。

Staff

参考：Ludwell，H. Johnoson，Red River Campaign：Politics and Cotton in the Civil War. Baltimore，1958.
Warner，Ezra，Generals in Blue. Baton Rouge，1976.

巴拉盖，狄利埃，阿希尔（Baraguay ，D'hilliers，Achille，1795—1878 年） 法国元帅。参加主要战争：西班牙探险（1823 年）、阿尔及利亚战争（1830—1844 年）、意大利探险（1849—1850 年）、克里木战争（1853—1856 年）、意大利战争（1859 年）；参加主要战役（战斗）：博马尔桑德之战（1854 年）、索尔费里诺之战（在斯蒂维耶雷堡附近，1859 年）。

巴拉盖生于 1795 年，为路易·巴拉盖·狄利埃将军之子。1809 年在第九龙骑兵团中任职并在此后的拿破仑战争中服役。1814 年站在波旁王朝一边，而未参加“百日王朝”。1823 年在法国派遣至西班牙探险的军队中服役，并参加战斗。1830 年，参加阿尔及利亚探险部队，并于同年升为上校。1833—1841 年任圣西尔军事学校校长，并坚决平息了学生中的不满情绪。1841—1844 年在比诺将军手下供职，转战于阿尔及利亚。因其苛刻的纪律，他被迫辞职。1847 年任第二十一军区监察长。1848 年 4 月革命后，当选为国民议会议员。随后从保皇党转为路易·拿破仑的忠实拥护者。在 1849 年 9 月—1850 年 5 月意大利探险期间，任驻罗马法军指挥。1851 年任驻巴黎军队指挥。1852—1853 年间以使者身份前往土耳其。1853 年克里木战争爆发后，任法国波罗的海远征军指挥。1854 年 8 月 16 日，攻克俄国要塞博马尔桑德，并因其成就而升为元帅。同奥地利战争爆发后，指挥第一军团，并在为夺取 1859 年 6 月 24 日索尔费里诺之战的胜利中起重要作用。1860 年及 1870 年早期，曾在一系列要塞中任职。1873 年退休。卒于 1878 年。

巴拉盖因纪律苛刻而声名狼藉；他在奥兰群岛及索尔费里诺作战中的出色表现证明他是一位颇有能力的野战指挥员。

PDM

参考：Duquet，Jean H.，La guerre d'Italie（1859）. Paris，1882.
Niel，Adolphe，Siège de Bomarsund en 1854. Paris，1855.
Pick de l'Isère，Eugène，Les fastes de la guerre d'Orient … Paris，1856.

巴拉蒂耶里，奥雷斯特（Baratieri，Oreste，1841—1901 年） 意大利将军。参加主要战争：意大利统一战争（1860—1861 年）、七周战争（1866 年）、第一次意大利-埃及战争（1895—1896 年）；参加主要战役（战斗）：库斯托扎之战（维罗那附近，1866 年）和阿杜瓦之战（阿斯马拉附近的阿杜阿，1896 年）。

巴拉蒂耶里 1841 年 11 月 13 日生于意大利蒂罗尔的孔迪诺。加入加里波第义勇军后参加了西西里-奈阿波利迪战役（1860 年 5 月 11 日—1861 年 2 月 13 日）。后加入意大利正规军，1866 年 6 月 24 日参加库斯托扎战役。1891 年任意大利驻非洲殖民部队总司令。1892 年任厄利特里亚总督。1893—1895 年，与当地的埃塞俄比亚军队在边境地区发生冲突并取得了数次胜利；较著名的有 1894 年 7 月 17 日的卡萨拉斯之战。1895 年底意军大举入侵埃塞俄比亚，战争升级。其时他指挥一支 2 万人组成的意大利部队。1896 年 3 月 1 日在阿杜瓦攻击埃塞俄比亚皇帝亲率的一支超过 9 万人的强大军队时，他的部队被包围，历尽艰险才突出重围，有 4500 人阵亡、1600 人被俘。因此他被迫在阿斯马拉接受军事法庭的审判，被判无罪。1897 年脱离军队后，退休至奥地利的蒂罗尔（可能是意大利的，原文有误——译者注）。1901 年 8 月 7 日卒于斯特尔金。

巴拉蒂耶里是一位充满热情的民族主义者，也是一位有能力的指挥官。但作为指挥官，他未能对部属进行有效的控制，也大大地低估了敌人的实力。

PDM

参考：EB.
EMH.

巴巴罗萨，法赫鲁丁（Barbarossa，〈Khair ed-Din〉，约 1483—1546 年） 希腊-土耳其海盗，海军司令和国家统治者。参加主要战争：北非战争（1501—1518 年）、威尼斯-神圣同盟战争（1537—1540 年）、第三次（1536—1538 年）和第四次（1542—1544 年）哈布斯堡-瓦卢瓦战争；参加主要战役（战斗）：突尼斯之战（1534 年）、普雷韦扎之战（1538 年）。

法赫鲁丁约生于 1483 年，是家中四个男孩中最小的一个。后来追随他的兄长们从事海盗活动。大约在 1504 年他的大哥埃利亚斯死后，他跟随哥哥阿鲁杰从埃及的一个基地来到杰尔巴基地。不久兄弟俩卷入了柏柏尔人与西班牙人争夺马格里布沿海（西北非洲）的斗争。1512 年，他又随阿鲁杰转移到一个新的基地吉杰勒。1517 年，他们占领了阿尔及利亚的米利亚纳、麦迪亚、提奈斯和特莱姆森等城镇。1518 年，阿鲁杰死去。此后，为了获得物资援助，他化名法赫鲁丁，向奥斯曼土耳其的苏丹称臣纳贡。苏丹谢里姆一世给他派遣部队并授予其总督职务（皇家地方长官）。凭此帮助，1519 年他率军从西班牙人手中夺取了阿尔及尔，并开始加强东马格里布据点的实力。1521—1534 年间，他发展阿尔及尔经济，并在海盗队伍的基础上创建了一支常备海军。1532 年，他统军突袭了马耳他。1533 年，他拜访伊斯坦布尔，被苏莱曼二世封为卡皮坦帕夏。该年年底，他率

军攻占了科龙（科罗尼）、帕特拉斯（帕特雷）。1534年，他回师非洲攻占了突尼斯。尽管查理五世夺回了突尼斯（1535年6—7月），但他继续发展土耳其的海军力量，新造了许多重型军舰，并加强军纪，提高水兵的技术战术水平，选拔高素质军官。1537年5—8月，他率领这支舰队扫荡了意大利东南沿海。8月25日他遣军驰援苏莱曼二世指挥的科孚围攻战（克基拉）。但9月15日，被安德烈亚·多里亚领导的神圣罗马帝国-威尼斯联合舰队击溃。尽管如此，他仍然攻占了威尼斯的重要港口和要塞纳夫普利亚和莫奈姆瓦夏。1537年10月—1538年7月间，他率军相继攻取了爱琴海的斯基罗斯岛、帕特莫斯岛、埃伊纳岛、伊奥斯岛和帕罗斯岛等岛屿。1538年8—9月，经过阿尔巴尼亚海域数日机动后，他的军队战胜了强手安德烈亚·多里亚的军队。于1538年9月27日取得普雷韦扎之战的非决定性的胜利。1542年西班牙和奥地利爆发战争，他加入昂吉安亲王弗朗西斯的军队，共同入侵了西班牙加泰罗尼亚沿海地区。1543年，他们围攻并占领了尼斯。1543—1544年间，他率军队在土伦过冬。第二年，他率兵扫荡了意大利西北沿海地区。1544年9月8日《克雷特和约》签定后，他率军向伊斯坦布尔凯旋。此后，他在伊斯坦布尔效力朝廷，卒于1546年5月。

法赫鲁丁以他鲜红的胡子而得名“巴巴罗萨”，是个冷酷、精力充沛、忠于事业的海军统帅。他精通战术，擅于从海上对陆地进行攻坚战。同时，他也是个天才的管理者和统治者，与阿尔及尔的海盗集团关系密切。他死后，他的大多数头衔和官职都由他的儿子哈桑·阿里继承。

DLB

参考：Bradford, E., The Sultan's Admiral: The Life of Barbarossa. London, 1973.

Braudel, Fernand, The Mediterranean and the Mediterranean World in the Age of Philip Ⅱ. 2 vols. Paris, 1949. Translated by Siân Reynolds. New York, 1970.

Guilmartin, Francis, Gunpowder and Galleys. Cambridge, 1974.

巴比，丹尼尔·爱德华（Barbey, Daniel Edward, 1889—1969年） 美国海军上将。参加主要战争：第二次世界大战（1941—1945）；参加主要战役（战斗）：特罗布里恩群岛之战（1943年）、新几内亚战役（1943—1944年）、莫罗泰岛之战、莱特湾之战（1944年）、菲律宾战役（1945年）。

巴比1889年12月23日生于俄勒冈州的波特兰。1912年毕业于海军军官学院。最初在“加利福尼亚”号装甲巡洋舰上服役。1914—1937年先后在水面舰艇和岸上任过多种职务。1937—1940年任海军航行局作战计划处处长。1941年任大西洋舰队勤务船队和两栖作战部队司令的参谋长。后组建海军部两栖作战处并组织研制两栖登陆作战用的装备，制定有关的作战理论和战术。亲自设计了“鸭子”式两栖运货卡车，修改了船坞型登陆舰、步兵登陆艇及其他登滩艇的设计。1942年12月，晋升少将，并任第七舰队第七两栖作战大队大队长。后指挥西南太平洋地区的所有两栖登陆作战，包括在特罗布里恩群岛（1943年6月30日）、新几内亚（1943年8月—1944年3月）、莫罗泰岛（1944年9月15日）、莱特岛（1944年10月20日）和吕宋岛（1945年1月9日）等地的登陆作战。1944年6月晋升中将。1945年11月任第七舰队司令。1946年任大西洋两栖部队司令。后任加勒比海疆司令部和海军第十三军区司令。1951年5月退役。1951—1957年任华盛顿州民防主任。1969年4月11日卒于布雷默顿海军医院。

巴比是一位才华出众、有创造力的组织者和军政官员，也是一位精细的设计者。他研制的两栖登陆艇为盟军成功地实施联合作战作出了重大贡献。

Staff

参考：Morison, Samuel Eliot, History of United States Naval Operations in World War Ⅱ. 15 vols. Boston, 1947—1962.

巴克莱，罗伯特·赫里奥特（Barclay, Robert Heriot, 1785—1837年） 英国海军军官。参加主要战争：拿破仑战争（1800—1815年）和1812年的战争（1812—1815年）；参加主要战役（战斗）：特拉法尔加之战（1805年）和伊利湖之战（1813年）。

巴克莱1785年生于苏格兰，大约在1800年参加皇家海军。1805年10月21日，在特拉法尔加之战中，他失去了一条胳膊。1813年早些时候，他负责指挥皇家海军在伊利湖的部队。由于其部队严重缺乏装备和训练有素的水手，他被奥利弗·H. 佩里指挥的装备精良的美国舰队打败（1813年9月10日），在战斗中身负重伤。战后，虽被调查法院就其行为不当宣判无罪，但一直到1824年才被提升为海军上校。1837年5月8日卒于爱丁堡。

巴克莱是一位有能力但无出色表现的海军军官。由于得不到适当的支援，他在伊利湖的任务几乎是无法完成的。

PDM and DLB

参考：Burt, A. Blanche, “Captain Robert Heriot Barclay, R. N.,” Ontario Historical Society Papers and Records, Vol. XIV (1916).

Dodge, Robert, The Battle of Lake Erie. Fostoria, Ohio, 1967.

Irving, L. Homfray, Officers of the British Forces in Canada During the War of 1812—15, Welland, Ont., 1908.

巴克莱-德-托利，米哈伊尔·波格丹诺维奇，亲王(Barclay de Tolly, Mikhail Bogdanovich, Prince, 1761—1818 年) 俄国野战元帅。参加主要战争：第二次俄土战争(1787—1792 年)、同瑞典的战争（1788—1790 年)、入侵波兰战争（1792 年和 1794 年)、拿破仑战争（1800—1815 年)、俄瑞战争（1808—1809 年)；参加主要战役(战斗)：普乌图斯克之战（1806 年)、埃劳之战（1807 年)、斯摩棱斯克之战（1812 年)、博罗迪诺之战（1812 年)、包岑之战（1813 年)、得累斯顿之战（1813 年)、库尔姆之战（1813 年)、莱比锡之战（1813 年)。

巴克莱-德-托利 1761 年 12 月 27 日生于利沃尼亚省的卢德-大霍夫，为苏格兰后裔。1776 年参加俄军，在 1788—1789 年反土耳其战争中，曾短暂参战，因其天才崭露赢得列普宁亲王的赏识而被任命为副官。1790 年参加反瑞典的战争。1792 和 1794 年参加同波兰的战争。1799 年晋升少将。在 1806 年 12 月 26 日的普乌图斯克之战及 1807 年 2 月 7—8 日的埃劳之战中，他的名望增加，并于后者中受重伤。这些作战给沙皇亚历山大一世留下了很深的印象，结果 1807 年沙皇提升他为中将。1808—1809 年，入芬兰参加对瑞典人的战争，归国后于 1810—1812 年任陆军大臣。1812 年法国入侵俄国时，他兼任西线第一集团军司令。他提出了后撤和回避战略，从而使法军得以向俄国纵深腹地挺进，并加强了他们的供应线。8 月 17—19 日，斯摩棱斯克之战失败后，他因计划失策，而被迫辞职，让位于库图佐夫。9 月 7 日在博罗迪诺之战中任右翼指挥，作战非常得力，但不久便立即辞职。1813 年奉命前往德国参战，并指挥了 8 月 26—27 日的得累斯顿之战，8 月 30 日的库尔姆之战及 10 月 16—19 日的莱比锡之战。因后者的胜利而被封为公爵。1814 年入侵法国期间，指挥俄陆军攻占巴黎，晋升为元帅。百日王朝期间，他再次任俄军总指挥。虽然此间未建大功，但战役结束后的 1815 年他仍被封为亲王。1818 年 5 月 26 日卒于东普鲁士的因斯特堡。

巴克莱是一位英勇的战士、卓越的战术家、出色的战略家和称职的管理者。他作风严谨，并充满巨大的热情。尽管他的回避战略没有得到其军队的认可，但不可否认，正是这一战略使得俄军幸免于灭顶之灾。

VBH

参考：Cathcart, G., Commentaries on the War in Russia and Germany in 1812 and 1813. London, 1850.

Chandler, David, The Campaigns of Napoleon. New York, 1966.

Clausewitz, Karl von, La campagne de 1812 en Russie. Paris, 1900.

Josselson, M. and D., The Commander; A Life of Barclay de Tolly. Oxford, 1980.

Warner, Philip, Napoleon's Enemies. London, 1976.

巴纳德，亨利·威廉爵士(Barnard, Sir Henry William, 1799—1857 年) 英国将军。参加主要战争：克里木战争（1853—1856 年）和镇压印度土兵起义（1857—1859 年)；参加主要战役（战斗)：巴特利卡塞拉特之战（德里郊区，1857 年）和德里围攻战（1857 年)。

巴纳德生于 1799 年，是一位牧师的儿子，在桑赫斯特接受教育。1814 年在掷弹兵卫队服役（第一步兵团)。在他叔叔 A.F. 巴纳德子爵的要求下，1815 年服役于占领巴黎的奥德联军。后在牙买加服役。在 1854—1855 年的克里木战争中被晋升为少将，任洛德·腊格伦的继任者詹姆斯·辛普森爵士的参谋长。1857 年 4 月前往印度任驻孟加拉英军参谋。1857 年 5 月乔治·安森将军去世后继任总司令。6 月 8 日进军援救德里，在巴特利卡塞拉特城外击败印度义军，后继续包围德里，因患霍乱而不堪劳顿，卒于 7 月 5 日。

较之于平凡的安森，他是一位精力旺盛的指挥官。虽过于谨慎，但其热情与仁慈将被人铭记。

PDM

参考：Edwardes, Michael, Battles of the Indian Mutiny. London, 1963.

Leasor, James, The Red Fort: An Account of the Siege of Delhi in 1857. London, 1956.

巴尼，乔舒亚(Barney, Joshua, 1759—1818 年) 美国海军军官。参加主要战争：美国独立战争（1775—1783 年)、1812 年的战争（1812—1815 年)；参加主要战役（战斗)："海德·阿里"号与"蒙克将军"号的交战（1782 年)、布莱顿斯堡之战（1814 年)。

巴尼 1759 年 7 月 6 日生于马里兰的巴尔的摩。13 岁时出海，在海上磨砺多年后加入大陆海军（1775 年 10 月)。在攻克巴哈马群岛的新普罗维登斯（1776 年 3 月 3 日）时战绩突出。曾在多艘军舰上服役（1776—1782 年)。后被囚禁，但三次逃跑。担任宾夕法尼亚军舰"海德·阿里"号（20 门火炮）舰长时，在特拉华湾打败并俘获了有 18 门火炮的英国军舰"蒙克将军"号（1782 年 4 月 8 日)。1784 年 11 月从海军退役，并进行过多次商业活动。在新海军中成为六上校之一（1796—1802 年)，后又重操私商旧业。在 1812 年的战争中返回军队，任准将。在切萨皮克湾组建并统领炮船舰队，并在该地区同英军舰队作战（1813—1814 年)。英军向华盛顿特区推进时，他焚毁炮船（1814 年 8 月 22 日)。率 500 水兵参加了布莱顿斯堡之战。在该战中，他的部队是唯一没有后撤的美国部队。掩护了民兵的退却（8 月 24 日)，在战斗中因伤被俘。出任巴尔的摩港军官，后隐居肯塔基庄园。1818 年 12 月 1 日卒于匹兹堡。

巴尼作战勇敢、足智多谋、富有魄力，是美国早期优秀海军军官的代表。

Staff

巴拉斯(Barras,约卒于1800年) 法国海军上将。参加主要战争：美国独立战争（1775—1783年）；参加主要战役（战斗）：纽波特之战（1778年）、围攻约克镇（1781年）、蒙特塞拉特之战（1782年）。

巴里，乔治(Barré, Georges, 1886—1970年) 法国将军。参加主要战争：第二次世界大战（1939—1945年）；参加主要战役（战斗）：北非-突尼斯战役（1942—1943年）。

巴雷罗，约瑟·马里亚(Barreiro, José Maria, 1793—1819年) 西班牙将军。参加主要战争：拉丁美洲独立战争（1800—1825年）；参加主要战役（战斗）：博亚卡之战（1819年）。

巴林顿，赛米尔(Barrington, Samuel, 1729—1800年) 英国海军上将。参加主要战争：奥地利王位继承战争（1740—1748年）、七年战争（1756—1763年）、美国独立战争（1775—1783年）；参加主要战役（战斗）：圣卢西亚之战（1778年）、格林纳达之战（1779年）。

巴林顿生于1729年，约翰·巴林顿第一子爵之子。11岁（1740年）时参加海军，后任海军上尉（1745年）。奥地利王位继承战争（1740—1748年）期间，指挥炮舰“威西尔”号和护卫舰“贝洛纳”号与“罗姆尼”号。曾先后在地中海、圭亚那沿海和北美基地服役（1748—1755年）。任“阿基利斯”号（60门火炮）舰长时，打败过法国军舰“雷松内博”号（64门火炮）（1758年5月29日）和“孔德·德·圣佛洛朗坦”号（60门火炮）（1759年4月4日）。调任海峡舰队“赫罗”号（74门火炮）舰长（1762年）。被任命为“维纳斯”号舰长（1768—1771年）之前，一度领取半薪（1763—1768年）。历任“海神之子”号舰长（1771—1774年）和“威尔士亲王”号舰长（1777年）。晋升为海军少将并出任西印度群岛基地总司令（1778年）后，夺取圣卢西亚（1778年12月12—13日），并在德埃斯坦企图夺回该城时成功地进行了保卫战（12月13—28日）。约翰·拜伦海军上将到来后接替其总司令职务（1779年1月6日）。在未决胜负的格林纳达之战（7月6日）中任拜伦的副司令。8月返回英国，后在海峡舰队中供职（1779—1783年）。擢升为海军上将（1787年），并最后一次担任海军指挥官（1790年）。卒于1800年。

巴林顿能干、果敢、富有进攻精神；他在圣卢西亚之战中取得的著名胜利不仅是其才华和詹姆斯·格兰特上将（陆军司令）的才能的结晶，而且是由于时间选择上的侥幸。

JBB

参考：Boatner, Encyclopedia.
DNB.

巴里奥斯，加斯托·拉菲诺(Barrios, Justo Rufino, 1835—1885年) 危地马拉独裁者。参加主要战争：中美洲统一战争（1885年）；参加主要战役（战斗）：查丘帕之战（1885年）。

巴伦，詹姆斯(Barron, James, 1768—1851年) 美国海军军官。参加主要战争：美国独立战争（1775—1783年）、与法国的半官方战争（1798—1800年）、的黎波里战争（1801—1805年）。

巴伦1768年9月15日生于弗吉尼亚的诺福克，是一位商船船长的儿子。随其父学徒时，曾参加美国独立战争（1775—1783年）期间的一些海军活动。在美国海军中任上尉（1798年3月），后在与法国不宣而战的战争中供职于约翰·巴里准将麾下的“合众国”号军舰。曾任海军上校和“埃塞克斯”号（32门火炮）舰长（1799年）。任准将和“总统”号（44门火炮）军舰的舰长时，前往地中海与的黎波里人进行战争（1804年9月9日）。登陆夺取德尔纳（1805年4月27日）之后，与的黎波里人缔结了和约（6月3日）。任“切萨皮克”号（36门火炮）舰长时，该舰被英国军舰“豹”号（56门火炮）勒令停驶（1807年6月22日）。巴伦拒绝根据英国人的要求交出指称的逃亡者时，英舰开炮射击。为免一败涂地，巴伦投降。由于威廉·H.艾伦海军上尉的大力怂恿，巴伦受到军事审判，判定犯有过失罪（1808年1月），并被停职5年。后虽恢复海军职务（1812年），但被剥夺了晋升和出海执行公务的机会。他愤怒不已，指控斯蒂文·迪凯特对其别有用心。在随之而来的决斗中，他杀死迪凯特，自己也身受重伤（1820年3月22日）。由于这一行为受到广泛谴责，他在后备役的职务上度过余生。1851年4月21日卒于诺福克。

巴伦是一位能干但从总体上看却并不出色的军官。许多人宽恕他在“切萨皮克-豹”事件中的做法，但没有人忘却他对迪凯特之死所承担的责任。

DLB

参考：Apgar, Wilbur E., “Our Navy 1800—1813: the Letters of Captain William H. Allen,” New Jersey Historical Society Proceedings, Vol. LⅢ (1935).
WAMB.

巴伦，赛米尔(Barron, Samuel, 1809—1888年) 美国南北战争期间南部同盟军官。参加主要战争：美国内战（1861—1865年）；参加主要战役（战斗）：哈特勒斯因莱特之战（1861年）。

巴里，约翰(Barry, John, 1745—1803年) 美国海军军官。参加主要战争：美国独立战争（1775—1783年）、与法国的半官方战争（1798—1800年）；参加主要战役（战斗）：美国“列克星顿”号与英国“爱德华”号军舰的交战、特伦顿之战（1776年）、普林斯顿之战（1777年）、

佩恩堡之战（1778 年）、佩诺布斯科特湾之战（1778 年）。

巴里 1745 年（?）生于爱尔兰的韦克斯福德县，约翰与凯瑟琳夫妇之子。早年（约 1756 年）即出海，后移居美国费城（1760 年），在那里经商获得成功并成为商船的船长。他是一位忠诚的爱国者，1776 年 3 月被任命为大陆海军的上校。担任美国“列克星顿”号军舰（32 门火炮）舰长时（4 月 7 日），由于英国人将其封锁于特拉华湾，被迫参加了陆上的特伦顿之战（12 月 26 日）和普林斯顿之战（1777 年 1 月 3 日）。为防止其军舰“埃芬厄姆”号落入英海军之手，他被迫凿沉该舰（1777 年 9 月）。率一支舰队顺特拉华河而下，在佩恩堡附近俘获包括“警戒”号（10 门火炮）在内的 5 艘英国军舰（1778 年 2 月 26 日）。任从波士顿启航（1778 年 9 月）的“罗利”号军舰（32 门火炮）舰长时，在佩诺布斯科特湾被英国军舰“实践”号（50 门火炮）和“独角兽”号（20 门火炮）击败（9 月 24—27 日）。率“联盟”号军舰（32 门火炮）进行了一次战果较大的巡航，在大西洋和加勒比海夺得许多财物（1781—1783 年）。与英国军舰“西比尔”号（28 门火炮）进行了美国独立战争中的最后一次海军作战，但由于其他英国军舰的逼近而改变航向（1783 年 3 月 30 日）。后退出大陆海军，重新从事商业。1794 年 3 月再度出山，被任命为美国海军的高级上校，“合众国”号军舰（44 门火炮）舰长。任西印度群岛舰队司令（1797—1799 年）时，曾率美国和谈代表团前往欧洲与法国进行谈判（1799 年秋）。由于患病，此后未再任指挥官。回归费城（1801 年），1803 年 9 月 13 日卒于该地。

巴里是一位杰出的海、陆军军人，知权达变、足智多谋、坚韧不拔。他不仅战功卓著，而且因其在培养像斯蒂文·迪凯特这样的未来海军领导人中所起的作用而闻名。

DLB

参考：Clark, William Bell, Gallant John Barry. New York, 1938.

Gurn, Joseph, Commodore John Barry, Father of the American Navy. New York, 1933.

Paullin, charles O., The Navy of the American Revolution. Cleveland, O., 1908.

巴里，威廉·法奎哈（Barry, William Farquhar 1818—1878 年） 美国将军。参加主要战争：第二次西米诺尔战争（1835—1843 年）、侵墨战争（1846—1848 年）和美国内战（1861—1865 年）；参加主要战役（战斗）：皮肯斯堡之战（彭萨科拉以外，1861 年）、第一次布尔溪之战（弗吉尼亚的马纳萨斯，1861 年）、半岛战役（1862 年）、亚特兰大战役（1864 年）。

巴里生于纽约，1838 年毕业于西点军校。参加了 1837—1843 年的西米诺尔战争和侵墨战争（1846—1848 年）。后来，他被派到了堪萨斯（1856 年 5—9 月）。1861 年，在索姆特堡防御战中（4 月 12—13 日）任第五炮兵团少校。1861 年 7 月 21 日在第一次布尔溪之战中任炮兵主任。1861 年 8 月 20 日，晋升为志愿军准将。半岛战役中（1862 年 4—8 月），任波托马克军团的炮兵主任。在华盛顿保卫战中（1862 年 9 月—1864 年 3 月）任炮兵主任。1864 年 3 月被调往西部任谢尔曼部炮兵主任。因其在亚特兰大战役中的表现（1864 年 5—9 月），于 1864 年 9 月 1 日晋升为美国陆军上校和志愿军少将。1865 年 4 月，J.E. 约翰斯顿投降之时，晋升陆军准将。战后仍在正规军中服役，领导一个炮兵学校达 10 年之久。1878 年 7 月 18 日在马里兰州的麦克亨利堡去世时，任第二炮兵团上校。

ACD

参考：Boatner, Dictionary.

Warner, Ezra J., Generals in Blue. Baton Rouge, 1964.

巴尔特·让（Bart, Jean 1650—1702 年） 法国元帅。参加主要战争：荷兰战争（1672—1678 年）、奥格斯堡同盟战争（1689—1697 年）；参加主要战役（战斗）：比奇角战斗（1690 年）、葡萄牙的拉古什战斗（1690 年）、敦刻尔克攻城战（1694—1695 年）。

巴尔特·让 1650 年 10 月 21 日生于敦刻尔克，年青时参加荷兰海军，在米歇尔麾下服役。但当 1672 年 3 月荷兰战争爆发后，他回到了法国。1672—1678 年间，他作为一名小私掠船船长参加了六次战斗，得到八次奖赏，赢得了声誉，而且成了国王路易十四的皇家海军少尉军官。1686 年晋升为上校。在 1689 年 6 月战争爆发后不久的一次战斗中被俘，囚禁于普利茅斯。后逃回法国。1690 年 7 月 10 日在比奇角战斗中指挥“阿西昂”号舰作战。1693 年 6 月 27—28 日，在图维尔领导下于拉古什战斗中再度参战。在这次战斗中，他的舰艇击沉七艘敌舰。1694 年 6 月袭击并抢劫了从泰瑟尔岛出发为 96 艘法国粮船护航的英荷护航舰，将这些战利品送给了正受饥饿之苦的法国人。由此而声望更高。1694—1695 年他劝说波旁王朝的弗朗索瓦·路易修筑敦刻尔克的防御工事，以防备该城受到英军的进攻。1697 年护送孔蒂王子及波兰王位候选人到但泽。他们偷偷地穿过了严密的封锁线，顺利到达目的地。1697 年 10 月战争结束时，他被提升为海军少将，并退役回到敦刻尔克家中。1702 年 4 月 27 日卒于那里。

大致说来，巴尔特是一位熟练的水兵，也是一位经验丰富、胆识过人的指挥员。他是法国出类拔萃的海军英雄之一。

DLB

参考：Powley, Edward B., The Naval Side of King William's War. Hamden, Conn., 1971.

Standard French Dictionnaire de biographie

française.

巴西尔一世（马其顿王朝）（Basil Ⅰ the Macedonian，812—886 年） 拜占庭帝国皇帝。参加主要战争：与哈里发王朝进行的战争（871—879 年）、拜占庭扩张战争（875—885 年）；参加主要战役（战斗）：瑟莫瑟特之战（873 年）、巴里攻坚战（876 年）、塔兰托之战（880 年）。

巴西尔 812 年生于色雷斯一个农民家庭，有亚美尼亚人血统，早年被保加利亚人监禁，生活在马其顿。837 年，巴西尔从保加利亚人那里逃了出来，成为宫廷里一个显要人物的侍从。858—859 年，巴西尔得到了皇帝迈克尔三世的赏识，于是平步青云，先任帝国侍从官，后又凭借自己的能力和计谋，升任为侍从官首领。此后不久，成为皇帝的内侍和密友。866 年，巴西尔杀死权倾一时的皇叔恺撒·巴达斯，于 5 月 28 日成为共治皇帝。成为共治皇帝不到一年，又和其支持者们共谋，于 867 年 9 月 24 日，杀死了迈克尔三世，自己独揽朝政。尽管巴西尔篡夺皇位这一点令人生厌，但他作为一个皇帝，却显示出高超的统治才能，并进行了一系列的改革。不久，巴西尔陷入佛提乌斯和伊格那提乌斯的纠纷中，最后圆满地解决了两人之间由谁担任君士坦丁堡大主教的问题。在巴西尔统治早期，他与阿拉伯阿拔斯哈里发王朝在美索不达米亚重新开战。873 年，巴西尔取得瑟莫瑟特之战的决定性胜利后，把边界向东推进到幼发拉底河。875—885 年，巴西尔利用周边国家暂时弱小的机会，极力扩张帝国疆土。876 年，巴西尔成功地进行了巴里攻坚战。围攻巴里时，拜占庭帝国和神圣罗马帝国之间有一次罕见的协作战例，即拜占庭舰队封锁港口，同时罗马帝国陆军在皇帝路易二世率领下，进行陆上围攻。880 年，巴西尔围攻并夺取了阿拉伯人重兵把守的塔兰托。到了 885 年，他又从阿拉伯人手中夺取了整个卡拉布里亚。在同一时期，巴西尔开始重视拜占庭海军的作用，并指挥其海军把阿拉伯海盗从地中海东部赶了出去。886 年 8 月 29 日，巴西尔在狩猎时，卒于一次事故。

尽管巴西尔一世谋取权力的这段经历为人不齿，但总的说来，他是一位出色的、始终充满活力的皇帝。拜占庭帝国马其顿王朝所取得的成就是与巴西尔的努力分不开的。

BAR

参考：Bury，J.B.，A History of the Eastern Roman Empire from the Fall of Irene to the Accession of Basil Ⅰ，A.D.802—867.1912. New York，1965.

Obolensky，Dmitri，The Byzantine Commonwealth：Eastern Europe 500 —1453. New York，1971.

Ostrogorsky，George，A History of the Byzantine State. Translated by Joan Hussey. New Brunswick，N.J.，1969.

EB.

EMH.

巴西尔二世（“保加利亚人的屠夫”）（Basil Ⅱ Bulgaroctonos〈“Bulgar-butcher”〉，958—1025 年） 拜占庭帝国皇帝。参加主要战争：入侵保加利亚战争（981—985 年）、镇压巴尔德斯·福克斯和巴尔德斯·斯克莱勒斯叛乱的战争（987—989 年）、与叙利亚进行的战争（995—996 年）、征服保加利亚的战争（996—1018 年）；参加主要战役（战斗）：索非亚之战（981 年）、克里斯奥波里斯（于斯屈达尔）之战（988 年）、阿比多斯战役（989 年）、阿勒颇之战（995 年）、斯派尔希奥斯河战役（996 年）、斯科普里之战（1004 年）、巴拉西斯塔（巴拉西卡）之战（1014 年）。

巴西尔二世 958 年生于君士坦丁堡，是罗慕勒二世和狄奥法诺之子，也是巴西尔一世的一个曾孙。963 年，巴西尔二世的父亲罗慕勒去世后，先是尼斯福鲁斯二世福卡斯，后来是约翰一世齐米斯西斯作为年少的巴西尔和他的兄弟君士坦丁的“监护人”，把持朝政。976 年 1 月 10 日约翰死后，巴西尔才和君士坦丁成为共治皇帝，但大权还掌握在他的叔祖巴西尔·帕拉科莫迈努斯的手里。981 年，巴西尔入侵保加利亚，以还击保加利亚国王塞缪尔的扩张挑衅。在索非亚进行的第一次重要战斗中，塞缪尔打败了巴西尔二世率领的侵袭部队。尽管巴西尔继续与保加利亚人交战，但几乎从未打过胜仗；同时他还受到宫廷奸佞小人的干扰及一些人密谋策划叛乱的牵制。返回君士坦丁堡后，他设法将叔祖巴西尔·帕拉科莫迈努斯放逐，剥夺了其权力。而君士坦丁贪图享乐，奢侈淫逸，这样就使巴西尔在 985 年成为帝国的真正主宰。987 年，巴尔德斯·福克斯将军和巴尔德斯·斯克莱勒斯将军支持贵族叛乱，反对巴西尔的统治，并且抢占了安纳托利亚大部分地区。巴西尔向基辅罗斯公国求援，得到了后来又参加了瓦兰吉亚保卫战的一支援兵。988 年，巴西尔率领部队在克里斯奥波里斯战役中，打败了叛军。巴西尔乘胜追击，于 989 年 4 月 13 日取得了阿比多斯战役的决定性胜利。巴尔德斯·福克斯中剑身亡。巴西尔为报答基辅的援助，将自己的妹妹安娜嫁给基辅大公弗拉基米尔。为此，大公及其臣民皈依了基督教。福克斯死后，只剩下势单力薄的斯克莱勒斯，不久他也放下武器，向巴西尔投降。991 年，巴西尔又向保加利亚发动新的攻势，但因埃及的法蒂玛王朝此时从东部边境入侵，所以只好在 995 年停止进攻。同年，巴西尔单独指挥军队冲破了对阿勒颇的包围，在次年进行的战役中恢复了士气。而塞缪尔利用了这个空档，入侵希腊，把自己的版图扩展到伯罗奔尼撒半岛。996 年，巴西尔率军急匆匆赶赴巴尔干，在斯派尔希奥斯战役中打败了塞缪尔，继续收复希腊和马其顿。1001 年，巴西尔抢占了索非亚周围的要塞，切断了塞缪尔从保加利亚本土到多瑙河的通道。塞缪尔试图通过再次进攻马其顿、摧毁阿

德里安堡的战术，破坏巴西尔的战略部署，但却因于1004年在斯科普里附近被巴西尔抓获而告失败。1007年，巴西尔在进攻保加利亚本土前，着手把保加利亚人从色雷斯和马其顿驱逐出去。经过长期的战争，巴西尔于1014年7月29日，在巴拉西斯塔与保加利亚人的战役中，终于取得了决定性的胜利。塞缪尔在自己的部队被打垮之后，独自逃了回去。巴西尔对所有保加利亚俘虏施以剜目刑——每100个俘虏只留下一只眼睛，让他们回去见主子的塞缪尔。塞缪尔看到这个可怕的场景后，精神顿时崩溃，两天后就死去了。很快，保加利亚的援军也战败了，巴西尔终于将保加利亚纳入拜占庭帝国的版图。接着，巴西尔把注意力转向了帝国的东方。1020年，巴西尔吞并了亚美尼亚，并建起了一道防线以抵御塞尔柱土耳其人。当巴西尔正积极准备从西西里出发，远征阿拉伯人时，卒于1025年12月15日。

巴西尔二世是位果断、顽强、精力旺盛的将军，同是也是拜占庭最能干的皇帝之一。拜占庭帝国在他的统治下达到了巅峰。这不仅与巴西尔的军事才能有关，而且也得益于他治理国家的能力。由于巴西尔在统治保加利亚期间，从保加利亚人那里抽取重税，更因为他在巴拉西斯塔战役后的暴行，他得到了“保加利亚人的屠夫”这一绰号。

BAR

参考：Obolensky, Dmitri, The Byzantine Commonwealth: Eastern Europe 500—1453. New York, 1971.

Ostrogorsky, George, A History of the Byzantine State. Translated by Joan Hussey. New Brunswick, N.J., 1969.

Runciman, Steven, A History of the First Bulgarian Empire. London, 1930.

Schlumberger, G., L'épopée byzantin à la fin du Xe siècle. 3 vols. Paris, 1896—1905.

EB.

EMH.

巴斯蒂科，埃托雷(Bastico, Ettore, 1876—1972年) 意大利元帅。参加主要战争：意大利-土耳其战争（1911—1912年）、第一次世界大战（1915—1918年）、侵略埃塞俄比亚（1935—1936年）、西班牙内战（1936—1939年）、第二次世界大战（1940—1945年）；参加主要战役（战斗）：北非战役（1941—1943年）。

巴滕贝格，路易斯亲王(Battenberg, Prince Louis of, 1854—1921年) 英国海军上将。参加主要战争：埃及战争（1882年）和第一次世界大战（1914—1918年）。

巴滕贝格1854年5月24日生于奥地利的格拉茨，其父是黑森林的亚历山大亲王。自从1868年他参加英国皇家海军后，便成了英国国民。1884年他和维多利亚女王的孙女结婚。曾参与镇压埃及的抗英斗争，在1882年7月11日炮击埃及亚历山大港的行动中表现突出。1902年晋升海军上校，任海军情报机构负责人。1905年升海军少将并任第二巡洋舰舰队司令。1908年升海军中将并任大西洋舰队司令。1910年任领海舰队分舰队司令。1911年12月任海军部第二大臣、海军人事主管。1912年任海军部第一大臣，负责舰队的战争准备。遵照海军大臣温斯顿·丘吉尔的命令，在演练性的动员之后（1914年7月），巴滕贝格使舰队的预备役舰船均处于待命状态；所以当战争于8月3日到来时，舰队处于全动员状态。尽管他忠诚于英国并极具价值，但却因狂热的反德浪潮而被迫退役（1914年10月29日）。1917年应国王乔治五世的要求，他放弃了德国的衔头，取假名“蒙巴顿”，被封为米尔福哈文第一代侯爵。1921年9月10日卒于伦敦。

巴滕贝格具有才干，做事认真而勤勉。他是有天赋的领导者和管理者，曾积极支持在海军通信和战术方面的几次创新。

PDM

参考：EB.

拔都(Batu Khan, 1205—1255年) 蒙古将军和金帐汗国（钦察汗国）缔造者。参加主要战争：蒙古对罗斯和欧洲的入侵（1235—1241年）；参加主要战役（战斗）：基辅之战（1240年）、绍约河之战（1241年）。

拔都约生于1205年，术赤汗的次子，成吉思汗之孙。被蒙古诸部落首领大会选为入侵罗斯（即后来的俄罗斯）和东欧的总指挥（1237年12月），但真正的指挥官是速不台。消灭并征服了罗斯北部的诸大公国（1237—1238年），参加了直捣基辅的战斗（1240年12月6日）。随后在波兰与匈牙利境内的作战中亲率中路大军。在绍约河与国王贝拉的匈牙利军作战中，彻底打败匈牙利军（1241年4月11日），巩固了对匈牙利的控制。窝阔台汗死（1241年12月）后，因统治集团内斗而返回蒙古。建都于伏尔加河畔的萨莱。1243年建立了钦察汗（金帐汗）国。1255年卒于萨莱。

拔都在罗斯-匈牙利诸作战中，逊色于杰出的速不台。他（像成吉思汗的大多数直系后裔一样）是一位名符其实的有才干的统帅。他所创建的汗国延续了三个多世纪。

PWK

参考：Prawdin, Michael, The Mongol Empire: Its Rise and Legacy. Translated by E. and C. Paul. New York, 1961.

Rashid al-Din, The Successors of Genghis Khan. Translated by John A. Boyle. New York, 1971.

Vernadsky, George, The Mongols and Russia. New Haven, Conn., 1953.

B

鲍姆，弗里德里希(Baum, Friedrich, 卒于 1777 年) 为英军效力的布伦瑞克陆军军官。参加主要战争：美国独立战争（1775—1783 年）；参加主要战役（战斗）：本宁顿之战（1777 年）。

鲍姆出生及早期经历不详。曾率不伦瑞克援军前往加拿大（1776 年冬）。在伯戈因的远征（1777 年 6—10 月）中任不伦瑞克龙骑兵团中校，率领 800 名士兵组成劫掠远征队抵达佛蒙特的本宁顿（8 月）。在本宁顿附近被约翰·斯塔克上校指挥的新罕布什尔和佛蒙特民兵打败并被击毙（8 月 16 日）。他的失败大大促进了两个月后伯戈因在萨拉托加的投降。

Staff

参考：Bird, Harrison, March to Saratoga: General Burgoyne and the American Campaign, 1777. New York, 1963.

Eelking, Max von, Memoirs, Letters and Journals of Major General Riedesel.... 2 vols. Translated by William L. Stone. Albany, N. Y., 1868.

Stark, Caleb. ed., Memoir and Official Correspondence of John Stark. N. P., 1860.

拜尔雷，弗里茨(Bayerlein, Fritz, 1899—1970 年) 纳粹德国陆军将领。参加主要战争：第一次世界大战（1914—1918 年）、第二次世界大战（1939—1945 年）；参加主要战役（战斗）：西线战役（1917—1918 年）、法国战役（1940 年）、苏联战役（1941 年）、北非-突尼斯战役（1941—1943 年）、法国-德国战役（1944—1945 年）。

拜尔雷 1899 年 1 月 14 日生于维尔茨堡。1917 年 6 月—1918 年，在西线任第一步枪兵营候补军官。1918 年 12 月军队遣散时退役，但 1921 年再度服役。1922 年 1 月 21 日任第二十一步兵团中尉军官。1938 年任第三装甲师少校参谋。1940—1941 年，任海因茨·古德里安将军驻法国和俄国的装甲军群的作训参谋。1940 年 9 月晋升中校。1941 年 9 月 1 日任非洲军团参谋长。12 月 26 日获骑士十字勋章。1942 年 2 月 1 日任新组建的非洲坦克集团军参谋长。4 月 1 日晋升上校。1942 年 11 月晋升少将，非洲军团司令内林将军受伤后接替其职。后在战斗中受伤并撤至意大利。1943 年 5 月初，在突尼斯的轴心国军队投降。8 月 1 日任第三装甲师师长。1944 年 2 月 4 日任新组建的装甲教导师师长。1944 年 5 月 1 日晋升中将。在诺曼底-法国战役（6 月 6—9 月）、洛林战役（11 月）和阿登攻势（1944 年 12 月 16 日—1945 年 1 月 18 日）中，指挥该师屡立战功。1945 年 2 月 5 日任第五十三军军长。1945 年 2—4 月参加了莱茵-鲁尔战役。4 月被俘，战争结束时隐退。后生活在维尔茨堡，1970 年 1 月 30 日卒于当地。

他是一位有侵略性的指挥官，清楚盟军空中力量的优势，训练其军队通过伪装和隐蔽以化解盟军的这种优势。

PDM

参考：Keegan, John, Who Was Who in World War Ⅱ. New York, 1978.

Parrish, Thomas A., and S. L. A. Marshall, eds., Simon and Schuster Encyclopedia of World War Ⅱ. New York, 1978.

Ritgen, Helmut, Der Geschichte der Panzer-Lehr-Division in Westen 1944—1945. Stuttgart, 1979.

巴赞，阿希尔·弗朗索瓦(Bazaine, Achille François, 1811—1888 年) 法国元帅。参加主要战争：征服阿尔及利亚战争（1830—1839 年）、克里木战争（1853—1856 年）、皮蒙特战争（1859 年）、侵略墨西哥战争（1862—1867 年）和普法战争（1870—1871 年）；参加主要战役（战斗）：强攻塞瓦斯托波尔（1855 年）、金布恩之战（与奥恰科相对的第聂伯河口，1855 年）、索尔费里诺之战（斯蒂维耶雷堡附近，1859 年）、普埃布拉之战（1863 年）、围攻瓦哈卡（1865 年）、博尔纳之战（麦茨附近，1870 年）、格拉沃洛特-圣普里瓦之战（1870 年）和麦茨围攻战（1870 年）。

巴赞 1811 年 2 月 13 日生于凡尔赛，是一个工程师的儿子，因未能通过综合工科学校的入学考试，于 1831 年 3 月应征进入第三十七步兵团服役。1832 年 1 月调入外籍的罗马兵团。1833 年被授予少尉军衔。第一次卡洛斯战争期间（1834 年初—1839 年 8 月），完成了一项赴西班牙的军事使命。后在阿尔及利亚服役。1854 年奉派至克里木指挥一个旅。1855 年 9 月 6 日参加在塞瓦斯托波尔的最后攻击行动。任塞瓦斯托波尔总督。10 月 16 日参加金布恩之战。1859 年 3—7 月皮蒙特战争中，在贝拉盖·狄利埃的军团中指挥一个师作战，6 月 24 日在索尔费里诺之战中获得殊荣。1862 年被派至墨西哥任师长。1863 年 5 月 17 日攻占普埃布拉；此战的胜利使其于 1863 年 7 月取代福雷将军任法国远征军总司令。1864 年 9 月晋升元帅。1865 年 2 月成功地包围了瓦哈卡。1867 年 2 月，迫于美国的外交压力而将法军撤出。1870 年 8 月，在普法战争爆发时被任命为第三军司令，后指挥左翼法军（含第二、三、四军），实际上已成为法军总司令，只是没有参谋部而已。普军在边界地区的胜利迫使他向沙隆败退。8 月 14 日在博尔纳的一次战斗中负伤。8 月 16 日在马斯拉图尔和勒宗维尔（麦茨附近）进行了一些非决定性的战斗。但他既没能支援康罗贝尔元帅的第六军，也未能向西突围至格拉沃洛特-圣普里瓦（8 月 18 日），而是撤至工事坚固的麦茨城，随后即被包围。法国兵败色当和第二帝国终结（9 月 1 日）以后，巴赞未能努力地与甘必大的国防政府联系，而是与俾斯麦谈判并率 14 万大军投降普军（10 月 28 日）。这一擅自行动招致了严厉批评。他要求法庭在其返回后使其免于监禁。这又导致了严厉的非难（1872 年 4—5 月）。他对此不满，向判其有罪并处以降级和处死的法庭申诉

(1873 年 12 月 10 日)。后经当时的第三共和国总统玛·埃·巴·莫·麦克马洪总统核准，将其减刑至监禁 20 年。他被关押在圣-玛格丽特岛，1874 年 8 月 9 日在其妻子帮助下出逃。先逃到意大利，后到了西班牙。1888 年 9 月 20 日在贫困中卒于马德里。

巴赞是 19 世纪 60 年代一位能干、勇敢而又富于进取精神的军人，但在普法战争中却表现得懦弱、犹豫与无能。他数次未能抓住战机。特别是格拉沃洛特-圣普里瓦之战后，尽管他的行为严格地讲不构成叛国罪，但受到谴责与非难也是理所当然的。

DLB

参考：Balateau, J., et al., Dictionnaire biographie française, 17 vols. to present. Paris, 1933.

Bazaine, Achille François, L'armée du Rhin depuis 12 août jusqu' au 29 octobre 1870. paris, 1872.

Burnard, Robert, Bazaine. paris, 1939.

Howard, Michael, The Franco-Prussian War. New York, 1981 reprint of London, 1961, edition.

Humbert, J., Bazaine et la drame de Metz. Paris, 1929.

贝蒂第一伯爵，戴维(Beatty, David, 1st Earl, 1871—1936 年) 英国海军元帅。参加主要战争：征服苏丹（1896—1898 年）、镇压义和团运动（1900—1901 年）和第一次世界大战（1914—1918 年）；参加主要战役（战斗）：黑尔戈兰湾之战（1914 年）、多格尔沙洲之战（1915 年）和日德兰海战（1916 年）。

贝蒂 1871 年 1 月 17 日生于爱尔兰，是戴维·朗费尔德·贝蒂船长的次子。1884 年作为海军军官后补生登上"大不列颠"号训练舰。1896—1898 年随海军舰队在埃及和苏丹镇压民族解放运动，并逐步被提升为舰队指挥官（1898 年)。1900 年 6 月—1901 年 9 月在中国镇压义和团运动中表现"突出"。1900 年升海军上校。1910 年升海军少将。1911 年成为海军大臣温斯顿·丘吉尔的海务次官。1913 年被任命为领海舰队战斗巡洋舰分舰队司令。大战爆发后不久曾成功地指挥对黑尔戈兰湾的袭击，击沉德军三艘巡洋舰和一艘驱逐舰（1914 年 8 月 28 日)。在德国海军上将弗兰茨·冯·希佩尔的战斗巡洋舰第三次袭击英国沿海城镇后，对其进行截击，在多格尔沙洲附近的追逐战中击沉德军巡洋舰"布吕歇尔"号；但由于自己的旗舰"狮"号受伤而使德舰得以逃脱（1915 年 1 月 24 日)。在 1916 年 5 月 31 日—6 月 10 日的日德兰大海战中，指挥战斗巡洋舰和第五快速战列舰战斗分舰队。尽管在最初与希佩尔的战斗巡洋舰交战中损失了"不懈"号和"玛丽女王"号两艘战斗巡洋舰，但仍成功地引诱了德国海军上将莱茵哈德·舍尔的主力舰队驶向英国海军上将杰利科的战列舰队。1916 年 12 月在杰利科升任海军部第一大臣之后，他任大舰队总司令。他积极倡导采取主动行动、运用护航体系和进行几项技术改进。1919 年升为海军部第一大臣，获封北海和布鲁克斯比的贝蒂伯爵。在积极倡导保持海军力量的同时，他不顾皇家空军参谋长休·特伦查德爵士的强烈反对，坚持舰队航空力量的独立性，并在新加坡创建了强大的筑垒基地。1921 年代表英国出席华盛顿海军会议。1927 年退休。1936 年 3 月 11 日卒于伦敦。

贝蒂英俊而广受欢迎，勇敢、机智而胸怀大志，显示了超乎寻常的战术才干和领导能力，并对技术发展的需求有深刻的认识。

PDM

参考：Chalmers, W. S., The Life and Letters of David, Earl Beatty. London, 1951.

Irving, Cmdr. John, The Smoke Screen of Jutland. London, 1966.

博福尔，安德烈(Beaufré, Andre, 1902—1973 年) 法国陆军上将和军事理论家。参加主要战争：第二次世界大战（1939—1945 年)、法属印度支那战争（1946—1954 年)、苏伊士运河远征（1956 年)；参加主要战役（战斗）：突尼斯战役（1943 年)、意大利战役（1943—1945 年)、东京战役（1951—1952 年)、苏伊士战役（1956 年)。

博福尔 1902 年 1 月 25 日生于塞纳河畔的讷伊。第二次世界大战开始时，他在马克西姆·魏甘德将军的司令部任职，法国陷落（1940 年 6 月）后随其到北非任维希政府驻北非部队司令。魏甘德被解职（1941 年 11 月）后，留在阿尔及利亚，任亨利·吉罗将军的参谋。盟军实施"火炬"登陆（1942 年 11 月）后倒向盟军并加入自由法国陆军。在吉罗的领导下，1942 年 11 月—1943 年 5 月在突尼斯作战，1943 年 9 月—1945 年 5 月在意大利作战。1950 年 12 月—1952 年 9 月在印度支那任德拉特尔·德塔西尼元帅的上校参谋，还在东京战场上以指挥作战而出名。后返回法国。1956 年 10 月 3 日—11 月 7 日，在英法联军进犯苏伊士运河期间任联军地面部队中将副司令。1956—1960 年任北约法军总司令和欧洲盟军最高司令部主管后勤的副司令。1961 年自己提出退役。1963 年出版了著名的《战略导论》一书，提出总体战略概念并严格限制动用核武器。他是发展法国核力量——核打击力量的首倡者。1973 年 2 月 12 日，在前南斯拉夫巡回演讲途中，因心脏病突发，卒于贝尔格莱德旅馆。

博福尔是一位富于才干、经验丰富的军人。他以在战略和核武器方面的著述而著称。他认为对核武器的使用可以加以管理，而且不会自动导致更广泛地使用核武器。他还探讨了更为广泛的战略定义，将战略涉及的范围扩大到从政治局势不稳定直至全面战争。

DLB

参考：Beaufré, Andre, An Introduction to Strategy. Paris, 1963; London, 1965.

——, Strategy of Action. Paris, 1966; London, 1967.

London Times obituaries, February 13, 1973.

博阿尔奈，欧仁·德，意大利总督(Beauharnais, Eugène de, Viceroy of Italy, 1781—1824 年) 法国将领。参加主要战争：法国大革命战争（1792—1799 年）和拿破仑战争(1800—1815 年)；参加主要战役（战斗）：马伦哥（在亚里山大附近）之战（1800 年）、拉布之战（1809 年）、华沙之战（1809 年）、博罗迪诺之战（1812 年）、小雅罗斯拉韦茨（在卡卢加附近）之战（1812 年）、吕岑之战(1813 年)、默肯之战（1813 年）。

博阿尔奈于 1781 年 9 月 3 日生于巴黎，是大革命时代的将军维克特·亚历山大·德·博阿尔奈之子。这位将军死于 1794 年的恐怖时代，其妻是约瑟芬·塔什切尔·德·拉·佩吉利（后改嫁于拿破仑·波拿巴）。博阿尔奈参军后成为拿破仑的高级副官，1796—1797 年在意大利参战，1798—1799 年又转战埃及。1799 年 11 月 9 日的雾月十八日政变期间，仍为拿破仑的副官。1800 年 6 月 14 日的马伦哥之战是其人生转折点。他被封为亲王，这在当时是职位最高的大臣。后被提升为少将，1804 年又升为国防军中将。1805 年被任命为意大利总督。1806 年被拿破仑收养为继子。1809 年任意大利远征军总司令并参加了多瑙河战役。4 月 16 日的萨奇莱之战及 4 月 29—30 日的卡尔迭罗（在维罗那附近）之战，被奥军打败，但迅即恢复元气，并于 5 月 11 日取得了圣丹尼尔之战的胜利。随后又于 6 月 14 日赢得了著名的拉布之战的胜利。此战被拿破仑描绘为“马伦哥及弗里德兰之战的孙女。”7 月 5—6 日又参加了华沙之战。1812 年入侵俄国期间，他率领庞大的意大利第四军团参加了 9 月 7 日的博罗迪诺之战及 10 月 24—25 日的小雅罗斯拉韦茨之战，并因此战而得到称誉。从俄国后撤期间，他受命指挥缪拉的军队，后者于 1813 年 1 月 18 日抛下其军队逃亡那不勒斯。在 1813 年 5 月 2 日的吕岑战役中，他为夺取胜利立下了汗马功劳，随后被派往意大利组织防御。1814 年 2 月 8 日，他再次赢得明乔河之战的胜利，但在 4 月 16 日的切莱里诺-拉茨诺之战后，最终被迫放下武器，同奥地利及那不勒斯议和，从而结束了意大利的战争。退役后至慕尼黑，在那里依靠其岳父——巴伐利亚国王生活。此后，他又被封为艾希施塔特亲王和洛伊希顿堡公爵，并一直平静地生活在慕尼黑。卒于 1824 年 2 月 21 日。

博阿尔奈是一位勇敢和精力充沛的指挥官，也是一位天才的管理者。他受到其士兵的普遍欢迎和喜爱，并得到其同事的尊敬。在拿破仑栽培下，他成为一名将军和政治家，同时也深深地得到了拿破仑的喜爱。拿破仑曾评价道：“博阿尔奈从未让我有一丁点的失望。”

VBH

参考：Beauharnais, Eugène, Mémoires et correspondance. Paris, 1858—1860.

Connely, J., Napoleon's Satellite Kingdoms. New York, 1965.

Six, G., Dictionnaire biographique des généraux et amiraux français de la Révolution et de l'Empire (1792—1814), Vol. 1. Paris, 1934—1938.

博利约，让·皮埃尔·德(Beaulieu, Jean Pierre de, 1725—1819 年) 奥地利将军。参加主要战争：七年战争(1757—1763 年)、法国大革命战争（1792—1799 年）；参加主要战役（战斗）：基耶夫兰之战（1792 年）、阿尔隆之战（1794 年）、蒙特诺特（代戈附近）之战、洛迪之战、博尔盖托之战（1796 年）。

博利约生于布拉班省拉特伊镇。后加入奥地利陆军，并于七年战争期间脱颖而出。在基耶夫兰附近击溃阿尔芒·路易·德比龙将军的军队（1792 年 4 月 29 日），在阿尔隆的一场小规模战斗中打败莫尔洛将军统领的一支法国军队（1794 年 5 月 5 日），并参加了佛兰德诸战役(6—10 月)。调任驻意大利的奥地利部队司令，以支援科利的撤丁军队（1795 年下半年?）。企图坚守波河河谷，但在蒙特诺特之战、波河沿岸的代戈之战、明乔河沿岸的洛迪之战以及博尔盖托之战（4—5 月）中被拿破仑实施的机动和翼侧包围所击败。在曼图亚留驻大军后，他撤往提罗耳。后退出现役。卒于 1819 年。

博利约也许是按 18 世纪标准衡量而勉强合格的统帅。在拿破仑首次出色的战役中，他无法与其匹敌。

DLB

参考：Chandler, David G., Dictionary of the Napoleonic Wars. New York, 1979.

博雷加德，比埃尔·古斯塔夫·土坦(Beauregard, Pierre Gustave Toutant, 1818—1893 年) 美国独立战争时期南部同盟将军。参加主要战争：侵墨战争（1846—1848 年）和美国内战（1861—1865 年）；参加主要战役（战斗）：维拉克鲁兹之战（1847 年）、孔特雷拉斯之战（墨西哥城附近，1847 年）、塞罗戈多之战（维拉克鲁兹和夏拉帕之间，1847 年）、萨姆特堡之战（1861 年）、第一次布尔溪之战（在弗吉尼亚的马纳萨斯，1861 年）、夏洛之战(1862 年)、查尔斯顿之战（1863—1864 年）和德鲁雷斯布拉夫之战（弗吉尼亚州，1864 年）。

博雷加德 1818 年 5 月 28 日生于路易斯安那州的新奥尔良。1838 年毕业于西点军校并进入工程兵部队服役，在最初的数年中从事工事的构筑。随温菲尔德·斯科特将军远侵中墨西哥，在维拉克鲁兹围攻战（1847 年 3 月 9—28 日）、4 月 18 日的塞罗戈多之战、8 月 20 日的孔特雷拉斯之战以及 9 月 14 日的进攻墨西哥城等行动中名声大噪，期间，得到两次名誉晋升。1853 年晋升上校，在路易斯安那州服役，直至 1861 年 2 月被任命为西点军校的督导员。任此职不满一周就宣布随路易斯安那州脱离联邦。1861 年 2 月辞职，同年被南部同盟任命为

准将。4 月 12 日指挥了炮击萨姆特堡，后在北弗吉尼亚被任命为约瑟夫·埃·约翰斯顿将军的副手。在 7 月 21 日的第一次布尔溪之战中指挥南军左翼部队，并成为这一天英雄中的一员。晋升少将后，被任命为在田纳西州的阿尔贝特·S. 约翰斯顿将军的副手。在 1862 年 4 月 6—7 日的夏洛之战中，于约翰斯顿将军阵亡后接任总司令，第二天在格兰特将军决定性的反击中被迫回撤；向南撤至柯林斯时，因病将指挥权交给布拉克斯顿·布拉格将军。8 月在南卡罗来纳州和佐治亚州负责海岸防御。1863—1864 年间，多次击败了联邦军队的进攻；较著名的有查尔斯顿之战。后奉命防守里士满，抗击本杰明·巴特勒将军的詹姆斯军团。在德鲁雷斯布拉夫（1864 年 5 月 12—16 日）成功地阻止了巴特勒将军的一些较弱的攻势。5—6 月防守里士满和彼得斯堡，抵御了格兰特将军指挥的进攻。此后将自己的部队移交给罗伯特·爱·李将军，返回西线。在战争结束的最后几个月，他在南北卡罗来纳州的约瑟夫·埃·约翰斯顿指挥下作战。1865 年 4 月投降。1865—1870 年任新奥尔良、杰克逊、密西西比的铁路官员。后在路易斯安那州担任一系列公共职务，包括任新奥尔良的市政工程专员。1891 年出版了自传，引发了他与杰弗逊·戴维斯和约·埃·约翰斯顿等人就出版物中关于战争及博雷加德在其中作用的争议。1893 年 2 月 20 日卒于新奥尔良。

作为一位颇有能力的战斗指挥官，他对自己已升为将军还抱有不应该的过高的期望。

DLB

参考：Basso, Hamilton, Beauregard: The Great Creole. New York, 1933.

Beauregard, P. G. T., A Commentary on the Campaign and Battle of Manassas. New Orleans?, 1891.

Williams, T. Harry, P. G. T. Beauregard: Napoleon in Gray. Baton Rouge, 1954.

——, With Beauregard in Mexico. Baton Rouge, 1956.

贝克，路德维希（Beck, Ludwig, 1880—1944 年） 德国陆军参谋长。参加主要战争：第一次世界大战（1914—1918 年）和第二次世界大战（1939—1945 年）。

贝克生于莱茵，1898 年作为军官候补生参加第十五野战炮兵团。1908—1911 年间以中尉军衔进入位于柏林的战争学院学习。1912 年春进入总参谋部。1913 年升上尉。1914—1918 年间在西线一系列的参谋岗位上任职。战后被入选德国国防军服役，军衔稳步提升。1933 年 10 月 1 日被任命为准总参谋部（影子总参谋部）参谋长。1935 年 7 月 1 日随德国国防军的重建而成为总参谋长。10 月 1 日晋升炮兵将军。他反对希特勒的总体战和侵略战争计划，但由于总司令瓦尔特·冯·布劳希奇将军的阻挠，没能说服其他将军与其一道行动。1938 年 8 月退出军队，应布劳希奇的要求就辞职的原因秘而不宣。之后卷入了反纳粹的活动，并且是 1944 年 7 月 20 日流产的刺杀希特勒的政变密谋的主要人物。1944 年 7 月 20 日当他被纳粹头目弗里德里希·弗罗姆逮捕后，自杀于自己的办公室。

贝克是一位代表贵族势力的保守派和知识分子；他认为希特勒的政策将导致德国的毁灭，并具有为自己的信念而行动的道义上的责任感。

PDM

参考：Deutsch, Harold C., The Conspiracy Against Hitler in the Twilight War. Minneapolis, 1968.

Leber, Annedore, Das Gewissen steht auf. Frankfurt a. M., 1954.

比，巴纳德·埃利奥特（Bee, Barnard Elliot, 1824—1861 年） 美国南部同盟将军。参加主要战争：侵墨战争（1846—1848 年）和美国内战（1861—1865 年）；参加主要战役（战斗）：帕洛阿尔托之战（1846 年）、雷萨卡德拉帕尔马之战（均在得克萨斯的布朗斯维尔附近，1846 年）、塞罗戈多之战（维拉克鲁兹与夏拉帕之间，1847 年）、查普尔特佩克之战（1847 年）和第一次布尔溪之战（弗吉尼亚的马萨纳斯，1861 年）。

比约 1824 年 2 月生于南卡罗来纳州的查尔斯顿。1853 年移居得克萨斯州。1845 年毕业于西点军校，在第三步兵团服役。在扎卡里·泰勒将军的指挥下参加帕洛阿尔托之战（5 月 8 日）和雷萨卡德拉帕尔马之战（5 月 9 日），战斗中被晋升为名誉中尉。后调温菲尔德·斯科特将军部，在 1847 年 4 月 18 日的塞罗戈多之战中名声大噪，被晋升为名誉上尉。9 月 13 日参加了强攻查普尔特佩克的作战行动。1848—1861 年驻守边境。1851 年晋升中尉。1855 年正式晋升上尉。1861 年 3 月 3 日脱离联邦军队加入南方军，并被授予少校军衔。6 月 17 日晋升为准将。7 月 21 日在第一次布尔溪之战中指挥约·埃·约翰斯顿将军所辖军团的第三旅。在激烈的亨利豪斯之战中负伤并卒于次日（7 月 22 日）。当杰克逊面对处境艰难的部队高喊“这里站立的杰克逊是一堵石壁，我们与弗吉尼亚人同在”时，他给杰克逊起了一个绰号——“石壁”。

他是一位有能力而又果断的指挥官。他出色的指挥阻止了联邦军在亨利希尔的进攻。

DR

参考：Bissell, Edward H., comp. General Officers of the Confederate States Army, 1861—5. Boston, 1885.

Warner, Ezra, Generals in Gray. Baton Rouge, 1978.

贝利萨留（Belisarius，约 505—565 年） 拜占庭帝国名将。参加主要战争：与波斯人的战争（524—532 年）、与汪达尔王国的战争（533—534 年）、意大利（与哥特人的）

战争（534—554 年）、与波斯人的战争（539—562 年）、入侵保加利亚的战争（559 年）；参加主要战役（战斗）：达拉（迪亚尔巴克尔附近）之战（530 年）、苏拉（马赫法·哈马内）之战（531 年）、阿德德西蒙战役（533 年）、特里卡梅拉姆（突尼斯附近）之战（533 年）、梅兰西蒂尤斯（君士坦丁堡外）之战（559 年）。

贝利萨留生于色雷斯，确切的出身和生辰无从考查，很年轻的时候就从军了。530 年，贝利萨留第一次指挥军队与波斯作战，在达拉打败了他们，取得重大胜利。531 年 4 月，贝利萨留在卡勒尼库姆（乌尔法附近）战败过一次，但从 531 年夏天到秋天，却抵挡住了波斯人再次发动的猛烈袭击，从而使波斯人讲和。532 年，贝利萨留在纳尔塞斯的帮助下，率部镇压了首都的尼卡起义。从 533 年年初开始，贝利萨留指挥部队远征北非的汪达尔人。同年 9 月上旬，他把西西里当作大本营，率领 15 000 名官兵登陆进入非洲。9 月 13 日，在阿德德西蒙打败盖利默率领的部队。9 月 15 日，占领迦太基。533 年 12 月，贝利萨留在特里卡梅拉姆战役中，打败盖利默和他的弟弟扎诺，并于 534 年 3 月抓获盖利默，灭汪达尔——阿兰王国。534 年春天，贝利萨留凯旋回到君士坦丁堡。接着，他又于 535 年率部远征意大利。同年秋天，只用了 8000 人就迅速占领了西西里，并围攻巴勒莫，取得胜利。536 年春，贝利萨留镇压了非洲的一次兵变，继而入侵意大利；同年夏，攻下那不勒斯。12 月 10 日，攻下罗马。537 年 3 月—538 年 3 月，维蒂吉斯率领哥特人围攻罗马，贝利萨留与之交锋，在增援部队的配合下，打退了这次进攻。538—539 年，贝利萨留在拉文纳包围了维蒂吉斯，并于 539 年底迫使维蒂吉斯投降。贝利萨留功高震主，被疑心甚重的皇帝查士丁尼一世从意大利召回（540 年末）。542 年，贝利萨留被派往美索不达米亚与波斯人作战。542—544 年，贝利萨留不但阻止了波斯人的进攻，还把波斯人赶出了拉兹卡（土耳其西南部），并继续深入到波斯腹地。545 年，贝利萨留与波斯人休战后，再度受命前往意大利。同年，他阻击托蒂拉攻占罗马未果，但于 546 年夺回罗马，并以此为据点，打败托蒂拉的多次进攻。547—549 年，由于查士丁尼拒绝增援，贝利萨留几乎再也没有打过胜仗，并于 549 年再次被召回君士坦丁堡。554 年，贝利萨留重新被起用，去征服西班牙西南部。559 年，当保加利亚的斯拉夫人入侵莫西亚（保加利亚北部）和色雷斯时，贝利萨留又一次被召回，并在梅兰西蒂尤斯打败察贝甘率领的斯拉夫“蛮族”军队。562 年，查士丁尼怀疑贝利萨留的忠诚，毫无根据地把他监禁起来。563 年，查士丁尼又“施恩”释放了贝利萨留。565 年，贝利萨留卒于君士坦丁堡。

贝利萨留是一位杰出的军事家。他精通战略战术，技高胆大，机智灵活，富有冒险精神，并且诡计多端。尽管他受到查士丁尼不的公平待遇，但始终效忠皇帝。540 年，贝利萨留曾在那纳拒绝接受加冕。

DLB

参考：Bury, J. B., History of the Later Roman Empire (395—565). 2 vols. London, 1923.
Chassin, Lionel Marx, Bélisaire généralissime byzantin. Paris, 1957.
Oman, Sir Charles W. C., The Art of War in the Middle Ages. 2 vols. London, 1924.
Presland, J., Belisarius, General of the East. London, 1913.
Procopius of Caesarea, Histories of the Wars. 8 books.

贝尔加尔德，亨利希·约瑟夫·约翰·冯，伯爵（Bellegarde, Count Heinrich Joseph Johannes von, 1756—1845 年） 奥地利陆军元帅。参加主要战争：镇压法国大革命战争（1792—1799 年）、拿破仑战争（1800—1815 年）；参加主要战役（战斗）：马伦哥（在亚里山大附近）之战（1800 年）、明乔之战（1800 年；1814 年）、阿本斯贝格-埃格穆尔之战（1809 年）、阿斯派因-埃斯林之战（1809 年）、华沙之战（1809 年）。

贝尔加尔德生于得累斯顿，年轻时加入萨克森军队，后于 1771 年转入奥地利军队中服役。法国革命后期，升任奥地利陆军参谋长，并于 1797 年 4 月 18 日同波拿巴将军谈判签订利奥本和约。1800 年转战意大利，任米夏埃尔·弗·贝·梅拉斯元帅的参谋长，并于 6 月 14 日的马伦哥之战中亲自指挥一个师。12 月 25—26 日，在第一次明乔之战中被吉约姆·布鲁纳将军打败。约 1801 年，被任命为议员。1805 年晋升陆军元帅并被指定为议长。在 1809 年的战役中，指挥第一军团，参加 4 月 20—22 日的阿本斯贝格-埃格穆尔之战、阿斯派因-埃斯林之战（5 月 21—22 日）和华沙之战（7 月 5—6 日）。1809—1813 年任加利西亚总督。1813 年秋—1815 年，指挥驻意大利奥军，在那里同欧·德·博阿尔奈进行了非决定性的战役。1814 年 2 月 8 日，在明乔之战中被欧仁打败。1814 年 3 月，在拿破仑第一次退位后，任伦巴第和威尼提亚的总督及将军。1820—1825 年出任战争议员及政务大臣。1825 年退出现役。卒于 1845 年。

贝尔加尔德是一位勇敢和有能力的高级参谋军官，如果让他自己任主要指挥官时，却显得过于谨慎而激情不足。作为管理者，他能胜任其职。他也是一位颇有智慧的军事及政治战略家。

RGS and DLB

参考：Bülow, Heinrich von, Historie de la campagne de 1800 en Allemagne et en Italie. Translated by Savelinges. Paris, 1804.
Petre, F. Lorraine, Napoleon and the Archduke Charles. London, 1909.

贝洛夫，弗里茨·冯（Below, Fritz von, 1853—1918 年） 德

国将军。参加主要战争：第一次世界大战（1914—1918年）；参加主要战役（战斗）：第二次马祖尔湖区之战（1915年）、索姆河之战（1916年）、埃纳河-香槟之战（1917年）。

贝洛夫生于但泽（格但斯克），是奥托·冯·贝洛夫的兄长。可能于1870年参加普鲁士军队，后入军事学院深造。第二次马祖里湖区之战（1915年2月7—21日）时，任第二十一军军长，因在艰苦的冬季战斗中表现突出而首次崭露头角。1915年，代替生病的陆军元帅卡尔·冯·毕洛夫，出任在法国的第二集团军司令。在残酷的索姆河之战（1916年6月24日—11月13日）中，指挥德军实施防御，打退了道格拉斯·黑格爵士的进攻；但他对英军形成的浅近突出部的持续反击却伤亡惨重。作为第一集团军的司令，他成功地防御了法军实施的糟糕的埃纳河-香槟攻势。随后，指导编写反映德军作战经验的新步兵条令。卒于1918年。

贝洛夫富有生气，敢作敢为，不论是作为指挥官还是总参谋部的参谋，他都是称职的军官。但他所取得的成就与其弟相比，往往相形见绌。

PDM

参考：NDB.
WBD.

贝洛夫，奥托·冯（Below, Otto von, 1857—1944年） 德国将军。参加主要战争：第一次世界大战（1914—1918年）；参加主要战役（战斗）：坦嫩贝格（斯腾巴尔克）之战和第一次马祖里湖区之战（1914年）、第二次马祖里湖区之战（1915年）、在马其顿的作战行动（1916—1917年）和卡波雷托（科巴里德）之战（1917年）。

贝洛夫生于但泽（格但斯克），是弗里茨·冯·贝洛夫的弟弟。1884—1887年间在军事学院学习。1905—1909年作为上校指挥第十九步兵团。1914年初升中将并任第二预备役师师长，后升为步兵上将并指挥驻东普鲁士的第一预备役军。在坦嫩贝格（8月26—31日）和第一次马祖里湖区（9月9—14日）大捷中对其部队实施了正确的指挥并因此声名远播。11月任第八集团军司令。在1915年2月7—21日的第二次马祖里湖区之战（冬季战斗）中指挥德军右翼部队。于1915年3—12月库尔兰作战行动中任涅曼河集团军司令。1916—1917年间任萨洛尼卡（塞萨洛尼基）战线德军部队司令。1917年春到夏季曾短时任在法国的第六集团军司令，随后任新成立的第十四集团军司令。大约在9月份被派往意大利战线实施卡波雷托攻势，在1917年10月24日至11月12日卡波雷托之战中指挥第十四集团军。他的正确领导促进了该战的胜利。后被召回法国，在1918年3月21日—4月5日鲁登道夫的索姆河攻势中指挥第十七集团军。11月任卡塞尔西部国土防御军司令，阻止了该地革命的爆发。1919年6月拒绝指挥自由军团征服波罗的海地区，随后退出军界，投身于爱国的重建工作。卒于1944年。

贝洛夫精力充沛，富有才干和进取心。他是一位优秀的陆军指挥官和战术家。其作战表现极为杰出，并赢得第二次马祖里湖区之战和卡波雷托之战的胜利。

PDM

参考：NDB.
WBD.

贝奈德克，路德维希·奥古斯特·冯（Benedek, Ludwig August von, 1804—1881年） 奥地利陆军元帅。参加主要战争：波兰人暴动（1846）、奥地利-撒丁战争（1848—1849年）、匈牙利起义（1848—1849年）、意大利战争（1859年）、七周战争（1866年）；参加主要战役（战斗）：库尔塔托尼（在曼图亚附近）之战（1848年）、莫尔塔拉之战（1849年）、诺瓦拉之战（1849年）、索尔费里诺（在斯蒂维耶雷堡附近）之战（1859年）、克尼格雷茨（赫拉德茨-克拉洛韦）之战（1866年）。

贝奈德克1804年7月14日生于匈牙利的奥登堡，是医生之子。1822年从玛丽亚-特利萨军事学院毕业后，参加奥地利陆军。1833年任将军参谋，并参加了平息1846年加利西亚叛乱的斗争。1849年5月29日，在元帅约瑟夫·拉德茨基手下参加反撒丁人的库尔塔托尼之战，从而崭露头角。后参加6月10日的文森察之战和7月25日的第一次库斯托扎（在维罗那附近）之战。1849年3月21日的莫尔塔拉之战及3月23日的诺瓦拉之战再次为他赢得殊荣。4—8月参加镇压匈牙利人起义的行动。1850—1857年任拉德茨基的总参谋长。在1859年6月24日索尔费里诺之战中，做出了极其重要的贡献。此战他成功地完成了后方保卫任务，从而掩护奥军顺利后撤。1860—1864年任陆军军需兵司令兼军需局局长，并于1861—1866年任威尼提亚总司令。同普鲁士的战争爆发后，被弗兰茨·约瑟夫皇帝任命为波希米亚战区总司令；尽管他对该地区及所属部队不熟悉，但仍然于1866年6月到任。由于得不到其参谋人员的协助，当1866年7月3日进行克尼格雷茨要塞之战时，被赫尔穆特·冯·毛奇所部普军彻底打败，后组织有秩序的撤退。因为战败，他被免职并受到军事法庭的起诉，但皇帝免去了加在他身上的不实之辞，并且终止了起诉。从陆军退役后到格拉茨度晚年，1881年4月27日卒于那里。

贝奈德克是一位勇敢、热情而又足智多谋的指挥官。他不愿隶属上级指挥，更愿独立作战。他的履历说明他更适宜于在意大利而不是在波希米亚作战。

DLB amd PDM

参考：Kovaric, O., Feldzugmeister Benedek und der Krieg 1866. Vienna ,1907.
Presland, J., Vae Victis: The Life of Ludwig von Benedek. London, 1937.
Willisen, W. von, Die Feldzüge der Jahre 1859 und 1866. Leipzig ,1868.

本-古里安，戴维(Ben-Gurion, David, 1886—?) 以色列政治家。参加主要战争：巴勒斯坦战争（1948—1949年）、西奈战争（1956年）。

贝尼格森，利文·奥古斯特伯爵(Bennigsen, Count Levin August, 1745—1826年) 俄国骑兵上将。参加主要战争：第一次俄土战争（1768—1774年）、入侵波兰（1792年和1794年）、波斯入侵格鲁吉亚（1795—1796年）、拿破仑战争（1800—1815年）；参加主要战役（战斗）：普乌图斯克之战（1806年）、埃劳之战（1807年）、弗里德兰之战（1807年）、博罗迪诺之战（1812年）、塔卢提诺之战（1812年）、莱比锡之战（1813年）、汉堡封锁战（1814年）。

贝尼格森于1745年2月10日生于不伦瑞克。曾在汉诺威陆军中短期服役，1764年辞职后加入俄国军队，并于1773年成为军官。1774年参加反土耳其的战争。1793—1794年参加反波兰的战役。1795—1796年参加反波斯的战争。1801年3月12日他参与了亚历山大亲王（后来的亚历山大一世）谋害亚历山大之父沙皇保罗一世的宫廷政变。此后，被新沙皇任命为立陶宛的军政总督。1802年成为骑兵上将。在1806年的战役中，指挥俄陆军同拿破仑作战。12月26日转战普乌图斯克，并于1807年2月8日在埃劳阻止了拿破仑的进军。6月14日在弗里德兰遭重创。7月7—9日在《蒂尔西特和约》签署后撤退。1812年，法国入侵俄国期间，重新被起用，在9月7日的博罗迪诺之战中指挥中央军队。10月18日在塔卢提诺打败缪拉特，但由于与库图佐夫意见不合而被解职。库图佐夫死后再被重用，指挥陆军预备役部队，并在1813年10月16—19日的莱比锡之战中获得殊荣。此战后被沙皇封为伯爵。1813年12月18日—1814年5月10日，指挥侵入德国北部的俄军，封锁汉堡的达武军团。返回后至汉诺威。1818年退休，在希尔德斯海姆附近的班特兰庄园度晚年。卒于1826年12月3日。

贝尼格森不仅十分勇敢，而且诡计多端；因此，他并不是一位十分有能力和可靠的指挥官。他的那点战略思想和战术技巧也并不可信。同时他也是一位固执己见、不服从命令的指挥员。

VH

参考：Clausewitz, Karl von, La campagne de 1812 en Russie. Paris, 1900.
Wilson, Sir Robert, Narrative of Events During the Invasion of Russia by Napoleon Bonaparte and the Retreat of the French Army, 1812. London, 1860.

贝伦加尔(Berengar，卒于924年) 法兰克之意大利君主和神圣罗马帝国皇帝。参加主要战争：意大利内战（889—924年）、反击马札尔人入侵战争（899年）；参加主要战役（战斗）：布伦塔之战（899年）、菲奥伦佐拉战役（923年）。

贝伦加尔是弗留利侯爵埃贝哈德和虔诚者路易一世皇帝的女儿之子。888年，皇帝胖子查理三世倒台后，贝伦加尔在帕维亚被推举为意大利国王。同年，贝伦加尔承认日耳曼（东法兰克）国王阿尔努尔夫作为神圣罗马帝国皇帝所享有的绝对统治地位，并帮助阿尔努尔夫反对其竞争对手斯波莱托的居伊。888—896年，贝伦加尔长期与居伊和居伊的儿子朗贝特斗争，终于在898年朗贝特死后，成为整个意大利的国王。899年，在布伦塔河，贝伦加尔被到处游弋的马札尔人打败。900—902年，贝伦加尔击退了普罗旺斯的路易三世的入侵，并于905年，在路易进攻布伦塔和帕维亚时，抓获并弄瞎了路易，因此后来人们称其为瞎子路易。915年，贝伦加尔在罗马被教皇约翰十世加冕为皇帝，但他的权力始终很小。923年夏，贝伦加尔尽管得到马札尔人的援助，但还是在菲奥伦佐拉战役中被勃艮第的贵族首领鲁道夫二世打败。924年4月7日在维罗纳被自己的属下所杀。

贝伦加尔作为一位军事家和政治家，有一定的才华，但其政权非常软弱。他为统治意大利所做出的努力因得不到贵族的支持而付之东流。

DLB

参考：Schiaparelli, I., ed., I diplomi di Berengario Ⅰ. Milan, 1903.

贝伦格尔，达马索(Berenguer, Damaso, 1873—1953年) 西班牙将军和政治家。参加主要战争：古巴独立战争（1892—1898年）、镇压西属摩洛哥的起义（1912—1916年）和里夫战争（1921—1925年）；参加主要战役（战斗）：贝尼赛德尔之战（1912年）、贝尼扎莱姆之战（1914年）、马拉里恩（迈拉林，塞提夫附近）之战（1915年）和阿努瓦勒之战（1922年）。

贝伦格尔1873年8月4日生于古巴。1889年进入陆军。1892—1898年间在古巴与起义者作战，后返回西班牙并到北非服役。1909年晋升中校。1911—1916年间与反叛的摩洛哥部落作战，分别赢得贝尼赛德尔（1912年5月15日）、贝尼扎莱姆（1914年2月1日）和马拉里恩（1915年10月30日）战斗的胜利。1913年被提升为准将。1916年被任命为马拉加军事总督。1918年晋升少将并任陆军部长。1919年任在摩洛哥的最高委员会主席。1920年获封伯爵，对西班牙军在阿努瓦勒的灾难（1922年7月21日）负有部分责任。1924年7月经军事法庭审判后被转入预备役，但在一个月内即获赦免。1926年被任命为阿方索十三世独裁政府的军事首脑。1930年1月28日接替米格尔·普里·德·里韦拉任首相。但他没能恢复政局的稳定，于1931年2月14日辞职。1931年春季到4月份阿方索被推翻，曾任短时陆军部长。在西班牙共和国时代的大部分时间里他呆在监狱（1931—1939年）。1953年2月14日卒于马德里。

贝伦格尔是一位有才干的殖民将领，但缺乏政治经验和技巧。面对社会和政治骚乱所带来的冲击，他无法

使西班牙进入有序状态。

PDM

参考：Berenguer, Damaso, Crisis del reinado de Alfonso XIII. Madrid, 1946.

Enciclopedia universal ilustrada Europeo-Americana, Vol. 2. Madrid, 1931; Suplemento Anual, 1953—1954.

贝雷斯福德勋爵，查理·威廉·德拉波尔（Beresford, Charles William, de la Poer, Lord, 1846—1919 年） 英国海军元帅。参加主要战争：镇压埃及抗英斗争（1882 年）、镇压苏丹马赫迪起义（1883—1898 年）；参加主要战役（战斗）：亚历山大之战（1882 年）、阿布克列（梅特马附近）之战（1885 年）。

贝雷斯福德第一子爵，威廉·卡尔（Beresford, William Carr, 1st Viscount, 1768—1854 年） 英国将军。参加主要战争：法国大革命战争（1792—1799 年）和拿破仑战争（1800—1815 年）、远征布宜诺斯艾利斯（1806 年）；参加主要战役（战斗）：图伦包围战（1792—1793 年）、科伦纳之战（1809 年）、阿尔布拉之战（1811 年）、巴达霍斯包围战（1811 年）、萨拉曼卡包围战（1812 年）、维多利亚及比利牛斯之战（1813 年），尼维勒，尼夫，奥瑟兹，图卢兹之战（1813—1814 年）。

贝雷斯福德 1768 年 10 月 2 日生于爱尔兰，是蒂罗尼伯爵乔治·贝雷斯福德的儿子。1785 年参加陆军，成为一名旗手。1786 年转战至诺瓦-斯科提亚。1791 年升为上尉。1793 年 9 月 7 月—12 月 19 日在图伦之战中崭露头角。1794 年在科西嘉作战，并因连取马尔泰洛、巴斯蒂亚、卡尔维和圣菲伦诺而闻名，被提升为中校。作为上校，率第八十八步兵团于 1795 年战斗于加勒比海地区。1797—1799 年转战于泽西。1800 年曾在印度短期服役，后随大卫·贝尔德将军远征埃及（1801—1803 年）。1806 年 1 月 8 日率一个旅攻克好望角。升为准将后，于 6 月 17 日同海军上将霍姆·波帕姆会合，联合攻克布宜诺斯艾利斯。8 月 12 日被迫投降。被监禁六个月后逃脱。1807 年 11 月左右，成为马德里总督，为葡萄牙人服务。后重新被召至英国驻葡萄牙军中服役。1808 年 9 月—1809 年 1 月，随约翰·莫尔爵士转战西班牙，并因 1 月 16 日的科伦纳之战而闻名。后被阿瑟·韦尔斯利爵士（后来的惠灵顿公爵）选中，派去重新组建葡萄牙军队，并于 1809 年 2 月升为元帅。1810 年 9 月 27 日，率领其葡萄牙军队在布萨卡作战。1811 年春天，在罗兰·希尔爵士生病期间，指挥驻埃斯特雷马杜拉的分遣军团。5 月 16 日，攻打巴达霍斯，在血腥而混乱的阿尔布拉之战中，打败了苏尔特元帅的救援部队。升中将后，于 1812 年 7 月 22 日参加萨拉曼卡之战，受伤。半岛战争后率一个军团于 1813 年 6 月 21 日在维多利亚作战，后又于 7 月 26 日—8 月 1 日参加比利牛斯之战。11 月 10 日，在尼维勒之战及 12 月 9—13 日的贝央-尼夫之战中，指挥惠灵顿的中央部队。参加 1814 年 2 月 27 日的奥瑟兹之战及 4 月 10 日的图卢兹之战，再次指挥中央部队。1814 年春封为勋爵和泽西总督。后在葡萄牙服役，并参加了几次平息反叛的作战。由于对葡萄牙动荡的时局已十分厌倦，遂于 1822 年返回英国。1822 年任军需兵中将，并于 1823 年封为子爵。1825 年晋升为上将。为奖励他对惠灵顿政府的支持，于 1828 年被提升为军需元帅。1830 年退休。1854 年 1 月 8 日卒于肯特。

贝雷斯福德是一位仪表堂堂、勇敢无畏的指挥官，一位称职的战术家，天才的下级。他最大的天赋及思想在于组织和管理方面。他的最大创举是在半岛战争期间，成功和有效地使用葡萄牙军队。

PDM and DLB

参考：Napier, Sir William F., P. History of the War in the Peninsula...1807—1814. 6 vols. London, 1851.

Ward, S. G. A. Wellingtons Headquarters. Oxford, 1957.

DNB.

EB.

贝雷斯福德-皮尔斯，诺埃尔（Beresford-Peirse, Noel, 1888—1953 年） 英国将军。参加主要战争：第一次世界大战（1914—1918 年）、第二次世界大战（1939—1945 年）；参加主要战役（战斗）：“战斧”行动（1941 年）。

贝尔冈佐利，安尼巴列（Bergonzoli, Anibale, 1884—1973 年） 意大利将军、法西斯军人。参加主要战争：意大利-土耳其战争（1911—1912 年）、第一次世界大战（1915—1918 年）、侵略埃塞俄比亚（1935—1936 年）、西班牙内战（1936—1939 年）、第二次世界大战（1940—1945 年）；参加主要战役（战斗）：维多里奥·威尼托之战（1918 年）、瓜达拉贾拉（西班牙）之战（1937 年）、普兰尼加之战（1941 年）。

贝克莱，威廉爵士（Berkeley, Sir William, 1606—1677 年） 英国殖民行政官员。参加主要战争：同波茨坦联盟的战争（1644—1646 年）、第二次英荷战争（1665—1667 年）、培根起义战争（1676 年）。

贝纳多特，让·巴蒂斯特·茹尔（Bernadotte , Jean Baptiste Jules, 1763—1844 年） 法国元帅和瑞典国王（查理十四世）。参加主要战争：法国大革命战争（1792—1799 年）、拿破仑战争（1800—1815 年）；参加主要战役（战斗）：弗勒吕斯之战（1794 年）、塔利亚门托之战（1797 年）、奥斯特利茨之战（1805 年）、默林根之战（1807 年）、林茨（奥地利）之战（1809 年）、华沙之战（1809 后）、大贝伦之战（1813 年）、邓尼维兹之战（1813 年）、莱比锡之战（1813 年）。

贝纳多特1763年1月26日生于波城，是一位律师的儿子。1780年参加陆军，历任中校（1791年11月）、上校（1792年）和准将（1793年后期）。1794年6月26日，在弗勒吕斯之战中，为茹尔丹将军战胜奥地利-荷兰联军立下汗马功劳。1794—1796年在茹尔丹手下转战德国，后被派往意大利，在那里遇到拿破仑将军，并于1797年在其手下服役。1798年1—4月作为大使被派往维也纳。1797年11月—1799年6月任莱茵陆军指挥。1799年7—9月升任国防大臣，但由于他的平民出身及与雅各宾派有接触，又告落选。“雾月十八日”政变（1799年11月9日）期间保持中立，此后不久的1800年1月，被任命为参议员。4月，任西方面陆军总指挥。1803年1月任驻美大使，但由于同英国的战争爆发，未能到任。1804年5月14日升为帝国18名元帅之一。在乌尔姆-奥斯特利茨战役中，指挥“大军队”的第一军团。1805年12月2日，又亲率其原属军团参加奥斯特利茨之战。1806年夏，指挥攻占安斯巴赫；但在率第三军团参加耶拿-奥尔施塔特（在魏玛附近）战役（1806年10月）中，却十分迟缓和不利。10月14日，尽管接到拿破仑的命令，又受到皇帝的责令，还是既没能参加耶拿战役，也未能参加奥尔施塔特战役。1807年1月25日，他在默林根之战中战胜俄军，从而得以将功补过。1809年7月5—6日，指挥第十一军团参加华沙之战，由于指挥不力被免职。8月返回巴黎并受命指挥军队以阻止英军在瓦尔赫伦岛的登陆。9月24日被皇帝传召至维也纳后被剥夺权力。1810年8月21日被选举为亲王和瑞典摄政。10月20日，改信路德教并在瑞典登陆。他努力使瑞典保持中立（尽管与英国进行名义上的战争），直至拿破仑于1812年1月占领瑞典之波美拉尼亚。1812年4月同俄国结盟；1813年3—4月又同英国及普鲁士结盟。在1813年5月的“解放战争”中，率瑞典远征军进入德国北部参战。8月23日在大贝伦打败乌迪诺，9月6日在邓尼维兹打败奈（内伊）。10月16—18日，为大同盟在莱比锡夺取胜利立下主要功勋。1813年12月—1814年1月入侵丹麦，迫使丹麦将挪威割与瑞典。在1814年1—3月的法国战役中，作用不大。百日王朝期间，拒绝加入第七次反法同盟，仅于1815年春占领挪威。1818年2月5日成为瑞典国王，称查理十四世，其统治温和宽松。1830年后遭解放人士反对。他顶住了这些人的进攻。1844年3月8日在斯德哥尔摩卒于中风。

在年轻时代，贝纳多特是一位著名的共和派人士（在其手臂上刺有“暴君亡”）。作为指挥员，其指挥手段堪称变化多端。他在普鲁士及第二次奥地利战役中表现平平。但在1813年的战役中指挥联军却颇有智谋。他是一位温文尔雅的贵族，对瑞典的现代化做出了许多贡献。

PDM and DLB

参考：Barton, D. P., Bernadotte and Napoleon, 1763—1810. London, 1921.

——, Bernadotte, Prince and King. London, 1925.

Höjer, T. T., Carl XIV Johan. 3 vols. Stockholm, 1941—1943.

Young, Peter, Napoleon's Marshals. London, 1974.

伯恩哈德，萨克森-魏玛公国公爵（Bernhard, Duke of Saxe-Weimar, 1604—1639年） 德国魏玛将军。参加主要战争：三十年战争（1618—1648年）；参加主要战役（战斗）：海尔布隆附近之维姆普芬战斗（1622年）、施塔特琅战斗（1622年）、吕岑战斗（1632年）、纳德林根战斗（1634年）、布赖萨赫附近之莱茵菲尔德战斗和瑟恩赫姆战斗（1638年）。

伯恩哈德1604年8月16日生于魏玛，是安哈尔特王朝统治时期约翰公爵及其夫人多罗塞亚·玛丽亚的第十一个儿子。1622年，他18岁时就已成为一名士兵。1622年5月6日参加了施塔特琅战斗。在1623—1631年的几年间，他在帕拉丁纳特和巴登以及登马克的军队中服役，并于1631年加入了古斯塔夫的瑞典军队，成为陆军上校。1631年9月17日，他参加了莱比锡附近的布莱登菲尔德战斗，后又率军侵入德国中心。1632年春夏间，在莱茵河地区服役，因此没有参加莱克河的战斗，也未参加9月3—4日在纽伦堡附近的阿尔特维斯特战斗。11月2日，他的军队在阿恩施塔特与古斯塔夫的军队会师。11月16日，在吕岑激战中指挥瑞典左翼军作战。古斯塔夫阵亡后他继任其军队司令官，而且迫使华伦斯坦撤退。1633年初，在德国南部作战，战绩累累；此后他劫掠了巴伐利亚，而且还与霍恩元帅发生争执。同年6月，他说服瑞典权臣阿克塞尔，从而使自己成为弗兰克尼亚公爵。1633年11月14日占领了雷根斯堡。1634年9月6日在惨烈的纳德林根战斗中指挥主力作战，但被击败。自这次战斗后，他率残兵逃过莱茵河于1634—1635年冬等待法军的支援。1635年6月，成为在德国的法军最高司令官。1636年9月，他在第戎挡住了加拉斯的侵略，但是直到1638年初一直处于守势。1638年3月1日和3日，在莱茵菲尔德进攻并歼灭了萨维力公爵和约翰·万·威尔斯的巴伐利亚军队，并将这两支军队的司令俘虏。然后于1638年6月5日—12月17日占领了布赖萨赫。在战斗中，于8月6日以后得到了由盖布里昂领导的法军的支援。7月30日，在维特维尔打败了巴伐利亚将军哥埃兹的援军。然后于10月15日在瑟恩赫姆击溃了沙尔在洛林地区的军队。接着，他在莱茵河沿岸又取得战绩。当他在阿尔萨斯以君主的身份指挥军队时，却突然患病并于1639年7月18日卒于纽伦堡（可能是患了天花）。

伯恩哈德既无情，又残忍，还自私自利，道德败坏，但他毕竟是一位有才能的将军，时刻不忘自己身处逆境，而且能保持同时代人少有的对朝廷的忠诚。他的最大失误就是在纳德林根战斗中过于低估了帝国的力量。

DB and AL

参考：Droysen, G., Bernhard von Weimar. 2 vols. Leipzig, 1885.
Roese, ?, Herzog Bernhard der Groese. 2 vols. Weimar, 1938.
Wedgwood, Cicely V., The Thirty Years War. 1938. Reprint, Garden City, N.Y., 1961.

贝尔捷，路易·亚历山大（Berthier，Louis Alexandre，1753—1815 年） 法国元帅。参加主要战争：美国独立战争（1775—1783 年）、法国大革命战争（1792—1799 年）、拿破仑战争（1800—1815 年）；参加主要战役（战斗）：意大利战役（1796—1797 年）、马伦哥（在亚历山大附近）之战（1800 年）、1813 年的吕岑、莱比锡之战、布列讷堡之战（1814 年）。

贝尔捷 1753 年 11 月 20 日生于凡尔赛，是一位地质工程师的儿子。1766 年 1 月 1 日，他成为地质工程师，后于 1770 年加入陆军。1780—1782 年，随罗尚博的远征军开赴美洲。1791—1792 年任罗尚博及拉斐特的参谋和测量官；但由于他与拉斐特有联系，而于 1792 年 8 月被共和政府免职。后赴西部参加平叛，四个月后因其贵族身份被革职。1795 年 3 月升为准将，并任阿尔卑斯和意大利陆军总指挥弗朗索瓦·E. 克·凯勒曼将军的总参谋长。1796 年 3 月 2 日，晋升少将，任意大利陆军指挥拿破仑将军的总参谋长。伴随拿破仑参加了所有的意大利战役。1797 年 12 月，拿破仑返回巴黎，任命他为意大利军队总指挥。1798 年 2 月攻克罗马，建立罗马共和国。1798 年 7 月—1799 年 8 月，转战埃及，再次任拿破仑的总参谋长，后随拿破仑返回法国。1799 年 11 月 9 日"雾月十八日"政变后，成为战争部长。被任命为陆军预备役名义指挥，但于 1800 年 4 月再次成为拿破仑的总参谋长。6 月 14 日，在马伦哥之战中受轻伤。1804 年 5 月 14 日成为 18 名元帅之一。1805 年后成为"大军队"的总参谋长。1806 年封为德·纽查特尔亲王。1807 年 8 月辞去战争部长职务，将其全部精力用于军队。1809 年的战役初期阶段，曾短时间指挥"大军队"，但不甚积极，战果不佳。7 月 5—6 日，为拿破仑制定了华沙作战计划，从而为其挽回了名誉。1812 年 11—12 月，在莫斯科撤退中，组织有方，保持了部队的有序后撤。在 1813 年 5 月 2 日、20—21 日及 10 月 16—18 日的吕岑、包岑及莱比锡之战中，为自己赢得了荣誉。但渐对战争感到厌倦。1814 年 1 月 29 日，在布列讷堡之战中受伤，后于 4 月 11 日加入"谋叛"一方迫使拿破仑退位。得到波旁王朝表彰。在百日王朝期间，他护卫路易十八及其随从到根特，后到巴伐利亚旅行。他拒绝了复归拿破仑的请求，于 1815 年 6 月 1 日在班贝格坠窗而亡。

贝尔捷是一位值得效仿的参谋军官，一位繁忙、有效而不知疲倦的人。他不适合独立指挥作战，1809 年灾难性的战斗即为例证。关于他的死，许多人认为是生病所致，但很有可能是被谋杀。

PDM and DLB

参考：Delderfield, R. F., Napoleon's Marshals. Reprint, Philadelphia, 1966.
Dérrecagaiz, Victor, Le Maréchal Berthier, Prince de Wagram et de Neuchatel. Paris, 1904.
Young, Peter, Napoleon's Marshals. London, 1974.

贝萨斯（Besas，约 480—约 560 年） 拜占庭军队里的东哥特将军。参加主要战争：波斯战争（502—506 年，524—532 年）、与哥特人（意大利人）进行的战争（534—554 年）、波斯战争（539—562 年）；参加主要战役（战斗）：皮特拉攻坚战（551 年）。

贝萨斯约 480 年生于色雷斯一个东哥特农民家庭，年轻时加入帝国军队，在皇帝阿纳斯塔西乌斯的率领下与波斯人作战。在作战中，贝萨斯的地位一步步上升。531 年夏，他率领一支 500 人组成的骑兵部队迎战波斯主力部队，取得胜利。531 年 9 月—532 年，贝萨斯在阿尔扎奈尼亚（在波斯与亚美尼亚边境）英勇作战，带着抓获的大批俘虏和缴获的大量战利品返回叙利亚。535 年，他得到贝利萨留的提升，并被派往意大利。546 年，尽管贝萨斯在意大利打过一些败仗，但仍被封为贵族，并成为亚美尼亚军队的总指挥。547—551 年，贝萨斯指挥了拉兹卡（土耳其西南）战役，最后以皮特拉攻坚战而告终（551 年）。贝萨斯尽管这时年事已高，却仍率领两支训练有素的突击部队，其中有一支最终取得了胜利。554 年，贝萨斯再次指挥拉兹卡战役。555 年，他被波斯人打败。查士丁尼没收了贝萨斯的财产并放逐了他。560 年左右卒于阿费卡泽斯地区。

贝萨斯有勇有谋，但生不逢时，既不走运，也不被信任。贝萨斯的命运和贝利萨留相似，这充分证明了查士丁尼不信任自己的将领。

SAS

参考：Procopius, History of the Wars. Translated by H. B. Dewing. London, 1914.
Stein, Ernest, Histoire du Bas-Empire. 2 vols. Brussels, 1949.

贝泽勒尔，汉斯·哈特维希·冯（Beseler，Hans Hartwig von，1850—1921 年） 德国将军。参加主要战争：普法战争（1870—1871 年）和第一次世界大战（1914—1918 年）；参加主要战役（战斗）：围攻安特卫普（1914 年）和围攻莫德林（新德沃尔-马佐夫舍）（1915 年）。

贝西埃尔，让—巴蒂斯特（Bessières，Jean-Baptiste，1768—1813 年） 法国元帅。参加主要战争：法国大革命战争（1792—1799 年）、拿破仑战争（1800—1815 年）；参加主要战役（战斗）：罗维利图之战（1796 年）、利瓦里之战（1797 年）、阿克里之围（1799 年）、第一次阿布基尔之战（1799 年）、马伦哥之战（在亚历山大附近）（1800

年)、奥斯特利茨之战(1805年)、耶拿之战(1806年)、埃劳之战(1807年)、弗里德兰之战(1807年)、蒙塔马塔之战(1808年)、阿斯派因-埃斯林之战(1809年)、华沙之战(1809年)、丰特斯-德奥尼奥罗之战(1811年)、博罗迪诺之战(1812年)、利马赫(在魏森弗尔斯附近)之战(1813年)。

贝西埃尔1768年8月6日生于吉耶纳卡赫尔斯地区附近的普赖萨克,为外科医生之子。任路易十六护宪军上尉时,于1792年8月10日遇到暴动,大批瑞士护军被杀,他大难不死。后在比利牛斯陆军中服士兵兵役。1793年重新升任军官,1794年升骑兵上尉。1796年9月4日,参加罗维利图之战后得到进一步提升。1797年1月14日,在利瓦里之战中任拿破仑贴身卫队队长,作战中表现出色;此后在转战埃及中继续担任前职,并在1799年3月19日—5月20日的阿克里包围战及此后的阿布基尔之战(7月25日)中闻名。随拿破仑返回法国。1800年参加第二次意大利战役,指挥近卫团骑兵。6月14日参加马伦哥之战,表现出色。升准将后指挥"半岛卫队"。1802年9月升少将。后又成为拿破仑最初授予的18元帅之一。1804年5月14日,任帝国骑兵卫队上将。1805年12月2日在奥斯特利茨之战中,指挥其卫队成功地阻击了俄国骑兵卫队。后于1806年10月14日战于耶拿。在1807年2月7—8日的埃劳之战中表现突出。后又参加耶拿及6月14日的弗里德兰之战。曾任大使被短期派至符滕堡。在西班牙,指挥一临时军团于1808年6月14日的蒙塔马塔之战中打败卡斯塔诺斯和布莱克将军。曾指挥第二军团,但不久便被苏尔特代替,而于9月指挥骑兵。在1809年的多瑙战役中指挥骑兵预备队。在5月20—21日的阿斯派因-埃斯林之战及7月5—6日的华沙之战中建立殊功,亦在是役中负伤。1810年指挥驻守巴黎的帝国卫队,后服役于西班牙,在那里参加了1811年5月3—5日的丰特斯-德奥尼奥罗之战。在俄国战役中率领骑兵卫队。尽管参加了在1812年9月7日的博罗迪诺之战,但由于拿破仑没有放权,他无所作为。在1812年10—12月从莫斯科撤退期间,他率部任后卫掩护,功不可没。在1813年的战役中再次指挥骑兵卫队。1813年5月1日在利巴赫的一次小规模战斗中被杀。

贝西埃尔是一位可靠的、精力旺盛的将军,对拿破仑忠心耿耿。他虽然仅有一次成功地独立指挥作战的经历(在西班牙),但无疑是最好的骑兵指挥官。他也是将门子弟的典范。

PDM and DLB

参考:Delderfield, R. F., Napoleon's Marshals. Reprint, Philadelphia, 1966.

Young, Peter, Napoleons Marshals. London, 1974.

贝斯特,托马斯(Best, Thomas, 约1570—约1638年) 英国海军军官。参加主要战争:英葡殖民冲突(1612—1630年)、英法战争(1626—1630年);参加主要战役(战斗):萨拉特(印度)之战(1612年)、莱岛围攻战(1627年)。

贝特伦·冯·伊克塔,加布里尔(Bethlen von Iktar, Gabriel 〈Gábor〉〈Bethlen Gábor〉, 1580—1629年) 特兰西瓦尼亚和匈牙利统治者。参加主要战争:长期战争(1595—1606年)、三十年战争(1618—1648年);参加主要战役(战斗):维也纳围攻战(1619年6月)。

贝特伦1580年生于特兰西瓦尼亚北部的一个有名的基督教新教徒家庭。年幼时被送到西吉斯蒙德·巴托里公爵宫中,期间随同西吉斯蒙德·巴托里参加反对摩尔多瓦(摩尔达维亚)的沃伊沃德·米哈伊尔的作战(1600年)。1605年帮助伊什特万·博奇考伊夺得特兰西瓦尼亚王位,继而又支持博奇考伊的继承人加布里尔·巴托里(1608—1613年)。巴托里为人残酷,妒忌贝特伦的才能,使他被迫逃往土耳其避难。1613年巴托里被谋杀后,贝特伦才回国。奥斯曼苏丹宣布贝特伦为特兰西瓦尼亚公爵,此项任命于1613年10月13日由克洛斯堡(克卢日)议会正式确认。之后,1615年神圣罗马帝国皇帝马蒂亚斯承认他的公爵爵位。1618年7月,三十年战争爆发,支持波希米亚的弗雷德里克和叛军。1618年秋—1619年6月,入侵并占领神圣罗马帝国的匈牙利,率部一直挺进至维也纳近郊,沿途还攻克了普雷斯堡(布拉迪斯拉发)。与斐迪南二世皇帝谈判破裂后,于1620年8月20日,被拜斯泰采巴尼亚(班斯卡-比斯特里察)议会推选为匈牙利国王。但考虑到匈牙利信奉天主教的贵族不会允许一个新教徒当国王,他就没有加冕。11月8日新教徒派在白山失利后,于1621年12月31日与斐迪南签订了尼科利斯堡(米库洛夫)和约。按该和约,他成为匈牙利公爵,得到几座要塞和几个边境省份,赢得了对匈牙利人宗教信仰自由的认可。当得到土耳其人支持并与信奉新教的德意志公爵结盟后,他于1623年春与斐迪南再度开战。在波希米亚东部取得一些胜利。可是到1624年,新教徒连连为梯利所败,使他感到有必要结束战争。由于斐迪南不支持同土耳其开战,他再次转而寻求德意志新教徒的支持。与勃兰登堡的乔治·威廉之妹凯瑟琳结婚(1626年),但再次插手德国的计划未获成功,之后又与神圣罗马帝国皇帝言和。后与古斯塔夫斯·阿道夫联手反对神圣罗马帝国。由于身体状况日益恶化,他无法亲临战场。1629年11月15日,卒于特兰西瓦尼亚的久洛菲埃尔瓦(阿尔巴尤利亚)。

贝特伦就其所处的时代来说,是一位极为谦虚的人。但他工于计谋,是一位明智和具有领袖人物超凡魅力的政治家。在特兰西瓦尼亚那个政治风云多变的时期,他能独享天年而不失王位即是其成功的明证。他是一位具有相当军事才能的指挥官,深晓弱小国家需量力而行。

DLB

参考:EB.

WBD.

比安基，温森兹·费勒留斯·弗里德里希，冯男爵（Bianchi, Vincenz Ferrerius Friedrich, Baron von, 1768—1855 年） 奥地利将军。参加主要战争：土耳其战争（1787—1791 年）、法国大革命战争（1792—1799 年）、拿破仑战争（1800—1815 年）；参加主要战役（战斗）：阿斯派因-埃斯林之战（1809 年）、得累斯顿之战（1813 年）、库尔姆（在阿尔腾堡附近）之战、莱比锡之战（1813 年）、麦肯之战（1814 年）、托伦蒂诺之战（1815 年）。

比安基 1768 年生于维也纳，是中学教师之子。1787 年被委任为工程师。参加 1787—1791 年同土耳其的战争。后参加法国革命。1805 年参加了乌尔姆-奥斯特利茨战役。1807 年毕业于工程学院。在 1809 年 5 月 21—22 日的阿斯派因-埃斯林之战中表现出色。1812 年 6—12 月，拿破仑入侵俄国期间，任少将，率一个师隶属于施瓦岑贝格亲王参战。参加 1813 年 8 月 26—27 日的得累斯顿之战，在施瓦岑贝格手中指挥一个军团，参战第二天，就被维克托军团打退。但随之而来的 8 月 30 日库尔姆之战，联军在付出很大代价后取得了胜利，从而得以洗雪其耻。10 月 16—18 日的莱比锡之战中，再次表现极佳。1814 年 2—3 月，率远征军征战里昂，3 月 11 日在麦肯挫败小股法军。1815 年率奥军转战于意大利中部，在 3 月 3 日托伦蒂诺之战中，仅率 11 000 兵力打败了由那不勒斯国王缪拉率领的 29 000 兵马。这次胜利使斐迪南四世得以恢复西西里和那不勒斯王位，王室因此授予他男爵称号。后成为弗朗西斯一世皇帝的顾问。1824 年退出现役，到其在特里维索附近的庄园安度晚年。1855 年卒于那里。

比安基是一位勇敢、坚定的战士，也是一位颇有能力的野战指挥员，但有时缺乏想象力。他在托伦蒂诺的胜利既应归结于其对手素质的低劣，也应归功于他自己的卓越的战术。

PDM and DLB

参考：Chandler, David G., Dictionary of Napoleonic Wars. New York, 1979.

Friederich, Rudolf, Die Befreiungskriege 1813—1815. 4 vols. Berlin, 1911—1913.

比雅尔，马塞尔·莫里斯（Bigerd, Marcel Maurice, 生于 1916 年） 法国陆军将领。参加主要战争：第二次世界大战（1939—1945 年）、印度支那战争（1946—1954 年）、阿尔及利亚战争（1954—1962 年）；参加主要战役（战斗）：奠边府战役（1954 年）。

比雅尔生于 1916 年，是索菲·蓬索和沙尔·比雅尔之子。1930—1936 年任银行职员。1939 年 9 月第二次世界大战爆发时入伍。后在与德军作战中受伤被俘。1941 年 11 月脱逃，加入驻塞内加尔的自由法国部队。1944 年 7 月被伞降到法国，任与抵抗部队联系的联络官。1946—1951 年在驻越南法国殖民军中任上尉连长。1952—1954 年，晋升中校，任第六伞降兵营营长。1953 年 11 月 20 日—1954 年 5 月 7 日，率部参加了奠边府战役。后在奠边府法国守军投降时被俘，被囚禁于越盟战俘营，半年后获释。1955 年初回到法国。1956—1958 年，任驻阿尔及利亚第三伞兵团上校团长，并因此而出名。1959 年 1 月—1960 年 1 月任阿尔及利亚一防区司令。1960—1963 年，任第六外籍军团司令。1967 年晋升准将。1971 年晋升少将。1975 年 1 月 31 日—1976 年 8 月，任国防部长。著有几本关于军队生活，尤其是他在阿尔及利亚的经历的书。

比雅尔勇敢顽强、机智灵活，是法国为维护阿尔及利亚而进行的那场最终失败的战争中涌现出来的“英雄”之一。

PDM

参考：Bigeard, Marcel M., Aucune bête au monde. Paris, 1959.

Le Mire, Henri, Les paras français dans la guerre d'Algerie. Nancy, 1977.

Talbott, John, The War Without a Name: France in Algeria, 1954—1962. New York, 1980.

比勒，安德斯（Bilde〈Bille〉, Anders, 1600—1657 年） 丹麦陆军元帅。参加主要战争：三十年战争（1618—1648 年）、丹麦与瑞典战争（1643—1645 年）、第一次北方战争（1655—1660 年）；参加主要战役（战斗）：科灵战斗（1644 年）、弗雷德里克海峡战斗（1657 年）。

比勒 1600 年生于丹麦，是梅蒂·安德尔斯达特尔和埃里克·詹森·比勒的儿子。1619 年在波希米亚侯爵弗雷德里克手下服役，1625—1627 年在萨克森-魏玛公国军队的伯恩哈德骑兵团中任中尉。1627 年夏在西里西亚战役听从曼斯菲尔德指挥。作为骑兵上尉回到丹麦。1631—1633 年任骑兵鲁根总督，然后于 1634—1642 年在奥塞尔岛上阿伦斯堡任总督。1642 年成为元帅。1644 年 7 月 1 日在科灵海面参加海战，丹麦军队在此取得了对瑞典军队的小胜。1644 年秋冬间参加了丹麦-瑞典战争中的其他几次小的交战。1657 年 6 月 1 日随丹麦军队参加了第一次北方战争。7—10 月在日德兰半岛指挥军队抵抗瑞典军队的侵略。10 月 24 日，当古斯塔夫·弗兰格尔将军强攻弗雷德里克海峡城市时，被击败而身亡。

作为一位能干的指挥官，在最后的战斗中，因其军队在数量、质量上均劣于弗兰格尔的军队而失败。

AL

参考：DBL.

EMH.

比约特，加斯登·哈尔夫·古斯塔夫（Billotte, Gaston Herve Gustave, 1875—1940 年） 法国将军。参加主要战争：第二次世界大战（1939—1945 年）；参加主要战役（战

斗)：法国战役（1940 年）。

伯德伍德第一男爵，威廉·里德尔爵士（Birdwood, Sir William Riddell, 1st Baron, 1865—1951 年） 英国陆军元帅。参加主要战争：远征黑山（1891 年）、远征蒂拉赫（在西北边界，1897 年）、第二次英布战争（1899—1902 年）和第一次世界大战（1914—1918 年）；参加主要战役（战斗）：加利波利（格利博卢）之战（1915—1916 年）和协约国的反攻（1918 年）。

伯德伍德 1865 年 9 月 13 日生于印度的基尔基，父母是伊迪丝·乌里翁·西多尼和赫伯特·米尔斯·伯德伍德，父亲是一位公务员。在克利夫顿学院接受教育。1883 年在皇家苏格兰第四火枪营（本土的）任职。1885 年从桑赫斯特军事学院毕业，供职于第十二军骑兵团。1887 年调到第十一孟加拉枪骑兵团，参加了第四次远征黑山（巴基斯坦，1891 年）和远征蒂拉赫（1897 年）。作为少校，参加了第二次英布战争，因任第二骑兵旅参谋军官而崭露头角。在南非他第一次与基钦纳相识，随于 1900—1902 年间任基钦纳的副官。1902—1905 年间随基钦纳在印度，任助理军事秘书。1905 年升上校。1905—1909 年任军事秘书。1908 年任詹姆斯·威洛克斯爵士将军的主要参谋军官，当时詹姆斯指挥莫赫曼德（兴都库什）陆军部队。1909 年升准将。1911 年升少将。1914 年 12 月任当时正赶往埃及的澳大利亚和新西兰部队的指挥官。1915 年 4 月 25 日，率领这支被称为澳新远征军（澳大利亚和新西兰陆军军团）的部队在加利波利半岛实施登陆作战，多次攻击土军阵地，代价高昂却无甚进展。他也没能预见到疾病对其部队的毁灭性打击。1915 年 12 月—1916 年 1 月 9 日具体负责指挥英法登陆部队的撤退，高效地完成了撤退行动。1916 年 3 月赴法国任澳新远征军司令。1918 年 5 月取代休伯特·高夫爵士任第五集团军司令。1920—1925 年间任印度北部陆军司令。1925—1930 年在印度任总司令。1931—1938 年任剑桥大学彼得霍斯学院院长。1935 年任"城堡"号舰长。1938 年获封安扎克斯和托特尼斯伯德伍德男爵。退休后写了几本书。1951 年 5 月 17 日卒于伦敦郊外。

伯德伍德是一位勇敢和有能力的战士，由于过于渴望得到认可而使其名声受损。虽然他在加利波利对澳新远征军的指挥平庸无奇，但对撤退行动的组织实施却相当之好。

PDM and DLB

参考：Birdwood, Sir William R, Khaki and Gown. London, 1941.

——, In My Time. London, 1946.

James, Robert Rhodes, Gallipoli. London, 1965.

Morehead, Alan, Gallipoli. New York, 1958.

伯尼，戴维·贝尔（Birney, David Bell, 1825—1864 年） 美国将军。参加主要战争：美国内战（1861—1865 年）；参加主要战役（战斗）：七天战役（弗吉尼亚州，1862 年）、尚蒂伊之战（1862 年）、安蒂特姆之战（1862 年）、钱瑟勒斯维尔之战（弗吉尼亚州，1863 年）、葛底斯堡之战（1863 年）、荒原之战、冷港之战（均在弗吉尼亚州，1864 年）。

伯尼 1825 年生于亚拉巴马州的亨茨维尔，是著名的废奴主义者詹姆斯·吉莱斯皮·伯尼最小的儿子。虽作为一名律师受教育，但却成为费城一位颇有成就的商人。后加入宾夕法尼亚州志愿军。七天战役期间（1862 年 6 月 25 日—7 月 1 日）被晋升为准将。菲利普·卡尼将军在尚蒂伊之战中阵亡后，他于 1862 年 9 月 1 日接替其指挥卡尼师。1862 年 9 月 17 日参加安蒂特姆之战。1863 年 5 月 1—6 日参加钱瑟勒斯维尔之战。其出色表现使之晋升为少将。在 7 月 2 日的葛底斯堡战役（7 月 1—3 日）中，当丹尼尔·西克尔斯在皮奇查奥德之战负伤后，他指挥第三军。1864 年参加了荒原之战（5 月 5—6 日）、斯波齐尔维尼亚之战（5 月 8—18 日）、冷港之战（6 月 3—12 日）、彼得斯堡之战（6 月 15—18 日）。被乌利斯·辛·格兰特将军委任指挥第五军。因患疟疾，不久后病逝（7 月初）。

尽管没有受过正规的军事训练，但作为一位指挥官，伯尼具备所必需的才能、勇气和缜密。

KH

参考：Davis, Oliver Wilson, Life of David Bell Birney, Major General United States Volunteers. Philadelphia and New York, 1867.

Warner, Ezra. Generals in Blue. Baton Rouge, 1978.

黑鹰，马-卡-泰-梅-谢-基亚-基亚克（Black Hawk, Ma-Ka-tai-me-sha-Kia-Kiak, 1767—1838 年） 美国印第安部族索克和福克斯人领袖。参加主要战争：1812 年的战争（1812—1815 年）、黑鹰战争（1832 年）；参加主要战役（战斗）：巴德阿克斯河之战（威斯康星州维多利附近）（1832 年）。

黑鹰 1767 年生于伊利诺伊州索克村的索克和福克斯部落。大约在 1788 年继他父亲之后担任酋长。他长期发展与西班牙人的友好往来关系。当美国人迫使西班牙人向荒芜的西北地区撤退时，他对美国人怀有深刻的仇恨。1804 年他拒绝签订割让密西西比以东部族土地给白人的条约。1812 年的战争期间，他支持英军反抗肖尼酋长蒂坎塞。1815—1825 年美国扶植与他对立的索克酋长基奥卡克，更坚定了他反对白人的意志。战后，他带领部族返回家乡伊利诺伊，虽然毫无敌意，但吉·亨利·阿特金森将军却仍派军队监视他的一举一动。1832 年初印第安和平使者被美国军队杀害，导致黑鹰对美国宣战。尽管他率军在几次小冲突中获胜，但他的部族在巴德阿克斯河还是遭受了重创（8 月 2 日）。在战斗中他幸免于难，但后来被俘入狱。1833 年，他偶然碰见安得鲁·杰克逊

总统（在他的自传中提及）。1834 年他被当作人质，遭到基奥卡克的非难，其自尊心受到严重伤害。1838 年 10 月 3 日卒于艾奥瓦的得梅因河基奥卡克部落所在地。

黑鹰是一位以作战勇猛著称的领导者。美国人残暴地侵略索克领地，毁坏了黑鹰部落的家园，为此他率领部族进行了英勇抵抗。他的自传以印第安人的眼光详尽地记载了印第安人反抗白人压迫的斗争史。

VBH

参考：Black Hawk, Autobiography of Black Hawk as Dictated by Himself to Antoine Le Clair, 1833. Rock Island, Illinois, 1912.

Goodrich, Samuel Griswold, Lives of Celebrated American Indians. Boston, 1843.

Wood, Norman, Lives of Famous Indian Chiefs. Aurora, Ill., 1906.

布莱克，罗伯特(Blake, Robert, 1599—1657 年) 英国海军上将。参加主要战争：英国资产阶级革命（1642—1651 年）、第一次英荷战争（1652—1654 年）、英西战争（1656—1659 年）；参加主要战役（战斗）：莱姆湾战斗（1643 年）、桑维治和迪尔海面上的古德温莎德战斗、卡特洛克战斗、邓杰内斯海峡战斗（1652 年）、法里纳港战斗（1655 年）、圣克鲁兹战斗（1657 年）。

布莱克 1599 年生于萨默塞特布里奇沃特，是汉费莱和萨拉 11 个儿子中的长子。1618 年在沃德姆学院获艺术学学士学位，也许在 17 世纪 20 年代早期加入了英国的法学协会。1625—1640 年从事商务活动，大部分时间与其父进行成功的商业贸易。1640 年被选为短期国会的议员但没有就职。1643 年 7 月 15—26 日在不成功的保卫布里斯托尔战斗中出名，并且被提升为陆军中校。在 1644 年依托多塞特的莱姆里吉斯要塞抵抗保皇党的攻城战中被提升为陆军上校。1644 年年末夺取了汤顿并且凭之抵抗保皇党军队在整个 1645 年 7 月里发起的数次进攻。之后，被任命为汤顿总督。1645 年再度被选为短期国会的议员，但直到次年他才就任此职。在 1648—1649 年第二次内战期间，于萨默塞特组织地方武装。1649 年 2 月被任命为舰队司令，4 月与理查、爱德华一起，指挥舰队在爱尔兰的金塞尔封锁了保皇党鲁珀特王子的船队。当 9—10 月鲁珀特逃走时将其追击至葡萄牙的泰革尔斯河，但却奉命停止攻击。在报复心驱使下，布莱克夺取了六艘船，而且烧毁了葡萄牙人的三艘舰艇后于 10 月回到了英格兰。1650 年 11 月再度追击鲁珀特，并在西班牙的卡塔津纳摧毁了保皇党舰队的大部分船只。为此他收到议会的感谢信。1651 年 5 月与乔治爵士联合行动占领了保皇党缉私舰队的基地西西晨。然后协助对泽西的攻城战并夺取之。1652 年成为共和国参议院议员。随着丹麦战争（1652—1654 年）爆发，布莱克接任英吉利海峡舰队司令之职。1652 年 5 月 29 日，在古德温莎德朝未向国旗致意的特鲁姆舰队发起攻击，并缴获二艘船。7 月 17 日正式宣战后，布莱克出发去围捕荷兰北海鲱鱼舰队，因大风而未能与特鲁姆舰队进行交战（8 月 3 日）。在威廉·彭恩的协助下，他在暖蒂诺克海面打败了迈克尔和科尼利厄斯的舰队（10 月 8 日）。但不久（12 月 10 日）在邓杰内斯海峡被特鲁姆较大的舰队打败，并被赶至泰晤士河。1653 年 2 月 28 日—3 月 2 日在波特兰海面与特鲁姆再度大战三日，试图俘获由特鲁姆护送的丹麦商船；布莱克受了重伤。1653 年 6 月 12 日，他适时来到福特兰北部海面盖巴德河畔战场，促致乔治·蒙克打败特鲁姆。1652—1653 年，参加了海军的改革和改组。1653 年 3 月亲自指导训练；1653—1654 年曾在点缀性的国会中短期任职。1654 年 11 月在地中海指挥 24 艘船只与海盗作战。1655 年早期他从突斯康尼公爵处得到一笔赔偿后，致力于在突尼斯的英国囚犯的释放。当其要求遭拒绝后，布莱克指挥他的舰队猛攻法里纳港，并将之摧毁。在与西班牙作战期间，被派往加的斯指挥作战并且寻找机会进行直布罗陀的攻城战，但由于其部队太少而未能完成最后的作战任务。然而他的一位船长卡德斯特勒尔在 1656 年 9 月俘获了一支运送珍宝的船队。后来，布莱克打听到另一支这样的船队停泊在卡纳里斯湾的圣克鲁兹德特尼里夫要塞港口，于是传令攻击。在其舰队的强大火力下，要塞和西班牙舰队皆被摧毁（1657 年 4 月 20 日）。此时，布莱克已重病缠身，只好返回英国。1657 年 8 月 7 日卒于其船队进入朴茨茅斯一小时前。1661 年为他在威斯敏斯特教堂举行了国葬，但后来查理二世将其尸首掘出，扔进教堂北部的一个深洼里；参与此事的还有克伦威尔统治时期的其他领导成员。

作为对信仰与事业真正谦虚和坚定忠诚的人，布莱克是一位经常进行实验和支持改革的伟大革新者；作为一位战场指挥官，他是光荣、有事业心和勇敢的，并对技艺和策略得心应手。他同时还是皇家海军的创建者之一。

DLB and AL

参考：Beardon, R. H., Robert Blake. N. P., 1935.

Curtiss, C. D., Blake, General-at-Sea. N. P., 1934.

Powell, John Rowland, Letters of Blake. N. P., 1937.

——, Robert Blake. New York, 1972.

布莱米，托马斯·阿尔贝特爵士(Blamey, Sir Thomas Albert, 1884—1951 年) 澳大利亚陆军元帅。参加主要战争：第一次世界大战（1914—1918 年）、第二次世界大战（1939—1945 年）；参加主要战役（战斗）：加利波利（格列博卢）战役（1915—1916 年）、克里特岛战役（1941 年）、新几内亚战役（1942—1943 年）。

布莱米 1884 年 1 月 24 日生于新南威尔士的瓦加瓦加，是杂货店老板的儿子。曾担任过短时期的教师。1906 年，通过竞争激烈的考试被任命为澳大利亚陆军行政管理参谋。1910 年晋升上尉。1911—1913 年在奎塔

(巴基斯坦)参谋学院学习。第一次世界大战期间的1914—1915年，在埃及服役。1915年10月—1916年1月，参加了加利波利战役。1916—1918年参加了西线战事。1919—1923年晋升上校，任澳大利亚驻伦敦的国防代表。1923—1925年，回澳大利亚任副总参谋长。1925年退役，任维多利亚警察局长。1931—1937年，任民军(本土军)第三师师长。1936年因一位高级官员在一次枪击事件中受重伤，他辞去警察局长职务。1939年9月第二次世界大战爆发后再度应召服役。1940年2月，率澳大利亚第一军赴巴勒斯坦。5月21日—6月1日，率澳新联军从克里特岛和罗得岛撤退。1942年3月被召回澳大利亚，重新组建装备落后、缺乏训练的澳大利亚军队，同时任澳大利亚军队总司令兼美国将军麦克阿瑟指挥下的西南太平洋地区盟军地面部队司令。1942年9月23日，亲自指挥新几内亚的盟军地面部队作战。9—11月，指挥对欧文斯坦利一带的反攻行动。经此一战，盟军于1943年1月夺占了布纳(加拉拉、巴布亚新几内亚)。后在新几内亚东南部指挥反击日军的协同作战，9月16日攻占莱城。1943年下半年后，主要转入后方地域执行任务。1944—1945年，指挥澳大利亚军队清剿日军据守的小块孤立地区并攻入印度尼西亚的一些岛屿。1950年6月晋升陆军元帅，成为第一位获此军衔的澳大利亚人。1951年5月27日卒于墨尔本。

布莱米是一位有才智的军官。他指挥盟军实施了太平洋战争中盟军首次成功的攻势作战。尽管他后来很少抛头露面，但在1943年2—9月的莱城战役期间显示了指挥联合作战的才能。

PDM

参考：Hetherington, John, Blamey: The Life of Field Marshal Sir Thomas Blamey. Melbourne, 1954.

布朗沙德，乔治·马利·让(Blanchard, Georges Marie Jean, 1877—1945年) 法国将军。参加主要战争：第一次世界大战(1914—1918年)、第二次世界大战(1939—1945年)；参加主要战役(战斗)：西线战役(1914—1918年)、佛兰德之战(1940年)。

布兰迪，威廉·亨利·乔治(Blandy, William Henry George, 1890—1954年) 绰号"尖钉"，美国海军上将。参加主要战争：第一次世界大战(1917—1918年)、第二次世界大战(1941—1945年)；参加主要战役(战斗)：封锁北海(1944年)，夸贾林环礁和塞班岛战役、帛琉岛海战(1944年)、硫磺岛战役、冲绳战役(1945年)。

布兰迪1890年生于纽约。1913年以全年级第一名的优异成绩毕业于美国海军军官学校。后被分配至"佛罗里达"号战列舰上任职，参加了对墨西哥维拉克鲁兹的占领(1914年4月21日—11月23日)。1918年随美国舰只赴北海和大英舰队共同执行护航与封锁任务。1919—1920年在海军军械局任职，期间对火炮的设计、制造及其火控装置作过多次革新。1921—1924年在亚洲舰队任职，参加了东京大地震的协助救援行动(1923年9月)。1924—1927年任海军军械局枪炮科科长。1930—1934年任美国驻巴西海军武官。1941—1943年任海军军械局局长。1944年1月31日—2月5日，在夺占夸贾林环礁的作战中任第一两栖作战大队司令。在夺占塞班(6月15日—7月12日)和帛琉岛(9月15日—11月25日)的战斗中，指挥水上预备队并协调战备行动。在夺占硫磺岛(1945年2月19日—3月24日)和冲绳(1945年4月1日—6月21日)的战斗中，任两栖支援部队司令。1945年作为海军核武器专家，任海军作战部副部长(主管特种作战)，晋升海军中将。1946年7月1—25日，在比基尼环礁进行的核试验中，任陆海军联合特遣部队司令。1946年任第八舰队司令。1947—1950年任大西洋舰队总司令，晋升海军上将。1950年退役。1953—1954年任海军后备役评定委员会主任。卒于1954年。

KS

参考：Reynolds, Clark G., Famous American Admirals. New York, 1978.

Schuon, Karl, U.S. Navy Biographical Dictionary. New York, 1964.

布拉斯科维茨，约翰奈斯·冯(Blaskowitz, Johannes von, 1883—1948年) 纳粹德国陆军上将。参加主要战争：第一次世界大战(1914—1918年)、第二次世界大战(1939—1945年)；参加主要战役(战斗)：东线战役、西线战役(1914—1918年)、波兰战役(1939年)、法国南部战役(1944年)、低陆国家战役(1944—1945年)。

布拉斯科维茨生于1883年，是玛丽·库恩和赫尔曼·冯·布拉斯科维茨之子。第一次世界大战中在西线和东线参加战斗。1919年后留在国防军内服役。1933年晋升陆军中将，1935年12月1日晋升陆军上将。1936年任第二军区司令。1938年1月15日任第三集团军司令。1939年3月15日，作为驻捷克斯洛伐克德国占领军的一部，率该集团军进占布拉格。1939年9月1日—10月5日，在侵占波兰期间，任第八集团军司令。10月22日任驻波兰德国占领军总司令。他写了一份报告，批评党卫队对占领区内波兰人和犹太人犯下的暴行，因而失去了希特勒的信任。1940年5—6月，在入侵法国期间任第九集团军司令。1940年担任过短期的法国北部军事长官。1940年10月—1944年5月，任防守从布列塔尼到比利牛斯法国沿海地区的第一集团军司令。1944年5月，任G集团军群司令，负责防守法国地中海和南大西洋沿岸地区。1944年9月，盟军实施"铁钻-龙骑兵行动"，在法国的里维埃拉登陆成功之后，被解职。1945年1月28日，任H集团军群司令，防守荷兰和德国西北部。期间，允许向德军防线后方遭受水灾和战火蹂躏地区的荷兰平民提供食品和药品支援。5月8日被加拿大军队俘

获。后在纽伦堡因轻微战争罪被起诉。1948 年 2 月 5 日，在受审前跳楼自杀。

布拉斯科维茨是一位有勇有谋的指挥官。他有独立意志，并有一定的正义感和人道主义思想。

PDM

参考：Keegan, John. Who Was Who in World War Ⅱ. New York, 1978.

NDB.

布莱，威廉（Bligh, William, 1754—1817 年） 英国海军元帅。参加主要战争：法国大革命战争（1792—1799 年）、拿破仑战争（1800—1815 年）；参加主要战役（战斗）：坎普敦（阿尔克马尔附近的海边小村）之战（1798 年）、第一次哥本哈根之战（1801 年）。

WAMB.

布利斯，塔斯科·霍华德（Bliss, Tasker Howard, 1853—1930 年） 美国上将。参加主要战争：美西战争（1898 年）和第一次世界大战（1917—1918 年）；参加主要战役（战斗）：波多黎各之战（1898 年）。

布利斯 1853 年 12 月 31 日生于宾夕法尼亚州的路易斯堡。在路易斯堡大学（今巴克内尔大学）的第二年转到西点军校，1875 年毕业于西点军校并在第一炮兵团任职。1876—1880 年在西点军校任教官，1880 年 7 月升中尉。1884—1885 年在弗吉尼亚州门罗堡的炮兵学校任人事行政参谋。1885—1895 年任陆军司令官约翰·M. 斯科菲尔德将军的随从参谋。1897—1898 年间任驻马德里武官。1898 年 4 月美西战争爆发时奉召回国，升少校。7 月 25 日—8 月 13 日波多黎各战役期间，任詹姆斯·威尔逊将军指挥的第一师参谋长。1898 年晚些时候负责侵略古巴，由美军把持腐败的海关，使它提高了效率并赢得了声誉。1901 年 4 月升准将。在 1902 年总参谋部成立时任陆军部长伊莱休·鲁特的顾问，新成立的陆军军事学院第一任院长（1903 年 2 月）。1905—1909 年间在菲律宾服役，逐步提升为菲律宾战区司令。1909 年 6—12 月任陆军军事学院院长。1910—1915 年间曾任几个战区和军区的长官。1915 年 2 月被任命为参谋长助理。11 月升少将，在休·斯科特将军手下任参谋长，随后任总参谋长并全面负责美军第一次世界大战的动员工作。1917 年 5 月—1918 年 5 月间，督察指挥美陆军扩建至近 200 万人的军队。1918 年成为协约国最高军事委员会成员，美国出席凡尔赛和会的代表（1918—1919 年）。1920—1927 年间任设在美国首都华盛顿的士兵之家的负责人。1930 年 11 月 9 日卒于华盛顿。

布利斯是一位非常有能力的组织者和管理者，但却没有机会显示其作为战场指挥官的才华。

DLB

参考：Palmer, Frederick, Bliss-Peacemaker, New York, 1934.

EB.

布洛姆贝格，威纳尔·冯（Blomberg, Werner von, 1878—1943 年） 绰号"橡皮狮子"，纳粹德国陆军元帅。参加主要战争：第一次世界大战（1914—1918 年）。

布洛姆贝格 1878 年生于一个旧普鲁士军人家庭，参加过第一次世界大战。1933 年阿道夫·希特勒掌权后，他任德国武装力量总司令。总的来说对纳粹党持怀疑态度，采用了一种所谓"看门狗"、"监督人"的态度，准备干预和罢免新的首相，仿佛这样做符合德国民族的利益。1933 年当他被任命为希特勒内阁的国防部长后，他放弃"看门狗"的角色，并得以升任第三帝国的第一位陆军元帅（1936 年）。1938 年，他的不明智的第二次婚姻成为希特勒反对他的口实，结果被迫辞职。老的军官集团的威信遭到打击，从而使军队高层更顺从于希特勒的愿望。卒于 1943 年。

就其地位而言，布洛姆贝格是一位能阻止纳粹暴政于 1933 年得势的人物，但他摇摆不定并毫无行动，因而获得"橡皮狮子"的绰号。

PDM

参考：Keegan, John, Who Was Who in World War Ⅱ. New York, 1978.

NDB.

布吕歇尔，格布哈尔德·勒贝雷希特·冯（Blücher, Gebhard Leberecht von, 1742—1819 年） 素有"永远身先士卒者"的美誉，普鲁士陆军元帅。参加主要战争：七年战争（1756—1763 年）、法国大革命战争（1792—1799 年）、拿破仑战争（1800—1815 年）；参加主要战役（战斗）：兰道之战（1794 年）、奥尔施塔特（魏玛附近）之战（1806 年）、吕岑之战、包岑之战、卡岑布克之战和莱比锡之战（1813 年）、拉罗西雷（布列讷堡附近）之战、沃尚之战、拉昂之战和蒙马特尔（巴黎郊外）之战（1814 年）、利尼和滑铁卢之战（1815 年）。

布吕歇尔 1742 年 12 月 16 日生于梅克伦堡的罗斯托克地区。1757 年初违背家族的愿望投身从戎，服役于瑞典部队。1760 年在弗里德兰附近参与了三次反普鲁士战役，结果被俘。后改变立场加入普鲁士第八骑兵队任旗手，并参与了此次战争以后的作战。1773 年，由于没有得到提升，开始厌倦军旅生活，退出军界，成家，务农。1786 年腓特烈大帝驾崩，他重新入伍，并被授予少校军衔。1793—1795 年间，指挥骑兵在兰道之战中以精湛的战术大败法军，从而崭露锋芒。1794 年 3 月，被任命为第八华丽骑兵队队长，5 月 28 日以灵活的战术再败法军。《巴塞尔和约》签订后，普鲁士退出战争。由于厌恶和平生活，极力想摆脱之，所以公开指责普鲁士政府在是否重新参战的问题上优柔寡断。1806 年 10 月 14 日，他跟随不伦瑞克公爵腓特烈·威廉，参与了奥尔施塔特战役。战斗中，他率领骑兵发动数次冲锋，以掩护大部队

转移。任务完成后，他率队向普鲁士西北撤退，途中与格尔哈特·冯·夏恩霍斯特军遭遇。同年底，在吕贝克因弹尽粮绝被夏恩霍斯特俘获。后普法双方交换战俘，他与克洛德·维克多元帅对换。1807年5月，被任命为波美拉尼亚军队总督。1811年底，拿破仑侵入普鲁士，他被废黜。1813年2月28日，普法战争再度爆发，他以71岁的高龄恢复现役，先后参加了吕岑战役（5月1—2日）和包岑战役（5月20日），威风不减当年。8月26日，在卡岑布克重创埃蒂耶纳·麦克唐纳元帅指挥的法军。后挥师北上，攻占了莱比锡，并以此为基地，率联军于10月16—18日取得三次大捷，从而粉碎了拿破仑征服普鲁士的计划。鉴于其战功卓著，被晋升为元帅。1814年1月1日，他指挥联军越过莱茵河，进军法国，逼向马恩和巴黎。1月24日，普俄联军被拿破仑阻于布列讷地区。2月1日，在拉罗西雷地区他率军歼灭法军一支小部队。拿破仑一方面加强防御力量，分别在尚波贝尔（兰斯附近）之战（2月10日）、蒙米赖之战（2月11日）、蒂耶里堡之战（2月12日）、沃尚（蒙米赖附近）之战（2月14日）中与联军纠缠，以阻止联军推进；另一方面腾出力量来镇压南方施瓦岑贝格的奥地利人暴动。布吕歇尔乘机重新调整部署，不断增强攻势。3月7日，与法军小战于克拉奥讷。两天以后即3月9—10日，布吕歇尔率军击溃了法军向拉昂地区发起的进攻，直逼巴黎。3月30日，在蒙马特尔与其它国家的军队一道连败马尔蒙和莫尔蒂埃两位元帅指挥的法军。翌日，布吕歇尔亲自与法军签订了停战协议。不久（4月6日），拿破仑首先撕毁协议，战火重燃。布吕歇尔由于身体欠佳，退役居住于西西里的别墅。百日战争中，他重返军界。1815年3月8日被任命为驻比利时的普军总司令。1815年6月16日，他在利尼败于拿破仑。6月18日，他与法军战于瓦尔夫。战中，他不顾伤病和交通受威胁的情况，采纳了参谋长格奈泽瑙的建议，率四分之三的部队冒险脱离战斗，前往滑铁卢，配合惠灵顿公爵作战，仅留下四分之一的部队阻击艾曼纽埃尔元帅指挥的法军。他率领部队在普拉森托伊特向法军的左翼发起攻击，减轻了惠灵顿公爵军队在滑铁卢的压力，从而使联军在天黑之前打垮了法军。后来，布吕歇尔被封为瓦尔施泰特（位于波兰的莱格尼察附近）亲王，退休居住在西西里的别墅里。1819年9月12日卒于西西里的克里博尔维茨。

布吕歇尔缺乏修养、举止粗鲁。但有魄力且意志坚定，具有高超的指挥才能。他意识到高水平参谋部的重要性，因而很赏识并依赖其忠实的参谋长格奈泽瑙。他精力充沛，富有热情，这使他安然度过多次危机，并给普军带来了奥地利军和俄军不曾有的活力。但是，这些与拿破仑的才气相比，仍显得相形见绌。

DLB

参考：Friederich, Rudolf, Die Befreiungskriege 1813—1815.4 vols. Berlin, 1911—1913.

Petre, F. Lorraine, Napoleon at Bay, 1814. Reprint, London, 1977.

——, Napoleon's Last Campaign in Germany. Reprint, London, 1974.

Radke, Heinz, "Generalfeldmarschall Fürst Blücher von Wahlstadt." Deutsches Soldatenbuch 1969.

Warner, P., Napoleon's Enemies. London, 1976.

布鲁门塔尔，卡尔·康斯坦丁·阿尔布雷希特·莱昂哈特·冯（Blumenthal, Karl Konstantin Albrecht Leonhard von, 1810—1900年） 普鲁士陆军元帅。参加主要战争：丹麦战争（1848年）、石勒苏益格-荷尔斯泰因战争（1864年）、七周战争（1866年）和普法战争（1870—1871年）；参加主要战役（战斗）：迪伯尔之战（1864年）、阿尔森（阿尔斯）之战（1864年）、克尼格雷茨（赫拉德茨-克拉洛韦）之战（1866年）和巴黎围攻战（1870—1871年）。

布鲁门塔尔生于1810年，是路德维希和弗雷德里克·冯·布鲁门塔尔的儿子。1847年加入普鲁士陆军，在总参谋部任职。1848年3—8月参加短暂对抗丹麦的战争。1858年任查理·弗里德里希亲王的副官（助手）。在石勒苏益格-荷尔斯泰因战争中（1864年2月1日—8月1日），任查理·弗里德里希亲王的上校参谋长。在4月8日的迪伯尔之战、6月29日的阿尔森之战中表现出色。七周战争中任威廉·弗里德里希的第二军团参谋长，并促使第二军团参加了克尼格雷茨之战（1866年7月3日）。普法战争期间，他再次出任威廉·弗里德里希的第三军团参谋长。1870年9月19日—1871年1月26日，指挥德军围攻巴黎。期间曾反对俾斯麦炮击巴黎，但无效。战后，在军中担任一系列高级职务至退休。卒于1900年。

他沉着、果断，目光敏锐且具有善于分析的军事头脑，是一位杰出的参谋并具备独立指挥的才能。

PDM

参考：Blumenthal, Albrecht von, Journals of Field Marshal Count von Blumenthal for 1866 and 1870—1871. Translated by A. D. Gillespie-Addison. London, 1903.

布鲁门特雷特，君特·冯（Blumentritt, Gunther von, 1892—?） 纳粹德国陆军将领。参加主要战争：第一次世界大战（1914—1918年）、第二次世界大战（1939—1945年）；参加主要战役（战斗）：入侵波兰（1939年）、入侵法国（1940年）、入侵苏联（1941年）、法国战役（1944年）、德国本土战役（1944—1945年）。

布鲁门特雷特生于1892年。参加了第一次世界大战，时任低级军官。入侵波兰（1939年9月1日—10月5日）、法国和低地国家（1940年5月10日—6月25日）期间，负责为格尔德·冯·龙德施泰特元帅制定作战

计划。入侵苏联初期（1941 年 6 月—1942 年），任君特·冯·克卢格元帅的第四集团军参谋长，但后来又回到法国任龙德施泰特的参谋。负责制定了防止盟军在法国登陆的大部分作战计划，确信（像其他许多德军高级军官一样）盟军不会在诺曼底登陆。1944 年 7 月 20 日暗杀希特勒的阴谋败露后，尽管他显然与此事没有牵连，也没有引起希特勒的怀疑，但还是在 9 月被解职。1944 年 12 月—1945 年 4 月，任第十五集团军军长。

PDM

参考：Keegan, John. Who Was Who in World War Ⅱ. New York, 1978.

布伦特，詹姆斯·吉尔帕特里克（Blunt, James Gilpatrick, 1826—1881 年） 美国将军。参加主要战争：美国内战（1861—1865 年）；参加主要战役（战斗）：普雷里格罗佛之战（1862 年）、密苏里州列克星顿之战和独立城之战（1864 年）。

布伦特生于 1826 年，曾被训练成为一名医生。他献身于废奴主义事业，在移居堪萨斯州（1856 年）之后，与约翰·布朗交往甚密。1859 年成为怀恩多特委员会的委员。1861 年 7 月任堪萨斯第三志愿步兵团中校军官。1862 年 12 月 7 日，他作为准将，在普雷里格罗佛之战败于南部同盟军将军 T.C. 欣德曼手下。在列克星顿之战（1864 年 10 月 19 日）和独立城之战（10 月 22 日）中，再败在斯特林·普赖斯将军指挥的南部同盟军手下，但他的抵抗却使北部将军阿尔弗雷德·E. 普赖森通得以迂回包围普赖斯，并在韦斯特波特（堪萨斯城附近，10 月 23 日）消灭了普赖斯军。战后，布伦特成为土地所有权代理人，卒于 1881 年。

KH

参考：Warner, Ezra, Generals in Blue. Reprint, Baton Rouge, 1978.
DAB.

博特纳，海登（Boatner, Haydon, 1900—?） 美国将军。参加主要战争：第二次世界大战（1941—1945 年）、朝鲜战争（1950—1953 年）；参加主要战役（战斗）：缅甸北部战役（1943—1944 年）、巨济岛之战（1952 年）。

博克，费多尔·冯（Bock, Fedor von, 1880—1945 年） 纳粹德国陆军元帅。参加主要战争：第一次世界大战（1914—1918 年）、第二次世界大战（1939—1945 年）；参加主要战役（战斗）：波兰战役（1939 年）、法国战役（1940 年）、苏联战役（1941—1944 年）。

博克生于 1880 年。一战期间在德国军队中服役且表现突出。1919 年之后继续留在国防军。1931 年衔至中将并任第二步兵师师长。在占领奥地利（1938 年 3 月 12—13 日）和苏台德区（9 月 29—30 日）期间，指挥德国陆军部队。1939 年 9 月 1 日—10 月 5 日进攻波兰时任北方集团军群（第三和第四集团军）司令。1940 年 5—6 月进攻法国和低地国家时，指挥 B 集团军群（第六和第十八集团军）。5 月 10—15 日，博克的部队迅速占领荷兰和比利时北部。6 月 5—25 日挥师南下，继敦刻尔克之后组成德军进攻的右翼力量。8 月，同其他的 11 个高级司令官一起被提升为陆军元帅。在 1941 年 6 月 22 日开始的德国入侵苏联之战中指挥中央集团军群，在冬季末到和苏联援军设阻之前，于 11 月末向前推进至莫斯科郊区。12 月被希特勒解职。1942 年初瓦尔特·冯·赖歇瑙遭受打击之后，博克又被召请去指挥南方集团军群。指挥夺取沃罗涅日（6 月 23 日—7 月 6 日）的战斗和德国夏季攻势的早期阶段，但 7 月中旬在与希特勒争论之后又被解职。退役后卒于 1945 年。

作为一位有一定才干、技艺的野战司令官，博克对希特勒畸形战略计划的反对态度，导致了他的被解职。

PDM and DLB

参考：Keegan, John. Who Was Who in World War Ⅱ. New York, 1978.
Turney, Alfred W., Disaster at Moscow: Von Bock's Campaigns 1941—1942, Albuquerque. N. M., 1970.
NDB.

波丘特，埃德蒙德·加斯特·维克多（Boichut, Edmund Just Victor, 1864—1941 年） 法国将军。参加主要战争：第一次世界大战（1914—1918 年）、镇压里夫人起义（1920—1926 年）；参加主要战役（战斗）：第一次马恩河战役（1914 年）、凡尔登战役（1916 年）。

博伊格尼，伯努瓦·勒·博尔格尼，伯爵（Boigne, Benoit Le Borgne, Count de, 1751—1830 年） 法国萨伏依军事冒险家。参加主要战争：俄国-土耳其战争（1768—1774 年）、第二次迈索尔战争（1780—1783 年）、马拉达战役（1790—1793 年）；参加主要战役（战斗）：帕坦之战、梅尔达之战（1790 年）、拉凯里之战（1793 年）。

博伊格尼生于萨伏依法语区的尚贝里（1751 年）。1768 年加入法国陆军。后离开法军投效俄军（1773 年）。曾被土耳其人俘获（1774 年）。获释后前往印度，效力于英国的东印度公司（1778 年）。第二次迈索尔战争中与提普·萨希布作战，后离开该公司，投效于马拉达酋长马哈达吉·拉奥·辛迪亚（约 1788 年）。以欧洲方法训练辛迪亚的军队，并帮助他在帕坦之战（1790 年 6 月）和梅尔达之战（9 月）中打败了由帕坦人、拉杰布尔人和莫卧儿人混合而成的军队。因功劳被委任为辛迪亚军队总司令，后在拉凯里之战（1793 年 9 月）中打败敌对的马拉达酋长图可吉·霍尔卡。马哈达吉死（1794 年）后，继续效力于其继承人达乌赖特·拉奥·辛迪亚，但此后由于身体欠佳而去职（1795 年 12 月）。离开印度（1796 年 9 月）时已成富豪；曾在伦敦生活了一段时间，后返回

萨伏依并成为著名的慈善家。

PDM

参考：Bhattacharya, S., A Dictionary of Indian History. New York, 1967.
Buckland, C. E., Dictionary of Indian Biography. London, 1906.
Duff, J. G., History of the Mahrattas. 2 vols. London, 1878.

博伊索特，路易·德，德鲁阿鲁特勋爵（Boisot, Louis de, Lord de Ruart，卒于 1576 年） 荷兰弗莱芒族海军将军。参加主要战争：八十年战争（1566—1648 年）；参加主要战役（战斗）：瓦尔歇之战（1574 年）、莱顿之战（1574 年）、齐里克泽之战（1576 年）。

博伊索特生于布鲁塞尔，生年可能在 1525 年之前。在佛兰德是个有名望的人。后成为"海上乞丐"船队的领导者之一（最先的领导者是莱希，他秉承奥兰治的威廉指示，组建了以民用船攻击敌国船只的荷兰海上船队）。1573 年被任命为泽兰船队海军司令。1574 年担任荷兰海军司令。1574 年 1 月，指挥"海上乞丐"船队在斯海尔德河口附近的瓦尔歇击败了胡利安领导的西班牙舰队。同年 10 月 31 日，受威廉指示，利用莱顿城外的洪水，率领荷兰舰队给被围困在城内的荷军输送救济物资。1576 年，在增援齐里克泽城守军的作战中身亡。

博伊索特是个能干、有魄力、忠于职守的指挥员，是最优秀的"海上乞丐"船队领导者之一。

AL

参考：Geyl, Peter, The Revolt of the Netherlands. Reprint, New York, 1966.

布瓦松，皮埃尔（Boisson, Pierre, 1894—1948 年） 法国战士和殖民地管理者。参加主要战争：第一次世界大战（1914—1918 年）和第二次世界大战（1939—1945 年）；参加主要战役（战斗）：阿尔土瓦攻势（1915 年）、凡尔登战役（1916 年）。

玻利瓦尔，西蒙（Boli'ver, Simón, 1783—1830 年） "救星"，拉丁美洲西属殖民地独立战争领袖，将军及政治家。参加主要战争：拉丁美洲独立战争（1807—1825 年）；参加主要战役（战斗）：拉斯塔圭尼兹之战（1813 年）、阿劳利（在卡塔赫那东南）之战（1813 年）、拉维多利亚之战（1814 年）、圣马特奥之战（1814 年）、第一次卡拉沃沃之战（1814 年）、第一次拉普拉塔（在瓦勒拉西南）之战（1814 年）、圣玛丽亚（在波哥大附近）之战（1815 年）、巴塞罗那（委内瑞拉）之战（1816 年）、第二次拉普拉塔之战（1818 年）、波哥大之战（1819 年）、第二次卡拉沃沃之战（1821 年）、胡宁之战（1824 年）。

玻利瓦尔 1783 年 7 月 24 日生于加拉加斯的一个富裕的克里欧人家庭（在西印度群岛或拉美出生的欧洲人后裔）。6 岁时，他成为孤儿，被其叔收养，后又过继给其家庭教师。后到欧洲旅行并于 1799 年完成其学业，之后生活于西班牙，并于 1802 年娶一年轻的西班牙贵妇为妻。是年夫妇俩回到加拉加斯，但不久其妻病逝，玻利瓦尔遂于 1804 年前往欧洲。在那里，他博览群书，并同德国探险家亚历山大·冯·洪堡相遇，亲眼目睹了拿破仑一世的加冕典礼。1807 年返回美国东部的委内瑞拉。1808—1810 年期间，由于拿破仑罢免了倾向于西班牙的亲波旁王朝贵族的职务，从而使西班牙殖民者之间爆发了政治动乱，争夺权力的斗争显得异常残酷和混乱。1810 年 7 月，玻利瓦尔参与领导了委内瑞拉独立战争，并受委内瑞拉的委托随一个代表团赴英国，但却未能争得援助。随后加入米兰达率领的流亡力量；此前的 1806 年，米兰达曾在委内瑞拉举行了一次不成功的起义。1811 年 3 月返回委内瑞拉。1811 年 7 月 5 日亲睹独立声明，随后参加了新的共和国军队。他指挥了要塞普埃图-卡贝洛的战斗，被其下属出卖——共和国军队总司令米兰达于 1812 年 7 月向西班牙胡安·多敏戈·蒙特威尔德投降。玻利瓦尔逃亡至新格林纳达（今哥伦比亚），重新征集一支志愿军以解放委内瑞拉。1813 年 5 月攻入委内瑞拉，在六次残酷的战斗中，打败西班牙军队。这六次战斗中有拉斯塔圭尼兹之战、攻占奥卡尼亚以及 8 月 6 日控制加拉加斯的战斗。因此荣获"救星"的称号。但由于新政权没有得到广大人民的拥护，从而同保皇派死党的坚决支持者发生了激烈的内战。1813 年 12 月 5 日，玻利瓦尔在阿劳利战胜了蒙特德。1814 年 2 月，在拉维多利亚战胜约瑟·托马斯·包维兹。3 月取得圣马特奥之战的胜利。5 月夺取第一次卡拉沃沃之战的胜利。7 月，在第一次拉普拉塔之战中惨败；此战保皇派军队中包括有从奥林诺克河谷来的牛仔组成的非正规骑兵。玻利瓦尔遂再次逃亡新格林纳达。此后，他再任那里的军队总指挥，随后解放波哥大。1815 年在圣玛丽亚被西班牙军队打败，逃亡至牙买加。在那里他撰写了著名的文告《来自牙买加的书信》，1816 年 12 月，玻利瓦尔返回委内瑞拉。1817 年 2 月 16 日，在巴塞罗那附近打败莫里洛。1818 年 3 月 15 日，在第二次拉普拉塔之战中再次战败。1818—1819 年，玻利瓦尔在参加过拿破仑战争的英格兰和爱尔兰老兵的协助下，撤至奥林诺克地区，并组建一支新军。同约瑟·安东尼奥·帕兹及弗朗西斯科·德·保拉·圣坦德尔的革命军队会师于平原后，玻利瓦尔决定解放新格林纳达。1819 年 6 月 11 日，他率 2500 人离开其在玻利瓦尔城的基地，迅速穿越委内瑞拉，横渡 10 条河流（这些河流大部分均处于洪水泛滥期），不久，又从冰面上渡过安第斯河，穿越"不可逾越"的皮斯瓦山口，7 月 6 日进入萨加摩索河地区。1819 年 8 月 7 日，在波哥大出其不意地突然进攻西班牙军队，将其彻底打败。随即，他建立共和国，当选为总统。1820 年春，创建"大哥伦比亚"共和国，包括委内瑞拉、哥伦

比亚和厄瓜多尔。1820 年 11 月 25 日—1821 年 4 月 28 日，同帕芳·莫罗休战。战争再次爆发之时，西班牙保皇派已被国内的革命所削弱。1821 年 6 月 25 日，在第二次卡拉沃沃之战中，玻利瓦尔打败了密格尔·德·拉·托里，随后解放了加拉加斯。1821 年末，在其副手安东尼奥·德·苏克雷的协助下，进入现在的厄瓜多尔。1822 年 4 月 7 日，在波姆比诺之战中，玻利瓦尔受到保皇派军队的阻击，在山区的北部停止了进军。此时，苏克雷沿海岸悄悄进发，在 5 月 24 日的皮琴察之战中打败西班牙军队。6 月 16 日，玻利瓦尔与苏克雷会师于基多。7 月 22—27 日，同圣马丁在瓜亚基尔举行秘密会议，会议的细节和决议等已不为人知。1823 年 9 月，玻利瓦尔赴利马，组建新军队，以解放秘鲁。在 1824 年 8 月 6 日的胡宁之战中，玻利瓦尔在苏克雷的帮助下，打败了由约瑟·坎特拉克将军指挥的保皇派军队。但在 12 月 9 日的阿亚库乔之战中，苏克雷取得了更大的胜利——他彻底打败了约瑟·德·拉·塞尔纳。玻利瓦尔遂命苏克雷去解放上秘鲁。为纪念玻利瓦尔，上秘鲁后来被当地居民于 1825 年 8 月重新命名为玻利维亚。玻利瓦尔为新的共和国制定了宪法。1826 年，他在巴拿马召集了一个美洲会议，以促进拉丁美洲的统一；但出席会议的人员很少，收效甚微。后卷入大哥伦比亚的政治纷争中，于 1828 年 9 月 25 日几乎被谋杀。1829 年，约瑟·玛丽亚·哥尔多巴叛乱，加上委内瑞拉脱离共和国，使玻利瓦尔遭到重大打击。此时，他的身体状况恶化。1830 年 5 月 4 日，为避免更大的流血冲突，他离开波哥大，前往欧洲。1830 年 12 月 17 日因肺结核病卒于圣马尔塔附近。

玻利瓦尔才能卓越、智力超群、雄心勃勃、英勇顽强、魅力超凡、宽宏大度。他所取得的军事成就，足以说明他足智多谋、尽心尽力，有着非凡的战略头脑。但他并不是一位优秀的战术家。尽管如此，他仍不愧为一位有天赋的作家和卓越的政治家。他将毕生的精力用于美洲大陆的前途以及独立的共和政体的建立；后者对拉丁美洲的政策产生了永久性的影响。

DLB

参考：Lecuna, Vicente, Crónica rasonada de las guerras de Bolivar. 3 vols. New York. 1950.

——, ed, Cartas del Libertador, 12 vols. 1929—1959.

Madariaga, S. de, Bolívar, 2 vols. 1952.

Masur, Gerhard, Simón Bolivar. 1949.

波拿巴，欧仁·路易·让·约瑟夫·拿破仑（Bonaparte, Eugene Louis Jean Joseph Napoleon, 1856—1879 年） 拿破仑三世之子，绰号“帝国王子”，英帝国王位的法国觊觎者，英国海军军官。参加主要战争：普法战争（1870—1871 年）、祖鲁战争（1879 年）；参加主要战役（战斗）：萨尔布吕肯之战（1870 年）。

波拿巴，日罗姆（Bonaparte, Jérôome, 1784—1860 年） 拿破仑之弟，法国将军，西帕利亚国王。参加主要战争：拿破仑战争（1800—1815 年）；参加主要战役（战斗）：滑铁卢之战（1815 年）。

波拿巴，约瑟夫（Bonaparte, Joseph, 1768—1844 年） 拿破仑之兄。法国将军，那不勒斯国王，西班牙国王。参加主要战争：法国大革命战争（1792—1799 年）、拿破仑战争（1800—1815 年）；参加主要战役（战斗）：维多利亚之战（1813 年）。

波拿巴，路易（Bonaparte, Louis, 1778—1846 年） 拿破仑·波拿巴之弟，法国将军，荷兰国王。参加主要战争：法国大革命战争（1792—1799 年）、拿破仑战争（1800—1815 年）。

博尼法修斯（Bonifacius, 约 380—432 年） 罗马将军。参加主要战争：抗击西哥特人入侵高卢（412—414 年）、抗击汪达尔人入侵非洲（429—435 年）；参加主要战役（战斗）：马西利亚（马赛）之战（413 年）、希波勒吉斯（位于阿尔及利亚的波尼）之战（430 年）、拉文纳之战（432 年）。

博尼法修斯约生于 380 年，可能是一位色雷斯人。413 年，他率军防守马西利亚，抗击西哥特首领阿陶夫的进攻。出任保民官，在非洲协助指挥部队，抵御柏柏尔人的侵袭。422 年成为伯爵。423—428 年间，在西班牙时断时续地同汪达尔人进行了一些小规模作战。在约翰篡权期间（428 年），他坚定地支持瓦伦提尼安三世，其忠诚得到瓦伦提尼安的赏识，遂派他出任非洲总督。由于艾提亚斯的权力不断膨胀，引起了博尼法修斯的疑心，他举兵反叛，并约请盖塞里克率汪达尔军队入侵非洲以配合自己的行动。但很快同罗马皇帝达成谅解，又和好如初，转而同昔日的盟友汪达尔人作战。然而他在希波勒吉斯城外两次被盖塞里克击败，并被围困于城内（430 年）。431 年底，被瓦伦提尼安三世的妻子加尔利娅·普拉西迪娅召回罗马，出任军事统帅（野战元帅），以抵消艾提亚斯日益增长的权力。432 年春（?），他率军在拉文纳附近击败了艾提亚斯的军队，却在作战中身负重伤，卒于不久之后。

博尼法修斯是一位坚决果断、精力充沛的军人。他为个人利益而同盖塞里克结盟的行动，给罗马帝国的未来带来了悲惨的后果。他自私自利而又野心勃勃，为了其私欲而不惜牺牲大众的幸福。

SAS

参考：Bury, J. B., History of the Later Roman Empire. 2 vols. 1889. Reprint, New York, 1958.

Stein, Ernest, Histoire du Bas-Empire. 2 vols. Brussels, 1959.

布诺，路易(Bonneau, Louis, 1851—1938 年) 法国将军。参加主要战争：普法战争（1870—1871 年）、第一次世界大战（1914—1918 年）；参加主要战役（战斗）：圣普利瓦特之战（1870 年）、努瓦塞维尔（梅斯附近）之战（1870 年）、梅斯围攻战（1870 年）、米卢兹之战（1914 年）。

博尼瓦特，吉约姆·古菲尔(Bonnivet, Guillaume Couffier, 约1488—1525 年) 法国海军将领。参加主要战争：神圣同盟战争（1510—1514 年）、第一次哈布斯堡-瓦卢瓦之战（1521—1525 年）；参加主要战役（战斗）：热那亚之战（1507 年）、吉纳盖特（位于圣奥梅尔附近）之战（1513 年）、马林雅诺之战（1515 年）、塞西尔河之战（1524 年）、帕维亚之战（1525 年）。

古菲尔约生于 1488 年，是吉约姆·古菲尔·德·布瓦西和菲利皮内·德·蒙莫朗西夫妇的儿子。因取得 1507 年热那亚之战和 1513 年 8 月 16 日“金马刺”战役的胜利，开始崭露锋芒。为表彰他的战功，1515 年被弗朗西斯一世授予海军上将。1515 年 9 月 13—14 日，在马林雅诺血战中，打败瑞士军队。1518 年随外交使团出访英格兰。1519 年，他以国王弗朗西斯代表的身份出席美因河畔法兰克福神圣罗马帝国国会例会。1521 年，他率领军队攻占了纳瓦拉地区的丰塔拉维亚（又译丰特拉维亚）。1523 年，他被派往意大利，指挥法军夺得纳瓦拉。此后被普罗斯佩罗·科伦纳的迟滞战术牵制。1524 年 4 月 3 日，他在塞西尔河支流的冬季营地遭突袭，损失了大批人马。1524 年 9 月，他率大军撤回意大利境内。1525 年 2 月 24 日，在帕维亚之战中战死。

古菲尔有勇无谋，是一位浪荡公子和好色之徒。

AL

参考：Oman, Sir Charles W. C. A History of the Art of War in the Sixteenth Century. New York, 1937.
Wilkinson, Burke. Francis in All His Glory. New York, 1977.

博诺，埃米利奥·德(Bono, Emilio de, 1866—1944 年) 意大利将军、法西斯主义者。参加主要战争：意大利-埃塞俄比亚战争（1887—1888 年）、意大利-土耳其战争（1911—1912 年）、第一次世界大战（1915—1918 年）和第二次世界大战（1940—1944 年）；参加主要战役（战斗）：伊松佐河之战（1915 年）、特兰蒂诺之战（1916 年）和皮亚韦河之战（1918 年）。

博诺生于 1866 年。1884 年参加意大利枪队，在对埃塞俄比亚的短期侵略战争（1887 年 1 月—1888 年）中首次参战。1911 年 9 月 29 日—1912 年 10 月 15 日意大利-土耳其战争期间，为中校军衔，在利比亚任职。意大利参战后任第二军参谋长（1915 年 5 月 23 日）。作为上校于 7—12 月前几次伊松佐河之战中指挥意大利枪团在卡索（里雅斯特附近的克拉斯）地区作战，崭露头角。1916 年 5 月 8 日—6 月 10 日奥军在特伦蒂诺实施攻势期间，他作为少将指挥萨沃纳旅和第三十八师作战。1918 年 3 月任第九军军长，率部参加皮亚韦河之战（6 月 13 日—7 月 1 日）。该年后期晋升为中将。战后，参加了准军事组织的成立，该组织成为法西斯党黑衫军（CCNN）的基础。在给贝尼托·墨索里尼带来权力的“罗马进军”中发挥了重要作用（1922 年 10 月）。1922—1935 年间任公共安全局局长、的黎波里塔尼亚总督、殖民地部长。在侵略埃塞俄比亚的初期，任意军司令，直到被彼得罗·巴多利奥元帅取代（1935 年 12 月）。1942 年任国务部长，参加了法西斯最高委员会会议；该会议导致了墨索里尼的下台（1943 年 7 月 24 日）。当墨索里尼在意大利北部成为德国的傀儡统治者后，博诺遭逮捕，被审判并处死（1944 年 1 月）。

博诺是一位狂热、给人以深刻印象的扩张主义军人，亦是狂热的军国主义者。

PDM

参考：Enciclopedia italiana, Vol, 12. Rome, 1931.
Enciclopedia italiana: Appendice 1938—1948, Vol. Ⅱ. Rome, 1948.

布恩，丹尼尔(Boone, Daniel, 1734—1820 年) 美国边境居民和民兵军官。参加主要战争：法国与印第安人的战争（1754—1763 年）、邓莫尔勋爵之战（1774 年）、美国独立战争（1775—1783 年）；参加主要战役（战斗）：迪尤肯之战（1775 年）、布恩斯堡之战（1778 年）、布卢利克斯（肯塔基境内）之战（1782 年）。

布恩 1734 年 11 月 2 日生于宾夕法尼亚的雷丁，曾学习阅读与写作，但正式上学甚少。随家迁往北卡罗来纳边境（1750 年），以狩猎为生。在布拉多克对迪尤肯堡进行的那场灾难性的远征（1755 年 6—8 月）中任马车驭手。前往肯塔基探险和捕猎，并一度定居那里（1767—1773 年）。曾奉邓莫尔总督之命去肯塔基向那里的测量员通报有印第安人来袭的危险（1774 年）。在肯塔基帮助建立了第一批固定的白人定居点（1775 年 3 月），并携妻女生活于布恩斯堡（8 月）。肯塔基成为弗吉尼亚的一个县（1776 年）、卷入与印第安人的小冲突（1776—1778 年）时，担任弗吉尼亚民兵上尉。后为肖尼人所俘并为其酋长“黑鱼”留用。他曾逃脱并向布恩斯堡通报肖尼人的进攻，从而帮助该地居民进行了 10 天的反围城战（1778 年 9 月）。任民兵中校时帮助解除了布赖因基地（列克星顿附近）之围（1782 年 8 月 18 日），后随约翰·托德上校进行追击。这次追击未接受布恩的建议，考虑不周。印第安人回军作战时，他参加了布卢利克斯（肯塔基的美斯利克附近）之战（8 月 19 日）。他曾广占土地，但未能保住它们。曾三次参加弗吉尼亚议会（1781 年、1784 年、1791 年）。后携其子丹尼尔·摩根·布恩迁居密苏里（1799 年），在那里捕猎，但在获取土地方面未有作为。1820 年 9 月 26 日（?）卒于

圣查尔斯县。

布恩是一位知权达变、血气方刚的边境战士，最完美的边境居民。他诚实、谦恭、勇敢。尽管战绩显赫，但一生穷困。

AS and DLB

参考：Bakeless, John E., Daniel Boone. New York, 1939.
Thwaites, Reuben G., Daniel Boone. N. P., 1902.
DAB.

博尔盖塞，瓦莱里奥亲王（Borghese, Prince Valerio, 1912—1974 年） 意大利海军军官、法西斯主义者。参加主要战争：第二次世界大战（1940—1945 年）。

博尔盖塞 1912 年生于罗马，是利维奥·博尔盖塞亲王与其妻瓦莱里亚·科因之子。1940 年 5 月，意大利参战时，加入意大利海军，任潜艇艇长。1940 年 9 月，他指挥其潜艇运送几艘可载两人的“人操鱼雷艇”（载有水雷的袖珍艇）到西班牙的阿尔赫西拉斯，攻击直布罗陀海峡的英国运输船；这时他对“突击艇”产生兴趣。1941 年初，任第十轻型舰队水下舰艇部队指挥官；这支部队专门用这类武器作战。1941 年 12 月 18—19 日夜间，指挥 3 艘人操鱼雷艇进入亚历山大港，在“勇士”号和“伊丽莎白王后”号战列舰上放置了定时水雷，使这两艘战列舰几个月内都无法投入作战。1943 年 5 月，任第十轻型舰队司令。他继续指挥对直布罗陀海峡英国运输船只的袭击作战，以 3 人被杀和 3 人被俘的代价摧毁了73 000吨的英国舰只。1943 年 9 月，意大利与盟军达成停战协定，他的袭击战才告终止。这时他正计划攻击纽约。1943—1945 年，任墨索里尼在意大利北部成立的所谓萨洛共和国反游击队特种部队指挥官。战后致力于新法西斯主义政治活动。1974 年卒于罗马附近。

博尔盖塞凶悍残忍，狡诈万分，堪称第二次世界大战中意大利最有成效的指挥官。他的大胆尝试启发了英国人，他们用类似的办法击沉了德国战列舰“蒂尔皮茨”号。

PDM

参考：Borghese, Valerio, Sea Devils. English translation, New York, 1952.
Bragadin, M. A., The Italian Navy in World War Ⅱ. Annapolis, 1957.
Warren, C. E. T., and James Benson, The Midget Raiders: The Wartime Story of Human Torpedoes and Midget Submarines. New York, n. d.

博尔吉亚，切扎雷，巴伦蒂诺斯公爵（Borgia, Cesare, Duke of Valentinois, 1475—1507 年） 西班牙-意大利将军和政治家。参加主要战争：征服罗马涅战争（1499—1503 年）、纳瓦雷斯战争（1506—1512 年）。

博尔吉亚 1475 年生于西班牙，是后来成为教皇的罗德里戈·博尔吉亚和他情妇万诺萨·代·卡塔内的第二个儿子。早年司职于教堂，后在比萨和佩鲁贾大学学习（1490—1492 年）。1492 年他父亲被选为教皇即亚历山大六世，他本人升任巴伦西亚大主教，1493 年再升为红衣主教。此后他成为教皇可信的政治顾问。1497 年 6 月他哥哥甘迪亚和贝内文托公爵乔瓦尼去世。1498 年 8 月他辞去红衣主教之职，从神职中解脱出来，从事非宗教性事务。1499 年，他与法国国王路易十二世的妹妹夏洛特·德·阿尔贝特结婚，为此路易十二世封他为巴伦蒂诺斯公爵。同年任教皇军司令，并开始了征服罗马涅的战争。12 月占领了伊莫拉。1500 年 1 月，又接连攻占了弗利和福林波波利。3 月夺取切泽纳，而后回师罗马，出任罗马涅教堂牧师。10 月攻占了里米尼和佩扎罗。1501 年 4 月攻破了法恩扎。1502 年 2 月自立为罗马涅公爵。此后率军乘胜前进攻下了乌尔比诺（6 月 2 日）和卡梅拉诺（7 月）。1502 年 12 月 31 日，他残酷地镇压了拉马其诺的反叛，攻占塞尼加利亚，包括奥西尼的几个地区，并在那里处死谋反首领。1503 年春夏之交，继续攻占佩鲁贾、契塔德勒皮埃维（佩鲁贾附近）以及锡耶纳附近的一些地方。但其计划在 1503 年 8 月 18 日亚历山大六世去世后遭到重大挫折。他求助于教皇尤利乌斯二世，但遭拒绝，1503 年 11 月被逮捕。1504 年 4 月被释放后，前往那不勒斯总督贡萨洛·德·科尔多瓦处寻求避难。不久，阿拉贡国王斐迪南下令逮捕了他。1506 年 10 月他在西班牙被监禁时逃跑，投奔其姐夫纳瓦拉国王。1507 年 3 月 12 日围攻维亚纳时，卒于纳瓦拉。

切扎雷·博尔吉亚刚愎自用、残酷无情，是文艺复兴时期典型的皇家子弟。马基雅维利非常推崇他。他的拙劣军事谋略，使其作战艺术和政策相当乏善可陈。

DLB

参考：Machiavelli, Niccolò, The Prince.
——, Discourses on Titus Livius.
Mallett. Michael E., The Borgias. London, 1969.
Sanuto, Marino, I diarii. Edited by R. Fulin et al. 56 vols. N. P., 1879—1902.

博罗耶维奇·埃德勒·冯·博伊纳，斯韦托扎尔男爵（Borojevic Edler von Bojna, Svetozar Baron, 1856—1920 年） 奥匈帝国陆军元帅。参加主要战争：第一次世界大战（1914—1918 年）；参加主要战役（战斗）：扎莫什奇-科马罗夫之战（1914 年）、戈尔利采-塔尔诺夫之战（1915 年）、第一到第十一次伊松佐河之战（1915—1917 年）、卡波雷托（科巴里德）之战（1917 年）、皮亚韦河之战和维托里奥威尼托之战（1918 年）。

博罗耶维奇 1856 年生于克罗地亚的乌梅提克，其父是边界警卫军官。1875 年进入利伯瑙候补军官学校，毕业后任步兵中尉，逐步升至总参谋部军官和特里申军事学院教员（1887 年）。1892 年升少将，任第六军参谋长。1898 年任第七军军长。1907 年任阿格拉姆（萨格勒布）民兵区司令。1913 年升陆军上将，任枢密顾问官。1914

年 8 月 26—30 日指挥第六军在加利西亚参加扎莫什奇-科马罗夫之战。后任奥匈第三集团军司令，支援奥古斯都·冯·马肯森将军指挥的德军第十一集团军在戈尔利采-塔尔诺夫实施的进攻（1915 年 5 月 1 日—6 月中）。1915 年 6 月 23 日—1917 年 9 月 15 日在意大利战线指挥奥匈第五集团军。他充分利用地形上的优势，阻止了意军在伊松佐河发动的 11 次进攻，使意军进展甚小。在 10 月 24 日—11 月 12 日的卡波雷托攻势中指挥奥匈部队，由于缺少马匹，难以实施有效的追击。后任皮亚韦河战线奥匈军司令官，在 1918 年 6 月 13 日—7 月 1 日的皮亚韦河之战中指挥东半部的奥军进攻。在 10 月 24 日—11 月 4 日的维托里奥威尼托之战中没能阻止意军最后的攻势。他企图在奥地利腹地组织最后的抵抗，未果。新的南斯拉夫允许他返回在克罗地亚的家乡，但被其拒绝。他从奥地利政府领取退休金，1920 年 5 月 23 日卒于克拉根福。

博罗耶维奇具有能力，意志坚强，并深受欢迎。他是第一次世界大战期间奥匈军最好的陆军将领之一。他对意军伊松佐河攻势的抵抗是巧妙的，并且总的来说是成功的。

PDM

参考：Enciklopedija Jugoslavije, Vol. Ⅰ. Zagreb, 1955.

Hrvatska enciklopedija, Vol. Ⅲ. Zagreb, 1942.

Österreichisches biographisches Lexikon, 1815—1950. Vol. Ⅰ. Vienna, 1952.

Wick, Franz, "Feldmarschall Svetozar Boroevic Edler von Boja." Deutsches Soldatenjahrbuch. Munich, 1970.

博斯科恩，爱德华（Boscawen, Edward, 1711—1761 年） 绰号"老顽童"，英国海军元帅。参加主要战争：对西班牙的战争（1739—1742 年）、奥地利王位继承战争（1740—1748 年）、七年战争（1756—1763 年）；参加主要战役（战斗）：贝卢港（巴拿马的贝卢港）之战（1739 年）、卡塔赫纳（哥伦比亚）围困战（1741 年）、菲尼斯特雷角之战（1747 年）、路易斯堡围困战（1758 年）、拉各斯湾（葡萄牙）之战（1759 年）。

博斯科恩生于 1711 年 8 月 19 日，法尔茅斯子爵休的第三子。年幼时即参加海军，并在西印度群岛首次参加战斗（1726 年）。在爱德华·维农海军上将指挥的贝卢港之战（1739 年 11 月 21—22 日）和未获胜利的卡塔赫纳围困战（1741 年 3 月 9 日—4 月 14 日）中发挥了重要作用。曾任特鲁罗议员（1742 年）。在菲尼斯特雷角附近拦截并打败法国商船队及其护航舰队，俘获法军的全部 7 艘军舰和商船队中的若干商船（1747 年 5 月 14 日）。奉命率援兵前往印度。到达后，迫使约瑟夫·杜普莱克斯将军解除了对圣乔治堡（马德拉斯附近）的包围（1748 年 4 月）；但杜普莱克斯的顽强防御使他未能攻克本地治里（9 月 19 日—10 月 11 日）。在纽芬兰附近俘获法国军舰"阿尔奇德"号和"利斯"号（1755 年 4 月），从而引发了七年战争。后晋升为海军上将，协助杰弗里·安赫斯特将军围困并攻克了布雷顿角岛上的法军要塞路易斯堡（1758 年 6 月 8 日—7 月 26 日）。任地中海舰队司令时，在拉各斯湾打败了德·勒·克吕的土伦舰队（12 艘法国军舰中有 3 艘被俘，2 艘被击沉），从而阻止了其海军支援入侵英国所必须的集结（1759 年 8 月 18 日）。后任陆战队上将（1760 年 12 年）。同年晋升元帅。卒于 1761 年 1 月 10 日。

博斯科恩是一位血气方刚、果敢英勇、富于进取精神的海军指挥官，七年战争期间英国一流的水兵。他的猝死结束了其锦绣前程。

TM and DLB

参考：Cresswell, John, British Admirals of the Eighteenth Century. N. P., C. 1946.

Kemp, K., ed., "Boscawen's Letters to His Wife, 1755—1760." Naval Miscellany, Vol. Ⅳ (1952).

博斯凯，皮埃尔·法兰西斯·约瑟夫（Bosqet, Pierre François Joseph, 1810—1861 年） 法国元帅。参加主要战争：征服阿尔及利亚战争（1831—1849 年）和克里木战争（1853—1856 年）；参加主要战役（战斗）：西迪斯科第之战（1841 年）、瓦迪（河）米勒之战（拉马斯附近，1841 年）、阿尔马之战（1854 年）和英克曼之战（塞瓦斯托波尔附近，1854 年）。

博斯凯生于 1810 年，毕业于一所综合工艺学校。1834 年 1 月 1 日被晋升为中尉并赴阿尔及利亚作战。在 1841 年 1 月 14 日的西迪斯科第战斗和 7 月 17 日的瓦迪米勒战斗中负伤。后稳步晋升，于 1848 年 8 月 17 日衔至准将。1852 年指挥一个师对小卡贝亚里（阿尔及利亚海岸）实施进攻。1853 年 8 月 10 日晋升少将。1852 年指挥东部军团的一个师，于 9 月初抵克里木。阿尔马战斗中（9 月 20 日）率军翻越了在常人看来是不可逾越的悬崖，出人意料地袭击了俄国军队的左翼（朝海的一侧）。英克曼战役中（11 月 5 日），率领第一、二师解救了处境艰难的英国部队，受到了英军司令官拉格伦勋爵及议会的赞赏。1855 年 9 月 8 日在马拉科夫战役中身负重伤。返回法国后，1855 年 9 月 22 日获"洪诺勋章"，并被晋升为法国元帅。1858 年 7 月中风，从此未能康复。卒于 1861 年 2 月 4 日。

PDM

参考：Bazancourt, César, L'expédition de Crimée jusqu'à Sebastopol. Milan, 1856.

Dictionnaire de biographie française, Vol. Ⅵ. Paris, 1954.

波苏伯爵，马克西米利安·德·赫尼恩-列塔德伯爵（Bossu, Maximilien de Hennin-Lietard, Count of, 卒于 1578 年） 弗莱芒将军。参加主要战争：八十年战争（1567—1648

年)；参加主要战役（战斗）：德尔夫萨文（鹿特丹郊区）之战（1572 年）、哈勒姆湖之战（1573 年）、须德海之战（1573 年）、赖纳蒙兹之战（1578 年）。

博塔，路易斯（Botha，Louis，1862—1919 年） 南非布尔人元帅。参加主要战争：英布战争（1899—1902 年）；参加主要战役（战斗）：塔拉那之战（邓迪附近，1899 年）、莱迪史密斯之战（1899 年）、科伦索之战（彼得马里茨堡附近，1899 年）、斯皮恩阔普之战（1900 年）、维拉克鲁兹之战（均在莱迪史密斯附近，1900 年）、贝赫达尔之战（1900 年）、布卢德里沃波尔特之战（1901 年）。

博塔 1862 年 9 月 27 日生于纳塔尔的格雷城附近。几乎没有受过正规的教育。1884 年参与组建在弗雷黑德成立的新共和国，并定居于此。1894 年成为弗雷黑德野战骑兵的旗手。1898 年竞选进入了德兰士瓦议会。作为一位温和派政治家，他反对与英国交战（1899 年 10 月）。英布战争爆发后，作为一名指挥官，其才能迅速显现，被擢升为彼得鲁斯·朱伯特将军的副手，连续取得了塔拉那之战（1899 年 10 月 20 日）和莱迪史密斯之战（10 月 30 日）的重大胜利，名声大噪。1899 年 11 月 2 日—1900 年 2 月 28 日，他指挥部队围攻莱迪史密斯。11 月 23 日朱伯特将军坠马负重伤后，博塔就任总指挥。在最初的战斗中，他率领军队多次粉碎了雷德弗斯·布勒爵士的救援行动，如 1899 年 12 月 15 日的科伦索之战、1900 年 1 月 24 日的斯皮恩阔普之战和 2 月 5—7 日的维拉克鲁兹之战。图盖拉河战斗中（2 月 7—8 日），他遭到迂回攻击。1900 年 5 月 14 日，他折回而越过莱迪史密斯，后被布勒逼出比加斯伯格山（沿纳塔尔奥兰治自由联邦边界）的阵地。8 月 27 日，在贝赫达尔的一次大规模作战中被布勒击败。在德兰士瓦东北地区及后来的一系列作战中，他主要实施游击战。1901 年 9 月，他在简·斯穆茨的支援下进攻纳塔尔，袭击开普殖民地。1901 年 9 月 17 日在击败了休伯特·高夫中校，经激战被逐出塔拉那和普罗斯佩克特要塞（两地都在德兰士瓦和祖鲁兰交界处（1901 年 9 月 26 日）后，匆忙撤回。1901 年 10 月 30 日在布卢德里沃波尔特（德兰士瓦东部）以惨重的代价击败了 G.E. 本森的后卫部队。到 1902 年初其部队已非常疲惫。1902 年 5 月出席了在弗里欣尼举行的和谈，5 月 31 日签署了《弗里欣尼条约》。战争结束后，他进入政坛，在简·斯穆茨的支持下，致力于英国人与布尔人各派别的和解与南非的自治（1902—1907 年）。1910 年 5 月 31 日，当选为南非新联邦首任总理直至去世。在任期间，继续推行温和政策，平定了主要的保守派 C.F. 拜耶和 C.R. 德韦特发动的叛乱（1914 年 9 月—1915 年 2 月），宣布了他的政府对原德属西南非洲的主权。1915 年 2 月—7 月 9 日，率军侵入并占领了西南非洲。怀着对德国人苛刻条款的忧虑，他签署了《凡尔赛条约》。返回南非后，卒于 1919 年 8 月 27 日的比勒陀利亚。

博塔是一位称职的战略家和一位有才能的战术家，具有处理与民众关系的天才。作为英布战争中最杰出的布尔人将军，他特别长于游击战。

DLB

参考：Engelenburg，F. V.，General Louis Botha. N. P.，1929.

Farwell，Byron，The Great Anglo-Boer War. New York，1977.

Pakenham，Thomas，The Boer War. New York，1979.

Williams，Basil，Botha，Smuts，and South Africa. London，1946.

博特默，费利克斯·冯（Bothmer，Felix von，1852—1937 年） 德国将军。参加主要战争：第一次世界大战（1914—1918 年）；参加主要战役（战斗）：洛林之战（1914 年）、斯特雷河之战（1915 年）、布鲁西洛夫攻势（1916 年）和克伦斯基攻势（1917 年）。

博特默 1852 年生于慕尼黑，后参加巴伐利亚军队，1900 年升至亲王所属团队的中校。1905 年升中将和第二师师长，可能在 1914 年 10 月受命指挥在佛兰德的巴伐利亚第六预备役师。1915 年 1 月前往加利西亚任第二预备役军军长，在喀尔巴阡山脉和加利西亚的作战中脱颖而出，于 1915 年 5 月中旬德军在斯特雷的突破后声名远扬。1915 年 7 月 6 日任南方集团军司令，对于牵制阿列克谢·布鲁西洛夫将军在加利西亚的攻势（1916 年 6 月 4 日—9 月 20 日）起到关键作用。虽然遭到克伦斯基攻势（由布鲁西洛夫计划）的突然打击，但他反应迅速，阻止并打退了俄军的进攻（1917 年 6 月 29 日—7 月 23 日）。7—12 月率军进入俄国南部。1918 年前往洛林指挥第十九集团军。战后退休，卒于 1937 年。

博特默是一位机智、勇敢并富有能力的指挥官，尽管他缺乏参谋工作的训练。

PDM

参考：Buchan，John，History of the Great War. 4 vols. Boston，1923.

NDB.

布锡考特，让二世·勒·曼格尔（Bouciqualt⟨Boucicault⟩，Jean Ⅱ le Meingre，约 1366—1421 年） 法国元帅。参加主要战争：英法百年战争（1337—1453 年）、佛兰德叛乱（1382 年）、尼科波利斯十字军圣战（1396 年）；参加主要战役（战斗）：罗斯拜克之战（东佛兰德，鲁瑟拉勒附近，1382 年）、尼科波利斯之战（苏萨哈里，1396 年）、君士坦丁堡围攻战（1391—1399 年）、阿金库尔之战（1415 年）。

布锡考特生于 1366 年，法国元帅让·勒·曼格尔之子，人称布锡考特。佛兰德叛乱期间在法军中服役，曾

参加1382年的罗斯拜克之战。1391年12月23日查理六世任命他为法国元帅。1396年在勃艮第"无畏"的约翰公爵麾下参加在匈牙利进行的尼科波利斯十字军圣战。1396年9月(?)，土耳其在尼科波利斯要塞外击溃十字军，他本人亦被俘，后被赎回。率领一支1400人的援军进抵已为土耳其人包围的君士坦丁堡。大约在1398年后期，在加利波利击退土耳其一支舰队，并屡挫土耳其人的进攻。1399年后期回到法国招募志愿者，但却被派往掌管热那亚(1400—1408年)。当他返回法国时，该城发生暴动，并重获自由。参加1415年10月24日进行的阿金库尔之战，被俘。卒于1421年。

布锡考特是一位著名的军人，以其迂回战术而著称。他也是一位充满活力和富于谋略的指挥官，一位公正、有才干的行政官员。

DLB

参考：Michaud, J. F., and J. J. Poujoulat, eds. Le livre des faicts du bon messire Jean le Maingre, dit Boucicault... Paris, 1836.

Oman, Sir Charles W. C., The Art of War in the Middle Ages. 2 vols. 1924. Reprint, Ithaca, N. Y., 1960.

布夫莱侯爵和公爵，路易·弗朗索瓦(Boufflers, Louis François, Marquis and Duke de, 1644—1711年) 法国元帅。参加主要战争：遗产继承战争(1667—1668年)、荷兰战争(1672—1678年)、奥格斯堡同盟战争(1689—1697年)、西班牙王位继承战争(1701—1714年)；参加主要战役(战斗)：恩泽海姆(斯特拉斯堡附近)之战(1674年)、科切尔斯贝格之战(斯特拉斯堡附近，1677年)、蒙斯围攻战(1691年)、敦刻尔克之战(比利时的埃诺，1692年)、那慕尔围攻战(1695年)、奈梅亨之战(1702年)、里尔保卫战(1708年)、马尔普拉凯之战(法国北部，1709年)。

布夫莱侯爵和公爵1644年1月10日生于皮卡第的一个古老的贵族家庭。1662年参加法国军队。他首次参战是在1664年对阿尔及利亚的杰杰里湾(吉杰勒)进行的远征。在遗产继承战争期间，参加入侵佛兰德，并参与攻占图尔奈和里尔(1667年8月28日)。1669年在龙骑兵中买得上校军衔，并很快赢得国王的好感。1672—1674年间在蒂雷纳元帅麾下于德意志和洛林服役，成绩突出。1674年10月4日在恩泽海姆之战中负伤。1675—1677年，在弗朗斯瓦·德·克雷基元帅麾下于德国服役。1677年10月17日在科切尔斯贝格之战中再度受伤。1679年任龙骑兵上校、少将。1681年晋升中将。1682年指挥对丰塔拉维亚的远征。1688年9月—1689年3月，入侵巴拉丁，攻占美因茨、沃尔姆斯和其他几个城镇。在1691年3月15日—4月10日间进行的蒙斯围攻战中负伤。在1692年8月3日进行的敦刻尔克之战中于卢森堡元帅麾下作战。1693年擢升法国元帅。1694年受封布夫莱公爵和里尔总督。1695年在佛兰德同维勒鲁瓦共同指挥法军。7月1日—9月6日，英勇地抗击英格兰国王威廉三世军队的进攻，守卫那慕尔长达两月之久，后被迫放弃该城。6月11日，于奈梅亨击溃了霍德特·德·欣克尔将军指挥的荷兰军队，但在6—7月间，又被马尔波罗公爵约翰·丘吉尔指挥的援军逐出该地区。1704年任国王卫队司令。1708年8月13日—12月9日，马尔波罗和欧仁亲王率部围攻里尔，他任里尔指挥官。这是随后他指挥的又一次大规模作战行动。此战结果他被迫投降，交出要塞，胜利者给予他以战败者的恩典。1709年，接受比他年轻的维拉尔元帅的指挥，在9月11日进行的马尔普拉凯血战中，接替负伤的维拉尔指挥。他以高超的指挥艺术指挥法国军队作战，在予敌以重大杀伤后，率部有组织地撤离战场。1711年8月22日卒于枫丹白露。

布夫莱侯爵和公爵勇敢机智、意志坚定。尽管他不常担任最高指挥官，但在马尔普拉凯之战中，面对危境，表现不凡，足以向世人展示他具有部队指挥官所应有的杰出才能。

AL

参考：Dictionnaire de biographie française. Paris, 1933—1979.

Quincy, Charles Sévin, Marquis de, Histoire militaire du règne de Louis le Grand, roi de France... 7 vols. Paris, 1726.

罗伯特二世，德·拉·马克，布永公爵(Robert Ⅱ de la Mark, Bouillon, Duke de, 卒于1536年) 法国军事家，绰号"年青人罗伯特"、"阿登野猪"；参加主要战争：神圣同盟战争(1510—1514年)、第一次哈布斯堡-瓦卢瓦战争(1521—1525年)。参加主要战役(战斗)：诺瓦拉之战(1513年)。

罗伯特二世是布永公爵罗伯特一世德·拉·马克和弗勒朗热贵妇让娜·德·索西夫妇的小儿子。1482—1493年间，率军与列日主教让·德·霍恩的支持者作战。15世纪90年代—16世纪初期镇守边关，参加了一些小规模的冲突。1513年，他率领一支德国雇佣大军侵入意大利。在同年6月6日的诺瓦拉之战中英勇善战，救出其两个儿子。1518年与西班牙的查理一世(后来的国王查理五世)结盟。1521年，与法国国王弗朗西斯一世和好，转而向西班牙宣战。1521年，他指挥军队侵入卢森堡，包围了维尔通，因而挑起西班牙和法国战争。此后，他的军队在本土上被击败，导致丧失大片国土，其公爵领地布永也告失陷。根据1526年1月14日签订的《马德里和约》规定，其公爵领地得以归还。卒于1536年，生前一直也没能真正掌管其公爵领地。

罗伯特二世生性狡猾、好斗。由于在战斗中凶猛无比，因而素有"阿登野猪"之称。

AL

参考：Bouillon, Robert de la Marck, Duke de, Histoire des choses memorables advenues derègnes de Louis Ⅻ et François I. Paris, 1820.

布朗热，若尔日（Bolanger, Georges, 1837—1891 年） 法国将军和政治家。参加主要战争：镇压阿尔及利亚人民的反法起义（1856 年）、意大利战争（1859 年）、越南战争（1861—1864 年）和普法战争（1870—1871 年）。

布尔巴基，夏尔·德尼·索泰（Bourbaki, Charles Denis Sauter, 1816—1897 年） 法国将军。参加主要战争：征服阿尔及利亚战争（1830—1847 年）、克里木战争（1853—1856 年）、意大利战争（1859 年）和普法战争（1870—1871 年）；参加主要战役（战斗）：塞夫提之战（1840 年）、阿尔马之战（1854 年）、塞瓦斯托波尔之战（1855 年）、马拉斯图尔-维永维尔之战（梅斯附近，1870 年）、格拉沃洛特-圣普里特之战（梅斯附近，1870 年）、维莱塞克塞勒之战（1871 年）和埃里库尔之战（1871 年）。

布尔巴基 1816 年 4 月 22 日生于波城，其父是一名陆军上校，死于希腊独立战争。1836 年 10 月毕业于圣西尔军事学院，后在阿尔及利亚加入阿尔夫团。1840 年 5 月 8 日在塞夫提之战中表现十分出色。1845 年曾短时间任路易斯·菲利普亲王的副官。1851 年作为一名上校返回阿尔及利亚。他率领的阿尔夫团在克里木战争中的阿尔马之战（1854 年 9 月 20 日）中表现十分勇猛，因之被晋升为准将。1855 年 9 月 8 日在塞瓦斯托波尔之战中，他于激烈的马拉科夫攻坚战中负伤。参加了在阿尔及利亚的格兰德卡比尔之战（阿尔及利亚海岸）。1857 年晋升为少将。意大利战争中（1859 年 3—7 月）指挥一个师。任拿破仑第三的随从参谋并指挥帝国卫队。1870 年 8 月 16 日参加了马拉斯图尔-维永维尔之战。8 月 18 日参加了格拉沃洛特-圣普里特之战。9 月 2 日拿破仑第三在色当被俘后，被巴赞元帅派赴英国与欧仁妮皇后谈判。他无法回到梅斯，转而加入共和政府。10 月指挥北方军，后调任而指挥东方军。1871 年 1 月 9 日在维莱塞克塞勒之战中取得一次小胜。当他试图突破敌人的防线解救贝尔福时，却于 1 月 15—17 日被阻于埃里库尔。因部队疲惫不堪且补给缺乏，1 月 26 日在绝望中自杀，未遂，被克兰尚林将军替代。1873—1879 年任十四军司令和里昂总督。1881 年退役。两次竞选参院议员未果。1897 年 9 月 23 日卒于巴约讷。

布尔巴基勇敢、精力旺盛、大胆而富于进取精神。他对自己在普法战争后期突然被赋予的独立指挥权，确实毫无准备。

PDM and DLB

参考：Eichthal, Louis d', Le Général Bourbaki. Paris, 1885.
Grandin, Le Général Bouraki. Paris, 1898.
Howard, Michael, The Franco-Prussian War. London, 1961.

安东尼奥·德·波旁，旺多姆公爵，纳瓦拉女王的丈夫（Bourbon, Antoine de, Duck of Vendome, 1518—1562 年） 法国贵族和将军。参加主要战争：第三次（1536—1539 年）、第四次（1542—1544 年）、第五次（1547—1559 年）哈布斯堡-瓦卢瓦战争，法国宗教战争（1562—1598 年）。

安东尼奥生于 1518 年，是旺多姆公爵查理四世德·波旁和弗朗索瓦·德·阿朗松夫妇的第二个儿子。1537 年其父去世后出任皮卡第执政。同年参加了皮蒙特战役。1542 年第二次哈布斯堡-瓦卢瓦战争期间，率军攻占了圣奥梅尔、贝蒂讷和弗莱芒地区的其他几个城镇。1543 年 9 月间，援助德国骑兵反对查理五世皇帝。1548 年与纳瓦拉国王亨利二世的女儿（王位继承人）让娜·德·阿尔贝特结为伉俪。1555 年，其岳父去世，其夫人继承王位。他协助夫人领导、指挥军队与哈布斯堡作战。1562 年，法国宗教战争初期，他曾一度保持中立，但不久就转而支持天主教一派，并在天主教军内担任领导职务。大约在 1562 年 8 月—10 月 26 日，于围攻鲁昂的战斗中战死。

安东尼奥是一位能干的领导者，但不是一位杰出的指挥员。1553 年他的儿子纳瓦拉亨利出世，后来成为法国国王，即亨利四世。

AL

参考：Dictionnaire de biographie française. Paris, 1933—1979.
Thompson, James Westfall, The Wars of Religion in France, 1559—1576. New York, 1957.

波旁，查理，卡迪奈尔·德（Bourbon, Charles, Cardinal de, 1523—1590 年） 法国王位的觊觎者。参加主要战争：胡格诺战争（1560—1598 年）。

查理，蒙潘西埃伯爵和波旁公爵（Bourbon Charles, Count of Montpensier and Duke of, 1490—1527 年） 法国总管和神圣罗马帝国将军。参加主要战争：康布雷联盟之战（1508—1510 年）、神圣同盟战争（1510—1514 年）、第一次哈布斯堡-瓦卢瓦之战（1521—1525 年）；参加主要战役（战斗）：热那亚围攻战（1507 年）、阿纳迪洛（迪洛附近）之战（1509 年）、马林雅诺之战（1515 年）、塞西尔之战（1524 年）、马赛围攻战（1524 年）、帕维亚之战（1525 年）、罗马围攻战（1527 年）。

查理 1490 年 2 月 17 日生于蒙潘西埃，是蒙潘西埃伯爵吉尔伯特的第二个儿子。他六岁时失去了父亲。五年以后，他的哥哥也去世了。1503 年，其二表兄波旁公爵皮埃尔二世德·博利厄也随之而去。由于波旁家系没有嫡嗣，查理在他的几个兄弟之中又显得最精明能干，故继任了皮埃尔爵位。后来他率军南征北战，取得了节节

胜利。1507 年，他侵取了热那亚。1509 年 5 月 14 日，在反对威尼斯的战争中取得了阿纳迪洛之战的决定性胜利。1512 年，他率军驰援纳瓦拉时，攻取了圣让-皮耶德波尔。1515 年 1 月 12 日，被封为法国总管。同年 9 月 13—14 日，他率军取得了马林雅诺之战的胜利。1516—1523 年，他统治着米兰公国。在此期间，他的成功及其公爵领地穆兰的繁荣招致了皇后路易斯·德·萨瓦和国王弗朗西斯一世的忌妒。1522—1523 年间，法国国王颁旨，波旁公爵的爵位改由波旁嫡系家族人员继承。与此同时，查理与神圣罗马帝国皇帝查理五世秘密协议，准备在 1523 年下半年拘捕弗朗西斯一世。但弗朗西斯一世闻讯逃走。1524 年 4 月 3 日，查理率领神圣罗马帝国军队中的德国雇佣军在塞西尔之战中打败博尼特领导的军队。同年 8 月 15 日（?）—9 月 29 日，查理率军与那不勒斯总督查理·德·兰诺伊领导的军队联手入侵法国。围攻马赛时，久攻不下。此后，他领军撤入意大利，并到德国招兵买马，以扩充实力。1525 年 2 月 24 日，他指挥神圣罗马帝国重骑兵取得帕维亚大捷。1526 年 1 月，根据《马德里条约》规定，他回师本土。但弗朗西斯一世国王背信弃义，待查理军队一撤离帕维亚，就占领了该地。1526 年 7—8 月，神圣罗马帝国与法国战争爆发后不久，皇帝查理五世为了安抚查理，任命他为米兰统帅，统治米兰公国。1526—1527 年，他与查理·德·兰诺伊再次联手，共同反对法国及其盟国意大利。1527 年 3—4 月，查理统领大批德国雇佣军向罗马进军。5 月 6 日，在向罗马发起第一次进攻时，不幸战死。

查理聪明、机智、勇敢，是个能干的统帅，但经历极为坎坷。他之所以知名，很大一部分原因是由于法国的忌贤妒能及迫害。

AL and DLB

参考：Courcelles, Jean Baptiste de, Dictionnaire Historique et biographique des généraux Français. Vol. 1. Paris, 1820—1823.

Hare, C., Charles de Bourbon. London, 1924.

Oman, Sir Charles W. C., History of the Art of War in the Sixteenth Century. London, 1937.

布尔蒙，路易·奥古斯特·维克托·德，盖斯内斯伯爵（Bourmont, Louis Auguste Victor de, Count of Ghaisnes, 1773—1846 年） 法国元帅。参加主要战争：法国大革命战争（1792—1799 年）、拿破仑战争（1800—1815 年）、征服阿尔及利亚的战争（1830—1847 年）；参加主要战役（战斗）：吕岑之战（1813 年）、诺让之战（1814 年）、阿尔及尔之战（1830 年）。

布尔蒙生于 1773 年，1788 年从军校毕业后参加皇家骑兵部队。1789 年法国革命后逃出法国，后返回参加了旺代的战斗。1800 年在一次反拿破仑政变失败后再次逃出法国以免被捕之灾。在朱诺元帅的极力保举下于 1807 年准于参加在葡萄牙的法军。后在意大利及俄国（1807—1812 年）协助欧仁·德·博阿尔奈总督作战。在从莫斯科后撤中被俄军俘虏。潜逃后再次加入法军。1813 年 5 月 2 日在吕岑之战中受伤，并被提升为准将。在 1814 年的诺让防御战中功勋卓著，被授予少将军衔。后归顺波旁王朝，但在百日王朝中又站到拿破仑一边，并于 1815 年 6 月受命指挥第十四师；该师隶属热拉尔将军之第四军团。6 月 15 日弃职（可能是出于对旺代叛乱的同情），再次归顺波旁王朝。1829 年任国防大臣。1830 年率部远征阿尔及尔，是年 7 月 5 日克之。1830 年秋晋升为法国元帅。此后在罗马生活一段时间，返回法国后卒于 1846 年。

他是一位皇家的热心支持者，一位有能力但决非出色的指挥官。

PDM

参考：Azon, Paul, L'expédition d'Alger, 1830. Paris, 1929.

Dictionnaire de biographie française, Vol. Ⅵ. Paris, 1954.

波尔诺恩维尔，亚历山大·伊波利特（Bournonville Alexander Hippolyte, 活动于约 1674 年） 奥地利帝国将军。参加主要战争：荷兰战争（1672—1678 年）；参加主要战役（战斗）：埃恩赫姆（斯特拉斯堡附近）之战（1674 年）、米卢兹之战（1674 年）。

波尔库恩，路易（Bourguien, Louis, 活动于约 1800 年） 法国军事冒险家。参加主要战争：美国独立战争（1775—1783 年）、第二次马拉萨战争（1803—1805 年）；参加主要战役（战斗）：德里之战（1803 年）。

博维斯，约瑟·托马斯（Boves, José Tomás, 约卒于 1821 年） 西班牙将军。参加主要战争：镇压拉丁美洲独立战争（1806—1825 年）；参加主要战役（战斗）：1814 年的拉维多利亚、圣马特奥、第一次卡拉沃沃及拉普拉塔之战，乌里卡（在委内瑞拉东北部）之战（1821 年）。

在委内瑞拉独立战争中，站在皇家一边作战。他征召了一支由委内瑞拉平原的居民组成的军队进攻由西蒙·玻利瓦尔领导的卡拉卡斯克里欧人起义。其军队以凶猛残暴而著称，故被称为“地狱师”。在 1814 年 2 月的拉维多利亚之战、3 月的圣马特奥之战及 5 月的第一次卡拉沃沃之战中被玻利瓦尔打败。重组军队后在 1814 年 7 月的拉普拉塔之战中打败玻利瓦尔军队，并攻克了加拉加斯。后在那里成立临时政府，迫害那些支持独立的人。直至 1820 年 11 月玻利瓦尔重返委内瑞拉为止。约 1821 年 5 月，在乌里卡的一次小战斗中受重伤而死。

博维斯是一位精力充沛、狡猾的人。他是一位成功的党派领导人，但不幸的是有几分残酷。

PDM

参考：Diccionario enciclopedico Hispano-America.

Barcelona,1888.

Dominguez,Jorge,Insurrection or Loyalty:The Breakdown of the Spanish-American Empire. Cambridge,Mass.,1980.

鲍伊，詹姆斯（Bowie,James,1796—1836年） 美国得克萨斯军人。参加主要战争：得克萨斯独立战争（1832—1836年）；参加主要战役（战斗）：纳科多奇斯之战（1832年）、米申-康塞普申之战（1835年）、格拉斯-费特（得克萨斯南部）之战（1835年）、阿拉莫之战（1836年）。

鲍伊1796年生于肯塔基州的肯塔基，是詹姆斯·利辛及阿尔维纳·琼斯·鲍伊之子。1800年随家迁至密苏里州，后又于1802年至路易斯安那州。1814—1827年间，追随其兄参加各种商业活动。后于1828年早期为躲避迫害逃至得克萨斯。在圣安东尼奥定居，并与当地的总督唐·胡安·马丁·德·维拉曼迪结为朋友。1830年，得到墨西哥居民权并拥有土地。1831年与唐·胡安·马丁·德·维拉曼迪之女乌尔苏拉成婚。尽管如此，仍于1832年站在美国一方支持得克萨斯独立。1832年8月参加了在纳科多奇斯的一次小战斗。于1835年6月的下旬成为"安全委员全"的一员。10月28日，在米申-康塞普申作战；11月26日又转战格拉斯-费特，后一次战斗直接导致了12月攻克圣安东尼奥。12月在得克萨斯军队中被任命为上校。1836年2月，在阿拉莫之战中参加了威廉·特拉维斯的守卫部队。在2月23日—3月6日的围攻战中生病。1836年3月6日，当作战结束时，人们发现他已死在小屋内。

鲍伊是一位有文化教养的人，他的出名是由于他发明的战刀——后人以他的名字命名这种战刀。

Staff

参考:Myers,J.M.,The Alamo. San Antonio?,1948.
WAMB.

博伊德，约翰·帕克（Boyd,John Parker,1764—1830年） 美国将军及军事冒险者。参加主要战争：印度战争（1789—1800年）、1812年的战争（1812—1815年）；参加主要战役（战斗）：蒂帕卡努之战（1811年）、乔治堡之战（1813年）、克莱斯勒农场（在安大略的克伦威尔附近）之战（1813年）。

博伊德1764年12月21日生于马萨诸塞州的纽伯里波特。1784年在一支美军小部队中被任命为少尉。在被提升为中尉后离职，于1789年到印度旅行。1789—1800年间，他作为一名志愿者曾在几支印度军队中服役。1801年返回美国。1808年入现役，在第四步兵团任上校。参加1811年11月8日的蒂帕卡努之战，在威廉·亨利·哈里森将军手下战斗。1812年晋升准将。在1813年5月27日攻克乔治堡的战斗中指挥一个旅。在魏尔金森企图攻占蒙特利尔的战斗中，因其生病而代理战场指挥官参加了11月11日的克莱斯勒农场之战。因战败，他遭到谴责并被解职。1815年被复员，后任命为波士顿港官员。1830年10月4日卒于波士顿。

博伊德是一位有一些能力的军人；但当有需要时，却不是一位称职的指挥员。

Staff

参考:DAB.

博伊恩，赫尔曼·冯（Boyen, Hermann von,1771—1848年） 德国陆军元帅。参加主要战争：入侵波兰（1794—1795年）、拿破仑战争（1800—1815年）；参加主要战役（战斗）：奥尔施塔特（在魏玛附近）之战（1806年）、大贝伦之战（1813年）、登讷维茨之战（1813年）、莱比锡之战（1813年）、里昂之战（1814年）。

博伊恩生于1771年，幼年成为孤儿。1787年参加普鲁士军队，并参加了平息波兰暴动的战争（1794年3月—1795年早期）。在1796—1806年间驻防古谢夫期间，博览群书，并开始相信军队是"国家的学校"这一信条。1803年支持由格尔哈特·冯·夏恩霍斯特领导的军事改革。在1806年10月14日奥尔施塔特之战中负重伤。1808年1月，作为少将他被沙恩施塔特任命为新的"军队重建委员会"成员，并成为有名的五位改革者之一。另外四位为夏恩霍斯特、格奈泽瑙、克劳塞维茨和格罗尔曼。1808—1810年成为夏恩霍斯特的主要助手。1810—1813年期间，协助夏恩霍斯特的后继者卡尔·A.G.E.冯·黑尔工作。1813年1月，参加赴俄国外交使团，从而结成普鲁士-俄国联盟。作为弗里德里希·威廉·冯·毕洛夫的总参谋长，他参加了8月28日的大贝伦之战、9月6日的登讷维茨之战、10月16—18日的莱比锡之战及1814年3月9—10日的莱比锡之战。6月3日被任命为国防大臣。他支持国家采用新的军事法律，这部法律广泛地建立起了主要的兵役法规（1814年9月3日和1815年12月21日）。1816年，他被任命为格罗尔曼的总参谋长。1818年，他支持格罗尔曼对军事历史的划分。1819年12月22日，因为政治信仰和其它原因被迫辞职。在家赋闲多年后，1840年被国王威廉四世重召起用，任命为州议员。1841年成为国防大臣。1847年在其最后退休时成为元帅。卒于1848年。

博伊恩是一位坚定的自由主义者。他希望建立一支既民主又大众化的军队和与之相应的国家。他是一位镇静和办事效率高的参谋官。

PDM and DLB

参考:Diester,Erich,"Generalfeldmarschall Hermann von Boyen."Deutsches Soldatenjahrbuch 1971. Munich, 1971.

Dupuy,Trevor N.,A Genius for War. Reprint,Fairfax,Va.,1984.

Görlitz, Walter, History of the German General Staff. Translated by Brian Battershaw. New York,

1953.

布莱多克，爱德华（Braddock, Edward, 1695—1755 年） 英国将军。参加主要战争：奥地利王位继承战争（1740—1748 年）、法国与印第安人的战争（1754—1763 年）；参加主要战役（战斗）：贝亨奥普佐姆之战（1747 年）、莫农加希拉河之战（1755 年）。

布莱多克 1695 年生于伦敦，是一位将军的儿子。曾担任"寒流卫队"的旗手（1710 年）。奥地利王位继承战争（1740—1748 年）期间在荷兰服役，并参加了贝亨奥普佐姆之战（1740—1748 年）。1753 年在直布罗陀任第十四步兵团上校。晋升为少将（1754 年）。后抵达弗吉尼亚的汉普顿罗德斯，任驻美国的英军司令（1755 年 2 月 20 日）。率英国正规军和弗吉尼亚民兵进攻在俄亥俄河渡口附近的迪尤肯堡的法国军队（3—7 月）。他的远征队开辟了翻越阿勒格尼山脉的第一条道路。在迪尤肯堡东南 13 公里处，其部队于莫农加希拉河附近的深谷遭到法国人和印第安人的伏击，并被击溃（7 月 9 日）。由于身受致命伤，1755 年 7 月 13 日卒于宾夕法尼亚的大梅多斯。

布莱多克是一位勇敢的指挥官，但缺乏作战经验，对印第安人的战术也不了解。他骄傲自大，主观武断，脾气暴躁，不重视其殖民地军官的经验。具有讽刺意义的是，其遗言却是"我们下一次就知道如何对付他们了"。

VBH

参 考：Braddock, Edward, Major General Edward Braddock's Orderly Books from February 26 to June 17, 1755 from the Original Manuscripts. Cumberland, Md., 1880.

Mc Cardell, Lee, Ill-Starred General: Braddock of the Coldstream Guards. Pittsburgh, 1958.

Sargent, Winthrop, The History of an Expedition Against Fort Du Quesne in 1755; Under Major General Edward Braddock. Philadelphia, 1855.

布莱德雷，奥马尔·纳尔逊（Bradley Omar Nelson, 1893—1981 年） 绰号"大兵将军"，美国五星上将。参加主要战争：第一次世界大战（1917—1918 年）、第二次世界大战（1941—1945 年）；参加主要战役（战斗）：突尼斯战役（1943 年）、西西里战役（1943 年）、诺曼底-法国北部战役（1944 年）、德国战役（1944—1945 年）。

布莱雷德是玛丽·哈巴德和约翰·S. 布莱德雷之子，1893 年 2 月 12 日生于密苏里州的克拉克。1915 年 6 月从西点军校毕业后被委任为步兵少尉。1915—1918 年先后在华盛顿和亚利桑那州驻军服役，并于 1918 年 6 月升至少校军衔。1919 年 9 月，布莱德雷调入南达科达州立学院任军事教官，次年又转入西点军校继续从事教学工作。1924 年，入本宁堡步兵学校深造，1925 年修业期满后分配至夏威夷驻军任职。1928 年又入利文沃思堡指挥参谋学院进修，1929 年毕业后到本宁堡步兵学校再次执掌教鞭。1933 年，入美军最高学府陆军军事学院学习，一年后又回到西点军校担任战术训练官。1936 年 6 月，布莱德雷晋升中校军衔。1938 年调入总参谋部任职。1941 年 2 月荣升准将。1941 年 3 月—1942 年 2 月，任步兵学校校长。1942 年 3—6 月，转任路易斯安那第八十二师师长，后又改任第二十八师师长。在 1943 年 1—3 月的"火炬"行动期间，曾短暂担任艾森豪威尔将军的助手，后接替巴顿将军的第二军军长之职。在突尼斯战役的最后阶段，他率美军第二军于 5 月 8 日一举攻占了比塞大。在 7 月 10 日—8 月 17 日的西西里战役中，布莱德雷继续指挥第二军作战。同年 9 月，被调至英国协助制定反攻法国的"霸王"作战计划。1944 年 1 月任第一集团军指挥官，该集团军将在计划中的盟军诺曼底登陆中受命突击右翼滩头。7 月，布莱德雷计划并指挥了从诺曼底滩头向圣洛的突破。随后，他被任命为第十二集团军群司令，辖霍奇斯将军的第一集团军和巴顿将军的第三集团军，指挥了 8—12 月间横跨法国北部的作战行动。在巅峰时期，第十二集团军群官兵达 130 万之众，成为战争期间美国将军指挥的一支最庞大的武装力量。1945 年 3 月，布莱德雷晋升为上将，并在攻克德国的最后战役中继续指挥第十二集团军群作战。1945 年 8 月—1947 年 12 月，他负责退伍军人管理局的工作。1948 年 2 月接替艾森豪威尔担任陆军参谋长。在 1949 年 8 月—1953 年 8 月的朝鲜战争期间，布莱德雷担任国防部下属的参谋长联席会议主席，并于 1951 年 9 月晋升为五星上将。1951 年，他出版了自己的回忆录：《一个士兵的故事》。1953 年 8 月退役后进入商界。因长期患病，1981 年 4 月 8 日卒于华盛顿郊外的别墅中。

谦逊的布莱德雷将军是二战中最成功的将军之一；他虽然不是军事天才，但却无疑是一位优秀的战术家和卓越的计划者及军官。他以在压力下从容不迫和关心官兵的福利事业而享誉军内外。

KS

参考：Bradley, Omar N., A Soldier's Story. New York, 1951.

布拉甘迪诺，马尔坎托尼奥（Bragadino, Marcantonio, 约 1523—1571 年） 威尼斯军事家。参加主要战争：塞浦路斯战争（1570—1571 年）；参加主要战役（战斗）：法马古斯塔之战（1570—1571 年）。

布拉甘迪诺生于威尼斯，出生年代一说 1523 年，一说 1525 年。其早期的活动不得而知。后来，他被任命为东塞浦路斯法马古斯塔城堡主管和驻军司令。在 1570 年 7 月 24 日—9 月 9 日土耳其人攻打尼科西亚期间，他迅速扩充防御力量，从而保证了法马古斯塔城的安全。1570 年 9 月 18 日—1571 年 8 月 1 日，拉拉·穆斯塔法率

领强大的土耳其军队围攻法马古斯塔城。此间，布拉甘迪诺率守军英勇作战，以顽强气概抵御外来的侵略，直至弹尽粮绝。最后，守军有条件地出城投降。8 月 1 日，土耳其军队应允守军和城民自由离开。但是 4—5 日，土军又背信弃义，拉拉·穆斯塔法下令处死大部分守军。不久，布拉甘迪诺被监禁。8 月 18 日，他被土军活活剥去皮肉，用稻草填塞其躯，运到君士坦丁堡作为战利品让人观赏。

布拉甘迪诺机智、勇敢、能干。尽管他率军坚守法马古斯塔最终没有成功，但仍不失为一位果断强干的将领。

AL

参考：Beeching, Jack, The Galleys at Lepanto. New York, 1982.

Hill, Sir George, History of Cyprus. 4 vols. Cambridge, 1948.

布拉甘萨，康斯坦丁·德（Braganza, Constantine de, 1528—1575 年） 葡萄牙殖民地总督。参加主要战争：葡萄牙在印度的扩张；参加主要战役（战斗）：达曼之战（1559 年）、贾夫纳帕坦姆之战（斯里兰卡的贾夫纳，1560 年）。

布拉甘萨生于 1528 年，布拉甘萨公爵雅伊梅的较小的儿子。1548 年出任法国大使。1558 年被派往印度任总督。1559 年初率兵占领了距庞培北部 160 公里的达曼，旋派佩德罗·德·阿尔梅达攻占位于附近的巴尔萨。贾夫纳帕坦姆国王迫害基督教徒，他领导了反对国王的战争，攻占了贾夫纳帕坦姆，1560 年迫使其纳贡和交出马纳尔岛。1561 年返回葡萄牙。1575 年卒于葡萄牙。

AL

参考：Danvers, Frederick Charles, The Portuguese in India. New York, 1966.

Dictionario de historia de Portugal. Lisbon. n. d.

布莱格，布拉克斯顿（Bragg, Braxton, 1817—1876 年） 美国南部同盟将军。参加主要战争：西米诺尔战争（1835—1843 年）、美墨战争（1846—1848 年）和美国内战（1861—1865 年）；参加主要战役（战斗）：蒙特雷之战（墨西哥，1846 年）、布埃纳维斯塔之战（墨西哥的萨尔蒂约附近，1847 年）、夏洛之战（肯塔基，1862 年）、佩里维尔之战（肯塔基，1862 年）、斯通河之战（1862—1863 年）、奇克莫加之战（1863 年）和查塔努加之战（1863 年）。

布莱格 1817 年 3 月 22 日生于北卡罗来纳州的沃伦顿。1837 年毕业于西点军校，被任命为第二炮兵连少尉。1837—1841 年参加了西米诺尔战争。墨西哥战争期间，在扎卡里·泰勒的麾下作战，最初驻扎在布朗要塞（得克萨斯州的布朗斯维尔附近，1846 年 5 月 3—9 日）。同年被晋升为名誉上尉，参加了 9 月 20—24 日的蒙特雷之战。晋升为荣誉少校。1847 年 2 月 23 日在布埃纳维斯塔之战中名声大噪，其炮兵为泰勒的胜利起到了决定性的作用，为此被晋升为名誉中校。1856 年 1 月离开军队闲居于路易斯安那州。1861 年 2 月被南部同盟重新起用，被任命为准将。1862 年 1 月晋升少将。同年 3 月，指挥新组建的密西西比军团中的第二军，接受阿尔贝特·S. 约翰斯顿将军的指挥。参加了夏洛之战（4 月 6—7 日）。几天后晋升为上将。6 月，指挥密西西比军团，11 月改称田纳西军团。1862 年 8—10 月，他率领军队进攻肯塔基，意在使之并入南部同盟。后丧失了夺取路易斯维尔的机会。率其部队进军列克星顿时，使北方联邦军的比尔部进入路易斯维尔并得到补给。10 月 8 日使比尔部在佩里维尔受阻。后经坎伯兰隘口撤出肯塔基。1862 年 12 月 31 日—1863 年 1 月 3 日，他与罗斯克兰斯将军率领的联邦军队进行了未分胜负的斯通河之战（或称默弗里斯伯勒之战），后被迫撤出。1863 年 9 月初，他率军离开查塔努加，在 9 月 19—20 日的奇克莫加之战中战胜了罗斯克兰斯部，并迫使北方联邦军后撤，进而形成了对查塔努加的围攻态势。11 月 23—25 日，在查塔努加之战中被格兰特击败。12 月被解除职务，约瑟夫·埃·J. 约翰斯顿取而代之。他则被任命为杰弗逊·戴维斯总统的军事顾问。1865 年初曾在北卡罗来纳州组建一支小部队，抗击了谢尔曼的进攻。1865 年 4 月 26 日，随约翰斯顿向谢尔曼投降。战后他重操土木工程师之业。1876 年 9 月 27 日卒于得克萨斯州的加尔维斯顿。

布莱格是一位颇有能力的组织者和一位杰出的炮兵指挥官，并具备一定的水准；但就一名指挥官而言，却过于优柔。他性格急躁，不能与部属齐心协力，也不能博得士兵的爱戴。他勇敢，但缺乏实施独立指挥时应具备的谋略。其最大失误在于未能扩大战果。

RRB

参考：McWhiney, Grady, Braxton Bragg and Confederate Defeat. New York, 1969

Seitz, Don C., Braxton Bragg. General of the Confederacy. Cleveland, 1924.

布兰登伯格，埃里希（Brandenburger, Erich, 1894—1970 年） 纳粹德国将军。参加主要战争：第一次世界大战（1914—1918 年）、第二次世界大战（1939—1945 年）；参加主要战役（战斗）：阿登反攻（1944—1945 年）、德国战役（1945 年）。

布兰特，约瑟夫（Brant, Joseph, 1742—1807 年） 美国莫霍克印第安人的酋长。参加主要战争：法国与印第安人的战争（1754—1763 年）、庞蒂亚克战争（1763 年）、美国独立战争（1775—1783 年）；参加主要战役（战斗）：乔治湖之战（1755 年）、锡达山（圣劳伦斯河畔的蒙特利尔的西部）之战（1776 年）、奥里斯卡尼之战（1777 年）、切里河谷（纽约）大屠杀（1778 年）、米尼辛克

(纽约的派恩岛附近）之战（1779年）。

布兰特1742年生于俄亥俄的塔延达尼吉亚，一位莫霍克酋长的儿子。其父死后，其母改嫁一位名叫布兰特的印第安人，他因之而得名。在乔治湖之战（1755年9月8日）中效力于威廉·约翰逊麾下。在位于康涅狄格州黎巴嫩的莫尔慈善学校学习了两年，后担任一名传教士的翻译（1763年）。参加易洛魁分遣队，与英军一起进攻庞蒂亚克。与一位奥内达人酋长的女儿结为夫妇（1765年）并皈依圣公教后，他帮助约翰·斯图尔特主教将许多宗教著作译为莫霍克文。任盖伊·约翰逊（威廉爵士之侄）的秘书时，主管印第安人事务（1774年）。为效忠英国，他进行游说，使四个易洛魁人的部落加入反对美国人的战争；但对奥内达人和图斯卡罗拉人的游说未获成功（1775年）。作为一名参战酋长，他是与盖伊·卡尔顿爵士在蒙特利尔进行会谈时的部落发言人。就任上尉后，他被送到英国朝廷进行展示（1775年）；在展示中他被罗姆尼和本杰明·威斯特化上印地安人浓妆。回到美国后即投入战争，参加了锡达山之战（1776年5月15—19日。锡达山位于圣劳伦斯河畔的蒙特利尔以西48公里）。率圣莱杰远征队中的印第安人在奥里斯卡尼成功地进行了一次伏击战（1777年8月6日）。指挥了对整个莫霍克谷地、纽约南部和宾夕法尼亚北部的一系列袭击。与瓦尔特·巴特勒率领的托利人一起制造了切里河谷大屠杀（1778年11月11日）。受到英国皇家委员会的褒奖，被授予上校军衔（1779年）。成功地挫败了“红上衣”塞尔卡人使易洛魁人单独与美国媾和的企图。指挥了一系列袭击战，以在纽约州的米尼辛克之战（1779年7月22日）的胜利而告终。战后率莫霍克人迁往尼亚加拉河以西。由于未能与美国了结恩怨，他要求并从加拿大获得了格兰德河两岸各约10公里宽的大片土地。出访英国，获取了赔偿易洛魁人的战争损失和另行赐买土地的资金（1785年）。他将余生奉献给了其定居于格兰德河的人民的福利事业，建立旧莫霍克教，翻译宗教著作。卒于1807年11月24日。生前一直成功地防止了土地投机商以先买权购取莫霍克土地的活动。

布兰特是一位为其人民谋取利益的强悍而能干的领袖。他被认为是一位未开化的人，缺乏个人道德，负有杀死亲生儿子的恶名。

VBH

参考：Boatner，Encyclopedia.
DAB.
WAMB.

布拉西达斯（Brasidas，约卒于公元前422年） 斯巴达将领。参加主要战争：伯罗奔尼撒战争（公元前431—前404年）；参加主要战役（战斗）：米多尼之战（公元前431年）、皮洛士之战（公元前425年）、埃翁之战（公元前423年）和安菲波利斯之战（公元前422年）。

布拉西达斯生于斯巴达贵族家庭。公元前431年，由于他在伯罗奔尼撒战争中率军解救了米多尼城而崭露头角。公元前430年出任首席执政官。公元前429年他作为国家委员会三位代表之一，奉命辅佐舰队司令官克尼穆斯，公元前428年在米佳拉进行了一次成功的防御。公元前425年在皮洛士之战中，当他率部攻击雅典军队的战线时，身负重伤。公元前424年初，建立起一支由外国雇佣军和奴隶（奴隶编为轻步兵）组成的部队，并率其进军色雷斯，企图占领雅典在那里的殖民地及其同盟国。公元前424年夏季到秋季，将阿坎索斯城和斯塔基罗斯城，更主要的是把雅典的移民地安菲波利斯都一概并入了斯巴达国的版图。公元前423年初在埃翁附近，被雅典派来的一支由修昔底德（历史学家）率领的救援舰队击败。公元前423—前422年，在色雷斯进行作战准备。公元前422年夏（?），在安菲波利斯城外击败并杀死了雅典将军克勒翁，本人亦在这一战中阵亡。

布拉西达斯与传统的斯巴达人不同，他能言善辩，是一位非常称职的外交官，同时也是一位非常机敏、充满活力和能力出众的军人。

SAS

参考：Best，J. G. P.，Thracian Peltasts and Their Influence on Greek Warfare. Groningen，Netherlands，1969.
Thucydides，The Peloponnesian War. Translated by Rex Warner. Harmondsworth，England，1968.

布劳希契，瓦尔特·冯（Brauchisch，Walther von，1881—1948年） 纳粹德国陆军元帅。参加主要战争：第一次世界大战（1914—1918年）、第二次世界大战（1939—1945年）；参加主要战役（战斗）：西部前线战役（1914—1918年）、波兰战役（1939年）、法国战役（1940年）、巴尔干之战（1941年）、苏联战役（1941年）。

布劳希契生于1881年，一个普鲁士骑兵上将的儿子。1900年被委任为陆军中尉。一战中在总参谋部担任军官。魏玛共和国时期一直在德国国防军担当训练职务并任炮兵总监。1933年担任东普鲁士军区司令。1937年4月在莱比锡指挥第四集团军。1938年2月4日，希特勒巧妙地解除了弗兰契将军的职务之后，被任命为陆军总司令。坚决拥护希特勒的政策。帮助策划其波兰和法国战役并于1940年7月19日被提升为陆军元帅。计划并指挥巴尔干战役（1941年4—5月）以及入侵苏联初期的作战（6—12月）。12月初因主张放弃莫斯科，将德军撤退到防御阵地而被希特勒解职。此后未再进入现役。1948年卒于汉堡。

布劳希契是一位继承了普鲁士军国主义传统的参谋军官。他与布洛姆贝格元帅一样，在反对希特勒方面缺乏政治勇气。

PDM

参考：Dupuy，Trevor N.，A Genius for War. Reprint，Fairfax，Va.，1984.
Parrish，Thomas A.，and S. L. A. Marshall，Simon

and Schuster Encyclopedia of World War Ⅱ. New York,1978.
NDB.

布雷金里奇，约翰·卡贝耳（Breckenridge，John Cabell，1821—1875 年） 美国南部同盟将军。参加主要战争：美墨战争（1846—1848 年）和美国内战（1861—1865年）；参加主要战役（战斗）：夏洛之战（1862 年）、斯通河之战（1862—1863 年）、查塔努加之战（1863 年）、纽马斯特之战（弗吉尼亚州，1864 年）、冷港之战（弗吉尼亚州，1864 年）和纳什维尔之战（1864 年）。

布雷金里奇 1821 年 1 月 21 日生于肯塔基州的列克星顿。1839 年毕业于肯塔基州丹维尔的中央大学。1841 年进入列克星顿的特兰瓦西尼亚大学学习，并获律师资格。1847 年作为在肯塔基第三志愿团少校，短时间参加了侵略墨西哥的战争。1849 年任州议员。1851 年 3 月—1855 年 3 月任国会议员。1857—1861 年在布坎南总统的政府中任副总统。1860 年成为总统候选人。1861 年 3—12 月任参议员。11 月被南部同盟授予准将军衔。夏洛之战中（1862 年 4 月 6—7 日）指挥后卫部队。8 月，被授予少将军衔，并指挥了维克斯堡防御战。曾在密西西比的哈得逊港设防，抗击北方联邦军的进攻。后加入布拉格的田纳西军团。斯通河战役中（1862 年 12 月 31 日—1863 年 1 月 3 日）是哈第麾下的一位师长。5 月 14 日在约·埃·约翰斯顿的指挥下于密西西比的杰克逊作战。奇克莫加之战（9 月 23 日）和查塔努加战役（11 月 23 日—25 日）中，在田纳西军团中的 D.H. 希尔指挥的军中任师长。1864 年调至谢南多厄河谷。取得了纽马斯特之战（5 月 15 日）的胜利后，在南部同盟军指挥官中声誉鹊起。在罗伯特·李的指挥下参加了冷港战役（6 月 1—3 日）。任厄尔利的副手，参加对联邦军重地华盛顿的袭击。9 月任西南弗吉尼亚军区司令。在 11 月 15—16 日的纳什维尔之战中发挥了重要作用。1865 年 2 月任南部同盟陆军部长。战争结束后，他逃到了古巴，后又辗转去了英国。1868 年被大赦后返回美国，重操律师职业，期间还参与了铁路发展工作。1875 年 5 月 17 日卒于肯塔基州的列克星顿。

布雷金里奇受过良好教育，是一位才能出众的指挥官和一位不可多得的行政官员。尽管他作为政治家受训，但却具备天生的指挥才能并取得过卓越的战绩，纽马斯特之战的胜利足以证明这一点。

VBH

参考：DuPont，Henry A.，The Battle of New Market，Virginia，May 15 1864. Winterthur，Del.，1924.
Stillwell，Lucille，Born to Be a Statesman：John Cabell Breckenridgs. N.P.，1936.
Wakelyn，Jon L.，Biographical Dictionary of the Confederacy. Westport，Conn.，1977.
Warner，Ezra，Generals in Gray. Baton Rouge，1978.

布雷多，阿达尔贝特·冯（Bredow，Adalbert von 1814—1890 年） 普鲁士将军。参加主要战争：七周战争（1866 年）和普法战争（1870—1871 年）；参加主要战役（战斗）：克尼格雷茨之战（赫拉德茨-克拉洛韦，1866 年）和维永维尔之战（梅斯-马拉斯拉图尔附近，1870 年）。

布雷多生于 1814 年。1866 年 7 月 3 日的克尼格雷茨之战后，他以追击溃败的奥地利军队而名声大噪。做为第十二骑兵旅的准将旅长，他在维永维尔的马拉斯拉图尔之战中，指挥了被称为“死亡冲锋”的骑兵冲击。此战为普鲁士增援部队的到达和牵制巴赞（1870 年 8 月 16 日）赢得了时间。他所指挥的这次冲锋也是欧洲战争中最后几次大规模的骑兵冲击之一。1871 年被晋升为中将。卒于 1890 年。

PDM

参考：Lewis，Brenda Ralph.“Von Bredow's Death Ride”，Battle，Ⅱ:6(June 1975):68 ff.
WBD.

布里尔顿·路易斯·海德（Brereton，Lewis Hyde，1890—1967 年） 美国空军将领。参加主要战争：第一次世界大战（1917—1918 年）、第二次世界大战（1941—1945 年）；参加主要战役（战斗）：西线战役（1918 年）、轰炸普洛耶什蒂（1943 年）、“花园”作战行动（1944 年）、“大学代表队”行动（1945 年）。

布里尔顿 1890 年 6 月 21 日生于匹兹堡。1906—1907 年在安纳波利斯圣约翰学院学习。1907 年入海军军官学院学习。1911 年毕业后任海军少尉。不久改任陆军少尉。1911—1912 年，在海岸炮兵部队中服役。后转入通信兵航空部门任职。1913 年获飞行员资格。1916 年赴菲律宾美军第二航空中队服役。1917 年，在进一步接受飞行训练后被派往法国。1918 年 3—10 月，指挥第十二航空中队作战。后在美国驻德国占领军中任参谋。1919—1922 年，任驻法国空军武官。1922—1924 年任飞行教官。1924—1927 年，任第二轰炸机大队司令，与威廉·比利·米切尔上校密切合作，创造了俯冲轰炸战术。1925 年在对米切尔进行的军事审判中，担任辩护人。1928 年毕业于指挥与参谋学院。1935 年晋升中校。1935—1940 年，在指挥与参谋学院任教。1940 年晋升战时准将，任第十七轰炸机联队队长。1941 年 7 月晋升少将，任驻佛罗里达州第三航空队司令。11 月任驻菲律宾远东空军司令。12 月 8 日日军空袭克拉克机场，将其还在地面上的大部分飞机摧毁，他因此而遭到指责。1941 年 12 月—1942 年 3 月，指挥剩余飞机对优势日军展开顽强的防御战。1942 年 3—6 月，在印度组建第十航空队。1942 年 6 月—1943 年 9 月，任中东航空队（后称第九航空部队）司令，为英军第八集团军提供空中支援。期间主持制定了 1943 年 8 月 1 日盟军大规模空袭罗马尼

亚普洛耶什蒂油田的作战计划。1943 年 1—9 月，任驻中东美陆军部队司令。1943 年 10 月—1944 年 8 月，任驻英国第九航空队司令，主持制定了进攻法国的空中支援计划。1944 年 4 月晋升中将。8 月，任盟军第一空降集团军司令。在 9 月 17—26 日的“花园”行动中，盟军遭到惨败，因此而再遭责难。1945 年 3 月 23 日，指挥盟军空降部队实施“大学代表队”行动，夺占韦塞尔附近的莱茵河桥头堡。1946—1948 年，在国家原子能委员会工作。1947 年 9 月转入空军任职。1948 年退役。1967 年 7 月 19 日卒于华盛顿。

布里尔顿是和平时期有才干的部队管理者，战时则机智灵活、精力充沛。他与其英军上级和下级军官均能和睦相处。他在克拉克机场和阿纳姆-奈梅根遭到的两次惨败，使其声望黯然失色。

KS and DLB

参考：Brereton, Lewis H., The Brereton Diaries. 1946. Reprint, New York, 1976.

Keegan, John, Who Was Who in World War Ⅱ. New York, 1978.

New York Times obituary, July 31, 1967.

Tunney, Christopher, Biographical Dictionary of World War Ⅱ. New York, 1972.

布雷曼恩，亨利希·冯（Breymann, Heinrich von, 卒于 1777 年） 在英国服役的不伦瑞克士兵。参加主要战争：美国独立战争（1775—1783 年）；参加主要战役（战斗）：本宁顿之战（1777 年）、贝米斯高地（纽约附近）之战（1777 年）。

布里奥尔蒙特，亨利·亚利克希斯（Brialmint, Henri Alexis, 1821—1903 年） 比利时将军和军械工程师。

勃利多，菲利普（Brito y Nicote, Philip, 卒于 1613 年） 葡萄牙殖民冒险家。参加主要战争：葡萄牙在缅甸的扩张；参加主要战役（战斗）：攻克东吁（1612 年）、沙廉围攻战（1613 年）。

勃利多生于里斯本，双亲是法国人。他首次到东印度时，系船舱服务员。后以外国雇佣兵身份参加若开（下缅甸）国王的军队。到 1600 年被任命为若开人在殖民地沙廉的行政长官。他亲自控制沙廉，并赴果阿，目的是让葡萄牙当局正式承认他的职位（1601 年）。1602 年，带着“沙廉司令”和“征勃固将军”的头衔返回。他实际上独立地统治沙廉。1612 年与勃固的暹罗人行政长官联盟会一起攻击并洗劫东吁。与暹罗人发生争吵，阿瓦（在上缅甸的伊洛瓦底）国王趁机围攻沙廉。1613 年 9 月（?）城破被俘，被钉死在尖桩上。

AL

参考：Danvers, Frederick Charles, The Portuguese in India. Reprint, London, 1966

Harvey, G. E., A History of Burma. Reprint, n. p., 1967.

布罗克，伊萨克爵士（Brock, Sir Isaac, 1769—1812 年） 英国将军。参加主要战争：法国大革命战争（1792—1799 年）、1812 年的战争（1812—1815 年）；参加主要战役（战斗）：荷兰战役（1799 年）、底特律之战（1812 年）、昆士顿（安大略）之战（1812 年）。

布罗克 1769 年 10 月 6 日生于根西的圣彼得堡。1785 年参加英国陆军，任第八皇家步兵团少尉。1791—1793 年期间，在西印度群岛服役。1802 年随其团队赴加拿大参战。随后的十年间，他参加了一系列城堡的保卫战。1805 年升上校。1810 年，任英驻上加拿大（安大略）军队总指挥，并于 1811 年提升为少将。1812 年 6 月同美国爆发战争时，他坚决支持英国政府做好战争准备，并组织了加拿大人的游击队。8 月 16 日攻克底特律。在昆士顿之战中，他打败了冯·伦塞拉尔将军的入侵。10 月 13 日在该战役中战死。

布罗克是一位勇敢、无畏和足智多谋的人。在挫败 1812 年美军攻占加拿大的计划中，他的功勋无人可比。他是一位非同寻常的天才人物。

PDM and DLB

参考：Berton, Pierre, The Invasion of Canada. Boston, 1978.

Tupper, Ferdinand B., Life and Correspondence of Sir Isaac Brock. London, 1847

布罗克，菲利普·博维斯·维拉爵士，第一准男爵（Broke, Sir Philip Bowes Vere, 1st Baronet, 1776—1841 年） “勇敢的布罗克”，英国海军上将。参加主要战争：法国大革命战争（1792—1799 年）、1812 年的战争（1812—1815 年）；参加主要战役（战斗）：圣文森特角之战（1797 年）、美“切萨皮克”号对英国“香农”号之战（1813 年）。

布罗克 1776 年 9 月 9 日生于伊普斯维奇附近的布罗克-霍尔。1792 年参加海军，作为中尉，参加了 1797 年 2 月 14 日的圣文森特角之战。1801 年任舰长，在英吉利海峡舰队中服役。1806 年任有 38 门炮的“香农”号舰长。1811 年他前往哈里费克斯受命指挥一小型舰队。他将其船员训练成为技术超群的水手，并巡弋于新英格兰海岸。1813 年 6 月 1 日，他向美国有 38 门炮的“切萨皮克”号挑战，后者由詹姆斯·劳伦斯舰长指挥，并准备参加波士顿港附近的战斗。经 15 分钟激战，打败并俘获“切萨皮克”号；但负伤，因此以后再未见其服现役。1813 年被授予准男爵。1830 年被授予上将军衔。1841 年 1 月 2 日卒于伦敦。

布罗克是一位勇敢、聪慧和有效率的海军军官，是英国海军中屈指可数的最好指挥官之一。

PDM and DLB

参考：Forrester，C. S.，The Age of Fighting Sail：The Story of the Naval War of 1812. Garden City，N，Y.，1956.
Poolman，K.，Guns off Cape Ann. London，1961.

布鲁克，詹姆斯爵士（Brooke，Sir James，1803—1868 年） 英国士兵和沙捞越首领。参加主要战争：第一次缅甸战争（1823—1826 年）、镇压沙捞越海盗（1841—1857 年）。

布鲁克-波帕姆，亨利·罗伯特·摩尔爵士（Brooke-Popham，Sir Henry Robert Moore，1878—1953 年） 英国空军上将。参加主要战争：第一次世界大战（1914—1918 年）、第二次世界大战（1939—1945 年）；参加主要战役（战斗）：马来亚-新加坡战役（1941—1942 年）。

布鲁克-波帕姆 1898 年毕业于桑赫斯特皇家军事学院。1911 年获得飞行员证书，成为首批飞行军官之一。1914—1918 年，在西线皇家飞行队中任参谋军官，负责行政管理和技术保障工作，但没有直接参加战斗。1919—1921 年，在新成立的皇家空军中被授予准将军衔，任空军部科研处处长。1921—1926 年，任皇家空军参谋学院第一任院长。1926—1928 年，任大不列颠战区防空司令。1928—1930 年，任驻伊拉克空军司令。1931—1933 年，任坎伯雷帝国国防学院院长。1933—1935 年，任大不列颠防空司令部司令。1935 年任皇家空军总监。1935—1936 年，任驻中东空军司令。1937 年退役，任肯尼亚总督兼军队总司令；但在 1939 年 9 月战争爆发时再度服役。1940 年 10 月任远东英军总司令。他竭力增强远东英军的实力，但收效甚微。在日本人的攻击下，英军显得战备不充分，缺乏训练且装备不足。他反复请求批准实施“斗牛士”行动，对泰国南部发动先发制人的进攻，但直到 1941 年 12 月 8—9 日日军开始在那里及马来亚登陆后才得到批准。12 月 27 日被解职。在此后的战争中没有发挥多大作用。1945 年退役。卒于 1953 年。

布鲁克-波帕姆是一位有才干的军政管理者。他清楚地认识到了远东英军面临的问题，但因缺乏国内的支持，未能使其实力得到加强。

PDM

参考：Keegan，John，Who Was Who，1951—1960. London，1961.
——Who Was Who in World War Ⅱ. New York，1978.
DNB.

布朗，乔治·斯克拉特利（Brown，George Scratchley，1918—1978 年） 美国空军上将。参加主要战争：第二次世界大战（1941—1945 年）、朝鲜战争（1950—1953 年）和越南战争（1964—1973 年）；参加主要战役（战斗）：对德国的联合轰炸（1943—1945 年）、空袭普洛耶什蒂（1943 年）。

布朗 1918 年 8 月 17 日生于新泽西州蒙特克莱。1936—1937 年，在密苏里大学学习。1941 年 6 月毕业于西点军校，在美国陆军航空兵任职。1942 年 3 月在得克萨斯州凯利菲尔德完成飞行员训练后，被分配到第九十三轰炸机大队任 B-24 轰炸机飞行员。此后屡立战功，尤其是在 1943 年 8 月 1 日大规模空袭普洛耶什蒂油田的行动中战功卓著。当时在指挥官阵亡的情况下，他将该轰炸机大队带回基地。1944 年 10 月晋升战时上校。1944 年 5 月—1945 年任第二空军师作战处副处长。1945 年 5 月—1946 年，在沃思堡空军训练司令部担任一些较低级的职务。1946 年 12 月—1950 年，在纽约州米切尔堡防空司令部任作训军官。1950 年 7 月—1951 年，任驻华盛顿州麦考德空军基地第六十二部队运输机联队联队长。1952 年 7 月—1956 年，任驻密歇根州塞尔弗里奇空军基地第五十六战斗截击机联队联队长。1957 年 7 月，毕业于国防大学。1957—1959 年，任空军参谋长首席助理。1959 年 6—12 月，任国防部副部长军事助理。1959 年 12 月，晋升准将。1959—1963 年，任国防部长军事助理。1963 年 4 月，晋升少将。1963 年 8 月—1964 年，任驻新泽西州麦圭尔空军基地空军电子战部队司令。1964 年 9 月—1966 年，任驻新墨西哥州阿尔伯克基桑迪亚国家实验室武器试验部队——第二联合特遣部队司令。1966 年 8 月，晋升中将。1966 年 8 月—1968 年，任参谋长联席会议主席助理。1968 年 8 月，晋升上将。1968—1970 年，任驻越南美国军事援助司令部负责空中作战的副司令兼空军第七军军长。1970 年 9 月—1973 年，回国任马里兰州安德鲁斯空军基地空军系统司令。1973 年 8 月—1974 年 6 月，担任了 10 个月的空军参谋长。1974 年 7 月，任参谋长联席会议主席。1978 年 7 月 20 日退役。卒于 1978 年 12 月 5 日。

DLB

参考：Office of the Secretary of the Air Force，Office of Information typescript（February 1978）.
WAMB.

布朗，雅各布·詹宁斯（Brown，Jacob Jennings，1775—1828 年） 美国将军。参加主要战争：1812 年的战争（1812—1815 年）；参加主要战役（战斗）：奥格登斯堡之战（1812 年）、萨基茨港之战（1813 年）、蒙特利尔之战（1813 年）、1814 年的奇珀瓦、隆迪小道及伊利堡之战（均在安大略的尼亚加拉瀑布附近）。

布朗 1775 年 5 月 9 日生于宾夕法尼亚州巴克斯县的一个古老的基督教家庭。就读于新泽西和纽约，与此同时，还在俄亥俄州从事测量工作（约 1785—1798 年）。1798—1800 年，任亚历山大·汉密尔顿的秘书，后迁至纽约西部的安大略湖附近定居。1800 年建立布朗威尔镇。后在州民兵部队中发挥积极作用，并于 1809 年晋升

为上校。约 1800—1812 年，通过沿加拿大边界的走私而暴发。1811 年被任命为民兵准将。1812 年 10 月 3 日，组织奥格登斯堡的防御，成功地阻止了英军的进攻。1813 年 5 月 26 日，他再次组织防御，挫败了乔治·普利沃斯特爵士进攻美海军在萨基茨港基地的企图。是年，他被升为正规军陆军准将，在詹姆斯·威金森攻打蒙特利尔时（10—11 月），指挥一个旅参战。1814 年 7 月 3 日，他率部侵入加拿大，并攻占伊利堡。7 月 5 日，派温菲尔德·斯科特将军攻打奇珀瓦。7 月 25 日他率美军参加了残酷血腥的隆迪小道之夜战。在 8 月 13 日—9 月 21 日期间，他成功地粉碎了英军对伊利堡的包围。1815 年 6 月，任美国陆军北部地区司令长官。后又于 1821 年 6 月 1 日被任命为陆军总司令。他一直担任该职，直至 1828 年 2 月 24 日卒于华盛顿。

布朗是一位精力充沛、富于侵略性和足智多谋的军官，作为政治上的将领十分出色。他也是一位天生的领导者，尽管有时脾气暴躁，甚至流于轻率。

Staff

参考：Berton, Pierre, Flames Across the Border. Boston, 1981.

Pratt, Fletcher, Eleven Generals. New York, 1936.

Prucha, Francis Paul, The Sword of the Republic: The United States Army on theFrontier, 1783—1846. Bloomington, Ind., 1969.

DAB.

WAMB.

布朗，威尔逊（Brown, Wilson, 1882—1957 年） 美国海军上将。参加主要战争：第一次世界大战（1917—1918 年）、第二次世界大战（1941—1945 年）；参加主要战役（战斗）：珊瑚海海战（1942 年）。

布劳恩，吉约姆·玛丽·安（Brune, Guillaume Marie Anne, 1763—1815 年） 法兰西帝国元帅。参加主要战争：法国革命战争（1792—1799 年）和拿破仑战争（1800—1815 年）；参加主要战役（战斗）：阿科莱（维罗那附近）之战（1796 年）、利沃里之战（1797 年）、1799 年的贝尔根、滨海埃赫蒙德、卡斯特里克姆之战、明乔之战（1800 年）、施特拉尔松德之战（1807 年）。

布劳恩 1763 年 3 月 13 日生于布里夫拉贾亚尔德，他的父亲施蒂芬·布劳恩是一位律师。在巴黎，布劳恩曾做过一段时间打字员和作家，并结识了几位大革命领导人，如丹东等。作为坚决的共和政体支持者，他于 1789 年参加了国民卫队并被选举为上尉。1791 年他在塞内和奥塞步兵团第二营中任少校。1793 年在北方军服役期间，被提升为准将。在该军中，他充当宪兵的角色以清除异己，后被任命为波尔德奥克斯军营司令，以威慑当地的居民。他在巴黎执政手下供职，服务于巴拉斯和拿破仑。1796 年，他被派往意大利并在马塞纳手下参加了 11 月 15—17 日的利沃里之战。在 1797 年 1 月 14 日的利沃里之战及拿破仑再次任命其为该师指挥员期间，功勋卓著，晋升为少将。1798 年，他受命指挥海尔韦齐奥陆军，率该部于 1 月入侵瑞士。1799 年 1 月，他被任命为驻荷兰陆军总指挥，并指挥阻击英俄联军入侵的战斗。8 月 27 日，他成功地将英俄联军阻止于赫鲁特-凯滕，但随后被击退，并于 9 月 10 日战败。9 月 19 日，他东山再起在贝尔根顶住英俄联军的进攻，打败了由约克公爵率领的俄军，并缴获了 20 门大炮和 200 面军旗。10 月 2 日，在滨海埃赫蒙德之战中再遭重创；但却赢得了 10 月 6 日的卡斯特里克姆之战的胜利，并将其对手打退，从而使荷兰归于法国，并在 10 月 18 日的阿尔克马尔会议上得到确认。1800 年早期，他受命指挥旺代的西路军，后于 7 月指挥在第戎的预备役第二方面军。8 月他被派至意大利接替马塞纳任驻意大利军队指挥。开始，他取得了些许成功，但在通过明乔时，由于犹豫不决，险些使杜邦师遭受灭顶之灾；只是由于苏舍及时赶到，厄运才未发生。拿破仑曾评论此事说："意大利战役表现了布劳恩天才的局限。" 1801 年当选国会议员。1802—1804 年任驻土耳其大使。在君士坦丁堡期间，他接到了授予他元帅的消息，并于 1804 年 5 月被任命为荣誉军团官员。1805 年他成为海防陆军总指挥官。1806 年被任命为汉塞蒂克城的总督将军。在 1807 年的战役中，他指挥一个军团并在 7 月将瑞典军队赶出了施特拉尔松德。由于他在封锁英国人的海上贸易中失利，加上他对共和政体的反感情绪，拿破仑解除了他的职务。直至 1815 年才再次被启用。随后他宣布不再支持波旁王朝，并任瓦尔军团总指挥，参加了法国的啤酒党。7 月他在土伦投降，随后赴巴黎。1815 年 8 月 2 日，布劳恩被愤怒的群众阻于阿维尼翁。这些人指控他是杀害 1793 年起义的德·朗巴勒及其他人的凶手。在当时（1793 年），他是押送犯人军队的一员，但没有任何证据说明他参与了屠杀。不幸的是，愤怒的群众抓着他游街示众，并残酷地将他撕成碎片，其遗体被抛入莱茵河。据说他死时口中喃喃说道："仁慈的上帝！我在战场上百死一生，不料却死于此地……"

布劳恩是一位勇敢、无畏和纪律严明的军人。作为指挥官，他缺乏训练，经验不足。拿破仑曾评价他说："尽管这位将军有最大的勇气和巨大的决心指挥一个旅，但他似乎不适宜于指挥一支军队。"所以现在法国人把"阿拉布劳恩"当作"一败涂地"的代名词。

VBH

参考：Delderfield, R. F., Napoleon's Marshals. Philadelphia, 1962.

Meeks, Edward, ed., Napoleon and the Marshals of the Empire. Reprint (2 vols. in 1), Philadelphia, 1885.

Welsh, M. L., "Napoleon's Marshals: Brune," American Society of the Legion of Honor Maga-

zine, No. 1 (1972).

不伦瑞克，查理·威廉·斐迪南，不伦瑞克-吕纳堡-沃尔芬比特公爵（Brunswick, Charles William Ferdinand, Duke of Brunswick-Lüneburg-Wolfenbuttel, 1735—1806 年） 不伦瑞克-普鲁士陆军元帅。参加主要战争：七年战争（1756—1763 年）、法国大革命战争（1792—1799 年）与拿破仑战争（1800—1815 年）；参加主要战役（战斗）：隆维之战、凡尔登之战、瓦尔米之战（1792 年）、皮尔马森斯之战、恺撒斯劳滕之战、威森堡之战（1793 年）、奥尔施塔特（魏玛附近）之战（1806 年）。

不伦瑞克 1735 年 10 月 9 日生于沃尔芬比特，不伦瑞克-吕纳堡公爵查理一世和菲利皮纳·夏洛蒂的儿子。其母是普鲁士国王腓特烈二世之妹。七年战争期间，随其叔父不伦瑞克公爵斐迪南作战，并因指挥娴熟而闻名。战后与英国国王乔治三世之女奥古斯塔结为夫妻（1764 年）。腓特烈二世提升他为普鲁士陆军的步兵上将（1773 年）。其后，他与普鲁士保持着密切的政治联系。其父去世（1780 年）后他接任不伦瑞克公国的行政控制权，并在政府与教育体制两方面进行改革。后被腓特烈·威廉二世晋升为元帅（1787 年），并被任命为前往制止荷兰内战（1785—1787 年）的普鲁士军队的司令。在荷兰任职期间，其军事声誉进一步提高。腓特烈·威廉二世任命他为前往入侵革命法国的普鲁士军队总司令（1792 年）。不伦瑞克攻克了隆维城（8 月 23 日）后，在瓦尔米遇到顽强防御和猛烈炮击（9 月 20 日），因而推进受阻。声称"我们不在这里作战"后，他下令向普鲁士撤退。次年，他继续发起进攻，夺取了美因茨（4 月 10 日—7 月 23 日），并在皮尔马森斯之战（9 月 14 日）和恺撒斯劳滕之战（11 月 28 日—30 日）中打败法军。他在威森堡之战（12 月 26 日）中战败，这一失败加上腓特烈·威廉二世对其作战的不断干预，使他辞去了指挥权（1794 年 1 月）。尽管他在 1792 年战役之初即已发表《不伦瑞克声明》——该声明描述了获胜的普鲁士军可能对法国人采取羞辱性待遇，但他却同情革命者而且对脱离战争表示高兴。后隐居庄园。1805 年，他敦促普鲁士国王参加反对拿破仑的联盟，之后，普鲁士根据《波茨坦条约》与俄国结盟（1805 年 11 月 3 日）。他奉命前往圣彼得堡以巩固联盟（1806 年），回国后即被委任为反对拿破仑的普鲁士军司令。在奥尔施塔特与迟乌的作战（1806 年 10 月 14 日）中，他身负重伤，全军覆没。1806 年 11 月 10 日因伤卒于奥芬森（汉堡附近）。

不伦瑞克是典型的才能有限的 18 世纪指挥官，崇拜其舅父腓特烈二世，并以启蒙运动的原则治理其公国。

VBH

参考：Jany, C., Geschichte der preussischen Armee vom 15, Jahrhundert bis 1914, Vols. Ⅱ and Ⅲ. Berlin, 1928—1929.

Petre, F. L., Napoleon's Conquest of Prussia. London, 1977.

Stern, S. Karl Wilhelm Ferdinand, Herzog zu Braunschweig und Lüneburg. N. P., 1921.

不伦瑞克公爵，斐迪南（Brunswick, Ferdinand, Duke of, 1721—1792 年） 不伦瑞克-普鲁士陆军元帅。参加主要战争：奥地利王位继承战争（1740—1748 年）、七年战争（1756—1763 年）；参加主要战役（战斗）：莫尔维茨（莫卢约维采，布热格附近）之战（1741 年）、霍图西茨（恰斯拉夫附近的霍图西采）之战（1742 年）、索赫尔之战（1745 年）、洛博西茨（洛沃西采）之战（1756 年）、布拉格围城战（1757 年）、克雷菲尔德之战（1758 年）、贝尔根之战、明登之战（1759 年）、韦灵豪森（哈姆附近）之战（1761 年）、威廉斯塔尔（卡塞尔附近）之战、阿默纳堡（马堡附近）之战（1762 年）。

不伦瑞克 1721 年 1 月 12 日生于沃尔芬比特，不伦瑞克-贝沃恩-沃尔芬比特公爵阿尔贝特二世的第四子。他加入普鲁士陆军（1740 年），任新招募的不伦瑞克团团长。奥地利王位继承战争期间参加了莫尔维茨之战（1741 年 4 月 10 日）和霍图西茨之战（1742 年 5 月 17 日），在作战中显示了巨大的勇气。后被任命为腓特烈二世的步兵卫队队长（1744 年），并在索赫尔之战（1745 年 9 月 30 日）中表现不凡。七年战争之初，他在洛博西茨之战（1756 年 10 月 10 日）中任普鲁士右翼军司令，后在布拉格围城战（1757 年 5 月 7 日—6 月 20 日）中提高了声望。英国国王乔治二世提议他担任驻德国西部士气低落的联盟部队司令（1757 年）。对这支部队进行重新编组后，他在克雷菲尔德将法军击退到莱茵河对岸（1758 年 6 月 23 日），因此而晋升为元帅。在贝尔根被打败（1759 年 4 月 13 日）后，他在明登进行反击（8 月 1 日），获得对优势之敌的巨大胜利。他在韦灵豪森再次打败法军（1761 年 6 月 15—16 日），并在取得威廉斯塔尔之战（1762 年 6 月 24 日）的胜利后将法军逐出威斯特伐利亚。尽管在阿默纳堡战败（9 月 21 日），但到 1762 年底，他还是成功地迫使法军再次撤回到莱茵河对岸。由于与腓特烈二世不和而退出现役（1766 年 6 月），并回到他在费谢尔德（布劳恩施韦格附近）的城堡。晚年平静地统治着其公国，直到 1792 年 7 月 3 日卒于费谢尔德。

不伦瑞克是一位秉性聪慧、处事镇静、天资过人的指挥官，曾激发了其部队的信心。其将多国部队变成一支战斗力强、纪律严明的军队的能力使他得以赢得西部战役的胜利，从而使腓特烈二世在东部从容进行作战，获得了其战役胜利。

VBH

参考：Jany, C., Geschichte der preussischen Armee von 15. Jahrhundert bis 1914, Vols. Ⅱ and Ⅲ. Berlin, 1928—1929.

Savary, Sir Reginald, His Britannic Majesty's

Army in Germany in the seven Years' War. Oxford, 1966.

Westphalen, F. O. W. F. von, ed. Geschichte der Feldzüge des Herzogs Ferdinands von Braunschweig-Lüneburg. 6 vols. N. P., 1859—1872.

不伦瑞克，弗雷德里克·威廉公爵（Brunswick, Frederick William, Duke of, 1771—1815 年） "黑公爵"。不伦瑞克-普鲁士将军。参加主要战争：拿破仑战争（1800—1815 年）；参加主要战役（战斗）：齐陶之战（1809 年）、博尔毕茨之战（1809 年）、哈尔伯施塔特之战（1809 年）、卡特勒布拉（在比利时的尼韦勒附近）之战（1815 年）。

不伦瑞克生于 1771 年 10 月 9 日，是查理·威廉的第四子。1806 年其父去世后，虽继承了公爵称号，却不能继承其父的庄园；因为《蒂尔斯特条约》的签署（1807 年 7 月 7—9 日），使他失去了这一权利。他逃至奥地利，在那里组建了一个不伦瑞克步兵-骑兵军团，以便同拿破仑作战（1809 年 2 月 25 日）。该军团于 4 月 1 日集结于波希米亚的纳霍德，由于官兵均着黑色制服，故被称之为"黑色骑士"。1809 年，不伦瑞克及其军团与奥地利军队一起侵入萨克森，5 月 30—31 日进行了齐陶战役，6 月 12 日又发起博尔毕茨之战。7 月 12 日，奥军投降后，不伦瑞克率部杀开一条血路，直奔德国北部海岸。7 月 29 日攻克了哈尔伯施塔特镇后，他于 31 日抵达不伦瑞克。8 月 1 日，他通过机动作战追击威斯特伐利亚军队至厄尔佩尔，后于 8 月 6 日抵达埃尔斯弗莱特，从该地率其军团开赴伦敦。他的部分军队参加了英军并于 1810—1814 年在葡萄牙作战，因作战勇敢而赢得了声誉。不伦瑞克一直生活在英国，直至 1813 年恢复其公爵领地。此后，他再次休整和重建其军队。1815 年，他指挥其军团协助惠灵顿参加了滑铁卢战役。6 月 16 日，在卡特勒布拉之战中身负重伤而死。6 月 18 日，其军团在滑铁卢取得赫赫战功。

不伦瑞克以其英勇、坚定赢得了士兵们的尊重，对拿破仑充满仇恨。他从波希米亚到德国北部海岸的行军表现了其高超的军事艺术。

VBH

参考：Bain, N., A Detailed Account of the Battles of Quatre Bras, Ligny and Waterloo. Edinburgh, 1819.

Connely, J., Napoleon's Satellite Kingdoms. New York, 1965.

Pivka, Otto von, The Black Brunswickers. Reading, England, 1973.

Schirmer, F., "Der Schwarze Herzog," Deutsche Soldaten Jahrbuch, 1965, p. 19.

布鲁萨蒂，罗伯托（Brusati, Roberto, 1850—1935 年） 意大利将军。参加主要战争：第一次世界大战（1915—1918 年）。

布鲁西洛夫，阿列克谢·阿列克谢耶维奇（Brusilov, Aleksei Alekseevich, 1853—1926 年） 俄国骑兵上将。参加主要战争：俄国-土耳其战争（1877—1878 年）、第一次世界大战（1914—1917 年）、苏俄国内革命战争（1917—1922 年）和苏俄-波兰战争（1919—1920 年）；参加主要战役（战斗）：加利西亚之战（1914 年）、普热梅希尔之战（1914—1915 年）、沃伦（乌克兰西部）之战（1915 年）、布鲁西洛夫攻势（1916 年）和克伦斯基攻势（1917 年）。

布鲁西洛夫生于 1853 年 8 月 19 日，毕业于俄罗斯帝国贵胄军官学校，在高加索作为骑兵军官开始其军事生涯。在 1877 年 4 月—1878 年 3 月俄国-土耳其战争期间，以其勇敢和大胆的战术而崭露头角。在 1914 年 8—9 月第一次世界大战初期东线的交战行动中，指挥第八集团军，从而声名远播。1915 年 3—4 月间打破了奥军解围普热梅希尔要塞的企图。5 月份屏护由戈尔利采-塔尔诺夫突破所形成的缺口的左翼，并于 5—8 月间掩护溃败的第三集团军撤退。1916 年春接替尼古拉·伊万诺夫将军出任俄国西南方面军（辖第七、八、九和十一集团军）总司令，开始拟订攻势计划。6 月 4 日—9 月 20 日在 500 公里的战线上发动大规模进攻，几乎完全出敌意料，并在两处形成突破。尽管其攻势没能得到其他俄国将领的支援，但在战役结束时他的部队仍俘获了 375 000 名奥军，几乎迫使奥地利退出战争。此举极大地减轻了意军和西线协约国军的压力。1917 年 7 月 1—17 日，遵照临时政府的命令再次发起攻势，即所谓的克伦斯基攻势。但由于缺乏资源以及德军迅速发动反攻，该攻势所获甚少。俄国十月革命以后，站在布尔什维克一边，在苏俄国内革命战争和与波兰的战争中任红军军事顾问。1920 年 5 月 2 日被任命为统帅所有布尔什维克武装力量的总司令下属的特别委员会主席。1921—1924 年间任工农红军骑兵总监。1924 年退役。1926 年 3 月 17 日卒于莫斯科。

布鲁西洛夫是一位富有才华并克尽职守的指挥官，他总是精心计划其进攻行动并力求出敌不意。他是第一次世界大战中最为成功的统帅之一。他具有进步的思想观念和深厚的爱国主义精神，这使他能在战后和布尔什维克一起工作。

DLB

参考：Brusilov, Aleksei A. A Soldier's Note-Book, 1914—1918. Translator unknown. London, 1930.

Hayes, Grace P., World War I: A Compact History. New York, 1972.

Keegan, John, and Andrew Wheatcroft, Who's Who in Military History. New York, 1978.

EB.

布鲁图斯（布鲁图斯·阿尔比努斯）(Brutus〈Brutus Albinus〉,约公元前84—前43年) 罗马将军和政治家。参加主要战争：高卢战争（公元前58—前51年）、罗马内战（公元前44—前43年）；参加主要战役（战斗）：基伯龙湾之战（公元前56年）、马西利亚（今马赛）之战（公元前49年）、穆提那（今摩德纳）之战（公元前43年）。

布鲁图斯约生于公元前84年，是德西穆斯·布鲁图斯的儿子，也是A.P.阿尔比努斯的养子，因此他有时使用"阿尔比努斯"这个名字。布鲁图斯在恺撒的高卢部队中服役，公元前56年8月（?），指挥恺撒的舰队在基伯龙湾同维内蒂人作战。在公元前49年3—9月围攻马西利亚期间，负责指挥恺撒的舰队。由于在这次作战中获胜，被恺撒任命为外高卢（大约相当于今法国）地区总督。公元前46年镇压了贝尔洛瓦西人的一次起义。公元前44年1月（?），恺撒又任命他为内高卢（意大利北部）地区总督，并允诺让他出任公元前42年的执政官。尽管他受到恺撒的高度信任，但却同一些阴谋家们一起反对恺撒，并帮助他们于公元前44年3月15日在罗马刺杀了恺撒。尽管他是刺杀恺撒诸人中的一员，但在公元前44年夏天（?）却又同屋大维结盟，领导内高卢地区反对安东尼，并在穆提那之战中击败了安东尼。率军追击安东尼，推进到纳尔榜南西斯高卢地区后，其部队发生叛乱，一位高卢人首领也背叛了他，把他出卖给了安东尼。公元前43年，企图逃往在马其顿的卡西乌斯和马·尤利乌斯·布鲁图斯的营地，未果，被安东尼下令处死。

SAS

参考：Appian, History.
Dio Cassius, History.
Syme, Ronald, The Roman Revolution. Oxford, 1933.

布鲁图斯，马可·尤利乌斯(Brutus, Marcus Junius,公元前85—前42年) 罗马政治家和阴谋家。参加主要战争：罗马内战（公元前44—前43年）；参加主要战役（战斗）：第一次和第二次菲力比之战（公元前42年）。

布鲁图斯生于公元前85年，是马·尤·布鲁图斯之子。公元前58年，年轻的布鲁图斯只身前往塞浦路斯岛。公元前53年担任西提西卡的检查官。公元前49年罗马发生内战时，他加入庞培的军队。次年庞培战败，恺撒宽恕了他，并于公元前46年和公元前44年先后任命他担任山南高卢总督和执政官。公元前44年3月15日，参与了反对恺撒的阴谋，并成为元老院中谋杀恺撒的元凶之一。公元前44年夏，被元老院派往东部，与马可·安东尼抗衡并奉命前往希腊替代克莱特的职务。公元前43年元老院任命他为希腊、马其顿和伊利里亚军队的总司令官。在阿波洛尼亚（今阿尔巴尼亚）之战中俘虏了安东尼的一个亲属。在同色雷斯部落的作战中，他迫使莱西亚人支持他，同时拒绝返回意大利支持那里的共和派。公元前42年7月，在萨狄与卡西乌斯部队会合，并于同年9月返回希腊。同年10月26日，在第一次菲力比战斗中，他与屋大维和安东尼不分胜负，但卡西乌斯认为战斗是失败的，因此自杀身亡。同年11月16日在第二次菲力比之战中被击败，率残军溃逃，但此后不久自杀。

布鲁图斯被普遍认为是一位温文尔雅、仁慈厚爱的人，也是一位著名的作家，但其许多著作均已遗失。作为军事将领，他基本上是胜任的，但却缺乏灵感。

SAS

参考：Cicero, Philippics.
Plutarch, "Brutus," Parallel Lives.
Syme, Ronald, The Roman Revolution. Oxford, 1933.

布坎南，富兰克林(Buchanan, Franklin 1800—1874年) 美国南部同盟海军军官。参加主要战争：美墨战争（1846—1848年）和美国内战（1861—1865年）；参加主要战役（战斗）：维拉克鲁兹之战（1847年）、汉普顿锚地之战（1862年）和莫比尔湾之战（1864年）。

布坎南1800年9月17日生于巴尔的摩。1815年1月28日成为美国海军军官候补生，经过一段时间的海上和近岸防区服役后，1825年1月晋升海军上尉。1841年9月晋升海军中校。1842—1845年，指挥"万塞讷"号和"密西西比"号战舰。1845年参与在安那波利斯创建海军学院，8月15日成为该院第一任院长。侵略墨西哥战争中主动请战，指挥"日耳曼敦"号战舰，参加了攻占维拉克鲁兹之战（1847年3月9—27日）和沿海地区的其他作战行动。战后重新担任近岸防卫任务。1852年指挥"苏斯克斯阿根"号战舰，参加了海军准将马修·佩里远征日本的作战行动（1852年11月—1854年3月）。1861年4月误信马里兰州将脱离联邦而向海军递交辞呈，当他试图收回时，已被海军解职，遂于9月转而加入南部同盟海军，被授予海军上校军衔。1862年2月指挥包括铁甲舰"弗吉尼亚"号（以前的"梅里麦克"号战舰）在内的切萨皮克湾分舰队。3月8日进攻封锁汉普顿锚地的弗德勒克尔分舰队，经激战，击沉联邦海军的"坎伯兰"号和"康格雷斯"号驱逐舰。在战斗中负重伤，未能与美海军"监视"号战舰一同参加次日的著名海战。8月晋升为海军上将，后指挥驻莫比尔湾的海军部队。他指挥同盟海军的铁甲舰"田纳西"号参加了莫比尔湾之战，由于舰数少、火力弱并身负重伤，被迫于1864年2月向戴维·格·法腊格特上将的舰队投降。1865年8月25日被释放。后任马里兰州农学院院长（即今马里兰大学）。1874年5月11日卒于马里兰州的托尔伯特。

布坎南顽强而富于进取精神，是当时南部同盟海军中为数不多的、具有作战经验的将领之一。

KH and DLB

参考：Marshall, Edward C., History of the United States Naval Academy. New York, 1862.
Scharf, Thomas, History of the Confederates States Navy from Its Organization to the Surrender of Its Last Vessel. 2 vols. 1894. Reprint, Albany, N.Y., 1969.
Trexler, Harrison A., The Confederate Ironclad "Virginia." Chcago, 1938.
DAB.
WAMB.

白金汉第一公爵，乔治·维利尔斯(Buckingham, George Villiers, 1st Duke of, 1592—1628 年) 英国贵族。参加主要战争：英法战争（1626—1630 年）；参加主要战役（战斗）：鲁赫岛之战（1627 年）。

布琼尼，谢苗·米哈伊洛维奇(Budënny, Semën Mikhailovich, 1883—1973 年) 苏联元帅。参加主要战争：日俄战争（1904—1905 年）、第一次世界大战(1914—1918 年)、苏俄国内革命战争（1917—1922 年）、苏俄-波兰战争（1919—1921 年）和第二次世界大战(1939—1945 年)；参加主要战役（战斗）：察里津（伏尔加格勒）之战和奥伦堡之战（1919 年）、巴泰斯克之战、乌曼河之战、别尔吉切夫之战和利沃夫之战（1920 年）、克里木战役（1920—1921 年）和基辅战役（1941 年）。

布琼尼 1883 年 4 月 25 日生于顿河流域的罗斯托夫附近，在顿河哥萨克地区长大。他没有接受过正规的教育（虽然他是有文化的人），9 岁即开始工作。1903 年参加骑兵，在日俄战争中服役，但没有参加真正的作战。1909 年从圣彼得堡帝国骑兵学校毕业后成为军士长。1914—1917 年第一次世界大战期间曾在几条战线上服役，因作战勇敢获得四枚圣乔治十字勋章。他虽然不是革命者，但站到布尔什维克一边，在其师的士兵委员会任副主席。他创建了一支骑兵部队，消灭了普拉托夫斯卡亚的白军部队（1918 年 2 月）。在随后的作战中，布琼尼的骑兵扩大到旅的规模。后撤向北方与败退的斯大林和伏罗希洛夫会合，指挥伏罗希洛夫第十集团军的骑兵师，对于保卫察里津发挥了主要作用（1919 年 1 月）。6 月任骑兵军军长。他违抗命令，与马蒙托夫和什库罗的白军骑兵在奥伦堡和沃罗涅日地区交战，于 10 月打败了他们。随着这一胜利以及邓尼金攻势的崩溃，在 12 月骑兵军扩编为骑兵第一集团军，仍由他指挥。1920 年 1 月在罗斯托夫附近的巴泰斯克打败了邓尼金的骑兵。当年春季，该部受遣阻挡进军乌克兰的波兰军队，5 月 30 日，他率 16 500 人渡过第聂伯河，6 月初突破波兰军队在乌曼河的防线，长驱 320 公里在别尔吉切夫击败了波兰第六集团军。随后他率军向利沃夫推进。由于没能和图哈切夫斯基在北边的攻势相配合，9 月骑兵集团军被波兰军反攻并包围，部队分散突围，他差点被俘。1920 年 10 月—1921 年 1 月间，他和第一骑兵集团军被派往南部，在打败弗兰格尔的部队和征服克里木半岛的行动中起到了主要作用。1923 年任总司令骑兵助理和苏联革命军事委员会委员。作为伏罗希洛夫和斯大林的亲密战友（在波兰战争期间，斯大林曾任他的政委），布琼尼在二、三十年代的红军中具有相当大的影响力，对于红军骑兵力量的建设更发挥了主要作用。到 1938 年，骑兵部队已拥有 30 个师。1935 年他成为苏联首批五位元帅之一（其他四位是：布柳赫尔、叶戈罗夫、图哈切夫斯基和伏罗希洛夫）。1939 年任国防委员。1941 年 6 月下旬德军发动对苏联的入侵后，被任命为大本营预备队集团军司令。7 月 10 日任基辅地区西南方向总司令。他极力主张退却，但所部 60 万人被德军包围。9 月，他乘飞机逃脱。1942 年 5—9 月间任北高加索方面军司令。1943 年 5 月起任苏军骑兵司令，但没有进行作战指挥。1939—1952 年任苏联共产党中央委员会委员，1952—1973 年任候补委员。尽管有 1941 年惨败的经历，布琼尼仍然是受欢迎的英雄。1973 年 10 月 27 日卒于莫斯科。

在苏俄国内革命战争和苏俄-波兰战争期间，布琼尼是一位有胆量、有魄力且战功卓著的骑兵统帅。在二三十年代，由于他将资源多用于建设骑兵部队，妨碍了苏军机械化建设的步伐。在第二次世界大战初期，他在西南方向的指挥使战争形势更加恶化。

DLB

参 考：Budënny, Semën M., Proidennyi put, 3 vols. Moscow, 1958—73.
Davies, Norman, White Eagle, Red Star: The Polish-Soviet War, 1919—1920. London, 1972.
Erickson, John, The Soviet High Command: A Military- Political History, 1918—1941. London, 1962.
Mawdsley, Evan, The Russian Civil War. Boston, 1987.
Wieczynski, Joseph L., ed., The Modern Encyclopedia of Russian-Soviet History. 51 vols. Gulf Breeze, Fla., 1976—1989.
EB.

比富德，亚伯拉罕(Buford, Abraham, 1749—1833 年) 美国陆军军官，参加主要战争：美国独立战争（1775—1783 年）；参加主要战役（战斗）：瓦克斯霍斯（位于南卡罗来纳的兰开斯特附近）之战（1780 年）。

比富德 1749 年 7 月 31 日生于弗吉尼亚的库尔佩珀县。曾征集一连民兵（1775 年），后逐步晋升为上校(1778 年 5 月)。任弗吉尼亚第十一团团长（9 月）。任大陆军的弗吉尼亚第三团上校时，奉命南下救援查尔斯顿，后被英军所围（1780 年 4 月）。由于无法到达查尔斯顿(5 月 12 日陷落)，他开始撤退。在瓦克斯霍斯被巴纳斯

特·塔尔顿上校的部队追上，被要求投降，但遭其拒绝。塔尔顿的进攻击溃了美国人，获胜的英军在美国人企图投降时将他们杀死。"塔尔顿的宽恕"这一卑鄙词语即由此而来（5月29日）。比富德骑马与几个人逃脱，但此后未再担任指挥官。战后迁居肯塔基，1833年6月30日卒于肯塔基州的斯科特县。

比富德是一位受欢迎的领导人，但不是一位有真才实学、能独当一面的指挥官；因为他的部队本应以比他们所表现出来的技能更高的方法去抵御塔尔顿的进攻。

AS

参考：Boatner, Encyclopedia.
WAMB.

毕若·德·拉·比贡利，托马·罗伯特，伊斯里公爵（Bugeaud de La Piconnerie, Thomas Robert , Duke of Isly, 1784—1849年） 法国元帅。参加主要战争：拿破仑战争（1800—1815年）、征服阿尔及利亚战争（1830—1849年）；参加主要战役（战斗）：锡卡（特莱姆森附近，1836年）之战、伊斯里（阿尔及利亚-摩洛哥边界）之战（1844年）。

毕若1784年10月15日生于利摩日。1806年参加拿破仑帝国卫队的轻步兵，被授予少尉军衔。在1808年12月20日—1809年2月20日的萨拉戈萨及潘普洛纳包围战中表现出色；1808—1813年的反游击作战，其表现也出类拔萃。1814年4月拿破仑第一次退位时，他站在波旁王朝一边；但1815年4—6月百日王朝期间，又站回拿破仑一边。波旁王朝复辟后被免职，随后退休至其在佩里戈尔的庄园，毕力于农耕。1830年革命及路易·菲利普加冕后，再次开始其军事生涯。1833年，他担任贝里公爵夫人的监狱看守，并帮助平息1834年的巴黎暴动。但由于其在平暴中不得人心，为安抚政府人士的不满，被派往阿尔及利亚。1836年7月6日在锡卡打败阿卜杜拉-卡迪尔。后于1837年5月30日同卡迪尔签署了《塔夫纳停战条约》。1804年12月29日，他再次赴阿尔及利亚，任军政总督。他组建了许多轻型机动部队以摧毁敌方的农场。1844年8月14日，在伊斯里摧毁了阿卜杜拉-卡迪尔的摩洛哥盟军。1845年9月，为报西迪-布拉希姆之仇，经短暂离开之后，又重返阿尔及利亚。1847年4—9月，因其在阿尔及利亚的军队殖民地化计划未受重视，愤怒之余，辞去职务。1848年2月革命爆发后，他再次指挥军队，但却无力营救路易·菲利普。后接受了阿尔卑斯陆军的指挥权，于1849年6月10日卒于巴黎。

毕若是一位殖民地军人。在他的精神激励下，产生了加利尼及其门徒利奥泰。他虽然在出身和政治倾向方面属保守派，但在一定程度上保持着对阿尔及利亚农民的同情，并努力设法减轻他们所受到的法国当局的盘剥。

PDM and DLB

参考：Azan, Paul, L'armée d'Afrique de 1830 à 1852. Paris, 1936.
——, Bugeaud et l'Algérie. Paris, 1930.
Bugeaud d'Ideville, Count H. Memoirs of Marshal Bugeaud. 2 vols. Edited by Charlotte M. Yonge. N. p., 1884.
Sullivan, Anthony Thrall, Thomas-Robert Bugeaud, France and Algeria 1784—1849: Politics, Power, and the Good Society. Hamden, Conn., 1983.

布拉德，罗伯特·李（Bullard, Robert Lee, 1861—1947年） 美国将军。参加主要战争：美西战争（1898年）、镇压菲律宾起义（1889—1902年）和第一次世界大战（1917—1918年）；参加主要战役（战斗）：康蒂尼之战（1918年）、埃纳河-马恩河战役（1918年）、默兹-阿尔贡战役（1918年）。

布拉德1861年1月5日生于亚拉巴马州的欧佩莱卡附近，当时的名字是威廉·罗伯特·B.。孩童时易名为罗伯特·李，以示对这位南部同盟指挥官的敬慕 。1885年毕业于西点军校后在步兵部队中服役。1898年6月获上尉军衔，在此以前，一直在西南地区驻防。同月晋升少校并指挥亚拉巴马志愿军独立营，8月晋升上校，指挥亚拉巴马志愿军第三团（黑人部队）。8—11月，率领其部队参加了在古巴的后期作战行动。镇压菲律宾起义期间（1900—1901年）指挥第三十九步兵团。1901年5月恢复原少校军衔。1901—1904年任棉兰老岛防区司令官。1906年10月晋升第八步兵团中校。1906—1909年任职于古巴临时军事政府。1911年3月晋升为第二十六步兵团上校，同年毕业于美国陆军学院。1915—1917年驻守美墨边界，期间于1916年任当地国民警卫军司令。1917年6月晋升准将，带领第一步兵师第一旅赴法国。随后晋升为少将。8月任法国步兵士官学校校长。12月14日任第一师师长。1918年5月28日指挥该师参加了美国在战争中第一次独立进行的战斗，即康蒂尼之战。7月14日任第三军军长，参加了埃纳河-马恩河（7月18日—8月5日）和默兹-阿尔贡（9月26日—11月11日）等进攻性战役。10月16日晋升中将。第二次攻势中期，指挥第二集团军，作为终身少将返回美国。1919年5月任第二军防区司令。1925年1月退役，是年后期出版了他的回忆录。1930年6月根据国会法案，在退役军人名册上被列为中将。1947年9月11日卒于纽约的杰伊堡。

DLB

参考：Bullard, Robert Lee, Personalities and Reminiscences of the War. New York, 1925.
WAMB.

布勒，雷德弗斯·亨利爵士（Buller, Sir Redvers Henry, 1839—1908年） 绰号"倒霉的布勒"，英国陆军中将。参加主要战争：第二次鸦片战争（1859—1860年）、第

二次里尔远征（1869—1870 年）、第二次阿散蒂战争（1873—1874 年）、第九次卡菲尔战争（1878—1879 年）、祖鲁战争（1879 年）、第一次布尔战争（德兰士瓦，1880—1881 年）、埃及战争（1882 年）、马赫迪战争（1882—1898 年）和第二次布尔战争（1899—1902 年）；参加主要战役（战斗）：阿莫福尔之战（库马西附近的村庄，1874 年）、赫洛巴内之战（1879 年）和坎布拉之战（均在弗雷黑德附近，1879 年）、乌伦迪之战（1879 年）、苏阿科因之战（1884 年）、科伦索之战（彼得马里茨堡附近，1899 年）、斯皮恩阔普之战（莱迪史密斯附近，1900 年）、法尔克兰斯之战（莱迪史密斯附近，1900 年）、图盖拉河之战（1900 年）和贝尔根多之战（马查多普附近，1900 年）。

布勒 1839 年 12 月 7 日生于德文的克雷迪顿附近。在哈罗和伊顿接受公学教育，后进入第六十步兵团服役。印度士兵起义之后进驻印度。1860 年在第二次鸦片战争中参加了对北京的侵略（他后来借口无此殊荣而拒绝佩戴战役勋章）。1861 年驻加拿大。1870 年 5—10 月加入了加尼特·沃尔斯利爵士的北方远征军，参加平息里尔起义的雷德河之战。完成参谋学院的学习后，又在沃尔斯利的指挥下参加阿散蒂战争。1873 年 12 月在伊斯曼附近（加纳沿海的村庄）的一次小规模作战中负轻伤。1874 年 1 月末参加了阿莫福尔之战。被派到南非，在第九次卡菲尔战争（1877 年 10 月—1878 年 5 月）中指挥边境的轻骑兵。1878 年 10—12 月在德兰士瓦任职。1879 年 1—8 月的祖鲁战争期间，他参加了赫洛巴内之战（3 月 28 日）、坎布拉之战（3 月 29 日）和乌伦迪之战（7 月 4 日）；在赫洛巴内之战中获得维多利亚十字勋章，曾一度回到英国。但德兰士瓦起义和第一次布尔溪战争（1880 年 12 月—1881 年 3 月）期间，又回到了南非。1882 年 7—9 月的埃及战争中，他被沃尔斯利选定为首席情报官。1882 年 9 月 13 日在特雷肯贝作战，年底被授予爵士。1884 年 2—5 月再一次参加格雷厄姆中将的远征军去解救图卡的英军，3 月中旬重整了在塔马之战中溃败了的第四十二苏格兰联队（黑色看守）。1884 年 10 月—1885 年 2 月，在沃尔斯利的指挥下参加救援戈登的喀土穆之战，遭败绩。1887 年在英国任军需主任。1890 年任人事行政参谋主任。1894 年晋升陆军中将。1895 年被任命为奥尔德肖特的第一军军长，推进了军队的改革。1899 年秋布尔战争爆发前夜，他的军被派到了纳塔尔。10 月 31 日，当他的军队到达开普敦时，发现爵士乔治·怀特将军的军队被包围在纳塔尔的莱迪史密斯；布勒遂被任命为驻南非英国殖民军司令。1899 年 12 月 12 日率领部队几经努力越过图盖拉河，参加了科伦索之战。1900 年 1 月 24 日参加了斯皮恩阔普之战；2 月 5—7 日参加了维拉克鲁兹之战，但被凭坚恃险的布尔人所击退。1900 年 1 月 10 日被洛德·罗伯茨接替。在纳塔尔，他指挥部队最终在图盖拉河战役中（1900 年 2 月 17—18 日）将布尔人击溃。2 月 28 日解救了怀特被围困的部队。经过短暂休整，于 1900 年 5—8 月向德兰士瓦省进军。5 月 14 日，在比加斯勃格（莱迪史密斯附近）巧胜路易斯·博塔指挥的布尔人军队。8 月 27 日在贝尔根多之战中将其击败。9 月 6 日在德兰士瓦东北追击博塔的军队，并在莱迪史密斯将其俘虏。返回奥尔德肖特后，却遭到了怀有敌意的公共舆论的抨击。1901 年 10 月 21 日退役。1908 年 6 月 2 日卒于德文。

布勒既是一位才能出众、勇敢而又充满活力的部属，同时又是一位谨慎而优柔寡断的指挥官。他发展了一些战术，这一变革成果后来被罗伯茨和基钦纳成功运用并发扬光大。与他们因此而得到的赞誉相比，实际上布勒更值得称道。

DLB

参考：Butler, W. F. Sir Redvers Buller. London, 1911.
Melville, C. H., Life of General the Right Hon. Sir Redvers Buller. 2 vols. London, 1923.
Morris, Donald R., The Washing of the Spears. New York, 1965.
Pakenham, Thomas, The Boer War. New York, 1979.

毕洛夫，迪特里希·亚当·亨利希（亨利希·迪特里希）·冯（Bülow, Dietrich Adam Heinrich〈Heinrich Dietrich〉von, 1757—1807 年） 普鲁士陆军军官和军事理论家。

毕洛夫生于 1757 年，亨利希·亚当·迪特里希·冯·毕洛夫将军之弟。曾在普鲁士陆军中服役（1773—1789 年），后退役进行军事事件的著述。1799 年出版了其最著名的著作——《当代战争体制的实质》。他总共撰写了 16 本以上的书籍。尽管这些书籍忽略了革命法国军队的许多革新，但反映了汇编当时军事理论和实践的愿望。他“无所不知”的自我吹嘘和乖僻断言以及对普鲁士军队的尖锐批判使他被控精神错乱而遭逮捕（1807 年春?）。开始时囚禁于科尔贝格，后因于里加，倍受虐待。卒于 1807 年。

毕洛夫是一位自负清高而又不负责任的人。他的理论常常含混不清，并往往受到事实的驳斥。尽管如此，其著作对军事理论——尤其是探讨国家政权的政治理论——的学者还是有所裨益。

PDM and DLB

参 考：Bülow, Eduard, and Wilhelm Rustow, eds., Militärische und vermischte Schriften von Heinrich Dietrich von Bülow. Leipzig, 1853.
Bülow, Heinrich Dietrich von, Der Feldzug von 1805,
militärisch-politisch betrachtet. 2 vols. Leipzig, 1806.
——, The Spirit of the Modern System of War. London, 1806.

毕洛夫，弗里德里希·威廉·冯(Bülow, Friedrich Wilhelm von, 1755—1816 年) 普鲁士将军。参加主要战争：法国革命战争（1792—1799 年）、拿破仑战争（1800—1815 年）；参加主要战役（战斗）：但泽包围战（1807年）、卢考之战（1813 年）、大贝伦之战（1813 年）、莱比锡之战（1813 年）、滑铁卢之战（1815 年）。

毕洛夫 1755 年生于普鲁士，是亨利希·亚当·迪特里希·冯·毕洛夫之长兄。后加入普鲁士军队。参加了 1793 年和 1794 年的莱茵战役。在 1806 年 10 月—1807 年 7 月同法国交战期间，指挥第二东普鲁士步兵旅。参加了 1807 年 3 月 18 日—5 月 27 日对但泽的包围战。同路易·斐迪南亲王关系甚密，因而支持其对政府和军队的改革。1808—1811 年，作为少将在波美拉尼亚作战。1812 年被任命为东普鲁士总督。1813 年升中将，指挥一个师的兵力，参加了 4 月 5 日的默肯之战，5 月 2 日席卷海尔勒。6 月 4 日，他没有按其上级瑞典亲王约翰·卡尔·贝纳尔多特的意图行事，在卢考打败了乌迪诺元帅；8 月 23 日在大贝伦又取得了胜利。9 月 6 日，粉碎了奈对登讷维茨的进攻。10 月 16—19 日又参加了莱比锡之战。1813 年秋—1814 年早期，将荷兰及比利时从法国人手中解放出来。1814 年 3 月 9 日，在布吕歇尔的领导下，挫败了拿破仑对里昂的进攻。1815 年任布吕歇尔之第四军团指挥官，因距利尼很远，未能参加 6 月 16 日的利尼之战。在 6 月 18 日的滑铁卢之战中，他率新组建的普鲁士军队攻击拿破仑之右翼。卒于拿破仑战争结束之后不久（1816 年）。

无论独立作战还是作为下属，毕洛夫均是一位勇猛善战的指挥员；他可能是布吕歇尔最得力的下属之一。

PDM

参考：Chandler, David G., The Campaigns of Napoleon. New York, 1966.
Möller-Witten, Hans, "Bülow von Dennewitz," Deutscher Soldatenkalendar 1956. Munich, 1956.
ADB.

毕洛夫，卡尔·冯(Bülow, Karl von, 1846—1921 年) 德国将军。参加主要战争：七周战争（1866 年）、普法战争（1870—1871 年）和第一次世界大战（1914—1918 年）；参加主要战役（战斗）：克尼格雷茨（赫拉德茨-克拉洛韦）之战（1866 年）、那慕尔之战、圣康坦之战、沙勒罗瓦之战和马恩河战役（1914 年）。

毕洛夫 1846 年生于一个有声望的普鲁士家庭。后参军，作为低级军官参加了七周战争和普法战争。1877 年升上尉，在总参谋部工作。1894 年任第九警卫团中校军官。1897 年任国防部中央处处长。1903 年任第三军军长。1912 年任第三帝国陆军督察。第一次世界大战开始时被任命为第二集团军军长（1914 年 8 月），率部侵入比利时并夺取重要的那慕尔要塞（8 月 22—23 日）。8 月 23—24 日在夏勒罗瓦击败沙尔·朗雷扎克将军的法国第五集团军，并将其击退至吉斯-圣康坦一线（8 月 29—30 日）。由于担心第二集团军与在其右翼（西侧）的克拉克第一集团军之间不断扩大的间隙，他命令克拉克转向他（8 月 31 日—9 月 2 日）。9 月 4 日渡过马恩河，由于法英联军在马恩河战役（9 月 5—10 日）中对克拉克的集团军实施了成功的反击，他被迫于 9 月 9 日撤退。1915 年升为陆军元帅。卒于 1921 年。

毕洛夫是一位有能力的指挥官，但与在其右翼的克拉克相较，他过分谨慎并多少有些软弱。他缺乏带领其集团军走向胜利的魄力和坚韧精神。

PDM and DLB

参考：Bülow, Karl von, Mon rapport sur la bataille de la Marne. Translated by J. Nettre. Paris, 1920.
Tuchman, Barbara, The Guns of August. New York, 1962.
NDB.

伯戈因，约翰(Burgoyne, John, 1722—1792 年) 英国陆军上将，外号"绅士约翰尼"。参加主要战争：七年战争（1757—1763 年）、西班牙-葡萄牙战争（1761—1763 年）、美国独立战争（1775—1783 年）；参加主要战役（战斗）：三角城之战（1776 年）、第一和第二次萨拉托加（纽约州的斯凯勒维尔附近）之战（1777 年）。

伯戈因生于兰开夏郡，后求学于威斯敏斯特学校。先后任第十三轻装龙骑兵团的旗手（1740 年）和中尉（1741 年）。与夏洛蒂——得比伯爵之女、也是伯戈因的在校挚友之妹——一起私奔。由于缺钱，他卖掉了所授军衔并前往法国（1746 年）。后与得比伯爵和解。伯爵利用其影响使伯戈因成为第十一龙骑兵团上尉（1757 年）。参加了法国沿海的瑟堡之战（1758 年）和圣马洛之战（1759 年）。协助组建了两个轻骑兵团，并被任命为其中一个团的团长（1759 年 8 月）。曾任议员（1762 年）。率其团队前往葡萄牙同西班牙入侵军作战（1762 年 5 月），并因勇敢和具有魄力的指挥而著称。英雄般地荣归伦敦，并被晋升为第十六轻装龙骑兵团上校（1763 年）。任少将（1772 年）时奉命加入驻北美的托马斯·盖奇将军的殖民部队（1774 年 9 月），其表现令人讨厌，后返回英国（1775 年 11 月）。奉命随援军前往加拿大（1776 年 5 月），在三角城击溃美军（6 月 8 日）。同年冬返回伦敦。回到加拿大（1777 年春）实施其顺尚普兰湖和哈得逊河推进、与巴里·圣莱杰上校和威廉·豪爵士（上将）的军队会合，从而将新英格兰与其他殖民地分割开来的计划。入侵纽约并攻占泰孔德罗加堡（7 月 2—5 日），之后向南朝阿尔巴尼开进。其部队因美国人的袭扰和补给匮乏而进展缓慢，并遭受巨大损失。当时鲍姆上校的征粮队在本宁顿被约翰·斯塔克的民兵歼灭（8 月 16 日）。抵达萨拉托加（9 月 13 日），但在第一次萨拉托加（自由民农场）之战（9 月 19 日）中对美军左翼的进攻被击退。在第二次萨拉托加（比米斯高地）之战（10 月

7日）中再次败北。由于其部队受到削弱，他被迫投降（10月17日）。假释后回到英国，受到了严厉的批判（1778—1781年），但他经受住了这一风暴。后在辉格党人重新掌权后被任命为驻爱尔兰英军总司令（1782年6月）。大约于1783年后退出公职，从事文学和社会事务，并成为颇有成就的剧作家。1792年6月4日暴卒于伦敦。

伯戈因是一位能干而勇敢的军人，以善待部卒而出名。他在萨拉托加的失败，一部分原因是对地理困难缺乏了解，另一部分原因是驻纽约的豪和克林顿都没有全力支援他。

Staff

参考：DeFonblanque, Edward B., Political and Military Episodes in the Latter Half of the Eighteenth Century Derived from the Life and Correspondence of the Right Hon. John Burgoyne. London, 1876.

Hudleston, F. J., Gentleman Johnny Burgoyne. London, 1927.

伯克，阿莱格·阿尔贝特（Burke, Arleigh Albert，生于1901年） 昵称"航速31节的伯克"，美国海军上将。参加主要战争：第二次世界大战（1941—1945年）、朝鲜战争（1950—1953年）；参加主要战役（战斗）：奥古斯塔皇后湾（所罗门群岛中的布干维尔，现为巴布亚新几内亚）海战和圣乔治角（所罗门群岛中的布喀岛）海战（1943年）。

伯克1901年10月19日生于科罗拉多州博尔德。1923年毕业于海军军官学院。1923—1928年，在驻太平洋的"亚利桑那"号战列舰和"南河三星"号战舰上服役。1931年获密歇根大学工程学硕士学位。1931—1939年，在海军军械局工作。1939年，任大西洋舰队"马格福特"号驱逐舰舰长。1940—1943年，再度回海军军械局任职。1943年5月晋升上校，任驻南太平洋第二十三驱逐舰中队（"小海狸"）司令。他勇敢地实施快速作战，尤其是在奥古斯塔皇后湾（1943年11月2日）和圣乔治角外（11月25日）的夜战中获胜，使其得到了"航速31节的伯克"的昵称。1943—1944年，他在所罗门群岛海域与日军进行了22次海战。1945年1—9月，任马克·米切尔上将指挥的第五十八特混舰队参谋长。1945年末—1947年，任大西洋舰队参谋长。1948—1949年在海军作战部长办公室负责海军核武器的发展规划。1950年7月晋升少将。后被派到朝鲜海域任第五巡洋舰分队司令。1952—1954年，任海军部战略计划处处长。1954—1955年，任大西洋舰队第六巡洋舰分队司令。1955年8月17日被任命为海军作战部长。此后六年中一直担任此职。能担任这么长时间的海军作战部长职务，这是前所未有的。1961年8月1日退役。此后在多个商业机构任职。1977年1月10日获自由勋章。

伯克是一位勇敢而又机智灵活的海战指挥官。他是顽强的日军"东京快车"驱逐舰队的对手。他长期担任海军作战部长，促进了"北极星"潜射导弹规划的发展。

KS

参考：Jones, Ken, and Hubert Kelley, Jr., Admiral Arleigh (31-Knot) Burke: The Story of a Fighting Sailor. Philadelphia, 1962.

Morison, Samuel Eliot, History of United States Naval Operations in World War Ⅱ. 15 vols. Boston, 1947—1962.

Reynolds, Clarke G., Famous American Admirals. New York, 1978.

DAMB.

WAMB.

伯恩赛德，安布罗斯·埃弗雷特（Burnside, Ambrose Everett，1824—1881年） 美国将军。参加主要战争：美国内战（1861—1865年）；参加主要战役（战斗）：第一次布尔溪之战（弗吉尼亚州的马纳萨斯，1861年）、南山之战（马里兰州，1862年）、安蒂特姆之战（马里兰州，1862年）、腓特烈堡之战（1862年）、荒原之战（弗吉尼亚州，1864年）、彼得斯堡之战（弗吉尼亚州，1864年）。

伯恩赛德1824年5月23日生于印第安那州的利伯蒂。1847年毕业于西点军校，在炮兵部队服役。1853年10月辞职在罗得岛的布里斯托尔经营一个武器公司。1856年发明了一种后膛装填的卡宾枪，1857年被迫宣告破产。后到伊利诺伊州的中央铁路部门工作，直到1861年战争爆发。4月任罗得岛志愿军第一团上校。7月21日在第一次布尔溪之战中任旅长。8月6日被晋升为志愿军准将。12月组建了一支两栖远征队，后率此部队在北卡罗来纳州沿海地区进攻叛军据点（1862年1月）。次年2月7日占领罗阿诺克岛。3月14日占领了新伯恩。破坏了在阿尔伯马尔和帕马利科海峡的叛军船只。3月被晋升为少将，再一次受命指挥第四军。后调到波托马克军团。9月14日在南山之战中，指挥右翼的第一和第九军。9月17日在安蒂特姆之战中指挥左翼的作战行动。他的迟缓导致了麦克莱伦的失败。11月他接替麦克莱伦任波托马克军团司令官。他改组了军团的战术结构，将其编为几个大型师，每一大型师含有两个军；这种结构既庞大又笨拙。12月13日在腓特烈堡之战中被李将军击败。1863年1月26日被解除职务，3月指挥俄亥俄军区。7月击退摩根的骑兵对俄亥俄州的袭击。9—12月从田纳西州出发，肃清了坎伯兰隘口的叛军，攻占诺克斯维尔而阻止了朗斯特里特的进攻。1864年4—5月荒原之战期间，他指挥米德的波托马克军团中的第九军。6月19日—12月31日在围攻彼得斯堡之战中，其部队在7月20日的格拉特战斗中由于被不恰当地使用而遭败绩。在承受战败指责的同时，他还受到了一个调查法庭的指责。1865年4月辞职，后在铁路部门工作。1866—1869年，任罗得岛州长。1874—1881年任美国国会参议

员。1874年任共和国大军的总司令。1881年9月13日卒于罗得岛的布里斯托尔。

伯恩赛德是一位有一定天才、但缺乏判断力的指挥官。他的战略或战术素养不足，所以尽管也取得了一些胜利，但其失败是难以避免的灾难。

VBH

参考：Ballon, Daniel R., The Military Services of Major General Ambrose Everett Burnside in the Civil War. Providence, 1914.

Poore, Ben Perley, The Life and Public Services of Ambrose E. Burnside, Soldier-Citizen-Statesman. Providence, 1880.

Warner, Ezra, Generals in Blue. Baton Rouge, 1977.

博拉尔德，哈里爵士（Burrard, Sir Harry, 1755—1813年） 英国将军。参加主要战争：美国独立战争（1775—1783年）、法国大革命战争（1792—1799年）、拿破仑战争（1800—1815年）；参加主要战役（战斗）：哥本哈根之战（1807年）。

伯勒，哈罗德·马丁爵士（Burrough, Sir Harold Martin, 1888—1977年） 英国海军元帅。参加主要战争：第二次世界大战（1939—1945年）；参加主要战役（战斗）：北非-突尼斯战役（1942—1943年）。

伯罗斯，乔治·雷诺·斯科特（Burrows, George Reynolds Scott, 1827—1917年） 英国将军。参加主要战争：第二次阿富汗战争（1878—1880年）；参加主要战役（战斗）：迈瓦迪之战（格里什克附近，1880年）。

伯罗斯生于1827年。1844年进入印度军团，并被编入著名的孟买师。第二次阿富汗战争期间任准将并指挥阿富汗占领军。1880年7月27日在阿富汗南部的迈瓦迪被阿古柏汗伏击并击溃，损失了2500人，占全部兵力的40%。从此一直未得到更高的战场指挥权。卒于1917年。

PDM

参考：Sykes, Percy, A History of Afghanistan. 2 vols. London, 1940.

Who Was Who 1916—1928. London, 1931.

DNB.

巴特勒，本杰明·富兰克林（Butler, Benjamin Franklin 1818—1893年） 素有“野兽巴特勒”之称，美国将军。参加主要战争：美国内战（1861—1865年）；参加主要战役（战斗）：大贝塞尔之战（弗吉尼亚州的约克镇附近，1861年）、哈特勒斯海湾之战（1861年）、百慕大之战（弗吉尼亚州，1864年）、围攻彼得斯堡之战（弗吉尼亚州，1864—1865年）。

巴特勒1818年11月5日生于新罕布什尔的迪尔菲尔德。1838年毕业于科尔比学院。1840年成为一名律师。由于在律师方面的成就，于1853年和1859年分别入选马萨诸塞州众、参两院。任民兵部队准将时，于1861年5月攻占了马里兰州的巴尔的摩。5月底晋升志愿军少将，指挥陆军作防守弗吉尼亚州门罗堡的陆上作战。6月10日，在大贝塞尔之战中，被约翰·B.马德鲁格上校击败。8月指挥陆军部队攻占了哈特勒斯要塞和克拉克要塞，并负责警戒哈特勒斯湾。1862年5月指挥陆军部队攻占新奥尔良，并成为该城的军事总督。组建三个黑人团，开黑人参加北方军队作战之先例。因此有些白人对他并不欢迎，加之其政治上又极为软弱，终致于1862年11月被解职。这使他在政界消失了近一年。指挥弗吉尼亚和北卡罗来纳战区，不久改为詹姆斯军团（1863年底）。其为支援格兰特而发起的进攻毫无生气，被博雷加德在戴维斯布拉夫击败（里士满附近，1864年5月12—16日）。在百慕大之战中，他又使自己陷入困境，根本无助于格兰特的行动。在北卡罗来纳的威尔明顿进行的费尔希堡之战中，几乎没有取得战果。1865年1月被格兰特解除职务。1867—1875年和1877—1879年任众议院议员，是弹劾安德鲁·约翰斯顿总统的主要人物之一，成为总统候选人格兰特的有力支持者。1882—1883年任马萨诸塞州州长。1884年被推选为“绿背党”（“绿背”，即美钞，美国内战以后主张以政府发行的绿背纸币为唯一通货的一个政党——编者注）和民主党的总统候选人。1893年1月11日卒于华盛顿。

KH and DLB

参考：Butler, Benjamin F., Butler's Book: Autobiography and Personal Reminisceces of Major General Benjamin F. Butler. Boston, 1892.

Holzman, Robert S., Stormy Ben Bulter. New York, 1954.

Nash, Howard P., Stormy Petrel: The Life and Times of General Benjamin F. Butler. Rutherford, N.J., 1969.

巴特勒，约翰（Butler, John, 1728—1796年） 美籍亲英军官。参加主要战争：法国与印第安人的战争（1754—1763年）、美国独立战争（1775—1783年）；参加主要战役（战斗）：乔治湖之战（1755年）、泰孔德罗加（在纽约州）之战（1758年）、奥里斯卡尼之战（1777年）、纽敦（位于纽约埃尔迈拉附近）之战（1779年）。

巴特勒1728年生于康涅狄格的新伦敦，后迁往莫霍克谷地。参加了威廉·约翰逊爵士对克朗波因特的征伐（1755年8—9月）和乔治湖之战（9月8日）、以阿伯克朗比将军战败而告终的泰孔德罗加城堡之战（1758年7月8日）和布拉德斯特里特上校夺取弗龙特奈克（安大略的金斯顿）的战斗（8月27日）。再次在约翰逊的指挥下参加了尼亚加拉堡周围的作战（1759年6—7月）

B

和蒙特利尔周围的作战（1760 年 9 月）。独立战争开始后逃亡加拿大，在那里从事印第安人事务的工作。曾参加圣莱杰对斯坦尼克斯堡（纽约的罗马）未获胜利的远征（1777 年 6—9 月）和奥里斯卡尼之战（8 月 6 日）。在奥里斯卡尼之战中，赫基默的援兵被击退。被任命为英军少校后，招募了一支由托利党人组成的、被称作“巴特勒别动队”的部队。约翰·沙利文将军远征易洛魁人期间，他在纽约和宾夕法尼亚边境作战，进行了著名的纽敦战斗（1779 年 8 月 29 日）。他和他的部队因对怀俄明谷地（位于宾夕法尼亚的威尔克斯-巴里附近）的袭击（1778 年 7 月 3—4 日）和对纽约州的斯科哈里谷地的袭击（1780 年 10 月 15—19 日）而获得凶残成性的恶名。战后逃往加拿大，并成为尼亚加拉的印第安人事务专员。1796 年 5 月 14 日卒于该地。他是沃尔特·巴特勒的父亲。

AS

参考：Swiggett, Howard, War out of Niagara: Walter Butler and the Tory Rangers. New York, 1933.

巴特勒，斯梅德利·达林顿（Butler, Smedley Darlington, 1881—1940 年） 美国海军陆战队上将。参加主要战争：美西战争（1898 年）、镇压菲律宾起义（1899—1902 年）、镇压义和团运动（1900—1901 年）、干涉尼加拉瓜（1908—1912 年）、登陆维拉克鲁兹（1914 年）、占领海地（1915—1934 年）和第一次世界大战（1917—1918 年）；参加主要战役（战斗）：天津之战、北京之战（1900 年）、科约托佩之战（1912 年）和里维埃拉堡之战（1915 年）。

巴特勒 1881 年 7 月 30 日生于宾夕法尼亚州西切斯特，虽然他没能在美西战争爆发时（1898 年 4 月）参加陆军，但在 5 月份他谎报年龄而加入了海军，领少尉衔。他没有参加战斗并于 1899 年 2 月退役。4 月再次服役，任中尉，被派往菲律宾，在那里参加与当地民族主义起义者的作战。在镇压义和团运动期间，他在美国侵略军内任职，参加了天津之战（1900 年 7 月 13 日）和北京之战（8 月 14 日），在北京之战中受伤。由于所谓战功而晋升为荣誉上尉（1901 年 2 月）。1902—1903 年先后在费城和加勒比海服役。1904 年再次被派往菲律宾。1906 年 5 月晋升少校。1909—1914 年任巴拿马营指挥官，为保护美国的利益多次率部侵入尼加拉瓜，其中以在 1912 年的行动表现得最为突出。1912 年 8 月 14 日他率部在科林托登陆，随后解围格拉纳达，解除了梅纳将军实施围攻的起义部队的武装（9 月 22 日）。10 月 2—4 日他和约瑟夫·H. 彭德尔顿上校互相配合，袭击起义者在科约托佩占据的山头阵地。1914 年 1 月他到大西洋舰队任职，期间因攻陷维拉克鲁兹（1914 年 4 月 21—22 日）而获国会荣誉奖章，随后整个夏季他都留在那里拟制一个作战计划，其内容是以 1000 人的部队侵入墨西哥城以俘获阿道夫·德拉韦尔塔并结束墨西哥内战（但该计划从未实施）。他在 L.W.T. 沃勒上校指挥的占领海地的陆战队中指挥一个营（1915 年 8 月）。后与“凯可”武装（由强盗和外国雇佣兵组成的部队）作战，10 月 24—25 日在迪佩特要塞附近的战斗中有卓越表现。11 月 17 日他率部攻陷里维埃拉要塞，并第二次获荣誉奖章。晋升为中校，随后负责组织海地的宪兵队（1915—1918 年）。他对宪兵队的组织非常成功，成为尼加拉瓜和多米尼加共和国其他部队的模式。1918 年 10 月—1919 年 7 月被派往法国，晋升为临时准将，任驻布列斯特附近的彭坦尼泽营的指挥官。由于他的努力该港成了一个效率高的转运港。1919 年 3 月晋升上校。1921 年 3 月晋升准将，任弗吉尼亚州匡蒂科的海军陆战队基地司令，并使之由一个临时营地变成永久性设施（1920—1924 年）。1924—1925 年任费城公共安全局局长，按照准军事的路线改编该城的警察力量，成功地控制了有组织的犯罪。1926—1927 年任在圣多哥的海军陆战队兵营的指挥期间，曾在著名的“鸡尾酒案件”中对酗酒的副司令进行过公开的军事审判。1927—1929 年指挥在中国的海军陆战远征队，显示了在紧张的形势下作为一名外交家卓越的才能。1929 年 7 月他一返回美国即晋升为少将。1929—1930 年，在美国海军陆战队占领期间，他的关于介入尼加拉瓜和海地大选的公开演讲引起了胡佛政府的强烈不满。尽管他已是资深的少将，但终未能成为海军陆战队司令。他于 1931 年 10 月退役。1932 年在宾夕法尼亚州竞选美国参议员，未成。退休之后，他对美国的帝国主义政策进行了愈来愈激烈的批评，在某一场合他曾讲到：“我一生的大部分时间都在充当大企业、华尔街和银行家的高级打手，简言之，我是资本主义的敲诈勒索者。”1935—1940 年间逐渐积极参加和平运动，与诸如团结战线联盟等左翼组织站在一起强烈反对战争。1940 年 6 月 21 日卒于费城。

巴特勒是一位著名的海军陆战队军官，他胆识过人，身体力行。后来其对美国在加勒比海地区的政策的批评，表明他既有很高的个人荣誉感，也较具洞察力。

DLB

参考：Butler, Smedley D., Old Gimlet Eye: The Adventures of Smedley D. Butler as Told to Lowell Thomas. New York, 1933.
——, War Is a Racket. New York, 1935.
DAMB.
WAMB.

巴特勒，沃尔特（Butler, Walter, 1752？—1781 年） 美国的亲英军官。参加主要战争：美国独立战争（1775—1783 年）；参加主要战役（战斗）：蒙特利尔之战（1775 年）、奥里斯卡尼之战（1777 年）、切里谷地（纽约州）之战（1778 年）、泽西菲尔德（西加拿大河，可能位于纽约州的波兰附近）之战（1781 年）。

巴特勒约生于 1752 年，约翰·巴特勒之子。在其父

的民兵连中任军官候补生（1768年）。独立战争开始时，为陪伴其父放弃法律学业（1775年7月）。参加了蒙特利尔之战，战斗中他率包抄部队进攻伊桑·艾伦（9月25日）。任第八团（国王的）少尉时，加入了圣莱杰的远征队，并参加了奥里斯卡尼之战（1777年8月6日）。在莫霍克谷地试图储积亲英分子的补给品时被俘（8月11日?），以间谍罪受审，后证明有罪并被判绞刑，仅仅由于包括斯凯勒将军在内的几名美国军官的干预而缓期执行，囚禁于阿尔巴尼。后逃脱，潜往加拿大（1778年4月）。被任命为上尉，并成为托利非正规军——人称"巴特勒军团"——的领导人。对切里河谷大屠杀（1778年11月11日）负有罪责。1781年10月30日对莫霍克谷地进行袭击期间，在西加拿大河被杀。

AS

参考：Boatner, Encylopedia.

Swiggett, Howard, War out of Niagara: Walter Butler and the Tory Rangers. New York, 1933.

巴特勒，威廉·奥兰多（Butler, William Orlando, 1791—1880年） 美国将军和政治家。参加主要战争：1812年的战争（1812—1815年）、美墨战争（1846—1848年）；参加主要战役（战斗）：赖辛河（底特律附近）之战（1813年）、新奥尔良之战（1815年）、蒙特雷之战（1846年）、墨西哥城之战（1847年）。

宾，约翰爵士（Byng, Sir John, 1704—1757年） 英国海军上将，参加主要战争：奥地利王位继承战争（1740—1748年）、七年战争（1756—1763年）；参加主要战役（战斗）：梅诺卡之战（1756年）。

宾生于1704年，为曾于1718年在帕萨朗角打败西班牙舰队的托灵顿子爵乔治·宾海军上将之子。小宾就是在这一年加入海军，时年14岁。到1745年，他已晋升为海军少将。七年战争开始时，他奉命保护英军在梅诺卡的基地，抵达后发现那里有一支法国舰队，并发现马翁港的英军基地被围（1756年5月）。5月20日，他指挥其由13艘军舰组成的舰队进攻德·加利索尼耶勒侯爵的法国舰队；但为了与整个法国舰队作战，英军必须成一定角度接近法军。尽管宾的计划在理论上是好的，但它却因部属的误解和英编队中第六艘军舰出现故障引起的队形错乱而遭到破坏。由于不愿意打乱编队和放弃计划，宾放跑了德·加利索尼耶勒。战时委员会断定：英军缺少足以重新发起进攻或解除包围的力量。宾返回直布罗陀。由于英国国内随之而起的轩然大波和6月28日马翁港的陷落需要寻找一只替罪羊，宾受到军法审判。他被判"玩忽职守"罪，但宣布没有不忠和怯懦行为。1757年3月14日在普利茅斯港内的"莫纳克"号军舰上执行枪决。临死之前，宾评论说："他们拿我首先开刀，以便此后的海军上将们知道厉害。"伏尔泰的著名著作《老实人》中也有类似的语言：在英国，"为了杀鸡给猴看"，经常枪毙一名海军上将被认为是必要的。

宾自然不是第一流的海军将领，但他是一位慎重的司令官和颇为娴熟的战术家。他在马翁港的真正失误是缺乏战略眼光和决心，如果因为这一点而被开除则是情有可原的。他的被审判和处决显然是政治性的，其目的是挽救纽卡斯尔公爵的政府。

DLB

参考：Lewis, Michael, The Navy of Britain. London, 1948.

Pope, D., At 12 Mr. Byng Was Shot. New York, 1962.

Tunstall, W. C. B., Admiral Byng. London, 1928.

宾，朱利安·赫德沃思·乔治，维米第一子爵宾（Byng, Julian Hedworth George, 1st Viscount Byng of Vimy, 1862—1935年） 英国陆军元帅。参加主要战争：镇压马赫迪起义（1883—1898年）、第二次英布战争（1899—1902年）和第一次世界大战（1914—1918年）；参加主要战役（战斗）：图盖拉河之战和莱迪史密斯之战（1900年）、第一次伊普尔之战（1914年）、加利波利（格利博卢）之战（1915—1916年）、维米里奇之战和康布雷之战（1917年）、索姆河攻势（1918年）。

宾1862年9月11日生于巴内特的鲁特姆猎园，是斯特拉特福第二伯爵乔治·史蒂文斯·宾之子。在伊顿受教育，1883年经公报公布由民兵参加第十轻骑兵团。1884年在苏丹服役，1889年升上尉。1894年进参谋学院，1898年升少校。1899年秋被派往南非，在纳塔尔为布勒组建当地的骑兵部队，参加了图盖拉河之战（1900年2月17—18日）和解莱迪史密斯之围的作战（2月27日）。后升中校，指挥在南非的英国轻骑兵，在基钦纳的参谋部供职。1902年升第十轻骑兵团上校军官。1904年任内瑟埃文骑兵学校校长。1910年任东英吉利亚本土军师长。1912年任驻埃及英军司令。1914年10月30日—11月24日第一次伊普尔之战时，任第三骑兵师师长，后在西线任骑兵军军长。1915年8月—1916年1月在加利波利苏夫拉湾指挥第九军。后在佛兰德指挥加拿大军。1917年4月9日阿腊斯攻势的第一天指挥夺取维米里奇。6月升上将，任第三集团军司令。他策划和指挥实施了康布雷战役（11月20日—12月3日）；虽然该战没有达成真正的突破，但显示了坦克的潜力（英军使用了348辆坦克）。1918年3月21日—4月5日率部沿索姆河设防，对鲁登道夫的第一次攻势形成了强大的抵抗。在8—11月协约国军在佛兰德的攻势行动中发挥了主要作用。1919年获封男爵，1921—1926年任加拿大总督，颇受欢迎。1926年获封子爵。1928—1931年任伦敦警察局长期间，严格警纪并实施必要的改革。1932年退休时升为陆军元帅。1935年6月6日卒于埃塞克斯。

宾是一位有才干的将军。正如他在维米里奇、康布雷和防御德军索姆河攻势时显示的那样，他是第一次世界大战期间英军比较优秀的将领之一。

PDM and DLB

参考:DNB.

EB.

拜伦勋爵，约翰(Byron, John, Lord, 约 1600—1652 年) 英格兰将军。参加主要战争：第一次主教战争（1639 年）、第二次主教战争（1640 年）、第一次英格兰内战（1642—1646 年）；参加主要战役（战斗）：埃奇希尔之战（1642 年）、朗德韦草原之战（1643 年）、第一次纽伯里之战（1643 年）、马斯顿荒原之战（1644 年）。

拜伦勋爵约生于 1600 年，是约翰爵士和安妮·莫利纽克斯·拜伦夫人的长子，詹姆斯一世的最后一届议会的议员，也是 1627—1628 年议会的议员。1634 年任诺丁汉郡的高级行政司法长官，并参加第一次和第二次主教战争。1641 年 12 月被任命为伦敦塔守护官。1642 年 2 月在国会的坚持下被迫辞职。7 月在约克与查理一世会合。9 月 22—23 日在波伊克桥击败萨伊爵士的议会派骑兵。1642 年 10 月 23 日，指挥所属团队参加埃奇希尔之战。在 1643 年 7 月 13 日进行的朗德韦草原之战中，他实施的攻击使保皇派获胜。在 1643 年 9 月 20 日的第一次纽伯里之战中，指挥保皇派军队右翼骑兵。同年 10 月 24 日受封罗奇代尔男爵，之后不久于 11 月 7 日受命指挥兰开夏的保皇派军队。初期取得成功。12 月间于贝克韦尔附近的米德尔威奇击溃托马斯·布里尔顿爵士的军队，但在 1644 年 1 月 18 日未能攻占兰特威奇，被迫撤回至切斯特。自 1644 年 7 月 7 日起，率所属团队参加了保皇派惨败的马斯顿荒原之战。自 1644 年 10 月初起，企图坚守切斯特抵御布里尔顿军队的围攻。后因补给耗尽，于 1645 年 2 月 6 日放弃该城。尔后又保卫卡那封城堡，直至 1646 年 6 月 4 日查理命令弃守该城。之后他流亡法国，充任年轻的国王查理二世的顾问。1652 年 8 月 23 日卒于巴黎。

拜伦勋爵不是职业军人，但却是一位称职的战术家和能鼓舞士气的领导人。

DLB

参考：Rodgers, . H. C. B., Battles and Generals of the English Civil Wars. Oxford, 1968.

Wedgwood, Cicely V., The King's War. London, 1958.

拜伦，约翰爵士(Byron, Sir John, 1723—1786 年) 绰号"坏天气的杰克"，英国海军上将。参加主要战争：奥地利王位继承战争（1740—1748 年）、七年战争（1756—1763 年）、美国独立战争（1775—1783 年）；参加主要战役（战斗）：格林纳达之战（1779 年）。

拜伦 1723 年 11 月 8 日生于诺丁汉东北约 16 公里的纽斯特德大教堂附近的家庭庄园，拜伦第四男爵的次子。十几岁时即加入皇家海军，当时为海军军官学校学员。奥地利王位继承战争期间，他在"韦杰"号军舰上服役，参加了勋爵、安森海军上将著名的环球航行（1740 年 9 月—1744 年 7 月）。船只在智利南部沿海遇难（1741 年 5 月）后，他克服了 1745 年返回英国之前的诸多磨难，后于 1768 年出版了他的历险记。与此同时，他被任命为大炮快速帆船"海豚"号的船长（1764 年），并对南太平洋进行了 22 个月的秘密探险（1766—1768 年）。这次航行使他获得了"坏天气的杰克"这一绰号，但所取得的实际价值微乎其微。回国后被委任为纽芬兰总督（1769 年 1 月），并在那里供职达三年之久。晋升为少将（1775 年 3 月 31 日），后又晋升为中将（1778 年 6 月 29 日）。接替理查·豪海军上将后，他率一支装备低劣且人员不齐的救援舰队前往北美水域（1779 年 4 月 13 日—6 月 30 日），途中遇上了有记录以来最恶劣的大西洋暴风之一。暴风毁坏并吹散了他的舰队，其后果之严重，以致他在 10 月 18 日之前一直不能进行作战。几乎是在他离开纽约港的同时，他又遇上了暴雨。在耗费了八个星期的时间修理军舰之后，他才得以再次向西印度群岛航行（12 月 13 日）。他率两艘军舰向格林纳达附近由 25 艘军舰组成的埃斯坦上将的法国舰队发起零星攻击（1779 年 7 月 6 日），其四艘军舰的桅杆折断。埃斯坦撤往萨凡纳使他避免了一场更大的灾难。由于身体欠佳，他请求辞职。之后，他前往英国（10 月 10 日），将指挥权交与爵士、海德·帕克将军。卒于 1786 年 4 月 10 日。当时，他是白色海军中将（资深级中将）。

拜伦个性英勇，是一位果敢、能干的领导人，但他既不是一位优秀的探险者（如其《记事》中所显示的），也不是一位能干的战术家——他之所以在格林纳达附近避免了灾难，仅仅是因为埃斯坦不愿靠近和作战。他是诗人乔治·拜伦勋爵的祖父，他在智利的历险成为诗人在《唐·璜》中描写海难一幕的背景材料。

DLB

参考：Boatner, Encyclopedia.

DNB.

EB.

C

卡夫雷拉，拉蒙，莫雷利亚伯爵（Cabrera Ramon，Count of Morella，1806—1877 年） 绰号“马埃斯特拉山之虎”，西班牙卡洛斯将军。参加主要战争：第一次卡洛斯战争（1833—1839 年）；参加主要战役（战斗）：莫雷利亚之战。

卡夫雷拉 1806 年 12 月 27 日生于西班牙的托尔特萨，早期他曾担任过教士。1833 年 9 月 29 日，在斐迪南七世国王去世后，卷入卡洛斯运动。因其无畏精神，不久便在加泰罗尼亚的卡洛斯军队中任领导人。在那里因其冒险和凶猛，不久便得了“马埃斯特拉虎”的绰号。1836 年其母被皇家军队枪杀后，他变得更加残暴。1838 年，赢得了几次作战的胜利，特别在莫雷利亚之战中，更是功勋赫赫，据此，他被授以莫雷利亚伯爵称号。他不顾 1839 年 8 月 31 日《贝尔加拉条约》的签署，继续同政府军作战，直至 1840 年早期带领 1 万名士兵前往法国。流亡中先滞留法国，后转投英国。1845 年他反对唐·卡洛斯退位让于其子——蒙特莫林公爵（在丰特斯-德坎特斯），重返西班牙，领导卡洛斯游击队，在加泰罗尼亚组织游击战（1846—1849 年）。由于成功希望渺茫，他离开西班牙前往英国，于 1860 年与新教徒玛丽亚·凯瑟琳·理查德结婚。1868 年 9 月，卡洛斯派革命成功后，试图与之接近，但此时他已变得十分温文尔雅，不仅拒绝了卡洛斯派让其担任军队领导人的请求，且于 1875 年承认合法的阿方索七世为国王。1877 年 5 月 24 日卒于伦敦。

卡夫雷拉是一位冷酷无情和天才的游击战指挥员，在第一次卡洛斯战争中，为卡洛斯的事业做出了重要贡献。

PDM and DLB

参考：Enciclopedia universal ilustrada，Vol. Ⅻ. Madrid，n. d.

EB.

卡多尔纳，路易吉（Cadorna，Luigi，1850—1928 年） 意大利陆军元帅。参加主要战争：第一次世界大战（1915—1918 年）；参加主要战役（战斗）：第一至第十一次伊松佐河之战（1915—1917 年）、特伦蒂诺之战（1916 年）和卡波雷托（科巴里德）之战（1917 年）。

卡多尔纳 1850 年 9 月 4 日生于皮蒙特的帕兰扎（阿尔巴尼亚的一部分），是拉法埃莱·卡多尔纳将军之子。1866 年参加意军，1892 年升为上校，1896 年到总参谋部任职，1910 年晋升将军，任驻热那亚的第九军团司令，在阿尔贝托·普利欧将军死后任总参谋长（1914 年 7 月 10 日）。面对状态极差的意军，他努力工作以增强军队的战斗力并为意大利预计的参战做准备。在意大利参战后（1915 年 5 月），他实行的策略是，在特伦蒂诺地区向北实施防御，沿伊松佐河向东北方向突破奥军的防御。1916 年 5 月 15 日—6 月 17 日，他成功地阻止了奥军的特伦蒂诺攻势，在 8 月 6—17 日的第六次伊松佐河之战中，攻取了戈里齐亚；但在随后的诸次伊松佐河攻势中除造成双方的巨大伤亡外所得甚少。1917 年 10 月 24 日—11 月 12 日德军取得卡波雷托攻势大捷，一举击溃意军，迫使意军仓皇后撤约 104 公里，退至皮亚韦河一线，损失 35 万人。此次惨败导致卡多尔纳被阿尔曼多·迪亚兹将军取代（11 月中旬）。随后的调查将失败的大部分责任归到他身上，迫使他于 1918 年 12 月 2 日退役。1921 年，他出版了一本名为《意大利战场之作战》的书，为其行为辩解。1928 年 12 月 23 日卒于博迪盖拉。

卡多尔纳是一位有能力但不特别具有想像力的军人；他因意军在卡波雷托的灾难而受到不公正的对待。

PDM

参考：Cadorna，Luigi，Altre pagine sulla Grande Guerra. Turin，1925.

——，La guerra alla fronte italiana. 2 vols. Turin，1921.

Enciclopedia italiana，Vol. Ⅷ.

卡多尔纳，拉斐莱(Cadorna, Raffaele, 1815—1897 年) 意大利将军。参加主要战争：意大利革命战争（1848—1849 年）、克里木战争（1853—1856 年）、皮蒙特战争（1859 年）、七周战争（1866 年）和征服罗马战争（1870 年）；参加主要战役（战斗）：圣马利诺之战（1859 年）。

卡多尔纳生于米兰，1832 年进入都灵的皮蒙特陆军军官学校，1840 年在工兵营服役。意大利革命战争期间（1848 年 3 月—1849 年 8 月），在伦巴第指挥过一支志愿工兵部队。克里木战争期间，他于 1855 年 1 月随皮蒙特军队赴克里木参战。皮蒙特战争期间，他在圣马利诺之战中名声大噪，被晋升为上校。1859 年在托斯卡任短命的共和国政府的国防大臣，期间所做的一切为意大利的统一铺平了道路。七周战争期间晋升中将，并任指挥官，同时在弗留利进行的一系列作战中也取得了一定的胜绩（1866 年 6—7 月）。1870 年 12 月 20 日，他率领军队进攻教皇国并攻占了罗马，捍卫了意大利半岛的完整与统一。1871 年被任命为参议员，不久后退休。卒于 1897 年。

就能力而言，他无疑是一位才华出众的军人，同时也是一位极富才能的外交家和行政官员，这一点在他任托斯卡内阁的国防大臣时表现得尤为突出。

PDM

参考：Enciclopedia italiana, Vol. Ⅷ.

卡埃西那，奥鲁斯(Caecina, Aulus, 约公元前 90—前 40 年) 罗马将军和政治家。参加主要战争：罗马内战（公元前 50—前 44 年）；参加主要战役（战斗）：法尔萨拉之战（公元前 48 年）。

凯皮奥，昆图斯·塞尔维利乌斯(Caepio, Quintus servilius, 公元前 149—约前 100 年) 罗马将军和政治家。参加主要战争：西班牙战争（公元前 109—前 106 年）、奇姆布里安的战争（公元前 105 年）；参加主要战役（战斗）：阿劳西奥之战（公元前 105 年）。

恺撒，盖尤斯·尤利乌斯(Caesar, Gaius Julius, 公元前 100—前 44 年) 罗马终身独裁者。参加主要战争：第三次密斯立对堤战争（公元前 75—前 65 年）、高卢战争（公元前 59—前 51 年）、同庞培的战争（公元前 49—前 45 年）；参加主要战役（战斗）：比勃腊克塔（今蒙特伯弗雷，位于奥顿附近）之战（公元前 58 年）、莱茵河之战（公元前 55 年）、阿莱细亚之战（公元前 52 年）、伊莱尔达（莱里达）之战（公元前 49 年）、法尔萨拉之战（公元前 48 年）、泽拉之战（公元前 47 年）、塔普苏斯（今拉斯迪马斯）之战（公元前 46 年）、蒙达（位于安达卢西亚西部）之战（公元前 45 年）。

恺撒生于一个古老的贵族家庭中，这个家族当时已不再属于罗马的上层社会。公元前 84 年，恺撒成为朱庇特神庙的祭司。公元前 81 年，到亚洲服役。公元前 77 年，曾一度被苏拉流放，但很快返回。对家族的对手进行起诉，但没有获得成功。公元前 75—前 74 年，参加了对海盗的作战，而后于公元前 74—前 73 年期间，在卢库卢斯的手下参加了对本都的密斯立对堤的作战。返回罗马后被选为保民官。公元前 71 年支持庞培。公元前 70 年被选为执政官。恺撒积极参与政治生活，公元前 65 年被选为民政官，公元前 63 年又成为罗马的祭司长。公元前 62 年，他当选为执政官；公元前 61 年，成为西班牙总督。公元前 59 年，同从前的良师益友克拉苏以及庞培三人共同执政，第一次形成了“三人执政”（“前三雄”）局面。被任命为高卢地区的执政官，在其权力遭到削弱以前完成了其改革计划，得到人们的拥护。公元前 58 年 6 月 7 日，在索恩地区击败了赫尔维蒂人。公元前 58 年 7 月，在比勃腊克塔（现在的蒙特伯弗雷，位于奥顿附近）之战中再次击败赫尔维蒂人。阻止了他们的迁移。公元前 58 年 9 月 10 日，恺撒在现在的贝尔福附近地区，击退了由阿里奥维斯图斯率领的日耳曼人的一次入侵。在高卢北部地区同保加尔人作战。公元前 57 年 5 月，在阿克索纳（埃纳）地区击败了保加尔人同盟军队的主力部队；而后于公元前 57 年 7 月，率军在纽夫米斯尼尔（位于莫伯日附近）地区同内维蒂人作战，在堤图斯·拉比伊努斯的及时支援下击退了敌军。公元前 56 年，率军在高卢西部地区作战。是年 6 月，在由德西穆斯·布鲁图斯建造的舰队的支援下，经过一场激烈、艰苦的海上和水陆两栖作战，击败了维内蒂人。公元前 55 年 5 月，率军在莱茵河地区击退了日耳曼人的一次入侵，而后在莱茵河上架起一座浮桥，率军跨河进入日耳曼联盟的领土进行蹂躏和劫掠，以示报复和警诫。公元前 55 年 8 月底，率领两个军团，发动了对不列颠的入侵，但因恶劣气候等条件的影响，其努力遭到失败，被迫率军撤退。公元前 54 年 7 月初，率领 5 个军团和 2000 名骑兵侵入不列颠，只经过一场暂短的作战，就说服卡西维劳努斯（不列颠的一位民族首领）投降。高卢地区的反抗此起彼伏，不断蔓延，恺撒被迫从不列颠返回。公元前 54 年 12 月（?），率军同在阿姆比奥里斯率领下的埃布洛尼反叛者作战；在阿都阿图卡（位于莫阿斯东部地区，在列日附近），阿姆比奥里斯歼灭了罗马的一个军团。公元前 53 年 1 月，在 Q. 土利乌斯·西塞罗的营地，恺撒击败了埃布洛尼人。公元前 53 年，恺撒率军先发制人，抢在敌人行动的前面，在冬季洗劫了居住在高卢中部地区的卡尔努特人和塞农人的土地，迫使敌人投降。公元前 53 年夏、秋季，再次返回北方，率军洗劫了特里维里和梅纳皮伊人的土地，又一次跨过莱茵河，洗劫了其日耳曼同盟的领土。公元前 52 年冬，为赶在维尔琴盖托里克斯领导的高卢人反抗之前，他率军迅速开往罗马，利用自己身边的少量部队，将卢克特里乌斯的高卢部队诱出了纳尔榜，而后集中起所有的军团，在北部地区进行了一场艰苦的冬季作战。公元前 52 年 5 月，在围攻盖尔哥维亚（哥日维亚）期间镇压了一

次埃杜维人的叛乱。在实施了小规模的骑兵战斗之后，恺撒开始猛烈地追击高卢人，并在阿莱细亚追上敌人，将他们紧紧地围困在该城。公元前52年7—10月间，罗马军队按照恺撒的命令开始构筑对内攻城线和对外防御线工事，击退了敌人的救援部队，最终迫使维尔琴盖托里克斯投降，因此彻底平定了高卢地区。之后镇压了一些残余势力的零星叛乱，于公元前51年7月占领了乌克塞洛顿诺。公元前50年，开始准备同其老对手庞培作战。为先发制人，赶在庞培行动之前控制了庞培影响下的元老院。恺撒命令其部队于公元前49年1月10日越过鲁比孔河（鲁比孔河是意大利本土与高卢诸行省的界河）进入意大利。这是一个非法的行动，因为按照罗马法律，军队在没有得到元老院批准以前，不能进入意大利本土。在这次行动中，他提出了一个著名的口号："木已成舟"。经过一场短暂的作战，他顺利占领了罗马，并很快平定了意大利。公元前49年夏天，在西班牙的伊莱尔达地区击败了庞培的军队，成为独裁者。后率军侵入希腊以追击庞培。公元前48年8月9日，恺撒在法尔萨拉之战中击败了庞培。公元前47年8月2日，率军在泽拉地区只经过一场短暂的战斗，就击败了比堤尼亚（土耳其）的法尔纳塞斯；战后，只使用三个简练的词语"我到、我见、我胜"来向罗马报捷。公元前46年1月，在拉斯皮纳（突尼斯的摩纳斯提尔）地区击败了庞培的军队；同年4月在塔普苏斯（即今拉斯迪马斯）又一次战胜庞培，将其独裁职务又延长了十年。公元前45年3月17日，在西班牙的蒙达击败了庞培的儿子。公元前44年初，被任命为终身独裁官。内战期间曾一度在罗马居住，进行了经济改革和历法的修订。公元前44年3月15日，恺撒被一伙忠于共和国体制的贵族阴谋集团所刺杀。著有记载其作战经历的叙事体著作《高卢战记》。

盖尤斯·尤利乌斯·恺撒不怕困难，不屈不挠，性格温和而又刚毅，心地仁慈、宽厚，是一位老练的统治者和政治家。关键时刻他反应敏捷。为避免被敌人的突然袭击，他在行军时总是保持警惕。恺撒是世界历史上最伟大的军事将领之一，是一位卓越的战略家和战术家，也是一位勇敢顽强、受人爱戴的领袖。

DLB

参考：Caesar, Gaius Julius, War Commentaries: De bello gallico and De bello civili. Edited and translated by John Warrington. London, 1953.

Dodge, Theodore A., Julius Caesar. Boston, 1892.

Dupuy, Trevor N., The Military Life of Julius Caesar, Imperator. New York, 1969.

Suetonius, Lives of the Twelve Caesars. Translated by Robert Graves. Harmondsworth, England, 1957.

Syme, Ronald, The Roman Revolution. Oxford, 1939.

考尔德，罗伯特爵士（Calder, Sir Robert, 1745—1818年） 英国海军上将。参加主要战争：七年战争（1756—1763年）、法国大革命战争（1792—1799年）、拿破仑战争（1800—1815年）；参加主要战役（战斗）：圣文森特角之战（1797年）、菲尼斯特雷角之战（1805年）。

考尔德1745年7月2日生于苏格兰。1756年参加海军。1762年作为中尉，参加了捕捉西班牙珠宝船"埃尔奥纳"号的战斗，缴获了价值54万英镑的财物。作为上尉，在约翰·杰维斯手下参加了1797年2月14日的圣文森特角战斗，因功于3月3日受封为爵士。1798年8月被封为男爵，并于1799年2月晋升为预备上将。1801年2月，当冈托姆海军上将所率的舰队逃出布勒斯特前往埃及途中，遭到考尔德追杀，但未获战果。1804年，在康华里海军上将的率领下参加了对布勒斯特海岸的封锁战。1805年2月，当海军上将维尔纳夫从加勒比海返回途中，受命监视埃尔费罗尔-德尔考迪略，以截击法军舰队。7月22日，经在大雾天气中混战，考尔德虽然缴获了维尔纳夫的两艘舰船，但未能阻止维尔纳夫驶往维哥。后向北进发，以便同康华里会师于布勒斯特海岸，从而使维尔纳夫得以向南驶往卡迪兹及地中海。8月30日同科林伍德会师于卡迪兹海岸。由于其作战不利，被军事法庭起诉；虽然许多罪名均不成立，但仍因作战不积极而于12月遭到严厉批评。此后未能再参与海战，但于1810年因其声望而被提升为海军上将。1818年8月31日卒于汉普郡的霍尔特。

考尔德是一位颇有才能的海军官员。可能是由于过于谨慎，因此而不能有效地独立作战。

PDM and DLB

参考：Calder, Sir Robert, "Biographical Memoir of Sir Robert Calder, Bart." Naval Chronicle, Vol. XVIII (1807).

Corbett, Sir Julian, Campaign of Trafalgar. London, 1910.

卡拉汉，丹尼尔·贾德森（Callaghan, Daniel Judson, 1890—1942年） 昵称"好战的丹"、"战将"，美国海军少将。参加主要战争：第一次世界大战（1917—1918年）、第二次世界大战（1941—1945年）；参加主要战役（战斗）：埃斯佩兰斯角海战（瓜达尔卡纳尔岛）（1942年）。

卡拉汉1890年7月26日生于旧金山。1911年毕业于海军军官学校。后随"加利福尼亚"号战舰首次出海航行。1912年8—11月参加了尼加拉瓜的绥靖行动。在第一次世界大战期间执行护航任务，并在水面舰艇及岸上担任过多种职务。1938年晋升中校，任富兰克林·D.罗斯福总统的海军随从副官。1941年任"旧金山"号巡洋舰舰长。12月7日日本人偷袭珍珠港时，他的舰只正停泊在港内，但幸免于难。1941年12月（?），任西南太平洋地区美国海军司令罗伯特·L.戈姆利将军

C

的参谋长。后仍任“旧金山”号巡洋舰舰长。1942年8月7日，指挥火力支援舰队掩护美军在瓜达尔卡纳尔岛登陆。10月12日，在诺曼·斯科特将军的指挥下，参加埃斯佩兰斯角海战，战功显赫。后晋升少将。11月12—13日，指挥第六七·四特混舰队（辖“旧金山”号和“波特兰”号巡洋舰及3艘轻型巡洋舰和8艘驱逐舰）在隆加（瓜达尔卡纳尔岛）海外拦截阿部弘明将军指挥的日军袭击舰队（包括“比睿”号和“雾岛”号战列舰、1艘轻型巡洋舰及14艘驱逐舰）。在一次激烈的夜战中，美军击沉了日军2艘驱逐舰，击伤了“比睿”号战列舰，自己也损失了1艘轻型巡洋舰和3艘驱逐舰。战斗中一发炮弹击中“旧金山”号巡洋舰的驾驶室，卡拉汉阵亡。后追授国会荣誉勋章。

卡拉汉是一位英勇无畏、精力旺盛、指挥有方的海军水面作战指挥官。他在隆加海采取的行动（瓜达尔卡纳尔海战）粉碎了日军轰炸亨德森机场的计划，标志着瓜达尔卡纳尔战役的转折点。

KS

参考：Murphy, Francis X., Fighting Admiral: The Story of Dan Callaghan. New York, 1952.
Reynolds, Clarke G., Famous American Admiras. New York, 1978.

卡列哈·德·里，费里克斯·玛丽亚，德·考德龙伯爵（Calleja del rey, Félix María, Count de Calderon, 1759—1828年） 绰号“屠夫”，西班牙殖民地总督。

卡列哈·德·里1759年生于坎波城。1789年被派往墨西哥。1811—1823年，为镇压墨西哥人的独立起义立下功勋。1811年11月6日在墨西哥城外打败密格尔·希达尔戈·Y.卡斯蒂拉。1812年1月17日，在考德龙桥之战中粉碎了希达尔戈的部队，并活捉之，不久在奇瓦瓦将其枪杀。1815年，经三年艰苦作战，又将约瑟·玛丽亚·莫里洛斯打败并杀害。1813年成为新西班牙总督。后于1816年返回西班牙，成为卡迪兹总督。1819年因其残暴而被群起而攻之的下属逮捕并监禁。1820年退休。卒于1828年。

PDM

参考：EMH.
WBD.

卡利克拉堤达斯（Callcratidas，卒于公元前406年） 斯巴达舰队司令。

卡利克拉堤达斯的早期经历不详。公元前406年初，他继来山得之后，成为斯巴达的舰队指挥官。他手下的军官大部分都是由来山得培养起来的，有些人对他心怀不满；卡利克拉堤达斯镇压了这部分人，并致力于使斯巴达舰队摆脱对波斯的依赖。建造了大量舰船，并于公元前406年在梅特海姆纳（勒斯俄斯岛外的东部海岸）海战中，击败了由柯农指挥的雅典舰队。是年，率领一支由120艘船组成的舰队在米提利尼封锁雅典，但雅典方面派来了一支由150艘船组成的舰队赶来增援，双方遂在阿笈纳萨伊海域进行了一场海战。他被击败，并落水溺死。

卡利克拉堤达斯公正、诚实和仁慈的个人品德受到人们的普遍称赞，但其军事才能却平淡无奇。

SAS

参考：Plutarch, "Lysander," Parallel Lives.
OCD.

卡利马科斯（Calli machus，卒于公元前490年） 雅典将军。

卡利马科斯在公元前490年的马拉松会战时，是雅典军队的指挥官；在作战中，他接受了米太雅得的作战计划。在此次会战中阵亡。在随后建立起的纪念碑上，他被描写成一位民族英雄。

SAS

参考：Herodotus, History.
OCD.

加尔维努斯，格奈乌斯·多米齐乌斯（Calvunus, Gnaeus Domitius，公元前96〈?〉—前15年〈?〉） 罗马将军与政治家。参加主要战争：罗马内战（公元前50—前44年）、本都战争（公元前48—前47年）；参加主要战役（战斗）：法尔萨拉之战（公元前48年）、尼科波尔（位于希腊境内）之战（公元前48年）、泽拉之战（公元前47年）。

加尔维努斯约于公元前96年生于一个贵族家庭。公元前62年，在庞培的亚洲部队中服役。公元前59年成为保民官，公元前56年又成为执掌军权的执政官。公元前53年，通过与其前任达成一个可耻的协议而被选为执政官。在公元前51年左右可能被流放。与恺撒一起反对庞培。公元前48年5月（?），被派往马其顿截击梅特卢斯·西庇阿，因而没能参加7月10日的都拉基乌姆（都尔勒斯）之战。7月底，在色萨利的赫拉克利亚地区与恺撒会合。在恺撒取得了重大胜利的法尔萨拉之战（8月9日）中，他负责指挥恺撒的中军。9月，奉命率领两个军团平定亚洲地区。10月（?），在恺撒严令下，派出一个军团前往埃及。是年10月，率军在卡帕多细亚（弗里吉亚以东的土耳其中部地区）和小亚美尼亚（亚美尼亚西部地区，位于黑海附近）同本都法那西斯的附属国作战，但由于对手的兵力占有绝对优势而被击败。公元前47年5月，在泽拉地区同法那西斯进行了一场艰苦而激烈的作战，最终获胜。公元前40年，担任执政官，而后在公元前38年（?）出任西班牙总督。在那里，他举行了一个盛大的仪式来庆祝胜利。后来成为一位教士（公元前20年）。约卒于公元前15年。在罗马贵族中，他是唯一一个始终支持恺撒的人。

加尔维努斯是一位能力出众的人，也是一位机会主义者和无耻之徒，对待其部队非常残酷。

SAS

参考:Caesar,G.Julius,De bello civili.

Dupuy,Trevor N.,The Military Life of Julius Caesar:Imperator.New York,1969.

Syme, Ronald, The Roman Revolution. Oxford, 1933.

坎布里奇第二公爵，乔治·威廉·弗雷德里克·查理(Cambridge George William Frederick Charles, 2nd Duke of, 1819—1904年) 英国陆军元帅。参加主要战争：克里木战争（1853—1856年）；参加主要战役（战斗）：阿尔马河之战（克里木，1854年）、巴拉克拉瓦之战（1854年）和英克曼之战（塞瓦斯托波尔附近，1854年）。

坎布里奇1819年3月26日生于汉诺威，是坎布里奇第一公爵阿道夫·弗雷德里克之子、乔治三世之孙。1837年始，在汉诺威陆军服役；维多利亚女王登基时被派往英国 。同年11月被任命为英国陆军上校。1842年在直布罗陀和爱尔兰服役，后指挥第十七轻骑兵团（后称长矛骑兵）。1843—1845年在科孚柯基拉任指挥官。1845年晋升少将。1847—1852年指挥都柏林军区。1850年在他父亲去世后继任坎布里奇公爵。1854年秋赴克里木参战，在拉格伦勋爵的部队中任第一师师长。9月20日参加阿尔马之战。10月25日，参加巴拉克拉瓦之战。11月5日在混乱的英克曼之战中，他几乎无法控制自己的部队。1856年晋升上将，继哈丁勋爵任总司令之职。1861年在坎伯利协助创建参谋学院。1862年晋升陆军元帅。1868年反对卡德威尔的一系列改革主张，如缩短士兵服役年限、设置营单位、总司令服从于国务大臣等。1870年陆军部以法律形式通过了上述改革措施之后，他被迫接受；此后，继续反对和抵制这些主张，最终于1895年被战时国务大臣坎伯尔-班纳曼解除职务。1903年最后一次访问德国。1904年3月17日卒于伦敦。

坎布里奇是一位富于责任感和献身精神的军人，但缺乏想像力，对部属亦缺乏关怀与爱护。他无法使自己适应变化。

PDM

参考:Shepard,E.,George,Duke of Cambridge. London, 1906.

Verner, Willoughby, Military Life of the Duke of Cambridge. London,1905.

卡米卢斯，马库斯·弗利乌斯(Camillus,Marcus Furius,公元前440年〈?〉—前365年) 罗马将军和政治家。参加主要战争：第三次维爱战争（公元前406—前396年）、高卢人入侵（公元前391—前390年）、与埃魁人和沃尔西人的战争（公元前389年）、高卢战争（公元前367年）。

卡米卢斯约公元前440年生于一个贵族家庭。公元前403年担任监察官。公元前396年，在维爱战争期间当选为独裁官，并通过挖暗道的方法攻占了维爱城。公元前391—前390年，在布伦那斯率领下，高卢人向意大利中部地区发动进攻，卡米卢斯再次被任命为独裁官，并于乡村组建起一支军队。但当高卢人劫掠罗马时，他在交出了大量贡金后才使高卢人离开。在公元前401—前381年期间，被七次任命为军事独裁官，对军队进行了重大改革——根据年龄和装备对士兵进行分级。公元前389年击败埃魁人和沃尔西人。公元前367年第二次打败高卢人的进犯。尽管他自己具有贵族血统，但最终妥协，接受了李锡尼-塞克斯图法律。公元前365年卒于瘟疫。

尽管一些历史学家们出于政治目的，对卡米卢斯的功绩有所夸大，但他的确是一位有能力而且勇猛果断的指挥官，并且是一位较出色的政治家。

SAS

参考:Plutarch,"Camillus,"Parallel Lives.

坎伯尔，阿奇博尔德第一爵士(Campbell,Sir Archibald〈1〉, 1739—1791年) 英国将军。参加主要战争：法国与印第安人的战争（1754—1763年）、美国独立战争（1775—1783年）；参加主要战役（战斗）：亚伯拉罕之原（今魁北克市辖区内）之战（1759年），萨凡纳（佐治亚）之战（1778年）。

坎伯尔1739年8月21日生于苏格兰，后加入弗雷泽高地者团，任上尉（1757年）。1759年6—9月参加詹姆斯·沃尔夫对魁北克的远征，在亚伯拉罕之原战斗中负伤（9月13日）。弗雷泽高地者团被解散（1764年）后转属第四十二高地团（黑色警卫队），后在印度服役（1764—1773年）。回到苏格兰，并担任斯特灵市议员（1774—1780年）。曾在新的弗雷泽高地者团（第七十一步兵团）中任中校（1775年）。由于不知英军业已撤离，他在其船只驶入波士顿港口时被俘（1776年3月）。因禁两年后与伊桑·艾伦交换而获释放（1778年5月6日）。晋升为准将（1778后期）。指挥了夺取佐治亚州萨凡纳的远征（1778年12月29日）。攻占奥古斯塔（1779年1月29日）。告假返回英国（1779年中期）。晋升少将（1782年）后，出任牙买加总督（1782—1785年），组织过该岛的多次防御战，并向罗德尼将军的舰队提供援助；是有名的务实总督。回英国后受封为骑士（1785年9月30日）。自1786年4月—1789年退职前，他一直担任马德拉斯总督和总司令。在此期间身体患病，并因与阿尔果德（马德拉斯省境内）的土王言和而受到谴责。再度进入议会。卒于1791年3月31日。

坎伯尔是一位能干、勇敢的军人，也是具有天才和魄力的行政家。

Staff

参考:Boatner,Encyclopedia.

DNB.

坎伯尔，阿奇博尔德第二爵士(Campbell,Sir Archibald〈2〉,

C

1769—1843 年） 英国将军。参加主要战争：拿破仑战争（1800—1815 年）、第二次缅甸战争（1824—1826 年）；参加主要战役（战斗）：塞林伽巴丹之战（1799 年）、科伦纳之战（拉科伦纳）之战（1809 年）、德努漂之战（1825 年）、卑谬之战（1825 年）。

坎伯尔生于 1769 年，1787 年参加陆军并任少尉。1788—1799 年在印度服役，在 1799 年的塞林伽巴丹之战中表现出色。1804 年任少校。1808—1809 年在约翰·莫尔爵士手下任职，转战于西班牙。1809 年 1 月 16 日参加了科伦纳之战。1810 年任葡萄牙团指挥员。1811—1814 年任葡萄牙旅旅长。1816—1820 年任里斯本葡萄牙军队指挥官。1821 年赴印度，任团长，并被升为少将，负责同缅甸开战。1824 年 4 月，他在安达曼群岛组建了一支 5000 人的武装，在缅甸登陆，5 月 10 日占领仰光。6—12 月，被班杜拉军队围困于仰光，因疾病损耗很大，但仍坚持住。12 月 15 日，打破缅甸人的封锁后，于 1825 年 2 月 13 日率 2500 人向伊洛瓦底江推进，其大部均走水路。4 月 2 日在德努漂之战中打败并杀死了班杜拉。4 月 25 日攻克卑谬。后再次遭马哈·涅姆约的军队包围。11 月 10 日，坎伯尔打退了缅甸人的一次主要进攻。在其江上舰队的支持下，他开始进攻，经三天激战（11 月 30 日—12 月 2 日）摧毁了缅甸军队，杀死涅姆约。1826 年 2 月 24 日，随着《扬达布和约》的签定，坎伯尔后撤。1826—1829 年被任命为英属缅甸总督。1831 年封男爵及新不伦瑞克总督。1831—1837 年任加拿大总督。1838 年晋升为中将。卒于 1843 年。

坎伯尔是一位工于心计和足智多谋的指挥员。在缅甸战争中，他处境险恶，但却能以智慧化解之。其军队优良的纪律作风也是他打败缅甸人的重要原因。

PDM and DLB

参考：DNB.
EMH.

坎伯尔，科林爵士，克莱德第一男爵（Campbell, Sir Colin, Ist Baron Clyde, 1792—1863 年） 英国陆军元帅。参加主要战争：拿破仑战争（1800—1815 年）、第一次鸦片战争（1839—1842 年）、第二次锡克战争（1848—1849 年）、克里木战争（1853—1956 年）、镇压印度土兵起义（1857—1858 年）；参加主要战役（战斗）：瓦尔赫伦之战（1809 年）、塔里法之战（1811 年）、维多利亚之战（1813 年）、比达索阿河之战（位于法国和西班牙之间，1813 年）、新奥尔良之战（1815 年）、吉利扬瓦拉之战（1849 年）、古吉拉特之战（1849 年）、阿尔马之战（1854 年）、巴拉克拉瓦之战（1854 年）、坎普尔之战（1857 年）、第二次勒克瑙之战（1857 年）、勒克瑙包围战（1858 年）、巴雷利之战（1858 年）。

坎伯尔 1792 年 10 月 20 日生于格拉斯哥，是一位姓麦克利瓦尔的木匠之子。1807 年其舅科林·坎伯尔上校为其购买了第九步兵团少尉军衔，从此随其母姓坎伯尔。1809 年曾在不幸的瓦尔赫伦探险队中服役，后在惠灵顿手下供职。1811 年 3 月 5 日在巴罗萨之战中立功，后于 1813 年 6 月 21 日的维多利亚之战、7 月 25 日—8 月 31 日的圣塞巴斯蒂安包围战及 10 月 7—8 日穿越比达索阿河的战斗中表现出色，并多次负伤。1814 年 12 月—1815 年 1 月，在由爱德华·帕肯汉爵士率领的赴新奥尔良的探险队中服役。1823 年参加镇压英属圭亚那的底米拉拉起义，后在入侵中国的第一次鸦片战争中服役。在第二次锡克战争中，于 1849 年 1 月 13 日参加吉利扬瓦拉之战；2 月 21 日又转战古吉拉特，因表现出色被其上级——将军休·高夫爵士认为是最得力的下属。1854 年 9 月 20 日，指挥高地旅在阿尔马作战，10 月 25 日，将俄军阻止于“薄红线”以内。英属印度土兵起义后，被任命为驻印英军司令。几个月后他抵达考尔库塔，于 1857 年 8 月 13 日参加镇压印度土兵起义。9 月 16 日指挥对勒克瑙的第二次解围战，并于 9 月 19—23 日组织英军后撤。12 月 6 日，将塔季亚托皮军队击溃于坎普尔，随后于 1858 年 1 月 6 日攻占法塔赫格尔。3 月 2—16 日，同勒克瑙重新开战，3 月 21 日占领该城，随后指使其下属发出下述信息：“我现在是幸运的”。5 月 5 日，在巴雷利附近打败巴哈杜尔可汗。5—6 月，向奥德哈的起义军发起最后进攻。在其服役期间，被封为克莱德男爵，领到 2000 英镑的退休金。同时，还得到了国会的表彰。1862 年晋升为元帅。1863 年 8 月 14 日卒于伦敦。

坎伯尔“身先士卒，爱兵如子”。他十分关心其下属的福利生活。尽管有时遭到诸如说其“不谨慎”的批评，但他的战绩已足以说明问题。他总是以最小的代价赢得作战的胜利。

PDM and DLB

参考：Burne, Sir Owen Tudor, Clyde and Strathnairn. London, 1895.
Campbell, Sir Colin, A Narrative of the Indian Revolt. London, 1858.
Shadwell, L., The Life of Colin Campbell, Lord Clyde. 2 vols. Edinbrugh, 1881.

坎伯尔，威廉（Campbell, William, 1745—1781 年） 美国民兵军官。参加主要战争：邓莫尔勋爵之战（1774 年）、美国独立战争（1775—1783 年）；参加主要战役（战斗）：国王山之战（1780 年）、吉尔福德县城之战（1781 年）。

坎伯尔 1745 年生于弗吉尼亚的阿宾顿附近，后与帕特里克·亨利之妹伊丽莎白结为夫妇。任民兵上尉时，他与切诺基人作战，并参加了邓莫尔勋爵之战（1774 年 4—10 月）。后在将邓莫尔勋爵驱逐出弗吉尼亚的作战中做出了贡献，但不久即为返回边境而辞去任命（10 月）。后晋升为民兵上校，并担任弗吉尼亚议会议员。为对抗帕特里克·弗格森的托利党部队，他征召了 400 名步兵（1780 年 9 月）。爱国力量在国王山进攻并歼灭托利党部

C

队（10月7日）后，他被推选为名誉领导人。晋升为民兵准将（12月），并率小股边民参加了纳撒内尔·格林军队进行的吉尔福德县城之战（1781年3月15日）。曾率一支步兵协助拉斐特在弗吉尼亚的作战（6—7月），但很少参加战斗。1781年8月22日患病后卒于弗吉尼亚的落基山脉附近。

AS

参考：Boatner, Encyclopedia.
DAB.

卡佩罗，纳尔西索（Campero, Narciso, 1815—1896年） 玻利维亚将军和政治家。参加主要战争：太平洋战争（1879—1884年）；参加主要战役（战斗）：奎士达德洛斯安赫莱斯之战（1880年）。

卡佩奥尼，艾尼格（Campioni, Inigo, 1878—1944年） 意大利海军上将。参加主要战争：意大利-土耳其战争（1911—1912年）、第一次世界大战（1915—1918年）、第二次世界大战（1940—1945年）；参加主要战役（战斗）：斯泰洛角（瓜达维尔附近）之战（1940年）、托兰多角（撒丁岛南部）之战（1940年）。

卡纳里斯，威廉（Canaris, William, 1887—1945年） 纳粹德国海军上将。参加主要战争：第一次世界大战（1914—1918年）和第二次世界大战（1939—1945年）；参加主要战役（战斗）：科罗内尔（智利）之战、福克兰群岛之战（1914年）和潜艇战（1917—1918年）。

卡纳里斯1887年1月1日生于威斯特伐利亚的阿普勒贝克（在多特蒙德附近）。1905年毕业后参加海军。第一次世界大战期间在海上服役，1914年11月1日和12月8日分别在科罗内尔和福克兰群岛参加了战斗巡洋舰“得累斯顿”号的战斗行动。1915年3月“得累斯顿”号被英国军舰“格拉斯哥”号击沉后，他在智利被拘留，后逃脱并返回德国。1915—1916年作为情报官在西班牙服役。1917—1918年指挥潜艇作战。曾是审判杀害卡尔·李卜克内西和罗莎·卢森堡的凶手的军事法庭成员。1919年他被指控帮助其中一名军官逃走。他曾在一系列海军岗位上任职，包括担任老式前无畏战列舰“西里西亚”号的舰长。1935年1月任德国陆军部谍报局局长。1936—1939年间，他负责德国对西班牙佛朗哥政权的反叛力量的军事援助。后对纳粹政府的目标和方法愈来愈不满，1938年后卷入反纳粹的秘密团体。虽然他对德国轻率地进入战争极为震惊，但并没有积极参加秘密反抗活动，只是满足于保护几名密谋分子并向协约国提供情报资料。1944年2月，当陆军部谍报局和希姆莱的情报和安全行动组织合并后，他被调离。1944年7月20日暗杀希特勒的计划失败后，遭逮捕。1945年4月9日被绞死在魏登附近的弗洛森堡集中营。

卡纳里斯是贵族保守派，他憎恨魏玛共和国就像厌恶纳粹一样。他举止得体但优柔寡断，不愿意献身于事业，二战中由于他与希姆莱和安全局的对立，加上许多情报人员的不可靠，使其情报工作天才难以发挥，更为主要的是被其秘密地提供给协约国的情报所抵消。

PDM

参考：Brissaud, André, Canaris. New York, 1974.
Colvin, Ian, Master Spy. New York, 1951.
Whiting, Charles, Canaris. New York, 1973.

卡内瓦，卡洛（Caneva, Carlo, 1845—1922年） 意大利将军。参加主要战争：七周战争（1866年）、镇压埃塞俄比亚的抗意卫国战争（1896年）、意大利-土耳其战争（1911—1912年）、第一次世界大战（1915—1918年）。

卡尼迪乌斯，普卜利乌斯·克拉苏（Canidius, Publius Crassus, 卒于公元前30年） 罗马军官。参加主要战争：后三头同盟（“后三雄”）战争（公元前43—前30年）、波斯战争（公元前41年）、帕提亚战争（公元前36年）；参加主要战役（战斗）：高加索山地之战（公元前36年）、阿克提姆之战（公元前31年）。

康太纳克，约瑟（Canterac, José, 约1785—1835年） 西班牙将军。参加主要战争：拿破仑战争（1800—1815年）、镇压拉丁美洲独立战争（1810—1825年）；参加主要战役（战斗）：莫林斯-德雷伊之战（1808年）、潘普洛纳之战（1813年）、胡宁之战（1824年）、阿雅库乔之战（1824年）。

康太纳克1785年生于古耶讷。1805年入西班牙陆军军官学校受训。目睹了同法国的战争，并参加了莫林斯-德雷伊之战（1808年）、1810年2月5日—1812年8月25日的塞维利包围战及1813年6月26日—10月31日的潘普洛纳之战。1815年，作为准将派赴美洲。1818年赴秘鲁镇压那里的反抗，参加了同支持摆脱西班牙统治而独立的游击队的作战。作战中，经常与约瑟·塞尔纳将军并肩战斗。1821年，支持拉·塞尔纳而废黜总督华金·德·拉·佩苏埃拉。后升为中将，指挥驻秘鲁的殖民地军队。1824年8月6日，在胡宁之战中被西蒙·玻利瓦尔将军打败。12月9日，他指挥拉·塞尔纳所属的预备队，同安东尼奥·德·苏克雷在阿亚库乔作战。拉·塞尔纳死后，康太纳克接替其职。12月10日，不得不完成向胜利者苏克雷投降的任务。1825年返回西班牙，并指挥几个港口的防务。1835年，在他被任命为新卡斯蒂利亚总督的第三天，哗变的士兵将其击毙。

康太纳克是一位颇有才干的指挥员。他与其上级拉·塞尔纳共同延长了西班牙在秘鲁的殖民存在。

PDM

参考：Enciclopedia universal illustrada europeo-americana, Vol. XI.

卡佩勒，爱德华·冯(Capelle, Edouard von, 1855—1931 年) 德国海军上将。参加主要战争：第一次世界大战(1914—1918 年)。

卡佩洛，路易吉·阿提利奥(Capello, Luigi Attilio, 1859—1941 年) 意大利将军。参加主要战争：意大利-土耳其战争（1911—1912 年）和第一次世界大战（1915—1918 年）；参加主要战役（战斗）：多次伊松佐河之战(1915—1917 年）和卡波雷托（科巴里德）之战（1917 年）。

卡佩洛生于 1859 年。1878 年从军事学院毕业，在步兵部队任少尉。1884—1886 年在战争学院学习。1910 年升为少将。1911 年 5 月—1912 年 10 月意大利-土耳其战争期间，在利比亚担任指挥官。1915 年 5 月 15 日意大利参战时，任第二十五师师长。9 月 28 日升为中将，任第六军军长。在 1917 年 8 月 18 日—9 月 15 日的第十一次伊松佐河之战中任第二集团军军长，对于攻取巴斯扎（在前南斯拉夫戈里齐亚附近）发挥了决定性的作用。由于没留意德奥进攻的警告，他的部队遭到卡波雷托攻势（10 月 24 日—11 月 12 日）的突然打击，并受到德军部队的巨大压力。因对失败负有部分责任，1918 年 2 月被解除指挥权并退出军队。1920 年参加墨索里尼的法西斯运动。在 1924 年墨索里尼杀害贾科莫·马泰奥蒂之后，对墨索里尼不再抱有幻想。1925 年因卷入反对意大利独裁者的密谋而被捕，被判 30 年监禁；但在 1936 年因年龄原因而被释放，得以和家人团聚。1941 年卒于罗马。

PDM

参考：Dizionario biografico degli italiani, Vol. XⅧ, Rome, 1975.

Dizionario enciclopedico italiano, Vol. Ⅱ, Rome, 1955.

卡普拉拉，埃涅阿斯·西尔维斯伯爵·德(Caprara, Count Aeneas Sylvius, de, 1631—1701 年) 意大利裔奥地利陆军元帅。参加主要战争：荷兰战争（1672—1678 年）、土耳其战争（1682—1699 年）、奥格斯堡同盟战争(1689—1697 年)；参加主要战役（战斗）：辛茨海姆之战（1674 年）、恩泽海姆之战（斯特拉斯堡附近，1674 年）、米卢斯之战（1674 年）、诺伊豪瑟尔之战（新扎姆基，1685 年）。

卡普拉拉生于 1631 年，是卡普拉拉的尼古拉斯伯爵之子，并且是同一世纪两位著名将军雷蒙德·蒙特库库利和奥塔维奥·皮科洛米尼的亲戚。在 1674 年 6 月 16 日的辛茨海姆之战、10 月 4 日的恩泽海姆之战和 12 月 29 日的米卢斯之战中，于洛林的查理麾下同蒂雷纳作战，在米卢斯之战中被俘。获释后，可能在 1677 年间参加解奥芬堡之围的战斗。1683—约 1689 年间，在洛林的查理军中服役，同土耳其人在匈牙利作战。在 1685 年 7 月 7 日—8 月 19 日围困和强攻诺伊豪瑟尔的战役中表现出色。在意大利北方任神圣罗马帝国部队总司令；1692 年参与入侵多菲内省，以失败告终。1694 年被派往匈牙利任总司令。到 1696 年后期退居二线，任神圣罗马帝国军事委员会副主席。卒于 1701 年 2 月。

卡普拉拉谨慎而行动缓慢，是一位勇敢的军人；但缺乏战略头脑和战役指挥才能。

AL

参考：Dizionari biografi bibliografici tosi: condottieri capitani e tribuni fino al cinquecento. Rome?, 1946.

ADB.

EMH.

布赫领主（格拉伊的让三世）(Captal De Buch〈Jean Ⅲ de Grailly〉, 1321—1376 年) 在英格兰供职的加斯科涅贵族。参加主要战争：英法百年战争（1337—1453 年）、卡斯蒂利亚内战（1350—1369 年）；参加主要战役（战斗）：普瓦提埃之战（1356 年）、戈什雷尔（帕西附近）之战（1364 年）、纳赫拉之战（1367 年）。

布赫领主 1321 年生于加斯科涅，布赫领主格拉伊·皮埃尔二世和布兰奇·德·富瓦的长子。曾参加 1356 年 9 月 19 日的普瓦提埃之战；此战，他和约翰·钱多斯勋爵为爱德华（黑太子）获胜起到了重要作用。1357—1358 年，在普鲁士同其表兄弟加斯顿·菲伯斯·德·富瓦参加十字军，反对异教徒。扎克雷起义后，义军将贞德、皇太子和奥尔良女公爵布兰奇围在麦城；他返回法国，前往解救。指挥纳瓦拉军队在西班牙与勃特兰·迪·盖克兰的法国-卡斯蒂利亚联军作战，受挫于戈什雷尔(1364 年)。1367 年 2 月随黑太子军队返回卡斯蒂利亚，并参加 4 月 3 日进行的纳赫拉之战，击败迪·盖克兰。经黑太子举荐，出任阿基坦长官。在苏比斯附近（在基恩）为法军俘虏。他断然拒绝为法王理查五世效力。1376 年卒于巴黎的圣殿教堂监狱。

布赫领主以骑士对事业的忠心耿耿和信念坚贞不二而著称。他是一位善战的指挥官。在普瓦提埃之战中，他的冲击打垮了法王亲率的骑士部队，从而使英格兰军队取得胜利。

DLB

参考：Burne, Sir Alfred Higgins, The Crécy War. London, 1955.

Froissart, Jean, Chronicles. Tr. G. Boerston. Harmondsworth, 1968.

Hewitt, H. J., The Black Prince's Expedition of 1355—1357. Manchester, 1958.

卡拉卡拉（马可，奥略里·安东尼；巴西安努斯）(Caracalla, 〈Marcus Aurelius Antoninus; Bassianus〉, 186—217 年) “灰衣者”，罗马皇帝。参加主要战争：日耳曼战

争（213—214年）、帕提亚战争（216—217年）。

卡拉卡拉186年4月生于高卢（今法国）的卢格敦（今里昂），原名塞普蒂米乌斯·巴西安努斯，是L. 塞普蒂米乌斯·塞维鲁的儿子。他的绰号源自他的外衣——他常爱穿这种在莱茵河流域和高卢地区非常流行的灰色外衣。198年，被任命为奥古斯都，改名为马·奥·安东尼。211年其父去世后，他与其兄弟盖塔一起，成为罗马皇帝，共同统治罗马帝国，并颁布了一项法令，命令提高罗马帝国内所有省区居民的税收。212年，他谋杀了盖塔而成为罗马唯一的皇帝。213年，沿莱茵河击败了阿勒曼尼人，而后又于214年在多瑙河下游地区击退了高卢人的一次入侵。215年，建立起一支庞大的军队，包括一个马其顿式的、拥有16 000人的"法兰克斯"方阵，同安息（帕提亚）皇帝作战。215年，攻占埃德萨城。216年，再次从安息的手中夺回罗马的亚美尼亚、俄斯罗伊那（位于幼发拉底河以东的叙利亚境内）和美索不达米亚。217年4月8日，正当他准备入侵安息时，在卡里（卡尔亥）被其近卫军谋杀。

卡拉卡拉精力充沛，具有积极进取精神，同时也是一位粗鲁和残暴专制的人。是他在罗马建设了一个巨大的公共澡堂。他的大部分内政权力都掌握在他母亲朱丽娅·多姆娜手中。

SAS

参考：Cambridge Ancient History, Vol. Ⅻ, 1939.
Dio Cassius, Historia Augusta.
OCD.
EB.

卡拉塞纳侯爵，路易斯·德·贝纳维德斯·卡里略·托莱多（Caracena, Luis de Benavides Carillo y Toledo, Marquis of, 卒于1668年） 西班牙将军。参加主要战争：三十年战争（1618—1648年）、法西战争（1635—1659年）、入侵葡萄牙（1661—1665年）；参加主要战役（战斗）：卡萨莱之战（卡萨莱-蒙费拉托，1640年）、都灵之战（1640年）、蒙蒂斯克拉鲁斯之战（1665年）、比利亚维西奥萨之战（切莱斯附近，1665年）。

卡拉塞纳侯爵的出生日期及早期生平不详。曾参加1640年4月29日的卡萨莱之战以及5月14日—9月24日间都灵附近地区的一些战斗。1648—1656年任米兰行政长官，其间于1653年帮助曼图亚公爵从法国人手中夺回卡萨莱。1659—1664年任西班牙属荷兰行政长官。西班牙与葡萄牙发生战争，西班牙人战败之后，他回到西班牙，出任西班牙驻葡萄牙军队的指挥官。1665年6月17日，他在比利亚维西奥萨发动攻击，结果为朔姆贝格公爵弗雷德里克的军队击退，损失惨重；稍后又在蒙蒂斯克拉鲁斯决战中再次败北（1665年，大约在夏末）。为此，人们对他在蒙蒂斯克拉鲁斯之战的指挥提出了严厉的批评。1665年后期率部就地转入防御。翌年，即1666年，设法俘获了卡斯特洛·德·韦迪。卒于1668年。

AL

参考：Diccionario de historia de España, 2d ed. Madrid, 1968—1969.
Livermore, H. V., A New History of Portugal. N. P., 1976.

卡劳修斯，M.A.M.（Carausius, Marcus Aurelius Mausaeus, 卒于293年） 罗马将军，北高卢和不列颠地区皇帝。参加主要战争：同巴加人和法兰克人的战争（285—286年）、反对马克西米安的叛乱（286—293年）。

卡劳修斯出身低微，出生在一个游牧民族的部落中，是个高卢人。后来他加入罗马军队。285—286年间，在罗马帝国皇帝马克西米安（戴克里先的副皇帝）同法兰克人和其盟友巴加人的作战中脱颖而出，不断得到提拔。286年，被任命为罗马驻扎在布伦的舰队的指挥官，其主要任务是防止弗里西亚人和撒克逊人侵袭高卢北部海岸。镇压了一次高卢农民起义。286年，他被控告与日耳曼入侵者相互勾结；为了避免被处决，他起兵反叛马克西米安。在驻防于不列颠的两个军团（第二奥古斯都军团和第二十军团）的支持下，他牢牢地控制了高卢北部地区和不列颠地区，并且自立为皇帝，成为马克西米安和戴克里先的副皇帝。他自己发行了高质量的货币。289年春天（?），他击退了马克西米安的一支缺乏经验的舰队所发动的进攻。293年秋天，马克西米安又任命M. 弗拉维·君士坦丁为恺撒，率领一支军队再次进攻卡劳修斯，攻取了布洛涅和鲁昂。不久，卡劳修斯被自己的助手阿莱克图斯谋杀。

卡劳修斯是罗马帝国后期一位典型的具有政治和军事野心的军事指挥官。他在北高卢和不列颠地区的统治是公平、正确和有效的。

SAS

参考：Johnson, S., The Saxon Shore Forts. London, 1976.
Webb, F. H., "The Reign and Coinage of Carausius," Numismatic Chronicle, Vol. Ⅶ (1908).
Williams, Stephen, Diocletian. New York, 1985.

卡尔博，盖尤斯·帕皮里乌斯（Carbo, Gaius Papirius, 卒于公元前82年） 罗马将军和政治家。参加主要战争：对奇姆布里的战争（公元前113年）、权贵战争（公元前91—前88年）、内战（公元前88—82年）；参加主要战役（战斗）：德拉瓦河之战（公元前113年）。

卡登，萨克维尔·汉密尔顿爵士（Carden, Sir Sackville Hamilton, 1857—1930年） 英国海军上将。

卡登1857年生于爱尔兰蒂珀雷里郡。1870年参加海军，逐级升至海军上校（1897年）和海军少将（1908年）。1912—1914年任马耳他军舰修造厂监察长。1914年9月20日被选定指挥英国战斗分舰队与法国舰队在地

中海配合行动。1914 年 11 月土耳其参战后，他奉海军部要求拟订强行通过达达尼尔海峡的计划（1915 年 1 月）。其计划要求审慎地拔除土耳其的海岸防御工事，配合海军沿达达尼尔海峡的推进以及展开大规模的扫雷行动。2 月 19 日—3 月 10 日（?），指挥海军攻击土军在海峡的防御，并取得一些胜利；但由于精神紧张而病倒，被海军上将约翰·M. 德罗贝克取代。1917 年退休时衔至海军上将。卒于 1930 年。

卡登对达达尼尔海峡作战行动持谨慎而极不热心的态度。

PDM

参考：Callwell, C. E., The Dardanelles. Boston, 1919.

Corbett, Sir Julian S., Naval Operations. London, 1920.

卡迪根，詹姆斯·托马斯·布鲁德内尔，第七伯爵（Cardigan, James Thomas Brudendll, 7th Earl of, 1797—1868 年） 英国将军及政治家。

卡迪根 1797 年 10 月 16 日生于白金汉郡的汉布尔登，在牛津大学基督教会学院接受教育。1824 年参加陆军。后在第十五轻骑兵团购得一职。1832 年，通过购买军衔迅速升至中校。1834 年，因同上级发生争执，并非法拘捕了一名手下，被军事法庭起诉，被迫放弃指挥权。1836 年，在其家庭的影响下返回军队，任第十一轻龙骑兵团指挥。1837 年，继承了其父的称号和财产之后，他的团于 1840 年被改称为第十一轻骑兵团。他花费大量的金钱给其部属配发了最考究的制服。1854 年 9 月在克里木服役，在其姐夫也是其个人的宿敌卢肯公爵指挥的骑兵师中任少将，指挥轻骑兵旅。此后，从未见他作战过；直至 1854 年 10 月 25 日，在巴拉克拉瓦时，他错误地截获了一个命令，认为拉格伦公爵将阻击卢肯公爵，才率其 673 人组成的骑兵旅进入了俄国人的炮口底下。尽管他缴获了这些大炮，却未能顶住俄国人的反攻而后撤，结果损失了三分之一的兵力和三分之二的马匹。以英雄的姿态返回英国后被任命为骑兵总监。1868 年 3 月 28 日在其庄园执意骑马时，死于非命。

卡迪根是一位爱争吵、易发怒、有勇气但十分傲慢、且军事上无能的人。他的火爆脾气及他与卢肯公爵荒唐的互相仇恨，使轻骑兵旅遭到灭顶之灾。

DLB and PDM

参考：Paget, George, The Light Cavalry Brigade in the Crimea. London, 1881.

Woodham-Smith, Cecil, The Reason Why. London, 1953. Reprint, New York, 1960.

卡多纳，雷蒙·福尔克·德，索马公爵（Cardona, Ramon Folch de, Duke of Soma, 1467—1522 年） 西班牙陆军将军和统治者。参加主要战争：意大利战争（1494—1504 年）、康布雷联盟之战（1508—1511 年）、神圣同盟战争（1511—1514 年）；参加主要战役（战斗）：波伦亚之战（1511 年）、拉文纳之战（1512 年）、拉莫特之战（1513 年）。

卡多纳 1467 年生于阿拉贡，是安东尼奥·德·卡多纳和卡斯蒂利亚纳·雷克森斯的儿子。1504 年，投入意大利南部的贡萨洛·德·科尔多瓦的麾下。1507 年，科尔多瓦奉召回国，卡多纳被委以西西里总督之职。1509 年神圣同盟战争期间，当时任那不勒斯总督的卡多纳下令神圣同盟军队反对威尼斯，但于 1511 年又转而率军反对法国。1511 年秋，卡多纳率军围攻波伦亚时，由于加斯顿·德·富瓦率领法军迅速增援，突然出现在波伦亚地区，使其军队终被击退。1512 年 4 月 11 日，他率领的神圣罗马帝国和西班牙联军在激烈的拉文纳战斗中被击溃；然而德·富瓦突然死去，给了他以喘息之机，使之能够重整旗鼓。1512 年 10 月，卡多纳率军侵入托斯卡纳地区，推翻了佛罗伦萨索德里尼国的统治。而后，他率部进军威尼斯，攻取了佩斯基耶拉·杰利·加尔达，缓解了维罗纳地区的压力；并于 1513 年 10 月 7 日的拉莫特战斗中，击败由巴尔托洛梅奥·德尔维亚诺领导的威尼斯军队。1516 年，他回师西西里镇压巴勒莫地区的内乱。后来，他被任命为那不勒斯总司令。1522 年卒于任期内。

卡多纳能干而忠诚。他之所以在拉文纳之战中败北，是由于法军兵力上占优势及法军指挥官技高一筹等原因所致。

AL

参考：Ballestros-Gaibrois, Manuel, Ramon de Cardona. Barcelona, 1953.

Taylor, Frederick Lewis, The Art of War in Italy 1494—1529. Cambridge, 1921.

卡鲁，彼得爵士（Carew, Sir Peter, 1514—1575 年） 英格兰军事家和行政官员。参加主要战争：第四次哈布斯堡-瓦卢瓦战争（1542—1544 年）、镇压国内西部大暴乱战争（1549 年）、平定肯特起义（1554 年）；参加主要战役（战斗）：布洛涅之战（1544 年）、勒特雷波尔之战（1545 年）、芬尼河大桥之战、克利斯特圣玛丽之战和克利斯特希思（以上三地均位于埃克塞特附近）之战（1549 年）。

卡鲁 1514 年生于德文郡西部山村一个中上阶层的家庭。年轻时以王室侍从官员身份被派往法国，但不久被贬为马夫。1525 年投到萨卢佐侯爵帐下。1525—1530 年，转到奥朗日亲王菲利贝尔·德·夏龙麾下。1532—1539 年，跟随英格兰国王亨利八世征战海内外。在英法两国交战期间，参加了英军围攻夺取布洛涅的战斗（1544 年 7 月 19 日—9 月 14 日）。在 1545 年收复勒特雷波尔的战斗中，他是指挥者之一。同年，被封为爵士，并被选为塔维斯托克下院议员。1547 年，成为德文郡郡长。1549 年英国西部发生大暴乱期间，曾在 7 月 28 日

芬尼河大桥之战、8月3日克利斯特圣玛丽之战和8月4日克利斯特希思之战三次战役中，协助英国打败了天主教叛军。1553年，再次当选为德文郡下院议员。他反对玛丽女王与西班牙国王菲利普二世联姻，参与了1554年1月25日—2月6日爆发的怀亚特起义，是发起人和领导者之一。起义失败后，他逃到欧洲大陆，但被抓回英格兰，囚禁于伦敦塔。据推测，可能于1556年被释放。此后，他参与爱尔兰脱离英格兰的密谋，并投身于爱尔兰起义活动。1569年，他率义军攻占了克洛赫里根城堡。1572年，他被推举为伦敦塔总管。1575年，卒于爱尔兰。

AL

参考：Fletcher, Anthony, Tudor Rebellions. London, 1973.

Garrett, Christina H., The Marian Exiles. London, 1938.

卡里努斯，马可·奥略里（Carinus, Marcus Aurelius，约257—285年） 罗马皇帝。

卡里努斯约生于258年，是皇帝马·奥·卡鲁斯的长子。282—283年期间，当卡鲁斯同波斯作战时，他离开罗马去管理西部行省。283年夏天，当他父亲在美索不达米亚去世后，他与弟弟纽米利亚纳斯共同成为罗马帝国的皇帝。284年夏天，他率军沿莱茵河同日耳曼人作战。285年春天，他粉碎了威尼斯地区总督奥略里·尤里安在维罗纳附近发动的一次叛乱。卡里努斯的弟弟纽米利亚纳斯被暗杀以后，戴克里先成为东罗马皇帝（284年9月?），卡里努斯与他之间的关系日益紧张，双方面临着一场不可避免的战争。285年6月（?），当卡里努斯率军在上莫埃西亚（南斯拉夫）的马尔古斯（今摩拉瓦）河同戴克里先作战时，被其属下杀害。

卡里努斯是一位以残忍、贪婪和腐化堕落著称的人，也是一位非常有魄力和有能力的军人。

SAS

参考：Jones, A. H. M., J. R. Martindale, and J. Morris, Prosopography of the Later Roman Empire. Cambridge, 1971.

OCD.

卡尔顿，居伊爵士（Carleton Sir Guy, 1724—1808年） 英国将军。参加主要战争：法国与印第安人的战争（1754—1763年）、美国独立战争（1775—1783年）；参加主要战役（战斗）：路易斯堡围城战（1758年）、魁北克之战（1759年）、贝尔岛之战（1761年）、哈瓦那围城战（1762年）、魁北克围城战（1775年）、三角城之战、瓦尔库尔岛和斯普利特罗克岛（两者均在尚普兰湖内）之战（1776年）。

卡尔顿1724年9月3日生于爱尔兰的斯特拉班。曾任海军少尉（1742年5月21日）。任中尉时调入第一步兵卫队（1751年7月22日）。参加了杰弗里·安赫斯特勋爵指挥的路易斯堡围城战（1758年6月8日—7月26日），后调入第七十八步兵团（8月）。任代理上校时被任命为其朋友詹姆斯·沃尔夫将军的总军需官（12月30日）。参加了沃尔夫的魁北克战役（1759年6月26日—9月13日），并在亚伯拉罕平原（今魁北克市辖区）指挥掷弹兵时受伤（9月13日）。任代理准将时参加了靠近法国海岸的贝尔岛围困战（1761年）。在哈瓦那围城战（1762年6月20日—7月30日）中战功卓著，并在战斗中受伤（7月22日）。出任魁北克省副总督（1766年9月），后任总督（1767—1770年）。回到英国后成为第四十七步兵团上校（1772年4月2日），并晋升为少将（5月25日）。重返加拿大（1774年下半年）。在那里他深受民众爱戴。任魁北克省总督（1775年1月10日），在托马斯·盖奇将军应召回国（10月）之前为其下属。由于对法裔加拿大人对英国的忠诚程度上判断失误，他在康科德之战后将其800人的部队全部派往波士顿，而且为维护秩序被迫宣布军事管制（6月9日）。面对理查德·蒙哥马利的进军（11月12日），他放弃了蒙特利尔，退往魁北克。击退了蒙哥马利和本尼迪克特·阿诺德对魁北克的进攻（12月31日）。将美国人赶出了魁北克（1776年5月）。三角城之战（6月8日）后，曾缓缓追击败北的美军。由于对本尼迪克特·阿诺德在尚普兰湖中日益壮大的舰队心存戒备，他在该湖中建立了自己的舰队并向南挺进，在瓦尔库尔岛打败了阿诺德的舰队（10月11日）。对其残部进行追击，并在斯普利特罗克将其歼灭（10月13日）。尽管与伯戈因存在私怨，但还是对伯戈因的那场命运不济的远征提供了支援（1777年）。晋升为中将（1777年8月29日）。后离开加拿大出任爱尔兰的查尔蒙特总督（1778年7月）。返回美洲担任总司令以恢复纽约的秩序（1782年5月5日—1783年11月25日）。受封为多尔切斯特男爵（1786年8月）。抵达加拿大第三次出任总督（10月），在罗伯特普雷斯科特将军接任（1796年7月9日）前一直在那里供职。之后在爱尔兰过着退休生活。卒于1808年11月1日。

卡尔顿是一位能干、富于魄力而且处事果断的指挥官，一位敏锐的民事行政官员。他对信奉天主教的法裔加拿大人所采取的宽容宗教政策有利于他们在美军入侵期间保持对英国的忠诚。他是美国独立战争中最能干的英国将领之一。

Staff

参考：Boatner, Encyclopedia.

DNB.

卡尔森，伊文斯·福代斯（Carlson, Evans Fordyce, 1896—1947年） 美国陆军将领。参加主要战争：第一次世界大战（1917—1918年）、第二次世界大战（1941—1945年）；参加主要战役（战斗）：马金岛（吉尔伯特群岛）

之战、瓜达尔卡纳尔（所罗门群岛）战役（1942 年）、塔拉瓦战斗（1943 年）和塞班岛战役（1944 年）。

卡尔森 1896 年 2 月 26 日生于纽约州悉尼。1912 年参军。1912—1915 年在菲律宾和夏威夷服役。1915 年退役，但 1916 年又应召到墨西哥边境服役。1917—1919 年，在第一次世界大战中晋升上尉，任潘兴将军的参谋部助理副官长。战后，在 1919 年退役，当售货员。1922 年加入海军陆战队，任列兵。1923 年升任少尉。1927—1929 年在驻中国上海美军中任情报与作训军官。1930 年在驻尼加拉瓜美军中任情报与作训军官。1933—1935 年重返中国，在北平（今北京）服役。1935—1937 年间，晋升上尉，在佐治亚州温泉城与富兰克林 D. 罗斯福结下友谊，并任总统的军事警卫。1937—1939 年在日本侵华战争期间，任中国军队的观察员。他曾随共产党八路军进行过两次漫长的行军；八路军的训练、纪律和士气给他留下了深刻的印象。1939 年 4 月，他因称赞共产党军队遭到其上级的责难，最终被迫辞职、退役，后返回美国。1939—1940 年，他到各地游历、讲学，并写了两本介绍中国军队的书。1941 年 4 月，他加入海军陆战队后备队，任少校。同年 5 月转入现役。1942 年初晋升中校，任第二海军陆战队突击营营长。他用从中国人那里学来的富于创新性的游击战方法和纪律，把该营组织成一支精锐部队。1942 年 8 月 17—18 日，他指挥两个连参加了突袭马金岛日军设施的战斗。1942 年 11—12 月，在夺占瓜达尔卡纳尔期间，他指挥美军在敌人战线的后方作战。在塔拉瓦（1943 年 11 月 20—24 日）和塞班（1944 年 6 月 15 日—7 月 13 日）的登陆作战中任观察员。在塞班岛的战斗中，他身负重伤。1946 年 7 月晋升准将，并因伤被迫退役。此后支持改善美中关系。1947 年 5 月 27 日，卒于俄勒冈州的波特兰。

卡尔森是一位灵活机智、富于想像力和创造性的指挥官。他用从中国人那里学来的经验，将其部队训练成善于打丛林战的精锐之师。

VBH

参考：Carlson, Evans F., The Chinese Army, Its Organization and Military Efficiency. New York, 1940.

Schuon, Karl, U. S. Marine Corps Biographical Dictionary. New York, 1963.

U. S. Marine Corps Historical Branch, G—3, History of U. S. Marine Corps Operations in World War Ⅱ, Vol. Ⅰ. Washington, D. C., 1958.

卡尔马尼约拉伯爵，弗兰契斯科·布桑奈（Carmagnola, Francesco Bussone, Count of, 约 1385—1432 年） 意大利雇佣兵队长。参加主要战争：米兰扩张战争（1412—1422 年）、瑞士-米兰战争（1422—1426 年）、威尼斯-米兰战争（1423—1454 年）；参加主要战役（战斗）：阿尔贝多之战（贝林佐纳附近，1422 年）、马洛多之战（松奇诺附近，1427 年）。

卡尔马尼约拉伯爵约 1385 年生于都灵附近的卡尔马尼约拉的一个兴盛农家。约在 1403 年到米兰雇佣兵队长法奇诺·卡内麾下服役。因赢得卡内信任，提升很快。卡内死后，他接管了军队，菲利普·马里亚·维斯康蒂的哥哥乔瓦尼·马里亚·维斯康蒂被杀后，他帮助菲利普·马里亚·维斯康蒂确保对米兰的控制（1412 年）。1412—1422 年，为收复吉安·加莱西扎逝世（1402 年）后丢失的土地，他实施了多次小规模的作战，并极其残酷地对待被征服者。1422 年 6 月 30 日在阿尔贝多击败瑞士入侵军队。战斗中，他让持械骑兵下马对付瑞士的矛兵和戟兵。瑞士人在遭到此痛击之后，八年中再未敢染指米兰。变化无常的菲利普·马里亚对他日益不信任，这使他颇为不满，遂于 1423 年夏末放弃在米兰服役，转入威尼斯。1426 年 2 月中旬出任针对米兰的威尼斯-佛罗伦萨联盟军队大统领。1426 年秋实施一次简单的、动作缓慢的作战，取得成功，夺取了布雷西亚。在 1427 年 10 月 11 日的马洛多之战中，他佯装退却，然后以伏击回击敌人，给予对手米兰军队以毁灭性打击。此后，他不愿再实施作战；这种厌战情绪激怒了他的威尼斯雇主。1432 年 4 月 7 日，他们以谋反罪将其逮捕，并投入监狱。在拷问之后，他被宣布有罪，于 1432 年 5 月 5 日在威尼斯被处决。

卡尔马尼约拉伯爵坚定、勇敢；但是作为雇佣兵队队长，他却一向小心谨慎，结果导致行动延误。

DLB

参考：Battistella, A., Il conte di Carmagnola. Turin, 1889.

Mallett, Michael E., Mercenaries and Their Masters. London, 1974.

Trease, Geoffrey, The Condottieri. New York, 1971.

卡诺，拉查里·尼古拉·玛格丽特（Carnot, Lazare Nicolas Marguerite, 1753—1823 年） 绰号"胜利的组织者"，法国将军。参加主要战争：法国大革命战争（1792—1799 年）、拿破仑战争（1800—1815 年）；参加主要战役（战斗）：瓦蒂尼（在里勒附近）之战（1793 年）、安特卫普之战（1814 年）。

卡诺 1753 年 5 月 13 日生于勃艮第的诺莱，是律师之子。在欧坦和梅济耶尔工程学院学习，1773 年在工兵中被提升为军官。1780 年被派往阿拉斯，在那里同罗伯斯庇尔有联系。1783 年升为上尉。1791 年被选举为立法议会委员以负责加来的法律事务。在公安委员会中担任重要角色并于 1792 年 8 月被派往莱茵陆军中任督察官。回来后被选举为代表以参加政治会议。后又前往贝央以研究应付西班牙可能入侵的防御对策。参加了审判国王路易十六的会议，投票赞成立即于 1793 年 1 月处死国王。1793 年 8 月 14 日，作为一名共和国安全委员会的委员，负责军事事务，以极大的热情着手恢复共和国军

事力量，并建立了下级上访汇报机构及上级派遣特使（即类似苏联的政委）制度。在北部方面军服役期间，协助乌沙尔和茹尔丹将军解敦刻尔克之围（9月8日）。10月15—16日，协助朱尔丹将军在瓦蒂尼打败了奥地利联军。在雅各宾统治期间（1793—1794年），深深卷入政治和战略计划的分歧之中。同罗伯斯庇尔争吵后，避免了糟糕的热月党人的议案，但因此而失去了温和派的信任。1795年3月21日，他离开委员会后终于晋升为工兵少校。在议会选举中，他险些被剥夺公民权，直至5月28日，一议会成员为其争辩说："卡诺在组织方面是有功绩的"。11月2日，当选督政。因无法向其他委员提出批评，而且将军们也不允许政治干预，卡诺感到非常沮丧。1797年9月被流放至瑞士。拿破仑复位后返回法国，于1800年同路易·亚历山大·贝尔蒂埃共同在战争部工作。1802年投票反对执政府，并极力反对帝国及其新的荣誉职位。1807年退出政府部门，专心于写作，于1810年出版了两本关于几何学的著作以及经典著作《重点地区的防务》。1814年返回现役，任少将，并指导了1月14—5月4日安特卫普的防御。1815年4—6月百日王朝时期，任内政大臣。此后曾短期任过省长直至被约瑟夫·富歇接替。后被国王剥夺公民权并被流放，于1823年8月2日卒于普鲁士梅格德堡。

卡诺是一位颇有成就的数学家和工程师，也是共和制的忠实拥护者。他在法国大革命中对法军的组织建设作出过重要贡献，特别是对法国陆军革命的成功，起到了主要的作用。

JCC and DLB

参考：Carnot, Lazare N., Mémoires historiques et militaires sur Carnot. Edited by P. F. Tissot. Paris, 1824.
Palmer, Robert R., Twelve Who Ruled. Princeton, N.J., 1941.

卡本德尔，阿瑟·S.（Carpender, Arthur S., 1884—1960年） 美国海军上将。参加主要战争：第一次世界大战（1917—1918年）、第二次世界大战（1941—1945年）；参加主要战役（战斗）：所罗门群岛战役（1942—1944年）、新几内亚岛战役（1943—1944年）。

卡本特尔，阿尔弗雷德·尼古拉·弗朗西斯·布莱克尼（Carpenter, Alfred Nicholas Francis Blakeney, 1881—1955年） 英国海军上将。参加主要战争：镇压义和团运动（1900—1901年）、第一次世界大战（1914—1918年）和第二次世界大战（1939—1945年）；参加主要战役（战斗）：泽布吕赫之战（1918年）。

卡本特尔生于1881年，1898年进入海军并参加了平息克里特暴乱的作战行动。1900年6月—1901年9月间，随陆战旅在中国镇压义和团运动，随后升为中尉。1903年升上尉。1911年升少校。1914年7月—1915年11月在英国战舰"铁公爵"号上服役，任杰利科海军上将的参谋人员。1915年升中校。1915年11月—1917年11月间任英国军舰"印度皇后"号的航海长。1917—1918年间，在海军部罗杰·J.B.凯斯海军上将属下任计划参谋。他和凯斯计划了对泽布吕赫和奥斯坦德的袭击。后任战斗巡洋舰"复仇"号舰长，指挥了对泽布吕赫德军潜艇基地的第一次袭击。袭击中，"复仇"号数次载送并接应爆破队的行动（1918年4月23日）。5月9日率舰第二次袭击泽布吕赫，故意自沉其舰，以封锁德舰的出口。1919—1920年在剑桥大学为海军军官讲课。1921—1923年返回海军后任大西洋舰队"卡里福特"号舰长。1924—1926年任查塔姆舰船修造厂厂长。1928—1929年任战列舰"马尔博罗"号舰长。1929年升为海军少将。1934年退休之时在退役军官名册上列为海军中将。之后致力于改善商船船员的训练，为军校学员引进了一艘训练舰。1940—1944年任英国国民军司令。卒于1955年。

PDM

参考：Pitt, Barrie, Zeebrugge. London, 1958.
Who Was Who, 1951—1960.
DNB, Supplement, 1951—1960.

卡兰萨，贝努斯蒂亚诺（Carranza, Venustiano, 1859—1920年） 墨西哥政治家。参加主要战争：墨西哥革命和内战（1910—1920年）。

卡雷拉，约瑟·密格尔·德（Carrera, José Miguel de, 1785—1821年） 智利将军。参加主要战争：拿破仑战争（1800—1815年）、拉丁美洲独立战争（1810—1825年）。

卡雷拉1785年10月15日生于智利的圣地亚哥，在西班牙接受军事教育。在1808—1810年（约）同法国的作战中，战功卓著。1811年返回智利，因支持民族独立而赢得了巨大的支持。在其兄胡安-约瑟及路易的支持下，他将西班牙殖民者赶出境外，随后解散国会，并于12月自己加冕为执政。他重建军队和政府，创立国家法律和该国的第一份报纸；但因其独裁统治而失去了部分人心，使西班牙殖民者取得了部分成功。1813年，被叛军首领贝尔纳多·奥希金斯取代，逃亡阿根廷。1814年，他企图争得何塞·圣马丁将军的支持，但没有成功，遂于1815年赴美国旅行。1816年返回布宜诺斯艾利斯，但未获准回智利。1818年，其兄被圣马丁的人处死后，他将争得支持的注意力放在了阿根廷地方官员身上。由于其同伙的出卖，他于1821年9月4日被捕，并在曼多扎被枪决。

卡雷拉富于雄心和能力。他的最大乐趣是无休止的争夺权力。人们对他最大的争议在于他对拉丁美洲独立的贡献方面。

SJW

参考：Herring, Hubert, A History of Latin America. New

York,1969.
EB.
WBD.

卡西维劳努斯(cassive claunus,作战时间约为公元前 54 年) 英国酋长。

卡西维劳努斯的出身及早期经历不详，其可考情况是：公元前 54 年作为泰晤士河以北的大部落——卡图维劳尼部落的酋长；是年 6 月初曾作为一支仓促征召的联盟军的指挥官，率部抵抗尤利乌斯·恺撒大帝的第二次入侵。在卡特郡一次未设防的战役中被打败后，他将军队疏散以进行小规模的游击战及袭扰战。在其阵地被恺撒攻克后，他同意向恺撒称臣纳贡，但却从来没有兑现过。也有人设想，他被获准在肯特郡的特里诺凡特保持独立。

我们关于卡西维劳努斯的仅知情况均出自恺撒的《高卢战记》。他似乎是一位足智多谋、善于应变的指挥官。

卡顿·德维阿特，阿德里安爵士(Carton de Wiart,Sir Adrian,1880—1963 年) 英国将军。参加主要战争：第二次英布战争（1899—1902 年）、第一次世界大战（1914—1918 年）、第二次世界大战（1939—1945 年）；参加主要战役（战斗）：索姆河之战（1916 年）、挪威战役（1940 年）。

卡鲁斯，马可·奥略里(Carus,Marcus Aurelius,卒于 283 年) 罗马皇帝。参加主要战争：同萨尔马希亚人和夸地人的战争（282 年）、同波斯的战争（283 年）。

卡鲁斯可能在 225 年前后生于高卢南部地区，其早期经历不详。步入政界以后，在许多内政和军事岗位上任过职，并担任过西利西亚（土耳其南部地区）的摄政官。后来又出任东部地区执掌军权的地方行政长官。282 年底，普罗布斯去世以后，他被在拉埃提亚和诺里库姆（包括奥地利的部分地区、瑞士和匈牙利）的多瑙河军团拥立为皇帝。登基后，他留下长子卡里努斯管理西部地区，带着次子纽米利亚纳斯率军向东推进。沿多瑙河经过一场短暂的作战，击败了萨尔马希亚人和夸地人；而后继续进军，越过小亚细亚进入波斯。283 年跨过底格里斯河，在泰西封击败了波斯军队，并占领塞琉西亚城和泰西封城。283 年 8 月（?)，暴卒于泰西封城外，原因不明，可能是被谋杀。

SAS

参考：Jones, A. H. M., J. R. Martindale, and J. Morris. Prosopography of the Later Roman Empire Ⅰ: 260—395. Cambridge,1971.
EB.
OCD.

卡山得(Cassander,约公元前 358—前 297) 马其顿将军和国王。参加主要战争："迪亚多奇"（继承者）战争（公元前 323—前 281 年）；参加主要战役（战斗）：伊普苏斯之战（公元前 301 年）。

卡山得约生于公元前 358 年，是摄政王安提帕特之子。公元前 319 年，安提帕特死后，他拒不接受新摄政波利佩孔的统治。公元前 319—前 317 年间，夺占了马其顿以及希腊的大半领土，包括雅典在内。公元前 316 年处死了亚历山大的母亲奥林匹娅斯。公元前 316—前 315 年，当安提柯从东方各省回师，企图重整亚历山大帝国时，卡山得便与埃及国王托勒密一世、巴比伦国王塞琉西和色雷斯国王利西马科斯结成同盟，对其进行抵制。公元前 315—前 302 年间，双方在希腊频繁交战。公元前 310 年，谋杀了亚历山大三世的妻子罗克桑娜和其遗腹子亚历山大四世。公元前 307 年失去雅典。公元前 303—前 302 年，失去帖撒利亚以南的其他希腊属地。公元前 305 年即位称王。公元前 301 年，在小亚细亚的伊普苏斯战胜并杀死安提柯，进一步巩固了对马其顿的控制权；重建了底比斯，创建了塞萨洛尼基城，并用他的妻子、即菲利普二世（又译腓力二世）的女儿塞萨洛尼卡的名字命名。卒于公元前 297 年。

卡山得冷酷、残暴且野心勃勃，他对亚历山大家族一直怀恨在心，但对艺术和哲学颇感兴趣；其政治才能也许超过其军事才能。

SAS

参考：Plutarch,"Demetrius,""Phocion,"Parallel Lives.
EB.
OCD.

卡西乌斯，盖尤斯·A.(Cassius,Gaius Avidius,卒于 175 年) 罗马皇帝。参加主要战争：帕提亚战争（162—165 年）、埃及叛乱（172 年）；参加主要战役（战斗）：塞琉西亚之战（164 年?）。

卡西乌斯的父亲 G.A. 赫利奥多鲁斯是一位具有希腊血统的罗马官员和语言学家。161—168 年间，他被任命为副执政官（当执政官因故不能任满期限时，出任执政官）。162—165 年间，罗马发动了入侵帕提亚的战争。尽管在名义上罗马军队是由皇帝鲁齐乌斯·维鲁斯领导的，但其真正指挥官却是卡西乌斯。164 年（?)，率军在塞琉西亚附近击败帕提亚军队，而后洗劫了塞琉西亚和泰西封城。以后又出任东方战线的最高指挥官。172 年率军镇压了埃及的一次大规模叛乱。175 年 4 月，当听到皇帝马可·奥略里去世的误传后，他就在东方称帝。这一年 7 月，当马可·奥略里向东进军时，卡西乌斯被一名百夫长杀害。罗马元老院并没有将他划入叛乱者之列，而皇帝奥略里对待他的家庭也非常宽厚。

我们尽管很少知道卡西乌斯的生活情况，而且在传说中他被描绘成一位声名狼藉的人；但似乎可以肯定，他是一位能力出众的将军和总督。也许是由于皇后法乌

斯提娜的煽动，他才发动了叛乱。

SAS

参考：Dio Cassius, History.
EB.
OCD.

卡西乌斯·朗金，盖尤斯（Cassius Longinus, Gaius，约卒于公元前 42 年） 参加主要战争：罗马内战（公元前 50—前 44 年）、同阴谋者的战争（公元前 43—前 42 年）；参加主要战役（战斗）：菲力比之战（公元前 42 年）。

卡西乌斯·朗金的出身和早期生平不详。公元前 53 年，作为会计官，随马可·李锡尼·克拉苏征讨安息人，挽救了在卡雷被击败的罗马军队残部；并在以后的两年中，在叙利亚几次成功地击退了安息人的进攻，充分显示出其军事才能。公元前 51 年，镇压了犹太人的一次叛乱，并再次击败帕提亚的入侵。公元前 49 年返回罗马，当选为保民官。内战期间支持庞培。公元前 48 年，庞培在帖撒利亚的法萨卢斯之战中被恺撒彻底击败；之后卡西乌斯奉命指挥庞培的舰队，但公元前 47 年投靠恺撒。恺撒任命他为特使，并于公元前 44 年任命他为执政官，然而，他仍然发起并组织了密谋刺杀恺撒的行动，以恢复元老院贵族议会。恺撒被刺后群情激愤，卡西乌斯及其同党被迫离开罗马。被元老院任命为昔兰尼加总督，因与马可·安东尼发生冲突而前往叙利亚。和其同谋 M.J. 马可·尤利乌斯·布鲁图斯一起获得罗马东部军队的指挥权。公元前 43 年，在屋大维的压力下，元老院废除了对卡西乌斯等人的任命，但卡西乌斯等人强迫罗得岛支持他们。公元前 42 年夏，卡西乌斯率部从亚洲向色雷斯进发，在菲力比附近遭到屋大维和马可·安东尼联军的攻击。此战双方互有胜负，卡西乌斯被安东尼击败，但没有想到布鲁图斯此时却战胜了屋大维，故他自认已全军覆没。公元前 42 年 10 月 26 日在绝望中自杀，共和派失去了一位最有才干的将军。

卡西乌斯是一位足智多谋、意志坚定的指挥官，治军严明。但他同时又是一位报复心理很强的、不受罗马公众欢迎的人。

SAS

参考：Plutarch, "Cassius," Parallel Lives.
Syme, Ronald, The Roman Revolution. Oxford, 1939.
EB.
OCD.

卡斯坦尼约斯·阿腊贡尼，弗朗西斯科·哈维埃尔（Castaños y Aragon, Francisco Javier, 1758—1852 年） 西班牙将军。参加主要战争：美国独立战争（1775—1783 年）、巴伐利亚继位战争（1778—1779 年）、拿破仑战争（1800—1815 年）；参加主要战役（战斗）：明乔之战（1781 年）、拜伦之战（1808 年）、巴达霍斯之战（1812 年）、维多利亚之战（1813 年）。

卡斯坦尼约斯·阿腊贡尼 1758 年生于比斯开省，后在德国学习。第一次参战是在 1778 年 7 月—1779 年 5 月的巴伐利亚继位战争。美国独立战争期间，在西班牙参战。1779 年 6 月 21 日—1783 年 2 月 6 日，参加了直布罗陀包围战。1781 年 7—8 月，参加攻占明乔的战斗。1781 年 8 月早期—1782 年 2 月 5 日，成功地包围了马洪港。1802 年升中将。拿破仑于 1808 年 3 月废除查理四世后，自愿在塞维勒手下供职，被任命为安达鲁西亚的上将。1808 年 7 月 19 日将皮埃尔·杜邦的军队封锁牵制于拜伦，并粉碎了其打破重围的企图；7 月 23 日，迫使杜邦率全部兵马投降，从而极大提高了西班牙的斗志。1812 年 3 月 16—4 月 8 日，参加了对巴达霍斯的包围战；1813 年 6 月 21 日又转战维多利亚。作为加泰罗尼亚的上将，指挥了 1814—1815 年在阿拉贡及鲁西荣北部的作战。1825 年成为国会议员后于 1843 年成为卡斯蒂利亚的议会主席。因其功勋被国王斐迪南七世封为德拜伦公爵。1833—1843 年成为王后伊莎贝拉二世的监护人。1852 年卒于马德里。

PDM

参考：Chandler, David G., Dictionary of the Napoleonic Wars. New York, 1979.
Diccionario biograáfico espagnol e hispanoamericano. Palma de Mallorca, 1950.

卡斯特尔诺，雅克侯爵（Castelnau, Marquis Jacques de, 1620—1658 年） 法国元帅。参加主要战争：三十年战争（1618—1648 年）、法西战争（1635—1659 年）；参加主要战役（战斗）：弗赖堡之战（下萨克森，1644 年）、阿勒海姆之战（讷德林根附近，1645 年）、雷特尔之战（1650 年）、阿拉斯之战（1654 年）、瓦朗谢讷之战（1656 年）、沙丘之战（敦刻尔克附近，1658 年）。

卡斯特尔诺生于 1620 年，雅克·德·卡斯特尔诺·博歇尔之子。他首次参战是于 1635 年参加圣菲利普和卢万（勒旺）解围，那时他还是十几岁的少年。1635—1640 年在佛兰德和皮卡第作战。1644 年 8 月 3 日参加弗赖堡之战，建有战功，战斗中五次负伤。1644—1645 年在莱茵作战。在 1645 年 8 月 3 日的阿勒海姆之战中赢得更多的赞誉。参加 1646 年 9 月 7 日—10 月 11 日的敦刻尔克围攻战。1647—1648 年任拉巴斯总督。1648 年任布勒斯特总督。1650 年晋升中将。10 月 15 日在舒瓦泽尔元帅麾下参加雷特尔之战。1651—1653 年在洛林作战。1654—1658 年，在佛兰德和阿图瓦作战期间，参加 1654 年 8 月 25 日进行的阿拉斯之战和 1656 年 7 月 16 日进行的瓦朗谢讷之战。1658 年 6 月 14 日，在沙丘之战中指挥法军左翼（濒海方向）骑兵实施决定性的攻击，将西班牙军右翼击溃。计划虽是蒂雷纳制定的，但战役是由卡斯特尔诺指挥的。围攻敦刻尔克期间，受致命伤，卒于 1658 年 7 月。后追授法国元帅衔。

C

AL

参考：Biographie universelle. Edited By Michaud. Paris, 1831—1870.

Courcelles, Jean Baptiste de, Dictionnaire historique et biographique des généraux français. Paris, 1820—1823.

Dictionnaire historique de France.

卡斯特尔诺，诺埃尔·玛丽·约瑟夫·爱德华·德·居里埃斯·德(Castelnau, Noel Marie Joseph Édouard de Curières de, 1851—1944 年) 绰号“着马靴的修士”，法国元帅。参加主要战争：普法战争（1870—1871 年）和第一次世界大战（1914—1918 年）；参加主要战役（战斗）：洛林之战（1914 年）、南锡之战（1914 年）、“奔向大海”之战（1914 年）、香槟之战（1915 年）和洛林之战（1918 年）。

卡斯特尔诺 1851 年生于加斯科尼，是虔诚的天主教徒。毕业于圣西尔军事学院，在普法战争中期参加陆军。虽然他拥有贵族血统和宗教团体中世俗成员的身份(他的外号由此而来)，他的晋升仍按部就班。1912 年 7 月，当约瑟夫·雅·塞·霞飞任总司令时，卡斯特尔诺被挑选为他的参谋长，协助制定“十七号计划”；该计划完成于 1913 年 4 月。1914 年 8 月第一次世界大战爆发时任驻洛林的第二集团军司令，指挥了最初法军在洛林的攻势（8 月 14—20 日），特别是在莫朗日和萨尔堡地区的伤亡惨重的攻击。8 月 21—25 日和 9 月 4—10 日在南锡之前阻击了德军的反攻。在所谓的“奔向大海”作战（9 月 22 日—10 月 20 日）中，他和其所辖部队之大部被运至法军的左翼；9 月 23—24 日在亚眠附近重新进入前线。1915 年初任中央集团军团司令，计划和指挥了代价高昂却毫无结果的香槟攻势（9 月 25 日—11 月 6 日）。1916—1917 年间不受重用。在德军发动凡尔登攻势期间，他向霞飞推荐亨利·贝当将军任凡尔登地区的法军司令。1918 年 9—11 月间再次于洛林地区指挥一个集团军团向德军发动攻势。1919—1924 年任法国国民议会（下院）议员。卒于 1944 年。

卡斯特尔诺是一位聪明果断的指挥官，也是一位有能力的军人；但他与许多同时代的人一样，在第一次世界大战中难以适应战争的变化。

DLB

参考：Myer, Émile, Nos chefs de 1914: souvenirs personnels et essais psychologie militaire. Paris, 1930.

Tuchman, Barbara, The Guns of August. New York, 1962.

卡斯提努斯(Castinus, 作战时间：约 421 年) 罗马将军。

卡斯提努斯的出身和早期经历不详。419 或 420 年他是皇帝侍卫军的首领，曾率军同法兰克人在高卢地区进行了一场作战。421 年被任命为军事统帅，反对 G. 普拉西狄亚。率军在西班牙南部地区同汪达尔人作战；但可能由于在作战过程中，罗马部队中的哥特士兵叛变，投靠了汪达尔军，而遭到彻底失败。423 年，皇帝洪诺留去世后，他与博尼法修斯对立而支持篡权者约翰。425 年约翰失败后，他被流放到君士坦丁堡（今伊斯坦布尔）。425 或 426 年在君士坦丁堡任执政官。去世的日期和原因不详。

SAS

参考：Bury, J. B., A History of the Later Roman Empire from the Death of Theodosius Ⅰ to the Death of Justinian(395—565). 2 vols. Lonton, 1923.

Stein, Ernest, Historie du Bas-Empire. 2 vols. Brussels, 1949.

卡斯特里奥蒂，乔治(Castriota, George, 1403—1468 年) “伊斯坎达尔将军”，“斯坎德培”，阿尔巴尼亚爱国领导人。参加主要战争：威尼斯-土耳其战争（1425—1430 年），匈牙利战争（1441—1443 年）、阿尔巴尼亚独立战争（1443—1468 年）；参加主要战役（战斗）：斯内姆(索菲亚附近的库什蒂尼茨）之战（1443 年）、克鲁日围攻战（1466—不详）。

卡斯特里奥蒂生于 1403 年，可能生于克鲁日。乔凡尼·卡斯特里奥蒂和其塞尔维亚妻子沃伊萨夫娅·特里帕尔达的儿子。1414 年土耳其攻占克鲁日时他被送往安纳托利亚作人质，并在那里接受穆斯林教育，取穆斯林之名伊斯坎达尔（亚历山大）。在土耳其军中服役，擢升将军和地区总督，并与威尼斯人和塞尔维亚人作战。1443 年约诺什·匈雅提在斯内姆大胜土耳其人，他趁机逃离土耳其，匆忙返回阿尔巴尼亚帮助那里的起义。很快靠自己充沛的精力和个人性格的魅力建立起个人威信，并将大多数部族团结在自己的旗帜下。1443—约 1460 年间，他致力于将土耳其人逐出阿尔巴尼亚，其间偶尔得到那不勒斯和威尼斯的帮助。部族的妒嫉使他只能获得有限的胜利，故他于 1461 年与穆罕默德苏丹二世签署了一个为期十年的停战协定。大约 1463 年，他在教皇庇护二世的怂恿下，与威尼斯和匈牙利人结盟后撕毁停战协定，进攻土耳其。1466 年，他成功地抵御了土耳其人对克鲁日的围攻。1467 年，他赶往罗马寻求教皇保罗二世的支持，1468 年 1 月 17 日在返回阿尔巴尼亚途中卒于阿莱西奥。他逝世后，土耳其人便重新征服了阿尔巴尼亚，仅有克鲁日并入威尼斯。

卡斯特里奥蒂精力充沛、富有才干，是阿尔巴尼亚伟大的民族英雄。阿尔巴尼亚部族之间无休止的争斗，妨碍了他取得更大的成功。尽管如此，他仍然取得了非凡的成就。

CCJ

参考：Gegaj, Athanase, L'Albanie et l'invasion turque au XVème siècle. Paris, 1937.

Radonic, Jovan, Djuradj Kastriot Skenderbeg i Al-

banja. Belgrade, 1942.
EB.
WBD.

卡斯威尔，理查(Caswell, Richard, 1729—1789 年) 美国民兵将军和政治家。参加主要战争：北卡罗来纳起义（1769—1771 年）、美国独立战争（1775—1783 年）；参加主要战役（战斗）：阿拉曼斯河（北卡罗来纳的伯林顿附近）之战（1771 年）、莫里斯希腊桥之战（1776 年）、坎顿之战（1780 年）。

凯茨，克利夫顿·布莱索(Cates, Clifton Bledsoe, 1893—1970 年) 美国海军陆战队上将。参加主要战争：第一次世界大战（1917—1918 年）、第二次世界大战（1941—1945 年）；参加主要战役（战斗）：贝利伍德（蒂埃里堡附近）之战、圣米耶尔战役、默兹-阿尔贡战役（1918 年）、瓜达尔卡纳尔岛（所罗门群岛）战役（1942 年）、塞班岛战役、提尼安（马里亚纳群岛）战役（1944 年）、硫磺岛战役（1945 年）。

凯茨 1893 年 8 月 31 日生于田纳西州蒂普顿。1916 年毕业于田纳西大学，获法学学士学位。1917 年 6 月被授予海军陆战队少尉军衔。1918 年 1 月，其所在的第六海军陆战团作为第二步兵师一部赴法国作战。在贝利伍德之战（6 月 4—17 日）、圣米耶尔战役（9 月 12—16 日）以及默兹-阿尔贡攻势（9 月 26 日—11 月 11 日）中战功显赫。在默兹-阿尔贡攻势中因中毒气而受伤。1919 年 9 月，在德国完成占领任务后回到美国。后担任过多种职务，包括任伍德罗·威尔逊总统的助理。1929—1932 年和 1937—1939 年，先后两次赴上海服役。1932 年毕业于陆军工业学院。1934 年毕业于海军陆战队学校。1939 年毕业于陆军军事学院。后晋升上校。1942 年 8 月 7 日，指挥第一海军陆战团在瓜达尔卡纳尔岛登陆，直到 12 月才离开该岛。1943 年，晋升准将，任匡蒂科海军陆战队学校校长。1944 年晋升少将，任第四海军陆战师师长，率部参加了塞班战役（1944 年 6 月 15 日—7 月 12 日）和提尼安战役（7 月 24 日—8 月 1 日）。1945 年 2 月 19 日—3 月 24 日，率部参加了硫磺岛的激战。1946 年 6 月，任匡蒂科海军陆战队兵营司令。1948 年 1 月—1952 年 1 月，任海军陆战队司令。1952 年 1 月—1954 年 6 月，任海军陆战队学校校长。1954 年 6 月退休，军衔为上将。1970 年 6 月 4 日卒于马里兰州。

凯茨是一位有才干的野战军官。他最重要的成就是在任海军陆战队司令时，说服议会将海军陆战队及其航空兵作为一个独立军兵种保存下来。

KS

参考：Schuon, Karl, U. S. Marine Corps Biographical Dictionary. New York, 1963.
Shaw, Henry Ⅰ., U. S. Marine Corps Operations in World War Ⅱ. 5 vols. Washington, D. C., 1958—1971.

卡思卡特第一伯爵，威廉·肖(Cathcart, William Schaw, 1st Earl, 1755—1843 年) 英国将军。参加主要战争：美国独立革命战争（1775—1783 年）、法国大革命战争（1792—1799 年）、拿破仑战争（1800—1815 年）；参加主要战役（战斗）：克林顿堡之战（1777 年）、蒙茅斯（在新泽西州）之战（1778 年）、博克斯特尔之战（1794 年）、哥本哈根之战（1807 年）。

卡思卡特生于 1755 年，1771 年毕业于伊顿。他先生活在圣彼得堡，其父卡思卡特第九男爵于 1771—1773 年在该处任大使。后在得累斯顿及格拉斯哥研习法律，1776 年成为律师。1776 年在其父死后继承其男爵封号。1776 年在第七龙骑兵团中购得一职。1777 年 6 月转入在美国的第十六轻龙骑兵团。1777 年 10 月 6 日在攻打克林顿堡中立下战功。11 月提升为中尉，12 月在第十七轻龙骑兵团中升为上尉。在费城，他在豪将军手下供职，在那里帮助组建了一个英国团，后又转由上校班纳斯特拉·塔尔勒顿领导。1778 年 6 月 28 日，在卡罗来纳作战。1779 年 4 月 13 日在第三十八步兵团升为少校。1780 年 1—6 月，他率英国军团在斯普林菲尔德作战，后无功返回纽约。10 月返回英国。1792 年成为勋爵并被提升为第二十九步兵团中校。1793 年早期升为准将，于 1793—1795 年在约克公爵手下转战于地国家。1794 年 9 月 14 日，在博克斯特尔之战中立下战功，从而被提升为少将。1801 年升中将。1803—1805 年任爱尔兰军队指挥官。1807 年 5 月，指挥鲍尔蒂克的陆军；8 月 16 日—9 月 7 日，进攻并炮击哥本哈根。11 月升子爵，并指挥苏格兰军队。1812 年 6 月被派任驻俄国大使，直至 1820 年回国。1814 年被封为卡思卡特伯爵，于 1831 年退出公众生活。卒于 1843 年。

作为知名的外交家，卡思卡特以其精力充沛、技巧超群而闻名，尤其是在美国、荷兰和丹麦期间更为出色。

PDM

参考：Chandler, David G., Dictionary of the Napoleonic Wars. New York, 1979.
DNB.
WBD.

卡蒂纳，尼古拉(Catinat, Nicholas, 1637—1712 年) 法国元帅。参加主要战争：遗产继承战争（1667—1668 年）、荷兰战争（1672—1678 年）、奥格斯堡同盟战争（1688—1697 年）、西班牙王位继承战争（1701—1713 年）；参加主要战役（战斗）：里尔围攻战（1667 年）、瑟内夫之战（1674 年）、蒂尔凯姆之战（1675 年）、瓦朗谢讷之战（1677 年）、康布雷之战（1677 年）、伊普尔（伊珀尔）之战（1678 年）、菲利普斯堡围攻战（1688 年）、斯塔法尔达之战（卡武尔附近，1690 年）、马尔萨

基利亚之战（都灵附近，1693年）、卡尔皮之战（1701年）。

卡蒂纳1637年9月1日生于巴黎，有名的律师之子。参军后，在一个骑兵团队任下级军官。1667年8月28日，在里尔激战中引起国王路易十四的注意。1670年任王室卫队上尉。1672—1674年随同孔代征战佛兰德。1674年8月11日在瑟内夫英勇战斗；负伤。在蒂雷纳麾下参加1675年1月5日进行的蒂尔凯姆之战。1676年晋升少校。在沃邦麾下参加1677年2月28日—3月17日围攻并攻陷瓦朗谢讷以及4月18日攻克康布雷的战斗。1678年3月13—26日，同沃邦一起取得伊普尔围攻战的胜利；之后按晋升程序规定于1682—1687年间出任一系列边境要塞司令后方晋升卡萨莱总督。1687—1690年间任卢森堡总督，并晋升中将。在1688年10月5—29日围攻和攻陷菲利普斯堡期间，是沃邦的主要副手。1690年被派往指挥驻意大利法军。8月18日，在斯塔法尔达击败萨伏依的维克多·阿马戴乌斯公爵指挥的规模较大的军队，缴获敌军12门火炮中的11门。在皮蒙特实施强有力的作战，1690年攻陷苏萨，1691年攻克尼斯及其他一些城镇。1692年任驻意大利法军司令。1693年3月擢升法国元帅。1693年10月4日，在马尔萨基利亚粉碎维克多·阿马戴乌斯的军队，之后深入皮蒙特腹地。后退休。尽管年事已高、身体不佳，西班牙王位继承战争爆发后，仍应召转入现役，受命指挥法国驻意大利军队（1701年约在3月）。5月占领里沃利隘路，但5月后期欧仁亲王对其进行翼侧包围。7月9日，他的骑兵在卡尔皮为欧仁击溃。8月，他的指挥权由维勒鲁瓦元帅接替。返回法国，后来一度在德意志统率军队（1702年）。是年底退休（1702年）。1712年2月25日卒于圣格拉蒂安（巴黎郊区）。

卡蒂纳是一位一丝不苟、有思想和富有献身精神的军人，是路易十四得力的元帅之一。他所获得的荣誉均是自己奋斗的结果。

AL and DLB

参考：Biographie universelle. Paris, 1831—1870.

Broglie, Prince Emmanuel, Catinat, l'homme et la vie. Paris, 1902.

Courcelles, Jean Baptiste de, Dictionnaire historique et biographique des généraux français. Paris, 1820—1823.

Dictionnaire de biographie française. Paris, 1933—1979.

卡托，M.P.C.（Cato, Marcus Porcius Censorinus，公元前234—前149年） 即“老卡托”。参加主要战争：第二次布匿战争（公元前219—前202年）、叙利亚战争（公元前192年—前188年）、第三次布匿战争（公元前149—前146年）；参加主要战役（战斗）：温泉关之战（公元前191年）。

卡托于公元前234年生于托斯库卢姆的一个小农场主家庭，参加过第二次布匿战争。他在演讲方面所表现出的天赋和才能引起了L.瓦莱里乌斯·弗拉克斯的注意，并帮助他开始了政治生涯。公元前204年，在“阿非利加”西庇阿手下任会计官，其后于公元前199年在撒丁出任民政官。公元前198年出任执掌军权的执政官。公元前193年，同他的良师益友弗拉克斯一起当选为执政官，经过长期艰苦奋战，镇压了西班牙的一次反罗马暴动。返回罗马后，举行了一次盛大的凯旋仪式。公元前191年初，同M.A.格拉波里奥的军队一起被派往希腊，同塞琉西（塞琉西亚）的安条克三世大帝作战，在公元前191年夏天（?）的温泉关之战中击溃了安条克的远征军。卡托本人在此战中发挥了主要的作用。谴责、抨击格拉波里奥和Q.M.瑟穆斯。攻击西庇阿并诋毁其政治影响。公元前184年，同弗拉克斯一起当选为监察官，实行反动政策，反对希腊化和支持罗马的传统，但是没有得到公众的支持。支持反对奢侈和妇女财产自由的措施。反对罗马向希腊东部地区扩张，支持马其顿独立。公元前153年（?），对迦太基进行过一次访问。他确信迦太基对罗马仍是一个威胁。回来后对元老院发表了一次演讲。据说他在这次演讲时，每一句话的结尾都是“迦太基必须彻底毁灭”。他活了很久，甚至看到了第三次、也是最后一次布匿战争的开始。

卡托尽管被后人看成是一位忠实的人和优秀的罗马保守主义者，但其政策并没能改变罗马扩张的道路。他是一位精力充沛的军人和指挥官，也是一位有才华的公众演说家。

SAS

参考：Kienast, D., Cato der Zensor. Berlin, 1954.

Plutarch, “Cato.” Parallel Lives.

EB.

OCD.

卡托，马可·波尔齐乌斯·乌蒂森西斯（Cato, Marcus Porcius Uticensis，公元前95—前46年） “小卡托”，“乌蒂卡卡托”，老卡托的长孙。参加主要战争：第三次塞尔维尔战争（公元前72—前71年）、罗马内战（公元前50—前44年）。

卡图卢斯，盖尤斯·鲁塔提西斯（Catulus, Gaius Lutatius，约公元前285—约前230年） 罗马统帅。

在第一次布匿战争中，参取了最后一次战役，并取胜。公元前242年，卡图卢斯当选为执政官，并被派往西西里。公元前242年春，率领一支新组建的舰队向迦太基人控制的海域发动进攻。占领了利利贝乌姆（马尔萨拉）和封锁了特腊帕尼之后，他的拥有200艘船只的舰队严阵以待，随时准备投入战斗。公元前241年3月10日，他的舰队在埃加迪群岛附近，出其不意地向毫无准备的迦太基舰队发起攻击，一举将其击溃，捣毁许多

船只并俘获1万名俘虏（此战，卡图卢斯因受伤而未能亲自指挥）。与迦太基人签订和约；但后来罗马过于宽大，解除了这份对迦太基极为不利的条约。

卡图卢斯是一位充满活力、能力较强的统帅。罗马舰队准备充分和后来的成功，使得罗马在第一次布匿战争中赢得胜利。

SAS

参考：Livy, History.
Polybius, Histories.
EB.
OCD.

卡图卢斯，昆图斯·鲁塔提西斯（Catulus, Quintus Lutatius, 约公元前142年—前87年） 罗马将军和政治家。参加主要战争：对奇姆布里和托伊托纳斯的战争（公元前104—前101年）、罗马内战（公元前88—前82年）；参加主要战役（战斗）：维切利之战（公元前101年）。

科兰古侯爵，阿尔芒·奥古斯丁·路易·德，维琴察公爵（Caulaincourt, Armand Augustine Louis de, Marquis of , Duke of Vicenza, 1773—1827年） 法国将军。参加主要战争：法国大革命战争（1792—1799年）和拿破仑战争（1800—1815年）；参加主要战役（战斗）：施托卡赫之战（1799年）、霍恩林登之战（在慕尼黑附近，1800年）。

科兰古1773年12月9日生于皮卡第的科兰古，为加布里埃尔·路易·德·科兰古将军之子。1787年入法国步兵学校受训，后在北方军及巴黎近卫军中服役。此后，因其贵族成分而被解职。1794年他转入骑兵并得到迅速提升。1795年升为上尉，并在国防部任职。1796—1797年被派至法国驻君士坦丁堡大使馆工作。1799年升中校，在莱茵陆军中服役。1800年3月25日参加施托卡赫之战，5月5日转战莫斯克尔奇（在安根附近），12月3日又参加了霍恩林登的战斗。1801—1802年作为公使被派往俄国。1802年7月返回法国，成为波旁的高级副官，随后于1803年被提升为准将。1804年3月被派至斯特拉斯堡，以平息反对拿破仑的皇家叛乱，并逮捕处决了欧仁公爵。1804—1813年，任帝国皇家御马总监，负责马房、驭手的派遣及旅行组织等事务。在作战中，负责保护拿破仑的个人安全。作为拿破仑最得力的侍从，他参加了1813年的大部分战役及主要战斗。1807—1811年，任拿破仑的驻圣彼得堡大使。在那里，他同沙皇亚历山大建立了良好的个人关系。1808年3月19日，被封为维琴察公爵。1812年莱比锡战役的大灾难发生后，他是唯一被挑选为伴随拿破仑返法的官员。他在西里西亚参加了停战谈判，从而于6月结束了与德国的战役。1813年11月—1814年4月，任外交大臣。4月10日，同沙皇亚历山大签约，并依约将拿破仑流放至厄尔巴岛。百日王朝（1815年3—7月）期间，再次担任外交大臣一职。第二次王政复辟时期，因沙皇的影响而未被长期流放。1815年8月，他退休后开始写回忆录。1827年2月19日因病卒于巴黎。

科兰古是一位聪慧、精力充沛和颇有才干的管理者和职业外交家。他得到了拿破仑的充分信任。他的回忆录是研究1812—1814年历史的主要资料来源。

VBH

参考：Caulaincourt, Memoirs. 3 vols. London, 1950.
Six. G., Dictionnaire biographique des généraux et amiraux français de la Révolution et de l'Émpire (1792—1814). Paris, 1934—1938.

卡瓦尼亚里，多梅尼科（Cavagnari, Domenico, 1876—1966年） 意大利海军上将。参加主要战争：意大利-土耳其战争（1911—1912年）、第一次世界大战（1915—1918年）和第二次世界大战（1940—1945年）。

卡瓦尼亚里生于1876年，1889年进入在里窝那的海军学院学习，1895年毕业。曾参加意大利-土耳其战争。第一次世界大战时在亚得里亚海服役。1918年7月升上校，之后担任一系列要职。1922年11月—1925年2月任海军部顾问团团长。1928—1929年任在拉斯佩齐亚的海军兵工厂厂长。1929—1932年任里窝那海军学院院长。1933年11月6日任海军副司令和海军参谋长。11月11日英军空袭意军在塔兰托的海军基地，击毁意军6艘战列舰中的3艘；为此，卡瓦尼亚里于1940年12月去职。后曾任海军将军委员会主席，但逐渐放手军界事务。卒于1966年。

PDM

参考：Dizionario biografico dei italiani.
Enciclopedia italiani.

卡瓦莱罗，乌果（Cavallero, Ugo, 1880—1943年） 意大利陆军元帅。参加主要战争：意大利-土耳其战争（1911—1912年）、第一次世界大战（1915—1918年）和第二次世界大战（1940—1945年）；参加主要战役（战斗）：特伦蒂诺之战（1916年）、卡波雷托（科巴里德）之战（1917年）和阿拉曼之战（1942年）。

卡瓦莱罗生于1880年，首次在意大利-土耳其战争的利比亚战役期间（1911年10月—1912年10月）服现役。在奥军发动的特伦蒂诺攻势（1916年5月15日—6月17日）中，因作战表现突出而崭露头角。在灾难性的卡波雷托战役（1917年10月24日—11月12日）之后，协助恢复意军的凝聚力。1919年退出军界，从事私营工业。1925年墨索里尼将其召回任陆军副部长。1928—1937年（？）再次离开政府。1938—1939年于奥斯塔手下在埃塞俄比亚服役。后任总参谋长，致力于重建和提高意军的战斗力，以准备战争。1940年12月在利比亚和埃及的战役开始后，他迫使海军为开往非洲的补给船只护航。他欣赏德军的组织体制和效率，这引起许多同

事对他的猜测。1942 年初墨索里尼开始对他失去信心。尽管他和隆美尔以前有良好的关系，但在阿拉曼战役（1942 年 11 月）之后，二人发生争吵。1943 年 1 月的黎波里被攻克后被解职。1943 年 8 月他被指控密谋反对巴多利奥政府而遭逮捕。在短时间的监禁后被释放，卒于 1943 年 9 月 14 日，显然是在花园里畏罪自杀的。

卡瓦莱罗具有非凡的组织和管理才能，有魄力并态度乐观。

PDM

参考：Dizionario biografico degli italiani, Vol. 22. Rome, 1979.

Dizionario enciclopedico italiano, Vol. 3. Rome, 1956.

Keegan, John, Who Was Who in World War Ⅱ. New York, 1978.

Muggeridge, Malcolm, ed., Ciano's Diary. London, 1947.

卡万，弗雷德里克·鲁道夫·兰伯特，第十伯爵（Cavan, Frederick Rudolph Lambert, 10th Earl of, 1865—1946 年） 英国陆军元帅。参加主要战争：第一次世界大战（1914—1917 年）；参加主要战役（战斗）：第一次伊普尔之战（1914 年）、罗斯（在朗斯附近）之战（1915 年）、索姆河战役（1916 年）、第三次伊普尔之战（1917 年）和维托里奥威尼托之战（1918 年）。

卡万 1865 年生于伊顿，在家乡接受教育。1885 年从桑赫斯特军事学院毕业，参加掷弹护卫队。在第二次英布战争（1899—1902 年）的几次小战斗中表现突出，获得殊荣。1913 年退役，但在第一次世界大战爆发时（1914 年 8 月）重服现役。在第一次伊普尔之战（1914 年 10 月 30 日—11 月 24 日）和费斯蒂贝尔（在贝顿附近）之战（1915 年 5 月 9—26 日）时，作为准将指挥第四旅（皇家禁卫军）。罗斯之战（9 月 25 日—10 月 14 日）时为少将，指挥禁卫军师。在第一次索姆河之战（1916 年 6 月 24 日—11 月 13 日）和第三次伊普尔（帕斯尚代尔）之战期间，任第十四军军长。在卡波雷托灾难期间（11 月），他与其部队被派往意大利。1918 年 3 月指挥在意大利的所有英军部队。6 月 15—22 日击退奥军的进攻，随后在意军最后的攻势即维托里奥威尼托之战（10 月 24 日—11 月 4 日）中任第十集团军司令。1920—1922 年在奥尔德肖特任指挥官。后任陆军部代表团团长赴美参加华盛顿会议（1921 年 11 月 12 日—1922 年 2 月 6 日）。1922—1926 年任英帝国参谋长。1932 年升陆军元帅。卒于 1946 年。

卡万是一位有能力的、坚定而可靠的军人。与其同时代人相比，他更具有公众意识。

PDM

参考：DNB.

卡维利亚，恩里科（Cariglia, Enrico, 1862—1945 年） 意大利陆军元帅。参加主要战争：埃塞俄比亚战争（1895—1896 年）、意大利-土耳其战争（1911—1912 年）、第一次世界大战（1915—1918 年）和第二次世界大战（1940—1945 年）；参加主要战役（战斗）：第三次伊松佐河之战（1915 年）、特伦蒂诺之战（1916 年）、卡波雷托（科巴里德）之战（1917 年）和维托里奥威尼托之战（1918 年）。

卡维利亚生于 1862 年，曾作为低级军官派往东非参加埃塞俄比亚战争（1895—1896 年）。1903 年升少校。1905—1911 年任驻东京武官。意大利-土耳其战争期间，1911 年 10 月—1912 年 10 月在利比亚服役。1914 年升上校，1915 年夏升少将。因参加第三次伊松佐河之战（1915 年 10 月 18 日—11 月 4 日）和在特伦蒂诺地区防御奥军的特伦蒂诺攻势（1916 年 5 月 15 日—6 月 17 日）而崭露头角。卡波雷托战后，参加组织意军向皮亚韦河的撤退（1917 年 11 月 1—12 日），因工作效率较高而引起了进一步的注目。后任军长，在维托里奥威尼托之战（1918 年 10 月 24 日—11 月 4 日）中指挥第八集团军（辖 4 个师），因机智和果断而赢得声誉。1919 年任陆军部长。1920 年 12 月 27 日指挥意军结束了加布里埃莱·邓南遮在阜姆的短命的法西斯政权。后被选为参议员，并升为陆军元帅。1943 年 9 月 18 日曾复出数小时，代表罗马城与德军谈判。此后再次退役，卒于 1945 年。

PDM

参考：Dizionario biogrufico degli italiani.

Dizionario enciclopedico italiano.

森图马拉鲁斯，格奈乌斯·弗尔维乌斯（Centurmalus, Gnaeus Fulvius, 约公元前 255—前 210 年） 罗马执政官。参加主要战争：第二次布匿战争（公元前 219—前 202 年）；参加主要战役（战斗）：加普亚之战（公元前 211 年）、赫尔登尼亚（奥尔塔诺瓦附近）之战（公元前 210 年）。

克利阿里斯（Cerialis (Cerealis) Caesius Rufius, Quintus petillius, 约 30—约 80 年） 罗马将军。参加主要战争：布狄卡叛乱（61 年）、巴达维人叛乱（69—71 年）；参加主要战役（战斗）：卡穆洛都努姆（科尔切斯特）之战（61 年）、第二次贝德里阿古姆（位于克雷莫纳附近）之战（69 年）、利哥都鲁姆（位于梅林附近）之战（70 年）。

克利阿里斯的出身和早期生涯不详，但是可以断定他是皇帝韦帕芗的亲属。61 年当布狄卡叛乱时，他是罗马驻不列颠的第九军团的特使。是年，他企图攻占卡穆洛都努姆（科尔切斯特），发动了一次冒险进攻，遭到失败。69 年 9 月（?）在安东尼·普赖默斯的多瑙河军团服役，随军进入意大利，以支持韦帕芗夺取王位。是年 10 月，克利阿里斯的部队在贝德里阿古姆同维特利乌斯的军队进行了一场交战，取得胜利。69—70 年，出任执政官（任期未满），被派往低地地区镇压巴达维人辅助

部队的叛乱。70 年，他首先安抚了那些尚未受反叛影响的高卢部落，然后突然发起攻击，镇压了起义者的抵抗。双方的作战在利哥都鲁姆会战中达到了高峰。当起义被平息以后，可能韦帕芗接受了他的建议，从而解散了四个曾经参加过叛乱的军团。至 74 年，成为在不列颠的特使，率军击败了布里甘特人，扩大了罗马在不列颠北部地区的影响。退休之后情况不详。

克利阿里斯是一位精力充沛和高效的指挥官，喜欢冒险。他还是一位深受人们欢迎、但并不为后人所知的演说家。

SAS

参考：Dudley, Donald R., and Greham Webster, The Rebellion of Boudicca. London, 1962.
Tacitus, Agricola, Annals.
OCD.

塞万提斯·萨维德拉，米格尔·德（Cervantes Saavedra, Miguel de, 1547—1616 年） 西班牙军事家和作家。参加主要战争：土耳其战争（1569—1581 年）；参加主要战役（战斗）：勒潘多之战（1571 年）、纳瓦里诺（皮洛士）之战（1572 年）、突尼斯之战（1573 年）。

塞尔维腊·y. 托佩特，帕斯库亚尔（Cervera y Topete, Pascual 1839—1909 年） 西班牙海军上将。参加主要战争：摩洛哥战争（1859—1860 年）、秘鲁战争（1866 年）、十年战争（1868—1878 年）、第二次卡洛斯战争（1873—1876 年）和美西战争（1898 年）；参加主要战斗（战役）：圣地亚哥之战（1898 年）。

塞尔维腊 1839 年生于赫雷斯-德拉弗龙特拉，是一个葡萄酒经销商的儿子。1848—1851 年在圣费尔南多海军学院学习，毕业后进入海军服役。参加了 1859 年 10 月—1860 年 4 月的摩洛哥战争，被晋升为上尉。1862 年参加了对交趾支那（南印度支那）的远征。后任驻华盛顿武官。晋升上校后，指挥一艘军舰参加了秘鲁海战（1866 年 1 月 14 日—5 月 9 日）。十年战争初期（1868 年），参加了对古巴的封锁。第二次卡洛斯战争期间，负责保卫兵工厂，后到了菲律宾。1883 年指挥“佩拉约”号铁甲舰。作为女摄政王的随从侍卫，1891 年率领西班牙代表团赴英国伦敦参加海军问题谈判。1893 年任海军大臣，后晋升为海军少将。美西战争爆发（4 月 25 日）不久，1898 年 4 月 29 日他率领 4 艘巡洋舰和 3 艘驱逐舰从佛得角出发到西印度群岛；5 月 14—15 日在库拉索补给燃料后于 5 月 19 日进入古巴的圣地亚哥港。6 月 1 日被桑普森海军上将率领的由 4 艘驱逐舰和 4 艘巡洋舰及几艘补给舰组成的舰队封锁于港内。他的建议被否决后，奉古巴总督之命实施反封锁作战。7 月 3 日率领舰队进行了一次勇敢的出击，试图打破美国舰队的封锁。在圣地亚哥海战中，西班牙舰队除“科隆”号外，其他舰只或沉或毁。7 月 17 日当圣地亚哥投降时，被美军俘虏。9 月，返回西班牙后被审判，但被军事法庭宣判无罪开释。1901 年升海军中将。后在陆军和海军委员会工作。1906 年晋升为海军上将。卒于 1909 年。

塞尔维腊是一位有能力的指挥官；对圣地亚哥的灾难，他已尽力而为了。

PDM

参考：Chadwick, F. E., Relations of the United States with Spain: The Spanish-American War. 2 vols. New York, 1911.
Enciclopedia universal ilustrada, vol. 12. Madrid, n. d.
Friedel, Frank, The Splendid Little War. Boston, 1958.

塞奇瓦约（Cetshwayo, 1827—1884 年） 南非祖鲁人国王。参加主要战争：祖鲁内战（1856 年）和祖鲁战争（1879 年）；参加主要战役（战斗）：恩栋达库苏卡之战（在莱迪史密斯附近盖拉河畔，1856 年）。

塞奇瓦约约生于 1827 年，是纳塔尔祖鲁兰国王翁潘达与其第一个妻子马格库姆巴哈齐所生的长子（祖鲁兰位于从图盖拉河到莫桑比克边境的南非海岸）。当他还不满 20 岁时，就与他同父异母的弟弟姆布拉齐成为了翁潘达手下的两员猛将。他们要求继位的主张极为公正。在缺乏翁潘达有力领导的情况下，围绕他们形成了两个宗派：塞奇瓦约的“乌苏图”派力量较强，控制着祖鲁兰西南部；而姆布拉齐的“伊苏格戈扎”派力量较弱，控制着祖鲁兰东北部。1856 年 10 月 2 日，塞奇瓦约率军进攻“伊苏格戈扎”派，经激战，毙敌 7000 人，还杀死了 2000 名支持者。1872 年 10 月，翁潘达死后他便继承了王位。在纳塔尔的英国殖民政府对这支近在咫尺的祖鲁人力量极为不快。1878 年 12 月 11 日塞奇瓦约拒绝了英国将使祖鲁王国丧失独立地位的最后通牒，并以此为借口发动了战争。塞奇瓦约没有参加后来发生的战斗，而于战斗爆发前夜（1879 年 7 月 4 日）离开了乌伦迪。8 月 28 日他被英军俘虏，并监禁在开普敦附近。1883 年 1 月他回到了祖鲁兰，并希望能恢复他的地位与权力，但其原有威信已因战后的协议而丧失殆尽。1884 年 2 月 8 日他可能在戈齐卡-卡拉尔卒于狱中。

塞奇瓦约性情平和、善解人意、精力充沛。祖鲁战争的爆发，尽管主要是因当地的英国行政机构所致，但他缺乏对欧洲政策的了解也是主要原因之一。

DLB

参考：Ludlow, W. R., (Zululand and Cetewayo). London, 1882.
Morris, Donald R., The Washing of the Spears. New York, 1965.

卡布里亚斯（Chabrias，约公元前 420—前 356 年） 雅典将军和舰队司令。参加主要战争：柯林斯战争（公元前

395—前 387 年)、底比斯独立战争（公元前 379—前 371 年)、社会战争（公元前 358—前 355 年)；参加主要战役（战斗)：爱吉那岛之战（公元前 388 年)、那克索斯岛之战（公元前 376 年)、齐厄斯之战（公元前 357 年)。

卡布里亚斯约于公元前 420 年生于雅典。公元前 388 年在爱吉那岛战胜斯巴达人。而后又指挥一支舰队支援塞浦路斯国王阿瓦哥拉斯抵抗波斯人。公元前 378 年在底比斯附近地区，他采取新的防御战术（每个士兵以左膝跪地，盾牌立于地面，以矛对准冲击之敌)，击败了阿革西拉乌斯。公元前 376 年，指挥舰队重创斯巴达舰队；但为了营救被击沉的雅典战船上的落水士兵，他命令停止追击斯巴达舰队，使残余的斯巴达舰队得以逃脱。公元前 366 年，因被指控有叛国行为而逃离雅典；直到公元前 362 年，其罪名才得以澄清。约公元前 361 年，在埃及国王塔科斯手下任指挥官，同波斯作战。社会战争爆发时，与卡雷斯共同指挥雅典舰队，但在公元前 357 年的齐厄斯之战中阵亡。

卡布里亚斯是一位足智多谋的将军，他的生涯反映出希腊军事与政治生活中的无国界性。

SAS

参考：Cornelius Nepos, Life of Chabrias.
Parke, Herbert William, Greek Mercenary Soldiers. Oxford, 1933.
EB.
OCD.

查菲，阿纳德·罗曼扎子爵（Chaffee, Adna Romanza, Sr. 1842—1914 年) 美国陆军中将。参加主要战争：美国内战（1861—1865 年)、印第安人战争（1867—1890 年)、美西战争（1898 年)、菲律宾独立战争（1899—1902 年)、镇压义和团运动（1900 年)；参加主要战役（战斗)：安蒂特姆之战（1862 年)、葛底斯堡之战（1863 年)、佩恩特克里克之战（得克萨斯州西北，1868 年)、埃尔卡内之战（古巴属圣地亚哥附近，1898 年）和北京之战（1900 年)。

查菲 1842 年 4 月 14 日生于俄亥俄州的奥韦尔。1861 年 6 月加入第六骑兵团，不久晋升中士。参加了半岛之战（1862 年 5—7 月)。在 1862 年 9 月 17 日的安蒂特姆战役中表现出色，并被晋升为上士。他的有关记录引起了陆军部长爱得文·麦·斯坦顿的注意，遂于 1863 年 5 月被提升为少尉。在葛底斯堡之战（1863 年 7 月 1—3 日）中负伤且险些被俘。1863—1865 年在东部战场参加了一系列重要作战。1865 年 2 月晋升为中尉。战后，他于 1867 年 3 月辞去军队内的职务，但被劝阻，后仍留在军中服役。10 月晋升上尉。在东南边境参加了对印第安人的作战。1868 年 3 月在得克萨斯的佩恩特克里克为战胜科曼奇人发挥了重要作用，为此晋升名誉少校。1888 年 7 月晋升少校，调至第九骑兵团，并在堪萨斯州利文沃斯堡的步兵和骑兵学校中任教至 1897 年 6 月，被提升为第三骑兵团中校。1898 年 5 月晋升志愿军准将，在古巴指挥亨利·W. 劳顿将军的第二师中的一个旅。7 月 1 日参加埃尔卡内之战并晋升志愿军少将。1898 年 10 月—1900 年 6 月，在美国短暂驻留。后被任命为古巴军事政府的参谋长，在美驻古巴总督伦纳德·伍德将军领导下工作了大约 18 个月。战后，由于军队降衔，他失去了志愿军军衔；但于 1899 年 4 月又被重新授予志愿军准将军衔。1899 年 5 月晋升正规军上校。作为志愿军少将，指挥野蛮侵略中国的八国联军美国分遣队（1900 年 7 月)。他直接指挥攻击北京城门的美国军队，第一个进入公使馆（8 月 14 日)。后晋升正规军少将，1901 年被任命为菲律宾总督和驻菲律宾美军司令。1902 年 10 月被任命为东部战区总司令。1904 年 1 月—1906 年 1 月任美国陆军参谋长，并衔至中将。1906 年 2 月退役，定居洛杉矶。卒于 1914 年 11 月 1 日。

查菲是一位才干出众的指挥官和参谋。他在军队中从一位士兵成长为一位高级将领，的确是一件极不寻常的事。

DLB

参考：EMH.
WAMB.

小查菲，阿德纳·罗曼扎（Chaffee, Adna Romanza, Jr., 1884—1941 年) 美国将军。参加主要战争：镇压古巴起义（1906—1907 年）和第一次世界大战（1917—1918 年)；参加主要战役（战斗)：圣米耶尔战役和默兹-阿尔贡战役（1918 年)。

小查菲 1884 年 9 月 23 日生于堪萨斯的江克欣城，是阿德纳. 罗曼扎. 查菲上尉（后升中将）的第三个孩子，也是唯一的男孩。1906 年 6 月以第三十一名（全班 78 人）的成绩从西点军校毕业，被派往第十五骑兵团任职，当时该部是古巴平叛军的一部分（1906—1907 年)。1907—1909 年在堪萨斯州的赖利堡骑兵学校学习。1910—1911 年间组织和指挥骑兵分遣队为陆军学院的师生们提供补给。1911 年在为大不列颠国王乔治五世举行的加冕典礼期间，代表美国队在国际马展上参赛。尽管已是一位骑术精良的骑手，但他仍不断提高自己的技能，为此在法国的索米尔的骑兵学院进修了一年的课程（1911—1912 年)。之后返回赖利堡任骑兵学校教官（1912—1913 年)。1914—1915 年随第七骑兵团到菲律宾服役。1916 年初—1917 年 8 月升上尉，任驻南卡罗来纳州杰尔逊营的第八十一师（师人事行政）参谋。在去法国之前曾短时间（1917 年 12 月—1918 年 2 月）任师参谋长。1918 年 3—5 月在法国朗格勒总参谋学院学习，6—8 月任该院教员。后任第四集团军（8—10 月）作战训练部助理。圣米耶尔战役（1918 年 9 月 12—17 日）和默兹-阿尔贡攻势发起（9 月 26 日—11 月 11 日）时，分别任第八十一师和第七集团军（8—10 月）作战训练军官。在攻势的最后几天升为临时上校，任第三集团军

的作训参谋，因出色表现被授予优异服役奖章。后随第三集团军驻占莱茵。1919年7月—1920年5月返回美国，任在利文沃思堡的作战参谋学校（后来的指挥和总参谋学校）教官。1919年8月恢复正规军上尉军衔，旋于1920年升为少校。1920年5—8月曾在第三骑兵团短期供职。1920年8月—1921年任在亚特兰大地区的第四军的情报官。1921年—1924年7月在得克萨斯州的比利斯堡任第一骑兵师人事官。1924年7月—1925年5月在陆军学院学习。1925年5月—1927年6月，在首都华盛顿之外的弗吉尼亚州迈尔堡指挥第三骑兵团的分遣队。1927年7月1日—1931年6月，被派往陆军总参谋部的作战和训练处任职。1929年升为中校，与初期的机械化部队有紧密的联系；1930—1931年间被委任为其主任参谋。1931年6月—1934年2月在诺克斯堡任新组建的第一骑兵（机械化）团主任参谋。在该岗位上以及在1934年2—6月任第一骑兵团团长期间，他对组织和训练机械化部队以及发展其作战条令（思想），发挥了重要的作用。1934年6月—1938年6月任陆军总参谋部预算和立法处主任，工作努力勤奋，并成功地为机械化部队增加了军费。之后重返诺克斯堡，于1938年6—11月再次任第一骑兵（机械化）团团长。11月3日升准将，任第七机械化旅（辖第一和第十三机械化骑兵团）旅长。1939年在纽约州的普拉斯堡，1940年夏在路易斯安那州，他领导第七旅实施了军事演习，以发展和完善美军装甲机械化部队的作战思想（条令）。他强调诸兵种联合行动的重要性。1940年6月10日任装甲兵部队第一任司令；该部队包括所有的陆战坦克、机械化骑兵部队、支援炮兵、摩托化步兵和步兵部队。任职期间对组建第一和第二装甲师发挥了主要作用。1940年10月2日升为少将，并指挥第一装甲军。1941年8月22日因癌症卒于波士顿马萨诸塞州总医院。

小查菲是一位有能力的、具有传统热情和魄力的军官。他也许是两次世界大战之间美国陆军中最初与最重要的机械化战争倡导者。他的去世使陆军失去了一位重要的领头的装甲兵军官，也使他本人没能看到其辛勤努力在二战中结下的硕果。他是真正的美军“装甲兵之父”。

DLB

参考：Gillie, Mildred H., Forging the Thunderbolt: A History of the Development of the Armored Force. Harrisburg, Penn., 1948.
DAMB.
WAMB.

查科尔，约瑟夫（Chakkour, Youssef, 1928—） 叙利亚将军。参加主要战争：巴勒斯坦战争（1948—1949年）、“六五”战争（1967年）、十月战争（1873年）。

尚皮翁内，让·安都昂·埃蒂耶纳（Championnet, Jean Antoine Étienne, 1762—1800年） 法国将军。参加主要战争：法国大革命战争（1792—1799年）；参加主要战役（战斗）：弗勒吕斯之战（1794年）、奇维塔卡斯泰拉纳之战（1798年）、杰诺拉（萨卢佐附近）之战、第二次蒙多维之战（1799年）。

尚皮翁内1762年生于巴伦西亚，后加入西班牙陆军（约1780年）。1794—1797年转入法国陆军，在驻佛兰德的茹尔当部队中服役。在弗勒吕斯之战（1794年6月26日）中表现突出。任驻罗马的法军司令官时，将该城弃与卡尔·麦克·冯·利贝里希将军指挥的那不勒斯军队（1798年11月29日）。重新编组军队，并在奇维塔卡斯泰拉纳突然打败麦克军（12月4日），攻克罗马（12月15日）。向南追击麦克的士气低落的那不勒斯军队。为离开这支难以控制的部队，麦克投降（1月11日）。之后，他猛攻那不勒斯（1799年1月24日），并建立了帕特诺珀共和国。面对奥地利-俄国人的入侵（春一夏），他返回法国征集更多的部队。率阿尔卑斯军团重返意大利（10月?），但在杰诺拉被米夏埃·梅拉斯的优势奥地利军队打败（11月4日）。在蒙多维再败于梅拉斯（11月13日）。不久因病退往昂蒂布；1800年初卒于该地。

尚皮翁内是一位足智多谋的指挥官，以是坚定的共和人士而著称。

DLB and JCC

参考：Mahon, P., Études sur les armées du Directoire. Paris, 1905.
Phipps, Ramsay W., The Armies of the First French Republic. 5 vols. Oxford, 1926.

尚普兰，赛米尔·德（Champlain, Samuel de, 约1567—1635年） 法国军人、探险家。参加主战争：法国宗教战争（1562—1598年）、加拿大印第安战争（1609—1635年）、英法战争（1626—1630年）；参加主要战役（战斗）：泰孔德罗加之战（1609年）、奥奈达湖之战（1616年）。

尚普兰约1567年生于比斯开湾圣通目的布鲁日，航海船船长之子。法国宗教战争（1593—1598年）后期，在纳瓦拉的亨利麾下作战。1598—1601年参加西印度群岛和中美洲的探险航行。1603年以及1604—1607年参加地理考察，远达现今美国东北部和圣劳伦斯河。在第二次地理考察中，他协助建立罗亚尔港（安纳波利斯罗亚尔）和新斯科舍。1608年7月3日建立魁北克居留地，之后专心于将移民迁往该地。后又沿圣劳伦斯河和位于西部的五大湖进行广泛地考察。1609年与休伦族结盟，同英国人及其盟友易洛魁人战于泰孔德罗加，藉此挑起双方的长期争斗。1611年建立蒙特利尔居留地。1612年出任新法兰西军事指挥官。1616年再次与休伦族人在奥奈达附近并肩作战。1629年7月20日被迫向英国远征军投降，交出魁北克。1632年，根据圣日尔曼昂莱（巴黎附近）和约，英国放弃魁北克。之后他重返魁北克，统治着这片广袤的土地，直到1635年12月25

C

日卒于该地。

尚普兰精力充沛、相貌堂堂，亦曾关心印第安人的福利。他为法国在北美洲建立殖民地所做出的贡献在当时堪称无出其右。

AL

参考：Bishop, Morris, Champlain: The Life of Fortitude. New York, 1948.
Morison, Samuel Eliot, Samuel Champlain, Father of New France. Boston, 1972.

查安德勒，约翰（Chandler, John, 1762—1841 年） 美国将军和政治家。参加主要战争：美国独立战争（1775—1783 年）、1812 年的战争（1812—1815 年）；参加主要战役（战斗）：第一、二次萨拉托加之战（1777 年）、斯托尼克里克之战（1813 年）。

旃陀罗笈多·孔雀（桑德罗科特图斯）（Cchandragupta Maurya〈Sandrocottus〉, 卒于公元前 286 年） 印度孔雀王朝建立者。参加主要战争："迪亚多奇"战争（公元前 323—前 281 年）、塞琉西入侵印度的战争（公元前 305 年）。

根据佛教传说，旃陀罗笈多·孔雀约于公元前 355 年生于摩揭陀王国（其统治范围在巴特那附近）武士阶层的孔雀家族中。曾做过一股强盗的首领。旃陀罗笈多·孔雀大约在公元前 324 年与马其顿的亚历山大三世（大帝）相会；当时他使用的是希腊名字——桑德罗科特图斯。他曾帮助过亚历山大，但不久后两人之间发生争执，合作中断。公元前 321 年前后，旃陀罗笈多·孔雀继续从事推翻摩揭陀难陀王朝最后一位国王的斗争。在政治家考蒂尔雅的帮助下，他最终成为摩揭陀国王（又称月护王）。当希腊正忙于"迪亚多奇"（继承者）战争时，旃陀罗笈多·孔雀率军开始彻底清除希腊在印度北部地区的统治，征服了讷尔默达河以北印度的所有地区。公元前 305 年，击退了塞琉西一世的入侵。取得这次胜利之后，他用 500 头战象换取了阿腊科西亚（阿富汗南部地区）的大部分地区以及格德洛西亚（俾路支）。公元前 297 年退位。卒于公元前 286 年，传说为自杀身亡。

传说，旃陀罗笈多·孔雀的宰相考蒂尔雅是论述治国方略及其技巧的《领导艺术》一书的作者。

BAR

参考：Kangli, R. R., tr., The Arthasastra. Bombay, 1973.
Kurian, George Thomas, ed., The Historical and Cultural Dictionary of India. Metuchen, N. J., 1976.
EB.
EMH.

张骞（Chang Ch'ien, 卒于公元前 114 年） 中国汉朝外交官和将军。参加主要战争：汉朝对匈奴的战争（公元前 140—前 80 年）。

公元前 138 年，张骞奉汉武帝之命，率领 100 人前往中亚，同大月氏进行双方结成反对匈奴联盟的谈判。期间被匈奴俘虏，关押了 11 年；逃出后，又继续去完成他的任务。公元前 126 年返回长安（今西安）。尽管没能完成同大月氏结盟的使命，但由于他在中亚地区长期旅居，使他成为这一地区的专家。他撰写了大量著作，增强了中国人对这一地区的了解。公元前 122—前 115 年间，在中国西部地区服役。公元前 121 年夏天，指挥一支 1 万人的骑兵部队同匈奴作战，但是没能按时同李广的部队会合。因此，当李广的部队被匈奴包围并被歼灭时，张骞受到汉武帝的惩处，被贬为庶人。公元前 115 年以前，他继续做为外交使者同西域的一些游牧民族接触。卒于公元前 114 年。

张骞在军事上没有什么突出成就，但由于他长期旅居西域，并同地中海文明建立了接触，因而闻名于世。

PWK

参考：Giles, Herbert A., A Chinese Biographical Dictionary. Taipei, 1975.
Hirth, Friedrich, "The Story of Chang Kien," Journal of the American Oriental Society, Vol. XXXVII, no. 106(1917).

张经（Chang Ching, 约 1490—1555 年） 中国明朝官员和将军。

张经约于 1490 年生于名门望族。受到良好教育并于 1517 年在乡试中获举人头衔。由于其作为政务和军政官员的突出表现，被委以防御倭寇的重职，守备东南沿海，包括江苏、安徽、浙江和福建（中国东南部常遭倭寇袭击的麻烦地区）。1555 年他在浙江王江泾领导了一场对倭寇的大规模伏击，将他们彻底击溃，并捕获 1900 人，予以全部斩首。但倭寇的主力仍得以逃脱。因此，并由于先前他未曾对主持防倭军事的权臣赵文华表示顺从而被解职、逮捕并在审讯后处决。

张经是明朝学者官员的典范。他能力非凡且具有行政天才。

PWK

参考：Giles, Herbert A., A Chinese Biographical Dictionary. Taipei, 1975.

张发奎（Chang Fa-K'uei, 1896—1980） 中国国民党将领。参加主要战争：北伐战争（1926—1927 年）、抗日战争（1937—1945 年）、国共战争（1945—1949 年）；参加主要战役（战斗）：汀泗桥战役、贺胜桥战役（湖北北部，均在 1926 年）、上海第二次保卫战（1937 年）、桂林战役（1944 年）。

张发奎 1896 年生于广东省，和李宗仁、白崇禧一起逐渐成为桂系军阀的领袖。加入国民党后在北伐战争

初期归属第四军。1926年夏天张发奎和李宗仁在湖北北部的汀泗桥战役和贺胜桥战役中击溃了军阀吴佩孚的军事力量，占领了武汉。他支持国民党的武汉政府。1927年11月11—15日，残酷镇压了共产党在广州的起义，但自己却在1929年发动了一场未成功的反蒋运动。1937年7月他得以复职，被派到上海指挥军队，坚守上海达四个月之久，打击了日军的进攻。在军事力量遭到60%的损失后开始撤军，但被由水路登陆的日军从两翼包围。1944年5月日军发起打通大陆交通线的"一号"作战行动时，张发奎任桂林战区的司令，但由于战备不足被迫朝西南方向撤退，和当时的陪都重庆的联系被切断。张发奎试图和李济深、薛岳在当地建立一个独立政府，但因缺乏美国的支持而失败。战后张发奎因"莫须有"的罪名被囚禁。李宗仁替代蒋介石任总统之后，张发奎被召回担任重要职务。认识到国民党大势已去，便逃离大陆而隐居香港。

张发奎是支持国民党的诸多桂系军阀中的一员，一位有一定能力的指挥官。

PWK

参考：Boorman, Howard L., ed., Biographical Dictionary of Republican China. 5vols. New York., 1967.
Liu, F. F., A Military History of Modern China. Princeton, N.J., 1956.

章邯(Chang Han, 卒于公元前207年) 中国秦朝将军。

章邯生于秦国的一个贵族家庭，从戎后逐步升为将军。公元前230—前222年，在秦始皇统一中国的作战中，章邯率军东征西讨，取得了辉煌的胜利，立下汗马功劳。秦始皇称帝（公元前221年）后，章邯继续率军远征，以扩大秦朝的统治范围。秦始皇去世后，秦王朝四面楚歌，摇摇欲坠，章邯率军奋力拼杀，镇压了多次农民起义，企图挽救垂死的秦王朝。公元前207年，他率领一支缺乏训练的20万人的部队，同项羽率领的一支庞大的起义军在巨鹿决战，兵败而降。项羽坑杀秦军降卒20万人后，立章邯为雍王。公元前205年，兵败废丘后自杀。

PWK

张献忠(Chang Hsien-chung, 1606—1646年) 中国明末农民起义领袖。

张献忠生于陕西肤施，几乎没有上过学，原为明王朝军卒。以未知的罪名被判极刑，后逃脱并参加农民起义军（1628年）。到1630年已是一支主要义军的领袖。以设在陕西延安的根据地为依托，转战于西北地区。向南进军，与李自成义军会合，总兵力达40万之众。后与李自成分道扬镳，转战于长江流域。趁明朝军队专注于对付李自成的进军北京，他西进夺取四川，并自立为帝(1644年)。1646年为清兵打败，俘虏；后被杀害。

张献忠不计个人名利，作战英勇，不惜生命。

PWK

参考：Hummel, Arthur W., ed., Eminent Chinese of the Ch'-ing Period. Washington. D. C., 1944.

张学良(Chang Hsüeh-liang, 1898—) "少帅"，中国将军。

张学良生于1898年，是张作霖的长子。为继承其父在东北的军阀统治，受过系统的教育。1917年开始在其父的军队里指挥一个师。在张作霖被日军极端分子暗杀后，张学良巧妙地击败其他两位竞争者，于1928年6月19日接任张作霖的职位。与蒋介石的国民党政府联合后，张学良着手加速东北的经济和军队的现代化。1930年末，应蒋介石的要求移兵南方，参加了中原大战，击败了汪精卫、冯玉祥和阎锡山的军队。由于在北京染上伤寒，且其大部分军队尚在华北；而更主要的是由于蒋介石的不抵抗主义政策，他没能防备日军对东北的突然侵袭，也无力阻挡日军。在1932年2月日军侵占东北后，张学良成为丢失东北的替罪羊，不仅罢官，而且被迫出国。1934年回国担任了东北军的司令官。他奉蒋介石之命进攻共产党在延安的根据地，但很少能取得成功。在洛川会晤一些中共领导人之后，张学良同意联共抗日。蒋介石亲自飞到西安督战，却被其扣留（这就是著名的西安事变），一直到蒋答应联共建立抗日统一阵线为止。后来蒋介石通过军事法庭宣判张学良有罪，对其终身软禁——先是在南京，后来是重庆和台湾。

张学良年青时性格随和、英俊潇洒，以世家公子风度而闻名。他后来的所作所为显示出是一位具有高度爱国主义精神的理想主义者。在长期的软禁生涯中，成为一位著名的明史研究学者和基督教徒。

PWK

参考：Bertram, James M., China in Crisis: The Story of the Sian Mutiny. London, 1937.
Boorman, Howard L., Biographical Dictionary of Republican China. 5 vols. New York, 1967.
Smith, Sara M., The Manchuria Crisis, 1931—1932. New York, 1948.

张勋(Chang Hsün, 1854—1923年) 中国近代封建军阀。江西奉新人。参加主要战争：跟随袁世凯镇压义和团(1899年)。武昌起义时，奉清廷之令前往南京，与新军激战于雨花台（1911年)。镇压反袁的二次革命（1913年)。1917年7月率兵入京，拥清朝废帝溥仪复辟帝制，后被讨逆军打败。

张乐行(Chang Lo-haing, 1811—1863年) 中国清朝太平天国将领。

张乐行系亳州雉河集（今安徽涡阳）人。1853年在捻军起义中是一位出色的游击将领。1855年与被击败的太平天国北伐军余部配合行动。被封为沃王（1857年）并与李秀成结盟。他以游击性的骑兵战术在战场上取得

了一些胜利，但未能建立补给与支援体系。1863 年被僧格林沁的蒙古骑兵击败，于作战中牺牲。

PWK

参考：Chiang, Siang-tseh, The Nien Rebellion. Seattle, 1954.

Teng, Ssu-yü, The Nien Army and Their Guerilla Warfare, 1851—1868. Paris, 1961.

张士诚（Chang Shih-ch'eng, 1321—1367 年） 中国元末起义军领导人。

张士诚生于江苏省一个富有的盐贩家庭。1353 年与其弟一起领导了反抗摇摇欲坠的元朝蒙古统治者的起义，并招募了一支农民大军。1354 年后期未能夺取扬州。1356 年攻占苏州和杭州，并在长江下游建立了周国，统治着苏州、湖州、杭州等地大约 1000 万人民。在其控制区附近，朱元璋领导的起义力量日益增长；他慑于压力，被迫于 1357 年名义上屈从元朝统治者，但仍保持独立。1363 年攻占安丰，再次宣布起义，自称吴王，并对朱元璋发起反击。所部被击溃，本人被掳至南京，为朱元璋所杀。

PWK

参考：Giles, Herbert A., A Chinese Biographical Dictionary. Taipei, 1975.

张世杰（Chang Shih-chieh, 卒于 1279 年） 中国南宋海军将领和官员。

张世杰行伍出身，因战功升为都统制，从此仕途得意，先后担任南宋的民事、军事和海军官员。蒙古军南侵（1276—1279 年）期间统领海军，作为南宋最后一支舰队的统帅，他曾竭力将皇帝及其朝廷从福建携往广东。他的舰队在今广东新会附近的大海战中被击败，皇帝与丞相自杀（1279 年）。张世杰携少数军舰退至海陵山（今广东阳江县），但不久后因海上风暴而遇难。

PWK

参考：Giles, Herbert A., A Chinese Biographical Dictionary. Taipei, 1975.

张作霖（Chang Tso-lin, 1875—1928 年） "东北虎"、"老帅"，中国奉系军阀。参加主要战争：中国内战（1911—1921 年）、第一次直奉战争（1922 年）、第二次直奉战争（1924 年）。

张作霖生于 1875 年，没有受过什么教育，年轻时为土匪首领。1904—1905 年的日俄战争期间，领导以土匪武装为主的清朝游击部队支援日军。随后加入清军。民国后升为第二十七师师长。1916 年他迫使奉天督军辞职，自己任督军兼巡抚使。1916—1918 年间，他以奉天（沈阳）地区为基地，在日本人的财政支持下，控制了整个东北，形成奉系军阀势力。1920 年他联合吴佩孚打败以前的盟友段祺瑞，至 1921 年，他已控制了中国北方数省。1922 年他被吴和其他数位直隶（河北）军阀打败并被赶回东北。1924 年在发动"北京政变"的冯玉祥协助下，他将吴逐出中国北部。1926 年任陆海军大元帅。1927 年称主席。1928 年春曾一度阻击"北伐军"进军，但被迫放弃北京，退守东北。因与日本侵略者发生利害冲突，于 1928 年 6 月 4 日当其专列驶近奉天时，被日军极端分子炸死。日本人希望他的死亡能使东北形成新的有利于日本的政治秩序。其子张学良继承了他的位置。

张作霖具有相当的领导能力和政治技巧，时而残酷无情时而宽宏大度。他的军事才能为他赢得"东北虎"的绰号。

PWK

参考：Yoshihashi, Takehiko, Conspiracy at Mukden; The Rise of the Japanese Military. New Haven, Conn., 1963.

张宗昌（Chang Tsung-ch'ang, 1881—1932 年） 中国奉系军阀。参加主要战争：中国辛亥革命及内战（1911—1926 年）、北伐战争（1926—1927 年）。

赵淳（Chao Ch'un, 成名时间约为 1206 年） 中国宋朝军事官员。

赵淳生于殷富人家，受过良好教育，在科举考试中获进士。1206 年 5 月被任命为与女真族的金王国接壤的边境地区的安抚使。进行了巧妙、顽强而坚决的襄阳保卫战，抗击了强大的金兵（1206 年 12 月—1207 年 2 月）。其防御措施包括招募军民、制造近百部投石机及其它兵器，不断出击以袭扰围城者。他的成功防御，加上女真人在德安府所受的挫折和来自北方的蒙古人的压力增加，使女真人在一个多世纪中首次向宋朝乞和。

PWK

赵充国（Chao Ch'un-kuo, 公元前 137—前 52 年） 中国汉朝将军。参加主要战争：汉朝对匈奴的战争（公元前 140—前 80 年）、汉朝对羌族的战争（公元前 105—前 80 年）。

赵充国生于普通家庭，年轻时就加入了军队。在对匈奴的作战中，其职务缓慢而稳步上升。公元前 99 年，当贰师将军李广利率领的 3 万人马被匈奴包围时，当时还是一名低级军官的赵充国率领一支小部队前去救援。他率军勇猛冲杀，身体多处负伤，最终突破了敌人的包围圈，杀出一条血路，救出了李广利的部队。这次行动得到汉武帝的赏识，使他很快从假司马升迁为后将军。多次率领军队对居住于中国西北部地区的羌族进行远征。由于他功绩显著，后来被汉武帝封为营平侯。后又在中国西部地区实行屯田政策，建立了军民合一的军事制度。卒于公元前 52 年。

赵充国是一位足智多谋、非常勇敢的将军。

PWK

参考：Loewe, M., Military Operrations of the Han Period. London, 1961.
Pan Ku, The History of the Former Han Dynasty, 3 vols. Translated and edited by Homer H. Dubs. Baltimore, 1938—1955. Reprint, Ithaca, N. Y., 1971.

赵信（Chao Hsin，作战时间约公元前 123 年） 匈奴和中国汉朝将军。

赵信是少数民族出身，投靠匈奴后，作为匈奴的相国、将军，在一次作战中为汉军俘获并归顺汉朝。公元前 123 年春，作为卫青 10 万大军中的一支纵队的指挥官，率军深入匈奴疆域，俘敌 3000 人。在另一次的深入突袭作战中，他的部队为匈奴军包围；因恐兵败回朝受刑，又转投匈奴。匈奴左贤王宽恕了他的变节之罪，将其重新启用，利用他的知识建造了复杂的城堡。

赵破奴（Chao P'o－nu，作战时间：约公元前 108—前 100 年） 中国汉朝将军。

赵破奴出生于一个贵族家庭，成年后加入军队。公元前 111 年已成为汉武帝手下的一员猛将，率军同匈奴作战。公元前 108 年，会同王灰率领一支小部队，深入匈奴的居住地作战，俘获匈奴的楼兰王，攻灭了车师，兵威震慑乌孙、大宛等国。公元前 107 年，负责指挥在朔方（位于内蒙古）周围修筑防御工事。在那里，他在许多方面进行了改良。公元前 103 年秋，率领 2 万骑兵深入匈奴领地，但被匈奴军包围，最终被歼，本人也成为匈奴的俘虏。公元前 100 年，从匈奴处逃回，但以后再也没有得到重用。

PWK

参考：Loewe, M., Military Operations of the Han. London, 1961.
Pan Ku, The History of the Former Han Dynasty, 3 vols. Translated and edited by Homer H. Dubs. Baltimore, 1938—1955. Reprint, Ithaca, N. Y., 1971.

赵佗（Chao T'o，约卒于公元前 167 年） 中国秦汉时期将军。

赵佗生于战国时期秦国的一个贵族家庭。参军后其职务不断上升，成为秦始皇手下的一员战将。公元前 222 年，指挥一支秦军作战，为秦始皇统一中国、建立秦王朝立下战功。公元前 215—前 210 年，率领一支庞大的秦军去平定中国的南部地区，并成为南海郡尉，定都于番禺（广州）。当秦王朝濒于崩溃之际，他逐步取得独立地位，于公元前 196 年受封为南越武王，占据了中国的岭南一带地区。公元前 196 年，赵佗承认新建立的汉王朝的宗主国地位，但仍保留着很大的自主权。公元前 181 年击败了汉朝军队的一次进攻。卒于公元前 167 年前后。

PWK

参考：Pan Ku, The History of the Former Han Dynasty, 3 vols. Translated and edited by Homer H. Dubs. Baltimore, 1938—1955. Reprint, Ithaca, N. Y., 1971.

查德，约翰·劳斯·梅里奥特（Chard, John Rouse Merriot, 1847—1897 年） 英国陆军军官。

查德 1848 年生于普利茅斯，是威廉·沃顿与珍妮·布里马科姆·查德的儿子。在伍利奇皇家军事学院学习。1868 年毕业后被授予中尉军衔，在皇家工兵团服役。1879 年 1 月初祖鲁战争爆发时，晋升为上尉和名誉少校，负责在罗克海滩（莱迪史密斯附近）跨越图盖拉河；1 月 22—23 日夜率领一支只有 140 人的英军小分队（有 30 名伤病号），成功地阻止了一支由 4000 人组成的祖鲁人军队的多次进攻。10 月他与同事 G. 布罗姆海德上尉及另外 9 人因在罗克海滩之战中的的表现而被授予维多利亚十字勋章。1881—1887 年在塞浦路斯服役。1887—1892 年在印度西北部边境服役。1892 年 12 月—1895 年 12 月在新加坡指挥皇家工兵部队。1893 年被提升为中校。1896 年 1 月回到了英格兰，被任命为苏格兰珀斯地区的皇家工兵部队指挥官。1897 年晋升为上校，后因患舌癌而于 1897 年 8 月辞职。卒于 1897 年 11 月初。

PDM and DLB

参考：Hook, Henry, "How They Held Rork's Drift," The Royal Magazine, February 1905.
Morris, Donald R., The Washing of the Spears. New York, 1965.
Reynolds, James Henry, "The Defence of Rorke's Drift", reprint in Royal Army Medical Corps Journal, 1928.

查理大帝（Charlemagne，742—814 年） 法兰克国王。参加主要战争：讨伐撒克逊人的战争（772—799 年）、征服伦巴第人的战争（773—775 年）、进攻西班牙的战争（778—801 年）、征服巴伐利亚的战争（787—788 年）、征服阿瓦尔王国的战争（791—801 年）、与拜占庭帝国的战争（802—812 年）。

查理大帝生于 742 年 4 月 2 日（或 743 年，对这一点看法不一），是矮子丕平三世和贝尔塔的长子。754 年，教皇司提反三世在圣丹尼斯加冕查理和弟弟卡洛曼为法兰克王，并涂抹圣油。768 年 9 月 24 日丕平去世之后，查理于 10 月 9 日掌管了自己的那一半王国，即法兰克的西半部。771 年 12 月，卡洛曼也去世了，查理遂成为法兰克王国的主宰。772 年，查理对异教徒（非基督教）撒克逊人发动了第一次大规模的讨伐，以报复撒克逊人以前对查理的一次侵袭。773—774 年，查理进攻意大利，解救教皇，并在德西德里尤斯打败伦巴第人。

775年，查理大帝镇压了一次伦巴第人的叛乱。他率兵入侵西班牙，惩罚摩尔人（非洲西北部阿拉伯人与柏柏尔人的混血后代，8世纪成为伊斯兰教徒，进入并统治西班牙——译者注）。778年，查理大帝围攻萨拉哥撒城未果，回师经过比利牛斯山时，其外甥罗兰率领的后卫部队在朗塞瓦尔（布尔格特附近）山口遭到巴斯克人的伏击，全军覆灭。法国中世纪史诗《罗兰之歌》对此有过记载。这次失败后不久，撒克逊人就揭竿而起。查理大帝矢志征服所有的撒克逊人，对叛乱分子严加惩处。781年，查理大帝建立了不来梅主教管辖区。773年，在德特莫尔德和哈塞之战中，查理大帝打败了撒克逊人，并于783—784年在萨克森州过冬。785年，查理终于迫使撒克逊人头领维杜金德投诚。793年的撒克逊人叛乱之后，查理大帝又进行了长期而残酷的战争。797—798年，大部分部落被制服。787—788年，查理大帝废黜了巴伐利亚公爵托斯西拉三世，把他赶出巴伐利亚，消灭了莱茵河右岸的最后一个独立的日耳曼部落，把巴伐利亚纳入自己的版图。此后不久，查理大帝又几次亲征位于多瑙河平原的阿瓦尔王国，最终取得了胜利。791—803年，查理大帝把自己的疆域扩展到巴拉顿湖和克罗地亚北部。796—801年，查理大帝再次入侵西班牙，于801年夺取了巴塞罗那。800年12月25日，教皇利奥三世在罗马加冕查理为皇帝（史称“查理曼”或“查理大帝”），以确立其地位和所取得的成就。802—812年，查理大帝与拜占庭人争夺威尼斯和达尔马提亚海岸（今南斯拉夫）的统治权，与拜占庭人进行了长期不分胜负的混战。这场战争最终以和谈结束，拜占庭人承认查理大帝及其帝国。在查理大帝统治后期，局势相对比较稳定。814年1月28日，查理大帝在病后不久卒于亚琛。

查理大帝相貌不凡，智力超群，既是一位具有卓越才能的统治者，又是一位杰出的军事家。他所指挥的战役显示出了他的果断、机智、谋略和出色的后勤组织能力。查理大帝试图通过对帝国进行一系列的改革，尤其是通过巡回视察，使自己的帝国团结一致、秩序井然。查理大帝极力提高臣民的文化水平，力图使自己的国家成为艺术和学术的中心；但是他所进行的大多数革新在他死后就终止了。查理大帝被称为“中世纪的英雄”，可谓当之无愧。

DLB

参考：Einhard, Life of Charlemagne. Translated by S. E. Turner. New York, 1880.

Fichtenau, Heinrich, The Carolingian Empire. Translated and edited by Peter Munz. Oxford, 1957.

Ganshof, F. L., Frankish Institutions under Charlemagne. Providence, 1968.

Halphen, L., Charlmagne, et l'empire carolingien. Paris, 1947.

Lamb, Harold, Charlemagne. New York, 1954.

查理一世，英格兰、苏格兰及爱尔兰国王(Charles Ⅰ, King of England, Scotland, and Ireland, 1600—1649年) 参加主要战争：英国与法国、西班牙的战争（1625—1628年）、第一次主教战争（1639年）、第二次主教战争（1640年）、第一次英国内战（1642—1646年）；参加主要战役（战斗）：埃奇希尔之战（班伯里附近，1642年）、第一次纽伯里之战（1643年）、克罗普里蒂桥之战（1644年）、洛斯特威尔西之战（1644年）、第二次纽伯里之战（1944年）、纳斯比之战（1645年）。

查理一世1600年11月19日生于丹弗姆林宫，詹姆斯一世和丹麦的安妮的较小的儿子。其兄亨利死后，显然他将继承王位。1625年3月27日其父驾崩后登基。即位当年便与国会产生对立。1625年秋和1627年秋分别发动对加的斯港和拉罗谢尔的远征，遭惨败。1629—1640年间的十多年时间里，他逼迫议会休会，实施无议会统治。由于与苏格兰长老会的对立日益加深，终致爆发第一次（1639年1—6月）和第二次（1640年5—11月）主教战争。这两次战争对他来说是政治和军事上的双重失败。为支付战争开销，于1640年4—5月间召集“短期国会”，尔后又于1640年11月首次召集了著名的“长期国会”；但与议会之间的裂痕进一步加深。1642年1月10日离开伦敦，4月进驻约克郡，后又于1642年8月22日在诺丁汉举起王室大旗。1642年10月23日率部参加代价极高而非决定性的埃奇希尔之战，尽管受挫仍拒绝鲁珀特亲王关于立即进军伦敦的请求。11月13日，在特恩汉·格林（泰晤士河北岸）被击退。1643年8月围攻格洛斯特，却被埃塞克斯伯爵解了该城之围。1643年9月20日，在第一次纽伯里之战中被埃塞克斯击败。翌年，即1644年6月27日，在克罗普里蒂桥击败威廉·沃勒爵士。之后，当埃塞克斯伯爵的军队挺进康沃尔时，他尾随它，并将其包围于洛斯特威尔西沿线的海岸。1644年9月2日，迫使菲利普·斯基庞爵士指挥的步兵投降。之后回师直指牛津，在1644年10月26日进行的第二次纽伯里之战中顶住了沃勒、埃塞克斯和曼彻斯特伯爵联军的攻击。翌年春向北挺进，在1645年6月14日进行的纳斯比之战中，他败在康沃尔和托马斯·费尔法克斯爵士的手下，惨遭灾难性打击。随后在威尔士和兰开夏作战，无功而返。1646年5月5日在纽瓦克向苏格兰人投降。苏格兰人返回家园时，把查理一世引渡给议会（1647年1月）。但1647年6月被苏格兰军队劫走。1647年12月26日，查理一世与苏格兰人达成秘密协议，苏格兰人支持他重新掌权。但1648年8月17—19日，苏格兰人在普雷斯顿（兰开夏）战败，破坏了查理一世的计划。1649年1月20日，在威斯敏斯特的一个特别法庭受审。查理一世进行了勇敢的、有力的辩护，然而法庭认定他犯有滥用王权罪。1649年1月30日在白厅外被处死。

查理一世善辨是非、讲究尊严、勇敢无畏，但不善决断，缺乏战略眼光和战术技巧。

DLB

参考：Belloc, Hilaire, Charles the First, King of England. Philadelphia, 1933.
Clarendon, Edward Hyde, Earl of, History of the Rebellion and Civil Wars in England. 6 vols. Oxford, 1888.
Petrie, Sir Charles, ed., The Letters, Speeches, and Proclamations of King Charles Ⅰ. London, 1933.
Wedgwood, Cicely Ⅴ., The Great Rebellion. 2 vols. Ⅰ: The King's Peace, 1637—1641. Ⅱ: The King's War, 1641—1647. London, 1955—1958.

查理二世（秃头）(Charles Ⅱ the Bald, 823—877 年) 加罗林王朝皇帝和法兰西（西法兰克王国）国王。参加主要战争：与邻国和所属国连绵不断的战争、入侵日耳曼战争（876 年）；参加主要战役（战斗）：安德纳赫之战（876 年）。

查理二世生于 823 年，是查理帝国皇帝诚笃者路易一世和第二个妻子巴伐利亚的朱迪思的儿子，查理大帝的孙子。查理二世的存在引起了他与同父异母兄弟们相互之间的内战。842 年，他们为继承路易一世的王国，你争我夺，查理二世得到了兄弟日耳曼人路易的支持。843 年，通过《凡尔登条约》，查理二世得到法兰克王国西边大约三分之一的土地。844 年，他卷入与北欧海盗和布列塔尼人进行的战争中，竭力维持自己的统治权，处死了两个叛乱分子。约在 850 年，查理二世成为阿基坦（法兰克西南部）国王。855 年，他让自己的儿子查理成为阿基坦王以进一步确立阿基坦的归属。856 年，贵族叛乱。在此期间，日耳曼路易于 858 年入侵法兰西，打算废黜查理二世取而代之；查理二世几乎被推翻。864 年，只有神职人员和一些权贵人物支持的查理二世击退了这次入侵，恢复了秩序。869 年，查理二世的侄子洛泰尔二世去世时，查理二世吞并了洛林。875 年，洛泰尔之子路易二世皇帝去世，查理二世赶忙前往意大利罗马，于 12 月 25 日由教皇约翰八世加冕为皇帝。876 年 2 月，在帕维亚，查理二世被加冕为意大利国王。8 月，日耳曼人路易去世，查理二世入侵路易的属地，企图吞并日耳曼，但被路易的儿子（也叫路易）于 10 月在安德纳赫之战中击败。877 年 10 月 6 日，卒于从意大利返回法兰西的路途中。

查理二世老练、诡计多端。他千方百计地利用各种各样的机会，为自己谋取利益。他在日耳曼人路易的帮助下，经常以谋略取胜。但在很大程度上，查理二世没能在法兰西建树起自己的绝对权威，而被迫割让给达官显贵们以一定的权力。他还不得不去防御北欧的海盗。

JCC

参考：Duckett, Eleanor S., Carolingian Portraits: A Study in the Ninth Century. Ann Arbor, Mich., 1962.
Scholz, Bernard, ed. and tr., Carolingian Chronicles. Ann Arbor, Mich., 1970.
Zunthor, P., Charles le Chauve. Paris, 1957.

查理五世(Charles Ⅴ, 1338—1380 年) “英明的查理”，法国国王。参加主要战争：英法百年战争（1337—1453 年）、镇压扎克雷起义（1357—1358 年）；参加主要战役（战斗）：普瓦提埃之战（1356 年）。

查理五世 1338 年 1 月 21 日生于威尼斯，诺曼底约翰公爵（后来的国王约翰二世）的长子。1349 年安贝尔二世·德·维耶努瓦将皇太子位让予他，使之形式上成为法国王位的第一继承人。1350 年 4 月与表妹让娜·德·波旁结婚。1355 年 12 月当上诺曼底公爵。1356 年 9 月 19 日以诺曼底公爵身份指挥其父约翰二世的军队中的第二师，参加了与英格兰黑太子爱德华指挥的英格兰军进行的普瓦提埃之战。此战法军大败，其父约翰二世被俘，而查理既未被俘，亦未受伤。1356—1360 年其父被监禁在英格兰期间摄政。1357 年顶住纳瓦拉国王查理二世（恶人）组织的暴动。1357 年 11 月—1358 年 8 月间镇压扎克雷（农民）起义。1360 年 10 月 2 日未能阻止其父与英格兰签署《布勒丁尼和约》（在沙特尔附近）。1360 年底约翰国王自愿返英格兰受囚，他再次摄政。1364 年 4 月 8 日约翰二世在伦敦去世后继承王位。查理诡计多端，表面上严格执行《布勒丁尼和约》的条款，暗中却准备同英格兰再度开战。任用有才干的人出任指挥官，其中引人注目的是在 1370 年 10 月 2 日任命勃特朗·迪·盖克兰为法国元帅。尽管英格兰军在法国农村频繁发动大规模突然攻击，他的指挥官们还是逐渐地攻克了英军占领的一些城堡，并将英军在法国的占领区压缩至阿基坦海岸（英军原来占领法国的地区）及加来周围的狭小地区。他还采取加强巴黎防卫的措施，其中包括为掩护巴黎东部防线接近地而始建于 1370 年的巴士底狱工程，及根据其 1374 年 1 月诏令组建的一支常备陆军和海军。1378 年他支持反教皇的克莱芒八世（日内瓦的罗伯尔），从而卷入 1378—1417 年发生的教会大分裂，但仅参加了开始阶段，便于 1380 年 9 月 16 日卒于马恩河畔的博蒂。

查理五世身材矮小、相貌平平，但极为聪明；这与其外貌漂亮但却愚蠢的父亲形成了鲜明对照。他仁慈、慷慨，但从未因之妨碍其加强王权和为驱逐英格兰人而寻求机敏、成功的方略。他是中世纪法兰西最有才智的国王之一。

DLB

参考：Allmand, C. T., Society at War. Edinburgh, 1973.
Burne, Alfred H., The Crécy War and The Agincourt War. London, 1955 and 1956.
Delachenal, R., Histoire de Charles Ⅴ. 5 vols. Paris, 1909—1931.
Pisan, Christine de, Le livre des fais et bonne moeurs du sage roy Charles le quint. Edited by S.

Solente. 2 vols. Paris, 1936—1940.

查理七世(Charles Ⅶ 1403—1461年) “多菲内”，法国国王。

查理七世1403年2月22日生于巴黎，查理六世和巴伐利亚的伊莎贝尔的第五子。1417年4月5日其兄弟让死后成为法国皇太子；此时正值法兰西-英格兰战争中叶及与勃艮第-阿马尼亚克派交恶之际。1418年5月29日逃离巴黎，赴布尔日，勃艮第人随后占领法国首都。1420年5月21日法国王后伊莎贝尔按照《特鲁瓦和约》的规定将他的王位继承权献于英格兰国王亨利五世，这使他出任摄政王、以替代精神病间歇发作的父亲的计划落空。在卢瓦尔南部建立自己的统治区域。是年8月31日亨利五世去世，年幼的亨利六世合法继承英格兰和法国王位。尽管如此，同年11月他还是在普瓦提埃自己为自己加冕为法国国王。但实力有限、缺乏盟友的状况，妨碍了他的抗英大业。1429年2月，贞德在关键时刻挺身而出。1429年5月，贞德打破了英格兰军队对战略性城市奥尔良的围攻。之后贞德连连获胜，他才得以进占朗斯，并于1429年7月17日在该地正式加冕。1430年贞德在鲁昂附近被俘，他坐视不救。1435年9月与神圣罗马皇帝和勃艮第菲利普公爵结盟。在盟友和众多富有才能的指挥官的帮助下，他开始收复被英格兰侵占的失地。1436年4月光复巴黎。1440年镇压其子路易(后来的路易十一)的反叛。1444—1449年与英格兰达成停战协定。1445年5月26日公布著名的非常法法令；该法令开创了部队组织法，依此建立了西欧数世纪以来的第一支常备军。1448年4月28日组建了一支称为法兰西近卫队的国家民兵步兵部队。凭借这些部队，再加上毕罗兄弟的优秀的炮兵辎重队，法国的将军们于1449—1450年8月收复了诺曼底，并于1451年4月—1453年10月收复基恩。在其统治的最后几年，他陷入了同其子以及和意大利的纠葛之中。1461年7月22日卒于默安。

查理七世才智过人，但由于缺乏意志，易受宠臣支配，因而影响了才能的发挥。他的绰号出自他的顾问和军事指挥官。他的统治标志着法国恢复繁荣和国力复兴。

DLB

参考：Burne, Alfred H., The Agincourt War. New York, 1956.

Cousneau, Eugène, Le connetable de Richemont (Artur de Bretagne). Paris, 1886.

Fresne de Beacourt, G. du, Histoire de Charles Ⅶ. 6 vols. Paris, 1881—1891.

Lewis, Peter Shervey, ed., The Recovery of France in the Fifteenth Century. New York, 1977.

查理八世(Charles Ⅷ, 1470—1498年) 法国君主。参加主要战争：意大利战争（1494—1505年）；参加主要战役(战斗)：福诺沃之战（1495年）。

查理五世（西班牙的查理一世）(Charles Ⅴ, 1500—1558年) 哈布斯堡统治者。参加主要战争：骑士战争(1522年)、农民战争（1524—1525年）、第一（1521—1526年）、第二（1526—1530年）、第三（1536—1538年）、第四（1542—1544年）和第五（1547—1559年）次哈布斯堡-瓦卢瓦战争、土耳其战争（1526—1546年）、施马尔卡尔登战争（1546—1547年）；参加主要战役（战斗）：突尼斯之战（1535年）、阿尔及尔之战(1541年)、穆尔伯格之战（1547年）。

查理四世，洛林和巴尔公爵(Charles Ⅳ, Duke of Lorraine and Bar, 1604—1675年) 奥地利将军。参加主要战争：三十年战争（1618—1648年）、法西战争（1634—1658年）、荷兰战争（1672—1678年）；参加主要战役（战斗）：讷德林根之战（1634年）、阿拉斯之战（1640年）、图特林根之战（1643年）、辛茨海姆之战（1674年）、康策尔桥之战（1675年）。

查理四世1604年4月5日生于南希，沃代蒙伯爵弗朗索瓦（洛林和巴尔公爵亨利二世之弟）和克里斯蒂娜·德·扎尔姆之子。1621年娶亨利二世之女、堂妹尼科尔为妻。1624年亨利去世，尼科尔成为女公爵。之后，弗朗索瓦取代尼科尔任公爵。1625年11月，弗朗索瓦替查理考虑，把公爵爵位让予查理。1627—1632年参与密谋反对法国，激怒了的法国强迫他于1632年接受《利韦丹条约》，之后又于1633年占领南希。1634年1月，让位于其兄弟尼古拉·弗朗索瓦，参加斐迪南二世帝国军队。1634年9月6日在帝国军队获胜的讷德林根战役中表现出色。后与马提亚·加拉斯联合劫掠勃艮第。1636年联手包围圣让·德洛讷，但未能将其攻克。1638年10月15日在坦恩被萨克斯·魏玛的贝尔纳德击溃。1640年夏参与尝试打破法军对阿拉斯的围攻的战斗。1643年11月14日协助弗兰茨·冯·梅西在图特林根击溃若西亚斯·冯·兰曹的法军。1652年，在第三投石党人运动中（属法国-西班牙战争的一部分），为支援反叛的贵族两次入侵法国。1654年因同枢机主教马萨林谈判被西班牙当局拘禁，直到1659年才获释。1661年根据《瓦朗谢讷条约》，恢复公爵地位，但被法国人逐出自己的公国。他被迫再次参加帝国军队。1674年6月16日与卡普拉拉元帅共同指挥帝国军队参加辛茨海姆之战，为蒂雷纳所败。1675年8月11日，在康策尔桥击败并俘虏弗朗索瓦·德·克雷基元帅，随后于9月6日攻克特里尔。9月18日染病；9月20日卒于艾伦拜克（特里尔附近）。

查理四世年轻时鲁莽、放荡不羁。他富有才干，但并不是出类拔萃的指挥官。他之所以忠于帝国，与其他几位洛林公爵一样，很大程度上只是一种为了与法国为

敌而采取的权宜之计。

AL

参考：Biographie universelle，1811—1862.

Dictionnaire historique de France. Reprint，1968.

EB.

查理五世，里奥波德，洛林和巴尔公爵（Charles Ⅴ〈Charles，Leopold〉，Duke of Lorraine and Bar，1643—1690年） 奥地利将军。参加主要战争：荷兰战争（1672—1678年）、神圣同盟战争（1683—1699年）、奥格斯堡同盟战争（1688—1697年）；参加主要战役（战斗）：圣哥达（圣戈特哈德）之战（1664年）、瑟内夫之战（1674年）、科切尔斯贝格之战（施特拉斯堡附近）（1677年）、根根巴赫之战（1678年）、维也纳之战（1683年）、布达围攻战（1684年和1686年）、莫哈奇（大豪沙尼）之战（1687年）。

查理五世1643年4月生于维也纳，洛林和巴尔公爵尼古拉·弗朗索瓦之子，查理四世之侄。1656—1662年在法国生活和接受教育。1662年在其叔与法国谈判期间返回奥地利。1664年8月1日作为团长在蒙特库库利麾下参加圣哥达之战，表现出色。1668—1669年和1674年，两度成为波兰王位候选人。1674年8月11日，参加瑟内夫之战，身负重伤。1675年，除法国之外所有欧洲国家均承认其对叔父的公爵领地拥有继承权；尽管如此，他仍未能拥有这一领地。1675年任陆军元帅。1676年6月23日—9月11日，围攻并攻克菲利普斯堡。1677年10月17日在科切尔斯贝格和1678年7月23日在根根巴赫两度为德·克雷基元帅所败。1683年任驻多瑙河沿岸帝国的一支小型军队的司令，迟滞土耳其军队进逼维也纳。土耳其人包围该城后（7月14—17日），查理阻遏了其袭取多瑙河流域的企图。9月12日在维也纳之战中，于波兰国王约翰·索别斯基麾下指挥波兰-帝国联军左翼（北部方向）。10月9日参加帕尔卡尼（什图罗沃）之战，粉碎了穆斯塔法帕沙卡拉指挥的土耳其军队。1684年7月15日—10月30日，围攻布达受挫，但于7月22日在哈姆茨贝格遏止了土耳其军的救援企图。1685年8月10日，在格兰（埃斯泰尔戈姆）以仅100人的伤亡击败塞拉斯基亚·易卜拉欣的军队。1686年6月18日—9月2日再次围攻布达，获得成功。8月14日于该城外围挡住首领苏莱曼帕夏指挥的土耳其的另外一支援军。翌年8月12日在莫哈奇再次击败苏莱曼。这一胜利迫使匈牙利承认哈布斯堡的宗主国地位。1689年7月16日—9月8日，作为奥地利驻莱茵司令，围攻并攻克美因茨。5月6日—10月12日，帮助勃兰登堡选帝侯腓特烈·威廉攻克波恩。1690年4月18日卒于奥地利的韦尔斯。

查理五世是一位有才干的指挥官。他在匈牙利的胜利，终使该国摆脱了土耳其的控制。他广泛受到尊重，不仅因为指挥艺术高超，而且由于政治眼光敏锐。他在1687年撰写的《政治遗言》曾预见到西班牙将发生王位危机，并建议神圣罗马帝国向中央集权制国家发展。

AL and DLB

参考：Barker，Thomas M.，Double Eagle and Crescent. New York，1967.

Biographie universelle. Paris，1811—1862.

Dictionnaire de biographie française. Paris，1933—1979.

Stoye，John，The Siege of Vienna. London，1967.

EB.

查理八世（Charles Ⅷ，1408—1470年） 瑞典和挪威君主。参加主要战争：卡尔马同盟之战（1434—1510年）。

瓦萨的查理九世（Charles Ⅸ Vasa，1550—1611年） 瑞典国王。参加主要战争：瑞典内战（1568年）、波兰入侵瑞典战争（1592—1599年）、第一次波兰-瑞典战争（1600—1611年）、卡尔马同盟战争（1611—1613年）；参加主要战役（战斗）：施坦格布罗之战（1598年）、基尔克霍尔姆（里加附近）战役（1605年）。

查理生于1550年10月4日，是瓦萨的古斯塔夫一世和他第二个妻子玛加丽塔·利约恩胡夫伍德的小儿子。1560年实现其父愿望，成为南曼兰、纳尔肯和韦姆兰公爵。1568年他和哥哥约翰发动叛乱，反对同父异母的兄长埃里克十四世国王。但是当约翰登基，成为约翰三世时，他们兄弟之间的关系开始恶化。1592年11月，约翰的儿子、狂热的天主教徒西吉斯蒙德继承王位。后来，查理在立路德教为国教、摆脱波兰统治争取国家独立的斗争中发挥了重要作用。1596—1597年，他与皇家议会发生激烈冲突，最终引发内战。1598年9月25日，他在施坦格布罗之战中大败西吉斯蒙德。1599年，他废黜国王西吉斯蒙德，担任摄政官。由于西吉斯蒙德被推翻，瑞典和波兰两国重燃战火。查理率军征战爱沙尼亚和立沃尼亚。1600年又夺取了帕尔努和塔尔图。但在1605年基尔克霍尔姆战役中遭受重创。虽然他于1604年成为瑞典国王，但直至1607年才真正登上国王宝座。1609年查理派军队援助俄国人反对波兰。1611年与丹麦爆发战争之后，在卡尔马同盟之战中被丹麦人打败。卒于1611年10月30日返回斯德哥尔摩途中。

查理是一位天才的管理者和虔诚的路德教信徒。他粗暴、残忍、脾气恶劣，对夺取王位雄心勃勃，从不甘心失败。

AL

参考：Roberts，Michael，The Early Vasas：A History of Sweden，1523—1611. London，1968.

Scott，Franklin D.，Sweden：The Nations History. Minneapolis，Minn.，1977.

查理十世·古斯塔夫（Charles Ⅹ Gustavus〈Gustav〉，1622—

1660年） 瑞典国王。参加主要战争：三十年战争（1618—1648年）、第一次北方战争（1655—1660年）；参加主要战役（战斗）：围攻柏林（1655年）、桑多梅日之战（1656年）、华沙之战（1656年）。

查理十世·古斯塔夫1622年11月8日生于尼雷平城堡，茨韦布吕肯的王权伯爵约翰·卡什米尔和国王查理九世之女卡特琳之子。1638—1640年出国留学。1640年，与古斯塔夫·阿道夫之女克里斯蒂娜订婚。1642—1645年，在伦纳尔特·托尔斯顿森元帅麾下于驻德意志的瑞典军中服役。回瑞典后得知克里斯蒂娜已解除与他的婚约。1648年，出任驻德意志的瑞典军队司令。1649年，克里斯蒂娜女王指定他为王位继承人。1654年6月6日克里斯蒂娜退位，查理即王位为查理十世。1655年春，为扩大瑞典对波罗的海南部海岸的控制，向波兰宣战。不久占领了华沙（9月）和克拉科夫。1655年10月—1656年1月，入侵勃兰登堡，围攻柏林。选帝侯腓特烈·威廉被迫与瑞典结盟，查理遂撤围。1656年春返回波兰，兵败扎莫希奇。可能在6月，受困桑多梅日，率部突围时损失惨重。7月28—30日，在华沙附近击败国王约翰·卡什米尔和斯特凡·恰尔尼斯基将军指挥的数量占较大优势的波兰军队。尽管如此，波兰依然敌视瑞典。1657年6月1日丹麦对瑞典宣战，他遂进军勃兰登堡，夺取不来梅，并从南部入侵丹麦。1657年7月占领日德兰半岛。趁当年冬季异常寒冷、海峡结冰之机，渡过大、小贝尔特海峡攻击西兰岛（1658年1月）。1658年2月26日，强迫丹麦签订苛刻的《罗斯基勒和约》。由于法国和英国反对，被迫推迟入侵勃兰登堡的计划。丹麦拒绝履约而予其口实，使之于8月再侵丹麦。荷兰担心瑞典控制波罗的海后威胁自己，于1658年10月对瑞典宣战。瑞典压力增大，查理遂决定在哥德堡召开会议，1660年2月13日卒于会议召开前夕。

查理十世·古斯塔夫是一位杰出的军事指挥官，他大胆，富有进取精神，充满活力。作为政治家和外交家，他同样具有上述品质。然而，他的野心太大，超出了瑞典国力的承受范围。

AL

参考：Bonnesen, S., Karl Ⅹ Gustavus. Stockholm, 1956.
Carlbom, J. L., Karl Ⅹ Gustav. Stockholm, 1910.
Roberts, Michael, Sweden as a Great Power, 1611—1697. London, 1968.
——, Sweden's Age of Greatness, 1632—1718. New York, 1973.

瓦萨的查理十一世（Charles Ⅺ Vasa, 1655—1697年） 瑞典国王。参加主要战争：荷兰战争（1672—1678年）；参加主要战役（战斗）：隆德之战（1676年）、兰斯克鲁纳之战（1677年）。

瓦萨的查理十一世1655年11月24日生于斯德哥尔摩，是查理十世·古斯塔夫和荷尔斯泰因-戈托普的海德维希·埃莉诺拉的独生子。1660年父死后继承王位。1660—1672年由摄政掌握朝政。1672—1675年，名义上亲政，由摄政辅佐。瓦萨的查理十一世的实际掌权是在1674—1675年与勃兰登堡和丹麦开战之际。他采取一些必要的改革措施，包括抑制贵族的影响，加强陆军和海军力量，收回王室控地，惩治腐败，惩办不法行为等。1676年10月14日在隆德，1677年7月24日在兰斯克鲁纳亲自率部两次打败入侵的丹麦军队，但在海上和南波罗的海沿岸的作战却受挫。1679年6月签订《圣日耳曼昂莱和约》，索回大部分勃兰登堡侵占的瑞典土地。此后继续实行改革，建立了新式军队——“卡罗林”，以增强军队力量，加强中央集权统治。1697年4月5日因骨癌卒于斯德哥尔摩。

瓦萨的查理十一世为人性情暴躁，但又很虔诚，是一位有能力但并不很出色的指挥官。充沛的精力和克服困难的能力，使他在军事和国家治理上都取得了成功。

AL and DLB

参考：Aberg, A., Karl Ⅺ. Stockholm, 1958.
Roberts, Michael, Sweden as a Great power, 1611—1697. London, 1968.
——, Swedens Age of Greatness, 1632—1718. New York, 1973.

查理十二世（Charles Ⅻ, King of Sweden, 1682—1718年） 瑞典国王。参加主要战争：北方战争（1700—1721年）；参加主要战役（战斗）：纳尔瓦之战（1700年）、里加之战（1701年）、克利斯佐夫（基耶附近）之战（1702年）、波尔塔瓦之战（1709年）。

查理十二世1682年6月17日生于斯德哥尔摩，查理十一世和乌尔丽卡·埃菲奥诺拉的长子和存活的唯一儿子。受过良好的教育，乌尔丽卡王后去世（1693年）后成为其父最亲密的伙伴。其父死后继承王位（1697年4月5日）。1687年11月，其父指定的摄政团被摄政者们过早地解散了。当企图利用缺乏经验的俄国-波兰-丹麦联军进攻瑞典时，他被迫进行战争（1700年4月）。参加1700年底之前的早期瑞典作战，但未制定这些作战的计划。参与了对西兰岛的征服（1700年4月）和其后与丹麦的《特拉文达尔条约》（卢卑克附近）的签订（8月28日）。登陆立沃尼亚（10月16日），之后向正被沙皇彼得一世指挥的俄国大军所包围的纳尔瓦进军。于暴风雪中在纳尔瓦对彼得发起奇袭并将俄军打败（1700年11月30日）。打败围攻里加的俄国-波兰-萨克森军队（1701年6月27日），从而解了该城之围。渡过道纳（德维纳）河，并在道纳蒙德（道加夫格里瓦）打败另一支联盟军队（1701年6月18日）。攻克库尔兰（今库尔兰），入侵立陶宛（1701年8—12月）。向华沙进军并夺取该城（1702年5月14日）；之后向西进发，寻敌作战。在克利斯佐夫打败占有数量优势的施泰诺的萨克森-波兰军队（1702年7月19日）。之后，他攻取克拉科

夫，并继续削弱波兰国王兼萨克森选帝侯——奥古斯都二世的控制区（1702 年秋—1703 年春）。在普乌图斯克打败施泰诺的数量更占优势的军队（1703 年 5 月 1 日）。立斯坦尼斯拉斯·莱什琴斯基为波兰国王（1704 年）。在普乌尼茨和弗斯扎瓦又一次打败萨克森军队（1705 年），从而基本平定了波兰。返回波罗的海地区，将奥吉尔维耶的俄国军队逐出立陶宛并远出平斯克（8—9 月）。根据《阿尔特兰施塔特条约》迫使奥古斯都放弃波兰王位并同俄国解盟。拒绝彼得沙皇的和平建议并决定入侵俄国，征召了 4 万军队，改善了物资供应（1707 年）。入侵俄国（1708 年 1 月 1 日）并夺取格罗德诺（1708 年 2 月 5 日）。为等待春季融雪而屯兵明斯克附近。渡过别列津纳河，在霍洛夫金（莫吉廖夫附近）打败列普宁占有极大数量优势的军队（1708 年 7 月 12 日），同时强渡比比奇（巴比奇）河。进至第聂伯河的莫吉廖夫（7 月 18 日），但在向莫斯科推进时，为俄军的焦土政策所牵制，并受到散兵游勇的袭扰。在多布罗耶（姆斯季斯拉夫尔以南）痛击了戈利岑的小部队（9 月 11 日）。为获得赫特曼·伊凡·马泽帕的乌克兰哥萨克的援助，他转兵向南，但这一策略因马泽帕的被逐（10 月下旬）和莱文豪普特的援兵在列斯纳亚的战败（1708 年 10 月 9—10 日）而落空。在严寒的冬季（1708 年 11 月—1709 年 4 月）中，他好不容易才将军队聚集到一起。进军沃罗涅日，却中途停下来以围攻波尔塔瓦；因火炮和补给不足，这次围攻受阻（1709 年 5 月 2 日—7 月 7 日）。进行机动以应付彼得一世的解围作战，期间，他脚部负伤（6 月 17 日）。在波尔塔瓦对占有巨大优势的俄军发起的孤注一掷的进攻失败，瑞军被歼（1709 年 7 月 9 日）。查理携马泽帕和 1500 名骑兵逃亡至土耳其的摩尔多瓦，并在宾杰里建立大营帐。曾诱劝土耳其加盟参加这一战争（1710 年 10 月）。继续从宾杰里遥控瑞典（1709—1714 年）。不久，他因与土耳其东道主发生纠纷而被围于营帐（1713 年 1—2 月）；后离开土耳其，穿越哈布斯堡王朝的领地，14 天后到达瑞典的波美拉尼亚（1714 年 11 月）。为拯救施特拉斯松德和维斯马进行过强有力的战役（1715 年），但被迫放弃它们，返归瑞典（1715 年 12 月）。重建并重振了瑞典军队，对挪威斯卡尼亚（克里斯迪安斯达德和马尔默周围地区）发动了一次先发制人的联军入侵（1716 年夏）。为进行有利的和平谈判，他征召了更多的军队并制定了作战计划（1717 年）。实施新计划期间，他在腓特烈斯哈尔（今哈尔登，位于奥斯陆附近）围城战中为滑膛枪所射杀（1718 年 11 月 30 日）。

查理十二世是一位非常聪明的人，勇敢无畏的军事统帅，富于创见的战术家与行政家，能干的战略家。他的最大失误是拒绝彼得一世的和平建议（1706 年 9—10 月）和后来决定入侵俄国。

DLB

参考：Adlerfelt，Gustave，Histoire militaire de Charles Ⅻ，roi de Suède. 4 vols. Amsterdam，1740.

Bengtsson，Franc C.，The Life of Charles Ⅻ. Translated by Naomi Walford. 2 Vols. London，1960.

Gade，John A.，Charles the Twelfth，King of Sweden. Boston，1916.

Hatton，Ragnhild Marie，Charles Ⅻ of sweden. New York，1968.

Sweden，Armen Generalstaben，Kart Ⅻ pà slafälgtet. 4 Vols. Stockholm，1918.

查理·路易·J.，奥地利大公，切申公爵（Charles Louis Johu，Archduke of Austria，Duke of Teschen，1771—1847 年） 奥地利元帅。参加主要战争：法国大革命战争（1792—1799 年）和拿破仑战争（1800—1815 年）；参加主要战役（战斗）：热马普之战（1792 年）、内尔文登（在列日附近）之战（1793 年）、瓦蒂尼之战（1793 年）、弗勒吕斯之战（1794 年）、维尔茨堡之战（1796 年）、第一次施托卡赫之战（1799 年）、第一次苏黎世之战（1799 年）、卡尔迭罗（在维罗那附近）之战（1805 年）、埃格缪尔之战（1809 年）、阿斯派因-埃斯林之战（1809 年）、华沙之战（1809 年）。

查理于 1771 年 9 月 5 日生于佛罗伦萨，神圣罗马皇帝里奥波德二世的第三子，弗朗西斯一世皇帝的兄弟。在荷兰，他接受了萨克森-切申公爵的军事训练。1792 年 11 月 6 日，做为旅指挥官第一次参加热马普的作战。1793 年任荷兰督军。1793—1794 年法国入侵荷兰期间，他在 1793 年 3 月 1 日的阿尔登霍芬之战及 3 月 18 日的内尔文登之战中荣立战功。在那里，他打败了杜木利埃，但在随后的 10 月 15—16 日的瓦蒂尼之战及 1794 年 6 月 26 日的弗勒吕斯之战中又被打败。1796 年升帝国元帅并指挥莱茵陆军。在 8 月 24 日的安贝格之战及 9 月 3 日的维尔茨堡之战中，他打败了茹尔丹和莫罗，从而将他们赶出了德国。1797 年转入意大利同波旁王朝的军队进行了战术高超的后方保卫战，从而将许多军队从崩溃的边缘解救了出来。在 1799 年的战役中，他于 3 月 21、25 日在奥斯特拉赫及施托卡赫再次打败茹尔丹。后率部侵入瑞士，在 1799 年 6 月 4—7 日的第一次苏黎世之战中打败马森纳。此后返回德国，再次将法军赶过莱茵河。约 1800 年，因病退出现役，任波希米亚总督。1805 年任意大利驻军总司令，并在 10 月 28—31 日的卡尔迭罗之战中击败马森纳。12 月 2 日的奥斯特利茨灾难后，他重建军队，于 1809 年率该部与拿破仑的军队进行了卓有成效的周旋。4 月 22 日，在埃格缪尔被击败后，于 5 月 22 日将拿破仑军队阻于阿斯派因-埃斯林，但随即在 7 月 5—6 日的华沙之战中遭重创。后转而指挥军队进逼施瓦岑贝格。除 1815 年任美因茨总督外，退出现役。1815 年同拿骚-魏尔堡的公主亨丽塔成婚，并生了六个孩子。他的长子阿尔贝特大公于 1822 年继承萨克森-切

C

申公爵称号。1847 年 4 月 30 日卒于维也纳。

查理是一位聪颖、勇敢、诚实和无畏的将军，也是一位优秀的战略家、战术家、组织者和管理者。他还是一个颇有成就的军事作家。在那个时代，他的著作被认为十分重要。惠灵顿公爵认为他是联军最优秀的指挥员之一。他也是拿破仑最敬畏的对手。

VBH

参考：Archduke Charles, Ausgewählte militärische Schriften. Edited by General von Waldstätten. Dresden, 1891.

Cristie, O., Erzherzog Carl von Österreich. 3 vols. Vienna, 1912.

Petre, F. Lorraine, Napoleon and the Archduke Charles. London, 1976.

沙塞，大卫·亨德里克(Chassé, David Hendryk, 1765—1849 年) 荷兰将军。参加主要战争：法国大革命战争（1792—1799 年）和拿破仑战争（1800—1815 年）、比利时独立战争（1830—1832 年）；参加主要战役（战斗）：滑铁卢之战（1815 年）、安特卫普包围战（1832 年）。

沙塞 1765 年生于海尔德兰省的蒂尔，1781 年参加荷兰陆军。因政治原因于 1787 年逃亡法国并加入法国陆军。在法国革命和拿破仑战争特别是 1808—1813 年的西班牙战争中，屡屡参战，并作为少将参加了 1814 年 1—3 月的法国防御战。1815 年 4—6 月的百日王朝期间，为荷兰军队作战。6 月 18 日，率荷兰陆军第三师参加滑铁卢之战。后任安特卫普总督。在比利时革命期间(8—12 月)，率部炮击安特卫普。1832 年 11 月 29 日—12 月 23 日，率部坚守安特卫普以阻止法军元帅热拉尔的进攻，但被迫投降。1841 年退出现役，卒于 1849 年。

PDM

参考：Boulger, Demetrius, The History of Belgium. 2 vols. London, 1902.

van der Aa, A. J., Biographisch Woordenboek der Ne derlanden, Vol, 3. Haarlem, 1858.

沙斯特，艾马尔·德(Chaste, Aymar de, 卒于 1603 年) 法国海军将领。参加主要战争：法国宗教战争（1576—1598 年）、法国-西班牙战争（1582—1598 年）；参加主要战役（战斗）：圣米格尔战役（1583 年）。

沙斯特的出生时间和地点以及早期活动不详，仅知其担任过国王尚布尔的侍从。后任迪耶普和阿克尔执政及驻英格兰大使。曾领导法国-葡萄牙联合舰队驰援贝雅的安东尼奥·德·克拉托军队，从西班牙人手中夺取亚速尔岛，拉开了葡萄牙解放战争的序幕。1583 年在圣米格尔战役（即第二次特塞拉之战）中败于圣克鲁兹侯爵阿尔瓦罗·德·巴桑领导的军队。1603 年组建并指挥一支部队支持法国垄断北美贸易的行动。

AL

参考：Biographie universelle, 1811—1862.

Dictionnaire historique de France. Reprint, 1968.

沙托雷诺侯爵，弗朗索瓦·路易·德·鲁斯莱(Châteaurenault, Francois Louis de Rousselet, Marquis of, 1637—1716 年) 法国海军上将、元帅。参加主要战争：法国-西班牙战争（1635—1659 年）、荷兰战争（1672—1678 年）、奥格斯堡同盟战争（1688—1697 年）、西班牙王位继承战争（1701—1714 年）；参加主要战役（战斗）：沙丘之战（敦刻尔克附近，1658 年）、吉耶里（吉杰勒）之战（1664 年）、斯洪那威尔德特沿岸之战（斯海尔德河口，1673 年）、泰瑟尔岛之战（1673 年）、斯特龙博利岛之战（1676 年）、阿戈斯塔之战（意大利的奥古斯塔，1676 年）、巴勒莫之战（1676 年）、班特里湾之战（1689 年）、比奇赫德之战（1690 年）、拉古什之战（葡萄牙，1693 年）、维哥湾之战（1702 年）。

沙托雷诺侯爵 1637 年 9 月 22 日生于图赖讷地区的沙托雷诺。入伍之后于 1658 年 6 月 14 日参加沙丘之战；这是他的第一次作战。1661 年调往海军工作，同巴巴里海盗船作战。1664 年参加了著名的吉耶里进攻战。1672 年以海军上校之衔率部攻击摩尔海盗的堡垒萨里，摧毁其港口防御设施和 5 艘船只。1673 年任海军中队司令，参加 1673 年 6 月 7 日进行的斯洪那威尔德特沿岸之战和 8 月 21 日的泰瑟尔岛附近的作战。之后在地中海同荷兰人作战，参加 1676 年 1 月 8 日进行的斯特龙博利岛之战、4 月 22 日进行的阿戈斯塔之战和 6 月 1 日进行的巴勒莫之战。1688 年，参加攻击阿尔及尔前晋升中将。1689 年 5 月 10 日为法国-詹姆斯党联军赴爱尔兰护航，在班特里湾击退英国托林顿海军上将的攻击，自己亦损失惨重。1690 年 7 月 10 日，在图维尔麾下率后卫中队，经比奇赫德血战战胜托林顿的联合舰队；时任海军上将。1693 年 6 月 28 日再次在图维尔麾下参加拉古什之战。1693 年秋防守圣马洛。1694 年袭击洛斯阿尔法奎斯港（西班牙的托尔托萨附近），击沉西班牙 5 艘战舰。1697—1700 年任布勒斯特港司令。1701 年，为护送西班牙珍宝船队从美洲返航，西班牙国王菲利普五世（系路易十四之子，他的登基导致西班牙王位继承战争爆发）把他由舰队副司令提升为总司令。1702 年 10 月 14 日，在维哥湾遭到英国舰队司令乔治·鲁克爵士的突然攻击，并被击败。为防止为敌所获，被迫焚毁自己的许多战舰和大部分珍宝大帆船。尽管有此惨败，仍于 1703 年被法国路易十四擢升为法国元帅。后出任勃艮第总督。1716 年 11 月 15 日卒于巴黎。

沙托雷诺侯爵富有才干，且具有进攻精神，是法国海军中最有才能和最有成就的指挥官之一。他的兵败维哥湾，无损于他在诸如比奇赫德和拉古什等海战中所取得的功绩。

AL

参考：Biographie universelle, 1811—1862.

Calman-Maison, J.J.R., Le maréechal de Château-Renault. Paris, 1903.

Courcelles, Jean Baptiste de, Dictionnaire historique et biographique des généraux français. Paris, 1820—1823.

昂西，伊萨克（Chauncey, Isaac, 1772—1840 年） 美国海军军官。参加主要战争：同法国的战争（1798—1800 年）、的黎波里战争（1801—1805 年）、1812 年的战争（1812—1815 年）；参加主要战役（战斗）：约克之战（1813 年）、乔治堡（安大略湖的尼亚加拉）之战（1813 年）。

昂西 1772 年 2 月 20 日生于康涅狄格的黑岩，早期参加商船运输，19 岁时拥有了自己的船只。1799 年 6 月，任有 44 门炮的美国“总统”号舰的上尉。1800 年在托马斯·特鲁克斯顿船长手下继续在该舰上服役。1800 年 9 月，尽管同法国休战后，美海军裁员，他仍然留在了海军服役。1802 年，在小舰“切萨皮克”号上任舰长，后任“纽约”号舰长。1804 年 5 月又任“约翰·亚当斯”号舰长。1804 年 8—9 月，率“约翰·亚当斯”号舰参加了对的黎波里的炮击。1806 年 4 月升上校，并任纽约海军造船厂厂长。1812 年 9 月 3 日指挥安大略湖海军。他建立起颇有力量的舰队，参加了支援陆军在纽约的萨基茨港口的战斗。11 月 10 日参加安大略的金斯顿之战，后于 1813 年 4 月护送亨利·迪尔伯恩的军队开往约克，并支援该部于 4 月 27 日攻占该镇。5 月 27 日，运送温菲尔德·斯科特上校的4000兵马在乔治堡登陆，并支援他们攻占该城。8 月 7—11 日期间，同詹姆斯·约爵士率领的英国小舰队在金斯顿附近进行了数次不分胜负的小战斗。后来战绩平平。1814 年秋，未能有力地支援雅各布·布朗将军攻打蒙特利尔的战役，与约爵士进行的战斗也未分胜负。1815 年，任有 74 门炮的大型战舰“华盛顿”号的舰长。1816—1818 年，任地中海舰队总指挥，并参加了同阿尔及利亚人的谈判，签署了一个新条约。1821—1824 年，在海军委员会任职。1825—1832 年再次任纽约海军造船厂厂长。此后复又被任命为海军委员会委员，同时继续任纽约海军造船厂厂长，直至 1840 年 1 月 27 日卒于华盛顿。

昂西是一位精力充沛，办事有效的组织者和管理者。但缺乏独立作战指挥的才干，由于他极力想保持海军实力而担心作战失利，因而妨碍了他的舰队有效地支援地面作战。

Staff

参考：Cumberland, Barlow, “The Navies on Lake Ontario in the War of 1812,” Ontario Historical Society Papers and Records, Vol. Ⅷ (1907).

Stacey, Charles P., “Commodore Chauncey's Attack on Kingston Harbor, November 10, 1812,” Canadian Historical Review, Vol. ⅩⅩⅫ (1951).

EB.

WAMB.

肖韦尔，亨利·乔治爵士（Chauvel, Sir Henry George, 1865—1945 年） 澳大利亚将军。参加主要战争：第一次世界大战（1914—1918 年）；参加主要战役（战斗）：伊斯梅利亚之战（1915 年）、加利波利（格利博卢）之战（1915—1916 年）、第一、第二和第三次加沙之战和交叉站（在巴勒斯坦的主要铁路线上）之战（1917 年）、美吉多之战和大马士革之战（1918 年）。

肖韦尔 1865 年生于新南威尔士。1911—1914 年任澳大利亚陆军副官长。任澳大利亚第一骑兵旅旅长期间，参加 1915 年 2 月 2—3 日的伊斯梅利亚之战。率所部参加加利波利战役（1915 年 4 月 24 日—1916 年 1 月 8 日），升为少将并任澳军第一师师长。1916 年 1 月返回埃及，任澳新远征军骑兵师师长，率部参加失利的英军的第一次加沙之战（1917 年 3 月 26—28 日）和第二次加沙之战（4 月 17—19 日）。艾伦比接掌英军指挥权后，他任新的沙漠骑兵军军长，在第三次加沙之战（10 月 31 日—11 月 6 日）、交叉站之战（11 月 13—14 日）和夺取耶路撒冷之战（12 月 8 日）中，指挥骑兵的作战行动。在美吉多之战（1918 年 9 月 19—20 日）中，指挥骑兵军参加突破行动以及随后的追击（9 月 21—30 日），夺取大马士革（10 月 2 日）。沙漠骑兵军的行动堪称历史上最快的进军之一。1919 年他被任命为澳军监察长。1923 年任总参谋长。1930 年退出现役，卒于 1945 年。

肖韦尔是第一次世界大战期间澳军最有能力的将领之一。他在巴勒斯坦对骑兵部队的指挥大胆而有力，极大地促进了艾伦比的成功。

DLB

参考：Gullett, H. S., History of Australia in the Great War of 1914—1918, Vol. Ⅶ. London, 1923.

Moorehead, Alan, Gallipoli. New York, 1956.

DNB, Supplement, 1941—1950.

WBD.

切尔姆斯福德第二男爵，弗雷德里克·奥古斯塔斯·塞西杰尔（Chelmsford, Frederick Augustus Thesiger, 2nd Baron, 1827—1905 年） 英国将军。参加主要战争：克里木战争（1853—1856 年）、镇压印度土兵起义（1857—1858 年）、阿比西尼亚战争（1868 年）和祖鲁战争（1879 年）；参加主要战役（战斗）：马杰达之战（1868 年）、伊散德尔瓦那之战（莱迪史密斯附近，1879 年）和乌伦迪之战（1879 年）。

切尔姆斯福德生于 1827 年 5 月 31 日，是切尔姆斯福德第一男爵（后来的英格兰大臣）的长子。1844 年 12 月成为来福枪旅的一名中士。1845 年买到了掷弹兵卫队的中尉军衔。1852—1855 年任爱尔兰总督的随从副官。1855 年 5—10 月参加了克里木战争。1856 年初—1858

C

年初在英格兰服役。1858 年 6 月赶到印度，参加镇压印度土兵起义最后阶段的作战行动。1861—1863 年在孟买任参谋。1863—1868 年初指挥第九十五团。1868 年 1—6 月在阿比西尼亚战争中，任职于罗伯特·纳皮尔的参谋部。在后来的几个月中曾任维多利亚女王的随从参谋。1869 年初返回印度任副官长。1874 年 3 月回到英格兰。晋升为少将之前，曾在肖恩克里夫和奥尔德肖特任职(1868 年 11 月—1877 年 3 月)。1878 年 3 月 4 日起指挥驻南非的皇家军队。1878 年 4—5 月战胜盖克部落，结束了第九次卡菲尔战争。1878 年 10 月 5 日继承了切尔姆斯福德男爵称号。率英军第一次入侵祖鲁兰。期间，他特别注重后勤和情报准备，但其多路纵队入侵计划却因中央纵队在 1879 年 1 月 22 日的伊散德尔瓦那的惨败和 3 月 28 日的赫洛巴内（弗雷黑德附近）的失利而告粉碎。后在援军的支援下，他率主力纵队于 5 月 31 日再次入侵祖鲁兰，稳健而谨慎地推进至乌伦迪周围的村落，1879 年 7 月 4 日率军以方阵击败了一支 2000 人的祖鲁兰军队。这一行动结束了祖鲁战争。回到英格兰后，他被提升职务并获得了许多荣誉，从此退出军界。1905 年卒于伦敦。

切尔姆斯福德是一位地道的、富有能力的职业军人，懂得如何对待异族的殖民地军队。他对伊散德尔瓦那之战的灾难不负直接的责任（这个问题仍有争议），因为在此期间他和侦察分队失去联系；不过，自 1879 年后他再也没有被授予指挥权。

DLB

参考：Clements, W. H., The Glamour and Tragedy of the Zulu War. London, 1936.
Morris, Donald R., The Washing of the Spears. New York, 1965.
Rothwell, John Sutton(comp.), Narrative of Field Operations Connected with the Zulu War of 1879. London, 1881.

陈诚(Ch'en Ch'eng, 1898—1965 年) 中国国民党将领。参加主要战争：北伐战争（1926—1927 年）、抗日战争(1937—1945 年)、国共战争（1945—1949 年）；参加主要战役（战斗）：武汉会战（1938 年）、辽沈战役（1947 年）。

陈诚 1898 年生于浙江青田。毕业于保定军校。加入国民党之后先后在几个军政府里短期服役。1924—1927 年间与蒋介石密切合作，在军队里开展建立政治部的工作。北伐战争后期，陈诚在蒋介石的北伐军总司令部任职。1930 年统率第十八军，随后在 1934 年夏秋之交的“围剿”战争中出任第三路军总指挥。陈诚曾任湖北省主席和第六战区司令长官。1938 年指挥了抗击日本侵略军的武汉会战，但应对 1940 年宜昌战役的失败负责。1944 年陈诚被约瑟夫·史迪威将军提名统率远征军，以实施突袭缅甸的计划，但后被何应钦免职。1946 年陈诚被任命为总参谋长。1947 年 8 月出任国民党驻东北军队司令，在那里他解散了伪政府（日军傀儡）的军队。1948 年 12 月出任台湾省主席。在 1949 年国民党败退台湾的行动中，陈诚扮演了重要的角色。1960 年当选为“中华民国”“副总统”。卒于 1965 年。

PWK

参考：Chang Chi-yun et al., History of Sino-Japanese War. 2 vols. Taipei, 1967.
Chassin, Lionel Max, The Communist Conquest of China: A History of the Civil War, 1945—1949. Cambridge, Mass., 1965.
Riggs, Fred W., Formosa Under Chinese Nationalist Rule. New York, 1952.

陈炯明(Ch'en Chiung-ming, 1875—1933 年) 中国军阀。

陈炯明生于 1875 年，是中国南部的客家人后裔，广东海丰人。20 世纪初曾领导反清革命，并因此被剥夺政治权利。辛亥革命后，陈炯明逐渐在广东省组建了一支军队，1917 年基本控制了全省的绝大部分地区。陈炯明邀请孙中山到广州建立革命政府，并接受蒋介石做他的参谋长。1918 年末，陈炯明被桂系军阀逐出广州。1920 年 10 月，陈炯明夺回广州，又邀孙中山建立政府。由于不满孙中山的依靠北伐战争统一中国的计划，陈炯明起兵反叛，不再支持孙中山，并于 1922 年明目张胆地和孙中山兵戎相见。1924 年 1 月，国民党在广州重建政府，陈炯明与之对抗，但被蒋介石的训练更有素、装备更良好的军队击败，尤其是在棉湖一战中。之后，陈炯明退出了活跃的政治舞台。1933 年卒于香港。

陈炯明是一位有一定能力和反应敏捷的人；比起其他军阀，他更有野心。

PWK

参考：Boorman, Howard, L., ed., Biographical Dictionary of Republican China. 5 vols. New York, 1967.

陈赓(Chen Geng, 1903—1961 年) 中国将军。参加主要战争：第二次东征（1925 年）、抗日战争（1937—1945 年）、国共战争（1945—1949 年）、朝鲜战争（1951—1952 年）；参加主要战役（战斗）：南昌起义（1927 年）、太行山诸战斗（1938 年）、淮海战役（1948 年）、渡江战役（1949 年）。

陈赓原名庶康，1903 年生于湖南省湘乡县。7 岁时被其父送入私塾接受传统蒙学教育。1915 年考入湘乡县立东山高等小学。1916 年加入湘军，其时年仅 13 岁。1921 年在粤汉铁路湘局任办事员时加入了青年救国会，接受共产主义思想的影响，于翌年加入中国共产党。1924 年 5 月考入黄埔军校第一期，11 月毕业后留校任第二期新生连连长，并参加了第二次东征（1925 年 10 月）。1926 年 3 月任第四期步科第一团第七连连长。9 月份赴苏联学习，次年 2 月回国。1927 年 8 月 1 日，参加

了南昌起义，任第二十军第三师第六团第一营营长。1928年起在上海主持中共中央的地下情报工作。1931年9月任中国工农红军第四方面军团长、师长。抗日战争时期，历任八路军第一二九师第三八六旅旅长、太岳军区司令、太岳纵队司令员；期间开辟了晋冀豫抗日根据地，参与指挥了太行山区的神头岭、响堂铺、长乐村诸战斗（1938年3—4月），并率部参加了百团大战（1940年）。国共战争期间，任晋冀鲁豫军区第四纵队司令员。1947年率部强渡黄河，配合刘（伯承）邓（小平）大军和陈（毅）粟（裕）大军挺进中原，1948年参加淮海战役。1949年任第四兵团司令员兼政委，率部参加渡江战役及渡江后一系列肃清国民党军队残余的战役。1951年参加抗美援朝战争，任中国人民志愿军副司令员兼兵团司令员、政委。1952年回国，历任军事工程学院院长兼政委，解放军副总参谋长，国防部副部长。1955年被授予大将军衔。1961年3月16日病逝于上海。

陈毅（Ch'en Yi，1901—1972年） 中国元帅和政治家。参加主要战争：北伐战争（1926—1927年）、反"围剿"战争（1933—1934年）、抗日战争（1937—1945年）、国共战争（1945—1949年）。参加主要战斗（战役）：皖南事变（1941年）、淮海战役（1948年）。

陈毅1901年生于四川省乐至县一个富有的家庭。上完现代式初级中学后，1919年去法国勤工俭学，在那里同周恩来成为知交；1921年因参加政治活动被驱逐。回国后，1923年加入中国共产党。1923—1925年在北京的中法大学学习，后又入黄埔军校任教。北伐战争前期，陈毅在叶挺的第二十四师中任参谋职务。1927年8月1日，和其他一些共产党人在南昌起义。后随叶挺、贺龙南撤，于1928年1月23日和朱德会师于江西省的共产党根据地。在反击蒋介石的"围剿"战役中，陈毅出任师长，努力作战以保卫江西的苏维埃政权。为维持共产党在中国东南部的抵抗力量，陈毅留守江西苏区，没参加长征，为保存共产党的力量在南方进行了艰苦的斗争（1934—1937年）。国共合作建立抗日联合阵线后，陈毅任新四军一支队司令员。新四军总部在"皖南事变"中遭到国民党军的阴谋袭击后，陈毅出任军长，把新四军建设成为一支训练有素、作战目的高度明确、拥有30万人的队伍。1948年解放山东省后挥兵南下，与刘伯承会师，包围了国民党的第二和第七兵团，并在1948年11月—1949年1月的淮海战役中将其消灭。率军攻占了南京、武汉和上海。1949年5月任上海市市长和华东军区司令员。1954年被任命为副总理。1955年被授予中国人民解放军元帅军衔。1956年入选政治局委员。1958—1967年出任外交部部长，巩固、加强了中国与第三世界国家的联系。1972年1月6日，在林彪、江青反革命集团迫害下，病逝于北京。

陈毅是一位富有能力、文武双全的指挥官，同时又是一位无私奉献的共产主义战士和不知疲倦的组织领导者。他在淮海战役中的胜利摧毁了国民党最精锐的陆军部队。

PWK

参考：Bartke, Wolfgang, Who's Who in the People's Republic of China. Armonk, N.Y., 1981.

Chassin, Lionel Max, The Communist Conquest of China: A History of the Civil War, 1945—1949. Cambridge, Mass., 1965.

Dupuy, Trevor N., The Military History of the Chinese Civil War. New York, 1969.

Liu, F. F., A Military History of Modern China. Princeton, N.J., 1956.

陈余（Ch'en Yü，卒于公元前204年） 中国秦末将军。

陈余生于一个贵族家庭，受过完全正统的教育，后受赵王分封，成为代王，称"成安君"。公元前205年，在秦王朝崩溃之时，他指挥赵国军队同汉王朝开国皇帝汉高祖刘邦的军队作战。陈余同赵王一起，率领一支庞大的部队，扼守一条易守难攻的峡谷通道——井陉口，以阻止汉军的进攻。汉军在数量上处于绝对劣势，但其统帅韩信根据实际情况，首先派步兵前去诱使赵军出战，并命2000骑兵翻山越岭，由小路迂回至赵军营地附近，从后方攻击赵军营地。公元前204年，韩信另派一支部队沿渭水背水列阵，赵军中计，以致全军崩溃，士卒四散逃走；陈余和赵王均被汉军俘虏，最后被处死。

陈余目光短浅、刚愎自用。在欧洲，坎尼之战曾影响到其军事理论的发展；而陈余遭到失败的井陉口、渭水之战，对中国后来军事思想的发展也产生了重大影响。

PWK

参考：Kierman, Frank A., and John A. Fairbank, Chinese Ways in Warfare. Cambridge, Mass., 1974.

陈玉成（Ch'en Yü-ch'eng，1837—1862年） 中国清朝太平军将领。

陈玉成生于一个贫苦农民家庭。1851年太平军进军长江（1850年）时加入太平军。他虽年轻，但凭其勇敢和谋略使他在太平军中的地位迅速上升。在1857年太平军的一次内讧之后，他被封为将军。1856—1858年在南京以西取得了一系列重大胜利。1859年被封为英王。1860年，他与李秀成互相配合，粉碎了清军对南京的第二次围攻。1861年率领一支人马向西北方向做意在扩大太平军领地的机动，但因行动协调失当而被迫转入防御。1862年因叛徒出卖而被捕，于6月4日被清军杀害。

陈玉成是一位精力充沛而极富才干的指挥官。只是因为他和李秀成这些第二代将领（1856年后）尚缺战略上的军事指挥才能，才导致了太平军的失败。

PWK

C

参考：Hummel, Arthur W., ed., Eminent Chinese of the Ch'ing Period (1644—1912). Washington, D. C., 1944.

Michael, Franz, The Taiping Rebellion: History and Documents, vols. Ⅱ and Ⅲ. Seattle, 1971.

Michael, Franz, and Chang Chung-li, The Taiping Rebellion: History and Documents, Vol. Ⅰ. Seattle, 1966.

Teng, Ssu-yü, New Light on the History of the Taiping Rebellion. Cambridge, Mass., 1950.

陈友谅（Ch'en Yu-liang，1320—1363 年） 中国元末义军领导人。

陈友谅生于湖北省的一个渔民家庭。曾任蒙古元朝的县吏。1350 年弃职，参加南方红巾军。1357 年出任自己招募的义军的领袖，杀害先前提携过他的义军领导人倪文俊，夺取了这支强大的农民军队的控制权。1360 年，他以武汉为根据地，自立为帝（国号汉），统治着大约 1400 万人民。他与朱元璋起义军建立的明及张士诚起义军建立的吴形成三足鼎立，为争夺长江流域的控制权而战（1357—1363 年）。由于其汉国受到来自朱元璋的大明的威胁，他率领约 60 万人组成的舰队顺长江而下，围攻大明的堡垒城市南昌（1363 年 6 月）。他全力围攻南昌，但朱元璋为解南昌之围而率增援舰队进抵鄱阳湖（8 月 30 日）。经过三天激烈而艰苦的作战，他被打败，所率残余舰队被封锁于鄱阳湖内。被迫组织突围，突围时中流矢而亡（10 月 3 日）。

陈友谅是一位富有活力且不乏机智的指挥官，但他只能在顺境中鼓舞其部下的斗志。

PWK

参考：Giles, Howard A., A Chinese Biographical Dictionary. Taipei, 1975.

郑成功（Cheng Ch'eng-kung〈Koxinga〉，1624—1662 年） “国姓爷”，中国明朝将军、水师提督。

郑成功生于 1624 年，母亲是日本人，父亲郑芝龙名义上是基督徒，实为冒险家、海盗和商人。他接受洗礼成为基督徒，受古典儒家教育。1641 年入南京国子监深造。到北京后与 J. 亚当·沙尔（即汤若望）一道为明廷造炮。1644 年满清攻占北京，他与父亲一同支持逃亡的南明皇帝朱聿键。1645 年朱聿键赐与他国姓“朱”并封他为郡王，号“国姓爷”。作为招讨大将军，1646 年初打败了一支清朝军队。他反对父亲降清，1647 年进据厦门和金门岛，并公开宣布支持明皇帝永历。1649 年被南明朝封侯，后又晋公。他以福建为根据地，建立起一支 15 万人的军队。1658—1659 年期间，与清朝在浙江和江苏两省的沿海作战，曾攻下江苏南部的镇江。由于考虑不周，1659 年 9 月进攻南京失利，损失 500 条战船。后退至厦门。迫于清军的压力，他进军台湾并于 1662 年从荷兰人手中收复了台湾。郑成功以台湾为反清基地，成为清政府的心腹之患。作为报复，清廷将郑成功的父亲处死。其大业未竟，便于 1662 年病逝。

郑成功天资极为聪慧，是一位精力旺盛且富于鼓动性的能力强的指挥官。但由于突然遭受剧变而情绪容易波动，妨碍了他的才能的发挥。“Koxinga”是他的荷兰语名字，来源于他的绰号“国姓爷”。

PWK

参考：Michael, Franz, The Origin of Manchu Rule in China. Baltimore, 1942.

Shen yü, Taiwan Cheng-shih shi-mo (A Complete Account of the Koxinga Family on Taiwan). N. p., 1836.

郑芝龙（Cheng Chih-lung，1604—1661 年） 中国明代海盗、探险家。

郑芝龙明清之际福建南安人。1621—1630 年为大股海盗首领，经常袭击由日本经中国沿海至越南的商船，并因此出名。后受明廷招抚，任福建沿海都督。1644 年 6 月明亡后，他继续支持南明政权。1645 年南京陷落后，任南明将军，防守新都福州。随后他决定与清兵合作，策划在镇江至福建留出不设防通道（1649 年），让清军深入福建。为此，清廷对其酬谢甚丰，赐予大笔钱财令其闲居。后因其子郑成功不肯降清，作为报复，清廷于 1661 年将他处死。

PWK

参考：Michael, Franz, The Origin of Manchu Rule in China. Baltimore, 1942.

Shen Yü, Taiwan Cheng-shih shi-mo (A Complete Account of the Koxinga Family on Taiwan). N. p., 1836.

郑经（Cheng Chin，约 1643—1681 年） 中国清初台湾首领。

郑经约生于 1643 年，郑成功的长子。1662 年 6 月继承父业统治台湾。由于受到清朝-荷兰联盟的威胁，被迫放弃其父拟定的进攻菲律宾的计划。1664 年击溃荷兰-清朝联合舰队并打破该联盟。尽管很大程度上他已放弃反清复明的政策，但仍于 1676 年攻入了福建省，并攻克一些重要城镇。1677 年，这些城镇复为清朝占领。1678 年他再次攻入福建，并于海澄俘清提督以下 3 万人。1680 年清军反攻，又被逐出大陆，返回台湾。卒于 1681 年。

PWK

参考：Shen yü, Taiwan Cheng-shih shih-mo (A Complete Account of the Koxinga Family on Taiwan). N. p., 1836.

郑和（Cheng Ho，1371—1435 年） 中国明朝远洋船队总监、航海家。

郑和生于云南省昆阳县的一个回族家庭。后任皇宫太监。在永乐夺取皇位的内战中崭露头角（1403 年）。1405—1433 年他连续进行了七次伟大的航海，航行至印度洋及毗邻地区；其第一次航海，船队由 62 艘船（其中最大的一艘长 157.6 米，拥有四层甲板）组成，载有 27 000人。前三次航海到达了印度和锡兰（今斯里兰卡），第五次航海抵达亚丁和霍尔木兹，第七次航海远至东非的几个港口。1425 年被任命为明朝留都南京的守备太监。卒于 1451 年。

郑和航海的起因及其为何突然中止至今仍有争议，但这些航行就航海的组织和实施方面来说，其成就是颇为惊人的。

PWK

参考：Duyvendak, Jan Julius Lodewjik, China's Discovery of Africa. London, 1949.

Lo Jung-pang, "The Decline of the Early Ming Navy," Oriens Extremus, Vol. Ⅴ(1958—1959).

陈纳德，克莱尔·李（Chennault, Claire Lee, 1890—1958 年） 美国空军上将。参加主要战争：第一次世界大战（1917—1918 年）、第二次世界大战（1941—1945 年）、抗日战争（1937—1945 年）；参加主要战役（战斗）：缅甸之战（1942 年）、"一号"攻势（1944 年）、华中战役（1945 年）。

陈纳德 1890 年 11 月 6 日生于美国得克萨斯州的科默斯城。大学毕业后成为一名教师。1917 年 11 月从印第安纳州军官训练学校毕业，被授予步兵中尉军衔。由于没有得到海外任职，他转入陆军通信兵航空处，成为一名飞行员，后任飞行教官。1920 年 4 月退役。1920—1923 年他得到陆军正式委任状，先后在各地机场服役。1923—1926 年任驻夏威夷第十九驱逐机中队中队长。1929 年晋升为上尉。1931 年从弗吉尼亚兰利费尔德空军基地空军战术学校毕业。在多年研究学习的基础上，1935 年出版了其著名的教课书《驱逐机在防御中的作用》。1932—1936 年，在任空军特技飞行表演队指挥官时，发展了编队飞行的技术，并以"三人空中秋千"的特技表演而闻名。1937 年，陈纳德因听力下降而以终身中校军衔退出现役。同年应蒋介石夫人邀请赴中国指导中国空军对日作战。1940 年回美国招募志愿飞行员、地勤人员，组建美国志愿航空队（即众所周知的"飞虎队"）。1941 年 8 月，美国志愿航空队在中国云南省省府——昆明开始训练。同年 12 月 20 日，飞抵缅甸实施了第一次对日军的空中作战。从 1941 年 12 月—1942 年 7 月的 7 个月间，"飞虎队"始终以同日机相比为 1：9 的损失率而笑傲长空。1942 年 4 月，他被重召入美军服役，晋升为陆军上校。7 月 4 日受命以"飞虎队"为主组建第二十三战斗机中队和指挥派驻中国的美陆军航空兵部队。1943 年 3 月晋升少将，出任美国陆军第十四航空队司令；此后直到 1945 年 8 月，一直指挥着美国的空中战术力量，在中、缅、印战区打击日军。还协助中印缅战区空运司令部，开辟了一条从印度到中国西南的著名的"驼峰"空中运输线。1944 年 10 月史迪威被召回美国后，陈纳德短暂指挥过中国战区。1945 年 10 月从陆军退役。1946 年重返中国，反对美国减少对国民党政府的支持，并组织"民用航空公司"，旋改称"行政院救济总署空运大队"。在中国国民党政府败退到台湾后，他到台湾活动，组建各种航空组织。后因病回美国，1958 年 7 月 27 日卒于新奥尔良。

陈纳德是一位空中力量的极力推崇者。他一直保持着与蒋介石的良好关系，但与其上司约瑟夫·史迪威却关系紧张。他对空中力量的作用，怀有一种夸大的信念。

DLB

参考：Archibald, Joseph, Commander of the Flying Tigers: Claire Lee Chennault. New York, 1949.

Chennault, Claire Lee, Way of a Fighter: The Memoirs of Claire Lee Chennault. N. p., n. d.

Heiferman, Ron, Flying Tigers: Chennault in China. New York, 1971.

Scott, Robert Lee, Flying Tiger: Chennault of China. New York, 1959.

切特伍德准男爵和第一男爵，菲利普·沃尔豪斯爵士（Chetwode, Sir Philip Wal house, Baronet, and 1st Baron, 1869—1950 年） 英国陆军元帅。参加主要战争：第二次英布战争（1899—1902 年）和第一次世界大战（1914—1918 年）；参加主要战役（战斗）：第一、二、三次加沙之战（1917 年）、耶路撒冷之战（1917 年）和美吉多之战（1918 年）。

切特伍德生于 1869 年，在伊顿公学接受教育。1889 年在第十九轻骑兵团服役。1892—1893 年间在缅甸开始参加作战行动。1897 年升上尉，参加第二次英布战争（1899 年 11 月—1902 年 10 月）。1905 年他父亲去世时，他获得第七代从男爵头衔。1908—1912 年间任第十九轻骑兵团上校军官。1914—1915 年间升准将并指挥第五骑兵旅在法国和比利时作战。1915—1916 年间任同一战线的第二骑兵师师长。1917 年被派往埃及，率领沙漠骑兵纵队参加第一次加沙之战，由于通信中断而导致他过早地下令撤退（3 月 26—28 日）。后又率骑兵纵队参加了第二次加沙之战（4 月 17—19 日）。在第三次加沙之战中（10 月 31 日—11 月 6 日），艾伦比任命其为第二十军军长。他成功地实施了对比尔谢巴的作战行动，继而夺取耶路撒冷（12 月 8 日）并击退冯·法金汉的进攻（12 月下旬）。在美吉多之战中（1918 年 9 月 19—22 日），率第二十军实施助攻并发展胜利。1919 年升中将。1919—1920 年任陆军部军事秘书。1920—1923 年任帝国总参谋长助理。1923—1927 年在奥尔德肖特任司令官。1928—1930 年任驻印英军参谋长。1930—1935 年任驻印

英军司令。1933年升为陆军元帅。1945年获封男爵。卒于1950年。

切特伍德是一位能干和优秀的指挥官；他在美吉多之战后的快速追击尤其值得称道。

PDM

参考：Who Was Who,1941—1950.

DNB.

戚继光（Ch'i Ch'i-Kuang,1528—1587年） 中国明朝抗倭英雄和军事理论家。

戚继光，山东省蓬莱县登州人。年幼时就进朝作官。嘉靖年间，因抗倭有功而被升为参将。后来，由于镇守边关，提升为戍边总理。但因身体不佳，过早地解甲归田。1571年，他的著名军事理论著作《练兵实纪》问世。该书后来成为传世之作，其中的理论和方法无论是对士兵的教育训练，还是对将领的培养，都具有深刻的指导作用。书中对火器的使用进行了论述，着重指出了领导者知人善用的重要性。此外，该书还总结了一些重要的军事法则。书中指出：无令自退的将领首先当斩，之后是其直接的部将当斩。戚继光的军事著作对后世的中国农民起义有着很重要的影响，并被后世朝廷官员所运用，以镇压这些农民起义。

PWK

参考：Kiernan, Frank A., and John K. Fairbank, Chinese Ways in Warfare. Cambridge, Mass, 1974.

蒋介石（Chiang Kai-shek,1887—1975年） 中国将军，中国国民党领袖。参加主要战争：辛亥革命（1911年）、北伐战争（1926—1927年）、"围剿"战争（1930—1934年）、抗日战争（1937—1945年）、国共战争（1945—1949年）。

蒋介石1887年10月31日生于浙江省奉化县的一个富裕农民家庭。他的名字以在广东方言中的独特发音而为世人皆知。虽受传统教育，但当1905年科举制度被废止后却决定弃文从武。1907年入中国北部的保定军校。1908—1919年在日本陆军士官学校学习。在辛亥革命（1911年10月10日）之后离开日本返回中国。11月5日在南昌领导了一次起义。在孙中山和袁世凯达成妥协之后（1912年4月）未被任用。1913年7月12日—9月他参加了一次反对袁世凯的战争（史称"讨袁战争"），但以失败而告终，随后逃到日本。返回中国后在三次使袁世凯的皇帝梦遭到破灭的革命（1915年12月—1916年1月）中扮演了一个不太重要的角色。1916—1917年，在上海度过了一段相对安定的生活，在那里他加入了青帮；这是一个封建帮会。1918年加入孙中山的武装，并短期担任过陈炯明的参谋长。1923年以少将军衔加入孙中山的国民党，蒋表面拥护孙中山的"三大政策"，取得了孙中山的信任，1924年被派到苏联作短期考察，回国后被任命为广州附近的黄埔军校校长。在苏联的帮助下组织和加强了国民党军队，巩固了国民党对中国南部的控制（1924—1925年）。1926年撕下"左派"伪装，先后制造了"中山舰事件"和"整理党务案"，排斥共产党人，攫取了国民党中央执行委员会常委会主席、组织部长等职。在北伐时期（1926年7月—1927年4月）领导国民党军队。1927年4月，发动"四·一二"反革命政变，背叛了革命。8月1日—9月血腥镇压了南昌（江西）和湖南的共产党以及他们的联盟。8月8日为了同国民党左派和解而辞职。1928年2月2日又重任军事委员会主席和国民党中央执行委员会主席。4月7日重新向北推进，6月4日占领北京。按理说这已经统一了中国，但许多地区仍掌握在军阀手中。1930年12月—1934年9月，在中国南部指挥了五次"围剿"战役，但只有在最后一次，并且是在德国人相当有力的支援下，才取得了一些实质上的胜利（1934年）。1935—1945年作为国民党中央执行委员会的主席，也就是中国的实际统治者，对日军作尽可能的妥协退让，把中国共产党视为最大的威胁。"西安事变"中被张学良兵谏并扣留，被迫于1936年12月同意和中国共产党组成抗日统一战线。1937年7月7日抗日战争爆发时任总司令，尽可能阻挡日军的推进并向西南腹地撤退。1938年10月武汉沦陷后在四川重庆建立战时陪都。美国参战后，他为了战后同共产党不可避免的摊牌而尽可能地保存自身力量。1945年11月—1946年1月，在日军投降后试图重新控制中国北方和东北三省，但其统治极为脆弱。1946年7月—1947年6月，取得了初期进攻的胜利，但未摧毁共产党军队。1948年出任总统。由于失去民众的支持再加上腐败，他的军队最终被逐出大陆。1949年12月7日蒋介石连同他的"政府"逃往台湾。1975年4月5日卒于台湾。

忍耐、民族主义、顽强和冷酷的蒋介石，因对财富随心所欲的占有而使国民党最终失去了早期的民众支持。他日益固执的独裁统治，使国民党对日益变化的局势无法应付自如。总的来说，其政治权术要比他的军事才能高明。

PWK and DLB

参考：Hsuing, S. I., The Life of Chiang Kai-shek. London, 1948.

Loh, Pichon P. Y., The Early Chiang Kai-shek: A Study of His Personality and Politics. 1887—1924. New York, 1971.

Tong, Hollington K., Chiang Kai-shek, Soldier and Statesman. 2 Vols. Shanghai, 1937.

Tuchman, Barbara, Stilwell and the American Experience in China, 1911—1945. New York, 1970.

蔡尔兹，托马斯（Childs, Thomas, 1796—1853年） 美国将军。参加主要战争：1812年的战争（1812—1815年）、西米诺尔战争（1817—1818年）、第二次西米诺尔（佛

罗里达）战争（1835—1842年）、美墨战争（1846—1848年）；参加主要战役（战斗）：伊利堡之战（1814年）、德雷恩堡之战（1836年）、帕洛阿尔图之战（1846年）、雷萨卡-德拉帕尔马之战（1846年）、蒙特雷之战（1846年）、普埃布拉之战（1847年）。

蔡尔兹1796年生于马萨诸塞州的匹兹弗尔德。1814年从西点军校毕业后在炮兵中任职。在7月3—4日的伊利堡之战荣立战功。1826年升上尉。1836年因在第二次西米诺尔战争中表现出色而晋升荣誉少将。在墨西哥战争中，他参加了1846年5月8日的帕洛阿尔图之战和5月9日的雷萨卡-德拉帕尔马之战。9月20—24日率部攻克蒙特雷的托马德独立镇。1847年被任命为哈拉帕的军政总督，9月13日在普埃布拉组织防御以应付圣塔纳的进攻。1852—1853年指挥东佛罗里达军队，于1853年8月10日卒于任上。

Staff

参考：DAB.

猪佐武（Cho Isamu，1895—1945年） 日本将军、军国主义者。参加主要战争：抗日战争（1937—1945年）、苏日边界冲突（1938年）、第二次世界大战（1941—1945年）；参加主要战役（战斗）：侵略上海战役（1937年）、张鼓峰之战（1938年）、冲绳战役（1945年）。

舒瓦泽尔公爵，塞扎尔，普莱西-普拉兰伯爵（Choiseul，César，Duke of，Count of Plessis-Praslin，1598—1675年） 法国元帅。参加主要战争：胡格诺战争（1621—1622年和1625—1629年）、英法战争（1626—1630年）、法国与萨伏依战争（1628—1630年）、三十年战争（1618—1648年）、法西战争（1635—1659年）、投石党人运动（1648—1653年）；参加主要战役（战斗）：雷岛之战（1627年）、泰辛之战（1636年）、蒙巴尔登之战（1638年）、基耶里之战（1639年）、卡萨莱（卡萨莱蒙费拉托）之战（1640年）、克雷莫纳之战（1648年）、尚布兰克之战（雷特尔，1650年）。

舒瓦泽尔生于1598年，舒瓦泽尔的费里公爵二世与其第二个妻子马德莱娜·巴泰勒米之子。他首次参战是在胡格诺战争期间。1621年围攻圣让·当热利、克莱拉克、蒙托邦、蒙赫厄特（达马藏附近），1622年围攻鲁瓦扬。1627年8月15日—1628年10月28日，在拉罗谢尔围攻战期间，参加防守雷岛，抵抗英国军队的进攻。1629年，在蒙托邦和普里瓦围攻战中表现出色。1630年协助攻克皮尼罗尔（皮内罗洛）。是年，（可能在7月），参加进攻卡里尼亚诺桥。同年秋，卡萨莱解围后，赴意大利执行外交使命（1630—1635年）。1635年参与瓦伦斯围攻战。1636年6月23日在克雷基元帅麾下参加泰辛之战，法军获胜。1638年参加蒙巴尔登之战。1639年在舍恩兹奥特（都灵附近）参与进攻西班牙军队。协助防守都灵和攻占基瓦斯（基瓦索），接着成功地扼守卡马尼约拉（1639年）。11月20日参加基耶里之战。1640年4月29日，在卡萨莱之战中建功。随后于5月14日—9月24日，围攻并攻陷都灵。1641年围攻库内奥期间，率部实施主要突击。1641年出任驻意大利军中将。1642—1645年在意大利和加泰罗尼亚征战。1645年7月28日晋升法国元帅。1646年返回意大利，攻克皮翁比诺和隆戈港（位于爱尔巴岛对岸的隆戈内港）。1648年5月30日，在克雷莫纳击败卡拉塞纳将军指挥的西班牙军队。投石党人运动爆发后返回法国，继续忠于王室。1649年1—3月，协助围攻巴黎。是年稍后重占布里孔特罗贝尔。1650年12月15日，在雷特尔附近的尚布兰克击败蒂雷纳指挥的数量上居于劣势的军队。1652年任国务部长。1653年于任中夺取圣梅内乌尔德。1665年封舒瓦泽尔公爵。1670年参与法国与英国签订《多佛尔和约》的谈判。1675年12月23日卒于巴黎。

舒瓦泽尔是一位勇敢、称职的指挥官，他精力充沛，富有才干。此外，他还具有外交家和政治家的丰富经验。

AL

参考：Biographie universelle，1811—1862.

Courcelles，Jean Baptiste de，Diction naire historique et biographique des généraux français. Paris，1820—1823.

Dictionnaire de biographie française. Paris，1933—1979.

舒瓦西侯爵，克劳德·加布里埃尔（Choisy，Claude Gabriel，Marquis of，卒于约1795年） 法国将军。参加主要战争：波兰反抗第一次瓜分的战争（1772年）、美国独立战争（1775—1783年）；参加主要战役（战斗）：克拉科夫围城战（1772年）、格拉斯特-约克镇之战（1781年）。

舒瓦西的出生日期不详。1741年加入法国陆军，不久即被提升为军官。反抗第一次瓜分波兰期间，他在波兰作战，任准将，并在克拉科夫围城战中立有战功（1772年）。陪同罗尚博前往美国，出任旅长；该旅在弗吉尼亚州格拉斯特堵截塔尔顿军团从约克镇渡河（1781年9月28日—10月19日）。雅各宾派专政（1793—1794）期间，因其是保皇党人而遭囚禁。卒于1795年。

Staff

参考：Appleton's Cyclopedia of American Biography.

Heitman，E. B.，Historical Register of Officers of the United States Army…1789—1889. Washington，D. C.，1890.

克里斯提安一世（奥登伯格的）（Christian of Oldenburg，1426—1481年） 丹麦国王。参加主要战争：瑞典战争（1457—1471年）；参加主要战役（战斗）：布鲁肯伯格（塞尔堡附近）（1471年）。

克里斯提安二世(Christian Ⅱ,1481—1559年) 丹麦国王。参加主要战争：入侵瑞典战争（1517—1520年）、丹麦内战（1531—1532年）；参加主要战役（战斗）：布兰许卡（斯德哥尔摩附近）之战、伯厄松讷（阿灵索斯附近）之战（1530年）、阿克什胡斯（奥斯陆附近）之战（1531年）。

克里斯提安二世1481年7月1日生于丹麦的尼堡城，是约翰国王和萨克森的克里斯提安夫妇的儿子。1502年和1506—1512年，两度出任挪威总督。1513年继承父亲约翰之位，为丹麦和挪威国王。1513—1523年，主要由于对小农和商人授予特权而与丹麦议会经常发生摩擦。1517年，他派一支军队侵入瑞典，以支持古斯塔夫·特罗勒的行动，但被击溃。于是他御驾亲征，然而在1518年的布兰许卡之战中又被瑞典人打败。后来，他再次率军侵入瑞典，在1520年1月20日的伯厄松讷之战中击败瑞典摄政小斯腾·斯勒的军队，并下令将小斯腾斩首。同年3月6日，在乌普萨拉自封为瑞典国王。但瑞典民族主义者仍在斯德哥尔摩坚持斗争，直到9月。11月4日，加冕为瑞典国王。此后，着手清除瑞典异己分子。11月8日，在特罗勒大主教的协助下处死80多名小斯腾·斯勒的瑞典国民党领导人，制造了斯德哥尔摩惨案。这次大屠杀激起了反丹麦的瑞典解放运动；1521年1月，瓦萨的古斯塔夫揭竿而起。1523年瑞典独立，2月，瓦萨的古斯塔夫被推举为瑞典国王。与此同时，丹麦国内局势告急。1523年1月20日，日德兰贵族叛变，拥戴其叔父石勒苏益格-荷尔斯泰因的腓特烈为国王。4月13日，他经哥本哈根逃亡到荷兰。经多重努力，在其大舅子查理五世的帮助下，于1531年兴兵重入挪威，被立为国王，但同年兵败阿克什胡斯。翌年与腓特烈一世谈判议和，回到哥本哈根。后于1532年被腓特烈密谋逮捕，先关在森讷堡，1549年再转到凯隆堡。1559年1月25日卒于狱中。

克里斯提安二世目光短浅，反复无常。在鼎盛时期，他聪明、坦率、且富有魄力。但他同时也残酷无情，刚愎自用。

AL and DLB

参考：Dansk biografisk leksikon, vol. 19. Copenhagen, 1940.
Oakley, Stewart, A Short History of Denmark. New York, 1972.
Roberts, Michael, The Early Vasas: A History of Sweden, 1523—1611. Cambridge, 1968.
EB.

克里斯提安三世(Christian Ⅲ,1503—1559年) 丹麦国王，享有"人民之父"美名。参加主要战争：主教战争（1533—1536年）、第四次哈布斯堡-瓦卢瓦战争（1542—1544年）。

克里斯提安三世1503年8月12日生于石勒苏益格附近的格图戈，是石勒苏益格-荷尔斯泰因的腓特烈公爵（后来的丹麦国王腓特烈一世）和勃兰登堡的安妮的小儿子。年轻时，大约在1520年，受路德派教育，热衷于新教。1523年，因天主教派占主要地位的政务会议反对他为太子而与之发生冲突。1526年，成为石勒苏益格-荷尔斯泰因区新教派首领。1529年，被任命为挪威总督。1533年4月其父死后，天主教派拥戴他的兄长汉斯为王。1534年6月，哥本哈根和马尔默的自治市长联合卢卑克军队入侵丹麦，由于他率军坚决反战，因而获得广泛的支持。1534年8月，在日德兰的吕厄被贵族和主教联合会拥立为国王。在能干的将军约翰·冯·兰曹的辅佐下，于1536年夏季终于攻克哥本哈根，控制了王国。此后，他采取了安内联外，共同制敌的政策。对内，他于1537年10月逮捕了天主教各主教，撤消天主教各教区，确立路德教为国教。对外，与信奉新教的德意志诸统治者结盟，反对神圣罗马帝国皇帝查理五世。1542年对查理五世宣战，封锁通往波罗的海入口厄勒海峡，控制神圣罗马帝国的海上船只通过。1544年5月，同查理五世缔和。卒于1559年1月1日。

克里斯提安三世贤明而虔诚，具有强烈的责任感，是位伟大的君主。执政期间，他致力于人民的安居乐业和国家的繁荣富强。

AL

参考：Oakley, Stewart, A Short History of Denmark. New York, 1972.
DBL.
EB.

克里斯提安四世(Christian Ⅳ,1577—1648年) 丹麦国王。参加主要战争：卡尔马战争（1611—1613年）、三十年战争（1618—1648年）、瑞典-丹麦战争（1643—1645年）；参加主要战役（战斗）：卡尔马围攻战（1611年）、卢特之战（不伦瑞克附近）（1626年）、沃尔加斯特之战（1628年）、科尔贝格锚地之战（基尔附近的科尔贝格希恩，1644年）。

克里斯提安四世1577年4月12日生于腓特烈安堡（西兰岛），丹麦国王腓特烈二世和梅克伦堡的索菲娅之子。1588年4月4日其父驾崩后即王位，但由摄政治理国家。1596年8月17日成年后亲政。政务会反对与瑞典开战，但他威胁要以石勒苏益格-荷尔斯泰因公爵的身份宣战，使政务会只好批准战争计划（1611年）。1611年夏，入侵瑞典并获得卡尔马围攻战的胜利，但尔后的作战没有取得战果。1613年1月签约停战。1600—1625年，建筑几座新的要塞化城镇，并加强丹麦海军建设。希望扩大在德意志北部的影响，遂站在清教徒一边参加三十年战争。1625年春至同年秋，在下萨克森瑟克尔组织防御。因在哈默尔恩要塞从马上摔下，跌下深达24米的城墙，挺进威悉河的计划随之落空。尽管伤势严重，但仍幸存下来。翌年春，与不伦瑞克的克里斯提安

和恩斯特·冯·曼斯菲尔德的军队协同作战，然而4月25日在曼斯菲尔德败于德绍桥。6月16日不伦瑞克的克里斯提安去世，使他们的计划遭到破坏。当华伦斯坦追击曼斯菲尔德进入西里西亚时，克里斯提安南进图林几亚；但这时梯利正入侵不伦瑞克，他不得不迅速返回以保护自己的基地。8月27日，在卢特为梯利所败，此战丹麦军队损失三分之一。随后退向日德兰，但遭到华伦斯坦和梯利的跟踪追击。情急中，他仓促与古斯塔夫斯·阿道夫反天主教结盟。1628年2月24日—8月4日，协助打破华伦斯坦对斯特拉尔松德的围攻。8月24日，在斯特拉尔松德附近的沃尔加斯特为华伦斯坦所击败。1629年5月12日，与斐迪南皇帝签订了有利于己方的和约，脱离战争。此后，他充当调停人；但这种做法激怒了瑞典人。1643年，瑞典警告要增加松德海峡的通行税，导致丹麦与瑞典、荷兰发生战争。1643年12月，托尔斯顿森指挥的瑞典军队侵入日德兰，丹麦军抵御侵略，但战败。之后克里斯提安重整军队，实施了一次成功的防御作战。此后又于1644年7月1日在科尔贝格锚地附近海域，击败瑞典的盟国荷兰的舰队，挫败了瑞典登陆菲英岛的企图。但随后的10月24日，丹麦舰队在费马恩岛覆灭，迫使克里斯提安于1645年在布勒姆瑟布鲁（瑞典的卡尔斯克鲁纳附近）签订和约。1648年2月28日卒于哥本哈根。

克里斯提安四世风雅理智、学识渊博，且精力充沛、指挥若定。作为一位将军，他的胆识和勇气较之其指挥艺术更令人称道。他是丹麦最伟大的国王之一，但身边一直缺少有才干的部属。

AL

参考：Gade, John A., Christian Ⅳ. N. p., n. d.
Oakley, Stewart, A Short History of Denmark. New York, 1972.
Voges, H., Die Schlacht bei Lutter am Barenberge. Leipzig, 1922.
Wedgwood, Cicely V. The Thirty Years War. 1938. Reprint, Garden City, N. Y. 1961.

克里斯提安五世（Christian Ⅴ, 1646—1699年） 丹麦国王。参加主要战争：荷兰战争（1675—1679年）；参加主要战役（战斗）：隆德（今属瑞典）之战（1676年）、朗茨克鲁纳之战（1677年）。

克里斯提安一世，安哈尔特-贝恩堡亲王（Christian Ⅰ, Prince of Anhalt-Bernburg, 1568—1630年） 德意志将军、政治家。

克里斯提安一世生于1568年，安哈尔特的约阿希姆·恩斯特选侯和巴尔比的阿格尼斯之子。1583年代表神圣罗马帝国出使土耳其。在法国宗教战争（1589—1598年）的最后阶段为国王亨利四世作战。1592年，由信奉路德教转为信奉加尔文教。1595年在约翰·威廉选侯手下任上巴拉丁领地首席长官。他是德意志诸侯中积极支持反对哈布斯堡清教徒，并于1608年创建了福音联盟。波希米亚革命（1618—1619年）使巴拉丁伯爵腓特烈五世选侯当选为波希米亚国王，克里斯提安作为其主要大臣对腓特烈的当选起到了重要作用。1820年任波希米亚武装力量总司令。1620年11月8日率部兵败于白山（布拉格附近的贝拉·霍拉）。1621年在瑞典和石勒苏益格避难。1624年与帝国皇帝斐迪南二世重归于好。晚年治理安哈尔特-贝恩堡。卒于1630年4月。

克里斯提安一世的才能比他的自我评价和人们想像的要高。作为一位军人、政治家，随着时间的推移，人们（也包括他自己）对其才能的评价逐渐提高。

AL

参考：Lexikon der deutschen Geschichte, 1977.
Wedgwood, Cicely V. The Thirty Years War. 1939. Reprint, New York, 1961.
NDB.

朱全忠（又名朱温）（Chu Ch'üan-chuang, 852—912年） 中国唐末农民起义将领、洛阳太守和后梁太祖。

朱温852年生于河南省阳山，参加了黄巢农民起义军，年仅30岁就成为将领。882年，朱温预见到黄巢起义军即将失败，便转而投降了唐朝军队，成为宣武节度使，并改名为朱全忠。后得到地方行政官官位，成为洛阳太守。在朝廷争权夺利的斗争中，朱全忠支持了唐僖宗，结果被封为诸侯。朱全忠迫使唐昭宗把朝廷从长安搬迁到洛阳，并由自己把持朝政。904年，朱全忠暗杀了昭宗，把昭宗13岁的儿子扶上皇位，自己当摄政。907年，朱全忠逼幼皇退位，自封为后梁皇帝。912年，朱全忠纳妃，而其长子却担心会因此事使自己的继承权落空，从而将他杀死。

朱全忠野心勃勃、冷酷无情且厚颜无耻。他使中国进入了"五代"。后梁在朱全忠死后只继续存在了11年。

PWK

参考：Huang Ch'ao, Biography of Huang Ch'ao. Translated by H. S. Levy. Berkeley, Calif., 1955.

朱德（Chu Teh, 1886—1976年） 中国元帅。参加主要战争：辛亥革命（1911年）、北伐战争（1926—1927年）、反"围剿"战争（1930—1934年）、抗日战争（1937—1945年）、国共战争（1945—1949年）；参加主要战役（战斗）：南昌起义（1927年）、长沙之战（1930年）、长征（1934—1936年）、百团大战（1940年）。

朱德1886年12月1日生于四川省仪陇县一个贫穷的农民家庭，由宗族本家出钱才得以接受了传统教育，在科举考试中中举。后放弃文官之职进入云南陆军讲武堂，1906年10月成为滇军中的一名军官，并取得了当地几支部队的领导权。为了支持辛亥革命（1911年10月），率部进入了邻近的四川省。1915年在云南参加了

反对袁世凯称帝的起义；1917年在四川参加了反对段祺瑞的护法战争。十月革命后，接受马列主义，随后去德国学习。在欧洲他遇到周恩来并加入了中国共产党（1922年）。1926年回国参加北伐战争，后被任命为国民党军队的将军并被委任为师指挥官。作为南昌公安局局长，他为周恩来在那里组织的南昌起义（1927年8月1日）提供了至关重要的帮助。当强大的国民党军队扑来时带领中共部队进入农村。1928年5月在江西井冈山与毛泽东会师；毛进行政治上的指导，朱德则负责军事行动。他利用游击战术指挥了江西苏维埃地区对蒋介石的前四次“围剿”（1930年12月—1933年6月）的抵御。1934年10—11月，指挥红军从江西突围转入了著名的惊世壮举——长征。在著名的遵义会议上（1935年1月），支持毛泽东确立了其在党和军队中的领导地位。在长征期间指挥军事行动，当1936年12月长征在陕西结束时开始重建红军。1937年夏在抗日统一战线下，任著名的八路军总司令，1940年8月20日—11月30日，指挥八路军在中国北部对日军发起了声势浩大的“百团大战”。此后，集中力量把核心力量和游击部队渗入到敌人的后方。至1945年，他已经把红军建成了一支训练有素、纪律严明、人数达80万人的军队，并利用战时解放了中国北部农村，把国民党部队分割包围到各大城市里（1945—1946年）。在国共战争期间（1945年8月—1949年12月），参与制订和指导战略方针。1949—1954年任中国人民解放军总司令。1955年成为中华人民共和国十大元帅之一。在文化大革命期间（1967—1970年）遭受迫害，后恢复职务，担任中华人民共和国人民代表大会常务委员会委员长。1976年7月6日在北京逝世。

朱德是一位伟大的无产阶级战士、优秀的战地指挥官，一位永远不知疲倦的领导人，也是一位天才的组织者。他主要因创建中国人民解放军而获得盛誉。

PWK

参考：Dupuy, Trevor N., The Military History of the Chinese Civil War. New York, 1969.

Hsüeh Chün-tu and Robert C. North, "The Founding of the Chinese Red Army," Contemporary China, Vol. VI(1962—1964).

Salisbury, Harrison E., The Long March: The Untold Story. New York, 1985.

朱勇（Chu Yung，卒于1449年） 中国明初将领。

朱勇是明朝开国皇帝朱元璋的密友之子。在武举考试中及第，参加军队。尽管他缺乏军事才能，但通过个人关系仍爬到高位。在与蒙古兀良哈部作战中曾严重地贻误战机，使战役受挫，为此受到严厉训斥（1444年）。1449年参加明朝皇帝英宗和专权太监王振发动的对蒙古瓦剌部的大规模远征，由于他指挥笨拙，致使蒙古军队切断了明军的交通线。他率一支3万人的军队在鹞儿岭（今内蒙古）遭到伏击，阵亡，全军覆没（1449年）。此次失利导致明朝主力的全军覆没和英宗皇帝被俘。他死后，遭明廷缺席审判，被剥夺职爵和称号。

PWK

丘奇，理查德爵士（Church, Sir Richard,, 1784—1873年） 英国驻希腊殖民军官。参加主要战争：拿破仑战争（1800—1815年）、希腊独立战争（1821—1832年）；参加主要战役（战斗）：第二次阿布基尔之战（1801年）、马伊达之战（1806年）。

丘奇生于爱尔兰刻尔克的一个贵格会商人家庭。由于逃学而被“朋友会”开除。1800年入第十三轻步兵团任少尉。有资料表明他的第一次作战是在埃及；当时他在拉菲·阿伯克朗比爵士手下参加了1801年3月20—21日的第二次阿布基尔之战。1805年伴随詹姆斯·克雷格爵士的秘密使团赴卡拉布里亚，并参加了1806年7月9日的马伊达之战。1806—1808年在卡普里任上尉指挥官，后于1809年任约翰·奥斯握德将军的总参谋长，开赴伊奥尼亚群岛。在那里与几位流放的希腊人相遇，经被鼓动而成为希腊独立事业的支持者。1809—1810年，他为英国军队组织了两个希腊团，但不久的1814年9月又脱离了与英军的联系。曾在伦敦和维也纳会议上游说支持希腊独立，但没有成功。1816年入那不勒斯军队。1817年任阿普利亚军政总督。1820年任西西里总督，但在他刚赴任之时候，便被革命者赶出。1827年3月参加了希腊推翻土耳其统治的革命军。此后受命指挥希腊军队；但因内部争吵十分厉害，以至于他无法挽救雅典的阿克罗波里斯，眼睁睁地看着这座城市被土耳其人于6月5日攻占。12月，在希腊西海岸的阿卡纳尼亚登陆，迫使土耳其的两支守卫部队投降。后继续在希腊的西部作战，取得了一些进展。1829年8月，在同政府人员争吵后辞去了职务。返回英国后，于1830年出版了一本小册子，极力为希腊的边界延伸至其赢得的地区而争辩。1832年永久地定居希腊并成为当地居民。后成为国会议员和军队的督查官。在1843年的革命中，他扮演了重要角色。1848年被任命为上院议员。1853年被任命为将军。1873年3月30日卒于雅典。

丘奇足智多谋，勇气可嘉。他严厉的批评精神同他对希腊独立事业的巨大贡献一样，为世人所共知。

PDM

参考：Dakin, D., British and American Philhellenes During the War of Greek Independence. New York, 1955.

Woodhouse, C. M., The Greek War of Independence. London, 1952.

DNB.

EB.

丘吉尔，温斯顿（Churchill, Sir Winston Leonard Spencer, 1874—1965年） 英国军事家、政治家。参加主要战

争：马拉根远征（1897 年）、第二次英布战争（1899—1902 年）、第一次世界大战（1914—1918 年）、第二次世界大战（1939—1945）。

丘吉尔 1874 年 11 月 30 日生于英国牛津郡的布伦海姆宫，是伦道夫·丘吉尔勋爵及其美国妻子珍妮特·杰罗姆·丘吉尔之子。1893 年在哈罗公学学业不佳的丘吉尔，被其父劝说参军，进入桑赫斯特皇家军事学院就读。1894 年以班内 150 名学员中名列第八的好成绩毕业，并被任命为第四骠骑兵团的骑兵少尉。休假两个月，以战地记者的身份随西班牙军进入古巴（1895 年）。1896 年又随他的骑兵团去了印度。1897 年再次以战地记者的身份参加了英军对印度西北边境马拉根的殖民远征；战后出版了他的第一部著作《马拉根野战部队纪事》。1898 年参加了由英陆军吉克纳将军指挥的英国远征苏丹的战争，同年 9 月 1 日，参加了著名的第二十一枪骑兵团突袭恩图曼的作战行动。1899 年初辞去军职，步入政界。同年 7 月，参加首次选举失败。1899 年下半年，他以《伦敦晨邮报》记者的身份，参加了英国军队与南非布尔人的战争。同年 11 月 15 日，在纳塔尔被布尔人所俘。后来他奇迹般地从比勒陀利亚的战俘营逃出，途经马普托抵达德班，并于 1900 年秋回到英国。同年 10 月，当选温彻斯特附近的奥尔德姆议员。1904 年退出保守党加入自由党。1906 年在奥尔德姆的大选失利后，他在曼彻斯特获得了一个议员席位，担任殖民事务次官。1908 年出任商务大臣。1910 年任内政大臣。1911 年 10 月 25 日阿加迪尔危机后，出任海军大臣。到任后，他着手整顿海军：一是重新召回已经退休的亚当·约翰·费希尔爵士；二是改组海军部，加强了海军舰队以应付即将到来的第一次世界大战。1914 年 10 月 3—8 日，在比利时的安特卫普指挥一个海军陆战旅。同年 10 月 12 日—11 月 11 日，他指挥英军部队和比利时军队坚守伊珀尔战线。1915 年初，他力促内阁批准海军舰队攻夺土耳其达达尼尔海峡的作战行动，以援助俄国。他还主持了坦克的早期研制工作（后来被称为陆战车），并提出把它作为对付战壕的主战武器。1915 年 2—3 月，在海军突袭土耳其达达尼尔海陕的作战失败后，遭到各方面的强烈批评。5 月 26 日，被首相解除海军大臣之职。11 月，在陆上围攻土耳其盖利博卢的作战最终失败后，又被逐出内阁。1915 年 11 月—1916 年 6 月，加入陆军，并奉命去了法国前线，最后升任皇家苏格兰手枪营的中校军官。1916 年 6 月，再次步入政界。1917 年—1918 年 12 月，出任军需大臣，并把全部精力倾注于增加枪械和坦克的产量上。1919 年 1 月—1921 年出任陆军大臣，支援波兰人的独立战争和俄罗斯人的反布尔什维克的战争。1921—1922 年出任殖民地事务大臣，对伊拉克和巴勒斯坦的殖民统治影响深远。1922 年自由党在大选中失败，他于次年退出自由党，开始写其六卷本的第一次世界大战史《世界危机》。1924 年 9 月，在重新加入保守党后，得到埃塞克斯郡的支持而当选为议员，并进入内阁出任财政大臣。1929 年 5 月，保守党在大选中失败，丘吉尔再度下野。后来，还因他反对政府的印度问题议案而被排除在 1931 年保守党领导层之外。尽管仍是一位议员，但直到 1939 年他才重新步入政坛。期间，他一方面沉醉于写作，完成了《世界危机》和四卷本的《马尔波罗的生活及生平时代》（1933—1938 年）；另一方面，经常在议会和人民群众中告诫要注意重新武装的德国人和反对任何形式的对德国人的绥靖政策。1939 年 9 月 3 日，他再度出任海军大臣。1940 年 5 月 10 日，在法西斯德国向西入侵时，随着张伯伦的下野，他出任首相。丘吉尔开始集中全力投入为抗击侵略而进行的物质和精神准备中。在 6 月的法兰西战役失败后，他集中英国的所有力量实施海上作战战略，包括突击队战略突袭、战略轰炸和开展地中海海上作战行动。1941 年 8 月 9—12 日，在纽芬兰的普拉森舍与美国总统富兰克林·D. 罗斯福进行了历史性的会晤；两巨头自此建立了带有私人色彩、非常友善的关系，并签署了《大西洋宪章》。这次会见还为英美两国在美国参战前后进行紧密的合作打下了牢固的基础。丘吉尔所提出的战略性决策和建议，都紧紧围绕大英帝国的利益和战后对海外殖民地的统治，以及英国相对有限的自然资源。战时，他参加了从 1941 年 12 月—1942 年 1 月英美在华盛顿的阿卡迪亚到 1945 年 7—8 月的波茨坦的所有决定战时政治战略的重要会议。成功地劝阻了盟军 1942 年或 1943 年横渡英吉利海峡的作战行动，并且于 1944 年 10—12 月下令英军干涉希腊。1945 年 7 月 25 日，保守党在大选中被击败，丘吉尔因此下野，但仍保留议会议员的头衔。撰写了六卷本的《第二次世界大战回忆录》。1951 年 10 月，保守党大选获胜，他再度出任英国首相。1955 年 4 月，已达 80 高龄的丘吉尔辞去了首相职务，并推举艾登为新任英国首相。1956—1958 年，他写作完成了四卷本的著作——《英语民族历史》。1965 年 1 月 24 日卒于伦敦。

丘吉尔是一位富有鼓动性的天才的演说家、作家。他总是勇敢无畏、精神饱满和直言不讳。他还是两次世界大战中杰出的军事理论家和战略家。他在 30 年代初就认识到重新武装的德国将是和平的威胁。他与罗斯福总统的合作非常愉快，英美两国的同盟关系也因此得到了进一步加强。他极力推崇的“外围打击战略”是基于他对英国国力和战后欧洲态势的全面评估后作出的。

DLB

参考：Churchill, Winston Leonard Spencer, History of the Second World War. 6 vols. London and Boston, 1948—1953.

——, A Roving Commission. New American ed., New York, 1940.

——, The World Crisis. 6 vols. London and New York, 1923—1931.

Dupuy, Trevor N., The Military Life of Winston Churchill of Britain. New York, 1970.

Gilbert, Martin, Winston Churchill: The Challenge of War. London, 1971.
——, Winston Churchill: Finest Hour, 1939—1941. London, 1983.
——, Winston Churchill: The Wilderness Years. London, 1981.
Lewin, Ronald, Churchill as Warlord. New York, 1973.
Thompson, R. W., Generalissimo Churchill. New York, 1973.

查诺韦思，布拉德福德·格雷森（Chynoweth, Bradford Grethen, 1890—1986 年） 美国陆军将领。

查诺韦思 1890 年生于怀俄明。1912 年毕业于西点军校，此后担任过多种职务。1941 年晋升准将。第二次世界大战爆发时，任驻宿务美军司令。1942 年 3 月 4 日，任米沙鄢群岛美军司令。针对日军的入侵，他实施了强有力的防御战役，迟滞了日军的进攻。4 月 10 日退入内地丘陵地带，那里储备了足以进行游击战的补给品。5 月 16 日，违心地根据夏普将军的命令向日军投降；当时他的大部分部队仍完整无损。后来他在向巴丹的死亡行军中得以幸存下来，被囚禁在日军的战俘营中。1945 年获释，1947 年退役。

KS

参考：Cullum's American Biographies, Vol. 9.
Morton, Louis, The United States Army in World War Ⅱ: The War in the Pacific: The Fall of the Philippines, Washington, D. C., 1953.

恰尔迪尼，恩里科（Cialdini, Enrico, 1813—1892 年） 意大利将军。参加主要战争：第一次卡洛斯战争（1834—1839 年）、意大利革命战争（1848—1849 年）、克里木战争（1853—1856 年）、意大利统一战争（1859—1861 年）和七周战争（1866 年）；参加主要战役（战斗）：诺瓦拉之战（1849 年）、帕莱斯特罗之战（1859 年）、卡斯特尔菲达多之战（奥西莫附近，1860 年）、加特拉围攻战（1861 年）、阿斯普罗蒙特之战（1862 年）、第二次库斯托扎之战（维罗那附近，1866 年）。

恰尔迪尼 1813 年 8 月 10 日生于卡斯特尔韦特诺（摩德纳附近），是一位工程师的儿子。参加了 1830—1831 年的自由起义。后赴国外。1834—1839 年在西班牙与卡洛斯叛军作战。1848 年回到意大利。1849 年 3 月 23 日指挥一个团参加了诺瓦拉之战。在克里木战争期间，指挥一个由撒丁人组成的旅。意大利革命战争期间（1849 年 4—11 月），组建阿尔派诺旅。5 月 30—31 日指挥第四师参加帕莱斯特罗之战。意大利统一战争期间，他指挥入侵教廷诸国的撒丁军团，1860 年 9 月 19 日在卡斯特尔菲达多将教廷的军队击败。1860 年 11 月 3 日—1861 年 2 月 13 日向南进军，对加特阿进行了长期围困并最终占领之，为此被封为加特阿公爵。后率军去拦截企图夺占罗马的加里波第远征军，1862 年 8 月 29 日在阿斯普罗蒙特之战中将其击败，并俘获其大部。1862 年秋—1866 年春任那不勒斯总督。1864 年出任众议员。与奥地利的战争爆发后，指挥一个军作战。由于与拉·马尔莫拉将军发生争吵，致使意大利军队在 1866 年 6 月 24 日的第二次库斯托扎之战中被击败。1867 年 10 月和 1869 年 12 月应邀进入内阁，但政绩平平。1870 年 8 月，建议意大利介入普法战争以帮助法国。1876—1882 年，出任驻法国大使。1892 年 9 月 8 日卒于里窝那。

恰尔迪尼是一位能干而果断的指挥官。1866 年他与拉·马尔莫拉的争议导致了意大利在库斯托扎的失败；但后来作为一位政治家的所做所为，却没有引起什么争议。

PDM

参考：Nisco, N., Ⅱ Generale Cialdini e i uoi tempi. Rome, 1893.
Wizniewski, Prince Adam, Le Général Cialdini. Paris, 1913.

西塞罗，昆图斯·土利乌斯（Cicero, Quintus Tullius, 公元前 102—前 43 年） 罗马将军和政治家。参加的主要战争：高卢战争（公元前 58—前 51 年）、罗马内战（公元前 50—前 44 年）；参加主要战役（战斗）：西塞罗营地之战，阿都阿图卡（在马斯河以东，位于列日附近）之战（公元前 53 年）。

西塞罗公元前 102 年生于阿尔皮诺，是土·西塞罗的儿子和著名的演说家、政治家马·土·西塞罗的弟弟。受教于雅典，公元前 65 年被选为民政官，公元前 62 年当选为地方行政长官，而后在公元前 61—前 59 年期间，出任亚洲总督。公元前 57—前 56 年出任托勒密在西西里的特使。公元前 54 年 7—9 月（?），作为恺撒智囊团的参谋长官，参加了恺撒第二次入侵不列颠的作战。公元前 53 年 1 月，他在其营地组织了成功的防御，抵住了阿姆比奥里克斯指挥下的欧波罗尼人的进攻，一直坚持到恺撒的援军到达。公元前 53 年 7 月，在阿都阿图卡附近击退了苏加姆波里骑兵的进攻。因为过于冒险而受到恺撒的批评。公元前 51—前 50 年服务于他哥哥在西利西亚（土耳其南部地区）的参谋机构。在公元前 50—前 44 年的内战期间追随庞培。后来恺撒饶恕了他。公元前 43 年，安东尼和屋大维命人将他谋杀。

SAS

参考：Cicero, M. Tullius, Letters.
Syme, Ronald, The Roman Revolution. Oxford, 1933.
OCD.

辛辛纳图斯，鲁齐乌斯·昆克提乌斯（Cincinnatus, Lucius Quinctius, 公元前 519〈?〉—前 430 年〈?〉） 罗马政治家和

将军。

辛辛纳图斯约公元前519年生于罗马的一个著名贵族家庭。反对政治选举扩大到平民阶层的合理主张。公元前458年，在伊快即将发动突然袭击的紧急关头，他被选为独裁官，从农场应召返回罗马，奉命指挥一支军队去援救被围困的罗马军队主力。在科比奥附近，他仅用一天时间就将伊快军队击溃。任期未满便返回自己的农场，但其功绩在罗马广泛流传。公元前439年，S. 梅利乌斯图谋成为罗马国王，罗马出现严重的政治危机，在此关键时刻，辛辛纳图斯再度出山，又当选为独裁官。约卒于公元前430年。

辛辛纳图斯是罗马的民族英雄，具有很强的责任心，一心为国、从不计较个人利益得失，为国家树立了榜样。有关他的史料可能有许多是虚构的，但其历史地位根深蒂固。他对罗马历史有着非常深远的影响。

SAS

参考：Livy, History.
OCD.

秦那，鲁齐乌斯·科尔奈利乌斯（Cinna, Lucius Cornelius，公元前130—前84年） 罗马执政官。参加主要战争：同盟者战争（公元前91年—前82年）、罗马内战（公元前88—前82年）。

秦那生于罗马一个有名望的贵族家庭，他支持民主派。在同盟者战争期间受到奖赏。公元前87年，被民主派选为执政官。乘苏拉离开罗马东征作战之机，废除了苏拉所施行的法律，并威胁要对苏拉起诉。建议在35个部族中，平均分配新获得罗马公民权的意大利人名额，结果引起骚乱，被逐出罗马城。组建一支军队与马略一起攻占了罗马。公元前86年1月13日马略去世之后，秦那再次当选为执政官，实际上独掌大权。公元前85年，连续第三次被选为执政官。施行了几项经济改革，并使新获得罗马公民权的意大利人具有投票权。公元前84年，准备出征达尔马提亚，与已经从东方返回的苏拉交战；不料在一次兵变中被杀。

秦那以稳健著称。他对罗马的攻占及对苏拉党人的血腥报复，标志着罗马共和国走向衰退的开始。

SAS

参考：EB.
OCD.

戚维利斯，盖尤斯·尤利乌斯（Civilis, Gaius Julius，约30—约70年） 高卢-罗马将军和起义者。

戚维利斯约30年生于高卢巴塔维亚（低地）的一个贵族家庭。加入罗马军队后在60年代后期升为将军。不满罗马的统治，借口反对韦帕芗而举起了起义的大旗（60年）。是年率军进攻罗马在维特拉的军团及其要塞，被击退。得到反对韦帕芗的罗马军队的支持，但部署在东北方向上莱茵河一线的强大的罗马军队又赶来增援。最终被罗马忠诚的军队所包围，其死的方式和日期不详。

SAS

参考：*OCD*.

克拉姆-加拉斯，爱德华·冯（Clam-Gallas, Eduard von，1805—1891年） 奥地利将军。参加主要战争：1848年革命、意大利革命战争（1848—1849年）、匈牙利暴动（1848—1849年）、意大利统一战争（1859年）和七周战争（1866年）；参加主要战役（战斗）：诺瓦拉之战（1849年）、马镇塔之战（1859年）和索尔费里诺之战（均在斯蒂维耶雷堡附近，1859年）、波多利（耶什捷德山麓亚布隆迪内，姆拉达-博莱斯拉夫附近，1866年）、明兴格雷茨之战（慕尼黑城堡，1866年）、希茨金（伊钦）之战（1866年）、克尼格雷茨（赫拉德茨-克拉洛韦）之战（1866年）。

克拉姆-加拉斯生于1805年。1823年在奥地利军队中任骑兵军官。1846年晋升为少将。试图制止在米兰爆发的革命（1848年3月18—22日）。1849年3月23日，在诺瓦拉之战中有出色表现。奉命指挥在特兰西瓦尼亚的一支派遣军。1849年春天到秋天，成功地平定了当地的匈牙利暴动分子。在波希尼亚实现和平统一之后，1853年任枢密院顾问官。意大利统一战争期间，于1859年6月4日参加了马镇塔血战。6月24日参加了索尔费里诺之战。1861年被任命为骑兵将军。七周战争期间在波希尼亚指挥第一军。在萨克森阿尔贝特麾下，分别于1866年6月27日和28日被普鲁士亲王腓特烈·查理在波多利和明兴格雷茨击败；6月29日所部在希茨金之战中败北。7月3日，他及时收拢部队，参加了奥军惨败的克尼格雷茨之战。因其在奥军失败的波希尼亚之战中的表现而被解除职务；后被一个公正的军事法庭澄清并复职。卒于1891年。

克拉姆-加拉斯是一位勇敢、能干的青年军官，但在与普鲁士的战争期间，表现平平。

PDM

参考：German Army, Great General Staff, Die Feldzug von 1866 in Deutschland. Berlin, 1867.
Lettow-Vorbeck, Otto von, Geschichte des Krieges von 1866 in Deutschland. 3 vols. Berlin, 1896—1902.
Österreichisches biographisches Lexikon, 1815—1950, Vol. Ⅰ. Graz, 1952.

克拉伦斯公爵，乔治（Clarence, George, Duke of 1449—1478年） 英格兰亲王。

克拉伦斯公爵1449年10月21日生于都柏林，约克公爵查理和塞西莉·奈维尔的第三子。1461年其长兄爱德华四世即王位后，被封为克拉伦斯公爵。翌年即1462年，任爱尔兰代理总督。成为拥立国王者沃里克伯爵理

查·奈维尔的朋友和亲密盟友，并于1469年与沃里克之女伊莎贝尔结婚。1470年4月与沃里克逃往法国。同年9月10日与沃里克在达特茅斯登陆，返回英格兰。在随后成立的设在威斯敏斯特的兰开斯特家族的议会中扮演重要角色。然而，在爱德华四世从流亡地归国后，他抛弃了沃里克和兰开斯特家族。1471年3月30日，在考文垂与爱德华及拥立约克王朝的人会合；同年4月14日为爱德华取得了巴讷特之战的胜利。爱德华获胜后，封他为沃里克和索耳兹伯里伯爵，但他却与其弟——格洛斯特的理查（后来的国王理查三世）发生冲突。1478年初被指控犯有妨碍司法罪。1478年2月17—18日，根据爱德华的诏令，在伦敦塔被处死。

克拉伦斯公爵雄心勃勃、反复无常。他处事比较直率，这在当时纷争四起的英格兰政界是不合时宜的。

DLB

参考：Cole, Hubert, The Wars of the Roses. London, 1973.

Gillingham, John, The Wars of the Roses. Baton Rouge, 1981.

Ross, Charles, Richard Ⅲ. Berkeley and Los Angeles, 1981.

克拉克，乔治·罗杰斯（Clark, George Rogers, 1752—1818年） 美国将军。参加主要战争：邓莫尔勋爵之战（1774年）、美国独立战争（1775—1783年）；参加主要战役（战斗）：卡斯卡斯基亚-温森斯战役（1778年）、温森斯战役（1779年）。

克拉克1752年11月19日生于弗吉尼亚的夏洛茨维尔附近，约翰和安·罗杰斯·克拉克夫妇之子、威廉（著名的路易斯和克拉克）之兄。上学很少，但曾从其祖父学习测量。邓莫尔勋爵之战期间任侦察员（1774年5—10月）。后定居肯塔基并成为那里的显要人物。组织边民防卫亲英的印第安人的袭击（1776—1777年）。返回弗吉尼亚，并说服帕特里克·亨利总督为西部地区的防御提供官方支持。被委任为中校，并担任肯塔基边境民兵司令，率175人组成的远征队顺俄亥俄河抵达伊利诺伊地区，在那里监视英国的印第安人盟友（1778年5月）。夺取卡斯卡斯基亚（7月4日），到8月底又夺取了卡霍基亚和温森斯。来自底特律、由副总督亨利·汉密尔顿指挥的一支英军夺回温森斯之后，克拉克率军进行了十分艰难的冬季行军，奇袭并夺回了该要塞。汉密尔顿弃离守军（1779年2月25日）。任准将时，克拉克成功地进行了对肖尼的远征，并击退英国-印第安人对圣路易斯西班牙人殖民点的一次进攻（1780年）。在弗吉尼亚为预定的对底特律的进攻征集给养时，他协助击退了本尼迪克特·阿尔诺德的多次进攻（1781年1月）。留驻西部任印第安事务专员（1783—1786年）。曾率远征队进攻沃巴什人诸部落；后由于詹姆斯·威金逊的阴谋，他被解除职务并由后者接替（1786年）。参与过法国和西班牙在西部的一系列殖民计划（1786—1799年），因各种原因接受了法国和西班牙双方的委任（法国1793年委任其为上将）。回到肯塔基的路易斯维尔，一直在那里过着退休生活。卒于1818年2月13日。

克拉克聪明、多谋而且勇敢无畏，是具有非凡才能和军事技巧的边境居民。他以微小的代价为美国保护了下俄亥俄河谷地和伊利诺伊。他之所以参与后来的殖民计划，部分原因是独立战争后为穷困所迫；他企望藉此获得经济上的成功。

AS

参考：Bakeless, John E., Background to Glory: The Life of George Rogers Clark. Philadelphia, 1957.

Barnhart, John Donald, Henry Hamilton and George Rogers Clark in the American Revolution. Crawfordsville, Ind., 1951.

James, James Alton, ed., Clark Papers. 2 vols. Springfield, Ill., 1912—1926.

克拉克，马克·韦恩（Clark, Mark Wayne, 1896—1985年） 美国陆军上将，美国侵朝"联合国军"总司令。参加主要战争：第一次世界大战（1917—1918年）、第二次世界大战（1941—1945年）、朝鲜战争（1950—1953年）；参加主要战役（战斗）：埃纳河-马恩河战役、圣米耶尔战役、默兹-阿尔贡战役（1918年）、北非战役（1942—1943年）、意大利战役（1943—1945年）。

克拉克1896年5月1日生于麦迪森兵营（纽约萨克茨港），是一位军官之子。1917年毕业于西点军校，在步兵中任职。1918年4月，随第五步兵师赴法国作战。1918年6月在埃纳河-马恩河攻势中首次参战，并在战斗中受伤。伤愈后，被派到第一集团军任参谋，参加了圣米耶尔战役（1918年9月12—16日）和默兹-阿尔贡攻势（1918年9月26日—11月11日）。在占领德国期间，任第三集团军参谋。1919年11月回国，不久晋升上尉。1919—1921年，先后在中西部地区的几个地方驻防。1921—1924年，在华盛顿陆军参谋部任职。1925年毕业于佐治亚州本宁堡步兵学校。1933年1月晋升少校。1935年毕业于堪萨斯州利文沃斯堡指挥与参谋学院。1935—1936年在内布拉斯加州奥马哈民防军中服役。1937年毕业于陆军军事学院。1937—1940年任第三步兵师参谋。1940年在陆军军事学院任教。1940—1942年，与莱斯利·麦克奈尔将军密切配合，从事扩军备战工作。1941年8月晋升准将。1942年4月晋升少将。1942年5月任陆军地面部队参谋长。1942年7月任驻英国的美军地面部队司令，组建了驻英国的美军第二兵团。1942年10月，执行秘密而又危险的使命，收集维希政府驻北非军队的情报，为盟军在那里登陆（"火炬"行动）作准备。1942年11月晋升中将，任艾森豪威尔指挥下的北非盟军司令。1943年1月，任驻摩洛哥第五集团军司令，开始制定进攻意大利的作战计划。1943年

9月9日率部在萨莱诺登陆，10—18日严重受挫；后在盟军增援部队和海军炮火的支援下，才阻止了德军的反攻。1943年10月—1944年6月，在向意大利半岛缓慢而又伤亡惨重的推进过程中，指挥第十五集团军在盟军战线的西南段实施作战。1944年1月22日指挥该集团军部队在安齐奥登陆，并实施主攻。6月4日占领罗马。然而，他的战略计划背离了第十五集团军群司令、英国将军哈罗德·亚历山大的指令，便于德军撤退。7—12月，指挥盟军越过阿尔图诺河向北推进至"哥特防线"。1944年12月起任第十五集团军群司令（辖美军第五集团军和英军第八集团军）。1945年4月9日—5月2日，指挥盟军攻破"哥特防线"，推进到波河流域并攻入奥地利境内。1945年6月—1947年5月，第十五集团军群撤销建制后任奥地利盟军高级专员。1947—1949年任第六集团军司令。1949—1952年任陆军野战部队司令。1952年5月，接替马修·B.李奇微将军任粗暴干预朝鲜事务的"联合国军"司令，直到1953年7月27日停战协议签署。1950年和1954年先后出版了《可预测的风险》和《从多瑙河到绿鸭江》等两本回忆录。1954年退役。1954—1960年任席塔德尔军事学院院长。1985年卒于华盛顿郊外。

克拉克深受丘吉尔的喜爱（昵称其为"美国鹰"）。他在管理多国混合部队方面显示出丰富的经验。他精力旺盛、雄心勃勃、意志坚强，在与有才智的德军的较量中取得了巨大胜利。他没有执行亚历山大将军的指示，使自己成了罗马的征服者，但同时却使德军得以在意大利继续顽抗。

KS

参考：Clark, Mark W., Calculated Risk. New York, 1950.
——, From the Danube to the Yalu. New York, 1954.

克拉克，威廉（Clark, William, 1770—1838年） 美国陆军将领及探险者。参加主要战争：印第安西北部战争（1790—1795年）、1812年的战争（1812—1815年）；参加主要战役（战斗）：廷伯斯瀑布（在俄亥俄的莫米附近）之战（1794年）、普雷里德欣之战（1814年）。

克拉克1770年8月1日生于弗吉尼亚州的加罗林县郡，是乔治·罗杰斯·克拉克最小的弟弟，成长于肯塔基，参加民兵后转入正规军。1794年7月1日的廷伯斯瀑布之战，他在安托尼·韦恩将军手下任职，经路易斯举荐任命为"精选来复枪连"连长。1796年7月1日辞去职务。1803年，经路易斯请求，他伴随路易斯穿越大陆去太平洋海岸探险。尽管克拉克任炮兵中尉，但他却将主要精力用于探险，尤其对河流上的航行、制图学（克拉克绘制了所有的探险地图）以及同印第安人的联系感兴趣。探险活动后的1807年，克拉克成为路易斯安那领地的印第安人的代理人和民兵准将，仍是总督路易斯的下属。1813年，他成为密苏里领地的总督。1812年的战争爆发后（1812—1815年），克拉克指挥建造舰船和碉堡以保护密西西比和密苏里河地区。1814年他率一探险队前往威斯康星州的普雷里德欣，在那里建立谢尔比堡，但不久被迫撤离。战争结束后，因为他有与印第安人接触的经验，被詹姆斯·麦迪逊总统任命为同印第安人谈判的特使。1822年，他被任命为印第安人事务局局长，主要分管密苏里及上密西西比河流域的部落事务。由于印第安部落向西迁移，他的地位不再十分重要。1838年9月1日卒于圣路易斯。

ACD

参考：Osgood, Ernest S., ed., The Field Notes of Captain William Clark, 1803—1805. New Haven, Conn., 1964.
Steffen, Jerome O., William Clark: Jeffersonian Man on the Frontier. Norman, Okla., 1977.
DAMB.
WAMB.

克拉斯苏库斯，尤利乌斯（Classicus, Julius，约30—70年） 高卢-罗马起义者。

克拉斯苏库斯生于30年前后，是高卢特雷维里部落王室成员。作为罗马地方行政长官，率领高卢辅助部队的骑兵军团。前70年，参加了尤利乌斯·戚维利斯反抗韦帕芗的起义。与尤利乌斯·图托尔和尤利乌斯·萨比努斯一起，企图建立一个独立的高卢国家。在同罗马忠于韦帕芗的莱茵河军队作战时，表现得非常勇猛顽强。当其部队面临失败时，他对自己所从事的事业仍然抱有坚定的信念。去世的日期和情况不详。

SAS

参考：OCD.

克劳狄乌斯·考德克斯，亚庇乌斯（Claudius Caudex, Appius，约公元前307—前240年） 罗马执政官。

克劳狄乌斯·考德克斯约公元前307年生于一个显赫家庭。公元前264年任执政官。在公元前264—前241年的第一次布匿战争中，率军在西西里的梅萨纳作战。在公元前264年的两次作战中，击败了叙拉古和迦太基的围城部队。第二年，他率军围攻叙拉古失败。约卒于公元前240年。

SAS

参考：Polybius, History.
OCD.

克劳狄乌斯二世"哥特库斯"（Claudius Gothicus 〈Marcus Aurelius Claudius Gothicus〉, 214—270年） 罗马皇帝。

克劳狄乌斯214年5月生于达达尼亚（前南斯拉夫南部地区）。其早期经历不详，大约在261年加列努斯统治初期，成为伊利里亚的军事保民官和当地军队的指挥官。作为加列努斯新建骑兵的指挥官，被派往米兰镇压

奥勒奥鲁斯的叛乱，268 年，当加列努斯去世后被拥立为皇帝。269 年，率军将阿勒曼尼人赶出了意大利，而后推进到巴尔干地区，在纳伊苏斯（尼什）以及多比鲁斯（位于塞萨洛尼卡附近）之战中击败了哥特人，因此获得“哥特库斯”（意为哥特征服者）的称号，使这一地区第一次保持了连续 10 年的和平。270 年初，正当他准备对汪达尔人进行一次远征时，不幸在夕米南染上瘟疫，不治身亡。他是罗马从 235—285 年这 50 年中仅有的暴死的两个皇帝之一。

克劳狄乌斯是一位合格的和有活力的皇帝。第三世纪罗马能够复兴，很大程度上是由于他所取得的一些胜利所致。他为罗马赢得了一段休养生息的时间。君士坦丁宣称克劳狄乌斯是他的祖先。他享有良好的声誉，很可能就与君士坦丁有关。

SAS

参考：Jones, A. H. M., J. R. Martindale, and J. Morris, eds., Prosopography of the Later Roman Empire. Cambridge, 1971.

EB.

OCD.

克劳狄乌斯·普尔克尔，普卜利乌斯（Claudius Pulcher, Publius，约公元前 292—前 248 年） 罗马将军。参加主要战争：第一次布匿战争（公元前 264—前 241 年）；参加主要战役（战斗）：德雷帕农港之战（公元前 249 年）。

克劳狄乌斯·普尔克尔约公元前 292 年生于一个显赫的家庭，是亚庇乌斯·克劳狄乌斯·凯库斯之子。公元前 249 年当选为执政官，被派往西西里同迦太基舰队作战。为加强对迦太基利利贝乌姆（马尔萨拉）基地的包围，他指挥 123 艘军舰在德雷帕农港外攻击迦太基舰队。由于在宗教仪式上占卜而显示的预兆不利，暂停向迦太基进攻。然后用小鸡是否吃谷物来预测胜负；当小鸡不敢吃时，普尔克尔大叫：“小鸡不吃米，就让它们去喝水吧！”并把小鸡抛入大海。在随后的战斗中，罗马舰队惨败，仅有 30 艘战船逃脱。由于他的不恭和失败，受到一定惩处。卒于公元前 248 年。

SAS

参考：Polybius, History.

EB.

OCD.

克劳塞维茨，卡尔·马里亚·冯（Clausewitz, Karl Maria von，1780—1831 年） 普鲁士将军及军事理论家。参加主要战争：法国大革命战争（1792）—1799 年）、拿破仑战争（1800—1815 年）；参加主要战役（战斗）：奥斯坦德之战（1806 年）、利尼之战（1815 年）、瓦夫尔之战（1815 年）。

克劳塞维茨 1780 年 6 月 1 日生于马格德堡附近的布尔格镇，是一退休军官的第四子。1792 年参加普鲁士军队，1793 年升为军官。1793—1794 年参加了莱茵的战斗，从而取得了小单位作战的经验。1795—1801 年期间在卫戍部队服役，利用这一机会勤奋自学，以弥补其正规教育之不足。1801 年被送入柏林的夏恩霍斯特军官学校读第一期。1803 年春季毕业后成为亲王奥古斯特的副官；1804 年成为参谋长。1806 年 10 月 14 日参加奥斯坦德战斗，10 月 28 日在普伦次劳被法军俘虏。1807 年 9 月释放后，他积极参加夏恩霍斯特和格奈泽瑙对普鲁士军队的改革（1807—1811 年）。与此同时，他为王太子即威廉四世讲授军事课，并写下了专题论文（即后来出版的《战争论》，1810—1811 年）。1811 年晚期，因反对普鲁士同法国结盟而辞去军职，同另外 30 名军官离开普鲁士赴俄国。拿破仑入侵俄国期间，在俄军中服役；1812 年 12 月 30 日，同普鲁士将军约克谈判，极力说服他以其整个军团参加反拿破仑的战争。威廉国王因其早期的辞职以及约克事件，拒不启用他，直至拿破仑第一次退位。回国后，并未见到他积极参战的纪录。1815 年任布吕歇尔军团第三军参谋长，参加了 1815 年 6 月 16 日的利尼之战和 6 月 18 日的瓦夫尔之战。1815—1817 年任莱茵军团参谋长。1818 年升少将，任柏林军官学校校长。1819 年开始致力于《战争论》的著述工作，以便整理其对战略的观察以及对战史的评述。由于对其早期撰写的章节不甚满意，他于 1827 年开始重写。但直至 1830 年去布勒斯劳任炮兵第二监察部总监时，他的著作仍未完成。在边界地区，他身患霍乱，卒于 1831 年 11 月 16 日。

毫无疑问，克劳塞维茨是最伟大的军事理论家之一，但却未能完成对其著作的修订工作。他写下了无数的文章、几个战役的分析讲稿。他的理论创新有以下几点：“战争是政治通过其他手段的继续”以及关于“阻力”的概念。他认为作战中的劳累、机会以及种种小的失误都会使作战计划出现扭曲，“从而使看似容易实现的计划变得十分困难”。他通过观察并一直坚持的一个观点是：理论必须通过事实来经常加以修正。

DLB

参考：Clausewitz, Karl M. von, La campagne de 1796 en Italie. Paris, 1899.

——, The Campaign of 1812. London, 1843.

——, On War. Edited by Michael E. Howard and Peter Paret. Princeton, N.J., 1976.

——, Principles of War. Translated by Hans W. Gatzke. Harrisburg, Penn., 1942.

——, Vom Kriege. Edited by W. Hahlweg. Leipzig, 1952.

Paret, Peter, Clausewitz and the State. New York, 1984.

Parkinson, Roger, Carl von Clausewitz. London, 1971.

克莱，鲁齐乌斯·杜比尼翁（Clay, Lucius DuBignon, 1897—1978 年） 美国陆军上将。

克莱 1897 年 4 月 23 日生于佐治亚州马里塔的一个显赫之家。1918 年毕业于西点军校。不久晋升中尉和战时上尉。后被派到弗吉尼亚州亨夫雷兵营受训，完成了工程科目的学习。1920 年又入亚拉巴马工业学院学习(现为奥本大学)。1921 年回到亨夫雷兵营任工程教官。1924—1928 年，在西点军校任教。1930—1937 年，在一些军港和内河担任多种职务。1937—1938 年，在菲律宾道格拉斯·麦克阿瑟的参谋部任职。1938—1940 年，任负责得克萨斯红河水坝项目的管区工程师。1940—1942 年 3 月，主持实施了有关机场建设的第一个国防计划，在不到两年的时间里改建和扩建了 277 个机场，新建了 197 个机场。1942 年 3 月晋升准将，任陆军后勤部队物资主任，负责装备采购工作。同年 12 月晋升少将。后于 1944 年 11 月被艾森豪威尔将军召至欧州解决对瑟堡的后勤供应问题。1944 年 12 月—1945 年 4 月，暂时离开军界，任国家战争动员与恢复署主管战争计划与全面管理的副主任。1945 年 4 月—1947 年 3 月间，晋升中将，任德国美占区副司令。1947 年 3 月—1949 年 5 月间，晋升上将，任驻欧洲美军司令兼美占区司令。期间，当苏联切断通往柏林的陆上交通时，于 1948 年 6 月 24 日—1949 年 5 月 12 日组织指挥了向柏林空运补给的行动(在实施封锁后的首次空运中，本书的编者与其一同飞赴柏林。——编者注)。1949 年回到美国并退出现役。1950 年出版了《关于德国的决策》和《德国与为自由而战》等著作。1950—1962 年，任大陆罐头制品公司总裁，同时担任政府关于德国事务的高级顾问，并在 1961 年 9 月—1962 年 5 月任肯尼迪总统驻柏林的私人特使。1970—1971 年，主要在联邦住宅抵押协会等机构任政府商业顾问。1978 年 4 月 16 日，因肺气肿卒于马萨诸塞州的查塔姆。

克莱是一位富于才干、足智多谋、精力旺盛的组织者和管理者，有卓越的外交才能。

KS

参考：Clay, Lucius D. Decision in Germany. New York, 1950.
——, Germany and the Fight for Freedom. New York, 1950.
New York Times obituary, April 17, 1978.
EB.
WAMB.

克里巧斯（Clearchus，约公元前 450—前 401 年） 斯巴达将军。参加主要战争：伯罗奔尼撒战争（公元前 432—前 404 年）、居鲁士叛乱（公元前 402—前 401 年）。

克里巧斯公元前 450 年前后生于斯巴达。公元前 411 年在拜占庭（伊斯坦布尔）指挥一支斯巴达舰队；但是其部下由于受不了他那严格的纪律约束而心怀不满，于公元前 409 年趁他不在时，打开城门，将拜占庭献给了雅典人。被任命为该城的总督，率军抵御色雷西亚的进攻。他专横独断，无视斯巴达的命令，擅自撤退。公元前 403 年，被斯巴达军队开除，转而投靠波斯反叛王子居鲁士。在库那克萨（在幼发拉底河以东，位于阿尔拉马第附近）之战中，指挥居鲁士的13 000名伯罗奔尼撒雇佣军，位于反叛军队的右翼，在作战中击败了波斯军队的左翼。公元前 401 年，居鲁士战死，叛乱军队四分五裂，地方总督提萨费尼斯意识到这些在波斯的希腊高级军官勇猛善战、才能出众，以后很可能会对波斯造成威胁，因此借邀请这些人、包括克里巧斯出席宴会之机，将他们全部拿获并处决。

SAS

参考：Xenophon, Anabasis.
OCD.

克莱奥姆波洛图斯（Cleombrotus，约卒于公元前 371 年） 斯巴达统治者。

克莱奥姆波洛图斯于公元前 380 年，在其兄弟阿吉西波利斯二世死后继承王位。公元前 371 年 7 月，他担任斯巴达-伯罗奔尼撒联军的总指挥，在留克特拉地区抗击底比斯军队。在此战中，被伊巴密浓达的新战术所迷惑，最终被击败。他率 700 名斯巴达战士奋力拼杀，阵亡。

SAS

参考：Anderson, J. K., Military Theory and Practice in the Age of Xenophon. London, 1970.
Plutarch, "Pelopidas," Parallel Lives.
Xenophon, Hellenica.

克莱奥梅尼一世（Cleomenes Ⅰ，约公元前 540—前 488 年） 斯巴达国王。

克莱奥梅尼一世约公元前 540 年生于斯巴达。公元前 520 年其父去世后，继承父位成为斯巴达国王。公元前 519 年，在柯林斯之战中击败阿各斯，并下令处死藏于小树林中的6000名阿各斯士兵。公元前 519—前 510 年间，进一步巩固了斯巴达在伯罗奔尼撒半岛的霸主地位，极力干涉其希腊劲敌雅典的事务。公元前 510 年，派兵前往雅典，与其统治者庇西特拉图之子交战。公元前 508—前 507 年间，再次出兵雅典，扶持雅典的独裁派首领伊萨戈拉斯，以反对民主派的克利斯提尼。但于公元前 507 年在雅典卫城被民主派军队包围，被迫投降并返回斯巴达。接着又组建大军，准备进攻雅典，由于柯林斯部队在厄琉西斯等地哗变，这一计划化为泡影。这次哗变得到了斯巴达另一政党领袖德马拉托斯的支持。公元前 494 年，克莱奥梅尼一世在塞佩亚大胜阿各斯。三年后，他打算讨伐投靠波斯的埃伊纳，但受到德马拉托斯的阻挠。利用收买等手段，策划废黜德马拉托斯，结果骗局被揭露，被迫逃往帖撒利亚。公元前 490

C

年，企图在阿尔卡第亚叛乱。公元前488年，斯巴达人再次将他扶上王位，但不久就发疯自戕。

克莱奥梅尼一世是一位有能力且富于侵略性的君主，热衷于扩张政策。由于他的努力，斯巴达成为伯罗奔尼撒半岛的主要强国。因为他鼓励爱奥尼亚人反对波斯，从而又使之成为民族英雄。

SAS

参考：Herodotus，History.
EB.
OCD.

克莱奥梅尼三世（CleomenesⅢ，公元前265—前219年） 斯巴达国王。参加主要战争：反对阿卡亚同盟的战争（公元前229—前222年）；参加主要战役（战斗）：吕卡伊乌姆山和劳第塞亚之战（公元前227年）、赫卡敦比乌姆之战（公元前226年）、柯林斯之战（公元前224年）、塞尔拉西亚之战（公元前222年）。

克莱奥梅尼三世约265年生于斯巴达，是国王李奥尼达二世之子。公元前235年，其父去世后继承王位。公元前229年开始与阿拉托斯领导的阿卡亚同盟发生冲突。公元前227年在吕卡伊乌姆地区击败阿拉托斯，但不久便失去马蒂尼亚。是年11月（？）在劳第塞亚地区再次击败阿拉托斯。进行一系列改革，重建斯巴达（重分土地，恢复训练青年的旧制），并训练军队使用长矛。公元前226年，收复马蒂尼亚，在赫卡敦比乌姆地区击败阿卡亚军队，全力摧毁阿卡亚同盟。公元前225年，争夺该联盟盟主的企图失败；之后出兵攻占了佩莱纳、阿各斯及其他城邦。公元前224年阿拉托斯被迫向马其顿国王安提柯·杜尚三世求援。安提柯未能突破克莱奥梅尼在柯林斯附近的战线，但在阿各斯地区发生的反克莱奥梅尼的暴动却使斯巴达不得不转攻为守。公元前222年，安提柯终于在塞尔拉西亚战胜克莱奥梅尼。公元前221年斯巴达失陷后，克莱奥梅尼逃往埃及，投靠国王托勒密·欧吉特斯；后被欧吉特斯的继任者托勒密·斐洛帕特监禁。公元前219年克莱奥梅尼脱逃，在亚历山大起事未成，自杀身亡。

克莱奥梅尼三世是一位强有力的、且具有很高军事素养的君主。他所进行的社会改革虽然未能完成，但给斯巴达带来了希望。然而斯巴达一国的国力毕竟太弱，难以实现其军事野心。

SAS

参考：Plutarch，"Cleomenes，"Parallel Lives.
Polybius，Histories.
Walbank，F. W.，Commentary on Polybius. 3 vols. London，1957—1979.

克里昂（Cleon，公元前470—前422） 雅典将军和政治家。参加主要战争：伯罗奔尼撒战争（公元前431—前404年）；参加主要战役（战斗）：斯法克特里亚岛之战（公元前425年）、安菲波利斯之战（公元前422年）。

克里昂约公元前470年生于雅典，是著名皮货商克莱亚尼图斯之子。以反对伯里克利、拥护贵族政治而闻名。伯里克利死后，成为雅典民主派的领袖，反对国内温和派尼西亚等人，主张进攻。公元前428年，因为战争筹款而征税。公元前427年，主张进攻米蒂利尼城，以惩罚其叛离雅典的行为，这表明他通过武力保持雅典王国统一的决心。米蒂利尼陷落后，他提议处死所有男性公民，把妇女儿童当作奴隶；但由于这一提议被及时废止，米蒂利尼人才免遭涂炭。公元前425年，率增援部队在斯法克特里亚岛解救了被围困的雅典大军，反过来又包围了斯巴达部队，并生俘斯巴达人，取得巨大胜利。当选为将军，但未能说服阿各斯加入雅典同盟。公元前424年，由于在梅加拉和波伊奥提亚等地作战失利，政治地位遭到削弱，一年多的和平时期也因此结束。公元前422年，率领一支部队进攻色雷斯，并攻占了几个城邦；但在安菲波利斯之战中被斯巴达将军布拉西达斯击败，阵亡。

克里昂的军事才能不容置疑，但他过于勇悍，并拒绝与斯巴达人议和。他的政治力量主要来源于其出色的演讲口才。

SAS

参考：Thucydides，History of the Peloponnesian War.
West，A. B.，and B. D. Meritt，"Cleon's Amphipolitan Campaign，" American Journal of Archaeology，Vol. 29(1925).
OCD.

克莱奥丰（Cleophon，约公元前460—前404年） 雅典将军和政治家。

克莱奥丰约生于公元前460年，是克雷普皮德斯之子。公元前428年当选为将军。以制做竖琴为生。公元前410年，在雅典国内民主派反对独裁派的斗争中当政。他的政策与克里昂的政策基本一致。公元前410和前406年，雅典在库齐库斯战斗和阿吉纽西战役取得胜利之后，他拒不接受斯巴达的议和条件。在国内，领导了对独裁派成员的追查，并以对雅典贫民阶层进行救济来提高士气。公元前405年，雅典在伊哥斯波塔米之战中彻底失败，斯巴达人封锁了雅典；在此危机关头，他坚决主张抗战到底。但当独裁政治占上风时，他被捕入狱，备受折磨；公元前404年被处死。

克莱奥丰的演讲具有极大的鼓动性。他试图继续奉行克里昂的政策。但由于他和阿基比阿德政见相左，彼此之间斗争激烈，从而使雅典失去了赢得战争胜利的最后机会。

SAS

参考：EB.
OCD.

克累尔费伯爵，沙尔·约瑟夫·德·克鲁瓦（Clerfayt〈Clairfayt〉Charles Joseph de Croix, Count of, 1733—1798 年） 奥地利元帅。参加主要战争：七年战争（1756—1763 年）、土耳其战争（1787—1792 年）、法国大革命战争（1792—1799 年）；参加主要战役（战斗）：卡拉法图（卡拉法特）之战（1790 年），布瓦河畔克鲁瓦（瓦朗谢纳附近）之战（1792 年）、第二次内尔温登（列日附近）之战、瓦蒂尼之战（1793 年）、霍赫莱德（科特赖克附近）之战、阿尔登霍芬之战（1794 年）、赫希斯特之战、普费德斯海姆（沃尔姆斯附近）之战（1795 年）。

克累尔费 1733 年 10 月 14 日生于埃诺的布吕勒，1753 年加入奥地利陆军。在七年战争中战功卓著。土耳其战争（1787—1792 年）期间，他在卡拉法图（卡拉法特）打败一支土耳其军队（1790 年 6 月 27 日）。任不伦瑞克公爵指挥的驻比利时的奥地利军队中的分遣部队指挥官时，他在布瓦河畔的克鲁瓦取得了对法军的著名胜利（1792 年末）。任驻比利时奥地利军队的军长时，他在阿尔登霍芬之战（1793 年 3 月 1 日）中对打败法军作出了贡献。在打败法军的内尔温登之战（3 月 18 日）中起了重要作用。围攻并夺取了勒凯努瓦（8 月 28 日—9 月 13 日）。参加了萨克森-科堡亲王腓特烈·约西亚斯指挥的瓦蒂尼之战（10 月 15—16 日），奥地利军在此战中战败。在穆斯科隆之战（1794 年 4 月 28—29 日）和库特赖（科特赖克）之战（5 月 11 日）中战败。接替萨克森-科堡亲王为总司令，但在霍赫莱德之战（6 月 13 日）遭受挫折，并在阿尔登霍芬之战（10 月 2 日）中受到茹尔丹的阻击。在赫希斯特打败在数量上处于劣势的茹尔丹军队（1795 年 10 月 11 日），之后在美因茨重创沙尔的部队（10 月 29 日）。在普费德斯海姆打败皮舍格吕军（11 月 10 日），但不久却莫名其妙地与法军达成停战协议，因而在维也纳引起狂怒，以致拱手交出指挥权。后为奥利克市议会议员。1798 年 7 月 19 日卒于维也纳。

克累尔费是一位能干而足智多谋的军人。他在 1794 年的佛兰德战役中遭受了一系列小挫折，但次年秋在美因茨地区进行的作战却具有相当的技巧和生气。

DLB

参考：Bodart, Gaston, Militar-historisches Kriegs-Lexikon (1618—1905.) 2 vols. Vienna and Leipzig, 1908.
Phipps, Ramsay W., The Armies of the First French Republic and the Rise of the Marshals of Napoleon Ⅰ. 5 vols. London, 1926.
EB.

克利默，斯基普顿·希尔（Climo, Skipton Hill, 1868—1937 年） 英国将军。参加主要战争：远征蒂拉赫（1897—1898 年）、镇压义和团运动（1900—1901 年）、第一次世界大战（1914—1918 年）、第三次阿富汗战争（1919 年）和远征瓦齐斯坦（在巴基斯坦西北部边境省份地区，1919—1920 年）。

克利默生于 1868 年，是 W. 希尔·克利默上校之子，在施鲁斯伯里和桑赫斯特接受教育。1888 年在边境团第二营任职。1889 年调到驻印度的第二十四旁遮普步兵团任职。1897 年 7—9 月驻防马拉根，随后参加蒂拉赫远征（1897 年 10 月—1898 年 3 月）。镇压义和团运动期间在中国服役，并参加了荣赫鹏上校对西藏的侵略（1903 年—1904 年 9 月）。1914—1915 年间在与土军沿运河进行的作战中表现突出。1915—1916 年在美索不达米亚战役中四次负伤。1916 年晋升为少将。参加了 1919 年 5—11 月的第三次阿富汗战争。1919 年 12 月 13 日—1920 年 2 月 1 日任镇压瓦齐斯坦马苏德部落的英军部队司令，击退了马苏德人的进攻（12 月 17 日）。1920—1922 年在印度任师指挥官。1923 年退役。卒于 1937 年。

PDM

参考：Who Was Who, 1929—1940.

克林顿第九子爵，爱德华·法因斯，林肯第一伯爵（Clinton, Edward Fiennes, 9th Viscount, and 1st Earl of Lincoln, 1512—1585 年） 英格兰海军将领。参加主要战争：英法战争（1542—1546 年、1549—1550 年和 1557—1559 年）、英格兰与苏格兰战争（1544—1550 年）、镇压怀亚特起义（1554 年）、镇压北方起义（1569 年）；参加主要战役（战斗）：布洛涅之战（1544 年）、斯皮特黑德之战（1545 年）、平克埃（爱丁堡附近）之战（1547 年）、圣康坦之战（1557 年）。

法因斯生于 1512 年，是克林顿第八子爵托马斯之子。1532 年作为亨利八世的随员之一，来到了布洛涅和加来。1536 年成为议会议员。1544—1547 年，效力于英格兰海军，参加了反抗苏格兰人和法国人的战争。1544 年协助围攻爱丁堡，被哈福德伯爵爱德华·西摩封为爵士。同年 7 月 19 日—9 月 14 日，率军围攻布洛涅，并攻占之。1545 年随利尔子爵约翰·达德利参加了斯皮特黑德的反法战役。1546 年做为和平使者之一被派往法国。西摩（当时已是萨莫塞特公爵）领军入侵苏格兰时，他指挥英格兰舰队。在 1547 年 9 月 10 日的平克埃战役中，负责为英格兰军队提供火力支援。1547—1550 年执政布洛涅。此间的 1549—1550 年，率军粉碎了法军的围攻。1550—1554 年和 1559—1585 年，两度出任英格兰海军大臣。1550—1553 年和 1557—1585 年，两次担任枢密院官员。1550 年与拉特兰伯爵一道司职林肯郡和诺丁汉郡。1551 年出使法国。1552 年独立专管诺丁汉郡。1554 年参与镇压肯特地区的怀亚特起义。后随彭布罗克伯爵的远征队驰援圣康坦的西班牙军队。时为海军中将，并在那里参加了 1557 年 8 月 10 日的战斗。此后返回英格兰，受命指挥英国舰队。1558 年率舰队侵袭法国沿海，攻占并火烧了康奎斯特（布勒斯特附近）及附近的一些村庄。1569 年 10 月—1570 年 1 月，与沃里克伯爵安布斯罗·达德利一道共同负责集结一支大军，用以镇压北方起义（后来未派上用场）。1572 年被封为林

C

肯伯爵。同年，出使法国。后来数次被伊丽莎白一世委以重任。卒于1585年。

法因斯具有极强的适应能力。他一生辅佐了四位脾性迥然不同的君主，在政治上忠于他们，从而很好地适应了当时变幻不定的宗教风云。

AL

参考：Cooper，C.H.，and T.Cooper. Athenae Cantabrigienses，Cambridge，1858.
Oman，Sir Charles W.C.，A History of the Art of War in the Sixteenth Century. New York，1937.
Sanderson，Michael，Sea Battles. London，1975.
Venn，John，and J. A. Venn（comps.），Alumni Cantabrigienses. Cambridge，1922.

克林顿，亨利爵士（Clinton，Sir Henry，1738—1795年） 英国将军。参加主要战争：七年战争（1756—1763年）、美国独立战争（1775—1783年）；参加主要战役（战斗）：约翰尼斯贝格（威斯巴登附近的莱茵河地区）之战（1762年）、邦克山（马萨诸塞的查尔斯顿地区）之战（1775年）、第一次查尔斯顿（南卡罗来纳）之战（1776年）、巴伦山之战、蒙茅斯之战（1778年）、第二次查尔斯顿之战（1780年）。

克林顿1738年生于其父——乔治·克林顿将军任总督的纽芬兰。成年后到其父任总督的纽约（1741—1751年），成为民兵军官。回到英国后被任命为“寒流卫队”的中尉（1751年11月1日）。在掷弹兵卫队中任上尉和中校（1758年4月6日）时，首次经历了七年战争后期的作战（1760年）。在斐迪南亲王领导的近卫旅中表现不凡，被擢升为上校（1762年6月24日）。在约翰尼斯贝格之战中作战负伤（8月30日）。历任第十二步兵团的上校（1766年）和少将（1772年5月25日）。通过其表兄——纽卡斯尔第二公爵的影响进入议会（7月）。与豪和伯戈因一起前往波士顿与盖茨将军会合（1775年5月），曾敦促盖茨夺取多尔切斯特高地。英国殖民军进攻布雷德斯山美军阵地（6月17日）期间，任豪的副司令，亲自率军发起最后冲击。任“当地”中将和豪的副司令（9月）。率配属的登陆部队企图攻克查尔斯顿，并登陆长岛（查尔斯顿港附近，1776年6月16日）。但海军进攻莫尔特雷要塞的惨败（6月28日）使陆军的一切努力付诸东流。克林顿撤出部队（7月21日）。恼怒于豪——他与豪有分歧——和查尔斯顿作战的失败，他回到英国准备退役。接受劝告后重返现役，抵达纽约（1777年7月5日）后发现，仍在季休的豪准备向费城开进，留下克林顿防卫纽约。勉强进行了进攻纽约高原的佯动作战，夺占了克林顿要塞和蒙哥马利要塞（位于皮克斯基尔附近的贝尔山，10月3—22日）。接替豪任总司令（1778年5月），在巴伦山（位于宾夕法尼亚的诺里斯敦）诱歼拉斐特失败（5月20日）。撤离费城，前往纽约（6月），在未决胜负的蒙茅斯（位于新泽西的弗里霍尔德附近）之战（6月28日）中阻止了华盛顿的追击。同年剩下的时间里一直在纽约进行防御。在弗吉尼亚（1779年5月）和康涅狄格沿海（7月）进行过有限的进攻，但援军的违约迟到（8月）破坏了其主要计划。指挥了对查尔斯顿的第二次作战，后围困并攻克该城（1780年2月11日—5月12日）。不久返回纽约，留8000人交由康华里指挥（5月），率7000援兵前往约克镇，但迟到了5天（1781年10月24日）。被解除总司令职务，由卡尔顿接任（1782年5月）。回到英国后因其在失败中的责任受到谴责，失去了议员席位（1784年）。后再次当选（1790年），并晋升为上将（1793年10月）。出任直布罗陀总督（1794年7月）；1795年12月23日卒于该地。

克林顿聪明能干，但由于不能与他人相处，后期的作战缺乏干劲和魄力。另外，也由于缺少能干的部属，他始终未能尽展其才。

Staff

参考：Boatner，Encyclopedia.
Willcox，William B.，Portrait of a General：Sir Henry Clinton in the War of Independence. New York，1964.

克林顿，詹姆斯（Clinton，James，1733—1812年） 美国将军。参加主要战争：法国与印第安人的战争（1754—1763年）、美国独立战争（1775—1783年）；参加主要战役（战斗）：弗农特奈克要塞（安大略的金斯顿附近）之战（1758年）、魁北克之战（1775年）、纽敦（纽约的埃尔米拉附近）之战（1779年）、约克镇之战（1781年）。

克林顿1733年8月9日生于纽约州阿尔斯特（后来的奥兰治）县的小不列颠，为后来担任第一任纽约州长的乔治·克林顿之兄。年青时加入当地民兵，布拉德斯特里特上校向弗农特奈克远征（1758年7月）——结果从法军手中夺取该要塞（8月27日）——时，任远征队上尉。美国独立战争爆发时任民兵中校，参加了理查·蒙哥马利将军对魁北克的远征，担任纽约第三团团长（1775年10月）。这次进攻失败（12月31日）后，他回到纽约（1776年1月）。晋升为大陆军中的准将（8月9日），担任哈德逊河畔的克林顿要塞（位于贝尔山，皮克斯基尔附近）司令（10月）。为防卫该要塞与亨利·克林顿爵士率领的英国军队进行了顽强作战（1777年10月6日），后被迫撤出阵地，受重伤。在纽约边境应付印第安人和托利党人的袭击，与之进行作战（1778年11月以后）。切里谷地大屠杀之后，他协助约翰·沙利文将军讨伐印第安人，在奥斯威戈湖征集部队和物资（1779年7—8月）。南移与沙利文军会合，参加了纽敦之战，在那里打败了约瑟夫·布兰特的印第安人和约翰·巴特勒上校的托利党人（8月29日）。参加约克镇围城战（1781年9月—10月19日），担任旅长。出任宾夕法尼

亚-纽约边界委员会委员（1785 年）。曾投票反对批准宪法（1788 年）。1812 年 12 月 22 日卒于小不列颠。他有一子，名叫德威特·克林顿。

克林顿是一位能干、足智多谋的指挥官；他对沙利文的主动支援是纽约边境得以安宁的主要原因。

AS and DLB

参考：Boatner，Encyclopedia.
WAMB.

克林顿，威廉·亨利爵士（Clinton，Sir William Henry，1769—1846 年） 英国将军。参加主要战争：法国大革命战争（1792—1799 年）和拿破仑战争（1800—1815 年）、第一次米格尔战争（1826—1828）；参加主要战役（战斗）：卡斯塔拉之战（1813 年）。

克林顿生于 1769 年，是亨利·克林顿的长子。1784 年任第七轻龙骑兵团短号手。1793—1794 年，作为上尉在第一近卫团约克公爵手下参加佛兰德战役。1794 年升中校。1794—1796 年及 1806—1830 年曾任国会议员。1801 年 7 月—1802 年 3 月为麦德拉总督。1808 年升少将。1812 年在西西里的梅西那指挥一个师的兵力。1812—1813 年率第一师在西班牙作战，在 1813 年 4 月 13 日的卡斯塔拉作战中表现特别出色。1813 年 6 月—1814 年 4 月，任驻西班牙英军总指挥，但未见参加什么战事。1826 年 12 月—1828 年 4 月的第一次米格尔战争期间，受命率 5000 人的一个师前往西班牙，以维护当地的秩序。1830 年升将军并从国会退休。1842 年任切尔西-奥斯皮塔尔总督。卒于 1846 年。

PDM

参考：DNB.

克利松，奥利维耶·德（Clisson Olivier de，1336—1407 年） 法国贵族、军人。参加主要战争：英法百年战争（1337—1453 年）；参加主要战役（战斗）：欧赖之战（1364 年）、鲁思拜克之战（东佛兰德鲁瑟拉勒附近）（1382 年）。

克利松 1336 年生于布列塔尼，受教育于英格兰，在英格兰期间学会许多英格兰作战方法。在 1341—1364 年间进行的漫长的布列塔尼王位继承战争期间，他为布列塔尼王位候选人约翰·德·蒙福尔五世作战。1364 年在与约翰的劲敌布卢瓦的查理进行的欧赖之战中，他一举成名，而布卢瓦的查理阵亡，法国元帅勃特朗·迪·盖克兰被俘。因对约翰给予的报酬不满，劝告黑太子爱德华释放迪·盖克兰，尔后自己于 1365 年开小差逃至法国。1369 年法国查理五世任命他为基恩代理总督。其间，同英格兰曾进行激烈战斗，并因冷酷而声名狼藉。1374 年出任布列塔尼代总督。1380 年 11 月 28 日迪·盖克兰去世后擢升法国元帅。1382 年 11 月 27 日在鲁思拜克之战中击败菲利普·范·阿特威尔德的佛兰德叛军。因约翰四世唆使人谋害他，致使法国入侵布列塔尼。1392 年查理五世得疯病，战争随之结束。法国摄政者们亦解除了他的职务。1395 年返回布列塔尼，并与约翰重新和好。约翰任命他为自己孩子的监护人。1399 年约翰去世时，他成为布列塔尼的保护人。1407 年 4 月 23 日卒于若斯兰城堡。

克利松是一位可畏的、凶猛的武士，是法国十四世纪后期最杰出的勇士之一。他渴望辉煌和荣誉。此外，他为人极为虔诚。

DLB

参考：Lefranc，A.，Olivier de Clisson，connétable de France. Paris，1898.
Naudin-Hérot，A.，Le connétable Olivier de Clisson. Paris，1938.

克莱武男爵，罗伯特·克莱武（Clive，Robert Clive，Baron，1725—1774） 英国将军和殖民地官员。参加主要战争：第一次卡纳蒂克战争（1744—1748 年）、第二次卡纳蒂克战争（1749—1754 年）、孟加拉战争（1756—1757 年）、七年战争（1757—1763 年）；参加主要战役（战斗）：阿尔果德围城战（1751 年）、尚代纳戈雷之战、普拉西之战（1757 年）、本地治理围城战（1760—1761 年）。

克莱武 1725 年 9 月 29 日生于什罗普郡马基特德雷顿附近的家族庄园——斯蒂克。上学时曾多次转校。后被派往马德拉斯担任东印度公司抄写员（1743 年秋）。他在该公司的经历不详，但第一次卡纳蒂克战争期间爆发的一切战斗（1746 年 6 月）给他带来了巨大机会。马德拉斯陷于约瑟夫·杜普莱克斯侯爵之手（9 月 10 日）时被俘，后脱逃到达圣大卫要塞，并志愿参军，任少尉（1747 年）。战争结束后，他解甲归田（1748 年秋）。但法国与英国当地盟友之间再起冲突后，他又重返军队（1751 年）。卡纳蒂克人争夺“纳瓦布”之位的战争赐予其机会，他志愿指挥对法国人推举的候选人——尚达·萨希布的主要基地和首府城市阿尔果德的佯攻（9 月）。率 200 名欧洲人和 300 名印度人组成的小部队夺取该城（9 月 12 日），后在与尚达之弟和尚达之子率领的围城部队的作战中坚守该城达 53 天之久（10 月 4 日—11 月 25 日）。这次作战胜利后，克莱武率一支小部队对法军及其盟军发动了一系列袭击，显示了自己作为游击战领导人的才能。1753 年返回英国，未能当选议员。以圣大卫要塞行政官和英军中校身份率大队援军前往印度（1755 年）。途中他应孟买当局之邀捣毁印度西海岸的海盗基地加利亚。抵达马德拉斯（1756 年 6 月）后不久即卷入英国人与孟加拉“纳瓦布”西拉吉-艾德-达乌拉之间的战争。“纳瓦布”夺取加尔各答要塞（6 月 20 日）后，克莱武率 900 名欧洲人和 1200 名印度人组成的援军进行作战（10 月）。他救出了臭名昭著的“黑洞”城的幸存者（12 月）并夺回了加尔各答（1757 年 1 月 2 日）。与“纳瓦布”缔结和约（2 月 9 日）但留驻孟加拉。后夺取

法国人据守的尚代纳戈雷港（3 月 23 日）。由于担心法国人会与西拉吉-艾德-达乌拉结盟，克莱武决定将其推翻，并选定自己的“纳瓦布”候选人——米尔·加法尔。在著名的普拉西之战（1757 年 6 月 23 日）中打败西拉吉。这场战斗虽然部分地是克莱武与西拉吉之间的意志较量，但欧洲人在军事上的优势是主要的，故克莱武的 3200 人打败了西拉吉的 5 万人。出任孟加拉总督（1757 年 6 月—1760 年 2 月）期间恢复了法律和秩序。克莱武接受了新“纳瓦布”米尔·加法尔总数超过 25 万英镑的钱财和一座年收入达 3 万镑的庄园。这些馈赠和克莱武部属收受的其它馈赠在英国引起舆论大哗。1760 年春回到英国，被册封为普拉西的克莱武男爵（1762 年）和骑士（1764 年）。由于他的印度派遣到敌视、其搜刮得到的财产引起了不满（以及这种不满对英国政治的潜在影响）、而且他必须以大部分财产影响东印度公司的业主委员会才能保护其在印度的利益，他的政治抱负受到打击。孟加拉几次出现挫折（1763—1764 年）；莫卧儿皇帝再次发起进攻；东印度公司军队中的军官发动兵变，导致他返回孟加拉第二次出任总督。抵达加尔各答（1765 年 5 月 3 日）时，军事形势因伯格萨尔之战（1764 年 10 月 23 日）的胜利而得到恢复。克莱武设计了后来的政治解决办法，即：德里的莫卧儿皇帝授予东印度公司在孟加拉和比哈尔收税（“迪瓦尼”）的权力，同时该公司向德里上交贡赋。克莱武还结束了腐败在孟加拉的严重蔓延，虽然某些弊端仍然存在。他还重新控制了军队。1767 年 2 月离开加尔各答回国。回国后在政治上受到激烈反对。东印度公司要求政府帮助其摆脱倒闭的危机导致了国会的多次调查；调查使普遍的腐败暴露无遗。克莱武本人受到攻击，但他在议会奋勇抗辩，并得以完全开脱（1772 年）。健康的恶化和漫长的政治危机使他陷入深深的忧郁。1774 年 11 月 21 日，克莱武在伦敦家中自杀。

克莱武是一位军事家，但更是国务活动家和政治家；尽管如此，他仍是一位能干、多谋和勇敢的指挥官。他几乎具有无限的自信。他是大英帝国在印度的殖民地的真正缔造者。他在孟加拉创立的安全基地是英国统治次大陆的基石。

DLB

参考：Dodwell, H. H., Dupleix and Clive. London, 1920.

Edwardes, Michael, Plassey: The Founding of an Empire. New York, 1970.

Lanford, J. P., Clive, Proconsul of India. London, 1976. Speer, P., Master of Bengal: Clive and His India. London, 1976.

Sutherland, Lucy. The East India Company and 18th Century Politics. London, 1952.

克洛狄乌斯·阿尔比努斯（Clodius Albinus，卒于 197 年） 罗马将军和反叛者。

193 年当罗皇帝佩提纳克斯被禁卫军谋杀时，身为不列颠总督的克洛狄乌斯·阿尔比努斯在高卢自立为帝。他支持争夺皇位的 S. 塞维鲁，并在 193 年底被塞维鲁宣布为继承人。塞维鲁于 193—194 年间击败了其主要对手 C.P. 尼格尔，并在 195—196 年平定了东部地区之后返回西方，宣布克洛狄乌斯在高卢地区发动叛乱。197 年，克洛狄乌斯率军进攻塞维鲁，在卢格敦（里昂）附近地区与其进行了一场激烈、艰苦的作战，最终被击败并被俘；不久后被处死。

RGS

参考：EMH.

OCD.

科布，亚历山大·斯坦霍普爵士（Cobbe，Sir Alexander Stanhope，1870—1931 年） 英国将军。参加主要战争：远征奇特拉尔（1895—1896 年）、第四次阿散蒂战争（1900 年）和第一次世界大战（1914—1918 年）；参加主要战役（战斗）：库特-阿马拉（库特）之战、穆沙希达（汉迈沙希代）之战、伊斯达布拉特（在萨马拉附近）之战（1917 年）和舍尔加特（阿什-舍尔加特）之战（1918 年）。

科布 1870 年生于印度的奈尼塔尔，是英国军人家庭的后代。在惠灵顿和桑赫斯特军事学院学习，1889 年在南威尔士边境部队中任军官。1892 年升中尉并调到印度英军参谋部。在远征奇特拉尔期间随第三十二锡克轻工兵队参加作战行动。1898—1899 年在尼亚萨兰（马拉维）、1900 年 3—11 月在西非参加第四次阿散蒂战争。1902 年在索马里兰（索马里）镇压当地的暴动。1900 年升上尉，1907 年升少校，1902—1914 年分别在印度和陆军部的一系列参谋岗位上任职。第一次世界大战开始时在法国参战，但被派回印度。1916 年夏晋升少将，在美索不达米亚的作战中，接替斯坦利·默雷爵士将军任第三印度军军长。1916 年 12 月 13 日—1917 年 2 月 24 日率部在库特-阿马拉（库特）地区参加默雷的艰苦但获成功的攻势。后率部沿底格里斯河西岸稳步推进，于 3 月 11 日进入巴格达。3 月在穆沙希达，4 月在伊斯达布拉特打败土军部队；4 月 23 日夺取萨马拉。由于夏季炎热，停顿几乎 4 个月后，英军于 9 月 27—28 日在拉马迪获胜，并继而占领提克里特（11 月 2 日）。在上述行动中，科布均发挥了主要作用。休整 10 个月后的 1918 年秋天，科布经精心策划和周密准备后，率部向摩苏尔进军，将土军赶出费特哈（提克里特之北，底格里斯河西岸）。10 月 29 日率军在舍尔加特打败土军，翌日接受土耳其底格里斯河部队的投降，11 月 2 日率军夺取摩苏尔。1919—1922 年任印度英军司令部军事助理（秘书）。1924 年升为上将。1926—1930 年任印度北部军区总司令。1931 年病卒前返回印度英军司令部，任原职。

科布是一位有能力的指挥官。他向摩苏尔的最后进攻经过精心策划和准备，这与早期的行动不同。他使其

下属和士兵树立起信心并相互尊重，同时以活力与坚定去实施其作战行动。

PDM

参考:DNB(1931—1940).
EMH.

科奇斯(Cochise 约 1812—1874 年) 美国印第安阿帕奇部落酋长。参加主要战争：阿帕奇印第安人战争（1861—1890 年）；参加主要战役（战斗）：阿帕奇通道之战（亚利桑那州南部，1862 年）。

科奇斯大约 1812 年生于亚利桑那州的奇里瓦部落，后成为奇里瓦部落阿帕奇人的酋长，其妻是曼加斯·科罗拉多斯的曼加斯酋长的女儿。尽管他与墨西哥人冲突不断，却与美国白人相安无事。但 1861 年 2 月他被诬陷绑架一名白人儿童而遭监禁。逃出后，用白人人质交换本部落被监禁的族人，未成；双方人质均被杀死，于是引发战争。他加入了曼加斯的明布雷诺部落，对亚利桑那州进行袭击。1862 年 7 月，他率领大约 600 名勇士在阿帕奇通道抗击了詹姆斯·卡尔顿将军的 3000 名加利福尼亚志愿军的多次进攻。后迫于敌榴弹炮火力而撤出。曼加斯被俘并死于狱中后，他指挥阿帕奇部落，继续袭击白人驻地，直到被乔治·克鲁克上校指挥的美国军队追剿，于 1871 年 9 月被迫投降。拒绝前往位于新墨西哥的居住地并逃到山里。1872 年与奥利弗·O. 霍华德将军就其在亚利桑那州的奇里瓦营地的居留地进行商谈。卒于 1874 年 6 月 9 日。

科奇斯是一位无畏而果敢的首领。他领导长达十年之久的作战，使亚利桑那州一直处于令人恐慌的境地。只是美国人雇佣了阿帕奇侦察兵，才导致了他的厄运。

VBH

参考:Lummis,Charles F.,General Crook and the Apache Wars. Flagstaff,Ariz.,1966.
Russell, Don,"Chief Cochise vs. Lieutenant Bascom," Winners of the West, Vol, XIV (December 1936).

柯克伦，托马斯，邓唐纳德第十伯爵(Cochrane, Thomas, 10th Earl of Dundonald,1775—1860 年) 英国海军少将。参加主要战争：法国大革命战争（1792—1799 年）和拿破仑战争（1800—1815 年）、拉丁美洲独立战争（1810—1825 年）、希腊独立战争（1821—1829 年）；参加主要战役（战斗）：瓦尔迪维亚之战（1820 年）、卡亚俄（秘鲁）之战（1820 年）、马拉尼昂之战（1823 年）、阿克罗波里斯包围战（1825 年）。

柯克伦生于拉纳克郡的阿内斯弗尔德，是邓唐纳德九世伯爵的长子；这位九世伯爵因热衷于科学实验而使其家境每况愈下。1793 年，柯克伦到其叔父亚历山大·柯克伦指挥的船上服役，1800 年被任命为“迅捷”号船长。1801 年，因为勇敢缴获西班牙舰船“埃尔古马”号而名声大振。1803—1806 年，因相继护送“智慧女神”号和“帝国”号而获得大批奖金。1806 年任霍尼顿下院议员，1807 年任威斯敏斯特下院议员。1809 年 4 月，他率火船勇敢地向法国在阿克斯路（或巴斯克路）的舰队发起进攻，但因其上级海军上将甘比尔勋爵未能及时跟进，攻击未能奏效。柯克伦对其上级指出了批评。被惹恼的甘比尔于是诉诸军事法庭，但最终柯克伦被宣布无罪。这次事变连同其支持国会改革的政治倾向，影响了柯克伦在海军任指挥员。1814 年 2 月，因欺诈罪而错误起诉，结果遭定罪，曾暂时被捕，离开了国会。1817 年 5 月，在智利与西班牙作战期间，受智利民族政府的邀请，到该国任海军指挥。1818 年 11 月 28 日抵达瓦尔帕拉索。1820 年 6 月 18 日，率部攻打瓦尔迪维亚，经炮击城堡后迫使守军投降，再派部队登陆，收擒俘虏。1820 年 11 月 5 日，率小分队直插卡亚俄港，捕获西班牙“埃斯米拉达”号舰船，打破了西班牙人对海岸的控制，从而为智利及秘鲁的独立作出了重要的贡献。1823 年 3 月 21 日，任巴西海军司令，仅率两艘战舰追击葡萄牙由 60 艘运输船和 30 艘战舰组成的大型舰队；7 月，利用人力船及战舰摧毁其多艘运输船。在猜测到敌舰将抵达的目的地后，他率部急驰马拉尼昂，将其占领，从而阻止了葡萄牙舰队在马拉尼昂的停泊，迫使该舰队驶往葡萄牙。此役对巴西的独立起到了重要的作用。返回欧洲后，于 1825 年 3 月受雇于希腊人，指挥该国年轻的海军。1825 年 5 月—6 月 5 日，他无力解除土耳其人对雅典的阿克罗波里斯的包围，最终于 1828 年辞职；因为他曾计划用于战斗的蒸汽船未能按其要求驶往预定的海域。返回英国后，他为官复原职而积极参战，终于 1832 年复位。同年，他继承其父的爵位，成为邓唐纳德第十伯爵。1848—1851 年任美洲及西印度群岛海军基地司令。1851 年升海军少将。1860 年 10 月 30 日卒于伦敦。

柯克伦是一位伟大的海军战士，勇敢坚定，热情且足智多谋。他还是一位颇有成绩的改革发明家，不仅体现在政治领域，而且体现在技术领域。他是隐蔽性船桨、蒸汽锅炉以及化学战的先驱。在皇家海军中他的军旅生涯是独一无二的。拉丁美洲的几个国家的海军都有以他名字命名的舰船。

PDM and DLB

参考:Cochrane,Thomas,Autobiography of a Seaman.2 vols,London,1860—1861.
——,Narrative of Services in the Liberation of Chili,Peru,and Brazil.2 vols.Lodnon,1959.
Cochrane, Thomas, and H. Fox Bourne, Life of Thomas Cochrane,10th Earl of Dundonald.2 vols. London,1869.
Lloyd,C.C.,Lord Cochrane.London,1947.

科克恩，乔治爵士(Cockburn,Sir George,1772—1853 年) 英国海军将军。参加主要战争：法国大革命战争

(1792—1799年)、拿破仑战争(1800—1815年)、1812年战争(1812—1815年);参加主要战役(战斗):巴尔的摩战役、布莱登斯堡之战(1814年)。

科克恩生于1772年,9岁加入海军,但直到1786年才随舰出海;先后在东印度洋海域和地中海及其家乡的海域服役。1796年,作为英国"米纳维"号舰的舰长,曾在利沃尔诺的封锁部队中服役。翌年,在一次激战之后,俘获西班牙护卫舰"塞宾号"。1797年2月14日,在葡萄牙圣文森特角舰队司令约翰·杰维斯爵士的麾下作战,后一直在地中海服役至1802年。1808年奉派至西印度群岛,对1809年6月30日确保占领马提尼克的作战起到了重要作用。1809年7—10月,为瓦尔赫伦灾难性的远征提供海上支援。1810—1811年鏖战在西班牙至法国的漫长海岸线上。在1812年战争中,奉派袭扰美国东海岸,并指挥英国海军入侵华盛顿的作战(1814年8月)。同年8月24日,参加布莱登斯堡之战;9月13—14日晚炮轰巴尔的摩,但等英军上船后即告撤退。在切萨皮克继续作战,直到和谈消息传来(1815年2月)。1815年8月7日—10月7日,解送拿破仑登上英舰"诺森伯兰"号,驶向其流放地圣赫勒拿岛。1815年10月—1816年夏,短暂地担任圣赫勒拿岛总督。1819年,晋升海军中将,1818—1851年断续入选托利党下院议员。曾两次入选为海军大臣助理(1818—1830和1834—1835年)。1837年晋升海军上将并担任第一任海军军务大臣(1841—1846年)。提升为舰队司令(1851年)不久后卒于1853年8月19日。

科克恩的将才尚难称杰出,不过亦颇具才干和智谋。他之所以名声大振,很大程度上是因为他曾火烧华盛顿和马里兰附近的农庄,与拿破仑被放逐亦有关系。

PDM

参考:DNB.

EB.

科德林顿,爱德华爵士(Codrington, sir Edward, 1770—1851年) 英国海军上将。参加主要战争:法国大革命战争(1792—1799年)和拿破仑战争(1800—1815年)、1812年的战争(1812—1815年)、希腊独立战争(1821—1829年);参加主要战役(战斗):韦桑岛(中大西洋)之战(1794年)、洛里昂之战(1796年)、特拉法尔加之战(1805年)、纳瓦里诺之战(1827年)。

科德林顿生于1770年。1783年,当其还十分年轻时,就加入了英国海军。1793年5月升中尉。1794年5月29—6月1日,在理查·豪的旗舰"夏洛特王后"号上参加了韦桑岛之战。1795年升上尉。在布里德波特勋爵手下指挥"巴贝"号参加了1796年6月23日的洛里昂之战。1797—1805年退出现役。1805年重返现役,指挥有74门炮的"猎户"号舰,参加了10月21日由纳尔逊率领的特拉法尔加之战。1809年7—10月,任"布莱克"号船长,在瓦尔赫伦探险队中充当旗舰。1810—1812年在西班牙东海岸作战。在1812年的战争(1812—1814年)中,战斗于北美海域。1814年8—9月,参加了环华盛顿特区及巴尔的摩地区的作战。1814年升少将。1815年1月在新奥尔良作战。1821年升中将。1827年任地中海舰队司令,为平息爱琴海和亚得里亚海的海盗作出了积极的贡献。后率英法俄联合舰队攻击并摧毁了土耳其舰队,从而加速了希腊的独立。但此举却引起了国内的争论,因为此役他尽管取得了成功,但却没有依上级命令行事。1828年6月被解职后返回英国。1831年复任海峡舰队司令。1839—1842年任朴次茅斯海军基地司令。卒于1851年4月28日。

科德林顿在其早期的军旅生涯中表现出了勇敢、坚定的优秀品质。这些品质在攻打纳瓦里诺之战中得到了充分发扬。

PDM and DLB

参考:Pitcairn Jones, C. G., ed., Piracy in the Levant. 1827—1828: Selected from the Papers of Sir Edward Codrington. Navy Records Society, London, 1934.

DNB.

EB.

库霍尔恩,门诺·范男爵(Coehoorn, Baron Menno van, 1641—1704年) 荷兰将军。参加主要战争:荷兰战争(1672—1678年)、奥格斯堡同盟战争(1688—1698年)、西班牙王位继承战争(1701—1714年)。

库霍尔恩男爵1641年3月生于弗里斯兰的莱丁加省,其父是步兵军官。参加荷兰军队后,1667年晋升为上尉。1673年6月5—30日,在法军攻占马斯特里赫特期间负伤。1674年围攻赫拉弗时,因使用新型青铜臼炮而首次表现出卓越的攻城技能。先后出版几部有关攻城战术的著作,其著名者为1685年出版的《新筑城术》。同时,他还研究出一套尤其适用于平原地区的要塞体系。1689年9月16日—10月12日,勃兰登堡选帝侯腓特烈三世围攻波恩,他对攻克该城起到关键作用。1690年7月1日参加弗勒吕斯战役,在瓦尔德克军中任旅长。之后他改进了那慕尔的城防体系。1692年5月26日—6月1日在法军围攻该城期间,任城防司令。法军最终攻破城池。是年7月1日—9月6日,国王腓特烈三世率军围攻并攻克那慕尔,其间他多次督导攻城作战。1695年晋升步兵中将和炮兵工程将军。1697年任炮兵总监,之后着手改善格罗宁根、兹沃勒、奈梅亨、布雷达和贝亨奥普佐姆的城防。在西班牙王位继承战争初期,他积极参战。1704年3月17日因中风卒于海牙。

库霍尔恩男爵是一位天才的、足智多谋和意志坚定的工兵专家。他不但精于防守,而且擅长攻城,可与其法国同行沃邦相提并论。

参考:Coehoorn, G. T. van (Menno's son), Het leven van Menno Baron van Coehoorn. Edited by J. W. Syp-

stein. Amsterdam?,1860.

科恩努斯(Coenus,卒于公元前326年) 马其顿将军。参加主要战争：巩固战争（公元前336年）、伊利里亚战争（公元前335年）、征服波斯（公元前334—前330年）、入侵中亚（公元前330—前327年）、入侵印度（公元前327—前326年）；参加主要战役（战斗）：狗头山（珀隆，位于阿尔巴尼亚境内科尔察附近的普利阿斯萨）之战（公元前335年）、格勒奈克斯河之战（公元前334年）、伊苏斯之战（公元前333年）、阿贝拉（高加米拉，位于古代尼尼微附近）之战（公元前331年）、海达斯佩斯河之战（公元前326年）。

科恩努斯的早期经历不详，只知道他是帕尔梅尼奥的女婿。公元前335年，当亚历山大在伊利里亚征战期间，他是一名长矛兵“千夫长”（其职务相当于现代军队中步兵旅的旅长），在狗头山之战中表现突出。参加了公元前334年的格勒奈克斯河之战，表现亦十分出色，受到奖励。公元前334年秋天，率领一支由新婚军人组成的分队，离开哈利卡纳苏斯回到马其顿休假；公元前333年春返回部队。公元前333年10月，在伊苏斯之战中负责指挥方阵的右翼。公元前332年8月，跟随亚历山大对提尔要塞进行最后攻击，占领了这一要塞。在公元前331年10月的阿贝拉（高加米拉）之战中，亚历山大曾率领一个楔形梯队突破了波斯军队的中央和右翼，而科恩努斯所在的“千夫队”是这个楔形梯队的一个主要组成部分。在此战中他身负重伤。这一年的12月份，在亚历山大封锁包围并突破波斯门户，以及进而夺取波斯波利斯的一系列大胆的作战行动中，科恩努斯始终跟随亚历山大冲锋陷阵。而后率领其部队作为亚历山大的先锋，于公元前330年7月进入大夏（巴克特里亚）。公元前330年秋天，当他妻子的兄弟菲洛塔斯与其岳父帕尔梅尼奥图谋反叛亚历山大时，科恩努斯始终坚定不移地站在亚历山大一边。公元前330—前326年在中亚地区作战期间，负责指挥亚历山大亲随骑兵的一个中队。公元前329年在索格狄埃作战期间，率领一个纵队独立执行任务。公元前329—前328年期间，担任粟特（索格狄安那）占领军的总指挥官。公元前328年初，在巴迦伊（可能位于塔吉克的南部）地区击败了粟特人的首领斯皮塔米尼斯，巩固了马其顿对整个粟特地区的占领。公元前327年，在开伯尔通路以西的作战中，科恩努斯再次获得了独立指挥权。公元前326年初，在亚历山大进攻奥尔诺斯（即阿富汗的霍尔姆）地区的作战中，科恩努斯的部队充任先锋。公元前326年3月，为跨过海达斯佩斯河，科恩努斯创建了一个浮桥纵队。在这一年5月的海达斯佩斯之战中，科恩努斯指挥其骑兵部队迂回攻击波罗斯的印度军队的右翼和后方，为马其顿军队在此战中获胜立下大功。此后，科恩努斯成为士兵的主要代言人，极力建议亚历山大暂停其远征计划以巩固其帝国。同年7月，率领其忠诚的士兵返回祖国。10月（?），科恩努斯卒于印度河口附近地区，原因不详。按当地的条件看，他的坟墓极为华丽壮观。

科恩努斯是亚历山大最有才华和最忠诚的部下之一。他既是一位优秀的步兵指挥官，也是一位成功的骑兵指挥官。他是亚历山大手下少数几个能够独挡一面、担任独立指挥任务的指挥官之一。

TND

参考:Arrian,The Campaigns of Alexander.

Dodge, Theodore Ayrault, Alexander the Great. Boston,1890.

Dupuy,Trevor N.,The Military Life of Alexander the Great of Macedon. New York,1969.

EB.

OCD.

科菲，约翰(Coffee,John,活动于1814年) 美国将军。参加主要战争：1812年的战争（1812—1815年）、希腊战争（1813—1814年）；参加主要战役（战斗）：塔卢沙特奇（在亚拉巴马的杰克逊维尔附近）之战（1813年）、霍斯舒本德（亚拉巴马）之战（1814年）、新奥尔良之战（1815年）。

科菲的生年及早期履历不详，但到1812年的战争爆发时，他与安德鲁·杰克逊的关系已十分密切，此前他肯定早与杰克逊有所交往。1813年为田纳西民兵上校，率该部在杰克逊的领导下同希腊-印第安联军作战。1813年11月3日，在杰克逊的领导下参加了对希腊人的塔卢沙特奇之战，并夺取了胜利。1814年1月22—24日，在伊曼西帕申小战中负伤。伤愈后及时参加了杰克逊在2月入侵希腊的作战。3月27日，当杰克逊的主力部队在正面向霍斯舒本德的希腊阵地发起总攻时，科菲率骑兵攻击敌之后背。10月25日，返回田纳西以争取援军，此后率2800名莫比尔北方志愿军同杰克逊会师，参加了亚拉巴马之战。11月上旬，伴随杰克逊进攻佛罗里达。12月上旬，率2000来复枪手赴巴吞鲁日，以便作为收复莫比尔或新奥尔良的预备队。12月15—22日英军登陆后，被召至新奥尔良。12月23日，在夜攻维勒雷平原的英军时，率领杰克逊的左翼。1815年1月8日的新奥尔良之战，他指挥美军左翼。

科菲是一位智勇双全的边境作战指挥员，也是杰克逊手下最得力的干将。

Staff

参考:Boom, Aaron M.,“John Coffee. Citizen Soldier.” Tennessee Quarterly. Vol.23(1963).

Chidsey, Donald B., The Battle of New Orleans. New York,1961.

Coffee, John,“Letters of General John Coffee to His Wife,1813—1815.”Tennessee Magazine, Vol,2 (1916).

C

科尔博恩，约翰爵士(Colborne, Sir John, 1778—1863 年) 英国陆军元帅。参加主要战争：拿破仑战争（1800—1815 年）；参加主要战役（战斗）：阿尔布埃拉之战（1811 年）。滑铁卢之战（1815 年）。

德·科利尼，加斯帕尔二世(Coligny, Gaspard Ⅱ de, 1519—1572 年) 又称“倒霉的英雄”；法国陆军上将和海军上将。参加主要战争：第四次（1542—1544 年）和第五次（1547—1559 年）哈布斯堡-瓦卢瓦战争、第一次（1560—1562 年）、第二次（1567—1568 年）和第三次（1568—1570 年）法国宗教战争；参加主要战役（战斗）：切雷索之战（1544 年）、伦蒂（位于皮卡第境内）之战（1554 年）、圣康坦之战（1557 年）、德勒之战（1562 年）、圣但尼之战（位于巴黎郊外，1567 年）、雅尔纳克和拉罗什-拉贝耶以及蒙孔图尔之战（1569 年）、阿尔奈勒迪克之战（1570 年）。

科利尼 1519 年 2 月 16 日生于卢万运河畔的沙蒂永，是加斯帕尔一世德·科利尼和法国总管安·德·蒙莫朗西的妹妹路易莎·德·蒙莫朗西之子。1541 年他在巴黎首次进入宫廷，并同吉斯公爵洛林的弗朗索瓦建立了友谊。1544 年 4 月 14 日在切雷索战斗中崭露锋芒，并在战斗中被封为骑士。6 月 19 日—8 月 18 日，率军在圣迪齐埃进行了残酷地防御作战。1545 年，率领步兵分队参与了布洛涅围攻战。1547 年国王弗朗索瓦一世驾崩后，由于受他叔父（蒙莫朗西）的宠爱，被任命为法国陆军司令。1551 年任巴黎和法兰西岛（巴黎周围地区）执政。1552 年晋升为海军上将（不是专属海军的职务，而是一个类似的行政职务）。1554 年 8 月 12 日，率军在伦蒂与罗马帝国军队作战。1555 年担任皮卡第执政。1556 年 2—11 月，做为法国谈判代表参与了沃塞勒和谈（吉瓦特附近）。1557 年初，率军攻占了朗斯。8 月 27 日，西班牙人向圣康坦发起猛烈攻势，他率余部投降。约 1558 年 9 月被监禁在斯勒伊斯，此间开始参加胡格诺派。1559 年被释后，成为宗教宽容主张的拥护者。后来不得已而参加胡格诺派军队，1562 年约 4 月间与孔代亲王波旁的路易并肩作战，攻占了奥尔良。12 月 19 日，他和孔代亲王共同指挥德勒之战，出现指挥错乱和优柔寡断的情形。1567 年 11 月 10 日，率军在圣但尼作战。1569 年 3 月 13 日，在雅尔纳克突袭并打败斯帕尔·德·塔万尼斯率领的天主教军队。（此战，孔代亲王阵亡）。6 月间在拉罗什-拉贝耶之战中再次打败了天主教军队。同年 7—9 月间，他率军围攻普瓦蒂埃，未获战果。在 10 月 3 日蒙孔图尔之战中，他的军队遭到塔万尼斯军队的重创，本人在撤退负伤。在法国中南部重组部队后，于 1570 年 6 月挥师北上，威胁巴黎。这一举动迫使王室签订圣日尔曼和约（8 月 8 日）。1571 年回到朝廷，受到国王查理九世的恩宠。他建议进军佛兰德，但遭到摄政皇太后卡特琳·德·梅迪契反对。1572 年 8 月 22 日遭暗杀，负伤。国王查理下令调查暗杀之事，但皇太后卡特琳却怂恿查理处死所有胡格诺派领导人，于是导致卑鄙的圣巴托罗缪惨案的发生（1572 年 8 月 24 日）。后来，科利尼在家中遭到了吉斯的亨利所雇佣的杀手攻击，多处被刺伤，最后被从窗口扔下致死。

在危急存亡之际，科利尼表现得勇敢、当机立断和头脑冷静。他是一位有名望的领导人，善于克服困难；作风稳健，总希望法国和平安宁。

AL and DLB

参考：Besant, Walter, Gaspard de Coligny. N. P., 1881.
Delaborde, G., Gaspard de Coligny. 3 vols. Paris, 1879—1882.
Oman, Sir Charles W. C., A History of the Art of War in the Sixteenth Century. New York, 1937.
Shimzu, J., Conflict of Loyalties: Politics and Religion in the Career of Gaspard de Coligny, Admiral of France, 1519—1572. Geneva, 1970.

科利，乔治·波默罗伊爵士(Colley, Sir George Pomeroy, 1835—1881 年) 英国将军。参加主要战争：第二次鸦片战争（1856—1860 年）、第二次阿散蒂战争（1873—1874 年）、祖鲁战争（1879 年）和第一次英布战争（1880—1881 年）；参加主要战役（战斗）：莱因尼科之战（1881 年）和马朱巴之战（均在纳塔尔的纽卡斯尔附近，1881 年）。

科利 1835 年生于都柏林，受非正规教育。1852 年被授予少尉军衔。1854—1860 年在南非服役。1860 年被提升为上尉，后奉派至中国。8 月 21 日参加塘沽（中国天津附近）侵略战。9 月 26 日—10 月 6 日随八国联军侵入北京。后进入参谋学院学习，只用 10 个月便完成了两年的课程，并获得了少有的高分（1861 年）。1863 年晋升名誉少校。1864—1872 年在桑赫斯特军校任教，并担任几个行政职务。期间，曾在军队改革中做出过贡献并有军队改革先驱之誉。1873 年晋升中校。第二次阿散蒂战争（1873 年 10 月—1874 年 2 月）时，在沃尔斯利的远征军中服役。1875 年晋升为上校，随沃尔斯利到纳塔尔并视察了德瓦士兰。1876 年出任印度总督和利顿勋爵的军事秘书。返回纳塔尔后，于 1879 年 6 月底—9 月在祖鲁战争后期任沃尔斯利的参谋长。后长驻南非。1880 年 4 月 24 日被升为少将并指挥驻纳塔尔的军队。与德兰士瓦的布尔人爆发冲突后，于 1881 年 1 月 28 日在莱因尼科之战中被打败。2 月 26—27 日，试图通过并占领马朱巴的丘陵地带，从翼侧攻击布尔人在莱因尼科的阵地。由于低估了布尔人的力量，他未能掘壕据守以保护自己的小部队，遂在布尔人的一次猛烈反击中败北，于作战中阵亡（2 月 20—27 日）。

科利是一位具有艺术素质和文学才能的聪明人。他才能出众，并深受沃尔斯利器重。他在马朱巴的失败，是由于低估了布尔人的作战能力及下错决心所致。对于这一点，任何一位具有他那种能力的军官都会感到为

难。

PDM

参考：Butler, William, The Life of Sir George Pomeroy-Colley. London, 1889.
DNB.

科利尔，乔治爵士(Collier, Sir George, 1738—1795 年) 英国海军将领。参加主要战争：美国独立战争（1775—1783 年）。

科利尔 1738 年生于伦敦的中产阶级家庭，13 岁时参加海军。后在西印度群岛和国内基地服役。任“天虹”号护卫舰舰长时，在美国独立战争初期北美沿海的作战中表现不凡且立功，为此而受封为骑士（1776 年初）。曾掩护威廉·豪将军对纽约长岛的登陆作战（8 月 22 日）。奉爵士·理查·豪将军之命前往哈利法克斯担任那里的高级军官（9 月 8 日）。曾于长途追击后俘获美军护卫舰“汉考克”号（1777 年 7 月 8 日）。通过摧毁美军在缅因州马柴厄斯的补给物资，破坏了其进攻新斯科舍的计划（8 月）。晋升海军准将，接替詹姆斯·甘比尔将军任北美基地的临时总司令（1779 年 4 月 4 日）。5 月 29 日返回纽约时，与马修将军一起指挥了对弗吉尼亚沿海的袭击，获大胜。支援亨利·克林顿爵士对纽约州斯托尼波因特的进攻（5 月 30 日）。7 月，又支援了克林顿对康涅狄格的袭击，是能与克林顿进行合作的极少数几位海军军官之一。回到纽约后，发现年老无能的马里奥特·阿伯思诺特将军已成为新北美基地的司令官（8 月下旬），负气回到英国（11 月 29 日）。曾任海峡舰队的“加拿大”号军舰（74 门火炮）的舰长（1780 年）。参加过直布罗陀解围战（1781 年 4 月 12 日）。回国途中俘获西班牙护卫舰“莱奥卡迪亚”号。退出海军后任议会议员（1781—1790 年）。后又重返现役（1790 年）。晋升为海军少将（1793 年 2 月）、海军预备役中将（1794 年 7 月 12 日）。被任命为诺雷船坞的司令官（1795 年 1 月）。不久，因身体不佳而辞职。1795 年 4 月 6 日卒于伦敦。

科利尔是一位天赋聪颖、富有魄力、堪当大任的军官，因为缺少具有影响力的盟友而仕途坎坷。他的天赋大部分被皇家海军所浪费。

Staff

参考：Boatner, Encyclopedia.
DNB.

科林伍德第一男爵，库斯贝特(Collingwood, Cuthbert, 1st Baron, 1748—1810 年) 英国海军上将。参加主要战争：美国独立革命战争（1775—1783 年）、法国大革命战争（1792—1799 年）和拿破仑战争（1800—1815 年）；参加主要战役（战斗）：邦克山（在波士顿附近）之战（1775 年）、韦桑岛（中大西洋）之战（1794 年）、圣文森特角之战（1797 年）、特拉法尔加之战（1805 年）。

科林伍德 1748 年 10 月 24 日生于泰恩河畔的纽卡斯尔。1760 年，在其叔父的看护下乘“香农”号舰出海。1761—1774 年在其家乡的几个海军基地服役。1755 年在格雷夫斯上将手下的北美基地服役。同年 6 月 17 日，参加邦克山之战，因功提升为上尉。在里海服役期间，于 1776 年结识霍雷修·纳尔逊并与之结为好友。任“獾”号舰长。1780 年 3 月转任“欣琴布罗克”号舰长。1783—1786 年再次在纳尔逊手下于西印度群岛服役，任“耶稣基督”号舰长。1786—1792 年返回英国，未见参加什么战斗。1794 年 5 月 29 日—6 月 1 日在海军上将理查·豪取得的韦桑岛胜利中，任旗舰舰长，并立下重要功勋。1795—1797 年在地中海服役期间，任“卓越”号舰长。1797 年 2 月 18 日在海军上将杰维斯的指挥下夺取圣文森特角海战的胜利立下汗马功劳。1799 年晋升为海军少将。此后一直在各艘战舰上轮流服役，直至 1802 年 3 月的《亚眠和约》签署。1803 年 5 月—1805 年 5 月，在海军上将威廉·康华里手下参加封锁布勒斯特的战斗，因功于 1804 年 5 月晋升为中将。1805 年 5 月，率一支小舰队增援纳尔逊的地中海舰队。9 月同纳尔逊会师于卡迪兹海岸。在 10 月 21 日的特拉法尔加之战中，任纳尔逊南纵队指挥。纳尔逊战死后接任其职，保护该舰队免遭海盗的袭击。1805 年末—1807 年任地中海舰队指挥，巡弋于西班牙海岸。1807 年—1808 年巡弋于西西里海岸，并于 1808—1810 年封锁土伦。1810 年 3 月 7 日卒于海上。

科林伍德不仅是一位精力充沛、感觉敏锐的指挥员，也是一位炮术专家。他对政治和外交手段也运用自如。从个人角度看，他还是一位慷慨的慈善家。

PDM and DLB

参考：Hughes, E., ed., The Private Correspondence of Admiral Collingwood. London, 1957.
Mackesy, P., The War in the Mediterranean, 1803—1810. Oxford, 1958.

柯林斯，约瑟夫·劳顿(Collins, Joseph Lawton, 1896—?) 昵称“霹雳乔”，美国陆军上将。参加主要战争：第一次世界大战（1917—1918 年）、第二次世界大战（1941—1945 年）；参加主要战役（战斗）：瓜达尔卡纳尔战役（1942—1943 年）、诺曼底登陆战役、法国北部战役（1944 年）、德国战役（1945 年）。

柯林斯 1896 年 5 月 1 日生于路易斯安那州的新奥尔良。1917 年毕业于西点军校，在第二十二步兵师任少尉。1919 年晋升上尉。1919—1921 年，在美国驻德国占领军中服役。1921—1925 年，在西点军校任教。1925 年毕业于佐治亚州本宁堡步兵学校。1925—1931 年，在本宁堡步兵学校任教。1932 年晋升少校。1931—1933 年，在堪萨斯州利文沃斯指挥与参谋学院学习。1933—1935 年，在菲律宾服役。1936—1937 年，在陆军工业学院学习。1937—1938 年，在陆军军事学院学习。1938—1941 年，在陆军军事学院任教。1941 年，任驻亚拉巴马州的

第六军参谋长。同年12月，珍珠港事件爆发后不久，被派往夏威夷担任那里的新任司令官迪洛斯 C. 埃蒙斯将军的参谋长。1942年5月晋升准将。同年晋升少将，任第二十五步兵师师长。12月10日，率部救援瓜达尔卡纳尔岛上的海军陆战队。1942年12月—1943年2月7日，击败了瓜达尔卡纳尔的日军。1943年6月30日—8月25日，在新乔治亚岛作战。1944年3月，任驻英国的第七军军长。1944年6月18—27日，在"霸王"行动中指挥夺取瑟堡的战斗。7月，作为第一集团军的一部，率第七军突破圣洛。1944年7—12月，率部积极参加了经法国北部和比利时奇袭德国的作战行动。12月占领亚琛。1945年2月占领科隆。3—4月，参加了从东南面包围鲁尔的作战行动。4月，晋升中将。4月25日，该军成为第一支进抵易北河并与俄军会师的部队。8月，回国任陆军地面部队副总司令兼参谋长。1945年12月—1947年9月，任陆军部情报主任。1947—1948年，任陆军副参谋长。1948年1月，晋升上将。1949年8月—1953年8月，任陆军参谋长。1953—1956年，任北约常务军事委员会美国代表。1954—1955年，任驻越南大使级特使。1956年3月退役。1956—1957年，任总统的匈牙利难民救济委员会副主席。1957年，开始从事实业。

柯林斯是一位精力充沛、意志坚强的指挥官。他任师长和军长时，因其部队行动迅速，被昵称为"霹雳乔"。

KS and DLB

参考：Tunney, Christopher, Biographical Dictionary of World War Ⅱ. New York, 1972.
EB.
WAMB.

柯林斯，迈克尔（Collins, Michael, 1890—1922年） 爱尔兰革命者和政治家。参加主要战争：复活节暴动（1916年）、爱尔兰内战（1922—1923年）。

克里肖，雷蒙德（Collishaw, Raymond, 1893—1976年） 在英国服役的加拿大空军上将。参加主要战争：第一次世界大战（1914—1918年）、第二次世界大战（1939—1945年）；参加主要战役（战斗）：西线空战（1914—1918年）、北非战役（1940—1943年）。

科隆纳，普罗斯帕罗（Colonna, Prospero, 1452—1523年） 绰号"迟滞者"。意大利雇佣兵队长。参加主要战争：费拉拉战争（1482—1484年）、那不勒斯反叛（1485—1486年）、意大利战争（1494—1514年）、第一次哈布斯堡-瓦卢瓦战争（1521—1526年）；参加主要战役（战斗）：切里尼奥拉之战（1503年）、加里利亚诺之战（卡西诺附近，1503年）、拉莫塔之战（在威尼斯，1513年）、拉比科卡区之战（米兰附近，1522年）。

科隆纳生于1452年，系萨莱诺亲王安东尼奥·科隆纳之子，教皇马丁五世的侄孙。在1482—1484年进行的费拉拉战争中参加那不勒斯军队同威尼斯和西克斯图斯教皇的联军作战。在1485—1486年间爆发的反对那不勒斯斐迪南一世的战争中，支持教皇英诺森八世和那不勒斯诸侯。1495年2—5月帮助法国国王查理八世征服和占领那不勒斯。1495年后期，转而联合那不勒斯斐迪南二世将法军逐出那不勒斯。在1503年4月28日的切里尼奥拉之战和是年12月28日进行的加里利亚诺河之战中，参加贡萨尔沃·德·科尔多瓦指挥的西班牙军队，取得对法军的一系列胜利。1513年10月7日，帮助西班牙同威尼斯军队战于拉莫塔。大约于1515年夏季在萨伏依的自由城遭到法国骑兵的袭击，被俘。获释后，于1521年出任意大利帝国大统领。1521—1522年在哈布斯堡-瓦卢瓦战争初期，以连续的快速机动和行军避开了与洛特雷克元帅指挥的强大法军的交锋，使法军疲惫不堪，故此得到"迟滞者"绰号。1521年11月23日攻占米兰。1522年4月22日在拉比科卡区之战中击退洛特雷克的攻击，并予其以重创。1523年5—9月将威廉·德·博尼威特海军上将的军队牵制在诺瓦拉地区。卒于同年12月。

科隆纳是罗马贵族世家子弟，他的几个亲戚亦是名将。他机智、谨慎，并善于机动，只在自己选择的时间和地点作战，并几乎总能成功。

AL

参考：Diccionario de historia de España, 2d ed. 4 vols. Madrid, 1968—1969.
Dizionario biografici e bibliografici tosi: condottieri, capitani e tribuni fino al cinquecento. Rome?, 1946.
Oman, Sir Charles W. C., A History of the Art of War in the Sixteenth Century. New York, 1937.
Taylor, Frederick Lewis, The Art of War in Italy, 1494—1529. Cambridge, 1921.

科曼努斯，曼努埃尔·埃罗狄库斯（Comnenus, Manuel Eroticus, 约卒于1050年） 拜占庭将军。

科曼努斯约1000年（?）生于显赫的马其顿家族。于皇帝"保加利亚人的屠夫"巴西尔二世在帝国东部边境地区与塞尔柱突厥人进行的战争期间升任高官，帮助恢复了这位拜占庭皇帝的至高无上的地位。其子伊萨克于1057年被宣布为皇帝，建立了拜占庭帝国最辉煌的王朝之一。

SAS

参考：Ostrogorsky, George, A History of the Byzantine State, rev. ed. Translated by Joan Hussey. New Brunswick, N.J., 1969.
EB.

孔代，波旁的亨利二世（Cond'e, Hendri II de Bourbon,

1588—1646年） 法国亲王，孔代大帝之父。参加主要战争：胡格诺战争（1821、1627—1629年）、三十年战争（1618—1648年）；参加主要战役（战斗）：富恩特拉比亚之战（1638年）。

孔代亲王，波旁的路易第二（Cond'e, Louis Ⅱ de Bourbon, Prince of, 1621—1686年） "大孔代"。法国将军。参加主要战争：三十年战争（1618—1648年）、投石党运动（1648—1653年）、法西战争（1648—1659年）、荷兰战争（1672—1678年）；参加主要战役（战斗）：罗克鲁瓦之战（1643年）、弗赖贝格之战（巴登-符滕堡，1644年）、阿勒海姆之战（讷德林根，1645年）、朗斯之战（1648年）、布莱诺之战（1652年）、圣安托万之战（巴黎附近，1652年）、瓦朗谢讷之战（1656年）、敦刻尔克之战（1658年）、瑟内夫之战（1674年）。

孔代亲王1621年9月8日生于巴黎，孔代亲王亨利二世和其妻夏洛特·德·蒙莫朗西的长子。出生时受封"当甘公爵"。在布尔日耶稣学校就学六年，之后在巴黎王室学院接受教育。1638年后期，17岁的孔代出任勃艮第总督，此为他首次任职。不久，他志愿参加皮卡第军，参加阿拉斯（1640年）、艾尔（1641年）、佩皮尼昂、科利尤尔（旺德尔港附近）和萨尔塞（阿热莱斯附近，1642年）的围攻战。1641年2月，与枢机主教黎塞留的侄女克莱尔·克莱芒丝·德·马耶-布雷泽结婚。其才能和忠诚给黎塞留印象很深，故于1643年4月被授命指挥佛兰德军队。随后，孔代给予弗朗西斯科·德·梅洛指挥的西班牙-荷兰联军以决定性的一击，从而为罗克鲁瓦边境要塞解围。由孔代指挥的随后进行的罗克鲁瓦之战（1643年5月19日）是一次军事上的杰作，该役结束了西班牙对该城长达120年之久的军事统治。尔后，8月18—23日，他攻克蒂永维尔。翌年，在香槟省招募军队，并与蒂雷纳的军队在上莱茵会合。1644年8月3—9日，两人联手将默西的军队逐出弗赖贝格附近的堡垒。之后，孔代挥师北进，于1644年9—11月攻克菲利普斯堡并远达美因茨以北的莱茵河大部分流域。1645年5月2日蒂雷纳在梅根特海姆（巴特梅根特海姆）受挫，孔代匆匆赴援。1645年8月3日，他们在阿勒海姆血战中共同击败默西。不久孔代接管了驻佛兰德的奥尔良的加斯东的军队。1646年9月4日—10月11日，经短暂围攻后，攻占敦刻尔克。1647年继承其父孔代亲王之位，后在加泰罗尼亚指挥军队。1647年5月14日围攻莱里达，因伤亡惨重和西班牙增兵，于6月17日撤围。1648年再次在佛兰德指挥作战。1648年8月20日，在朗斯击败数量上占优势的里奥波德大公爵的军队；斐迪南二世皇帝因此求和。在第一次投石党运动期间（1649年1—3月），率保皇派军队封锁巴黎，1649年2月8日将起事者逐出位于沙朗通（巴黎附近）的堡垒。随后，与枢机主教马萨林发生争吵，遂于1650年1月18日—1651年2月13日遭监禁。获释后，参加西班牙军队反对马萨林并取得军队指挥权（1652年4月）。4月6—7日与旧友蒂雷纳战于布莱诺，未分胜负。4月11日以胜利者的姿态进入巴黎。1652年7月7日，在圣安托万因为蒂雷纳所败，险些被俘。1652年10月，逃往西班牙属荷兰，参加西班牙军队。1653年，在香槟省对蒂雷纳实施机动作战，未获决定性战果。1654年8月24日，在阿拉斯为蒂雷纳所败。1656年7月16日，在瓦朗谢讷战胜蒂雷纳并解救康布雷。随后谏阻救援敦刻尔克，但约翰大公爵置之不理，从而诱发沙丘之战（1658年6月14日）；这使孔代寻求和平的建议落空。1659年11月7日签订《比利牛斯和约》后，孔代请求路易十四宽恕，得到应允。1660年1月返回法国，重新得到国王信任，在遗产继承战争期间（1667—1668年）指挥占领了弗朗什孔泰省（1688年2月）。荷兰战争（1672—1679年）爆发，率部进逼莱茵河右岸，但由于1672—1673年之交的冬季气候恶劣，未能攻克阿姆斯特丹。1674年5—8月，在佛兰德指挥作战，防守默兹防线，抵御威廉三世优势军队的进攻。1674年8月11日守住位于瑟内夫的阵地。1675年7月27日，蒂雷纳在萨斯巴赫（马科尔塞姆附近）去世，克雷基在此前被俘，孔代立即将驻佛兰德的军队指挥权交于卢森堡，匆忙赶往莱茵接管蒂雷纳和克雷基的军队。1675年9—10月，将蒙特库库利逐回莱茵河对岸。因疲劳和痛风致跛，年底交出军权，退休返回尚蒂伊。1686年12月11日卒于枫丹白露。

孔代亲王是一位杰出的战术家，善于抓住战局关节，迅速而果断地采取行动。他也是一位优秀的战略家，但蒂雷纳更优秀，使他相形见绌。尽管其身体日益衰竭，但他在军事生涯行将结束之时所显示出来的军事才能，仍像最初一样高超。

DLB

参考：Aumale, Henri d'Orleans, duc d', Histoire des princes de Condé pendant le ⅩⅥ e et ⅩⅦ e siècles, Vols. Ⅲ-Ⅷ. Paris, 1886—1896.

Cust, Sir Edward, Lives of the Warriors of the Civil Wars of France and England; Warriors of the Seventeenth Century. 2 vols. 1867. Reprint, New York, 1972.

Godfrey, Eveline C., The Great Condé; A Life of Louis Ⅱ de Bourbon. London, 1915.

Malo, Henri, Le Grande Condé. Paris, 1937.

康格里弗，威廉爵士（Congreve, Sir William, 1772—1828年） 英国炮兵官员。参加主要战争：拿破仑战争（1800—1815年）。

康格里弗生于1772年。他是伍利奇皇家实验室主任的长子。1791年被任命为炮兵官员，并被派至皇家实验室工作。1809年，发明了一种炮式火箭后，受议会委托组建两个火箭连。1813年10月16—19日，率领当时英

国的唯一一个火箭连参加了莱比锡之战。1814 年 1—4 月，在法国南部作战，尽管惠灵顿对这种火箭的威力不甚了解。1812—1828 年任国会议员。1814—1828 年担任伍利奇皇家实验室主任。后撰写了几本有关货币和其发明方面的书籍。卒于 1828 年。

PDM

参考：Chandler, David G., Dictionary of the Napoleonic Wars. New York, 1979.
DNB.

肯宁格姆，阿瑟（Coningham, Sir Arthur, 1895—1948 年） 昵称"毛利人"，英国空军中将。参加主要战争：第一次世界大战（1914—1918 年）、第二次世界大战（1939—1945 年）；参加主要战役（战斗）：加利波利战役（1915—1916 年）、西线空战（1916—1918 年）、北非战役（1940—1943 年）、西西里战役（1943 年）、南意大利战役（1943—1944 年）、诺曼底登陆战役、法国北部战役（1944 年）、德国战役（1945 年）。

肯宁格姆 1895 年 1 月 19 日生于澳大利亚布里斯班，在新西兰接受教育。1914 年第一次世界大战爆发时加入该自治领的军队。1914 年下半年在驻萨摩亚的坎特伯雷骑兵步枪队服役。1915 年 4 月—1916 年 1 月，参加了加利波利战役。因染上痢疾和伤寒，于 1916 年初退出陆军，但下半年又加入皇家航空军。1916—1918 年，在西线的战斗中屡建战功。1919 年获杰出飞行十字勋章，被正式任命为新成立的皇家空军上尉。1925 年，在从开罗到尼日利亚的 5600 英里的飞行竞赛中夺冠。他率先开创的这条航空线后来在第二次世界大战中被用于航空运输。后在皇家空军学院和中央飞行学校任教。1939—1941 年，晋升准将，任第四大队（夜间轰炸机部队）队长。1941 年 8 月晋升少将，接替雷蒙德·科利肖任沙漠空军司令。他指挥该部队屡建战功，尤其是在阿拉曼之战（1942 年 10 月 23 日—11 月 4 日）和其后经法国北部攻占突尼斯的战斗（1942 年 11 月—1943 年 5 月）中。1943 年任盟军第一战术空军司令，同年 7 月在进攻西西里（7 月 10 日—8 月 17 日）和南意大利（1943 年 9 月 9 日—1944 年初）的行动中，指挥空中支援作战。1944 年 1 月 25 日，任盟军第二战术空军司令，负责支援诺曼底登陆作战。1944 年 6 月—1945 年 5 月，指挥 1800 架飞机和来自 8 个国家的 10 万人支援从丹麦到马赛一线的登陆作战，集中空中优势力量打击德军。1946 年晋升空军中将。1945—1947 年担任皇家空军训练司令部司令。1948 年 1 月 30 日，在从亚速尔飞往百慕大途中，因飞机坠海失事而身亡。

肯宁格姆是一位精力极为充沛的军官，对属下官兵热情相待。他还以精明强干的组织计划者和不知疲倦的工作者而著称。

PDM

参考：Tunney, Christopher, Biographical Dictionary of World War Ⅱ. New York, 1972.
DNB, 1941—1950.
EB.

科农（Conon，约公元前 440—前 390 年） 雅典将军。参加主要战争：伯罗奔尼撒战争（公元前 431—前 404 年）、柯林斯战争（公元前 395—前 387 年）；参加主要战役（战斗）：米提里尼之战（公元前 406 年）、埃哥斯坡塔米之战（公元前 405 年）、奈多斯之战（公元前 394 年）。

科农约公元前 440 年生于雅典，是提摩太之子。在伯罗奔尼撒战争中期，负责指挥几名下级军官。公元前 406 年被任命为将军，接替阿基比阿德。卡利克拉提达斯指挥的斯巴达舰队施计将科农包围在米提里尼港口，后由于雅典增援舰队及时赶到，科农才得以脱险。公元前 405 年在埃哥斯坡塔米海域遭斯巴达来山得的袭击并被击败，其 200 条舰船损失大半。公元前 404 年 4 月雅典投降时，逃到塞浦路斯，加入波斯军队。公元前 400 年，奉命率军进攻斯巴达。公元前 394 年，指挥一支波斯-雅典联合舰队，在奈多斯附近击败斯巴达舰队，极大地削弱了斯巴达的海军力量。后攻占斯巴达在爱琴海上的一些港口，不断扩大战果。重建了比雷埃夫斯城墙，增强了其防御能力。当作为使节被雅典派往波斯时，被梯里巴扎斯俘获，入狱。卒于公元前 390 年，可能是在塞浦路斯。

科农既是一位有能力的指挥官，也是一位出色的外交官。公元前 4 世纪雅典的复兴，在很大程度上要归功于他的努力。

SAS

参考：EB.
OCD.

康拉德·冯·赫岑多夫，弗朗斯·克萨维尔·约瑟夫伯爵（Conrad von Hötzendorf, Count Franz Xavier Josef, 1852—1925 年） 奥匈帝国陆军元帅。参加主要战争：第一次世界大战（1914—1918 年）；参加主要战役（战斗）：加利西亚之战（1914 年）、戈尔利采-塔尔诺夫之战（1915 年）、特伦蒂诺攻势（1916 年）和皮亚韦河之战（1918 年）。

康拉德 1852 年 11 月 11 日生于维也纳郊区的彭齐格，毕业于维也纳一诺伊施塔特的玛丽亚-特利萨军事学院；服役几年后进入总参谋学校。1878—1879 年德军占领波斯尼亚-黑塞哥维那期间，他作为一名参谋军官显示了突出的才华。1882—1892 年间在总参谋部的许多岗位上工作过，包括任总参谋学校的教官。军衔稳步晋升，1899 年获得当时在的里雅斯特指挥一个旅的弗兰茨·斐迪南大公的注意。1906 年经大公推荐而任总参谋长。发现陆军并没有做好战争准备，便着手改善陆军并使其现代化。公开宣扬侵略政策（他每年向弗兰茨·约瑟夫皇帝提交一份战争计划），引起德意志开明人士、斯拉夫人和马扎尔人的憎恶。他不信任意大利和塞尔维亚，多

次敦促对这些国家实施“预防性”战争，并要求兼并塞尔维亚。这导致了他和外交大臣埃伦塔尔伯爵的矛盾。被迫于1911年辞职。几个月后，随着巴尔干局势的恶化，于1912年官复原职。第一次世界大战之初再任总参谋长，对奥军在加利西亚针对俄军的行动（1914年8—9月，1915年2—3月）给予特别的关注。虽然他的战略思想在理论上是健全的，但他没有考虑陆军有限的能力。亲自参加了戈尔利采-塔尔诺夫攻势（1915年5月2日—6月27日）的计划和实施。他近于着魔般地赞成实施特伦蒂诺攻势（1916年5月15日—6月17日），分散了奥军在加利西亚的力量；本来这些力量对于阻止布鲁西洛夫的攻势（6月4日—9月20日）是十分必要的。1916年11月，新皇帝查理一世厌恶康拉德的刚愎自用和所做所为，将其罢免。1917年3月—1918年8月任蒂罗尔奥军司令，在卡波雷托战役（1917年10月24日—11月12日）中没有发挥什么作用。他在不成功的皮亚韦河攻势中表现平庸无奇。1918年7月后基本退出公开生活。战后致力于撰写回忆录。1925年8月25日卒于巴特梅根特海姆。

康拉德是一位有才智和有能力的参谋军官，战略才干受到同时代人的高度评价。有人曾这样康拉德似乎“值得领导一支比奥军更好的军队”。在第一次世界大战之前，他在巴尔干奉行的保守政策和实施的军事行动，无疑是对紧张局势的火上浇油。

PDM

参考：Conrad von Hotzendorf, Count Franz, Aus Meiner Dienstzeit：1906—1918. 5 vols. Vienna，1921—1925.

——, Mein Anfang. Vienna, 1925.

Österreichisches Biographisches Lexikon, 1815—1950. Graz, 1957.

Regele, O., Feldmarschall Conrad：Auftrag und Erfüllung. Vienna, 1955.

君士坦丁（Constantine，卒于411年） 古罗马帝国篡位皇帝。

君士坦丁的出身和早期生涯不详。他曾是罗马驻不列颠军队中的一名士兵（也可能是一名军官）。公元406年，被军队拥立为皇帝。407年，一些“蛮族”威胁着罗马本土，驻不列颠的罗马军队担心他们的祖国遭到入侵，于是君士坦丁亲率一支部队开往高卢地区，进攻入侵的汪达尔人以及其他一些“蛮族”。407年底，他率军击败了入侵者，并征服了高卢的东部地区。407—408年间，君士坦丁在巴伦西亚（瓦朗斯）城遭到哥特将军萨鲁斯率领下的忠于皇帝的军队的围攻，他乘萨鲁斯退却之机率军突围，在阿勒拉特（即现在的阿尔）建立起自己的首都。408年中期，他同罗马驻西班牙的军队联合，并派儿子君士坦斯（当时为恺撒）和将军吉龙堤亚斯前往西班牙镇压由皇帝洪诺留的亲属所发动的叛乱。409年斯提利科垮台后，君士坦丁被洪诺留任命为副皇帝；但在410年，已经占领了西班牙大部分地区的部将吉龙堤亚斯叛变，使其实力大为削弱。411年，吉龙堤亚斯在维也纳击败并杀死了君士坦斯。君士坦丁率军入侵意大利，但遭到洪诺留的将军君士坦堤亚斯的阻击，被迫返回阿勒拉特（阿尔）城。411年，阿勒拉特城又遭到君士坦堤亚斯的进攻。411年9月，君士坦丁投降，最终在那里被处决。

SAS

参考：Stein, Ernest, Geschichte des spätrömischen Reiches. Ⅰ：Vom römischen zum byzantinischen Staate. Vienna, 1928.

君士坦丁一世（Constantine Ⅰ〈Falavius Valerius Constantinus〉，约282—337年） 罗马皇帝。参加主要战争：同马克森提（马肯塔斯）的内战（311—312年）、同李锡尼的内战（314和323年）、高卢-萨尔马希亚战争（332—334年）；参加主要战役（战斗）：米尔维安桥（今罗马城边缘）之战（312年）、第一次阿德里安堡之战（323年）、森塔里之战（323年）。

君士坦丁一世约282年生于纳伊苏斯（今南斯拉夫尼什），是君士坦堤亚斯一世的长子。戴克里先任命其父为恺撒后，他于293年成为戴克里先宫廷中的一名保民官。302年，在东方出任军事保民官。305年，跟随父亲到不列颠。君士坦丁去世（306年7月25日）后，被其父亲在埃波拉克（即今约克）的部队拥立为恺撒。307—310年，他陷入了一场同皇帝（奥古斯都）马克西米安及其儿子马肯塔斯的战争。马克西米安去世（310年底）后，君士坦丁通过其部下克劳狄乌斯二世·哥特卡斯提出王位要求。312年初期，率军入侵意大利，在土伦和维罗纳击溃了马肯塔斯的部队。这一年夏天（?），他在米尔维安桥之战中，击败并杀死了马肯塔斯。传说，在此战中他曾听到上帝的声音。无论真实情况如何，最终的结果都是：这之后君士坦丁转而信仰基督教，并解除了延续数代的对基督徒的迫害。后成为西罗马皇帝。313年6月15日，他在尼科墨迪亚（伊兹米特，科卡伊利）发布公告，宣布宗教信仰自由。这个公告以及随后发布的另一个公告，使基督教从此成为官方宗教。314年，同东罗马的奥古斯都李锡尼发生冲突，双方在潘诺尼亚南部的西巴利斯（文科夫西）和纳尔迪亚双方进行了两场非决定性的作战。323年，率军侵入东罗马帝国的色雷斯地区；同年7月3日，在阿德里安堡地区击败了李锡尼。323年9月18日，在克莱索波利斯（于斯屈达尔）地区再次击败李锡尼。李锡尼投降，两年以后的325年被君士坦丁处决。325年5月20日，君士坦丁命令著名的尼西亚的康瑟尔同异教徒作战。330年5月11日，将首都迁往拜占庭，改名为君士坦丁堡。332—334年间，帮助萨尔马希亚人抵抗哥特人，并亲自指挥作战。332年在默西亚（保加利亚北部地区）

击溃了阿拉里克的哥特部队。后被萨尔马希亚人的入侵所激怒，转而纵容哥特国王格里米尔摧垮萨尔马希亚人；不过最后又允许幸存下来的萨尔马希亚人在罗马帝国内避难。337 年 5 月 22 日因病卒于君士坦丁堡。

君士坦丁是一位出类拔萃、能力超群的军人，也是罗马帝国后期最伟大的皇帝之一。他皈依基督教是一个历史的分水岭。他改革并增强了军队，建立起一支直接隶属于皇帝的帝国卫队，并将边防部队改为民兵形式。他还继承了戴克里先将内政和军事分开的政策。

SAS

参考：Baynes, N. H., Constantine the Great and the Christian Church. London, 1929.

Berchem, Denis van, L'armée de Dioclétien et la réforme Constantin. Paris, 1952.

Jones, Arnold Hugh Martin, The Later Roman Empire, 284—602. 3 vols. Oxford, 1964

MacMullen, Ramsay, Constantine. New York, 1969.

Smith, John Holland, Constantine the Great. New York, 1971.

君士坦丁四世（波戈纳图斯）(Constantine Ⅳ Pogonatus, 约 652—685 年) 绰号"大胡子"，拜占庭帝国皇帝。参加主要战争：与阿拉伯倭马亚王朝进行的战争（668—679 年）、与保加利亚人的战争（675—681 年）。

君士坦丁四世约生于 652 年，是皇帝君士坦丁二世的长子。668 年其父死后，君士坦丁登基。继位之后马上开始了与穆阿维耶为首的阿拉伯哈里发王朝的战争。669 年，君士坦丁击退了阿拉伯人对君士坦丁堡的一次进攻，但很快却于 674—678 年被阿拉伯人围困在首都。君士坦丁运用"希腊火"（可能是首次被使用）使自己的海军打败了阿拉伯舰队对库齐库斯的数次进攻，从而粉碎了阿拉伯人对君士坦丁堡长达四年的围攻，并迫使哈里发穆阿维耶缔结了 30 年的和约，向君士坦丁赔偿了一大笔款项。680 年，君士坦丁亲自指挥了远侵保加利亚的战役，但遭失败，并被赶了回来，退居到多瑙河边自己的领地上。680 年 11 月 7 日—681 年 9 月 16 日，君士坦丁主持召开了第六次君士坦丁堡全体基督教会议，并于 681 年末，剥夺了其兄弟的职权，进一步巩固自己的绝对统治。卒于 685 年 9 月。

君士坦丁四世尽管很年轻，但才华横溢，是一位成功的统治者。他在君士坦丁堡城前打败了阿拉伯人，这一壮举和后来 722 年查理·马特在图尔打败阿拉伯人一样具有重要意义，因为它们使欧洲后来不再受到阿拉伯世界的侵扰。

SAS

参考：Bury, J. B., A History of the Later Roman Empire from Arcadius to Irene. 2 vols. London, 1889.

Ostrogorsky, George. A History of the Byzantine State, rev. ed. Translated by Joan Hussey. New Brunswick, N.J., 1969.

君士坦丁五世（科普罗尼姆斯）(Constantine Ⅴ Copronymus, 718—775 年) 绰号"臭虫"，拜占庭帝国皇帝。参加主要战争：与阿塔瓦斯德斯进行的内战（741—743 年）、与阿拉伯人的战争（741—752 年）、与伦巴第人的战争（752—754 年）、与斯拉夫人和保加尔人进行的色雷斯战争（755—772 年）；参加主要战役（战斗）：萨尔代斯之战、莫德里纳（在土耳其东部）之战（743 年）、安切亚卢斯（保加利亚的布尔加斯附近）之战（763 年）。

君士坦丁五世是伊索里亚人利奥三世的长子。718 年，他在受洗礼的时侯，弄污了圣水，因而得了个绰号——"臭虫"。741 年其父去世后，君士坦丁五世继位。742 年，正当他与阿拉伯人进行战争时，中了同父异母兄弟阿塔瓦斯德斯的埋伏，被阿塔瓦斯德斯打败。这时，两个重要省份的军队以及大多数圣像崇拜者支持阿塔瓦斯德斯，从而使阿塔瓦斯德斯于同年篡位成功。742—743 年，君士坦丁在安纳托利亚争取支持者，从反对圣像破坏者中重新召集军队，然后向首都进军。743 年 5 月，在萨尔代斯打败了阿塔瓦斯德斯，接着又于同年 8 月，在莫德里纳击溃了篡位者儿子的军队；经短暂围攻后，于 9 月夺回君士坦丁堡。746 年，着手在边境与阿拉伯人进行了几场战役，夺取了叙利亚北部的盖马尼恰马卡亚。747 年，入侵亚美尼亚和美索不达米亚纵深地区。尽管他削弱了阿拉伯人的威胁，却很快又面临色雷斯的斯拉夫人和保加尔人重新进攻的危险。756 年，君士坦丁在马塞拉埃（埃迪尔内附近）抗击了一次保加尔人的入侵。762—763 年，保加尔人在泰勒兹大公的率领下再次入侵。君士坦丁在黑海沿岸集结了大批部队，于 763 年 6 月 30 日，在安切亚卢斯（波莫利亚附近）战役中彻底摧毁了保加利亚军队。这场战斗异常激烈，整整进行了一天一夜，大大削弱了保加利亚的力量，使保加利亚一蹶不振，多年都恢复不过来。773 年春，君士坦丁再次对保加尔人发起进攻，以迫使保加利亚投降。正当他准备又一次发动与保加尔人的战争时，突然患病，卒于 775 年 9 月 14 日。

君士坦丁五世体弱多病、脾气极坏，很容易冲动。尽管他是位聪明、勇敢、工于心计的战略家，一位浑身是胆的武士，但由于在宗教问题上非常拘谨，反对崇拜当时受欢迎的圣像，因而不得人心。

SAS and DLB

参考：Bury, J. B., A History of the Later Roman Empire from Arcadius to Irene. 2 vols. London, 1889.

Ostrogorsky, George, A History of the Byzantine State, rev. ed. Translated by Joan Hussey. New Brunswick, N.J., 1969.

君士坦丁十一世（帕莱奥洛古斯）（Constantine Ⅺ Paleologos，1404—1453年） “德拉加什”，拜占庭皇帝。参加主要战争：伯罗奔尼撒再征服（1427—1430年）、最后一次拜占庭-奥斯曼战争（1453年）；参加主要战役（战斗）：君士坦丁堡保卫战（1453年）。

君士坦丁十一世生于1404年，曼努埃尔二世皇帝和塞尔维亚公主海伦·德拉加什的第四子。与其兄弟托马斯和狄奥多尔共同统治摩里亚（伯罗奔尼撒）。1430年围攻并攻克帕特拉斯（帕特雷）堡垒，实际上结束了阿哈伊亚（伯罗奔尼撒北部地区）对拉丁公国的统治。其较年长的哥哥、皇帝约翰八世指定他为继承人。1448年10月约翰死后，他与几位兄弟争夺王位继承权。因得到上层社会的支持，并且很大程度上是因其母的支持，他于1449年1月6日在米斯特拉（斯巴达附近）正式加冕称帝。当时，其统治区域仅限于君士坦丁堡城及周围，而且，他对奥斯曼迫在眉睫的进攻，他几乎无能为力。征服者苏丹穆罕默德二世率领奥斯曼军队围攻君士坦丁堡，他勇敢坚定地指挥君士坦丁堡要塞的防御部队作战（1453年2—5月）。当土耳其人终于在内城墙撕开一个缺口时，他披挂上阵，在突破口率众进行殊死的战斗，直至阵亡（5月29日）。

君士坦丁十一世是一位勇敢、有才干和谨慎的军人，但到15世纪，就连有能力的他也没能避免帝国末日到来的厄运。

DLB

参考：Mijatovich, Chedomil, Constantine, the Last Emperor of the Greeks, or the Conquest of Constantinople by the Turks(A. D. 1453). London, 1892.

Pears, E., The Destruction of the Greek Empire and the Story of the Capture of Constantinople by the Turks. London, 1903.

Runciman, Steven, The Fall of Constantinople 1453. Cambridge, 1965.

君士坦堤亚斯一世（Constantius Ⅰ〈Aurelius Valerius Constantius〉，卒于306年） “苍白者”，罗马皇帝。

君士坦堤亚斯生于前南斯拉夫南部地区的达达尼亚，其祖先很可能是农民。参军后，一路升至保民官。293年3月1日，身为达尔马堤亚总督的他，被戴克里先的副皇帝马克西米安任命为恺撒；同时被其收为养子，并同其女儿赫勒娜结婚。293—294年，被任命为高卢地区总督，在此期间奉命前往不列颠征讨起义者卡劳西乌斯。293年秋天，率军攻占了卡劳西乌斯在哥索里阿孔（布伦）的主要基地，并在293—296年间认真地进行了入侵不列颠的准备。296年4—6月，率军在现在的南安普顿附近地区登陆，击败了由卡劳西乌斯的继承者阿勒克图斯率领的一支指挥很差的军队，并占领了伦敦。298年，同高卢地区的阿勒曼尼人进行了一场战争，大获全胜。303年，他没能严格执行戴克里先的有关对待基督教的法令，曾经下令摧毁了一些教堂。马克西米安和戴克里先退位（305年5月1日）后，他成为奥古斯都。306年夏天，卒于埃波拉克（约克）。其长子君士坦丁继位。

君士坦堤亚斯是一位能力出众的军人和一位奋发有为的、高效的统治者。他可能是君士坦丁一世（大帝）的父亲。征服不列颠是他一生的主要功绩。其外号可能源自于他脸色苍白。

SAS

参考：Jones, A. H. M., J. R. Martindale, and J. Morris, Prosopography of the Later Roman Empire. Cambridge, 1971.

Williams, Stephen, Diocletian. New York, 1985.

君士坦堤亚斯二世（Constantius Ⅱ〈Flavius julius Constantiusl〉，317—361年） 罗马皇帝。参加主要战争：继承人战争（337—340年）、波斯战争（338—350年）、同马格嫩提乌斯的战争（350—351年）、同夸地人和萨尔马希亚人的战争（355—358年）、波斯战争（358—363年）、同尤里安的战争（360—361年）；参加主要战役（战斗）：新加拉（新加尔）之战（344年）、穆尔萨（奥西耶克）之战、帕维亚之战（351年）。

君士坦堤亚斯二世于317年8月7日生于伊利芮孔（前南斯拉夫西部地区），是君士坦丁一世（大帝）与福斯塔的第三个儿子。324年11月8日被任命为恺撒。337年5月22日，君士坦丁去世；其许多亲属认定这次谋杀是君士坦堤亚斯策划的。后同其两位兄长君士坦斯和君士坦丁二世瓜分罗马帝国，分得了色雷斯、马其顿、希腊、亚细亚和埃及。不久卷入了同波斯的沙普尔二世的战争（338年），双方进行了八九次大规模的交战，但未分胜负。在这些作战中最重要的一次是344年的新加拉之战。350年同波斯达成了协议，返回欧洲平定维特拉尼奥和马格嫩提乌斯的反叛。351年，在纳伊苏斯（尼什）战胜了维特拉尼奥的部队，而后在潘诺尼亚（保加利亚）的穆尔萨又粉碎了马格嫩提乌斯部队的进攻。追击马格嫩提乌斯时，由于缺乏充分准备，在帕维亚受挫，但不久马格嫩提乌斯被自己的部属谋杀（351年底）。355年，任命其堂兄弟弗拉维·克劳狄乌斯·尤里安（即后来的皇帝尤里安）为高卢地区总督，本人则亲率大军沿多瑙河同萨尔马希亚人和夸地人作战（355—358年）。357年对罗马进行了一次短暂的视察，之后返回东方，以率军抵御沙普尔二世发动的又一次进攻（359年）。不久，匆忙赶回西部镇压尤里安发动的叛乱，但在塔尔苏斯身染重病。361年11月3日卒于西利西亚（位于土耳其南部地区）。

君士坦堤亚斯二世是一位能力出众、精力充沛的指挥官，他保持了罗马帝国在东部边境地区的地位。他是一位虔诚的基督教徒，宗教情绪十分狂热，对与之对立

的异教徒进行了残酷的迫害；例如，他曾残酷地对待亚历山大城的圣亚大纳西主教。

SAS

参考：Jones, A. H. M., et al., Prosopography of the Later Roman Empire Ⅰ:260—395. Cambridge, 1971.

Piagnol, A. L'Empire chrétien. Paris, 1947.

君士坦堤亚斯三世(Constantius，卒于421年) 罗马将军和副皇帝。

君士坦堤亚斯三世约于370年前后生于纳伊苏斯(尼什)，其早期经历不详。被任命为军事统帅（野战元帅）后，支持洪诺留，率军对篡权者君士坦丁所占据的城市阿勒拉特（即现在的阿尔城）进行了三个月的围攻，411年的7月（?）击败了由欧多比克率领的救援部队，最终于411年6—8月（?）俘虏了篡权者。他深深地爱着洪诺留的妹妹G．普拉恰丽娅，长期忠诚地服务于洪诺留。414—415年间，他以执政官和钦差的身份，率军将哥特人赶出了高卢的大部分地区，并在416年签定了一个有利于罗马的条约，结束了这场战争。417年，当他第二次出任执政官时，终于同G．普拉恰丽娅结婚。与西哥特人谈判，使西哥特人最终同意接受阿基坦尼亚(法国西南部地区)，而基本上离开了西班牙（418—419年)。421年2月8日，在罗马被任命为副皇帝，接受了奥古斯都的头衔。同年9月2日卒于拉文纳，可能是寿终正寝。

君士坦堤亚斯三世最大的特点是心情恬静，没有野心，很少受贪欲的影响。传说，在工作中他严厉坚定、充满活力，而私下却亲切温和、平易近人。他是罗马帝国后期最值得称赞的皇帝之一。

SAS and DLB

参考：Bury, J. B. History of the Later Roman Empire from the Death of Theodosius Ⅰ to the Death of Justinian. 2 vols. London, 1923.

Stein, Ernest, Geslchichte der spätrömischen Reiches: Ⅰ. Vom römischen zum byzantinischen Staate. 2 vols. Vienna, 1928.

孔蒂，波旁王朝的阿尔芒(Conti, Armand de Bourbon, 1629—1666年) 法国王子。参加主要战争：法西战争(1635—1659年)、佛兰德战争（1648—1653年)；参加主要战役（战斗)：夏朗东之战（1649年)。

康韦，托马斯(Conway Thomas, 1733—约1800年) 法国元帅。在美军服役的爱尔兰-法国军人。参加主要战争：奥地利王位继承战争（1740—1748年)、七年战争(1756—1763年)、美国独立战争（1775—1783年)；参加主要战役（战斗)：布兰瓦恩之战、日耳曼敦（宾夕法尼亚）之战（1777年)。

康韦1733年2月27日生于爱尔兰，但被带往法国(1739年）并就学于那里。后在德·克莱雷团任少尉(1747年12月16日)。奥地利王位继承战争和七年战争期间在法国陆军中供职（1747—1776年)。后获准去美国，到新泽西的莫里斯敦（1777年5月8日)。被任命为准将，分配到苏利文师（5月13日)。作为一位具有技能和经验的军人，他在布兰瓦恩河之战（9月11日）和失败的日耳曼敦进攻战（10月4日）中表现不凡。他是旨在取代华盛顿的总司令职务的所谓“康韦阴谋集团”(10—12月）的主要人物，后晋升为少将和23名高级准将的监察长（12月13日)。华盛顿训斥康韦团伙之一的盖茨以后，这一集团瓦解（1778年2月)。不久在驻新罕布什尔的拉斐特帐下供职，进行入侵加拿大的准备；但拉斐特拒绝其担任自己的副司令（1778年2—3月)。由于继续进行旨在攫取独立指挥权的阴谋活动，他失去了议会中朋友们的支持。而且，大出其意料的是，他以辞职相威胁的要挟居然获得批准（4月28日)。他对华盛顿进行的严厉而无所顾忌的指责，引起了与约翰·卡德瓦拉德的决斗。结果，康韦嘴部受伤（7月4日)。后回归法国，重新开始其在法国陆军中的生涯，并晋升为元帅（1784年1月1日)。被任命为驻印度法军的督军（1787年4月14日)。提升为除好望角以外的全体法军的司令（1789年4月14日)。后被撤职（1790年8月26日）并回到法国（1793年)。因与保皇党人有牵连而处境危险，遂流亡他乡。约卒于1800年。

康韦是一位能干的军事家。他作战沉着，但志大才疏，狂妄自傲，且言谈轻浮。他在一定程度上不自觉地成了华盛顿的对手——诸如盖茨和威金逊——的工具。他后来的任职显示出其作为行政家的某些本领。

Staff

参考：Boatner, Encyclopedia.

DAB.

库克，菲利普·圣·乔治(Cook, Philip St, George, 1809—1895年) 美国将军。参加主要战争：黑鹰战争（1832年)、美墨战争（1846—1848年)、镇压印第安苏族战争(1855—1856年)、堪萨斯边界争端（1856—1858年）和摩门战争（1857—1858年)；参加主要战役（战斗)：巴特阿克斯之战（威斯康星州附近的维多利亚，1832年)、征服新墨西哥和加利福尼亚之战（1846—1847年)、半岛之战（1862年)。

库克1809年6月13日生于弗吉尼亚州的利斯堡。1827年毕业于西点军校后进入第六步兵团服役。在边界服役和黑鹰战争期间表现极为活跃，尤其是在1832年8月2日的巴特阿克斯之战中任第一龙骑兵团（后来的第一骑兵团）中尉时。1835年5月晋升为上尉。1846年5月美墨战争之前到达圣费，先于斯蒂芬·卡尼将军的远征军而与墨西哥当局就领土问题谈判。后组建了摩门营并任临时中校，他率领该营穿越新墨西哥州南部和亚利桑那州，横渡希达河，于1847年1月29日到达圣达戈，

与卡尼远征军的余部会合。1847 年 2 月被提升为少校，后又被提升为第一龙骑兵团名誉中校。1848 年后继续征战。接着又继续驻守边界。1855 年 4 月—1856 年 7 月参加镇压印第安苏族的远征军。1857 年 10 月—1858 年 6 月，参加堪萨斯边界争端和阿伯特·S. 约翰斯顿将军指挥下的摩门教徒远征。1859 年 3—7 月在奥地利对法国和皮蒙特进行的战争中任军事观察员。尽管他的亲属(J.E.B. 斯图亚特是他的女婿）在南方，但他仍忠实于联邦政府。1861 年 11 月晋升为准将。半岛之战中(1862 年 4 月 4 日—6 月 1 日)，在麦克米伦部指挥一个后卫骑兵师。在军事法庭工作了一年之后于 1864 年任巴吞鲁日军区司令。1864—1866 年主管兵员的招募与补充。1866—1867 年指挥普拉特军区。1869—1870 年指挥坎伯兰军区。1870—1873 年指挥莱克斯军区。1873 年 10 月退出现役。1895 年 3 月 20 日卒于底特律。

作为一位足智多谋的军人，库克笃信纪律、荣誉和宗教。他著有《骑兵战术》（1859 年，1861 年修订）和《在军队中的奇遇和经历》（1857 年）等

KH

参考：Warner, Ezra, Generals in Blue. Baton Rouge, 1977.
DAB.
WAMB.

库伯，赛米尔（Cooper, Samuel 1798—1876 年） 美国南部同盟将军。参加主要战争：西米诺尔战争（1837—1843 年）和美国内战（1861—1865 年）。

库伯 1798 年 6 月 12 日生于新泽西的哈肯萨克。1815 年毕业于西点军校后在炮兵部队服役。晋升中尉并在边界担任了一系列不同的职务。1828—1836 年任陆军总司令亚历山大·马科姆将军的随从参谋，1836 年 6 月晋升上尉。1836—1841 年在华盛顿任参谋，期间于 1838 年任行政人事参谋主任并被提升为少校。1842—1845 年在西米诺尔战争中任威廉·詹·沃思上校的参谋长。1847 年 3 月晋升中校。1852 年被任命为人事行政参谋主任并晋升上校。1852—1856 年与当时任陆军部长的杰弗逊·戴维斯成为好友，被其擢升为南方军人事行政参谋主任和监察主任。辞去在联邦军队中的职务，于 1861 年 3 月到里士满，接受南军的任职。1861 年 8 月晋升将军，战争结束前一直在南方军队中任高级将领。1865 年 4 月他和戴维斯及其内阁一起从里士满出逃并投降联邦军队，后被释放。退役后至弗吉尼亚的卡伦梅，1876 年 12 月 3 日卒于该处。

ACD

参考：Boatner, Dictionary.
Warner, Ezra J., Generals in Gray. Baton Rouge, 1959.
WAMB.

库腾纳，埃格伯特·麦乌茨祖姆（Coortenaar〈Kortenaer〉, Egbert Meauw szoom，约 1610—1665 年） 荷兰将军。参加主要战争：第一次英荷战争（1652—1654 年）、第一次北方战争（1655—1660 年）、第二次英荷战争（1665—1667 年）；参加主要战役（战斗）：加巴德河岸之战（萨福克海河对面）（1653 年）、哥本哈根之战（1658 年）、洛斯托夫特之战（1665 年）。

库腾纳的出生日期及早期生活不详。第一次英荷战争期间，他在马腾·范·特龙普麾下服役。在 1653 年 6 月 2—3 日进行的加巴德河岸之战中任舰长，后晋升海军少将。荷瑞战争中，率一支海军中队援助荷兰的盟友丹麦海军，于 1658 年 11 月 7 日在哥本哈根海域打败一支瑞典舰队。为此，丹麦国王腓特烈三世为他封爵。第二次英荷战争爆发前夕，任默兹海军中将（1665 年 1 月 24 日）。6 月 13 日，率奥普代姆舰队一中队参加洛斯托夫特海战，所乘旗舰为英军击沉，阵亡。后被立碑纪念。

库腾纳不但是一位勇敢的水手，也是一位有才能的海军指挥官。

DLB

参考：Van Harderwijk, K. J. R., and C. D. J. Schotel, Biographisch woordenboek der Nederlanden. Haarlem, 1852—1878. Reprint, Amsterdam, 1969.

库特，埃尔爵士（Coote, Sir Eyre, 1728—1783 年） 外号“勇敢之心库特”，英国将军。参加主要战争：詹姆斯党起义（1745—1746 年）、七年战争（1756—1763 年）、第一次马拉地战争（1779—1782 年）、第二次迈索尔战争(1780—1783 年)；参加主要战役（战斗）：普拉西（位西孟加拉的康迪附近）之战（1757 年）、文迪瓦什之战(1760 年)、波多诺伏之战、波利卢尔之战、绍林古尔(马德拉斯的东中部）之战（1781 年）

库特 1728 年生于爱尔兰的利默里克，为一名牧师的第六子。参加陆军后，在查利亲王邦尼领导的詹姆斯党起义（1745 年 8 月—1746 年 4 月）期间首次参加作战。几年后，获得驻印度英国正规军第三十九团上尉军衔。率三十九团一部随罗伯特·克莱武参加了攻克加尔各答(1757 年 2 月 2 日）和普拉西（6 月 23 日）的战斗。他在极困难的条件下追击法军 650 公里，因此获中校军衔并担任第八十四团团长（1757 年末?）。后任驻卡纳蒂克(东南沿海地区）的英军司令（1760 年），并在文迪瓦什取得了对法国伯爵拉利的胜利（1760 年 1 月 22 日）。与威廉·蒙森上校一起围攻并夺取了庞迪奇里（1760 年 8 月至 1761 年 1 月 15 日）。任驻孟加拉的东印度公司部队司令（1761 年春），后回英国（1761 年末）。被任命为总司令后前往印度（1769 年），但与总督发生分歧，不久后回到英国。1771 年受封为骑士后，再次被派往印度担任总司令（1779 年）。全力支持华伦·黑斯廷斯，但未参与总督与其委员会的纠纷。海德尔·阿里起义爆发(1780 年）后投入战场。通过一场艰苦的作战，在波多

C

诺伏打败海德尔·阿里（1781 年 6 月 1 日）。后在波利卢尔又进行了一场艰苦的作战（8 月 27 日），取胜后在绍林古尔击溃阿里军（9 月下旬）。1782 年作战期间继续担任总司令。1783 年 4 月 28 日卒于马德拉斯。

库特是一位果敢、富于进攻性而且能干的指挥官。他指挥进行的 1781 年战役使马德拉斯管区免遭海德尔·阿里的征服，巩固了英国对印度南部的控制。

CCJ

参考:Shepard, E. W., Coote Bahadur. London, 1956.
Wylly, H. C., Life of Sir Eyre Coote. London, 1922.

柯普，约翰爵士（Cope, Sir John, 1688—1760 年） 英国将军。参加主要战争：西班牙王位继承战争（1701—1714 年）、奥地利王位继承战争（1740—1748 年）、詹姆斯党起义（1745—1746 年）；参加主要战役（战斗）：代廷根（阿沙芬堡附近）之战（1743 年）、普雷斯顿潘斯之战（1745 年）。

柯普 1688 年生于伦敦，亨利与多萝西·柯普夫妇之子。曾在皇家龙骑兵卫队中任旗手（1707 年）。西班牙王位继承战争的后半期（1707—1714），在西班牙作战。参加了代廷根之战，不久因在该战中表现英勇而受封为骑士（1743 年 6 月 27 日）。晋升为中将并任驻苏格兰的军队总司令（1743 年 12 月 25 日）。任上，他指挥第一支政府军在普雷斯顿潘斯与查利亲王爱德华·斯图亚特（即查利亲王邦尼）作战（1745 年 9 月 21 日）。他的军队在第一次齐射之后即狼狈逃窜，故詹姆斯党人作歌词讥之：“约翰尼·柯普，你在进军吗？”后受军法审判，但被宣布未犯渎职罪。最后的职务为爱尔兰利默里克总督。1760 年卒于那里。

CCJ

参考:DNB.

科布洛（Corbulo, Gnaeus Domitius, 卒于 67 年） 罗马帝国将军。参加主要战争：对肖西人的战争（47 年）、安息（帕提亚）战争（56—63 年）。

科布洛的出身和早期生涯不详，他通过婚姻结识了罗马许多有影响的达官贵族。39 年，似乎曾出任过执政官（任满两届）。47 年，成为日耳曼北部低地地区的总督，击败了肖西人，获得当时人们的普遍赞扬，认为他是一名足智多谋、能征善战的将军。约 50 年，被克劳狄乌斯任命为罗马在亚洲地区的摄政官。54 年，尼禄任命他为卡帕多细亚和加拉提亚（均在土耳其境内）总督，并命令他收复亚美尼亚（即今伊朗及叙利亚的北部地区）。58 年，要求亚美尼亚国王梯里达底（波斯国王瓦洛加斯的兄弟）将亚美尼亚当作罗马的附属国，但遭到拒绝。于是他率军侵入这个国家，并在 60 年将其代理人提格兰扶上王位。61 年，他返回叙利亚。62 年，当 L.C. 帕伊图斯投降瓦洛加斯之后，他又率领一支规模更大的罗马军队进入亚美尼亚，以恢复罗马对这一国家的控制。63 年，成功地迫使梯里达底承认了罗马的宗主国地位。67 年，其女婿安尼乌斯·维尼西亚乌斯图谋反抗尼禄遭到失败，他受到株连，被尼禄召回罗马，被迫自杀身亡。

科布洛是一位能力出众的指挥官和行政官员；在维尼西亚乌斯的阴谋败露以前，他似乎深得尼禄的信任。

SAS

参考:Tacitus, Annals.
EB.
OCD.

科尔多瓦，贡萨尔沃·费南德斯·德，塞萨公爵（Córdoba, Gonsalvo Fernandez de〈Gonsalvo de Cordoba〉, Duke of Sesa, 1585—1635 年） 西班牙将军。参加主要战争：三十年战争（1618—1648 年）；参加主要战役（战斗）：温普芬之战（巴特温普芬）（1622 年）、赫西斯特之战（1622 年）、弗勒吕斯之战（1622 年）、布雷达围攻战（1624—1625 年）。

科尔多瓦生于 1585 年，塞萨公爵之子，“伟大的统领”贡萨洛·德·科尔多瓦的曾孙。1612 年参加攻击突尼斯外的拉古莱特。1616 年，在伦巴第为自由镇侯爵同萨伏依公爵作战。1618—1619 年，在三十年战争初期，指挥驻莱茵的西班牙军；后与蒂利指挥的巴伐利亚军联合行动，于 1622 年 5 月 6 日进行的温普芬血战中歼灭巴登-杜尔拉赫的乔治·腓特烈侯爵的军队。不久，两位将军又一起协作，在赫西斯特重创不伦瑞克的克里斯提安军队；但随后他率所部全部骑兵携辎重撤出（6 月 20 日）。接着，追踪克里斯提安和恩斯特·冯·曼斯菲尔德的联军，意在阻止它解贝亨奥普佐姆之围。尽管 8 月 29 日在弗勒吕斯之战中，他给对手——清教徒军队以重大杀伤，但其军队人数较少，最终没构成屏障。同斯皮诺拉返回巴拉丁领地。9—10 月，攻克了该地除小型要塞弗兰肯塔尔之外的所有要塞。作为马拉泰拉公国君主，他于 1624 年 8 月 28 日—1625 年 6 月 5 日，协助围攻并攻克布雷达。1625 年赴意大利帮助费里亚公爵戈麦斯·苏亚雷斯·德·菲格罗亚。1626 年费里亚公爵回西班牙，他接任米兰总督。1628 年围攻卡萨莱（卡萨莱蒙费拉托）失利。1629 年，由斯皮诺拉接任。后又在佛兰德供职。1634 年回西班牙。卒于 1635 年 2 月。

科尔多瓦是一位一丝不苟的、有才能的军人，无愧于名人之后。

AL

参考:Diccionario de historia de España, 2d, ed. 4 vols. Madrid, 1968—1969.
Du Cornet, Histoire générale des guerres de Savoie, de Bohème, du Palatinat et des Pays-Bas. Brussels, 1868.

康华里第一侯爵，查理（Cornwallis, Charles, 1st Marquess,

1738—1805年） 英国将军。参加主要战争：七年战争（1756—1763年）、美国独立战争（1775—1783年）、第三次迈索尔战争（1789—1792年）；参加主要战役（战斗）：长岛（纽约）之战（1776年）、普林斯顿（新泽西）之战、布兰瓦恩河之战（1777年）、蒙茅斯（位于新泽西的弗里霍尔德附近）之战（1778年）、卡姆登（南卡罗来纳）之战（1780年）、吉尔福德县城之战、约克镇（弗吉尼亚）之战（1781年）。

康华里1738年12月31日生于伦敦，康华里第一伯爵的长子。就学于伊顿，后成为第一步兵卫队的军官候补生（1756年末）。在驻汉诺威的英军中服役时，参加了明登之战（1759年8月1日）。任命为第八十五步兵团上尉后，回到驻地在英格兰的团队（8月下旬）。当选为议会议员（1760年1月）。晋升为第十二步兵团中校（5月）。返回德国并参加了费林豪森（哈姆附近）之战（1761年7月15日）、威廉施特赫尔之战（1762年6月24日）和卢特贝格之战（7月23日，两地均位于卡塞尔附近）。其父死后承袭爵位（1762年6月）。历任国王乔治三世的副官（1765年8月）、第三十三步兵团上校（1766年3月）、伦敦塔总管（1770年）。晋升少将后被派往美国（1775年），镇压北美独立运动；抵达卡罗来纳海岸附近（1776年2月）。参加了对查尔斯顿的未获胜利的进攻（6月16日—17月25日）。在克林顿指挥的长岛（查尔斯顿附近）之战（8月22—27日）中表现突出。在基普斯湾之战（9月15日）、华盛顿堡之战（11月14—15日，两地均在今纽约市内）和李堡（新泽西）之战（11月18日）中战功卓著。在普林斯顿之战（1777年1月3日）中，中华盛顿之计而战败，为此受到克林顿的严厉指责。支持豪进攻费城的计划，并指挥了对布兰瓦恩的主攻（9月11日）。在华盛顿进行未获成功的反击期间，他率援军抵达日耳曼敦（10月4日）。回到英国并晋升中将（1778年1月）。返回美国出任克林顿将军的副司令（5月）。指挥克林顿的部分部队进行了蒙茅斯之战（6月28日）。返回英国陪伴其临危的妻子（1778年12月—1779年8月）。重返战场后，在克林顿对查尔斯顿的第二次进攻（1780年2月11日—5月12日）中发挥了重大作用。克林顿回到纽约时留任查尔斯顿指挥官，为平定南部起义者的抵抗而入侵北卡罗来纳（1780年夏）。在卡姆登打败盖茨军（1780年8月16日），但其兵力因战线拉长而显得极为单薄。他置下属在金斯山之战（10月7日）和考彭斯之战（1781年1月17日）的失败于不顾，继续进行其战役。虽然在吉尔福德县城打败了纳撒内尔·格林，但其部队伤亡几达三分之一（3月，5日）。为粉碎拉斐特军，他违背克林顿的命令而入侵弗吉尼亚，在格林斯普林（詹姆斯敦附近）几乎诱歼了拉斐特（7月6日）。攻占约克镇，将其作为他自认是关键地区的下一步作战的行动基地（8月）。后遭到华盛顿和罗尚博的法美联军的奇袭并被围（9月初）。他因丧失海上援助而投降，从而最后结束了这场战争（1781年10月19日）。英国舆论和民众对这一失败未加非难。获释（1782年5月）后，他谢绝印度大总督一职（1783年2月）。后以扩大权力为条件接受了第二次任命（1786年2月23日），享有清廉公正的行政官之誉。亲自上阵入侵迈索尔，猛攻班加罗尔，围攻蒂普·萨希布于塞林伽巴丹，迫其投降（1792年3月16日）。受封为康华里第一侯爵（1793年）。回到英国（1794年2月）后，被任命为总司令兼爱尔兰大总督（1797年2月11）。镇压爱尔兰起义者和抗击法国人侵军（1798年）。对爱尔兰人采取宽容政策。因国王乔治三世拒绝解除对天主教徒的约束而去职（1801年）。后再回印度出任大总督（1805年），10月5日卒于加济布尔。

康华里是一位勇敢而具有进攻精神的指挥官和娴熟的战术家，但其战略才能不值一提。他任印度和爱尔兰大总督期间，显露出进行民事管理和调解的才能。

Staff

参考：Reese, George H., comp., The Cornwallis Papers: Abstracts of Americana. Charlottesville, Va., 1970.

Seton-Karr, W. S., The Marquis Cornwallis. London, 1890.

Wickwire, Franklin B., Cornwallis: The American Adventure. Boston, 1970.

康华里，威廉爵士（Cornwallis, Sir William, 1744—1819年） 绰号"蓝比利"，英国海军将领。参加主要战争：七年战争（1756—1763年）、美国独立战争（1775—1783年）、法国大革命战争（1792—1799年）与拿破仑战争（1800—1815年）；参加主要战役（战斗）：格林纳达之战（1779年）、圣岛（瓜德罗普群岛的圣岛）之战（1782年）、比斯开湾之战（1795年）。

康华里1744年2月25日生于萨福克，康华里第一伯爵的幼子，查理·康华里之弟。11岁时加入海军（1755年），年届22岁时即晋升为上校（1766年）。美国独立战争期间，在西印度群岛经历了多次作战，参加了约翰·拜伦爵士指挥的格林纳达之战（1779年7月6日）和乔治·罗德尼指挥的圣岛之战（1782年4月12日）。后曾对罗德尼的行为进行过严厉指责。被派往印度任海军准将（1788年），给其兄对蒂普·萨希布的诸战役提供了有力支援。晋升为少将（1793年）。中途失败的基伯龙登陆战期间，在布勒斯特附近参加英舰队行动，和他的4艘军舰在比斯开湾的连续交战中，对路易·T. 维拉雷·德·约尤塞海军上将的12艘军舰进行了包抄（1795年6月8—12日）。继圣文森特勋爵任封锁布勒斯特的海峡舰队司令（1801年），后又重任此职（1803—1806年）。第二次担任海峡舰队司令期间，将冈托姆将军的舰队巧妙地围困于布勒斯特港内。他的战略技巧和措施使维尔纳夫将军无法从科伦纳（康华里将罗伯特·考尔德爵士、将军的舰队部署于该处）北上，并迫使法国-西班牙舰队向加的斯南行。在加的斯，该舰队于特拉法尔

加角附近落入了纳尔逊之手。后退出现役（1806 年）。1819 年 7 月 5 日卒于汉普郡。

康华里尽管不善言谈，但却为皇家海军官兵所喜爱；他们因其航行时习惯悬挂蓝彼得旗而为他取了那个外号。他是一位具有良好见解和悟性的指挥官。其故交纳尔逊称其为“英勇而优秀的军官”。

DLB

参考：Corbett, Sir Julian S., The Campaign of Trafalgar. London, 1910.

Cornwallis-West, G., The Life and Letters of Admiral Cornwallis. London, 1927.

DNB.

EB.

科尔特斯，费尔南多（Cortés Fernando, 1485—1547 年） 西班牙军事家和冒险家。参加主要战争：征服墨西哥战争（1519—1521 年）、远征阿尔及利亚（1541 年）；参加主要战役（战斗）：塞乌特拉平原（塔瓦斯科郊外）之战（1519 年）、森波阿拉之战、特诺奇蒂特兰（墨西哥城）之战及以撤退为主的奥迈巴之战（1520 年）、围攻特诺奇蒂特兰之战（1521 年）。

科尔特斯 1485 年生于巴达霍斯省的麦德林，军事家马丁·科尔特斯·德·蒙罗伊之子。1499—1501 年，在萨拉曼卡大学学习。1504 年远航加勒比海圣多明各岛。1504—1511 年成为那里的农场主，并在小镇阿苏亚做公证人。在迭戈·委拉斯开兹殖民远征古巴期间，给迭戈当秘书。大约在 1512—1518 年，除了做牛仔和淘金者外，还当选为圣地亚哥市长。1518 年，说服委拉斯开兹让他率一支探险队去尤卡坦援救先前到那里的两支探险队，并在那开辟新殖民地。1519 年 2 月 19 日，他率领 600 名士兵、16 匹马，装备有 14 门小炮的 11 艘船只离开了古巴。2—3 月在尤卡坦半岛登陆。之后继续沿海岸向北航行。3 月，船队在塔巴斯科登陆，通过暴力打败了塞乌特拉平原的塔巴斯科人。随后，他赢得塔巴斯科人的信任并与之结成盟友。率船队向北航行继续探险，途中有 20 名塔巴斯科妇女陪伴，其中包括其情妇多纳·玛丽娜（为他生了一个儿子，取名为马丁）。大约于 5 月份，船队靠岸登陆。上岸后他们砸毁船只，表示背水一战的决心。后来，他们在维拉克鲁兹建成新城，科尔特斯当选为城主。大约在 6 月，科尔特斯率军向内地挺进。他对当地首领软硬兼施，力争将用兵降到最低程度；对阿兹特克使者的威逼利诱置之不理，率军继续前进。后来，他率军打败了阿兹特克人的宿敌特拉斯卡拉人，并和阿兹特克人结成盟友。11 月 8 日，率自己的部队和 1000 名盟友到达特诺奇蒂特兰（阿兹特克王国首都，即新墨西哥城），像克特萨科特神下凡一样受到热烈欢迎。12 月，他又以报仇为借口向维拉克鲁兹发起攻击，率军抓获了阿兹特克国皇帝蒙提祖马，统治了该城。在听说潘菲洛·德·纳尔瓦艾斯率领一支探险队从古巴出发前来抓捕他之后，率大军匆忙向沿海地区挺进，准备迎战，仅留下 80 名西班牙人和数百名特拉斯卡拉盟友由佩德罗·德·阿尔瓦多指挥，驻守该城。后来，他打败了纳尔瓦艾斯，并新招对方的 1 500 名士兵加入自己的队伍。1520 年 6 月 30 日，返回特诺奇蒂特兰，发现该城为反抗阿尔瓦多的残暴而发生了起义；科尔特斯经过一场血战才率部撤离，而蒙提祖马也在战斗中丧命。7 月 7 日，他在奥迈巴大败阿兹特克追兵，自己也损失惨重。遂撤至特拉斯卡拉重整队伍，等待援兵。1520 年晚些时候，征服并奴役了阿兹特克的盟友特皮卡人。1520 年冬季—1521 年春季，攻占了伊斯塔帕拉帕等三镇（今日墨西哥城一部），后又被迫放弃。5 月 26 日再次入侵阿兹特克帝国并包围特诺奇蒂特兰，经激战之后攻入城市，俘虏库奥特摩克皇帝（8 月 13 日），再次控制了阿兹特克帝国。1523—1524 年，远征至危地马拉、洪都拉斯和墨西哥沿海地区进行探险。国内政敌指控其犯有渎职罪，他被迫返回西班牙为自己辩护。1528 年查理五世皇帝确认他在新西班牙和南海任军事长官，并封其为奥萨卡流域侯爵。他返回墨西哥，打算精力充沛并具有远见地履行其职责，但由于政敌的阻挠和安东尼·德·曼多查就任新西班牙总督，而使权力受到削弱。他返回西班牙再次拜会查理五世皇帝（1540 年），虽受到冷遇，但仍能与皇帝保持密切联系。1541 年 9—10 月，自愿参加灾难性的远征阿尔及尔。后来被查理皇帝的朝臣们所摒弃，在塞维利亚附近库斯塔的卡斯蒂烈哈庄园退休。卒于 1547 年 12 月 2 日。

科尔特斯勇敢超群，精力充沛，似可称为西班牙最伟大的军事家。他对西班牙在“新世界”的机遇具有远见卓识。因野心勃勃、自我中心、功成名就而树敌颇多。他是能力最强和办法最多的西班牙殖民主义者。

AL

参考：Diaz del Castilo, Bernal, Historia verdadera de la conquista de la Nueva España. Madrid, 1632. Translated by A. P. Maudslay. London, 1928.

Johnson, William Weber, Cortés. New York, 1975.

Mac Nutt, Francis A., Fernando Cortés and the Conquest of Mexico, 1485—1547. New York, 1909.

Madriaga, Salvador de, Hemán Cortés, Conqueror of Mexico, 2d ed. N. p., 1955.

柯顿第一子爵，斯特普耳顿爵士（Cotton, sir Stapleton, 1st Viscount, 1773—1865 年） 英国陆军元帅。参加主要战争：法国大革命战争（1792—1799 年）、第四次迈索尔战争（1799 年）、拿破仑战争（1800—1815 年）、远征普尔特布尔（拉贾斯坦邦的珀勒德布尔）（1825—1826 年）；参加主要战役（战斗）：塞林伽巴丹之战（1799 年）、塔拉韦拉（塔拉韦拉-德拉雷纳）之战（1809 年）、萨拉曼卡之战（1812 年）、图卢兹之战（1814 年）、普尔特布尔之战（1826 年）。

柯顿生于1773年，罗伯特·索尔兹伯里·柯顿爵士之子。曾在第二十三火枪团任职（1790年），后在荷兰服役（1793—1794年）。任中校时第一次参战，攻克了开普敦（1795年）。被派往印度后，参加了第四次迈索尔战争，并参与了进攻塞林伽巴丹的战斗（1799年5月4日）。回到英国（1800年）后，被擢升为少将（1805年）。曾任纽瓦克议员（1806—1814年）。被派往西班牙（1808年）后，在塔拉韦拉之战（1809年7月28日）中任骑兵旅旅长。此外还在韦特斯-德奥尼奥罗之战（1811年5月3—5日）和萨拉曼卡之战（1812年7月22日）中功绩卓著。由于多次负伤，被送回国内疗养。后及时返回西班牙，参加了比利牛斯山口之战（1813年10—12月）和图卢兹之战（1814年4月10日）。受封为康伯米尔男爵（5月）后，统领侵占法国的盟军骑兵（1815—1816年）。历任巴巴多斯总督（1817—1820年）、驻爱尔兰的总司令（1822—1825年）。晋升为上将，并被派往印度任总司令（1825年）。为解决继承权纠纷，他指挥了对普尔特布尔（今尼泊尔境内）的远征（1825年底），包围并攻克了该城（1826年1月18日）。受封为康伯米尔子爵（1827年）后，晋升为陆军元帅（1855年）。卒于1865年。

PDM

参考：Buckland, C. E., Dictionary of Indian Biography. London, 1909.
Chandler, David G., Dictionary of the Napoleonic Wars. New York, 1979.
DNB.

库奇，达赖厄斯·S.（Couch, Darius S., 1822—1897年） 美国将军。参加主要战争：第二次西米诺尔战争（1835—1843年）、美国-墨西哥战争（1846—1848年）和美国内战（1861—1865年）；参加主要战役（战斗）：半岛战役（1862年）、腓特烈堡战役（1862年）、钱瑟勒斯维尔之战（腓特烈堡附近，1863年）和纳什维尔之战（1864年）。

库奇是纽约人，1846年毕业于西点军校。参加过1835年11月—1842年8月14日的西米诺尔战争和1846—1848年的美墨战争。1835年随史密森学会的一个探险队赴墨西哥探险，结果弄得声名狼藉。1855年退役进入商界和制造业界。1861年6月15日任马萨诸塞州第七志愿步兵团上校团长。1861年8月升为志愿军准将。半岛战役期间（1862年4月4日—7月1日）任第四军第一师师长。1862年7月4日晋升为志愿军少将。但该师没有参加过第二次布尔溪之战（1863年8月29—30日），也没有参加发生在1862年9月的安蒂特姆之战。1862年10月受命指挥第二军，率该军参加了腓特烈堡之战（12月13日）和次年5月1—6日的钱瑟勒斯维尔之战。由于在钱瑟勒斯维尔之战中，对胡克的表现不满意，他请求解除其职务并调任萨斯奎汉纳军区司令。葛底斯堡战役期间，为保卫宾夕法尼亚州而组建了本地的守卫部队。不久，返回西部作战，任第二十三军第二师师长。1864年12月15—16日参加了纳什维尔之战，并转战北卡罗来纳州。1865年5月26日辞去军职，后进入政界。不久，在马萨诸塞州州长的竞选中落选。1867年3月，因国会不承认对他的任命，在当了四个月的波士顿港海关收税官后被解职。1867年出任弗吉尼亚州矿业和制造业公司总裁。1876—1878年任康涅狄格州兵站总监；后于1883—1884年任该州的副州长。

库奇比较有才能，但却谨慎而又有条不紊。从其在战场上的表现来看，他对自己能力的评价明显言过其实。

ACD

参考：Boatner, Dictionary.
Warner, Ezra J., Generals in Blue. Baton Rouge, 1964.

库尔特，约翰·布赖特林（Coulter, John Breitling, 1891—?） 美国陆军将领。参加主要战争：第一次世界大战（1917—1918年）、第二次世界大战（1941—1945年）、朝鲜战争（1950—1953年）；参加主要战役（战斗）：圣米耶尔战役（1918年）、意大利战役（1943—1945年）。

库尔特1891年生于得克萨斯州的圣安东尼奥。1911年毕业于西得克萨斯军事学院。1912年任少尉。后在第四十二师服役，参加了著名的圣米耶尔战役（1918年9月12—16日）。1918—1919年在驻德美国占领军中服役。1927年入指挥与参谋学院学习。1932—1933年在陆军军事学院学习。1934年入海军军事学院学习。第二次世界大战爆发前夕晋升准将（1941年秋）。1941—1943年任多种组织与训练职务。1943年2月任第八十五步兵师少将师长。1944年1月率该师赴摩洛哥训练。同年3月率部进入意大利，参加了意大利战役（1944年4月10日—1945年5月2日）；其著名战斗乃1944年6月5日率部进入罗马。9月13—21日，协助友军突破古斯塔夫防线。朝鲜战争爆发时（1950年6月）任第一军军长。9月任第九军军长。1951年晋升中将并任第八集团军副司令。后任李奇微上将与“联合国朝鲜统一与复兴委员会”的联络官。1951年底回国。1952年初退役。同年任联合国朝鲜重建署署长。

KS

参考：Current Biography, 1954.

克雷斯，约翰爵士（Crace, Sir John, 1887—1968年） 英国海军上将。参加主要战争：第一次世界大战（1914—1918年）、第二次世界大战（1939—1945年）；参加主要战役（战斗）：珊瑚海之战（1942年）。

克雷斯生于1887年，是爱德华·肯德尔和卡罗拉·贝尔德·克雷斯之子。1902年加入皇家海军，一战中服现役。1942年5月任包括3艘澳大利亚巡洋舰和多艘驱逐

舰的小型舰队司令。7—8日在珊瑚海战斗中通过有效的机动躲避了日军的空中袭击，保住了所部船只，从而给日军准备对莫尔兹比港发动两栖登陆攻击的部队造成很大威胁。他继续呆在该海域，再加上美国舰载机对日军造成的破坏，最终使日本海军取消了这次进攻。此后不久便退役而成为查塔姆皇家造船厂经理。卒于1968年。

PDM

参考：Keegan, John, Who Was Who in World War Ⅱ. New York, 1978.

Parrish, Thomas A., and S. L., A. Marshall, The Simon & Schuster Encyclopedia of World War Ⅱ. New York, 1978.

克拉多克，克里斯托弗·乔治·弗朗西斯·莫里斯爵士（Cradock, Sir Christopher George Francis Maurice, 1862—1914年） 英国海军上将。参加主要战争：镇压义和团运动（1900—1901年）和第一次世界大战（1914—1918年）；参加主要战役（战斗）：大沽炮台之战（1900年）和科罗内尔（智利）之战（1914年）。

克拉多克生于1862年，其父母是克里斯托弗·达夫·克拉多克和乔治娜。1875年参加海军。在镇压中国义和团运动期间指挥海军陆战队。1900年6月17日，他指挥了炮轰大沽炮台的行动。在侵占天津的战斗（6月23日）中继续发挥重要作用。在此后的海军生涯中，他表现突出，1907年出版了名为《来自舰队的秘密》的著作。1910年升为海军少将。1914年8月第一次世界大战爆发之际，任西大西洋海军基地司令，奉命寻歼冯·施佩海军上将的巡洋舰分舰队，与德舰战斗并将之赶离智利的科罗内尔。他的舰队在数量和火炮威力上均处于劣势；当其旗舰"好望角"号发生爆炸并沉没时阵亡（1914年11月1日）。他死后的调查结果免去了其鲁莽之责，而将其失败归咎于海军部的命令不明确以及增援兵力行动缓慢。

PDM

参考：DNB.

EB.

克拉苏，马可·李锡尼（Crassus, Marcus Licinius, 约公元前115—前53年） "超级富翁"，古罗马帝国统帅。参加主要战争：罗马内战（公元前88—前82年）、第三次塞尔维勒战争（公元前73—前71年）和帕提亚战争（公元前54—前53年）；参加主要战役（战斗）：卡雷之战（公元前53年）。

克拉苏约于公元前115年生于一个显贵的富裕家庭。公元前87年，他逃往西班牙，结果却遭到秦那的排挤。公元前83年返回罗马，在苏拉手下服役。公元前82年在罗马的科尔利尼门荣获勋章。苏拉将许多贵族流放，并将其奴隶和财产赐予克拉苏。他通过投资使其资产不断增值，从而成为富翁。公元前73年作为罗马大富翁而当选为行政长官。公元前71—前70年镇压了斯巴达克领导的奴隶起义。公元前70年与庞培合作。公元前60年成为"前三头同盟"（"前三雄"）的成员之一，负责管理东方地区。公元前55年再次与庞培合作。公元前54年，出任叙利亚总督。为取得军事成就，向东方的帕提亚（安息）人发动攻击，结果于公元前53年在卡雷战役中兵败身亡。传说，他被俘后被帕提亚人杀死。帕提亚人往他嘴里灌金水，以满足他贪婪的欲望。

克拉苏是古罗马的政治家，贪婪且野心勃勃。他虽打败斯巴达克，却未能战胜机智灵活的帕提亚人。

SAS and CCJ

参考：Plutarch, "Crassus," Parallel Lives.

Syme, Ronald, The Roman Revolution. Oxford, 1939.

EB.

OCD.

克拉苏，普卜利乌斯·李锡尼（Crassus, Publius Licinius, 约公元前85—前53年） 参加主要战争：高卢战争（公元前58—前50年）、安息（帕提亚）战争（公元前54—前53年）；参加主要战役（战斗）：贝尔福之战（公元前57年）、卡尔亥（卡雷）之战（公元前53年）。

克拉苏约生于公元前85年，是"前三雄"之一马·李·克拉苏·第维斯的小儿子。公元前58年当恺撒在高卢地区征战时，他是恺撒手下的一名骑兵将领。在公元前57年9月10日进行的贝尔福之战中，他对战胜阿里奥维斯图斯起到了关键作用。公元前57年，率军征服维内蒂人，并帮助建造了一支舰队；后来恺撒在公元前56年使用这支舰队征服了维内蒂人。到公元前56年底，征服了位于阿基坦尼亚海岸的大多数部落。公元前55年返回罗马，支持他父亲和庞培为执政官候选人。在公元前54—前53年的安息（帕提亚）战争期间，担任其父手下的骑兵指挥官，在公元前53年的卡雷之战中败北。他对此次失败深感内疚，于战后自杀身亡。

SAS

参考：Plutarch, "Crassus," Parallel Lives.

EB.

OCD.

克拉特罗斯（Craterus, 公元前370—前321） 马其顿将军。参加主要战争：征服波斯（公元前334—前330年）、入侵中亚（公元前330—前327年）、入侵印度（公元前327—前326年）、"迪亚多奇"（继承者）战争（公元前323—前281年）；参加主要战役（战斗）：格拉尼库斯之战（公元前334年）、伊苏斯之战（公元前333年）、高加米拉（位于古代尼尼微附近）之战（公元前331年）、海达斯佩斯之战（公元前326年）、赫勒斯蓬特海峡之战（公元前321年）。

克拉特罗斯约生于公元前370年。在菲利普二世去

世时，已是军中的高级将领。当他率兵入侵亚洲时，已经是马其顿国王亚历山大陆军中的六名将军之一（官衔相当于现代的准将）。率部参加了公元前334年5月的格拉尼库斯之战、公元前333年11月的伊苏斯之战和公元前331年10月1日的高加米拉之战。公元前330年9月，接替帕尔梅尼奥成为马其顿军队中仅次于亚历山大本人的最高指挥官。公元前329—前328年，在巴克特里亚和索格提埃（粟特）等地指挥一支先遣部队。公元前326年5月，亚历山大指挥军队驻扎在远离海达斯佩斯河岸的左侧，克拉特罗斯则渡河与波鲁斯王交战，后又渡河追击溃逃的印度士兵。公元前324年，奉亚历山大之命率部队返回马其顿，并取代其堂兄弟安提帕特为马其顿和希腊的摄政王。但是由于亚历山大去世（公元前323年6月13日），这些计划中断。不久，克拉特罗斯卷入“迪亚多奇”（继承者）战争，于公元前321年在赫勒斯蓬特海峡附近的战斗中被欧米尼斯所杀。

SAS and DLB

参考：Arrian, The Life of Alexander.

Dodge, Theodore A., Alexander the Great. Boston, 1890.

Dupuy, Trevor N., The Military Life of Alexander the Great of Macedon. New York, 1969.

Tarn, William Woodthorpe, Alexander the Great. 2 vols. Cambridge, 1948.

克罗弗德，罗伯特（Craufurd, Robert, 1764—1812年） 英国将军。参加主要战争：第三次迈索尔战争、法国大革命战争（1792—1799年）和拿破仑战争（1800—1815年）；参加主要战役（战斗）：克伦纳之战（1809年）、布萨卡之战（1810年）、丰特斯-德奥尼奥罗之战（1811年）、罗德里戈城之战（1812年）。

克罗弗德生于1764年5月5日，是斯考茨男爵之第三子。1779年参加第二十五步兵团。1783—1787年，作为上尉的他研究了欧洲的主要军队。1797年转至第七十五步兵团。在1789—1792年的第三次迈索尔战争中，于印度服役，参加反蒂普萨希伯的战争。1798年暴动期间辞去本职，到爱尔兰服役。1799年在赴荷兰远征军中服役。1807年在赴布宜诺斯艾利斯远征军中任轻步兵旅指挥员。1808—1809年，在约翰·穆尔爵士手下，指挥一个轻步兵旅转战于葡萄牙和西班牙。在1809年1月16日向克伦纳撤退的战斗中，表现出色。1809年底返回半岛，于1810年指挥新扩编的轻步兵师。1810年1—7月，在沿阿格达河和科阿河河岸，同奈（内伊）的绝对优势兵力的军团作战中，立下特殊功勋。9月27日，在布萨卡的迟滞行动中也取得了成功。1811年5月3—5日，在丰特斯-德奥尼奥罗掩护第七师后撤。1812年1月24日，在攻占罗德里戈城的战斗中身亡。

克罗弗德是一位天才的轻步兵指挥员。他智勇双全，尽管脾气暴躁，却仍然赢得其官兵的爱护和尊重。他是惠灵顿最得力的手下干将之一；他的死对于半岛军队是一个巨大的损失。

VBH

参考：Craufurd, A. H., General Craufurd and His Light Division. London, 1891.

Kincaid, J., Adventures in the Rifle Brigade. London, 1852.

Napier, Sir William F. P., History of the War in the Peninsula... 1807—1814. 6 vols. London, 1851.

Oman, Sir Charles W., C., Wellingtons Army, 1809—1814.

Simmons, G., A British Rifleman-During the Peninsular War and the Campaign of Waterloo. London, 1899.

克拉斯·霍斯，（疯马）（Crazy Horse〈Tashunca-Uitco〉，约1849—1877年） 奥格拉拉的印第安苏族酋长。参加主要战争：印第安战争（1865—1867年和1875—1877年）；参加主要战役（战斗）：费特曼之战（1866年）、“车厢”之战（1867年）、罗斯巴德克里克之战（1876年）、斯利姆·巴特斯之战（1876年）、小比格霍恩之战（1876年）和沃尔夫山之战（1877年）。

克拉斯·霍斯约于1849年出生在奥格拉拉的印第安苏族人部落。年青时就赢得了勇敢和技术高超武士的声誉。为反对修筑通过苏族人地区的保德河军用道路（即博兹曼小道），曾联合红云部落一起对敌作战。参加过费特曼之战（1866年12月21日）和“车厢”之战（1867年8月2日，都发生在怀俄明州的菲尔卡尼堡）。他拒绝接受拉勒米堡（位于怀俄明州的托灵顿附近）条约规定的在保留地生活的条款。1868年带领其属下与“伏牛”的孔克帕帕苏族部落建立了联盟，并领导苏族人进行了反对入侵他们视为圣地的布莱克丘陵的战斗（1875—1877年）。1876年6月17日在罗斯巴德克里克击败了乔治·克鲁克的远征军，并于25日在高尔首领的支援下，在小比格霍恩歼灭了乔治·C. 卡斯特的部队。同年9月9日，在斯利姆·巴特斯被克鲁克击败，并遭到了迈尔斯将军的顽强追击。1877年1月7日，他在沃尔夫山的家园也被迈尔斯摧毁。5月6日，在内布拉斯州罗宾逊堡（克劳福德）附近的红云族办事处，他被迫向对手投降。9月，因企图领导另一次印第安人叛乱而遭逮捕；尽管当局事先许诺给他一定的自由，但他还是受到监禁的威胁。1877年9月5日，他在企图逃跑时被杀。

克拉斯·霍斯是一位勇敢无畏的卓越指挥官。他被认为是苏族人中最伟大的战术家。

VBH

参考：Brininstool, E. A., Crazy Horse. Los Angeles, 1949.

Sandoz, Mari, Crazy Horse: The Strange Man of the

Oglalas. New York, 1942.

C

克雷基侯爵，查理一世·德·布朗什堡·德·卡纳普勒·德，克雷基侯爵和莱迪吉耶尔公爵（Créqui〈Crèquy〉Charles Ⅰ de Blanchefort de Canaples de, Marquis of Crequi, and Duke of Lesdiguières, 1578—1638 年） 法国元帅。参加主要战争：胡格诺战争（1562—1598 年）、胡格诺战争（1625—1629 年）、萨伏依战争（1628—1630 年）、三十年战争（1618—1648 年）；参加主要战役（战斗）：莫莱特之战（1597 年）、莱蓬德塞之战（1620 年）、苏萨关口之战（1629 年）、博法罗拉之战（阿比亚泰格拉索附近，1636 年）、阿斯蒂防卫战（1637 年）、蒙巴尔登之战（1638 年）。

克雷基侯爵生于 1578 年，为安托万·德·布朗什堡和克雷蒂安娜·达盖尔之子。因其叔克雷基枢机主教而成为克雷基家族的继承人。首次参战是于 1594 年参加胡格诺战争的最后一战——围攻拉昂。1597 年参加莫莱特之战。1600 年攻克蒙梅利扬，后出任该地总督。1601 年随德·比隆元帅出使英国。回国后，于 1604 年任佩罗讷、蒙迪迪耶和鲁瓦总督。1620 年，率保皇派军队参加莱蓬德塞之战，击败法国王太后玛丽·德·美第奇的叛军。1621 年参加圣让-当热利围攻战，于同年 12 月 27 日晋升为法国元帅，并出任驻意大利边境部队司令。1622 年参加蒙彼利埃围攻战。1625 年攻克诺维、加维和米兰要塞。是年稍后解了韦吕之围，因此功绩而于 1626 年封莱迪吉耶尔公爵。1629 年指挥攻击苏萨关口。1630 年攻占皮尼罗尔（皮内罗洛）和尚贝里。1632 年任多菲内总督，此后在 1633—1634 年间任驻罗马大使，后复任威尼斯大使（1634 年）。1635 年，在萨伏依公爵麾下领意大利军队中将衔。在 1635—1636 年的战事中，他攻取了多处设防地区。1636 年 6 月 23 日，在博法罗拉击败列冈内茨侯爵率领的数量略为占优的军队。1637 年防守阿斯蒂。1638 年在蒙巴尔登再胜另一支西班牙军队。1638 年，在解布雷马要塞之围时被炮弹击中而阵亡。

AL

参考：Courcelles, Jean Baptiste de, Dictionnaire historique et biographique des généraux français. 3 vois. Paris, 1820—1823.

Dictionnaire historique de France. Reprint, Paris, 1968.

克雷基侯爵，弗朗索瓦二世·德·博讷（Créqui, Francois Ⅱ de Bonne, Marquis of, 1629—1687 年） 法国元帅。参加主要战争：三十年战争（1618—1648 年）、法西战争（1635—1659 年）、投石党运动（1648—1653 年）、遗产继承战争（1667—1668 年）、荷兰战争（1672—1678 年）；参加主要战役（战斗）：勒泰勒之战（1650 年）、沙朗通之战（1651 年）、沙丘之战（敦刻尔克附近，1658 年）、布鲁日之战（1667 年）、孔茨桥之战（1675 年）、科赫尔斯勃格之战（斯特拉斯堡附近，1677 年）、莱茵费尔登之战（德国，1678 年）、根根巴赫之战（1678 年）、第一次明登之战（1679 年）。

克雷基侯爵生于 1629 年，查理二世·德·克雷基和安娜·杜·鲁尔的第四子。1640 年参加阿拉斯围攻战，此为他首次参战。1641—1647 年在佛兰德服役。1648 年，在托尔托萨围攻战中立下战功。1649 年在卡塔罗尼亚任团长。投石党运动中忠于政府。1650 年 12 月 5 日，在勒泰勒之战中负伤。1651 年在埃斯科河桥（康布雷附近）英勇作战。是年在沙朗通之战中再次负伤。1653 年参加穆宗围攻战。1654 年 8 月 24 日于阿拉斯负伤。1655 年出任贝蒂纳总督，并晋升中将。1656 年 7 月 16 日于瓦朗谢讷再度负伤。在佛兰德，率部攻占了几座城镇。在 1658 年 5—6 月进行的敦刻尔克围攻战和随后于 6 月 14 日进行的沙丘之战中表现出色。1659 年被封马里讷侯爵。1661 年任舰队将军。尼古拉·富凯垮台后，克雷基被解除所有职务并遭流放（1661 年）。1667 年被召回，再次受宠。同年 7 月 8 日—8 月 28 日，在蒂雷纳麾下围攻并攻克里尔。8 月 31 日，在布鲁日击溃西班牙的一支小部队。1668 年 7 月 8 日，晋升法国元帅。1669 年辞去舰队司令之职。1670 年横扫洛林。1675 年夺取迪南。8 月 11 日，在孔茨桥之战中为洛林的查理四世公爵击败。9 月 1 日，在特里尔城率部投降，本人被奥地利人俘虏。获释后，在莱茵与洛林的查理作战，各有胜负（1676 年）。1677 年 10 月 17 日，在科赫尔斯勃格击败查理。1678 年 7 月 6 日在莱茵费尔登，7 月 23 日在根根巴赫，两度再败查理公爵，之后又攻取凯赫尔港。1679 年初，在第一次明登之战中，击败了勃兰登堡的一支军队；此次胜利促成交战双方于 6 月 29 日签订《圣热尔曼和约》。1684 年 4 月 28 日—6 月 4 日，围攻并攻克卢森堡，时任洛林和巴尔总督。卒于 1687 年 2 月。

克雷基侯爵作战勇猛、沉着，对王室忠心耿耿且富有能力。虽然他不具备蒂雷纳那样的才干，但是更可信赖；在 1675—1678 年的战事中，洛林的查理四世不是对手即是明证。

AL

参考：Courcelles, Jean Baptiste de, Dictionnaire historique et biographique des généraux français. 8 vols. Paris, 1820—1823.

Lanouvelle, E. de, Le maréchal de Créquy. Paris, 1931.

克里斯普斯，弗拉维·尤利乌斯（Crispus, Flavius Julius, 约 303—326 年） 罗马副皇帝（恺撒）。

克里斯普斯是君士坦丁大帝的长子，母亲米奈尔维娜是君士坦丁的第一个妻子。307 年，他父母离婚。317 年 3 月 1 日获恺撒职务，名义上统治高卢地区。在君士坦丁同李尼微的战争期间，负责指挥，并于 324 年 7 月（?）在赫勒斯蓬特海战中彻底击败了李尼微的舰队。

326年跟随其父前往罗马参加君士坦丁登基20周年庆典日。可能是由于企图勾引他的继母法乌斯塔，于326年在普拉被秘密处决。不久，法乌斯塔也被处死。

SAS

参考：Jones, A. H. M., J. R. Martindale, and J. Morris, Prosopography of the Later Roman Empire Ⅰ. Cambridge, 1971.
EB.
EMH.

克里托劳斯(Critolaus，约卒于公元前146年) 希腊（阿卡亚）将军和政治家。

克里托劳斯是希腊同盟国雅典的将军和政治家。公元前146年领导了一次反抗罗马的起义。当罗马正忙于第三次布匿战争时，说服柯林斯拒绝罗马特使的要求，并鼓动雅典同盟反对罗马。与底比斯和卡西提斯联盟一道，组建起一支规模庞大的军队，围攻位于比利斯的赫拉克特亚，向罗马的盟国斯巴达发动进攻。公元前146年，被鲁齐乌斯·穆米乌斯率领的罗马军队驱逐，并于柯林斯附近的斯卡尔菲被击败。其后失踪，可能被杀害。

克里托劳斯是一位著名的具有煽动性的政治家。由于在对待罗马问题上的决策失误，结果导致罗马占领了他的国家，并成为希腊的主宰。

SAS

参考：Cambridge Ancient History.
EMH.

克里滕登，乔治·比布(Crittenden, George Bibb, 1812—1880年) 美国南部同盟将军。参加主要战争：黑鹰战争(1832年)、得克萨斯-墨西哥边界冲突（1836—1845年)、美墨战争（1846—1848年）和美国内战（1861—1865年)；参加主要战役（战斗）：米耶尔之战（朱达德米耶尔，1842年)，孔特雷拉斯之战、丘鲁武斯科之战(均在墨西哥城附近，1847年)、米尔斯普林斯之战(1862年)。

克里滕登1812年3月20日生于肯塔基州的拉塞尔维尔，是约翰·乔·克里滕登的儿子，托马斯·列奥尼达斯·克里滕登的哥哥。1832年毕业于西点军校。曾参加过黑鹰战争。在1833年4月辞去军职之前，一直在阿肯色州边境服役。辞职后他先是学习法律，后又到了得克萨斯州。1842年11月，参加得克萨斯远征队对墨西哥的远征。12月远征失败后，他和250人的远征队全部被俘，被监禁在墨西哥城。后经国务卿丹尼尔·韦伯斯特的多方努力，在墨西哥人处决了他们中的十分之一以后，他与同伴才被释放。在墨西哥战争期间，负责指挥一个肯塔基骑枪营。因其在孔特雷拉斯之战（1847年）和丘鲁武斯科之战（1847年）中表现出色，被授予荣誉少校军衔。1848年4月晋升少校；1856年12月晋升中校。1861年6月辞去军职。此后不久，即出任南部同盟军队准将，年底前又被擢升为少将。率军在肯塔基州的米尔斯普林斯（蒙蒂塞洛附近）进攻由乔治·H. 托马斯将军率领的北方联邦军，但由于联邦增援部队的突然到来，打垮了其4500人的部队而被迫抛弃所有辎重和大炮，狼狈逃回（1862年1月19日)。他在战争中的这种行为受到了谴责，并于1—11月被拘留。释放后，他虽辞去军职，但却以一个平民志愿人员的身份效力于约翰·S. 威廉斯将军的参谋部，并参加了余后的战争。战后，生活在肯塔基州的法兰克福。1867—1874年任该州图书馆馆长。1880年11月27日卒于丹维尔。

DLB

参考：Boatner, Mark M., Civil War Dictionary. New York, 1959.
Warner, Ezra, Generals in Gray. Baton Rouge, 1978.
WMB.

克里滕登，托马斯·列奥尼达斯(Crittenden, Thomas Leonidas, 1819—1893年) 美国将军。参加主要战争：美墨战争（1846—1848年）和美国内战（1861—1865年)；参加主要战役（战斗)：布埃纳维斯塔之战（墨西哥的萨尔蒂约附近，1847年)、夏洛之战（1862年)、斯通河之战和奇克莫加之战（1863年)。

克里滕登1819年5月15日生于肯塔基州的拉塞尔维尔，是参议员（后来的州长）约翰·乔·克里滕登的儿子和后来的南部同盟将军乔治·B. 克里滕登的弟弟。早年学习法律，1840年进入肯塔基法院工作。墨西哥战争爆发后，任中校，并担任扎卡里·泰勒的副官。参加布埃纳维斯塔之战（1847年2月22—23日)，不久升为肯塔基第三步兵团上校团长。1848年退役。1849年出任美国驻英国利物浦领事。1853年返回美国从事法律工作。1860年9月升为少将并任肯塔基军区司令。10月任志愿军准将。1862年在俄亥俄军团中任师长，于4月6—7日的夏洛之战中，因战功卓著而晋升少将。参加斯通河之战（1862年12月31日—1863年1月3日)，负责指挥坎布兰军团的左翼部队。在奇克莫加之战（9月18—20日）中指挥第二十一军。不久，被暂时停职。1864年2月复职，5—6月出任波托马克军团第四军的一个师的师长。12月辞职。1866年1月任肯塔基州财务主管；7月辞职，并接任第三十二步兵团上校团长。1867年3月，因在斯通河之战所起的作用而被授予荣誉准将军衔，负责边防事务，后在纽约州加弗纳斯岛任职。1881年5月退休。1893年10月23日卒于纽约州斯塔滕岛的安娜代尔。

克里滕登是一位勇敢和有才华的指挥官。他被停职是他的军在奇克莫加之战中受挫的结果，同时这也是其人生纪录中的唯一污点。此外，他和他哥哥在相互敌对的军队中拥有相同的军衔，这也是独一无二的。

VBH

参考：Boatner，Mark M.，Civil War Dictionary. New York，1959.
Vance，Wilson. J.，Stones River：The Turning Point of the Civil War. New York，1914.
WMB.

克雷兹（Croesus，约公元前560—前546年） 吕底亚国王。

克雷兹生于公元前6世纪初，是吕底亚国王阿尔雅特斯之子，传说曾在其父亲手下任总督和大将军等职。在与其同父异母兄弟的王位争夺中获胜并即位。完成了其父王征服爱奥尼亚大陆的大业。未能吞并希腊在海上的诸岛，只好与这些岛屿结成联盟，并进一步与埃及、加尔底亚（叙利亚、美索不达米亚和巴比伦）和斯巴达等国结盟。用其巨额财富组建起一支联合部队，公元前550—前547年进攻波斯的居鲁士。是德尔斐神庙的常客，每次前往总携带丰富的礼品。他曾请示神谕："如果进攻波斯，将会发生什么结局？"结果被告知将会"毁灭一个伟大的王国"。后仍组织一支大军向波斯发动进攻。在普特里亚附近进行了一场相当残酷的作战，但未取得决定性战果。返回其首都萨迪斯，企图重整兵力，但却受到居鲁士一支小部队的紧紧追击，并在泰姆波拉地区（位于古特洛伊附近）进行了一场作战。公元前546年被彻底击败；此后经历不详。传说他可能被活捉，并成为波斯帝国一个省区的总督。

克雷兹是一位具有一定管理和军事才能的君主。他认为，对吕底亚和其他王国构成威胁的是居鲁士领导下的波斯帝国。但要想打败波斯人，他还缺乏足够的军事才能和力量。

SAS and DLB

参考：Herodotus，History.
Xenophon，Cyropaedia.
EB.
OCD.

克伦威尔，奥利弗（Cromwell，Oliver，1599—1658年） 英国将军和政治家，英国资产阶级共和国的缔造者。参加主要战争：第一次英国内战（1642—1646年）、第二次英国内战（1648—1649年）、第三次英国内战（1650—1651年）、爱尔兰远征（1649—1650年）、法西战争（1635—1659年）；参加主要战役（战斗）：格兰瑟姆之战（1634年）、温斯比之战（霍恩卡斯尔附近）（1634年）、马斯顿荒原之战（1644年）、第二次纽伯里之战（1644年）、纳斯比之战（1645年）、朗波特之战（1645年）、普雷斯顿之战（兰开夏郡）（1648年）、邓巴之战（1650年）、伍斯特之战（1651年）。

克伦威尔1599年4月25日生于亨廷顿，是理查和伊丽莎白·斯图亚德·克伦威尔的次子。1615—1617年就读于剑桥大学西德尼·萨塞克斯学院。1620年结婚，后回乡做庄园主。28岁左右改信清教。1628年当选亨廷顿国会议员。在1640—1642年间的政治危机中，成为着手准备发动内战的下院议员中的成员。1642年8月为国会争取到剑桥郡。其后他招募并训练一支骑兵于1642年10月底在埃奇希尔一战后（班伯里附近）编入到埃塞克斯伯爵的军队。旋又指挥一支拥有2个团编制、共14个连的团队（后来被称为"铁军"）于1643年5月13日和7月28日分别在格兰瑟姆之战和盖恩斯伯勒（埃普沃恩附近）之战中取得重大胜利。被推举并委任为伊利总督。10月11日在温斯比之战中指挥前锋部队。1644年7月2日他指挥的联军左翼骑兵队在马斯顿荒原一役中获胜，为此下院议会为他所起的作用向其致谢。1644年10月26日，由于地形原因，妨碍了他在第二次纽伯里之战中有效地展开骑兵。11月，在国会抨击曼彻斯特伯爵的主张，从而促成"新模范军"于1644—1645年间的冬季建立。新模范军成立后，被任命为中将、新模范军副帅，位居托马斯·费尔法克斯爵士之下。1645年6月14日，率领右翼骑兵和费尔法克斯一起赢得了纳斯比决战的胜利。1645年7月10日和费尔法克斯一道又在朗波特获胜。1646年春执行包围牛津的任务，因功勋卓著受到国会慷慨奖励。1647年初—1648年2月，他不断试图与查理一世达成和解，但后者的顽固与国会中长老派的阴谋使其努力受挫。第二次英国内战爆发之际，奉命赴南威尔士。1648年6月初—7月11日，他于南威尔士包围并占领了彭布罗克；接着迅速北进，于8月17—19日在普雷斯顿之战中逐一击破汉密尔顿公爵指挥的苏格兰入侵军。在平定英格兰北部后，于12月7日返回伦敦。由于得到人民的支持，他强烈要求审判查理一世。1649年1月底，被指派为由135人组成的国王审讯调查团成员，力劝其他成员投票处决查理一世。不久当选为新共和国首脑，在1649年春镇压了平等派的运动。作为代理总督和总司令率军队侵略爱尔兰，于1649年8月13日抵达都柏林。9月10—11日猛攻德罗赫达并疯狂屠杀了大部分守军和许多平民，从而兵不血刃地纳降了另外几座要塞。但在10月11日和11月间，他不得不又去分别猛攻韦克斯福德和沃特福德。之后他转向内地去征服芒斯特和占领基尔肯尼。1650年5月克朗梅尔投降后，他把指挥权交给亨利·艾尔顿，自己返回英国。与苏格兰交战即第三次英国内战前夕，他赶回英格兰并接管了1950年6月26日辞职的费尔法克斯的指挥权。8月，因在爱丁堡外围进行的战役没有取得进展，便撤退到邓巴港等待后勤补给和援兵，不料却被莱斯利指挥的苏格兰人困于邓巴港。克伦威尔发起了一次突然反攻，于1650年9月3日击败了苏格兰军队。1651年2月患疟疾；6月重返战场。他施展智谋，在伍斯特之战中抓住并打垮了保皇派军队。1652年7月—1654年4月，参加了第一次英荷战争，但对此并不热心。由于对长期国会不满，遂于1653年4月将其解散。据说当时他曾说："你们任职的时间太长了，让我们打发你们。奉上帝之

命走吧！"1653 年 12 月 16 日他当上了护国主。1655 年 1 月 22 日又一次解散国会，依靠主要将领们的帮助设立了地方政府。为筹款满足同西班牙交战之需，他被迫重组新国会。但在拒绝王权后，他不断地与国会发生摩擦，致使 1658 年 2 月再一次解散国会。不久患疟疾，于 1658 年 9 月 3 日卒于伦敦，由其子理查德·克伦威尔继位。克伦威尔被葬于威斯敏斯特教堂，但在王政复辟后被保皇党掘墓，于泰伯恩曝尸示众。

考虑到克伦威尔较晚才进入戎马生活，所以其军事表现是十分令人惊讶的。他无疑是一位天才的统帅，尤其擅长于组织军队和激励部下；同时，他也是一位娴熟的战术家。他清心寡欲，是一位虔诚的教徒。当然，他也以冷酷和不能容忍不同信仰者而闻名。他的死导致了革命政府的失败。

DLB

参考：Baldock, T. S., Cromwell as a Soldier. London, 1899.

Carlyle, Thomas, Letters and Speeches of Oliver Cromwell. Edited by S. C. Lomas. London, 1904.

Firth, Charles, Oliver Cromwell. London, 1900.

Fraser, Antonia, Cromwell, the Lord Protector, London, 1973.

Hill, Christopher, God's Englishman: Oliver Cromwell and the English Revolution. London, 1973.

克伦杰，皮特·阿尔诺德（Cronjé, Pieter Arnoldus, 约 1835—1911 年） 绰号"波切夫斯特鲁姆之狮"，布尔将军。参加主要战争：第一次英布战争（1880—1881 年）和第二次英布战争（1899—1902 年）；参加主要战役（战斗）：波切夫斯特鲁姆之战（1881 年）、围攻马弗金城（博普塔茨瓦纳的姆马巴托附近）之战（1899—1900 年）、马格尔斯方丹之战（1899 年）、摩德河之战（金伯利附近，1900 年）、帕德贝格之战（布隆方丹附近，1900 年）。

克伦杰约 1835 年生于好望角殖民区。1836—1837 年，他全家向北搬到了大特里克，克伦杰遂在德兰士瓦长大，并在那里成长为德兰士瓦抵抗英国人统治的一名领袖。1880 年 11 月，他开始组织反对英国人没收拖欠税款者的财产的运动。1881 年 3 月停战协定缔结时，率领部队在波切夫斯特鲁姆接受英国军队投降。作为德兰士瓦议会的一名成员，他支持保尔·克鲁格总统的政策。他指挥部队反击詹姆森博士的突然袭击，并于 1896 年 1 月 2 日在杜伦科普（约翰内斯堡）俘虏了入侵者。1899 年 10 月第二次英布战争爆发时，任德兰士瓦军队的主要将领，并被推举为对好望角殖民军作战的西部最高司令官。10 月 13 日在马弗金城包围了巴登-鲍埃尔上校的一小股守卫部队，但仅限于对该城进行炮击而已。11 初号召南部人民帮助德拉雷和普林斯卢作战，以抵抗梅休因将军向金伯利城进攻。虽在摩德河抵挡住了英军的进攻，但却于 11 月 28 日夜幕降临时撤退。依靠德拉雷设计的战术和防御工事，率军在马格尔斯方丹抗击英军，并于 12 月 11 日重创之。1900 年 2 月 11—15 日，因英军元帅洛德·罗伯特迂回其翼侧并发动了坚决的进攻，他被迫撤退，2 月 18 日在帕德贝格陷入重围。2 月 27 日，部队补给耗尽，克伦杰被迫投降。后一直被监禁在圣海伦娜岛，直到战争结束。退休后，回到德兰士瓦克莱克斯多普的农场。卒于 1911 年 2 月 4 日。

克伦杰是一位坚决、勇敢和有成就的人民领袖，但缺乏才智、灵活性以及一位成功的高级统帅所应有的魄力。

DLB

参考：Farwell, Byron, The Great Anglo-Boer war. New York, 1976.

Pakenham, Thomas, The Boer War. New York, 1979.

EB.

克鲁克，乔治（Crook, George, 1829—1890 年） 绰号"灰狐"，美国将军。参加主要战争：美国内战（1861—1865 年）和印第安战争（1875—1877 年和 1882—1886 年）；参加主要战役（战斗）：南山之战（马里兰州）、安蒂特姆之战（1862 年）、奇克莫加之战（1863 年）、法明顿之战（田纳西州，1863 年）、温彻斯特之战（1864 年）、费希尔山之战（1864 年）、锡达克里克之战（均在弗吉尼亚州的斯特拉斯堡附近，1864 年）、丁威迪法院之战（1865 年）、五岔口之战（1865 年）、罗斯巴德克里克之战（1876 年）和斯利姆·巴特斯之战（1876 年）。

克鲁克 1829 年 9 月 23 日生于俄亥俄州的代顿附近。1852 年从西点军校毕业后被分配到步兵部队服役。美国内战前，在征服印第安人的作战中任上尉军官。1861 年 9 月任俄亥俄州第三十六步兵团的志愿役上校指挥官。1862 年在西弗吉尼亚州服役，同年 5 月获授正规军名誉少校军衔，8 月晋升志愿兵准将军衔。9 月 14 日参加南山之战；9 月 17 日参加安蒂特姆之战并获授正规军名誉中校军衔。1863 年 9 月 18—20 日，他指挥坎布兰军团的一个骑兵师，参加了奇克莫加之战。10 月 7 日，在法明顿抗击威勒尔的劫掠骑兵，随后被授予正规军名誉上校军衔。1864 年年初，短期任西弗吉尼亚军团司令。1864 年 8 月—1865 年 3 月的河谷战役期间，在菲利普·谢里敦将军手下任志愿兵少将。参加过 1864 年 9 月 19 日的温彻斯特之战、9 月 22 日的费希尔山之战和 10 月 19 日的锡达克里克之战。1865 年 3—4 月率领谢里敦骑兵军的一个师，参加彼得斯堡战役（包括 3 月 29—31 日的丁迪威之战和 4 月 1 日的五岔口之战）。战争结束时任第三十二步兵团中校。1866 年调任爱达荷州。1871—1873 年在亚利桑那州镇压科奇斯的阿帕奇人起义。1873 年升为准将。1875 年任普拉特军区指挥官。1876—1877 年在阿尔弗雷德·H. 特里手下任职，侵略"疯马"的苏

族人和夏延族人。在 1876 年 6 月 17 日的罗斯巴德克里克之战中，败于印第安人之手。在 9 月 9 日的斯利姆·巴特斯之战中摧毁苏族人村落。1882—1883 年回到亚利桑那州，镇压杰罗尼莫起义并取得一些成功；其成功在一定程度上是依靠了骡马运输的后勤补给方式。1885 年第二次参加征讨杰罗尼莫，后由纳尔逊·迈尔斯接替其职务。1886 年出任太平洋军区司令。1888 年 4 月升任少将并任密苏里军区司令。1890 年 3 月 21 日卒于其在伊利诺伊州芝加哥的司令部。

克鲁克是一位聪明过人、足智多谋的指挥官和行政官员。他镇压苏族人和阿帕奇人起义的战例，足以证明此点。

VBH

参考：Crook, George, His Autobiography. Norman, Okla., 1960.

Downey, Fairfax, Indian-Fighting Army. New York, 1941.

克拉奇利，维克多·亚历山大·查理（Crutchley, Victor Alexander Charles, 1893—1986 年） 英国海军将领。参加主要战争：第一次世界大战（1914—1918 年）、第二次世界大战（1939—1945 年）；参加主要战役（战斗）：纳尔维克之战（1940 年）、萨沃岛（所罗门群岛）海战（1942 年）。

克拉奇利生于 1893 年 11 月 2 日。第一次世界大战中获维多利亚十字勋章。1937—1940 年，任“沃斯拜特”号战列舰舰长。1940 年 4—6 月，参加了挪威战役。尤其是在 4 月 13 日的纳尔维克之战中，他和 9 艘英国驱逐舰进入该港，一举击沉了停泊在港内的德军的全部 10 艘驱逐舰。1940—1941 年，任德文波特皇家海军基地司令。1942 年 6 月（?）晋升少将，接替约翰·克雷斯将军任驻布里斯班的澳大利亚巡洋舰中队司令。后任美国海军将领里士满·K. 特纳的副手。1942 年 8 月 7 日，参加了海军掩护盟军在瓜达尔卡纳尔登陆的作战行动。8 月 8—9 日盟军在萨沃岛海上夜战中失利后，遭到美国新闻媒介的猛烈抨击，但仍得到上级的信任（多数责难都落到特纳身上）。后参加了道格拉斯·麦克阿瑟将军指挥的所有两栖作战行动。1945 年秋第二次世界大战结束时，任驻直布罗陀的海军基地司令。1947 年退役。卒于 1986 年 1 月 24 日。

PDM

参考：Keegan, John, Who Was Who in World War Ⅱ.

Parrish, Thomas A., and S. L. A. Marshall, eds., Simon & Schuster Encyclopedia of World War Ⅱ. New York, 1978.

Who's Who.

库埃斯塔，格列高利奥·加尔西亚·德·拉（Cuesta, Gregorio Garcia de la, 1744—1811 年） 西班牙将领。参加主要战争：入侵葡萄牙（1761—1762 年）、美国独立战争（1775—1783 年）、法国大革命战争（1792—1799 年）和拿破仑战争（1800—1815 年）；参加主要战役（战斗）：直布罗陀之战（1779 年）、科利乌尔之战（1793 年）、麦德林（多班尼托附近）之战、塔拉韦拉之战（1809 年）。

库埃斯塔 1744 年生于旧卡斯蒂利亚。1758 年违背其父的愿望，参军任军官候补生。1761 年在格拉纳达步兵团中服役。1761 年参加了入侵葡萄牙的战争，在阿尔梅达成功的包围战中屡建战功。1779 年 6 月 21 日，参加了围困直布罗陀的初期战斗。1781 年赴西印度群岛，参加了西班牙军队对牙买加的进攻。后赴秘鲁，镇压了当地的一次暴动。1791 年返回西班牙。在比利牛斯地区与法军的作战中声名显赫。参加了入侵鲁西荣的作战行动，在 1793 年 12 月 20 日的科利乌尔之战中战功卓著。1795 年 7 月 26—27 日，将法军逐出加泰罗尼亚，占领了塞达涅（比利牛斯地区）。1796 年晋升中将，任米诺卡驻军司令。1801—1808 年，因遭到戈多伊的敌视，被派往桑坦德山区任职。尽管他反对法国及其扶持的傀儡国王约瑟夫·波拿巴，但仍和中央军政府以及与其对立的将军卡斯塔尼奥斯经常发生激烈的争执。只是后来在公众的压力下，军政府才任命他为一个集团军的司令。他把法军赶出特鲁希略，并迫使其撤出整个埃克斯特利马杜拉；但 1809 年 3 月 28 日在麦德林被法军击败。后被任命为大将军。1809 年 7 月 27—28 日，他不太情愿地与惠灵顿协同作战，帮助这位英国将军取得了塔拉韦拉之战的胜利。后来受到打击报复，被迫去职。1811 年 12 月 24 日卒于马略尔卡。

库埃斯塔是位智勇双全的军人，但喜好争论，心胸狭隘，对部队的纪律要求过分苛刻。

PDM

参考：Chandler, David G., Dictionary of the Napoleoiec Wars. New York, 1979.

Enciclopedia universal ilustrada Europeo-Americana, Vol. ⅩⅩⅤ. Barcelona, 1924.

坎伯兰公爵，威廉·奥加斯特斯（Cumberland, William Augustus, Duke of, 1721—1765 年） 绰号“佛兰德恶棍”、“坎伯兰屠夫”、“血腥屠夫”，英国王子和将军。参加主要战争：奥地利王位继承战争（1740—1748 年）、詹姆斯党人起义（1745—1746 年）、七年战争（1756—1763 年）；参加主要战役（战斗）：代廷根（阿沙芬堡附近）之战（1743 年）、丰特诺伊（位于比利时埃诺省）之战（1745 年）、卡罗登之战（1746 年）、劳菲尔德（马斯特里赫特附近）之战（1747 年）和黑斯廷贝格（哈默尔恩附近）之战（1757 年）。

坎伯兰生于 1721 年 4 月 15 日，是威尔士亲王乔治·奥加斯特斯（后来的乔治二世国王）和安斯巴克·卡罗琳的第二个活下来的儿子。1726 年 7 月受封坎伯兰公爵。曾接受海员训练，但后来选择了陆军。1740 年 4 月

任冷流卫队上校军官。1742 年晋升少将。1743 年 6 月 27 日，在代廷根之战中，于其父的指挥下英勇作战，功勋卓著。后返回佛兰德任英国地面部队上将和英国、汉诺威、荷兰和奥地利联军司令。他企图救援图尔内，但在丰特诺伊被萨克斯元帅击败（1745 年 5 月 11 日）。1745 年 11—12 月，被召回英国抵制查理·爱德华·斯图尔特亲王（邦尼·查理亲王）的入侵。詹姆斯党人从德比撤至卡莱尔后，他于 1746 年 1 月返回伦敦。后由于霍利将军未能救援福尔柯克，他再度北上，并在阿伯丁花了六个星期集结部队。1746 年 4 月 16 日，在因弗内斯附近的卡罗登·穆尔击溃詹姆斯党人的部队，彻底平息了这次起义。1746 年 4—7 月，大规模镇压詹姆斯党的同情者，摧毁苏格兰高地的部族制度，被冠以“血腥屠夫”的诨号，与苏格兰人结下了世仇。1747 年初回到佛兰德，但 7 月 2 日在劳菲尔德再次被萨克斯击败。1757 年 6 月七年战争爆发时，被派往汉诺威指挥作战，但 7 月 26 日在哈默尔恩附近的黑斯廷贝格被德斯特雷斯元帅击败。后一路溃逃，在北海和易北河之间陷入绝境。9 月 8 日，他签署了屈辱的《泽文协定》，解散了他的部队，允许法军进攻汉诺威。乔治二世大发雷霆，拒不执行这一协定。坎伯兰辞职退役，忍辱回到温莎堡。到其侄乔治三世统治时期，始参与政治，对促成两位大臣——布特伯爵和乔治·格伦维尔伯爵的下台起了重要作用。他逐渐又赢得了名望。1765 年 10 月 31 日卒于伦敦，受到大众哀悼。

坎伯兰体态肥胖，面色红润，是一位英勇无畏、大体称职的指挥官。但 1757 年他在汉诺威的表现十分残暴无耻。在他有名望的时期，女士们都佩戴庭院中生长的一种石竹花，以示对他的仰慕。

CCJ and DLB

参考：Charteris, Evan, William Augustus, Duke of Cumberland: His Early Life and Times. London, 1913.
——, William Augustus, Duke of Cumberland, and the Seven Years' War. London, 1925.
Prebble, John, Culloden. New York, 1962.

坎宁安，艾伦·戈登（Cunningham, Sir Alan Gordon, 1887—1983 年） 英国陆军上将。参加主要战争：第一次世界大战（1914—1918 年）、第二次世界大战（1939—1945 年）；参加主要战役（战斗）：西线战役（1914—1918 年）、东非战役（1941 年）、北非战役（1940—1943 年）。

坎宁安 1887 年 5 月 1 日生于爱尔兰都柏林，是海军上将安德鲁·布劳内·坎宁安的弟弟。曾就学于切尔切南和桑赫斯特军事学院。第一次世界大战期间，在驻法国的英军炮兵部队中服役，并屡建战功。1940 年 11 月，指挥驻肯尼亚的英军，准备在韦弗尔将军的全面指挥下进攻意属东非。1941 年 1 月 24 日，在南非空军的支援下指挥一支由非洲人和南非人混合而成部队，进攻意属索马里。尽管存在着地理上和行政管理上的巨大障碍，他还是迅速攻占了摩加迪沙港（2 月 25 日）和基斯马龙港。其后，以日行 57 公里的速度向前推进，将意大利军队赶入埃塞俄比亚境内。3 月 25 日，占领哈勒尔。4 月 6 日，占领亚的斯亚贝巴。4 月 20 日，允许海尔·塞拉西皇帝归国。后与威廉·普拉特将军的部队互相配合，从苏丹向南推进；5 月 18 日，接受安巴拉吉（贡德尔附近）的意军主力投降。8 月，赴埃及任新组建的第八集团军（取代原来的西部沙漠军）司令。11 月 18 日—12 月 20 日，在救援托布鲁克的“十字军”行动中，指挥初期的攻势。所部推进至西迪里杰赫机场（托布鲁克附近）时受阻，被隆美尔机动制胜。他打算撤退，但于 11 月 26 日被奥金莱克解职，由 N.M. 里奇将军接任。1942—1943 年，任坎伯雷参谋学院院长。1943—1944 年，任北爱尔兰军区司令（将官）。1944—1945 年任东部军区司令（将官）。战后，晋升上将，任巴勒斯坦和外约旦（约旦）最后一任高级专员；在 1945—1948 年 5 月 18 日以色列独立前的困难时期，主持了那里的工作。1948 年底返回英国，晋升上将，受封爵士。卒于 1983 年 1 月 30 日。

PDM

参考：Collins, Larry, and Dominique Lapierre, O Jerusalem! New York, 1973.
DNB(in article on Andrew Browne C.).
EB.

坎宁安，安德鲁·布劳内爵士，海恩霍普的坎宁安第一子爵（Cunningham, Sir Andrew Browne, 1st Viscount Cunningham of Hyndhope, 1883—1963 年） 英国海军上将。参加主要战争：第一次世界大战（1914—1918 年）和第二次世界大战（1939—1945 年）；参加主要战役（战斗）：达达尼尔海峡之战（1915 年）、泽布吕赫之战（1918 年）、卡拉布里亚之战（1940 年）、塔兰托之战（1940 年）和马塔潘角（泰纳龙角，希腊）之战（1941 年）。

坎宁安生于 1883 年，其父母是丹尼尔·约翰和伊丽莎白·卡明·坎宁安。1898 年进入皇家海军，第一次世界大战之前曾在多艘战舰上服役。1915 年 2 月 19 日—11 月 23 日参加达达尼尔海峡之战，指挥驱逐舰“蝎子”号作战。1918 年 4 月 23 日参加袭击泽布吕赫的德军潜艇基地，表现突出。1932—1933 年任国王乔治五世的随从参谋。1934 年升海军少将。1934—1936 年任地中海舰队驱逐舰舰队司令。1937—1938 年 9 月任战斗巡洋舰舰队司令和地中海舰队第二司令。1938 年 9 月—1939 年 6 月任海军副总参谋长。1939 年 6 月任地中海舰队司令。1940 年 6 月法国投降后，扣押了在亚历山大港的高弗洛海军中将率领的法国舰队。第二次世界大战期间，在地中海发生的第一次较大规模海战中，坎宁安率舰队在卡拉布里亚海岸之外打败了安吉洛·坎皮奥内海军上将的力量稍强的舰队，以很小的代价击伤一艘战列舰和一艘巡洋舰（1940 年 7 月 9 日）。1940 年 11 月 11 日他使用

其航空母舰“辉煌”号对意大利的塔兰托海军基地实施了毁灭性的空中打击。他曾发动夜间鱼雷袭击，重创了意军 3 艘战列舰和 2 艘巡洋舰，击沉其 2 艘辅助舰。1941 年 3 月 28 日在马塔潘角海域之外，截击安吉洛·亚奇诺海军上将率领的意舰队的出击行动，在一次夜间炮战中击沉意军 3 艘巡洋舰和 2 艘驱逐舰。他的舰队分别在 4 月 26—30 日和 5 月 21 日—6 月 1 日掩护英军从希腊和克里特岛撤退，其间遭到德军陆基航空兵的空袭，舰队遭受重大损失。1941 年 6 月—1942 年 6 月间，虽然德军不断发动空袭，但其舰队一直保持了对马耳他的海上补给。1942 年 6—10 月被派往美国首都华盛顿，任华盛顿联合参谋部英方海军首席代表。1942 年 10 月升海军元帅，回国任地中海盟军海军司令。1942 年 11 月 8 日掩护盟军在北非实施“火炬”登陆行动。1943 年 7 月 9 日—8 月 27 日在侵入并征服西西里的“爱斯基摩人”行动中，负责指挥海军。1943 年 9 月 8 日接受意大利舰队的投降。9 月下旬，达德利·庞德（爵士）海军上将退职后，他返回伦敦，任海军大臣，直到 1946 年被授封海恩霍普的坎宁安第一子爵。1951 年出版了回忆录《一个水手的经历》。1963 年 6 月 12 日卒于伦敦。

坎宁安是一位具有丰富战斗经验的海军上将，但直到 50 岁后才充分表现出了极大的才干。他具备长期面对困境的坚毅精神和激励部属的优良品质，很可能是继赫伯兰以后英国最伟大的海军上将。

DLB and PDM

参考：Cunningham, Sir Andrew Browne, 1st Viscount, A Sailor's Odyssey. London, 1951.
Pack, S. W. C., The Battle of Matapan. British Battle Series. 1961.
Playfair, I. S. O., et al., The Mediterranean and the Middle East. History of the Second World War, United Kingdom Military Series, 24 vols. London, 1960.
Roskill, S. W., White Ensign: The British Navy at War, 1939—1945. N. p., 1960.

坎宁安，约翰·亨利·戴克斯爵士（Cunningham, Sir John Henry Dacres, 1885—1962 年） 英国海军上将。

坎宁安生于 1885 年。第一次世界大战期间参加皇家海军，任低级军官。1940 年 9 月，在沙尔·戴高乐将军企图占领达喀尔的失败的行动中，指挥英国海军予以支援。1940—1942 年，任海军第四大臣。在盟军实施在北非登陆的“火炬”行动（1942 年 11 月）前，任黎凡特舰队司令。1943 年 9 月下旬，海军上将安德鲁·布·坎宁安（二人没有关系）奉召回伦敦接替达德利·庞德爵士任海军大臣，他接替其地中海舰队司令一职。1946 年又接替安德鲁·坎宁安爵士任海军大臣，直至 1948 年退役。1949—1958 年，任伊拉克石油公司总裁。1962 年 12 月 14 日卒于伦敦。

PDM

参考：Parrish, Thomas A., and S. L. A. Marshall, Simon Schuster Encyclo pedia of World War Ⅱ. New York, 1978.
Who Was Who, 1961—1970.

卡里奥，盖尤斯·斯克里旁尼亚斯（Curio, Gaius Scribonius, 约公元前 90—前 49 年） 罗马军事家和政治家。参加主要战争：罗马内战（公元前 50—前 44 年）。

柯蒂斯，赛米尔·瑞安（Curtis, Samuel Ryan, 1805—1866 年） 美国将军。参加主要战争：美墨战争（1846—1848 年）和美国内战（1861—1865 年）；参加主要战役（战斗）：孔特雷拉斯之战（位于墨西哥城附近，1847 年）、查普特佩克之战（1847 年）和皮里奇之战（1862 年）。

柯蒂斯生于 1805 年，是扎拉赫·耶尔·柯蒂斯和帕利的儿子。西点军校毕业后，任第七步兵团少尉（1831 年），参加过墨西哥战争中著名的孔特雷拉斯之战（1847 年 8 月 18 日）和查普特佩克之战（9 月 12 日）。战争结束后，任工程师，工作很出色也很成功，并因此而闻名。美国内战爆发后（1861 年春天），被召回北方联邦陆军。他指挥联邦陆军在阿肯色州的皮里奇成功地阻止了厄尔·范·多恩的进攻（1862 年 3 月 7—8 日）。不久，受命负责领导密苏里州、堪萨斯州和西北军区。内战结束后，出任印第安事务专员。卒于 1866 年。

KH

参考：Boatner, Mark M., Civil War Dictionary. New York, 1959.
Warner, Ezra J., Generals in Blue. 1964. Reprint, Baton Rouge, 1977.

库欣，威廉·巴克（Cushing, William Barker, 1842—1874 年） 美国海军军官。参加主要战争：美国内战（1861—1865 年）；参加主要战役（战斗）：击沉“阿尔伯马尔”号（1864 年）和费希尔堡之战（位于北卡罗来纳州的绍斯波特附近，1865 年）。

库欣 1842 年 11 月 4 日生于威斯康星州的拉菲尔德（父亲是米尔顿·B. 库欣，母亲是玛丽·史密斯·库欣）。曾当过一段时间的议会侍者，后被美国海军学院录取（1857 年）。1861 年因对一位教授搞恶作剧而被迫退学，随后在美国战舰“明尼苏达”号上当大副。由于他两次把缴获的船只驶进了港口，故于同年 10 月重返海军学院学习。1862 年 7 月晋升上尉。同年 10 月在布莱克沃特河之战（弗吉尼亚州的富兰克林附近）中表现出超人的勇气和胆魄，并在海岸突袭作战中，赢得了幸运和勇敢的美名。1864 年 10 月 27 日率突击队夜袭南部同盟军的装甲舰“阿尔伯马尔”号，摧毁该舰后，只有他和另外一名队员得以生还（行动中，突击队的 14 名队员有 13 人战死或被俘）。为此，受到美国国会的嘉奖，并晋

升为少校。次年，参加对费希尔堡的第二次进攻（1865年1月13—15日），作战勇猛无比，在进攻的最后一天的一次冲锋中，首先冲过了敌方构筑的胸墙。1866—1870年在亚洲和太平洋分舰队服役。1870年任波士顿造船厂中校军械官。作为美舰“怀俄明”号的舰长，率舰赴古巴的圣地亚哥，阻止西班牙政府处决美国偷渡船“弗吉尼厄斯”号的船员（该船为古巴的暴乱者输送武器）。1874年春调任华盛顿海军造船厂。同年12月17日卒于美国首都华盛顿。

库欣在所有率领突击队进行作战的人员中，自称为“前海军军官候补生、前船长大副和轻率的淘气鬼”，是一位勇敢、果断并在危机中能够保持冷静的人。同时，他也很幸运，从未受过伤（尽管他经常暴露在敌人的火力之下），是家喻户晓的传奇水手。

KH

参考：Roske, Ralph J., and Charles Van Doren, Lincoln's Commando: The Biography of Commander W. B. Cushing, U. S. N. New York, 1957.
DAB.
EB.

库什曼，罗伯特·埃弗顿（Cushman, Robert Everton, Jr., 1914—1985年） 美国海军陆战队上将。参加主要战争：第二次世界大战（1941—1945年）、越南战争（1965—1973年）；参加主要战役（战斗）：珍珠港之战（1941年）、布干维尔之战（1943年）、关岛之战（1944年）、硫磺岛战役（1945年）。

库什曼1914年12月24日生于明尼苏达州的圣保罗。1935年6月，从海军学院毕业后任海军陆战队少尉。1936年2月—1938年3月在驻上海的海军陆战队中服役。1938年8月晋升中尉。1941年3月晋升上尉。1941年12月7日，珍珠港遭到进攻时，在“宾夕法尼亚”号战舰上服役。1942年5月晋升少校，任第九陆战团营主任参谋。1943年1月任第九陆战团营长。后任中校营长，率部在布干维尔（1943年11月）、关岛（1944年7月21日—8月10日）和硫磺岛（1945年2月19日—3月24日）等地作战。1945年5月—1948年驻扎在弗吉尼亚州匡蒂科的海军陆战队学校。1948年6月—1949年任海军科研处两栖作战科科长。1949年10月—1951年加入中央情报局。1950年5月在中央情报局晋升为上校。1951年6月—1953年任东大西洋和地中海舰队主管两栖作战计划的参谋军官。1953年6月到武装部队参谋学院任教。1954年7月—1956年任该院计划与作战系主任。1956年7月—1957年任驻北卡罗来纳州兵营的第二海军陆战团团长。1957年2月—1961年担任了四年的尼克松副总统的国家安全事务助理。1958年7月晋升准将。1961年8月晋升少将。同年3—9月任驻冲绳的第三海军陆战师副师长。1961年9月—1962年任第三海军陆战师师长。1962年7月—1964年1月任海军陆战队司令部主管情报的副参谋长。1964年1—6月任海军陆战队司令部主管计划与作战的副参谋长。1964年6月—1967年任加利福尼亚潘德尔顿兵营海军陆战队基地司令和海军陆战队司令部主力部队第四陆战师师长。1966年6—11月组建第五陆战师，兼任师长。1967年4—6月任驻南越的第三两栖作战队副司令。同年6月晋升中将。1967年6月—1969年，任第三两栖作战队司令，指挥该军在南越北部作战。这支部队有16万人，是海军陆战队军官所指挥过的规模最大的联合作战部队。1969年4月被尼克松总统召回，任中央情报局副局长，直至1971年年底。1972年1月任海军陆战队司令，衔至上将。1975年6月退役。卒于1985年1月2日。

DLB

参考：Marine Corps Headquarters biographical typescript (early 1972), provided by Marine Corps Historical Center.
WAMB.

卡斯特，乔治·阿姆斯特朗（Custer, George Armstrong, 1839—1876年） 美国将军，绰号“打手”、“滑稽人物”、“卷毛”和“黄头发”。参加主要战争：美国内战（1861—1865年）和印第安战争（1867—1869年，1876—1877年）；参加主要战役（战斗）：第一次布尔溪之战（弗吉尼亚州的马纳萨斯，1861年）、半岛战役、（1862年）、安蒂特姆之战（1862年）、腓特烈堡之战（1862年）、钱瑟勒斯维尔战役（弗吉尼亚州，1863年）、葛底斯堡战役（1863年）、耶洛塔弗恩之战（1864年）、温彻斯特战斗（1864年）、费希尔山战斗（温彻斯特附近，1864年）、五岔口战斗（1865年）、瓦什塔河战斗（1868年）、小大角之战（1876年）。

卡斯特1839年12月5日生于俄亥俄州的纽拉姆利（赛欧附近）。1861年从西点军校毕业后，分配到第二骑兵团服役，7月21日便参加了第一次布尔溪之战。1862年6—7月，任麦克莱伦将军的随从副官并参加了半岛战役。不久，在阿尔弗雷德·普莱曾顿处任参谋。是年9月17日参加了安蒂特姆之战，12月13日参加了腓特烈堡之战。1863年5月2—4日参加钱瑟勒斯维尔战役，6月升为志愿部队准将。指挥米歇根骑兵旅参加葛底斯堡战役（1863年7月1—3日），因表现出色而闻名，并晋升为正规军名誉少校。后调入菲利普·谢里敦将军的波托马克军团，参加了耶洛塔弗恩战斗（1864年5月11日）、温彻斯特战斗（9月19日）和费希尔山战斗（9月22日）。1865年3月晋升正规军名誉准将。作为第三骑兵师师长，率部参加了五岔口之战（4月1日）。在此战中，由于他对北弗吉尼亚军团展开的勇猛无情地追击，最终导致了李将军在阿波马托克斯的投降（1865年4月9日）。1865年11月—1866年3月任骑兵司令。不久，在正规陆军的裁减中被降为上尉。1866年7月又晋升为第七骑兵师的中校，后调到堪萨斯州，参予对印第安人

的镇压，因擅离职守而受到军法审判并被停职（1867年）。1868 年又被谢里敦召回，参加对印第安夏延人的战役；11 月 29 日，他在瓦什塔河捣毁了印第安首领布莱克·凯特尔的家园。1874 年出版《我在平原的生活》一书。在与苏族人和夏延人的作战（1876 年 5 月）中，供职于阿尔弗累德·H. 特里将军麾下。他此战中的任务是：在其他部队从北面对小大角的印第安营地实施进攻时，率部从南面发起进攻。然而，他却在没有得到任何支援的情况下，不顾一切地兵分三路对印第安营地发起了攻击。由于寡不敌众（他的部队仅有 266 名军官和士兵，面对的却是由“疯马”和“高尔”率领的在数量上远远超过他们的 3000 名勇士），最终全军覆没。唯一的幸存者是一名军官的私人财产——一匹名为“科曼契人”的马。后来这匹马在其余生的 15 年中，一直作为第七骑兵师受人宠爱的吉祥物。

卡斯特是一位不顾后果的、勇敢的指挥官。作为一位合格的军人，他为虚荣心、个人抱负和渴望成名的想法所驱使。尽管对其在小大角的所作所为一直存有争议，但他在特里到来之前就决定发起进攻，则是典型的鲁莽和自负行为。

VBH

参考：Bates, Charles F., Custer's Indian Battles. New York, 1936.

Custer, George Armstrong, My Life on the Plains. New York, 1874.

——, Wild Life on the Plains and Horrors of Indian Warfare. St. Louis, 1891.

Van de Water, Frederick F., Glory Hunter: A Life of General Custer. Indianapolis, 1934.

D

D

戴德，弗朗西斯·朗霍尼(Dade, Francis Langhorne，约1793—1835年) 美国陆军军官。

戴德约1793年生于弗吉尼亚的乔治亚县，参加陆军后于1813年3月任第十二步兵团少尉。1816年升中尉，1818年升上尉。1828年升少校，在佛罗里达的坦帕湾的布罗克堡基地服役。当时，邻近的西米诺尔人因翌年(1835年)要被迁往阿肯色州而发生暴乱。1835年12月，他率110人及另外6名官员向东北的金堡增援，沿途遭200名印第安人伏击，几乎全军覆灭(此事称为戴德屠杀事件，发生于12月28日)。

Staff

参考：Prucha, Francis P., Sword of the Republic: The United States Army on the Frontier, 1783—1846. New York, 1969.
WAMB.

达尔格伦，约翰·阿道夫·伯纳德(Dahlgren, John Adolphus Bernard, 1809—1870年) 美国海军上将。

达尔格伦1809年11月13日生于费城，是瑞典移民伯纳德·乌尔里克和马萨·罗恩·达尔格伦之子。1825年曾拒绝加入美国海军，后短期当过商船船员；1826年2月被任命为装有大炮的快速帆船“马其顿”号的见习水手。1834—1837年间在地中海和费城海军造船厂服役，直到因其数学才能而在海岸测量队中获得任职。1837年3月晋升海军上尉，并重返海上服役。1843年因眼疾告假。1847年在华盛顿海军造船厂任军械官，负责火炮和其他火器的试验工作，以及为在那里建立一个合格的火炮分厂而不知疲倦地工作。该分厂包括数个实验室、一个铸造车间和一个试验靶场。1851年引进了28厘米的火炮，该火炮因其独特的外形而获得“苏打水瓶”的别称。约在1853年设计了一种船载滑膛炮，该炮亦可在岸上使用。后曾出版了数本关于火炮设计和使用的著作。1855年10月晋升中校。1861年经林肯总统说情，接替富兰克林·布坎南任华盛顿海军造船厂厂长。1862年7月晋升上校，任军械局局长。1863年2月晋升海军少将，重返海上任职，7月接替赛米尔·F. 杜邦海军上将任南大西洋分舰队司令。8—10月间，数次轰击查尔斯顿港的防御设施，但未取得明显效果。1864年12月为谢尔曼将军攻占萨凡纳提供了有价值的支援。1866—1868年任南太平洋分舰队司令。1868—1869年间再任军械局局长。1869年任华盛顿海军造船厂总监，1870年7月12日卒于那里。

达尔格伦作为一位发明家和设计者比作为一位军事指挥官更为人熟知。他具有相当高的科学造诣。任南大西洋封锁分舰队司令时，其表现证明他是一位坚定和有效率的指挥官，但不具备特别的天赋。

KH and DLB

参考：Dahlgren, John A., Boat Armament of the U. S. Navy, 2d ed. Philadelphia, 1856.
——, Shells and Shell Guns. Philadelphia, 1856.
Preble, Henry, John Adolphus Dahlgren, Rear Admiral, U. S. Navy. N. p., 1883.
EB.
WAMB.

达尔格伦，乌尔里克(Dahlgren, Ulric, 1842—1864年) 美国陆军军官。约翰·阿·达尔格伦之子。参加主要战争：美国内战(1861—1865年)；参加主要战役(战斗)：第二次巴尔兰之战(弗吉尼亚的曼纳萨斯，1862年)、查斯劳斯维尔(腓特烈堡附近)之战(1863)、葛底斯堡之战(1863年)。

大护忠茂(Daigo Tadashige, 1891—1947年) 日本海军上将、军国主义者。参加主要战争：第二次世界大战(1941—1945年)。

丹多洛，恩里科(Dandolo, Enrico，约1120——1205年) 威尼斯总督。参加主要战争：第四次十字军东侵(1202—

1204 年)；参加主要战役（战斗）：君士坦丁堡（伊斯坦布尔）围城战（1204 年）、阿德里安堡（埃迪尔内）之战（1205 年）。

丹多洛约 1120 年生于威尼斯，是威尼斯贵族中一大暴发家族的后裔。参加了维塔莱·米希尔率领的向东远侵（1171 年）；执行过拜占庭皇帝曼努埃尔·康尼纳斯的和谈任务，但未获成功（1172 年）。好战的扩张主义派的支持者。奥利奥·马斯特罗皮耶罗死后被拥立为总督（1193 年 1 月 1 日）。与传说的相反，他被选为威尼斯统治者时眼睛可能尚未失明。以拜占庭帝国的宿敌而闻名。为响应教皇英诺森三世再次进行十字军东侵的号召，他答应为用于解放耶路撒冷的近35 000万人的军队提供海上运输（1201 年春）。当集结于威尼斯的十字军太少，无法向威尼斯支付议定好的费用（85 000个金马克）时，丹多洛提出十字军为威尼斯夺取亚得里亚海的扎拉（扎达尔）港以充作支付金。遂率威尼斯舰队前往扎拉，并夺取该城（1202 年 11 月 15 日）。与十字军的其他首领约定于次年渡海前往君士坦丁堡而不去圣地，诡称此行的目的是以合法继承人阿列克塞·康尼纳斯皇子取代皇帝阿列克塞三世（1202—1203 年之交的冬天）。抵达君士坦丁堡附近海面，并进行了先期作战（6 月 24 日—7 月 5 日）。指挥威尼斯舰队从海上向布拉谢尔内宫附近的金角湾沿岸相对薄弱的城墙发起冲击。尽管在传说中他已双目失明，但他仍然号称是第一位登岸的威尼斯人（7 月 17 日）。阿列克塞三世当夜逃遁，首都落入十字军和阿列克塞皇子之手。不久，阿列克塞被废黜（1204 年 1 月 25 日），取而代之的是阿列克塞·杜卡斯·穆尔采夫洛斯。之后，丹多洛又参加了一次为争夺该城而进行的更加残酷的战斗（4 月 11—13 日）；该战以对帝国首都的彻底劫掠而告终。支持佛兰德的博尼法斯参加新的拉丁帝国皇帝的选举（5 月）。参加了对保加利亚人的阿德里安堡之战（1205 年 4 月）。这是一场灾难性的战斗。鲍德温战死后，他率残存的拉丁军队回到君士坦丁堡。六星期后，即 1205 年 6 月，卒于君士坦丁堡。

丹多洛残酷、勇敢、果断，是拜占庭帝国的死敌。他在第四次十字军东侵中的作用，加速了拜占庭国家的衰亡，并摧毁了该帝国作为防止东方人入侵的屏障作用。

CCJ and DLB

参考：Norwich, John Julius, A History of Venice. New York, 1982.

Runciman, Steven, A History of the Crusades. 3 vols. Cambridge, 1951—1954.

Villehardouin, Geoffrey de, La conquête de Constantinople. Edited by E. Faral. 2 vols. Paris, 1938—1939.

丹多洛，尼科洛（Nandolo, Nicolo，约 1515—1570 年） 威尼斯将领和领导者。参加主要战争：奥斯曼-威尼斯战争（1570—1573 年）；参加主要战役（战斗）：科西亚之战（1570 年）。

阿尔塔加纳伯爵，皮埃尔·德·孟德斯鸠（D'artagnan, Pierre de Montesquiou, Count, 1645—1725 年） 法国元帅。参加主要战争：尼德兰革命（1667—1668 年）、荷兰战争（1672—1678 年）、奥格斯堡同盟战争（1688—1697 年）、西班牙王位继承战争（1701—1713 年）；参加主要战役（战斗）：塞内夫之战（1674 年）、蒙特卡塞尔之战（1677 年）、弗勒吕斯之战（1690 年）、疏兹之战（1691 年）、斯滕凯尔克（位于比利时的埃诺省境内）之战（1692 年）、涅温登（列日附近）之战（1693 年）、拉米利兹（位于比利时布拉班特省境内）之战（1706 年）、奥登纳德之战（1708 年）、马尔普拉奎特（里尔附近）之战（1709 年）、迪奈恩之战（1712 年）。

皮埃尔生于 1645 年，是阿尔塔加纳的亨利·德·孟德斯鸠和让娜·德·加维夫妇之子。1660 年，给国王路易十四当侍从。1666 年，到滑膛枪连任军官候补生。在尼德兰革命期间，参加了图尔奈、杜埃、斯卡尔普（位于加来海峡省）、里尔（以上均发生在 1667 年 7 月 8 日—8 月 28 日）、贝桑松（1668 年 2 月）、多勒等战役。1669 年，提升为少尉。1670 年晋升大尉。1672 年 5—7 月，随法军侵入尼德兰。因率军攻占乌得勒支省而扬名，1673 年被提升为中校。同年 6 月 5—30 日，参加了马斯特里特围攻战。1674 年 8 月 11 日，在塞内夫战斗中负伤。同年底，被提升为准将。1676 年，参加了攻取孔德和布尚的战役。1677 年 2 月 28 日—3 月 17 日，参加了瓦朗谢纳之战。在 4 月 11 日的蒙特卡塞尔之战中，率军打败了卢森堡公爵指挥的军队。4 月 18 日，以高超的指挥艺术攻取了康布雷。1678 年 3 月 13—26 日，占领了伊普雷。1683 年，荣升为步兵少将。1689 年，被任命为步兵总监。1690 年 7 月 1 日，率军取得弗勒吕斯大捷。1691 年 3 月 15 日—4 月 10 日，夺得蒙斯。同年 9 月 19 日，率军在疏兹取得小胜。1692 年 8 月 3 日，取得斯滕凯尔克之战的胜利。1693 年 7 月 29 日，夺取了涅温登。1694 年，坐阵指挥阿腊斯之战；同年被任命为法国步兵司令。1695 年，率军攻占了布鲁塞尔。1696 年，晋升为中将。1703 年参加了围攻托恩格里斯之战。1705 年率军攻下迪斯特。1706 年 5 月 23 日，指挥法国步兵夺得拉米利兹。1708 年 7 月 11 日占领奥登纳德。1709 年 5 月 15 日，荣获法国元帅军衔。在该年 9 月 11 日的马尔普拉奎特之战中，指挥法国右翼军队。1712 年 7 月 24 日，再次指挥法国步兵取得迪奈恩之战的胜利。8 月 14 日—9 月 8 日，率军围攻杜埃。9 月 8 日—10 月 4 日，攻占了凯努。10 月 1—19 日又取得了布尚之战的胜利。1713 年，率军战于佛兰德地区。1716—1720 年，他执政布列塔尼。1720—1721 年任朗格多克执政，并于 1720 年任摄政委员会委员。1725 年 5 月卒于普莱西皮克特。

皮埃尔英勇、果敢，是个相当能干的军事家和将领；但显示其高超指挥艺术和敏锐判断力的时间过于短暂。

大仲马的小说《三个火枪手》，就是以他作为主人公的原型，从而热情地讴歌了他的功绩。

AL

参考：Biographie universelle，1811—1862.
Courcelles, Jean Baptiste de, Dictionnaire historique et biographique des généraux français, 3 vols. Paris，1820—1823.
Dictionnaire de biographie française，1933—1979.

伊达政宗（Date，Masamune，1566—1636 年） 日本将军。参加主要战争：统一战争（1550—1600 年）、入侵朝鲜战争（1592—1593 年）；参加主要战役（战斗）：大阪之战（1614—1615 年）。

伊达政宗 1566 年生于本州北部，在同其邻人的战争中长大成人。青年时期即已开始扩张领地，到 1589 年，会津若松已成为其领地的中心。当看到丰臣秀吉轻易地就向北进犯而打垮了北条家族并夺取东京平原后，迅即于 1590 年归服丰臣秀吉从而使自己的地位得以稳固。1592 年 5 月—1593 年 10 月在其大藩主侵略朝鲜的战争中担当次要角色。1598 年 8 月丰臣秀吉死后，他同其南邻德川家康站在一边，对抗反德川的联盟。1600 年 10 月 21 日在关原战役中打败了反德川联盟，解了德川之围。1601 年以后的几年里，在仙台修建其著名城堡。1613 年派使者到罗马，探查宗教、政治以及经济情况，以谋求利益但由于德川后来的闭关锁国而收效甚微。1614 年 12 月—1615 年 6 月在缩减大阪房舍和削除丰臣秀吉家族残余方面起主要作用。卒于 1636 年。

LH

参考：Papinot，E.，Historical and Geographical Dictionary of Japan. Yokohama，1910.
Sadler. A. L.，The Maker of Modern Japan. London，1937.
Sansom, George B.，A History of Japan，1334—1615. Stanfork，Calif，1961.

戴维斯，查理·亨利（Davis，Charles Henry，1807—1877 年） 美国海军将军、科学家。参加主要战争：美国内战（1861—1865 年）；参加主要战役（战斗）：罗亚尔港湾之战（南卡罗来纳州，1861 年）、孟斐斯之战（1862 年）和维克斯堡战役（1862—1863 年）。

戴维斯 1807 年 1 月 16 日生于波士顿。1823 年 8 月成为海军军官候补生之前，曾在哈佛大学就读两年。1823—1838 年在南太平洋及地中海服役，其间于 1838 年 3 月被提升为上尉。1842 年完成在哈佛的学业并获得学位。1842—1856 年进行了大量的科学工作，包括对南塔克特岛周围水文的勘测和对潮汐的研究。1849 年呼吁出版《美国航海天文历》。1854 年 6 月升为中校。1856—1859 年任美舰"圣玛丽"号的指挥官。1857 年 5 月在尼加拉瓜解决了美国探险家威廉·沃克和他的伙伴们的引渡事宜。1859 年再次参加《美国航海天文历》的出版工作。1861 年 11 月升为上校。他是美国内战初期海军作战行动的主要计划者和组织者。在 1861 年 11 月罗亚尔港湾之战中，供职于赛米尔·F. 杜邦麾下。1862 年 5 月任残废的海军将级军官安德鲁·H. 福特指挥的联邦军密西西比河上游炮艇舰队副司令。同年 6 月，在迫使南方军队撤离皮洛堡（位于密西西比河北部的孟斐斯）后，趁势顺流而下直逼孟斐斯堡。在科尔·查理·埃利特率领的两艘金属撞角舰的增援下，以激烈的近战手段重创了 J.E. 蒙哥马利的南军炮艇舰队，数日后攻陷孟斐斯。7 月，晋升海军准将并任导航局局长。7—9 月，留守密西西比河，并在海军上将法拉格特指挥下参加了攻打维克斯堡的军事行动。1863 年 2 月晋升海军少将。1865—1867 年任海军天文台台长。1867—1869 年指挥南大西洋海军中队。不久，上岸回诺福克海军造船厂任厂长（1870—1873 年）。1873 年再次任海军天文台台长。1877 年 2 月 18 日卒于华盛顿。

戴维斯不仅是一位魄力非凡、意志坚定的指挥官，而且还是著名的科学家和学者；同时，他也是一位才华横溢、精力过人的行政官员。

KH

参考：Davis，Charles Henry，Life of Charles Henry Davis Rear Admiral 1807—1877. Boston and New York，1899.
Merrill，James M.，Battle Flags South：The Story of the Civil War Navies on Western Waters. Rutherford，N.J.，1970.

戴维斯，杰弗逊（Davis，Jefferson，1808—1889 年） 美国南部同盟政治家。参加主要战争：黑鹰战争（1832 年）、美墨战争（1846—1848 年）、美国内战（1861—1865 年）；参加主要战役（战斗）：蒙特雷之战（1846 年）、布埃纳-维斯塔（在墨西哥的萨尔蒂略附近）之战（1847 年）。

戴维斯 1808 年 6 月 3 日生于肯塔基西南部的托德县（现今的费尔维尤），是赛米尔·埃默里及简·库克·戴维斯的第五子。1820—1824 年，入特兰西瓦尼亚大学学习。1828 年从西点军校毕业，在有 33 人的班级中成绩列第二十三位。毕业后在威斯康星州边界服役了几年，参加了 1832 年 5—8 月的黑鹰战争。因患严重肺炎而休养，后于 1835 年结婚。退出现役后到维克斯堡南部的平原定居，后入政界，于 1845 年当选议员。墨西哥战争爆发后，辞去议员职务，于 1846 年 4 月加入第一密西西比志愿团，任上校。1846 年 9 月 20—24 日，在蒙特雷之战中立下赫赫战功，为扎卡里·泰勒夺取布埃纳-维斯塔之战的胜利发挥了决定性的作用。在这次 1847 年 2 月 22 日发生的激战中，他身负重伤。回家不久便被选为密西西比上院议员，但于 1851 年竞选州长时失利。1853 年 3 月任富兰克林的国防部长期间，引进了许多关于军队管

D

理的改革措施，并极力主张修建贯穿巴拿马的铁路。屡屡与温菲尔德·斯科特意见相左。1857 年 3 月离职后，再次入参议院。1858—1860 年成为南方受欢迎和尊敬的发言人，并在北方举行了多次演讲。1860 年支持对约翰·卡·布雷金里奇的提名，反对斯蒂芬·阿·道格拉斯。当南部卡罗来纳州退出联邦时，勉强站在分裂主义者一方，并当选为南部同盟总统。1861 年 1 月 21 日退出参议院。在他抵达密西西比之前，被授予少将以组织当地的防御。1861 年 2 月 8 日，在亚拉巴马召开的选举美国联邦新总统的会议上勉强投票，因为他极想率领部队作战。战争中期，为创建国家而遇到了巨大的困难；这不仅因为他屡屡干涉其下属的计划，同时也因为他常常疾病缠身。尽管南部同盟的权力下降，各州的力量增强，戴维斯仍竭力保持同盟的统一。1865 年 4 月 3 日，依罗伯特·艾·李将军的建议，撤出里士满，在北卡罗来纳州的格林斯伯勒建都。4 月 9 日，李将军在阿波马托克斯投降后，戴维斯继续在南部和西部机动，后又向密西西比纵深挺进，企图在那里继续顽抗。但北方激进的共和派人士警告说，如其继续顽抗，则会遭到惩罚和报复。戴维斯遂停止作战。但仍于 5 月 10 日在佐治亚州的欧文韦勒遭詹姆斯·H. 威尔森少将的军队逮捕，斯被囚禁于弗吉尼亚州的门罗堡。起初，他被当地的总督纳尔逊·A. 迈尔斯将军锁上镣铐，但后来北方公众提出抗议，要求改善其囚禁条件。1867 年 5 月获保释；此后，他从未受过公审。1868 年 12 月 25 日，其卷宗也告丢失。他从未申请过大赦，因此从未成为联邦公民。1881 年，出版了他的两卷《南部同盟的崛起与衰落》。1889 年 12 月 6 日卒于海湾庄园博瓦尔。

戴维斯心灵聪慧、举止潇洒。他优美的声音及天才的演讲术广为人知。在墨西哥战争中，他以自己的勇敢和才能证明了自己是一位称职的战术指挥员。在任陆军部长期间，被一致认为克胜其职。人们常以为他十分冷漠，但这不过是由于他的疾病及 1835 年其妻子的突然去世。在战争时期，尽管他犯了一系列的错误，但也许仍是南部同盟最适合作总统的人。

KH and DLB

参考：Davis, Jefferson, The Rise and Fall of the Confederate Government. 2 vols. 1881. Reprint, New York, 1958.

Hendrick, Burton J., Statesmen of the Lost Cause: Jefferson Davis and His Cabinet. Boston, 1939.

McElroy, Robert, Jefferson Davis: The Unreal and the Real. 1937. Reprint, New York, 1969.

Strode, Hudson, Jefferson Davis. 3 vols. New York, 1955—1964.

戴维斯，杰弗逊·哥伦布（Davis, Jefferson Columbus, 1828—1879 年） 美国将军。参加主要战争：美墨战争（1846—1848 年）、美国内战（1861—1865 年）和莫多克战争（1873 年）；参加主要战役（战斗）：萨姆特堡之战和威尔逊克里克之战（1861 年）、皮里奇之战（1862 年）、柯林斯之战（密西西比州，1862 年）、布恩威尔之战（密苏里州，1862 年）、斯通河之战（1862—1863 年）、奇克莫加之战（1863 年）、凯恩索山之战（1864 年）、安蒂特姆之战（1864 年）及“向海洋进军”（1864 年）。

戴维斯 1828 年 3 月 2 日生于印第安纳州的克拉克县。在与墨西哥战争（1846—1848 年）期间为一等兵，后于 1848 年受命进入正规军。在萨姆特堡之战（1861 年 4 月 12—14 日）中，任美军第一炮兵团中尉。5 月升为上尉。8 月升任印第安纳州第二十二志愿兵团少校。8 月 10 日在威尔逊克里克之战中，指挥西南军团的一个旅作战。1862 年 3 月 7—8 日，指挥第三师在皮里奇作战。随后，率领第四师（属于密西西比军团）实施了柯林斯之战（1862 年 5 月）和布恩威尔包围战（4 月 24 日—8 月 12 日）。1862 年 5 月晋升志愿兵准将（实际上，在 1861 年 12 月他就已经开始履行这一职务的职责了）。1862 年 9 月 29 日，在肯塔基州路易斯维尔城的一家旅馆里，因与其上司威廉·纳尔逊发生争吵，盛怒之下杀了他。由于其具有卓越的军事才能和巨大的政治影响，故一直未受到犯有谋杀罪的指控。作为坎伯兰军团的一名师长，他于 1862 年 11 月 5 日和 1863 年 10 月 9 日，分别参加了斯通河之战和奇克莫加之战。在亚特兰大战役期间（1864 年 5 月 5 日—9 月 1 日）任师长。在“向海洋进军”期间（1864 年 11 月 15 日—12 月 8 日）及进入南卡罗来纳和北卡罗来纳州行动期间（1864 年 12 月—1865 年 3 月），指挥第十四军。尽管罗斯克兰斯和格兰特曾举荐他为少将，但由于“纳尔逊事件”的影响，他未能如愿。1865 年 3 月晋升志愿兵名誉少将。1866 年 7 月退出志愿役部队后，进入陆军任第二十三步兵团的上校团长。后在阿拉斯加服役，经历了莫多克（加里弗尼亚州的熔岩区）战争（1873 年 1—5 月）。1879 年 11 月 30 日卒于芝加哥。

ACD

参考：Boatner, Dictionary.

Warner, Ezra J., Generals in Blue. Baton Rouge, 1964.

WAMB.

达武，路易·尼古拉，奥尔施塔特公爵，埃格米尔亲王（Davout, Louis Nicolas, Duke of Auerstädt, Prince of Eckmühl, 1770—1823 年） “钢铁元帅”、“正直的化身”，法兰西帝国元帅。参加主要战争：法国大革命战争（1792—1799 年）和拿破仑战争（1800—1815 年）；参加主要战役（战斗）：内尔温登（在列日附近）之战（1793 年）、皮拉米德之战（1798 年）、第一次阿布吉尔之战（1799 年）、玛丽亚米尔之战（1805 年）、奥斯特利茨之战（1805 年）、奥尔施塔特（在魏玛附近）之战（1806

年）、戈维明之战（1806 年）、埃劳（巴格里申诺威斯克）之战（1807 年）、埃格米尔之战（1809 年）、累根斯堡之战（1809 年）、华沙之战（1809 年）、斯摩棱斯克之战（1812 年）、博罗迪诺之战（1812 年）、小雅罗斯拉韦茨之战（1812 年）、克拉索尼奥夫（在斯摩棱斯克地区）之战（1812 年）、别列津纳河之战（1812 年）、汉堡之战（1814 年）。

达武 1770 年 5 月 10 日生于勃艮第的安诺克斯，是皇家骑兵官员简·弗朗索瓦·达武之子。1785 年 9 月 29 日入布列纳军事学校学习，与拿破仑是同学。1788 年在其父亲的团中任少尉。1790 年，身为贵族的达武因参与反王朝的起义而被拘捕。1791 年获释后，升任第三志愿军营中校，1793 年 3 月 18 日率该营参加了内尔温登之战。8 月因故被迫离职。1794 年恢复现役，于 1795—1797 年在莱茵军团中指挥一骑兵旅。1795 年 9 月 20 日在曼海姆之战中被俘，经交换后获释。1798 年，在埃及指挥骑兵旅参加了 7 月 21 日的皮拉米德之战；后于 1799 年 7 月 25 日参加阿布吉尔之战。1800 年在返法途中，被皇家海军俘虏，一个月后获释。7 月 3 日升少将，受命指挥法国驻意大利军队的骑兵。1801 年 7 月升骑兵总监，并任近卫军指挥官。1803 年在布卢杰斯训练新兵。1804 年 5 月 19 日升元帅兼帝国近卫军上将。在 1805 年的战役中，指挥第三军团参加 11 月 8 日的玛丽亚米尔之战和 12 月 2 日的奥斯特利茨之战。在这两次战斗中，他均指挥右翼，并为作战胜利立下了殊勋。1806 年的普鲁士战役中，他以劣势兵力抗击不伦瑞克公爵的优势兵力，取得 10 月 14 日的奥尔施塔特胜利。奥尔施塔特之战后，他的第三军团被认为是法军的精锐部队和中坚力量。12 月 26 日，他转战戈维明，在 1807 年 2 月 7—8 日的埃劳战役中发挥重要作用并负伤。7 月 7—9 日，经谈判签署《蒂尔斯特条约》后，他被封为华沙大公国军政总督。1808 年 3 月，封为奥尔施塔特公爵。在 1809 年的奥地利战役中，他再次指挥第三军团，在 4 月 22 日的埃克米尔之战、4 月 23 日的累根斯堡之战及 7 月 5—6 日的华沙之战中均取得辉煌战绩。为奖赏其功勋，8 月 15 日封其为埃格米尔亲王。1810 年，任汉西蒂克城镇总督兼莱茵军队指挥。1811 年任易北河之第一军团司令，率该部参加了 1812 年入侵俄国的战争。随后，参加了 7 月 23 日的莫吉列夫之战、8 月 17—19 日的斯摩棱斯克之战和 9 月 7 日的博罗迪诺之战；在最后那次作战中，他再次负伤。10 月 24—25 日的小雅罗斯拉韦茨之战后，他于 10 月 26 日—11 月 3 日指挥后方预备部队，并参加了 11 月 3 日的维亚济马之战；此后将指挥权转交奈（内伊）元帅。11 月 17 日的克拉斯诺耶之战后，他加入主力部队，于 11 月 27—29 日参加别列津纳河之战。在 1813 年的德国战役阶段，他攻占汉堡，直至路易十八命其投降为止。复辟期间，他隐退至其庄园，百日王朝后又恢复现役。3 月 20 日—7 月 8 日，任国防大臣兼巴黎防卫总司令（6 月 21—7 月 8 日），后被迫撤出巴黎，退休至卢瓦尔河。1815—1817 年 8 月波旁王朝第二次复辟期间，被剥夺贵族称号，监管流放至卢维耶。1819 年 3 月恢复贵族称号。1823 年 6 月 1 日因病卒于巴黎。

达武是一位冷静、坚定、灵活和富有成效的指挥员和管理者，也是一位优秀的战略家和出色的战术家。尽管他脾气暴躁，但仍能细心地关心下级，因而赢得了士兵的爱戴。他可能是拿破仑最有能力的将军。他从未战败过，对拿破仑忠心耿耿，至死不渝。

VBH

参考：Chenier, L. de, Histoire de la vie politique, militaire et administrative du maréchal Davout, duc d'Auerstaedt, prince d'Eckmühl. Paris, 1866.

Gallaher, John G., The Iron Marshal: A Biography of Louis N. Davout. Carbondale. Ill., 1976.

Meeks, Edward, ed., Napoleon and the Marshals of the Empire. Reprint (2 vols. in one), Philadelphia, 1885.

Reichel, D., Davout et l'art de la guerre. Paris, 1975.

Vigier, Le Comte, Davout: maréchal de l'Empire. 2 vols. Paris, 1898.

达扬，摩西（Dayan, Moshe, 1915—1981 年） 以色列将领和政治家。参加主要战争：第二次世界大战（1939—1945 年）、巴勒斯坦战争（1948—1949 年）、西奈战争（1956 年）；参加主要战役（战斗）：叙利亚战役（1941 年）、代加尼亚之战、腊马拉之战、内内盖夫之战（1948 年）、西奈战役（1956 年）。

达扬 1915 年 5 月 20 日生于巴勒斯坦的犹太人第一个集体定居点代加尼亚。不到 20 岁便加入了巡护定居点边界的犹太军事组织哈加纳。1936—1939 年阿拉伯人反抗期间，他在伊扎克·萨德赫的伏击和巡逻部队中服役，同时还在奥德·温盖特的指挥下受训。1939 年 10 月第二次世界大战爆发时被捕，在阿克遭监禁。1941 年 2 月 16 日获释。1941 年 6 月 7 日英军进攻维希政府的法属叙利亚和黎巴嫩时，为担任“斥候”（侦察兵）的哈加纳成员之一。6 月 8 日在战斗中受伤，失去了左眼。1947 年 11 月，联合国表决决定巴勒斯坦分治前，在哈加纳总参谋部任职，从事阿拉伯方面的情报收集工作。1948 年 5 月 19—21 日，在加利利与叙利亚军队作战，保卫代加尼亚犹太人定居点。此后不久，升任乘吉普车和半履带式车辆作战的机械化突击部队——第八十九突击营营长。1948 年 7 月 9—19 日，率该营多次突袭利达和腊马拉。1948 年 7 月 23 日—1949 年，任耶路撒冷防区司令。同时在 1949 年参与了同约旦国王阿卜杜拉的非正式谈判。1953 年，赴英国坎伯雷参谋学院学习。同年下半年，回国任以色列国防军参谋长。期间，计划和指挥了以军在 1956 年 10 月 29 日—11 月 5 日实施的西奈战役。不久于 1958 年退出军界。1959 年，以工党候选人身份当选国会

议员。1959年12月—1964年11月，任农业部长。1964年11月，与戴维·本古里安联合组建以色列工党，并当选国会议员。1967年6月任列维·埃什科尔民族团结政府的国防部长，此后多年担任该职。1974年5月，伊扎克·拉宾接替果尔达·梅厄任总理后，辞去国防部长职务，但后来又出任外交部长。期间在1977年6月—1979年，促成以色列和埃及签订《戴维营和平协议》。1979年因在对巴勒斯坦阿拉伯人的政策问题上与总理梅纳赫姆·贝京有分歧，辞去了政府职务。1981年10月16日卒于特拉维夫。

达扬是一位富于才干、足智多谋的指挥官。他信奉冲锋在前的思想，并将其逐渐灌输到以色列军队中。作为政治家，他建树甚微，因为许多以色列投票人不相信他有当总理的能力。

DLB

参考：Dayan，Moshe，Moshe Dayan：Story of My Life. New York，1976.

Dupuy，Trevor N.，Elusive Victory：The Arab-Israeli Wars，1947—1974. Fairfax，Va.，1984.

Lorch，Netanel，The Edge of the Sword. New York，1961.

迪尔伯恩，亨利（Dearborn，Henry，1751—1829年） 美国将军。参加主要战争：美国独立战争（1775—1783年）、1812年的战争（1812—1815年）；参加主要战役（战斗）：邦克山（在波士顿附近）之战（1775年）、魁北克之战（1775年）、泰孔德罗加之战（1777年）、第一次萨拉托加（在纽约附近）之战（1777年）、蒙茅斯之战（1778年）、约克镇之战（1781年，1813年）、乔治堡（安大略）之战（1813年）。

迪尔伯恩1751年2月23日生于新罕布什尔州汉普顿，是西蒙和萨拉·迪尔伯恩之子。初时研究医学，并于1772年开设了一个私人诊所；不久，参加当地民兵。1775年4月作为上尉率其连队赴波士顿，及时赶到后参加了6月17日的邦克山之战。后随贝奈迪克·阿尔诺德之探险队开往加拿大，12月31日在魁北克边界被俘达一年之久，后于1777年3月10日通过交换获释，再入现役。3月19日升为少校，在霍拉蒂奥·盖茨将军手下参加了泰孔德罗加之战和第一次萨拉托加之战（9月19日）。此间，被提升为中校。在瓦利福奇越冬后，参加了1778年6月28日的蒙茅斯之战，并荣立战功。1779年5—11月参加苏利文探险队，在西宾夕法尼亚和纽约州同易洛魁人及其联盟作战。升为上校后，参加了1781年9月28日—10月17日的约克镇包围战。1783年6月退出现役。定居缅因州后，积极参加马萨诸塞的民兵，1787年升为准将，1795年又升为少将。1792—1795年任国会议员。1801年任托马斯·杰弗逊政府的国防部长，并于1803年兴建一港口，名迪尔伯恩堡，即现今的芝加哥。1809年3月离开内阁，任波士顿港的首领。后应总统麦迪逊的征召再入现役，任北部边界驻军司令（1812年1月）。1812年的战争期间，未见参加大的战事，只参加了8月15—16日的底特律之战及10月13日的昆士顿（安大略）之战；这两次作战均以美军的失败而告终。尽管他生病并曾极力劝阻，但其部队仍于1813年4月27日攻克并焚烧了约克镇。5月7日继续攻占乔治堡。但他没有直接参与指挥。后来他的军队被劣势的英军两度打败。1813年7月被解职，随后指挥纽约军队直至1815年夏退休。麦迪逊总统曾提名他为国防部长，但因遭激烈批评而未能如愿。1822—1824年任葡萄牙大使。退休后返回国内。1829年6月6日卒于马萨诸塞的波士顿附近。

迪尔伯恩是一位勇敢和有才能的下级军官，但在1812年的战争期间，他却以迟缓、判断失误、缺乏工作能力和识别能力而“著称”。他在独立战争时期所撰写的日记是宝贵的历史资料。

DLB

参考：Dearborn，Henry，Revolutionary War Journals of Henry Dearborn，1775—1783. Edited by L. A. Brown and H. H. Peckham. N. P.，1939.

DAB.

EB.

WAMB.

迪凯特·斯蒂芬（Decatur，Stephen，1779—1820年） 美国海军军官。参加主要战争：同法国的战争（1798—1800年）、的黎波里战争（1801—1805年）、1812年的战争（1812—1815年）、阿尔及利亚战争（1815年）；参加主要战役（战斗）：的黎波里港之战（1804年）、纽约封锁战（1815年）、阿尔及利亚海岸之战（1815年）。

迪凯特1779年1月5日生于马里兰东海岸的锡尼普克森特，后入宾夕法尼亚大学就读。1798年4月任海军军官候补生。1799年升中尉，并参加了1798—1800年的对法战争。1801—1805年的的黎波里战争期间，于海军准将查理·戴尔的舰队中服役，在有32门炮的美国军舰“埃塞克斯”号任中尉。1802—1803年转到有36门炮的“纽约”号舰服役。后又任有16门炮的“百眼巨人”号舰长，不久转任有12门炮的“企业”号舰长。1804年2月16日，他率被缴获的“无畏”号舰偷袭的黎波里港，成功地摧毁了被敌军缴获的“菲拉德菲亚”号（美国制造，有36门炮）。因这次作战，他于5月升为海军上校，并得到了国会的嘉奖。此后在作战中屡建功勋，直至同突尼斯贝伊谈判后，他才于1805年在军事法庭服役，以审理上尉詹姆斯·巴伦在“切萨皮克·李颇德”号事件中的罪行。1812年的战争爆发后，他受命指挥有44门炮的“美利坚”号。1812年10月25日，捕获有38门炮的英舰“马其顿人”号。1813年任准将，指挥舰队组织纽约港的防御。1813年6月13—15日期间，乘有44门炮的“总统”号，企图冲破英军的封锁；经交

战，使英舰“恩底弥翁”号失去战斗力，但不得不向优势兵力的英军投降。不久被假释，返回纽约。1815 年 5—6 月的阿尔及利亚战争期间，率有 10 艘战舰组成的舰队开赴地中海，同巴巴利海盗作战。6 月 17 日，他的旗舰“盖里耶”号在“星座 ”号、“安大略”号和“埃佩维耶”号的支援下，缴获阿尔及利亚旗舰“马绍达”号。6 月 19 日，他所属的 4 艘军舰在卡沃-德加塔包围了有 22 门炮的“埃斯特迪奥”号。随后同阿尔及利亚签署“城下之盟”，其条款有：安全释放美国战俘、支付给美国 1 万美元的战争赔款、结束美国人向阿尔及利亚进贡的历史。迪凯特返美后，于 11 月被任命为海军委员会委员。1820 年 3 月 22 日卒于马里兰州。

迪凯特是一位无畏、足智多谋和聪慧的官员。他 25 岁便成为美国最年轻的海军上校。他从阿尔及利亚返回美国后的祝酒词十分闻名：“我们的祖国！在同外国交往的过程中祝她永远正确，无论事实上她是正确的或是错误的，我都为我的祖国干杯!”

VBH

参考：Allen, Gardner W., Our Navy and the Barbary Corsairs. Boston, 1905.

Lewis, Charles L., The Romantic Decatur. Philadelphia, 1937.

Mackenzie, Alexander S., Life of Stephen Decatur, a Commodore in the Navy of the United States. Boston, 1846.

德柯巴鲁斯（Decebalus，约 40—106 年） 达西亚国王。参加主要战争：同图密善的战争（85—90 年）、图拉真征服达西亚（大约位于现在的罗马尼亚）战争（101—102 年）和达西亚叛乱（105—106 年）。

德柯巴鲁斯约生于 40 年。85 年当达西亚国王都拉斯退位时，他按传统继承王位。85—90 年在同皇帝图密善的战争期间，他统一并重建了达西亚。86 或 87 年歼灭一支罗马军队。尽管 88 年罗马军队在塔帕埃（位于特兰西瓦尼亚西南部）取得胜利，但在 90 年德柯巴鲁斯同图密善签订了有利的和平协议。利用罗马在资源和武器技术装备上的援助，改善自己的部队，巩固了达西亚王国的统治。101—102 年在同罗马新的战争中被击败，其首都萨尔米兹格图萨（卢哥耶附近）遭围困，并于 102 年被皇帝图拉真占领。据罗马记载，他中断了同罗马的和平协议，举兵起义，并于 105 年侵入默西亚省（保加利亚北部）。106 年再次被击败，逃跑途中自杀身亡。

SAS

参考：EB.

OCD.

戴克沃，弗里德里希·L.冯（Dechow, Friedrich L. von，卒于 1776 年） 在英国服役的德国军官。参加主要战争：美国独立战争（1775—1783 年）；参加主要战役（战斗）：华盛顿堡之战（1776 年）、特伦顿之战（1776 年）。

德西乌斯（Decius, Gaius Messius Quintus Traianus，约 201—215 年） 罗马皇帝。参加主要战争：同皇帝菲利普·阿拉布斯的内战（249 年）、同卡尔皮人和哥特人的战争（250—251 年）；参加主要战役（战斗）：贝罗伊（维罗伊亚）之战（250 年）、阿波里图斯（位于黑海附近的多布罗加某地）之战（251 年）。

德西乌斯 201 年前后生于低地潘诺尼亚的夕米南。其父母和社会关系不详，他在登上王位之前，曾是罗马元老院的成员，并出任过执政官。245 年，皇帝菲利普·阿拉布斯授予他在多瑙河的指挥权，248 年底或 249 年初，又被其部队拥立为皇帝，据说这可能违背他个人的意愿。菲利普在维罗纳去世后，他成为罗马皇帝，不久就开始了同卡尔皮人和哥特人的战争。250 年 1 月—251 年 2 月（?），对帝国内的基督教徒进行大规模地迫害。250 年，在贝罗伊附近被哥特人和卡尔皮人击败。251 年 7 月，在阿波里图斯之战中，德西乌斯与他儿子一起被杀。

SAS

参考：EB.

OCD.

德拉雷，雅各布斯·赫尔克里士（De La Rey, Jacobus Hercules.，1847—1914 年） 绰号：“库斯”、“库斯叔叔”，南非布尔人抗英将领。参加主要战争：第二次英布战争（1899—1902 年）；参加主要战役（战斗）：摩德河之战（1899 年）和马格斯方丹之战（都在金伯利附近，1899 年）、杜伦科普之战（莱迪史密斯附近，1900 年）、日利卡特的尼克之战（1900 年）、努伊特赫达赫之战（米德尔堡附近，1900 年）和特威伯施之战（弗里堡附近，1902 年）。

德拉雷 1847 年生在奥兰治自由邦的温堡附近，在德兰士瓦省的西部长大。几乎未受过正规教育，但却在对当地的班图族人的非正规作战中获得了军事经验。1893 年被选入利赫登堡议会，在议会中他是保尔·克鲁格总统的侵略政策的反对者。1899 年 10 月 11 日与英国的战争爆发时，被任命为将军，并被派去指挥德兰士瓦军队在西部反对好望角殖民军。虽然他不满和厌恶皮特·克伦杰，但却在 11 月 28 日摩德河之战中任职于克伦杰麾下，且为其制定战术，使布尔人赢得了马格斯方丹之战（12 月 11 日）。杜伦科普（约翰内斯堡的西南方，索韦托附近）之战中被迫后退，但他却在 1900 年 5 月 29 日使英国人遭受了重大伤亡。7 月 1 日获全权负责指挥德兰士瓦西部的作战，日利卡特的尼克之战使他获得了雪耻的机会，该战他出其不意地袭击了斯科特·格雷的一个纵队（7 月 11 日）。1900—1902 年间，继续以灵活、大胆的游击战与英国人作战，并对英军远离营地中心的纵队进行袭扰，攻击英军的碉堡和补给列车。12 月 13 日与 J.C.

斯穆茨将军一起在努伊特赫达赫突袭中打败了另一支英军纵队。1902 年 2 月 24 日率军在伊泽斯普路易特袭击了英军一支主要的后勤纵队。3 月 7 日在特威伯施之战中俘虏了洛德·梅休因将军，并消灭了其 1200 人的部队，缴获 4 门大炮，此战使他一举成名。4 月 11 日在罗伊瓦尔（克隆斯塔德的北边），他的态度倾向于伊恩·汉密尔顿一边之后，遂才勉强地同意和平解决问题的安排。战争结束后，与博塔和斯穆茨政治立场一致，并在议会中支持他们。1904—1914 年，他们在议会中占据了几个重要的席位。作为一个坚定的非洲民族主义者，他认为第一次世界大战的爆发是摆脱英国殖民统治的天赐良机，并开始计划在德兰士瓦西部举行起义。8 月 13 日，在与斯穆茨和博塔交换了意见后，又似乎有点犹豫不决，但在议会对德宣战后，他已决意要举行起义。大概是在到波切夫斯特鲁姆（1880 年起义的地点）的路上，他发动了起义。1914 年 9 月 15 日，当他驾车在约翰内斯堡冲过警察为抓捕一伙逃犯而设置的路障时，意外地被打死。

德拉雷是一位稳重而又笃信宗教的人。他仪表不凡，外表令人肃然起敬。他虽未受过良好的教育，但却是一位天才的战术家和充满激情的人民领袖。早年的丛林战经验对他后来的反殖民斗争具有很大的帮助。

DLB

参考：Farwell, Byron, The Great Anglo-Boer War. New York, 1976.

Meintjes, Johannes, De La Rey, Lion of The West. Johannesburg, 1966.

Pakenham, Thomas, The Boer War. New York, 1979.

德尔瓦列，佩德罗·奥古斯托（Del Valle, Pedro Augusto, 1893—1978 年） 美国陆军将领。参加主要战争：第二次世界大战（1941—1945 年）；参加主要战役（战斗）：瓜达尔卡纳尔战役（所罗门群岛，1942—1943 年）、北所罗门群岛之战（1943—1944 年）、关岛之战（1944 年）和冲绳战役（1945 年）。

德尔瓦列 1893 年生于波多黎各的圣胡安。1915 年毕业于美国海军学院并在海军陆战队中任少尉军官。第一次世界大战至第二次世界大战之间曾任各种职务，包括驻罗马的美国大使馆海军武官。他是意大利侵略埃塞俄比亚期间（1935—1936 年）唯一一位美国军事观察员。1937 年入陆军军事学院学习。1941 年晋升上校并任第十一海军陆战团团长。在瓜达尔卡纳尔战役期间任海军第一陆战师师属炮兵指挥官（1942 年 8 月 7 日—12 月 8 日）。1943 年在所罗门群岛战役后期曾担任过一段时间的地面部队司令。在夺占关岛和提尼安岛期间（1944 年 7 月 21 日—8 月 10 日）任第三两栖作战队炮兵司令。在冲绳战役期间（1945 年 4 月 1 日—6 月 21 日）任第一陆战师少将师长。1945—1948 年任海军陆战队监察长。1948 年退役后，任国际电话电报公司中东分公司副总裁，后任南美分公司总裁。卒于 1978 年。

KS

参考：Shipmate obituary notice, July-August 1978.

USMC Historical Branch Biographical File.

德米特里一世（“围城者”）（Demetrius I Poliorcetes，公元前 336—前 283 年） 马其顿国王。参加主要战争：“迪亚多奇”（继承者）战争（公元前 323—前 281 年）；参加主要战役（战斗）：加沙之战（公元前 312 年）、萨拉米斯岛（公元前 306 年）和伊普苏斯（阿克塞希尔）之战（公元前 301 年）。

德米特里一世生于公元前 336 年，是亚历山大大帝的将军安提柯一世之子。约公元前 321 年与摄政王安提帕特的女儿菲拉结婚。公元前 317—前 316 年参加了他父亲领导的反对尤米尼的作战。公元前 312 年首次在他父亲管辖领土的南部边界独立指挥军队同尤米尼作战，但在加沙之战中惨败。公元前 312 年底，率军远征巴比伦，同纳巴泰人和塞琉西作战，但最终失败。公元前 307 年从卡山得手中夺得雅典，受到雅典公民的尊重和热爱。公元前 307—前 306 年，进一步控制了希腊的大部分地区。公元前 306 年在塞浦路斯萨拉米斯岛的一次陆海会战中击败托勒密，并说服他父亲为他们父子提出皇位的要求。公元前 305 年春，由于恶劣气候阻止了舰队登陆，使其向埃及的扩张受挫。公元前 305—前 304 年被派往罗得岛，为强迫罗得岛加入他父亲的同盟，他率军围攻该城，并进行了一次巧妙而猛烈的攻击。尽管围攻最终失败，但却获得“围城者”的绰号。公元前 304 年底又侵入希腊，在与卡山得所进行的作战中取得了一些胜利，并于公元前 303—前 302 年组成柯林斯同盟。公元前 301 年，尚未完全控制希腊就被他父亲紧急召回，奉命参加伊普苏斯之战，此战中他的军队受到重创，他父亲被来西马卡斯和塞琉西所杀。公元前 300—前 295 年间，尽管他只有少数几个基地和一支小型舰队，但由于敌方内部分裂，使得他能够恢复其父亲失去的一部分领土。公元前 294 年再度占领雅典，自立为马其顿国王。公元前 293—前 289 年，在希腊进行了几场作战，逐步控制了希腊。公元前 288 年，被来西马卡斯和伊庇鲁斯的皮洛士赶出马其顿，他率领一支小规模雇佣军侵入小亚细亚。公元前 285 年与其舰队失去联系，士兵们纷纷背弃而去，他被迫向西里西亚的塞琉西一世投降，被软禁在叙利亚。卒于公元前 283 年。

德米特里一世是一位才智超人的军人，是其父亲的得力助手，但性情非常急躁。

SAS and DLB

参考：Diodorus Siculus, History.

Plutarch, “Demetrius,” Parallel Lives.

EB.

OCD.

D

德米特里二世(Demetrius Ⅱ,约公元前 276—前 229 年) 马其顿统治者。参加主要战争:德米特里战争(公元前 238—前 229 年)。

德米特里二世出生于公元前 276 年,是安提柯二世与妻子菲拉的儿子。公元前 264—前 263 年,在他父亲不在期间,率军入侵伊庇鲁斯,击败并废黜了伊庇鲁斯的亚历山大(皮洛士的儿子),因而名声大震。公元前 239 年,成为马其顿国王,但其处境非常艰难,面临着埃托利亚和阿卡亚同盟两大强敌,当时这两个同盟都想夺取马其顿的领土,而且在他登基后不久就同马其顿开战。率军征服玻俄提亚(维奥提亚)和米加拉。公元前 237—前 236 年,他手下的将军比希斯与西锡安的亚拉图在法伊拉西亚(位于特洛俄恩附近)地区进行了一次大规模交战,取得重大胜利。公元前 231 年,伊庇鲁斯爆发了一场恢复共和国及反抗马其顿统治的革命,极大地削弱了德米特里二世的地位,而恰在此时,达尔达尼亚人入侵,分散了其兵力,尽管同伊利里亚(前南斯拉夫)的阿格隆结成同盟,但却为时已晚,无法赶来救援。公元前 229 年被击败,不久后就死去,将皇位传给他尚未成年的儿子菲利普。

古代历史学家普遍认为,德米特里二世是一位软弱无能的统治者,他雄心勃勃地同联盟进行战争,但只进行了一个回合的较量就遭到惨败。

SAS

参考:Plutarch,"Aratus,"Parallel Lives.
Walbank,F. W.,Aratus of Sicyon. London,1933.
EB.
OCD.

狄摩西尼一世(Demosthenes Ⅰ,卒于公元前 413 年) 雅典将军。参加主要战争:伯罗奔尼撒战争(公元前 431—前 404 年);参加主要战役(战斗):奥尔帕伊及爱多米尼之战(公元前 426 年)、斯法忒里亚(位于皮洛士附近)之战(公元前 425 年)、梅加腊及德利乌姆之战(公元前 424 年)、伊皮波莱(锡拉库萨的一部分)之战(公元前 413 年)。

狄摩西尼的出生日期不详,只是知道他是阿尔西斯底尼斯之子。公元前 427 年(?),当选为雅典十大将军之一,公元前 426 年,率军进攻累夫卡斯的柯林斯殖民地,但后来放弃了对柯林斯的围攻,而通过埃托利亚入侵玻俄提亚(维奥提亚)。被奥佐里亚洛克里联盟出卖,他的军队在山区被击败,但他本人逃回了在纳夫珀克托斯的基地,并顶住了斯巴达的陆地进攻,守住了该城。公元前 426 年底,他奉命率军救援阿卡尔那尼亚,在奥尔帕伊和爱多米尼地区赢得了两场决定性会战的胜利,从而结束了斯巴达在希腊西北部地区的霸权。得胜后返回雅典,公元前 425 年春,又被任命为舰队指挥官,沿伯罗奔尼撒周围航行,以增强梅西尼亚皮洛士海角(墨西拿周围地区)的防御。公元前 425 年,一支斯巴达军队向皮洛士发动进攻遭到失败,狄摩西尼捕获了他们的舰队,并立即率自己的舰队将这支斯巴达军队紧紧围困在斯法忒里亚岛,并会同克列奥恩,迫使这支斯巴达军队投降。公元前 424 年,率军进攻梅加腊,但遭到失败,又率军入侵玻俄提亚,当即将到达德利乌姆时又被击败。以后,只是在公元前 413 年,才重新被任命为指挥官,同欧利梅多恩一起,率军前去增援尼西亚的舰队以及在西西里地区正在围攻叙拉古斯的陆军。他一到达,就在伊皮波莱战略的指导下实施了一次夜间攻击,但遭到失败。他劝告尼西亚撤退,但其意见没有受到重视。当雅典军队撤退时,他同其部队失去联系,被迫投降,之后于公元前 413 年被处决。

狄摩西尼是一位值得重视的指挥官,但其指挥技巧是不稳定的,他是唯一一位缺乏政治热情和野心的人。

SAS

参考:Thucydides,The Peloponnesian War.
EB.
OCD.

狄摩西尼二世(Demosthenes Ⅱ,公元前 384/383—前 322 年) 雅典政治家和演说家。参加主要战争:第四次圣战(公元前 339—前 338 年)、继承者战争(公元前 323—前 281 年);参加主要战役(战斗):查尔隆尼亚之战(公元前 338 年)。

丹佛尔德,路易斯·埃米尔(Denfeld,Louis Emil,1891—1972 年) 美国海军上将。参加主要战争:第一次世界大战(1917—1918 年)、第二次世界大战(1941—1945 年);参加主要战役(战斗):冲绳战役、对日本的战略轰炸(1945 年)。

丹佛尔德 1891 年 4 月 13 日生于马萨诸塞州韦斯特伯罗。1912 年毕业于海军军官学校。1915 年 6 月晋升中尉军衔。1918 年 6 月任上尉和临时少校。在第一次世界大战中在北大西洋执行护航任务。1919 年在"麦考尔"号战舰上首次担任指挥职务。1923—1924 年还在 S—24 潜艇任职。1924—1935 年在海上舰艇和岸上任职。1933 年 3 月晋升中校。1935—1937 年任第十一驱逐舰分遣队司令,后任海军作战部长威廉·莱希上将的副官。1939 年 7 月晋升上校军衔。1939—1941 年任第十八驱逐舰分队和第一驱逐舰中队指挥官。1941 年任大西洋舰队支援部队司令的参谋。1942 年 1 月任海军航行局局长助理。1942 年 5 月晋升少将军衔。1945 年间,他最终赢得了一个战时海上作战指挥职务,指挥第九战列舰分队。1945 年 9 月任海军人事局(原航行局)局长。1947 年 1 月晋升中将军衔。1947 年 2 月任太平洋舰队和驻太平洋地区美军司令。1947 年 12 月接替尼米兹上将任海军作战部长,但在众议院海军事务委员会组织的听证会上发生"海军将官兵变事件"(1949 年 10 月 5 日)期间,他极力维护海军的独立地位和特权,导致他在二度任海军作

战部长不到一个月即被免职（11 月 2 日）。1950 年 2 月退役。1950—1971 年任太阳石油公司顾问。1972 年 3 月 28 日卒于马萨诸塞州的韦斯特伯罗。

KS

参考：New York Times obituary，March 30，1972.
WAMB.

邓小平（Deng Xiaoping，1904—1997 年） 中国革命家、军事家、政治家。参加主要战争：抗日战争（1937—1945 年）、国共战争（1945—1949 年）；参加主要战役（战斗）：长生口、神头岭、响堂铺之战（1938 年 2—4 月）、百团大战（1940 年 8 月）、淮海战役（1948 年）、渡江战役（1949 年）。

邓小平 1904 年 8 月 22 日生于四川省广安县。1920 年赴法国勤工俭学，1922 年加入旅欧中国少年共产党，1924 年转入中国共产党并成为中共旅欧支部负责人之一。1926 年初赴苏联，先后在莫斯科东方大学和莫斯科中山大学学习。1927 年回国，曾在冯玉祥部的中山军政学校任政治处长。1927 年底任中共中央秘书长。1929 年 12 月同张云逸、韦拔群等发动百色起义，建立中国工农红军第七军，任政委。翌年 2 月与李明瑞、俞作豫等发动龙州起义，建立中国工农红军第八军，兼任政委。领导开创了左右江苏区（革命根据地）。后率部转战于桂黔湘粤赣边。8 月赴中央根据地，1934 年在长征途中任中共中央秘书长。1935 年 1 月参加遵义会议，支持毛泽东的正确主张。抗日战争爆发后（1937 年 7 月），任八路军政治部副主任。1938 年 1 月，任第一二九师政委。此后，任中共中央太行分局书记、代理北方局书记。与刘伯承一起组织了长生口、神头岭、响堂铺等著名战斗（1938 年 2—4 月）和山西东南部的反“九路围攻”、河北南部的反“扫荡”，创建了晋冀豫抗日根据地。后赴冀南，推进平原游击战，加强抗日根据地建设。1940 年 8 月与刘伯承指挥所部参加百团大战，成功地实施了正太、榆辽战役。1942 年 9 月任中共太行分局书记。1943 年任中共中央北方代理局书记。国共战争时期，任第二野战军政委。与刘伯承在成功地实施了上党、邯郸、陇海、定陶等战役后，于 1947 年 8 月，率主力挺进中原，千里跃进大别山，对扭转全国战局贡献巨大。1948 年 5 月，领导建立中原解放区。11 月，任淮海前线总前委书记，指挥淮海战役。1949 年任第二野战军政委，参与指挥渡江战役。中华人民共和国成立后，历任西南军区政委、国防委员会副主席、中共中央政治局常务委员、中央委员会总书记等职。文化大革命中受打击、迫害。1973 年恢复国务院副总理职务，1975 年又任中共中央委员会副主席、中央军委副主席兼人民解放军总参谋长。1976 年再度遭受诬陷。1977 年 7 月恢复党政军领导职务，历任中共中央副主席，中央政治局常务委员，全国政协主席，中央顾问委员会主任，中央军委副主席、主席。1997 年因病在北京逝世。

登塔图斯（Dentatus，Manius Curius，约公元前 333—前 270 年） 罗马将军。参加主要战争：第三次与萨谟奈人的战争（公元前 298—前 290 年）、同皮洛士的战争（公元前 281—前 272 年）；参加主要战役（战斗）：亚奎洛尼亚之战（公元前 293 年）、贝尼文堤（贝内文托）之战（公元前 275 年）。

登塔图斯约公元前 333 年生于一个平民家庭。公元前 293 年率军在亚奎洛尼亚地区大败萨谟奈人。公元前 290 年任执政官，翌年率军平定萨宾人叛乱，直接指挥在维利努斯湖（位于特尔尼附近）流域所实施的部分作战。公元前 284 年，当执政官 L. 梅泰鲁斯·德恩特尔在与塞农人的作战中阵亡之后，登塔图斯又出任执政官，接替德恩特尔的职位，率军击败了塞农人，同时击败了鲁坎尼亚人。公元前 275 年，在他第二次出任执政官期间，皮洛士率领一支军队从西西里返回意大利，登塔图斯率军抗击，这场战斗异常艰苦、激烈，最终在贝尼文堤附近将皮洛士彻底击败。公元前 274 年最后一次任执政官。公元前 272 年，任监察官期间，兴修了一条输水管道，将阿尼奥河水引入罗马城。卒于公元前 270 年输水工程竣工前。

登塔图斯以正直、廉洁和诚实而著名，平民奉他为英雄，但有关他的许多行为、思想方面的描述可能是虚构的。

SAS and DLB

参考：Livy，History.
Plutarch，“Pyrrhus，”Parallel Lives.
Polybius，History.

德罗贝克，约翰·迈克尔爵士（De Robeck，Sir John Michael，1862—1928 年） 英国海军上将。参加主要战争：第一次世界大战（1914—1918 年）；参加主要战役（战斗）：达达尼尔海峡之战（1915 年）。

德罗贝克 1862 年生于爱尔兰的基德尔郡，后参加海军，1911 年升为海军少将。1915 年 3 月 16 日（?）海军大臣温斯顿·丘吉尔亲自选定他接替海军上将卡登指挥海军攻击土耳其军在达达尼尔海峡的防御。3 月 18 日，他指挥舰队炮击土军要塞，曾一度将其炮阵地全部打哑，但由于 3 艘英军战列舰和 1 艘法军战列舰被水雷炸沉而动摇了其决心。他决定先扫清雷场，在通路开辟前拒绝使用其战列舰，此举使遭受重击而被削弱的土军有时间恢复防御，不够明智。他不愿意他的战舰冒风险，但却使其舰队在土军积极的海上防御面前遭到各种消耗。尽管如此，他还是在 1917 年被升为海军中将，1919—1922 年间任地中海舰队司令，1925 年升为海军元帅，卒于 1928 年。

德罗贝克是一位有能力的海军军官，丘吉尔曾期望他在达达尼尔海峡实施积极而坚定的行动。但他明显的不是充满信心地去完成任务，而是担心失败会损害英国在中东的地位。

DLB

参考:Hayes,Grace P.,World War Ⅰ:A Compact History.New York,1972.
Source Records of thc Great War,Vol Ⅲ.
WBD.

德塞·德·维高克斯,切瓦里尔·路易·查理·安托尼(Desaix de Veygoux,Chevalier Louis Charles Antoine,1768—1800年) 法国将军、"正义的苏丹"。参加主要战争:法国大革命战争(1792—1799年)和拿破仑战争(1800—1815年);参加主要战役(战斗):曼海姆之战(1795年)、比伯拉赫之战(1796年)、马耳他之战(1798年)、皮拉米德之战(1798年)、马伦哥之战(1800年)。

德塞·德·维高克斯1768年8月17日生于奥古斯特,他是吉尔伯特·安东尼·德塞之子。1783年升少尉。1791年参加大革命军队,在莱茵军队中服役。1794年升将军。后来尽管军队中驱逐贵族将军,他仍被特许在军队中任现职。1795年9月20日在曼海姆作战,后于1796年指挥一个军团在莫罗手下参加巴伐利亚的作战。7月9日参加埃特林根之战,8月11日又转战内勒斯海姆,10月2日在比伯拉赫之战中立下殊勋。1797年穿越莱茵河中负伤,随后赴意大利与拿破仑会师。1798年6月11日指挥一个师强攻马耳他。7月21日转战皮拉米德,当拿破仑转赴叙利亚时,他仍留守,后于1799年征服上埃及。1800年1月28日签埃尔阿里什条约后,他被召回法国,在海上被皇家海军俘虏。6月11日获得自由后及时同拿破仑会面,受命指挥两个师的兵力前往热那亚。但出发不久,听到马伦哥方向的大炮声,便转向马伦哥方向,及时参加了马伦哥反攻,但一发子弹射穿其胸膛,后死亡。

德塞勇敢、善良且聪慧。他得到拿破仑的钦佩,他英年早逝是一个巨大的损失。

VBH

参考:Bonnal,Edmund,Histoire de Desaix.Paris,1881.
Desaix de Veygoux,L.C.A.,Journal de voyage de Général Desaix en Suisse et en Italie.Paris,1797.
Six.George,Dictionnaire biographique des généraux et amiraux français de la Révolution et de l'Empire(1792—1814).Vol Ⅰ.Paris,1934.

老德斯彭瑟,休·勒(Despenser,Hugh le,the Elder,1261—1326年) 英格兰贵族。参加主要战争:1322年和1326年暴动;参加主要战役(战斗):巴勒布里奇之战(1322年)。

老德斯彭瑟生于1261年,1265年去世的英格兰首席政法官休·勒·德斯彭瑟之子。在英格兰国王爱德华一世麾下与苏格兰和法国作战,后应召返回议会供职,此时他已是男爵(1295年)。爱德华一世曾将其派往几处任大使。1308年他是爱德华二世的宠臣皮尔斯·加弗斯顿很少的几位支持者之一。1312年加弗斯顿被谋杀后,他成为爱德华二世主要顾问之一。1315年2月在兰开斯特伯爵托马斯力促下,他被解职,此后他着力扩大其子休·勒·德斯彭瑟的权益。1321年7月遭到议会的攻击,父子两人均被放逐。老德斯彭瑟前往国外。1321年大约在12月回国,他于1322年3月在爱德华二世领导下参加反对兰开斯特的托马斯的巴勒布里奇之战,战中王室军队采用了弓箭手与徒步重骑兵协同作战的新战法,从而赢得了胜利。此次胜利,使德斯彭瑟家族,尤其是小德斯彭瑟实际上控制了政府。老德斯彭瑟则被封为温彻斯特伯爵。实践证明,德斯彭瑟家族的统治非常不得人心。1326年9月王后伊莎贝拉和罗杰·莫蒂默发动暴动,他随同国王出走,并被派往防守布里斯托尔。10月26日将该城拱手交给王后伊莎贝拉,投降。经过简短的审判,老德斯彭瑟于10月27日被处绞刑。

CCJ

参考:Davies,J.C.,The Baronial Opposition to Edward Ⅱ.London,1919.

小德斯彭瑟,休·勒(Despenser,Hugh le,the Younger?—1326年) 英国贵族。参加主要战争:1322年和1326年叛乱;参加主要战役(战斗):布鲁夫布雷几之战(1322年)。

德萨利纳,让·雅克(Dessalines,Jean Jacques,约1746—1806年) 海地将军和统治者。

德萨利纳约生于1746年,文盲,出身奴隶。在1791年奴隶大起义之后的战争中崭露头角。由于特别骁勇和坚强,成为杜桑·路维杜尔的主要助手之一。与杜桑一起向法军菲利普·勒克莱尔将军投降(1802年6月)。杜桑被骗并送往法国(1803年)后,与法军再起战端,担任这场战争的领导人。与法国侵略军进行战斗后,他自称雅克一世皇帝(1804年10月8日)。他进行着有效的治理,通过劳动恢复了农业。他的统治曾引起相当的叛乱,尤其是南方混血人的叛乱。在镇压太子港叛乱时遭伏击并被杀(1806年10月17日)。这次叛乱可能是亨利·克利斯托夫和亚历山大·萨贝斯·佩蒂昂煽动的。

德萨利纳勇敢,尽管出身卑微,但具有相当的才能。

CCJ

参考:EB.
WBD.

德斯图克斯(Destouches,活动于约1781年) 法国海军上将。参加主要战争:美国独立战争(1775—1783年);参加主要战役(战斗):纽波特之战(1780年)、第一次切萨皮克湾之战(1781年)。

多克斯-蓬兹伯爵,克里斯蒂安·德福贝克(Deux-Ponts,Christian de Forbach,Count of,1752—1813年) 法国将

军。参加主要战争：美国独立战争（1775—1783 年）、法国大革命战争（1792—1800 年）、拿破仑战争（1800—1815 年）；参加主要战役（战斗）：约克镇之战（1781 年）、霍恩林登（在慕尼黑附近）之战（1800 年）、莱比锡之战（1813 年）。

多克斯-蓬兹 1752 年生于一个小的独立公国茨韦布吕肯。1768 年参加法国陆军，1772 年升上校。1775 年在法军中任“皇家多克斯-蓬兹步兵团”团长。1780 年在罗尚博属下率该团赴美洲参战，在 1781 年 9 月 28 日—10 月 20 日的约克镇包围战中立下功勋。约 1793 年法国革命后，离开法国现役，指挥巴伐利亚军团，参加了 1800 年 12 月 3 日由约翰大公指挥的霍恩林登之战。后返回法国，在拿破仑手下任职，在 1813 年 10 月 16—19 日的莱比锡之战中阵亡。

Staff

参考：Appleton's Cyclopedia of American Biography. 6 vols. New York，1886—1889.
Heitman，Francis B.，Historical Register of Officers of the Continental Army. Washington，D. C.，1914.

德弗罗，詹姆斯·P.（Devereux，James p.，生于 1903 年） 美国将军。参加主要战争：第二次世界大战（1941—1945 年）；参加主要战役（战斗）：威克岛之战（1941 年）。

1941 年 12 月 11 日，德弗罗指挥防御部队成功地抵御了日军的一次两栖登陆行动。12 月 23 日被迫投降。

KS

参考：Schuon，Karl，U. S Marine Corps Biographical Dictionary. New York，1963.

德弗斯，杰科布·鲁卡斯（Devers，Jacob Loucks，1887—1979 年） 美国陆军上将。参加主要战争：第二次世界大战（1941—1945 年）；参加主要战役（战斗）：法国南部之战（1944 年）、德国之战（1944—1945 年）。

德弗斯 1887 年 9 月 8 日生于宾夕法尼亚州约克镇。1905—1909 年进入西点军校，并在毕业时被委任为炮兵少尉。在西部各州服役三年后（1912—1916 年）又回到西点军校担任教官。继之在夏威夷服役，而后在锡尔堡的野战炮兵学校。1919 年在德国占领军中任职。两次大战之间他先后进入指挥和参谋学院、陆军参谋学院学习，以及在西点军校、华盛顿陆军部和巴拿马任职。二战爆发后，1940 年 10 月在布雷格堡指挥第九陆军师。1941 年 7 月—1943 年 5 月在诺克斯堡指挥装甲部队。1943 年 5—12 月任美国陆军欧洲战区司令官，而后（1944 年 1—10 月）成为北非战区美军司令和地中海最高盟军副司令。随着 1944 年 8 月 15 日亚历山大·M. 帕奇将军的第七集团军在法国南部登陆，以及德拉特尔·德塔西尼将军的法国第一集团军组建，德弗斯任指挥辖上述两集团军的第六集团军群司令。1944 年秋由孚日到莱茵河指挥向北进攻，而后向东，1945 年 2—5 月进入巴登和巴伐利亚。1945 年 5 月在奥地利同马克·克拉克将军的第十五集团军群会师。1945 年 6 月任陆军地面部队司令（1948 年 3 月更名为陆军野战部队）直到退役（1949 年 9 月）。1951—1952 年任联合国印度-巴基斯坦克什米尔边界争端调查团首席军事顾问。1951—1959 年为费尔柴尔德机械和飞机公司工作。退休回到华盛顿特区之后，卒于 1979 年 10 月 15 日。

德弗斯乐观而又实际的天性使得他指挥难以驾驭的自由法国部队时镇定自若。尽管他的成就经常为更为多姿多彩的对手所遮掩，德弗斯仍是一位坚定、能干、可靠的将军，高效而卓越地指挥了他的集团军群。

DLB

参考：Blumenson，Martin，and James L. Stokesbury，“Jake Devers，”Army，Vol. 23，no. 2（February 1973）.
DAMB.
WAMB.

出羽重户（Dewa Shigeto，1856—1930 年） 日本海军上将。参加主要战争：日俄战争（1904—1905 年）；参加主要战役（战斗）：黄海海战（1904 年）、对马海战（1905 年）。

德韦特，克里斯提安·鲁道夫（De Wet，Christiaan Rudolph，1854—1922 年） 南非布尔人将军。参加主要战争：第三次巴苏陀战争（1867—1868 年）、第一次英布战争（1880—1881 年）、第二次英布战争（1899—1902 年）和布尔暴动（1914—1915 年）；参加主要战役（战斗）：马朱巴之战（纽卡斯尔附近，1881 年）、波普拉格罗夫之战（1900 年）和帕尔德伯格之战（都在金伯利的东南，1900 年）、萨纳斯之战（布隆方丹以东，1900 年）、罗德维尔之战（克鲁斯塔德以北，1900 年）、博瑟维尔之战（1900 年）、德温斯多普之战（1900 年）和特威方丹之战（哈里斯密斯附近的艾兰多河畔，1901 年）。

德韦特 1854 年生于奥兰治自由邦的殖民地德温斯多普（以他的父亲命名）。在第三次巴苏陀战争期间（1867—1868 年）入伍。第一次英布战争期间加入了暴动力量，参加过 1881 年 2 月 27 日对马朱巴成功的袭击。1899 年 10 月 11 日布尔人与英国的战争爆发时，被派往纳塔尔前线。10 月 30 日成功地指挥了一次对尼科尔森斯奈克（莱迪史密斯附近）的突然袭击，很快晋升为将军。1900 年 2 月 15 日指挥自由邦增援部队前往西部增援克伦杰部，在沃特韦尔（金伯利南部的里特河附近）截获了一支运送给养的英军，驱散了 3000 头驮牛。德韦特不同意克伦杰的战略，担心由于退却而使防线凸出。2 月 18 日克伦杰部被包围在帕尔德伯格，遂前往解救，但克伦杰部只有大约 100 人在 2 月 18—19 日夜间得以突围。不久，出任自由邦军事力量的统帅，并以游击战与优势兵力的英军作战。3 月 7 日在从波普拉格罗夫的阵

地匆忙撤退中，德韦特抢运出了火炮。3月13日布隆方丹陷落。23日成功地组织了一次对英军萨纳斯营地抽水站的攻击。他制定了积极进攻袭扰的战略方针，牵制和拖垮了大量英军。3—4月率军击退了英军几次小规模进攻。由于无法从斯泰恩总统那里得到给养，克鲁格劝阻德韦特破坏通往开普敦的重要铁路线。德韦特继续执行他的游击战略，于6月6日在罗德维尔取得重大胜利，俘虏英军500余人，获得大量给养。11月6日与斯泰恩总统在博瑟维尔遭到敌人突袭，勉强脱险。11月23日他再次出击，占领了德温斯多普。1901年2月10—28日他发动了一次对开普考里尼的进攻，企图策动那里的布尔人起义，但在英军重压下，德韦特不得不撤退。1901年12月25日，德韦特在特威方丹又取得了一次重大胜利，俘虏英军山地步兵400人。1902年4月当布尔领导人开会讨论英国人的和平提议时，他还建议与英国人继续战斗，但最后还是接受劝告放下了武器，于5月31日在《韦雷尼京条约》上签字。战争结束后，他支持独立运动，反对同英国人合作，1912—1913年间还积极帮助建立民族主义政党。1914年10月—1915年2月在南非同德国人宣战之后，领导了一支布尔人起义力量。起义失败后被捕入狱，刑期六年。服刑一年后，于1916年获释。卒于1922年。

德韦特作为战争中杰出的游击队领导人，坚韧不拔、精力充沛并富有号召力，是一位军事指挥天才。同时，他也是勇于献身的民族主义者，从未甘心屈从于英国人的统治。

MLH and DLB

参考：De Wet, Christiaan Rudolph, Three Year's War. London, 1902.

Farwell, Byron, The Great Anglo-Boer War. New York, 1976.

Pakenham, Thomas, The Boer War. New York, 1979.

Piennar, Philip, With Steyn and De Wet. London, 1902.

杜威，乔治（Dewey, George, 1837—1917年） 美国海军上将。参加主要战争：美国内战（1861—1865年）和美西战争（1898年）；参加主要战役（战斗）：哈德逊港海战（巴吞鲁日附近，1862年）、费希尔堡之战（北卡罗来纳州的威尔明顿附近，1864和1865年）和马尼拉湾海战（1898年）。

杜威1837年12月26日生于佛蒙特州的蒙彼利埃。曾就读于诺威奇大学，1858年毕业于美国海军学院。1861年4月在美国内战中提前晋级。曾在法拉格特麾下的密西西比蒸汽炮舰舰队服役。在对新奥尔良和哈得孙堡的作战（1862年4月24—25日和1863年3月14日）中表现出色。后在北大西洋封锁舰队内任职，以及随联邦战舰"科罗拉多"号对费希尔堡的两次炮击行动（1864年12月23—27日及1865年1月13—15日）。曾在多个海上和陆上岗位上任职。1872年4月晋升中校。1884年9月晋升上校。1889年任装备局局长，1895年任检查和测量局局长，因此，对现代化战列舰比较熟悉。1896年2月晋升海军准将。1897年11月自愿要求回到海上服役，任亚洲舰队司令。1898年4月25日美国-西班牙战争突然爆发，当时他的舰队正驻泊在香港。按照海军部的电报指示，遂率领舰队驶往菲律宾。5月1日晚率舰大胆地进入马尼拉湾，发现西班牙帕特里西奥·蒙·帕拉松海军上将的舰队正抛锚在那里。在"奥林匹亚"号旗舰上，杜威指挥拥有四艘巡洋舰、两艘炮舰和一艘缉私船的舰队向由七艘小型战舰组成的西班牙舰队开战。凌晨，杜威告诉他的旗舰舰长查理·V. 格里德利："准备好了就开火。"5时40分战斗开始，战至下午，西班牙战舰不是被击沉就是被重创，而美国舰队仅有7人受伤。由于兵力不足未能攻占马尼拉。5月10日晋升海军少将。8月13日支援陆军攻占了马尼拉。1899年3月3日晋升海军五星上将，这一军衔是特为他设置的。当他9月份回到家乡时，像英雄一样受到家乡人民的热烈欢迎。由于年事已高，故被免职并奉命退休。后担任海军将军委员会主席，直至去世。1913年出版自传。1917年1月16日卒于华盛顿。

杜威是一位聪明、认真、谨慎而又好战的指挥官。对西班牙的作战（在菲律宾），他进行了十分充分的准备，美军在马尼拉湾获得的巨大胜利多归功于此。

DLB

参考：Dewey, George, Autobiography of George Dewey, Admiral of the Navy. New York, 1913.

Friedel, Frank B., The Splendid Little War. Boston, 1958.

Sargent, Nathan (comp.), Admiral Dewey and the Manila Campaign. Washington, D.C., 1947.

德克希普斯，普卜利乌斯·赫勒尼乌斯（Dexippus, Publius Herennius，约210—276年） 希腊政治家和历史学家。参加主要战争：哥特人的海上进攻（253—268年）。

扎哈布，阿布尔（Dhahab, Abu'l，鼎盛期约为1772年） 埃及统治者。出生日期和早期经历不详，但生于1750年之前。任埃及"贝伊"（相当于国王）阿里麾下的将军时，在阿里的统帅下入侵叙利亚（1771—1772年）。在那里与土耳其人订立条约，后返埃及率军推翻阿里。在萨利希阿（埃及东北部）之战（1773年4月19—21日）中打败并擒获阿里，从此成为埃及的"贝伊"。约卒于1785年。

TM

参考：EMH.

迪亚兹，阿曼多（Diaz, Armando, 1861—1928年） 意大利

元帅。参加主要战争：意大利-土耳其战争（1911—1912年）和第一次世界大战（1915—1918年）；参加主要战役（战斗）：皮亚韦河之战和威托里奥威尼托之战（1918年）。

迪亚兹1861年12月6日生于那不勒斯，其父为海军上校。后参加意大利陆军，曾参加意大利-土耳其战争（1911年9月29日—1912年10月15日），1914年升为少将，1916年升中将并指挥第四十九师。在伊松佐河前线任第二十三军军长。1917年11月卡波雷托（科巴里德）战役之后取代路易吉·卡多尔纳将军任意军总参谋长。奉命坚守皮亚韦河防线，虽然他只有33个师的兵力（来自卡波雷托战役之前可投入使用的65个师），但他在11—12月间打破了奥德军几次强行渡河的企图。击退了奥军的皮亚韦河攻势（1918年6月13日—7月1日）。10月24日—11月4日他利用意军主动权，发动最后的强大攻势，在威托里奥威尼托粉碎了奥军，11月4日和奥军达成停战协议。他在战后获得很多荣誉，1921年获封迪拉维多利亚大公，即“胜利公爵”。1922年10月被任命为墨索里尼法西斯政府的陆军部长。1922年4月因健康原因辞职。1924年11月4日被授予元帅，1928年2月29日卒于罗马。

迪亚兹是一位有能力和熟练的指挥官，他总是精心筹划作战行动并细致地区分使用兵力。

DLB

参考：Hayes，Grace P.，World War Ⅰ：A Compact History. New York，1972.
EB.
EMH.

迪克曼，约瑟夫·西奥多（Dickman，Joseph Theodore，1857—1928年） 美国将军。参加主要战争：阿帕切战争（1885—1886年）、美西战争（1898年）、镇压菲律宾起义（1899—1902年）、镇压义和团运动（1900年）和第一次世界大战（1917—1918年）；参加主要战役（战斗）：圣胡安山（在古巴的圣地亚哥附近）之战（1898年）、沙托蒂耶里之战、第二次马恩河战役、圣米耶尔战役和默兹-阿尔贡攻势（1918年）。

迪克曼1857年10月6日生于俄亥俄州的代顿，1881年毕业于西点军校，在第三骑兵团任职。1883年毕业于骑兵学校，在美国西部服役并参加镇压杰罗尼莫（印第安阿帕奇人首领。——译者注）的作战（1885年5月—1886年10月），后在墨西哥边界巡逻。1893—1894年和1895—1898年间分别任赖利堡和利文沃思骑兵和轻炮兵学校教官。1898年5月以上尉军衔被指派为约瑟夫·惠勒尔将军的参谋军官，在古巴圣地亚哥附近作战，参加了圣胡安山之战（7月1日）。菲律宾起义期间被派往菲律宾指挥镇压，1899年升少校，9月升志愿军中校。1900年6月10日—8日5日为解围而侵略北京期间任查菲将军的参谋长。1903年在美陆军参谋部任职。1905年毕业于陆军军事学院，1914年12月升上校，1915年1月—1917年5月指挥第二骑兵团，5月升准将，8月升临时少将并指挥第八十五步兵师，1918年3月被派往法国。5月31日率部在沙托蒂耶里投入战斗。他的师对于阻止德军的马恩河攻势（7月15—17日）起到了最初的作用。1918年8月18日—10月12日任第四军军长，参加圣米耶尔战役（9月12—16日）和默兹-阿尔贡攻势（9月26日—11月11日）。在10月12日—11月11日默兹-阿尔贡攻势的后一阶段他指挥美第一军。1918年11月15日—1919年4月28日他留在德国任美第三集团军司令。后返回美国任南方战区（后来的第七军防区）司令，直到1921年10月退休。1927年出版了回忆录——《伟大的征战》，1928年10月23日卒于首都华盛顿。

迪克曼是一位具有丰富多样作战经验的有能力的军官，他是第一次世界大战期间美军最好的陆军战场将领之一，他在阻击德军马恩河攻势中的作用尤其显著。

DLB

参考：Pitt，Barrie，1918. The Last Act. New York，1963.
U.S. Department of the Army，Historical Division，The U.S. Army in the World War. Washington. D. C.，1919.
WAMB.
WBD.

狄第乌斯·尤里安·马可（Didius Julianus，Marcus，卒于193年） 罗马皇帝。

狄第乌斯·尤里安约135年出生于米迪奥拉努姆（米兰）的一个最显赫的家族。167年前后，在摩根基阿克（美因茨）指挥一个军团，成为罗马几个行省以及达尔马提亚、低地日耳曼、俾斯尼亚（位于黑海南部海岸）和非洲的总督。193年3月底，康茂德的继承人佩提纳克斯被谋杀之后，皇位完全操纵在禁卫军的手中，他们肆无忌惮，对皇位进行拍卖，当时狄第乌斯·尤里安是皇帝的候选人之一。他出的价钱超过了其对手T.弗拉维·苏尔皮齐乌斯，因此在这一年的3月28日被禁卫军扶上了皇位。但是他上台后不久，就面临着军队的起义，亚洲、不列颠以及多瑙河的军队纷纷揭竿而起，他无力镇压，这一年的7月1日，当塞·塞鲁率领其多瑙河军团抵近罗马时，可能根据元老院的命令，禁卫军将他处决。

狄第乌斯·尤里安能力一般，但拥有巨额财产。值得注意的是，他尽管靠其财富登上了皇位，但其统治时间是非常短暂的。

Staff

参考：EB.
OCD.
Herodotus，History of the Persian War.
OCD.

迪特尔，爱德华（Dietl，Eduard，1890—1944年） 纳粹德国

将军。参加主要战争：第二次世界大战（1939—1945年）；参加主要战役（战斗）：纳尔维克（1940年）、芬兰北部的作战行动（1942—1944年）。

迪特里希，约瑟夫（Dietrich，Josef，1892—1966年） "塞普"，纳粹德国陆军上将、战犯。参加主要战争：第一次世界大战（1914—1919年）、第二次世界大战（1939—1945年）；参加主要战役（战斗）：波兰战役（1939年）、法国战役（1940年）、巴尔干战役（1941年）、"巴巴罗萨"作战行动和罗斯托夫之战（均在1941年）、阿登反攻（1944年）、匈牙利攻势（1945年）。

迪特里希生于1892年5月25日，1911年加入巴伐利亚陆军，一战中在西部前线服役，获中士衔。1923年前后参加纳粹党。1928年任希特勒个人贴身警卫头目。1933年组织并指挥阿道夫·希特勒卫队。1934年6月30日"长刀之夜"参与对冲锋队的血腥清洗。1939年9月—1940年6月波兰和法国战役时期率领党卫军突击队（摩托化步兵团建制，后为旅）；1940年末该部队又扩充至师。1941—1943年苏联战役的最初两年中迪特里希一直领导该部。1943年7月当墨索里尼法西斯政体崩溃时又率该师开进意大利。7月27日任第一党卫装甲军军长。在苏联和法国一直担任该职直到1944年10月被任命为第六党卫装甲集团军司令时止。1944年12月16日—1945年1月初阿登反攻时率第六党卫装甲集团军。1945年3月在最后的匈牙利攻击战中指挥该集团军残余兵力。5月向美军投降，而后（1946年7月—1955年10月）受到审判并认定有罪，判处监禁。由于阿登反攻战中参与了"马尔梅迪"大屠杀，1957年5月14日—1959年2月又被德国政府逮捕并由于战争罪行再次监禁。后回到路德维希堡，卒于1966年4月21日。

迪特里希是一位凶残且精力充沛的领导者，虽然由于其言行粗鲁和才疏学浅为一般陆军军官所歧视，但其愚忠和某些"业绩"使得他很受希特勒的赏识。

BRB

参考：Keegan，John，Waffen SS. New York，1970.

Reitlinger，Gerald，The SS：Alibi of a Nation. 1956. Reprint，Englewood Cliffs，N.J.，1981.

Wykes，Alan，Hitler's Bodyguards：SS Leibstandarte. New York，1974.

丁吉斯韦约（格登瓦纳）（Dingiswayo〈Godongwana〉，约1770—1818年） 南非班图首领。参加主要战争：纳塔尔的特里巴尔之战（1810—1818年）。

丁吉斯韦约大约1770年生于现祖鲁兰的南部沿下乌姆福洛济河河岸边。他是当时班图首领的幼子。在暗杀其父的暴动失败后，丁吉斯韦约逃亡，并开始用现在的名字（此前均用格登瓦纳）以掩盖其真实身份。在流亡中，他结识一白人探险家罗伯特·考温，考温死后，他从考温那里得到一匹马和一杆枪。他就是利用这些于1808年从前班图首领他父亲的继承者那里争得了班图首领之位。随后，他开始了扩张其班图部落的举措，他通过从临近屈服的部落征召军队以扩张其军事实力，但他仍保持被打败部落的完整。他还同英国和葡萄牙进行商贸往来，尽管几无建树。在同临近部落的一次战争中，他护送一批宫女，中了临近部落首领兹丽德的奸计被捕杀。在丁吉斯韦约死后，班图部落衰落，但他的许多臣民被日益强大的祖鲁王国所接收。

丁吉斯韦约是一位具有远见卓识、聪明和意志坚定的政治家，他的许多改革措施，特别是商贸方面的措施可能源于考温。

DLB

参考：Morris，Donald R.，The Washing of the Spears. New York，1965.

迪努祖鲁（Dinuzulu，1868—1913年） 祖鲁酋长。参加主要战争：祖鲁暴动（1887和1906年）。

戴克里先，（盖尤斯·奥略里·瓦莱里乌斯·戴克里先）（Diocletian，〈Gaius Aurelius Valerius Diocletianus〉，约250—313年） 罗马帝国将军、皇帝。参加主要战争：罗马内战（284—285年）、埃及叛乱（296—297年）；参加主要战役（战斗）：马尔古斯之战（285年）。

戴克里先约250年生于达尔马提亚的一个贫困的奴隶家庭。年轻时他叫戴克勒斯。参军后，由于他才能出众、忠诚可靠，在283年被提升为皇帝纽米立亚纳卫队的指挥官。284年11月20日，皇帝纽米立亚纳被谋杀，其后戴克里先被推举为皇帝。登基后，他采取的第一个行动，就是诛杀了谋杀纽米立亚纳的嫌疑犯、也是戴克里先竞争对手的执政官阿波尔。285年春天（?），率军进军西罗马，开始同纽米立亚纳的兄弟卡利纳斯（西罗马的统治者）作战，在依利丙孔东南（前南斯拉夫西部地区）的马尔古斯河一带，双方进行了一场激烈、艰苦的作战，最终戴克里先击败并杀死了卡利纳斯。从此以后，戴克里先成为罗马帝国唯一的皇帝，在此以前的几年时间内，罗马帝国混乱不堪，军队在国家事务中占据着统治地位，军事政变持续不断，戴克里先决心恢复帝国的稳定，并结束国家的这种混乱状态。戴克里先认识到，国家所面临的军事威胁是来自多个方面的，国家只有一个皇帝，是无法应付各种突发事件的，于是他于285年夏，任命他的朋友马克西米安为恺撒（皇帝的助手）。不久，又提升马克西米安为与已类似的奥古斯都（副皇帝），只是戴克里先在他们两人中仍保留统治地位。后来，在286年又任命了两个新恺撒，一个是盖尤斯·瓦勒里乌斯·加列里阿，另一个是弗拉维·瓦勒里乌斯·君士坦丁，他们每人管辖的范围基本上是帝国四分之一的地区，因而开创了罗马的"四人统治"时期。在戴克里先统治时期的20年时间内，罗马军队的规模将近增加一倍，并恢复了国家的和平和繁荣。301年，他还改换了

货币，改革了货币制度，并制定了一个收入和价格体系，企图限制通货膨胀，但并没能发挥作用。重建了帝国的行政管理系统，将内政和军事指挥权分开。296年前后，重新划分了罗马的一些行省，将其规模缩小，并将12个行省组成一个组，称为教区。296—297年间，残酷镇压了多米齐乌斯·多米齐安（图密善）在埃及发动的一次叛乱。303—304年间，镇压了一次狂热的基督教徒在宗教祭礼时发生的骚乱，迫害不同教派的基督教徒，最终使各种教派完全统一。为了让位于他们各自的恺撒，305年，戴克里先同马克西米安同时退位，并回到他在达尔马提亚斯帕拉托（斯普利特）的著名的宫殿。后来，卒于殿中，其确切时间不详，可能是在312年或313年初。

戴克里先是罗马帝国后期最伟大的皇帝之一。在本质上，他属于一位保守的军人，具有敏锐的洞察力和超人的想象力，他认识到：罗马帝国要想继续生存下去，必须进行彻底改革。他所建立起的继承体制，只有具备了一定的前提条件才是正确可靠的，这个前提条件就是奥古斯都与恺撒之间必须友好和能够相互信任，而值得注意的是，他的继任者们正缺少这些东西。不管怎样，戴克里先对罗马帝国所进行的重新改组，使得这一帝国至少又继续生存了一个世纪。

DLB and SAS

参考：Barnes, T. D., The new Empire of Diocletian and Constantine. Cambridge, Mass., 1982.

Bury, J. B., History of the Later Roman Empire, Vol 1. London, 1925.

Jones, A. H. M., The Later Roman Empire, 284—602. Oxford, 1964.

Van Berchem, D., L'arméé de Dioclétien et laréforme constantinienne. Paris, 1952.

Williams, Stephen, Diocletian and the Roman Recovery. New York, 1983.

老迪奥尼修斯（Dionysius the Elder，约公元前432—前367年） 叙拉古暴君。参加主要战争：第一次迦太基战争（公元前397—前396年）、第二次迦太基战争（公元前392年）、第三次迦太基战争（公元前383—前378年）、第四次迦太基战争（公元前368—前367年）和征服意大利南部战争（公元前390—前379年）；参加主要战役（战斗）：埃勒波鲁斯（赫勒波鲁斯，位于圣安德莱亚附近）之战（公元前389年）。

老迪奥尼修斯约于公元前432年生于一个卑微的家庭，担任神职官员后，开始崭露头角。公元前405—前404年，在反对迦太基的作战中战功显著。公元前405年自称僭主。公元前404—前398年其权力不断膨胀，财富不断增加，同时准备向迦太基发动进攻，以控制西西里。在第一次迦太基战争中，他主要依靠庞大的希腊雇佣军。公元前397—前396年，当迦太基军围攻叙拉古时，他围攻莫特雅岛，最后取得重大胜利。公元前392年，又开始与迦太基作战，战争结束时订立了对他有利的条约，即限制迦太基人进入西西里西北部地区。公元前390—前389年，侵入意大利南部，与鲁坎尼亚人结为同盟，同时劫掠了在埃勒波鲁斯的意大利同盟。公元前387年占领一些城邦，最终占领意大利南部，但他在征服地的残暴行径引起希腊人的怨恨。在公元前383—前378年的第三次迦太基战争中遭到惨重失败，他答应赔偿货币1000塔兰特，并割让哈莱古斯（普拉塔尼）河以西的所有领土。公元前368—前367年，他时刻企图对这次失败进行报复，卒于公元前367年。

老迪奥尼修斯是一位充满活力、精力充沛的统治者和一位残暴的征服者，他非常重视文化、尤其是戏剧的发展。他晚年在西西里的希腊地区所从事的战争一直在走下坡路。

SAS

参考：Diodorus Siculus, History.

EB.

OCD.

多贝尔，查理·麦克弗森爵士（Dobell, Sir Charles Macpherson, 1869—1954年） 英国将军。参加主要战争：第二次英布战争（1899—1902年）、镇压义和团运动（1900年）和第一次世界大战（1914—1918年）；参加主要战役（战斗）：第一次和第二次加沙之战（1917年）。

多贝尔1869年生于魁北克，加入英国陆军，首次参加战斗行动是在第二次英布战争的作战初期（1899—1900年），他还参加过侵占北京（1900年7月—8月14日）的行动。第一次世界大战早期，他指挥协约国军对德军在喀麦隆的部队作战（1914年8月—1916年1月），他在疾病多发、天气恶劣和地形复杂的困难情况下，与狡猾的敌手进行了艰苦的作战。后被派往埃及在阿奇博尔德·默里爵士将军手下任职，1917年3月26—28日他指挥英国部队攻击土军在加沙的阵地，但由于参谋工作的失误以及通信困难，被击退。第二次攻击（4月17—19日），因碰到土军坚固防御阵地而被击退，损失惨重，多贝尔被撤职。1917—1919年间他在印度指挥一个师，卒于1954年。

DLB

参考：Dupuy, Trevor N. Military History of World War Ⅰ. 12 vols. New York, 1967.

Hayes, Grace p., World War Ⅰ: A Compact History. New York, 1972.

WBD.

多德，弗朗西斯·唐森（Dodd, Francis Townsend, 1899—1973年） 美国将军。参加主要战争：第二次世界大战（1941—1945年）、朝鲜战争（1950—1953年）；参加主要战役（战斗）：北非战役（1942—1943年）、意大利南部战役（1943—1944年）、法国北部战役（1944年）、德

国战役（1944—1945 年）。

道奇，格拉维尔·梅隆（Dodge, Grenville Mellon, 1831—1916 年） 绰号“千里眼”，美国将军。参加主要战争：美国内战（1861—1865 年）；参加主要战役（战斗）：皮里奇之战（1862 年）、维克斯堡战役（1863 年）、舒格峡谷之战和雷萨卡之战（都在乔治亚的卡尔洪附近，1864 年）和亚特兰大战役（1864 年）。

道奇 1831 年 4 月 12 日生于马萨诸塞州的丹佛。曾就学于佛蒙特州的诺维奇大学，1851 年获得土木工程和军事工程学学位。1853 年在艾奥瓦州的密西西比至密苏里的铁路部门从事测量工作，并定居于艾奥瓦州的康瑟尔布拉夫斯。1856 年组建了一支军队——康瑟尔布拉夫斯卫队。1861 年美国内战爆发后，自愿率军参战，受命于密苏里州的约翰·C. 弗里芒特将军，任艾奥瓦州第四志愿步兵团上校团长。1862 年 3 月 7—8 日参加皮里奇之战，任旅长。在随后的作战中，晋升志愿军准将。维克斯堡战役斯间（1863 年 1—7 月），负责监督桥梁和道路的重建工作。亚特兰大战役期间（1864 年 5 月 5 日—9 月 1 日），参加了舒格峡谷之战（5 月 9 日）和雷萨卡之战（5 月 14—15 日）。同年 6 月晋升志愿军少将。在战役进行期间，任职于威廉·T. 谢尔曼将军麾下并指挥第十六军。1864 年 12 月调到密苏里军区工作，直至 1866 年退役。其后，任太平洋铁路联盟的总工程师。不久，被选为美国国会议员，因其愿望是专心致力于太平洋铁路联盟的工作，故在担任了一届国会议员后，谢绝了连任。负责勘测一直到普拉特河流域的铁路线，并亲自指导了这条铁路的建设。该铁路于 1869 年 5 月 10 日建成。其后，仍继续从事着与大批的铁路线为伍的生涯。1898 年受威廉·麦金莱总统委派组建道奇委员会，并受命负责调查研究美西战争期间（1898 年 4—12 月）的军事后勤工作。根据该委员会的研究结果，政府于 1900 年颁布了许多改革措施。1916 年 1 月 3 日卒于康瑟尔布拉夫斯。由于道奇在太平洋铁路联盟工作期间，习惯于经常挂着望远镜，所以当地的印第安人就给他起了个绰号——“千里眼”。

ACD

参考：Boatner, Encyclopedia.
Warner, Ezra, Generals in Blue. Baton Rouge, 1964.
DAB.
WAMB.

土肥原贤二（Dohihara, Kenji, 1883—1948 年） 日本陆军上将、战犯。参加主要战争：入侵中国东北（1931 年）、日本侵华战争（1937—1945 年）、第二次世界大战（1941—1945 年）。

土肥原贤二 1883 年生于冈山县。1904 年毕业于陆军军官学校。1912 年毕业于陆军大学。1913—1918 年担任多种参谋和情报职务。1919 年晋升少校。1918—1929 年任包括“东北虎”张作霖在内的许多中国军阀的军事顾问而从事间谍、颠覆活动。1927 年晋升上校。1931—1932 年，任驻奉天（沈阳）的特种作战处处长，实施了多次特种作战，包括劫持爱新觉罗·溥仪（后来的伪“满洲国”皇帝），得到了“满洲的劳伦斯”的绰号。1933 年晋升少将。1933—1935 年，继续在日本侵略中国华北的行动中发挥重要作用。1935 年 6 月，强迫中国达成了《秦土协定》，使关东军得以侵占内蒙古。1936 年晋升中将。1937—1938 年任第十四步兵师师长。1938 年率该师在北平（北京）以南的河北省作战。1940 年任陆军军官学校校长。1941 年任陆军航空总监兼本部长。后在本土担任指挥职务。战后遭到审讯，被判在中国东北犯有战争罪，于 1948 年被处决。

土肥原贤二阴险冷酷，他最臭名昭著的是其在任驻中国东北和中国北部日本特种部队头目时进行的一系列阴谋策划和间谍活动。

MRP

参考：Chang Wen-hsien, “Dohihara Kenji and the Japanese Expansion into China (1931—1937).” Unpublished Ph. D. dissertation, University of Pennsylvania, n. d.
Kahn, B. Winston, “Dohihara Kenji and North China Autonomy Movement, 1935—1936,” in China and Japan: The Search for Balance Since World War Ⅰ, edited by Alvin Coox and Hilary Conroy. Santa Barbara, California, 1978.

多尔曼，腓特烈（Dollman, Friedrich, 1876—1944 年） 纳粹德国陆军上将。参加主要战争：第二次世界大战（1939—1945 年）；参加主要战役（战斗）：法国战役（1940 年）、诺曼底战役（1944 年）。

多尔曼生于 1876 年，参加了第一次世界大战（1914—1918 年）。战后留在国防军中任职。1936 年前后升任第九防区司令。后任第七集团军上将司令。1940 年 4—6 月指挥该集团军入侵法国。后留在法国执行占领任务，仍任第七集团军司令。1944 年负责对布列塔尼和诺曼底的防御。他预计盟军在 1944 年 6 月初入侵法国。1944 年 6 月 4 日，鉴于天气恶劣，他下令放松所辖区域的戒备。1944 年 6 月 5—6 日，他离开司令部前去进行图上演习，这时盟军发动了进攻。他的部队在阻止盟军从诺曼底登陆的初期作战中首当其冲。1944 年 6 月 30 日卒于心脏病。

BRB

参考：Harrison, Gordon A., Cross-Channel Attack. The United States Army in World War Ⅱ: The European Theater of Operations, 1951.
Reprint, Washington, D. C., 1970.
Ryan, Cornelius, The Longest Day, New York, 1949.

D

图密善（Domitian，Titus Flavius Domitianus，51—96 年） 罗马皇帝。参加主要战争：在莱茵河和多瑙河沿岸同“蛮族”的战争（81—92 年）；参加主要战役（战斗）：塔帕埃（位于特兰西瓦尼亚东南部地区）之战（88 年）。

图密善出生于 51 年 10 月 24 日，是韦帕芗与妻子弗拉维亚·多米堤拉的次子。在 68—69 年的内战期间他躲藏起来，以避开他父亲的敌人们的追杀。70 年在他父亲韦帕芗手下任执掌军权的执政官，以后又六次出任执政官。后来同他的哥哥提图斯发生争执，据推测，他哥哥的死亡可能与他有关。81 年 9 月 13 日继承提图斯之位，成为罗马皇帝。其统治基本上是公正的，但所实行的政策相当严厉。他牢牢地控制着政府的行政官员和罗马的各个行省。多次率军沿莱茵河和多瑙河边境同“蛮族”作战，于 83 年击败了卡蒂人。88 年在塔帕埃之战中击败了达西亚人，翌年双方停火，实现了和平。92 年征服了萨尔马希亚人，但是，尽管他取得了这些作战的胜利，却没能够永久地安定边境地区。89 年 1 月，经历了一次由上日耳曼地区总督安东尼·阿图尔尼努斯领导的一次叛乱。在他统治的后期（93—96 年），由于持续不断的动乱，促使他采取了一些更为严厉的政策，残酷地迫害其政敌，实行恐怖统治。两位执掌军权的地方行政长官以及一些宫廷人物（包括他的妻子），组成了一个阴谋集团，于 96 年 9 月 18 日将他刺死。

图密善是一位能力出众、精力充沛和严厉的统治者，一位合格的军人，同时也是一位好斗的、清教徒式的和粗鲁的人，特别是在他统治的后期更是如此。

SAS

参考：Gsell，S.，Essai sur le règne de l'empereur Domitien. Paris，1894.
Patsch，Carl，Der Kampf um den Donaurum unter Domitian und Trajan. Vienna，1937.
Suetonius，Domitian.
Tacitus，Complete Works.

多尼范，亚历山大·威廉（Doniphan，Alexander William，1808—1887 年） 美国将军。参加主要战争：美墨战争（1846—1848 年）；参加主要战役（战斗）：埃尔帕索之战（1846 年）、萨克拉门托（在奇瓦瓦附近）之战（1847 年）。

多尼范 1808 年 4 月 9 日生于肯塔基的美斯威附近。1826 年毕业于肯塔基的奥古斯塔学院。后入酒吧工作并在密苏里州定居。曾两度被选入州立法机关（1836 年和 1840 年），并成为民兵的重要成员之一。作为民兵准将，他在 1838 年夏的莫曼危机中，充当重要角色。当军事法庭宣布约瑟夫·史密斯及其莫曼首领死刑时，多尼范拒绝执行死刑命令，并宣称谁执行这一命令谁将被暗杀；并发誓谁执行命令，谁将被带入法庭（谁也没敢执行这一命令）。墨西哥战争爆发后，他组建成第一密苏里志愿骑兵团参战（1846 年）。1846 年 6 月，率部离开利温沃斯堡，开赴圣菲，该部六个星期后到达目的地，此后卡尼将该部划分后，命多尼范指挥新墨西哥的战局。多尼范所部在埃尔帕索遭优势兵力的墨西哥军队进攻，1846 年 12 月 25 日，多尼范打破敌之进攻后追击墨西哥军队，1847 年 2 月，他率部向南进至奇瓦瓦，2 月 28 日在萨克拉门托河岸的野战阵地上打败优势兵力的墨西哥军队。随后向萨尔蒂略进军，后转向马塔莫罗斯，5 月 21 日结束了萨尔蒂略战役。1854 年他重新开始法律事务，后再次被选入立法机关。1861 年 2 月，作为和谈代表，他站在华盛顿特区一方，反对分裂，但坚持密苏里的中立。1861 年 6 月暂时在民兵中任少将，但因家庭原因离职。内战爆发后，在圣路易渡过，1887 年 8 月 8 日卒于密苏里的里士满。

ACD

参考：Dufour，Charles L.，The Mexican War：A Compact History. New York，1968.
DAMB.
WAMB.

邓尼茨，卡尔（Donitz，Karl，1891—1980 年） 纳粹德国海军元帅、主要战犯之一。参加主要战争：第一次世界大战（1914—1918 年）、第二次世界大战（1939—1945 年）。

邓尼茨 1891 年 9 月 16 日生于柏林附近的格林瑙镇，1910 年 4 月 1 日加入德国海军。一战期间在潜艇上服役，这些经历使他确信正确组织潜艇战役的可行性。尽管 1919 年凡尔赛条约限制德国潜艇力量，战后他仍留在德国海军。1935 年被任命为潜艇部队司令，在 30 年代末德国潜艇扩军中担当领导角色。1939 年 10 月 1 日二战开始不久即被提升为海军少将，此后仍作为旗舰长官指挥潜艇部队。虽然潜艇部队并未做好战争准备，邓尼茨仍策划并指挥了成功的对盟军北大西洋运输线的作战。其为争取额外资源的努力常使他与其他兵种以及海军总司令雷德尔（一个比较传统的海军上将，主张水面作战）发生冲突。由于他的成功，1940 年被提升为海军中将，1942 年升海军上将。1943 年 1 月 30 日替代雷德尔担任海军总司令，仍兼潜艇部队司令。虽德国海军在北大西洋奋力作战，但到 1943 年中期盟军仍决定性地占了上风，尽管战争末期引入了技术上如排气管这样的技术革新（使得内燃机在浅水区能正常运作以节省电池），以及 1945 年春大力改进二十一型潜艇，仍不能扭转盟军优势。1945 年 4 月 30 日希特勒在遗嘱里任命邓尼茨继任元首职务，接替了临近崩溃的第三帝国以及 5 月 7 日的谈判投降。后在纽伦堡受审并认定犯战争罪，判处在施潘道监狱 10 年监禁（1945—1956 年）。释放后在汉堡附近生活，1980 年 12 月 24 日卒于心脏病突发。

作为一位有战略思想的海军军官，邓尼茨对盟军运输的潜艇战相当成功。尤其是 1941—1942 年，相对于盟军的对抗力量，潜艇不仅占据数量优势且战果辉煌。其

狼群战术的建立和发展，再加上水下及水面输送的充足燃料补给，以及空中的侦察搜寻，更使他表现出一位狡诈善变且颇富怪才的气度。

BRB and VBH

参考：Bekker, Cajus, The German Navy, 1939—1945. New York, 1974.

Davidson, Eugene, The Trial of the Germans. New York, 1966.

Dönitz, Karl, Memoirs: Ten Years and Twenty Days. London, 1958.

Werner, Herbert, Iron Coffins. New York, 1969.

杜立特，詹姆斯·哈罗德（Doolittle, James Harold, 1896—?） 美国陆军航空兵上将。参加主要战争：第一次世界大战（1917—1918 年）、第二次世界大战（1941—1945 年）；参加主要战役（战斗）：空袭东京（1942 年）、北非战役（1942—1943 年）、对德国的战略轰炸（1942—1945 年）、对日本的战略轰炸（1944—1945 年）。

杜立特 1896 年 12 月 14 日生于加利福尼亚州阿拉迈达。毕业于洛杉矶初级学院和加利福尼亚大学。1917 年 10 月征召进入陆军预备役部队。一战期间（1917—1919 年）被派往通信军团担任飞行教练。1920 年 7 月被委任为陆军航空兵中尉。1922 年 9 月 4 日进行首次不到 14 小时的穿越大陆飞行。后进入马萨诸塞州技术研究所，1925 年获理学博士学位。1929 年 9 月制造第一个全天候着陆飞行器。1930 年 2 月辞去委任而担任壳牌石油公司航空部经理，帮助开发新的航空燃料。1932 年创造世界飞行速度新纪录，1940 年 7 月以少校衔回到陆军航空兵部队服役。1942 年 4 月 18 日策划并实施了著名的袭击东京行动，带领 16 架 B—25 双引擎轰炸机，从“大黄蜂”号航母上起飞，冒险袭击了日本本土，此举极大地鼓舞了美军士气。空袭之后在中国着陆。4 月 19 日晋升陆军准将，并派往英国，9 月在此组建第十二航空队。晋升临时陆军少将，在“火炬”作战行动中指挥该航空部队，攻占法属北非。1943 年 3 月—1944 年 1 月在地中海战区对德国开展战略空袭行动。1944 年 3 月被提升为临时陆军中将，1944 年 1 月—1945 年 5 月领导第八航空队从英国基地出发对德国实施战略空袭。德国投降以后，随第八航空队转往太平洋战区，参加了冲绳岛战役（4—7 月）和对日本本土的轰炸。1946 年 5 月返回预备役并重新加入壳牌石油公司，担当高级行政职位。1948—1957 年在一系列重要的科学和航空学委员会任职。1959 年从壳牌石油公司和空军预备役退休。此后继续参与科学、航空以及国家安全事务等顾问委员会的工作。

杜立特喜好进攻而又精力充沛，他还是一位精明干练的战术家，是二战中美国陆军航空兵种中最灵活、适应性最强的人物之一。

KS

参考：Craven, Wesley F., and James L. Cate, eds., The Army Air Forces in World War Ⅱ. 6 vols. Chicago, 1948—1955.

Glines, Carroll V., Doolittle's Tokyo Raiders. Princeton, N.J., 1964.

Tunney, Christopher, Biographical Dictionary of World War Ⅱ. New York, 1972.

WAMB.

多尔衮（Dorgon〈Dorgan〉, 1612—1650 年） 中国清初满族将军、摄政王。参加主要战争：灭明战争（1635—1662 年）；参加主要战役（战斗）：山海关之战（1644 年）、扬州之战（1645 年）。

多尔衮生于 1612 年，努尔哈赤第十四子。曾受到良好的传统教育。年轻时便成为出色的骑兵将领。1632 年，其同父异母兄弟皇太极任命他为八旗军大将军。之后率部实施一系列旨在夺取明王朝长城以北疆土的袭击。1640—1642 年，经过长期交战将明军逐出东北，在此期间，经常在皇太极身边指挥作战。1643 年皇太极突然驾崩，随后皇太极之子福临继位，他与堂兄弟济尔哈朗共同辅政。不久义军领袖李自成攻占北京，明崇祯帝和皇后自尽。1644 年初，明总兵吴三桂勾结多尔衮率兵进关，协同对付李自成的义军。5 月，多尔衮亲率八旗精锐骑兵先头部队实施进攻，在山海关打败李自成。6 月 6 日占领北京，即着手改朝换代，建立新的统治朝廷。他明智地录用明朝官员，并采取顺乎民意的措施。为打击明朝残余力量，发起新一轮攻势，1645 年 5 月 13—19 日，在扬州城附近经过一周激战之后，击败了明军主力。为挫败明朝残余力量抵抗，遣八旗兵南下福建、广东两省。后因严重的心脏病发作，卒于 1650 年 12 月。

多尔衮少年时即是一位有才干、富有活力的将军，他尤为精通骑兵作战。尽管他身体虚弱，患有慢性肺病（给他带来巨大痛苦），但他仍积极主动地指挥作战。他也是一位公正、勤奋和富有才干的行政官员。

PWK

参考：Franz, Michael, The Origin of Manchu Rule in China, Baltimore, 1942.

Hummel, Arthur W., Eminent Chinese of the Ch'ing Period. Washington, D.C., 1943—1944.

Kierman, Frank A., and John K. Fairbank, Chinese Ways in Warfare. Cambridge, Mass., 1974.

多里亚，安德列阿（Doria, Andrea, 1466—1560 年） 热那亚总司令，法国海军上将，帝国海军上将。参加主要战争：哈布斯堡-瓦卢瓦战争（1521—1525 年；1526—1530 年；1536—1538 年；1542—1544 年；1547—1559 年）、土耳其战争（1532—1546 年）；参加主要战役（战斗）：那不勒斯包围战（1528 年）、突尼斯之战（1535 年）、普雷韦扎之战（1538 年）、阿尔及尔之战（1541 年）。

多里亚 1466 年 11 月 30 日生于热那亚，是西瓦多·

D

多里亚之子，他们是古老而显赫的热那亚贵族的后裔。幼年成为孤儿，多里亚在年轻时成为一名雇佣兵，起先为教皇服役，后又为意大利亲王服役。约 1510 年，他升为热那亚船队司令，率这只船队袭击和攻击巴巴里海盗。1522 年，当皇帝查理五世征服热那亚后，他转为法兰西国王弗朗西斯效力，并被任命为法国地中海舰队的海军上将。1524 年，当罗马帝国侵入普罗旺斯（法国东南部一地区）并围攻马赛时，多里亚率部攻击帝国的交通线。1525 年 2 月 24 日，弗朗西斯在帕维亚被俘后，多里亚转而为教皇克莱蒙特七世服役，但 1527 年弗朗西斯获释后，又再次追随弗朗西斯。但由于弗朗西斯对其态度不好，一丝感激之情也没有，遂变节转投查理五世，他将其热那亚舰队从那不勒斯包围战中撤出来后，再次攻占热那亚，1528 年 9 月，建立了在帝国保护之下的热那亚共和国。尽管多里亚除担任热那亚舰队司令以外，没有承担任何政府公职，但他却对国会有举足轻重的影响力。作为帝国海军舰队的上将，他率部袭掠地中海的整个中部海域，攻打希腊海岸，抢占科伦和帕特拉斯（1532 年）。1535 年 6—7 月，他帮助查理五世攻占突尼斯。1538 年，他指挥帝国-热那亚-威尼斯联合舰队转战普雷韦扎，9 月 27 日，被巴巴罗萨击败。他的政敌无证据地指控说这次作战的失利是由于他对威尼斯盟友的欺辱造成的，但这是完全不可信的。1541 年 9—10 月，尽管他对查理五世远征阿尔及尔不赞成，仍然伴随查理五世实现了这一计划，但他却颇为隐蔽地放走了大批基督徒。1547 年平息了其政敌的一起政变，1548 年再次平息叛乱。1550 年率舰队惩罚巴巴里海盗，但没有什么战果。在第五次哈布斯堡-瓦卢瓦战争中，法国控制了科西嘉，他率一远征队又恢复了对该岛的控制权，1553—1555 年，他在那里作战达两年之久，取得了部分胜利。至少在 89 岁时，他才退休返回热那亚。1560 年 11 月 25 日卒于热那亚，将其庄园遗留给了其祖侄孙乔万尼·安德列阿·多里亚。

多里亚勇猛、精力充沛，他是一位技术娴熟的战术家和优秀的战略家。但同时，他也十分贪婪、自负、报复心强、无原则和独裁。他是地中海海战中最伟大的将帅之一。

DLB and CCJ

参考：Guilmartin, John F., Gunpowder and Galleys. New York, 1975.

Petit, E., André Doria. Paris, 1887.

EB.

EMH.

多罗申科，彼得（Dorochenko, Peter, 1627—1698 年） 乌克兰将军、统治者。参加主要战争：波兰-乌克兰战争（1648—1654 年）、波土战争（1671—1677 年）。

多罗申科 1627 年生于乌兰克奇里恩。年轻时即是哥萨克军人。哥萨克统领波格丹·赫梅伦斯基赏识其才干，提升他为上校。1663 年出任乌克兰哥萨克轻骑兵副官长，这使他于 1665 年被推选为哥萨克阿塔曼。1668 年，通过与土耳其结盟和承认土耳其为宗主国，谋求在乌克兰建立独立的哥萨克国家。1671 年，与盟友土耳其一道，率哥萨克轻骑兵同波兰作战，并于 1672 年夏协同他们取得一次战役的胜利。因与土耳其结盟不得人心，1676 年被解除哥萨克阿塔曼之职，并被囚禁在莫斯科。1679—1682 年，任维亚特卡军事长官。卒于 1698 年。

Staff

参考：Hrushevsky, Michael, A History of Ukraine. New Haven, Conn., 1941.

道布耳德，阿布纳（Doubleday, Abner, 1819—1893 年） 美国将军。参加主要战争：第二次西米诺尔战争（1835—1843 年）、美墨战争（1846—1848 年）和美国内战（1861—1865 年）；参加主要战役（战斗）：萨姆特堡之战（1861 年）、谢南多厄河谷之战（1861 年）、格罗夫敦之战（弗吉尼亚州马纳萨斯附近，1862 年）、第二次布尔溪之战（弗吉尼亚州马纳萨斯，1862 年）、南山之战（马里兰州，1862 年）、安蒂特姆之战（1862 年）、腓特烈堡之战（1862 年）、钱瑟勒斯维尔之战（腓特烈堡附近，1863 年）、葛底斯堡战役（1863 年）和厄尔利袭击华盛顿之战（1864 年）。

道布耳德 1819 年 6 月 26 日生于纽约的鲍尔斯顿斯帕。曾被人们认为于 1839 年发明了篮球运动（尽管后来的研究表明类似篮球的运动几十年前就出现了）。1842 年毕业于西点军校。参加过第二次西米诺尔战争（1835—1843 年）和美墨战争（1846—1848 年）。1861 年 4 月参加萨姆特堡防御战。1861 年 7—8 月参加谢南多厄河谷之战。1862 年 2 月晋升北方志愿军准将。在格罗夫敦战役（1862 年 8 月 28 日）和第二次布尔溪之战（1862 年 8 月 29—30 日）中先后任旅、师指挥官。在南山之战（1862 年 9 月 14 日）、安蒂特姆之战（9 月 17 日）和腓特烈堡之战（12 月 13 日）中任师长。1862 年 11 月晋升北方志愿军少将。钱瑟勒斯维尔之战（1863 年 5 月 1—6 日）中，在雷诺兹麾下任第一军第三师师长。当雷诺兹在葛底斯堡战役（7 月 1—3 日）中阵亡后，他升为军长。此后，除了在厄尔利袭击首都华盛顿的作战中（1864 年 7 月 2—30 日）指挥过一部分防御部队外，一直担任行政职务。1866 年 1 月恢复正规军中校军衔（在 1863 年 1 月授予）。1867 年 9 月晋升上校，并在得克萨斯州和加利福尼亚州服役。1873 年 12 月退出现役。1871 年出版《1860—1861 年间萨姆特堡和莫尔特里之战回忆录》和《钱瑟勒斯维尔和葛底斯堡》两书。1893 年 1 月 26 日卒于新泽西州的门德姆。

ACD

参考：Boatner, Dictionary.

Warner, Ezra, Generals in Blue. Baton Rouge, 1964.

WAMB.

道格拉斯第四伯爵，阿契波德（Douglas, Archibald, 4th Earl, 约1369—1424年） “泰尼曼”。苏格兰贵族、军人。参加主要战争：欧文·格兰道尔反叛（1402—1413年）、英法百年战争（1337—1453年）；参加主要战役（战斗）：普雷斯顿之战（1400年）、霍米尔登山（伍勒附近）之战（1402年）、什鲁斯伯里之战（1403年）、韦尔纳伊之战（1424年）。

道格拉斯第四伯爵约生于1369年，道格拉斯第三伯爵“冷酷者”阿契波德之子。年轻时参加苏格兰与英格兰进行的边境战争。1400年后期在普雷斯顿附近击败由珀西父子和其苏格兰同盟者马奇伯爵乔治·邓巴尔率领的一支军队。1402年9月14日在霍米尔登山之战中被珀西父子的一支袭击特遣队的先头部队击败，被俘。之后，为珀西父子和欧文·格伦道尔作战，参加什鲁斯伯里之战，但再次被俘（1403年7月21日）。1405—1412年，几次充当赴苏格兰协商释放詹姆斯一世国王的特使。1413年道格拉斯获释，率领1万苏格兰人返回法国，帮助法国反抗英格兰，被封为图赖讷伯爵。在韦尔讷伊之战中他指挥法国-苏格兰联军的右翼军队，在与贝德福德公爵和索耳兹伯里伯爵指挥的英格兰军队的一场混战中阵亡（1424年8月27日）。

道格拉斯伯爵是一位勇敢、富有攻击精神的军人，但像许多中世纪军人一样，他缺乏战略眼光和战术技巧。

DLB

参考：Burne, Alfred H., The Agincourt War. London, 1955.

Holmes, George, The Later Middle Ages, 1272—1485. New York, 1966.

Maxwell, Sir H., History of the House of Douglas. N. p., 1902.

Oman, Sir Charles W. C., The Art of War in the Middle Ages. 2 vols. London, 1924.

杜黑，吉利奥（Douhet, Giulio, 1869—1930年） 意大利陆军少将和军事理论家。参加主要战争：意大利-土耳其战争（1911—1912年）和第一次世界大战（1915—1918年）。

杜黑1869年生于卡佩尔塔，1892年被任命为炮兵少尉。1909年之后参加意大利空军的创建，意大利-土耳其战争期间在利比亚指挥一支空中轰炸部队（世界上的第一支）。第一次世界大战爆发时任步兵师参谋长，1915年升为陆军航空局局长。1915年下半年因批评总指挥部的陆军领导人而遭到审判并监禁。1918年初在卡波雷托（科巴里德）灾难（1917年11月）之后被重新召回，任命为中央航空局局长。1921年他出版了著名的《制空权》一书，后退休致力于写作。1922年曾短时间在墨索里尼的法西斯政府中任航空兵司令，但很快再次退休，卒于1930年。

杜黑主要是因为《制空权》和其他几本关于空中力量的小书而出名。他把飞机看成是难以实施真正防御的最强大的进攻武器，他预见到利用航空兵器打击敌国的城市、交通枢纽和工业区，他还强烈呼吁空中力量的独立以及研制“战斗机”——一种非特定用途的战斗航空兵器。他并不打算让其理论为世界所共识，他的战略思想受第一次世界大战中意军经验和20世纪20年代意大利并不值得羡慕的战略形势的强烈影响。他是第一位、也可能是最伟大的空中力量的理论家。

DLB

参考：Douhet, Giulio, The Command of thc Air. Translated by Dino Ferrari. Washington, D. C., 1983.

Ropp, Theodore, War in the Modern World, 2d ed. New York, 1962.

Warner, Edward, “Douher, Mitchell, Seversky: Theorists of Air Warfare,” in Makers of Modern Strategy, edited by Edward Mead Earle et al. Princeton, N.J., 1943.

道丁第一男爵，休·卡斯沃尔·特里门希尔（Dowding, Sir Hugh Caswall Tremenheere, 1st Baron, 1882—1970年） 昵称“呆板的人”，英国空军元帅。参加主要战争：第一次世界大战（1914—1918年）、第二次世界大战（1939—1945年）；参加主要战役（战斗）：不列颠之战（1940年）。

道丁1882年4月24日生于苏格兰邓弗里斯的莫法特。在温彻斯特和桑赫斯特皇家军事学院接受教育。1900年任炮兵少尉。1900—1910年在印度和远东服役。1910—1912年在坎伯雷皇家参谋学院学习，期间对军用航空产生兴趣。1912年获得飞行执照，但仍是个炮兵，直到1914年才转入皇家空军服役。1914—1918年在法国和英格兰任参谋和指挥职务。1915年晋升中校。1917年晋升准将。战后虽与特伦查德个性不和，但仍留在皇家空军任上校。1922—1925年任驻英格兰南部的第一航空大队队长。1925—1926年任伊拉克军区参谋长。1926—1929年任空军部训练局局长。1929年，巴勒斯坦（今以色列）和外约旦（今约旦）发生骚乱期间，任驻该地区皇家空军司令。1929—1930年任内陆区空军司令。1930—1936年任航空研究与发展委员会委员，期间促进了雷达、“飓风”和“逆火”式飞机的研制。1936年7月任皇家空军战斗机司令部总司令。在任期间强化了空军的组织体制，强调雷达和无线电通信的作用。在不列颠之战（1940年7月8日—10月30日）期间，主要负责对不列颠领空实施有效的防御。1940年11月8日，由威廉·肖尔托·道格拉斯接任战斗机司令部总司令。1940—1942年任飞机制造部驻美国代表团成员。1942年退役。1943年获男爵头衔。卒于1970年。

道丁因其缺乏幽默个性而被昵称为“呆板的人”。他固执又常爱发脾气，但极有魄力和非凡的战略战术才能，

使其在世界史上最具决定性的一场战斗中赢得了胜利。

DLB

参考：Collier, Basil, The Leader of the Few. London, 1957.

Pfannes, Charles E., and Victor A. Salamone, The Great Commanders of World War Ⅱ, Vol. Ⅱ: The British. New York, 1981.

Townsend, Peter, Duel of Eagles. New York, 1970.

Wright, Robert, The Man Who Won the Battle of Britain. New York, 1969.

德雷福斯，阿尔弗雷德（Dreyfus, Alfred, 1859—1935 年） 法国陆军军官。

德雷福斯 1859 年 10 月 19 日生于阿尔萨斯的米卢斯，是一个犹太纺织品生产商的儿子。在综合工艺学校学习时，他就决定投身军旅。当炮兵军官时，他的生活很平淡，晋升上尉后，在陆军部任见习参谋（1893 年）。1894 年 9 月，他被指控在一封信（“备忘录”）中向德国泄露了军事机密，10 月被捕入狱，并被指控犯有通敌罪。当时，在法国国内有一种强烈的反闪米特人情绪，这导致德雷福斯受到不公正的审讯，并被判定有罪，判处终身监禁，1894 年 12 月被送往法属圭亚那魔岛服刑。后来，关于德雷福斯一案的疑问开始出现，法国的一些开明社会团体向政府施加强大压力，要求修改对德雷福斯的判决。事实证明备忘录是少校 C.F. 沃尔辛-埃斯泰拉齐所为，然而可洗刷德雷福斯罪名的报告却被法国总参谋部的高层人物给压了下来。这一事件在法国变成了政治问题，在开明人士中更是如此，他们要击败保守政府，并削弱贵族军队的势力。1899 年在政治家乔治·克列孟梭和作家埃米尔·左拉的支持下，德雷福斯一案得以重新审理。1906 年 7 月 22 日德雷福斯被宣布无罪，恢复了少校军衔。这次事件后的很多年中，德雷福斯事件极大地削弱了法国军官阶层的势力。他继续在陆军服役，几年后转入预备役。第一次世界大战爆发后，他应召返回现役部队，任中校并负责指挥一个弹药纵队。1918 年退役，1935 年 7 月 12 日卒于巴黎。

ACD

参考：Halasz, Nicholas, Captain Dreyfus: The Story of Mass Hysteria. New York, 1955.

Paleologue, Maurice, An Intimate Journal of the Dreyfus Case. New York, 1957.

德鲁埃·德尔隆，让·巴蒂斯特伯爵（Drouet d'Erlon, Count Jean Baptiste, 1765—1844 年） 法国元帅、第一任阿尔及利亚总督。参加主要战争：法国大革命战争（1792—1799 年）与拿破仑战争（1800—1815 年）、法国侵略阿尔及利亚（1830—1847 年）；参加主要战役（战斗）：苏黎世之战（1799 年）、霍恩林登（慕尼黑附近）之战（1800 年）、奥斯特利茨（斯拉夫科夫）之战（1805 年）、但泽（格但斯克）之战、弗里德兰（普拉夫金斯克）之战（1807 年）、韦特斯-德奥尼奥罗之战（1811 年）、滑铁卢之战（1815 年）。

德尔隆 1765 年 7 月 29 日生于兰斯，后加入博若莱团（1782 年），任上尉（1793 年）和勒费夫尔的副官（1794 年）。任准将时参加了第二次苏黎世战斗（1799 年 9 月 26—30 日）。在霍恩林登之战（1800 年 12 月 5 日）中负伤。奥斯特利茨之战（1805 年 12 月 2 日）中效力于第一军团。在但泽之战（1807 年 3 月 10 日—5 月 24 日）和弗里德兰之战（6 月 14 日）中分别担任勒费夫尔和朗恩的参谋长，在弗里德兰之战中再次负伤。受封为德尔隆伯爵（1809 年 1 月），并被任命为巴伐利亚集团军的参谋长（3 月）。调往西班牙（1810 年 8 月）后被任命为埃斯特雷马杜拉总督。韦特斯-德奥尼奥罗之战（1811 年 3 月 3—5 日）中在马森纳军中任师长，曾参加维多利亚之战（1813 年 6 月 21 日），后在玛亚之战（7 月 25 日）、尼韦勒河（阿伊诺阿附近）之战（11 月 10 日）和圣皮埃尔-蒂鲁比（巴约纳附近）之战（12 月 13 日）中在苏尔特的麾下任师长。在撤回法国期间（1814 年）以及厄尔泰兹之战（2 月 27 日）和图卢兹之战（4 月 10 日）中继续在苏尔特麾下供职。“第一次复辟”期间任第十六国民师师长，后去职重新加入拿破仑的“百日王朝”（1815 年），任北方集团军第一军团司令。接到奈和拿破仑分别从卡特勒布拉（比利时的尼维勒附近）和利尼发出的相互冲突的求援命令，后对两人都未能予以支援（6 月 16 日）。滑铁卢之战（6 月 18 日）中任中路指挥。第二次复辟期间被判死刑，但逃亡巴伐利亚，在那里受到国王马克西米利安一世的庇护（1816 年）。在慕尼黑附近经营了一家啤酒厂，化名施米特男爵。撤消死刑判决后返回法国（1825 年）。历任驻南特的第十二国民师师长（1830 年）、阿尔及利亚大总督（1834 年 7 月—1835 年 7 月）。后为法国元帅（1843 年 4 月）。1844 年 1 月 25 日卒于巴黎。

德尔隆是一位勇敢、精明的指挥官和优秀的参谋长。关于他既未能参加卡特勒布拉之战也未能参加利尼之战的过失，应该与奈共同负责；他对拿破仑忠心耿耿。

VBH

参考：Drouet, Comte d'Erlon, Mémoires. Paris, 1884.

Houssaye, Henry, 1815: Waterloo. Paris, 1893.

德鲁苏斯，尼禄·克劳狄乌斯（Drusus, Nero Claudius, 公元前 38—前 9 年） 罗马将军。参加主要战争：同日耳曼人的作战（公元前 15—前 9 年）。

德鲁苏斯生于公元前 38 年，在名义上是罗马奥古斯都提比略·克劳狄乌斯·尼禄与利维娅·德鲁茜拉的小儿子，而事实上他父母都曾离过婚，而且他母亲在他出生前不久才同这位奥古斯都结婚。公元前 15 年，跟随其兄长提比略（后来的皇帝）在阿尔卑斯地区作战。公元前 13 年，出任高卢地区的总督。公元前 12—前 9 年，实施

了一系列远征作战，深入到日耳曼人的居住地，平定了弗里西亚人、乔西人、凯鲁斯西人和卡蒂人，并构筑了莱茵河至北海的运河。公元前11年为执掌军权的执政官。公元前10年为地方总督。公元前9年为执政官。同年到达易河，但不幸堕马受伤，卒于一个月之后。

德鲁苏斯在古代有着良好的声誉，但是却没有多少证据能支持这种结论，因为其征战过程的资料没有保留下来。他在日耳曼地区的作战，其主要目的是想在莱茵河以外建立起罗马的一个新的行省。

SAS

参考：EB.
OCD.

杜伊利乌斯，盖尤斯（Duilius, Gaius，约公元前300—前225年） 罗马将军。参加主要战争：第一次布匿战争（公元前264—前241年）；参加主要战役（战斗）：西吉斯塔和迈利（迈拉佐）之战（公元前260年）。

杜伊利乌斯的早期生平不详。公元前260年出任执政官。当他的同僚格·科·西庇阿·阿西纳在公元前260年春在利巴里岛海岸被迦太基人俘虏后，他接替了指挥官的职务。他意识到海上力量不足，发明了带有挠钩的登船桥。公元前260年夏或秋季，他率领这支装备新式武器的舰队，在西西里北部海岸的迈利附近重创迦太基舰队。罗马为他举行了盛大的凯旋仪式，以庆祝罗马有史以来的第一次海战胜利。公元前258年任监察官，公元前231年，为解决选举中的争端，任命他为独裁官。

SAS

参考：Polybius, Histories.
EB.
OCD.

杜木里埃，查理·弗朗索瓦·杜·佩里埃（Dumouriez, Charles François du Perrier，1739—1823年） 法国将军。参加主要战争：七年战争（1756—1763年）、法国大革命战争（1792—1799年）和拿破仑战争（1800—1815年）；参加主要战役（战斗）：瓦尔米之战（1792年）、热马普之战（1792年）、内尔温登（在列日附近）之战（1793年）。

杜木里埃1739年1月25日生于康布雷，是军人之子。七年战争期间，随其父旅游至汉诺威，随后于1758年参加志愿骑兵团。1760年，他两次负伤后被俘，被遣返回国后，于1762年被开除出现役，随后赴热那亚帮助热那亚人反对保利集团的科西嘉人叛乱，然而不久又转而支持保利集团反对热那亚人（约1762—1767年）。1768年，他随法国远征军开入科西嘉。1770年，应路易十五的邀请，随外交使团几次出访波兰，不久的1773年又访瑞典。1778年驻防瑟堡，其任务主要是发展建设该港的设施。1788年任瑟堡的国防司令。1790年参加雅各宾党，后于1791年转至南特地区，任第十二步兵师师长。1792年3月15日，被任命为外务大臣，并开始着手准备同第一次反法同盟国的战争（1792年4月20日）。6月12日任国防部长，三天后就被解职，被提升为中将，8月16日接替拉斐特任北方面军司令。9月20日在瓦尔米之战中打败普鲁士军队，随后转而指挥比利时陆军，9月6日，他在热马普打败了奥地利军队并征服该国。后再次转入北方面军，并入侵荷兰，1793年3月18日，在内尔温登战役中被奥地利军队打败，被迫撤退。不久他同奥地利军队上校卡尔·马克密谋，将比利时割让给奥地利，随后向巴黎进军。此举失败后，他于4月5日逃亡奥地利。他拒绝了在俄国政治避难的请求，而生活在瑞士和德国，1800年作为游击战顾问赴西班牙，不久又作为韦尔斯利的顾问帮助韦尔斯利入侵法国（1814年）。第二次复辟后，曾申请返法，但遭到路易十八的拒绝。1823年3月14日卒于流放图尔维利时。

杜木里埃是一位优秀的野战指挥员、战术家、军事顾问。他也是一位有才能的政治家。但由于他的野心和对王朝的不满而使之背叛了祖国和大革命事业，而这一事业是他开始一直支持的。

VBH

参考：Jomini, Histoire des guerres de la Révolution. Paris, 1838.
Phipps, The Armies of the First French Republic, Vols. 1—3 Oxford, 1936—1939.
Six. G., Dictionnaire biographique des généraux et amiraux français de la Révolution et de l'Empire(1792—1814). Paris, 1934—1938.

邓莫尔第四伯爵，约翰·默里（Dunmore, John Murray, 4th Earl of，1732—1809年） 英国殖民地总督。参加主要战争：邓莫尔勋爵之战（1774年）。

邓莫尔生于1732年，斯图亚特家族后裔，苏格兰贵族。其爵位为袭封（1756年）。曾任贵族院议员（1761—1770年），后被任命为纽约总督（1770年）。任弗吉尼亚总督（1771年）后，特别关心西部土地。为镇压位于俄亥俄河上游谷地的肖尼人，他征召了一支由3000名民兵组成的部队，后率2000弗吉尼亚民兵前往匹兹堡。在他推进之前，肖尼人在西弗吉尼亚的波因特普莱森特被安德鲁·路易斯的军队打败（10月10日）。在政治方面，他以具有革命倾向为理由三次解散弗吉尼亚议会（1772年、1773年、1774年），当他夺取殖民地的火药库时引发了一场武装起义（1775年4月）。他在一艘英国军舰上避难的同时宣布戒严，但一支正规军在诺福克附近的大桥之战（1775年12月9日）中失败后，邓莫尔没有在大陆保住一块立足点。次年7月他被赶出格温岛上的据点后，在回到英国之前曾溯波托马克河而上发起袭击。后再次出任参议院议员，担任巴哈马群岛总督（1787—1796年）。1809年初卒于拉姆斯盖特。

邓莫尔虽然基本上不是一位军事领导人，但却在其与印第安人的作战和与美洲起义部队的冲突中表现出热

情和献身精神。

Staff

参考：Thwaites, Reuben Gold, and Louise Phelps Kellogg, eds., A Documentary History of Dunmore's War, 1774. Madison, Wisc., 1905.
Boatner, Encyclopedia.
EB.

杜邦，赛米尔·弗朗西斯（Du Pont, Samuel Francis, 1803—1865 年） 美国海军上将。参加主要战争：美墨战争（1846—1848 年）和美国内战（1861—1865 年）；参加主要战役（战斗）：瓜伊马斯之战（1846 年）、马萨特兰之战和拉巴斯之战（墨西哥，1847 年）、罗亚尔桑德港之战（1861 年）和查尔斯顿之战（1863 年）。

杜邦 1803 年 9 月 27 日生于新泽西州的伯尔根波因特（纽约城附近），是经济学家比埃尔·赛米尔·杜邦·德·奈穆尔之孙。1815 年成为海军军官候补生，先是在地中海服役（1817 年），后在欧洲和南美海域任职，1826 年 4 月晋升海军上尉，1843 年 1 月晋升海军中校。1845 年在太平洋分舰队供职，任舰队司令斯托克顿海军准将的“国会”号旗舰的舰长。1846 年 7 月从夏威夷返回旧金山后指挥“塞恩”号海岸炮舰。9 月运送约翰·查·弗里芒特的部队赴圣地亚哥，指挥了海岸作战和在下加利福尼亚州沿岸的登陆行动，在 1846 年 10 月 7 日炮击瓜伊马斯和 1847 年 11 月 11 日于马萨特兰的陆上作战行动中表现出色。后率舰去解圣约瑟·德尔嘉宝之围，但当他抵达时，为时三周的围攻已被突破（1848 年 2 月 14 日）。后在岸上任职数载，从事引进蒸汽动力和海军学院的组织工作。1855 年曾在存有争议的灯塔局工作。1857—1859 年率“明尼苏达”号战舰到中国威逼订立不平等通商条约，1860 年任费城海军造船厂厂长。1861 年 6 月 27 日作为海军会议委员会资深成员参入制定内战的战略。任南大西洋封锁分舰队的司令，11 月 7 日率舰队攻占南卡罗来纳州罗亚尔桑德港的南军要塞。1862 年收到国会的致谢，并晋升为海军少将。1863 年 4 月 7 日曾试图夺取坚固设防的查尔斯顿，经过两个小时的进攻，被迫登舰撤退。后被约翰·阿·B. 达尔格伦海军上将取代，他退居特拉华州威尔明顿附近的家中，就谁应为查尔斯顿的失败负责与海军部卡吉迪恩·威尔斯发生争议。1865 年 6 月 23 日卒于宾夕法尼亚的费城。

杜邦是一位能干的指挥官，而且是一位著名的技术改革者。他在查尔斯顿的失败并非由于缺乏献身精神。其与众不同的外表颇为引人注目。

KH

参考：Du Pont, H. A., Rear-Admiral Samuel Francis Du Pont, United States Navy. New York, 1926.
EB.
WAMB.

杜波塔尔，路易·勒贝克·德·普雷勒（Duportail, Louis Lebeque de Presle, 1743—1802 年） 法国将军。参加主要战争：七年战争（1756—1763 年）、美国独立战争（1775—1783 年）；参加主要战斗：布兰瓦恩之战、日耳曼敦之战（两地均位于宾夕法尼亚境内）（1777 年）、蒙茅斯（位于新泽西的弗里霍尔德附近）之战（1778 年）、约克镇（弗吉尼亚）之战（1781 年）。

杜波塔尔 1743 年生于皮蒂维耶。毕业于梅济耶尔军事学校（1761 年），不久在任军事工程师时名声大震。为大陆军中的事务而受雇于本杰明·富兰克林和赛拉斯·迪恩（1776 年），被委任为工兵上校（1777 年初）。曾参加布兰瓦恩之战（9 月 11 日）和日耳曼敦之战（10 月 4 日）。晋升为准将（11 月），并帮助选定和加固了瓦利堡营地（12 月）。参加了新泽西战役（1778 年 6 月）并进行了蒙茅斯战斗（6 月 27 日）。在约克镇围城战（1781 年 10 月）中负责工程作业。他的近迫堑壕是 18 世纪军事工程的经典之作。晋升少将（11 月）后回到法国（1782 年）。曾参与拿破仑军队的军事整编工作（1783—1788 年）。后被任命为军事部长（1790 年 11 月），但在其朋友和保护人拉斐特失势后被解职（1791 年 12 月），并在威胁下退役（1792 年），后流亡美国（1794 年），1802 年卒于返回法国途中的海上。

JCC

参考：Kite, Elizabeth S., Brigadier-General Louis Lebèque Duportail, Commandant of Engineers in the Continental Avmy, 1777—1783. Baltimore, 1933.

E

E

埃克，艾拉·克拉伦斯（Eaker, Ira Clarence, 1896—1987 年） 美国陆军航空兵将领。参加主要战争：第一次世界大战（1917—1918 年）、第二次世界大战（1941—1945 年）；参加主要战役（战斗）：对德国的战略轰炸（1942—1945 年）。

埃克 1896 年 4 月 13 日生于得克萨斯中部的菲尔德克雷克。毕业于俄克拉何马东南州立师范学院。1917 年美国参战时入伍。1917 年 11 月，转入航空部队服役。1918 年 9 月成为飞行员。1919—1922 年，在菲律宾服役三年。1924—1926 年，在航空勤务部长办公室任职。1926—1927 年，参加了首次泛美友好飞行之旅。1933 年，获南加利福尼亚大学新闻学学位。1935 年晋升少校。1936 年毕业于航空兵战术学院。1937 年毕业于指挥与参谋学院。1936 年，首次实施纯粹靠仪表操纵的横贯大陆的飞行，并与亨利·H. 阿尔诺德将军合著《这次飞行运动》一书。1937 年回陆军航空部部长办公室任职。1941 年，晋升战时上校，任纽约州米切尔机场第二十驱逐机大队队长。同年出版与阿尔诺德将军合著的《空中战争》一书。1942 年 1 月，晋升战时准将。7 月赴英国任第八轰炸机司令部司令。8 月 17 日，指挥 B—17 轰炸机空袭鲁昂，这是美军首次对欧洲被占地区实施大规模轰炸。9 月，晋升战时少将。12 月，任第八航空队司令，指挥了对德国工业设施连续不断的精确轰炸。1943 年 1 月 14—23 日，在卡萨布兰卡会议上，罗斯福总统和丘吉尔首相决定将对德国的战略轰炸攻势作为盟军战争行动的重要方面。埃克对促成这项决定发挥了关键作用。1943 年 9 月，晋升战时中将。1944 年 1 月，任地中海盟军空军司令。6 月，制定了从意大利经德国直至苏联的首次穿梭轰炸计划，并指挥了对意大利的轰炸。1945—1947 年，任陆军航空兵副司令和空军参谋长。1947 年 8 月退役，转入美国航空工业部门工作，在军事和航空领域著述颇丰。1970 年，入选俄亥俄州代顿的航空名人博物馆。1987 年 8 月 6 日，卒于马里兰州安德鲁斯空军基地。

埃克是一位很得力的指挥官，他精力旺盛，富于想象力。盟军二十四小时连续不断的战略轰炸战役之所以被采纳，主要是他竭力提倡白天轰炸的结果。不论是在天气恶劣，还是在人力物力不足的情况下，他都能有效地指挥轰炸作战。

KS

参考：Craven, Wesley F., and James L. Cate, eds., The Army Air Forces in World War Ⅱ. 6 vols. Chicago, 1948—1955.

Tunney, Christopher, Biographical Dictionary of World War Ⅱ. New York, 1972.

EB.

WAMB.

爱德华一世（Edward Ⅰ, 1239—1307 年） 绰号“长腿”、“法典制定者”、“对苏格兰人的大锤”。英格兰统治者。参加主要战争：英格兰内战（1263—1265 年），第一次（1276—1277 年）、第二次（1282—1283 年）与第三次（1294—1295 年）威尔士战争，盎格鲁-苏格兰诸战争（1296 年、1297—1305 年、1306—1307 年）；参加主要战役（战斗）：路易斯之战（1264 年）、纽波特之战、伊夫哈姆之战（均为 1265 年）、邓巴之战（1296 年）、福尔柯克之战（1298 年）、斯特灵桥之战（1304 年）。

爱德华一世 1239 年 6 月 17 日生于伦敦威斯敏斯特，国王亨利三世和普罗旺斯的埃利亚诺的长子。1254 年获得了众多的称号和土地，前往卡斯蒂利亚与国王阿方索十世的同父异母妹埃利亚诺成亲（10 月 31 日?）。因其威尔士领地发生动乱而返回英格兰。由于缺乏国王和边境贵族的支持，其平息动乱的努力失败（1255 年 11 月）。与其母的亲戚关系密切，这使他不得人缘。但在其各位叔叔被放逐之后，倒向其叔西蒙·德·蒙特福特（1258 年）。开始时他支持蒙特福特和威斯敏斯特的神职人员反对其父（1259 年 10 月），但得罪了男爵派，后亨利原谅了他（1260 年 5 月）。被其父派往加斯科涅

(1260—1263年)，于内战前夕回国，但他那喜好争执的性格损害了保皇党人的目标。在路易斯之战（1264年5月14日）中，他的鲁莽冲锋击溃了部分男爵军，他的鲁莽追击却使男爵们的其他部队打败并俘获了亨利。不久，爱德华向西蒙·德·蒙特福特投降，但得以逃匿（1265年5月）。他就任保皇军统帅，在纽波特打败蒙特福特（7月8日），这一战是历史上最光辉的作战之一（无疑是不列颠最光辉的作战）。他将蒙特福特赶入威尔士，然后转兵在凯尼尔沃思打败并几乎歼灭了蒙特福特之子小西蒙率领的另一支男爵军队（8月1日）。置其军队的疲劳于不顾，通过强行军快速回军以迎击从威尔士向英格兰进军的蒙特福特军，并在伊夫哈姆将其打败，救出了父亲（8月4日）。亨利这时授予其保皇派的实际控制权，但他的残酷惩罚政策或许是叛乱者投降之前抵抗时间拉长的结果（1265年秋—1266年夏）。曾计划与法国国王路易九世一起参加第八次十字军东侵，但由于资金匮乏，抵达的时间推迟，抵达时路易已死（1270年8月）。他在阿尔切登陆，从那里多次袭入圣地，但除获得了勇敢与活跃的名声外几乎一无所获（1271年5月—1272年9月）。返回英格兰的途中于西西里得知其父去世的消息（1272年11月16日），尽管此前曾镇压过贵族，但他没有引起风波。他缓缓归国，直到1274年8月19日才举行加冕典礼。其统治前期的大部分时间（1275—1290年）用于法律与行政改革，大多数改革是谨慎和成功的。入侵威尔士，平定了卢埃林·埃布·格菲德亲王的叛乱（1276—1277年）。此后，为加强英格兰的政权，沿威尔士海岸修建了一系列王家城堡（哈勒赫、卡那封等）。再次平定卢埃林及其弟大卫的叛乱（1282—1283年），他对最后一场叛乱（1294—1295年）的严厉镇压使威尔士安定了一个多世纪。前往加斯科涅以恢复秩序并改革那里的行政（1286—1289年），但与法国围绕加斯科涅的不断纷争导致了一场短期的对法战争（1297—1299年）。与此同时，他卷入了苏格兰的棘手事务中。当时，苏格兰国王亚历山大三世及其孙女挪威的玛格丽特去世（分别为1286年和1290年）后，苏格兰王位无人继承。苏格兰各诸侯要求他在众多要求袭承王位的人中进行裁决，他要求他们接受他的宗主地位，他们接受了这一要求（1292年）。之后，他选择约翰·德·贝利奥尔为苏格兰国王（1292年）。爱德华对其宗主权力的坚持使得苏格兰贵族强制贝利奥尔与法国结盟，故此，爱德华入侵并征服了苏格兰（1296年）。在法国进行了一场短暂而没有结果的作战（1297年。见上文）之后，他返回苏格兰以平息威廉·华莱士的起义。他在福尔柯克之战（1298年7月22日）赢得了辉煌的胜利，但是，尽管进行了长期而又耗资巨大的作战（1298—1303年），还是未能彻底制服苏格兰人。夺取了斯特灵（1304年），并以叛国罪处死了华莱士（1305年）。他不在苏格兰期间，再度爆发了罗伯特·布鲁斯领导的叛乱（1306年）。1307年7月7日返回苏格兰途中卒于卡莱尔附近桑兹河畔的巴勒。

爱德华一世可能是英格兰最伟大的国王，他无疑是中世纪英格兰最伟大的法典制定者。作为勇士，他也许还是不列颠历史上最伟大的将军，他不仅外表俊美——高大、强壮、仪表堂堂，而且是天才的战术家、战略家和军队勇敢而具有感召力的统帅。他向贤明而具有独立见解的大臣征求意见，是一位谨慎而又公正的统治者。在这方面，他克制了自己的暴躁脾气和独裁倾向。

CCJ

参考：Morris, John Edward, The Welsh Wars of Edward Ⅰ. 1901. Reprint, New York, 1969.

Powicke, Sir Frederick, et al., The Battle of Lewes, 1264. Lewes, 1964.

Prestwick, Michael, War, Politics, and Finance under Edward Ⅰ. Totowa, N.J., 1972.

Salzman, Louis Francis, Edward Ⅰ. London, 1968.

爱德华二世（Edward Ⅱ，1284—1327年） 英国统治者，爱德华一世的第四子，威尔士第一王子。参加主要战争：英格兰-苏格兰战争（1314—1323年）、兰开斯特暴动（1322年）；参加主要战役（战斗）：班诺克本之战（1314年）、布鲁夫布雷几之战（1322年）。

爱德华三世（Edward Ⅲ，1312—1377年） 英格兰统治者。参加主要战争：苏格兰战争（1327—1328年、1333年）、英法百年战争（1337—1453年）；参加主要战役（战斗）：哈利登山之战（贝里克附近，1333年）、勒伊斯之战（1340年）、克勒西之战（1346年）、加来围攻战（1346—1347年）。

爱德华三世1312年11月13日生于温泽，国王爱德华二世和王后伊莎贝拉的长子。为摆脱德斯彭瑟势力的控制，1325年与其母逃至欧洲大陆。1326年同埃诺省的菲力帕定婚。1326年9月同母后伊莎贝拉及她的情夫罗杰·德·莫蒂默返回英格兰，共同发动一场反对爱德华二世的贵族反叛，废黜并于1327年9月谋杀了爱德华二世。1327年1月25日其父被废黜后，爱德华三世名义上立即接管统治，但实权却掌握在摄政伊莎贝拉和莫蒂默手中。1327年夏对苏格兰作战无功而返，次年被迫签订《北安普顿条约》，承认苏格兰独立。1328年1月24日与菲力帕结婚。1330年6月15日菲力帕为他生子，即黑太子爱德华。是年10—11月在诺丁汉将莫蒂默拿获并处死，然后毕恭毕敬地将其母后放逐到一块王室封地，开始了自己独立的君主统治。在约翰·德·贝利奥尔支持下武装干涉苏格兰，并于1333年7月19日在哈利登山击败苏格兰军队。1336—1337年与法国国王菲利普四世就加斯科涅是否应臣属菲利普一事，及菲利普对查理四世的继承权问题发生争吵，他重提对法国王位的要求，由此导致1337年爆发战争。1337—1338年在佛兰德建立基地。1340年1月自称“法国国王”。1340年6月24日在勒伊斯海战中全歼法国舰队。1342年在布列塔尼指挥

一次决定性战役。1346 年 7 月 12 日率军在瑟堡附近登陆入侵法国并向内地挺进。7 月 27 日攻占卡昂。险些为菲利普四世数量上优势较大的军队包围，他横渡塞纳河逃脱，当即遭到法军的跟踪追击。1346 年 8 月 26 日回师与追击的法军在克勒西遭遇，彻底战胜菲利普的军队。同年 8 月包围法国加来港，翌年 8 月攻占。1348 年在法国作战期间正式制定了嘉德勋位制度。1350 年在温奇尔西经血战战胜西班牙舰队。1348—1349 年黑死病流行，延缓了战争的节奏。1355 年战争旋即活跃起来。1356 年 9 月 19 日其子“黑太子”在普瓦提埃之战中取得对法王约翰指挥的法军的巨大胜利，法王约翰亦在此战被俘。他不久又再次兴兵法国，并于 1360 年夏率军直抵巴黎城下。是年 10 月 24 日与法国签订了《布勒丁尼和约》（沙特尔附近）。致力于强化英格兰在法国的领地，但是当法国元帅勃特朗·迪·盖克兰支持加斯科恩反叛，他被迫放弃对法国王位的要求。1368 年他再次宣战，重提对法国王位的要求。将战争的指挥权大部交于其子。1369 年菲利普王后——著名的艾丽斯·费勒斯去世，爱德华三世深深陷入悲痛之中（约 1371—1376 年间）。他将王权很大程度上交于第三子冈特的约翰。1376 年 6 月 8 日爱德华（黑太子）又去世，他悲痛万分，仅仅一年时间后便于 1377 年 6 月 21 日卒于里士满。

爱德华三世具有超凡的精力和杰出的才能。作为一位将军，他是一位高明的战术家，不过他缺乏其祖父那样的战略眼光。作为一位统治者，他为公正、自由和仁爱而战。他本质上是一位骑士。

DLB

参考：Allmand, G. T., Society at War: The Experience of England and France During the Hundred Years' War. New York, 1973.

Burne, Alfred H., The Agincourt War: A Military History of the Latter Part of the Hundred Years' War from 1369—1453. 1956. Reprint, Westport, Conn., 1976.

______, The Crécy War: A Military History of the Hundred Years' War, from 1337 to the Peace of Brétigny, 1360. 1956. Reprint, Westport. Conn., 1976.

Froissart, Jean, Chronicles. Translated and edited by Geoffrey Beresford. New York, 1968.

Hewitt, Herbert James, The Organization of War Under Edward Ⅲ, 1338—1362. New York, 1966.

Nicholson, Ranald, Edward Ⅲ and the Scots: The Formative Years of a Military Career, 1327—1335. Oxford, 1965.

Seward, Desmond, The Hundred Years War. New York, 1978.

爱德华四世（Edward Ⅳ，1442—1483 年） 英格兰国王。参加主要战争：红白玫瑰战争（1455—1487 年）、远征法国（1475 年）；参加主要战役（战斗）：北安普顿之战（1460 年）、莫蒂默十字路口之战（莱姆斯特附近，1461 年）、陶顿之战（塔德卡斯特附近，1461 年）、巴讷特之战（1471 年）、蒂克斯伯里之战（1471 年）。

爱德华四世 1442 年 4 月 28 日生于诺曼底的鲁昂，约克公爵理查和威斯特摩兰伯爵之女塞西丽·奈维尔之子。1459 年约克发动的暴动失败后，他与其叔沃里克伯爵查理逃至加来。1460 年 6 月与沃里克军队在肯特登陆并攻占伦敦。是年 7 月 10 日参加北安普顿之战，此战约克派获得胜利。当他得知其父死于韦克菲尔德，即参加向威尔士的进军。迅速集中一支军队，1461 年 2 月 2 日在莫蒂默十字路口之战中粉碎彭布罗克伯爵和威尔特希尔伯爵指挥的兰开斯特派军队。虽然沃里克在第二次圣奥尔本斯之战中失利，他仍疾进伦敦，并于 3 月 4 日在威斯敏斯特自立为王。尔后挥师北进，与沃里克会合，并于 3 月 29 日在陶顿击败兰开斯特军队，之后返回伦敦，于 6 月 28 日加冕。由于对沃里克的野心和拥有的权势及影响不满，着手加强自己的权力。为使沃里克陷入窘境，1464 年 5 月 1 日与伊丽莎白·伍德维尔秘密结婚，直到 9 月才正式公开，而当时沃里克正在与法王路易十一谈判。他宠信伍德维尔的亲戚，使沃里克进一步陷入孤立，并剥夺了沃里克对朝野的影响（1464—1468 年）。1467 年与勃艮第的（急性者）查理公爵结盟，此事诱发路易十一支持沃里克反对他。1469 年 7 月沃里克在约克将他逮捕，随后他于 10 月间逃出。不久沃里克和爱德华四世之弟克拉伦斯公爵乔治在兰开夏郡的暴动中失败后出逃法国（1470 年 3—4 月）。在亨利六世的遗孀玛格丽特王后和其兰开斯特派流放者的支持下他们准备发动入侵（9 月），爱德华四世被迫准备对抗。然而 10 月蒙塔古伯爵约翰·奈维尔背叛他，他被迫逃至尼德兰。他在其弟格洛伦斯的理查（后来的理查三世）的陪同下，去劝说本不情愿的查理（急性者）帮助他。1471 年 3 月他率一支小部队在雷文斯珀登陆，大胆和迅速地机动、隐蔽地绕过沃里克的军队进军伦敦，并在此招募了更多的军队。4 月 14 日在巴讷特之战中他首先进击沃里克，粉碎了其军队，并杀死劲敌沃里克。同一天玛格丽特与其子爱德华在多塞特登陆，进军威尔士。希望能得到那里支持，他以更快的速度前进，经过艰苦行军后，在蒂克斯伯里抓住了兰开斯特派军队，在随之发生的战斗中，他彻底歼灭了对手（5 月 4 日）。重返伦敦，于 5 月 21—22 日坚守该城抗击兰开斯特派夺取该城的企图。在接下来的几年时间里较稳定。1475 年 5 月率领大军入侵法国，原估计会得到勃艮第人的支持，但希望化为泡影。他同意从法国撤军，条件是法国向他支付大量的现金和年金（8 月），拥有这笔钱可使他在财政上摆脱对议会的依赖。1478 年以谋叛罪逮捕并处死其弟克拉伦斯公爵乔治。1482 年法国路易十一拒付年金，盛怒之下准备再次入侵法国，但未待起兵，便于 1483 年 4 月 9 日卒于威斯敏斯

特。

爱德华四世长相漂亮，具有领袖人物的魅力，他大胆，富有进取精神，在中世纪，像他这样精通战略的人是不多见的。尽管作为一位年轻人，他容易轻信他人，在政治上还显幼稚，但频繁地背叛，使他变得无情和多少有点残酷。

DLB

参考：Clive, May, This Sun of York: A Biography of Edward Ⅳ. New York, 1974.

Gillingham, John, The Wars of the Roses. Baton Rouge, 1981.

Ross, Charles Derek, Edward Ⅳ. Berkeley, Calif., 1974.

Scofield, Cora Louise, The Life and Reign of Edward Ⅳ. 2 vols. New York, 1967.

爱德华（黑太子）（Edward, the Black Prince, 1330—1376年） “伍德斯托克的爱德华”。英格兰将军、统治者。参加主要战争：英法百年战争（1337—1453年）、卡斯蒂利亚内战（1350—1369年）；参加主要战役（战斗）：克勒西之战（1346年）、普瓦提埃之战（1356年）、纳赫拉之战（1367年）。

黑太子爱德华1330年6月15日生于伍德斯托克，英格兰国王爱德华三世和王后菲力帕的长子。1343年5月其父封其为威尔士亲王。1346—1347年间在法国北部其父麾下效力。在1346年8月26日的克勒西之战中，他崭露头角，并在战中被封为骑士。作为首批嘉德勋位获得者，1355年被派往法国担负独立的指挥任务。在随后1355—1357年两年作战期间，他于1356年9月19日进行的普瓦提埃之役中大败法军，俘虏法王约翰二世，并将其作为战俘押解英格兰。1361年10月与其堂妹肯特伯爵夫人寡妇琼结婚。1362年受封阿基坦公爵。作为阿基坦公爵离开英格兰多年（1363—1372年），在此期间统治其封地，并干涉西班牙内政。然而，他在阿基坦的统治并不成功，因为阿基坦人大都不希望任人摆布，而爱德华的重税又迫使他们反抗。1367年为恢复国王佩德罗（残酷者）的王位，发动一次对卡斯蒂利亚的远征。1367年4月3日在纳赫拉之战中，击败特拉斯特马尔的亨利（在加利西亚）和法国元帅勃特朗·迪·盖克兰，并恢复了佩德罗的王位。在他不在职期间，阿基坦的臣民起义，该起义对迪·盖克兰提供了支援，从而促成英法百年战争重开战端。他对起义进行无情的镇压，但只是部分地达到目的。这些镇压以其在1370年10月劫掠利摩日城达到极点，但这件事却使其名声扫地。他的健康日渐衰竭，遂于1371年1月返回英格兰。1372年10月把自己的公国交给父亲。1376年支持友善议会的改革者，反对其弟冈特的约翰和艾丽斯·费勒斯，不久于1376年6月8日卒于威斯敏斯特。后来其子理查二世继承祖父的王位。

黑太子爱德华是一位勇敢善战的军人，有才干的战术家，他也是一位野心勃勃、反复无常的行政官员，他似乎天生就不懂得什么是妥协和安抚。迪·盖克兰在阿基坦的获胜是预料中的事情，黑太子爱德华的失利很大程度上是因他在那里的统治不得人心。其“黑太子”的绰号是因为人们认为他在克勒西和普瓦提埃之战中常身着黑色盔甲，故此得名。

CCJ

参考：Burne, Alfred H., The Agincourt War. 1956. Reprint, Westport, Conn., 1976.

______, The Crécy War. 1995. Reprint, Westport, Conn., 1976.

Chandos Herald, The Life and Feats of Edward the Black Prince. Edited and translated by M. Francisque. London, 1883.

Harvey, John, The Black Prince and His Age. New York, 1976.

Hewitt, Herbert James, The Black Prince's Expedition of 1355—1357. Manchester, 1958.

埃格蒙特伯爵，拉莫拉尔（Egmomt, Lamoral, Count of 1522—1568年） 荷兰弗莱芒族将军和政务家。参加主要战争：第五次哈布斯堡-瓦卢瓦战争（1547—1559年）；参加主要战役（战斗）：圣康坦之战（1557年）、格拉沃利讷之战（1558年）。

拉莫拉尔1522年11月18日生于埃诺地区东拉阿迈德，是埃格蒙特伯爵约翰四世的第二个儿子。1541年继承父亲爵位。1553年被封为加伏里公爵。1554年参与了西班牙国王菲利普与英格兰女王玛丽联姻一事的谈判工作。1557年8月10日，他领导轻骑兵在圣康坦之战中战胜西班牙总督指挥的军队，由此扬名。1558年7月13日，在格拉沃利讷之战中战胜由保罗·德·塞梅斯指挥的法国军队。1559年任佛兰德和阿图瓦执政，是位备受人们崇敬的政务家。此后，他作为组织者，与奥兰治亲王威廉和霍恩伯爵菲利普·德·蒙莫朗西一道支持国王菲利普二世让荷兰独立的做法。1564年，他协助荷兰废黜卡迪纳耳·格兰维勒的职务，并将其驱逐出境。1565年1月，他拜见菲利普国王，并对其施加压力，以改变西班牙对荷兰的宗教政策，但未成功。后来，拉莫拉尔既表示支持西班牙政府，也不显露出对国王的不忠行为，并于1566年仍尽力镇压加尔文教徒的起义。1567年春天，拉莫拉尔转而效忠帕尔马女王玛格丽特，因而被任命为该地驻军司令。同年9月9日，他与霍恩伯爵一道被阿尔瓦公爵逮捕，囚禁在根特。1568年春，拿骚的路易军队向北挺进时，他被转移囚禁在布鲁塞尔。同年6月4日，他被臭名昭著的布隆议会宣判死刑。1568年6月5日，他先于霍恩伯爵和其他贵族被处死。

作为一位天才的军事统帅，他有能力依靠自己的优势摆脱困境。在执政弗拉芒期间，他表露出现代管理意

识，因而招致菲利普国王的忌妒。歌德为赞颂他，编写了《埃格蒙特》剧本，贝多芬为该剧谱写了插曲。

CCJ

参考：Avermaete.J.，Lamoral d'Egmont. Brussels，1943.
Juste，T.，La comte d'Egmont et le comte de Hornes. Brussels，1862.
Oman，Sir Charles W. C.，The Art of War in the Sixteenth Century. New York，1937.

恩格纳蒂乌斯，格利乌斯（Egnatius，Gellius，卒于公元前 295 年） 萨谟奈酋长和将军。参加主要战争：第三次萨谟奈战争（公元前 298—前 290 年）；参加主要战役（战斗）：森提努之战（前 295 年）。

埃伦斯韦德，卡尔·奥古斯特伯爵（Ehrensvärd，Count Karl August，1745—1800 年） 瑞典海军将领。参加主要战争：俄国-瑞典战争（1788—1791 年）；参加主要战役（战斗）：维堡之战（1789 年）。

埃伦斯韦德生于 1745 年，是奥古斯丁·埃伦斯韦德伯爵之子。其父奥古斯丁·埃伦斯韦德伯爵原为日尔曼籍军人，后成为瑞典陆军元帅，曾修建与赫尔辛福斯（赫尔辛基）附近的斯韦阿堡相联的四岛要塞。与俄国战争期间担任瑞典主力舰队司令官时，在维堡附近的第一次斯文斯基松德之战（1789 年 8 月 24 日）中战败。之后被解除指挥权。国王古斯塔夫三世死后成为瑞典海军总司令（1792—1794 年）。主持其父设计并修建的斯韦阿堡大要塞的改善工作。该要塞区中（1808—1809 年战争中）击退了俄军的所有进攻，而且在克里木战争期间击退了英法军队（由俄军指挥）的进攻。埃伦斯韦德退役后一直致力于艺术与科学，卒于 1800 年。

TM

参考：Columbia Encyclopedia. New York，1936.
WBD.

艾克尔伯格，罗伯特·劳伦斯（Eichelberger，Robert Lawrence，1886—1961 年） 美国陆军上将。参加主要战争：第一次世界大战（1917—1918 年）、西伯利亚远征（1918—1920 年）、第二次世界大战（1941—1945 年）；参加主要战役（战斗）：新几内亚-新不列颠战役（1942—1944 年）、布纳-戈纳（加拉拉、巴布亚新几内亚）战役（1943 年）、菲律宾战役（1944—1945 年）。

艾克尔伯格 1886 年 3 月 9 日生于俄亥俄州厄巴纳。1903—1905 年，在俄亥俄州立大学学习。1909 年毕业于西点军校，在步兵部队中任职。1915 年晋升中尉。1917 年晋升上尉。期间在南部和西南部驻军中担任各种职务。第一次世界大战中从事训练和参谋工作。1918 年 8 月，晋升战时少校，任威廉·格雷夫斯将军的西伯利亚远征军助理参谋长。1919 年，因在西伯利亚远征中战功卓著获多枚勋章，并晋升战时中校。后在菲律宾和天津服役，1921 年晋升少校。1921—1924 年，在陆军参谋部军事情报处任职。1926 年毕业于指挥与参谋学校。1926—1929 年，仍在利文沃斯堡任参谋军官。1930 年毕业于陆军军事学院。1931—1935 年，在西点军校任人事行政参谋和秘书。1934 年晋升中校。1935—1938 年，在陆军参谋部任秘书。1938 年 8 月晋升上校，任驻旧金山第三十步兵团团长。1940 年 11 月晋升战时准将，任西点军校校长。1942 年 3 月，晋升战时少将，任第七十七步兵师师长。6 月，担任过短时间的第十一军军长，后任在澳大利亚集结的第一军军长。9 月，指挥第一军参加了新几内亚的战斗。10 月，晋升战时中将。1942 年 11 月 20 日—1943 年 1 月 22 日，指挥部队对布纳-戈纳的日军筑垒阵地发动坚决有效的突击，取得地面战斗的重大胜利。1943 年 1 月—1944 年 7 月，率部参加了麦克阿瑟将军指挥的新几内亚-新不列颠战役中的后续行动。1944 年 9 月，任第八集团军司令。12 月，继克罗伊格将军的第六集团军后，率第八集团军在菲律宾的莱特岛登陆。1945 年 1—4 月，指挥了吕宋岛的作战行动。期间于 2 月占领克拉克机场。2 月 3 日—3 月 4 日，解放了马尼拉。2 月—8 月 15 日，指挥了解放比萨扬群岛（位于宿务和帕奈之间）和包括棉兰老岛在内的南部群岛的战斗。7 月，负责整个菲律宾群岛的战事。8 月 30 日，抵达厚木机场，开始实施占领日本的行动。1946 年 1 月，其第八集团军承担了驻日本地面部队的防务。1948 年 9 月，由日本回国。1950 年出版了《通向东京的荆棘之路》一书。1954 年 7 月，以上将军衔退役。1961 年 9 月 26 日，卒于北卡罗来纳州的阿什维尔。

艾克尔伯格是一位思维敏捷、周密，意志坚定的指挥官。在新几内亚、新不列颠和菲律宾群岛战役期间，他成为在山地和丛林地带对顽强的敌人实施成功的攻势作战的专家，他总能以适当的代价如期达成作战目标。他还是一位聪明、有建树的军事科学学者，如果条件允许，他会取得更大的名声。

KS and DLB

参考：Eichelberger，Robert L.，Our Jungle Road to Tokyo. New York，1950.
Milner，Samuel，Victory in Papua. United States Army in World War Ⅱ：The War in the Pacific. Washington，D.C.，1957.
Smith，Robert Ross，Triumph in the Philippines. United States Army in World War Ⅱ：The War in the Pacific. Washington，D.C.，1963.
Tunney，Christopher，Biographical Dictionary of World War Ⅱ. New York，1972.
WAMB.

艾希霍恩，赫尔曼·冯（Eichorn，Hermann von，1848—1918 年） 德国陆军元帅。参加主要战争：普法战争（1870—1871 年）和第一次世界大战（1914—1918 年）；参加主

要战役（战斗）：第二次马祖里湖区之战（1915 年）。

艾内姆，卡尔·冯（有时称冯·罗特马勒）（Einem, Karl von 〈Sometimes, von Rothmaler〉, 1853—1934 年） 德国将军。参加主要战争：第一次世界大战（1914—1918 年）；参加主要战役（战斗）：香槟之战（1915 年）、第二次埃纳河攻势（1917 年）和默兹-阿尔贡攻势（1918 年）。

艾内姆生于 1853 年。1903—1909 年任德军陆军部长，致力于扩建重装部队和为现代战争而进行军队建设。1914 年 9 月（?）取代马克斯·冯·豪森将军，出任在法国的德国第三集团军司令。1915 年 2—3 月和 9—11 月间，他击退了法军的香槟和马恩河攻势。1917 年 4 月 16 日—5 月 15 日尼韦尔攻势（第二次埃纳河攻势）期间，他防御贝当中央集团军群中的安东尼的第四集团军的进攻，使其所得甚少。7 月 15—17 日间其右翼的部分部队为鲁登道夫香槟-马恩河攻势中的左翼实施最大的突进发挥了作用，并掩护了德军第一集团军的东翼。9 月 26 日—11 月 11 日默兹-阿尔贡攻势期间，他的部队遭到美国将军潘兴统率的美国远征军的沉重打击，被迫向北撤退。1919 年退出军界，卒于 1934 年。

BRB

参考：Buchan, John, History of the Great War. 5vols. Boston, 1922.
WBD.

艾森豪威尔，德怀特·戴维（Eisnhower, Dwight David, 1890—1969 年） 又称“艾克”。美国五星上将、政治家。参加主要战争：第二次世界大战（1941—1945 年）；参加主要战役（战斗）：北非-突尼斯战役（1942—1943 年）、西西里战役（1943 年）、意大利战役（1943—1945 年）、诺曼底登陆战役（1944 年）、德国战役（1944—1945 年）。

艾森豪威尔 1890 年 10 月 14 日生于美国得克萨斯州的丹尼森，但却在堪萨斯州的阿比林长大。1915 年毕业于西点军校，在 1917—1918 年间的第一次世界大战期间在国内任军事训练教官。1920 年晋升少校军衔。1922—1924 年到巴拿马美军基地任职。1926 年以优异的成绩毕业于陆军指挥参谋学院。1928 年毕业于陆军军事学院。1933—1935 年担任陆军参谋长道格拉斯·麦克阿瑟的助理。1935—1939 年被派往菲律宾任职。1941 年夏，任第三集团军参谋长的艾森豪威尔在组织军事演习方面表现突出，作为对其成绩的认同，被晋升为临时准将。1941 年 12 月—1942 年 6 月任陆军作战计划处处长助理，期间于 1942 年 4 月晋升为少将。同年 7 月 25 日被任命为欧洲战区司令和驻欧洲美军司令，11 月被任命为实施在法属北非登陆的“火炬”作战行动盟军司令。随后在 1942 年 11 月 17 日—1943 年 5 月 13 日亲自指挥攻占突尼斯的作战。同年，艾森豪威尔指挥盟军向意大利进军，7 月 9 日—8 月 17 日征服西西里，9 月 3 日—10 月 8 日攻人意大利半岛。1943 年 11 月底，奉命前往伦敦，指导拟订跨越英吉利海峡的作战计划。12 月被任命为盟军最高司令官。1944 年 6 月 6 日—7 月 24 日，指挥盟军在诺曼底地区进行的大规模的两栖登陆作战行动——“霸王”作战行动，并于 7 月 25 日—9 月 14 日突破德军防线，夺占了法国北部。9 月 17—26 日，尽管违背了他自己制定的宽广正面战术，但还是同意实施蒙哥马利提出的考虑欠妥的作战行动——“花园”作战行动。同年 12 月，艾森豪威尔晋升为五星上将。1944 年 12 月 16 日—1945 年 1 月 19 日，在阿登岬角战役中，他挫败了德军发动的反攻，并于 2 月 8 日，指挥盟军重新转入进攻。3 月 7—23 日盟军跨过莱茵河，3 月 28 日—5 月 8 日把战争推进德国本土，并于 1945 年 5 月 7—8 日迫使纳粹德国无条件投降。1945 年 5—11 月，出任盟国驻德国占领军司令。1945 年 12 月—1948 年 2 月出任美国陆军参谋长。退役后于 1948 年 2 月—1950 年 12 月任哥伦比亚大学校长。1948 年出版了他的战争回忆录《远征欧洲》。1950 年 12 月，应杜鲁门总统之召，出任第一任欧洲盟军最高司令官、北大西洋公约组织武装部队总司令之职。1952 年夏，退出现役并做为共和党候选人参加总统竞选，同年击败了对手民主党候选人史蒂文森入主白宫，并于 1956 年连任美国总统。艾森豪威尔政府因他个人的处事性格和他几次严重的疾病打上了烙印：当然包括 1953 年 7 月结束朝鲜战争和 1958 年 6 月 15 日—8 月 21 日美国干涉黎巴嫩，以此来保护中东国家免受冷战时期苏联势力的渗透等事件。他还于 1958 年 4 月加强了国防部长的权威，并改革参谋长联席会议的工作方式。1959 年同苏联的赫鲁晓夫举行戴维营会谈。1961 年 1 月 21 日，在参加了约翰·F. 肯尼迪的总统就职典礼之后，他退出了政治舞台。经过长时间住院医治无效，1969 年 3 月 28 日卒于华盛顿特区。

艾森豪威尔的豪爽、谦逊、诚实以及他天生的政治嗅觉、战略及组织才能，使他成为理想的盟军司令官。他制定的宽广正面战术（同时也受到过批评），使得盟军内部的争吵降到最低程度。

DLB and KS

参考：Ambrose, Stephen E., The Supreme Commander. Garden City, N. Y., 1970.
Eisenhower, Dwight D., Crusade in Europe. New York, 1948.
——, Mandate for Change. New York, 1963.
Pogue, Forrest C., The Supreme Command. N. p., 1954.
Sixsmith, E. K. G., Eisenhower as Military Commander. New York, 1972.

艾曼纽埃尔·菲利贝尔，萨伏依公爵（Emmanuel Philibert, Duke of Savoy, 1528—1580 年） 萨伏依将军和统治者。参加主要战争：最后一次哈布斯堡与瓦卢瓦战争

(1547—1559年)；参加主要战役（战斗）：圣康坦之战(1557年8月10日)。

艾曼纽埃尔1528年7月8日生于尚贝里，是萨伏依公爵查理三世和葡萄牙的比阿特丽斯夫妇之子。1536年他哥哥路易斯去世后，他成为萨伏依公爵的继承人。1545年他效力于母舅国王查理五世领导的罗马帝国军队。在1547—1559年的瓦卢瓦与哈布斯堡最后一次战争中，他以作战稳健和勇猛而赢得了威信和荣誉。1553年6月27日被任命为驻佛兰德神圣罗马帝国军队总指挥。7月他率军从法国人手中夺取了埃丹。8月他继承父爵。成为萨伏依公爵。1557年，指挥西班牙-神圣罗马帝国联军入侵法国北部。8月10日在圣康坦之战中大胜法军。这使他赢得西班牙人的信任，更加支持他重建受战争破坏的萨伏依地区。他打算进军巴黎，但是遭到谨慎的菲利普二世反对。1559年，《卡托-康布雷齐和约》达成后，为了巩固萨伏依和法国的和平成果，他与法国国王亨利二世的妹妹玛格丽特结为连理，并把五个边境要塞让与法国，同样也让与西班牙两个边境要塞。他像个君主一样统治萨伏依，组织建立了民兵，重新构筑了正规财政秩序，以意大利语作为官方语言。1562年他的儿子查理·艾曼纽埃尔出生，同年从法国手中，收复了四个边境要塞。他竭力与法国和瑞士保持友好关系。当曼图亚的公爵们争夺蒙费拉时，他宣布蒙费拉为其宗主国。1572年，他组建了一支小舰队，在勒班陀海战的后期效力于神圣同盟。在攻打萨卢佐公爵领地时，于1580年8月30日卒于都灵。

艾曼纽埃尔不仅是一位足智多谋的统治者，也是一位精明强干的军事家。

CCJ

参考：Quazza, R., Emanuele Filiberto e Guglielmo Gonzaga. Turin, 1929.

Segre, A., and P. Egidi, Emanuele Filiberto. 2 vols. Turin, 1928.

EB.

WBD.

埃米希，奥托·冯(Emmich, Otto von, 1848—1915年) 德国将军。参加主要战争：第一次世界大战（1914—1918年)；参加主要战役（战斗)：列日之战（1914年)。

昂吉安伯爵，弗朗索瓦·德·波旁(Enghien, François de Bourbon, Count of, 1519—1546年) 法国将军。参加主要战争：第四次哈布斯堡-瓦卢瓦战争（1542—1544年)；参加主要战役（战斗)：尼斯之战（1543年)、切雷索莱阿尔巴之战（1544年)。

昂吉安生于1519年，其父为旺多姆公爵查理四世，其母为弗朗索瓦·达伦坎。1537年任埃诺总督。1542年参加卢森堡之战。1543年指挥法国-土耳其联合舰队之法军部队攻打帝国重镇尼斯，1543年底，任命为皮蒙特及其他法属意大利岛总督。不久他又相继攻占了几座城镇。1544年4月14日在著名的切雷索莱阿尔巴之战中打败帝国军队。同年底，他又相继攻克卡里尼昂、圣达米亚诺、蒙卡利里。后被任命为朗格多克总督，1546年在一偶然事件中被杀。

昂吉安是无畏的，他在作战中从不顾及自己的安全，他的行为更象是一位武士而不是一位指挥员。

AL

参考：Courcelles, Jean Baptiste de, Dictinnaire historique et biographique des généraux français. 3 vols. Paris, 1820—1823.

Monluc, Blaise de. Commentaires. Edited by Paul Courteault. Paris, 1964.

Oman, Sir Charles W. C., The Art of War in the Sixteenth Century. New York, 1937.

本竹秋（武扬）(Enomoto, Takeaki〈Buyo〉, 1836—1908年) 日本海军上将和政治家。参加主要战争：复位战争（戊辰战争，1868年）和暴动（1868—1869年)；参加主要战役（战斗)：淡路海峡之战（1868年）和函馆之战(1869年)。

本竹秋生于1836年，其父是德川幕府的中级武士。1853—1856年其青年时代，接受荷兰式的教育，后入荷兰人开办的长崎海军训练中心学习。1861—1866年间被幕府送往荷兰，学习自然科学和国际法，并目睹了奥地利和普鲁士对丹麦的战争（1864年)。回国后成为海军高级军官，先是任海军专员，后在德川幕府跨台前夕任海军司令（1868年1月)。在随后的复位战争中，他曾在淡路海峡与反德川的明治天皇军队进行了一场非决定性的海军炮战，这是那次战争中唯一著名的海军作战行动。他不甘心于德川幕府的失败，于是在北海道发动暴动，宣布成立“共和国”。经浴血奋战数次挫败天皇军队征服该岛的企图，但终在1869年6月于函馆被打败。他投降并于1869—1872年遭监禁，由于他熟谙西欧知识而获释。后参与北海道的开发，并任新海军的海军中将，作为特使前往沙俄（1874—1876年)。1875年与沙俄缔结了以库页岛换取北半部千岛群岛的条约。1876—1882年返回日本任海军卿，但他的影响力受到萨摩藩势力的制约。1882—1884年任驻中国大使，后相继任掌管交通、教育、外交、农业和经济的大臣。1887年获封子爵，1892年任枢密官。卒于1908年。

本竹秋是一位受过西方教育，但仍忠于德川幕府的武士，然而他与同时代的大多数人一样，能够和新的帝国政府和平相处，并努力为之服务。

DE

参考：Kublin, Hyman, “Admiral Enomoto and the Imperial Restoration,” U. S. Naval Institute Proceedings, Vol. XXIX, No. 4 (April 1953).

EB.

WBD.

恩维尔帕夏(Enver Pasha,1881—1922年) 土耳其将军和政治家。参加主要战争：第一次（1912—1913年）和第二次（1913年）巴尔干战争、第一次世界大战（1914—1918年）和苏俄国内革命战争（1918—1922年）；参加主要战役（战斗）：埃迪尔内之战（1913年）和萨勒卡默什之战（1914年）。

恩维尔1881年11月23日生于伊斯坦布尔，其父是艾哈迈德·贝伊，是阿卜杜拉·哈米德二世苏丹亲近的顾问。1902年他作为参谋军官以上尉军衔毕业于军事学院，到位于萨洛尼卡（塞萨洛尼基）的第三军任职，当时该地是革命的民族主义者的活动中心。1903年加入秘密的青年土耳其组织，前往马其顿领导一支土耳其骑兵游击部队反对希腊和保加利亚的支持者。作为1908年革命的组织者之一，1909年3月与马茂德·舍夫克特一起向伊斯坦布尔进军，此举导致阿卜杜拉·哈米德二世的退位。1909—1911年间任驻德武官，对德国人的效率和组织性留下深刻印象。在与意大利争夺利比亚的战争中返回土耳其，在昔兰尼加城外实施防御直到停战（1912年10月15日）。1912年10月20日巴尔干战争爆发时他在非洲，他及时赶回土耳其，1913年1月23日发动政变，使青年土耳其党获得政权。2月（?）被任命为参谋长，7月22日在德国将军奥托·利马·冯·赞德尔斯的帮助下，他攻陷埃迪尔内，此举使其成为民族英雄。1914年2月任陆军部长，实际上与塔拉特帕夏和贾迈勒帕夏形成三头政治。10月土耳其加入同盟国时他实际上是土军总司令。11月他在高加索发动攻势，但在12月29日的萨勒卡默什之战中被击退，并损失惨重。1916年1月英军从加利波利撤退后，他的影响力和名望得到一些恢复，但另一结果是他面对与穆斯塔法·凯末尔的竞争。1918年初他曾成功地一度侵占巴库。德国的军事崩溃结束了他在中亚地区实行的泛土耳其的统治。10月达成《穆德罗斯停战协定》后，他旅居德国，在那里出版了关于意大利战争的回忆录《的黎波里》。1919年初前往莫斯科以获得对其中亚计划的支持，其核心是推翻凯末尔在土耳其的新政府，在印度给英国制造麻烦。他被允许前往土耳其斯坦，显然是让其帮助鼓动在那里的革命。1921年他参加了巴斯马赤暴乱，1922年8月4日在塔吉克的杜尚别附近被苏维埃武装击毙，关于他的死亡还有一些资料提供了其他情况。

当他拥有一个切实可行的计划时，恩维尔是一位有能力的组织者和明智的指挥官，然而由于他的自大、缺乏可行的计划以及密谋的破坏，他的宏伟梦想难以成真。

DLB

参考：Allen, W. E. D., and Paul Muratoff, Caucasian Battlefields. Cambridge, 1953.

Lord Kinross, Ataturk. New York, 1964.

Ramsaur, E. E., The Young Turks. Princeton, N.J., 1957.

EB.

WBD.

也先·台吉·瓦剌(Esen Taiji Khasa(Essen-Buka),卒于1452年) 蒙古族首领。

也先1439年承父蒙古西部首领之位。他极力仿效成吉思汗，致力于建立新的蒙古帝国。他中止向明廷纳贡，并率军奔袭至长城，此举导致明王朝做出反应。1449年9月初，明英宗皇帝和专权的太监王振率大约50万大军从北京向北进发。由于对方在数量上占有压倒优势，故他避免与对手直接交战，集中骚扰明朝军队的补给线。8月30日他歼灭了明军后卫部队。几天后又将明军主力包围于土木堡附近（张家口）。在随后发生的战斗中，瓦剌军杀王振，掳明皇帝（12月2日）。之后率部攻击北京，被击溃。携明英宗皇帝返回蒙古。此后，将赌注押在这位被俘的皇帝身上，企图以此人质作为谈判的筹码，但是随着明王朝英宗之弟景帝登基，这一企图遂告流产。面对僵局，他决定在无任何赎偿条件下放还明英宗（1450年）。几年后，他被对其不满的部下暗杀（1455年）。

PWK

参考：Michael Prawdin, The Mongol Empire, London, 1952.

艾塞克斯第三伯爵，罗伯特·德弗罗(Essex, Robert Devereux, 3rd Earl of, 1591—1646年) 英国将军。参加主要战争：英法战争（1626—1629年）、第一次主教战争（1639年）、第一次英国内战（1642—1646年）；参加主要战役（战斗）：埃奇希尔之战（班伯里附近）（1642年）、第一次纽伯里之战（1643年）、洛斯特威尔西之战（1644年）。

艾塞克斯伯爵1591年1月生于伦敦，伊丽莎白一世的宠臣艾塞克斯第二伯爵罗伯特·德弗罗的长子。1601年2月8日其父反叛，1601年2月15日被处死后，埃塞克斯被置于詹姆斯一世的监护下。1604年，他继承父亲被恢复了的爵位和封地。1620年，在荷兰霍拉斯·维尔麾下指挥一个志愿团队。1625年9—10月间进行的对加的斯灾难性的远征中，任舰队副司令。1639年春，第一次主教战争正在进行，国王查理一世任命他为副司令。1640年任枢密院顾问。是年，劝国王查理一世召开议会。1642年7月转而反对国王，出任议会军司令。1642年9月底攻克伍斯特和赫里福德。1642年10月23日，在埃奇希尔之战中他的军队损失惨重，尽管此战未分胜负，但阻止了保皇派军队进逼伦敦。11月13日，在特恩汉格林（泰晤士河北）击退保皇派军队。1643年4月15—25日围攻并攻克雷丁。1643年8月底挺进威尔士。是年9月11日顶住鲁珀特亲王骑兵的进攻。1643年9月8—10日救援格洛斯特。后因受挫，被迫组织退却，期

间在纽伯里附近遭到查理一世和鲁珀特亲王保皇派主力的攻击，经激战，艾塞克斯将其击败（1643 年 9 月 19—20 日），尔后退走伦敦。翌年春，率部进军西南，解救莱姆里吉斯（1644 年 6 月 7—8 日）。随后又进军德文，但 8 月 5 日被查理军队围困在洛斯特威尔西。8 月 31 日，遣骑兵赴威廉·巴尔福控制之下的普利茅斯，自己则只身从海上逃走。此后，他陷入包围的军队在弹尽粮绝后，于 1644 年 9 月 2 日向保皇派投降。返回伦敦后，反对创立一支新的军队。1645 年 4 月 2 日辞职。之后不久于 1646 年 9 月 14 日卒于伦敦，葬于威斯敏斯特教堂。

艾塞克斯伯爵是一位经验相当丰富、有才干的军人，但他与其他议会派军队指挥官不和，在其指挥的最后一次战役中亦表现得非常笨拙。

DLB

参考：Devereux, W. B., Lives and Letters of the Devereux Earls of Essex, 1540—1646. 2 vols. London, 1853.
Rodgers, Hugh Cuthbert Basset, Battles and Generals of the Civil War. London, 1968.
Wedgwood, Cicely V., The Great Rebellion. 2 vols. London, 1955—1958.

埃斯坦，查理·埃克托尔·泰奥达特·德伯爵（Estaing, Count Charles Hector Theodat d', 1729—1794 年） 法国海军将领。参加主要战争：七年战争（1756—1763 年），美国独立战争（1775—1783 年）；参加主要战役（战斗）：马德拉斯围城战（1758—1759 年）、圣文森特和格林纳达（均位于向风群岛）之战、萨凡纳围困战（1779 年）。

埃斯坦 1729 年 11 月 24 日生于奥弗涅的鲁维尔葡萄种植园，出身于旧贵族家庭。马德拉斯围城战（约 1759 年）中效力于驻印度的不幸的拉利伯爵麾下，并被英军俘获。宣誓不再与英国为敌后获释，之后返回法国。后违背誓言参与袭击商船活动，再度被俘，监禁于朴次茅斯港内条件恶劣的囚船上。他自然而然地非常仇恨英国人。七年战争结束后获释，继续在法国皇家海军供职。后晋升为海军中将（1777 年）。任舰队司令（1778—1780 年）时，他是美国独立战争中海上作战和此段时间内法英战争的主要人物。尽管在罗得岛的纽波特之战（1778 年 8 月）中，他未能与美国地面部队进行合作而失败，但他在西印度群岛夺取了圣文森特（1779 年 6 月 16 日）和格林纳达（7 月 4 日），并在格林纳达海战（7 月 6 日）中打败了英国海军上将约翰·拜伦的舰队。之后，他前往佐治亚洲的萨凡纳，以其舰队和 4000 名法军围困该城（9 月 12 日）。美国将军本杰明·林肯率约 1200 名大陆军士兵和民兵部队加入围城战（9 月 16—23 日）。埃斯坦不久即因其傲慢和专横与美国人关系疏远。随着围困战进入 10 月，他开始担心其舰队在强烈季风中的安全，并坚持发起进攻。10 月 8 日，法国和美国部队发起进攻，但被击退且损失惨重。为此，埃斯坦和林肯解除包围。后返回法国，继续担任军职，撰写诗歌和悲剧作品，并在法国革命爆发后卷入政治。出任国民自卫队司令（1787 年），后晋升为海军上将（1792 年），但最终在巴黎成为"恐怖统治"的牺牲品。1794 年 4 月 28 日在巴黎被送上断头台。

埃斯坦在君主制下是王室的宠儿，法国革命期间由于在政治上十分敏锐曾显赫一时。他勇敢而有教养。其军旅生涯总体上是一帆风顺的，但他对美国盟友的盛气凌人的态度和不加掩饰的轻蔑毁灭了在纽波特和萨凡纳的重要作战中进行富于成果的合作这一前景。

CCJ

参考：Boatner, Encyclopedia.
Jones, Charles C., Jr., editor and translator, Siege of Savannah, in 1779, as Described in Two Contemporaneous Journals of French Officers in the Fleet of Count d'Estaing. Albany, N. Y., 1874.
Michaud, Biographie universelle, vol. XIII.

埃特雷，弗朗索瓦·安尼巴尔公爵，克夫尔侯爵（Estrées, Duke Frànços Annibal d', Marquis of Coeurres, 1572—1670 年） 法国元帅。参加主要战争：法西战争（1589—1596 年）、萨伏依战争（1600 年）、三十年战争（1618—1648 年）、胡格诺战争（1626—1629 年）；参加主要战役（战斗）：坎波之战（1625 年）。

安尼巴尔生于 1572 年（又说 1573 年），是埃特雷的安托万和弗朗索瓦·巴布·德·拉·布达西尔夫妇之子。最初他准备做一名传教士。但 1594 年他哥哥死于拉昂围攻战之后，他开始从戎。1597 年，参与了亚眠围攻战。1599 年被任命为拉昂总督。1600 年参加了萨伏依之战。1613—1622 年，从事外交事务，被派往瑞士的几个州充当特使。1624 年，他鼓动格里松斯的新教徒造反，反对哈布斯堡的统治，并关闭了战略要道瓦尔泰利纳（位于阿达河沿岸）。1624 年 1 月—1626 年 5 月，他指挥法军与哈布斯堡军队战于瓦尔泰利纳。1624 年，攻占了博尔米奥、蒂拉诺、桑德里奥、莫尔贝尼奥和托纳（科莫湖以北）。1625 年，又夺取了基亚瓦纳。后在坎波附近（瑞士）与罗马帝国交战，未分胜负。1625 年率军围攻里佩未成功。1626 年 10 月 10 日，被封为法国元帅。1629 年参加镇压胡格诺派起义行动，率军攻占了卡尔维森和普里瓦。1630 年出使威尼斯。1630—1632 年，担任驻意大利和法国北部军队司令。1635—1644 年，他作为特使出使罗马。1648 年被封为公爵。1654 年他被任命为法兰西岛执政。卒于 1670 年 5 月。

安尼巴尔作为一位军事家表现一般。他的外交和谈判手腕比起当将军更令外人称道。

AL

参考：Dictionnaire de biographie française. 1933—1979.
Dictionnaire historique de France. Reprint, 1968.
Michaud, Biographie universelle. 1811—1862.

埃塞尔博德（Ethelbald，卒于 757 年） 麦西亚统治者。参加主要战争：与韦塞克斯、诺森利里亚、威尔士进行的战争（716—757 年）。

埃塞尔博德的出生情况以及青少年时代的经历不详。716 年，埃塞尔博德结束流亡生活，继承了塞奥尔雷德的王位，成为麦西亚国王。到了 731 年，亨伯河以南的大部分省份都承认了他的宗主地位。733 年，埃塞尔博德人侵韦塞克斯，夺取萨默顿，同时还占领了伦敦。737 年和 744 年，他两次进犯诺森伯利亚，并于 743 年与威尔士人交战。752 年，西撒克逊人打败了埃塞尔博德。尽管如此，埃塞尔博德的威力和影响依然如故。所以，在他统治后期制定的宪章上使用了“不列颠王”的称谓。

埃塞尔博德事实上是第一位统一英格兰的国王。

TM and DLB

参考：English Historical Documents，c. 500—1042，Vol. Ⅰ. Edited by Dorothy Whitelock. New York，1955.

Stenton，F. M.，Anglo-Saxon England，3d ed. Oxford，1971.

埃塞尔博德二世（Ethelbald Ⅱ，卒于 860 年） 西萨克森统治者。参加主要战争：与丹麦人进行的战争（851—860 年）；参加主要战役（战斗）：奥克利亚之战（851 年）。

埃塞尔博德是埃塞尔伍尔夫的次子，是阿尔弗雷德（后来的大王）的哥哥。早在 847 年，埃塞尔博德就和父亲平起平坐，共同统治韦塞克斯。851 年，他和父亲埃塞尔伍尔夫一起作战，在激烈的奥克利亚战役中大胜丹麦人。854—856 年，埃塞尔伍尔夫去罗马朝觐时，埃塞尔博德独自统治韦塞克斯。856 年，当父亲和查理国王的女儿朱迪思结婚后返回韦塞克斯时，埃塞尔博德与父亲发生争吵，并拒绝交回王位，继续统治王国的西半部分（西半部地区较为富裕）。858 年，埃塞尔伍尔夫死后，埃塞尔博德劝说弟弟埃塞尔伯特让自己统治全部韦塞克斯，形成一个王国，并同父亲的遗孀结婚。卒于 860 年。

埃塞尔博德是一位有野心的武士，能力强但很贪婪。这一时期的一些记载里把他描绘成一位固执己见的邪恶之人。

DLB

参考：The Anglo-Saxon Chronicle. Edited and translated by Dorothy Whitelock. New Brunswick，N. J.，1961.

Mapp，Alf J.，Jr.，The Golden Dragon. La Salle，Ill.，1974.

Stenton，F. M.，Anglo-Saxon England，3d ed. Oxford，1971.

埃塞尔伯特（Ethelbert，卒于 865 年） 西萨克森统治者。

埃塞尔弗思（Ethelfirth，卒于 616 年） 诺森伯利亚统治者。参加主要战争：与不列颠人进行的战争（约 595—605 年）、与苏格兰人进行的战争（603 年）、与东英吉利亚进行的战争（616 年）；参加主要战役（战斗）：达格萨斯坦（罗克斯伯勒郡）之战（603 年）、切斯特战役（615 年）、艾德尔（鲍特里附近）战役（616 年）。

埃塞尔弗思是伯尼亚西的埃塞尔里克国王的儿子，他于 593 年继承了父亲的王位。埃塞尔弗思以牺牲邻国的利益来扩大自己的王国，并通过婚姻的方式试图取得代拉（约克郡东部）的统治权。埃塞尔弗思向不列颠人发动进攻，结果导致了与达尔里阿达的艾丹国王的战争。603 年，埃塞尔弗思在达格萨斯坦战役中打败了艾丹国王，把自己的统治向威尔士西南部推进。615 年，埃塞尔弗思在切斯特打败了不列颠人的一支主要同盟军。他极力说服东英吉利亚的雷德沃尔德国王交出流亡在该国的德伊兰王位继承人埃德温，当雷德沃尔德想让埃德温回国时，埃塞尔弗思就强占雷德沃尔德的土地。616 年在艾德尔战役中阵亡。

埃塞尔弗思是一位精力旺盛的君主，也是位著名的武士。他是诺森伯利亚国最后一位非基督教国王。

DLB

参考：The Anglo-Saxon Chronicle，New York，1961.

Bede，Ecclesiastical History of the English People.

Stenton，F. M.，Anglo-Saxon England，3d ed. Oxford，1971.

韦塞克斯的埃塞尔雷德一世（Ethelred Ⅰ of Wessex，卒于 871 年） 西撒克逊统治者。参加主要战争：与丹麦人的战争（868 年、870—871 年）；参加主要战役（战斗）：雷丁之战（870 年）、阿什当战役、贝辛战役（贝辛斯托克附近）、马尔顿战役（871 年）。

埃塞尔雷德是埃塞尔伍尔夫国王的第四个儿子。865 年，埃塞尔雷德在哥哥埃塞尔伯特死后，成为韦塞克斯的国王。868 年，埃塞尔雷德和弟弟阿尔弗雷德（后来的阿尔弗雷德大王）一起，率领一支部队进攻丹麦人占领的麦西亚，但因丹麦人休战而撤回。约在 870 年 11 月，埃塞尔雷德又开始与丹麦人交战，12 月，他袭击丹麦人在雷丁的大本营未果。约在 871 年 1 月 4 日，埃塞尔雷德在阿什当与丹麦人进行的战斗中取得胜利。战斗开始时，阿尔弗雷德替代哥哥的王位，为埃塞尔雷德祈祷，按兵不动，拒绝向前进军，直到战斗结束。同年 1 月，埃塞尔雷德在贝辛被击败。3 月，在一个被称作马尔顿（马尔顿可能在索尔兹伯里平原上）的地方又遭失败。卒于 4 月。

埃塞尔雷德意志坚定，是一位富有成就的国王，也是一位果断的将领和著名的虔诚者。

DLB

参考：Asser，Life of King Alfred. Edited by William H. Stevenson. Oxford，1959.

Mapp, Alf J., Jr., The Golden Dragon. La Salle, Ill., 1974.
Stenton, F. M., Anglo-Saxon England, 3d ed. Oxford, 1971.

埃塞尔雷德二世(Ethelred〈Aethelred〉Ⅱ,约968—1016年) 绰号"反应迟钝者",英格兰统治者。

埃塞尔雷德二世生于968年,是埃德加国王和第二个妻子埃尔弗思赖思的儿子。978年3月18日,异母哥哥爱德华到多塞特郡的科夫堡看望埃塞尔雷德时被刺身亡,埃塞尔雷德随之成为国王。在埃塞尔雷德统治时期,丹麦人于980年后屡次入侵,几乎整个英格兰都遭到蹂躏。991年,英格兰援军被丹麦人击败后,埃塞尔雷德便把达讷盖尔德割让给入侵者,成为一个软弱的统治者。1002年11月,埃塞尔雷德大批屠杀丹麦移民,从而引起丹麦人于1003年在斯威恩的率领下,再度侵犯。1013年,斯威恩成为苏格兰国王后,埃塞尔雷德流亡法国。1014年,斯威恩死后,他返回英格兰与卡纽特争夺继承权。1016年4月23日,埃塞尔雷德与卡纽特作战时,卒于伦敦。

埃塞尔雷德是一位缺乏创见的领导者,他在处理丹麦人入侵和北方领土问题上的作法一直不得人心。埃塞尔雷德统治时期的特点是叛变,他的绰号"反应迟钝者"经常被误读(但很恰当)为"笨蛋"。这个时期社会进行了广泛的改革,给人留下了很多有名的艺术成就。

TM and DLB

参考:English Historical Documents, c. 500—1042, Vol. Ⅰ. Edited by Dorothy Whitelock. New York, 1955.
Stenton, E. M., Anglo-Saxon England, 3d ed. Oxford, 1971.

埃塞尔威尔德(Ethelwold〈Aethelwold〉,卒于904年或905年) 英格兰贵族。参加主要战争:与堂兄爱德华国王进行的内战(900—905年)。

埃塞尔威尔德是韦塞克斯埃塞尔雷德国王的大儿子,他与堂兄即阿尔弗雷德大王的长子爱德华国王发生争吵,于900年,领头进行叛乱,反对爱德华的统治。902年,埃塞尔威尔德与丹麦人结盟,一起对付爱德华,与爱德华打了一场血腥内战。直到埃塞尔威尔德904年或905年去世时,内战才告结束。

TM

参考:The Anglo-Saxon Chronicle. Edited and translated by Dorothy Whitelock. New Brunswick, N. J., 1961.
English Historical Documents, c. 500—1042, Vol Ⅰ. Edited by Dorothy Whitelock. New York, 1955.

埃塞尔伍尔夫(Ethelwulf〈Aethelwulf〉,卒于860年) 西萨克森统治者。参加主要战争:与丹麦人的战争(约840—856年);参加主要战役(战斗):奥克利亚之战(851年)。

埃塞尔伍尔夫是韦塞克斯的埃格伯特国王的长子。825年,他统治了半个肯特王国(包括苏塞克斯、埃塞克斯、萨里)。839年,其父死后,埃塞尔伍尔夫继位,成为整个韦塞克斯的统治者。在他统治的大部分时间里,埃塞尔伍尔夫都在与丹麦人进行着战争。842年,埃塞尔伍尔夫在海战中被丹麦人击败。851年,埃塞尔伍尔夫取得奥克利亚战役的重大胜利。856年,埃塞尔伍尔夫领着最小的儿子阿尔弗雷德去罗马朝觐。约在857年末,埃塞尔伍尔夫在从罗马回来的途中,在巴黎与国王查理二世(秃子)的女儿朱迪思结婚。由于埃塞尔伍尔夫再婚,他与儿子埃塞尔博德发生争执,因而他于858年把韦塞克斯给了儿子,只给自己留下了一半肯特王国。卒于860年。

埃塞尔伍尔夫诚实、善良,在他的统治时期,一直被丹麦人和有野心的儿子所烦扰。

TM

参考:Anglo-Saxon Chronicle. Edited and translated by Dorothy Whitelock. New Brunswick, N.J., 1961.
Asser, Life of King Alfred. Edited by William H. Stevenson. Reprint, Oxford, 1959.
Stenton, f. M., Anglo-Saxon England, 3d ed. Oxford, 1971.

萨伏依-卡里尼昂亲王欧根(Eugene Prince of Savoy-Carignan,1663—1736年) 萨伏依人。奥地利陆军元帅。参加主要战争:奥土战争(1682—1699年)、大联盟战争(1688—1697年)、西班牙王位继承战争(1701—1714年)、奥土战争(1715—1719年)、波兰王位继承战争(1733—1738年);参加主要战役(战斗):维也纳之战(1683年)、森塔之战(1697年)、布莱尼姆(位于多瑙河畔奥格斯堡以北)之战(1704年)、都灵之战(1706年)、奥得纳尔德之战(1708年)、马尔普拉凯(里尔附近)之战(1709年)、彼得瓦尔登(彼得罗瓦拉丁)之战(1716年)、贝尔格莱德之战(1717年)。

欧根1663年10月18日生于巴黎,萨伏依-卡里尼昂的欧根·莫里斯与奥林匹亚·曼奇尼的儿子。由于其母的关系,为首相马萨林的外侄孙。因为曾被逐出法国,故其参加法国陆军的要求为国王路易十四所拒绝。后离开法国(1683年7月)。在帕绍晋见里奥波德一世皇帝后参加奥地利陆军(8月)。维也纳解围战(1683年9月12日)中以志愿者的身份效力于洛林公爵查理五世麾下,在作战中表现突出。重新确认其军籍后担任库夫施泰因龙骑兵团团长(1683年12月)。再征匈牙利期间(1684—1688年)又因英勇与巧妙而闻名。他以洛林的查理五世和巴当的路易为楷模。将萨伏依公爵阿马戴乌

斯争取到帝国的事业中（1690 年 7 月）。被任命为安东尼奥·卡拉法帐下的驻意大利骑兵司令（1690 年）。曾解救科尼（库内奥）之围，俘获其元首，并打败法国元帅卡蒂纳的入侵军队。但由于卡拉法和萨伏依公爵的保守未能赢得决定性胜利（1690—1692 年）。对多菲内的入侵（1692 年）是灾难性的，而他在此期间却夺取了加普和昂布兰，他因此晋升为皇家陆军元帅（1693 年）。被授予驻意大利奥军最高指挥权（1694 年），但由于部队素质低劣和萨伏依公爵的原因，他的努力仍受挫折。出任匈牙利前线总司令（1697 年）。曾改编和重振那些士气低落的奥地利军队。他在森塔取得的对土耳其军队的胜利（1697 年 9 月 11 日）进一步确立了他作为其时代主要将领的地位。攻克萨拉热窝（1697 年 10 月）。西班牙王位继承战争爆发（1701 年）后，他率一小支部队越阿尔卑斯山进入意大利，在卡尔皮打败卡蒂纳的优势军队（1701 年 7 月 9）。在基亚里击退维勒鲁伊的进攻（9 月 1 日）。在失败的克雷莫纳奇袭战（1702 年 2 月 1 日）期间俘获维勒鲁伊。由于兵员短缺补给不济，他未能在卢扎拉（瓜斯塔拉附近）之战（8 月 15 日）中打败维勒鲁伊的继任者旺多姆。返回维也纳（1702 年底）并被任命为皇家军事委员会主席。实行改革，加强了骑兵，并使补给更加灵活。曾改编驻匈牙利的奥军部队（1703 年），率领这些部队协同马尔波罗进攻巴伐利亚（1704 年 5—7 月）。与马尔波罗军会合（8 月 12 日），并在布莱尼姆之战（1704 年 8 月 13 日）中大胜塔拉尔、马尔桑和选帝侯巴伐利亚的马克西米利安。与马尔波罗结为挚友。回到意大利，后声称在未决胜负的卡萨诺达达（特雷维廖附近）之战（1705 年 8 月 16 日）中战胜旺多姆。次年，他挫败旺多姆，并向都灵进军以援助阿马戴乌斯公爵（1706 年 7—8 月）。夺占帕尔马（8 月 15 日），并与阿马戴乌斯公爵及其首相会合（8 月 31 日）。在都灵之战（9 月 7 日）中进攻并打败了奥尔良公爵和马尔桑率领的法军。将法军逐出意大利（1706 年 9—10 月）。后入侵法国南部（1707 年 7—8 月），但由于阿马戴乌斯公爵违命抗上而战绩寥寥。后为在奥德纳尔德之战（1708 年 7 月 11 日）中打败旺多姆军，紧急率其军与马尔波罗汇合。他们的合作一直延续至 1711 年。成功地进行了利勒围城战（8 月 14 日—10 月 22 日），与此同时，马尔波罗率军进行阻援作战（12 月 11 日）。包围并夺取了图尔奈（1709 年 6 月 28 日—7 月 29 日）和蒙斯（9 月 4 日—10 月 26 日）。在与维拉尔和布夫莱尔军进行的血腥的马尔普拉凯之战（1709 年 9 月 11 日）中统领联军的中路与右翼。后与马尔波罗一起在佛兰德作战（1709—1710 年），攻克了杜艾（1710 年 6 月 10 日）和贝蒂讷（8 月 30 日）。为确保查理六世当选为神圣罗马帝国的皇帝，在约瑟夫一世去世后返回奥地利。维拉尔在德南之战（1712 年 7 月 24 日）中进攻并击溃联军一部后不久，他回到了佛兰德，与之进行防御战役（1712 年 8—10 月）。曾敦促查理一世媾和，后在拉施泰特之战（1714 年 3 月 6 日）中战胜维拉尔。在重新爆发（1716 年春）的与土耳其的战争期间担任驻匈牙利奥军司令。在彼得瓦尔登击溃了达马德·阿里帕夏率领的优势土耳其军队（1716 年 8 月 5 日），之后包围并攻取了泰梅什堡（蒂米什瓦拉）（1716 年 9 月 1 日—10 月 14 日）。包围贝尔格莱德（1717 年 6 月 29 日），并粉碎了沙利勒帕夏的救援企图（8 月 16 日），从而迫使该城投降（1717 年 8 月 18 日）。缔结《波扎雷瓦茨条约》（1718 年 7 月 21 日）后成为查理六世的亲密顾问，敦促进行现代化和致力于实务。波兰王位继承战争（1733—1738 年）爆发后在莱茵谷地任司令官，阻止了贝里克公爵对德意志的入侵（1733 年 4—9 月）。1736 年 4 月 20 日午夜卒于维也纳。

欧根是一位天才的统帅，以高速行进、巧妙机动和与士兵情同手足而闻名。他还是一位有造诣的行政家和外交家。其与马尔波罗所进行的真诚而卓有成果的合作在历史上是绝无仅有的。他是其所处时代第一流的将领。

DLB

参考：Arneth, A. von, Prinz Eugen von Savoyen. 3 vols. Vienna, 1858.

Braubach, Max, Prinz Eugen von Savoyen: Eine Biographie. 5 vols . Munich, 1966.

Chandler, David G. , The Art of Warfare in the Age of Marlborough. London, 1976.

——, Marlborough as Military Commander. New York, 1973.

Feldzüge des Prinzen Eugen von Savoyen, 20 vols. Vienna, 1876— 1892.

Henderson, Nicholas, Prince Eugen of Savoy. New York, 1965.

Mckay, Derek, prince Eugene of savoy. London, 1977.

Quincy, Charies Sévin, Marquis of, The Military History of the Late Prince Eugene of Savoy. 2 vols. London, 1736—1737.

欧门尼斯（Eumenes，约公元前 362—前 316 年） 在马其顿任职的希腊将军。参加主要战争：菲利普二世和亚历山大远征（公元前 340—前 323 年）、“迪亚多奇”（继承者）战争（公元前 323—前 281 年）；参加主要战役（战斗）：帕莱塞尼之战（公元前 317 年）、加比伊尼之战（公元前 316 年）。

欧门尼斯生于卡尔第亚，在马其顿的菲利普二世和其子亚历山大三世手下任大臣。公元前 330 年被提升为亚历山大的主管大臣。公元前 323 年亚历山大死后，被派往卡帕多细亚任总督，在随后争夺王位的战争中，始终忠实于亚历山大王室。协助佩尔狄卡斯反对托勒密、克拉特鲁斯和安提帕特，但在佩尔狄卡斯去逝后，驻扎于特里帕拉第苏斯地区的叛军将领宣判他死刑。公元前 320 年被击败，并被安提柯一世驱逐出卡帕多细亚。公

元前319年，新摄政王波利佩孔封他为亚细亚省勤王将军。公元前318年，在西利西亚组建一支军队向东方各省进发，并劝说各省总督加入其行列。公元前317年，在伊朗帕莱塞尼高原的一场激烈的作战中，欧门尼斯击败了安提柯。在加比伊尼地区与进行的第二次作战中，由于自己人的出卖，被安提柯击败并被捕。公元前316年，被处以死刑。

欧门尼斯是一位有才智的外交使节，是亚历山大手下的主要谋士，在各个方面都曾为亚历山大出谋划策。他是一位非常出色、有勇有谋、治军有方的将军。尽管他是希腊人，但对马其顿十分忠诚。他的理想、贵族气质、忠诚和办事效率在当时备受赞扬。

SAS

参考：Plutarch,"Eumenes,"Parallel Lives.
Westlake, H. D.,"Eumenes of Cardia,"Bulletin of the John Rylands Library, Vol.37, No.1(1954).

欧门尼斯一世(Eumenes Ⅰ,卒于公元前241年) 柏加曼统治者。欧门尼斯一世于公元前263年继承其叔父菲勒塔埃鲁斯的王位。公元前262年，在萨尔第斯附近击败了叙利亚国王安条克一世的军队，解放了自己的城邦，摆脱了叙利亚的统治。公元前258年被塞琉西人击败，但仍保持着柏加曼王国的独立。卒于公元前241年。

SAS

参考：Hansen, E. V., The Attalids of Pergamon. N. p., 1947.
OCD.

欧里庇得斯(Eurybiades,作战时间:约公元前480年) 斯巴达舰队司令。

欧里庇得斯是一名斯巴达贵族，公元前481—前480年，奉命指挥伯罗奔尼撒联盟海军，因此而成为希腊联合舰队指挥官，率军同波斯作战。公元前480年8月，率领舰队在阿特米西亚同波斯军队进行了一场交战，双方不分胜负。8月底，他禁止对已经崩溃的波斯军队实施追击。支持太米斯托克利在萨拉米海域同波斯军队决战的计划，在名义上舰队由他指挥。对他的其他方面我们基本上不了解。

参考：Herodotus, History of the Persian War.
OCD.

伊文思，内森·乔治(Evans, Nathan George, 1824—1868年) 绰号“车轴”，美国南部同盟将军。参加主要战争：美国内战（1861—1865年）；参加主要战役（战斗）：第一次布尔溪之战（弗吉尼亚州马纳萨斯，1861年）、鲍尔斯布拉夫（弗吉尼亚州李斯堡附近，1861年）、第二次布尔溪之战（1862年）、南山之战（马里兰州，1862年）和安蒂特姆之战（1862年）。

伊文思1824年2月6日生于南卡罗来纳州的马林县，在兰道夫-梅肯学院接受教育。1848年他由约翰·科·卡尔洪送入西点军校，1852年从西点毕业，分配到第一龙骑兵团任少尉军官。在利文沃思堡任职后，1856年任第二骑兵团上尉军官。后退出联邦军队，成为南部同盟军队中的骑兵少校（1861年2月27日）。4月在炮击萨姆特堡后晋升为上校，在7月21日的第一次布尔溪之战中指挥半个旅作战，表现非常出色。后参加了1862年8月28—30日的第二次布尔溪之战、9月14日的南山之战和9月17日的安蒂特姆之战。1863年被派往西面的维克斯堡，在那里他因酗酒而遭军事法庭审判。调到南卡罗来纳州，曾短时间被比·古·土·博雷加尔将军解除指挥权，后复职（1864年）。1865年4—5月随邦联总统杰弗逊·戴维斯逃离里士满。战后曾任亚拉巴马州米德韦一所高等中学的校长。1868年11月30日卒于南卡罗来纳州格林伍德附近的库克斯伯利。

据说伊文思嗜酒如命。他是一位勇敢而固执的指挥官。他的旅无处不在，从而以“漂泊旅”而闻名。

DR

参考：Warner, Ezra, Generals in Gray. Reprint, Baton Rouge, 1978.
DAB.

尤厄尔，理查·斯托特(Ewell, Richard Stoddert, 1817—1872年) 美国南部同盟将军。参加主要战争：美墨战争（1846—1848年）、美国内战（1861—1865年）；参加主要战役（战斗）：1847年的维拉克鲁兹之战、孔特拉斯之战、丘鲁武斯科之战（均在墨西哥城附近）、查普特佩克之战、第一次布尔溪（在弗吉尼亚的马纳萨斯附近）之战（1861年）、温彻斯特之战（1862年）、七日之战（在里士满附近）（1862年）、第二次布尔溪之战（1862年）、维尔德尼斯（拉皮丹南部）之战（1864年）、斯波齐尔韦尼亚之战（1864年）、塞勒尔克里克（在弗吉尼亚的法姆维尔）之战（1865年）。

尤厄尔1817年2月8日生于乔治顿特区，少年随家庭迁至弗吉尼亚的威廉县。1840年在42人的班级中以第一名的成绩从西点军校毕业，先在边界的第一龙骑兵团服役，后先后在堪萨斯、俄克拉何马、俄勒冈和圣菲服役，1847年早期，尤厄尔受命到温菲尔德·斯科特将军的军队在墨西哥中部地区作战。不久的3月9—28日，参加维拉克鲁兹之战，8月18—20日，又转战孔特拉斯、丘鲁武斯科，因功提升为上尉，9月13日又参加了查普特佩克之战。战争结束后退出现役回到东部地区。1850年作为上尉再次返回边界地区。1859年在西南部同阿帕奇兹作战时负伤。尤厄尔尽管反对联邦，但仍于1861年被解职。5月，被起用后，任南部同盟军上校，在6月1日一次小战斗中负伤。6月17日升准将，7月21日率第二旅参加第一次布尔溪之战，几乎没有参战。1862年1月24日升少将，在托马斯·杰克逊（绰号“石

壁”）手下供职，5月24—25日在取得温彻斯特之战的胜利中起到决定性作用。6月8日在克罗斯克兹大捷中两次发挥重要作用，6月9日又在共和堡之战中取得辉煌战果，后向里士满进军，并参加了6月27日里士满附近和7月1日查理城附近的七日之战。8月28日第二次布尔溪之战前他在格鲁威顿负重伤，失去一条腿，后花了9个月时间恢复。杰克逊死后，他被提升为中将，并指挥第二军团，1863年5月29日，到弗雷德里希堡赴任。7月1日攻打葛底斯堡，克之，但在7月2—3日攻打联邦其他城镇时失败。尤厄尔率第二军团参加了1864年5月5—6日的维尔德尼斯之战和5月8—18日的斯波齐尔韦尼亚之战。5月31日，因健康原因被迫将其军团转交朱巴尔·厄尔利指挥，尤厄尔则到里士满任指挥，那里的防务不需要太大的精力。1865年4月2—3日，当李将军率弗吉尼亚北方军从里士满-匹兹堡防线撤走时，尤厄尔率部参加了李将军军队，4月6—9日在塞勒尔克里克之战中投降被捕。囚禁几个月后，尤厄尔获释退休到其庄园，卒于1872年1月25日。

尤厄尔聪明、无畏且足智多谋。大规模作战中表现出他拥有卓越的战术技巧和良好的战略意识。他良好的个人品质也赢得了同事的称赞，但由于其站在南方的立场，使得他不得不付出许多代价。

DR and BAR

参考：Coddington, Edwin B., The Gettysburg Campaign: A Study in Command. New York, 1968.

Hamlin, Pierce Gatling, The Making of a Soldier: Letters of R. S. Ewell. Richmond, Va., 1935.

——, “Old Bald Head” (General R. S. Ewell): Portrait of a Soldier. Strasburg, Va., 1940.

Tanner, Robert G., Stonewall in the Valley: Thomas J. “Stonewall” Jackson's Shenandoah Valley Campaign, Spring 1862. Garden City, N. Y., 1976.

DAB.

DAMB.

WAMB.

F

费边·马克西姆·"疣瘤"(Fabius Maximus Verrucosus, Quintus, 约公元前 266—前 203 年) "迟延者",罗马统帅、执政官。参加主要战争:第二次布匿战争(公元 219—200);参加主要战役(战斗):格鲁纽姆(位于托尔里马格吉奥莱附近)之战(公元 217 年)、塔林敦(今塔兰托)之战(公元前 209 年)。

费边·马克西姆约生于公元前 266 年,是昆·费边·马克西姆·鲁尔利亚努斯之孙。公元前 233 年,在利古里亚第一次出任执政官。公元前 230 年,当选罗马保民官。公元前 228 年再度出任执政官。公元前 218 年,可能曾被派往迦太基,以期能阻止汉尼拔对西班牙萨贡塔(今萨贡托)的进攻。公元前 217 年,当盖尤斯·弗拉米尼努斯的部队在特拉西梅诺湖之战(公元前 217 年 4 月)中被汉尼拔彻底消灭之后,费边被推举为独裁官,他针对汉尼拔的骑兵部队占有优势、但却不便于在山区作战的特点,采取避免同汉尼拔在平原地区进行正面交战的方针,而利用山区的有利地形,率军在山区从事游击战,进行袭击和伏击。这一年 10 月,他的主要助手 M.M.鲁福斯在格鲁纽姆地区冒险向汉尼拔发动了一次进攻,幸亏费边及时赶到援救,才使几乎被全歼的罗马军队得以脱险。尽管鲁福斯转而支持费边,但是罗马国民的急躁情绪却在不断增长,主张抛弃费边的"迟延战术",而早日同汉尼拔决战。罗马人的这种急躁情绪,带来了灾难性的后果,公元前 216 年 8 月的坎尼之战,使罗马军队全军覆没。这场巨大灾难,使罗马人开始有所醒悟,到这一年的秋天,费边再次被任命为独裁官,并再次实行其迟延战术,这给罗马恢复其军事力量赢得了时间。公元前 215 年、前 214 年和前 209 年,费边第三次当选为执政官,在康帕尼亚地区进行了一些成功的作战。公元前 209 年,费边在第五次出任执政官期间收复了汉尼拔在意大利半岛南部的最后一个立足点塔林敦。反对西庇阿入侵非洲的计划。卒于公元前 203 年,当时,他既担任罗马的大祭司,也是占卜官。称他为"疣瘤",是因为在他的鼻子上长有一个突出的肉瘤;称他为"迟延者",是因为他在战争中采取的是以机动和迟滞、消耗敌人为主的战略。

费边是一位极其出色的战略家,他认识到汉尼拔的军队在野战中的优势,因此避免同其正面冲突,而利用广泛的机动和消耗战,来使敌人疲于奔命,达到迟滞、消灭敌人的目的。从此之后,"费边"这一名字也有了其特殊含义,意指"避免与敌正面交锋,拖延时间,实行缓进待机战略的人"。

SAS and DLB

参考:Dorey, Thomas A., and D. R. Dudley, Rome Against Carthage. London, 1971.
Livy, Histories.
Plutarch, "Fabius Maximus," Parallel Lives.
Polybius, Histories.
Scullard, Howard H., Roman Politics, 220—150 b.c. London, 1951.

卡梅伦的斐迪南多·费尔法克斯(Fairfax of Cameron, Ferdinando Fairfax, 1584—1648 年) 托马斯·费尔法克斯爵士之父。英国将军。参加主要战争:第一次主教战争(1638—1639 年)、第一次英国内战(1642—1646 年);参加主要战役(战斗):爱德华顿摩尔(布拉德福德附近)之战(1643 年)、塞尔比之战(1644 年)、马斯顿荒原之战(1644 年)。

卡梅伦的费尔法克斯第三男爵,托马斯·费尔法克斯爵士(Fairfax of Cameron, Sir Thomas Fairfax, 3rd Baron, 1612—1671 年) 英国将军。参加主要战争:第一次英国内战(1642—1646 年)、第二次英国内战(1648 年);参加主要战役(战斗):锡克诺夫特沼地之战(利兹附近,1643 年)、阿德沃尔顿荒原之战(布雷德福德附近,1643 年),温斯比之战(1643 年)、塞尔比之战(1644 年)、马斯顿荒原之战(1644 年)、纳斯比之战(1645 年)、朗波特之战(1645 年)、托灵顿之战(1646 年)。

费尔法克斯第三男爵 1612 年 1 月 17 日生于约克郡登顿（伊尔克利附近），是斐迪南多·费尔法克斯之子。1626—1629 年就读于剑桥大学的圣约翰学院。1629—1631 年在荷兰作战。后来他募集了一支称为约克郡红帽龙骑兵队，参加了 1638 年秋—1639 年 6 月 18 日发生的第一次主教战争。封爵后又参加了 1640 年 4—11 月的第二次主教战争，但后来他又与对手站在了一边。因反对皇家军队征兵，在海华斯荒原，他设法向国王查理一世面呈请愿书，此举使他成为当地的英雄，也使他险些被王室警卫队骑兵撞倒丧命。9 月 17 日，受命指挥他父亲的约克郡军队的骑兵。11 月封锁约克未果。1643 年 1 月占领利兹，后于 3 月在锡克诺夫特沼地受挫。5 月 20 日夺取韦克菲尔德，并继纽卡斯尔伯爵之后掩护父亲的军队撤退。6 月 30 日在阿德沃尔顿荒原击败王室军队。1644 年 1 月 25 率领一支军队解救楠特威奇打败围城之敌。4 月 11 日攻占塞尔比。4—6 月参与围攻约克。在马斯顿荒原之战中指挥苏格兰国会军的右翼骑兵，被乔治·戈林爵士的骑兵打退，他自己负伤。7 月 2 日可能由于他个人的请求，克伦威尔率凯旋的骑兵从联军的左翼赶到，战局才得以挽回。1645 年 2 月任新模范军总司令，他是这支军队的主要组织者之一，克伦威尔任骑兵中将辅佐他。6 月 14 日，在克伦威尔的帮助下，在纳斯比打败了国王查理和鲁珀特亲王，击退了一支骑兵的进攻，并重整了议会军步兵，取得了重大胜利。7 月 10 日在朗波特打垮了乔治·戈林爵士的军队，从而解救了陶顿。9 月 10 日占领布里斯托尔，随后即转入西部冬营。1646 年 2 月 10 日，在托灵顿击败拉尔夫·霍普顿勋爵的部队，4 月 9 日乘胜挺进包围并攻占了埃克塞特，6 月 20 日攻下牛津。1647 年他不愿援助与国会有隙的军队，反对以军队的名义扣押国王。尽管见解温和，1648 年夏，经过漫长和艰苦的围攻他还是镇压了东南部保皇派的叛乱，8 月 6 日俘获了科尔彻斯特。在围攻期间他甚至还射杀了保皇派三名指挥官。1648 年 12 月普莱赖德上校在国会排除异己，他表示反对。虽被指派为审判查理一世法官，但只出席了 1649 年 1 月第一次开庭。之后他也没有在 1 月 30 日处死国王令上签字。1650 年 6 月 22 日苏格兰战争前夕，辞去总司令一职，表面上是因为他是苏格兰贵族，而真正的原因是他对建立共和不满和他的健康状况不佳。辞职后他隐退至努纳普尔敦他的约克郡领地。1659 年晚期重返军界支持君主主义者蒙克将军，并于 1660 年 1—2 月为自己争得约克郡。1660 年 4 月 25 日召开的国会大会上被选为约克郡代表成员，并率领一个代表团去海牙见查理二世。1661 年反对掘出克伦威尔的尸体，被拒绝后，不再参与政事。1671 年 11 月 12 日卒于努纳普尔敦。

费尔法克斯男爵是一位勇敢的军官，也是一位天才的战术家和能干的战略家，在国会军诸将中大概只有他的能力与克伦威尔接近。政治上他是一位温和主义者，他拥护王权复辟，不支持克伦威尔统治英国。他没有政治野心，是位令人尊敬的人物。

DLB

参考：Ashley, Maurice, Cromwell's Generals. London, 1954.

Dawson, William H., Cromwell's Understudy: The Life of Thomas Fairfax. London, 1938.

Gibb, Mildred Ann, The Lord General: A Life of Lord Thomas Fairfax. London, 1938.

Rogers, H. C. B., Battles and Generals of the Civil Wars, 1642—1651. London, 1968.

法尔肯豪森，路德维希·冯男爵（Falkenhausen, Baron Ludwig von, 1840—1936 年） 德国将军。参加主要战争：七周战争（1866 年）、普法战争（1870—1871 年）和第一次世界大战（1914—1918 年）；参加主要战役（战斗）：阿腊斯之战（1917 年）。

法尔肯豪森生于 1840 年，后进入普鲁士军队，曾参加七周战争（1866 年 6—8 月）和普法战争（1870 年 7 月—1871 年 5 月），后退休。1914 年 8 月第一次世界大战爆发时被召回，在西线指挥第六集团军，该部在 1917 年 4 月 9—15 日英军阿腊斯攻势面前首当其冲。后被奥托·冯·比洛取代，他则任比利时总督将军（1917 年 4 月—1918 年 11 月）。战争结束后再次退休。卒于 1936 年。

BRB

参考：Buchan, John, History of the Great War. 4 vols. Boston, 1923.

WBD.

法金汉，埃里希·冯（Falkenhayn, Erich von, 1861—1922 年） 德国陆军上将。参加主要战争：镇压义和团运动（1900—1901 年）和第一次世界大战（1914—1918 年）；参加主要战役（战斗）："奔向大海"作战行动（1914 年）、第一次伊普尔之战（1915 年）、凡尔登之战（1916 年）、罗马尼亚战役（1916 年）和巴勒斯坦战役（1917—1918 年）。

法金汉 1861 年 11 月 11 日生于西普鲁士比格贝绍的一个老军人家庭，从候补军官学校毕业后参加了步兵部队。1899—1903 年在中国任军事顾问。在 1900 年 6 月—1901 年 5 月侵略中国北京的军队中任德军参谋部参谋。1913 年 6 月 6 日被任命为普军陆军部长。在陆军的武器装备上，和赫尔穆特·冯·毛奇将军（小毛奇，总参谋长）有矛盾。毛奇在马恩河战役（1914 年 9 月 14 日）失败后，他被德皇威廉二世任命为总参谋长，并兼任陆军部长至 1915 年 2 月 2 日，作为在法国和比利时的德军实际上的总司令。他极为主张迂回协约国军的翼侧并夺取海峡沿岸地区，但在 1914 年 9 月 15 日—11 月 24 日的"奔向大海"作战行动中，比军及时撤离安特卫普，英军熟练地向北重新部署以堵住德军，挫败了法金汉的企图。1915 年在兴登堡和鲁登道夫的强烈要求下，他将德军主

力转用于东线。在意大利参战后，5 月他不得不派遣预备力量去东线以解除奥军受到的压力。他确信大战取胜的关键在西线，因此决定通过一次消耗战消灭法军。他选定凡尔登要塞为进攻目标，认为凡尔登要塞的战略和象征意义上的重要性将迫使法军不惜任何代价实施防御。在随后于凡尔登附近展开的大决战中（1916 年 2 月 21 日—12 月 18 日），法军的确“流干了血”，但德军同样损失巨大，而法军防线并没有被突破。在凡尔登战役结束前，法金汉被解除职务。8 月 28 日罗马尼亚对同盟国宣战，8 月 29 日法金汉被派往东线，任第九集团军司令。9 月 30 日在赫曼施塔特，他率军实施了熟练的防御并打退侵入的罗马尼亚军。他越过喀尔巴阡山脉向布加勒斯特进军，11 月中旬和马肯森的集团军会合。12 月 1—4 日在阿尔杰希河之战中打败了普雷桑将军统率的罗军，12 月 6 日进占布加勒斯特。1917 年前往巴勒斯坦指挥土军，10 月 31 日在加沙、11 月 13—15 日在交叉站（位于巴勒斯坦主要的铁路线上），被英国将军埃德蒙·艾伦比打败。1918 年 2 月被奥托·利马·桑德斯将军解职。退役后回到他在林德施泰特（在波茨坦附近）的城堡，1922 年 4 月 8 日卒于那里。

法金汉是一位极其优秀的参谋军官，他机智、细致、勤奋工作并有奉献精神，但他缺乏高层指挥官所必需的战略理解力和坚定性。他在巴勒斯坦的失败主要是由于力量不足。

BRB and DLB

参考：Hayes, Grace P., World War Ⅰ: A Compact History. New York, 1972.

Horne, Alistair, The Price of Glory: Verdun, 1916. New York, 1963.

Zwehl, H. von, Erich von Falkenhayn. Berlin, 1926.

法尔肯霍斯特，尼古劳斯·冯（Falkenhorst, Nikolaus von, 1885—1968 年） 纳粹德国陆军上将、战犯。参加主要战争：第一次世界大战（1914—1918 年）、第二次世界大战（1939—1945 年）；参加主要战役（战斗）：芬兰战役（1918 年）、波兰战役（1939 年）、挪威战役（1940 年）、苏联西北部战役（1941 年）。

法尔肯霍斯特生于 1885 年。第一次世界大战前夕参加德军。1918 年 4—11 月，在芬兰冯·德·哥尔茨上将指挥的部队中服役。《凡尔赛和约》签订后仍留在军中服役。1939 年 9 月 1 日—10 月 5 日在侵略波兰战役期间任第二十一军军长。1940 年 2 月，在只有几小时时间制定入侵挪威作战计划的情况下，他凭一本导游手册即完成了计划工作。当时配属给他的部队只有 5 个师，但他在一个月内（4 月 9 日—5 月 3 日）即侵占了除最北部以外的整个挪威。6 月 9 日，最终占领了纳尔维克，完成对挪威的征服。接着在 1941 年夏指挥实施“白狐行动”，使挪威德军成功地侵占了摩尔曼斯克。1941—1944 年任驻挪威德军司令。期间因采用恐怖手段镇压抵抗活动和游击队员而遭到民众的痛恨。战后，因曾下令处决被俘的英国突击队员而被判处死刑，后又减为 20 年监禁。1953 年 7 月因心脏病获释。卒于 1968 年。

BRB

参考：Keegan John, Who Was Who in World War Ⅱ. New York, 1978.

Moutlon, J. L., A Study of Warfare in Three Dimensions: The Norwegian Campaign of 1940. Athens, Ohio, 1968.

Petrow, Richard, The Bitter Years : The Invasion and Occupation of Denmark and Norway, April 1940—May 1945. New York, 1974.

范仲淹（Fan Chung-yen, 989—1052 年） 中国北宋政治家与将军。参加主要战争：北宋与西夏的战争（1038—1044 年）。

范仲淹 989 年生于江苏省苏州的一个贫困家庭，但他接受了良好的教育，后在科举考试中进士及第（1015 年），成为延州（延安）知州。之后迁升宋朝高级官员。曾受诬陷被解职并被贬归故里。复官后除授为派往北宋西部平定党项游牧民族叛乱的军队的安抚使（1038 年）。他避免进行大的战斗，而是进行积极防御，与同僚韩琦齐名，人称范韩，使党项人受到极大削弱以致求和（1044 年）。后为宋仁宗的宰相，但未能说服这位皇帝实施迫切需要的行政改革——庆历新政。卒于 1052 年。

范仲淹在其漫长的仕宦生涯中始终是一位模范的中国政治家，他坦诚、能干、勤于政事。因总是分其俸禄帮助“有功的穷人”而享有盛名。

PWK

方志敏（Fang Chih-min, 1900—1935 年） 中国将军，江西省弋阳县人。参加主要战争：北伐战争（1926 年），创建了赣东北革命根据地和工农红军第十军；配合中央革命根据地进行反“围剿”作战。

方志敏是中共第六届中央委员，并获中华苏维埃共和国第一次全国代表大会红旗勋章。

1935 年 1 月在赣东北遭敌人突袭，为接应大部队，他冲进封锁线，因叛徒出卖而被捕，狱中写了《可爱的中国》、《清贫》等著作，同年 8 月在南昌就义。

方腊（Fang La, 卒于 1122 年） 中国宋朝农民起义领袖。

法腊格特，戴维·格拉斯高（Farragut David Glasgow, 1801—1870 年） 美国海军上将。参加主要战争：1812 年的战争（1812—1815 年）和美国内战（1861—1865 年）；参加主要战役（战斗）：新奥尔良之战（1862 年）、维克斯堡之战（1862 年）、哈德逊港（巴吞鲁日附近）之战（1863 年）和莫比尔湾之战（1864 年）。

法腊格特 1801 年 7 月 5 日生于田纳西州的诺克斯维

尔，原名詹姆斯·格·法腊格特，是海军将级军官乔治·法腊格特的次子。1807年举家迁往新奥尔良，当他母亲去世后（1810年秋），他被海军中校戴维·波特收养。1810年12月被任命为美国海军的军官候补生，在波特麾下的“埃塞克斯”号战舰上服役。尽管他很年轻，但能轻松地胜任工作，1813年在太平洋上指挥一艘捕获的舰艇，1814年2月28日在“埃塞克斯”号将英国战舰“菲奥比”号逐离智利的瓦尔帕莱索的激烈战斗中，他的表现倍受称赞。为了表示对养父的尊敬，他将其名由“詹姆斯”改成“戴维”。返回美国入学就读。1814—1822年间曾断续地在数条舰船上服役，同时，在驻突尼斯的美国领事指导下学习时他学会了阿拉伯语（还有法语和意大利语），约在1823年1月晋升海军上尉。1823年2月—1824年12月期间在波特海军准将的指挥下参加在加勒比海的反海盗行动，1823年7月22日在古巴的克鲁斯角，在指挥陆上分队战斗时赢得注目。1824—1825年间学习蒸汽动力舰的有关知识，其后在很长一段时期内担任一般性职务。1841年9月晋升海军中校，1842年在巴西站指挥“迪凯特”号海岸炮艇。1854—1858年在加利福尼亚任职，期间他建造了马雷岛海军造船厂。在内战爆发后，被选为西海湾封锁分舰队的司令，在既是其朋友又是义兄弟戴维·D. 波特海军准将的建议下，他于1861年12月进攻新奥尔良。他逆密西西比河而上在夜间穿越圣菲利普堡和杰克逊堡（在新奥尔良下游的德尔塔），在1862年4月23—24日击沉南军一艘内河小炮艇。4月25日夺取新奥尔良。4月28日迫使圣菲利普堡和杰克逊堡的南军投降。在海军部和陆军部的坚持下，他在上游实施了进一步的作战行动，6月28日穿越维克斯堡的炮兵阵地。7月16日晋升海军少将，这是美国海军中的首位将级军官。7月22—25日又穿越维克斯堡撤到巴吞鲁日。1863年3月14日他率舰队穿越哈德逊港，损失惨重，7艘舰中只有2艘得以通过，封锁了德雷河口。在5月4日波特抵达后他返回新奥尔良。5月27日—7月8日协助纳撒尼尔·班克斯将军的部队对哈德逊港实施了成功的围攻。1864年8月5日他奉命攻取了亚拉巴马州的莫比尔湾，其舰队包括4艘浅水炮舰、14艘木制船，包括他的旗舰——螺旋桨快速帆船“哈特福德”号。战斗开始后不久先头的浅水炮舰“特库姆塞”号即撞上一枚水雷而沉没，联邦分舰队陷入一片混乱。在紧要关头，法腊格特（他将自己绑在帆缆上观战）对他的旗舰舰长大喊：“该死的水雷，全速前进，德雷顿!”他率队冲过雷区，击败了南军的铁甲舰“田纳西”号，迫使在湾口的盖恩斯堡和摩根堡的守军投降。1864年12月23日晋升海军中将，再次成为海军中的第一位中将。其后因健康原因没再参战。1866年7月25日晋升为新设立的海军上将衔，1867年出访欧洲。1870年8月14日卒于新罕布什尔州的朴次茅斯。

法腊格特是一位极具才干的海军将领。虽然在60岁之前未能获得很高的指挥权，但他勇敢，具有冒险和积极进取的精神，他是联邦海军第一流的指挥官和具有非凡才干的领导人。

DLB

参考：Dufour, C. L., The Night the War Was Lost. Garden City, N.Y., 1960.

Hill, J. D., Sea Dogs of the Sixties; Farragut and Seven Contemporaries. N.P., 1955.

Lewis, C. L., David Glasgow Farragut. 2 vols. Annapolis, 1941— 1943.

Mahan, Alfred Thayer, Gulf and Inland Waters. Vol, 3 of Scribner's series The Navy in the Civil War, 1883.

福肯贝格，托马斯（Fauconberg, Thomas，约1450—1471年） “杂种托马斯”。英格兰军人。参加主要战争：红白玫瑰战争（1455—1487年）。

福肯贝格生于1450年，威廉奈内维尔·福肯贝格男爵之私生子。1470年4月与沃里克伯爵（拥立国王者）逃离英格兰。同年秋又与沃里克返回。1470—1471年之交的冬季捕获12艘葡萄牙商船。获悉国王爱德华四世回国，便在肯特替沃里克招募军队。1471年4月13日进行巴讷特之战时，他又在加来募集援军。返回英格兰后组织向伦敦进军，但对自己是否能得到广泛的支持没有把握，故仅从南面进攻伦敦（5月8—14日）。攻击被击退，5月18日撤至布莱克希思，尔后又退至桑威奇。5月27日，为换取对他的宽恕，将船队的40只船交于格洛斯特的理查德（后来的理查德三世国王），但他继续阴谋策划反对国王，被逮捕。1471年9月22日以新近他对国王的冒犯和过去对国王的忿忿不平为由，他被砍首，头挂在伦敦桥上，面向肯特。

福肯贝格大胆、受爱戴，他的勇敢无可非议，但他生不逢时，而且缺乏孤注一掷的勇气。

DLB

参考：Gillingham, John, The Wars of the Roses. Baton Rouge, 1981.

Lander, J. R., The War of the Roses. London, 1966.

法约尔，马利·埃米尔（Fayolle, Marie Emile，1852—1928年） 法国元帅。参加主要战争：第一次世界大战（1914—1918年）；参加主要战役（战斗）：索姆河之战（1916年）、科巴里德之战（1917年）、协约国总攻（1918年）。

冯国璋（Feng Kuo-chang，1859—1919年） 中国北洋军阀，直系军阀首领。参加主要战争：镇压义和团运动（1899年）；武昌起义后，率部到湖北镇压革命（1911年）。

冯国璋1916年任中华民国新总统，次年7月代理大总统，1918年10月被迫下台，1919年12月卒于北京。

冯子材(Feng Tzu-ts'ai,1818—1903年) 中国清朝将军。参加主要战争：中法战争（1883—1885年）；参加主要战役（战斗）：镇南关大捷（1855年）。

冯子材生于1818年，后参军。在长期的军旅生涯中屡建奇功。1884年5—6月法军侵入越南时，他任驻东京（后来这里成为越南北部的领土，占全国三分之一的领土）清朝军队的总兵。约1884年秋为保卫清朝本身不受侵略，他在镇南关（今广西友谊关）构建坚固防御阵地，重兵把守。虽然所部在1885年2月13日的谅山之战中被击退，但他击退了法军对镇南关的进攻，并亲自率部队反击将法军击溃（3月23日）。几天后法军仓惶撤离谅山及其附近地区（3月29日）。6月9日双方签订和约，恢复战前的态势。卒于1903年。

PWK

冯玉祥(Feng Yü-hsiang,1882—1948年) "基督将军"。中国将军。参加主要战争：军阀混战（1920—1926年）、北伐战争（1920—1926年）。

冯玉祥1882年9月26日生于河北省青县，是新建陆军一个贫穷且未经正式任命的军官的儿子。1894年入其父手下当了一名士兵，通过努力自学被选派到保定军事学校学习，毕业后成为一名军官，他依靠自己的才能在1913年升为少校和团长，1918年任第十六混编旅旅长，成为北洋军阀集团中一个级别不太高的成员，他首次声名大振是在直系成功打败奉系军阀张作霖的战役中(1921—1922年)。1923年支持黎元洪任总统。1924年初升为陆军元帅，并在直系吴佩孚的部队里任第三集团军司令，受命进军东北，但他抗命吴佩孚占领北京，发动了"北京政变"，导致了直系军阀的崩溃（10月23日—11月2日）。12月邀请孙中山到北京。1925年初重新组织他的部队——国民军。1926年被张作霖和吴佩孚打败后撤到西北。1926—1927年访问苏联得到一些支持，重新装备其军队，在北伐战争后期（1927—1928年）同蒋介石联合，支持蒋介石镇压国民党内部的左派和马克思主义力量，1929年联合汪、阎倒蒋，后被打败。不久又同汪精卫和阎锡山联合再次倒蒋以期在北京建立一个新政府，1930年经过六个月的苦战被国民党军队打败。1933年作为一个抗日志愿军的司令，希望得到公众的支持，但也遭到失败。后成为国民党内部反对派领导人物。1947年出游到美国，1948年9月在乘坐一艘苏联船回国途中遇难身亡。

冯玉祥是一位充满才智、能干的人，致力于改善普通老百姓的命运。他的军队供应充足，装备良好，纪律严明（没有强奸和抢劫），始终贯穿体现了冯玉祥自己的基督教徒的本色。他对基督教以及道德标准的信奉使他赢得了"基督将军"的绰号。

PWK

参考：Sheridan, James E., Chinese Warlord: The Career of Feng Yü-hsiang. Stanford, Calif., 1966.

Tuchman, Barbara, Stilwell and the American Experience in China. 1911—1945. New York, 1979.

斐迪南，西班牙亲王，红衣主教王子(Ferdinand, Prince of Spain, Cardinal-Infante, 1609—1641年) 西班牙亲王、教士和将军。参加主要战争：三十年战争（1618—1648年）；参加主要战役（战斗）：讷德林根之战（1634年）。

斐迪南生于1609年，国王菲利普三世和奥地利的玛格丽特第五子。1619年罗马教皇保罗五世封他为红衣主教。1632年任卡泰罗尼亚代理红衣主教。1633年任米兰总督。1634年任西班牙属荷兰总督。任内与堂兄弟匈牙利和波希米亚国王斐迪南（后来的斐迪南三世皇帝）的奥地利军队联合，并于1634年9月6日在讷德林根击败古斯塔夫·霍恩元帅和萨克斯-魏玛的伯恩哈特的瑞典-魏玛联军。1636年，指挥入侵法国并占领科尔比。卒于1641年11月。

AL

参考：Diccionario de historia de España, 2d. ed. Madrid, 1968—1969.

Wedgwood, Cicely V., The Tirty Years War. 1938. Reprint, Garden City, N. Y., 1961.

EMH.

弗格森，帕特里克(Ferguson, Patrick, 1744—1780年) 英国陆军军官。参加主要战争：美国独立战争（1775—1783年）；参加主要战役（战斗）：金斯山之战（1780年）。

弗格森生于苏格兰，后就学于伦敦的军事学校，并被任命军官候补生（1759年7月12日）。曾在德意志帝国作战（1761年），但1768年以后由于健康不佳未能继续留服现役。在第七十步兵团中获上尉军衔（1768年9月1日），服役于多巴哥岛。因设计出更为先进的后膛装填步枪而获专利（1776年12月2日）。在新斯科舍的哈里法克斯招募了一连步兵，在布兰瓦恩河之战中率这连步兵担任克尼普豪森纵队的前卫，作战中受伤，右臂致残（1777年9月11日）。率部袭击位于新泽西小埃格港的私掠船基地，取得胜利（1778年10月4—5日）。晋升为少校（1779年）后，他参加了查尔斯顿战役（1780年初），并被任命为南部地区民兵的巡察官（1780年）。在北卡罗来纳的金斯山之战中指挥一支亲英民兵部队时被包围，激烈交火后战死，其部队实际上被消灭（1780年10月7日）。

弗格森是一位典型的职业军人，一位勇敢而有作为的轻步兵指挥官。

Staff

参考：Boatner, Encyclopedia.

Draper, Lyman C., King's Mountain and Its Heroes. Cincinnati, Ohio, 1881.

Ferguson, James, Two Scottish Soldiers … Ab-

erdeen,1888.

弗尔摩伊(Fermoy,1737—?) 法国军事冒险家。参加主要战争：美国独立战争（1775—1783 年）；参加主要战役（战斗）：特伦顿之战（1776 年）、提康德罗加之战（1777 年）。

弗特曼，威廉·贾德(Fetterman, William Judd, 约 1833—1866 年) 美国陆军军官。参加主要战争：美国内战（1861—1865 年），对印第安苏族人、科曼契人及其联盟部落的战争（1863—1875 年）；参加主要战役（战斗）：斯通河之战（1862—1863 年）、琼斯博罗之战（佐治亚州，1864 年）和弗特曼之战（怀俄明州斯托尼附近，1866 年）。

弗特曼约 1833 年生于康涅狄格州新伦敦附近的特兰伯尔堡（其父亲的任职地附近）。1861 年加入联邦军队，多次参战，包括 1862 年 12 月 31 日—1863 年 1 月 3 日的斯通河之战和 1864 年 8 月 31 日的琼斯博罗之战。因作战勇敢而提升为荣誉中校。战争结束时仍留在军队，任命为第二十七步兵团上尉军官。1866 年 12 月 21 日志愿带兵救援在菲尔·卡尼堡附近遭印第安人伏击的伐木火车。在弗特曼之战中，他鲁莽地追击印第安人，结果中了埋伏，他和所部 82 人被杀。

弗特曼是一位勇敢的军人，但他自负、鲁莽，极不习惯于平原边界地区的战争。

KH

参考:DAB
WAMB

芬克，弗里德里希·奥古斯特·冯(Finck, Friedrich August von, 1718—1766 年) 普鲁士将军。参加主要战争：七年战争（1757—1763 年）；参加主要战役（战斗）：马克森之战（1759 年）。

费希尔，约翰·阿伯思诺特，基尔沃斯通的第一费希尔男爵(Fisher, John Arbuthnot, 1st Baron Fisher of Kilverstone, 1841—1920 年) 英国海军上将。参加主要战争：克里木战争（1853—1856 年）、第二次鸦片战争（1856—1860 年）、埃及战争（1882 年）和第一次世界大战（1914—1918 年）。

费希尔 1841 年 1 月 25 日生于锡兰，1854 年他刚刚进入少年时代，便作为少年水手加入皇家海军。参加了克里木战争，在第二次鸦片战争中，曾参加了侵占广州的战斗（1857 年 12 月）和侵占塘沽炮台（1859 年 6 月 25 日）。在火炮射击和军械方面颇有造诣，对于修订《射击教范》发挥了主要作用。1874 年升海军上校，在镇压埃及起义期间指挥装有炮塔的战列舰“不屈”号炮击亚历山大港（1882 年 7 月 11 日），7—9 月指挥海军陆战队实施陆上战斗。1885—1890 年间任海军火炮和鱼雷教官。1890 年 8 月 2 日晋升海军少将，任朴次茅斯海军造船厂总监，1892—1897 年间任海军部第三海务大臣（海军审计官），1897—1899 年任北美和西印度洋海军站司令。1899 年作为英国海军利益的代表者参加象牙和平会议，1899—1902 年任地中海舰队司令。1902—1903 年返回海军部任第二海务大臣（训练和征募官），1903 年 8 月任朴次茅斯总司令，1904 年 10 月 21 日再次返回海军部任第一海务大臣（不列颠海军作战部长）。他为皇家海军对德国的战争而不知疲倦地积极工作，通过削减海外驻军而加强本土水域的舰队，淘汰废旧的舰只，并使武器现代化。通过他的努力，英国在海军竞赛中处于领先地位。1906 年他为海军引入了“全大口径炮”的战列舰“无畏”号，接着在 1909 年引入了战斗巡洋舰，此类舰均采用战列舰的火炮，但牺牲了装甲防护以提高速度，并设想在远距离与敌方战列舰交火。虽然建造无畏舰的改革是成功的，但建造战斗巡洋舰却不尽如意，这主要是因为海军部拒绝使用能使战斗巡洋舰真正发挥效能的安东尼·波伦的火控系统。1910 年他从海军部退休。1914 年 10 月当巴腾贝格的路易亲王被迫退役后，他被海军大臣温斯顿·丘吉尔召回任原职。1914 年 11 月当得知克拉多克在科罗内尔海岸之外被击败后，作出了迅速而有效的反应，派出 2 艘战斗巡洋舰向南以寻歼施佩的分舰队。他支持两栖战略，其核心是英俄联军攻击德国的波罗的海沿海地区，该战略与在达达尼尔海峡的作战是相对立的，这引发了他和丘吉尔的不和。1915 年 5 月 15 日，在海军单独对达达尼尔海峡的作战失败后他辞职，并确信海军进一步的行动将损害英军在北海的地位。1920 年 7 月 10 日卒于伦敦。

费希尔是一位极具天赋的海军理论家、管理者和称职的战略家，他算是一位利用宣传和公众舆论为自己开辟道路的大师。在海军部第一大臣的第一任期内他做了大量的工作，以使海军为第一次世界大战做好准备。他再次任第一大臣所发挥的作用同样具有重要意义，但他讨厌处于丘吉尔的影子之下。

DLB

参考：Marder, A, J., ed., Fear God and Dread Nought: The Correspondence of Lord Fisher, 3 vols. London, 1952—1959.
——, From the Dreadnought to Scapa Flow, 3 vols. London, 1961—1969.

弗莱彻，弗兰克·杰克(Fletcher, Frank Jack, 1885—1973 年) 美国海军上将。参加的主要战役：第一次世界大战（1917—1918 年）、第二次世界大战（1941—1945 年）；参加主要战役（战斗）：珊瑚海海战、中途岛海战（1942 年）、东所罗门群岛海战（1942 年）。

弗莱彻 1885 年 4 月 29 日生于艾奥瓦州马歇尔敦。1906 年 6 月毕业于美国海军军官学院。1908 年被授予少尉军衔。1909—1912 年任亚洲中队“戴尔”号驱逐舰舰

长。1914年4月，在维拉克鲁兹登陆期间，因救援“埃斯波兰萨”号轮上的难民而获荣誉勋章。1914—1915年，任大西洋舰队司令的副官。1917—1918年，指挥“贝纳姆”号驱逐舰执行潜水艇巡航任务。1924年，参加了镇压短暂的菲律宾起义的军事行动。1929—1930年，在海军军事学院学习。1930—1931年，在陆军军事学院学习。1933—1936年，任海军部长克劳德·A.斯旺森的助理。1936—1938年，任“新墨西哥”号战列舰舰长。1938—1939年，在海军部人事局任职。后晋升少将，任大西洋舰队第三巡洋舰分队司令。1941年12月15日，任以“萨拉托加”号航空母舰为基干的威克岛救援部队司令，但他行动小心谨慎，12月23日抵达威克岛时该岛已陷落。1942年1月17日任以“约克镇”号航空母舰为基干的第十七特混舰队司令。1942年5月7—8日，在珊瑚海海战中指挥美军作战。尽管“列克星顿”号舰空母舰在战斗中被击沉，但阻止了日军入侵莫尔兹比港的企图。尽管遭到这种损失，但他仍得到尼米兹将军的信任。5月下旬，任保卫中途岛的美国海军部队指挥官，与山本五十六将军的庞大攻击舰队作战。6月2—6日，成功地实施了海空战，只是在“约克镇”号航空母舰受重创后才被迫在6月4日中午将指挥权移交雷蒙德·A.斯普鲁恩斯将军。1942年8月7日，指挥航母舰队掩护美军进攻所罗门群岛的瓜达尔卡纳尔岛和图拉吉岛（“瞭望台”行动）。8月23—25日，在东所罗门群岛海域与山本五十六的舰队交战，未分胜负，但保护了瓜达尔卡纳尔岛的美军滩头阵地和机场。1943年12月，任北太平洋地区美国海军司令，直至1945年战争结束。后监督对日本北部的占领，任最高委员会主席。1947年5月退役。1973年4月25日卒于马里兰州贝塞斯达。

弗莱彻是一位经验丰富的海军军官，为人心胸开阔，友好和善。他不了解航空母舰，且生性小心谨慎，这样他在威克岛救援作战中缺乏冒险精神也就可以理解了。他在珊瑚海海战和中途岛海战中指挥得当，但并不高明。

DLB

参考：Lord, Walter, Incredible Victory. New York, 1967.
Morison, Samuel Eliot, History of United States Naval Operations in World War Ⅱ. Vol Ⅲ, The Rising Sun in the Pacific and Vol. Ⅳ, Coral Sea, Midway and Submarine Actions. Boston, 1949.
Prange, Gordon W., With Donald M. Goldstein and Katherine V. Dillon, Miracle at Midway. New York, 1982.

弗利波，亨利·奥西恩（Flipper, Henry Ossian, 1856—1940年） 美国陆军军官。

弗利波1856年3月21日生于佐治亚州的托马斯维尔的奴隶家庭，在美国教会协会接受早期教育。当他在亚特兰大大学学习时，被选派到美国军事学院。虽然他不是首位被选派的黑人，但他却克服了巨大的种族障碍，成为第一位毕业的黑人（1877年6月14日）。被分到当时的两个黑人骑兵团之一的第十团任少尉军官，在边界地区任职，负责安装电报线，他的工作受到的控制很微小。在得克萨斯州戴卫斯堡担任粮秣员时，他的账目被发现有出入，弗利波遭逮捕、审判并被开除军籍（1882年6月30日）。他坚持认为自己无罪，并坚信对他的逮捕和审判是基于种族歧视，他试图再次服役但未果。随后他留在西南部地区，为美国和墨西哥的矿井公司充当勘测员和制图员。1919年他为参议院墨西哥内部事务小组充当翻译。1921年任内政部长的助理，负责修建阿拉斯加铁路。1940年5月3日卒于亚特兰大。

ACD

参考：DAMB.

弗洛尔，罗杰·迪（德）（Flor, Roger di 〈de〉, 约1267—1305年） 意大利-日耳曼军事冒险家。参加主要战争：西西里晚祷战争（西西里晚祷之夜，1282—1302年）、奥斯曼土耳其-拜占庭的边境战争（固有的）。

弗洛尔约1267年生于意大利的布林底西，一位名叫布卢姆（弗洛尔是西班牙语“blum”的译称，意为“花卉”）的日耳曼豢养猎鹰者的儿子。布卢姆在霍亨斯陶芬王朝的军队中服役，战死于塔利亚科佐之役（1268年8月25日）。弗洛尔还是个孩子的时候就为圣殿骑士团参加海战，并在20岁时成为船长。阿尔切（阿卡）沦陷（1291年）后，他因勒索难民而声名狼藉，并遭到骑士团团长的痛斥。逃往热那亚参加了西西里国王腓特烈三世的军队。腓特烈三世任命他为其船队的副队长和阿拉贡雇佣兵——阿尔莫加瓦里人的领队（1292年?）。战争结束后，他投奔为奥斯曼土耳其所困的拜占庭皇帝安德罗尼柯二世（1302年）。率6500人分乘36艘船抵达君士坦丁堡（1303年9月），为此获得多种头衔并娶皇帝的侄女为妻。在亚洲对奥斯曼土耳其人作战，战绩显赫。后赢得了几场小战的胜利，夺占了许多城镇（1303—1304年）。其建立自己公国的明显野心，加之其士卒的贪得无厌，引起拜占庭人，尤其是安德罗尼柯二世之子迈克尔（后来的迈克尔九世）的强烈不满。应邀前往阿德里安堡的迈克尔皇宫，在那里遭到暗杀（1305年4月4日）。他的加泰隆人雇佣军在色雷斯和马其顿大肆进行抢掠，后夺取雅典公国并在那里建立了自己的政权（1311年）。

弗洛尔野心勃勃且肆无忌惮，他是一位能干而又精力充沛的陆上和海上指挥官，但自私自利。从某些意义上说，他是雇佣兵队长的鼻祖。

BRB

参考：Cheetham, Nicolas, Medieval Greece. New Haven, Conn., 1981.
Laiou-Thomadakis, Angeliki E., Constantinople and the Latins: The Foreign Policy of Andronicus Ⅱ, 1282—1328. Cambridge, Mass., 1972.

Schlumberger, G., Expéditions des " Almugavares" ou routiers catalans en Orient de L'an 1302 àl'an 1311. Paris, 1902.

Setton, K. M., Catalan Domination of Athens, 1311—1388. Cambridge, Mass., 1948.

弗洛伊德，约翰·布坎南(Floyd, John Buchanan, 1806—1863年) 美国南部同盟将军。参加主要战争：美国内战(1861—1865年)；参加主要战役（战斗）：第一次、第二次卡尼费克斯费里之战（西弗吉尼亚州高利布里奇附近，1861年），多纳尔森堡之战（1862年）。

弗洛伊德1806年6月1日生于弗吉尼亚州的布莱克斯堡，1829年毕业于南卡罗来纳学院（今南卡罗来纳大学）。后在弗吉尼亚州的威斯维尔学习法律并任律师。1836年迁往阿肯色州。1839年返回弗吉尼亚州，定居在阿宾顿。1847—1849年在州立法部供职。1849年当选州长，任职至1852年。1855年再次选入立法局供职。1856年为詹姆斯·布坎南竞选总统，1857年总统布坎南任命他为陆军部长。1860年12月和布坎南总统就加强罗伯特·安德森少校在萨姆特堡的守军应采取的步骤问题上发生分歧后辞职。他是一位拥护各州权力的民主党人，但反对联邦分离。谴责为了准备内战而分裂军队并在南部的弹药库贮存武器和弹药的做法，他在众议院调查委员会上阐明了这一指责。尽管一贯反对分离，但他还是追随他的州，并于1861年7月（?）在南部同盟军队中接受准将的任命。在西弗吉亚州与联邦军队作战，指挥了第一次、第二次卡尼费克斯费里之战（分别在8月26日和9月10日）。1862年初奉命驻守田纳西州的多纳尔森堡，该堡于2月初遭到乌利斯·辛·格兰特的部队的围攻。2月14日击退了一艘联邦炮艇的进攻，2月15日在吉迪恩·皮洛和西豪·玻利瓦尔·巴克纳将军的协助下，他指挥突围，几近成功。2月16日他和皮洛率少量部队从水路逃走，留下巴克纳率部投降。之后不久他即被杰弗逊·戴维斯解除职务。后晋升为弗吉尼亚部队的少将。1863年8月26日卒于阿宾顿附近。

弗洛伊德是一位成功的政治家和有能力的陆军部长。由于缺乏作战经验而使其在多纳尔森堡的表现极为低劣。

KH and RGS

参考：Confederate States of America. House of Representatives. Report of the Special Committee on the Recent Military Disasters at Forts Henry and Donelson and the Evacuation of Nashville. Richmond, Va., 1862.

Warner, Ezra, Generals in Gray. Reprint, Baton Rouge, 1976.

福煦，斐迪南(Foch, Ferdinand, 1851—1929年) 法国陆军元帅，并获英国陆军元帅和波兰元帅称号。参加主要战争：普法战争（1870—1871年）和第一次世界大战（1914—1918年）；参加主要战役（战斗）：莫朗日之战（1914年）、马恩河战役（1914年）、伊普尔之战（1915年）、阿尔土瓦攻势（1915年）、鲁登道夫攻势（1918年）和协约国军反攻（1918年）。

福煦1851年10月2日生于上比利牛斯的塔布，其父为公务员。信奉耶稣教，1870年普法战争爆发时加入步兵部队，但是没有参战。1871年进入南锡的综合性工科学校，当时法国还处于德军的占领时期。1873年毕业，领少尉军衔，1874年加入第二十四炮兵团，他曾在国内的许多要塞和参谋岗位上任职。在德雷福斯案件之后，受反教士运动的冲击，其提升较慢。1885年进高级军事学院深造，1894年10月31日从总参谋部返回该院任教官。他的观点对陆军有极大影响，他强调适应性、火力和警戒以及意志和士气的重要性。其观点反映在所出版的两本讲义集中，一是1897年出版的《战争指导》，一是1899年出版的《战争原理》。他的许多信奉者，如路易·L.格朗迈松上校，排斥其他要素而仅看重意志和热忱。1907年克列孟梭任命他为高级军事学院院长，并晋升准将。1913年升为驻南锡的第十军军长，直到第一次世界大战爆发。1914年8月14—18日，他的军作为卡斯泰尔诺第二集团军最初推进的一部实施了积极的进攻，但在莫朗日遭到德国王储鲁普雷希特的第六集团军的突然袭击（8月20—21日），被击退并遭受重大损失。8月22—23日福煦反应积极，他在实施了猛烈的反击后，率部实施了熟练的撤退。8月28日受命指挥所谓的由3个军组成的“福煦支队”，该部部署于第四和第五集团军之间。他率领这支后来更名为第九集团军的部队参加了1914年9月5—10日的马恩河战役。随着其态势变得恶化，他继续发动反攻，他发给总司令霞飞的著名电报是：“我的中部正在让出道路，我的右翼正在后退，态势好极了，我要发动进攻。”马恩河战役后，在1914年10—11月“奔向大海”作战行动中，他成为霞飞的副手，指挥北部法军，协调在那里的英军、法军和比军的行动，指挥了第一次伊普尔之战（10月19日—11月22日）。在整个1915年他继续指挥临时组建的北部集团军。虽然他不欣赏黑格的进攻计划，但仍率法军参加了索姆河战役（1916年7月1日—11月13日）。在总司令霞飞被罗伯特·乔治·尼韦尔将军取代后（1916年12月12日），作为霞飞亲密战友的福煦被迫处于半退休状态，负责拟制一旦奥德军在意大利实施大规模行动时援意计划。1917年5月11日在贝当取代尼韦尔之后，他继任总参谋长。在卡波雷托（科巴里德）战役（1917年10月24日—11月12日）之后，协约国军对意军实施了快速增援，此举证明福煦计划工作的有效性。1917年他在临时性的协约国最高战争委员会任职，负责协调行动。在德军发动索姆河攻势（3月21日—4月4日）后的第五天，在杜朗应黑格的推荐，福煦被任命为西线协约国总司令。1918年他协调协约国的行动，熟练而冷静地防御鲁登道夫的春季攻势。精细而高效地使用力量。他遭到德军埃纳河-

“贵妇大道”（克拉奥讷附近的一条道路）攻势的突然袭击，这是因为他预计德军将在北部的亚眠实施进攻，但他实施快速反应。就在他发动协约国军的总反攻（8月8日—11月11日）之前，8月6日他晋升元帅。11月他向战败的德国宣布停战协议。1920年1月被任命为在凡尔赛的协约国最高军事委员会主席，负责履行停战和和平协议。1929年3月20日卒于巴黎，被葬于曾葬有蒂雷纳和拿破仑一世的无名烈士墓。

福煦富有才华，压力之下仍能保持沉着冷静，他是一位能鼓舞人心的领导者。虽然他因崇尚进攻而遭到批评，但正如他在1914年8月14—22日从阿登到莫朗日所取得的成功，以及在最后的胜利中显示的那样，他的理论并非如此简单。福煦具有极为优秀的品质，他也许是20世纪法国最好的战士。

DB

参考：Falls, Cyril B., Marshal Foch. London, 1939.
Foch, Ferdinand, The Memoirs of Marshal Foch. Garden City. N. Y., 1931.
Liddell Hart, Sir Basil H., Foch: The Man of Orleans. London, 1931.
Weygand, Maxime, Foch. Paris, 1947.

富瓦，加斯顿伯爵，内穆尔公爵（Foix, Count Gaston de, Duke of Nemours, 1489—1512年） 素有“意大利的霹雳”之称。参加主要战争：神圣同盟战争（1510—1514年）；参加主要战役（战斗）：拉文纳战役（1512年）。

富瓦生于1489年，是路易十二的外甥。1511年初率法军与西班牙-神圣罗马帝国-威尼斯联军作战于伦巴第和罗马涅。他大胆而又严格地治理军队，一改法军以往邋遢作风，于1511年5月13日攻占了波伦亚，击溃了由那不勒斯总督卡多纳的雷蒙指挥的围攻该城的三国联军。1512年2月在布雷西亚扫除了威尼斯军队。随后，围攻拉文纳，以便诱使卡多纳来援。卡多纳果真上当。复活节的清晨，富瓦率军向来援之军的营地发起攻击，法军的炮火诱使西班牙军队的骑兵在没有步兵配合的情况下就发起反击，结果联军大败。在4月11日的战斗中，富瓦率一小队骑兵抗击西班牙禁卫步兵时，不幸阵亡。

尽管富瓦的军事生涯短暂得难以让人对其才能作出评价，但是从中显示出其战略战术思路清晰，是位有魄力的军事家。他之所以在行将胜利时丧生，归咎于其年轻气盛、急功近利，从而使法国失去了赢得这场战争胜利的大好时机。

CCJ

参考：Oman, Sir Charles W. C. The Art of War in the Sixteenth Century. New York, 1937.
Taylor, Frederick Lewis, The Art of War in Italy, 1494—1529. Cambridge, 1921.

丰克，保尔·勒奈（Fonck, Paul René, 1894—1953年） 法国军官。参加主要战争：第一次世界大战（1914—1918年）；参加主要战役（战斗）：法国空战（1915—1918年）。

丰克1894年3月27日生于孚日，1914年参加陆军工兵部队，1915年2月转到在勒克罗图瓦的飞行学校，成为一名合格的飞行员。初飞侦察机，1917年4月15日调到“斯托克中队”的第十二歼击机分队，作为极为优秀的射手很快即成为王牌飞行员。因节省弹药而闻名，他至少有一次只用了3发炮弹即击落敌机。他经常在敌优我劣的非常危险的情况下战斗，在1918年5月9日和9月26日两天他各击落6架敌机。11月1日他取得了经证实的第七十五次也是最后一次胜利，成为协约国军最伟大的王牌飞行员，而他自己的非官方的参战总数是127次。战后他成为表演和竞赛飞行员。1937—1939年作为战斗机飞行员的监察官在亚眠空军基地任职。1940年法国沦陷后，他与维希傀儡政府合作。战后他因此而遭到指责，1953年6月悄然地卒于巴黎。

丰克是一位勇敢而鲁莽的战斗机飞行员，也是法国最伟大的战争英雄，然而他在第一次世界大战赢得的荣誉因与维希集团的合作而受到损害。

VBH

参考：Campbell, C., Aces and Aircraft of World War Ⅰ. New York, 1984.
Fonck, R., L'aviation et la sécurité française. Paris, 1924.
Moreau-Bérillon, E. L'aviation française, 1914—1940, ses escadrilles-ses insignes. Paris, 1968.

富特，安德鲁·赫尔（Foote, Andrew Hull, 1806—1863年） 美国海军上将。参加主要战争：美国内战（1861—1865年）；参加主要战役（战斗）：亨利堡之战（1862年）、多纳尔森堡之战（在靠近界州的田纳亚河和坎伯兰河畔，1862年）和十号岛之战（密苏里州新马德里附近的密西西比河中，1862年）。

富特1806年9月12日生于康涅狄格州的纽黑文，其父是参议员赛米尔·奥古斯特斯·富特。后入西点军校学习，但六个月后退学，接受海军军官候补生的任命（1822年12月）。1822—1843年间在加勒比海、太平洋和地中海上供职，还曾在费城海军造舰厂任职。1831年晋升海军上尉，这是在地中海的美国战舰“坎伯兰”号的第一位海军上尉。他成功地将其船员组织成一个有节制的集体，禁止在船上饮用掺水烈酒，这标志着最终取消定量供给酒的作法（1862年）的运动的开始。1849—1851年间任在非洲海岸的美国战舰“佩里”号指挥官，对取缔奴隶贸易表现出极大的热情。后来多次发表反奴隶制的演讲，并于1854年出版了《非洲和美国的旗帜》一书。1851—1856年间在岸上任职。1855年和当时任海军准将的赛米尔·F.杜邦在军官鉴定局工作，表现突出。

1856年晋升海军中校，之后在远东指挥海岸炮舰“朴次茅斯”号。在第二次鸦片战争中，他率舰发动进攻摧毁广州附近的四座炮台（1856年11月20—22日）。1858年返回美国任布鲁克林海军造船厂厂长。1861年8月任密西西比河上游海军部队指挥官，他督察快速组建了一支炮艇和迫击炮舰舰队。1862年2月6日在没得到乌利斯·格兰特的陆军部队的协助情况下，他攻陷亨利堡，但未能阻止守军逃往附近的多纳尔森堡。2月14日他的内河舰队在多纳尔森堡被击退，并遭巨大损失，他本人负重伤。3月16日—4月7日协助约翰·波普将军夺占南军的战略要地十号岛，打开了通往孟斐斯和密西西比河下游的通道。6月交出指挥权，7月晋升海军少将。后任装备和征兵局局长。奉命指挥北大西洋的封锁分舰队，但于1863年6月26日到任前卒于纽约城。

富特是一位有能力、有效率而且精力充沛的指挥官。他对格兰特在亨利堡和多纳尔森堡作战行动的支援，以及对十号岛的进攻，对于打通密西西比河上游是至关重要的。

RGS and KH

参考：Gosnell, H. Allen, Guns on the Western Waters: The Story of the River Gunboats of the Civil War. Baton Rouge, 1949.

Hoppin, James Mason, Life of Andrew Hull Foote, Rear Admiral United States Navy. New York, 1874.

McCartney, Clarence Edward, Mr. Lincoln's Admirals. New York, 1956.

福里斯特，纳坦·贝德福德（Forrest, Nathan Bedford, 1821—1877年） 绰号“先于多数人”，美国南部同盟将军。参加主要战争：美国内战（1861—1865年）；参加主要战役（战斗）：多纳尔森堡之战（1862年）、夏洛之战（1862年）、罗马之战（佐治亚州，1863年）、奇克莫加之战（1863年）、皮洛堡之战（孟斐斯之南，1864年）、布赖斯岔路口之战（密西西比州的鲍德温附近，1864年）、图珀洛之战（1864年）、纳什维尔战役（1864年）和塞尔马之战（1865年）。

福里斯特1821年7月13日生于田纳西州的查珀尔希尔附近，主要是通过自学接受教育。曾经作过农场工人、牲畜和奴隶贩子、棉农。1861年4月志愿加入田纳西州第七骑兵团任二等兵。8月招募一支骑兵团，晋升中校。1862年2月16日拒绝和多纳尔森堡的守军一起投降，而是率部逃走。3月晋升上校，在4月6—7日的夏洛之战中因作战勇敢而获荣誉，但严重负伤。7月晋升准将，在布拉格麾下任骑兵旅旅长，率部对联邦军的供应和交通线实施了多次袭击。1863年4月在佐治亚州罗马附近一场难以置信的持续五天的追逐战中，他俘获北军一支骑兵旅。在9月19—20日的奇克莫加之战中他掩护南军的右翼。12月晋升少将，后转战至密西西比州，侵入田纳西州，1864年4月12日攻占皮洛堡，并由于残酷屠杀愿意投降的黑人部队而遭到谴责。1864年因大胆地袭击田纳西州、亚拉巴马州、佐治亚州和密西西比州而闻名。6月10日在布赖斯岔路口之战中因打败数量占优势的赛米尔·D. 斯特吉斯将军的联邦军，取得胜利。8月率部奇袭孟斐斯，9月奇袭佐治亚州的阿森斯。11—12月任西纳西军团的骑兵司令，在胡德的指挥下参加了纳什维尔战役，12月15—16日其军团在纳什维尔被打败后，他指挥后卫作战进一步赢得赞誉。1865年2月晋升中将，4月2日在亚拉巴马州的塞尔马——战争中最后的具有重要意义的作战中，他被联邦将军詹姆斯·H. 威尔逊打败，5月9日在吉斯维尔投降。余生作过种植园主，塞尔马、马里恩和孟斐斯铁路总裁，三K党最初的创始人和唯一的龙头大哥。1877年10月29日因腹泻衰竭卒于田纳西州的孟斐斯。

福里斯特是一位凶悍的、走运的、顽固的，有时是残暴的指挥官。虽无接受正式的或军事的教育，但他是深谙战略和战术思想的狡猾的骑兵领导者，经常被称为“天生的军事天才”。他的格言是“比大多数人先到”。士兵被他所慑服，同时他也表现出关心他们的需要。主要是在皮洛堡的暴行毁坏了他的声誉。

VBH

参考：Henry, Robert Selph, “First with the Most” Forrest. Indianapolis, 1944.

Jordan, Thomas, and J. B. Pryor, The Campaigns of Lieut. Gen. N. B. Forrest, and of Forrest's Cavalry. New Orleans, 1868.

Mathes, J. Harvey, General Forrest. New York, 1902.

Wyeth, John Allen, That Devil Forrest. New York, 1958.

福斯，约瑟夫·雅各布（Foss, Joseph Jacob, 生于1915年） 美国海军陆战队军官。参加主要战争：第二次世界大战（1941—1945年）；参加主要战役（战斗）：瓜达尔卡纳尔战役（1942—1943年）、北所罗门群岛战役（1943—1944年）、菲律宾群岛战役（1944—1945年）。空战王牌飞行员。

弗洛伊斯，本杰明·D（Foulois, Benjamin D., 1879—1967年） 美国将军。参加主要战争：美西战争（1898年）、镇压菲律宾起义（1899—1902年）、侵略墨西哥（1916—1917年）和第一次世界大战（1917—1918年）。

弗洛伊斯1879年12月9日生于康涅狄格州的华盛顿。在美国军舰“缅因”号在哈瓦纳被炸沉后参加美国第二志愿工兵队。参加了美西战争和镇压菲律宾起义。因作战表现突出而获升中尉（1901年）。1905年返回美国，进堪萨斯州的利文沃思步兵和骑兵学校深造，后进陆军通信学校学习。1906—1907年在古巴服役，之后出于对军事航空潜力的热衷，使他在1908年到陆军通信兵

航空处任职，奉命“自学飞行”，1910 年成为一名熟练的飞行员，在一段时间内他是陆军唯一的飞行员。1911 年转入地勤任职，在潘兴将军对墨西哥实施惩罚性远征期间（1916 年 3 月 15 日—1917 年 2 月 5 日），他指挥美军第一航空分队。在美军参加第一次世界大战（1917 年 4 月）后不久，他晋升临时准将，前往法国指挥美国远征军混乱而无序的空中力量，但他对担任如此巨大的管理工作准备不足，很快即在 1918 年 5 月被梅森·帕特里克将军取代。战末他恢复了少校的正式军衔。1920—1924 年间在柏林任武官。1925 年毕业于指挥和总参谋学校，在纽约米切尔机场任大队长，1927 年晋升准将并任陆军航空队参谋长助理。1931 年詹姆斯·弗切特将军一退休，他即升为少将并任陆军航空队司令，直到 1935 年。任职期间，尽管预算紧张，他仍在改善陆军航空队组织和使装备现代化方面作了大量的工作。在将空中力量用于国内平民邮政的灾难性后果之后，他促使航空兵总部的成立（1934 年）。由于他公开拥护建立独立的空军而使他失去了许多支持，1935 年他失宠而退役。退役后仍积极倡导发展空中力量和军事航空的重要性，1967 年 4 月 25 日卒于安德鲁斯空军基地医院。

DLB

参考：Foulois, Benjamin D., and Carroll V. Glines, From the Wright Brothers to the Astronauts: Memoirs of Major General Benjamin D. Foulois. New York, 1968.

Shiner, John F. Foulois and the U. S. Army Air Corps. Washington, D. C., 1981.

DAMB.

WAMB.

弗朗谢·德斯佩雷，路易·费利克斯·弗朗索瓦（Franchet D'esperey, Louis Félix François, 1856—1942 年） 法国元帅。参加主要战争：镇压义和团运动（1900—1901 年）、摩洛哥殖民战争（1909—1913 年）和第一次世界大战（1914—1918 年）；参加主要战役（战斗）：边界（比利时和法国之间）交战（1914 年）、吉斯之战（1914 年）、第一次马恩河会战（1914 年）、马尔迈松（在巴黎附近）之战（1917 年）、埃纳河攻势和马其顿战役（1918 年）。

弗朗谢 1856 年 5 月 25 日生于阿尔及利亚的穆斯塔加奈姆，后进入圣西尔军校学习，1876 年以 413 名毕业生中的第六名的成绩毕业，曾在阿尔及利亚、突尼斯和东京服役。在镇压义和团运动期间（1900 年 7 月—1901 年 5 月）在中国北方任职。1908 年升旅长，1912 年升师长，1912—1913 年在摩洛哥参战，1913 年下半年返回法国，任沙尔·朗雷扎克的第五集团军驻里尔的第一军军长。在边界交战中脱颖而出，1914 年 8 月 22 日在沙勒罗瓦率部实施反攻，以及 8 月 29 日在吉斯实施的作战尤为人称道。9 月 3 日霞飞选定他取代朗雷扎克任第五集团军司令，在马恩河会战期间他指挥积极而坚定，9 月 5—9 日他在小莫兰河（在沙托蒂耶里附近）的胜利是决定性的。1916 年 3 月提升为东集团军群司令，1917 年年中任北集团军群司令，1917 年 10 月在马尔迈松指挥了成功的有限攻势，但在 1918 年 5 月 27 日—6 月 4 日鲁登道夫的第六次（埃纳河）攻势中，他的部队被击退。之后不久被解职，6 月下旬他前往马其顿取代吉约马将军任该地协约国军司令。他扩展了前任指挥官的攻势计划，7—8 月间将部队集中在瓦尔达尔河以西狭窄的索科尔-多巴斯波利亚战线上。9 月 15—29 日他指挥协约国军在巴尔干实施最后的胜利攻势，此举迫使保加利亚于 9 月 29 日要求停战，使协约国军几乎兵不血刃地占领保加利亚、塞尔维亚和阿尔巴尼亚（9 月 29 日—11 月 11 日）。停战之后，继续指挥在巴尔干的协约国军，1919 年 1 月 5 日在匈牙利俘获德国陆军元帅马肯森。之后到 1920 年 11 月任驻土耳其协约国军司令，1921 年 2 月 21 日在他回国后不久被授予元帅。1933 年 5 月在勘察连接突尼斯和摩洛哥的道路线时，遇车祸受重伤。1934 年 11 月被选为法兰西学院院士。1942 年 7 月 8 日卒于阿尔比。1947 年 10 月其遗体被转葬在拿破仑墓附近。

弗朗谢是一位脾气暴躁、精力充沛和非常自信的将军，有时他严厉、专横并且盛气凌人。马恩河战役中他在小莫兰河大胆的夜间进攻促成了德军的失败。他的献身和攻势精神起到了榜样作用，促使谨慎的英国远征军采取攻势行动。

DLB

参考：Azan, Paul, Franchet d'Esperey. Paris, 1949.

Hayes, Grace P., World War Ⅰ: A Compact History. New York, 1972.

Tuchman, Barbara, The Guns of August. New York, 1962.

EB.

WBD.

佛朗哥-巴蒙德，弗朗西斯科·保利诺·埃梅内希尔多·特奥杜洛（Franco-Bahamonde, Francisco Paulino Hermenegildo Teodulo, 1892—1975 年） 西班牙法西斯军人和独裁者。参加主要战争：里夫叛乱（1920—1926 年）、西班牙内战（1936—1939 年）。

佛朗哥 1892 年 12 月 4 日生于埃尔费罗尔。1907 年入托莱多步兵学校学习。1910 年被授予少尉军衔。由于才华出众，得以迅速升迁。1920 年任驻摩洛哥西班牙外籍军团副司令。1921—1926 年 5 月 26 日，率部参加了镇压阿卜杜拉-克里姆叛乱的战斗。到战争结束时，任外籍军团司令。1926 年晋升准将。1928—1931 年，在普里莫·德·里韦拉独裁统治期间，任萨拉戈萨军事学院院长。1931—1934 年，君主制度被推翻（1931 年 4 月 14 日）后，新成立的西班牙第二共和国怀疑他有君主主义情绪，将其调任巴利阿里群岛驻军司令。1935 年，在镇压阿斯图里亚斯矿工的罢工时再度发挥重要作用。1935 年下半

年，被保守政府任命为陆军总参谋长。1936 年 2 月，保守派（他们过分热衷于镇压阿斯图里亚斯的矿工的罢工）的极端保守导致人民阵线在第二次选举中获胜，他也被派赴加那利群岛任驻军司令。由于温和的左派不信任他，共和派也对他存有疑虑，1936 年 7 月 17 日，在德、意法西斯的支持下，他与莫拉、圣胡尔霍和戈迪德等将军一同发动了一场右翼叛乱。7 月，他将驻摩洛哥外籍军团的大部分兵力空运到西班牙。7—8 月，率部向北部的马德里摩托化推进。9—10 月，在马德里城下受阻。尽管如此，到年底他（9 月 29 日起自任国家元首）和他的外国纳粹盟友们控制了西班牙西部、中北部和西北部的大部分地区，占国土面积的近一半。1937 年 4 月任长枪党党魁。1939 年 3 月 28 日马德里失陷后，实际上成了政府首脑。8 月 4 日，取缔一切政党。第二次世界大战初期，保持非交战国姿态，但亲轴心国，后派工人去德国工作，并派出由志愿者组成的蓝色师团赴苏联帮助德军作战。到战争后期，由于盟军节节取胜，他更倾向于自保。1945 年 7 月颁布《权力宪章》。1947 年改组政府，宣布西班牙为君主国，自任摄政王和国家元首，50 年代被迫放松了独裁统治，但 60 年代学生、工人、牧师和巴斯克分离主义分子的反抗使其再度实行高压统治。1969 年 7 月，他选择波旁家族的胡安·卡洛斯王子（阿方索十三世之孙）为其继承人，从而有效地恢复了君主制。1975 年 11 月 20 日卒于马德里。

佛朗哥是一位顽固的保守主义者，对西班牙的现代政治思想疑虑重重。他大力支持在西班牙推行传统的天主教和君主制。作为一位军事指挥官，他是蛊惑人心的统帅，强悍凶猛，冥顽不化。他在摩洛哥统帅外籍军团时，对于在阿努瓦勒惨败（1922 年 7 月）后恢复西班牙的军事地位发挥了重要作用。

DLB

参考：Coles, Sydney Frederick Arthur, Franco of Spain. Westminster, Md., 1956.

Jackson, Cabriel, The Spanish Civil War. Lexington, Mass., 1967.

Martin, Claude, Franco, Soldat et chef d'éetat. Paris, 1959.

Thomas, Hugh, The Spanish Civil War. New York, 1961.

Trythall, J. W. D., El Caudillo. New York, 1970.

弗雷泽，西蒙（1）（Fraser, Simon〈1〉, 1726—1782 年） 英国陆军军官。参加主要战争：詹姆斯党起义（1745—1746 年）、法国与印第安人的战争（1754—1763 年）；参加主要战役（战斗）：路易斯堡之战（1758 年）、蒙莫朗西之战（1759 年）、锡耶里之战（1760 年）。

弗雷泽生于 1726 年，洛瓦特第十二男爵之长子。与其父一起参加了支持查理亲王邦尼（查理·爱德华·斯图亚特亲王）的 1745 年詹姆斯党起义，但未参加以詹姆斯党人失败而告终的卡罗登之战（1746 年 4 月 16 日）。尽管其父被处决（1747 年），但弗雷泽本人却得到了彻底而慷慨的宽恕。后在伦敦从事法律工作，曾拒绝出任法军的团长。征召 800 人组成了一个后来称之为"弗雷泽高地者团"或"第七十八兵团"的团队（1757 年）。被委任为该团上校（1757 年 1 月 5 日）后，率部前往美国。沃尔夫进行魁北克战役期间，他在路易斯堡围城战（1758 年 5 月 30 日—7 月 27 日）和蒙莫朗西之战（1759 年 7 月 31 日）中表现不俗，在作战中负伤。还在反对法国反攻的魁北克保卫战期间参加了锡耶里之战（1760 年 4 月 28 日），后在进军蒙特利尔期间任旅长（1760 年 9 月）。参加了支援葡萄牙反抗西班牙的英国远征军，被任命为葡萄牙陆军少将（1762 年）。晋升为少将（1771 年）。为对付美国独立战争，他征召了两个高地营，这 2 个营也被称作"弗雷泽高地者团"或"第七十一步兵团"（1775 年）。卒于 1782 年。

DLB

参考：Boatner, Encyclopedia.

Dupuy, R. Ernest, and Gay Hammerman, People and Events of the American Revolution. Dunn Loring, Va., 1974.

弗雷泽，西蒙（2）（Fraser, Simon〈2〉, 1729—1777 年） 英国将军。参加主要战争：法国与印第安人的战争（1754—1763 年）、美国独立战争（1775—1783 年）；参加主要战役（战斗）：路易斯堡之战（1758 年）、魁北克之战（1759 年）、三角城之战（1776 年）、哈伯德顿（位于佛蒙特的普罗克托附近）之战、第一次和第二次萨拉托加（均位于纽约州的斯凯勒维尔附近）之战（1777 年）。

弗雷泽 1729 年生于苏格兰，巴尔内恩主教弗雷泽之子。曾参加荷兰陆军，并在贝亨奥普佐姆保卫战（1747 年 7—9 月）中受伤。后转入英军，被任命为第六十二（后来的第六十）步兵（亲英美国人）团的中尉（1755 年 1 月 31 日）。在第七十八步兵团（弗雷泽高地者团）中任第一中尉（1757 年）。路易斯堡围城战（1758 年 6 月 2 日—7 月 27 日）中表现突出。任上尉（1759 年 4 月 22 日）时，参加了詹姆斯·沃尔夫的魁北克进攻作战（7—9 月）和亚伯拉罕平原（今辖属于魁北克市）战斗（9 月 13 日）。后在德国担任参谋军官，晋升为第二十四步兵团少校（1762 年 2 月 8 日）。在直布罗陀和爱尔兰服役之后晋升为中校（1768 年）。率第二十四步兵团前往加拿大（1776 年 5 月）。被伯戈因任命为旅长后，他在三角城打败美军（6 月 8 日），并晋升为相当于准将的当地荣誉军衔（6 月 10 日）。伯戈因南向进军阿尔巴尼期间，他统领伯戈因两支前卫军中的一支。在哈伯德顿之战（1777 年 7 月 7 日）中身手不凡。在自由人农场（第一次萨拉托加）之战中指挥了一次宽广的包围机动，到达战场时作战业已结束（9 月 19 日）。比米斯高地（第

二次萨拉托加）之战中由于指挥时积极而又凶猛，成为目标，被狙击火力击成致命伤（10 月 7 日）。曾受女男爵里德泽尔看护，卒于次日（10 月 8 日）凌晨，同日晚葬于战场。

弗雷泽是一位精力充沛而能干的军官和一位勇敢而经验丰富的指挥官。

Staff

参考：Boatner, Encyclopedia.

DNB.

腓特烈一世（腓特烈·巴巴罗萨）（Frederick Ⅰ, or Frederick Barbarossa, 约 1123—1190 年） 日耳曼皇帝。参加主要战争：第二次十字军东侵（1147—1149 年）、对意大利的六次远征（1154—1183 年）、第三次十字军东侵（1189—1192 年）；参加主要战役（战斗）：大马士革围城战（1148—1149 年）、莱尼亚诺之战（1176 年）。

腓特烈一世约生于 1123 年，霍亨斯陶芬王朝的士瓦本公爵腓特烈二世的长子。其父死后成为士瓦本公爵（1147 年）。随同其叔康拉德三世皇帝进行了那场破绽百出的第二次十字军东侵。参加了半途而废的大马士革围城战（1148—1149 年），这场战斗是此次十字军东侵中最令人失望的战斗。康拉德于 1152 年初去世后，根据康拉德的意愿，通过选举，腓特烈一世在美因河畔的法兰克福被选为皇帝，部分原因是他兼有韦尔夫与魏布林根这两个敌对家族的血统。腓特烈一世意识到日耳曼皇权的微弱——帝国的大部分权力分散于诸公爵之手，遂决定通过向意大利和勃艮第扩张以加强皇权。率军远征意大利（1154 年），处死了布雷西亚的阿尔诺德，恢复了教皇尤金在罗马的世俗权力（1155 年 6 月）。回到日耳曼（8 月）后，向其政敌萨克森公爵“狮子”亨利进行妥协，同时加强了亨利的政敌勃兰登堡侯爵“熊”阿尔贝特的力量，从而稳定了日耳曼政局。在维尔茨堡与勃艮第的比阿特丽丝结婚（1156 年 6 月 9 日），通过她取得继承勃艮第爵位的权利。率军进行对意大利的第二次远征（1158 年 6 月），夺取了米兰（该地区此前已反叛），并在意大利北部的许多城市设立总督。召开龙卡格利亚会议（11 月），在会上强行要求加冕为意大利国王，获得成功。阿德里安四世死后参与了教皇职位继承的决定（1159 年）。他支持反对教皇的维克多四世，因此被亚历山大三世开除教籍（1160 年 3 月）。米兰叛乱发生后，腓特烈一世在返回日耳曼之前攻占并平毁了该城，意大利得以安宁（1162 年）。于 1166 年 10 月返回意大利（他的第四次远征），直捣罗马，其同盟者帕斯萨尔成为教皇。不幸的是，他的胜利是短暂的，因为其军队中大部分人死于恶性瘟疫。伦巴第各城利用腓特烈一世的这一不利情况组成了一个联盟（伦巴第联盟）。由于没有军队为他作战，他被迫回到日耳曼（1168 年春）。此后的六年他留在日耳曼，一方面扩大了帝国对波希米亚、匈牙利和波兰的一部分统治。另一方面，改善与拜占庭帝国、法国和英格兰的外交关系。尽管“狮子”亨利拒绝提供支援，腓特烈一世还是于 1174 年率军对意大利进行了旨在与伦巴第联盟一决雌雄的第五次远征。他的军队在莱尼亚诺遭到惨败（1176 年 5 月 29 日）。战斗中，帝国的骑兵不仅未能打败意大利的矛兵，反而被反击的意大利骑兵赶出了战场。腓特烈一世不失为一位知权达变的政治家，他与教皇亚历山大缔结和约（1177 年 6 月），并在返回日耳曼（1177 年秋）之前与伦巴第联盟签订了为期六年的停战协定。为了报复“狮子”亨利，腓特烈一世褫夺了亨利的所有封地（1179 年），将巴伐利亚授予维特尔斯的奥托，并分割了他的其他领地，从此，古老的家族式的公爵体系宣告解体。与伦巴第联盟在康斯坦茨缔结了最后和约，放弃了其在意大利的某些要求（1183 年 6 月）。为其子亨利与西西里诺曼人王国的女继承人康斯坦斯订婚（1184 年）。这一联姻，加之对教皇统治马蒂尔达女伯爵的图斯卡领地的不满，意大利境内出现了又一场战争的威胁。腓特烈一世参加了十字军，进行东侵，使这场战争得以避免（1189 年）。集结一支大军后，他从雷根斯堡出发（1189 年 5 月），并从皇帝伊萨克二世·安基卢斯那里获得了通过拜占庭领土的许诺。通过奇里乞亚的行军中，1190 年 6 月 10 日在涉渡萨利夫河（今柯克河）时溺水身亡。

腓特烈一世因胡须发红而得了一个意大利语的绰号“巴巴罗萨”。他与英格兰的亨利二世和法国的菲利普二世·奥古斯都一样，是娴熟而杰出的外交家和政治家。另外，他还是能干而果断的战士，实干而敏锐的行政家。

DLB

参考：Hampe, Karl, The German Empire Under the Salians and Hohenstaufen Emperors. Translated by R. Bennett. Oxford, 1973.

Munz, Peter, Frederick Barbarossa. Ithaca, N. Y., 1969.

Otto of Freising, The Deeds of Frederick Barbarossa. Translated by C. C. Mierow. New York, 1953.

Pacaut, Marcel, Frederick Barbarossa. Translated by A. J. Pomerans. New York, 1970.

Poole, Austin Lane, Henre the Lion. Oxford, 1912.

腓特烈二世（大帝）（Frederick Ⅱ the Great, 1712—1786 年，1740—1786 年在位） 外号“老弗里茨”，普鲁士君主。参加主要战争：第一次西里西亚战争（1740—1741 年）、奥地利王位继承战争（1740—1748 年）、第二次西里西亚战争（1744—1745 年）、七年战争（1756—1763 年）、巴伐利亚王位继承战争（1778—1779 年）；参加主要战役（战斗）：默尔维茨（默吕约维采，位于布雷格附近）之战（1741 年）、上弗里德贝格（多布罗梅日，位于斯切戈姆附近）之战（1745 年）、洛沃西茨（洛沃西采）之战（1756 年）、布拉格之战、罗斯巴赫（梅泽堡附近）

之战、洛伊藤（卢蒂尼亚，位于弗罗茨瓦夫附近）之战（1757年）、措恩多夫（科斯琴附近）之战（1758年）、库纳斯多夫（库诺纳采）之战（1759年）和托尔高之战（1760年）。

腓特烈大帝1712年1月24日生于柏林，普鲁士的腓特烈·威廉一世和汉诺威的索菲娅·多罗苔娅（英格兰的乔治二世之妹）的第三子和存活下来的长子。他的童年是不幸的，受制于其暴虐专横而又穷兵黩武的父亲。他企图出走（1730年8月5日），但未获成功。其父残忍地惩罚了他幼稚的叛逆，处死了腓特烈的一名随从（1730年11月），并以死刑缓期执行的判决将腓特烈监禁于屈斯特林。后来他正式与其父和好（1732年1月），并被任命为鲁平步兵团的上校。娶不伦瑞克-贝沃恩的伊丽莎白·克里斯蒂娜为妻（1733年6月12日）。波兰王位继承战争初期（1734年），在萨伏依亲王欧根指挥下服役于莱茵地区的普鲁士部队。同年，他开始了与著名学者伏尔泰的交往。其父死后三天加冕为王（1740年5月31日）。由于利用了奥地利皇帝查理六世去世和女皇玛丽娅·泰莉莎即位（1740年10月）这一机会，故在一场轻松的作战之后即征服了西里西亚（1740年12月16日—1741年1月）。在默尔维茨之战中，当战斗似乎失利时，他在库特·冯·施韦林将军的坚持要求下于中途离开战场（1741年4月10日）。但是，他的士兵在其不在现场时夺取了胜利，而且，普鲁士的这一勉强胜利使奥地利军未能夺回西里西亚。重建了普鲁士对西里西亚的控制（4—10月）。从此，腓特烈不再采纳其下属和他人的建议。短期休战后，腓特烈入侵波希米亚（1742年2月5日）。他希望与法军和巴伐利亚军进行协同作战，但这些军队未能到达。腓特烈在霍图西茨打败洛林亲王查理（1742年5月17日），这一胜利的结果是签订了有利于普鲁士的《布雷斯劳条约》（1742年6月11日），它将西里西亚割让于普鲁士。腓特烈入侵波希米亚（1744年8月17日），再次挑起战争，这次又是与法国和巴伐利亚结为盟友，攻克了布拉格（9月16日）。由于路易十五染病，法国未能提供援助。面对优势敌军，腓特烈退入西里西亚（1744年11月）。数月的机动和冲突之后，腓特烈在上弗里德贝格奇袭了尚在营帐之中的查理军队（1745年6月4日）并将其打败。后在索尔（特鲁特诺夫附近）再次进攻并打败了查理（9月30日）。在亨讷斯多夫（卢班附近）之战（11月23日）和格尔利茨之战（11月24日）中又打败了查理。这一系列的胜利，以及安哈尔特-德绍的里奥波德在凯瑟尔多夫（弗赖塔尔附近）之战（12月14日）中的胜利，使腓特烈得以签定有利的《得累斯顿条约》（1745年12月25日），结束了普鲁士军在奥地利王位继承战争和第二次波希米亚战争中的介入。接下来的10年（1746—1756年）中，他扩大军队，加强经济，积累战争经费。曾改进骑兵。秘密出版《腓特烈大帝给将军们的训词》，这是其战争体系的精华。与英国结为联盟（《威斯敏斯特协定》，1756年1月16日），但这一盟约为奥-法联盟所抵消。他决定预先破坏俄国和奥地利的入侵计划（1757年春）。入侵萨克森（1756年8月28日），企图速战速决，从而挑起了七年战争。由于皮尔纳筑垒营地出乎意料的顽强抵抗（9月15日？—10月14日），他的计划破产。洛沃西茨之战（10月1日）中他对布朗所率领的奥军的胜利也大大迟于其计划。入侵波希米亚（1757年4月），并在布拉格打败查理亲王的军队（5月6日）。在这场战斗中，冯·施韦林元帅和布朗阵亡。之后，腓特烈包围了布拉格，但他在科林之战（1757年6月18日）中进攻位于堑壕营帐中多恩的奥军时战败。腓特烈被迫撤除布拉格之围并退回西里西亚。面对奥军、法军和俄军的向心包围，腓特烈在罗斯巴赫进攻并粉碎了法军（11月5日），然后急速行军进入西里西亚，并在进行了一次杰出的战场机动后在洛伊藤之战（1757年12月6日）中决定性地打败了占有巨大优势的查理亲王和多恩的军队。围困奥洛穆茨（1758年5—6月），之后迅速北上阻止费莫尔的俄军横渡奥德河。在措恩多夫（科斯琴附近）进攻费莫尔，并在一场艰苦而又损失惨重的战斗（1758年8月25日）之后迫使俄军后撤。快速返回萨克森，解除了劳登和多恩的军队对亨利亲王的普鲁士军的压力。在霍赫基希（勒包附近）遭到多恩的突然进攻（1758年10月14日），战斗中伤亡惨重，之后率军逃遁。1758与1759年之交的冬天，他编组和训练军队，这支军队中大多为新征的士兵。与劳登和索尔蒂科夫率领的新锐奥-俄联军相遇，他在库纳斯多夫向他们发起进攻（1759年8月12日），被击退且伤亡惨重，但联军也已精疲力竭，无法进行追击。由于腓特烈刚愎自用，普军在马克辛（迪波尔迪斯瓦尔德附近）之战（11月20—21日）中战败投降。在这场战斗中，芬克将军指挥的一支毫无经验的部队遭到奇袭，并被多恩的奥军打败。面对日益危险的战略形势，腓特烈穿梭于劳登和多恩的两支军队之间，使他们受到牵制。在利格尼茨之战（1760年8月15日）中通过突然进攻打败多恩，之后又以一条巧妙的假情报牵制了捷尔尼切夫的俄军。在联军占领柏林三天后收复该城（10月12日）。在托尔高之战（1760年11月3日）中进攻多恩位于筑垒营地的奥军，并在一场代价十分昂贵的冲击之后迫使其后撤。由于优劣非常悬殊，腓特烈在第二年（1761年）没有作战，而是通过机动避开联军。陷入绝境后，他退入仓猝准备但筑垒坚固的本津尔维茨营地（1761年8月20日—9月9日）。腓特烈的绝境被女沙皇伊丽莎白的去世（1762年1月5日）和痴傻但却亲普鲁士并转而援助腓特烈的彼得三世的继位所解救。尽管彼得三世不久被其妻叶卡捷琳娜二世所废黜，但他的短期统治却拯救了普鲁士。腓特烈在布克斯多夫（弗罗茨瓦夫附近）之战（1762年7月21日）中打败多恩，并恢复了在西里西亚的地位。一项停战协定（1762年11月）结束了作战，和平在《胡贝图斯堡条约》（奥沙茨附近）签定（1763年1月16日）后到来。腓特烈开始重建饱受

战祸的普鲁士，并在三年内修复了大多数创伤，确立了普鲁士在中欧的强国地位。在第一次瓜分波兰的战争中，他获取了西普鲁士（1772 年），后参加不流血的巴伐利亚王位继承战争，或称与奥地利的土豆战争（1778 年 7 月 3 日—1779 年 5 月 13 日）。后无疾而于 1786 年 8 月 17 日卒于波茨坦。

与古斯塔夫·阿道夫相比，腓特烈二世称不上一位军事革新家，也不是拿破仑那样的战略家，然而，他是一位机动战战术的大师。他常常打败实力大大超过自己军队的敌军，是历史上的伟大人物之一。

DLB

参考：Duffy, Christopher J., Frederick the Great's Army. London, 1974.

——, The Military Life of Frederick the Great. New York, 1986.

Dupuy, Trevor N., The Military Life of Frederick the Great. New York, 1969.

Gagliardo, John G., Enlightened Despotism. New York, 1967.

Koser, R., Geschichte Friedrichs des Grossen. 4 vols. Berlin, 1912—1913.

Prussian General Staff, Die Kriege Friedrichs des Grossen. Berlin, n.d.

Temperley, Harold, Frederick the Great and Kaiser Joseph; An Episode of War and Diplomacy in the Eighteenth Century. New York, 1968.

腓特烈三世和一世（Frederick Ⅲ and Ⅰ，1657—1713 年） 勃兰登堡选帝侯和普鲁士第一国王。参加主要战争：奥格斯堡同盟战争（1688—1697 年）、西班牙王位继承战争（1701—1713 年）。

腓特烈二世（Frederick Ⅱ，1194—1250 年） 日耳曼皇帝。参加主要战争：与教皇国的诸战争（1227—1230 年，1240—1241 年，1244—1247 年）、第五次十字军战争（1228—1229 年）、与伦巴第联盟的战争（1236—1239 年）和日耳曼内战（1247—1256 年）；参加主要战役（战斗）：科特努奥瓦之战（1237 年）。

腓特烈 1194 年 12 月 26 日生于向安科纳边境区的耶西，皇帝亨利六世与西西里的诺曼国王罗杰二世之女——康斯坦斯的儿子（腓特烈一世或腓特烈·巴巴罗萨之孙）。其父使他当选为日耳曼国王（1196 年）。亨利死（1197 年 9 月）后与其母一起前往西西里，母死（1198 年 11 月）后成为西西里国王，教皇英诺森三世为摄政和监护人。成年后，腓特烈从教皇手中收回西西里（1208 年 12 月末）。娶阿拉贡国王彼得二世之女康斯坦斯为妻（1209 年）。皇帝奥托四世（巴巴罗萨的大政敌“狮子”亨利之子）入侵意大利（1209 年 8 月）后，教皇英诺森对日耳曼各诸侯施加影响，使他们废黜奥托，选举腓特烈为新皇帝（1211 年 9 月）。腓特烈（通过代表）向英诺森效忠，之后登上“墨西拿”号船，开始了前往日耳曼的冒险航行（1212 年 3 月）。抵达日耳曼（9 月）后，很快获得了支持。与法国结成反对奥托和英格兰国王约翰的联盟（11 月）。在美因茨加冕称帝（1212 年 12 月 9 日）。法军在布维纳打败奥托（1214 年 7 月）后，腓特烈的权力遂告牢牢确定。在奥托的堡垒亚琛再次加冕（1215 年 7 月 25 日）。任命其年幼的儿子亨利（后来的亨利七世）为西西里国王（1216 年），并使亨利当选为意大利国王（1220 年 4 月）。教皇英诺森三世虽然表示担忧，但还是在罗马为这位腓特烈皇帝举行了加冕仪式（1220 年 11 月 22 日）。在其第二次和第三次加冕仪式（1215 年和 1220 年）上，腓特烈都答应参加十字军东侵，但他的精力为意大利的事务所分散。1225 年，他又答应教皇不迟于 1227 年 9 月前往圣地。在克雷莫纳召开帝国会议（1226 年复活节），因而引发了伦巴第联盟再次发起反对帝国统治意大利北部的战争。他从布林底西前往圣地（1227 年 9 月）的计划因一场瘟疫而推迟。这次拖延激怒了教皇格列高利九世，他开除了腓特烈的教籍（9 月 29 日）。由于不堪忍受开除教籍和教皇与伦巴第联盟结盟的压力，腓特烈离开了布林底西（1228 年 6 月 28 日）。与埃及苏丹阿尔-卡米勒签订了一项条约，该条约将耶路撒冷和其他几座城池归于基督教统治。腓特烈进入耶路撒冷（1229 年 3 月 17 日）。返回意大利（1229 年 6 月 10 日），却发现教皇军队已侵占了其王国的大部分领土。经短期作战，他驱逐了教皇军队，并签订了《圣日耳曼条约》（1230 年 7 月 23 日），该条约恢复了其教籍（8 月）。腓特烈通过断断续续的胜利，努力建立帝国对伦巴第的更加紧密的控制。帮助格列高利平息了一场发生于罗马的暴乱（1234 年）。其子亨利七世在日耳曼发动叛乱。腓特烈越过阿尔卑斯山脉后，该叛乱瓦解（9 月）。亨利后被囚于阿普利亚的一座城堡内，直至死亡（1244 年）。腓特烈从日耳曼返回，以进行对伦巴第联盟的战争（1236 年 8 月），在科特努奥瓦（贝加莫东南 19 公里）打败其军（1237 年 11 月 27 日）。他坚持要求伦巴第全部投降，这延长了战争，而他也未能获得彻底胜利。与此同时，格列高利与热那亚和威尼斯结成反对腓特烈的联盟。不久，教皇因撒丁岛纠纷开除腓特烈的教籍（1239 年 3 月 20 日）。腓特烈利用这次与教皇国断绝关系的机会重新建立了对意大利的统治，他还夺取了斯波莱托和安科纳边境区（均为教皇国的一部分）。因教皇格列高利的去世（1241 年 8 月）以及切莱斯廷在其短暂的任期内的无能（1241 年 10—11 月），这场教皇-帝国间的斗争还在继续。英诺森九世当选（1243 年 6 月）时许诺予以解决，但谈判破裂，英诺森逃往里昂（1244 年 6 月）。英诺森谴责腓特烈拒绝向伦巴第联盟妥协，并免除了他的神圣罗马帝国皇帝之位（1245 年 7 月 17 日）。腓特烈的意大利诸属国受到了帕尔马叛乱（1246 年）、维罗纳叛乱（1248 年 2 月）以及其朝廷内部

的阴谋（1246 年、1249 年）的威胁。其在日耳曼的地位也因那里的两个“造反国王”——图林根的伯亨利·拉斯珀和荷兰伯爵威廉——的叛乱而岌岌可危。尽管发生这些叛乱，其在意大利的地位还是日益增强。1250 年 12 月 13 日卒于阿普利亚的菲奥伦蒂诺堡。

腓特烈在许多方面都是一位令人敬佩的人物，他最大限度地振兴了诺曼、日耳曼和意大利的中世纪文明。他聪明博学，对音乐、诗歌和科学有着浓厚的兴趣。作为统治者，他为了意大利的利益可能牺牲了日耳曼的利益，但从日耳曼各诸侯的权力和日耳曼政治体制的几乎不可驾驭的因素看，这是一个可以理解的缺点。他是一位常胜的军事统帅，其同时代的编年史作者马修·帕里斯送给他一个“周游世界者”的雅号。

DLB

参考：Andrews, P., Frederick Ⅱ of Hohenstaufen. London, 1970.

Butler, D. B., The Lombard Communes. New York, 1966.

Hadank, K., Die Schlact bei Cortenuova. Berlin, 1905.

Kantorowicz, Ernst, Frederick Ⅱ, 1194—1250. Translated by E. O. Lorimer. London, 1931.

Masson, G., Frederick Ⅱ of Hohenstaufen. London, 1957.

Van Cleve, Thomas C., The Emperor Frederick Ⅱ of Hohenstaufen, Immutator Mundi. Oxford, 1972.

腓特烈·查理亲王（Frederick Charles, Prince, 1828—1885 年） 普鲁士亲王和陆军元帅。参加主要战争：入侵石勒苏益格-荷尔斯泰因（1848—1849 年）、石勒苏益格-荷尔斯泰因战争（1864 年）、七周战争（1866 年）和普法战争（1870—1871 年）；参加主要战役（战斗）：迪伯尔（森内堡附近）之战（1864 年）、希茨金之战（1866 年）、克尼格雷茨（赫拉德茨-克拉洛韦）之战（1866 年）、勒宗维尔（梅斯附近）之战（1870 年）、奥尔良之战（1870 年）和勒芒斯之战（1871 年）。

腓特烈 1828 年 3 月 20 日生于柏林，普鲁士查理亲王长子，国王威廉一世（后为皇帝）的侄子。自幼接受军事训练。首次参战是在普鲁士侵入石勒苏益格-荷尔斯泰因战争期间（1848 年 3 月—1849 年 8 月），当时任上尉。1852 年晋升上校，1854 年晋升少将。1858 年访问法国期间对法军有所研究，1860 年在给陆军军官的一次讲课中发表了自己的看法和结论，当他的观点传到法国时遭到强烈抨击。1861 年晋升骑兵上将，在石勒苏益格-荷尔斯泰因战争期间（1864 年 2—10 月）指挥奥普军对丹麦军队作战。3 月 15 日围攻迪伯尔，4 月 18 日猛攻并赢得一次较大的胜利。在对奥地利的七周战争期间（1866 年 6—8 月）任第一军团司令。6 月 27 日在波多利（姆拉达-博莱斯拉夫附近的耶什捷德山麓的亚布隆内）打败奥地利的克拉姆-加拉斯将军，在 6 月 28 日的明兴格雷茨（慕尼黑城堡）之战中更是露尽锋芒。在 6 月 29 日的希茨金之战中，虽然其兵力处于劣势（26 000人对 44 000人），但仍夺取第三次胜利，俘获奥军14 000人。在战争高潮的克尼格雷茨之战（该战有时以附近的城镇萨多瓦命名）时指挥中部普军，他的进攻遭到奥军炮兵的阻止，在其右翼推进的易北河军团也妨碍了他的进攻。但由于奥军没能作出有效的反应，以及王储的第一军团及时向奥军右翼发动进攻才使他得以取得进展（7 月 3 日）。在普法战争中（1870 年 8 月—1871 年 1 月）他指挥第二军团，在马斯拉图尔挫败了法军元帅巴赞从梅斯突围的企图，但遭到法军火力的巨大杀伤（8 月 16 日）。8 月 31 日—9 月 1 日他在梅斯附近的努瓦斯维尔击退了巴赞不太积极的突围行动。9 月 10 日—10 月 27 日围攻在梅斯的巴赞，迫使后者因缺少供给而投降。11 月 28 日他在博讷拉罗朗德打败克鲁扎将军统率的一支法军。12 月 2—4 日在奥尔良粉碎了奥雷耳·德·帕拉丹将军的卢瓦尔军团。1 月 10—12 日在勒芒斯挫败了尚济将军发动的猛烈的攻势。1885 年 6 月 15 日卒于波茨坦。

腓特烈是一位善于灵活运用战术和技术的指挥官，但有时有些鲁莽，不够灵活和机智，甚至刚愎自用。

DLB and BRB

参 考：Germany, Great General Staff, Der Deutsch-Dänische Krieg, 1864. 2 vols. Berlin, 1886.

——, Der Feldzug von 1886 in Deutschland. Berlin, 1867.

Howard, Michael, The Franco-Prussian War. New York, 1962.

Müller-Bohn, J., Der Eiserne Prinz. N. P., 1902.

腓特烈·威廉（Frederick Wiliam, 1620—1688 年） “大选帝侯”。勃兰登堡大选帝侯。参加主要战争：三十年战争（1618—1648 年）、第一次北方战争（1655—1660 年）、荷兰战争（1672—1678 年）；参加主要战役（战斗）：蒂克海姆之战（1675 年）、弗尔贝林之战（柏林西北，1675 年）和斯普利特之战（1679 年）。

腓特烈·威廉 1620 年 2 月 16 日生于柏林，勃兰登堡选帝侯乔治·威廉之子。1634—1637 年就读于莱顿大学。1640 年 12 月 1 日其父去世继位选帝侯。不久便于 1641 年 7 月 24 日与瑞典达成停战协议，结束在勃兰登堡的战事。1648 年他派往签署《威斯特伐利亚和约》的谈判代表为他争得把哈尔伯施塔特、明登和卡明（波莫瑞地区卡缅）变成不搞宗教活动的主教管区，以及对马格德堡将来行使权力，但他也被迫将斯德丁（什切青）和西波美拉尼亚让与瑞典，仅保留东波美拉尼亚。尽管在第一次北方战争期间（1655 年夏—1660 年 5 月），起初与波兰结盟，但 1655 年 10 月他利用波兰混乱之机占领西普鲁士，此事诱发自称是波兰保护者的瑞典国王查理十世

入侵勃兰登堡。瑞典军队包围柏林后，腓特烈·威廉被迫接受《柯尼斯堡和约》，按和约，腓特烈·威廉成为查理十世在东普鲁士的波兰封地的封臣（1656 年 1 月）。1658 年帮助丹麦将瑞典军队逐出日德兰。1659 年围攻斯德丁受挫。1660 年 5 月战争结束，签订《奥利瓦和约》，该条约使他完全获得东普鲁士。1672 年作为荷兰盟友同法国、瑞典作战。1673 年退出。不久再度参战，挥师进入莱茵，1675 年 1 月 5 日在蒂克海姆为蒂雷纳击败。匆忙回师勃兰登堡应付瑞典入侵，6 月 18 日在弗尔贝林进行的一场大规模骑兵作战中获胜。之后继续与瑞典军作战，1677 年占领斯德丁，1678 年攻克斯特拉尔松德。1679 年 1 月，再败瑞典军队于斯普利特，一度解除瑞典军对德意志疆土的压力。1679 年 6 月，受来自法国的压力，被迫签订《圣日耳曼和约》，将波美拉尼亚归还瑞典。后来他促进普鲁士繁荣和贸易活动，1682 年建立一支海军，并创办一间非洲贸易公司，该公司在西非从事了几次成功的投机，但未取得长期成效。南特敕令取消后，法国胡格诺派逃离法国，成为难民，他接纳了他们，由此得到一批精通技术、工作勤勉的人员。在他生命的最后几年致力于富国强兵。1688 年 5 月 9 日卒于波茨坦。

腓特烈·威廉是一位卓越的统治者和天资聪敏、精力充沛且冷酷无情的实用主义者，同时也具有卓越的军事才能。他指挥的同瑞典进行的作战，未取得预定政治目标，但这些作战却显示出他组织指挥军队的能力。在很大程度上是他为普鲁士的集权、专制制度奠定了基础，或者说，他是勃兰登堡-普鲁士集团军事国家的创始人。在他之后，其曾孙腓特烈（二世）大帝继承了他的遗业。

AL and BRB

参考：Maurice, C. Edmund, Life of Frederick William. London, 1926

Schevill, Ferdinand, The Great Elector. London, 1947.

Wedgwood, Cicely V., The Thirty Years War. 1938. Reprint, Garden City, N.Y., 1961.

腓特烈·威廉一世（Frederick William Ⅰ，1688—1740 年）

普鲁士统治者。参加主要战争：北方战争（1700—1718 年）、西班牙王位继承战争（1701—1713 年）；参加主要战役（战斗）：马尔普拉凯（里尔附近）之战（1709 年）。

腓特烈·威廉一世 1688 年 8 月 15 日生于柏林，勃兰登堡选帝侯、后为第一任普鲁士国王的腓特烈三世之长子。西班牙王位继承战争期间在马尔波罗公爵的司令部中任职，并参加了马尔普拉凯之战（1709 年 9 月 11 日）。后来，他回忆该战时称其为“一生中最美好的时光”。代其父摄政（1711 年），同年末成为虔敬派的信徒。其父死后即位（1713 年 2 月 25 日）。很快就显示出他是一位不同于腓特烈一世的统治者。他压缩宫廷的规模，减少宫廷开支，并以其忘我的勤奋精神振作国家机器。特别关心普鲁士军事力量的增长，使其人数增加了一倍，达到 8 万人，将大量精力投入到军队的编制、服装和装备上。尤其关心其亲自挑选的巨人团——著名的波茨坦掷弹兵团。严厉推行重商主义的经济政策，将国家税收增加一倍，到 1740 年，共积累了 800 万塔利亚的战争经费。与其富于生机和卓有成效的国内政策相反，他的外交政策虚弱而优柔寡断。他同意签定《乌得勒支条约》，虽然该条约对普鲁士的行动自由进行了限制（1714 年）。后利用北方战争结束之机攫取了斯德丁和大部分瑞（典）属波美拉尼亚（1720 年）。与其子不同的是，他全心全意地忠于神圣罗马帝国，并在波兰王位继承战争（1734—1735 年）期间支持该帝国，但他的忠诚未得到回报，企求已久的克莱沃和于利希一直没有得到。1740 年 5 月 31 日卒于波茨坦。

腓特烈·威廉一世是一位能干的君主，非常关心其国家的福利。但他粗鲁、执拗、爱管闲事、令人生厌。他是自己选定的新教教义的虔诚信徒，对违反者的惩罚很残忍，对其儿子兼王储也未例外。

BRB

参考：Dorwart, R. A., The Administrative Reforms of Frederick William Ⅰ of Prussia. New York, 1953.

Dupuy, Trevor N., The Military Life of Frederick the Great. New York, 1969.

EB.

WBD.

腓特烈·威廉皇储（腓特烈·威廉·维克多·奥古斯特·恩斯特）（Frederick Willam 〈Friedrich Wilhelm Viktor August Ernst〉, Crown Prince, 1882—1951 年） 德国将军。参加主要战争：第一次世界大战（1914—1918 年）；参加主要战役（战斗）：边界交战（在法国和比利时之间，1914 年）和凡尔登战役（1916 年）。

腓特烈 1882 年 5 月 6 日生于波茨坦的大理石宫，是德皇威廉二世的长子。1888 年 6 月其父亲登上皇位后成为皇储。1900 年在第一步兵警卫团任职。1903—1911 年间在意大利和奥连特漫游，1905 年 6 月 6 日和梅克伦堡-施维林的塞西利亚结婚。1913 年在与其父亲发生了广为人知的争吵之后，他被免去“骷髅头”轻骑兵的指挥权。大战爆发后任第五集团军司令，参加边界战役，1914 年 8 月 20—25 日在阿登地区击退法军的进攻。在芒斯之战中，他的反攻在阿尔贡的雷尼维亦被萨拉伊将军的第三集团军击退（9 月 6—8 日）。1916 年 2—12 月德军对凡尔登发动进攻期间，他任名义上的指挥官，该年兼任中央集团军军团司令，任该职直到停战（1918 年 11 月）。虽然家人仍留在柏林，但他自己却逃到荷兰，和他父亲一起过流亡生活。12 月 1 日放弃对皇位的要求，1923 年 11 月返回他在德国的西里西亚庄园，不闻政事，只是在 1932 年选举时公开支持希特勒。1933 年积极参加纳粹党的活动，1944 年从西里西亚来到波茨坦。1945 年 4—5

月大战结束之际逃到巴伐利亚的林道，后被法军抓获。1951年7月20日卒于符滕堡的黑兴根。

腓特烈身体虚弱且意志脆弱，尽管他缺乏军事经验，但他是一位相当有能力的集团军和集团军群指挥官。他也是一位颇具侵略性的民族主义者。

DLB

参考：Frederick William, Crown Prince, Erinnerungen. Stuttgart, 1922.

Hayes, Grace P., World War Ⅰ: A Compact History. New York, 1972.

Tuchman, Barbara, The Guns of August. New York, 1962.

弗里芒特，约翰·查理（Frémont, John Charles, 1813—1890年） 美国将军和探险家。参加主要战争：美墨战争（1846—1848年）和美国内战（1861—1865年）；参加主要战役（战斗）：第一次和第二次洛斯安赫莱斯之战（分别在1846年和1847年）、克罗斯凯斯之战（弗吉尼亚州的格罗托斯，1862年）。

弗里芒特1813年1月21日生于佐治亚州的萨凡纳，法国移民后裔之子。成长在南卡罗来纳州的查尔斯顿，1829年入查尔斯顿学院。由于他三天打鱼，两天晒网，因此直到1836年才获得学位。1833—1835年间在“纳奇兹”号海岸炮舰上任数学教师，在南美州海岸巡航。1838年7月在陆军的测绘部队中任少尉军官，参加了几次对俄勒冈州和加利福尼亚州的考察，足迹遍及美国西部的大部地区（1840—1844年）。积累了大量的他所到之处的地图和当地情况的介绍。1941年和参议员托马斯·哈特·本顿的女儿杰西结婚。奉命和62人第三次前往加利福尼亚，1854年12月在抵达萨特堡（今萨克拉门托城内）不久，墨西哥当局命令他离开该省。他予以拒绝，在加维兰山搭起营地，并升起美国国旗。当他意识到自己的轻率后，便向北撤往俄勒冈州，但在1846年5月8日当他与海军陆战队的中尉阿奇博尔德·吉莱斯波（他显然是带来了华盛顿给弗里芒特的秘密指令）会面后，转而向南。6月他抵达索诺马，在当地的美国定居者发动成功的暴动之后，他支持在当地宣布建立“熊旗共和国”。他和海军准将罗伯特·斯托克顿派来的由水手和海军陆战队士兵组成的部队合兵一处。7月斯托克顿提升他为少校，后向洛斯安赫莱斯进军，并于8月13日与斯托克顿一起攻占该城。在前往加利福尼亚北部之后，他及时南返，和斯蒂芬·W. 卡尼将军的部队会合，参加了梅萨之战（1847年6月9日）。他与卡尼夺占了洛斯安赫莱斯。在斯托克顿和卡尼争夺领导权的冲突中，他支持前者。在斯托克顿任命他为加利福尼亚总督后，卡尼以兵变、不服从上级以及违反军事命令为由逮捕了他（5月），并将之当作罪犯押往华盛顿，他遭到军事法庭审讯，判其犯有后两条罪责。虽然詹姆斯·诺克斯·波克总统对其缓期宣判，但他仍辞去军职（1848年1月）。后致力于他在加利福尼亚的大片领地，1849年当在其土地上发现黄金时他获得大笔财富。1850年9月—1851年3月曾任当地军事长官。1856年赢得共和党的总统提名，但在11月的大选中被詹姆斯·布坎南击败，重返加利福尼亚。内战爆发时在军队中重获任职，1861年7月任圣路易斯以西军区的少将司令。他拒绝取消使奴隶自由的专横而鲁莽的命令，迫使林肯亲自撤回命令。1861年11月他被解除了指挥权。1862年奉命前往指挥陆军山地部队，在5月份的河谷战役期间他没能抵挡住“石壁”杰克逊，6月8日在克罗斯凯斯被理查·尤厄尔将军击败。6月下旬当他归属于他讨厌的约翰·波普将军的麾下时，愤而辞职。他曾一度被激进的共和党人考虑为总统候选人，但他拒绝和林肯竞争，于是退隐。当孟斐斯和埃尔帕索铁路公司破产后他失去了大部分财产。1878—1883年曾任亚利桑那领地总督。1890年初被恢复了退役的少将衔。卒于1890年7月13日访问纽约时。

弗里芒特是一位颇具传奇色彩并深受欢迎的人物，他是一位坚定和精力充沛的探险家。但作为一位军事指挥官，他过于鲁莽和锋芒毕露。

KS and RGS

参考：Frémont, John Charles, “The Conquest of California,” Century Magazine, Vol. 41 (April 1890).

——, Memories of My Life. New York, 1887.

Goodwin, Cardinal, John Charles Frémont: An Explanation of His Career. Stanford, Calif., 1930.

Nevins, Allan, Frémont: Pathmaker of the West. 2vols. New York, 1966.

弗伦奇，约翰·登顿·平克斯通爵士，伊普尔第一伯爵（French, Sir John Denton Pinkstone, 1st Earl of Ypres 〈Ieper〉, 1852—1925年） 英国陆军元帅。参加主要战争：马赫迪战争（1883—1898年）、第二次英布战争（1899—1902年）和第一次世界大战（1914—1918年）；参加主要战役（战斗）：埃兰兹拉特（在莱迪史密斯附近）之战（1899年）、帕尔德贝格之战和波普勒格罗夫之战（都在金伯利附近，1900年）、蒙斯之战、勒卡托之战、马恩河会战、第一次伊普尔之战（皆在1914年）、第二次伊普尔之战和罗斯（在里尔附近）之战（1915年）。

弗伦奇1852年9月28日生于肯特（在迪尔附近）的里普尔，其父是海军军官。1866—1870年间作为军官候补生和少年水手在海军服役。后参加民兵，再转入陆军，1874年经公报公布加入第十九轻骑兵团。1884年10月—1885年4月曾参加沃尔斯利的尼罗河远征队去解在喀土穆的戈登之围，该行动失败。升上校并在1889—1893年间指挥第十九轻骑兵团。1897—1899年升为准将，指挥一个骑兵旅。1899年10月第二次英布战争爆发时升为少将，并派往南非，在布勒远征军中任骑兵师指挥官。参加10月21日的埃兰兹拉特以及莱迪史密斯

附近的重大战斗，11 月 2 日就在该城被布尔人包围之前他逃走。1899 年 11 月—1900 年 2 月上旬，他在克龙涅角组织他的骑兵师，并招募当地的骑兵部队。在侵入奥兰治自由邦前夕晋升中将，2 月 17 日他率部迂回前进以解金伯利之围，此举使其部队陷入疲惫。3 月 7 日他在波普勒格罗夫实施侧翼机动，但由于布尔人快速撤退以及其马匹的恶劣情况使行动受挫。3 月 13 日他率部进入奥兰治自由邦的首都布隆方丹。6 月 5 日占领德兰士瓦的首都比勒陀利亚。随后他参加了向阔马提波特的进军（7 月 21 日—9 月 25 日）。1901 年 1 月下旬—5 月下旬他在东德兰士瓦实施清剿战，1901 年 5 月—1902 年 5 月在克龙涅角指挥对布尔人游击队的战斗。在南非的敌对结束后他返回英国。1902—1907 年间任奥尔德肖特的司令官。1907 年晋升上将。1907—1912 年间任陆军总监，1912 年任英帝国陆军参谋总长，1913 年升为陆军元帅。1914 年 4 月卡勒兵变之后辞去参谋总长之职。在第一次世界大战爆发时（1914 年 8 月）被选为英国远征军司令开赴法国，8 月 18—19 日他将英军集中在比利时南部，位于朗雷扎克将军的第五集团军的左翼。英军阻击冯·克卢克将军的第一集团军，但被从芒斯（8 月 23 日）和勒卡托（8 月 25—27 日）击退，弗伦奇对朗雷扎克在克卢克的推进之下向巴黎东南后撤之举持不信任态度，只是在基钦纳亲自干预后，他才勉强同意参加霞飞在马恩河实施的大反攻（8 月 30 日—9 月 5 日）。率部攻击克卢克的第一集团军暴露的翼侧。在大战的头几个月里指挥英军在法国和比利时作战，在第一次伊普尔之战（10 月 19 日—11 月 22 日）、第二次伊普尔之战（1915 年 4 月 22 日—5 月 25 日）和罗斯攻势（9 月 25 日—11 月 4 日）中均取得良好的战绩。部分是由于他继续和法军缺乏配合，部分是由于他在罗斯之战中对预备队的配置极为不当，导致他于 12 月 15 日被道格拉斯·黑格爵士将军取代。之后获封子爵，任英国本土武装力量总司令。1916 年镇压爱尔兰起义。1918 年 5 月被任命为爱尔兰总督，在随后一段极为困难的时期在该职务上履行其义务，1921 年初辞职并接受伯爵头衔，1925 年 5 月 22 日卒于肯特的迪尔城堡。

在弗伦奇的青年时代，他是一位有能力、认真谨慎和充满活力的指挥官。在任英国远征军司令后，他变得犹豫、执拗，不愿帮助他的盟军，而且毫无生气。英国远征军最初取得的胜利主要应归功于部队本身的素质和各师指挥官，而不是他的努力。

DLB

参考：French, Gerald, The Life of Field-Marshal Sir John French, First Earl of Ypres. London, 1931.
French, Sir John, Earl of Ypres, 1914. Boston, 1919.
Tuchman, Barbara, The Guns of August. New York, 1962.

弗赖伯格，伯纳德·西里尔（Freyberg, Bernard Cyril, 1889—1963 年） 新西兰陆军上将。参加主要战争：第一次世界大战（1914—1918 年）、第二次世界大战（1939—1945 年）；参加主要战役（战斗）：安特卫普防御战（1914 年）、加利波利战役（1915—1916 年）、西线战役（1916—1918 年）、克里特岛之战（1941 年）、北非战役（1942—1943 年）和蒙特卡西诺战役（1944 年）。

弗赖伯格 1889 年 3 月 21 日生于伦敦，但在新西兰生长和接受教育。1909 年加入新西兰军队，但在 1914 年墨西哥革命期间转而加入潘乔·维拉的部队。第一次世界大战初，参加了安特卫普保卫战（1914 年 9—10 月）。后加入澳新军（澳大利亚-新西兰军），参加了远征加利波利战役（1915 年 4 月 25 日—1916 年 1 月 9 日）。在西线后来的战斗中，他表现突出，1917 年 12 月 16 日获维多利亚十字勋章，而且在 1916 年 27 岁时晋升准将，成为英军中最年轻的将军。1917—1918 年，任第二十九师师长。在两次世界大战之间，在英国担任过多种参谋与指挥职务。第二次世界大战初期，在 1941 年初指挥驻克里特岛的新西兰远征军和盟军部队。1941 年 5 月 20—31 日，尽管他作了充分的准备，但在德军坚决的空降袭击下，未能守住该岛，被迫将大部分部队撤出。后在驻西非沙漠和意大利的英军第八集团军中任军长。1944 年 2 月 15 日，他下令轰炸蒙特卡西诺一个中世纪本尼狄克修道院，因为他认为德军正把它当作观察哨（后来查明，尽管该修道院被摧毁后德军便毫不犹豫地进入该修道院，但在轰炸前德军并未占领该修道院）。1942 年受封爵士。1946 年任新西兰总督，晋升为中将。1951 年受封男爵。1953 年任温莎堡副警长兼副总管。1963 年 7 月 4 日卒于温莎。

ACD

参考：Keegan, John, and Andrew Wheatcroft, Who's Who in Military History. New York, 1976.
DNB.
EB.

弗里德堡，汉斯·格奥尔格·冯（Friedebrug, Hans Georg von, 1895—1945 年） 纳粹德国海军上将。参加主要战争：第二次世界大战（1939—1945 年）；参加主要战役（战斗）：大西洋之战（1939—1945 年）。

曾任德国海军军官。1942 年晋升少将。他指挥过驻法国基地德军大西洋潜艇部队的训练和部署，建立了海上前哨线，拦截盟军的运输船只。1945 年 4 月 28 日，根据希特勒的旨意，接替卡尔·邓尼茨将军任海军总司令。5 月 3 日，被派往隆堡蒙哥马利的司令部，与盟军谈判签署了北欧德军最高司令部及所辖部队投降的文件。1945 年 5 月 8—9 日夜间，投降协定生效。23 日，邓尼茨政府被盟军解散后自杀。

BRB

参考：Keegan, John, Who Was Who in World War Ⅱ. New York, 1978.

Von der Porten, Edward P., Pictorial History of the German Navy in World War Ⅱ. Revised edition. New York, 1976.

弗里斯纳，约翰奈斯（Friessner, Johannes, 1892—1971 年） 纳粹德国陆军上将。参加主要战争：第一次世界大战（1914—1918 年）、第二次世界大战（1939—1945 年）；参加主要战役（战斗）：南乌克兰-罗马尼亚-匈牙利战役（1944 年）。

F

弗里斯纳 1892 年 3 月 22 日生于开姆尼茨（卡尔·马克思城）。1911 年参军。参加了第一次世界大战。1920—1922 年，德国国防军削减至 10 万人，之后仍留在军中服役。1940 年 8 月 1 日晋升少将。后在东线作战。1942 年 5 月 1 日任第一〇二步兵师师长。同年 10 月 1 日晋升中将。1943 年 1 月 19 日—12 月 11 日任第二十三军军长。同年 4 月 1 日晋升步兵上将。1944 年 2 月任弗里斯纳集群司令。2 月 23 日又被任命为北线的纳尔瓦集团军司令。7 月 1 日晋升一级上将。7 月 1—25 日任北部集团军群司令。7 月 25 日又被派去指挥新组建的乌克兰南部集团军群。后其集团军群改名为乌克兰东南部集团军群，仍担任司令，但未能阻止马林诺夫斯基元帅指挥的乌克兰第二方面军的猛烈攻击（1944 年 8—12 月）。1944 年 12 月 22 日被解职。后即退出现役，1971 年 6 月 26 日卒于拜雷斯格梅因。

BRB

弗里奇，巴龙·维纳尔·冯（Fritsch, Baron Werner von, 1880—1939 年） 纳粹德国将军。参加主要战争：第一次世界大战（1914—1918 年）、第二次世界大战（1939 年）。

弗里奇 1880 年 8 月 4 日生于本拉特（杜塞尔多夫）。1898 年入伍。第一次世界大战中供职于总参谋部，升至少校军衔。第一次世界大战后仍留在军中服役。1930 年 11 月 1 日晋升少将。1932 年 6 月 1 日晋升中将。1934 年 2 月 1 日晋升炮兵上将并任陆军总司令。30 年代后期积极参与了德军的扩建。后卷入国防部长维纳尔·布隆贝格将军辞职（1938 年 1 月 27 日）引发的危机。因纳粹分子中出现“同性恋不轨行为”，受到不公正的指控，2 月 3 日被解职。总参谋长路德维希·贝克将军告诉他，如果他逮捕希特勒并建立独裁统治，军队就支持他，但他不愿意担此责任，拒绝了这一建议。虽然军事法庭的一切指控后来得以澄清，但他并未官复原职。后以荣誉上校军衔在第十二炮兵团重服现役，并参加了入侵波兰战役。1939 年 9 月 22 日在波兰的一次侦察行动中阵亡。据说他是故意寻死。

弗里奇是一位精明强干、有献身精神的总参谋部军官。他以酷爱马而闻名。象许多德国国防军军官一样，不愿意介入政治，当机会来临时也拒绝发挥政治作用。他大概是唯一能够阻止第二次世界大战爆发的人。

BRB

参考：Dupuy, Trevor N., A Genius for War. Fairfax, Va., 1984.
Goerlitz, Walter, Der deutsche Generalstab. Frankfurt a. M., 1952.
Keegan, John, Who Was Who in World War Ⅱ. New York, 1978.
WBD.

弗罗姆，腓特烈（Fromm, Friedrich, 1888—1945 年） 纳粹德国陆军上将。参加主要战争：第一次世界大战（1914—1918 年）、第二次世界大战（1939—1945 年）。

弗罗姆 1888 年 10 月 8 日生于柏林。后选择了当兵的职业，参加过第一次世界大战。1918 年晋升中尉。战后他被选入国防军，担任过许多参谋职务。1933 年 1 月 30 日希特勒上台后，2 月 1 日他晋升上校。1934 年任国防部陆军局局长，此后得到迅速提升。1935 年 11 月 1 日晋升少将。1938 年 1 月 1 日晋升中将。1939 年 4 月 1 日晋升炮兵上将。1939 年 9 月 1 日任军械局局长兼预备军总司令。1940 年 7 月 13 日晋升一级上将。他的参谋长康特·冯·施陶芬贝格上校是抵抗运动的一位领导人，以前曾争取过他，但他对参加刺杀希特勒的秘密计划犹豫不决，指望这个秘密计划确有把握成功时才介入。1944 年 7 月 20 日，他知道秘密计划失败、希特勒还活着后，他才最后作出决定。起初他被同谋者逮捕，但在得知秘密计划失败后，他又反败为胜，将他们逮捕。他下令将冯·施陶芬贝格逮捕。为了避免受牵连，经过简易军事法庭的审判，即由行刑队将其处决。他发现路德维希·冯·贝克将军自杀未遂后，为使其免受痛苦，又下令结果了他的性命。然而，他为自己所作的怯懦的表白还是收效甚微。7 月 21 日，党卫队领袖亨利希·希姆莱下令将其逮捕。希姆莱接替他担任了预备军总司令，并决意要将其牵连到这个秘密计划中去。弗罗姆被监禁了数月，尽管阿尔贝特·斯佩尔部长竭力相救，但他还是被纳粹法庭判处死刑。1945 年 3 月 12 日，他在勃兰登堡被行刑队处决。

尽管弗罗姆是一位颇有才干的指挥官，也很清楚在希特勒领导下，德国正面临崩溃的命运，但他在 7 月 20 日秘密计划中的胆怯和背信弃义行为却很难解释，也为其军事生涯留下了一个令人遗憾的污点。

VBH

参考：Dupuy, Trevor N., A Genius for War: The German Army and General Staff, 1807—1945. Fairfax, Va., 1984.
Marvell, Roger, The Conspirators: 2oth July, 1944. New York, 1971.
Wistrich, Robert, Who's Who in Nazi Germany. New York, 1982.

弗尤兹堡，格奥尔格·冯(Frundsberg, Georg von, 1473—1528年) 德国军事家。参加主要战争：马克西米利安侵入瑞士的战争（1499年）、那不勒斯战争（1502—1505年）、康布雷联盟战争（1508—1511年）、神圣同盟战争（1511—1514年）、第一次哈布斯堡-卢瓦卢战争（1521—1525年）、镇压德国农民起义（1524—1525年）；参加主要战役（战斗）：多尔纳赫（巴塞尔附近）之战（1499年）、拉比科卡战役（米兰附近）之战（1522年）和帕维亚战役（1525年）。

弗尤兹堡1473年9月24日生于明德尔海姆。1499年开始效力于马克西米利安一世军中，并参加了侵略瑞士之战争。7月22日他参与了著名的多尔纳赫之战。1499—1500年间，他与其他皇家军队一道支援米兰的卢多维科·斯福察公爵，抗击法军。此后他继续效力于马克西米利安军中。1504年他参加巴伐利亚-兰茨胡特公国王位继承战争，后转战荷兰。从戎期间，他忙于组织和发展德国雇佣部队，并按照瑞士军团攻击模式训练日耳曼士兵。1509年他率领大批德国雇佣军侵入意大利，与威尼斯军队对阵。1513—1514年，同法国人作战。在这些作战中，他以勇敢的战斗精神和机智灵活的战略战术赢得了胜利。1521年参加入侵皮卡第战争，后匆忙赶回意大利。1522年4月27日，随普罗斯佩罗·科伦纳领导神圣帝国罗马军队作战，在取得拉比科卡战役胜利中发挥了重要作用。1524年6—9月，他率军入侵法国南部，参加了围攻马赛的战斗。1524年冬天—1525年，他与德·波旁总管一起率军回德国进行休整，并招兵买马。1525年2月24日，他又返回意大利参加帕维亚战役。后再次回到德国，镇压农民起义。1528年8月20日卒于家乡明德尔海姆。

弗尤兹堡是一位勇敢而能干的军事家。尽管他贪图利益，但对皇帝忠心耿耿。

BRB and DLB

参考：Barthold, F. W., Georg von Frundsberg. N. p., 1835.
Miller, A. M., Herr jörg von Frundsberg. Berlin, 1928.
Oman, Sir Charles W. C., The Art of War in the Sixteenth Century. New York, 1937.

伏龙芝，米哈伊尔·瓦西里耶维奇(Frunze, Mikhail Vasilyevich, 1885—1925年) 苏联红军统帅和政治家。参加主要战争：第一次世界大战（1914—1918年）和苏俄国内革命战争（1917—1920年）；参加主要战役（战斗）：彼列科普-琼加尔（克拉斯诺彼列科普斯克）之战（1920年）。

伏龙芝1885年2月2日生于亚的皮什佩克城（现已改名为伏龙芝市）的一个摩尔多瓦人军事家庭。1904年毕业于韦尔诺耶学院，并因学习优异而获金质奖章，后进入圣彼得堡工业学院学习，在该学院加入布尔什维克，成为职业革命家。受莫斯科俄国社会民主工党的派遣前往伊万诺沃-沃兹涅先斯克（今伊万诺沃）和舒亚从事宣传工作。1905—1909年间数次被捕并判在国内流放。1914年3月被判死刑。后减判为终身流放西伯利亚的曼祖尔卡。1914—1916年间曾用过几个化名继续在伊尔库茨克和赤塔从事革命活动，后返回。第一次世界大战在西方面军全俄地方自治联合会任统计员，并领导明斯克布尔什维克党组织地下工作。1917年5月当选为在彼得格勒（圣彼得堡）召开的第一届苏维埃农民代表大会的代表，在会上第一次见到弗·伊·列宁，被选为舒亚的工人、农民和士兵苏维埃主席。指挥和领导伊万诺沃-沃兹涅先斯克和舒亚的革命士兵参加了1917年10月30日的莫斯科武装起义。任伊万诺沃-沃兹涅先斯克和弗拉基米尔省的军事委员。粉粹了在雅罗斯拉夫尔的反布尔什维克叛乱（1918年8月）。经数次提升，到1918年12月26日任苏俄国内革命战争东方面军的第四集团军司令。1919年3月5日指挥南集团军军团，对亚历山大·瓦·高尔察克海军上将的白军部队实施了几次成功的作战。7月19日开始指挥东方面军，解放了乌拉尔的北部和中部。1919年8月15日—1920年9月10日指挥土耳其斯坦方面军。实施了阿克纠宾斯克战役，1919年秋消灭了在乌拉尔南部的白军。1920年击溃了在中亚地亚的反布尔什维克武装，夺取布哈拉和基发。指挥南方面军实施彼列科普-琼加尔战役（1920年11月7—17日），打败了彼·尼·弗兰格尔将军的白军。1920年12月—1924年3月在乌克兰担任数种政治职务。1921年当选为苏共中央委员，1924年当选为中央政治局候补委员。1924年3月14日任军事委员会委员。由于支持约瑟夫·斯大林，伏龙芝于1925年1月26日接替托洛茨基出任海军军事委员会委员，1925年任劳动国防委员会委员，主持起草委员会关于1924—1925年军事改革的方案，当选为全苏中央执行委员会委员（1918年1月—1925年10月）。进行胃部手术之后不久病逝（1925年10月31日），葬于莫斯科红场。

伏龙芝创立了"完整的军事学说"，该学说将攻势行动、政治工作和世界革命的发展综合在一起。他是红军的创建者之一，并为红军制定了军事理论，建立了先进的军事院校体系。他荣获红旗勋章两枚和革命荣誉武器一件。撰写了几本关于战争和战略的专著，包括《苏军的军事和政治教育》（1921年）和《列宁与红军》（1925年）。

PEK

参考：Arkhangel'skii, Vladimir V., Frunze. Moscow, 1970.
Erickson, John, The Soviet High Command: A Military-Political History, 1918—1941. London, 1962.
Frunze, M, V., Sobranie sochienehnii (Collected Works). Moscow, 1928.

Jacobs, Walter Barnell, Frunze, the Soviet Clausewitz, 1885—1925. The Hague, 1969.

苻坚(Fu Chien, 338—385 年) 中国东晋时期氐族统治者。参加主要战争：企图统一中国的战争（379—384 年）；参加主要战役（战斗）：淝水（位于今中国的安徽省）之战（383 年）。

苻坚 338 年生于氐族的一个皇族家庭，当时氐族生活于中国西北带地区，建立了自己的前秦王朝。357 年，苻坚刺杀了他的暴君堂兄符生，自立为王。持续向东扩张其领土，在 360—370 年期间，先后征服了甘肃、陕西、四川和云南等省的政权。377 年，成为高丽的宗主国，378 年，又征服了中原的河南省，其势力范围已经扩大到中国长江以北的所有地区。当时中国的南部地区由定都于建康（南京）的西晋王朝统治，苻坚计划统一整个中国，他开始向南部地区发动进攻，但在 379 年在进攻南京附近的三河（今江苏高邮）时被击退。花费几年时间积蓄力量，建立了一支更为庞大的军队。383 年，率领一支庞大的军队再次进攻南方，其军队号称 87 万人，其中包括 27 万骑兵，但是其步兵缺乏训练，素质低劣，而其骑兵又不适应中国南部地区的地形和气候。在这一年的淝水之战中，他被由晋朝将军谢玄、谢安、谢石等率领的一支小得多的晋军击败，损失了大半兵力。退往其首都长安（西安），但在那里遭到反叛的将士的围攻，在长安陷落后被杀。

苻坚是一位比较英明的统治者。在他实施统治的头 20 年时间里，主要实行的是扩张政策，他进攻中国南部地区（西晋王朝）如果获得成功，那他会成为汉族以外的统一整个中国的第一人。

PWK

参考：Latourette, Kenneth S., The Chinese: Their Culture and History. New York, 1960.

渊田美津雄(Fuchida, Mistsuo, 1902—1976 年) 日本海军航空兵军官、军国主义者。参加主要战争：第二次世界大战（1941—1945 年）；参加主要战役（战斗）：偷袭珍珠港（1941 年）和中途岛战役（1942 年）。

渊田美津雄 1902 年生于奈良县。1924 年毕业于海军军官学校。1925 年被授予海军少尉军衔。后接受海军航空兵训练。1929 年在“加贺”号航空母舰上服役。30 年代在许多海军航空站任职。1938 年入海军大学学习。1941 年 8 月任“赤城”号航空母舰舰载机指挥官，主要负责为偷袭珍珠港训练飞行员。12 月 7 日指挥对珍珠港的空袭行动，并亲率第一批袭击飞机作战。他的飞机最后一个离开战场。返回“赤城”号后，竭力劝说南云忠一将军实施第二次袭击，但没有成功。后协助制定了中途岛空中作战计划，但由于患了阑尾炎，由他的朋友源田实指挥了 6 月 4 日的空中袭击。“赤城”号被击沉时负伤。在以后的战争中担任过多种参谋职务。战后，他先做水稻农场主，后来皈依了基督教，成为一位无教派牧师。50 年代多次游历美国和加拿大。1966 年移民美国，成为美国公民。卒于 1976 年。

MRP

参考：Fuchida, Mitsuo, “The Attack on Pearl Harbor,” D. C. Evans, ed., Japanese Navy in World War Ⅱ. Annapolis, Md., 1969. Reprint, 1986.

——, Midway, The Battle that Doomed Japan. Edited by Roger Pineau and C. H. Kawakami. New York, 1955.

Prange, Gordon, At Dawn We Slept. New York, 1982.

藤井浩(Fujii Koichi, 1858—1926 年) 日本海军上将。参加主要战争：中日甲午战争（1894—1895 年）和日俄战争（1904—1905 年）；参加主要战役（战斗）：吾儿山之战（1904 年）。

藤原岩市(Fujiwara Iwaichi, 生于 1908 年) 日本将军。参加主要战争：第二次世界大战（1941—1945 年）。

福田彦助(Fukuda Hikosuke, 1875—1959 年) 日本将军。参加主要战争：日俄战争（1904—1905 年）、西伯利亚远侵（1917—1927 年）和入侵山东（1928 年）。

福田雅太郎(Fukuda Masataro, 1866—1932 年) 日本将军。参加主要战争：中日甲午战争（1894—1895 年）和日俄战争（1904—1905 年）。

福留繁(Fukudome, Shigeru, 1891—1971 年) 日本海军将领、战犯。参加主要战争：第二次世界大战（1941—1945 年）；参加主要战役（战斗）：莱特湾海战（1944 年）。

福留繁 1891 年生于鸟取县。1912 年毕业于海军军官学校。最初接受领航员训练。1929 年晋升中校。1933 年晋升上校并任联合舰队参谋。1934 年任海军参谋部作战处参谋。1935 年毕业于海军大学。1935—1938 年任该校作战科科长。在任期间，针对陆军反对派石原贯二上校提出的增强在亚洲大陆实力的要求，积极鼓吹海上扩张计划。1938 年任侵华方面舰队副参谋长。1939 年晋升少将。1941 年 4 月任海军参谋部作战处处长。他被认为是最早反对山本五十六上将偷袭珍珠港计划的人。1943—1944 年任联合舰队参谋长。1944 年 10 月，因飞机失事，在宿务海岸迫降着陆，幸免于死，而联合舰队司令长官古贺峰一上将则丧命。后任驻菲律宾和中国台湾海军岸基航空兵司令。1944 年 10—11 月，指挥部队向掩护美军在莱特岛登陆的美国海军发动空中攻击，虽付出惨重代价，但仍以失败告终。战争结束时任驻新加坡的第十三航空舰队司令（1945 年 2—8 月）。战后被新

加坡法庭以战争罪判处监禁。获释后曾就国防规划问题向日本政府提出建议。卒于 1971 年。

MRP

参考：Fukudome, Shigeru, "The Battle of Formosa," D. C. Evans, ed., The Japanese Navy in World War Ⅱ. Annapolis, Md., 1969. Reprint, 1986.

富勒，约翰·弗雷德里克·查理（Fuller, John Frederick Charles, 1878—1964 年） 绰号"博尼"，英国将军和军事理论家。参加主要战争：第二次英布战争（1899—1902 年）和第一次世界大战（1914—1918 年）；参加主要战役（战斗）：康布雷战役（1917 年）。

富勒生于 1878 年 9 月 1 日，在马尔文和桑赫斯特军事学院接受教育，1898 年任牛津和白金汉宫轻步兵团少尉军官。英布战争期间在南非服役，后进坎伯利参谋学院进修，曾任一个本土营的副官。1914—1916 年间在多个参谋职位上任职，1916 年 12 月任新成立的坦克军的参谋部军官。他引入新的思想并实施富有活力的领导，计划了在康布雷最初成功的坦克进攻（1917 年 11 月 20 日—12 月 3 日）。为 1918 年秋季攻势制定了坦克行动方案，制定了成熟的机械化-空中攻势的"1919 年计划"。1922 年任参谋学院首席教官，1926 年任帝国参谋总长的军事助理。曾任在奥尔德肖特的试验旅的指挥官。1927—1930 年间在埃德蒙·埃恩赛德将军的第二师任高级参谋军官。1930 年升为少将，之后处于半退休状态，1932—1933 年间，在他出版了《将才：首要的疾病和治疗》一书之后，他被列入了退役名单，曾短时间地（1933—1934 年）与奥斯瓦尔德·莫斯利爵士的英国法西斯同盟有过来往。1935 年成为伦敦《每日邮报》的军事记者。余生致力于军事写作，出版了《第二次世界大战》（1948 年）和 3 卷本的《西方世界军事史》（1954—1956 年）。卒于 1964 年。

富勒是一位大胆、充满活力和有独到见解的思想家，他同时亦具有较明显的轻视社会下层的倾向。他是一位熟练的组织者和计划者，同时亦是具有远见卓识的分析家和理论家。他不仅对机械化，而且也对战争中的政治和经济问题感兴趣，他在英国之外更受尊敬。他获得"博尼"的绰号是因为他不仅长得像拿破仑，而且因为他具有军事才华和专横的处事方式，加上他对下级们的极不耐心。

DLB

参考：Fuller, J, F. C., Last of the Gentleman's Wars. London, 1937.

——, Memoirs of an Unconventional Soldier. London, 1937.

——, The Reformation of War. London, 1923.

Macksey, Kenneth, The Tank Pioneers. London, 1981.

Trythall, Anthony, "Boney" Fuller. London, 1977.

芬斯顿，弗雷德里克（Funston, Frederick, 1865—1917 年） 美国将军。参加主要战争：古巴起义（1895—1898 年）、镇压菲律宾起义（1899—1901 年）和维拉克鲁兹行动（1914 年）。

芬斯顿 1865 年 11 月 9 日生于俄亥俄州的新卡莱尔。1895—1898 年古巴反抗西班牙的起义期间，他作为志愿人员在起义将领戈麦斯手下参战，在那里获得中校军衔。1898 年返回美国，美国对西班牙一宣战（1898 年 4 月 25 日），他即被任命为第二十堪萨斯志愿团的指挥官，前往菲律宾。当他到达时西班牙军已战败，但他很快就参加了对以埃米利奥·阿奎纳多为领导的菲律宾武装起义者的战斗。在 1899 年 4 月 27 日的卡隆比特之战中他表现突出，获得荣誉勋章（授于 1900 年 2 月），后提升为志愿军准将。1899 年年中当该团退出战争时，他没能获得正规部队的任职，但他作为一名志愿军官继续任职。1899 年 12 月他返回菲律宾，任吕宋岛第四管区的指挥官。1900—1901 年间他在那里进行的反游击作战行动较为成功。1901 年 3 月就在他将再次退出作战时，他从缴获的信件中发现了阿奎纳多的秘密司令部，他集合了一支由美国人和菲律宾人组成的部队，在吕宋岛北部海岸登陆，穿越丛林去俘获阿奎纳多。1901 年 3 月 23 日芬斯顿率部对设在帕拉南（在吕宋岛的东北海岸，位于伊拉甘以东）的司令部发动袭击，将阿奎纳多逮捕。因该次行动，他被麦金利总统晋升为正规军的准将（1901 年 4 月）。1901—1905 年间他先在科罗拉多州军区，后到哥伦比亚州军区任职。1905 年到加利福尼亚州军区任职。1906 年 4 月 18 日旧金山发生地震时，他正临时任太平洋战区司令，虽然他果断而迅速的行动挽救了许多人的生命，但被批评为行动不合法。1908—1910 年任在利文沃思堡的陆军后勤学校的校长。1911—1913 年任菲律宾吕宋岛防区司令。1913—1914 年任夏威夷军区司令。1914 年 4 月 21 日—11 月 25 日美军占领维拉克鲁兹期间任军事总督。1914 年 11 月晋升少将，到美墨边界地区任南部军区司令。在 1916 年 3 月 9 日潘乔·比利亚袭击新墨西哥州哥伦布城之后，他派出一部力量，在约翰·J. 潘兴准将的指挥下侵入墨西哥实施追剿（1916 年 4 月—1917 年 2 月）。1917 年 2 月 19 日因心脏病突发卒于圣安东尼奥。

芬斯顿是一位有能力和足智多谋的陆军指挥官，虽然其军事生涯有些特殊并相对开始得较晚，但一步入军界即显示出了他出类拔萃的军事才干。假如他不是在 51 岁时过早去世，他很可能在美国参加第一次世界大战后任在法国的美国远征军司令。

ACD and TND

参考：Crouch, Thomas W,. A Yankee Guerrillero: Frederick Funston and the Cuban Insurrection: 1896—97. Memphis, 1975.

Funston, Frederick, Memories of Two Wars: Cuban and Philippine Experiences. New York, 1911.

Trussell, Col. John B. B., Jr., "Frederick Funston:

The Man Destiny Just Missed," Military Review, Vol.53(June 1973).
DAMB.
WAMB.

傅作义(Fu Zuoyi,1895—1974年) 中国现代军事家，中华人民共和国国防委员会副主席，原国民党军陆军二级上将。参加主要战争：中原大战（1930年）、抗日战争(1937—1945年)、国共战争（1945—1949年）；参加主要战役（战斗）：涿州守卫战（1927年）、忻口、太原、五原战役。

傅作义字宜生，1895年生于山西荣河（今万荣）。1918年保定陆军军官学校毕业，后在晋军历任团长、旅长、师长、军长等职。1927年率部参加对奉军作战，因孤军据守涿州3月有余，遂以善于守城著称。1930年参加蒋（介石）冯（玉祥）阎（锡山）战争（亦称中原大战），任阎锡山军前敌副总指挥，战败后被蒋介石收编为第三十五军军长兼绥远省（今并入内蒙古）政府主席。1933年率部参加长城抗战。1936年指挥绥远抗战，获得百灵庙大捷。1937年抗日战争全面爆发后，任第二战区第七集团军总司令、第八战区副司令长官，率部参加忻口、太原、五原等战役。抗日战争胜利后，于1947年任张垣绥靖公署主任和华北"剿总"总司令。1949年1月接受中国共产党提出的和平解放北平（今北京）的条件率部起义。随后对促成国民党绥远驻军起义也作出了贡献。中华人民共和国成立后，先后担任绥远省军政委员会主席、水利电力部部长、全国政协副主席等职。1974年4月19日在北京病逝。

G

盖奇，托马斯(Gage Thomas，约 1720—1787 年) 绰号“诚实的汤姆”。英国陆军上将。参加主要战争：奥地利王位继承战争（1740—1748 年）、詹姆斯党起义（1745—1746 年）、法国与印第安人的战争（1754—1763 年）、美国独立战争（1775—1783 年）；参加主要战役（战斗）：丰特努瓦（位于比利时埃诺省境内）之战（1745 年）、卡罗登之战（1746 年）、莫农加希拉（匹兹堡附近）之战（1755 年）、邦克山（波士顿附近）之战（1775 年）。

盖奇生于 1719 年底或 1720 年初，为 1720 年受封为爱尔兰贵族的托马斯·盖奇之子。1728 年后就学于威斯敏斯特学校，并在那里结识乔治·豪、理查·豪、乔治·凯佩尔、奥古斯特斯·凯佩尔和乔治·萨克维尔。大约在离校（1736 年）和 1740 年之间被授予少尉军衔，后晋升上尉（1743 年 1 月）。任阿耳比马尔伯爵威廉·凯佩尔的副官时参加了丰特努瓦之战（1745 年 5 月 10 日）。在坎伯兰公爵麾下服役时参加了卡罗登之战（1746 年 4 月 16 日）。曾在荷兰和佛兰德服役（1747—1748 年），转隶第五十五（后改番号为第四十四）步兵团，晋升为少校（1748 年）。晋升中校（1751 年 3 月 2 日）后，他率其团队加入布拉多克将军的远征队前往弗吉尼亚（1754 年）。法国及其印第安人盟友进攻莫农加希拉河（1755 年 7 月 9 日）时他曾统领前卫部队，在困难条件下表现英勇，并受轻伤。在后来的撤退中与乔治·华盛顿结为朋友。接任第四十四步兵团团长，但未被授予上校军衔（1755—1756 年）。在那场未获胜利的莫霍克谷地远征（1757 年 8—9 月）中任总督威廉·雪莉的副司令。随劳登伯爵进行了那场半途而废的对路易斯堡的远征（1757 年 6—9 月）。在当地征集了一团轻型步兵，编为第八十步兵团，因此而获上校军衔（1757 年）。阿伯克朗比进行的未获胜利的泰孔德罗加要塞进攻战（1758 年 7 月）中统领前卫部队，在作战时受伤。奉阿赫斯特之命率军进攻拉加莱特堡（约纽州的奥格登斯堡）。到达尼亚加亚（1759 年 8 月中旬）时，他判断自己兵力不足，故放弃进攻，为此而使阿赫斯特大怒不已。后在阿尔巴尼任指挥官（1759 与 1760 年之交的冬季）。蒙特利尔之战（1760 年 5—9 月）期间统领阿赫斯特的后卫部队。出任下加拿大（魁北克省）总督，其施政以廉洁公正而闻名（1761—1763 年）。晋升为少将（1761 年）后，接替阿赫斯特任北美英军总司令，并在纽约就任新职（1763 年 11 月）。曾回英国短期任职（1773 年 6 月—1774 年 5 月），但又被派回不安定的殖民地担任总司令兼马萨诸塞总督（1774 年 5 月）。英军在康科德之战（1775 年 4 月 19 日）受挫，在邦克山之战（6 月 17 日）虽获胜利但损失惨重。之后，他奉召回国，并将指挥权移交给威廉·豪（10 月 10 日）。回到英国后被正式解除北美总司令之职（1776 年 4 月 18 日）。重新任职后担任阿赫斯特的参谋长（1781 年 4 月）。为防止法军的可能入侵曾在肯特郡组建民兵。后晋升为上将（1782 年 11 月 20 日）。1787 年 4 月 2 日卒于波特兰家中。

盖奇是一位能干但过于谨慎的指挥官，一位明智的军事行政家。他正确判断出革命前夕美洲殖民地的形势，但没有根据判断采取必要的措施。

VBH

参考：Alden，John Richard，General Gage in America：Being Principally a History of His Role in the American Revolution. Baton Rouge，1948.

Gage，Thomas，Correspondence of General Thomas Gage with the Secretary of State，1763—1775. 2 vols. New York，1969.

Boatner，Encyclopedia.

EB.

盖恩斯，埃德蒙·蓬德尔顿(Gaines，Edmund Pendleton，1777—1849 年) 美国将军。参加主要战争：1812 年的战争（1812—1815 年）、第一次西米诺尔战争（1817—1818 年）、黑鹰战争（1832 年）、第二次西米诺尔战争（1835—1843 年）、得克萨斯独立战争（1836 年）、美墨战争（1846—1848 年）；参加主要战役（战斗）：克里斯

勒农场（在康沃尔附近，安大略）之战（1813 年）、伊利堡之战（1814 年）、威斯拉库奇之战（1835 年）。

盖恩斯 1777 年 3 月 20 日生于弗吉尼亚的库尔佩珀县。成长于北卡罗来纳和田纳西州。1797 年入伍，1799 年晋升少尉，1802 年 4 月晋升中尉。1801—1804 年从事测量工作。1804 年在斯托特堡和莫比尔任职。1807 年晋升上尉，以谋叛罪拘捕阿伦·伯尔，后来还出庭作证。后因受牵连而离开军队研究法律，并于 1811—1812 年在密西西比准州从事法律工作。1812 年的战争爆发后加入现役，领少校军衔。1813 年晋升上校，率领他的团队在克里斯勒农场英勇作战，从而掩护了美军的后撤。1813 年下半年，被任命为副官长，并指挥伊利堡的军队，1814 年 3 月晋升准将，成功地打退了英军 8—9 月份对伊利堡的围攻。1814 年 10 月左右晋升少将，1817 年作为和平代表团成员同希腊和西米诺尔印第安部队谈判。1817 年 11 月—1818 年 10 月的第一次西米诺尔战争期间，任南部方面军司令。1821 年任西路军司令，1832 年 5—8 月镇压了萨克和福克斯的印第安人。1835 年 11 月第二次西米诺尔战争爆发后，尽管受命去路易斯安那州边界作战，但他违反军令，率部队通过海路前往坦帕。同西米诺尔人在威斯拉库奇河作战，不分胜负，但盖恩斯可能于 12 月负伤。1836 年得克萨斯“独立”期间，返回路易斯安那州，他率部穿越萨宾河，占领纳科多奇斯达五个月之久。1846 年 4 月，墨西哥战争爆发后，他在没有得到允许的情况下，从路易斯安那、亚拉巴马、密西西比和密苏里等地征召几千志愿兵积极参战，继续不服上级的命令，被军事法庭起诉后开除现役，但无罪获释。1849 年受命指挥东路军，6 月 6 日卒于新奥尔良。

盖恩斯是一位有能力的指挥员，但得不到上级的信任，特别是温菲尔德·斯科特将军。他认为自己是不公正的法律和谋叛的受害者。1854 年以他命名的纪念碑在佛罗里达建立。

Staff

参考：DAB.
WAMB.

噶尔丹（Galdan，1644—1697 年） 蒙古族首领。

噶尔丹生于 1644 年，漠西蒙古（准噶尔部）第十一部落首领之子。他渴望再创中亚蒙古帝国，于是起兵征服了卡什噶尔（喀什），稍后征服天山南路全境（1679 年），使自己成为准噶尔或称西蒙古汗。随后又入侵外蒙古，击败漠北蒙古喀尔喀部（1687 年）。他试图与沙俄结盟，但由于清政府外交干预，受挫。不久率 3 万军队再次侵入外蒙古，在乌兰布通（今克什克腾旗内）为中国清朝皇帝康熙统率的 8 万军队击败。1696 年在漠北昭莫多（今蒙古乌兰巴托东南）再次被康熙统率的军队打败。1697 年自杀。

PWK

参考：Latourette，Kenneth Scott，The Chinese：Their History and Culture. New York，1960.

高尔（皮茨）（Gall〈Pizi〉，约 1840—1894 年） 美国印第安苏族军事首领。参加主要战争：红云战争（1865—1868 年）和北方平原战争（1875—1877 年）；参加主要战役（战斗）：费特曼之战（怀俄明州的班纳，1866 年）、车厢之战（怀俄明州的斯托里，1867 年）和小比格霍恩之战（1876 年）。

高尔约 1840 年生于南达科他州的莫罗河畔，是洪克帕帕苏族中的一名成员。作为一名勇士名声大噪，被部落首领坐牛收养。与红云一道反对修建波德阿军队通行的道路（即原博兹曼小道），并付诸暴力，1866 年 12 月 21 日在菲卡尼堡附近进行了著名的费特曼战斗，1867 年 8 月 2 日进行了车厢战斗。作为《拉腊米堡条约》（1868 年）的一名反对者，他拒绝生活在居留地，而加入了聚集在坐牛的大营地中的宗族部落，这个大营地位于蒙大拿州的小比格霍恩河。作为坐牛的主要军事首领，他组织了一次反击行动，在小比格霍恩切断了少校马尔库斯·雷诺纵队的退路。在再一次继续攻击雷诺之前，他转而帮助疯马歼灭了乔治·A. 卡斯特上校（1876 年 6 月 25 日）。1877 年 5 月，随坐牛赴加拿大寻求安全庇护，后于 1880 年返回美国。1881 年投降，被送往立石居留地。他接受了白人的法律，承认其统治，任一个专门处理印第安人触犯法律的法庭的法官（1889 年）。反对坐牛及其领导的“幽灵舞蹈”起义（1890 年）。1894 年 12 月 5 日卒于南达科他州的奥克里克。

作为一位领导者，高尔勇敢且坚定。尽管他在击败卡斯特的作战行动中扮演了重要角色，但他在其中的重要作用却被自己后来的妥协所淡化。

VBH

参考：Marshall，S. L. A.，Crimsoned Prairie. New York，1972.
Wood，Norman B.，Lives of Famous Indian Chiefs. Aurora，Ⅲ.，1906.

加兰德，阿道夫（Galland，Adolf，生于 1912 年） 纳粹德国空军将领。参加主要战争：西班牙内战（1936—1939 年）、第二次世界大战（1939—1945 年）；参加主要战役（战斗）：不列颠之战（1940 年）、法国和德国的空战（1942—1945 年）。

加兰德 1912 年生于威斯特伐利亚的韦斯特霍尔特（威廉港附近）。1929 年学习驾驶滑翔机。1932 年入航空驾驶员学校学习。1934 年加入德国空军。1937 年 5 月—1938 年，作为支援独裁军人佛朗哥的纳粹军官，在西班牙神鹰军团中任战斗机飞行员。侵略波兰期间（1939 年 9 月）任训练中队参谋。法国战役中（1940 年 4 月）在战斗机中队服役。1940 年 8 月任第二十六战斗机中队队长。1941 年 11 月接替威纳尔·莫尔德斯任德国空军战斗机部队司令。1942 年 11 月晋升少将。任职期间卖力工

作，努力改进战斗机部队的装备，提高部队士气。其工作方法激怒了某些上级（尤其是戈林），1945 年 1 月被免职。后被派去指挥 ME-262 战斗机中队。1945 年 4 月 25 日，所驾飞机被击落，本人被俘。后来出版了自己的战争回忆录《始终如一》。

加兰德是一位出色的飞行员和战术家，也是纳粹德国的王牌驾驶员之一。他并不是一个卑躬屈膝的军政官员。他努力提高德国战斗机部队的战斗力，提倡上级指挥部门要听取前线飞行员的意见。有次戈林问他需要什么，他答道："我希望我的战斗机中队全部装备逆火式飞机。"

DLB

参考：Galland, Adolf, The First and the Last. Translated by Mervyn Savill. London, 1954.

Townsend, Peter, Duel of Eagles. New York, 1971.

加拉斯，马蒂亚斯，坎波伯爵，卢切拉公爵（Gallas, Matthias, Count of Campo, Duke of Lucera, 1584—1647 年） 奥地利陆军元帅，有"军队的毁灭者"之称。参加主要战争：荷兰独立战争（1566—1609 年）、三十年战争（1618—1648 年）、曼图亚继承战争（1628—1631 年）；参加主要战役（战斗）：讷德林根战役（1634 年）。

加拉斯 1584 年 9 月 16 日生于特伦托。约 1600 年加入西班牙军队，在荷兰和意大利北部服役。后加入梯利领导的天主教联盟军与不伦瑞克基督徒作战，历经 1622 年 6 月 9 日的赫西斯特之战、8 月 29 日的弗勒吕斯之战和 1623 年 8 月 6 日的施塔特隆之战，并赢得荣誉。不久于 1628—1631 年参加曼图亚继承战争。可能参加了 1630 年 7 月 26 日的阿维利亚诺之战。此后，他在华伦斯坦麾下效力，并几次受命独立指挥与古斯塔夫斯·阿道夫和萨克森-韦默的伯纳德作战。1632 年 10 月 3 日被擢升为陆军元帅，继而在 1633 年 9 月 16 日又任中将。他和奥塔维奥·皮科洛米尼曾在推翻及谋杀华伦斯坦中曾起到一定作用。作为回报，他不仅攫取了华伦斯坦的最高指挥权，而且得到了其在弗里德兰的庄园。1634 年 9 月 6 日，神圣罗马帝国在讷德林根战役中取得了辉煌胜利，加拉斯在此战之中的作用不详。后率部参加 1637—1638 年以及 1644 年战局。1638 年后期入侵勃艮第，被拉瓦累特粉碎。1644 年托尔斯顿森迫使加拉斯从波希米亚撤出，此后他被迫交出指挥权。1647 年 4 月 25 日卒于维也纳。

很难评价加拉斯，可以说华伦斯坦知人善任，但可能由于指挥马虎和酗酒，后几次战役他屡战屡败。

CCJ and DLB

参考：Cust, Sir Edward, Warriors of the Thirty Year's War. London, 1865.

加利尼，约瑟夫·西蒙（Galliéni, Joseph Simion, 1849—1916 年） 法国元帅（死后追授）。参加主要战争：普法战争（1870—1871 年）、第一次曼丁哥战争（1885—1886 年）、征服马达加斯加（1895—1898 年）和第一次世界大战（1914—1918 年）；参加主要战役（战斗）：色当之战（1870 年）和马恩河战役（1914 年）。

加利尼 1849 年 4 月 24 日生于上加龙省的圣里德，1870 年 8 月普法战争爆发时离开圣西尔军校，参加了色当之战（1870 年 9 月 1 日），在该战中受伤并被俘，1871 年被释放后到留尼汪岛任职。1876 年调到塞内加尔。1880—1881 年他率领一支远征队侵入上尼日尔盆地，1881 年 3 月和当地的艾哈迈杜首领达成一项经济协议。1882—1885 年在马提尼克任职，1886 年任法属苏丹的总督，该年在象牙海岸地区对萨莫里领导的曼丁哥人发动了成功的战役。1888 年 5 月返回巴黎进入最高军事学院进修。1892 年 9 月被派往东京（越南北部）以镇压起义行动并扩大法国的影响，他利用外交手段去争取当地人的民心民意，获得一定的成功。1896 年 1 月返回法国，晋升为少将；之后被派往马达加斯加任总督。1896 年 8 月 6 日他废除了女王拉纳瓦洛那二世的君主制并建立了军事政府，1895—1896 年平定了沿梅里纳河的武装暴动。1897 年 4 月晋升为驻外将军，1897—1905 年，他平定了该岛，对其进行了卓有成效的统治，发展该地经济并改善交通运输。1905—1911 年任驻里昂的第十四军军长。1911 年出于健康原因，拒绝出任总司令，此举有利于约瑟夫·J.C. 霞飞。1914 年 4 月退役，住在圣拉斐尔。第一次世界大战爆发时（8 月 25 日）被召回服现役，任巴黎城防司令。他建造防御工事，消除巴黎人的惊慌，并且帮助米歇尔·约瑟夫·莫努里将军组建新的第六集团军以实施反攻。在马恩河会战期间（9 月 5—10 日），他组织了著名的（也是被夸大的）"出租车大军"为莫努里提供援兵。尽管他渴望指挥一支集团军群，但仍然担任巴黎城防司令，直到 1915 年 10 月 29 日他在阿里斯蒂德·布里昂的内阁中任陆军部长。在任期间，他显示了卓越的管理才能，但由于健康原因 1916 年 3 月 16 日辞职。1916 年 3 月 27 日卒于凡尔赛，死后被追授法国元帅（1921 年 4 月 21 日）。

加利尼是法国最伟大的殖民地将领之一，他精力充沛、博学多识并愿意改革，他是一位有天赋的管理者，并极善于领导军政府工作。

DLB

参考：Deschamps, H., Galliéni pacificateur. Paris, 1948.

Galliéni, Joseph S., Mémoires: defense du Paris, 25 août—11 septembre, 1914. Paris, 1920.

——, Neuf ans au Madagascar. Paris, 1908.

Gourou, P., Galliéni. Paris, 1948.

加尔维茨，麦克斯·冯（Gallwitz, Max von, 1852—1932 年） 德国将军。参加主要战争：第一次世界大战（1914—1918 年）；参加主要战役（战斗）：波兰之战（1914—1915 年）、塞尔维亚之战（前南斯拉夫一个省，1915 年）、索姆河之战（1916 年）和默兹-阿尔贡攻势（1918

年)。

加尔维茨生于 1852 年。1871 年普法战争刚刚结束之后他参加德国陆军，在强渡纳雷夫河的攻势中（1915 年 7 月 13 日—8 月 5 日），他指挥新组建的第十二集团军，赢得了辉煌的成功。随后被派往南部的塞尔维亚战线指挥德军第十一集团军，10 月 7 日率部随冯·马肯森陆军元帅侵入塞尔维亚，10 月 9 日攻陷贝尔格莱德，12 月 4 日推进并停在阿尔巴尼亚边界。1916 年任萨洛尼卡前线德军部队司令，1—2 月他为发动攻势而做了一些准备，但由于缺乏部队和供应而停了下来。1918 年 3 月在西线的凡尔登和圣米耶尔防区任第五集团军和加尔维茨集团军军团（辖第五和 C 集团军群）司令。在圣米耶尔（9 月 12—16 日）和默兹-阿尔贡（9 月 26 日—11 月 11 日）攻势中，他的防区遭到美军的进攻，其受到巨大压力的部队被迫后退。战后他于 1919 年左右退役，卒于 1932 年。

加尔维茨是一位有能力的将领，不论是在攻势行动还是在防御行动中，他都显示了较好的指挥才干。1918 年他在法国的防御是顽强而稳固的，但最终败于美军的优势兵力。

DLB

参考：Buchan, John, A History of the Great War. 3 vols. Boston, 1923.

Hayes, Grace P., World War Ⅰ: A Compact History. New York, 1972.

伽马，克里斯托沃（克里斯托弗）·达（Gama Cristovao〈Christopher〉da, 1516—1542 年） 葡萄牙海军军官和探险家。华斯哥·达·伽马的次子。参加主要战争：支援埃塞俄比亚远征（1541—1542 年）。

甘末林，古里斯·古斯达夫（Gamelin, Maurice Gustave, 1872—1958 年） 法国陆军上将。参加主要战争：第一次世界大战（1914—1918 年）、第二次世界大战（1939—1945 年）；参加主要战役（战斗）：西线战役（1914—1918 年）、法国和荷兰战役（1940 年）。

甘末林 1872 年 9 月 20 日生于巴黎。1893 年毕业于圣西尔军校，任中尉。第一次世界大战爆发时（1914 年 8 月），在霞飞将军的参谋部作战科任职。在战争的大部分时间里一直担任此职，后担任师长。战后，在 1919—1925 年任驻巴西军事代表团团长。1926—1930 年，先任驻勒旺岛法军司令萨拉伊将军的参谋长，后接任司令。1931 年任陆军总参谋长。1935 年任最高军事委员会副主席兼陆军总监。1938 年任国防总参谋长，实际上成了法军所有地面部队司令。1939 年 9 月第二次世界大战爆发时，指挥法军的动员和在西部的战役展开。当时法国快速部队推进到了比利时，以对付预料中德军右翼部队从荷兰和比利时发动的进攻。1940 年 5 月 12—14 日，德军却出其不意地从阿登发动进攻并侵占了色当。甘末林反应迟缓，5 月 19 日被雷诺总理撤职，由马克西姆·魏刚将军接任。1940 年 9 月 6 日，因对法军的失败负有责任而被捕并遭到监禁。1942 年 2 月 19 日，在里奥姆受到法国维希政府高等法院的审判，他拒绝申辨。4 月 11 日休庭后再度被监禁。1943 年 3 月—1945 年 5 月，被押解至德国，先后关押在布痕瓦尔德（魏玛附近）和伊特尔的集中营。后被美军释放，回到法国。1946—1947 年，出版了三卷本回忆录《服役》。1958 年 4 月 18 日卒于巴黎。

甘末林是一位有聪明才智的参谋军官，从个人性格上讲，他不适合担任最高指挥职务。尽管他比魏刚小五岁，但在 1940 年春反应迟缓，优柔寡断，不具备应付那场危机所需的领导才能。具有讽刺意味的是，魏刚接替甘末林的职务，又使得法军的作战计划在关键的几天里没能得到实施。

DLB

参考：Chapman, Guy, Why France Fell. New York, 1968.

Horne, Alistair, To Lose a Battle: France 1940. New York, 1965.

Keegan, John, and Andrew Wheatcroft, Who's Who in Military History. New York, 1976.

Shirer, William, The Collapse of the Third Republic. New York, 1969.

Tunney, Christopher, Biographical Dictionary of World War Ⅱ. New York, 1972.

甘塞沃尔特，彼得（Gansevoort, Peter, 1749—1812 年） 美国将军。参加主要战争：美国独立战争（1775—1783 年）；参加主要战役（战斗）：魁北克之战（1775 年）、斯坦韦克斯堡之战（1777 年）。

加里波第，朱塞佩（Garibaldi, Giuseppe, 1807—1882 年） 意大利民族英雄和游击队领导人。参加主要战争：阿根廷干涉乌拉圭（1843—1852 年）、意大利革命战争（1848—1849 年）、皮蒙特战争（1859 年）、征服西西里和那不勒斯（1860 年）、七周战争（1866 年）和普法战争（1870—1871 年）；参加主要战役（战斗）：圣安东尼奥之战（地点不详，1846 年）、围攻罗马（1849 年）、瓦雷泽之战（1859 年）、卡拉塔菲米之战（1860 年）、贝塞卡之战（里瓦德尔戈达附近，1866 年）、门塔纳之战（1867 年）、贝尔福之战（1871 年）和第戎之战（1871 年）。

加里波第 1807 年 7 月 4 日生于法国尼斯。参加撒丁海军（1833 年）前，曾做过几年商船海员。不久他转而成为献身于意大利民族主义和统一事业的爱国主义者。得到朱塞佩·马志尼的帮助，并加入了其“青年意大利”组织。与马志尼密谋在皮蒙特举行一次民众起义，但因秘密计划被泄露，他被迫逃往国外，且因此被判处死刑（1834 年）。抵南美，任一艘劫掠船船长，帮助巴西的里奥格兰多德索尔州反抗巴西中央政府（1836—1843 年）。

1843年转而效力于乌拉圭，组建了一个意大利流亡者组织（第一支红衫党）以进行反抗阿根廷的斗争（1843—1847年）。1846年在圣安东尼奥赢得其首次作战的重大胜利。1848年得知欧洲爆发革命的消息后，返回欧洲，6月21日抵达尼斯，并得知广泛爆发的起义已遍及整个意大利。主动提出为皮蒙特国王查理·阿尔贝特服务，因未得到答复，于是与在米兰的奥地利人作战。米兰于8月9日投降后，他率一支小队逃出该城。在被驱进瑞士之前（8月末），他对奥地利人进行了一次短暂的游击作战。受罗马革命政府之邀，1848年12月12日抵达罗马。面对法国为恢复罗马教皇权威而进行的入侵，他指挥罗马的防御力量，1849年4月30日击退了法国人的一次进攻。5月9日在帕里特里那、5月19日在维里特里两次击败那不勒斯纵队。6月3—30日法军发动第二次围攻，尽管他组织了顽强的抵抗，但法军还是攻陷了此城，并顺利入城（7月3日）。为躲避奥地利、法国及那不勒斯军队的追击，他率4000名共和军撤退，穿越亚平宁至圣马力诺。1848—1854年在美国过流亡生活。与撒丁人达成协议后返回意大利。与奥地利爆发战争后，被任命为撒丁军队中的少将（1859年3月）。被任命指挥一个志愿军旅，在北方地区作战以牵制奥地利人的力量。5月26日取得瓦雷泽之战的胜利，在战争结束之前（7月）解放了诸多地区。赴托斯卡纳帮助革命政府，后准备进军罗马，但被撒丁国王维克多·艾曼纽埃尔禁止（11月16日），辞去其在撒丁军队中的职务。率1170名红衫志愿军离开热那亚援助在西西里进行的一次起义（1860年5月6日）。5月11日抵马尔萨拉港口，自封为西西里的统治者。5月15日在卡拉塔菲米击败一支那不勒斯军队。5月28—30日，经过三天的巷战占领了巴勒莫。7月20日在米拉措指挥消灭了那不勒斯抵抗组织。8月18—19日穿越墨西拿海峡进入意大利大陆。9月7日解放那不勒斯，占据沃尔图诺河沿岸的一个阵地等候撒丁军队的到来（10月26日）。11月7日与国王维克多·艾曼纽埃尔并肩进入那不勒斯。后来他隐退至其在卡普雷拉岛的别墅，并拒绝任何酬赏。再一次试图解放罗马的努力以灾难告终，因为意大利王国军队在卡拉布里亚的阿斯普罗蒙特对其志愿军发起了进攻，击溃了其部队，他本人负伤并被俘（1862年5月）。七周战争期间，他指挥一支意大利小部队在阿尔卑斯与奥地利军队作战，但其部队1866年7月21日在贝塞卡遭重创。第三次试图攻占罗马的努力依然以失败告终，因为他的一支7000人的部队于1867年11月3日在门塔纳被法国占领军和教皇的一支相同规模的军队彻底击败。后重返意大利，被捕并被遣回卡普雷拉。为普法战争（1870—1871年）中的法军组建了一个意大利志愿军部队。1871年1月15—17日，在与入侵的普鲁士布尔巴基将军指挥的贝尔福之战中，尽管作战英勇却劳而无功。战后被选进入在波尔多的法国国民议会，但不久辞职返回意大利，1874年被选为在罗马的意大利议会议员。后主要过赋闲生活，1882年6月2日卒于卡普雷拉岛。

加里波第是一位勇敢、忠诚且精力充沛的意大利爱国主义者和游击队领导者，但不谙政治，也不精于常规作战。他不是一位有知识者，但忠于自己的信念并为之奋斗。他1862年和1867年对抗罗马所遭致的屈辱失败，并未减损其1849年在罗马、1860年在西西里和意大利南部所取得的辉煌成就。他可能是19世纪最著名的民主主义革命家之一。

DLB

参考：Smith，D. Mack，Garibaldi. London，1957.
Trevelyan, G. M.，Garibaldi and the Thousand. London，1909.
——，Garibaldi's Defence of the Roman Republic. London，1907.

加尼特，罗伯特·塞尔登（Garnett，Robert Selden，1819—1861年） 美国南部同盟将军。参加主要战争：美墨战争（1846—1848年）和美国内战（1861—1865年）；参加主要战役（战斗）：帕洛阿尔托之战（1846年）、雷萨卡-德拉帕尔马之战（1846年）、蒙特雷（1846年）、布埃纳维斯塔之战（1847年）、里奇山之战（弗吉尼亚州的贝弗利附近，1861年）、卡里克堡之战（贝费利附近的特加特，1861年）。加尼特是美国内战期间第一位阵亡的将军。

加塔克，威廉·福布斯爵士（Gatacre，Sir Willian Forbes，1843—1905年） “腰痛者”。英国将军。参加主要战争：吉德拉尔远征（1895年）和第二次英布战争（1899—1902年）；参加主要战役（战斗）：斯托姆贝尔格接合部之战（1899年）。

加塔克生于1843年，1861年加入陆军任少尉，在印度服役。服役期间于1875年在印度成婚，并发明了一种饭盒（但令人惊讶的是，众所周知他对饮食毫无兴趣）。1890年当其妻子出走时与其离婚。1895年3—4月，在理查·劳将军指挥的吉德拉尔远征军中任一个步兵旅旅长。在后来的战役中，因其怯懦未能俘获边境酋长乌姆拉可汗。1896年—1898年9月，在苏丹尼罗指挥的基奇纳战役中指挥一个旅，因其出色表现被封为爵士。作为一名中将，他被派往南非，指挥布勒将军在好望角省殖民地的兵员不足的第三步兵师（1899年10月）。他置布勒将军不能冒险的命令于不顾，对斯托姆贝尔格这个具有战略意义的铁路交汇处发动了一次夜间攻击，然而行军中迷失了方向并误入布尔人的阵地，遭到惨败（12月10日）。为减轻负担，他遗弃了600名行动缓慢的士兵使其被布尔人俘虏。1900年2—3月，在罗伯茨进军布隆方丹期间，他继续指挥第三师。未能援救出一支被围攻在雷德斯堡的部队，因此被恼怒的罗伯茨解除指挥权。被遣回英国，受到广泛的称赞，但再也未获任何其他的指挥权。开始为一间石油公司服务，1905年在埃

塞俄比亚丛林勘测时因感冒而亡。

加塔克是一位颇有能力的组织计划者，但在战场上却表现得懦弱和优柔。如果说斯托姆贝尔格之战的失利还可以原谅的话，那么他未能有效援救出雷德斯堡附近部队的所为就不可以原谅。他努力将自己的节奏和精力强加于其部队的所作所为，使得其“腰痛者”的绰号广为流传。作为一位厉行严格纪律的人，他能从容面对因自己未能很好尽职而受到的指责。

DLB

参考：Farwell, Byron, The Great Anglo-Boer War. New York, 1976.

——, Queen Victoria's Little Wars. New York, 1972.

Gatacre, Beatrix, General Gatacre. London, 1910.

Pakenham, Thomas, The Boer War. New York, 1979.

盖茨，霍雷修(Gates, Horatio, 1728—1806年) 美国将军。参加主要战争：法国与印第安人的战争（1754—1763年）、美国独立战争（1775—1783年）；参加主要战役（战斗）：莫农加希拉（匹兹堡附近）之战（1755年）、马提尼克之战（1761年）、萨拉托加（位于约纽州的斯凯勒维尔附近）之战（1777年）、卡登（南卡罗来纳）之战（1780年）。

盖茨1728年4月生于英格兰的莫尔登，利兹公爵的管家之子，霍拉斯·沃尔波尔的教子。后在英国陆军中任职（1749年），并在北美服役。任上尉时参加了布拉多克对迪尤肯堡的远征（1755年4—7月），在作战中结识乔治·华盛顿。在布拉多克战败的莫农加希拉之战（7月9日）中负伤。后来，他参加了蒙克顿将军获得胜利的对马提尼克的远征（1761年），并晋升为少校（1762年）。后仕途不顺。退出陆军（1772年）后移居弗吉尼亚，在华盛顿帮助下，他在那里成为种植园主（1773年）。根据华盛顿的推荐，大陆会议任命他为大陆军的准将副司令（1775年6月17日）。任上，在波士顿附近编组大陆军时工作中表现出色。晋升为少将（1776年5月16日）后被任命为驻加拿大的大陆军司令（6月），但由于那时派往加拿大的部队已返回美国并归属菲利普·斯凯勒将军指挥，他改任纽约北部军司令。曾率很多部队帮助华盛顿（12月），并在返回纽约取代斯凯勒（1777年3月）之前出任费城的指挥官。任纽约司令时，他反对斯凯勒夺权并保住了职位，之后指挥了反抗伯戈因入侵纽约的防御战，进行了自由人农场之战（9月19日）并取得了比米斯高地之战（10月7日）的胜利（这些战斗因受降发生地村名而合称为萨拉托加之战）。他希望利用萨拉托加之战的胜利谋取更高指挥职务，甚至图谋取代华盛顿，但康韦·卡瓦尔以他名义进行的活动可能未经其同意（1777与1778年之交的冬季）。盖茨曾竭力修复与华盛顿的工作关系，但却拒绝指挥对印第安人的镇压（1779年春）。大陆会议不顾华盛顿的多次反对任命他为南方司令（1780年6月13日），他南行至卡罗来纳统率其军（7月）。他仓猝编组了一支由民兵和大陆军士兵组成的小部队，但在卡登之战（8月16日）中遭到惨败——独立战争中美国军队遭受的最严重的一次挫折。在仓猝退往希尔斯伯勒（他的仓猝逃跑曾倍受嘲讽）的同时，他改组并重建了他的军队后被纳撒内尔所取代（10月）。由于卡登之战的溃退使其大失体面，重新任职后在纽伯勒（纽约）之战中担任华盛顿的副司令。由于其子和其妻去世（分别为1780年和1783年6月1日）后孑然一身，故再婚（1786年）。后以杰弗逊共和党派的身份任纽约州议员（1800—1801年）。1806年4月10日卒于纽约市。

盖茨是大陆军中少数几位职业军官之一，他是一位优秀的行政官和天才的组织者，但不是一位有作为的战略家和野战战术家。尽管他在萨拉托加显示出了相当的见识和指挥水平，但卡登战役的处理有失妥当。他与华盛顿的关系以及他对美国独立战争的贡献一直是历史学家们之间争论的问题。

AS and DLB

参考：Billias, George A., “Horatio Gates: Professional Soldier,” George Washington's Generals. Edited by George A. Billias. New York, 1964.

Knollenberg, Bernhard, Washington and the Revolution, a Reappraisal: Gates, Conway, and the Continental Congress. New York, 1940.

Nelson, Paul D., General Horatio Gates: A Biography. Baton Rouge, 1976.

Patterson, Samuel White, Horatio Gates: Defender of American Liberties. New York, 1941.

Boatner, Encyclopedia.

DAMB.

盖格，罗伊·斯坦利(Geiger, Roy Stanley, 1885—1947年) 昵称“强健的男孩”，美国海军陆战队上将。参加主要战争：第一次世界大战（1917—1918年）、第二次世界大战（1941—1945年）；参加主要战役（战斗）：瓜达尔卡纳尔战役（1942—1943年）、布干维尔（所罗门群岛）之战（1943年）、关岛之战、帕劳之战（1944年）、冲绳战役（1945年）。

盖格1885年1月25日生于佛罗里达州米德尔堡（杰克逊维尔附近）。1907年毕业于约翰B.斯特森大学。后从事过一段时间律师工作。1907年11月加入海军陆战队。1909年2月被授予少尉军衔。1915年先后在水面舰艇、加勒比海地区、菲律宾和中国服役，后晋升中尉。1917年，晋升上尉，并成为完成飞行员训练的第五十名海军陆战队军官。1918年7—11月，晋升少校，任驻法国的海军陆战队第一航空队中队长，执行过许多轰炸任务。1919—1921年，在夏威夷驻防。1921—1924年，任

驻弗吉尼亚州匡蒂科的第三海军陆战旅第一航空队队长。1925年毕业于陆军指挥与参谋学校。1929年毕业于陆军军事学院。1929—1931年，任驻匡蒂科东海岸驻防军航空中队指挥官。1931—1935年，任华盛顿海军陆战队司令部负责航空事务的军官。1934年晋升中校。1935—1939年，任海军第一陆战旅第一航空队队长。1941年毕业于海军军事学院。1941年下半年，晋升准将。9月，任舰队陆战队第一航空联队队长。1942年9月—1943年2月，指挥总部设在亨德森机场的驻瓜达尔卡纳尔航空联队。后晋升少将。1943年5—11月，回到华盛顿任海军陆战队司令部航空处处长。1944年7月21日—8月10日，在攻占关岛的战斗中，接替亚历山大·A. 范德格里夫特任第一两栖作战队司令，指挥该部队作战，后又改任第三两栖作战队司令。9月15日—11月25日，指挥了夺占帕劳群岛中的佩累利乌岛的战斗，付出了惨重代价。1945年4月1日—6月18日，作为西蒙·B. 巴克纳将军的第十集团军一部，指挥其两栖作战队参加了夺占冲绳的战斗。6月18—23日，在巴克纳阵亡、约瑟夫·W. 史迪威将军接任前，指挥第十集团军作战，成为指挥过野战集团军的首位（也是唯一一位）海军陆战队军官。7月，任太平洋地区舰队陆战队司令。1946年11月，回华盛顿任职。1947年1月23日，正准备退役前，卒于马里兰州贝塞斯达。1947年7月，国会追授其上将荣誉军衔。

盖格是一位顽强而有进取心的指挥官，在佩累利乌和冲绳指挥过战争中最激烈的一些战斗。

KS

参考：Frank, Benis M., and Henry Ⅰ Shaw, History of United States Marine Corps in World War Ⅱ. 5 vols. Washington, D.C., 1958—1968.
New York Times obituary, January 24, 1947.
WAMB.

格林，哥特弗里德·胡恩伯爵(Geleen, Gottfried Hunn Count von, 约1590—1657年) 帝国服役的弗莱芒将军。参加主要战争：三十年战争（1618—1648年）；参加主要战役（战斗）：布雷特恩斐尔德（莱比锡附近）之战（1631年）、阿勒赫姆（诺丁林根附近）之战（1645年）。

格里乌斯，斯塔蒂乌斯(Gellius, Statius, 活动于公元前305年) 萨尼特将军。参加主要战争：第二次萨尼特战争（公元前327—前304年）；参加主要战役（战斗）：波维安努姆（阿尼奥内附近）之战（公元前305年）。

格米努斯，格奈乌斯·塞尔维里乌斯(Geminus, Gnaeus Servilius, 卒于公元前216年) 罗马执政官、将军及海军将军。参加主要战争：第二次欧里克战争；参加主要战役（战斗）：坎尼之战。

源田实(Genda, Minoru, 1904—1989年) 日本海军航空兵军官、军国主义者。参加主要战争：第二次世界大战（1941—1945年）；参加主要战役（战斗）：偷袭珍珠港（1941年）、印度洋海战、中途岛战役、东所罗门群岛海战、圣克鲁兹群岛海战（1942年）。

源田实1904年生于广岛县。1924年毕业于海军军官学校。后接受舰载航空兵训练。1931年任“赤城”号航空母舰飞行员。1932年任横须贺海军航空兵站飞行教官。期间组织了一支特技飞行队，人称“源田飞行表演队”。1935年晋升少校。1937年毕业于海军大学。学习期间，由于痴迷于海军航空兵最重要的思想，被人们称为“狂人源田”。1938年再度出任横须贺海军航空站飞行教官。1938—1940年任驻伦敦海军副武官。1940年晋升中校。1940—1942年任第一航空母舰分队军训官。期间草拟了偷袭珍珠港的第一份详细作战计划，并在完善以浅海鱼雷攻击珍珠港的作战方式上发挥了重要作用。1941年12月7日参加了偷袭珍珠港的行动。1942年3—5月，参加了入侵印度洋的行动。6月4—6日指挥了对中途岛的大规模空袭。后任“翔鹤”号航空母舰飞行军官，参加了所罗门群岛周围的东所罗门海战（8月22—25日）和圣克鲁兹群岛海战（10月26—29日）。11月任驻拉包尔第十一航空舰队参谋军官。1943年任海军参谋部参谋军官。1945年晋升上校。同年被派到本土的海军防空部队任职。1954年参加日本航空自卫队，任副参谋长。1957年任防空司令部司令。1959年任航空自卫队参谋长。1962年退休。1989年8月15日卒于东京。

源田实是一位狂热的军国主义者，其行为非常古怪，但也是一位卓越的战术作战计划者和航空指挥官。

MRP

参考：Polmar, Norman, Minoru Genda, et al., Aircraft Carriers: A Graphic History of Carrier Aviation and Its Influence on World Events. New York, 1969.
Prange, Gordon, Miracle at Midway. New York, 1982.

成吉思汗，铁木真(Genghis 〈Chingghis, Jenghis〉 Khan, Te-mujin, 1162—1227年) 军事家、蒙古统治者。参加主要战争：统一蒙古诸部的战争（1190—1206年）、对西夏的战争（1205—1209年）、对金的战争（1211—1215年）、对花剌子模（基发）的战争（1218—1224年）、蒙金战争（1225—1227年）；参加主要战役（战斗）：扎克里山之战（1204年）、山西之战（1211年）、中都（今北京）之战（1215年）、印度河之战（1221年）、黄河之战（1226年）。

成吉思汗1162年生于中蒙古的北部，是孛儿只斤蒙古人乞颜部酋长也速该的长子。其父被塔塔儿人毒死（1175年）后，他本应继承酋长职务，但这一职务却被也速该的堂弟塔儿忽台所篡夺。铁木真与母亲及弟妹被

赶入沙漠。历尽磨难之后，17 岁时他从氏族中招募了一小支年青勇士（1179 年）。次年，他率部进行袭击，旨在从邻近的蔑儿乞人手中夺回其被掳掠的新娘（1180 年）。铁木真能征惯战和赏罚分明的名声赢得了许多支持者，其军队很快达到 2 万人（1188 年）。击退了塔儿忽台优势军队对其老营的攻击。打败、俘获并处死了塔儿忽台（1188 年），成为孛儿只斤蒙古人的汗以后，他扩大了新的军事组织，并将那时尚缺少训练的部落民众编练成一支战斗力强、训练有素的军队。面对塔塔儿部和东部蒙古人的联盟（1198 年），他打败了联盟军，建立了对东部蒙古和中部蒙古的控制（1201 年）。强大的乃蛮部与克烈部结成联盟，形成了巨大压力，但他的先进军事组织顶住了这一压力。他打败克烈部（1203 年），不久在扎克里山粉碎乃蛮部及其同盟，成为蒙古无可争议的统治者（1204 年）。1205 年，于哈拉和林被拥立为"成吉思汗"（蒙古语"海洋"或"强大"的意思）。用兵西夏以完成并巩固其征服（1207 年和 1209 年）。在后一次作战中，面对坚固的城防工事，他束手无策。但在雇佣的金朝工兵——他们配备有机动性能强的攻城辎重队——的帮助下，他克服了这一弱点。其长子术赤在也儿的石河之战（1209 年底）中平定了蒙古西北诸部落的叛乱。当时诸部落正在网罗各心怀不满的酋长。用兵金帝国，越过长城（1211 年 4 月），并在同年底获得山西大捷。其夺取金都城中都（今北京）的作战未获成功，夺取了一些城池并改善了其军队的攻城技术（1213—1214 年）。围攻中都（1214 年），金宣宗求和（5 月）后撤围。金人再次挑起战争（8 月）后，成吉思汗率军再围中都，后攻克该城（1215 年 5 月）。到 1217 年初，扑灭了金人的最后抵抗。离开蒙古六年后返回故土（9 月）。派遣将军哲别出征哈剌吉台（大致在今吉尔吉斯共和国）。与花剌子模的阿拉丁·穆罕默德发生的纠纷，使得他集结 20 万人成四路（军团）入侵波斯（1218 年），不久即征服了河间地带（布哈拉和撒马尔罕）、呼罗珊、阿富汗和印度西北部，以印度河畔取得对沙阿·穆罕默德之子扎兰丁的巨大胜利（1221 年 11 月 24 日）而告终。在巩固对花剌子模帝国的控制的同时，派遣将军哲别和速不台入侵罗斯南部（1221—1223 年）。由于发生金与西夏的联合抗蒙，他侵入宋朝西北部（1225 年），在黄河流域取得大胜利（1226 年 12 月）。他将注意力转向金人，兵锋东指其领土，但染病，1227 年 8 月 25 日卒于甘肃的清水县附近，秘葬于布尔坎卡登山的山坡上，那是他年青时代流亡时曾经生活过的地方。

成吉思汗是历史上最伟大的征服者之一，也是所有时期最伟大的将军之一。他的成功不仅是因为他具有作为战略家的才干，而且是因为他将蒙古人结合在一起的中央组织达到了杰出的程度。他赋予传统的蒙古骑射手以强大的震撼力，并灌输了纪律观念，这一观念使蒙古军队远优于其对手。他的征战给人留下深刻印象，不仅如此，其对占领地区的统治也恰当而有效。总之，他是一位杰出的强人。

TND

参考：'Ala-ed-Din' Ata-Malik Juvaaini, The History of the World Conqueror. Translated by J. A. Boyle. 2 vols. Cambridge, Mass., 1958.
Dupuy, Trevor N., The Military Life of Genghis, Khan of Khans. New York, 1969.
Grossuet, René, The Life of Ghingis-Khan, Conqueror of the World. Translated by Marian McKellar and Denis Sinor. New York, 1966.
Lamb, Harold, Genghis Khan, Emperor of All Men. New York, 1927.
Pelliot, Paul, and L. Hambis, translators and editors, Histoire des campagnes de Gengis Khan: Cheng-Wou Ts'in-Tcheng Lou. Leyden, 1951.
Prawdin, Michael (M. Charal), The Mongol Empire. London, 1940.

安条克的乔治（George of Antioch，约 1100—1150 年） 在诺曼西西里服役的希腊海军上将。参加主要战争：西西里和拜占庭帝国的战争、西西里和北非穆斯林的战争。

乔治·威廉（George William，1595—1640 年） 勃兰登堡选帝侯、普鲁士公爵。

乔治·威廉生于 1595 年，勃兰登堡选帝侯约翰·西吉斯蒙德和安娜之子。1620 年父亲死后成为勃兰登堡选帝侯和普鲁士公爵。统治时期覆盖了三十年战争大部分时间。他的统治软弱无力，政权大部为亚当·冯·施瓦岑贝格伯爵控制。1631 年其内兄弟瑞典国王古斯塔夫·阿道夫强迫他参加基督教新教集团，使他的中立政策失败。1634 年 9 月 6 日瑞典人在纳德林根惨遭失败后，乔治·威廉又退出两派的战争。1635 年 5 月 30 日与皇帝斐迪南二世签订《布拉格和约》。1638 年将勃兰登堡交于施瓦岑贝格，隐居东普鲁士。1640 年 12 月卒于该地。

AL

参考：Wedgwood, Cicely V., The Thirty Years War. 1938. Reprint, New York, 1961.
NDB.

杰罗尼莫，杰罗姆，哥雅斯雷（Geronimo, Jerome, Goyathlay, "One Who Yawns"），1829—1909 年） 绰号"哈欠鬼"，美国印第安人阿帕奇族领导者。参加主要战争：印第安人战争（1885—1886 年）；参加主要战役（战斗）：在亚利桑那州和新墨西哥州进行的袭击和小规模作战。

杰罗尼莫 1829 年 6 月生于亚利桑那州诺多约恩峡谷（现为克利夫顿）的尼德尼斯阿帕奇部落。当其母亲、妻子和孩子被墨西哥人杀害后，他领导了报复性的袭击进入墨西哥境内（1858 年）。当这些袭击蔓延至亚利桑那州和新墨西哥州后，一支由乔治·F. 克鲁格指挥的远征

军队被派来保护这些居留地。他和其部队被送至亚利桑那的一个居留地，但他设法逃出，1876 年至墨西哥。1883—1884 年他继续袭击美国人的居留地，直至其及部下被迫向克鲁格投降为止。1885 年 5 月他逃出圣卡洛斯居留地，但再一次被克鲁格追击。他同意接受投降，但在被送往佛罗里达的一个居留地的过程中第三次逃脱(1866 年 3 月)。纳尔逊·A. 迈尔斯取代了克鲁格，率一支 5000 人的部队和 500 名印第安人侦察兵对其展开追击。尽管他只有 35 名士兵和 100 多名妇女和儿童，但却使美国军队处于困境穷途之中达 5 个多月之久。他凭着秘密、出其不意、机动和阿帕奇人天生的本领渡过了艰难困苦，在横贯亚利桑那和新墨西哥的作战行动中，他智取了美军。因孤独、兵力的劣势以及对战争的倦怠，他和其部队最终于 1886 年 9 月 4 日向迈尔斯投降。根据格罗弗·克利夫兰总统之命，他及其 14 名部下被处军事监禁于佛罗里达。后调至俄克拉何马州的希尔堡，在那里他成了一名基督徒，并开始农作（1894 年）。1904 年出席了在圣路易斯举行的路易斯安那州商品博览会。1905 年参加了西奥多·罗斯福的总统就职游行。1906 年口述其自传。1909 年 2 月 17 日卒于希尔堡。

杰罗尼莫是一位勇敢、坚定、机智和极有才能的领导者。他也是一位杰出的战略家和战术家。他所进行的战役，高速机动，打走结合，堪称经典之作。

VBH

参考：Adams, Alexander B., Geronimo. New York, 1977.
Barrett, S. M., ed., Geronimo's Story of His Life. New York, 1969.
Davis, Britton, The Truth About Geronimo. New Haven, Conn., 1963.
Faulk, Odie B., The Geronimo Campaign. New York, 1969.

杰罗，列奥纳尔·唐森(Gerow, Leonard Townsend, 1888—1972 年) 美国陆军上将。参加主要战争：第一次世界大战（1917—1918 年）、第二次世界大战（1941—1945 年）；参加主要战役（战斗）：第二次马恩河战役、圣米耶尔战役、默兹-阿尔贡战役（1918 年）、诺曼底登陆战役、法国北部战役（1944 年）和莱茵之战（1945 年）。

杰罗 1888 年 7 月 13 日生于弗吉尼亚州彼得斯堡。1911 年毕业于弗吉尼亚军事学院，任步兵少尉。后在西南部许多地区担负驻防任务。期间，于 1914 年 4 月 21 日—11 月 25 日，参加了占领墨西哥维拉克鲁兹的作战行动。1917 年晋升上尉。1918 年 4 月—1919 年 10 月，在驻法国的陆军通信兵部队服役。期间先后参加了第二次马恩河战役（1918 年 7 月 8 日—8 月 5 日）、圣米耶尔战役（9 月 12—16 日）和默兹-阿尔贡攻势（9 月 26 日—11 月 11 日），战时升至中校军衔。1919—1921 年，任通信兵学校校长。1920 年 6 月，晋升少校正式军衔，被派到华盛顿任参谋职务。1925 年毕业于本宁堡步兵学校。1926 年毕业于科文沃斯指挥与参谋学院。后再赴华盛顿任参谋。1931 年毕业于陆军军事学院。1931—1935 年，在菲律宾和上海服役，1935 年在陆军部战争计划处任职。同年 8 月晋升中校。1940 年 9 月晋升上校，同年 10 月晋升战时准将。12 月任战争计划处处长。1941 年 12 月初，又兼任陆军部副参谋长。1942 年 2 月，晋升少将，任第二十九步兵师师长。同年 10 月，率部赴英国接受先进的训练。1943 年 7 月任奥马尔·布莱德雷上将指挥的第一集团军第五军军长。1944 年 6 月 6 日—7 月，率部参加了诺曼底登陆战役。8 月 25 日，所部率先进入巴黎，杰罗也成了第一位进入巴黎的盟军将领。此后率部继续作战，越过法国北部，推进到莱茵地区。1945 年 1 月，晋升中将，任新组建的第十五集团军司令。后率部沿法国西海岸作战，攻占了圣纳泽尔港和洛里昂港，同时为第十二集团军军团训练和筹备部队。1945 年 10 月—1948 年 1 月，任指挥与参谋学院院长。后任驻马里兰州米德堡第二集团军司令。1950 年 7 月退役。1972 年 10 月 12 日卒于弗吉尼亚州彼得斯堡。

KS

参考：New York Times obituary, October 14, 1972.
WAMB.

戈姆利，罗伯特·李(Ghormley, Robert Lee, 1883—1958 年) 美国陆军上将。参加主要战争：干涉尼加拉瓜（1912 年）、第一次世界大战（1917—1918 年）、第二次世界大战（1941—1945 年）；参加主要战役（战斗）：瓜达尔卡纳尔岛战役（1942 年）。

戈姆利 1883 年 10 月 15 日生于俄勒冈州波特兰。1902 年毕业于爱达荷大学。1906 年毕业于海军军官学院。1911 年晋升上尉。1912 年 8 月 4 日—11 月 25 日，参加了海军和海军陆战队干涉尼加拉瓜内战的行动。1913—1916 年在海军军官学校任参谋。1916—1920 年，第一次世界大战中在大西洋舰队战列舰部队任职，后在海军作战部长办公室任职。1920—1922 年任“桑兹”号舰舰长。1926—1928 年在“俄克拉何马”号战列舰上任职。1931—1932 年任主力舰队和美国舰队助理参谋长。1932—1936 年任“内华达”号战列舰舰长。1938 年毕业于海军军事学院。同年年底晋升少将。1939—1940 年任海军战争计划署主任和海军作战部长哈罗德·斯塔克上将的助手。1940—1942 年任驻英国海军特派观察员。1941 年晋升中将。1942 年担任过短时期的驻欧洲海域美国海军司令。1942 年 4 月任南太平洋地区海军司令，直接负责瓜达尔卡纳尔岛战役（1942 年 8 月—1943 年 2 月）的计划和实施。在埃斯佩兰斯角（瓜达尔卡纳尔岛）激战后，被威廉·F. 哈尔西将军解职。1943 年初—1944 年，任夏威夷海疆和第十四海军军区司令，1944 年 11 月，在驻欧洲水域美国海军司令哈罗德·斯塔克将军的参谋部任职。1945 年 5 月，任驻德国水域美国海军司令，负责遣散德国海军。1946 年 6 月退休。1958 年 6 月 21 日卒

于马里兰州的贝塞斯达。

KS

参考：Morison, Samuel Eliot, History of United States Naval Operations in World War Ⅱ. 15 vols. Boston, 1947—1962.
New York Times obituary, June 22, 1958.
Reynolds, Clark G., Famous American Admirals. New York, 1978.
WAMB.

武元甲（Giap, Vo Nguyen, 生于 1912 年） 越南将领和政治家。参加主要战争：印度支那战争（1946—1954 年）、越南战争（1964—1975 年）；参加主要战役（战斗）：谅山之战（1950 年）、和平战役（1951—1952 年）、奠边府战役（1954 年）、新春攻势（1968 年）、统一越南南部（1975 年）。

武元甲 1912 年生于广平省安杜村。曾在顺化法国公立中学学习，后在河内大学学习法律。1931 年在河内升龙中学教了一年历史，并参加了共产党。1939 年流亡中国，并在那里与胡志明相识。1941 年协助组织越南独立同盟。1944 年返回越南。1944—1945 年，在北越高地训练“越南人民军”，与日军作战。1945 年 12 月，任越南民主共和国内政部长。1946 年 12 月 19 日，抗法民族战争爆发后，被胡志明任命为国防部长。在以后的八年中指挥了反对法国的越南战争。1950 年 10 月，在谅山大胜法军，这是在争夺中国边界法军据点的斗争中最激烈的一次战斗。1950 年 11 月—1951 年 2 月，由于过高地估计了其部队的战斗力，特别是由于德拉特尔·德塔西尼将军增强了法军的防御，他对红河三角洲发动的进攻遭到了失败。针对这次失败，他又重新采取小规模作战的样式，而且在法军精心策划的战斗中坚持不与法军交战，尽管法军经常企图诱使其进行这种交战。1951 年 11 月—1952 年 2 月，法军对和平发动的大规模进攻失败，这成了武元甲获得的又一次胜利。同时他在整个印度支那地区积极作战，扰乱通讯和道路，进攻法军设施。他取得的最大胜利是 1953 年 11 月 20 日—1954 年 5 月 7 日的奠边府包围战。在这次战役中，他迅速部署了优势部队，并有效地运用了防空火炮，使法军无法有效地利用其空中力量，既不能支援被围困的守军，也不能为他们提供补给。在此后的几年中，继续担任国防部长，指挥了北越支援越共的战争，起初与南越军队作战，后来又同美军作战。1968 年 3 月，发动大规模新春攻势，突击了南越 100 多个村庄。尽管这次攻势在军事上遭到了失败，但其政治影响对北越来说是最值得庆幸的事，因为它使美国深信这场战争根本无法获胜。武元甲的杰作是对南越发动的最后攻势。1975 年 2 月—4 月 30 日，在向西贡的进攻中首次动用了大规模机械化部队。1976 年 7 月，由军队总司令改任副总理。1980 年被解除了国防部长职务。1982 年，被解除了副总理和政治局委员的职务。后又复出，担任越南党和国家重要领导工作。

武元甲尽管没有受过初步的军事训练，但他无疑是第二次世界大战后时代杰出的军事指挥官之一。在与法国人和美国人的斗争中，他将战术问题交与部属们处理，自己则显示出高超的战略技巧，运用游击战和人民战争的策略统一了越南。

DLB

参考：Fall, Bernard B., Hell in a Very Small Place: The Battle of Dien Bien Phu. New York, 1962.
——, Street Without Joy. 1957. Harrisburg, Pa., 1964.
Stetler, Russell, ed., The Military Art of People's War: Selected Writings of Vo Nguyen Giap. New York, 1970.

吉本，约翰（Gibbon, John, 1827—1896 年） 美国将军。参加主要战争：美国内战（1861—1865 年）、北方平原战争（1875—1877 年）和内兹珀西战争（1877 年）；参加主要战役（战斗）：第二次布尔溪之战（弗吉尼亚州，1862 年）、安蒂特姆之战（1862 年）、腓特烈斯堡之战（1862 年）、葛底斯堡之战（1863 年）、荒原之战（拉皮丹南部，1864 年）、斯波齐尔韦尼亚之战（1864 年）、冷港之战（里士满附近，1864 年）、彼得斯堡之战（1864—1865 年）、阿波马托克斯之战（1865 年）和大霍莱河之战（蒙大拿州的密苏拉附近，1877 年）。

吉本 1827 年 4 月 20 日生于宾夕法尼亚州的费城附近，1839 年后主要生活在南卡罗来纳州的查尔斯顿。1847 年毕业于西点军校，被派至炮兵部队任职。抵达墨西哥太迟，以至于未能参加上美墨战争中的作战行动。1849 年在佛罗里达州参与镇压西米诺尔骚乱。1850 年晋升为中尉。1854—1859 年，任西点军校教官，1859 年完成《炮兵手册》一书。1859 年 11 月晋升上尉，美国内战爆发时在乌塔任职。1861 年 10 月返回东部，任麦克道厄耳将军的师属炮兵指挥官。1862 年 5 月晋升为志愿军准将，率著名的铁旅（第一军第一师第一旅）参加了第二次布尔溪之战（8 月 29—30 日）、南山战役（马里兰州的腓特烈堡附近，9 月 14 日）和安蒂特姆战役（9 月 17 日）。腓特烈堡战役中，指挥约翰·雷诺将军第一军的第二师，12 月 13 日受重伤。及时返回部队，葛底斯堡战役中指挥汉科克第二军中的第二师。1863 年 7 月 1—3 日，在汉科克离职期间，两次临时指挥第二军。其第二师经受住了皮克特突击，但 7 月 3 日他再一次受重伤。及时返回部队，指挥第二师参加了荒原战役（1864 年 5 月 5—6 日）、斯波齐尔韦尼亚战役（5 月 8—19 日）和冷港战役（6 月 1—3 日）。6 月晋升志愿军少将，参加了彼得斯堡战役（6 月 15—18 日）。1865 年 1 月任詹姆斯军团的第二十四军司令官，指挥此部队直至李将军 4 月 9 日在阿波马托克斯投降为止。1866 年 1 月退出预备役，7 月被任命为第三十六步兵团上校。1869 年调至第

七步兵团，驻扎蒙大拿，参加了克鲁格将军镇压印第安苏族人的战役（1876 年）。其第七团第一个到达小比格霍恩（6 月 27 日），营救出卡斯特将军指挥的部队的幸存者。1877 年参加内兹珀西战争。8 月 9 日对约瑟夫酋长在大霍莱河的营地发动进攻，但被击退并再一次受伤。1885 年晋升准将。1886 年任驻旧金山的太平洋战区司令官，并平息西雅图反华工骚乱。1891 年 4 月退役。1896 年 2 月 6 日卒于巴尔的摩。

作为一位坚定执着的军人，吉本坚信身先士卒在激战中的作用。其《炮兵手册》一书被广泛视为一本军事名作。

KH

参考：Battles and Leaders of the Civil War. 4 vols. Secaucus, N.J., n.d.

Gibbon, John, Personal Recollections of the Civil War. New York, 1928.

WAMB.

吉芬，罗伯特·卡莱尔（Giffen, Robert Carlisle, 1886—1962 年） 美国海军中将。参加主要战争：第一次世界大战（1917—1918 年）、第二次世界大战（1941—1945 年）；参加主要战役（战斗）："火炬"行动（1942 年）、马金岛（吉尔伯特群岛）之战（1943 年），夸贾林、塞班岛、提尼安等岛屿的战斗（1944 年）。

吉芬 1886 年生于宾夕法尼亚的韦斯特切斯特。1907 年毕业于海军军官学院。第一次世界大战期间（1917—1918 年）任"特里普"号战舰舰长，在北大西洋执行反潜巡逻任务。二三十年代担任过多种职务。第二次世界大战爆发时（1941 年 12 月），任第七驱逐舰分队司令。后指挥海军为向欧洲和俄国运送物资的船只护航。1942 年 11 月，在盟军实施夺占法国维希政权所属北非的"火炬"行动中，指挥一支特混舰队。在夺占马金岛（1943 年 11 月 20—23 日）、夸贾林环礁（1944 年 1 月 29 日—2 月 7 日）的战斗中任火力支援大队队长。在夺占特鲁克（2 月 17—18 日）、塞班（6 月 15 日—7 月 13 日）、关岛（7 月 21 日—8 月 10 日）和提尼安（7 月 25 日—8 月 2 日）诸岛的行动中，任第六巡洋舰分队司令。1944 年秋，晋升中将，并任加勒比海海疆司令。1945 年战争结束时任大西洋舰队勤务船队司令。1949 年晋升为中将，并任加勒比海前线司令。卒于 1962 年。

KS

参考：U.S. Naval Historical Center biographical file.

吉尔摩，昆西·亚当斯（Gillmore, Quincy Adams, 1825—1888 年） 美国将军。参加主要战争：美国内战（1861—1865 年）；参加主要战役（战斗）：罗亚尔堡之战（南卡罗来纳州，1861 年）、普拉斯基港之战（1862 年）、萨姆特之战（1863 年）、查尔斯顿港之战（1863 年）、百慕大之战（1864 年）和德雷夫利斯布拉夫之战（均在里士满附近，1864 年）。

吉尔摩 1825 年 2 月 28 日生于俄亥俄州的洛雷恩县。1849 年毕业于西点军校，被派至工兵部队任职。1849—1852 年，在弗吉尼亚州的汉普顿公路修建了三年工事。1852 年被任命担任西点军校参谋。晋升中尉，被任命负责纽约城的工程区（1856 年）。1861 年 8 月晋升上尉，11 月担任远征南卡罗来纳州罗亚尔港的托马斯·W. 谢尔曼将军参谋部中的总工程师。率其部队围攻佐治亚州萨凡纳的普拉斯基港，此要塞被攻陷后于 1862 年 4 月 11 日晋升为名誉中校。作为一名志愿军准将，吉尔摩握有西弗吉尼亚和肯塔基州地区的指挥权，1863 年 3 月 30 日对肯塔基的萨姆特发动攻击并获成功，因此晋升名誉上校。6 月出任第十军和南部战区司令官，与约翰·阿·B. 达尔格伦海军上将联合对查尔斯顿防御力量发动一次持久的攻击，占领了莫里斯岛，迫使南部同盟军放弃瓦格纳堡，并几乎摧毁了萨姆特堡（1863 年 7 月—1864 年 1 月）。率其部队机动至詹姆斯河，进行了百慕大之战（5 月 5—16 日）和德雷夫利斯布拉夫之战（5 月 15 日）。7 月调任华盛顿，在追击袭击首都的艾尔雷将军的过程中受重伤（7 月 11—12 日）。1865 年 2—11 月，再任南部战区司令官，3 月先后晋升名誉准将和少将。退出预备役，转为正规军上尉衔（12 月）。担任了一系列海岸和港口职务。1868 年 6 月晋升少校，1874 年 1 月晋升中校，1883 年 2 月晋升为上校，1879 年任密西西比河委员会主席。1881 年被任命负责从纽约到佛罗里达州的圣奥古斯的大西洋沿岸防卫。1888 年 4 月 7 日卒于纽约的布鲁克林。

吉尔摩是一位杰出的工兵军官，也是一位极有才能的战场指挥官。他精力充沛，意志坚定且富于创新。他在炮兵、攻城及石料建筑方面的著述极丰。

KH

参考：Battles and Leaders of the Civil War. 4 vols. Secaucus, N.J., n.d.

Warner, Ezra, Generals in Blue. Baton Rouge, 1977.

DAB.

欣克尔，霍德特·范·里德·德，阿斯隆第一伯爵（Ginkel, Godert〈Godard〉van Reede de, lst Earl of Athlone, 1644—1703 年） 荷兰籍英格兰将军。参加主要战争：英荷战争（1672—1678 年）、奥格斯堡同盟战争（1688—1697 年）、西班牙王位继承战争（1701—1713 年）；参加主要战役（战斗）：瑟内夫之战（1674 年）、博因河之战（1690 年）、奥赫里姆之战（1691 年）、斯滕刻尔克之战（比利时的埃诺，1692 年）、内尔温登之战（列日附近，1693 年）。

欣克尔 1644 年生于乌得勒支，欣克尔男爵霍德特·阿德里安·范·里德的独子。其早期生平鲜为人知。在奥兰治亲王威廉麾下参加 1674 年 8 月 11 日的瑟内夫之战。在 1688 年的光荣革命期间是威廉的主要助手之一。1689

年，在林肯郡镇压一支苏格兰团队发起的兵变。1690 年 3 月陪同威廉赴爱尔兰。在 7 月 11 日的博因河之战中表现出色。1691 年春，威廉返回英格兰后，欣克尔在爱尔兰任总司令。6 月 30 日攻克阿斯隆，7 月 12 日在奥赫里姆击败圣吕特侯爵的爱尔兰的詹姆斯党军队。经过长期围攻，10 月 13 日攻占利默里克，实际上结束了詹姆斯党在爱尔兰的抵抗。因他取得了这些成就，威廉加封他阿斯隆伯爵，并赐予他大量爱尔兰土地，但是议会下令剥夺这些封赏。不久在荷兰与威廉会合，参加 1692 年 8 月 3 日进行的斯滕刻尔克之战，以及 1693 年 7 月 29 日的内尔温登之战。1695 年 7 月 1 日—9 月 6 日间协助围攻和占领那慕尔。1701 年西班牙王位继承战争爆发，原估计会受命指挥在荷兰的盟军主力，不料指挥权却落到马尔波罗公爵（约翰·丘吉尔爵士）手中，他因之感到不快，但他仍忠心地在马尔波罗手下供事，后来称："此战获胜仰仗这位无与伦比的主将，因为我承认，作为他的第一副手，在战中所有情况下我都反对他的意见和提议。"在 1702 年 4 月 18 日—6 月 15 日围攻和攻占恺撒斯韦特（杜塞尔多夫附近）中，对拿骚选帝侯提供了宝贵的援助。西班牙王位继承战争爆发一年后退休。1703 年 2 月 11 日卒于乌得勒支。

欣克尔富有才干，机智，顽强，心胸宽广，是一位稳健的、可信赖的军人。

AL and DLB

参考：Hill, C. P., Who's Who in History: England, 1603—1714. Oxford, 1965.
DNB.
EB.
EMH.

吉尔蒂，西蒙（Girty, Simon, 1741—1818 年） 绰号"大叛徒"、"白人叛徒"，潜伏在英军中的美军侦察兵和印第安人间谍。参加主要战争：邓莫尔勋爵战争（1774 年）、美国独立战争（1775—1783 年）、西北印度战争（1790—1795 年）、1812 年的战争（1812—1815 年）；参加主要战斗（战役）：布鲁里克斯（肯塔基的埃温）之战（1782 年）、圣克莱尔之战（1791 年）、雷考维尔堡之战（1794 年）、"伐倒的林地"之战（1794 年）。

格拉波里奥，M.A.（Glabrio, Manius Acilius, 作战时间：公元前 201—前 189 年） 罗马将军和政治家。参加主要战争：同叙利亚安条克三世的战争（公元前 192—前 188 年）；参加主要战役（战斗）：温泉关之战（公元前 191 年）。

格拉波里奥生于一个小贵族家庭。公元前 201 年当选为保民官和负责当地公共工程的主管官员。公元前 196 年，出任地方行政长官，在伊特赖里亚镇压了一次奴隶起义。公元前 191 年当选为执政官，并被派往希腊同叙利亚的安条克三世（大帝）作战。公元前 191 年，在温泉关之战中，率军攻击叙利亚军队的正面，同时老卡托率领一支小部队攻击叙利亚军队的后方，击败了安条克。在其执政官的任期将要期满时，率军同埃托利亚联盟作战，占领了阿卡尔那尼亚的赫拉克里亚，并围攻纳夫珀克托斯。公元前 190 年返回罗马，受到热烈欢迎。公元前 189 年，被指控犯有渎职罪，因此退出了监察官的候选人选，并结束了其政治生涯。

格拉波里奥是一位能力出众和有事业心的将军。他在政治上的成功，在一定程度上与他同"阿非利加"西庇阿联姻有关。

DLB and TM

参考：Livy, History.
Plutarch, "Marcus Cato," Parallel Lives.

格拉布，约翰·巴戈特爵士（Glubb, Sir John Bagot, 1897—1986 年） 昵称"格拉布帕夏"，英国陆军军官。参加主要战争：第一次世界大战（1914—1918 年）、伊拉克的绥靖行动（1919—1922 年）、第二次世界大战（1939—1945 年）、第一次阿以战争（1948—1949 年）；参加主要战役（战斗）：伊拉克和叙利亚战役（1941 年）、耶路撒冷之战（1948 年）。

格拉布 1897 年 4 月 16 日生于兰开夏的普雷斯顿，是弗朗西斯·利蒂希亚和弗雷德里克·曼利·格拉布少将之子。曾就学于切尔特南公学。1915 年毕业于伍尔威奇皇家军官学校。1915—1918 年，随皇家工兵部队在法国作战，并晋升中尉。后志愿赴伊拉克服役。参加了 1920 年 7—12 月镇压当地阿拉伯人起义的行动。1926 年辞去军队的职务，任伊拉克文官政府行政监察员。1930 年 11 月离职，任"外约旦沙漠地区指挥官"，实际上成了阿拉伯军团司令 G.F. 皮克的副手。期间，他在 1932 年 6 月从贝都因部落民众中招募和组训了一支部队，将其当作沙漠骑警队来使用，从而结束了 18 个月来贝都因人对外约旦的袭击。1938 年和缪里尔·罗斯玛丽结婚，后来生有两个儿子和两个女儿。1939 年 4 月，皮克辞职后任阿拉伯军团司令，这时该军团约有 1350 人，其中 1000 人实际上是警察。不过该军团仍是一支有战斗力的部队，对讲一口流利阿拉伯语的格拉布也很忠诚。1941 年 5 月，率阿拉伯军团进入伊拉克救援哈巴尼亚空军基地。6—7 月，在韦弗尔将军的指挥下，率部攻入维希政府法属叙利亚。到 1947 年，阿拉伯军团已发展成一支 6000 人的小型摩托化师。1948 年 5 月—1949 年 1 月，在第一次阿以战争中，阿拉伯军团是阿拉伯方面战斗力最强的一支部队，通常可与装备较差、一般又缺乏训练的犹太部队相抗衡。正是凭借阿拉伯军团，外约旦（后来的约旦）得以坚守靠近耶路撒冷阿拉伯部分的西岸地区。1951 年后招募巴勒斯坦人组成国民警卫队，以对付以色人的袭击。由于长期指挥阿拉伯军团，他指挥的部队称其为"格拉布帕夏"（格拉布将军）。后仍留在约旦任阿拉伯军团司令，但约旦人对其军队受英国人的影响日益

不满，促使侯赛因国王在1956年2月29日要求他辞职。1956年下半年回国后受封爵士，定居苏赛克斯。在此后的30年中，他出版了大量有关阿拉伯人和阿拉伯军团的书籍，包括《与阿拉伯人为伍的军人》（1957年）、《阿拉伯人伟大的征服》（1963年）、《穆罕默德生平》（1970年）和有关埃及马木留克兵的《幸运的士兵们》（1973年）等。1986年3月17日卒于东苏塞克斯的梅菲尔德。

格拉布是一位富于才干，机智灵活的军人。他十分了解他指挥的部队的长处和短处。即使在他离职且英国在约旦的影响正式终结后，约旦的阿拉伯军队仍带有明显的英国军队特征，而且仍是阿拉伯国家的军队中职业化程度最高、战斗力最强的部队。这显然是格拉布执掌阿拉伯军团时长期熏陶的结果。

DLB

参考：Glubb, Sir John Bagot, The Changing Seasons of Life. London, 1983.

——, A Soldier with the Arabs. London, 1957.

——, The Story of the Arab Legion. London, 1949.

EB.

格奈泽瑙，奥古斯特·威廉·安东，奈特哈特伯爵（Gneisenau, August Wilhelm Anton, Count Neithardt, 1760—1831年） 普鲁士元帅。参加主要战争：美国独立战争（1775—1783年）、拿破仑战争（1800—1815年）；参加主要战役（战斗）：耶拿之战（1806年）、科尔贝格之战（1807年）、莱比锡之战（1813年）、利尼之战（1815年）、滑铁卢之战（1815年）。

格奈泽瑙1760年10月27日生于希尔道，是萨克森炮兵官员之子。从爱尔福特大学毕业后，于1778—1780年在奥地利骑兵中服役，后随安斯巴赫雇佣团于1782—1783年赴加拿大，格奈泽瑙任中尉。1786年在普鲁士军队中任上尉，随后的20年一直担任城防部队的官员。1806年战役中，他参加了10月14日的耶拿战役，1807年5月20—7月2日在科尔贝格防御战中荣立殊勋。1807—1813年，作为普鲁士“改革者”跟随沙恩霍斯特工作，他建立了参谋部和预备役制度，从而重建了普鲁士军队。1813年的战役中任布吕歇尔的参谋长。10月16—19日，参加莱比锡之战，后被封为伯爵称号。1815年的滑铁卢战役中仍然任布吕歇尔的参谋长，参加了6月16日的利尼之战，布吕歇尔负伤后，他作出重要的决定，率部向瓦夫拉撤退，这次行动使得为普鲁士军队及时赶到以支援惠灵顿的滑铁卢战役争取了时间。6月18日的滑铁卢之战后，他的自由主义政治观点遭到了普鲁士政府广大人士的反对，从而使之于1816年被解职。此后曾暂任柏林总督，1825年纪念滑铁卢胜利10周年之际被提升为元帅。1831年入侵波兰期间，受命保护普鲁士东部边界地区，他在波森（波兹南）建立起司令部，同他的总参谋长克劳塞维茨一样，1831年8月23日卒于霍乱。

格奈泽瑙是一位智勇双全的指挥员，他全力支持德国的统一。作为夏恩霍斯特的得力助手和继承人，他企图在军队中进行改革的思想十分卓越。作为总参谋长，他完全而充分地理解和适应了布吕歇尔轻骑兵式的思维习惯。

VBH

参考：Delbrück, H., Das Leben des Feldmarschalls Graf Neithardt von Gneisenau. 2 vols. Berlin, 1908.

Dupuy, Trevor N., A Genius for War. Fairfax, Va., 1985.

Shanahan, William O., Prussian Military Reforms, 1786—1813. New York, 1945.

G

戈瑟尔斯，乔治·华盛顿（Goethals, George Washington, 1858—1928年） 美国陆军军官和工程师。参加主要战争：美西战争（1898年）和第一次世界大战（1917—1918年）。

戈瑟尔斯1858年6月29日生于纽约州的布鲁克林，原名是乔治·威廉·戈瑟尔斯。在西点军校时他的名字被一位专横的官员登记为“乔治·华盛顿·戈瑟尔斯”，并且拒绝予以更正。1880年他以全班52名学员中第二名的成绩毕业于西点军校，编入陆军工兵部队，参加了改善俄亥俄河和坎伯兰河，以及田纳西河上的马瑟肖尔斯运河的工作。1891年12月晋升上尉，1898年5月提升为工兵部队的志愿军中校。在1898年的美西战争期间，他是在波多黎各的美军第一军的首席工程师。1903—1907年间在总参谋部任职，1905年毕业于美国陆军学院。后晋升中校，1907年3月西奥多·罗斯福总统任命他为完成巴拿马运河的地峡运河委员会主席和首席工程师。该工程的工人数超过4万，他和他们保持了亲密的关系，他认为满意的劳动者将是有创造力的劳动者。卫生部门在威廉·C. 戈加斯博士的指导下成功地消除了黄热病和疟疾的传染源。1914年8月巴拿马运河比计划提前六个月通航运输。1915年3月4日他的工作受到国会的称赞，连升两级晋升为少将。1914—1916年间任运河区的第一任总督。1916年11月退出军界。1917年4—7月任美国船运局应急舰队执行委员会的主席和总经理。1917年7月在与船运局董事长威廉·登曼发生冲突后辞职。1917年12月被召回服现役任代理军需总监，他还被任命为总参谋部几个供给部门的主管和战争工业委员会的委员。1919年3月再次退役。之后，他在纽约创立了自己的工程公司并担任顾问工作。1928年1月21日因癌症卒于纽约。

ACD

参考：McCullough, David, The Path Between the Seas. New York, 1977.

DAMB.

EB.

WAMB.

戈尔斯伯勒，路易·马里舍尔贝斯(Goldsborough，Louis Malesherbes，1805—1877 年) 美国海军上将。参加主要战争：第二次西米诺尔战争（1835—1842 年）、美墨战争（1846—1848 年）、美国内战（1861—1865 年）；参加主要战役（战斗）：图斯潘之战（1847 年）、罗阿诺克岛之战（1862 年）。

戈尔斯伯勒 1805 年 2 月 18 日生于华盛顿特区。7 岁时就被保送为海军军官候补生，1816 年他 11 岁时入现役，相继在地中海和太平洋服役。1825 年晋升中尉。1825—1827 年，在巴黎学习。1827—1830 年在美国“海豚”号服役。1830 年，受命指导建立航海图表及几种仪表工具的仓库基地，1835—1842 年第二次西米诺尔战争的早期，他又组建一个志愿骑兵连参加战斗。后两次转入海军服役，1841 年 9 月晋升中校。在墨西哥战争期间，他指挥“俄亥俄”号，参加了海军准将佩里对图斯潘的进攻（1847 年 4 月 18—22 日）。1849—1850 年，作为海军委员会的成员赴加利福尼亚探险。1853—1857 年任海军学院督导，1855 年晋升上校。1859—1861 年任巴西基地司令。1861 年 9 月任大西洋封锁中队指挥员。这支舰队划分为二后，他任北大西洋封锁中队指挥（10 月）。1862 年 2 月 7 日，将安布罗斯·埃·伯恩塞德将军的 12 000人投送到北卡罗来纳的罗阿诺克岛，2 月 9 日该部队摧毁了南部同盟的一个小炮艇舰队。5 月，在麦克莱伦的佩宁苏拉战役中，在伊丽莎白河负责封锁南部同盟的“弗吉尼亚”号，以保持海上交通线和供应线的畅通。6 月，“弗吉尼亚”号被击毁之后，为避免其被俘，帮助麦克莱伦将作战基地移至詹姆斯河。7 月晋升少将，但为躲避公众的指责他于 9 月又申请辞职。1862—1865 年在华盛顿负责行政事务。1865—1867 年，任欧洲舰队指挥。1873 年从海军退役。1877 年 2 月 20 日卒于华盛顿特区。

戈尔斯伯勒是一位有才能的官员。在半岛战役中，他的战绩得到广泛的指责，但毫无疑义的是，他的舰船为保持对海上交通线的控制作出了贡献。

KH

参考：DAB.
WAMB.

哥尔茨，科尔马·冯·德伯爵(Goltz，Count Kolmar von der，1843—1916 年) 德国陆军元帅。参加主要战争：七周战争（1866 年）、普法战争（1870—1871 年）和第一次世界大战（1914—1918 年）；参加主要战役（战斗）：特鲁特诺夫之战（1866 年）、马斯拉图尔之战（1870 年）、努瓦斯维尔（在梅斯附近）之战（1870 年）、奥尔良之战（1870 年）、勒芒之战（1871 年）和库特-阿马拉（库特）之战（1915 年）。

哥尔茨 1843 年 8 月 12 日生于东普鲁士的比勒费尔德，1861 年参加普鲁士陆军，1864 年进入在柏林的军事学院学习，但后退学参加七周战争（1866 年 6—8 月），在特鲁特诺夫之战中受伤（6 月 27 日）。曾在参谋本部测绘处任职。1870 年 8 月—1871 年 2 月普法战争期间任腓特烈·查理亲王的参谋，参加了马斯拉图尔之战（1870 年 8 月 16 日）、努瓦斯维尔之战（8 月 31 日—9 月 1 日）、围攻梅斯（8 月 19 日—10 月 27 日）、奥尔良之战（12 月 3—4 日）和勒芒之战（1871 年 1 月 10—12 日）。1871 年在波茨坦的候补军官学校担任教授，同时在参谋本部历史处任职。1878—1883 年在军事学院讲授军事史，1883 年出版了《罗斯巴赫和耶拿》（后修订为《从罗斯巴赫到耶拿和奥尔施塔特》）。1883 年 6 月他奉命去改组土耳其军，他在那里呆了 12 年，改革的成效直到 1897 年的希腊-土耳其战争才得以充分显示，该役标志着土军的强盛。感激的土耳其人授其为将军和陆军元帅。1896 年他一返回德国即晋升为中将，1900 年晋升为步兵上将，1908 年晋升为大将军，1911 年晋升为陆军元帅。这一时期他还写作了一些军事理论和史书，包括《全民皆兵》。1913 年退出现役。1914 年 8 月被召回任被占领的比利时总督，11 月前往土耳其战区，担任苏丹的侍从武官。后在美索不达米亚指挥第一集团军，1915 年 12 月他成功地将汤兴将军指挥的英印部队包围在库特-阿马拉。1916 年 4 月 19 日他因突发疾病而卒于巴格达。另传他是被青年土耳其党人毒死的。

哥尔茨是一位陆军将领，更是军事理论家和组织者，他主要成绩是在 19 世纪八九十年代致力于土军的现代化，他的军事著作因其理论分析而著称。

DLB

参考：Goltz，Kolmar von der，Von Rossbach bis Jena und Auerstädt. Rev. ed.，Berlin，1906.
EB.
NDB.
WBD.

贡萨洛·德·科尔多瓦（贡萨尔沃·德·科尔多瓦），埃尔南德斯(Gonzalo de Cordoba 〈Gonzalvo de Cordova〉，Hernandez，1453—1515 年) “伟大的统领”。西班牙将军。参加主要战争：卡斯蒂利亚内战（1474—1479 年）、格拉纳达战争（1481—1492 年）、加罗林战争（1494—1498 年）、那不勒斯战争（1501—1504 年）、神圣同盟战争（1511—1514 年）；参加主要战役（战斗）：第一次塞米纳拉之战（卡拉布里亚雷焦附近，1495 年）、切里尼奥拉之战（1503 年）、加里利亚诺之战（意大利中部，1503 年）。

贡萨洛·德·科尔多瓦生于 1453 年，安达卢西亚行政长官彼德罗·费南德斯·德·科尔多瓦之子。1466 年入宫，成为卡斯蒂利亚国王亨利四世的同父异母兄弟阿方索王室侍从官，后任阿方索之姊伊莎贝拉的侍从官。伊莎贝拉即王位后，内战爆发期间崭露头角。1474—1479 年为伊莎贝拉同葡萄牙和阿方索的支持者作战。在反对格拉纳达的摩尔王朝长期的关键性战争期间，他扮演了日益

重要的角色，并在攻取筑垒地域方面显示出卓越的才能(1481—1492年)。1491年12月底，作为两个谈判特使之一参加就格拉纳达最后投降事宜与博阿迪尔的谈判。因为得到王后伊莎贝拉宠信，被任命为一支小规模远征军的指挥官派往那不勒斯，以帮助阿拉贡国王斐迪南（伊莎贝拉之夫）的亲戚国王阿方索。1495年5月26日率领先头部队2100人在卡拉布里亚（意大利的南端）登陆，他冲在最前面。他的小部队尽管得到当地民兵的加强，但在第一次塞米纳拉之战中，仍遭到德·奥比尼元帅指挥的法国和瑞士联军的打击（1495年6月28日）。意识到不能与法军的重骑兵和瑞士的长矛兵硬拼后，他研制出一种新的能够抗击法军的骑兵或瑞士突击的步兵编制，同时他在战争还广泛采用了机动战和小兵力行动。1495—1498年逐渐将法军逐出那不勒斯王国。最后一支法军部队撤出奥斯蒂亚后，他返回西班牙。在持续时间不长的法国-西班牙联盟期间，指挥法西联军中的西班牙军队攻占伊奥尼亚群岛的凯法利尼亚（1500年）。不久，又在意大利中部再次与法军作战。奈穆尔公爵指挥的军队在数量上超过他的军队，他撤至阿普利亚的巴列塔，并在该地区陷入敌围（1502年8月—1503年4月）。得到加强后，他决心打破对方封锁，率部离开巴列塔，在切里尼奥拉附近占领有利阵地。奈穆尔以身穿铠甲的兵士仓促进攻，遭到西班牙火绳枪火力的杀伤，陷入混乱，他及时指挥西班牙军队发起反击，法军大乱（1503年4月26日），奈穆尔为火绳枪弹击中，饮弹身亡，法军溃退。5月13日他重占那不勒斯，但当围攻附近的加埃塔时，由于一支规模很大的法意联军从北方逼近，因而围攻失利（10月）。他以加里利亚诺河作掩护，屡次实施袭击和试探性进攻，不过避免主力决战（10—12月）。由于法军司令官路易·德·拉特雷穆瓦耶生病，法意联军的指挥权先是转给曼图亚的冈萨加侯爵，尔后又转给才能平庸的萨卢左的卢多维科侯爵。他遂利用对方意想不到的冬季和法军指挥削弱的有利条件，搭起浮桥渡过加里利亚诺河发动突然攻击，击溃占优势的法军（12月28—29日）。不久，加埃塔于1504年1月1日投降。1504年3月国王斐迪南任命他为那不勒斯总督。国王斐迪南猜疑他，1507年他应召返回西班牙。1512年4月在西班牙的拉文纳之战灾难性的失败后，他又复出，返回西班牙。因在意大利时发高烧，1515年12月1日卒于格拉纳达。

贡萨洛·德·科尔多瓦无疑是16世纪初战争中的主要军事人物。他在意大利（1496—1503年）实行的轻装步兵的改革创立了一支令人生畏的兵种，该兵种在尔后大约一个多世纪时间里统治着欧洲战场。他将技术革新与卓越的战略和战术结合起来，不仅在切里尼奥拉，而且在加里利亚诺，都达成了突然性，并证明突然性对取得胜利的重要性。

CCJ and DLB

参考：Gaury, Gerald de, The Grand Captain. London, 1955.

Oman, Sir Charles W. C., The Art of War in the Sixteenth Century. New York, 1937.

Purcell, Henry, The Great Captain, Gonzalo de Cordoba. London, 1963.

Taylor, Frederick Lewis, The Art of War In Italy, 1494—1529. Cambridge, 1921.

戈狄安（戈尔狄亚努斯）一世（Gordian,〈Gordianus〉,卒于238年） 罗马皇帝。参加主要战争：同马克西米努斯的内战（238年）。

马·安·戈尔狄亚努斯曾是元老院中年纪最大的成员，238年3月担任执掌军权的执政官被派往非洲。一些地方行政长官因不满马克西米努斯的财政政策，发动叛乱，戈狄安被拥立为皇帝，并得到元老院的支持。是年4月，他儿子在作战中被马克西米努斯的将军卡佩利阿努斯杀死，他得知后也自杀身亡，仅仅在位22天。

DLB

参考：Parker, H. M. D., History of the Roman World form A. D. 138 to 337. N. p., n. d.

戈狄安二世，马可·安东尼（Gordian Ⅱ, Marcus Antonius, 192—238年） 罗马皇帝。戈狄安一世之子。参加主要战争：同马克西米努斯的内战（238年）；参加主要战役（战斗）：迦太基之战（238年）。

戈狄安三世，马可·安东尼（Gordian Ⅲ, Marcus Antonius, 约225—244年） 罗马皇帝。戈狄安一世之孙。参加主要战争：波斯战争（241—243年）。244年春，在扎萨被菲利普·阿拉拔斯谋杀身亡。

Staff

参考：EB.

OCD.

戈登，查理·乔治（Gordon, Charles George, 1833—1885年） 英国陆军上将、殖民侵略军头目。参加主要战争：克里木战争（1853—1856年）、第二次鸦片战争（1859—1860年）、镇压太平天国运动（1850—1864年）、镇压第一次马赫迪起义（1883—1885年）；参加主要战役（战斗）：大沽之战（1860年）、喀土穆之战（1884—1885年）。

戈登1833年1月28日生于伍利奇，是H.W.戈登将军的第四子。1848年成为伍利奇军训队队员，1852年6月任命为皇家工程兵少尉。1855年1月1日抵达克里木的巴拉克拉瓦。他一直在战壕中度过，直至1855年9月9日塞瓦斯托波尔陷落，作战中以其狡猾多变和凶猛引起了注意。1856年4月—1858年11月，在国际使团服役，以调解俄国与土耳其的边界争端。1859—1860年第二次鸦片战争期间，志愿到中国参加殖民掠夺行动。

1860年8月1日参加北塘口登陆战，8月21日强攻大沽炮台，10月6日，侵占北京。随后，参与焚烧圆明园。后滞留中国，弗雷德里克·T. 华尔死后，经英国政府同意，清朝政府任命戈登为“常胜军”司令，以便镇压太平军（1863年4月）。戈登手拿一条藤条将这支小部队严加训练，屡屡凶狠出击太平军。1863年11月，同李鸿章将军一道攻克苏州。1865年9月回国后，被任命为驻格雷夫森德的皇家工程兵司令，后于1871年9月被派至罗马尼亚。1873年下半年任赤道省（苏丹南部）总督，1874年2月6日抵达开罗。随后又到达贡多克罗开始履行总督职责。此后，他不停地旅行考察，选择军事要地，镇压贩奴贸易，规划尼罗河及湖泊的建设。1876年12月24日短暂返回英国，1877年3月下旬任苏丹军政总督，主持在苏丹的殖民事务。1877年4月和1878年秋，他两次惩戒埃塞俄比亚约翰皇帝之兄的“不义行为”，1877年5月，他残酷镇压了一起发生在苏丹西部省份的起义，1879年1—8月，又追歼贩奴者。1880年5月辞职后，返回英国，任印度总督里彭伯爵的参谋人员。辞职后又转入中国，勾结李鸿章镇压起义，并威逼中国政府不再就伊犁河争端而继续与俄军作战（1880年6—7月）。在英国驻留一年后，于1881年4月—1882年4月任毛里求斯工程总监。1882年夏前往好望角组建军队，就巴苏陀问题提出咨询。回英国不久，又赴巴勒斯坦研究《圣经》（1883年1—12月）。在布鲁塞尔，接受里奥波德一世国王的邀请，赴刚果任总督（1884年1月1日）。1881—1885年苏丹爆发马赫迪起义，又因为戈登几次打败埃及的远征队，戈登得到从格拉德斯通政府模糊的指令，要求他前往喀土穆以恢复秩序。1884年2月18日，戈登抵达喀土穆，在马赫迪军队封锁该城之前（1884年3月13日），将2000名妇女和儿童撤出该城。8月，一支由加尼特·沃尔斯利爵士率领的救援部队准备前来支援，但直至11月才抵达开罗。戈登在喀土穆组织防御，尽管他负隅顽抗，仍被攻破，马赫迪力量于1885年1月26日攻陷该城，并在总督府杀死戈登。

戈登是一位能力出众的殖民侵略军官。他是一位非同寻常的组织者，也是一位狂妄、强悍凶猛的管理者。他在领导“常胜军”时表现出了非凡的战术技巧。戈登对宗教有着异常的“僻好”，这可能是他自信自己“具有奇异的能力，可以影响‘原始民族’”的原因所在。

DLB

参考：Allen, B. W., Gordon and the Sudan. N. p., 1931.

Lord Elton, General Gordon. London, 1954.

Morehead, Alan, The White Nile. New York, 1968.

戈登，约翰·布朗（Gordon, John Brown, 1832—1904年） 美国南部同盟将军。参加主要战争：美国内战（1861—1865年）；参加主要战役（战斗）：七棵松之战（里士满附近，1862年）、马尔文山之战（1862年）、安蒂特姆之战（1862年）、钱瑟勒斯维尔之战（弗吉尼亚的腓特烈堡附近，1863年）、葛底斯堡之战（1863年）、荒原之战（拉皮丹南部，1864年）、斯波齐尔韦尼亚之战（1864年）、莫诺加西之战（1864年）、第三次温彻斯特之战（弗吉尼亚州，1864年）、费希尔山之战（弗吉尼亚州的温彻斯特附近，1864年）、锡达克里克之战（弗吉尼亚州的斯特拉斯堡附近，1864年）、斯特曼堡之战（弗吉尼亚州的彼得斯堡附近，1865年）和塞勒克里克之战（弗吉尼亚的阿梅利亚西部，1865年）。

戈登1832年2月6日生于佐治亚州的厄普森县，曾就学于佐治亚州立大学，但中途辍学（1853年）。经过法律学习后，在亚特兰大开业做律师，后在佐治亚州西北部做煤炭生意。内战爆发时，被任命为一个志愿军连上尉，这个连队后被并入北弗吉尼亚军团。1862年4月晋升为亚拉巴马第六步兵团上校，参加了七棵松战役（5月31日—6月1日）。半岛战斗期间，率罗德斯旅参加了马尔文山战役（7月1日）。9月17日参加安蒂特姆战役。11月晋升为准将。率其旅参加了钱瑟勒斯维尔战役（1863年5月1—4日）。率他的旅，作为理查·埃维尔将军第二军的一部，参加了葛底斯堡战役（7月1—3日）和荒原战役（1864年5月5—6日）。斯波齐尔韦尼亚战役中（5月8—18日），指挥厄尔利的师，后晋升为少将。6—10月，在朱巴尔·厄尔利将军为总指挥进行的谢南多厄河谷战役和华盛顿战役中，指挥一个师，参加了莫诺加西战役（7月9日）、温彻斯特战役（9月19日）和锡达克里克战役（10月19日）。10月被调回北弗吉尼亚军团，在进攻彼得斯堡外围的斯特曼堡的行动中指挥第二军（1865年3月25日）。不久晋升为中将，塞勒克里克战役中（4月6—7日）再一次指挥第二军。4月9日与李将军在阿波马托克斯投降。战后重执律师业，1866年作为民主党候选人竞选佐治亚州州长失败。1873年竞选进入参议院。1879年再次当选参议员，但于1880年辞职，供职于路易斯安那/纳什维尔铁路系统。1886年竞选担任佐治亚州州长。1891—1897年，再任一届参议员。1897年退出公职生活。1904年1月9日卒于佛罗里达州的迈阿密。

作为一位杰出的军人，戈登卓有能力、精力充沛且英勇。他总是出现在战斗最激烈的地方，在其短暂的军事生涯中受伤八次。他是美国内战期间少数几个战功卓著而未上过西点军校的将军之一。

KH

参考：Battles and Leaders of the Civil War. 4 vols. New York, n. d.

Gordon, John B., Reminiscences of the Civil War. New York, 1904.

Warner, Ezra, Generals in Gray. Baton Rouge, 1978.

戈登（奥切卢切斯的），帕特里克（Gordon of Auchleuchies, Patrick, 1635—1699年） 俄军中效力的苏格兰籍将军。

参加主要战争：波兰瑞典战争（1655—1660 年）、第一次俄国-土耳其战争（1678—1681 年）；参加主要战役（战斗）：奇吉林之战（斯梅拉附近，1678 年）、弓箭兵反叛（莫斯科，1698 年）。

戈登 1635 年 3 月 31 日生于苏格兰的阿伯丁，是一个天主教家庭较小的儿子。年轻时出国寻出路，1651 年抵达但泽（格但斯克）。1651—1653 年在布拉涅沃（埃尔布隆格）的耶稣学院就读。1655 年入瑞典军队。曾负战伤，被波兰人俘获，之后转入波军卢博米尔斯基团龙骑兵服役（1656 年）。后又几次被俘，其中一次为帝国军队俘虏，并被短暂拘禁（1657 年）。波兰-瑞典战争结束后不久参加俄军，任少校（1661 年）。1666 年沙皇阿列克谢派他出使英国。1670—1677 年间，在乌克兰服役，成为弹道和筑城专家。1678 年，防守乌克兰的奇吉林要塞，成功地抵御土耳其进攻，因此功晋升少将。1679 年任基辅司令。尽管有国王詹姆斯二世和戈登公爵的函请，他离开俄军的请求仍被拒绝（1686 年后期）。1687 年和 1689 年，先后两次参加瓦西里·瓦西里耶维奇·哥利津岑对克里木的不成功的征战。1689 年夏，支持年轻的沙皇彼得一世反对索菲娅·阿列克谢耶夫娜，因之深受宠爱，成为彼得一世的首席军事顾问。1694 年晋升军需元帅。1698 年 7 月，在彼得不在期间，平定了弓箭兵发起的叛乱。1699 年 12 月 9 日，安详地卒于莫斯科。

戈登富有才干、精明睿智。他是一位虔诚的天主教徒，在那个时期很多苏格兰人在俄军中效力，他可能是其中最著名的一位。

DLB

参考：Obolenski, M. A., and M. C. Posselt, eds. and trans., Tagebuch des General Gordon. 3 vols. St. Petersburg, 1849—1853.

Robertson, J., ed., Passages from the Diary of General Gordon. N. p., 1859.

Stewart, Archibald Francis, Scottish Influences in Russian History. Cambridge, 1972; facsimile of 1913 Glasgow ed.

戈林男爵，乔治（Groing, George, Baron, 1608—1657 年） 英格兰军人，参加主要战争：三十年战争（1618—1648 年）、第一次英国内战（1642—1646 年）、法西战争（1648—1649 年）；参加主要战役（战斗）：布雷达之战（1637 年）、锡克诺夫特沼地之战（利兹附近，1643 年）、韦克菲尔德之战（1643 年）、朗波特之战（1645 年）。

戈林男爵生于 1608 年 7 月 14 日，诺威奇伯爵乔治·戈林之子。年轻时入荷兰军队，在 1636 年 10 月—1637 年 10 月 10 日围攻布雷达中负伤。1639 年回英格兰，被任命为朴次茅斯行政长官。1641 年 3 月，在所谓的第一次军事阴谋中背弃王室转而支持国会。1642 年 8 月在诺丁汉他复支持查理一世。1642 年 9 月，他弃守朴次茅斯，为国会派占领。之后赴荷兰，为保皇派招募驻荷兰的英格兰军队。1643 年 3 月，在锡克诺夫特沼地经过一次骑兵交战，他击溃托马斯·费尔法克斯爵士的骑兵。5 月 20 日，费尔法克斯攻克韦克菲尔德，他被俘。获释后，在南方和西部承担了一系列独立指挥任务，率领骑兵实施一系列奔袭作战（1645 年 1—2 月）。3 月 29 日在多切斯特、4 月 3 日在沙夫茨伯里击败克伦威尔的骑兵。1645 年 7 月 10 日他的西部军队在朗波特为费尔法克斯粉碎。11 月戈林离开英格兰。1646 年夏参加西班牙军队，指挥几个流亡的英格兰团队。卒于 1657 年。

戈林男爵是一位称职的骑兵指挥官，但他骄狂，不可靠，野心勃勃并且诡计多端。他与其他保皇派将领，特别是鲁珀特亲王相处得不好。

DLB

参考：Rodgers, Hugh C. B., Battles and Generals of the Civil War, 1642—1651. London, 1968.

Wedgwood, Cicely V., The King's War, 1641—1647. London, 1958.

Young, Peter, and Richard Holmes, The English Civil War: A Military History of the Three Civil Wars, 1642—1651. London, 1974.

戈林，海尔曼·威廉（Göring, Herman William, 1893—1946 年） 绰号"迈耶"，纳粹德国元帅、战犯。参加主要战争：第一次世界大战（1914—1918 年）、第二次世界大战（1939—1945 年）；参加主要战役（战斗）：法国空战（1914—1918 年）、波兰战役（1939 年）、法国战役、不列颠之战（1940 年）、苏联战役（1941—1944 年）、德国战役（1945 年）。

戈林 1893 年 1 月 12 日生于巴伐利亚的罗森海姆。其父曾任骑兵军官和驻海地总领事。1905 年入卡尔斯鲁厄军校学习。1909 年入重要的利希特菲尔德军官学校学习。1912 年在第一一二步兵师任中尉。1914 年转入航空兵服役，成为一名出色的飞行观察员。1915 年 10 月获飞行员资格，但在战斗中被击落，受重伤。1916 年康复归队。1917 年 5 月任中队长。1918 年 7 月接任里希特霍芬中队队长，到战争结束前，他率该中队屡立战功，成为德国军队的战斗英雄。1918 年 11 月，以上尉军衔复员。1919—1920 年，在福克飞机制造厂和瑞典斯伦斯卡航空公司任示范飞行员。1921 年入慕尼黑大学学习。与希特勒相识后加入纳粹党，任准军事部队冲锋队（褐衫党）司令。1923 年 11 月 9 日，参加了慕尼黑啤酒店暴动，受重伤被捕。后越狱逃到奥地利。1927 年回到德国。1928 年当选国会议员。1932 年任议长。1933 年希特勒任总理后，他任内政部长、普鲁士总理和航空委员。他创立了盖世太保（秘密国家警察），建立了首批集中营，用来关押持不同政见者。不久于 1934 年 4 月将这两个机构移交希姆莱。1934 年任帝国狩猎与森林署长官，他建立了野生动物保护区，制定了狩猎规则，采取了一些狩猎改革措施。这些措施至今仍在实行。1934 年 6 月

30 日在对冲锋队进行的清洗中发挥了重要作用。1935 年任航空部长和空军司令，开始秘密组建和培训建立现代化空军所需的工业设施和人员。1937—1941 年，他全面负责德国的经济并将国有工业改组为海尔曼·戈林工厂。1939 年被希特勒指定为其接班人后，官运亨通。1940 年晋升帝国元帅。第二次世界大战爆发后，他的空军对击败波兰（1939 年 9 月 1—28 日）发挥了关键作用。1940 年 5—6 月，在入侵法国的战役中，由于 5 月 28 日—6 月 4 日他的空军未能阻止英、法军队撤出敦刻尔克，他在希特勒面前失宠。1940 年 8 月—1941 年 5 月，在不列颠之战中，他遭到最惨重的失败。尽管他将英国空军摧毁在地面上的计划初步获得了成功，但又作出将轰炸目标由机场改为重要城市的决定，使英国空军得以乘机恢复元气，并最终击败了德国空军，从而消除了德军入侵英国的威胁。他最后犯的错误是在苏联战役期间。1942 年 11—12 月，他许诺向被合围在斯大林格勒的第六集团军再度空投补给品，但这时德国空军已力不从心，无法完成任务。后来第六集团军的投降预示了与苏联的战争终将失败的结局，也使戈林彻底失去了希特勒的信任。后来他负责掠夺被征服国家的工业资源和艺术珍宝。他将这些艺术珍品摆满了他精心布置的官邸和狩猎时住的林间木屋。他再度沉溺于吸食吗啡（最初他在 1923 年啤酒店暴动中受伤后需要这样做），更加远离现实生活。1944—1945 年，德国城市昼夜不断地遭到轰炸，他被冠以“迈耶”的诨号，因为他曾许诺一旦敌人的炸弹落到德国他就改用这个普通的德国人姓名。战争快要结束时，1945 年 4 月他自愿担任代理国家元首，取代了身陷柏林的希特勒。他的独断专行激怒了希特勒，他解除了戈林的一切职务。戈林被指控犯有严重的叛国罪，4 月 23 日被软禁在贝希特斯加登的家中，后向美军投降。他被解至纽伦堡，以战争罪受审。1946 年 10 月 1 日被判处绞刑。他拒绝享受被行刑队处死的特权，于 1946 年 10 月 15 日在他的单人牢房中服毒自杀。

戈林为人夸夸其谈，好卖弄，还惯于自我放纵，但他精力旺盛，不知疲倦。尽管他在第一次世界大战中表现十分英勇，在其军事生涯的初期也显示了他的组织才能，但他缺乏创建和保持一支牢靠、有战斗力的空军所需的战术和战略意识。他在法国、英国和苏联遭到失败，摧毁了德国空军的战斗力和自信心。而他的贪婪、自责和吸毒成瘾又毁了他自己。

VBH

参考：Bekker, Cajus, The Luftwaffe War Diaries. Translated and edited by Frank Ziegler. New York, 1966.

Bross, Werner, Gespräche mit Hermann Göring. Flensburg, 1950.

Davidson, Eugene, The Trail of the Germans, New York, 1966.

Galland, Adolf, The First and the Last: The Rise and Fall of the German Fighter Forces, 1938—1945. Translated by Mervyn Savill. New York, 1954.

Manvell, Roger, and Heinrich Fraenkel, Göring. New York, 1972.

Warlimont, Walter, Inside Hitler's Headquarters. Translated by R. H. Barry. New York, 1964.

高夫，休伯特·德拉普尔（Gough, Hubert de la Poer, 1870—1963 年） 英国陆军上将。参加主要战争：蒂拉赫远征（1897 年）、第二次英布战争（1899—1902 年）和第一次世界大战（1914—1918 年）；参加主要战役（战斗）：莱迪史密斯之战（1900 年）、纳塔尔之战（1901 年）、“奔向大海”之战（1914 年）、索姆河之战（1916 年）、第三次伊普尔之战（1917 年）和索姆河攻势（1918 年）。

高夫 1870 年 8 月 12 日生于伦敦，在伊顿和桑赫斯特军事学院接受教育。1889 年参加第十六长矛骑兵团，1897 年参加了入侵马基斯坦蒂拉赫（在白沙瓦西南地区）远征。在 1899 年 10 月—1902 年 5 月的英布战争期间，他率领解围部队于 1900 年 2 月 28 日进入纳塔尔的莱迪史密斯，1901 年 9 月 17 日在纳塔尔，他的乘马步兵营遭到博塔将军的袭击和沉重打击。后在爱尔兰的卡勒任第三骑兵旅旅长，在 1914 年的“卡勒兵变”中，他和其军官们威胁说，如果要他们镇压阿尔斯特主张统一者（爱尔兰自治法案的反对者）的话就辞职。1914 年 9—11 月的“奔向大海”作战行动中，在法国指挥第二骑兵师。1916 年 8 月任新组建的第五集团军司令，率部参加了索姆河之战的最后阶段的作战行动（11 月 13—18 日）。在第三次伊普尔之战（1917 年 7 月 31 日—10 月）中，指挥了最初的进攻。1918 年 3 月 21 日—4 月 4 日在索姆河防区他的第五集团军在鲁登道夫的第一次攻势中首当其冲，被击退达 64 公里以上，而德军突破行动的阻止既是因为协约国军的抵达，更是因为德军后勤补给的困难。面对公众的激烈批评，他被解除职务。1922 年退役。在其后的日子里，他出版了几本书，1963 年 3 月 18 日卒于伦敦。

高夫是一位有进取心的军人，虽然他为取得胜利付出了沉重的代价，超出所有计划者，诸如普卢默和艾伦比的设想，但其在第一次世界大战中的指挥实践却在英军中具有代表性，他的集团军在第一次鲁登道夫攻势中被击败之后，他被解职并不是很公正。考虑到其可用兵力的不足，高夫很可能已经尽了自己最大的努力，其他人也不会强多少。

DLB

参考：Buchan, John, A History of the Great War. 4 vols. Boston, 1923.

Gough, Hubert de la Poer, The Fifth Army. London, 1931.

——, Soldiering On. London, 1954.

Hayes, Grace P., World War Ⅰ: A Compact History. New York, 1972.

高夫第一子爵，休(Gough, Hugh, lst Viscount, 1779—1869年) 英国元帅。参加主要战争：法国大革命战争(1792—1799年)、拿破仑战争(1800—1815年)、第一次鸦片战争(1839—1842年)、瓜廖尔战争(1843年)、第一次锡克战争(1845—1846年)、第二次锡克战争(1848—1849年)；参加主要战役(战斗)：塔拉维拉之战(1809年)、维多利亚之战(1813年)、默哈拉杰布尔之战(1843年)、穆德吉之战(1845年)、菲罗兹沙之战(1845年)、索布拉翁(在卢迪亚纳附近)之战(1846年)、拉姆纳德尔(在古吉拉特附近)之战(1848年)、吉利扬瓦拉(在旁遮普西部)之战(1849年)、古吉拉特之战(1849年)。

高夫1779年11月3日生于利默里克的伍兹敦。1794年参加陆军。1795年参加攻占好望角的战斗。1797—1800年参加西印度群岛的一系列战斗。半岛战争中，在惠灵顿手下，率第八十七步兵团参加战斗。1809年7月28日塔拉维拉之战中负重伤，伤愈后，参加1811年3月5日的巴罗萨(在卡迪兹附近)之战。1811年12月19日—1812年1月5日参加塔利发防御战，1813年6月21日参加维多利亚之战，在这两次战斗中荣立殊勋，为茹尔丹元帅的复职作出贡献。1813年11月10日，在尼维利之战中两次负伤。1821—1824年爱尔兰内乱期间，他也参加了一些作战。1837年被派至印度。1840年秋任侵略中国军队总司令。1841年2月26日，指挥侵占虎门炮台，后于5月24日侵占广州。1842年6月19日侵占上海，6—7月向南京逼进，1842年8月29日签署《南京条约》。1843年高夫回印度，任驻印英军指挥。1843年12月，在默哈拉杰布尔之战中打败马拉地军队，以策应其南部军队同锡克人作战。1845年12月3日，当锡克军队穿越萨特莱杰河之后，高夫率部与之在穆德吉遭遇，经混乱的激战，锡克军队被击退。12月21—22日，高夫率领拥有73门大炮的炮兵部队攻占了锡克人在菲罗兹沙的大营。1846年率部入旁遮普邦，在血腥的索布拉翁之战中，击败了锡克军队主力部队，从而结束了同锡克人的战争。第二次锡克战争爆发后，于1848年11月22日及12月3日分别在拉姆纳德尔和萨杜拉普尔取得了小胜(这两地均在现今巴基斯坦的旁遮普邦的古吉拉特城附近)。1849年1月13日，同锡克主力部队激战于吉利扬瓦拉，高夫获胜。高夫继续向旁遮普纵深进军，于2月21日发生古吉拉特之战，高夫以800人的伤亡歼灭锡克军队5万人。3月12日，旁遮普被吞并，高夫被授予子爵。高夫退休后，于1862年9月9日被提升元帅，卒于1869年3月2日。

高夫经常遭到同代人的批评，认为他只信赖步兵，他为取得胜利也不惜代价。但不可否认的是，他从未打过败仗。高夫虽说不是一位聪慧的官员，但却是一位出色的战将。

DLB

参考：Grawford, E. R., "The Sikh Wars, 1845—49," Victorian Military Campaigns. Edited by Brian Bond. New York, 1967.

Farwell, Byron, Queen Victoria's Little Wars. New York, 1972.

Rait, Robert S., The Life and Campaigns of Hugh First Viscount Gough, Field Marshal. 2 vols. London, 1903.

G

革拉古，提比略·赛姆普罗尼乌斯(Gracchus, Tiberius Sempronius, 卒于公元前212年) 罗马执政官。参加主要战争：第二次布匿战争(公元前219—前202年)；参加主要战役(战斗)：库迈(今库马)之战(公元前215年)、本尼凡托之战(公元前214年)。

革拉古的出生和早期经历不详，公元前216年曾当选为享有显要贵族特权的民政官。当罗马在坎尼之战(公元前216年8月2日)中遭到毁灭性的打击之后，他被独裁官尤尼乌斯·佩拉任命为骑兵总管。之后，曾一度在军队中指挥两个由奴隶组成的军团。公元前215和前213年，两次当选为执政官。公元前214和前212年两度出任执掌军权的执政官。公元前215年，率军在库迈之战中击退了汉尼拔的进攻，公元前214年又在本尼凡托之战中战胜了汉尼拔的兄弟汉诺(汉诺为迦太基人最常用的名字之一，因史料有限，未能一一斟别——编者注)。公元前213年，在布鲁提乌姆(卡拉布里亚)之战中遭汉诺的伏击而身亡。

Staff

参考：OCD.

格兰杰，戈登(Granger, Gordon, 1822—1876年) 美国将军。参加主要战争：美墨战争(1846—1848年)和美国内战(1861—1865年)；参加主要战役(战斗)：康特雷拉斯之战(1847年)、楚鲁武斯科之战(1847年)和查普特佩克之战(均在墨西哥城附近，1847年)、威尔逊克里克之战(1861年)、新马德里之战和10号岛之战(密西西比州，1862年)、柯林斯之战(密西西比州，1862年)、奇克莫加之战(1863年)、查塔努加(1863年)、盖恩斯堡之战和摩根之战(均在莫比尔，1864年)。

格兰杰1822年11月6日生于纽约州韦恩县的乔伊。1845年毕业于西点军校，被派至步兵部队任职。墨西哥战争期间(1846—1848年)，广泛参加了各种作战行动，诸如康特雷拉斯战役和楚鲁武斯科战役(1847年8月19—20日)以及查普特佩克战役(1847年9月13日)，因此晋升为名誉上尉。战后奉派驻扎美墨边境，1852年晋升中尉。1861年晋升上尉。他参加了美国内战初期的作战行动，在纳撒尼尔·莱昂斯指挥下参加了在密苏里州

威尔逊克里克进行的战役（1861 年 8 月 10 日）。1861 年 9 月被任命为密歇根州志愿军第二骑兵团上校。1862 年 2—3 月，参加了进攻新马德里和密西西比河上的 10 号岛的作战行动。1862 年 5 月，指挥其骑兵部队参加了哈勒克少将组织的进攻密西西比州柯林斯的作战行动。晋升志愿军少将，指挥肯塔基军团。调至威廉·S. 罗斯克兰斯将军的坎伯兰军团，担任后备军司令官。1863 年 9 月 20 日与乔治·H. 托马斯将军的军联合进行奇克莫加防御战役。在此防御战役（9—10 月）和查塔努加战役（11 月 24—25 日）中指挥第四军。后参加援救在诺克斯维尔的伯恩赛德的行动（12 月 6 日）。1864 年 8 月，格兰杰与戴维·法腊格特海军上将合作，占领了盖恩斯堡和莫比尔湾上的摩根。因此晋升为名誉准将和少将。1866 年 1 月退出志愿军。1866 年 7 月转而任步兵团上校，指挥新墨西哥地区的部队。1876 年 1 月 10 日卒于圣菲。

ACD

参考：Warner，Ezra，Generals in Blue. Baton Rouge，1964.
WAMB.

格兰特，詹姆斯（Grant,James,1720—1806 年） 英国将军。参加主要战争：奥地利王位继承战争（1740—1748 年）、法国与印第安人的战争（1754—1763 年）、美国独立战争（1775—1783 年）；参加主要战役（战斗）：丰特努瓦（比利时埃诺省境内）之战（1745 年）、卡罗登之战（1746 年）、迪尤肯堡（匹兹堡）之战（1758 年）、长岛（纽约）之战（1776 年）、布兰瓦恩和日耳曼敦（两地均位于宾夕法尼亚境内）之战（1777 年）、巴伦山（位于宾夕法尼亚的诺里斯敦附近）之战（1778 年）、圣卢西亚（位于向风群岛）之战（1778 年）。

格兰特 1720 年生于苏格兰。他先曾学习法律，后在皇家苏格兰团中任上尉（1744 年 10 月 24 日）。参加过丰特努瓦之战（1745 年 5 月 10 日）和卡罗登之战（1746 年 4 月 16 日）。去美洲时在新的第七十七高地者团中任少校（1757 年 2 月）。企图伏击法军时在迪尤肯堡附近遭大败（1758 年 9 月 21 日）。被俘后被押至蒙特利尔。虽然有此失败，但后仍晋升为中校（1760 年）。曾指挥对整个切诺基地区的征讨（1761 年），但这次征讨的长远效果并不好。历任佛罗里达总督（1764—1771 年）、驻爱尔兰的第四十步兵团团长和议员。晋升为第七十五步兵团的上校（1775 年 12 月）。晋升准将后与豪一起抵达波士顿（1776 年）。参加了长岛之战（8 月 27 日）。任新泽西英军警戒部队司令，他在那里因轻敌而使华盛顿取得了特伦顿之战（12 月 26 日）和普林斯顿之战（1777 年 1 月 3 日）的胜利。在布兰瓦恩之战（9 月 11 日）和日耳曼敦之战（10 月 4 日）中指挥第一旅和第二旅。指挥了旨在分割拉斐特的巴伦山之战（1778 年 5 月 20 日），但徒劳无功。被派往西印度群岛统领来自克林顿军的 5800 名分遣队（1778 年 12 月），后他攻克圣卢西亚（12 月 12 日），并在德·埃斯坦的反攻期间坚守该城（12 月 18—23 日）。回到英国（1779 年 8 月 1 日?），后晋升为中将（1782 年）。1787、1790、1796 和 1801 年四度当选为议员。晋升为上将（1796 年）。卒于 1806 年。

格兰特是一位能干的军官，他对在美国的戎马生涯从不感到满意，并对美国的独立运动者表示出几乎无限的轻蔑。他在西印度群岛统率军队的短期任职（1778—1779 年）期间显示出相当的战术才能。任佛罗里达总督期间表现得务实、勤奋和开朗。

Staff

参考：Boatner，Encyclopedia.
DNB.

格兰特，乌利斯·辛普森（海勒姆·乌利斯）（Grant,Ulysses Simpson〈Hiram Ulysses〉,1822—1885 年） 绰号“美国”、“萨姆”和“无条件投降”，美国将军和政治家。参加主要战争：美墨战争（1846—1848 年）和美国内战（1861—1865 年）；参加主要战役（战斗）：帕洛阿尔托之战（1846 年）、莫利诺德尔雷之战（墨西哥城附近，1847 年）、查普特佩克之战（1847 年）、夏洛之战（1862 年）、锦标山之战（密西西比州的博尔顿附近，1863 年）、查塔努加之战（1863 年）、荒原之战（拉皮丹河南部，1864 年）和围攻彼得斯堡（1864—1865 年）。

格兰特 1822 年 4 月 27 日生于俄亥俄州的普莱森特波因特。作为杰西·R. 格兰特之子，他在父亲的农场度过童年。1839 年进入西点军校，当他到达西点军校后发现他的名字被注册为“乌利斯（他过去的名）·辛普森（他母亲的姓）”，他接受了这个名字。1843 年他以全班 39 人名列第二十一的成绩毕业，他在校的记录仅限于其作为一名骑师所表现出的娴熟技艺和在数学方面的不擅长。被任命为少尉，派至第四步兵团服役。1845 年 9 月他和其所在的团队随扎卡里·泰勒进军得克萨斯。他在帕洛阿尔托战役（1846 年 5 月 8 日）、雷萨卡-德拉帕尔马战役（均在得克萨斯州的布朗斯维尔附近，5 月 9 日）和蒙特雷战役中（墨西哥，9 月 20—24 日）中名声大震。1847 年被调受温菲尔德·斯科特指挥，参加进一步攻占维拉克鲁兹的作战行动（1847 年 3 月 9—29 日）。参加了塞罗戈多之战（维拉克鲁兹和夏拉帕之间，4 月 17—18 日）、楚鲁武斯科之战（墨西哥城附近，8 月 20 日）和莫里诺德尔雷之战（9 月 8 日），因为在作战中的英勇表现而晋升为名誉中尉。在强攻查普特佩克的行动中名闻遐迩（9 月 13 日），并晋升名誉上尉。9 月 16 日晋升中尉，返回美国，与朱丽娅·T. 丹特成婚（1848 年 8 月）。1848—1854 年，在纽约、密歇根、加利福尼亚和俄勒冈任职，期间于 1853 年 8 月晋升上尉。1854 年 7 月辞职返回其在密苏里的家中，但为经济问题及其与自己家庭的疏离困扰，并沉溺于酗酒而不能自拔。1854—1860 年，主要从事农业、房地产及一些小规模贸易，但未获大的成功。转而赴伊利诺伊州的戈勒纳，作为一名

职员，与其父及兄弟们做皮革生意。内战爆发后（1861年4月），他训练戈勒纳民兵连，后赴斯普林菲尔德，供职于州副官长办公室直至其于6月被任命为伊利诺伊州志愿军第二十一步兵团上校为止。8月晋升志愿军准将，奉派指挥在开罗（伊利诺伊州）的密苏里东南军区。1861年9月6日他先发制人占领了肯塔基州的帕杜卡。在获得最初的成功以后，被迫撤出密苏里的贝尔蒙特（东普雷里附近，11月7日）。在与哈勒克纠缠要求其允许自己采取行动获得成功后，1862年2月6日他占领了田纳西河上的亨利堡，使北部联邦军享有西线的主动权。随后于2月14日包围了坎伯兰和多纳尔森堡，尽管对方的突围行动几近成功（2月15日），但他迫使此要塞“无条件”投降（2月16日）。哈勒克对其咄咄逼人的气势不快，暂时更换了他但又于3月底恢复其指挥权。尽管被阿伯特·悉尼·约翰斯顿突袭并被驱回，但在援军的帮助下，并伴以沉重的代价，他把南部同盟军驱回（1862年4月6—7日）。哈勒克在夏洛战役后实施的直接指挥使得他几乎无所事事，但哈勒克7月任命其为总将军，他不仅指挥自己的军团，也指挥罗斯克兰斯的军团。罗斯克兰斯在艾尤卡战役（9月19日）和柯林斯战役（密西西州州，10月3—4日）中取得的胜利使得他得以进行蓄谋已久的维克斯堡战役（1862年11月）。在围绕维克斯堡作了诸多无效机动且试图通过挖沟渠绕过它的努力也告失败后，他决定采取新的计划。他将自己的部队部署在维克斯堡以南，在波特将军沿维克斯堡疾驶的炮艇和河运船只的掩护下（4月16日），从后方绕行至密西西比河东岸（4月30日—5月1日）。5月3日占领维克斯堡下游的大湾，5月14日急占杰克逊，并隔离开了约翰·C. 彭贝尔顿和约瑟夫·埃·约翰斯顿的军团。1863年5月16日他在锦标山击败彭贝尔顿的部队，并将其驱回进入维克斯堡。他以高昂代价进攻维克斯堡的努力遭到失败后，转而包围此城（5月22日），并于7月4日攻占了它。因其取得的辉煌胜利而晋升为正规军少将，指挥密苏里军区（10月4日）。10月19日他以乔治·托马斯替代罗斯克兰斯，10月23日抵达查塔努加。11月24—25日，在了解山-传教士岭击败了布拉克斯顿·布莱格的部队。被任命为中将，指挥北弗吉尼亚军区。荒原战役中（1864年5月4—7日），试图从翼侧攻击罗伯特·爱·李将军，尽管因混战招致重大损失，但继续向南推进。5月8—17日，再一次与李将军在斯波齐尔韦尼亚交战，后将其驱回至北安纳（5月23—26日）。格兰特向南的进军行动再一次被李将军在冷港（里士满附近，6月3日）进行的作战牵制。受未获全面胜利所扰，他撤出冷港前线，再一次向南进军，跨过詹姆斯河，进至彼得斯堡（6月12—17日）。他计划进行的克拉特作战因伯恩赛德的拖拉而告流产（7月30日），但他继续包围该城并骚扰其交通（1864年8月—1865年3月）。他在五岔口战役中取得的胜利（3月29—31日），掩盖了里士满和彼得斯堡的命运。他无情地追击李将军日见衰弱的部队（4月3—8日），并于1865年4月9日在阿波马托克斯接受李将军的投降，结束了美国内战。返回华盛顿，监督复员工作和国家重建中的军队作用。1866年7月晋升陆军上将的新军衔。在《职责行为保障法》产生争议期间（1867—1868年），曾短暂担任临时陆军部长，但其所为导致与约翰逊总统产生永久性的裂痕，并将自己推向激进的民主党人的怀抱。1868年被提名为总统候选人，击败了民主党候选人霍雷修·西摩尔，但就职上任不久（1869年3月），他在政治意识上的匮乏就暴露无遗。1872年他击败霍拉斯·格里利再次当选总统。在其任两届总统期间，腐败丑闻最引人注目，例如“黑色星期五”插曲（1869年）、信贷变动危机（1873年）和“威士忌帮”（1872年），尽管他个人并未卷入其中。在他总统任期将要届满后（1877年）退休。而且反对两届连任的民意也使他未能再次获得提名（1880年）。1881年8月移居纽约，1884年他因不明智的投资而破产。为了偿还债务和供养家庭，他撰写自己的《回忆录》，此书在他死之前四天杀青。1885年7月23日，他因鼻咽癌卒于他在麦克雷格山（纽约的萨拉托克斯普林斯附近）的阿迪龙达克隐居地。

格兰特是一位富有悟性和卓有能力的战略家。他的意志坚定以及善于从自己的错误中汲取教训的做法使自己成为一位第一流的将领。然而，作为一位政治家和商人，他的表现极为拙劣，这或许也是因为他对那些无价值的同僚和伙伴的近乎幼稚的信任所致。

DLB and TND

参考：Catton, Bruce, Grant Moves South. Boston, 1960.

——, Grant Takes Command. Boston, 1968.

Fuller, F. C., The Generalship of Ulysses S. Grant. Reprint ed., Bloomington, Ind., 1958.

Grant, Ulysses S., Personal Memoirs. 2 vols. New York, 1885.

Hesseltine, William B., Ulysses S. Grant. New York, 1935.

Lewis, Lloyd, Captain Sam Grant. Boston, 1950.

Simon, John Y., ed., The Papers of Ulysses S. Crant, 5 vols. Carbondale and Edwardsville, Ill., 1970.

格拉塞，弗朗索瓦·约瑟夫·保尔·德伯爵（Grasse, Coumt François Joseph Paul de, 1722—1788年） 法国海军将领。参加主要战争：奥地利王位继承战争（1740—1748年）、美国独立战争（1775—1783年）；参加主要战役（战斗）：菲尼斯特雷角之战（1747年）、乌尚特（位于韦桑岛）之战（1778年）、格林纳达（位于向风群岛）之战（1779年）、马提尼克之战（1780年）、海角（弗吉尼亚）之战（1781年）、圣岛（瓜德罗普群岛的圣岛）之战（1782年）。

格拉塞1722年生于法国南部巴尔城（格拉塞附近）

的一个旧贵族家庭。后就学于土伦海军学校（1733 年）。加入马耳他骑士团的海军（1734 年），后为大首领的侍从。奥地利王位继承战争爆发后转入法国海军（1740 年），在菲尼斯特雷角之战（1747 年 5 月 3 日）中被俘，战争结束后获释。后在印度水域、加勒比海和地中海服役。曾在圣马洛任陆战旅旅长（1773 年）。去海地巡航（1775—1776 年）期间任“两栖海神”号护卫舰（26 门火炮）舰长。后为“无畏”号舰（74 门火炮）舰长（1777 年）。晋升为海军准将（1778 年 6 月 1 日）后，在乌尚特之战（7 月 27 日）中任分舰队司令。返回美国水域时，他率一支舰队随德·埃斯坦参加了格林纳达之战（1779 年 7 月 6 日）。德·埃斯坦离去（1779 年底）后曾短期统领西印度群岛的法国舰队，后率一支舰队随吉尚参加了马提尼克之战（1780 年 4 月 17 日）。由于健康日差，他与吉尚一起回国，1781 年 1 月 3 日抵达布勒斯特。晋升为海军少将（3 月 22 日）后，他于同日率 20 艘战舰、3 艘护卫舰和 150 艘运输舰启航进发西印度群岛。在加勒比海挫败了胡德的作战行动（4—8 月）。接受了华盛顿进行海军支援的要求并启航北上（8 月 13 日）。抵达约克顿附近（8 月 30 日）。在弗吉尼亚角之战（9 月 5—9 日）中击退了托马斯·格雷夫斯的舰队，阻止了该舰队在约克镇之战中对康华里陆军的支援，并最终决定了其命运。前往西印度群岛（11 月 4 日），夺取了圣基茨岛（位背风群岛），尽管胡德曾企图将其夺回（1782 年 2 月 12 日）。圣岛之战（4 月 12 日）中被罗德尼打败，并在其旗舰“巴黎市”号上被俘。该战斗中，罗德尼从法军队形中间突破并将其一分为三，俘获 29 艘法舰中的 7 艘。被囚于英国期间受到良好待遇，并在初期的和谈中充当法、英政府间的中间人（8 月）。因圣岛之战的失败在法国大受非难，他以向部属推卸责任作答，但法庭调查为他们中的大多数洗清了不白之冤，这使德·格拉塞受到王室的冷遇（1784 年 5 月）。后又得宠（1786 年）。1788 年 1 月 14 日卒于巴黎。他的五个孩子在法国革命后逃离了法国并定居于美国。

格拉塞是一位能与盟友和陆军司令官们进行良好合作且精通海军战术和战略的有才华的海军指挥官。

Staff

参考：Lewis, Charles Lee, Admiral de Grasse and American Independence. Annapolis, Md., 1945.
Mahan, Alfred Thayer, The Influence of Seapower Upon History. 1890. Reprint, New York, 1957.
Boatner, Encyclopedia.
EB.

格拉提安努斯，弗拉维（Gratianus, Flavius, 359—383 年） 罗马皇帝。

格拉提安努斯 359 年生于潘诺尼亚的夕米南（在前南斯拉夫境内，位于斯伦斯卡米特洛维卡附近），是皇帝瓦伦提尼安之子。367 年 8 月 24 日，被其父亲宣布为“奥古斯都”（副皇帝）。375 年 11 月 17 日，他父亲去世以后，成为罗马唯一的皇帝。任命其同父异母的兄弟瓦伦提尼安二世为副皇帝，在他统治期的大部分时间里，主要是在高卢地区抵御“蛮族”的入侵。378 年率军在莱茵河作战，在阿德里安堡之战中，他没有能按时赶上他的叔父华伦斯，因此造成了罗马军队在阿德里安堡的惨败，他的叔父华伦斯也在这一战中被杀。华伦斯死后，他于 379 年任命狄奥多西为东罗马皇帝。受米兰的安布罗斯主教的影响，他辞去了最高大祭司（首席大主教）的职位，并采用多种手段反对异教。匆忙越过高卢，进攻在不列颠的篡权者马克西姆，在巴黎附近其部队背叛了他，383 年 8 月 25 日，当他企图逃往意大利时，其部队叛乱并将他杀害。

格拉提安努斯特别爱好打猎，他是一位令人钦佩的人，但是缺乏作为一位有效的统治者所必不可少的决心和活力。

FER

参考：Stein, Ernest, Histoire du Bas-Empire, Vol. Ⅰ. Brussels, 1960.
OCD.

格拉坦，约翰·劳伦斯（Grattan, John Lawrence, 1830—1854 年） 美国陆军军官。参加主要战争：印第安人战争（1854—1856 年）；参加主要战役（战斗）：格拉坦大屠杀（怀俄明州的拉莱米埃，1854 年）。

格雷夫斯，赛米尔（Graves, Samuel, 1713—1787 年） 英国海军将领。参加主要战争：詹金斯的耳朵战争（1739—1741 年）、七年战争（1756—1763 年）；参加主要战役（战斗）：卡塔赫纳（哥伦比亚）围城战（1741 年）、基伯龙湾之战（1759 年）。

格雷夫斯生于 1713 年。后参加海军并在 1739 年晋升为海军上尉。詹金斯的耳朵战争（该战争起源于英国和西班牙的奴隶贸易冲突，并因一个名叫詹金斯的英国商船船长，宣称他的耳朵被西班牙官员割掉了而直接引发战争——编者注）期间在其叔父任舰长的“诺福克”号军舰上任职，参加了维农将军对卡塔赫纳的战斗（1741 年）。随霍克将军参加了基伯龙湾之战（1759 年 11 月 20 日），时任“公爵”号军舰的舰长。晋升为少将（1772 年 10 月）之前，他一直任该舰舰长。晋升为中将（1774 年），后任北美基地总司令（7 月）。在这一职位上因措施不当和指令不明而遭受挫败。被理查·洛德·豪将军解除职务（1776 年 1 月 27 日）后，未再担任指挥官，但晋升为海军预备役上将（1778 年 1 月），后又晋升为现役上将（1782 年）。卒于 1787 年。

Staff

参考：Boatner, Encyclopedia.
DNB.

格雷夫斯第一男爵，托马斯（Graves, Thomas, 1st Baron, 约 1725—1802 年） 英国海军将领。参加主要战争：詹金斯的耳朵战争（1739—1741 年）、七年战争（1757—1763 年）、美国独立战争（1775—1783 年）、法国大革命战争（1792—1799 年）；参加主要战役（战斗）：卡塔赫纳（哥伦比亚）之战（1741 年）、第一次或第二次海角（弗吉尼亚）之战（1781 年）、"光辉的六月一日"（大西洋中部）大海战（1794 年）。

格雷夫斯约生于 1725 年，托马斯·格拉夫斯舰长之子和赛米尔的堂弟。在其父的"诺福克"号军舰上服役时参加了卡塔赫纳之战（1741 年），后在地中海和英吉利海峡服役。担任一艘拥有 20 门火炮的护卫舰舰长时，他因未进攻法国沿海的一艘大型敌舰（1756 年 12 月 26—27 日）而受军法审判，并被判以通令谴责的处分（1757 年 1 月 27 日）。后晋升为少将（1779 年初）。他奉命率 6 艘军舰从英国出发与北美水域的平庸将军阿伯思诺特会合（1780 年）。担任阿伯思诺特的副司令，在罗得岛的纽波特水域指挥封锁编队（1780 年）。参加了切萨皮克湾或第一次弗吉尼亚角之战（1781 年 3 月 16 日）。阿伯思诺特回国后成为北美基地司令。同亨利·克林顿爵士、陆军上将进行了良好的合作，但他们未能进行大的战役。他靠近位于约克镇的康华里的努力在第二次弗吉尼亚角之战（9 月 5 日）中被德·格拉塞挫败。几次徒劳的机动之后，他返回纽约。将指挥权交与迪格比将军（11 月 10 日）后前往牙买加。回到英国（1782 年 10 月）后，他本人未因海角之战的失败和随后约克镇的失陷而受指责。晋升为中将（1787 年 9 月）后出任普利茅斯总司令（1788 年）。晋升海军上将（1794 年 4 月 12 日）后在"光辉的六月一日"大海战（5 月 29 日—6 月 1 日）中表现突出。由于右臂受重伤而被迫退役。但被册封为爱尔兰的男爵。卒于 1802 年 2 月。

格雷夫斯是一位才能平平的指挥官，他行为保守，循规蹈矩，常常蒙受不幸的结果。第二次弗吉尼亚角之战就是一例。

Staff

参考：Graves, William, Two Letters Respecting the Conduct of Rear Admiral Graves on the Coast of the United States, July to November, 1781. Morrisania, N.Y., 1865.

Boatner, Encyclopedia.

DNB.

EB.

格雷夫斯，威廉·悉尼（Graves, William Sidney, 1865—1940 年） 美国将军。参加主要战争：镇压菲律宾起义（1899—1902 年）、第一次世界大战（1917—1918 年）和西伯利亚远征（1919—1920 年）；参加主要战役（战斗）：卡洛奥坎之战（1901 年）。

格雷夫斯 1865 年 3 月 27 日生于得克萨斯州芒特卡姆的一个具有美国服役传统的农场业家庭。1889 年毕业于西点军校获准尉军衔，在科罗拉多州洛根堡的第七步兵团任职。1899 年随第二十步兵团前往菲律宾，参加了 1899—1902 年的镇压菲律宾起义的作战行动。因在卡洛奥坎之战中（1901 年 12 月 31 日）作战勇敢而受到 J.F. 贝尔将军的通令嘉奖。1902—1904 年在美国西部担任卫戍勤务，1904—1906 年又返回菲律宾任职。旧金山地震（1906 年 4—5 月）之后协助实施救援工作。1909—1911 年在华盛顿特区的陆军总参谋部任职。1912—1918 年在华盛顿特区的总参谋部任秘书，军衔稳步提升，1911 年 3 月晋升少校，1916 年 7 月晋升中校，1917 年 6 月晋升上校，1918 年 2 月晋升临时准将，1918 年 2 月晋升准将指挥第八步兵师。后奉召到堪萨斯州城，受陆军部长牛顿·D. 贝克之命前往海参崴指挥 1 万人的美军部队（1918 年 8—9 月）。具体职务是美国西伯利亚远征军司令。他的任务有三项，一是保护协约国军沿贯穿西伯利亚的铁路沿线的仓库，二是援助捷克军团，三是阻止日本在该地区扩大影响。他出色地完成了这些任务，既不受英国、法国和日本特遣部队的威胁，也不为那样试图让他反对布尔什维克的美国外交官员的压力所动。1920 年 4 月，他率领美国远征军撤出西伯利亚。1920 年 4—10 月他曾短时间地在菲律宾任威廉·麦金莱要塞的司令。1920 年 12 月—1925 年 4 月任纽约州沃兹沃斯堡的美军第一步兵师第一步兵旅的指挥官。1925 年 7 月—1926 年 10 月任芝加哥地区第四军军长，1926 年 12 月—1927 年 10 月任巴拿马运河区司令。1927 年底任巴拿马运河军区司令。1928 年在其本人请求下退役，住在新泽西州的施鲁斯伯里。在那里他写作了《美国在西伯利亚的冒险》一书（1931 年）。1940 年 2 月 27 日卒于冠状动脉血栓，被葬于阿林顿国家公墓。

格雷夫斯因为人极为正直、具有非常高超的军事技能和无懈可击的行为准则而受到人们的怀念，他在军界享有很高声誉。

PEK and ACD

参考：Graves, William Sidney, America's Siberian Adventure, 1918—1920 . New York , 1931.

Kendall, Sylvian G., American Soldier in Siberia. New York, 1945.

Unterberger, Betty M., America's Siberian Expedition, 1918—1920: A Study of National Policy. Durham, N, C., 1956.

White, John A., The Siberian Intervention. Princeton, N, J., 1950.

DAMB.

WAMB.

格拉维纳公爵，唐·费德里科·卡洛斯（Gravina, Don Federico Carlos, Duck of, 1756—1806 年） 西班牙海军上将。参加主要战争：美国独立战争（1775—1783 年）、拿破仑战

G

争（1800—1815 年）；参加主要战役（战斗）：直布罗陀（1779—1783 年）之战、海地探险（1801 年）、特拉法尔加角之战（1805 年）。

格拉维纳生于 1756 年。在美国独立战争期间的 1779 年 6 月 21 日—1783 年 2 月 6 日，他参加了直布罗陀包围战。1801 年，在勒克莱尔赴海地探险军队中任职。1805 年 10 月 21 日特拉法尔加角海战中，指挥维勒沃的西班牙舰队，此战中身负重伤。卒于几个月后。

RGS

格里利，阿道夫·华盛顿（Greely, Adolphus Washington, 1844—1935 年） 美国将军和北极探险家。参加主要战争：美国内战（1861—1865 年）、印第安人战争（1877—1898 年）和尤特起义（1906 年）；参加主要战役（战斗）：鲍尔布拉夫之战（弗吉尼亚州的李斯堡附近，1861 年）、半岛战役（里士满附近，1862 年）、安蒂特姆之战（1862 年）和腓特烈堡（1862 年）。

格里利 1844 年 3 月 27 日生于马萨诸塞州的纽伯里波特，应征成为马萨诸塞志愿军第十九步兵团的一名列兵，参加了在东部进行的诸多大规模作战行动，诸如鲍尔布拉夫之战（1861 年 10 月 21 日）、半岛战役（1862 年 4 月 4 日—7 月 1 日）、安蒂特姆战役（9 月 17 日）和腓特烈堡战役（12 月 13 日）。三次受伤，军衔从列兵晋升至中士。1863 年被派任职于第八十一黑人步兵团。服役于边境期间，在正规军中任军官职务（1867 年）。1867 年被调至通信部队。1876—1879 年，与第一骑兵团在得克萨斯、达科他和蒙大拿地区架设了 2000 英里的通信线路。1881 年志愿率领一支远征队赴加拿大北极圈研究当地的气候。1881 年 8 月在加拿大埃尔斯米尔岛的迪斯卡弗里港建立康格尔堡，并率一支队伍到达北纬 83 度 24 分，这是探险家所到达的地球最北处。勘探埃尔斯米尔，并发现和命名了格里利峡湾（1882 年）。在救援远征军连续两年（1882—1883 年）都未能到达其驻扎地后，按照事前的安排撤营（1883 年 8 月），率队乘船（按原路线船只应被放弃）向南进发，到达萨拜因岬（埃尔斯米尔下游）附近的贝德福派姆岛。他和另外六个从饥饿、寒冷和疾病中逃生的伙伴在艰难困苦的条件下在贝德福派姆岛度过了整个冬天，直至救援船只于 1884 年 6 月 22 日到达为止。他的行为最初招致批评，但当人们得知是华盛顿的计划者出了差错而他的所作所为都是正确的后，对他的批评消除了。1886 年 6 月晋升为上尉。1887 年 3 月因格罗弗·克利夫兰总统的特别命令，格里利晋升准将，出任军队的总通讯官。任此任职期间，他负责修建数千英里的通信线路以及横穿美国及其海外领地的海底电缆。1906 年 2 月晋升为少将，出任北方军区司令官，任此职时他以不流血的方式平定了尤特人起义。后任太平洋军区司令，监督旧金山大地震（1906 年 4 月）后的救援行动。1908 年 3 月他因年龄之故退役。他撰写了几本书，包括《北极的三年》（1886 年）、《北极英雄主义的真实传说》（1912 年）、《冒险和服役的近忆》（1927 年）和《二十世纪的北极地区》（1928 年）。他后来成为国家地理协会（1888 年）的创建者之一，并是其理事委员会中的一名成员，任此职至死。1935 年 3 月 27 日，因其在北极探险中的英雄行为而获得荣誉奖章。1935 年 10 月 20 日卒于华盛顿瓦尔特·里德医院。

PEK and ACD

参考：Greely, Adolphus W., Reminiscences of Adventures and Service: A Record of Sixty-Five Years. New York, 1927.

——, Three Years of Arctic Servie. New York, 1894.

Mitchell, William, General Greely: The Story of a Great American. New York, 1936.

Todd, A. L., Abandoned: The Story of the Greely Arctic Expedition, 1881—1884. New York, 1961.

DAMB.

WAMB.

格林，克里斯托弗（Greene, Christopher, 1737—1781 年） 美国陆军军官。参加主要战争：美国独立战争（1775—1783 年）；参加主要战役（战斗）：邦克山（波士顿附近）之战（1775 年）、魁北克之战（1776 年）、默瑟堡（新泽西）之战（1777 年）、罗得岛之战（1778 年）。

格林 1737 年生于罗得岛的波托伍穆特（沃威克），为纳撒内尔·格林的远房堂弟。曾在罗得岛立法机构中任职（1770—1772 年）。被任命为瓦纳姆的罗得岛团少校（1775 年 5 月 3 日）后，他参加了邦克山之战（6 月 17 日）。任中校时随本尼迪克特·阿诺德参加了魁北克之战（12 月 31 日—1776 年 1 月 1 日），在战斗中被俘。获释（1777 年 8 月）后得知自己已晋升为上校（1776 年 2 月 27 日）。就任位于特拉华下游河畔的默瑟堡司令官后，他加固该堡的防御，并成功地进行了抵抗英国-黑森联军进攻的保卫战（1777 年 10 月 22 日）。当英军集结了压倒优势的地面和海上兵力时，他领导了该堡的撤退行动（11 月 22 日）。任新组建团——其士兵是从参军即获得自由的奴隶中招募而来——的团长时，在罗得岛之战（1778 年 8 月 29 日）中战绩卓著。后在纽约州韦斯特切斯特县任作战部队指挥官。英军的一次袭击期间在克罗顿河畔（今克罗顿水库，位于纽约州的约克镇附近）阵亡（1781 年 5 月 14 日）。

格林是一位富于谋略和才干的军官，在大陆军中广受尊敬并深受华盛顿的喜爱。

AS

参考：Dupuy, R. E., and T. N. Dupuy, The Compact History of the Revolutionary War. New York, 1963.

Raymond, M. S., "Colonel Christopher Green," Magazine of History with Notes and Queries, September-October 1916

Boatner, Encyclopedia.
DAB.

格林，纳撒内尔(Greene, Nathanael, 1742—1786 年) 美国将军。参加主要战争：美国独立战争（1775—1783 年）；参加主要战斗：华盛顿堡（今纽约市内）之战（1776 年）、蒙茅斯（位于新泽西的弗里霍尔德附近）之战、罗得岛之战（1778 年）、吉尔福德县城之战、霍布柯克山（位于南卡罗来纳的卡姆登附近）之战、尤托泉（位于南卡罗来纳的尤托维尔附近）之战（1781 年）。

格林 1742 年 8 月 7 日生于英属罗得岛的的波托伍穆特（沃威克）。后进入其父的铸铁厂（1770 年）。曾任英属罗得岛大议会议员（1770—1772 年、1775 年）。他自小就是公谊会教徒，却违背教义协助征召了一个民兵连（1774 年 10 月）。因一条腿残废而未能当选该连上尉，故在连中充任二等兵。后被任命为民兵准将（1775 年 5 月），不久转为大陆军准将（6 月 22 日）。波士顿围城战中因后勤才干和与他人进行融洽合作的能力而建立战功。率其旅前往长岛（纽约，1776 年 4 月 1 日），但在长岛之战（8 月 27 日）中却不幸未对热病引起注意。晋升少将（8 月 9 日）后，他进攻斯塔滕岛（9 月 12 日）。由于他强烈主张维持华盛顿堡的薄弱阵地，因而对降临该堡守军的那场灾难（11 月 16 日）负有主要责任。在特伦顿之战（12 月 26 日）中表现突出。为抢占进行翼侧运动的英军的先机，他率其旅进行从查兹福德到布兰瓦恩的强行军（1777 年 9 月 11 日）。日耳曼敦之战（10 月 4 日）中为主力部队指挥官，并指挥了撤离无法坚守的特拉华河诸要塞的工作（1777 年秋）。后在继续对部队拥有战场指挥权的前提下勉强接受了总军需官一职（1778 年 3 月 2 日）。蒙茅斯之战（6 月 28 日）中任右翼部队指挥官。在奎克山的纽波特（蒂弗顿对面）附近作战（8 月 29 日）中又立战功。任军需官时他的作用是显而易见的，1778 和 1779 年之交的冬天和 1780 年战役期间尤为如此。由于与国会就其担任军需官时的方法发生争执，他辞去了该职，后被选定接替阿诺德担任哈德逊高地地区的民事司令官。盖茨在卡姆登之战（1780 年 8 月 16 日）中惨败后，他奉命在南方殖民地担任司令官（10 月 14 日），12 月 2 日就任。丹尼尔·摩尔根在考彭斯之战（1781 年 1 月 17 日）获胜后，他率军与摩尔根会合。当康华里追击时匆忙北撤至弗吉尼亚南部（1—2 月）。使英军疲竭后，他折军返回并使康华里在吉尔福德县城向其发起进攻（3 月 15 日）。尽管他在战术上遭到失败，但英军付出了极大代价，而且康华里要在北卡罗来纳和弗吉尼亚之间穷于应战。返回卡罗来纳后，格林在霍布柯克山之战（4 月 25 日）中败于罗顿勋爵之手，遭受重大损失。后包围并攻克奥古斯塔（佐治亚，5 月 22 日—6 月 5 日），但他对九十六城的包围（5 月 22 日—6 月 19 日）被罗顿的援兵所打破。一段时间的休整后，他在尤托泉向罗顿勋爵的继任者邓肯·斯图亚特中校发起进攻，几将取胜，但后来英军士气复振并将其击退（9 月 8 日）。英军取得第三次代价昂贵的胜利，其结果是他们的力量仅能控制其沿海飞地萨凡纳和查尔斯顿。约克顿之战后至英军撤离萨凡纳（1782 年 7 月 11 日）和查尔斯顿（12 月 14 日）之前，小规模作战连续不断。格林在得知和平条约签订（1783 年 8 月）的消息之前一直留驻于查尔斯顿。此后两年，他重新清理其财务，这些财务因其部属与政府承包人对资金管理不善，以及政府不愿补偿他用于保障其部队的开支而受损。后归隐于佐治亚州萨凡纳附近的庄园，并于 1786 年 6 月 19 日卒于该地。

格林被普遍认为是仅次于华盛顿的最能干的美国将军。他是一位不知疲倦、讲求效率的组织者和深谙其妙的战略家。他的南方战役是战略学的杰作，显示出他比康华里更懂得战争的实质。尽管在战术上曾三次失利，但他达成了其战略目标。

DLB

参考：Caldwell, Charles, Memoirs of the Life and Campaigns of the Hon. Nathanael Greene, Major General in the Army of the United States. Philadelphia, 1819.
Greene, Francis Vinton, General Greene. New York, 1893.
Greene, George Washington, Life of Nathanael Greene. 2vols. New York, 1869—1871.
Pratt, Fletcher, Eleven Generals. New York, 1949.
Thane, Eiswyth, The Fighting Quaker: Nathanael Greene. New York, 1972.
Thayer, Theodore, Nathanael Greene: Strategist of the Revolution. New York, 1960.

格雷第一伯爵，查理(Grey, Charles, 1st Earl, 1729—1807 年) 外号“无燧石”，英国陆军中将。参加主要战争：七年战争（1756—1763 年）、美国独立战争（1775—1783 年）、法国大革命战争（1792—1799 年）；参加主要战役（战斗）：明登之战（1759 年）、坎彭之战（1760 年）、佩奥利（宾夕法尼亚）之战（1777 年）、旧塔潘城（位于新泽西州的诺思瓦勒附近）之战（1778 年）。

格雷生于 1729 年。后被任命为少尉（1748 年）。晋升为第六步兵团的中尉（1752 年 12 月 23 日）后，随该团服役于直布罗陀。晋升为上尉后，他招募了一个隶属于第二十步兵团的独立连（1755 年）。任斐迪南亲王的副官时在明登之战中受伤（1759 年 8 月 1 日）。任轻步兵连连长时在坎彭之战中再次受伤（1760 年 10 月 14 日）。后任新招募的第九十八步兵团中校团长（1761 年 1 月 21 日）。曾参加贝勒岛围攻战（1761 年）和哈瓦那（今古巴哈瓦那）围城战（1762 年）。后退役，领取半薪（1763 年）。重返现役后晋升为上校，并出任国王乔治三世的副官（1772 年）。他以一名“当地”少将的身份陪同豪前往美国（1776 年）。在对佩奥利的夜间奇袭战

(1777 年 9 月 21 日）中，他命令其士兵拆除步枪燧石，以免走火为美军报警，他的外号由此而来。日耳曼敦之战（10 月 4 日）中任第三旅旅长，并成功地袭击了新贝德福德（1778 年 9 月 6 日）和马撒葡萄园（9 月 8 日)。再次获得了奇袭新泽西州旧塔潘城的胜利（9 月 28 日)，后晋升为少将并兼第二十八步兵团上校团长。返回英国后晋升为中将（1782 年)。被任命为驻美英国殖民军部队总司令，但就职之前战争即告结束（1783 年)。与法国的战争期间率一支远征队救援尼乌波特（1793 年)，之后在西印度群岛作战。返回英国，晋升为上将并出任枢密院顾问（1794 年 11 月)。退役后曾担任南部地区（肯特郡、萨塞克斯郡和萨里郡）司令官（1798—1799 年)。先后受封为格雷·德·豪伊克男爵（1801 年 5 月 23 日)、豪伊克子爵和格雷伯爵（1806 年)。卒于 1807 年。

格雷是一位果断、英勇的军官。美国独立战争期间美国人对其讨厌之至。事实上，他是特别擅长于进行突然进攻的能干指挥官。

Staff

参考:Boatner,Encyclopedia.
DNB

格里博瓦尔，让·巴蒂斯特·瓦克特·德（Gribeauval, Jean Baptiste Vaquette de, 1715—1789 年） 法国炮兵军官。参加主要战争：七年战争（1756—1763 年)。

格里博瓦尔生于 1715 年，曾参加法国陆军（1732 年)，后被提升为军官（1735 年)。七年战争（1756—1763 年）期间，他投效奥地利陆军，为炮兵将军。拥有战争中获得的经验后，他开始改革法军的炮兵（1765 年)。他按照标准化的规格（4 磅弹炮、8 磅弹炮、12 磅弹炮等）将各种口径和类型的火炮加以区分。根据火炮的作用，如：野战、攻战、守备，对它们进行归类。为使炮兵具有更大的战术灵活性和机动能力，他研制了轻型的火炮，将牵引方式由马匹前后拖曳改为并排拖曳。驭者由不可靠的百姓改为士兵。加装了弹药箱和弹药前车。正切刻度表与升降螺钉加快了火炮的定位。格里博瓦尔后被任命为炮兵总监（1776 年)。他注重培养年青军官，拿破仑·波拿巴就是其中之一。格里博瓦尔还改善了下级军官的工资和生活条件。其改革的结果是法军获得了炮兵优势，这种优势一直保持到 19 世纪。

ACD

参考:Keegan, John and Andrew Wheatcroft, Who's Who in Military History. New York, 1976.
O'Connel, Robert L., Of Arms and Men. New York, 1989.
EMH.

格里尔森，本杰明·亨利（Grierson, Benjamim Henry, 1826—1911 年） 美国将军。参加主要战争：美国内战（1861—1865 年)；参加主要战役（战斗)：穿越密西西比州的袭击（1863 年)、布赖斯交叉路之战（密西西比州的鲍德温附近，1864 年）和图珀洛之战（1864 年)。

格里尔森 1826 年 7 月 8 日生于宾夕法尼亚州的匹兹堡。后西迁，最后定居于伊利诺伊州，在从商之前他教授音乐。其生意因为 1857 年的恐慌而招致毁灭性打击，后成为伊利诺伊州一名活跃的民主党政治家，1861 年 5 月被任命为本杰明·M. 普伦蒂斯准将的参谋助理。10 月被任命伊利诺伊州第六骑兵团少校，1862 年 4 月晋升为上校。南部同盟军袭击密苏里州的霍利菲尔德后，他在追击厄尔·范多恩将军的部队的作战行动声名鹊起。他被格兰特挑选组织一次从田纳西横穿密西西比至路易斯安那的牵制性袭击，以配合格兰特的主力部队进攻维克斯堡的行动（1863 年春)。4 月 17 日他率 1700 人和 6 门小型火炮离开田纳西州的拉格兰其，为摆脱和骚扰追击者，他发动一次横穿密西西比的精采袭击，沿路他破坏铁路设备、通信线路和补给，散布恐怖言论。5 月 2 日他率其完整无缺的部队到巴吞鲁日，作为对此的奖赏，6 月 3 日他被任命为志愿军准将。5 月 21 日—7 月 2 日，参加围攻哈德森堡（巴吞鲁日附近)，后返回田纳西担任第十四军骑兵师指挥官。1864 年春至秋，参加攻击狡滑且诡计多端的纳坦·贝德福德·福雷斯特的作战行动。后指挥联邦骑兵在布赖斯交叉路作战，此战可能是福雷斯特战争生涯中最伟大的胜利（6 月 10 日)。7 月 14 日在 A.J. 史密斯将军指挥下参加了将福雷斯特击败的图珀洛战役。7 月被任命为西田纳西军区的骑兵军军长，后于 11 月 6 日指挥密西西比军区骑兵军的第四师。12 月突然被詹姆斯·H. 威尔逊将军取消指挥权。拿破仑·J.T. 德纳将军将其留在密西西比军区。1864 年 12 月 21 日—1865 年 1 月 5 日，当约翰·贝尔·胡德将军的田纳西军团从纳什维尔退却时，格里尔森对密西西比州南部同盟军的通信线路和补给线发动了一次袭击，以作为抗击田纳西军团的作战行动的一部分。因其表现于 1865 年 2 月晋升为志愿军名誉少将。战争结束时，他指挥在亚拉巴马的 4000 名骑兵，这支部队是理查·S. 坎比将军的西密西西比军区的一部分。5 月晋升为终身志愿军少将。他帮助卡斯特将军和卫斯理·梅里特将军在得克萨斯组建骑兵部队，后任职于亚拉巴马。1866 年 1 月 15 日被解除军职，但不久于 1866 年 6 月 28 日被任命为第十骑兵团（黑人）上校。1867 年 3 月因其在 1863 年和 1865 年的表现而晋升为正规军名誉准将和少将。随第十骑兵团服役近 25 年，赢得一项骄人的记录，先在堪萨斯和俄克拉何马地区（1866—1875 年)，后在新墨西哥和亚利桑那地区（1875—1888 年)。期间他于 1873—1874 年，担任驻圣路易斯的骑兵征募总部督导一职。1880 年在维多利亚指挥下对阿帕奇人进行了卓有成效的袭击。1888 年 12 月 1 日继纳尔逊·A. 迈尔斯将军任亚利桑那战区司令官，1890 年 7 月 8 日退出军队。平静地生活在自己伊利诺伊州杰克逊维尔的家中。1911 年 8 月 31 日卒于其在密歇根州欧米纳的夏季别墅（诺恩波特附近)。

尽管没有受过正规的军事教育，但格里尔森却是战争中最优秀的骑兵指挥官之一，他因可靠和值得信赖而名闻遐迩。尽管他成名于1863年组织的横穿密西西比的袭击，但战后他也做出了巨大贡献，他将第十骑兵团训练成为了边境最优秀的骑警部队。在他的指导下，第十骑兵团修建了大量通信线路，并在西南部的广泛地区建立起良好秩序。所有这些都是一位非西点军校毕业的军官在战后军队中所取得的辉煌成就。

BAR and DLB

参考：Brown, D. Alexander, Grierson's Raid. Urbana, Ⅲ., 1954.

Glass, E. L. N., comp. and ed., The History of the Tenth Cavalry, 1866—1921. 1921. Fort Collins, Colo., 1969.

Leckie, William H., The Buffalo Soldiers: A Narrative of the Negro Cavalry in the West. Norman, Okla., 1967.

DAMB.

WAMB.

格里芬，查理(Griffin, Charles, 1825—1867年) 美国将军。参加主要战争：美墨战争（1846—1848年）、美国内战（1861—1865年）；参加主要战役（战斗）：第一次巴尔兰（弗吉尼亚州的马纳萨斯）之战（1861年）、半岛战役（1862年）、第二次马纳萨斯之战（1862年）、腓特烈堡之战（1862年）、钱瑟勒斯维尔之战（1763年）、荒野之战（1864年）、斯普特塞尔万尼亚之战（1864年）、彼得堡之战（1864年）、阿普马特克斯之战（1865年）。

格林奈尔，乔治·卫斯理(Griner, George Wesley, 1895—?) 美国将军。参加主要战争：第一次世界大战（1917—1918年）、第二次世界大战（1941—1945年）；参加主要战役（战斗）、圣米耶尔战役（1918年）、默兹-阿尔贡战役（1918年）、塞班岛战役（1944年）。

格林沃德，奥斯卡·沃尔维顿(Griswold, Oscar Wolverton, 1886—1959年) 美国陆军上将。参加主要战争：第一次世界大战（1917—1919年）、第二次世界大战（1941—1945年）；参加主要战役（战斗）：默兹-阿尔贡战役（1918年）、瓜达尔卡纳尔之战（1942—1943年）。北所罗门群岛之战（1943—1944年）、菲律宾群岛战役（1944—1945年）。

格林沃德1886年生于内华达州鲁比谷地。1910年毕业于西点军校。1918年9月26日—11月11日，在默兹-阿尔贡攻击战中作为陆军少校在第八十四陆军师服役。1918—1919年在德国执行战后占领任务。1929—1931年在陆军总参谋部任职。1943年7月25日（?）—8月23日任第十四军军长，指挥艰苦的新乔治亚岛战役的后期作战。1945年1月9日—8月15日菲律宾战役中仍指挥第十四军。战后退役。卒于1959年10月6日。

KS

参考：New York Times obituary, October 7, 1959.

格勒纳，威廉(Groener, Wilhelm, 1867—1939年) 德国将军和政治家。参加主要战争：第一次世界大战（1914—1918年）。

格勒纳1867年11月22日生于符滕堡的路德维希堡，1884年成为符滕堡陆军中的一名军官。第一次世界大战开始时，他任德军参谋本部铁道处处长，负责利用铁路调动和集结军队，以及输送援兵和供给品（1914年）。1916年5月—1917年8月任陆军部人事局和军需局局长，但他关心弹药制造工人的福利以及与战争投机分子的斗争激恼了最高当局而被派往东线。1918年10月26日鲁登道夫辞职后他被任命为军需总监（相当于副总参谋长），他说服兴登堡必须让德皇威廉二世退位。停战（11月11日）以后，在柏林的斯巴达克同盟起义期间，他派遣军队支持魏玛共和国，反对巴伐利亚的激进的马克思主义者，因此使共和国和军队得以度过难关（1918—1919年）。1919年他退出军界进入政界，参加了民主党。1920年6月—1923年8月任交通部长，1928—1932年任国防部长，1931—1932年还兼任内务部长。他针对纳粹党党员采取的强硬和有效的措施，造成他在1932年被兴登堡首相解职。此后他退出公众生活，致力于军事历史研究，写作了关于施利芬将军（1927年）和小毛奇将军（1930年）的经典研究著作。1939年5月3日卒于博恩斯德特（在波茨坦附近）。

格勒纳是一位富有天赋和充满活力的军事管理者，也是一位老练和务实的政治家，这正如1918—1919年和1928—1932年他采取的谨慎的政策所表明的那样。在极其困难的遣散军队时期，他为维护魏玛共和国和军队的纪律性作出了很大贡献，理应得到盛赞。如果兴登堡支持的话，他准备粉碎希特勒及其纳粹党。他是现代德国史上一位伟大的人物，但却常常被过低评价。

DLB

参考：Dupuy, Trevor N., A Genius for War. Faifiax, Va, 1984.

Goerlitz, Walter, History of the German General Staff. Translated by Brian Battershaw. New York, 1953.

Groener, Wilhelm, Der Feldherr wider Willen: operative Studien über den Weltkrieg. Berlin, 1930.

——, Lebenserinnerungen. Göttingen, 1957.

——, Das Testament Des Grafen Schlieffen: operative Studien über den Weltkrieg. Berlin, 1927.

Groener-Geyer, Dorothea, General Groener: Soldat und Staatsmann. Frankfurt a. M., 1955.

Häussler, Helmuth, General William Groener and the Imperial German Army. Madison, Wis., 1962.

格罗瑙，汉斯·冯（Gronau，Hans von，主要活动时间约于1914年） 德国将军。参加主要战争：第一次世界大战（1914—1918年）；参加主要战役（战斗）：乌尔克河之战和马恩河战役（1914年）。

1914年8月德军侵入比利时和法国时，他在冯·克卢克将军的第一集团军中任第四预备役军军长。9月初他在克卢克集团军的最右翼推进，他对关于有强大的敌军部队在其右翼并在该方向上发动进攻的报告甚为关心。9月5日他和莫努里第六集团军的先头部队发生遭遇，揭开了马恩河战役的序幕。9月5—6日克卢克派遣一个军加强他的力量，9月7—8日又调动整个第一集团军攻击莫努里。格罗瑙积极而果断的指挥使第一集团军免于被莫努里的第六集团军包围迂回，并使德军较有秩序地撤退。

DLB

参考：Asprey，Robert B.，The First Battle of the Marne. New York，1962.

Hayes，Grace P.，World War Ⅰ：A Compact History. New York，1972.

格鲁希侯爵，艾曼纽尔（Grouchy，Emmanuel，Marquis of，1766—1847年） 法兰西帝国元帅。参加主要战争：法国大革命战争（1792—1799年）和拿破仑战争（1800—1815年）；参加主要战役（战斗）：诺维之战（1799年）、霍恩林登（在慕尼黑附近）之战（1800年）、埃劳之战（1807年）、弗里德兰之战（1807年）、华沙之战（1809年）、博罗迪诺之战（1812年）、小雅罗斯拉韦茨（在卡路加附近）之战（1812）、克拉斯诺耶（在斯摩棱斯克地区）之战（1812年）、沃尚之战（1814年）、克拉奥讷之战（1814年）、利尼之战（1815年）、瓦夫尔之战（1815年）。

格鲁希1766年10月23日生于巴黎附近的维莱特城，他是弗朗西斯·詹姆斯·格鲁希侯爵之子。1780—1781年，在斯特拉斯堡炮兵学校为军官候补生，1781年在炮兵中任中尉。1784年转入骑兵。经一段平民生涯，格鲁希于1792年到阿尔卑斯军队中任炮兵军官。1793年参加了平息旺代暴动。因其贵族身份被迫辞职。1794年再入军校。1795年他在由奥什率领的西路军参谋部中任职，平息了由英国支持的半岛叛乱。1796年在奥什手下参加入侵爱尔兰的战争，没有取得成功。1799年在意大利作战，任穆罗的总参谋长。1799年8月15日参加诺维之战，受伤后被俄军俘虏。获释后，指挥莱茵陆军的一个步兵师，参加1800年12月3日的霍恩林登之战。1801—1805年晋升将军。1805年率一个师参加乌尔姆-奥斯特利茨战役。1807年2月7—8日，参加埃劳之战，格鲁希在此战荣立殊勋。6月14日参加弗里德兰之战。后任西班牙军队骑兵总指挥兼马德里总督。1809年他在欧仁亲王手下参加意大利战役，格鲁希指挥第一龙骑兵师。6月14日他率该师参加拉比之战，立下赫赫战功。7月5—6日，在达武手下参加华沙之战。俄国战役中，他在欧仁亲王手下，指挥第三预备役骑兵军团参加了1812年9月7日有决定性意义的博罗迪诺之战。10月24—25日参加小雅罗斯拉韦茨之战，11月17日参加克拉斯诺耶之战，11月27—29日参加别列津纳河之战。由于健康原因，格鲁希未能参加1813年的德国战役，但在1814年的战役中，格鲁希作为骑兵指挥官参加了大部分战役。第一次复辟期间，格鲁希任监察长，百日王朝期间，格鲁希又为拿破仑服务。1815年4月15日，成为拿破仑最后一批26名元帅之一。格鲁希指挥北方军骑兵，后指挥北方军右翼参加了6月16日的利尼之战及6月18日的瓦夫尔之战。由于格鲁希既未能支援拿破仑在滑铁卢作战，又没能阻止布吕歇尔支持惠灵顿，从而加速了拿破仑的战败。第二次复辟后，失宠的格鲁希离开法国赴美国。解除反对他的禁令后，格鲁希于1831年11月19日恢复了元帅军阶。1847年6月7日，格鲁希卒于巴黎。1873年，他的回忆录经G.德·格鲁希编辑整理后出版。

格鲁希是一位勇敢果断的骑兵官员。毫无疑问，格鲁希夺取了许多作战的胜利，但在需要独立指挥作战及指挥大型战斗时，格鲁希显然缺乏想象力和信心。拿破仑对格鲁希在滑铁卢的失误并没有过分指责，因为他知道格鲁希的弱点，同时，拿破仑也认为他未能给予格鲁希以明确详细的指示，但格鲁希缺乏主动精神却是其自己的错误。

VBH

参考：Delderfield，R.F.，Napoleon's Marshals. New York，1962.

Grouchy，Emmanuel de，Mémoires de maréchal de Grouchy. Paris，1873.

Six，George，Dictionnaire biographique des généraux et amiraux français de la Revolution et de l'Émpire（1792—1814），Vols. Ⅰ and Ⅱ. Paris，1934—1938.

Young，Peter，Napoleon's Marshals. New York，1973.

格仑瑟，阿尔弗雷德·马克西米利安（Gruenther，Alfred Maximilian，1899—1983年） 美国陆军上将。参加主要战争：第一次世界大战（1917—1918年）、第二次世界大战（1941—1945年）；参加主要战役（战斗）：意大利战役（1943—1945年）。

格仑瑟1899年3月3日生于内布拉斯加州的普拉特森特。1917年毕业于西点军校，1918年在野战炮兵部队中任少尉军官。1935年5月晋升上尉。1935—1937年在西点军校任教。1937年毕业于指挥与参谋学院。1939年毕业于陆军军事学院。1940年7月晋升少校。1941年9月任战时中校。10月任第三集团军参谋长艾森豪威尔将军的副官。12月晋升战时上校，任第三集团军参谋长。

1942年8月，晋升战时准将，任驻伦敦盟军司令部副参谋长。1943年1月，马克·克拉克将军指挥的第五集团军组成，任该集团军参谋长。同年2月晋升战时少将。1944年12月克拉克将军任第十五集团军军团司令，仍任其参谋长。1945年5月—1946年初，任克拉克将军所辖驻奥地利美军副司令。后回到华盛顿，任新组建的国家军事学院副院长。1947年参谋长联席会议正式成立时，任联合参谋部首任主任。1949年9月晋升中将，任主管计划的陆军副参谋长。1950年12月被艾森豪威尔将军选为驻欧盟军最高司令部参谋长。1951年7月晋升上将。1953年7月，接替马修B.李奇微将军任欧洲盟军最高司令。1956年11月卸任退役。后在几个商业机构（部门）任职。1957—1964年任美国红十字会会长。1983年9月卒于瓦尔特·里德陆军医院。

KS

参考：Current Biography 1950.
WAMB.

古德里安，海因茨（Guderian, Heinz, 1888—1953年） 纳粹德国将军。参加主要战争：第一次世界大战（1914—1918年）、第二次世界大战（1939—1945年）；参加主要战役（战斗）：波兰战役（1939年）、法国色当战役（1940年）、斯摩棱斯克战役和莫斯科战役（1941年）。

古德里安1888年1月17日生于普鲁士的库尔姆，其父是一位普鲁士军官。1900年9月—1903年4月，他在卡尔希鲁赫斯学生军校接受专业军事训练。1903年4月—1907年12月，又进入格罗斯利希费尔德高级军校深造。1908年1月27日，被任命为第十汉诺威轻步兵营少尉军官。1913—1914年，进入军事学院学习。1914年8月战争爆发后，奉命指挥一支无线电部队。1915年4月—1917年4月，调任陆军第四集团军司令部通信官。随后，担任不同的参谋职务。1918年2月入德军大本营参谋部，直到第一次世界大战结束。1919年3—7月，作为装甲师参谋长参与了在拉脱维亚弗雷科尔培斯战役。1919年，成为战败的德国10万陆军中4000名军官之一。1922—1924年，任慕尼黑运输营营长。1924—1927年，又调任陆军第二师司令部战术与军事历史教官。1927年10月—1930年2月，重新返回参谋本部任职，其间他曾对瑞典的一个坦克部队进行友好访问。1930—1931年，他将自己指挥的一个摩托化营改编成一个装甲侦察营。1931年10月—1935年10月，调任运输兵总监部参谋长，并倾心致力于创建德军第一支装甲部队的计划。1935年10月15日，古德里安调任位于维尔兹堡的第二装甲师师长，是年军衔为上校，1936年晋升为少将。1937年，他出版了一本介绍他关于机械化作战理论的专著《注意！坦克》。1937—1938年，任第十六装甲军军长，下辖三个师。1938年3月12—13日，在德国吞并奥地利的作战行动中，他指挥第二装甲师从林茨长驱直入维也纳。1939年9月1日—10月5日，在德军闪击波兰战役中，他统率第十九装甲军，于9月4日以迅速而又敏捷的作战行动从波美拉尼地区穿过波兰走廊，9月16—17日即侵占波兰东部边境城市——布勒斯特。1940年3月10日，经进一步加强的第十九装甲军兵西进改属进行法兰西战役的克莱斯特装甲集团军。古德里安的装甲军为进攻法国的先头部队（1940年5月10日）。他挥师从色当跨过默兹河，直插英吉利海岸（5月19日），接着掉头向敦刻尔克海滩逼近，直至希特勒下达停止北进的命令（5月24日）。6月22日，当法国向德国俯首称臣时，古德里安的第十九装甲军已抵靠近瑞士边境城市——巴塞尔。1940年11月，古德里安第十九装甲军扩编为第二装甲集团军，并东调改属进行“巴巴罗萨”计划的包克元帅指挥的“中央”集团军军团。1941年6月22日，德军闪击苏联。7月10日，古德里安与霍特的第三装甲集团军将大批苏军合围在明斯克。7月12日—8月8日，他在完成对斯摩棱斯克彻底合围后又攻占了罗斯拉夫尔。8月21日—9月6日，奉命与克莱斯特第四装甲集群向南增援龙德斯泰特元帅指挥的“南方”集团军群进攻基辅的作战，此役歼灭60万苏军。1941年10月23日—11月7日，他在向莫斯科进攻的途中，受到了苏联严寒的袭击和苏军的顽强抵抗。11月5—26日，他一次又一次的请求大本营允许将他突出部的部队回撤至图拉一线，导致了克卢格将其解职。随后即病倒。1943年2月，他被重新召回任装甲兵总监。德军在斯大林格勒城下惨败后，他为重建德国装甲部队进行了不懈的努力。通过与军工部长阿尔贝特·施佩尔密切配合，大大增加了坦克的产量。7月21日，古德里安接替库尔特·蔡茨勒将军任总参谋长。1945年3月28日，因在苏德战场的失败，希特勒又将其解职。德国投降几个月后，他被盟军抓住，但没有被定为战争罪犯。卒于1953年。

古德里安是闪电战的倡导者，又是一位天才的军事参谋和军队指挥官。他不仅精心创建了德国的机械化军队，还是一位杰出的装甲兵战术家，超时代地提出了坦克作战的理论。他十分信任处在第一线指挥作战的将领，而且还是德军高级将领中为数不多的敢于面对希特勒专横的人物之一。

DLB

参考：Guderian, Heinz, Panzer Leader. London, 1952.
Keegan, John, Guderian. New York, 1973.

盖布里昂伯爵，让·巴蒂斯特·比德（Guébriant, Jean Baptiste Budes, Count of, 1602—1643年） 法国元帅。参加主要战争：胡格诺战争（1625—1629年）、三十年战争（1618—1648年）；参加主要战役（战斗）：沃尔芬比特尔之战（1641年）、肯彭之战（1642年）。

盖布里昂伯爵1602年生于布列塔尼的一个破落贵族家庭。早年参军，先在荷兰服役，参加胡格诺战争，后又在德国和意大利供职。1636年任旅长。1638年率一支法军增援萨克森-魏玛公爵伯恩哈德，尔后率所部魏玛军

队围攻帝国的布赖萨赫城防要塞。伯恩哈德死后，他是法方参加签订《布赖萨赫条约》的主要谈判代表。按该条约，魏玛军队成为驻德意志的法军（1639 年 10 月 9 日）。不久继郎格维尔公爵之后任德意志军司令。1641 年 7 月 9 日，在沃尔芬比特尔击败里奥波德·威廉大公爵，取得对神圣罗马帝国的拥护者的著名胜利。1642 年 1 月 17 日，在肯彭击败并俘虏拉努瓦，再获辉煌胜利。1642 年 3 月 22 日升任法国元帅。后在围攻罗特韦尔、符滕堡作战期间受致命伤，卒于 1643 年 11 月 24 日，享年 41 岁。

G

盖布里昂伯爵十分精通军事，他简短的一生始终充满辉煌。他仁慈、虔诚、大公无私，他指挥的外国雇佣兵们对他的去世都表现出了沉痛哀悼。

CCJ

参考：Le Labourer, J., Histoire du maréchal de Guébriant. Paris, 1676.

吉伯特，雅克·安都昂·伊波利特，伯爵（Guibert, Jacques Antoine Hippolyte, Count of, 1743—1790 年） 法国陆军军官和军事理论家。参加主要战争：七年战争（1756—1763 年）；参加主要战役（战斗）：罗斯巴赫之战（1757 年）、明登之战（1759 年）、威灵斯豪森之战（1761 年）。

吉伯特生于 1743 年，为一名炮兵军官之子。曾参加七年战争（1756—1763 年）、罗斯巴赫（梅泽堡附近）之战（1757 年 11 月 5 日）、明登之战（1759 年 8 月 1 日），并在威灵斯豪森之战（1761 年 10 月 15—16 日）中表现极为突出。后参加了科西嘉战役并晋升为上校（1768 年）。出版了其著名著作《战术概论》（1772 年），名声随之而起。在书中，他呼吁建立一支爱国的公民军队，进行机动战同时脱离生产。曾前往德国，并受到普鲁士国王腓特烈二世大帝的召见（1773 年）。居留巴黎期间积极参与社交。在陆军部任职时，他根据圣热尔曼伯爵的要求对法国军队进行改革（1775—1777 年）。出版《现代战争的防御方法》（1779 年）。该书对其早期的大多数著作进行否定，主要内容是阐述横队队形对纵队队形的优势。后为法兰西院士（1785 年）。被选入旨在选举“三级会议”成员的区议会议员（1789 年）。被政敌从革命中清除。卒于 1790 年。

吉伯特是一位哲学家，他才华横溢，但反复无常，刚愎自用，不切实际，前后矛盾。他的早期著作反映了许多偏见，尤其是对公民军队的偏见。他采用的“战术”这一术语实际上包罗了各种军事行动。他贬低要塞并倡导运动战，对拿破仑产生了影响。拿破仑评价《战术概论》时称“这是一本适于造就伟大军人的书籍”。

JCC and DLB

参考：Guibert, Jacques Antoine Hippolyte de, Écrits militaires. Edited by General Ménard. Paris, 1977.

——, Oeuvres militaires. Edited by Jean Paul Charnay and Martine Burgos. Paris, 1977.

Palmer, R. R., "Frederick the Great, Guibert, Bülow: From Dynastic to National War," Makers of Modern Strategy. Edited by Peter Paret. princeton, N. j., 1986.

吉尚伯爵，吕克·于尔班·德·布埃克西克（Guichen, Luc Urbain de Bouexic, Count of, 1712—1790 年） 法国海军将领。参加主要战争：奥地利王位继承战争（1740—1748 年）、七年战争（1756—1763 年）、美国独立战争（1775—1783 年）；参加主要战役（战斗）：乌尚（韦桑岛）之战（1779 年）、马提尼克之战（1780 年）、比斯开湾之战（1781 年）。

吉尚生于 1712 年。1730 年加入海军。奥地利王位继承战争和七年战争中参战的同时军衔逐渐升迁。法国参加美国独立战争时他为海军少将，率一支编队参加了乌尚之战（1779 年 7 月 27 日）。率一支强大编队前往西印度群岛（1780 年 3 月），后因英军协同失败而避免了在马提尼克附近惨败于罗德尼优势兵力之手（4 月 17 日）。他通过巧妙的机动使罗德尼未能获得有意义的战绩，后返回布勒斯特（9 月）。他被选定率领一支主力护航舰队前往加勒比海，在比斯开湾遭到突然进攻，并被威廉·肯彭费尔特将军通过机动所战胜。其护航舰队溃散，损失运输船 20 艘（1781 年 9 月 12 日）。理查·洛德·豪将军解救被围的直布罗陀要塞（1782 年 10 月 20—21 日）时，他参加了对该要塞的围困，后未再担任指挥官。卒于 1790 年。

吉尚是一位娴熟的战术家，拥有广博的科学知识，并被普遍认为是法国最优秀的海军指挥官之一。但是，像大多数法国海军将领一样，他谨慎有余而勇略不足。

Staff

参考：Boatner, Encyclopedia.

吉兹第二公爵，洛林的弗朗索瓦（Guise, Francois de Lorraine, 2nd Duke of, 1519—1563 年） 绰号“疤脸”。法国贵族和将军。参加主要战争：第四次（1536—1545 年）和第五次（1547—1559 年）哈布斯堡-瓦卢瓦战争、法国第一次宗教战争（1562—1563 年）；参加主要战役（战斗）：蒙梅迪之战（1542 年）、朗德勒西围攻战（1543 年）、布洛涅围攻战（1544—1545 年）、梅斯防御战（1552 年）、伦蒂（位于皮卡第境内）之战（1554 年）、加来围攻战（1558 年）、德勒之战（1562 年）。

弗朗索瓦 1519 年 2 月 17 日生于洛林地区的巴尔，是吉兹伯爵后来的吉兹第一公爵洛林的克洛德的长子。曾以奥马尔伯爵的身份，在国王弗朗西斯一世麾下，参加了围攻布洛涅的战役，并身负重伤。1545 年，是国王的御医昂布鲁瓦兹·佩尔把他从死亡线上救回，但其左脸部留下了一块伤疤，由此获得了“疤脸”的绰号。1546 年任多菲内省执政。1547 年被封为奥马尔公爵。亨利二世即位后，他于 3 月 31 日被任命为狩猎长和侍从长。

1548年，以果敢和仁慈的行为平息了圣通日抗盐税的暴动。他父亲死后，于1550年4月12日继任为吉兹公爵。1552年，被封为茹安维尔亲王，并承继了他父亲的香槟执事之职。10—12月，以旺盛的精力和果断的行动在梅斯组织了防御，以抵御查理五世的侵略。1554年8月12日，将神圣罗马帝国的军队牵制在伦蒂地区。1557年1月，率远征军进入意大利南部的那不勒斯地区，协助罗马教皇保罗四世抗击西班牙军队。8月，当神圣罗马帝国入侵法国时，他率军迅速回师。1558年1月1—6日，他率军以凌厉的攻势夺得了英国在法国的最后一个据点加来，从而使法国在沉沦中为之一振。1560年3月17日，被封为摄政王，并被派去处理胡格诺派阴谋推翻其家族统治的叛乱和天主教激进分子召开的会议。大约是10月，在昂布瓦斯粉碎了胡格诺派的阴谋。12月，亨利二世驾崩，查理九世继位，由此吉兹家族的影响力开始减弱，蒙莫朗西家族的影响力增强。但是1561年3月，两大对立家族握手言和，表示撤出宫廷中各自势力，共同执政。1562年3月1日，吉兹公爵破坏胡格诺派的瓦西集会，从而直接导致了宗教战争的爆发。由于他及时移兵德勒，使天主教派取得了该战胜利。12月19日，蒙莫朗西公爵被俘，吉兹公爵成为天主教军指挥官。此后，他移师围攻奥尔良。1563年2月18日被胡格诺派狂热分子让·波尔特罗·德·梅雷开枪击中，不久于2月24日因伤重而死。

吉兹公爵是当时法国一位能干的、有魄力的军事家，特别是在他临死前的一段时期，是法国最有实权的人物和王国军事上的真正操纵者。他潇洒，有魅力，勇武且精力充沛。就其一生来说，他是效忠国王的。

CCJ and DLB

参考：Coudy, Julien, ed., The Huguenot Wars. Translated by Julie Kernan. Philadelphia, 1969.

Fourneron, H., Les ducs de Guise et leur époque: étude historique sur le seizième siècle. 2 vols. Paris, 1877.

Oman, Sir Charles W. C., The Art of War in the Sixteenth Century. New York, 1937.

吉兹第三公爵，洛林的亨利（Guise, Henri de Lorraine, 3rd Duke of, 1550—1588年） 法国贵族和将军。参加主要战争：法国第二次（1567—1568年）、第三次（1568—1570年）、第四次（1572—1573年）、第五次（1575—1576年）、第六次（1576—1577年）和第七次（1580年）宗教战争、“三亨利”之战（1585—1589年）；参加主要战役（战斗）：雅兹讷伊之战（1568年）、雅尔讷克、圣伊里耶和蒙孔图尔之战（1569年）、维莫里和欧诺之战（1587年）。

吉兹公爵生于1550年12月31日，是吉兹第二公爵洛林的弗朗索瓦的大儿子。尽管年纪尚幼，但在1563年他继承父业，任香槟执政。1566年他进军维也纳打算与土耳其人作战，但是到达后战斗已经结束。1567年秋班师回国后，参加了第二次宗教战争，但兵力不敌科利尼的军队。1568年11月在安茹公爵亨利领导下于雅兹讷伊之战中英勇作战。1569年3月13日参加了塔瓦纳元帅指挥的雅尔讷克之战。6月他在圣伊里耶之战中表现出色。在7—9月间击败了科利尼军队的围攻，保全了普瓦提埃。10月3日在蒙孔图尔之战中受重伤。1570年8月8日，《圣日耳曼和约》签订后重回朝廷，成为年轻贵族们崇拜的偶像。他在圣巴托罗缪惨案中扮演了重要角色，并亲自监督杀害科利尼。但他在1572年8月24日的行为则表现得莫名其妙，甚至在他家中保护了许多胡格诺派分子。这次大屠杀导致宗教战事重起。1573年，他在围攻拉罗歇尔之战中再次受伤。1574年5月亨利三世即位，1575年2月他与表妹路易丝·德·沃杜蒙特结婚。此后，他在宫中占重要地位，影响越来越大，1575年10月10日在多尔芒战役中打败了德意志军队。这一举动挽救了巴黎，但在战斗中一颗子弹击中他的脸颊，并留下伤疤，从此他赢得了与他父亲相同的绰号——“疤脸”。1576年5月，为反对国王亨利三世与胡格诺派签订和约，他组织了由贵族组成的神圣同盟，以保卫天主教的事业。后来他加强与西班牙的关系，以此来削弱亨利三世新宠臣的力量。1578年后，得到西班牙国王菲利普二世的资助。1584年6月安茹公爵弗朗索瓦死后，胡格诺派纳瓦拉的亨利被立为王储。吉兹利用神圣同盟的力量，反对亨利即位，确定查理·卡迪纳尔·德·波旁为继承人。1585年7月他在奈穆尔强迫国王亨利三世答应神圣同盟的要求，并且保证加强反胡格诺的政治势力。1587年10月，他率军在维莫里击败了胡格诺派盟友德意志人的进攻。11月，在欧诺再次击溃德意志人。但10月28日在库特拉诺瓦拉的亨利打败了元帅茹瓦约斯公爵率领的保皇党军队。1588年5月12日，受吉兹第二公爵的妹妹卡特琳唆使，回师巴黎参加镇压反对亨利三世的平民暴乱。他认为与其篡权夺王位，不如帮助亨利三世平息暴乱。这一举动使得国王逃出巴黎城。7月《团结敕令》颁布，使其地位更加巩固。8月4日他被任命为摄政王。与此同时，激起亨利三世对他的仇恨，决心除掉他。1588年12月23日，他陷入圈套。经过一番激烈的搏斗，他被国王的侍卫刺死在御床脚下。

吉兹公爵豪爽、雄心勃勃而又莽撞、急躁。他踌躇满志的作战策略，主要是由于他对亨利三世的蔑视而受到瓦卢瓦朝廷的热情支持。他之所以有如此大的影响力，是由于深孚众望，特别深受巴黎民众的爱戴。

DLB

参考：Bailly, A., Henri le Balafré. Paris, 1953.

Coudy, Julien, ed., The Huguenot Wars. Translated by Julie Kernan. Philadelphia, 1969.

Fourneron, H., Les ducs de Guise et leur époqué: étude historique sur le seizième siècle. 2 vols. Paris, 1877.

G

Oman, Sir Charles W. C., The Art of War in the Sixteenth Century. New York, 1937.

古斯塔夫二世·阿道夫(Gustavus Ⅱ Adolphus, 1594—1632年, 1611—1632年在位) “北方狮”。瑞典国王。参加主要战争：卡尔马战争（1611—1613年）、波兰战争（1617—1629年）、三十年战争（1618—1648年）；参加主要战役（战斗）：迪尔斯楚之战（特切夫，1627年）、什图姆之战（1629年）、第一次布莱登菲尔德之战（莱比锡附近，1631年）、莱希之战（1632年）、旧韦斯特之战（纽伦堡附近，1632年）、吕岑之战（1632年）。

G

古斯塔夫·阿道夫1594年12月9日生于斯德哥尔摩，幼年时即对军事产生兴趣。1611年10月30日继承父亲王位，当时正值卡尔马战争期间。即位前，曾于1611年9—10月施展谋略实施富有活力的战役，重占厄兰岛和夺取克里斯蒂诺波勒。1612年1月，任命阿克塞尔·奥克森谢尔纳为首相。后与丹麦发生冲突，由于丹麦克利斯蒂安四世的战略获得成功，使古斯塔夫二世制定的1612年作战计划受挫，但他于1612年9月实施强行军从挪威返回拯救了斯德哥尔摩。1615年率部由芬兰侵入俄国的英格里亚（列宁格勒附近地区），猛攻格多夫，经过三个月的围攻后，在普斯科夫被击退。1617年2月27日，同俄国在今列宁格勒附近缔结《斯托尔博瓦条约》，瑞典获得俄国在芬兰湾仅剩的最后几个省份。1616—1621年，致力于行政和军事改革。1617年，入侵并征服立沃尼亚北部，切断了俄国通往海上的出口。筹备对波兰发动一次新攻势，1621年8月14日率部在立沃尼亚登陆。1621年8月后期开始围攻里加，经过短期围攻后，于9月15日攻克该城。10月15日一度占领库尔兰和米陶（叶尔加瓦）。1622年8月11日与波兰达成停战协议。为阻挠波兰和但泽由海路入侵瑞典，1623年6月30日派遣舰队进入但泽海岸地区，显示武力。与西吉兹蒙特谈判破裂后，1625年7月12日再次入侵立沃尼亚，并迅速征服库尔兰和立沃尼亚全境。1626年1月17日，在瓦尔霍夫（普拉维纳斯附近）突然袭击并歼灭了斯坦尼斯拉斯·萨皮埃哈的小规模军队。1626年6月16日，在皮罗（波罗的斯克）登陆，开始对普鲁士的征服。随后他迅速攻占柯尼希山（今加里宁格勒）和其他几个城镇，并封锁但泽。1626年9月后期，在格涅夫挫败西吉兹蒙特救援但泽的企图。短期回斯德哥尔摩搬兵，之后于1627年5月8日率援军返回皮罗。6月，古斯塔夫突击但泽黑德受挫，战中负伤。1627年7月16日，在默林根（梅阿拉格）附近俘获勃兰登堡选侯及其军队。1627年8月17日，在迪尔斯楚击败亚历山大·科涅茨波尔斯基盖特曼。后在一次小规模战斗中负重伤后返回瑞典，并着手加强海军（1627年冬—1628年）。1628年5月25日率较前次更多的部队在皮罗登陆。6月初，突击但泽被击退，损失惨重。1628年6—9月，对科涅茨波尔斯基军队实施一次非决定性的机动战，掠夺波兰直至南方的布罗德尼察。1629年2—6月双方达成短暂休战后，返回波兰，决定结束波兰战争。1629年6月27日，在什图姆进行的一次骑兵作战中，兵败负伤，险些被俘。1629年7—8月，固守马林贝格（马尔堡），几经交战未分胜负，使波兰围攻瑞典受挫。1629年9月26日，同波兰缔结《阿尔特马克休战协定》（施滕达尔附近地区），获得普鲁士几个港口、立沃尼亚北部地区和重要的经济权益。波兰战争期间，古斯塔夫二世完成了军事改革，这些改革包括引进步兵、骑兵和炮兵装备，以及新式三磅团属炮。采用新的战术，该战术强调各兵种协同行动、机动和突然性。1629年冬—1630年，他还加强军事力量，准备干涉正在德意志进行的三十年战争，法国黎塞留政府为此允诺给予资助，这进一步增强了他的实力。1630年7月4日在乌瑟多姆登陆，随后于1630年7月20日攻陷附近的斯德丁。1630年12月24—大概是27日，为拓展控制地域着手实施一次简短的冬季攻势。1631年4月2—3日，强击奥得河畔法兰克福（德国东部的法兰克福）。6月22日，恫吓勃兰登堡的乔治·威廉选侯，使其与己结盟。7月27日，在韦尔本（科特布斯附近）击退梯利的骑兵，之后于8月8日在韦尔本瑞典营地再次挫败梯利的攻击。当梯利进击萨克森时，古斯塔夫与约翰·乔治选侯结盟。9月16日进军救援莱比锡。1631年9月17日在布莱登菲尔德，尽管萨克森人临阵逃离，古斯塔夫仍歼灭了梯利的军队，获得“北方狮”的称号。10—11月，进军德意志南部，征服弗兰克。12月初，救援纽伦堡。1631年12月19—22日，围攻并攻陷美因茨。与霍恩联合于1632年3月26日强攻多瑙沃特。4月15—16日，强渡莱希河击败梯利。4月20日攻克奥格斯堡。5月5日攻陷慕尼黑。7—8月被巴伐利亚的马克西米利安和华伦斯坦的优势军队封锁于纽伦堡。尽管补给短缺，9月1—2日仍猛攻菲尔特，但9月3—4日攻击华伦斯坦的阿尔特·韦斯特阿筑垒兵营被击退。10—11月华伦斯坦侵入萨克森，古斯塔夫尾随而至，但未能阻止华伦斯坦占领莱比锡（10月31日）。在1632年11月16日的吕岑血战中，率部攻击并战胜华伦斯坦，古斯塔夫于此战阵亡。

古斯塔夫·阿道夫是一位才华横溢的将军，杰出的战略家、战术家，富有灵感的改革者、组织者。他也是一位理智的、有天赋的行政管理者。由于他生性勇敢，因此常常受伤，最终战死沙场。他是伟大的统领之一。

DLB

参考：Dodge, Theodore Ayrautt, Gustavus Adolphus. 2 vols. Boston, 1896.

Dupuy, Trevor N., The Military Life of Gustavus Adolphus. New York, 1968.

Noel, E., Gustaf Adolf. London, 1905.

Roberts, Michael, Gustavus Adolphus: A History of Sweden, 1611—1632. 2 vols. New York, 1953—1958.

Sweden, Generalstaben, Sveriges Krig, 1611—1632.6 vols. Stockholm,1936.

吉利普斯(Gylippus,公元前 414—前 404) 斯巴达将军。参加主要战争：伯罗奔尼撒战争（公元前431—前404年）；参加主要战役（战斗）：叙拉古防御战（公元前414—前413年）。

吉利普斯是斯巴达共和国官员克莱安德里达斯之子。伯罗奔尼撒战争期间，雅典人于公元前414年围攻叙拉古，叙拉古阿基比阿德向斯巴达求援，斯巴达派他前去指挥城防。由于他指挥得当，与叙拉古人和其同盟柯林斯人一起，守住了该城。公元前413年，从陆路突破雅典的封锁，组织其他城邦共同御敌，在港口全歼了雅典舰队。雅典军队企图从陆地撤退，但未能逃脱，只得投降。他希望饶恕雅典指挥官尼赛斯和狄摩西尼，但遭到否决，公元前411年返回斯巴达。后来，盗用了来山得的大宗军饷，败露后被流放他乡。

Staff

参考：Thucydides, The Peloponnesian War.
EB.
OCD.

G

H

“好人”哈康一世(Haakon Ⅰ the Good,约920—961年) 挪威统治者。哈拉德·哈尔法格尔最小的儿子；参加主要战争：英格兰、丹麦和挪威的王朝战争；参加主要战役（战斗）：费加之战（961年）。

哈康四世(Haakon Ⅳ,1204—1263年) 挪威统治者。参加主要战争：王朝战争、赫布里底群岛战争（1263年）；参加主要战役（战斗）：拉格斯之战（1263年）。

哈德良（普卜利乌斯·埃利乌斯·阿德里安）(Hadrian,〈Publius Aelius Hadrianus〉,76—138年) 罗马皇帝。参加主要战争：两次达西亚战争（101—102年和105—106年）、镇压犹太人起义（巴尔·科赫巴起义）（132—135年）。

哈德良于76年1月24日生于伊比利亚的意大利卡（位于塞维利亚附近），是普·埃·哈德良·阿费尔与多米堤娅·包利娜的儿子，是一个长期生活于伊比利亚的罗马人。童年时成为孤儿，他的堂兄弟马可·乌尔皮·图拉真，即后来的罗马皇帝图拉真收留并着意培养他。在图拉真的达西亚战争中屡建战功，获得殊荣，107年被任命为下潘诺尼亚（今匈牙利）总督。114年又成为叙利亚总督，117年8月8日，图拉真临终时指定他为继承人，8月11日登基成为罗马皇帝，但是遭到内部的反对。117—118年间，他放弃了图拉真征服美索不达米亚的计划，返回罗马的达西亚（罗马尼亚），镇压了图拉真的四个将军策划的一次叛乱，并将他们四人全部处决。在罗马统治了数年之后，他开始到罗马的各个行省视察，121—123年到西部，123—125年到东部。在这次视察的旅途中，他曾下令在不列颠修建了一座用他自己的名字命名的城墙（即“哈德良长城”，122年）。他还直接指挥了在日耳曼地区构筑防御工事，并在各个行省，特别是希腊，进行大量的建筑工程。他曾异想天开地计划在耶路撒冷城边建造一座新的朱庇特（宙斯）城，并且让罗马城居民居住到这里，这立即在巴勒斯坦引发了一场由巴尔·科赫巴领导的起义（132年）。他率罗马军队血腥镇压，这场野蛮、残忍和残酷的战争持续了三年的时间（132—135年），使巴勒斯坦的大片土地荒芜和化为废墟。在他统治的末期，哈德良的大部分时间是在罗马城内和罗马附近地区、特别是在提俄利的别墅里渡过的。最初他曾指定他的姐夫L.J.U.塞尔维亚努斯为继承人，到136年他又指定L.C.康茂德（在这以后，被称为L.埃利乌斯·恺撒）为继承人。L.埃利乌斯·恺撒去世后，哈德良又指定T.奥略里·安东尼（即后来的皇帝安东尼·庇护）为继承人（138年1月）。138年7月10日卒于培宜（那不勒斯）。

哈德良是一位精力充沛和高效的统治者，但并不是一位深得人心的皇帝。他广泛地在帝国内旅行，除为了强化皇帝的权力以外，还从事地理和文物考察。他实施了一些司法改革，在军事行政管理和法律方面也进行了一些改革。

Staff

参考：Dio Cassius, History.

Henderson, Bernard W., The Life and principate of the Emperor Hadrian, A. D. 76—138. New York, 1923.

Perowne, Stewart, Hadrian. London, 1960.

黑格，亚历山大·梅格斯(Haig, Alexander Meigs, Jr.，生于1924年) 美国陆军上将和政治活动家。参加主要战争：越南战争（1965—1973年）。

黑格1924年12月2日生于宾夕法尼亚州的费城，是亚历山大·梅格斯和雷金纳·安妮·黑格之子。1943年入圣母大学学习过一段时期，后进入西点军校学习。1947年从西点军校毕业，任少尉。1960年毕业于海军军事学院。1961年获乔治城大学硕士学位。1962—1964年，在主管作战的陆军副参谋长办公室任参谋。1964年任陆军部长的军事助手。1964—1965年，任国防部长和副部长特别助理。1966—1967年，在驻越南美军第一步

兵师任营长和旅长。1967—1969 年，回国任团长和西点军校副校长。1969—1970 年，任总统国家安全事务军事的助理。1970—1973 年，任总统国家安全事务助理。1973 年任陆军副参谋长。1973—1974 年 8 月，在尼克松政府任期的最后几个月里还担任总统助理和白宫办公厅主任。1974—1979 年，任驻欧美军总司令兼欧洲盟军最高司令。1979 年退役。1979—1981 年，任康涅狄格州哈特福德联合技术公司总裁、首席执行官和董事。1981 年 1 月—1982 年 7 月在里根政府执政的头 18 个月中任国务卿，但在为阻止英阿爆发福克兰群岛战争而进行的外交努力失败后离职。重返平民生活后，先后任米高梅-尤厄娱乐集团公司、科莫德罗国际公司、默里工业船舶公司及其他一些公司的董事。1988 年，未能获得共和党总统提名。黑格现生活在华盛顿。

DLB

参考：Who's Who in America. 44th ed. Chicago, 1986.

黑格第一伯爵，道格拉斯（Haig, Douglas, 1st Earl, 1861—1926 年） 英国陆军元帅。参加主要战争：镇压马赫迪起义（1883—1898 年）、第二次英布战争（1899—1902 年）和第一次世界大战（1914—1918 年）；参加主要战役（战斗）：恩图曼之战（1898 年）、蒙斯之战（1914 年）、马恩河战役（1914 年）、"奔向大海"之战（1914 年）、新夏佩勒（在贝顿附近）之战（1915 年）、费斯蒂贝尔（在贝顿附近）之战（1915 年）、洛斯（在里尔附近）之战（1915 年）、索姆河之战（1916 年）、帕斯尚代尔（在伊普尔附近）之战（1917 年）、索姆河和利斯河攻势（1918 年）、亚眠之战（1918 年）和福煦的最后攻势（1918 年）。

黑格 1861 年 6 月 19 日生于爱丁堡，其父是苏格兰酿酒业主。他在牛津的克利夫登和伯拉森诺斯学院接受教育，1885 年以全班第一名的成绩毕业于桑赫斯特军事学院，分配到第七轻骑兵团，先后在印度和英国服役。在尼罗河战役中他参加了阿特巴拉河之战（1898 年 4 月 8 日）和恩图曼之战（9 月 2 日）。在英布战争期间任约翰·弗伦奇爵士将军的参谋长，晋升上校，并指挥第十七长矛骑兵团（"勇敢和光荣之子"团），在开普省与斯马特的游击队作战（1901—1902 年）。1903—1906 年在印度任监察长，1905 年晋升少将。1906—1909 年任陆军部军事训练局局长，1907 年出版《骑兵研究》一书。1909—1912 年在印度任参谋总长，1910 年晋升中将，1912 年接管在奥尔德肖特的指挥权。第一次世界大战开始阶段在约翰·弗伦奇爵士的英国远征军中指挥第一军。参加了蒙斯之战（1914 年 8 月 23 日）和马恩河战役（9 月 5—9 日）。"奔向大海"作战期间（10—11 月）在皮卡第和阿尔图斯进行了大范围的战斗。1915 年 2 月任第一集团军司令。3 月 10—13 日在新夏佩勒发动进攻，取得一些进展，但被德军轻易地阻止。5 月 9—26 日在阿尔图斯发动攻势，被阻于费斯蒂贝尔。9 月 26 日—10 月 14 日在洛斯再一次发动进攻，但所获甚微。12 月 17 日因失败而遭受责备的弗伦奇被黑格取而代之。法军的形势迫使他率领的英军在没有做好准备之前即在索姆河地区发动大型攻势，以减轻法军在凡尔登受到的压力。1916 年 6 月 24 日—11 月 13 日，他在取得最初的战果之后继续攻击，保持对德军的压力（此举减轻了法军的压力），但造成了英军的巨大伤亡。1916 年下半年他晋升为陆军元帅。他在法国将军尼韦尔的指挥下实施 1917 年的作战行动。4 月 9—15 日在阿腊斯取得的较大的胜利，提高了他的地位。然而在尼韦尔攻势失败之后，法国军队几近崩溃，迫使他发动代价高昂的帕斯尚代尔攻势（7 月 31 日—11 月 10 日）。他预计 1918 年初德军将在佛兰德发动进攻，因此强烈要求增派更多的部队，但他只得到了他所要的 60 万军队的六分之一（1918 年初）。3 月 21 日—4 月 5 日德军的索姆河攻势对英军造成了很大的压力，并几乎突破高夫的第五集团军防御，然而此次危机导致协约国军最高指挥机构的建立，在黑格的推荐下，法国将军福煦任协约国军司令官。4 月 9—17 日在利斯河地区鲁登道夫的第二次攻势几近成功，但黑格著名的"身陷绝境"的电令激发了英军的抵抗力，阻止了德军的推进。8 月 8—11 日在亚眠他指挥发动反攻，第一天就取得很大的胜利，以致于鲁登道夫惊呼这是"德军的黑暗日"。9 月下旬—11 月 11 日，作为福煦大反攻的一部分，他在佛兰德指挥协约国军进攻。战后从事复员军人的福利和救济工作。1919 年获封第一黑格爵士。1926 年 1 月 29 日卒于伦敦。

黑格是一位坚定和具有奉献精神的军人。在如此大型的陆上战役中，他在组织、训练和供应一支上百万军队方面所取得的成就是卓越的。他在与英国政治家们和法国人打交道中也取得了很大的成功。虽然他思想开放，乐于运用新手段（如坦克等），他却背有不应有的名声，即冷酷、愚蠢和漠视士兵的生命。

DLB

参考：Blake, Robert. ed., The Private Papers of Douglas Haig, 1914—1919. London, 1952.

Buchan, John, A History of the Great War. 4 vols. Boston, 1923.

Duff Cooper, Alfred, Haig. 2 vols. London, 1935—1936.

Hayes, Grace P., World War Ⅰ: A Compact History. New York, 1972.

Wolff, Leon, In Flanders Fields: The 1917 Campaign. New York, 1958.

霍尔丹，理查·伯顿，克洛恩的霍尔丹子爵（Haldane, Richard Burdon, Viscount Haldane of Cloan, 1856—1928 年） 英国政治家和军事改革家。

霍尔丹 1856 年 7 月 30 日生于爱丁堡，曾就学于爱丁堡公学、哥廷根大学和爱丁堡大学。作为一名成功的

律师，他于 1890 年成为女王的一名法律顾问。1885 年竞选成为下议院中来自洛锡安的议员，任此职达 26 年之久。1904 年组成帝国陆军总参谋部，1905 年被任命为陆军大臣，他进行了三项大的改革：创建一支能快速部署到欧洲大陆的远征军，发展国土军使之成为一支训练有素的后备军以及组建一个总参谋部。1911 年被封为子爵，离开陆军部后任大法官（1912—1915 年）。1915 年因被指控同情德国被迫辞职，一战期间几乎无所事事。1924 年被任命为拉姆齐·麦克唐纳政府中的上议院议长。任此职至其 1928 年 8 月 19 日卒于克洛恩。

霍尔丹是一位聪明和敏感的政治家。他实行的军事改革对于英国军队在第一次世界大战初期的作战行动至关重要。他著有几本书，包括《通向现实之路》（1903 年）和《人文哲学》（1922 年）。

DLB

参考：Haldane, Richard Burdon, Autobiography. London, 1929.

Maurice, F., Lord Haldane. 2 vols. London, 1937—1939.

Sommer, Dudley, Haldane of Cloan. London, 1960.

哈尔德，弗兰茨(Halder, Franz, 1884—1972 年) 纳粹德国陆军上将。参加主要战争：第一次世界大战（1914—1918 年）、第二次世界大战（1939—1945 年）。

哈尔德 1884 年 6 月 30 日生于维尔茨堡。曾在巴伐利亚军队中任炮兵军官，并在巴伐利亚参谋学院学习。第一次世界大战中在鲁普雷希特王子的参谋部任职。战后留在国防军中服役。1935 年 7 月 1 日任第七步兵师师长。1936 年 8 月 1 日晋升中将。1936 年 10 月 5 日任主管训练的副参谋长。1938 年 2 月 1 日晋升炮兵上将。3 月 1 日任主管作战的副参谋长。8 月 27 日在捷克危机前夕接替路德维希·贝克将军任陆军总参谋长。他当时已准备在德国被迫卷入战争的情况下发动反对希特勒的军事政变。尽管 9 月 28—29 日一些部队已按计划开始调动，但张伯伦和达拉第在慕尼黑意外地向希特勒让步，使他失去了发动政变的必要性。第二次世界大战初期仍任德军总参谋长。他曾劝说希特勒不要在 1939 年向西方发动进攻。1940 年制定了入侵英国的“海狮”行动计划。1941 年制定了入侵俄国的“巴巴罗萨”行动计划。1941 年 8 月，他对希特勒削弱对莫斯科的大规模进攻，转而进攻列宁格勒和乌克兰的作战方针提出反对意见，但被希特勒驳回。12 月苏军发动冬季攻势后希特勒解除了许多将领的职务，而他仍担任总参谋长。1942 年 9 月 24 日，因在 1942 年战役的目标上与希特勒发生争执被解职。后退出公共生活。1944 年 7 月 20 日刺杀希特勒的计划失败后被捕，被监禁在达豪。1945 年 5 月被推进中的美军释放。1972 年 4 月 2 日卒于切姆西的阿绍。

哈尔德是一位忠于职守、值得信赖的军人，也是一位富于才干、有所造诣的总参谋长。他在总参谋部内部反纳粹的计划中所起的作用难以估量，因为他的性格高深莫测，又异常沉默寡言。但显然他能做到既摆出一种不关心政治的状态，又谨慎地反对希特勒。他认为希特勒是个危险的独裁者，正把德国引向万劫不复的灾难。

DLB

参考：Dupuy, Trevor N., A Genius for War. Fairfax, Va., 1984.

Goerlitz, Walter, Der deutsche Generalstab. Frankfurt a. M., 1952.

Halder, Franz, The Private War Journal of Franz Halder. Colorado Springs, 1976.

——, Tägliche Aufzeichnungen des Chefs des Generalstabs des Heeres. Edited by Arbeitskreis fur Wehrforschung. 3 vols. Stuttgart, 1962—1964.

黑尔，威利斯(Hale, Willis·H., 1893—1961 年) 美国空军将军。参加主要战争：第二次世界大战（1941—1945 年）；参加主要战役（战斗）：中途岛之战（1942 年）、中太平洋空中战役（1942—1945 年）。

霍尔，查理·菲利普(Hall, Charles Philip, 1886—1953 年) 美国陆军将领。参加主要战争：第一次世界大战（1917—1918 年）、第二次世界大战（1941—1945 年）；参加主要战役（战斗）：贝利伍德（蒂埃利堡附近）之战、埃纳河-马恩河战役、圣米耶尔战役和默兹-阿尔贡战役（1918 年）、新几内亚战役（1942—1944 年）、莫罗太岛之战（1944 年）和菲律宾战役（1945 年）。

霍尔 1886 年生于密西西比州的萨尔迪斯。1911 年毕业于西点军校。第一次世界大战期间在驻法国的第二师中服役。先后参加了贝利伍德之战（1918 年 6 月 6—25 日）、盟军在埃纳河-马恩河地区的反攻（1918 年 7 月 18 日—8 月 6 日）、圣米耶尔攻势（1918 年 9 月 12—16 日）和默兹-阿尔贡攻势（1918 年 9 月 26 日—11 月 11 日）。1926 年毕业于指挥与参谋学院。1930 年毕业于陆军军事学院。第二次世界大战前夕晋升准将。1942 年，任驻西南太平洋地区第十一军军长。率该军参加了盟军在新几内亚（1943 年 1 月—1944 年 7 月）和莫罗太岛（1944 年 9 月 15 日）实施的攻势作战。在美军夺回吕宋岛的行动中，率部于 1945 年 1 月 29 日在苏比克湾附近登陆。后参加了解放马尼拉（1945 年 2 月 3 日—3 月 4 日）、巴丹和科雷吉多尔（1945 年 1 月 16—27 日）的作战。占领日本期间，晋升中将，任第八集团军军长。1945—1946 年，参与了对日本战犯第一次进行审判的准备工作。卒于 1953 年 1 月 27 日。

KS

参考：Marquis' Biographical Encyclopedia.

New York Times obituary, January 28, 1953.

哈勒克，亨利·韦哲(Halleck, Henry Wager, 1815—1872 年)

绰号“旧脑筋”、“木脑袋”。美国将军。参加主要战争：美墨战争（1846—1848 年）和美国内战（1861—1865 年）；参加主要战役（战斗）：柯林斯战役（密西西比州，1862 年）。

哈勒克 1815 年 1 月 16 日生于纽约州的维斯特维尔。1839 年毕业于西点军校，后被派至工兵部队任职。1844 年被派赴欧洲考察筑城技术。发表了一系列有关军事科学的演讲，后于 1846 年汇集为《军事艺术和科学要义》出版。参加了美墨战争但几乎没有参加作战行动，最初主要负责修建工事。1847 年 5 月晋升名誉上尉。任加利福尼亚州军事政府中的秘书，对州宪法的制定作出重要贡献（1849 年 9 月）。1854 年 8 月辞职做律师。任太平洋和大西洋铁路公司董事长。内战爆发后，任民兵组织少将，后任正规军少将（1861 年 8 月）。11 月任密苏里（后为密西西比）战区司令官，负责组织和训练志愿军部队。柯林斯战役中（1862 年 5—6 月），指挥俄亥俄军团，但被证明不适合战场指挥。7 月被格兰特取代，被调至华盛顿任华盛顿军团司令。再一次被格兰特取代，他被“从楼上踢下”任参谋长（1864 年 3 月）。1865 年 3—4 月，任詹姆斯军区司令官。后任太平洋军区司令官（1865 年 8 月—1869 年 3 月）和南部军区司令官（1869—1872 年）。1872 年 1 月 9 日卒于肯塔基州的诺克斯维尔。

哈勒克尽管是一位拙劣的战场指挥官，但却又是一位极为出色的行政官员和军事理论家。他在组织、征募和训练联邦志愿军部队方面表现出的才华对后来的战争极有裨益。他缺乏战场指挥技能以及过于谨慎的天性使他自己不能胜任军职。作为一位法律方面的作家，他备受尊重，其著述也拥有广泛的读者。

VBH

参考：Ambrose，Stephen A.，Halleck：Lincoln's Chief of Staff. Baton Rouge，1962.

Warner，Ezra，Generals in Blue. Baton Rouge，1977.

哈尔西，小威廉·弗雷德里克（Halsey，William Frederick，Jr，1882—1959 年） 昵称“公牛”，美国海军五星上将。参加主要战争：第一次世界大战（1917—1918 年）、第二次世界大战（1941—1945 年）；参加主要战役（战斗）：中太平洋袭击行动、瓜达尔卡纳尔海战（1942 年）、所罗门群岛战役（1942—1943 年）、新几内亚战役、莱特湾海战（1944 年）、南海海战（1945 年）。

哈尔西 1882 年 10 月 23 日生于新泽西州伊丽莎白，是一位海军军官之子。1904 年他步其父的后尘，以全年级 62 名学员中第四十三名的成绩毕业于安那波利斯海军军官学院。1906 年被授予少尉军衔。1907 年 8 月—1909 年 2 月，随白色大舰队巡航全球。后在南卡罗来纳州查尔斯顿学习鱼雷课程。1912 年 8 月—1913 年 2 月，在许多驱逐舰和鱼雷艇上服役，曾指挥过“弗卢塞尔”号驱逐舰。1913—1915 年，任“贾维斯”号驱逐舰舰长。期间于 1914 年 4—10 月参加了占领维拉克鲁兹的作战行动。1916 年 8 月晋升少校。1915—1917 年，在海军军官学校行政部门任职。1917—1918 年，在第一次世界大战期间，先后任驻爱尔兰昆斯敦的“邓肯”号和“贝纳姆”号驱逐舰舰长，执行护航任务。1918—1921 年，战后继续在大西洋和太平洋海域的驱逐舰上服役。1921—1922 年，在海军情报处工作。1922—1924 年，任驻柏林海军武官。1923—1924 年，又兼任驻挪威、丹麦和瑞典海军武官。1924—1926 年，在欧洲海域的驱逐舰上服役。1926—1927 年，任“怀俄明”号战列舰副舰长。1927 年 2 月晋升上校。1927—1930 年，任“雷纳·梅塞德斯”号邮船船长，这艘船是 1898 年从西班牙人那里夺得的。1930—1932 年，任第十四驱逐舰中队司令。1933 年毕业于海军军事学院。1934 年毕业于陆军军事学院。1935 年 5 月，42 岁时在彭萨科拉完成飞行训练。1935 年 7 月—1937 年 7 月，任“萨拉托加”号航空母舰舰长。1937—1938 年，任彭萨科拉海军航空站司令。1938 年 3 月晋升少将。1938—1939 年，任第二航空母舰分队司令。1939—1940 年，任第一航空母舰分队司令。1940 年 6 月晋升中将，任航空母舰主力舰队司令兼第二航空母舰分队司令。1941 年 12 月 7 日日军偷袭珍珠港时，他正率“企业”号和“约克镇”号航空母舰在海上执行任务。1942 年 1—5 月，在偷袭珍珠港后的几个月中，对中太平洋上日本的偏远岛屿发动几次袭击。4 月 18 日，坐镇“企业”号航空母舰，为“大黄蜂”号航空母舰护航，该航空母舰满载詹姆斯·H. 杜利特尔上校空袭日本的 B-25 轰炸机。5 月下旬由于生病将指挥权移交斯普鲁恩斯，因而错过了 6 月 4 日的中途岛海战。10 月代替罗伯特·L. 戈姆利任南太平洋舰队司令。10 月 26—28 日，在圣克鲁斯海战中遭到战术上的失败，但美国海军仍然在瓜达尔卡纳尔海域活动，因而取得战略上的胜利。11 月 12—15 日，在瓜达尔卡纳尔海域持续数天的海战中，他指挥的舰队击败了日本海军的最后攻势。1943 年 6—10 月，在夺取所罗门群岛其他岛屿的战斗中，指挥海上支援作战。1943 年 11 月 1 日—1944 年，为夺取布干维尔提供海上支援，包围了日军重要基地拉包尔。1944 年 6 月，任第三舰队司令。8 月，在“新泽西”号战列舰上实施作战指挥。10 月 17—20 日，美军在菲律宾群岛的莱特岛登陆。面对日本海军的反攻，他被日军施放的诱饵小泽治三郎将军的残余航母舰队所迷惑，于 10 月 25 日在吕宋海域击沉其 4 艘航空母舰，但只派一支由护航航空母舰和驱逐舰组成的弱小舰队掩护圣贝纳迪诺海峡（不过，同日在萨马海域的一次激战中，这支舰队击退了栗田健男将军指挥的强大的中央舰队）。他后来实施的为时已晚的驰援行动，很自然地被人比作蜗牛赛跑。此后他继续支援菲律宾的两栖作战，但 12 月他的第三舰队遭到台风袭击，损失了 3 艘护航驱逐舰，招致更多的批评。1945 年 1 月 10—20 日，他在南海大胜日军，摧毁大量日

军运输船。后将指挥权移交雷蒙·A. 斯普鲁恩斯将军，着手制定下一步作战计划。1945 年 5 月—6 月 22 日，再度指挥海军参加了冲绳战役最后阶段的战斗。7—8 月，袭击日本本土岛屿。9 月 2 日，在东京湾他的旗舰“密苏里”号战列舰上，日本正式投降。此后仍任第三舰队司令。11 月由霍华德·金曼将军接任其职务。12 月晋升五星上将。后在海军部长办公室执行特别任务。1947 年 4 月退役。后在几个商业部门任职，并驳斥了一些人对其战时行为的种种非议。1959 年 8 月 16 日，卒于纽约州菲舍尔斯岛。

哈尔西性格开朗，敢作敢为，精力旺盛，与其沉稳的同事斯普鲁恩斯形成鲜明的对比。他主张可以冒能预计的风险，在运用其快速航空母舰作战时坚持“狠狠打击、迅速打击和经常打击”的原则。尽管他在菲律宾战役中的行为受到指责，但他的部下对他忠心耿耿，一致认为他知人善任。这或许与美国人总是崇敬有闯劲的人有关。

KS and VBH

参考：Adamson, Hans, and George Kosco, Halsey's Typhoons. New York, 1967.

Clark, J. J., and Clark G. Reynolds, Carrier Admiral. New York, 1967.

Frank, Benis M., Halsey. New York, 1974.

Halsey, William F., and J. Bryan Ⅲ, Admiral Halsey's Story. New York, 1947.

Merrill, James M., A Sailor's Admiral: A Biography of William F. Halsey. New York, 1976.

DAMB

WAMB.

汉密尔顿，亚历山大（Hamilton, Alexander, 1757(?)—1804 年） 美国陆军军官和政务活动家。参加主要战争：美国独立战争（1775—1783 年）；参加主要战役（战斗）：长岛之战、怀特普莱恩斯之战、特伦顿之战（1776 年）、普林斯顿之战（1777 年）、约克镇之战（1781 年）。

汉密尔顿 1757 年 1 月 11 日（或 1755 年 1 月 11 日）生于加勒比海的内维斯岛。就学于纽约市的国王学院（今哥伦比亚大学，1773 年）。后被授予纽约地方炮兵连的上尉（1776 年 3 月 17 日）。参加了长岛之战（1776 年 8 月 27 日）、怀特普莱恩斯之战（1776 年 10 月 28 日）、特伦顿之战（1776 年 12 月 25 日）和普林斯顿之战（1777 年 1 月 3 日）。20 岁生日过后不几个月即成为华盛顿的秘书兼副官，并晋升为中校（1777 年 3 月）。娶菲利普·斯凯勒将军之女伊丽莎白为妻（1780 年 12 月），从而获得了重要的政治资本。与华盛顿发生一场争执后离开了总司令参谋机构中的职位（1781 年）。后被任命为拉斐特师中轻装营营长（1781 年 7 月）。约克镇之战中，他指挥了对九号棱堡的进攻（1781 年 10 月 14 日）。晋升为名誉上校（1783 年 9 月 30 日），后不久即离开了军队（1783 年 12 月 23 日）。战争期间曾担任议员（1782—1783 年），并开始在纽约从事律师工作。在争取支持批准宪法方面发挥了作用，与詹姆斯·麦迪逊和约翰·杰伊同为一系列捍卫宪法文章的主要作者。这些文章以《联邦主义》的书名出版，称之为“联邦文件”（1787—1788 年）。出任华盛顿政府中的第一任财政部长（1789—1795 年）。他的政策帮助美国消除了战争期间形成的巨大债务。稍后汉密尔顿退出公职重操律师之业（1795 年 1 月 31 日）。在新泽西威霍肯高地与阿伦·伯尔的著名决斗（1804 年 7 月 12 日）中受到致命创伤，卒于稍后，时年 47 岁。

汉密尔顿因其任财政部长时的政绩和联邦文件的作者而闻名（虽然他的许多政策曾引起公愤）。但他年青时在美国独立战争期间堪为楷模的军事活动与上述名声相比也并不逊色。

ACD

参考：Boatner, Encyclopedia.

Dupuy, Trevor N., and Gay M. Hammerman, People and Ecents of the American Revolution. New York, 1974.

EB.

汉密尔顿，亨利（Hamilton, Henry, 卒于 1796 年） 外号“买发者”。英国上校和殖民总督。参加主要战争：法国与印第安人的战争（1754—1763 年）、美国独立战争（1775—1783 年）；参加主要战役（战斗）：路易斯堡之战（1758 年）、魁北克之战（1759 年）、俄亥俄河谷地之战（1775—1779 年）。

出生日期和早期经历不详。在法国与印第安人的战争中，参加了路易堡战役（1758 年 5 月 30 日—7 月 27 日）和魁北克战役（1759 年 6 月—9 月 13 日）。曾任加拿大副总督兼底特律市司令官（1775—1779 年）。美国独立战争期间，他利用印第安人与白人定居点之间的敌意，怂恿对俄亥俄河谷地中的边境定居点进行袭击（1778 年）。他在率军企图从乔治·罗杰斯·克拉克手中夺回温森斯时被克拉克生俘（1779 年 2 月 25 日）。在弗吉尼亚的威廉斯堡监禁了数月，但最终在宣誓之后获释并送往纽约。战后历任魁北克副总督（1784—1785 年）、百慕大总督（1790—1794 年）、多米尼加总督（1794—1795 年）。卒于 1796 年。

汉密尔顿之所以获得“买发者”的外号，是因为据说他曾悬赏求取由印第安人带给他的美国白人头皮。此举在当时战争双方均习以为常。

ACD

参考：Boatner, Encyclopedia.

Dupuy, Trevor N., and Gay M. Hammerman, People and Events of the American Revolution. New York, 1974.

汉密尔顿，伊恩·斯坦迪什·蒙蒂思爵士（Hamilton, Sir Ian Standish Monteith, 1853—1947 年） 英国将军。参加主要战争：第二次阿富汗战争（1878—1880 年）、第一次英布战争（1881 年）、马赫迪战争（1883—1898 年）、第三次缅甸战争（1885—1886 年）、蒂拉赫之战（1897—1898 年）、第二次英布战争（1899—1902 年）和第一次世界大战（1914—1918 年）；参加主要战役（战斗）：马朱巴（在纽卡斯尔附近）之战（1881 年）、埃兰兹拉赫特（在莱迪史密斯附近）之战（1899 年）、杜伦科普（在莱迪史密斯附近）之战（1900 年）和加利波利之战（1915 年）。

汉密尔顿 1853 年 1 月 16 日生于科孚（克基拉），1872 年进入陆军，后加入第九十二高地联队，参加了第二次阿富汗战争（1878 年 11 月—1880 年 9 月），并赢得弗雷德里克·罗伯茨将军（后封伯爵）的注意。被派往南非，随科利将军参加了马朱巴山的战斗，在那里负伤并一度被俘（1881 年 2 月 27 日），因伤而左腕残疾。1884 年 9 月—1885 年 4 月曾参加沃尔斯利沿尼罗河而下解围在喀土穆的戈登的失败的远征。后返回印度参加了第三次缅甸战争（1885 年 11 月—1886 年 1 月）。他作为上校指挥一个旅参加了在印度西北部边界的蒂拉赫（在白沙瓦西南地区）远征（1897 年 10 月—1898 年 4 月）。1899 年前往南非任乔治·怀特爵士将军的纳塔尔部队的参谋长，在埃兰兹拉赫特之战（10 月 21 日）中指挥步兵旅。1899 年 11 月 2 日—1900 年 2 月 28 日被围困于莱迪史密斯，他没能充分加强在莱迪史密斯的他所辖防区的防御阵地，结果当布尔围攻者进攻瓦根山（在该城附近）时英军损失惨重。尽管如此，仍被罗伯茨勋爵任命为当地中将指挥官，率部从布隆方丹向约翰内斯堡进军，5 月 16 日他指挥罗伯茨的一个师，在该次战争中最后一次精心策划的较大战斗中夺取杜伦科普。6—11 月他参加了几次与残存的布尔人小部队的战斗。当罗伯茨返回英国后，他任基纳钦的参谋长。指挥了几次作战行动，其中在鲁伊瓦尔（在克隆斯塔德以北）取得大捷（1902 年 4 月 11 日）。出席了在费雷尼欣的和平条约签订仪式（5 月 31 日）。1903—1904 年返回英国任军需总监。1904 年 2 月—1905 年 9 月日俄战争期间担任军事观察团团长，随日军在中国东北观战。其后根据其考察情况出版了《一个参谋军官的所见所闻》一书（1905—1907 年）。1909—1910 年任英国南部防区的司令官和陆军副官署署长。后在反对罗伯茨勋爵的征募计划中起到带头作用。1910 年任地中海英军总司令，1914 年晋升上将，任英国国土陆军总司令数月。1915 年 3 月任英国地中海远征军司令，指挥在加利波利的登陆作战（4 月 25 日）。由于缺乏适当的装备和支援，地形复杂困难以及指挥官们不能合作，登陆作战行动代价高昂，未能达成预定目的。随着援兵的到达，8 月 6—8 日再次实施进攻，但又一次以失败而告终。他因反对撤兵的提议而被解职并召回（10 月），此后再也没有担任指挥职务。战后他从事复员军人的福利工作，出版了几本关于其军旅生涯和加利波利战役的书。1947 年 10 月 12 日卒于伦敦。

汉密尔顿是一位极具天赋的军官，他本人因勇敢、魅力和智慧出众而闻名。虽然他在文学方面的才能表明他有极好的理解力和清晰的思想，但同时也在更多的传统型军官中引起怀疑。他对加利波利的失败只负有部分责任。整个行动具有以下特点：措施、手段不足，指挥官们力不胜任，以及计划不明确。

DLB

参考：Hamilton, Sir Ian S. M., Gallipoli Diary. 2 vols. New York, 1920.

——, Listening for the Drums. London, 1944.

——, A Staff Officer's Scrap-Book. 2 vols. London, 1905—1907.

Hamilton, Ian, The Happy Warrior: A Life of General Sir Ian Hamilton. London, 1966.

Moorehead, Alan, Gallipoli. New York, 1956.

汉密尔顿第三侯爵和第一公爵，詹姆斯（Hamilton, James, 3rd Marquess and 1st Duke of, 1606—1649 年） 参加主要战争：第一次主教战争（1639 年）、第一次英国内战（1642—1646 年）、第二次英国内战（1647—1648 年）；参加主要战役（战斗）：普雷斯顿之战（兰开夏，1648 年）。

汉密尔顿生于 1606 年 6 月 19 日，汉密尔顿第二侯爵詹姆斯和安妮·坎宁安之子。因系阿伦第一伯爵詹姆斯·汉密尔顿的嫡孙，他有机会继承苏格兰王位，因詹姆斯六世（英格兰的詹姆斯一世）有后嗣，故未能即位。毕业于牛津大学埃克塞特学院。1625 年承父位任第三侯爵。1628 年白金汉死后，任骑兵总监、内宫侍臣总管和枢密院顾问官。1631 年，率一支几千人的军队赴德意志在古斯塔夫·阿道夫麾下作战。守卫奥得要塞，其间几乎没有作战。由于疾病和饥饿，他的军队几乎丧失殆尽，后于 1633 年 5 月返回苏格兰。出任国王在议会的专员，1638 年被查理一世任命为处理苏格兰问题的专门委员，11 月 21 日参与反对国王查理一世的新祈祷书，但没有能力影响事件的进程，之后返回英格兰。战争迫在眉睫，受命指挥对福斯河谷的远征，但因难度甚大，放弃该计划，并辞去此项任职（1639 年 7 月）。1639—1641 年发生的主教战争引发了一些混乱，期间他愚笨的阴谋诡计和犹豫不决使几乎所有派别与他疏远。1641 年 8—10 月在国王查理第二次出访苏格兰期间，他不热心支持阿盖尔伯爵的誓约派，为此蒙特罗斯伯爵詹姆斯·格莱安对他耿耿于怀。1642 年 7 月—1643 年 3 月，未能劝阻苏格兰人支持国会，使得他与阿盖尔的裂痕增大。因其在使誓约派保持中立方面做出了贡献，4 月 12 日受封汉密尔顿公爵，拒绝庄严盟约的要求，12 月被迫逃离苏格兰。由于他无休无止制造阴谋诡计，最后激怒了国王，被监禁。先是押在康沃尔的彭戴尼斯城堡（1644 年 1 月），尔后

又转至圣迈克尔山囚禁。1646 年 4 月 23 日为托马斯·费尔法克斯军队解救。控制了苏格兰议会。查理一世被俘后，他劝说苏格兰人干涉英格兰内政（1647 年 6 月—1648 年 3 月）。1648 年 7 月 8 日，亲自指挥一支数量众多、但无作战经验的保皇军进入英格兰。8 月 17—18 日，在普雷斯顿附近为克伦威尔击破。8 月 25 日，在尤托克西特附近被俘关押在温莎城堡。1649 年 2 月受到审判，3 月 6 日被判死刑，3 月 9 日在温莎被处死。

汉密尔顿是一位愚笨、鲁莽的政治家。不是客观而是过高地估计了自己的能力，沉迷于搞复杂的阴谋和计划。作为一位将军，他甚至更糟：优柔寡断、胆怯，而且意志薄弱。

DLB

参考：Riddell, Edwin, ed., Lives of the Stuart Age. New York, 1976.
Rogers, H. C. B., Battles and Generals of the Civil Wars, 1642—1651. London, 1968
Wedgwood, Cicely V., The King'e War. London, 1958

汉普顿，威德（Hampton, Wade, 1818—1902 年） 美国南部同盟将军。参加主要战争：美国内战（1861—1865 年）；参加主要战役（战斗）：第一次布尔溪之战（弗吉尼亚州的马纳萨斯，1861 年）、七棵松之战（里士满附近，1862 年）、安蒂特姆之战（1862 年）、葛底斯堡之战（1863 年）、荒原之战（拉皮丹河南部，1864 年）、特雷威廉车站之战（弗吉尼亚州的戈登斯维尔附近，1864 年）和彼得斯堡之战（1864 年）。

汉普顿 1818 年 3 月 28 日生于南卡罗来纳州的查尔斯顿。1836 年毕业于南卡罗来纳学院（今南卡罗来纳大学）。1852—1861 年，任州议员。组建了汉普顿团，任其上校，并率此部队参加了第一次布尔溪之战（1861 年 7 月 21 日），战斗中受伤。1862 年 5 月晋升准将。5 月 31 日在七棵松战役中受伤。7 月调至骑兵部队，9 月任斯图亚特将军的副手。参加了安蒂特姆战役（9 月 17 日），在葛底斯堡战役中（1863 年 7 月 1—3 日）三次受伤。8 月晋升为少将。1864 年 5 月出任北弗吉尼亚军团骑兵军的司令官。参加了荒原战役（5 月 5—6 日）。6 月 11—12 日，在特雷威廉车站战役中因其表现声名鹊起。作为李将军主要的骑兵司令，参加了彼得斯堡防御战。谢尔曼军团行军南、北卡罗来纳期间（1865 年），对谢尔曼军团发动了一系列的袭击。2 月晋升为中将。在战争后期，试图防止杰弗逊·戴维斯被俘的企图未获成功。他强烈反对国家重建，1876—1879 年任南卡罗来纳州州长。1879—1881 年，任参议员。1893—1897 年，任太平洋铁路公司特派员。1902 年 4 月 11 日卒于南卡罗来纳州的哥伦比亚。

汉普顿是一位聪明、勇敢和卓有能力的指挥官。尽管没有受过一位战士所应该受的军事训练，但他善长学习并成为一位优秀的骑兵军官。他在特雷威廉车站之战中的表现被李将军描述为“一次漂亮的成功。”

VBH

参考：Snow, Gapt. William P., Lee and His Generals. New York, 1982.
Wellman, Manly Wade, Giant in Gray: A Biography of Wade Hampton of South Carolina. New York, 1949.
Wells, Edward A., Hampton and His Cavalry in '64. Richmond, Va., 1899.

韩安国（Han An-kuo，作战时间：公元前 135—前 129 年） 中国汉朝将军。参加主要战争：汉朝对匈奴的战争（公元前 140—前 80 年）。

韩安国约生于汉文帝初年，出身贵族。参军后不断升迁，成为汉武帝麾下的一员战将。公元前 135 年前后指挥一支纵队西出北地进攻匈奴。公元前 133 年，匈奴 10 万人马攻掠汉边境地区，汉武帝派 30 万大军分五路在马邑（今山西省朔县）伏击匈奴，韩安国是其中一路兵马的指挥官。公元前 129 年秋，率军守卫渔阳。卒于公元前 127 年。

PWK

韩复榘（Han Fu-ch'ü, 1890—1938 年） 中国国民党将领、地方军阀。参加主要战争：军阀内战（1920—1937 年）。

韩复榘 1890 年生于河北霸县。抗日战争爆发后，为保存实力，坐视国土沦陷，不战而放弃山东（1938 年）。1938 年 1 月 24 日经军事法庭审讯，被枪决。

花谷正（Hanaya, Tadashi, 1894—1957 年） 日本陆军将领、战犯。参加主要战争：侵略中国东北（1931—1932 年）、第二次世界大战（1941—1945 年）；参加主要战役（战斗）：第二次若开战役（1944 年）、锡当河战役（1945 年）。

花谷正 1894 年生于冈山县。1914 年毕业于陆军军官学校。1922 年毕业于陆军大学。1929 年晋升少校，任步兵营营长。后任侵华关东军参谋军官。在领导奉天（沈阳）特勤处期间，积极参与并阴谋策划了 1931 年 9 月 18 日的“九一八事变”，使日本在 1931—1932 年侵占了中国东北。1937 年晋升上校，任步兵团团长。1939 年任日本的扶持的傀儡政权——伪“满洲国”军队的顾问。1940 年晋升少将，任旅长。1941 年任驻华北第一集团军参谋长。1943 年晋升中将，任驻缅甸第五十五步兵师师长。第二次若开战役（1944 年 2—4 月）中，率部与英军作战。尽管由于英军得到空中火力支援，使他实施的侧翼迂回和渗透行动最终受挫，但此次行动取得了很大的成功。1945 年 5—6 月，沿缅甸南部锡当河下游发动进攻，使被打垮的第二十八集团军得以逃出英军的合围。1945 年 7 月直至战争结束，任驻拉包尔的第十八方面军

参谋长。

花谷正是一部残酷无情的战争机器，还以其作为诡计多端的暴徒而闻名。他轻视部属，经常残酷虐待他们。他在缅甸若开和锡当河指挥的作战行动显示出日本法西斯分子特有的残忍狡诈。

MRP

汉考克，温菲尔德·斯科特（Hancock, Winfield Scott, 1824—1886 年） 绰号“好样的汉考克”，美国将军。参加主要战争：美墨战争（1846—1848 年）、第三次西米诺尔战争（1855—1858 年）、美国内战（1861—1865 年）、与北部平原印第安人的战争（1866—1869 年）；参加主要战斗（战役）：丘鲁武斯科之战（墨西哥城附近，1847 年）、半岛战役（1862 年）、安蒂特姆之战（1862 年）、腓特烈堡之战（1862 年）、钱瑟勒斯维尔之战（在腓特烈堡附近，1863 年）、葛底斯堡之战（1863 年）、荒原之战（拉皮丹河以南，1864 年）、斯波齐尔韦尼亚之战（1864 年）、冷港之战（在里士满附近，1864 年）和彼得斯堡之战（1864 年）。

汉考克 1824 年 2 月 14 日生于宾夕法尼亚州的蒙哥马利县，1844 年从西点军校毕业，分配到第六步兵团任少尉军官。美墨战争期间在同姓将军温菲尔德·斯科特麾下任职，因在孔特雷拉斯之战和丘鲁武斯科之战中（皆在墨西哥城附近，1847 年 8 月 19—20 日）的表现而晋升为荣誉中尉。战后历任数职，1855 年 11 月晋升为上尉，参加了第三次西米诺尔战争（1855 年 12 月—1858 年 5 月）和平息堪萨斯骚乱（1859—1860 年）。1860—1861 年曾短时在加利福尼亚州任职，1861 年 9 月从加利福尼亚州返回后晋升为志愿役准将，半岛战役期间，在威廉斯堡之战（1862 年 5 月 5 日）和七棵松之战（在里士满附近，5 月 31 日—6 月 1 日）中表现突出。安蒂特姆之战时（9 月 17 日）在萨姆纳的第二军中指挥一个师，11 月晋升为志愿役少将，在腓特烈堡之战中（12 月 13 日）有进一步的表现。在钱瑟勒斯维尔之战中（1863 年 5 月 2—4 日）对其部的指挥有力而主动，在葛底斯堡之战时（7 月 1—3 日）指挥第二军，率部防守锦标山岭，协助击退了皮克特的冲锋（7 月 3 日），在该处负伤。1864 年 5 月 4—5 日率部越过荒原，随后参加了在斯波齐尔韦尼亚附近的战斗（5 月 8—18 日）、冷港之战（6 月 3—12 日）和彼得斯堡之战（6 月 15—18 日）。8 月晋升为正规军准将，战争结束时任华盛顿防区司令。1866 年 7 月提升为少将，8 月任密苏里军区司令，之后不久在堪萨斯州与印第安人，主要是夏延人作战（1866—1867 年）。1867—1868 年任路易斯安那和得克萨斯军区司令，1868—1869 年任大西洋战区司令，1869—1872 年任达科他州军区司令，1872—1886 年任大西洋战区和东部军区司令。在战后重建的年代他经常与激进的共和党政治家们发生争吵，导致他在 1880 年接受民主党的总统提名。由于缺乏从政经验而在选举中败于詹姆斯·A. 加菲尔德。之后重服现役，1886 年 2 月 9 日卒于纽约州加弗纳斯岛他的司令部。

汉考克是一位极有才能的军官，他精力充沛，坚决而勇敢。他是北军最为能干的师和军指挥官之一。他拒绝运用武装力量支持在南部的行政改革，倾向于安抚前奴隶主而不是新获自由的奴隶，为此和共和党人发生分歧。

KH and DLB

参考：Hancock, Anne, Reminiscences of Winfield Scott Hancock. New York, 1887.
Tucker, Glenn, Hancock the Superb. Indianapolis, Ind., 1960.
Walker, Francis A., General Hancock. New York, 1897.
Warner, Ezra, Generals in Blue. Baton Rouge, 1978.

H

汉尼拔（Hannibal，卒于公元前 406 年） 迦太基将军。参加主要战争：迦太基光复西西里战争（公元前 409 年—前 406 年）。

汉尼拔生于迦太基，为考斯科的儿子、哈米尔卡的孙子。作为迦太基的首席执政官，公元前 410 年受塞杰斯塔之邀，去帮助该国平定其与邻国塞利努斯（卡斯特尔韦特拉诺附近）的争端。是年冬他招募了一支强大的军队，于公元前 409 年春登陆西西里岛的利利巴厄姆（马尔萨拉），旋即围攻塞利努斯，经过九天猛攻拿下该城。汉尼拔血洗了该城并将之夷为平地。为扩大迦太基帝国在西西里岛的影响，翌年夏他移师转攻希梅拉（泰米尔尼-伊梅雷塞附近），经长时间围攻后攻陷该城，屠杀了 3000 名战俘，劫掠了大量艺术珍品及金银财宝，并留下一支驻军后班师迦太基。公元前 407 年汉尼拔第二次远征西西里，并和其孙子希米科共同统治该地区。公元前 406 年春，汉尼拔率领一支强大的军队入侵阿克腊加斯（阿格里真托），在请和遭拒绝后围攻该城。公元前 406 年 6 月（?）在强攻开始后不久卒于瘟疫。

Staff

参考：Dioclorus Siculus.
Xenophon, Hellenica
Warmington, B. H., Carthaye, London, 1960.

汉尼拔·巴卡（Hannibal Barca，公元前 247—前 183 年） “战略之父”，迦太基将军。参加主要战争：征服西班牙（公元前 237—前 220 年）、第二次布匿战争（公元前 219—前 202 年）；参加主要战役（战斗）：围攻萨贡托（公元前 219 年）、提西努斯（提契诺）之战（公元前 218 年）、特雷比亚河之战（公元前 218 年）、特拉西梅诺湖之战（公元前 217 年）、坎尼（坎纳）之战（公元前 216 年）、扎马（位于突尼斯附近）之战（公元前 202 年）。

汉尼拔·巴卡是迦太基将领哈米尔卡·巴卡之子，自

从第一次布匿战争迦太基被罗马打败后，于公元前 237 年，跟随他父亲前往西班牙。公元前 228 年，他父亲去世以后返回迦太基完成其学业，但在公元前 224 年，又返回西班牙，在他兄长哈斯德鲁拔的军队中担任骑兵指挥官。公元前 221 年，当哈斯德鲁拔遇刺以后，他承担起指挥整个军队的重担。公元前 221—前 220 年秋季，经过两次暂短的作战，他率军平定了伊比利亚（西班牙）西北部地区。由于罗马在第一次布匿战争中取得了胜利，使迦太基蒙受了巨大的耻辱，汉尼拔决心进攻罗马的意大利本土以报第一次布匿战争之仇。由于罗马控制了地中海的制海权，因此，为避开罗马的舰队，汉尼拔不得不率军从陆地向意大利机动。经过长达八个月的异常艰苦的围攻，他于公元前 219 年秋占领了罗马忠实的盟国萨贡托。公元前 218 年 7 月，率领其主力部队离开西班牙进入高卢地区。汉尼拔巧妙地运用机动战术，在马斯西利亚（马赛）附近地区实施广泛的机动，战胜了 P. 科尔奈利乌斯·西庇阿率领的军队，并在 8 月越过龙河。公元前 218 年 9—10 月，率军经过艰苦行军，通过了极其艰难的阿尔卑斯山通路，进入意大利，是年 11 月，在提契诺地区，击败了罗马的一支由骑兵和轻步兵组成的部队。是年 12 月，在特雷比亚河又击溃了一支由 T.S. 朗戈斯率领的罗马军队。公元前 217 年 4 月，汉尼拔率军首先绕过了罗马在比萨伊（比萨）附近地区的军队，在特拉西梅诺湖击败并彻底消灭了由 G. 弗拉米尼努斯率领的罗马军队。公元前 216 年 8 月 2 日，在坎尼地区，汉尼拔战胜了由 G.T. 瓦罗和 L.A. 保罗率领的在数量上占有绝对优势的罗马军队，大约歼敌55 000人。公元前 216 年 11 月—前 214 年 6 月，他同马·克劳狄乌斯·马塞卢斯在意大利南部地区进行了多次交战，双方不分胜负。公元前 213 年，率军进攻他林敦（今塔兰托），但是没能占领该城的城堡。罗马为孤立汉尼拔，开始围攻同汉尼拔结盟的加普亚，加普亚城形势告急。公元前 211 年夏，汉尼拔率军企图救援加普亚，但遭到失败。公元前 210 年夏，在赫尔多尼亚（位于阿斯科利附近）地区，击败了由 G.F. 肯图马拉斯率领的两个罗马军团。由于罗马实行殖民地政策，使汉尼拔在意大利南部地区渐渐失去了供应基地，并且逐步被 Q. 费边·马克西姆（迟延者）和其他人所采取的谨慎小心的罗马防御战略所挫败。他的弟弟哈斯德鲁拔率领增援部队赶来增援，途经米陶拉斯（麦陶尔河）地区时被击败并被杀死（公元前 207 年 5 月?），这更使已经陷于困境的汉尼拔处于孤立无援的境地，而且他还逐渐失去了迦太基本土的支持。公元前 203 年秋，率领部队返回非洲，以抵抗 P. 科．西庇阿的入侵。公元前 202 年春天，在扎马之战中，被西庇阿和马西尼萨击败。协助本国同罗马进行谈判，签定了和平协议。公元前 196 年，被选为国家主管行政事务的最高官员，并颁布一些必要的改革和反腐败措施，但是遭到其政敌们的谴责，被迫逃亡叙利亚。公元前 193—前 188 年期间，为叙利亚的安条克三世（大帝）服务，公元前 190 年，他曾经建立了一支小型的腓尼基舰队，并率领这支舰队同罗得岛作战，但是在欧莱梅多姆（科普鲁）海战中被罗得岛的欧达穆斯和 L. 埃米利乌斯·里吉鲁斯击败。随后他逃往克里特，然后又逃往比提尼亚（俾斯尼亚，位于马尔马拉海附近，今土耳其的境内），在那里，前 183 年他为了逃避追捕而服毒自杀。据说，他临死前曾说："让我们把罗马人从他们长期的不安中解救出来吧，因为他们害怕我，每时每刻都在想害死我，以至于无法等待一个老人平静的死去"。

我们所掌握的所有有关汉尼拔的资料，都是从其对手罗马人的著作中得来的。罗马人对汉尼拔是既恨又怕，汉尼拔勇敢而又小心谨慎，在逆境和挫折中不屈不挠，坚定、果断。他创造性地运用了许多著名的战略、战术，尽管他的部队是由使用不同语言的多个种族所组成的，但他能够灵活地运用正确的战略、战术，以充分发挥这支部队的威力。可以说，他的敌人进行战争的方式、方法都是从他那里学来的。汉尼拔是世界历史上最伟大的军事将领之一。

DLB

参 考：DeBeer, Gavin, Hannibal: Challenging Rome's Supremacy. New York ,1969.

Dodge, Theodore Ayrault, Hannibal. Boston, 1891.

Dupuy, Trevor N. , The Military Life of Hannibal. New York,1969.

Livy, The War with Hannibal. Translated by Aubrey de Sélincourt. Edited by Betty Radice. Baltimore,1965.

Polybius, Histories. Translated by W. R. Paton. Cambridge, Mass. ,1922—1927.

Proctor, Denis, Hannibal's March in History. Oxforrd,1971.

汉尼拔·吉斯科（Hannibal Gisco，作战时间：公元前 264—前 260 年） 迦太基舰队司令。参加主要战争：第一次布匿战争（公元前 264—前 241 年）；参加主要战役（战斗）：米拉之战（米拉佐；公元前 260 年）。

汉尼拔·吉斯科是吉斯科的儿子，公元前 264 年，负责指挥一支位于利帕拉（今利帕里）外的小舰队，随同叙拉古（锡腊库扎）的希伦二世，将马麦丁（"战神之子"）的反叛者围困在龙加努斯（位于米拉佐附近）城。是年，他在墨萨拿（今墨西拿）留下一支守备部队，但当罗马进攻时，这支部队投降了马麦丁人，这支部队的指挥官没能抵住罗马军队的进攻，丧失了该城。被罗马军队围困在阿格里真托，公元前 262 年春天，他率军突破了罗马军队的防线，逃出了这座不幸的即将被毁坏的城市。公元前 262—前 261 年，被任命为在帕诺木斯（今巴勒莫）的西西里基地的舰队司令，率军赶往意大利南部海岸。正当他在米拉附近地区蹂躏西西里海岸时，遭

到了由盖尤斯·杜伊利乌斯率领的罗马舰队的攻击。他没有正确认识罗马改革后的船舷战术，其舰队在公元前260年被击败，他的旗舰连同其舰队将近一半的船只被罗马缴获。逃往迦太基，又被授权指挥在撒丁的另一支舰队。当罗马军队在港口缴获了其舰队并击沉了他的大部分船只时，他的部下将他杀害。

汉尼拔·吉斯科是一位能力出众但缺乏运气的指挥官。

Staff

参考：Diodorus Siculus.
Errington, R. M., The Dawn of Empire. London, 1972.
Polybius, History.

汉诺(Hanno, 作战时间：约公元前264—前256年) 迦太基政治家和将领。参加主要战争：第一次布匿战争（公元前264—前241年）；参加主要战役（战斗）：阿格里真托之战（公元前261年）和伊克诺穆斯（利卡塔）海角之战（公元前256年）。

汉诺是汉尼拔·吉斯科之子。公元前264年前后，他在利里巴安（马萨拉）登陆并组建一支部队，以保障迦太基在阿格里真托的安全。公元前262—前261年，率军分陆、海两路围攻梅萨纳，但被击退。而后退到非洲并组建一支庞大的军队，其中还有部分战象，前去支援他父亲围攻阿格里真托。公元前261年夏（?），率部队顺利到达阿格里真托附近，但是却遭到罗马军队的围攻，几乎被击溃。被召回迦太基，并被处以大量罚金。公元前258—前257年，与父亲一起被派往撒丁，尽管遭受其父亲去世的打击，但他仍然坚持同罗马军作战，并取得了一些胜利。在公元前256年的伊克诺穆斯（利卡塔）海域进行的大规模海战中，负责指挥舰队战斗队形的右翼。战败之后，他率领残余舰队开往非洲，以加强迦太基本土的防御。其后情况不详。

Staff

参考：Dorey, Thomas A., and D. R. Dudley, Rome Against Carthage. London, 1970.
Polybius, History.

汉诺(Hanno, 作战时间约：公元前218—前211年) 迦太基将领。参加主要战争：第二次布匿战争（公元前219—前202年）；参加主要战役（战斗）：坎尼之战（公元前216年）、第二次诺拉之战（公元前215年）、卡洛尔（卡洛莱）河之战（公元前214年）和贝尼文坦（贝尼文多）之战（公元前212年）。

汉诺是波米尔卡之子，在西班牙汉尼拔的部队中服役。公元前218年8月，当汉尼拔率军横穿南高卢进军意大利时，汉诺为吸引罗马军队的注意力，在阿维格农附近地区越过龙河，以使汉尼拔能够顺利到达其北部的博凯尔附近地区。在取得重大胜利的坎尼之战（公元前216年8月2日）中，他可能负责指挥迦太基军队的右翼。公元前215年在第二次诺拉之战前不久，他率其部队赶来增援汉尼拔。公元前214年在卡洛尔河被盖·赛·革拉古击败。翌年（公元前213年）在布鲁提乌姆（卡拉波里亚）向革拉古发动了一次进攻，并将其击败，报了一箭之仇。公元前212年，他企图解救加普亚，但却由于该城守军没有主动配合，使其行动受挫。他的营地被Q.F.弗拉克斯率罗马军队攻破，其军队受到重创。此后情况不详。

Staff

参考：Dodge, Theodore Ayrault, Hannibal. Boston, 1891.
Lazenby, J. F., Hannibal's War. New York, 1978.
Polybius, History.

H

汉诺（大将）(Hanno the Great, 作战时间：公元前247—前237年) 迦太基将军。参加主要战争：第一次布匿战争（公元前264—前241年）和雇佣军叛乱（公元前241—前237年）。

汉诺是迦太基的一位将军，公元前247年在布匿战争后期，他在非洲率军作战而崭露头角。公元前241—前237年雇佣军因没有得到报酬，在莫特斯和斯奔丢斯的率领下发动叛乱，汉诺奉命率军镇压并遣散这支部队。由于在这次任务中取得胜利，使他接替了哈米尔卡·巴卡的职务。他始终支持与罗马帝国友好的政策，反对迦太基的对外扩张。

Staff

参考：Fage, J. D., ed., The Cambridge History of Africa. N. p., 1978.
Warmington, Brian Herbert, Carthage. London, 1960.

汉塞尔，海沃德·谢泼德(Hansell, Haywood Shepherd, Jr., 1909—?) 美国空军将军。参加主要战争：第二次世界大战（1941—1945年）；参加主要战役（战斗）：对日本的战略轰炸（1944—1945年）。

原忠一(Hara Chuichi, 1889—1964年) 日本海军上将、军国主义头目。参加主要战争：第二次世界大战（1941—1945年）；参加主要战役（战斗）：偷袭珍珠港（1941年）。

原为一(Hara Tameichi, 生于1900年) 日本海军军官、军国主义头目。参加主要战争：第二次世界大战（1941—1945年）；参加主要战役（战斗）：入侵民都洛（1941年）、爪哇之战（1942年）、韦拉湾之战（1943年）、韦拉拉韦拉之战（1943年）、奥古斯塔皇后湾之战（1943年）、中国东海之战（1945年）。

哈博德，詹姆斯·加思里(Harbord, James Guthrie, 1866—

1947年） 美国将军。参加主要战争：第一次世界大战（1917—1918年）；参加主要战役（战斗）：贝洛林苑（在沙托蒂耶里附近）之战和苏瓦松之战（1918年）。

哈博德1866年3月21日生于伊利诺伊州的布卢明顿。1889年在没能选派到西点军校以后，加入美军步兵第四团。1891年7月在美军第五骑兵团接受任职。1895年从堪萨斯州的利文沃思步兵和骑兵学校毕业，1899年转入美军第十骑兵团，在那里成为约翰·J. 潘兴的亲密朋友。1901年晋升上尉，1902年被派往菲律宾，任菲律宾警察部队副司令。1914年返回美国并晋升少校。当与德国的战争爆发时（1917年4月），他正在陆军军事学院进修，被潘兴选定为在法国美国远征军的参谋长，他很快即相继晋升为中校（国民军），在将美国远征军组建成一支战斗力量中起到了积极作用。1918年5月潘兴任命他为第二步兵师中的陆战旅旅长，在贝洛林苑之战（6月6—25日）中他成功地阻止了德军的进攻。6月晋升少将，并在苏瓦松反攻（7月18—19日）时指挥第二师。7月下旬哈博德奉潘兴之命去组织美国远征军的补给勤务。他调整了陷入混乱的组织，使之很快变成在所有协约国中最有效率者。战后他被提升为正规军的准将（1918年11月30日），并再次被任命为美国远征军的参谋长。1919年9月8日晋升少将，返回美国指挥第二步兵师。1912年当潘兴任参谋长时，他被提名为副参谋长。1922年12月29日退出现役，1923年1月1日被提名为美国无线电公司主席。1942年7月9日在退役表中晋升为中将。1947年8月20日卒于纽约州的拉伊，葬于阿林顿国家公墓。

ACD

参考：Harbord, James G., The American Army in France, 1917—19. Boston, 1936.

——, Letters from a War Diary. New York, 1931.

Pershing, John J., My Experience in the World War. 2 vols. New York, 1931.

DAMB.

WAMB.

哈迪，威廉·约瑟夫（Hardee, William Joseph, 1815—1873年） 绰号"老可靠"，美国南部同盟中将。参加主要战争：美墨战争（1846—1848年）和美国内战（1861—1865年）；参加主要战役（战斗）：蒙特雷之战（墨西哥，1846年）、维拉克鲁兹之战（1847年）、墨西哥城之战（1847年）、夏洛之战（1862年）、佩里维尔之战（肯塔基州，1862年）、斯通河之战（1863年）、查塔努加之战（1863年）、皮奇特里克里克之战（1864年）。

哈迪1815年10月12日生于佐治亚州的萨凡纳，1838年毕业于西点军校，分配到第二龙骑兵团任少尉军官。曾短时间参加第二次西米诺尔战争（1835—1843年）。1840年在法国学习骑兵战术。1844年9月18日任龙骑兵上尉军官。墨西哥战争初期随扎卡里·泰勒一起任职时被俘，后被换回，并参加了蒙特雷之战（1846年9月20—24日）。在温菲尔德·斯科特麾下参加了维拉鲁兹之战（1847年3月27日）和墨西哥城之战（9月13—14日），因作战勇敢晋升为荣誉少校和中校。1855年任第二骑兵团少校军官。1855年出版了《步兵和轻步兵战术》的小册子。该战术被称为"哈迪战术"。1856年晋升中校并任西点军校校长。1861年1月退出军校职务，接受南部同盟军队的上校任命。6月晋升准将。被派往阿肯色州，招募了"哈迪旅"，后转移到肯塔基州（9月），晋升为少将（可能是在11月）。任密西西比军团第三军指挥官，参加了夏洛之战（1862年4月6—7日）和佩里维尔之战（10月8日）。10月晋升为中将，率部参加了斯通河之战（1862年12月31日—1863年1月2日），在查塔努加之战时（11月24—25日）指挥布拉格田纳西军团的右翼部队。12月取代布拉格暂任田纳西军团司令。在亚特兰大战役期间指挥一个军，7月20日在皮奇特里克里克率部袭击詹姆斯·B. 麦克弗森的田纳西军团，但被彻底击退。由于难以与胡德共事，他要求解职，9月调任南卡罗来纳、佐治亚和佛罗里达军区司令。未能阻止谢尔曼进军，12月20日放弃佐治亚州的萨凡纳，1865年2月放弃南卡罗来纳州的查尔斯顿，后与约·埃·约翰斯顿的田纳西军团会合。在北卡罗来纳州的达勒姆车站随军团一起投降。退居亚拉巴马州的塞尔马，1873年11月6日卒于弗吉尼亚州的威斯维尔。

哈迪是一位机智、有才华的熟练的指挥官，他的能力得到人们的尊重。他是邦联军队中最值得信赖的军指挥官之一，其战术手册得到内战双方广泛的使用。

VBH

参考：Hughes, Nathaniel Chairs. Jr., General William J. Hardee: Old Reliable. Baton Rouge, 1965.

Snow, Capt. William P., Lee and His Generals. New York, 1982.

Warner, Ezra, Generals in Gray. Baton Rouge, 1978.

哈马，乔赛亚（Harmar, Josiah, 1753—1813年） 美国将军。参加主要战争：美国独立战争（1775—1783年）、与西北部印第安人的战争（1790—1795年）；参加主要战役（战斗）：莫米河之战（1790年）。

哈马1753年11月10日生于费城。独立战争开始后被任命为宾夕法尼亚第一团中的上尉。先后任宾夕法尼亚第三团中的少校（1776年10日）和宾夕法尼亚第六团中校（1777年6月）。在华盛顿麾下供职（1777—1780年）后，去南方，隶属于亨利·李将军（"轻骑兵哈利"1780年）。曾晋升为名誉上校（1783年9月）。从法国携和平条约归来后被委任为步兵中校，并担任军队中的要职（1784年8月12日）。接替约翰·道蒂上尉任80人部队的指挥官。奉派到边境任交涉西北领地的印第安人事务代表，参加了达成《麦克因托什堡条约》的谈判

(1785 年 1 月)。根据该条约，俄亥俄的大部地区归属印第安人。为保障西北地区的安全，哈马还努力将州民兵分队合编为美国第一团，并于 1785 年后期承担了开拓印第安人的俄亥俄地区的任务。尽管其指挥的部队在随后的几年中进行过多次作战，但他们在总体上的进展微乎其微。后被授予准将（1787 年）。将其驻地设于华盛顿堡（今辛辛那提，1789 年末）。由于与印第安人的紧张关系日益升级，他扩大了其部队的规模并准备采取进攻行动（1790 年春）。率 1453 名士兵（其中正规军士兵仅 320 人）向位于沃巴什河源头的迈阿密人的村庄进发（9 月 30 日）。当他接近其目的地时，他分散了兵力，其部队在与狡猾的作战首领——“小海龟”指挥的印第安迈阿密人的一系列作战中失败，被迫退回华盛顿堡（10 月 18—22 日）。他虽然被阿瑟·圣克莱尔将军撤职（1791 年 4 月 4 日），但同年底经法庭质询后被宣布无罪。退役（1792 年 1 月）后担任宾夕法尼亚大法官（1793—1799 年）。1813 年 8 月 20 日卒于费城。

哈马是一位合格但并非杰出的军人，不足以承担将俄亥俄边境形形色色且组织不全的民兵改编为一支具有战斗力部队的任务。他被印第安人打败是由分散兵力这一错误的战术导致的。

DLB

参考：Kohn, Richard H., Eagle and Sword: The Federalists and the Creation of the Military Establishment in America, 1783—1803. New York, 1975.
Prucha, Francis Paul, The Sword of the Republic, the United States Army and the Frontier, 1783—1846. Bloomington, Ind., 1969.
DAMB.
WAMB.

哈蒙，厄内斯特·内森（Harmon, Ernest Nason, 1894—1979 年） 美国陆军将领。参加主要战争：第一次世界大战（1917—1918 年）、第二次世界大战（1941—1945 年）；参加主要战役（战斗）：北非战役（1942—1943 年）、凯瑟琳关隘之战（1943 年）、意大利战役（1943—1945 年）、安齐奥之战、罗马之战（1944 年）、法国北部和德国战役（1944—1945 年）、巴斯托尼之战（1944—1945 年）。

哈蒙 1894 年 2 月 26 日生于马萨诸塞州洛维尔，但在弗蒙特长大。曾在诺威奇大学学习一年。1913 年考入西点军校。1917 年毕业于西点军校，任骑兵少尉。1917 年 5 月晋升中尉，8 月晋升战时上尉。1918 年 3 月赴法国参战。1918 年 9 月 12—16 日，参加了圣米耶尔战役。9 月 26 日—11 月 11 日，参加了默兹-阿尔贡战役。1920 年 8 月晋升上尉正式军衔。1921 年毕业于骑兵学校。1921—1925 年，在西点军校任教。1927—1931 年，在诺威奇大学教授军事科学和战术。1932 年 11 月晋升少校。1933 年毕业于指挥与参谋学院。1934 年毕业于陆军军事学院。1935—1939 年，在陆军参谋部供职。1940 年 7 月，晋升中校，任驻诺克斯堡阿德纳·R. 查菲将军指挥的第一装甲军助理参谋长。1941 年 11 月，晋升战时准将，任装甲兵司令部参谋长。1942 年 7 月，任第二装甲师师长。8 月晋升少将。1942 年 11 月，率第二装甲师一部参加了在法属摩洛哥的“火炬”登陆行动。接着在 1942 年 11 月—1943 年 5 月，参加了北非-突尼斯战役，尤其是 1943 年 2 月 14—22 日的凯瑟琳关隘之战。1943 年 4 月，任第一装甲师师长。9 月，参加了在萨莱诺的登陆作战。1944 年 1 月，率部赴安齐奥滩头作战，该师率先从滩头阵地突破。5—6 月，在韦莱特里受挫后，该师在五天内推进了 300 公里。6 月 5 日，率部参加了占领罗马的战斗。7 月改任驻得克萨斯第十三军军长，但 9 月复任驻比利时第二装甲师师长。10 月，在突破西格弗里德防线（西墙）的战斗中，归属霍奇斯的第一集团军和辛普森的第九集团军。1944 年 12 月 16 日—1945 年 1 月 18 日，在巴斯托尼之战的最后阶段，参加了美军在阿登的反攻。1 月末，任第二十二军军长，直至 1946 年 1 月该军解散。1945 年 4 月—1946 年 1 月，任第三集团军司令，负责在莱茵和捷克斯洛伐克执行占领任务。1946 年 2 月，任第六军军长。5 月，该军正式编为美国保安部队，一度成为整个美国占领区中唯一的一支作战部队。1947 年初，任陆军地面部队副司令。此后一直担任此职，直到 1948 年 3 月退役。1950—1965 年，任诺威奇大学校长。退休后定居佛罗里达。1979 年 11 月 13 日，卒于弗蒙特白河枢纽站。

KS

参考：Cullum, Current Biography, 1946, Vol. 9.
Harmon, Ernest N., Combat Commander. N. P., 1970.

哈尼，威廉·塞尔比（Harney, William Selby, 1800—1889 年） 美国将军。参加主要战争：第一次西米诺尔战争（1817—1818 年）、黑鹰战争（1832 年）、第二次西米诺尔战争（1835—1842 年）、美墨战争（1846—1848 年）、远征印第安苏族战争（1855—1856 年）和美国内战（1861—1865 年）；参加主要战役（战斗）：塞罗戈多（在维拉克鲁兹和夏拉帕之间）之战（1847 年）、阿什霍洛（布卢沃特克里克）之战（1855 年）。

哈里斯，阿瑟·特拉弗斯（Harris, Sir Arthur Travers Ist Baronet, 1892—1984 年） 昵称“轰炸机”。英国空军元帅。参加主要战争：第一次世界大战（1914—1918 年）、第二次世界大战（1939—1945 年）；参加主要战役（战斗）：盟军的空中攻势（1942—1945 年）。

哈里斯 1892 年 4 月 23 日生于格洛斯特郡切尔特南，在西廷博诺接受教育。1914—1915 年在非洲殖民军罗得西亚（今津巴布韦）团中服役。1915 年转入西线皇家空军服役。后在皇家空军本土防区任飞行员。1919—1936

H

年（?），在印度和中东地区服役。后回到英国任皇家空军计划参谋。1939 年 9 月战争爆发时任第五轰炸机大队队长。1940—1941 年，任空军副参谋长。1942 年 2 月，任轰炸航空兵司令。鉴于“精确轰炸”难以奏效，他开始实行“地毯式”轰炸，企图通过狂轰德国的工业区，破坏德国的工业生产。在温斯顿·丘吉尔的密切配合下，到 1943 年末，轰炸机司令部所属部队由 32 个中队增至 50 个中队。1943 年夏，他由过去的白天空袭偏向用照明弹实施夜间轰炸。1945 年 9 月战争结束时退役。1953 年获准男爵称号。卒于 1984 年 4 月 3 日。

哈里斯工作专心致志，行事果敢。他不断实施的空袭，使主要空袭目标附近的平民遭到严重的附带伤亡。尽管盟军的空中攻势确实对德国的运输系统造成严重破坏，但即使与美军的白天空袭相配合，他实施的战略空袭战役也没能严重削弱德国的工业生产能力。

DLB

参考：Harris, Sir Arthur T., Bomber Offensive. London, 1947.

Lyall, Gavin, ed., The War in the Air: The Royal Air Force in World War Ⅱ. New York, 1968.

Webster, Charles, and Arthur M, Frankland, The Strategic Air Offensive Against Germany, 1939—1945. 6 vols. London, 1961.

哈里森，威廉·亨利（Harrison, William Henry, 1773—1841 年） “老蒂珀卡努”，美国将军。参加主要战争：同西北部印第安人的两次战争（1790—1795 年，1811—1813 年）、1812 年的战争（1812—1815 年）；参加主要战役（战斗）：廷伯（俄亥俄的莫米附近）之战（1794 年）、蒂珀卡努（印度安纳州的拉斐特附近）之战（1811 年）、托马斯（在安大略的伦敦附近）之战（1813 年）。

哈里森 1773 年 2 月 22 日生于弗吉尼亚州的查理城县的贝克莱平原。他是著名政治家本杰明·哈里森的第三子。1787—1790 年入汉普顿-西迪尼学院学习，后转入另一学院。1791 年入华盛顿步兵团，1792 年升中尉，任将军安东尼·威尼的副手，1794 年 8 月 20 日参加廷珀之战。1797 年升上尉，指挥华盛顿步兵团，1798 年离职。6 月赴西北部印第安准州任秘书长，1799 年作为准州代表参加国会。1800 年 5 月任印第安纳准州总督，同印第安人谈判后签定了几个领土条约，从而得以控制印第安人的大部土地。这些条约迫使印第安人更加牢固地团结在特库姆塞及其兄弟滕斯克瓦塔瓦周围，以反对美国白人的侵略。11 月 7 日，哈里森率领一支由民兵和游击队组成的杂牌军，在蒂珀卡努河之战中，打败了特库姆塞。哈里森本来计划继续同印第安人作战，因 1812 年的战争而中断。哈里森经一段时间努力，争取来了民兵少将军衔，1812 年 8 月，底特律陷落以后，任肯塔基民兵总指挥，率该部在辛辛那提打败詹姆斯·温彻斯特将军，随后哈里森收编了詹姆斯的军队，并去威尼堡解围，后来的 9 月，任命他为西北部正规军和游击队的总指挥，并升准将。1813 年 1 月 22 日，当温彻斯特被彻底打败后，哈里森在俄亥俄建立了梅杰斯堡和施蒂芬森，在那里待援。3 月升少将，9 月 29 日，在准将奥利弗·H. 佩里海军舰队的支持下，詹姆斯再克底特律。10 月 5 日，在托马斯之战中，打败英国与印第安军队，此战中特库姆塞被杀。1814 年 5 月，哈里森辞去职务后在俄亥俄定居。1816—1819 年在国会中任职，1819—1821 年任俄亥俄州上院议员。1825—1828 年在美国参议院议员。后被派至哥伦比亚任大使，但仅任职一年。1829—1835 年在俄亥俄退休闲居。1836 年参加总统竞选失利。1840 年同副总统候选人约翰·泰勒再次参加竞选。哈里森最后以较大优势当选。1841 年 3 月 4 日发表了非同寻常的长篇就职演说，随后生病。在官员络绎不绝地伸手要官中病情加重。1841 年 4 月 4 日，哈里森成为第一位卒于办公室的总统。

哈里森是一位卓越的边疆指挥员，他理解他的军民以及印第安战争的规律，他也是一位热情、坚定、颇受欢迎的政治家。

Staff

参考：Cleaves, Freeman, Old Tippecanoe: William Henry Harrison and His Time. 1939. Reprint, New York, 1969.

Goebel, Dorothy B., “William Henry Harrison; A Political Biography”, Indiana Historical Collections, ⅩⅣ. Indianapolis, 1926.

Green, James A., William Henry Harrison: His Life and Times. Richmond, Va., 1941.

Harrison, William Henry, Messages and Letters. 2 vols. Edited by Logan Esarey. Indiana Historical Collections, Ⅷ and Ⅸ. Indianapolis, Ind., 1922.

哈沙瓦尔德哈纳（Harshavardhana 〈Harsha〉, 590—648 年） 印度统治者。

哈沙瓦尔德哈纳是普拉巴卡尔瓦尔德哈纳的儿子，他创立了普什亚布哈蒂王朝。606 年，哈沙瓦尔德哈纳暗杀了哥哥拉杰亚瓦尔德哈纳，夺取了塔内斯瓦尔朝的王位。在这之后不久，老国王格拉哈瓦尔曼去世，由于没有后嗣，哈沙瓦尔德哈纳就成为坎瑙杰的国王。为此，立刻导致了一场战争，一方是坎瑙杰王国，另一方是马加迪王国（比哈尔南部）、马尔瓦王国（维杰恩附近地区）和孟加拉王国。经过 15 年的奋战，哈沙瓦尔德哈纳终于在北方征服了对手，然后又开始竭力向南扩张。620 年，他入侵德干，但被普拉凯欣二世击败。后来哈沙就着眼于巩固自己的统治。在此期间，哈沙自己不但成为一位诗人和剧作家，还大力提倡艺术和文学。哈沙的帝国从喜马拉雅山南部延伸到纳尔马达河。东起甘贾姆，西止瓦拉贝的地区被哈沙统治着。648 年，哈沙去世，其王国不久也灭亡了。

BAR

参考：Kurian, George Thomas, Historical and Cultural Dictionary of India. Metuchen, N.J., 1976.
EB.
EMH.

哈特，托马斯·查理（Hart, Thomas Charles, 1877—1971 年） 昵称"汤米"，美国海军上将。参加主要战争：美西战争（1898 年）、第一次世界大战（1917—1918 年）、第二次世界大战（1941—1945 年）。

哈特 1877 年 6 月 12 日生于密执安州的戴维森。1897 年毕业于海军军官学院。美西战争（1898 年 4 月 25 日—12 月 10 日）中，在古巴海域的美国战列舰"马萨诸塞"号上服役。1899 年被任命为少尉军官。1899—1917 年，在水面舰只和岸上部门担任多种职务。1917—1918 年指挥驻爱尔兰贝雷赫文的 7 艘潜艇。1918 年 4 月晋升上校。1919—1920 年在华盛顿任参谋职务。1921—1922 年，先后任"海狸"号舰舰长和亚洲潜艇纵队司令。1923 年毕业于海军军事学院。1924 年毕业于陆军军事学院。1925—1927 年任"密西西比"号战列舰舰长。1927—1929 年任罗得岛纽波特鱼雷站站长。1929 年 9 月晋升少将。1929—1931 年先后任大西洋和太平洋舰队潜艇部队的司令，1931 年 5 月—1934 年 6 月任海军军官学校校长。1934—1936 年，任巡洋舰分队司令，1936—1939 年在海军总部任职。1939 年 6 月晋升上将并任亚洲舰队司令，期间采取措施维持美国在热点地区的存在，并在与日本的战争爆发时，加强与英国和荷兰军队的合作。1941 年 12 月 25 日放弃在菲律宾甲米地的司令部，逃至爪哇的苏腊巴亚。1942 年 1 月，任远东盟军海军司令。2 月其职务由荷兰海军上将 C.E. 海尔弗里赫接任。6 月返回美国后退役，但不久又被召回到总部任职。1945 年 2 月因被康涅狄格州推选为美国参议员，再度退役。此后一直留在参议院，直至 1946 年 12 月任期期满。1971 年 7 月 4 日卒于康涅狄格州的沙伦。

KS

参考：Morison, Samuel Eliot, History of United States Naval Operations in World War Ⅱ. Vol. Ⅲ: The Rising Sun in the Pacific, 1931—April 1942. Boston, 1947—1962.
New York Times obituary, July 5, 1971.
WAMB.

哈斯布鲁克，罗伯特·威尔逊（Hasbrouck, Robert Wilson, 1896—1985 年） 美国陆军将领。参加主要战争：第一次世界大战（1917—1918 年）、第二次世界大战（1941—1945 年）；参加主要战役（战斗）：阿登战役（1944—1945 年）、鲁尔战役（1945 年）。

哈斯布鲁克 1896 年生于纽约市。1917 年毕业于西点军校。后担任过多种职务，军阶也不断提升，到第二次世界大战爆发时已晋升上校。1942 年晋升准将。1942—1943 年指挥第八装甲师一部作战。1943—1944 年任驻英格兰第十二集团军群副参谋长。1944 年 11 月晋升少将并任第七装甲师师长。在布尔格之战期间（1944 年 12 月 16 日—1945 年 1 月 17 日）率部参加了阿登地区圣维特周围的决定性战斗。1945 年 3—4 月率部参加了从雷马根桥头堡突围的战斗以及鲁尔孤立地地区南端的作战行动。1945 年 8 月—1946 年，回国任陆军地面部队副参谋长。1947 年退役。1985 年 8 月 19 日卒于华盛顿。

KS

参考：Cullum, Current Biography, Vol. 9.

哈斯德鲁拔（Hasdrubal，作战时间：约公元前 255—前 251 年） 迦太基将领。参加主要战争：第一次布匿战争（公元前 264—前 241 年）；参加主要战役（战斗）：阿格里真托之战（公元前 255 年）和帕诺木斯（巴勒莫）之战（公元前 251 年）。

哈斯德鲁拔是汉诺之子。公元前 255 年，被任命为副将，与波斯塔鲁斯和哈米尔卡一起率军在非洲同 M.A. 莱古拉斯率领的罗马军队作战，但是不久他们三人又转而率领斯巴达雇佣军，匆忙赶往西西里以增援那里的部队。公元前 255 年占领阿格里真托，但在公元前 254 年，他未能阻止罗马人从海上对布诺木斯的突然袭击。返回非洲，又奉命率领一支更庞大的部队、其中包括许多战象，赶回增援。公元前 253—前 252 年，返回西西里，并加强训练军队。公元前 251 年，在帕诺木斯外围向 L.C. 梅泰鲁斯率领的罗马军队发起攻击，但由于梅泰鲁斯采取机动战术，重点袭击他的大象，哈斯德鲁拔被击败。战后被召回迦太基，此后情况不详。

DLB

参考：Dorey, Thomas Alan, and D. R. Dudley, Rome Against Carthage. London, 1971.
Polybius, History.
Warmington, Brian Herbert, Carthage. New York, 1969.

哈斯德鲁拔（Hasdrubal，约卒于公元前 221 年） 迦太基将领。参加主要战争：第一次布匿战争（公元前 264—前 241 年）和征服伊比利亚的战争（公元前 237—前 219 年）。

哈斯德鲁拔是著名的哈米尔卡·巴卡的女婿。公元前 228 年冬，他协助哈米尔卡征服伊比利亚半岛的当地部落，取得成功。公元前 228 年哈米尔卡·巴卡在战斗中阵亡之后，他继承了哈米尔卡的三项政策，即：其一向伊比利亚扩张，其二平定西班牙，其三是利用外交手段缓和在伊比利亚问题上同罗马的矛盾。他建立了"迦太基城"（新迦太基，今称作迦太基纳），并于公元前 226 年后，与罗马订约，把埃布罗河作为迦太基的北部边境线。公元前 221 年秋被凯尔特人刺杀，他的弟弟汉尼拔继任其职务。

哈斯德鲁拔是一位有能力的将军，他最突出的功绩

是使迦太基向西班牙扩张，并控制了西班牙。

Staff

参考：Lazenby,J.F.,Hannibal's War. New York,1978.

哈斯德鲁拔·巴卡（Hasdrubal Barca，卒于公元前 207 年） 迦太基将军。参加主要战争：第二次布匿战争（公元前 219—前 202 年）；参加主要战役（战斗）：埃布罗河之战（公元前 216 年）、倍提斯流域（即现在的瓜达尔基维尔河）之战、倍库拉（位于安都加尔附近）之战（公元前 208 年）、米陶拉斯（麦陶尔河）之战（公元前 207 年）。

哈斯德鲁拔·巴卡是哈米尔卡·巴卡的次子，即汉尼拔的弟弟。公元前 218 年，当汉尼拔入侵意大利时，他前往伊比利亚指挥迦太基军队。公元前 218—前 211 年间，率领迦太基军队同普·科·西庇阿和格·科·西庇阿兄弟两人率领的罗马军队作战，在公元前 216 年的埃布罗河之战中败北。公元前 215—前 212 年间，被派往非洲，镇压努米底亚国王西法克斯发动的一次叛乱。后又返回西班牙，在倍提斯流域上游进行的一次作战中，击败了罗马军队，并杀死了格·科·西庇阿。之后不久，普·科·西庇阿率领的罗马军队也被马贡·巴卡率领的迦太基军队击败（公元前 211 年）。在公元前 208 年的倍库拉之战中，普·科·西庇阿（后来称为“阿非利加”西庇阿）竭尽全力，才将哈斯德鲁拔·巴卡击败。按照汉尼拔的命令，匆忙率军赶往意大利。在高卢地区过冬，并在那里招募一些士兵，公元前 207 年春天翻过阿尔卑斯山进入意大利。公元前 207 年夏天，在同汉尼拔会合的途中经过意大利中部地区时，在米陶拉斯（麦陶尔河）地区被盖·克·尼禄和马可·李维·萨利纳托率领的罗马军队包围，迦太基军队被击败，哈斯德鲁拔·巴卡阵亡。战后，罗马军队将他的头砍下，并用抛石机射进了汉尼拔的营地，通知汉尼拔他的弟弟已经被击败和杀死，以向汉尼拔示威，并使汉尼拔绝望。

哈斯德鲁拔·巴卡是一位勇敢顽强的军人，他的战术能力一般，具有一定的战略眼光。米陶拉斯（麦陶尔河）之战的失败，有他个人失误的原因，但其主要原因是由于尼禄的军队准备更加充分，其力量也远远超过他。

Staff

参考：Buroni, G., Le diverse tesi sulla battaglia dei Metauro. N.p.,1953.

Doray,Thomas Alan,and D.R.Dudley,Rome Against Carthage. London, 1971.

Polybias,History.

哈斯德鲁拔·吉斯果（Hasdrubal Gisgo，卒于公元前 202 年） 迦太基将军。参加主要战争：第二次布匿战争（公元前 219—前 202 年）；参加主要战役（战斗）：倍提斯（即现在的瓜达尔基维尔）河之战（公元前 211 年）。伊利帕（位于塞维利亚北部地区）之战（公元前 206 年）、康皮马格尼（梅德耶尔达）之战（公元前 203 年）。

哈斯德鲁拔·吉斯果是吉斯果的儿子，公元前 214 年，奉命同汉尼拔的弟弟哈斯德鲁拔和马贡一起，指挥在伊比利亚的迦太基军队。公元前 211 年，协助马贡和哈斯德鲁拔在倍斯提河之战中消灭了普·科·西庇阿率领的一支罗马军队。避免同罗马军队正面冲突，公元前 207 年被从欧朗吉斯（可能在哈恩）地区赶了出去。公元前 206 年，普·科·西庇阿（后来称为“阿非利加”西庇阿）使用新的战术来对付迦太基军队，在伊利帕之战中哈斯德鲁拔·吉斯果同马贡一起遭到惨败，迦太基在伊比利亚的统治也宣告结束。通过加的斯逃往努米底亚，向努米底亚国王西法克斯寻求避难。公元前 205 年，同西法克斯的女儿索弗妮斯巴结婚。公元前 204 年，当西庇阿围攻乌提卡（今布夏特尔堡）时，哈斯德鲁拔·吉斯果建立起一支新的军队，并与西法克斯一起率领这支军队暂时解了乌提卡之围，但在公元前 203 年的康皮马格尼或巴格拉达斯（梅德耶尔达）河之战中被击败。实行游击战争，不断袭击罗马的后勤供应纵队和交通线。被迦太基宣布为叛徒，公元前 202 年在扎马（位于突尼斯附近）之战前夕自杀身亡。

哈斯德鲁拔·吉斯果是一位精力充沛的指挥官，具有熟练的作战技巧，但却难以对付足智多谋、诡计多端的“阿非利加”西庇阿。

Staff

参考：Dorey, Thomas Alan, and D.R.Dudley, Rome Against Carthage. London,1971.

Lazenby,J.F.,Hannibal's War. New York,1978.

Polybius,History.

Scullard,Howard H.,Scipio Africanus:Soldier and Politician. Ithaca,N.Y.,1970.

哈斯德鲁拔（Hasdrubal，活动于约公元前 216 年） 迦太基骑兵将军。参加主要战争：第二次布匿战争（公元前 219—前 202 年）；参加主要战役（战斗）：坎尼之战（公元前 216 年）。

哈斯德鲁拔（Hasdrubal，作战时期：公元前 150—前 146 年） 迦太基将军。参加主要战争：同马西尼撒作战（公元前 150 年）和第三次布匿战争（公元前 149—前 146 年）。

哈斯德鲁拔的出生日期不详。公元前 150 年在同努米底亚国王马西尼撒的短期作战期间任总指挥。被努米底亚人击败，被判处死刑，但公元前 149 年当与罗马之间再次爆发战争时，又被任命为总指挥。公元前 148—前 146 年动用大规模部队对迦太基城进行防御。公元前 146 年向普·西庇阿·埃米利乌斯投降，其后命运不详。

DLB

参考：Warmington, Brian Herbert, Carthage. New York, 1969.

长谷川清（Hasegawa Kiyoshi，1883—1970 年） 日本海军上

将、军国主义头目。参加主要战争：日俄战争（1904—1905年）、日本侵华战争（1937—1945年）；参加主要战役（战斗）：侵略上海战役（1937年）。

长谷川好道（Hasegawa, Yoshimichi, 1850—1924年） 日本陆军元帅。参加主要战争：复位战争（1868年）、萨摩暴动（1877年）、中日甲午战争（1894—1895年）、日俄战争（1904—1905年）；参加主要战役（战斗）：熊本之战（1877年）、平壤之战（1894年）、海城之战（1894—1895年）和鸭绿江之战（1904年）。

长谷川1850年生于长州藩（今山口县）的岩国。明治复位战争期间（1868年1—3月）在长州大名军中服役，1871年参加新常备军，萨摩暴动期间（1877年2月17日—9月24日）任少校，指挥一个团，参加了解围熊本城堡的战斗（4月14日）。1885—1886年到法国旅游。1886年返回日本即提升为少将。第一次中日甲午战争中指挥一个旅，因其本人及部队在平壤之战（1894年9月15日）和海城之战（1894年12月—1895年1月）中作战凶狠而崭露头角。日俄战争初期（1904年春）指挥黑本将军第一集团军属的警卫师，在鸭绿江之战（4月30日—5月1日）中表现突出，1904年7月晋升上将。1904年9月—1908年12月在朝鲜任占领军司令。1912—1915年任陆军参谋总长，1913年当山本内阁修改法规以允许从预备役军官中选择军种大臣时，他直接向天皇提出抗议。1915年提升陆军元帅，卒于1924年。

长谷川是一位富有扩张狂热精神的战场指挥官。在政治活动中表现平平，他反对扩大对朝鲜进行政治控制的努力，支持维持和扩大军事权威。

LH

桥本君（Hashimoto Gun, 1886—1963年） 日本将军。参加主要战争：日本侵华战争（1937—1945年）；参加主要战役（战斗）：华北之战（1937年）。

桥本欣五郎（Hashimoto, Kingoro, 1890—1957年） 日本陆军军官、甲级战犯。参加主要战争：日本侵华战争（1937—1945年）。

桥本1890年生于福冈县。1911年毕业于陆军军官学校。1920年毕业于陆军大学。1922—1925年在关东军和中国东北陆军参谋部供职。1930—1931年晋升中校，任参谋部情报部苏联课课长。1931—1935年回日本任团长，期间积极参加由陆军少壮派军官组成的半秘密性质的极端民族主义组织，尤其是创建了臭名昭著的“樱花会”。参与策划了多起阴谋，后因参加1936年2月26日发动的未遂军事政变而被撤职。1937年7月日本侵华战争爆发后再度应召服役，晋升上校并任第十三重型野战炮兵团团长。1937年12月率部炮击长江上的英国炮艇“瓢虫”号。12月12日还参与了有关的空袭并击沉了美国炮艇“帕纳”号。第二次世界大战后以战争罪受审，定为甲级战犯。1947年被判处终身监禁。1955年获释。卒于1957年。

桥本是一位有才干的野战指挥官。他是一位激进的民族主义者，也是日军极端主义改革运动的成员。

MRP

参考：Crowley, James, “Japanese Army Factionalism in the 1930s,” Journal of Asian Studies, Vol. 31, No. 3 (May 1962).

Storry, Richard, The Double Patriots: A Study of Japanese Nationalism. London, 1957.

桥本恃常（Hashimota Mochitsura, 生于1909年） 日本海军军官、军国主义者。参加主要战争：第二次世界大战（1941—1945年）。

1945年7月29日，他指挥日本I-58号潜艇，击沉了美国的“印第安纳波利斯”号战舰。该舰是美国海军二战期间损失的最后一艘主力战舰。

MRP

参考：Hashimoto, Mochitsura, Sunk: The Story of the Japanese Submarine Fleet,. 1944—1945. London, 1954.

黑斯廷斯第一侯爵，弗朗西斯·罗登-黑斯廷斯，莫伊拉伯爵（Hastings, Francis Rawdon-Hastings, Earl of Moira and 1st Marquess of, 1754—1826年） 英国将军。参加主要战争：美国独立战争（1775—1783年）、法国大革命战争（1792—1799年）、廓尔喀战争（1814—1816年）、第三次马拉地战争（1817—1818年）；参加主要战役（战斗）：邦克山（在波士顿附近）之战（1775年）、长岛之战（1776年）、怀特普莱恩斯之战（1776年）、蒙茅斯（在新泽西州的弗雷霍尔德附近）之战（1778年）、卡姆登（南卡罗来纳）之战（1780年）、霍布柯克山（在卡姆登附近）之战（1781年）。

黑斯廷斯1754年12月9日生于爱尔兰唐郡的莫伊拉。1771年，当他还是牛津的学生时，就被任命为第十五步兵团旗兵。1774年7月入该团参军，开赴波士顿。1775年6月17日，首次参加邦克山之战，在上尉连长阵亡后，黑斯廷斯代理连长职务，此战中他也负伤。在1776年8月27日的长岛之战、10月28日的怀特普莱恩斯之战及11月16—20日的华盛顿堡（纽约城）之战中，他先任克林顿的副官，后为康华里的参谋人员。1778年6月，经克林顿举荐，他成立了爱尔兰志愿团，任中校团长。6月28日转战蒙茅斯，后与克林顿会师以参加1780年4月下旬对查尔斯顿的探险。8月16日，在卡姆登之战中立功。在科朋斯塔尔勒顿战败后，尽管康华里极力反对，黑斯廷斯仍据守南卡罗来纳和佐治亚。3月15日，康华里进入弗吉尼亚后，黑斯廷斯在霍布柯克向格里尼发起进攻，取得了成功（4月25日）。6月19—20日，他先折磨后屠杀了96个俘虏。因病痛缠身，他将指

H

挥权转交于巴士顿·古耳德将军后，于7月20日从海上驶往英国，后被法军俘虏囚于布勒斯特。获释后，升上校，于1782年成为国王乔治三世的高级副官。1783年3月授罗登男爵，1789年改名为"黑斯廷斯"。1793年继其父的莫伊拉爵位。10月晋升少将。被派前往镇压旺代人的起义。1794年6月26日，当法军在弗留乌斯夺取胜利后，他的军队被牵制于奥斯顿，黑斯廷斯机智地绕过法军主力，同联军主力会师于阿姆斯特丹。1798年晋升中将，1803年晋升上将，1804年任苏格兰军队总司令。1806年任伦敦的主管，并成为瓦尔兹亲王的密友（后来的乔治四世）。后被任命为孟加拉军政总督，1812年又任命为驻印英军总司令。1813年黑斯廷斯赴任。因屡遭廓尔喀人袭击，遂于1814年11月14日同尼泊尔宣战，由于大卫·奥希特尔伦尼将军的一系列胜利，从而于1816年同廓尔喀人签署了著名的和约。1817年因功被授为黑斯廷斯侯爵，不久便卷入了同宾德尔人及马拉地人的纷争（1816—1818年）。经精心组织，他劝说马拉地人帮助他打击宾德尔人。马拉地人拒绝支援后，托马斯·希斯洛普爵士于（1817年）12月21日打败了马拉地首领，黑斯廷斯随后发起了一系列针对宾德尔人的战役，后又同马拉地人继续作战，1818年6月2日，马拉地人在白沙瓦投降后，战争结束。1819年通过购买得到新加坡。在任孟加拉总督期间，热心于公众事业，他修复了原莫卧儿帝国的运河系统，支持教育，推进"印度化"进程，以增加移民的凝聚力。因卷入有争议的贸易问题，于1823年1月1日被召回国。1824年被任命为马耳他的总督，1826年11月28日卒于那里。

黑斯廷斯仪表堂堂，他诚实但太奢侈，这给他晚年生活制造了不少的麻烦。作为指挥员，他热情、坚定，颇有才能。他在战略和战术上也有闪光的灵感。他是当时英国南部最好的指挥员。

Staff

参考：Boatner, Encyclopedia.
Mehta, M. S., Lord Hastings and the Indian States. New Delhi, 1930.
DNB.
EB.

黑斯廷斯，威廉勋爵（Hastings, Lord William, 约1430—1483年） 英国贵族和军事家。参加主要战争：红白玫瑰战争（1455—1489年）、英国入侵法国（1475年）；参加主要战役（战斗）：围攻阿尼克（1462年）、巴诺特之战（1471年）、杜克斯伯里之战（1471年）。

畑俊六（Hata Shunroku, 1879—1962年） 日本陆军元帅、战犯。参加主要战争：日本侵华战争（1937—1945年）；参加主要战役（战斗）：武汉会战（1938年）。

服部卓四郎（Hattori Takushiro, 1901—1960年） 日本陆军军官、军国主义者。参加主要战争：日苏边境冲突（1938—1939年）、第二次世界大战（1941—1945年）；参加主要战役（战斗）：诺门坎之战（1939年）。

豪森，马克斯·克莱门斯·冯（Hausen, Max Klemens von, 1846—1922年） 德国将军。参加主要战争：普法战争（1870—1871年）和第一次世界大战（1914—1918年）；参加主要战役（战斗）：桑布尔河之战和马恩河战役（1914年）。

豪森生于1846年，作为一名低级军官参加了普法战争。第一次世界大战开始阶段在西线指挥第三集团军。在沙勒罗瓦（桑布尔河）之战中，他突进到法国第五集团军的右翼，迫使朗雷扎克撤退（1914年8月22—23日），并且在冯·毕洛夫的第二集团军符滕堡公爵阿尔勃莱希特的第四集团军之间稳步推进（8月24日—9月4日）。在马恩河战役期间（9月5—9日）他继续攻击福煦的第九集团军。当冯·毕洛夫的撤退使其右翼（东侧）暴露时他被迫撤退（9月9—10日）。在德军于埃纳河一线重建防线（9月12—18日）之后，他被解职。卒于1922年。

DLB

参考：Buchan, John, History of the Great War. 4 vols. Boston, 1923.
WBD.

豪泽尔，保罗（Hausser, Paul, 1880—1972年） 纳粹德国陆军上将。参加主要战争：第一次世界大战（1914—1918年）、第二次世界大战（1939—1945年）；参加主要战役（战斗）：东线和西线战役（1914—1918年）、法国战役（1940年）、苏联战役（1941—1944年）、法国战役（1944年）、德国战役（1945年）。

豪泽尔1880年10月7日生于勃兰登堡，是一位军官之子。曾在普鲁士军官候补生学校学习。后参军并在步兵学校和参谋学院进一步接受训练。第一次世界大战期间，他是一名经验丰富的一般参谋军官，在东线和西线担任过多种参谋职务。战后仍在国防军中任参谋军官，后任第二军区参谋长。1932年1月以中将军衔退役，参加了"钢盔队"（一个由前军人组成的右翼组织）。当该组织并入冲锋队（或褐衫党）时，他自动转为纳粹党党员。1934年11月参加党卫队，任特别任务部队参谋军官。后受命为党卫队组建预备军官学校。1935年5月，他改造了巴特特尔茨党卫队指挥学校。6月又在不伦瑞克建立了一所学校。他把国防军的训练方法和党卫队的思想意识结合起来，创办了有效的军事训练学校，并组建了党卫队作战部队。1936年晋升少将，任党卫队部队司令。1940年5—6月，在他的煽动下，党卫队部队和正规军一起参加了法国战役。由于党卫队表现出色，希特勒决定扩大其规模，最后组建了一个党卫军。豪泽尔任第二帝国师师长，归属于古德里安的坦克集团军。

1941年夏，在苏联战役开始时指挥作战有方，受到古德里安将军的高度赞扬。10月15日，他在战斗中受重伤，失去了一只眼睛。1942年，在他的规劝下，希特勒决定为党卫队配备坦克，他被任命为新组建的党卫队第一坦克军（后改称第二坦克军）军长，下辖第一近卫师和第二帝国师。1943年1月，所部配属于在乌克兰作战的B集团军群。后该军在哈尔科夫被合围，他没有执行希特勒要他死守该地的命令，于2月15日率部突围，从而免遭被歼灭的厄运。2月18日—3月20日，在曼施泰因辉煌的冬季反攻中指挥左翼先头突击部队作战，并夺回了哈尔科夫。这是东线德军最后一次获胜的攻势。后所部配属第四坦克集团军，扼守"城堡"行动南部突击线的中心地带。7月5—16日，在苏军从这条战线向库尔斯克发动的攻势中，他的坦克军首当其冲，承受了最大的压力。尽管他最终被数量占优势的苏军击败，但党卫队第二坦克军在战斗中的顽强表现，给希特勒留下了十分深刻的印象，他下令再组建一个坦克军，即党卫队第一坦克军。后率部赴法国休整，接着又被调回苏联协助稳定南部战线。1944年4月，在特尔诺波尔之战中，所部担任先头突击部队。此战解救了被合围的第一坦克集团军，成为战争中最大规模的突围战。南部战线暂时稳定后，所部被派往波兰休整，但6月又被紧急抽调到诺曼底。6月29日，任第七集团军司令。8月在失败的摩尔泰因攻势及其后的法莱斯孤立地区的战斗中，他的部队实际上被歼灭了。8月20日，他巧妙地实施机动，保全了该集团军约三分之一的部队，但在撤退中他的面部受重伤。1945年1—4月，在战争的最后数月中，豪泽尔康复后任驻莱茵地区的G集团军群司令。战后他写下了第一部党卫军历史，并四出演讲，为党卫军在二战中的可耻行径进行辩护。他竭力洗刷党卫军的战争罪名，并取得了一定的蛊惑作用。他最后的行动是为党卫军争得了与正规军享受同等的退伍军人的待遇。1972年12月21日，卒于路德维希堡。

豪泽尔是一位狡猾善变的指挥官和军政管理者。他在组训部队方面很有才干，使其得以将党卫军锤炼成一支凶狠顽固的战斗部队（尽管他们的战斗勇气部分仰仗于优势的人力和物资装备）。在他的指挥下，他的部队作战狡猾、凶残。他的指挥才干使其被视为纳粹德国第一流的将领之一。

VBH

参考：Caidin, Martin, The Tigers Are Burning. New York, 1974.

Hausser, Paul, Waffen S. S. im Einsatz. Göttingen, 1953.

Keegan, John, Waffen SS. New York, 1970.

Pfames, Charles, and Victor Salamone, The Great Commanders of World War Ⅱ: The Germans. New York, 1980.

Reitlinger, Gerald, The S. S., Alibi of a Nation, 1922—1945. Englewood Cliffs, N.J., 1981.

哈夫洛克，亨利爵士（Havolock, Sir Henry, 1795—1857年） 英国将军。参加主要战争：第一次缅甸战争（1824—1826年）、第一次阿富汗战争（1839—1842年）、瓜廖尔战争（1843年）、第一次锡克战争（1845—1846年）、镇压印度土兵起义（1857—1858年）；参加主要战役（战斗）：杰拉巴德之战（1841—1842年）、默哈拉杰普尔之战（在瓜廖尔附近，1843年）、穆德吉之战、菲罗兹沙之战（1845年）、1857年的第一次坎布尔之战、乌瑙之战、巴什拉塔干加之战、比斯尔之战及第一次勒克瑙之战。

哈夫洛克生于霍尔堡，他是造船商之子。他在查特霍斯受教育，先研习法律，1795年4月5日其父破产后，哈夫洛克被迫从军，于1815年入第九十五步兵团。由于缺乏影响力，也因手头太紧，遂转入驻印度的第十三轻步兵团，参加了第一次缅甸战争（1824—1826年）。1838年晋升上尉，第一次阿富汗战争中，参加对杰拉巴德包围战（1841年11月12日—1842年4月16日），荣立功勋，他力劝守备军司令罗伯特·赛尔爵士突围，从而于1842年4月16日打破了阿富汗人的围攻。由于他有一口流利的波斯语和印度语，从而在瓜廖尔战役中，成为胡佛·高夫爵士的翻译，1843年12月在默哈拉杰普尔之战中立功。后晋升为少校。第一次锡克战争中，他在高夫手下参加了1845年12月18日的穆德吉之战及12月22日的菲罗兹沙之战。1849—1851年，因其长子及其他的私人问题而返回了英国。回印度后，于1854年任将军助理。1857年随詹姆斯·乌特纳姆远征波斯。英属印度土兵起义后，返回印度，指挥机动作战纵队。在那一年中酷热的季节，他用九天时间机动200公里，从阿拉哈巴德机动到坎布尔，于7月12日在萨特普尔打败了那那·萨赫比的军队，7月15日再战于昂吉，7月16日又取得了坎布尔的胜利。6月25日他的军队挖掘被杀英军的尸首。后极力解救困于勒克瑙的守军，于7月29日在乌瑙打败了起义军，8月5日在巴什拉塔干加再次夺取了胜利，8月13日被迫撤至坎布尔。8月16日在比斯尔再次战胜起义军，9月5日在坎布尔得到詹姆斯·乌特纳姆的增援。此前，乌特纳姆已是资历颇深的老将军，但他放手让哈夫洛克指挥勒克瑙之战。9月19日，他将英守军解救出来，然而几乎与此同时，哈夫洛克自己的军队被包围（9月25日）。当科林·坎伯尔爵士刚刚解了勒克瑙之围，哈夫洛克便接到了授予他骑士的消息。迅即晋升少将。1857年11月24日，哈夫洛克卒于勒克瑙。

哈夫洛克是一位小巧灵活的人，他的身高仅1.52米。他是一位基督徒。他聪明，才能出众，精力异常充沛。他明显的烦躁不安情绪均在野战中淹没于其巨大的热情之中。

DLB

参考：Cooper, Leonard, Havelock. London, 1957.

Hibbert, Christopher, The Great Muting. New York, 1978.

Pollock, J.C., Way to Glory: The Life of Havelock of Lucknow. London, 1957.

哈维兰德，威廉(Haviland, William, 1718—1784 年) 英国将军。参加主要战争：奥地利王位继承战争（1740—1748 年）、法国和印第安人的战争（1754—1763 年）；参加主要战役（战斗）：波多贝洛之战（1739 年）、迦塔津纳之战（1741 年）、提康德罗加之战（1759 年）、克朗波因特之战（1762 年）、马提尼克之战（1762 年）。

霍克男爵，爱德华(Hawke, Edward, Baron, 1705—1781 年) 英国海军上将。参加主要战争：奥地利王位继承战争（1740—1748 年）、七年战争（1756—1763 年）；参加主要战役（战斗）：土伦之战（1744 年）、菲尼斯特雷角之战（1747 年）、基伯龙湾之战（1759 年）。

霍克 1705 年生于伦敦，为爱德华与伊丽莎白·布莱顿·霍克之子。后作为志愿者加入皇家海军（1720 年 2 月 20 日）。曾在西印度群岛（1720—1725 年）和非洲沿海（1725—1727 年）服役。任上尉进行巡航（1729—1739 年）期间显露出才能和航海技术。担任“波特兰”号军舰舰长（1739 年 7 月 30 日）后在加勒比海地区服役（1739 年 10 月—1743 年 3 月）。土伦之战（1744 年 2 月 19 日）中任“贝维克”号军舰（70 门火炮）的舰长，夺取了“波德尔”号，这是托马斯·马修斯将军指挥不当的进攻中唯一著名的战利品。马修斯及其 29 名舰长中的 11 名舰长受到军法审判。该战之后不久，霍克晋升为少将。在菲尼斯特雷沿海，他遭遇并打败了勒埃坦迪埃尔率领的较小法国舰队（1747 年 10 月 14 日），俘获 8 艘敌舰中的 6 艘。霍克因功受封为骑士。后当选为朴次茅斯选区选出的议员（1747 年），但由于经常出海而很少参与政治（1747—1756 年）。运气不佳的约翰·宾将军在梅诺卡战败（1756 年 5 月 20 日），霍克接任其职。在进行多次未决胜负的作战之后出任海峡舰队司令（1759 年）。他曾将孔弗朗的舰队有效地封锁于布勒斯特港内，但恶劣的气候为孔弗朗逃出布勒斯特并与瓦内斯会合企图入侵英国提供了机会（1759 年 11 月 14 日）。霍克返回并在圣-纳泽尔附近的基伯龙湾外进行堵截。随后的战斗在大风中进行。孔弗朗向海岸逃跑，寻求暗礁和岩石的掩护，但霍克英勇追击，海战变成一系列激烈的混战。混战中，3 艘法舰被击沉，2 艘触礁，其余的 19 艘被打散。英军的代价是在混战中损失 2 艘军舰（11 月 20 日）。这一胜利产生了“舰之心”的歌曲。受封为霍克男爵后，任海军大臣（1776—1771 年）。1781 年 10 月 17 日卒于森伯里。

霍克是富于冒险和进取精神的作战指挥官和高明的战术家。他首创了近迫封锁的方法，改进了海军军官的教育标准。

DLB

参考：Burrows, M., Life of Hawke. London, 1883.

Corbett, Sir Julian S., England in the Seven Years' War, 2d ed. 2 vols. London, 1918.

Mackay, R.F., Admiral Hawke. Oxford, 1965.

Marcus, G., Quiberon Bay. London, 1960.

霍克伍德，约翰爵士(Hawkwood, Sir John, 约 1321—1394 年) 英格兰富有军人、佛罗伦萨大统领。参加主要战争：英法百年战争（1337—1453 年）、比萨战争（1364 年）、八圣王战争（1375—1378 年）、帕多瓦战争（1387 年）、佛罗伦萨-米兰战争（1390—1392 年）；参加主要战役（战斗）：克勒西之战（1346 年）、普瓦提埃之战（1356 年）、卡斯塔尼亚罗（莱尼亚诺附近）之战（1387 年）。

霍克伍德约生于 1321 年，锡布尔赫丁厄姆的埃塞克村庄的制革匠和地主吉尔伯特·霍克伍德之子。1340 年父去世后参加军队。1343—1360 年在法国作战，其间参加 1346 年 8 月 25 日进行的法国反抗英格兰“黑太子”爱德华的克勒西之战，和 1356 年 9 月 19 日的普瓦提埃之战。极可能在普瓦提埃之战中被授予爵士。《布列丁尼和约》签定后，他被闲置起来。无疑他曾参加 1362 年 4 月 6 日进行的布里涅之战。经阿维翁尼漂泊至意大利，参加雇佣军“白色连队”（此称谓源自连队成员都穿着油光铮亮的铠甲）。自 1363 年起，他出任该连队统领。1364 年，指挥比萨军队与佛罗伦萨军队作战，未分胜负。到米兰的贝纳博·维斯康蒂军中服务，并于 1367 年 5 月在曼图亚附近的博戈福泰挫败神圣罗马帝国皇帝查理四世的进攻。1368 在阿雷佐附近被俘。1369 年被赎回。1372 年 9 月参加罗马教皇格列高利十一世的军队。1374 年与米兰的作战没有结果。1375 年在八圣王战争中指挥教皇的军队。1377 年参加了掠夺和屠戮切塞纳。是年离开教皇军队，组织反教皇联盟。1378—1381 年任佛罗伦萨的大统领。指挥佛罗伦萨的盟友帕多瓦军队与威尼斯的盟友维罗纳作战，并于 1387 年 3 月 11 日在卡斯塔尼亚罗进行的作战中大获全胜。1390—1392 年指挥佛罗伦萨军队与米兰军队作战，其间进行的战争不只一次未分胜负。卒于 1394 年 3 月。后应理查二世之请，1395 年遗骨被运回英格兰，葬于锡布尔赫丁厄姆。

就个人作为一位战士和一位指挥官的品质而言，霍克伍德是一位出众的雇佣军队长。

DLB

参考：Hale, J.R., ed., A Concise Encyclopedia of the Italian Renaissance. Oxford, 1981.

Temple-Leader, J., and G. Marcotti, Sir John Hawkwood. London, 1849.

Trease, Geoffrey, The Condottieri. New York, 1971.

速千重郎(Hayashi, Senjuro, 1876—1942 年) 日本将军、军

国主义者。参加主要战争：日俄战争（1904—1905 年）、侵略中国东北（1931 年）。

希思菲尔德第一男爵，乔治·奥古斯特斯·埃利奥（Heathfield, George Augustus Eliott, 1st Baron, 1717—1790 年） 英国将军。参加主要战争：奥地利王位继承战争（1742—1748 年）、七年战争（1756—1763 年）、美国独立战争（1775—1783 年）；参加主要战役（战斗）：代廷根（阿沙芬堡附近）之战（1743 年）、丰特努瓦（比利时的埃诺省境内）之战（1745 年）、哈瓦那（古巴的哈瓦那）围城战（1762 年）、直布罗陀围城战（1779—1783 年）。

希思菲尔德 1717 年 12 月 25 日生于苏格兰的斯托布斯，就学于莱顿大学和法国拉斐尔军事学院。曾作为志愿者在普鲁士陆军中服役（1735—1736 年）。返回英国在伍利奇接受培养工程师的教育。后授予工兵少尉（1739 年）。奥地利王位继承战争期间，他自始至终在军中服役，参加过代廷根之战（1743 年 6 月 27 日）和丰特努瓦之战（1745 年 5 月 10 日），并在代廷根之战中负伤。晋升为中校（1754 年）后被任命为国王乔治三世的副官（1756 年）。任上校时，他招募了一团轻骑兵（1759 年），并投身于普鲁士斐迪南亲王麾下（1759—1761 年），晋升为少将后，他在哈瓦那围城战（1762 年 6—8 月）中担任阿尔比马尔伯爵的副司令。晋升为中将（1762 年）后在爱尔兰任总司令（1774—1775 年）。被任命为直布罗陀总督（1775 年）后，他曾在法西联军的长期围困（1779 年 6 月 21 日—1783 年 2 月 6 日）期间成功地捍卫了这一重要据点。返回英国（1783 年）后，受封为巴斯骑士和直布罗陀的希思菲尔德男爵（1787 年）。卒于 1790 年 7 月 6 日返回直布罗陀前。

Staff

参考：DNB.

海因策尔曼，赛米尔·彼得（Heintzelman, Samuel Peter, 1805—1880 年） 美国将军。参加主要战争：第二次西米诺尔战争（1835—1842 年）、美墨战争（1846—1848 年）和美国内战（1861—1865 年）；参加主要战役（战斗）：第一次布尔溪之战（弗吉尼亚州的马纳萨斯，1861 年）、威廉斯堡之战（弗吉尼亚州，1862 年）、费尔奥克斯之战和七天战役（皆在里士满附近，1862 年）、第二次布尔溪之战（1862 年）。

海因策尔曼 1805 年 9 月 30 日生于宾夕法尼亚州的曼海姆，1826 年毕业于西点军校，分配到步兵部队任职，在西部服役。在第二次西米诺尔战争中在佛罗里达州服役，并参加测量勘察田纳西河的工作。1838 年晋升上尉。墨西哥河谷战役期间，在温菲尔德·斯科特将军麾下任职，因作战勇敢而晋升为荣誉少校（1847 年）。后派往加利福尼亚州，1850 年 4 月 28 日—9 月 13 日在加利福尼亚的皮特河地区服役，1851 年 12 月—1852 年 4 月在亚利桑那州的尤马服役，1850 年 11 月参加对印第安人的远征，在尤马建立哨所。1855 年晋升少校，1861 年 4 月内战爆发时被召回华盛顿，5 月任命为志愿军准将。5 月 24 日夺取弗吉尼亚州的亚历山大。7 月 21 日第一次布尔溪之战时指挥一个师，在该战中负重伤。1861 年晚些时候当波托马克军团重建时，他指挥该军团中的第三军。1862 年 4 月 4 日—5 月 4 日围攻和夺占约克镇。5 月 5 日与朗斯特里特的军在威廉斯堡打了一场毫无所获的战斗。作为联邦军的高级将领指挥位于奇克哈默尼河南侧的北军，在 5 月 31 日—6 月 1 日的费尔奥克斯之战中击退了约·埃·约翰斯顿将军的主攻。参加了 6 月 25 日—7 月 1 日的七天战役，在马尔文山之战（7 月 1 日）后晋升为少将。撤离半岛之后，在约翰·波普麾下参加了第二次布尔溪之战（8 月 29—30 日）。1862 年 9 月—1863 年 10 月奉命防守首都华盛顿，任第二十二军军长。1864 年 1—10 月任俄亥俄州哥伦比亚以北军区司令，后主要在军事法庭供职，直到 1865 年 8 月退出志愿役。后任第十七步兵团上校军官，奉命前往得克萨斯州。1869 年 2 月退休，4 月在退役名单上列少将。1880 年 5 月 1 日卒于首都华盛顿。

海因策尔曼非常勇敢，但他在战场上的指挥总的来说并不鼓舞人心。

KH

参考：Warner, Ezra, Generals in Blue. Baton Rouge, 1978.
DAB.
WAMB.

喜姆（勇建王）（Hemu, 卒于 1556 年） 印度统治者，阿富汗后裔。参加主要战争：舍尔沙王位争夺战（1545—1556 年）；参加主要战役（战斗）：帕尼帕特战役（1556 年）。

喜姆是舍尔沙之子，他们兄弟四个。1545 年舍尔沙死后，喜姆代理德里苏丹。1552—1555 年间，兄弟四人展开了王位争夺战，结果喜姆战胜了他的兄弟，出任摄政，实际上就是相当于德里苏丹。后来，胡马雍将其逐出德里。1556 年初胡马雍去世，喜姆收复了德里，重新复辟。此后，他召集了一支强大的军队，用以防止胡马雍的继承者阿克巴及其军师贝拉姆反攻倒算。尽管他的军队占居优势，但由于在 1556 年 11 月 5 日第二次帕尼帕特的苦战中，其眼睛中箭，致使军中大乱，溃不成军，结果他本人被俘。当阿克巴亲自要为其拔下箭头治伤时，他拒绝，并宁死不降。阿克巴出于无奈，将其斩首。

参考：Smith, V. A., Akbar. Oxford, 1919.

纳瓦拉的亨利二世（Henry Ⅱ of Navarre, 1503—1555 年） 法国贵族。参加主要战争：第一次哈布斯堡-瓦卢瓦战争（1521—1526 年）；参加主要战役（战斗）：埃斯卡洛兹之战（1521 年）。

亨利二世(Henry Ⅱ,1133—1189 年) 英格兰统治者。参加主要战争：与国王斯蒂芬的内战（1135—1154 年）、与法国国王路易十二的诸战争（1157—1180 年）、征服威尔士（1158—1165 年）、干涉爱尔兰（1169—1175 年）、在法国、苏格兰和叛乱者的战争（1173—1174 年）、与法国国王菲利普二世的战争（1180—1189 年）；参加主要战役（战斗）：沃灵福德之战（1153 年）、阿尼克之战（1174 年）。

亨利二世 1133 年 3 月 5 日生于法国勒芒，安茹伯爵杰弗里·普兰塔日奈与英格兰国王亨利一世之女玛蒂尔达的儿子。其母与国王斯蒂芬进行战争期间被其母的支持者带到英格兰（1142 年）。在英格兰求学。其父从斯蒂芬手中夺取诺曼底后前往该地（1144 年）。他随后在英格兰的作战一败涂地（1147 年）。与苏格兰国王大卫一世结盟后，他再次进攻斯蒂芬，但在诺森伯利亚战败，通过诺曼底公爵布里斯托尔，历尽艰难才得以逃生（1150 年）。继其父成为安茹伯爵（1151 年）。他与路易十二的前妻——阿基坦的埃莱亚诺结婚，从而获得了法国南部的许多属国（1152 年 5 月）。这时，他已有实力，故第三次入侵英格兰（1153 年 1 月），在胜负未判的沃灵福德之战（1153 年 7 月）之后，借助众贵族的支持，迫使斯蒂芬宣布自己为王位继承人。斯蒂芬去世（1154 年 10 月）后，亨利加冕为王（12 月 19 日）。统治初期，他打算加强王权，证明自己是一位能干而又强有力的君主。从苏格兰人手中收复了诺森伯利亚、坎伯兰和威斯特摩兰（1157 年）。不断与路易十二进行战争（1159—1174 年）。亨利与“绳环”托马斯的著名纷争（1162—1170 年）就是托马斯捍卫教会特权反对他扩大王权的结果。在威尔进行多次作战，暂时制服了这一桀骜不驯的民族（1159—1165 年）。将爱尔兰并入英格兰王国（1171 年）。这一时期，他还多次进行司法与行政改革：将司法权集中于皇家的巡回法官之手；以萌芽的陪审团审判取代神命裁判法或决斗审判法；创立申诉权和用以支付替付封建兵役的免役税或盾牌税制度。其诸子对欧洲大陆领地的垂涎、埃莱亚诺对诸子要求的怂恿，加之与苏格兰和法国的旧有纷争，导致了一场严重的叛乱和战争（1173 年）。在长期不满的各男爵的支持下，这一叛乱威胁着亨利的整个王国，他赶赴法国境内最危险的叛乱地，在诺曼底和安茹多次击退进攻（1173 年夏一秋），从而恢复了那里的局势。因出现苏格兰入侵的威胁，他于次年赶赴英格兰，在阿尼克获得大胜，并在战斗中擒获苏格兰国王“狮子”威廉（1174 年 7 月 13 日）。其长子——“小国王”亨利去世（1183 年）后，他承认理查（后来的理查一世）的王位继承权，但支持杰弗里，尤其是约翰（后来的约翰国王）反对其兄长，致使其统治后期陷入众多的家族纷争之中。狡诈多端的国王菲利普二世·奥古斯特即位（1180 年）后，法国再次成为威胁。经历了菲利普二世支持下的理查的又一次叛乱。为争斗、疾病所折磨，并为其最宠爱的儿子——约翰的叛变所震惊的亨利，1189 年 7 月 6 日卒于希农城堡（位于其法国领地内）。

亨利二世是中世纪最能干的英格兰国王之一，聪明、博学。因其长期东征西讨，享有“安茹帝王”的称号。从总的情况看，其在欧洲的领土是引起连续不断的混乱的根源，这一混乱因其诸子间（以及他与诸子之间）谁应承袭何地的争斗而更加恶化。

DLB

参考：Joliffe, J. E. A., Angevin Government. London, 1955.

Kelly, A., Eleanor of Aquitaine and the Four Kings. Cambridge, Mass., 1950.

Salzman, Louis Francis, Henry Ⅱ. 1914. Reprint, New York, 1967.

Schlight, John, Henry Ⅱ Plantagenet. New York, 1973.

Warren, Wilfrid Lewis, Henry Ⅱ. Berkeley, Calif., 1973.

亨利四世(Henry Ⅳ,1366—1413 年) 英格兰国王。参加主要战争：推翻理查德二世统治的战争（1399 年）、派尔希反叛（1403—1408 年）、格兰道尔反叛（1402—1409 年）；参加主要战役（战斗）：什鲁斯伯里之战（1403 年）。

亨利四世 1366 年（约 4 月）生于林肯郡的博林布鲁克城堡，冈特的约翰之子，故亦是爱德华三世之孙、理查德二世之堂兄弟。1377 年受封得比伯爵、嘉德勋位。他是指控理查德二世攫取王位的“上诉人”之一，理查德二世因之迁怒于他。1398 年 9 月与诺福克公爵托马斯·莫布雷发生了令人不可思议的争吵，接着理查德二世将他放逐，同年 10 月离开英格兰。冈特的约翰去世后，理查德二世不明智地提议没收兰开斯特家族领地，他匆忙返回。1399 年 7 月在斯珀恩角附近的雷文斯珀登陆。是年 8 月在康韦（康维）之战中俘虏理查德二世。9 月 30 日指使议会废黜理查德二世，当日即王位。他的王位并不稳固，在统治期间一直为反叛和苏格兰的袭击所困扰。1402 年威尔士地主欧文·格伦道尔领导威尔士人发动反叛，反叛期间发生了长期激烈的游击作战，一直持续到 1409 年止。其间，诺森伯利亚伯爵派尔希又于 1403 年反叛，但在 1403 年 7 月 21 日在什鲁斯伯里之战中，他赶在派尔希的盟友格伦道尔与其会合之前便将其击败，将亨利·派尔希勋爵（急性子亨利）杀死。派尔希伯爵又亲自领导第二次反叛，1408 年派尔希死于战中，反叛遂告平息。他还经历了包括 1405 年法军在威尔士登陆和与此同时约克大主教理查德·斯克罗普发起的反叛在内的几次政治危机。其最后几年的统治相对平稳，但因其身体日益衰弱亦诱发了一些政治危机，集中表现在其子和同族人之间的争斗。到 1412 年后期他的健康严重恶化，1413 年 3 月 20 日卒于威斯敏斯特教堂。

亨利四世是一位相当有才干的国王和果敢的指挥官。他一直为其废黜理查德和攫取王位的负罪感困扰。

DLB

参考：Holmes, George Andrew, The Later Middle Ages. New York, 1962.

Wylie, James Hamilton, History of England Under Henry Ⅳ. 4 vols. London, 1886—1898.

EB.

亨利四世（波旁的亨利，贝亚恩亲王）(Henry of Bourbon, Prince of Béarn, 1553—1610 年) 法国国王。参加主要战争：法国宗教战争（1560—1598 年）；参加主要战役（战斗）：阿尔奈勒迪克之战（1570 年）、库特拉之战（1587 年）、阿尔克之战（1589 年）、伊夫里之战（1590 年）、法兰西枫丹之战（1595 年）。

亨利四世 1553 年 12 月 14 日生于贝亚恩的波城，是旺多姆公爵安都昂·德·波旁和让娜·达尔贝特夫妇之子。父亲去世后其被称为贝亚恩亲王。1561—1564 年在巴黎受天主教教化。1564 年他与母亲重聚后，开始信仰新教。在 1568—1570 年的第三次宗教战争中，他效力于加斯帕尔·德·科利尼军。大概是 1570 年 5 月参加勃艮第的阿尔奈勒迪克之战，从此开始崭露头角。1572 年 6 月母亲去世，成为纳瓦拉国王。8 月 18 日与查理九世的妹妹玛格丽特结婚。8 月 24 日圣巴托罗缪惨案爆发，他被扣宫中，不得不放弃信仰新教。1576 年他从宫中逃走，并且重新信仰天主教。1577 年，被任命为吉耶讷地方长官。同年促成《贝尔热拉克和约》签定，从而结束了第六次宗教战争。第七次宗教战争（又叫“情人战争”）期间的 1580 年 6 月，他率军入侵卡奥尔。1584 年国王亨利三世的哥哥安茹公爵弗朗索瓦死后，王位觊觎者加紧活动。1585 年 7 月由于吉斯公爵亨利的斡旋，国王亨利三世和神圣同盟缔结《奈穆尔条约》，剥夺了他的继承王位权力。在“三亨利”之战（又叫第八次宗教战争）中，他率军出征西南部大片地区。在库特拉之战中与安·德·茹瓦约斯元帅率领的保皇党军队进行了激烈的较量。1587 年 10 月 20 日他以胡格诺派轻骑兵配以火枪手击败了保皇党重骑兵队。1589 年 8 月 2 日，国王亨利三世遭暗杀，他成为法国国王。但是他面临着神圣同盟和西班牙联盟的反抗。9 月 21 日在阿尔克，他率军 8000 人利用坚固的伏击阵地、战壕和猛烈的炮火击溃了马耶讷公爵查理率领的24 000人军队。11 月他败走巴黎。1590 年 3 月 14 日，在伊夫里再次大败马耶讷军。5—8 月，率军围攻巴黎。但在 1591 年 11 月—1592 年 4 月围攻鲁昂时未果，主要因为老练的帕尔马公爵率西班牙军队干涉（1590—1592 年）。1593 年 7 月，他皈依天主教（主要是为了团结大多数法国人一致对抗西班牙）并尽力消除天主教导论的影响。1594 年 3 月 21 日，最终光荣进入巴黎。1595 年向西班牙宣战。6 月 1 日在勃艮第的法兰西枫丹再次打败了马耶讷公爵率领的西班牙军队，战斗中他本人险些被打死。1598 年 3 月，与梅克尔公爵菲利普·艾曼纽埃尔议和，这一举措为同西班牙签定《韦尔万和约》（1598 年 5 月 2 日）铺平了道路。其间 4 月，他还发布著名的《南特敕令》，以保护胡格诺派权力。在其统治期间，他竭力恢复和平，重建法国，进行财政改革，整编军队，充实国防，使国家蒸蒸日上。1610 年 5 月 14 日，在巴黎被一个名叫弗朗索瓦·拉韦拉克的人暗杀。

亨利四世的风流韵事几乎和他的军事成就一样出名。他是一位天才的战术家，他灵活地运用火力，开创了多兵种联合作战的先河。在北方，对帕尔马一战表明他不是出色的战略家。在国内作战，他大多使用袭击和伏击等非常规战争手段来达到目的。他缺乏围攻战中应有的沉着和应战的耐力。但是，他是法国最伟大的、最受人拥戴的国王之一。

DLB

参考：Oman, Sir Charles W. C., The Art of War in the Sixteenth Century. New York, 1937.

Seward, Desmond, The First Bourbon: Henri Ⅳ, King of France and Navarre. Boston, 1971.

Vaissière, P. de, Henri Ⅳ. Paris, 1928.

亨利五世(Henry Ⅴ, 1387—1422 年) 英格兰国王。参加主要战争：英法百年战争（1337—1453 年）、格兰道尔反叛（1402—1409 年）、派尔希家族反叛（1403—1408 年）；参加主要战役（战斗）：什鲁斯伯里之战（1403 年）、阿夫勒尔围攻战（1415 年）、阿金库尔（圣波勒附近）之战（1415 年）、莫城围攻战（1421—1422 年）。

亨利五世 1387 年（约 9 月 16 日）生于蒙茅斯，国王亨利四世长子。父被放逐期间由理查二世家收养。1399 年春国王理查二世发动远征爱尔兰人作战，期间被封为骑士。同年 10 月 15 日其父夺取王位后，被封为威尔士亲王。在 1402—1409 年镇压欧文·格伦道尔的威尔士反叛中，担负实际指挥职务，并极可能参加了 1403 年 7 月 21 日的什鲁斯伯里之战。1408 年后他在国家政治上地位日趋重要，并经常反对其父的政策和其政策执行者。1413 年 3 月 20 日其父去世后，继承王位。他不但镇压了 1413 年 12 月—1414 年 1 月发生的罗拉德暴动，而且也镇压了 1415 年 7 月由支持蒙茅斯伯爵埃德蒙·莫蒂默即王位的不满贵族发起的暴动。他决心恢复英格兰在法国的领地，1415 年 4 月对法宣战。由于受莫蒂默暴动的影响，他推迟到 8 月 10 日方率部驶离英格兰横渡英吉利海峡来到法国。8 月 13 日—9 月 22 日在经过顽强的防御战后，他包围并攻克阿弗勒尔，尔后挥师南下进抵加来附近的英格兰飞地（即在法国境内的英格兰领土，9—10 月）。在索姆河南岸险遭伏击，亨利五世逃脱，而他却被迫迎战法军查理·达尔贝特元帅指挥的仓促拼凑起来的 35 000名法军。在 1415 年 10 月 25 日著名的阿金库尔之战中，法国人的无能帮了亨利五世的忙，他指挥的一支 6000 人的军队取得了重大胜利。此战他以大约 250 名英

格兰军人伤亡的代价，杀死法军 3000 人，俘 1000 人以上。同年 11 月返回英格兰，用一年的时间进行海战、外交准备（包括与神圣罗马帝国皇帝西吉斯蒙德结盟）和制定计划。尔后又返回法国。1417—1419 年实施三次计划周密的围攻，征服诺曼底。1418 年 9 月—1419 年 1 月集中兵力围攻并攻占鲁昂。1420 年 5 月他以胜利者的姿态进入巴黎，接着与勃艮第人结盟，结果，法国不得不接受《特鲁瓦条约》。根据这一条约，亨利五世成为衰落的法王查理四世的继承人（1420 年 5 月 21 日）。亨利五世继续充满活力地作战，以求征服法国北部，在 1421 年 10 月—1422 年 5 月围攻并攻克莫城，其努力已达到顶点。由于劳累，他的身体衰弱，身染伤寒，1422 年 8 月 31 日卒于布瓦德·万塞讷。

亨利五世正直、勇敢、名声好，他是一位精力充沛和果敢的指挥官，一位能鼓舞人心的杰出领导者和一位有才华的战略家和熟练的外交家。如果他因循一般人的做法，很可能是无情的，也是残酷的，但他不是这样。其悲剧是他没等到完成他对法国未来设计的蓝图便过早去世。

DLB

参考：Burne, Alfred H., The Agincourt War. New York, 1955.

Jacob, Ernest Fraser, Henry Ⅴ and the Invasion of France. New York, 1950.

Newhall, Richard A., The English Conquest of Normandy, 1416—1424. New Haven, Conn., 1924.

Wylie, James Hamilton, The Reign of Henry the Fifth. 3 vols. London, 1914—1924.

亨利七世（Henry Ⅶ, 1457—1509 年） 英格兰国王。参加主要战争：红白玫瑰战争（1455—1487 年）、疯狂战争（1488—1491 年）；参加主要战役（战斗）：博斯沃斯原野之战（1485 年）。

亨利七世 1457 年 1 月 28 日生于彭布罗克城堡，国王亨利四世同父异母兄弟埃德蒙·都铎的遗腹子。母亲玛格丽特·博福尔是冈特的约翰和其第二个妻子卡特林娜·斯温福德的曾孙女。1471 年 5 月亨利六世和其子爱德华去世后，作为兰开斯特家族资深后嗣有望继承王位，然而爱德华四世在王位争夺中获胜，他被迫逃离英格兰。与叔叔贾斯珀·都铎在布列塔尼的公爵弗朗索瓦二世的宫廷中生活了几年，理查德三世篡取王位，使英格兰占统治地位的约克家族内部发生分裂，这又给他夺取王位提供可乘之机。参加白金汉第二公爵亨利·斯泰福反叛，这是他夺取王位的最初尝试，但在 1483 年 10 月失败，然而他仍不善罢干休。1485 年 8 月率领 3000 名追随者在米尔福德登陆，随后在向威尔士和英格兰西部推进途中招募军队。1485 年 8 月 22 日在博斯沃思原野上，与理查德三世的约克家族军队遭遇，将其击败，此战，理查德三世被击毙，亨利所以获胜很大程度上得益于斯坦利背弃了约翰家族帮了他的忙。10 月 30 日即王位，并得到议会确认。此后，为巩固王位，1486 年 1 月 18 日与约克家族的伊丽莎白结婚。在位前 12 年间，为约克家族及其支持者的阴谋及反叛所困扰，其中著名的有 1486 年的拉弗尔和斯泰福勋爵反叛、1487 年的兰伯特·西姆内尔反叛，及 1495—1497 年的珀金·沃贝克反叛。西姆内尔反叛对亨利的威胁最大，沃贝克让西姆内尔假冒爱德华四世的幼子约克的理查德。尽管沃贝克得到了勃艮第的玛格丽特和林肯郡伯爵约翰·德·拉波尔的支持，亨利七世的部队仍于 1487 年 6 月 16 日在特伦特的斯托克经过激烈的战斗平息了反叛。他为治理英格兰呕心沥血，孜孜不倦地努力恢复英格兰的稳定和繁荣。他采取温和的外交政策，不过对外也提供援助，后来在 1488—1491 年曾派出一支小部队帮助布雷顿反抗法王查理八世。1492 年 11 月他与法国国王查理八世达成协议，将布列塔尼置于法国统治之下，以避免重开英法百年战争。在他执政的最后岁月，虽然为其长子阿瑟之死郁郁寡欢，但他大体上还是平和的。1509 年 4 月 22 月卒于里士满。

亨利七世是一位谨慎和富有远见的国王，为人温和、聪慧，致力于臣民的福利。他明辩是非、知人善任。处理国务轻松自如，是英格兰最有才干的国王之一。

DLB

参考：Chrimes, Stanley B., Lancastrians, Yorkists, and Henry Ⅶ. New York, 1966.

Elton, G. R, England Under the Tudors. London, 1955.

Mackie, J. D, The Earlier Tudors. London, 1951.

亨利八世（Henry Ⅷ, 1491—1547 年） 英国国王。参加主要战争：神圣同盟战争（1511—1514 年）、第一次（1521—1526 年）和第四次（1542—1544 年）哈布斯堡-瓦卢瓦战争、苏格兰战争（1542—1550 年）；参加主要战役（战斗）：第二次吉纳盖特之战（圣奥梅尔附近，1513 年）、围攻布洛涅战役（1544 年）。

亨利八世 1491 年 6 月 28 日生于格林威治，是亨利七世和约克的伊丽莎白夫妇的二儿子，排行第三。1502 年他哥哥阿瑟去世后，他被立为王储。1503 年他与寡嫂阿拉贡的卡特林娜订婚。1509 年 4 月亨利七世去世，他继位。继位之初，他乐于消遣而疏于朝政。随着卡迪纳耳·沃尔斯利的势力增强，1511 年被迫与阿拉贡的斐迪南结盟以对抗法国。1513 年 6 月，率军队出征法国，包围了泰鲁阿纳（圣奥梅尔附近）。8 月 16 日在吉纳盖特战役中击退了一支法国援军。由于法国骑兵闪电般地逃走，丢失了马刺，所以史称这次战役为“马刺之战”。但这次战争收效不大，在随后的皮卡第之战（1522—1523 年）中，也是如此。亨利八世之所以参与皮卡第之战，是为了支持查理五世在意大利反对法国国王弗朗西斯一世的战争（1521—1526 年）。后来，由于考虑到无嗣和王位继承问题，亨利八世开始作各种努力试图与卡特林

娜离婚，打算娶安娜·博林。尽管教皇克莱门特七世当初倾向于同意他们离婚，但是随着1529年查理五世在意大利战场上接连获胜，使克莱门特对查理的动机开始警惕。查理是想通过亨利八世的离婚达到抛弃他姨母卡特林娜并剥夺她女儿玛丽继承权的目的。由于克莱门特的反对亨利没有离成婚，查理的计划也因此而落空。1529年7月他将此迁怒于沃尔斯利，把他一脚踢开，开始着手排挤英格兰教廷势力。1529—1533年，在国会和百姓的支持下，亨利与神圣罗马教廷彻底决裂，并确定了英格兰王室在教会中的权威。至1533年，他达到了与卡特林娜离婚、和安娜·博林结婚的目的。1537年2月，他镇压格雷斯去参拜圣地的信徒（在已分裂的修道院支持下）。接着在1538—1541年在新教羽翼未丰以前，他着手整理国内改革带来的震荡。1542年他与查理五世恢复友好关系，增强与法国在苏格兰的势力相抗衡的实力，最终导致了法国与苏格兰的战争。尽管苏格兰军队在1542年11月25日的索尔威莫尔之战中损失惨重，但是亨利侵入了法国，包围并攻占了布洛涅（1544年7月19日—9月14日）。除此之外，其他方面的收获不大。1545—1546年间，法国经常骚扰英国南部和东部沿海地区，从而激励了亨利八世加强海军建设，努力建成现代化的海岸防御体系。1547年1月28日因疾病缠身卒于伦敦。

亨利八世勤奋，受过良好的教育，具有成为统帅的天分，但他为人自私自利，权力欲极强，为了达到个人目标而不惜一切代价。为了加强中央集权，他极力削弱各诸侯的权力，革新政府。他致力于建设一支强大的海军。这一作法对于加强统治、抵御外来海上侵略是非常重要的，以致于他女儿伊丽莎白继位后，仍然仿效他的作法。作为一位思想保守的统帅，至少可以说他精力充沛和意志果断坚定。

DLB

参考：Pollard, Albert Frederick, Henry Ⅷ. 1913. Reprint, London, 1970.

Scarisbrick, J.J., Henry Ⅷ. Berkeley, Calif, 1968.

EB.

赫拉克利乌斯（Heraclius，约575—641年） 拜占庭帝国皇帝。参加主要战争：与波斯人的战争（603—628年）、与阿瓦尔人的战争（617—621年）、阿拉伯战争（634—642年）；参加主要战役（战斗）：伊苏斯之战（622年）、哈利斯河（克孜勒河）战役（623年）、萨鲁斯河战役（625年）、尼尼微城会战（627年）。

赫拉克利乌斯约575年生于北非安纳托利亚东部的卡帕多细亚，父亲赫拉克利乌斯（父子同名）是皇帝莫里斯最为信赖的将军，曾任北非总督。610年，赫拉克利乌斯率领父亲的舰队进攻君士坦丁堡（伊斯坦布尔），反叛并废黜了残忍昏庸的皇帝福凯斯，于10月5日即位，成为皇帝。当时，国内财源枯竭、经济崩溃、军心涣散、贵族纷争，福卡斯的余孽力图阻碍赫拉克利乌斯重振帝国的计划。对外，赫拉克利乌斯面临着以霍斯罗一世为首的波斯人的入侵。波斯这个时候非常强大，统治着拜占庭帝国东部，这种局面直到615年才结束。618年，赫拉克利乌斯为了保全迦太基地区曾考虑放弃君士坦丁堡，但遭到主教赛尔吉乌斯的强烈反对。621年，经过几场决定性战役，赫拉克利乌斯赶跑了阿瓦尔人，于622年4月，率领部队从海上登陆到达奇里乞亚（土耳其南部）。赫拉克利乌斯在622年10月进行的伊苏斯战役中，打败了波斯人，这次胜利鼓舞了士气，提高了战斗力。接着，赫拉克利乌斯向北进军，进入本都山脉（黑海南岸地区），大约于623年5月在哈利斯河打败了波斯的追击部队，然后转向东，入侵米堤亚（伊朗中心地区），在阿拉斯河谷过冬。624年，赫拉克利乌斯扫荡了波斯中部地区，挫败了波斯军队，使波斯人军心动摇。625年秋天，赫拉克利乌斯穿过美索不达米亚，进入奇里乞亚，沙赫尔巴拉兹的军队企图向北逃窜到特拉布宗，结果在萨鲁斯河被赫拉克利乌斯打败。626年6—8月，波斯人与阿瓦尔人联合进攻君士坦丁堡，赫拉克利乌斯置之不理，以非凡的勇气继续进行安纳托利亚之战。同时，切断波斯人的联络路线，进军亚述，于627年12月，在尼尼微城会战中，彻底击溃波斯军队，从而结束了这场战争。628年，霍斯罗死后，卡瓦德赫二世继位，拜占庭与波斯媾和。615—635年，赫拉克利乌斯在这个时期创立了局部军事体系，每个地区由居民士兵组成军队，统一听从他们各自将军的指挥，而将军同时也扮演着总督的角色。在赫拉克利乌斯统治后期，帝国动荡不安，埃及和叙利亚沦陷于阿拉伯人，宫廷内部争吵不休。赫拉克利乌斯久病不愈，641年2月11日卒于君士坦丁堡。

赫拉克利乌斯足智多谋，是一位卓越的军事家、杰出的战略战术家。同时，人们也认为他是一位出色的政治家、历史上最伟大的将军之一。尽管赫拉克利乌斯未能抵挡住阿拉伯人入侵的狂潮，但这无损于他的早期成就。

DLB

参考：Bury, J. B., History of the Later Roman Empire from Arcadius to Irene (395—800). 2 vols. London, 1889.

Ostrogorsky, George, A History of the Byzantine State. Translated by Joan Hussey. New Brunswick, N.J., 1969.

赫基默，尼古拉斯（Herkimer, Nicholas, 1728—1777年） 美国将军。参加主要战争：法国与印第安人的战争（1754—1763年）、美国独立战争（1775—1783年）；参加主要战役（战斗）：奥里斯卡尼之战（1777年）。

赫基默1728年生于今纽约州的赫基默附近，约翰·约斯特与卡特林娜·赫基默之子。其父母为来自莱茵帕拉蒂纳特地区的移民，他们的家庭获得土地转让权后定居

于莫霍克谷地。年青时获得了使其终身受益的大量森林方面的技能和知识。授予民兵中尉后，他在法国与印第安人的战争（1754—1763 年）中参加了多次作战，其中最著名的是抵抗印第安人进攻的赫基默堡（即后来的代顿堡）保卫战。到独立战争时，他在政治和经济上已是名利双收。由于爱国，他出任特里昂县（今赫基默县和蒙哥马利县）的当地安全委员会主席。晋升为民兵准将并受命负责当地防务。民兵队奉命前往尤纳迪拉（纽约州）与约瑟夫·布兰特的莫霍克人进行和谈时，他任该队领队。会谈彻底失败，幸亏将军沉着冷静，才未使会场变成战场（1777 年 7 月）。得知圣莱杰的亲英派和印第安人的部队正向斯凯勒堡（或斯坦尼克斯堡，位于罗马附近）进军时，他立即出动民兵（7 月 17 日）。集合了 800 人之后，他匆忙进军以解该堡之围（8 月 4 日）。穿越奥里斯卡尼附近的密林地时，他的部队遭到布兰特和约翰·巴特勒率领的亲英分子和印第安人的伏击（8 月 6 日）。他在漫长而激烈的战斗中腿部受重伤，但他靠树而立，竭力指挥战斗。混战因雷雨而更加混乱。最后，他下令撤退，并被运回家中。由于在家中进行的截肢手术不正确，他流血过多而死（1777 年 8 月 16 日）。因这场战而灰心丧气的印第安人纷纷离开圣莱杰的远征队，故此圣莱杰被迫撤退。

VBH

参考：Boatner, Encyclopedia.
Johnson, Allen, and Dumas Malone, eds., Dictionary of American Biography, Vol. Ⅵ. New York, 1931.
WAMB.

赫伦，弗朗西斯·杰伊（Herron, Francis Jay, 1837—1902 年） 美国将军。参加主要战争：美国内战（1861—1865 年）；参加主要战役（战斗）：威尔逊克里克之战（1861 年）、皮里奇之战（1862 年）、普雷里格罗夫之战（1862 年）和围攻维克斯堡（1863 年）。

赫伦 1837 年 2 月 17 日生于匹兹堡，入宾夕法尼亚州的西部大学（今匹兹堡大学）就读，1853 年没取得学位就离校了。1855 年前往艾奥瓦州，进入迪比克的银行业。1859 年协助组建一支独立的民兵连，并任该连上尉军官。1861 年 4 月该连归属于艾奥瓦州第一志愿役团。参加了 8 月 10 日在密苏里州威尔逊克里克的战斗。9 月被任命为艾奥瓦第九团中校军官。1862 年 3 月 7—8 日在艰苦的皮里奇之战中他身先士卒尽显才能，在该战中受伤并被俘。在其被换回来后，晋升为志愿役准将。在 12 月 7 日的普雷里格罗夫之战中有进一步的卓越表现，因功而提升为志愿役少将，成为战争中两位最年轻的少将之一（另一位是卡斯特）。后接替约翰·M. 斯科菲尔德任边界军团指挥官，不久该军团并入田纳西军团。1863 年 5 月 4 日—7 月 4 日围攻维克斯堡时，在格兰特的军团中指挥左翼部队。后指挥对亚祖河上游的远征，并于 7 月 13 日夺取亚祖。任墨西哥边界的第十三军指挥官，私下里援助墨西哥总统贝尼托·胡阿雷斯。1865 年 2 月指挥路易斯安那州的北区。在战后重建时期定居在新奥尔良，拥护共和党的政策，并任美国联邦法院的执行官（1867—1869 年）。1871—1872 年任路易斯安那州的国务卿。总的来说，他以后的政治和经济活动是失败的。1877 年前往纽约州。1893 年被授予国会荣誉勋章，以表彰他在普雷里格罗夫之战中的作用。1902 年 1 月 8 日卒于纽约。

KH

参考：Warner, Ezra, Generals in Blue. Baton Rouge, 1978.
DAB.
WAMB.

黑尔瓦尔特·冯·比滕费尔德，卡尔·埃伯哈德（Herwarth von Bittenfeld, Karl Eberhard, 1796—1884 年） 普鲁士将军。参加主要战争：拿破仑战争（1800—1815 年）、丹麦战争（1864 年）和七周战争（1866 年）；参加主要战役（战斗）：阿尔森（阿尔斯）之战（1864 年）、许讷瓦瑟（在布拉格以北）之战（1866 年）、明兴格雷茨（慕尼黑城堡）之战（1866 年）和克尼格雷茨（赫拉德茨-克拉洛韦）之战（1866 年）。

黑尔瓦尔特生于 1796 年，1811 年在第二皇家禁卫团任职，首次参战是在反拿破仑的战争中（1813—1815 年）。1848 年晋升第一禁卫团上校，1852 年晋升少将，1856 年晋升中将，1860 年任第七军军长。在与丹麦的战争中（1864 年）指挥普军，6 月 29 日在阿尔森之战中打败丹麦将军施泰因曼。1864 年秋任第八军军长。在七周战争爆发时（1866 年 6 月）被任命为易北河军团司令（驻扎在托尔高地区），该部是入侵波希米亚的普军左翼部队。6 月 19 日占领得累斯顿，随后挺进波希米亚，在明兴格雷茨之战中（6 月 27 日）打败奥军。在战争高潮的克尼格雷茨之战中，他对奥军的第五军和萨克森军团实施翼侧进攻，在下午过了一半的时候仅取得了缓慢的推进（7 月 3 日）。战后仍指挥第八军，1867—1870 年任北德意志联邦国民议会议员。1870 年 7 月普法战争爆发时，在德国西部组织防御，以防法国可能的进攻。当普军的胜利消除了法军入侵的威胁后，他从事组织补充兵员和设立战俘营的工作。1871 年退休，住在波恩，1884 年卒于那里。

PDM

参考：General Staff, Military History Section, Der Deutsche Dänische Krieg. 2 vols. Berlin, 1886.
——, Der Feldzug von 1866 in Deutschland. Berlin, 1867.
Neue Deutsche Biographie, Vol Ⅷ. Berlin, 1968.

赫斯特，约翰·哈钦森（Hester, John Hutchison, 1886—1976

年） 美国将军。参加主要战争：侵略墨西哥（1916—1917 年）、第二次世界大战（1941—1945 年）；参加主要战役（战斗）：拉塞尔群岛之战（1942—1943 年）、新乔治亚之战（1942—1943 年）。

赫思，亨利（Heth, Henry, 1825—1899 年） 美国南部同盟将军。参加主要战争：美墨战争（1846—1848 年）、在内布拉斯加州的印第安苏族人战争（1855—1857 年）和美国内战（1861—1865 年）；参加主要战役（战斗）：马塔莫拉斯之战（1847 年）、阿什霍洛（布卢沃特克里克）之战（1855 年）、卡尔尼费克斯费利（康利布里奇，西弗吉尼亚州）之战（1861 年）、佩里维尔之战（肯塔基州，1862 年）、钱瑟勒斯维尔之战（腓特烈堡附近，1863 年）、葛底斯堡之战（1863 年）、布里斯托车站（费吉尼亚州的沃伦顿附近，1863 年）、斯波齐尔韦尼亚之战（1864 年）、冷港（里士满附近）之战（1864 年）、里姆车站之战（弗吉尼亚州彼得斯堡附近，1864 年）。

赫思 1825 年生于弗吉尼亚州，是乔治·E. 皮克特的表兄弟。1842 年从哥伦比亚特区的乔治敦学院毕业后，选择入西点军校而不是海军学院深造，1846 年以全班 38 名学员中倒数第一的成绩毕业。在墨西哥战争期间他参加了在塔毛利帕斯的马塔莫拉斯之战（1847 年 11 月 23 日），后在边界地区任职。参加了对内布拉斯加州苏族人的远征，以及阿什霍洛之战（1855 年），在该战中表现突出晋升上尉。1857—1858 年在约瑟夫·埃·约翰斯顿上校麾下对犹他州的摩门教徒进行远征。1858 年撰写了一本关于射击练习的手册。1861 年 4 月退出联邦军队，以少校军衔加入南部同盟陆军，协助建立南军在里士满军区的军需部。晋升上校并指挥弗吉尼亚第四十五步兵团，参加了 9 月 10 日的卡尔尼费克斯费利之战。1862 年晋升准将，被派往西部的肯塔基州在埃德蒙·柯比·史密斯将军麾下任职。在参加了佩里维尔之战（10 月 28 日）后，于 1863 年 4 月回到东部，在罗伯特·爱·李将军的北弗吉尼亚军团中指挥一个师。虽然他在钱瑟勒斯维尔战役（5 月 2—4 日）中受伤，但赫思的师是参加葛底斯堡战役（7 月 1—3 日）的第一支南军部队。在该战中再次受伤，他之所以幸免于死是因为他的新帽子太大，他垫了一些纸。他迅速康复并参加了布里斯托车站之战（10 月 14 日），在该战中荣升为少将。后参加了斯波齐尔韦尼亚之战（1864 年 5 月 8—18 日）、贝塞斯达教堂之战（在弗吉尼亚州的梅卡尼克斯维尔附近，5 月 31 日—6 月 1 日）和冷港战役（6 月 3—12 日）。在围攻彼得斯堡战役的初期，他在里姆车站俘获 24 名北军（6 月 22 日）。1865 年 4 月 9 日和李将军一起在阿波马托克斯投降。战后，赫思从事矿产业、保险业、民用工程以及为印第安人事务办公室从事特别的代理工作。1899 年卒于弗吉尼亚州。

赫思是一位能干的战场指挥官，也是唯一的被罗伯特·爱·李将军直呼其名的军官。

BAR

参考：Wakelyn, Jon L., Biographical Dictionary of the Confederacy. Westport, Conn., 1977.

Warner, Ezra, Generals in Gray. Baton Rouge, 1978.

休伊特，亨利·肯特（Hewitt, Henry Kent, 1887—1972 年） 美国海军上将。参加主要战争：第一次世界大战（1917—1918 年）、第二次世界大战（1941—1945 年）。

休伊特 1887 年 2 月 11 日生于新泽西州的哈肯萨克。1906 年毕业于海军军官学校。1908 年被授予少尉军衔。1913—1916 年，回到海军军官学校任教。第一次世界大战期间任“卡明斯”号和“勒德洛”号驱逐舰舰长，执行护航和反潜巡逻任务。1918—1921 年，回海军军官学校任教。1921—1923 年，在“宾夕法尼亚”号战列舰上任职。1923—1926 年在海军部任参谋。1926—1928 年，任主力舰队参谋。1929 年毕业于海军军事学院。1932 年晋升上校，担任过短时间的主力舰队作训军官。1933—1936 年，回海军军官学校任职。1936—1938 年，任“印第安纳波利斯”号巡洋舰舰长。后在运河区担任岸上职务。1940 年 12 月，晋升少将。后任大西洋舰队两栖作战部队司令，指挥海军部队参加了 1942 年 11 月 7 日盟军在摩洛哥登陆的“火炬”行动。所率部队抑制了法国海军以卡萨布兰卡港和未建成的“让·巴尔”号战列舰为核心组织的抵抗。1942 年 11 月晋升中将，1943 年 2 月被任命为非洲西北海域美国海军第八舰队司令。接着在“爱斯基摩人”行动（7 月 10 日）中，策划和指挥海军部队参加了美军在西西里西南部的登陆作战。后在 9 月 9 日实施的“雪崩”行动中，指挥盟军突击意大利本土的萨莱诺。同年晋升中将。1944 年 8 月 15 日，指挥盟军海军部队（近 1000 艘舰只）护送亚历山大·M. 帕奇将军的 40 万人的第七集团军在法国的里维埃拉登陆。1945 年 4 月晋升上将。1945 年 8 月—1946 年 9 月，任第十二舰队司令。此后在联合国军事参谋委员会中任美国海军代表，直至 1949 年 3 月退役。1972 年 9 月 15 日卒于佛蒙特州的米德尔堡。

KS

参考：New York Times obituary, September 16, 1972.

Reynolds, Clark G., Famous American Admirals, New York, 1978.

WAMB.

日高壮之丞（Hidaka Sonojo, 1848—1932 年） 日本海军上将。参加主要战争：日本内战（1868 年）、萨摩暴动（1877 年）、中日甲午战争（1894—1895 年）；参加主要战役（战斗）：鸭绿江之战（1894 年）、威海卫之战（1895 年）。

希伦一世（Hiero Ⅰ, 约公元前 535—前 467 年） 叙拉古国王。参加主要战争：与迦太基的战争（公元前 481—前

480 年)、与伊特剌斯坎人的战争(公元前 474 年);参加主要战役(战斗):希梅拉之战(公元前 480 年)和库迈之战(公元前 474 年)。

希伦约生于公元前 535 年,是德伊诺梅乌斯之子。他的兄弟格隆让他统治基拉地区,而格隆自己则统治叙拉古(公元前 485 年)。公元前 480 年,在格隆的指挥下,在希梅拉之战中击败了迦太基大将哈米尔卡。公元前 478 年格隆去世,希伦继位成为叙拉古国王,登基后他企图向南部的意大利和西西里等希腊国家扩张。公元前 475 年,希伦重建由于埃特纳火山而放弃的西西里卡塔尼亚城。公元前 474 年,希伦决心在库迈进行一次大规模海战以彻底击败伊特剌斯坎人,摧毁其海上力量。击败阿格里真托的色拉西达伊乌斯,并控制了西西里大部分地区。他以"艺术保护人"而著称,他在宫廷中曾接见过西摩尼斯、埃斯库罗斯和品达等艺术家。卒于公元前 467 年(也可能是公元前 466 年)。

Staff

参考:EMH.
WBD.

希伦二世(Hiero Ⅱ,约公元前 306—前 215 年) 叙拉古国王。参加主要战争:与马麦丁人的战争(公元前 266—前 263 年)、第一次布匿战争(公元前 264—前 241 年)及第二次布匿战争(公元前 219—前 202 年);参加主要战役(战斗):迈利之战(约公元前 270 年)和龙加努斯之战(公元前 265 年)。

希伦公元前 306 年生于叙拉古的一个普通家庭。曾在伊普鲁斯的皮洛士军队中担任一名军官,公元前 275 年,皮洛士返回希腊后,他成为叙拉古军队的一位高级军官。公元前 265 年在龙加努斯河之战中击败了马麦丁人,并被拥立为叙拉古国王。起初同迦太基结盟共同反对马麦丁人,但由于被马麦丁-罗马军队击败,迫使他改变了立场。公元前 263 年希伦与亚·克劳狄乌斯·考德克斯和好,其后同罗马结盟。在第一次布匿战争结束(公元前 241 年)以前,罗马一直向希伦提供船只和士兵,并且在希伦去世(公元前 215 年)之前的第二次布匿战争初期,也一直向其提供援助。公元前 241—前 240 年,迦太基将西西里割让给罗马。到公元前 227 年,罗马人将西西里改为自己的一个行省,希伦对此并没有作出反应,在叙拉古仅在希伊奥的领区遭到抵制。

Staff

参考:EMH.
OCD.

东久迩稔彦(Higashikuni Naruhiko,1887—?) 日本将军、军国主义者。参加主要战争:日本侵华战争(1937—1945 年)。

口季一郎(Higuchi Kiichiro,1888—1970 年) 日本将军、军国主义者。参加主要战争:西伯利亚远征(1918—1922 年)、第二次世界大战(1941—1945 年);参加主要战役(战斗):阿留申群岛战役(1942—1943 年)。

希尔,安布罗斯·鲍埃尔(Hill,Ambrose Powell,1825—1865 年) 美国南部同盟将军。参加主要战争:美墨战争(1846—1848 年)、印第安西米诺尔战争(1855—1858 年)和美国内战(1861—1865 年);参加主要战役(战斗):第一次布尔溪之战(弗吉尼亚州的马纳萨斯,1861 年)、威廉斯堡之战(弗吉尼亚州,1862 年)、费尔奥克斯之战和七天战役(均在里士满附近,1862 年)、锡达山之战(在库尔佩珀附近,1862 年)、第二次布尔溪之战(1862 年)、安蒂特姆之战(1862 年)、腓特烈堡之战(1862 年)、钱瑟勒斯维尔之战(在腓特烈堡附近,1863 年)、葛底斯堡之战(1863 年)、布里斯托车站之战(在弗吉尼亚州的沃伦顿附近,1863 年)、荒原之战(在拉皮丹河以南,1864 年)、斯波齐尔韦尼亚之战(1864 年)和围攻彼得斯堡战役(弗吉尼亚州,1864—1865 年)。

希尔 1825 年 11 月 9 日生于弗吉尼亚州的库尔佩珀。1847 年毕业于西点军校,在炮兵部队中任职。1849 年在得克萨斯州参加对墨西哥的战争,1855 年对印第安西米诺尔人作战时任中尉军官。1855—1860 年在首都华盛顿的美国海岸测量勘察部队中任上尉军官。1861 年 3 月退出联邦军队。在南部同盟军队中领上校衔,指挥弗吉尼亚州第十三步兵团参加了 7 月 21 日的第一次布尔溪之战。1862 年 2 月晋升准将,在 5 月 5 日的威廉斯堡战役中表现突出。5 月 26 日晋升少将,参加了 5 月 31 日的费尔奥克斯之战。率其师参加了激烈的七天战役(6 月 26 日—7 月 2 日)。在锡达山之战(8 月 8 日)和第二次布尔溪之战(9 月 17 日)中支援杰克逊作战。率部强行军于 9 月 17 日抵达安蒂特姆,使联邦军未能取得重大胜利。腓特烈堡之战时(12 月 13 日)在南军的右翼作战。在 1863 年 5 月 2—4 日的钱瑟勒斯维尔战役中负伤。5 月 24 日晋升中将,任新成立的第三军指挥官,率部参加了葛底斯堡战役(7 月 1—3 日)和布里斯托车站的战斗(10 月 14 日)。在荒原战役(1864 年 5 月 5—6 日)和斯波齐尔韦尼亚法院战役(5 月 8—18 日)中发挥了主要作用。在联邦军团围攻彼得斯堡期间,当他集合其部队时阵亡(1865 年 4 月 2 日)。

希尔是一位积极进取、熟练的指挥官。虽然他军纪严明,但他关心士兵,并得到士兵的爱戴。他是一位快速机动的大师,其部队因行军速度快而被称为"轻步兵师"。李将军称他是"我手下所有与他同一级别的将领中最好的一位"。可能是由于杰克逊之死的影响,他任军指挥官时是不成功的。

VBH

参考:Hassler, William Woods, A P. Hill: Lee's Forgotten General. Richmond, Va., 1957.
Schenk, Martin, Up Came Hill: The Story of the

Light Division and of Its Leaders. N. p. ,n. d.

希尔，丹尼尔·哈维（Hill, Daniel Harvey, 1821—1899 年） 美国南部同盟将军。参加主要战争：美墨战争（1846—1848 年）和美国内战（1861—1865 年）；参加主要战役（战斗）：孔特雷拉斯之战和丘鲁武斯科之战（均在墨西哥城附近，1847 年）、查普特佩克之战（1847 年）、大贝塞尔之战（在约克镇附近，1861 年）、费尔奥克斯（里士满附近）之战（1862 年）、南山之战（马里兰州，1862 年）、安蒂特姆之战（1862 年）、腓特烈堡之战（1862 年）、奇卡莫加之战（1863 年）、本顿维尔之战（在北卡罗来纳州牛顿格罗夫附近，1865 年）。

希尔 1821 年 7 月 12 日生于南卡罗来纳州的约克区。1842 年毕业于西点军校，分配到炮兵部队任职。参加了与墨西哥的战争，在孔特雷拉斯之战和丘鲁武斯科之战中（8 月 19—20 日）表现突出，晋升为荣誉上尉，在 9 月 13 日的查普特佩克之战中晋升为少校。1849 年退役，在华盛顿学院（今华盛顿-李氏大学）任数学教授。1854 年转入南卡罗来纳州军事学院任院长。1861 年 6 月 10 日任驻大贝塞尔的北卡罗来纳州第一步兵团上校军官，9 月晋升准将，1862 年 3 月晋升少将。在 5 月 31 日在费尔奥克斯之战时任师指挥官，表现良好。9 月 14 日把守南山山口防御优势之敌进攻，为李将军在安蒂特姆克里克之后集结其军团争取了足够的时间。率部参加了激烈的安蒂特姆之战（9 月 17 日）和腓特烈堡之战（12 月 13 日）。1863 年任里士满守军司令，7 月晋升中将。后任田纳西军团的军指挥官，在布拉格的指挥下参加了奇卡莫加之战（9 月 19—20 日）。为布拉格的撤职负主要责任，他自己亦短时间去职。后复职，在 1865 年 3 月 19—21 日北卡罗来纳州的本顿维尔战斗中指挥一个师。战后退居北卡罗来纳州的夏洛特，从事出版业。1877—1884 年任阿肯色大学校长，1885—1889 年任米德尔-佐治亚军事和农业学院（今佐治亚军事学院）院长。1889 年 9 月 24 日卒于夏洛特。

希尔是一位有勇气、有才华、精力充沛并且雄心勃勃的指挥官和管理者。与单调乏味的参谋工作相比，他更喜欢战斗的激烈场面。他是一位优秀的战术家，深受其部队的爱戴，在他调任和晋升之后，他们仍称自己为“D. H. 希尔师”，直至战争结束。

VBH

参考：Bridges, Hal, Lee's Maverick General: Daniel Harvey Hill. New York, 1961.
Warner, Ezra, Generals in Gray. Baton Rouge, 1978.

希尔第一子爵，罗兰爵士（Hill, Sir Rowland, 1st Visconnt, 1772—1842 年） 英国将军。参加主要战争：法国大革命战争（1792—1799 年）和拿破仑战争（1800—1815 年）；参加主要战役（战斗）：土伦包围战（1793 年）、第二次阿布吉尔之战（1801 年）、维梅鲁之战（1808 年）、罗利萨之战（1808 年）、科伦纳之战（1809 年）、波尔图之战（1809 年）、塔拉维拉之战（1809 年）、巴达霍斯包围战（1811 年）、阿罗约莫利诺斯之战（1811 年）、阿尔马拉斯之战（1812 年）、维多利亚之战（1813 年）、内维尔之战（1813 年）、内维之战（1813 年）、圣皮埃尔之战（1813 年）、奥瑟兹之战（1814 年）、图卢兹之战（1814 年）、滑铁卢之战（1815 年）。

希尔 1772 年 8 月 11 日生于霍克斯顿，是约翰·希尔爵士的第二子。1790 年入伍进第三十八步兵团。1791 年转入第五十三步兵团。后于 1791—1793 年入斯特拉斯堡军事学院深造。1793 年 8 月 27—12 月 19 日，作为副官参加对土伦的围攻，受到盛赞，被提升为第九十步兵团少校。1801 年率该团参加埃及战役。3 月 20—21 日，在阿布吉尔之战中负伤。1803 年升准将后在爱尔兰服役。1805 年在汉诺威远征队中任少将。后指挥一个旅的兵力参加半岛的罗里卡（1808 年 8 月 17 日）之战、维梅鲁之战（8 月 21 日）和科伦纳之战（1809 年 1 月 16 日）。1809 年 5 月 12 日转战波尔图，7 月 28 日率第二师参加塔拉维拉之战。1810 年指挥一个军团在葡萄牙边界组织防御。在英国生病一段时间后，率第二师与第四师参加于 1811 年 5 月 7 日—1812 年 4 月 6 日对巴达霍斯的包围战，此战中希尔任惠灵顿之右翼指挥。10 月 27 日夺取阿罗约莫利诺斯之战的胜利。1812 年 5 月 19 日，席卷法军在阿尔马拉斯的阵地。1813 年 6 月 21 日在维多利亚之战中任右翼指挥。6 月 22 日—10 月 31 日封锁潘普罗那。11 月 10 日打破内维尔防线，11 月 9—12 日又打破了沿内维河的防线。11 月 13 日在圣皮埃尔之战中击败苏尔特。1814 年 2 月 27 日在奥瑟兹及 4 月 10 日的图卢兹再度辉煌。1815 年前往布鲁塞尔以平息奥兰治亲王的暴动。6 月 18 日的滑铁卢战役中，率一个军团反击帝国卫队。1815—1818 年任法国巴黎占领军副司令。此后退休。1828 年接替惠灵顿被任命为巴黎占领军司令直至 1842 年退役，并于 1842 年被封为子爵，卒于 1842 年 12 月 10 日。

希尔是一位聪明、勇敢、足够多谋、热情奔放的战士，他的优秀品质赢得其下属及同事的钦佩。惠灵顿认为希尔是他最得力和可信赖的将军之一。

VHB

参考：Napier, Sir William F. P. , History of the War in the Peninsula —1807—1814. 6 vols. London, 1851.
Oman, Sir Charles W. C. , Wellington's Army, 1809—1814. London, 1914.
Sidney, E. , Life of Lord Hill, G. C. B. London, 1845.
Ward, S. G. P. , Wellington's Headquarters. Oxford, 1957.

希米尔科（Himilco，约卒于公元前 389 年） 迦太基将领。参

加主要战争：西西里战争（公元前409—前405年，公元前397—前396年）；参加主要战役（战斗）：亚克拉格、基拉和卡马里纳之战（公元前406年）、叙拉古之战（公元前396年）。

希米尔科是汉诺之子，其出生日期和早期经历不详。公元前406年，指挥迦太基部队进攻西西里东部的一些希腊城市，征服并洗劫了亚克拉格、基拉和卡马里纳。公元前405年由于其部队传染上瘟疫，未能攻克叙拉古。叙拉古的新国王迪奥尼修斯向希米尔科求和。公元前397年，当迪奥尼修斯重新发动战争时，希米尔科重返西西里，并再次抵近叙拉古东城门，但瘟疫再次在其军内蔓延，结果其部队于公元前396年被叙拉古彻底击败。希米尔科与迪奥尼修斯达成秘密协议，允许希米尔科及其迦太基军队撤走，而将其盟国军队抛弃，作为交换，希米尔科交出300塔仑的银币。回国后，希米尔科被迫自杀。

Staff

参考：EMH.
WBD.

兴登堡，保罗·路德维希·汉斯·冯·贝内肯多夫·冯（Hindenburg, Paul Ludwig Hans von Beneckendorff und von, 1847—1934年） 德国陆军元帅和政治家。参加主要战争：七周战争（1866年）、普法战争（1870—1871年）和第一次世界大战（1914—1918年）；参加主要战役（战斗）：克尼格雷茨（赫拉德茨-克拉洛韦）之战（1866年）、圣普里瓦之战（1870年）、坦嫩贝格之战（1914年）、马祖里湖区之战（1914年）、罗兹之战（1914年）、戈尔利采-塔尔诺夫之战（1915年）、第二次索姆河之战（1918年）、利斯河之战（1918年）和埃纳河攻势（1918年）。

兴登堡1874年10月2日生于东普鲁士波森（波兹南），其父是普鲁士陆军军官。1860年加入皇家候补军官团，1866年在驻但泽（格但斯克）的第三步兵近卫团中任中尉。在克尼格雷茨之战中表现突出，在该战中当其攻击奥军炮兵连阵地时负了轻伤（1866年7月3日）。参加了普法战争中的圣普里瓦之战（1870年8月18日）和色当之战（1870年9月1日）。1872—1875年在柏林军事学院学习，1877年在总参谋部任职。1883年任军事学院教官，1889年任陆军部步兵局局长。1896年晋升将军，1903年在马格德堡之战中指挥第四军。在1908年的陆军演习中，他对所辖军实施了非常好的指挥，演习裁判被迫宣布由德皇指挥的、与其对阵的军已被打败。1911年退役。1914年8月22日受命指挥在普鲁士的第八集团军，鲁登道夫任其参谋长。8月23日和鲁登道夫抵达马林堡（马尔堡）接管了指挥权，并同意了鲁登道夫和麦克斯·霍夫曼上校的发动反攻并两翼包围萨姆索诺夫的俄军第二集团军的计划，取得了坦嫩贝格之战（1914年8月25—31日）的胜利。他和鲁登道夫一起指挥德军部队在马祖里湖区之战中打败了伦宁坎普夫的俄国第一集团军，并将其逐出东普鲁士（9月10—13日）。指挥了在波兰的战役（1914年9月17日—12月初），以在罗兹之战（11月11—25日）中取得防御性胜利达到胜利的顶锋。11月1日被任命为东线奥德联军司令并提升为陆军元帅。初始受总参谋长法金汉的指挥，后在其指挥下，德军实施了戈尔利采-塔尔诺夫突破（1915年5月2日—6月27日），一举攻占了波兰大部。尽管他攻陷了华沙（8月5日）、默德灵（马佐夫思新庄园，8月18日）和科夫诺（在华沙附近，8月17日），但俄国集团军逃脱。兴登堡反对将东线的师调走以支援法金汉的凡尔登攻势（1916年2月）。凡尔登之战失败和罗马尼亚进攻匈牙利（1916年8月27日）之后，兴登堡——在鲁登道夫的协助下——取代法金汉任德军总参谋长（8月29日）。由于德皇和帝国国会放弃了权利与责任，使兴登堡和鲁登道夫成为实际上的德国军事独裁者。兴登堡目睹了德国宣布无限制潜艇战（1917年1月31日）、驱逐贝特曼·赫尔维希首相、对俄国发动最后的攻势（1917年7月19日—12月15日），以及签署《布列斯特-立托夫斯克和约》（又称《布列斯特和约》，1918年3月3日），该条约使德军西线得以获得急需的兵力。他支持鲁登道夫发动最初是成功的、最终却是徒劳的索姆河攻势（1918年3月21日—4月5日）、利斯河攻势（4月9—21日）、埃纳河攻势（5月27日—6月17日）、努瓦永-蒙迪迪耶攻势（6月9—13日）和香槟-马恩河攻势（7月15—19日）。经过这些失败，他主张实施防御战争，鲁登道夫被解职，代之以威廉·格勒纳将军（10月24—27日）。在签订停战协议（1918年11月11日）和《凡尔赛和约》（1919年6月28日）以后，兴登堡退出政治生活。1925年4月26日他当选魏玛共和国总统，在政治危机期间，他树立了一个坚定和受欢迎的中心。1932年4月10日再次当选为总统，他听从弗兰茨·冯·巴本的劝告，任命阿道夫·希特勒为首相（1933年1月30日），扶植军国主义和保皇组织。1934年8月2日卒于纽代克——他在东普鲁士的领地。

兴登堡与狡诈的鲁登道夫形成了完美的组合。晚年其黯淡的精神力量、陈旧的思想和狭隘的观察力使其后期的政治生涯受到损害。

DLB

参考：Barnett, Correlli, The Swordbearers. New York, 1964.
Dupuy, Trevor N., The Military Lives of Hindenburg and Ludendorff. New York, 1970.
Görlitz, Walter, Hindenburg. New York, 1953.
Hindenburg, Paul von, Out of My Life. N. p., 1920.
Wheeler-Bennett, John, Hindenburg: The Wooden Titan. New York, 1936.

欣德曼，托马斯·卡迈克尔（Hindman, Thomas Carmichael,

1828—1868年） 美国南部同盟将军。参加主要战争：美墨战争（1846—1848年）和美国内战（1861—1865年）；参加主要战役（战斗）：普雷里格罗夫之战（1862年）、奇克莫加之战（1862年）、查塔努加之战（1863年）和亚特兰大战役（1864年）。

欣德曼生于1828年，1846年毕业于普林斯顿学院。在对墨西哥的战争期间（1846年5月—1848年7月）他是一位优秀的低级军官。战争结束时退役去学习法律，1854—1856年在密西西比州立法局供职。1859—1861年任美国众议院阿肯色州的议员，是州权派民主党人。内战爆发时，放弃在国会的任职，加入南部同盟军队。领上校衔指挥阿肯色州第二步兵团，很快就于1861年末晋升为准将，1862年晋升少将。在阿伯特·悉尼·约翰斯顿将军的军团哈迪将军的军中指挥一个师，参加了夏洛之战（4月6—7日），后调任密西西比军区司令。12月7日在普雷里格罗夫对联邦军的进攻被击退。返回东部指挥一个师，参加了奇克莫加之战（1863年9月19—20日）、围攻查塔努加（9—11月）和查塔努加之战（11月24—25日）。在谢尔曼向亚特兰大进军期间（1864年5—7月），任师指挥官，但当眼部负伤时被迫撤退。1865年5月战争结束后逃往国外，在巴西从事三年的咖啡种植后返回阿肯色州。1868年因反对"北方人去南方投机谋利"的法案而被谋杀。

BAR

参考：Warner, Ezra, Generals in Gray. Baton Rouge, 1978.
DAB.

海因斯，约翰·伦纳德（Hines, John Leonard, 1868—1968年） 美国陆军上将。参加主要战争：美西战争（1898年）、镇压菲律宾起义（1899—1901年）和第一次世界大战（1917—1918年）；参加主要战役（战斗）：圣胡安山（在古巴的圣地亚哥附近）之战（1898年）、侵略墨西哥（1916—1917年）、第二次马恩河战役（1918年）、苏瓦松之战（1918年）、圣米耶尔战役（1918年）和默兹-阿尔贡攻势（1918年）。

海因斯1868年5月21日生于西弗吉尼亚州格林布赖尔县白硫磺泉镇。1891年以全班65名中第四十八名的成绩毕业于美国军事学院，在步兵部队中任职。自愿服役于美西战争（1898年4—12月），参加了圣胡安山之战（1898年7月1日）。1899—1902年间晋升上尉并派往菲律宾镇压起义。1902—1905年间与印第安莫罗部落作战。在侵略墨西哥（1916年3月—1917年2月）期间任约翰·J. 潘兴将军的少校副官。1917年5月晋升中校，被潘兴任命在美国远征军总司令部供职。1917年8月晋升临时上校，随着他担任第十六步兵团的指挥官而成为正规军军衔（1917年11月）。其所率团在"平静的防区"的成功行动之后，他被提升为临时准将（1918年4月），并在罗伯特·L. 布拉德的第一师中指挥一个旅，率该旅参加了第二次马恩河战役（7月15—17日）和苏瓦松反攻（7月18—19日）。指挥第四师参加了圣米耶尔攻势（9月12—16日）和默兹-阿尔贡攻势（9月26日—11月11日）。10月份取代布拉德任第三军指挥官，直到该军在战后被遣散（1919年7月）。1918年11月被提升为正规军准将。1919—1921年间任第四师和第五师指挥官，1921年3月晋升少将，1924年9月—1926年11月在潘兴的推荐下任美陆军参谋长。在海因斯任期内，陆军的学校有了发展，军种间的合作有了改善，他也经历了陆军中的重大矛盾，其核心是对威廉·（"比利"）·密契尔的军法审判。1930年10月—1932年5月任菲律宾防区司令，直至退休。1940年6月在退休名单上被晋升为上将。在第二次世界大战（1941—1945年）爆发之际试图重服现役，但因年岁大而遭拒绝。1968年10月13日卒于沃尔特-里德陆军医院，享年100岁。

海因斯在为时七个月的战斗期间曾先后成功地指挥了团、旅、师和军级部队，如果说其表现不是独一无二的，那也是非同寻常的。

ACD

参考：DAMB.
WAMB.

希佩尔，弗朗茨，冯（Hipper, Franz, von, 1863—1932年） 德国海军上将。参加主要战争：第一次世界大战（1914—1918年）；参加主要战役（战斗）：多格沙洲之战（1915年）和日德兰海战（1916年）。

希佩尔1863年9月13日生于巴伐利亚的魏尔海姆，1881年成为德意志帝国海军中的一名候补军官，1884年春接受军官任命。先在北海的鱼雷艇上任职，后在帝国快艇"霍亨索伦"号上任领航军官。1908—1912年指挥过许多轻型装甲巡洋舰，1912年晋升海军少将，并任公海舰队搜索舰只的指挥官。在1915年1月24日的多格沙洲海战中指挥德军舰队，他放弃了混合型装甲巡洋舰"布吕歇尔"号，而使其他德舰逃脱戴维·贝蒂海军上将的战斗巡洋舰舰队的打击。在日德兰海战中（1916年5月31日）指挥战斗巡洋舰分舰队，他的舰队首先向贝蒂的舰队开火。在战斗的高潮时，他率战斗巡洋舰实施"死亡冲击"，并以驱逐舰实施鱼雷攻击，迫使杰利科躲避，从而使舍尔被包围的战列舰逃脱。1918年8月接替舍尔任公海舰队司令，他命令实施最后的出击却促成德军水手的起义（1918年11月）。1918年12月13日从海军退休，平静地度过余生，卒于1932年5月25日。

希佩尔是一位有能力和机智的指挥官，在日德兰海战中他对英军主力战舰的冲击阻止了英军的胜利。

DLB

参考：NDB.

希庇亚斯（Hippias，卒于约公元前490年） 希腊统治者。参加主要战争：希波战争（公元前498—前479年）。

希波克拉底(Hippocrates,卒于公元前 424 年) 雅典将军。参加主要战争：伯罗奔尼撒战争（公元前 432—前 404 年）；参加主要战役（战斗）：尼萨伊亚围攻战（在今梅加拉境内，公元前 427 年）、德利乌姆之战（公元前 424 年）。

希波克拉底是阿里奉之子。公元前 427 年春天，奉命率军攻打梅加拉城以及其港口尼萨伊亚。在雅典将军狄摩西尼的支援下，占领了这座城的城墙，并封锁了尼萨伊亚，但是尽管得到了隐藏在城中的奸细的帮助，雅典最终却没能占领梅加拉城。大约一周之后，希波克拉底的军队被由斯巴达人巴西达斯率领的一支伯罗奔尼撒救援部队驱逐出去。在底比斯的一些持不同政见者联盟的帮助下，他企图入侵玻俄提亚（希腊的中、东部地区）和击败底比斯。由于同狄摩西尼之间缺乏配合，直接影响到其计划的实施，并被底比斯人发觉。底比斯人先发制人，公元前 424 年在位于玻俄提亚与阿提卡边境的德利乌姆地区向他的部队发起攻击。希波克拉底在此战中被杀，雅典军队惨遭失败。

Staff

参考:Thucydides,The Peloponnesian War.
OCD.

希波克拉底(Hippocrates,作战时间:公元前 215—前 212 年) 迦太基-叙拉古将军。参加主要战争：第二次布匿战争（公元前 219—前 202 年）；参加主要战役（战斗）：围攻叙拉古（锡腊库扎，公元前 213—前 212 年）。

希波克拉底生于迦太基，他父亲是一位叙拉古的流放者，母亲是迦太基人，祖父是叙拉古的一位重要的政治人物。加入迦太基军队，可能在公元前 219—前 217 年间，曾跟随汉尼拔进军意大利。叙拉古为了反抗罗马暴君热罗尼莫在那里的苛政，派来一位使者请求汉尼拔出兵援助。公元前 215—前 214 年，希波克拉底奉汉尼拔之命，同他弟弟埃皮锡德斯一起率一支军队前往叙拉古。公元前 214 年，希波克拉底采取各种手段，使热罗尼莫昔日的一些亲密的同盟，转而同迦太基结盟，并在那里进一步煽动反叛情绪，使热罗尼莫处于一片混乱之中，最后被暗杀。率领一支雇佣军，被派往附近的列昂提尼（今伦蒂尼）去平定这个城市发生的混乱，但是这个城市被全部献给了罗马。公元前 214—前 213 年，逃往意大利中部地区的海比苏斯，镇压了叙拉古的叛乱军队，再次进入叙拉古。公元前 213 年春天，罗马将军 M.C. 马尔塞鲁斯率领罗马军队封锁了叙拉古城，正当罗马军队准备攻城时，希波克拉底从城内逃出。公元前 213 年冬—前 212 年率领增援部队返回。与其部队一起在这个城市附近的阿纳普斯沼泽地安营，他本人以及许多士兵生病，可能是疟疾，卒于公元前 212 年秋。

Staff

参考:Lazenby,J.F.,Hannibal's War. New York,1978.

广濑武雄(Hirose,Takeo,1868—1904 年) 日本海军军官、军国主义者。参加主要战争：中日甲午战争（1894—1895 年）和日俄战争（1904—1905 年）；参加主要战役（战斗）：鸭绿江之战（1894 年）、封锁旅顺港。在旅顺港外当其击沉一艘封锁船时被击毙。

希契科克，爱森·艾伦(Hitchcock,Ethan Allen,1798—1870 年) 美国将军。参加主要战争：第二次西米诺尔战争（1836—1842 年）、美墨战争（1846—1848 年）、美国内战（1861—1865 年）；参加主要战役（战斗）：孔特雷拉斯之战（1847 年）、楚鲁巴斯科之战（1847 年）、莫里诺德里雷之战（1847 年）。

希契科克 1798 年 5 月 18 日生于维尔蒙特的维尔根尼斯。从西点军校毕业后于 1817 年授步兵少尉。1819 年晋升中尉，1824 年晋升上尉。1824—1827 年在西点军校服役。1829—1833 年任西点军校军官候补生长官。1833—1836 年在威斯康星准州的克劳福特堡服役。第二次西米诺尔战争中，在埃德蒙·P. 盖茨将军手下，参加佛罗里达的战斗。后来为军事法庭查处盖茨的行为，以解决盖茨与温菲尔德·斯科特的争执。1837—1840 年在西北部地区服役，此间的 1838 年晋升少校。1841 负责调查战争部对克罗基资金的处理问题。后随第三步兵团返回佛罗里达，1842 年 1 月晋升中校。由于希契科克杰出的训练方法，使第三步兵团闻名。墨西哥战争早期，第三步兵团隶属扎卡里·泰勒将军。在墨西哥中部的作战中，希契科克任司克脱将军参谋部的督察长。因在 1847 年 8 月 19—20 日的孔特雷拉斯及楚鲁巴斯科之战荣立功勋，而被提升为上校。9 月 8 日，因在莫里诺德里雷之战中的出色表现，晋升为准将。1851 年任大西洋师指挥。他命令限制为墨西哥的威廉·沃克运送物资装备，此举召致了陆军部长杰弗逊·戴维斯的责难，他们之间的摩擦致使希契科克于 1855 年 10 月辞职。1861 年 4 月，内战爆发后，希契科克任志愿役少将。此后，他作为代表，监督交换战俘，指导军事法典的修订。有一段时期，他及其他陆军部高级官员，成为林肯总统和陆军部长爱得文·麦·斯坦顿的高级顾问。1867 年 10 月退出现役，退休后到南卡罗来纳州的查尔斯顿，1870 年 8 月 5 日卒于佐治亚的汉科克县。

希契科克是一位有才能且意志坚定的人，但有时显得比较迂腐。他还是一位兴趣广泛和多产的作家，1909 年出版了他的自传《野外军营五十年》。另外，他还写了一些评价莎士比亚、斯宾塞、但丁以及其他宗教信仰方面的书籍。

DLB

参考:Croffut,W.A.,ed. Fifty Years in Camp and Field: Diary of Major-General Ethan Allen Hitchcock. New York,1909.
WAMB.

希特勒，阿道夫（Hitler, Adolf, 1889—1945年） 二战罪魁祸首，纳粹德国元首（独裁者）。参加主要战争：第一次世界大战（1914—1918）、第二次世界大战（1939—1945）；参加主要战役（战斗）：伊珀尔战役（1914）。

希特勒1889年4月20日生于奥地利布劳瑙的一个海关官员家庭。1905年前，在他的出生地一直读到了中学，因成绩不好而中途辍学，没有获得毕业证书。1905—1907年，他定居林茨，满心希望成为一位艺术家，但两次投考维也纳艺术学院均落榜。1908—1913年，曾一度靠为明信片和广告提供临摹画来维持生计。1913年来到了德国名城慕尼黑。1914年2月，重返奥地利参加军校考试，但未被录取。同年8月入伍德军，在巴伐利亚第十六步兵团服役。最初在前线做通讯员，后晋升下士军衔，获得过四枚勋章，其中于1918年8月4日获得一级铁十字勋章。1916年10月在作战中受伤。1918年11月，在第一次世界大战结束前的一次毒气战中幸免于亡。在1920年4月以前，他一直在其团队服役，并曾一度转做军中政治性的工作。1919年9月，他就是靠这一特长，在慕尼黑加入了德国工人党。1920年4月，离开军队并开始了宣传德国工人党的工作。同年8月，在他的帮助下，德国工人党改名为国家社会主义德国工人党，简写为NSDAP或“Nazi”，即“纳粹党”。1920—1921年间，他与恩斯特·罗姆、当地驻军军官和一些资深的老兵结成联盟。1921年7月成为拥有广泛独裁权的纳粹党党魁。1923年11月8—9日，策划发动啤酒店暴动，企图首先在巴伐利亚州获得控制权。此举使巴伐利亚州军政各界深感震惊和不安，结果以叛国罪判处他五年徒刑。在慕尼黑附近的兰斯堡监狱里，他完成了《我的奋斗》一书，该书勾勒出了纳粹党的哲学体系，宣扬种族主义与对外扩张，提出要创建“第三帝国”。九个月后被释放，重新投身政治，并逐渐加强了纳粹党势力，特别是1927年他重新获得言论自由权利后，更加紧这方面的工作。1929年的资本主义世界的经济危机，使纳粹党在1932年7月的国会大选中赢得了230个议席，从而使希特勒开始引人注目。随后，希特勒在垄断资本家和传统的保守势力的推举和有力的支持下，1933年1月被德国总统保罗·兴登堡任命为德国总理。1933年2月27日，他一手操纵并制造了著名的“国会纵火案”，获取了最大限度压制民主的权力。此后，为了进一步巩固政权，他通过一系列的暗杀清除异己，包括老同党恩斯特·罗姆和其他政治对手，迫害和屠杀共产党人、进步人士和犹太人，镇压工人运动。同年8月，兴登堡总统去世后，根据德国国会通过的法律，希特勒继任国家总统并兼任总理，一举成为德国的最高统治者（独裁者）。1935年，希特勒公然违抗《凡尔赛和约》，宣告建立空军，开始了大规模重新武装德国的计划。1936年3月7日，希特勒派兵进入莱茵非军事区。同年10月，与墨索里尼统治下的意大利签订“轴心国”协定，正式结盟。1938年3月，入侵吞并奥地利。随后立即向捷克斯洛伐克施加压力，要求割让德侨区——苏台德地区（捷克斯洛伐克与德国接壤的边境地区）给德国。出于对战争的畏惧，在1938年9月29—30日慕尼黑会议上，英法为了安抚希特勒及将战祸转嫁给其他国家，公然同意割让苏台德给德国。1939年3月，德军占领了剩下的捷克斯洛伐克的西部（斯洛伐克虽保留了名义上的独立，实则为一个傀儡政府）。旋即，德军又从立陶宛手中夺占了梅梅尔。同年8月23日，为了保证德国顺利控制欧州的心脏地带，希特勒成功地与苏联签定了《互不侵犯条约》。1939年9月1日，希特勒德国入侵波兰，第二次世界大战全面爆发。1940年4月9日—6月9日，法西斯德国又挥师席卷北欧的斯堪的纳维亚，5月10日—6月25日，德军攻占法国。7—10月，因对英国空战失败而下令停止入侵英国。1941年4月6日—29日，德军入侵南斯拉夫和希腊。6月22日，他一手撕毁苏德《互不侵犯条约》，挥师大举东侵，此次入侵被称为“巴巴罗萨”行动。这一军事行动要比原计划晚了些时日，理由是希特勒本人对先攻击莫斯科还是入侵苏联南部地区犹豫不决，因而贻误早期发起攻击的战机。12月1—6日，苏军在莫斯科附近发起反击，使战争达到了高潮。希特勒对他的将领们没继续把战争向前推进甚为愤怒，下令解除了大部分高级将领的职务，自己亲自接过对苏作战的指挥权。1941年12月6日—1942年2月，在苏军发起大规模反击的情况下，前线将领为了避免德军的败退，建议首先进行战略后撤，但被希特勒拒绝。他所制定的1942年的作战计划也因主要作战方向不明确（斯大林格勒和高加索油田）而归于失败。1942年，在德军与苏军在库尔斯克地区展开对攻战的关键时刻，他下令开始了彻底解决犹太人问题的大规模屠杀计划。1943年7月，在墨索里尼倒台后，下令重占意大利。从1942年底开始，希特勒的军事决策就陷入了极端的非理性和非现实的狂想之中。1944年7月20日，他靠自己的狡诈逃脱了他的助手对他的刺杀。1944年12月16日—1945年1月，指挥了他生平最后一次战略性作战行动——阿登反攻，企图通过进攻重占比利时的安特卫普和打退盟军进攻。1945年1月中旬后，住进了在柏林总理府的地下指挥部，开始变得越发脱离现实。同年4月29日，与他长期生活的情妇——爱娃·布劳恩完婚。次日自杀身亡。

希特勒在30岁之前还是一位无人所知的无名小卒。他长着一双细小但锐利刺人的眼睛，肤色苍白，有着超凡蛊惑人心的能力，是一位专横的政治人物。他心胸狭窄、多疑，极善于致自己的政治对手于死地。如果说他是一位军事战略家，实在是太抬举他。他从1941年就开始犯战略性错误。战争初期的胜利使他变得专横、听不进将军们的劝告和更听不得对他批评。

DLB

参考：Bullock, Alan, Hitler: A Study in Tyranny. London, 1952.

Dupuy, Trevor N., The Military Life of Adolf

Hitler, Führer of Germany. New York, 1969.
Hitler, Adolf, Hitler's Secret Book. 1928. Translated by Salvatar Attanaria. New York, 1986.
——, Mein Kampf. 2 vols. Munich, 1925—1927.
Rich, Norman, Hitler's War Aims. New York, 1973.
Stein, George H., Hitler. Englewood Chiffs, N. J., 1968.
Wykes, Alan, Hitler. New York, 1970.

胡志明(Ho Chi Minh, 1890—1969年) 越南革命家和政治家、越共缔造者、越南民主主义共和国主席。参加主要战争：第二次世界大战（1940—1945年）、印度支那战争（1946—1954年）、越南战争（1964—1975年）。

胡志明1890年5月19日生于义安省（今义静省）南坛县金莲村。原名阮生姜，但其父阮生辉是个激进的民族主义者，不久即将其姓名改为阮必成。曾在荣市和顺化的中学学习。1909—1910年，教了一年书。1911年旅居法国。1914年8月第一次世界大战爆发时，在伦敦卡尔顿旅店当侍者。1917年定居巴黎并化名阮爱国参加了法国社会党。1919年向凡尔赛和会提出给印度支那基本的政治自由的要求，但未能得到满足。1920年退出社会党，创立法国共产党，并编辑富于战斗性的反殖民主义杂志《流浪者》。1922年参加第四共产国际。1923年迁居莫斯科。1924年，作为共产国际的代表被派往中国。他在广州组建了越南革命青年同志会，培训渗透到印度支那的越南政治代理人。1927年蒋介石进攻中国共产党人后返回莫斯科。1929年先后游历泰国和香港。1930年2月3日，他在香港将三个越南人组织组成越南共产党后改为印度支那共产党。1931年6月，被港英当局逮捕。1932年初，在英国人拒绝将其移交法国人后被释放。后游历厦门和上海。1934年第三次旅居莫斯科。1938年回到中国，曾往延安。1941年定居东京边界地区。1942—1943年，被国民党当局监禁。获释后不久改名胡志明（"启蒙者"）。战争后期回到越南。基本控制了北越混乱的政治局势。1945年12月2日，宣布越南民主共和国成立，自任总理。1946年3月，同意越南民主共和国加入法兰西印度支那联邦。但12月19日与法国的战争爆发后这一进程中断。在以后的八年中，他领导了与法国的政治和经济斗争，在越南，尤其是北越农村创建了十分有效的游击队政权。他将大部分军事斗争交由富于才干、机智灵活的武元甲去领导。1951年，印度支那共产党改名为越南劳动党，他任主席。法国殖民军在奠边府的惨败最终使胡志明及其支持者控制了北越。1954—1955年，控制整个印度支那的企图失败。后大力支持老挝、柬埔寨和南越当地的反抗运动。他对南越的干预到60年代初大为增强，促使美国大力支援南越人并实施军事干预，最终投入了地面部队。北越遭到美国的大规模战略轰炸，胡志明及其领导层领导越南人民进行抗美救国战争，其目标也比美国人更明确。1969年9月3日，胡志明因心脏病在河内郊外去世，这时美国在战争中遭到的挫折越来越多。

胡志明是一位奋斗终身的民族主义和共产主义革命家。早年他愿意部分接受法国人的要求（1945—1946年），他承认是由于他当时的软弱（60年代美国主动提出的类似和解建议未被接受）。他知权达变，聪明机智，意志坚强。他对西方的了解多于西方对他及其国人的了解。

DLB

参考：Lacoutre, Jean, Ho Chi Minh: A Political Biography. Translated by P. Wiles. New York, 1968.
EA.

公孙贺(Ho Kung-sun, 作战时间：公元前129—前103年) 中国汉朝将军和政治家。参加主要战争：汉朝对匈奴的战争（公元前140—前80年）。

公孙贺生于一个贵族家庭，参军后很快成为伟大的汉武帝手下的一名文官，后升将军。公元前129年汉武帝派卫青统领四路大军进攻匈奴，公孙贺率其中一路，领1万人马西出云中（内蒙古托克托旗）进击匈奴，但这一仗他没能取得战果。公元前124年春、夏，汉武帝又派卫青率10万兵马分六路出击匈奴，公孙贺率其中一路。这一仗汉军有两路兵马深入敌境约300公里，捕获了15 000人。公元前123年春天汉武帝再次派卫青统领六路大军发动对匈奴的进攻，公孙贺仍为一路指挥官，这一仗他只俘获了3000余人。退出军队后开始在内政部门任职，公元前103年升为汉朝的丞相。

PWK

贺龙(Ho Long, 1896—1969年) 中国元帅。参加主要战争：中国辛亥革命（1911年）、北伐战争（1926—1927年）、反"围剿"战争（1930—1934年）、抗日战争（1937—1945年）、国共战争（1945—1949年）；参加主要战役（战斗）：长征（1934—1936年）、百团大战（1940年）。

贺龙1896年生于湖南省桑植县，是一个裁缝的儿子。1912年聚众闹革命，1920年加入国民党。北伐期间（1926年7月—1928年6月）任国民革命军第九军第一师师长。支持武汉左派的起义，并参与领导了中共南昌起义（1927年8月1日）。1927年9月加入共产党。1928—1935年在湘鄂边界地区组织红二军团，1930—1934年在国民党周期性的反共"围剿"战中同国民党军队多次作战。江西苏维埃政权在第五次"围剿"（1934年10月）之后，他率军同肖克率领的红六军联合开始了他们自己的"长征"（1936年4—6月），行走路线在毛泽东的路线以西，1936年6月30日，与红四方面军在四川北部的阿坝会师。1937年任八路军第一二〇师的师长。1940年8月20日—11月30日指挥了百团大战。在抗日战争后期，他指挥部队渗入日军后方，逐渐由一个师扩

展为一个集团军的规模。1945—1946年同国民党的内战再次开始时，他的部队控制着中国西部大片地区。内战中，他的部队为其他一些共产党的军队提供训练有素的替补人员，并且保卫共产党的主要根据地（1946—1949年）。1955年被授予中国人民解放军十大元帅之一。任政治局委员和国家体委主任。在文化大革命期间被林彪、江青反革命集团所迫害，最初得到周恩来的保护，但在1969年6月9日软禁期间，最终因蓄意的医疗上的迫害而死于林彪、江青反革命集团的手中。

贺龙是一位深得民心和有魄力的领导者，有非凡的记忆力，依靠记忆和重复整篇论文直到弄明白整篇文章的特征来自学。

PWK

参考：Salisbury, Harrison E., The Long March: The Untold Story. New York, 1985.

何应钦(Ho Ying-ch'in, 1890—1987年) 中国国民党将领。参加主要战争：北伐战争（1926—1927年）、“围剿”战争（1930—1934年）、抗日战争（1937—1945年）、国共战争（1945—1949年）；参加主要战役（战斗）：棉湖战役（1925年）、缅甸战役（1942年）。

何应钦生于1890年，毕业于日本多所军校，回国后加入国民党。1925年，作为教导第一团指导员，带领黄埔军校士官生在棉湖战役中战胜广东军阀陈炯明。北伐战争期间在蒋介石的嫡系第一集团军指挥部任职，并且在说服蒋介石分裂反对武汉和南昌的左翼一事中扮演了重要的角色。1928年北京陷落后，成为中国革命军总参谋长。1930—1934年间，作为最高参谋长，何应钦与汉斯·万斯科特将军以及其他的德国军事参谋在五次反共“围剿”战役中密切合作，但其部队不仅未取得显著的胜利，而且在1931年3月陷入朱德的包围圈，伤亡达3万人。1933年何应钦代替蒋介石与日本人签订了丧权辱国的《塘沽停战协议》。“二战”期间的1942年何应钦带领中国军队进入约瑟夫·史迪威将军控制下的缅甸。后来取得了反对史迪威斗争的胜利，拖迟了对出动大部分国民党军队参战反击日本的允诺，以保存实力应付在战后与共产党军队不可避免的冲突。1945年4月12日被任命为中国陆军总司令，筹划指挥国民党军队对共产党的再次战争。但由于受到蒋介石干涉的牵制，加上他本身能力有限，况且当时的国民党军队状态不佳及丧失民心，致使战争失败。1948年重新担任了很短时期的国防部长。1949年和其他大部分国民党高级将领一起逃到台湾。在国民党的台湾偏安“政府”里，何应钦担任了几个重要职位，扮演了一位老政治官僚的角色。

PWK

参考：Club, O. Edmund, Twentieth-Century China, New York, 1964.

Davies, John P., Jr., Dragon by the Tail. New York. 1972.

Liu, F. F., A Military History of Modern China. Princeton, N.J., 1926.

Tson Tang, America's Failure in China. Chicago, 1963.

奥什，路易·拉扎尔(Hoche ,Louis Lazare, 1768—1797年) 法国将军。参加主要战争：法国大革命战争（1792—1799年）；参加主要战斗：恺撒斯劳滕之战、沃尔特之战（1793年）、基伯龙之战（1795年）、纽魏德之战（1797年）。

奥什1768年6月25年生于凡尔赛。开始时为王室马僮，后入法国卫队任火枪手（1784年），法国大革命（1789年）后在国民自卫军中任中士。自学成才后被提升为军官（1792年），并参加了蒂永维尔保卫战和后来的那慕尔保卫战（11月6日—12月2日）。任命为上校参谋后，他在敦刻尔克保卫战（1793年8月24日—9月8日）中战绩卓著，赢得了公安委员会的赏识并晋升为准将（9月）。晋升中将并被任命为摩泽尔地区军团司令（10月23日）后，他在恺撒斯劳滕之战（11月28—30日）中战败，但取得了沃尔特之战（12月22日）的胜利。这一胜利使他取代了朗多（12月28日），但招致了皮舍格吕上将及其政治盟友——陆军部长安都昂·德·圣朱斯特的嫉忌。被调往意大利，在到达尼斯（1794年3月）时被捕并囚禁，几乎被处死。后在巴黎获释，并被任命为瑟堡军团司令（8月），同旺代人作战。在对这支衣衫褴褛的共和国部队进行改编和重新装备后，奥什对旺代人发起进攻，并在基伯龙粉碎了一支由英国支持的流亡者组成的军队，俘获6000人，缴获了许多步枪和叛乱者的所有大炮（7月16—20日）。不久后擒获旺代派领袖斯托夫勒特和沙列特。被任命为准备入侵爱尔兰的部队司令官（1796年7月）。由于气候恶劣，兼之运气不济，登陆班特里湾的计划破产（12月）。被任命为桑布尔及默兹集团军司令后，他在纽魏德取得了对奥地利军的巨大胜利（1797年4月18日）。保皇党人在夏季选举中获胜后，他根据督政府的要求率部开进巴黎，参加了雾月十八日政变（9月4日），并包围了该城，保皇党人遭到清洗。由于认为自己太年轻，他拒绝就任陆军部长之职。后回到德意志任总司令。1797年9月19日卒于韦兹拉尔（吉森-韦兹拉尔），死因可能是肺炎。

奥什是一位富于生机和胆略的军事家，一位给人以深刻印象的士兵统帅，具有激发部队自信和纪律的才能。他是最有才华的共和国将军之一，若非英年早逝，定会授为元帅。

DLB

参考：Chandler, David G., Dictionary of the Napoleonic Wars. New York, 1979.

Phipps, Ramsay W., The Armies of the First French Republic and the Rise of Marshals of Napoleon Ⅰ. 5 vols. London, 1926—1939.

EB.

霍奇，约翰·里德（Hodge, John Reed, 1893—1963 年） 美国陆军上将。参加主要战争：第一次世界大战（1917—1918 年）、第二次世界大战（1941—1945 年）；参加主要战役（战斗）：瓜达尔卡纳尔战役（1942—1943 年）、新乔治亚战役、布干维尔战役（1943 年）、莱特岛战役（1944 年）、冲绳战役（1945 年）。

霍奇 1893 年 6 月 12 日生于伊利诺伊州戈尔康达。曾在南伊利诺伊师范学院和伊利诺伊大学学习。1917 年参加伊利诺伊州谢里登堡后备役军官训练团。1917 年下半年任步兵少尉。1918—1919 年在法国和卢森堡服役。1920 年 7 月晋升上尉。1921—1925 年在现在的密西西比州立大学讲授军事科学。1926 年毕业于佐治亚州本宁堡步兵学校。1926—1929 年在夏威夷服役。1934 年毕业于指挥与参谋学院。1935 年毕业于陆军军事学院。1935 年 8 月晋升少校。1936 年完成了在陆军航空兵战术学校的课程。1936 年在陆军参谋部任职。1940 年晋升中校。1941 年初在新组建的第七军任参谋。1941 年 12 月晋升战时上校，任第七军参谋长。1942 年 6 月晋升准将，任第二十五步兵师副师长。1942 年 12 月—1943 年 2 月 7 日参加了瓜达尔卡纳尔战役后期的作战行动。1943 年 4 月晋升少将。1943 年 5 月任美洲师师长。7—8 月重新组织美军在新乔治亚的攻势。12 月指挥美洲师在布干维尔登陆。1944 年 4 月转战西南太平洋地区，任瓦尔特·克吕格尔将军指挥的第六集团军所属第二十四军军长。10 月 20 日指挥第二十四军在杜拉格（莱特岛东海岸）登陆。10 月 20 日—12 月 31 日，在夺占莱特岛的战斗中，于 12 月 10 日占领奥莫克和利蒙（塔克洛班以西）。1945 年 4 月 1 日—6 月 21 日，在漫长而残酷的冲绳战役中，所指挥的第二十四军与罗伊·S. 盖格中将指挥的第三海军陆战军同属西蒙·巴克纳将军的第十集团军。6 月战役结束时晋升中将。9 月任美国驻朝鲜侵略军司令，负责建立军政府并监督向文人政权的过渡。1948 年 8 月，大韩民国成立时离开朝鲜。11 月，任驻北卡罗来纳州布雷格堡第五军军长。1950 年 6 月，任驻佐治亚州麦克弗森堡第三集团军司令。1952 年 5 月，任陆军野战部队司令。7 月，晋升上将。1953 年从陆军退役。1963 年 11 月 12 日卒于华盛顿。

KS

参考：New York Times obituary, November 13, 1963.
WAMB.

霍奇斯，考特尼·希克斯（Hodges, Courtney Hicks, 1887—1966 年） 美国陆军上将。参加主要战争：侵略墨西哥（1916—1917 年）、第一次世界大战（1917—1918 年）、第二次世界大战（1941—1945 年）；参加主要战役（战斗）：圣米耶尔战役、默兹-阿尔贡战役（1918 年）、诺曼底-法国北部战役、赫特根森林之战（1944 年）、阿登战役（1944—1945 年）、莱茵之战、雷马根桥之战（1945 年）。

霍奇斯 1887 年 1 月 5 日生于佐治亚州佩里。1904 年入西点军校学习。1905 年因学习成绩不佳退学。1906 年入伍，任列兵。1909 年 11 月被授予少尉军衔。后在美国和菲律宾服役。1916 年 3 月 15 日—1917 年 2 月 5 日，参加了侵略墨西哥的战争。后在驻法国的第六步兵团任少校军官，参加了圣米耶尔战役（1918 年 9 月 12—16 日）和默兹-阿尔贡攻势（9 月 26 日—11 月 11 日）。1918—1920 年，在驻德国占领军中服役。1920—1924 年，在西点军校任参谋。1925 年毕业于指挥与参谋学院。1925—1926 年在步兵学校任教。1926—1929 年在陆军航空兵战术学校任教。1929—1933 年，在佐治亚州本宁堡陆军步兵局任职。1934 年毕业于陆军军事学院。1934—1938 年，在华盛顿州和菲律宾服役。1938 年任步兵学校副校长。1940 年 4 月晋升准将。10 月任步兵学校校长。1941 年 5 月，晋升少将。后任华盛顿陆军部步兵处处长，直至 1942 年 3 月 9 日该机构在陆军编制中被撤销。此后在亚拉巴马州伯明翰组建训练和院校司令部。1942 年 5 月任第十军军长。1943 年 2 月，晋升中将，任南部防区司令，辖第三集团军。1944 年 1 月，率第三集团军司令部赴英国。后任奥马尔·N. 布莱德雷将军指挥的第一集团军副军长。8—9 月布莱德雷指挥的第十二集团军群组建后，任第一集团军军长，率部向法国北部推进。8 月所部成为首批进入巴黎的部队。9 月所部成为首批突破西格弗里德防线的部队。1944 年 11 月指挥了赫特根森林的激烈战斗。12 月 16 日，其集团军成为德军阿登攻势的重心。1944 年 12 月—1945 年 1 月 15 日，艾森豪威尔整顿战线后，在随后发生的布尔格之战中负责指挥美军战线北部的作战行动。3 月 7 日在莱茵战役中，其推进部队占领了雷马根地区横跨莱茵河的完好无损的鲁登道夫铁路桥。4 月 25 日，所部成为首批在易北河托尔高与推进中的苏军会师的美国部队。4 月晋升上将。他曾准备率部赴太平洋战区参加进攻日本的战斗（"了望台"行动），但由于日本投降而搁浅。后在北卡罗来纳州布雷格堡和纽约州戈佛诺岛继续任第一集团军军长，直至 1949 年 3 月退役。1966 年 1 月 16 日卒于得克萨斯州圣安东尼奥。

尽管霍奇斯沉默寡言的性格使他不引人注目，但他是第二次世界大战中美国杰出的野战指挥官之一。他尤其擅长指挥步兵作战。他精力旺盛，意志坚强，行动果断。

KS and DLB

参考：MacDonald, Charles B., The Battle of Hürtgen Forest. Philadelphia, 1963.
New York Times obituary, January 17, 1966.
WAMB.

赫普纳，埃里希（Hoepner, Erich, 1886—1944 年） 纳粹德

国陆军上将。参加主要战争：第一次世界大战（1914—1918年）、第二次世界大战（1939—1945年）；参加主要战役（战斗）：波兰战役（1939年）、佛兰德-法国战役（1940年）、苏联战役（1941—1945年）。

赫普纳1886年9月14日生于奥得河畔的法兰克福。第一次世界大战中在德军中服役。战后因反对柏林政府一味屈从于盟国的要求，1920年3月12日参加了啤酒店暴动。1936年1月1日晋升少将。1938年1月30日晋升中将。9月任驻图林根第十六坦克军军长。同年参与了陆军废黜希特勒的策划，他承担了一旦党卫队企图干预即解除其武装的任务。1939年4月1日晋升骑兵上将。9—10月，指挥第十六坦克军参加了入侵波兰的战役。1940年5—6月，参加了佛兰德和法国战役。1940年7月19日晋升一级上将。1941年6月22日，指挥第四坦克集团军参加了入侵苏联的战役。但后来因在莫斯科城下苏军的反攻面前后撤，1942年1月8日被希特勒解职。后坚决反对希特勒及其发动的战争，参与了1944年7月20日刺杀希特勒的计划。刺杀失败后被捕，受到纳粹法庭的审讯，但在盖世太保的严刑拷打下，他对自己的辩解徒劳无益。后被判处死刑，于1944年8月8日在柏林普洛泽西监狱被用钢琴绳绞死。

赫普纳是一位有一定才干的将领。他是新式装甲兵的主要倡导者之一，在波兰、法国和苏联战役中显示了这方面的才干。他也是一位有政治意志的军官，是抵制希特勒的领导成员之一。

VBH

参考：Wistrich, Robert, Who's Who in Nazi Germany. New York, 1986.

霍夫曼，麦克斯（Hoffman, Max, 1869—1927年） 德国将军。参加主要战争：第一次世界大战（1914—1918年）；参加主要战役（战斗）：坦嫩贝格（斯腾巴尔克）之战（1914年）。

霍夫曼1869年1月25日生于霍姆贝格，1887年作为候补军官参加德国陆军。1898年从军事学院毕业，1899—1904年在总参谋部俄军处任职，后以德国官方军事观察员的身份到远东考察日俄战争（1904—1905年）。在随后的几年里，因他拥有一口流利的俄语和俄国事务方面的广泛知识，成为德军总参谋部内俄军作战计划和战争能力方面的专家。在第一次世界大战前夜他晋升中校，并被任命在东普士的第八集团军作战处副处长（1914年8月）。分别拟制了与俄国将军伦宁坎普夫的第一集团军在东普鲁士的斯塔鲁佩伦（古谢夫附近，8月17日）和古姆宾嫩（古谢夫附近，8月20日）的战斗计划。从古姆宾嫩撤退以后，由于俄国将军萨姆索洛夫的第二集团军威胁着德军的交通补给线，他制定了在东普鲁士南部的进攻计划（8月20日）。在坦嫩贝格之战后，他成为东线统帅部的副参谋长。1916年8月晋升少将，并接替鲁登道夫任东线德军参谋长，巴伐利亚的里奥波德亲王任司令。1917年7—8月他指挥德军回应布鲁西洛夫攻势。12月15日和俄国布尔什维克政府达成《布列斯特-立托夫斯克停战协议》，1919年2月和乌克兰签订条约。战后，他和鲁登道夫陷入长时间的争吵之中，成为法德合作以及恢复霍亨索伦家族君主政体的倡言人。成为著名作家，撰写了几本关于第一次世界大战的书，包括《失去机会的战争》（1923年）。该书批评了兴登堡、鲁登道夫和法金汉的战略和作战指导思想，出版了英文名为《坦嫩贝格战役的真相》（1927年）一书，该书反驳了普遍（和官方）的看法，即该战成功的战略计划主要归功于兴登堡和鲁登道夫。1927年7月8日卒于巴特赖兴哈尔。

霍夫曼高大而强壮，他并不是典型的德军参谋军官。他贪食好吃，是糟糕的骑士和剑手。他天性懒惰，但同时却思维敏捷、诡计多端并且十分果敢，他是毛奇理想中的参谋军官的典范："懒惰而聪明"（与"愚蠢而勤奋"相对）。

DLB

参考：Hoffman, Gen. Max, The Truth About Tannenberg. Translated by Eric Sutton. London, 1929.

——, The War of Lost Opportunities. New York, 1925.

Tuchman, Barbara, The Guns of August. New York, 1962.

EB.

霍亨洛埃-英格尔芬根，腓特烈·路德维希亲王（Hohenlohe-Ingelfingen, Prince Friedrich Ludwig, 1746—1818年） 普鲁士将军。参加主要战争：法国大革命战争（1792—1799年）与拿破仑战争（1800—1815年）；参加主要战役（战斗）：恺撒斯劳滕之战（1793年）、耶拿之战（1806年）。

霍亨洛埃1746年生于高贵的维尔滕堡家族。1768年参加普鲁士军队，不久后晋升为高级军官。任莱茵地区的部队司令时，他协助奥地利的沃尔姆泽将军取得了魏森堡之战（1793年10月13日）的胜利，并协调不伦瑞克公爵卡尔·威廉·斐迪南将军在恺撒斯劳滕打败奥什将军（11月28—30日）。次年被奥什智胜后被迫撤离整个莱茵河西岸地区（1794年）。普鲁士与法国重新开战后，他任普军的左翼部队指挥官，准备迎击拿破仑（1806年）。他经常与其总司令——不伦瑞克公爵·威廉·斐迪南发生争吵。由于不伦瑞克公爵和霍亨洛埃亲王两人的无能，耶拿之战（10月14日）中，霍亨洛埃的35 000人的军队被拿破仑9万多人的主力部队所歼。在普伦兹劳率领残余军队投降（10月28日）。被法军囚禁两年（1806—1808年）。获释后不久隐退于其在维尔滕堡的庄园（1809年）。后将领地行政权移交其长子。卒于1818年。

霍亨洛埃是一位坚强而可信赖的军人，但他缺乏创

造力，无法与拿破仑抗衡。

DLB

参考：Chandler, David G. Dictionary of the Napoleonic Wars. New York, 1979.
EB.

霍亨洛埃-英格尔芬根，克拉夫特·卡尔·奥古斯特·爱德华·弗里德里希亲王（Hohenlohe-Ingelfingen, Prince Kraft Karl August Eduard Friedrich, 1827—1892 年） 参加主要战争：七周战争（1866 年）和普法战争（1870—1871 年）；参加主要战役（战斗）：克尼格雷茨（赫拉德茨-克拉洛韦）之战（1866 年）、格拉沃洛特-圣普里瓦（在梅斯附近）之战（1870 年）和色当之战（1870 年）。

霍亨洛埃-英格尔芬根 1827 年生于上西里西亚的克兴丁，是霍亨洛埃-英格尔芬根的阿道夫亲王的儿子。1845 年参加普鲁士禁卫炮兵部队。在 1866 年 7 月 3 日战争高潮的克尼格雷茨-萨多瓦之战中，他随禁卫军向前推进，成功地指挥了预备役炮兵部队，尽显才干。战后致力于完善普军的炮兵战术，1868 年晋升少将，指挥禁卫军炮兵旅。在普法战争期间仍任该职，在 1870 年 8 月 18 日的格拉沃洛特-圣普里瓦之战和 9 月 1—2 日色当之战中，有非常出色的表现。后指挥炮兵攻击被围困的巴黎（1870—1871 年），1873 年晋升上将，1879 年退役。1892 年 1 月 16 日卒于得累斯顿附近地区。他的《炮兵学》被认为是 19 世纪经典军事著作之一。

DLB

参考：EB.
WBD.

北条早云（Hojo, Soun, (1432—1519 年） 日本室町幕府后期武将。参加主要战争：战国时代之战（1467—1568 年）；参加主要战役（战斗）：越后（新潟周围地区）之战（1510 年）。

北条早云是一个出身卑微的军人，凭借野心和个人能力成为藩主。他获得对伊豆国的控制权（今东京附近），后来又将其领地扩大到包括相模附近。1510 年通过其在越后的胜利而获得领导权。虽其拥有北条的名字，但却与镰仓时期的旧北条摄政王没有关系。

北条早云是一位能干的军人，还是一个优秀的行政官员。他从农民爬升至藩主，实属仅有，在十五六世纪前后的日本混乱时期相当著名。

LH

参考：Papinot, E., Historical and Geographical Dictionary of Japan. Yokohama, 1910.
Sansom, George B., A History of Japan, 1334—1615. Stanford, Calif., 1961.

北条时政（Hojo Tokimasa, 1138—1215 年） 日本镰仓幕府第一代执权。北条义时之父、北条泰时之祖父。参加主要战争：国内战争（1181—1185 年）。

北条氏纲（Hojo Ujitsuna, 1487—1541 年） 日本封建藩主。北条早云之子。参加主要战争：战国时代之战（1467—1568 年）；参加主要战役（战斗）：围攻江户（东京）要塞（1524 年）、高绳（东京附近）之战（1524 年）。

北条氏康（Hojo Ujiyasu, 1515—1570 年） 日本封建主，北条早云之孙和北条氏纲之子。参加主要战争：战国时代之战（1467—1568 年）。

北条泰时（Hojo Yasutoki, 1183—1242 年） 日本镰仓幕府第三代执权。北条时政之孙和北条义时之子。参加主要战争：征讨和田义盛（1219—1221 年）。

北条义时（Hojo Yoshitoki, 1163—1224 年） 日本镰仓幕府第二代执权。参加主要战争：国内战争（1181—1185 年）、骚乱（1219—1221 年）。

霍克，罗伯特·弗雷德里克（Hoke, Robert Frederick, 1837—1912 年） 美国南部同盟将军。参加主要战争：美国内战（1861—1865 年）；参加主要战役（战斗）：大贝塞尔之战（约克镇附近，1861 年）、七天战役（里士满附近，1862 年）、第二次布尔溪之战（弗吉尼亚州的马纳萨斯，1862 年）、安蒂特姆之战（1862 年）、腓特烈堡之战（1862 年）、钱瑟勒斯维尔之战（腓特烈堡附近，1863 年）、百慕大之战和冷港之战（均在里士满附近，1864 年）、费希尔堡之战（北卡罗来纳州的威明顿附近，1865 年）、本顿维尔之战（北卡罗来纳州的牛顿格罗夫附近，1865 年）。

霍克生于 1837 年，1861 年毕业于肯塔基军事学院，在北卡罗来纳州第一志愿役步兵团任少尉军官。很快即晋升为上尉，首次参战是在 6 月 10 日的大贝塞尔之战。后晋升中校，参加了 1862 年 3 月 14 日在北卡罗来纳州纽伯恩不成功的保卫战，春末加入北弗吉尼亚军团。后参加了七天战役（6 月 25 日—7 月 1 日）、第二次布尔溪之战（8 月 29—30 日）、安蒂特姆之战（9 月 16 日）和腓特烈堡之战（12 月 13 日）。1863 年晋升准将，4 月下旬在战斗中负伤，未能参加钱瑟勒斯维尔之战和葛底斯堡之战（1863 年 7 月 1—3 日）。伤愈后再次被派往南方，参加在纽伯恩附近的作战（1864 年 4—5 月），晋升少将。之后重返北弗吉尼亚军团，参加了百慕大之战（5 月 17 日—6 月 2 日）。还参加了冷港战役（6 月 3—12 日）、围攻彼得斯堡战役（1864 年 6 月—1865 年 3 月）、防御费希尔堡之战（1865 年 1 月 13—15 日）和本顿维尔之战（北卡罗来纳州，3 月 19—20 日）。战后从事家庭矿产和制铁业，1877 年成为北卡罗来纳州铁路总裁。卒于 1912 年。

BAR

参考：Wakelyn, Jon L., Biographical Dictionary of the Confederacy. Westport, Conn., 1977.
Warner, Ezra, Generals in Gray. Baton Rouge, 1978.
DAB.

霍尔库姆，托马斯（Holcomb, Thomas, 1879—1965 年） 美国海军陆战队上将。参加主要战争：第一次世界大战（1917—1918 年）和第二次世界大战（1941—1945 年）；参加主要战役（战斗）：沙托蒂耶里之战、埃纳河-马恩河战役、圣米耶尔战役和默兹-阿尔贡战役（皆在 1918 年）。

霍尔库姆 1879 年 8 月 5 日生于特拉华州的纽卡斯尔，1900 年 4 月 13 日在美国海军陆战队中任少尉军官。其后在多处包括在中国和菲律宾任职，到 1916 年已晋升为少校。1914 年 10 月—1917 年 8 月任射击练习检查官。1917 年 8 月—1918 年 1 月在弗吉尼亚的匡蒂科 任第六陆战旅第二营营长，并为该营在法国参战做准备。2 月晋升为临时中校，率该营赴法国。作为第二步兵师的一部。参加了沙托蒂耶里之战（5 月 30 日—6 月 4 日）、埃纳河-马恩河战役（7 月 18 日—8 月 5 日）、圣米耶尔攻势（9 月 12—16 日）和默兹-阿尔贡战役（9 月 26 日—11 月 11 日）。停战之后，曾短时间在德国的美国占领军中任职。1919—1920 年转为少校，并在美国和古巴承担日常工作，1920 年晋升中校。1925 年以优异的成绩毕业于堪萨斯州利文沃思堡的指挥与参谋学院。在海军陆战队司令部任职后，1927 年 8 月—1930 年 6 月在北平（北京）的美国公使馆指挥海军陆战队特遣队，在那时晋升上校。1931 年 6 月毕业于海军军事学院，1932 年毕业于陆军军事学院。1932 年 6 月—1935 年在海军部海军作战处任职，1935 年 1 月—1936 年晋升准将并任匡蒂科的海军陆战队学校校长。1936 年 12 月 1 日晋升少将并任海军陆战队司令。1942 年 1 月晋升中将，成为当时曾指挥过海军陆战队的军衔最高的军官。曾负责将海军陆战队由 16 000人扩编至 30 万人。1944 年 1 月 1 日在他退役时，根据国会法令他晋升为上将。1944 年 3 月—1948 年 6 月任驻南非公使。退居在马里兰州圣玛丽城附近其家庭农场，1956—1962 年住在马里兰州的切维蔡斯，其后住在特拉华州的纽卡斯尔，卒于 1965 年 5 月 24 日。

DLB

参考：Marine Corps Headquarters biographical typescript (December 1971.), provided by Marine Corps Historical Center.
WAMB.

本间雅晴（Homma, Masaharu, 1887—1946 年） 日本陆军上将、甲级战犯。参加主要战争：第一次世界大战（1914—1918 年）、第二次世界大战（1941—1945 年）；参加主要战役（战斗）：汉口战役（1938 年）、菲律宾战役（1941—1942 年）。

本间雅晴 1887 年生于本州新潟县。1907 年毕业于陆军军官学校。1915 年毕业于陆军大学。第一次世界大战期间，1918 年在西线英军中任军事观察员。1922 年晋升少校。1922—1925 年，任驻印度武官。1926 年晋升中校。1925—1927 年在陆军大学任教。同时还在陆军参谋部欧美司任职。1927—1930 年任裕仁天皇的弟弟秩文亲王的副官。1932 年任日内瓦裁军会议日本代表团成员。1932 年 8 月任陆军省新闻班长。1933 年任团长。1935—1937 年晋升少将，任步兵旅旅长。1937 年任陆军参谋本部第二部部长。1938 年晋升中将。1938—1940 年，任侵略中国的第二十七师师长。1938—1939 年，指挥日军封锁天津的外国租界，并与租界的英国人进行谈判。后任第十四集团军军长，指挥在菲律宾的地面作战。1941 年 12 月 10 日，开始在北吕宋实施预备登陆。12 月 22 日，主力部队在林加延湾海岸登陆。接着迅速向东推进。1942 年 1 月 2 日，攻占马尼拉。1 月 10—22 日，对巴丹半岛的美军阵地发动初步攻击，夺取了一些地盘，但在 1 月 26 日—2 月 6 日发动的攻势被击退。4 月 3—9 日，由于美军补给严重不足，使他得以最终占领了巴丹。5 月 6 日，温赖特将军率驻守菲律宾的美军向其投降。8 月，因没能尽快使美军停止抵抗和对菲律宾人的态度而遭到责难，不太光彩地退出现役。被俘美军和菲律宾人在投降后被押往战俘营。尽管这次臭名昭著的“死亡行军”并不是他下令实施的，但他属下的军官们也是根据他制定的方针执行的。1945 年秋，战争结束后被驻日美国占领军逮捕，指控他应对“死亡行军”负责。1946 年 1 月 3 日—2 月 11 日在马尼拉受到审判。他向美国最高法院提出上诉，被驳回。1946 年 4 月 3 日，在吕宋的洛斯巴诺斯被行刑队绞死。

据说本间是一位信仰世界主义的军官，主张推行温和政治，既不十分支持日本在中国扩张，也反对与英美开战。他也是一位有一定谋略的军国主义者。有人断言，指控他在惨痛的太平洋战争中造成的灾祸，带有感情色彩。在这种情况下，对此重新严肃地考察，则表明对他的审判还是公正的，确切地说他在指挥作战中至少违犯了国际战争法。

MRP

参考：Hayashi Saburo and Alvin D. Coox, Kogun: The Japanese Army in the Pacific War. Quantico, Va., 1957.
Swinson, Arthur, Four Samurai: A Quartet of Japanese Army Commanders in the Second World War. New York, 1968.

本多政材（Honda, Masaki, 1889—1964 年） 日本陆军将领、军国主义者。参加主要战争：第二次世界大战（1937—1945 年）；参加主要战役（战斗）：北缅战役（1944 年）、中南缅甸战役（1944—1945 年）。

H

本多政材1889年生于长野县，是本多光雄的兄弟。1910年毕业于陆军军官学校。1917年，经过步兵战术的初步训练后毕业于陆军大学。1925年晋升少校。1930—1932年在步兵学校任教。1933—1936年晋升上校，任步兵团团长。1936—1937年在步兵学校任教。1937—1938年晋升少将，任步兵旅旅长。1939年晋升中将，任步兵学校校长，后任侵略中国的派遣军副参谋长。1941年任军事教育监察署装甲战部部长。1944年，任驻北缅第三十三集团军军长。1944年5—10月，率该集团军在缅甸北部与英国将军奥德·温盖特指挥的“亲迪队”和美国将军史迪威指挥的中国军队作战。10—11月，面对优势盟军和不断恶化的后勤补给形势，他的部队险些陷入史迪威的包围圈，于是他仓皇撤退。1945年1—4月，他的残部在伊洛瓦底江沿岸的战斗中实际上被消灭了。战后退役并逃脱正义的审判，卒于1964年。

MRP

参考：Swinson, Arthur, Four Samurai: A Quartet of Japanese Army Commanders in the Second World War. New York, 1968.

本田雅信（Honda Masanobu, 1538—1616年） 日本将军。参加主要战争：联盟战争（1550—1615年）；参加主要战役（战斗）：关原之战（1600年）、围攻大阪要塞（1615年）。

本田惟勉（Honda Tadakatsu, 1548—1610年） 日本将军。参加主要战争：联盟战争（1550—1610年）；参加主要战役（战斗）：关原之战（1600年）。

本庄繁（Honjo, Shigeru, 1876—1945年） 日本将军、军国主义者。参加主要战争：日俄战争（1904—1905年）、西伯利亚远征（1918—1921年）和侵略中国满洲里（1931—1932年）。

本庄1876年生于兵库县，1897年毕业于陆军士官学校。日俄战争期间（1904年2月—1905年9月）作为一名低级步兵军官参加了在中国东北的侵略作战。1908—1913年从陆军大学毕业后，奉陆军总参谋部之命在北京和上海任职，1909年晋升少校，1913—1915年任陆军参谋本部中国课长，1918年晋升上校，1919年任团长，1919—1920年参加了日军的西伯利亚远征。1922年晋升少将，1921—1924年充当中国东北军阀张作霖的军事顾问，1924年晋升步兵旅长，1925年任驻华武官，1927年晋升中将，1928年任师长，1931—1932年任驻中国东北的关东军司令，指挥日军侵占中国东北，但实际行动是由其下属石原莞尔和坂垣征四郎上校指挥的。1933年晋升上将，封男爵，任裕仁天皇的侍从武官。1936年被列入后备役。1945年9月日本投降时自杀。

MRP

洪诺留，弗拉维（Honorius, Flavius, 384—423年） 罗马皇帝。参加主要战争：西哥特人战争（408—410年）。

胡德，亚历山大，布里德波特第一子爵（Hood, Alexander, lst Viscount Bridport, 1726—1814年） 英国海军将领。参加主要战争：奥地利王位继承战争（1740—1748年）、七年战争（1756—1763年）、美国独立战争（1775—1783年）、法国大革命战争（1792—1799年）；参加主要战役（战斗）：基伯龙湾之战（1759年）、乌尚（韦桑岛）之战（1778年）、直布罗陀解围战（1782年）、“光辉的六月一日”（大西洋中部）大海战（1794年）、格鲁瓦岛之战（1795年）。

胡德生于1726年12月2日，赛米尔（后来的第一子爵）·胡德之弟。后参加海军（1741年），并在地中海服役，授上尉军衔。担任“米诺瓦”号军舰舰长时，随爱德华·霍克爵士参加了基伯龙湾之战（1759年11月20日）。任“罗布斯特”号军舰舰长时随奥古斯特斯·凯佩尔将军参加了乌尚之战（1778年7月27日）。后来，凯佩尔受军法审判时他出具了不利于该将军的证据。晋升为少将（1780年）后，他参加了理查·洛德·豪将军获得胜利的直布罗陀解围战（1782年10月）。与共和制法国的战争爆发（1793年）时，他任豪的副司令，在赢得“光辉的六月一日”大海战（1794年5月29日—6月1日）的伟大战术胜利方面发挥了主要作用。因其在该胜利中的作用而被封为布里德波特子爵。担任海峡舰队司令（1794—1800年），但1797年之后为名誉司令。在格鲁瓦（洛里昂附近）水域他进攻并战胜了路易·T. 维拉雷·德·若尤塞将军指挥的占有数量优势的法国舰队（1795年6月23日）。作战中，当一艘军舰的舵手拒绝靠近敌人时，他曾亲自操舵。后因未能阻截运载奥什将军的陆军去爱尔兰的法国舰队而受到指责（1797年初）。斯皮特黑德兵变（4月16日—8月）期间任该舰队司令。后退出现役（1800年）。卒于1814年5月2日。

DLB

参考：Hood, D. V., The Admirals Hood. London, 1942.
Warner, Oliver, The Glorious First of June. London, 1961.

胡德，约翰·贝尔（Hood, John Bell, 1831—1879年） 美国南部同盟将军。参加主要战争：美国内战（1861—1865年）；参加主要战役（战斗）：1862年的盖恩斯山之战（里士满附近）、第二次布尔溪之战（弗吉尼亚州马纳萨斯）和安蒂特姆之战、1863年的葛底斯堡之战、奇克莫加之战、1864年的皮奇特里克里克之战（亚特兰大东北）、亚特兰大战役、埃泽拉教堂之战（亚特兰大西北）、富兰克林之战（田纳西境内）和纳什维尔之战。

胡德1831年6月1日生于肯塔基州的奥因斯维尔，1853年从西点军校毕业。1853—1861年，胡德随李将军和约翰斯顿将军麾下的第二骑兵团先后在纽约、加利福

尼亚和得克萨斯服役。1861年4月他退出联邦军队，在南部同盟军队中任中尉军官。1862年3月胡德成为准将，并担任得克萨斯旅的指挥官。在6月27日的盖恩斯山之战、8月29—30日的第二次布尔溪之战和9月17日的安蒂特姆之战中率部勇敢冲杀，取得辉煌胜利。10月晋升为少将。1863年7月1—3日胡德率领朗斯特里特军参加了葛底斯堡之战，身受重伤。9月19—20日在奇克莫加之战中因伤失去了一条腿。1864年2月晋升为中将。7月在约翰斯顿指挥下参加了佐治亚战役，这时，约翰斯顿已是田纳西军团的指挥官。在7月20日的皮奇特里克里克之战、7月22日的亚特兰大之战和7月28日的埃泽拉教堂之战中，他接连败于谢尔曼将军之手。在被围一周后，胡德于9月1日放弃了亚特兰大，进入田纳西州。11月3日他的部队在富兰克林遭到阻击，12月15—16日在纳什维尔被彻底击溃。1865年1月应他本人的要求，约翰斯顿将军将其解职。5月在密西西比州的纳奇兹投降。战后，他进入商界。1879年8月30日，在贫困中卒于新奥尔良。

胡德是一位富有进攻精神、精力旺盛、无所畏惧，同时又有些鲁莽的师旅级优秀指挥官，但他却不能胜任更高的职务。

VBH

参考：Dyer, John P., The Gallant Hood. Indianapolis, 1950.

Hood, John Bell, Advance and Retreat. New Orleans, 1880.

O'Connor, Richard, Hood: Cavalier General. New York, 1949.

胡德第一子爵，赛米尔（Hood, Samuel, 1st Viscount, 1724—1816年） 英国海军将领。参加主要战争：七年战争（1756—1763年）、美国独立战争（1775—1783年）、法国大革命战争（1792—1799年）；参加主要战役（战斗）：圣基茨（向风岛）之战（1782年）、圣岛（瓜德罗普的圣岛）之战（1782年）。

胡德生于1724年12月12日。1741年5月6日加入皇家海家。曾在乔治·罗德尼舰长的“拉德洛城堡”号舰上任候补军官。在北美基地任“牙买加”号海岸炮舰的舰长（1754年），后改任“利沃利”号海岸炮舰舰长（1756年）。任“安提洛普”号军舰（50门火炮）代理舰长时俘获过两艘法国私掠船（1757年）。统领过“拜德福德”号和“维斯塔尔”号护卫舰。“维斯塔尔”号后在菲尼斯特雷角的激烈海战中为法国护卫舰“贝隆”号所俘（1759年）。胡德先后供职于罗德尼的海峡舰队（1759年）、地中海舰队（1760年）以及北美基地和其他地方（1763—1778年）。出任朴次茅斯船坞专员兼海军学院院长（1778—1780年）。派往西印度群岛任罗德尼的少将副司令（1781年1月）。胡德未能阻断德·格雷塞的舰队离开加勒比海（4月）。北上追赶德·格拉塞，由于未能在切萨皮克湾追及，故抵达纽约（8月底）。在托马斯·格拉夫斯上将指挥下参加了弗吉尼亚角之战，或切萨皮克湾之战（1781年9月5日）。返回西印度群岛时，在与德·格拉塞进行的积极但未决胜负的作战（1782年1—2月）中任代理司令官。罗德尼归职后，任副司令，参加了战胜德·格拉塞的圣岛之战（4月12日）。担任地中海舰队总司令（1793年5月至1794年10月），其间进行过土伦防御战（1793年8月27日—12月19日），后被风云人物拿破仑·波拿巴位置选择得当的炮兵所驱逐。曾夺占科西嘉岛（1794年8月10日）。回国后被任命为格林威治医院院长（1796年）。1816年1月27日卒于该医院。

胡德是勇敢的军官和极有才华的战术家，但命运仅赐予他短暂的担任高级指挥官的机会。

DLB

参考：James, Sir W. M., The British Navy in Adversity: A Study of the War of American Independence. London, 1926.

Mahan, Alfred Thayer, The Influence of Seapower upon History. New York, 1957.

Navy Records Society, Letters of Lord Hood, 1781—1782. London, n.d.

胡克，约瑟夫（Hooker, Joseph, 1814—1879年） “好斗的乔”，美国将军。参加主要战争：第二次西米诺尔战争（1835—1843年）、美墨战争（1846—1848年）和美国内战（1861—1865年）；参加主要战役（战斗）：1862年的威廉斯堡之战（弗吉尼亚州）、第二次布尔溪之战（弗吉尼亚州的马纳萨斯附近）、南山之战（马里兰州）、安蒂特姆之战和腓特烈堡之战、1863年的钱瑟勒斯维尔之战（腓特烈堡附近）和卢考特山之战（查塔努加附近）、1864年的亚特兰大战役。

胡克1814年11月13日生于马萨诸塞州的哈德利。1837年从西点军校毕业后加入炮兵部队，参加了1835—1843年间的第二次西米诺尔战争。1838年11月获得陆军中尉军衔。美墨战争期间分别在扎卡里·泰勒和温菲尔德·斯科特手下担任参谋军官，曾三次晋升军衔，到战争结束时已官至中校。1849—1851年在太平洋战区任职。1851年请假获准离开军队。1853年辞去军中职务，来到加利福尼亚州的索诺马从事农场业。1858—1859年在俄勒冈担任军用道路总监。1859—1861年担任加利福尼亚民兵部队的一名上校。1861年5月晋升为北部志愿军准将。1862年4月5—5月4日的半岛战役中担任第三军的师指挥官，率部参加了约克镇围攻战，5月又参加了威廉斯堡之战，晋升为志愿役少将。随后，他调往弗吉尼亚军团。1862年8月29—30日率本师参加了第二次布尔溪之战。9月任波托马克军团第一军指挥官。9月14日参加了南山之战。9月17日胡克在安蒂特姆之战中负伤。后来在12月13日的腓特烈堡之战中指挥由第三军

和第五军组成的中央纵队。不久接替伯恩赛德指挥波托马克军团，使这支军队的组织和管理得到很大改善。在1863年5月2—4日的钱瑟勒斯维尔之战中被李将军的南军打败，损失17 000人，故要求被解职。9月担任了第十一军和第十二军的指挥官。在查塔努加之战中分别在罗斯克兰斯和格兰特将军手下作战。11月24日在卢考特山之战中大获全胜，从而使他晋升为正规军少将。1864年5—8月在谢尔曼将军麾下参加亚特兰大战役。由于在指挥田纳西军团时不得力，他再次要求被解职。1864—1865年指挥北部军区，1865—1866年担任东部军区指挥官，1866—1868年则调任湖区军区司令。1868年10月15日以少将军衔退役。1879年10月31日卒于纽约的加登城。

胡克是一位勇猛善战又足智多谋的将领，同时又是一位出色的行政官员。虽然他独立指挥作战时稍逊一筹，但仍不失为具有天才的部将，并深受士兵爱戴。他在作战中的坚韧不拔使其获得了"好斗的乔"的美称。

VBH

参考：Butterfield, Daniel, Major General Joseph Hooker and the Troops from the Army of the Potomac at Wauhatchie, Lookout Mountain, and Chattanooga. New York, 1896.

Herbert, Walter H., Fighting Joe Hooker. Indianapolis, 1944.

Stackpole, Edward J., Chancellorsville: Lee's Greatest Battle. Harrisburg, Pa., 1958.

霍普金斯，伊塞克（Hopkins, Esek, 1718—1802年） 美国海军准将。参加主要战争：七年战争（1756—1763）、美国独立战争（1775—1783年）；参加主要战役（战斗）：新普罗维登斯（巴哈马群岛）之战（1776年）。

霍普金斯1718年4月26日生于罗得岛。20岁时出海，其成年时的大部分时间里为商船水手和船长。七年战争（1756—1763年）期间是效力于英军并取得成功的私掠者，后离海事农（1772年）。先后被任命为炮兵指挥官（1775年4月）、罗得岛军事防御的准将指挥官（10月）。11月被任命为大陆会议海上委员会（其兄斯蒂芬为委员）正在筹建的殖民地舰队的司令官后，在费城由商船改装而成的旗舰"阿尔弗雷德"号上任这支8艘舰只组成的舰队司令官（1776年1月）。进发巴哈马群岛时，指挥所部进攻并夺取了新普罗维登斯，获得了可观的军事给养（5月3—4日）。归途中，其舰队俘获了英军3艘小型军舰，虽然在长岛海峡进行了长时间的追击战，但仍未俘获"格拉斯哥"号，却使美军几艘军舰受损（5月5日）。因怠于作战而受指责（1776年6月），由于未能打破英军对纳拉甘西特湾的封锁被解除指挥权（1777年3月），后被解除海军职务（1778年1月）。在罗得岛立法机构中供职（1777—1786年），并成为罗得岛学院（今布朗大学）理事（1782年）。1802年2月26日卒于罗得岛的普罗维登斯。

BAR

参考：Field, Edward, Esek Hopkins: Commander-in-Chief of the Continental Nauy. Providence, R.I., 1898.

Fowler, William M., Jr., Rebels Under Sail: The American Navy During the Revolution. New York, 1976

Morgan, William J., Captain to Northward: The New England Captains in the Continental Navy. Barre, Maine, 1959.

Boatner, Encyclopedia.

DAMB.

WAMB.

霍普顿第一男爵，拉尔夫爵士（Hopton, Sir Ralph, 1st Baron, 1598—1652年） 英格兰将军。参加主要战争：三十年战争（1618—1648年）、第一次英国内战（1642—1646年）；参加主要战役（战斗）：布拉多克唐之战（洛斯特威西尔附近，1643年）、斯特拉顿之战（1643年）、兰斯当丘陵之战（巴斯附近，1643年）、朗德威唐之战（迪韦齐斯附近，1643年）、奥尔斯福德之战（威文霍附近，1644年）、切里顿之战（1644年）、托灵顿之战（大托灵顿，1646年）。

霍普顿第一男爵1598年（也可能是1596年）生于萨默塞特的威特姆。受教于牛津大学林肯学院。1620年参加巴拉丁选侯腓特烈五世的军队，获少尉军衔。1620—1624年在莱茵服役期间，成为威廉·沃勒爵士的朋友。1624年，在英格兰招募人员中领一个团中校衔赴曼斯菲尔德军中服役。1624年和1628年两度回返英格兰任下议院议员。1640年在长期国会中，当选为威尔士的议员。他赞成《大抗议书》和对斯泰福的非难。与很多温和主义者一样，对民兵法令畏缩不前，并开始支持国王查理一世。1642年3月，一度被关押在伦敦塔。8月被逐出议会。9月参加西部保皇派军队，在赫特福侯爵麾下任骑兵司令。因未能招募西部地区民众从军，国王遣散了这一支军队。9月25日率骑兵赴康沃尔。1642年秋，几次试图占领德文，但均遭失败。1643年1月19日，在布拉多克唐击退康沃尔议会党军的进犯。5月19日，在斯特拉顿粉碎詹姆斯·查德利和斯坦福伯爵的议会党军队。攻入德文和萨默塞特后于7月5日又在兰斯当击败威廉·沃勒爵士的军队。因在兰斯当战役中负伤，故在几天后（7月13日）进行的朗德威唐之战中只起到较小的作用。率部进入萨塞克斯一直挺进到阿伦德尔城堡。9月4日在斯特拉顿受封霍普顿男爵。1644年1月，沃勒率一支新军的先头部队在奥尔斯福德获胜，迫使霍普顿撤退，尽管得到福思伯爵指挥的保皇派军队的增援，3月29日在切里顿再次败于沃勒。1644年4月—1646年1月近两年的时间里未被重用。出任指挥内部不和的西部保皇派军队，这支装备差、缺乏训练的军队根本不是托

马斯·费尔法克斯爵士的新模范军的对手，1646 年 2 月 16 日在托灵顿被彻底击败。3 月，在特鲁罗率残部投降之后出国。1649—1650 年参加科尼什海岸沿线和西西里岛、海峡群岛的海上作战。他是坚定的清教徒，这使他难以得到查理二世流亡朝廷的好感。1652 年 9 月，默默无闻地卒于荷兰布鲁日。

霍普顿第一男爵是一位有才干、足智多谋和忠诚的指挥官。他后期指挥的战役之所以失败，很大程度上是因为他对那支 1643 年秋招募的新军缺乏信心。善言之，他是保皇派军队中最有才干的指挥官之一。

DLB and CCJ

参考：Riddell, Edwin, ed., Lives of the Stuart Age 1603—1714. New York, 1976.

Rodgers, Hugh C. B., Battles and Generals of the Civil War. London, 1968.

Wedgwood, Cicely V., The King's War. London, 1958.

贺雷西·科克列斯（Horatius Cocles，作战时期：约公元前 494 年） 罗马英雄。

贺雷西·科克列斯是一位带有传奇色彩、甚至可能是虚构的罗马英雄。据传说大约在公元前 494 年，他率领少量部队坚守苏波利西亚大桥，为自己人毁坏大桥赢得了时间，阻止了波斯军队从台伯河的进犯，从而使罗马免遭伊特鲁斯坎侵略者 L. 波尔塞纳的入侵。据传说他在战斗中失去了一只眼睛，并且在战斗中因腿受伤而成为跛子，但事实上可能是人们后来为解释那尊矗立在苏波利西亚大桥的一端的他的那个雕像（实际上叫伍尔坎神像）上的独眼和残腿而虚构的说法。

Staff

参考：OCD.

堀井富太郎（HorII, Tomitaro, 1890—1942 年） 日本陆军上将、军国主义头目。参加主要战争：第二次世界大战（1941—1945 年）；参加主要战役（战斗）：侵略上海战役（1932 年）、科科达（澳大利亚）追击战（1942 年）。

堀井富太郎 1890 年生于日本兵库县。1911 年毕业于陆军军官学校，成为步兵军官并于 1932 年 1 月 28 日—3 月 4 日侵略上海战役期间被派往上海侵略军司令部。1937 年晋升陆军上校，1939 年任团长，1941 年衔至陆军少将并任第五十五步兵师师长。1942 年 7 月被派往东新几内亚，为夺取莫尔兹比港在布纳登陆。1942 年 9 月—1943 年 1 月在血腥而艰苦的科科达追击战役中，堀井富太郎所部被澳大利亚部队迎头痛击并被逐回。1942 年 11 月在渡河撤退中淹死。

MRP

细萱戊子郎（Hosogaya, Boshiro, 1888—1964 年） 日本海军将军、军国主义头目。参加主要战争：第二次世界大战（1941—1945 年）；参加主要战役（战斗）：科曼多尔群岛海战（1943 年）。

细萱戊子郎 1888 年生于长野县。1908 年毕业于海军军官学校。1920 年毕业于海军大学。二、三十年代在陆地和舰上任多种职务。1934 年任"陆奥"号战列舰舰长。1935 年晋升为少将。1936—1937 年先后任通信学校和鱼雷学校校长。1939 年晋升为中将并任阿瑟港海军基地司令。1940—1941 年任华中舰队司令。1942 年 7 月任第五舰队司令，负责指挥北太平洋水域的海军。1943 年 3 月 26 日，在率领由 2 艘重型巡洋舰、2 艘轻型巡洋舰及 4 艘驱逐舰组成的舰队，护送 2 艘运输船赴阿留申群岛的基什卡岛途中，在科曼多尔群岛附近遭到查理·H. 麦克莫里斯少将指挥的美军特混舰队的拦截。该特混舰队有 2 艘轻型巡洋舰和 4 艘驱逐舰。细萱戊子郎全力保护其运输船只，未能击败比其实力小得多的美国舰队，在重创美军"盐湖城"号轻型巡洋舰后自行撤退。由于未能给美国人以沉重打击，1943 年被免职并转入预备役。1943—1945 年赴特鲁克任南洋署总督。卒于 1964 年。

MRP

参考：Morison, Samuel Eliot, History of United States Naval Operations in World War Ⅱ. Vol. Ⅶ, Aleutians, Gilberts and Marshalls, June 1942—April 1944. 15 vols. Boston, 1947—1962.

细川胜元（Hosokawa Katsumoto, 1430—1473 年），日本幕府时代将军及政治家。参加主要战争：应仁之乱（1467—1477 年）。

细川赖之（Hosokawa, Yoriyuki, 1329—1392 年） 日本将军及政治家。参加主要战争：南北朝战争（1335—1392 年）。

细川赖之生于 1329 年，著名武士和作家细川赖春之子。他忠于足利尊氏，提高了足利尊氏的地位和声望，同时也提高了本家族的地位和声望，并显著地巩固了本家族对四国岛的控制。作为足利家族首任管领，他制定了一项制度，该制度规定：管领将在支持足利家族任征夷大将军的细川、山、斯波三大家族中轮流产生。征夷大将军足利义诠临终时任命他为其子及继承人足利义满的辅政。他深受足利家族信任，成为足利家族的主要顾问和咨政官员。

LH

参考：Papinot, E., Historical and Geographical Dictionary of Japan. Yokohama, 1910.

Sansom, George B., A History of Japan, 1334—1615. Stanford, Calif., 1962.

休斯敦，赛米尔（Houston, Samuel, 1793—1863 年） 美国将军及政治家。参加主要战争：1812 年的战争（1812—

1815年)、得克萨斯独立战争(1835—1836年);参加主要战役(战斗):霍斯舒本德之战(1814年)、圣哈辛托之战(1836年)。

休斯敦1793年3月2日生于弗吉尼亚的列克星顿,后生活于田纳西州。所受教育很少,1808—1811年因不愿当一名当地店铺小职员而出走与切罗基印第安人一起生活。返回内地后曾短期教过书。1813年入伍,参加了安得鲁·杰克逊反克里克人的战役,1814年3月28日,参加了霍斯舒本德之战。战争结束后,仍留在军队中,1817年受命将克罗基印第安人赶至俄克拉何马。1818年升为中尉。不久,因着印第安人服装出现在陆军部长约翰·科·卡尔洪面前而受到部长指责,同时又受到对他的对官方的诚实性的调查。对此,他极为恼怒,遂于1818年5月辞职。此后开始研究法律,1818年在田纳西州的纳什维尔,获得律师资格。不久,介入田纳西州政界,1821年被选任州民兵少将。1823年入国会,直至1827年。1827年当选田纳西州州长,并于1829年再次当选,但在其妻婚后仅三个月就离他而去不久,即1829年4月便辞职。去西部,同克罗基印第安人生活在一起,1829年10月,正式加入该部落。他曾几次去华盛顿,卷入当地政治事务为印第安人争取更好的待遇。1832年,受杰克逊总统派遣,同得克萨斯的几个部落举行谈判。他有一次,卷入当地政治事务,参加了圣菲利会议,该会议提出,得克萨斯将建立起一个亲墨西哥的政府。此后,休斯敦永久定居得克萨斯,并受命指挥得克萨斯所拥有的很少的军事力量(1835年11月)。1836年3月2日,他是宣布"得克萨斯独立"的会议的一员。随着阿尔莫的陷落以及范尼上校军队在格里达的灾难的发生,休斯敦率领一支仅740名新兵的小部队于4月21日在圣哈辛托打败了圣安纳的将军的1600墨西哥老兵,第二天又生俘圣安纳,此战的胜利确保了得克萨斯的"独立"。此后,休斯敦曾于1836年9月—1838年12月,以及1841—1844年两次当选得克萨斯共和国"总统"。当得克萨斯归并联邦后,他于1846年成为美国参议员,1852年再任参议员。在参议院期间,他是一位忠诚的民主党成员,他坚决反对1854年的堪萨斯——内布拉斯加议案,他经常为印第安人的权益呼吁。他的观点使他失去了得克萨斯人的支持,从而使之于1858年未能进入参议院。1859年他当选州长。1861年他未能阻止分裂。1861年3月,当他拒绝宣誓忠于南部同盟时,他被迫离职。退休后到汉特斯维尔生活,卒于1863年7月26日。

休斯敦的公共事务生涯表明他是一位正直诚实的人。尽管他作为政治家比他作为一位军事家更享有声誉,但他在圣哈辛托的胜利表明他有着优秀的领导才能和良好的战术素养。他是19世纪美国历史上最非凡的人物之一。

Staff

参考:Day, Donald, and H. H. Ullom, eds., The Autobiography of Sam Houston. N. p., 1954.

Marquis, James, The Raven: A Biography of Sam Houston, 2d ed. N. p., 1953.

DAB.

EB.

WAMB.

霍华德,查理,埃芬厄姆的波旁·霍华德第二男爵和诺丁汉第一伯爵(Howard, Charles, 2nd Baron Howard of Effingham and lst Earl of Nottingham, 1536—1624年) 英国海军将军。参加主要战争:无敌舰队覆灭战争(1586—1604年);参加主要战役(战斗):英吉利海峡之战(1588年)、加的斯之战(1596年)。

查理·霍华德生于1536年,是埃芬厄姆的第一位波旁和海军大臣威廉·霍华德的长子。由于其父亲的妹妹伊丽莎白·霍华德是安娜·博林的母亲,所以他与伊丽莎白女王有紧密的亲缘关系。1559年,他被派往法国,参加国王弗朗西斯二世的就职典礼。1569年平定北方暴乱时,他在沃里克勋爵手下任骑兵司令。1563年和1572年,曾两度被选为萨里郡下议院议员。1570年,他指挥英国海军一支中队在英吉利海峡海域监视从佛兰德出发的西班牙女王舰队行动。1573年他父亲死后,继承父爵,成为埃芬厄姆的第二位波旁·霍华德。1584—1585年间,他任张伯伦子爵。1586年,他被任命为审判巴宾顿阴谋集团以及苏格兰女王玛丽的大法官。1585年,他被任命为海军大臣。后来,当西班牙舰队即将来犯时,他受命于英海军舰队总司令,率舰队与无敌舰队周旋。1587年12月21日,他把"阿克罗利"(后改为"阿克罗亚尔")号充当旗舰。1588年5月,他率舰队主力从泰晤士出发,赶到普利茅斯,与弗朗西斯·德雷克的先头部队汇合,在那里等待战机接近由梅迪纳·西多尼亚公爵领导的西班牙无敌舰队。英国舰队指挥人员构成情况是霍华德担任主将,德雷克为副将,约翰·霍金斯为后队指挥。7月29日,当由126艘战船和4艘大帆船组成的无畏舰队驶入英吉利海峡时,他率领121艘战船组成的舰队巧妙地驶出普利茅斯港。8月1日,与西军首战于普利茅斯港外,击沉敌舰一艘。8月3日,与西军再战于德文港沿海。由于战斗队型混乱,没有取得什么战果。到了傍晚,双方的弹药都已耗尽。8月4日,英国舰队的弹药得到补充。8月5日,他率英军把西军打得向北面的加来港撤退,西军希望到加来港得到补给。8月6—7日,英军以很小的代价把西军赶出了加来港,但未能全歼。因为敌军战船在数量上仍占优势。8月7—8日夜间,霍华德率英军舰队对西军锚地发起攻击,使之大乱,西军仓皇逃离。在向北撤退时,西军由于受风向不利的影响,没能重新集结起来。当英军舰队(现已有136艘战船)逼近时,西军舰队由于没有大炮,只得以轻武器应战。战至8月8日天黑,英舰队缴获了西军16艘战船,西军只剩下了108艘战船。8月12日,西军继续北撤,霍华德率军追至福斯湾。由于补给已不多,所以他

命令英军回撤返港。1596 年，他与埃塞克斯勋爵共同率军远征加的斯。1597 年 10 月，被封为诺丁汉伯爵。1598 年 2 月，面对外来海上威胁，他再次准备率舰队应战，但战事并未发生。1599 年夏，被授予中将军衔，这是英格兰王国唯一一个海军中将。1601 年 2 月 8—9 日，他率军平定了埃塞克斯叛乱。此后，任审判埃塞克斯叛乱集团审判团大法官。詹姆斯一世执政时期，他仍为海军大臣。1604—1605 年曾两度出访西班牙进行和谈。1604—1613 年在数个行政和立法部门任职。1613 年，率一个英国海军中队护送伊丽莎白公主去弗拉辛与帕拉蒂诺选帝侯腓特烈五世成亲。1619 年 2 月解甲归田。1624 年 12 月 14 日卒于克罗伊登（伦敦）萨里郡附近的哈令别墅。

霍华德是一位能干的海军统帅，但在战术上比德雷克、霍金斯和弗罗比舍稍逊一筹。但他善于用人，适当地节制部属，并把他们紧紧地团结在一起。他不仅是一位天主教大家庭中虔诚的新教徒，更是伊丽莎白女王最忠诚的大臣之一。

DLB

参考：Corbett, Sir Julian S., Drake and the Tudor Navy. 2 vols. London, 1898.

Kenny, Robert W., Elizabeth's Admiral: The Political Career of Charles Howard, Earl of Nottingham, 1536—1624. Baltimore, 1970.

Mattingly, Garrett, The Armada. Boston, 1959.

Williamson, J. A., Hawkins of Plymouth. New York, 1949.

Woodrooffe, Thomas, The Enterprise of England. London, 1958.

霍华德，奥利弗·奥蒂斯（Howard, Oliver Otis, 1830—1909 年） 美国将军。参加主要战争：美国内战（1861—1865 年）、内兹珀西战争（1877 年）和班诺克战争（1878 年）；参加主要战役（战斗）：第一次布尔溪之战（弗吉尼亚州的马纳萨斯，1861 年）、费尔奥克斯之战（里士满附近，1862 年）、南山之战（马里兰州，1862 年）、安蒂特姆之战和腓特烈堡会战（1862 年）、钱瑟勒斯维尔之战（腓特烈堡附近，1863 年）、葛底斯堡会战和查塔努加之战（1863 年）、亚特兰大战役（1864 年）、怀特伯德峡谷之战（爱达荷州，1877 年）和克利尔沃特溪之战（爱达荷州，1877 年）。

霍华德 1830 年 11 月 8 日生于缅因州的利兹（韦恩附近），1850 年毕业于缅因州的鲍沃顿学院，1854 年毕业于西点军校。毕业后担任军械官，以后又到西点担任数学教官。1861 年 6 月晋升为上校，在缅因州第三志愿军团服役。7 月 21 日在第一次布尔溪之战中担任旅长，9 月晋升为志愿军准将。参加了 1862 年的半岛战役，在 5 月 31 日的费尔奥克斯之战中失去了右臂，参加了 9 月 14 日的南山之战和 9 月 17 日的安蒂特姆之战。11 月晋升为志愿军少将，12 月 13 日腓特烈堡之战时任第二军的师指挥官。1863 年 4 月 2 日任第十一军指挥官，5 月 2—4 日他的部队在钱瑟勒斯维尔被杰克逊击败。7 月 1—3 日他在葛底斯堡会战中的战绩，赢得了国会的致谢。9 月被调往坎伯兰军团，并在查塔努加之战（11 月 24—25 日）中赢得了荣誉。1864 年 4 月 2 日担任第四军的指挥官，在 5—8 月的亚特兰大战役中受谢尔曼指挥。7 月担任田纳西军团的司令官。9—12 月随同谢尔曼进行了途经佐治亚和卡罗来纳州的进军。12 月被授予正规军准将。1865 年 3 月晋升为荣誉少将。1865 年 5 月—1872 年 6 月担任解放黑奴事务管理局的长官。他是华盛顿特区霍华德大学的创始人，并于 1869—1873 年担任校长。1872 年通过与科奇斯的谈判，将奇里卡瓦的阿帕奇人送回了他们的印第安人居住地。1874 年又加入现役并被委任为哥伦比亚军区的司令官。1877 年指挥对内兹珀西族首领约瑟夫的战役，分别于 6 月 17 日和 7 月 11 日在怀特伯德峡谷之战和克利尔沃特溪之战中击败了内兹珀西人的军队，迫使约瑟夫于 10 月 5 日在伊格尔罗克（蒙大拿州的奇努克附近）投降。1878 年又指挥对班诺克的印第安人的战役。1881 年 1 月—1882 年 9 月担任西点军校校长。1882—1886 年担任普拉特军区的司令官，并于 1886 年 3 月—1894 年 11 月担任东部战区的指挥官。由于他在费尔奥克斯之战中的功绩，1893 年国会授予他荣誉勋章。1894 年退休。1895 年在田纳西州创办了林肯纪念大学。后致力于撰写军事史和自传。1909 年 10 月 26 日卒于佛蒙特州的伯灵顿。

霍华德是一位富有天才、足智多谋的指挥官和管理者，他的自传描写了他充满各种经历的人生旅程和为国家服务的一生。

VBH

参考：Acharn, Edgar O., Major General Oliver Otis Howard. Cumberland Gap, Tenn., 1910.

Carpenter, John A., Sword and Olive Branch: Olver Otis Howard. Pittsburgh, 1964.

Howard, Oliver Otis, Autobiography. 2 vols. New York, 1907.

豪伯爵，理查德（Howe, Richard , Earl, 1726—1799 年） 绰号“黑家伙”。英国海军上将。参加主要战争：奥地利王位继承战争（1740—1748 年）、七年战争（1756—1763）、美国独立战争（1775—1783 年）、法国大革命战争（1792—1799 年）；参加主要战役（战斗）：基伯龙湾之战（1759 年）、直布罗陀之战（1782 年）、“光辉的六月一日”（大西洋中部）之战（1794 年）。

豪 1726 年 3 月 8 日生于伦敦，威廉·豪之兄，乔治·奥古斯特斯·豪之弟。1740 年加入海军，在安森辖属的皇家海军“塞文”号军舰上服役。多次参战且晋升迅速。在爱德华·波斯科恩麾下任皇家海军“敦刻尔克”号舰长，并在七年战争的第一次海战中夺取法国军舰“阿尔奇德”号（火炮 64 门，1755 年）。任职于大西洋舰队

(1756—1763年)，并在霍克指挥的基伯龙湾之战(1759年11月20日)中建立殊勋。其兄乔治·奥古斯特斯·豪在泰孔德罗加堡附近去世(1758年7月6日)后成为豪子爵。当选为从达特茅斯选出的议员(1762年)。担任海军部委员(1763年和1765年)和海军司库(1765—1770年)。先后升为海军少将(1770年)和海军中将(1775年12月5日)。被任命为北美殖民地总司令兼和谈代表(1776年2月)。他的和谈努力徒劳无功，但他却为其弟、陆军将军威廉·豪爵士攻取纽约提供了重要的海上支援(1776年7月2日—9月12日)。由于对卡莱尔的和谈委员会感到恼怒，他辞去了职务，但为保护纽约、挫败法-美联军对罗得岛纽波特的进攻(1778年8月)，他留任了很长时间。当桑韦奇勋爵卸任海军大臣(1782年3月)后，他返回现役，就任英吉利海峡舰队司令。尽管他的舰队人员不足且装备不齐，舰数少于敌军(33对46)，但他仍解救了直布罗陀之围(1782年10月)，并向被围守军输送了关键的给养。担任海军大臣(1783年1月28日—4月16日)，后再次在威廉·皮特的第一届内阁中担任此职(1783年12月—1788年8月)。受封为男爵和爱尔兰的豪伯爵(1788年)。法国的战争爆发后，他再次从军，担任海峡舰队司令(1793年)。在所谓的六月一日大海战(1794年5月29日—6月1日)中，他进攻了路易·T.维拉雷·德·若尤塞将军的法国护航舰队。尽管豪在激烈的混战中打败了法国舰队，但至关重要的粮食船队仍安全抵达法国。豪后来退役，但他作为受水兵信赖的军官奉命召回协助平息斯皮特黑德的叛兵(1797年4月16日—5月15日)。卒于1799年8月5日。

豪是一位才能卓异的海军指挥官，为其部属所爱戴。他的战术技巧超过其战略意识。其在六月一日大海战中的指挥特别果断而富于创造力。他的绰号因其皮肤黝黑而得名。

DLB

参考：Barrow, Sir John, Life of Howe. London, 1838.
Mahan, Alfred Thayer, The Influence of Sea Power upon the French Revolution and Empire. 2 vols. Boston, 1894.
McGuffie, T. H., The Siege of Gibraltar. London, 1965.
Warner, oliver, The Glorious First of June. London, 1961.

豪，罗伯特(Howe, Robert, 1732—1786年) 美国军官。参加主要战争：美国独立战争(1775—1783年)；参加主要战役(战斗)：圣奥古斯丁(佛罗里达)之战、萨凡纳之战(1778年)、斯托尼波因特(纽约)之战(1779年)。

豪生于1732年，是北卡罗来纳一位受人尊敬的种植园主的儿子，就学于英国，后被选入殖民地议会(1764年)。约翰斯顿堡(威尔明顿附近)之战中被任命为民兵上尉(1766年)。在特赖恩总督对“调整派”进行的两次征讨(1768年4—7月、1771年4—5月)中晋升为炮兵上校。美国独立战争即将到来时，被选入地方议会，并被任命为北卡罗来纳第二团上校团长(1775年9月1日)。在大桥之战(12月9日)中协助威廉·伍德福德上校打败了弗吉尼亚的皇家总督邓莫尔勋爵。晋升为大陆军准将(1776年3月1日)。后担任南部战区司令，并晋升为少将(1777年10月20日)。他指挥了对圣奥古斯丁的远征，但以失败而告终(1778年春)。豪的南部部队司令职务为本杰明·林肯所代替(9月)，他奉派前去保卫佐治亚的萨凡纳，后该城失陷于英军(12月29日)。军事法庭驳回了对他丧失该城的所有罪责的指控。参加了安东尼·韦恩将军对斯托尼波因特和佛普兰克斯波因特的进攻(1779年7月16日)。后在西点军校和哈德逊高原担任指挥官。受乔治·华盛顿将军的派遣平定新泽西部队的兵变(1781年1月)，这场兵变在处决了三名头目之后平息。宾夕法尼亚部队进行的费城兵变在得知豪即将到来时偃旗息鼓(1783年6月)。战后，豪回到北卡罗来纳，被选入立法机构(1786年)，卒于1786年12月14日就任前。

ACD

参考：Dupuy, Trevor N., and Gay M. Hammerman, People and Events of the American Revolution. New York, 1974.
Boatner, Encyclopedia.
WAMB.

豪第二伯爵，威廉爵士(Howe, Sir William, 2nd Earl, 1729—1814年) 英国将军。参加主要战争：法国与印第安人的战争(1754—1763年)、美国独立战争(1775—1783年)；参加主要战役(战斗)：路易斯堡围城战、亚伯拉罕台地(今属魁北克市)之战(1759年)、贝勒岛(基伯龙湾贝勒岛)之战、哈瓦那(古巴的哈瓦那)之战(1762年)、邦克山(波士顿附近)之战、长岛(纽约)之战(1776年)、布兰瓦恩和日耳曼敦(均位于宾夕法尼亚州)之战(1777年)。

豪生于1729年8月10日。就学于伊顿，后在坎伯兰公爵的轻型龙骑兵团中任军官候补生(1746年9月18日)。晋升中尉(1747年)后转入第二十步兵团(1750年1月)。军衔升迁上一帆风顺。任中校时率第五十八步兵团参加了杰弗里·安赫斯特爵士获得胜利的路易斯堡围城战(1758年6月2日—7月27日)。其兄乔治·奥古斯特斯在泰孔德罗加之战(1758年7月)战死后继兄出任诺丁汉选区选出的议员。统领一轻步兵营参加了詹姆斯·沃尔夫将军对魁北克的作战(1759年6—9月)。指挥了攀登亚伯拉罕台地的行动(9月12日与13日之交的夜晚)，并在随后的战斗(9月13日)中表现出色。詹姆斯·默里将军进军蒙特利尔(1760年9月)期间任旅长。贝勒岛围攻战(1761年)期间任另一旅旅长。哈瓦那围

城战（1762 年 6—8 月）期间任副官长。后任驻爱尔兰的第四十六团上校（1764 年）。被任命为怀特岛副总督（1768 年）并晋升为少将（1772 年）。曾设计了一套新的为陆军所采用的轻步兵训练法（1774 年）。奉命去美国担任托马斯·盖奇的副司令，于 1775 年 5 月 25 日到达波士顿。计划并指挥了对邦克山的进攻（7 月 17 日），在进攻中他的指挥非常英勇。被任命为当地守将，盖奇离任后接替其任波士顿部队司令官（10 月 10 日）。从波士顿撤往哈利法克斯（1776 年 3 月 17 日）。在其身为海军将军的兄长指挥的对纽约的陆海联合远征中任陆军部队司令官。曾登陆斯塔滕岛（7 月 3 日），后又率大军登陆长岛（8 月 22—25 日）。在那里包抄并打败了先后由伊斯拉埃尔·帕特南将军和乔治·华盛顿将军指挥的美军（8 月 27 日）。奇取了纽约（9 月 12 日）。他的缓慢追击在哈勒姆高地（曼哈顿北端）为华盛顿所阻（9 月 16 日）。后在怀特普莱恩斯之战（10 月 28 日）中打败华盛顿。攻克华盛顿堡（纽约市）和李堡（新泽西，11 月 12—16 日），后因攻取纽约而受封骑士。他与其兄——豪海军上将同殖民地反抗者进行和谈的联合努力未获成功。由于没有得到支援伯戈因南进纽约的直接命令，他乘船从纽约出发，进行了一场旨在奇取费城的远征（1777 年 7 月 23 日），率部在位于切萨皮克湾顶端的埃尔克顿（马里兰）登陆（8 月 25 日），接着向费城挺进，在库奇斯桥（特拉华的纽瓦克）歼灭了美军的一支迟滞部队（9 月 2 日）。在布兰瓦恩河之战（9 月 11 日）中击退华盛顿军右翼并将其打败。后奇取费城（9 月 26 日）。曾击退华盛顿对日耳曼敦的协同不力的进攻（10 月 4 日）。在其兄的舰队协助下，肃清了特拉华河下游，使其成为一条补给线，同时，攻克了米夫林堡和默瑟堡（分别位于费城机场和特拉华河对岸的新泽西州的卡姆登附近，10 月 22 日—11 月 20 日）。在费城过冬，同时等待其辞呈的批准（1778 年 4 月 14 日）。将指挥权移交给亨利·克林顿爵士后返回英国（5 月 25 日）。尽管因未能援助伯戈因而受到指责，但他还是被任命为中将军械部部长（1782 年）。后晋升上将（1793 年 10 月 23 日），并在与共和法国和拿破仑法国的战争期间在英国多次担任重要指挥职务。其兄理查德死后袭领伯爵（1799 年）。由于健康不佳，他辞去了军械部的职务（1803 年）。长期而痛苦的疾病之后于 1814 年 7 月 12 日卒于普利茅斯。

豪高大、健壮，威风凛凛。他的早期经历即表明他是具有胆识、智慧、勇略和战术技巧与才干的指挥官。他性格随和、诙谐，深受其下属官兵的爱戴。他在独立战争期间之所以未获全胜，至少部分原因是未能使其目标和计划与英国政府能够提供给他的资源协调起来。另外，他极为同情殖民地人，但他对国王的忠诚是勿庸置疑的，但他没有全身心投入战争。

Staff

参考：Anderson, Troyer, The Command of The Howe Brothers During the American Revolution. New York and London, 1936.

Partidge, Bellamy, Sir Billy Howe. New York, 1932.

Boatner, Encyclopedia.

DNB.

EB.

熊廷弼（Hsitang T'ing-pi, 1569—1625 年） 中国明末将领。参加主要战争：明朝-后金战争（1618—1625 年）。

熊廷弼是一位有才干、优秀的军人。曾出任辽东经略。1619 年 9 月后金攻明，他首当其冲。尽管后勤供应不良，但他通过一系列出色的机动阻滞后金军攻势达一年之久。正当准备发动反攻之际（1625 年 10 月），惧怕他功高盖己的朝廷阉党怂恿皇上将他解职、监禁，并处死。其后果自然是后金接连获胜。

PWK

参考：Hummel, Arthur W., Eminent Chinese of the Ch'ing Period. Washington. D. C., 1944.

Michael, Franz, The Origin of Manchu Rule in China. Baltimore, Md., 1942.

项羽（Hsiang Yü, 公元前 232—前 202 年） 中国秦末起义军领袖。参加主要战争：秦末农民起义（公元前 209—前 206 年）及楚汉战争（公元前 206—前 202 年）；参加主要战役（战斗）：巨鹿之战（公元前 207 年）。

项羽公元前 232 年生于一个贵族家庭，世代为楚国将军。曾是秦始皇军队中的一名将军。公元前 210 年秦始皇死后，随叔父项梁率众举旗起义。公元前 207 年，率领一支 40 万人的军队，击败了由章邯率领的秦军，战后他可能活埋了 20 万名俘虏。占领并摧毁了秦王朝的首都咸阳，并处死了秦朝皇帝。公元前 208—前 205 年他恢复楚国，并将幸存的楚国王子扶上王位，号称楚王。他个人作为霸王统治着中国东部的绝大部分领土。杀死了新皇帝，重新陷于内战，在这场战争中其主要对手是刘邦。公元前 204 年，当刘邦的联盟韩信在井陉口之战中击败了他的盟国赵国以后，项羽的权威受到了威胁。在这场战争中，双方的势力交替上升，互有胜负，但在公元前 202 年的垓下之战中，项羽遭到惨败。突围到乌江之后自杀身亡。

项羽高大而又强壮，且有一定的文学才能，也是一位有才干的将军，他缺乏建设国家的才能，因此最终被刘邦击败，刘邦成为中国的皇帝。

PWK

参考：Latourette, Kenneth Scott, The Chinese: Their History and Culture. New York, 1960.

徐向前（Hsü Hsiang ch'ien, 1901—1990 年） 中国元帅。参加主要战争：北伐战争（1926—1927 年）、反"围剿"战争（1930—1934 年）、抗日战争（1937—1945 年）、国共

战争（1945—1949 年）。

徐向前 1901 年 11 月生于山西五台县。1924 年考入黄埔军校为第一期学员，9 月随孙中山军队参加北伐誓师。1925 年参加东征。1927 年 3 月加入共产党。参加广州起义，先后任工农革命军第四师第十团的党代表，第四师参谋长、师长，与彭湃一起在东江地区坚持武装斗争。第二次国内革命战争时期，由中共中央军事委员会派往鄂东北，先后任红军第三十一师师长，第一军军长兼第一师师长、第四方面军总指挥兼第四军军长。粉粹了国民党军队的“围剿”。1933 年开辟了川陕革命根据地，参加了红四方面军的长征；1936 年 7 月，红四方面军和红一方面军会师后，任西路军总指挥。抗日战争爆发后，1937 年 8 月，任八路军第一二九师副师长。1939 年 6 月，任八路军第一纵队司令员。国共战争时期，任晋冀鲁豫军区副司令员，中共太原前线总前委书记，组织了太原战役。中华人民共和国成立后，任中国人民解放军总参谋长，人民革命军事委员会副主席。1966 年 1 月起任中央军事委员会副主席，1990 年因病去世。

徐树铮（Hsü Shu-cheng，1880—1925 年） 中国北洋皖系军阀。参加主要战争：辛亥革命战争（1911 年）、军阀混战（1916—1925 年）。

胡林翼（Hu Linyi，1812—1861 年） 中国清朝将领。参加主要战争：镇压太平天国起义（1850—1864 年）。

胡林翼生于 1812 年 7 月 4 日，其父为胡大元。胡林翼任贵州镇远知府期间，曾于 1850 年组织军事力量，镇压苗民起义和清剿秘密组织，从而崭露头角。1854 年当太平军威胁到贵州的邻省湖北省和湖南省时，胡林翼率领地方武装配合曾国藩的湘军作战，并在九江战役（1855 年）中大获全胜。不久，他又率军占领了具有战略地位的武昌城（武汉附近），并封锁长江，切断了太平军之间的联系，因此被清政府任命为湖北巡抚。他和曾国藩还制定了占领安徽省府安庆的计划（安庆当时是太平军的重要城市和补给中心）。1860 年曾国藩率军包围了安庆，与此同时，胡林翼统率全军，击退了太平军的几次反攻，使曾国藩的湘军得以占领安庆，因此，清政府把这次战役的胜利主要归功于胡林翼。后因太平军克黄州、进逼武汉时忧劳成疾，卒于 1861 年 9 月 30 日。

参考：Michael, Franz, and Chang Chung-li, The Taiping Rebellion: History and Documents, Vol. Ⅰ. Seattle, 1966.

Michael, Franz, The Taiping Rebellion: History and Documents, Vol. Ⅱ. Seattle, 1971.

Teng, Ssu-yü, New Light on the History of the Taiping Rebellion. Cambridge, Mass, 1950.

胡宗南（Hu Tsung-nan，1902—1962 年） 中国国民党将领。参加主要战争：北伐战争（1926—1927 年）、抗日战争（1937—1945 年）、国共战争（1945—1949 年）。

胡宗南 1902 年生于浙江省的一个富裕家庭，加入了国民党，1925 年从广州附近的黄埔军校以优秀成绩毕业。在北伐战争期间（1926 年 7 月—1928 年 6 月）很快提升到高级职位，作为一个资深将领和第一师副师长，是蒋介石和戴笠的亲密支持者。1929—1930 年帮助镇压了冯玉祥和阎锡山的倒蒋战争。在西北任职期间，所部在 1935 年后期阻挡中共长征军队遭到失败。1936 年 11—12 月，作为国民党第一军军长，奉蒋介石之命进攻共产党在延安附近的根据地。由于没有得到张学良和杨虎城的支持及其他原因，同时因天气严寒，他的部队被数量占劣势的红军部队打败。由于未能支援何应钦对廊坊（河北省）的守卫，使其落入了日军之手（1937 年）。1941 年国共统一战线破裂后，同汤恩伯一起指挥国民党军队封锁了延安根据地。他们率领 40 万精良部队在那里一直呆到 1945 年 9 月日本投降。1946 年 3 月内战再次正式爆发后，他奉命进攻并占领延安，发誓占领延安后才结婚和理发。1947 年 1 月，以 23 万兵力发动进攻，3 月 19 日侵入了空城延安，随后在“公众”的一片赞誉声中剃须结婚。从延安向东北推进以期与另外一支来自张家口的国民党纵队汇合，但是遭到伏击被迫退回延安。当刘伯承的部队切断了他同南部的联系后，他退回西安，撤退时损失了 10 万人（10—11 月）。虽仍采取守势，但在国民党损失惨重的淮海战役之后（淮河-陇海铁路线山东-江西，1948 年 11 月—1949 年 1 月），所部连同汤恩伯的部队成了国民党主要陆上部队。仍然听从蒋介石的命令，并帮助李宗仁企图重新恢复国民党对长江以南地区控制的徒劳努力（1949 年 1—5 月）。后穿过陕西和四川退到海南岛（11 月），对大陆发动了一次单独进攻，结果是残部被歼灭，胡只身窜逃至台湾国民党“政府”，后在几个重要军事部门任职，1959 年退休。1962 年 2 月 14 日卒于台湾。

PWK and DLB

参考：Boorman, Howard L., ed., Biographical Dictionary of Republican China. 5vols. New York, 1967.

Liu. F. F. A Military History of Modern China. Princeton, N.J., 1956.

黄巢（Huang Chao，卒于 884 年） 中国唐代末年农民起义领袖。参加主要战争：黄巢起义（875—884 年）。

黄巢生于山东荷泽地区一个商人家庭，早年经商，贩运私盐。黄巢看到唐朝软弱无能，连对地方官僚的贪得无厌也拿不出办法来，因此而产生厌恶情绪，幻想逐渐破灭，于 875 年起义。黄巢劫富济贫这一主张立即得到了农民的拥戴，很快便召集起农民武装。869—878 年，黄巢横扫中国东部地区，经常打败唐朝军队，但却没能巩固所取得的胜利，也没有在夺取的地区建立过比较稳固的政权。黄巢继续向南进军，于 879 年占领了广东。人们传说黄巢占领广州后，洗劫了这座城市，杀了

12 万基督教徒、穆斯林人、犹太人和波斯人（一说 20 万）。黄巢打算在广州建立自己的政权，他向唐朝提出，如果唐朝能指定他为这里的节度使，就放下武器，接受朝廷的招安。879—880 年，黄巢因军中流行瘟疫，被迫撤退到了长江流域。在那里，他重新招募兵士，集结军队，继续向北挺进，于 880 年 12 月，攻克东都洛阳，又于 881 年 1 月，进入唐朝都城长安（西安）。黄巢在长安自封为皇帝，883 年，唐朝雇佣外族将领李克用率沙陀兵把黄巢赶出了长安，迫使黄巢退向山东。882—884 年，黄巢多次被打败，于 884 年在泰山狼虎谷自杀。黄巢起义给了日益衰竭的唐王朝致命的一击，唐朝最终也于 907 年灭亡。

PWK

参考：Latourette, Kenneth Scott. The Chinese: their History and Culture. New York, 1960.

黄兴（Huang Hsing ,1874—1916 年） 中国起义者、辛亥革命军事领袖。参加主要战争：反清起义（1900—1911 年）和辛亥革命（1911 年）。

黄兴是辛亥革命军事领袖。湖南长沙人。1904 年任华兴会会长。1905 年 8 月与孙中山等人在日本创立中国同盟会。1907 年至 1911 年先后策动了钦州起义、防城起义、镇南关起义、广州新军起义、广州黄花岗起义，均失败。1911 年 10 月武昌起义爆发，黄兴赴武汉，被推为革命军战时总司令。1912 年 1 月任中华民国临时政府陆军总长兼参谋长。1913 年参加讨袁战争。1916 年 10 月 31 日病逝于上海。

赫格，本杰明（Huger, Benjamin, 1805—1877 年） 美国南部同盟将军。参加主要战争：美墨战争（1846—1848 年）和美国内战（1861—1865 年）；参加主要战役（战斗）：维拉克鲁兹之战（1847 年）、莫里诺德尔之战（墨西哥城附近，1847 年）、查普尔特佩克之战（1847 年）、七天战役（里士满附近，1862 年）和罗阿诺克岛之战（1862 年）。

赫格生于 1805 年，其祖父是托马斯·平克尼将军。1825 年毕业于西点军校，他的成绩在班里 35 人中排在第八位。起初在测绘部队服役。1828 年调至炮兵部队，并于 1832 年晋升为上尉。1828—1839 年在门罗堡负责军火库。1839—1846 年在陆军部军械局任职期间曾于 1840—1841 年前往欧洲旅行。1846 年 5 月—1848 年 7 月的美墨战争期间，他在温菲尔德·斯科特将军的参谋部中任军械官。1847 年 3 月 8—29 日的维拉克鲁兹之战中，晋升为少校。9 月 8 日的莫里诺德尔之战中晋升为中校。9 月 13 日，由于他在对查普尔特佩克的猛攻中的突出作用而晋升为上校。战争结束后，分别在哈帕斯费里、查尔斯顿和皮克斯维尔的军械库任负责人。1861 年赫格辞去联邦军职务，加入南部同盟军队，任炮兵上校，尽管那时以他的年龄参加南北战争已经偏大了。在 1861 年夏季和秋季指挥南弗吉尼亚和北卡罗来纳军区的军队时很快晋升为少将。1862 年 4—7 月的半岛战役和 6 月 25 日—7 月 1 日的七天战役期间，赫格分别在约·埃·约翰斯顿和罗伯特·爱·李将军手下任指挥官。然而，他战绩平平，不久被解除职务。1863—1865 年在密西西比河军区任军械主任和炮兵总监。战后，他在北卡罗来纳州和弗吉尼亚州从事农场业，卒于 1877 年。

BAR

参考：Hall, Charles B., Generals of the Confederate States Army. 1898. Reprint, Austin, Tex., 1963.
Warner, Ezra, Generals in Gray. Baton Rouge, 1978.

H

黄克诚（Huang Kecheng, 1902—1986 年） 中国人民解放军高级将领，军事家。参加主要战争：反“围剿”战争（1931—1934 年）、抗日战争（1937—1945 年）、国共战争（1945—1949 年）；参加主要战役（战斗）：湘南起义（1928 年）、长征诸战斗（1935—1936 年）。

黄克诚 1902 年生于湖南永兴县。1925 年加入中国共产党。1928 年参加湘南起义。后到井冈山，任工农革命军团长，中国工农红军第五支队政委，中国工农红军第三军团师政委，中国工农红军第五军政治部主任，中国工农红军第三军团政治部代主任。长征到达陕北后，任中国工农红军总政治部组织部部长。抗日战争爆发后，历任八路军第一一五师第三四四旅政委，第二、四纵队政委，第五纵队司令员兼政委，新四军第三师师长兼政委，苏北军区司令员兼政委，中共苏北区委书记等职。曾率所部转战晋冀豫、冀鲁豫边区，领导创建苏北抗日根据地。国共战争时期，率部进军东北，参与创建西满根据地。后任东北民主联军副司令员兼后勤司令员、政委，中共冀察热辽分局书记兼军区政委，东北野战军第二兵团政委，天津市委书记。中华人民共和国成立初期，任中共湖南省委书记，湖南军区司令员兼政委。1952 年任人民解放军副总参谋长兼总后勤部部长、政委。1954 年任国防部副部长。1955 年被授予大将军衔。1958 年任总参谋长。是第一、二届国防委员会委员，中共第七届中央候补委员、中央委员，第八届中央委员、书记处书记。1959 年与彭德怀等被错误地定为“反党集团”，后被撤销职务。文化大革命中又遭打击迫害。1977 年出任中共中央军委顾问。1978 年在中共第十一届三中全会上得到平反，被补选为中央委员、中央纪律检查委员会常务书记。1982—1985 年为中纪委第二书记。1986 年 12 月 28 日逝世于北京。

休斯，爱德华爵士（Hughes, Sir Edward, 约 1718—1794 年） 英国海军上将。参加主要战争：詹金斯的耳朵战争（1739—1743 年）、奥地利王位继承战争（1740—1748 年）、七年战争（1756—1763 年）、美国独立战争（1775—1783 年）；参加主要战役（战斗）：贝卢港（巴拿

马的贝卢港）之战（1739 年）、卡塔赫纳之战（1741 年）、马德拉斯之战、第一次亭可马里之战、第一次古德洛尔之战、第二次亭可马里之战（1782 年）、第二次古德洛尔之战（1783 年）。

休斯约 1718 年生于赫特福德。加入海军（1734 年）后服役于西印度群岛。曾参加夺取贝卢港的战斗（1739 年），并在爱德华·维农爵士的率领下参加了卡塔赫纳（哥伦比亚）周围的作战（1741 年）。晋升上校（1747 年），但不久后领取半薪退役（1750—1756 年）。七年战争开始（1756 年夏）后被召回现役，任大战舰舰长，随爱德华·波斯卡温参加了路易斯堡围城战（1758 年 5 月 30 日—7 月 27 日）。参加了魁北克周围的作战，后夺取该城（1759 年 6 月中旬—9 月 18 日）。后供职于地中海舰队（1762—1763 年），但在战争结束后再次领取半薪退役（1763—1771 年）。重回现役后在朴次茅斯港任警戒舰舰长（1771—1773 年）。曾任东印度群岛总司令（1773—1777 年）。回国后晋升为预备役少将（1778 年），并受封为骑士（1779 年）。重回东印度群岛任总司令（1779 年）。在马德拉斯水域（1782 年 2 月 17 日）和亭可马里附近（4 月 12 日）几乎被法国殖民将领叙弗朗打败。在古德洛尔水域打败叙弗朗（7 月 6 日），但当叙弗朗在亭可马里水域再次向他发起进攻（9 月 5 日）时勉强避免了一场灾难。支援古德洛尔围城战（1783 年 3—4 月），但遭到叙弗朗的进攻并被驱逐（6 月 20 日）。回到马德拉斯后发现美国独立战争宣告结束即乘舰返回英国。此后未再担任指挥职务，但被任命为预备役上将（1793 年）。卒于 1794 年。

休斯是一位具有丰富经验的殖民军官。他在胆略、航海技术和战略见解上都逊于叙弗朗，但在一年多的作战中却与其战成平手。他在第一次古德洛尔之战中取胜的原因是风向发生了有利变化和对其舰队中的军舰在控制方面的优势。

DLB

参考：Dupuy, R. Ernest, Gay M. Hammerman, and Grace P. Hayes, The American Revolution: A Global War. New York, 1977.

Mahan, Alfred Thayer, The Influence of Seapower upon History1660—1783. 1890. Reprint, New York, 1957.

赫尔，艾萨克（Hull, Isaac, 1773—1843 年） 美国海军军官。参加主要战争：同法国的半官方战争（1798—1800 年）、的黎波里战争（1801—1805 年）、1812 年的战争（1812—1815 年）；参加主要战役（战斗）：迪尔纳之战（1805 年）、埃格港之战（1812 年）、巴尼加特湾之战（1812 年）。

赫尔 1773 年 3 月 9 日生于康涅狄格的德比，他是民兵上尉的儿子、威廉·赫尔将军的侄子。1787 年入伍当船舱服务员。1792 年在商船上任船长。在 1796—1797 年西印度群岛战争中，曾两次被法国私掠船员俘虏。1798 年 3 月 9 日在“宪法”号战舰（44 门炮）上任中尉。同法国半官方战争期间（1798—1800 年），在圣多明各的普尔塔普拉塔港附近因捕俘“三明治”号私掠船而立战功。1803 年任装备有 16 门炮的“阿格斯”号船船长。在 1801—1805 年的黎波里战争期间，为陆军攻克迪尔纳提供海上支援。1810 年 6 月 17 日，任“宪法”号上校。1811 年护送欧洲代表团去荷兰，以支付贷款，同时护送美国外交部长去法国。返回美国不久，1812 年的战争爆发。1812 年 7 月 17—20 日，他同有绝对优势的英国舰队在新泽西州的埃格港外遭遇，经过不可思议的 66 小时周旋，他奇迹般地避免了被捕捉的命运。8 月 19 日，在新泽西州巴尼加特湾，他在不足半小时的战斗中，击沉了英舰“古里雷拉”号（38 门炮）。后组织纽约城的港口防御。1815 年他成为新的海军委员会三个成员之一。后任波士顿及朴次茅斯海军造船厂指挥。1824—1827 年任太平洋舰队准将，“美利坚”号指挥官（44 门炮）。1829—1835 年，任华盛顿特区海军船厂指挥。1838—1841 年 7 月任地中海舰队司令。1843 年 2 月 13 日卒于费拉德尔菲亚，卒前还在说：“我点燃了我的旗帜”。

赫尔是一位优秀的船员，一位聪明、勇敢、技术娴熟的指挥员和管理者。他击沉“古里雷拉”号的胜利摧毁了英国海军不可战胜的神话，大大鼓舞了战胜英军的士气。

VBH

参考：Allen, Gardner W., ed., Papers of Commodore Hull. New York, 1929.

Grant, Bruce, Isaac Hull: Captain of Old Ironsides. New York, 1947.

Roosevelt, Theodore, The Naval War of 1812. New York, 1894.

胡马雍（Humayun, 1508—1556 年） 印度莫卧儿帝国皇帝。参加主要战争：莫卧儿与古吉拉特战争（1531—1536 年）、舍尔汗叛乱（1537—1540 年）、征服阿富汗战争（1545—1550 年）、征复北印度战争（1555 年）；参加主要战役（战斗）：吉多尔之战（1535 年）、恰翁沙之战（1539 年）、卡宁贾之战（1540 年）、锡尔金（位于旁遮普邦境内）之战（1555 年）。

胡马雍 1508 年 3 月 6 日生于喀布尔，是巴布尔的儿子。1530 年巴布尔去世后，胡马雍继承父业征服印度，其兄长卡姆朗承袭了阿富汗。北印度政局稳定时间极短，1531 年他就卷入了与古吉拉特巴哈杜尔沙的战争中。1535 年，他指挥军队在吉多尔之战中打败了巴哈杜尔沙，并占领了古吉拉特。后来，巴哈杜尔沙重整旗鼓，将胡马雍赶出了印度。只是到了 1537 年初，巴哈杜尔沙死去时，两国才结束敌对行动。以后，舍尔汗发动叛乱。胡马雍出征比哈尔和孟加拉，讨伐舍尔汗。1537—1538 年，他节节败给舍尔汗指挥的数量上占优势的军队。

1539 年，胡马雍军队在恰翁沙之战惨败，率残军败将撤至恒河流域。至此胡马雍军队大伤元气。1540 年，胡马雍军队在卡瑙杰之战被击垮，败走印度，投奔波斯的塔乌斯普沙避难。1545 年，在波斯军队的支持下，胡马雍率军夺得卡宁贾。1550 年，击败其兄长，最终夺得喀布尔。后来他逐渐地壮大力量，乘混乱之机侵入印度。1555 年 6 月，在锡尔金之战中胡马雍击败土耳其-阿富汗联军，于 7 月收复了德里，重新执政北印度。1556 年 1 月 27 日，他从藏书楼的楼梯上摔下，重伤致死。

胡马雍脾气反复无常且懒惰，没有什么战略眼光，但在败退印度过程中他领导残兵败将，表现出杰出的指挥才能。他在任期间，不问国事，与其父亲一样，擅长作诗，喜爱科学和绘画。

DLB

参考：Prasad, Ishwari, The Life and Times of Humayun. N. p., 1955.
EB.
EMH.

汉弗莱斯，安德鲁．阿特金森（Humphreys, Andrew Atkinson, 1810—1883 年） 美国将军。参加主要战争：第二次西米诺尔战争（1835—1842 年）、美国内战（1861—1865 年）；参加主要战役（战斗）：安蒂特姆之战、腓特烈堡会战（1862 年）、钱瑟勒斯维尔之战（腓特烈堡附近）、葛底斯堡会战（1863 年）、彼得斯堡包围战（1864 年）、赛勒克里克之战（弗吉尼亚的阿米利亚西部，1865 年）。

汉弗莱斯 1810 年 11 月 2 日生于费城，是造船主乔舒亚·汉弗莱斯的孙子。1831 年毕业于西点军校并分配到炮兵部队服役。尔后曾任数职。1832 年第二次西米诺尔战争中，参加了在佛罗里达州的战斗。该年 12 月他辞职做了土木工程师。1837—1838 年在东部海岸为国家地质测量局工作。1838 年 7 月当测量局成为地质测量工程部队时，他被授予中尉军衔。在 1844—1850 年完成海岸测量任务后，于 1848 年 5 月晋升为上尉。1850 年开始对密西西比河三角洲进行详细测量，1851 年由于健康原因不得不放弃这项工作。1852—1854 年前去欧洲进行海港建设和河流工程方面的考察。1853 年返回美国后，他开始负责一个被派往西部的测量分析部队。1854 年他提交了一份报告，提出建造横跨大陆铁路的五种可能路线。1857 年重新开始他的密西西比河工程，并于 1861 年与亨利·L. 阿伯特共同发表了一份《关于密西西比河物理学和水利学的研究报告》。1861 年 8 月晋升为少校。尔后被指派为乔治·麦克莱伦将军的参谋人员。1862 年 4 月被委任为志愿军准将。3 月 22 日—7 月 3 日半岛战役期间，他是波托马克军团的地质测量的首席工程师。曾在菲茨·约翰·波特的第五军里指挥过一个师，率部参加了 9 月 17 日的安蒂特姆之战和 12 月 13 日的腓特烈堡会战，在那里他被授予正规军上校衔。1863 年 5 月 2—4 日指挥他的师参加了钱瑟勒斯维尔之战，后来转到丹尼尔·西克尔斯的第三军指挥一个师，并参加了 7 月 1—3 日的葛底斯堡会战，在那里被提升为正规军荣誉准将。8 月乔治·米德将军提升他为波托马克河军团的参谋长，并晋升为志愿军少将。1864 年 11 日指挥第二军建立对彼得斯堡的包围圈。由于他在塞勒克里克之战中的勇敢表现，1865 年 4 月 6 日被提升为正规军少将。他还短期担任宾夕法尼亚军区司令，随后在 1865 年 12 月—1866 年 8 月将近九个月的时间里领导建设密西西比河堤坝系统工程。1866 年 8 月汉弗莱斯离开了志愿军，开始领导一支工程部队，领准将衔，直到 1879 年 6 月退休。1883 年 12 月 27 日卒于华盛顿。

汉弗莱斯是一位杰出的工程师和参谋人员，也是一位英勇、果断而有能力的作战指挥官。

KH and DLB

参考：Humphreys, Andrew Atkinson, From Gettysburg to the Rapidan. Washington, D. C., 1883.
——, The Virginia Campaign of'64 and'65. Washington, D. C., 1885.
Humphreys, Henry H., Andrew Atkinson Humphreys: A Biography. Philadelphia, 1924.
WAMB.

洪承畴（Hung Ch'eng-ch'ou, 1593—1665 年） 中国明末将军、政治家。参加主要战争有：后金灭明战争（1618—1659 年）。

洪承畴生于 1593 年，曾参加明朝科举考试，考取进士。官职逐步升至兵部尚书，并于 1639 年任蓟（今河北）辽（辽东）总督，率领约 13 万将士首当其冲，抵御后金军数载。尽管得不到朝廷的支援，缺钱少粮，但他作战坚定，战法娴熟。1642 年重镇锦州失守后被俘，没有自尽而是投降了清廷。他的变节毁坏了明朝的声誉。降清后他做了清朝军队的将军。1645 年 5 月，包围并攻占汉口，6 月占领南京。1646 年后期平定福建省。得到清政府重用，官至大学士，卒于 1665 年。

参考：Michael, Franz, The Origin of Manchu Rule in China. Baltimore, 1942.

洪秀全（Hung Hsiu-ch'üan, 1814—1864 年） 中国太平天国运动领袖。参加主要战争：太平天国起义（1850—1864 年）。

洪秀全 1814 年 1 月 11 日生于广东花县的一个农民家庭，他所在的部族资助他接受教育，并得以参加朝廷的科举考试。1828 年、1836 年、1837 年和 1843 年他先后四次参加科举考试，却屡试不中。第三次落第后，洪秀全大病一场，他吸取西方基督教教义，于 1843 年创立“拜上帝会”。于是在第四次考试失败后，1844 年他便到处开展宣传，开始主张建立一个“天下一家，共享太平”的理想王国，这对穷人无疑有着极大的诱惑力。1847 年

他在广东山区建立了一个 3000 人的"理想社会"。1850 年这一组织增加到 1 万人，并且建立了自已的法律和宗教，这种理论将中国的儒教和西方的基督教融为一体。由于他们的行动受到官方的注意和迫害，洪秀全于 1851 年 1 月 11 日发动了起义，他这支革命意志坚定、勇于献身而又有战斗力的军队，于 9 月 25 日攻克了永安城。但是不久就遭到了官方军队的大举围攻。1852 年 4 月 3 月洪秀全的部队突破重围，转战到长江流域，这时这支起义部队被称为太平军。他们赢得了数万的支持者。当他们 1853 年 1 月攻占武汉后，军队已扩大到了近 50 万人，3 月 19—21 日太平军攻克南京，洪秀全坐着轿子，像皇帝一样进入了南京城，并定都于此。1853—1855 年洪秀全发动了北伐，1856—1863 年进行西征，不幸的是这两次远征均告失败，他创建理想王国的梦想只得到了局部的实现。1856 年秋天洪的一些旧部发动了叛乱，使他遭受很大打击，他大度地从公开场合隐退，把天国交给他两个平庸的兄弟掌管。此时的太平天国已元气大伤，在很大程度上依靠陈玉成、李秀成将军的军事才能来维持。由于洪秀全对真实的形势越来越缺乏了解，致使国家事务出现很多失误。清王朝的军队包围了南京，形势不断恶化，粮食消耗殆尽，于 1864 年 6 月 1 日逝世。

洪秀全是 19 世纪中国杰出的军事家之一，才智过人，他发动的起义几乎推翻了清王朝的统治。太平军起义是人类历史上最具有影响的战争之一，它遍及了当时中国 18 个省份中的 16 个，有 1000 多万人在这场战争中丧生。

PWK

参考：Michael, Franz, and Chang Chung-li, The Taiping Rebellion: History and Documents, Vol. I. Seattle, 1965.

Michael, Franz, The Taiping Rebellion: History and Documents, Vol. II. Seattle, 1971.

Teng, Ssu-yü, New Light on the History of the Taiping Rebellion. Cambridge, Mass., 1950.

洪大全(Hung Ta-ch'üan, 1823—1852 年)　中国太平天国起义将领。参加主要战争：太平天国起义（1850—1852 年）。

洪大全 1823 年生于中国湖南省兴宁（今资兴）一个富裕的农民家庭，幼年时受过良好的传统式教育。因参加清朝的科举考试屡试不中而心灰意冷，便参加了反清的秘密社团——天地会。不久，洪大全便升为天地会的一名领袖。1851 年他率领天地会的大部分成员参加了太平天国运动，并被太平天国领袖洪秀全封为天德王。1852 年 4 月洪大全在突破被清军层层包围的永安城时，奋勇冲杀，为太平军突围立下汗马功劳。但不久他便在一次小规模战斗中被清军俘获，随后被押往北京。1852 年秋（?）洪大全被凌迟处死。

洪大全是太平军中一位精明的战略家，深受中国传统军事理论的熏陶，他的不幸遇难，给太平天国运动造成了难以估量的损失。不久，太平天国运动就遇到了很大挫折。1856 年暗怀野心的东王杨秀清阴谋篡位，太平天国发生严重的内讧，力量被大大地削弱了。

PWK

参考：Michael, Franz, and Chang Chung-li, The Taiping Rebellion: History and Documents, Vol. I. Seattle. 1971.

Teng, Ssu-yü, New Light on the History of the Taiping Rebellion. Cambridge, Mass, 1950.

亨特，亨利·杰克逊(Hunt, Henry Jackson, 1819—1889 年)　美国将军。参加主要战争：美墨战争（1846—1848 年）美国内战（1861—1865）；参加主要战役（战斗）：第一次布尔溪之战（弗吉尼亚州的马纳萨斯，1861 年）、盖恩斯磨坊之战（里士满附近，1862 年）、莫尔文山之战（1862 年）、南山之战（马里兰州，1862 年）、安蒂特姆之战（1862 年）、葛底斯堡之战（1863 年）和彼得斯堡战役（1864—1865 年）。

亨特 1819 年 9 月 14 日生于密执安州的底特律，1839 年毕业于美国军事学院。在墨西哥战争中功勋卓著，1852 年被授予上尉军衔。1856 年被选为负责修订轻炮兵训练和战术的小组成员。1861 年 7 月 21 日的第一次布尔溪之战时，他的炮兵部队曾负责掩护联邦军撤退。后来，他被任命为华盛顿防御部队的炮兵指挥官。12 月晋升为上校，并受命负责组织训练麦克莱伦的波托马克河军团的炮兵预备部队。这支部队在 1862 年 6 月 27 日的盖恩斯磨坊之战和 7 月 1 日的莫尔文山之战中发挥了重要作用。9 月 14 日南山之战后被提升为志愿军准将，并继 J.F. 巴里担任波托马克河军团的炮兵部队指挥官。9 月 17 日参加了安蒂特姆之战。在葛底斯堡之战中，亨特的大炮在抗击皮克特的冲击中起了至关重要的作用。1864 年 6 月 19 日—1865 年 4 月 3 日指挥对弗吉尼亚州彼得斯堡的包围行动，并在此期间晋升为志愿军少将。不久他又被授予美国正规军少将。战争结束后，亨特的军衔因军队重组而被降为上校。1880—1883 年担任边境地区的指挥官，随后又调到了南方军区。后来他成为炮兵上校并担任正规军炮兵委员会的主席。1883 年退役后成为华盛顿"士兵之家"的负责人。1889 年 2 月 11 日卒于华盛顿。

ACD

参考：Boatner, Dictionary.

Fitzpatrick, David, "In Memoriam-Gen. Henry J. Hunt, 1819—1889." N. p., 1889.

Hunt, Henry Jackson, "Report of Light Battery M, Second Artillery, U. S. A., Under Command of Henry J. Hunt-Battle of Bull Run, July 21st, 1861." Fort Albany, 1861.

Longacre, Edward G., The Man Behind the Guns: A

Biography of General Henry Jackson Hunt, Chief of Artillery, Army of the Potomac. New York, 1977.

亨特，查理·诺顿(Hunter, Charles Norton, 1906—1978 年) 昵称“查克”，美国陆军军官。参加主要战争：第二次世界大战（1941—1945 年）；参加主要战役（战斗）：北缅战役（1943—1944 年）。

亨特 1906 年生于纽约州奥奈达。1929 年毕业于西点军校。第二次世界大战初期，担任过多种职务。晋升上校后，积极参与了第五三〇七合成部队（暂编）的组训工作。该部队代号为“加拉哈德”，俗称“梅里尔的劫掠者”。尽管弗兰克·梅里尔准将是该部队的正式指挥官，但由于他经常生病，他的主任参谋亨特便经常担任实际上的野战指挥官。1944 年 1—8 月，与梅里尔一道指挥该部队进行了几个月的艰苦作战。2—3 月，在中国将军孙立人指挥的新一军的配合下，指挥“加拉哈德”在胡康河谷艰苦作战。3 月 28 日—4 月 1 日先后占领了孟关和谢都祖波等城镇。4 月梅里尔心脏病发作后，亨特实际上代行指挥职务。4 月 28 日—5 月 17 日，率部作为先头部队引导中国军队第二十二和第三十八师翻越丛林山岳，向日军占领的密支那推进。5 月 18 日—8 月 3 日，率部参加了艰难困苦的密支那包围战。由于疾病流行，后勤补给不力，加之战线延长，其部队实力受到削弱。后来鉴于原来的加拉哈德部队实际上已被歼灭，他又从一支杂牌部队中补充兵员，拼凑成一支基本上全新的部队。1945—1947 年，在攻克密支那后回国，在陆军地面部队司令部任参谋。1947—1949 年，在朝鲜和日本担任过多种参谋和指挥职务。1950 年毕业于国家军事学院。1954—1958 年，任北约盟军陆军军事援助处处长。1958 年，任第四集团军副参谋长。1959 年退役。卒于 1978 年 9 月。

亨特是一位合格的职业军人，能在困难的条件下很好地履行职责。他没有领会史迪威在缅甸的目标或关注的问题，因而成了梅里尔和史迪威激烈批评的人物。不过，在很大程度上，是他遵照史迪威的指示，指挥加拉哈德部队取得了极少（却得到广为宣传）的几次胜利。

KS and DLB

参考：Fellowes-Gordon, Ian, The Battle for Naw Seng's Kingdom: General Stilwell's North Burma Campaign and Its Aftermath. London, 1971.

Hunter, Charles Norton, Galahad. San Antonio, Texas, 1963.

Ogburn, Charlton, The Marauders. New York, 1959.

Romanus, Charles F., and Riley Sutherland, Stilwell's Command Problems. The United States Army in World War II: China-Burma-india Theater. Washington, D.C., 1956.

亨特·戴维(Hunter, David, 1802—1886 年) 美国将军。参加主要战争：美墨战争（1846—1848 年）、美国内战（1861—1865 年）；参加主要战役（战斗）：墨西哥峡谷之战（1847 年）、第一次布尔溪之战（弗吉尼亚州的马纳萨斯，1861 年）、皮蒙特之战（弗吉尼亚州的格罗托斯附近，1864 年）。

亨特 1802 年 7 月 21 日生于哥伦比亚特区华盛顿。1822 年从西点军校毕业后被分配到步兵部队服役。在边境服役多年，于 1828 年和 1833 年分别被提升为第一龙骑团的中尉和上尉。1836 年辞去军职进入芝加哥商界，但在 1842 年又以少校军衔重返军队，任军需官。墨西哥战争期间在约翰·埃·伍耳将军的麾下作战。19 世纪 50 年代在中西部的一些地方以及边境服役。1861 年 2 月陪同新当选总统林肯从伊利诺伊州的斯普林菲尔德出发前往华盛顿，中途因伤致残。同年 5 月就任第六骑兵团的上校，随后又在欧文·麦克道厄耳将军的部队中任志愿兵准将和第二师师长。在 7 月 21 日打响的第一次布尔溪战役中，当他率师主攻亨利霍斯山时身负重伤。8 月升任志愿兵少将并前往密苏里州，在约翰·查·弗里芒特将军手下任职。11 月接替弗里芒特的职务，随之移师堪萨斯州。1862 年 2 月在亨利堡之战和多纳尔逊堡之战中，派部增援乌利斯·辛·格兰特将军，并派遣部队支援在新墨西哥州和亚利桑那州的爱德华·R.S. 坎比将军的部队。1862 年 3 月受命指挥南部军区，司令部设在南卡罗来纳州的罗亚尔港。同年 8 月因组织了由解放的黑奴组成的南卡罗来纳第一团而被南部同盟政府宣布为要犯。9 月任审查菲茨·约翰·波特将军的军事法庭庭长。1864 年 5 月从法庭和检查事务中召回，去指挥西弗吉尼亚部军区和陆军部队。他在谢南多厄河谷进行了一次战役的准备，并在 6 月 5 日赢得了皮蒙特之战的胜利。在林奇堡与朱巴尔·厄尔利的部队遭遇后沿河谷北退，未能遏止厄尔利向华盛顿的推进。8 月把指挥权移交给菲利普·谢里敦将军。1865 年 3 月先后被授予志愿兵准将和少将军衔，并再次在军事法庭任职。4 月护送林肯遗体回斯普林菲尔德。后出任审讯刺杀林肯阴谋分子的军事委员会主席。1866 年 7 月以上校军衔退役。1886 年 2 月 2 日卒于华盛顿。

亨特是一位能干但缺乏创见的军官，他把自己的成就归功于他对激进的共和主义思想的坚决拥护。

Staff

参考：Report of the Military Services of Gen. David Hunter U.S.A...1873. Reprint, New York, 1892.

Schenck, Robert C., "Major General David Hunter," Magazine of American History, February 1887.

WAMB.

匈雅提，亚诺什(Hunyadi, Janos, 约 1387—1456 年) 匈牙利将军、政治家。参加主要战争：胡斯战争（1419—

1423 年)、匈牙利-土耳其边境战争（固有的)、匈牙利内战（1439—1440 年)、土耳其战争（1441—1443 年)、瓦尔纳十字军征战（1443—1444 年)、土耳其战争（1448—1449 年和 1455—1456 年)；参加主要战役（战斗)：斯梅德雷沃（斯梅代雷沃）之战（1441 年)、赫曼施塔特（锡比乌）之战（1442 年)、铁门之战（1442 年)、斯奈姆（科斯塔伊尼察）之战（1443 年)、瓦尔纳（在保加利亚）之战（1444 年)、科索沃之战（1448 年)、第一次和第二次贝尔格莱德之战（1456 年)。

匈雅提约生于 1387 年，马扎尔人的首领沃伊克和伊丽莎白·莫尔辛纳之子。十几岁即进入匈牙利国王西吉斯蒙德的军中服役。在 1419—1423 年间，西吉斯蒙德在波西尼亚三次发起反对胡斯派的远征，他至少参加了其中一次。1437 年攻占土耳其人据守的斯梅代雷沃要塞并因之广泛引起人们的瞩目。为此，被赐予大量财产，并在王室议政会议上得到一席之地。1438 年国王阿尔贝特一世封他为瓦拉几亚西部的瑟赖尼总督。在该地区同土耳其进行的边境作战中立下战功。1439 年阿尔贝特驾崩后，他支持拉迪斯拉斯一世（波兰国王弗拉基斯拉夫三世）继位，反对阿尔贝特未成年之子拉迪斯拉斯五世（遗腹子拉迪斯拉斯）即位。在 1439—1442 年进行的短暂内战中，他帮助拉迪斯拉斯一世派获胜，被酬封为贝尔格莱德要塞总领及特兰西瓦尼亚总督。在国王的支持下，指挥了一系列抗击土耳其的作战。其中，1441 年败奥斯曼土耳其于斯梅代雷沃，1442 年在赫曼施塔特之战和铁门之战中再败土耳其人。攻克尼什和索菲亚后，与国王拉迪斯拉斯一世会合，并在斯奈姆（科斯塔伊尼察）大败苏丹穆拉德二世（1443 年)。1443 年秋—1444 年 2 月，将土耳其人逐出现在的阿尔巴尼亚和前南斯拉夫南部。他曾计划将土耳其人赶出欧洲，但后又于 1443 年同穆拉德达成了为期 10 年的停战协定。与国王拉迪斯拉斯一起同威尼斯结盟，然后撕毁停战协定，率匈牙利陆军和舰队直抵多瑙河。由于舰队未能封锁海峡和阻止穆拉德从亚洲返回欧洲，与威尼斯军队联合进攻的计划受挫（1444 年 7 月)。塞尔维亚的乔治·布兰科维奇支持苏丹，并阻止斯坎德培（乔治·卡斯特里奥蒂）与匈牙利人在瓦尔纳会合。在 11 月 10 日进行的灾难性的瓦尔纳之战中，他险些被杀或被俘，拉迪斯拉斯则阵亡。1446 年，被一致推选为匈牙利总督和年轻的国王拉迪斯拉斯五世（阿尔贝特之子）的摄政。入侵奥地利，迫使腓特烈三世将幼主交还匈牙利。劫掠施蒂里亚、卡林西亚和卡尼鄂拉，威逼维也纳。与腓特烈达成一个两年停战协定。1448 年罗马教皇尼古拉五世授予他一个金链和罗马天主教红衣主教的头衔。与土耳其人再度开战，但在 10 月 17 日与穆拉德二世指挥的约 10 万人的军队进行的第二次科索沃血战中，他率领的25 000人的军队被击败。1449 年成功地讨伐乔治·布兰科维奇。1450 年就释放拉迪斯拉斯五世与腓特烈谈判。1452 年还政于新国王。拉迪斯拉斯封他为贝斯特茨（比斯特里塔）伯爵及王国大统领。1455 年恢复对土耳其的战争，自费为贝尔格莱德提供补给和派兵驻防该要塞，并将该要塞的指挥权交于长子拉斯洛和内弟米哈伊·西拉吉。当土耳其人围攻贝尔格莱德时，他调集一支雇佣军及 200 艘江河小船，挥师南进救援受围困的要塞。1456 年 5—6 月，得到由其盟友方济各会修道士乔瓦尼·达·卡皮尔斯特拉诺调集的一支农民志愿军的支援。7 月 14 日率领小舰队取得胜利，歼灭土耳其江河舰队。7 月 11—12 日在贝尔格莱德外围大败征服者穆罕默德二世的 10 万军队，这是其一生中最辉煌的胜利之一。他计划继续作战，但染上瘟疫，1456 年 8 月 11 日卒于贝尔格莱德城外的军营中。

匈雅提是匈牙利的爱国者、民族英雄。他才华横溢，是一位不知疲倦的组织者，他认识到封建制度下招募的兵员不称职，于是采取步骤建立起一支常备军。他是一位有判断力的战略家和有才干的战术家，也是一位能鼓舞斗志的领导人。虽然拉迪斯拉斯对他很吝啬，致使他不得不以自己掌握的资源保障其生前指挥的最后一次战役，但他从未考虑过通敌和反叛，他是一位正直、高尚的人，也是一位天才。

DLB

参考：Kosàry, D. G., A History of Hungary. London, 1941.
EB.
EMH.

霍去病（Ho Ch'ü-ping，公元前 140—前 117 年） 中国西汉将军。参加主要战争：汉朝对匈奴的战争（公元前 140—前 117 年)。

霍去病公元前 140 年生于贵族家庭，与汉武帝的皇后有亲属关系。可能由于其家庭地位的原因，他在公元前 121 年春被任命为将军，率领一支由 1 万骑兵组成的部队，西出陇西（今宁夏)，进入到黄河以北的匈奴领地，行程达 500 公里，消灭了大约 8000 名时常袭扰汉朝边境的匈奴人。是年秋天，又率领另一支远征部队，经陇西北地（今甘肃庆阳西北）北上，深入敌境达 1000 公里，捕杀匈奴人 3 万余人。后来，汉武帝又发动了一次大规模的对匈奴的作战，其中霍去病率领 5 万骑兵，由代（地名，位于今河北省蔚县东北地区）北上，深入匈奴境内，在这次作战中，据称他率军歼灭了 7 万余敌人，并将其余的匈奴部队赶到了戈壁沙漠以北地区，平定了现在的甘肃省地区。卒于公元前 117 年，年仅 24 岁。

霍去病是一位非常成功的将军，他精通游牧民族的战术，并擅于灵活运用这些战术来对付敌人，尽管他自称从没有读过一本战略方面的书籍，而且他本人也以作一位武夫而感到自豪，但事实上他对战略有着非常深刻的理解和具有敏锐的意识。其同时代的一些人，可能是出于嫉妒，指责他不关心士兵的疾苦。

PWK

参考：Loewe, M., Military Operations of the Han Period.

London, 1961.

Pan Ku, The History of the Former Han Dynasty. 3 vols. Translated and edited by Homer H. Dubs. Reprint, Ithaca, N. Y., 1971.

赫尔伯特，斯蒂芬·奥古斯特斯(Hurlbut, Stephen Augustus, 1815—1882 年) 美国将军，政治家。参加主要战争：第二次西米诺尔战争（1835—1842 年）、美国内战（1861—1865 年）；参加主要战役（战斗）：多纳尔森堡之战和夏洛之战（1862 年）。

赫尔伯特 1815 年 11 月 29 日生于南卡罗来纳州的查尔斯顿，就学法律专业，并于 1837 年获得律师资格。1835 年 11 月—1842 年 8 月的第二次西米诺尔战争期间曾在民兵部队中服役。1845 年移居伊利诺伊州的贝尔维尔。1847 年成为州议员。1858—1859 年和 1860—1861 年，他作为一名辉格党（今共和党的前身）党员在州立法委员会中工作。1861 年 5 月被任命为北方志愿军的陆军准将，随后在密西西比州北部任职。1862 年 2 月 16 日乌利斯·辛·格兰特将军占领了多纳尔森堡，他受命指挥这一地区的北军。这年 4 月 6—7 日在夏洛之战时受命指挥第四师，9 月被提升为志愿军少将。10 月 3 日在威廉·斯·罗斯克兰斯领导下参加了柯林斯（密西西比州境内）之战。10 月 5 日率军在哈奇河向厄尔·范·多恩将军的南部同盟军队发起攻击，随后其指挥权被爱德华·O.C. 奥德临时取代。12 月被任命为第十四军的指挥官。在 1864 年 1 月 4—7 月的维克斯堡战役期间，负责保卫格兰特在孟斐斯城设立的基地。1864 年 2 月在向密西西比州梅里登的一次远征中在威廉·蒂·谢尔曼将军麾下任职。1864 年 8 月被任命为墨西哥湾军区的指挥官。1865 年 6 月退出现役。1866 年 11 月，他在印第安那波利斯组织了共和国大军团并被推选为首任指挥官。1867 年被选为伊利诺伊州立法委员。1869—1872 年间担任驻哥伦比亚公使。1872—1877 年间在国会中任职。后来又担任了驻秘鲁公使，1882 年 3 月 27 日卒于利马。

赫尔伯特是一位军人政治家，他在担任墨西哥湾军区指挥官期间的经历和他众多的政治活动生涯使他招致了诸多贪污受贿的指责，现在看来至少有些是合法的。

KH

参考：Warner, Ezra, Generals in Blue. Baton Rouge, 1978.

DAB.

WAMB.

胡蒂尔，奥斯卡尔·冯(Hutier, Oskar von, 1857—1934 年) 德国将军。参加主要战争：第一次世界大战（1914—1918 年）；参加主要战役（战斗）：里加之战（1917 年）、第二次索姆河之战（1918 年）和努瓦永-蒙迪迪耶之战（1918 年）。

胡蒂尔生于 1857 年，后参加德国陆军。1917 年在俄国战线指挥第八集团军，在里加战线上实施进攻时，第一次使用由总参谋部发展的一种新战术，这种所谓的渗透战术包括实施短时间的密集炮火准备，然后以小的战斗单位绕过敌人的强点渗透前进。在 9 月 1—21 日的里加之战中，运用该战术突破了俄军的防御阵地，后来被协约国军称为“胡蒂尔战术”（非定义的）。后到法国指挥第十八集团军，参加鲁登道夫在索姆河地区的第一次攻势（1918 年 3 月 21 日），其部是参加攻势行动的三个集团军中最南侧的一个，对英军防线实施了最深远的突进，后因后勤保障困难而被迫停止于蒙迪迪耶和莫勒伊以西（4 月 4 日）。6 月 9—13 日他实施了成功的努瓦永-蒙迪迪耶攻势，后为法军预有准备的防御和德军资源不足所制止。指挥第十八集团军直至战争结束（1918 年 11 月）。战后从陆军退休，卒于 1934 年。

虽然冠以其名字的进攻战术并不是他的发明，但他是第一位使用该战术的集团军司令官。他是一位有能力而坚定的指挥官。

DLB

参考：Buchan, John, A History of the Great War. 4 vols, Boston, 1923.

Hayes, Grace P., World War I: A Compact History. New York, 1972.

百武晴吉(Hyakutake, Haruyoshi, 1888—1947 年) 日本战犯、陆军将军、军国主义分子。参加主要战争：第二次世界大战（1941—1945 年）；参加主要战役（战斗）：瓜达尔卡纳尔战役（1942—1943 年）、伦多瓦之战（1943 年）、特洛基纳要地之战（1944 年）。

百武晴吉 1888 年生于佐贺县。1909 年毕业于陆军军官学校。初为步兵军官，后接受密码分析训练。1921 年毕业于陆军大学。1924 年晋升为少校。1927—1929 年任陆军参谋部情报处密码科科长。1931—1932 年任侵华日军关东军司令部哈尔滨特种勤务处处长。1935 年晋升为上校并任团长。1939 年晋升为少将并任陆军通信学校校长。同年又晋升为中将并任第四独立混成旅旅长。1940 年任第十八步兵师师长。1941—1942 年任军队通信训练总监。1942 年 5 月任驻拉包尔的第十七集团军群司令。最初受命占领新喀里多尼亚、斐济和萨摩亚等岛屿上的战略要点以及莫尔兹比港，但由于 5 月和 6 月日军作战失利，被迫占据所罗门群岛，实施更为防御性的作战。由于受制于补给不足和美军的空中优势，所部在 1942 年 8 月—1943 年 2 月企图夺占瓜达尔卡纳尔的徒劳攻势中消耗殆尽。1943 年 6 月 30 日，遭到从新乔治亚群岛的伦多瓦登陆美军的突然袭击。1944 年 3 月对特洛基纳要地的美军发动残酷反攻受阻。1945 年 4 月所部配属第八方面军。1946 年返回日本。卒于 1947 年。

MRP

I

易卜拉欣·伊本·阿格拉卜(Ibrahim Ibn-al Aghlab,756—812年) 阿拉伯阿拔斯将军和统治者。

易卜拉欣约在800年被任命为阿尔伊夫里基亚（突尼斯和东阿尔及利亚）总督，实际上他把这个地区建成了一个独立的埃米尔王国，并创立了桑尼·阿格拉卜王朝，这个王朝统治该地区长达一个世纪，其首都设在凯鲁万。

易卜拉欣是一位精力过人的统治者，文化修养很高。他在地中海中部建立起了强大的海上力量，一直在这一地区保持优势地位。他还改变了宫廷生活，提高了生活的品位，给人们留下了保护艺术的优良传统。

TM

参考：Hitti, Philip K., A History of the Arabs, 5th ed. London, 1951.

一户兵卫(Ichido, Hyoe,1855—1931年) 日本将军。参加主要战争：萨摩暴动（1877年）、中日甲午战争（1894—1895年）和日俄战争（1904—1905年）；参加主要战役（战斗）：成欢之战（1894年）、平壤之战（1894年）、围攻旅顺港（1904—1905年）和奉天（沈阳）侵略战（1905年）。

一户1885年生于津轻藩，即后来的青森县。1876年成为陆军见习中尉，在萨摩暴动期间（1877年2—9月）作战表现突出，负伤，之后晋升为中尉。担任大岛混成旅的前卫部队指挥官，参加了1894年7月29日的成欢之战，赢得好评。在平壤之战（9月15日）中任营长，日俄战争时任旅长，参加了旅顺围攻战（1904年6月1日—1905年2月2日），是当时参加战斗的少数几个威信较高、获得声誉的军官之一。在陆军元帅大山指挥下参加了奉天之战（1905年2月21日—3月10日）。他善于制定细致的作战方案，达成目的所付出的代价比其他军官少得多。战后曾任旅团长和师团长，并任军事训练总监（1915—1919年）。卒于1931年。

LH

一木清直(Ichiki, Kiyono,1892—1942年) 日本陆军军官、军国主义头目。参加主要战争：日本侵华战争（1937—1945年）、第二次世界大战（1941—1945年）；参加主要战役（战斗）：宛平（北京附近）之战（1937年）、瓜达尔卡纳尔战役（1942—1943年）。

一木1892年生于静冈县。1916年毕业于军事学院。1934年晋升少校。1936年任侵华日军第一步兵团营长。在任期间，继1937年7月7—8日在北平（北京）附近的卢沟桥向中国军队屡次发起挑衅后不久，又参与挑起了与驻宛平中国军队的战斗。此举触发了持久而又残酷的日本全面侵华战争（属于第二次世界大战的一部分）。1938—1940年在一些专业训练学校任教。1941年晋升上校。1942年6月任准备夺占中途岛的战斗队队长。但日本海军作战失利，妨碍了这次行动。之后又奉命率为此次行动组建的2000人的部队，突击瓜达尔卡纳尔岛上的美军滩头阵地。1942年8月21日，在“特纳鲁河”战斗（实际上是特纳鲁村的伊鲁）中，发动的残酷突击受阻，与多数部下一同丧命。

MRP

参考：Crowley, James, “A Reconsideration of the Marco Polo Bridge Incident,” Journal of Asian Studies, Vol., XⅫ, No.3(May 1963).

Hough, Frank O., Verle E. Ludwig, and Henry I. Shaw, History of U.S. Marine Corps Operations in World War Ⅱ, Vol. Ⅰ: From Pearl Harbor to Guadalcanal. Washington, D.C., 1958.

井伊尚政(Ii, Naomasa,1561—1602年) 日本将军。德川家族的主要支持者。参加主要战争：统一战争（1550—1615年）；参加主要战役（战斗）：棚仓城堡围攻战（1578）、关原之战（1600年）。

饭田祥二郎(Iida, Shojiro,1888—?) 日本将军、战犯。参加主要战争：第一次世界大战（1914—1918年）、第二

次世界大战（1941—1945 年）；参加主要战役（战斗）：缅甸战役（1942 年）、中国东北战役（1945 年）。

饭田祥二郎 1888 年生于京都。1908 年毕业于军事学院。后又入陆军大学受训步兵军官专业，并于 1915 年毕业。1916—1918 年进入“专业研究委员会”从事第一次世界大战战术研究工作。1922—1926 年在步兵学校任教，并于 1924 年晋升为少校。1927—1930 年及 1932—1934 年两度回步兵学校任教。1932 年晋升为上校。1934 年奉命指挥第四帝国近卫团。1935 年任第四师参谋长。1837 年晋升少将，改任军管局主任。1938 年任第一集团军参谋长。1939—1941 年任帝国近卫师师长。1941 年底改任第十五集团军司令之职担负占领泰国（1941 年 12 月）和入侵缅甸（1942 年 1—4 月）之任。1944 年转预备役。1945 年 7 月被重新召回现役，担任侵华日军东北的第三十集团军司令之职。在苏军出击（8 月 9—15 日）前他走马上任，后被苏军俘获，1950 年获释。

MRP

伊地知彦二郎（Ijichi, Hikojiro, 1859—1912 年） 日本海军上将。参加主要战争：日俄战争（1904—1905 年）；参加主要战役（战斗）：黄海海战（1900 年）、对马海战（1905 年）。

伊地知小辅（Ijichi, Kosuke, 1855—1917 年） 日本将军。参加主要战争：中日甲午战争（1894—1895 年）、日俄战争（1904—1905 年）；参加主要战役（战斗）：旅顺港之战（1894 年）、旅顺围攻战（1904—1905 年）。

伊集院吾郎（Ijuin, Goro, 1852—1921 年） 日本海军上将。参加主要战争：国内战争（1868 年）、远侵台湾（1874 年）、萨摩暴动（1877 年）。

伊集院松次（Ijuin, Matsuji, 1893—1944 年） 日本海军上将、军国主义者。参加主要战争：第二次世界大战（1941—1945 年）；参加主要战役（战斗）：韦拉拉韦拉之战、奥古斯塔皇后湾（所罗门群岛布干维尔）之战（1943 年）。

伊集院 1893 年生于东京。1915 年毕业于海军军官学校。1922—1924 年接受初级鱼雷战术和潜艇训练。1925—1933 年任多个驱逐舰舰长职。1932 年任伪“满洲国”傀儡皇帝溥仪的侍从军官。1938 年晋升为海军上校，1938—1939 年指挥多个驱逐舰分遣舰队。1942 年 12 月，任战列舰舰长。后任第三驱逐舰中队司令。1943 年 10 月 6—7 日夜，作为中队司令，参加韦拉拉韦拉岛作战。1943 年 11 月 2 日在奥古斯塔皇后湾统率掩护部队。1944 年在新加坡一次意外事故中丧生。

MRP

参考：Morison, Samurel Eliot, History of United States Naval Operations in World War Ⅱ, Vol. Ⅵ: Breaking the Bismarcks Barrier, 22 July 1942-1 May 1944. Boston, 1950.

池田昭正（Ikeda, Terumasa, 1564—1613 年） 日本将军。参加主要战争：统一战争（1550—1600 年）；参加主要战役（战斗）：长久之战（上田附近，1584 年）、岛津战役（1587 年）、小田原围困战（1590 年）、关原之战（1600 年）。

池田生于 1564 年，随其父亲在织田信长麾下效力。由于织田信长遭暗杀，池田父子又转到丰臣秀吉手下服役。1584 年其父亲和哥哥在长久战斗中丧生后，池田继承了家族的领地。1587 年在九州的丰臣秀吉对岛津的战役中表现突出。随着小田原城围困和北条对关东控制的结束，1590 年池田被授予德川家康在冈崎的古老领地。1592—1598 年为丰臣秀吉监管朝鲜战役粮食补给。后站在德川家康一边同代理丰臣秀吉继承人联盟对抗。1600 年 10 月 21 日在关原之战中战功卓著获播磨领地。1613 年去世时已有 6000 名武士在其手下服役。

LH

参考：Hall, John Whitney, Government and Local Power in Japan, 500—1700. Princeton, N. J., 1966.
Hall, John Whitney, and Marius B. Jensen, eds., Studies in the Institutional, History of Early Modern Japan. Princeton, N. J., 1968.
Sansom, George B., A History of Japan, 1334—1615. Stanford, Calif., 1961.

今川贞世（了俊）（Imagawa, Sadayo〈Ryoshun〉, 1325—1420 年） 日本武士、将军。参加主要战争：南北朝战争（1335—1392 年）；参加主要战役（战斗）：吉野之战（1359 年）、九州岛之战（1371—1381 年）。

今川生于 1325 年。在南北朝战争期间为北朝而战，在足利征夷大将军的主要的将领中颇负盛名。1359 年参加吉野之战。作为足利大将军手下最为得力的指挥官，1370 年征夷大将军足利义满任命他为九州岛探题（军事总督），让他征服岛上天皇军队。1371—1381 年他对九州岛实施了一次旷日持久的惨酷战役，强大的菊池家族武朝及其支持者终于屈服。1395 年他在九洲岛的对手编造其谋反罪名，他被迫放弃探题之职，应召回京对质。后退休回到自己的封地本州岛南部的骏河湾和远江，在其余年进行文学研究、作诗、著史书，卒于 1420 年。

LH

参考：Papinot, E., Historical and Geographical Dictionary of Japan. Yokohama, 1910.
Sansom, George B., A History of Japan, 1334—1615. Stanford, Calif., 1961.

今井武夫（Imai, Takeo, 1898—?） 日本陆军军官、军国主

义分子。参加主要战争：日本侵华战争（1937—1945年）、第二次世界大战（1941—1945年）；参加主要战役（战斗）：菲律宾战役（1941—1942年）。

今村均（Imamura, Hitoshi, 1886—1968年） 日本陆军上将、战犯。参加主要战争：侵略上海战争（1932年）、日本侵华战争（1937—1945年）。

今村均1886年生于宫城县。1907年毕业于军事学院。1915年毕业于陆军大学。1918年，起初在英国留学，后任驻英国武官助理。1920—1921年任常驻英国武官。1922年晋升少校。1923年任上原由作元帅的副官。1927年任常驻印度武官。1931—1932年任陆军参谋部作战处处长。1932年1月28日—3月4日，在侵华日军第九师与驻上海的中国国民党军队作战期间，任该师联络官。1932年任团长。1935年晋升少将并任步兵旅旅长。1936年任关东军副参谋长。1937年任步兵学校校长。1938年任陆军部行政管理局局长。1938—1940年晋升中将并任侵华日军第五师师长。1940—1941年任军事教育总监。1941年11月任第十六集团军军长。1942年2月28日—3月9日，成功地指挥了入侵爪哇的作战。后任驻拉包尔的第八方面军司令，奉命从美军手中夺回瓜达尔卡纳尔岛。尽管1942年9—11月，那里的日军得到了增援和补给，但他还是被迫于1943年2月下令撤退。1943年晋升上将。战后受审并被判犯有战争罪（1946年）。1946—1954年被监禁在苏加莫监狱。卒于1968年。

MRP

英博登，约翰·丹尼尔（Imbodon, John Daniel, 1823—1895年） 美国南部同盟将军。参加主要战争：美国内战（1861—1865年）；参加主要战役（战斗）：第一次布尔溪之战（弗吉尼亚州的马纳萨斯，1861年）、克罗斯基斯之战和共和港之战（均在弗吉尼亚州的格罗托斯附近，1862年）、哈珀斯费里之战（1862年）、英博登奇袭（在西弗吉尼亚州，1863年）、葛底斯堡之战（1863年）和纽马基特之战（弗吉尼亚州，1864年）。

英博登1823年2月16日生于弗吉尼亚州的斯汤顿。1841—1842年在华盛顿学院（今华盛顿-李氏大学）读书，随后从事法律研究并在斯汤顿开业，当了两任弗吉尼亚州议会议员。他是斯汤顿炮兵部队的组织者，在民兵中极为活跃。美国内战爆发时任南部同盟军上校。在1861年7月21日打响的第一次布尔溪之战中，尤其是在亨利豪斯山防御战中，英博登名闻遐迩。1862年他任帕尔西第一突击队的指挥官，在“石壁”托马斯·杰克逊将军的麾下在谢南多厄河谷作战，6月8日参加克罗斯基斯之战，6月9日参加共和港之战，9月15日攻占哈珀斯费里。1863年初被提升为准将，4月20日亲率3300人突袭弗吉尼亚州西部，并派威廉·E. 琼斯将军率2200骑兵从他的北面策应。与琼斯在弗吉尼亚州西部的韦斯顿会合后，一举摧毁卡诺瓦山谷的油田，于5月14日返回弗吉尼亚州。在进攻宾夕法尼亚州的战役中，作为李将军的一部，他担负主力部队的警戒任务，但直到葛底斯堡战役的第三天（1863年7月3日）才赶到，仅仅参加了掩护部队的撤退。1863年10月攻占北军在西弗吉尼亚州的查尔斯镇的要塞。1864年5月15日与约翰·卡·布雷金里季将军联手在纽马基特击败联邦将军弗兰茨·济格尔，随后参加了朱巴尔·厄尔利将军的河谷战役。到秋天，因身体状况不佳，去南卡罗来纳的艾肯管理监狱。战后他开始在里士满重操法律事务的旧业，后转到弗吉尼亚州的华盛顿县，致力于弗吉尼亚州的煤炭和钢铁资源的开发。1895年8月15日卒于弗吉尼亚州的大马士革。

英博登是一位能干的、魄力非凡的野战指挥官，尤其在指挥骑兵部队和前卫部队方面才华更为出名。

KH

参考：Battles and Leaders of the Civil War. 4 vols. Reprint, 1973.
Warner, Ezra, Generals in Gray. Baton Rouge, 1978.
WAMB.

伊默曼，麦克斯（Immelmann, Max, 1890—1916年） 绰号“里尔之鹰”，德国空军中尉。参加主要战争：第一次世界大战（1914—1918年）；参加主要战役（战斗）：对法国的空战。

伊默曼1890年9月21日生于得累斯顿，其父是工业家。1905年进入萨克森候补军官学校，1911年成为候补军官，1912年辞职去学习工程学。第一次世界大战爆发后，他从步兵部队调入飞行部队（1914年11月），并成为一名飞行员（1915年3月）。5月到杜埃的第六十二飞行营服役，8月1日他驾驶福克尔-E3型飞机取得第一次空战胜利，该飞机是第一种装有前射机枪的单人战斗机。他发展了最初的空战战术，包括以他名字命名的滚动转向。他是运用战斗航空器实施进攻和运击作战战略的主要支持者。1916年6月18日率队在朗斯上空巡逻时，飞机莫名其妙地突然在空中解体（爆炸），摔死。他有值得骄傲的15次胜利的记录。

伊默曼是建立由快速、单座战斗机组成“搜寻”中队的关键人物。他发明的战术成为整个大战中德军飞行员的基本战术。他是德国的第一空中英雄。

VBH

参考：Campbell, C., Aces and Aircraft of World War Ⅰ. New York, 1984.

井本熊夫（Imoto, Kumao, 生于1903年） 日本陆军军官、军国主义者。参加主要战争：第二次世界大战（1941—1945年）；参加主要战役（战斗）：瓜达尔卡纳尔之战（1942—1943年）。

稻田正纯(Inada, Masazumi, 1896—?) 日本将军、军国主义者。参加主要战争：日苏边境冲突（1938—1939 年）、第二次世界大战（1941—1945 年）。

猪口俊平(Inoguchi, Toshihira, 1896—1944 年) 日本海军上将、军国主义者。参加主要战争：第二次世界大战（1941—1945 年）；参加主要战役（战斗）：锡布延海战（1944 年）。

伊纳尼，拉希德·伊斯梅特(Inönü, Rashid Ismet, 1884—1973 年) 土耳其将军和政治家。参加主要战争：第一次（1912—1913 年）和第二次（1913 年）巴尔干战争、第一次世界大战（1914—1918 年）和希腊-土耳其战争（1920—1922 年）；参加主要战役（战斗）：第一次和第二次伊纳尼之战、萨卡里亚之战（皆在 1921 年）。

伊纳尼 1884 年 9 月 24 日生于伊兹密尔，其父是著名的律师。1906 年毕业于伊斯坦布尔的炮兵学院，后来毕业于总参谋学院。分配到埃迪尔内，任第三集团军参谋部下级军官，和那里的青年土耳其运动有密切联系。早期生涯中，在第一、二次巴尔干战争期间（1912 年 10 月—1913 年 8 月）任也门集团军的少校参谋长。当土耳其参加第一次世界大战时（1914 年 10 月）被提升为中校，1914—1915 年在高加索作战，1916—1918 年随第四军在巴勒斯坦和叙利亚作战。虽然土耳其投降时（1918 年 10 月）他在君士坦丁堡（伊斯坦布尔），但参加了穆斯塔法·凯末尔将军在安卡拉的民族政府，被选为民族大会的埃迪尔内的代表（1920 年 1 月），后成为马拉蒂亚的代表。希腊-土耳其战争期间（1920—1922 年）被任命为土军总参谋长，并成为穆斯塔法·凯末尔的主要助手。在 1921 年 1 月的伊纳尼之战中他阻止普拉斯将军侵入安纳托利亚中部，2 月份被带来援兵的里菲特帕夏接替指挥权。虽然当希军再次发动进攻时，里菲特被迫撤退，但伊斯梅特却在第二次伊纳尼之战中（3 月 28 日—4 月 2 日）守住了阵地，并打退了土军的进攻。7 月 16—17 日，他被希军的佯攻所蒙骗，在希腊国王君士坦丁正确指挥的攻势面前，他被迫撤退。7 月 17—20 日，凯末尔命令他将其经多次战斗的部队撤到萨卡里亚。8 月 24—25 日他瓦解了希军迂回其左翼（南翼）的企图，8 月 27 日—9 月 6 日顽强防御，使希军仅前进 10 英里。9 月 10 日凯末尔发动巧妙的翼侧攻击，迫使希军撤退，结束了该战（9 月 16 日）。9—10 月伊斯梅特协助凯末尔对退却的希军实施谨慎的追击。伊斯梅特参加了凯末尔将希军逐出安纳托利亚的辉煌之战（1922 年 8 月 18 日—9 月 11 日）。随着《洛桑条约》的签定，伊斯梅特成为土耳其共和国的首任总理，凯末尔被命名为“阿塔图尔克”（意为“土耳其之父”），成为首任总统。1924 年 11 月 21 日在和凯末尔的一场争吵之后辞职，但于 1925 年 3 月 4 日官复原职，直到 1937 年 9 月 24 日。1934 年他以伊纳尼——伟大胜利之名——作为他的姓名。1938 年 11 月 20 日“阿塔图尔克”去世。他于第二天（11 月 11 日）当选总统。在那以后，他对土耳其进行强有力的统治，运用其技巧和胆识使土耳其在第二次世界大战中保持中立，因此连续两次赢得大选（1943 年和 1946 年）。二战之后，他鼓励反对党，1950 年 5 月 14 日民主党击败他的共和人民党，他丧失权力几乎达十年之久。1960 年 5 月 27 日通过军事政变重新任总统。当在新的选举中共和人民党没能获得明显的多数后，他成为联合政府的总理（1961 年 10 月）。1965 年共和人民党在选举中被击败，他再次失去权力。1965—1971 年他支持共和人民党的少壮派搞激进的自由主义。因此疏远了那些年老的保守主义追随者。1972 年辞去共和人民党主席之职，1973 年 12 月 25 日卒于伊斯坦布尔。

伊纳尼年轻时是一位有能力和才华的指挥官，特别是他既小心谨慎又坚定不移。他对凯末尔忠心耿耿，对其伟大的军事和政治胜利贡献颇多。在任政治领袖的初期，他像凯末尔一样是独裁主义者，但在后期向自由主义和右翼方向发生了很大的转变，他是作为民族社会主义者结束其生涯的。

DLB

参考：Lord Kinross, Ataturk. New York, 1964.
Lewis, G. L., Turkey. New York, 1955.
Vere-Hodge, Edward R., Turkish Foreign Policy, 1918—48. Geneva, 1950.
WBD.

井上光(Inoue, Hikaru, 1851—1908 年) 日本将军。参加主要战争：复位战争（1868 年）、萨摩暴动（1877 年）、中日甲午战争（1894—1895 年）、日俄战争（1904—1905 年）。

井上几太郎(Inoue, Ikutaro, 1872—1965 年) 日本将军。参加主要战争：中日甲午战争（1894—1895 年）、日俄战争（1904—1905 年）。

井上成美(Inoue, Shigeyoshi, 1889—?) 日本海军上将、军国主义者。参加主要战争：第二次世界大战（1941—1945 年）；参加主要战役（战斗）：珊瑚海海战（1942 年）。

井上 1889 年生于宫城县。1909 年毕业于海军军官学校。1918—1920 年接受初级航海专门训练，并常驻瑞士。1921 年驻法国。1922 年晋升少校。1924 年毕业于海军大学。1924—1930 年及 1932 年，在海军部海事局任重要的参谋职务。1933 年晋升上校，任“比睿”号战列舰舰长。1935 年晋升少将。1937 年任海军部海事局局长，期间，忠实地支持海军部长米内光政将军控制海军中级军官中的激进分子。1939 年晋升中将，任侵华日军舰队参谋长。这时，他已成为军国主义分子中颇具影

响的理论家，深信海军空中力量重要性。1940 年，尽管他缺乏实际经验，但仍被任命为海军航空局局长。1940 年他起草了著名的《现代化武器采购计划》报告书，呈交海相。在这份报告中，他指责海军偏重战列舰的采购计划已陈旧过时，建议将采购计划的重点从根本上重新转向海军航空兵方面。尽管他的思想并没有产生什么直接影响，但因其战略思想被斥之为“异端邪说”，1941 年 8 月改任第四舰队司令。这段时间，他全面指挥了攻占莫尔兹比港和北所罗门群岛的“MO”号作战行动。这些作战行动直接发展成 1942 年 5 月 7—8 日的珊瑚海海战。1942—1944 年任海军军官学校校长。1944—1945 年，在年迈的米内光政将军出任海相后，他被任命为次官。其间，拥护结束战争。

井上成美是日本海军最敏锐者之一，也是准确地预见到日本海军的可能结局和美军战略的少数几个日本海军高级军官之一。

MRP

参考：Seno Sadao, "A Chess Game with No Checkmate: Admiral Inoue and the Pacific War," Naval War College Review, January-February, 1974.

伊菲克拉特（Iphicrates，约公元前 412—前 353 年） 雅典将军。参加主要战争：柯林斯战争（公元前 395—前 386 年）、社会战争（公元前 358—前 355 年）；参加主要战役（战斗）：柯林斯之战（公元前 390 年）、安菲波利斯之战（公元前 367—前 364 年）和埃姆巴塔之战（公元前 355 年）。

伊菲克拉特约公元前 412 年生于雅典的一个普通家庭。在同柯林斯人作战期间，为雅典建立并训练了一支轻装兵（轻步兵）部队。他增加长矛柄长度，减轻盔甲重量，使士兵动作变得灵活。公元前 390 年他巧妙运用轻装步兵，在柯林斯附近歼灭斯巴达 600 名重步兵（相当于一个营的兵力）。公元前 388 年被派往赫勒斯蓬特，在柯林斯附近击败斯巴达的阿那克西布斯将军，从而保证了雅典在柯林斯地区的统治。公元前 386 年在同安塔尔西达斯讲和之后，他加入色雷斯国王塞乌底斯阵营，帮助塞乌底斯恢复王国。公元前 375—前 374 年率领一支雇佣军前往波斯，帮助波斯再次征服埃及。后因与波斯总指挥法那巴扎斯发生争执，离开远征军，返回雅典。公元前 373 年当斯巴达人包围科西拉时，他率领一支远征军去解救。在公元前 371 年的短期战争中，他站在色雷斯国王科蒂斯一边反对雅典。但不久之后雅典宽恕了他。公元前 369—前 368 年率领一支海军在马其顿海岸设防，以阻止阿敏塔斯家族前来争夺王位。公元前 367—前 364 年雅典企图夺回安菲波利斯，派他担任指挥，但未获成功。公元前 358—前 355 年，在社会战争（或称盟邦之战）中，他是四位联合指挥官之一。在埃姆巴塔海战中，由于天气不好他拒绝出战，因此，四位联合指挥官之一的卡雷斯将军控告他犯有失职罪。公元前 354 年被判无罪。卒于公元前 353 年。

Staff

参考：Mosse, Claude, Athens in Decline, 404—85 B. C. London, 1973.
Xenophon, Scripta minora. Translated by E. C. Marchant. London, 1925.
EB.
WBD.

艾尔顿，亨利（Ireton, Henry, 1611—1651 年） 英格兰将军。参加主要战争：第一次（1642—1646 年）和第二次（1648 年）英国内战、征服爱尔兰（1649—1650 年）；参加主要战役（战斗）：埃奇希尔之战（班伯里附近）（1642 年）、盖恩斯伯勒之战（1643 年）、马斯顿荒原之战（1644 年）、纳斯比之战（1645 年）、朗波特之战（1646 年）、德罗赫达之战（1649 年）。

艾尔顿 1611 年 11 月 3 日生于诺丁汉郡。牛津大学神学院毕业，并在中殿法学协会研究法律。1642 年 8 月内战爆发，拥戴议会一边。不久招募了一支骑兵，10 月 23 日参加埃奇希尔之战。后奉命返回保卫诺丁汉郡，任骑兵团少校。在格兰瑟姆与奥利弗·克伦威尔会合，1643 年 7 月 20 日，在盖恩斯伯勒之战中出色地指挥一次骑兵作战。在 1644 年 7 月 2 日进行的马斯顿荒原之战中，任曼彻斯特伯爵军队的军需司令。克伦威尔与曼彻斯特发生争执，他支持克伦威尔。不久晋升上校，出任团队指挥官（1645 年初）。在纳斯比之战中，指挥议会军左翼部队，所部被鲁珀特亲王的军队击溃，艾尔顿本人亦负伤被俘（1645 年 6 月 14 日）。1645 年 6 月—1646 年 4 月，在托马斯·费尔法克斯爵士麾下参加西部战局，并参加 7 月 10 日进行的朗波特之战。1646 年 6 月，与克伦威尔之女布里奇特结婚，强化了他与克伦威尔的联盟关系。第一次英国内战（1646 年夏—1648 年春）后的论战和政治风波期间，常常支持克伦威尔。1647 年后，成为政界领袖，提出立宪纲领。该纲领被认为是（军方）各提案的标题汇集，旨在使军方和议会均能接受，为此他赢得了军队内部激进主义的反对者和温和的改良者的名声。鉴于 1648 年 3—8 月爆发的第二次英国内战所造成的恶果，他支持审判国王查理一世，并于 1649 年 1 月在国王的死刑判决书上签字。5 月升为少将，随同克伦威尔远征爱尔兰，参加强攻德罗赫达（9 月 11 日）。1650 年 5 月 26 日，克伦威尔远征英格兰，他留下任国王驻爱尔兰的代表和总司令。1650 年攻克卡洛、瓦特福和邓坎嫩。1651 年 10 月攻克利默里克，之后不久染上感冒，并因工作过度劳累身体日益虚弱，1651 年 11 月 26 日卒于利默里克。

艾尔顿以聪慧、语言表达能力强著称。他是一位富有才干的指挥官，但运气稍差。艾尔顿的巨大天赋不是表现在军事上，而是在行政方面，他治理政事精细，精力旺盛并卓有成效。

DLB

参考：Firth, Sir Charles, Oliver Cromwell and the Puritan Revolution. London, 1911.
Fraser, Antonia, Cromwell: The Lord Protector. New York, 1973.
Ramsey, R. W., Henry Ireton. London, 1949.
Woodhouse, A. S. P., ed., Puritanism and Liberty. London, 1938.

石田三成（Ishida, Mitsunari, 1563—1600 年） 日本将军和政务家。参加主要战争：日本统一战争（1500—1600年）、侵略朝鲜战争（1592—1598 年）；参加主要战役（战斗）：关原之战（1600 年）。

石田三成生于 1563 年，因才思敏捷，引起丰臣秀吉的注意，并招至麾下。1585 年，被丰臣秀吉封为诸侯，掌管佐和山城。侵略朝鲜战争期间任监军。1598 年丰臣秀吉临死时，因其子丰臣秀赖年幼，委任五个“奉行”摄政，他是其中之一。后来，联合丰臣秀吉最有实力的支持者，以孤立德川家康。1600 年 10 月 21 日两派因争掌日本大权于关原作战，石田三成被俘。1600 年 10 月底被斩首。

LH

参考：Dening, Walter, A New Life of Toyotomi Hideyoshi. Tokyo, 1904.
Sadler, A. L., The Maker of Modern Japan: The Life of Tokugawa Ieyasu. Reprint, New York, 1977.

石原莞尔（Ishihara, Kanji, 1886—1949 年） 日本陆军将军、军国主义者。参加主要战争：侵占中国东北（1931—1932 年）、日本侵华战争（1937—1945 年）。

石原 1886 年生于山形县鹤冈城。1909 年毕业于军事学院。1918 年毕业于陆军大学。他在参谋学院学习时，以才华横溢、敢于向传统挑战而闻名，后赴柏林进一步深造，这一段时间广泛阅读战争史，同时深入钻研中世纪佛教僧侣尼奇伦的启示录，最终形成了他的“决战理论”。1925—1928 年，他在陆军大学作过许多著名的讲演，阐述他的理论（集中阐述过去和未来冲突的样式，最后归结到美国和日本会爆发一场灾难性的全球性冲突）。他的这些思想，其中包括大规模全民动员，得到大本营中层参谋人员的狂热支持。1929—1932 年，在关东军司令部任作参谋官。其间，他和板垣征四郎一起制定了闪击中国东北（1931 年 9 月 19 日—1932 年 2 月 18 日）的作战计划。1932 年晋升上校。后任陆军参谋部作战部部长。在这个实权部门任职期间，他于 1935—1936 年起草了“全民防卫状态”计划，这是根据永田铁山的理论制定的大规模动员经济、工业和政治资源的计划。在少壮派军官叛乱期间（1936 年 2 月 26 日），任戒严司令部作战部长，对平定这次叛乱发挥了重要作用。1937 年晋升少将，任总参谋部作战处处长。他一反常规地倡议限制在亚洲大陆的军事行动，但 1937 年 7 月中日战争爆发，使他的主张受到致命打击，也使他的影响力消失殆尽。1937—1938 年，任关东军副参谋长。1938—1941 年，由于他个性冥顽不化，坚持反传统的观点，还对上司（包括东条英机首相）说三道四，被迫退职回日本担任过几个不重要的职务。1941 年晋升中将，但被迫退役。在以后的岁月里，他一直在为他的决战理论著书立说。卒于 1949 年。

MRP

参考：Peattie, Mark R., Ishiwara Kanji and Japan's Confrontation with the West. Princeton, N. J., 1975.

石丸东太（Ishimaru, Tota, 1881—1942 年） 日本海军军官和军事评论员、军国主义者。

矶谷廉介（Isogai Rensuke, 1886—1967 年） 日本将军、军国主义者。参加主要战争：日本侵华战争（1937—1945年）；参加主要战役（战斗）：台儿庄（徐州附近）战役（1938 年）。

板垣征四郎（Itagaki, Seishiro, 1885—1946 年） 日本将军、战犯。参加主要战争：日俄战争（1904—1905 年）、侵略中国东北（1931—1932 年）。

伊滕整一（Ito, Seiichi, 1890—1945 年） 日本海军将军、军国主义者。参加主要战争：第二次世界大战（1941—1945 年）；参加主要战役（战斗）：中国东海（十次“菊水特攻”行动）海战（1945 年）。

伊滕 1890 年生于福冈县。1911 年毕业于海军军官学校。1923 年毕业于海军大学。1933—1936 年间，得到稳步提升并担任过几艘巡洋舰的舰长。1936 年任“榛名”号战列舰舰长。1937 年晋升少将，任第二舰队参谋长。1938—1940 年任海军部人事局局长。1940 年 11 月任第八巡洋舰分队司令。1941 年 4 月任联合舰队参谋长。同年 9 月任海军参谋部副参谋长。10 月晋升中将。1944 年 12 月任驻内海的第二舰队司令。1945 年 4 月率由“大和”号超级战列舰、一艘轻型巡洋舰和八艘驱逐舰组成的日本海军发动最后一次徒劳的进攻，企图摧毁冲绳岛外的美国海军。4 月 7 日，在中国东海海战中丧命，所率“大和”号超级战列舰、轻型巡洋舰和四艘驱逐舰被美军航母舰载飞机击沉。

MRP

参考：O'Connor, Raymond, ed., The Japanese Navy in World War Ⅱ. Annapolis, Md., 1969.

伊东佐磨（Ito, Sukemaro, 1834—1906 年） 日本海军上将，伊东佑亨之兄。参加主要战争：复位战争（1868 年）、萨摩暴动（1877 年）；参加主要战役（战斗）：淡路岛之

战（1868 年）。

伊东佑亨（Ito Yuko，1843—1914 年） 日本海军上将，伊东佐磨之弟。参加主要战争：复位战争（1868 年）、中日甲午战争（1894—1895 年）；参加主要战役（战斗）：鹿儿岛之战（1863 年）、金泽之战（1868 年）、鸭绿江之战（1894 年）、威海卫之战（1895 年）。

伊万诺夫，尼古拉·尤多维奇（Ivanov，Nicholas Yudovich，1851—1919 年） 俄国炮兵上将。参加主要战争：俄国-土耳其战争（1877—1878 年）、日俄战争（1904—1905 年）、第一次世界大战（1914—1918 年）和苏俄国内革命战争（1918—1921 年）；参加主要战役（战斗）：满洲里之战（1904—1905 年）和加利西亚之战（1914 年）。

伊万诺夫生于 1851 年，参加俄国-土耳其战争（1877 年 4 月—1878 年 2 月）时还是一位下级军官。参加了日俄战争后期（1905 年 1—3 月）在中国东北的战斗，但表现平平。1908 年任基辅军区司令。1914 年 8 月第一次世界大战爆发时任面对奥地利加利西亚的俄军西南方面军司令，该部辖第三、四、五和第八集团军在极其关键的加利西亚战役期间（8 月 23 日—9 月 11 日），指挥该方面军实施作战。他没能较好地集中力量和使用其 23 个师庞大数量的骑兵用于追击和侦察，结果赢得了非常有限的胜利，并使奥军得以聚集足够的兵力坚守喀尔巴阡山脉。他曾计划和指挥俄军试图侵入匈牙利，并越过喀尔巴阡山（1915 年 3—4 月），未果。他使用拉德科·季米特里耶夫将军的第三集团军的兵力，用于支援上述行动，削弱了第三集团军，因此当 5 月 2 日德国将军马肯森率第十一集团军发动戈尔利采-塔尔诺夫战役时，第三集团军被打败并几乎全军覆没。他不顾季米特里耶夫关于德军进攻即将来临的警告，更加重了第三集团军的损失。在 1915 年 6—12 月的大撤退之后，他的方面军被认为丧失了进攻作战的能力。1916 年 3 月他被布鲁西洛夫将军取代，1917 年十月革命之后不久退役。曾参加顿河下游地区的白军，1919 年卒于那里。

伊万诺夫是一位毫无热情和毫无斗志的指挥官，不幸的是第一次世界大战期间俄军高级指挥官大都如此。

WO

岩畔豪雄（Iwakuro，Hideo，1897—1970 年） 日本将军、军国主义者。参加主要战争：第二次世界大战（1941—1945 年）；参加主要战役（战斗）：马来亚战役（1941—1942 年）和缅甸南部-锡当河战役（1945 年）。

J

杰克逊，安德鲁(Jackson, Andrew, 1767—1845 年) 绰号“老山桃木”，美国将军及政治家。参加主要战争：美国独立战争（1775—1783 年）、1812 年战争（1812—1815 年）、第一次西米诺尔战争（1817—1818 年）；参加主要战役（战斗）：塔拉迪加之战（1813 年）、霍斯绍本德之战（1814 年）、新奥尔良之战（1815 年）。

杰克逊 1767 年 3 月 15 日生于位于南卡罗来纳州边界的瓦克斯豪斯，他是苏格兰-爱尔兰移民的后裔。他不甚长久的教育经常遭到英军入侵的袭扰。1781 年当他参加了抵抗英军的战斗组织后，被英军俘虏。1781 年，在一次事件中，他的脸和手被一个喝醉酒的英军军官用军刀砍伤，与此同时，他的母亲及两个兄弟也在战争中身亡，这双重的打击使他对英国人恨之入骨。1787 年研究法律，后入伍。1788 年转到田纳西，并成为州提起公诉的律师。他成了一名成功的律师，但多次不明智的投资几乎使之陷于破产的境地。1796 年成为州立宪会议代表。1796—1797 年成为田纳西州第一位国会议员。他拒绝两次竞选，但接受了美国参议院议员的任命（1797 年)。1798 年因经济问题辞去议员职务。返回田纳西后，被任命为法院副监察长。由于经济问题再次辞去该职。1802 年当选州民兵少将。1812 年 6 月同英国爆发战争后，申请率其民兵参战，但很长时间后才得以批准。1812 年 12 月—1813 年 1 月，率远征军开赴密西西比，以准备侵入佛罗里达，但该计划最终被国会取消，1813 年 3 月国会命其解散武装同时对他的部队表示谢意，但不发放薪水给养和返乡的运输工具。但他仍然努力使其军队保持严格的纪律，并将其带回了田纳西。因其坚韧毅力获得“老山桃木”的绰号。1813 年 5 月 30 日，当米斯堡大屠杀（亚拉巴马的滕索附近）后，他受命前往同英军联合，以同亚拉巴马及密西西比的克里克印第安人作战。他的部分军队在约翰·科菲将军的指挥下于 11 月 3 日在塔拉萨哈奇（亚拉巴马的杰克逊维尔附近）之战中打败了克里克印第安人。而杰克逊 11 月 9 日的塔拉迪加之战就逊色多了。再次作战已经不可能，一方面是他的部队士兵服役期已满，且供给也已殆尽，后经一个冬天的重建和补充供应。期间，同克里克人进行了几十次无关大局的小战斗。1814 年 3 月，杰克逊大举进攻克里克人的腹地，从而标志着春季战役的开始，3 月 27 日，杰克逊席卷了克里克人在霍斯绍本德的军营，从而打破了克里克人的阻击。5 月 28 日，他接到了任命他为正规军少将的消息。8 月，强迫印第安人签署了《杰克逊堡条约》。8 月 27 日，移师至高夫湾的莫比尔。他努力改进莫比尔的防卫，直至 10 月 25 日科菲将军才率 2800 名士兵赶来增援。11 月 7 日，杰克逊迅即侵入佛罗里达，并攻克潘萨克拉。得知英国军队已准备进攻墨西哥湾，杰克逊摧毁三潘萨克拉的筑垒，于 12 月 2 日急赴新奥尔良。1815 年 1 月 8 日，他打退了爱德华·白金汉爵士对其位于新奥尔良南部阵地的进攻。这次胜利（这是美军陆战中唯一的胜利），连同他镇压克里克人的战绩，使杰克逊成为“英雄”。随后，他受命指挥南方师，该师司令部建在纳什维尔，1817 年 3 月，当第一次西米诺尔战争爆发时，他受命向南追杀印第安人。1818 年 3 月，他率部侵入印第安人的避难地——西班牙属佛罗里达。4 月，他烧毁了印第安人的村落，并制造了一起国际事件，即他杀死两名帮助印第安人的英国官员。5 月 24 日，他攻占了佛罗里达首府潘萨克拉。战争结束后，政府消减军队人员，1821 年 6 月 1 日杰克逊辞去职务。1821 年 3—7 月间，短期任佛罗里达州长。后返回纳什维尔。1824 年参加总统竞选，尽管他得到了民众的绝对支持。但在最后众议院决定性选举中仅得到 261 票中的 99 票而败给了约翰·昆西·亚当斯。1828 年再次竞选并以压倒优势荣登总统宝座。1832 年参加竞选，轻松获得连任。他的政绩数不胜数，其中有名的有扩大总统权利、批评南卡罗来纳州企图取消关税（1829—1831 年）、关闭美国第一银行（1832 年）、将切诺基人从佐治亚移民至俄克拉何马（1832 年），1836 年 7 月发行流通硬币导致了 1837 年的大恐慌。1837 年 3 月，他退休至其在纳什维尔的庄园。1845 年 6 月 8 日卒于那里。

杰克逊是一名军事爱好者，他透彻地了解民兵的强弱点。他所指挥的战役，表现出精心的计划、勇敢地执行和亲临前线指挥等特点。他在新奥尔良成功的防御是由于英军愚蠢地轻视了对手。杰克逊不让其未经训练的民兵离开阵地去追击英正规军步兵，是他天才地理解勇敢与鲁莽的差别的范例。

DLB

参考：Coles, Harry L., The War of 1812. Chicago, 1965.

James, Marquis, Andrew Jackson: The Border Captain. Indianapolis, Ind., 1933.

Reilly, Robin, The British at the Gates: The New Orleans Campaign in the War of 1812. New York, 1974.

Remini, Robert, Andrew Jackson and the Course of American Empire. New York, 1977.

J

杰克逊，托马斯·卓纳森（Jackson, Thomas Jonathan, 1824—1863年） 绰号"石壁"，美国南部同盟将军。参加主要战争：美墨战争（1846—1848年）和美国内战（1861—1865年）；参加主要战役（战斗）：维拉克鲁兹之战、塞罗戈多之战（位于维拉克鲁兹和夏拉帕之间，1847年）和查普尔特佩克之战、第一次布尔溪之战（弗吉尼亚州的马纳萨斯附近，1861年）、谢南多厄河谷战役、七天战役（里士满附近，1862年）、第二次布尔溪战役、安蒂特姆之战、腓特烈堡之战、钱瑟勒斯维尔之战（腓特烈堡附近，1863年）。

杰克逊1824年1月21日生于弗吉尼亚州的克拉克斯堡（今西弗吉尼亚州），1846年毕业于西点军校，任炮兵部队中尉。后在墨西哥温菲尔德·斯科特将军的部队中任职，参加了美墨战争。在1847年3月27日的维拉克鲁兹之战、4月18日的塞罗戈多之战和9月13日的查普尔特佩克之战中勇猛善战，晋升为少校。1852年2月退出现役。1851—1861年间在弗吉尼亚军事学院担任炮兵战术和自然哲学教授。1861年4月被任命为南部同盟军队上校。6月17日晋升准将。7月21日杰克逊参加了第一次布尔溪之战，他顽强坚守亨利山，抵住了北军的进攻，因此赢得了"石壁"的绰号。10月晋升为少将。11月在谢南多厄河谷之战中统率全军。1862年在形势不利的情况下巧妙地运用牵制战术指挥了一场战役，阻止了北军麦克莱伦部的增援，减轻了北军对里士满的压力。3月23日在科恩斯城（温彻斯特附近）被击退，但他在5月23日的弗兰特罗伊尔之战、5月24—25日的温彻斯特之战、6月8日的格罗斯基斯之战和6月9日的共和港（在弗吉尼亚州的格罗托附近）之战中，机动制敌，战胜了北军，把他们驱逐出了谢南多厄河谷。接着，杰克逊的部队移驻里士满，在6月26日—7月2日的七天战役中，配合李将军将麦克莱伦驱逐出半岛地区。不久，杰克逊被派往北弗吉尼亚对付波普的军队。8月27日他摧毁了波普在马纳萨斯交叉站的军用仓库。8月28日在格罗夫敦击退了波普的进攻。29—30日杰克逊为在第二次布尔溪之战中击败波普发挥了重要作用。侵入马里兰州期间，因在9月17日的安蒂特姆之战中表现出色而享誉全军。10月，晋升为中将，并就任第二军指挥官。在12月13日的腓特烈堡之战中，他正确地指挥部队从翼侧攻击。1863年5月2—4日的钱瑟勒斯维尔之战中，他通过巧妙的翼侧机动击败了胡克。但在激战中，他被友军误伤，左臂不得不截肢，不久他又患上肺炎，5月10日卒于弗吉尼亚的几内亚站。

杰克逊是一位英勇无畏、智力过人、富有进攻精神的指挥官。他精通战术，善于快速机动，他指挥的谢南多厄战役可谓是战术上的杰作，所部因此获得了"杰克逊的脚骑兵"的绰号。杰克逊对部下要求严格，士兵们也崇拜他，李将军对他也很钦佩。钱瑟勒斯维尔战役后，李将军写信给他："你失去了左臂，对我来说则是失去了右臂。"

VBH

参考：Douglas, Henry Kyd, I Rode with Stonewall. Chapel Hill. N.C., 1940.

Jackson, Mary Anne. Life and Letters of General Thomas J. Jackson (Stonewall Jackson). New York, 1892.

詹姆斯一世（James Ⅰ, 1208—1276年） 外号"征服者"。阿拉贡统治者。参加主要战争：征服巴利阿里群岛（1229—1235年）、征服巴伦西亚（1235—1238年）、摩尔战争（1256—1276年）。

詹姆世1208年2月2日生于蒙彼利埃，阿拉贡国王佩德罗二世与蒙彼利埃的玛丽的儿子。开始时收养在其父的盟友西蒙·德·蒙德福家中（1211—1213年）。其父去世（1213年9月12日），阿拉贡人将其转由圣殿骑士团照料。求学于蒙松。娶卡斯蒂利亚国王阿方索八世之女莱昂诺尔为妻（1221年），后因其血缘关系太近而离婚（1229年）。与此同时，他制服了难以驾驭的阿拉贡和加泰罗尼亚贵族。发动了为期六年的征服巴利阿里群岛的战争（1229—1235年），并获胜。这些群岛是臭名昭著的海盗避难所。入侵巴伦西亚的摩尔王国（1235年），后夺取该城（1238年9月28日）。第二次结婚，娶匈牙利国王安德鲁二世之女约兰德为妻（1235年）。与卡斯蒂利亚国王斐迪南三世签订了《阿尔米萨拉条约》，同意将来对南方的一切征服战争由卡斯蒂利亚进行（1244年）。颁布了一部重新编集的法律大典（1247年），与法国国王路易九世签署《科尔贝条约》（1258年5月11日），从而结束了阿拉贡在比利牛斯山脉以北的扩张。代表其婿——卡斯蒂利亚国王"明君"阿方索十世发动对穆尔西亚的摩尔人的战争（1256—1276年）。1276年7月27日卒于巴伦西亚。

詹姆斯一世身强力壮，是一位娴熟的战略家和战术家。他天资聪颖，长于治国与组织，是一位精明而稳健

的君主。

DLB

参考：James Ⅰ, King of Aragon, Chronicle of King James Ⅰ of Aragon. 2 vols. Translated by John Forster. London, 1883.
Schneidman, Jerome L., The Rise of the Aragonese-Catalan Empire, 1200—1350. 2 vols. New York, 1970.
EB.
WBD.

詹姆斯二世(James Ⅱ,1633—1701 年) 英格兰和苏格兰国王、军人。参加主要战争：法西战争（1635—1659 年）、第二次英荷战争（1665—1667 年）、第三次英荷战争（1672—1674 年）、奥格斯堡同盟战争（1689—1697 年）；参加主要战役（战斗）：沙丘之战（敦刻尔克附近，1658 年）、洛斯托夫特之战（1665 年）、索尔湾之战（1672 年）、博恩之战（1690 年）。

詹姆斯二世 1633 年 10 月 14 日生于伦敦圣詹姆斯宫，是查理一世和亨利达·玛丽亚的幼子。1634 年 1 月受封约克公爵，在 1642 年 10 月—1646 年 6 月第一次内战期间住在牛津。牛津弃守后，被议会囚禁于圣詹姆斯宫，1648 年 4 月 20 日逃往法国与其母团聚。1652 年 4 月参加法军，在蒂雷纳麾下参加四次战役，并因作战勇敢和才干赢得赞誉。克伦威尔与法国结盟，他不愿改变立场，而是促成了流亡的保皇派与西班牙的结盟。1658 年 6 月 14 日的沙丘之战中，在西班牙军右翼作战。1660 年 5 月王室复辟，其兄查理二世复位，被任命为海军大臣。在赛米尔·佩皮斯和马修·雷恩协助下扩建海军。支持几次掠夺殖民地的冒险活动，其中包括 1664 年 9 月 7 日夺取新阿姆斯特丹。在第二次英荷战争初期率领舰队征战，1665 年 6 月 13 日，在洛斯托夫特血战中击败荷兰奥普丹将军（此人亦阵亡）。因公众反对这位王位继承人在战斗中冒生命危险，他只好将指挥权交于鲁珀特和蒙克亲王。1668 年成为天主教徒。1672 年 6 月 7 日，再次指挥舰队在索尔湾同荷兰德·勒伊特激战。1673 年，不愿按宗教《宣誓条例》的规定宣誓反对天主教，辞职。尽管他关心天主教，1685 年 2 月 7 日他即王位时没有遇到多少反对。同年夏，残酷镇压苏格兰阿盖尔公爵和英格兰蒙茅思公爵领导的反叛，随后扩充军队，1687 年 4 月，暂缓实施《反天主教法》，这些举措激起了难以控制的对抗。其政敌请他的女婿奥兰治的威廉（后来的威廉三世）和女儿玛丽（后来的玛丽二世）篡取王位。1688 年 11 月 5 日，威廉和玛丽在托尔湾登陆，进军伦敦。他的军队抛弃了他，同年 12 月 11 日，詹姆斯出逃，在肯特被俘，但 12 月 23 日获准逃亡法国。1689 年 3 月在爱尔兰登陆，在都柏林召开议会，宣布自己为合法国王。1690 年 7 月 1 日，在博恩之战中被威廉的军队击败，又逃亡至法国。他逐渐放弃政治转而热心宗教。1701 年 9 月 5 日卒于圣热尔曼。

詹姆斯二世年轻时是一位勇敢和有能力的军人，也是一位善战的海军将军，以及精力充沛、富有远见的海军行政长官。他固执、易听信谗言葬送了自己的前程。

DLB

参考：Clark, Sir George, The Later Stuarts, 1660—1714. 2d ed. Oxford, 1955.
Ogg, David, England in the Reigns of James Ⅱ and William Ⅲ. London, 1955.
Turner, F. C., James Ⅱ. London, 1948.

詹姆斯二世(James Ⅱ,1430—1460 年) 苏格兰统治者。参加主要战争：红白玫瑰战争（1455—1487 年）；参加主要战役（战斗）：罗森伯格堡围攻战（1460 年）。

詹姆森，林德尔·斯塔尔爵士(Jameson, Sir Leander Starr, 1852—1917 年) 英国殖民地冒险家和政治家。参加主要战争：马塔贝尔战争（1893 年）、詹姆森进攻（1895—1896 年）；参加主要战役（战斗）：詹姆森攻势（1896 年）。

杰利科第一伯爵，约翰·拉什沃思(Jellicoe, John Rushworth, 1st Earl, 1859—1935 年) 英国海军元帅。参加主要战争：镇压义和团运动（1900 年）和第一次世界大战（1914—1918 年）；参加主要战役（战斗）：日德兰海战（1916 年）。

杰利科 1859 年 12 月 15 日生于南安普顿，其父是商船船长。1872 年成为海军的候补军官，1880 年任中尉，1883 年从皇家海军学院射击专业毕业，获奖金 80 英镑。1884 年成为英国战舰“优异”号上称职的火炮射击军官。1886—1888 年在英国战舰“国王”号上任射击上尉。1890 年任海军部军械署长助理，后在地中海海军上将乔治·特赖恩爵士的旗舰“维多利亚”号上任职。1893 年 6 月 22 日在贝鲁特的海上演习中，当“坎珀唐”号撞沉“维多利亚”号军舰时他差点丧生。1893—1896 年在地中海英国战舰“拉米伊”号上任职，1897 年 1 月 1 日晋升海军上校，1897 年在军械委员会任职，1898 年任英国战舰“森都里昂”号的指挥官，并任海军上将爱德华·西摩指挥的侵华分舰队旗舰舰长。参加了第一次北京“解围”远征（1900 年 6 月 10—26 日）。在镇压义和团运动（1900 年 6 月—1901 年 5 月）时负重伤。后任海军部第三大臣助理，1903 年 8 月被任命为装甲巡洋舰“德雷克”号的指挥官，1905—1907 年任海军部军械署长，1907 年 8 月晋升大西洋舰队海军少将。1908 年返回海军部，在约翰·费希尔爵士手下任第三海军大臣。1910 年 12 月晋升海军副中将，指挥大西洋舰队。后调回国内舰队，任第二分舰队司令。1911 年 11 月批准为海军中将。1912 年监察在英国战舰“雷电”号和“奥利安”号上的射击实验，并采用派尔希·斯科特的火控系统。1913 年

任海军部第二大臣。并参加了该年的海军演习，演习中任红方舰队指挥官。后在海军上将乔治·卡拉汉爵士之下任国内舰队副司令。1914 年 8 月 4 日第一次世界大战爆发时取代卡拉汉任英国本土舰队司令，采取措施加强舰队的战斗准备。1915 年 3 月晋升海军上将。在 1916 年 5 月 31 日—6 月 1 日的日德兰海战中拦截舍尔的出击并打败了他。虽然英国舰队的损失大于德国舰队，但杰利科并没有"在一个下午失去战争"，而且德国公海舰队的战略地位亦没有改变。1916 年 11 月 28 日—1917 年 12 月任海军部第一大臣，1919 年 12 月获封斯卡帕的杰利科子爵，1919 年晋升海军元帅。1920—1924 年任新西兰总督。1925 年获封伯爵，卒于 1935 年 11 月 20 日。

DLB

参考：Bacon, R, H., Life of John Rushworth, Earl Jellicoe. London, 1936.

Barnett, Corelli, The Swordbearers, New York, 1961.

Irving, John, The Smoke Screen of Jutland. London, 1966.

Jellicoe, John Rushworth, Earl of, The Grand Fleet, 1914—1916. London, 1919.

杰维斯，约翰，圣文森特伯爵（Jervis, John, Earl of St. Vincent, 1735—1823 年） 绰号"老贾维"。英国海军元帅。参加主要战争：七年战争（1756—1763 年）、美国独立战争（1775—1783 年）、法国大革命战争（1792—1799 年）、拿破仑战争（1800—1815 年）；参加主要战役（战斗）：乌尚（韦桑岛）之战（1778 年）、直布罗陀解围战（1780 年、1781 年）、圣文森特角之战（1797 年）。

杰维斯 1735 年 1 月 9 日生于斯塔福夏郡的米福德。以海军候补生的身份加入皇家海军（1749 年 1 月 4 日）。后被授予上尉（1755 年 2 月 19 日）。任"弩炮"号海岸炮舰舰长时参加了对魁北克的作战（1759 年 6—9 月）。《巴黎条约》签订后在地中海任"警报"号军舰（32 门火炮）舰长，上校军衔（1763 年）。领取半薪遍游欧洲。后被任命为海峡舰队中"敬畏"号军舰（80 门火炮）舰长（1775 年），并随奥古斯特斯·凯佩尔将军的舰队参加了那场未分胜负的乌尚之战（1778 年 7 月 27 日）。因追击并俘获法国军舰"飞马"号（1782 年 4 月 19 日）而获赏识。先后被朗斯顿和雅茅斯两选区选为议员（1783 年，1784 年），在议会中为坚定的辉格党人。与法国的战争爆发后，杰维斯（时为海军中将）前往加勒比海指挥对法属西印度群岛的两栖征服和针对法国在该地进行海运的作战（1794 年春）。回国后晋升为上将（1795 年秋）。出任地中海舰队司令（1795 年 11 月）。曾封锁土伦，破坏法国海运，并支援英国各盟国。拿破仑征服意大利北部后受牵制，地中海舰队的港口丧失（1796 年 4—7 月），后又受到西班牙与法国结盟（8 月 19 日）的威胁。在这种情况下，杰维斯在其一名部属率支队返回英国之前一直将舰队驻泊于基地内。该支队的回国削弱了舰队，杰维斯被迫奉命撤往大西洋（1796 年 12 月）。之后他在葡萄牙海岸附近活动，监视位于加的斯的西班牙舰队。他在圣文森特岛附近以 15 艘军舰拦截并打败了霍赛·德·科尔多瓦海军上将率领的拥有 27 艘军舰的西班牙舰队，将该舰队赶回加的斯，同时缴获了 4 艘军舰（1797 年 2 月 14 日）。该战因其下属和门徒霍雷修·纳尔逊的勇敢主动而加速了胜利的进程。杰维斯受封为圣文森特伯爵并获得了 3000 英镑的津贴。斯皮特黑德和诺里地区发生兵变期间，他严厉镇压了其舰队的士兵哗变（1797 年 4—8 月）。后由于身体状况不佳而辞职（1799 年 6 月）。康复后出任海峡舰队司令（1800 年）。曾因严格的纪律而招致非议。坚持对布勒斯特的近迫封锁（1800—1801 年）。担任海军大臣（1801—1803 年）期间，改善了海军船坞，但因忽视舰队的战备而受到指责。拒绝出任海峡舰队司令（1803 年），但后来在授予海军元帅军衔后担任该职（1806—1807 年）。退休后回到位于萨塞克斯的家中（1810 年）。卒于 1823 年 3 月 14 日。

杰维斯是一位娴熟的战术家，也是一名纪律的严格执行者（斯皮特黑德下属哗变期间他的严厉惩罚即为明证），曾引起一名部属向他提出决斗，但他比较关心其部下的福利。他本人精力充沛，他还鼓励部属发挥主观能动性。

DLB

参考：Brackman, B., Nelson's Dear Lord: A Portrait of St. Vincent. N. p., 1963.

James, Sir W., Old Oak: The Life of John Jervis, Earl of St. Vincent. N. p., 1950.

Mahan, Alfred Thayer, The Influence of Sea Power upon the French Revolution and Empire. 2 vols. New York, 1893.

Navy Records Society, Letters of Lord St. Vincent Whilst First Lord of the Admiralty, 1801—1804 (Publications Nos. 55 and 61). London, n. d.

吉麦内兹·德·西斯内罗斯，弗朗西斯科（Jiménez de Cisneros, Francisco, 1436—1517 年） 西班牙教士和政治家。参加主要战争：西班牙征服北非战争（1505—1511 年）。

吉麦内兹 1436 年生于托雷拉纳城一个没落的贵族家庭，曾在萨拉曼卡大学学习并被授予神职。1459—1466 年居住在罗马。后带着教皇保罗二世的"希望信"回到了西班牙，到托莱多区任主教，不拿俸银，成为第一个无圣俸的神教人员。但是托莱多原大主教拒绝接受那封信，吉麦内兹坚持行使职权，于是被投入监狱（1473—1479 年）。1482 年被任命为锡居恩扎副主教。1484 年，他辞去该职，进入修道院供职。由于 1492 年开始任女王伊莎贝拉的神父，从此其影响力日渐增大。1494 年入卡斯蒂利亚省圣方济各会当修道士。1495 年成为托莱多大主教。1499—1500 年，率军强迫摩尔人改变宗教信仰，

从而激起摩尔人暴动，所以对此他应负主要责任。1505—1511年策划并指挥西班牙军队征战北非。伊莎贝拉死（1504年）后，被任命为卡斯蒂利亚摄政王(1506)。1507年被任命为教廷大法官和红衣主教。后亲率大军远征非洲，相继攻占了奥兰（1509年）、布日伊和的黎波里（1509—1511年）。1516年阿拉贡国王斐迪南去世，他再次任卡斯蒂利亚摄政王。后来，他竭力阻止外国人继承王位（即斐迪南和伊莎贝拉夫妇的孙子、后来的皇帝查理五世），但未成功。1517年11月8日查理到达西班牙后不久，卒于罗阿。

吉麦内兹是位有双重性格的虔诚的宗教人士。一方面有勇有谋、精力充沛、才华出众，是位天才的领导者和军事家。另一方面则表现得冷酷无情。

CCJ

参考：Mariejol, Jean Hippolyte, The Spain of Ferdinand and Isabella. Translated by Benjamin Keen. New Brunswick, N.J., 1961.
Starkie, W., Grand Inquisitor. London, 1940.
EB.
WBD.

神武天皇(Jimmu, Tenno, 约卒于公元前585年) 日本统治者。参加主要战争：同本州岛中、西部的野蛮人埃米什部落的作战（公元前7世纪前后）。

神武天皇如果说不完全是一个神话人物的话，那也是一个传奇人物，他被称为是太阳女神奥米卡米之子。传说，他带领其人民从九州岛南部地区沿着内海岸迁移。在本州岛中、西部地区击败了一个野蛮人部落埃米什人，之后就在大和省（今奈良县）定居，并在这里建立起一个国家，实际上控制了整个日本。据传说其统治期开始于公元前660年2月11日，并持续至公元前585年。日本所有的皇帝都是由他传下来的。这些传说难以确信，据推测他可能是九州岛一个部落的武士首领，通过军事力量和运用政治上的聪明才智，在九州岛建立了国家，但这个国家建立的时间比传说的要晚几个世纪。

LH

参考：Papinot, E., Geographical and Historical Dictionary of Japan. Yokohama, 1910.

贞德(Jeanne d'Arc〈Joan of Arc〉, 约1412—1431年) “圣女”、“奥尔良姑娘”。法国民族英雄。参加主要战争：英法百年战争（1338—1453年）；参加主要战役（战斗）：奥尔良解围战（1428—1429年）、帕泰之战（1429年）、贡比涅围攻战（1430年）。

贞德约生于1412年并洗礼于位于香滨和洛林之间的巴尔公国境内的东姆雷米村，雅克·达克和伊莎贝尔·罗姆之女，大家都称她是一位勤快、虔诚的女孩。1429年自称受到“来自上帝的声音”的启示，决定向王太子查理反抗英格兰和勃艮第的事业注入新的活力。是年2月26日王太子在希农接见了贞德，贞德的诚实和热诚打动了王太子，绝望中的法国宫廷答应她的请求。为解救遭敌围攻的奥尔良，4月27日她率领援军从布卢瓦出发，4月29日—5月8日她同埃蒂耶纳·迪·维尼奥勒（人称拉伊尔），经过激烈的战斗打破英格兰军队对奥尔良的围攻，并攻占英格兰军队的几座要塞。取胜后，劝王太子乘势向兰斯挺进，并在那里称王。6月18日在帕泰大败约翰·法斯托尔爵士和什鲁斯伯里伯爵约翰·塔尔伯特爵士的英格兰军队，攻克施鲁兹伯里，实际上已歼灭了英格兰军队。在迟延一段时间后，王太子的军队方于7月16日进抵兰斯，7月17日王太子在兰斯即位，称查理七世。随后在7—8月，包括桑利斯、博韦和贡比涅在内的几乎所有城镇都归顺了法国国王。她继续进军巴黎，但发起的攻击受挫，她亦在9月8日负伤。9月22日她的部队在吉昂被遣散。从10月至翌年4月，她同查理七世度过冬季。4月初仅指挥一支小的警卫部队试图救援受到勃艮第人威胁的贡比涅。5月14日抵达贡比涅。5月22日卢森堡的约翰指挥的勃艮第军队围攻贡比涅，她以饱满的热情参加防御作战。5月23日在一次出击作战中落马被俘，并被囚禁在博利厄城堡。1431年3月25日—4月25日，勃艮第人在鲁昂审判她，并宣布她犯有异端罪，宣判她将不得不放弃非宗教性代理权，取消自己的主张。并以1万金币的代价将贞德送交英军。后又由英格兰重新审判，判处她“终身监禁”。5月29日，即在陪审团作出判决几天后，他们到狱中探视她，她断然拒绝改变自己的信仰，1431年5月30日就义于火刑柱上。1450年法国解放了贞德遇难地。1920年5月16日教皇本尼狄克十五世承认她为圣徒，并将5月30日作为“圣女贞德日”举行庆祝。后根据法国国会法令，为纪念贞德，将每年5月第二个星期日定为国家节日。

不论人们把贞德当作圣女，还是把她看作患有歇斯底里症者，对贞德的故事都饶有兴趣，而且也不论人们怎样看待她的个性，她所取得的成就都十分令人惊叹，因为正是她点燃了法兰西抗英的复兴火花。尽管她没有经过军事艺术的熏陶，但她仍然是一位勇敢、坚定、充满活力和成功的将领。

DLB

参考：Burne, Alfred H., The Agincourt War: A Military History of the Hundred Years War from 1369 to 1453. Fair Lawn, N.J., 1956.
Cordier, J., Jeanne d'Arc. Paris, 1948.
Dunand, P., ed., Histoire de la Pucelle d'Orléans, par E. Richer. Paris, 1911.
Sackville-West, V., Saint Joan of Arc. London, 1936.
EB.

约德尔，阿尔弗雷德(Jodl, Alfred, 1890—1946年) 纳粹德国将军、战犯。参加主要战争：第一次世界大战

(1914—1918年)、第二次世界大战(1939—1945年)。

约德尔1890年5月10日生于维尔茨堡一个著名的旧军人家庭。第一次世界大战期间任军官，积累了大量的前线作战经验。1919年晋升上尉，入总参谋部供职。1923年与希特勒相识。他深信希特勒的邪说，很快成了他的忠实信徒。1935年在总参谋部战争计划处任职。国防军最高统帅部成立后，任地面作战部主任。1938年4月晋升少将。1939—1945年任国防军最高统帅部作战指挥部参谋长，在以后的战争期间一直担任此职。他直接在希特勒和凯特尔的手下工作，指挥了战争中除入侵苏联(1941年6月)的"巴巴罗萨"行动外的所有战役。随着战争的进行，希特勒越来越多地独揽了国防军最高统帅部统帅的职务。约德尔被迫又建立了一个总参谋部，独立指挥某些战区，并在希特勒不知情或未批准的情况下向各指挥官下达命令。他能这样做而别人却做不到，是由于希特勒对他的才干深信不疑。尽管约德尔很有才干，而且1944年晋升上将，但在战争的最后几年里也开始有些江郎才尽了。他对西线的形势处置不当，导致1944年12月—1945年1月在阿登发动的反攻失败。1945年4月30日希特勒在柏林自杀后，5月7日他代表德国新领导人卡尔·邓尼茨海军上将赴兰斯与盟军签订了投降条约。后来约德尔受到纽伦堡国际军事法庭的审讯，由于他是希特勒的最高级顾问之一，默许过许多罪大恶极的计划，他被判犯有四项罪行。1946年10月16日他在纽伦堡被绞死。后来一个非纳粹化的德国法庭又复查了他的案子，发现他把自己限制在仅处理军事作战事务方面，并没有所谓违犯国际法的行为。1953年2月28日，该法庭追认其无罪，但这一厢情愿地判决并没有获得广泛的认同。

最初约德尔是一位足智多谋的参谋军官，到战争尚未结束时，他已是坐以待毙了。他完全献身于希特勒。除凯特尔外，没人比他更迷信和忠实于希特勒。

VBH

参考:Halder,Franz,Hitler as War Lord. London,1950.

Keitel, Wilhelm, The Memoirs of Field Marshal Keitel. New York ,1966.

Wistrich,Robert,Who's Who in Nazi Germany. New York,1986.

霞飞，约瑟夫·雅克·塞泽尔(Joffre,Joseph Jacques Césaire,1852—1931年) "爸爸霞飞"。法国元帅。参加主要战争：普法战争(1870—1871年)、中法战争(1883—1885年)、侵略印度支那(1885—1895年)、侵略马达加斯加(1894—1896年)和第一次世界大战(1914—1918年)；参加主要战役(战斗)：围攻巴黎(1870—1871年)、边境(比利时和法国之间)交战(1914年)、马恩河会战(1914年)、"奔向大海"作战行动(1914年)、香槟与阿尔图斯攻势(1915年)和凡尔登之战(1916年)。

霞飞1852年1月12日生于东比利牛斯行政区的里夫萨尔特，毕业于综合工科学院。1870年9月19日—1871年1月26日德军围攻巴黎期间，任低级工兵军官，1885年3—6月中法战争的后期任上尉，随侵略军在台湾供职。后在印度支那和西非参加殖民战争，曾任炮兵学校教官，1900—1905年间任加列尼手下筑城军官服役于马达加斯加，因其工作极有效率而晋升为师长(1905年)。1908年升任军长，1910年被任命为最高军事委员会委员，并任后方司令官(副主席)。1911年经加列尼的推荐出任总参谋长，他和其参谋人员拟制了笨拙的"十七号作战计划"。在第一次世界大战头几个星期里，法军正是按照这一计划实施作战的。作为总参谋长，在战争头两年半的时间里，他指挥法军作战。在边境交战(1914年8月14—25日)那些令人疯狂和绝望的日子里，他沉着、冷静并熟练地重新部署法军，8月26日—9月4日，组织法军退却从而得以保存军力。当他完全发觉德军右翼形成的威胁之后，立即采取迅速和果断的行动。计划和指挥实施了极为辉煌的马恩河反攻(9月5—9日)。1914年9—11月指挥法军实施了一系列的迂回行动，构成了"奔向大海"作战行动，未果。他最初在香槟和阿尔图斯实施的攻势(分别在1914年12月20日—1915年3月和1915年1月1日—3月30日)是不成功的，巨大的伤亡迫使霞飞停止进攻。尔后在阿尔图斯的攻势(5月16日—6月30日，9月25日—10月30日)和香槟的攻势(9月25日—11月6日)再次造成巨大伤亡，但所得甚少。德军在凡尔登的攻势(1916年2月21日—12月18日)使霞飞措手不及，使事情更为严重的是他因错误地估计德军对列日进行围攻而撤走了凡尔登城防工事的火炮。他选定亨利·贝当将军指挥凡尔登的防御战，并给其以有力的支援。然而，由于凡尔登和索姆河的损失导致他于12月13日被解除指挥权。12月26日晋升法国元帅。1917年任赴美国的法国军事代表团团长。战后退役，1931年1月3日卒于巴黎。

霞飞在任总参谋长时大腹便便、天真可爱，一脸的慈祥，但其外表掩盖了他坚强的个性。虽然他平静、有耐心并有条不紊，但很勇敢、大胆和坚定。他也很固执，讨厌那些试图改变他的想法的企图。在很大程度上，他应为1914年8月降临到法军头上的近于灾难性的失败负责；同时，几个星期后在马恩河解救法军也应归功于他。战后曾争议法军在马恩河的胜利应归功于谁。他的观点值得看重，他说："我不是真正地知道，但是我知道若那是一场败仗，谁将为之负责。"

DLB and CCJ

参考：Barnett,Correlli,The Swordbearers. New York,1964.

Demazes,Général,Joffre:la victoire du caractère. Paris,1955.

Hanotaux, Gabriel, and J. G. A. Fabry, Joffre. Paris,1929.

Joffre, Joseph Jacques Césaire, Mémoires. Tvanslated by T. Bentley Mott. 2vols. New York, 1932.

约翰内斯(Johannes,卒于 425 年) 罗马皇帝。

约翰内斯的出身不详，很可能是一位哥特人。421—423 年担任皇帝洪诺留的总理大臣。423 年洪诺留去世后，他在拉文纳自立为罗马皇帝，但是没能得到君士坦丁堡皇帝狄奥多西的承认。狄奥多西派阿斯帕尔率领一支军队，通过阿魁利亚（即今阿格拉尔）开往意大利。阿斯帕尔对拉文纳城进行围攻，在城内同盟的帮助下占领了该城，废黜并处死了约翰内斯。

约翰内斯对罗马暂短的统治是适度的，但其帝国权威仅限于意大利。

Staff

参考：Bury, J. B., History of the Later Roman Empire from the Death of Theodosius Ⅰ to the Death of Justinian. London, 1923.

Jones, A. H. M., J. R. Martindale, and J. Morris, Prosopography of the Later Roman Empire. 2 vols. Cambridge, 1971.

约翰（约翰·巴蒂斯特·约瑟夫·法比安·塞巴斯蒂安）(John 〈Johann Baptiste Joseph Fabian Sebastian〉, 1782—1859 年) 奥地利大公。参加主要战争：拿破仑战争（1800—1815 年）；参加主要战役（战斗）：霍恩林登（慕尼黑附近）之战（1800 年）、拉布和萨奇莱之战（1809 年）。

约翰生于 1782 年，是托斯卡纳大公里奥波德（即后来的里奥波德二世）的儿子，曾任巴伐利亚军队名义上的司令，1800 年 12 月 3 日率军与让·维克多·莫罗指挥的军队战于霍恩林登，结果被击败，损失惨重。后被其兄长查理取代，1809 年被任命为驻意大利的奥军司令。在 1809 年 4 月 16 日萨奇莱战役的首次主要战斗中，击溃欧仁·德·博阿尔奈的鲁莽进攻。但是后来拿破仑兵败退至多瑙河流域时，其被召回奥地利，在拉布阻止欧仁的追击，结果于 6 月 14 日被打败。7 月 5—6 日由于未能与查理协同作战，因而在瓦格拉姆败北。1815 年退出现役。1848 年法国革命期间，被国民议会推举为奥地利元首。卒于 1859 年。

RGS

参考：Chandler, David G., The Campaigns of Napoleon. New York, 1966.

——, Dictionary of the Napoleonic Wars. New York, 1979.

唐·胡安（奥地利的）(John of Austria 〈Don Juan of Austria〉, 1547—1578 年) 西班牙将领，海军将军和政务家。参加主要战争：奥斯曼在塞浦路斯海域的征战（1568—1580 年）、镇压摩尔人起义的战争（1569—1570 年）、八十年战争（1567—1648 年）；参加主要战役（战斗）：勒班陀海战（1571 年）、突尼斯城之战（1573 年）、让布卢之战（1578 年）。

唐·胡安 1547 年 2 月 24 日生于拉蒂斯邦，是查理五世与巴尔巴拉·布隆贝格的私生子。1550—1555 年，化名为杰罗尼莫在西班牙隐居。后来，由巴利亚罗利德省的一个贵族抚养。1559 年，菲利普二世国王认其为同父异母兄弟，并赐名奥地利的唐·胡安。1568 年，率领一支分遣舰队征剿巴巴利海盗。1569 年 3 月，被任命为镇压摩尔人起义军司令。1569—1570 年有力并成功地镇压了叛乱。1571 年春，任神圣同盟舰队司令，与土耳其军队交战。在 1571 年 10 月 7 日著名的勒班陀海战中，他率领的神圣同盟舰队大败土耳其舰队。后来，他未采取威尼斯方面的建议，听从国王菲利普的旨意，减弱攻势，没能更大地扩展战果，只是在 1572 年 8 月攻占了突尼斯。但是 1574 年 8—9 月，土耳其军队夺回突尼斯，为此国王派他率军收复突尼斯。但他的军队在途中遭到暴风雨袭击，损失惨重。9 月他不得不放弃夺回突尼斯的计划。此后，他被任命为西班牙驻尼德兰军司令，率军平息尼德兰革命和宗教暴乱，迫使尼德兰方面于 1576 年 11 月不得不坐下来谈判。谈判期间，他以充沛的精力和天才领导才能以及政治家超凡的魅力取得了首轮胜利。但后一轮谈判却陷入僵局。于是 1577 年秋天他以攻占那慕尔为先，燃起战火。1578 年 1 月 31 日，他进军让布卢，击败并几乎全歼尼德兰军队。但此时他已没有力量扩大战果。后来他身染重病，不久，于 1578 年 10 月 1 日卒于布日（让卢布郊外）。

唐·胡安大度、勇武，是位杰出的海军将领，但他在许多方面还不成熟。他具有领袖的风度和充沛的精力，但他的功绩未能得到菲利普二世国王的褒奖，可能国王（不公正地）还怀疑他包藏篡权的祸心。

CCJ and DLB

参考：Beeching, Jack, The Galleys at Lepanto. New York, 1982.

Cambon, H., Don Juan d'Autriche, la vainqueur de Lepanto. Paris, 1952.

Maxwell, Sir W. S., Don John of Austria. 2 vols. London, 1883.

Petrie, Charles, Don Juan of Austria. New York, 1967.

小约翰·约瑟夫（奥地利的）(John Joseph of Austria, the younger, 1629—1679 年) 西班牙将军。参加主要战争：法国-西班牙战争（1635—1658 年）、西班牙-葡萄牙战争（1661—1668 年）；参加主要战役（战斗）：沙丘战役（在敦刻尔克附近，1658 年）、阿梅西姆之战（阿梅西亚尔，埃斯特雷莫什附近，1663 年）。

小约翰·约瑟夫 1629 年 4 月生于马德里，是西班牙国王菲利普四世和著名女演员玛丽亚·卡德龙的私生子。曾受过一流教育，拥有提供优厚收入的地产。1647 年被

派往那不勒斯支援总督镇压渔民马赞尼洛领导的抗税起义时，第一次被授予军权。1647—1651年出任西西里总督。1651年回到西班牙接任指挥围攻巴塞罗那的军队，后于1652年10月参加巴塞罗那投降和约的商谈。1652—1656年任巴塞罗那总督。1656年6月被派往佛兰德任总督。7月16日，和孔代一同在瓦朗谢讷一战击败蒂雷纳。后于1658年5—6月继续发兵解救蒂雷纳围攻的敦刻尔克。6月14日在敦刻尔克城外的沙丘扎营时，蒂雷纳突然袭击打败了小约翰，并摧毁了他的军队（该战役又称为沙丘战役)。这次失败后，西班牙和法国开始和睦相处。1660年7月被召回国。1661年受命指挥军队入侵葡萄牙。1662—1663年间，攻占葡萄牙中南部阿连特茹省的大部分地区。1663年6月8日在阿梅西亚尔被绍姆贝格率领的盎格鲁-葡萄牙军队打败，全军覆没。此后几经挫折后，于1664年辞职。1665年9月国王菲利普四世死后失宠。在国王查理二世的统治下，他完全卷入了宫廷政治之中，领导了反对奥地利的太后玛丽·安娜摄政反叛军。1667—1669年任阿拉贡总督。1677年把太后逐出宫并在一片欢呼拥戴声中任首相。在世时他统治无能，接近崩溃。卒于1679年9月17日。

奥地利的小约翰·约瑟夫是一位才能平庸的指挥官，不论是他的天赋或是成就绝比不上与他同名的先祖。

CCJ

参考：Risco, Alberto, Don Juan de Austria, hijo de Felipe Ⅳ. Madrid, 1918.
EB.
WBD

约翰一世·齐米斯西斯(John Ⅰ Zmisces, 924—976年) 拜占庭帝国皇帝。参加主要战争：东部地区数次战役(956—969年)、与罗斯大公斯维亚托斯拉夫的战争(969—971年)、与阿拉伯人进行的战争（973—976年)；参加主要战役（战斗)：萨莫萨特之战（958年)、阿尔凯迪奥波利斯（阿德里安堡附近）战役（970年)、大普西斯拉夫之战及多罗斯托隆战役（971年)、大马士革之战（975年)。

约翰·齐米斯西斯924年生于亚美尼亚贵族家庭，与有权势的库尔库亚斯以及当时的将军、后来的尼斯福鲁斯二世·福凯斯有亲戚关系。958年，约翰一世在罗梅纳斯二世和尼斯福鲁斯二世·福凯斯进行的东部战役中，奋力作战，以其军事才能赢得了声誉，尤其是在美索不达米亚北部进行的萨莫萨特战役中，崭露头角。后来，皇后狄奥法诺成为齐米斯西斯的情妇，他们俩串通一气，与其同伙做好了谋害皇帝的准备。969年12月10日或11日，尼斯福鲁斯被暗杀，齐米斯西斯当上了皇帝。为了赢得君士坦丁堡东正教大主教（宗教头目）波利尤克托斯的支持，他不得不把狄奥法诺送进女隐修院，并做出了一些其他让步。969—972年，基辅罗斯大公斯维亚托斯拉夫率军威胁拜占庭，并对拜占庭提出了国土要求，齐米斯西斯联合保加利亚，投入战争。970年，齐米斯西斯在阿尔凯迪奥波利斯战役中，打败了罗斯人。与此同时，拜占庭舰队赶跑了罗斯舰队，并封锁了多瑙河。971年4月，齐米斯西斯在大普西斯拉夫侵占了保加利亚首都，向北追击斯维亚托斯拉夫直到多瑙河，在那里，齐米斯西斯把斯维亚托斯拉夫封锁在多罗斯托隆的要塞里，包围了两个月，斯维亚托斯拉夫终于于971年7月被迫投降，放弃了保加利亚，使之纳入拜占庭的统治之下。齐米斯西斯接着又与穆斯林重新开战，扫除了穆斯林在幼发拉底河中游以西所有据点，把拜占庭帝国的势力向东、南扩张到叙利亚。975年5月，齐米斯西斯夺取大马士革后，在耶路撒冷被阿拉伯法蒂玛王朝的援军阻截。齐米斯西斯可能因患伤寒病而返回君士坦丁堡，卒于976年1月10日。

约翰·齐米斯西斯是拜占庭最能干的皇帝之一，他精力过人、冷酷无情、果敢坚决。他用娴熟老到的政治手腕把前辈留下的军事力量与政治手腕结合了起来，这是尼斯福鲁斯望尘莫及之处。

BAR

参考：Ostrogorsky, George, A History of the Byzantine State. Translated by Joan Hussey. New Brunswick, N.J., 1969.
Schlumberger, G., L'épopée byzantine à la fin du Xe siècle. 3 vols. Paris, 1896—1905.
EB
TMH.

约翰二世·康尼纳斯(John Ⅱ Comnenus, 1088—1143) 拜占庭皇帝。参加主要战争：塞尔柱突厥战争（1120—1121年)、佩彻涅格人侵（1121—1121年)、与威尼斯的海上战争（1122—1126年)、匈牙利王朝战争（1124—1126年)、对达尼什曼德王朝的第一次战争（1132—1135年)、再次征服奇里乞亚（1134—1137年)、与安条克的战争（1137—1138年)、对达尼什曼德王朝的第二次战争（1138—1141年)。

约翰二世生于1088年，阿列克塞一世与其妻伊林娜·杜卡斯的儿子。继其父成为皇帝（1118年8月16日)。继承其父将战俘作为士兵农奴和给服兵役者授予赐地制（租期有限的）庄园的政策。打败塞尔柱土耳其人，再次征服大部分安纳托利亚（1120—1121年)。佩彻涅格人在其劫掠中断了30年之后，又攻入帝国进行了一次大规模劫掠（1121年)。约翰取得了完全的胜利，以致他们此后再也未能对帝国构成威胁。他一度对威尼斯进行海上战争，取得小胜，最后被迫相互妥协（1126年)。与匈牙利的一位公主结婚后，约翰对匈牙利王朝的纠纷进行了干涉，最后迫使他们承认拜占庭的宗主国地位（1124—1126年)。在统治的其余时间里，约翰专心于东方问题。他首先征服位于安纳托利亚梅利泰内（马拉蒂亚）的达尼什曼德人的酋长国（1132—1135年)，然后

再次征服奇里乞亚王国（土耳其南部，1134—1137 年），该王国自曼济克特（马拉兹吉尔特）之战（1071 年 8 月）以来一直为亚美尼亚人所独立统治。不久，继承其父遗志夺回安条克（安塔基亚），这一希望的大门为约翰打开。经过一场短期作战，安条克城被围，安条克投降，其统治者普瓦提埃的雷蒙向约翰二世宣誓效忠（1137—1138 年）。确认安条克已被牢牢控制后，约翰撤出安条克，对再次活跃起来的达尼什曼德人进行作战（1139—1141 年）。这一战争胜利结束后不久，雷蒙在拉丁教士的支持下背弃效忠誓言（1142 年）。约翰开始进行旨在夺回安条克的大规模远征的准备，但他在围猎中因中毒箭而受致命伤。这次中箭可能是一次暗杀而非意外事件（1143 年 4 月 8 日）。

约翰二世是最能干的拜占庭皇帝之一，他是一位足智多谋的将军和有作为的政治家。尽管观点中庸，但他果断、坚韧，性格坚定、正直。

BAR

参考：Cambridge Medieval History, 8 vols. Cambridge, 1924—1936.

Chalandon, F., Les Comnènes Ⅱ: Jean Comnène (1118—1143) et Manuel Comnène (1143—1180). Paris, 1912.

Ostrogorsky, George, A History of the Byzantine State. Translated by Joan Hussey. New Brunswick. N.J., 1969.

EB.

EMH.

约翰三世·萨比斯基（John Ⅲ·Sobieski，1629—1696 年） 波兰统治者。参加主要战争：赫梅尔尼茨基发起的哥萨克反叛战争（1648—1654 年）、第一次北方战争（1655—1660 年）、俄国-波兰战争（1658—1666 年）、波土战争（1671—1677 年）、奥土战争（1682—1699 年）；参加主要战役（战斗）：贝里斯特茨科之战（贝里斯特赫科，1651 年）、霍齐姆之战（霍京，1673 年）、利沃夫之战（1675 年）、茹拉夫诺之战（1676 年）、维也纳之战（1683 年）。

约翰三世·萨比斯基 1629 年 8 月 17 日生于利沃夫附近的奥莱斯科，克拉科夫城堡主雅科布·萨比斯基和波兰军事指挥官斯塔尼斯拉夫·茹乌凯夫斯基的孙女泰奥菲拉·达尼洛维茨的长子。在克拉科夫接受教育。1646—1648 年，与其兄马雷克用二年时间周游法国、英格兰和荷兰。曾参加反对波格丹·赫梅尔尼茨基发起的哥萨克反叛战争，并参加过 1651 年 7 月 1 日国王约翰二世·卡季米尔指挥的贝里斯特茨科大捷。1655 年，瑞典-波兰战争爆发，在国王不在期间，支持瑞典人，但翌年反戈一击，并在 1656 年斯蒂凡·查尔内茨基领导的光复波兰的战斗中起到关键作用。在乌克兰同鞑靼人和哥萨克进行的一系列战役中，赢得声名，并因此于 1665 年出任波军大元帅和陆军野战军司令之职。1668 年 2 月 5 日出任陆军总司令之职。1669 年议会选举时（约翰二世卡什米尔驾崩后），收取法国国王路易十四的贿赂，支持一位法国候选人。6 月 19 日米哈伊尔·维斯洛维斯基当选后，约翰策划反对新国王。1670 年阴谋败露，路易拒不承认法国卷入该国阴谋，但 1672 年萨比斯基仍继续大肆活动，企图促成维斯洛维斯基退位，他认为米哈伊尔性格懦弱。萨比斯基的扩军计划遭到仍为贵族拥护的国王的反对，在他率部与土耳其人作战的同时，1672 年 10 月 18 日，国王和议会签署了不体面的《布恰奇和约》。1673 年初，萨比斯基十天内连败土耳其人四次，并于同年 11 月 11 日在霍齐姆要塞外围粉碎一支规模较大的土耳其军队进攻，恢复了局势。攻陷霍齐姆时听说国王米哈伊尔驾崩，即中止作战，匆忙返回华沙。抵达华沙后，派 6000 名老兵监督议会。1674 年 5 月 21 日，被推选为国王。1675 年，土耳其重新发起入侵后，匆忙返回乌克兰，在利沃夫击败土耳其军队（1675 年）。尽管为内部不和困扰，1676 年 2 月 2 日在克拉科夫登基后仍返回乌克兰作战。9—10 月，顶住易卜拉欣帕夏指挥的大规模土耳其军队对设在茹拉夫诺营地的持续两周之久的一再突击，从而促成 10 月 16—17 日与土耳其签订《茹拉夫诺和约》。该和约规定除波多利亚（横跨摩尔多瓦的德涅斯特河）外土耳其将全部乌克兰土地归还波兰。他借助于法国夺取东普鲁士的努力受挫于 1683 年 3 月 31 日与奥地利缔结《华沙条约》，结盟对付土耳其。率波军救援遭土军围攻的维也纳城，并在 1683 年 9 月 12 日的城外会战中，亲自率密集骑兵纵队实施决定性冲击，粉碎土军抵抗，追击溃逃中的土耳其人，10 月解放格兰（埃斯泰尔格姆）。不幸的是他取得的成就没有给波兰带来多少利益，由于得不到议会的合作和盟友的支持，加上家庭不和和内部纠纷，波兰在他统治的后几年几乎陷入崩溃状态。1696 年 6 月 17 日卒于维拉诺夫。

约翰三世·萨比斯基具有卓越的军事天才，是一位机敏的战略家、有才干的战术家，也是一位能鼓舞人心的领导者。他从土耳其手中拯救了维也纳，使他成为同时代的最伟大的波兰人。

DLB

参考：Barker, Thomas M., Double Eagle and Crescent. New York, 1967.

Laskowski, O., Sobieski, King of Poland. London, 1944.

Stoye, John, The Siege of Vienna. London, 1967.

Tatham, E.H.R., John Sobieski. London, 1881.

约翰逊，亨利爵士（Johnson, Sir Henry，1748—1835 年） 英国将军。参加主要战争：美国独立战争（1775—1783 年）、爱尔兰叛乱（1798 年）；参加主要战役（战斗）：斯托尼点之战（1779 年）、纽罗斯之战（1798 年）。

约翰逊，约翰爵士(Johnson, Sir John, 1742—1830 年) 美国的亲英派领袖。参加主要战争：美国独立战争(1775—1783 年)；参加主要战役（战斗）：对圣莱杰的远征（1777 年）、莫霍克谷地游击战（1779—1780 年）。

约翰逊生于 1742 年，威廉·约翰逊的私生子。受过一流的教育，后成为纽约民兵中的上尉。曾参加庞蒂亚克战争（1763 年 5—8 月）。在英国期间受封为骑士(1765 年)。其父死后袭领其封地和爵位（1774 年），邦克山（波士顿附近）之战后在莫霍克谷地其邻里中组织亲英分子进行抵抗（1775—1776 年）。后与反叛美国殖民地的官员达成协议并解除自己支持者的武装（1776 年 1 月）。抛弃其有身孕的妻子逃往加拿大（5 月）。被授予中校后招募了一支为“皇家绿”的巡逻部队。参加了巴里·圣莱杰上校的那场半途而废的远征（1777 年 6—9 月）。返回加拿大并帮助亲英的避难者。指挥了对纽约特赖昂县（今赫基默县和蒙哥马利县）的一系列袭击战(1778—1780 年)。后去英国（1782 年），携继其堂兄居伊任印第安人监管人的委任状而归（5 月 14 日）。其在美国丧失的财产在加拿大得到大量补偿。卒于 1830 年。

Staff

参考：Boatner, Encyclopedia.
DAB.

约翰逊，理查·门特(Johnson, Richard Mentor, 1780—1850 年) 美国将军和政治家。参加主要战争：1812 年的战争（1812—1815 年）；参加主要战役（战斗）：泰晤士（位于美国安大略的伦敦附近）之战（1813 年）。

约翰逊 1780 年生于现肯塔基州路易斯维尔附近的一个小镇。早期接受了一些不正规的教育，但曾在莱克星敦的特兰西瓦尼亚学院攻读法律，1802 年获得律师资格。1804—1807 年就职于国家立法机关。1807—1819 年任美国众议院议员。1812 年的战争期间，他组建了一个步兵团，并于 1813 年夏天参加了威廉·亨利·哈里森驻扎在北俄亥俄州的军队。在 1813 年 10 月 5 日泰晤士之战中，他指挥军队向敌军发起攻击。尽管他在战斗中负了伤，但赢得决定性的胜利，从而转变了美国历史进程。人们有时赞扬他，认为是他在肖尼大战中杀死了敌军司令蒂坎塞。1819 年，被选举为参议院议员。后来，他在参议院中率先提出了废除负债罪。1829 年他再次参与参议院议员选举，未果。1829—1837 年，他任众议院议员。此间，他是安得鲁·杰克逊总统忠实的支持者。1836 年在总统选举中，他与马丁·范布伦结成合作伙伴，但四个候选人均没有明显的优势，因而这个选举只能由参议院裁决，这是美国历史上唯一的一次。此后约翰逊退出总统竞选转而参加参议院议员选举。1840 年，他被提名为副总统，但他谢绝了。1841—1842 年退休到肯塔基，在立法机关从事了较短斯的律师职业。1850 年 11 月 19 日卒于法兰克福。

Staff

参考：DAB.
WAMB.

约翰逊，威廉爵士(Johnson, Sir William, 1715—1774 年) 殖民地时期的美国官员。参加主要战争：法国与印第安人的战争（1754—1763 年）；参加主要战役（战斗）：乔治湖（纽约）之战（1756 年）、蒙特利尔之战（1760 年）。

约翰逊 1715 年生于爱尔兰的朱斯县，后移民至美国，大约于 1738 年到达纽约州的莫霍克谷地。他购买土地并躬亲农场事务兼营皮货交易，在六支印第安人（尤其是莫霍克人）部落中培植友谊，积累了相当的财产。国王乔治的战争（1743—1748 年）期间曾说服易洛魁人不要与法军结盟（1745 年）。被克林顿总督授予上校军衔，并委以印第安人事务之责（1746 年）。后被任命为纽约委员会成员（1750 年）。帮助制定了《阿尔巴尼协定》中的对印第安人政策（1754 年），被爱德华·布拉多克将军授予少将，并被任命为负责土著民族及其盟友事务的代表（1755 年 4 月）。担任乔治湖 2000 名殖民地部队和 200 名印第安人的司令时，他击退了迪耶斯考上校的进攻，并在乔治湖之战（9 月 8 日）中粉碎了法军。尽管他未能进逼克朗波因特，但仍受封为男爵（11 月 27 日），而且由于他取得的胜利受到赏识被任命为印第安人事务专员（1756 年 2 月）。在乔治湖南端构筑威廉·亨利堡，并致力于保卫北部边境（1756—1759 年）。曾率军夺取了尼亚加拉（1759 年 7 月 25 日），次年帮助攻克了蒙特利尔（1760 年 9 月）。出访底特律并成功地争取了几个与法国结盟的部落投向英国（1761 年）。虽然庞蒂亚克叛乱表明他的努力未收全功，但他组织了一支易洛魁部队帮助平定了叛乱者（1763 年）。曾在斯坦韦克斯堡（纽约州的罗马）主管一个委员会（1768 年），后被授予少将（1772 年）。他抱病说服易洛魁代表团不要卷入邓莫尔勋爵战争。1774 年 7 月 11 日卒于家中。

约翰逊多才多艺。任指挥官时表现出果敢和勇气。任印第安人事务专员时，他同情印第安人，学习他们的语言并采用他们的许多风俗习惯，因而赢得了他们的信任。他事实婚姻中的三个妻子，有两个是印第安人，而且其中之一的莫莉·布兰特是著名的莫霍克人的军事首领约瑟夫·布兰特之妹。

DLB

参考：Flexner, James T., Mohawk Baronet: Sir William Johnson of New York. New York, 1959.
Hamilton, Milton W., Sir William Johnson: Colonial American, 1715—1763. Port Washington, N. Y., 1976.
Pound, Arthur, and Richard E. Day, Johnson of the Mohawks. New York, 1930.
Stone, W. L., Jr., The Life and Times of Sir William Johnson, Bart. 2 Vols. N. p., 1865.

Boatner, Encyclopedia.
WAMB.

约翰斯顿，阿伯特·悉尼（Johnston，Albert Sidney，1803—1862 年） 美国南部同盟将军。参加主要战争：黑鹰战争（1832 年）、得克萨斯独立战争（1835—1836 年）、美墨战争（1846—1848 年）和美国内战（1861—1865 年）；参加主要战役（战斗）：蒙特雷之战（墨西哥境内，1846 年）、夏洛之战（1862 年）。

约翰斯顿 1803 年 2 月 2 日生于肯塔基州的华盛顿。1826 年毕业于西点军校，后在步兵部队服役。1832 年黑鹰战争期间任团长副官。1834 年 4 月约翰斯顿退出现役从事农场业。1836 年在抵抗墨西哥人的战争中，以二等兵加入得克萨斯军队。1837 年 1 月任该军队指挥官。1838 年约翰斯顿任得克萨斯共和国陆军部长，1840 年 3 月退役，重操农场业。美墨战争期间在扎卡里·泰勒手下的得克萨斯第一步兵志愿团中任上校。1846 年 9 月 20—24 日参加了蒙特雷之战。后晋升美国陆军少校，12 月任陆军军需官。1857—1858 年在指挥摩门远征队期间晋升名誉准将。1860 年底任太平洋军区指挥官。1861 年 4 月退出联邦军队。9 月被任命为南部同盟军队的副司令和西部军区的指挥官，后升任密西西比军团指挥官，防守从密西西比河至肯塔基州和阿勒格尼斯的防线。1862 年 2 月 6 日，因格兰特军数量上占优势，约翰斯顿丢失了亨利堡，2 月 14 日又放弃了多纳尔森堡（位于田纳西州和坎伯兰河之间），这是通往密西西比的大门。2 月 28 日纳什维尔失陷后，他在密西西比的考因茨组织防御。1862 年 4 月 6 日在田纳西州的夏洛成功地向格兰特发动了一次突然袭击，但他在战场上身负重伤而亡。由于失去指挥，约翰斯顿的军队第二天被击败。因此，如果约翰斯顿活着指挥这场战役，能否战胜格兰特就成了某些人的推测的话题。

约翰斯顿是一位天才的指挥官，但他的部队力量薄弱，装备极差，因此想战胜得到比尔增援的格兰特军可能性是很小的。由于约翰斯顿不幸阵亡，他发动的最后一次攻击虽然指挥布置得当，却半途而废。杰弗逊·戴维斯认为约翰斯顿的阵亡“是我们命运的转折点。”

VBH

参考：Johnson, William Preston, The Life of Albert Sidney Johnston. New York, 1878.
Roland, Charles P., Albert Sidney Johnston: Soldier of Three Republics. Austin, Tex., 1964.

约翰斯顿·约瑟夫·埃格尔斯顿（Johnston，Joseph Eggleston，1807—1891 年） 绰号“斗鸡”。美国南部同盟将军。参加主要战争：第二次西米诺尔战争（1835—1842 年）、美墨战争（1846—1848 年）和美国内战（1861—1865 年）；参加主要战役（战斗）：塞罗戈多之战（位于维拉克鲁兹和夏拉帕之间，1847 年）、第一次布尔溪之战（弗吉尼亚州的马纳萨斯，1861 年）、费尔奥克斯战役（里士满附近，1862 年）、杰克逊战役（密西西比州，1863 年）、凯恩索山之战（1864 年）、本顿维尔之战（北卡罗来纳州的牛顿格罗夫附近，1865 年）。

约翰斯顿 1807 年 2 月 3 日生于弗吉尼亚州的法姆维尔附近。1829 年从西点军校毕业后被分到炮兵部队服役，后参加了第二次西米诺尔战争，并于 1836 年 7 月被提升为中尉。1837 年 5 月辞去军职从事土木工程业，但在 1838 年重返军队，在陆军工兵部队中任中尉，抗击西米诺尔人。美墨战争中在温菲尔德·斯科特麾下作战，1847 年 4 月 18 日在塞罗戈多之战中战功显赫并荣获名誉上校军衔。1857—1858 年在摩门远征队服役。1860 年 6 月升为准将并任该部队的军需局长。1861 年 4 月辞职。1861 年 5 月任南部同盟军准将、谢南多厄军团司令。1861 年 7 月 21 日在第一次布尔溪之战中出任高级军官。同年 8 月升为上将并任南军的波托马克军团的司令。1862 年在半岛战役中率部抗击麦克莱伦。5 月 31 日在费尔奥克斯战役中身受重伤，由李将军接替他的职务。同年 11 月任西部军区指挥官。1863 年 5 月受命保卫密西西比河的维克斯堡，抗击格兰特将军的进攻，由于兵力不足，5 月 14 日他设在杰克逊的基地被谢尔曼部攻陷。维克斯堡也于 7 月 4 日陷落。同年 12 月受命指挥田纳西州南部同盟军。1864 年 6 月 27 日在佐治亚州打了一场漂亮的防御战，败谢尔曼于凯恩索山。但戴维斯总统对他未能击退谢尔曼向亚特兰大的进军感到不满，于 7 月将他撤职，由胡德接替他。1865 年 2 月李将军恢复了他的职务。3 月 19—21 日他于本顿维尔成功地遏制了谢尔曼在卡罗来纳地区的推进。由于寡不敌众，于 4 月 26 日在北卡罗来纳州达勒姆车站向谢尔曼投降。战后（1865—1878 年）在佐治亚州从事保险业和撰写自传。1879—1881 年为美国议员，1885 年被任命为美国铁路专员，1891 年 3 月 21 日卒于华盛顿。

约翰斯顿是一位聪明过人、敢作敢为的指挥官。具有非凡的战略意识和战术指挥才能。他深受部下的爱戴，却常常引起上司的不满。他的绰号“斗鸡”就是他好斗个性的真实反映。

VBH

参考：Govan, Gilbert E., and James W. Livingwood, (A Different Valor: The Story of General Joseph E. Johnston, C. S. A. Indianapolis, 1956.
Johnson, Bradley T., A Memoir of the Life and Public Service of Joseph E. Johnston. Baltimore, 1891.
Johnston, Joseph E., Narrative of Military Operations. New York, 1874.

约翰斯顿，乔治（Johnstone，George，1730—1787 年） 英国海军军官。参加主要战争：七年战争（1756—1763 年）、美国独立战争（1775—1783 年）；参加主要战役（战

斗)：普拉亚港（佛得角群岛上的普拉亚港）之战（1781年）。

约翰斯顿生于1730年，苏格兰男爵的第四子。加入海军（1746年）。后晋升为海军上尉（1755年）。因“违令和抗命”而受军事审判，后因作战勇敢而未受惩罚（1757年）。曾任西佛罗里达（密西西比河以西潘汉德尔地区）总督（1763年11月—1767年）。回到英国后进入议会。在议会中，他的行为表现为“厚颜无耻和庸俗不堪的言论”和对乔治·热尔曼勋爵的公开侮辱（称其为作战中的怕死鬼），这一侮辱导致了一场不流血的决斗（1770年12月）。美国独立战争期间为卡莱尔和谈委员会成员，但他的行为使美国国会拒绝与其交涉（1778年）。以在葡萄牙沿海担任一支小编队司令的方式予桑德威思勋爵以政治上的支持，从而获得了勋爵的奖赏（1779年5月）。在南大西洋作战时取得了若干胜利，俘获了“阿图瓦”号护卫舰（44门火炮）。曾在普拉亚港抗住了叙弗朗舰队的进攻，尽管叙弗朗的败退是由于各舰长未能给他以支援，而非约翰斯顿方面运用了任何技巧（1781年4月16日）。取消了原定对好望角的进攻后返回英国，任东印度公司董事（1783年）。由于身体状况不佳引退（1785年）。卒于1787年。

Staff

参考：Boatner，Encyclopedia.

DNB.

若米尼，安东·昂利·德，男爵(Jomini，Antoine Henri，Baron de，1779—1869年)　瑞士-法国将军、俄国步兵上将，历史学家、军事理论家。参加主要战争：拿破仑战争（1800—1815年）、俄国-土耳其战争（1828—1829年）；参加主要战役（战斗）：奥斯特利茨之战（1805年）、耶拿之战（1806年）、埃劳之战（1807年）、弗里德兰之战（1807年）、别列津纳之战（1812年）、吕岑之战（1813年）、包岑之战（1813年）、瓦纳包围战（1828年）。

若米尼1779年3月6日生于瑞士的帕耶纳，是市长之子。早期在银行工作，1796年在巴塞尔工作，后于1798年去巴黎，在那里同瑞士籍激进分子联系甚密。1798年下半年，他匆匆回国，在新的瑞士共和国国防部工作。1800年升为少校。1801年返回巴黎继续从事商业活动，并开始撰写他的《大战役理论和应用教程》，这本书以其研究腓特烈大帝的军事活动为基础。后来，若米尼引起了米歇尔·奈元帅的注意，遂邀请若米尼入其参谋部，而奈则帮助若米尼于1805年出版了他的书。在1805年10月的乌尔姆之战及12月2日的奥斯特利茨之战中，若米尼主动出任奈的副官。当拿破仑阅读完若米尼的著作后，亲自于12月27日提升若米尼为上校。普鲁士战役举行时，若米尼还是奈的参谋人员，但在拿破仑于1806年10月14日举行耶拿战役及1807年2月7—8日举行埃劳战役时，若米尼已受国王亲令在拿破仑的参谋部工作。后成为奈军团的参谋长，参加对西班牙的远征，此间，他们两人之间的摩擦已日深，特别是在1808—1809年加利西亚及阿斯图里亚斯战役中。1809年11月，他返回法国，在贝尔蒂埃手下供职，但贝尔蒂埃不喜欢若米尼。1810年12月7日升为准将。在俄国战役中，先于1811年1月任总参谋部军史部主任，后又任维尔诺及斯摩棱斯克总督。11月26—28日，参加横渡别列津纳河的战斗，此战中他的行李资料等全部散失。1813年初因病休息数月。5月1—2日的吕岑之战前夕，他刚刚返回军队并成为奈的参谋长。5月21日参加包岑之战，尽管屡屡建议给若米尼晋升少将军衔，但贝尔蒂埃却借口若米尼行动迟缓以至于未能及时带领军团撤回，而将若米尼囚捕。若米尼被这一诡计所触怒，遂于8月14日投靠布拉格联军总部，在一独立骑兵连任职。此后的1813—1814年战争期间，若米尼被亚历山大一世任命为侍从副官长，并授予他中将军衔。1814年，他拒绝随联军进入巴黎。1815年参观了维也纳和瑞士。1816年返回俄国后成为尼古拉和米哈伊尔大公的军事家庭教师。后在巴黎生活多年，但仍然是俄国军队的将军，1817—1826年出版了另外几本书。后再回俄国，成为沙皇尼古拉一世的侍从副官，领上将衔。1828—1829年土耳其战争期间，他参加了1828年8月5日—10月11日对瓦纳的围攻。此后成为沙皇的军事顾问。在多次旅居巴黎和布鲁塞尔后的1838年，他出版了他的著作《战争艺术概论》。1859年克里木战争后退休至巴黎。卒于1869年3月22日。

若米尼生前曾遭到许多批评，说他傲慢、寡廉鲜耻、有野心以及易怒，特别是他弃法国而去更是遭到强烈的抨击，尽管拿破仑曾说若米尼是迫不得已的。同后来的军事理论家卡尔·冯·克劳塞维茨相比，若米尼的军事理论不算有名，但他的理论对于欧洲及美国的早期军事思想产生了较大的影响。若米尼的理想是想将战争的发展归并总结为几条指导原则。他认为法军在大革命及拿破仑战争中取得胜利应归功于他们将兵力集中起来投入到具有决定性意义的地点，从而迅速夺取胜利。若米尼的军事理论的显著特点是在作战中应以清晰、准确和持续不断地力量打击对手。

DLB

参考：Brinton，Crane，Cordon A. Craig，and Felix Cilbert，“Jomini，” in Edward Mead Earle，ed.，Makers of Modern Strategy. Princeton，N.J.，1943.

Jomini，Antoine Henri，Baron de，Histoire critique et militaire des guerres de la révolution. 15 vols. Paris，1820—1824.

——，Précis de L'art de la guerre. 2 vols. Paris，1838.

——，Traité des grandes opérations militaires. 2 vols. 2d ed.，Paris，1811.

Lecomte，Ferdinand，Le général Jomini，sa vie et ses écrits，3d ed. London，1888.

Shy, John, "Jomini," Peter Paret, ed., Makers of Modern Strategy. Princeton, N. J., 1986.

琼斯，卡特斯比·阿普·罗杰（Jones, Catesby ap Roger, 1821—1877 年） 美国南部同盟海军军官。参加主要战争：美墨战争（1846—1848 年）和美国内战（1861—1865 年）；参加主要战役（战斗）：汉普顿锚地之战和德鲁维里布拉夫之战（里士满附近，1862 年）。

琼斯 1821 年 4 月 15 日生于弗吉尼亚州的费尔菲尔德。1836 年 6 月作为一名军官候补生参加海军，首次在海军"马其顿"号（38 门火炮）上任职，舰长是他的叔叔罗杰·凯茨比·琼斯上校。在太平洋上服役几年后，来到华盛顿的海图和仪器补给仓库任职。1846—1848 年的美墨战争期间，在太平洋的"俄亥俄"号上服役，但几乎未参加战斗。1849 年 5 月被提升为海军上尉。1853—1856 年在约翰·B. 达尔格仑上尉领导下，在华盛顿海军造船厂任职。1861 年 4 月弗吉尼亚州脱离联邦后，琼斯辞去海军中的职务，加入弗吉尼亚海军，被授予上校军衔。是年 6 月，他在南部同盟海军中任上尉。1861 年 11 月—1862 年 2 月他参与了把早期的蒸汽快帆船"梅里麦克"号改装成金属撞角铁甲舰"弗吉尼亚"号的工作。1862 年 3 月 8 日汉普顿锚地之战的第一天，他担任该舰副舰长。富兰克林·布坎南上校负伤后，琼斯接替了指挥，并在第二天与北方战舰"监视"号展开了四个小时的战斗，但未取得决定性战果。3 月下旬被乔赛亚·塔特纳尔上校解救。5 月 11 日当"弗吉尼亚"号起火燃烧时，琼斯坚持到最后一个离舰。5 月 15 日指挥德鲁维里布拉夫附近的一个岸上炮兵连。后任南部同盟海军"查特胡奇"号的舰长，不久又来到北卡罗来纳州的夏洛特从事海军工作。1863 年 4 月被提升为那里的指挥官，5 月任亚拉巴马州塞尔马的枪炮铸造军械厂的负责人。他在那里一直工作到 1865 年 4 月战争结束。战后一直居住在塞尔马，1877 年 6 月 20 日，因与邻居发生争吵被枪击致死。

KH

参考：Scharf, Thomas, History of the Confederate States Navy from Its Organization to the Surrender of Its Last Vessel. Albany, N. Y., 1894.

Texler, Harrison A., The Confederate Ironclad "Virginia." Chicago, 1938.

DAB.

WAMB.

琼斯·戴维·C.（Jones, David C., 生于 1921 年） 美国空军上将。参加主要战争：第二次世界大战（1941—1945 年）、朝鲜战争（1950—1953 年）、越南战争（1965—1973 年）。

琼斯 1921 年 7 月 9 日生于北达科他州阿伯丁。曾在北达科他大学和迈诺特州立学院学习。1941 年 12 月入伍。1943 年 2 月，在新墨西哥州罗斯韦尔机场完成了飞行训练，被授于少尉军衔。战争末期，在几所陆军航空兵学校任教。1945—1948 年，随第三紧急救援中队驻扎日本，并晋升上尉。1948 年 5 月—1949 年，在肯塔基州一空军后备役中心任教。1949 年 1—4 月，在佛罗里达州廷德尔空军基地的空军战术学校学习。1949 年 4—8 月，在密西西比州基斯勒空军基地的原子能训练班学习。1949 年 10 月—1950 年，在新墨西哥州阿尔伯克基的桑迪亚国家实验室特种武器训练班学习。1950 年 1 月—1953 年，在第十九轰炸机中队任飞行员期间，在朝鲜执行过侵略作战任务，1951 年 1 月晋升少校。回国前任该中队队长。1953 年 5 月—1954 年，任驻加利福尼亚州马奇空军基地第二十二空中加油机中队队长。1954 年 6—9 月，任第三十三轰炸机中队队长。1953 年 6 月，晋升中校。1955 年 1 月—1957 年，任当时的战略空军司令部司令柯蒂斯·勒梅伊将军的随从副官。1957 年 4 月，晋升上校。1957 年 7 月—1959 年，在加利福尼亚州卡斯尔空军基地第九十三轰炸机联队任职。1960 年 6 月，毕业于国家军事学院。1960 年 7 月—1964 年，在华盛顿空军司令部任职。1964 年 8 月—1965 年 2 月，在亚利桑那州格伦代尔的卢克空军基地和亚利桑那州塔克森的戴维斯-蒙森空军基地的空军作战训练中心学习。1965 年 10 月，赴驻欧美国空军司令部任职。12 月晋升准将。1967 年 1—6 月，任驻欧美国空军代理参谋长。1967 年 6 月—1969 年 1 月，任副参谋长。1967 年 11 月，晋升少将。1969 年 2—6 月，任乔治·S. 布朗将军指挥的驻越南第七航空队副参谋长。6—7 月，任第七航空队副司令。8 月，晋升中将。1969 年 8 月—1971 年，回国任路易斯安纳那巴克斯代尔空军基地第二航空队司令。1971 年 4—8 月，任驻欧美国空军副司令。1971 年 9 月晋升上将。1971 年 9 月—1974 年 6 月，任驻欧美国空军司令。1973 年 3 月，指挥驻欧美国空军司令部由威斯巴登空军基地迁往拉姆斯泰因空军基地。1974 年 7 月—1978 年 6 月，回到华盛顿任空军参谋长。1978 年 6 月，任参谋长联席会议主席，直至 1982 年 6 月 18 日退役。

DLB

参考：Office of the Secretary of the Air Force, Office of Public Affairs typescript, November 1979.

WAMB.

琼斯，约翰·保罗（Jones, John Paul, 1747—1792 年） 美国海军军官。参加主要战争、美国独立战争（1775—1783 年）、第二次俄国-土耳其战争（1787—1792 年）；参加主要战役（战斗）：怀特黑文之战、卡里克弗格斯之战（1778 年）、弗兰伯勒岬之战（1779 年）、利曼（摩尔多瓦）之战（1788 年）。

琼斯 1747 年 7 月 6 日生于苏格兰柯库布里郡索尔韦湾海滨的柯克宾附近，取名约翰·保罗，一园林匠之子。在商船充任船舱侍童学徒时，首次航行到过弗吉尼亚，

探望了在腓特烈堡做裁缝的兄长（1759 年）。其雇主破产后学徒生涯即告结束（1766 年），后在一艘牙买加人的贩奴船上任大副。因不满而退出奴隶贸易（1768），后乘船前往苏格兰。航行途中，船长和大副双双死去后，他指挥该船并将其安全带回国内。作为奖赏，他被任命为顿弗里斯的商船“约翰”号的船长。在一次向西印度群岛的多巴哥岛航行期间，他鞭打了一名水手，该水手后来逃跑并在登上另一艘船时身亡（1770 年 4 月）。返回苏格兰（11 月）后，琼斯以谋杀罪遭监禁，但被取保获释。在前往多巴哥寻取洗刷自己罪名的证据的航行途中，他无意中杀死了一名闹事的水手（1773 年 12 月）。为免遭搜捕，他改变名字，在姓名之前加“琼斯”，并逃亡美国。参与其兄在腓特烈堡的庄园建立工作（1774 年）。受雇装备议会购买的第一艘军舰“阿尔弗雷德”号（20 门火炮）。他在这艘新舰上升起第一面大联邦旗帜（1775 年 12 月 3 日），被授予大陆海军的高级上尉（12 月 7 日）。随舰队前往巴哈马群岛，在夺取新普罗维登斯的作战中发挥了作用（1776 年 3 月）。任“阿尔弗雷德”号主炮炮长期间，他在与“格拉斯考”号的作战中表现突出（4 月 6 日），授予上校军衔（1776 年 8 月 8 日）后任“普罗维登斯”号军舰（12 门火炮）舰长。奉命出航直至给养耗竭，在从巴哈马群岛到新斯科舍的航行（8 月 21—10 月 7 日）期间，他击毁和俘获敌舰各 8 艘，转任“阿尔弗雷德”号舰舰长后，他与“普罗维登斯”号一起前往新斯科舍（11 日）。在路易斯堡水域夺取一艘商船和“梅利什”号运输船，但在大风中与“普罗维登斯”号失去联系（11 月 18 日）。独舰航行时，他烧毁了一艘敌船，袭击了坎索的油料库，之后在布雷顿角水域俘获了 3 艘敌舰。为避免被俘，他携战利品安全返抵波士顿（12 月 15 日）。后任“巡游者”号舰长（1777 年 6 月 14 日）。前往法国（11 月 1 日）以求取正在阿姆斯特丹建造的新护卫舰“印第安”号，却发现为避免被英国人摧毁，该舰已售予法国。在基伯龙湾，首次接受了法国军舰对新美国国旗的致敬（1778 年 2 月 14 日）。曾袭击位于怀特黑文和英格兰的两个要塞。但俘获戈尔韦湾内圣马丽之岛上的塞尔柯克勋爵的行动未获成功（4 月 23 日）。通过一场短暂战斗在卡里克弗格斯（爱尔兰）水域俘获“德雷克”号（4 月 24 日）。回到布勒斯特（5 月 8 日），并被任命为一支来自洛里昂的美法远征队司令（1779 年 8 月 14 日），该远征队由 2 艘美国军舰——“博恩·霍梅·理查”号（42 门火炮）和“联盟”号（36 门火炮）与 2 艘法国军舰——“帕拉斯”号（32 门火炮）和“复仇”号（12 门火炮）组成。在弗兰伯勒岬水域与一支英国商船队相遇，他凭借月光在狭路相逢的激烈作战中打败其护航舰“塞拉皮斯”号（9 月 23 日）。航行至泰瑟尔岛后，任“联盟”号舰长，进行了几个月徒劳无功的巡航。“联盟”号被其前任舰长夺取（1780 年 6 月）后弃舰登岸，最后乘出借的“阿里埃尔”号返回美国（1781 年）。接受国会的慰勉（4 月 14 日）后出任“美国”号（74 门火炮）舰长。“美国”号交与法国后，他志愿服役于法国舰队，前往西印度群岛（1782 年 12 月）。和约宣布后，他作为获奖代表前往法国（1783 年 11 月）。后返回美国，因战功成为获得国会金质勋章的唯一海军军官（1787 年 10 月 16 日）。在丹麦再次作为获奖代表期间，接受了出任俄国海军少将的任命（1788 年）。在黑海的利曼之战（6 月 17—27 日）中打败了土耳其人。由于不满俄国人提供的待遇和身体状况不佳，他去巴黎，在那里度过余年（1789 年）。卒于 1792 年 7 月 18 日。葬于没有标志的坟地。1905 年，他的遗骸在巴黎发现并护送回美国，祀奉于安纳波利斯海军学院（1913 年）。

琼斯是一位骁勇、果敢和才华横溢的指挥官。他从一位冒险家变为爱国者，为国家作出了难以估量的贡献。其在安纳波利斯的墓志铭是：“他给了我们海军以最早的英雄主义传统和胜利。”

VBH

参考：Jones, John Paul, Memoirs of Rear-Admiral Paul Jones, Compiled from His Original Journals and Correspondence. Reprint(2 vols. in 1), New York, 1972.

Lorenz, Lincoln, John Paul Jones, Fighter for Freedom and Glory. Annapolis, Md., 1943.

Morison, Samuel Eliot, John Paul Jones: A Sailor's Biography. Boston, 1959.

琼斯，托马斯·阿普·卡特斯比（Jones, Thomas Ap Catesby, 1790—1858 年） 美国海军官员。参加主要战争：1812 年的战争（1812—1815 年）、蒙特雷事变（1842 年）、美墨战争（1846—1848 年）；参加主要战役（战斗）：巴拉塔里亚之战（1814 年）、博尔涅湖之战（1815 年）、蒙特雷（加利福尼亚）之战（1842 年）。

琼斯 1790 年 4 月 24 日生于弗吉尼亚的威斯特摩尔兰县。1805 年 11 月为海军见习生。在大西洋及墨西哥湾服役，1812 年 5 月晋升上尉。1814 年 9 月 11 日—1814 年 10 月 1 日，在丹尼尔·T. 帕特森准将领导下进攻海盗让·拉菲蒂位于路易斯安那州巴拉塔里亚的据点，琼斯表现出色。12 月，仍在帕特森的全权指挥下，率由 2 艘小舰及 5 艘小炮艇船组成的舰队在博尔涅湖保护新奥尔良。他的小部队遭到由 47 艘船、近 1000 人的攻击，经两小时的战斗，琼斯全军覆没，琼斯亦负伤（12 月 14 日），但此战却使英军的攻势迟滞了两天，从而为杰克逊结集部队赢得宝贵的时间。伤愈后的琼斯在地中海及华盛顿造船厂服役，1820 年 3 月被任命为海军中校。1825 年任太平洋舰队指挥员，他率旗舰“蜜蜂”号于 1826 年 8 月抵达塔希提，从而成为第一艘到达那里的美国军舰。10 月，他驶往夏威夷，同那里的国王卡米哈米哈三世订立合约，这也是夏威夷人签署的第一个和约。1829 年 3 月晋升为上校，1831—1836 年 6 月，负责军需品的管理

供应，随后准备开赴南部海域探险，但在成行前染病(1837年12月)。1842年任太平洋舰队司令，此后误以为同墨西哥的战争业已爆发，遂从秘鲁向北驶去，于1842年10月19日攻克加里福尼亚的蒙特雷。在通知他出错以后，他遂于10月23日后撤，1843年为平息墨西哥政府的不满而暂撤其职。1844年再度出任太平洋舰队司令，直至战争结束。1850年，军事法庭以不适当的使用资金而起诉他，并叛他暂停履行其职责五年。但1853年总统宣布免去对他的控词。此后未见服役，1858年5月30日卒于弗吉尼亚的费尔法克斯县的沙龙。

Staff

参考：Johnston, Robert E., Thence Round Cape Horn; The Story of United States Naval Forces on Pacific Station, 1818—1923. Annapolis, Md., 1963.
DAB.
WAMB.

琼斯，威廉(Jones, William, 1824—1864年) 美国南部同盟将军。参加主要战争：美国内战（1861—1865年）；参加主要战役（战斗）：第一次布尔溪之战（1861年）、布兰迪站（弗吉尼亚的卡尔培培尔附近）之战（1863年）、诺克斯维尔、葛底斯堡战役（1863年）、皮蒙特之战(1864年)。

约瑟夫，奇夫(Joseph Chief, 约1840—1904年) 绰号“山中滚雷”，美国印第安内兹珀西族首领。参加主要战争：内珀兹西战争（1877年）；参加主要战役（战斗）：怀特伯德峡谷之战（爱达荷州）、克利尔沃特溪之战（爱达荷州）、比格霍恩河之战（在蒙大拿州密苏拉附近）、克里克峡谷之战（蒙大拿州的马里维尔附近，皆在1877年）。

约瑟夫约1840年生于位于美国俄勒冈州瓦洛厄河谷的内兹珀西族首领世家。1863年由于反对割让领地给白人，内兹珀西族开始采取被动性抵抗政策。1873年约瑟夫继承父亲的位置成为内兹珀西族新首领后，继续奉行这一政策。1877年6月奥利弗·O.霍德华将军企图以武力相威胁，他决定默认并让内兹珀西族迁到指定的保留地，以避免引起战争。一些鲁莽的内兹珀西族人开始暗杀无辜的白人，这使霍华德将军不得不向部族的保留地派遣了一支骑兵分队。这支骑兵部队6月17日在怀特伯德峡谷遭到伏击，事实上几乎全军覆没。于是战争爆发了，约瑟夫带领整个部族开始了长达2100公里的大迁徙。他们穿越了俄勒冈州、爱达荷州、怀俄明州和蒙大拿州。几乎处处遭到联邦军队的捕杀。生性爱好和平的约瑟夫，证明自己同样也是一名颇有才能的武将。他于7月11—12日在克利尔沃特溪、8月9—10日在比格霍恩河、9月13日在克里克峡谷三次大败联邦军队。他武装并指挥自己的勇士们和部族其他人员从偷袭和战斗中获取给养。他们采用惊吓、欺骗、机动、占据有利地形等方法，在四个月的时间里多次击败联邦军队。9月30日正当他试图率领部族进入加拿大安全地时，被赶来的纳尔逊·A.迈尔斯上校的部队所包围，陷于距边境仅50公里的熊爪山的鹰石营地内。他以1对10的劣势兵力激战四天后，迫不得已在10月5日和部族的其他人员一起投降。他说：“长官们，我累极了，我阴郁的心已经厌倦。从现在起，我将不再涉足战争。”虽然迈尔斯和霍华德都试图使内兹珀西族人返回原住地，但他们还是被安置在俄克拉何马州的印第安人保留地。1885年约瑟夫被送到了华盛顿的科尔威尔居住地。卒于1904年9月21日。

约瑟夫是一位聪慧、机智、强健而又谨慎的领导人。他卓越的成就证明了自己是一位军事家和谋略家，并被新闻界公认具有“杰出的军事才能”。他在指挥战役方面的成功，使他以一位光荣的起义者的形象而深受政府和军方的尊敬。

VBH

参考：Beal, Merrill D., “I Will Fight No More Forever”: Chief Joseph and the Nez Percé War. New York, 1967.
Chief Joseph, “An Indian's View of Indian Affairs,” North American Review, Vol. CXXⅧ(1879).
Gibbon, John, “The Battle of Big Hole,” Harper's Weekly, December 28, 1895.
Howard, Helen Addison, War Chief Joseph. Caldwell, Ida., 1941.
Howard, Oliver O., Nez Percé Joseph. Boston, 1881.
Josephy, Alvin M., The Nex Percé Indians and the Opening of the Northwest. New Haven, Conn., 1965.

朱伯特，彼得勒斯·雅各布斯(Joubert. Petrus Jacobus, 1831—1900年) 绰号“狡猾的皮特”，南非布尔族将军和政治家。参加主要战争：第一次英布战争（1880—1881年）和第二次英布战争（1899—1902年）；参加主要战役（战斗）：第一次兰斯奈克之战（纽卡斯尔附近）、马朱巴之战（福尔克斯勒斯特附近，1881年）、第二次兰斯奈克之战、塔拉纳之战（邓迪附近）、伊兰斯拉特之战（莱迪史密斯附近，1899年）、尼克尔松奈克之战（莱迪史密斯附近，1899年）和莱迪史密斯包围战(1899—1900年)。

朱伯特1831年1月20日生于英属南非开普殖民地的奥茨胡恩，是一个贫穷的布尔人农夫的儿子。小时候他随家住在纳塔尔省。后来，又举家迁往距纳塔尔省不远的德兰士瓦省的韦科斯多姆地区定居。他自学了英语、荷兰语和法律，做过农民、律师和商人，并且赚了很多钱。1860—1876年任瓦克斯特鲁姆人民议会委员，在政治上支持T.F.伯格总统。1875—1876年伯格总统去欧洲旅行期间，担任过副总统。他反对伯格1876年对国内

塞库库尼部族首领的征讨，并且对1877年英国吞并德兰士瓦省时政府仅进行了口头抗议深表不满。不久与保罗·克鲁格结盟，投身于争取独立的运动，并于1880年12月30日与克鲁格和普雷特罗斯组成了三人同盟，宣布德兰士瓦独立。他亲自担任司令官指挥2000名布尔人袭击了纳塔尔省，并于1881年1月28日在兰斯奈克击败了西尔·乔治·科利将军。2月27日当科利夺占迈杰拉山，企图包抄他后路时，朱伯特发起了反击，击溃了科利的部队，打死包括科利在内的92名英国人，俘虏至少59人，从而保住了德兰士瓦省的独立。在1883年南非共和国的总统选举中，他以1200票对4600票败给了克鲁格，从此与克鲁格成了长期的政治对手。1884年在军中担任司令官，在1888、1893、1898年三次总统选举中，都败给了克鲁格。最后一次竞选中，他仅赢得了15 000张选票中的700张。在此期间，他勤奋工作，建立起了炮兵部队，从而构成了完整的德兰士瓦常备军，到19世纪90年代末，他已拥有22门现代化火炮。作为军队的司令官，在1889年10月第二次英布战争爆发时，他指挥收复了边疆省份纳塔尔。在第二次兰斯奈克之战（10月12日）、塔拉纳之战（10月15日）、伊兰斯拉特之战（10月21日）和尼克尔松奈克之战（10月30日）中数次击败乔治·怀特将军。11月2日在小镇莱迪史密斯活捉了怀特从而结束了战斗。但他也由于坠马受伤，于1899年11月25日辞去了指挥职务，退休回到比勒陀利亚。1900年3月27日卒于那里。

朱伯特的名望也许已经超过了他的军事天才，他身材矮小，声音尖厉，性格和蔼，经常带妻子一起参加战斗。他经商时曾有一个“狡猾的皮特”的绰号。但作为一位军事家和政治家，却经常表现得优柔寡断，有时显得有点胆小，对于分派给他的不情愿的任务常常退缩。他极力反对暴力，并且谦逊地把他的胜利归功于上帝之手，然而，他毕竟击败了所有的英国对手。基普林在悼念他的诗词中称他为“朱庇特将军”。

BRB

参考：Farwell，Byron，The Great Anglo-Boer War. New York，1977.

Mouton，J. A.，“Generaal Piet Joubert en sy aandeel aan die Transvaalse Geschiedenis，” Archives Year Book for South African History. Vol. 1 (1957).

Pakenham，Thomas，The Boer War. New York，1979.

茹尔丹，让·巴蒂斯特伯爵（Jourdan ，Count Jean-Baptiste，1762—1833年） 法兰西帝国元帅。参加主要战争：法国大革命战争（1792—1799年）与拿破仑战争（1800—1815年）；参加主要战役（战斗）：热马普之战（1792年）、内尔温登（列日附近）之战、翁斯科特之战、瓦蒂尼之战（1793年）、弗勒吕斯之战（1794年）、维尔茨堡之战（1796年）、施托卡赫之战（1799年）、塔拉韦拉（雷纳的塔拉韦拉）之战（1808年）、维多利亚之战（1813年）。

茹尔丹1762年4月29日生于利摩日，为一名外科医生之子。1778年4月2日在雷岛兵站入伍。加入欧克塞尔团，美国独立战争期间服役于美国，曾参加萨凡纳之战（1779年）。1782年返回法国后被解除兵役。一度为布商，从事小本经营，背负行囊沿街叫卖（1784—1790年）。法国革命开始（1789年）后加入国民自卫军，于1791年10月当选为中校。热马普之战（1792年11月6日）中与北方军团作战。在内尔温登之战（1793年11月18日）中表现突出。先后晋升为准将（5月）和少将（7月）。在翁斯科特之战（9月8日）中负伤。被任命为北方军团司令后，在瓦蒂尼之战（10月16日）中取得决定性胜利，并解除了莫伯日守军之围。因拒绝命令其军团进行冬季战役而被解除指挥权并退役，不久后重返军队，出任皮什格吕将军统一指挥下的摩泽尔军团司令（1794年3月）。他进军佛兰德，夺取了沙勒罗瓦（6月25日）。在弗勒吕斯之战（6月26日）中大胜奥地利军，这一胜利后法国占领了荷兰。渡过莱茵河和美因河后，他攻克法兰克福。维尔茨堡之战（9月3日）中受重创。由于他的将军们对他缺乏信任，他弃军从政，两度担任“五百人委员会”主席（1797—1798年）。后又重返军队担任多瑙河军团司令（1798年底）。在1799年3月25日的施托卡赫之战中被查理大公打败，他的军队被迫渡过莱茵河后撤。后再次被选入委员会并反对拿破仑的雾月十八日政变（11月9—10日）。后被第一执政官赦免，第一执政官任命他为步兵与炮兵总督和皮蒙特总督（1800年）。1802年担任意大利军团司令。1804年受封为帝国元帅。1806年为那不勒斯国王约瑟夫·波拿巴（拿破仑之兄）的参谋长，后随约瑟夫前往西班牙。任第四军军长时，他（和国王）在塔拉韦拉之战（1809年7月28日）被韦尔斯利所败。曾任马德里总督（1811年），拒绝接受约瑟夫南方军团司令的任命（1812年10月）。随约瑟夫指挥中央军团时，在维多利亚之战（1813年6月21日）中再次被韦尔斯利打败，并在随后的溃逃中丢失了元帅权杖，该权杖后为英军所得。尽管他对维多利亚的灾难不负有责任，但他还是受到拿破仑的指责被召回法国。后退出现役（1813年）。拿破仑退位后，他宣布支持国王路易十八，因此而受褒奖。1815年，他再次投靠拿破仑，受封为法国贵族，并被委任为莱茵军团司令。滑铁卢之战后，他重新投效国王路易十四。曾主持对奈的军事审判，并与莫尔蒂埃、马森纳和奥热罗一起确认了奈宣称的法庭无权对其进行审判这一要求。后任外交大臣（1830年7月）。1833年11月23日卒于巴黎。

茹尔丹是一位勇敢、合格但不杰出的指挥官。他是一位能干的组织者和行政家。拿破仑称他“思考周密，条理清晰，但缺乏魄力，且重名而不易控制”。

VBH

参考：Delderfield, R. F., Napoleon's Marshals. Philadelphia, 1962.

Humble, Richard, Napoleon's Peninsula Marshals. New York, 1974.

Meeks, Edward, ed., Napoleon and the Marshals of the Empire. Reprint(2 Vols. in 1), Philadelphia, 1885.

约维安，弗拉维·克劳狄乌斯·约维安努斯(Jovian, Flavius Claudius Jovianus，约 331—364 年)　罗马皇帝。参加主要战争：波斯战争（363—364 年）。

约维安于 331 年前后生于辛吉杜努姆（即今贝尔格莱德），是罗马一位宫廷总管瓦尔罗尼安努斯之子。在皇帝尤里安（背叛者）同波斯作战期间，担任帝国警卫部队的首领。363 年 6 月 26 日尤里安去世后，禁卫军首领 S. 塞孔德都斯拒绝接受王位，这样约维安就被扶上了王位。很快同波斯讲和，交出了戴克里先时代吞并的一些领土，以及辛加拉和尼西比斯的一些城市，因此使其部队完整地撤回到罗马本土。到达罗马领土后，他恢复了基督教，禁止异教徒的活动。在前往君士坦丁堡的路上身染重病，于 364 年 2 月 17 日卒于位于加拉提亚与俾斯尼亚交界处（安卡拉北部地区）的达达斯塔纳。

Staff

参考：EB.

OCD.

尤尔，尼尔斯(Juel〈Juul〉, Niels，1629—1697 年)　丹麦海军将领。参加主要战争：第一次英荷战争（1652—1654 年）、第一次北方战争（1655—1660 年）、斯堪尼亚战争（1675—1679 年）；参加主要战役（战斗）：邓杰内斯之战（1652 年）、波特兰之战（1653 年）、北福尔兰之战（1653 年）、斯海弗宁恩之战（1653 年）、哥本哈根之战（1659 年）、亚斯蒙德之战（萨斯尼茨附近，1676 年）、厄兰之战（1676 年）、默恩岛之战（1677 年）、克厄湾之战（克厄湾，1677 年）。

尤尔 1629 年 5 月 8 日生于克里斯蒂安尼亚（奥斯陆），系一贵族家庭的幼子。毕业于索勒学校。在法国和荷兰学习航海和船舶驾驶术。1650—1652 年，在马滕·万·特龙普和米歇尔·德·勒伊特麾下学习指挥海战。英荷战争期间，在荷兰海军服役，参加 1652 年 12 月 10 日进行的邓杰内斯之战、1653 年 2 月 18—20 日的波特兰之战、6 月 11 日的北福尔兰之战和 8 月 10 日的斯海弗宁恩之战。1655—1656 年，长期患病，在阿姆斯特丹养病期间掌握了完整的造船知识。1656—1658 年，在德勒伊特麾下于地中海剿灭巴巴里海盗船。1658 年 7 月—1659 年 2 月，参加哥本哈根围攻瑞典军队的作战，极可能参加了 1658 年 11 月 8 日奥普代姆和 1659 年 2 月 11 日德·德伊特的解围之战。因功授予丹纳布罗格勋章，晋升海军上将，并出任位于霍尔门（哥本哈根附近）的皇家造船厂厂长（1659—1660 年）。1663 年，尽管对提升竞争对手阿德拉不满，但他仍忠实、模范地履行职责。1675 年春，与瑞典战争再度爆发，在阿德拉麾下忠心耿耿，阿德拉猝死后，接替最高指挥权。1676 年 5 月，成功地实施哥得兰两栖登陆作战，攻克该岛。1676 年 6 月 5 日，在吕根岛的亚斯蒙德半岛的附近海域挫败占优势的瑞典舰队的几次攻击。在科尔内利斯·万·特龙普率一支荷兰舰队抵达后，尤尔为丹麦-荷兰取得 1676 年 6 月 11 日的厄兰沿海海战的胜利起了关键作用，此战的胜利使丹麦得以侵入斯堪尼亚（环绕克里斯蒂安斯塔德和马尔默的附近地区的斯科讷）。1677 年 6 月 1 日，在默恩岛附近海域，击败埃里克·舍布拉德指挥的另一支瑞典舰队，尔后又于 1677 年 7 月 1 日，在克厄湾战役中，率 25 艘战舰打败埃弗特·霍恩海军上将指挥的 36 艘战舰，击沉 8 艘，俘获 2 艘。1678—1683 年，任海军部海军副大臣，之后任海军大臣直至去世。

尤尔是一流的海军指挥官。他无所畏惧、坚定果敢、富有进攻精神。他摒弃了一路纵队战术，采取截断一部、包围并歼灭的战术。借此方法，他常常击败数量占优势的瑞典军队。他还是一位天才的治军长官，为自己日后创建了一支常胜舰队。

DLB

参考：Anderson, R. C., Naval Wars in the Baltic During the Sailing Ship Epoch, 1522—1850. N. p., 1910.

DBL.

尤里安，弗拉维·克劳狄乌斯·尤利乌斯(Julian, Flavius Claudius Julianus，332—363 年)　"背叛者"，罗马皇帝。参加主要战争：同法兰克人和阿勒曼尼人的战争（356—359 年）、同君士坦丁的内战（360—361 年）、波斯战争（363—364 年）。

尤里安 332 年生于君士坦丁堡，是尤·君士坦丁之子，与君士坦丁大帝是同父异母兄弟。341—347 年，接受了不正规的教育，其中有几年他还在一个偏僻、遥远的卡帕多细亚庄园中接受了严格的基督教教育。351—355 年，被从卡帕多细亚（土耳其中部地区，位于弗里吉亚以东）召回，在雅典自由自在地生活了一段时间，当时的雅典仍是文化学术中心。355 年 11 月 6 日，被其堂兄、皇帝君士坦丁二世召到帝国米迪奥拉努姆（即今米兰）宫廷之中，并被任命为恺撒。同君士坦丁的女儿赫勒妮结婚，并奉命率一支小规模的警卫部队，去收复在 12 月 1 日被阿勒曼尼人突破了的莱茵河边境。在维也纳（今维恩城）过冬，在香槟与马塞卢斯率领的主力部队会合。尽管他在兰斯附近地区失利，但在 356 年收复并再次攻陷了阿格丽皮娜殖民地（今科隆）和几个小地区。357 年 1 月（?），他在塞农斯过冬期间，击退了阿勒曼尼人发动的一次突然而猛烈的袭击。由于这次进攻，他得到了整个高卢地区的军事指挥权。8 月 25 日，率军

推进到阿尔萨斯，使用只有 13 000 人的部队，在阿尔根托拉特（即今斯特拉斯堡）附近击败了一支 3 万人的阿勒曼尼军队。率军越过莱茵河，在卢特喜亚（即今巴黎）过冬。358 年夏，率军在比利时地区击败了法兰克人。为能沿边境线再建一些要塞城市，率军再次跨过莱茵河。359 年冬，皇帝命令他派其最强的部队前往东方战线，但其部队担心他失宠，于 360 年 1 月（?）密谋发动政变，拥立他为皇帝。同君士坦丁进行谈判，没能达成谅解，他率军再次侵入法兰克，并南下维也纳过冬。361 年春，率军向巴尔干地区进发，途中多次侵入阿勒曼尼人的领地。当到达纳伊苏斯（尼什）时，他得知君士坦丁已经于 11 月 3 日死于塔尔苏斯。之后，尤里安成为罗马唯一的皇帝，于 12 月 11 日到达君士坦丁堡，进行了几项改革，同意宗教自由，对异教徒和基督教徒一视同仁，减少宫廷的侍从和花费，巩固了他的权力。他希望在军事上能有所作为，计划入侵波斯，并于 362 年 7 月 19 日率军进入安条克（安塔基亚）进行备战。在东方期间，尽管他继续进行改变罗马帝国内宗教信仰的努力，将其帝国变成一个异教徒的国家，但他还是下令重建耶路撒冷的神庙。363 年 3 月 5 日，率领一支 65 000 人的先头部队离开安条克，6 月份到达底格里斯河畔的泰西封城下。由于该城的城防工事坚固，尤里安的进攻受挫，于 6 月 16 日下令撤军。由于缺乏后勤供应和遭受来自波斯军队的袭击，其部队损失惨重。363 年 6 月 26 日，在一次小规模的冲突中，尤里安被杀。

尤里安是罗马帝国晚期最出色的皇帝之一，在高卢和日耳曼地区的作战，充分显示出他具有高超的军事技巧和巨大的能力，特别是像他这样一位具有学者风度的年轻人，能表现出这样的才能，确属不易。入侵巴黎是他的一个错误决策，但是对此不能进行过分地指责，因为有些将军也许在一定程度上做得更差。他的著作有很多都留传了下来，通过这些著作，我们可以看出他的天才和他受希腊文化的巨大影响。他努力想恢复异教徒的统治地位，但他的努力为时过晚，最终遭到失败，这其一是因为，在宗教关系上，基督教对异教徒已经是不可容忍的了，这正像在以前异教徒迫害基督教徒时所做的一样；其二是因为异教徒的文化受到禁锢，很难再有所发展。

DLB

参考：Bowersock，G.，Julian the Apostate. Cambridge，Mass.，1979.

Browning，R.，The Emperor Julian. Berkeley，Calif.，1978.

Jones，Arnold Hugh Martin，The Later Roman Empire 284—602.3 vols. Oxford，1964.

尤利乌斯·纳波斯（Julius Nepos，卒于 480 年） 罗马皇帝。参加主要战争：西罗马帝国的崩溃（454—476 年）。

尤尼乌斯·佩拉，马可（Junius Pera，Marcus，作战时期：公元前 230—前 216 年） 罗马执政官。参加主要战争：第二次布匿战争（公元前 219—前 202 年）。

尤尼乌斯·佩拉是 D. 尤尼乌斯·佩拉之子，其早期生平不详。公元前 230 年任执政官，在利古里亚（意大利里维埃拉）作战。公元前 225 年担任监察官，负责清点意大利军队的人数。公元前 216 年秋罗马军队在坎尼之战惨败之后，他当选为执政官，成功地重新组建了一支部队，弥补了在坎尼之战中的损失，但在战场上极少取胜。他作为罗马共和国最后一任执政官率军作战而引人注目。

CLW

参考：Broughton，T. R. S.，and M. L. Patterson，Magistrates of the Roman Republic. London，1951—1960.

朱诺，让·安多奇，阿布兰兹公爵（Junot，Jean Andoche，Duke of Abrantes，1771—1813 年） 法国将军。参加主要战争：法国大革命战争（1792—1799 年）和拿破仑战争（1800—1815 年）；参加主要战役（战斗）：马耳他之战（1798 年）、皮拉米德之战（1798 年）、蒙特塔布尔之战（1799 年）、阿布吉尔之战（1799 年）、奥斯特利茨之战（1805 年）、维梅鲁之战（1808 年）、布萨卡之战（1810 年）、芬兹德诺鲁之战（1811 年）、斯摩棱斯克之战（1812 年）。

朱诺 1771 年 10 月 23 日生于布希-勒-格兰德（勃艮第蒙巴尔附近），他是一位富有的农场主之子。1792 年入伍科特多志愿军，参加了 8 月 23 日的朗韦之战，此战中朱诺负伤。1793 年 9 月 7 日—12 月 19 日，作为拿破仑的秘书参加了土伦包围战。1794—1797 年任拿破仑侍从副官长，在意大利服役。1796 年 8 月，在一次小的骑兵战中，朱诺头部受重伤，随后在奥伦特军队中服役。6 月 10 日及 7 月 21 日参加了马耳他之战及皮拉米德之战。1799 年 1 月升为准将，并在叙利亚服役，参加了 4 月蒙特塔布尔的那扎拉斯之战，回到埃及后参加了 7 月 25 日的阿布吉尔之战，10 月，在返法途中被英军捕俘，获释后返回军队，被提升为少将，不久的 1803 年受命任巴黎守军总司令。1804 年在阿拉斯训练军队，以准备对付英军的入侵。1805 年，他被任命为驻里斯本大使，但不久便辞去该职，转赴拿破仑的参谋部，以进行奥斯特利茨战役。在意大利服役一段时间后，于 1806 年 7 月被任命为巴黎总督。作为军团指挥员，他受命攻占葡萄牙。1807 年，当他攻克里斯本后，被任命为葡萄牙军政总督。8 月 21 日，在维梅鲁之战，他被韦尔斯利即后来的惠灵顿公爵打败，根据 8 月 22 日的辛特拉会议条款，他被迫撤出葡萄牙。后来他任驻西班牙几个军的总指挥，1808 年 12 月 20 日—1809 年 2 月 20 日，他率第三军团发起了第二次对萨拉戈萨的包围战。作为第三军团司令，他在马森纳手下参战。1810 年 6 月 16 日—7 月 14 日，

参加了对休达罗里哥的包围战，9 月 27 日又转战布萨卡，10 月 11 日对索布拉尔围攻。在利沃麦奥尔之战中，朱诺鼻子受重伤。1811 年 3 月 5 日，他负责掩护主力从特里斯-维得拉斯一线后撤，后参加 5 月 3—5 日的芬兹德诺鲁之战。1812 年入侵俄国期间曾担任各种指挥官。返法后不久便疯了（可能是其头部多次受伤的原因）。据称他于 1813 年 7 月 29 日卒于他双亲所在地蒙巴尔。

朱诺是拿破仑最有能力的下属之一，他勇敢但有时任性。他的计划常因他缺乏系统的军事教育而失败。他是一位有才能的管理者，并将其毕业精力都献给了拿破仑。

VBH

参考：Six, G., Dictionnaire biographique des généraux et amiraux français de la Révolution et de l'Empire (1792—1814). Paris, 1934—1938.

查士丁一世(Justin Ⅰ，约 450—527 年) 拜占庭皇帝。

查士丁约 450 年生于现在的斯科普里（前南斯拉夫境内）附近的一个农民家庭。参军后，很快成为一名能征善战的指挥官。被任命为地方行政长官和卫兵首领。518 年，阿纳斯塔西乌斯一世去世后，当时担任帝国禁卫军指挥官的查士丁登基成为东罗马皇帝。在叙利亚和埃及迫害基督一性论派异端。519 年，他结束了宗教教派之间的分裂，恢复了宗教同国家政权之间原有的关系。当同波斯的战争迫在眉睫之时，他与波斯边境上的一些小国建立了同盟。查士丁是一个文盲，他主要依靠其天才的侄子查士丁尼来管理这个国家。527 年，查士丁去世，查士丁尼接替他成为拜占庭皇帝。

DLB

参考：Stein, Ernest, Histoire du Bas-Empire Ⅱ. Brussels, 1949.

Vasilliev, A. A., Justin the First. Cambridge, Mass., 1950.

查士丁尼一世（大帝）(Justinian Ⅰ the Great 〈Flavius Justinianus〉, 483—565 年) 绰号"永不疲倦的皇帝"，拜占庭帝国皇帝。参加主要战争：第一次波斯战争（524—532 年）、与汪达尔人的战争（533—534 年）、与意大利人（东哥特人）的战争（534—534 年）、第二次波斯战争（539—562 年）、西班牙战争（554 年）、保加尔人入侵色雷斯战争（559 年）。

查士丁尼一世 483 年生于斯科普里附近一个讲拉丁语的伊利里亚家民家庭。他于 500 年左右去了君士坦丁堡，在那里，他受到了良好的教育，并由于叔父查士丁的原因，职位得以升迁。518 年，阿纳斯塔西乌斯一世去世，查士丁当上了皇帝。查士丁尼效力于查士丁，为其出谋划策，充当顾问。查士丁因年迈无嗣，收查士丁尼为养子。525 年，查士丁尼获得"恺撒"称号（恺撒原为罗马独裁者，后以此为皇帝的代称，拜占庭帝国、沙俄的皇帝均自称恺撒，如沙俄皇帝的恺撒，因语音的转化，成了"沙皇"——编者注），527 年 4 月 4 日，与叔父共执朝政，成为共治皇帝。527 年 8 月 1 日，查士丁去世，查士丁尼成为唯一的君主。这个时侯，拜占庭大军正在幼发拉底河畔与波斯的军队酣战，经过几次交锋，以贝利萨留为首的几员大将于 531 年 9 月取得重大胜利。532 年 9 月，查士丁尼与霍斯罗一世达成永久性的和平协定。532 年，查士丁尼依靠其妻狄奥多拉的果敢的支持和手下将军贝利萨留和纳尔塞斯对他忠心耿耿，很快结束了尼卡的叛乱。533—534 年，查士丁尼指挥贝利萨留入侵并征服了位于北非的汪达尔王国，然后又于 535 年入侵意大利的东哥特人王国。在意大利的战役中，由于查士丁尼不愿派增援部队，拜占庭军队故而受挫，不得不后撤。又于 539 年与波斯人重新宣战。541—544 年，查士丁尼调遣贝利萨留到波斯前线，经过一系列的反击，贝利萨留终于在 544—549 年取得决定性胜利。551—554 年，宫廷内侍纳尔塞斯也取得了同样的战绩。545—549 年，尽管拜占庭与波斯达成了为期 5 年的休战协定，但波斯战争继续激烈地进行着，直到 562 年才又签订了为期 50 年的和约。在这个时期，即 543—548 年，查士丁尼征服了柏柏尔人部落，巩固了拜占庭帝国对北非的控制。554 年，查士丁尼把拜占庭帝国的统治扩张到西班牙。这些战绩都归功于贝利萨留统率的军队，但此后不久，贝利萨留却被粗暴地剥夺了指挥权。540—560 年，查士丁尼在巴尔干建立了许多新的防御城堡，重点放在沿多瑙河一带、塞萨洛尼基和塞莫皮莱地区，以抵御斯拉夫人和保加利亚人的进攻。查士丁尼希望社会安定、经济繁荣，他制定了宏大的建筑规划，如重建被地震摧毁的城市、开辟输水管道等等。他还亲自指导了许多新的公共设施的建造，其中包括君士坦丁堡的圣索非亚大教堂这一不朽的杰作。查士丁尼非常重视法学研究，528 年成立了编纂新帝国法规的专门委员会。529 年发布《查士丁尼法典》。530 年又建立了一个整理罗马法学著述的专门委员会，533 年出版《法学总论》，534 年重版《查士丁尼法典》，称为《法令新编》。565 年又颁布了《新律》。540—560 年，查士丁尼把地中海东部和埃及的基督一性论派融入东正教的努力未获得成功。559 年，查士丁尼重新起用贝利萨留，平息了保加利亚人及其同盟军的一场大规模入侵战争。562 年，查士丁尼在毫无证据的情况下，关押了贝利萨留，但又于 563 年释放了他。565 年 11 月 14 日，查士丁尼一世卒于君士坦丁堡，侄子查士丁二世继承了王位。

查士丁尼一世精力旺盛、野心勃勃、智力超群、勤奋刻苦。他可长时间不吃不睡却能保持旺盛的精力，因而得到了"永不疲倦的皇帝"这一绰号。尽管有人说查士丁尼身世低贱，他的希腊语很糟糕，但他的确受过很好的教育。查士丁尼非常谨慎，一般不给自己的将军太多的权力，即使对战绩显赫、忠心耿耿的贝利萨留也是如此，使人感到了查士丁尼的刻薄寡恩。查士丁尼雄心

J

勃勃地想恢复拜占庭以往的辉煌，却最终未能达到目的。但他作为一名政治家和统治者，所取得的成就仍然是非常卓越的。

DLB

参考：Becker, George Phillip, Justinian. New York, 1931.

Bury, J. B., A History of the Later Roman Empire from the Death of Theodosius Ⅰ to the Death of Justinian. 2 vols. London, 1923.

Diehl, Charles, Justinien et la civilisation Byzantine au VIème siècle. Paris, 1901.

Ostrogorsky, George, A History of the Byzantine State. Translated by Joan Hussey. New Brunswick, N.J., 1969.

Procopius, History of the Wars. Translated by H. B. Dewing. London, 1914.

——, Secret History. Translated by R. Atwater. Ann Arbor, Mich., 1966.

Vasiliev, Alexander Alexandrovich, Justin the First: An Introduction to the Epoch of Justinian the Great. Cambridge, Mass., 1950.

查加士丁尼二世(Justinian Ⅱ,669—711 年) 拜占庭皇帝。参加主要战争：阿拉伯战争（690—692 年）、王位继承战争（704 年）、巴达纳埃斯·菲利皮卡斯起义（711 年）；参加主要战役（战斗）：君士坦丁堡之战（704 年）。

查士丁尼努斯(Justinianus,约 525—582 年) 拜占庭将军。参加主要战争：伊利里亚战争（552—572 年）、与波斯人进行的战争（572—579 年）。

查士丁尼努斯约生于 525 年，是格马尼纽斯和帕索拉之子，也是皇帝查士丁尼一世的侄孙。550—551 年，查士丁尼努斯跟随父亲远征意大利。552 年，父亲在索非亚去世后，查士丁尼努斯对斯拉夫人发动了伊利里亚（前南斯拉夫）战役。在此期间，频繁转战于巴尔干半岛，因战功显赫，572 年被提升为帝国高级将领。拜占庭-波斯战争爆发后，查士丁尼努斯被指定为亚美尼亚指挥官。572—573 年，查士丁尼努斯支持亚美尼亚人反抗统治他们的波斯人，接着又被指定为帝国东部地区的指挥官。575 年，战争重新开始，575—576 年查士丁尼努斯率领一支部队越过高加索山脉，到达里海，然后回到亚美尼亚过冬。576 年 6 月，查士丁尼努斯在君士坦丁堡举行庆功仪式。后来由于他对手下将领约束不严，被免去指挥权。578 年 10 月，查士丁尼二世去世后，他参与了皇后索菲亚的阴谋活动，想当皇帝。尽管查士丁尼努斯试图除掉新皇帝提比略一世，但新皇帝还是饶恕了他。约在 580 年，查士丁尼努斯再次密谋反对提比略，又一次被宽恕。卒于 582 年。

Staff

K

桦山佐则(Kabayama, Sukenori, 1837—1922 年) 日本陆、海军将军。参加主要战争：复位战争（1868 年)、中日甲午战争（1894—1895 年)；参加主要战役（战斗)：鸭绿江之战（1894 年)。

影佐祯昭(Kagesa, Sadaaki, 1893—1948 年) 日本将军、军事特务头目。参加主要战争：日本侵华战争（1937—1945 年)、第二次世界大战（1941—1945 年)。

原景时(Kajiwara, Kagetoki, 卒于 1200 年) 日本武士。参加主要战争：源平战争（1181—1185 年)；参加主要战役（战斗)：石桥町之战（1181 年)、屋岛（高松）之战、坛之浦（下关附近）之战（1185 年)。

原景时的出生日期不详，为相模县一位武士之子。源平战争初期，他与平氏家族一同作战，但在石桥町之战（1181 年）之后，他倒戈投向源氏家族，与源赖朝的异母弟和主要将军、声名显赫的源义经一起并肩作战，战功卓著。参加了直捣平氏老巢——屋岛的作战和最后的坛之浦海战，平氏派在该海战中被歼（1185 年)。后来，他与源义经分道扬镳，不仅将其出卖与其兄源赖朝，又诬告其犯叛逆罪，以致使源赖朝将其异母弟杀死。由于这一令人不齿的行为，他在关于源赖朝与源义经之间关系的民间故事和传说中被描绘成反面角色。

LH

参考:Samsom, George B., A History of Japan to 1334. Stanford, Calif., 1958.
Shinoda Minoru, The Founding of the Kamakura Shogunate, 1180—1185. New York, 1960.

角田觉次(Kakuta, Kakuji, 1890—1944 年) 日本海军上将、军国主义者。参加主要战争：第二次世界大战（1941—1945 年)；参加主要战役（战斗)：霍南迪亚之战（1942 年)、圣克斯群岛之战（1942 年)、瓜达尔卡纳尔海战（1942 年)、菲律宾海海战、提尼安海战（1944 年)。

卡拉温(kala'un，卒于 1290 年) 埃及的马穆鲁克王朝苏丹。参加主要战争：蒙古人侵叙利亚（1281 年)、征服十字军诸国（1271—1291 年)；参加主要战役（战斗)：霍姆斯之战（1281 年)、的黎波里（黎巴嫩境内的特利波利）围城战（1289 年)。

卡拉温的出生及早期经历不详。其女嫁与伟大的苏丹拜巴斯之子，拜巴斯死（1277 年）后，卡拉温得以即位。继续对残存的十字军各飞地进行作战。亲率大军（传说有 10 万人）与大约 4 万人的伊儿汗蒙古军队进行非决定性的霍姆斯之战（1281 年)。蒙古人求胜无望，并向后撤退。卡拉温攻克十字军的城市的黎波里（1289 年)。卒于 1290 年。

对他的传统评论是："最好的士兵和最差的统治者"。

TM

参考:EMH.

卡尔布，约翰（卡尔布男爵）(Kalb, Johann〈Baron de Kalb〉, 1721—1780 年) 在美军中服役的日耳曼将军。参加主要战争：奥地利王位继承战争（1740—1748 年)、七年战争（1756—1763 年)、美国独立战争（1775—1783 年)；参加主要战役（战斗)：卡姆登之战（1780 年)。

卡尔布 1721 年生于巴伐利亚的农民家庭。16 岁时离家，后出现于法国步兵团，为中尉（1743 年 9 月)。奥地利王位继承战争期间在莫里斯·德·萨克斯元帅的军中作战，后晋升为少校（1756 年)。七年战争期间表现突出。与一位富裕的女继承人结婚（1764 年）后退出军队（1765 年 1 月)。为查明北美殖民地对英国的态度，曾代表法国外交大臣舒瓦泽尔访问这些殖民地，重新加入军队后效力于布罗格利伯爵麾下，晋升为准将（1776 年 11 月)。决定去美国寻求事业后，他与拉斐特乘船同行（1777 年 4 月 20 日)，却发现美国国会不愿接受他加入军队。由于他以不履行与赛拉斯·迪恩签订的契约相威胁，被授予少将（9 月 15 日)。在福吉谷过冬（1777—1778 年）后，在那场半途而废的对加拿大远征中被任命为拉

斐特的副司令。奉命率马里兰和特拉华的大陆军部队从新泽西的莫里斯敦出发，前往解救南卡罗来纳的查尔斯顿（1780年4月3日）。经过一次出色的行军抵达南卡罗来纳，却发现查尔斯顿已经投降。在北卡罗来纳的深谷（格林斯伯勒附近的野牛津）与霍雷修·盖茨将军会合，并将指挥权交与他（7月25日）。尽管卡尔布敦促他发起进攻，但盖茨犹豫不决，使突然性悄然丧失。卡姆登之战中，他指挥美军右翼，并在左翼和中路部队溃败后继续进行作战（8月16日）。被俘前曾被打下马并11次负伤。1780年8月19日因伤卒于卡姆登。

卡尔布高大、强壮、英俊，是一名真正的职业军人。他能干而骁勇，因缺少政界朋友和有影响的人物而未能在美国军队中获得独立的指挥权。

DLB

参考：Collevill, Vicomte de, Les missions secrètes du General-Major Baron de Kalb et son role dans la guerre de l'indépendance américaine. paris, 1885.
Kapp, Friedrich, Life of John Kalb: Major-General in the Revolutionary Army. New York, 1884.
Boatner, Encyclopedia.
EB.

K

上村彦之丞（Kamimura, Hikonojo, 1849—1916年） 日本海军上将。参加主要战争：复位战争（1868年）、中日甲午战争（1894—1895年）和日俄战争（1904—1905年）；参加主要战役（战斗）：鸭绿江之战（1894年）、蔚山之战（1904年）和对马海战（1905年）。

上村1849年生于萨摩藩，即后来的鹿儿岛县。在复位战争期间（1868年1—7月）他是一位徒步武士。1871年帝国政府成立之后不久进入海军学院，1879年成为海军少尉，后任海上低级军官，指挥“马亚”号炮舰（1891—1893年）和“鸟海”号炮舰（1893—1894年）。在鸭绿江之战中（1894年9月17日）他指挥新的巡洋舰“秋津岛”号表现突出。1895—1903年在海军部、参谋部和舰队任职，1903年晋升海军中将。日俄战争中指挥第二舰队，负责牵制在海参崴的俄军巡洋舰分舰队。1904年4—6月当俄军巡洋舰在日本海击沉日本运输舰只时，他受到广泛的指责，不过他在蔚山之战中（8月14日）重新挽回声誉。在那里他的舰队击沉了“留里克”号，击伤了“霹雳”号和“俄罗斯”号。1905年5月27日的对马海峡之战中，他在“出云”号巡洋舰上指挥第二舰队作战。战后，他任横须贺海军基地司令（1905—1909年）和第一舰队司令（1909—1911年）。1907年获封男爵，1910年晋升海军上将。1911年被提名为享有极大荣誉的最高军事委员会委员，1914年转入预备役，卒于1916年。

上村彦之丞是一位有才干的海军指挥官，在其一生中，他因脾气暴躁、作战勇敢并具武士道精神而闻名。

DE

参考：Repington, Charles A., The War in the Far East, 1904—1905. London, 1906.
Warner, Denis and Peggy, The Tide at Sunrise: A History of the Russo-Japanese War, 1904—1905. New York, 1974.

甘英（Kan Ying, 活动于约94年） 中国东汉将军和探险家。参加主要战争：东汉征服中亚（50—102年）。

卡纳里斯，康斯坦丁（Kanaris, Konstantinos, 1790—1877年） 希腊海军上将和政治家。参加主要战争：希腊独立战争（1821—1829年）；参加主要战役（战斗）：希俄斯岛之战、特内多斯之战（1822年）、亚历山大之战（1825年）。

卡纳里斯1790年生于巴萨拉的爱琴岛。第一次取得辉煌战绩是在1822年6月18日的希俄斯岛，在安得列阿斯·米奥雷斯的率领下，他利用两艘火船发起攻击，烧毁了土耳其的旗舰，杀死了船上所有人员，并迫使土耳其舰队撤至达尔丹勒斯。11月，在特内多斯海面摧毁了另一艘土耳其舰。1824年6月，卡纳里斯又追歼在萨莫斯及勒斯勃斯海域的土耳其舰队。1825年8月，他又在亚历山大向穆罕默德的舰队发起了一次突然进攻，但由于逆风原因未能成功。对于波澜壮阔的希腊独立政治运动他始终泰然处之，从不过问，但后来，他与国王的对手结成同盟，并于1848—1849年任首相。1861年作为临时政府的一员废除了奥托国王。1864年4—5月及1864年8月—1865年2月，曾两次出任首相。在土耳其-俄国战争期间，再次出任首相。1877年9月14日卒于雅典的办公室中。

卡纳里斯是一位勇敢而富于朝气的海军军官。他后来的经历又表明他是一位稳健而又爱国的政治家。

DLB

参考：Woodhouse, C. M., The Greek War of Independence. London, 1952.
EB.
EMH.

康熙（玄烨）（K'ang-Hsi〈Hsuan-Yeh〉, 1654—1722年） 中国清朝皇帝。参加主要战争：平定三藩叛乱（1674—1681年）、平定准噶尔叛乱（1690—1696年）、平定准噶尔部在西藏的叛乱（1705—1720年）。

康熙1654年生于北京，是顺治皇帝第三子。1661年2月5日，顺治死于天花后即皇位，由四位顾命大臣辅佐。康熙之所以登基，部分原因是因为其兄长们未能幸免于天花，而他已度过天花病毒的早期侵害。1667年亲政，监禁顾命四大臣之一。西部和南部三个藩王欺他年幼无经验，趁机反叛。其中，位于西部的吴三桂威胁最大，已宣布成立新王朝（国号周），并发兵10万，试

图反清复明。康熙决定亲征，经八年血战，1681年平息叛乱。从此，清政府对中国的统治更加稳固。1678年出兵驱逐盘踞黑龙江流域雅克萨的沙俄侵略军，遏制了沙俄侵华野心。康熙于1702年同俄罗斯签订《中俄尼布楚条约》，确定了中俄之间的东段边界。经几年边境非决定性作战（1690—1695年）后，康熙率军8万，兵分七路进入西北地区和伊犁谷地。1696年，在昭莫多（今乌兰巴托）击败准噶尔部首领噶尔丹。翌年（1697年）噶尔丹畏罪自杀，清王朝恢复了对蒙古的统治。康熙担心准噶尔部在西藏的影响日益增大，1700年派兵入藏以防准噶尔部勾结西藏少数上层分子叛乱。1705年册封新任达赖喇嘛。1717年，准噶尔支持西藏少数上层分子，派一支小规模军队入侵西藏，并攻占拉萨。1718年，他们囚禁清廷册封的达赖喇嘛，歼灭了清王朝一路援军。1718年，康熙派遣两支军队进入西藏，一支军队进入准噶尔部，攻占了乌鲁木齐和吐鲁番，确保了西藏安全，平定了准噶尔部叛乱。1722年在北京驾崩。

康熙是一位异常谨慎和勤奋的统治者，经常巡视诸省，力求保持其统治机构求实、讲求效率和公正。他早起晚寝，伏案工作，挤出时间研习学问、音乐、绘画和书法。他的兴趣广泛，在他看来学识是稳定政权的基础。在中国历史上，没有任何一个人把一个少数民族对中国的不稳固统治，转变为完善稳定的王朝政权中所做出的贡献比他更大。

DLB and PWK

参考：Hibbert, E. T., K'ang Hsi, Emperor of China. London, 1940.

Himmel, Arthur, Eminent Chinese of the Ch'ing Period. Washington, D. C., 1943—1944.

Oxnam, Robert B., Ruling from Horseback: Manchu Politics in the Oboi Regency, 1661—1669. Chicago, 1974.

Ripa, Matteo, Memoirs of Father Ripa, during Thirteen Years' Residence at the Court of Peking… Translated by Fortunato Prandi. London, 1855.

Spence, Jonathan D., Ts'ao Yin and the K'ang-hsi Emperor, Bondservant and Master. New Haven, Conn., 1966.

闲院琴人（Kanin, Kotoshito, 1865—1945 年） 日本陆军元帅。参加主要战争：中日甲午战争（1894—1895年）、日俄战争（1904—1905年）。

高颎（Kao Chiung〈Gao Jiong〉, 555—607 年） 中国隋朝将领。参加主要战争：重新统一中国的战争（580—589年）；参加主要战役（战斗）：安阳战役（580年）。

高颎555年生于中国北方一个普通家庭。571年，他被指派为位于长安周围的北周相府司录。577年，高颎在灭齐（齐在河北南部和河南北部）的过程中，表现出色，遂引起杨坚的注意，杨坚这时是中国北方北周的首领。高颎率领一支部队在中国北部平原中心地区支持杨坚，并于580年夏，打败杨的对手尉迟迥，取得安阳战役的胜利。581—589年，高颎四处征战，为灭掉位于长江流域的陈国，立下了汗马功劳。589年，高颎与秦王杨广一起率领杨坚的军队南下，重新统一了中国。隋朝建立后，高颎任隋文帝的尚书左仆射，执掌朝政，一直到599年。607年，高颎因议炀帝奢侈被隋文帝的继承人炀帝杀害。

参考：Twitchett, Dennis, ed., The Cambridge History of China, Vol. Ⅲ. London, 1979.

Wright, Arthur F., The Sui Dynasty. New York, 1978.

高仙芝（Kao Hsien-chih, 卒于 755 年） 中国唐朝军队中的朝鲜将军。参加主要战争：与阿拉伯人和吐蕃的战争（747—751年）、镇压安禄山叛乱的战争（755—763年）；参加主要战役（战斗）：怛罗斯（今吉尔吉斯共和国江布尔）之战（751年）、潼关战役（755年）。

高仙芝生于朝鲜，侍从于唐玄宗。他打败了西藏的吐蕃（音 bō）人，名声大震。750—751年，高仙芝率部向西穿过帕米尔高原迎战阿拔斯的阿拉伯军队。在这一时期，他有叛变嫌疑。751年，高仙芝在怛罗斯决战中被打败。唐朝虽败，但遏止了阿拉伯人东扩的势头。尽管高仙芝遭到挫折，但后来还是被封为贵族，并于755年被派去镇压安禄山的叛乱。高仙芝成功地保住了潼关（西安西北方向）。后来，也就是在这一年，即755年，他被诬告克扣粮饷、贪污受贿而被处死。

参考：Pulleybank, E. G., The Background of the Rebellion of An Lu-shan. New York, 1955.

卡拉季奇（乔治·彼得洛维奇）（Karageorge〈George Petrovich〉, 1762—1817 年） 塞尔维亚将军及统治者。参加主要战争：奥地利-俄罗斯-土耳其战争（1787—1791年）、塞尔维亚起义（1804—1813年）；参加主要战役（战斗）：伊万科瓦克之战（1805年）、米萨尔之战（1806年）、瓦尔瓦林之战（1810年）。

卡拉季奇1762年11月14日生于塞尔维亚的威悉瓦克，早年得到“黑色乔治”的外号，因其生相黝黑，曾当猎倌和马夫。1786年他杀死了几名土耳其人，不得不逃亡乌尔比加。在那里他结了婚，后来于1787年移民到奥地利，做护林员工作。1788年参加奥地利军队，在奥地利-俄国-土耳其战争中，到意大利作战。1790年，奥地利同土耳其休战，他仍然留在塞尔维亚，继续独立进行不时的游击战。1791年8月4日，《塞斯塔瓦条约》签署后，他在特波拉定居，并开始做牛生意。他变得越来越富有，并养了七个小孩，其第三子后来成为塞尔维亚亲王。当塞尔维亚决定反对土耳其人的统治时，他们选举卡拉季奇为独立运动的领导人。早期，他们仅仅是反

对控制塞尔维亚的土耳其近卫步兵，但当近卫步兵首领被杀后，卡拉季奇仍未停止战斗，他拒绝放下武器，并提出只有当他的领导地位以及土耳其近卫军被打败的事实被第三方承认为止。土耳其人拒绝做出这样的承诺，1805年，卡拉季奇在伊万科瓦克战胜土耳其正规部队。随后，他组建塞尔维亚议会，清楚地表明了其独立的目标。1806年当他夺取了米萨尔之战的胜利后，他得以控制贝尔格莱德，以便能在没有外界的帮助下赢得塞尔维亚的独立。俄国人向土耳其宣战，使俄国与塞尔维亚得以结盟，但塞尔维亚人却被排除于1807年《斯洛勃琴和约》之外。卡拉季奇及其国人群情激奋，1808年作为这次以及其他事务、包括俄国人命令式的政策中，对轻视塞尔维亚人的反应，塞尔维亚国会颁布了塞尔维亚第一部宪法，宪法规定卡拉季奇是“最高世袭领导人”。1809年土耳其与俄国战争再次爆发，而俄国人再次援助塞尔维亚人。1810年，塞尔维亚-俄国联军在瓦尔瓦林打败土耳其人，一段时间内，塞尔维亚与俄国的关系处于良好阶段。《布卡雷斯特条约》签署后，俄国-土耳其战争结束，从而使俄国得以脱身应付国人的入侵，并仅仅模糊地约定了塞尔维亚人要大赦天下并获得自治，但具体的细节则留给了塞尔维亚人及土耳其人协商解决。俄国人再次将塞尔维亚人抛入灾难的深渊，不久，土耳其人得以集中兵力同塞尔维亚人作战。在1812—1813年的作战中，塞尔维亚终于被打败。卡拉季奇逃亡奥地利，但在那里被囚一年，1814年才获准去比萨拉比亚。1815年塞尔维亚起义后，俄国人拒不让卡拉季奇返回塞尔维亚，当他到圣彼得堡为其辩护时，他被软禁在乌克兰。1817年，卡拉季奇设法秘密地穿越比萨拉比亚返回塞尔维亚。在那里他成了一场阴谋的牺牲品，亲土耳其的前塞尔维亚领导人并非想同卡拉季奇竞争其统治地位，而是想争得贝尔格莱德的统领。1817年7月25日，卡拉季奇在睡梦中被杀死于拉德万耶的乡村。他的头被送至伊斯坦布尔。

卡拉季奇是一位足智多谋、意志坚定的领导人。他将塞尔维亚农民组织起来并率领他们夺取胜利的才能是非凡的。他还是一位残暴和嗜杀成性的人，被他杀死的人至少有125人，他还亲手杀害了他的父亲。他对违反军事法规的人的惩罚措施就是屠杀。

BAR

参考：Rothenberg, Gunther E., The Military Border of Croatia, 1740—1881: A Study of an Imperial Institution. Urbana, Ill., 1960.
EB.
EMH.

片仓衷（Katakura, Tadashi, 1898—?） 日本将军、军国主义者。参加主要战争：侵略中国东北（1931—1932年）、第二次世界大战（1941—1945年）。

片岗七郎（Kataoka, Shichiro, 1854—1920年） 日本海军上将。参加主要战争：中日甲午战争（1894—1895年）和日俄战争（1904—1905年）；参加主要战役（战斗）：黄海海战（1904年）和对马海战（1905年）。

片岗1854年生于萨摩藩，即后来的鹿儿岛县。1871年进入海军学院，1877—1878年和日本未来的海军参谋长山本权兵卫一起，在德国舰只“维内他”和“莱比锡”号上接受训练。1881—1886年为中尉在海上任职，1886—1888年任海军学院教官。1889—1890年重返德国深造，1890—1894年任驻德国柏林使馆武官。中日甲午战争的头几个月（1894年）在海军参谋部任职，1895年侵略中国澎湖列岛和台湾期间指挥装甲舰“金刚”号和巡洋舰“浪速”号。1895—1903年在大型舰只和岸上任职，1899年晋升海军少将，1903年晋升海军中将。在日俄战争的早期，他指挥第三舰队，该舰队是由废旧舰只组成的大杂烩，被戏称为“滑稽舰队”，但他作为战斗指挥官贡献却颇大。1904年8月10日黄海海战中，他在“日进”号巡洋舰上指挥第五和第六分舰队作战。1905年5月27日对马海峡之战中，他在“严岛”号巡洋舰上指挥同样的分舰队作战。战后任海军部舰船处处长（1906年），1907年获封男爵，1910年晋升海军上将，1911年转入预备役，卒于1920年。

DE

参考：Repington, Charles A., The War in the Far East, 1904—1905. London, 1905.
Warner, Denis and Peggy, The Tide at Sunrise: A History of the Russo-Japanese War, 1904—1905. New York, 1974.

加滕宽治（Kato, Kanji, 1870—1939年） 日本海军上将。参加主要战争：中日甲午战争（1894—1895年）、日俄战争（1904—1905年）；参加主要战役（战斗）：威海海战（1895年）、黄海海战（1904年）。

加藤清正（Kato, Kiyomasa, 1562—1611年） 日本将军，素有“恶鬼”将军之称。参加主要战争：日本统一战争（1550—1615年）、侵朝战争（1592—1598年）、日本内战（1600—1603年）；参加主要战役（战斗）：志津竹（敦贺附近）围攻战（1583年）、蔚山之战（1597年）、关原战役（1600年）。

加藤清正生于1562年。早年曾用名虎之佐。1583年，奉丰臣秀吉之命率军围攻志津竹城。鉴于战功显赫，被封赐为本州岛的熊本领主。1592年丰臣秀吉发动第一次侵朝战争时，他率一个师与基督教的将军小西行长争夺头功。后来他反对小西，与石田三成签定和约，不久被丰臣秀吉召回国。1597年再次侵略朝鲜时，他又被派往朝鲜。1598年，他率军与明朝军队在蔚山作战。战斗中，他率军顽固守卫阵地，直到由小早川秀昭和森秀元率援军赶到。由此，加藤名声大震。丰臣秀吉死后，他

支持德川家康，并于1600年10月21日率同盟军于关原与石田三成和南方的大名们交战，结果未分出胜负。1603年，被赏赐为熊杰县领主（在此以前，熊本县一直由其竞争对手小西行长占据着）。1611年，他到德川家康家拜访，但不久就突然而死，可能是被毒死的。1653年，他继承人的权力被德川家族第三位幕府将军家光剥夺，并遭流放。

加藤清正是位作战凶猛的将领，同时他又表现出对佛教的浓厚兴趣。

LH

参考：Denign, Walter, A New Life of Toyotomi Hideyoshi. Tokyo, 1904.

Sadler, A. L., The Maker of Modern Japan, the Life of Tokugawa Ieyasu. Reprint, New York, 1977.

Sansom, George B., A History of Japan, 1334—1615. Stanford, Calif., 1961.

加藤友三郎（Kato, Tomosaburo, 1861—1923年） 日本海军上将和政治家。参加主要战争：中日甲午战争（1894—1895年）和日俄战争（1904—1905年）；参加主要战役（战斗）：鸭绿江之战（1894年）、蔚山之战（1904年）和对马海战（1905年）。

胜海舟（Katsu, Awa〈Kaishu, Hintaro, Yoshikuni〉, 1823—1899年） 日本海军创始人和政治家。

胜海舟1823年生于江户（今东京）。他继承了父亲的地位而成为德川幕府的一名低级家臣。青年时期，他学习过荷兰语和西方的军事科学。当西方强国同日本交往时，他被聘为政府的翻译人员。1855—1859年，他在荷兰顾问主办的长崎海军讲习所担任教官。1860年任幕府的海军官员，并受命完成了日本政府的首次外交任务——在美国海军中校约翰·M. 布鲁克的帮助下，担任幕府船“翰林丸”号的指挥，把准备前赴华盛顿的日本外交特使运送至圣弗朗西斯科（旧金山）。在此次航行之后，他在幕府海军接任要职，并在政府各部门展开争论，要求国家的海上力量应当超越日本的那些世袭领地的限制，而且在职业训练的基础上征召人员。1863—1864年负责组建设在鸟羽的海军操练所，该所后来成为激进派和改良派的活动中心。1868年3月，长州藩和萨摩藩的倒幕（反德川）武装包围了幕府的首都江户，他同这些他深表同情的人进行谈判。1872—1873年在新的帝国政府中任海军大辅。接着他成为了第一位任满全部任期的海军卿（1873—1878年）。在任期间，他对于海军的内部事务一般很少插手，基本上充当了一名国家政策高级顾问的角色，而把日常工作都交给了萨摩藩出身的官员们的手中。在以后的岁月里，他任枢密官并撰写了大量的著作。卒于1899年。

DE

参考：Jansen, Marius B., Sakamoto Ryoma and the Meiji Restoration. Princeton, N.J., 1961.

桂太郎（Katsura, Taro, 1847—1913年） 日本将军和政治家。参加主要战争：复位战争（1868年）、中日甲午战争（1894—1895年）。

卡齐阿内尔，约翰，卡岑施泰因和弗莱丁根的男爵（Katzianer, Johann, Baron of Katzenstein and Fledingen, 1480—1539年） 奥地利将军。参加主要战争：奥地利与土耳其战争（1521—1526年）、匈牙利王位争夺战（1526—1538年）、奥地利与奥斯曼帝国战争（1528—1529年）；参加主要战役（战斗）：莫哈奇之战（1526年）、斯尼纳之战（1528年）、围攻维也纳之战（1529年）、埃塞克和瓦尔波沃之战（1537年）。

卡齐阿内尔1480年前后生于奥地利。1493—1519年间，在皇帝马克西米利安一世军中服役。在1526年8月29日匈牙利内战中的莫哈奇之战中，大败土耳其人，因而崭露锋芒。1528年3月8日，在斯尼纳之战中，击败约翰·扎波略。1529年9月23—10月15日，因率军坚守维也纳而名声大震。1537年夏末，与路德维希·洛格龙和保罗·巴克卡两位将军共同指挥军队围攻德拉瓦河下游的埃塞克城，但因天气恶劣及后勤补给不及等原因，不得不撤围。撤退途中遭土耳其大军埋伏，1537年12月2日，在瓦尔波沃惨败，他在此遭遇中及早逃跑而免遭厄运，土耳其人杀死或俘虏了2万名他的部下。后来被斐迪南皇帝投入监狱，他设法逃出并投奔土耳其军中。他试图劝说其原同僚米克洛什·兹里尼投降土耳其人。兹里尼假借同意，1539年10月27日，兹里尼借谈判之机密谋将卡齐阿内尔杀死。

卡齐阿内尔在其早期军事生涯中，是一位勇敢能干的指挥员。但埃塞克-瓦尔波沃战役之间和以后，他变得怯懦了，以至于最后变节。

DLB

参考：Oman, Sir Charles W. C., The Art of War in the Sixteenth Century. New York, 1937.

ADB.

考茨，奥古斯特·V.（Kautz, August V., 1828—1895年） 美国陆军军官。参加主要战争：美墨战争（1846—1848年）和美国内战（1861—1865年）；参加主要战役（战斗）：半岛战役（里士满附近，1862年）、诺克斯维尔之战（1864年）、彼得斯堡之战（弗吉尼亚州，1864—1865年）和阿波马托克斯之战（1865年）。

考茨生于1828年。他在墨西哥战争中是一名二等兵，后来进入西点军校学习，1852年毕业后曾在太平洋西北地区服役。返回东部不久，内战就于1861年4月爆发了。1862年4—7月参加了半岛战役。1863年6—7月参加了抗击南部同盟将军约翰·亨·摩尔根对印第安那和

K

俄亥俄州的突然袭击。1863 年 9—12 月在伯恩赛德麾下，于诺克斯维尔地区作战。1864 年 4 月晋升为北部志愿军准将。1864 年 4—7 月在格兰特的里士满和彼得斯堡战役期间，指挥本杰明·巴特勒将军詹姆斯军团的骑兵作战。10 月 7 日当朗斯特里特军向怀特塔弗恩（里士满附近）发起进攻时，考茨的骑兵师被逐出阵地，并受到一些损失。1865 年 4 月 2—9 日率领全师参加了对逃向阿波马托克斯的李将军的追击。5—7 月参加了对行刺林肯总统凶手的审判。1865—1891 年他在广阔的西南边境地区任职。1892 年退休，卒于 1895 年。

KH

参考：Warner, Ezra, Generals in Blue. Baton Rouge, 1977. DAB.

河边正三（Kawabe, Masakazu, 1886—1965 年） 日本陆军上将、军国主义者。参加主要战争：日本侵华战争（1937—1945 年）、第二次世界大战（1941—1945 年）；参加主要战役（战斗）：北平（今北京）周围的战斗（1937 年）。

河边正三 1886 年生于富山县。1907 年毕业于陆军军官学校。1917 年毕业于陆军大学。1918—1921 年任驻瑞士公使馆武官。1923 年晋升少校。1924—1925 年游历欧洲和美洲。1927 年在陆军大学任教。1929 年任驻柏林武官。1931 年晋升上校。1932—1933 年任团长。1934—1936 年任军训监察署处长。1936—1937 年，任天津侵华驻屯军旅长。1937 年任华北方面军参谋长。1937 年 7—9 月，日本侵华战争爆发时，积极参与了北平（北京）周围的作战行动。1938—1939 年，任侵华派遣军参谋长。1939 年晋升中将。1940—1941 年，任第十二师师长。1942—1943 年，再度任侵华派遣军参谋长。1943—1944 年任缅甸方面军司令。1944 年 3—9 月向印度发动了注定要失败的攻势，在科希马和英帕尔受阻。入侵失败后被解职。1945 年回国并晋升上将。在战争的最后几个月里，指挥过本土的几个集团军。

MRP

河边虎四郎（Kawabe, Torashiro, 1890—1960 年） 日本陆军将军、军国主义者。参加主要战争：第二次世界大战（1941—1945 年）。

河边虎四郎 1890 年生于富山县，河边正三之弟。1912 年毕业于陆军军官学校。1915 年毕业于炮兵和工兵学校。1921 年毕业于陆军大学。1922—1925 年供职于陆军参谋本部作战课。1926—1928 年任驻里加（当时的拉脱维亚）武官，研究苏联军事。1927 年晋升少校。1928—1929 年回国任陆军参谋学院战术教官。1929—1932 年供职于陆军参谋本部作战课。1932—1934 年任驻莫斯科武官。1934—1936 年任关东军情报处参谋和第二课课长。1935 年晋升上校。参与了通过支持日本代表人、军阀李寿兴（音译）控制内蒙古邻近的察哈尔省的行动。1936—1937 年任帝国近卫师炮兵团团长。1937—1938 年任陆军参谋本部战争统帅组成员，他是北平城外的“卢沟桥事变”（1937 年 7 月）后，支持石原贯二将军限制日本卷入中国的少数高级军官之一。1938 年晋升少将。1938—1940 年任驻柏林武官。1940—1945 年回国并指挥过侵华日军驻东北和本土的几个陆军航空队。1945 年 4—8 月，任参谋次长，率投降小组赴马尼拉道格拉斯·麦克阿瑟上将的司令部制定日本投降的细节问题。卒于 1960 年。

MRP

川口清健（Kawaguchi, Kiyotake, 1892—1961 年） 日本陆军将军、战犯。参加主要战争：日本侵华战争（1937—1945 年）、第二次世界大战（1941—1945 年）。

川口清健 1892 年生于高知县。1914 年毕业于陆军军官学校。1922 年毕业于陆军大学。1923—1940 年，大部分时间在日本和侵华日军中担任多种参谋职务。1940 年晋升少将。1941 年 12 月率第三十五步兵旅在婆罗洲登陆。后参加了日军侵占菲律宾后期的作战行动，率部在宿务（1942 年 3 月）和棉兰老岛（4 月）登陆。1942 年 8 月，奉第十七集团军军长百武晴吉将军之命歼灭瓜达尔卡纳尔岛的美军。他集结了一支 6000 人的部队，准备从陆、海、空三个方向对美军滩头阵地发动进攻。但因计划不周和实施不力，进攻受阻，遭到灾难性的损失（9 月 13—14 日）。11 月，在准备再次发动进攻时被百武晴吉免职。1943 年被降为预备役。战后受审，被判犯有战争罪。1946—1953 年遭监禁。卒于 1961 年。

MRP

参考：Hough, Frand O., Verle E. Ludwig, and Henry Shaw, From Pearl Harbor to Guadalcanal. History of U. S. Marine Corps Operations in World War Ⅱ, Vol. Ⅰ. Washington, D. C., 1958.

川上操六（Kawakami, Soroku, 1848—1899 年） 日本将军。参加主要战争：复位战争（戊辰战争 1868 年）、萨摩暴动（西南战争，1877 年）和中日甲午战争（1894—1895 年）。

川上 1848 年生于九州南部萨摩藩的一个武士家族。作为一名萨摩武士，他参加了 1868 年 1—7 月的反抗德川幕府的戊辰战争。1871 年被任命为新的帝国军队的一名中尉。参加了 1877 年 2—9 月的平息萨摩藩叛乱的西南战争。1884—1885 年到欧洲和美国旅行，对西方的军队体制进行了考察。在他返回之后，被晋升为少将并被任命为参谋本部次长（1885—1886 年）。在德国学习了一年之后，他再次担任参谋本部次长（1889—1895 年）。1898 年晋升为上将，并被任命为参谋总长。卒于 1899 年。

川上能够计划作战行动，他制定了 1894—1895 年的对华战争的战略计划。后来，他开始拟制可能爆发的对

俄战争的计划，但他并未能活着见到这些战争计划的实施。

LH

川村景明(Kawamura, Kageaki, 1850—1926 年) 日本海军元帅。参加主要战争：萨摩战争（1863 年）、复位战争（1868 年）、萨摩暴动（1877 年）、中日甲午战争（1894—1895 年）和日俄战争（1904—1905 年）；参加主要战役（战斗）：奉天（沈阳）之战（1905 年）。

川村 1850 年生于萨摩藩的鹿儿岛。萨摩战争时（1863 年 8 月 15—16 日）他才 13 岁，当英国皇家海军炮击鹿儿岛时他因作战勇敢而闻名。复位战争时（1868 年 1—7 月）他参加了反对德川统治的战斗。1871 年成为日本帝国军队的中士，次年（1872 年）成为少尉。萨摩暴动期间（1877 年 2—9 月）曾参战。1891 年晋升少将。中日甲午战争期间（1894 年 8 月—1895 年 4 月）指挥帝国警卫师中的一个旅。在日俄战争头几个月里指挥第十师团，1904 年因卓越的领导才干而越过几位资深的上级晋升为上将，指挥鸭绿江集团军。在奉天（沈阳）之战中（1905 年 2 月 21 日—3 月 10 日）表现极为凶猛。战后获封子爵，1919 年任帝国军事预备役协会主席，卒于 1926 年。

LH

参考：Repington, Charles A., The War in the Far East, 1904—1905. London, 1905.
Warner, Denis and Peggy, The Tide at Sunrise: A History of the Russo-Japanese War, 1904—1905. New York, 1974.

川村纯义（纯二）(Kawamura, Sumiyoshi 〈Jungi〉, 1836—1904 年) 日本海军上将。参加主要战争：复位战争（1868 年）、萨摩暴动（1877 年）；参加主要战斗：鸟羽-伏见（京都之南）之战和会津若松之战（1868 年）。

川村 1836 年生于萨摩。1855 年进入荷兰人开设的长崎海军训练中心。在 1868 年 1—7 月推翻德川幕府的复位战争中，他是萨摩军队中的一名武士，参加了鸟羽-伏见之战（1 月 27 日）和会津若松战斗（3 月）。1869—1872 年在新的帝国政府兵部任大丞、少辅等职。1872—1874 年成为新设立的海军省实际上的首脑。安排由海军中校阿奇博尔德·L. 道格拉斯率领的英国海军人员到海军军官学院执教。1874 年晋升为海军中将，并在胜海舟麾下任海军大辅（海军次长）。在 1877 年 2—9 月镇压萨摩暴动中，负责海军作战。在任海军大臣的 1878—1880 年和 1881—1885 年，他大力提拔萨摩藩出身的官员，以使他们在海军中占据主导地位。1887—1904 年担任枢密官。1901—1904 年担任明治天皇裕仁的指导老师。1904 年晋升为海军上将，卒于此后不久。

DE

卡尼，菲利普(Kearny, Philip, 1814—1862 年) 美国将军。参加主要战争：美墨战争（1846—1848 年）、意大利战争（1859 年）和美国内战（1861—1865 年）；参加主要战役（战斗）：丘鲁武斯科之战（墨西哥城附近，1847 年）、马振塔之战和索尔费里诺（斯蒂维耶雷堡附近）战役（1859 年）、威廉斯堡之战（1862 年）、费尔奥克斯之战（里士满附近，1862 年）、第二次布尔溪之战（弗吉尼亚州的马纳萨斯，1862 年）和尚蒂利之战（弗吉尼亚州，1862 年）。

卡尼 1814 年 6 月 1 日生于纽约城，1833 年从哥伦比亚学院毕业。曾在第一龙骑兵团任少尉。后在边境地区他叔叔斯蒂芬·卡尼手下服役。1839 年前往法国学习骑兵战术。1840 年随法国军队在阿尔及利亚服役。随后，他为美军撰写了一本骑兵战术方面的手册，并先后在美国陆军将领亚历山大·麦科姆和温菲尔德·斯科特手下供职。在侵墨战争期间于 1846 年退出现役，后又重新服役。1846 年 12 月组织并装备了他自己的骑兵连跟随温菲尔德·斯科特将军作战，被提升为上尉。1847 年 8 月 20 日在丘鲁武斯科之战中率其部队冲锋时失去了一支胳膊，因此被晋升为少校。1851 年 10 月再次退役。1859 年他参加了意大利战争，在拿破仑三世的皇家卫队中服役。在 6 月 4 日的马振塔战役和 6 月 24 日的索尔费里诺之战中，卡尼大获全胜，成为获得军团十字勋章的第一个美国人。1861 年卡尼回国。5 月份成为新泽西州志愿军准将。1862 年作为波托马克河军团赛米尔·彼·海因策尔曼的第三军的师指挥官参加了半岛战役。在 5 月 5 日的威廉斯堡之战和 5 月 31 日的费尔奥克斯之战中表现出色。8 月 29—30 日参加了第二次布尔溪之战，在阻击杰克逊向尚蒂利的追击时发挥了作用。1862 年 9 月 1 日他在尚蒂利侦察时被杀。

卡尼是一位勇敢无畏、头脑精明、富有经验的指挥官，同时也是一位有才干的骑兵军官。他的果敢和骑士风度使他赢得了上级的尊重。温菲尔德·斯科特对他的评价是："一个优秀的军人"、"我所认识的最勇敢的人"。

VBH

参考：De Peyster, John Watts, Personal and Military History of Philip Kearny, Major General, United States Volunteers. New York, 1869.
Kearny, Philip, Service with the French Troops in Africa. New York, 1844?.
Kearny, Thomas, General Philip Kearny. New York, 1947.

卡尼，斯蒂芬·怀特(Kearny, Stephen Watts, 1794—1848 年) "开拓者"，美国将军。参加主要战争：1812 年的战争（1812—1815 年）、美墨战争（1846—1848 年）；参加主要战役（战斗）：昆士顿-海斯兹之战（1812 年）、圣帕斯奎尔之战（1846 年）、圣加夫列尔之战（1847 年）、梅萨之战（1847 年）。

卡尼1794年8月30日生于新泽西州的纽瓦克。1808—1810年就读于哥伦比亚学院。同英国战争爆发后，于1812年3月参加陆军，授中尉衔。10月13日，随第十三步兵团参加昆士顿-海斯兹之战，负伤后被俘。假释后的1813年4月1日晋升上尉，1813—1814年在萨克特港服役，1814年又在普拉茨堡服役。战争结束后，转入第二步兵团，1819年被派至西部地区。1820年，从艾奥瓦州的坎西尔-布鲁夫斯出发，探险至明尼苏达州的圣彼得河。1821年被派往阿肯色的史密斯堡，任军需官和督察官。1821年6月同第三步兵团会师于底特律。1823年晋升少校。后转入第一步兵团。1824—1825年，参加了溯密苏里河的第二次黄石探险队。1826年，他率四个连的兵力从阿特金森出发，来到圣路易的大平原地区，建立了杰弗逊-巴罗兹基地。1828—1829年，任克劳福特堡指挥员。1830年，在促使签订《普莱里都琴条约》的谈判中扮演了重要的角色。1831—1832年，在俄克拉何马重建托森堡。1832—1833年在纽约城任征兵督办。1833年3月4日，在接到任命他为新建第一龙骑兵团中校团长的命令后，离开纽约城，至杰弗逊-巴罗兹赴任。1834年参加了利文沃思将军到包尼及卡曼奇的探险，虽历经磨难但没有发生冲突。1836年6月4日晋升上校，他率其团开赴堪萨斯州的利文沃思堡，并将其团训练成一支精锐部队，1837年，他撰写了《美国龙骑兵的训练与机动的原则》。1837年他开辟一条从利文沃思堡至阿肯色河的军用道路。1839年，经调停，避免了印第安人间的一场战争。1840年，帮助切诺基人避免了一场内乱。1842年阻止了印第安人介入得克萨斯-墨西哥边界的冲突。1842年7月，他重返杰弗逊-巴罗兹，以指挥整个大平原地区新组建的第三军区。1845年，率探险队出奥里根口至威约明，返回时取道圣菲口。墨西哥战争爆发早期的1846年5月，受命率远征队侵夺新墨西哥城，后再相机占领加利福尼亚。6月，他组建了一支1700人的队伍，其中包括他的龙骑兵，及部分装备有来复枪的密苏里士兵。8月18日，攻克圣菲。由于他的军队纪律严明，办事公正，使当地的墨西哥人接纳了他的团队。当他得知R.F.斯托克顿准将及约·查·弗里芒特将军已占领加利福尼亚后，卡尼仅率120名龙骑兵赴海岸。12月2日，他抵达圣地亚哥西部，当地的墨西哥人正处于骚动之中。随后卡尼向圣地亚哥进发，12月5日，同一支墨西哥军队在圣帕斯奎尔遭遇，双方进行了一场激烈但没有决定意义的战斗。此后，卡尼率其小部队继续西进，同斯托克顿会师于圣地亚哥外。虽然上级命令他任加利福尼亚的指挥员，但是卡尼的权限遭到斯托克顿的排挤，后者自封为加利福尼亚总督。为防止分裂，也因为斯托克顿的军事力量强大，卡尼承认了斯托克顿为总督。随后，卡尼率领联合军队及海上力量开赴洛杉矶，1847年1月8日在圣加夫列尔打败墨西哥军队，1月9日在梅萨再次战胜墨西哥军队，从而建立起美国人对该地区的控制。卡尼同斯托克顿在对该地区的霸主地位上发生争执，尽管卡尼的权力得到了华盛顿的确认，但直至斯托克顿被海军位将W.布兰福德·沙布里克解职，他才获得了无可争辩的权力。然而斯托克顿在离职前，将总督之位让给了弗里芒特。随着援军的到达，卡尼最终通过政治手段取代了弗里芒特而成为总督。卡尼在建立起一支严格稳定的政府机构之后，于8月带着弗里芒特返回利文沃思堡。他囚禁了弗里芒特，并将其带上军事法庭，以起诉他的不服从上级命令的罪行。尽管卡尼遭到弗里芒特亲属的攻讦，弗里芒特仍被判有罪。1848年4月，卡尼返回墨西哥，就任维拉克鲁兹指挥员，但他染上了黄热病。被送往墨西哥城治病，病愈后，指挥第二师，并成为该城的军事总督。6月6日—7月，卡尼返回维拉克鲁兹，7月11日驶往美国。7月30日，卡尼拖着病体回到杰弗逊-巴罗兹。卒于1848年10月31日，这是他刚刚接到任命他为参议员同时晋升少将衔后不久。

卡尼是一位才能卓越、意志坚定和精力充沛的指挥员，他有着丰富的边疆作战经验。特别引人注目的是他卓越的管理才能和强烈的正义感及责任心。

DLB

参考：Bauer, K. Jack, The Mexican War, 1846—1848. New York, 1974.

Clarke, Dwight L., Stephen Watts Kearny, Soldier of the West. Norman, Okla., 1961.

Kearny, Thomas, "The Mexican War and the Conquest of California," California Historical Society Quarterly, Vol.8 (September 1929).

凯特尔，威廉（Keitel, Wilhelm, 1882—1946年） 纳粹德国陆军元帅、战犯。参加主要战争：第一次世界大战（1914—1918年）、第二次世界大战（1939—1945年）。

凯特尔1882年9月22日生于不伦瑞克的赫尔姆施特鲁德。他从小立志当一名职业军人，后参军。第一次世界大战中任炮兵军官，并在总参谋部工作，后在战斗中受重伤。战后，他在1919年加入自由军团，后多次任团长。1929—1934年任陆军编制部部长。1934年晋升少将。1935—1938年任陆军部装甲兵局局长。期间仕途亨通，1936年晋升中将，1937年晋升炮兵上将。1938年2月4日，接替维尔纳·冯·布隆贝格将军任武装部队最高统帅部总参谋长，直接参与制定并忠实执行希特勒的侵略战争计划。同年11月，晋升一级上将。1940年7月法国失陷后，晋升陆军元帅，后亲赴康边与法国进行停战谈判。在整个战争期间任希特勒的高级军事顾问，对希特勒的战争计划深信不疑并坚决执行，得到元首的信任，却遭到总参谋部的憎恨。他称希特勒"始终是最伟大的统帅"，并因此在军中得到"奴才凯特尔"的绰号。德国投降（1945年5月8日）后，受到纽伦堡国际军事法庭的审判。他支持希特勒下达在波兰进行大规模的残酷屠杀的命令。竭力为特别行动部队在俄国进行的大屠杀辩解。发布"夜雾法令"，允许秘密逮捕被认为"危害德国

安全”的任何人。他的这些行为使国际法庭判定他犯有战争罪和反人类罪，最终于1946年10月16日在纽伦堡监狱被绞死。

尽管凯特尔具备参谋军官的卓越才能，但他一味盲从希特勒，对他的命令从无异议，从而对总参谋部实施有效的作战带来灾难性后果。他压制一切对希特勒的决策存有异议的将领，从而破坏了总参谋部内的通信联络和决策体制。他颁布了一系列训令和命令，其中包括实施大规模恐怖行动、屠杀战俘与普通民众，对人类和平造成了巨大损害，故死有余辜。

VBH

参考：Keitel, Wilhelm, The Memoirs of Field Marshal Keitel. New York, 1966.

Wistrich, Robert, Who's Who in Nazi Gemany. New York, 1986.

凯勒曼，弗朗索瓦·埃蒂耶纳·克利斯托夫，瓦尔米公爵（Kellermann, François Étienne Christophe, Duke of Valmy, 1735—1820年） 法兰西帝国元帅。参加主要战争：七年战争（1756—1763年）、俄国入侵波兰（1768—1776年）、法国大革命战争（1792—1799年）与拿破仑战争（1800—1815年）；参加主要战役（战斗）：贝尔根（法兰克福附近）之战（1759年）、克拉科夫之战（1772年）、瓦尔米之战（1792年）。

凯勒曼1735年5月28日生于阿尔萨斯的斯特拉斯堡，出身于高级法官家庭。1752年在洛温达尔团中任军官候补生。1756年为龙骑兵上尉。七年战争（1756—1763年）期间在贝尔根之战（1759年4月13日）和黑森邦的弗里德贝格之战（1762年8月30日）中表现突出。1763年调入孔弗朗军团。1765—1766年，他在波兰帮助编组波兰骑兵。1771年随德·维奥默尔男爵参加遣往波兰的法德远征军。在处理从克拉科夫后撤的行动中显示出了技巧和勇气（1772年）。1780年晋升为轻骑兵中校，1784年1月1日晋升为准将。1788年晋升为少将，并于1790年奉派担任阿尔萨斯县指挥官。其高效的边境防御准备使他得以晋升中将，并在1792年被委以诺伊柯克部队总司令之职。同年8月28日出任摩泽尔军团司令。他在夺取瓦尔米之战（1792年9月20日）的胜利中发挥了重要作用。之后，他通过机动战胜普鲁士军、并迫使他们撤出达皮埃尔周围的高地。他在瓦尔米和达皮埃尔的行动使其名声大震。作为奖励，他被任命为阿尔卑斯军团司令。由于对手的嫉妒，他于1793年6月被捕。直到热月九日（1794年7月27日））才获释。1795年，他被任命为意大利和阿尔卑斯联合军团的司令。由于任职内的表现不尽如人意，该职位为舍雷夫所取代（1795年10月）。1797年，被任命为计划入侵英国和荷兰的部队的骑兵总监。1799年底为元老院议员。1801年8月1日当选为元老院议长。1803年为莱茵后备军团中第三军军长，并于1804年5月成为第一批受封为元帅的四议员之一。1806年，他担任莱茵后备军团司令。1808年，他受封为瓦尔米公爵，并担任西班牙后备军团司令。1808年，他还担任位于莱茵河和埃尔瓦河的众多后备和预备军团的司令。1812年，被委以改编国民自卫军的任务。1813年，任莱因预备军军长，后任斯特拉斯堡总督，统领第二、第三、第四合编师。1814年，他被路易十八册封为法国贵族。1815年，拿破仑也册封其为贵族。1820年9月13日卒于巴黎。

凯勒曼并非一位非常能干的陆军指挥官，1795年在意大利的短期任职后，他在瓦尔米之战中获得的威名即不复存在了。他是一位忠诚的军人，在组织和行政方面的技巧使他得以有机会继续效力其国家。拿破仑发挥了凯勒曼的行政才干，使之为其军队服务。

VBH

参考：Delderfield, R. F., Napoleon's Marshals. Mew York, 1962.

Six, G., Dictionnaire biographique des généraux et amiraux français de la Révolution et de l'Empire (1792—1814), Vol. Ⅱ. Paris, 1934—1938.

肯彭费尔特，理查德（Kempenfelt, Richard, 1718—1782年） 英国海军上将。参加主要战争：詹金斯的耳朵战争（1739—1743年）、奥地利王位继承战争（1740—1748年）、七年战争（1756—1763年）、美国独立战争（1775—1783年）；参加主要战役（战斗）：乌尚（韦桑岛）之战（1781年）。

肯彭费尔特1718年生于威斯敏斯特，瑞典移民马格努斯·肯彭费尔特之子。加入海军（约1735年）后，在攻占贝卢港的战斗（1739年11月21—22日）中首次参战。后在东印度群岛和其他地方服役（1740—1748年）。他设计的一套通信方法为理查·豪迫不及待地采用（1778年），不久即晋升为少将（1780年）。几个月的机动之后，他在乌尚水域拦截了吉尚将军的西印度群岛护航船队。尽管在数量上居于劣势，肯彭费尔特还是强行进攻，并驱逐了法国战舰，夺取了20艘运输船（1781年12月12日）。因这次战功晋升为预备役中将，并在豪的海峡舰队中供职。他的旗舰“皇家乔治”号在朴次茅斯港进行补给时沉没（1782年8月），他随之死去。死时仍坐于办公桌旁，手中握笔，为此而享美誉。

肯彭费尔特是一位聪明而博学的军官，他是有名的科学家、学者和作家，以既关心其士卒的健康和福利，又关心海军刊物的学术方法而闻名。乌尚之战的胜利显示出他的主动性、果敢和对战略、战术的准确把握。

DLB

参考：Lewis, Michael N., The Navy of Britain. London, 1948.

耿继茂（Keng Chi-mao, 卒于1671年） 中国清朝将军。参

加主要战争：清灭明战争（1615—1659 年）、清剿海盗之战（1652—1662 年）。

耿仲明（Keng Chung-ming，1604—1649 年） 中国清朝将军。参加主要战争：清灭明战争（1618—1659 年）。

耿仲明生于原属明朝的东北，原系逃将，明王朝与后金为争夺东北南部地区激战期间被明朝军队收编（1630 年），任参将，派驻防山东省登州（蓬莱）要塞。后奉命率 800 轻骑兵乘船渡过处于结冰期的渤海海峡，救援辽宁半岛遭到后金皇帝皇太极围攻的大连（1631 年 1 月）。由于缺粮和无军饷，部队中途哗变，投奔后金，耿仲明亦随从，被任命后金军总兵。1634 年参加对朝鲜的作战，因军功和其才干晋升将军。1644 年 5 月，北京陷落后，多尔衮亲王（皇太极之弟，皇太极驾崩后摄政）加封其为靖南王。1645—1649 年耿仲明在清朝南方指挥作战。后因有人指控他（很可能不实）“招诱旗奴”，于 1649 年自尽。

PWK

K

肯利，约翰（Kenly John，1818—1891 年） 美国将军。参加主要战争：美墨战争（1846—1848 年）、美国内战（1861—1865 年）；参加主要战役（战斗）：蒙特雷之战（1846 年）、弗兰特罗亚尔之战（1862 年）。

肯尼，乔治·丘吉尔（Kenney，George Churchill，1889—1977 年） 美国陆军航空兵上将。参加主要战争：第一次世界大战（1917—1918 年）、第二次世界大战（1941—1945 年）；参加主要战役（战斗）：法国空战（1917—1918 年）、西南太平洋空中战役（1942—1945 年）、俾斯麦海海战（1943 年）。

肯尼 1889 年 8 月 6 日生于加拿大新斯科舍的亚茅斯，父母为旅居加拿大的美国人。1911 年毕业于麻省理工学院。当过几年工程师和勘测员。第一次世界大战中入伍，1917 年在通信兵部队服役。1918 年 2 月，经过飞行员训练后，被派往法国，在美国第九十一航空中队中服役。到停战前共执行过 75 次作战任务，击落 2 架德军飞机。1918 年 11 月—1919 年中，留在欧洲执行占领任务。在此后的 15 年中，一直在航空兵部队供职，先后毕业于陆军航空勤务工程学校（1921 年）、陆军航空兵战术学校（1926 年）、陆军指挥和参谋学校（1927 年）和陆军军事学院（1933 年）。1933—1935 年，任陆军航空兵司令的参谋。1936 年，在佐治亚州本宁堡步兵学校任教。1936 年晋升中校。1938 年晋升上校。1938—1940 年，任驻纽约州米切尔机场（亨普斯特德）第九十七侦察机中队队长。1941 年初，晋升准将，任驻俄亥俄州代顿赖特机场的陆军航空兵实验航空站司令。1942 年 4 月，晋升战时少将，任第四航空队司令。8 月，被派往南太平洋地区作战。9 月，任第五航空队司令兼西南太平洋地区盟军航空兵部队司令。不久晋升中将。1942 年 7 月—1943 年 1 月，在巴布亚（新几内亚）战役中，指挥对美军和澳大利亚军队的空中支援行动。他倡议改进 B-25 轰炸机的低空攻击方法，创造了对舰艇实施跳弹轰炸的技术。1943 年 3 月 2—4 日，在俾斯麦海海战中，运用这些革新方法对试图增援莱城的日军运输船队实施空中攻击，击沉日军 8 艘运输船中的 7 艘、8 艘驱逐舰中的 4 艘，并击落 25 架日军飞机，而自己只损失了 2 架轰炸机和 3 架战斗机。后来为麦克阿瑟在西南太平洋地区发动的许多战役提供空中支援，成为麦克阿瑟最亲密的战略顾问之一。在 1943 年 9 月 6—9 日对新几内亚东北部的纳扎布和 1945 年 2 月 16—27 日对马尼拉湾科雷吉多尔实施的空降突击中，在进攻的组织计划方面发挥了重要作用。1944 年 6 月，不再担任第五航空队司令，但仍任西南太平洋盟军空军司令。1945 年 3 月，晋升上将，任太平洋地区盟军空军司令。1945—1946 年，任太平洋空军司令部司令。1946 年担任过短时期的联合国军事参谋委员会美国高级代表。1946—1948 年，任战略空军司令部司令。1948 年 6 月—1951 年 8 月，任驻麦克斯威尔空军基地（亚拉巴马州蒙哥马利附近）空军大学校长。1951 年 8 月退役。1977 年 8 月 9 日，卒于佛罗里达州迈阿密附近。

肯尼是一位有才干的指挥官。他精力旺盛，有进取心。富于远见，个性鲜明。有时傲慢、固执。他指挥的空中支援作战行动，对麦克阿瑟发动的攻势至关重要。他的才华深受麦克阿瑟和参谋长联席会议的赏识。

KS and DLB

参考：Craven，Wesley F.，and James L. Cate，eds.，The Army Air Forces in World War Ⅱ. The Pacific：Guadalcanal to Saipan，August 1942 to july 1944. Chicago，1950.

——，The Army Air Forces in World War Ⅱ. The Pacific：Matterhorn to Nagasaki，June 1944 to August 1945. Chicago，1953.

James，D. Clayton，The Years of MacArthur，Vol. 2，1941—1945. Boston，1975.

Kenney，George C.，General Kenney Reports：A Personal History of the Pacific War. New York，1949.

凯佩尔子爵，奥古斯特斯（Keppel，Augustus，Viscount，1725—1786 年） 英国海军上将。参加主要战争：奥地利王位战争（1740—1748 年）、七年战争（1756—1763 年）、美国独立战争（1775—1783 年）；参加主要战役（战斗）：基伯龙湾之战（1759 年）、哈瓦那（古巴的哈瓦那）之战、乌尚（韦桑岛）之战（1778 年）。

凯佩尔生于 1725 年 4 月 25 年，为阿尔比马尔第二伯爵的次子。就学于威斯敏特斯特学校后参加皇家海军（1740 年）。曾乘“百夫长”号随乔治·安森准将进行环球航行（1740 年 9 月—1744 年 7 月）。回国后被授予海军

上尉军衔（1744年），先后在多艘军舰上任职，但后在驾“梅德斯图恩”号（50门火炮）搁浅时为法军所俘（1747年6月）。有条件地被释放、换回并被军事法庭宣布无罪（10月）后重返海军任职。曾与阿尔及尔的“贝伊”达成一项条约（1751年）。离开海军，领取半薪，三年（1751—1754年）后重返现役，后在七年战争期间任大战舰舰长。参与过约翰·宾的军事审判，并竭力主张赦免他（1757年5月）。基伯龙湾之战（1759年11月20日）中他率舰冲在前面。参加了哈瓦那之战（1762年6月20日—8月10日），后攻克该城。晋升为预备役少将（1762年10月）。后在牙买加任司令（1762—1764年），担任海军部高级专员（1765—1766年）。晋升为中将（1770年10月），任预备役上将和海峡舰队司令时，他在乌尚水域与伯爵、德奥维利耶将军的法国舰队进行过一次未决胜负的海战（1778年7月27日）。后来与爵士、休·帕利泽将军就谁应承担乌尚之战失败的的责任发生论战，这场论战使他以处置不当罪而受到军事审判。被宣布无罪（1779年1—2月）后，他弃戎从政。1761年以后为议会议员，是一名坚定的辉格党人，并担任海军大臣（1782年3月—1783年1月，1783年4—12月）。受封为凯佩尔子爵（1782年），但他的从政生涯乏善可陈。退出公职（1783年12月）。1786年10月2日卒于萨福克的埃韦登-霍尔。

凯佩尔是一名仅有一般才能的海军军官。他未能获得乌尚之战的胜利，部分原因是帕利泽没有执行其命令。

Staff

参考：DNB.
EB.

凯塞林，阿尔伯特·冯（Kesselring, Albert von, 1885—1960年） 纳粹德国空军元帅、战犯。参加主要战争：第一次世界大战（1914—1918年）、第二次世界大战（1939—1945年）；参加主要战役（战斗）：波兰战役（1939年）、法国战役（1940年）、英国战役（1940年）、北非战役（1941—1943年）、意大利战役（1943—1945年）。

凯塞林1885年11月30日生于巴伐利亚马克特施泰夫特（维尔茨堡附近）。1906年作为炮兵中尉参加巴伐利亚陆军。在一战中（1914—1918年）担当不同的参谋职位。1919—1933年德国裁减军备之后一直留在国防军并进一步任参谋职务。1933年10月调往德国空军，此时该部队还属非法。1936年6月衔至空军中将并担任德国空军总参谋长。1937年晋升空军上将，而后（1938—1940年1月）指挥第一航空队，在对波兰的空中入侵中发挥重大作用。1940年1月转而指挥第二航空队并率该部队参加1940年5—6月的法国战役。1940年7月19日被提升为空军元帅。1940年8月8日—9月30日在不列颠战斗中继续指挥其航空队，在9月7日受命攻击伦敦之前，集中兵力打击英国南部机场并取得相当大的成功。在1940年10月—1941年5月闪电式打击行动中指挥纵深空袭。1941年12月被任命为南线总司令，负责地中海战区并同隆美尔将军一起指挥北非战役。1943年5月监管突尼斯撤退并于7月9日—8月17日全权指挥此后的西西里防御。随着7月24日墨索里尼被推翻和9月8—9日盟军进攻意大利半岛，凯塞林被任命为C集团军群司令。1943—1945年有效地组织了意大利半岛的防御，利用地形优势阻滞了盟军的前进。1945年3月被派往西部前线试图阻止盟军进攻，但此时大势已去，1945年5月被盟军俘获。1947年5月作为战犯受到审讯并被判死刑，但1947年10月由死刑改为终身监禁。1952年10月由于健康原因获释，1960年7月16日卒于巴特瑙海姆。

凯塞林是较为成功的纳粹德国防御司令官之一，狡诈多端，多疑善变，顽固而凶猛。他还是一位有一定才干的陆上和空中战略家，对机场的攻击几乎迫使英国皇家空军屈服。

DLB

参考：Kesselring, Albert, Memoirs of Field Marshal Kesselring. N. p., 1953.
Wistrich, Robert, Who's Who in Nazi Germany. New York, 1986.

凯斯，伊拉斯穆·达尔文（Keyes, Erasmus Darwin, 1810—1895年） 美国将军。参加主要战争：美国内战（1861—1865年）；参加主要战役（战斗）：第一次布尔溪之战（弗吉尼亚州的马纳萨斯，1861年）、半岛战役（1862年）和七棵松之战（1862年）。

凯斯1810年5月29日生于马萨诸塞州的布里姆菲尔德。1832年毕业于西点军校并开始在炮兵部队任职。1832—1833年在各州对是否执行联邦法律进行争论时，他正驻扎在南卡罗来纳州的查尔斯顿。1837—1841年为温菲尔德·斯科特将军的副官。1841年11月被授予上尉军衔。1842—1844年在派驻南方的军队中服役。1844—1848年任西点军校教官。1851—1860年在太平洋西北海岸地区服役多年。1855年和1858年两次参加了镇压印第安人的战争。1858年10月晋升为少校。1860年1月被任命为斯科特将军的军事秘书并晋升为中校。1861年5月担任第十一骑兵团上校团长，不久便晋升为志愿军准将。在7月21日第一次布尔溪之战中指挥了一个旅。1862年3月22日—7月2日的半岛战役中在乔治·布·麦克莱伦将军手下担任第四军指挥官。由于他在5月31日七棵松之战中的出色表现，晋升为志愿军少将，后晋升为正规军名誉准将。7月当大部队撤离之后，他仍与第四军一起留守在约克半岛。率领部队向同盟军阵地实施袭击，典型的战斗是对怀特豪斯（在弗吉尼亚州的西点附近）和西点的进攻。由于和马里兰军区司令官约翰·亚·迪克斯将军不和，7月他交出了指挥权，到退休局工作。1864年辞去了军职，来到旧金山，在那里开始经商。1867—1869年担任麦克斯威尔金矿开采公司的总裁。1868—1872年担任加利福尼亚葡萄种植协会的副主

席，后来还担任过其他一些职务。1895 年 11 月 14 日在去欧洲旅行途中卒于法国尼斯市。

KH

参考：Keyes, Erasmus Darwin, Fifty Years Observation of Men and Events, Civil and Military. New York, 1884.
Warner, Ezra, Generals in Blue. Baton Rouge, 1978.
DAB.
WAMB.

凯斯，杰弗里（Keyes, Geoffrey, 1886—1967 年） 美国陆军将军。参加主要战争：第二次世界大战（1941—1945 年）；参加主要战役（战斗）：西西里战役（1943 年）、温特-蒙特卡西诺（卡西诺附近）之战（1943—1944 年）、戈特希克防线（比萨-佛罗伦萨以北）战役（1944—1945 年）。

凯斯 1886 年生于新墨西哥州的贝阿德。1913 年毕业于西点军校。1926 年毕业于指挥与参谋学院。1933—1936 年，在堪萨斯州赖利堡骑兵学校任战术主任。1937 年毕业于陆军军事学院。1939—1940 年，任总参谋部军需处军需与运输科科长。1942 年 11 月—1943 年 5 月，任驻北非第二装甲军副军长。在漫长而艰苦的意大利战役的大部分时间里，任第二装甲军军长。先是率部参加了那不勒斯以北的温特防线之战（1943 年 11 月 20 日—12 月 31 日），接着相继参加了蒙特卡西诺-拉皮多之战（1944 年 1 月 17 日—5 月 25 日）和戈特希克防线战役（1944 年 8—12 月），直至盟军在意大利发动最后攻势，解放了波河流域的大部分地区（1945 年 4 月 9 日—5 月 2 日）。1945 年任第七集团军军长。1946 年任第三集团军军长。1947 年任奥地利盟国管制委员会美国高级专员。1954 年退役。卒于 1967 年 9 月 18 日。

KS

参考：Marquis Who Was Who in American History-The Military. New York Times obituary, September 19, 1967.

凯斯第一男爵，罗杰·约翰·布朗洛（Keyes, Roger John Brownlow, 1st Baron, 1872—1945 年） 英国海军上将。参加主要战争：镇压义和团运动（1900—1901 年）、第一次世界大战（1914—1918 年）和第二次世界大战（1939—1945 年）；参加主要战役（战斗）：达达尼尔海峡之战（1915—1916 年）和泽布吕赫之战（1918 年）。

凯斯 1872 年 10 月 4 日生于旁遮普邦的东迪亚尼，1885 年在其少年时即加入皇家海军，1900 年在镇压义和团运动时因作战凶猛而被提升为海军中校。1912—1915 年任潜艇部队指挥官，负责修改黑尔戈兰湾之战（1914 年 8 月 28 日）的作战计划。该计划是一艘英国轻巡洋舰将袭入德国水域引诱德军轻型舰只出击，然后以待命的英国战斗巡洋舰攻击出击的德国军舰。凯斯的计划实施顺利，德军损失四艘舰只和约 1000 人。1915 年任达达尼尔远征军司令官的参谋长，1917 年任海军部计划署署长，制定攻击德军奥斯坦德和泽布吕赫潜艇基地的作战计划。后升海军中将，负责多佛尔海域作战。他乘机实施自己的计划，1918 年 4 月 23 日对泽布吕赫的攻击取得部分成功。11 月停战之后，他获封巴思高级爵士和准男爵，得奖赏 1 万英镑，1921 年任海军部副参谋长，1925 年任地中海舰队司令。1929—1931 年任朴次茅斯基地司令，1930 年晋升海军元帅。1934 年被选为下院议员，1935 年退出现役。1939 年 9 月第二次世界大战开始时被召回，任比利时国王里奥波德的联络官，为其因比利时军队投降而遭到的批评辩护（1940 年 5 月）。1940—1941 年任联合作战司令部司令，他对突击行动有特别的兴趣。1941 年再次退休，1943 年获封男爵，1945 年 12 月 26 日卒于白金汉。

凯斯是一位有才干、有魄力的指挥官，具有运用非正规作战方法的技能。

DLB

参考：Aspinall Oglander, C. F., Roger Keyes: Being the Biography of Admiral of the Fleet Lord Keyes of Zeebrugge and Dover. London, 1951.
Jameson, Sir W. S., The Fleet That Jack Built. London, 1962.
Pitt, Barrie, Zeebrugge, New York, 1958.

凯文许勒，路德维希·安德烈亚斯·冯，艾希尔贝格和弗兰肯堡伯爵（Khevenhüller, Ludwig Andreas von, Count of Aichelberg and Frankenburg, 1683—1744 年） 奥地利陆军元帅。参加主要战争：西班牙王位继承战争（1701—1713 年）、土耳其战争（1716—1718 年）、波兰王位继承战争（1734—1738 年）、土耳其战争（1737—1739 年）、奥地利王位继承战争（1740—1748 年）；参加主要战役（战斗）：彼得瓦尔丁（佩得罗瓦拉丁）之战（1716 年）、贝尔格莱德之战（1717 年）、帕尔马之战、瓜斯塔拉之战（1734 年）、拉多耶维奇（拉多耶沃）之战（1737 年）、林茨之战、慕尼黑之战（1742 年）、辛巴赫之战、布劳瑙之战（1743 年）。

凯文许勒 1683 年 11 月 30 日生于显赫的奥地利贵族家庭。早年参军。西班牙王位继承战争期间随欧根亲王首次参战。1716 年时已晋升为上校，并任欧根龙骑兵团荣誉团长。他在欧根取得彼得瓦尔丁之战（1716 年 8 月 5 日）和贝尔格莱德之战（1717 年 8 月 16 日）的大捷中表现突出。1723 年晋升为少将，后任奥西耶克地区的司令（1723—1726 年）。波兰王位继承战争爆发（1733 年）时晋升为中将，被派往意大利北部的默西元帅军中。参加了帕尔马之战（1734 年 6 月 29 日），又在柯尼希塞格元帅麾下参加了瓜斯塔拉之战（9 月 19 日）。在西班牙军坚守的曼图亚要塞周围进行过作战，后晋升为上将

(1735年)。与土耳其的战争爆发（1737年1月）后晋升为陆军元帅，并就任斯洛文尼亚（克罗地亚）地区司令。此前曾数次执行外交任务。拉多耶维奇之战（1737年9月28日）中，他仅以所部4000名士兵打败了16 000人的土耳其非正规骑兵。奥地利王位继承战争爆发（1740年12月）后，他入侵巴伐利亚（1741年12月27日），途中包围了奥地利境内的林茨，接着进军攻克了慕尼黑(1742年1月24日)。他与洛林的查理在波希米亚和巴伐利亚进行协同作战期间，在辛巴赫取得小胜（1743年5月3日），后在布劳瑙大胜泽肯多尔夫率领的巴伐利亚军队（5月9日）。此次胜利后退役，撰写了大量军事教科书。1744年1月26日卒于其领地。

凯文许勒是一名能干而足智多谋的军人，他积极主动，行动果断。

BAR

参考：ADB.
EB.
EMH.

木越安纲(Kigoshi, Yasutsama, 1854—1932年) 日本将军。参加主要战争：萨摩暴动（1877年）、中日甲午战争(1894—1895)和日俄战争（1904—1905年）；参加主要战役（战斗）：奉天（沈阳）之战（1905年）。

吉川元晴(Kikkawa, Motoharu, 1530—1586年) 日本将军。参加主要战争：国内战争（1551—1558年）、统一战争(1560—1615年)；参加主要战役（战斗）：严岛之战(1555年)、高松要塞之战（1582年）。

菊池武光(Kikuchi, Takemitsu, 卒于1373年) 日本武将。参加主要战争：南北朝战争（1335—1392年）；参加主要战役（战斗）：日向之战（1356年）、筑后川之战（九州岛的筑后河，1359年）、高良山之战（大牟田附近，1379年）。

菊池武光是菊池武时第七子，其出生日期和早期生平不详，他是九州岛菊池武士家族的核心人物。在1333—1336年的倒幕战争中，其父支持后醍醐天皇，武光继续支持南朝（又称吉野朝廷）。他与包括一色、山、少、大友和松浦在内的许多对手作战并击败了他们。击退斯波氏纲领导下的征夷大将军的军队。1373年在九州岛防御强大的足利尊氏的部将今川贞世的进攻，是年突然去世。其子武政继续进行战斗，但翌年去世。

LH

参考：Hall, John W., and Toyoda Takeshi, eds. Japan in the Muromachi Age. Berkeley, Calif., 1977.
Sansom, George B., A History of Japan, 1334—1615. Stanford, Calif., 1961.

菊池武朝(Kikuchi, Taketomo, 1363—1407年) 日本将军。参加主要战争：日本内战（1335—1392年）；参加主要战役（战斗）：水岛之战（1375年）、熊本之战（1378年）、久米之战（1381年）。

基尔帕特里克，休·贾德森(Kilpatrick, Hugh Judson, 1836—1881年) 美国将军。参加主要战争：美国内战（1861—1865年）；参加主要战役（战斗）：大贝塞之战（约克镇附近，1861年）、索伦费尔开普之战（弗兰特罗伊尔附近，1862年）、第二次布尔溪之战（弗吉尼亚州马纳萨斯，1862年）、贝弗利福特之战（弗吉尼亚州雷明顿附近，1863年）、葛底斯堡战役（1863年）和雷萨卡之战(弗吉尼亚州卡尔洪附近，1864年)。

基尔帕特里克1836年1月14日生于新泽西州的德克镇（特拉华河谷附近)。1861年从西点军校毕业，加入炮兵部队，在纽约州第五志愿役团中任上尉。6月10日参加了大贝塞之战，身负重伤。后因在大贝塞之战中作战勇敢而晋升为纽约骑兵部队中校。1862年8月28日的索伦费尔开普之战和8月29—30日的第二次布尔溪之战中，率骑兵驰骋于弗吉尼亚北部。1863年4—5月参加了斯通曼将军对里士满的袭击。6月9日指挥一个旅在阿尔弗雷德·普赖森顿将军麾下参加了贝弗利福特之战。不久，6月13日晋升为北军准将。几天后，在6月17—19日弗吉尼亚州奥尔迪之战中，他又晋升为正规军少校。7月1—3日参加了葛底斯堡战役。1864年2月28日—3月1日，他率领骑兵对里士满进行了一次袭击，试图解救利比监狱的北方囚犯，但未成功，部队遭受严重损失。5月在乔治·托马斯的坎伯兰军团中任第三骑兵师指挥官，在亚特兰大战役中起到了重要的作用。5月13日在雷萨卡之战中身负重伤。因其主要作用而晋升正规军上校。伤愈后，他于8月18—22日指挥骑兵部队对亚特兰大周围地区进行了一次袭击。9—12月率部参加了谢尔曼将军著名的“向海洋进军”。1865年1—4月在卡罗来纳战役中指挥骑兵作战。3月11日在占领北卡罗来纳州的费耶特维尔之战中发挥了重要作用。很快，他又晋升为正规军荣誉准将和少将。6月被提拔为北方志愿军少将。1865—1868年在智利任外交官。1872年为自由共和党人霍拉斯·格里利参加竞选。1880年参加议会竞选失败。后又被任命为驻智利外交官。1881年11月2日卒于那里。

基尔帕特里克是一位大胆、富于进取精神的骑兵指挥官。他率部在战斗中英勇无畏，达到了不顾一切的地步。

DLB and KH

参考：Moore, James, Kilpatrick and Our Cavalry.... New York, 1865.
Warner, Ezra, Generals in Blue. Baton Rouge, 1978.

金日成(Kim Sung Chu, 1910—1994) 朝鲜人民共和国缔造

者、朝鲜劳动党领袖。参加主要战争：抗日游击战争（1920—1945 年）、朝鲜战争（1950—1953 年）。

金光协（Kim Kwang Hyop，约生于 1910 年） 朝鲜将军。参加主要战争：朝鲜战争（1950—1953 年）。

金雄（Kim Ung，约 1910—？） 朝鲜将军。参加主要战争：中国抗日战争（1937—1945 年）、朝鲜战争（1950—1953 年）；

金梅尔，赫斯本德·爱德华（Kimmel，Husband Edward，1882—1968 年） 美国海军上将。参加主要战争：第一次世界大战（1917—1918 年）、第二次世界大战（1941—1945 年）；参加主要战役（战斗）：珍珠港事件（1941 年）。

金梅尔 1882 年 2 月 26 日生于肯塔基州的亨德森。1904 年毕业于海军军官学校。1906—1907 年在加勒比海的数艘战列舰上服役。1907 年 12 月 16 日—1909 年 2 月 22 日，白色大舰队环球巡航期间，在美国战列舰"佐治亚"号上服役。1914 年 4 月，在占领维拉克鲁兹期间受伤。1915 年担任过一段时间的海军助理部长富兰克林·D. 罗斯福的随从参谋。第一次世界大战期间（1917—1918 年），在大英舰队教授新式炮术，并在隶属于大英舰队的美国第六战斗中队任中队炮术军官。1918—1920 年，在"阿肯色"号战列舰上任副舰长。1920—1923 年，任华盛顿海军军械厂生产军官。1923—1925 年，先后任甲米地海军造舰厂厂长和第四十五、第三十八驱逐舰分队队长。1926 年，在海军军事学院完成了高级科目的学习。同年 7 月晋升上校。1926—1928 年，在海军作战部长办公室任职。1928—1930 年任主力舰队第十二驱逐舰中队队长。1930—1933 年，任海军作战部长办公室舰艇调度主任。1933—1935 年，任"纽约"号战列舰舰队参谋长。1935—1938 年，在海军预算署任职。1937 年 11 月晋升少将。1938 年 7 月，任第七巡洋舰分队司令。1939 年 6 月，任主力舰队巡洋舰部队司令兼第九巡洋舰分队司令。1941 年 2 月，从 46 名海军高级将领中升任太平洋舰队司令，同时晋升上将，并将其旗舰设在珍珠港内的"宾夕法尼亚"号战列舰上。上任后，努力使舰队作好战争准备，但和大多数美军高级指挥官一样，对 1941 年 12 月 7 日日军偷袭珍珠港的行动感到震惊。珍珠港灾难发生后遭到强烈谴责，12 月 17 日被免职。后在初步调查中作证。1942 年 3 月 1 日，以中将军衔从海军退役。1946 年接受进一步调查。1946—1947 年在一个工程公司工作过一段时间，后来完全退出社会生活。著有《金梅尔自述》一书，为其在珍珠港事件中的所做所为辩护。1968 年 5 月 14 日卒于康涅狄格州的格罗顿。

金梅尔是一位异常聪明的军官，他在海军军事学院学习期间，在战略和战术方面都获得了高分。尽管有关珍珠港事件的多次法庭调查并没有公开指责他，但许多人认为他要对瓦胡岛美国海军的疏于战备负责。金梅尔在其辩解中认为，不论是海军还是陆军的高级指挥官，都对日军的进攻准备不足，而且其中许多人比他本人掌握的情报更多。

KS and DLB

参考：Kimmel，Husband E.，Admiral Kimmel's Story. Chicago，1955.

Prange，Gordon A.，At Dawn We Slept：The Untold Story of Pearl Harbor. New York，1981.

Reynolds，Clarg G.，Famous American Admirals. New York，1978.

AMB.

WAMB.

木村兵太郎（Kimura，Heitaro，1888—1948 年） 日本陆军上将、战犯。参加主要战争：远征西伯利亚（1918—1920 年）、第二次世界大战（1941—1945 年）；参加主要战役（战斗）：中南缅甸战役（1944—1945 年）。

木村兵太郎 1888 年生于东京。1908 年毕业于陆军军官学院。1916 年毕业于陆军大学。1918—1919 年，在西伯利亚服役。1923 年晋升少校。1922—1925 年，任驻德国武官。1925—1929 年，在陆军参谋部担任过多种职务。1929 年，在野战炮兵学院任教。1930 年 1—4 月，任伦敦裁军会议日本代表团成员。1931—1932 年任团长。1934—1935 年，在野战炮兵学校任教。1935 年，任陆军部经济动员局局长。1936 年晋升少将，任陆军部军械局局长。1938 年晋升中将。1939—1940 年，任第三十六师师长。1940—1941 年，任侵华日军关东军参谋长。1941—1943 年，任陆军部次长。1944 年 5 月，日军在英帕尔和科希马战败后，任缅甸方面军司令。1944 年 6 月—1945 年 5 月，指挥日军在缅甸中南部和北部分别与威廉·斯利姆将军指挥的英军第十四集团军和史迪威将军指挥的中美联军作战。他指挥第十五、第二十八和第三十三集团军共 10 个师，25 万人的部队，准备趁斯利姆的部队在缅甸中部推进、补给线拉长之时将其击败。但他的作战计划没有考虑到盟军拥有强大的空中优势和可使斯利姆在极端困难的地形上下发动攻势，也能得到补给的空中后勤补给能力。1945 年 2 月 21 日—3 月 31 日，所部在密支那和曼德勒的战斗中，被斯利姆以迂回战术击溃，遭到惨败。1945 年春末，设法将部分部队解救出来。1945 年 5 月，抛下迷失在英军战线后方丛林中的大量部队，仓皇逃离仰光。1945 年晋升为上将。战后遭到审判，因在修建泰缅铁路期间虐待盟国战俘，于 1948 年以战争罪被处决。

MRP

参考：Allen，Louis，Sittang，The Last Battle. London，1973.

Lewin，Ronald，Slim：The Standard Bearer. London，1976.

Woodburn, Kirby S., History of the Second World War, United Kingdom Military Series. Vol. Ⅲ: The War Against Japan. London, 1961.

木村正富(Kimura, Masatomi, 1891—1960 年) 日本海军将领、军国主义者。参加主要战争：第二次世界大战(1941—1945 年)；参加主要战役（战斗）：俾斯麦海海战、撤离基斯卡（1943 年）、尼都洛岛滩头之战（1944 年）。

木村正富 1891 年生于鸟取县。1912 年毕业于海军军官学校。1923—1925 年接受水雷战训练。1926 年晋升少校。1926—1933 年先后任数艘驱逐舰舰长。1935—1937 年先后任几支驱逐舰纵队队长。1939—1940 年任巡洋舰上校舰长。1942 年 11 月晋升少将。1943 年 2 月任第三驱逐舰中队队长。3 月，在俾斯麦海海战中，指挥护航舰队为注定要倒霉的日本运输船只护航。在企图为莱城的日本守军补充给养的行动中，他半数以上的舰只被美军第五航空队的飞机击沉。7 月，指挥第一驱逐舰中队冒险将阿留申群岛中基斯卡岛上的日军撤走，未失一兵一卒。1944 年 12 月，指挥由 3 艘巡洋舰和 5 艘驱逐舰组成的入侵舰队，对民都洛岛美军滩头阵地实施了艰难而又徒劳无功的袭击。1945 年，在战争的最后几个月中担任过数个高级参谋职务，并晋升中将。卒于 1960 年。

MRP

参考：Chihaya, Masataka, "Withdrawal from Kiska," in Raymond O'Connor, ed., The Japanese Navy in World War Ⅱ. Annapolis, Md., 1969.

木梨隆一(Kinashi, Takaichi, 1902—1944 年) 日本海军军官、军国主义者。参加主要战争：第二次世界大战(1941—1945 年)。

金，小爱德华·波斯泰尔(King, Edward Postell, Jr, 1884—1958 年) 美国陆军将领。参加主要战争：第一次世界大战（1917—1918 年）、第二次世界大战（1941—1945 年）；参加主要战役（战斗）：菲律宾防御战役（1941—1942 年）。

小爱德华 1884 年生于佐治亚的亚特兰大，是爱德华·波斯泰尔和玛丽·蒙哥马利·爱德华兹·金夫妇之子。1903 年毕业于佐治亚大学，获法学学士学位。1908 年在国民警卫队野战炮兵部队任少尉军官。1915—1917 年在菲律宾服役。1923 年毕业于指挥与参谋学院。1930 年毕业于陆军军事学院。1930—1935 年在指挥与参谋学院任教。1937 年毕业于海军军事学院。1937—1940 年任陆军军事学院战争计划处处长。1940 年 9 月 14 日，奉命去菲律宾任斯托森堡基地（克拉克机场附近）司令。1941 年晋升少将。后任麦克阿瑟的炮兵指挥官，出色地把岛上各种杂牌武器组织成一支有战斗力的炮兵部队。战争爆发前数周（1941 年 11—12 月），任北吕宋军司令。1942 年 3 月 11 日，任吕宋军司令，指挥巴丹的部队作战。4 月 9 日，鉴于无望挽回局势，下令巴丹美军投降。1945 年从日军战俘营获释。1946 年退役，卒于 1958 年。

小爱德华是一名有才智的军官，为人温和谦逊，彬彬有礼。

KS

参考：Marquis'Who Was Who in American History—The Military.

Morton, Louis, The Fall of the Philippines. The United States Army in World War Ⅱ: The War in the Pacific. Washington, D. C., 1953.

金，厄内斯特·约瑟夫(King, Ernest Joseph, 1878—1956 年) 昵称"雷伊"，美国海军上将。参加主要战争：美西战争（1898 年）、第一次世界大战（1917—1918 年）、第二次世界大战（1941—1945 年）。

金 1878 年 11 月 23 日生于俄亥俄州洛雷恩。1898 年 4—12 月，在美西战争中随"旧金山"号战舰在东海岸执行巡逻任务，任军校见习生。1901 年以全年级 67 人中第四名的成绩毕业于海军军官学校。1903 年被授予少尉军衔。1904 年 2 月—1905 年 9 月，在日俄战争中随"辛辛那提"号战舰考察海战情况。1906 年 6 月晋升中尉。1906—1909 年在海军军官学校教授军械学。1909—1913 年，在大西洋舰队战列舰上服役。1913 年 7 月晋升上校。1912—1914 年在安那波利斯海军工程实验站服役。1914 年 4—11 月，在墨西哥危机期间任停泊在维拉克鲁兹海域的"特里"号战列舰舰长。1915 年 12 月—1919 年，在 H.T. 梅奥将军任副司令和司令时的大西洋舰队中服役。1917 年晋升中校。1918 年 9 月晋升临时上校。1919—1921 年在海军军官学校任研究生部主任。后任东海岸一艘冷藏船船长。1922—1923 年在康涅狄格州新伦敦接受潜水艇训练后，任第十一潜水艇分队司令。1926 年秋，在任新伦敦潜水艇基地司令时，因指挥抢救布洛克岛外沉没的 S-51 潜艇而出名。1926—1927 年，在任侦察搜索舰队航空中队队长 H.E. 亚纳尔上校的高级随从副官后，于 1927 年 5 月，48 岁"高龄"时获飞行员执照。1928—1929 年，任海军航空局副局长。后任弗吉尼亚州汉普顿罗兹海军航空基地司令。1930—1932 年，任"列克星顿"号航空母舰舰长。1933 年毕业于海军军事学院高级班。1933 年 4 月，晋升少将。1933—1936 年，任海军航空局局长。1936—1937 年，任海军航空侦察兵司令。1938 年 1 月，晋升中将。1938 年 1 月—1939 年 6 月，任由五艘航空母舰组成的航母主力舰队司令。1939 年 8 月，在最高统帅部任职。1940 年 12 月任大西洋舰队司令。1941 年 2 月 1 日升任大西洋舰队总司令，授上将军衔。期间在东海岸指挥与德国不宣而战的反潜战方面发挥了重要作用。1941 年 12 月，任海军作战部长。1942 年 3 月 13 日，任美国海军总司令。他在制定盟军战略方

K

面发挥了重要作用，参加了所有重要会议。在决定太平洋地区战略方面尤其有影响力，因为该战区是其多年的职业兴趣所在。1944 年 12 月 17 日晋升海军五星上将。1945 年 12 月退役，历任海军作战部长、国防部长和总统的顾问。后出版其回忆录。1956 年 6 月 25 日，卒于新罕布什尔州朴次茅斯。

金是一位才智非凡的军官。尽管缺乏作战经验，但他是天才的战略家和计划者。他是一位有建树的职业军人，有进取心，意志坚定，但也冷酷无情，性情暴躁，傲慢自大。在某种程度上，他自已铸造了这种公众形象。人们在评论他被任命为海军作战部长时说："当他们遇到麻烦时，总是找这些家伙帮忙"。但在家庭和朋友中间，他还是温和、有感情的。

KS and DLB

参考：Buell, Thomas B., Master of Seapower: A Biography of Fleet Admiral Ernest J. King. Boston, 1980.

King, Ernest J., and Walter Whitehill, Fleet Admiral King: A Naval Record. New York, 1952.

Morison, Samuel Eliot, Two Ocean War: A Short History of the U. S. Navy in the Second World War. Boston, 1963.

Pfannes, Charles E., and Victor A. Salamone, The Great Admirals of World War Ⅱ. Vol. Ⅰ: The Americans. New York, 1983.

DAMB.

EB.

WAMB.

金凯德，托马斯·卡辛（Kinkaid, Thomas Cassin, 1888—1972 年） 美国海军上将。参加主要战争：第一次世界大战（1917—1918 年）、第二次世界大战（1941—1945 年）；参加主要战役（战斗）：珊瑚海海战、中途岛海战、瓜达尔卡纳尔海战、东所罗门群岛海战（1942 年）、阿留申群岛海战（1943 年）、南太平洋攻势（1943—1944 年）、苏里高海峡之战（1944 年）、夺回菲律宾战役（1944—1945 年）。

金凯德 1888 年 4 月 3 日生于新罕布什尔州汉诺佛。1908 年毕业于海军军官学院。1908—1911 年，先后在白色大舰队中的美国战列舰"内布拉斯加"号和"明尼苏达"号上服役。1913 年，对海军枪炮产生兴趣，入安那波利斯海军研究生学院学习军械课程。1916 年 6 月晋升中尉。在美国准备参加第一次世界大战前的头几个月里，在东海岸海域执行巡航任务。1917 年 11 月，晋升上尉。1918 年 4 月，任在海外执行任务的"亚利桑那"号战列舰枪炮部部长。1919—1922 年，在海军军械局任职。1922—1924 年，晋升少校，任驻土耳其海域的美军舰队司令马克·布里斯托尔将军的副官。1924—1925 年，任驻东海岸的"伊舍伍德"号驱逐舰舰长。1925—1927 年，在华盛顿海军军械厂任职。1927—1929 年，在美国舰队任枪炮部中校部长。1930 年毕业于海军军事学院。1933—1934 年任主力舰队"科罗拉多"号战列舰副舰长。1934—1937 年任海军航行局军官派遣科科长。1937—1938 年晋升上校，任"印第安纳波利斯"号重巡洋舰舰长。1938 年 11 月任驻罗马海军武官和海军航空武官。1939 年 4 月又兼任驻南斯拉夫贝尔格莱德海军武官。1941 年 3 月返回美国。1941 年 11 月晋升少将，任第六巡洋舰分队司令。珍珠港事件爆发后，1942 年 3 月参加了袭击拉包尔和新几内亚的行动。5 月 4—8 日参加了珊瑚海海战。6 月 2—5 日参加了中途岛海战。后任以"企业"号航空母舰为基干的第十六特混舰队司令。8 月 7 日指挥该舰队掩护美军在瓜达尔卡纳尔岛登陆。8 月 22—25 日参加了东所罗门群岛海域的航母交战。10 月 25—28 日，参加了圣克鲁兹群岛海域的航母交战。11 月 13—15 日参加了瓜达尔卡纳尔岛周围海域的激烈海战。后改任北太平洋特混舰队司令，指挥了夺占阿留申群岛的作战行动。1943 年 2 月 12 日占领安奇特卡岛。5 月 11—30 日，占领阿图岛。8 月 15 日未遇抵抗在基斯卡岛登陆，标志着这次战役的结束。1943 年 6 月晋升中将。11 月 26 日，改任西南太平洋地区盟军海军司令兼美海军第七舰队司令。后支援麦克阿瑟沿新几内亚海岸向菲律宾群岛实施的两栖突击。1944 年 10 月 20 日，在威廉·F. 布尔·哈尔西的第三舰队的支援下，指挥第七舰队掩护美军在莱特岛登陆。在得到日军反击迫近的警报后，他将杰西·B. 奥尔登多夫将军指挥的旧式战列舰部队派至苏里高海峡掩护莱特湾南入口处。10 月 25 日，在一次夜战中歼灭了日军南方舰队。10 月 25 日，栗田健男将军指挥的日军主力进攻舰队抵达萨马岛东海岸海域时，只是遭到了克利夫顿·F. 斯普拉格将军指挥的一支小型护航航母舰队的拼死抵抗，行动受到迟滞。经过一场激烈的海战，由于奥尔登多夫的一些战列舰参战，日军舰队败退。计划和指挥了 12 月 15 日在民都洛岛的两栖作战和 1945 年 1 月 9 日在林加延湾吕宋岛的两栖作战。1945 年 4 月晋升上将。1945 年 9 月指挥美国占领军在中国和朝鲜登陆。1946 年 1—6 月由第七舰队司令改任驻纽约东海岸及大西洋后备部队司令。1947 年 1 月任大西洋后备役舰队司令。1950 年 5 月 1 日退役。1972 年 11 月 17 日卒于马里兰州贝塞斯达。

金凯德很有见识，和蔼可亲，有自信心。他特别善于使陆军、海军及陆军航空部队有效地协同作战，在阿留申群岛和南太平洋地区的作战中尤其如此。他总是乐意让其下级指挥官不受干预地执行任务。

KS and DLB

参考：Garfield, Brian, The Thousand-Mile War: World War Ⅱ in Alaska and the Aleutians. New York, 1969.

James, D. Clayton, The Years of MacArthur, 1941—1945. Boston, 1975.

Pfannes, Charles E., and Victor A. Salamone, The

Great Admirals of World War Ⅱ, Vol. Ⅰ: The Americans. New York, 1983.
Reynolds, Clark G., Famous American Admirals. New York, 1978.
Woodward, C. Vann, The Battle of Leyte Gulf. New York, 1947.

柯比·斯密斯，埃德蒙（Kirby Smith, Edmund, 1824—1893年） 美国南部同盟将军。参加主要战争：美墨战争（1846—1848年）、美国内战（1861—1865年）；参加主要战役（战斗）：帕洛阿尔托之战（得克萨斯州的布朗斯维尔附近，1846年）、塞罗戈多之战（1847年）、康特雷拉斯之战（墨西哥城附近，1847年）、第一次布尔溪之战（在弗吉尼亚州的马纳萨斯，1861年）、佩里维尔之战（肯塔基州，1862年）、斯通河之战（1863年）、萨宾克罗斯锚地之战（路易斯安那州的曼斯菲尔德附近，1864年）。

柯比·斯密斯1824年5月16日生于佛罗里达州的圣奥古斯丁，1845年毕业于西点军校，尔后在步兵部队任职，并随部队参加了墨西哥战争。他参加了从1846年5月8日帕洛阿尔托之战到1847年9月13—14日攻占墨西哥首都的大多数主要战斗，在1847年4月18日的塞罗戈多之战中战功卓著，被授予中尉军衔，并于8月19—20日在康特雷拉斯晋升为上尉。1849—1852年在西点任数学教授。尔后，他到A.S.约翰斯顿的第二骑兵部队任职，并参加了西南部的印第安战役。1860年12月晋升少校。1861年3月起在南部同盟的骑兵部队中担任团长，6月晋升准将。7月21日他指挥一个旅参加了第一次布尔溪之战，在战斗中受了重伤。1862年在博雷加德麾下任少将师长。7—10月指挥了对肯塔基布拉格的入侵行动，8月30日夺占了肯塔基州的里士满，并且全部消灭了坎伯兰隘口中的联邦军队，由于供应不济被迫率部撤退，通过佩里维尔之战（10月8日）和斯通河之战（1862年12月31日—1863年1月3日），与布拉格的军队汇合。1862年10月晋升为中将。1863年2月担任密西西比军区的指挥官。7月4日维克斯堡陷落后，他被孤立起来，带领部队自我保全，一直控制着现在被称作柯比斯密斯顿的那个地区。1864年2月晋升为上将。在3—5月的雷德河战役期间，他于4月8日阻止了联邦军队对萨宾克罗斯锚地的进攻，迫使他们退到了雷德河至密西西河之间。他在农村指挥了同盟的最后一支武装力量。1865年5月26日被迫投降。在去墨西哥和古巴做了短暂旅行后于1865年底又回到美国。1866—1868年担任大西洋及太平洋电报公司总裁，1868—1870年担任西方军事学会主席，1870—1875年担任纳什维尔大学校长，1875—1893年在南方大学担任数学教授。1893年3月28日卒于田纳西的纳什维尔，他是最后一个故去的美国内战中的上将。

柯比·斯密斯是一位精明、机智而且精通军事的指挥官和管理者，他在密西西比军区精湛的指挥是独一无二的，他顽固坚持黑奴制并且执迷不悟。

VBH

参考：Kirby, Robert L., Kirby Smith's Confederacy: The Trans-Mississippi South, 1863—1865. New York, 1972.
Noll, Arthur Howard, General Kirby-Smith. Sewanee, Tenn., 1907.
Parks, Joseph Howard, General Edmund Kirby-Smith, C.S.A. Baton Rouge, 1954.

柯尔克，戴维爵士（Kirke, Sir David, 1596—1656年） 英国冒险家和武装民船船长。参加主要战争：英法战争（1626—1630年）。

北畑显家（Kitabatake, Akiie〈Akiiye〉, 1317—1338年） 日本武将。参加主要战争：倒幕战争（1331—1335年）、南北朝战争（1335—1392）；参加主要战役（战斗）：美波清野原之战（京都以北，1336年）、镰仓之战（1337年）、粟野原（粟野）之战（1338年）、八幡之战（1338年）、奈良之战（1338年）、阿部之战（1338年）、和泉石津之战（石钟山、1338年）。

北畑显家生于1317年，北畑亲房长子，系南朝后醍醐天皇朝廷保皇派人物。1333年后醍醐天皇之子义良亲王任命他为本州岛北部的陆奥守护，1335年他又兼任北方防区或称镇守府将军。1336年率部西进与新田义贞部会合，在京都附近对足利尊氏实施了一次成功的攻击，他协助新田义贞赢得美波清野原之战胜利，此战使后醍醐天皇得以入主京都。1337年返回陆奥，再次向南挺进，攻克足利尊氏的传统据点镰仓。1338年从镰仓出发，挥师西进，在奈良和阿部之役中，所部为足利部将高师直指挥的优势军队击败。1338年同高师直再战于和泉石津，在此战中阵亡。

北畑显家是一位充满活力和敢于冒险的战将，是拥戴南朝朝廷的将领中最得力的将军之一。他也是一位精明和想象力丰富的行政官员，由于他战死沙场之时年仅20岁，所以他取得的成就更令人惊叹。

LH

参考：Sansom, George B., A History of Japan, 1334—1615. Stanford, Calif., 1961.
Varley, H. Paul, Imperial Restoration in Medieval Japan. New York, 1971.

北畑秋信（Kitabatake Akinobu，约卒于1380年） 日本将军。北畑显家之弟。参加主要战争：南北朝战争（1335—1392年）；参加主要战役（战斗）：奈良之战（1338年）、日立防御战（1340—1343年）。

北畑亲房（Kitabatake, Chikafusa, 1293—1354年） 日本将军

和历史学家。参加主要战争：倒幕战争（1331—1335年）、南北朝战争（1335—1392年）；参加主要战役（战斗）：日立防御战（1340—1343年）。

北畑亲房1293年生于皇族旁系家族。最初，他是廷臣。后又是支持后醍醐天皇恢复权威的早期支持者。1336年后醍醐被逐出京都后，约在1338年亲房在现在东京北部的日立省建立了一个基地。在那里撰写了著名的历史著作《神皇正统记》，意欲把它作为后醍醐之子后村上的行动指南。由于没有京都图书馆的资料供参考，他仅凭记忆写成，然后在1338—1339年间派人将此书秘密送至吉野。1340—1343年坚守日立抵抗足利军队的进攻近达四年，由于他未能组织起北方援兵，结果失败，退至吉野与后村上会合。1354年卒于吉野。

北畑亲房是一位有思想的指挥官，他使不充足的资源在战斗中发挥最大效率。他还特别重视情报的重要性，吉野朝廷所以能够长时间地抵抗北朝部分源于他提供了优良的情报网。他的名气主要来自《神皇正统记》，该书提出了一个深奥的、神秘的民族主义思想，后来这一思想在19世纪晚期服务于现代日本的民族主义。

K

LH

参考：Papinot, E., Historical and Geographical Dictionary of Japan. Yokohama, 1910.

Sansom, George B., A History of Japan to 1334. Stanford, Calif., 1958.

——, A History of Japan, 1334—1615. Stanford, Calif., 1961.

Varley, H. Paul, Imperial Restoration in Medieval Japan. New York, 1971.

EB.

基钦纳第一伯爵，霍雷修·赫伯特（Kitchener, Horatio Herbert, 1st Earl of, 1850—1916年） “首领”，“王中王”，英国陆军元帅，政治家。参加主要战争：普法战争（1870—1871年）、镇压苏丹马赫迪起义（1883—1898年）、英布战争（1899—1902年）和第一次世界大战（1914—1918年）；参加主要战役（战斗）：唐戈拉之战（1896年）、阿布·哈米德之战（1897年）、阿特巴拉之战和恩图曼之战（1898年）、帕尔德堡（在金伯利附近）之战（1900年）。

基钦纳1850年6月24日生于爱尔兰凯里郡的利斯托尔附近的一个英国军官家庭，毕业于伍利奇的皇家军事学院。1871年1月在皇家工兵部队任职。1870—1871年普法战争期间，基钦纳以志愿兵的身份参加了法国军队。1874—1882年分别在巴勒斯坦、安纳托利亚和塞浦路斯担负勘测和情报工作。1882年底被派往开罗担任一个埃及骑兵团副指挥官。1884年10月—1885年3月，他在沃尔斯利领导的解救殖民军头子查理·戈登的尼罗河远征队中担任情报军官，表现出色。这次行动未获成功。他在桑给巴尔服役一段时期后回到了苏丹，担任红海海岸的总督。1888年1月17日，他的部队在与马赫迪将军手下奥斯曼·丁加的战斗中被打败，基钦纳脸部负伤。不久，他在开罗担任了短时期的副官，接着在1892年被任命为埃及陆军部队的指挥官，即“首领”，但此时他在英国陆军中的军衔只是上校。他通过艰苦的组织工作把埃及陆军变成了一支富有战斗力的部队。同时，基钦纳又强烈要求获准入侵苏丹，严厉镇压马赫迪的追随者，并为查理·戈登复仇。1896年基钦纳被批准入侵苏丹。他率军溯尼罗河而上，依靠一艘内河炮舰进行补给，并沿行军道路修筑了一条铁路。1896年9月21日侵占了唐戈拉，1897年8月7日又侵占阿布·哈米德。1898年4月7日基钦纳率军击败了奥斯曼·丁加手下的马赫迪武装，接着又在阿特巴拉河大败哈利法·阿卜杜拉。1898年9月2日在恩图曼外围，他击溃了马赫迪的主力部队，在起义者反攻期间，汉克托·麦克唐纳将军在激烈的战火中熟练地指挥部队改变行动方向，从而避免了一场灾难。他们继续向河流上游挺进，9月份在苏丹南部的法绍达（科多克），他们遇见了一支由让·B. 马尔尚率领的人数不多的法国军队。11月3日英国人以武力相威慑，迫使法国人撤退了。1898—1899年基钦纳在苏丹担任了一年的军政长官。英国人在英布战争初期失败后，基钦纳于1899年12月8日调任驻南非的罗伯茨的参谋长。1900年1月10日部队到达开普敦。2月11—16日他协助罗伯茨制订了从侧翼包围布尔人在南奥兰治自治邦的基地的计划。2月18日指挥了帕尔德堡之战，这次代价巨大的对克龙杰的基地的突然袭击并未成功。但克龙杰不得不于2月27日投降。基钦纳的计划和组织工作对保证英军成功地通过布隆方丹（3月13日）到达约翰内斯堡（5月31日）和比勒陀利亚（6月5日）起到了很大作用。罗伯茨被召回英国接替加尼特·沃尔斯利爵士任总司令后，基钦纳于11月29日接替罗伯茨担任了南非驻军总司令之职。最初，他消灭布尔人游击队的努力并未奏效。为了摧毁游击队的后勤供应基地，基钦纳有条不紊地破坏他们的农场，把他们的家庭驱赶进“集中营”（英国人于1901年发明的术语），不断地围剿游击队力量，并于1901年11—12月间建立了巨大的碉堡网和有刺铁丝网，以阻止游击队的机动。尽管这些作法成效并不明显，但最后则迫使游击队提出有条件投降，并于1902年5月31日在《韦里尼欣条约》上承认了英国对南非的殖民特权。1902年7月基钦纳以民族英雄的身份回国，被封为子爵。他谢绝了在陆军部任职的邀请。1902—1909年被派往印度任司令官，负责重整军队。1909年9月被提升为陆军元帅。他没有接受印度总督的任命，但他接受了埃及和苏丹总督的职位，并于1911—1914年任职。第一次世界大战爆发时，他正在英国休假。7月份勉强接受了战时内阁无党派大臣的位子。基钦纳准确地预见到战争将会持续很长时间（他认为至少得三年），成功地敦促政府进行战争动员并被委任监督扩大英国工业生产，以满足由他组建的数百万军队的需要。但他不适应协调工作，自己

的权力又被削弱，所以他的努力遇到一定障碍。1915 年 5 月被剥夺了负责工业动员的权力。11 月基钦纳前往视察加利波利滩头阵地时，他被内阁剥夺了一切重大权力。但出于责任感和一片忠诚他还留在内阁中。1916 年 6 月 5 日他乘“汉普郡”号巡洋舰前往俄国执行公务，途中军舰触雷沉没于奥京尼群岛，基钦纳溺水身亡。

基钦纳野心勃勃、精明强干、冷酷无情而又傲慢自大，经常令人难以接近，他是一位极富才华的组织者和管理者。他在埃及和南非任职期间忠实地执行了殖民政策。此外，英国在第一次世界大战中能够在西线投入大量部队，在很大程度上也归功于基钦纳的努力。

DLB

参考：Farwell，Byron，The Great Anglo-Boer War. New York，1977.

Magnus，Philip，Kitchener：Portrait of an Imperialist. London，1958.

Pakenham，Thomas，The Boer War. London，1979.

克累贝，让-巴蒂斯特（Kléber，Jean-Baptiste，1753—1800 年） 法国将军。参加主要战争：法国大革命战争（1792—1799 年）；参加主要战役（战斗）：美因茨围城战、勒芒之战、沙夫奈之战（1793 年）、弗勒吕斯之战，马斯特里赫特围城（1794 年）、埃尔埃里什围城战，雅法之战、阿卡围城战、塔沃尔山（迈宰赖特附近）之战（1799 年）、赫利奥波利斯（杰迪德的迈斯尔）之战（1800 年）。

克累贝 1753 年 3 月 9 日生于阿尔萨斯的斯特拉斯堡，其父是一名砖石工。开始从事建筑业，后从军，在奥地利军队中被授予中尉军衔（1776 年），由于晋升无望而退役并返回阿尔萨斯（1785 年）。此后至法国革命爆发一直在贝尔福任公共建筑检查员。革命爆发后加入国民自卫军（1789 年）。后在莱茵河上游地区服役，任阿尔萨斯志愿营的中校（1792 年）。美因茨围城战（1793 年 4 月 10 日—7 月 23 日）期间因战功卓著而晋升准将（1793 年 8 月 17 日），并奉命镇压旺代地区的叛乱。在绍莱之战（10 月 17 日）中打败叛军。在勒芒之战（12 月 13 日）中重创叛军，毙伤15 000余人。沙夫奈之战（12 月 23 日）中再败叛军，毙伤 6000 人并缴获 7 门大炮。因旺代地区的辉煌胜利而晋升少将（1794 年 4 月）并调入茹尔丹的桑布尔与默兹军团。他迫降沙勒罗瓦的奥地利守军（6 月 19—25 日），并在弗勒吕斯之战（6 月 26 日）中表现突出。当时他在这场战斗中任左翼部队指挥官。之后，他率一支 10 万人的军队长驱直入比利时，取得了马斯特里赫特围城战（9 月 22 日—11 月 4 日）的胜利。曾受推荐担任总司令之职，但他由于身体不佳和缺乏自信心而加以拒绝。在茹尔丹麾下任军长（1795 年 6 月）。撤离莱茵河期间（1796 年）他非常巧妙地指挥了其军队。后率军打回班贝格，但拒绝接受反击维尔兹堡的命令（1796 年 9 月），后辞去指挥权。他的退役生活直到被任命为拿破仑的埃及军团师长才告结束（1798 年）。率军进攻亚历山大时受重伤（7 月 2 日），但休养期间被任命为该城总管，后参加了埃尔埃里什围城战（1799 年 2 月 8—19 日）、雅法之战（3 月 3 日）和阿卡围城战（3 月 19 日—5 月 20 日）。在拿破仑的协助下，他在塔沃尔山之战（4 月 16 日）中取得了对拥有巨大优势的土耳其军队的辉煌胜利，在波拿巴前往法国后被任命为奥连特地区的总司令（8 月 22 日）。他签署了《埃尔埃里什协定》（1800 年 1 月 28 日），该协定同意其撤军。但英国和土耳其司令官对该协定的否认（3 月）使克累贝的军队面临险境。在众寡悬殊和民众抱有极大敌意的情况下，他发起攻势，并在赫利奥波利斯之战（3 月 20 日）中打败土耳其军队，重新夺取开罗（4 月 21 日），为其军队赢得了短暂的喘息之机。担任埃及行政官期间，于 1800 年 6 月 14 日在开罗被一名宗教狂热分子刺死。

克累贝是一位杰出的指挥官和合格的行政家。他勇敢无畏，在战术和战略上均有造诣。美中不足的是缺乏自信。

VBH

参考：Jomini，Baron Antoine Henri de，Histoire des guerres de la Révolution. Paris，1838.

Phipps，Sir Ramsay W.，The Armies of the First French Republic. Oxford，1926—1939.

Six，G.，Dictionnaire biographique des généraux et amiraux français de la Révolution et de ÍEmpire 1792—1814，Vol，2. Paris，1934—1938.

克卢克，亚历山大·冯（Kluck，Alexander von，1846—1934 年） 德国将军。参加主要战争：七周战争（1866 年）、普法战争（1870—1871 年）和第一次世界大战（1914—1918 年）；参加主要战役（战斗）：蒙斯之战、勒卡托之战、边境交战（在比利时和法国之间）和马恩河战役（皆在 1914 年）。

克卢克 1846 年 5 月 20 日生于明斯特。在与奥地利及其德意志联盟的七周战争时（1866 年 6—8 月），他作为一名低级军官参加了战斗。普法战争时（1870 年 7 月—1871 年 5 月）再次参战。作为一名德军参谋，他在和平时期的德国陆军中军衔稳步上升，指挥权也越来越大。1906 年晋升步兵上将，1913 年任第七集团军战区总监。尽管年龄较大，但因精力过人而当选为第一集团军司令，率军位于德军计划攻势的最右翼，从比利时和法国北部之间实施迂回攻击（1914 年 7 月）。8 月 20 日夺取布鲁塞尔，8 月 22—23 日被英军暂时阻于蒙斯，他继续猛攻。8 月 26 日在勒卡托之战中，他迂回并击溃斯密斯-多里恩将军的第二军，并督促其削弱的部队继续进军，在现代军事史上最伟大的进军之一中，他应第二集团军司令卡尔·冯·毕洛夫将军的请求改变了进军轴线，毕洛夫在吉斯之战遭到了挫折（8 月 29 日）。结果新的进军路线将是迂回到巴黎的东南，而不是施利芬计划的迂回巴黎的西北（8 月 30—31 日）。这一变化，加上他和总参谋长赫尔

穆特·冯·毛奇以及其左翼的集团军指挥官们缺乏协调，使协约国军得以在马恩河实施成功的反攻（9月4—9日）。其战斗、前进和后勤保障的战略使其在乌克河取得战术性大捷，但他发现他将被反击的协约国军包围，冯·克卢克立即做出有效反应，解救其陷入危境的部队，被迫实施退却。之后，他仍担任第一集团军司令达数月。1915年3月视察前线时严重负伤，之后被解职。1916年10月退出现役，1934年10月19日卒于柏林。

克卢克具有才干、精力充沛并坚决果断，他在马恩河战役中的所作所为堪称典范。假若他的上级冯·毛奇将军以及冯·毕洛夫将军的表现能及他的一半，德军也许在1914年9月即已赢得战争。

DLB

参考：Buchan, John, A History of the Great War. 4 vols. Boston, 1923.

Kluck, Alexander von, The March on Paris and Battle of the Marne, 1914. English edition published New York, 1920.

Tuchman, Barbara, The Guns of August. New York, 1962.

克卢格，京特·冯（Kluge, Gunther von, 1882—1944年） 纳粹德国陆军元帅。参加主要战争：第一次世界大战（1914—1918年）、第二次世界大战（1939—1945年）；参加主要战役（战斗）：波兰战役（1939年）、法国战役（1940年）、“巴巴罗萨”行动（1941年）、阿弗朗什之战（1944年）。

克卢格1882年10月30日生于普鲁士波森（今波兰的波兹南）一个旧贵族家庭。1901年任炮兵军官。第一次世界大战中，在总参谋部任职。战后，在根据《凡尔赛条约》保留的10万军队中任军官。纳粹当权期间，于1934年4月晋升中将（任师长）。1934年9月，任驻明斯特第六军区司令。1938年，因在威纳尔·弗雷赫尔·冯·弗里奇将军与阿道夫·希特勒的争执中支持弗里奇，和其他一些将军一同遭到清洗。后再度应召服役，任第四集团军司令，率部参加了侵略波兰战役（1939年9月1日—10月5日）和法国战役（1940年5月10日—6月25日）。1940年7月19日，晋升陆军元帅。在入侵苏联期间（1941年6月22日），他指挥的第四集团军进抵莫斯科郊区。1941年12月6—30日，在苏军发动的冬季攻势中所部被击退。1941年12月—1943年10月，接替冯·博克任中央集团军群司令。1943年7月4—16日德军对库尔斯克的攻势失败后，7月12日—11月16日，他对苏军的突击实施了相应的防御。在这些作战行动中，他决策迅速、精通战术、主动积极，但并不为人喜爱。1943年10月下旬，在一次交通事故中受伤，此后数月未能指挥作战。1944年7月1日，接替龙德施泰特任西线德军总司令。尽管他有亲纳粹政治倾向，但还是犹豫不定地参与了7月20日暗杀希特勒的计划，后又发生动摇，实际上退出了这一计划。1944年8月6—10日，组织德军对阿弗朗什发动反攻。8月17日，在阿弗朗什的反攻失败后，其职务由陆军元帅瓦尔特·莫德尔接替，他本人应召回国。1944年8月19日，因确认自己最终会受刺杀希特勒计划的牵连，同时也为自己在军事上的失败而感到灰心丧气而在梅斯附近服毒自尽。

ACD and PEK

参考：Cooper, Matthew, The German Army, 1933—1945: Its Political and Military Failure. London, 1978.

Hoffman, Peter, The History of the German Resistance, 1933—1945. London, 1977.

Keegan, John and Andrew Wheatcroft, Who's Who in Military History. New York, 1976.

“Lexicon des Zweiten Weltkrieges,” Das Reich (Hamburg), No. 33(1974).

Wistrich, Robert, Who's Who in Nazi Germany. New York, 1982.

NDB.

诺克斯，亨利（Knox, Henry, 1750—1806年） 外号“费城富翁”。美国将军。参加主要战争：美国独立战争（1775—1783年）；参加主要战役（战斗）：波士顿围城战（1775—1776年）、邦克山（波士顿附近）之战（1775年）、长岛（纽约）之战、特伦顿之战（1776年）、普林斯顿（新泽西）之战、布兰瓦恩之战、日耳曼敦之战（两地均位于宾夕法尼亚境内）（1777年）、蒙茅斯（位于新泽西州弗里霍尔德附近）之战（1778年）、约克镇之战（1781年）。

诺克斯1750年7月25日生于马萨诸塞的波士顿。后加入民兵（1768年）。曾因猎枪爆炸左手损失两根手指（1771年）。在马萨诸塞的剑桥镇加入大陆军，并随阿蒂马斯·沃德参加了邦克山之战（1775年6月17日）。后为大陆军炮兵团上校（11月17日）。受华盛顿之令取回泰孔德罗加堡之战缴获的大炮，他在雪地上行程近500公里，以雪撬将60门大炮（和炮弹一起约重55吨）运回剑桥（1775年12月5日—1776年1月25日）。他称这次行动为“大炮专列行动”。这些大炮在结束波士顿围城战（1775年4月19日—1776年5月17日）方面作出了贡献。他的炮兵团参加了长岛之战（1776年8月27日），并帮助掩护了从纽约和新泽西的撤退，战斗后他晋升为准将（12月27日）。特伦顿之战（12月26日）和普林斯顿之战（1777年1月3日）的胜利，他的大炮功不可没。部队冬休期间（1—5月），他在马萨诸塞和新泽西的莫里斯敦分别建立了斯普林菲尔德兵工厂和炮兵学校（西点的前身）。他在布兰瓦恩之战（9月11日）中作战出色，但其在日耳曼敦之战（10月4日）中的表现却受到指责。在他的指导下，炮兵得到了极大的发展，并在蒙茅斯之战（1778年6月28日）和约克镇之战（1781年5月—10月17日）中发挥了巨大的作用。成为

大陆军中最年青的少将（1782年3月22日，生效时间为1781年11月15日）。担任西点军校校长（1782年8月29日）。继华盛顿任总司令（1782年12月23日—1783年6月20日）。创建了辛辛那提会（1783年5月10日）。出任陆军部长（1785年3月8日—1794年12月28日），这是美国政府中的第一任陆军部长（1789年9月12日—1794年12月31日）。后退役归隐于其在缅因州托马斯顿的庄园（1795年）。与法国的冲突期间重新任命为少将（1798年）。1806年10月25日因鸡骨噎死于庄园。

诺克斯身高体阔，且随着年龄的增长而日益发胖。他是一位天资职颖而又足智多谋的指挥官和行政官员。尽管开始时对炮兵不甚了解，但他学得很快，并将其发展为一个有威力的战斗兵种。他深受士卒喜爱和华盛顿的尊敬，无疑也是美国西点军校的奠基者。

VBH

参考：Brooks, Noah, Henry Knox, a Soldier of the Revolution: Major General in the Continental Army, Washington's Chief of Artillery… 1750—1806. New York, 1900.

Callahan, North, Henry Knox, General Washington's General. New York, 1958.

Drake, Francis S., Life and Correspondence of Major General Henry Knox. Boston, 1873.

克尼普豪森，威廉·冯男爵（Knyphausen, Baron Wilhelm von, 1716—1800年） 普鲁士将军。参加主要战争：奥地利王位继承战争（1740—1748年）、七年战争（1756—1763年）、美国独立战争（1775—1783年）；参加主要战役（战斗）：华盛顿堡（纽约城）之战（1776年）、布兰瓦恩（宾夕法尼亚）之战（1777年）、斯普林菲尔德袭击战（1780年）。

克尼普豪森1716年生于吕茨贝格，日耳曼一陆军军官之子。后参加普鲁士陆军（1734年）。由于在腓特烈大帝的战争中表现突出，晋升为中将（1775年）。志愿参加英国陆军，并和4500多名主要由黑森人和瓦尔德克人组成的日耳曼雇佣兵一起到达纽约，协助英军作战（1776年10月18日）。抵达后参加的第一场战斗为华盛顿堡之战（11月16日）。后取代海斯特尔将军任北美日耳曼部队总司令（1777年）。费城战役期间统领豪的两路部队中的一路，并率这支部队参加了布兰瓦恩之战（9月11日），指挥中表现突出。没有参加日耳曼敦之战，也几乎没有参加蒙茅斯（新泽西的弗里霍尔德附近）战役，其部队仅为英军警戒辎重（1778年6月）。其后的战争中，他以纽约为基地，曾在克林顿驻留南卡罗来纳的查尔斯顿期间任纽约的司令官（1780年）。后率一支5000—6000人的部队前往新泽西进行斯普林菲尔德袭击战，但所获甚微（1780年6月7—23日）。回到欧洲后退役（1782年），据说死时为卡塞尔地区的军事总督（1800年）。

克尼普豪森聪明而又谦恭，是一位真正娴熟的职业军人。指挥部队时谨慎而又恰到好处。

Staff

参考：Boatner, Encyclopedia.

高师直（Ko〈Kono, Ko No〉, Moronao, 卒于1351年） 日本将军。参加主要战争：倒幕战争（1331—1335年）、南北朝战争（1335—1392年）；参加主要战役（战斗）：六原之战（1333年）、男山之战（京都东南，1338年）、阿部之战（1338年）、四条之战（1347年）、京都之战（1351年）、打出浜之战（1351年）。

高师直是高师重的长子，高师重是足利尊氏的封臣和副手，高师直还是高师冬的堂兄弟和高师泰的兄长。1336年足利尊氏任命他为执事，他和其兄弟为足利尊氏勇猛战斗。他不仅因其军事才能颇有名气，而且还因其对非战斗人员残酷不仁和其部队完全缺乏纪律而臭名昭著。1350年他帮助足利尊氏驱逐其弟足利直义。后被俘，上杉显能为报杀父之仇，将其处死（1351年）。

LH

参考：Papinot, E., Historical and Geographical Dictionary of Japan. Yokohama, 1910.

Sansom, George B., A History of Japan, 1334—1615. Stanford, Calif, 1961.

高师泰（Kono Moroyasu, 卒于1351年） 日本将军。高师直之弟。参加主要战争：倒幕战争（1331—1335年）、南北朝战争（1335—1392年）；参加主要战役（战斗）：静冈之战（1335年）、相马山要塞之战（1336年）、四条之战（1347年）。

小早川秀秋（Kobayakawa, Hideaki, 1577—1602年） 日本武将、封建领主。参加主要战争：统一战争（1550—1615年）、入侵朝鲜战争（1592—1598年）；参加主要战役（战斗）：关原之战（1600年）。

小早川秀秋生于1577年，丰臣秀吉的兄弟木下家贞第五子，后过继给其叔抚养。1592年应秀吉之请，又过继于无嗣领主小早川隆景。1597年日本侵略朝鲜期间，丰臣秀吉任命他为驻朝军总司令。由于属下各领主勾心斗角，作战失利（1597—1598年）。石田组成西部联盟对抗德川家康，小早川秀秋名义上加入该联盟。由于对在朝鲜战局中石田向丰臣秀吉告他的状而耿耿于怀，故当战斗进行至午后，他便坐视战斗直至日终。之后他改变立场转而攻击西部联军翼侧，使德川获胜（1600年10月20日）。作为酬谢，他获得位于备前及临近的美作（津山以东地区）省的封地，但封地的人民厌恶他。卒前不久患精神病，卒于1602年。

LH

参考：Hall, John Whitney, Government and Local Power in Japan, 500 to 1700. Princeton, N.J., 1966.

Sadler, A. L., The Maker of Modern Japan: The Life of Tokugawa Ieyasu. London, 1937.

小早川隆景(Kobayakawa, Takekage, 1532—1596 年) 日本将军。参加主要战争：统一战争（1550—1615 年）、入侵朝鲜战争（1592—1598 年）；参加主要战役（战斗）：宫岛之战（1555 年）、高松城堡之战（1582 年）。

小早川生于 1532 年，是森元成的第三子。后为小早川家族抚养以巩固同森家族对抗顺尾家族的联盟。1551—1558 年在内战期间脱颖而出并为森家族及其联盟战胜顺尾家族作出重大贡献。1578—1582 年在对抗织田信长和丰臣秀吉的防御作战中表现突出。1582 年归顺丰臣秀吉。1587 年随丰臣秀吉部队在九州征服强大的岛津家族。1592 年 5 月—1593 年 10 月在第一次入侵朝鲜战争期间率领一个15 000人的分遣队。卒于 1596 年回到日本不久。

LH

参考：Arnesen, Peter Judd, The Medieval Japanese Daimyo. New Haven, Conn., 1979.
Sansom, George B., A History of Japan, 1334—1615. Stanford, Calif., 1961.

儿玉源太郎(Kodama, Gentaro, 1852—1906 年) 日本陆军大将。参加主要战争：复位战争（1868 年）、萨摩暴动（1877 年）、中日甲午战争（1894—1895 年）和日俄战争（1904—1905 年）。

儿玉源太郎 1852 年 3 月 15 日生于现在的山口县，复位战争时（1868 年 1—7 月）他才 16 岁，即与其他大名武士参战。1870 年他加入新的帝国陆军，便很快于 1871 年底升为中尉。后在德国陆军接受雅科布·梅克尔少校的参谋工作训练，1887 年任陆军大学首任校长。1889 年晋升少将，随后面临高级政府官员或陆军指挥官的令人为难的选择。后任陆军部综合局局长、陆军部次长和台湾总督（1898 年）。1900—1902 年任陆相，1891—1906 年任副总参谋长和总参谋长，1903 年曾因资历不够退任副总参谋长，负责拟制对俄国的战争计划。1904—1905 年任大山岩元帅的参谋长时表现突出，后任前线陆军总司令。奉天之战（1905 年 2 月 21 日—3 月 10 日）之后，他认识到日本已耗尽战争资源，因此返回日本亲自督促政府在军队尚能坚持的情况下和俄国达成协议。他为战争竭尽全力，于 1906 年 9 月 24 日卒于东京，追封为伯爵。

HB

参考：Miwa Kai and P. B. Yampolsky, Political Chronology of Japan, 1885—1957. N. p., 1957.
Warner, Denis and Peggy. The Tide at Sunrise: A History of the Russo-Japanese War, 1904—1905. New York, 1974.

古贺峰一(Koga Mineichi, 1885—1944 年) 日本海军上将、军国主义者。参加主要战争：第二次世界大战（1941—1945 年）；参加主要战役（战斗）：侵占香港（1941 年）、中太平洋海战（1943—1944 年）。

古贺峰一 1885 年生于佐贺县。1906 年毕业于海军军官学校。1915 年毕业于海军大学。1916—1920 年担任过多种岸上参谋职务。1920—1922 年任常驻法国武官。1926 年晋升上校。1926—1928 年任驻巴黎海军武官。1930—1931 年历任巡洋舰和战列舰舰长。1932 年晋升少将。1933 年任海军参谋部情报处处长。1937 年任海军参谋部副参谋长。1939 年任第二舰队司令。1941 年 9 月任侵华日军中国方面舰队司令。1941 年 12 月 9—31 日，参加了侵占香港的作战行动。1943 年 5 月在山本五十六上将被美军飞机击毙（4 月 18 日）后任联合舰队司令。他竭力诱使美国舰队进行大规模海战，这样就可使战争变得对日本有利。但中太平洋地区日军的陆上航空兵和航母舰载机不断遭到损失，迫使海军撤离马里亚纳群岛和菲律宾群岛。1944 年 4 月，在联合舰队撤离宿务时，因其座机遭遇风暴坠毁丧命。死后被追授为海军元帅。

MRP

参考：Morison, Samuel Eliot, History of United States Naval Operations in World War Ⅱ. Vol Ⅵ: Breaking the Bismarcks Barrier, 22 July 1942—1 May 1944. Vol Ⅶ: Aleutians, Gilberts and Marshalls, June 1942—April 1944. Vol Ⅷ: New Guinea and the Marianas, March 1944—August 1944. Boston, 1950—1958.

小矶国昭(Koiso. Kuniaki, 1880—1950 年) 日本将军和政治家、甲级战犯。参加主要战争：日俄战争（1904—1905 年）、日本侵华战争（1937—1945 年）。

高尔察克，亚历山大·瓦西里耶维奇(Kolchak, Aleksander Vasiliyevich, 1874—1920 年) 俄国海军上将。参加主要战争：日俄战争（1904—1905 年）、第一次世界大战（1914—1918 年）和苏俄国内革命战争（1917—1920 年）；参加主要战役（战斗）：旅顺港围攻战（1904—1905 年）和里加湾战役（1915—1916 年）。

高尔察克 1874 年 11 月 4 日生于圣彼得堡，其父是海军火炮射击军官。1894 年以全班第二名的成绩毕业于俄国海军学院。曾两次以水文学者的身份随俄国科学院极地考察队到北极考察。1904 年 6 月—1905 年 1 月 2 日日军围攻旅顺港期间任驱逐舰舰长和海岸炮兵连连长。曾作为战俘在日本短时呆过。1906—1909 年他和其他因与日本的战争而陷入麻烦的军官一起改革海军，并建立俄国海军参谋部。1908—1911 年第三次参加极地考察队，以发现通往远东的北部海路，因工作突出而荣获科学院的金质奖章。1911—1914 年在海军参谋部任职。第一次世界大战爆发时（1914 年 8 月）任波罗的海舰队旗

舰舰长。1915年任波罗的海舰队作战局局长，他使用不充足的兵力和物资构建了有效的海岸防御体系，因显示了较好的战术技能而声名远扬。1916年任波罗的海驱逐舰部队司令，在里加湾一系列的冲突中有进一步的非凡表现。1916年8月成为俄国海军中最年轻的中将，并在1916年被任命为黑海舰队司令。他支持二月革命以后建立的亚历山大·克伦斯基的临时政府（1917年）。由于受所辖部队不稳定威胁的困扰，辞职（6月）。受克伦斯基之命前往美国研究美国海军以及侵入博斯普鲁斯海峡的可能性。中途逗留英国，成为杰利科和霍尔海军上将的朋友。对美国的访问很沮丧，于是乘船从旧金山去日本。在布尔什维克十月革命（11月）之后不久抵达日本。布列斯特-立托夫斯克和会开始后（1918年1月），他自愿为英国海军服务。他向美索不达米亚英军报到的任命被忽然改为到西伯利亚执行任务。被任命为建立于鄂木斯克的反布尔什维克的“西伯利亚政府”的陆军和海军部长。在鄂本斯克的一次军事政变中取得最高统治权（1918年11月18日）。由于他独断专行以及政权内部腐败，挫伤了政府中的自由主义派别，疏远了支持反布尔什维克并控制着重要的贯穿西伯利亚的铁路捷克军团。在1919年夏季遭受数次败仗，1920年1月4日将反布尔什维克的部队的最高指挥权让与安东·伊·邓尼金将军，他自己则接受协约国军的保护，但1月15日捷克人将其交给在伊尔库茨克的布尔什维克政府。在长时间的审讯之后，他被枪决，尸首被扔进伊尔库茨克安加拉河（1920年2月2日）。

PEK

参考：Carr, Edward H., The Bolshevik Revolution, 1917—1923. New York, 1966.

Fleming, Peter, The Fate of Admiral Kolchak. New York, 1963.

Mel'gunov, S. P., Tragediia Admirala Kolchaka. Belgrade, 1930.

Popov, K. A., Dopros Kolchaka (Interrogation of Kolchak). Leningrad, 1925.

小松原道太郎（Komatsubara, Michitaro, 1886—1940年） 日本将军。参加主要战争：苏日边界冲突（1938—1939年）；参加主要战役（战斗）：诺门坎（拜尔努尔附近）-哈勒欣河（奥尔克逊河）之战（1939年）。

小松原道太郎1886年生于奈良。1905年毕业于陆军军官学校。后接受步兵军官的训练，成为俄国事务的专家。1909—1912年在俄国学习俄语。1919—1925年任驻莫斯科副武官。1927—1930年任莫斯科武官期间晋升上校（1929年）。1930—1932年在日本任团长。1932—1933年任侵华日军关东军司令部哈尔滨特务长。1933年晋升少将。1933—1937年多次任旅长。1937年晋升中将。1938年任第二十三师师长。1939年5月28日，下令所部对中蒙边界哈勒欣（河）附近的诺门坎发动进攻，触发了诺门坎事件（5—8月）。在接着发生的战斗中，所率第二十三师实际被歼。1940年1月，在对应为这次溃败负责的关东军军官进行的清洗中，被转入预备役，卒于数月后。

MRP

参考：Drea, Edward J., Nomonhan: Japanese-Soviet Tactical Combat, 1939. Leavenworth Papers No. 2. Fort Leavenworth, Kans., 1981.

Headquarters, USAFFE and Eighth Army (Rear), Japanese Studies on Manchuria, Vol. Ⅺ, Part 3, Books B and C: Small Wars and Border Problems: The Nomonhan Incident. Washington, D. C., n. d.

近藤信竹（Kondo, Nobutake, 1886—1953年） 日本海军将军、军国主义者。参加主要战争：第二次世界大战（1941—1945年）；参加主要战役（战斗）：东印度洋海战（1941—1942年）、中途岛、东所罗门群岛、圣克鲁兹群岛和瓜达尔卡纳尔岛海战（1942年）。

近藤信竹1886年生于大阪府。1907年毕业于海军军官学校。后接受了射击专家的初步训练。1919年毕业于海军大学，不久晋升少校。1919—1920年任驻俄国武官。1920—1923年任皇太子的副官。1926年12月任联合舰队参谋军官。1927年晋升上校，并在海军大学任教。1930年6月任海军参谋部作战科科长。1932年12月任“金刚”号战列舰舰长。1933年晋升少将，任海军大学校长。1935年，先是任联合舰队参谋长，年末又任海军参谋部作战课长。1937年晋升中将。1939年任海军参谋部副参谋长。1941年任第二舰队司令，指挥了在东印度洋上的海战，其中包括1941年12月10日摧毁盟军的Z舰队（“威尔士亲王”号战列舰、“反击”号战列巡洋舰和护航舰只等）。当时该舰队从新加坡出动，计划袭击驶向哥打巴鲁的日军舰队。此外，1942年2—3月，在入侵爪哇和苏门答腊的行动中，指挥海上支援作战。1942年5月28日—6月8日，在中途岛海战中，指挥支援舰队。同年8月22—25日，在未分胜负的东所罗门群岛海战中，再度指挥支援舰队。同年10月25—28日，在圣克鲁兹海战中，指挥前进舰队。同年11月12—15日，指挥日本海军对瓜达尔卡纳尔岛发动攻势，触发了在该岛三个阶段的激战。在瓜达尔卡纳尔岛之战中，其指挥的舰只不仅未能炮轰亨德森机场，反而遭受了严重的损失。在战争中得以幸存，卒于1953年。

MRP

参考：Morison, Samuel Eliot, History of United States Naval Operations in World War Ⅱ. Vol. Ⅲ: The Rising Sun in the pacific, 1931—April 1942. Vol. Ⅳ: Coral Sea, Midway and Submarine Actions, May 1942—August 1942. Vol. Ⅴ: The Struggle for Guadalcanal, August 1942—1943. Boston, 1950.

K

科涅茨波尔斯基，斯塔尼斯拉夫（亚历山大）(Koniecpolski, Stanislaw〈Alexander〉, 1591—1646 年） 波兰将军和政治家。参加主要战争：俄国-波兰战争（1609—1618 年）、波土战争（1614—1621 年）、第二次波瑞战争（1617—1629 年）；参加主要战役（战斗）：策科拉之战（1620 年）、马丁诺瓦之战（可能在马丁诺加）（1624 年）、哈默什滕之战（什切青附近的恰尔内）（1627 年）、特切夫之战（1627 年）、什图姆之战（1629 年）。

科涅茨波尔斯基 1591 年生于一个古老的波兰家族。曾就读于克拉科夫大学。他首次参战是与扬·乔德凯维奇一道同俄国人作战。1619 年任波兰陆军司令官。1620 年 12 月，在普鲁特河畔（位于罗马尼亚和苏联交界的普鲁特河）的策科拉之战中被土耳其人俘虏，囚于伊斯坦布尔三年。获释后回波兰，在马丁诺瓦等地连败鞑靼人（1624 年），为此，获得波兰议会的嘉奖，国王西吉斯蒙德三世亦封他为桑多梅日的伯爵领主。1626 年被调往普鲁士，同瑞典国王古斯塔夫·阿道夫作战。虽然 1626 年后期攻克了普茨克，但是翌年 5 月在特切夫被击退。1628 年，被一支规模较大的瑞典军压迫，被迫南撤。得到德意志帝国军队增援后，发起反击，并在什图姆打败古斯塔夫（1629 年 6 月 27 日）。1632 年任波兰军总司令。1633 年任克拉科夫城堡主。1633—1634 年，多次击退土耳其入侵。1644 年击退鞑靼人入侵。1635 年镇压哥萨克叛乱，并修筑了库达克要塞（第聂伯彼得罗夫斯克）。虽然年轻时较贫穷，但到 1640 年初他已拥有大量土地，并有 10 万多人在他的庄园居住。17 世纪 30 年代初，他曾兴建布罗迪市镇，并在附近建有要塞拱卫它（1633 年）。1646 年，卒于在对土耳其发动新的远征前夕。

DLB

参考：EB.
EMH.

小西行长（Konishi, Yukinaga, 卒于 1600 年） 日本将军。参加主要战争：统一战争（1550—1615 年）、侵略朝鲜战争（1592—1598 年）；参加主要战役（战斗）：汉城之战（1592 年）、关原之战（1600 年）。

柯普吕吕，阿卜杜拉（库普里利）(Köprülü, Abdulla〈Kuprili〉, 卒于 1735 年） 土耳其将军。参加主要战争：土耳其-波斯战争（1730—1736 年）；参加主要战役（战斗）：拜加旺德之战（1735 年）。

柯普吕吕在阿罕默德苏丹在位期间作为一名将军而名声显赫，并担任代理首相（1723—1735 年）。后奉派在土耳其西部同波斯大将纳迪尔沙作战。他在其军队周围挖掘堑壕，并拒不受骗进行堂堂之阵的作战。他抓住纳迪尔部出现明显弱点的机会对波斯军及其盟军——俄军发起进攻，但他的军队在纳迪尔精心计划的反击中被歼，其本人也在卡尔斯附近的拜加旺德的战斗中被杀（1735 年）。

TM

参考：Columbia Encyclopedia.
EMH.

科希丘什科，塔杰乌什·安德雷日叶·博纳文图拉（Kosciusko, Tadeusz Andrezj Bonawentura, 1746—1817 年） 波兰爱国将军。参加主要战争：美国独立战争（1775—1783 年）、俄国入侵波兰（1792 年）、波兰起义（1793—1794 年）；参加主要战役（战斗）：第二次萨拉托加（纽约的斯凯勒维尔附近）之战（1777 年）、九十六城围城战（1781 年）、杜边卡之战（1792 年）、拉茨瓦维采（斯卡尔布梅日附近）之战、华沙围城战、马切约维采之战（1794 年）。

科希丘什科 1746 年 2 月 4 日生于白俄罗斯的梅雷佐什兹伊纳，是一个破落贵族家庭中的幼子。曾就学于华沙皇家军事学校（1765 年）。后在陆军中任职并晋升为上尉。曾依靠王室津贴去法国深造军事学（1769 年）。回到波兰（1774 年）后未能在波兰陆军中获得升迁，故为赫特曼·约瑟夫·索斯诺夫斯基的女儿们教授绘画和数学。他与赫特曼的小女儿相爱，被赫特曼的仆人打伤后出走法国。后前往美洲，效力于反抗压迫的殖民地人民。在费城任宾夕法尼亚防御委员会的民事工程师，帮助设计特拉华河下游的堡垒工事（1776 年 8 月）。被大陆会议任命为上校（10 月 19 日）后，同年冬设计并筑造了默塞堡（位于特拉华河畔费城下游的新泽西一侧）。陪同霍雷修·盖茨将军北上，在那里指挥北方军队（1777 年 3 月）。他在萨拉托加所勘定和构筑的野战工事对美军取得那场关键战斗的胜利发挥了巨大作用（8—10 月）。后又设计并构筑了纽约西点的防御工事（1780 年 3—6 月）。盖茨出任南方战区司令后，他任命科希丘什科为该战区的工兵主任（1780 年 7 月）。盖茨在卡姆登之战（1780 年 8 月 16 日）中战败后，他才抵达卡罗来纳，后留任在纳撒内尔·格林将军麾下。戏剧性的"向达恩冲刺"期间（1781 年 1—2 月），他任格林的运输主任，表现突出。他在九十六城围城战（5 月 22 日—6 月 19 日）中的失误挽救了亲英派守军。在南卡罗来纳的查尔斯顿周围的作战中表现出色，时任炮兵指挥官和情报官（1782 年夏）。战争结束后获得公民权、国会的感谢、可观的奖金、授予的土地和准将军衔。他回到波兰（1784 年底），在改组后的波兰陆军中被任命为少将（1789 年 10 月 1 日）。俄国入侵期间（1792 年春），他统领波兰军队，并在杜边卡的一次作战中取得胜利（7 月 17 日）。国王斯塔尼斯拉夫二世命令波军停止抵抗后，他辞去职务。在第三次瓜分波兰（1793 年）之后，他前往法国以寻求法国共和政府的援助。当得知波兰举行起义的计划，并受邀参加起义时，他犹豫未定。得知起义胜利后，他迅速赶赴克拉科夫（1794 年 3 月 24 日）。他仓促招募了一支军队，由于补给不足，其许多民兵部队只得装备长矛和长柄镰

刀。离开克拉科夫（4月1日）后，他在拉茨瓦维采打败了杰尼索夫率领的一支俄军（4月4日）。他向华沙推进，意欲驱逐那里的俄国守军（4月17日）。通过多路进攻，将俄军和普军包围于华沙，但科希丘什科在什切科齐内被一支俄普联军打败（6月6日）。与俄普围城联军进行了一场英勇而成功的华沙保卫战（6月26日—9月5日）后晋升为中将。在马切约维采指挥了一场对费尔森的俄军进行的拼死进攻，但期望的支援未能得到，他受伤并在其军队瓦解后被俘（10月10日）。两年后，他在承诺不进行武装反抗俄国的条件下获释（1796年11月26日）。他前往美国，在那里受到非常热情的接待（1797年8月18日）。他得到了追补的18 940美元和位于俄亥俄州的500公顷土地。他以这笔钱购买奴隶，然后予以释放。重回法国（1798年7月）后在枫丹白露附近过着半退休的生活。应威廉·R. 戴维之约撰写了一篇题为《马拉火炮的机动》的论文（1800年）。后来，该论文在西点被作为条令。维也纳大会上争取波兰独立的希望破灭后，他隐退于瑞士的索洛图恩（1816年）。释放了其波兰土地上的农奴（1817年4月）。1817年10月15日卒于索洛图恩。他的遗愿是将其俄亥俄的土地售出款用于释放奴隶。葬于克拉科夫，当地民众为彰显其功绩为他建造了一个高大的土质陵墓。

科希丘什科是一位聪颖、仁爱和坚定的波兰爱国者，一位合格、充满活力的军人。他在比米斯和西点构筑的工事显示出将防御设施与地形相结合的睿智眼光。他抵抗伯戈因推进的迟滞行动使英军丧失了宝贵的时间。他的密友托马斯·杰弗逊撰文称："他是我所知的最高尚的自由的朋友。这种自由属于所有人，而非仅仅属于少数人和富人"。

Staff

参考：Garder, Monica M., Kosciuszko, a Biography. New York, 1920.

Haiman, Miecislaus, Kosciuszko in the American Revolution. 1943. Reprint, New York, 1975.

——, Kosciuszko, Leader and Exile. New York, 1946.

Skalhowski, Adam M., Kośiuszko w ŝwietle nowszych badań. Poznan, 1924.

Boatner, Encyclopedia.

DAMB.

EB.

WAMB.

克吕格尔，瓦尔特（Krueger, Walter, 1881—1967年） 美国陆军上将。参加主要战争：美西战争（1898年）、镇压菲律宾起义（1899—1903年）、侵略墨西哥（1916—1917年）、第一次世界大战（1917—1918年）、第二次世界大战（1941—1945年）；参加主要战役（战斗）：默兹-阿尔贡战役（1918年）、基里维纳和伍德拉克群岛之战（1943年）、新不列颠之战（1943—1944年）、比阿克岛之战、查亚普拉之战、莫罗太岛之战、莱特岛战役（1944年）、菲律宾战役（1945年）。

克吕格尔1881年1月26日生于西普鲁士普拉陶。1889年随父母移居美国的俄亥俄州。1898年4月，美西战争爆发时，离开在辛辛那提就读的高级中学入伍。6月22日—7月17日，参加了圣地亚哥战役。1899年年中加入正规陆军。1899—1903年，参加了镇压菲律宾起义期间的大部分军事行动。1901年6月，在第三十步兵师被任命为少尉军官。后回到美国。1906年毕业于步兵与骑兵学校。1907年毕业于指挥与参谋学院。1908—1909年，再度在菲律宾服役。1909—1912年，在陆军勤务学校任教。后翻译了德国的几本战术著作，差不多成了研究德军的专家。1916年晋升上尉。1916年3月—1917年2月，参加了潘兴将军对墨西哥革命的镇压。1918年2月，参加了驻法国的美国远征军。后在朗格勒参谋学院学习，接着任第二十六师作战处副处长。后转入第八十四师服役。10月，在默兹-阿尔贡攻势中，任坦克军参谋长。停战后，先后任驻法国第六军参谋长和驻德国第四军参谋长。1919年5月，任战时上校。7月回到美国时恢复上尉正式军衔。1921年毕业于陆军军事学院。1923—1925年，在陆军参谋部战争计划处任职。1926年毕业于海军军事学院。1928—1932年，在海军军事学院任教。1932年晋升上校。1936年晋升准将。1936—1938年，任陆军参谋部主管战争计划的助理参谋长。1938年6月，任驻米德堡第十六旅旅长。1939年二月晋升少将。1940年10月任第二师师长，后任第八军军长。1941年5月晋升战时中将，任第三集团军兼南部防区司令。后第六集团军划归他指挥。1943年1月，他率该集团军赴澳大利亚。从1943年6月30日在基里维纳和伍德拉克群岛登陆开始，指挥第六集团军参加了麦克阿瑟将军在西南太平洋战区实施的许多长期的作战行动。1943年12月15日—1944年3月，指挥了进攻新不列颠岛的战斗。1944年2—8月，指挥了阿默勒尔蒂群岛以及沿新几内亚北海岸向西的作战行动。9月15日指挥了夺取通向菲律宾群岛的最后一个立足点摩罗太岛的战斗。10月20日指挥了在莱特岛的登陆行动，使美军得以重返菲律宾。12月15日，指挥了在民都洛岛的登陆行动。1945年1月9日，在林加延湾的吕宋岛实施大规模登陆。2—8月，参加了中吕宋的苦战。2月10日—3月14日参加了马尼拉的激烈巷战。3月晋升上将。6月下旬，将山下奉文的残部赶入吕宋东北部山区并解放了该岛五分之四的地区。9月率部赴日本本州执行占领任务。1946年7月退役。1967年8月20日，卒于宾夕法尼亚州瓦利福奇。

克吕格尔在第二次世界大战前作为一位教官和训练军官而闻名，他被认为是战前陆军中最有成就的战术家和战略家。他是一位军事历史学者，也是一位周密的计划者和天才的野战指挥官。他指挥的作战行动以伤亡率

低而闻名。

DLB and KS

参考：Cannon, M. Hamlin, Leyte: Return to the Philippines. U. S. Army in World War Ⅱ: The War in the Pacific. Washington, D. C., 1954.

Eichelberger, Robert L., With Milton Mackaye, Our Jungle Road to Tokyo. New York, 1950.

Krueger, Walter, From Down Under to Nippon: The Story of Sixth Army in World War Ⅱ. Washington, D. C., 1953.

Smith, Robert R., Triumph in the Philippines. U. S. Army in World War Ⅱ: The War in the Pacific. Washington, D. C., 1963.

U. S. Sixth Army, The Sixth Army in Action, January 1943—June 1945. Kyoto, 1945.

光武帝（刘秀）（Kuang Wu-Ti〈Liu Hsiu〉，公元前 6 年—公元 57 年） 中国东汉统治者。参加主要战争：恢复汉王朝的统治（22—25 年）；参加主要战役（战斗）：昆阳之战（23 年）。

刘秀生于汉帝国皇帝的一个远房兄弟的家庭。九岁时成为孤儿，被居住在河南东部地区的富裕的叔父收养。王莽篡权时期他继承了其叔父的财产。22—23 年，大规模的饥荒导致了农民起义，刘秀抓住时机，联合其他地主举起起义的大旗。尽管他没有经过专门的军事训练，但他在实践中不断学习，很快成为一名能力出众的将领。他的军队纪律严明，24 年，他率军占领了王莽的首都长安（今西安）。第二年（25 年）他重建汉王朝（史称东汉——译者注），并自立为帝。登基后，尽管他几乎不再亲自率军作战，但在 40—43 年间，直接率军统一了中国，经过谨慎小心、认真仔细地计划，击败了其对手。他的政权建立在稳定可靠的财政基础之上，50—57 年，当其统治稳定之后就让部分将领退休，并派其他一些将军沿着“丝绸之路”向西进军，以扩大东汉王朝的影响。卒于 57 年。

刘秀是一位机智、谨慎的政治家，他创立的政权延续了两个多世纪的时间。

PWK

忽必烈汗（Kublai〈khubilai, Kubla〉Khan，1215—1294 年） 中国元朝统治者。参加主要战争：征服宋朝（1234—1279 年）、征服大理政权（1253—1256 年）、平定阿里不哥叛乱（1260—1268 年）、入侵日本（1274 年、1281 年）。

忽必烈汗生于 1215 年，是拖雷的第四子。拖雷是成吉思汗最宠爱的妃子所生的四子中的小儿子。忽必烈为其兄蒙哥汗的将军（1251 年）。曾代管帝国东部的民政、军政，西安地区是他自己的封地（1253 年）。指挥征服了云南境内的大理（云南及贵州和广西部分地区）政权（1253—1256 年）。随蒙哥在四川进行作战（1257—1258 年）。蒙哥死于四川合州（1259 年 8 月）后，爆发了一场汗位继承战争。忽必烈在蒙古王公大会上被选为大汗（1260 年），但其弟阿里不哥抵制这次选举，并在哈拉和林自立为汗。经过多次作战（1260—1264 年），忽必烈打败阿里不哥。此后又爆发了一场由窝阔台家族的篡夺者引起的战争（1264—1268 年）。忽必烈再次发起对宋朝的战争，在为期五年（1267—1273 年）的围攻后夺占襄阳（湖北省境内）和樊城（湖北省境内）这两座姊妹城市。此后，他将大部分正在进行的战争交由其将军伯颜指挥。伯颜后攻克宋朝都城杭州（1276 年）。宋军余部在广东新会附近海面上的一场海战中被歼（1279 年）。与此同时，忽必烈曾两次远侵日本，均未获胜。第一次东侵日本因风暴和日本人的抵抗而被迫撤退（1274 年）。日本拒绝承认元朝的宗主国地位之后，忽必烈准备进行第二次规模更大的东侵，初期获得了一些胜利，但元朝军队遇到了日本人的抵抗，舰队为飓风（这一飓风被感激不尽的日本人奉为“神风”或神赐之风，在第二次世界大战的最后 12 个月中，它激发了日本人的自杀作战）所毁，被迫撤军（1281 年）。虽然遭受了这些挫折以及在缅甸（1277 年、1283 年、1287 年）、交趾支那（越南南部，1283—1287 年）和爪哇（1293 年）的一些失败，但忽必烈还是被其弟——波斯旭烈兀的伊儿汗国和罗斯的钦察汗国尊为蒙古大汗。在内政上，忽必烈推行汉化政策，使蒙古习惯适应于汉人，并采用汉人年号（1260 年）和汉人的朝代名称——“大元”（1271 年）。他曾召见著名旅行家马可·波罗，马可·波罗的有关中国富饶的游记将忽必烈的威名传到了欧洲。1294 年卒于其首都大都（北京）。

忽必烈是一位能干、果断、足智多谋的统帅，他还是一位才华卓越的政治家。尽管是少数民族统治，但其政权显然为汉人所爱戴。他是一位心胸比较开阔的统治者，尤其是相对较少宗教或民族偏见。

PWK and DLB

参考：Grossuet, R., L'émpire mongol. Paris, 1941.

Hsia Ch'i-ch'ing, The Military Establishment of the Yüan Dynasty. Cambridge, Mass., 1978.

Philips, Eustace Dockray, The Mongols. New York, 1960.

Polo, Marco, The Book of Marco Polo. 3 vols. Translated by Henry Yule, edited by H. Cordier. London, 1902—1921.

郭松龄（Kuo Sung-lin，1883—1925 年） 中国军阀将领。

郭松龄出身低微，后在张作霖奉系（东北）军阀部队中任团长（1920 年）。受与奉系对立的国民军将领冯玉祥的影响，他转而反对张作霖。1925 年 11 月 22 日率部北进攻击张在奉天（沈阳）的司令部，虽然进攻初期很顺利，但却没得到曾预计的广泛支援，他的部队被张

的优势部队包围并歼灭，他本人被杀（12 月 25 日）。

PWK

栗原忠道（Kuribayashi, Tadamichi, 1891—1945 年） 日本陆军将领、军国主义者。参加主要战争：第二次世界大战（1941—1945 年）；参加主要战役（战斗）：硫磺岛战役（1945 年）。

栗原忠道 1891 年生于长野县。1914 年毕业于陆军军官学校。1923 年毕业于陆军大学。1927—1930 年接受骑兵军官的训练，并被派驻美国。1931—1933 年任驻加拿大武官。1933 年回国并晋升中校。1936—1937 年任骑兵团团长。1940 年晋升少将。1940—1941 年，多次任旅长。1941—1943 年，任侵华日军华北第二十三集团军参谋长。1944—1945 年任第一〇九师师长，负责防守硫磺岛。他构筑了由山洞、地下掩体和据点组成的庞大防御体系，使得美国海军陆战队夺占该岛的行动成了第二次世界大战中最血腥的一次作战（1945 年 2 月 19 日—3 月 24 日）。他在硫磺岛日军最后几天的抵抗中（3 月 20—24 日）丧命。

MRP

参考：U. S. Marine Corps. Historical Branch, G-3. History of US Marine Corps Operations in World War Ⅱ. Vol. Ⅳ: Operations in the Western Pacific. Washington, D. C., 1969.

栗田健男（Kurita, Takeo, 1889—1977 年） 日本海军将领、军国主义者。参加主要战争：第二次世界大战（1941—1945 年）；参加主要战役（战斗）：中途岛海战、圣克鲁兹群岛海战（1942 年）、锡布延海海战和萨马海战（1944 年）。

栗田健男 1889 年生于茨城县。1910 年毕业于海军军官学校。毕业后接受过鱼雷专家的初步训练。20 年代初期指挥过几艘驱逐舰。1928—1934 年晋升中校，在鱼雷学校任教。1934—1935 年，任巡洋舰舰长。1935—1937 年，回鱼雷学校任教。1937—1938 年，任战列舰舰长。1938 年晋升少将。1938—1940 年，指挥过几个驱逐舰中队。1942 年 5 月，晋升中将。1942 年 5 月 28 日—6 月 10 日，在中途岛战役中任第二舰队攻略支援舰队指挥官。1943 年 8 月，任第二舰队司令。在"捷-1"号作战中，任小泽治三郎的第五舰队第一攻击部队司令。1944 年 10 月 23—24 日他指挥一支强大的水面作战舰队（含 5 艘战列舰、12 艘巡洋舰和 15 艘驱逐舰）经锡布延海驶向莱特湾海域的美国舰队。10 月 24 日，他的舰队遭到美军飞机的猛烈攻击，损失了"武藏"号战列舰、一艘巡洋舰和一艘驱逐舰。当日黄昏率队返航，但夜里又改变了航向，再度驶向莱特湾。他的舰队平安进抵萨马海域，发现在其舰队和美军运输船之间只有"塔菲三号"护航舰队（这是克利夫顿 F. 斯普拉格少将指挥的第三护航特混舰队，含 3 艘驱逐舰、3 艘护航驱逐舰和 6 艘护航航空母舰）。10 月 25 日"塔菲三号"舰队激烈抵抗，尤其是水面护航舰只发动鱼雷攻击，使栗田丧失了勇气，数小时后率队撤退，他显然误将 6 艘护航航母当成了大型航母。后来他率队向西行驶，按原路返回日本。1945 年任海军军官学校校长。卒于 1977 年。

栗田健男是一位有才干的海军军官。他之所以战败，是由于美军飞机的进攻，以及缺乏己方飞机的保护。

MRP

参考：Morison, Samuel Eliot, History of United States Naval Operations in World War Ⅱ. Vol. Ⅳ: Coral Sea, Midway, and Submarine Actions, May 1942—August 1942. Vol. Ⅻ: Leyte, June 1944—January 1945. Boston, 1958.

O'Connor, Raymond, ed., The Japanese Navy in World War Ⅱ. Annapolis, Md., 1969.

黑田长政（Kuroda Nagamasa, 1568—1623 年） 日本将军。参加主要战争：统一战争（1550—1615 年）、侵略朝鲜战争（1592—1598 年）；参加主要战役（战斗）：平壤之战（1592 年）。

黑田吉武（Kuroda, Yoshitaka, 1546—1604 年） 日本海军将领。参加主要战争：统一战争（1550—1615 年）、侵略朝鲜战争（1592—1598 年）；参加主要战役（战斗）：姬路城堡之战（1569 年）。

黑木首桢（Kuroki, Takemoti, 1844—1923 年） 日本将军。参加主要战争：复位战争（1868 年）、萨摩暴动（1877 年）、中日甲午战争（1894—1895 年）和日俄战争（1904—1905 年）；参加主要战役（战斗）：鸭绿江之战（1904 年）、辽阳之战（1904 年）、沙河（在沈阳附近）之战（1904 年）和奉天（沈阳）之战（1905 年）。

黑木首桢 1844 年生于九州南部的萨摩藩，在复位战争期间（1868 年 1—7 月）为萨摩大名而战。1871 年参加新的帝国军队，领上尉军衔。萨摩暴动期间（1877 年 2—9 月）以中校军衔指挥一个团。中日甲午战争期间（1894 年 8 月—1895 年 4 月）升至少将，指挥第六步兵师团。1903 年晋升上将，在日俄战争期间（1904 年 2 月—1905 年 9 月）指挥第一集团军。1904 年 2 月中旬率部在利物浦（仁川附近）登陆，然后向北挺进。在鸭绿江之战中（4 月 30 日—5 月 1 日）击溃一支俄军小部队，在辽阳之战中（8 月 25 日—9 月 3 日）指挥日军左翼部队击退组织不善的俄军进攻。在沙河之战中（10 月 5—17 日）指挥日军右翼部队第一集团军，再次成功地对库罗帕特金的进攻以迎头痛击。在奉天之战中（1905 年 2 月 21 日—3 月 10 日）再次指挥日军右翼部队。他是没能提升到陆军元帅的两名高级陆军指挥官之一，这可能是因为陆军中派系政策的缘故。1909 年退休，1917—1923 年获封伯爵，任枢密顾问官，卒于 1923 年。

LH

参考：Warner, Denis and Peggy, The Tide at Sunrise: A History of the Russo-Japanese War, 1904—1905. New York, 1974.

库罗帕特金，阿列克谢·尼古拉耶维奇（Kuropatkin, Aleksei Nikolaevich, 1848—1925年） 俄国步兵上将。参加主要战争：征服撒马尔罕（1868年）、征服浩罕（1876年）、俄国-土耳其战争（1877—1878年）、日俄战争（1904—1905年）和第一次世界大战（1914—1917年）；参加主要战役（战斗）：普列夫纳（普列文）之战（1877年）、塞诺沃之战（1878年）、辽阳之战（1904年）、沙河（沈阳附近）之战（1904年）、沈旦堡之战（1905年）和奉天（沈阳）之战（1905年）。

库罗帕特金1848年4月10日生于普斯科夫省的舍舒里诺，1864年参加陆军。1868年参加了夺取撒马尔罕的战斗。1874年在喀什（在新疆的最西部，喀什噶尔河附近）从事外交工作。1876年参加征服浩罕国的作战。俄国-土耳其战争期间（1877年4月—1878年3月）任米·德·斯科别列夫将军的步兵师参谋长，1877年9月11日随斯科别列夫第三次进攻普列夫纳，受挫。后随斯科别列夫取得塞诺沃大捷（1878年1月8—9日）。1882年提升为少将，1885年他出版了两册详细记叙俄国-土耳其战争中巴尔干作战行动的书，名为《斯科别列夫将军的支队行动》。1890—1898年任外高加索集团军司令，1898年被任命为陆军大臣，支持维特伯爵向东扩张的政策。1903年他警觉到日本的战争准备，提议俄军撤出中国东北和辽东半岛。虽然他的建议最初被采纳，但是宫廷中的极端派力主继续实施更为激进的政策，这导致了和日本的战争（1904年2月）。库罗帕特金被任命为远东陆军司令（4月），在中国东北南部最初的交战之后，他撤向辽阳（8月1—25日）。随后他从组织完备的防御阵地发起了数次不成功的攻势（8月25日—9月3日）。他认为自己被打败了，于是率军向北撤往沙河，10月5—11日他再次发动进攻，在左翼取得一些进展，但10月11—13日日军对其中部实施猛烈反攻，迫使他于10月17日再次撤退。1905年1月26—27日，在沈旦堡的一个大雪纷飞的日子，再次匆忙发起攻击，并几乎取得成功，但由于缺乏足够的魄力继续发动进攻，未果。他继续向奉天撤退，于2月建立了一条45公里长的堑壕防线。但日本对其右翼发动凶猛的进攻，迫使他投入最后的预备力量以防止日军继续穷追不舍。在两个星期的战斗（2月21日—3月10日）之后，他脱离战斗，将其遭受打击但仍完整的部队撤向铁岭和哈尔滨，之后不久被解职。1909年他出版了一本被译为《对日战争中的俄军》的书，在书中对其在中国东北的作用进行了坦率的记叙。在第一次世界大战中他指挥北方集团军群（1916年2—7月），之后被派往土耳其斯坦担任总督和总司令。俄国革命爆发后，被革命者逮捕并押往彼得格勒（原列宁格勒，1917年4月），但被临时政府释放。退居故地乡村，从事教学，1925年1月25日卒于舍舒里诺。

库罗帕特金是一位有能力和讲效率的军事管理者，也是称职的参谋军官，但太被动和谨慎。缺乏积极的自信，难以胜任总司令之职。他有时还夸大敌军的能力，然而他的回忆录坦率地承认了自己的不足。

WO and DLB

参考：Kuropatkin, Aleksei N., Dnevnik (Journal). Krasny Archiv, 1922, 1924—1925, 1935.

——, The Russian Army in the Japanese War. 2 vols., London, 1909.

Warner, Denis and Peggy, The Tide at Sunrise: A History of the Russo-Japanese War, 1904—1905. New York, 1974.

EB.

黑岛龟太（Kuroshima, Kameto, 1893—1965年） 日本海军上将、军国主义者。参加主要战争：第二次世界大战（1941—1945年）。

草鹿仁一（Kusaka Jin'ichi, 1889—1972年） 日本海军上将、军国主义者。参加主要战争：第二次世界大战（1941—1945年）；参加主要战役（战斗）：所罗门群岛之战（1942—1943年）。

草鹿龙之介（Kusaka, Ryunosuke, 1892—1971年） 日本海军上将、军国主义者。参加主要战争：第二次世界大战（1941—1945年）；参加主要战役（战斗）：偷袭珍珠港（1941年）、中途岛之战（1942年）。

楠木正仪（Kusunoki, Masanori, 约1330—1390年） 日本将军。楠木正成之子，即楠木正行之弟。参加主要战争：复辟战争（1331—1335年）、日本内战（1335—1392年）；参加主要战役（战斗）：1348年战役、九州之战（1352年）、上波之战（1355年）。

楠木正成（Kusunoki, Masashige, 1294—1336年） 日本武将。参加主要战争：倒幕战争（1331—1335年）、南北朝战争（1335—1392年）；参加主要战役（战斗）：第一次赤板城之战（1331年）、第二次赤板城之战（1333年）、千早城之战（宇治附近，1333年）、宇治之战（1335年）、凑川之战（神户附近，1336年）。

楠木正成出生籍贯不详，可能1294年生于奈良南部地区的河内省（奈良南部地区）的下层武士家庭。1331年作为支持后醍醐天皇恢复天皇地位，反对北条氏统治的极少数成员之一而声名显赫。1331年和1333年，在临时选择组织防御的下赤板城，以周密的计划和狡黠的策略，袭击、伏击和突然攻击敌人，获得要塞防御作战胜利。1333年坚守千早城山地要塞，抵抗住占巨大优势的

镰仓幕府军队进攻。这些胜利使后醍醐赢得更广泛的支持。1335年足利尊氏叛乱，他坚定地忠诚于后醍醐天皇。尽管清楚卷人这一纷争是愚蠢的，但他仍服从命令，截击数量占优的足利军队，阻击其到达京都。1336年与新田义贞一道同足利的军队在凑川激战。当自己的军队为敌压倒时，新田义贞阵中逃出以便再战，而他却为避免被俘受辱自戕。由于这种对天皇的愚忠，后来日本军国主义分子在他自杀大致地点树立了榛东神社。

在第二次世界大战的后期，楠木正成的菊花徽章鼓动着日本军人自杀，徽章被称为"菊水家徽图案"，或称为"飘动的菊花"（一些载有爆炸物的自杀性攻击小艇）。

LH

参考：Morris, Ivan, The Nobility of Failure. New York, 1975.

Papinot, E., Historical and Geographical Dictionary of Japan. Yokohama, 1910.

Sansom George B., A History of Japan, 1340—1615. Stanford, Calif., 1961.

Varley, H. Paul, Imperial Restoration in Medieval Japan. New York, 1971.

楠木正得（Kusunoki, Masatsura, 1326—1348年） 日本将军。楠木正成长子。参加主要战争：复辟战争（1331—1335年）、日本内战（1335—1392年）；参加主要战役（战斗）：天王之战（1347年）、四条 之战（1347年）。

库图佐夫，米哈伊尔·伊拉里昂诺维奇·戈列尼谢夫，斯摩棱斯克亲王（Kutuzov ,Mikhail Ilarionovich Golenischev , Prince of Smolensk, 1745—1813年） 俄国陆军元帅。参加主要战争：俄国干涉波兰（1764—1769年）、第一次俄国-土耳其战争（1768—1774年）、第二次俄国-土耳其战争（1787—1792年）、拿破仑战争（1800—1815年）；参加主要战役（战斗）：奥恰科夫围城战（1789年）、伊兹梅尔之战（1790年）、迪施伦泰因（伦茨附近）之战、奥斯特利茨（斯拉夫科夫）之战（1805年）、博罗季诺之战、小雅罗斯拉韦茨（卡卢佳附近）之战、克拉斯诺耶（斯摩棱斯克地区）之战、别列津纳河之战（1812年）。

库图佐夫1745年9月16日生于圣彼得堡（原列宁格勒），为一名将军之子。奉派就学于一所工程与炮兵学校（1757年），后被任命为炮兵军官（1761年）。曾在波兰作战（1764—1769年）。此后调至克里木地区的土耳其战场（1770年），在那里受重伤并失去一只眼睛。任职于苏沃洛夫军中。第二次俄国-土耳其战争期间任少将，在奥恰科夫围城战（1788年12月17日）和伊兹梅尔之战（1790年12月22日）中表现突出，并在奥恰科夫围城战中再次负伤。他曾担任多种行政职务，其中包括驻君士坦丁堡（伊斯坦布尔）大使、芬兰总督、驻柏林大使、立陶宛总督和圣彼得堡军事长官（1793—1802年）。曾退役，后又重启用并被任命为第三次反拿破仑同盟的俄军司令（1805年）。迪施伦泰因之战（11月11日）中取得迟滞作战的胜利，但在奥斯特利茨之战（12月2日）中与奥军一起遭到大败。解除指挥职务后，先后被任命为基辅（1806年10月）和维尔纽斯的督军（1809年6月）。率摩尔多瓦的俄军与土耳其军作战（1811年）。在鲁斯库克（鲁塞）之战（7月4日）中歼灭土军，该战的结果是签订了《布加勒斯特条约》（1812年5月28日），从而使俄国获得了比萨拉比亚。拿破仑入侵俄国期间，他取代巴克莱·德·托利担任全俄部队总司令。尽管俄军的主要战略是在法军推进之前进行退却，但公众的压力还是使库图佐夫在莫斯科前方的博罗季诺进行了一次作战（9月7日），他在该战中战败，但重创法军。法军撤出莫斯科（10月7日）时，他在小雅罗斯拉韦茨进行了一场非决定性的战斗（10月24—25日）。晋升为元帅后，他袭扰法军的撤退，在维亚济马（11月3日）、克拉斯诺耶（11月17日）和别列津纳河（11月26—28日）向他们发起进攻，最后将他们赶出俄国。同年，他获元帅称号，并被封为斯摩棱斯克亲王。他继续进行追击，越过波兰进入普鲁士（1813年1月），在那里由维特根施坦接替其指挥（4月）。由于疲劳过度，4月28日卒于西里西亚的本兹劳（博莱斯瓦维茨）。

库图佐夫虽然是才能平庸的军人，但却是一名能干的政治家，他理解其农民士卒，并深受他们爱戴。年青时是一名充满活力的指挥官，到1812年时，他变得有一些懒散并嗜酒贪杯。但他所运用的游击战对打败俄国境内的法军发挥了作用，并直接导致了拿破仑的覆灭。

VBH

参考：Buturlin, Dimitri, Histoire militaie de la campagne de Russe en 1812. 2vols. St. Petersburg, 1824.

Wilson, Sir Robert, Narrative of Events During the Invasion of Russia by Napoleon Bonaparte and the Retreat of the French Army, 1812. London, 1860.

L

拉伊纳斯(Laenas, Marcus Popillius, 作战时间:约公元前180—前160年) 罗马执政官。参加主要战争:利古里亚战争(公元前173年)、第三次马其顿战争(公元前172—前167年)。

拉伊纳斯是P.P. 拉伊纳斯的儿子。公元前180年曾出任罗马创建拉丁殖民地的行政长官,公元前176年又免去了这一职务,而出任撒丁地方总督。公元前174—前173年,以罗马使节身份前往埃托利亚(希腊中部地区),但没能够使冲突中的各派和好。选为执政官而在利古里亚执掌军权时,击败了利古里亚。后来又无视罗马的指令,迫害这一国家的人民,开创了一个可耻的拥兵自卫的先例。当元老院试图取消其行动时,公然蔑视元老院的权威,最后被迫回国受审。公元前173—前172年在元老院审查期间,图谋开脱罪责。公元前169年,在执政官Q.M. 菲利普手下任军事保民官,负责领导后卫部队,占领了伊拉克利翁(即今伊腊克林)。公元前159年当选为监察官。

CLW

参考:Broughton, T. R. S., and M. L. Patterson, Magistrates of the Roman Republic I. London, 1951—1960.
Livy, History.
Polybius, Histories.

拉斐特侯爵,玛丽·约瑟夫·保罗·伊夫·罗什·吉尔贝特·杜·莫蒂埃(Lafayette, Marie Joseph Paul Yves Roch Gilbert du Motier, Marquis of, 1757—1834年) 法国政治家和在美军服役的将军。参加主要战争:美国独立战争(1775—1783年)、法国大革命战争(1792—1799年);参加主要战役(战斗):布兰瓦恩(宾夕法尼亚)之战(1777年)、巴伦山(宾夕法尼亚的诺里斯敦附近)之战、蒙茅斯(新泽西的弗里霍尔德附近)之战(1778年)、格林泉(詹姆斯敦岛附近)之战、约克镇之战(1781年)。

拉斐特1757年9月6日生于奥弗涅的沙瓦尼亚斯(布里尤勒附近),其父阵亡于明登之战(1759年8月1日)。其母及祖父去世后,他成为富裕的孤儿(1770年)。加入步兵团(1771年),后转入骑兵团(1773年)。娶女继承人阿德里安娜·弗朗索瓦·德·诺艾为妻(1773年)。后晋升为上尉(1774年)。美国独立战争期间奉命与赛拉斯·迪恩一起帮助殖民地人民(1776年12月)。与卡尔布男爵一起抵达美国(1777年4月),效力于大陆会议,既无报酬又无具体指挥权,后被授予少将(7月31日)。布兰瓦恩之战中立有战功并受伤(9月11日)。福吉谷冬休期间,他表现坚定。臭名昭著的"康韦阴谋集团"事件期间,他支持华盛顿,这一切使他获得了入侵加拿大行动(1778年3—4月)的指挥权。这一行动有计划在先,但最终放弃了。巴伦山之战(5月18日)中表现突出。蒙茅斯之战(6月28日)中出色地指挥了一个师。亲身经历了半途而废的法美联军在纽波特(罗得岛)的作战(7—8月)。告假回法国后晋升为上校(1779年4月)。为援助殖民地的法国远征军做了基础性工作。回到美国后被任命为弗吉尼亚轻型部队指挥官(1780年4月)。曾参与对安德烈少校的军事审判(1780年9月)。后被派往弗吉尼亚对付本尼迪克特·阿尔诺德在那里的袭击战(1781年3月)。康华里到达弗吉尼亚后,他巧妙地避开了英军企图对其劣势部队的作战(4—6月)。后得到增援(6月初)。格林斯普林之战中,他支援安东尼·韦恩将军,其坐骑曾两次中弹倒毙(7月6日)。尾随康华里到达约克镇(8月),并在以后的围城战(9月14日—10月19日)中发挥了重要的作用。返回法国后晋升为少将(1781年12月)。圆满地进行了对美国的六个月巡游(1784年7—12月)。曾是法国贵族会议的成员(1787年)。后作为奥弗涅的代表出席了1789年的三级会议。被任命为新成立的国民自卫军司令(1789年7月26日)。巴黎革命中救护过王室(10月)。晋升为中将(1791年)。担任中央军团司令(1792年春)。由于受到雅各宾派的猜疑,他被解除指挥权,后逃亡比利时(1792年)。为奥地利人所囚,继而被普鲁士

人囚禁于马格登堡，后又转囚于奥尔穆茨（奥洛穆茨，1792—1797年）。获释（1797年9月23日）后回到法国。但不信任拿破仑，后隐居在其妻的拉格朗日-布莱诺庄园中（1799年）。因支持拿破仑的自由宪法而重返公职（1815年）。任国民议会副议长时促成了拿破仑的第二次退位。波旁王朝统治期间再度进入国民议会（1818年）。为自由主义反对派的主要人物，由于政府的操纵，他在竞选中失败（1824年）。出访美国，因其为独立战争中幸存的最后一位少将而受到热烈欢迎（1824—1825年）。重返国民议会（1827年6月）后，在反对查理十世的七月革命期间任国民自卫军司令（1830年7月）。曾支持路易·菲利普，后由于路易不信守中立诺言而将其废黜（1832年）。1834年5月20日卒于巴黎。

拉斐特富有才智、魄力和创造性，是一位终身致力于自由和中立的斗士。尽管到美国之前缺乏实际军事经验，但事实证明他是一位具有进取心、能力强的指挥官。他关心士兵的疾苦，常常能鼓舞士气不振的士兵。

Staff

参考：Charavay, Etienne, La geénéral La Fayette. Paris, 1898.

Gottschalk, Louis, Lafayette and the Close of the American Revolution. Chicago, 1942.

——, Lafayette Between the French and American Revolutions. Chicago, 1950.

——, Lafayette Comes to America. Chicago, 1935.

——, Lafayette Joins the American Army. Chicago, 1937.

Idzerda, Stanley J., et al., Lafayette and the Age of the American Revolution: Selected Letters and Papers, 1776— 1790. Ithaca, N.Y., 1977.

拉利伯爵，托马斯·亚瑟（Lally, Thomas Authur, Count de, 1702—1766年） 法国将军。参加主要战争：波兰王位继承战争（1733—1738年）、奥地利王位继承战争（1740—1748）、四五年战争（1745—1746年）、七年战争（1756—1763年）；参加主要战役（战斗）：代廷根之战（1743年）、丰特努瓦之战（1745年）、劳菲尔德之战（1747年）、马斯特里赫特围城战（1748年）、马德拉斯围城战（1758—1759年）、文迪瓦什之战（1760年）、本地治里围城战（1760—1761年）。

拉利1702年1月13日生于多菲内的罗芒（今德龙省境内）。他是在法军中服役的爱尔兰籍詹姆斯党人热拉尔·拉利（奥穆拉利）爵士与其法籍妻子玛丽·安娜·德·布雷萨斯之子。出生后即为其父团队（爱尔兰旅狄龙团）的士兵，7岁时任军官。后任连长（1728年）。波兰王位继承战争爆发（1733年）时，他已是一名经验丰富的军人。战争期间曾在莱茵地区作战（1734年春—夏）。奥地利王位继承战争期间，拉利经历了更多的战斗。法军受挫的代廷根之战（1743年6月27日）中他曾对英军作战。后被任命为拉利爱尔兰团上校团长（1744年10月1日）。莫里斯·德·萨克斯元帅获胜的丰特努瓦之战（1745年5月10日）中，拉利及其兵团和法国爱尔兰旅赢得了不朽的荣誉。该战中爱尔兰旅对突破法军中路的众多英格兰-汉诺威联军起了重要作用，拉利也在战斗中受伤。他积极参与了旨在废黜英王乔治二世的密谋，坚定而有力地支持查理·爱德华·斯图亚特于1745年入侵苏格兰，并最终败于卡罗登之战（1746年4月16日）前曾取得几场战斗胜利的“查理亲王邦尼”。拉利因功受封为托伦达尔男爵（1746年）。在德·萨克斯元帅军中参加了低地国家进行的最后几场战役，包括劳菲尔德或拉斐尔德之战（1747年7月2日），围攻并夺取马斯特里赫特（1748年4月15日—5月7日）后晋升为准将。战争间隔的和平岁月也是拉利的平静岁月（1748—1756年）。与英国的战争爆发（1756年5月17日）后，他受命指挥远征军，由安·安都昂·达谢舰队载运往印度（1757年冬—1758年春）。抵达本地治里（1758年4月28日）不久即发动了大战役，取得了一些小胜利。后包围并攻克了马德拉斯以南的圣大卫堡（3月—6月2日）。之后进围马德拉斯（12月13日）。由于达谢的海军支援时有时无，拉利的作战受阻。弗朗西斯·福德率领的一支英国援军乘舰到来，并在默苏利德珀姆将其打败（1759年1月25日），拉利被迫解除包围（2月17日）。其后的作战未获胜利，之后，拉利的1500名欧洲兵和1300名印度兵的小部队被埃尔·库特的2000名欧洲兵和3400名印度兵歼击于文迪瓦什，法军大营和炮兵被攻取俘获（1760年1月22日）。拉利率残部退至本地治里，后被围于该城（4月7日）。由于获援无望，拉利投降（1761年1月15日）。后解送伦敦，得知在巴黎受到指控后仍坚持引渡。在法国监禁近两年（1763—1765年）后，他最终遭到审判。几经休庭后，他被判处死刑（1766年5月6日），三天后被送上断头台。

拉利是一位勇敢的军人和能干的将军。他在印度作战之所以受挫，是因为法国东印度公司军官们——他们因对拉利这位后来居上的保皇军官感到不满意而处处掣肘，尤其是他从法国和达谢伯爵舰队获得的支援质次量少。许多法国人对他回国后所受到的残酷待遇极为愤慨，伏尔泰曾在其《印度散记》一书中对这一事件进行了尖锐的抨击。

CCJ and DLB

参考：Chassaigne, M., Le comte de Lally. Paris, 1938.

Lally, Thomas Arthur, Baron de Tolendal, Comte de, Memoirs. London, 1766.

MacCauley,. J. A., “Lally-Tolendal in India, 1758—1761,” Irish Sword, Vol. 5, No. 19 (Winter 1961).

Malleson, G. B., The Career of Count Lally. London, 1865.

O'Callaghan, John Cornelius, History of the Irish

Brigades in the Service of France. Glasgow,1870.

拉马尔摩拉，阿尔丰梭·费雷罗·迪（La Marmora，Alfonso Ferrero di，1804—1878 年） 意大利将军。参加主要战争：奥地利对法国和撒丁王国战争（1848—1849 年）、克里木战争（1855—1856 年）、奥意战争（1859 年）和七周战争（普奥战争，1866 年）；参加主要战役（战斗）：索尔费里诺之战（1859 年）和库斯托扎战役（维罗纳附近，1866 年）。

拉马尔摩拉 1804 年 11 月 18 日生于都灵。1823 年加入撒丁军队。1848 年 5 月率领撒丁王国军队在围攻佩斯基耶拉-德尔-加尔达之战中出名。8 月 5 日从愤怒的米兰人（因国王与奥地利的停战协定而被激怒）的手中救出了查理·阿尔贝特国王，10 月晋升将军。10—11 月短期任陆军大臣。1849 年镇压热那亚暴动。1849—1859 年再次被任命为陆军大臣。1855 年 1 月 26 日率撒丁远征军到达克里木，8 月 16 日在乔尔纳亚桥作战中表现尤为出色。回到意大利后率领意军参加奥意战争，在索尔费里诺（斯蒂耶维雷堡，1859 年 6 月 24 日）对奥作战。1859 年 7 月—1860 年 1 月任首相，1860—1861 年任米兰总督，1861—1864 年任国王驻那不勒斯的代表。1864 年再次出任首相。1866 年 4 月与普鲁士缔结了同盟条约。6 月辞去了首相职务，在七周战争中指挥一个军作战，6 月 24 日在库斯托扎战役中被奥地利军队击败。由于意大利人在战争中的不良表现，从而导致大多数公众对他的指责，被迫引咎辞职。1867 年被派往巴黎抗议法国远征罗马。发表了一份关于他指挥的库斯托扎战役的辩护书，名为《1866 年政治与军事事件的补充说明》。1878 年 1 月 5 日卒于佛罗伦萨。

AL and DLB

参考：EB.

EMH.

朗卡斯特伯爵，托马斯（Lancaster，Thomas，Earl of，约 1277—1322 年） 英格兰贵族、反叛者。参加主要战争：英格兰-苏格兰战争（1298—1314 年）、朗卡斯特暴动（1322 年）；参加主要战役（战斗）：福尔柯克之战（1298 年）、巴勒布里奇之战（1322 年）。

朗卡斯特伯爵约生于 1277 年，是朗卡斯特·埃德蒙伯爵和阿图瓦的布朗奇之子。他是法国和纳瓦拉统治家族的亲戚，亦是爱德华二世的堂兄弟。1296 年由父继承朗卡斯特、得比、莱斯特伯爵领地。1298 年 7 月 22 日在爱德华一世领导下参加福尔柯克之战。爱德华二世加冕后封为他英格兰王室事务长（1308 年 5 月 9 日）。他是爱德华宠臣加斯孔爵士皮尔斯·加弗斯顿的死敌。1310 年 3 月他迫使爱德华将王权交给立法委员会，而他是该委员会的成员之一。1311 年其岳父亨利·德·拉西去世，他继承林肯伯爵领地和索耳兹伯里伯爵领地。1312 年 3 月加弗斯顿第二次放逐返回，朗卡斯特将其逮捕，并与沃里克伯爵和赫里福德伯爵密谋把他处死。此举激起爱德华的仇恨。1313 年 10 月 6 日得到爱德华二世的赦免，但他继续损害爱德华的权力，加强自己的权势。拒绝参加爱德华二世为救援斯特灵城堡组织的远征，故 1314 年 6 月 24 日爱德华二世在班诺克本作战失利时，他并不在场。1314 年后期利用自己已享有的声望，在约克议会迫使王室进行改革。到 1315 年他实际上已成为英格兰的实际统治者。1316 年 2 月 17 日出任英格兰立法委员会主席。德斯彭瑟得到王室的宠信开始崛起，重新挑起朗卡斯特与爱德华二世的不和，但是爱德华二世和其助手以计谋挫败了他。1321 年秋德斯彭瑟获准从放逐地返回。当爱德华二世集结军队突然进击时，朗卡斯特因没有准备，未能组织有效的抵抗。1322 年 3 月 16—17 日兵败被俘。3 月 22 日在附近的庞蒂弗拉克特城堡经走过场的审判后被处死。

朗卡斯特伯爵是一位受人爱戴的领导人，是贵族政治的有力支持者。但像其主要对手爱德华二世一样，心胸狭隘、目光短浅。

DLB

参考：Davies, John Conwar, The Baronial Opposition to Edward Ⅱ, Its Character and Policy. Reprint, London,1967.

Holmes, George, The Later Middle Ages. New York,1966.

DNB.

EB.

朗思，让，蒙特贝洛公爵，西尔韦斯亲王（Lannes，Jean，Duke of Montebello，Prince of Sievers，1769—1809 年） 法兰西帝国元帅，“法国军队的罗兰”、“最勇敢者”。参加主要战争：法国大革命战争（1792—1799 年）、拿破仑战争（1800—1815 年）；参加主要战役（战斗）：1796 年的迭戈、包萨诺、阿克雷（在维罗纳附近）及洛迪之战、阿里之战（1799 年）、蒙特贝洛之战（1800 年）、马伦哥之战（1800 年）、奥斯特利茨之战（1805 年）、萨尔弗尔德之战（1806 年）、弗里德兰之战（1807 年）、1809 年的图德拉之战、萨拉戈萨之战、埃格缪尔之战、雷根斯堡之战、阿斯派因-埃斯林之战。

朗思 1769 年 4 月 10 日生于加斯克尼的勒克托里。早期曾是一染布商的学徒，后于 1792 年 6 月 20 日志愿加入格里斯的大革命军队。先参加了布利特陆军，同西班牙作战，后于 1795 年参加拿破仑的意大利远征军。此后，他迅速得到提升，1796 年便升为准将，4 月 15 日、5 月 10 日、9 月 8 日分别参加了迭戈、洛迪及包萨诺的战斗，作战中勇敢异常并立下赫赫战功。在 11 月 15—17 日的阿克雷之战中的三天内，三次负伤，但他不顾个人安危，誓死保卫拿破仑。在拿破仑远征埃及时，参加了攻克亚历山大的战斗，并帮助平息开罗的暴动。后来在叙利亚及埃及战役中，被击中头部，1799 年 5 月 8 日的

阿里之战几乎丧生，7 月 25 日在阿布吉尔之战中大腿受伤。因其在阿里之战中的勇敢表现被提升为临时少将，后来，指挥意大利远征军的前卫师。在雾月十八日政变中，他极力支持拿破仑，从而被任命为近卫军督察总长，其少将军衔也于 1800 年 5 月 10 日得到确认。1800 年 6 月 9 日，他在蒙特贝洛独立作战，6 月 14 日又参加马伦哥之战，这两次作战对于意大利战局至关重要，其卓越战绩得到拿破仑的称赞。1802 年以外交家的身份被派至葡萄牙，但由于不胜任其职而返回法国，此后他为应付英国的入侵而作准备（1803 年）。1804 年 5 月 19 日，朗思及其他 17 位将军，晋升为帝国元帅。在 1805 年的乌尔姆战役中，他表现出非凡的勇气，与缪拉一起从奥军手中巧妙地夺取了重要的多瑙河桥。他们先通知奥地利军队，谎称双方正在进行休战谈判，警告他们不要炸毁桥梁。当奥军醒悟之时，法军投掷兵已偷偷地潜行至桥中央，奥地利军队的炮手慌忙准备射击，朗思率先开启了火门，打破了奥军的封锁。11 月 12 日完整地占领此桥。1805 年 12 月 2 日在奥斯特利茨之战中，朗思的师据守圣顿山，作为机动部队，以支持格兰德·阿尔米摧歼库图佐夫的奥俄联军。1806 年的普鲁士战役中，朗思作为第五军的指挥，再次任前卫。10 月 10 日取得了萨尔弗尔德之战的胜利，10 月 14 月，最先抵达耶拿战场，在作战中指挥法军中央部队。1806 年 12 月，朗思在普图斯克之战中再次负伤，这次负伤再加上发高烧，使他病休了五个月的时间。1807 年 5 月返回战场后，参加了但泽包围战，6 月 10 日，转战海尔斯堡，14 日又参加了弗里德兰之战，此战中他再次指挥法军中央部队。朗思顽强地进攻使俄军动弹不得，从而使奈得以切断俄军的退路。1808 年封朗思为蒙特贝洛公爵，后被派至西班牙。1808 年 11 月 30 日他在图德罗打败了由卡斯坦尼约斯率领的西班牙军队，从马上摔下后受伤。12 月，他包围了萨拉戈萨，1809 年 2 月 20 日迫使该镇投降。两个月后，他在皇帝身边转战于德国，4 月 20 日、4 月 21 日及 4 月 22 日分别战于阿本斯堡、兰茨胡特及埃格缪尔。1809 年 4 月 23 日，他继续率领其师任前卫部队，强攻严密防守的雷根斯堡。攻击中，他从其畏缩的下属手中抓起一架云梯大声喊道："很好，我会让你们看一看，在我当元帅之前，我就是一个投掷兵，而且现在仍是!"，随后，他冒着敌人密集的炮火向前冲去。羞愧中的士兵匆忙跑上前去，夺下元帅的云梯，爬上城墙不久，该城便被攻克。被任命为第二军团司令后，于攻占维也纳期间赴任。5 月 21—22 日，他的军队与奥地利军队在阿斯派因-埃斯林遭遇，他率部坚决抵抗大量的敌人屡次的强攻，直至皇帝命其后撤到洛鲍岛。当朗思盘腿坐在地上悼念一位老友的去世时，被一发炮弹击中双腿，弹片分散于两腿之中，他的右腿被割掉，但仍然感染，卒于 5 月 31 日。他是拿破仑麾下第一位死于战场上的元帅。

朗思是一位勇敢、无畏和顽强的军官。也是当时欧洲最杰出的进军掩护指挥官。在野战方面，很少有人能同他匹敌，拿破仑也可能发现了朗思不可替代的作用，他曾评价到："在我发现朗思时，他还是一个勇敢的武士，而当我失去他时，他已是一名不可替代的干将了。"

VBH

参考：Delderfield, R. F., Napoleon's Marshals. Philadelphia, 1962.

Humble, R., Napoleon's Peninsular Marshals. London, 1973.

Thomason, John W., Jr., ed., Adventures of General Marbot. New York and London, 1935.

Thoumes, Charles A., Le Maréchal Lannes. Paris, 1891.

朗诺伊，查理·德(Lannoy, Charles de，约 1487—1527 年)

奥地利军中的弗莱芒籍军事家。参加主要战争：第一次（1521—1525 年）和第二次（1526—1530 年）哈布斯堡-瓦卢瓦战争；参加主要战役（战斗）：塞西亚之战（1524 年）、马赛围攻战（1524 年）、帕维亚之战（1525 年）。

朗诺伊约生于 1487 年，是明戈法勋爵让·德·朗诺伊和雅克利娜·德·拉兰夫妇的小儿子。早期跟随奥地利的马克西米利安皇帝南征北战，因作战勇敢和领导才能受到马克西米利安的赏识。1515 年，被查理五世即后来的神圣罗马帝国皇帝查理一世任命为勃艮第参谋团参谋长。1521 年晋升为图尔奈驻军最高军事长官。1524 年初，驻意大利的神圣罗马帝国军队总司令普罗斯佩罗·科伦纳去世，朗诺伊接替了其职务。4 月 3 日，他率领神圣罗马帝国军队在塞西亚河流域打败了由吉约姆·德·博尼瓦特指挥的法国军队。随后他随康斯特布尔·德·波旁进军法国。在 7—8 月间围攻马赛。9 月 28—29 日，遭到法王弗朗西斯一世指挥的一支援军反包围。该年初冬，他开始休整部队。1525 年 2 月 24 日，他率军突袭了帕维亚的法军兵营。此后，他指挥军队打败法军，抓获了弗朗西斯。查理一世为褒奖他的战功，授予他朗诺伊伯爵和苏尔莫纳公爵等多种头衔。《马德里和约》签订（1526 年 3 月）后，他率军把弗朗西斯一直护送到西班牙边境。后来，他将军队撤回意大利，并开始与克莱门特七世就不断扩大神圣罗马帝国对意大利的影响问题进行商谈。1526 年 5 月，他统领驻意大利的神圣罗马帝国军队与新的敌手法军对峙。7 月 24 日，攻占米兰。此后，机动部队与洛特雷克将军指挥的法军僵持。法军制胜，1527 年 5 月 6 日罗马失守。1527 年 9 月 23 日在加埃塔卒于一场突发病。

朗诺伊既是一位杰出的政务活动家和外交官，又是一位细心的军事策划者。基于此，他逐渐地成为一位英明的军事指挥家。但是，在他的一生中，偶尔也流露出目中无人的举动。

DLB and AL

参考：Diccionario de historia de Espña a. 4 vols. Madrid, 1968—1969.

Oman, Sir Charles W. C., The Art of War in the Sixteenth Century. New York, 1937.

Taylor, Frederick Lewis, The Art of War in Italy, 1494—1529. Cambridge, 1921.

朗雷扎克，查理·路易·马利（Lanrezac, Charles Louis Marie, 1852—1925 年） 法国元帅。参加主要战争：第一次世界大战（1914—1918 年）；参加主要战役（战斗）：桑布尔河之战（1914 年）和吉斯之战（1914 年）。

朗雷扎克 1852 年 7 月 31 日生于瓜德罗普岛的皮特尔角城，后进入战争学院学习，在校期间他钻研了《吕岑的机动》，为其后来编写新的法国进攻战术条令打下了基础。1902 年晋升为上校，1906 年升任旅长，1911 年升任师长，1912 年任命为第六军军长。1914 年 4 月 10 日接替加利尼将军成为最高军事委员会委员，并当选为第五集团军司令。在第一次世界大战爆发时，按照“十七号计划”他率第五集团军向北攻击进入阿登山区。8 月初他写信给霞飞（法军总司令），表明对作战计划的担心，但他的怀疑被忽视了。依照“十七号计划”赋予他的命令，他率军进入比利时，抵达桑布尔河一线。8 月 22—23 日在那里浴血奋战，他被冯·毕洛夫的第二集团军和冯·豪森的第三集团军的先头部队击退，向南退入法国。冯·毕洛夫在后紧追。8 月 27 日奉霞飞之命向西实施反攻，进入冯·毕洛夫第一集团军的侧翼，以减轻英国远征军的压力，他不太情愿地准备，并在吉斯实施了有限的反攻（8 月 29 日）。多亏他的一个军指挥官弗朗谢·德斯佩雷的积极进攻，使反击得以成功，迫使冯·毕洛夫停止进军达 36 小时，使英国远征军和他自己都获得了极其宝贵的喘息机会。霞飞对朗雷扎克不大情愿执行他的反击命令大为不满，并非常为朗雷扎克的失败主义而担忧，9 月 3 日他任命更富进取和负责精神的弗朗谢·德斯佩雷取代了朗雷扎克。1917 年潘勒韦给他提供了一个高级职位，但他拒绝接受。卒于 1925 年 1 月 18 日。

朗雷扎克具有才智和深刻的思想，在和平时期他是一位能干的指挥官，但不堪承受战争的压力。他刻薄和倔强的本性使他不可避免地与霞飞发生争执。

DLB

参考：Lanrezac, Charles L. M., Le plan de campagne français et le premier mois de la guerre. Paris, 1920.

Spears, Edward L., Liaison, 1914: A Narrative of the Great Retreat. New York, 1931.

Tuchman, Barbara, The Guns of August. New York, 1962.

拉萨尔，安东尼·沙尔·路易伯爵（Lasalle, Count Antoine Charles Louis, 1775—1809 年） 法国将军。参加主要战争：法国大革命战争（1792—1799 年）和拿破仑战争（1800—1815 年）；参加主要战役（战斗）：雷瓦里之战（1797 年）、皮拉米德之战（1798 年）、奥斯特利茨之战（1805 年）、普伦兹劳之战（1806 年）、斯德丁之战（1806 年）、埃劳之战（1807 年）、梅迪纳德罗西卡之战（1808 年）、梅德林之战（1809 年）、阿斯派因-埃斯林之战（1809 年）、拉比之战（1809 年）、华沙之战（1809 年）。

拉萨尔 1775 年 5 月 10 日生于洛林的梅兹。1786 年入皇家陆军，授少尉衔。大革命战争期间转至骑兵，指挥一骑兵中队在意大利军中作战，并在 1797 年 1 月 14 日的雷瓦里之战中荣立战功，此战中，他率部俘虏了奥地利军的一个营。后转入埃及作战，1798 年 7 月 21 日参加了皮拉米德之战。1800 年因其率部投降而被捕，不久获释，随后到意大利服役。1805 年 2 月 1 日晋升准将衔，12 月 2 日在奥斯特利茨之战及 1806 年 10 月 9 日的斯赫尔兹之战中荣立战功。10 月 14 日的耶拿-奥尔施塔特之战中，他积极追击普鲁士军队，这对迫使霍亨洛埃于 10 月 28 日在普伦兹劳投降起了重要的促进作用。随后他又于 10 月 29 日设下骗局使斯德丁的守军向其仅有 800 人的部队投降。11 月 7 日，目睹布吕歇尔在卢卑克的部队投降后，于 12 月 26 日转战戈里明。12 月 30 日，因其辉煌的战绩而被提升为少将师长，并在缪拉手下指挥两个团的兵力。1807 年 2 月 7—8 日的埃劳之战中，拉萨尔率其师开赴战场，但未参战。6 月 10 日的海尔斯堡之战中，拉萨尔救了缪拉一命，而当拉萨尔师遭到俄骑兵及炮兵的火力打击时，缪拉也向其提供了援助。1808 年 3 月 10 日，拉萨尔被封为帝国伯爵，后转入西班牙作战，在那里，他指挥一个轻骑兵师参加了 6 月 6 日的塔尔奎马达之战及 7 月 14 日的梅迪纳德罗西卡之战。1809 年 3 月 28 日的梅德林之战中，他率第二十六龙骑兵团冲破了西班牙 6000 人的阻击，迫使西班牙军队后撤。4 月 22 日，拉萨尔转入德国参战，指挥贝西埃尔的预备轻骑兵军。5 月 21—22 日，参加阿斯派因-埃斯林之战，7 月 15—24 日围攻拉比。1809 年 7 月 5—6 日华沙之战的第二天，拉萨尔在发起冲锋时，被子弹射穿前额而亡。

拉萨尔是拿破仑轻骑兵优秀的指挥员，他聪明、敏捷、勇敢而又充满斗志。纪律严明，但也特别关心下级，因此得到了其士兵的热爱。他在指挥军团时有些粗野鲁莽，但却是一位完美和可信的师级指挥员。乔治·塞克斯评价道：“他是一位行为粗鲁但脾气很好的骑士”。

VBH

参考：Cléry, R. de, Lasalle. Paris, 1899.

Hourtoulle, I. G., Le General Conte Charles Lasalle. Paris, 1970.

Six, G., Dictionnaire biographique des généraux et amiraux français de la Révolution et de l'Émpire (1792—1814), 3 vols. Paris, 1934—1938.

拉特雷穆瓦耶，路易二世·德，图阿尔子爵（La Trémoille, Louis Ⅱ de, Viscount of Thouars, 约 1460—1525 年）

"杰出的骑士"。法兰西贵族、将军。参加主要战争：疯狂战争（1488—1491年）、加罗林战争（1494—1495年）、那不勒斯战争（1500—1503年）、神圣同盟战争（1511—1514年）、第一次哈布斯堡-瓦卢瓦战争（1521—1526年）；参加主要战役（战斗）：圣-欧班-迪-科尔米耶之战（1488年）、福尔诺沃之战（1495年）、诺瓦拉之战（1513年）、帕维亚之战（1525年）。

拉特雷穆瓦耶是路易一世·德·拉特雷穆瓦耶的长子，其父使该家族约在1460年获得图阿尔子爵领地。约在1481年他参加法兰西王室军队。在1488年挫败奥尔良和勃艮第公爵反叛的圣-欧班-迪-科尔米耶之战中，因起到重要作用而崭露头角。1491—1492年参加平定布列塔尼发生的叛乱。随从查理八世征战意大利，1495年7月6日在福尔诺沃之战中，同查理一道指挥主力作战并取胜。1499年9—10月参加路易十二世入侵米兰。1500年攻占米兰。1501—1502年在意大利南部统率军队。曾一度出任勃艮第总督，之后担任基恩舰队指挥官（1502年）。1503年4月23日奈穆尔公爵在切里尼约拉去世后，他接替指挥驻意大利南部法国军队，但因生病，将指挥权交于曼图亚侯爵，返回法国。故此，在1503年12月29日进行的加里利亚诺河之战（意大利中部）中，他的军队遭到贡萨尔沃·德·科尔多瓦突然袭击并被歼灭时，他并不在场。在康布雷联盟反对威尼斯的战争中，再次在路易十二世麾下供职，并可能参加了1509年5月14日在洛迪附近进行的阿尼亚德里洛之战。1512年4月11日加斯顿·德·富瓦卒于拉文那之后，他听任拉帕利斯而无所作为，最后撤出意大利。重新发动入侵米兰，并于1513年5月占领。1513年6月6日在诺瓦拉之战中遭到瑞士军队的攻击，经过短促、激烈战斗后被击败。率领残部跨过阿尔卑斯山撤退。尽管遭到失败，1514年他还是被授予布列塔尼舰队指挥官之职。1515年7—8月同弗朗西斯一世的军队重返意大利。同年9月13—14日与瑞士军队血战马里尼亚诺（梅莱尼亚诺）并取得胜利。过中年后退休，但当西班牙的查理一世和德意志的查理五世的战争爆发后，他重返军界并积极效力，在1521年的皮卡尔迪之战中受命担任指挥。1522—1523年皮卡尔迪为萨里伯爵指挥的海军通过海上袭击占领，后又被诺福克公爵夺占。1424年8—9月奉派到南方加入在里昂的弗朗西斯一世的强大军队，随同弗朗西斯进入意大利。1525年2月24日法军在帕维亚遭到灾难性失败，他也阵亡。

拉特雷穆瓦耶是一位勇敢、杰出的骑士，他所取得的令人称羡的荣誉仅次于巴亚尔，因此享有"杰出的骑士"之称。虽然他几乎没有独立地指挥过作战，但他显然具有一位指挥员应具有的指挥才能和良好的判断力。

DLB

参考：Commines, Philippe de, Mémoires. Edited by Samuel Kinser. Translated by Isabelle Cazeaux. 2 vols. Columbia, S.C., 1973.

La Trémoille, Louis de, Mémoires. Paris, 1820.

Oman, Sir Charles W. C., The Art of War in the Sixteenth Century. New York, 1937.

Taylor, F. L., The Art of War in Italy, 1494—1529. Cambridge, 1929.

拉特尔·德塔西尼，让（Lattre de Tassigny Jean de, 1889—1952年） 法国元帅。参加主要战争：第一次世界大战（1914—1918年）、里夫叛乱（1921—1926）、第二次世界大战（1939—1945年）、中南半岛战争（印度支那）（1946—1954年）；参加主要战役（战斗）：法国南部战役（1944年）、德国和奥地利战役（1945年）。

拉特尔1889年2月2日生于旺代。1911年毕业于圣西尔军官学校并被派往法国陆军服役，一战中在西部前线参加许多战斗。1921—1926年在法属摩洛哥服役并参与镇压里夫叛乱，1939年9月二战爆发时担任第五集团军参谋长。1940年5月任第十四步兵师师长，6月25日法国投降后留在维希傀儡政府。1942年11月11日反抗德国占领运动并因此被判10年监禁。1943年10月越狱逃往北非指挥法国第一集团军。1944年8月16日带领该集团军在法国圣特罗佩登陆，并于1944年8月—1945年5月在欧洲战争的最后10个月里率军横渡莱茵河攻入德国和奥地利。5月8日在柏林举行的德国投降仪式上代表法国签字。此后成为陆军总监察官和西欧联合地面部队司令。1950年10月1—17日法国在谅山战败之后面临越南在印度支那取得成功的情况下，12月作为新的司令官被派往印度支那。在那里他一度恢复法军士气，修补脆弱的防御阵地。尽管实施一场较大攻势（1951年11月4日—1952年2月24日），还是未能迫使越南进入决战。由于其子在达河战役（1951年5月29日）中死去而极度悲伤，1951年12月生病返回法国。1952年1月11日卒于巴黎，死后被追授为元帅。

DLB

参考：Fall, Bernard B., Street Without Joy, 4th ed. Harrisburg, Penn., 1964.

Lattre de Tassigny, Jean de, Histoire de la Première Armée. Paris, 1949.

EB.

奥代·德·富瓦伯爵，洛特雷克（Odet de Foix, Lautrec, Count of, 1485—1528年） 法国元帅。参加主要战争：法国-瑞士战争（1515年）、第一次（1521—1526年）和第二次（1526—1529年）哈布斯堡-瓦卢瓦战争；参加主要战役（战斗）：马林雅诺之战（1515年）、拉比科卡（米兰附近）之战（1522年）。

奥代生于1485年，是弗朗西斯一世的情妇沙多勃里昂女伯爵弗朗索瓦的兄长。早年的活动不详，史料只记载了他跟随弗朗西斯一世远征过米兰，并参加了1515年9月15—16日的马林雅诺激战。1516—1521年，在米兰

L

执政，但政绩不佳。1521 年 12 月，由于意大利雇佣兵队长普罗斯佩罗·科伦纳率数量占优势的西班牙-德国-神圣罗马帝国军队逼进米兰，奥代被迫率法军撤离该城。1522 年 4 月 26 日，率军与神圣罗马帝国军队在米兰附近的拉比科卡郊外遭遇。战斗中，他的前卫部队瑞士分遣队正面攻击严重受挫而败退下来。这使得他指挥的法国军队也随之撤退。1524 年 10 月—1525 年 2 月，他跟随弗朗西斯一世再次远征意大利。1525 年 2 月 24 日，在帕维亚之战中，法军惨败，奥代本人被俘。后来他被法国赎回。1527 年春天，他率法军远征那不勒斯。1528 年 7 月，安德列阿·多里亚领导部分军队叛变，同时法军驻扎地区流行瘟疫，使得法军战斗力骤减。在一次战斗中，奥代领导的法军败北。后来，奥代本人也身染瘟疫，于 1528 年 8 月 15 日卒于那不勒斯附近。

奥代是一位能干的军事家，但也是一位令人讨厌的献媚者。他在拉比科卡之战的失败，主要归咎于瑞士军队的盲动性，从而打乱了他的计划。

DLB

参考：Bellay, Martin du, Mémoires. Paris, 1821.

Oman, Sir Charles W. C., Art of War in the Sixteenth Century. New York, 1937.

Taylor, Frederick Lewis, The Art of War in Italy, 1494—1525. Cambridge, 1921.

拉瓦累特，让·帕里佐（La Valette, Jean Pariot de, 1494—1568 年） 法国驻马耳他骑士团的大臣。参加主要战争：土耳其征战地中海（1522—1565 年）；参加主要战役（战斗）：围攻马耳他之战（1565 年）。

拉瓦累特 1494 年生于图卢兹，是图卢兹伯爵的远房亲戚。约 1514 年，加入圣约翰医院骑士团，驻扎在罗得岛。早期活动不详，很可能参与了 1522 年 7 月 28 日—12 月 21 日的围攻罗得岛大战。1541 年，在与土耳其军队交战中被俘，后充当土军战船上的桨手，一年后才被搭救。1557 年，被推举为约翰医院骑士团大臣，接替拉·桑格莱。上任后，不断加强马耳他的防御力量。1565 年初，事前接到土耳其军队入侵马耳他的消息，并备战备荒，构筑了坚固有力的防御工事。5 月 20 日，土耳其军队开始登陆攻击，但被阻止在圣埃尔莫要塞以外，直到 8 月 7 日才推进至主体工事圣安杰洛附近。在此，拉瓦累特率部打退敌军第一次攻击，并亲自督阵指挥进行了一次成功的突围行动。9 月 7 日，一支由 60 艘战船组成的从西西里来的援军，输送 9600 人上岛，加强了防御力量，使土耳其军队的多次进攻受挫，再加上疾病，土军损失惨重，被迫撤退。后来，拉瓦累特沿着斯凯巴拉斯山坡从圣安杰洛城堡到圣埃尔莫港，构筑了新的防御工事。后这一工事冠上了他的英名。1568 年 8 月 28 日卒于马耳他。

拉瓦累特高大英俊。他临危不惧、镇定自若、头脑清醒。同时又精力充沛、果断坚定、富有魄力，是个伟大的勇士，受到后人的钦佩。

DLB

参考：Beeching, Jack, The Galleys at Lepanto. New York, 1982.

Bradford, Ernle, The Great Siege. New York, 1962.

Oman, Sir Charles W. C., The Art of War in the Sixteenth Century. New York, 1937.

劳伦斯，詹姆斯（Lawrence, James, 1781—1813 年） 美国海军官员。参加主要战争：的黎波里战争（1801—1805 年）、1812 年的战争（1812—1815 年）；参加主要战役（战斗）：袭击的黎波里（1804 年）、美国“大黄蜂”号与英国“孔雀”号的作战（1813 年）、美国“切萨皮克”号与英国“香农”号之战（1813 年）。

劳伦斯 1781 年 10 月 1 日生于新泽西州的布尔林顿，1798 年 9 月 4 日加入美国年轻的海军。曾先后在多艘舰只上服过役，1802 年 4 月 6 日晋升为上尉。1803 年随“冒险”号开往地中海，他作为副指挥参加了斯蒂文·迪凯特偷袭的黎波里港、烧毁被俘舰“费城”号的作战行动（1804 年 2 月 16 日）。1804 年 8 月 31 日—9 月 3 日，五次炮击的黎波里，此后在地中海水域中服役直至 1808 年，其间的 1805 年 2—4 月曾返回美国。后先后在多种舰船上服役，其中包括“宪法”号，1810 年 11 月 3 日提升为船长。1812 年 6—8 月，他任装备着 18 门炮的“大黄蜂”号指挥，随同约翰·罗杰尔准将的舰队巡弋，后来，只剩下他自己的船只独自航行。1813 年 2 月 24 日，同有 18 门炮的英舰“孔雀”号在圭亚那海域遭遇，把英舰击沉。3 月 4 日，返回美国后才得知他已被提升为上校，6 月 1 日任有 38 门炮的“切萨皮克”号舰长。从波士顿港出发后，6 月 4 日同英舰“香农”号相遇。尽管他的船员均无作战经验，仍然进行了激烈的交战。劳伦斯受重伤，临死前仍喃喃地说：“不要弃船”。

劳伦斯是一位有才能敢冒险的官员。但他在指挥“切萨皮克”号作战时却遭到了激烈的批评，特别是因为在同“香农”号作战中他违反了命令。

DLB

参考：Gleaves, Albert, James Lawrence, Captain, United States Navy; Commander of the “Chesapeake.” New York, 1904.

Poolman, Kenneth, Guns off Cape Ann: The Story of the “Shannon” and the “Chesapeake.” Chicago, 1961.

Pullen, Hugh F., The “Shannon” and the “Chesapeake.” Toronto, 1970.

DAMB.

EB.

WAMB.

劳伦斯，斯特林格（Lawrence, Stringer, 1697—1775 年） 英

国将军。参加主要战争：奥地利王位继承战争（1740—1748年）、詹姆斯党起义（1745—1746年）、第二次卡纳蒂克战争（1749—1754年）、七年战争（1756—1763年）；参加主要战役（战斗）：卡罗登之战（1746年）、古德洛尔之战（1748年）、巴乌尔之战（1752年）、马德拉斯围城战（1759年）。

劳伦斯1697年3月6日生于赫里福德。在陆军中被授予少尉（约1726年），直布罗陀服役期间晋升为上尉。曾在佛兰德作战（1745年）。返回英国即参加了卡罗登之战（1746年4月16日）。以少校军衔服役于东印度公司，到达后负责马德拉斯的公司部队（1748年初）。他依靠其努力和技巧将这支由欧洲兵和印度兵组成的松散队伍变成为一支纪律严明的部队，并在古德洛尔之战中挫败了法军的进攻（6月）。进攻法军阿里安科邦邮局时被俘（8月），和平的消息传来后获释（秋）。1749年，他指挥了攻占代维果德的作战，次年（1750年）领导了未获成功的对纳西尔·扬的作战。同年底因薪俸纠纷辞职并回到英国（1750年），但晋升为中校（1752年），后又返回该公司服役。指挥了特里奇诺波利（蒂鲁吉拉伯利）周围的作战获得胜利，打败了雅克·罗（1752年），并赢得著名的巴乌尔之战（8月26日）的胜利。他所进行的那场顽强而积极的特里奇诺波利保卫战（1752年底—1754年中）破坏了杜普莱克斯的计划，并使杜氏被召回法国。后一直受约翰·阿德勒康上校领导，而1757年之前劳伦斯一直不甘居其下。托马斯·拉利男爵围攻马德拉斯期间，他进行了英勇的保卫战（1758年12月—1759年2月），之后被任命为当地少将和公司武装部队总司令（1761年）。后离印度回到英国（1766年）。1775年1月10日卒于伦敦。

劳伦斯是一位富于智谋和进攻精神的军人，他将着装不整的公司军事人员变成了一支纪律严明的真正部队。他之所以能连连打败法军是因为他的部队更加训练有素，军官的指挥才能较强。他常常被认为是英属印度殖民军队的奠基人。

DLB

参考：Biddulph, J., Stringer Lawrence. London, 1901.
DNB.
EB.

劳伦斯，托马斯·爱德华（Lawrence, Thomas Edward, 1888—1935年）　“阿拉伯的劳伦斯”，英国军人、作家和冒险家。参加主要战争：第一次世界大战（1914—1918年）；参加主要战役（战斗）：阿拉伯起义（1916—1918年）、亚喀巴之战（1917年）、塔菲拉之战（1918年）和大马士革之战（1918年）。

劳伦斯1888年8月15日生于卡那封郡的特里马德克。是罗伯特·查普曼爵士与其女儿的家庭教师萨拉·马登的私生子。他俩曾私奔。劳伦斯在牛津的耶稣学院接受教育，1909年旅居中东研究十字军堡垒，1910年他的关于十字军堡垒研究论文使他获得第一流现代史研究者的声誉。1911—1914年间他获得了马格德朗学院的旅行捐赠，得以参加考察队去发掘幼发拉底河流域的卡尔基米什（巴拉克，古代城堡）。1914年初随列奥纳尔·伍利和S.F.纽科姆上尉去西奈半岛北部考察，此行的秘密企图是探察在巴勒斯坦的土军情况。8月第一次世界大战爆发时，他返回英国参加陆军，在陆军部地图测绘局任职。在土耳其宣战后他被派回开罗，在军事情报处阿拉伯科任职（12月）。1916年10月随罗纳特·斯托尔斯去赫贾兹的谢里夫·侯赛因那里完成一项使命，逗留期间访问了在麦迪纳城外的侯赛因之子费萨尔的军队。11月返回开罗，被派往费萨尔的部队任政治和联络官。他决心发动阿拉伯起义，以便对胜利作出更大的贡献，并开始了他鼓动起义的新生活。他为阿拉伯部队提供额外的供应和明确的可以达到的目标。他说服阿拉伯人放弃对麦迪纳的土军要塞的攻击。他协助土军夺取在红海沿海的韦杰（1917年1月24日），并开始打击脆弱但重要的赫贾兹铁路（3—4月）。他组织和领导了一次从韦杰出发的远征（5—7月），一举从毫无设防的陆地一侧夺取重要的亚喀巴港（7月6日）。因这一功绩劳伦斯被提升为少校，获巴思勋章。使用亚喀巴港，阿拉伯人能为艾伦比在巴勒斯坦的正规作战提供密切的支援，并继续破坏铁路，骚扰土军外围要塞。他使在约旦和叙利亚的土军的行动受到阿拉伯部落政策、气候以及缺乏供给等的制约。尽管他偶尔亦有挫折，比如没能摧毁雅穆克河上的桥梁以支援艾伦比的第一次攻势（1917年10月），但总的来说他是成功的。他很快聚集了一支追随自己的部队，使土耳其守军闻风丧胆。12月他参加了艾伦比在耶路撒冷的胜利阅兵。之后不久，经几日的战斗他取得塔菲拉大捷（1918年1月21—27日），为此他被提升为中校。1918年春后他全力以赴去夺取大马士革，他指挥的阿拉伯部队成为艾伦比在美吉多最后攻势的右翼。9月27日夺取德拉，10月1日他赶在肖韦尔的澳新远征军骑兵部队之前夺取大马士革。11月初他说服艾伦比给其假，经开罗返回英国。1919年作为英国代表团的成员参加凡尔赛和会，但没能阻止英法瓜分勒旺岛。1921—1922年任殖民部远东处阿拉伯事务顾问，1922年因对和解不满而弃官。1922年8月他试图隐瞒姓名，以假名参加皇家空军，但1923年1月当报纸披露其行为后辞职。3月他大胆地以托·爱·肖的名字加入皇家坦克部队。他一直使用该名到1927年。1925年调入皇家空军。1926年他个人出版了其战争回忆录《七根智慧柱》，印数只有150本（根据他自己的意愿，在其有生之年只出一版）。1927年出版了缩写本《沙漠暴动》。这时他在多塞特克劳德山下获得一处农舍，这里成为他的家。1935年3月他退出皇家空军，几个星期后他在摩托车事故中严重受伤致死（5月13日）。

劳伦斯具有复杂的个性，有时他是一位自我奋斗而又不适应环境的人。虽然他不是阿拉伯部队的领导者

(其中一些部队由其追随者组成)，许多英国军官对阿拉伯起义也有重要的贡献，但劳伦斯狂热的精神和非凡的战略远见使非正规的阿拉伯部队取得了极大的成就。他写的关于第一次世界大战回忆录极为著名，该书显示了他对游击战争和战略原则的透彻理解。

DLB

参考：Garnett, David, ed., The Letters of T. E. Lawrence. London, 1938.

Lawrence, Thomas Edward, The Seven Pillars of Wisdom. London, 1935. Numerous reprints since.

Liddell Hart, Basil H., T. E. Lawrence, in Arabia and After. London, 1934.

Nutting, Anthony, Lawrence of Arabia. London, 1961.

Thomas, Lowell, With Lawrence in Arabia. New York, 1925.

劳森，约翰爵士(Lawson, Sir John, 约 1610—1665 年) 英国海军上将。参加主要战争：第一次英国内战（1642—1646 年)、第一次英荷战争（1652—1654 年)、第二次英荷战争（1664—1666 年)；参加主要战役（战斗)：波特兰之战（1653 年)、洛斯托夫特之战（1665 年)。

劳森约生于 1610 年，早年生活和经历不详。1642—1645 年指挥赫尔的“盟约”号船为国会作战。1652 年在地中海为威廉·佩恩爵士效力。是年稍后继续于当地效力于威廉·布莱克。1653 年初升为海军中将。1653 年 2 月 18 日，在波特兰之战中指挥布莱克的一支海军中队与荷兰人作战。1654—1655 年间指挥一支海军中队在北海和英吉利海峡作战。但由于政治原因于 1656 年 1 月被免职。因与反对奥利弗·克伦威尔的阴谋有牵连，曾短时间被囚于伦敦塔。理查·克伦威尔被废黜后，劳森复职，并在 1659 年 5 月受命指挥英吉利海峡舰队。在 1660 年的政治动乱期间，他保持中立。但 10—12 月兰伯特阻止国会会议后，他站到了国会一边。1660 年 2 月宣布为国王查理二世效力并说服舰队大部归降国王。王室复辟后，9 月 24 日劳森被封公爵。1661、1662、1663 年和 1664 年夏，率领桑德威奇伯爵手下的一个实力强大的海军中队与阿尔及尔和突尼斯的海盗作战并取得辉煌胜利。1664 年 8 月，英荷再次交战前夕应召回国。1665 年 6 月 13 日，在约克公爵詹姆斯麾下指挥一支海军中队战于洛斯托夫特，劳森被毛瑟枪子弹击中膝部，6 月 29 日因伤口溃烂卒于格林威治。

劳森是一位大胆勇敢、颇有才能的指挥官。在 1659—1660 年的危机中，他谨慎小心，表明他也具备清醒的政治头脑。

DLB

参考：DNB.

劳顿，亨利·韦尔(Lawton, Henry Ware, 1843—1899 年) 美国将军。参加主要战争：美国内战（1861—1865 年)、镇压印第安阿帕奇战争（1885—1886 年)、美西战争（1898 年）和镇压菲律宾起义（1899—1901 年)；参加主要战役（战斗)：夏洛战役（1862 年)、斯通河之战(1862—1863 年)、奇克莫加之战（1863 年)、亚特兰大战役（1864 年)、富兰克林之战（于田纳西州，1864 年)、纳什维尔战役（1864 年)、圣胡安高地-埃尔卡内之战（古巴的圣地亚哥附近，1898 年)、圣克鲁兹之战(菲律宾内湖湾附近，1899 年)、圣拉斐尔-圣伊西德曼之战（1899 年)、圣马特奥之战（菲律宾，1899 年)。

劳顿 1843 年 3 月 17 日生于俄亥俄州的托莱多市郊。曾就读于卫理公会教派学院，1861 年离校应征入伍，在印第安那第九志愿步兵团任军士长。服役于西弗吉尼亚，后退役。但在三个月后，又加入了印第安纳第三十志愿步兵团，任中尉。1862 年 4 月 6—7 日经历了在夏洛发生的恶战。调入坎伯兰军团后，参加了斯通河之战（1862 年 9 月 31 日—1863 年 1 月 3 日）和奇克莫加之战（1863 年 9 月 19—20 日)，不久晋升上尉。1864 年 7—8 月亚特兰大战役期间，他攻占并牢牢控制了敌人的一个重要战略要点，并多次打退了猛烈的反扑（8 月 3 日)。为此，他荣获国会荣誉勋章。因在富兰克林之战（11 月 30 日）和纳什维尔战役（12 月 15—16 日）中战功卓著，晋升中校。1865 年 11 月 25 日被授予荣誉上校军衔并退出现役。随后入哈佛大学学习法律。1866 年 7 月 28 日任第四十一步兵团少尉军官，1867 年晋升为中尉，在亚利桑那州克鲁克将军麾下任团军需官。1879 年晋升为上尉。1886 年受命同著名的印第安阿帕奇人杰罗尼莫作战，为了击败杰罗尼莫，率部长途跋涉 500 公里，翻过了马德雷山脉进入了墨西哥。1888 年因功晋升少校并任监察长，1889 年晋升中校。1898 年美国与西班牙战争爆发，他竭尽全力为战争服务，并被委任为志愿兵准将。7 月 1 日指挥一个纵队在圣胡安高地-埃尔卡内作战，随后任圣地亚哥城受降专员，7—9 月任该城的军事指挥官。10 月回国指挥第四军。不久，又被派往菲律宾（12 月)。1899 年 1 月率第四和第十七步兵团离开旧金山。到达菲律宾后，立即解除了正规军司令安德森将军的兵权。4 月 10 日率部攻克菲律宾起义军固守的圣克鲁兹。5 月 15 日占领起义军在圣拉斐尔-圣伊西德曼的主要村庄。1899 年 12 月 19 日在进攻圣马特奥时战死。

劳顿是一位精力充沛和凶猛的指挥官，这是他赢得赞誉和导致他战死的重要原因。

BAR

参考：National Cyclopedia of American Biography (1906).

李，查理(Lee, Charles, 1731—1782 年) 绰号“沸水”、“不眠的精神”。美国将军。参加主要战争：法国与印第安人的战争（1754—1763 年)、俄国-土耳其战争(1768—1774 年)、美国独立战争（1775—1783 年)；参

加主要战役（战斗）：泰孔德罗加之战（1758年）、尼亚加拉堡之战（1759年）、蒙特利尔之战（1760年）、怀特普莱恩斯之战（1776年）、蒙茅斯（新泽西的弗里霍尔德附近）之战（1778年）。

李1731年生于英格兰，柴郡邓霍尔的约翰·李之子。求学于英格兰和瑞士，有语言天赋，能说德语、意大利语和西班牙语。曾被授予军官候补生（1747年），后为第四十四团中尉（1751年5月2日）。参加了布拉多克的远征（1755年）。在莫霍克谷地服役期间，晋升为上尉，并娶塞尼卡酋长的女儿为妻。同莫霍克人生活在一起时获得了那些绰号，进攻泰孔德罗加堡时受重伤（1758年7月7日）。参加了尼亚加拉堡之战（1759年6—7月）和蒙特利尔之战（1760年9月）。后返回英国（1760—1761年）。晋升为第一〇三团的荣誉少校（1761年8月10日）。与伯戈因一起在西班牙参加旨在击退西班牙入侵的联军部队（1761—1762年）。晋升为少校（1762年）。该团解散（1763年11月）后领取半薪退役。加入波兰军队（1765年），并晋升为少将（1767年）。在英国休息两年后，返回波兰，并在俄国-土耳其战争（1768—1774年）中立下战功，后因伤病回到英国（1770年）。晋升为中校（1772年）。前往美国定居（1773年），并在弗吉尼亚（今西弗吉尼亚）的伯克利县购置了一处庄园（1774年5月）。由于他致力于革命事业且显示出军事才能，大陆会议征召其入伍并任命其为少将（1775年6月17日），军衔仅次于华盛顿和华德。参加了波士顿围城战（1775年4月19日—1776年3月17日）。就任南方战区司令（1776年2月17日）后，他成功地保卫了查尔斯顿（6月28日）。怀特普莱恩斯之战（10月28日）中与华盛顿军会合。华盛顿穿过新泽西后撤时他没有与之会合，而且也不与之联系，这使得他被怀疑为试图取代华盛顿。巴斯金里奇之战（12月13日）中为英军所俘，他向英军提供了打败美军的计划（1777年3月29日），因而犯有叛国罪。被换回（1778年4月）后，他在福吉谷重新加入美军（5月20日）。蒙茅斯之战（6月28日）中任师长，他的指挥极其糟糕，以致华盛顿在作战中对他二次提出口头指责。该战之后他对华盛顿的行为导致了对他的军事审判（1778年7月4日—8月12日）。由于发现他犯有不敬罪后，他被判处停止指挥12个月。曾挑起许多决斗，曾在一次决斗中受轻伤（12月13日），后退归其庄园（1779年7月）。向国会要求指挥权，但他的行为非常无礼，以致被开除出军队（1780年1月10日）。因面子关系而移居费城，1782年10月2日卒于该城。

李是一位聪明、勇敢而能干的指挥官。他在蒙茅斯之战中的无能表现和后来对华盛顿的行为是其军事生涯由盛变衰的转折点，而他对军队和国会的傲慢无礼最终葬送了其军事前程。

VBH

参考：Alden, John Richard, General Charles Lee, Traitor or Patriot? Baton Rouge, 1951.

Lee, Charles, Memoirs of the Late Charles Lee, Esq.... Second in the Service of the United States of America During the Revolution. Dublin, 1792.

Moore, George H., The Treason of Charles Lee, Major General, Second in Command in the American Army of the Revolution. New York, 1860.

李，菲茨休（Lee, Fitzhugh, 1835—1905年） 美国将军。参加主要战争：美国内战（1861—1865年）和美西战争（1898年）；参加主要战役（战斗）：第一次布尔溪之战（位于弗吉尼亚州的马纳萨斯，1861年）、半岛战役（里士满附近，1862年）、第二次布尔溪之战（1862年）、安蒂特姆之战（1862年）、钱瑟勒斯维尔战役（腓特烈堡附近，1863年）、凯利福特之战（弗吉尼亚州的本明顿附近，1863年）、斯波齐尔韦尼亚战役（1864年）、温彻斯特战役（位于弗吉尼亚州，1864年）和法姆维尔之战（1865年）。

李1835年11月19日生于弗吉尼亚州费尔法克斯县他家的克莱蒙特庄园，是亨利·“轻骑兵哈利”·李的孙子、罗伯特·李的侄子。1856年毕业于西点军校（49名中的第四十五名），被分配到骑兵部队服役。1856—1858年在宾夕法尼亚州的卡莱尔营地任教两年。后在阿尔伯特·S. 约翰斯顿上校指挥的得克萨斯州第二骑兵团服役，参加了几次对印第安人的作战行动，在一次作战行动中受重伤。1860年调入西点军校任教。1861年5月21日他以其叔父为榜样辞去美国陆军军职，效力于南部同盟军队。7月21日第一次布尔溪之战时，任约瑟夫·埃·约翰斯顿将军的中尉参谋，8月被任命为弗吉尼亚第一骑兵团中校军官。1862年3月晋升为该团上校团长。6月12—15日半岛战役期间参加多次重要战中，在J.E.B.斯图亚特将军的骑兵部队对麦克莱伦军团的袭击战中出了名。6月25日—7月1日参加七天战役，7月24日晋升为准将。8月29—30日在第二次布尔溪之战中指挥一个骑兵旅，但因在进入预定位置时行动迟缓而延误了罗伯特·李发动的攻击，致使波普脱逃。在9月14日的南山之战和9月17日的安蒂特姆之战中（都在马里兰州），他再次指挥一个旅。12月参加了斯图亚特将军对奥克宽和邓费斯（匡蒂科附近）的袭击行动。1863年3月17日在凯利福特之战中，避开了一次打垮他的旅之企图，获得了惊人的成功。5月1—6日掩护“石壁”托马斯·J.杰克逊将军在钱瑟勒斯维尔的迂回行动，并且发现了O.O. 霍华德将军第六军的隐蔽阵地。接着，参加了6—7月的葛底斯堡战役，8月3日晋升少将并任师长。1864年5月8—12日在斯波齐尔韦尼亚战役中立有战功，他迟滞了联邦军很长时间，直到朗斯特里特军夺占了十字路口采取行动。6月11—12日虽然在特里维连车站（里士满附近）进展迟缓，但他及时赶到并挡住了卡斯特将军的进攻，使战役开始向有利于南部同盟军的方面转变。

8月他调到谢南多厄河谷，在厄尔利将军麾下任职。9月19日参加温彻斯特战役，战斗中身负重伤。几个月后伤愈归队。1865年3月当威德·汉普顿将军在北卡罗来纳州时，他名义上接掌了骑兵军的指挥权。李将军4月9日在阿波马托克斯投降之前，他在法姆维尔就已被切断了通向南部同盟的道路，但他直到4月11日才向联邦军队投降。战后，退居弗吉尼亚州斯塔福特县的一个农场，并被选为弗吉尼亚州州长（1885—1890年）。1893年竞选美国参议员失败，1896年被任命为美国驻古巴哈瓦那的总领事，直至1898年4月美国与西班牙的战争爆发。战争爆发后，他效力于美国陆军并被任命为志愿军第七军少将军长。他虽未参加作战，但于1899年1月被任命为哈瓦那及比那尔德里奥省的总督。根据新的志愿服役法案，他于同年3月任准将并一度担任密苏里军区司令。1901年3月退役，1905年4月28日卒于首都华盛顿。

李是一位有才能的骑兵司令，具有狂热的战斗热情，但却没有辉煌战绩。他被人们注意到的是在遭受战争破坏的弗吉尼亚为马匹寻找饲料的能力。

DLB and KH

参考：Freeman, Douglas Southall, Lee's Lieutenants: A Study in command. 3 vols. New York, 1945.

Readnor, Harry Warren, "General Fitzhugh Lee, 1835—1905." Ph. D. dissertation, University of Virginia, 1971.

L

李，亨利（Lee，Henry，1756—1818年） 绰号"轻骑兵亨利"。美国军官。参加主要战争：美国独立战争（1775—1783年）；参加主要战役（战斗）：保罗斯湾（今属泽西市）之战（1779年）、吉尔福德县城之战、尤托斯普林斯（南卡罗来纳的尤托维尔附近）之战（1781年）。

李1756年1月29日生于弗吉尼亚的普林斯威廉县。毕业于新泽西学院（普林斯顿大学，1773年）。后在弗吉尼亚的布兰德斯骑兵团中任上尉（1776年6月18日），该团后来编入大陆军第一骑兵团（1777年3月31日）。在华盛顿军中任职期间，他在斯普雷德伊格特弗恩之战（1778年1月20日）中立下战功。根据大陆会议的决定（4月7日），他晋升为少校司令官，指挥一支后来称为"李支队"的混编独立部队（3支骑兵队和3连轻装步兵，总人数为100名骑兵和180名步兵）。曾指挥了对保罗斯湾的英勇袭击（1779年8月19日）。晋升为中校（1780年11月6日）。他的部队增加了3连步兵并定名为"李支队"（11月30日）。在南卡罗来纳与格林的部队会合（1781年1月13日）。支援弗朗西斯·马里恩袭击乔治敦（南卡罗来纳，1月24日）。在霍河歼灭一支亲英部队（2月25日），又在吉尔福德县城之战（3月15日）中立下战功。从主力分出成为一支独立作战部队后，他的支队参加了瓦特逊（南卡罗来纳的萨默顿附近）之战（4月15—23日）、莫特堡（南卡罗来纳的马修斯附近）之战（5月12日）、格兰比堡（南卡罗来纳的哥伦比亚附近）之战（5月15日）、奥古斯塔之战和九十六城之战（5—6月）。尤托斯普林斯之战（9月8日）中与主力会合。奉派将公文送与华盛顿（他当时正在参与约克镇之战，5—10月），参加了格洛斯特之战（10月3日）。后重新回到格林军中，并参加了多尔切斯特之战（12月1日）。曾制定进攻约卢斯岛（南卡罗来纳，12月28—29日）计划。因疲劳而告假离队，后未归队（1782年2月）。被体面解职。战后先后任职于大陆会议（1785—1788年）和弗吉尼亚议会（1789—1791年），三度担任弗吉尼亚州长（1791—1794年）。担任派往镇压宾夕法尼亚威士忌酒暴动的部队司令（1794年）、国会众议院议员（1799—1801年）。在国会决议中颂扬华盛顿为"战争中的第一人，和平时期的第一人和心系国民的第一人"（1799年）。因负债两度被监禁。撰写过回忆录（1808—1809年）。后在巴尔的摩的一次反战动乱中因竭力保护一位朋友而严重致残（1812年7月）。为恢复健康前往西印度群岛（1813年）。1818年3月25日返回弗吉尼亚途中卒于佐治亚州的坎伯兰岛。其子为罗伯特·爱·李，后在美国内战中任南部同盟军总司令。

李是一位聪明、勇敢、威猛和天才的指挥官与行政家。像马里恩一样，他那种游击战风格的独立作战对南方赢得独立战争的胜利发挥了重要作用。他受到华盛顿的喜欢和国家的尊敬，因战时的功绩成为八位荣获国会勋章的人之一。

VBH

参考：Boyd, Thomas, Light-Horse Harry Lee. New York, 1931.

Gerson, Noel B., Light-Horse Harry: A Biography of Washington's Great Cavalryman, General Henry Lee. Garden City, N. Y., 1966.

Lee, Henry, The Campaign of 1781 in the Carolinas, with Remarks Historical and Critical on Johnson's Life of Greene. Philadelphia, 1824.

——, Memoirs of the War in the Southern Department of the United States. 2 vols. Philadelphia, 1812.

李，罗伯特·爱德华（Lee，Robert Edward，1807—1870年） "战神罗伯特"，"博比"。美国南部同盟将军。参加主要战争：美墨战争（1846—1848年）和美国内战（1861—1865年），参加主要战役（战斗）：塞罗戈多战役（在维拉克鲁兹和夏拉帕之间，1848年）、查普特佩克之战（1847年）、七天战役（里士满附近，1862年）、第二次布尔溪之战（于弗吉尼亚州的马纳萨斯，1862年）、安蒂特姆之战（1862年）、腓特烈堡之战（1862年）、钱瑟勒斯维尔之战（腓特烈堡附近，1863年）、葛底斯堡战役（1863年）、怀尔德尼斯战役（拉皮丹河的南面，1864年）和里士满-彼得斯堡战役（1864—1865年）。

李1807年1月19日生于弗吉尼亚州的斯特拉特福，

是亨利·李和他的第二个妻子安希尔·卡特的第三个儿子。后入西点军校学习，1829年以全班第二名的成绩毕业，被分配到工兵部队，在东南部海岸服役。1831年7月5日与马萨·华盛顿的曾孙女马莉·卡斯蒂斯结婚。1836—1846年在圣路易斯州的密西西比河和纽约港的防御设施工程中，他出色的工程保障工作获得了充分的肯定。美墨战争爆发后，随伍尔将军的远征军远征萨尔蒂约，负责为其架桥和选择进军路线（9月26日—12月21日）。1847年1月在布拉索斯加入斯科特将军的部队，作为斯科特的参谋，在3月27日攻克维拉克鲁兹的作战和8月18日塞罗戈多战役中，其侦察情报为斯科特将军的迂回包围部队找到了极其重要的路线，他因此而立功。他侦察的情报也为斯科特将军在康特雷拉斯和丘鲁武斯克（都在墨西哥城附近，1847年8月20日）作战及查普尔特佩克城堡战役（1847年9月13日）获胜中作出了贡献。1852—1855年任西点军校校长，随后晋升上校，指挥圣路易斯州第二骑兵团。1855—1857年在得克萨斯州和西南部服役。1857年他岳父去世时回到弗吉尼亚，此后一直呆在家里，直至1859年10月18日受命到哈伯斯费里镇压反奴隶主起义的约翰·布朗。1860年2月—1861年2月任得克萨斯军区司令，1861年2月4日被召回华盛顿。据说，林肯曾请他指挥联邦军队，但弗吉尼亚州于1861年4月20日退出联邦后，他还是辞去了联邦的军职。同月，受命指挥弗吉尼亚州的陆军和海军，不久又出任南部同盟总统杰弗逊·戴维斯的军事顾问。因受难于驾驭的部下和带有敌意的当地人的阻挠，他在西弗吉尼亚指挥的第一次作战失利。9月12—13日在奇特山（西弗吉尼亚州哈顿斯维尔附近）被打退并被赶出了奇特山。1861年10月受戴维斯委派到查尔斯顿、罗亚尔和萨凡纳加强东南部海岸的防御。1862年3月当联邦军队把约瑟夫·埃·约翰斯顿将军的部队赶回到里士满的时候，遂被召回到里士满任军事顾问。1862年5月1日—6月9日，促使托马斯·卓·杰克逊少将成功地发动了轰动一时的河谷战役。随后，接替在七棵松之战（5月31日—6月1日）中受伤的约翰斯顿将军的职务，并创建了北弗吉尼亚军团。尽管在7月1日血战马尔文高地时受挫，但他还是在七天战役中（6月26日—7月2日）打退了乔治·布·麦克莱伦将军。在第二次布尔溪之战（8月29—30日）中，以谋略智胜波普将军，并侵入了马里兰州。9月17日在安蒂特姆李再次击退了麦克莱伦的攻击，但后被迫退到了弗吉尼亚。12月13日在腓特烈堡击败伯恩赛德将军。1863年5月2—4日在钱瑟勒斯维尔战役中，他以大胆的战略行动击败了胡克将军。随后再次北进，但在一次骑兵部队的急袭行动中，因骑兵司令J.E.B.斯图亚特未到而受阻。7月1—3日彼得斯堡战役中惨败于乔治·G.米德之手后，遂退入弗吉尼亚。其后，一直到1864年3月9日格兰特将军出任联邦军总司令时，双方都没有发生较大的交战。同年5月5—6日，李以出色的防御战术在怀尔德尼斯战役中挡住了格兰特的进攻，并在斯波齐尔韦尼亚之战（5月8—12日）中再次获得了成功。5月23日，格兰特的封锁包围行动把李死死地封锁在了北安娜的掘壕阵地。6月3日在冷港打退了格兰特的进攻。随后，格兰特继续对其实施封锁包围，并于6月12—16日渡过了詹姆斯河，李开始后撤以防止彼得斯堡的陷落，但是6—10月的战争已经严重地削弱了他的军队。1865年2月3日任南部同盟军队的总司令。1865年3月7日戈登突袭斯蒂得曼堡（彼得斯堡附近）失利后，李又一次，而且是决定性地在五岔口被格兰特迂回包抄（3月29—31日）。4月2—3日李将军被迫撤出里士满和彼得斯堡。格兰特为了阻止他撤到卡罗来纳州，竭尽全力跟踪追击。此时，李的部队已饥饿难耐、精疲力尽，为使部队避免更大的伤亡，1865年4月9日李在阿波马托克斯法院向格兰特投降。不久即获释。1865年9月出任位于弗吉尼亚州列克星顿的华盛顿学院（即华盛顿-李氏大学）的院长，1870年10月12日卒于那里。1875年美国国会的一项决议恢复了他的公民权利和义务。

李将军的军事才能不仅依赖于他对战场形势迅速、准确的分析判断能力（这也是其能够预知敌人的行动的诀窍所在），而且还依赖于其变不利为有利、机智果断行事的能力。这些能力加上他那种无畏的性格、高度的责任感、诚实谦虚和无私的个人品质，使他成为一名伟大的将领。

DLB

参考：Freeman, Douglas Southall, Lee's Lieutenants. 3 vols. New York, 1942—1944.
——, R. E. Lee: A Biography. New York, 1949.
Fuller, J. F. C., Grant and Lee. London, 1933.
Maurice, sir Frederick, Robert E. Lee the Soldier. Boston, 1925.

李，斯蒂芬·迪尔（Lee, Stephen Dill, 1833—1908年） 美国南部同盟将军。参加主要战争：第三次西米诺尔战争（1855—1858年）和美国内战（1861—1865年）；参加主要战役（战斗）：萨姆特堡战役（1855—1858年）、七棵松之战（1862年）和萨维奇车站之战（两战都在里士满附近，1862年）、莫尔文山之战（1862年）、第二次布尔溪之战（于弗吉尼亚州的马纳萨斯，1862年）、安蒂特姆之战（1862年）、奇克索拜乌之战（维克斯堡北边，1862年）、围攻维克斯堡之战（1863年）和纳什维尔战役（1864年）。

李，小威利斯·奥古斯特斯（Lee, Willis, Augustus, Jr, 1888—1945年） 昵称"钦"，美国海军中将。参加主要战争：第一次世界大战（1917—1918年）、第二次世界大战（1941—1945年）；参加主要战役（战斗）：北海海战（1913年）、瓜达尔卡纳尔海战（1942年）、吉尔伯特群岛海战（1943—1944年）、马里亚纳群岛之战、马绍尔

群岛之战、莱特湾海战（1944年）、硫磺岛战役、冲绳岛战役（1945年）。

李1888年5月11日生于肯塔基州纳特利，是查理·李的直系后代。1908年在201名学员中以第一百零六名的成绩毕业于海军军官学校。1908—1909年，首次在加勒比海的"爱达荷"号战列舰上服役。1910—1913年，在停泊在长江和其他中国水域的"海伦"号炮艇上服役。后又回到"爱达荷"号战列舰上服役，不久转到"新罕布什尔"号战列舰并参加了1914年4月21日在维拉克鲁兹的登陆作战。1915—1918年，在伊利诺伊州任军械检验员。1918年11月，在第一次世界大战的最后几周里，在驻北海的美国驱逐舰上服役，后又在鹿特丹担任过很短时期的港口管理员。1919—1920年，任"布什内尔"号潜艇供应舰副舰长，在大西洋实施猎潜作战。1920—1921年，任在大西洋海域的"费尔法克斯"号驱逐舰舰长。1922—1924年任"普雷斯顿"号驱逐舰舰长，率该舰经苏伊士运河驶往亚洲水域执行任务。1924—1926年，在纽约海军造船厂任职。1926—1928年，先后在东海岸任"大火星"号维修舰副舰长和"洛德纳"号驱逐舰舰长。1928—1929年，在海军军事学院学习。1929—1930年，在长岛从事军械检验工作。1930—1931年首次在华盛顿海军部舰队训练处任职。1931—1933年在太平洋海域的"宾夕法尼亚"号战列舰上任职。1933—1936年回舰队训练处工作。1936年晋升上校。1936—1938年，任太平洋主力舰队"康科德"号轻巡洋舰舰长。1938—1939年，仍在"康科德"号轻巡洋舰上任巡洋舰分队司令哈罗德·R. 斯塔克将军的参谋。1939—1941年，回华盛顿任海军部舰队训练处副处长。1941—1942年，任该处处长。期间于1942年1月晋升少将，1941年12月又兼任厄内斯特·J. 金将军的助理参谋长。1942年8月，在"华盛顿"号战列舰上指挥第六战列舰分队作战。11月14—15日，在瓜达尔卡纳尔之战中赢得了第二次夜间海战的胜利，以损失两艘驱逐舰的代价击沉了日军战列舰"雾岛"号和一艘驱逐舰，并阻止了日军对至关重要的赫德森机场实施有威胁的轰炸。1943年4月，升任太平洋舰队战列舰队指挥官。1943—1945年，任快速战列舰特混舰队司令，负责掩护第三和第五舰队的大型航空母舰。1944年3月，晋升中将。1944年12月，任第二战列舰中队司令，先后参加了夺占吉尔伯特群岛、马绍尔群岛、马里亚纳群岛、菲律宾群岛、硫磺岛和冲绳岛的战斗。1945年6月回国，在缅因州的卡斯科湾研究对付日军"神风突击队"的战术。1945年8月25日卒于此地。

KS and DLB

参考：New York Times obituary，August 26，1945.
Reynolds，Clark G.，Famous American Admirals. New York，1978.

勒布，威廉·里特尔·冯（Leeb，Wilhelm Ritter von，1876—1956年） 纳粹德国陆军元帅、二战战犯。参加主要战争：第一次世界大战（1914—1918年）、第二次世界大战（1939—1945年）；参加主要战役：佛兰德-法国战役（1940年）和苏联战役（1941—1942年）。

勒布1876年9月5日生于巴伐利亚兰茨贝格一个旧军人家庭。1895年加入德军，为军官候补生。第一次世界大战中担任多种参谋职务。战后于1919年加入自由军团。后又在国防军中服役。1929年晋升少将。1930—1933年任第七军区司令。1934年晋升炮兵上将，并任第二集团军群司令。1938年1月退出军界。但在1938—1939年与捷克斯洛伐克发生危机期间，再度应召服役，指挥苏台德地区的一个集团军。1939年末，晋升为一级上将，并任C集团军群司令，在马其诺防线对面的莱茵河沿线驻防。尽管他不赞成最高统帅部入侵中立国比利时的作战计划，并对德军与盟军作战能否获胜表示怀疑，但他仍在1940年5—6月忠实地参加了佛兰德-法国战役。不久晋升陆军元帅。在入侵苏联期间（"巴巴罗萨"行动，1941年6月22日实施）任北方集团军司令，负责从波罗的海沿岸向列宁格勒推进。尽管他指挥的部队取得了重大胜利，但他仍建议希特勒从列宁格勒地区撤军。希特勒对其建议不屑一顾，称之为"失败主义思想"。1942年1月8日被免职。此后退出现役，没有参加以后的战争。1945年被判三年徒刑。1956年4月29日，卒于巴伐利亚的霍恩施旺高（福森附近）。

勒布是一位有才干的的纳粹指挥官，他对希特勒的领导持谨慎和怀疑的态度，使自己被解除了指挥职务。

VBH

参考：Wistrich，Robert，Who's Who in Nazi Germany. New York，1986.

勒弗夫尔，弗朗索瓦·约瑟夫，但泽公爵（Lefebvre，Francis Joseph，Duke of Danzig，1755—1820年） 法兰西帝国元帅。参加主要战争：法国大革命战争（1792—1799年）和拿破仑战争（1800—1815年）；参加主要战役（战斗）：魏森堡之战（1793年）、弗勒吕斯之战（1794年）、阿尔登霍芬之战（1794年）、阿尔腾基兴之战（1796年）、韦茨拉韦尔之战（1796年）、耶拿之战（1806年）、但泽之战（1807年）、杜兰戈之战（1808年）、巴尔马塞达之战（1808年）、埃斯皮诺萨之战（1808年）、阿宾斯堡-埃格缪尔之战（1809年）、拉斯塔特之战（1809年）、蒂罗尔之战（1809年）、博罗迪诺之战（1812年）、得累斯顿之战（1813年）、莱比锡之战（1813年）、尚波贝尔之战（1814年）、蒙特米拉尔之战（1814年）。

勒弗夫尔于1755年10月25日生于阿尔萨斯的罗菲赫。其父约瑟夫·勒弗夫尔是一位磨坊主，以前也曾参过军，当过骑兵指挥员。他的母亲名安娜·玛丽亚·丽丝。他本打算成为一名牧师，但却对军事有着强烈的兴趣，遂于1773年9月10月参加了法国巴黎近卫军。1788年升为准尉。1789年他加入国家卫队并升为少尉，他在护

送国王及其家族成员时曾两次负伤。1792 年加入正规军，在第十三轻步兵团中任上尉。后在中央军及莫塞尔军队中服役，并提升为将军助理。1793 年 12 月 2 日升为准将，12 月 26 日参加魏森堡之战。1794 年 6 月 26 日以极大的勇气独立地在弗勒吕斯作战，此战中，他的旅曾三次打退由查理亲王率领的奥地利军队的进攻。后被提升为少将，转入萨姆布雷-埃特-梅塞的军队，在这支军队中，他在霍希·克莱贝尔手下任职。1794 年 10 月 2 日夺取了阿尔登霍芬之战的胜利。此后，他的师成为莱茵陆军的行军卫队，于 1795 年 9 月首次从杜伊斯堡横渡莱茵河。此后，夺取了一系列的胜利，这些战斗发生在奥普拉登、亨内夫、西格堡和阿尔腾基兴。上述作战结束后，他在赫希的领导下率部开进到比利时海岸。赫希死后，这支部队于 1798 年临时归勒弗夫尔指挥，但后来又归并到多瑙河军团，而勒弗夫尔则指挥该部队的进军卫队。因在普富兰特夫附近，手臂受重伤，他不得不暂时离开了军队。在返法途中，他被任命为驻巴黎第十七师师长，并在 11 月 9—10 日的雾月十八日政变中起了重要的作用。他利用了他的投掷兵将 500 名议员赶出议会，从而保护了拿破仑。1800 年任命为参议员，后来任参院议长。1804 年 5 月 19 日，他晋升为帝国元帅，后任法国元老院议长，并宣布拿破仑为皇帝。在 1805 年的乌尔姆-奥斯特利茨战役中，他任预备第二军团司令官，其中包括从罗尔、莱茵河及莫塞尔地区征兵组成的国民卫队。1806 年接替莫尔蒂埃任第五军团司令官，10 月兼任帝国步兵卫队司令员。10 月 14 日参加耶拿之战，1807 年 3 月 18 日—5 月 27 日，他成功地率领波兰和萨克森军队围攻但泽，此战为其赢得了巨大的声誉。1808 年 9 月 10 日，因其在但泽完美的胜利而被封为但泽公爵。那年 11 月，他率第四军团参加了西班牙的作战。10 月 31 日，他大败布莱克于杜兰戈，此举直接导致了比尔堡的攻陷及圣坦德尔的部分占领。11 月 5 日，率部协助维克多参加巴尔马塞达之战，再次打败布莱克，并全力追歼布莱克的残部。11 月 10—11 日，他与维克多在埃斯皮诺萨活捉布莱克，在敌方承认战败后，布莱克退出战争。12 月，攻占塞戈维亚。1809 年 3 月，他被召至德国，指挥巴伐利亚第六军团。4 月 20 日及 4 月 22 日在阿宾斯堡及埃格缪尔之战中均夺取胜利，但在 5 月的拉斯塔特之战中被打败。5—10 月，他在蒂罗尔作战，平息了由安得列阿斯·霍弗尔率领的蒂罗尔人叛乱，此后他被批准休息两年。1812 年在俄国战役期间，他被任命为步兵卫队荣誉司令，9 月 7 日率该部参加博罗迪诺之战。在俄国作战期间，他失去了唯一的儿子，但他强忍悲伤参加了 1813 年的德国战役，后再次指挥帝国卫队参加 8 月 26—27 日的得累斯顿之战及 10 月 16—19 日的莱比锡之战。在 1814 年的法国战役中，他率卫队于 2 月 10 日参加了尚波贝尔之战及 2 月 11 日的蒙特米拉尔之战。拿破仑退位后，于 1814 年 6 月 2 日被复辟的波旁王朝指定为法国议员。拿破仑返回后，他再次被指定为议员，但因年老多病，不能再参加户外活动，仅能在上院中坐着参加一切活动。国王路易复辟后，他的元帅军衔被保留，但免去了其上院议员的资格。1819 年又恢复了议员资格，1820 年 9 月 14 日卒于巴黎，卒前几天，他已为自己选好了墓地的位置，墓穴就与马森纳相邻，同佩吉诺恩及塞律里埃相近。

勒弗夫尔勇敢、诚实，他从不隐瞒自己的想法。他是一位有才能的指挥员，杰出的战术家，严明纪律的执行者。他十分关心其下属，因而得到了下级将士的尊敬和爱戴，无论是波兰人、撒克逊人、巴伐利亚人还是法国人均喜欢他。众所周知，他对拿破仑及其事业忠心耿耿。苏舍评价他说："他用法兰西人全部的热情和精力打动了外国人，随着这位卓越的元帅的去世，从莱茵河、多瑙河及维斯图拉河畔传来了一片颂扬和叹息，汇成了一曲壮丽的大合唱"。

VBH

参考：Delderfield, R. F., Napoleon's Marshals. Philadelphia, 1962.

Humble, Richard, Napoleon's Peninsular Marshals. New York, 1974.

Meeks, Edward, ed., Napoleon and the Marshals of the Empire. Reprint (2 vols in 1), Philadelphia, 1885.

莱斯勒，雅科布（Leisler, Jacob, 1640—1691 年） 美国殖民地军事家和叛乱者。参加主要战争：奥格斯堡同盟战争（1688—1697 年）。

勒曼，热拉尔·马蒂厄（Lemen, Gérard Mathieu, 1851—1920 年） 比利时将军。参加主要战争：第一次世界大战（1914—1918 年）；参加主要战役（战斗）：列日之战（1914 年）。

勒曼生于 1851 年，后参加陆军，1912 年衔至上将。大战中任列日要塞守备司令，1914 年 8 月 5—16 日指挥比军进行顽强的防御，阻止入侵德军的先头部队。由于没能得到其他部队的支援，以及遭受德军巨炮和奥地利"斯科达"攻城炮的轰击而屈服，8 月 16 日在一片废墟的隆桑要塞里，他在失去知觉的情况下被俘。在第一次世界大战结束之前他一直作为德军战俘。卒于 1920 年。

DLB

参考：Schryver, A. de, La Bataille de Liège. Liège, 1922.

Tuchman, Barbara, The Guns of August. New York, 1962.

利梅，柯蒂斯·埃默森（Le May, Curtis Emerson, 生于 1906 年） 美国陆军和空军军官。参加主要战争：第二次世界大战（1941—1945 年）；参加主要战役（战斗）：对德国的战略轰炸（1943—1945 年）、对日本的战略轰炸（1944—1945 年）。

利梅1906年11月15日生于俄亥俄州哥伦布。在未被西点军校录取时，进入俄亥俄州立大学学习。1928年，完成后备役军官训练团的训练后，离校入伍。1928年9月入陆军航空兵飞行学校学习。1929年10月12日获飞行员徽章。1930年1月正式被授予少尉军衔。1932年在密歇根州第二十七驱逐机中队服役，同时获得了民用工程学学位。后在作战物资运输司令部工作，参加了1934年引起争议的空邮行动。1935年6月晋升中尉。后被派往夏威夷的一所水上航空学校工作，他在那里以一流的飞行员和领航员而闻名。1937年，应本人请求转入弗吉尼亚州兰利机场第三〇五轰炸机大队服役。后参加了多次显示飞机搜索海上船只能力的演练，1937年搜索过美国船只“犹他”号，1938年搜索过意大利班船“雷克斯”号。1937—1938年，成为驾驶新式B-27轰炸机的首批飞行员，并率机赴拉丁美洲进行友好飞行访问。1938—1939年，在陆军航空兵战术学校学习。1940年1月晋升上尉，任第三十四轰炸机大队中队长。1941年3月晋升为少校。美国参加第二次世界大战后，他的军衔迅速晋升。1942年1月晋至中校，3月晋升上校。1942年4月，任驻加利福尼亚州第三〇五轰炸机大队队长。1942年下半年，率部赴英国参战，划归艾拉·埃克将军的第八航空队。他采取使飞机在目标上空不做规避动作，以及在执行任务前介绍目标情况的办法，改进了轰炸战术，成倍地提高了炸弹击中目标的数量。1943年6月，任第三轰炸机师师长。8月，指挥了从北非对雷根斯堡实施的著名的往返轰炸。9月，晋升为战时准将。1944年3月，晋升为战时少将。8月调往中国，任第二十轰炸机司令部司令，与那里的日军作战。1945年1月，任驻关岛第二十一轰炸机大队队长。他去掉了B-29轰炸机上的枪炮、炮手和弹药，从而增大了B-29轰炸机的有效载弹量。他命令所指挥的飞机逐一低空攻击目标，曾对此表示怀疑的飞行员们发现这种战术十分奏效。1945年3月，第二十一轰炸机大队在燃料快要耗尽前成功地摧毁了日本四座重要城市。7月，任第二十航空队（辖第二十和第二十一轰炸机大队）司令。1945—1947年，任主管研究和发展的陆军航空兵副参谋长。1947年10月1日，晋升为新独立的空军战时中将，任驻欧洲美国空军司令。1948年6月—1949年5月，在苏联封锁柏林期间，对维持向柏林的空运发挥了决定性作用。1948年10月，奉命回国任战略空军司令部司令。1948—1957年，他推行实战训练、扩充人员和飞机的数量。后来在编制内增加了喷气式轰炸机和喷气式加油机，并开始将洲际弹道导弹编入战略威慑力量。1951年10月，晋升为上将，成为继乌利斯·辛·格兰特之后最年轻的四星上将。1957年任空军副参谋长。1961年任空军参谋长。60年代初期，他经常对国防部长罗伯特·S. 麦克纳马拉的决策提出反对意见。1965年2月1日退役，开始私人经商。1968年，作为亚拉巴马州州长乔治·华莱士的竞选伙伴，竞选副总统失败。

利梅是一位极有才干的军事指挥官和军政管理者。他成功的秘诀在于他有丰富的常识和迅速分析问题的能力。尽管他通常被（相当准确地）描述成一个顽固不化的人，但他也十分理解和极力激励部属，因而受到斯帕茨将军大加称赞，也使其在第二次世界大战后能继续有所建树。

KS

参考：Anders, Curt, Fighting Airmen. New York, 1966.
LeMay, Curtis E., With MacKinlay Kantor, Mission with Lemay. Garden City, N.Y., 1965.
DAMB.
WAMB.

莱姆尼策，莱曼·L.（Lemnitzer, Lyman L., 1899—1988年）
美国陆军将军。参加主要战争：第二次世界大战（1941—1945年）、朝鲜战争（1950—1953年）；参加主要战役（战斗）：北非-突尼斯战役（1942—1943年）、西西里战役（1943年）、意大利战役（1943—1945年）。

莱姆尼策1899年8月29日生于宾夕法尼亚州洪斯代尔，是威廉·L. 和汉纳·B. 莱姆尼策之子。1920年毕业于西点军校，被派往海岸炮兵部队任职。1921年先后驻防于弗吉尼亚州门罗堡和罗得岛。1921—1926年，在菲律宾服役。1926—1930年，回到西点军校任教。后又赴菲律宾等地服役。1934—1935年，再次回西点军校任教。1936年毕业于指挥与参谋学院。1936—1939年，在海岸炮兵学校任教，1940年毕业于陆军军事学院。1940年在驻美国南部的海岸炮兵部队中任参谋军官。1941年5月，晋升上校，赴华盛顿陆军参谋部战争计划处和地面部队参谋部任职。1942年6月，晋升为准将。此后短期任第三十四防空旅旅长，不久便调任德怀特·戴·艾森豪威尔将军指挥下的英国盟军司令部助理参谋长，参与制定了盟军进攻法属北非的“火炬”行动计划。1943年2月复任第三十四防空旅旅长。7—8月，在巴顿将军指挥下，率该旅参加了进攻西西里的战斗。7月下旬，任哈罗德·L.G. 亚历山大将军指挥的盟军第十五集团军群（美国第七集团军和英国第八集团军）副参谋长。1943年9月—1945年5月，参加了意大利战役。1944年11月，晋升少将。1944年12月，亚历山大晋升陆军元帅并任地中海战区司令后，仍在其手下供职。1945年11月—1947年8月，任参谋长联席会议战略评估委员会陆军委员。1947年9月—1949年10月，任国家军事学院副院长。后任国防部军事援助处处长。1950年接受跳伞训练（时年51岁），任驻田纳西州坎贝尔堡的第八空降师师长。1951年11月，赴朝鲜任侵朝美军第七步兵师师长。1952年8月，晋升为中将，任主管计划与研究的陆军助理参谋长。1955年3月，晋升为上将，任远东美军司令兼第八集团军司令。1957年7月回国任陆军副参谋长。1959年7月，接替麦克斯韦尔·D. 泰勒将军任陆军参谋长。1960年9月，任参谋长联席会议主席。1962

年11月，任驻欧洲美军总司令。1963年1月，任欧洲盟军最高司令。1969年7月退役。1975年，被福特总统任命为调查中央情报局国内活动的最高陪审团团员。1988年11月12日卒于华盛顿。

KS

参考：Current Biography, 1955.
WAMB.

利奥三世（伊索里亚）（Leo Ⅲ the Isaurian，约 680—741年） 拜占庭帝国皇帝。参加主要战争：与阿拉伯人的战争（717—718年，726年，739年）；参加主要战役（战斗）：阿菲永战役（740年）。

利奥三世680年左右生于叙利亚北部杰马尼亚省（瑟莫瑟特周围地区），是农民的儿子，少年时代随父母迁居色雷斯。在查士丁尼统治时期，利奥服役。因立有战功，升至将军，统领亚美尼亚省。后来，利奥反叛了懦弱无能的狄奥多西三世，于717年3月25日夺取君士坦丁堡后，自立为皇帝。利奥登基后即陷入了阿拉伯人进攻君士坦丁堡的战争。717年8月15日—718年8月15日，君士坦丁堡长期被围，幸亏保加利亚大公特韦尔及时赶到，再加上利奥运用了“希腊火”，才终于打败了阿拉伯人。利奥统治期间，他把安纳托利亚几个大省划分成几个小省，以此限制有野心的人的活动范围，以免自己的帝位受到威胁。722年，利奥企图强迫犹太人接受洗礼，皈依基督教，并且在726—729年，压制崇拜圣像者。726年，利奥还颁布了一部法典，其中对婚姻和财产的权利有详细的规定。他采取措施，使农奴成为自由的佃户，使税收更加公平。727—732年，利奥反对崇拜圣像（他这种做法在小亚细亚更受欢迎），引起他与意大利教皇格列高利二世、三世的摩擦。726年以后，阿拉伯人每年入侵安纳托利亚，每次都被利奥击败。740年，利奥在阿菲永战役重创阿拉伯主力部队，赢得了阿拉伯人的尊敬。卒于741年6月18日。

利奥三世是一位能干且有业绩的皇帝。他对帝国的长期统治是非常成功的，这段时间给拜占庭带来了一次极好的机会，使拜占庭能从以前政治动乱的年代中恢复过来。他战胜了阿拉伯人，从而使得他的继承者能对阿拉伯发动攻势，夺回帝国的失地。

FER and DLB

参考：Bury, J. B., A History of the Later Roman Empire from Arcadius to Irene. 2 vols. London, 1923.
Ostrogorsky, George, A History of the Byzantine State. Translated by Joan Hussey. New Brunswick, N. J., 1969.
Schenk, K., Kaiser Leo Ⅲ. Halle, 1880.

利奥五世（亚美尼亚人）（Leo Ⅴ the Armenian，卒于 820年） 拜占庭帝国皇帝；参加主要战争：与保加尔人的战争（809—817年）；参加主要战役（战斗）：威尔西尼基阿（阿德里安堡附近）战役（813年）。

利奥五世的出生情况及早期经历不详，只知他参加了军队并加入小亚细亚的反对圣像运动。在尼斯福鲁斯一世和迈克尔一世的军队里表现突出，被任命为安纳托利亚地区的督军（将军）。813年，利奥参加了迈克尔对保加尔人的战争。在迈克尔拒绝接受保加尔人的条件后，利奥于813年6月22日在威尔西尼基阿战役中率部哗变。他返回君士坦丁堡，废黜迈克尔一世，于7月11日自封为皇帝。814—817年，保加利亚大公克鲁姆兵临君士坦丁堡城下，利奥成功地使克鲁姆撤军，并同克鲁姆的继承人奥莫尔塔格大公签订了和约。利奥在重振反对圣像运动的同时，在东部边境地区加紧迫害保罗教派。815年，利奥废黜了施行宗教统治的主教尼斯福鲁斯，并于4月召开宗教会议，恢复754年希厄里阿反对圣像运动宗教会议的教令。随着时间的推移，利奥越来越担心阴谋集团谋害他。820年12月24日，在圣索非亚大教堂举行的圣诞节仪式上，利奥在唱赞歌时被暗杀。

Staff

参考：Alexander, P. J., The Patriarch Nicephorus of Constantinople: Ecclesiastical Policy and Image Worship in the Byzantine Empire. Oxford, 1958.
Bury, J. B., A History of the Eastern Roman Empire from the Fall of Irene to the Accession of Basil Ⅰ. London, 1912.
Vasiliev, A. A., Byzance et les arabes Ⅰ: la dynastie d'Amorium(82—867). Brussels, 1935.

利奥六世（Leo Ⅵ the Wise, the Philosopher, 866—912年） 智者、哲学家，拜占庭皇帝。参加主要战争：与阿拉伯人进行的海战、与保加利亚的战争（889—897年）。

利奥六世是马其顿人巴西尔一世和第二个妻子欧多西亚·英格里纳的长子。866年9月，利奥比父亲早一年当上皇帝。870年1月6日，利奥成为与父皇共治的同朝皇帝。886年8月29日，其父去世后，利奥继承皇位，单独进行统治，因为他的异母哥哥君士坦丁早在879年就已去世了。利奥六世文化素养很高，得到过主教弗提乌的启蒙。利奥是查士丁尼一世以后最伟大的改革者（指合法地进行社会改革），他用希腊文写的涵盖范围广泛的《帝国法典》对拜占庭帝国产生了影响，使拜占庭成为独裁专制国家。利奥不仅写了几本军事著作，而且还著有很多宗教方面的著作，其中有著名的《兵法》（这本书有可能是早期同名者伊索里亚·利奥三世的著作）。利奥指挥了大多数对阿拉伯人和保加尔人的军事行动。利奥在与保加尔人作战时，曾将在南意大利同伦巴第人作战屡战屡胜的司令官老尼斯福鲁斯·福凯斯调到巴尔干半岛，这一举动使拜占庭帝国遭受到种种挫折：902年8月1日，阿拉伯人占领拜占庭在西西里最后一个据点陶尔米纳；904年，的黎波里的利奥攻陷塞萨洛尼基；与此同时，利奥六世和马扎尔人组成同盟军，与保加尔人

交锋，迫使保加利亚国王查尔·西梅翁很快于894年同意休战；接着，西梅翁与佩彻涅格人联盟，在进攻拜占庭前，先打败了马扎尔人，又于896年在保加罗非冈战役中，打败了拜占庭人，拜占庭于897年被迫向保加利亚交纳岁贡。907年，罗斯大公奥莱格的舰队到达君士坦丁堡城外，利奥联合奥莱格，在爱琴海和东地中海对阿拉伯人进行了几场海战，取得了胜利。911年，希迈里奥斯远征克里特，遭到失败，912年春，舰队返回时遭灭顶之灾。908年5月15日，利奥六世立自己的儿子君士坦丁七世为共朝皇帝。912年5月12日卒于君士坦丁堡。

按照拜占庭的标准，利奥六世不是一位杰出的统治者，而且喜爱写作胜于统治国家，但他的合理改革却使拜占庭的体制延续了两个世纪。利奥著的《兵法》一书，后来证明是拜占庭军事实战思想的一个重要组成部分。

DLB

参考：Kolias, G., Léon Choerosphactès. Athens, 1939.
Ostrogorsky, George, A History of the Byzantine State. Translated by Joan Hussey. New Brunswick, N. J., 1969.
Vasiliev, A. A., History of the Byzantine Empire. Madison, Wis., 1952.

李奥尼达（Leonidas，约卒于公元前480年） 斯巴达国王。参加主要战争：希腊-波斯战争（公元前490—前479年）；参加主要战役（战斗）：温泉关之战（公元前480年）。

李奥尼达是阿拿克散德里德之子，公元前490年，因其同父异母兄弟克利奥米尼一世患精神病，他接任了马其顿的王位。他与克利奥米尼的女儿格尔格结婚，可能继续奉行克利奥米尼的政策。公元前480年（7月?），率领一支六七千人的希腊军队，在温泉关抵御波斯国王薛西斯统帅的大军。与波斯军队鏖战三日，最后波斯军队在一个希腊叛徒的引导下，秘密通过了温泉关，并攻击希腊军队的后方，李奥尼达被迫撤退。波斯军队包围了李奥尼达及其所率的斯巴达军队，还有由他挑选的留在其身边的1100名希腊士兵。指挥部队浴血奋战，直到壮烈牺牲，他的斯巴达卫兵也倒在了他的身上。波斯人在普拉地被击败后的第二年，即（公元前479年7月?），希腊人在两年前交战的地方建了一座纪念碑，碑上刻文是："斯巴达人要记住，就是在这里，躺着为民族捐躯的英雄们"。

staff

参考：Delbrück, Hans, History of the Art of War Within the Framework of Political History. Vol. 1: Antiquity. Translated by Walter J. Renfroe, Jr. Westport, Conn., 1975.
Herodotus, History.

莱奥提基达斯（Leotychidas，约公元前545—前469年） 斯巴达国王。参加主要战争：希腊波斯战争（公元前490—前479年）；参加主要战役（战斗）：米卡尔海角（位于塞英斯岛的大陆海角）之战（公元前479年）。

莱奥提基达斯是欧里蓬迭德家族的后裔，公元前491年在克利奥米尼一世的支持下，战胜了对手德马拉图斯，继承了斯巴达的王位。参加了克利奥米尼对埃伊纳岛的第二次远征。在此期间，为了安全起见，他扣留了十名人质并送往雅典。由于他在这次行动中起主要作用，在克利奥米尼死后他几乎得到了整个埃伊纳岛。公元前479年春天，在埃伊纳岛指挥一支由110艘战船组成的希腊舰队，并率领这支部队到了提洛岛，以支援齐厄斯岛和塞莫斯岛反对波斯的起义。率领军队在小亚细亚海岸的米卡尔海角与波斯军队交战，击溃了波斯的陆军和海军（公元前479年8月中旬?），后率领伯罗奔尼撒的部分部队返航。公元前476年率兵去底撒利惩罚暗通波斯的贵族，但受到贿赂，旋即撤兵。为此在斯巴达遭到指控，企图逃往阿卡迪亚的泰耶阿，未果，被判流放，邸宅被夷为平地。他的孙子阿基达穆斯继位。约卒于公元前469年。

Staff

参考：Burn, Andrew R., Persia and the Greeks: The Defense of the West, 546—478 B.C. New York, 1962.
Green, Peter, The Year of Salamis, 480—479. B.C. London, 1970.
Herokotus, History.

李必达·马可·埃米利乌斯（Lepidus, Marcus Aemilius，约卒于公元前77年） 罗马执政官。参加主要战争：李必达叛乱（公元前78—前77年）。

李必达的出身和早期经历不详。他在苏拉手下任官员时表现出色。公元前81年被任命为西西里的执政官。公元前78年苏拉任命他为两个执政官之一，甚至可能在苏拉去逝之前，他撤消了苏拉的参谋机构，这一行动遭到了同期任命的执政官昆·鲁·卡图卢斯的反对。被召回并被流放，后复职担任执政官，开始实行分配廉价谷物、发还所有没收的土地的政策，并在罗马又恢复了保民官这一职位。公元前77年，决定再任命一位执政官以能继续奉行他的政策。经意大利北部去外高卢省任地方长官，途中组建起一支军队，并率军向罗马开进，但其部下马·尤·布鲁图斯被庞培击败，而他率领的前锋部队遭到庞培和卡图卢斯的阻截，并在伊特鲁里亚地区被击败。公元前77年，被盖·瓦·特里亚里乌斯击败后逃往撒丁，不久死去。李必达充分认识到高卢地区资源丰富、战略地位重要，并在实践中加以充分利用，这一点为后来的恺撒所仿效。

Staff

参考：Appian, The Civil Wars.
Baker, George P., Sulla the Fortunate: The Great

Dictator. 1927. Reprint, Totowa, N.J., 1967.

Plutarch, "Sulla," "Pompey," parallel Lives.

Sallust, Histories.

Syme, Ronald, The Roman Revolution. Oxford, 1939.

李必达，马可·埃米利乌斯（Lepidus, Marcus Aemilius，约卒于公元前13或前12年） 罗马政治家。参加主要战争：罗马内战（公元前50—前44年）、佩鲁西亚战争（公元前41—前40年）及同塞克斯都·庞培的战争（公元前40—前36年）。

李必达是马·埃·李必达之子，他父亲最初是苏拉（死于公元前77年）的支持者，后来成为其对手。公元前49年，在罗马内战期间他投身于恺撒的阵营，并当选为执政官。公元前48—前47年和公元前44—前43年间，分别出任西班牙附近地区和纳尔榜南西斯（位于法国南部的龙河流域）的地方长官，并于公元前46年和前42年两次当选为执政官。公元前46—前44年在恺撒独裁统治时期，担任执政官。公元前44年3月恺撒死后，他接替恺撒成为罗马最高大教长，直到去世。公元前43年4月21日，在慕策那被击败之后加入了马可·安东尼领导的高卢军队，并于公元前29年5月向共和国的敌人宣战。公元前43年与安东尼和屋大维在波罗尼亚结成"后三头同盟"。公元前42年11月16日在菲力比地区进行了两次作战，失败后被剥夺了地方长官的权力。然而在公元前41—前40年的佩鲁西亚战争期间他投入屋大维的阵营，作为回报，屋大维于公元前40年任命他为非洲总督。公元前36年与屋大维和马可一起在西西里地区同塞克斯都·庞培（即小庞培）作战，然后独占西西里岛。最终屋大维将他贬为庶民，但念他过去曾为其效力，允许他保留最高大教长的头衔。约卒于公元前13或12年。

DLB

参考：Appian, The Civil Wars.

Cicero, Letters and Philippics.

Syme, Ronald, The Roman Revolution. Oxford, 1939.

弗朗索瓦·德·博尼公爵，莱迪吉耶尔（Franois de Bonne, Lesdiguières, Duke of，1543—1626年） 法国总管。参加主要战争：胡格诺战争（1562—1598年）、瓦尔泰利纳战争（1624—1625年）；参加主要战役（战斗）：加普之战（1577年）、埃斯帕努（里昂附近）之战（1591年）、萨莱贝尔特拉讷战役（1593年）。

博尼1543年4月1日生于多菲内的圣博内-昂尚索尔。从小就接受新教的熏陶，后在巴黎学习法律。但加入了法国宪兵队，成为一个弓箭手。后来又到多菲内加入胡格诺派军队，在一些小规模的冲突中表现出色。1575年已成为该地区公认的胡格诺派领袖，并领有司令官的官衔。1577年1月3日，他率军发动夜袭，夺取了加普。1578年因反对交出加普的要求，拒绝签订《普瓦提埃和约》。后继续作战，最终为多菲内争取到更多的有利条件。尽管获得胜利，但在1580年他不得不将加普和其他一些城镇交给了马耶讷公爵。1585年再次为那瓦尔的亨利作战。1588—1589年促成多菲内的降服。1590年率军镇压格勒诺布尔抵抗运动，并努力得到普罗旺斯执政贝尔纳诺加雷的德·拉·瓦莱特的支持，抵御萨伏依的查理·埃曼纽尔一世的进攻。1591年4月在埃斯帕努打败萨伏依的查理·埃曼纽埃尔一世。1592年他率军再次征服萨卢佐侯爵的领地。1593年6月在萨莱贝尔特拉讷击溃了援助萨伏依的西班牙军队。随后占领了普罗旺斯，巩固了那里的统治。他与萨伏伊之间进行了断断续续的边界战争，直至1601年缔结和平条约。1609年9月27日晋升为法国元帅。1611年被封为莱迪吉耶尔公爵。第二年（1612年）被任命为多菲内执政。出于政治目的，他极力节制胡格诺派的过分要求。1621年3月30日被任命为法国统帅。1622年7月6日升为法国总管，直到拿破仑一世时代。1622年放弃新教信仰。1624—1625年，率军在意大利北部的瓦尔泰利纳（科莫河附近）驱逐西班牙人，但战斗失败。1626年9月28日因发高烧卒于瓦朗斯的德龙。

博尼作战勇敢、有魄力，是法国南部胡格诺派运动的一位勇士。在他后期的活动中，对查理四世忠贞不渝。为了法国的统一，他忍耐屈从。作为一位军事指挥者，他细心缜密，具有高超的指挥艺术。

DLB

参考：Dufuyard, C., Le connetable de Lesdiguières. Paris, 1892.

Escalier, E., Lesdigieres. Paris, 1946.

莱斯利，亚历山大（Leslie, Alexander，约1740—1794年） 英国将军。参加主要战争：美国独立战争（1775—1783年）；参加主要战役（战斗）：长岛（纽约）之战、哈勒姆高地（今为纽约市的一部分）之战、怀特普莱恩斯之战（1776年）、吉尔福德县城之战（1781年）。

莱斯利约生于1740年，是著名的利文伯爵后裔。早年经历不详。任哈利法克斯的第六十四团中校（1774年）时，率部至波士顿。参加过对马萨诸塞的塞勒姆的作战（1775年2月26日）。长岛之战（1776年8月27日）中为轻步兵的准将旅长。在哈勒姆高地之战中发挥了主要作用。该战中，他的外围据点受到托马斯·诺尔顿部队的进攻（9月16日）。怀特普莱恩斯之战（10月28日）中率二个团发起愚蠢的进攻，被击退，损失惨重。普林斯顿之战的前夜（1777年1月2日与3日之交的夜晚），华盛顿的主力部队曾在梅登黑德（劳伦斯韦尔）从沉睡不醒的莱斯利旅驻地悄然穿过。任少将时，他被克林顿派往南方以支援在卡罗来纳的康华里（1780年）。塔尔顿领残部从考彭斯返回时，他率2500人抵达康华里

的营地（1781 年 1 月 18 日）。吉尔福德县城之战的前几个阶段，他指挥英军右翼部队。在最后的冲击阶段，他与奥哈拉将军合兵一处（3 月 15 日）。曾因健康原因被送往查尔斯顿（7 月），后克林顿命其返回纽约（8 月中旬）。在纽约的两个月里，克林顿晋升他为当地中将，后派往南方代替康华里。抵达查尔斯顿（11 月 8 日）后意识到他自己已无能为力，将英军撤出萨凡纳（1782 年 7 月 11 日）。撤离查尔斯顿（12 月 14 日），并回到纽约。后退役回英国，1794 卒于国内。

Staff

参考：Appleton's Cyclopedia of American Biography.
Boatner, Encylopedia.

莱斯利，大卫，纽瓦克勋爵（Leslie, David, Lord Newark, 1601—1682 年） 苏格兰将军。参加主要战争：三十年战争（1618—1648 年）、第一次英国内战（1642—1646 年）、第三次英国内战（1650—1651 年）；参加主要战役（战斗）：马斯顿荒原之战（1644 年）、菲利普霍之战（塞尔扣克附近，1645 年）、卡比埃斯戴尔之战（因弗欣附近，1650 年）、邓巴之战（1650 年）、伍斯特之战（1651 年）。

莱斯利系皮特凯尔利的帕特里克·莱斯利（他曾举荐过林多尔斯）和奥克尼伯爵的女儿约翰·斯图亚特夫人第五子。早年经历不详，只知道约 1620 年还年轻时曾去欧洲大陆，可能曾在荷兰军队服役。约在 1630 年加入瑞典军队，后任骑兵军官并获殊荣。第二次主教战争后，约于 1640 年秋返回苏格兰。于 1642—1644 年在爱尔兰效力于利文，并被任命为于利文指挥的一支誓约派军队的少将。在英国北部地区英勇作战，并于 1644 年 7 月 2 日，和奥利弗·克伦威尔一起指挥苏格兰国会军的左翼骑兵取得马斯顿荒原战役的胜利。1644 年秋包围并占领了卡莱尔。1645 年 8 月 15 日，蒙特罗斯在基尔赛斯获胜后，莱斯利被提升为骑兵中将，并应召回苏格兰挽救局势。在菲利普霍突袭蒙特罗斯的小规模军队，并于 1645 年 9 月 12—13 日一夜的时间打垮了这支军队，随后在誓约派牧师的敦促下屠杀爱尔兰战俘。不久被提拔为陆军中将，在英格兰短暂的作战后，返回苏格兰，消灭了苏格高地一些部族（1645—1646 年）。1648 年春，与阿盖尔公爵一道反对与查理一世交战。1650 年 4 月 27 日，在卡比埃斯戴尔击败蒙特罗斯，不久并将蒙特罗斯本人俘获。随后同意支持查理二世，1650 年夏任苏格兰保皇党军队指挥官。他力争用较好的策略打败克伦威尔。虽然这种努力开始时奏效，但后来由于来自柯克代表的干涉，造成军队纪律散慢，致使他的努力最终成为泡影。由于没有料到克伦威尔会在邓巴作战，莱斯利下令让大部分毛瑟枪手熄灭火柴，结果在邓巴被打败（1650 年 9 月 3 日）。拂晓，克伦威尔和约翰·兰伯特率骑兵进攻，打垮了他那支士气低落的军队。1651 年 6 月战斗重新开始时，他顽强防御，直到克伦威尔越过福斯河，才匆忙与国王查理二世一起向南攻入英格兰。1651 年 9 月 3 日，克伦威尔在伍斯特一线取得决定性胜利，歼灭了苏格兰军队，莱斯利战胜克伦威尔的努力也随之结束。被俘后，囚于伦敦塔中直至 1660 年 5 月王室复辟。后被封为纽瓦克勋爵，自 1661 年起每年领得年金 500 镑。过了多年平静的生活后卒于 1682 年。

莱斯利是一位富有经验的骑兵军官和富有才干的将军。无疑，他是继鲁珀特亲王之后克伦威尔最强劲的对手。然而 1650—1651 年，他的军事努力为政治因素所拖累。

DLB

参考：Rodgers, Hugh C. B., Battles and Generals of the Civil Wars, 1642—1651. London, 1968.
Young, Peter, and Richard Holmes, The English Civil War: A Military History of the Three Civil Wars, 1642—1651. London, 1974.

莱托-福克贝克，保罗·埃米尔·冯（Lettow-Vorbeck, Paul Emil von, 1870—1964 年） 德国将军。参加主要战争：镇压义和团运动（1900—1901 年）、镇压霍屯督人和赫雷罗人起义（1904—1908 年）和第一次世界大战（1914—1918 年），参加主要战役（战斗）：东非战役（1914—1918 年）、坦噶（坦桑尼亚）之战（1914 年）、马希瓦（在坦桑尼亚林迪西南 40 英里）之战（1917 年）。

莱托-福克贝克 1870 年 3 月 20 日生于萨尔路易，其父是普鲁士陆军军官，后成为上将。1899 年毕业于军事学院，成为炮兵军官。1899—1900 年在总参谋部任职。1900—1901 年随德国殖民侵略军前往中国，参加镇压义和团的战斗。1904—1908 年，镇压霍屯督人和赫雷罗人起义期间在德属西南非（纳米比亚）任职，了解了在丛林进行战争的困难性和当地部队的作战能力。1906 年在一次伏击中负伤，被送往南非治疗，在那里呆了几个月后返回德国。1914 年 2 月作为中校被任命为德属东非（今坦桑尼亚）的殖民部队司令官。该部辖 12 个营的当地部队和“阿斯卡里”部队，大部分装备都是陈旧的枪支。他认识到未来的战争中他将被隔绝，因此计划采取攻势行动。大战爆发后（8 月），他袭击英军在肯尼亚的铁路线，9 月他发动进攻试图夺取蒙巴萨。尽管有“柯尼斯堡”号巡洋舰的火力支援，但仍被击退。11 月 2—3 日他击退英军对坦桑尼亚东北部坦噶港的两栖进攻，给英军以很大的杀伤并缴获大量的武器和弹药。1915 年英军奉基纳钦之命取守势，他不断成功地袭击肯尼亚的铁路线，而英军守军对此无所反应。当英国海军在鲁菲吉河击沉“柯尼斯堡”号之后，他拆去了舰上的大部分火炮，并将其人员编入自己的部队。1916 年 3 月面对扬·克里斯蒂安·斯马茨将军的大规模攻势，他作战迟滞，加上受到恶劣的气候、地形以及热带病等影响，使英军伤亡惨重。由于不能对占绝对优势的英军（约 10:1 于他的

“阿斯卡里”部队）进行有效的抵抗，1916年他率部缓慢地向南撤退，偶尔也转过身来还击追击者。英军每穿越复杂的地形都对诡计多端的对手发动一次进攻，往往被迫停顿数个星期至数月以恢复、整顿和补给。1917年10月15—18日在马希瓦他率部对P.S.比维斯将军的英军部队进行了猛烈的阻击，使英军伤亡1500人，自己仅伤亡100人，而英军兵力是德军的4倍。12月在英军即将把他逐出德属东非时，他侵入葡萄牙的殖民地莫桑比克。他通过袭击葡军要塞补给其4000人的部队，并挺进至沿海的克利马内（1918年7月1—3日）。9月28日—10月10日（?）他转而向北并再次进入德属东非，接着侵入罗得西亚（津巴布韦），11月13日夺取卡萨马（赞比亚）。当他听到德军战败以及欧洲停战的传言后，开始和谈。11月23日率领其未被征服的部队在阿伯康（姆巴拉，赞比亚）正式向英军投降。他仍留在非洲，安排德军士兵和战俘的遣返。1919年1月返回德国，抵达德国后得知自己已被提升为少将并成为民族英雄。之后他成为坚定的保守派，7月曾指挥右翼志愿军包括自由军团的部队占领汉堡，以阻止革命组织——斯巴达克激进派占领该城。为这一事变曾短时被监禁。后被选为国会议员，在任期内（1929年5月—1930年7月）曾试图组织保守派反对纳粹，未果。由于对政治不满和丧失信心，后退出政治生活，1964年3月9日卒于汉堡。

莱托-福克贝克是一位非常成功的，或者可能在任何时期来说都是极具天赋的游击战领导者之一。他是一位纯粹的职业军官，极为灵活而机智，经常使正规而保守的英军对手惊慌失措。虽然他有时冷淡而不易接近，但当地部队对他绝对忠诚。战后多年他访问非洲，他的数百名“阿斯卡里”老战士集合列队欢迎他。他的部队从未超过12 000人，却牵制了10—20倍的英军和其他协约国的部队。仅仅是由于战争正式结束而投降，但他仍然未被征服。

DLB

参考：Gardner, Brian, German East. London, 1963.
Hoyt, Edwin P., Guerrilla. New York, 1981.
Lettow-Vorbeck, Paul Emil von, Heia Safari. 1920. Reprint, Leipzig, 1941.
——, Meine Erinnerungen aus Deutsch-Ostafrika. Leipzig, 1919.
Wenig, Richard, S. M. S. Konigsberg in Monsun und Pori. Berlin, n. d.
EA.
WBD.

利文第一伯爵，亚历山大·莱斯利（Leven, Alexander Leslie, 1st Earl of，约1580—1661年） “虔诚之士”，苏格兰将军。参加主要战争：荷兰独立战争（1566—1609年）、三十年战争（1618—1648年）、第一次英国内战（1642—1646年）、第三次英国内战（1650—1651年）；参加主要战役（战斗）：吕岑之战（1632年）、纽本之战（1640年）、马斯顿荒原之战（1644年）、邓巴之战（1650年）。

利文伯爵生于1580年，为布莱尔阿瑟尔统领乔治·莱斯利的私生子。年轻的利文1604—1605年间在荷兰服役，在霍拉修·维尔麾下参加了后期荷兰独立战争。1605年同其数以千计的同胞一起参加了瑞典军队。1626年9月23日，古斯塔夫斯·阿道夫在迪尔斯绍封他为骑士。翌年，在迪尔斯绍附近地区进行的一次骑兵作战中崭露头角。1628年2月24日—8月4日，利文以强有力的防御作战，成功地抵御了华伦斯坦对斯特拉尔松德的进攻，名声大振。1630年5—7月间，出使英格兰。1632年11月16日，在吕岑激战中作战勇敢。同年秋晋升中将。继续在瑞典军中服役，并在波美拉尼亚和威斯特伐利亚作战。1636年夏克尼福森死后，晋升陆军元帅。1638年8月14日，离开瑞典军队返回苏格兰，协助创立和扩充誓约派军队。1639年3月，攻占爱丁堡城堡，并夺取英格兰皇家在苏格兰的大部分堡垒。他取得的这些胜利迫使查理一世不得不于1639年6月18日接受邓西和约。第二年，查理一世挑起战端，利文在1640年8月28日进行的纽本之战中击败皇家军队，尔后侵入英格兰东北部，攻占纽卡斯尔和达勒姆（1640年9—10月），迫使查理一世于同年11月签署《里彭条约》。1641年夏，他督导解散誓约派军队。同年10月，为讨好苏格兰人，查理一世封利文为伯爵、巴尔戈尼为勋爵。1642—1644年1月，指挥在爱尔兰的苏格兰远征军，但到1644年1月中旬又返回苏格兰，并于1644年1月19日率领誓约派军队进入英格兰对付保皇派。他与托马斯·费尔法克斯爵士合作，于4月末围攻约克。他们的军队得到了东部联军曼彻斯特伯爵军队的支援，但即使如此，这支令人可畏的军队仍未能阻止鲁珀特援救约克（7月1日）。在此后的马斯顿荒原之战中，他任国会军总司令，促成该战获胜（1644年7月2日）。随后，他继续在北方同保皇派军作战。1646年5月5日，查理一世国王在纽瓦克向他投降，由于未能说服这位国王支持誓约派，1647年1月，利文伯爵将国王交给国会后返回苏格兰。1648年春，他支持阿盖尔公爵，反对汉密尔顿公爵拥护前保皇派，由此诱发第二次英国内战（1648年7—8月）。后由于处死查理一世，他又投入保皇派阵营，并在1650年9月3日的邓巴之战，任挂名指挥官。尽管在邓巴之战中，戴维·莱斯利操掌实权，将苏格兰军赶下高地，致使他们暴露于克伦威尔的骑兵面前而遭到猛烈攻击，此责任，显然应当由利文来承担。1651年8月，他同封地委员会的其他成员在埃利斯被英格兰的龙骑兵俘获。1651年（8—10月?）他曾被短期关押在伦敦塔。在瑞典克里斯蒂娜王后求情后，获准假释，后完全获得自由（1654年）。他退休回到自己位于法夫的巴尔戈尼的封地，在那里平静地生活，卒于1661年4月4日。

利文伯爵是一位有经验、有才干的军人，一位虔诚

的长老会教友。总的来说，他是一位谨慎、有才能的指挥官，只是不那么耀眼而已。他也是许多在瑞典军中服役的苏格兰籍军官中最著名的人物之一。

DLB

参考：Rodgers, Col. H. C. B., Battles and Generals of the Civil Wars, 1642—1651. London, 1968.

Wedgwood, Cicely V., The King's War, 1641—1647. London, 1958.

Woolrych, Austin, Battles of the English Civil War: Marston Moor, Naseby, and Preston. New York, 1961.

路易斯，梅里韦瑟(Lewis, Meriwether, 1774—1809 年) 美国陆军军官、探险家和地方长官。参加主要战争：威士忌酒叛乱（1794 年）。

路易斯 1774 年 8 月 18 日生于弗吉尼亚州阿尔伯马尔县的蒙蒂塞洛附近。威士忌酒叛乱期间参加弗吉尼亚民兵（1794 年夏）。晋升为少尉并转入正规军，后在威廉·克拉克上尉的"步枪尖兵连"中任职。曾随美国第一步兵团在西部边境服役（1796—1801 年）。先后晋升为中尉（1798 年）和上尉（1800 年）。路易斯曾担任杰弗逊总统的私人秘书（1801 年）。后被杰弗逊挑选为探测"路易斯安那交易"中获得的西部地区的探险队队长（1803 年）。路易斯的前任指挥官威廉·克拉克也参加了该探险队，但这时为路易斯的下属。探险队离开圣路易斯（1804 年 5 月 14 日），逆密西西比河而上，接着翻过落基山脉，之后到达太平洋沿岸（1805 年 11 月中旬）。探险队在太平洋沿岸过冬后东返（1806 年 3 月），后抵达圣路易斯（1806 年 9 月 23 日）。路易斯被杰弗逊总统任命为路易斯安那地区的长官，在任一年半（1807—1809 年）。从圣路易斯返回华盛顿的途中，于 1809 年 10 月 11 日突然卒于田纳西州纳什维尔西南 110 公里的格林多斯坦德。其真正死因——他杀还是自杀——一直没有查清。

ACD

参考：Dillon, Richard, Meriwether Lewis: A Biography. New York, 1965.

Fisher, Vardis, Suicide or Murder? The Strange Death of Governor Meriwether Lewis. Denver, 1962.

DAMB.

WAMB.

李秀成(Li Hsiu-ch'eng, 1823—1864 年) "忠王"。中国清朝太平军将军。参加主要战争：太平天国起义（1850—1864 年）。

李秀成 1823 年生于广西省的一个贫穷的农民家庭，早年仅受过一些初级教育。1851 年参加太平军，在太平军将领杨秀清部当兵。1852—1853 年随太平军进军到长江流域。他的军阶逐步上升，1853 年攻克南京时已是右四军帅，旋升后四监军，供职于石达开的参谋部。1854 年初晋升为殿右二十指挥。1856 年率领 3000 太平军在安徽桐城突破了 1 万人的清军的围攻。他的足智多谋和过人的领导才能为他成为伟大的统帅赢得了声誉。1857—1858 年在南京附近，率军消灭了几个清军纵队，并因此晋升，与陈玉成等同主军政，被加封为"忠王"。1860 年 5 月他又捣毁了清军重建的江南大营，8 月率军几乎逼近上海，年底攻占了除上海和镇江以外的江苏全境。1861 年进攻浙江省，占领了宁波和杭州。1862 年夏再次进攻上海，但被李鸿章统率的淮军击败。1862 年 10 月—1864 年 7 月未能打破清军对南京的第三次围攻，遂于 1864 年 7 月 19 日在清军猛攻南京时，帮助幼天王（16 岁的洪天贵福）逃出了南京，并将战马给了幼王，自己却不幸被俘。同年 7 月 30 日—8 月 7 日，在遭囚禁和等待处决期间，他写了一部关于太平军的详细的回忆录，即《李秀成自述》(又名《李秀成供状》)。在书中他批评了太平军的领导人和清朝的统治者，但却对曾氏兄弟和淮军大加赞扬。1864 年 8 月 7 日遭清军杀害。

李秀成一直被一些历史学家错误地加以指责，理由是他背叛了太平天国革命，靠写一本"自述"去乞求宽大。这些指责的根据是他的回忆录的一个删节本（送到了北京的朝廷），在这个删节本里，略去了他对朝廷的抨击，并加上了一些他至死都未曾写过的（原回忆录留在了曾国荃的书房）自首和辩解的言辞。李秀成是一位智勇双全、坚定果敢的统帅。在 1856 年的危局（指太平天国内乱）以后，他的忠诚努力使太平天国维持了许多年。

PWK and DLB

参考：Michael, Franz, The Taiping Rebellion: History and Documents, Vol. Ⅱ. Seattle, 1971.

Michael, Franz, and Chang Chung-li, The Taiping Rebellion: History and Documents, Vol. Ⅰ. Seattle, 1966.

Teng, Ssu-yü, New Light on the History of the Taiping Rebellion. Cambridge, Mass., 1950.

李续宾(Li Xubin, 1818—1858 年) 中国清朝湘军将军。参加主要战争：镇压太平军起义（1850—1864 年）；参加主要战役（战斗）：武昌之战（1856 年）和九江之战（1858 年）。

李续宾 1818 年生于湖南省湘乡的一个中等富裕人家。1852 年加入湘军，作为乡勇对太平军作战，后来出名。他以积极进取、勇猛和狡诈多端而名声日盛，并逐步成长为一名富有战斗经验的将领。1856 年 12 月率乡勇对太平军固守的武昌城发动了一次成功的攻击。在作战中，他构筑了大量的注水战壕作为障碍物，并多次挫败太平军的反攻。接着，直下长江流域，扫清了九江的外围，1858 年 5 月 19 日攻克该城。几个月后，率军袭击太平军三河镇要塞（在安徽省合肥——译者注），11 月

月 15 日被太平军所杀（一说自缢）。

DLB

参考：Michael, Franz, and Chang Chung-li, The Taiping Rebellion: History and Documents, Vol. Ⅰ. Seattle, 1966.

Teng, Ssu-yü, New Light on the History of the Taiping Rebellion. Cambridge, Mass., 1950.

李广（Li Küang，卒于公元前 119 年） “飞将军”，中国汉朝著名将军。参加主要战争：汉朝对匈奴的战争（公元前 140—前 80 年）。

李广生于贵族家庭。加入汉朝军队，并参加了汉文帝、汉景帝对匈奴的战争。公元前 135 年，已成为汉武帝麾下的一名将军，被派往内蒙地区，其主要任务是在云中建立一个基地，以备将来对匈奴作战时使用。公元前 133 年，匈奴大举进犯汉朝边境，进攻马邑地区，李广和其他四位将军一起，奉命率领 30 万大军迎敌。公元前 129 年，汉武帝派出四路大军进击匈奴，其中李广率领一支由 1 万名骑兵组成的纵队，西出雁门关寻机作战，但不幸的是他率领的这支部队战败，他本人也被俘虏。逃回，但受到军法制裁，被判处死刑，后减刑，被贬为庶人。公元前 123 年，汉军准备大举出击匈奴，李广又返回军队，成为卫青手下的一名将军。公元前 121 年，李广、张骞率一支部队，出右北平，作为佯攻部队以策应由霍去病、公孙敖率领的主力部队的作战。李广率 4000 骑兵作前锋，但张骞率领的部队没能同他会合。被左贤王率领的一支数量上占有绝对优势的匈奴族的军队包围，李广率军经过激战，幸免逃脱。公元前 119 年，卫青又率大军出击匈奴，李广率领一支 5 万人的部队策应主力作战，但因为迷路而没能及时赶到集中地区。受到卫青的控告，因激愤而自杀身亡。后来中国由李氏家族建立起来的唐王朝（618—907 年），宣称李广是其祖先。

PWK

参考：Pan Ku, The History of the Former Han Dynasty. 3 vols. Translated and edited by Homer H. Dubs. Reprint, Ithaca, N.Y., 1971.

李广利（Li Kuang-li，卒于公元前 90 年） 中国汉朝将军。参加主要战争：进军西域（公元前 105—前 102 年）、汉朝戍边战争（公元前 100—前 80 年）。

李广利生于贵族家庭。参军后，由于其能力出众，且由于一位皇妃的缘故，因而平步青云。公元前 104 年，率领一支由 6000 名骑兵和 1 万名步兵组成的远征军，翻过帕米尔高原，征讨位于西域的大宛国。由于在数量上不占有优势而被击退，于公元前 103 年返回敦煌时，身边只剩下 3200 人马。公元前 102 年底，集中了一支更庞大的远征军（估计步兵超过 10 万人，另有骑兵 3 万）再次翻过帕米尔高原。公元前 101 年，率军围攻并占领了大宛，还征服了丝绸之路上大约 36 个小国，将整个塔里木盆地置于汉帝国的控制之下。公元前 99 年，率领一支 3 万人的骑兵部队同匈奴作战。在天山附近取得了初期作战的胜利，但后来（公元前 99 年）被数量上占有优势的匈奴部队包围，他只率领大约 1 万人的部队突出了重围。公元前 97 年，率领一支由 6 万骑兵和 7 万步兵组成的部队，分四路进击匈奴，但遭到失败，他合兵一处而还。公元前 90 年，率领一支 7 万人的骑兵部队，再次深入匈奴的领地，击败了两支匈奴的部队，但后来又被数量上占有优势的匈奴军队包围。当得知其家族失宠以后，他向匈奴投降。开始时他受到了匈奴的热情款待，并与一匈奴女子结婚，但还不到一年的时间，由于他人的谗言，以祭祀需要为名，他被当作牺牲（供品）而被匈奴杀害。

PWK

李陵（Li Ling，卒于公元前 74 年） 中国汉朝将军。参加主要战争：出击匈奴的战争（公元前 100—前 80 年）。

李晟（Li Sheng，727—793 年） 中国唐朝将军。参加主要战争：同河北割据藩镇的战争（781—786 年）。

李世民（唐太宗）（Li Shih-min〈T'ai Tsung〉，599—649 年） 中国唐朝皇帝。参加主要战争：反隋炀帝战争（613—618 年）、与东突厥人进行的战争（629—641 年）、与西突厥人进行的战争（639—648 年）。

李世民 599 年生于贵族家庭，是李渊的次子。隋朝没落时，李世民劝父亲起兵反隋，当时李渊是山西太原的留守。617 年，李渊率部向隋朝首都长安（西安）进军，李世民亲自率领这支部队占领长安。使父亲建立了唐朝，李渊成了唐高祖。此后，李世民又进行了多次讨伐，终于使唐朝统一了中国。624 年，东突厥人袭扰唐朝，几乎到了长安城下，但最终被李世民击退。李世民野心很大，于 627 年，杀死其兄弟，迫使李渊退位，自己接位成为唐太宗。李世民当上皇帝后，亲自征战较少。他建立起一套训练体制，即每个弓箭手必须能在 300 步远的地方射中人形靶，射击四次必须中两次。630 年，唐朝与东突厥人交战，李世民运筹帷幄，打败了东突厥人，继续显示出他杰出的军事战略才能。639—640 年以及 647—648 年间，经过两个阶段的战役，李世民从西突厥人手中夺得了塔里木盆地，从而使丝绸之路更为畅通。638 年，弃宗弄赞率吐蕃人袭扰，李世民打垮了这次进攻，并趁胜利之际，与好战的吐蕃人建立起牢固的联盟，李世民被中亚大部分地区尊称为天可汗。644—646 年，李世民两次入侵朝鲜，没有成功。646 年，向印度扩张也遭到失败。唐太宗大力提倡教育、文学和艺术，有意识地用儒家的思想、观点进行统治。他主张为民当政，推行均田制、租庸调法和府兵制度。卒于 649 年。

PWK and DLB

参考：Bingham, Woodbridge, The Foundation of the T'ang, The Fall of Sui and the Rise of T'ang, A Preliminary Study. 1941. Reprint, New York, 1970.

Fitzgerald, Charles Patrick, Son of Heaven, a Biography of Li Shih-min. Cambridge, 1933.

李愬(Li Su〈Li Shu〉,773—821 年) 中国唐朝将军。参加主要战争：镇压淮西叛乱（816—818 年）。

李愬生于 773 年，是大唐军中英雄李晟的儿子，他最初是西北边境地区的一名士兵和行政官员。816 年末任唐、隋、邓节度使，得到唐朝西部军队的指挥权，镇压淮西叛乱。他招募了 2 万士兵和 2000 突厥骑兵，缓慢地向淮西进军。李愬把叛军赶进他们的据点——蔡州周围的防御工事时，穿插到 3000 名叛军背后的约 70 公里处，突袭蔡州，取得辉煌胜利。这次叛乱失败后，李愬进授山南东道节度使。卒于 821 年。

Staff

参考：Kierman, Frank A., and John K. Fairbank, Chinese Ways in warfare. Cambridge, Mass., 1974.

Twitchett, Dennis, and A. F. Wright, eds., Perspectives on the T'ang. New Haven, Conn., 1973.

李宗仁(Li Tsung-jen, 1890—1969 年) 中国国民党将领和政治家。参加主要战争：中国内战（1916—1927 年）、北伐战争（1926—1927 年）、"围剿"战争（1930—1934 年）、抗日战争（1937—1945 年）、国共战争（1945—1949 年）；参加主要战役（战斗）：台儿庄战役（徐州附近，1938 年）。

李宗仁 1890 年生于一个日益衰败的上流社会家庭。在进入棉纺织学院和后来的广西陆军速成学堂之前接受了封建传统启蒙教育。1916 年加入了桂军，得到迅速提升，直到 1921 年桂军在中国各派系军阀混战中被打败。后率领大约 2000 人进了山区，与其他领导人如白崇禧会合，开始了反对广东政府军的游击战。很快控制了广西（1925 年）。在保持他在广西地位的条件下，1925 年加入了国民党。在北伐战争前期成功地担任了一个军的指挥官。作为共产党的对头，他支持蒋介石对左翼反对派的血腥镇压和驱逐苏联顾问的行为（1927 年 7—9 月）。1928 年 4 月 7 日—6 月 4 日进军北京时的最后阶段指挥一个集团军，到年底成为蒋介石的一个竞争对手，统治着广西及他的部队经过的华中大部分地区。1928 年起兵反对蒋介石的集权统治，但被打败。1929 年同意离开中国赴欧洲考察。1930 年返回广西，和以前的同事们建立一个进步的和高效的政府。1936 年领导了第二次倒蒋战争。抗日战争爆发时（1937 年 7 月）再次加入国民党，被派指挥第五战区。他指挥中国军队实施反攻，最后赢得了台儿庄战役的胜利（1938 年 4 月）。在连续 10 个月的惨败之后，此役的胜利极大地鼓舞了中国抗日军民的士气。在战争后期继续担任高级指挥官。在日军投降后，竭力进军和恢复被占领土。蒋介石对他的行动并不信任，禁止他继续推进并空降自己的嫡系部队。蒋介石的不信任使得他在 1948 年之后不能掌握任何实权。1948 年当选为副总统。1949 年 1 月 21 日蒋辞职后任代总统。4 月做了一次试图与中共达成和平的失败尝试。在当失败已成定局时，离开中国赴美，背井离乡生活多年后，1965 年返回大陆受到中国政府的极高礼遇。卒于 1969 年。

李宗仁是一位才华卓越的有着远见卓识的领导者（军阀中少有如此良好品质的人），又是富于竞争力和进攻性的指挥官。如果他能和蒋介石通力合作，那么国民党的力量将会得到不可估量的加强。

PWK

参考：Boorman, Frank L., ed., Biographical Dictionary of Republican China. 5vols. New York, 1967.

Liu, F. F., A Military History of Modern China, 1924—1949. Princeton, N, J., 1956.

Loh, Pichon P. Y., The Kuomintang Debacle of 1949: Conquest or Collapse? Boston, 1965.

Melby, John F., The Mandate of Heaven: Record of a Civil War, China 1945—49. Garden City. N. Y., 1971.

李自成(Li Tzu-ch'eng, 1606—1645 年) "闯王"。中国明末义军领袖。参加主要战争：明末农民起义（1620—1644 年）；参加主要战役（战斗）：山海关之战（1644 年）。

李自成 1606 年生于陕西一个农家。受教育极少。1628 年曾当过明朝驿卒。1628 年明廷因财政问题关闭邮驿，李自成亦失业。后参加其义父领导的陕西义军，转战河南和四川省。为扩充义军，1635 年，他建立初步政权。稍后，与张献忠领导的义军汇合，形成一支号称 40 万人的强大义军队伍，控制着中国中北部区域。与张献忠发生争吵后，李自成率军北进，横扫黄河流域。他立志推翻明王朝，建立自己的政权，用帝王之尊规矩自己的言行。他加强军纪，实行"均田免赋"的政策，得到了广大农民的热烈拥护。1640 年，为明军所败。1641 年，围攻开封城不克，眼部中箭，遂被迫撤围。1642 年围攻开封再次受挫。尽管如此，义军继续扩大，据说达百万之众。1644 年，决心直捣明王朝国都北京。由西安出发，渡过黄河，3 月攻克太原，4 月 25 日轻取北京。随后率部亲征，与吴三桂指挥的明军在山海关遭遇，李自成意外地发现吴三桂军已得到清朝亲王多尔衮部的加强。5 月末，经一天激战，被清军骑兵击溃后李自成退出北京，弃城。6 月 4 日向西退却，在山西、湖北省继续抵抗。1645 年 10 月，在指挥一次小规模袭击中被害。其后李自成的余部成为华中地区明王朝抗击清廷的中坚力量。

PWK

参考：Parsons, J. B., The Peasant Rebellions in the Late Ming Dynasty. Tucson, Ariz., 1970.

李渊（唐高祖）(Li Yuan 〈Kao Tsu〉,执政时期为:618—627年) 中国唐朝皇帝。参加主要战争：起兵反隋战争（617—618年）。

李渊出身贵族，袭封唐国公，自称是汉朝将军李广的后代，但实际上是一个后封的贵族家庭，祖先为游牧民。李渊在隋朝时期任山西太原留守。他在任职期间，与其他一些有权势家族建立了紧密的联系。617年，隋炀帝因局势混乱，被迫将首都移至洛阳。李渊趁机起兵反隋，派出一支军队，在精明能干且雄心勃勃的儿子李世民的率领下，占领了古都长安（西安）。进城以后，李渊于618年自封为新建的唐朝皇帝，称为唐高祖。627年，李世民杀死了兄长和胞弟后，李渊被迫让位于李世民。李渊退位后，静静地度过了余生。

PWK

参考：Bingham, Woodbridge, The Foundation of the T'ang, the Fall of the Sui and the Rise of the T'ang, a Preliminary Study. Reprint, New York, 1970.

黎元洪(Li Yüan-hung, 1864—1928年) 中国军阀。参加主要战争：中国辛亥革命（1911年）和中国内战（1916—1927年）。

李锡尼(Licinius, Valerius Licinianus,卒于325年) 罗马皇帝。参加主要战争：同马克西米努斯·达伊亚的战争（312—313年）、同君士坦丁的第一次战争（314年）、同君士坦丁的第二次战争（323—324年）；参加主要战役（战斗）：基拉尔鲁姆（位于埃雷利附近）之战（313年）、西巴利斯（维诺夫西）之战（313年）、马尔第亚（在色雷斯境内）之战（314年）、阿德里安堡（埃迪尔内）之战（323年）、赫里索波利斯（于斯屈达尔-桑塔里）之战（324年）。

李锡尼生于达西亚（大体为现在的罗马尼亚，也有的资料说他生于伊利里亚）的一个农民家庭，其出生日期不详。他是戴克里先的恺撒和继承人加列里阿的朋友，308年11月11日塞维鲁去世后，被加列里阿任命为西罗马的奥古斯都。仅仅控制着潘诺尼亚（匈牙利西部以及塞尔维亚北部地区），而篡权者马克森提（马肯塔斯）统治着西班牙、非洲和意大利，君士坦丁则控制了高卢和不列颠。311年加列里阿去世后，李锡尼要求得到色雷斯和希腊。313年，与君士坦丁在米兰相会，并同君士坦丁的妹妹君士坦提娅结婚。返回东方，发现自己正受到加列里阿的老朋友、马肯塔斯之子马克西米努斯·达伊亚的攻击。313年，在基拉尔鲁姆之战中击败了达伊亚。因追击达伊亚，进入了亚洲境内，在即将追上时，达伊亚却在塔尔苏斯去世。313年7月15日，在尼科墨迪亚（伊兹米特）发布了一个关于宗教信仰的法令，其目的在于保护基督教及其教堂。由于君士坦丁入侵东罗马帝国，李锡尼同他发生争执。314年，率军在西巴利斯（维诺夫西）地区向君士坦丁发动进攻，但被击败，接着在马尔第亚地区又遭失败。求和，并将希腊和伊利里亚割让给君士坦丁。315—324年期间，他积极备战，扩建陆军和海军，并积累了大量的国库储备，准备重新发动战争。320年，再次开始迫害基督教徒，将他们从军队和国家行政岗位上开除出去，也不允许他们在城市中任职。324年初，再次遭到君士坦丁的进攻。7月3日在阿德里安堡之战中败北，而其舰队大约也于同一时间在赫勒斯蓬特海峡被消灭。率军退往卡尔克东（今卡德柯伊），在那里又建立起一支新的军队，准备同君士坦丁继续作战。9月18日，在赫里索波利斯之战多次被击败，他本人逃走，于11月（?）份投降。被君士坦丁监禁，后来被指责为图谋反对君士坦丁，于325年，在塞萨洛尼卡（今塞萨洛尼基或塞洛尼卡）被君士坦丁处决。

Staff

参考：Grant, Michael, The Climax of Rome. London, 1968.
Jones, A. H. M., The Later Roman Empire. 3 vols. Oxford, 1964.
EB.
EMH.

利德尔·哈特，巴兹尔·亨利爵士(Liddell Hart, Sir Basil Henry, 1895—1970年) 英国陆军军官、军事理论家和历史学家。参加主要战争：第一次世界大战（1914—1918年）；参加主要战役（战斗）：索姆河之战（1916年）。

利德尔·哈特1895年生于巴黎，其父是巴黎的英国基督教堂牧师，在剑桥大学的圣保罗和科普斯基督学院接受教育。1915年在国王领地约克郡轻步兵团任战时军官。在索姆河之战中（1916年7—11日）受重伤。在长时间的康复过程中他撰写了关于排战术的小册子，该书后来在陆军中发行（1917年）。因为这一成功，1920—1921年间他应陆军的要求重新撰写成了正式的条令《步兵训练》。1922—1924年在新成立的训练军服役。他的个人主义倾向使他难以很好地适应这一工作，于是在1924年退出陆军。1924—1939年任《晨报》、《每日电讯》和伦敦《泰晤士报》的军事记者，撰写有关军事方面的文章。1937—1940年任国防大臣莱斯利·霍尔-贝利的非正式的但颇具影响力的顾问。期间他提议清除陆军中老的和不称职的军官，此举使他成为陆军的死对头。1966年获封爵士勋位，卒于1970年。

利德尔·哈特虽然不如同时代的理论家F.F.C.富勒那样偏激和固执己见，但随着陆军的重建他不再受欢迎，而他也更为利己。他的名声主要是因早期倡导机械化和装甲部队，以及写作了引起争议的《间接战略》一书

(1941 年)。他的著作在德国和苏联比在英国更为人知晓。他是一位多产的军事历史学家,从 20 世纪 20 年代中期开始写作直到去世为止。

DLB

参考:Bond, Brian, Liddell Hart: A Study of His Military Thought. London and New Brunswick, N.J., 1977.

Bond, Brian, and Martin Alexander, "Liddell Hart and De Gaulle: The Doctrines of Limited Liability and Strategic Defense," in Peter Paret et al., eds., Makers of Modern Strategy. Princeton, N.J., 1986.

Liddell Hart, Basil H., The Decisive Wars of History. London, 1929.

——, Memoirs. 2vols, London, 1965.

——, Strategy: The Indirect Approach. New York, 1978.

Macksey, Kenneth, The Tank Pioneers. London, 1981.

利格特,亨特(Liggett, Hunter, 1857—1935 年) 美国将军。参加主要战争:镇压菲律宾起义(1899—1903 年)和第一次世界大战(1917—1918 年);参加主要战役(战斗):埃纳河-马恩河战役、圣米耶尔攻势和默兹-阿尔贡攻势(皆在 1918 年)。

利格特 1857 年 3 月 21 日生于宾夕法尼亚州雷丁,其父原是成衣商,后进入政界。1879 年他从西点军校毕业,分配到步兵部队任职,长期在边界地区服役,偶尔参加与印第安人的小规模战斗。1884 年 6 月提升为中尉,1897 年 6 月晋升为上尉。美西战争爆发时(1898 年 4 月)接受志愿军少校衔,任助理副官长。1898 年 6 月—1899 年 4 月在佛罗里达、亚拉巴马和佐治亚州任师副官长,敌对结束之后曾短时在古巴任职(1899 年 4—10 月)。1899 年 12 月被派往菲律宾,任棉兰老岛分区指挥官达一年之久(1900—1901 年)。1901 年 10 月重新加入第五步兵团,仍为正规军上尉。1902 年 5 月提升为少校,调到明尼苏达州的第二十一步兵团任职。1903—1907 年 9 月任湖区防区副官长,后调往堪萨斯州第十三步兵团任营长。1909 年晋升为中校;1910 年毕业于陆军军事学院;1910—1913 年间留校任教;1913—1914 年任校长;1912 年 3 月晋升为上校;1913 年 2 月升为准将。任校长时,他亦是陆军部参谋部主要计划机构——陆军院校署署长,对制定陆军军官训练大纲、介入墨西哥和加勒比海以及防守菲律宾的计划起到了主要作用。1914 年任得克萨斯州第二师第四旅旅长。1915 年被派往菲律宾;1916 年 4 月被任命为菲律宾军区司令;1917 年 3 月 4 日晋升为少将。1917 年 5 月返回美国任西部军区司令。9 月任命为第四十一师师长,10 月率部开赴法国。1918 年 1 月 20 日任命为第一军军长,在春季他只对很少的美军部队进行军事控制。7 月 4 日指挥第一军(辖第二、第二十六美军师和第一六七法军师)参加了在沙托蒂耶里附近的战斗。尽管缺乏经验,利格特指挥的第一军在埃纳河-马恩河攻势中(7 月 18 日—8 月 5 日)仍发挥了重要作用。率部开赴洛林地区,为美军第一次大型攻势做准备,拔除圣米耶尔突出部(9 月 12—16 日)。在默兹-阿尔贡战役的第一阶段中发挥了重要作用(9 月 26 日—10 月 12 日)。10 月 16 日继潘兴任第一集团军司令,重新组织和补给第一集团军,为默兹-阿尔贡攻势的第二阶段作战做准备(10 月 16—31 日)。在攻势的最后阶段他的部队粉碎了德军(11 月 1—11 日)。之后继续担任第一集团军司令直到该部被遣散(1919 年 4 月 20 日)。5 月 2 日—7 月 2 日任在德国的占领军——第三集团军司令。后返回美国继续任西部军区司令。1921 年 3 月 21 日以少将军衔退役。1930 年 6 月在退休名单上被升至中将,1935 年 12 月 30 日卒于旧金山。

利格特具有丰富的经历、坚强的个性、卓越的战术和战役技能,并因爱戴部队而闻名。对其指挥的唯一批评是他有时"太容易受善良之心的影响"。在陆军学院的任职有助于他理智而有条理地处理战场上的诸多问题。

DLB

参考:Coffman, Edward M., The War to End All Wars: The American Military Experience in World War Ⅰ. New York, 1968.

Liggett, Hunter, A.E.F., Ten Years Ago in France. New York, 1928.

——, Commanding an American Army. Boston, 1925.

DAMB.

WAMB.

利曼·冯·赞德尔斯,奥托(Liman, von Sanders, Otto, 1855—1929 年) 德国将军。参加主要战争:第一次世界大战(1914—1918 年);参加主要战役(战斗):高加索战役(1914—1915 年)、达达尼尔海峡战役(1915—1916 年)和巴勒斯坦战役(1917—1918 年)。

赞德尔斯 1855 年 2 月 17 日生于波美拉尼亚的斯托尔普,1874 年参加"黑森终身卫队",军衔稳步上升,1911 年已晋升为中将,任第二十二卡塞尔步兵师师长。1913 年任德国派往土耳其军事代表团团长,重建第一次巴尔干战争灾难之后的土耳其陆军。当俄国抗议他任土耳其第一集团军司令后,他改任土军总监(1913 年末)。第一次世界大战爆发之前,他为重建土耳其陆军和进行战争准备做了大量的工作,1914 年 1 月被提升为德军上将。1914 年 11 月任命为高加索的土军司令。1915 年 4 月面对英法军即将在达达尼尔海峡登陆,他被召回任防守海峡的土军第五集团军司令。他巧妙地部署其时有不足的兵力,阻止和牵制了协约国军的登陆行动。后任在巴勒斯坦北部和叙利亚(1918 年 3 月)的土军部队(辖第四、第七和第八集团军)司令,但他没能阻止艾伦比在美吉多的大规模进攻(9 月 18—22 日)。10 月,他在

阿勒颇靠北边建立了一道新防线，但土耳其于11月4日接受停战。他被协约国军拘留，1919年8月被释放，担任遣返战时在土耳其服役的德国士兵的工作。返回德国，撰写其回忆录《在土耳其的五年》（1920年）。1920年8月22日卒于慕尼黑。

赞德尔斯是一位能干而富有才华的将领，他的建议常常被土军忽视，而这往往导致灾难性的后果。他在加利波利之战时的对手伊恩·汉密尔顿爵士将军，曾描述他是"一个十足的武将和宽宏大量的敌手"。

DLB

参考：Hamilton, Ian, Gallipoli Diary. London, 1920.

Liman von Sanders, Otto, Fünf jahre in Türkei, 2d ed. Munich, 1922. English translation, London, 1928.

Moorehead, Alan, Gallipoli. New York, 1956.

林凤祥（Lin Feng-hsiang, 1825—1855年） 中国太平军将军。参加主要战争：太平天国起义（1850—1864年）；参加主要战役（战斗）：南京之战（1853年）、开封之战（1853年）和天津之战（1854年）。

林凤祥生于广西省，出身微贱，是壮族人。加入太平军后，凭借着他的领导才能和战术水平，很快晋升为将军。参加了太平军向长江流域的进军和攻克南京的作战（1853年3月）。不久，被选为（与李开芳）北伐的联合统帅，率兵进攻北京。他和李率军3万人通过安徽省和河南省北上，几次企图攻占开封均受挫，9月放弃围攻的企图，渡过黄河进入山西省。10月向北进军，抵达北京外围的直隶时仅剩2万人。遂绕过北京转攻天津，再次受挫。于是，只好在直隶过冬等待增援。由于在北方难于组织增援，遂试图撤退并分开作战。但两部人马都被僧格林沁统率的骑兵部队击溃，1855年，他和李被俘。两人在北京受审后被清军杀害。

PWK

参考：Michael, Franz, and Chang Chung-li, The Taiping Rebellion: History and Documents, Vol. Ⅰ. Seattle, 1966.

Teng, Ssu-yü, New Light on the History of the Taiping Rebellion. Cambridge, Mass., 1950.

林彪（Lin Piao, 1907—1971年） 中国元帅。参加主要战争：反"围剿"战争（1930—1934年）、抗日战争（1937—1945年）、国共战争（1945—1949年）、中印边境冲突（1962年）。

林彪1907年生于湖北省黄岗县，是一个工厂主的儿子，尽管他父亲的生意在苛捐杂税的重压下破产了，林彪仍然进入一所预科学校，后来加入了国民党。1926年从广州附近的黄埔军校第四期毕业。北伐战争前半期（1926年7月—1927年4月）在国民党第四军服役，军衔晋升为少校。1927年8月1日—9月，他夺取了其所在团的领导权，然后率领部队参加了中共南昌起义。起义后，林彪与朱德的部队会师，随后同毛泽东建立了江西苏维埃政权（1927—1928年）。1934年作为朱德的部下，在国民党第五次"围剿"期间他在苏维埃政权的地位迅速上升。1934年10月，作为第一军团的司令，他领导掩护共产党政权从国民党的包围圈突围出来。1934—1935年在长征中作为军事领导人之一。1935年春在一次佯攻昆明中，他带领军队在三天内行军200公里。在延安，他开始临时负责保安军事学校（抗日军政大学），然后他被任命为新组建的八路军第一一五师师长。任职期间，他不断扩充兵力，到1945年已接近一个野战集团军的规模。1937年9月在平型关一场典型运动战中，对日军一个团的成功伏击使他声名鹊起。在进攻日军的百团大战中（1940年6月20日—11月30日），他起到了重要的作用。抗日战争后期，他主要致力于扩充兵力和在整个中国北部地区建立敌后根据地。日军投降后，他立即率领约10万人的军队开进东北地区。1946年3—6月他遭到由陈诚和杜聿明率领的国民党军队的重创，他北退至乡村地区进行休整。1947年5月率50多万军队发动反攻，向南稳步推进，分割包围了主要城市中强大的国民党卫戍部队。1948年11月1日沈阳的解放标志着国民党在东北三省抵抗的结束。林彪又率军兵临北京，在长期围攻之后于1949年1月22日协助和平解放了北京城。然后挥师南下，4月渡过长江，10月穿过长沙会同叶剑英部解放了广州。1954年担任中华人民共和国的副总理。1955年被授予元帅军衔。1959年取代彭德怀担任国防部长，1966年8月被确定为中共中央唯一的副主席。在文化大革命中，林彪策划了一场反革命政变，但被毛泽东采取政治谋略巧妙地粉碎了。败露后于1971年9月13日乘飞机叛国外逃时，摔死在蒙古温都尔汗。

林彪是一位有才能的军事指挥家，而且是一位出色的战略家。因为阴谋篡党夺权，1973年8月20日，他被中共中央永远开除出党。1981年1月25日，被中华人民共和国最高人民法院特别法庭确认为反革命集团案的主犯。

PWK and DLB

参考：Bridgham, Philip, "The Fall of Lin Piao," The China Quarterly, Vol. 55 (July-September 1973.)

Chassin, Lionel Max, The Communist Conquest of China: A History of the Civil War, 1945—49. Cambridge, Mass., 1965.

Kau Ying-mao, The Case of Lin Piao: Power Politics and Military Coup. New York, 1974.

Melby, John F., The Mandate of Heaven: Record of a Civil War, China 1945—49. Garden City. N, Y., 1971.

Salisbury, Harrison E., The Long March: The Untold Story. New York, 1985.

林肯，亚伯拉罕(Lincoln, Abraham, 1809—1865 年) 绰号"诚实的艾布"、"锯木匠"和"圣父亚伯拉罕"。美国第十六任总统。参加主要战争：黑鹰战争（1832 年）和美国内战（1861—1865 年）。

林肯 1809 年 2 月 12 日生于肯塔基州的霍金维尔附近。1816 年迁到了印第安纳州，1830 年又搬到了伊利诺伊州。几乎未接受过正规教育，主要靠自学成才。志愿参加了 1832 年 4—8 月的黑鹰战争，并被推举为所在部队上尉，但却未曾参加过战斗。1836 年通过了伊利诺伊州的律师资格考试，1837 年到斯普林菲尔德从事律师工作。1834—1840 年任职于州议会，1847—1849 年任职于美国众议院。1844 年与威廉·H. 赫恩登创办了一家卓有成效的律师事务所，1849 年成为一名著名的巡回律师。1854 年再次进入政界，1856 年加入新组建的共和党。1858 年竞选州参议员失利，接着发起了一场声势浩大的反对斯蒂文·阿·道格拉斯的竞选运动，这场著名的连续的辩论使他一举成名。1860 年 5 月 18 日被提名为共和党总统候选人，11 月 6 日由于民主党内部发生分裂，林肯当选为总统。他的当选导致了南卡罗来纳州于 12 月 20 日退出了联邦。紧接着，在他就职前（1861 年 3 月 4 日）又有 6 个州退出了联邦，并组成了南部同盟。他决心保护联邦，并下令向被围困在南卡罗来纳州查尔斯港的萨姆特堡的联邦驻军供应粮食。当叛军要求联邦驻军撤离被拒绝后，叛军的炮兵部队开始向萨姆特堡开火，美国内战就这样开始了（1861 年 4 月 12 日）。不等国会批准林肯就开始征召了75 000名志愿兵，并下令对叛军的港口实施封锁。他承认自己缺乏经验和实践，但他的战略却使这场正在继续的战争向着有利于联邦的方向发展。最初，因其主要军事顾问的失职和过于谨慎，使他遭受挫折。同时，资深的南部同盟将军的军事才能也搞得他狼狈不堪。他对担任总司令的乔治·布·麦克莱伦和亨利·韦·哈勒克以及在东线任主要司令官的麦克莱伦、约翰·波普、安布罗斯·伯恩赛德、约瑟夫·胡克和乔治·米德都大失所望，但对西线联邦军队的主要司令官乌利斯·辛·格兰特将军的能力很欣赏。1864 年 3 月他最后决定任命格兰特为联邦军队总司令。精明强干的格兰特在威廉·蒂·谢尔曼、菲利普·亨·谢里登和乔治·H. 托马斯等部将的协助下，根本就不惧怕与令人生畏的同盟将军罗伯特·爱·李作战。林肯给予格兰特全力的支持，而坚韧不拔和能征惯战的格兰特也发起了一场期待已久的、对赢得战争胜利很有必要的进攻。虽然任用格兰特遭到了批评，但林肯仍然拒绝替换格兰特，并声称"我不能不用这个人，因为他能战斗"。他自任总司令，以助手爱得文·麦·斯坦顿任陆军部长，并鼓励格兰特组建一个能够调动和利用联邦所有资源的高级指挥机构去赢得战争的胜利。当时，林肯认识到了自己作为总司令要具有独特的能力去处理政治和国家战争战略的双重事务。作为军事战略家和战术家的格兰特的水平完全符合他的标准。他简要地陈述了他的公正的和平条件，其唯一的前提条件就是要求重建联邦和给奴隶以自由。紧接着在 1863 年 1 月 1 日发表了《解放黑人奴隶宣言》，并根据他的战时权力，促使国会通过了废除奴隶制度的第十三条修正案（1865 年 1 月 31 日通过，1865 年 12 月 18 日被批准）。1864 年再次当选总统，此时战争即将结束，他继续推行其"没有恨，只有爱"的重建联邦的和平战略。1865 年 4 月 9 日李将军在阿波马托克斯法院向格兰特投降，战争随之结束。他还未来得及颁布和平时期的政策，就在华盛顿福特剧院，被一名发疯的演员约翰·威尔克斯·布思开枪击中。卒于次日晨。

林肯是一位非常聪明、富有同情心、精力旺盛和才智过人的领导人。他虽然未接受过军事教育和缺乏战争经验，但是却善于从失误中吸取经验教训，并具有敏锐的洞察力。实践证明，他的战争战略是正确的，是极富有远见的。他对人民和重建的联邦国家之忠诚也表现在他的祈祷词中，即："耶稣基督为世界而死，亚伯拉罕·林肯为他的国家而献身"。

VBH

参考：Angle, Paul M., comp., New Letters and Papers of Lincoln. Boston, 1930.

Ballard, Colin R., The Military Genius of Abraham Lincoln. Cleveland, Ohio, 1952.

Basler, Roy P., ed., The Collected Works of Abraham Lincoln. New Brunswick, N.J., 1958.

Catton, Bruce, Mr. Lincoln's Army. New York, 1951.

Dupuy, Trevor N., The Military Life of Abraham Lincoln: Commander in Chief. New York, 1969.

Sandburg, Carl, Abraham Lincoln: The War Years. 4 vols. New York, 1939.

林肯，本杰明(Lincoln, Benjamin, 1733—1810 年) 美国将军。参加主要战争：美国独立战争（1775—1783 年）、镇压谢司起义（1787 年）；参加主要战役（战斗）：萨拉托加（纽约的斯凯勒维尔附近）之战（1777 年）、萨凡纳围城战（1779 年）、查尔斯顿围城战（1780 年）、约克镇之战（1781 年）。

林肯 1733 年 1 月 23 日生于马萨诸塞的欣厄姆。务农前曾在多所平民学校上学。后加入民兵（1755 年）。先后任职于立法机关（1772—1773 年）和当地议会（1774—1775 年）。独立战争爆发时为民兵准将（1775 年 4 月），参加了波士顿围城战（1775 年 4 月—1776 年 3 月）。晋升为民兵少将（5 月）。率民兵在纽约作战期间指挥出色（8—11 月），并荣升为大陆军少将（1777 年 2 月 19 日）。担任哈德逊河以东的新英格兰民兵司令后，他巧妙地处理了约翰·斯塔克上校的不服从指挥行为，并在本宁顿（佛蒙特）袭击战期间与之进行了良好的合作（8 月）。萨拉托加战役期间立下战功，并在第二次萨拉托加之战后领军巡逻时受重伤（10 月 8 日）。返回部队

(1778年8月)后被任命为南方战区司令(9月25日)。因到达查尔斯顿的时间太晚(12月4日),故未能阻止英军夺取萨凡纳(12月29日)。他随后在南方的作战均未获胜,对萨凡纳的围攻(1779年9月—10月19日)亦告失败。他使自己被困于查尔斯顿,并在克林顿围攻(1870年4月1日—5月12日)之后举城投降。后在假释并被换回后即参加了约克镇战役(1781年8—10月)。他作为华盛顿的副司令出席了英军投降仪式(10月19日)。被任命为陆军部长(10月),后退役为民(1783年10月)。率军镇压了马萨诸塞州的谢司起义(1787年)。被选为马萨诸塞州的副州长(1788年)。出席要求考虑新联邦宪法的州大会,为宪法的批准奔走呼吁。担任过波士顿港的税收员(1789—1809年)。曾受华盛顿总统之托与各印第安人部落进行谈判(1789年,1793年)。退休后居于欣厄姆家中(1809年),1810年5月9日卒于那里。

林肯身材肥胖,行动稳健、为人可靠。他既非伟大的战略家也非战术家,实际上不适宜于独当一面地进行指挥(南方战役即为明证),但他是一位有才能的行政家和称职、忠诚的下属。

CCJ

参考:Alden,John R.,The South in the Revolution. Baton Rouge,1957.
Bowen, Francis, The Life of Benjamin Lincoln. Boston,1864.
Shipton,Clifford K.,"Benjamin Lincoln:Old Reliabel," George Washington's Generals. Edited by G. A. Billas. New York,1964.

刘峙(Liu Chih,1892—1971年) 中国国民党将领。参加主要战争:中国内战(1916—1927年)、北伐战争(1926—1927年)、抗日战争(1937—1945年)、国共战争(1945—1949年);参加主要战役(战斗):华北战役(1937年)、淮海战役(1948年)。

刘峙1892年生于江西省一个富裕的农民家庭。受到很好的教育。1914年毕业于陆军第一预备学校。在第一次国内革命战争时期先后在几个军阀的军队里服役。1924年任蒋介石控制下的黄埔军校教员。在第一次国内革命战争时期的整个北伐战争中,统领第一团。1937年抗日战争爆发后出任第二集团军总司令,并指挥国民党在华北的抗日战争。1937—1938年受命全权负责重组军队和救济百姓的工作。抗日战争后期出任重庆卫戍司令。1946年3月爆发国共战争后,被提升为二级上将。在开封、徐州一带进行的淮海战役中,升任为国民党50万人的军队总司令。在1948年11月—1949年1月进行的残酷战役中,他的军队被分割击败,本人也于1949年1月15日被除去司令之职。后来刘峙离开大陆去台湾,并在台湾当局任职。1955—1956年任蒋介石的"国策顾问"。1971年卒于台湾。

参考:Boorman,Howard L.,ed.,Biographical Dictionary of Republican China.4 Vols. New York,1967.

刘志丹(Liu Chih-tan,1903—1934年) 中国共产党指挥官。参加主要战争:中国辛亥革命(1911年)、北伐战争(1926—1927年)、反"围剿"战争(1930—1934年)。

刘坤一(Liu Kun-yi,1830—1902年) 参加主要战争:镇压太平军起义(1850—1864年)、中日甲午战争(1894—1895年)和镇压义和团运动(1900—1901)。

刘坤一1830年1月21日生于湖南省,受过一些传统教育。1854年参加曾国藩的湘军与太平军作战,很快就晋升为将军。在打败太平军之后(1864年7月),又参加了对中国北部捻军的作战(1864—1868年)。1872年曾国藩死后,升任湘军总司令,并任南京督军。随后,他专心致力于地方政务,在李鸿章倡议主办的"强学会"中起了主要的作用。他曾先后担任过江西、安徽、广西总督。中日甲午战争期间(1894年8月—1895年4月),任钦差大臣驻守山海关。北洋舰队败于日本海军(1894年9—11月)之后,他反对清政府与日本求和的政策。1898年他也极力反对慈禧太后废黜年青而又具有改革思想的光绪皇帝。1900年4月他不顾清政府对西方列强的宣战公告,积极镇压中国南方的义和团运动。并极力劝告清政府接受那个令国人蒙受耻辱的《辛丑条约》(1901年9月12日)。与此同时,因为俄国侵占了东北,他也反对清政府与俄国进行和谈。卒(1902年10月6日)前,还向皇帝递交了请求变法的建议书。后来,他的许多建议在清王朝短命而又不成功的改革尝试中被采用。

PWK

参考:Giles,Herbert A.,A Chinese Biographical Dictionary. Taipei,1975.
Hummel, Arthur W.,ed.,Eminent Chinese of the Ch'ing Period(1644—1912). Whshington, D. C., 1944.

刘伯承(Liu Po-ch'eng,1892—1986年) 中国元帅。参加主要战争:北伐战争(1926—1927年)、反"围剿"战争(1930—1934年)、抗日战争(1937—1945年)、国共战争(1945—1949年)。

刘伯承生于1892年,是一个四处流浪的手艺人之子,接受过封建传统教育并入蜀军政府将弁学堂学习,毕业后,在川军中谋职。参加了1911年辛亥革命。在20年代早期加入了国民党,1921年成为国民党军队中的一名军官。1926年加入中国共产党。1926年7月—1927年4月北伐前期,在国民党军队中任一个军的参谋长。1927年7月当蒋介石背叛国民党左派时,刘伯承率领他的忠实部下参加了南昌(江西)起义。1928—1930年间他出现在苏联的伏龙芝军事学院内。后返回江西苏维埃地区,于1930—1934年参加了抗击国民党军队的"围

剿”。在从江西到陕西延安的举世闻名的长征中，他指挥先头部队，在一次小规模的战斗中一只眼睛受伤。在抗日战争期间（1937—1945 年），指挥八路军一二九师。到战争结束时该师已发展成一个集团军的规模。在国共战争前期，刘伯承在中国北部活动，以游击战同国民党军队周旋。绕到胡宗南先遣部队的后方，切断了国民党的供应和通讯，迫使其撤退（1947 年 5 月）。随后，领导中原野战军，10 月同陈毅一起发动了一场成功的进攻国民党河南交通线的战役。1948 年 6 月在长江流域发生的一项重要战役中解放开封（5—9 月）。重新会同陈毅的部队实施淮海战役，沉重打击了国民党第二兵团的侧翼，切断了第七兵团向淮河的退路，牵制了第二兵团的力量使之不能撤退（1948 年 11 月—1949 年 1 月）。当他的部队被重新命名为第二野战军后，1949 年 4 月 20 日他和陈毅一道渡过长江，在中国南部的最后战斗中发挥了重要作用（4—12 月）。1955 年成为被授衔的中国人民解放军十大元帅之一。当选政治局委员。1967 年已处于半退休。在 60 年代晚期和 70 年代初期的几场政治运动中幸存了下来。从 1984 年底起一直在北京住院治疗。1986 年逝世。

刘伯承是一位伟大的无产阶级战士和卓越的军事家，一位有能力和果断的指挥官，他尤其喜欢包围或打击敌人的翼侧，以摧毁性的“神出鬼没的攻击”而著称。

PWK

参考：Chassin, Lionel Max, The Communist Conquest of China: A History of the Civil War, 1945—49. Cambridge, Mass., 1965.

Melty, John F., The Mandate of Heaven: Records of a Civil War, China 1945—49. Garden City, N, Y., 1971.

Salisbury, Harrison E., The Long March: The Untold Story. New York, 1985.

刘裕（Liu Yü, 356—422 年） 中国南北朝将军和统治者。参加主要战争：反抗东晋的叛乱（399—410 年）、推翻东晋王朝（420 年）。

刘裕 356 年生于一个贫苦家庭，号称是汉王朝创立者刘邦的一位兄弟的后代。399 年，应征加入东晋北府兵。399—410 年在同桓玄、南燕慕容超和成都王谯纵等作战期间，由于他作战勇猛，职务不断上升，从一名士兵晋升为将军。411 年，成为东晋的元帅。416 年提升为东晋的中外大都尉。418 年，回到东晋的首都建康（南京），公元 420 年推翻了东晋王朝，自立为帝，建立起“刘宋”王朝。卒于 422 年。

Staff

参考：Fairbank, John K., and Edwin O. Reischauer, China: Tradition and Transformation. Boston, 1978.

Giles, Herbert A., A Chinese Biographical Dictionary. Taipei, 1975.

刘渊（Liu Yüan, 卒于 310 年） 匈奴后裔的中国将军。参加主要战争：西晋的崩溃（290—316 年）。

利维乌斯·萨里纳托尔，盖尤斯（Livius Salinator, Gaius, 活动于约公元前 188 年） 罗马执政官和海军将领。参加主要战争：同叙利亚的安条克三世的战争（公元前 192—前 188 年）；参加主要战役（战斗）：考伊卡斯角之战（公元前 191 年）。

利维乌斯·萨里纳托尔，马可（Livius Salinator, Marcus, 公元前 254—约前 204 年） 罗马执政官。参加主要战争：第二次伊利里亚战争（公元前 219 年）、第二次布匿战争（公元前 219—前 202 年）；参加主要战役（战斗）：米陶拉斯（麦陶尔河）之战（公元前 207 年）。

利维乌斯·萨里纳托尔生于公元前 254 年，同鲁·埃·保罗一起第一次当选为罗马执政官。在同伊利里亚的短暂战争期间表现突出，但在公元前 218 年当一个罗马使团前往迦太基时，他受到了在处理战利品方面犯有渎职罪的指控。返回罗马，受到审判并被认定有罪后退出政坛。公元前 210 年在第二次布匿战争期间又重返罗马，并在公元前 207 年同盖尤斯·克劳狄乌斯·尼禄一起当选为执政官（这可能违背其本人愿望）。被派往纳尔尼亚（今纳尔尼），以阻挡汉尼拔的弟弟哈斯德鲁拔对意大利的入侵，而尼禄则率军同汉尼拔作战，公元前 207 年春天，利维乌斯·萨里纳托尔率军在法努姆附近地区同哈斯德鲁拔的军队遭遇。是年 6 月（?），尼禄率军赶来驰援利维乌斯·萨里纳托尔，两位执政官合兵一处，在米陶拉斯（麦陶尔河）之战中彻底击垮了哈斯德鲁拔的军队。公元前 206 年，同保罗一起，在罗马受到一次盛大的凯旋仪式的欢迎。公元前 206—前 205 年，出任摄政官，率军击败了伊特剌里亚（托斯卡纳和翁布里亚），并在公元前 204 年完全控制了内高卢（意大利北部）地区。公元前 204 年，同后来的监察官尼禄发生争执，向尼禄征收盐税（从此得了一个“盐官”的外号，并一直延续到他的子孙），并企图对他以前受到的审判进行报复。卒于几年后。

利维乌斯·萨里纳托尔是一位合格的将军，但有些骄傲自满，报复心理严重。伊利里亚作战以后对他的待遇，使他遭受不少苦难，并影响到他的整个后半生。

CLW

参考：Broughton, T. R. S., Magistrates of the Roman Republic. N. p., n. d.

Lazenby, J. F., Hannibal's War. London, 1978.

李维（Livy, 约公元前 59 年—公元 17 年） 罗马历史学家。

洛根，约翰·亚历山大（Logan, John Alexander, 1826—1886 年） 美国将军。参加主要战争：美墨战争（1846—1848 年）、美国内战（1861—1865 年）；参加主要战役（战

斗）：第一次布尔溪之战（于弗吉尼亚州的马纳萨斯，1861年）、贝尔蒙特之战（密苏里州的东普雷里附近，1861年）、亨利堡（位于州界的田纳西河上）和多纳尔森堡之战（1862年）、维克斯堡之战（1863年）和亚特兰大战役（1864年）。

洛根1826年2月9日生于现在的伊利诺伊州的墨菲斯伯勒附近，曾接受过较少的正规教育。1846—1848年参加墨西哥战争，任少尉。随后，进路易斯维尔大学学习，获法学学位，毕业后回到家乡工作。1858年和1860年被选为众议员。1861年7月21日以二等兵志愿加入密歇根团，并参加了第一次布尔溪之战。1861年9月回伊利诺伊州组建伊利诺伊第三十一团并被任命为上校。在乌利斯·辛·格兰特将军统率下参加了贝尔蒙特之战（1861年11月7日）、亨利堡和多纳尔森堡之战（1862年2月6—15日）。1862年3月晋升准将。1863年1月—7月4日，指挥詹姆斯·B.麦克菲尔逊将军的第十七军的一个师参加了维克斯堡之战。1863年9月晋升为少将，任田纳西军团第十五军军长。在亚特兰大战役期间（1864年5月5日—9月1日），麦克菲尔逊将军去世后，暂任该军团司令（7月22日）。不久，即被威廉·蒂·谢尔曼将军解职，返回第十五军。因为威廉将军认为他缺乏全面的经验，难以胜任这一工作。田纳西军团司令一职落到了奥利弗·O.霍华德将军之手。战后，1867—1871年就职于众议院，随后进入参议院，除1877—1878年缺席之外，一直就职于众议院直到他去世。洛根在安德鲁·杰弗逊总统的弹劾案中，起过重要作用。是“共和国大军”（美国退伍军人组织——译者注）的缔造者，并曾于1868—1874年任“共和国大军”的总司令。1886年12月26日卒于美国首都华盛顿。

ACD

参考：Warner，Ezra，Generals in Blue. Baton Rouge，1964. WAMB

劳马克斯，兰斯福德（Lomax，Lunsford，1835—1913年） 南部同盟将军。参加主要战争：美国内战（1861—1865年）；参加主要战役（战斗）：葛底斯堡之战（1863年）、荒野之战（1864年）、斯波齐尔韦尼亚之战（1864年）、第三次温彻斯特之战（1864年）、锡达克里克之战（1864年）。

朗吉努斯，弗拉维（Longinus，Flavius，卒于499年） 东罗马执政官。参加主要战争：同特扎尼的战争（485年）。

朗斯特里特，詹姆斯（Longstreet，James，1821—1904年） 绰号“老皮特”和“李的老战马”。美国南部同盟将军。参加主要战争：美墨战争（1846—1848年）、美国内战（1861—1865年）；参加主要战役（战斗）：丘鲁武斯科之战（1847年）和莫利纳德雷之战（都在墨西哥城附近，1847年）、查普特佩克之战（1847年）、第一次布尔溪之战（于弗吉尼亚州的马纳萨斯，1861年）、威廉斯堡之战（1862年）、费尔奥克斯之战（1862年）和七天战役（都在里士满附近，1862年）、第二次布尔溪之战（1862年）、南山之战（马里兰州，1862年）、安蒂特姆之战（1862年）、腓特烈堡之战（1862年）、葛底斯堡战役（1863年）、奇克莫加之战（1863年）、怀尔德尼斯之战（拉皮丹河的南面，1864年）和阿波马托克斯战役（1865年）。

朗斯特里特1821年1月8日生于南卡罗来纳州的埃奇菲尔德区。1842年从西点军校毕业后被分配到步兵部队服役，在扎卡里·泰勒和温菲尔德·斯科特的率领下参加了美墨战争。1847年1月任中尉，同年8月20日在丘鲁武斯科之战中荣获名誉上尉军衔，并于9月8日在莫利纳德雷之战中又获名誉少校军衔。9月13日在查普特佩克战斗中负重伤。1852年12月晋升为上尉，1858年7月升为少校。1861年6月辞去军职，接受南部同盟的准将委任。7月18日在第一次布尔溪之战（7月21日）前夕，率领同盟军队在布莱克本福特（在森特维尔附近）打退了麦克道厄耳的联邦先头部队。约克镇之战时在约·埃·约翰斯顿将军手下任师长。1862年5月5日威廉斯堡之战中，他出色地完成了后卫任务，但在5月31日的费尔奥克斯之战中延误了战机。8月29—30日第二次布尔溪之战时，率5个师去支援杰克逊作战。虽然他不赞成李将军进军马里兰州，但在9月14日的南山之战和9月17日的安蒂特姆之战中表现出色。同年10月晋升为中将，并任北弗吉尼亚军团第一军军长。12月13日腓特烈堡之战时，坚守住了马里高地。1863年4月受命分兵去北弗吉尼亚参加萨福克之战，但这次必要的分兵却使他的部队错过了急需参加钱瑟勒斯维尔战役（5月2—4日）的机会。1863年半岛战役期间，由于不赞成李将军的战略及其葛底斯堡战役（7月1—3日）计划，且在7月2日又拖延执行了李将军的命令，所以一直遭受到不公正的批评。不久，被派去增援布拉格的田纳西军团，他及时赶到并参加了奇克莫加之战（9月19—20日）。虽然他的攻势如潮，但最终仍被乔治·托马斯指挥的坚决的防御扼制住了进攻的势头。随后，又被布拉格派去进攻在诺克斯维尔城的伯恩赛德。他包围了该城，但在查塔努加（9月24—25日）却使布拉格失去了急需的增援部队。1864年4月重返北弗吉尼亚军团。5月5—6日参加了激烈的怀尔德尼斯之战，并被自己人误伤。10月他带着残废的右臂回到了部队，参加了随后在彼得斯堡和里士满进行的作战，表现出色。1865年4月9日与李将军一起在阿波马托克斯向联邦军队投降。战后，其政治观点极不受人欢迎。曾先后担任过关税检查官（1869年）、美国驻土耳其大使（1880年）、美国佐治亚州警察局长（1881年）和后来的新奥尔良邮政局长（1893年）以及美国铁路专员等许多公职。1896年出版了他的回忆录——《从马纳萨斯到阿波马托克斯》。1904年1月2日卒于佐治亚州家中。

朗斯特里特是一位雄心勃勃、有自信心、不知疲倦、有才能的指挥官和行政官员。他具有一个战术家的才能，但缺乏战略意识。他作战很勇敢，但计划却很谨慎。他在葛底斯堡战役中的行为尚留有争议。他的部下很尊重他，称他为“老皮特”。

VBH

参考：Eckenrode, H. J., and Bryan Conrad, James Longstreet, Lee's War-horse. Chapel Hill, N.C., 1936.

Longstreet, James, From Manassas to Appomattox. Philadelphia, 1896.

Sanger, Donald Bridgman, General James Longstreet and the Civil War. Chicago, 1937.

朗戈斯(Longus, Tiberius Sempronius, 卒于公元前 210 年) 罗马执政官。参加主要战争：第二次布匿战争（公元前 219—前 202 年）；参加主要战役（战斗）：特利比亚河之战（公元前 217 年）、格鲁门托（位于蒙特穆罗附近）之战（公元前 215 年）。

朗戈斯的出生和早期经历不详。第二次布匿战争开始时当选为执政官，并在公元前 218 年被派往西西里和非洲作战。同年 11 月，当普·科·西庇阿阻止汉尼拔进入意大利的企图失败之后，朗戈斯被从刚刚展开的西西里战场上召回，又被派往内高卢地区（意大利北部地区）。12 月份，与汉尼拔的军队在特利比亚河相遇，尽管西庇阿劝告他应当避免直接同汉尼拔对抗，但他却一意孤行，同汉尼拔在特利比亚河进行了一场会战，遭到惨败，其 4 万人马的军队，只有四分之一的人逃脱。重选执政官之后，他率领其残余部队到普拉森夏过冬。公元前 215—前 214 年间，他可能是马·瓦·拉埃维努斯手下的一名特使，在击败汉诺的格鲁门托之战中发挥了主要的作用，迫使迦太基撤离了卢卡尼亚。卒于公元前 210 年，此时是十大执政官之一，主要负责主持祭礼时献祭。

CLW

参考：Broughton, T. R. S., Magistrates of the Roman Republic. N. p., n. d.

Livy, Histories.

Polybius, Histories.

洛林，威廉·温(Loring, William Wing, 1818—1886 年) 绰号“老雪暴”。美国南部同盟将军。参加主要战争：第二次西米诺尔战争（1835—1842 年）、美墨战争（1846—1848 年）、印第安战争（1851—1857 年）、莫门远征（1857—1858 年）、美国内战（1861—1865 年）和埃及-阿比西尼亚战争（1875—1879 年）；参加主要战役（战斗）：威斯拉库奇河之战（1836 年）、瓦胡沼泽之战（1836 年）、阿拉慧河之战（1837 年）、康特雷拉斯之战（墨西哥城附近）、查普尔特佩克之战（1847 年）、罗姆尼之战（1861 年）、钱皮斯山之战（密西西比州的博尔顿附近，1863 年）、富兰克林之战（1864 年）和纳什维尔之战（1864 年）。

洛林 1818 年 12 月 4 日生于北卡罗来纳州的威尔明顿，在佛罗里达州长大。1833 年 14 岁时志愿加入民兵，参加了对西米诺尔人的战争，并先后参加过 1836 年 2—3 月的威斯拉库奇河之战、11 月 26 日的瓦胡沼泽之战和阿拉慧河之战。1837 年任少尉。战后，在华盛顿乔治顿学院学习法律，1842 年通过了律师资格考试。1843 年当选为佛罗里达州议会议员。1846 年 5 月美墨战争爆发后不久，任枪骑兵团上尉。1847 年 2 月晋升为少校。8 月 19—20 日康特雷拉斯之战中，隶属于温菲尔德·斯科特将军指挥，并因功被授予荣誉中校军衔。9 月 13 日在查普尔特佩克城堡激战中失去胳膊，被授予荣誉上校军衔。1848 年 3 月晋升为中校，并率团到了西海岸，1849 年任俄勒冈军区司令。1851—1857 年他随团一起调到了得克萨斯州，在得克萨斯州西部参加了对科曼奇人和夏延人的作战行动。1856 年 12 月晋升为上校。1857 年 10 月—1858 年 5 月配属阿伯特·悉·约翰斯顿上校的远征军对摩门教徒作战。1858—1859 年去欧州旅行。1860—1861 年任新墨西哥州军区司令。1861 年 5 月辞去了联邦军职，任南部同盟军队的准将，随后就任西弗吉尼亚州军队司令。虽然，在 1861 年 1 月 10 日参加过“石壁”卓·杰克逊将军攻克罗姆尼的作战行动，但是后来他却一直抱怨他的部队在杰克逊的手中受到了虐待，在冬季会战中他们吃尽了苦头。为此，他疏远了同盟的一些高级领导人。紧接着，1862 年 2 月晋升为少将。同年 4 月 30 日—6 月 9 日在杰克逊的指挥下参加了谢南多厄河谷之战。第二年受命去西部，在约翰·C. 彭伯顿将军手下任师长，参加了钱皮斯山之战（1863 年 5 月 16 日）。1864 年 5 月 5 日—8 月 31 日亚特兰大战役期间，接替勒奥尼达斯·K. 波克将军任密西西比军团的军长。随后指挥约翰·贝·胡德军团亚历山大·P. 斯图亚特军的一个师。11 月 30 日参加富兰克林之战，12 月 15—16 日参加纳什维尔之战。在战争最后的那几个月，在卡罗来纳州约瑟夫·埃·约翰斯顿麾下任职。1865 年 4 月 18 日与约翰斯顿将军一起向谢尔曼将军投降。战后，他在纽约银行界短期工作了一段时间。1869 年应邀赴埃及在赫德维·伊斯迈尔一世的军队任准将。起初，出任埃及军队的监察长，尔后负责亚历山大港的防御及海岸防御任务（1870 年）。1875—1879 年参加阿比西尼亚战争，任师长。因他在贡讷特（在苏丹和埃塞俄比亚边界）战役（1875 年 11 月 13 日）中有功被晋升为帕夏（伊斯兰国家的将官衔）。1879 年战争结束后，从埃及军队退役回国。先是住在佛罗里达州，后移居纽约市。1884 年出版《一个同盟军人在埃及》一书。1886 年 12 月 30 日卒于纽约。

洛林虽无辉煌的战绩，但他是一位有才能的、坚强的、可信任的军事指挥官。他后来的经历无疑是南部同盟退伍军人中最不寻常的经历之一。

DLB and KH

参考：Loring, William W., A Confederate Soldier in Egypt. New York, 1884.
Warner, Ezra, Generals in Gray. Baton Rouge, 1976.
DAB.
WAMB

洛泰尔(Lothair, 941—986 年) 法兰克加罗林王朝统治者。参加主要战争：与德意志的战争（978—980 年）。

洛泰尔生于 941 年，是从海外归来的路易四世的儿子，母亲格伯加和神圣罗马帝国皇帝奥托一世是兄妹。954 年 9 月 10 日，父亲去世。11 月 12 日，洛泰尔没有遭到任何异议就被推举为国王，但大权被巴黎伯爵休大王控制着。956 年，休死后，洛泰尔又受叔父科隆大主教布鲁诺（即奥托的胞弟）控制。布鲁诺促进了奥托关于在加罗林统治者与其竞争者之间保持权力平衡政策的完善，他还劝说洛泰尔不要去吞并勃艮第，把勃艮第送给了休的儿子奥托。965 年 6 月，洛泰尔被迫参加在科隆召开的会议，并于第二年同奥托的女儿埃玛结婚。布鲁诺死后，洛泰尔才逐渐获得自主权，但他想保持并扩大自己王国的努力因其内部王公贵族之间的倾轧而付之东流。976 年，洛泰尔支持了洛林某王公反对皇帝奥托二世的叛乱，逼奥托把公爵领地割让给自己桀骜不驯的弟弟查理。978 年，洛泰尔袭击德意志，在亚琛扣押奥托的家属，结果引起一场战争，使德意志入侵法兰克。979 年，德军因为瘟疫流行，才使巴黎解围。洛泰尔的军队沉重地袭扰了退却的德意志军队。980 年，两国统治者在马尔居苏尔-希耶河（蒙梅地附近）讲和，洛泰尔成为三岁的奥托三世的监护人。985 年，洛泰尔对洛林发动第三次进攻，但又被击退。结果，具有权势的兰斯主教阿达尔贝罗转而支持洛泰尔的对手休·卡佩（休大王的儿子）。986 年 3 月 2 日卒于准备再次远征洛林时。

DLB

参考：Andre, P., Hugues Capet, roi de France, 941—996. Berne, 1941.
Lot, Ferdinand, Les derniers carolingiens. Paris, 1891.

卢瓦侯爵，弗朗索瓦-米歇尔·勒·泰利耶(Louvois, François-Michel le Tellier, Marquis de, 1639—1691 年) 法国国防大臣。参加主要战争：遗产继承战争（1667—1668 年）、荷兰战争（1672—1679 年）、奥格斯堡同盟战争(1688—1697 年)。

卢瓦侯爵生于 1639 年，系米歇尔·勒·泰利耶之子，出生几天后于 1639 年 1 月 18 日在巴黎接受洗礼。年轻时，学业平平，举止放荡。其父系国防部高级官员，依附于枢机主教马萨林。他希望其子能秉承他的事业，于是把卢瓦送进国防部工作，并把他培养成了一个有能力和充满自信的下级军事管理官员（1660—1663 年）。父亲生病或外出时（1665 年），国王路易十四便命他代行其责（米歇尔实际上是国防大臣）。1667 年 5 月—1668 年 5 月，随同国王参加法国与西班牙之间发生的遗产继承战争，其间发现后勤保障存在许多不足，便着手予以纠正。1672 年 3 月至—679 年 6 月荷兰战争期间，继续发挥自己的军事管理才能，出色地协助其父工作，路易十四实际上拥有了两位国防大臣。1677 年，其父出任法国大法官，他成为路易十四的唯一的国防大臣，但仍遵从其父的意见，直到 1685 年其父去世。1683 年，让·巴蒂斯特·柯尔培尔去世后，他在大臣中的影响力大大增加。一些历史学家认为，在撤消南特敕令中他曾起到较大的作用，但实际上是言过其实。1688 年秋，即奥格斯堡同盟战争初期，为防止敌军将莱茵地区的巴拉丁领地用作基地，他极力促成劫掠该城。随着他的权力和影响增加，路易对他的不信任也日益增长，但一些人认为并未到路易下决心除掉他的地步。1691 年 7 月 16 日，突然病卒于凡尔赛。

卢瓦侯爵有才干、精力充沛且足智多谋，他非常适合继任其父担任国防大臣。路易十四对他的才能评价甚高，但并不像其父是一位卓越的改革家，他只是运用自己的管理才能完成了他父亲的改革构想，维持了法军的素质。

DLB

参考：André, Louis, Michel le Tellier et Louvois, Paris, 1942.
EB.

拉弗尔，曼斯菲尔德(Lovell, Mansfield, 1822—1884 年) 美国南部同盟将军。参加主要战争：美墨战争（1946—1848 年）和美国内战（1861—1865 年）；参加主要战役(战斗)：帕洛阿尔托之战和雷萨卡-德拉帕尔马之战（均在德克萨斯州的布朗斯维尔附近，1864 年）、蒙特雷之战（墨西哥，1846 年）、查普特佩克之战（1847 年）、新奥尔良之战和柯林斯之战（密西西比州，1862 年）。

拉弗尔 1822 年 10 月 20 日生于首都华盛顿。军医总监约瑟夫·拉弗尔之子。1836 年其父母在几个月内相继去世，拉弗尔成为一名孤儿。1842 年从西点军校毕业后任职于炮兵部队。1845 年他随第四炮兵团加入了在得克萨斯州南部的扎卡里·泰勒将军的部队，并且参加了泰勒指挥的在帕洛阿尔托和雷萨卡-德拉帕尔马与墨西哥军队进行的战斗（5 月 8—9 日）。在蒙特雷之战（1846 年 9 月 20—24 日）中负伤。曾担任约翰·A. 奎特曼将军的副官。1847 年 2 月提升为中尉，同年晚些时候又调入斯科特将军的部队。在袭击查普尔特佩克的战斗（1847 年 9 月 13 日）中因作战勇敢而晋衔，并第二次负伤。在几个不同职位上从事了一些日常工作之后，于 1854 年退役，在新泽西州特伦顿的库珀-休伊特钢铁厂工作。1858—1861 年任纽约市政府官员。1861 年 9 月离开纽约参加了南部同盟军，领少将军衔。10 月被任命为了保卫新奥尔

良战斗的指挥。在只有一支由为数不多的经短期训练的志愿者组成的守备队、很少的大炮及没有内河舰队的情况下，拉弗尔在圣菲利普堡和杰克逊堡（在新奥尔良城下游）阻止法腊格特的分舰队达数日之久（1862 年 4 月 18—23 日）。在本杰明·巴布特勒将军的部队登陆之后，他才弃城带领守军北撤，并加入了比·古·土·博雷加德将军的部队。提任第一军团的司令，协助厄尔·范多恩将军指挥了 10 月 3 日在密西西比州柯林斯进行的战斗。10 月 5 日他在科菲维尔实施了一场极为有效的后卫战斗。12 月因在新奥尔良的失利受到批评并被撤消了作战指挥权，1863 年 11 月经他本人要求的法庭调查判他无罪，但此后他再没有得到作战指挥权。1864 年作为一名志愿者在约瑟夫·埃·约翰斯顿将军的参谋部工作。战争结束后回到纽约，在佐治亚州的萨凡纳从事稻谷种植，但是一场洪水（1869 年）使他的所有努力付诸东流。以后他又回到纽约当了一名土木工程师。1884 年 10 月 1 日卒于纽约。

拉弗尔是一位坚韧能干的指挥官，关于新奥尔良之战对他的不公正的批评而使南部同盟军失去了一位精明强干的将军。

L

DLB and KH

参考：Warner, Ezra, Generals in Gray. Baton Rouge, 1976.
DAB.
WAMB.

吕正操（Lü Cheng-ts'ao，生于 1905 年） 中国将军。参加主要战争：抗日战争（1937—1945 年）、国共战争（1945—1949 年）；参加主要战役（战斗）：晋绥游击战（1942—1943 年）、辽沈战役（1946—1948 年）。

卢肯伯爵，帕特里克·萨斯菲尔德（Lucan，Patrick Sarsfield，Earl of，1650？—1693 年） 英裔爱尔兰士兵。参加主要战争：蒙茅思叛乱（1685 年）、爱尔兰战争（1689—1691 年）、大同盟战争（1692—1697 年）；参加主要战役（战斗）：塞奇莫尔之战（1685 年）、博因河之战（1690 年）、奥赫里姆之战（1691 年）、斯滕刻尔克（比利时的埃诺地区）之战（1692 年）、内尔温登之战（1693 年）。

卢肯伯爵出生日期不详，是英裔爱尔兰人卢肯伯爵和安娜·奥摩尔之子。安妮的父亲是 1641 年义军中的爱尔兰英雄罗里·奥摩尔。1660 年，王政复辟时，卢肯大约 10 岁。1671 年，他在驻莱茵河蒂雷纳指挥的法军中的爱尔兰步兵团服役，该团队由被放逐国外的爱尔兰人组成，乔治·汉密尔顿任团长。1672—1678 年参加法荷战争。1678 年在蒙茅思公爵指挥的法军步兵团任少尉、中尉（蒙茅思系萨斯菲尔德内兄弟）。1678 年，在蒂莫西·唐根爵士的步兵团任上尉。1685 年 7 月 5 日，在同蒙茅思的叛军于凯恩舍姆进行的小规模交战中负伤，时任英国皇家骑兵卫队上尉。1685 年 7 月 16 日，在塞奇莫尔歼灭蒙茅思叛军战斗中，身负重伤，险些毙命。在“光荣革命”时期，拥护詹姆斯二世。1688 年 11 月 20 日，在温坎顿同麦凯的团队（属荷军）作战，当时他在禁卫军第四骑兵队（连）的先头部队行动。陪同詹姆斯赴爱尔兰，并封为卢肯伯爵（1689 年）。同年，在康诺特和阿尔斯特积极同威廉派作战，取得不同程度的成功。1690 年 7 月 11 日的博因河之战中，在詹姆斯党骑兵的左翼行动，但未进行近距离交战。博因河之战后，在防守香农防线抵御威廉三世军队进攻中发挥了作用。1690 年 8 月 11—12 日夜，在巴利尼蒂大胆袭击、歼灭了威廉派围城军队的辎重队，作为骑兵军官他得到了赞誉，但不足以对他的将来产生深远的影响。出任康诺特行政长官，但由于与梯尔科奈尔总督和贝里克公爵以及和法国人长期有隙，导致与在爱尔兰的詹姆斯党的不和，内耗增大。1691 年 7 月 12 日，在奥赫里姆之战中，指挥骑兵预备队。战斗中，他根据无令不易行动的指示，机械地等待命令，结果成为对战斗不起作用的旁观者，坐视詹姆斯党步兵在爱尔兰最大的血战中毁灭。1691 年 10 月 13 日，在利默里克城向威廉的将军戈德特·德·金克尔投降。后去法国。在卢森堡麾下参加 1692 年 8 月 3 日的斯滕刻尔克之战，卢森堡赞誉他“富有勇气，坚韧不拔”。参加 1693 年 7 月 29 日进行的内尔温登（或兰登）之战，受致命伤，气绝身亡。临死时发出传为美谈的呼喊：“为爱尔兰愿赴天堂！”阵亡时在法军的军衔是中将。

卢肯伯爵身材高大，体格健壮，是抵抗威廉三世的爱尔兰詹姆斯党中一位家喻户晓的英雄。他是技术高超的骑兵。贝里克和梯尔科奈尔认为他“勇猛，却缺乏头脑。”他虽然变化无常，但也不失为一位鼓舞人心的指挥官。

CCJ

参考：Dalton, Charles, English Army Lists and Commission Registers, 1661—1714. London, 1892.
——, Irish Army Lists, 1661—1714. London, 1907.
Fitzgerald, Walter, Lord, "Patrick Sarsfield, Earl of Lucan," Kildare Ⅳ (1903—1905): 114—147.
O'Brien, B. H., "A Military Assessment of Sarsfield," An Cosantoir ⅩⅩⅣ (April 1970): 130—138.
O'Brien, R. Barry, Studies in Irish History, 1649—1775. Dublin, 1903.
Todhunter, John, Life of Patrick Sarsfield, Earl of Lucan. Dublin, 1895.

卢卡斯，约翰·波特（Lucas，John Porter，1890—1949 年） 美国陆军将领。参加主要战争：侵略墨西哥（1916—1917 年）、第一次世界大战（1917—1918 年）、第二次世界大战（1941—1945 年）；参加主要战役（战斗）：亚眠攻势（1918 年）、北非-突尼斯战役（1942—1943 年）、西西里战役（1943 年）、安齐奥战役（1944 年）。

卢卡斯 1890 年 1 月 14 日生于西弗吉尼亚卡尼斯维

尔（马丁斯堡附近）。1911 年毕业于西点军校，任骑兵少尉。1911 年 12 月—1914 年 8 月在菲律宾服役。后调入新墨西哥州哥伦布第十三骑兵团服役。1916 年晋升为中尉。潘乔·维拉袭击哥伦布时，任第十三骑兵团机关枪部队指挥官，在 1916 年 3 月 9 日击退潘乔·维拉进攻的行动中发挥了重要作用。1916 年 3 月 15 日—1917 年 2 月 5 日，参加了约翰·J. 潘兴将军指挥的对墨西哥的惩罚性远征。1917 年 2—8 月，晋升为上尉，在埃尔帕索任乔治·贝尔将军的副官。后被派往第三十三步兵师任职。1918 年 1 月，晋升为战时少校后任该师下辖的第一〇八野战通信营营长。1918 年 5 月，晋升为中校，随第三十三步兵师赴法国作战。6 月初，在亚眠附近的战斗中受伤。1918 年 11 月，战争结束时因病回国，在华盛顿服役。1919—1920 年恢复上尉正式军衔，在密歇根大学讲授军事科学。1920 年转入野战炮兵部队服役，晋升为少校。1921 年 6 月从野战炮兵学校毕业后留该校任教（1921—1923 年）。1924 年 6 月，毕业于指挥与参谋学院。1924—1929 年，任科罗拉多农业学院军事学和战术教授。1929 年 7 月—1931 年 6 月，任得克萨斯州布利斯堡第八十二野战炮兵团第一营营长。1932 年 6 月，毕业于陆军军事学院。1932—1936 年，在陆军参谋部人事处人事科任职。1935 年晋升为中校。1936—1937 年，任德拉格堡第一野战炮兵团团长。1937 年 12 月—1940 年 7 月，在陆军参谋部野战炮兵局任职。1940 年短时担任过第四野战炮兵团团长。1940 年下半年，晋升准将。后短时担任过第二步兵师师长。1941 年 7 月，任第三步兵师师长。8 月 5 日，晋升战时少将。后在普吉特海峡组织实施两栖作战演习。1942 年 4 月—1943 年 5 月，任驻佐治亚州的第三军军长，后赴英国艾森豪威尔的参谋部任职，期间参加了北非-突尼斯战役（1942 年 11 月—1943 年 5 月）和西西里战役（1943 年 7—8 月）。1943 年 9 月，任马克·克拉克将军的第五集团军所属第六军军长。1944 年 1 月 3 日，率部突破坎帕尼亚推进至威纳弗罗防线。后德军在罗马以南的温特防线实施防御，使盟军的推进陷于停顿，所部也被迫从威纳弗罗防线撤退。1944 年 1 月 22 日，率该军在安齐奥登陆，企图绕过德军的防御，占领罗马。尽管他谨慎而有条不紊地向前推进，也只能建立了一个不稳定的滩头阵地。后来德军遏制了他的进攻。他遭到地中海战区司令、英国将军哈罗德 R.L.G. 亚历山大爵士的批评，其职务由卢西恩 K. 特拉斯科特将军接任。3 月回到美国，任驻得克萨斯州第四集团军司令。1946 年 6 月—1948 年 1 月，派任驻蒋介石国民党军队的美国军事顾问团团长。1948 年 1 月 24 日，晋升正式少将军衔，时间从 1944 年 8 月起算。后回国任驻芝加哥第五集团军副司令。1949 年 12 月 24 日卒于五大湖区海军基地。

卢卡斯是一位英勇无畏、富于才干的军官，他在意大利南部任军长时的经历给人留下了十分深刻的印象。在指挥安齐奥的登陆作战中他常常遭到批评，一方面是由于他准备采取的行动陷于混乱，但主要还是由于他过分谨慎而造成的。

KS

参考：Blumenson, Martin,“General Lucas at Anzio,” in Kent R. Greenfield, ed., Command Decisions. Washington, D. C., 1960.

Clark, Mark W., Calculated Risk. New York, 1950.

Starr. Chester G., From Salerno to the Alps. Washington, D. C., 1948.

DAMB.

WAMB.

卢西利安努斯（Lucillianus，卒于 383 年） 罗马将军。参加主要战争：波斯战争（337—350 年）、罗马内战（361 年）。

卢库卢斯（Lucullus，Lucius Licinius，约公元前 117—前 56 年） 罗马将军和执政官。参加主要战争：社会战争（公元前 91—前 88 年）；第一次和第二次密斯立对堤战争（公元前 89—前 84 年，公元前 74—前 66 年）；参加主要战役（战斗）：卡波里亚（锡瓦斯）之战（公元前 72 年）；蒂格拉诺塞塔（锡尔特）之战（公元前 69 年）；阿尔塔沙特（位于埃里温附近）之战（公元前 68 年）。

卢库卢斯约生于公元前 117 年，在社会战争期间，成为苏拉的一名亲信，是唯一支持苏拉向罗马进军（公元前 88 年）的高级军官。公元前 87 年，担任执政官，随同苏拉前往东方同本都国王密斯立对堤六世作战。公元前 86—前 80 年间，担任东方的摄政官。公元前 79—前 78 年，同其兄弟一起成为享有贵族特权的民政官，倡导并发起了大量的体育比赛。公元前 78 年当选为执掌军权的执政官，任期届满后被任命为非洲总督（公元前 77 年）。受苏拉之委托，做其儿子的监护人，并出版发行苏拉的回忆录。公元前 74 年，同盖尤斯·奥略里·科塔一起被选为执政官。率领 5 个军团前往东方同密斯立对堤作战。公元前 74—前 73 年，他率军收复了库济库斯。公元前 72 年，在卡波里亚击败了密斯立对堤。密斯立对堤逃往亚美尼亚，并说服亚美尼亚国王堤格兰一世（狄格伦斯）同他结盟，公元前 70 年，卢库卢斯率领一支 1 万人的军队侵入亚美尼亚。公元前 69 年，在蒂格拉诺塞塔（锡尔特）地区击败了密斯立对堤和堤格兰指挥下的 10 万大军。公元前 68 年，又赢得了阿尔塔沙特战斗的胜利。尽管他在作战中取得了胜利，但由于他平时对部队的管理非常严厉，因此，公元前 68 年在其军队中曾出现了两次叛乱，公元前 67 年，在尼西比斯（努塞宾）又出现了一次叛变。公元前 66 年，其政治对手运用阴谋手段解除了他的军事指挥权，而由庞培代替。公元前 63 年，因他取得过多次胜利而受到奖赏。公元前 59 年，他在恺撒出任第一执政官期间，被迫过着平民生活。退休后，其命运有所好转，还时常发起群众性体育比赛。可能是

L

由于精神错乱，卒于公元前56年。

Staff

参考：Appian，Mithridatica.
Plutarch，"Lucullus，"Parallel Lires.
Scullard，howard H.，From the Gracchi to Nero，4th ed. New York，1976.
Taylor，L. R.，Party Politics in the Age of Caesar. London，1949.

鲁登道夫，埃里希（Ludendorff，Erich，1865—1937年） 德国将军。参加主要战争：第一次世界大战（1914—1918年）；参加主要战役（战斗）：列日之战（1914年）、坦伦堡（斯滕巴尔克）之战（1914年）、马祖里湖区之战（1914年）、罗斯之战（1914年）、戈尔利采-塔尔诺夫之战（1915年）、第二次索姆河之战（1918年）、利斯河攻势（1918年）和埃纳河攻势（1918年）。

鲁登道夫1865年4月9日生于克鲁谢维亚（波兹南附近），其父是没落的普鲁士地主。1877年参加候补军官团，后参加德国陆军。1883年在第三十九明火枪团服役。1893年因耿直的个性、出色的才智和胜任艰苦工作的能力使他得以进入柏林军事学院。1895年进入总参谋部任职，1904—1908年任动员处参谋，1908—1913年任该处处长，在总参谋部任职期间赢得施利芬和小毛奇的赏识。与陆军大臣黑林根发生争吵之后，调任第三十九明火枪团指挥官（1913年），年末任斯特拉斯堡的步兵旅旅长，1914年晋升为准将，任冯·毕洛夫第二集团军副参谋长。在比利时列日围攻战期间（1914年8月5—16日），第十四旅旅长武索将军阵亡后他继任旅长，在该战以及夺取列日城和老城堡的战斗中发挥了关键作用。任兴登堡的参谋长以取代普里特维茨和瓦德西，挽救在东普鲁士的危局（8月22—23日）。虽然坦伦堡之战（1914年8月25—31日）的真正工作是由麦克斯·冯·霍夫曼上校完成的，但作为兴登堡-鲁登道夫这一著名搭档中的智囊，他们所取得的重大胜利大多数是由他策划的。德军取得马祖里湖区之战（9月10—13日）和波兰中部战役（9月17日—12月初）胜利的作战计划是由他制定的。德军在罗斯之战（1914年11月21日—12月6日）更是达到胜利的顶点。他计划并取得了第二次马祖里湖区之战（1915年1月31日—2月21日）的胜利，虽然其大部分成果被奥军加利西亚的惨重攻势（1915年3月）抵销。尽管他计划了东线的戈尔利采-塔尔诺夫夏季攻势（1915年5月2日—6月27日，该战德军占领了波兰的大部），但没能消灭俄军，这至少部分是因为法金汉的短视。当凡尔登攻势的失败显而易见时，兴登堡取代法金汉任总参谋长（1916年8月29日），鲁登道夫任军需总监（副参谋长），而不是（按照德皇的建议）任第二参谋长。鲁登道夫甚至比兴登堡更受到普遍欢迎。他们俩巩固了实际上是军事独裁者的地位，竟然达到罢免贝特曼-霍尔威克首相的地步（1917年7月19日）。鲁登道夫计划了奥德军的卡波雷托（科巴里德）攻势（10月24日—11月12日），该战几乎将意大利逐出战争。他支持实行无限制的潜艇战以打破英国的封锁。他和兴登堡决定在做好美国的战争准备之前，在西线取得决定性的胜利。他的头三次攻势——索姆河攻势（1918年3月21日—4月4日）、利斯河攻势（4月9—29日）和埃纳河攻势（5月27日—6月4日）虽然攻取了一些地区，但没能达到摧毁英军的目的。他的第四和第五次攻势——蒙迪迪耶-苏瓦松攻势（6月9—13日）和香槟-马恩河攻势（7月15—17日）依然是所得甚少。这些攻势消耗了德军的力量，使其难以抵挡协约国军的反攻（7月18日—10月28日）。鲁登道夫对于协约国军进攻的规模和能力极为震惊，惊呼7月18日是德军的"黑暗日"。7月18日他和兴登堡发生了公开争吵，虽然破裂的关系得到修补，但两人逐渐离心。9月29日鲁登道夫引证德军不稳定的防御阵地，要求停战。在他笨拙地企图破坏巴登的麦克斯亲王的和平谈判（10月24日）之后，他被解除职务。战争之中他被封为埃里希·冯·鲁登道夫（贵族）。停战（1918年11月）以后他旅居瑞典，写作其回忆录。1919年春返回德国。他拥护极右翼的政策，信奉异乎寻常的北欧日耳曼民族的宗教。与纳粹有密切联系，并支持在慕尼黑啤酒店的流产暴动（1923年11月8—9日），在随后的审判中被宣布无罪。1924年5月成为魏玛共和国国会中的纳粹成员，1925年4月竞选总统失败。他愈来愈轻视希特勒和纳粹党徒，认为他们是没有勇气的愚笨之人。20世纪20年代末期后他基本上退出政坛，致力于撰写关于战略和总体战的著作，强调军事独裁和全民动员。1937年12月20日卒于图青。

鲁登道夫堪称纳粹德国参谋军官的典范，但性情飘忽不定，时而沮丧失望，时而活跃振奋。

DLB

参考：Barnett，Correlli，The Swordbearers. New York，1964.
Delbrück，Hans，Ludendorffs Selbstporträt. Berlin，1922.
Ludendorff，Erich von，Der totale Krieg. New York，1964.
——，Ludendorff's Own Story（English translation of Meine Kriegserrinerungen）. New York，1919.
Ludendorff，Mathilde von，My Married Life with Ludendorff. London，1929.

罗荣桓（Luo Ronghuan，1902—1963年） 中国元帅、军事家。参加主要战争：反"围剿"战争（1930—1934年）、抗日战争（1937—1945年）、国共战争（1945—1949年）；参加主要战役（战斗）：秋收起义（1927年9月）、吕梁山诸战斗（1937年）、樊坝、梁山战斗（1938年）、辽沈战役（1948年）、平津战役（1949年）。

罗荣桓1902年生于湖南衡东县。曾先后就读于长沙

L

中学、武昌中山大学、青岛大学，1926年毕业于青岛大学预科。1927年加入中国共产主义青年团，同年转入中国共产党。先后在家乡和鄂南组织农民协会和农民武装并举行起义，任通城、崇阳农民自卫军党代表。自卫军编入武汉政府警卫团后，任工农革命军第一军第一团特务连党代表。1927年9月，率部参加湘赣边秋收起义。井冈山时期，历任中国工农红军第四军连、营、纵队党代表，红四军前委委员、政委，第一军团政治部主任，江西军区政治部主任，总政治部巡视员、动员部部长兼扩大红军突击队总队长，第八军团政治部主任。参加长征，任政治部巡视员、红一军团政治部副主任。红军到达陕北后，任红军大学第一科政委，中国工农红军后方政治部主任。抗日战争爆发后，任八路军第一一五师政治部主任，率部在晋冀边发动群众，组织抗日武装，建立抗日民主政权，继而转战吕梁山地区，参与指挥并取得了午城、井沟和汾（阳）离（石）分路上的三次大捷。1938年任第一一五师政治委员，与陈光率师部和主力一部挺进山东，参与指挥樊坝、梁山战斗，予日军以重创。1941年8月任山东军政委员会书记，后任山东军区司令员兼政委，第一一五师政委、代师长，中共中央山东分局书记。领导山东军民粉碎了日伪军的“蚕食”和“扫荡”，巩固和发展了山东抗日根据地，实现了山东的局部反攻。国共战争时期，先后任东北民主联军副政委，东北军区野战军政委，第四野战军第一政委。1949年1月任平津战役总前委委员、政委。之后，任中共中央华中局第二书记，华中军区第一政委。中华人民共和国成立后，历任中央人民政府委员，最高人民检察署检察长，人民解放军政治部主任兼总干部管理部部长，人民革命军事委员会副主席，政治学院院长，国防委员会副主席，全国人大常委会副委员长。1955年9月被授予元帅军衔。1963年12月6日因病在北京逝世。

罗瑞卿（Luo Ruiqing, 1906—1978） 中国高级将领、军事家。参加主要战争：反“围剿”战争（1930—1934年）、抗日战争（1937—1945年）、国共战争（1945—1949年）；参加主要战役（战斗）：张家口保卫战（1948年）、清风店战役（1947年）、石家庄战役（1947年）、太原战役（1948年）、平津战役（1948—1949年）。

罗瑞卿1906年生于四川南充。1926年加入中国共产主义青年团。同年入黄埔军校武汉分校学习。1928年转入中国共产党，8月，参加了南昌起义。1929年起任闽西游击队大队长、支队政委，中国工农红军第四军第二纵队政委，第十一师、第十师政委，第四军政委，第一军团政治保卫局局长，率部参加了漳州等战役战斗和中央苏区历次反“围剿”战役。1934年10月参加长征后，曾任红军先遣队参谋长，陕甘支队第二纵队政治主任，第一方面军政治保卫局局长。1936年入中国抗日红军大学学习，毕业后留校任教育长。1937年秋，任中国人民抗日大学教育长、副校长，八路军野战政治部主任。1944年入中共中央党校学习。抗日战争胜利后，任北平军事调处执行部中共代表团参谋长。1945年6月，当选为中共第七届中央候补委员。国共战争时期，任中共晋察冀中央局副书记、晋察冀军区副政委兼政治部主任，晋察冀野战军政委，华北军区政治部主任兼第下兵团（后为第十九兵团）政委。参与指挥清风店战役、张家口保卫战、石家庄战役、太原战役以及平津战役中的新保安战斗。中华人民共和国成立后，任政法委员会副主任、公安部长兼公安部队司令员、政委，国务院副总理，中共中央书记处书记，中共中央军委常委、秘书长，解放军总参谋长，国防部副部长，国防工业办公室主任，国防委员会副主席。1955年被授予大将军衔。1965年受林彪等人诬陷，被解除领导职务。文化大革命中又遭严重迫害。1977年复任中共中央军委秘书长。是中共第七届中央候补委员，第八、十一届中央委员。1978年8月3日在北京病逝。

卢皮西努斯，弗拉维（Lupicinus, Flavius，约卒于366年） 罗马执政官。参加主要战争：罗马内战（356—359年）。

卢森堡公爵，弗朗索瓦·德·蒙莫特朗西·布特维尔（Luxembourg, Franois, Henri de Montmorency. Boutteville, Duke of, 1628—1695年） 法国元帅。参加主要战争：法西战争（1635—1659年，包括三十年战争和1648—1653年投石党运动的一部分）、荷兰战争（1672—1678年）、奥格斯堡同盟战争（1688—1697年）；参加主要战役（战斗）：朗斯之战（1648年）、勒泰勒之战（1650年）、沙丘之战（敦刻尔克附近，1658年）、卡塞勒之战（1677年）、圣但尼之战（蒙斯附近）（1678年）、弗勒吕斯之战（1690年）、勒兹之战（1691年）、斯滕刻尔克（比利时的埃诺，1692年）、内尔文登之战（列日附近，1693年）。

卢森堡公爵1628年1月8日生于巴黎，是布特维尔伯爵弗朗索瓦·德·蒙莫朗西的遗腹子。其父因在一次决斗中杀死对手而被处死（1628年1月8日）。曾被孔代王妃夏绿蒂·德·蒙莫朗西（大孔代的母亲）收养。尽管孔代长布特维尔六岁，但两人成了挚友。1647年和1648年，随同孔代分别在加泰罗尼亚和比利时作战。1648年8月10日，在朗斯一战中战功突出，孔代因此举荐他任团队指挥官。1650年1月18日孔代遭到监禁后，卢森堡参加蒂雷纳军队，并参加了投石党运动第二阶段。10月15日，蒂雷纳在勒泰勒之战中败北，卢森堡被俘。1652年3月—1653年6月，在投石党运动第三阶段，他依然忠实于朋友，沿索恩河为孔代而战，之后与孔代一同参加西班牙军队。曾与孔代并肩在佛兰德作战，被公认为大胆和有才干的骑兵指挥官。1658年6月14日，蒂雷纳在沙丘击败孔代和奥地利的邓·约翰，卢森堡时与孔代和邓·约翰在一起。1659年11月7日比利牛斯和约签订后，与孔代返回法国。后同年老的卢森堡女公爵玛德莱娜-夏

绿蒂·德·克莱蒙-滕内尔结婚，继而于 1661 年获取“卢森堡公爵”的头衔。在孔代的斡旋下，两人的婚姻安排停当，卢森堡顺理成章地承袭了公爵的头衔。因卢森堡获取公爵爵位激起了相当大的怨恨，而孔代在促成军队重新接纳了卢森堡时仅遇到一些小困难（1668 年）。1672 年 3 月荷兰战争爆发，被派往指挥科隆主教的军队，率部进入荷兰。7 月，被阻挡在格罗宁根（尼德兰）一线。卢森堡在乌德勒支建立基地，1672 年 12 月—1673 年 2 月间着手对莱顿和海牙发起冬季攻势，但冰雪突然解冻，迫使他不得不撤军。1674 年 8 月 11 日，与孔代在瑟内夫并肩作战。1675 年 7 月 27 日蒂雷纳去世，7 月 30 日卢森堡与其他七人一同晋升为元帅。后在莱茵接替孔代指挥，但在与奥兰治的威廉三世进行持久的机动战中，未取得战果（1676—1677 年）。在蒙斯附近的圣但尼，遭到威廉的攻击，四天后达成停战协议。1678 年 8 月 14 日，击退荷兰人进攻，但损失惨重。返回巴黎后，1680 年 1 月 24 日遭到渎圣罪和采用“黑色战术”的指控（显然是不公正的），被监禁在巴士底狱。被宣布指控无效后，卢森堡被逐离巴黎（5 月）。孔代从中调解，促成宫廷于 1681 年将其召回。1688 年 9 月奥格斯堡同盟战争爆发时，并未赋予他指挥权。于狄米埃元帅在瓦勒库尔败退后，卢森堡奉命在佛兰德指挥作战（1690 年 4 月）。1690 年 7 月 1 日，弗勒吕斯战役中他以多胜少，取得对瓦尔德克的乔治·腓特烈指挥的军队的决定性胜利。1691 年 3 月 15 日—4 月 8 日，围攻和强击蒙斯。6 月攻陷哈尔（布鲁塞尔附近）。9 月 19 日，率骑兵经一夜行军，突然推进至勒兹（图尔奈附近）发起攻击，再次粉碎瓦尔德克的军队。1692 年 5 月 25 日—7 月 7 日，掩护围攻那慕尔的行动，那慕尔被攻陷。8 月 3 日，在斯滕刻尔克击溃威廉三世的进攻，缴获 10 门火炮。翌年即 1693 年 7 月 29 日，攻击威廉在内尔文登筑有战壕的阵地，前三次攻击受挫，但他的骑兵最终突破对方防御，赢得战斗的胜利，粉碎了同盟军队并缴获敌方 91 门火炮中的 84 门。1694 年，在佛兰德取得对威廉最后一次机动作战胜利，是年底凯旋巴黎。1695 年 1 月 4 日卒于凡尔赛。

卢森堡公爵瘦小、驼背，是孔代积极作战战术的忠实信徒。尽管他得到国防部长卢瓦侯爵的全力支持，但路易十四世国王从未完全信任过他。他不仅对卢森堡在投石党运动中曾反叛过他耿耿于怀，同时还注意到卢森堡放荡的私生活。在奥格斯堡同盟战争中，卢森堡取得一系列胜利后，将很多缴获的军旗和旗标送到巴黎挂在大教堂上，以致孔蒂亲王称卢森堡“是我们夫人的‘布商’”。他是一位技术娴熟但谨慎的战略家，也是一位大胆的战术家。他在弗勒吕斯实施的机动战堪称杰作。

DLB

参考：André, Louis, Michel-le Tellier et Louvois. Paris, 1943.

Camon, Albert, Le Maréchal de Luxembourg. Paris, 1936.

Chandler, David, The Art of War in the Age of Marlborough. London, 1976.

Wolf, John B., Louis XIV. New York, 1968.

EB.

利奥泰，路易斯·于贝尔·贡扎尔夫（Lyautey, Louis Hubert Gonzalve, 1854—1934 年） 法国元帅。参加主要战争：征服马达加斯加（1895—1898 年）、征服摩洛哥（1903—1934 年）和第一次世界大战（1914—1918 年）。

利奥泰 1854 年 11 月 17 日生于南锡，其父是工程师。因幼年时严重受伤，他的孩童时代伴随着床、拐杖和石膏而度过。1873—1875 年间在圣西尔军校学习，并接受过严格的基督教教育。1875—1876 年在参谋学院学习，1877—1880 年在骑兵团任职。1880—1882 年在阿尔及利亚服役，1882 年返回法国即提升为上尉。1887—1891 年在圣日耳曼指挥一支骑兵分队，对士兵非常关心。1891 年在《两种社会的评论》刊物中发表了一篇文章，文中对军官阶层给予了普遍的严厉性的指责。1893 年晋升为少校，1893—1894 年任莫城第七骑兵师参谋长。1894 年 8 月被派往东京（越南北部），在约瑟夫·加列尼手下任职，接受了他的许多思想。1896 年提升为中校，随加列尼赴马达加斯加（1896 年 8 月），任其主要助手。1900 年晋升上校，负责南部的第三个岛，在两年的时间内征服该岛。1902—1903 年返回法国任阿朗松的第十四轻骑兵团指挥官，直到 1903 年 10 月任阿尔及利亚的艾因塞弗拉边境军分区的司令官。任该职时他积极蚕食摩洛哥的领土，并镇压其辖区内的部落。1904 年晋升准将，1906 年任奥兰司令官，继续蚕食摩洛哥领土。镇压了贝尼-斯纳森人（摩洛哥东北部民族）的暴动（1907 年 11—12 月）。1910 年 12 月底—1912 年 3 月被调回法国任雷恩的第十军军长。1912 年 4 月返回摩洛哥任摩洛哥殖民总司令和摩洛哥总督。尽管在摩洛哥人对非斯城第二次围攻期间（1912 年 5 月 25 日—6 月 2 日）他被困在城中，但他仍迅速地控制了混乱的形势，并继续扩大法国的控制区。尽管其部队的几乎三分之二被调回法国（1914 年 8 月），但他仍守住了地盘并逐步缓慢扩张。1916 年 12 月—1917 年 3 月任陆军部长，但来自左翼的批评迫使他辞职并返回摩洛哥。1921 年 2 月 21 日晋升为元帅。1925 年春他在塔扎镇压了阿卜杜拉-克里姆的里夫起义军的推进，但由于与巴黎的左翼政府的争端，导致亨利·贝当元帅接替他任摩洛哥法军总司令。他于 1925 年 9 月 5 日辞职，退居于默尔特-摩泽尔的托雷（在米尔库附近）。撰写回忆录，并任男童子军的保护人。1934 年 7 月 21 日卒于托雷。

利奥泰具有复杂的个性，和蔼但骄傲自大，精力充沛并善于思考。他对具有官僚作风的陆军当局持有异议。他是一位有洞察力的战略家，深知殖民战争的政治性，以及公众持续支持海外扩张的价值。

DLB

参考：Gottman, Jean, "Bugeaud, Galliéni, Lyautey: The Development of French Colonial Warfare," in Edward Mead Earle, ed., Makers of Modern Strategy. Princeton, N.J., 1943.

Gouraud, Henri, Lyautey. Paris, 1938.

Lyautey, Louis H. G., Du rôle colonial de l'armée. Paris, 1920.

——, Vers le Maroc. Paris, 1937.

Maurois, André, Marshal Lyautey. London, 1931.

Porch, Douglas, The Conquest of Morocco. New York, 1983.

莱曼，菲尼亚（Lyman, Phineas, 1715—1774 年） 美国殖民军将军。参加主要战争：法国和印度战争（1754—1763 年）；参加主要战役（战斗）：乔治湖之战（1755 年）、泰孔德罗加之战（1758 年）、蒙特利尔之战（1760 年）、哈瓦那之战（1762 年）。

莱昂，纳撒尼尔（Lyon, Nathaniel, 1818—1861 年） 美国将军。参加主要战争：第二次西米诺尔战争（1835—1842 年）、美墨战争（1946—1848 年）和美国内战（1961—1865 年）；参加主要战役（战斗）：孔特雷拉斯之战及丘鲁武斯科之战（均在墨西哥城附近，1847 年）、布恩维尔之战（密苏里州，1861 年）、及威尔逊克里克之战（1861 年）。

莱昂 1818 年 7 月 14 日生于康涅狄格州的阿什福德（哈特福德东部）。1841 年从西点军校毕业后分配到步兵部队。1841—1842 年 5 月在佛罗里达州参加了与西米诺尔族人进行的战争，而后驻守纽约萨基茨港。墨西哥战争期间，他参加了在墨西哥中部由温菲尔德·斯科特将军指挥的部队。因其在孔特雷拉斯之战及丘鲁武斯科之战（1847 年 8 月 19—20 日）中的英勇表现而被晋升为名誉上尉。美墨战争后在加利福尼亚州与印第安人作战，1851 年被提升为上尉。1854—1861 年他在大平原地区服役，在堪萨斯州、内布拉斯加州、艾奥瓦州多次参加了与不屈服的印第安部落进行的战斗。1861 年 2 月被指派负责北部联邦军在圣路易的军工厂。他积极投身于联邦的事业，组织并领导了一支支持联邦的民兵，被称作“地方志愿军”。5 月 10 日，他带领这支队伍缴获了南部同盟军在圣路易附近的杰克逊营民兵的训练设施。5 月 16 日被任命为志愿军陆军准将并接替威廉·S. 哈尼将军成为西部战区指挥官。他占领了密苏里州的波托西铅矿，并拒绝了亲南部同盟军的州长克莱本·福·杰克逊让其解散“地方志愿军”的要求。他继续向前推进，于 6 月 15 日攻占了密苏里州的首府杰弗逊城，紧接着于 6 月 17 日在布恩维尔打败了联盟军民兵，乘胜追击至斯普林菲尔德，并夺取该城（7 月 13 日）。8 月 2 日他又在达格斯普林打败了另一支民兵队伍。在威尔逊克里克莱昂带领一支只有 5400 人的部队进攻由本·麦克库洛赫将军指挥的 11 000多民兵和正规军组成的联盟军。当联邦军右翼的弗朗兹·西格尔上校失利后，莱昂侧翼暴露，他在激战中被打死（8 月 10 日）。

莱昂是一位机智果敢的军官。在战争的前几个月中，他所表现出的勇气及先发制人的主动精神为北部联邦赢得了密苏里州是不容置疑的。

KH and DLB

参考：Boatner, Mark M. Ⅲ, Civil War Dictionary. New York, 1959.

Warner, Ezra, Generals in Blue. Baton Rouge, 1978.

Woodward, Ashbel, The Life of General Nathaniel Lyon. Hartford, Conn., 1862.

WAMB.

来山得（Lysander, 卒于公元前 395 年） 斯巴达舰队司令和将军。参加主要战争：伯罗奔尼撒战争（公元前 431—前 404 年）、柯林斯战争（公元前 395—前 386 年）；参加主要战役（战斗）：诺提翁之战（公元前 407 年）、埃哥斯坡塔米之战（公元前 405 年）、哈利阿图斯之战（公元前 395 年）。

来山得是阿里斯托克里图斯之子，其出生时间和早期经历不详。公元前 407 年被任命为海军舰队司令，从此出名。就任舰队司令以后，其大部分时间主要用来同波斯的小亚细亚总督小居鲁士谈判，要求波斯能帮助斯巴达来对付雅典。公元前 406 年 3 月（?），当阿基比阿德率领雅典舰队大部分船只外出收集给养时，来山得乘机在诺提翁击败了雅典舰队的一个支队。公元前 405 年，按照斯巴达的惯例，由卡利克拉堤达斯接替了其指挥权（按此惯例，舰队指挥官的连续任职时间不能超过一年——译者注），第二年他又恢复了指挥权。公元前 405 年 8 月，雅典舰队在埃哥斯坡塔米海岸抛锚过夜，来山得抓住机会对敌实施奇袭，彻底击垮了雅典舰队，并从此切断了雅典在黑海海岸的主要粮食补给线。将雅典舰队驱逐出其殖民地爱琴海，并率舰队封锁比雷埃夫斯港口。这一行动，再加上斯巴达国王保萨尼阿斯在陆上包围达 6 个月之久，迫使雅典投降，于公元前 404 年 4 月结束了伯罗奔尼撒战争。在公元前 404—前 402 年期间，强迫雅典接受“三十位暴君”的统治，并在他控制下的原雅典殖民地，扶持独裁统治的政府。公元前 403 年，具有政治谋略的国王保萨尼阿斯，挫败了来山得的企图，不久在雅典又恢复了奴隶制民主。公元前 400 年，当阿吉斯国王去世后，积极支持阿革西拉乌斯二世获得了王位（斯巴达有两个国王）。公元前 396 年，跟随阿革西拉乌斯前往亚洲，但是其权力不断被这位国王削弱，公元前 395 年初返回斯巴达。这一年夏天柯林斯战争爆发（公元前 395 年），来山得率领一支斯巴达盟军进入玻俄提亚（希腊中、东部地区）进攻哈利阿图斯，同时等待保萨尼

阿斯率领的主力部队到来。8 月（?），他在哈利阿图斯城墙下被杀，被埋葬在福基斯的帕诺伊乌斯（位于底比斯的提佛附近）。

来山得残酷无情、野心勃勃，但他是一位对战略有着深刻理解的领导人。是他消灭了雅典舰队，随后又切断了雅典的粮食供应，因此而结束了伯罗奔尼撒战争。据说他试图修改斯巴达的宪法，以使其成为一个国民选举国王的君主国。两个国王对他都心存猜忌。

DLB

参考：Hamilton, C. D., Spartas Bitter Victory. London, 1979.

Hooker, J. T., The Ancient Spartans. New York, 1980.

Plutarch, "Lysander," Parallel Lives.

Xenophon, Hellenica.

利西马科斯（Lysimachus，约公元前 355—前 281 年） 马其顿将军。参加主要战争：征服波斯（公元前 334—前 330 年）、入侵中亚（公元前 330—前 327 年）、入侵印度（公元前 327—前 326 年）、"迪亚多奇"（继承者）战争（公元前 323—前 281 年）；参加主要战役（战斗）：格勒奈克斯之战（公元前 334 年）、伊苏斯之战（公元前 333 年）、阿尔比勒（今埃尔比勒）之战（公元前 331 年）、海达佩斯河之战（公元前 326 年）、伊普苏斯（阿克塞希尔）之战（公元前 301 年）、科鲁帕第翁（位于马尼萨附近）之战（公元前 281 年）。

利西马科斯约生于公元前 355 年，是一位生活在马其顿的色萨利人之子，在征服波斯和入侵中亚期间，是亚历山大随从卫队的士兵。公元前 327 年 11 月—前 326 年 7 月在印度作战期间，利西马科斯脱颖而出，并随亚历山大返回巴比伦。亚历山大在巴比伦去世后，被任命为色雷斯总督（公元前 323 年 6 月 13 日）。主要精力用于管理他的省区和忙于同邻近的蛮族作战，很少参加"迪亚多奇"（继承者）争夺继承权的初期战争，只是加入了第一次反安提柯联盟（公元前 317 年）。在公元前 311 年的休战期间，被任命为继承者承认他为色雷斯和克尔索涅斯总督。公元前 302 年，作为一股主要的政治力量，参加了第二次反对安堤柯及其儿子德米特里的联盟。在小亚细亚反对安堤柯的作战中，利西马科斯首当其冲，公元前 301 年在击败了安堤柯的伊普苏斯一战中，发挥了重要的作用。作为回报，他分到了很多亚洲领土，于现在的格利博卢附近建造其新首都，称为利西马奇亚。公元前 301—前 294 年，同德米特里·玻利奥尔塞特进行了一场长期的战争，占领了位于爱奥尼亚和卡里亚海岸（土耳其西部地区）的希腊城市。公元前 291 年，率军越过多瑙河实施远征，但最终失败。公元前 288—前 286 年，同伊庇鲁斯的皮洛士一起，逼迫德米特里·玻里奥尔塞特交出了马其顿的王位。而后，利西马科斯在公元前 285 年占领了德米特里的整个国家。第三次婚姻是同托勒密一世索特尔的女儿阿尔茜诺依结婚，但婚后生活并不幸福，因为阿尔茜诺依为了她自己的儿子能继承王位，以莫须有的罪名，指控利西马科斯的大儿子阿加托克利斯同叙利亚的国王塞琉西一世相互勾结，准备谋反，并强迫利西马科斯将其处死。处死阿加托克利斯引起了国人的不满，反抗很快蔓延到整个王国，几个爱奥尼亚城市也发生叛乱，塞琉西又乘机出兵入侵亚洲领土。公元前 281 年，在科鲁帕第翁（位于马尼萨附近）之战中，利西马科斯兵败被杀。

利西马科斯是一位能力出众、精力充沛的统治者，对国家财政事务特别感兴趣，在他统治时期以良好的铸币制度而著称。同大多数其他的继承者一样，他是一位有能力的军事指挥官，但没有辉煌的业绩。

Staff

参考：Tarn, William W., and G. T. Griffith, Hellenistic Civilization, 3d ed. Cleveland, Ohio, 1952.

Will, Edouard, Histoire politique du monde hellénistique. 2 vols. Nancy, 1966.

M

马占山(Ma Chan-shan,1884—1950年) 中国将军。参加主要战争：北伐战争（1926—1927年）、抗击日本征服中国东北战争（1931—1932年）；参加主要战役（战斗）：嫩江之战（1937年）。

马步芳(Ma Pu-fang,1903—1975年) 中国将军。参加主要战争：抗日战争（1937—1945年）、国共战争（1945—1949年）。

马援(Ma Yüan,公元前14—公元49年) 中国东汉将军。参加主要战争：重建汉王朝的战争（24—30年）、东汉向西部的扩张（40—43年）。

马援公元前14年生于陕西的一个贵族家庭。公元24年，参加反抗篡权者王莽统治的作战，第一次表现出军事才能。帮助东汉皇帝刘秀谋划巩固帝国的战略。他的战略是正确的，他在很多内政和军事岗位上任过职。率军平定湖南及岭南海岸，大获全胜。率军粉碎了发生在交趾（今越南）的一次叛乱，并继续征服了交趾地区。晚年，出任北方地区的军事长官，并进行了几次对匈奴的作战。卒于49年。

参考：Bielenstein, H., "The Restoration of the Han Dynasty," Bulletin of the Museum of Far Eastern Antiquities(Stockholm), Vol. XXVI(1953).

Giles, Herbert A., A Chinese Biographical Dictionary. Taipei, 1978.

麦克阿瑟·阿瑟(MacArthur, Arthur,1845—1912年) 美国将军。参加主要战争：美国内战（1861—1865年）、美西战争（1898年）和镇压菲律宾起义（1899—1903年）；参加主要战役（战斗）：佩里维尔之战（1862年）、斯通河之战（1862—1863年）、米申里奇-查塔努加之战（1863年）、雷萨卡（佐治亚州卡尔洪附近）之战（1864年），凯纳索山（在马丽埃塔附近）之战（1864年）、琼斯伯勒之战及富兰克林之战（1864年）、马尼拉之战（1898年）。

麦克阿瑟1845年6月2日生于马萨诸塞州的斯普林菲尔德，后随家迁往威斯康星州的密尔沃基。1862年8月4日被任命为威斯康星州第二十四步兵团中校军官。1862年10月因在佩里维尔作战勇敢晋升为荣誉上尉。在斯通河之战（1862年12月31日—1863年1月3日）中更有突出的表现。1863年11月25日因将团旗插上查塔努加附近米申里奇山顶敌防御工事之上而获国会荣誉勋章。1864年1月晋升为少校。亚特兰大战役期间在乔治·托马斯将军的坎伯兰军团中指挥一个团，参加了雷萨卡之战（5月13—15日）、凯纳索山之战（6月27日）、亚特兰大之战（8月22日）和琼斯伯勒之战（9月1日）。11月30日在富兰克林之战中负重伤。1865年3月晋升为荣誉中校，5月晋升为上校，因此获得“西部孩子上校”的绰号，因为他还不到20岁。6月退出志愿役部队，1866年2月以少尉军衔加入正规军第十七步兵团，当天即升为中尉。7月晋升为上尉。在随后20年的时间里主要在西南部担任一系列陆军职务，1889年7月在副官处任少校，1896年5月晋升为中校。美西战争爆发后不久被提升为志愿役准将（1898年5月），6月率部赴菲律宾，攻占马尼拉时（8月13日）在韦斯利·梅里特将军的第三军内任职。因作战勇敢而晋升为少将，并指挥主要的陆军部队与埃米利奥·阿奎纳多领导的菲律宾起义者作战。1899年2月成功地防守了马尼拉，10月对吕宋岛实施有组织的占领，以攻占达占潘和起义者的中心区打拉而达到顶峰。1900年1月提升为正规军准将，5月6日取代埃尔韦尔·S.奥蒂斯任菲律宾战区司令官，以及菲律宾军事总督。在镇压菲律宾起义时，他一面实施积极而有力的军事进攻，一面推行人道主义政治策略，包括公众教育、经济和法制改革，双管齐下。他在与菲律宾的首任政府总督威廉·霍·塔夫脱发生争执之后返回美国，先后任科罗拉多、湖区和东部军区司令。1905年3月奉命前往中国东北观察日俄之战的最后阶段。1905年在东京任武官数月，1905年11月—

1906年8月在亚洲巡游，观察各国军队和军事情况。返回美国后即任太平洋军区司令。1906年9月晋升中将，成为陆军中的高级将领。由于他批评陆军部现行的改革，以及与陆军部长塔夫托的争吵，使他未能当选为陆军参谋长。他拒绝出任东部军区司令，而是要求与军衔相称的职务或者退休。1909年初被迫前往密尔沃基待命。6月2日在晋升无望时退役。之后在一个美国内战老兵的组织中表现活跃。1912年9月5日突然卒于密尔沃基威斯康星州第二十四步兵团聚会发表演讲时。

麦克阿瑟是一位勇敢而头脑清醒的战斗指挥官，在其早期辉煌的生涯中显示了卓越的战术才能。虽然他在边界地区历经了多次军事行动，但参战很少，然而其战术才能并没有衰退，他在加快镇压菲律宾起义中发挥了重要作用。他是19世纪末美国陆军主要的领导人之一。

DLB and TM

参考：Gates, John Morgan, Schoolbooks and Krags: The United States Army in the Philippines, 1898—1902. Westport, Conn., 1973.

James, D. Clayton, The Years of MacArthur. Boston, 1970.

Miller, Stuart C., Benevolent Assimilation: The American Conquest of the Philippines, 1899—1903. New Haven, Conn., 1982.

DAMB.

EB.

WAMB.

麦克阿瑟，道格拉斯（MacArthur，Douglas，1880—1964年）

美国陆军五星上将。参加主要战争：第一次世界大战（1917—1918年）、第二次世界大战（1941—1945年）、朝鲜战争（1950—1953年）；参加主要战役（战斗）：圣米耶尔战役、默兹-阿尔贡战役（1918年）、菲律宾战役（1941—1942年）、新几内亚战役（1942—1943年）、菲律宾战役（1944—1945年）、釜山战役（1950年）、仁川登陆（1950年）。

麦克阿瑟1880年1月26日生于阿肯色州小石城的军营里，是麦克阿瑟·阿瑟之子。1903年6月，以全年级第一名的优异成绩毕业于西点军校，被任命为工兵少尉。1903年秋赴菲律宾服役。1905—1906年，在巡察亚洲期间，任其父麦克阿瑟·阿瑟将军的随从参谋。1906—1907年，任西奥多·罗斯福总统的随从副官。1908—1909年，在利文沃斯堡任第三工兵营营长。1909—1912年，在后勤与骑兵学校任教。1913年9月—1917年，在陆军参谋部任职。1914年4—11月，参加了维拉克鲁兹远征，获荣誉勋章。美国参加第一次世界大战后，帮助组建第四十二师。1917年10月，该师赴法国作战时，任师参谋长。1918年7月25日—8月2日，随第四十二师参加了埃纳河-马恩河战役。后在圣米耶尔战役（1918年9月12—17日）和默兹-阿尔贡战役（1918年10月4日—11月11日）中任旅长。1918年11月6—11日，在“奔赴色当”作战中，任第四十二师师长。此后在德国执行占领任务。1919年4月回国。1919—1922年，任西点军校校长。1922年10月—1925年1月，在驻菲律宾美军中任职，并晋升少将。1925年12月，参加了审判威廉·米切尔将军的军事法庭。1928—1930年，任驻菲律宾美军司令。1930年11月—1935年10月，任陆军参谋长。1932年夏，亲自出面将要求发放退伍金的退伍军人驱逐出华盛顿。1935年10月，恢复少将正式军衔，被派往菲律宾，在计划规定的独立前为其组建国防力量。1936年8月，被菲律宾政府授予陆军元帅军衔。1937年12月31日，因不愿承担在菲律宾的任务，故未完成便改任它职，并宣布退出美国军队。后由于和日本的战争日益迫近，1941年7月26日再度应召服役，被授予中将军衔，任远东美军司令。1941年12月8日，日军在偷袭珍珠港的同时也突袭了克拉克和伊巴机场，令其大为震惊。1941年12月23日—1942年1月1日，日军入侵后，他巧妙地指挥部队边打边撤，将日军诱至在巴丹的预设阵地。后指挥了巴丹和马尼拉湾诸要塞的防御作战。1942年3月11日，奉富兰克林·D. 罗斯福总统之命离开菲律宾，前往澳大利亚。5月17日，与小部分参谋人员分乘鱼雷艇和B-17飞机抵达澳大利亚。同年4月，获荣誉勋章，任西南太平洋地区盟军最高司令。在美军于太平洋发动的反攻中，他实施了夺回新几内亚的战役。1942年7—9月，击退了日军对莫尔兹比港的进攻。9—11月，突破欧文·斯坦利地区。1942年11月20日—1943年1月22日，攻占布纳-戈纳综合筑垒防御地带。1943年12月15—30日，沿新几内亚北部沿岸实施蛙跳战役，攻入新不列颠以西地区，孤立了日军基地拉包尔。1944年4月，在查亚普拉和艾塔普取得辉煌胜利，切断了日军第十八集团军的退路。后继续沿新几内亚西海岸实施蛙跳战役，在7月30日占领桑萨波而告终。9月，他发动的攻势与尼米兹海军上将在中太平洋发动的攻势相配合。当时他攻占了摩鹿加群岛中的莫罗太岛，同时尼米兹的部队也攻入帕劳（加罗林）群岛。1944年10月20日，指挥地面部队进攻莱特岛，得到托马斯·金凯德将军的第七舰队的支援。后将菲律宾群岛的作战行动扩大到民都洛岛（1944年12月15日）和吕宋岛（1945年1月9日）。1945年2月3日—8月15日，经过一场艰苦的战役，击败了山下奉文指挥的日军。与此同时，他的部队还解放了菲律宾其他地区，并占领了婆罗洲岛（今加里曼丹岛）的沿海油田。1945年4月，任太平洋地区美军地面部队司令，准备进攻日本本土。1945年9月2日在东京湾接受日本投降前，晋升为陆军五星上将。后任驻日盟国占领军最高司令。在统治日本期间，他是个独裁者，监督日本的重建和民主化，使日本的社会、政治发生了深刻的变化。1950年6月25日，朝鲜半岛发生南北冲突，7月8日，由美国操纵的联合国安理会通过决议，

任命他为朝鲜“联合国军”最高司令。1950年8月5日—9月15日，指挥釜山环形防御地带的防御作战。9月15日，指挥美军在仁川实施两栖登陆，对朝鲜军队形成战略包围态势，促使在韩国的朝鲜军队陷于瓦解，并在9月26日夺占汉城。经由美国操纵的联合国和美国政府的批准，10月1日他指挥“联合国军”侵入朝鲜。11月25—26日，由于中国人民志愿军参战，他的部队被击退。后指挥部队撤退，并将战线稳定在汉城以南。1950年11月—1951年3月，他公开鼓吹有选择地攻击中国境内的目标，使他与杜鲁门总统的关系日益紧张。在1951年3月14日收复汉城后不久，4月11日被解职，由马休·B. 李奇微中将接任。他回到美国向国会发表了演说。后退出公众生活。1964年4月5日，卒于华盛顿沃尔特·里德陆军医疗中心。

麦克阿瑟十分傲慢，常常引起争议。他的傲慢自大多多少少掩盖了他的军事才华。但不管怎样，他都是第二次世界大战中，也是美国历史上最杰出的将领之一。他指挥的两栖登陆战役，在军事上的战略、计划等处有值得借鉴之处。

DLB

参考：James, D. Clayton, The Years of MacArthur. 3 vols. Boston, 1970—1986.

Lee, Clark, and Richard Henschel, MacArthur. New York, 1952.

MacArthur, Douglas, Reminiscences. New York, 1964.

Manchester, William, American Caesar. New York, 1976.

Willoughby, Charles A., and John Chamberlin, MacArthur, 1941—1951. New York, 1954

麦凯恩，约翰·悉尼（McCain, John Sidney, 1884—1945年） 绰号“沼泽”，美国海军上将。参加主要战争：第一次世界大战（1917—1918年）、第二次世界大战（1941—1945年）；参加主要战役（战斗）：瓜达尔卡纳尔战役（1942—1943年）、恩加诺角海战和莱特湾海战（1944年）、东海海战（1945年）。

麦凯恩1884年8月9日生于密西西比州的特奥克。1906年毕业于海军军官学校。1908年曾在“白色大舰队”的“康涅狄格”号等战列舰、巡洋舰和驱逐舰上服役。1912—1914年在南卡罗来纳州查尔斯顿的海军军械士官学校任教。1914—1915年在墨西哥太平洋海岸的“科罗拉多”号装甲巡洋舰上任行政与工程军官。后转入大西洋海域的“圣地亚哥”号战列舰上服役，并在第一次世界大战期间随该舰执行护航任务（1917年4月—1918年5月）。1918—1921年转入海军航行局任职。1921—1923年任“马里兰”号战列舰领航员。1923—1926年任海军航行局军官人事档案科科长。1926—1928年任“新墨西哥”号战列舰副舰长。1928—1929年入海军军事学院学习。1929—1931年再次到布纳夫任征兵处处长。1931—1933年任“硝石”号弹药船船长。1933—1935年再次到布纳夫任计划处处长。1935年6月接受飞行训练，1936年8月获海军飞行员资格。1936—1937年任运河区科科索洛空军基地指挥官。1937—1939年任驻加勒比海和太平洋的“突击者”号航空母舰舰长。1939—1941年任驻圣地亚哥的海军航空站站长。1941年2月晋升为少将军衔并指挥西海岸地区的侦察机和巡航机联队。1942年5月，改任司令部设在努美阿的南太平洋海军岸基航空兵司令。1942年8—9月，参加了瓜达尔卡纳尔战役初期阶段的战斗。1942年10月任海军航空局局长。1943年8月任海军作战部副部长（主管航空兵），晋升为中将军衔。1944年8月任第二快速航母特混舰队司令。在恩加诺角海战（10月25日）期间，指挥以“大黄蜂”号航空母舰为基干的第三八·一特混舰队。在东南亚实施的空中打击（1944年11月—1945年1月）中以及对日本实施的最后一次空袭（1945年8—9月）中，他指挥第三十八特混舰队作战。1945年9月6日，在即将任退伍军人管理局局长时因海难身亡。他死后被追授为海军上将。

KS

参考：New York Times obituary, September 7, 1945.

Reynolds, Clark G., Famous American Admirals. New York, 1978.

M

麦克莱伦，乔治·布林顿（McClellan, George Brinton, 1826—1885年） 绰号“小麦克”，美国上将。参加主要战争：美墨战争（1846—1848年）、美国内战（1961—1865年）；参加主要战役（战斗）：孔特雷拉斯之战和丘鲁布斯科之战（均位于墨西哥城附近，1847年）、查普尔特佩克之战（1947年）、里奇山（西弗吉尼亚州贝弗利附近）战役（1861年）、弗尔奥克斯之战、梅卡尼克斯维尔之战和七天战役（均在里士满附近，1862年）、南山（马里兰州）之战和安蒂特姆战斗（1862年）。

麦克莱伦1826年12月3日生于宾夕法尼亚州费城。1846年以全班第二名的成绩毕业于西点军校，任职于工兵部队。美墨战争期间，在温菲尔德·斯科特的部队中服役。1847年8月19—20日参加孔特雷拉斯之战和丘鲁布斯科之战，晋升为荣誉中尉。9月13日参加查普尔特佩克之战，晋升为上尉。1848—1851年任西点军校工兵教官。1851—1854年任特拉华堡（特拉华城附近）筑城工程师。1855年3月任骑兵上尉。1853—1856年在克里木战争中任美国观察员。1856年设计出新型骑兵马鞍，被部队采用为标准用品。1857年1月辞职，任伊利诺伊州中央铁路总工程师。1860年任俄亥俄-密西西比铁路董事长。1861年4月任俄亥俄州志愿军少将，站在北方一边。5月任正规军少将、俄亥俄军区司令。7月11日指挥里奇山战役取得特大胜利，促使该地区后来成为联邦的西弗吉尼亚州。7月任波托马克军区（后为军

团）司令，11 月任军团司令。1861—1862 年重建波托马克军团，并使之成为一支善战的部队。半岛战役开始后，1862 年 3 月因在进军上犹豫不决而被免除司令之职。4 月 5 日—5 月 4 日经过围攻战后占领约克镇城。5 月 31 日在费尔奥克斯战斗中击溃约·埃·约翰斯顿。6 月 26 日在梅卡尼克斯维尔战斗中与李将军不分胜负，但开始撤军。6 月 25 日—7 月 1 日莫尔文山号称“七天战役”的战斗中以李将军的溃败而达到胜利巅峰。其后利用他的组织能力准备华盛顿特区的防御工事。后来调去阻击李将军入侵马里兰州。在 9 月 14 日的南山战斗和 9 月 17 日的安蒂特姆战斗中大败南方军，但接着战斗失利，1862 年 11 月被解职。1864 年同林肯竞争民主党总统候选人惨败。11 月辞职去欧洲，后回国，1870—1873 年任纽约港区总工程师。任亚特兰大-大西部铁路托管人（1871 年）和董事长（1872 年）。1877—1881 年任新泽西州州长。1885 年 10 月 29 日卒于新泽西州奥兰治。

麦克莱伦是一位精明的组织者和行政官员。他虽是一位训练有素的战略家，但林肯批评他是“慢行者”。在作战中过于谨慎，不能和李将军相提并论，李将军极了解他的天性。他深受其部属爱戴，被称为“小麦克”。

VBH

参考：Hassler, Warren W., Jr., General George B. McClellan: Shield of the Union. Baton Rouge, 1957.
McClellan, George B., McClellan's Own Story. New York, 1887.
Myers, William Starr, General George Brinton McClellan: A Study in Personality. New York, 1934.

麦克勒南德，约翰·亚历山大（McClernand, John Alexander, 1812—1900 年） 美国将军。参加主要战争：黑鹰战争（1832 年）和美国内战（1861—1865 年）；参加主要战役（战斗）：亨利堡之战（1862 年）、多纳尔森堡（位于肯塔基-田纳西州界田纳西和坎伯兰河边）之战（1862 年）、夏洛之战（1862 年）、维克斯堡之战（1863 年）、雷德河战役（路易斯安那州，1864 年）。

麦克勒南德 1812 年 5 月 30 日生于肯塔基州哈丁斯堡。在伊利诺伊州随寡母长大。1832 年取得律师资格，5—8 月作为志愿民兵参加黑鹰战争。1836—1842 年在伊利诺伊州议会工作。1843 年 3 月—1851 年 3 月在美国联邦众议院任职四届。1858 年 11 月再次当选众议院议员，并于 1860 年连任，在 1860—1861 年南方 11 州脱离联邦危机中，充当缓解势态的发言人。作为一名忠实可靠的民主党党员，担心密西西比州受外国势力控制而反对分裂。后任伊利诺伊州民兵上校。1861 年 5 月 17 日，林肯总统任命他为志愿军准将去安抚北方民主党成员。1861 年 10 月辞去参议员职务并征募伊利诺伊旅，11 月 7 日归密苏里州贝尔蒙特（与肯塔基州哥伦布相对）的乌利斯·辛·格兰特将军指挥。率领一个师占领亨利堡（1862 年 2 月 6 日）和多纳尔森堡（2 月 14—16 日）。尽管在占领多纳尔森堡的荣誉上与格兰特有些小争论，但于 3 月 21 日晋升为志愿军少将。4 月 6—7 日在激烈的夏洛之战中，指挥联邦军中央部队。在给林肯的信件中公开批评格兰特和麦克莱伦的作法。他得到林肯的准许组建了庞大的远征军攻占维克斯堡并于 9 月解放密西西比州，但仍受格兰特指挥。1863 年 1 月组建了密西西比军团。其中包括他的第十三军和威廉·蒂·谢尔曼将军的第十五军。1 月 11 日在戴维·D. 波特海军上将驻守密西西比河的海军中队的配合下攻占了敌方阿肯色州营地。之后不久其部队又归属格兰特的田纳西军团。5 月 1 日参加吉布森港战斗，并于 5 月 16 日参加钱皮恩山（密西西比州的博尔顿附近）战斗，但不久因进军缓慢而受到格兰特的批评。5 月 22 日在维克斯堡的进攻被击退后，麦克勒南德发表公开声明，批评格兰特及其他两个军的指挥官支援不力。格兰特立刻解除了他的指挥权。在伊利诺伊政治联盟帮助下的复职企图失败。1864 年 1 月重新指挥第十三军，参加了纳撒尼尔·班克斯将军组织的雷德河战役（3—5 月）。因染上疟疾，11 月 30 日辞职回到伊利诺伊州。1870—1873 年任桑加蒙区巡回法官。1876 年任民主党全国大会主席。1900 年 9 月 20 日卒于伊利诺伊州斯普林菲尔德。

作为一位勇敢然而缺乏技巧的陆军指挥官，麦克勒南德认为自己受到了爱妒忌的“西点人”的迫害。他狂妄自大，性情暴躁、忌贤妒能，陷入疑心重重境地而不能自拔。

DR

参考：Catton, Bruce, Grant Moves South. Boston, 1960.
Hicken, Victor, Illinois in the Civil War. Urbana, Ill., 1966.
Warner, Ezra, Generals in Blue. Baton Rouge, 1977.
DAMB.
WAMB.

麦康奈尔，约翰·保罗（McConnell, John Paul, 1908—1986 年） 美国空军上将。参加主要战争：第二次世界大战（1941—1945 年）；参加主要战役（战斗）：北缅战役（1943—1944 年）、英帕尔-科希马战役（1944 年）、中南缅甸战役（1945 年）。

麦康奈尔 1908 年 2 月 7 日生于阿肯色州博纳维尔。1923—1927 年，在亨德森·布朗学院学习。1932 年毕业于西点军校。1933 年，在得克萨斯州伦道夫和凯利机场完成了航空课程的学习。1933 年 11 月—1937 年，在路易斯安那州第七十九驱逐机中队服役。1935 年 4 月，晋升为中尉。1937 年 6 月—1939 年，在夏威夷服役。1939 年 6 月—1942 年 1 月，在亚拉巴马州麦克斯韦尔机场任参谋与训练军官。1940 年 9 月，晋升为上尉。1941 年 7 月，晋升为少校。1942 年 1 月，晋升为中校。后在陆军航空队司令办公室短暂地担任过职务。1942 年 5 月—1943 年 9 月，在北卡罗来纳州科诺伍德机场的陆军航

空队战术训练中心任副参谋长和参谋长。1942 年 12 月，晋升为上校。1943 年秋，在得克萨斯州沃斯堡任陆军航空队训练司令部副参谋长。1943 年 11 月—1944 年 2 月，在印度卡拉奇任中国-缅甸-印度地区陆军航空队训练司令部参谋长。1944 年 2—9 月，在印度库米拉（现属孟加拉国）任第三战术航空队高级参谋和副司令。1944 年 8 月，晋升为准将。1944 年 9 月—1945 年 6 月，在锡兰（斯里兰卡）的康提任盟军西南亚空军司令部高级参谋。此后到 1946 年 4 月的两年中，在中国重庆国民党政府任东部空军司令部代理副参谋长，主管作战、计划和情报。1946 年 4 月—1947 年 6 月，任南京国民党政府总司令部空军师师长。1947 年 6 月—1950 年，在华盛顿空军司令部任后备役和文职人员事务参谋。1950 年 7 月—1951 年，任美国空军驻英国第三航空师和第三航空队司令。1950 年 12 月，晋升为少将。1951 年 5 月—1952 年 5 月，任战略空军司令部所属的驻英第七航空师师长。1952 年 2 月—1953 年 3 月，任第三航空队司令。1953 年 4 月—1957 年 11 月，任驻内布拉斯加州奥弗特空军基地战略空军司令部计划处副处长、处长。1959 年 6 月，晋升为中将。1957 年 11 月—1961 年，任驻路易斯安那州巴克斯代尔空军基地第二航空队（战略空军司令部所属）司令。1961 年 8 月—1962 年，任战略空军司令部副司令。1962 年 9 月—1964 年，任美国欧洲司令部副司令。1962 年 9 月，晋升为上将。1964 年 8 月，任空军副参谋长。1965 年 2 月，柯蒂斯·利梅将军退役后，麦康奈尔接任空军参谋长。此后一直担任此职，直到 1969 年 7 月退役。70 年代在民航巡逻机构工作。1986 年 11 月 21 日卒于马里兰州贝塞斯达。

DLB

参考：United States Air Force Biography typescript (15 September 1968, with addenda).
WAMB.

麦库克，亚历山大·麦克道尔（McCook, Alexander McDwell, 1831—1903 年） 美国将军。参加主要战争：美国内战（1861—1865 年）、与大草原（洛杉矶东部——译者注）印第安人战争（1867—1875 年）；参加主要战役（战斗）：第一次布尔溪之战（弗吉尼亚州马纳萨斯，1861 年）、夏洛之战（1862 年）、柯林斯（密西西比州）之战（1862 年）、佩里维尔之战（1862 年）、斯通河之战（1862—1863 年）、塔拉霍马之战（1863 年）和奇克莫加之战（1863 年）。

麦库克 1831 年 4 月 22 日生于俄亥俄州哥伦比亚县，丹尼尔·拉蒂默·麦库克与马莎之子。1852 年毕业于西点军校，领步兵少尉衔。1852—1853 年在边界地区服役，同犹特人和阿帕切人作战。1858 年 12 月晋升为中尉。1858—1861 年任西点军校教官。1861 年 4 月晋升为俄亥俄第一志愿团上校。1861 年 7 月 21 日在第一次布尔溪之战中崭露锋芒。9 月晋升为志愿军准将。后被派往西部，1862 年 1 月任驻守肯塔基州的一个师师长。1862 年 3 月 3 日在夺取田纳西州纳什维尔的战斗中表现不凡。4 月 6—7 日在夏洛战斗中也同样英勇。7 月晋升为志愿军少将，指挥唐·卡洛斯·布埃耳将军的俄亥俄军团的第一军。因其在佩里维尔战斗（10 月 8 日）中的表现而晋升为正规军荣誉准将（直到 1865 年 3 月才获任命）。1862 年 12 月 31 日—1863 年 1 月 3 日在斯通河之战中指挥威廉·罗斯克兰斯将军坎伯兰军团的右翼部队。率第十四军，后率第二十军在塔拉霍马同布拉格作战（同年夏季）。9 月 19—20 日在奇克莫加战斗中失利，其军被逐出阵地。为此受到罗斯克兰斯将军的责备，被解除指挥权，其后被调查法庭免罪。1864 年夏在华盛顿防御战中复职。10 月任东阿肯色军区司令。1865 年 3 月晋升为正规军少将。战后重任第二十六步兵团中校军官（10 月）。1865—1874 年在大草原服役，参加了数次同大草原印第安人的战斗。1874—1875 年任陆军总监。1875—1881 年任威廉·蒂·谢尔曼将军的侍从副官。1880 年 12 月晋升为第六骑兵团上校军官。1886—1890 年任利文沃思堡步兵和骑兵学校校长。1890 年底晋升为准将，其后于 1894 年 11 月晋升为少将。1895 年 4 月退休，1896 年 5 月代表美国参加沙皇尼古拉二世加冕典礼。1898 年 9 月—1899 年 2 月，在美西战争作战指导的调查委员会工作。1903 年 6 月 12 日卒于俄亥俄州的代顿。

作为一位极富才能的军人，他是其家庭中最负盛名的一员，被称为“好斗的麦库克”，其家庭成员不少于 14 人在联邦军队中服役（其中包括他的父亲，所有 7 名兄弟，5 名堂表兄弟和他本人），只有一人未成为军官。

DLB and KH

参考：Warner, Ezra, Generals in Blue. Baton Rouge, 1977.
DAB.
WAMB.

麦卡洛克，本（McCulloch, Ben, 1811—1862 年） 美国南部同盟军将军。参加主要战争：得克萨斯“革命”（1835—1836 年）、印第安人战争（1840 年）、美墨战争（1846—1848 年）和美国内战（1861—1865 年）；参加主要战斗（战役）：圣哈辛托之战（1836 年）、普拉姆克里克之战（1840 年）、蒙特雷（墨西哥）之战（1846 年）、比尤纳维斯塔之战（墨西哥萨尔蒂约附近，1847 年）、威尔逊克里克之战（1861 年）和皮里奇之战斗（1862 年）。

麦卡洛克 1811 年 11 月 11 日生于田纳西州拉瑟福德县。1820 年举家迁往亚拉巴马州，1830 年重返田纳西州。后来跟随朋友戴维·克罗克特去得克萨斯州，参加了圣哈辛托之战（1836 年 4 月 21 日）。回了趟家之后，重返得克萨斯州，定居在冈萨雷斯附近，从事检查员工作。1839 年当选得克萨斯州议员。参加了几次掠夺大草原印第安人的行动，1840 年 8 月在科罗拉多州的普拉姆

克里克战斗中崭露头角，该战结束了科曼奇族人的反抗活动。1846年5月任少将和西科罗拉多州的得克萨斯民兵指挥官，同年7月任志愿军少校，招募了一支巡逻骑兵连队归属蒙特雷的扎卡里·泰勒将军（9月20—24日），并参加了比尤纳维斯塔之战（1847年2月22—23日）。1849年移居加利福尼亚州，任萨克拉门托县行政司法长官一段时间后，于1852年回到得克萨斯州。1853年3月任得克萨斯东区美国联邦法院执行官，一直到1859年辞职。1858年作为两名政府特派员之一，随科罗拉多州的阿伯特·S. 约翰斯顿远征军到犹他州与摩门教徒谈判。当得克萨斯州退出联邦之后，在圣安东尼奥，戴维·E. 特威格斯将军向其交出军队及物资。1861年2月任得克萨斯军区司令。5月任命为南方军准将、西南战区长官，该区包括阿肯色州和印第安人领地。作为斯特林·普莱斯将军11 000人部队的一部，进军密苏里州，在威尔逊克里克战斗中，粉碎了弗朗兹·西格尔的包围企图，接着与普莱斯将军一起同莱昂的部队打了一场代价颇高的胜仗（8月10日）。回到阿肯色州后，在厄尔·范多恩将军部队中任军长，1862年3月7日，在皮里奇战斗中被狙击手射杀。

麦卡洛克是一位典型的边疆居民，他讨厌穿军装，却是一位有才能的战斗指挥员。他在皮里奇战斗中的阵亡无疑是南部同盟军的重大损失。

M

DR

参考：Rose, Victor M., The Life and Services of Gen. Ben McCulloch. Philadelphia, 1888.

Warner, Ezra, Generals in Gray. Baton Rouge, 1978.

DAB.

WAMB.

麦克唐纳，雅克·埃蒂耶纳·约瑟夫·亚历山大，塔兰托公爵（MacDonald, Jacques Etienne Joseph Alexandre, Duke of Taranto, 1765—1840年） 法兰西帝国元帅。参加主要战争：法国大革命战争（1792—1799年）和拿破仑战争（1800—1815年）；参加主要战役（战斗）：杰马佩斯之战（1792年）、图尔克因之战（1793年）、翁斯科特之战（1793年）、摩迭那之战（1799年）、特里比亚之战（1799年）、皮亚夫之战、华沙之战（1809年）、里加之战（1812年）、吕岑之战、包岑之战、喀兹巴赫之战、莱比锡之战、汉瑙之战（均在1813年）。

麦克唐纳1765年11月17日生于色当，是内尔·斯蒂芬·麦克唐纳之子，老麦克唐纳是苏格兰人，1745年查理·斯图亚特战败后老麦克唐纳被流放至法国。麦克唐纳参加了法军爱尔兰军团，后来转入迪隆团。1789年升为中尉。1792年升为上尉，成为杜莫里埃将军的侍从副官。1792年，因在杰马佩斯之战中表现杰出，而被提升为中校，在第九十四步兵团服役。后来，又跟随了皮切格鲁将军一段时间，1793年8月27日升为准将。1794年，他参加了抗击普奥干涉军的图尔克因之战及翁斯科特之战，同年11月晋升为少将。1795—1798年他在圣布雷-梅塞军团中服役。在荷兰作战期间，同莫罗成为密友。1798年5月赴意大利，在尚宾内特手下供职，第二年接替尚宾内特的意大利方面军司令的职务。6月7日在摩迭那打败霍亨索伦。6月17—19日，在特里比亚之战中，被俄军统帅苏瓦诺夫及梅拉斯打败，损失惨重。1800年，他受命指挥在第戎的预备役军队，于11—12月，从斯普鲁根穿越阿尔卑斯山，这次冒险行动为其赢得了巨大声望。1801—1802年他转战于丹麦。1804年任元老院成员，但后来失宠于拿破仑，因为当莫罗以叛国罪被起诉时，麦克唐纳公开保护莫罗。1807年，他参加了那不勒斯军队，在欧仁手下参加了1809年5月的皮亚夫之战，作战中麦克唐纳第二次负伤。7月5—6日，他率一个军的兵力战于华沙，在这次作战中，他因率先强攻奥地利军队的中央而再次赢得了拿破仑的信任。1809年7月12日，他与乌迪诺及莫罗一起接受了元帅权杖。同年12月，他被封为塔兰托公爵。1810—1811年，他替代了奥热罗在卡塔罗尼亚作战，事实证明此举对他的健康是有害的。1812年入侵俄国期间，他指挥第十军团，把大部时间用于围攻里加，但收效甚微。当听说拿破仑于11月从莫斯科撤退后，麦克唐纳也撤围，12月30日，又遭到投降俄国的普鲁士军团的打击。在1813年的德国战役中，他指挥第十一军团，参加5月2日的吕岑之战，作战中其军团任左翼，在5月20—21日的包岑之战中任右翼。8月26日，指挥新组建的巴比尔军，他未服从拿破仑的命令，追击布吕歇尔之普鲁士军至喀兹巴赫河。作战中，他的军尾随布吕歇尔的后翼至河中，几乎全军覆没，残部撤向得累斯顿。在10月16—19日的莱比锡之战中，他受命阻击波尼亚托夫斯基的后卫部队，兵败后游过埃尔斯特河才免遭被俘的命运。在接任低莱茵河防卸任务之前的10月30月，在汉瑙作战。1814年在法国作战期间，他取得了许多次胜利，但却被迫于3月将特罗耶斯弃于敌人。他是接受拿破仑退位这一事实的最后一位元帅，作为对其忠诚的奖励，他被任命为穆拉德贝伊，这是拿破仑在埃及时担任的职务。后被任命为法国议员，并被授予圣路易骑士勋章，同时路易十八还任命他为第二十一军区的总司令。拿破仑返回后，他押送国王至比利时，他没有参加滑铁卢战役，但却接受另一项任务，即在洛里军队返回法国时，解散这支军队。1815年7月，被任命为元老院的大臣和国王的枢密院成员。1825年去英格兰和苏格兰，在那里参观了他的祖居地。回法国后，他被任命为四大元帅之一，并指挥皇家卫队。卒于1840年9月7日。

麦克唐纳是一位勇敢而优秀的指挥员，他也很擅长独立作战，但1809年其能力下降。在喀兹巴赫之战中，因其粗心和缺乏敏锐的判断力而损失了他的军团，甚至他的命也差点搭上。拿破仑对他评论到：“麦克唐纳是

一位优秀而勇敢但不幸的指挥员”，同时，“当他吹风笛的时候，他不可信赖”。

VBH

参考：Delderfield, R. F., Napoleons Marshals. Philadelphia, 1962.

Humble, Richard, Napoleon's Peninsular Marshals. New York, 1974.

Meeks, Edward, ed., Napoleon and the Marshals of the Empire. Reprint(2 vols. in one), Philadelphia, 1885.

麦克多诺，托马斯（MacDonough, Thomas, 1783—1825 年） 美国海军官员。参加主要战争：同法国的半官方战争（1798—1800 年）、的黎波里战争（1801—1805 年）、1812 年的战争（1812—1815 年）；参加主要战役（战斗）：尚普兰湖之战（1814 年）。

麦克多诺 1783 年 12 月 31 日生于特拉华州的纽卡斯尔，他是富有的托马斯·麦克多诺少校的第六子。他的长兄从海上回家时，因同法国作战而失去了一条腿，托马斯离开其职员的工作，于 1800 年 2 月 5 日参加海军。5—9 月，他随一艘有 24 门炮的战舰在西印度群岛附近的海域参加了缴获三艘法国舰船的作战行动。1801 年，同法国战争结束后，海军削减，麦克多诺转到有 38 门炮的美“星座”号舰上，在 1801—1803 年的黎波里战争早期，他参加了作战。1803 年转入美军“费城”号服役。1803 年 10 月 31 日，当“费城”号被的黎波里人捕获后，麦克多诺转入由斯蒂文·迪凯特领导的有 12 门炮的“冒险”号舰服役。1804 年 2 月 16 日，随迪凯特成功地偷袭的黎波里港，并将被捕缴的“费城”号烧毁。因功提升为临时上尉。后转入“海妖”号服役。受命至米德尔敦，以帮助伊萨克·霍尔建造火船，1806 年 1 月他得到了他的永久上尉委任状。1807—1808 年，指挥有 18 门炮的美军“黄蜂”号开赴英国和地中海，以加强对大西洋沿岸的封锁。1810—1812 年，麦克多诺离开现役，任一商船船长，赴英国和印度。回国后，在美“星座”号上服役，后闲居华盛顿，麦克多诺经多方努力，得到了指挥火船保卫缅因州之波特兰的任务。10 月受命指挥尚普兰湖上的海军力量。尽管缺乏训练有素的士兵、充足的火炮和给养，麦克多诺仍然用他的三艘战舰和二艘小火船做好了战斗准备，1813 年 7 月 24 日他提升为少校。8 月，当英国人击沉麦克多诺的一艘战舰后，英军在海上拥有了绝对的优势。麦克多诺迅速组织起 3 艘三桅船和 4 艘小火船于秋季将英国人赶至加拿大水域。第二年，在麦克多诺企图进入纽约时，遭到了英国人的强力进攻。在没有得到尚普兰湖的控制权之前，英国将军普雷沃不愿离开普拉茨堡地区作战，因此，英国准将罗伯特·多尼领导的舰队只得单独驶向南方同麦克多诺作战。得知英军的目标，麦克多诺在普拉茨堡附近选择有利位置，停泊其舰船，充分地作好了战斗准备。英军发起进攻，初战取得了成功，这部分归功于英舰“坎菲恩斯”号的型号大（37 门炮），但在反复争夺战中，其舰船也遭严重破坏。麦克多诺用缆索将其旗舰“萨拉托加”号（26 门炮）调转船侧，将其没有受损的一侧面向英舰，从而以优势的火力打击英舰，当英舰也企图转身时，麦克多诺全力扫射英“坎菲恩斯”号，1814 年 9 月 14 日，麦克多诺取得了决定性的胜利。随着英主力舰大部沉没，普雷沃迅速撤向加拿大。麦克多诺得到国会的称赞，并被提升为少校。1815 年 7 月 1 日，他接替伊萨克·霍尔成为朴次茅斯海军造船厂的指挥员。尽管他身染结核病，仍于 1818 年 4 月率美“古尔里拉”号（44 门炮）驶往地中海。返美后，任美“俄亥俄”号（74 门炮）的指挥，随后于 1818—1823 年在纽约督建该舰。在换了几个岗位后，受命指挥“宪法”号（44 门炮），于 1824 年再次驶往地中海。病情加重后，他决定返回美国，1825 年 11 月 10 日在途中卒于直布罗陀。

麦克多诺是经受的黎波里战争洗礼的一组年轻海军官员中的一位，他把全部精力都贡献于美国海军的作战，他在尚普兰湖的作战是非常激烈的，以至于当时英国的某一参战人员将特拉法尔加描绘为：“同尚普兰湖作战相比只是一场儿戏而已”。尚普兰湖的战例经常作为战术准备和实施的典范，同时这一作战也可能是同英国战争的决定性战斗。

DLB

参考：Dean, Leon W., Guns over Champlain. New York, 1948.

Forester, C. S., “Victory on Lake Champlain,” American Heritage, Vol. 15(1963).

MacDonough, Rodney, The Life of Commodore Thomas MacDonough, United States Navy. Boston, 1909.

Muller, Charles G., The Proudest Day: MacDonough on Lake Champlain. New York, 1960.

DAB.

DAMB.

WAMB.

麦克道厄耳，欧文（McDowellz, Irvin, 1818—1885 年） 美国将军。参加主要战争：美墨战争（1846—1848 年）和美国内战（1861—1865 年）；参加主要战役（战斗）：比尤纳维斯塔（墨西哥萨尔蒂约附近）之战（1847 年）、第一次布尔溪之战（弗吉尼亚州马纳萨斯，1861 年）、第二次布尔溪之战（1862 年）。

麦克道厄耳 1818 年 10 月 15 日生于俄亥俄州的哥伦布，在法国接受教育。1838 年毕业于西点军校，分配到炮兵部队。1838—1841 年随第一炮兵团戍守加拿大边界。1841—1845 年任西点军校教官。1842 年 10 月晋升为中尉。从 1845 年 10 月起及整个美墨战争期间任约翰

·埃·伍尔将军的副官。在 1847 年 2 月 22—23 日的比尤纳维斯塔战斗中表现突出，荣升上尉。5 月在陆军部副官署任上尉。1848—1861 年一直做参谋工作。1856 年 3 月晋升为少校。1858—1859 年留学欧洲学习军事管理。1861 年 5 月美国南北战争爆发时，通过温菲尔德·斯科特将军和财政部长萨蒙·P. 蔡斯的关系，连晋三级，升为准将并被任命为华盛顿地区陆军指挥官。勤勤恳恳地把新招募的兵员组建成一个军团。7 月初，在华盛顿特区周围部署了37 000人的兵力。在政府责令下，他计划在森特维尔对比·古·土·博雷加德将军指挥的南方军进行侧翼包围。以切断其同里士满基地的联系。7 月 16 日他向马纳萨斯方面派出 5 个师，7 月 18 日占领森特维尔。在花了 3 天时间使新组建的部队做好战斗准备后，7 月 21 日开始实施其包围计划。因在渡过布尔溪时行动缓慢，使博雷加德将军得以重新部署兵力，同时南方军约瑟夫·埃·约翰斯顿将军率援军从谢南多厄河谷赶到增援，联邦军被击退，其志愿军像潮水般溃逃。8 月乔治·布·麦克莱伦将军接替其职务，1862 年 3 月麦克道厄耳被任命为志愿军少将，指挥新的波托马克军团的第一军。在 4—7 月的半岛战役期间，林肯总统令其回防华盛顿。后调他到约翰·波普将军的拉帕汉诺克军团任第三军指挥官。8 月 29—30 日在第二次布尔溪之战中失利，受到批评，被免去职务，后来调查法庭宣布其无罪，但其军事生涯被毁。1864 年 7 月任太平洋军区司令，1865 年 7 月任加利福尼亚军区司令，1868 年 7 月任东部军区司令。1872 年 11 月晋升为少将并任南部军区司令。1876 年 6 月—1882 年 10 月重任太平洋军区司令，直到退役。1885 年 5 月 4 日卒于旧金山。

麦克道厄耳是一位具有战略眼光和极强组织能力的军人，但好大喜功、冷漠、漫不经心，且极难相处。其布尔溪之战的计划是极为出色的，但其未历战事的指挥官及部队却没有能力将其付诸现实。

DR

参考：Beattie, Russell M., Road to Manassas. New York, 1961.

Davis, William C., Battle at Bull Run. New York, 1977.

Fry, James B., McDowell and the Campaign of Bull Run. New York, 1884.

DAMB.

WAMB.

麦吉芬，斐洛·诺顿（McGiffen, Philo Norton, 1860—1897 年） 在中国清朝军队中任职的美国海军军官。参加主要战争：中法战争（1883—1885 年）、中日甲午战争（1894—1895 年）；参加主要战役（战斗）：鸭绿江之战（1894 年）。

麦吉芬 1860 年 12 月 12 日生于宾夕法尼亚州华盛顿。1882 年毕业于海军学院。在“哈特福德”号蒸汽快速护航舰上于太平洋服役两年之后，被批准成为合格的海军军官候补生（相当于现在的海军少尉）。因少尉以上的军官职位中没有空缺，所以他领了一年的军饷后被解职。于是，1885 年初麦吉芬来到中国，受聘于李鸿章的北洋水师。6 月在中法战争结束前夕，在他指导下成功地俘获了法军炮艇。1885—1895 年的 10 年间他在天津的北洋水师学堂任教官。同时作为海军的一名创建者，他还亲自到英国监督北洋水师订购的 4 艘铁甲舰的建造。到 1894 年 8 月甲午战争爆发时，北洋水师在麦吉芬的训练下，已建立了自己的组织机构并拥有了自己的海军军官。麦吉芬作为中国一艘战舰的带领者，在鸭绿江海战中指挥有方，在调兵遣将迫使日军退却方面起过一定作用，而他本人却在 9 月 17 日的战斗中负伤，不得不辞职回纽约进行治疗。他在遭受了精神及肉体上的巨大痛苦之后，最终于 1897 年 2 月 11 日在医院自杀身亡。

麦吉芬是一位极具天才的海军军官。具有讽刺意味的是，他是第一位实战指挥现代铁甲战列舰的美国人。他在鸭绿江海战中的表现足以证明他是一位有才能的战术家，但麦吉芬最擅长的还是海军训练及管理。

DLB

参考：Sweetman, Jack, American Naval History: An Illustrated Chronology. Annapolis, Md., 1984.

WAMB.

马查尼达斯（Machanidas，活动于公元前 210 年前后） 斯巴达摄政。参加的主要战争：第一次马其顿战争（公元前 215—前 205 年）；参加主要战役（战斗）：曼丁尼亚之战（公元前 207 年）。

尼科洛，马基雅维利（Machiavelli, Niccolo, 1469—1527 年） 意大利军事理论家。参加主要战争：比萨之战（1495—1509 年）、神圣同盟战争（1511—1514 年）。

马基雅维利 1469 年 5 月 3 日生于佛罗伦萨的没落贵族家庭，其父贝尔纳多·马基雅维利曾当过法官。1498 年吉罗拉·萨沃纳罗拉下台后，他担任佛罗伦萨公国国务大臣二秘。1500—1502 年，他出任大议会长官秘书，负责外交和军事工作。1502 年，皮耶罗·迪·托马索·索德里尼竞选“正义旗头”，马基雅维利是其主要助手。1500—1504 年，多次出使外国。1505 年 12 月，由他起草的一项军事法规即成立由 1 万人组成的民军得到佛罗伦萨政府的批准。1506 年，出任议会第九任秘书，负责民兵工作。1507 年 12 月—1508 年 6 月，到德国旅行。1509 年 6 月 8 日，率民兵加入夺取比萨的作战，协助正规军看守敌方投降者。1510—1511 年，从事神圣同盟战争前的外交和军事准备工作。佛罗伦萨沦陷后，曾带职失踪一段时间，直至 1512 年美第奇家族复辟。后来，他被诬陷阴谋煽动谋反而被捕入狱，因证据不足而被释放。1513 年解甲归田回到佛罗伦萨附近的圣安杰洛小庄

园，从此开始隐居生活。这时他的家境已非昔日可比，但有时为了脸面也得假充阔绰。在此后的 14 年中他埋头著书立说，写了大量的著作，1513 年，撰写了《君主论》；1516—1519 年，写了《李维历史注疏》；1520 年撰写了《战争艺术论》；1521—1525 年，撰写了《佛罗伦萨史》；另外，还著有一些剧本、故事集和诗集。1518—1523 年，得宠于卡迪纳尔·朱利奥·德·美第奇，在政府供职。此间的 1520 年 11 月，开始掌管佛罗伦萨历史学编写工作。1521—1526 年，曾率几个小型使团出访。1526 年 4 月，开始担任防务工事部长助理。1526—1527 年，跟随神圣罗马教廷军队从事作战活动，直至 1527 年 5 月罗马沦陷。他回到了佛罗伦萨。但由于美第奇政府倒台，他未再担任政府公职。1527 年 6 月 21 日卒于佛罗伦萨。

马基雅维利具有强烈的爱国主义思想，对政治和军事事件具有敏锐的观察力。但是他玩世不恭，很多观点不是从道德的角度出发，而是以权力作为基础，这表现在其几部著作中，如在《君主论》中反映了他“为达目的，不择手段”的霸术思想，《战争艺术论》则清楚地反映了他对战争中道德方面的观点，等等。尽管如此，他的著作仍有很重要的价值，如《战争艺术论》中对战略概念的界定等。从这个角度来说，他是现代战略理论之父。

DLB

参考：Gilbert，Felix，“Machiavelli：The Renaissance of the Art of War，”in Peter Paret et al.，eds.，Makers of Modern Strategy. Princeton，N. J.，1986.

Machiavelli，Niccolò，Chief Works and Others. Translated by Allan Gilbert. 3 vols. Durham，N. C.，1965.

——，Opere，8 vols. Edited by Sergio Bertelli and Francesco Gaeta. Milan，1960—1964.

Ridolfi，Roberto，The Life of Niccolò Machiavelli. Translated by Cecil Grayson. London，1963.

马克·冯·莱贝里希，卡尔·弗里德里希男爵（Mack von Leiberich，Baron Karl Friedrich，1752—1828 年） 奥地利将军。参加主要战争：同土耳其的战争（1787—1792 年）、法国大革命战争（1792—1799 年）和拿破仑战争（1800—1815 年）；参加主要战役（战斗）：西维塔-卡斯特拉那之战（1798 年）、埃尔金根之战（1805 年）、乌尔姆之战（1805 年）。

马克·冯·莱贝里希 1752 年 8 月 24 日生于巴伐利亚的奈恩斯林根。1770 年参加奥地利骑兵并在其叔父手下服役。1777 年升为少尉。1778 年作为一名有成就的作家和画家，随同皇帝约瑟夫到边界视察。1783 年任上尉，在总参谋部任职。1785 年被封为男爵。1787—1791 年，参加同土耳其的战争，荣立功勋。1788 年升为少校，任皇帝的侍从副官。1789 年升为上校。1790 年 1—9 月，任奥驻摩拉维亚方面军的参谋长。1794 年 2—5 月，任奥驻尼德兰方面军参谋长。1794 年，同法国将军在杜莫里埃谈判。1798 年 11 月—1799 年 1 月，作为那不勒斯军队司令官向波旁王朝支付货款。1798 年 12 月 4 日在西维塔-卡斯特拉那被打败后被俘。逃出后于 1800 年回奥地利。1804 年任奥军总参谋长。在 1805 年第三次大同盟战争中，任奥军总司令。10 月 14 日被拿破仑打败于埃尔金根。10 月 20 日，在乌尔姆之战中被围后率部投降。经军事法庭审讯后被判死刑，但 1806—1807 年被减刑，1809 年被释放，同年施瓦岑堡恢复了马克的职务。1828 年 10 月 22 日卒于奥地利的圣波尔顿。

马克聪明、勤奋、勇敢，得到其军队的喜爱。他是一位优秀的管理者和组织者，并得到其参谋人员的高度评价。他努力工作以改善其军队的素质，但他在作战中却不走运。

VBH

参考：Allgemeine deutsche Biographie，Vol. 20. Leipzig，1900.

Krauss，Alfred，1805 der Feldzug Ulm. Vienna，1912.

Maude，F. N.，The Ulm Campaign 1805. London，1912.

M

麦凯，休（Mackey，Hugh，约 1640—1692 年） 苏格兰将军。参加主要战争：坎迪亚战争（1645—1669 年）、荷兰战争（1672—1678 年）、奥格斯堡同盟战争（1688—1697 年）；参加主要战役（战斗）：瑟内夫之战（1674 年）、塞奇莫尔之战（1685 年）、基利克兰基之战（皮特洛赫里附近，1689 年）、奥赫里姆之战（1691 年）、斯滕刻尔克之战（比利时的埃诺，1692 年）。

麦凯约 1640 年生于萨瑟兰郡的斯考里，是休·麦凯第三子。1660 年在邓巴顿团队（后来的皇家苏格兰团）任步兵少尉。后赴法国和威尼斯服役。1669 年，围攻克里特的坎迪亚（伊拉克利翁），获威尼斯的一枚奖章。1672 年，与后来的马尔波罗公爵约翰·丘吉尔一起在蒂雷纳元帅麾下的邓巴顿团队供职。1674 年，出于良心和宗教信仰的原由，要求调往荷兰服役。8 月 11 日，在瑟内夫之战中立下战功。10 月 24 日，参加攻占赫拉费。1677 年担任驻荷兰一支苏格兰团队上校。1685 年 6 月 4 日该团队奉国王詹姆斯二世命返回英格兰镇压蒙茅斯叛乱，麦凯晋升为少将和苏格兰旅旅长。7 月 6 日参加塞奇莫尔之战，后率旅返回荷兰。1688 年 1 月，詹姆斯下令将该旅转隶法国王路易十四，麦凯遂转而支持荷兰国王威廉三世。与威廉在托贝登陆，11 月—12 月 11 日，陪同威廉进军伦敦，成为“光荣革命”的功臣。1689 年 1 月 4 日，威廉晋升他为少将，并任命他为驻苏格兰军总司令。邓迪（“快活的邓迪”）第一子爵克拉弗豪斯的约翰·格雷姆发动一次严重的叛乱支持詹姆斯，麦凯率部挺进苏格兰高地平息了这次王党叛乱（6 月）。追击诡

计多端、难以捉摸的邓迪至因弗内斯，但为保护补给线不得不撤回珀斯。为阻止邓迪招募阿瑟尔人，着手夺取布莱尔，但7月27日，在基利克兰基遭到苏格兰高地联队的攻击而惨败。在溃退中，麦凯仅仅撤出两个步兵团和少数骑兵。然而，邓迪亡于此战，叛乱遂告失败，麦凯消灭了邓迪的继任者坎农指挥的残余叛军。为加强对苏格兰高地控制，1690年修建威廉港。1690年秋，平息托马斯·巴肯叛乱。后辞去苏格兰军队指挥之职，与威廉三世在荷兰过冬（1690—1691年）。赴爱尔兰，任霍德特·德·欣克尔的副手，1691年6月30日攻克艾里什敦。7月22日，在奥赫里姆之战中指挥骑兵实施决定性攻击。10月13日，利默里克去世后晋升为中将，并被派往佛兰德指挥联军中的英国师。1692年7月24日，在斯滕刻尔克之战中遭到法国王室禁卫军和瑞典军的一次反击，阵亡。

麦凯是一位勇敢、优秀的领导人，但他不是一位特具天赋的战略家和战术家，而是一位杰出的部下。

DLB

参考：Riddell, Edwin, ed., Lives of the Stuart Age. New York, 1976.

DNB.

EB.

EMH.

M

马肯森，奥古斯特·冯（Mackensen, August von, 1849—1945年） 德国陆军元帅。参加主要战争：普法战争（1870—1871年）和第一次世界大战（1914—1918年）；参加主要战役（战斗）：古姆宾嫩（古谢夫）之战（1914年）、坦嫩贝格（斯滕巴尔克）之战（1914年）、第一次马祖里湖区之战（1914年）、罗斯之战（1914年）、戈尔利采-塔尔诺夫之战（1915年）、塞尔维亚之战（1915年）和罗马尼亚之战（1916年）。

马肯森1849年12月6日生于萨克森的豪斯-莱比锡（在维腾贝格附近），其父是土地代理商。1869年成为"死亡轻骑兵"的候补军官。在普法战争中（1870年8月—1871年2月）任低级军官。1882年到总参谋部任职，1898年陪同德皇威廉二世访问巴勒斯坦，1908年提升为骑兵上将，指挥第十七军。第一次世界大战初期，东线指挥第十七军参加了古姆宾嫩之战（1914年8月20日）、坦嫩贝格之战（8月27—31日）和第一次马祖里湖区之战（9月9—15日）。9月下旬他调到新成立的第九集团军，11月4日任该集团军司令。指挥德军实施了成功的罗斯攻势（11月11—21日）。在奥匈军的喀尔巴阡山攻势（1915年3—4月）惨败后，马肯森带德军增援兵力南下，任德奥第十一集团军司令（4月）。5月2—4日指挥第十一集团军和奥匈第四集团军发动精心准备的戈尔利采-塔尔诺夫攻势，一举突破俄军防线。他的先头部队俘虏了12万俄军，消灭了俄军第三集团军，并攻取伦贝格（利沃夫，6月22日）和布列斯特-立托夫斯克（布列斯特，8月29日），因该次胜利他被提升为陆军元帅（6月20日）。9月他被调往巴尔干地区，指挥对塞尔维亚的新攻势。10月7日指挥德军第十一集团军、奥德第三集团军和保加利亚第一集团军对数量处劣势和厌战的塞军实施心理攻势。10月9日夺取贝尔格莱德，至12月4日，即在两个月的时间里横扫塞尔维亚。当罗马尼亚参战的趋势明显后，法金汉命马肯森担任在保加利亚北部的由保军、土军和德军混编的多瑙河集团军司令（1916年春），罗马尼亚实际参战后，马肯森向北进攻（9月1日），他夺取了从康斯坦察到多瑙河畔切尔纳沃达的铁路线，攻克图特拉坎（9月6日）和锡利斯特拉（9月9日）。他曾一度被阻，当得到两个土军师的加强后，继续北进，在斯维什托夫渡过多瑙河（10—11月，11月23日）。再朝东北方向的布加勒斯特挺进，只遇到很小的抵抗。12月1—2日他曾一时被罗军的反攻所阻，12月6日在法金汉第九集团军的支援下进入布加勒斯特，12月—1917年1月巩固了对罗马尼亚的控制。停战之后他在诺维萨德被法军拘留（1918年11月—1919年12月）。1920年退役。1933年在纳粹政府中任州议员，1934年6月30日曾试图和兴登堡取得联系，以阻止在"长刀之夜"（6月30日—7月1日）屠杀纳粹，未遂，结果库特·冯·施莱歇将军和库特·冯·布雷多夫人被杀死。他活过了第二次世界大战，1945年11月8日卒于策勒。

马肯森是一位能干、充满活力并足智多谋的将领，他是德军在东线的最为成功的陆军指挥官之一。

BLB

参考：Buchan, John, A History of the Great War. 3 vols, Boston, 1923.

Hayes, Grace P., World War Ⅰ: A Compact History. New York, 1972.

Mackensen, August von, Briefe und Aufzeichnungen aus Krieg und Frieden. Berlin, 1938.

Tuchman, Barbara, The Guns of August. New York. 1962.

麦肯齐，拉纳尔德·斯莱德尔（Mackenzie, Ranald Slidell, 1840—1889年） 绰号"残手"，美国将军。参加主要战争：美国内战（1861—1865年）、在西得克萨斯州的印第安人战争（1874—1875年）、北部平原战争（1876—1877年）、犹他战争（1879—1881年）；参加主要战役（战斗）：第二次布尔溪之战（弗吉尼亚的马纳萨斯，1862年）、腓特烈堡之战（1962年）、钱瑟勒斯维尔之战（腓特烈堡附近，1863年）、葛底斯堡之战（1863年）、荒原之战（拉皮丹河之南，1864年）、斯波齐尔韦尼亚之战和锡达河之战（于弗吉尼亚的斯特拉斯堡附近，1864年）、彼得斯堡之战（1864年）、帕洛·杜罗峡谷之战（1874年）、克雷齐伍曼克里克之战（1876年）。

麦肯齐1840年7月27日生于纽约，是著名海军军

官和作家亚历山大·斯莱德尔·麦肯齐之子。曾入威廉斯学院学习。1862 年以全班第一名的成绩毕业于西点军校，领工兵少尉衔后立即参战，在第二次布尔溪之战（8 月 29—30 日）中负伤，因其英勇而获晋升。随后又参加了腓特烈堡之战（12 月 13 日）、钱瑟勒斯维尔之战（1863 年 5 月 1—6 日）和葛底斯堡之战（7 月 1—3 日），并晋升为少校。11 月晋升为正规军上尉，因其在彼得斯堡战斗（1864 年 6 月 13—18 日）中的表现又晋升为中校。作为志愿兵上校，指挥康涅狄格州第二志愿团参加了谢南多厄河谷激战（7—10 月）。在锡达河战斗（10 月 19 日）中负伤，失去右手的两个手指（因此印第安人叫他“残手”），因作战英勇荣升上校军衔。后升为志愿军准将，指挥詹姆斯军团的骑兵师。在五岔口战斗（1865 年 4 月 1 日）中身手不凡，晋升为少将并被格兰特上将称赞为“陆军中最有前途的军官”。战争结束后回到工兵部队任正规军上尉。后被任命为黑人部队第四十一步兵团上校，他严格管理和严格训练部队，使该部在得克萨斯边界勤勉戍边（1867—1869 年）。第四十一和第三十八步兵团合并成第二十四步兵团后，麦肯齐任该团上校军官（1869 年）。后调任驻扎得克萨斯州孔乔堡（圣安吉洛）的第四骑兵团指挥官（1871 年 2 月 25 日），该团是陆军中最好的团队之一。勇猛地与逃出居留地而骚扰南得克萨斯的科曼奇人和凯欧瓦人作战。于红河北岔口（1872 年夏），经 70 小时 230 公里急行军进入墨西哥（经陆军大臣威廉·贝尔纳普批准）破毁圣雷莫利诺（今埃尔雷莫利诺）附近的三个阿帕切人的村庄（5 月 18—20 日）。在红河战争中带领他的团与科曼奇人、凯欧瓦人和南夏延人作战，他在帕洛杜罗峡谷的胜利达到顶峰（1874 年 9 月 28 日）。在这次战斗中他破毁了印第安人营地及大部分粮食、衣物和马匹。随后受命于谢里登将军同苏族人和北夏延人作战（1876 年）。在内布拉斯加州大败红云、红叶部落（10 月）。克雷齐伍曼克里克之战中，他于严寒气侯条件下击败钝刀部落（11 月 25—26 日），捣毁了印第安人的营地，为不久之后击败“疯马”和苏族人奠定了基础。镇压了逐渐形成威胁的犹特人于白河（科罗拉多西北，1880 年 5 月）。押送 1400 名犹特人到位于犹他州的新保留区（1881 年 8 月）。后被任命为新墨西哥军区司令（10 月 30 日），他有效地挫败了阿帕切人的叛乱，在该地区恢复了和平。晋升为准将并受命指挥得克萨斯探军区（1883 年 10 月 30 日）。到圣安托尼奥后不久，他的身体和精神垮了下来。被解除军职并从军队退役（1884 年 3 月 24 日）。1889 年 1 月 19 日卒于斯塔滕岛的新布赖顿他姐姐的家中。

麦肯齐待人严肃，军纪严明，是一位坚韧、进取的指挥官。在与印第安人的战争中，他认识到致胜的法宝是破坏敌人的给养和马匹。他作战迅捷、果断，以极少的伤亡取得了胜利。

DR and DLB

参考：Carter, Robert G., On the Border with Mackenzie, or Winning West Texas from the Comanches. New York, 1961.

Haley, James L., The Buffalo War. New York, 1976.

Wallace, Ernest, Ranald S. Mackenzie on the Texas Frontier. Lubbock, 1964.

Warner, Ezra, Generals in Blue. Baton Rouge, 1977.

DAB.

DAMB.

WAMB.

麦克马洪，马里耶·埃德姆·帕特里斯·莫里斯·德（Macmahon, Marie EdméPatrice Maurice de, 1808—1893 年） 法国元帅。参加主要战争：阿尔及利亚战争（1830—1847 年）、克里木战争（1853—1856 年）、意大利战争（1859 年）和普法战争（1870—1871 年）；参加主要战役（战斗）：君士坦丁之战（1837 年）、马拉科夫堡垒攻坚战（塞瓦斯托波尔，1855 年）、马振塔之战（1859 年）、弗洛斯威勒（沃尔特）之战（1870 年）、色当之战（1870 年）和巴黎包围战（1871 年）。

麦克马洪 1808 年 7 月 13 日生于索恩-卢瓦尔省的叙利，爱尔兰移民的后裔，其祖辈是英王詹姆士二世退位后的拥戴者。曾入圣西尔军校学习，1827 年毕业后参加陆军。1830 年去阿尔及利亚。1837 年 10 月，在君士坦丁攻夺战中荣获勋章。后指挥一个师参加了克里木战争，并于 1855 年 9 月 8 日在塞瓦斯托波尔率部参加了马拉科夫堡垒攻夺战。与奥地利在意大利作战期间，1859 年 5 月 4 日，向前推进火炮掩护攻击马振塔大桥的行动，使杂乱无章的进攻演变成重大胜利。后来晋升为法国元帅，封为马振塔公爵。1870 年 7 月 31 日，普法战争爆发时，统率由 3 个军组成的阿尔萨斯军团。8 月 6 日在弗洛斯威勒战斗中失利，8 月 7—14 日撤退到马恩河畔沙隆。8 月 21—28 日从沙隆北进支援被普军包围在梅斯的巴赞，但他选择北边的路线，同时在报刊上广泛报道其行动，使普军得以迅速采取行动。8 月 29 日他在杜济涉过默兹河，但在努阿尔（8 月 29 日）和博蒙（8 月 30 日）被击退，被迫退向色当。8 月 31 日在巴泽耶负伤，被迫撤到色当默兹河拐弯处。由奥古斯特·杜迪克罗将军接替其职务。其军团被普军包围并遭到 426 门大炮的连续猛击，两天后，即 9 月 2 日投降。1871 年春从监禁中释放。4 月 2 日回到法国，率领政府军残酷镇压巴黎公社，5 月 21—28 日指挥占领巴黎。1873 年 5 月 24 日，家喻户晓的麦克马洪伯爵，在阿道夫·泰尔斯辞职后当选为法兰西第三共和国第二总统。他谦逊、极注重形式和固执死板的性格不适宜法兰西第三共和国初期动荡的政治。经过 8 个月的政局动荡以及平民和议会的斗争，他于 1879 年 1 月 28 日辞职。在巴黎过着退休生活，卒于 1893 年 10 月 17 日。

麦克马洪是一位勇猛的军人，他是一位具有一定才干的军、师级指挥员，但缺乏战略才能，在军团一级的指挥中出现错误，作为一位政治家，他力有未逮。令人啼笑皆非的是，与其成功相比，他建立总统制政府原则的失败给法兰西第三共和国的影响更大。

DLB

参考：Edwards，Stewart，The Paris Commune，1871. Chicago，1971.

Halévy，D.，La répubique des ducs. Paris，1937.

Howard，Michael，The Franco-Prussian War. London，1961.

McElwee，William，The Art of War：Waterloo to Mons. Bloomington，Ind.，1974.

Sacy，Jacques Silvestre de，Le Maréchal de MacMahon，duc de Magenta. Paris，1960.

麦克莫里斯，查理·霍雷肖（McMorris，Charles Horatio，1890—1954 年） 昵称"苏格"，美国海军将军。参加主要战争：第一次世界大战（1917—1918 年）、第二次世界大战（1941—1945 年）；参加主要战斗（战役）：埃斯佩兰斯角（瓜达尔卡纳尔）海战（1942 年）、科曼多尔群岛海战（1943 年）。

M

麦克莫里斯 1890 年 8 月 31 日生于亚拉巴马州韦塔姆卡，是斯宾塞·詹姆斯和安妮·阿曼达·罗滨逊·麦克莫里斯之子。1912 年，在全年级 156 名学员中以第六名的成绩毕业于海军军官学校。因富于聪明才智，当时就得到了"苏格拉底"的简称"苏格"的绰号。后在大西洋上的几艘战列舰和一艘装甲巡洋舰上服役。1914 年 4 月 21 日，参加了在维拉克鲁兹的登陆行动。1917 年 1 月—1919 年 6 月，在"马里兰"号战舰上服役，参加了协助救援珍珠港海域的 F-4 潜艇的行动，后在北大西洋的驱逐舰上服役。曾提任过短时间的"沃尔克"号驱逐舰舰长。1919—1922 年，在匹兹堡从事征兵工作后，转入海军航行局任职。1922—1924 年，任"伯克"号布雷舰副舰长。1925—1927 年，回海军军官学校教授航海术。1927—1930 年，任太平洋地区"舍克"号驱逐舰舰长。1930—1933 年，在海军军官学校教授历史和英语。1933—1935 年，任太平洋地区"加利福尼亚"号战列舰领航员。1935—1937 年，回海军航行局工作。1938 年，毕业于海军军事学院。1938 年—1941 年 1 月，任阿道夫·安德鲁斯将军指挥的侦察舰队作训军官。1941 年 1 月—1942 年 4 月，晋升为上校，任赫斯本德·E. 金梅尔将军指挥的太平洋舰队司令部作战计划处处长。1942 年 5 月，任"旧金山"号舰炮巡洋舰舰长。8 月，率部掩护海军陆战队在瓜达尔卡纳尔岛登陆。10 月 12 日，参加了埃斯佩兰斯角外的海战。11 月，晋升为少将。12 月，任以"里士满"号轻巡洋舰为旗舰的第八特混舰队司令。1943 年 2 月，偶然炮轰日军占据的阿留申群岛中的阿图岛。1943 年 3 月 25 日，在科曼多尔群岛海域拦截了细萱戊子郎指挥的救援基斯卡岛守军的日军舰队。该舰队有 2 艘重巡洋舰和 2 艘轻巡洋舰以及 4 艘驱逐舰。尽管所率由 2 艘轻巡洋舰和 4 艘驱逐舰组成的舰队遭到猛烈炮击，仍英勇攻击日军运输船，但未能成功，被迫撤离。日军舰队转入追击，双方进行了 3 小时的追逐战。他的 1 艘巡洋舰受重创，但日军舰队突然停止进攻，没有增援基斯卡便撤走了。5 月，任尼米兹将军（太平洋司令部司令）的参谋长，在制定中太平洋作战计划方面发挥了重要作用。1944 年 9 月，晋升为战时中将。1946 年 2—9 月，任第四舰队司令。1947 年 12 月—1948 年 8 月，任远东委员会主席。1948 年 7 月，晋升为中将军衔。后任第十四海军战区及夏威夷海疆司令部司令。1952 年 9 月退役。卒于 1954 年 2 月 11 日。

麦克莫里斯是一位勇敢而得力的作战指挥官，也是一位经验丰富的参谋军官。他巧妙地指挥了科曼多尔海战。这是一次典型的日间炮战。

KS and DLB

参考：Morison，Samuel Eliot，History of United States Naval Operations in World War Ⅱ. Vol. Ⅶ：Aleutians，Gilberts，and Marshalls，June 1942-April 1944. Boston，1953.

New York Times，Obituary，February 13，1954.

Reynolds，Clark G.，Famous American Admirals. New York，1978.

麦克奈尔，莱斯利·詹姆斯（McNair，Lesley James，1883—1944 年） 美国陆军将军。参加主要战争：第一次世界大战（1917—1918 年）、第二次世界大战（1941—1945 年）；参加主要战役（战斗）：北非-突尼斯战役（1942—1943 年）、诺曼底登陆战役、圣洛之战（1944 年）。

麦克奈尔 1883 年 5 月 23 日生于明尼苏达州弗达勒，是詹姆斯和克拉拉·曼茨·麦克奈尔之子。1904 年以全年级 124 名学员中第十一名的成绩毕业于西点军校，任炮兵少尉。1904—1909 年，在犹他州、马萨诸塞州、新泽西州和华盛顿等地任多种军械与炮兵军官。1905 年 6 月晋升为中尉。1907 年 5 月晋升为上尉。1909—1914 年，在驻西部第四炮兵团中服役。1913 年去法国 7 个月，考察法军的炮兵训练。1914 年 4 月 30 日—11 月 23 日，参加了弗里德里希·J. 芬斯顿将军对维拉克鲁兹的远征。1916 年 3 月—1917 年 2 月，参加了潘兴将军对墨西哥的惩罚性远侵。1917 年 5 月，晋升为少校。不久被派往陆军参谋部工作。后赴法国美军第一师服役，但被转入美国远征军总司令部任职，8 月晋中校。此后两次升迁。1918 年 6 月晋升为上校。10 月晋升为准将，成为军中最年轻的将官。战争结束时，在陆军参谋部训练处任高级炮兵军官。1919 年战争结束时恢复少校正式军衔并返回美国。1919—1921 年在勤务学校任教。1921—1924 年在夏威夷驻军中任参谋 。1924—1928 年在珀杜大学任军事科学教授。1928 年晋升为中校。1929 年毕业于

陆军军事学院。后任野战炮兵学校副校长。在野战炮兵学校和民防军任职期间，于 1935 年 5 月晋升为上校。后任驻得克萨斯州第二野战炮兵旅旅长。1937 年 3 月晋升为准将。1939 年 4 月—1940 年 10 月，任利文沃斯堡指挥与参谋学校校长。在利文沃斯堡任职的后期，他已开始行使新组建的地面部队司令部司令的职权，该部负责部队训练、组织和动员工作。1940 年 9 月晋升为少将。1941 年 6 月晋升为战时中将。1942 年 3 月马歇尔将军重组陆军后任陆军地面部队司令。到 1943 年 7 月，通过设在陆军军事学院的司令部，他将陆军地面部队由 78 万人扩充至 220 万人的最大规模。他四处奔走，勤奋工作，为战争组训作战部队。1943 年，在突尼斯视察前线部队时被弹片击中受重伤。1944 年 6 月，赴英国接替巴顿任"幽灵"部队美国第一集团军司令。后再次视察诺曼底圣洛附近前线，1944 年 7 月 25 日"眼镜蛇"突破作战开始时，他在观察第八航空队对德军阵地的轰炸时，被一些突然降落的炸弹击中身亡，1945 年被追授上将军衔。

麦克奈尔是一位极富才干、精力旺盛的参谋军官。30 年代后期，他协助将陆军笨重的二旅四团制"方形"师改编成第二次世界大战中的三团制"三三制"师。从实际意义上讲，他是第二次世界大战中美国陆军的主要缔造者。

KS and DLB

参考：Greenfield, kent R., Robert R. Palmer, and Bell I. Wiley, The Army Ground Forces: The Organization of Ground Combat Troops, United States Army in World War Ⅱ. Washington, D. C., 1947.

Kahn, E. J., Jr., McNair, Educator of an Army. Washington, D. C., 1945.

Palmer, Robert R., Bell I. Wiley, and Williom R. Keast, The Army Ground Forces: The Procurement and Training of Ground Combat Troops, United States Army in World War Ⅱ. Washington, D. C., 1948.

DAMB.

WAMB.

麦科姆，亚历山大（Macomb, Alexander, 1782—1841 年）

美国将军。参加主要战争：1812 年的战争（1812—1815 年）、第二次西米诺尔战争（1835—1843 年）；参加主要战役（战斗）：乔治堡（安大略）之战（1813 年）、普拉茨堡之战（1814 年）。

麦科姆 1782 年 4 月 3 日生于底特律。在纽约市长大，1798 年，从当地入伍，参加民兵组织，同法国作战。1799 年 1 月 10 日，通过亚历山大·汉密尔顿的引荐入正规军，到轻龙骑兵连服役。在任将军助理威廉·诺思的助手期间，于 3 月 2 日升为少尉，1800 年 6 月 15 日离开军队。1801 年 2 月 16 日重新入伍，在第二步兵团中任少尉军官。1801—1802 年，当詹姆斯·威金逊同南部各州印第安人谈判时，他担任秘书。1802 年 6 月 11 日升为上尉。1807—1812 年在佐治亚和卡罗来纳的城堡中任总工程师。1808 年 2 月 29 日升为少校，1810 年 7 月 23 日升为中校。1812 年同英国战争爆发后，曾临时在华盛顿特区担任将军助理。由于对其野战指挥能够提出疑问，他遂被派至纽约，建立第二炮兵团，并成为萨克特港的守备部队指挥员（1812 年秋冬）。1813 年 5 月 27 日在温菲尔德·斯科特将军领导下参加攻克乔治堡的战斗。9—10 月，随威金逊的远征队开赴圣劳伦斯。1814 年 1 月 24 日升为准将，担任普拉茨堡守军司令，8 月又任纽约守军司令。在那里，他加固城防以抵御英军沿尚普兰湖的进攻，与此同时，托马斯·麦克多诺则在普拉茨堡湾组织防御。他打退了由普雷沃爵士率领的英军的强攻，这次胜利和麦克多诺在海上的胜利，使得英军不得不放弃（9 月 11 日）进一步入侵的计划。因功升为少将，1815 年，他将其军事力量从战时的63 000人减至10 500人。在他担任第三战区及第五战区司令时，以对上级和部属的暴烈而闻名。在军队进一步裁军后，他被降至上校，任工兵军的指挥员（1821 年 6 月 1 日）。此后，接替雅科布·布朗将军而升为少将衔，同时任陆军参谋长。1828 年 5 月 29 日，因温菲尔德·斯科特将军同埃德蒙·P. 盖茨将军发生争执，麦科姆被认为是接替他们的最好人选之一，因此得以出任美国陆军总司令。后来，麦科姆将精力用于炮兵的管理及现代化进程，他努力改革法规，放弃对部队供应威士忌酒。1835 年，当第二次西米诺尔战争爆发时，曾暂时参战。1841 年 6 月 25 日卒于华盛顿特区的办公室。

Staff

参考：Memoirs of Alexander Macomb, the, Maj. Gen Commanding the Army of the U. S., by Geo H. Richards, Esq., Capt. of Macomb's Artillery in the Late War. New York, 1833.

Prucha, Francis P., The Sword of the Republic: The U. S. Army on the Frontier, 1783-1846. New York, 1969.

DAB.

DAMB.

WAMB.

麦克弗森，詹姆斯·伯德塞（McPherson, James Birdseye, 1828—1864 年） 美国将军。参加主要战争：美国内战（1861—1865 年）；参加主要战役（战斗）：多纳尔森堡（田纳西州坎伯兰河边）之战（1862 年）、夏洛之战（1862 年）、维克斯堡之战（1863 年）、多尔顿之战（佐治亚州）、雷萨卡之战（佐治亚州卡尔洪附近）、达拉斯、凯纳索山（均位于马丽埃塔附近）之战、亚特兰大之战（皆在 1864 年）。

麦克弗森 1828 年 11 月 14 日生于俄亥俄州桑达斯基

县，是拓荒者威廉·拉塞尔·麦克弗森和辛西娅之子。1853年以全班第一名的成绩毕业于西点军校，并任职于工兵部队。在西点军校任教官一年后去纽约城任职。1857年在旧金山湾阿尔卡特拉斯岛任工程师。1861年4月南北战争爆发，麦克弗森回到东部，8月晋升为上尉，招募一连正规军。他向亨利·哈勒克将军申请转入现役第十二师，并于1862年2月14—16日参加了多纳尔森堡的战斗。在4月6日的夏洛之战中表现突出。5月晋升为志愿军准将，不久被任命为西田纳西州铁路军事主管。10月8日晋升为志愿军少将，集结4个团的兵力驰援威廉·斯·罗斯克兰斯将军，后者被厄尔·范多恩将军包围在密西西比州的柯林斯（9月）。作为第十七军指挥官，在1863年1月—7月4日的维克斯堡战役中表现突出而受到谢尔曼和格兰特的赞扬。8月晋升为正规军准将，其后于1864年3月26日指挥田纳西军团。在亚特兰大战役中，他在多尔顿谨小慎微的推进致使约·埃·约翰斯顿的部队溜走（5月8—9日)。5月13—15日在雷萨卡又一次诱歼约翰斯顿失败。因在进军亚特兰大期间担任主要机动部队指挥官，他的部队成为谢尔曼的“鞭梢”。麦克弗森在多尔顿战斗（5月26日）和凯纳索山战斗（6月27日）中显示出英雄本色。在亚特兰大战斗中，1864年7月22日在其往返于两个分散的部队途中，被南方军残部杀害。

M

麦克弗森是一位有天赋的指挥官，他运筹帷幄、睿智，富于同情心和有强烈的责任感。虽然因在多尔顿和雷萨卡战斗中的失败而时常受到批评，但他深受谢尔曼的信任，并卓有成效地指挥完成了战役的后一部分。在亚特兰大战斗中他准确地判断了胡德的突袭并布置兵力将其击溃。

DR

参考：Warner, Ezra, Generals in Blue. Baton Rouge, 1977.
Whaley, Elizabeth J., Forgotten Hero: General James B. McPherson. New York, 1955.
DAB.
DAMB.
WAMB.

马克里努斯，马可·奥帕利乌斯（Macrinus, Marcus Opellius, 164—218年） 罗马皇帝。参加主要战争：帕提亚战争（216—217年）。

前田宗久（Maeda, Gen'i, 1539—1602年） 日本将军。参加主要战争：统一战争（1550—1615年）。

前田利家（Maeda, Toshiie, 1538—1599年） 日本将军。参加主要战争：统一战争（1550—1615年）；参加主要战役（战斗）：朝仓之战（1573年）、北条之战（1590年）、侵略朝鲜之战（1592—1598年）。

前田利家早期生涯不详。1573年由于其在朝仓之战中的贡献分得一块在府中的领地而成为藩主。在织田信长死后的权力斗争中，起初支持柴田胜家，后来又支持丰臣秀吉并于此后跟随他。1590年参加北和要战役。1592—1598年丰臣秀吉在别处开展政务时，他在九州的名古屋城堡实际指挥侵略朝鲜战争，后被任命为五位元老之一，获丰臣秀吉的幼子秀赖的监护权。卒于1599年。其儿子们紧紧把持家族，到德川幕府时代结束时（1868年），年收入相当于19 000万升大米，从而成为日本最富有的家族。

LH

参考：Dening, Walter, The Life of Toyotomi Hideyoshi. London, 1930.
Papinot, E., Historical and Geographical Dictionary of Japan. Yokohama, 1910.
Sadler, A. L., The Maker of Modern Japan: The Life of Tokugawa Ieyasu. 1937. New York, 1977.

马格纳恩提乌斯，弗拉维·马格努斯（Magnentius, Flavius Magnus, 卒于351年） 罗马皇帝。参加主要战争：同君士坦丁二世的内战（350—351年）；参加主要战役（战斗）：马尔萨之战（351年）、帕维亚之战（351年）。

马格努斯一世·奥拉夫松（Magnus Ⅰ Olafsson〈the Good〉, 1024—1047年） 挪威统治者。参加主要战争：颠覆斯韦恩的战争（1035年）、与文德斯的战争（1042—1043年）；参加主要战役（战斗）：吕尔斯科格之战（1043年）。

马格努斯一世是“圣徒”奥拉夫二世·哈拉尔松的私生子。据说他是以查理大帝（卡罗勒斯·马格努斯）的名字而命名的（1024年）。其父奥拉夫被克努特流放时他被带到俄罗斯（1028年）。应挪威诸首领之邀回到挪威（1035年），这些首领不满克努特之子斯韦恩的统治。斯韦恩很快就被赶走，他们立年幼的马格努斯为国王。根据事先协定，丹麦国王哈迪克努特死后还由马格努斯继承丹麦王位（1042年）。他任命克努特的侄子斯韦恩·埃斯特利特松担任丹麦总督。在日德兰（吕尔斯科格）之战（1046年）一年后，马格努斯与其叔哈拉尔·哈尔德拉德平分挪威，故获得了他的支持。但马格努斯在随后的战役中死去（1047年10月25日）。

DLB

参考：EB.
EMH.

马格努斯二世·埃里克松（挪威的马格努斯七世）（Magnus Ⅱ Erikson, 1316—1374年） 瑞典和挪威统治者。参加主要战争：同丹麦的战争（1359—1360年）。

马格努斯三世（Magnus Ⅲ, 约1073—1103年） 绰号“光腿”。挪威统治者。参加主要战争：对不列颠群岛的远

征（1098—1099年）、与瑞典人的战争、对赫布里底群岛和爱尔兰的远征（1102—1103年）。

马格努斯三世约1073年生于国王"温和长者"奥拉夫三世之家，奥拉夫死（1093年）后继承父位。率军远征奥克尼（1098年），分别劫掠了赫布里底群岛、马恩岛和安格尔西，在那里他打败了诺曼伯爵切斯特的于格和什鲁斯伯里的于格（1099年）。回到挪威后不久即参加了瑞典境内反对国王英格的零星作战。与英格缔结和约并娶其女玛格丽特为妻（1101年）。再次率军远征赫布里底群岛，并劫掠马恩岛（1102年）。在阿尔斯特之战中阵亡（1103年）。他爱穿褶叠短裙，其绰号可能因此而来。但事实上，他可能只是喜欢不穿内裤散步。

DLB

参考：EB.

EMH.

马贡（Mago，约卒于公元前203年） 迦太基将军。参加主要战争：第二次布匿战争（公元前219—前202年）；参加主要战役（战斗）：特雷比亚之战（公元前218年）；坎尼之战（公元前216年）、上倍提斯之战（公元前211年）、巴丘拉之战（公元前208年）和伊立柏（位于塞维利亚北部地区）之战（公元前206年）。

马贡是迦太基政治家、将军哈米尔卡·巴卡三个儿子中最小的一个。公元前218年协同其兄汉尼拔入侵意大利。参加了同年9月与罗马军队的特雷比亚之战和8月2日的坎尼之战。公元前215年被派往西班牙援助另一个哈斯德鲁拔，公元前215—前207年在西班牙与哈斯德鲁拔并肩作战，取得了一些胜利。在哈斯德鲁拔率领下，他参加了公元前211年和公元前208年分别在上倍提斯和巴丘拉的作战。随后哈斯德鲁拔起程去意大利，结果在公元前207年的米陶拉斯之战中兵败身亡。马贡本人于公元前206年在西班牙塞维利亚北部的伊利帕地区被罗马将军普·科·西庇阿（即后来著名的"阿非利加"西庇阿）打败并被驱赶出西班牙北部。在加德斯停了一段时间，然后夺取了巴利阿里群岛（岛中至今还有以他的名字命名的"马贡港"）。公元前204年，进攻利古里亚，俘虏了格诺亚，并在利古里亚建立起一支部队。公元前203年在内高卢（意大利北部）被罗马部队击败，他率领几千人马从海上返回迦太基，但由于伤重卒于途中。

Staff

参考：Errington，Robert Malcolm，The Dawn of Empire. Ithaca，N. Y.，1972.

Warmington，Brian Herbert，Carthage，New York，1969.

Sources：

马格鲁德，约翰·班克黑德（Magruder，John Bankhead，1810—1871年） 绰号"王子约翰"，美国南部同盟将军。参加主要战争：第二次西米诺尔战争（1835—1842年）、美墨战争（1846—1848年）和美国内战（1861—1865年）；参加主要战役（战斗）：帕洛阿尔托之战（1846年）、塞罗戈多战斗（1847年）、查普尔特佩克山之战（1847年）、大拜则尔之战（约克镇附近，1861年）和七天战役（里士满附近，1862年）。

马格鲁德1810年8月15日生于弗吉尼亚州温彻斯特，是托马斯·班克黑德·马格鲁德和伊丽莎白之子。1830年毕业于西点军校，任步兵少尉。后转入炮兵部队，在美国西部及东海岸服役。第二次西米诺尔战争期间在佛罗里达州服役，1836年晋升为中尉。1846年美墨战争前夕晋升为上尉。1846年5月18日参加帕洛阿尔托之战。在吉迪恩·皮洛将军部队中指挥一个炮兵连参加了塞罗戈多战斗（1847年4月18日）。9月13日因在查普尔特佩克山之战中的英勇表现晋升为少校，后又晋升为中校。战争结束后驻防加利福尼亚州马里兰和罗得岛。1861年3月16日从军队退役，接受美国南部同盟任命为步兵上校。不久即参加了大弗吉尼亚州的大拜则尔的战斗。这是美国内战的第一次交战（6月10日），其部队挫败了本杰明·巴特勒将军从门罗堡进军的企图。因此次胜利7月晋升为准将。10月晋升为少将。在约克半岛战役中他作为指挥官同乔治·布·麦克莱伦将军的部队作战。1862年4月4日—5月4日，他在绝妙地部署其12 000人的部队后，诱使麦克莱伦打了一个月的包围约克镇的消耗战。6月25日—7月1日在七天战役中发挥显著作用，尤其以6月29日萨维奇营地战斗和7月1日莫尔文山战斗最为著名。然而，由于他执行命令缓慢招至罗伯特·爱·李将军的不满。10月换防到得克萨斯区，后来该区扩展到包括亚利桑那州和新墨西哥州的地域，他赢得了更大的胜利。1863年1月1日攻占了得克萨斯州的加尔维斯顿，缴获北方军炮艇"哈丽雅特·莱恩"号，击溃封锁分舰队。1864年3月派增援部队支援理查·泰勒将军对纳撒尼尔·班克斯将军进行的雷德河战役。1865年战争结束时逃到墨西哥，在墨西哥国王马克西米利安一世的军队中任少将。1869年马克西米利安跨台后回到美国，住在得克萨斯州的休斯顿，卒于1871年2月18日。

DR

参考：Settles，Thomas Michael，"The Military Career of John Bankhead Magruder，"unpublished Ph. D. dissertation，Texas Christian University，1972.

Warner，Ezra，Generals in Gray. Baton Rouge，1978.

麦格赛赛，拉蒙（Magsaysay，Ramón，1907—1957年） 菲律宾军事家和政治家；参加主要战争：第二次世界大战（1941—1945年）、新人民军起义（1946—1954年）。

麦格赛赛1907年8月31日生于吕宋西南部三描礼士省的伊巴（帕劳威格附近）。1927—1931年在马尼拉

的菲律宾大学学习。1933 年毕业于何塞·黎萨学院。他在开始工作时是一名汽车修理工，1941 年任一家运输公司的部门经理。第二次世界大战爆发时参加了菲律宾军队，被授予上尉军衔。1941 年 12 月—1942 年 4 月，参加了在吕宁和巴丹的战斗。美国驻军投降后，他参加了西吕宁省三描礼士的游击队，在美军抵达前三天（1945 年 1 月 26 日）占领了圣马塞利诺机场（奥隆阿波附近)。该省被美军解放后（1945 年)，他被任命 为三描礼士的军事长官。1946—1950 年，他退出军界，两度以自由党候选人的身份被选入国会。1950 年，他被埃尔皮迪奥·季里诺总统任命为国防部长，以对付菲律宾共产党领导的新人民军。他用军队取代了地方保安队，并对军队进行改革，然后开始对付新人民军。他向投降的新人民军成员提出宽大处理的条件，分给他们土地和家具，但对那些仍然坚持战斗的新人民军成员则采取猛烈的军事行动。1953 年他辞去了国防部长职务。此后他退出自由党加入了国民党，指责季里诺贪污腐化，阻挠反新人民军的行动。他被国民党提名为总统候选人对抗季里诺。他在大选中获胜并于 1953 年 12 月 30 日就职，任期四年。1954 年 5 月，路易斯·塔鲁克投降，标志着反新人民军的行动结束了。此前麦格赛赛还兼任国防部长。尽管麦格赛赛得到了民众的广泛支持，但他的土地改革计划遭到国会的抵制，他的亲美政策也招致他的政敌们的批评。尽管在 1955 年 11 月的议会选举中国民党获胜，占据了多数席位，但麦格赛赛的土地再分配计划仍然遭到反对。1957 年 3 月 17 日，麦格赛赛在从宿务飞回马尼拉的途中因飞机失事身亡。

麦格赛赛是菲律宾一位伟大的英雄，他的早逝是其国家的一种损失。

DLB

参考：Romulo, Carlos P., and Marvin M, Gray, The Magsaysay Story. N. P., 1956.
EB.

马汉，阿尔弗雷德·塞耶（Mahan, Alfred Thayer, 1840—1914 年） 美国海军上将和战略家。参加主要战争：美国内战（1861—1865 年）和美西战争（1898 年)；参加主要战役（战斗)：罗亚尔海堡之战（南卡罗来纳州，1862 年)。

马汉 1840 年 9 月 27 日生于纽约州西点，是西点军校教授丹尼斯·哈特·马汉之子。入哥伦比亚学院，后入位于安纳波利斯的海军学院学习，1859 年毕业。在巴西海军分舰队的美国战舰"国会"号上服役，于 1861 年 8 月被晋升为上尉。1861 年 11 月 7 日参加了将官赛米尔·杜邦在罗亚尔湾堡成功的军事行动。1862—1864 年参加了在南大西洋和西部海湾海军分舰队的封锁任务。1864—1865 年任海军少将约翰·阿·达尔格伦的参谋，1865 年 6 月晋升为少校。在随后 20 年的军事生涯中，分别于 1872 年 11 月和 1885 年 9 月晋升为海军中校和上校。1885 年在罗得岛纽波特新成立的海军军事学院教授海军史和战略学，并于 1886—1889 年任该院院长。1890 年出版了《1660—1783 年海上力量对历史的影响》一书，对海上力量及海军战略作了广泛全面和即时的剖析。1892 年出版了《1793—1812 年海上力量对法国革命和帝国的影响》一书，随后又出版了《纳尔逊生平》（1 897 年）以及其他著作。1892—1893 年任海军军事学院院长，并率领"芝加哥"号铁甲巡洋舰出航欧洲。在英国受到了公众的欢迎。1896 年 11 月退出现役，但 1898 年在美西战争期间被召回，在海军战争委员会任职。1899 年率团参加海牙和平会议，1902 年任美国历史联合会主席。1906 年退役时晋升为海军少将，1914 年 12 月 1 日卒于华盛顿特区。

作为向往逝去的舰上生涯的传奇式人物，马汉认为掌握制海权是国家安全和兴旺的基础，夺取和保持制海权关键在于摧毁敌方舰队，他同时阐述了海上力量和海军实力与国家政策和战略的较为广泛的结构之间的关系。他在为海军军事学院 1892 年级的学生们讲课时说："先生们，整个世界都知道，我们在建设新海军……，然而，当我们拥有了新的海军，我们将用它做些什么呢?"

DB

参考：Livezy, William E., Mahan on Sen Power. Norman, Okla., 1981, rev. ed.
Mahan, Alfred Thayer, From Sail to Steam: Recollections of a Naval Life. New York, 1908.
, The Influence of Sea Power upon History, 1660—1783. Boston, 1890.
, The Influence of Sea Power upon the French Revolution and Empire, 1793—1815. Boston, 1892.
Seager, Robert, and Doris D. Maguire, eds., Letters and Papers of Alfred Thayer Mahan, 3 vols. Annapolis, Md., 1975.

马汉，丹尼斯·哈特（Mahan, Dennis. Hart, 1802—1871 年） 美国军官和军事理论家。

马汉 1802 年 4 月 2 日生于纽约城，一爱尔兰移民之子。渴望成为一名艺术家。因为素描是工程教学大纲一部分，他便申请进入西点军校（1820 年)。作为西尔万那斯·塞耶少将的得意门生，马汉在第二学年时就担任了数学课的助理教授，1824 年以全班 32 名学员中第一名的成绩毕业，1824—1826 年在工兵部队任职，同时在西点军校任教官。1826—1830 年到法国梅斯"工兵及炮兵应用学校"学习。1830 年回到西点军校任工程学助理教授。1832 年 1 月 1 日辞去少尉军衔，荣升全职教授。马汉开创了军事科学的四年制课程，即后来称为"工程与战争学"。因缺乏合适的教材，他根据从欧洲带回的书籍，写出了大量关于战术和工程方面的著作，1836 年出版了《战场筑工总论》，1947 年出版了《土木工程基

础教程》，1863年出版了《先遣部队、警戒部队和分遣支队使用纲要》的论著，该书经常被称《警戒部队》。这是一部关于战术和战略的综合著作，试图供给专业军人使用。由于受若米尼影响，马汉称机动性的进攻性战役是赢得战争胜利的最好方法，并且坚持警戒与侦察极为重要，显示出极有价值和睿智的判断力。后来又写出了《工业绘图》（1852年）、《画法几何在筑工和测积术绘图中的应用》（1864年）和《军事工程学基础教程》（1866—1867年）等著作。1871年由于年龄关系，西点军校视察员委员会决定令其退休。因被迫退休而异常沮丧。1871年9月16日，在纽约斯托尼波因特附近的哈得孙河，从一条汽艇上跳河自杀。

马汉瘦小而有些神经质，在西点军校因其穿便装和伞不离手而极其显眼。他宣称自己是军事职业化的拥护者，所以，他几乎没有为非职业化军事人员写过书，即使在《警戒部队》一书的扉页上写着适用于民兵和志愿人员。马汉的思想对美国内战影响广泛，因为实际上交战双方所有西点军校的毕业生都聆听过他的教诲。

DLB

参考：Ambrose, Stephen E., Duty, Honor, Country: A History of West Point. Baltimore, 1966.

Dupuy, R. Ernest, Men of West Point: The First 150 Years of the United States Military Academy. New York, 1951.

Weigley, Russell F., Toward an American Army: Military Thought from Washington to Marshall. New York, 1962.

DAMB.

WAMB.

马洪，威廉（Mahone, William, 1826—1895年） 美国南部同盟军将军。参加主要战争：美国内战（1861—1865年）；参加主要战役（战斗）：七棵松（雷克蒙德附近）之战（1862年）、第二次布尔溪之战（弗吉尼亚州马纳萨斯附近，1862年）、腓特烈堡之战（1862年）、钱瑟勒斯维尔（腓特烈堡附近）之战（1863年）、葛底斯堡之战（1863年）、荒原（拉皮丹河之南之战，1864年）、斯波齐尔韦尼亚之战（1864年）、彼得斯堡战斗（弗吉尼亚州，1864年）、“五岔口”之战（1864年）。

梅斯特尔，保罗·安德烈·马利（Maistre, Paul André Marie, 1858—1922年） 法国将军。参加主要战争：第一次世界大战（1914—1918年）；参加主要战役（战斗）：第二次马恩河战役和埃纳河-马恩河战役（皆在1918年）。

梅斯特尔生于1858年。在德军的埃纳河攻势期间（1918年5月27日—6月4日）他指挥新组建的第十集团军，他的成功使福煦任命他指挥中央集团军群，辖第四、第五、第六和第九集团军（6月9日）。曾指挥埃纳河-马恩河反攻（7月18日—8月6日），之后继续指挥中央集团军，直到停战（1918年11月11日）。卒于1922年。

DLB

参考：West Point Atlas of American Wars.

WBD

马约里安，尤利乌斯·瓦莱里乌斯（Majorianus, Julius Valerius (Majorian)，卒于461年） 西罗马皇帝。参加的主要战争：抵御匈奴入侵（451—453年）；汪达尔战争（455—460年）；参加主要战役（战斗）：沙隆之战（451年）、第一次贝林佐纳之战（456年）、第二次贝林佐纳之战（457年）、卡塔赫纳（在西班牙境内）之战（458年）。

马约里安出身于军人世家。451年，跟随艾堤乌斯参加了沙隆之战，开始在历史上崭露头角。455年，马约里安帮助其老朋友李希米尔公爵推翻了皇帝阿维图斯的统治。457年被任命为军事统帅，是年3月（?），率军在贝林佐纳地区击退了阿勒曼尼人的一次入侵，利用这次胜利所取得的影响，在李希米尔的支持下，马约里安于是年4月1日在拉文纳称帝。是年夏，在康帕尼亚击退了汪达尔人首领盖塞里克发动的一次进攻。457—458年间，马约里安致力于帝国行政管理体制的改革，试图减轻对外省的压迫，以及消除不合理的税收。458年开始着手组建一支舰队，计划征讨非洲的汪达尔人。460年春天前往高卢地区，以巩固他对这一地区的统治，此行他得到了高卢-罗马人的支持，并同西哥特国王狄奥多里克缔结了同盟。是年五六月间，率军翻过比利牛斯山脉 进入西班牙，在卡塔赫纳地区同其由300艘船只组成的舰队会合，因被叛徒出卖而遭到汪达尔人的偷袭，其舰队的船只全部被毁坏。马约里安毫不气馁，继续进行准备，计划再次发动远征，但他得知李希米尔正在伦巴第策划一个针对他的阴谋时，被迫率军返回意大利。马约里安为他对国家所做出的努力得不到理解而感到非常伤心，拒绝继续管理这个反复无常的国家，于461年8月2日自动退位，卒于5天后。可能是李希米尔派人将其谋杀。

马约里安是5世纪最受人尊重的一位西罗马皇帝，他能力出众，智慧超群，认真诚恳，他所立下的一些法规，证明他的能力远远地高出其他一些皇帝，是他给西罗马带来了最后的辉煌。

DLB

参考：Bury, J. B., History of the Later Roman Empire from the Death of Theodosius to the Death of Justinian, 2 vols. London, 1923.

Jones, A. H. M., The Later Roman Empire, 284—602. Oxford, 1964.

Stein, Ernest, Histoire du Bas-empire, Vol. 1. Brussels, 1959.

M

牧野司郎(Makino,Shiro,1893—1945年) 日本将军。参加主要战争：第二次世界大战（1941—1945年）；参加主要战役（战斗）：莱特岛之战（1944—1945年）。

曼利乌斯·马克西姆，格奈乌斯(Manlius Maximus,Gnaeus,作战时间:公元前105—前103年) 罗马执政官。参加主要战争：基姆布利（辛布里亚）战争（公元前105年）；参加主要战役（战斗）：阿劳西奥（即今法国的奥朗日）之战（公元前105年）。

曼利乌斯·马克西姆的出生和经历不详，只知道他是格·马尔琉斯之子。公元前105年当选为执政官，是年底，他率领一支新征募的军队前往纳尔榜高卢（位于法国南部和龙河流域），增援执掌军权的执政官昆·塞·卡埃皮奥。在营地没能维护自己的部队的纪律，同样也没能迫使卡埃皮奥执行他的命令，因此军队涣散，彼此之间的协调失控，使这两位将军在阿劳西奥（奥朗日）附近地区被击败，损失了4万人马。由于阿劳西奥之战的失败，曼利乌斯·马克西姆与卡埃皮奥一起被流放。不久便卒于流放地。

Staff

参考:Cambridge Ancient History.

Harmand,Jacques,L'armée et le soldat à Rome de 107 à 50 av. nôrtre ère. Paris,1967.

曼彻斯特第二伯爵，爱德华·蒙塔古(Manchester,Edward Montagu,2nd.Earl of,1602—1671年) 英国将军、政治家。参加主要战争：第一次英国内战（1642—1646年）；参加主要战役（战斗）：第二次纽伯里之战（1644年）、马斯顿荒原之战（1644年）。

曼彻斯特第二伯爵系亨利·蒙塔古爵士（即后来的曼彻斯特第一伯爵，1602年授封）之子。曾就读于剑桥大学的悉尼·萨塞克斯学院。1624—1626年被亨廷顿郡推选为国会下院议员。1626年受白金汉公爵乔治·维利耶提携被封为男爵。他父亲成为曼彻斯特伯爵的同一年，他也接受了曼德维尔子爵这一礼节尊称。他结婚5次，其中第二个妻子是信奉清教的沃里克伯爵的女儿。因反对查理一世的政策，1642年1月4日查理下令逮捕曼彻斯特及另外五名成员，但均逃脱。1642年顾此失彼，在埃塞克斯伯爵军中当团长。11月7日他父亲死后继承其父亲的伯爵爵位。后又被任命为东部各郡国会军少将，当时奥利弗·克伦威尔便在该军供职。1643年9月5—16日，围攻并占领保皇派占据的林恩。后当选“两王国委员会”委员。1644年7月2日在大败鲁珀特和纽卡斯尔的保皇派军队的马斯顿荒原之战中挂名指挥，尽管他的犹豫不决激怒了克伦威尔，但他还是在10月26日第二次纽伯里之战中险胜查理一世的军队。1645年1月《自我否认法令》通过后辞去指挥官职务。但仍留在国会，1647—1648年间掌握英国印玺。1649年1月反对审判处决查理一世。由于看到英国必然建立共和政体这一趋势，宣布隐退。1657年被邀请参加克伦威尔的上议院。作为上议院的议长，1660年积极支持王政复辟，随后被封为宫廷大臣、剑桥大学名誉校长、北安普顿郡和亨廷顿郡的代替长官、南威尔士的国王内侍。后又在查理二世的加冕典礼上捧持国剑。1667年英荷战争期间被授予将军军衔。1671年5月5日卒于怀特霍尔。

曼彻斯特第二伯爵待人温和、办事谨慎但算不上有才干的指挥官。他的名言是“如果我们打败国王99次，他仍是国王，他的后代还是国王；如果他打败我们一次，我们就要上绞架，我们的后代将成为奴隶”。他支持君主立宪，崇尚宗教简朴。

DLB

参考:Kenyon,J.P.,Stuart England. New York,1978.

Riddell,Edwin,ed.,Lives of the Stuart Age. New York,1976.

Rogers,H.C.B.,Battles and Generals of the Civil War. London,1968.

曼西努斯，奥鲁斯·豪斯蒂留斯(Mancinus,Aulus Hostilius,活动于约公元前180—前169年) 罗马执政官。参加主要战争：第三次马其顿战争（公元前172—前167年）。

芒让，沙尔·马利·艾曼努埃尔(Mangin,Charles Marie Emmanuel,1866—1925年) 绰号“屠夫”、“食人狂”，法国将军。参加主要战争：第一次世界大战（1914—1918年）；参加主要战役（战斗）：沙勒罗瓦之战（1914年）、凡尔登之战（1916年）、舍曼代达姆岭（在苏瓦松附近）之战（1917年）和维莱科特雷之战（1918年）。

芒让1866年生于洛林，作为年轻的陆军军官曾在殖民地长期服役，1898年曾参加具有历史意义的马尔尚赴尼罗河的法绍达（科多克）的远征（考察）。1908—1914年随利奥泰在摩洛哥任职。1914年返回法国提升为旅指挥官。第一次世界大战爆发后，他在沙勒罗瓦之战中（8月21—22日）表现突出。1915年提 升为师长，在罗伯特·尼韦尔将军的第三军中指挥第五师，参加了凡尔登之战（1916年2—12月），并提升为第六集团军司令，为尼韦尔在埃纳河的攻势做准备（1917年初）。他的部队未能突破德军沿舍曼代达姆岭的第四道防线，攻势停了下来（1917年4月16—17日）。尽管芒让积极而成功地支持尼韦尔，但后者对其没能取得进展极为恼怒，把芒让作为替罪羊，解除了他的职务（5月）。后芒让被召回指挥第十集团军，他在维莱斯科特雷发动反攻，阻止了第五次和最后一次鲁登道夫的攻势，此举标志着协约国军最后反攻的开始（1918年7月18日）。卒于1925年。

芒让是一位无所畏惧、极富进取心而且精力充沛的将领。他似乎很少关心士兵的生命（因此有了以上的绰号）。他刻板并无比自信，是第一次世界大战期间在战场上呆过很长时间的几个法军高级将领之一。利奥泰对

他评价道："没有人更能像他那样使你卷入麻烦……也没有人更能像他那样使你摆脱困境!"

BRB

参考：Buchan, John, A History of the Great War. 4 vols. Boston, 1923.

Hayes, Grace P., World War Ⅰ: A Compact History. New York, 1972.

Horne, Alistair, The Price of Glory: Verdun, 1916. Reprint, New York, 1982.

曼利乌斯·瓦尔索，鲁齐乌斯(Manlius Vulso, Lucius，约卒于公元前216年) 罗马军事家和政治家。参加主要战争：第二次布匿战争（公元前219—前202年）；参加主要战役（战斗）：坎尼之战（公元前216年）。

曼纳海姆，卡尔·古斯塔夫·埃米尔·冯(Mannerheim, Carl Gustav Emil von, 1867—1951年) 俄国和芬兰军人。参加主要战争：日俄战争（1904—1905年）、第一次世界大战（1914—1917年）、芬兰内战（1918—1920年）、俄芬战争（1939—1940年）、第二次世界大战（1941—1944年）；参加主要战役（战斗）：坦佩雷之战、维堡之战（1918年）、卡累利阿战役（1939—1940年、1941—1942年）。

曼纳海姆1867年6月4日生于维尔纳斯（图尔库附近）。曾接受过多种军事教育。1889年在俄国军队中任骑兵中尉。在军中他以才能出众、热衷运动而闻名。1895年5月26日，在沙皇尼古拉二世和女皇亚历山德拉的加冕典礼上，他参加了仪仗队。1904年2月—1905年9月，参加了日俄战争。1906—1908年，晋升为上校，进行过横跨亚洲直达蒙古的长途旅行。第一次世界大战期间，其军衔得到迅速提升，到1917年年中已任中将军长。俄军瓦解和十月革命爆发（1917年11月7日）后，回到故乡。1917年12月6日芬兰宣布独立后，鉴于共产党的力量日渐壮大，而且芬兰境内还驻有倾向共产主义的俄军，1918年1月18日芬兰政府召他指挥芬兰反共产主义的白军。此前他一直在作应付冲突的准备，1月28日共产党革命爆发时已完成了战备工作。后他率部从芬兰西部瓦萨的基地出发，稳步地向西南方向推进。3月16日，在坦佩雷被大规模红军守卫部队所阻。4月3日，科尔马·冯·德·哥尔茨将军指挥的一支德国远征队前来助战。4月29日，他恢复攻势，占领了卡累利阿地峡（今卡累利阿省），并击退了维堡革命军的突围行动。此后边界地区小规模冲突不断，直至1920年10月14日签订《塔尔图条约》才平息下来。与此同时，1918年12月12日任芬兰摄政，直至1919年6月17日芬兰共和国宣布成立。敌对行动平息后退役，但在1931年又重返社会生活，任国防委员会主席。在以后的几年中（1931—1939年），由于担心苏联的威胁，敦促增加国防费，并督造卡累利阿地峡的边境防御工事，后来该防御工事即以他的名字命名（"曼纳海姆防线"）。1939年11月30日苏联进入芬兰时，任军队总司令。1939年12月—1940年1月，由于苏军的组织和战备不充分，芬兰军队起初取得了重大的胜利，使人数更多、装备更好的苏军遭到几次惨败。但到后来，苏军的数量优势开始发挥作用。尽管曼纳海姆施展其战略才华，并精心调用了后备役部队，使苏军伤亡十分惨重，但芬兰军队也几近瓦解，被迫于1940年3月12日投降。1941年6月25日与苏联再度爆发战争时，再次出任芬兰军队总司令，指挥了在卡尔利阿地峡和东卡累利阿的作战行动。1942年6月4日，晋升为陆军元帅。1944年苏军发动的夏季攻势取胜后，里斯托·吕蒂总统辞职。1944年8月4日，曼纳海姆当选总统。9月19日，与苏军签署停战协定。9—12月，根据停战条款，芬兰军队参加了将德军逐出丹麦北部拉普兰的战斗。1946年因身体欠佳退休。1951年1月27日卒于瑞士洛桑。

曼纳海姆是一位典型的具有19世纪绅士风度的军官。他从没有与共和政府完全和解，不过他还是忠心耿耿、尽心尽力地为其国家的政府服务。作为军事指挥官，他临危不惧，意志坚强，机智灵活，对部下严格要求。他的军事才华，对芬兰作为独立国家在第二次世界大战期间和战后生存下来作出重大贡献。

DLB

参考：Borenius, T., Field Marshal Mannerheim. N. P., 1940.

Chew, Allen F., The White Death. East Lansing, Mich., 1971.

Engel, Eloise Katherine, The Winter War. New York, 1972.

Ignatius, H. F., and K. A. Soikkel, La guerre d'indépendance en Finlande, 1918. N. P., 1925.

Mannerheim, Carl Gustav Emil von, Across Asia from West to East in 1906—1908. London, 1940.

——, Memoirs of Marshal Mannerheim. New York, 1954.

曼斯菲尔德伯爵，彼得·恩斯特(Mansfeld, Peter Ernst, Count of〈Ernst von Mansfeld〉, 1580—1626年) 德国雇佣军人。参加主要战争：三十年战争（1618—1648年）。参加主要战役（战斗）：萨布拉特之战（在捷克布灰约维采，1619年）、明戈尔斯海姆之战（盖默斯海姆对面，1622年）、弗勒吕斯之战（1622年）、德绍之战（1626年）。

曼斯菲尔德伯爵1580年生于卢森堡，是帝国驻卢森堡总督曼斯菲尔德亲王彼得·恩斯特的私生子。虽然皇帝鲁道夫一世使他成为婚生子，但他的财产没有他的份。曾加入哈布斯堡王朝的军队，立下战功。后来他信仰新教（1609年），他没有继承权可能是其中一个原因。1618年三十年战争爆发时，他接受萨伏依公爵查理·艾

曼努埃尔的委派，率领一支小规模军队来到波希米亚帮助波希米亚的叛军抗击哈布斯堡王朝的军队。当年秋，攻下皮尔森，这一仗不仅显示了他的阵地战技能，也为他赢得了这个国家的战略要塞。1619年6月10日，经过一场恶战在萨布拉特败于比夸。1619—1620年波希米亚战役中，没有积极支援国王巴拉丁选侯腓特烈五世，也未参加1620年11月8日的白山（布拉格附近的贝拉·霍拉）之战。1621—1622年间冬集结军队于皮尔森。为保卫莱茵地区的巴拉丁领地于1622年参加莱茵战役。1622年4月27日在明戈尔斯海姆与蒂利作战击败对手。8月29日弗勒吕斯一战，被科尔多瓦的西班牙军队打败。尽管如此，10月9日仍和布伦瑞克的克里斯蒂安一同继续解救重要要塞贝亨奥普佐姆。1622年底攻下东弗里西亚，但1623年夏没能及时援助不伦瑞克的克里斯蒂安。12月与英国结成联盟，并于1623年冬—1624年在英国招募新兵。1624年被赶出西弗里西亚。进攻华伦斯坦设在德绍桥的易北渡口要塞，但于1626年4月25日被粉碎。在华伦斯坦的追击下撤至西里西亚，随后指挥余部向南进入达尔马提亚。1626年11月29日卒于萨拉热窝附近。

曼斯菲尔德伯爵是一位有能力的指挥官，但为洗刷他身世的卑微，寡廉鲜耻地追求贵族头衔妨碍了才能的发挥。

M

DLB

参考：Massarette, J., La vie martiale de Pierre-Ernest de Mansfeld. 2 vols. Paris, 1931.
Wedgwood, Cicely V., The Thirty Years War. 1938. Reprint, Garden City, N. Y. 1961.
ADB.
EB.

曼斯菲尔德，约瑟夫·金·芬诺（Mansfield, Joseph King Fenno, 1803—1862年） 美国将军。参加主要战争：美墨战争（1846—1848年）和美国内战（1861—1862年）；参加主要战役（战斗）：布朗堡（得克萨斯州布朗斯维尔）之战（1846年）、蒙特雷（墨西哥）之战（1846年）、布埃纳维斯塔（墨西哥萨尔梯罗附近）之战（1847年）、安蒂特姆之战（1862年）。

曼斯菲尔德1803年12月22日生于康涅狄格州的纽黑文，1822年从西点军校毕业后在工兵部队中任职。多年从事海防工程，典型的工程是佐治亚州萨凡纳河河口的普拉斯基堡。1832年晋升为中尉，1838年7月晋升为上尉。1846年4月墨西哥战争爆发时，在扎卡里·泰勒将军参谋部任总工程师，在马塔莫罗斯（塔毛利帕斯）对面修建布朗堡，因他在防御战（5月3—9日）中的重要作用而晋升为荣誉少校。在蒙特雷战斗（9月20—24日）和布埃纳维斯塔作战（1847年2月22—23日）前夕完成了出色的侦察任务，加上他在战斗中的出色表现，因此被晋升为荣誉中校和上校。战争之后恢复正常职务，1853年5月以上校军衔被任命为总监，视察了许许多多的军队哨所。1861年5月晋升为准将并任华盛顿军区司令，负责首都防卫。监督该城周围纵深防御工事的构建，包括弗吉尼亚州阿灵顿高地上的工事。1861年底，当乔治·布·麦克莱伦将军的波托马克军团负责该任务时，曼斯菲尔德调到伍尔将军位于门罗堡的的司令部。1862年5月参与占领诺福克和萨福克，并成为萨福克的军管政府总督。7月晋升为志愿役少将，指挥第七军。1862年9月17日，在安蒂特姆战斗中侦察时被杀。

KH

参考：Gould, John Mead, Joseph King Fenno Mansfield, Brigadier of the U.S. Army. Portland, Me., 1895.
Memorial of Gen. J. K. F. Mansfield.... Boston, 1862.
Warner, Ezra, Generals in Blue. Baton Rouge, 1977.

曼施泰因，埃里希·冯（Manstein, Erich von, 1887—1973年） 纳粹德国陆军元帅、二战战犯。参加主要战争：第一次世界大战（1914—1918年）、第二次世界大战（1939—1945年）；参加主要战役（战斗）：波兰战役（1939年）、法兰西战役（1940年）、克里木战役（1941—1942年）、哈尔科夫战役（1943年）、库尔斯克战役（1943年）。

曼施泰因1887年11月24日生于德国的柏林，是爱德华·冯·莱温斯基将军第十个孩子。由于幼年丧父被过继给了无嗣之姨夫，并改姓曼施泰因。1906年从军校毕业后，被任命为第三近卫步兵团的少尉军官。该团是其伯父保罗·冯·兴登堡将军指挥的德军精锐部队之一。后被选送进入德国军事学院深造，但因第一次世界大战爆发，被迫终止学业而上了前线。1914年11月，他在战斗中身受重伤。伤愈后，被分配到前线的参谋机关，整个战争期间在前线多个参谋机关任职。1920年与尤塔·西比拉·冯·露茜结婚，婚后他们有两个儿子，其中一个儿子在第二次世界大战中阵亡。第一次世界大战后，曼施泰因入德国国防军服役。1929年，被调入德军总参谋部任职。后来出任路德维希·贝克将军的副总参谋长。1938年，在德国国防部长威讷尔·冯·布隆贝克将军和德陆军总司令威讷尔·冯·弗兰契将军因反对希特勒的征服计划而被解职后，他被迫离开总参谋部，调任驻扎在西里西亚的一个步兵师师长，随后又任德国驻捷克斯洛伐克占领军的参谋长。1939年8月出任德军南方集团军群司令龙德斯泰特将军的参谋长。该集团军群在1939年9月的德军闪击波兰的战役中扮演极重要的角色。他大胆反对德军总参谋部最初制定的入侵法兰西的作战方案，并提出了用德军优势的装甲部队从阿登地区突破盟军防线的新计划。这一计划最终被采纳并在战争实践中获得了巨大成功。1940年5月，在德军闪击法兰西期间，曼

施泰因奉命指挥一个作为后续部队的步兵军。1941 年 3 月，出任第五十六装甲军军长。同年 6 月，所部编入德军闪击苏联的北方集团军群，并在一开始的作占中表现突出。7 月，调任在克里木方向作战的第十一集团军司令，并被授予陆军元帅军衔。后又奉命率部向原列宁格勒发起进攻。1942 年 11 月，出任新成立的顿河集团军群司令，并负责指挥解救被围困在斯大林格勒城中的德军第六集团军的作战行动。1943 年 3 月，在第六集团军被苏军歼灭（部分原因是由于希特勒武断干扰曼施泰因的前线指挥，而导致第六集团军没能突出重围与救援部队会合）后，出任南方集团军群司令。他很快重振了已接近于崩溃的德军在苏联南部的防线，并全力向苏军展开大规模的反攻，夺回了哈尔科夫。此后他一直任南方集团军群司令，直到 1944 年 3 月被解职。这期间，于 1943 年 7 月指挥南方集团军群从右侧向突出在库尔斯克地区苏军发起进攻，但最后德军没有达到作战目标，不久德军便实施从苏联南部的战略退却。此后处于退休状态直至战争结束。1945 年 5 月向英军投降。1949 年 8 月，因苏联人指控他为战犯而接受审判，最后他受到较轻的指控，被判 18 年徒刑。因为为他辩护的英国律师所成立的基金会对此次审判提出了争议，故于 1953 年被释放。1955—1956 年担任德意志联邦共和国国会军事编制和军事理论委员会的顾问。卒于 1973 年 6 月 10 日。

曼施泰因生长在德意志传统的军事世家，是一位典型的普鲁士军官，堪称在第二次世界大战中德军最为出色的陆军司令官之一，也是德军将领中为数不多的敢于公开反对希特勒的某些军事决策的军人之一。

BRB

参考：Carver, Field Marshal Lord, "Manstein," in Hitler's Generals, Correlli Barnett, ed. New York, 1989.

Humble, Richard, Hitler's Generals. Garden City, N.Y., 1974.

Keegan, John, ed., Who Was Who in World War Ⅱ. New York, 1972.

Paget, Reginald Thomas, Manstein: His Campaigns and His Trial. London, 1951.

曼托伊费尔，爱得文·冯男爵（Manteuffel, Baron Edwin von, 1809—1885 年） 普鲁士陆军元帅和外交家。参加主要战争：石勒苏益格-荷尔斯泰因战争（1864 年）、七周战争（1866 年）和普法战争（1870—1871 年）；参加主要战役（战斗）：朗根萨尔扎（伊尔梅瑙附近）之战（1866 年）、伯尔尼之战，努瓦斯维尔之战（均位于梅斯附近，1870 年），亚眠之战（1870 年）和贝尔福之战（1871 年）。

曼托伊费尔 1809 年 2 月 24 日生于得累斯顿。1827 年参加在柏林的禁卫骑兵部队。在 1848 年大革命期间获得腓特烈·威廉四世国王的信任。1848 年底成为国王的副官，后派往瑞典担任驻外使节。1852 年晋升为中校。1853 年受命指挥第五骑兵团。克里木战争期间（该战争普鲁士卷入），曾率两个外交使团去维也纳，一个外交使团去圣彼得堡（1854 年）。劝说沙皇尼古拉一世从多瑙河公国撤回俄军（以便消除对奥地利的威胁）之后，又劝说奥地利人不要参战。1857 年 2 月，任命为军事内阁首领，1861 年晋升为少将。1864 年 2—8 月在丹麦同奥地利和普鲁士短暂战争期间参战，被任命为石勒苏益格总督。1866 年 6—8 月在七周战争开始阶段占领荷尔斯泰因。6 月 27—29 日率一个师参加入侵汉诺威的行动，并参加 E. 福格尔·冯·法金汉将军在朗根萨尔扎胜利征服汉诺威人的作战。接替法金汉将军任美因军团司令。7 月占领维尔茨堡。1867 年受命去俄国阐明普鲁士在德意志地区战胜奥地利的来龙去脉。在普法战争开始阶段指挥 K.F. 冯·斯泰因梅茨将军第一军团的第一军。1870 年 8 月 14 日在伯尔尼突袭战中崭露锋芒。8 月 31 日—9 月 4 日，在努瓦斯维尔击退巴赞将军的攻击。10 月接替斯坦因梅茨将军任第一军团司令，11 月 27 日在亚眠击败费德尔布将军的小股部队，12 月 6 日占领鲁昂。1871 年 1 月上旬受命指挥新组建的南方军团，急援卡尔·威廉·冯·韦尔德尔将军，他在贝尔福战斗结束（1 月 15—17 日）之后到达，使法军 8 万人越过瑞士边界被扣留而不是重新投入战斗（2 月 1 日）。在南方军团解散之后，又短时间指挥过第二军团，而后于 1871 年 6 月被任命为占领法国的德军司令。作为一名外交老手完成了自己的使命，驻守整个占领区直到 1873 年 9 月 16 日德军收回法国的战争赔款而撤军。1873 年晋升为陆军元帅。同年又成为柏林的军事总督。1878 年柏林议会之后率最后一支外交使团去俄国。1879 年封为首任阿尔萨斯-洛林总督，1885 年 6 月 17 日卒于波希米亚的卡尔斯巴德（卡罗维发利）。

曼托伊费尔是一位才华横溢、温文尔雅的外交家，同时也是一位足智多谋、运筹帷幄的军事指挥家。

DLB

参考：Howard, Michael, The Franco-Prussian War. New York, 1962.

Prussia, Great General Staff, Der Deutsche-Französische Krieg, 1870—71. 22 vols. Berlin, 1872—1880.

曼托伊费尔，哈索·冯男爵（Manteuffel, Baron Hasso von, 1897—1978 年） 纳粹德国陆军上将。参加主要战争：第一次世界大战（1914—1918 年）、第二次世界大战（1939—1945 年）；参加主要战役（战斗）：波兰战役（1939 年）、佛兰德之战、法国战役（1940 年）、北非战役（1941—1942 年）、苏联战役（1943—1944 年）、阿登反攻（1944—1945 年）、莱茵之战（1945 年）。

曼托伊费尔 1897 年 1 月 14 日生于波茨坦，是陆军元帅爱得文·冯·曼托伊费尔的后代。一战中（1916 年 5 月）加入德国军队并参战。1919—1920 年德国国防军军

力减至10万人之后仍被挑选留在军中。1939年9月二战爆发时，衔至陆军中校。9月1日—10月5日参加波兰战役。1940年5月10日—6月25日在法国和荷兰作战。1941—1942年在北非服役。1941年10月1日被提升为陆军上校。1943年5月1日调往俄国，8月1日提升为少将并指挥第七装甲师。1944年2月1日晋升为中将并任帝国装甲师师长。9月1日调往西部前线并晋升为上将，指挥第五装甲集团军。10—11月参加罗林战役。11—12月筹备第五装甲集团军在阿登地区的反攻。策划并成功地指挥了阿登反攻初期的行动（12月16—19日），此次行动由3个装甲师、1个装甲旅和4个步兵师实施。12月16—17日孤立包围并俘获了美国第一〇六步兵师的大部兵力。10月21日在艰苦卓绝的战斗之后夺取重要的交通要道圣维特。继而向南推进，12月19—25日曼托伊费尔的部队包围却未能夺取同样重要的十字路口巴斯托尼。尽管有补给上的问题和美军的顽强抵抗，再加上日益加强的盟军空中支援，曼托伊费尔仍比相邻的第六党卫装甲集团军前进得更远，虽然其前锋部队（第二装甲师）未能到达目的地默兹河。12月25—26日在塞莱斯附近军力受到重创，在美军强大的反攻面前被迫退却，一个月后，即1945年1月16日，又回到他起初进攻的出发地点。2月18日获爵士十字勋章，3月5日指挥第三装甲集团军，不久向美军投降。战后在德国西部过着平静的生活。卒于1978年9月24日。

个头矮小的曼托伊费尔在战争初期以一位喜好进攻而又精力充沛的装甲司令的形象建立起自己的声望。其在阿登进攻中初期的成功部分地归因于美军微弱的抵抗，但也是他精心策划和指挥的结果。

DLB

参考：Cole, Hugh M., The United States Army in World War Ⅱ: The European Theater of Operations. The Ardennes: Battle of the Bulge. Washington, D. C, 1965.

Kurowski, Franz, "Dietrich and Manteuffel," in Hitler's Generals, Correlli Barnett, ed. New York, 1989.

Toland, John, Battle: The Story of the Bulge. New York, 1959.

毛泽东(Mao Ze-dong, 1893—1976年)　中华人民共和国缔造者、军事家。参加主要战争：辛亥革命（1911年）、北伐战争（1926—1927年）、反"围剿"战争（1930—1934年）、抗日战争（1937—1945年）、国共战争（1945—1949年）。

毛泽东1893年12月26日生于湖南省的一个富裕的农民家庭。受过很好的教育，1911年10月辛亥革命后离开学校。1911—1912年在湖南新军当过兵。1912—1913年在他父亲的坚持下进入一所商业学校就读。1913—1918年进入长沙湖南第一师范学校，并以优异的成绩毕业。1918—1919年在北京大学做图书管理员。1920年返回湖南在长沙师范学校任教，是当地知识分子中的著名领导人物。1921年7月作为湖南省代表参加了在上海召开的中国共产党成立大会。1924年1月，加入中国国民党，是国民党上海执行委员会的唯一中共成员，后因病返回湖南，组织工人和农民联盟，激起省里当政者们的仇视。1925年来到广州。在广东，他在政治上更加积极，为一个左翼政治周刊工作，并同国民党和蒋介石进行了密切合作，领导国民党宣传机构的工作。1926年5月离开了国民党宣传部代理部长之职，主持了广州农民运动讲习所（共产党的一个坚强阵地），但在北伐期间蒋介石背叛中国共产党和国民党左翼联盟时（1927年4月）被迫转入地下。8月以中央特派员的身份成立了一支革命军队，9月8—19日在湖南领导了秋收起义。以"军事冒险主义"受到责难，并被党中央剥夺了中央政治局候补委员的资格，后率领部队进入江西省的井冈山地区，在那里建立了第一个农村革命根据地（10—11月）。1928年4月该部由于朱德率其他中共起义的部队的到来而壮大。毛泽东完善了革命战争必须依靠农民的思想，也就是所说的群众路线，后来在《中国红色政权为什么能够存在》和《星星之火，可以燎原》中有详尽的描述。由于反对中共某些领导人以城市为主导的领导方式，毛泽东和朱德创立了江西中华苏维埃政权，治理着大约1500万人民（1931—1934年）。粉碎了国民党的前四次"围剿"，由于红军某些领导人及德国军事顾问不顾毛泽东的强烈反对，坚持了错误的、代价昂贵的阵地战术（1934年夏到秋），故未能粉碎在数量和装备均占优势的国民党军队的第五次"围剿"。1934年10月，在江西苏维埃随后的疏散过程开始时，他的影响就随着长征的进行而扩大，在遵义会议上（1935年1月）确立了毛泽东在红军和党中央的领导地位。经过1万多公里的长途行军（也就是号称二万五千里的长征），毛泽东率领了他的部队克服了各种难以想象的困难到达了陕西省北部延安附近的新根据地。出发时共86 000人（许多人当时只有十几岁），一年之后仅有部分红军战士到达延安。因"西安事变"导致同国民党和蒋介石的和谈，敦促蒋介石组成抗日统一战线（1936年12月）。1943年当选为中共中央委员会主席，1945年9月之后扩大和加强了中共在中国北方的影响。充分的准备，优秀的领导人，良好的士气连同广大农民的广泛支持使得中共在国共战争初期（1946年3月—1947年7月）占了上风。1947—1949年3月把国民党赶出了东北三省和中国北部。随着在南方的节节胜利，1949年10月1日毛泽东在北京宣布了中华人民共和国的成立。1949年年底国民党被彻底赶出大陆，12月赴莫斯科访问，会晤了斯大林，签署了《中苏友好同盟互助条约》。1950年11月—1953年7月大规模参与朝鲜战争以维护朝鲜的独立和粉碎美帝国主义以朝鲜为跳板侵略中国的

野心。1956年在“百花齐放，百家争鸣”的口号下发动了一场公开批评运动，但后来演变成了一场“反右”的运动。1957年11月，再次出访莫斯科，回国后就发动了一场脱离实际的“大跃进”运动——一次损失巨大的试图通过地方的分散努力实现生产工业化的尝试(1957—1958年)。1958年底毛泽东不再担任国家元首之职后，国家元首之职由刘少奇接替。1966年作为文化大革命的领导者和发动者，试图把中国变成一个真正的共产主义社会，取消抹煞社会传统结构和制造持久革命状态。当他的号召被偏激的学生和年轻人，也就是“红卫兵”野蛮的执行时导致了几年混乱。为了恢复秩序，毛泽东不得不借助当时的军队力量。1971年9月一举粉碎了林彪的反革命计划。他利用新巩固的政权于1972年2月同美国建交。此后，因身体欠佳，很少处理日常政务，1976年9月9日在北京逝世。

毛泽东是20世纪最具魅力的伟大人物之一。毛泽东的军事战略以发动农民和运用《孙子兵法》的重要原则为基础，集中了军队高级将领的智慧和创造，是一位有远见卓识、坚定和果敢的人。

PWK and DLB

参考：Griffith, Samuel B., Mao Tse-tung on Guerrilla Warfare. New York, 1961.

Han Suyin, The Morning Deluge: Mao Tse-tung and the Chinese Revolution, 1893—1954. New York, 1972.

——, Wind in the Tower: Mao Tse-tung and the Chinese Revolution, 1954—1976. Boston, 1976.

Hsueh Chun-tu, Revolutionary Leaders of Modern China. New York, 1973.

Mao Tse-tung, Chairman Mao Tse-tung on People's War. Compiled by Lin Piao. Peking, 1967.

——, Selected Military Writings. Peking, 1963.

——, Selected Works. 4 vols. London and New York, 1954—1956.

Payne, Robert, Mao Tse-tung. New York, 1969.

Salisbury, Harrison E., The Long March: The Untold Story. New York, 1985.

马尔策利努斯(Marcellinus，约420—468年) 罗马将军。参加主要战争：汪达尔战争(460—465年)。

马尔策利努斯于420年前后生于达尔马提亚一个受人尊敬的家庭。他接受了良好的教育。461年同皇帝马约里安合作抵抗汪达尔人，击退了汪达尔人对西西里的一次进攻。461年秋马约里安去世后，迫使他又回到了支持他的达尔马提亚基地，在那里他可能担任军事统帅。把达尔马提亚统治成实际上的一个独立性国家。467年，跟随西罗马新登基的皇帝安提米乌斯前往意大利。被任命为西罗马皇帝军队的指挥官，并率军从汪达尔人的手中夺回了撒丁。468年8月，在西西里被谋杀。

马尔策利努斯是一位能力出众的指挥官，显然是一位较为诚实的人。然而，他主要关心的是达尔马提亚，并没有真正献身于罗马帝国在西方世界的统一事业。

Staff

参考：Bury, J. B., History of the Later Roman Empire from the Death of Theodosius to the Death of Justinian. 2 vols. London, 1923.

Jones. A. H. M., J. R. Martindale, and J. Morris, eds., Prosopography of the Later Roman Empire, Vol. Ⅱ. Oxford, 1980.

马尔策利努斯，马可·克劳狄乌斯(Marcellinus, Marcus Claudius，卒于公元前148年) 罗马执政官。参加主要战争：西班牙战争(公元前154—前152年)。

马塞卢斯，马可·克劳狄乌斯(Marcellus, MarcusClaudius，约公元前268—前208年) 罗马执政官。参加主要战争：第一次布匿战争(公元前264—前214年)、因苏布雷人战争(公元前222年)、第二次布匿战争(公元前219—前202年)；参加主要战役(战斗)：克拉斯提地乌姆(位于卡斯特格吉奥附近)之战(公元前222年)、诺拉之战(公元前216年)、围攻列安提尼(即今伦蒂尼，公元前213年)、围攻锡腊库扎(叙拉古，公元前213—前211年)。

马塞卢斯约生于公元前268年。第一次布匿战争时他还很年轻，但已经开始在罗马军队中服役。曾在许多政治和军事岗位上任过职，公元前222年，当选为执政官。是年，率军同居住在意大利北部地区的因苏布雷人作战，解除了他们对克拉斯提乌姆城的围攻，并因在作战中亲手杀死了因苏布雷人首领维里多马夫斯而名声大震。第二次布匿战争期间，坎尼之战的灾难发生之后又应召出山，指挥罗马军队作战。公元前216年底，在第一次诺拉之战中率领罗马军队击退了汉尼拔的进攻。又有四次当选为执政官(分别为公元前215、214、210、208年)，还有一次当选为摄政官(公元前209年)。他通常出任罗马军队的野战指挥官。公元前214年，占领了卡普亚。公元前214年底，同汉尼拔又进行了第三次诺拉会战，双方不分胜负。公元前213年，率领一支远征部队开往西西里，其目的是阻止锡拉库萨(叙拉古)同迦太基结盟，如果劝说失败，则准备攻取这一城市。公元前213年夏天，对叙拉古的边境地区列安提尼进行了残酷的洗劫，致使叙拉古人同迦太基结盟。公元前213年冬—前212年，围攻叙拉古，但由于其守军应用了阿基米得新发明的守城新装备，其进攻受挫。迦太基派远征军前来解围，但因染上疟疾而丧失战斗能力，从而使马塞卢斯避免了与他们的厮杀，对叙拉古进行了长期围攻，最后因为叙拉古出了叛徒，马塞卢斯终于攻陷了这座城市。公元前211年，罗马军队对叙拉古进行了

残酷的洗劫，阿基米德被杀。公元前 210—前 208 年间，率军在意大利南部地区同汉尼拔作战，但双方无大规模的交战。公元前 208 年，在维纳西亚附近的一次小规模的冲突中被杀。

在基本上势均力敌的条件下，马塞卢斯具有足够的勇气和能力同汉尼拔进行对抗，而像他这样的指挥官在罗马当时寥寥无几。

Staff

参考：Errington，Robert M.，The Dawn of Empire. Ithaca，N.Y.，1972.
Lazenby，J.F.，Hannibal's War. New York，1978.
Polybius，Histories.

马奇，佩顿·康韦（March，Peyton Conway，1864—1955 年） 美国将军。参加主要战争：美西战争（1898 年）、镇压菲律宾起义（1899—1902 年）和第一次世界大战（1917—1918 年）；参加主要战役（战斗）：提拉特隘口（吕宋以北）之战（1899 年）。

马奇 1864 年 12 月 27 日生于宾夕法尼亚州的伊斯顿，1884—1888 年在西点军校学习，毕业后在炮兵部队任职，1888—1898 年在加利福利亚州和东海岸担任多种职务。1898 年 6—8 月在占领菲律宾的陆军中任上尉炮兵指挥官。后又曾返回菲律宾任志愿役部队少校，协助镇压埃米利奥·阿奎纳多领导的起义。指挥美军部队在提拉特隘口的“云端之战”（1899 年 12 月 2 日）及其后不久捕获阿奎纳多的参谋长贝南西奥·孔塞普西翁的行动。1900 年 6 月晋升为志愿役中校，1900—1901 年任阿瑟·麦克阿瑟将军的副官。1901 年 6 月从志愿役部队退役，1903—1907 年在总参谋部任职，并任日俄战争（1904—1905 年）的观察员。1907 年 1 月任驻堪萨斯州赖利堡的第六野战炮兵团少校军官，1911—1916 年在军队文职部门任职，1916 年 8 月晋升为上校，任墨西哥边界第八野战炮兵团的指挥官。1917 年 6 月晋升为准将，赴法国任美国远征军的炮兵司令。9 月晋升为少将，在法国建立炮兵学校。1918 年 3 月奉命回国任代理参谋长，协助塔斯克·H. 布利斯将军工作，5 月正式接替布利斯，衔至上将。负责美军部队的征集、训练及运往法国。重建总参谋部，要求各局局长直接向他报告情况，在乔治·W. 戈瑟尔斯将军的帮助下提高后勤兵种的战斗力，戈瑟尔斯将军当时担任代理军需主任。战后监察军队的遣散。1921 年 1 月以正规军少将衔退休。1930 年在退役表上名列上将。1955 年 4 月 13 日卒于华盛顿特区。

马奇是一位有才能、讲效率的管理者，他为美国陆军的现代化以及备战第一次世界大战贡献颇多。

DLB

参考：March，Peyton C.，The Nation at War. Garden City，N.Y.，1932.

马西安（Marcianus〈Marcian〉，396—457 年） 罗马皇帝。

马西安 396 年生于色雷斯的一个军人家庭。继承父志加入罗马军队。421 年，他作为一名士兵，参加了罗马对波斯的战争。后来成为阿斯帕尔的部下，并于 431 年跟随阿斯帕尔前往非洲作战。450 年狄奥多西去世时，马西安已经成为阿斯帕尔手下的一员主要将领。同狄奥多西的妹妹普尔茜丽娅结婚，450 年 8 月 25 日被阿斯帕尔任命为罗马皇帝。他实行的基本上是和平政策。尽管他同匈奴的关系更加紧张，但拒绝卷入汪达尔战争。他是一位狂热的正统派基督教徒，但是在他统治时期，对整个基督教来说都是值得一提的，因为 451 年 10 月 8 日在他倡导下，在卡尔克东（即今卡德柯伊）召开了一次全基督教大会。他是一位精力充沛、勇于进取的统治者。尽管他减轻了税收，特别是减轻了富裕阶层的税务负担，但是仍给他的继任者留下了充实的国库。457 年卒于君士坦丁堡。

Staff

参考：Bury，J. B.，History of the Later Roman Empire from the Death of Theodosius to the Death of Justinian. 2 vols. London，1923.
Jones，A. H. M.，The Later Roman Empire. 3 vols. Oxford，1964.

马可·奥略里·安东尼（Marcus Aurelius Antoninus，121—180 年） 罗马皇帝。参加主要战争：安息（帕提亚）战争（162—166）、马科曼尼战争（170—174 年）。

马可·奥略里生于 121 年 4 月 26 日，是 A. 维鲁斯的儿子和安东尼·庇护妻子的侄子。138 年同 L.C. 康茂德一起，被阿德里安的养子和继承人安东尼·庇护收为养子。年轻时，严肃而又聪明，集中精力学习法律和斯多葛哲学。140、145 和 161 年，三度出任执政官，在 161 年 3 月 7 日安东尼·庇护去世以前，他一直在其身边工作。安东尼·庇护去世后，马可·奥略里宣布自己为皇帝，而其弟弟康茂德（现在称为 L. 奥略里·维鲁斯）为副皇帝。由于 161 年底沃洛加西斯三世率领安息军队入侵叙利亚，马可·奥略里于 162 年向安息宣战。162—166 年间，他仅是名义上的指挥官，大多数作战行动实际上是由其副皇帝维鲁斯或他的主要将军 G.A. 卡西乌斯指挥的。他最终取得了这场战争的胜利，但其军队染上了瘟疫。大约也是在这一时间，日耳曼人又进行了一次入侵，主要以夸地人和马科曼尼人为首，突破了多瑙河防线，侵入边境地区（167—168 年）。他对侵略者的入侵行动作出强有力的反应，组建军队和筹备资金，并亲自率军征战（167 年）。沿边境线建立起新的筑垒防御工事，迫使马科曼尼人接受停战（168 年）。翌年，副皇帝维鲁斯去世，不肯屈服的马科曼尼人再次越过多瑙河（169 年）。169—172 年间，率军同入侵者进行了连续三年的鏖战，取得了最后的胜利，彻底巩固了边境。然后，又经两年奋战，彻底打垮了夸地人（174 年）。之后

不久萨尔马希亚人又入侵默西亚（保加利亚北部地区），并继续沿莱茵河反抗，罗马帝国又面临着新的威胁。175年，马可·奥略里派其部下去对付日耳曼的入侵，而他本人则率军迎战萨尔马希亚人，并击退了他们。175年，A. 卡西乌斯领导了一次反叛，马可·奥略里正准备率军前往埃及平叛时，得知反叛的首领已经被自身的部队杀死。在此之后，奥略里像阿德里安一样，在其帝国的东部省份进行广泛旅行，访问了雅典、安提俄克（今安塔基亚）和亚历山大（175—177年）。177年，任命其儿子康茂德为副皇帝。178年，多瑙河地区发生叛乱，他再次率军征战，决心继续进攻和彻底征服波希米亚部落。取得战争胜利，但由于这次胜利的代价过大，在罗马招致政治上的反对。180年3月17日，身染重病，卒于维也纳基地。

毫无疑问，马可·奥略里是最值得称赞的皇帝之一，经常被称为"最高贵的罗马人"。他是一位娴熟的统治者，具有献身精神，诚实可靠、工作勤奋。他努力学习法律、司法。他具有作为一位优秀指挥官的一般优点，也有一些与众不同的特点，其中计划和组织的系统性、巨大的能力和坚定的决心、灵活运用当时的作战原则等尤为突出。他还在百忙中写成了《深思》一书。这本书主要由一些警句、演说和一些零散的笔记整理而成，大概是在作战期间写成的。

Staff

参考：Birley, Anthony R., Marcus Aurelius. Boston, 1966.

Farquharson, Arthur S. L., Marcus Aurelius: His Life and Work. Edited by D. A. Ross. Reprint, Westport. Conn., 1975.

Hammond, Mason, The Antonine Monarchy. Rome, 1959.

Marcus Aurelius, The Meditations of the Emperor Marcus Aurelius. 2 vols. Edited by Arthur S. L., Farquharson. London, 1944.

马里恩，弗朗西斯（Marion，Francis，1732—1795年） 外号"沼泽之狐"。美国将军。参加主要战争：切诺基战争（1760—1761年）、美国独立战争（1775—1783年）；参加主要战役（战斗）：查尔斯顿之战（1776年）、萨凡纳之战（1779年）、尤托斯普林斯（南卡罗来纳的尤托维尔附近）之战（1781年）。

马里恩1732年生于南卡罗来纳的伯克雷郡。加布里埃尔和夏绿蒂·马里恩夫妇的幼子。曾一度加入商船队，其船失事后退出船队。曾为农场主（约1748年）。远征切诺基印第安人（1761年）期间立有战功，时任民兵中尉。担任过南卡罗来纳地方议会的代表（1775年）。在南卡罗来纳第二团中晋升为上尉（6月17日），（1776年2月22日）晋升为少校。第一次查尔斯顿保卫战期间任苏利文堡（后来的莫尔特里堡）的左面指挥官，并对撤退的英国舰队开了最后一炮（6月28日）。晋升为中校（11月23日），后任南卡罗来纳第二团团长（1778年9月23日）。参加了萨凡纳之战（1779年10月9日）。查尔斯顿失陷（1780年5月12日）时，他未被俘获，后退入沼泽开始进行游击战（位于南卡罗来纳东部地区，下同）。在萨凡纳之战（9月4日）中，他仅以52人击溃了一支5倍于己的英军部队，黑明戈之战（9月29日）中，他摧毁一个外围据点，并成功地阻止了亲英分子在蒂尔科特沼泽的叛乱（10月26日）。由于他的多次袭击，康华里派遣巴纳斯特雷·塔赖顿将军与之作战。因无法找到他，塔赖顿说："说到这只该死的老狐狸，魔鬼也不能抓住他。"。后晋升为准将（1781年）。他从其在雪岛的营地对马里恩旅进行了编组，并继续对英军进行成功的袭击。袭击了乔治敦（1781年1月24日）。救出了被困于帕克斯费里的美军（8月13日），之后曾统帅北、南卡罗来纳的民兵在格林指挥下参加了其军事生涯中最大的尤托斯普林斯之战（9月8日）。他参加的最后一次战斗是费尔劳恩（查尔斯顿附近）之战（1782年8月29日）。战后他被任命为约翰逊堡司令，历任南卡罗来纳州参议员（1782、1784、1786年）、州宪法大会代表（1790年）。卒于1795年2月27日。

马里恩是一位深受其部属尊敬的勇敢、毫无顾忌、爱国而且粗犷豪放的领导人，也是一位优秀的战略家和战术家。他的游击战对在南方取得这场战争的胜利具有极为重大的意义。

VBH

参考：Bass, Robert Duncan, Swamp Fox: The Life and Campaigns of General Francis Marion. New York, 1959.

James, William Dobein, A Sketch of the Life of Brig. Gen. Francis Marion and a History of His Brigade. Marietta, Ga., 1948.

Moore, H. H., The Life and Times of Gen. Francis Marion. Philadelphia. 1845.

马略，盖尤斯（Marius，Gaius，公元前157—前86年） 罗马将军和政治家。参加主要战争：尤古尔塔战争（公元前112—前105年）、辛布莱（基姆布利）和条顿战争（公元前105—前101年）、社会战争（公元前91—前88年）、罗马内战（公元前88—前82年）；参加主要战役（战斗）：亚奎绥克斯太（即今埃克斯昂普罗旺斯）之战（公元前102年）、维尔塞莱（即今维切利）之战（公元前101年）。

马略于公元前157年生于阿尔皮努姆（阿尔皮诺）附近一个骑士阶层的平民家庭。公元前119年，成为保民官。公元前116年，因为政治贿赂曾受到起诉，但起诉没有成功，他侥幸逃脱。公元前115年和公元前114年分别出任西班牙的摄政官和总督。公元前109年，当Q. 采齐利乌斯·梅泰鲁斯（努米底亚）率军同努米底亚（大约位于今阿尔及利亚内）国王尤古尔塔作战时，马

略是梅泰鲁斯的一名参谋人员，但在公元前 108 年即返回罗马，公开严厉批评梅泰鲁斯的战争政策，并在罗马寻求政治上的支持。公元前 107 年当选为执政官，替代梅泰鲁斯，亲自率军同尤古尔塔作战（公元前 107 年—前 105 年），并取得了胜利，但是他对鲁·科尔奈利乌斯·苏拉所取得的战绩感到十分嫉妒，因为苏拉在作战中俘虏了努米底亚国王尤古尔塔（公元前 105 年）。公元前 104 年 1 月 1 日，返回罗马举行了一个盛大的庆祝胜利的凯旋仪式，而后被选为执政官（公元前 104 年），负责指挥同辛布莱（基姆布利）人的作战。公元前 103—前 100 年，再次当选为执政官，开始对军队进行改革，清除旧的军事体制，极力推行军队的职业化。他还创立了"步兵队"编制，把新兵征召建立在自愿的基础之上。公元前 102 年，率军在亚奎绥克斯太（今埃克斯昂普罗旺斯）地区击败了条顿人，公元前 101 年，又在维尔塞莱（今维切利）地区击败了辛布莱人，但是其政策受到攻击，公元前 99—前 94 年，离开意大利，到亚洲旅行。在社会战争（与同盟者的战争）前夕，返回意大利，在公元前 91—前 90 年间指挥一支军队同马尔西人作战，并取得胜利。指挥一支部队同本都（位于黑海的南部海岸）的密斯立对堤作战，P. 苏尔皮齐乌斯·鲁富斯企图获得这支部队的指挥权，但是没有成功。公元前 88 年，马略逃往非洲以逃避苏拉的报复。公元前 87 年，又返回意大利，并同其朋友 L. 科尔奈利乌斯·秦那一起建立起一支军队。公元前 87 年，与秦那占领了罗马，并清洗其政敌，进行残酷的大屠杀。公元前 86 年，卒于当选为执政官 13 天以后。

马略是一位能力出众的战术家，他在历史上最著名的业绩就是对军队的改革，他将罗马军队从一支公民义务军队改变成一支职业化的军队，士兵只忠于他们的领导人。他所推行的具有民主特征的政治政策是正确的，但他缺乏政治技巧去贯彻执行这些政策。

DLB

参考：Carney, Thomas Francis, A Biography of C. Marius. Chicago, 1970.

Kildahl, Phillip A., Gaius Marius. New York, 1968.

Plutarch, "Gaius Marius," Parallel Lives.

Sallust, The Jugurthine War.

Scullard, Howard H., From the Gracchi to Nero. London, 1959.

Syme, Ronald, The Roman Revolution. Oxford, 1939.

小马略，盖尤斯（Marius, Gaius, the Younger，约公元前 110—前 82 年） 罗马执政官。盖尤斯·马略之子。参加主要战争：罗马内战（公元前 188—前 82 年）；参加主要战役（战斗）：萨克里波特斯克莱茵门之战（公元前 82 年）、普拉纳斯特之战（公元前 182 年）。

马尔波罗第一公爵，约翰·丘吉尔（Marlborough, John Churchill, 1st Duke of, 1650—1722 年） "下士约翰"。英国总司令。参加主要战争：第三次荷兰战争（1672—1674 年）、奥格斯堡同盟战争（1688—1697 年）、西班牙王位继承战争（1701—1714 年）；参加主要战役（战斗）：索尔湾之战（绍斯沃尔德湾，1672 年）、塞奇莫尔之战（1685 年）、布莱尼姆之战（奥格斯堡以北多瑙河附近，1704 年）、拉米伊之战（比利时的布拉班特，1706 年）、奥德纳尔德之战（1708 年）、马尔普拉凯之战（里尔附近，1709 年）。

马尔波罗第一公爵 1650 年 5 月 26 生于德文郡的阿什一个破落的保皇派中上阶层家庭。1664—1665 年在圣保罗学校接受教育。1665 年，其姐阿拉贝拉侍候约克公爵夫人后，他任约克公爵詹姆斯的侍从官。1667 年在皇家步兵禁卫军任少尉。1668—1670 年在丹吉尔要塞供职。后返回宫廷，有酒色之徒之称。在詹姆斯麾下参加 1672 年 5 月 28 日进行的索尔湾海战，因作战勇猛晋升为海军上尉。在蒙茅斯公爵指挥的被派往法国帮助法王路易十四世的英国分遣舰队供职，并在 1673 年 6 月 5—30 日围攻马斯特里赫特之战中表现出色。1674 年 6 月 16 日，在辛斯海姆英勇作战，后晋升为上校。1674 年 10 月 4 日，在恩泽海姆之战（斯特拉斯堡附近）中指挥重要的一次冲击。1675 年后期返回宫廷，并开始了与萨拉·詹宁斯的风流韵事。1677—1678 年之交的冬季两人结婚。1682 年受封为艾茅斯的丘吉尔男爵。1683 年任龙骑兵第一团团长，后成为英王詹姆斯二世的亲密支持者。在蒙茅斯叛乱期间，任少将和副指挥官。1685 年 7 月 6 日，取得塞奇莫尔之战胜利，此战中他实际上是保皇派司令。因他所做的贡献，授任皇家禁卫军上校。尽管他和詹姆斯关系深厚并被詹姆斯提升为中将，但他对詹姆斯二世推行的天主教化政策不满。1688 年 11 月当威廉和玛丽在托贝登陆后，马尔波罗站在他们一边，并与之在阿克斯明斯特会合。作为对他支持的酬报，被威廉封为马尔波罗伯爵和枢密院顾问，并于 1689 年派往佛兰德，指挥瓦尔德克亲王军队的一个英国旅。因在 1689 年 8 月 25 日进行的瓦勒库尔交战中显示出的勇气和冒险精神，获取瓦尔德克的赞誉。1690 年夏，返回英格兰，威廉三世不在国内期间，他成为镇压爱尔兰起义的执政委员会成员之一。1690 年 9—10 月，在爱尔兰指挥小部队，攻占科克和金塞尔。因逐渐失去威廉的信任，被免职逐出宫廷，甚至一度被监禁（1692 年 5 月）。1694 年玛丽去世后，帮助调解安妮公主与威廉三世之间的矛盾，逐步又重新得宠。1698 年出任安妮之子格洛斯特公爵的代理官员。1698—1700 年任王室高等法院法官。1700 年，受命同时指挥驻荷兰英军和本土军队。1702 年 5 月 15 日，安妮即王位后，即加封他为嘉德勋爵、军械总监和总司令。1702—1703 年，实施一些非决定性的机动战，因荷兰人行动谨慎和缺乏攻击精神而所获无多。1702 年 9 月 15 日攻克芬洛，10 月 7 日攻陷鲁

尔蒙德，10月15日夺取列日。因他连连获胜，受封为马尔波罗公爵。1703年5月攻取波恩，但该年秋，由于荷兰人顽强抵抗和维勒鲁瓦军队的骚扰，在安特卫普城下受挫。后同欧仁亲王筹划防止法国人经巴伐利亚入侵奥地利。1704年5—7月，让对手荷兰人留在原地掩护维勒鲁瓦而自己率德意志军和英军进军多瑙河。1704年7月2日，发起对谢伦山的猛攻并攻克多瑙沃特。经一系列行动后，8月12日与欧仁会合。1704年8月13日，在布莱尼姆他们进攻并粉碎塔拉德和巴伐利亚的选侯马克西米利安的联军。之后回师北进，攻占特里尔和特拉巴赫（特拉本-特拉巴赫）。1705年初，里奥波德一世皇帝感激之余加封他为明德尔海姆亲王。1705年，在佛兰德对维勒鲁瓦进行非决定性作战。7月突破位于埃利克斯姆（兰登附近）的布拉班特防线，因荷兰人的抵抗未能扩大战果。1706年5月23日，在拉米伊与维勒鲁瓦军队遭遇，并将其击败，经短暂围攻，于7月6日攻占奥斯坦德，8月18日攻克梅嫩，9月5日夺取登德尔蒙德和10月2日攻陷阿特。但联军之间纠纷和国内政治分歧妨碍了1707年战局。1708年4月，与欧仁协商，并制订一项新计划。5—6月，在欧仁的亲自支援下抗击旺多姆攻击，之后经强行进军，于1708年7月11日在奥德纳尔德抓住旺多姆的部队，并将其击败。1708年8月14日—12月11日，在欧仁围攻里尔期间，率部担负掩护任务。尔后，于1708年12月—1709年1月，将法国人逐出佛兰德，期间还攻克了根特（1709年1月2日）。1708—1709年间的冬季，参加与路易十四的停战谈判，挫败了法国帮助奥地利的查理大公即西班牙王位的计划。1709年6月26日—9月3日在欧仁再次帮助下攻克图尔奈。1709年9月11日，在马尔普拉凯之战中攻击筑有工事的维拉尔的军队，并将其击败，但此战负出了高昂的代价。9月24日—10月20日攻占蒙斯。1709年12月25—30日，夺取根特。因马尔普拉凯之战代价高昂，朝野对马尔波罗政治上的非难增多。1710年4月23日—6月27日，在欧仁的帮助下，攻克杜埃。从7月6日开始，经一个月的复杂和巧妙的行动，于8月4—5日突破维拉尔的“不可突破的防线”。维拉尔不得不放弃阵地，从而使马尔波罗能够攻克布尚（1710年8月中旬—9月13日）。他的朋友悉尼、戈多尔芬伯爵、财政大臣和辉格党同盟者倒台，女王安妮和他的妻子之间的关系最终破裂，之后，马尔波罗被召回。新的托利党政府偏爱和平，1710年12月31日解除马尔波罗所有职务。此后他被迫侨居国外，一度与妻子萨拉（她亦被解除在女王处的职务）定居美因河畔法兰克福（1713年）。1714年，乔治一世即位后，恢复他大部分军职，特别是军械总监之职。1716年两次中风后，其健康状况日渐恶化，无可挽回，他不得不退役。1722年6月16日第三次中风后卒于温莎的克兰伯恩洛奇。

马尔波罗第一公爵过分雄心勃勃、损人利己，并有时骄傲自大。尽管如此，他仍不失为英格兰历史上的两三位最优秀的军人之一。他是一位办事细心和效率很高的行政管理官员，一位颇有造诣、精明、才华横溢的战略家和战术家。他关心士兵的福利，故深受他们的爱戴（所以有“下士约翰”的绰号）。马尔波罗在1702—1710年间的权势在英国历史上举世无双。他是他所处时代的第一流军人。

DLB

参考：Atkinson, C. T., Marlborough and the Rise of the British Army. London, 1924.

Chandler, David, The Art of Warfare in the Age of Marlborough. London, 1976.

——, Marlborough as Military Commander. New York, 1973.

Churchill, Winston, Marlborough, His Life and Times. 4 vols. London, 1924.

Coxe, Adderson W., Memoirs of the Duke of Marlborough. 3 vols. London, 1818—1819.

马尔蒙，奥古斯特·腓特烈·路易·维塞·德，拉古萨公爵（Marmont, Auguste Frederic Louis Viesse de, Duke of Ragusa, 1774—1852 年） 法兰西帝国元帅。参加主要战争：法国大革命战争（1792—1799年）和拿破仑战争（1800—1815年）；参加主要战役（战斗）：洛迪之战（1796年）、斯蒂维耶雷堡之战（1796年）、皮拉米德之战（1798年）、马伦哥之战（1800年）、拉古萨之战（1806年）、华沙之战（1809年）、萨拉曼卡之战（1812年）、1813年的吕岑之战、包岑之战、得累斯顿之战、莱比锡之战及汉瑙之战、1814年的法国战役。

马尔蒙1774年7月20日生于勃艮第的塞纳河畔沙蒂永。他的父亲是一位退休的皇家官员，拥有一家冶铁工厂。入炮校学习后于1792年任军官职。1792年在梅塞尔军队中任中尉。1793年升上尉。后转入阿尔卑斯军队，不久又转入比利牛斯军队，在拿破仑手下供职。1793年在土伦包围战中首次引起拿破仑的注意。1794年他随意大利远征军参战，后在德塞将军手下供职，参加1795年10月的美因茨之战。1796年升为少校，任拿破仑侍从副官，在5月10日的洛迪之战及8月5日的斯蒂维耶雷堡之战中荣立战功。10月，他返回巴黎，后率奥军取得了罗威里图、巴萨诺及圣焦尔杰战的胜利，从而升上校。1798年，在奥伦特方面军中服役，参加马耳他之战，他亲手夺下了圣约翰骑士团军旗，后因战功被提升为准将。在埃及，他参加了7月2日的亚历山大之战，当该城陷落后，他被任命为该城的总督。此后，参加7月21日的皮拉米德之战，并成为随同拿破仑返回法国的为数不多的人员之一。他参加了1799年11月9—10月的雾月十八日政变，成为新成立的第一届议会的议员。1800年6月14日率炮兵支援克勒尔曼的骑兵参加马伦哥之战，因战功卓著而于9月9日被提升为少将。1801年1月，他被布伦纳选为签署《特拉维索和

约》的代表。1802 年被任命为炮兵总监。1803—1805 年期间，他任驻勃罗杰尼炮兵总司令。1805 年，升为上将。10 月 7—20 日的乌尔姆之战中，任第二军团指挥。1806 年 7 月转入意大利方面军，被任命为达尔马提亚总督。9 月 30 日，率 6000 兵马在拉古萨打败了16 000人的俄军。1808 年，被封为拉古萨公爵。1809 年被召回至奥地利指挥第十一军团。7 月 5—6 日的华沙之战及 7 月 10 日的兹那姆之战为其赢得巨大声望，不久在 7 月 12 日的华沙战场上同乌迪诺及麦克唐纳共同接受了元帅的权杖。在伊里利亚服役直至 1811 年，后被召至葡萄牙，在马森纳手下指挥第十一军团。5 月，他接替马森纳任葡萄牙方面军总司令。1812 年，他的机动作战充分表现出其卓越的战术才能，阻止了英军进一步向西班牙的进攻。1812 年 7 月 22 日，在萨拉曼卡之战中，他因判断错误，而被惠灵顿利用，4 万军队在 40 分钟内被打败。他企图扭转战局，但因受伤而未能实现。在耗费近一年时间后，身体才得以康复，于 1813 年指挥第十一军团。5 月 2 日参加吕岑之战，5 月 20—21 日参加了包岑之战，8 月 26—27 日转战得累斯顿，10 月 16—19 日又战于莱比锡，10 月 30 日参加汉瑙之战。在 1814 年的法国战役中，皇帝拿破仑对其能力抱有极大的信心。他一直未辜负皇帝的信任，直至 3 月 9—10 日在里昂被打败。3 月 30 日他在巴黎郊外的蒙特马尔特拉再展雄风，他坚守阵地，顶住了兵力占绝对优势的敌人的屡屡进攻。4 月 5 日，他率其军团的余部投降，破灭了皇帝将皇位传给其子的希望。归顺路易十八后，马尔蒙被任命为议员，并任国王私人卫队的军官。百日王朝期间，他随国王流放。滑铁卢之战后，他是指挥皇家卫队的四大元帅之一，此后参加了对奈元帅审判的军事法庭人员之一，投票赞成处死奈。1817 年国王派他调解里昂的争端，并任命他为大臣和议员。1821 年他任第一军区司令。曾短期担任驻俄国大使，并参加了沙皇的加冕典礼。1830 年受查理十四世之命镇压七月革命，但执行不力以至巴黎落入起义军手中。他被流放，其间遍游欧洲，最后定居威尼斯，在那里他撰写了回忆录。1852 年 3 月 2 日卒于威尼斯。

马尔蒙是一位受过良好教育、十分聪慧的指挥员。他通晓战略，又是一位有能力的战术家、组织者和管理者。尽管他作战中十分冷静和勇敢，但在萨拉曼卡和莱昂之战中也表现出粗心大意的一面。他对拿破仑的背叛从未被法国人忘记。他的“拉古萨”头衔成了不可靠的象征。

VBH

参考：Chandler, David G., The Campaigns of Napoleon. New York, 1966.

——, Dictionary of the Napoleonic Wars. New York, 1979.

Delderfield, R. F., Napoleon's Marshals. New York, 1962.

Humble, Richard, Napoleon's Peninsular Marshals. New York, 1974.

Lawford, James, Napoleon: The Last Campaigns, 1813—15. New York, 1979.

Meeks, Edward, ed., Napoleon and the Marshals of the Empire. Reprint(2 vols. in one), Philadelphia, 1885.

马歇尔，乔治·卡特利特（Marshall, George Catlett, 1880—1959 年） 美国将军和政治家。参加主要战争：镇压菲律宾起义（1899—1903 年）、第一次世界大战（1917—1918 年）和第二次世界大战（1941—1945 年）；参加主要战役（战斗）：圣米耶尔攻势和默兹-阿尔贡攻势（皆在 1918 年）。

马歇尔 1880 年 12 月 31 日生于宾夕法尼亚州的尤尼恩城。1901 年毕业于弗吉尼亚军事学院，1902 年 2 月 3 日在步兵部队任少尉，1902—1903 年镇压菲律宾起义的最后阶段，他随第三十步兵团在民都洛服役。后返回美国。1907 年以全班第一名的成绩毕业于利文沃思步兵与骑兵学校，1907—1908 年留在那里的参谋学院，1907 年晋升为中尉，1908—1910 年在利文沃思堡步兵学校任教官。1910—1913 年曾担任多种短期性的职务。1913—1916 年返回菲律宾任职。任亨特·利格特将军的副官，1916 年晋升为上尉。1917 年任詹姆斯·F. 贝尔的副官，先在西部军区，后在东部区任职。1917 年 6 月作为第一师的参谋军官赴法国。任师作战参谋协助制定美军在法国的第一次进攻计划（1918 年 5 月），7 月提升为临时上校，8 月在潘兴将军设在肖蒙的总司令部任职，是美军圣米耶尔攻势（9 月 12—16 日）的主要计划。后来负责督察，将 50 万美军和 2700 门火炮从圣米耶尔转移至默兹-阿尔贡前线，因参谋和后勤工作极为出色而受到称赞（9 月）。10 月被任命为第一集团军作战处处长，11 月被任命为第八军参谋长。在德国的占领军中任职。1919 年 9 月返回美国后即恢复上尉军衔。1919—1924 年任陆军参谋长约翰·J. 潘兴的副官，协助潘兴分析《国防法案》并准备第一次世界大战的报告。1920 年 7 月晋升为少校，1923 年晋升为中校。1924—1927 年在中国天津任第十五步兵团参谋。1927—1932 年返回美国任本宁堡步兵学校助理校长。1933 年在第三装甲战斗团工作时晋升为上校，1933—1936 年任伊利诺伊国民警卫队高级教官，1936 年晋升为准将。1936—1938 年任华盛顿州范库弗兵营第五步兵旅旅长。1938 年在华盛顿特区任陆军总参谋部作战计划署署长，10 月成为副参谋长。1939 年 7 月晋升为少将，任命为陆军参谋长，9 月 1 日晋升为临时上将。立即着手扩编陆军，由战前的 20 万（1938 年为125 000人）扩大到战时的最大量 800 万。大战爆发后他改组了总参谋部，并将陆军改组为三大部分，陆军地面部队、陆军勤务支援部队和陆军航空兵部队（1942 年 3 月）。作为联合参谋部的成员，他是富兰

克林·D. 罗斯福总统的主要军事顾问，随罗斯福及后来的杜鲁门总统出席了重要的战时会议，主要有卡萨布兰卡会议（1943年1月）、开罗-德黑兰会议（11—12月）、雅尔塔会议（1945年2月）和波茨坦会议（随杜鲁门总统，7月）。1944年12月晋升为陆军五星上将。1945年11月20日辞去参谋长一职，但不久即被杜鲁门总统派往中国出任特使（11月25日）。在一年的时间里，他为使蒋介石的国民党和毛泽东的共产党达成和平付出了一定的努力，但最终承认失败并返回美国。1947年1月取代詹姆斯·F. 贝尔纳斯任国务卿。1947年6月他在哈佛大学发表了著名演讲，呼吁经济援助以重建被战争破坏的欧洲，导致产生了"欧洲复兴计划"——即广为人知的"马歇尔计划"。1949年1月退出内阁。1950年任国防部长，在任上一年，期间为朝鲜战争初期。在他后半任期内遭到狂热的反共议员森·约瑟夫·麦卡锡的公开攻击，1951年9月退出政治生活。1953年12月在挪威的奥斯陆被授予诺贝尔和平奖，马歇尔是第一位获此殊荣的军人。1959年10月16日卒于华盛顿特区。

马歇尔是20世纪20年代杰出的军事政治家之一，是第二次世界大战联合参谋部中最有影响的人物。他富有才智，善于思考并极为能干，是极有天赋的参谋军官和军政管理者。他充满信心而极富鼓动力地进行动员，并与英国密切合作，对于加速打败法西斯德国和日本作出了巨大贡献。他在战后的任职，虽然短暂，但至少是有价值的。

DLB

参考：Pogue, Forrest C., George C. Marshall: The Making of a General, 1880—1939. New York, 1963.

——, George C. Marshall: Ordeal and Hope, 1939—1942. New York, 1966.

——, George C. Marshall: Organizer of Victory, 1943—1945. New York, 1973.

DAMB.

EB.

WAMB.

马蒂内，让（Martinet, Jean, 卒于1672年） 法国将军。参加主要战争：荷兰战争（1672—1679年）；参加主要战役（战斗）：杜伊斯堡围攻战（1672年）。

马蒂内出生于平民家庭，可能在1620年前后出生。17世纪六七十年代，法国在卢瓦和蒂雷纳领导下完成了军队大整编，马蒂内就是在这次整编中曾起到重要作用而几乎被人遗忘的几位人物之一。他从1662年起，任杜罗瓦步兵团中校总监（国王路易十四是名誉团长，故该团有"国王团"之称），他勤奋工作，为前线步兵部队制定纪律，并定期组织训练。当时杜罗瓦团被建成全军前线步兵部队的模范正规军，其编制异常庞大，一度辖54个连队（正常团队通常辖10—16个）。马蒂内孜孜不倦训练团队官兵。杜罗瓦团的军官被派往其他团队任推广军风军纪官，加强其他部队的纪律观念。1661年7月25日，法王取消法国步兵上校总监一职。马蒂内作为中校总监享有巨大的权力，因为再也没有"顶头上司"反对他的改革，并且在任何情况下，他都有整顿步兵的独断权力，他立即开始进行卓有成效的军队整顿工作。马蒂内还取得了其他一些成就：发明了铜铸浮桥（于1672年6月13日横渡莱茵河时首次使用）。在步兵部队建立精锐兵种——掷弹兵（始于1670年，法军大多数步兵团编有一个掷弹兵连）。此外，他还倡导以插拔式刺刀代替长矛，但未成功。在骑兵部队，蒂雷纳任骑兵上校总监，富里勒伯爵绍梅让的让·雅克任法国骑兵旅长，后者负责骑兵的改革。在炮兵部队，克劳德·杜·梅斯的改革是通过法令，在炮兵中实现职业化。有趣的是，上述的三位改革者后来均战死。1672年6月21日马蒂内在指挥攻击杜伊斯堡要塞时阵亡；1674年8月11日富里勒在瑟内夫之战率骑兵冲锋时；因受致命伤而亡，杜·梅斯则于1690年7月1日在弗勒吕斯阵亡。

在17世纪的最后几十年中，这三位改革家对军队做出了卓越贡献，法王路易十四世的军队在他的天才指挥官蒂雷纳、孔代和卢森堡等的指挥下之所以取得卓越的胜利，与他们的改革不无关系。然而，具有讽刺意味的是，今天他们的名字很大程度已被人们遗忘，对于那些严格地实施军纪者和施训者，马蒂内不过是一个普通的名词。

CCJ

参考：Dussieux, Louis Étienne, Les grands généraux de Louis XIV, notices historiques. Paris, 1888.

丸山真男（Maruyama, Masao, 1889—1957年） 日本将军、军国主义者。参加主要战争：第二次世界大战（1941—1945年）；参加主要战役（战斗）：瓜达尔卡纳尔之战（1942—1943年）。

梅森，约翰（Mason, John, 约1600—1672年） 英国和美国殖民军官；参加主要战争：佩科特战争（1636—1637年）；参加主要战役（战斗）：米斯提克河之战（1637年）。

马森纳，安得列，利瓦里公爵及埃斯林亲王（Masséna, André, Duke of Rivoli and Prince of Essling, 1758—1817年） 法兰西帝国元帅。参加主要战争：法国大革命战争（1792—1799年）和拿破仑战争（1800—1815年）；参加主要战役（战斗）：1796年的蒙特诺特之战、迭戈之战、洛迪之战、斯蒂维耶雷堡之战、巴萨诺之战、利瓦里之战（1797年）、苏黎世之战（1799年）、热那亚之战（1800年）、阿斯派因-埃斯林之战（1809年）、华沙之战（1809年）、布萨卡之战（1809年，梅阿利亚达附近）、托雷什维德拉什战役（1810—1811年）。

马森纳1758年5月6日生于尼斯，是意大利人的后

裔。1771 年出海，后入法国陆军（皇家意大利团，1775 年)。1789 年娶一外科医生之女后，以中士军衔退役，并生活在安蒂贝斯，参与走私活动。1791 年再次参军，并在新建的意大利方面军中服役，任上尉向导。1793 年 2 月因其出身本应被解职，但因其丰富的当地地理知识而被留下来。参加了 1793 年 9 月 7 日—12 月 19 日对土伦的包围战。1793 年 12 月被提升为少将，并按拿破仑的计划继续留在意大利。在 1795 年 11 月的冬季战役中，指挥意大利方面军三个师中的一个，11 月 25 日取得了著名的莱昂之战的胜利，但没有得到方面军司令舍勒尔的称赞。1796 年 4 月，在拿破仑的意大利战役的开始阶段，受命指挥该方面军的中央军队，并取得了 4 月 12 日的蒙特诺特之战及 4 月 14 日的迭戈之战的胜利，第二天他所带的师遭突然袭击，从迭戈暂时后撤。此后任方面军前锋向都灵进军，5 月 10 日参加洛迪桥之战。8 月 5 日及 9 月 8 日率法国军队精锐部队一部在斯蒂维耶雷堡及巴萨诺打败奥地利军队。1797 年 1 月 14—15 日，在利瓦里之战中，他指挥左翼，其领导才能对取得作战胜利起了决定性的作用。1797 年 3—4 月，率所部向维也纳挺进，后至巴黎，但又于 1798 年 2 月回意大利，在贝尔蒂埃手下供职。但其军队因未发薪饷而发生哗变，并将他赶走。1798 年 11 月，他被派至瑞士，在茹贝尔手下任指挥。1799 年 3 月 25 日，当茹贝尔在斯托克奇战败后，接替茹贝尔的职务。6 月 4 日，在苏黎世之战中打退了霍策及查理大公的进攻，但仍被迫撤向阿里河。1799 年 9 月 25 日在第二次苏黎世之战中，跟踪科尔萨科夫的军队，并追击直至越过莱茵河。1799 年 11 月 22 日，雾月十八日政变后，任意大利方面军司令。于 1800 年 4 月 3—10 日在利古尔山成功地组织防御，但 4 月 24—6 月 4 日却被围困于热那亚，直至有条件地投降，才率余部穿越瓦尔河而去。1804 年 10 月 18 日升为法兰西帝国元帅。1805 年 9 月中旬，率意大利方面军参加乌尔姆战役，并承担了打击查理大公优势兵力的艰巨任务（9—11 月)，尽管他强攻奥军在卡尔迭罗（维罗纳附近）的军营阵地，并于 1805 年 10 月 30 日被击退，但仍追击查理大公直至穿越尤利安山。1806 年 7 月 4 日，雷涅尔在梅达被英国军队打败后（英军由约翰·斯图亚特爵士将军率领)，马森纳于 1806 年 7—12 月发动了一场辉煌的战役，以平息卡拉布里亚。1808 年封为利瓦里公爵，与此同时，在一次偶然事件中一只眼被射瞎。1809 年 3 月（?)，同奥地利战争的早期，受命指挥第四军团。4 月 20—22 日，在阿宾斯堡-埃格缪尔之战中，他受命在奥军逃亡兰茨胡特的路上打击奥军，但因命令混乱及穿越阿姆贝尔河遇到困难而未能按计划实现。在 5 月 21—22 日的阿斯派因-埃斯林之战中，战术高明，但因缺乏桥梁，阻止了他援军的到达。1809 年 7 月 5—6 日的华沙之战中，他指挥法军左翼，顶住了敌人的进攻，从而保障了拿破仑粉碎了查理大公军队的左翼和中央军队。在这次战斗中，他在一辆马车上指挥其军队，因在此前他已受伤而不能骑马。1810 年 1 月被封为埃斯林亲王。1810 年 4 月任葡萄牙方面军司令。6 月从西班牙出发向葡萄牙进军，7 月 10 日攻克要塞罗德里戈城。1810 年 9 月 25 日，攻击布萨卡的惠灵顿军队时，没有成功。后被阻于里斯本城外的托雷什维德拉什防线，因缺乏给养而于 1810 年 11 月被迫后撤，并为争夺西班牙的出入口而作战。1811 年 4 月，驰兵支援阿尔梅达，但在 5 月 5 日的丰特斯-德奥尼奥罗之战中，却无力打败惠灵顿。随后的 1811 年下半年马森纳被撤职，由马尔蒙接任。马森纳再没有担任要职，回到巴黎。在 1815 年 4—6 月的百日王朝期间，他保持了中立。1817 年 4 月卒于巴黎。

马森纳是一位熟练的战略家和有才能的战术家，在指挥中，既能保持冷静又能充满激情。他在西班牙的作战不利归因于他身体不健康。惠灵顿公爵对他的评价是："我敢说，在我以往的作战经历中，还没有一位比他更好的人。"

DLB

参考：Chandler, David G., The Campaigns of Napoleon. New York, 1966.

Cornwall, James Marshall, Marshal Massena. London, 1965.

Masséna, André, Mémoires. 7 vols. Paris, 1848—1850.

Phipps, Col. Ramsay Weston, Armies of the First French Republic. 5 vols. Oxford, 1935—1939.

马修，爱德华（Mathew, Edward, 1729—1805 年） 英国将军。参加主要战争：美国独立战争（1775—1783 年)；参加主要战役（战斗)：开普湾之战（1776 年)、华盛顿堡之战（1776 年)、弗吉尼亚进攻（1779 年)、斯普林菲尔德（新泽西）之战（1780 年)。

马多斯（Mathos, 约卒于公元前 237 年） 在迦太基军队中服役的利比亚将军。参加主要战争：第一次布匿战争（公元前 264—前 241 年)、雇佣军起义（公元前 240—前 237 年)；参加主要战役（战斗)：希波勒吉斯（今安诺纳）之战（公元前 239 年)、乌提卡之战（公元前 239 年)、迦太基之战（公元前 239 年)、乌提卡之战（公元前 238 年)、突尼斯之战（公元前 238 年)。

马多斯生于利比亚，其早期经历不详。第一次布匿战争期间加入迦太基军队，在西西里地区服役。公元前 241 年，从西西里返回迦太基，但是没能够获得其雇佣金。公元前 241 年冬—前 240 年，同其他一些没有得到雇金的老兵起义，后来同其他一些被解雇的雇佣军一起被送往西克卡等待遣返的资金。公元前 240 年伙同逃亡奴隶、意大利裔希腊人斯宾狄奥斯，率领利比亚雇佣军举行起义。这次起义很快得到大部分利比亚居民和一些努米底亚人的支持。公元前 239 年，率军占领了希波勒

吉斯和乌提卡，在这两次作战中都对迦太基的守备部队进行了残酷的屠杀。又率领一支25 000人的部队围攻迦太基城，但哈米尔卡·巴卡率领的一支1万人的迦太基军队突破了包围，将其赶出了迦太基周围地区，并于公元前238年在乌提卡附近地区将其击败。被哈米尔卡围困在突尼斯，被迫投降，并遭到拷打折磨，直到公元前237年他死去为止。他的这次起义也促使迦太基在科西嘉和撒丁岛的守备部队产生了不满情绪，在公元前239—前238年间，这些岛均被罗马占领。

Staff

参考：Lapeyre, Gabriel G., and A. Pellegrin, Carthage Punique. Paris, 1942.

Warmington, Brian H., Carthage. New York, 1969.

松平秀康（Matsudaira, Hideyasu, 1574—1607年） 日本将军。参加主要战争：统一战争（1550—1615年）；参加主要战役（战斗）：九州战役（1587年）、关原之战（1600年）。

松井石根（Matsui, Iwane, 1878—1948年） 日本陆军上将、甲级战犯、南京大屠杀罪魁祸首。参加主要战争：日俄战争（1904—1905年）、西伯利亚远侵（1918—1922年）、日本侵华战争（1937—1945年）；参加主要战役（战斗）：侵略上海战役、南京大屠杀（1937年）。

松井石根1878年生于名古屋。1897年毕业于陆军军官学校。1904年毕业于陆军大学。1904年2月—1905年9月参加日俄战争。1907—1912年任驻中国武官。1909年晋升为少校。1914—1915年任驻法国武官。1915—1919年再任常驻中国武官。1918年晋升为上校。1919—1921年任团长。1921—1922年任西伯利亚远侵军参谋军官。1922—1924年任侵华日军关东军司令部哈尔滨特务机关长。1923年晋升为少将。1924—1925年任旅长。1925—1928年任陆军参谋本部第二部部长。1927年晋升为中将。1928年与中国国民党领导人在济南进行谈判。1929—1931年返回日本任驻东京的第一师师长。1931—1933年任日内瓦裁军会议日本代表团成员。1933年回国时晋升上将。1934—1935年在半退役期间任最高军事委员会委员。1937年7月日本全面侵华战争开始时应召服役，任上海派遣军司令。1937年8月8日—11月8日指挥上海战役。1937年11—12月，率军向西沿长江而上，侵占南京。在臭名昭著的南京大屠杀发生时，任侵华日军华中方面军总司令。当时日军犯下了滔天罪行，杀害了包括妇女儿童在内的30多万平民。1937年12月—1938年任华中日军司令。1938—1940年返回日本任阁僚，之后退役。战后遭审讯，因参与并纵容朝香宫鸠彦和柳川平助制造南京大屠杀这一惨绝人寰的暴行而被判犯有战争罪，1948年被处决。

MRP

参考：Dorn, Frank, The Sino-Japanese War, 1937—41. New York, 1974.

松本和（Matsumoto, Yawara, 1860—约1925年） 日本海军上将。参加主要战争：日俄战争（1904—1905年）；参加主要战役（战斗）：黄海海战（1904年）和对马海战（1905年）。

松本和1860年生于江户（现东京），1880年毕业于海军学院。1888—1889年在海军大学第一届学习，1892—1896年在海军参谋部任职，1896—1904年在海军部担任一系列中级职务，间或执行出海勤务。在侵略旅顺港期间（1904年2—6月）指挥战列舰“富士”号。参加了黄海海战（8月10日）。随东乡海军上将参加了对马海峡之战，在该战中他的战舰进行了大齐射，击沉俄军战列舰“鲍罗季诺”号（1905年5月27日）。作为海军上将山本权兵卫的亲信和能干的政治家，他很有可能是海相的人选。但由于1914年1月当“西门子-维克斯”海军丑闻事发时他任吴市海军基地司令。他被审判，军事法庭判定他从维克斯公司定购战斗巡洋舰“金刚”号中接受一大笔贿赂，他被判监禁并剥夺军衔和勋章。释放后过着隐居生活。

MRP

松村立夫（Matsumura, Tatsuo, 1868—1932年） 日本海军上将。参加主要战争：日俄战争（1904—1905年）和第一次世界大战（1914—1918年）；参加主要战役（战斗）：黄海海战（1904年）和对马海战（1905年）。

松谷信（Matsutani, Makoto, 生于1903年） 日本陆军军官。参加主要战争：日军侵华战争（1937—1945年）。

马特维一世，科尔文（Matthias Ⅰ Corvinus〈Mätyäs Hunyadi〉, 1440—1490年） 匈牙利统治者。参加主要战争：土耳其战争（1463年）、波希米亚战争（1468—1478年）、第二次土耳其战争（1475年）、匈牙利-奥地利战争（1477—1485年）；参加主要战役（战斗）：贝尔格莱德之战（1456年）、维也纳围攻战（1477年和1485年）。

马特维一世1440年2月23日生于科洛斯堡（克卢日），匈牙利伟大民族英雄雅诺什·匈雅提和伊丽莎白·西拉吉之子。12岁时首次参加其父指挥的作战。1453年被封为比斯特里察伯爵。参加其父指挥的援救贝尔格莱德之战，因其在战争中所起作用被封为骑士（1456年7月21—22日）。是年8月11日父去世，其父的政敌劝他返回布达（布达佩斯），结果在布达被捕。以编造的谋反罪审判他并定为死罪，因其年少得以赦免，但其兄拉迪斯拉夫未能幸免。路易五世拉斯洛去世后，当时的波希米亚总督波杰布拉德的乔治将其拘捕，但后又释放，未受虐待。1485年1月24日议会推选他任国王，

尽管遭到拉斯洛·高劳伊和米克洛什·弗杰拉基为首的一些贵族的反对，他仍于 2 月 14 日隆重地进入布达。此时，匈牙利正遭到庞大的外国军队围攻，同时他也面临国内很多大贵族的反对。然而，其岳父波杰布拉德的乔治于 1458 年被立为波希米亚国王，他因之得到一位强大的盟友。正当他指挥对土耳其的远征之时，对其不满的贵族把匈牙利王冠让与神圣罗马皇帝腓特烈三世，他被迫回国（1459 年 3 月 4 日）。将腓特烈逐出，迫使腓特烈于 1462 年 4 月承认马特维为匈牙利国王。1464 年 3 月 29 日加冕即王位。参加天主教联盟反对其岳父波杰布拉德的乔治。在与波兰的乔治和皇帝腓特烈混战数年后，1477 年败于维也纳。接受《奥洛莫乌茨和约》，承认弗拉基斯拉夫为波希米亚弗拉基斯拉夫二世国王，但他强占三个省份，以作为付给他 40 万弗罗林（中世纪欧洲货币单位）的担保（1478 年）。其间马特维分别于 1463 年和 1475 年又两次领导有限规模的远征土耳其，旨在促使土耳其人保持边境稳定。神圣罗马帝国皇帝腓特烈答应再给马特维 10 万弗罗林补偿款，他则同意一旦死后无男性后嗣的话，便承认腓特烈兼领匈牙利王位。1481 年第三次对腓特烈发动战争。围攻维也纳，并于 1485 年 6 月 1 日攻克，这标志着他的军事成就达到顶峰。之后又征服施蒂里亚、卡林西亚和卡尼鄂拉（意大利东北部），从而使其锦上添花。与瑞士、萨克森、巴伐利亚和萨尔茨堡的兼任大主教的公国君主结盟，进一步强化自己的地位。定都维也纳。1490 年 4 月 6 日猝死于维也纳。

马特维一世是一位卓越的领导人，他去世之前是中欧最强有力的君主。他是一位精力充沛和给人以深刻印象的指挥官。他也是一位天才的政治家、行政官员、立法者和演说家。他执行其父加强常备军建设的政策，他的黑色连队令邻国妒忌和恐惧。虽然他雄心勃勃，易于发怒，但他既不残忍，也不记恨于人。他的军营和宫廷令文明的欧洲称羡不已，他的图书馆吸收了来自全欧洲的博学之士。马特维本身就是一位有文化的人，他在布达创办了匈牙利第一所印刷字体报纸，在波若尼（布拉迪斯拉发）创办了一所大学。

DLB

参考：Hóman, Bálint, Geschichte des ungarischen Mittelalers. 2 vols. Berlin, 1940—1943.

EB.

EMH.

毛德，腓特烈·斯坦利爵士（Maude, Sir Frederick, Stanley, 1864—1917 年） 英国将军。参加主要战争：第一次世界大战（1914—1918 年）；参加主要战役（战斗）：达达尼尔海峡之战（1915 年）、库特之战（1917 年）和巴格达之战（1917 年）。

毛德生于 1864 年，后参加陆军。1914 年 8 月应动员，被分在第三军参谋部任职，1914—1915 年在法国任职。后被派往达达尼尔海峡指挥第十三师，参加了从苏夫拉湾和哈勒斯滩头（在加利波利半岛南端）的撤退行动（分别在 1915 年 12 月 18—19 日和 1916 年 1 月 8—9 日）。他的师被调往美索不达米亚战场援救被包围在库特-阿马拉的唐森将军的部队，尽管毛德和他的师为解救付出了很大的努力，但未能在英国守军投降（1916 年 4 月 29 日）之前赶到库特城。9 月被任命为美索不达米亚英军司令，他在巴士拉花费了三个月的时间为新的推进（12 月 13 日）做准备。12 月 26 日他的进攻因大雨而被迫停止。1917 年 1 月 6 日恢复进攻，实施缓慢而稳步的推进，于 2 月 16 日兵临库特城下。其两个军48 000人的部队对土军筑垒防御实施两翼包围，迫使努尔丁将军的第十七军 2 万人的部队撤退（2 月 24 日）。后他经泰西封向巴格达进军，土军企图在那里进行防御，经短暂的战斗，毛德攻取巴格达（3 月 11 日）。在重新编组后继续进军，夺取萨马拉（4 月 23 日）并打退土军的反攻。之后在美索不达米亚夏天将近 49℃的高温条件下被迫停止行动。4 个月后他继续进攻，前进至幼发拉底河（拉马迪）并很快夺取拉马迪（9 月 27—28 日）。之后率其大部兵力折回逆底格里斯河而上，夺取蒂科里特（11 月 2 日）。不久因染霍乱，11 月下旬卒于巴格达。

毛德是第一次世界大战期间英军中最好的将领之一，他精力充沛、善于思考且坚定果断。在唐森于库特投降之后他几乎是独撑美索不达米亚的局势，在不到一年的时间里，以较小的代价将土军逐出几个强大的阵地。

DLB

参考：Hayes, Grace P., World War Ⅰ: A Compact History. New York, 1972.

DNB.

WBD.

莫努里，米歇尔·约瑟夫（Maunoury, Michel Joseph, 1847—1923 年） 法国元帅。参加主要战争：普法战争（1870—1871 年）和第一次世界大战（1914—1918 年）；参加主要战役（战斗）：边境（比利时和法国之间）交战（1914 年）、吉斯之战（1914 年）、马恩河战役（1914 年）、皮卡第之战（1914 年）和苏瓦松之战（1915 年）。

莫努里生于 1847 年，1870 年参加普法战争时任中尉，受伤。战后留在陆军，第一次世界大战之前任巴黎城防司令。1911 年退役，1914 年 8 月 15 日被召回服役，任洛林第四集团军司令。吕费将军的第三集团军向布里埃铁场推进期间他在其左翼实施支援，但其大部兵力被调回并转移至法军战线的最左翼，以阻止冯·克卢克的第一集团军（8 月 25—26 日）。当第六集团军在亚眠附近组建后，他调任该军司令（8 月 26—27 日）。在德军将推进到面前时，他根据霞飞的计划退至巴黎附近，准备攻击亚历山大·冯·克卢克将军的第一集团军的右翼。他在乌尔克河的进攻揭开了马恩河战役的序幕（9 月

5—9 日)，但在 9 月 5—6 日被哈雷斯·冯·格罗瑙将军的第四预备军的反攻所阻。莫努里再次进攻，但当冯·克卢克为保护其受威胁的右翼而转过身来后，两军正面相对。莫努里沿乌尔克河固守，与此同时，弗朗谢·德斯佩雷的第五集团军和英国远征军突入冯·克卢克集团军和冯·毕洛夫第二集团军之间的缺口（9 月 9—10 日）。在第六集团军转移到努瓦永的北面和西面后（9 月 23 日），参加了在皮卡第的战斗（9 月 22—26 日）。后参加霞飞的香槟攻势（2 月 16 日—3 月 28 日），在苏瓦松负重伤（3 月）。后退役，卒于 1923 年。

莫努里是一位能干而可信赖的指挥官，尽管当时他年事已高，但他在马恩河战役中起到了关键性的作用。

DLB

参考：Asprey, Robert B., The First Battle of the Marne. New York, 1962.
Hayes, Grace P., World War Ⅰ: A Compact History. New York, 1972.
Tuchman, Barbara, The Guns of August. New York, 1962.

莫里斯（Maurice, 539—602 年） 拜占庭帝国皇帝。参加主要战争：与波斯人的战争（572—591 年）、与阿瓦尔人的战争（591—595 年）；参加主要战役（战斗）：尼西比斯战役（589 年）、维米纳丘梅（斯梅德雷沃附近）战役（601 年）。

莫里斯 539 年生于一个古老的卡帕多西亚家庭，他在提比略二世君士坦丁手下任将军，因击败波斯的霍斯罗一世而声名显赫。575 年，成功地赶跑了在卡帕多西亚（土耳其西南部）的波斯人。在这一时期，还写了一本广泛论述战争科学的书，长达几个世纪此书作为拜占庭军事体制的一本重要参考书。提比略临去世时，选他为继承人，并于 582 年 8 月 5 日任他为恺撒。582 年 8 月 13 日，被加冕为皇帝。589 年，莫里斯继续与波斯人进行战争，在尼西比斯打败巴赫拉姆。591 年，利用波斯国内混乱的机会，扶助霍斯罗一世的孙子霍斯罗二世获得波斯王位，继而与他达成和平协定。在西方，阿瓦尔人的劫掠恶行，长久以来一直是个难解决的问题。595 年，莫里斯和手下将军普里斯卡斯从黑海到蒂萨河，对阿瓦尔人展开了一系列的战役。这些战役最后以 601 年的多瑙河南岸的维米纳丘梅战役告终，在这次战役中，莫里斯打败了阿瓦尔人的首领巴颜，取得了重大胜利。莫里斯长期征战，耗尽了国库，加之他实行严厉的军纪，采取严格的经济措施，从而于 602 年引起了多瑙河部队的叛乱，叛乱首领福凯斯很快进攻君士坦丁堡，尽管莫里斯尽力恢复秩序，但还是同两个儿子一起被福凯斯下令处死。

莫里斯是一位能干的军事家和杰出的政治家。他向拉文纳委派军事总督，在北非设立了迦太基总督管区，是最为值得一提的政绩。这为 40 年后赫拉克利乌斯的帝国奠定了基础。

DLB

参考：Higgins, Martin Joseph, The Persian War of Emperor Maurice. 2 vols. Washington, D.C., 1939.
Ostrogorsky, George, A History of the Byzantine State, Translated by Joan Hussey. New Brunswick, N.J., 1969.
EB.
ENH.

莫里斯亲王（拿骚的）（Maurice of Nassau, Prince, 1567—1625 年） 荷兰将军、政治家。参加主要战争：八十年战争（1567—1648 年）、三十年战争（1618—1648 年）；参加的主要战役（战斗）：图尔恩豪特（蒂伦豪特）之战（1597 年）、尼乌波特之战（1600 年）、贝亨奥普佐姆之战（1622 年）。

莫里斯亲王 1567 年 11 月 13 日生于迪伦堡，是奥兰治沉默者威廉的次子。先在海德堡求学，后就读于莱顿大学（1583 年）。莫里斯继承了其父庄重的品行。1584 年 7 月 10 日其父遭暗杀后，尽管他年轻，仍被选为联省议会主席。1585 年 11 月，当选为荷兰和西兰联合省省长。1586 年，获准得到荷兰封地，自称奥兰治王。1590 年，成为乌得勒支和上瑟尔省长。1591 年又任海尔德兰省长。他还是诸省军队的陆海军总司令。1590—1594 年，在帕尔马公爵不在西班牙属荷兰期间，作为事实上的联省总司令莫里斯，率部攻克许多城镇，其中包括 1590 年占领的布雷达和斯滕贝亨。1591 年春攻占的代芬特尔和聚特芬，10 月 14 日攻占的奈梅亨，1593 年夺取的斯滕韦克和 1594 年攻陷的格罗宁根。在此期间，他还与其兄弟威廉·路易实行了若干军事改革。约 1590—1595 年，他精减整编部队，使各战斗单位更适合于机动战（该改革预示着现代营的出现），创办了第一所军事学校，为新军培养训练有素的军官。其战略重点是建立要塞化城镇防区，并将各筑垒城镇用连绵不断的防御土墙连接，由于防御土墙是沿默兹、艾瑟尔、瓦尔河及其他河流修建，故防区得到进一步加强。该防御计划花费了几年时间，于 1606 年完成。1597 年 1 月 24 日，在图尔恩豪特击败让·德·里·德·巴拉斯伯爵指挥的西班牙骑兵部队。为消除位于奥斯坦德的私掠船基地，1600 年入侵南方省份。7 月 2 日，在尼乌波特大败奥地利的阿尔伯特大公，但此次获胜并未给他带来多少好处。之后，他勉强同意《十二年停战协定》（1609—1621 年）。停止倡议者约翰·范·奥尔登巴内费尔特在荷兰归正会中支持温和的阿明尼乌派，并以内战相威胁（1617—1618 年）。1618 年 8 月莫里斯逮捕奥尔登巴内费尔特及该派的其他领导人。1619 年 5 月 13 日将他处死。1620 年莫里斯任格罗宁根省长。《十二年停战协定》期满后，他拒绝延期，导致 1621 年联合省卷入三十年战争。重开战端并未给莫里斯带来多少军事胜利，1622

年 10 月 4 日，尽管他能救援贝亨奥普佐姆，但他没有这样做。他未能阻滞富有才干的安布罗焦·迪·斯皮诺拉指挥的西班牙部队的稳步推进。1625 年 4 月 23 日卒于海牙。

莫里斯亲王是一位富有天赋和才能的指挥官，但他作为军事改革者和战略家比战术家所获得的赞誉更多。他采用的五百人营编制不仅是对古罗马军事原则的灵活运用，而且还给古斯塔夫斯·阿道夫的军事改革以启发。他尤其善长围攻战，坚信数学在军事领域的重要性，并为此创办了第一所正规军事学校。

DLB

参考：Ceyl, Peter, The Revolt of the Netherlands, 1559—1609. New York, 1958.

Oman, Sir Charles W. C., The Art of War in the sixteenth Century. New York, 1937.

Parker, Geoffrey, The Army of Flanders and the Spanish Road, 1567—1659. New York, 1972.

Wedgwood, Cicely V., The Thirty Years War. 1938. Reprint, Garden City, N. Y. 1961.

莫里斯，莱茵的巴拉丁亲王(Maurice, Prince Palatine of the Rhine, 1621—1652 年) 盎格鲁-德意志将军。参加主要战争：三十年战争（1618—1648 年）、第一次英国内战（1642—1646 年）、第二次英国内战（1648—1649 年）、第三次英国内战（1650—1651 年）；参加主要战役（战斗）：埃奇希尔之战（班伯里附近，1642 年）、里波菲尔德（伍斯特郡）之战（1643 年）、兰斯当丘陵之战（巴斯附近，1643 年）、朗德威唐之战（迪韦齐斯附近，1643 年）、洛斯特威西尔之战（1644 年）、纳斯比之战（1645 年）。

莫里斯 1621 年 1 月 6 日生于屈斯特林（科斯琴），是腓特烈五世和巴拉丁领地的伊丽莎白的第三子，在 1620 年 11 月 8 日白山（布拉格附近贝拉霍拉）发生战乱后逃亡时所生。1637 年 7 月—10 月 10 日，与其兄鲁珀特并肩作战围攻布雷达，因作战勇敢，脱颖而出。1638—1639 年在法国读书。1639—1640 年可能在荷兰莱顿大学求学。1640 年 12 月—1641 年 6 月，服役于约翰·巴内尔元帅的军队。1642 年 8 月与鲁珀特一道去英国。9 月 23 日在波依克桥发生的小规模冲突中受伤。1642 年 10 月 23 日参加了埃奇希尔之战。1643 年 2 月 2 日协助攻取赛伦塞斯特。作为奖赏，3 月受权独立指挥格洛斯特郡之战。4 月 12 日在里波菲尔德一战中击败威廉·沃勒爵士后擢升为中将。7 月 5 日兰斯当丘陵之战中，在拉尔夫·霍普顿爵士和黑尔福德伯爵手下作战，不久撤至牛津等待援兵，随后迅速折回，于 7 月 13 日在朗德威唐一战中帮助击溃了沃勒的军队。在英格兰西南部与卡那封伯爵交战，8 月平定多西特，9—10 月占领德文的沿海城镇。由于突然病倒，他没能于 10 月中旬—11 月中旬攻占普利茅斯。翌年春挫败莱姆里吉斯的努力随后也落了空。由于埃塞克斯伯爵的军队迫近，莫里斯遂于 1644 年 6 月 15 日撤出军队。在洛斯特威西尔之战中指挥 7500 人组成的军队并于 9 月 2 日在菲利普·斯基普顿的投降书上签字。后受命在威尔士北部指挥作战，但由于没有足够的指挥权，辎重补给有限，1644 年 12 月—1645 年 5 月间战事没有什么进展。1645 年 6 月 14 日纳斯比战役中，在鲁珀特的翼侧作战。1645 年 7 月—1646 年 5 月，随同查理一世参加纽瓦克和切斯特附近地区的作战。1646 年 5 月—6 月 24 日和鲁珀特一道防守牛津，不久于 7 月 8 日离开伦敦去卡莱斯。1648 年，加入鲁珀特的保皇派武装舰队被派往欧洲、西非加勒比水域。1652 年 9 月 14 日，因阿内加达附近的海上突遇暴风雨，丧生。

莫里斯勇敢、忠诚，值得信赖，但他缺乏鲁珀特所具有的指挥才能和战术，分辨不清英国内战中的政治形势。

DLB

参考：Clarendon, Edward Hyde, Earl of, The History of the Rebellion and Civil Wars in England. 6 vols. London, 1888.

Roberts, H. C. B., Battles and Generals of the Civil Wars, 1642—1657. London, 1968.

Wedgwood, Cicely V., The Great Rebellion. 2 vols. London, 1955—1958.

马肯塔斯，马可·奥略里·瓦莱里乌斯(Maxentius, Marcus Aurelius Valerius, 卒于 312 年) 罗马皇帝。参加主要战争：同君士坦丁的内战（311—312 年）；参加主要战役（战斗）：米尔维安桥（位于今罗马城内）之战（312 年）。

马肯塔斯是戴克里先的奥古斯都马克西米安之子，其母是欧特罗匹娅。他父亲马克西米安退位（305 年 5 月 1 日）后，君士坦丁继承王位，身为恺撒的塞维鲁被指定为君士坦丁的继承人，马肯塔斯同塞维鲁之间的关系开始紧张。306 年 10 月 28 日，塞维鲁的统治在罗马激起了反抗，马肯塔斯乘机夺取了权力，并要求他登基做罗马的奥古斯都，但他本人只接受了恺撒的头衔，而动员已经退休的父亲出山，登上帝位，再次成为罗马的奥古斯都。307 年，击败并处决了塞维鲁。但马肯塔斯无力征服已经被定为奥古斯都继承人的加列里阿，最终迫使已经退休的戴克里先重新出山，准备在卡南敦（位于海因布尔格附近）会议上做出仲裁（308 年）。尽管马肯塔斯得到帝位的要求被否决，但是他对意大利的控制并没有被阻止。310 年，马克西米安被君士坦丁俘虏而自杀身亡，311 年加列里阿去世，之后不久马肯塔斯和君士坦丁之间爆发了战争。马肯塔斯原计划通过利喜阿（腊埃提亚，位于今奥地利和瑞士境内）侵入高卢，但君士坦丁先发制人，完全出乎马肯塔斯的意料，率军侵入意大利北部地区，使马肯塔斯措手不及。312 年其部

下在苏撒、都灵、米兰、布里西亚和维罗纳等地进行的一系列作战中均遭失败。312 年，在罗马附近的米尔维安桥之战中，被君士坦丁击败，他本人也被杀死。

Staff

参考：Jones, A. H. M., The Later Roman Empire, 284—602. 2 vols. Oxford, 1964.

MacMullen, Ramsay, Constantine. New York, 1969.

马克西米安，M.A.V.M.（Maximian, Marcus Aurelius Valerius Maximianus，约 245—310 年） 罗马皇帝。参加主要战争：哥特战争（269—270 年）、对芝诺比娅的战争（271—273 年）、波斯战争（282—283 年）、对卡劳修斯的战争（287—294 年）、罗马内战（306—312 年）。

马克西米安约于 245 年生于伊利里亚（今南斯拉夫）的一个穷苦农民家庭。参军后，在哈勒良统治时期脱颖而出，在同周边民族和同巴尔米拉（图德穆尔）的芝诺比娅的作战中，表现出卓越的才能。马克西米安是戴克里先的朋友，284 年 11 月努米里安去世后，戴克里先被拥立为皇帝，马克西米安成为他的恺撒。后马氏升为奥古斯都（286 年 4 月 1 日），显然处于戴克里先的下级位置。但他在政治上没有野心，忠心支持戴克里先的改革，主要负责西罗马的管理。286 年，镇压了高卢地区的一次叛乱。287 年，击退了阿勒曼尼人的入侵。然而，289 年没能在不列颠地区征服篡权者卡劳修斯，其进攻被击退，并遭到惨重损失。293 年 3 月 1 日，选择君士坦丁·洛鲁斯做他的副手，并让他出任恺撒，因此开始同戴克里先及他的恺撒加列里阿四人共同管理罗马。293—294 年间，支持君士坦丁同卡劳修斯的作战，获胜。后来率军在毛里塔尼亚（摩洛哥）征讨一些企图反抗的民族。305 年 5 月 1 日，同戴克里先一起隐退，将帝位传给君士坦丁·洛鲁斯。生活于卢卡尼亚（巴西利卡塔）的别墅。306 年，接受其子马肯塔斯的邀请，返回罗马，重登帝位。他在军队中的威望，使他和他的儿子击败了塞维鲁和加列里阿，但他们父子之间却发生争执，307 年，他逃往洛鲁斯的儿子君士坦丁的宫廷中。308 年卡南敦会议中在戴克里先的说服下，再次隐退，又返回君士坦丁的宫廷。310 年，乘君士坦丁不在之时发动了一次叛乱，君士坦丁迅速返回，马克西米安兵败被俘。不久，可能是在逼迫下，自杀身亡。

马克西米安是一位直率、甚至有些粗野的军人，没有什么文化，在智力方面无法同戴克里先相比，并缺乏后者那种政治洞察力。他精力充沛、作战勇敢而又足智多谋，是戴克里先很好的搭档。其晚年似乎丧失了正常的判断能力。

DLB

参考：Jones, A. H. M., The Later Roman Empire, 284—602. 3 vols. Oxford, 1964.

Williams, Stephen, Diocletian and the Roman Recovery. New York, 1985.

马克西米连一世，巴伐利亚公爵、选帝侯（Maximilian Ⅰ, Duke and Elector of Bavaria，1573—1651 年） 德意志统治者。参加主要战争：三十年战争（1618—1648 年）；参加主要战役（战斗）：白山之战（布拉格附近的贝拉霍拉，1620 年）、旧韦斯泰之战（纽伦堡附近，1632 年）。

马克西米连一世 1573 年 4 月 17 日生于慕尼黑，威廉第五公爵和洛林的勒妮之子。就读于因戈尔施塔特的耶稣学院。1597 年其父退位后，袭公爵位。为对抗 1608 年 5 月 14 日安霍伊泽（海登海姆附近）的新教联盟，他于 1609 年 7 月 10 日组织天主教联盟。1612 年获得科隆大选帝侯爵位，并在其叔恩斯特去世后，为其兄弟斐迪南争得了其他几个主教管辖权。在克莱沃-于利希爵位继承战争期间，派遣梯利指挥天主教联军替其内兄弟巴拉丁-诺伊贝格的沃尔弗冈·威廉保卫于利希（在贝格公爵领地，位于科隆附近的莱茵河东岸）和拉芬斯泰因（奈梅亨附近，1614 年）。为抑制哈布斯堡在同盟中的影响，1617 年他组建新同盟。1619 年，逼迫斐迪南二世皇帝退出天主教同盟后，他才帮助斐迪南平息波希米亚叛乱。1620 年夏，随梯利军队入侵波希米亚。1620 年 11 月 6 日，以同盟军名誉司令官的身份参加白山之战。因战功卓著，1623 年，获得上巴拉丁和莱茵的巴拉丁选帝侯位和领地以及原属腓特烈五世的选帝侯位。后与帝国皇帝结成牢固联盟，由于地位受到华伦斯坦独立的帝国军队的威胁，1630 年，他策划将这位总司令解职。1632 年 4 月梯利去世后，指挥巴伐利亚军队，但未能阻止瑞典军队劫掠巴伐利亚。1632 年 8 月末—9 月，与华伦斯坦联合共同参加旧韦斯泰之战，但 1634 年 3 月他最终还是将华伦斯坦搞垮。1635 年签订《布拉格和约》，几乎达到他的所有目标，此后，他几乎从未亲征。1648 年 3—8 月，两次入侵巴伐利亚，三次背叛法国，此后于 1648 年 9—10 月又站在法国一边，并交出除上巴拉丁之外从战争中所得到的一切。1651 年 9 月 27 日卒于因戈尔施塔特。

马克西米连一世较之他同时代的大多数政治家更明智、富有洞察力，他雄心勃勃、以自我为中心，他推行的政策对延长三十年战争所造成的浩劫起到了推波助澜的作用。

DLB

参考：Stieve, F., Kurfürst Maximilian Ⅰ. von Bayern. Münich, 1882.

Wedgwood, Cicely V., The Thirty Years War. 1938 Reprint, Garden City, N. Y., 1961.

马克西米努斯·达伊亚（达扎）盖尤斯·G.V.（Maximinus Daia〈Daza〉, Gaius Galerius Valerius 约 270—313 年） 罗马皇帝。参加主要战争：同戴克里先继承者的战争

(305—313 年)；参加主要战役（战斗）：拜占庭（伊斯坦布尔）之战（312 年）、赫拉克利亚（埃雷利）之战（313 年）。

马克西米努斯·达伊亚约于 270 年生于依利芮孔（今南斯拉夫西部），他母亲的哥哥加列里阿是皇帝戴克里先的恺撒。在军队中历任过一系列下级军官的职务，但靠他舅父的影响，平步青云，其官衔迅速上升。加列里阿成为皇帝时（305 年 5 月 1 日），他被任命为恺撒，为他的舅父管理埃及、叙利亚和小亚细亚南部地区。在 308 年的混乱时期自立为皇帝，并在 311 年加列里阿去世以后，完全控制了整个小亚细亚地区。312 年，同马克森提（马肯塔斯）结成了反对君士坦丁和李锡尼的联盟，并开始残酷迫害基督教徒，同时改进并恢复了传统的异教信仰习俗，但在后来又放松了迫害，并同意可以自由选择自己的信仰。312 年，君士坦丁与马克森提（马肯塔斯）在米尔维安桥（今罗马城内）进行激战并击败了马克森提时，马克西米努斯·达伊亚乘机夺取了拜占庭以及这一地区的其他城市，但是在 313 年的赫拉克利亚之战中被李锡尼击败，他逃往东方，卒于不久后。

SAS and DLB

参考：Jones, A. H. M., J. R. Martindale, and J. Morris, Prosopography of the Later Roman Empire Ⅰ: 260—395. Cambridge, 1971.
EB.
OCD.

马克西米努斯·特拉克斯（Maximinus Thrax, Gaius Julius Verus, 卒于 238 年） 罗马皇帝：参加主要战争：日耳曼战争（235—238 年）；参加主要战役（战斗）：符滕堡之战（235 年）、阿魁利亚（即今阿格拉尔）之战（238 年）。

马克西米努斯·特拉克斯生于色雷西亚的一个农民家庭，因此其第四个名字叫“特拉克斯”。参军后，由于其体格健壮而得到 L.S. 塞维鲁的青睐并受到重用。235 年 3 月，驻扎在美因茨的军队发生了反抗亚历山大·塞维鲁的叛乱，马克西米努斯·特拉克斯被叛军拥立为皇帝。他表现出很高的军事才能，很快在军队中恢复了秩序，并开始同日耳曼人作战，同年几个月之后进行的符滕堡之战中，彻底击垮了日耳曼人。在以后三年中的大部分时间内，他都亲自率军沿莱茵河和多瑙河边境作战，并按照需要修筑道路。对税收进行有效的改革，特别是将主要的负担转嫁到了那些大土地拥有者的身上，引起富裕阶层的强烈不满。238 年，由于一些农场主在非洲发动叛乱，罗马元老院将他废黜。这促使戈狄安三世在该年 4 月称帝。马克西米努斯企图恢复其权威，率军侵入意大利，并开始围攻阿魁利亚，但被自己的部属谋杀。

Staff

参考：Grant, Michael, The Climax of Rome. London, 1968.
Parker, H. M. D., A History of the Roman World from A. D. 138 to 337. London, 1935.
EB.

马克西姆，马格努斯·克勒门斯（Maximus, Magnus Clemens, 卒于 388 年） 罗马皇帝。参加主要战争：同格拉喜安僭侣的战争（383 年）、同瓦伦提尼安二世的战争（387 年）、同狄奥多西的战争（388 年）。

马克西姆·奥洛布洛吉卡斯，昆图斯·费迪（Maximus Allobrogicus, Quintus Fabius 约公元前 164—前 105 年） 罗马执政官。参加主要战争：入侵西班牙和高卢战争（公元前 124—前 120 年）。

洛林的查理，马耶讷公爵（Mayenne, Charles de Lorraine, Duke of, 1554—1611 年） 法国将军。参加主要战争：胡格诺战争（1562—1590 年）、神圣同盟战争（1570—1573 年）、法西战争（1589—1598 年）；参加主要战役（战斗）：蒙孔图尔之战（1569 年）、多尔芒战役（1575 年）、维莫里（蒙塔尔吉附近）之战（1587 年）、阿尔克之战（1589 年）、伊夫里之战（1590 年）、法兰西枫丹之战（1595 年）。

马耶讷公爵 1554 年 3 月 26 日生于阿朗松，是吉兹公爵法朗斯瓦的次子。十几岁的时候就效力军中。1569 年 10 月 3 日参加了蒙孔图尔战役。1573 年参加了拉罗歇尔围攻战。他被封为马耶讷公爵，成为法国贵族，并跟随安茹公爵（后来的亨利三世）到了波兰（1573—1574 年）。回国后，又卷入宗教战争。在第五次宗教战争的多尔芒战役（1575 年 10 月 10 日）中崭露锋芒。随后任勃艮第总督（1575—1596 年）。1577 年第六次宗教战争期间，率军攻占了一些城镇。1578 年晋升为法国海军上将。在第七次宗教战争（又称“情人战争”）期间（1580 年）又为国王夺取了更多城镇。不久他辞去海军职务（1582 年）。“三亨利”之战期间他支持天主教派，并于 1585 年把勃艮第让与天主教派。1586 年率军攻占卡斯蒂列。1587 年 10 月，维莫里（蒙塔尔吉附近）战役中，他英勇作战，身负重伤。1588 年 12 月他哥哥吉兹公爵亨利和洛林枢机主教路易遇刺，他成为天主教派的领袖。1589 年 2 月，任法国神圣同盟总委员会主席。1589 年春，率军围攻奥尔良并占领了夏尔特尔。继亨利三世遭暗杀（8 月）之后，他支持波旁的枢机主教作为查理十世争夺王位的要求。9 月 21 日在阿尔克被诺瓦拉的亨利（亨利四世）打败，损失惨重，但他仍坚守阵地。后来他率军攻占了万森城堡（1589 年）和蓬图瓦斯（1590 年）。1590 年 3 月 14 日，在伊夫里再次被亨利四世打败。但他在帕尔马公爵亚力山大·法尔奈泽派遣的西班牙先遣部队援助下坚持抗击亨利。虽然他信仰天主

教，并忠实于联盟，但是压制了许多极端分子，极力阻止拥立西班牙公主伊莎贝拉为法国国王（1591—1593年）。1595年6月9日，在法兰西枫丹第三次被亨利四世击败，最终归顺于亨利（9月）。1596年1月双方正式停战。1596年参与拉费尔围攻战。1597年参加了亚眠之战，1596—1610年任法兰西岛（毛里求斯）总督。1611年10月3日卒于苏瓦松。

马耶纳尽管无法和名声显赫的吉兹公爵相匹敌，但他作战非常勇敢，意志坚定。他与亨利四世长期的争斗不是基本观念上的争吵，而是一场个人政治利益的斗争。

AL

参考：Drouot, H., Mayenne et la Bourgogne. 2 vols. Paris, 1957.

Oman, Sir Charles W. C., The Art of War in the Stxteenth Century. New York, 1937.

Wilkinson, M., A History of the League, London, 1929.

EB.

间崎次三郎（Mazaki, Jinsaburo, 1876—1956 年） 日本陆军上将、军国主义者。

1876年生于佐贺县。1897年毕业于陆军军官学校，1907年毕业于陆军大学。1909年接受步兵军官的训练，晋升少校军衔。1911—1914年留学德国。1916—1920年任军事教育监察长的参谋官。1918年晋升为上校军衔。1920—1921年任陆军部军事行政管理处处长。1921—1922年任帝国近卫军第一团团长。1922年晋升为少将军衔。1922—1923年任旅长。1923—1924年任军事学院教务长。1925—1927年任陆军军官学校校长。1927年晋升为中将军衔。1927—1929年任驻弘前的第八师师长。1929—1931年，任驻东京的第一师师长。1932—1933年任副参谋总长。1933年晋升为上将军衔。1934—1936年任军事教育监察长。他是二三十年代军队中鼓吹走极端民族主义帝国道路派别的骨干成员。1936年在与当权派领袖永田铁山将军的政治斗争中被迫退役。间崎的退役直接导致永田遇刺，间接导致了1936年2月26日的少壮派军官政变。间崎卒于1956年。

MRP

参考：Shillony, Ben-Ami, Revolt in Japan: The Young Officers and the February 29, 1936, Incident. Chicago, 1973.

马泽帕，伊凡（Mazeppa〈Mazepa〉, Ivan, 约 1644—1709 年） 俄罗斯哥萨克首领。

马泽帕约1644年生于其家族在马泽宾茨的一座庄园（白采尔科维）。1659年在波兰国王卡齐米尔的宫中当侍从，后来，卡齐米尔送他赴西欧受教育。1663年，到第聂伯河西岸乌克兰的哥萨克前土耳其籍阿塔曼彼得·多罗申科手下服务。由于对个人的职位及多罗申科的做法不满，1674年弃职赴第聂伯河左岸亲俄罗斯的哥萨克首领伊万·萨莫伊洛维奇手下服务。1682年任副官长。1687年，继萨莫伊洛维奇任第聂伯河东岸哥萨克首领。1689年，支持戈利钦远征鞑靼人。远征失败后，为保全自己的地位极力在莫斯科取沙皇彼得大帝的欢心。然而，为扩大俄罗斯在乌克兰的势力，彼得却要求哥萨克军队去远方扩张，并让乌克兰老百姓缴纳重税，马泽帕对此难以容忍。1700年北方战争开始后，马泽帕与瑞典的查理十二世进行秘密接触。1707年夏两者正式结盟。1708年10月彼得让他支持俄国时，他却带领部队投奔了查理十二世。然而，他的做法没有得到广大士兵的拥护，故不到两个月，他的5000人军队锐减至700人。1709年7月8日参加波尔塔瓦之战，兵败后逃脱。后与查理十二世逃亡，接受土耳其人的庇护。之后不久，于1709年9月2日卒于摩尔多瓦的宾杰里。

Staff

参考：Borshchak, I., and R. Martel, La vie de Mazepa. Paris, 1931.

Krupnyckij, B., Hetman Mazepa und seine Zeit. N. p., 1942.

Manning, Clarence, Hetman of Ukraine: Ivan Mazeppa. New York, 1957.

EB.

米德，乔治·格登（Meade, George Gorden, 1815—1872 年） 美国将军。参加主要战争：第二次西米诺尔战争（1835—1842年）、美墨战争（1846—1848年）和美国内战（1861—1865年）；参加主要战役（战斗）：帕洛阿尔托之战和雷萨卡-德拉帕尔马之战（均在得克萨斯的布朗斯维尔附近，1846年）、蒙特雷之战（墨西哥，1846年）、七天战役（里士满附近，1862年）、第二次布尔溪之战（弗吉尼亚州的马纳萨斯，1862年）、安蒂特姆之战（1862年）、腓特烈堡之战（1862年）、钱瑟勒斯维尔之战（腓特烈堡附近，1863年）、葛底斯堡之战（1863年）、荒原之战（拉皮丹河南部，1864年）、斯波齐尔韦尼亚之战（1864年）、冷港之战（里士满附近，1864年）、彼得斯堡之战（弗吉尼亚州，1864年）和阿波马托克斯之战（1865年）。

米德1815年12月31日生于西班牙的加的斯，是美国一位海军代理商的儿子。他在费城长大，1835年以全班56人中第十九位的成绩毕业于西点军校，任职于炮兵部队。参加了第二次西米诺尔战争开始阶段的作战行动，因患热症返回北方并于1836年10月26日辞去军职。以土木工程师为业，1842年5月10日重返部队，任工兵少尉。美墨战争期间，在扎卡里·泰勒将军手下供职，参加了帕洛阿尔托战役（1848年5月8日）和雷萨卡-德拉帕尔马地区战役（5月9日）。在蒙特雷战役中（9月20—24日）表现出色，晋升为名誉中尉。美墨

战争结束后，在费城和佛罗里达对五大湖进行测量及有关工程工作。1851 年 8 月晋升为中尉。1856 年 5 月晋升为上尉。美国内战爆发后不久（1861 年 8 月），晋升为北方联邦宾夕法尼亚州志愿军准将。最初担负防卫华盛顿的任务，后参加麦克莱伦将军指挥的的半岛战役（1862 年 4—7 月）。七天战役期间，在弗雷泽农场（里士满附近）战斗中受重伤（6 月 30 日），但很快康复并参加了第二次布尔溪之战（8 月 29—30 日）。擢升指挥一个师。参加了南山战役（马里兰，9 月 14 日）。安蒂特姆战役中，因约瑟夫·胡克将军受伤，指挥第一军（9 月 17 日）。11 月晋升为志愿军少将，指挥在腓特烈堡的第一军第三师，其部队 12 月 13 日在联邦军左方取得了一场暂时的胜利。腓特烈堡战役后，指挥第五军。12 月中旬短时间指挥了波托马克军团的中央大师团（第三军和第六军），受胡克将军委派，转而重新指挥第五军团。没有自始至终参加钱瑟勒斯维尔战役（1863 年 5 月 1—6 日）。因胡克被击败，当李将军进犯马里兰州时，他被提名继任胡克指挥波托马克军团（6 月 28 日）。在葛底斯堡与李将军进行了一场意外的遭遇战，他巧妙进行战术防御，灵活运用地形和内线作战击退了南方军的几次进攻（7 月 1—3 日）。然而，当皮基特将军落败且南方军已达其进攻顶点时，米德却未进行反击，只小心翼翼地追击李将军的溃败部队。7 月 3 日晋升为正规军少将。继续指挥波托马克军团，但乌利斯·辛·格兰特将军作为联邦军总司令和战场指挥官到达后，其权限降低，实际上成了主任参谋（1864 年 3 月）。尽管处境窘迫，却与格兰特合作愉快。荒原战役（5 月 5—6 日）、斯波齐尔韦尼亚战役（5 月 8—18 日）、冷港战役（5 月 31 日—6 月 12 日）期间，作为一名能干的部下，他听从格兰特指挥，但力劝其放弃代价巨大收效甚微的正面进攻。彼得斯堡战役中（6 月 15—18 日），继续指挥波托马克军团，并率部在彼得斯堡城周围进行了一场堑壕战行动（1864 年 7 月—1865 年 4 月）。五岔口-阿波马托克斯战役期间（3 月 30 日—4 月 9 日），指挥其部队进行了最后的决定性作战行动。1865 年 4 月 9 日与格兰特一起出席了李将军在阿波马托克斯的投降仪式。战后，任第三军区（亚拉巴马、佐治亚和佛罗里达）司令官（1865—1869 年），因其公正严明，在南部享有极高声望。1869 年任东部军区司令。同时任费城费尔蒙特帕克的地方长官（1866 年）。费雷泽农场战斗中受伤所患的肺病再次侵袭他，于 1872 年 11 月 6 日不治卒于费城。

米德是一位聪明、能干的指挥官。尽管未能光芒四射，但不失为一位富有才华且坚定的部属。其在葛底斯堡战役中表现出的坚定和顽强，对联邦军赢得该战役的胜利至关重要。他是一位谨慎的指挥官，但也以火爆的脾气著称。

DR

参考：Cleaves, Freeman, Meade of Gettysburg. Norman, Okla., 1960.
Coddington, Edwin B., The Gettysburg Campaign: A Study in Command. New York, 1968.
Meade, George, The Life and Letters of George Gorden Meade. 2 vols. New York, 1913.
Pennypacker, Isaac R., General Meade. New York, 1901.
DAMB.
WAMB.

乔万尼·德·美第奇（Medici, Giovanni de', 1498—1526 年）

意大利雇佣军队长，素有“黑布巾乔万尼”或“无敌的乔万尼”之称。参加主要战争：第一次（1521—1525 年）和第二次（1526—1529 年）哈布斯堡-瓦卢瓦战争；参加主要战役（战斗）：拉比科卡（米兰附近）之战（1522 年）、塞西尔之战（1524 年）。

乔万尼 1498 年 4 月 6 日出生，是乔万尼“伊拉·波波兰诺”·德·美第奇和卡泰里纳·斯福尔扎夫妇之子。1500 年，切扎雷·博尔亚斯率军攻占美第奇家族都城弗利，乔万尼跟随母亲被投入监牢。后来流浪到佛罗伦萨，度过孩提时代。1516 年 3—6 月，率一队骑兵在朱利亚诺·德·梅迪契与弗朗西斯科·马里亚·德·拉·罗韦雷展开血战。1516 年 11 月，在佛罗伦萨与玛丽亚·萨尔维亚蒂结为伉俪。1517 年夏天，率 4000 名步兵和数百名骑兵为利奥十世教皇夺取了费尔莫城。1521 年夏季到秋季，效力于普罗旺斯·科伦纳，率军在米兰与法国元帅洛特雷克指挥的军队作战。这次战斗以 1521 年 11 月 23 日乔万尼率军渡过阿达河最后占领米兰而告终。鉴于其好战的性格和一系列成功的军事行动，赢得了“无敌的乔万尼”之称。同时，由于在 1522 年 12 月 1 日教皇利奥十世的葬礼上，他和他的部队全部臂带黑布巾、肩扛黑色旗帜，因而获得了“黑布巾乔万尼”的诨号。1522 年 4 月 26 日，在拉比科卡大败洛特雷克。法军撤退后，他赋闲一段时间，率一支 3000 人和 6 门炮驻扎在雷焦艾米利亚，自己掏经费供养他们。1523 年春天，当法国再次侵入意大利时，他参加了教皇克莱门特七世（他也是美第奇家族中的一员）军队，但仍效力于科伦纳，阻止了法国军队推进。科伦纳死后，他投到查理·德·兰诺伊麾下。1524 年 4 月 3 日，参加了塞西尔之战。同年秋天，克莱门特教皇转而支持弗朗西斯一世，他也转而支持法国。在 1524 年 10 月 27 日—1525 年 2 月 24 日帕维亚围攻战中，他脚部中弹负伤，后经佩斯卡拉侯爵领地被安全地护送到皮亚琴察，因而避免了 1525 年 2 月 24 日在帕维亚发生的法国大灾难。1526 年春，哈布斯堡和瓦卢瓦在意大利重燃战火，他在乌尔比诺公爵弗朗西斯科·马里亚·德·拉·罗韦雷的神圣罗马军队中任主要指挥。在 1526 年 11 月 25 日的战斗中，他大腿被炮弹炸成重伤，后被送往曼图亚做截肢手术。这期间他仍举着蜡烛分析作战形势。手术后几天由于伤口化脓感染，1526 年 11 月 30 日卒于睡梦中。

乔万尼是位有才能和感召力的军事指挥员。尽管他从未单独指挥过一支军队，但他擅于突袭和设埋伏，其手下对他也极为忠诚。他是尼科洛·马基雅维利的朋友。他的儿子科西马·德·美第奇后来成为第一任托斯卡纳大公。

DLB

参考：Oman, Sir Charles W. C., The Art of War in the Sixteenth Century. New York, 1937.
Trease, Geoffrey, The Condottieri. New York, 1971.

梅勒，库斯托迪奥·何塞·德（Mello, Custodio Jose de, 1840—1902年） 巴西将军。参加主要战争：三国同盟战争（1864—1870年）和里约热内卢起义（1893—1894年）。

梅勒生于1840年。首次战争经历为反抗巴拉圭独裁者弗朗西斯科·索拉诺·洛佩斯的长期战争（1864年12月—1870年3月）。承担了几项赴欧洲的使命。在巴西政坛表现活跃。1889年巴西帝国被推翻后，曾在联邦共和国中担任海军部长和临时陆军部长。由于被总统曼努埃尔·德奥多罗·达·丰塞卡将军解散议会的所为激怒（1891年11月3日），他领导了海军和南里奥格兰德省的起义，导致了丰塞卡的辞职。因对新总统弗洛里亚德·佩肖托将军牺牲海军利益而偏袒陆军的做法不满，在1893年晚些时候领导了第二次起义。由于政府军得到驻里约热内卢港的美国舰船的帮助和支援，他被击败，1894年4月16日放弃战斗。流放至布宜诺斯艾利斯。几年后返回巴西，赢得竞选并进入议会。卒于1902年。

PDM

参考：Dizionario enciclopedico italiano.
Hahner, June E., Civil-Military Relations in Brazil, 1889—1898, Columbia, S. C., 1969.

米南德（Menander，卒于公元前130年） 在印度的希腊人国王。

米南德生于亚历山德拉城附近卡拉西的乡村（可能是高加索的亚历山德拉城，位于现在阿富汗的巴哈兰省境内）。希腊人称他为米南德，而印度人和佛教经文中通常称他为米林达。成为整个巴克特里亚（大夏）和阿腊科西亚（阿富汗东部地区）的统治者。约公元前150年，率领一支军队侵入恒河流域，最远到达巴特那，但未能占领这一地区。人们常常把他同佛像及佛塔的外形联系在一起。他在硬币上铸造的帕拉斯·雅典娜（智慧之神）的形象，同佛教中的"法轮"非常相像。他的绰号"救世主"和"正义的化身"被印在硬币上，以表明他的统治地位。有关他统治生涯的结局流传有多种说法，有人说因他在作战中死去，也有人说他让位于他最宠爱的儿子。约卒于公元前130年。

Staff

参考：Narain, A. K., The Indo-Greeks. London, 1957.
Sedlar, J., India and the Greek World. New York, 1980.
Tarn, William W., The Greeks in Bactria and India, 2d ed. Cambridge, 1951.
Woodcock, George, The Greeks in India. London, 1966.

蒙恬（Meng Tien，卒于公元前209年） 中国秦朝将军。参加主要战争：北征匈奴（公元前221—前214年）。

门托（Mentor，约卒于公元前341年） 为波斯效力的希腊将军。参加主要战争：波斯总督叛乱（公元前366—前352年）和征服埃及（公元前343年）。

门托是门诺的兄弟，其出生日期和早期生平不详。兄弟两人同时效力于波斯总督，他是阿尔塔巴扎斯达斯西琉姆省区的统治者，同时也是门诺妻子的哥哥。门托后来与阿尔塔巴扎斯的女儿巴尔茜妮结婚，并参与了波斯总督的叛乱（公元前366—前352年）。公元前352年在逃往马其顿之前始终支持阿尔塔巴扎斯。后在阿塔薛西斯三世的部队服役。公元前345年促使阿尔塔巴扎斯将他召回。公元前343年，在征服埃及的战争中担任总指挥。公元前342年继续在波斯服役，再次征服小亚西亚的反叛地区，包括米西亚（在土耳其境内，位于马尔马拉海的西南部）阿塔尔尼乌斯的统治者赫尔米亚斯所统治的地区。在休战会议上，赫尔米亚斯出卖了他，将他交给了波斯国王。被国王判处死刑。约卒于公元前341年。

Staff

参考：Parke, H. W., Greek Mercenaries from the Earliest Times to the Battle of Issus. London, 1933.

梅西，弗兰茨·冯男爵（Mercy, Baron Franz von，约1591—1645年） 奥地利和巴伐利亚陆军元帅。参加主要战争：三十年战争（1618—1648年）；参加主要战役（战斗）：图特林根之战（1643年）、弗赖堡（巴登-符滕堡）之战（1644年）、梅根特海姆（巴特梅根特海姆）之战（1645年）、阿勒海姆之战（纳德林根附近，1645年）。

梅西约1591年生于隆维，约于1606年挂名参军，在奥皇鲁道夫二世手下供职。1631年9月17日，随梯利军队参加第一次布莱登菲尔德之战（莱比锡附近），在战斗中负伤。1634年4—8月，防守莱茵费尔登抵御萨克森-魏玛的伯尔纳德军队的进攻。因此功绩晋升为少将，并在阿尔萨斯和洛林作战（1635—1637年）。1638年，加入巴伐利亚军队，任军械总监。因挫败了法国人侵计划，1643年5月31日晋升为陆军元帅。1643年11月4日，在图特林根粉碎法军并俘获法军司令约西亚斯·冯·兰曹。1644年5月将蒂雷纳逐出黑林山（巴登-符滕堡西部）。是年6月末—7月末围攻弗赖堡，并于7月

28 日攻陷该城。孔代率部增援蒂雷纳，1644 年 8 月 3—9 日，蒂雷纳和孔代在弗赖堡合攻梅西，血战后，梅西有组织地撤退。1645 年 5 月 5 日，在梅根特海姆突然攻击并击溃蒂雷纳，并跟踪退却的法军直抵莱茵河。后来，蒂雷纳和孔代率部入侵巴伐利亚，梅西率军抵抗。1645 年 8 月 3 日，在阿勒海姆艰苦血战之中，梅西阵亡，法军获胜。

梅西是一位极有才干的将军，一位一丝不苟、有经验的军人。他以精湛的指挥艺术同孔代和蒂雷纳抗衡，这在当时，只有为数极少的几位将军能够做到。他在图特林根和梅根特海姆的胜利是战术突袭的杰作。

CCJ and DLB

参考：Cust, Sir Edward, Warriors of the Thirty Year's War. London, 1865.

梅里尔，阿隆·斯坦顿（Merrill, Aaron Stanton, 1890—1961 年） 美国海军上将。参加主要战争：第一次世界大战（1917—1918 年）、第二次世界大战（1941—1945 年）；参加主要战役（战斗）：所罗门群岛战役（1942—1943 年）、奥古斯塔皇后湾之战（1943 年）。

梅里尔，弗兰克·道（Merrill, Frank Dow, 1903—1955 年） 美国陆军将领。参加主要战争：第二次世界大战（1941—1945 年）；参加主要战役（战斗）：缅甸战役（1941—1942 年）、孟拱-密支那战役（1944 年）和冲绳战役（1945 年）。

梅里尔 1903 年 12 月 4 日生于马萨诸塞州霍普金顿（韦斯特伯罗附近），是查理 W. 和凯瑟琳·多诺万·梅里尔之子。1922—1925 年入伍并在巴拿马服役。1929 年毕业于西点军校，任骑兵少尉。1931—1932 年，在军械学校学习。1934—1935 年，在骑兵学校学习。1935—1938 年，在骑兵学校任教。1938—1940 年，在驻东京美国大使馆任职，研究日本语言和军事体制。1939 年 6 月，晋升为上尉。1941 年 10 月，任临时少校。11 月，在道格拉斯·麦克阿瑟将军的菲律宾司令部任情报参谋。12 月 8 日战争爆发时在仰光执行任务，后留在缅甸。1942 年 3 月，约瑟夫·W. 史迪威中将率领中国军队抵达缅甸时，加入其军队。后随史迪威参加了第一次缅甸战役。5 月，又随史迪威撤至印度。同年 5 月晋升为战时中校。1943 年初，晋升为上校。后被史迪威任命为抵达印度（10 月）的一个美国暂编步兵团团长。11 月晋升为准将。1944 年 2 月，参加了史迪威指挥中美联军实施的打通缅甸公路的攻势，率领其第五〇三七暂编团在北缅作战。3—5 月，率部在新修建的利多公路上行军 160 公里后进入缅甸，被史迪威指派为先头突击部队，向孟拱和密支那推进，以便使几支中美联军部队对北缅的日军阵地形成大包围态势。在这次战役中，梅里尔心脏病发作，两次住院治疗。他实际上只是在一部分作战行动中指挥该团。8 月中旬，赴锡兰（今斯里兰卡）改任盟军西南亚司令部联络小组组长。9 月，晋升为少将。1945 年 4 月 1 日—6 月 22 日，在冲绳战役中任西蒙 B. 巴克纳将军的第十集团军参谋长。6—10 月，史迪威接替阵亡的巴克纳任第十集团军司令，梅里尔再度出任参谋长。1946—1947 年，任史迪威指挥的驻旧金山第六集团军参谋长。1947 年 2 月，任驻菲律宾美国军事顾问团团长。1948 年 7 月退役，不久被任命为新罕布什尔州公路专员。1955 年 12 月 11 日，卒于佛罗里达州费尔南迪纳海滩。

KS

参考：Fellowes-Gordon, Ian, The Battle for Naw-Seng's Kingdom: General Stilwell's North Burma Campaign and Its Aftermath. London, 1971.

Hunter, Charles N., Galahad. San Antonio, Texas, 1963.

New York Times obituary, December 13, 1955.

Ogburn, Charlton, The Marauders. New York, 1959.

Romanus, Charles F., and Riley Sunderland, History of the United States Army in World War Ⅱ: The China-Burma-India Theater. Time Runs Out in CBI. Washington, D. C., 1956.

EB.

WAMB.

梅泰鲁斯，鲁齐乌斯·采齐利乌斯（Metellus, Lucius Caecilius, 约公元前 291—前 221 年） 罗马将军和政治家。参加主要战争：第一次布匿战争（公元前 264—前 241 年）；参加主要战役（战斗）：帕诺尔穆斯之战（公元前 251 年）。

梅泰鲁斯·马其顿卡斯（Metellus Macedonicus, Quintus Caecilius, 卒于公元前 115 年） 罗马执政官。参加主要战争：平定安德里斯卡斯叛乱（公元前 149—前 148 年）、同阿卡亚同盟的战争（公元前 146 年）、平定伊比利亚（公元前 143—前 142 年）。

梅泰鲁斯·马其顿卡斯的出生和早期经历不详。公元前 149—前 148 年间，出任罗马在马其顿的执掌军权的执政官，这期间镇压了一次伪称马其顿国王的安德里斯卡斯发动的叛乱，并将马其顿正式编为罗马的一个行省。公元前 146 年，由于罗马的使者在柯林斯受辱，梅泰鲁斯为洗雪耻辱，立即率军向阿卡亚同盟进攻。进行了一次成功的作战之后率军返回罗马，受到一个盛大凯旋仪式的欢迎，并因为他曾经征服了马其顿，而授予他“马其顿卡斯”（意为征服马其顿的人）的称号。公元前 143 年当选为执政官，公元前 143—前 142 年间，率军征服了居住在西班牙北部地区的除努曼提亚人和特曼提亚人以外的所有凯尔特伊比利亚人。公元前 133 年，实行温和的政策，反对好战的平民保民官提·赛·格拉古。公

元前 131 年，为了强迫罗马男性结婚以提高人口出生率，同后来出任监察官的 Q. 庞培合作，四处进行演讲。公元前 122—前 121 年间，反对底比里乌斯的兄弟、平民保民官盖尤斯。始终在公众生活中发挥着积极的作用。卒于公元前 115 年。

Staff

参考：Astin, A. E., Scipio Aemilianus. N. P., 1967.
Scullard, Howard H., A History of the Roman World, 753—146 B. C. Oxford, 1961.
EB.
OCD.

梅泰鲁斯·努米迪库斯，Q.C.（Metellus Numidicus, Quintus Caecilius，卒于约公元前 91 年） 罗马执政官。参加主要战争：尤古尔塔战争（公元前 111—前 106 年）。

梅泰鲁斯·努米迪库斯生于一个罗马元老院领袖的家庭。公元前 109 年当选为执政官，并于公元前 109—前 108 年间率领一支军队同努米迪库斯国王尤古尔塔作战。公元前 108 年，占领了尤古尔塔的首都基尔塔（即今阿尔及利亚的君士坦丁堡），并在穆图尔河之战中赢得了巨大的胜利。是年年底继续进攻尤古尔塔在沙漠中的要塞塔拉。公元前 107 年，他的特使、有政治影响力的盖尤斯·马略，为了获得他的指挥权，返回罗马进行煽动，在元老院挑拔离间，并采取不正常的手段，让元老院通过了一项法律，夺取了他的指挥权。公元前 107 年，他被控告失职，翌年获得开释，罗马为他举行了一个凯旋仪式，并授予他“努米迪库斯”（意为努米迪库斯征服者）的称号。公元前 102 年当选为监察官，他竭尽全力想铲除元老院平民党的领导人。公元前 100 年因拒绝接受其对手萨图尼努斯制定的一项土地法律而被流放。公元前 99 或公元前 98 年，返回罗马，尽管马略反对，但还是在罗马接见了他。后来梅泰鲁斯退出政坛，卒于公元前 91 年，据说是中毒而死。

Staff

参考：Sallust, The Jugurthine War.
Scullard, Howard H., From the Gracchi to Nero. 4th ed., New York, 1976.

梅泰鲁斯·庇护（Metellus Pius, Quintus Caecilius，卒于约公元前 63 年） 参加主要战争：社会战争（公元前 91—前 88 年）、罗马内战（公元前 88—前 82 年）、赛尔托里乌斯战争（公元前 79—前 72 年）。

梅泰鲁斯·庇护是 Q.C. 梅泰鲁斯·努米迪库斯之子。其外号叫“庇护”，因为他是一个孝子。为了能让其父亲从流放地回到家中而自愿代父充军。公元前 89 年，当选为执掌军权的执政官。在社会战争（又称同盟者战争或奴隶战争）中，他率军征战，可能击败并杀死了反叛者柏帕伊第乌斯·西罗。自愿流放，但仍保留其官员的权力。公元前 84 年辛纳去世之后，他在非洲建立起一支私人军队，但被击败。公元前 83 年参与苏拉执政，为苏拉平定意大利北部。公元前 80 年，同苏拉一起成为执政官。公元前 79 年，出任执掌军权的执政官，在西班牙同马略的支持者赛尔托里乌斯开始了长达八年的大规模战争，这场战争在大部分情况下都不顺利。公元前 73 年，在庞培的支持下开始逐渐在战争中占据主导地位。由于赛尔托里乌斯遇刺身亡，梅泰鲁斯·庇护取得了塞哥维亚和意大利卡（位于塞维利亚北部地区）之战的胜利，公元前 71 年返回罗马庆祝胜利，受到热烈欢迎。后来退出政治舞台，约卒于公元前 63 年。

Staff

参考：Gruen, E. S., The Last Generation of the Roman Republic. N. p., 1974.
Scullard, Howard H., From the Gracchi to Nero, 4the ed. New York, 1976.

梅泰鲁斯·庇护·西庇阿（Metellus Pius Scipio, Quintus Caecilius，卒于公元前 46 年） 罗马执政官。参加主要战争：罗马内战（公元前 50—前 44 年）；参加主要战役（战斗）：法萨罗（或法尔萨拉）之战（公元前 48 年）和塔布修斯之战（公元前 46 年）。

梅泰鲁斯·庇护·西庇阿是 P.C. 西庇阿·纳西卡之子，但被 Q.C. 梅泰鲁斯·庇护收养。公元前 70 年盖尤斯·沃尔勒斯受到腐化的指控，梅泰鲁斯为其辩护，尽管未能解脱沃尔勒斯的罪责，但他开始引起公众的注意。公元前 63 年他告诫西塞罗注意一次暗杀阴谋。公元前 60 年当他遭到受贿的指控时，得到西塞罗的保护。出任保民官（公元前 59 年）、民政官（公元前 57 年）和执掌军权的执政官（公元前 55 年）。作为庞培的岳父，他于公元前 52 年 8 月出任执政官。公元前 49 年提出一项法令，要求恺撒限期解散其军队，否则将宣布其为“国家的敌人”，使恺撒陷于被动的境地。作为叙利亚的地方总督，为发动进攻恺撒的战役，他组建军队并四处筹措资金。在公元前 48 年 8 月 9 日的法萨罗之战中，他指挥庞培军队的中军。恺撒赢得了这次战斗的胜利后，梅泰鲁斯逃往非洲，并担任在非洲的庞培军队的总指挥官。在塔布修斯战斗（公元前 46 年 2 月），他欲以智谋取胜，但最终被恺撒牵制并击败。他逃走，为避免被俘而自杀。

CLW

参考：Broughton, T. R. S., Magistrates of the Roman Republic. 2 vols.
Caesar, Julius, De bello civili.
OCD.

梅休因第三男爵，保罗·桑福德（Methuen, Paul Sanfork, 3rd Baron, 1845—1932 年） 英国陆军元帅。参加主要战争：第二次阿散蒂战争（1873—1874 年）、英埃战争（1882 年）和第二次英布战争（1899—1902 年）；参加主要战

役（战斗）：贝尔蒙特之战、赫拉斯潘之战、莫德河之战和马格斯丰坦之战（以上四战皆发生在金伯利附近，1899年），特维博什（弗雷堡附近）之战（1902年）。

梅休因生于1845年，在威尔特郡的科舍姆县（巴斯附近）长大，在伊顿接受教育。1864年在皇家苏格兰（明火枪）卫队中任职。第二次阿散蒂战争期间（1873—1874年）随沃尔斯利任参谋军官，在对埃及的暂短的战争期间（1882年7月11日—9月13日）任沃尔斯利的参谋官。1884—1885年率一个当地的志愿团参加查理·沃伦爵士对贝专纳兰（博茨瓦纳）不流血的远征。1897—1898年在印度西北边境的蒂拉赫（白沙瓦西南地区）战役中，在英军司令部任新闻检查官，同年晋升为陆军中将。1899年11月中旬在雷德弗斯·布勒爵士麾下指挥从英国调往南非的一个军的第一师，奉命扫清通往金伯利的铁路线，并为包围在金伯利的守军解围。然而其所发动的正面进攻分别在贝尔蒙特（11月23日）、赫拉斯潘（11月25日）和莫德河（11月28日）被布尔人击退，不过每次战后布尔人总是撤往新的阵地。12月11日在马格斯丰坦再次被击退，于是他停止进军，在该处逗留达两月之久。1900年2月9日腓特烈·S. 罗伯茨将军率部赶到，之后不久他被降级为准将。5—6月夺占比勒陀利亚和约翰内斯堡以及游击战争开始之后，梅休因指挥部队试图追歼神出鬼没的布尔人突击队。尽管他花费了较前更大的气力，但未能追歼克里斯蒂安·R. 德韦特的游击队（8月）。1902年3月7日在特维博什他遭到杰科布什·H. 德拉雷伊的袭击，其新招募的义勇骑兵队惊慌失措、四散而逃，扔下负伤的他被布尔人俘获，他是在战争中唯一被俘的英国将军。1907—1909年间任南非英军司令。1909—1915年任纳塔尔总督。1911年晋升为陆军元帅。1915—1919年任马耳他总督。在任总督以及随后任伦敦塔警察主管期间获得极大荣誉，卒于1932年。

梅休因勇敢、为人随和、受人喜爱，是一位称职的参谋军官。不幸的是他不是一位具有独立指挥能力的指挥官。他缺乏主见、效率、犹豫不决，难当重任。

参考：Farwell, Byron, The great Anglo-Boer War. New York, 1976.

Pakenham, Thomas, The Boer War. London, 1979.

米德尔顿，特洛伊·H.（Middleton, Troy H., 1889—1976年） 美国陆军将领。参加主要战争：第一次世界大战（1917—1918年）、第二次世界大战（1941—1945年）；参加主要战役（战斗）：圣米耶尔战役、默兹-阿尔贡战役（1918年）、突尼斯战役（1942—1943年）、西西里战役、萨莱诺战役（1943年）、诺曼底-法国北部战役（1944年）、巴斯托尼之战（1944—1945年）、莱茵之战（1945年）。

米德尔顿1889年10月12日生于密西西比州乔治城，是约翰·休斯敦和凯塞琳·路易·汤普森·米德尔顿之子。是1909年在密西西比学院毕业班中的军官候补生。1910年3月，未被西点军校录取，遂加入陆军。1912年任少尉。1914年4—11月，参加了占领维拉克鲁兹的行动。在第一次世界大战初期的几个月中，晋升为上尉，参加部队的训练工作。1918年5月，晋升为少校，并赴法国作战。7月18日—8月6日，在埃纳河-马恩河反攻中，任第四师第四十七步兵团第一营营长。9月12—16日，在圣米耶尔战役中，参加了有限的作战行动。10—11月，任第四师第三十九步兵团中校团长，在默兹-阿尔贡攻势中屡立战功。1918年11月—1919年，晋升为上校，在驻莱茵领军中服役，后恢复上尉正式军衔。1912—1921年，成为新组建的本宁堡步兵学校首批教官。1921—1922年，在步兵学校学习高级步兵课程。1924年毕业于指挥与参谋学院。1924—1928年，留在该校任教。1929年毕业于陆军军事学院。1930—1936年，任路易斯安那州立大学后备役军官训练团团长。1936—1937年，在菲律宾服役。1937年，回国并退役，任路易斯安那州立大学训导长。在路易斯安那州立大学发生一起财政丑闻后，任该校代理副校长兼审计长。1942年1月，再度应召服役，被授予中校军衔。1942年6月，晋升为准将，任第四十五步兵师副师长。不久晋升为少将，任第四十五步兵师师长。1943年7月10—31日，率该师参加了西西里战役。因该师训练有素，在战斗中表现出色，而使他声名远扬。9月10—14日，率部参加了萨莱诺登陆作战。9月12—13日，在德军反攻期间率部应战，对确保胜利起了重要作用。10—11月，率第四十五步兵师参加了沃尔图诺河沿岸六个星期的艰苦战役。11月回国治疗膝伤。1944年3月，受命赴英国任第八军军长。6月12日率部参加了诺曼底登陆战役。7月25日—8月1日，率部参加了突破圣洛的战斗。8月9日—9月19日，该军作为巴顿将军的第三集团军一部，负责肃清布列塔尼并包围布勒斯特。11月，该军转向法国东部的主要战线作战。该军在战事大体平静的阿登地区防守140公里长的地带。当时阿登地区驻守着几个在战斗中减员较大或缺乏战斗经验的师，总共只有7万人。1944年12月16日—1945年1月15日，在阿登攻势（巴斯托尼之战）期间，第八军在德军的初期进攻中首当其冲。他镇定、出色的指挥对盟军最终获胜作出了重要贡献。后在夺占莱茵（1945年1—3月）和向德国推进（3—5月）的战斗中发挥了重要作用。1945年秋，以中将军衔再度退役。1945—1950年，回到路易斯安那州立大学任审计长。1951—1962年，任该校校长。后在联邦政府和路易斯安那州的几个顾问机构任职。1976年10月9日，卒于巴吞鲁日。

米德尔顿是第二次世界大战中最有才干的美国战将之一。他以在危机时刻仍"从容不迫"而闻名。尽管偶尔有人会批评他谨小慎微，但作为一位忠实而有才干的部属，他受到广泛的敬重。性格与其截然不同的巴顿称他为"最易相处的军长之一……也是最得力的军长之

一"。

KS and KLB

参考：Blumenson, Martin, History of the U. S. Army in World War Ⅱ: The European Theater of Operations. Breakout and Pursuit. Washington, D. C., 1961.

——, History of the US Army in World War Ⅱ: The Mediterranean Theater of Operations. Salerno to Cassino. Washington, D. C., 1969.

Price, Frank James, Troy H. Middleton: A Biography. Baton Rouge, 1974.

DAMB.

三川军一(Mikawa, Gun′ichi, 生于 1890 年) 日本海军将领、军国主义者。参加主要战争：第二次世界大战（1941—1945 年）；参加主要战役（战斗）：偷袭珍珠港（1941 年）、萨沃岛、东所罗门群岛海战（1942 年）。

三川军一 1890 年生于广岛。1910 年毕业于海军军官学校。1917 年和 1924 年两度入海军大学深造。1926 年即已晋升中校军衔。1929—1930 年为日本驻国际联盟代表团成员。1930 年晋升为上校军衔。1930—1931 年任驻巴黎海军武官。1931 年在海军军官学校任教。1931—1936 年在多艘重型巡洋舰和战列舰上任舰长。1936 年 12 月晋升为少将军衔并任联合舰队参谋长。1941 年 9 月任第三战列舰分队司令。在 1941 年 12 月的偷袭珍珠港行动中，他指挥支援舰队（由第三战列舰分队和第八巡洋舰分队组成）。1942 年 7 月，任在拉包尔新组建的第八舰队司令兼外南洋舰队司令。1942 年 8—11 月，在瓜达尔卡纳尔激烈的海战中，他指挥日本海军。1942 年 8 月 8—9 日，他在萨沃岛海战中取得胜利，击沉 4 艘美国重型巡洋舰，而己方舰队的 5 艘重型巡洋舰和 2 艘轻型巡洋舰及 1 艘驱逐舰无一受损，却使缺乏保护的美军运输船在未受干扰的情况下安然逃脱（8 月 8—9 日）。在东所罗门群岛海战（8 月 23—25 日）中，他担任日本航母舰队掩护部队的指挥官。日军在所罗门群岛战败后，他担任西南方面舰队和驻马尼拉的第十三海军航空舰队指挥官（1944 年 6 月）。

MRP

参考：Newcomb, Richard F., Savo: The Incredible Naval Debacle off Guadalcanal. New York, 1961.

O'Connor, Raymond, ed., The Japanese Navy in World War Ⅱ, Annapolis, Md., 1971.

迈尔斯，纳尔逊·阿普尔顿(Miles, Nelson Appleton, 1839—1925 年) 绰号"老熊外套"。美国将军。参加主要战争：美国内战（1861—1865 年）、雷德河战争（1874—1875 年）、苏人战争（1876—1877 年）、内兹佩尔塞战争（1877 年）、与杰罗尼莫人进行的战争（1882—1886 年）、苏人"幽灵舞蹈"起义（1890 年）和美西战争（1898 年）；参加主要战役（战斗）：费尔奥克斯之战（里士满附近，1862 年）、安蒂特姆之战（1862 年）、腓特烈堡之战（1862 年）、钱瑟勒斯维尔之战（腓特烈堡附近，1863 年）、荒原之战（拉皮丹河南部，1864 年）、斯波齐尔韦尼亚之战（1864 年）、冷港之战（里士满附近，1864 年）、彼得斯堡之战（弗吉尼亚，1864 年），阿波马托克斯之战（1865 年）、贝尔波山之战（蒙大拿北部，1877 年）和波多黎各之战（1898 年）。

迈尔斯 1839 年 8 月 8 日生于马萨诸塞州的威斯敏斯特附近。在当地受教育，约于 1857 年旅行至波士顿找工作并完成学业。1861 年内战爆发时借钱组建了一个志愿连，成为马萨诸塞州第二十二志愿团的一名中尉。首次参加作战行动为麦克莱伦指挥的半岛战役期间（1862 年 4—7 月），任 O.O. 霍华德将军的副官。因在费尔奥克斯战役中表现勇敢，晋升为中校（5 月 31 日）。安蒂特姆战役中，指挥纽约州第六十一志愿团，后晋升为上校（9 月 17 日）。在腓特烈堡战役中受伤（12 月 13 日）。伤愈后及时返回部队参加了钱瑟勒斯维尔战役（1863 年 5 月 2—4 日），战斗中再次受伤。因在钱瑟勒斯维尔战役中有突出表现，1867 年 3 月晋升为名誉准将，后因为此于 1892 年获得国会荣誉勋章。1864 年 5 月晋升志愿军准将，率一个旅参加了荒原战役（5 月 5—6 日）、斯波齐尔韦尼亚战役（5 月 8—18 日）、冷港战役（5 月 31 日—6 月 12 日）和彼得斯堡战役（6 月 15—18 日）。因其在里姆车站（彼得斯堡附近，6 月 22 日）战斗中的出色表现，8 月晋升为名誉少将。在彼得斯堡附近进行的决战行动中（1865 年 3—4 月），指挥一个师。1865 年 10 月晋升为志愿军少将，指挥第二军。作为弗吉尼亚州门罗堡的指挥官，他也成了戴维斯·杰弗逊的囚犯，被其禁闭。他被带上镣铐关在黑暗的监狱中，这引起了公众的极大愤慨，甚至北方的大众也如此。1866 年 7 月被任命为正规军上校，任一支由黑人组成的新第四十步兵团团长，但无论指挥权抑或重组部队的使命都未能令其愉悦。1868 年与谢尔曼·玛丽成婚，其妻是俄亥俄州参议员约翰·谢尔曼和威廉·蒂·谢尔曼将军的侄女。1869 年受命指挥西部的第五步兵团。雷德河战役（得克萨斯-俄克拉何马地区）期间（1874—1875 年），指挥镇压印第安科曼奇人、基奥瓦人和南夏延人的四支纵队中的一支。卡斯特罹难于小比格霍恩河（1876 年 6 月 25 日）后，他在驱逼苏人和北夏延人进入印第安人保留地或加拿大中发挥了重要作用。1877 年 1 月 8 日，攻击了"疯马"在狼山（蒙大拿州的迈尔斯城附近）的宿营地，并打败了他。受老朋友霍华德将军之约，到达贝尔波山的伊格尔克里克（蒙大拿州的奇努克附近），及时包围了以约瑟夫为首领的内兹佩尔塞人，并迫其投降（1877 年 10 月 1—5 日）。1880 年晋升为正规军准将。取代乔治·克鲁格任驻亚利桑那的美军指挥官，对杰罗尼莫指挥的逃窜的阿帕切人采取了凶猛的追击行动（1885—1886 年），但收效甚微。1887 年 8 月，劝诱杰罗尼莫投降。

1890 年晋升为少将，指挥镇压了“幽灵舞蹈”起义，在翁第德尼进行的屠杀达到了顶点（12 月 29 日）。1895 年被任命为陆军将级指挥官。与陆军部长拉塞尔·A. 阿尔杰及陆军当局的领导人冲突激烈。因此，美西战争爆发后（1898 年 4 月），他既未被授于高级的战场指挥权，亦未得到主要顾问之职，只被赋予指挥美西战争中附属的占领波多黎各的行动（7 月 25 日—8 月 13 日），对此作战行动的计划和实施，他竭尽心智。当涉及有关美西战争的公开论战时，他指责陆军部向驻古巴的美军供给变质的牛肉。尽管 1901 年 2 月晋升为中将，但他对杜威海军上将指控温菲尔德·S. 施莱海军上将的报告评头品足招致谴责（1901 年）。菲律宾起义期间，他正在此地休假，其会晤起义首领的所为引起了诸多非议（1902 年）。强烈反对陆军部长艾利休·鲁特的军队改革计划，因为此于 1903 年被迫退役。卒于 1925 年 5 月 15 日。死前一直住在华盛顿。

迈尔斯是一位富于活力、勇于进取的战场指挥官，也是一位极富才华的步兵指挥官。他在与印第安人作战中取得的胜利，类似于拉·斯·麦肯齐的骑兵的所作所为。他是一位传统主义者，无法与高级文职人员良好共事。爱好争辩，喜欢通过传媒发表看法之癖令其无法得到政府的宠幸。因对印第安人作战时身穿一件漂亮、整齐的熊毛大衣而得“老熊外套”之昵称。撰有两本回忆录，一本名为《纳尔逊·阿·迈尔斯将军个人回忆与观察》（1896 年），另一本名为《为共和国服务》（1911 年）。

DLB and DR

参考：Johnson, Virginia W., The Unregimented General: A Biography of Nelson A. Miles. Boston, 1962.

Miles, Nelson A., Personal Recollections. Chicago, 1896.

——, Serving the Republic. New York, 1911.

Ransom, Edward, “Nelson A. Miles as Commanding General, 1896—1903,” Military Affairs, Vol. 29 (Winter 1965—1966).

Utley, Robert M., Frontier Regulars: The United States Army and the Indian, 1866—1890. New York, 1973.

DAMB.

WAMB.

米尔罗伊，罗伯特·休斯顿（Milroy, Robert Huston，1816—1890 年） 绰号“灰鹰”。美国将军。参加主要战争：美墨战争（1846—1848 年）和美国内战（1861—1865 年）；参加主要战役（战斗）：第二次布尔溪之战（弗吉尼亚的马纳萨斯，1862 年）和第二次温彻斯特之战（弗吉尼亚，1863 年）。

米尔蒂亚德斯（Miltiades，约公元前 550—约前 489 年） 雅典将军。参加主要战争：希波战争（公元前 490—前 479 年）；参加主要战役（战斗）：马拉松之战（公元前 490 年）。

米尔蒂亚德斯出生于显赫的菲拉伊达家族（约公元前 550 年），其父为西蒙。可能曾任过执政官（前 524—前 523 年），约公元前 517 年被雅典僭主希皮亚斯派往色雷斯人聚居的刻松（今盖利博卢岛）以帮助其同父异母兄弟赫格西斯特拉图斯。他独断专横地统治这些桀骜不驯的民众，但却鼓励雅典人向这里殖民开拓。参加了波斯远征队对多瑙河流域西徐亚人的征讨（约公元前 513 年）。为雅典夺占了利姆诺斯岛和因布罗斯岛（格克切岛，约公元前 500 年）。支持爱奥尼亚城邦，反对波斯的起义（公元前 499—前 494 年）。被西徐亚人从刻松赶出去（公元前 496 年）后，又在色雷斯人的支持下卷土重来。当波斯镇压起义时，他逃回雅典。他的专横行为受到其政敌的弹劾，但被判无罪（公元前 492 年）。当雅典得悉波斯正准备征伐希腊时，他被封为雅典十大将军之一。波斯人逼近马拉松时，他建议负责战争的执政官，卡利马楚斯发起进攻（公元前 490 年）。他制订了雅典军队的作战计划，并显然在这场获得胜利的战争期间全面负责军队的指挥。率领有 70 艘舰船的海军远征队攻击帕罗斯岛，在一次进攻中受重伤（公元前 489 年）。他在返回雅典途中，因错误地领导人们冒这一风险而被处以 50 塔兰特（古希腊货币单位——译者注）罚金。卒于受伤后不久（公元前 489 年或 488 年初）。

米太雅得（Miltludes，约公元前 580—前 489 年） 雅典将军。参加主要战争：波斯战争（公元前 490—前 479 年）；参加主要战役（战斗）：马拉松战役（公元前 490 年）。

米太雅得约于公元前 550 年生于菲莱德贵族家庭，为西门之子。公元前 524—前 523 年期间可能曾当过执政官。公元前约 517 年，奉雅典执政官西庇阿之命，驰援在色雷斯半岛（今盖利博卢半岛）的西庇阿的同父异母兄弟黑吉西特拉图。米太雅得在该地推行雅典殖民政策，蹂躏当地桀骜不驯的居民。公元前约 517 年，随波斯远征军，征伐横贯多瑙河的西徐亚人。约公元前 500 年，为雅典夺取利姆诺斯和因布洛斯岛（今格克切达岛）。公元前 499—前 494 年，支援爱奥尼亚城邦反对波斯的起义。公元前 496 年，被西徐亚人驱逐出色雷斯半岛，在色雷斯人的支援下回国，波斯镇压起义时，他逃回雅典。公元前 492 年，曾遭政敌指控其独断专横，但旋即宣布无罪。米太雅得当选为雅典十大将军后名声大噪，当时，波斯正准备入侵希腊。公元前 490 年，当波斯军逼近马拉松时，他向军事执政官卡利马基建议发起进攻。他制定过雅典的作战计划，并显然在胜利的战斗中指挥全军。公元前 489 年，他率 7 艘战舰，对帕洛斯岛进行海上征伐，但在一次不成功的攻击中受重伤。返回雅典时，因其轻率的军事行动，被判罚款 50 塔兰特，

因伤卒于公元前 489 年（或公元前 488 年初）。

南次郎（Minami, Jiro, 1874—1957 年） 日本将军、军国主义者。参加主要战争：日俄战争（1904—1905 年）、侵占中国东北（1931—1937 年）。

源范赖（Minamoto Noriyori, 1156—1193 年） 日本将军。源义朝之第四子，著名的源氏兄弟赖朝和义经之同父异母兄弟。参加主要战争：源平战争（1180—1185 年）；参加主要战役（战斗）：京都战役（1184 年）。

源赖朝（Minamoto, Yoritomo, 1147—1199 年） 日本幕府将军。参加主要战争：源平战争（1180—1185 年）、陆奥-出羽（本州北方地区）战役（1189 年）；参加主要战役（战斗）：石桥町山（音羽山脉附近）之战（1181 年）。

源赖朝生于 1147 年，系源义朝的第三子。平清盛下令杀死其父时他 13 岁，但他获赦并流放至伊豆县（1159 年）。为支持皇族内部的不同政见者，他起叛乱（1180 年）。在石桥町山被占有数量优势的平氏军队击败（1181 年）而在军事上经受了更多的挫折之后，他将作战义务交给更有能力的弟弟源义经，自己退居镰仓周围的平氏根据地，指导行政和结盟活动（1182 年）。为了取代平氏的政权，他建立了一套针对由其武士盟友形成的整个军事贵族进行控制的行政组织。由于猜忌家族成员，他令人处死其弟源义经（1189 年），四年后又杀死其异母弟源范赖（1193 年）。接受天皇授予的"征夷大将军"之职，从而正式确认了他的镰仓幕府统治（1192 年）。1199 年卒于从马上摔下后。

源赖朝是幕府制度的创建者，这一制度统治日本近 7 个世纪之久。作为一位政治家和将军，他对前者更具才能。他与其神采飞扬、引人注目的弟弟源义经之间的关系是众多日本传奇文学和民间传说的素材。

LH

参考：Hall, John W., and Jeffrey P. Mass, eds., Medieval Japan. New Haven, Conn., 1974.
Hyoe Murakami and Thomas J. Harper, Great Historical Figures of Japan. Tokyo, 1979.
Morris, Ivan, The Nobility of Failure. New York, 1975.
Shinoda Minoru, The Founding of the Kamakura Shogunate, 1180—1185. New York, 1960.

源义家（Minamoto, Yoshiie, 1041—1108 年） 绰号"战神长子"，日本将军。参加主要战争：前九年战争（1050—1062 年）、后三年战争（1083—1087 年）；参加主要战役（战斗）：池沼（六乡附近）之战（1086 年）、金泽之战（1087 年）。

源义家 1041 年生于源赖义之家，他的一生富于传奇。15 岁时首次在陆奥省（本州岛北部）随其父参战，在九年战争（"九年"仅仅是指作战的时间，不包括休战时间）期间，平定了叛乱的赖时安部。几年后，任陆奥守期间，他率军与位于陆奥和毗邻的出羽地区内的难以驭制的清源家族作战。池沼之战中战败（1086 年）。获得其弟吉光从首都带来的援兵后，经过一场艰难困苦的作战，他在金泽打败了清源（1087 年）。卒于 1108 年。

源义家是源自清和天皇（卒于 876 年）源氏家族的第四代。清和天皇被认为是足利、细川、仁田、里见、德川和山名等几个重要家族以及建立了镰仓幕府的源氏家族的祖先。

LH

参考：Hyoe Murakami and Thomas J. Harper, Great Historical Figures of Japan. Tokyo, 1979.
Sansom, George B., A History of Japan to 1334. Stanford, Calif., 1958.

源义仲（Minamoto Yoshinaka, 1154—1184 年） 日本将军，源赖朝之大表兄。参加主要战争：源平战争（1180—1185 年）；参加主要战役（战斗）：水岛砺波山之战（1183 年）、粟津之战（1184 年）。

源义朝（Minamoto, Yoshitomo, 1123—1160 年） 日本贵族。

源义朝生于 1123 年，是源为义之子。保元之乱期间，他与掌权的平氏家族一起反对自己的源氏亲属。保元之乱中，两大家族在皇族内部的冲突中分别支持不同的派别（1156 年）。平氏获胜后命其杀害其父源为义，他傲然加以拒绝。平治之乱（1159 年）中，源氏家族反对平氏家族，但再次遭到失败。源义朝被迫逃离京城，后为其家臣奉平清盛之命所杀（1160 年）。

LH

参考：Hyoe Murakami and Thomas J. Harper, Great Historical Figures of Japan. Tokyo, 1979.
Samsom, George B., A History of Japan to 1334. Stanford, Calif., 1958.

源义经（牛若）（Minamoto, Yoshitsune 〈Ushiwaka〉, 1159—1189 年） 日本将军。参加主要战争：源平战争（1180—1185 年）；参加主要战役（战斗）：京都之战、一谷（姬路附近）之战（1184 年）、屋岛之战、坛之浦（下关附近）之战（1185 年）、衣川（本州北部）之战（1189 年）。

源义经生于 1159 年，是源义朝的第五子，也是最小的儿子。其父在平治之乱的结局中被杀（1160 年）时，他还是一个婴儿。有关其青年和早期事迹的传说很多（如传说他曾师从林神学习剑术）。年青时响应其兄源赖朝反对当权的平氏集团的战斗号召（1180 年）。在最初的作战中随源赖朝一起行动。源赖朝明智地退出战场指挥后，源义经与堂兄源义仲协力进行与平氏集团的作战

(1181—1183年)，源义仲攻取京都后，源赖朝猜忌义仲，并派源义经和其兄源范赖进攻京都的源义仲，这在京都附近引发了一系列作战(1184年)。粟津之战(1184年)中源义经获胜，源义仲被杀。源义经转兵与在今神户附近沿海一带筑有筑垒大营的平氏集团作战，率精兵翻越大山，并顺陡峭小路自出其不意的方向进攻其大营，从而在一谷获得大胜(1184年)。后又在位于四国的屋岛打败平氏集团(1185年2月?)，将其追击到本州西海岬的坛之浦，在那里于一场激烈而残酷的陆、海战(4月)中歼灭其陆军和舰队。尽管他获得了引退的后白河天皇的奖赏和朝廷职务，但其极为偏执的兄长源赖朝对其猜忌日增。源赖朝根据密报——可能是诬陷，而拒绝与其相见。并逐渐在政治上孤立他。源义经被迫逃生，托庇于本州北部陆奥县的藤原秀衡(1188年)，藤原家族是不受源氏控制的最后一个仍有强大势力的集团。后为藤原秀衡的继承者藤原泰衡所出卖，在衣川自卫战(1189年)中阵亡。一说是他在行将被俘时自杀。

源义经是日本文学和传说中伟大的军事人物之一。他还是兔死狗烹式的悲剧性胜利者的典型。作为统帅，他精力充沛、英勇无畏。源赖朝的成功主要得益于源义经的战功。

M

LH

参考：Hyoe Murakami and Thomas J. Harper, Great Historical Figures of Japan. Tokyo, 1979.

Morris, Ivan, The Nobility of Failure. New York, 1975.

Sansom, George B., A History of Japan to 1334. Stanford, Calif., 1958.

Shinoda Minoru, The Founding of the Kamakura Shogunate, 1180—1185. New York, 1960.

米涅，克劳德·埃(Minié, Claude É, 1804—1879年) 法国将军和武器发明家。

米涅1804年2月13日生于巴黎。进入军队前曾是一名技工。作为一名上尉，他试图解决来福枪存在的只能缓慢装填子弹才能保证射击精度的难题。解决的主要办法是，当不限制装填程序时，必须使枪膛有一个密封垫。他以一个名叫诺顿的英国上尉最初提出的设想为基础，研究发明出一种凹底的圆锥形铅弹，这种铅弹可像滑膛枪所用子弹一样容易装填，不过射击时却能膨胀产生一种密封垫。结果，射击时具有很快的膛口速度，因而显著提高了武器的射击精度和增大了射程。"米涅丸"于1849年的面世及其在19世纪中叶世界各主要国家中的运用，使战争发生了剧烈的变化。美国内战，即第一场交战双方都使用这种子弹的大规模战争，使得其具有的致命杀伤力让人一览无余。战争中，发射圆锥形子弹的步枪杀伤率高达90%，而在19世纪之前的战争中，步兵轻武器的杀伤率只有40—50%。后来，他被法国政府任用研究火炮。1879年12月14日卒于巴黎。

ACD

参考：Dupuy, Trevor N., The Evolutions of Weapons and Warfare. New York, 1980.

O'Connel, Robert L., Of Arms and Men. New York, 1989.

Vapereau, Gustav, Dictionnaire universal des contemporaires. Paris, 1893.

Vincent, Benjamin, ed., A Dictionary of Biography: Past and Present. London, 1870.

米努希乌斯·拉法斯，马可(Minucius Rufus, Marcus, 卒于公元前216年) 参加主要战争：第二次布匿战争(公元前219—前202年)；参加主要战役(战斗)：坎尼之战(前216年)。

水野聪太郎(Misu, Sotaro—1921年) 绰号"独眼龙"，日本海军上将。参加主要战争：侵略台湾(1874年)、萨摩暴动(1877年)、中日甲午战争(1894—1895年)和日俄战争(1904—1905年)；参加主要战役(战斗)：黄海海战(1904年)和对马海峡之战(1905年)。

水野聪太郎1855年生于近江，即后来的志贺县。1871年进入海军军官学校。作为一名候补军官参加了侵略台湾(1874年4—10月)，以及平息萨摩暴动(1877年2—9月)的作战。1878年从海军军官学校毕业，作为低级军官在海上和岸上任职，其时间大体相等。中日甲午战争(1894年8月—1895年4月)爆发时任海军人事处处长。1894年末提升为上尉。1897—1901年间曾指挥"须万"号和"浪速"号巡洋舰和"朝日"号战列舰，1901年晋升海军少将。日俄战争期间(1904年2月—1905年9月)指挥第一舰队第一战斗分舰队封锁旅顺港期间(1904年2—6月)、黄海海战时(8月10日)以及对马海峡之战时(1905年5月27日)，在其旗舰"日进"号上指挥战斗。在对马海峡之战中负伤，失去左眼，因此获"独眼龙"这一绰号。1905年1月晋升为海军中将。战后担任数个岸上高级职务，1907年获封男爵，1906—1909年任海军副参谋长，1913年晋升为海军上将，1914年转入预备役，卒于1921年。

DE

参考：Repington, Charles A.,, The War in the Far East, 1904—1905. London, 1905.

Warner, Denis and Peggy, The Tide at Sunrise: A History of the Russo-Japanese War, 1904—1905. New York, 1974.

米切尔，威廉(Mitchell, William, 1879—1936年) "比利"，美国空军副司令。参加主要战争：美西战争(1898年)和第一次世界大战(1917—1918年)；参加主要战役(战斗)：圣米耶尔攻势和默兹-阿尔贡攻势

(皆在 1918 年)。

米切尔 1879 年 12 月 29 日生于法国的尼斯，其父是约翰·伦德拉姆·米切尔，后来成为来自威斯康星州的参议员。在密尔沃基长大，就读于在雷辛、哥伦比亚大学(即后来的乔治·华盛顿大学)。1898 年美西战争时参加威斯康星第一步兵团在古巴服役，后成为志愿部队中尉，接着领正规军中尉军衔，在陆军通信兵部队任职。1907—1909 年入堪萨斯州利文沃思堡的陆军参谋学院学习，毕业后曾短时间在墨西哥边界任职，1912 年到总参谋部任职。1915 年调到通信兵航空处，1916 年调往纽波特纽斯的飞行学校，成为一名合格的飞行员。1916—1917 年被派往欧洲任观察员，1917 年 4 月美军参战后任美国远征军的空中军官，6 月晋升为中校。1918 年 5 月任第一军的空中军官，上校军衔，并成为第一位飞越敌军防线的美国军官。9 月在圣米耶尔突出部的战斗中，他对由法美 1500 架飞机组成的轰炸编队实施了成功的指挥，这在那时是最大的飞行编队。默兹-阿尔贡攻势时晋升为准将，任联合空中勤务部队司令，10 月 9 日率一大型轰炸机编队轰炸敌战线后的目标。战后，于 1919 年 3 月任美国空军副司令。尔后开始从事创立独立空军以及对军事空中力量实施联合控制的鼓动工作。他宣称飞机已使得战列舰失去以往的作用，并引用 1921 年 7 月通过空中轰炸在 21.5 分钟的时间里击沉德军无畏舰“东弗里斯兰”号的有争议的实验来证明其观点，这激怒了海军当局。1923 年 9 月在哈特拉斯角的成功的海军实验，导致攻击性武器航空母舰的发展。他不断地对其上级施加压力，要求发展空军并改善装备，导致他被降为上校军衔，并被调到得克萨斯州的圣安东尼奥，任第八军区的空中军官（1925 年 4 月)。然而，这未能阻止他继续为强调空中力量的重要性而努力。当 1925 年 9 月 3 日海军飞艇“谢南多厄”号在暴风雨中失事后，他谴责陆军部和海军部“无能、严重失职、对国防实施几乎是叛逆性的管理”。12 月他遭到陆军军事法庭审判，判有不服从上级罪，停止军职 5 年。1926 年 2 月 1 日他辞别陆军，退居弗吉尼亚州的米德尔堡，在那里继续发表演讲和撰写文章为其观点辩护。1936 年 2 月 19 日卒于纽约城。

米切尔是一位有远见的理论家，他认为一支强大、独立的空军对美国的安全至关重要。死后，他的许多假设被证明是正确的，其最为著名的观点是日本可能利用舰载空中力量打击夏威夷群岛。他的一些发展空中战争的思想，诸如战略空袭和空降作战，在第二次世界大战中得到运用。他被认为是美国空军之父。他的过于棱角分明和刻薄的个性使他失去了相当多的支持，并常常引起强烈的反对。

VBH

参考：Burlingame, Roger, General Billy Mitchell, Champion of Air Defense . Westport, Conn. , 1952.

Gauvreau, Emile, and Lester Cohen, Billy Mitchell, Prophet Without Honor , New York, 1942.

Hurley, Col. Alfred F. , Billy Mitchell: Crusader for Air Power. Bloomington, Ind. , 1975.

Levine, Isaac Don, Mitchell: Pioneer of Air Power. New York, 1958.

Mitchell, William, Our Air Force, the Keystone of National Defense. N, p. , 1921.

——, Skyways, a Book on Modern Aeronautics. N. p. , 1930.

——, Winged Defense. New York, 1925.

米彻尔，马克·安德鲁（Mitscher, Marc Andrew, 1887—1947 年） 昵称“皮特”，美国海军上将。参加主要战争：第一次世界大战（1917—1918 年）、第二次世界大战（1941—1945 年）；参加主要战役（战斗）：杜立特尔空袭、中途岛海战（1942 年）、瓜达尔卡纳尔和所罗群岛战役（1942—1944 年）、菲律宾海海战、莱特湾海战（1944 年）、东海海战（1945 年）。

米彻尔 1887 年 1 月 26 日生于威斯康星州希尔兹巴勒，在俄克拉何马市长大。1910 年毕业于海军军官学院。曾在两艘装甲巡洋舰上服役。1912 年被授予少尉军衔。1913—1915 年在“加利福尼亚”号布雷舰上服役，参加了 1914 年 4 月在维拉克鲁兹的登陆行动。1915 年 10 月赴彭萨科拉接受飞行训练。1916 年 6 月，获飞行员徽章，后仍在彭萨科拉接受进一步训练。1917 年 4 月，在彭萨科拉的“亨廷顿”号战舰上进行气球和弹射器实验。后在大西洋执行过几个星期的护航任务。10 月，赴驻长岛（纽约）的蒙塔克角海军航空站服役。1918 年 2 月，任长岛罗卡威海军航空站站长。1919 年 2 月，任迈阿密海军航空站站长。5 月，驾驶“柯蒂斯”号飞艇试图飞越大西洋，但只飞到了亚速尔群岛，不过还是获得了海军十字勋章。9 月转入太平洋地区海军部队服役。1920 年 12 月，任驻圣地亚哥太平洋舰队航空部队司令。1922—1926 年，任华盛顿阿纳科斯提亚海军航空站站长，后在海军航空局计划处任职。期间，在 1922 年和 1923 年，率领海军代表队参加了在底特律和圣路易斯举行的国际航空比赛。1926 年 7—12 月，在太平洋上的“兰利”号航空母舰上服役。后被派至还未编入现役的“萨拉托加”号航空母舰上工作。1927 年 11 月，该航空母舰编入太平洋舰队后，任航空军官。1930 年 10 月，晋升为中校。1930—1933 年，回华盛顿海军航空局任职。1933—1934 年，在“赖特”号水上飞机供应舰任基地部队司令阿尔弗雷德 W. 约翰逊将军的参谋长。1934—1935 年，任“萨拉托加”号航空母舰副舰长。1935—1937 年，回海军航空局任飞行处处长。1937 年下半年，任“赖特”号水上飞机供应舰舰长。1938 年晋升为上校。后任驻圣地亚哥第一巡逻机联队司令。1939 年 6 月—1941 年 7 月，任海军航空局副局长。1941 年 7 月，改任“大黄蜂”号航空母舰舰长。10 月，率该

舰编入现役。第二次世界大战爆发后不久，1942 年 4 月，吉米·杜立特尔上校的轰炸机从其指挥的“大黄蜂”号航空母舰上起飞，对东京实施了著名的空袭。1942 年 6 月 3—6 日，指挥“大黄蜂”号航空母舰参加了中途岛海战。7 月，晋升为少将，任第二巡逻机联队司令。1942 年 12 月，任驻务美阿海军航空兵部队司令。1943 年 4 月，任驻瓜达尔卡纳尔航空兵部队司令。在所罗门群岛战役中，指挥陆军、海军、海军陆战队和新西兰的航空兵部队的作战行动。1944 年 1—6 月，在马绍尔群岛、特鲁克和新几内亚等地的作战中，任快速航母特混舰队司令（此舰队称为第五十八或三十八特混舰队，其番号的变化取决于舰队受斯普鲁恩斯节制还是受哈尔西节制）。1944 年 3 月，晋升为中将。6 月 19—21 日，在菲律宾海海战中，指挥航母交战。在此战中，日军的航空母舰在马里亚纳“打火鸡”战斗中丧失殆尽。8—9 月，支援美军在小笠原群岛和帕劳的两栖登陆作战。10 月，在对莱特岛实施的大规模两栖突击中指挥空中掩护行动。10 月 24—26 日，在莱特湾海战中，与日军小泽治三郎将军的牵制舰队在恩加诺角海域展开航母交战，击沉了日军残余的大多数航空母舰。后在硫磺岛（1945 年 2 月）和冲绳岛（4 月）战役期间，负责支援行动。4 月 7 日，在中国东海海战中，击沉了徒劳攻击美国舰队的日军“大和”号战列舰及其多数护卫舰。4—6 月，在日军的神风突击下，所部遭受严重损失。7 月回华盛顿任海军作战部副部长（主管航空兵）。1946 年 3 月，晋升为海军上将，任第八舰队司令。1947 年 2 月 3 日，仍服役时卒于弗吉尼亚州诺福克。

米彻尔身材瘦小，沉默寡言。他是一位受人爱戴和尊敬的指挥官。他对其飞行员尤为关心。1944 年 6 月 20 日，在对日本实施远程黄昏空袭后，他下令将航空母舰上的灯全部打开，使飞行员们能够着陆。他在战斗危急时刻从容镇定，是战争中美国优秀的航母战术和战役指挥官。他的绰号是“俄克拉何马的皮特”（以英文缩写），这还是他在海军军官学校学习时一些不安分学员做恶作剧时给他起的。

KS and DLB

参考：Deurs, George van, Wings for the Fleet. Annapolis, Md., 1966.

Reynolds, Clark G., The Fast Carriers: The Forging of an Air Navy. Huntington, N.Y., 1978.

Taylor, Theodore, The Magnificent Mitscher. New York, 1954.

DAMB.

WAMB.

三浦五郎（Miura, Goro, 1846—1926 年） 日本将军。参加主要战争：复位战争（1868 年）、萨摩暴动（1877 年）。

莫德尔，瓦尔特（Model, Walther, 1891—1945 年） 绰号“元首的消防队员”，纳粹德国陆军元帅。参加主要战争：第一次世界大战（1914—1918 年）、第二次世界大战（1939—1945 年）；参加主要战役（战斗）：波兰战役（1939 年）、佛兰德-法国战役（1940 年）、苏联战役（1941—1944 年）、阿登攻势（1940—1945 年）、鲁尔战役（1945 年）。

莫德尔 1891 年 1 月 24 日生于马格德堡附近的根廷，是一个音乐师的儿子。1909 年开始职业军人生涯。第一次世界大战期间，担任过多种参谋和副官职务。1915 年 10 月获铁十字勋章并晋升为上尉。战后，于 1919 年被选为留在国防军中的 4000 名军官之一。随着希特勒的崛起和纳粹主义得势，他参加了纳粹党，成为其忠实信徒。1935 年，任总参谋部技术部部长。1938 年 3 月 1 日，晋升为少将。1939 年 9—10 月，在波兰战役期间任第四军军长。1940 年 4 月 1 日，晋升为中将。1940 年 5—6 月，佛兰德-法国战役期间任第三装甲师师长。1941 年 10 月 1 日，在进攻苏联的战役中被提升为装甲兵上将，接任第三十一装甲军军长。1942 年 2 月 28 日，晋升为一级上将。1942 年 1 月—1944 年 1 月，任第九集团军司令。1943 年 7 月 5—12 日，在对库尔斯克发动的失败攻势中，指挥北部合围作战行动。1944 年 1—3 月，任北方集团军群司令。3 月 1 日，晋升为陆军元帅。3 月 31 日，任北乌克兰集团军群司令。1944 年 6 月 28 日，任中央集团军群残余部队司令。在 7 月 20 日企图炸死希特勒的计划失败后，表示效忠于希特勒。1944 年 8 月 17 日，被希特勒任命为 B 集团军群司令兼西线德军总司令。9 月 5 日，只担任 B 集团军群司令。9 月 17—26 日，指挥德军击退了盟军对阿纳姆的进攻。1944 年 12 月 16 日—1945 年 1 月 15 日，在阿登地区指挥德军发动了战争中最后一次大规模攻势。1945 年 4 月，所率集团军群未能阻止盟军的推进，在鲁尔孤立地区陷入重围。尽管他竭尽全力与数量上占压倒优势的盟军周旋了 18 天，最终被迫投降，其 30 万人的部队亦悉数被俘。他本人不愿向盟军投降，1945 年 4 月 21 日在林托夫附近（穆尔海姆以南）畏罪自杀身亡。

尽管莫德尔是忠实的纳粹分子，完全献身于希特勒，但他仍是一位极有才干的军人。他指挥作战迅猛强悍，是一位敢作敢为、精力旺盛、狡诈善变的指挥官，这使其被昵称为“元首的消防队员”。

VBH

参考：D'Este, Carlo, "Model," in Hitlers Generals, Correlli Barnett, ed. New York, 1989.

Wistrich, Robert, Who's Who in Nazi Germany. New York, 1986.

穆罕默德二世（Mohammed Ⅱ〈Muhammed Ⅱ, Mehmet Ⅱ〉, 1432—1481 年） “征服者”，奥斯曼统治者。参加主要战争：阿尔巴尼亚独立战争（1443—1468 年）、征服塞尔维亚和波斯尼亚（1456—1464 年）、征服希腊

(1458—1460年)、威尼斯战争(1463—1479年)、远征意大利和罗得岛战争(1480—1481年);参加主要战役(战斗):贝尔格莱德之战(1456年)、埃尔津詹之战(1473年)。

穆罕默德二世1432年3月30日生于埃迪尔内，是苏丹莫拉德二世的长子。1444年其父曾短暂逊位，住在马格内西亚(马尼萨)，他临时接任苏丹。1451年2月其父驾崩，正式成为苏丹。1451—1452年为尔后围攻君士坦丁堡，在该城外围修建了坚固的鲁米利城堡要塞。1453年4月3日—5月29日率军围攻君士坦丁堡，用大炮在城墙上炸开一大缺口后，他的近卫步兵蜂涌而入，洗劫了该城。1456年夏入侵塞尔维亚，并包围贝尔格莱德，但雅诺什·匈雅提于1456年7月14日在贝尔格莱德城下取得海战胜利，7月21—22日取得陆战胜利，穆罕默德被迫撤兵。横扫塞尔维亚大部(1457—1459年),以及希腊南方(1458—1460年)、特拉布宗微型帝国(1461年)、波斯尼亚(1463—1464年)。1463年与威尼斯开战。1470年6月14日—7月12日对埃维厄岛的内格罗蓬特(卡尔基斯)的威尼斯人的要塞发动一次两栖攻击，以微小的损失攻克该城。1473年在埃尔津詹击败入侵的波斯军队。1475年从热那亚人手中夺取位于克里木境内的库法(费奥多西亚)。派兵远征意大利，攻占奥特朗托(1480年初)。围攻罗得岛的圣约翰骑士团，遭到骑士团的顽强抵抗(1480—1481年),损失惨重，所部被击溃。着手准备对东方发动新的进攻时，于1481年5月3日卒于洪卡沙伊(盖布泽附近)。

穆罕默德二世制定计划时谨小慎微，对细节不厌其烦，是一位富有革新精神和洞察力的战略家。他爱好艺术、钻研学问，并亲自撰写一部重要法典，以作为政府组织和活动的依据。

DLB

参考：Babinger, F. C., Mehmed der Eroberer und Seine Zeit. N. p., 1953.
Brockman, Eric, The Two Sieges of Rhodes, 1480—1522. London, 1969.
Critobulus, History of Mehmed the Conqueror by Kristovoulos. Translated by C. T. Riggs. Princeton, N. J., 1954.

毛奇，赫尔穆特·约翰内斯·路德维希·冯伯爵(Moltke, Count Helmuth Johannes Ludwig von, 1848—1916年) 德国将军。参加主要战争：普法战争(1870—1871年)和第一次世界大战(1914—1918年);参加主要战役(战斗):边境(比利时和法国之间)交战和马恩河战役(皆在1914年)。

毛奇1848年5月25日生于梅克伦堡的盖斯多夫，是赫尔穆特·卡尔·伯恩哈德·冯·毛奇的侄子。毛奇年轻时参加陆军(1870年),但没有参加普法战争(1870年8月—1871年1月)。1882年成为其叔父的副官，后在数个警卫部队中任职。1902—1904年指挥警卫军中的第一师，1904年任军需总监，或称副总参谋长。1916年1月1日接替阿尔弗雷德·冯·施利芬任总参谋长。他继承前任的作战计划，在东线牵制俄军，在西线实施通过比利时的大迂回机动打败法军，但不得不对其做修改以适应1906年以来总的形势的许多变化。奥匈要求在东线配置更多的部队，德国立法机关对财政的紧缩，陆军部亦不断要求获得新的武器和装备。处理这些事并不轻松，德皇威廉二世的军事冒险主义使问题更为复杂。同时，由于缺乏坚强的个性，他发现自己难以胜任工作，只好限于对施利芬的计划修修补补，反而使其愈来愈糟。而且由于他缺乏实际战斗的经验，第一次世界大战开始后，他对诸集团军的指挥随意而无效，有时甚至是错误的。他不知道部队在哪里，他变更冯·克拉克第一集团军的进军路线，为协约国军提供了在马恩河实施反攻(9月4—10日)的机会，他对德军在西线的失败负有责任，9月14日被解除一切指挥权，埃里希·冯·法金汉继任军需部总监。他仍保留有名无实的总参谋长之职到11月3日。后被委以副参谋长，赋闲家中。其后他极为沮丧并郁郁寡欢，不久便于1916年6月18日卒于柏林。

毛奇是一位有才智、善于思考并具天赋的参谋军官，但他对自己的弱点看得过重而缺乏自信。德皇曾问他在机动开始后是否可以将军队转移到东线，他回答说考虑到机动计划的复杂性这是不可能的，德皇又说："你的叔父可能会给我一个不同的答案。"这一轶事也许表明毛奇作为最高司令官的弱点和问题。

DLB

参考：Barnett, Correlli, The Swordbearers. New York, 1964.
Dupuy, Trevor N., A Genius for War. Fairfax, Virginia, 1984.
Moltke, Gelmuth J. L. von, Erinneruingen, Briefe Dokumente, 1877—1916. Edited by Elisa von Moltke. Stuttgart, 1922.
Tuchman, Barbara, The Guns of August. New York, 1962.
EB.

毛奇，赫尔穆特·卡尔·伯恩哈德·冯伯爵(Moltke，Count Helmuth Karl Bernhard von, 1800—1891年) "老毛奇"德国陆军元帅。参加主要战争：第一次土埃战争(1838—1841年)、石勒苏益格-荷尔斯泰因战争(1864年)、六周战争(1866年)和普法战争(1870—1871年);参加主要战役(战斗):克尼格雷茨(赫拉德茨-克拉洛韦)之战(1866年)、格拉沃洛特-圣普里瓦之战(1870年)、色当之战(1870年)和围攻巴黎(1870—1871年)。

毛奇1800年10月26日生于梅克伦堡的帕尔希姆—

个破落的贵族家庭。就读于哥本哈根的丹麦皇家军官学校，毕业后在丹麦步兵团服役。贫穷和孱弱的身体给其早期生涯蒙上了一层阴影。1821年对柏林进行了一次游览后，决意成为普鲁士军队中的军官，后成为近卫步兵团的一名中尉。进入柏林军事学院学习（1823—1826年）。为弥补微薄的薪水，写作和出版了一本题为《两个朋友》的小说（1827年）和一篇关于1830—1831年波兰起义的论文。1833年进入总参谋部。1835年被派往土耳其研究当地的语言和习俗，建议苏丹马茂德革新军队。他违抗指令，到达后不久便服役于土耳其军队，并参加了抗击埃及穆罕默德-阿里的战争。随哈利兹-帕夏的部队进入叙利亚参加奈济战斗（1839年6月24日），战斗中奇迹般地将土耳其炮兵部队从灾难中解脱出来。1839年末返回德意志，1841年发表了其土耳其冒险经历的报道。1842年4月与玛丽·伯特成婚，尽管膝下无子，婚姻却也幸福美满。1843年撰写了一篇关于铁路的随笔。1845年编写了关于1828—1829年俄国-土耳其战争的历史记载。被任命为当时在罗马的苦恼的普鲁士亨利亲王的副官，任此职至亨利死（1846年7月）。后经西班牙返回普鲁士，重新加入总参谋部。1851年晋升为上校，被任命为威廉亲王（即后来的普鲁士国王和德皇腓特烈三世）的副官。到英国（1855—1856年）以及俄国和法国（1856年）旅行。1857年10月7日任总参谋长。与首相奥托·冯·俾斯麦和陆军部长阿尔布雷希特·冯·罗昂组成一个有益和幸运的工作联盟。特别关注铁路和电报在战争中的作用，也认识到队伍驻地极为分散的大部队，需要一种更新、更快捷的指挥系统。1858—1859年，对总参谋部进行改组，将其分为四个部，三个是考虑到地理位置而设的（东方、德意志和西方），另一个是铁道部。第二次丹麦战争期间（1864年4月），任弗兰格尔奥普联军参谋长，停战（4月25日—6月25日）结束后，指挥占领了日德兰和阿尔斯，迫使丹麦人乞求和解（1864年8月1日）。胜利使他赢得了普鲁士威廉国王的绝对信任和一个稳固的地位。制定普奥战争（1866年）计划时，他意欲通过铁路快速调运部队，战争爆发前，威廉国王授权他（6月2日），作为总参谋长可不经请示国王或国防大臣，直接向各部队下达命令。6月16日入侵波希米亚，尽管受到俾斯麦、倔强的部属和错误的战场情报等干扰的牵制，他依然达到目的，贝奈德克指挥的奥萨联军在克尼格雷茨战役遭到决定性的失败（1866年7月3日）。尽管是役取得了胜利，但他清醒地认识到存在的弱点并着手改正，如此，普法战争爆发时（1870年7月15日），普鲁士总参谋部已更为精干和高效。他企图包围法军的最初努力因冯·施泰因梅茨将军的过分冲动而告失败（1870年8月2日），但其军队快速集结和同步推进的能力以及灵活的指挥机构都让法军相形见绌。普德联军在梅斯围困了贝当元帅，随之进行了施派歇隆战役（斯蒂兰旺代勒附近，8月6日）、博尔尼战役（梅斯附近，8月15日）、马斯拉图尔战役（8月16日）和格拉沃洛特-圣普里瓦战役（8月18日），从翼侧包围了麦克马洪的救援军团，在色当包围了麦克马洪，迫其投降（9月1、2日）。他既指挥了对巴黎的围攻（1870年10月19日—1871年1月26日），也指挥与此相关的抗击第三共和国组织混乱的军团的有关战役。1871年6月晋升为元帅。继续任总参谋长，认真研究了对法国和俄国同时进行作战的问题，经过1877—1879年两年时间，最终选择了俄国第一的战略。逐渐把职责委派给阿尔弗雷德·冯·瓦德西伯爵（1882—1888年）。德皇威廉二世1888年6月15日就职后，他于1888年8月10日辞职退休。1891年4月24日卒于从克赖沙庄园去柏林访问的途中。

毛奇不是军事天才，但作为一位战略家，他灵敏、适应性强且富有灵感。他比很多同时代人都更早地认识到，铁路和电报在军事领域中运用的可能性问题。他欣赏于根据具体情况适时改变作战计划的做法，这对于1866和1870年进行的成功战役是不可或缺的，这也揭示出他特有的予部属相当灵活性的“宽松控制”指挥方法。

DLB

参考：Craig, Gordon A., The Politics of the Prussian Army, 1640—1945. New York, 1956.

Dupuy, Trevor N., A Genius for War. Fairfax, Va., 1984.

Görlitz, Walter, Der deutsche Generalstab. Frankfurt, 1952.

Howard, Michael, The Franco-Prussian War. New York, 1962.

McElwee, William, The Art of War: Waterloo to Mons. Bloomington, Ind., 1974.

Moltke, Helmuth K. B. von, The Franco-German War. London, 1914.

——, Strategy: Its Theory and Application: The Wars for German Unification, 1866—1871. Translated by the British War Office. London, 1907.

莫纳什，约翰爵士（Monash, Sir John, 1865—1931年） 澳大利亚将军。参加主要战争：第一次世界大战（1914—1918年）；参加主要战役（战斗）：加利波利（盖利博卢）之战（1915—1916年）、苏伊士-西奈之战（1916年）和勒哈默尔（亚眠附近）之战（1918年）。

莫纳什1865年生于墨尔本。加利波利之战时（1915年4月25日—1916年1月），在澳新远征军中任旅指挥官。参加了英军穿越西奈半岛的进军（1916年1—9月）。1916—1918年被派往法国指挥澳大利亚第三师。1918年晋升为中将，任澳军军司令官。其部作为罗林森第四集团军的一部分，他计划和指挥了在勒哈默尔的协调一致且成功的袭击（7月4日），其攻击部队中有60辆坦克和美军第三十三步兵师的4个连，进攻的成功为

道格拉斯·黑格爵士将军的亚眠攻势（8月8日）铺平了道路。1930年以上将军衔退休，卒于1931年。

Staff

参考：EMH.
WBD.

蒙塞，博恩·阿德里安·让诺特·德，科尼加里诺公爵（Moncey, Bon Adrien Jeannot de, Duke of Conegliano, 1754—1842年） 法兰西帝国元帅。参加主要战争：法国大革命战争（1792—1799年）和拿破仑战争（1800—1815年）、法国入侵西班牙（1823年）；参加主要战役（战斗）：圣马西亚尔之战（1794年）、丰塔拉维亚之战（1794年）、圣塞瓦斯蒂安之战（1794年）、图德拉之战（1808年）、萨拉戈萨之战（1808年）、巴黎防御战（1814年）。

蒙塞1754年7月31日生于帕利塞，是一位律师的儿子。1769年9月15日入伍，到康提团服役，但其父说服他退出现役，蒙塞在军队服役六个月后回家学习法律。后再入尚帕尼团服役，直至1773年，他再次退役学习法律。此后他发现搞法律太乏味，遂于1774年又入伍至根达尔梅斯-安格莱斯。1779年在拿骚-塞根龙骑兵团中升为中尉衔。1791年，当该团改编为轻步兵营时，蒙塞被提升为上尉。1793年他相继被提升为准将、少将和比利牛斯方面军司令（1994年）。在比利牛斯他的战绩不凡。1794年2月，他率部将西班牙军队追击至比达索河畔，8月1日在圣马西亚尔打败西班牙军队，8月2日，又迫使丰塔拉维亚有条件投降，缴获了200门大炮和5面军旗。8月4日，他再克圣塞瓦斯蒂安，此战中缴获148门大炮和大量其他物资。10月15—17日，在奥尔贝西塔打败西班牙军队，缴获50门大炮，从而结束了战役。1795年6月，当《贝塞尔和约》签署后，他于9月1日转而任布勒斯特驻军指挥。后任贝央第十一军区司令。1796年又任里昂第十五军区司令。1797年9月4日的雾月十八日政变后，因怀疑他是保皇党成员而被免职，直至1800年。是年受命至瑞士任莱茵穆罗方面军指挥。后转至意大利，任预备役军队指挥，并参加了马伦哥战役。1801年拿破仑授予他为根达尔莫里的总督察长，并陪同拿破仑至荷兰。1804年5月升为元帅，后又被任命为元老院一员。1808年再次被派至西班牙，指挥第三军团。1808年7月被封为科尼加里诺公爵，在朗恩指挥下，他率部参加了11月23日的图德拉之战。1808年12月20日—1809年2月20日，他和莫尔蒂埃的军团被困于萨拉戈萨，后被朗恩解围。1809年9月，他转任北方预备军队指挥，并被授予铁十字勋章。1813年被派至比利牛斯，任预备军总参谋长，但未见参战。1814年1月8日，任巴黎国家卫队少将，组织该城防御，直至3月30日，巴黎有条件向联盟投降。拿破仑退位后，支持波旁王朝，5月13日被任命为根达尔莫里总监。6月2日被任命为国防大臣，6月4日被授予圣路易勋章，任法国议会议员。拿破仑回来后，蒙塞被任命为帝国议员，但未参加百日王朝。在成立审讯奈元帅的军事法庭时，命他参加，遭拒绝。后被革职并囚禁于汉姆城堡，三个月后被释放（1816年）。1823年被任命为比利牛斯方面军第四军团司令，在此后的战绩颇佳，并攻占了加泰罗尼亚。茹尔丹死后，他于1833年12月被任命为因瓦里德斯总督，1840年从圣赫勒拿岛运送拿破仑的骨灰回国。1842年4月20日卒于巴黎。

蒙塞作战谨慎，精于计算，他"在能出奇制胜时，从不正面强攻任何敌人"。他对其部属的关心爱护赢得手下的爱戴和尊敬。他彬彬有礼的举止也赢得了官员的喜爱。他对西班牙人的友善为其取得比利牛斯战役的胜利起了良好的作用，也为他赢得了巨大的声望。

VBH

参考：Delderfield, R. F., Napoleons Marshals. Philadelphia, 1962.
Humble, Richard, Napoleons Peninsular Marshals. New York, 1974.
Macdonnell, A. G., Napoleon and His Marshals. London, 1950.
Meeks, Edward, ed., Napoleon and the Marshals of the Empire. Reprint(2 vols. in one), Philadelphia, 1885.
Welsh, M. L., "Napoleons Marshal Moncey," American Society of the Legion of Honor Magazine, No.2(1972).
Young, Brig. Peter, Napoleon's Marshals. London, 1974.

蒙克，乔治，阿尔比马尔第一公爵（Monck〈Monk〉, George, 1st Duke of Albemarle, 1608—1670年） 英国陆军将军和海军元帅。参加主要战争：英法战争（1626—1630年）、三十年战争（1618—1648年）、第一次英国内战（1642—1646年）、第二次英国内战（1648—1649年）、第三次英国内战（1650—1651年）、第一次英荷战争（1652—1654年）、第二次英荷战争（1665—1667年）；参加主要战役（战斗）：加的斯之战（1625年）、拉罗谢尔之战（1628—1629年）、布雷达之战（1637年）、楠特威奇之战（克鲁附近，1644年）、邓巴之战（1650年）、波特兰和北福尔兰之战（1653年）、四天战斗（1666年）。

蒙克1608年12月8日生于德文的波瑟雷奇，是托马斯·蒙克爵士的次子。1625年9—10月，志愿参加白金汉公爵率领的袭击西班牙加的斯的远征军，在他的亲戚理查·格林维尔爵士的麾下听命。1627—1628年参加讨伐雷岛远征军，但此次远征同样未摆脱失败的命运。此后在荷兰维尔勋爵麾下效力，在低地国家打了几年仗。1636年10月—1637年10月10日围攻布雷达战斗中立有战功。凭借莱斯特伯爵罗伯特·悉尼的影响被任

M

命为英国步兵团中校，并于 1639—1640 年参加了第一和第二次主教战争。又经莱斯特的提携，于 1642 年被任命为驻爱尔兰步兵团的指挥官。1643 年率部赴英格兰帮助查理一世。1644 年 1 月 25 日，费尔法克斯解围楠特威奇时被俘，被囚禁于伦敦塔两年多。监禁期间，著有《政治及军事情况透析》。1646 年春末第一次英国内战结束时获释，被任命为陆军少将。1646—1649 年受命在阿尔斯特指挥作战。1649 年冬末保皇派联盟军爱尔兰反叛者和阿尔斯特苏格兰人迫使他同意休战。为此遭到国会的指责，虽然后来他以军事需要为托辞，但还是被迫离开步兵团，并于 1649 年（夏季?）引退于德文。奥利弗·克伦威尔佩服他的才干，在第三次英国内战期间把他带到苏格兰，任命他为步兵团指挥官，并在 1650 年 9 月 3 日邓巴战役中取得显著战绩。克伦威尔率领主力军队向南进军，留任蒙克为总指挥官，统率一支 8000 人部队平息苏格兰保皇分子（1651 年 6 月)。1651 年 9 月 1 日猛攻邓迪时虽相对艰难，但这次作战行动却迅速有效。11 月（?）病倒解职，到巴斯马尔治疗，但仍留任苏格兰特派专员。1652 年 11 月 26 日任海军第四将领，位居迪恩、布莱克和波帕姆之后。1652 年 12 月 10 日和 1653 年 2 月 18—20 日分别在邓杰内斯角和波特兰作战。1653 年 6 月 11 日，在距北福尔兰加伯德沿岸附近摧毁荷兰特龙普的 9 艘战船，取得辉煌胜利。1653 年 8 月 10 日鏖战于斯海弗宁恩，击败特龙普的战船，战绩显著。几个月以后（1653 年秋），被派往苏格兰任总督。在苏格兰高地实施了一次快捷迅速的战役，镇压了反叛者，取得辉煌战果，这次战役使他在苏格兰得以削减驻扎的军队规模。其间，于 1653 年 1 月 23 日与兽医的遗孀安妮·拉斯福德结婚。1654—1658 年克伦威尔摄政期间，他留在苏格兰。1658 年 9 月 3 日克伦威尔死后，蒙克建议他的儿子和继承人理查·克伦威尔不要听信少将们的阴谋诡计而依靠他父亲的忠实支持者。他对推翻克伦威尔摄政予与默认，但在 1659 年 10 月约翰·兰伯特少将以武力解散残阙国会后，他站在国会一边清理苏格兰军队中的异己分子，并于 1659 年 12 月 8 日在苏格兰科尔德斯特里姆设立自己的总部。1660 年 1 月 1 日率领由 6 个步兵团和 4 个骑兵团组成的一支军队穿越边境线，置朗波特已衰竭的军队于不顾，于 1 月 11 日进入约克，2 月 3 日进驻伦敦。1660 年 3 月力劝残余国会解散，举行新选举，同时与被放逐的国王查理二世接触。新大会开后，国会请回查理二世，蒙克于 1660 年 5 月 25 日在多佛尔迎接国王。为表彰他的功绩，复辟的查理国王封他为阿尔比马尔公爵并授与嘉德勋位（英国的最高勋位)，发给年金 7000 英镑。1660 年 8 月 3 日又被任命为总司令、骑兵总监和爱尔兰代理总督。他带到南方的军队虽被解散，但他自己的团则被改称为勋爵军的步兵近卫军团保留了下来（后称为第二或科尔德斯特里姆近卫军团)。蒙克在英荷战争爆发时又重返海军服役。1666 年 6 月 11—14 日拼力抵挡德·勒伊特的更大规模的舰队，损失惨重。1666 年 6 月 13 日鲁珀特亲王的海军中队及时赶到方使他免遭更大的损失。蒙克从泰晤士河的突围曾使德·勒伊特大为吃惊。1666 年 7 月 25 日通过在北福尔兰一战或称圣詹姆斯战斗，打破了荷兰人的封锁。1667 年 6 月 17—22 日，德·勒伊特冒险发起泰晤士-梅德韦袭击，虽然对此蒙克并不感到意外，并且他已妥善地采取了应付产生的危机的措施并警告突袭的可能性，但他的声誉还是遭到损坏。此后不久退役。1670 年 1 月 3 日卒于白厅。

蒙克勇敢、足智多谋。他之所以能常胜不败，原因之一是他没有政治野心及对公民权有一种强烈的责任感。他是一位娴熟的海军战术家。他在海上作战之所以成功可能受益于他当炮手时学到的技能。他和布莱克为英国舰队提高战术和射击术做作出了很大贡献。

DLB

参考：Ashley, Maurice P., Cromwells Generals. London, 1954.

Corbett, Sir Julian, Monk. Reprint, London, 1926.

Davies, Godfrey, The Restoration of Charles Ⅱ. N. p., 1955.

Monck, George, Observations on Political and Military Affairs. London, 1671 (Published posthumously).

Warner, Oliver, Hero of the Restoration: A Life of General George Monck, 1st Duke of Albemarle, K. G. London, 1936.

Young, Peter, and Richard Holmes, The English Civil War: A Military History of the Three Civil Wars, 1642—1651. London, 1974.

布莱斯·德·拉瑟朗-马森科姆，蒙吕克领主（Monlucı 〈Montluc〉 Blaise de Lasseran-Massencome, Seigneur of 约 1501—1577 年） 素有“胡格诺教派锄头”之称。法国元帅。参加主要战争：第一次（1521—1525 年）、第二次（1526—1529 年）、第三次（1536—1538 年）、第四次（1542—1544 年）和第五次（1547—1549 年）哈布斯堡-瓦卢瓦战争、法国宗教战争（1576—1598 年)；参加主要战役（战斗)：拉比科卡（米兰附近，1522 年)、帕维亚之战（1525 年)、切雷索之战（1544 年)、布洛涅之战（1544 年)、马林雅诺之战（阿雷佐附近，1533 年)、韦尔之战（1562 年)。

布莱斯生于 1501 年（一说是 1503 年，即使布莱斯本人也说不清楚是哪一年)。约 1516 年在南锡给洛林公爵当侍从。后从戎，1521 年在莱斯屈姆勋爵富瓦的托马斯军中当弓箭手。1522 年 4 月 27 日参与了拉比科卡之战，而后晋升为炮兵军官。1523 年在托马斯的哥哥洛特雷克侯爵富瓦的奥代指挥的驻巴约讷附近西班牙边塞军中服役。1524 年夏参加了法国一军驻里昂的主力部队。1525 年 2 月 24 日在帕维亚灾难中被俘，但不久被释放。

1527—1528年，参加洛特雷克侯爵的远征军，因率军征战那不勒斯而出名。此后，回到加斯克尼，但不久就厌倦了平静的生活。被升为中尉后，在普罗旺斯之战（1536年）和皮卡第之战（1537年）中崭露锋芒。1543—1544年，率小分队突击了皮蒙特地区。后去巴黎，说服了弗朗西斯一世命昂吉安伯爵波旁-旺多姆的弗朗索瓦向皮蒙特发动攻击（1544年2—3月）。1544年重返意大利，4月3日在切雷索获得大捷，从此威名远扬，被封为爵士。随之挥师北上，参加了皮卡第之战。1544年9月，迅速移师，参加了布洛涅之战。后效力于托斯卡纳地区的皮耶罗·萨卢佐军，参加了顽强的锡耶讷防御战，直至弹尽粮绝，被迫投降（1552年10月—1554年4月）。后来凯旋回到法国，被誉为英雄，并晋升为陆军上将。1558年夏，奉吉兹公爵之命，率军攻占了蒂永维尔。这加强了他与吉兹公爵的联盟。1559年，亨利二世驾崩，布莱斯开始失宠。1561—1562年，引退，居住在吉耶讷。此间，其思想倾向于胡格诺派，并加入了胡格诺派在内拉克的教会。由于仍效忠于国王，所以对胡格诺派的共和论及反贵族的思想表示反对。1562年10月9日，率军在韦尔击败了胡格诺派军队。同年，被任命为吉耶讷军区司令。在此后的五年中，他使该地区一直保持着绝对和平，特别是首府阿让。后来，在西班牙的帮助下，他与有关国家磋商，促成了首次天主教派大联盟，为此招致诺瓦拉女王让娜·德·阿尔贝特长期对他的忌恨。自1558年，其政敌一直在背地里攻击他，最终导致了他与当维尔元帅（布莱斯政敌安妮·德·蒙莫朗西的儿子）闹翻。1570年7月，他在攻打胡格诺派的据点拉巴斯唐时，面部中弹，伤势严重，很不光彩地被解职。1570—1571年间，他撰写了《评论》一书，为自己的行为辩解。1572年，再次得宠。1574年9月25日，亨利三世授予他元帅军衔。1577年8月26日卒于圣皮伊。

布莱斯勇敢、机智且精力充沛，是非常能干的军事家。其军事上的壮举是在吉耶讷防御战中创造的。其在吉耶讷的举动，说明他对政治缺乏敏锐的洞察力。他的《评论》记述了16世纪的战争脉络，是极为珍贵的历史资料。

DLB

参考：Monluc, Blaise de, Commentaries. Edited by Paul Courteault. Paris, 1964.

——, The Hapsburg-Valois Wars and the French Wars of Religion. Edited by Ian Roy. Hamden, Conn., 1972.

Oman, Sir Charles W. C. The Art of War in Sixteenth Century. New York, 1937.

蒙茅斯公爵，詹姆斯·斯科特（Monmouth, James Scott, Duke of, 1649—1685年） 英国贵族、英军总司令。参加主要战争：大同盟战争（1672—1678年）、镇压苏格兰起义（1679年）、蒙茅斯叛乱（1685年）；参加主要战役（战斗）：博斯韦尔桥之战（格拉斯哥附近莱德对面，1679年）、塞奇莫尔之战（1685年）。

蒙茅斯公爵1649年4月9日生于鹿特丹，英王查理二世和其当时的情妇露西·沃尔特之私生子。由查理之母亨利埃塔·玛丽亚抚养，只受到零碎的教育。1662年，由监护人克罗夫茨勋爵约翰带回英国，改随监护人姓。其父对他回国很高兴，并安排他与巴克勒奇女伯爵安妮·司各脱结婚。1663年2月14日加封他詹姆斯·斯科特爵士和蒙茅斯公爵。4月20日结婚。随后又被封苏格兰贵族系的巴克勒奇公爵。1668年，任国王骑兵第一卫队队长，成为王国一位重要人物。他英俊、受欢迎，出任反对查理的兄弟约克公爵詹姆斯的核心人物。1670年4月和1674年5月成为英格兰和苏格兰枢密院成员。1672—1678年的大同盟战争（即第三次英荷战争）期间，在欧洲大陆指挥英国分遣部队同荷兰作战，赢得法国大元帅蒂雷纳的赞誉。1674年4月，接替白金汉任骑兵总监。1678年4月，任英国武装力量总司令。1679年6月22日，指挥皇家军队在博斯韦尔桥镇压苏格兰起义军，因宽容对待被打败的起义军，受到进一步的称颂。提图斯·欧茨捏造的谎言诱发“天主教阴谋”危机，危机期间，他支持所有反对约克公爵继承王位的人。1683年闹得沸沸扬扬的麦酒店密谋案和其他阴谋败露后，他因参与这些阴谋被逐出宫廷。1684年去荷兰避难。1685年2月6日，查理二世驾崩，随后一些所谓“朋友”劝他杀回英国即王位。1685年6月11日仅率89个追随者在多塞特的莱姆里吉斯登陆，很快得到很多平民响应，但未得到多少达官贵族的拥护。进占陶顿后，即于6月20日自立为王。由于未及时向布里斯托尔推进，遭到了保皇派顽强抵抗，撤退至布里奇沃特。7月6日夜，率未经训练、装备极差的军队对位于塞奇莫尔附近宿营的保皇派军队发起突然攻击，尽管达成突然性，但最初的攻击仍被击退并遭受损失，尔后保皇派军队发起反击，歼灭了他的军队。蒙茅斯匆匆逃出，躲过了几天，后被俘获押解至伦敦。经过短期审判，1685年7月15日在伦敦塔被斩首。行刑时他视死如归，大义凛然。

蒙茅斯公爵尽管在形体外貌上酷似其父，但在智力和个性上却不及其父。他容易为人摆布，进军英格兰本身就犯了一系列严重的判断错误。蒙茅斯叛乱失败后，残酷的镇压降临西部地区。臭名昭著的高等法院首席法官杰弗里斯血腥的巡回裁判（这个称谓非常恰当）为这种残酷镇压助纣为虐，这也就很大程度上解释了为什么三年后，当奥兰治的威廉发动推翻詹姆斯二世的征讨时，民众对他持冷漠态度。

DLB

参考：D'Oyley, Elizabeth, James, Duke of Monmouth. London, 1938.

Fea, Allan, King Monmouth. London, 1902.

Fraser, Antonia, Royal Charles: Charles Ⅱ and His Times. New York, 1980.
Roberts, George, The Life, Progresses, and Rebellion of James, Duke of Monmouth. 2 vols. London, 1844.

门罗，查理·卡迈克尔爵士（Monro, Sir Charlos Carmichael, 1860—1929 年） 英国将军。参加主要战争：第二次英布战争（1899—1902 年）和第一次世界大战（1914—1918 年）；参加主要战役（战斗）：蒙斯之战（1914 年）、马恩河战役（1914 年）、第一次伊普尔之战（1914 年）和加利波利（盖利博卢）之战（1915—1916 年）。

门罗生于 1860 年，初次参加战斗是在南非的第二次英布战争。作为英国远征军第一军第二师的指挥官，率部参加了蒙斯之战（1914 年 8 月 23 日）和马恩河战役（9 月 4—10 日）。后来参加了第一次伊普尔之战（10 月 30 日—11 月 24 日），10 月 31 日他在前线附近受轻伤。12 月受命指挥第一军，1915 年 7 月受命组建第三集团军。9 月被派往地中海取代伊恩·汉密尔顿爵士将军指挥加利波利战役。尽管政府公开宣布将坚守在那里的滩头阵地，但他建议撤退，他的坚持使他最终获准撤离加利波利滩头占领区。他实施了极为辉煌的战术欺诈，整个过程损失很小（1915 年 12 月—1916 年 1 月）。1916 年重返西线短期任职。1916 年 10 月—1920 年派往印度任英军总司令。卒于 1929 年。

门罗从加利波利巧妙的撤退被高度评价为第一次世界大战期间英军最为成功的作战行动之一。

Staff

参考：Buchan, John, A History of the Great War. 4 vols. Boston, 1923.
EB.
WBD.

门罗，詹姆斯（Monroe, James, 1758—1831 年） 美国陆军军官和国务活动家。参加主要战争：美国独立战争（1775—1783 年）；参加主要战役（战斗）：哈勒姆高地（今纽约市一部分）之战、怀特普莱恩斯之战、特伦顿（新泽西）之战（1776 年）、布兰瓦恩和日耳曼敦（均位于宾夕法尼亚境内）之战（1777 年）、蒙茅斯（新泽西的弗里霍尔德附近）之战（1778 年）。

门罗 1758 年 4 月 28 日生于弗吉尼亚的威斯特摩兰县，是伊丽莎白·琼斯和斯彭斯·门罗之子。16 岁时进入位于威廉斯堡的威廉与玛丽学院，后与一群学生离校参加独立战争。被授予弗吉尼亚第三团的少尉（1775 年 9 月 28 日）。在哈勒姆高地进行了首次作战（1776 年 9 月 16 日）。参加了怀特普莱恩斯之战（10 月 28 日）和特伦顿之战（12 月 26 日），并在特伦顿之战中受伤，后又参加了布兰瓦恩之战（1777 年 9 月 11 日）和日耳曼敦之战（10 月 4 日）。晋升为少校，并被任命为威廉·亚历山大将军——又称斯特灵勋爵的副官（11 月 20 日）。曾参加蒙茅斯之战（1778 年 6 月 28 日），同年秋退役，后进入弗吉尼亚民事部门（11 月 20 日）。师从托马斯·杰弗逊学习法律，不久任弗吉尼亚最高行政长官（1780 年）。奉命以弗吉尼亚中校衔军事特派员身份前往考察南方部队的现状与前景（1781 年）。被选入弗吉尼亚议会（1782 年）。当选为联邦国会中的弗吉尼亚州议员（1783—1786 年）。因坚持美国在密西西比河上的航行权和竭力维护国会对贸易的控制而引人注目（1785 年）。当选为弗吉尼亚众议院议员（1787 年春）。曾出席批准宪法的弗吉尼亚州大会（1788 年）。后为美国参议院议员（1790—1794 年）。担任了两年驻法公使（1794—1797 年）。华盛顿总统（非常正确地）感觉到，门罗——坚定的反联邦党人——不能恰当地代表其国家和政府的利益，故将其从法国召回（1796 年底）。当选为弗吉尼亚州长（1799 年）后，又两次连选连任。去职（1802 年）后作为杰弗逊总统的特使前往法国，协助国务卿罗伯特·R. 利文斯顿进行购买路易斯安那地区的谈判（1803 年 1 月）。签署确认购买路易斯安那地区的条约（5 月 2 日）后，因外交上未有建树，故离开巴黎就任驻英使节（7 月）。参加了未获圆满结果的对英谈判，于“切萨皮克-豹子”号事件（1807 年 6 月 22 日）后回到美国（12 月）。再次成为弗吉尼亚众议院议员（1810 年），之后又当选为弗吉尼亚州州长。但任职时间短暂（1811 年 1—11 月）。被麦迪逊总统提名为国务卿。在 1812 年的战争的困难时期，指导美国的外交事务。曾短期担任临时陆军部长（1814 年 9 月 27 日—1815 年 3 月）。当选为总统（1816 年），宣誓就职（1817 年 3 月 3 日）。获取了除一票（其国务卿约翰·昆西·亚当斯所投）之外所有选票，轻而易举地赢得连任选举（1820 年）。他当政的八年出现了“和睦时代”、第一次西米诺尔战争（1817—1819 年）、佛罗里达的购入（1819—1821 年）和《密苏里妥协案》（1821 年）。门罗的统治还因对以后的美国外交政策产生巨大影响的“门罗主义”（实际为亚当斯的功劳）而闻名。第二届任期届满后，门罗退至位于弗吉尼亚州劳登县奥克希尔的庄园。后为弗吉尼亚大学评议员（1826 年）。曾协助修订了州宪法（1829 年）。1831 年 7 月 4 日卒于去纽约州探访女儿期间。

门罗虽不卓越超群，却聪明谦恭。除 18 世纪 90 年代任驻法公使期间进行过一些极为愚蠢的阴谋活动外，他为国家提供了能干而良好的服务。像麦迪逊总统那样，由于在独立战争中有过军事经历，他在 1812 年的战争期间对陆军部长阿姆斯特朗进行了干涉。

DLB

参考：Cresson, William Penn, James Monroe. Chapel Hill, N. C., 1946.
Styron, Arthur, The Last of the Cocked Hats: James Monroe and the Virginia Dynasty. New

York,1945.
Boatner,Encyclopedia.
EB.

蒙卡尔姆，路易-约瑟夫·德·蒙卡尔姆-戈兹昂，侯爵（Montcalm，Louis-Joseph de Montcalm-Gozon，Marquis of,1712—1759 年） 法国将军。参加主要战争：波兰王位继承战争（1733—1738 年）、奥地利王位继承战争（1740—1748 年）、法国与印第安人的战争（1754—1763 年）；参加主要战役（战斗）：布拉格之战（1742 年）、皮亚琴察之战（1746 年）、奥斯威戈（纽约）之战（1756 年）、威廉·亨利堡（纽约乔治湖）之战（1757 年）、泰孔德罗加之战（1758 年）、亚伯拉罕台地（今属魁北克市）之战（1759 年）。

蒙卡尔姆 1712 年 2 月 28 日生于坎迪亚克（尼姆附近）的旧贵族家庭。12 岁时在埃诺团中为军官候补生，15 岁时正式入伍。在波兰王位继承战争的初期战役中第一次与奥地利军作战（1733 年）。继承其父的爵位和财产（1735 年）。法国参加奥地利王位继承战争时重返现役（1740 年）。布拉格保卫战（1742 年 7 月 27 日—12 月 26 日）期间受伤，后晋升为欧塞尔团的上校团长（1743 年）。皮亚琴察之战中表现突出，作战中，他的团被挫败，他本人身负五处刀伤，后被俘（1746 年 6 月 16 日）。不久后被换回，战争结束时为骑兵团的准将团长（1748 年）。与家人在坎迪亚克度过了几年。后被任命为驻北美法军的少将司令（1756 年 1 月）。到达魁北克（5 月 13 日）后，发现自己对殖民地部队和当地民兵均无指挥权，这一权力保留在民事总督和蒙卡尔姆的上司沃德勒伊侯爵路易·菲利普·德·里戈的手中，两人由于性格不合，不久即发生争吵，军事行动屡屡失利。但蒙卡尔姆仍然取得了相当的战果，他夺取了奥斯威戈，从而确保了法军对安大略湖的控制（8 月 14 日）。第二年夏，他以 2000 名驻军和 17 门火炮围攻并夺取了乔治湖南端的威廉·亨利堡（1757 年 8 月 9 日）。他仅以 3800 人成功地保卫了泰孔德罗加堡，击退了詹姆斯·阿伯克朗比爵士15 000人的部队勇敢但组织拙劣的进攻（1758 年 7 月 8 日）。他晋升为中将，并被授予对沃德勒伊的军事指挥权。詹姆斯·沃尔夫将军次年对魁北克进行的战役期间，他那巧妙的部署、对野战堡垒的精心选位，兼之城市有利的自然防御物使沃尔夫受挫达两个月之久。沃尔夫夜间登岸并攀上亚伯拉罕台地（位于当时该城西南 3 公里）使蒙卡尔姆遭到突然进攻，仓猝进行战斗（9 月 13 日）。虽然指挥的部队占有优势，但他未能及时集结，而且沃德勒伊拒不从该城给他以炮兵支援，故在短暂的作战之后失败，本人在战斗中受致命伤。运回城后，卒于次日（1759 年 9 月 14 日），尚不知沃尔夫也已阵亡。

蒙卡尔姆是一位慈父，热爱家庭生活，他具有极大的魅力并为其士卒所喜爱。脾气暴躁和缺乏耐心抵消了他那高超的军事技能，与沃德勒伊的争吵又使他受到极大的束缚。他们之间的不和在很大程度上使法国损失了其在加拿大殖民地。

DLB

参考：Chapais，T.，Le Marquis de Montcalm. Paris,1911.
Cosgrain, Henri Raymond, Guerre du Canada, 1756—1760：Montcalm et Lévis. Tours,1909.
Stacey, Charles P.，Quebec，1759：The Siege and the Battle. New York,1959.

蒙特库科利，雷蒙德亲王（Montecuccoli，Prince Raimondo，1609—1680 年） 奥地利军中意大利籍将军、军事理论家。参加主要战争：三十年战争（1618—1648 年）、第一次北方战争（1655—1660 年）、土耳其战争（1661—1664 年）、荷兰战争（1672—1678 年）；参加主要战斗（战役）：布莱登菲尔德之战（莱比锡附近，1631 年）、吕岑之战（1632 年）、纳德林根之战（1634 年）、维特施托克之战（1636 年）、拉布河之战（1664 年）、萨斯巴赫之战（马科尔塞姆附近，1673 年）。

蒙特库科利 1609 年 2 月 21 日生于蒙特库科洛（摩德纳附近）他的家族城堡。在他叔叔炮兵将军埃内斯托·蒙特库科利的帮助下加入了帝国军队。曾在荷兰和德国作战。1629 年任龙骑兵团少尉。1631 年任胸甲兵上尉。1631 年 9 月 17 日、1632 年 11 月 16 日和 1634 年 9 月 6 日先后参加了第一次布莱登菲尔德之战、吕岑之战和纳德林根战役。1636 年 10 月 4 日，在维特施托克战役中为上校团指挥官，失败后撤退时表现出色。1639 年，在波希米亚的梅尔尼克受伤被瑞典军俘虏，被软禁在什切青。在 1639—1642 年被拘禁期间，他开始研究数学、法律、哲学、建筑学和战争艺术。1640 年着手撰写有关战争艺术的著作。获释后于 1642—1643 年在卡斯特罗战争中为莫德纳效力。1645 年与匈牙利的乔治一世·拉科齐作战失利。1646—1647 年，在西里西亚和波希米亚同瑞典军队作战。1647 年 8 月，在特里伯（切别尔）之战中获殊荣。1648 年，在波希米亚成功地阻挡弗兰格尔对帝国军队的追击而再次立功。1648 年夏提升为骑兵将军。1648 年 10 月缔结《威斯特伐利亚和约》后，他又开始从事有关战争艺术的写作。后做过外交官，是皇帝斐迪南三世信赖的顾问。1658 年 12 月 1 日升任陆军元帅。不久率领帝国军队参加第一次北方战争。1658—1660 年间，在波兰、日德兰和波美拉尼亚与瑞典军队广泛实施作战。1661 年春—1662 年 2 月，率领一支小规模部队协助特兰西瓦尼亚的亚诺什·凯麦尼攻击土耳其军队，但在卡麦尼被打败后撤退。1663 年击退土耳其入侵。1664 年 8 月 1 日，在拉布河粉碎土耳其人重新组织的攻击。8 月 6 日被任命为整个帝国军队的大元帅。1668 年 8 月又被任命为炮兵总监和皇家军事委员会主席。1672—1678 年荷兰战争开始时指挥帝国军队主力。1672 年 9 月—1673 年 1 月中部莱茵战役中为蒂雷纳

所败。为与威廉三世的荷兰军队会合攻占波恩，1673 年年底—1675 年春隐蔽绕过了蒂雷纳军队。1673 年末—1675 年春，布农维尔接替了他的职位。1674 年 11 月—1675 年 1 月，蒂雷纳在阿尔萨斯打败布农维尔后他又复职。1675 年 6—7 月解围斯特拉斯堡的努力被蒂雷纳挫败。1675 年 7 月 27 日蒂雷纳在萨斯巴赫阵亡后，蒙特库科利把法国军队赶至阿尔萨斯。1675 年末，蒙特库科利又被孔代赶回了莱茵河。1675 年 12 月他辞去军职退役，全身心投入军事写作。1680 年 10 月 16 日卒于林茨。死后被封为帝国亲王。

蒙特库科利是智慧、机敏的职业军人，既是敏锐的战略家，也是灵活的战术家。在同时代的人中他运用策略技巧仅次于蒂雷纳。他在 1640—1670 年写有《军事艺术》和《战争艺术格言》等军事著作。从这些著作中我们能看出他一直努力确立作战的总概念和指导原则。

DLB

参考：Barker, Thomas, The Military Intellectual and Battle: Raimondo Montecuccoli and the Thirty Years'War. Albany, N. Y., 1975.

Campori, Cesare, Raimondo Montecuccoli, la sua famiglia, e i Suoi tempi. Florence, 1876.

Fosculo, Ugo, Illustrazione alle opere di Raimondo Montecuccoli. Milan, 1808.

Pieri, Piero, "La formazione dottrinale di Raimondo Montecuccoli," Revue internationale d'histoire militaire, Vol. 10(1951).

——, "Raimondo Montecuccoli," in W. Hahlweg, ed.," Klassiker der kriegskunst. Darmstadt, 1960.

蒙蒂费尔特罗，费德里戈·达，乌尔比诺公爵(Montefeltro, Federigo da, Duke of Urbino, 1422—1482 年) 意大利雇佣兵队长、统治者。参加主要战争：与佛罗伦萨和威尼斯进行的米兰战争（1423—1454 年）、那不勒斯战争（1458 年）、与里米尼的战争（1460 年）、费拉拉战争（1482—1484 年）；参加主要战役（战斗）：切萨诺之战（塞尼加利亚附近，1460 年）、莫利内拉之战（1467 年）。

蒙蒂费尔特罗 1422 年 6 月 7 日生于乌尔比诺，是乌尔比诺伯爵圭丹托尼的私生子。1433—1434 年先在威尼斯作人质。1434—1437 年底又在曼图亚作人质，此间在贡扎加接受教育。1438 年 5 月—1440 年 7 月参加布雷西亚围攻战，并在尼古洛·皮钦尼诺麾下征战伦巴第。回到乌尔比诺后，参加马尔凯和罗马涅地区之间经常发生的小规模边境冲突。大约在 1441 年秋季，从臭名昭著的近邻里米尼的西吉斯蒙德·马拉特斯塔手中夺取圣里奥镇。1443 年 1 月其父死后，伯爵爵位传给了合法的但性情反复无常的儿子奥丹托尼，蒙蒂费尔特罗依然是乌尔比诺的主要保护人。1444 年 7 月 22 日奥丹托尼被愤怒的臣民暗杀，他则始成为乌尔比诺统治者。1445 年春挫败西吉斯蒙德图谋佩萨罗的计划，由此使西吉斯蒙德迁怒于他，仇恨日深。他实行小心谨慎的领土扩张政策，拒绝乌尔比诺与任何重要势力结盟。1469 年为佛罗伦萨效力。1462—1463 年及 1477 年，又分别服务于那不勒斯、威尼斯和罗马教皇，他甚至一度还帮助过西吉斯蒙德和岳父弗朗西斯科·斯福察。1462 年 8 月在切萨诺河夜间会战中彻底击败西吉斯蒙德，接着在 1463 年侵占马拉特斯塔许多地区。1467 年 7 月 25 日在托斯卡纳的莫利内拉和科莱奥尼进行了一场非决定性战斗，击退佛罗伦萨流寇入侵。1469 年帮助西吉斯蒙德之子罗伯托反对罗马教皇军队，此举限制了罗马教皇对罗马涅地区的影响力。1472 年帮助罗伦佐·德·美第奇镇压沃尔泰拉反叛。1474 年罗马教皇西克斯图斯四世任命他为乌尔比诺公爵。1482 年春作为米兰、佛罗伦萨、那不勒斯、博洛尼亚和曼图亚联盟军队大统领，防守费拉拉，抵抗威尼斯和罗马教皇军队入侵。由于没有调集足够的力量，只好在费拉拉实施防御作战。卒于 1482 年 9 月 10 日，这使他未能取得更大的战果。

蒙蒂费尔特罗是一位名符其实的战士。他足智多谋、富有活力，也是一位多才多艺的政治家，在其统治时期，乌尔比诺疆域拓展了三倍。他建在乌尔比诺的华丽的宫殿，设有著名的图书馆。同时他保护文学和艺术，使他的宫廷享誉整个欧洲。

DLB

参考：Dennistoun, J., Memoirs of the Dukes of Urbino. Reprint, London, 1908.

Tommasoli, W., La vita di Federico da Montefeltro. Turin, 1978.

Trease, Geoffrey, The Condottiere. New York, 1971.

蒙哥马利，阿尔弗雷德·尤金(Montgomery, Alfred Eugene, 1891—1961 年) 美国海军上将。参加主要战争：第二次世界大战（1941—1945 年）；参加主要战役（战斗）：菲律宾海海战（1944 年）、莱特湾海战（1944 年）。

蒙哥马利，伯纳德·罗爵士，阿拉曼的蒙哥马利第一子爵(Montgomery, Sir Bernard Law, 1st Viscount Montgomery of Alamein, 1887—1976 年) 英国陆军元帅。参加的主要战争：第一次世界大战（1914—1918 年）、第二次世界大战（1939—1945 年）；参加主要战役（战斗）：勒卡托之战、第一次伊普尔之战（1914 年）、索姆河战役（1916 年）、阿拉斯之战、帕森德勒（伊普尔附近）之战（1917 年）、佛兰德战役（1940 年）、阿拉姆哈尔法（阿拉曼东南部）之战、阿拉曼战役（1942 年）、突尼斯战役（1942—1943 年）、西西里战役（1943 年）、南意大利战役（1943—1944 年）、诺曼底登陆战役、法国北部战役、"花园"作战行动（1944 年）、阿登攻势（1944—1945 年）、莱茵之战、德国西北部战役（1945 年）。

蒙哥马利1887年11月17日生于伦敦，是一位牧师之子。他在澳大利亚的塔斯马尼亚长大，后回到英国，进入圣保罗中学学习。1906年入桑赫斯特皇家军事学院学习。1908年毕业后被派至皇家沃里克郡团服役。1914年8月，随该团赴法国参战。8月24—25日参加了勒卡扬的战斗。10—11月，在第一次伊普尔会战中受重伤，因作战英勇，获优异服务勋章。1915年，在英国执行训练任务。1916年1月重返法国，任第一〇四旅少校军官。1916年6月24日—11月13日，随该旅参加了索姆河战役。1917年4月9—15日，在阿拉斯之战中任第三十三师参谋军官。7月31日—11月10日，在帕森德勒之战中任第九军参谋军官。战争结束时任第四十七师参谋军官。完成占领任务后，考入坎伯雷参谋学院并从该院毕业（1921年）。1921—1925年，在英国服役。1926年1月，被派往坎伯雷参谋学院任教。期间，他的许多学生和同事在后来的第二次世界大战中都成为英军的高级指挥官。1929年独自修改了《步兵训练手册》。1930—1933年，先后在耶路撒冷、亚历山大和浦那等地英军中任团长。1934—1937年，在奎达参谋学院任首席教官。1937年5月—1938年10月，任驻朴次茅斯第九步兵旅旅长。1938年10月—1939年8月，任驻巴勒斯坦第八师师长。在巴勒斯坦动乱期间，参加了镇压阿拉伯起事人员的行动。1940年5—6月，在灾难性的佛兰德战役中，任布鲁克将军指挥的第二军第三师师长。作为一名野战指挥官，他在战斗中表现出色，尤其是在敦刻尔克撤退期间，他指挥的后卫部队战功卓著。7月，受封爵士，接替克劳德·奥金莱克爵士任驻英格兰南部第五军军长。1941年4月，改任第十二军军长。11月，转任东南集团军司令。他意识到有必要准备发动攻势作战，参与策划了1942年8月对迪埃普的袭击。这次袭击损失惨重但颇有教益，而这时蒙哥马利已离开了英国。1942年8月，被派去指挥第一集团军参加在北非的“火炬”登陆行动。但在W.H.E.戈特将军阵亡后，又被改派去埃及接任第八集团军司令。8月31日—9月7日，巧妙地击退了隆美尔对阿拉姆哈尔法的进攻，夺取了战场主动权。10月23日—11月4日，在阿拉曼战役中发动攻势。尽管这只是一次直接的正面突击，但表明蒙哥马利为确保以适当的代价夺取胜利，作了充分的准备和周密的考虑。由于此战的胜利，他于11月11日晋升为上将。1942年11月5日—1943年1月，率部继续追击被击垮的隆美尔的非洲军团，将其赶入突尼斯边境，但未能追歼该军。1943年3月6日，击退了德军在梅德宁的反攻，但3月20日在马雷特（加贝斯湾附近）被德军击退。3月27日—4月7日，迂回包围了德军面向陆地构筑的坚固阵地。4月—5月13日，指挥第八集团军参加了突尼斯战役中的其他战斗。7月9日—8月17日，参加了夺占西西里岛的战斗。在这次战役中，他不得不将德军赶出埃特纳山周围的阵地。后来得知他指挥的第八集团军将在进攻意大利的作战中只发挥微小的作用，感到十分沮丧，不过他还是在9月3—27日迅速占领了福贾机场，但在9月9—18日，未能给在萨莱诺作战的第五集团军提供多少支援。11—12月，所部被阻于桑格鲁河。后离开第八集团集团军，改任准备进攻法国的第二十一集团军群司令。1944年6月6日—8月7日，在诺曼底登陆战役中任盟军地面部队总司令，指挥了大多数地面战斗。9月1日由艾森豪威尔接任地面部队总司令，他改任另一个集团军群（第十二集团军群）司令，并将其司令部迁入法国。同日，蒙哥马利晋升为陆军元帅。9月17—26日，在阿纳姆实施的“花园”作战行动失败，使其迅速结束战争的企图受挫。在以后的几个月里，他发现自己在盟军中的地位下降，发挥的作用越来越小。1944年12月16日—1945年1月25日，在阿登攻势中，指挥美军战线北翼的作战，对协助恢复美军阵地发挥了较大作用，但在作战中也冒犯了许多美国将领。1945年3月23日，计划和指挥了英军在韦塞尔强渡莱茵河的作战行动。后率部突入德国北部。5月4日，在隆堡赫特接受荷兰、丹麦和德国西北部德军的投降。5月，任驻德国英国占领军司令。1946年1月，受封阿拉曼的蒙哥马利子爵。1946年6月，接替阿兰布鲁克勋爵任帝国总参谋长，但在1948年离职（差不多是被免职），任西欧联盟各国总司令委员会主席。1951年3月—1958年9月，由临时性职务西欧联盟各国总司令委员会主席改任欧洲地区北约部队司令，同时任欧洲盟军最高司令艾森豪威尔的副手。1958年9月退役，但直至暮年仍积极参与各种活动。1976年3月25日，卒于奥尔顿附近的家中。

蒙哥马利不是一位大胆无畏或有魄力的指挥官，而是一位谨小慎微的指挥官。他以真正关心和激励部属而闻名。他在训练部队方面很有天赋，也能妥善驾驭大量装备。然而他性情粗暴、固执己见，对美军将领的意见及其在战争中的贡献不屑一顾。尤其是在攻占西西里后，他以当时最杰出的将领自居，比以前更难与人相处。尽管他缺乏斯利姆或奥康瑙尔的才智，但他仍是一位有才干的指挥官，成功地组织和实施了许多战役。

DLB

参考：Hamilton, Nigel, Monty: The Making of a General, 1887—1942; The Master of the Battlefield, 1942—1944; The Field Marshal, 1944—1976. London, 1981—1985.

Howarth, T. E. B., ed., Monty at Close Quarters. London, 1985.

Lewin, Ronald, Montgomery as Military Commander. London, 1971.

Weigley, Russell F., Eisenhower's Lieutenants. New York, 1981.

DNB.

蒙哥马利·理查德（Montgomery, Richard, 1738—1775年）

M

美国将军。参加主要战争：法国与印第安人的战争（1754—1763年）、美国独立战争（1775—1783年）；参加主要战役（战斗）：路易斯堡之战（1758年）、泰孔德罗加与克朗波因特（纽约）之战（1759年）、蒙特利尔之战（1760年）、马提尼克之战、哈瓦那之战（1762年）、圣约翰斯（魁北克的圣-让）之战、蒙特利尔之战（1775年）、魁北克之战（1775—1776年）。

蒙哥马利1738年12月2日生于爱尔兰都柏林县的索兹，是爱尔兰一位议员之子。毕业于特里尼提和圣安德鲁斯学院后任职于第十七步兵团（1756年9月）。随其团派往北美后，蒙哥马利参加了路易斯堡围城战（1758年5—7月），夺取了泰孔德罗加和克朗波因特（1759年7月）。他还参加了攻克蒙特利尔（1760年9月）和马提尼克及哈瓦那（1762年1—2月）的作战。晋升为上尉（1762年5月）。返回英国（1765年）之前在纽约任职两年。他变卖其职务后返回北美定居（1775年5月），并在纽约购买了一片农场。成为殖民地独立运动的发起人，并被选入第一届纽约地方议会（1775年5月）。在大陆军中被授予准将军衔（1775年6月）。被任命为进攻蒙特利尔远征军中菲利普·斯凯勒将军的副司令。斯凯勒由于患病交出兵权后，蒙哥马利就任远征军司令。远征军从泰孔德罗加堡沿尚普兰湖北上进攻加拿大，经过八星期围城战夺取圣约翰斯（1775年11月2日）。之后，他兵不血刃地夺取了蒙特利尔（11月13日）。本尼迪克特·阿诺德上校自缅因率领的一支远征军在魁北克外围与其会合（12月2日）后，他立即包围了该城。由于补给行将耗尽，蒙哥马利决定以进攻夺取魁北克，但进攻（1775年12月31日—1776年1月1日）失败——其部分原因是由于下了一场暴风雪，蒙哥马利战死。他的尸体被英军认出，并进行了隆重安葬。美国对从魁北克运回其遗体进行了安排，后以安德烈少校的遗骸相交换将其遗骸运回纽约（1818年）。

ACD

参考：Boatner, Encyclopedia.

Dupuy, Trevor N., and Gay M. Hammerman, People and Events of the American Revolution. New York, 1974.

DAMB.

WAMB.

蒙莫朗西公爵，安妮（Montmorency, Anne, Duke of, 1493—1567年） 法国元帅。参加主要战争：神圣同盟战争（1511—1514年）、瑞士战争（1515年）、第一次（1521—1526年）、第二次（1536—1538年）和第五次（1547—1559年）哈布斯堡-瓦卢瓦战争、胡格诺战争（1560—1592年）；参加主要战役（战斗）：拉文纳之战（1512年）、马林雅诺战役（1515年）、梅齐埃尔战役（1521年）、拉比科卡（米兰附近）战役（1522年）、帕维亚战役（1525年）、圣康坦之战（1557年）、德勒之战（1562年）、圣坦尼战役（1567年）。

安1493年3月15日生于尚蒂伊，是吉约姆·德·蒙莫朗西和安·波特夫妇的第二个儿子。1522年前一直被叫做西埃赫·德罗切波。1512年4月11日，参与了拉文纳战役，这是他的第一次战斗经历。1515年9月13—14日，参加了马林雅诺之战。1519年被作为人质遣送英格兰。1520年参加了著名的“金锦营”成立过程。1521年在梅齐埃尔防御战中效力于皮埃尔·迪·泰拉伊和塞尼厄·德·巴亚尔。1522年他在瑞士集结军队进军意大利，攻占了诺瓦拉和维杰瓦诺。1522年4月27日率瑞士军队在拉比科卡作战，由于所部盲动和计划不周就发起进攻导致受挫，他本人在战斗中负伤。8月5日弗朗西斯一世授予他为法国陆军元帅。1523—1524年，他再赴意大利作战。1524年4月30日参与塞西尔之战，同年夏，他退兵埋入普罗旺斯，但未能及时对叛逃的德·波旁总管和佩斯卡拉侯爵采取行动。秋末回师意大利。1525年2月24日在帕维亚战役中与弗朗西斯一世并肩作战，战中被俘。获释后帮助筹划1526年的《马德里条约》。1526年3月被任命为法国宫廷大臣和朗格多克总督。后来成为国王的主要大臣，主管国防、王室、公共工程和外交事务。作为大臣，他不仅挟权自重，而且反复无常、脾气暴躁、独断专横。1529年他协助《康布雷条约》的谈判工作。1536年他以断截查理五世供给线为先，重开战火，迫使查理五世退出普罗旺斯。1538年2月10日，晋升为法军陆军统帅。1541年，失宠，引退。1547年国王亨利二世即位后被召回朝廷。1548年他残酷地镇压波尔多动乱。1551年7月被封为蒙莫朗西公爵和法国贵族。1557年8月10日他试图支援被英国-西班牙军队包围在圣康坦守军，当他率军渡索姆河时遭到西班牙骑兵的攻击，结果他本人被俘。1559年4月3日，《卡托-康布雷齐条约》签订。而后，他被释放。1560年国王查理九世即位，他又重新回到朝廷。16世纪60年代，作为一个虔诚的天主教徒，他反对玛丽·德·美第奇对胡格诺派宽容的态度。1562年12月19日，在德勒之战中他与吉兹共同作战击败了孔代和科利尼，但他和胡格诺派领袖孔代各自被对方俘获。1563年双方达成了《昂布瓦斯和约》。1563年7月28日，他和他儿子弗朗索瓦指挥天主教派-胡格诺派联合军队，从英格兰人手中夺回了勒阿弗尔。1567年11月10日，在圣坦尼之战中再次打败了孔代，他本人也负了伤，两天后（即11月12日）卒于巴黎。

可以肯定地说，蒙莫朗西公爵是一位勇敢、有魄力的军事家，但作为领导人，他是极为普通的。因为在那个风云年代，他对政治斗争缺乏敏感性。

DLB

参考：Decrue, F., Anne de Montmorency. 2 vols. Paris, 1885—1889.

Oman, Sir Charles W. C., The Art of War in the Sixteenth Century. New York, 1937.

EB.

蒙莫朗西公爵，亨利二世（Montmorency, Henri Ⅱ, Duke of, 1595—1632年） 法国将军、海军元帅、法国元帅。参加主要战争：胡格诺战争（1625—1629年）、法国-萨伏依战争（1629—1631年）、奥尔良公爵加斯东反叛（1632年）；参加主要战役（战斗）：拉罗谢尔之战（1625年）、阿维利亚纳之战（都灵附近，1630年）、卡斯泰尔诺达里之战（1632年）。

蒙莫朗西公爵生于1595年，是弗朗索瓦·德·蒙莫朗西与其第二个妻子之子，宫廷总管安之孙。1608年继其父任朗格多克总督。1612年升为海军元帅。1614年其叔父亨利一世去世，封蒙莫朗西公爵。1625年指挥舰队与胡格诺军队作战。曾打败苏比斯海军中队，攻克雷岛和奥莱龙岛，并对胡格诺派军队拉罗谢尔要塞进行局部封锁。1628年，在朗格多克与罗昂公爵作战获胜，挫败了胡格诺派最后的顽强抵抗。1630年7月26日，在阿维利亚纳打败西班牙军队，时任皮蒙特驻军中将。是年12月11日因功晋升为法国元帅。1632年加入奥尔良公爵加斯东的派别活动，反对枢机主教黎塞留。企图发动朗格多克反对政府，结果在9月1日的卡斯泰尔诺达里之战中兵败被俘。在图卢兹高等法院受审。尽管有人为他求情，仍被定有罪，1632年10月30日就地处决。

DLB

参考:EB.

蒙特罗斯侯爵，詹姆斯·格莱安（Montrose, James Graham, Marquess of, 1612—1650年） 苏格兰将军。参加主要战争：第一次英格兰内战（1642—1646年）、第二次英格兰内战（1650—1651年）；参加主要战役（战斗）：阿伯丁之战（1644年）、因弗洛奇之战（威廉堡附近，1645年）、奥尔德恩之战（1645年）、阿尔福德之战（1645年）、基尔赛斯之战（1645年）、菲利普豪之战（塞尔扣克附近，1645年）、卡比斯代尔之战（因弗欣附近，1650年）。

蒙特罗斯侯爵生于1612年，是蒙特罗斯第四伯爵和高里伯爵之女玛格丽特·鲁恩文之子。1626年其父去世后继承第五代伯爵。就读于圣安德鲁斯大学。17岁时，与卡内基勋爵之女玛格达莱妮·卡内基结婚。1633年其子出生后，他一度到欧洲大陆旅行。1636年返回苏格兰。1635年和1637年英国分别采用了新教规和新祈祷书，之后在1637年7月发生宗教骚乱，期间他支持查理一世的反对派。1638年2月他在民族圣约上签字。1639年春，在阿伯丁附近和戈登之间帮助镇压反圣约派军队，显示出巨大的冒险精神。1639年6月签订《贝里克和约》后（该和约结束了第一次主教战争），蒙特罗斯晋见国王查理。1639年8月（也可能是10月）在苏格兰议会任职期间，反对阿盖尔伯爵的政策。尽管对阿盖尔的革命事业产生怀疑，但在第二次主教战争期间，他继续与查理一世作战。1640年8月在纽本附近进行的战斗中任利文勋爵的骑兵司令，并建有战功。同年11月《里彭条约》签订后，他日益受到怀疑，逐渐失势，于1641年6—8月被阿盖尔囚于爱丁堡城堡。之后，他未能避免使苏格兰卷入英格兰内战。1644年1月，利文指挥一支苏格兰军队进入英格兰后，2月蒙特罗斯被查理一世封为蒙特罗斯侯爵，并任命为苏格兰军中将。4月，他率一支2000人的小部队侵入苏格兰，占领邓费里斯镇，后被阿盖尔占优势的军队逐出。保皇派在马斯顿荒原之战溃败后，同年8月蒙特罗斯再次进入苏格兰，大约28日在布莱尔·阿瑟尔，与7月初在阿盖尔郡登陆的阿拉斯代尔·麦克拉·麦克唐纳指挥的爱尔兰小部队会合。9月1日，率没有火炮的3000人的军队与埃尔科勋爵指挥的装备9门炮的7000人的优势军队在蒂珀缪尔（珀斯附近的蒂伯尔莫尔）遭遇并将其击溃。不到两个星期后，即9月13日，在阿伯丁城外他又以稍少于对手的兵力歼灭伯利勋爵指挥的2500人的小部队，尔后在1644年9月25日—1645年2月17日间，向格兰扁退却，诱使阿盖尔的军队穿过西部苏格兰高地乐此不疲地进行追击，其间他间歇地劫掠坎贝尔地区。1645年2月19日，尽管敌军占优势（3000人对他指挥的2000人）他仍在因弗洛奇攻击阿盖尔指挥的坎贝尔军队并歼之。之后继续骚扰誓约派，4月4日，夺占邓迪。5月8日指挥1700人在奥尔德恩击败约翰·赫里爵士（上校约翰爵士）指挥的4000人军队。7月2日在阿尔福德击败威廉·贝利的军队。只有这一次战斗，他的军队在数量上与对手相当。尔后继续向西挺进，1645年8月15日在基尔赛斯力挫贝利和阿盖尔军队，占领了格拉斯哥和爱丁堡。10月20日在格拉斯哥召开议会。1645年6月14日，保皇派在纳斯比大败，查理一世召他去南方，但是正当他去南方时，他的苏格兰高地的部族部队抛弃了他。1645年9月12—13日，他率不足1000名追随者在菲利普豪突然遭到戴维·莱斯利将军的骑兵实施夜间攻击。他仅带领几十名骑兵逃到苏格兰高地，随后招募到几千人的游击队，但终于在1646年5月31日投降。1646年9月乘船至挪威。1647年在巴黎未能得到罕丽塔·玛丽亚的支持，但查理二世恢复了他的苏格兰总督职位。1650年3月在奥克尼登陆，并召集了一支大约1200人的军队，之后渡海至大陆，竭力争取部族支持，但没有进展。1650年4月27日，他指挥的这支小部队在卡比斯代尔被粉碎。他逃进山里，但被宿主阿辛特的尼尔·麦克劳德出卖。查理二世希望劝使誓约派支持自己，因而没帮助蒙特罗斯。1650年5月20日被判处死刑。5月21日在马基特克罗斯被绞死。

蒙特罗斯是一位具有杰出才能的将军。他的军队人数少，只能实施小规模作战，然而他赢得了相当多的苏格兰人的支持。他完全了解他的军队，并能运用这支军队达成预期的效果。他是英格兰内战时期为数不多的三位或四位最伟大的将军之一。

M

DLB

参考：Buchan, James, Montrose, 2d ed. N. p., 1958.
Hastings, M., Montrose: The King's Champion. London, 1964.
Napier, Mark, ed., Memorials of Montrose and His Times. 2 vols. Edinburgh, 1848—1850.
Rodgers, Hugh Cuthert Basset, Battles and Generals of the Civil War. 1642—1651. London, 1968.

穆尔，约翰爵士（Moore, Sir John, 1761—1809 年） 英国将军。参加主要战争：美国独立战争（1775—1783 年）、远征西印度群岛（1796 年）、法国大革命战争（1792—1799 年）和拿破仑战争（1800—1815 年）；参加主要战役（战斗）：滨海埃赫蒙德之战（1801 年）、第二次阿布吉尔之战（1801 年）、科伦纳之战（1809 年）。

穆尔 1761 年 11 月 13 日生于格拉斯哥，是一位物理学者之子。1776 年参军入第五十一步兵团。美国独立战争中首次参战。1784—1790 年任议员。1790 年升为中校衔。1793 年 8 月 27 日—1793 年 12 月 19 日率第五十一步兵团参加土伦之战。后被派至科西嘉岛帮助保利集团的叛乱，在 1794 年的卡尔威之战中立下功勋。1795 年因政治原因被召回英国，在拉尔菲·阿贝尔克鲁拜爵士手下参加西印度群岛战争，1796 年升为当地准将。1797—1799 年在爱尔兰服役，1798 年升为少将，平息了 1798 年的爱尔兰起义。1799 年随海德尔远征荷兰，在 10 月 2 日的滨海埃赫蒙德之战中负伤。1801 年赴埃及任师长，在 3 月 20—21 日的阿布吉尔夜战中受重伤。1801 年任第五十二团上校。1802 年随英国远征军开赴瑞典。1803 年 7 月在绍恩克里弗建步兵训练基地，第五十二、第四十三和第九十五团均在此受过训练，这三支部队后来成为轻型师的核心。1805 年升为中将。1807 年指挥地中海军事力量。1808 年 5 月率一支军队赴瑞典，以帮助瑞典人同俄国作战，但被性格多变的瑞典国王古斯塔夫四世下令拘捕，他伪装成农民设法逃脱。回英国后，被派至葡萄牙，于 1808 年 9 月任英国驻葡萄牙军队总司令。他下令将法国人赶出西班牙，遂向西班牙纵深进军，但当拿破仑威胁切断其与葡萄牙的交通时，穆尔被迫后撤了 400 公里至科伦纳，1809 年 1 月 16 日在科伦纳后方保卫战中被杀。

穆尔是一位聪明勇敢的军事指挥员，也是一位效率高的管理者。他被认为是英国最伟大的军事训练专家和英国轻步兵战术之父。他得到了其下属的热爱，对后来的军官也产生了巨大的影响。他被埋葬于其战败的地方附近，他的坟墓到现在仍一直从圣卡洛斯戈尔登眺望着大西洋。

VBH

参考：Fuller, Brig. Gen. J. F. C., Sir John Moore's System of Training. London, 1925.
Maurice, J. F., ed., The Diary of Sir John Moore. 2 vols. London, 1904.
Moore, J. C., The Life of Lieutenant General Sir John Moore. 3 vols. London, 1834.
——, A Narrative of the Campaign of the British Army in Spain, Commanded by Sir John Moore. London, 1809.
Parkinson. R., Moore of Corunna. London, 1975.
Wall, A., Diary of the Operations in Spain under Sir John Moore. Woolrich, 1896.

莫罗，让·维克托·马利（Moreau, Jean Victor Marie, 1763—1813 年） 法国将军。参加主要战争：法国大革命战争（1782—1799 年）和拿破仑战争（1800—1815 年）；参加主要战役（战斗）：内尔温登（在列日附近）之战（1793 年）、诺维之战（1799 年）、霍恩林登（在慕尼黑附近）之战（1800 年）、得累斯顿之战（1813 年）。

莫罗 1763 年 2 月 14 日生于莫尔莱，是一位律师的儿子。先参加了在伦尼斯的国家自卫队，后组建一炮兵连，1789 年任该连上尉连长。后转入步兵，于 1791 年任伊尔-埃特-维拉尼志愿团第一营中校营长。1792—1793 年，莫罗率该营转属北方面军，参加 1793 年 3 月 18 日的内尔温登之战，立下功勋。12 月 20 日提升为准将，1794 年 4 月 14 日升为少将。1795 年 3 月 3 日，临时担任北方面军司令，直至 1796 年 3 月 14 日，被正式任命为莱茵方面军及梅塞尔方面军指挥。1796 年在德国战役中名声大震，而其成功穿越黑森林的后撤更使他的声望与日俱增。由于怀疑他同情保皇党，而短时间被革职，1797 年 9 月 9 日恢复原职。1799 年 4 月 5 日，意大利方面军在梅格那洪战败后，任该方面军临时指挥。后被茹贝尔特代替，茹贝尔特在诺维之战（8 月 15 日）阵亡后，莫罗重任其职。9 月 21 日回到法国，在雾月十八日政变（11 月 9—10 日）中，支持拿破仑。后被任命为莱茵及瑞士方面军司令，在 1800 年 12 月 3 日的霍恩林登之战中彻底打败奥地利军队。这次胜利迫使奥地利撤出第二次反法同盟。由于野心和虚荣的驱使，他参加了反拿破仑的保皇党叛乱，1804 年 4 月 15 日被捕。被判两年囚禁，后被拿破仑特赦终身流放。莫罗移民至美国，定居于宾夕法尼亚的莫里斯维尔，后被法国皇室召回欧洲，1813 年任沙皇亚历山大的特使。8 月 17 日参加大同盟在布拉格的司令部，在德国战役中担任沙皇军事顾问。8 月 27 日在得累斯顿之战中受重伤，1813 年 9 月 2 日卒于拉昂。被葬于圣彼得堡。

莫罗勇敢、机智，得到了其军队大多数人的尊敬和爱戴。他也野心勃勃，但有时犹豫不决，缺乏政治才能。拿破仑这样评价莫罗："他是一位优秀的战士，有匹夫之勇……但对战略一窍不通。"

VBH

参考：Jomini, Baron Henride, Histoire des gurerres de la Révolution. Paris, 1838.

Six, G., Dictionnaire biographique des généraux et amiraux français de la Révolution et de l'Empire (1792—1814). Paris, 1934—1938.

摩尔根，丹尼尔（Morgan, Danil, 1736—1802 年） 外号"老车夫"。美国将军。参加主要战争：法国与印第安人的战争（1754—1763 年）、庞蒂亚克战争（1763 年）、邓莫尔勋爵战争（1774 年）、美国独立战争（1775—1783 年）；参加主要战役（战斗）：魁北克之战（1775 年）、萨拉托加（纽约的斯凯勒维尔附近）之战（1777 年）、考彭斯之战（1781 年）。

摩尔根 1736 年生于新泽西的亨特顿县，父母均为威尔士人。他是丹尼尔·布恩的长表弟，迁居弗吉尼亚后以赶车为业（1753 年）。在布莱多克军中充任车夫（1755 年）期间，因殴打一名英国军官被判处笞挞 500 鞭（1756 年）。任快信骑手时曾受重伤（1758 年）。婚后定居于弗吉尼亚的温彻斯特附近（1762 年）。庞蒂亚克战争（1763 年）和后来的邓莫尔勋爵的战争（1774 年）时任中尉。独立战争爆发后，他招募了一连弗吉尼亚步兵，并被任命为该连上尉连长（1775 年 6 月 22 日）。该连 22 天中行军将近 1000 公里，在波士顿加入华盛顿的部队。该连还参加了本尼迪克特·阿诺德对魁北克的远征（1775 年 9—11 月）。阿诺德负伤后，摩尔根指挥了对魁北克的进攻，后被迫向优势之敌投降（12 月 31 日）。被换回（1776 年秋）后晋升为弗吉尼亚第十一团上校团长（11 月 12 日）。重新加入主力部队（1777 年 4 月），并招募 500 名步兵，华盛顿将其定名为"巡逻军"（7 月 13 日）。但更以"摩尔根步枪队"而闻名。奉命增援盖茨的北方部队，在萨拉托加之战（9 月 19 日和 10 月 7 日）中发挥了突出的作用。参加了福吉谷的冬休（1777—1778 年）。蒙茅斯之战（1778 年 6 月 28 日）后指挥了对英军的追击。由于感到自己的才能未得到充分地承认，他辞去了指挥职务（1779 年 7 月 18 日），但后被大陆军召回任职（1780 年 6 月）。得知卡姆登之战失败（8 月 16 日）后方去赴任。后再次加入盖茨部队（9 月），并被授予轻装部队的指挥权（10 月 2 日）。晋升为准将（10 月 13 日）。考彭斯之战（1781 年 1 月 17 日）中，他以绝妙的双重包围打败巴纳斯特·塔尔顿上校的优势英军。由于健康日差而辞去职务（2 月 10 日）。宾夕法尼亚的威士忌酒叛乱期间任民兵部队司令（1794 年）。竞选国会议员失败，后再次竞选，当选为从弗吉尼亚选出的联邦党众议员（1797—1799 年）。1802 年 7 月 6 日卒于其弗吉尼亚州温彻斯特的农场。

摩尔根勇敢、身材魁梧，足智多谋，但脾气暴躁。他深受其部队和华盛顿的钦敬。其在考彭斯之战中的双重包围被认为是机动作战的经典之作。

VBH

参考：Callahan, North, Daniel Morgan: Ranger of the Revolution. New York, 1961.

Graham, James, Life of General Daniel Morgan, of the Virginia Line of the Army of the United States. New York, 1856.

Higginbotham, Don, Daniel Morgan; Revolutionary Rifleman. Chapel Hill. N. G., 1961.

摩尔根，约翰·亨特（Morgan, John Hunt, 1825—1864 年） 美国南部同盟将军。参加主要战争：美墨战争（1846—1848 年）和美国内战（1861—1865 年）；参加主要战役（战斗）：哈茨维尔之战（田纳西，1862 年）、印第安那-俄亥俄袭击（1863 年）和格林维尔之战（田纳西，1864 年）。

摩尔根 1825 年 6 月 1 日生于亚拉巴马州的哈茨维尔附近。在肯塔基州的列克星顿附近长大。1846 年入伍成为骑兵，参加了美墨战争。1857 年他组建了一个民兵连，即列克星顿步枪队。1861 年 9 月加入南部同盟军。他以骑兵上尉衔在布拉克斯顿·布拉格将军手下任职，1862 年春组织实施了一系列的袭击，使自己名声大噪。在田纳西州和肯塔基州广泛进行作战，切断铁路和电报线路，焚烧补给和收拢俘虏。12 月 7 日在哈茨维尔领导了一次令人瞩目的成功袭击，俘获了 1700 名联邦军，他晋升为准将。他最大胆的一次袭击是 1863 年 6 月率一支 2400 人的部队进行了一次未经批准的突然袭击，进入印第安那州。他被追击至俄亥俄州，骑马疯狂地穿过了辛辛那提郊外。较之其他任何南部同盟指挥官，他到达了最远的北方地区，然而其大部军队在俄亥俄州梅洛斯县俄亥俄河附近的布芬顿岛被俘（7 月 19 日）。7 月 26 日，他被俘于萨林维尔。被监禁在俄亥俄州的哥伦布，11 月设法逃脱。1864 年初指挥西南弗吉尼亚战区。不久他再一次袭击了肯塔基州。他不愿（或是无法）阻止部下进行公开掠夺，因其部队无纪律而遭受惨重的损失。他被调查犯有掠夺行径，在即将失去指挥权之前，以田纳西州的诺克斯维尔为目标进行了最后一次袭击。1864 年 9 月 4 日被联邦军毙命于格林维尔。

摩尔根是战争初期一位大胆、进取的骑兵指挥官，他实施的袭击严重阻碍了联邦军在肯塔基和田纳西的行动。袭击印第安纳州却是无益的，几乎无助于南部同盟军的行动。后来在肯塔基的作战行动极其糟糕，缺乏早期行动的火花，其拙劣程度简直比那些掠夺的暴徒更糟。

DLB

参考：Butler, Lorine Lotcher, John Morgan and His Men. Philadelphia, 1960.

Duke, Basil W., Morgan's Cavalry. New York, 1960.

Holland, Cecil Fletcher, Morgan and His Raiders: A Biography of the Confederate General. New York, 1942.

Swiggett, Howard, The Rebel Raider: A Life of

John Hunt Morgan. Indianapolis，1934.
EB.
WAMB.

森元成（Mori，Motonari，1497—1571 年） 日本将军。参加主要战争：日本内战（1539—1541 年、1551—1558 年）；参加主要战役（战斗）：严岛之战（1551 年）、户田要塞之战（1562 年）。

森元成出身卑微，凭借军事和金钱手腕，他建立起自己小小的领地，加盟当时日本最大的一个藩主之一。号称经历 200 多次战斗，大多是与其儿孙并肩作战。他最大的胜利是严岛之战（1551 年），制服了篡权的叛逆。此后，森元成自封藩主，领地扩至本州岛以西很远地区。

LH

参 考：Arnesen，Peter Judd，The Medieval Japanese Daimyo. New Haven，Conn.，1979.
Papinot，E.，Historical and Geographical Dictionary of Japan. Yokohama，1910.
Sansom，George B.，A History of Japan. 1334—1615. Stanford，Calif.，1961.

M

森峻（Mori，Takashi，1894—1945 年） 日本将军。参加主要战争：第二次世界大战（1941—1945 年）。

森照本（Mori，Terumoto，1553—1625 年） 日本将军。森高本之子。参加主要战争：统一战争（1550—1615 年）；参加主要战役（战斗）：关原之战（1600 年）。

莫尔蒂埃，爱德华·阿道夫·卡季米尔·约瑟夫，特里维索公爵（Mortier，Édouard Adolphe Casimir Joseph，Duke of Treviso，1768—1835 年） “长莫尔捷”，法兰西帝国元帅。参加主要战争：法国大革命战争（1792—1799 年）和拿破仑战争（1800—1815 年）；参加主要战役（战斗）：耶拿佩斯之战（1792 年）、那慕尔包围战（1792 年）、内尔温登（在列日附近）之战（1793 年）、翁斯科特之战（1793 年）、弗勒吕斯之战（1794 年）、马斯特里赫特之战（1794 年）、苏黎世之战（1799 年）、迪施伦泰因（在伦兹以南）之战（1805 年）、弗里德兰之战（1807 年）、索莫谢拉之战（1808 年）、萨拉戈萨之战（1808 年）、阿尔佐比萨普之战（1809 年）、奥卡尼亚之战（1809 年）、巴达霍斯之战（1811 年）、1812 年的博罗迪诺、克拉斯诺耶及别列津纳之战、1813 年的吕岑、包岑、得累斯顿及莱比锡之战、1814 年的蒙米顿、克拉奥讷、拉昂及巴黎之战。

莫尔蒂埃 1768 年 2 月 13 日生于勒卡托。其父为安托尼·查理·约瑟夫·莫尔蒂埃，是一地主兼服装商，1789年作为第三等级代表参加法国议会（该议会在 1789 年革命前由僧侣、贵族和第三等级的代表组成——译者注）。莫尔蒂埃因能说英法两种语言，遂入安哥利斯学院深造。1789 年志愿参加敦刻尔克的国民自卫队，后又参加了勒卡托国民自卫队。1791 年 11 月 1 日，任北方面军第一志愿营上尉。11 月 6 日在杜木里埃手下参加耶拿佩斯之战，1792 年 11 月 6 日—12 月 2 日又参加那慕尔包围战，作战中表现出色。1793 年的 3 月 18 日在内尔温登作战，9 月 8 日又转战翁斯科特，此战后升任为将军助理。1794 年 6 月 26 日参加弗勒吕斯之战，后转入萨布里埃特-梅塞方面军，1794 年 9 月 22 日—11 月 4 日在马斯特里赫特横渡莱茵河之战中立下功勋。1797 年升为准将，但不久又被撤销提升，直至两年后的 1799 年才重新提升。1799 年 6 月 4—7 日，在苏尔特手下参加苏黎世之战，10 月，在马森纳的推荐下升为少将。1800 年，拿破仑任命他为巴黎第十七军军长。1803 年受命攻占汉诺威，7 月接受该地区守军投降。1804 年，领中将衔，指挥执政卫队的炮兵及水兵，并被授予荣誉勋章。5 月被授元帅衔。1805 年在帝国卫队中指挥步兵。在 1805 年的战役中，奉命率临时军团支援缪拉特的进军卫队。11 月 11 日，在迪施伦施泰因的羊肠小道上同库图佐夫的后卫部队相遇，遭到多赫图罗夫的进攻，尽管他的师有三分之二的伤亡，他自己也有被生俘的极大可能，但他仍坚守阵地，打退优势兵力的敌人的屡次进攻，后于当夜被杜邦所属师救援。12 月 2 日的奥斯特利茨之战后，他接替朗恩任第五军军长。从 1806 年 10 月—1807 年 6 月，他指挥第八军，将普鲁士-瑞典联军赶出汉诺威和波美拉尼亚。1807 年 6 月 14 日，在弗里德兰之战中，任左翼军队指挥。1808 年被封为特里维索公爵。1808 年 10 月，被派往西班牙，再次指挥第十军，在朗恩元帅的指挥下，参加了 12 月 20 日的萨拉戈萨包围战。1809 年，在苏尔特指挥下，率部参加了 8 月 4 日的阿尔佐比萨普之战及奥卡尼亚之战，在后一次作战中负伤。1811 年 1 月 26 日—3 月 9 日，又参加了巴达霍斯包围战，1811 年 5 月被召回法国。在入侵俄国期间，任青年近卫军司令，参加 9 月 7 日的博罗迪诺之战。攻占莫斯科后，任莫斯科总督，当莫斯科被从监狱逃出的犯人点燃后，莫尔蒂埃将大部分精力用于扑灭大火，以免该城被毁的命运。在从莫斯科后撤中，参加 11 月 17 日的克拉斯诺耶之战和 11 月 27—29 日的别列津纳之战。1813 年 1 月受命指挥帝国近卫队余部。在德国战役期间，再次任青年近卫军司令，在拿破仑指挥下参加了 5 月 2 日的吕岑之战、5 月 20—21 日的包岑之战、8 月 26—27 日的得累斯顿之战及 10 月 16—19 日的莱比锡之战。在 1814 年的法国战役期间，受命指挥荣誉自卫队，参加了一系列勇敢的后方保卫战，其中有 2 月 11 日的蒙米赖之战、3 月 7 日的克拉奥讷之战及 3 月 9—10 日的拉昂之战。同马尔蒙一起，在 3 月 25 日的拉费尔尚波诺兹之战及 3 月 30 日的蒙特马特里（在巴黎郊外）之战被打败。3 月 31 日，他与马尔蒙一道同联盟军队谈判。归顺波旁王朝后，被封为法国贵族，获圣路易勋

章，任第十六军区总督。在押送路易十八前往比利时边境后，再次加入到拿破仑的百日王朝，1815年6月8日被任命为自卫队骑兵司令。6月15日他因严重的坐骨神经痛而将其职位让于波蒙。在审讯奈时，受命在法庭旁听，但同其他四位元帅一样，声明自己无权对一位元帅同伴作出判决。此后一段时期他失宠。1816年恢复权力，任第十五军区司令。1820年，被授予圣路易勋章，1829年任第十四军区司令。1830—1832年，任驻俄国大使，1831年获荣誉勋章。1834年11月18日—1835年3月12日，任国防大臣。1835年1月28日，当他陪同国王路易·菲利普检阅国家自卫队时被一枚炸弹炸死，这枚炸弹本来是给国王准备的。

莫尔蒂埃既是一位独立作战的里手，也是一位称职的下属。他作战中的勇敢和谋略集中体现在迪施伦泰因之战中，他在1814年的后方保卫战可以同奈在俄国的战绩相媲美，尽管他不算是最卓越的人，但他是唯一得到所有元帅尊敬的人。

VBH

参考：Delderfield, R. F., Napoleon's Marshals. Philadelphia, 1962.
Humble, Richard, Napoleon's Peninsular Marshals. New York, 1974.
Meeks, Edward, ed., Napoleon and the Marshals of the Empire. Reprint (2 vols. in one), Philadelphia, 1885.

莫尔特里，威廉（Moultrie, William, 1730—1805 年） 美国将军。参加主要战争：切诺基远征（1761年）、美国独立战争（1775—1783年）；参加主要战役（战斗）：查尔斯顿保卫战（1776年）、博福特之战（1779年）、斯托诺费里（查尔斯顿附近）之战（1779年）、查尔斯顿围城战（1780年）。

莫尔特里1730年12月4日生于南卡罗来纳的查尔斯镇（今查尔斯顿市）。年青时是一名显赫的地主，并被选入地方议会（1752—1777年）。任民兵上尉时曾对切诺基人作战（1761年），此后对军事发生了浓厚的兴趣。由于他是1775年地方议会中爱国事业的发起者，故被选为南卡罗来纳第二团的上校（1775年6月17日）。后被任命为查尔斯顿港内苏利文岛的司令（1776年3月）。他用棕榈木和沙土构筑成苏利文堡。该堡尚未竣工即遭到爵士、彼得·派克将军率领的一支英国海军编队的进攻（1776年6月28日）。海绵质的棕榈木轻易地承受住了炮击，莫尔特里也充分利用了其31门大炮和有限的弹药，迫使派克在10小时后停止作战，其旗舰“布里斯托尔”号几乎被毁。由于这一胜利，莫尔特里得到国会的慰勉，并在南卡罗来纳第二团编入大陆军时晋升为准将（1777年9月16日）。另外，为表彰其功绩，苏利文堡改名为莫尔特里堡。在佐治亚供职于本杰明·林肯少将军中（1778—1779年），并将英军赶出其在南卡罗来的博福特据点（1779年2月3日）。林肯赶来支援查尔斯顿保卫战之前，他一直阻滞了英国将军奥古斯丁·普雷沃斯特向该城的推进（1779年5月）。参加了美军战败的斯托诺费里之战（1779年6月20日），但他在该战中所担当的作用不明。查尔斯顿在英军攻陷（1780年3月12日—5月12日）后被俘。1782年2月被换回后晋升为少将（10月），但此后未服现役。他利用其战争经历成功地谋取了政治职业，在州参议院中任议员（1787—1794年）。曾担任副州长（1784年）。后又两度担任州长（1785—1787年、1794—1796年）。退休后撰写回忆录（1802年出版）。1805年9月27日卒于查尔斯顿。

莫尔特里虽然军事经验有限，但他能干而足智多谋。他在1776年查尔斯顿保卫战中的胜利，至少把英军对南部地区的入侵推迟了两年。

DLB

参考：Boatner, Encyclopedia.
Moultrie, William, Memoirs of the American Revolution. 2 vols. Charleston, 1802.
WAMB.

蒙巴顿，路易·弗朗西斯·阿尔贝特·维克托·尼古拉斯，缅甸的蒙巴顿伯爵（Mountbatten, Louis Francis Albert Victor Nicholas, Earl Mountbatten of Burma, 1900—1979 年） 英国海军元帅和政客。参加主要战争：第一次世界大战（1914—1918年）、第二次世界大战（1939—1945年）；参加主要战役（战斗）：克里特岛战役（1941年）、迪埃普之战（1942年）、缅甸战役（1942—1945年）。

蒙巴顿1900年6月25日生于温莎堡弗罗格莫尔宫，是路易·巴腾贝格亲王（即后来的米尔福德·黑文勋爵）和维多丽亚·赫西·达姆施塔特王妃（维多利亚女王的孙女）的第四子。1913年5月—1914年11月加入皇家海军，就学于奥斯波内海军训练学院。后在达特默思和基汉姆（德文波特皇家海军学院）进一步深造。1916年6月以全年级72名学员中第一名的成绩毕业。1916年7月—1917年1月，在戴维·贝蒂将军的旗舰“雄狮”号服役。1917年2月—1918年7月，在“伊丽莎白王后”号战舰当见习生。在“伊丽莎白王后”号战舰服役期间，因战时人们对有德国血统的皇室成员抱敌对态度，其父将姓氏由巴腾贝格改为蒙巴顿。1918年8—11月，在海岸鱼雷艇上任上尉。1919年在剑桥大学学习一年，当选为剑桥大学学生会主席。1920—1922年，随威尔士亲王（后来的爱德华八世）游历澳大利亚、日本和印度。1922年回国后与埃德温娜·艾什利结婚。1923年在“复仇”号战舰上任职。1925年7月以全班第一名的成绩毕业于通信学校。1927—1928年，在地中海舰队任无线电通信副官。1931—1933年在任地中海舰队无线电通信副官期间，于1932年晋升为上校。1936—1938年，曾短期担任过“果敢”号新式驱逐舰舰长职务，后任爱

德华八世和乔治六世的海军副官。1939 年 6 月，任还在建造中的“凯利”号新式驱逐舰舰长，后监督其建成下水。1939 年 9 月 20 日，任第五驱逐舰队司令（含“凯利”号和“金斯顿”号驱逐舰）。他指挥“凯利”号驱逐舰并不是一帆风顺（他曾差点使该舰葬身海底，也差点撞上另一艘驱逐舰，还被两颗鱼雷和一枚水雷击中），但他英勇无畏，机智灵活。他在撤离挪威纳姆索斯（1940 年 6 月）和克里特岛的行动中屡建战功。1941 年 5 月 23 日，在撤离克里特岛的行动中，其“凯利”号驱逐舰被德军的“斯图卡”俯冲轰炸机击沉。1941 年 10 月，任“辉煌”号航空母舰舰长，该舰当时正在美国修理。1941 年 11 月—1942 年 3 月，赴美国监督该舰的修理工作，并和美国海军高级指挥官们广为接触，给他们留下了美好的印象。1942 年 4 月，被丘吉尔召回国，任事实上的盟军联合作战司令。期间，作出袭击迪埃普的决策，造成灾难性的结局（1942 年 8 月 18 日）。不过，他努力提高英军的两栖作战能力，到 1943 年 4 月，他将所指挥的部队扩充到了 5 万人，登陆艇 2600 艘。他对发展“牵引式港口”和海底输油管线作出了重大贡献，这对 1944 年诺曼底登陆的成功至关重要。1943 年 8 月，在魁北克会议上，他被任命为在众多高级军官之上的东南亚盟军最高司令。1943 年 8 月—1946 年初，他指挥了盟军在缅甸和印度洋地区的反攻作战行动，妥善处理了盟国间错综复杂、互相冲突的各种利害关系。他与威廉·斯利姆将军爵士（后受封子爵，晋升为陆军元帅）保持良好的工作关系，这是缅甸得以解放（1944 年秋—1945 年 8 月）的一个重要因素。战后，1945 年 9 月—1946 年，他担负了基本上是出力不讨好的任务：接受日军投降、重建殖民机构（他认为此举违背时代潮流，必定要崩溃）和解放盟军战俘，同时将其管辖范围扩展到了印度支那和印度尼西亚。1947 年 3 月 24 日—8 月 15 日，任最后一任印度总督。提出具有强烈殖民地色彩的印、巴分治方案（即《蒙巴顿方案》）。他加快了英国撤出印度的步伐，使印度和巴基斯坦在 1947 年 8 月 15 日宣布独立。1946 年他已受封子爵，1947 年从印度回国短暂停留时，又受封伯爵。1947 年 9 月—1948 年 6 月 21 日，任印度自治领总督。他大力协助印度和巴基斯坦划分英属印度的行政机构，结果助长两个新生国家间的一些纠纷。1950—1952 年任海务大臣。1952—1954 年，任北约地中海舰队总司令。1956—1959 年，任海务大臣。1956 年晋升为海军元帅。1959 年 7 月—1965 年 7 月，任英国国防参谋长和参谋长委员会主席。1965 年任怀特岛总督。1974 年任怀特岛副领主。1979 年 8 月 27 日，在爱尔兰斯莱戈郡马勒莫尔海域的多尼戈尔湾，被爱尔兰共和军恐怖分子在其游艇上放置的炸弹炸死，他十几岁的孙子和一个当地爱尔兰男孩也一同被炸身亡。

蒙巴顿本人英俊、有魅力，但也高傲自负、雄心勃勃。尽管他毫无疑问应当为迪埃普的溃败负大部分责任，但他也对“海霸”行动（诺曼底登陆）的最终取胜发挥了重要作用，对战争后期在缅甸的胜利发挥了更大作用。他杰出的军事天赋可能强于他的外交才能。他沉着地担负过几次困难的使命（东南亚盟军最高司令、印度总督）。个人担任的最高职务就是海务大臣。第一次世界大战期间，因人们敌视他们这些德国人的后裔，使其父未能担任这一职务。

DLB

参考：Ziegler，Philip，Mountbatten. London，1985.
DNB.
EB.

穆勒，保罗·约翰（Mueller，Paul John，1892—1964 年） 美国将军。参加主要战争：第二次世界大战（1941—1945 年）；参加主要战役（战斗）：帕鲁群岛战役（1944 年）、莱特岛之战（1944—1945 年）。

马米乌斯，鲁齐乌斯（Mummius，Lucius，约卒于公元前 141 年） 罗马执政官。参加主要战争：卢西塔尼亚战争（公元前 153 年）、阿卡亚同盟战争（公元前 146 年）。

马安达斯（Mundas，Mundo 卒于 536 年） 在拜占庭服役的哥特将军。参加主要战争：波斯战争（527—532 年）、哥特战争（534—553 年）；参加主要战役（战斗）：马提罗波利斯之战（531 年）、索林之战（536 年）。

村山格一（Murakami Kakuichi，1862—1927 年） 日本海军大将。参加主要战争：中日甲午战争（1894—1895 年）和日俄战争（1904—1905 年）；参加主要战役（战斗）：鸭绿江之战（1894 年）和对马海战（1905 年）。

缪拉特，约阿希姆，那不勒斯国王，克里费及贝尔格公爵（Murat，Joachim，King of Naples，Duke of Cleve and Berg，1767—1815 年） 法兰西帝国元帅，那不勒斯国王。参加主要战争：法国大革命战争（1792—1799 年）和拿破仑战争（1800—1815 年）；参加主要战役（战斗）：塔格里曼特之战（1797 年）、皮拉米德之战（1799 年）、第一次阿布吉尔之战（1799 年）、马伦哥（在亚历山大附近）之战（1800 年）、奥斯特利茨之战（1805 年）、耶拿之战（1806 年）、埃劳之战（1807 年）、柯尼斯堡之战（1807 年）、奥斯特罗诺夫之战、斯摩棱斯克之战、博罗迪诺之战、温可夫之战（皆在 1812 年）、得累斯顿之战、莱比锡之战（皆在 1813 年）。

缪拉特 1767 年 3 月 25 日生于加斯克尼的拉巴斯蒂德-缪拉特，是农场主兼小酒店主皮埃尔·缪拉特·朱迪之子。本打算从事牧师工作，遂到卡霍尔斯和图卢兹学习，但为逃避债务，逃跑，于 1787 年 2 月 23 日参加轻骑兵，时年 20 岁。1792 年，曾临时在路易十六的护宪卫队服役，后加入第十二轻骑兵团服役，同年 10 月被任命为中尉。1792—1793 年在北方面军中服役，1793

年提升为少校。由于缪拉特是雅各宾派成员，在果月政变后，几乎被清洗，但被共和国公安委员会恢复原职。为平息保皇党的果月十三日暴动（即1795年的10月5日），受拿破仑命令，从萨布隆斯（在巴黎郊外）的炮场，携带40门大炮赶赴巴黎，由于缪拉特的及时赶到，在拿破仑著名的“一阵轻风似的葡萄弹”打击下，保皇党的进攻被打退。由于缪拉特在平息果月政变中发挥了重要作用，而成为拿破仑的资深副官，随拿破仑参加了1796—1797年的意大利战役。1796年5月10日，缪拉特升为准将，并在奈将军手下任骑兵旅旅长，率该部参加了1797年3月的塔格里曼特之战，荣立功勋。在1798—1799年埃及战役及叙利亚战役中，他作为骑兵军官，表现突出，率龙骑兵旅参加亚历山大之战和皮拉米德之战。在1799年7月25日的第一次阿布吉尔之战中，为攻占阿希吉尔城堡，率部发起冲锋，被标枪射中受伤。此战中，他生俘土耳其将军穆斯塔法-帕夏，由于其作战勇敢，在战场上便被提升为少将。返回法国后，他支持拿破仑发动的雾月十八日政变（1799年11月9—10日）。作为奖励，命其担任执政自卫队司令。1800年1月，他与拿破仑最小的妹妹卡罗琳·波拿巴成婚，他因而青云直上。在第二次意大利战役中，他指挥预备役陆军中的骑兵，参加了1800年6月14日的马伦哥之战，因作战勇敢被授予骑士勋章。后被第一执政派至托斯卡纳（意大利），他将帕帕尔州从那不勒斯中割裂出去，1801年2月，迫使那不勒斯国王接受《弗里加诺和约》。1802年6月以前，他在意大利曾经担任过多种职务。1804年1月，任巴黎总督，同时掌管军事法庭，处决了昂吉安公爵。1804年5月19日，升为元帅，1805年2月升为海军大将并获封亲王头衔。在乌尔姆战役中，指挥骑兵预备队，率该部追击奥地利-俄罗斯军队，将敌人赶至多瑙河谷。当他停止追歼奥地利-俄罗斯军队后，攻占了维也纳，并自封为“皇帝”，1805年11月15日，他接受了巴格拉齐昂亲王在霍拉布伦休战的建议。后来，他与朗恩攻占了多瑙河畔重要的桥头堡，从而补偿了其错误。在1805年12月2日的奥斯特利茨之战中，他支持并指挥圣顿山的左翼的朗恩元帅，由于击溃了奥地利-俄罗斯纵队，迫其后撤，从而进一步弥补了他的错误。1806年3月15日，他被封为克里费和贝尔格大公爵。在1806年10月14日的耶拿之战中，他的骑兵支援朗恩强攻敌之中央，在追击崩溃的普鲁士军队中，他的前卫纵队攻占了埃尔富特和普伦兹劳，迫使布吕歇尔所部进入卢卑克，1806年11月7日，布吕歇尔被迫投降。随后，缪拉特攻占华沙，1806年12月26日转战戈里明。1807年2月7—8日，他率领80个骑兵队，约1万多人，分成两路纵队向俄军的中央发起了军事历史上最伟大的骑兵冲锋。在撕裂俄军的防线后，敌军70个炮兵连被毁，打破了敌军的队形，后缪拉特将骑兵重整个一列队形，再次回冲敌军中央，从而为皇帝赢得了宝贵的喘息之机。在后来的追击中，他参加了6月9日的古特施塔特之战和6月10日的海尔斯堡之战。随后指挥1807年6月11—16日的柯尼斯堡包围战。1808年2月20日，作为皇帝特使派至西班牙。他本希望能当上西班牙国王，但当他残酷地平息了多斯·德·马约在马德里的起义后（1808年5月2日），美梦被粉碎了。由于健康原因，6月15日，他离开西班牙，同皇帝之兄约瑟夫交换了位置，缪拉特来到那不勒斯后，于1808年8月1日当上了那不勒斯国王。1809年，为扩大其王国领土，远征英属西西里，以失败而终，此后的三年他不再任那不勒斯国王。1812年俄国战役爆发后，他指挥进军掩护部队，参加了7月25—26日的奥斯特罗诺夫之战、8月17—19日的斯摩棱斯克之战及9月7日的博罗迪诺之战，9月14日进入莫斯科。10月18日，在温可夫遭库图佐夫突然进攻后，被打败。12月5日皇帝回巴黎后，缪拉特指挥长距离后撤，他将其余部带至埃尔布拉格，1813年1月18日将指挥权交于当时的意大利总督欧仁，缪拉特则前往那不勒斯任总督。为了保住他的王国，他开始在西西里同英国及俄国谈判，但他不能接受让他效忠的条件。遂再次同在德国的皇帝站在一边。他率其骑兵参加了8月26—27日的得累斯顿之战及1813年10月16—19日的莱比锡之战。返回那不勒斯后再次同英俄谈判，于1814年1月26日达成协议，他同意提供3万人的军队同法国作战。当皇帝退位后，缪拉特发现他没有得到新盟友的信任，在皇帝返回法国时，他企图通过，将意大利从奥地利中独立出来而赢得其妻兄的信赖，开始时取得了一些成功，后于1815年5月2日，在图伦蒂诺被奥地利军队打败，缪拉特遂逃出那不勒斯回法国。他本打算去巴黎，但因皇帝拒不相见，遂企图到英国避难，也遭拒绝。8月22日，他只得驶入科西嘉，在那里组建了一个小党派，企图夺回其失去的统治地位。在皮佐的一次小冲突中，他的连队被毁，缪拉特被捕，奥地利军事法庭判他有罪，1815年10月13日被枪决。

作为独立作战的指挥员，缪拉特十分平庸，他在战术上几乎没有什么技巧可言，而对战略则更是不甚理解。不过作为骑兵指挥员，他却是卓越的，他确实是一位完美的佩剑纨绔子弟，拿破仑曾描绘他“在战场上，当他面对敌人时是最勇敢的人，这是无人可比的，但除此之外的任何地方他的行为都表明他是一位蠢人。”

VBH

参考：Delderfield, R. F., Napoleon's Marshals. New York, 1964.

Meeks, Edward, ed., Napoleon and the Marshals of the Empire. Reprint (2 vols. in one), Philadelphia, 1885.

马罗纳，鲁齐乌斯·利希尼乌斯（Murena, Lucius Licinius，活动于公元前83—前62年） 罗马执政官。参加主要战争：第二次密斯立对堤战争（公元前83—前82年）。

默里，阿奇博尔德·詹姆斯爵士（Murray ,Sir Archibald James,1860—1945 年） 英国将军。参加主要战争：镇压祖鲁人起义（1887 年）、第二次英布战争（1899—1902 年）和第一次世界大战（1914—1918 年）；参加主要战役（战斗）：塔拉纳（在敦提附近）之战（1899 年）、莱迪史密斯围攻（1899—1900 年）、皮尔斯阔普之战（1902 年）、蒙斯之战（1914 年）、勒卡托之战（1914 年）、马恩河战役（1914 年）、埃纳河战役（1914 年）、第一次伊普尔之战（1914 年）、第一次和第二次加沙之战（1917 年）。

默里 1860 年 4 月 21 日生于伍德豪斯（在纽伯里附近），其父母是查理·格雷夫斯·默里和安妮。在切尔特雷学院接受教育。1878—1879 年在桑赫斯特军事学院学习，毕业后被分配到第二十七团（皇家因尼斯基灵火枪手团）。在香港和新加坡任职数年。后在南非服役，镇压纳塔尔的祖鲁人起义（1887 年 6—8 月）。1897—1899 年在坎伯利的参谋学院进修。第二次英布战争开始时被派往南非，在纳塔尔的英军司令威廉·佩恩·西蒙兹爵士将军手下任情报官。当西蒙兹在塔拉纳负重伤后（10 月 20 日），他率军退入莱迪史密斯城，与乔治·怀特爵士将军合兵一处抵抗布尔人的围攻（1899 年 11 月 2 日—1900 年 2 月 28 日）。为表彰其在初始作战中的作用晋升其为名誉中校，后任阿奇博尔德·亨特爵士第十师的参谋（1900 年）。1901 年 10 月被派往印度任其所辖团第二营营长，1902 年率部返回南非。1902 年在德兰士瓦的皮尔斯阔普指挥作战时受伤。南非战争后担任一系列参谋职务，1907—1912 年任陆军部军事训练处处长，1910 年晋升为少将，1911 年获封勋位，1912—1914 年任步兵总监。1914 年 3 月任英国远征军第二师师长。第一次世界大战爆发时，约翰·弗伦奇爵士任命他为英国远征军参谋长（8 月），参加了蒙斯之战（8 月 23 日）、勒卡托之战（8 月 27 日）、马恩河战役（9 月 5—10 日）、埃纳河战役（9 月 15—18 日）和第一次伊普尔之战（10 月 18 日—11 月 30 日），因劳累而病倒，1915 年 1 月返回英国。2 月被任命为英帝国副参谋长，负责训练新的集团军。9 月提升为帝国参谋长。当道格拉斯·黑格爵士取代约翰·弗伦奇爵士任英国远征军司令后，默里被派往埃及指挥英军（12 月）。8 月默里组织了在苏伊士运河的防御，并在罗马尼打败一支土军部队，之后开始准备跨越西奈半岛的攻势。9—12 月他敷设了通往巴勒斯坦边界的铁路线和水管线。由于马匹饮水的缺乏以及协同混乱，他对加沙土军防击阵地的第一次进攻被击退（3 月 26—29 日）。他请求再增派两个以上的步兵师，被拒绝，面对预先有准备并工事严密的土军防御，他发动了第二次进攻（4 月 17—19 日），又被击退。6 月 29 日被埃德蒙·艾伦比将军取代。1916 年 7 月—1919 年 11 月返回英国任奥尔德肖特基地司令。1919 年 8 月晋升为上将，1922 年退休，1945 年 1 月 23 日卒于赖盖特的梅克皮斯。

默里具有一定的才能，但缺乏想象力，他是一位极为优秀的参谋军官，并享有很高的声誉。

DLB

参考：Buchan, John, A History of the Great War. 4 vols. Boston, 1923.

DNB, 1941—1950 supplement.

默里，乔治勋爵（Murray，Lord George，1694—1760 年） 苏格兰詹姆斯党人的将军。参加主要战争：西班牙王位继承战争（1701—1714 年）、詹姆斯党起义（1715 年；1719 年；1745—1746 年）；参加主要战役（战斗）：谢里夫缪尔（邓布兰附近）之战（1715 年）、希尔河谷（希尔桥附近）之战（1719 年）、普雷斯顿潘斯之战（1745 年）、福尔柯克之战、卡罗登之战（1746 年）。

默里 1694 年 10 月 4 日生于亨廷托尔（珀斯附近），是阿瑟尔第一公爵约翰的第五子。西班牙王位继承战争后期加入驻佛兰德的英军（1712 年）。返回苏格兰后，支持矫称马尔伯爵领导的 1715 年的詹姆斯党起义，参加了谢里夫缪尔之战（11 月 13 日）。又参加了四年后的起义，在希尔河谷之战（1719 年 6 月 10 日）中受伤。后逃亡鹿特丹（秋）。返回苏格兰后，他得到赦免，定居图利巴丁（1724 年）。詹姆斯党起义前夕，珀斯公爵代表小觊觎王位者——查理·爱德华·斯图亚特亲王与他进行联系，但他表现不积极，不过也接受了查理亲王邦尼军中的任命。其能干的指挥是苏格兰人在普雷斯顿潘斯之战中（1745 年 9 月 21 日）战胜约翰·柯普爵士军队的主要因素。由于反对入侵英格兰，他在查理亲王夺取卡莱尔之后辞去指挥权（11 月）。苏格兰军队抵达德比后，经劝说重新任职（12 月 4 日）。由于为两支英军所逼，他被迫北撤（12 月 6 日）至斯特灵（1746 年 1 月）。掩护亲王围攻斯特灵城堡期间，默里在福尔柯克打败亨利·霍利军（1 月 17 日）。詹姆斯党人的军队因疾病和逃亡受到削弱，退入高原进行休整，并避免与坎伯兰公爵的军队过早对垒。默里和查理企图对公爵进行突然袭击，率 5000 人的军队夜行军，但当他们到达因斯内斯附近的卡罗登沼地（4 月 16 日）时，发现 9000 人的英军已是严阵以待。因人数和大炮均处劣势，进攻的詹姆斯党人被击退，并混乱地退出了战斗。几天后，默里在拉斯文（莫伊附近）能集结 1500 人，但查理·爱德华亲王决定放弃其事业，军队遣散。默里逃亡国外，1760 年 10 月 11 日卒于荷兰。

默里显然是查理·爱德华·斯图亚特亲王麾下最能干的指挥官，他像其他苏格兰人一样易于发生争执和私人纠纷。这种内讧和查理对此视而不见使詹姆斯党起义归于失败。

DLB

参考：Duke, W., Lord George Murray and the Forty-Five. London, 1927.

Preble, John, Culloden. Harmondsworth, 1967.

Tomasson, K., The Jacobite General. London, 1958.

EB

老穆斯，普卜利乌斯·德西乌斯(Mus, Publius Decius the Elder, 约公元前 383—前 340 年) 罗马执政官。参加主要战争：第一次萨谟奈战争（公元前 343—前 341 年）和拉丁战争（公元前 340—前 388 年）；参加主要战役（战斗）：沃苏维乌斯山之战（公元前 340 年）。

老穆斯约生于公元前约 383 年。在第一次萨谟奈战争期间，老穆斯是一名军事保民官，他由于在这种战争中广为人知的英雄行为而享有崇高声望。公元前 340 年拉丁战争爆发时被选为执政官。据说，他曾与其副执政官发誓，如果哪位将军的部队在战争中畏惧不前，那么他自己必须亲自率军冲锋陷阵，为了上帝而不惜牺牲自己。罗马人在这次战争中取得胜利，他也赢得交口赞誉。在沃苏维乌斯山战斗中（那不勒斯附近，公元前 340 年），他确实履行了以上誓言而被杀。

有关老穆斯所取得的成就，特别是其在沃苏维乌斯山战斗中为了上帝而牺牲自己的传说，很可能是受到其儿子的影响，而被虚构夸大。

SAS

参考：Livy, History.

EB.

OCD.

小穆斯，普卜利乌斯·德西乌斯(Mus, Publius Decius the Younger, 公元前 362—前 295 年) 罗马执政官。老穆斯之子，古代历史学家曾一度将二人混淆；参加主要战争：第二次（公元前 327—前 304 年）和第三次（公元前 298—前 290 年）萨漠奈战争。参加主要战役（战斗）：森泰楠之战（公元前 295 年）。

马斯格雷夫，托马斯爵士(Musgrave, Sir Thomas, 1737—1812 年) 英国将军。参加主要战争：美国独立战争（1775—1783 年）；参加主要战役（战斗）：长岛之战（1776 年）、布兰德韦恩之战（1777 年）、日耳曼敦之战（1777 年）、圣卢西亚岛远征（1778 年）。

牟田口廉也(Mutaguchi, Ren'ya, 1888—1966 年) 日本陆军将领、军国主义者。参加主要战争：远征西伯利亚（1918—1922 年）、日本侵华战争（1937—1945 年）；参加主要战役（战斗）：马来亚战役（1941—1942 年）、北缅战役（1943—1944 年）、英帕尔-科希马战役（1944 年）。

牟田口廉也 1888 年生于佐贺县，是牟田口家族的养子。1910 年毕业于陆军军官学校。后入陆军大学接受步兵军官的训练，1917 年毕业。1920—1921 年，在西伯利亚远征军中任参谋军官。1926 年晋升为少校。1934 年超擢为上校。1933—1936 年，任陆军总参谋部军事科科长。1936—1938 年，任侵华日军北平（北京）驻屯军第一步兵团团长，期间，其狂暴和极端法西斯的性格激发了 1937 年 7 月的卢沟桥事变，从而导致了日本全面侵华战争。1938 年，在关东军司令部晋升为少将，1940 年晋升为中将。1941 年任第十八师师长。1941 年 12 月 8 日—1942 年 2 月 15 日，参加了导致新加坡陷落的马来亚战役。1943 年任第十五集团军军长，于 2—4 月指挥日军在北缅反击奥德·温盖特将军发动的第一次“亲迪”战役，10—12 月，指挥日军在北缅反击史迪威将军发动的富昆溪谷战役。在对盟军发动攻势后，又奉缅甸方面军司令河边正三将军之命实施“乌”号作战，突击英帕尔和科希马。1944 年 3 月 6 日—4 月 5 日，尽管在后勤供给极差，盟军又拥有地面和空中优势的情况下发动了进攻，但仍取得了初步的胜利。从 4 月 5 日—6 月 22 日一直围攻科希马和英帕尔，但未能迫使英军撤退。最后由于斯利姆将军等指挥的优势英军的攻击，加之后勤供应困难，雨季来临，部队被击败，不得不撤退。8—9 月，由于伤亡不断，疾病流行，所率部队陷于瓦解。他本人返回缅甸，所部由发动进攻时的 10 万人减至仅剩 35 000人。1944 年 8 月被解职，改派到陆军参谋部任职。1945 年，战争结束后退役。卒于 1966 年。

牟田口是海军将领福地秀男的兄弟。他是一位狂热的法西斯军国主义指挥官，精力旺盛，嗜杀成性，且为人粗鲁，脾气狂暴残忍又好女色，深受部下的痛恨。

MRP

参考：Swinson, Arthur, "Mutaguchi and the March on Delhi," Four Samurai: A Quartet of Japanese Army Commanders. New York, 1968.

武藤章(Muto Akiro, 1892—1948 年) 日本将军、甲级战犯。参加主要战争：日本侵华战争（1937—1945 年）、第二次世界大战（1941—1945 年）。

武藤俊义(Muto, Nobuyoshi, 1866—1933 年) 日本陆军元帅、军国主义者。参加主要战争：中日甲午战争（1894—1895 年）、日俄战争（1904—1905 年）和西伯利亚远征（1918—1922 年）。

武藤 1866 年生于佐贺县，1892 年毕业于陆军军官学院。参加过中日甲午战争（1894 年 8 月—1895 年 4 月）。1899 年毕业于陆军大学，作为俄军方面的专家曾在海参崴（1900—1901 年）和敖德萨（1902—1903 年）任职。参加日俄战争（1904 年 2 月—1905 年 9 月）。1906—1908 年被派往圣彼得堡任武官助理。1918—1920 年日军远征西伯利亚的初期他在该地区漫游，曾远至鄂木斯克和伊尔库茨克。1920 年晋升为中将，1921—1922 年任第三师团司令，1922—1925 年任陆军副参谋长，1926—1927 年任侵华日军关东军司令，1927—1932 年任军事教育总监。荒木忠男对他极为尊敬，1932—1933

年再次出任侵华日军关东军司令，1933 年卒于任上，被追封为男爵。

武藤是一位狡诈的军官，特别擅长进行策划渗透、颠覆等阴谋活动。他是由追随上原勇作陆军元帅的一伙军官组成的佐贺系的头目。

LH

N

内比斯(Nabis,卒于公元前 192 年) 斯巴达国王。参加主要战争：第二次马其顿战争（公元前 200—前 196 年）、争夺阿果斯战争（公元前 195 年）和埃托利亚战争（公元前 193—前 192 年）。

内比斯是德马拉托斯之子，可能是欧莱波恩提德家族中的一个被流放的分支后裔。公元前 207 年登基成为斯巴达王，因继承亚奇斯四世和克莱奥梅尼三世的传统性改革而得到贫民的支持。这些改革的核心是征用土地及对土地进行再分配、扩军和创建一支舰队。公元前 202 年对阿卡亚同盟宣战，但在梅塞尼亚被菲洛皮门挫败，而后于公元前 201 年在斯科提塔（拉科尼亚北部的一个森林）被击败。尽管他在马其顿战争初期（公元前 197 年）从菲利普五世的手中夺得阿各斯，但很快被罗马人击败，占有阿果斯仅两年。随着菲利普的失败，他遭到在梯·昆·弗拉米尼努斯指挥下的罗马胜利之师的攻击（公元前 195 年），只得放弃了阿各斯和吉斯乌姆，并破坏了自己的舰队，他才得以生还。试图从阿卡亚人手中夺回吉斯乌姆，但被菲洛皮门击败，只是因为弗拉米尼努斯的干预，他才得以从沦陷的斯巴达地区逃出（公元前 195 年）。受到阿卡亚同盟怂恿，希冀在罗马和叙利亚的安条克之间发动一场战争，并进攻罗马人的居住地，重新占领了其古老的海滨城市（公元前 193 年），但不久于公元前 192 年被埃托利亚人谋杀。

纳比斯是斯巴达最后一位独立的统治者，尽管他无法与菲洛皮门媲美，但他是一位有能力的政治家和一位有一定水准的指挥官。尽管大多数古代的奴隶主历史学家（包括波利比乌斯）都把他描述成一位臭名昭著的人物，但这是因极为敌对的宣传所致。

CLW and DLB

参考：Polybius, Histories.

Tarn, William W., and G. T. Griffith, Hellenistic Civilization, 3d ed. London, 1952.

OCD.

永野修身(Nagano Osami, 1880—1947 年) 日本海军元帅、甲级战犯。参加主要战争：第二次世界大战（1941—1945 年）。

永田铁山(Nagata Fetsuzan, 1884—1935 年) 日本将军、军国主义者。

南云忠一(Nagumo, Chuichi, 1886—1944 年) 日本海军将领、军国主者。参加主要战争：第二次世界大战（1941—1945 年）；参加主要战役（战斗）：偷袭珍珠港事件（1941 年）、印度洋作战、中途岛战役（1942 年）、塞班战役（1944 年）。

南云忠一 1886 年生于山形县。1908 年毕业于海军军官学院。1914 年从鱼雷学校毕业后，成为鱼雷和驱逐舰专家。1920 年毕业于海军大学。1924 年晋升为中校。1925—1926 年，赴美国和欧洲考察。1929—1930 年，曾担任过几艘巡洋舰的舰长。1930 年任驱逐舰支队指挥，1934 年任“大和”号战列舰舰长。1935 年晋升为少将。1939 年晋升为中将。1940 年 11 月任海军大学校长。1941 年 4 月任第一航空舰队司令，实际担任日本 6 艘大型航空母舰的作战指挥官。1941 年 12 月 7 日，指挥偷袭珍珠港的行动。1942 年 3 月，指挥突袭印度洋，以很小的代价将英国皇家海军暂时诱出印度洋。尽管他取得了一些胜利，但作为航空指挥官，他并不十分在行，主要依靠其航空总计划官源田实制定的计划行事。1942 年 6 月 4—6 日，由于计划拙劣，对美军的实力估计不足，他对中途岛的攻击受阻。6 月 4 日，他在关键时刻优柔寡断，使其损失了仅有的全部 4 艘大型航空母舰。中途岛之战后被解职。1942—1943 年，在本土担任过一些基地的司令。1943 年末，指挥驻马里亚纳群岛的 6000 人的海军部队。1944 年 6 月 15 日，美军进攻时他驻守在塞班岛。7 月 8—13 日，在塞班战役的最后阶段自杀身亡。

MRP

参考：Fuchida, Mitsuo, "The Attack on Pearl Harbor" and Shigeru Fukudome, "The Hawaii Operation," in Raymond O'Connor, ed., The Japanese Navy in World War Ⅱ. Annapolis, Md., 1971.

Prange, Gordon W., with Donald M. Goldstein and Katherine V. Dillon, Miracle at Midway. New York, 1982.

中牟田仓之助（Nakamuta, Kuranosuke, 1837—1916 年） 日本海军上将。参加主要战争：复位战争（1868 年）、北海道远征（1869 年）；参加主要战役（战斗）：函馆港之战（1869 年）。

纳那，萨希布（Nana Sahib，约 1821—1860 年） 印度统治者。参加主要战争：印度土兵起义（1857—1858 年）；参加主要战役（战斗）：坎普尔围攻和屠杀（1857 年）。

纳那约生于 1821 年，1827 年被最后一个“派施华”（马拉提国的首相），巴吉·拉奥二世收养，1841 年成为巴吉·拉奥的继承人。当巴吉·拉奥 1851 年死后，他继承了巴吉·拉奥在比图尔地区（坎普尔附近）的私有财产并被授予巴吉·拉奥的“扎吉尔”（一个区的税收）。尽管他向英国人再三请求且有其养父的临终嘱托，但仍被英国人拒绝其继承巴吉·拉奥的年金。不满于此，或许也意识到英国正处于克里木战争，他赶往坎普尔与在那里发生起义的印度土兵共同战斗（1857 年 6 月 5 日）。他显然是率部参加了对坎普尔的围攻，但当安全协定被撕毁时，伯爵休·威勒尔将军的守卫部队及其他们的妻小惨遭屠杀（6 月 27 日）时。他很可能没有实施有效的指挥，对此事件他负有责任。7 月初自封为首相，但其部队 7 月 13 日在法特普尔被亨利·哈弗洛克将军击败，他本人则在坎普尔被哈弗洛克将军重创（7 月 16 日）。被驱出坎普尔后，他召集了一帮反抗者，一度曾袭扰英军的补给和交通线。起义被镇压后，他逃往尼泊尔山区避难，大概于 1860 年卒于那里。

众多历史记载显示，纳那气质稳定、爱好享受、缺乏进取，明显同情愤怒的印度土兵。从任何方面看，他也只是一位非常平庸的指挥官，从未真正控制坎普尔的形势。不过在他死后很多年，英国官方还受到他被俘虏的错误报告的骚扰。

DLB and TM

参考：Cupta, Pratul Chandra, Nana Sahib and the Rising at Cawnpore. Oxford, 1963.

Hibbert, Christopher, The Great Mutiny: India, 1857. New York, 1978.

Majumdar, R. C., The Sepoy Mutiny and the Revolt of 1857, 2d ed. Calcutta, 1963.

纳皮尔，查理·詹姆斯（Napier, Charles James, 1782—1853 年） 英国将军。参加主要战争：拿破仑战争（1800—1815 年）、1812 年的战争（1912—1815 年）、征服信德（1842—1843 年）；参加主要战役（战斗）：科伦纳之战（1809 年）、考阿之战（1810 年）、布萨卡之战（1810 年）、丰特斯-德奥尼奥罗之战（1811 年）、米亚尼之战（1843 年）、希德拉巴德之战（1843 年）。

纳皮尔 1782 年 8 月 10 日生于伦敦，是乔治·纳皮尔及拉迪·萨拉·班希里夫妇之长子。纳皮尔先被委任为第三十三步兵团旗手，后在阿瑟·韦尔斯利即后来的惠灵顿公爵手下任职，直至 1799 年才开始正式服现役。先在爱尔兰服役，1801 年转入第九十五步兵营。1803 年 6 月升为上尉，成为指挥爱尔兰军队的（1803—1805 年）亨利·爱德华·福克斯将军的侍从副官。1805 年在第五十步兵团中升为少校，并于 1808 年 9 月被派至葡萄牙。1808 年 9 月—1809 年 1 月，在将军约翰·穆尔爵士手下供职，参加摩尔入侵西班牙的军事行动。科伦纳之战期间，1809 年 1 月 16 日受伤被俘。1809 年 3 月被释，随同被交换的战俘一起返回西班牙，在惠灵顿军队中服役，并同其兄威廉（历史学家）和乔治会合。7 月 24 日参加考阿之战，9 月 27 日，在布萨卡之战中面部受重伤。返回岗位后，纳皮尔于 1811 年 5 月 5 日参加丰特斯-德奥尼奥罗之战。6 月 27 日被提升为中校，并指挥第一〇二步兵团，于 8 月返回英国，长时间休假。1812 年 1 月任古伦塞团团长，率该团开赴百慕大，参加了美国东海岸线的战斗，其中有弗吉尼亚的克拉尼岛之战及北卡罗来纳的奥科拉科克之战。1813 年 9 月重返第五十步兵团，但在其于 1814 年 4 月返回欧洲时，拿破仑已退位。1814 年 9 月，以领半额薪水而入法伦汉军事学院学习，后离开学院，志愿随惠灵顿赴比利时，未能赶上 1815 年 6 月 18 日的滑铁卢之战，但在战役快结束时参加了战斗，并随盟军进入巴黎。1817 年下半年，他完成了在法伦汉的学习任务，于 1818 年 5 月被任命为驻艾奥尼亚群岛军队的野战官员督察长。1822 年 3 月被任命为克法罗尼亚政治代表，他执法公平但十分严厉，他还修建公路，进行其他公共事业建设，同时还进行了许多改革。在那里他同乔治·戈登即拜伦勋爵结识，并为希腊爱国力量出谋划策。他企图在参加希腊军队的同时还保留其现任官职，但没有成功。返回英国后，于 1827 年 4 月同大龄的寡妇伊丽莎白·凯丽成婚，因其妻身体欠佳，而于 1830 年 2 月离开其在克法罗尼亚的职位。1833 年 7 月，当其妻病故后迁至法国，在诺曼底定居，从克法罗尼亚领养了两个女儿。1835 年同另一寡妇弗朗斯·阿尔考克结婚，1837 年升为少将。1838 年 4 月，任英国北方特区军队指挥。1841 年 6 月，接受任命，赴印度的孟买任职，后奉印度国政总督埃伦伯勒的命令，任英国驻信德俾路支省军队总司令，1842 年 8 月，信德俾路支省成为英国的保护国。纳皮尔发现，当时的局势非常困难，各级官职大部被不可信赖的当地埃米尔人把持着，这些人对于英国人的到来，气愤异常。英国驻印总督埃伦伯勒匆匆迫使印度俾路支签署了一项条约，俾路支人认为这一条约有

令人屈辱的条款，从而引发了冲突，俾路支武士于1843后1月袭击英国在希德拉巴德的官邸。纳皮尔率2200人及12门大炮同埃米尔军队2万多人交战。1843年2月6日，纳皮尔同俾路支军队在法拉里河的米亚尼遭遇，俾路支人，被打败血流成河。3月24日，纳皮尔在希德拉巴德附近再次粉碎了另一支俾路支军队，从而有效地平息了埃米尔人的抵抗。因这些胜利，他被授予G.C.B勋章（大巴恩十字勋章），信德也被兼并。《笨拙》杂志对他的成功赏以聪明而精确的妙语"我有罪!"。3月31日，他被印度总督任命为信德总督，但后来却同其先前的朋友詹姆斯·乌特勒姆爵士，就纳皮尔对埃米尔人的战前及战时政策发生了激烈、长期的争执，对这些政策，乌特勒姆先前是拥护的。由于其妻子健康问题再加上同东印度公司就许多问题产生了摩擦，纳皮尔于1847年7月辞去其职，回到英格兰。后来韦尔斯利于1849年上半年任命他为驻印度军队总司令，东印度公司负责人犹豫不决，经说服后勉强接受。1849年5月6日，纳皮尔抵印度加尔各答赴职。初期，双方关系尚可，但不久便同总督察长达尔豪西勋爵发生争执。此前，纳皮尔下令给西北部边界英军中的印度兵发放薪水，同时将廓尔喀雇佣兵并入新建的印度军队中，达尔豪西勋爵对此加以严厉的训斥。1850年11月，纳皮尔愤而辞职，于1851年3月返回英国。退休后在其朴次茅斯庄园生活，撰写有关军事方面的事件，并继续他诸多个人方面争执的事务。后来身体衰弱，卒病于1853年8月2日。

纳皮尔勇敢、热情，他有较强的能力和敏捷的领悟力。他是一位出色的士兵和军官，也是一位优秀的管理者。纳皮尔患近视，身材挺拔、短小、肤黑、单薄，很像《旧约全书》中小巧的主教。纳皮尔对朋友一片忠心，但也常常对某人怀有长期的怨恨。他不喜欢傻乎乎地被愚弄，加上喜爱争论的脾气，使其在晚年的生活中遭到许多人的骚扰。

DLB

参考：Farwell, Byron, Eminent Victorian Soldiers. New York, 1985.

Napier, Lieutenant General Sir William, The Life and Opinions of Sir Charles James Napier, G. C. B. 4 vols. London, 1875.

DNB.

纳皮尔，罗伯特·科内利斯，马杰达拉的纳皮尔第一男爵（Napier, Robert Cornelis, 1st Baron Napier of Magdala, 1810—1890年） 英国陆军元帅。参加主要战争：第一次锡克战争（1845—1846年）、第二次锡克战争（1848—1849年）、镇压印度土兵起义（1857—1858年）、第二次鸦片战争（1859—1860年）和阿比西尼亚战争（1867—1868年）；参加主要战役（战斗）：菲罗兹沙之战（菲罗兹普尔附近，1845年）、古吉拉特之战（1849年）、勒克瑙之战（1857年）和马杰达拉之战（1878年）。

纳皮尔1810年12月6日生于锡兰的科伦坡，是一个炮兵军官的遗腹子。被送往英国受教育，进入东印度公司在阿迪斯科姆布（今克罗伊登）的军事学校学习，1828年返回印度，在孟加拉工兵部队任中尉。1828—1845年，从事市政工程设计。第一次锡克战争期间，被任命为休·高夫将军指挥的苏特里杰军团工兵部队的指挥官。参加了穆德基战役（菲罗兹普尔东南，1845年12月18日）和菲罗兹沙战役（12月21—22日）。因受伤他未能参加阿利瓦尔战役（菲罗兹普尔北部，1846年1月28日），但他及时返回战场并参加了索布拉昂战役（菲罗兹普尔东北的苏特里杰，1846年2月10日）。于3月8日击败锡克人后，他在攻陷其他的锡克人要塞中发挥了重要作用，因其努力升为少校。第二次锡克战争爆发时（1848年8月），作为总工程师参加了围攻木尔坦的行动（1848年8月18日—1849年1月22日）和古吉拉特战役（1849年2月21日）。在旁遮普民政机构供职，参加了哈扎拉战役（1852年）和阿夫里迪战役（西北边境地区，1853年）。到英国休假旅行（1856—1857年），印度土兵起义前夕返回印度。在亨利·哈弗洛克爵士领导的援救勒克瑙的行军中任总工程师（1857年9月25日），在防卫勒克瑙的战斗中发挥了重要作用（1857年9月25日—11月16日），围攻的最后一天受重伤。康复期间升为准将，伤愈后并及时参加了攻占勒克瑙的行动（1858年3月16日），而后第二次在爵士休·罗斯将军指挥的印度中央部队供职（1858年4—6月）。在霍普·格兰特爵士对中国的侵略行动中指挥一个师（1860年8—10月），8月21日侵占白河炮台（天津附近）。1861年返回印度，晋升为少将，被任命为总督的参谋。任驻孟买英军司令，1865年7月晋升为中将。被选任指挥对阿比西尼亚的殖民远征（1867年8月），去营救出疯狂的西奥多国王手中的几十名人质。面对地形极其复杂的艰苦行军，他做了非常精心的准备。纳皮尔率32 000人到达红海的祖拉（1867年10月21日—1868年1月），其中士兵仅为13 000，另有36 000只牲畜。因高山阻隔及缺乏饲料，向内地进军时仅带了5000人（1868年1月25日—4月8日）。5月10日在阿诺基（马杰达拉附近）打败了埃塞俄比亚人，攻陷了附近的马杰达拉城堡并解救了人质，迫使西奥多自杀（4月13日）。到6月2日为止，部队返回祖拉，6月18日所有的部队都完成了撤退。因其功绩，他获得议会的赞许和2000英镑的奖金，1868年被封为马杰达拉的纳皮尔男爵。1870—1876年，任驻印度英军的总司令。1876—1882年，任直布罗陀总督。1883年1月1日晋升陆军元帅。1887年至死一直担任伦敦塔总管。1890年1月14日卒于伦敦。

纳皮尔是一位狡诈、顽固的军人，以精心进行战争准备和关心部属著称。他和善而有教养，深受上司和部下的尊重。

DLB

N

参考：Holland, T.J., and H.M. Hozier, Record of the Expedition to Abyssinia. 2vols. London, 1870.
Napier, H.D., Field Marshal Lord Napier of Magdala. London, 1927.
Napier, Robert C., Letters of Field Marshal Lord Napier of Magdala Concerning Abyssinia, etc. London, 1936.
Stanley, Henry Morton, Coomassie and Magdala. London, 1874.

拿破仑一世，拿破仑·波拿巴（Napoleon Ⅰ, Napoleon Bonaparte, 1769—1821 年） 外号“切割机”、“小班长”，法兰西皇帝。参加主要战争：法国大革命战争（1792—1799 年）和拿破仑战争（1800—1815 年）；参加主要战役（战斗）：土伦之战（1793 年）、阿克雷（维罗那附近）之战（1796 年）、皮拉米德之战（1798 年）、阿尔克港之战（1799 年）、马伦哥（在亚历山大附近）之战（1800 年）、奥斯特利茨之战（1805 年）、耶拿之战（1806 年）、埃劳之战（1807 年）、华沙之战（1809 年）、博罗迪诺之战（1812 年）、莱比锡之战（1813 年）、科伦纳之战（1814 年）、滑铁卢之战（1815 年）。

拿破仑 1769 年 8 月 15 日生于科西嘉岛的阿雅克修城，他是卡尔洛·拿破仑及玛丽-莉蒂西亚·拉莫利·拿破仑夫妇幸存子女中的次子。1779 年 4 月—1784 年 10 月，在布里埃纳军校学习，在校期间，数学、历史和地理成绩优异。1784 年升入巴黎军官学校，于 1785 年 9 月 1 日考试合格授予少尉。后入拉弗尔炮兵团。炮兵学校校长、著名的炮兵专家和军事理论家 J.P. 杜特男爵对拿破仑影响很大。1789 年 9 月，拿破仑深深卷入科西嘉独立革命运动。1791 年 2 月，在格雷诺布尔的炮兵团服役，4 月升为中尉。此后积极参加了格雷诺布尔的雅各宾俱乐部活动。9 月回科西嘉，最后于 1792 年 4 月 1 日任阿雅克修志愿者营中校营长。5 月升为上尉。尽管他越来越反对保利的反法政策，还是于 1793 年 2 月 21—26 日远征撒丁王国的卡利阿里岛，未能成功。6 月 10 日，当科西嘉局势恶化后，他携带全家人逃往法国。7 月，当土伦、马赛等地发生暴乱时，他站在共和国一方，并参加了卡蒂乌克斯方面军。在其朋友、政府特派员克里斯托弗·萨利切蒂的积极推荐下，拿破仑于 9 月 16 日任炮兵指挥官，指挥 9 月 4 日—12 月 19 日的土伦包围战。在这次作战中，他成功地指挥炮兵作战的能力，引起了世人的注意，因此于 12 月 22 日被提升为准将。1794 年 2 月 7 日，拿破仑被任命为意大利方面军炮兵指挥官。1794 年 8 月 6 日—9 月 14 日，当罗伯斯庇尔被处决后，拿破仑受牵连而被捕关押。1795 年 3 月，被任命为西部方面军炮兵指挥官，拿破仑拒不赴任，后在保罗·巴拉斯的举荐下，于 7—9 月出任巴拉斯的助手。不久，被任命为法国国内军团副司令，10 月 5 日，他以“一阵风的葡萄弹”迅速粉碎了保皇派果月十三日的叛乱，从而保护了巴黎督政府。此后一直担任国内军团司令，直至 1796 年 3 月 2 日出任意大利远征军司令。3 月 9 日，同约瑟芬·德·博阿尔奈结婚，3 月 11 日，便离开新婚的妻子开赴前线。4 月 12 日，向皮蒙特及奥地利军队发起进攻，4 月 28 日，便迫使皮蒙特人签订了停战协议。随后通过机动作战，于 5 月 10 日在洛迪桥打败博利约统帅的奥地利军队。5 月 15 日进入米兰，将博利约军队驱逐出伦巴第，随后于 5—6 月，平定该国。不久又包围曼图亚。1796 年 8 月 5 日在卡斯奇里恩打败武尔姆泽尔军队，9 月 8 日，又在巴萨诺打败他，并于 9 月 12 日将武尔姆泽尔赶至曼图亚。1796 年 11 月 15—17 日，在阿克雷经激战打败了阿尔文齐，1797 年 1 月 14—15 日，在利沃里再次打败阿尔文齐。2 月 19 日，迫使罗马教皇在塔兰托媾和，随后向奥地利进军，5 月 12 日迫使奥地利签订《累欧本和约》。1797 年 9 月 4 日，怂恿皮埃尔·奥热罗发动反对政府的“果月十八日政变”。率军远征埃及，1798 年 6 月 10 日，控制马耳他岛，7 月 1 日在亚历山大登陆。7 月 21 日在皮拉米德打败马穆鲁克人，7—8 月占领埃及，1798 年 9 月—1799 年 2 月改组埃及政府。1799 年 2 月 9 日—5 月 30 日抢在土耳其人发起反攻前入侵叙利亚，但在 3 月 15 日—5 月 17 日进攻阿尔克港时，被土军打败。7 月 25 日，在阿布基尔港将英土联军打败，8 月 1 日—10 月 9 日，离开埃及返回巴黎。1799 年 11 月 9 日的雾月十八日政变将其带上权力的高峰。6 月 18 日政变后同复兴的保皇派和激进派思想进行斗争。1800 年 2 月，根据《八年政法体》当选第一执政。5—6 月，入侵意大利，先威胁奥地利军队的交通线，后在 6 月 14 日的马伦哥战役中大败奥地利军队。此战中，尽管梅拉斯率先发起突然进攻，但由于拿破仑处变不惊、镇定自若，从而使其不仅免遭厄运，反而大获全胜。这次胜利迫使奥地利于 1801 年 2 月 9 日退出战争，后来在 1802 年 3 月 25 日，又签订了《亚眠和约》，包括英国的欧洲各国均退出反法联盟。由于这次胜利，拿破仑于 1802 年 5 月被推举为终身执政，但不久即 1803 年 5 月又同英国再次开战。1803 年 5 月，他为其第一批即十八位将军授元帅衔。1804 年 12 月 2 日，在法国巴黎加冕为法兰西帝国皇帝。此间，他开始准备同英国作战。1805 年 5 月 26 日加冕意大利国王。7—9 月，将布伦港的大军带至莱茵河一线，以便同奥地利军队作战。随后，率大军通过黑森林，穿越奥军交通线，于 9 月 25 日—10 月 20 日将“不幸”的马克将军所部包围于乌尔姆。此战后，向东进军，11 月 13 日攻克维也纳。进入摩拉维亚后，拿破仑诱使由库图佐夫率领的奥地利-俄国联军向其发动进攻，于 1805 年 12 月 2 日在奥斯特利茨战役中全歼联军，从而夺取了拿破仑一生中最大的胜利。1805 年 12 月 26 日，奥地利被迫签订《普雷斯堡和约》，1806 年 7 月 12 日，奥地利正式取消“神圣罗马帝国”的称号，7 月 25 日，承认代替神圣罗马帝国的莱茵联邦。9 月，拿破仑将汉诺威归还英国，从而挑起与普鲁士的战争。1806 年 10 月 14 日，达武元

帅在奥尔施塔特打败不伦瑞克主力，拿破仑同时在耶拿之战中打败了吕谢尔和霍亨洛埃。尽管拿破仑率部追击普军，但未能迫使普鲁士军队投降，被迫同俄国布克斯格夫登和卞尼格先在波兰及东普鲁士进行冬季作战。1807年2月8日，在埃劳之战中，双方不分胜负，这是拿破仑第一次受阻。6月14日的弗里德兰之战的成功，部分恢复了他的声望，并迫使沙皇亚历山大一世于1807年7月7日签订《蒂尔斯特条约》。1806年11月21日，签署《柏林敕令》，1807年12月17日，又签署《米兰敕令》，以作为"大陆体系"同英国进行经济战的一个组成部分，但实际效果并不佳。1808年春，努力使葡萄牙进入"大陆体系"，从而导致了西班牙的内乱，后又强迫西班牙国王查理四世及其儿子斐迪南七世于5月5—6日退位，从而引发了反约瑟夫·波拿巴即拿破仑当皇帝的平民革命，半岛战争由此始发。1809年4月，奥地利军队发起突然进攻，进入德国南部，使得拿破仑措手不及，这场战争的初期，由于拿破仑从千里之外通过贝尔蒂埃指挥，从而导致了战局不利。1809年4月20—22日在阿本斯堡-埃格缪尔经混战打败查理大公，5月12日攻占维也纳。5月21—22日，在阿斯派因受挫，但在1809年7月5—6日的华沙之战中取得决定性胜利。同奥地利休战后的7月12日与奥地利的玛丽亚-路易莎公主结婚，1809年10月14日同奥地利签订和约。由于俄国国内对沙皇政策的日益不满，1812年春，拿破仑开始调集军队，6月24日，入侵俄国。8月7日，在斯摩棱斯克，他打击了巴格拉齐昂及巴克莱-德-托利的俄军，9月7日又在博罗迪诺与库图佐夫交战，但未能歼灭俄军主力，而其机动作战也因计划不周及其下属的执行不力而受挫，因而未能包围俄军。9月14日，攻占莫斯科，但未能迫使沙皇亚历山大妥协，当莫斯科被烧之后，开始后撤。在恶劣的天气、哥萨克的袭击及缺乏供给的打击下，这次撤退一败涂地。11月25—29日，在穿越别列津纳河时，拿破仑再显当年威力，但1812年的"大军队"到12月中旬仍被摧毁。1812年12月18日，拿破仑返回巴黎组建军队，以准备不可避免的德国战役。在1812年5月2日的吕岑之战及5月21—22日的包岑之战中，打败维特根施坦的俄普联军，但也付出了相当代价。6—8月休战期间，其敌人力量得到了加强。8月12日，战火重燃之时，奥地利也对法宣战，8月26—27日，尽管拿破仑在得累斯顿打败施瓦岑贝格，但也导致了他在10月16—19日莱比锡决战中的失利。10月30—31日，拿破仑在汉瑙打败弗雷德所率领的巴伐利亚军队，从而使其得以撤入法国本土。在1814年的冬季战役中，拿破仑似乎又恢复了他往年的指挥艺术，以较少的兵力创造了许多奇迹。1814年2月1日，尽管他在拉罗瑟利起初受挫于布吕歇尔，但不久便于2月10日在尚波贝尔打败了奥尔苏费也夫的联军，2月11日又在蒙米赖击退萨步和约尔克，2月14日在沃尚之战中则打败布吕歇尔，2月18日又在蒙特罗阻击施瓦岑贝格，迫其后撤。此后，盟国协商向拿破仑提出休战要求，但拿破仑不可放弃已征服的任何一寸土地，因而拒绝和谈。经一段时间的休整，战斗继续开始，3月7日，在克拉昂之战中险胜，3月10日，所率数量上占优势的部队在拉昂受挫。3月13日，他打败了兰斯城孤立无援的圣普雷斯特军，但在3月20—21日的奥布河畔阿尔西被施瓦岑贝格打败。3月30日，巴黎陷落。4月1日，奈元帅还在宣称："军队将服从其统帅，"此时却迫令拿破仑退位，4月4日，拿破仑在枫丹白露宣布退位。依《枫丹白露条约》，拿破仑被流放至厄尔巴岛。在对其近卫军举行了充满情感的告别仪式后于4月20日出发前往厄尔巴小岛。由于担心被流放至圣赫勒拿岛，也由于对法国动荡局势的不安，特别对路易十八新统治者的不满，拿破仑于1815年3月1日返回法国，3月20日，在公众的支持下进入巴黎。面对战争威胁，他决定首先出来，6月15日进入比利时，以实现其分隔布吕歇尔及惠灵顿的军队，然后分而歼之的作战计划。6月16日，在利尼重创布吕歇尔，又在奎特里巴拉斯打败了英军，但在6月18日的滑铁卢之战中却未能在布吕歇尔军队赶来参战之前打败惠灵顿军队。这样的失误连同老近卫军攻击失利，就决定了拿破仑的命运。6月22日他返回巴黎，企图让位于他四岁的儿子，但遭拒绝。他本打算从罗什福尔去美国，途中遭英舰拦截，7月13—14日被放逐于英属领地，1815年10月15日到达流放地圣赫勒拿岛。此后健康日趋恶化，1821年5月5日卒于腹痛，可能是因慢性中毒而亡。

毫无疑问，拿破仑是历史上最伟大的将军之一。拿破仑也是一位杰出的战略家，虽无创新精神却也称得上真正的战术家。他善于激励士兵，赢得他们的尊敬，这种能力举世无双。他所发起的战役以远见卓识及迅速机动而著称。他1806年以后的战绩不算辉煌，这一方面是因为拿破仑的精力有所下降，另一方面是因为他没有给下属以明确的任务，或是下属无力完成所赋予的任务。拿破仑还是一位娴熟的管理者，他有惊人的记忆力。他最后的悲剧应归于其日益增长的野心。

DLB

参考：Chandler, David G., The Campaigns of Napoleon. New York, 1966.

Dodge, Theodore Ayrault, Napoleon, 4 vols. Boston, 1904.

Markham. F., Napoleon. London, 1963.

Napoleon Ⅰ, Emperor, Correspondance de Napoléon Iere. 32 vols. Paris, 1858—70.

Petre, F. Lorraine, Napoleon and the Archduke Charles. London, 1909.

——, Napoleon at Bay, 1814. London, 1913.

——, Napoleon's Campaigns in Poland, 1806—7. London, 1901.

——, Napoleon's Conquest of Prussia. London, 1907.

N

——, Napoleon's Last Campaign in Germany, 1813. London, 1912.

Wilkinson, S., The Rise of General Bonaparte. Oxford, 1930.

纳尔塞斯(Narses,约 478—约 573 年) 拜占庭将军。参加主要战争：与东哥特人的战争（534—554 年）；参加主要战役（战斗）：塔基尼（亚平宁附近）战役（552 年）、蒙斯拉克特留斯（卡普阿附近）战役（553 年）、卡西里纳姆（卡普阿）之战（554 年）。

纳尔塞斯约 478 年生于佩尔萨尔麦尼亚，是皇家内宫侍卫，他深得查士丁尼一世的妻子狄奥多拉的喜爱，被提升为侍卫指挥官，最后擢升为内侍总管。532 年 1 月，在尼卡起义期间，纳尔塞斯以镇压和收买手段帮查士丁尼保住了皇位。535 年，纳尔塞斯率兵前往亚历山大，保护帝国主教候选人狄奥多西，并镇压因选举而引起的叛乱。538 年，赴意大利协助远征军指挥官贝利萨留征服意大利。539 年，因两位将军不和，纳尔塞斯返回君士坦丁堡。551 年夏，纳尔塞斯在巴尔干与入侵者亨尼克、格庇迪和伦巴第作战。551 年秋，查士丁尼意识到非常需要花大力气征服东哥特人，便派纳尔塞斯率军开赴意大利。552 年 6 月，他率领 2 万人进军罗马，在塔基尼打败了托蒂拉的东哥特人部队。在这次战斗中，东哥特人有15 000人之多，托蒂拉与其中的 6000 名士兵一起阵亡。553 年，纳尔塞斯在蒙斯拉克特留斯又击溃了以托蒂拉继承人泰阿斯率领的东哥特人军队。554 年，法兰克人入侵，他们的主力部队人数大大超过了纳尔塞斯军队的人数，纳尔塞斯发挥其部队高度机动的能力，在卡西里纳姆打败了他们。此后，纳尔塞斯统治意大利，使之秩序井然，恢复了帝国的权力。567 年，查士丁尼二世将纳尔塞斯召回。卒于 573 年，享年 95 岁。

纳尔塞斯是一位精力旺盛、能干的指挥官，他在意大利进行的三次战役充分显示出他杰出的战术才能。纳尔塞斯的经历不仅证明了他有才华、忠诚，也说明查士丁尼非常信任他。这也许只是因为他是个宫廷太监，不可能有图谋帝国的野心罢了。

CLW and DLB

参考：Bury, J. B., A History of the Later Roman Empire from the Death of Theodosius to the Death of Justinian. 2 vols. London, 1923.

Diehl, Charles, Justinien et la civilisation byzantine au Ⅵ^{eme} siècle. Paris, 1901.

Jones, A. H. M., The Later Roman Empire, 284—602. Norman, Okla, 1964.

EB.

OCD.

纳尔色斯(Narses,约卒于 606 年) 拜占庭将军。参加主要战争：干涉波斯（590—596 年）、波斯战争（603—610 年）；参加主要战役（战斗）：甘扎卡之战（591 年）、埃德萨之战（603 年）。

纳尔瓦艾斯，拉蒙·马里亚，瓦伦西亚公爵(Narvaez, Ramón Maria, Duke of Valencia, 1800—1868 年) 西班牙将军和政治家。参加主要战争：第一次卡洛斯战争（1834—1839 年）、西班牙内战（1840—1843 年）。

纳尔瓦艾斯 1800 年 8 月 5 日生于格拉纳达洛佳的一个显贵家庭。1815 年参军。1834 年当唐·卡洛斯起义后，站在摄政玛丽亚·克里斯蒂娜一方，成为最得力的皇家指挥官之一。1836 年升为准将。1838 年当选为国会议员。为反对巴尔多梅罗·埃斯帕特罗将军，在塞维尔发起兵变，失败后逃至直布罗陀，后到法国。1843 年 7—8 月发动政变成功，迫使埃斯帕特罗逃亡。1844 年早期，被授予瓦伦西亚公爵，并组建了政府。后失权，被任命为驻巴黎及维也纳大使，但拒不受命，遂于 1846 年被流放。1847 年返回西班牙，1847 年 10 月—1851 年 1 月领导政府的另一个部门，迫使新的卡洛斯派进行了许多公益改革。1851 年退出政界。此后，又几次临时当权（1856—1857 年，1864—1865 年，1866 年）。1868 年 4 月 23 日卒于马德里。

TM

参考：Clarke, H. B., Modern Spain, 1815—1898. Cambridge, 1906.

Ramos Oliviera, A., Politics, Economics, and Men of Modern Spain, 1808—1946. Translated by T. Hall. London, 1946.

EB.

WBD.

梨羽外吉(Nashiha〈Nashiba〉, Tokicki, 1850—1923 年) 日本海军上将。参加主要战争：中日甲午战争（1894—1895 年）和日俄战争（1904—1905 年）；参加主要战役（战斗）：鸭绿江之战（1904 年）和旅顺港围攻战（1904 年）。

拿骚-迪茨的路易伯爵(Nassau-Dietz, Count Louis of, 1538—1574 年) 荷兰将领。参加主要战争：八十年战争（1567—1648 年）、胡格诺战争（1562—1592 年）；参加主要战役（战斗）：海利赫莱之战（1568 年）、耶明根（埃姆登附近）之战（1568 年）、杜村之战（1569 年）、莫奥克海德（迪伦堡附近）之战（1574 年）。

路易 1538 年 1 月 10 日生于德国的迪伦堡，是威廉伯爵和尤莉娅娜·冯·施托尔贝格第三个儿子，“沉默者”威廉的小弟弟。1557 年 8 月 10 日，他步入军界，在驻圣康坦的神圣罗马帝国军队服役。当荷兰爆发资产阶级革命时，他支持其兄长，并于 1568 年 5 月 23 日率军在海利赫莱之战中击溃阿伦贝格伯爵约翰的西班牙军队。随后，他挥师向东北乘胜追击西班牙军队，7 月 21 日在耶

明根与阿尔发公爵费尔南多·阿尔瓦雷斯·德·托莱多指挥的西班牙军队遭遇，结果惨败，导致格罗宁根省失陷近30年。后来，他领导一支荷兰军队援助法国胡格诺教派。1569年10月3日指挥部分胡格诺派军队与天主教军队在杜村交战，新教军失败后，率军撤回荷兰。1572年4—7月间，他跟随威廉夺取佛兰德地区。该年5月，他指挥军队夺取了蒙斯城，但是面对阿尔发公爵军队强大的军事压力，不得不于9月放弃该城。1572年8—1573年10月间，西班牙军队向北继续推进时，他领导一支荷兰军队在威廉军队一翼与西军作战。1574年4月14日，荷兰军队在莫奥克海德之战被桑乔·德·阿维拉军队击败，他及其兄亨利被杀。

路易是个能干、值得信任的部将。他有勇无谋，是个非自立型的指挥者。

DLB

参考：Geyl, Peter, The Revolt of the Netherlands, 1559—1608. New York, 1958.
Oman, Sir Charles W. C., The Art of War in the Sitxteenth Century. New York, 1937.
ADB.

纳赛尔，贾迈勒·阿布杜尔（Nasser, Gamal Abd-al, 1918—1970年） 埃及将军和总统。参加主要战争：巴勒斯坦战争（1948—1949年）、西奈战争（1956年）、“六五”战争（1967年）；参加主要战役（战斗）：法卢贾围困（加特镇附近）战（1948—1949年）。

纳赛尔1918年1月15日生于上埃及南部艾斯尤特省贝尼穆尔的一个中产阶级家庭。1936年毕业于军事学院。他成为一个献身于埃及民族主义的军官集团的政治领袖。巴勒斯坦战争期间（1948年5月—1949年1月），他在法卢贾附近的战斗中负重伤。战后他感到理想破灭，于1952年7月发动政变，废黜了法鲁克国王，推举穆罕默德·纳吉布少将为名义上的领导人。1954年，在遭到一次未遂的暗杀图谋后，取代纳吉布成为名符其实的政府领导人。1954年他与英国谈判从苏伊士运河撤军问题。1956年7月对苏伊士运河公司实行国有化，引发了英国、法国、以色列在1956年10月29日—11月15日对埃及采取军事行动。虽然在苏伊士-西奈战役中，埃及受到了严重的挫折，军事上也失败了，但纳赛尔以及埃及的威望在阿拉伯世界中大大提高了。埃及在阿拉伯国家中享有的崇高地位，使其在1956年2月与叙利亚实现统一并成立了阿拉伯联合共和国（今名阿拉伯埃及共和国）。1961年叙利亚退出后，阿拉伯联合共和国解体。1967年春，紧张局势加剧，埃及向西奈调动部队，显然是准备应付战争。以色列对埃及发动了先发制人的空中打击和地面进攻，引发了“六五”战争（1967年6月5—11日）。以色列军队彻底击败了埃及、约旦和叙利亚军队。到停战时埃及军队被打垮，西奈半岛被以色列占领。1970年9月28日卒于心脏病。

ACD

参考：Dupuy, Trevor N., Elusive Victory: The Arab-Israeli Wars, 1947—1974. New York, 1978.
EB.

纳坦-列奥德（Natan-Leod，卒于508年） 不列颠统治者。参加主要战争：撒克逊人入侵（450—500年）和征服不列颠（500—600年）；参加主要战役（战斗）：纳特莱之战（508年）。

纳瓦罗，佩德罗，奥利韦托伯爵（Navarro, Pedro, Count of Oliveto，约1460—1528年） 西班牙将军。后期服役于法国军队。参加主要战争：土耳其-威尼斯战争（1499—1503年）、那不勒斯战争（1501—1503年）、征服北非战争（1508—1511年）、神圣同盟战争（1511—1514年）、第一次（1521—1526年）和第二次（1527—1530年）哈布斯堡-瓦卢瓦战争；参加主要战役（战斗）：凯法利尼亚岛之战（1500年）、卡诺阿斯之战（1502年）、塔兰托之战、切里尼奥拉之战和加里利亚诺之战（皆在意大利中部，1503年）、贝莱斯-德拉戈梅拉岩之战（1508年）、奥兰之战（1509年）、的黎波里之战（1510年）、拉文纳之战（1512年）、马林雅诺之战（1515年）、拉比科卡（米兰附近）之战（1522年）。

纳瓦罗约1460年生于龙卡尔的纳瓦雷斯河流域的加尔德地区。其早年生活情况不详。1485年之前在阿拉贡的卡迪纳尔·胡安军中服役了一段时间。后来在意大利充当雇佣队长，参与了围剿巴巴里土匪的行动。1499年受雇于贡萨洛·德·科尔多瓦，并参加了1500年围攻凯法利尼亚岛的战斗。战中，他巧妙地采用自己设计的炸雷炸毁了土耳其据点的城墙，率军攻占了该城。此后，随科尔多瓦进军那不勒斯，与法国人交战，先后守住了卡诺阿斯（1502年）和塔兰托（1503年）。他亲自监督了切里尼奥拉城防御工事的构筑，从而使科尔多瓦于4月28日在此战胜了奈穆尔公爵指挥的法军。12月29日在加里利亚诺河流域之战中西班牙军队取得大捷，纳瓦罗起了主要作用。1507年被封为奥利韦托伯爵，回到西班牙。后参加了斯门尼斯远征军，远征北非。1508年他用自己设计的浮动炮协助西班牙军队攻占了贝莱斯-德拉戈梅拉岩。在1509年西军攻取凯比尔港和奥兰的战役中，这种炮再次起了重要作用。1510年，他率西班牙军队征服了布日伊、阿尔及尔、突尼斯、特莱姆森和的黎波里。1511年当西法战争再起时，他回到意大利，在卡尔多纳总督拉蒙军中服役。此间，他设计制造了许多载有轻型野战炮的轻便马车。在1512年的战斗中，这些炮车被用于摧毁敌军的野战工事。尽管如此，在1512年4月11日的拉文纳战役中，西班牙-神圣罗马教廷军队还是败在加斯顿的富瓦指挥的法军手里，纳瓦罗被俘。斐迪南五世拒绝赎回他，最终使之加入了法国弗朗西斯一世国王的军队。1515—1516年，他随法军参加了反对米兰的战

N

争。在 1515 年 9 月 13—14 日的马林雅诺血战中，他一直在弗朗西斯身边战斗，抗击瑞士人。1522 年 4 月 27 日，他随法军参加了拉比科卡之战。翌年初，西班牙军队夺得热那亚时，他又被西军俘获。1526 年 1 月 14 日《马德里条约》签订后，他才被释放，重新加入了法国军队。1527 年随法国远征军征战意大利时，再次被俘。1528 年卒于那不勒斯的新堡监狱中。

纳瓦罗是一位天才的能干的军事家。他可能是当时最杰出的军事工程师。

AL

参考：Diccionario de historia de España. 4 vols. Reprint, 1968—1969.
Oman, Sir Charles W.C., The Art of War in the Sixteenth Century. New York, 1937.
Taylor, Frederick Lewis, The Art of War in Italy, 1494—1529. Cambridge, 1921.
EB.

奈温（Ne Win，生于 1911 年） 缅甸将军和政治家。参加主要战争：第二次世界大战（1941—1945 年）。

奈温 1911 年 5 月 24 日生于卑谬。曾在仰光大学学习，1930 年即将获学位时离校。先在邮局工作，后来成为德钦（我缅人）党党员和民族主义“三十名同志”之一。1943—1945 年，以日军上校军衔任缅甸国民军指挥官。后由于对盟友失去信心而放弃了他们的事业，转而倒向盟军，于 1945 年加入缅甸爱国军。战后，任缅甸第四步枪队队长。1947 年缅甸独立后任议会议员。1948 年晋升为准将。1949 年晋升为少将。1949—1950 年，担任过短时期的副总理。不久就卷入了缅甸无休止的种族动乱中（1950 年至九十年代初）。1956 年晋升为上将。1958 年通过军事政变成为总统。1960 年，在大选中由吴努接替其职，但经过 1962 年的一次不流血政变，又重新执政。1962—1981 年任缅甸总统期间，试图推行他的“缅甸式社会主义”的政策，但成效甚小，遭吴努和共产党的反对。1981 年辞去总统职务，但仍试图对政府施加相当大的影响和控制。1988 年 7 月，由于发生大规模内乱，辞去了缅甸社会主义党党内的职务。

BAR

参考：Bunge, F. M., Burma: A Country Study. Washington, D.C., 1983.
The International Who's Who, 1986—1987. London, 1986.
Maring, J. M. and E. G., Historical and Cultural Dictionary of Burma. Metuchen, N.J., 1973.

奈阿尔科斯（Nearchus，约卒于公元前 312 年） 在马其顿服役的克里特舰队司令。参加主要战争：征服波斯（公元前 334 年—前 330 年）、入侵中亚（公元前 330 年—前 327 年）、入侵印度（公元前 327 年—前 326 年）、“迪亚多奇”（继承者）战争（公元前 323 年—前 280 年）；参加主要战役（战斗）：加沙之战（公元前 312 年）。

奈阿尔科斯生于克里特，其出身和生日不详。在马其顿菲利普二世的宫廷中服务期间成为亚历山大的密友。公元前 337 年，因支持亚历山大同卡里亚人结婚而被菲利普二世流放。公元前 334 年亚历山大侵入小亚细亚之后，被任命为吕底亚（土耳其西南角）总督，负责阻止波斯人从该地区登陆；公元前 329—前 328 年，率领部队增援在巴克特里亚（大夏）作战的亚历山大。公元前 326 年印度战役之后，他负责在印度河口组建一支舰队。公元前 325—前 324 年，率领这支舰队从印度河口出发，航行至接近底格里斯河和幼发拉底河河口的阿纳马西斯河。有关其在印度及波斯航行的详细记载现已佚失，但在阿里安和斯特拉博等人的书中有大段的摘录。“迪亚多奇”（继承者）战争期间支持安提柯一世。公元前 312 年，劝说安提柯之子德米特里不要在加沙作战，未被接受，结果在随后发生的战斗中被杀。

奈阿尔科斯是亚历山大手下所有将军中唯一的一位海军专家，他正直、忠诚，但由于他是克里特人的后代，马其顿人对他怀有戒心，这使他非常痛苦。

CLW

参考：Pearson, L., The Lost Histories of Alexander the Great. New York, 1960.
EB.
OCD.

纳尔逊子爵，霍雷修（Nelson, Horatio, Viscount, 1758—1805 年） 英国海军上将。参加主要战争：美国独立战争（1775—1783 年）、法国大革命战争（1792—1799 年）和拿破仑战争（1800—1815 年）；参加主要战役（战斗）：圣文森特角海战（1797 年）、阿布基尔湾之战（1798 年）、哥本哈根之战（1801 年）、特拉法尔加角海战（1805 年）。

纳尔逊 1758 年 9 月 29 日生于诺福克郡伯纳姆瑟尔波（诺福克伯纳姆市场附近），是一牧师之子。在诺威奇、唐汉姆及北威尔谢姆接受教育。1770 年参加海军，在其叔父莫里斯·苏克林上校的“拉莫埃伯”号船上服役。1771 年在苏克林的新船“胜利”号上服役。1771—1774 年随大西洋探险队赴西印度群岛，1774—1776 年乘“海马”号驶往东印度群岛。此后曾在“伍斯特”号临时服役。1777 年被任命为上尉后，转入“劳埃斯特福”号，在西印度群岛服役。任命为“獾”号舰长之后不久，又于 1779 年任“新奇布鲁克”号舰长。在同尼加拉瓜的圣·胡安·德尔·诺尔特作战期间，发烧生病，于 1780 年回家静养。此后指挥“阿尔贝马勒”号在北方巡弋，完成任务后重返西印度群岛，在那里同胡德勋爵和后来的威廉四世相遇，1783 年《凡尔赛条约》签订后，指挥“伯利兹”号在西印度群岛服役。1787 年 3 月 11 日同弗朗西斯·尼丝贝特结婚，但后来对她不好。1787—1793

年领半薪休养。同法国的战争爆发后，于1793年2月7日被任命为有64门炮的"阿加曼诺恩"号战列舰舰长，1793年6月率该舰隶属海军上将胡德在地中海服役。9月在那不勒斯同英国大使夫人埃马·拉迪·汉密尔顿相遇。此后在科西嘉附近作战，1794年5月参加巴斯蒂亚之战，6月—8月10日，又在卡尔维附近作战，在后一次作战中，右眼失明。1795年3月14日，在海军上将威廉·霍桑的领导下，参加了有决定意义的热那亚之战，此后，在意大利的里维拉作战，攻击法国驻意大利军队的交通线。当西班牙卷入战争并站在法国一方后，英国海军上将约翰·杰尔维斯爵士撤出地中海，但派纳尔逊领两艘战舰将英国驻厄尔巴守军撤空（1796年12月—1797年1月）。杰尔维斯升纳尔逊为准将，在1797年2月14日著名的圣文森特海角大捷中，纳尔逊起了重要作用。随后，纳尔逊单独行动，封锁逃跑的西班牙舰队部分舰船，并缴获两艘。晋升为海军少将，并授予他荣誉勋章。1797年春，封锁卡迪兹，1797年7月24日，冒险进攻圣克鲁兹·德·特尼利夫，没有成功，自己却失去了右臂。伤愈后，于1798年4月30日再同圣文森特伯爵杰尔维斯会师于直布罗陀海域。5月2日，受命指挥一支舰队前往土伦，以侦探法军海上及陆上的军事动向。5月20日，遇大风暴的袭击，他的旗舰"先锋"号（74门大炮）受到严重破坏。修复后，再回土伦，发现法军已撤走。后来，海军准将特鲁布里奇率领十多艘帆船加入到纳尔逊的舰队，一同去地中海艰难地搜索法军舰队，1798年8月1日终于发现了在阿布基尔湾由海军上将布鲁埃率领的法国舰队（该舰队此前已护送拿破仑军队至埃及）。纳尔逊向法军发起突然进攻，尽管特鲁布里奇的"库罗登"号沉没，英军也有900人伤亡（纳尔逊再次受伤），但法军舰队中的13艘大型战舰中仅2艘逃脱了被俘或摧毁的厄运，4艘护卫舰中的2艘也被摧毁。这次胜利巩固了英军对地中海的控制，从而决定了拿破仑军队在埃及的命运。此时，已成为男爵的纳尔逊于9月22日抵达那不勒斯，以支援那不勒斯人同法军作战。由于战役不顺利，纳尔逊于1799年1月下旬将皇家成员撤至巴勒莫并继续封锁那不勒斯及马耳他。1794年6月，当纳尔逊将法军驱逐出那不勒斯后，又将皇家成员运回那不勒斯。在这些作战中，海军上将基思（杰尔维斯的后任）曾命令纳尔逊前往密诺尔加以保护受到威胁的英军基地，然而这些威胁根本不存在，当得知密诺尔加很安全后，纳尔逊拒绝执行基思的命令，从而遭到了基思的严厉训斥。1800年1月20日，纳尔逊与基思在利沃诺会师。不久受命返回伦敦，伴随威廉爵士和拉迪·汉密尔顿在陆路旅行。1801年1月1日，被提升为海军中将，任命为海军上将海德·派克爵士领导的舰队的副指挥。在艰苦的哥本哈根之战中，他于4月2日拒绝了派克令其停止继续作战的命令（他把望远镜架在他的瞎眼上，以表明他没有"看到"任何信号）。在取得胜利后，丹麦人同意休战。5月，当派克被召回国后，由纳尔逊继任该舰队司令，后因病，同时战争到6月也已结束，纳尔逊返回国内。1801年8月15日，在企图摧毁入侵的驳船时被击退到包罗格尼。1802年3月27日—1803年5月16日，当《亚眠和约》签订后，同汉密尔顿生活在苏尔里。英法战争重开后，被召指挥地中海舰队，到达土伦港海域后，于1803年6月开始封锁。在恶劣天气的掩护下，法军舰队在海军上将皮埃尔·查理·维尔纽夫的指挥下逃出土伦。在确信法军舰队驶往西印度群岛方向后，纳尔逊驶至西印度群岛后又折回，以搜索法西联合舰队（4—8月）。在卡迪兹他发现了法西舰队。10月18日，法西舰队企图进入地中海，以帮助法军去意大利的作战，纳尔逊早已作好准备，于1805年10月21日在特拉法尔加海角与之相遇。纳尔逊乘"胜利"号旗舰，率领由20艘舰船组成的一路纵队向西班牙-法国舰队的中央进攻，与此同时，海军中将库斯贝尔·科林伍德也乘"皇家霸权"号旗舰率领由15艘船组成的一路纵队从南部向中央冲击，在两路纵队的冲击下，法西舰队的秩序大乱，混战中，1艘法舰被击沉，8艘法舰和9艘西班牙舰被缴。纳尔逊也因过于靠近敌旗舰，而被一神射手射中，几小时后便死去。

纳尔逊是一位有着非凡能力的海军官员。他灵活、坚定、勇敢、敏捷。他是一流的战术家。他将其战略和战术计划以及思想让下属通晓以使其积极参战及合作。他还使士兵增强自信、能力。他爱虚荣和自夸的毛病也因其非凡的领导才能得到了原谅。他可能是英国历史上最伟大的海军上将之一。

DLB

参考：Bennett，G.，Nelson the Commander. London，1793.

Corbett，Sir Julian C.，The Campaign of Trafalgar. London，1910.

Navy Records Society，Publication No. 100：Nelson's Letters to his Wife and Other Documents. N. d.

Nicolas，Sir Nicholas Harris，Dispatches and Letters of Nelson. 7 vols. London，1844—46.

Oman，Carola，Nelson. London，1947.

Southey，Robert，Life of Nelson. Edited by E.，R. H. Harvey. Reprint，London，1953.

Warner，Oliver，Nelson. London，1975.

纳尔逊·威廉（Nelson，William，1824—1862年） 美国海军上将。参加主要战争：美墨战争（1846—1848年）和美国内战（1861—1865年）；参加主要战役（战斗）：维拉克鲁兹之战（1847年）、夏伊洛之战（1862年）和里士满之战（肯塔基州，1862年）。

纳尔逊1824年9月27日生于肯塔基州的梅斯维尔附近。1840年1月成为海军中的军官学校见习生。在围攻维拉克鲁兹的战役中指挥一个连（1847年3月9—27

日)。战后于1854年9月晋升军士长，1855年4月晋升为中尉。1858年指挥在地中海的美国战舰“尼亚加拉”号船，携271名从“回声”号奴隶船上解救出来的奴隶返回非洲。内战爆发时在华盛顿，被派调查肯塔基州的情况（1861年4月）。在那里，开始组织一个支持联邦军的民兵组织，即国民卫队，以此来对抗西蒙·B.巴克纳将军的联盟军民兵组织。7月晋升为少校。9月退出海军现役接受志愿军准将的任命。在东肯塔基指导了几个月兵员征募后，1862年初指挥唐·卡洛斯·比尔将军俄亥俄军团的第四师。其部队第一个到达夏伊洛援救乌利斯·辛·格兰特将军处于危境之中的部队（4月6日夜）。5月参加攻占密西西比州的科林思的作战行动。7月晋升为志愿军少将。返回肯塔基州重组部队，8月30日在里士满战役中被埃德蒙·柯比·史密斯将军指挥的一支力量更为强大的南部同盟军部队击败。9月指挥路易维尔防御战役。惩戒杰弗逊·C.S.戴维斯将军后不几天，两人交接班期间，戴维斯开枪打死了手无寸铁的纳尔逊（1862年9月29日）。

KH

参考：WAMB.

奈穆尔公爵，路易·德·阿马尼亚克（Nemours, Louis d'Armagnac, Duke of, 1472—1503年） “阿马尼亚克家族的最后一人”。法国将军。参加主要战争：加罗林王朝战争（1494—1495年）、那不勒斯战争（1501—1503年）；参加主要战役（战斗）：切里尼奥拉之战（1503年）。

路易·德·阿马尼亚克生于1472年，是法国大贵族阿马尼亚克家族的幼子。1477年他父亲雅克因被诬有叛国罪而处以极刑。路易和他的兄弟们受到路易十一世的残酷虐待。查理八世时代，被平反昭雪。1494年9月—1495年8月他勇敢地追随查理八世远征意大利。1500年他哥哥让去世，路易承继兄位，成为奈穆尔公爵。1502年国王路易十二世任命他为那不勒斯总督，将欧比尼的领主贝尔纳·斯图亚特降为那不勒斯的部将。为此贝尔纳怀恨在心，暗中叛变。当贝尔纳在卡拉布里亚策反独立时，他贸然出征，攻击贡萨洛·德·科尔多瓦领导的西班牙军队，1503年在阿普利亚的巴列塔围攻贡萨洛军。但是，这时贡萨洛已由海上从德国得到援军，并指挥西班牙军队从巴列塔出击，于1503年4月28日攻占了切里尼奥拉外围的一处具有坚固工事的防御阵地，等待着他的反攻。在战时临时委员会会议上，他建议进攻推迟到第二天再发起，但他的建议却遭到一些下属们的反对，说这是不忠、怯懦的表现，他被这些话激怒，下令进攻。法军没有事先侦察，结果被埋伏在战壕中的西班牙火绳枪手阻击，他被打死。当西班牙军队发起反击时，法军溃败而逃。几乎同时，在4月21日的第二次塞米纳拉（帕尔米附近）战斗中，贝尔纳指挥的法军也被击败，从而使法国人被逐出那不勒斯。

奈穆尔公爵作战非常勇敢，但是贡萨洛用兵战略确实比他略高一筹。奈穆尔公爵可能是第一位被火枪打死的将军。

CCJ

参考：Giovio, Paolo, La vita de gran capitano e del marchese di Pescara. Reprint, Bari, 1931.
Jacob, Paul L., ed., Chroniques de Jean d'Auton. 4 vols. Paris, 1834.

尼禄，盖尤斯·克劳狄乌斯（Nero, Gaius Claudius，作战时间：公元前214—前199年） 罗马执政官。参加主要战争：第二次布匿战争（公元前219—前202年）和第二次马其顿战争（公元前200—前196年）；参加主要战役（战斗）：诺拉之战（公元前214年）、卡努西乌姆之战（公元前209年）和米陶拉斯之战（公元前207年）。

尼禄的出生日期及早期生涯不详。作为一名骑兵指挥官，他在诺拉之战（公元前214年）中，因未能执行马可·克劳狄乌斯·马塞卢斯的命令而受到非难。作为执掌军权的副执政官和摄政官，随同执政官参加了围攻加普亚的战斗（公元前212—前211年）。奉命指挥驻西班牙的部队，但功绩甚少（公元前211—前210年）。在西班牙以智战胜汉尼拔的兄弟哈斯德鲁拔，只是因为哈斯德鲁拔被欺骗，才使其得以逃脱（公元前210年）。在卡努西乌姆之战中（公元前209年），再次听命于马塞卢斯的指挥。公元前207年被选为执政官。在康帕尼亚再一次对汉尼拔发动进攻，并取得一定的胜绩。对汉尼拔将增援部队从西班牙调至意大利感到忧虑（公元前207年初期）。为了与其同伴马可·李维·萨利纳托会合，他率其精锐部队的6000士兵强行向北挺进，在米陶拉斯河击败哈斯德鲁拔的部队（公元前207年）。因为这些成功，罗马在战争中取得了决定性胜利，他和萨利纳托受到广泛的赞誉，并被任命为监察官（公元前204年），但他俩的关系恶化，以至于其所为导致了一出丑闻。作为罗马特使，谒见马其顿国王菲利普五世，然而这导致了第二次马其顿战争（公元前201—前200年）。其死亡日期不详。

尼禄是一位有卓越才能的指挥官，但其许多同事认为他易感情冲动。他组织的向米陶拉斯强行进军绝妙无比，并取得了辉煌的成功。他是汉尼拔的对手中两个最优秀的罗马将领之一（另一个是西庇阿），一些权威人士甚至认为他较西庇阿更为优秀。

CLW

参考：Dorey, Thomas A., and D. R. Dudiey, Rome Against Carthage. London, 1971.
Polybius, Histories.

奈，米歇尔，德·拉·莫斯科瓦亲王，埃尔金根公爵（Ney, Michel, Prince de la Moskova, Duke of Elchingen, 1769—1815年） “最勇敢的红脸斗士”，法兰西帝国元帅。参加主要战争：法国大革命战争（1792—1799年）和拿破

N

仑战争（1800—1815 年）；参加主要战役（战斗）：内尔温登之战（在列日附近，1799 年）、霍恩林登（在慕尼黑附近）之战（1800 年）、埃尔金根之战（1804 年）、耶拿之战、马德堡之战（1806 年）、埃劳之战、古特施塔特之战、弗里德兰之战（1807 年）、卡尔迭罗之战、布萨卡之战（1810 年）、特拉斯维德拉斯之战（1810—1811 年）、1812 年的斯摩棱斯克、博罗迪诺、莫斯科及别列津纳之战、1813 年的魏森弗尔斯之战、吕岑之战、包岑之战、邓讷维茨之战及莱比锡之战、1814 年的法国战役、奎特里布拉斯之战（1815 年）、滑铁卢之战（1815 年）。

奈 1769 年 1 月 10 日生于阿尔萨斯的萨尔路易斯，是啤酒桶修理厂主彼得·奈之子。开始学习啤酒桶修理，但于 1787 年 12 月参加了第五骑兵团。事实证明，奈是一位优秀的骑手、勇敢的剑客。他的优点很快受到其上司的重视，并得到迅速提拔。1792 年被任命为驻瓦尔米军的中尉，第二个月到任。后在杜木里埃手下服役，随北方面军参加 1792 年的耶拿佩斯之战。1792 年 10 月—1793 年 7 月，任克兰德将军副官，1794 年 4 月 12 日升为上尉。1794 年转入萨布里-埃特-梅塞方面军，在美因茨包围战中肩部受伤。由于他作战异常勇敢，执政官授予他准将军衔（1796 年 8 月 15 日）但他不愿意接受。1797 年 4 月 19 日夺取吉尔赫堡之战的胜利，但第二天被奥地利军队生俘。两个星期后，霍克将军通过交换把奈释放出来。1799 年 3 月升为少将，此次他再次试图拒绝。1799 年 5 月 4 日转入马森纳的多瑙河及瑞士军团，指挥轻骑兵。5 月 27 日参加温特瑟尔之战，作战中三次负伤，一次伤腿，一次伤脚，一次伤手。被迫辞去职务后，转入莱茵军团，在穆罗手下供职，1800 年 12 月在霍恩林登之战中大显身手。1802 年 1 月 1 日，得到拿破仑的器重，担任全法国骑兵总督察长。在拿破仑和约瑟芬的极力撮合下，于 8 月 5 日同阿格里·奥古丽成婚，第二个月便任法驻瑞士军队总司令兼外交官，以应付可能发生的叛乱；返回法国后，任驻坎佩尼及蒙特里尔军团司令，以应付英国的入侵。1804 年 5 月 19 日升为元帅。在乌尔姆战役中，指挥第十一军在埃尔金根切断由默克将军率领的奥地利军队的撤退路线，他身先士卒，冲过通向该城的大桥（1805 年）。入侵提罗尔，11 月攻占因斯布鲁克。1806 年在耶拿战役发起前，他几乎被分割包围，迫使皇帝前来救援，随后在未作好准备的情况就参加了战斗。此后在追击被打败的俄军途中，奈占领了埃尔富特，并迫使马德堡要塞守军投降。在 1807 年 2 月 8 日的埃劳之战中，虽然奈率领的第六军没有完全参战，仍然极大地提高了法军的士气。从 3 月—5 月，他坚守古特施塔特一线，顶住了五倍于己的奥地利军队的强大攻势。在弗里德兰之战中，奈的第六军担任右翼。当接到拿破仑发出的命令："跑步前进！迅速拿下该城并控制城后的桥梁！"后，奈于下午 5 时 15 分以难以置信的凶猛发起了强攻，据当时参战的一个副官称，奈此时表现得"像是战神的化身"。1808 年 6 月 6 日被封为埃尔金根公爵。1808 年率第十一军赴西班牙作战，并取得了一系列作战的胜利。1810 年在马森纳手下转战葡萄牙，同年攻占罗德里戈。1810 年在布萨卡之战中伤亡惨重。1811 年，在从特拉斯维德拉斯防线撤退中，因不服命令被马森纳撤职。返回法国后指挥包罗格尼守军。1812 年入侵俄国期间，指挥第三军。在克拉斯诺耶之战中胫部受伤，但仍然忍着伤痛坚定地参加了 1812 年 8 月 18 日的斯摩棱斯克之战。在博罗迪诺之战中，指挥中央部队，经几个小时的激烈强攻，他与穆罗最终拿下该城。从莫斯科后撤（12 月 1—15 日）期间，担任后方保卫部队，以其巨大的勇气和卓越的战术技巧赢得崇高的声望，并获"最勇敢的红脸斗士"的绰号（朗恩也分享其绰号）。开始撤退时，有 1 万军队，等到撤到古塞瓦时仅有 200 人。奈是最后一位离开俄国的法国人。1813 年 3 月 25 日，被封为德·拉·莫斯科瓦亲王。在 1813 年德国的莱比锡战役中，率第三军于 5 月 1 日在魏森弗尔斯作战。5 月 2 日，在吕岑之战中腿部再次负伤。5 月 20—21 日的包岑之战中指挥左翼，此战中，由于他行动迟缓及缺乏骑兵，未能完成对布吕歇尔所部普鲁士军队的包围。在 9 月 6 日的邓讷维茨之战中，遭贝纳多特的瑞典军队的突然进攻和包围，损失近 1 万人，后撤至埃尔贝。在 10 月 16—19 日的莱比锡之战中，他指挥该城北部的所有军队，尽管士气低落，他也损失了两匹战马，肩部被射中，仍坚持战斗三天。在 1814 年的法国战役中，参加了所有重要战斗，后来，他作为元帅的代言人，于 1814 年 4 月 4 日要求拿破仑退位。归顺路易十八后，任第六军区司令官兼贝萨坎总督。他还被封为法国贵族，授圣路易勋章。1815 年 3 月 1 日，当拿破仑在格尔菲胡安登陆返法时，奈受命阻止拿破仑进入法国，并发誓："用铁笼将拿破仑押回巴黎！"。然而，他却同皇帝一起于 3 月 18 日凯旋巴黎。在进入比利时的北方面军中，奈担任左翼指挥官，1815 年 6 月 15 日在奎特里布拉斯同惠灵顿交战。后同拿破仑会师。参加 6 月 18 日的滑铁卢之战，作战中奈任战场指挥。当一位将军后撤时，他误以为是恐慌的骑兵队后撤，遂率领大量骑兵发起了四次冲锋，冲锋中，他的坐骑换了五次，但因没有足够的步兵支援而全部失败了。他摘掉帽子，光着脚，脸被炮火熏得焦黑，扔掉肩章，率部属向敌军发起了最后的冲锋，但再次失败。法军后撤，仅仅留下了奈，据称他是在战场上的最后一位资深的官员，奈大声吼道："过来吧！看一看一个法国元帅是如何死的！"。奈没有被杀，它返回法国退役，8 月 3 日被波旁王朝逮捕，押送巴黎，12 月 4 日在许多元帅面前接受审讯。12 月 6 日被判有罪后，于 1815 年 12 月 7 日在卢森堡戈登附近被枪杀，并允许由他自己下令开火。

奈是一位理想的军团指挥员及后方保卫专家。他难以置信的勇敢无畏赢得了其士兵的爱戴，自然，其敌人对他十分畏惧。但他在最后几年的表现毫无疑问受到了俄国战役痛苦经历的影响，因而犯了许多错误。滑铁卢

战役的失败尽管不是他的全部责任，但也负有重要责任。

VBH

参考：Chandler, David G., The Campaigns of Napoleon. New York, 1966.

——, Dictionary of the Napoleonic Wars. New York, 1979.

Delderfield, R. F., Napoleon's Marshals. New York, 1962.

Esposito, Brig. Gen. Vincent J., A Military History and Atlas of the Napoleonic Wars. New York, 1964.

Horricks, Raymond, Marshal Ney-The Romance and the Real, New York, 1982.

Humble, Richard, Napoleon's Peninsular Marshals. New York, 1973.

尼斯福鲁斯二世·福凯斯（Nicephorus Ⅱ Phocas, 912—969 年） 拜占庭皇帝。参加主要战争：东部战争（956—969 年）、与保加利亚人的战争（966—969 年）；参加主要战役（战斗）：阿达纳战役（964 年）、塔尔苏斯战役、安条克战役和阿勒颇战役（969 年）。

尼斯福鲁斯二世生于 912 年，是卡帕多西亚（土耳其中部）的福凯斯家族的后代。约在 940 年，他被皇帝君士坦丁七世任命为东部边境地区的指挥官。956—960 年，尼斯福鲁斯将穆斯林从安纳托利亚赶走，然后对叙利亚的纵深地带发动了一系列入侵战争。960—961 年，在新皇帝罗梅纳斯二世的指挥下，他率领军队征服克里特。这是一次著名的战斗，在这次战斗中，尼斯福鲁斯让士兵在船上放上梯子，使骑兵直接冲到对方的岸上。961—963 年，尼斯福鲁斯率军入侵奇里其亚（土耳其南部）和叙利亚，暂时夺取了阿勒颇。罗梅纳斯去世后，尼斯福鲁斯同其遗孀狄奥法玛结婚，成为与罗梅纳斯幼子巴西尔二世及君士坦丁的共治皇帝。尼斯福鲁斯此时再次把眼光转向东部。964 年，占领阿达纳。又于 965 年，夺取塔尔苏斯。最后，尼斯福鲁斯终于在 966 年将整个奇里乞亚置于拜占庭的统治之下。这时保加利亚要求拜占庭赔款，结果引起尼斯福鲁斯的愤恨，他让手下将军们继续在东部的战争，自己返回君士坦丁堡。966 年，尼斯福鲁斯率领一支军队从陆地进入保加利亚，同时让斯维亚托斯拉夫大公率领罗斯舰队从海上入侵，一起征服了保加利亚，并瓜分之。969 年，尼斯福鲁斯返回东部，入侵叙利亚，占领了安条克和阿勒颇，迫使埃及的法蒂玛哈里发求和。969 年 12 月 10—11 日，尼斯福鲁斯二世被约翰·齐米斯西斯杀死在床上。

尼斯福鲁斯二世是一位精力旺盛、果断勇敢的指挥官，是拜占庭帝国皇帝中最为成功的军事家之一。

BAR

参考：Ostrogorsky, George, A History of the Byzantine State. Translated by Joan Hussey. New Brunswick, N.J., 1969.

Schlumberger, G., Un empereur byzantin au Xe siècle: Nicèphore Phocas. 1890. Paris. 1923.

EB.

EMH.

尼古拉斯（尼古拉·尼古拉耶维奇·罗曼诺夫）大公（Nicholas〈Nikolai Nikolaevich Romanov〉, Grand Duke, 1856—1929 年） 俄国将军。参加主要战争：俄国-土耳其战争（1877—1878 年）和第一次世界大战（1914—1918 年）；参加主要战役（战斗）：波兰战役（1914—1915 年）和高加索战役（1915—1917 年）。

尼古拉斯 1856 年 11 月 18 日生于圣彼得堡，其父是尼古拉·尼古拉耶维奇大公，其兄是沙皇亚历山大二世。1872 年参加陆军，俄国-土耳其战争期间（1877 年 4 月 24 日—1878 年 3 月 3 日）任其父亲——俄军总司令的参谋。后来参加近卫骠骑兵团，1884 年升任近卫骠骑兵团团长。1895 年被任命为骑兵总监，任该职长达十年。他引入新的训练方法和装备，提高俄军骑兵部队的现代化水平。1905 年被任命为圣彼得堡军区司令，积极运用现代方法，尤其是吸收日俄战争中的经验，提高训练效果。1905—1908 年任帝国国防委员会主席。1909 年当弗·亚·苏霍姆利诺夫任陆军大臣后，苏霍姆利诺夫解散了委员会。1909—1914 年间苏霍姆利诺夫负责制定与德国和奥匈可能发生的战争计划，并为之做准备。尽管尼古拉斯表现出较好的才能，但苏氏并不和尼古拉斯磋商。第一次世界大战爆发时（1914 年 8 月），沙皇尼古拉二世迫于公众的压力，以及大臣们的建议，任命尼古拉斯大公为俄军总司令。尽管俄军的战前准备并不充分，但他仍然取得一些成功，他注重效能的热忱使俄军有了较好的表现，并使俄军从坦伦堡的灾难中恢复过来。随着奥德军取得春夏季攻势的胜利（1915 年 4—9 月），9 月 5 日沙皇（他对其叔父蔑视拉斯普廷很不满）亲自担任俄军总司令，9 月 24 日尼古拉斯被派往南部指挥高加索战线。尼古拉斯给该地区的俄军带来了生机，他采取的攻势取得一些成功，在其能干的下属尤登尼奇和普里瓦尔斯基将军的协助下，他在亚美尼亚发动的进攻夺取了埃尔祖鲁姆的要塞埃尔津詹（1916 年 2 月 13—16 日），以及特拉布松古堡（4 月 18 日）。6—8 月击退了土军的反攻，并使之伤亡惨重。沙皇被废黜之前再次任命他为俄军总司令，但仅过了 24 小时他即被格·叶·李沃夫亲王免职（1917 年 3 月）。1917—1919 年住在克里木地区。1919 年 3 月乘英国巡洋舰离开苏俄去法国，在法国度过其余生，1929 年 1 月 6 日卒于昂蒂布。

尼古拉斯大公高大魁梧、仪表堂堂，他机智、热情而且能干。不仅是一位熟练的管理者，而且是一位充满生机和讲求效率的战场指挥官，这正如他在高加索战场上的表现。他的去职是大战期间俄军最大的不幸，他的缺阵有助于德军和奥军获胜。

DLB

参考：Danilov, Yuri N., Le premier généralissime des armées russes, le grand duc Nicolas. Paris, 1937.
Hayes, Grace P., World War Ⅰ: A Compact History. New York, 1972.
Pares, Bernard, The Fall of the Russian Monarchy. London, 1939.

尼西亚(Nicias,卒于公元前413年) 雅典将军，参加主要战争：伯罗奔尼撒半岛战争（公元前431—前404年）；参加主要战役（战斗）：皮洛士-斯法克特里亚岛之战（公元前425年）、基希拉岛之战（公元前424年）、锡拉库萨远征（公元前415—前413年）。

尼西亚生于一个富有的雅典家庭，出生日期不详。公元前427年，他占领了一个远离海岸的小岛并封锁了尼萨亚港（迈加拉）。公元前425年，他将在皮洛士的雅典军队的指挥权转交给克里昂，然后俘获了斯巴达的军队，翌年，在柯林斯远征中又立战功，同时夺取了斯巴达的基希拉岛，因此名声大噪。尼西亚在政治上是一个温和主义者，希望斯巴达长治久安，故没有参与雅典在德里翁以失败告终的战争（公元前423年）。到公元前422年克里昂和布拉希达斯阵亡后，他才得以实施其所谓的“尼西亚和平”（公元前421年春）。因此他和斯巴达结盟，以确保永久和平的努力不被亚西比德阻挠。公元前421年他被任命为西西里远征军的司令，实在有违他的和平意愿，在拉马科斯去世和亚西比德被召回之后，他单独率军，以致不能完成筑墙围城的工程（公元前415—前414年），兵败阵亡（公元前413年）。

尼西亚是一位谨慎的将军，政治上的温和主义者，也是一位保守、正统的宗教信徒；他的懦弱和优柔寡断，应对雅典在锡拉库萨的失败负主要责任。

聂荣臻(Nie Rongzhen,1899—1992年) 中国元帅。参加主要战争：反“围剿”战争（1930—1934年）、长征（1934—1936年）、抗日战争（1937—1945年）、国共战争（1945—1949年）；参加主要战役（战斗）：南昌起义、广州起义（1927年）、平型关战役（1937年9月）、雁宿崖之战（1939年）、黄土岭之战（1939年）、百团大战（1940年）、平津战役（1949年）。

聂荣臻1899年生于四川省江津县。1919年底赴法国勤工俭学，曾任旅欧社会主义青年团执行委员会委员、训练部副主任。1924年10月入莫斯科劳动者共产主义大学学习，后转入苏联红军学校学习军事。1925年8月回国后，任黄埔军校政治部秘书兼政治教官，并为中共广东区委军委特派员。北伐战争中任军委特派员、中共湖北省委军委书记。1927年参加领导南昌起义，起义准备阶段被指定为中共前敌军委书记，后任第十一军党代表。同年12月，参与领导广州起义。后曾在中共广东省、顺直省、中共中央特科和中央军委工作。1931年12月到中央革命根据地，先后任中国工农红军总政治部副主任、第一军团政委。1934年10月率部参加长征。1935年1月参加遵义会议，支持毛泽东的正确主张。之后，任中央先遣队政委、红一军团政委。抗日战争时期，先任八路军第一一五师副师长、政委，参与指挥平型关战斗，首歼日军板垣师团。后任晋察冀军区司令员兼政委，领导开创了晋察冀敌后抗日根据地。1939年冬指挥雁宿崖、黄土岭战斗，歼灭大量日军，击毙被日军称为“名将之花”的阿部规秀中将旅团长，狠狠打击了日寇的嚣张气焰。1940年组织部队参加百团大战。领导晋察冀军民粉碎了日军的频繁“扫荡”、“蚕食”和“清剿”。国共战争（1945—1946年）中，任晋察冀军区司令员、华北军区司令员。1949年1月任平津前线总前委委员，旋任平津卫戍区司令员、北平（同年改名北京）市市长兼军管会主任。1955年被授予元帅军衔。中华人民共和国成立后，历任中国人民解放军副总参谋长，代总参谋长，人民革命军事委员会副主席，国务院副总理兼科学技术委员会主任、国防科学技术委员会主任，全国人民代表大会常务委员会副委员长，中共中央军事委员会副主席。1992年5月14日逝世于北京。

CSP

参考：Chenshiping, the Events of the world wars, Taiyuan, 1994

聂士成(Nieh Shih-ch'eng，卒于1900年) 中国清末将领。参加主要战争：镇压义和团运动（1899—1901年）；参加主要战役（战斗）：杨村之战（北京附近，1900年）。

聂士成是安徽合肥人，淮军将领，早年参与镇压捻军和太平军。1894年在朝鲜曾痛击日军。在帝国生涯的军事和地方事业取得显著战功后，指挥直隶省荣禄的武卫前军（1898年）。虽然其军队不如袁世凯的北洋军训练有素、装备优良，但1900年初，他对义和团运动采取了凶猛的进攻行动。尽管此举遭到朝廷中支持义和团运动派别的谴责，但他一如既往，杀害和俘获了大批起义者。援救在北京的被包围的外国使馆的第一次努力被挫败，在天津杨村战斗中击退了E.H.西摩尔将军指挥的一支2000人的殖民侵略军的进攻（1900年6月26日）。不久于1900年7月在北京附近的战斗中被八国联军杀害，此后其部队的战斗力急剧降低。

PWK

尼米兹，切斯特·威廉(Nimitz, Chester William, 1885—1966年) 美国海军五星上将。参加主要战争：第一次世界大战（1917—1918年）、第二次世界大战（1941—1945年）；参加主要战役（战斗）：中途岛海战（1942年）、所罗门群岛海战（1942—1943年）、吉尔伯特群岛战役（1943年）、马绍尔群岛战役（1944年）、马里亚纳群岛战役（1944年）、菲律宾群岛战役（1944年）、硫磺岛和琉球群岛战役（1945年）。

尼米兹1885年2月24日生于得克萨斯的腓特烈堡，

1901—1905 年就读于安纳波利斯的美国海军军官学校。1907 年在驻中国海军站服役时荣升为少尉军衔。1910 年在“猎奇”号潜艇上服役时升为上尉。1912 年荣升为“鲣鱼”号潜艇艇长兼大西洋潜艇纵队指挥官。1913 年赴德国和比利时参观学习柴油发动机技术，回国后负责监造美国第一台柴油船用发动机。1916 年担任美大西洋舰队潜艇分队司令副官，并于 1917—1919 年第一次世界大战期间任该分队参谋长。后转任各种职务（1918—1921 年），并于 1921 年晋升为分队司令。1922—1923 年在海军军事学院学习。1923—1925 年被任命为作战舰队总司令参谋。1925—1926 年任美国舰队总司令参谋。1926—1929 年在加利福尼亚大学负责组织训练海军第一批预备役军官，期间晋升为海军上校军衔。1929—1931 年指挥第二十潜艇分队，后转任美国“奥古斯都”号运输船船长（1933—1935 年），1935—1938 年任航海局主任助理，并于 1938 年晋升为海军少将军衔。1938 年—1939 年 6 月，他先后任某巡洋艇队和战列舰队指挥官。1939 年 6 月升任航海局局长。1941 年 12 月 31 日晋升为上将，并接替 12 月 17 日离职的凯迈尔任太平洋舰队司令，组织指挥了夏威夷群岛的防御。1942 年 3 月 30 日，升任太平洋区域陆海空武装力量总指挥。得助于对日本密码的破译，尼米兹在珊瑚海战役中预料到并挫败了日军对莫尔兹比港的进攻（1942 年 5 月 7—8 日），并于 1942 年 6 月 2—6 日在中途岛之战中再次大败日军。此外，尼米兹还协助制定了整个太平洋战区的战略计划，并为盟军在中太平洋的反攻战役提供了战略指导。他组织指挥了吉尔伯特群岛战役（1943 年 11 月 20—23 日）和马绍尔群岛战役（1944 年 1 月 31—2 月 23 日）。在这些及以后的战役中，他将战术指挥权彻底下放，充分发挥了其麾下将领如雷蒙德、斯普恩斯、特纳和史密斯等将军的主观能动性。1944 年 6 月 14 日—8 月 10 日，尼米兹亲自指挥了马里亚纳群岛战役，接着挥师挺进帕莱群岛（9 月 15 日—11 月 25 日）。与此同时，尼米兹还分出一部分兵力同麦克阿瑟携手，从新几内亚一直攻入菲律宾的莱特湾（1944 年 10 月 20 日）。1944 年 12 月 15 日，尼米兹晋升为新增设的海军五星上将。1945 年 2 月 19 日—3 月 24 日，所部攻占硫磺岛，然后直捣冲绳岛（1945 年 4 月 1 日—6 月 21 日），并发起对日本的海上攻击战役（1945 年 1—8 月）。1945 年 9 月 2 日，在东京湾美军的“密苏里”号旗舰上，盟军举行了对日受降仪式。1945 年 12 月 15 日—1947 年 12 月 15 日，尼米兹任海军作战部长之职，后短期担任海军部长特别助理（1948—1949 年）。1949—1951 年，他作为特使前往克什米尔调解印巴冲突。1960 年，与 E.B. 波特合作编著《海上实力：一部海军史》。1966 年 2 月 20 日卒于旧金山附近。

尼米兹是一位经验丰富且开明的海军军官，他能够在不招怨于同事及下属的情况下顺利完成既定目标。此外，他也为美军在中太平洋的积极推进提供极大的战略指导。

DLB

参考：Morison，Samuel Eliot，History of United States Naval Operations in World War Ⅱ. 15 vols. Boston，1947—1962.

Nimitz，Chester W.，and E. B. Potter，Sea Power，a Naval History. 2 vols. Annapolis，1960.

Potter，E. B.，Nimitz. N. p，1976.

西卷二郎（Nishi，Kanjiro，1846—1912 年） 日本将军。参加主要战争：萨摩暴动（1877 年）、中日甲午战争（1894—1895 年）、日俄战争（1904—1905 年）；参加主要战役（战斗）：旅顺港之战（1894 年）、鸭绿江之战（1904 年）、辽阳之战（1904 年）。

西村祥治（Nishimura，Shoji，1889—1944 年） 日本海军将领、军国主义者。参加的主要战争：第二次世界大战（1941—1945 年）；参加主要战役（战斗）：侵略菲律宾（1941—1942 年）、巴厘巴板海战、爪哇海海战、瓜达尔卡纳尔（所罗门群岛）海战（1942 年）、苏里高海峡之战（1944 年）。

西村祥治 1889 年生于秋田县。1911 年毕业于海军军官学校。1924 年晋升为少校。1926—1929 年，担任过数艘驱逐舰的舰长。1931—1936 年，担任过许多驱逐舰中队队长职务，并于 1934 年晋升为上校。1937—1940 年，先后任巡洋舰和战列舰舰长。1940 年 11 月，晋升为少将，任第四驱逐舰中队司令。在征服菲律宾（1941 年 12 月—1942 年 5 月）、夺占巴厘巴板、婆罗洲（1942 年 1 月）和爪哇海海战（2 月 27 日）等作战行动中，该中队被编为高桥伊望将军的第三舰队第二突击队。1942 年 7 月，任第七巡洋舰分队司令，参加了瓜达尔卡纳尔海战，尤其是在 11 月 12—13 日夜间，指挥巡洋舰炮轰岛上的美军阵地。1943 年晋升为中将。1944 年 10 月，根据“捷”号作战计划的安排，指挥 C 舰队或称南方舰队，企图经苏里高海峡进攻莱特湾的美军运输船只。他的舰队先后遭到美军鱼雷艇和驱逐舰以及杰西·B. 奥尔登多夫将军的第七舰队的战列舰猛烈抵抗，第七舰队的火力支援部队中 6 艘虽已陈旧但已巧妙地占领有利阵位。10 月 24—25 日夜间，他的第一梯队中的 2 艘战列舰（“扶桑”号和“山城”号）、1 艘巡洋舰和 4 艘驱逐舰被击沉，仅有 1 艘被击伤的驱逐舰得以逃脱。当“山城”号在美军战列舰的炮击下沉没时，西村祥治也一同葬身海底。

MRP

参考：Morison，Samuel Eliot，History of United States Naval Operations in World War Ⅱ；Vol. Ⅲ：The Rising Sun in the Pacific，1931—April 1942；Vol. Ⅴ：The Struggle for Guadalcanal，August 1942—1943；Vol. Ⅻ：Leyte，June 1944— January 1945. Boston，1950—1958.

新田义贞(Nitta, Yoshisada, 1301—1338 年) 日本武将。参加主要战争：倒幕战争（1331—1335 年）、南北朝战争（1335—1392 年）；参加主要战役（战斗）：洗劫镰仓（1333 年）、筑根竹下之战（1335 年）、京都之战（1336 年）、兵库之战（1336 年）、凑川之战（京都附近）（1336 年）。

新田义贞生于 1301 年。在北条家族军队服役，1331 年奉命镇压奈良南部地区河内省的楠木正成叛乱，后与楠木及其他人一起支持后醍醐天皇，进攻镰仓。1333 年消灭北条政权，结束镰仓幕府统治。他是后醍醐天皇大业的主要支持者。1333—1337 年在日本中部与足利、高兄弟、细川及其他敌人多次作战。1336 年在凑川之战中，意识到已不能阻止足利尊氏挺进京都，便率部退出战斗，扔下盟友楠木正成遭受厄运。很大程度上讲，与其说他是支持后醍醐，倒不如说他更热衷于打败足利。1338 年 8 月，他在环绕福井地区的藤岛（越前）省，与细川显氏的军队进行的一次冲突中，受到致命伤而亡。

新田义贞作战勇敢，作为一位指挥官，他很谨慎，但也极自信。由于他是“建武中兴”的功臣，亦被看作是对天皇主政的模范支持者，后来在他阵亡处建有神社。

LH

参考：McCullough, Helen Craig, The Taiheiki. New York. 1959.

Murakami, Hyoe, and Thomas J. Harper, eds., Great Historical Figures of Japan. Tokyo, 1979.

Varley, H. Paul, Imperial Restoration in Medieval Japan. New York and London, 1971.

尼韦尔，罗伯特·乔治(Nivelle, Robert Georges, 1856—1924 年) 法国将军。参加主要战争：侵略越南和中国的战争（1882—1884 年）和第一次世界大战（1914—1918 年）；参加主要战役（战斗）：凡尔登之战（1916 年）、舍曼代达姆岭（兰斯-苏瓦松战线）之战（1917 年）。

尼韦尔 1856 年 10 月 15 日生于蒂勒，就读于综合工科学校和高等军事学校。1882—1884 年侵略越南和中国的战争期间任炮兵军官在印度支那服役。曾在阿尔及利亚任职，1914 年 8 月第一次世界大战开始时任旅长，至 1915 年末在 18 个月时间里升至军长，1916 年 7 月 2 日在凡尔登战役最激烈的时候取代亨利·贝当将军（后升为元帅）任第二集团军司令。10 月和 12 月他指挥法军实施了两次有限的反攻，夺得一些地区和主动权，但代价高昂。1916 年 12 月 12 日越过许多资深的将军和上级取代霞飞。他在大量火炮支援下实施攻势的行动计划得到英、法两国领导人的信任。他这些想法，加上其绝对自信，使许多人相信他能打破西线的僵局。他在沙尔·芒让将军的协助下，制定了攻势计划，目标是夺取拉昂并实现突破，他叫嚣道：“在 24 小时内夺取拉昂”。该战史称舍曼代达姆岭之战或第二次埃纳河战役，面对构垒工事严密的德军防线地段，在不充分的炮火支援下法军发起攻势，在仅仅取得很小的进展之后便停了下来（4 月 16 日—5 月 5 日）。失败的攻势使法军付出了 12 万人的伤亡，而他拒绝接受失败的谴责，为此在 5 月 15 日被解职，贝当取而代之。1917 年 12 月他被调往北非，1924 年 3 月 24 日卒于巴黎。

尼韦尔极富热情亦极为自信，他是一位好的军长和集团军司令，但缺乏远见，缺乏将思想转化为行动的能力，这使他完全不适合担任最高指挥职务。

DLB

参考：Barnett, Correlli, The Swordbearers. New York, 1964.

Hayes, Grace P., World War Ⅰ: A Compact History. New York, 1972.

Heliot, F. E. A., Le commandement des généraux Nivelle et Pétain, 1917. Paris, 1936.

Horne, Alistair, The Price of Glory: Verdun, 1916., London, 1962.

Spears, E. L., Prelude to Victory. London, 1936.

乃木希典(Nogi Maresuke, 1843—1912 年) 日本将军、军国主义者。参加主要战争：复位战争（1868 年）、萨摩暴动（1877 年）、中日甲午战争（1894—1895 年）和日俄战争（1904—1905 年）；参加主要战役（战斗）：熊本要塞之战（1877 年）、旅顺港围攻战（1894 年）、营口之战（1895 年）、旅顺港围攻战（1904—1905 年）和奉天（沈阳）之战（1905 年）。

乃木 1843 年生于江户（东京）长州藩主的家园里，其父是长州大名的武士。1868 年 1—6 月的复位战争期间作为一名长州的武士，紧随其父亲的足迹，参加了反对德川幕府的战斗。1871 年在新的帝国军队中领少校衔，在萨摩暴动期间（1877 年 2—9 月）协助防守熊本要塞，抵抗西乡隆盛的暴动武士，但因其部队的旗帜被对方夺取而蒙受耻辱。1885 年提升为少将，1885—1886 年在德国留学。中日甲午战争时任旅团长，参加了旅顺港围攻战（1894 年 10 月 24 日—11 月 19 日）和营口之战（1895 年 3 月 9 日）。日俄战争中（1904 年 2 月—1905 年 9 月）任第三集团军司令，指挥日军围攻坚固俄军要塞——旅顺港（1904 年 6 月 22 日—1905 年 1 月 2 日）。尽管日军集中了压倒优势的火炮和兵力，但围攻 6 个月后俄军才投降，日军付出 10 万人的代价，包括他的两个儿子。他赶在奉天之战前和日军主力会合，在该战中他迂回俄军防御阵地的右翼，迫使考耳巴尔斯将军在与其他俄军防线成一右斜角的防线上抵抗日军进攻，并最终迫使库罗帕特金向铁岭方向撤退（1905 年 2 月 21 日—3 月 10 日）。1912 年 7 月 30 日明治天皇去世时他和妻子自杀。

虽然现代西方和日本军事理论家批评他在第二次旅顺港围攻战中花费了很长的时间，付出了很大的代价，但其他将军未必能做得更好。乃木不幸地指挥了 20 世纪

第一次大的要塞围攻战，它预示了第一次世界大战中的凡尔登之战和堑壕战争的阴影。

LH

参考：Repington, Charles A., The War in the Far East, 1904—1905. London, 1905.
Volpicelli, Zenone, The China-Japan War. London, 1896.
Warner, Denis and Peggy, The Tide at Sunrise: A History of the Russo -Japanese War, 1904—1905. New York. 1974.

诺尔巴努斯，盖尤斯（Norbanus, Gaius, 约卒于公元前 82 年） 罗马执政官。参加主要战争：西里西亚海盗战役（公元前 102—前 100 年）、社会战争（公元前 92—前 98 年）和反对苏拉的内战（公元前 83—前 82 年）；参加主要战役（战斗）：莱吉乌姆之战（公元前 88 年）、提法塔山之战（卡菩亚附近，公元前 83 年）和法温提亚之战（公元前 82 年）。

诺尔巴努斯的出生日期及家庭背景不详。作为一名保民官，他成功地起诉因急躁而使军队被辛布莱人击败的昆·塞·凯皮奥（公元前 103 年），并将其流放，因而开始引人注目。在抗击西里西亚海盗的战役中（公元前 102—前 100 年），他出任马可·安东尼（古罗马三执政者之一，马克·安东尼的孙子）的执掌军队的执政官。力图对正在流放的凯皮奥以叛国罪进行审判，但因马可·安东尼的阻挠而未能达到目的（公元前 94 年）。作为执掌军权的执政官和候补摄政官，他在社会战争后期成功地保卫了西西里，并占领了莱吉乌姆（公元前 88 年）。公元前 83 年被选为执政官，组建了一支部队以反对苏拉重新担任其部队的指挥官，但在提法塔山之战（公元前 83 年）中被苏拉击败。作为地方总督，他聚集了更多的部队，并在法温提亚攻击苏拉的部下梅泰鲁斯，但其部队被击溃（公元前 82 年），他逃至罗得岛。当罗得岛人商量讨论将其交给苏拉处置时（公元前 82 年?），他自杀。

CLW

参考：Appian, The Civil Wars.
Broughton, T. R. S., and M. L. Patterson, Magistrates of the Roman Republic. London, 1951—1960.
Plutarch, "Sulla," Parallel Lives.

诺斯塔德，劳里斯（Morstad, Lauris, 1907—1988 年） 美国空军上将。参加主要战争：第二次世界大战（1941—1945 年）；参加主要战役（战斗）：突尼斯战役（1942—1943 年）、西西里战役（1943 年）、意大利战役（1943—1945 年）、对日本的战略轰炸（1944—1945 年）。

诺斯塔德 1907 年 3 月 24 日生于明尼苏达州的明尼阿波利斯，在雷德温长大。1930 年毕业于西点军校。先在骑兵部队任职，1931 年转入空军服役。1933—1936 年，任驻夏威夷第十八“驱逐大队”队长。1936—1938 年，任驻米切尔机场（纽约州亨普斯特德附近）的第九轰炸机大队参谋。1938—1939 年 12 月，在空军战术学校学习。1940—1942 年，任弗吉尼亚州兰利机场空军总部情报参谋。后在陆军航空队司令阿诺德将军的参谋部担任过短暂的职务。1942 年 8 月，任第十二航空队副参谋长。10 月随该航空队赴北非作战。1943 年 3 月，晋升为准将。同年 12 月，在艾拉·C. 埃克将军指挥的地中海盟军航空队中任作战主任。1944 年 8 月，返回美国，任阿诺德直接指挥的战略轰炸机部队——第二十航空队参谋长。1945 年 6 月，晋升为少将。同年 8 月，直接负责制定向日本投掷两颗原子弹的作战计划。1946 年 6 月，任陆军总参谋部作战处处长。期间，在 1947 年陆海军谈判中发挥了重要作用，该谈判促成了《国家安全法》的形成，他还和福里斯特·P. 谢尔曼海军上将一起协助起草了该法。1947 年 9 月，转入新成立的空军。后晋升为中将并任代理副参谋长。1950 年 10 月，任驻欧洲美国空军司令。1951 年 4 月，又兼任中欧盟军空军司令。1952 年 7 月，晋升为上将。1953 年 7 月，任北约驻欧盟军最高司令马休·B. 李奇微上将的空军副司令。后在阿尔弗雷德·M. 格仑瑟上将任最高司令时继续担任该职，并于 1956 年 11 月接替格仑瑟任北约欧洲盟军司令。1963 年 1 月退役。1963 年末，任欧文斯-科宁公司总裁。1967—1972 年，任该公司总经理。1967 年起任该公司董事长。1988 年 9 月 12 日卒于亚利桑那州的塔克森。

KS

参考：Dupre, U. S. Air Force Biographical Dictionary.
WAMB.

诺森普顿伯爵，威廉·德·博胡（Northampton, William de Bohun, Earl of, 约 1312—1360 年） 英国将军。参加主要战争：英法百年战争（1337—1453 年）；参加主要战役（战斗）：莫尔莱克斯之战（1342 年）、布朗什拉克（阿布维尔附近）之战（1346 年）、克勒西之战（1346 年）、温奇尔西之战（1350 年）、法国北部之战（1355 年）。

诺森普顿伯爵约 1312 年生于德·博胡家族幼子支脉的后裔家庭。1339—1340 年参加国王爱德华三世发动以失败而告终的佛兰德之役。1342 年 6 月被任命为国王派驻勃艮第的代理总督。在莫尔莱克斯打败查理的军队，此战他采取的新战术，预示着爱德华三世于 9 月 30 日取得克勒西之战的辉煌胜利。在克勒西之战中任城防指挥，1346 年 8 月 24 日在布朗什拉克的小规模交战后，他发起追击。8 月 26 日在克勒西负责指挥左翼部队。1346 年 8 月—1347 年 8 月，他是爱德华发动的加来围攻战的主要指挥官之一。1350 年 8 月 29 日在爱德华麾下取得温奇尔西海战胜利，战胜西班牙-法国联合舰队。1355 年参加爱德华发起的横扫法国北部的战役。后来在 1355—1366 年陪同爱德华向巴黎进军。1360 年 4—5 月间，作为主要谈判者之一参加签署《布列丁尼和约》（在沙特尔附近）。

N

卒于 10 月。

诺森普顿伯爵是著名的勇士，他抛弃了中世纪的准则，成为既具活力，又富有主动性的技术娴熟的指挥官。

DLB

参考：Bunre, Alfred H., The Crécy War. London, 1955.
Froissart, Jean, Chroniques.
Oman, Sir Charles W. C., The Art of War in the Middle Ages. 2 vols. London, 1924.

野津道贯（Nozu〈Nodzu〉, Michitsura, 1841—1907 年） 日本陆军元帅。参加主要战争：复位战争（1868 年）、萨摩暴动（1877 年）、中日甲午战争（1894—1895 年）和日俄战争（1904—1905 年）；参加主要战役（战斗）：平壤之战（1894 年）、沙河之战（1904 年）和奉天（沈阳）之战（1905 年）。

野津 1841 年生于萨摩藩（今鹿儿岛县），参加了推翻德川幕府统治的复位战争（1868 年 1—6 月），1871 年在新的帝国军队中领少校衔。萨摩暴动期间（1877 年 2—9 月）任第二步兵旅上校参谋长。19 世纪七、八十年代在美国和欧洲旅游。1894 年 8 月中日甲午战争爆发时任第五步兵师师长，在侵略平壤之战（9 月 15 日）中发挥了主要作用。12 月接替生病的山县有朋元帅任第一集团军司令，1895 年晋升为上将。日俄战争期间（1904—1905 年）任第四集团军司令，5 月 5—19 日率部在大沽山登陆，然后向内陆挺进和日军主力会合。率部参加了辽阳之战（8 月 25 日—9 月 1 日）、沙河之战（10 月 5—17 日）、沈旦堡之战（1905 年 1 月 26—27 日）和奉天之战（2 月 21 日—3 月 10 日）。1906 年 1 月为表彰其战时的功绩晋升为陆军元帅。卒于 1907 年。

野津执法严明、性情暴躁，难以和他人相处，但他是一位称职的纯粹的军官，深受同行们的尊重。

LH

参考：Repington, Charles A., The War in the Far East, 1904—1905. London, 1905.
Volpicelli, Zenone, The China-Japan War. London, 1896.
Warner, Denis and Peggy, The Tide at Sunrise: A History of the Russo -Japanese War, 1904—1905. New York, 1974.

努梅里安纳斯·马可·奥略里·努梅里安（Numerianus Marcus Aurelius Numerius, 卒于 284 年） 罗马皇帝。参加主要战争：波斯战争（282—283 年）。

努尔哈赤（Nurhachi, 1559—1626 年） 后金（清）创立者。参加主要战争：后金进攻明王朝（1618—1658 年）；参加主要战役（战斗）：萨尔浒（沈阳附近）之战（1618 年）、辽阳之战、沈阳之战（1621 年）、宁远（锦州附近）之战（1625 年）。

努尔哈赤生于 1559 年是女真部落酋长之子。先世受明王朝册封为建州（今辽宁新宾）左卫都指挥使，袭父位（1586 年）后，开始扩大其部落的领地和影响。他通过联姻、战争和外交，逐渐将明朝东北大部置于其控制之下，并在骑射手部队的基础上创立了一支以“旗”的形式编组起来的令人生畏的骑兵军队（1601 年）。根据这一方法，其所属的全体男性人丁都编入由世袭军官指挥的“牛录”中，然后由“牛录”编组为“甲喇”，由“甲喇”编组为超越传统关系和部落血缘的“旗”。与此同时，他创制满文以取代当时所使用的蒙古文字（1599 年）。他继续扩张，征服了除叶赫——它在明朝的支持下才得以保存——以外的所有女真部落（1613 年）。确信对东北北部已有充分控制后，他宣告成立后金汗国（1616 年）。两年后，发布对明朝的“七大恨”并向明王朝宣战（1618 年）。南进夺取了抚顺城（辽宁省抚顺，1618 年春）。萨尔浒之战中大败杨镐将军统领的 4 倍于己的 9 万明朝军队（夏?）。继续发起进攻，收服叶赫部（1619 年 9 月），攻克辽阳和沈阳（1621 年 5 月）。迁都沈阳（1621 年）后，大举进攻长城附近的宁远城，但在那里被使用耶稣会传教士所铸大炮的明朝将军袁崇焕打败（1626 年），他本人亦受伤。这场有生以来的第一次的严重挫败使他忧疾交加，卒于 1626 年底。

努尔哈赤能力卓绝，是一位天才的、能征善战的统帅。可能更重要的是，他是一位英明而足智多谋的统治者，深知高效的组织机构与健全的行政管理的重要性。在 30 年的时间中，他将其民众由传统的草原游牧民族变成了当时亚洲最优秀的军人，并揭开了使其后裔统一中国的战争。

PWK

参考：Fang, Chaoying, "A Technique for Estimating the Numerical Strength of the Early Manchu Military Forces," Harvard Journal of Asiatic Studies, Vol. XIII (1950).
Hummel, Arthur W., Eminent Chinese of the Ch'ing Period. Washington, D.C., 1944.
Michael, Franz, The Origins of Manchu Rule in China. Baltimore, 1942.
EB.

努里·赛义德帕夏（Nuri as-Sald〈Nuri al-Sa'id Pasha〉, 1888—1958 年） 伊拉克费萨尔王朝将军和伊拉克政治家。参加主要战争：第一次（1912—1913 年）和第二次（1913 年）巴尔干战争、第一次世界大战（1914—1918 年）。

努里·赛义德 1888 年生于巴格达，受教于当地和伊斯坦布尔，1909 年参加土耳其陆军，第一次（1912 年 10 月—1913 年 3 月）和第二次（1913 年 5—8 月）巴尔干战争时他在色雷斯与保加利亚军作战。1913—1914 年在开罗和巴士拉服役期间，加入了几个秘密的阿拉伯民族主义组织。被迫在印度住了一年后，英国人帮助他参

N

加了埃米尔·费萨尔一世领导的在赫贾兹的阿拉伯起义，1916年7月他抵达吉达。1916—1918年两年间任费萨尔的参谋和顾问，与费萨尔并肩战斗。1918年—1920年7月费萨尔任叙利亚统治者时他继续任其顾问。后被法国人逐出。他和费萨尔逃到伊拉克，1921年8月23日费萨尔宣布为国王，他仍任其亲密的顾问，直到1933年9月费萨尔去世。从1930—1958年他去世为止，担任总理13次之多，但通常任期都较短暂，这是因为伊拉克的政局动荡不定，政策脱离实际。期间，他一直持亲英、亲土以及反共的立场，并忠于民族的利益，同时也显示出卓越的才能。1941年5月2—30日间他反对拉希德·阿里·盖拉尼的亲德党派，该党想与英国进行战争，之后他支援盟军的战争努力。1945年他协助成立了阿拉伯联盟，在巴勒斯坦战争期间（1948年5月—1949年2月）他派伊拉克军队到巴勒斯坦。随着1953年5月2日国王费萨尔二世被废黜，1954年6月他第十二次任总理，继续推行温和的保守政策，取消政治党派，包括他自己的党派（1954年）。1955年11月21日他和伊朗、巴基斯坦、土耳其签署反苏的《巴格达条约》，在阿拉伯世界遭到批评，并激怒了伊拉克的阿拉伯民族主义者。1958年2月他第十三次出任总理，将伊拉克和约旦不稳定的联盟转变为反共和政体的阿拉伯联盟，并被选举为联盟首任总理。1958年7月14日一伙不满的军官发动政变推翻了他的政府和王国政体，他的努力付诸东流。他和大部分皇族人员被杀。

在阿拉伯起义时期，努里·赛义德是一位有才干、忠诚、有思想并精力充沛的指挥官，他后来以其卓越的才能和值得尊重的献身精神证明自己是一位政客。

DLB

参考：Birdwood, Lord, Nuri as-Said. London, 1959.

Khadduri, M., Independent Iraq: A Study in Iraqi Politics Since 1932. London, 1951.

Lawrence, T. E., The Seven Pillars of Wisdom. London, 1935.

Longrigg, S. H., Iraq, 1900 to 1950. London, 1953.

EB.

N

O

小火田英良（Obata，Hideyoshi，1880—1944 年） 日本将军、军国主义者。参加主要战争：第二次世界大战（1941—1945 年）；参加主要战役（战斗）：东新几内亚战役（1943 年）、关岛战役（1944 年）。

小火田英良 1880 年生于大阪府。1911 年毕业于陆军军官学校。1919 年毕业于陆军大学。1921—1923 年在陆军大学任教。1923—1926 年任驻英国武官。1926 年晋升为少校。1926—1927 年回陆军大学任教。1930 年在陆军参谋部工作过一段时间。1930—1931 年第三次回陆军大学任教。1934 年晋升为上校。1934—1935 年在陆军参谋部任职。1935—1937 年任团长。1938 年晋升为少将。1938—1940 年任明野陆军航空学校校长。1940—1943 年，晋升中将并任第五航空大队队长。1943 年任驻新几内亚和新不列颠的第三航空军军长。1944 年 2 月任驻马里亚纳群岛的第三十一集团军军长，其军部设在塞班。1944 年 8 月初，美军攻入关岛后，在战斗中阵亡。

小火田英良是小火田信吉将军的兄弟，川村景明陆军元帅的女婿。

MRP

织田信长（Oda，Nobunaga，1534—1582 年） 日本武将。参加主要战争：日本统一战争（1550—1615 年）；参加主要战役（战斗）：桶狭间（安城附近）之战（1560 年）、稻川要塞（歧阜附近）之战（1567 年）、水久里要塞之战（1568 年）、姊川（琵琶湖的长滨附近）之战（1570 年）、京都之战（1571 年）、长岛之战（1574 年）、长久之战（1575 年）、大阪围攻战（1574 年、1579 年—1580 年）、天间山之战（1582 年）。

织田信长 1534 年生于尾张县（名古屋附近）官宦人家。他从小就立志成为一个强大的封建领主。1557—1560 年间，他与四周邻里及亲戚一直处于交战状态，甚至最终残酷无情地将其受人爱戴的胞兄从尾张县驱逐出去。1560 年 6 月 22 日，面对着今川家族强大军队的入侵，信长以弱小的军队（以约 2000 人对抗 25 000 名敌军）在桶狭间冒险发动突然袭击，一举击败敌军，杀死大名今川义元，从而拯救了其统治地位。接着，他与前敌手今川家族年轻的大名德川家康等结成同盟，并以结盟和联姻等形式控制整个本州岛的中部。1567 年，他向西都城堡发动攻击，并占领了它，而后一鼓作气直捣京城。1568 年，击败了伊势（四日市附近）和近江（琵琶湖附近）的封建领主。同年 11 月 9 日，前往京都，拥立足利义昭为幕府将军。由于认识到统一全日本的可能性，于 1570 年挥师征战越前（福井附近）的大名，但被击败。同年 7 月 22 日，在德川家康的支持下，信长挥师向北，在姊川击败了主要对手。1571 年当攻打山崎郊外的寺院时，寺院的僧兵负隅顽抗，他一气之下发动极为强烈的攻势，将其摧毁，并下令永久地割除佛教政治势力。1573 年，发现义昭与其主要对手武田信玄密谋反叛，于是他废黜义昭，推翻了足利幕府。1574 年，挥师进攻一向宗派，在攻打其坚固据点时，只有部分将领降服。1575 年，他领军驰援长久城时，与武田家族强大的骑兵遭遇。6 月，他诱使武田的骑兵进攻，而令手下以密集的滑膛枪火力打退了敌人。尽管敌军败北，但其首领武田逃脱，1579 年，他移师继续征战一向宗派，再次围攻大阪。直到 1580 年 4 月，才最终迫使一向宗派投降，此后，他调整兵力反对武田。1582 年，他率军在天间山击败并杀死了武田。6 月 21 日信长一行途经京都，遭家臣明智光秀袭击，虽然寡不敌众，但信长宁死不降，自杀身亡。

织田信长，是日本十六七世纪三个立志统一大业人物的第一人。至其阵亡时，他已控制了日本 16 个县。尽管他冷酷无情，残暴无比，野心勃勃，但是他不仅是个有魄力的领导者，而且是位勇敢的、才华出众的军事家。他控制佛教的发展，允许基督教和天主教立足的做法是一种政治手段，因为他本人不信仰任何宗教。在当时历史时期，织田信长经历了相当可怕、动荡的岁月，但是

他创建了组织形式合理、战斗力最强的大名军队，从而促使日本在一个世纪内迈进了统一和内部和平的时代。

LH

参考：Dening, Walter, The Life of Toyotomi Hideyoshi. London, 1930.
Elison, George, and Bardwell L. Smith, eds., Warlords, Artists and Commoners. Honolulu, 1981.
Murakami Hyoe and Thomas J. Harper, eds., Great Historical Figures of Japan. Tokyo, 1979.
Sadler, A. L., The Maker of Modern Japan: The Life of Tokugawa Ieyasu. London, 1937.
Sansom, George B., A History of Japan, 1344—1615. Stanford, Calif., 1961.

奥登纳图斯，赛普蒂米乌斯（Odaenathus〈Odenatus, Odainath〉, Septimius, 卒于 267 年） 古代罗马帝国巴尔米拉总督和在罗马军队中服役的将军。参加主要战争：波斯战争（258—264 年）、罗马内战（262 年）；参加主要战役（战斗）：幼发拉底河之战（261 年）、埃美萨（霍姆斯）之战（262 年）、泰西封之战（262 年，264 年）。

奥登纳图斯生于叙利亚的一个边境小城巴尔米拉，是一位罗马化的阿拉伯人。251 年成为巴尔米拉城的首领。258 年，罗马承认他相当于执政官级别。罗马皇帝瓦勒里安在 260 年失败和被俘以后，奥登纳图斯全力支持瓦勒里安的儿子加列努斯，261 年，当一支波斯军队洗劫了安提俄克（安条克或称安塔基亚）满载着赃物返回波斯时，奥登纳图斯率领一支当地军队击败了波斯军队。之后，率领一支罗马军队深入波斯境内，不断袭击敌人，但不久被召回，以对付昆图斯发动的一次叛乱。262 年，率军在埃美萨（霍姆斯）地区击败了昆图斯，对这次平叛的胜利起到了关键作用，战后，被任命为东方地区的总督，并获得相当大的自主权。262—264 年间，率军再次同波斯军队作战，深入波斯和亚美尼亚境内，再克尼西比斯和卡里（卡尔亥），多次击败波斯国王沙普尔一世和其手下将领，两次占领泰西封，并最终迫使沙普尔在 264 年求和。267 年，率军前往卡帕多西亚（位于土耳其中部地区）准备同高卢人作战，途中被他的侄子迈奥尼乌斯刺死。

奥登纳图斯是一位非常有能力的将军和统治者，是一位巴尔米拉的爱国者，其目标可能是在黎凡特创建一个独立的国家。他死后，他的那位引人注目的妻子芝诺比娅基本完成了他的这个愿望。芝诺比娅作为其儿子法拉巴图斯（或雅典诺多罗斯）的摄政王，曾一度使巴尔米拉成为一个独立的国家。

CLW

参考：Historia Augusta.
Realencyclopädie für der klassischen Altertumwissenschaft.
EB.
OCD.

奥多亚克（Odoacer, 约 433—493 年） 意大利的日耳曼人国王。参加主要战争：同芝诺的战争（484—488 年）、同狄奥多里克的战争（489—493 年）；参加主要作斗：索恩提乌斯（伊松佐河）之战（489 年）、维罗纳之战（489 年）、法恩扎之战（490 年）、阿达之战（490 年）。

奥多亚克约生于 433 年，是伊底科（埃德科）的儿子，可能是斯西里亚人，也可能是鲁吉人，不管怎样，他是一个地地道道的日耳曼人。大约 470 年，他同一些斯西里亚雇佣兵一起来到意大利。475 年，支持俄瑞斯忒斯推翻了尤利乌斯·内波斯，但是当俄瑞斯忒斯拒绝履行曾经许下的给他们奖赏的诺言时，奥多亚克率领雇佣军发动了一次叛乱。476 年 8 月 23 日，被其军队拥立为国王；8 月 28 日，强攻下提契诺（帕维亚）城，俘虏并处决了俄瑞斯忒斯。然后，在 9 月 4 日，又废黜了俄瑞斯忒斯的儿子、罗马皇帝罗慕洛·奥古斯都。这次行动彻底打破了罗马帝国在西方不可战胜的神话，灭亡了西罗马帝国，并使奥多亚克实质上毫无争议地控制了整个意大利。484 年，篡权者爱尔卢斯发动反抗东罗马皇帝芝诺的叛乱，并请求奥多亚克出兵支援，尽管奥多亚克拒绝了其要求，但是他乘机进攻芝诺的伊利芮孔省（今南斯拉夫）。487 年，芝诺通过鼓动鲁吉人入侵意大利来进行反击，奥多亚克率领一支军队越过多瑙河，击败了鲁吉人，俘虏并在后来处决了他们的国王，并吞并了诺里库姆地区（位于奥地利东部）。489 年 8 月，东哥特的狄奥多里克被芝诺任命为意大利总督，于是狄奥多里克率领其民族入侵意大利，这一次对奥多亚克造成了更严重的威胁。这一年的 8 月 28 日，在索恩提乌斯（伊松佐河）之战中，奥多亚克被狄奥多里克击败，9 月 30 日，在维罗纳之战中再次败北。率其已溃散的军队退往拉文纳城避难，在那里又被狄奥多里克的军队团团围住。490 年初期，率军从要塞中突围，并在法恩扎之战中击败了狄奥多里克的军队，但是由于西哥特人的入侵，迫使奥多亚克不得不分兵迎敌。8 月 11 日，狄奥多里克再度向他发动进攻，迫使他又退回拉文纳城。从 490 年 8 月起，经过长达两年半的围攻，到 493 年 2 月 27 日，奥多亚克被迫同意同狄奥多里克共同统治意大利，但在 3 月 15 日，毫无信义的狄奥多里克亲手将奥多亚克杀害。

奥多亚克是一位善于利用时机的蛮族冒险家，在当时，他在残酷的政治方面具有很高的技巧。他也是一位有能力的统治者，统治温和而公正。作为一位将军，他也具有一定的军事才能，但是不论是他本人，还是他的部队，都还比不上狄奥多里克及其部队。

DLB

参考：Bury, J. B., History of the Later Roman Empire from the Death of Theodosius to the Death of Justinian. 2 vols. London, 1923.
Stein, Ernest, Histoire du Bas-Empire Ⅱ（476—

565). Paris, 1949.

EB.

奥当奈尔，休·罗（O'donnel, Hugh Roe, 1571—1603） 外号"红休"。爱尔兰酋长。参加主要战争：蒂龙起义（1594—1603年）；参加主要战役（战斗）：耶洛福德之战（1598年）、金塞尔之战（1601年）。

奥当奈尔生于1571年，是休·麦克马纳斯之子。为牵制危险的奥当奈尔-奥尼尔联盟，他曾被副大法官约翰·佩罗特绑架，并被拘押于都柏林城堡（1587年）。脱逃后又被抓获（1590年）。第二次脱逃获得成功（1592年1月）。其父逊位后获得奥当奈尔部落酋长之职和梯尔科奈尔（多尼戈尔）勋爵之位（1592年）。将英国长官逐出梯尔科奈尔。指挥了对特洛·卢伊尼奇·奥尼尔的两次远征（1593年）。公开反叛英国人（1594年）后，取得了对从斯莱戈到利特里姆的康诺特的控制（1595年）。与蒂龙伯爵休·奥尼尔结成联盟（1596年）。他在布莱克沃特河（蒂龙南部边境地区）畔的耶洛福德设伏，帮助打败了一支英国军队（1598年8月）。领导所部进行了一次艰难的冬季行军，与奥尼尔和胡安·德尔·阿奎拉将军指挥的西班牙盟军在金塞尔会合，曾在不到一天的时间里行进了65公里（1601年12月）。极力主张立即发起进攻以打破英军的包围，但被芒特伊勋爵查理·布朗特的军队打败（12月底）。逃往西班牙，试图争取更多的援助，1603年卒于那里，死因可能是中毒。

TM and DLB

参考：Falls, Cyril, Elizabeth's Irish Wars. London, 1950.

Silke, John J., The Spanish Intervention in Ireland at the End of the Elizabethan Wars. New York, 1970.

EB.

WBD.

窝阔台汗（Ogadai〈Ogdai, Ogotai, Ögödei〉Khan, 1186—1241年） 元朝蒙古族统治者。参加主要战争：元金战争（1231—1234年），元宋战争（1234—1279年）。

窝阔台汗生于1185年，是成吉思汗的第三子。参加过其父指挥的多次战争（1206—1227年）。为避免其兄长察合台和术赤（也卒于1227年）之间出现不和，他被选为成吉思汗的继承人，上尊号为"大汗"，意即伟大的或主要的汗。在北部蒙古成吉思汗的首都和林兴建宫殿，并对华北的金帝国发动战争。他还开始统一中国，并派遣拔都、速不台（以及窝阔台诸子）多次发动对俄罗斯和东南欧的大规模远征，摧毁了俄罗斯的许多城市（1237—1240年），打败了波兰人、日耳曼人和匈牙利人（1241年4月）。由于窝阔台的去世（12月）和蒙古大汗家族成员应在首都选举新汗的要求，速不台和蒙古诸王子被迫放弃欧洲的作战并返回哈拉和林（1242年1月）。

PWK

参考：Saunders, John J., History of the Mongol Conquests. London, 1971.

Vernadsky, George, The Mongols and Russia. New Haven, Conn., 1953.

Walsey, Arthur, ed., The Secret History of the Mongols, and Other Pieces. New York, 1964.

EB.

EMH.

小川又次（Ogawa, Mataji, 1848—1909年） 日本将军、军国主义者。参加主要战争：侵略台湾（1874年）、中日甲午战争（1894—1895年）、日俄战争（1904—1905年）；参加主要战役（战斗）：南山之战（1904年）、辽阳之战（1904年）。

小栗幸三郎（Oguri, Kozaburo, 1868—1944年） 日本海军上将、军国主义者。潜艇先驱。

奥希金斯，贝尔那多（O'Higgins, Bernardo, 1776—1842年） 智利爱国者、将军及政治家。参加主要战争：拉丁美洲独立战争（1805—1825年）；参加主要战役（战斗）：兰卡古之战（1814年）、查卡布卡之战（1817年）、麦普之战（1818年）。

奥希金斯1776年8月20日生于智兰小村庄，其父为爱尔兰人，其母为智利人。在英国接受教育期间，同反对西班牙在拉丁美洲统治的几位领导人有过接触，其中有委内瑞拉的弗朗西斯科·米兰达。1802年返回智利后在其父位于该国南部的庄园生活。积极参加争取独立的解放政治组织。拿破仑于1808年3月入侵西班牙后，给国王斐迪南七世是一个打击，从而鼓舞了争取独立的智利人的斗志，1810年9月在胡安·马丁涅斯·德·罗萨领导下在智利发动起义，奥希金斯热情支持起义。由于在革命者中发生争执，起义受到打击，而约瑟·米格尔·卡里拉兄弟日益膨胀的野心，更使局势复杂化。奥希金斯代替了约瑟·米格尔，成为起义军指挥。1814年10月7日，在兰卡古之战中，奥希金斯被来自于秘鲁的西班牙皇家军队打败。遂率领其他爱国领导人，其中包括卡里拉兄弟党的成员逃亡阿根廷，在那里同圣马丁相遇，后者也正从事着相同的事业。圣马丁计划先解放智利，以此为基地再入秘鲁。1817年1月随圣马丁的安德斯军队穿越安德斯。2月12日，在查卡布卡之战中，奥希金斯起了主要作用，他从正面向西班牙军队发起进攻，使得圣马丁得以绕到西班牙军队后侧，从而打败了西班牙军队。2月15日进入圣地亚哥，建立独立的智利共和国，不过直至1818年2月12日才正式宣布。3月16日，当圣马丁在坎查-罗亚德被来自秘鲁的西班牙军队打败后，圣马丁与奥希金斯重新组织军队向麦普的西班牙军队发起进攻，1818年4月5日打败了西班牙军队。此时，

奥希金斯任智利的最高执政官，这一职务使他成为该国的实际统治者（1817—1823 年）。1818 年，他使用手中的权力打败了卡里拉兄弟，并将其中的两兄弟处死于阿根廷的爱国基地。1821 年，约瑟·米格尔·卡里拉也在相同的城市被处决。尽管奥希金斯全力倾注于智利的国内建设事业，特别倾心对土地、教育改革事业和限制圣教节目、斗牛和赌博等，但未能使他赢得民心。1823 年 1 月反对派迫其辞职。退休后赴秘鲁，1842 年 10 月 24 日卒于那里。1869 年遗体运回智利。

同玻利瓦尔及圣马丁相比，奥希金斯对拉丁美洲的独立所作出的贡献是小一些，但他在智利的独立事业中起了主要作用。奥希金斯不是一位天才的军事指挥员，但是一位有能力的助手，他同圣马丁合作得很好，在圣马丁最好的两次战例中，均得到了奥希金斯的帮助。

DLB

参考：Kinsbruner, Jay, Bernardo O'Higgins. New York, 1968.

Vicuña Mackenna, B., Vida de O'Higgins. Santiago, 1882.

EB.

EMH.

冈田启介（Okada, Keisuke, 1868—1952 年） 日本海军上将和政治家、军国主义者。参加主要战争：中日甲午战争（1894—1895 年）、日俄战争（1904—1905 年）；参加主要战役（战斗）：鸭绿江海战（1894 年）、黄海海战（1904 年）、对马海战（1905 年）。

O

冈村宁次（Okamura, Yasuji, 1884—1966 年） 日本陆军上将，侵华日军头目、首要战犯。参加主要战争：上海事变（1932 年）、日本侵华战争（1937—1945 年）；参加主要战役（战斗）：侵略上海战役（1932 年）、“一号”攻势（1944 年）。

冈村宁次 1884 年生于京都。1904 年从陆军军官学校毕业。1913 年从陆军大学毕业之后，在陆军参谋本部任职（1914—1917 年）。1919 年提升为陆军少校。1921—1922 年到欧洲考察学习。1923—1925 年回到参谋本部，考虑到一战的经验，他极力主张日本改编军队和装备的现代化。1925—1927 年在上海任侵华日军驻扎官。1927 年升至陆军上校并任团长。1928 年任陆军参谋本部战史长。1932 年 2 月作为上海侵略军副司令，先行干预由于吞并中国东北而引起的中国人对日货的抵制。1932 年末晋升陆军少将。1933 年担任在中国东北的关东军副总参谋长并任（1933—1934 年）驻中国东北伪“满洲国”傀儡政府陆军武官。1935—1936 年负责陆军参谋本部第二部工作，策划日本全面侵华的策略。1936 年提升陆军中将。1936—1938 年指挥第二陆军师，而后（1938—1940 年）指挥第十一集团军。1941 年衔至陆军上将。1941—1944 年任侵华日军华北战区集团军司令，针对中国抗战采取恐怖手段，实行臭名昭著的“三光政策”（杀光、烧光、抢光）。1944 年任侵华日军司令，在华南发动规模浩大的“一号”作战行动（5—11 月），夺取了大部分美国轰炸机基地，但未能取得全面胜利。1945 年 9 月二战结束后退役，被中共宣布为侵华首要战犯，1949 年被国民党政府冒天下之大不韪地宣布“无罪”释放，故虽然对中国人民犯下了滔天罪行，却逃脱了正义的惩罚。卒于 1966 年。

MRP

奥保巩（Oku, Yasukata, 1846—1930 年） 日本陆军元帅、军国主义者。参加主要战争：萨摩暴动（1877 年）、中日甲午战争（1894—1895 年）和日俄战争（1904—1905 年）；参加主要战役（战斗）：南山（在旅顺附近）之战（1904 年）、辽阳之战（1904 年）、沙河之战（1904 年）和奉天（沈阳）之战（1905 年）。

奥保巩 1846 年生于小仓（北九州），1871 年作为一名小仓大名的武士参加新的帝国军队，在平息萨摩暴动期间（1877 年 2—9 月）表现突出，赢得注目。军衔稳步上升，至 1885 年 5 月晋升少将。1893—1894 年间在欧洲旅游达七个月。中日甲午战争期间（1894 年 8 月—1895 年 4 月）任第五师师长。日俄战争期间（1904 年 2 月—1905 年 9 月）任第二集团军司令，他率部在辽东半岛登陆（1904 年 5 月 5—19 日），5 月 23 日夺取南山，后占领大连，揭开旅顺港围攻战的序幕。6 月 14—15 日他率部进攻施塔克尔贝格将军设在得利寺（瓦房口）的俄军防御阵地，经过激烈的战斗将俄军打退。率部参加了辽阳之战（8 月 25 日—9 月 3 日）和沙河之战（10 月 5—17 日）。沈旦堡之战（1905 年 1 月 26—27 日）时他缺阵，但他及时赶回并参加了战争高潮的奉天之战（2 月 21 日—3 月 10 日）。1907 年为表彰其功绩而封子爵，1906—1912 年任陆军参谋长，期间于 1911 年晋升为陆军元帅。1912 年转入后备役，卒于 1930 年。

奥保巩在日俄战争及其近后达到成就的顶峰，他和军队中的长州和萨摩强权政系没有牵连，而是完全依靠自己卓越的军事才能。

LH

参考：Repington, Charles A., The War in the Far East, 1904—1905. London, 1905.

Volpicelli, Zenone, The China-Japan War. London, 1896.

Warner, Denis and Peggy, The Tide at Sunrise: A History of the Russo-Japanese War, 1904—1905. New York, 1974.

大久保春野（Okubo, Haruno, 1846—1915 年） 日本将军。参加主要战争：中日甲午战争（1894—1895 年）、日俄战争（1904—1905 年）。

奥拉夫一世·特吕格弗松(Olaf Ⅰ Tryggvesson,约 964—1000 年) 挪威统治者。参加主要战争：与盎格鲁-撒克逊人的战争（991—994 年）、远征波兰的战争（1000 年）；参加主要战役（战斗）：莫尔登战役（991 年）、巴黎围攻战（994 年）、斯伏耳德（鲁日海岸外一个小岛）战役（1000 年）。

奥拉夫一世约生于 964 年，是特吕格弗·奥拉夫松的儿子，哈拉德一世"金发王"的曾孙。他是挪威东南部的一个年少的王子，在他出生前不久，父亲被一个称作"血斧"的埃里克的儿子杀害，母亲阿特里德逃到基辅罗斯，藏在弗拉基米尔大公（圣弗拉基米尔）的宫廷里，奥拉夫一世就是在那里长大的。奥拉夫一世还未长大成人就离开了宫廷，当了一名海盗，到处游弋，骚扰波罗的海岸和英格兰岛屿。他的势力逐渐大了起来，成为北欧海盗部队里的一个头目，正是这支北欧海盗部队在 991 年著名的莫尔登战役中，打败并杀死了盎格鲁-撒克逊的头领拜尔特诺特。994 年，奥拉夫和丹麦国王"叉胡子"斯韦恩一世围攻伦敦未果，却劫掠了英格兰东南部大部分地区。在英格兰居留期间，奥拉夫正式成为基督教徒，并且认"反应迟钝者"埃塞尔雷德国王作他的教父。995 年，非基督教徒哈康大王已不受民众欢迎，挪威国内不断发生反对国王的叛乱，奥拉夫趁机回到了挪威，很快被拥立为国王。奥拉夫一世作为国王，代表的是广大基督教徒的利益，尽管这时基督教在沿海地区以外的影响还很小，但奥拉夫把信奉基督教看作是国王的一种权利。1000 年，奥拉夫率领一支庞大的舰队远航波兰（那时波兰被称作文德兰），这支舰队以"巨蛇"号大船打头阵，去与鲍列斯拉夫一世签订和谈条约。奥拉夫在返回挪威的途中，在斯伏耳德岛外，遭到丹麦国王"叉胡子"斯韦恩一世和瑞典的奥拉夫·斯克特科南联军的猛烈袭击，尽管奥拉夫以英雄的壮举奋勇保卫"巨蛇"号（后来的诗人们对此大加吟诵），但最终还是被打败，自己也被杀死。

DLB

参考：Anglo-Saxon Chronicle.
Sturlsson, Snorri, Heimskringla: Sagas of the Norse Kings. Translated by S. Laing. 3 vols. London,1906.
EB.

奥拉夫二世·哈拉德松(Olaf Ⅱ Haraldsson,约 995—1030 年) 挪威统治者。参加主要战争：丹麦征服英格兰的战争（1003—1013 年）、征服挪威的战争（1014—1016 年）、与克努特的战争（1026—1030 年）；参加主要战役（战斗）：海尔加河之战（1026 年）、斯蒂克利斯达德之战（1030 年）。

奥拉夫二世约 995 年生于非基督教家庭，是哈拉德一世"金发王"之后。青年时代的大部分时间是混迹于斯堪的纳维亚半岛和波罗的海的北欧海盗。参加"大个"托基尔的丹麦大军在英格兰登陆（1009 年）。在英格兰作战多年，后游历法国，可能还到过西班牙。在鲁昂接受洗礼（约 1013 年）。当时，挪威南部的大部分地区处于丹麦的统治之下，而东部的大部分地区为瑞典所控制。鉴于挪威的分裂和衰弱，他在返回英格兰后不久即渡海前往挪威争夺王位（1014 年）。打败了亚尔·埃里克的军队，因为当时埃里克置身国外（1014—1015 年），其军队由其子哈康和其弟斯韦恩统领。他流放了埃里克的支持者，控制了挪威大部分国土（1016 年）。他是一位严厉的统治者，虔诚而又始终如一地拥护基督教。为建立挪威国教，他从英格兰延聘了众多的教士。他不仅要对付当地诸酋长的频繁叛乱，而且要面对丹麦和英格兰国王克努特的挑战。当地诸酋长反对其政策，而克努特则声称对挪威拥有霸权。他与瑞典的阿诺德——奥拉夫·斯科特科南之子和继承人——结为联盟，一起袭击了丹麦各行省（1026 年）。在瑞典南部海尔加河河口遭到克努特舰队的奇袭并战败（1027 年）。克努特向挪威派入了许多间谍以制造麻烦（1027 年）。后在特隆赫姆登陆，自称挪威国王（1028 年）。奥拉夫逃亡罗斯。募集了一支衣装不整的军队之后，他穿越瑞典回到了挪威，但在斯蒂克利斯达德与一支人数更多、组织得更好的军队相遇，在激烈战斗之后失败并被杀（1030 年 8 月 31 日）。

奥拉夫是一位典型的斯堪的纳维亚统治者和酋长，由于斯蒂克利斯达德之战很快成为大众文学和传说，其死后比生前更为有名。传说中说，他的尸体埋入坟墓中一年后完全冒出地面并且没有腐烂。这一迷信说法在整个挪威甚至挪威以外的国家迅速传播开来。

DLB

参考：Sturlesson, Snorri, Heimskringla: Sagas of the Norse Kings. Translated by S. Laing, 3 vols. London, 1906.
EB.
EMH.

奥尔登堡伯爵，克里斯托夫(Oldenburg, Christopher, Count of 1504—1566 年) 德国将军。参加主要战争：镇压德国农民起义（1524—1525 年）、伯爵战争（1534—1536 年）、施马尔卡尔登战争（1546—1547 年）、德国亲王战争（1552—1555 年）；参加主要战役（战斗）：弗兰肯豪森（凯尔布拉附近）之战（1525 年）、德雷肯堡（尼恩堡附近）之战（1547 年）。

克里斯托夫生于 1504 年，是奥尔登堡伯爵约翰和他妻子安哈尔特的安娜之子。早期从事基督教神职工作。1515 年成为不来梅大教堂牧师会员。1516 年担任盖雷翁斯蒂夫特教区的受奉牧师。1524—1526 年，担任科隆教区牧师。其间，参与了 1525 年镇压弗兰肯豪森农民起义的战争。1530 年担任不来梅地区的圣维勒哈迪和斯蒂芬妮教堂教长。1533 年脱离神职，在荷兰组建了一支雇佣军。1534—1536 年入侵丹麦，试图帮助克里斯蒂安二世

复辟，这就是后来史称的伯爵之战。1536年7月在哥本哈根被克里斯蒂安三世打败，并投降。1546年加入施马尔卡尔登同盟，并参与了后期的战争。1547年与阿尔布雷希特·冯·曼斯费尔德一道，在德雷肯堡血战中打败埃里希·冯·加伦伯格亲王指挥的神圣罗马帝国军队。1552年为萨克森公爵莫里斯招集起一支军队，并与法国国王亨利二世结盟。后来改变立场，在德国亲王之战（1552—1555年9月）中，效力于勃兰登堡侯爵阿尔贝特·阿基比阿德。接着又在阿尔贝特军中服役两年，至1557年。1566年8月卒于拉斯泰德。

AL

参考：Brandi, Karl, The Emperor Charles Ⅴ. Translated by Cicely Ⅴ. Wedgwood. Re print, London, 1963.
Lexikon der Deuschen Geschichte.
NDB.

奥尔登多夫，杰西·巴特勒（Oldendorf, Jesse Bartlett, 1887—1974年） 美国海军上将。参加主要战争：第一次世界大战（1917—1918年）、第二次世界大战（1941—1945年）；参加主要战役（战斗）：大西洋护航（1917—1918年）、马绍尔群岛之战、特鲁克岛之战、帕劳群岛之战、马里亚纳群岛之战、莱特湾之战（1944年）。

奥尔登多夫1887年2月16日生于加利福尼亚里费塞德。1909年作为通过考试低级非委任军官毕业于海军军官学校。两年的海上服役后，于1911年6月5日被任命为海军少尉。1917年7月美国参加一战不久即被提升为中尉。1917—1918年在北大西洋护航舰队服役。1918年8月—1919年3月在“西雅图”号装甲巡洋舰上任工程军官。1919年3—7月在前德国运输舰“帕特里西亚”号上服役。7月晋升海军少校，在东北部连续在岸上基地任职，而后（1921年）在特遣中队司令参谋部担任副官和旗舰秘书。1922年任加利福尼亚马雷岛海军基地司令官副官。1924年5月—1927年5月第一次负责指挥平甲板的驱逐舰“德卡特尔”号。1928年6月—1930年7月，作为指挥官进入陆军和海军军事学院。1930年8月—1932年6月又回到“纽约”号舰上担当领航员。1932—1935年在海军军官学校任航海技术和领航教官。1935年6月又回到“西弗吉尼亚”号战列舰上任行政军官。1935—1939年担当岸上职务，负责航海署海军征兵处工作。1938年3月1日晋升海军上校。二战爆发后不久在欧洲指挥“休斯顿”号航母。1941年秋又转调海军军事学院任参谋，1942年1月珍珠港事件之后提升为海军少将。1942年1月—1943年4月连续在加勒比海司令部任职。1943年5—12月在大西洋舰队指挥一个特遣分队。1944年1月被委派至太平洋，在旗舰“路易斯维尔”号上任第四巡洋舰分队司令。在此任内参与了对马绍尔群岛（1—2月）、特鲁克岛（2月17—18日）、马里亚纳群岛（6—8月）、佩莱利乌岛（9月）的作战行动和在菲律宾群岛的莱特湾登陆（10月）。后被安排指挥第七舰队的火力支持力量，包括6艘老式战列舰、3艘重型和5艘轻型巡洋舰、20多艘驱逐舰和近40艘鱼雷，对日军经由苏里高海峡进攻美军在莱特湾的舰只进行反击。虽然其战舰缺乏现代化的雷达火力控制设备，穿甲弹的供给又不足，但奥尔登多夫谨慎而干练地布置舰队，设下埋伏，10月24—25日在苏里高海峡夜间闪电般地击沉了日军2艘战列舰、2艘巡洋舰、4艘驱逐舰。12月晋升海军中将，1945年1月9日负责指挥第一战列舰中队和第四战列舰分遣队，协助在吕宋林加延湾的登陆。6—11月受伤康复之后在冲绳指挥第九十五特遣舰队。11月负责第十一海军战区并于1946年1月任圣地亚哥海军基地司令。1947—1948年任西海岸和位于圣弗朗西斯科的“卫生球”舰队司令并在此职结束其军事生涯。1948年9月1日从海军退役，获海军上将军衔。1974年4月27日卒于弗吉尼亚朴次茅斯。

奥尔登多夫是一位成功而又干练的指挥官，在最后的水面战舰交战中显示了杰出的指挥才能。就其在苏里高海峡的作战计划，他事后评论说：“我的理论就是一个旧时的赌博的那句话——绝不给入网者以任何可乘之机。”

KS and DLB

参考：Dull, Paul S., A Battle History of the Imperial Japanese Navy , 1941—1945. Annapolis, Md., 1978.
Falk, Stanley L., Decision at Leyte. New York, 1966.
Reynolds, Clark G., Famous American Admirals. New York, 1978.
Woodward, C. Vann, The Battle for Leyte Gulf. New York, 1947.
DAMB.

奥马尔一世（奥马尔·伊本·哈塔布）（Omar Ⅰ〈'Umar ibn al-khattab〉, 约586—644年） 穆斯林哈里发。参加主要战争：征服叙利亚战争（634—645年）、巴勒斯坦战争（634—636年）、美索不达米亚战争（634—637年）、埃及战争（639—642年）。

奥马尔约586年生于麦加古莱西部族爱迪家族。他起初反对穆罕默德，615年，他又皈依伊斯兰教。622年，奥马尔随穆罕默德及其追随者逃亡麦地那。后来，他成为穆罕默德的主要参谋，与阿卜·伯克尔关系密切。625年，穆罕默德娶了奥马尔的女儿哈夫萨为妻子，奥马尔的地位显赫起来。632年，穆罕默德去世，奥马尔四处斡旋，使麦地那穆斯林承认麦加人阿卜·伯克尔为哈里发。由于阿卜·伯克尔得到奥马尔多方帮助，遂提名奥马尔为自己的继承人。634年，奥马尔继承哈里发职位。奥马尔任哈里发初，称自己为虔诚的宗教徒首领。634—645年，穆斯林阿拉伯军队在奥马尔的指挥下，入侵并征服了巴勒斯坦、叙利亚、埃及和美索不达米亚。奥马

尔为伊斯兰国家制定了法律、法律程序和实施细则。644年11月3日，奥马尔因个人恩怨在麦地那被一个波斯奴隶谋杀。

尽管奥马尔把战争的具体实施留给前线的将军，其中卡列德·阿卜·瓦利德为突出但他总制定好进攻路线和战略计划，并亲自指挥阿拉伯军队攻克了埃及、叙利亚和美索不达米亚。

DLB

参考：Glubb, Sir John Bagot, The Great Arab Conquests. London, 1980.
EB.

大森铣太郎(Omori, Sentaro, 1894—?) 日本海军上将、军国主义者。参加主要战争：第二次世界大战（1941—1945年）；参加主要战役（战斗）：偷袭珍珠港（1941年）、阿图岛之战（1942年）、奥古斯塔皇后湾（所罗门群岛布干维尔）之战（1943年）。

大森1894年生于熊本县。1913年毕业于海军军官学校。1920年从鱼雷学校毕业后，1924—1930年又回到该校任教。1925年晋升海军少校。1931—1932年连续担任驱逐舰舰长职务，后于1932—1934年和1937—1939年又回到鱼雷学校任教。1939—1940年衔至海军上校，指挥一艘战列舰。1940年提升为海军少将并任第一驱逐舰中队司令（1940—1941年），该舰队是1941年12月偷袭珍珠港时为南云忠一的航母舰队提供掩护的舰队之一部。1942年6月指挥阿图占领军，而后（11月）任第八巡洋分遣舰队司令。1943年11月2日在布干维尔奥古斯塔皇后湾攻击美国运输舰只，但其2艘重型和2艘轻型巡洋舰、6艘驱逐舰被梅里尔海军上将指挥的美国舰队击退，该舰队由4艘轻型巡洋舰和8艘驱逐舰组成。大森的1艘轻型巡洋舰和1艘驱逐舰被击沉。

大村益次郎(Omura, Masujiro, 1824—1869年) 日本政治家。参加主要战争：四方边境战争（1866年）、复位战争（1868年）；参加主要战役（战斗）：上田之战。

大村益次郎1824年生于长州的下见（环绕德山的地区），是戊辰时代少数几个没有武士背景的军事家之一。早期对西方颇感兴趣，研究西方军事技术和组织结构。他的经验引起在东京的幕府的注意，并在那里作为军事顾问和教员工作了一段时间。1864年返回长州，着手训练、改组和重新武装长州氏族的武装力量，也教授他们现代战术。四方边境战争期间（1866年6—7月），率一支经训练的部队，在抗击入侵的幕府军的作战行动中，取得巨大胜利。复位战争期间（1868年1—6月），参加了上田战斗，消灭了防守上田的幕府军（3月）。10月在新的帝国政府中任一个与军事事务有关的职务。1869年10月任兵部大辅。11月被反对其军事改革政策的保守派人士暗杀。

大村益智郎倡导的但未能见其实现的军事改革包括：取消藩，创建一支由中央政府控制的征募军队；取消武士以及建立军火库、军事院校和兵工厂等。这些想法为山县有朋两年后建立一支新的帝国军队奠定了基础。

LH

参考：Craig, Albert M., Choshu in the Meiji Restoration. Cambridge, Mass., 1967.
Hackett, Roger F., Yamagata Aritomo in the Rise of Modern Japan, 1838—1922. Cambridge, Mass., 1971.
Norman, E. Herbert, Soldier and Peasant in Japan: The Origins of Conscription. Institute of Pacific Relations, 1943.

奥尼尔，欧文·罗(O'neill, Owen Roe, 约1590—1649年) 爱尔兰将军。参加主要战争：三十年战争（1618—1648年）、爱尔兰起义（1642—1649年）；参加主要战役（战斗）：本伯德之战（1647年）。

奥尼尔约1590年生于北爱尔兰（阿尔斯特），是阿特·奥尼尔之子，蒂龙第二伯爵休·奥尼尔大王之弟。参加西班牙军队（1610年）后，三十年战争期间曾多次参加作战。由于返回阿尔斯特太晚，未能领导费利姆·奥尼尔爵士在那里发动的起义。后费利姆·奥尼尔爵士在洛赫斯威利（位于多尼戈尔的海湾）将指挥权交与欧文·罗（1642年7月）。统帅阿尔斯特境内的天主教军队时，他同苏格兰和爱尔兰的新教徒作战，多次取得胜利。其争取爱尔兰独立的目标与爱尔兰-诺曼贵族所较为温和的目标相冲突。他们的要求是获得宗教自由和实行英国君主之下的爱尔兰立宪制。在教皇使节乔万尼·巴蒂斯塔·里努奇尼的支持下，他在本伯德进攻并大胜赫克托·门罗军（1647年6月5日），毙伤3000人。他应里努奇尼之邀南下，门罗遂得以在卡里克弗格斯进行休整。由于对奥蒙德和盎格鲁-爱尔兰贵族的温和政策感到心灰意冷，他在里努奇尼离开（1649年初）以及克伦威尔登陆于爱尔兰（8月）后准备与这些贵族进行合作。突然发病后卒于11月6日。

奥尼尔是一位经验丰富、足智多谋而又能干的指挥官，同时又是一位天真而缺乏经验的政治家。

DLB

参考：EB.
DNB.

大西泷治郎(Onishi, Takijiro, 1891—1945年) 日本海军上将、军国主义者。参加主要战争：第二次世界大战（1941—1945年）。

大西泷治郎1891年生于兵库县。1912年毕业于海军军官学校。1915—1918年接受海军航空兵和船舶的早期训练。1918—1920年被派往英国和法国任驻扎官。1924年获海军少校军衔，1925年在海军航空兵学校任教官。1926年任佐世保海军航空兵部队司令。1928年任轻

O

型航母的飞行大队司令，1929 年提升为海军中校。1932 年 2 月在上海的第三舰队司令部任职，并于 2—3 月参与制订日本进攻该城市的作战方案。1933 年晋升海军上校，1933—1934 年又担任许多岸上职务。约于 1935 年倡议航母应组成舰队成为主要打击力量。1939 年提升为海军少将，1941 年 1 月—1942 年 3 月任第十一航空队参谋长。与源田实司令一道开展偷袭珍珠港的可行性研究。1941 年 12 月战争爆发时，他对美国在菲律宾的基地发动连续的破坏性空袭。1943 年晋升海军中将，1944 年 10 月指挥第一航空大队。10 月 23—26 日在此职位上计划并指挥莱特湾战斗中对美国海军部队的第一次袭击。1945 年 5 月任海军总参谋部副总参谋长。尽管战场形势日趋恶化，他仍极力主张负隅顽抗下去。1945 年 8 月 15 日听到天皇的投降诏书广播后在家中自杀。

MRP

参考：Rikihei，Inoguchi，Tadashi Nakajima，and Roger Pineau. The Divine Wind. Annapolis，Md.，1958.

奥诺马巧斯（Onomarchus，卒于公元前 352 年） 福西亚将军。参加主要战争：第二次神圣战争（公元前 355—前 336 年）；参加主要战役（战斗）：奈翁之战（公元前 354 年）、沃洛之战（公元前 352 年）。

奥诺马巧斯是福西亚将军菲洛米拉斯的同事，公元前 354 年底，当彼奥提亚人和近邻同盟会议的军队在奈翁地区失败之后，他率领福西亚人撤出了希腊中部地区。菲洛米拉斯死后，奥诺马巧斯被任命为首席指挥官，他利用《德尔菲条约》组建了一支雇佣军，并且买通了菲拉埃（韦莱斯蒂农附近）的利科夫龙，得到了他的支持。公元前 353 年，率领一支庞大的军队同罗克里斯、多里亚和彼奥提亚等城邦作战，取得了胜利。同斯巴达、雅典、柯林斯和阿卡亚结盟。公元前 352 年在沃洛地区同近邻同盟的盟主、马其顿的菲利普二世进行了一场作战，最终兵败身亡。

CLW

参考：Cambridge Ancient History，Vol. 6

OCD.

奥普克，埃梅逊（Opdycke，Emerson，1830—1884 年） 美国将军。参加主要战争：美国内战（1861—1865 年）；参加主要战役（战斗）：夏洛之战（1862 年）、奇克莫加之战（1863 年）、查塔努加之战（1863 年）、雷萨卡之战（佐治亚卡尔洪附近）（1864 年）、凯纳索山之战（1864 年）、富兰克林之战（1864 年）。

奥肯多，唐·安东尼奥·德（Oquendo，Don Antonio de，1577—1640 年） 西班牙海军将领。参加主要战争：三十年战争（1618—1648 年）；参加主要战役（战斗）：托多斯洛斯桑托斯（万圣节）之战（1631 年）、唐斯（肯特郡的迪尔附近海域）之战（1639 年）。

奥肯多 1577 年生于圣塞瓦斯蒂安，是曼努埃尔·德·奥肯多之子。12 岁时加入西班牙皇家海军，作战勇敢、表现突出，他迅速得到升迁，在《十二年停战协定》期满后与荷兰的作战中被任命为西班牙舰队的上将司令（1621 年 8 月）。1631 年万圣节，他打破了荷兰对海峡港口的封锁，后被任命为国王菲利普四世的军事部大臣。奉命指挥一次旨在歼灭荷兰海军的大型远征（60 艘军舰、9000 名士兵），在唐斯之战（1639 年 10 月 21 日）中败于马尔藤·范·特龙普将军率领的荷兰舰队，丧失了大部分军舰。次年可能因唐斯之战中的伤势复发而去世（1640 年）。

奥肯多是一位能干的统帅和果敢的斗士。西班牙最伟大的海军将领之一。他在唐斯之战中的任务因政府的政策和地形的限制而受挫。

DLB

参考：Diccionario de historia de España.

Tromp，Maarten Harpertszoon，The Journal of Maarten Harpertszoon Tromp，Anno 1639. Translated and edited by C. R. Boxer. Cambridge，1930.

奥德，爱德华·奥托·克雷萨普（Ord，Edward Otho Cresap，1818—1883 年） 美国将军。参加主要战争：第二次西米诺尔战争（1835—1842 年）、美墨战争（1846—1848 年）和美国内战（1861—1865 年）；参加主要战役（战斗）：哈佩尔斯费里之战（1859 年）、德兰尼斯维尔之战（1861 年）、尤卡之战和柯林斯之战（1862 年）、维克斯堡之战和杰克逊之战（均在密西西比州，1863 年）、围攻彼得斯堡（弗吉尼亚州，1864—1865 年）。

奥德 1818 年 10 月 18 日生于马里兰州的坎伯兰，长于华盛顿，1839 年毕业于西点军校。被派至炮兵部队任职，因在第二次西米诺尔战争中的突出表现，1841 年晋升为中尉。完成了在东部的使命（1842—1846 年）后，被派经智利合恩角到加利福尼亚州管辖蒙特雷。1850 年 9 月晋升上尉。1850—1855 年，在东西两个海岸服役。参加了在俄勒冈州和华盛顿州攻击印第安人的几次战役（1855—1859 年）。1859 年任职于门罗堡炮兵学校。哈伯斯费里战役中，参加了罗伯特·爱·李将军的部队，被派去镇压约翰·布朗（10 月）。美国内战爆发时在旧金山，被任命为志愿军准将，奉命指挥波托马克军团的一个旅（1861 年 9 月）。11 月晋升正规军少校。在弗吉尼亚的德兰尼斯维尔战役中（12 月 20 日），击退了 J. E. B. 斯图亚特骑兵部队的一次进攻，晋升为名誉中校。1862 年 5 月晋升志愿军少将，调至密西西比战区。8—9 月，指挥乌·辛·格兰特将军田纳西军团的左翼部队，因其在联邦军取得胜利的艾尤卡战役中（9 月 19 日）的突出表现，晋升为名誉上校。当同盟军撤出柯林斯地区的战斗时，在哈奇河攻击了范·多恩将军的部队，并瓦解了南部同盟军进行的强有力反击（10 月 5 日），战斗中严重受伤。

1863年6月返回部队，担任田纳西军团第十三军军长，参加了围攻和占领维克斯堡的战斗（5月19—7月4日）。8—10月，在西路易斯安那军团任职，后患病。1864年3月重返部队，7月被任命为在谢南多厄河谷的第八军军长。随后调任指挥处于环绕里士满和彼得斯堡围攻线上的第十八军，指挥占领了哈里森要塞（里士满以南），但再一次受重伤（9月29日）。1865年1月返回部队后，指挥詹姆斯军团和北卡罗来纳战区。3月，晋升为正规军名誉少将，参加了格兰特对李将军进行的最后决战，迫使李将军于4月9日在阿波马托克斯投降。1865年12月晋升正规军中校，1866年7月晋升准将。12月调出志愿军，指挥阿肯色战区。后指挥加利福尼亚、普拉特和得克萨斯战区。1880年12月退役，1881年1月在退役名册上被列为少将。1883年7月22日卒于古巴的哈瓦那。

奥德是一位富有才能的指挥官，尽管很少进行过独立的指挥，但其多次受伤足以证明他的英勇并乐于一线指挥。

BAR

参考：Warner, Ezra, Generals in Blue. Baton Rouge, 1977.
DAB.
DAMB.

奥列斯特斯（Orestes，卒于476年） 罗马贵族和将军，西罗马最后一个皇帝罗慕洛·奥古斯都之父。参加主要战争：匈奴战争（450—453年）、哥特战争（454—476年）；参加主要战役（战斗）：帕维亚之战（476年）。

奥尔良公爵，菲利普（Orleans, Philippe, Duke of，1674—1723年） 法国将军和摄政。参加主要战争：奥格斯堡同盟战争（1688—1697年）、西班牙王位继承战争（1701—1713年）；参加主要战役（战斗）：斯滕凯尔克（比利时的埃诺省境内）之战（1692年）、内尔温登（列日附近）之战（1693年）、那慕尔围城战（1695年）、都灵之战（1706年）、莱里达（西班牙）围城战（1707年）、托尔托萨围城战（1708年）。

奥尔良（1674年8月2日）生于圣克卢，是法国的菲利普的儿子、奥尔良公爵路易十四之弟。其父在世时，他为沙特尔公爵。随其伯父——法国国王及卢森堡公爵参加了围攻和夺取蒙斯的战斗（1691年3月15日—4月10日）。曾参加斯滕凯尔克之战（1692年8月3日）和内尔温登之战（1693年7月29日），后随布夫莱尔参加了对国王威廉三世的那场英勇而无功的那慕尔保卫战（1695年7月1日—9月6日）。路易拒绝授其高官，希望他靠自己谋取这些职位。其父死后成为奥尔良公爵（1701年6月9日）。虽然在西班牙王位继承战争爆发后未受任用（1701年），但他后来被任命为驻意大利法军的司令，取代元帅旺多姆公爵的指挥（1706年）。尽管他的军队在数量上大大超过欧根亲王的奥地利军队，他却未能阻止欧根在都灵之战中的果断进攻，并在作战中负伤（7月7日）。率残军撤回法国，将意大利弃与奥地利。第二年被派往西班牙任司令（1707年）。在任期间，奥尔良围攻并夺取了莱里达（1707年9月13日—11月11日）和托尔托萨（1708年6月12日—7月11日）。虽然他占有数量上的优势，但他在加泰罗尼亚的战功仍不值一提（1708年）。1708年底后退出现役，路易十四死后被选为年幼的路易十五的摄政（1715年9月1日）。他在路易十五亲政（1723年2月）之前一直担任该职，并指导法国政府取得了若干政绩。后接替红衣主教吉约姆·杜布瓦任首相（8月），上任数月后去世（1723年12月2日）。

奥尔良公爵是一位相当能干的指挥官，但他的升迁并不完全凭借他自己的才能，而更多的是凭借其社会与王室地位。虽然聪明、宽容，但也是一位声名狼藉的浪荡子和自由思想者，同时还是一位酒鬼。

DLB

参考：Erlanger, P., Le Régent. Paris, 1938.
Leclerq, Don Henri, Histoire de la Régence. Paris, 1921.
EB.

奥维利耶，路易·吉尤特，伯爵（Orvilliers, Louis Guillouet, Count of，1708—1792年） 法国海军上将。参加主要战争：七年战争（1756—1763年）、美国独立战争（1775—1783年）；参加主要战役（战斗）：乌尚（韦桑岛）之战（1778年）。

奥维利耶1708年生于穆兰。他的军事生涯是从加入陆军开始的（1723年）。五年后转入海军（1728年）。后晋升为海军上校（1754年）。七年战争期间在欧洲和加勒比海水域进行过多次作战。晋升为中将（1764年）。后又晋升为上将（1777年）。在那场未分胜负的乌尚之战（1778年7月2日）中，他是与奥古斯塔斯·凯佩尔将军的舰队进行作战的法国舰队司令。在企图夺取朴次茅斯和普利茅斯的作战中失败（1779年），因此受责而退役。后恢复职务（1783年）。卒于1792年。

Staff

参考：Appleton's Cyclopedia of American Biography.

大迫尚敏（Osako, Naotoshi，1844—1927年） 日本将军。参加主要战争：萨摩藩-英国战争（1863年）、复位战争（1868年）、萨摩暴动（1877年）、中日甲午战争（1894—1895年）和日俄战争（1904—1905年）；参加主要战役（战斗）：海城之战（1894年）、旅顺港围攻战（1904—1905年）和奉天（沈阳）之战。

大迫尚敏1844年生于萨摩藩（今鹿儿岛），在与英国的战争中（1863年6—8月）取得最初的军事经验。在复位战争期间（1868年1—6月）随其氏族与德川幕

府作战。1871 年参加帝国军队，1877 年 2—9 月参加平息萨摩暴动武士的战斗。中日甲午战争时领少将衔，指挥步兵旅参加了在海城附近的战斗（1894 年 12 月）。1898—1900 年任陆军副总参谋长。日俄战争期间（1904 年 2 月—1905 年 9 月）为中将，指挥第七师团。在旅顺港围攻战中（1904 年 5 月 25 日—1905 年 1 月 2 日），他的师团参加了攻占二〇三高地的战斗（1904 年 11 月 27—12 月 5 日），该战使其部伤亡惨重。率部参加了奉天之战（1905 年 2 月 21 日—5 月 10 日），所部战斗极为凶猛。1906 年提升为上将，1908 年退役时获封子爵，卒于 1927 年。

LH

奥西奥拉（Osceola,〈billy Powell〉1804—1838 年） 北美西米诺尔印第安首领。参加主要战争：第二次西米诺尔战争（1835—1842 年）。

奥西奥拉 1804 年生于亚拉巴马州的一个克里克村庄。其父为英国人，其母亲是克里克人。1812 年，随母移至佛罗里达的上克里克村落。在 1817—1818 年第一西米诺尔战争中，他和其母一起被美国军队抓捕，当时他 14 岁。1818 年被释放，遂定居于塔姆帕湾的一个西米诺尔村落。依 1823 年的《穆尔特里克里克条约》，他于 1825 年同其两位妻子移至内陆。当一个小头目。后来参加了一个西米诺尔人组成的小组，以反对 1830 年的《迁移法案》及《土地购买条约》，后者是用以保证将西米诺尔人迁走的条约。1835 年，因奥希奥拉拒绝签订迁移合同，美国的印第安代理人威勒·汤普逊命令将其拘捕。监禁五天后，奥西奥拉签约，被释放。不久，他便宣布所签之约无效，并同其他西米诺尔首领共同抵制迁移。1835 年 12 月 28 日，他的军队进攻弗朗西斯·戴德少将的 150 名正规军，仅有 3 人幸免，因而第二次西米诺尔战争爆发。由邓肯·拉蒙·克林奇将军率领的 800 名军人追击奥西奥拉。奥西奥拉在一次小战中受伤后于 12 月 31 日率小部随从逃入沼泽地。此后，他继续用打了就跑的战术袭击政府军队，并避免与政府军决战。1837 年 1 月，西米诺尔人在遭受重创后，其首领米卡诺皮、朱姆波尔及阿里戈塔签署了停战条约。奥西奥拉则于 1837 年 5 月自任梅隆堡首领。当美国军队允许奴隶进入佛罗里达并控制黑人和西米诺尔人后，奥西奥拉再次逃入沼泽。5—6 月，米坎诺皮及朱姆波尔的随从也逃出了美国军队的控制。后来，奥希奥拉举旗投降，但仍被拘捕。先被囚于圣奥古斯丁，后转至南卡罗来纳州的默尔特里堡。1838 年 1 月 30 日卒于那里。

LAS

参考：McReynolds, Edwin C., The Seminoles. Norman, Okla., 1957.

Mahor, John K., History of the Second Seminole War. Gainesville, Fla., 1967.

大岛浩（Oshima, Hiroshi, 1885—1975） “二战”甲级战犯、日本陆军上将和外交官。参加主要战争：西伯利亚远征（1918—1922 年）、第二次世界大战（1941—1945 年）。

大岛浩 1885 年生于岐阜县。1906 年毕业于陆军大学。1915 年又从陆军大学毕业。1918—1919 年参加早期阶段的西伯利亚远征。1921—1923 年在柏林任助理陆军武官期间提升为陆军少校（1920 年）。1923—1924 年任驻布达佩斯和维也纳陆军武官。1926—1928 年回到日本并在重型野战炮兵学校任教。1828—1830 年为炮兵督察部成员。1930 年晋升陆军上校并任第十炮兵团团长（1930—1931 年）。1931—1934 年任陆军总参谋部作战部防御处处长。1934—1938 年任驻柏林陆军武官，他狂热倡导德日亲密合作，并协助谈判制定《日德防共协定》（1936 年）。期间于 1935 年晋升陆军少将，1938 年升陆军中将。后转入预备役，任日本驻柏林大使。1940 年参与同德国、意大利的三方条约谈判，并于 1939—1945 年二战时期一直呆在柏林，竭力推进“轴心外交”。战后受到审判并作为甲级战犯被判定犯有战争罪，判处在巢鸭监狱终身监禁，但 1955 年在西方势力的政治交易中获释。

MRP

参考：Boyd, Carl, Extraordinary Envoy: General Hiroshi Oshima and Diplomacy in the Third Reich, 1980.

大岛久直（Oshima, Hisanao, 1848—1928 年） 日本将军。参加主要战争：复位战争（1868 年）、萨摩暴动（1877 年）、中日甲午战争（1894—1895 年）、日俄国战争（1904—1905 年）；参加主要战役（战斗）：旅顺包围战（1904—1905 年）。

大岛于 1848 年生于本州岛北部的秋田。参加了 1868 年 1—6 月的复位战争。1871 年入帝国陆军，被任命为中尉。1877 年 2—9 月，在九州的萨摩暴动中，指挥一个营参战。1894 年 8 月—1895 年 4 月的中日甲午战争中，指挥一个旅参战。在同俄国作战中指挥第九师参战。在 1904 年 5 月 25 日—1905 年 1 月 2 日的长期而血腥的旅顺包围战，任师长，在 1904 年 11 月 27 日—12 月 5 日攻占二〇三高地时，起了主要作用。1906 年升将军。1906—1908 年任近卫师师长。1908—1911 年任陆军教育总监。1911—1913 年任军事参议官。1913 年退出现役，卒于 1928 年。

大岛是一位强悍的野战指挥员，他对其本人及其下属均充满着自信。他是一直参加旅顺包围战的很少几个将军中的一员，他还是一位出名的教官，曾两次担任陆军大学校长。

LH

大岛义昌（Oshima, Yoshima, 1850—1926 年） 日本将军、军国主义者。参加主要战争：萨摩暴动（1877 年）、中日甲午战争（1894—1895 年）和日俄战争（1904—1905

年)；参加主要战役（战斗）：牙山（汉城南 7 公里）之战（1894 年）、平壤之战（1894 年）、辽阳之战（1904 年）、沙河之战（1904 年）、沈旦堡之战和奉天（沈阳）之战（1905 年）。

大岛 1850 年生于长州藩，即现在的山口县。1871 年毕业于大阪青年学校（即后来的军事学院），在帝国军队中任上尉。指挥一个营参加了平息萨摩暴动的战斗（1877 年 2—9 月）。中日甲午战争期间（1894 年 8 月—1895 年 4 月）指挥第九混成旅，在战争正式开始前参加了侵略牙山之战（1894 年 6 月），后参加了侵略平壤之战（9 月 15 日）以及侵略中国东北的战斗（1894 年 10 月—1895 年 1 月）。1898 年晋升为中将。日俄战争时（1904 年 2 月—1905 年 9 月）在奥保巩将军的第二集团军中指挥第三师团，参加了辽阳之战（1904 年 8 月 25 日—9 月 7 日）、沙河之战（10 月 5—17 日）、沈旦堡之战（1905 年 1 月 15—17 日）和奉天之战（2 月 21 日—3 月 10 日）。1905 年战争结束时晋升为上将。1905—1912 年为第一任关东都督。1911—1915 年任军事参议官，卒于 1926 年。

大岛是一位坚强且值得信赖的陆军指挥官，他在中日甲午战争中的表现使他在日本军国主义分子中赢得一定的荣誉。任关东都督期间为稍后侵华日军建立关东军打下了基础。

LH

奥斯曼一世（Osman〈Othman〉I，1259—1326 年） “征服者”。奥斯曼统治者。参加主要战争：奥斯曼-拜占庭边境战争（1290—1453 年）；参加主要战役（战斗）：布尔萨围攻战（1317—1326 年）。

奥斯曼一世出生于 1259 年，是奥斯曼首领和统治者埃尔托格鲁尔（神秘者）之子。1290 年继承父亲王位，是奥斯曼土耳其第一位著名统治者（奥斯曼一词正是由其名而来）。他是一位精力充沛、富有活力的勇士，以其父指定的首都瑟于特为根据地，向外扩张，连续实施出击，侵入拜占庭领土，挑起持续近两个世纪的争夺拜占庭领土的传统战争。他的武士，或称抗击异教徒的英雄们，致力于反对异教徒的半游击性袭击的思想。他的努力逐渐取得成功，夺取了几个边境要塞。1317 年封锁布尔萨，但由于缺乏攻击筑垒地域的装备和经验，直到 1326 年，耗费九年时间方才攻克该城。不久，卒于瑟于特。

DLB

参考：Gibbons, Herbert Adams, The Foundation of the Ottoman Empire. Reprint, London, 1968.

Koprulu, Mehmet Fuat, Les origines de lempire Ottoman. Paris, 1935.

Witter, Paul, The Rise of the Ottoman Empire. 1938. Reprint, New York, 1971.

奥斯曼·努里帕夏（Osman Nuri Pasha，1832—1900 年） 土耳其将军。参加主要战争：克里米亚战争（1853—1856 年）、克里特起义（1866—1868 年）、塞尔维亚-土耳其战争（1876 年）和俄国-土耳其战争（1877—1878 年）；参加主要战役（战斗）：围攻普列文纳（1877 年）

奥斯曼 1832 年生于安纳托利亚的托卡特。1853 年毕业于伊斯坦布尔军官学校，后加入骑兵部队。参加了克里木战争（1853 年 10 月—1856 年 3 月）。1860 年在黎巴嫩作战。1866—1868 年在克里特、1871 年在也门平定暴乱。1876 年参加了对塞尔维亚和黑山的战争。在土耳其取得胜利的阿莱克西纳茨战役（尼什以北，9 月 1 日）和朱尼斯战役（10 月 29 日）中发挥了重要作用。随后指挥驻保加利亚维丁的陆军的一个军，晋升元帅。当俄国人渡过多瑙河时（1877 年 7 月），他撤至普列文纳要塞，进行壕沟防御，威胁俄国人的右翼及多瑙河桥梁（7 月 19 日）。7 月 20 日、30 日和 9 月 1 日，三次击退了俄国人的进攻，但损失惨重。在给养几乎耗竭的情况下，他试图突围，但遭到失败且受伤（12 月 9 日）。12 月 10 日被迫投降。1878 年 3 月战争结束后被释放返回，被授予圣战英雄的荣誉，被任命为宫廷典礼官。担任了四次陆军大臣。1900 年 4 月 14 日卒于伊斯坦布尔。

奥斯曼是一位能干、机智且坚定的指挥官，具有清醒的战略头脑。他在普列文纳进行的防御阻挡了俄国人长达五个月的前进步伐，使俄国人未能速战速决。

DLB

参考：EMH.

EB.

O

大谷菊郎（Otani, Kikuro, 1855—1923 年） 日本将军。参加主要战争：中日甲午战争（1894—1895 年）、日俄战争（1904—1905 年）和西伯利亚远征（1918—1922 年）。

奥托，马可·萨尔维（Otho, Marcus Salvius, 32—69 年） 罗马皇帝。参加主要战争：罗马内战（68—69 年）；参加主要战役（战斗）：第一次贝德里阿孔（位于克雷莫纳附近）之战（69 年）。

奥托生于 32 年，是罗马贵族鲁·萨·奥托与 A. 特伦提娅之子。奥托是一个浪荡公子，是皇帝尼禄的密友并受到尼禄的特别宠爱。58—68 年期间，由于尼禄想占有他的妻子 P. 萨比娜，而把他派往卢西塔尼亚做总督。68 年，支持加尔巴发动的叛乱，并成为加尔巴的主要助手。由于对加尔巴宣布鲁齐乌斯·皮索·李锡尼为其继承人心怀不满，奥托指使近卫军谋杀了加尔巴和比索，并于 69 年 1 月 15 日自立为王。他的地位很快受到罗马在日耳曼地区的指挥官维特利乌斯的威胁，在此之前，维特利乌斯已经被其军队宣布为皇帝。为同对手决战，防守多瑙河的军队，以及在埃及、非洲和东方的军团已经按照他的命令赶来增援。尽管他的顾问斯·保利努斯和塞尔苏斯提出忠告，劝他等待这些正在开进途中的部队到来以后

再同敌交战，但是奥托并没有接受这些劝告。在当年三月不待增援部队到达，就草率指挥军队同维特利乌斯的莱茵河老兵军团进行决战。69 年 4 月，在第一次贝德里阿孔之战中被击败，他本人逃走。尽管近卫军仍然希望继续战斗，但他却心灰意冷，不愿再战，不久在帐篷里自杀身亡（69 年 4 月 16 日）。

奥托被普遍认为是一位能力出众的统治者，一位合格的军人和温和的政治家。

CLW

参考：Plutarch,"Otho,"Parallel Lives.
Suetonius,Lives of the Caesars.
Tacitus,Annals,Histories.
EB.
OCD.

大友宗麟（Otomo, Sorin, 1532—1587 年） 日本将军。参加主要战争：统一战争（1550—1615 年）。

大友宗麟 1532 年生于九州。作为小友头领，卷入九州同同多个强大家族的全面战争。起先获得一些成功，将其领地从丰后（大分周围地区）扩展横过九州北部。面对一个家族联盟，他被迫退却，并于 1586 年向丰臣秀吉恳请援助。在随即进行的九州战役中，丰臣秀吉击垮了岛津家族势力，但对大友来说却太晚了，他卒于 1587 年。

LH

参考：Dening, Walter, The Life of Toyotomi Hideyoshi. London,1930.
Elison, George, and Bardwell L. Smith, eds., Warlords. Artists and Commoners. Honolulu,1981.
Sansom, George B., A History of Japan, 1334—1615. Stanford, Calif.,1961.

奥托一世（大帝）（Otto Ⅰ the Great, 912—973 年） 德意志国王和神圣罗马帝国皇帝。参加主要战争：镇压异母兄弟塞安克玛叛乱的战争（938—939 年）、镇压反叛贵族的战争（939—941 年）、入侵法兰西战争（942 年）、镇压巴伐利亚叛乱的战争（944—947 年）、入侵法兰西战争（948 年）、入侵波希米亚战争（950 年）、首次远征意大利战争（951—952 年）、第二次远征意大利战争（961—964 年）、第三次远征意大利战争（966—972 年）、镇压儿子鲁道夫叛乱的战争（953—955 年）、与斯拉夫的文兹进行的战争（955 年）；参加主要战役（战斗）：克桑腾战役（940 年）、安德纳赫战役（941 年）、韦耳斯战役（944 年）、克尼格雷茨战役、累赫原野（奥格斯堡南部地区）战役（955 年）。

奥托大帝 912 年 10 月 23 日，生于萨克森，是亨利公爵（后来的萨克森国王“捕鸟者”亨利一世）和第二个妻子马蒂尔达的儿子。929 年，奥托同英格兰国王“长者”埃德加的女儿伊迪丝结婚，他被亨利指定为继承人。父亲死后，奥托于 936 年 8 月 7 日在亚琛由德意志公爵们推选为国王，并接受了美因茨和科隆主教的加冕礼。奥托即位后坚决维护自己对公爵们的宗主权，因而引起叛乱。938—939 年，奥托很容易地平息了异母兄弟塞安克玛的叛乱，这次叛乱得到巴伐利亚的埃贝哈德和法兰克尼亚的埃伯哈德的支持。939—941 年，奥托镇压了再次发生的更为严重的叛乱，这次叛乱是由奥托的弟弟亨利、法兰克尼亚的埃伯哈德和洛林的吉赛尔伯特领导的，得到法兰西国王路易四世的支持。平息这些叛乱，940 年奥托在克桑腾和安德纳赫（941 年）镇压反叛者战役中证明了他的军事才能是取胜的决定因素。奥托在亨利投降的时候，杀死了埃伯哈德和吉赛尔伯特。941 年 12 月，亨利秘密谋杀奥托的计划败露后，奥托再次原谅了他，从此亨利忠诚于他。亨利入侵法兰西，惩罚路易四世干涉自己的内政，但很快又与路易四世讲和。944 年，叛乱的巴伐利亚公爵在韦耳斯战役中打败了奥托。946—947 年，奥托运用外交和武力手段，又将巴伐利亚纳入到自己的统治之下。948 年，奥托再次入侵法兰西，支持表弟路易四世反对叛乱的巴黎伯爵休，迫使休投降，把王位还给了路易。950 年，奥托入侵波希米亚，迫使鲍列黛拉伊德斯拉夫公爵接受自己的统治。951 年，被伊夫雷亚的马格雷夫·贝伦加囚禁着的勃艮第亲王夫人阿黛拉伊德向奥托求救，奥托自封为“伦巴第王”，率领军队入侵意大利营救阿黛拉伊德，并于 952 年与阿黛拉伊德结婚，接受贝伦加的效忠。952—953 年，奥托被迫返回德意志镇压儿子鲁道夫、洛林公爵“红色”康拉德和美因茨主教腓特烈以及其他贵族发动的叛乱。一开始，叛军打败了奥托，把他抓了起来，但奥托逃了出去。953—954 年，奥托既没有攻下美因茨，也没有拿下累根斯堡，但这时马扎尔人入侵德意志南部，从而削弱了叛军的力量。955 年初，卢多尔夫将累根斯堡交给奥托。然后，奥托向马扎尔人进攻，于 8 月 10 日在累赫原野战役中击败了马扎尔人。奥托乘胜向北急进，勃兰登堡的马扎尔吉鲁也加入了他的行列，于 10 月在克雷格尼茨河战役中，打败了文兹。随后又对斯拉夫人发动了一场战役，到了 960 年，他已经征服易北河中游和奥得河中游之间的斯拉夫部落。961 年，奥托应教皇约翰十二世的吁请，第二次远征意大利，对付意大利国王贝伦加二世。奥托于秋天打败了贝伦加，并迫使他称臣。奥托于 962 年 2 月 2 日到达罗马，被教皇约翰十二世加冕为神圣罗马帝国皇帝。963 年，当教皇约翰再次与贝伦加争斗时，奥托非常生气，于是废黜了约翰，指定了一个新教皇利奥八世，并把俘获的贝伦加送到德意志。964 年，奥托再次返回罗马，镇压罗马反对教皇利奥的叛乱。由于利奥已经去世，奥托就指定了另一个新教皇约翰十三世。965 年，约翰十三世在一次叛乱中被赶走。966 年，奥托第三次进军意大利。他在征服罗马后，接着又向意大利南部的拜占庭进军，最后双方进行了和谈。奥托的儿子（也叫奥托）被立为继承人，就是后来的奥托二世，他于

972年4月14日同拜占庭公主西奥芬诺结婚，从而结束了战争。奥托大帝回到德意志后，于973年3月23日在奎德林堡召开了宫廷大会，不久即于5月7日卒于梅姆勒本（奎尔富特附近）。

奥托大帝是中世纪最伟大的统治者之一。他采取了很多措施来形成中世纪德意志的统治体系，如把主教看作是忠诚的官员，干涉意大利事务的政策等。奥托精力旺盛、聪明能干，从而使他成为一位成功的军事家，尤其是他955年取得的一系列成就，给德意志带来了多年的和平。德意志在他的统治下，艺术和学术活动重新活跃起来，这一时期被认为是奥托文艺复兴时期。

DLB

参考：Bauml, F.H., Medieval Civilization in Germany, 800—1273. New York, 1968.

Holtzmann, Robert, Geschichte der sachsischen Kaiserzeit (900—1024). Munich, 1967.

Liutprand of Cremona, Historia Ottonis.

Widukind, Res gestae Saxonicae.

EB.

大内义弘（Ouchi, Yoshihiro, 1355—1399年） 日本将军。参加主要战争：南北朝战争（1355—1392年）；参加主要战役（战斗）：九州战役（1375—1377年）、盛山之战（1380年）、京都战役（1391）、纪伊（田道周围地区）战役（1392年）、（小坂）之战（1399年）。

大内义弘生于1355年，是大内弘世之子。同今川贞世一起与九州岛上的南朝军队作战（1375—1377年）。大内弘世去世（1379年）后成为大内家族的领袖。在盛山挫败其弟企图夺取领袖地位的企图（1380年）。曾平定京都地区的叛乱（1391年），为此，幕府将军足利义满为大内已经广袤的领地又增加了两个区。平乱作战期间，他说服南朝的后龟山天皇逊位，从而结束了长达50多年的王朝战争（1392年）。幕府将军足利义满的强行征税使他起而叛乱（1399年）。后被三大家族的势力围困于和泉区的镇，在作战中阵亡。

LH

参考：Hall, John W., and Toyoda Takeshi, eds., Japan in the Muromachi Age. Berkeley, Calif., 1977.

Varley, H. Paul, Imperial Restoration in Medieval Japan. New York, 1971.

乌迪诺，尼古拉·查理，科杰沃公爵（Oudinot, Nicolas Charles, Duke of Keggio, 1767—1847年） “法国军队的拜亚尔”（拜亚尔为法国十四五世纪屡建战功的英雄，人称“无畏无瑕的骑士”后成为战功卓著的英雄代名词——编者注），法兰西帝国元帅。参加主要战争：法国大革命战争（1792—1799年）和拿破仑战争（1800—1815年）、法国入侵西班牙（1823年）；参加主要战役（战斗）：凯瑟斯劳特尔之战（1794年）、因格尔施塔德之战（1796年）、苏黎世之战（1799年）、热那亚之战（1800年）、乌尔姆之战（1805年）、霍拉布伦之战（1805年）、奥斯特利茨之战（1805年）、奥斯特罗伦卡之战（1807年）、但泽之战（1807年）、弗里德兰之战（1807年）、阿斯派因-埃斯林之战（1809年）、华沙之战（1809年）、普罗茨克之战（1812年）、别列津纳之战（1812年）、包岑之战（1813年）、格鲁斯贝伦之战（1813年）、莱比锡之战（1813年）、布里涅之战（1814年）、拉罗瑟里之战（1814年）、阿尔西斯之战（1814年）。

乌迪诺于1767年4月25日生于巴尔勒杜克，其父名尼古拉·乌迪诺，是一啤酒商。1784年6月2日入伍至梅多克步兵团。三年后离开该团至南希从事商业活动。1789年7月14日，任梅塞志愿第三营上尉。1791年升中校。1792—1793年，他率志愿军在梅塞和沃思杰思地区作战，后在哈圭瑙之战中头部受枪伤，这是他一生中多次负伤的第一次。1794年6月升准将，以奖励他于1794年5月23日的凯瑟思劳特尔之战中的功勋。到1798年，他一直在莱茵及莫塞勒军团服役，1795年在曼海姆之战中负伤。1795年10月在乌尔姆战役中六次负伤，后被俘。1796年1月获释，9月在因格尔施塔德之战受重伤，军刀伤四处，一发子弹穿透了他的大腿。1799年在马森纳手下升少将，在指挥左翼军队参加苏黎世之战时，胸部受伤。苏黎世之战后，任马森纳的总参谋长，苏黎世之战后，任马森纳的总参谋长，受伤不止两次。1800年随马森纳赴意大利参战。在热那亚包围战中，他率马森纳的特遣队成功地穿越英军封锁线，与瓦尔的苏舍将军会师。1800年在布劳恩将军手下供职，1803年任步兵及骑兵总督察长。1805年受命在其手榴弹兵基础上组建手榴弹师，隶属朗恩第五军，参加了1805年的战役。对10月8日魏尔亭根之战的胜利助有一臂之力，10月17日又助战乌尔姆。11月16日在霍拉布伦之战中再次受伤。在12月2日的奥斯特利茨之战中，他的手榴弹部队在左翼的预备阵地待命，后参加了包围盟军的军事行动。1806年大部分时间用于疗伤休养。1807年参加波兰战役。参加了1807年2月的奥斯特罗伦卡之战，3月18日—5月27日参加但泽包围战，此战中腿被打断。不屈不挠的乌迪诺率领朗恩的一个预备师参加了6月14日的弗里德兰之战。1808年7月被封为帝国公爵，并被派至德国，在达武的领导下组建预备队。1809年以其预备队组成临时第二军，隶属朗恩，并参加了4月21日的兰茨胡特之战。5月21—22日，在阿斯派因-埃斯林之战手臂受伤，但当朗恩被杀后，仍指挥第二军作战。7月5—6日，参加瓦格朗之战，耳朵负伤，1809年7月12日在战场上接受元帅衔。1810年4月14日，被封为利杰沃公爵。1810—1812年在荷兰服役，当俄国战役爆发后，被召回，指挥第二军担任入侵俄军的左翼。8月17—18日首战于普罗茨克，但因一发子弹穿过其肩而退出战斗，将指挥权交于圣西尔并取得了当天的胜利。疗伤一个时期后参加了11月27—28日的别列津纳之战，

又被射中侧背，他的马匹受惊，拖着他在雪地里猛窜，直至一副官救下他。随后在临时兵站疗伤，等待马车将他运回法国。但遭哥萨克人的进攻，再次负伤，因为房梁落下后压在了他的身上。1813 年 4 月，受命指挥由意大利和克罗地亚人组成的第十二军，参加了 5 月 20—21 日的包岑之战，作战中任右翼。后来，皇帝又将第四军和第七军转交给他，令他攻占柏林，8 月 23 日，在格鲁斯贝伦被贝尔纳多特击退，撤退中秩序大乱。在 10 月 16—19 日的莱比锡之战中，指挥两个师的“青年近卫军”参战。在 1814 年的法国战役中，参加了 1 月 29 日的布里涅之战，双腿受伤，2 月 1 日及 3 月 20—21 日分别参加拉罗瑟里之战及阿尔西斯之战，指挥后方保卫部队，在这两次作战中，他受到了最后但也是最非同寻常的战伤：子弹射中他的胸膛，但荣誉勋章挽救了生命，子弹射中勋章后偏离了方向。皇帝退位后，他任和谈代表团成员，同盟军代表签定和约。路易十八任命他为皇家手榴弹兵军指挥官，拿破仑回法国后，因乌迪诺忠于国王，而被流放至其庄园。由于乌迪诺没有参加滑铁卢之战，国王任命他为皇家卫队手榴弹兵及骑兵指挥兼第三军区司令。后被任命为国务大臣，议会议员，法国贵族。1816 年任巴黎国家自卫队司令兼皇家卫队少将。1823 年参加了他的最后一次战役，在路易的率领下任入侵西班牙军第一军指挥员，不久攻占马德里，并任该城总督。1842 年任因瓦里德斯总督，直至 1847 年 9 月 13 日去世。

乌迪诺不是一位娴熟的战术家和战略家，他在单独作战时的无能集中表现在德国战役和格鲁斯贝伦之战。格鲁斯贝伦之战后，拿破仑对其评价：“再也没有人比乌迪诺缺乏头脑的了”。但他的勇敢精神，却仅仅次于朗恩和奈，他曾受伤了 34 次就证明了这一点。乌迪诺是一位完美的手榴弹兵，1807 年在蒂尔斯特，拿破仑曾以赞许的态度向沙皇介绍乌迪诺，称之为“法国军队的拜亚尔”。

VBH

参考：Chandler，David G.，The Campaigns of Napoleon. New York，1966.

——，Dictionary of the Napoleonic Wars. New York，1979.

Delderfield，R，F.，Napoleon's Marshals. New York，1962.

Esposito，Brig. Gen. Vincent J.，A Military History and Atlas of the Napoleonic Wars. New York，1964.

Lawford，James，Napoleon：The Last Campaigns，1813—15. New York，1979.

Meeks，Edward，ed.，Napoleon and the Marshals of the Empire. Reprint（2vols. in one），Philadelphia，1885.

乌特勒姆，詹姆斯爵士（Outram，Sir James，1803—1863 年）

“印度的拜亚尔”，英国将军。参加主要战争：第一次阿富汗战争（1839—1842 年）、镇压印度土兵起义（1857—1858 年）；参加主要战役（战斗）：第一次救援勒克瑙之战（1857 年）。

乌特勒姆于 1803 年 1 月 29 日生于德比郡的布特尔利霍尔。1819 年在印度军队中任军官候补生，1825 年，他征服了比尔人部落的劫匪，并组建了一个比尔人轻步兵队伍，从而使他名声大噪。在第一次阿富汗战争的早期阶段，他在爵士约翰·吉恩将军手下供职。尽管他认为这次战争极其鲁莽，但仍参加了攻克坎大哈（1839 年 4 月）、法兹尼（7 月 21 日）和喀布尔（8 月 7 日）的战斗，并立下了赫赫战功。此后，他于 1839 年被任命为下信德省的政治代理，1841 年又被任命为上信德省的政治代理。他设法说服他们接受政府于 1842 年签订的苛刻的新条约，此前不久，他被解职，由查理·纳皮尔接任。1843 年 2 月 15 日，参加希德拉巴德官邸的防御，以抵抗俾路支部族人的进攻。1847 年被任命为驻巴罗达政治顾问，由于揭发官方的腐败，不久被解职。后恢复权力，于 1854 年 11 月升少将兼勒克瑙政治顾问。1856 年，他坐镇理克瑙，指挥兼并了奥乌达，随后率领两个师的远征军于 1856 年 11 月—1857 年 4 月同波斯开战。当得知印度土兵起义后，急返印度，8 月 15 日，作为志愿者加入到爵士亨利·哈弗洛克将军的行列，虽然他官微言轻，仍然提出一些“建议”。9 月 25 日，当第一次救援勒克瑙之后，哈夫洛克军队连同剩余的守军均被围困于卢克瑙，乌特勒姆接受任命，组织官邸的防御，一直坚持到 11 月 16 日守军被坎贝尔的救援部队解救为止。当坎贝尔护送勒克瑙的妇女和儿童至较为安全的坎布尔时，乌特勒姆仍率 4000 人留在后方，坚守新攻克的阿兰巴夫公园，这个以高墙围起的公园在勒克瑙城外 6.6 公里。1858 年 5 月 9 日，率领坎贝尔军队两路纵队之中的一路攻打勒克瑙城外的要塞查卡尔克西。作为镇压起义的高级专员，乌特勒姆对于坎宁勋爵的政策措施进行了灵活的运用，他努力争取了当地的贵族归顺政府。1858 年，封为男爵，并任督察院的成员。1860 年返回英国，1863 年 3 月 11 日卒于法国。

乌特勒姆不仅赢得了其上级的广泛好评，而且以其宽容大度、开明及热情友善得到了其军队各级人员的喜爱。查理·纳皮尔曾在一次祝酒词中称乌特勒姆为“印度的拜亚尔”。

DLB

参考：Goldsmid，Sir F. J.，James Outram：A Biography. 2 vols. London，1881.

Outram，Sir James，The Campaign in India，1857—58. London，1860.

Trotter，Lionel J.，The Bayard of India. London，1910.

EB.

大山岩(Oyama, Iwao, 1842—1916 年) 日本陆军元帅。参加主要战争：复位战争（1868 年）、萨摩暴动（1877 年）、中日甲午战争（1894—1895 年）和日俄战争（1904—1905 年）；参加主要战役（战斗）：旅顺港围攻战（1894 年）、辽阳之战（1894 年）、沙河之战（1894 年）、沈旦堡之战（1905 年）和奉天（沈阳）之战（1905 年）。

大山岩 1842 年生于萨摩藩的鹿儿岛，是西乡隆盛和西乡从道的表兄弟。在西乡隆盛的领导下参加了复位战争（1868 年 1—6 月）。1870—1874 年前往欧洲学习，大部分时间在法国。后返回日本，在萨摩暴动期间（1877 年 2—9 月）指挥新征募军队中的一支部队与高森武士的追随者的作战。担任一系列高级职务，包括参谋次长、陆军卿和海军卿。参加了中日甲午战争和日俄战争。中日甲午战争期间（1894 年 8 月—1895 年 4 月）指挥第二集团军对旅顺港实施成功的围攻战（10 月 24 日—11 月 19 日），并夺取旅顺要塞。日俄战争期间（1904 年 2 月—1905 年 9 月）指挥在中国东北的日军，指挥 3 个集团军取得了代价高昂的辽阳之战（1904 年 8 月 25 日—9 月 3 日）的胜利。在沙河击退库罗帕特金的进攻，并使之伤亡惨重（10 月 5—17 日）。在沈旦堡经过两天的激战再次击退俄军进攻（1905 年 1 月 26—27 日）。在奉天之战中（2 月 21 日—3 月 10 日），虽然他最初企图迂回俄军右翼未能成功，但他始终保持压力，最终迫使库罗帕特金撤退。日俄战争结束后于 1906 年退役，虽然他仍然在军队保留有萨摩派高级将领的地位，但他回避政治。卒于 1916 年。

大山岩是一位沉默而且具有武士道的军人，他是日本当代最出色的将领之一。他在军内外都不涉足政治，这在那个时代来说是比较少见的。

LH

参考：Hackett, Roger F., Yamagata Aritomo in the Rise of Modern Japan, 1838—1922. Cambridge, Mass., 1971.

Repington, Charles A., The War in the Far East, 1904—1905. London, 1905.

Volpicelli, Zenone, The China-Japan War. London, 1896.

Warner, Denis and Peggy, The Tide at Sunrise: A History of Russo-Japanese War, 1904—1905. New York, 1974.

小泽治三郎(Ozawa, Jisaburo, 1886—1966 年) 日本海军将领、军国主义者。参加主要战争：第二次世界大战（1941—1945 年）；参加主要战役（战斗）：东印度群岛战役（1941—1942 年）、菲律宾海海战、恩加诺角（北吕宋）和莱特湾海战（1944 年）。

小泽治三郎 1886 年生于宫崎县。1909 年毕业于海军兵学校。1918—1921 年在驱逐舰上服役。1921 年毕业于海军大学，同年晋升少校。1924—1925 年，担任过数艘驱逐舰的舰长。1927 年在鱼雷学校任教。1930—1931 年，晋升上校并任驱逐舰中队队长。1931—1934 年，回海军大学任教。1934—1935 年，先后任巡洋舰和战列舰舰长。1937 年，晋升少将并担任联合舰队参谋长。1938 年，任鱼雷学校校长。1939 年，尽管缺乏航空经验，但还是被任命为第一海军航空舰队司令。任职期间，大力倡导运用航空母舰实施攻击。1941 年 9 月，晋升为中将并任海军大学校长。同年 12 月，战争爆发时，任南遣舰队司令。期间于 1941 年 12 月—1942 年 3 月指挥了荷属东印度群岛（印度尼西亚）和马来亚地区的海上作战行动，切断了盟军的补给和交通线。1944 年 3 月，任第一机动舰队司令，同时兼任第三舰队司令。1944 年 6 月 19—20 日，率领包括日军残余航空母舰在内的这两支舰队，在菲律宾海与雷蒙 A. 斯普鲁恩斯将军指挥的第五舰队展开海战，不仅未能重创斯普鲁恩斯的舰队，反而损失了大部分舰载飞机（473 架飞机中损失了 411 架）、2 艘大型航空母舰和 1 艘轻型航空母舰。1944 年 10 月，根据日军“捷-1 号”作战计划的要求，指挥由 4 艘航空母舰、2 艘战列舰改装航空母舰、3 艘轻巡洋舰和 8 艘驱逐舰组成的舰队，参加了对菲律宾群岛实施的海空反攻。他所率的舰队企图将哈尔西将军指挥的第三舰队中的快速航空母舰诱离莱特湾，使美军运输船只失去保护，便于栗田健男的强大舰队实施攻击。10 月 25 日，他成功地将哈尔西的舰队吸引到了莱特湾以北，但在恩加诺角外的海空战中损失了全部 4 艘航空母舰和 1 艘驱逐舰。11 月返回日本后，任海军军令部次长兼海军大学校长。1945 年 5 月，任联合舰队兼护卫舰队司令。8 月日本投降后，他退役。卒于 1966 年。

MRD

参考：Dickson, W. D., The Battle of the Philippine Sea. London, 1975.

Dull, Paul S., A Battle History of the Imperial Japanese Navy (1941—1945). Annapolis, MD., 1978.

Field, James A., Jr., The Japanese at Leyte Gulf. Princeton, N.J., 1947.

Morison, Samuel Eliot, History of United States Naval Operations in World War Ⅱ: Vol. Ⅲ, The Rising Sun in the Pacific, 1931—April 1942; Vol. Ⅷ, New Guinea and the Marianas, March 1944— August 1944; Vol. Ⅻ, Leyte, June 1944—January 1945. Boston, 1950—1958.

P

帕图斯，鲁齐乌斯·凯森尼努斯(Paetus, Lucius Caesennius, 活动于 61—73 年) 罗马执政官。参加主要战争：帕提亚战争（56—63 年）。

帕吉特，亨利·威廉爵士，安格雷塞第一侯爵，乌克斯布里奇第二伯爵(Paget, Sir Henry William, 1st Marquess of Anglesey, 2nd Earl of Uxbridge, 1768—1854 年) 绰号“独腿”，英国陆军元帅。参加主要战争：法国大革命战争（1792—1799 年）和拿破仑战争（1800—1815 年）；参加主要战斗（战役）：撒哈干之战（1808 年）、贝尼温特之战（1808 年）、科伦纳之战（1809 年）、奎特拉巴拉斯之战（1815 年）、滑铁卢之战（1815 年）。

帕吉特生于 1768 年 5 月 17 日，是乌克斯布里奇伯爵长子。在威斯特敏斯特学校及牛津教会学校接受教育。1790—1810 年在地方议会任议员。1793 年，以其父亲庄园的佃户为骨干，组建第三十步兵团，帕吉特任临时中校。在 1794 年的佛兰德之战中，任旅长。后转入骑兵，任命为第十六轻龙骑兵团中校。1797 年 4 月 6 日，指挥第七轻龙骑兵团。在 1799 年的荷兰战役中，指挥一轻骑兵旅。1802 年升少将。1808 年升中将。1808—1809 年在葡萄牙和西班牙期间，在摩尔军队中指挥骑兵师。在 1808 年 12 月 21 日的撒哈干之战、12 月 29 日的贝尼温特之战以及 1809 年向科伦纳后撤之战中，以其优秀的骑兵运用战术而闻名。回英格兰后，同前妻离异，与惠灵顿公爵之妹夏洛特私奔。因这种行为，而未能在 1809 年公爵领导的半岛军团中任职。在 1809 年 7—10 月流产的瓦切伦远征中任步兵师师长。1812 年封为乌克斯布里奇第二伯爵。1815 年 1 月 2 日封为骑士。1815 年在比利时，出任惠灵顿的骑兵及马拉炮兵指挥官。1815 年 6 月，在从奎特里巴拉斯后撤中担任掩护部队，在 6 月 18 日的滑铁卢战役中，失去一条腿。7 月 24 日被封为安格雷塞第一侯爵。1828 年封为爱尔兰勋爵。1829 年被惠灵顿撤职，1830 年复出。1833 年离休。1846 年升元帅。卒于 1854 年。

帕吉特是一位智勇双全的指挥员，优秀的骑兵官员。由于他同惠灵顿的个人冲突，使其天才在 1809—1815 年间未能发挥。

VBH

参考：Ellesmere, F., Personal Reminiscences of the Duke of Wellington. London, 1904.
Howarth, David, A Near Run Thing. London, 1968.

白崇禧(Pai Ch'ung-hsi, 1893—1966 年) 中国国民党将军，桂系首领。参加主要战争：抗日战争（1937—1945 年）、国共战争（1945—1949 年）；参加主要战役（战斗）：龙潭之战（江苏，1927 年）、辽沈战役（1946 年）。

白崇禧生于 1893 年，年轻时加入桂军，提升迅速。同其他桂系军官如李宗仁联合逐渐重新控制了广西（1922—1925 年）。1925 年同李宗仁一起加入了国民党，继续控制着广西，在制订以重新统一中国为目的的国民党北伐战争（1926—1927 年）的政治军事相结合的策略中起了关键作用。1927 年在龙潭彻底打败了军阀孙传芳，支持蒋介石血腥镇压共产党和国民党左派的“四一二”反革命政变。警觉到蒋日益增长的势力，1928 年和李宗仁领导了一次倒蒋行动，发动了一场声势浩大的战役，但最终陷入了僵局。之后，与李宗仁等长期盘踞广西。1936 年因为组成抗日统一战线中止了第二次倒蒋行动。1937 年被任命为何应钦手下的军事委员会副总参谋长。作为国民党最著名的战略家之一，他反对固守南京（11—12 月），赞成以空间换时间，待日军战线太长时，再依靠强大的后备力量发起反攻。1937—1938 年的失利以及国民党最精良部队的折损，就是国民党当局在战略上的极大失败。1938 年，白崇禧任桂林行营主任。1939 年，指挥桂南会战，重创日军，此后复任副总参谋长兼训练部长。抗日战争胜利后（1945 年 10 月—1946 年 6 月）他指挥国民党进军和占领东北三省。1946 年被任命为国防部长。发现实权全掌握在蒋介石手中后，1948 年由于厌倦和受挫辞职。重新掌任华中“剿总”，激烈反

对蒋介石的招致严重后果的淮海战役计划（1948 年 11 月—1949 年 1 月）。在那场惨败之后，带领 35 万残余部队向南渡过长江，与李宗仁（1 月 21 日因蒋的辞职而任总统）合作企图重振被打垮的部队。当国民党的失败已成定局时，企图逃到海南岛，但被林彪指挥的解放军所阻截（1950 年），于是逃往国外。1966 年卒于台北。

白崇禧是国民党中才能出众的将军之一，因其军阀经历而被拒之于国民党权力核心之外。

MRP

参考：Chassin, Lionel Max, The Communist Conquest of China: A History of the Civil War, 1945—1949. Cambridge, Mass., 1965.

Dupuy, Trevor N., The Military History of the Chinese Civil War.

Melby, John F., The Mandate of Heaven: Record of a Civil War, 1945—1949. Garden City, N. Y., 1971.

帕克南，爱德华·迈克尔爵士（Pakenham, Sir Edward Michael, 1778—1815 年） 英国将军。参加主要战争：镇压爱尔兰起义（1798 年）、拿破仑战争（1800—1815 年）、1812 年的战争（1812—1815 年）；参加主要战斗（战役）：马丁奎之战（1809 年）、布萨卡之战（1810 年）、丰特斯-德奥尼奥罗之战（1811 年）、萨拉曼卡之战（1812 年）、索劳伦之战（1813 年）、新奥尔良之战（1815 年）。

帕克南 1778 年 4 月 19 日生于爱尔兰威斯特米斯郡的朗弗德卡思特尔，他是朗弗德男爵爱德华·迈克尔·帕克南的第二子。16 岁时参加陆军。1794 年 5 月 28 日在九十二步兵团中任中尉。不久，升上尉，12 月 6 日，升任第三十三轻龙骑兵团少校。1798 年 6 月 1 日，在第二十三轻龙骑兵团任少校军官，并参加了 6—10 月镇压爱尔兰人起义的作战。1799 年 10 月 17 日升任第六十二步兵团中校。率该团参加 1801 年在西印度群岛的丹麦-瑞典战争。1803 年 6 月 28 日，在圣路西亚之战中受伤。返回伦敦后，晋升荣誉上校，并于 1805 年任第七皇家火枪团中校军官。指挥该团第一营参加 1807 年 9 月 2—7 日的哥本哈根之战及 1809 年的马丁奎之战。后转入惠灵顿军队在半岛作战。1810 年 3 月 7 日，在惠灵顿的司令部中任将军助理。1810 年 9 月 27 日的布萨卡之战及 1811 年 5 月 3—5 日的丰特斯-德奥尼奥罗之战中，在布伦特·斯宾塞尔爵士的第一师任旅长。此后，升任当地少将衔。1812 年 4 月 6 日的巴达霍斯之战中，在皮克顿将军负伤后，指挥第三师继续作战。6 月 4 日，升正规军少将。率第三师参加萨拉曼卡之战，为夺取此战的胜利，他起了主要作用（7 月 22 日）。1813 年 4 月临时任惠灵顿的副官长。在 7 月 28—30 日的索劳伦之战中指挥第六师。随后的 8 月，再次出任惠灵顿的副官长，直至 1814 年 4 月战役结束。后转入美国，接替罗斯将军（在巴尔的摩被杀）任英驻军指挥，以攻打新奥尔良。由于天气恶劣，他未能及时赶赴战场，此前，于 1814 年 12 月，其部队已依其命令在新奥尔良南部登陆。他发现他的阵地极为不利，在这狭窄的阵地一侧是密西西比河，另一侧则为沼泽，因此，他命所部固守待援。1815 年 1 月 7 日，在美国军队的一次袭击下，其阵地遭到致命的火力打击。他决心进攻位于密西西比河两侧新奥尔良以南的诸要塞。但当他的西路纵队进入阵地前，便过早地发起了进攻号令。此后帕克南在率领其军队发起毫无协调的强攻中，于 1 月 8 日被击毙。

帕克南是一位智勇双全，指挥艺术高超的指挥员，这一点得到惠灵顿的称赞。但帕克南却有不耐烦的脾气，致使他在毫无协作和计划的情况下向预有准备的阵地发起强攻，从而葬送了其性命。如果他在那里等待援军的话，他可能已突破美军的防线，攻占了新奥尔良。

VBH

参考：Barthorp, Michael, Wellington's Generals. London, 1978.

Broods, Charles B., The Siege of New Orleans. Seattle, 1961.

DNB.

八里桥伯爵，沙尔·吉约姆·玛丽·阿波利内尔·安都昂·古赞-蒙多邦（Palikao, Charles Guillaume Marie Apollinaire Antoine Cousin-Montauban, Count of, 1796—1878 年） 法国将军、殖民主义者。参加主要战争：西班牙革命（1823 年）、征服阿尔及利亚（1831—1847 年）、第二次鸦片战争（1859—1860 年）和普法战争（1870—1871 年）；参加主要战役（战斗）：特龙加德罗之战（加的斯附近，1823 年）和八里桥之战（河北北部，1860 年）。

八里桥 1796 年 6 月 24 日生于巴黎。1815 年被派至陆军部队任职。从参谋学院毕业后，他参加了西班牙远征（1823 年 4—9 月），参加了特龙加德罗战斗（8 月 31 日）。1831 年奉命赴阿尔及利亚，在那呆了 20 多年。1847 年 12 月 23 日亲自接受了起义首领阿卜杜拉-卡迪尔的投降。1855 年 12 月晋升少将。1857 年返回法国，短暂但连续地指挥了三个军区（1857—1860 年）。侵华的第二次鸦片战争期间（1860 年初），被派往中国指挥一支 7000 人的法国殖民侵略军队，与詹姆斯·霍普·格兰特爵士领导的一支11 000人的英国军队在北塘并肩登陆（8 月 1 日）。8 月 21 日参与了攻陷大沽炮台的行动。9 月 21 日在八里桥战斗中，打败了人数众多但缺乏良好组织和训练的清朝军队。随后参加侵占北京的行动（10 月 6 日）。12 月他被奖励任命为上院议员。被封为八里桥伯爵（1862 年 1 月）。普法战争爆发时（1870 年 8 月），指挥一个军在里昂作战。当艾米尔·奥利维耶的内阁于 8 月 9 日垮台时，担任首相和国防部长。第二帝国被共和国的部队推翻后（9 月 4 日），退至比利时。当临时政府拒绝他任职的请求后，退休过赋闲生活。1878 年

P

1月8日卒于凡尔赛。

八里桥是一位富于侵略性的军人。他在普法战争中所处的高级职位时间太短，以至于不能反映出他所可能拥有的领导才能。

DLB

参考：Palikao, Charles G. M. A. A. Cousin-Montauban, Count of, Un ministère de la guerre de vingt-quatre jours. Paris, 1871.

——, Souvenirs. Paris, 1932.

帕麦尔，英尼斯·牛顿(Palmer, Innis Newton, 1824—1900年) 美国将军。参加主要战争：美墨战争（1846—1848年）和美国内战（1861—1865年）；参加主要战役(战斗)：维拉克鲁斯之战、塞罗戈多之战（在维拉克鲁斯和夏拉帕之间，1847年）、康特雷拉斯之战和丘雷布斯科之战（均在墨西哥城附近，1847年）、查普尔特佩克之战（1847年）、第一次布尔溪之战（弗吉尼亚州的马纳萨斯，1861年）、约克镇之战（1862年）、威廉斯堡之战（1862年）和七天战役（里士满附近，1862年）。

帕麦尔1824年3月30日生于纽约州的布法罗。1846年毕业于西点军校。随即随斯科特将军参加了在墨西哥的作战行动。参加了围攻维拉克鲁斯的战斗（1841年3月9—28日）。随斯科特参加了在塞罗戈多（4月17—18日）、康特雷拉斯（8月18日）和丘雷布斯科（8月18—20日）进行的战役，以及9月13日攻陷查普尔特佩克的作战行动。因在战斗中表现英勇两次名誉晋升。1855年随第二骑兵团在边境服役期间晋升上尉。1861年4月25日晋升少校，担负保卫华盛顿的任务。第一次布尔溪之战中（7月2日），指挥正规军骑兵部队，期间荣誉晋升为中校。9月28日被任命为志愿军准将，在1862年的半岛战役中指挥第四军的一个旅。参加了约克镇战役（1882年4月5日—5月4日）和威廉斯堡战役（5月4—5日）。参加了七天战役（6月25日—7月2日）。12月调任北卡罗来纳，指挥了一系列的军区和战区以及第十八军（至1865年7月）。3月18日晋升志愿军少将。战后，转为正规军中校军衔。1868年晋升上校，指挥第二骑兵团。1879年3月退役。卒于1900年9月9日。

DR

参考：Warner, Ezra, Generals in Blue. Baton Rouge, 1977.

DAB.

帕麦尔，约翰·麦克奥莱(Palmer, John Mcauley, 1870—1955年) 美国陆军上将。参加主要战争：第一次世界大战（1917—1918），第二次世界大战（1941—1945年）；参加主要战役（战斗）：默兹-阿尔贡战役（1918年）。

帕麦尔1970年4月23日生于伊利诺伊州卡林维尔，是内战时期一位同名将军的孙子。1892年以步兵少尉毕业于西点军校。1894年在伊利诺伊州谢尔丹堡第十五步兵团任职，参加镇压芝加哥铁路罢工。1898—1899年在古巴任萨姆纳将军的副官。1900—1901年随美国殖民侵略军参加镇压义和团运动。1901—1908年在菲律宾服役，为棉兰老岛拉瑙地区的文职官员。1906—1908年在堪萨斯州利文沃思堡学习。1908—1910年分派至伦纳德·伍德将军麾下的华盛顿特区陆军总参谋部，作为一个思想家和作家而受人敬仰。1910年重新加入在中国天津的殖民侵略军。晋升为陆军少校后，调往菲律宾科雷希多岛上第二十四步兵团（1914—1916年），并在那里他起草了巴丹半岛防御计划。1916年回到华盛顿的总参谋部。“一战”爆发时，协助起草1917年的《选征兵役法》，并起草向法国派遣美国远征军的计划。被潘兴将军选中担任远征军助理参谋长。陪同潘兴到法国后，草拟了远征军的部署计划。后因病离开远征军参谋部，并在法国建立美国参谋学校。在战争的最后一个月里，作为陆军上校在凡尔登附近指挥第二十九师第五十八步兵旅。这次同国民警卫师一起进行的战斗极大的增强了他对美国军民的信心。在参院委员会起草1920年《国防法案》之前，他在代表潘兴将军和战争部的陈述中起到了重要的作用。被增选为委员会新委员，并实际起草了法案。1921—1923年为总参谋长潘兴将军的特别助理。1922年提升为准将。1924—1926年在巴拿马指挥一个旅。1926年退役。后大量撰写有关军事问题的著作。主要作品有：《政治家智慧与战争》（1927年）、《华盛顿、林肯和威尔逊：三个战争政治家》（1930年）、《冯·斯特本将军》（1937年）和《武装的美国》（1941年）。1941—1946年又被召回现役，任总参谋长马歇尔将军军事政策特别顾问，为战后部队计划和政策作准备。两次退役后，在华盛顿平静地度过余生。1955年10月26日卒于华盛顿。

作为在民主军队中应以民军为主的积极倡导者，帕麦尔同厄普顿的观点有分歧，与他相比，帕麦尔被尊为美国军队的伟大组织思想家、哲学家。

TND

参考：Holley, I. B., JY., General John M. Palmer: Citizen Soldiers and the Army of a Democracy. Westport, Conn., 1981

Register of Graduates and Former Cadets of the R. S. Military Academy. West Point, N. Y., 1990.

班超(Pan Chao, 32—102年) 中国东汉将军和政治家。参加的主要战争：东汉时期的中亚战争（73—102年）。

班超生于一个贵族家庭，是著名历史学家班固和同样杰出的女历史学家班昭的弟弟。被汉明帝派往中亚，他利用个人的计谋、机智和勇敢以及卓越的军事才能，使东汉王朝到91年牢牢地控制了塔里木盆地。班超重新打开了通往西方的丝绸之路。他的这次作战特别值得注意，因为班超完成这项任务所用的代价非常小，他完

全是利用一个部落的军队去征服另一个部落，甚至在90年击败了拥有7万人马的大月氏的军队。卒于102年。在他去世以前，一直任东汉的西域都护。在这段时间内，曾于94—97年派部将甘英率领一支远征部队，越过安息（帕提亚），企图到达罗马，但最终没有成功。

PWK

潘萨·凯特诺尼亚努·G.V.（Pansa Caetnonianus, Gaius Vilius，卒于公元前43年） 罗马执政官。参加主要战争：罗马内战（公元前50—前43年）；参加主要战役（战斗）：高卢广场之战（今摩德纳附近，公元前43年）。

潘萨出生年月不详，很可能是维比斯·潘萨之子，作为罗马护民官，公元前51年他否决了元老院反对独裁制的动议。公元前47—前46年，被恺撒派往俾斯尼亚·德普提斯（疆域大致在黑海岸以南）；公元前45年又西归改任阿尔萨斯-高卢地区（北意大利）总督，任职不到一年（公元前44年早期）。公元前44年和奥鲁斯·希尔丢斯共同当选执政官，奉命出征收复布鲁特鲁斯和努比亚（孟德纳），在那里被马克·安东尼包围。同年3月19日，接罗马征召和改组军队的命令，潘萨转投吕底亚的赫提斯麾下，于是年4月14日大败安东尼的军队并迫其后撤，但他本人在战争中身受重伤。返回罗马后，和赫提斯以及奥克塔维安一起被宣布为凯旋大将军，但稍后卒于伤口复发。

作为一位出色的行政官和指挥官，潘萨是尤利乌斯·恺撒忠实而坚定的支持者。

保利，帕斯夸勒（Paoli, Pasquale，1725—1807年） 科西嘉将军和政治家。参加主要战争：反抗热那亚的起义（1730—1768年）、反抗法国的起义（1768—1769年）；参加主要战役（战斗）：蓬泰努奥沃（蓬泰莱恰附近）之战（1769年）。

保利1725年4月26日生于科西嘉的莫罗萨利亚，被热那亚人所逼而流亡那不勒斯（1739年）的起义领袖贾钦托·保利之子。曾就读于那不勒斯军事学校，在其父的科西嘉流亡者组成的团中任少尉。回到科西嘉后被称作“人民的将军”（1755年）。将热那亚军赶至海滨，然后建立了独立、民主的科西嘉国，定都科尔特。法国人取代热那亚人，通过条约占领了科西嘉的沿海城镇（1756年）。法军离开（1759年）后，保利夺取了一些沿海堡垒，并占领了卡普拉拉岛（1767年）。热那亚将科西嘉卖与法国（1768年5月）后，法军立即进行入侵，以维护其主权（6月）。蓬泰努奥沃之战（1769年5月）大败后，保利流亡英格兰。被法国革命政府大赦后，他回到科西嘉（1790年7月17日）。后被任命为行政委员会主席和国民自卫军司令，但他反对革命中的极端主义，故此失宠。被国民公会开除（1793年7月17日）后，他求助于英国人。英国人以入侵科西嘉（1794年2月）和驱逐法军的方式支援他。之后，他们任命了一位英国总督。保利退出公职并以一名英国津贴领取者居住于伦敦（1795年）。1807年2月5日卒于那里，死因不明。

保利象其父一样，是一位致力于科西嘉独立的聪明而且爱国的领导人，他与法国决裂之前是拿破仑的偶像。

VBH

参考：Bartoli, A. F., Histoire de Pascal Paoli. N. p., 1889.

Cristiani. L., Pascal Paoli. N. p., 1954.

Fumarola. D., Paoli. N. p., 1922.

帕帕格斯，亚历山大（Papagos, Alexandros，1883—1955年） 希腊陆军元帅和政治家。参加主要战争：第一次巴尔干战争（1912—1913年）和第二次巴尔干战争（1913年）、希腊—土耳其战争（1919—1922年）、第二次世界大战（1940—1945年）、希腊内战（1945—1949年）；参加的主要战役（战斗）：阿尔巴尼亚之战（1940年）、希腊中部之战（1941年）、格拉莫斯山-维齐山之战（1949年）。

帕帕格斯1883年12月9日出生于雅典，曾就读于雅典和布鲁塞尔陆军军官学校，1906年受命于希腊军队。在1912年10月至1913年5月和1913年5—8月的两次巴尔干战争中，他作为下级军官参加了马其顿地区和围攻亚民纳（1912年11月至1913年3月）的战斗。而后，在一战以后的希腊—土耳其战争（1919年6月至1922年10月）中，帕帕格斯作为营团级指挥官，亲临安纳托利亚指挥作战。1927年被提升为少将，1934年为陆军中将和军级指挥员。第二年帕帕格斯被任命为陆军部长。在1935年3—11月的专制政体复辟中扮演了主要角色，因此而被授勋并任命为陆军参谋长。随着意大利的战争威胁日益加重，1940年9月被任命为陆海空军总司令，整训希腊武装力量，并在阿尔巴尼亚前线严阵以待。当10月28日，意大利发起进攻时，他立即迟滞了意军缺乏生机的前进（10月28日—11月8日），并在11月18日—12月23日间，将其逐回阿尔巴尼亚。1941年3月9—16日，帕帕格斯轻易地击退了意大利的再次进攻，但是由于德国的干预，使他不得不缩短战线，将部队调往东部边界。当4月6—23日德国人入侵希腊时，帕帕格斯的部队顽强战斗，并得到了英国的帮助。尽管如此，他也未能阻止德国的进攻。23日，希腊投降，帕帕格斯被拘留，关入德国集中营。1945年，获得自由，又被召回参加内战并在1947年被提升为上将。1949年1月28日又恢复过去的陆海空军总司令职务，在2—10月的格拉莫斯山-维齐山之战中，他破坏了共产主义者在希腊的革命根据地。10月28日被提升为陆军元帅。1951年5月，辞去军职进入政界，建立希腊振兴党，在接下来的1952年11月16日的大选中大获全胜，赢得了国民议会300个席位中的239个。帕帕格斯成为首相。给希腊带来了自从1945年以来的第一个稳定政府。1955年

10 月 4 日，他卒于雅典的办公室里。

作为一位能干的陆军统帅，在 20 世纪 30 年代帕帕格斯是梅塔克萨斯的支持者和受惠者。他卓越的指挥才能和其所属部队的高超战斗水平使 1940 年意大利的进犯轻易被阻止，但在接下来的春天里，面对德国的猛攻却无能为力。他任职首相导致了以后 20 年里军队对希腊政府的干预。

DLB

参考：Cervi, Mario, The Hollow Legions. Carden City, N. Y., 1971.

Papagos, Alexandros, The Battle for Greece, 1940—41. New York, 1949.

EB

帕庇里乌斯·库尔索尔，鲁齐乌斯（Papirius Cursor, Lucius, 作战时间：公元前 340—前 309 年） 罗马执政官。参加的主要战争：第二次萨谟奈战争（公元前 327—前 304 年）、伊特剌斯坎战争（公元前 311—前 309 年）；参加的主要作战：瓦第莫湖（位于罗马以北）之战（公元前 310 年）、伦古拉（位于安齐奥附近）之战（公元前 309 年）。

帕庇里乌斯·库尔索尔的出生日期及早期经历不详，只知道他是 S. 帕庇里乌斯之子。公元前 340 年出任地方行政长官。公元前 326 年第一次当选为执政官。公元前 325—前 324 年担任独裁官，以对付萨谟奈人的严重威胁。公元前 324 年他返回时，罗马为他举行了盛大的凯旋仪式。公元前 320 年以及公元前 319 年，又分别当选为执政官。公元前 319 年，由于他率军攻占了萨特里孔（位于安齐奥附近），罗马再次为他举行了盛大的凯旋仪式。公元前 315 年和公元前 313 年，又第四次和第五次当选为执政官。公元前 310—前 309 年间，再次被任命为独裁官，率军在瓦第莫湖之战中击败了伊特剌斯坎人（公元前 310 年）。公元前 309 年，率军向南推进，击败了萨谟奈人。返回时，罗马又为他举行了第三次盛大的凯旋仪式。

帕庇里乌斯·库尔索尔是一位坚韧不拔、不屈不挠的军人，是一位辉煌的战术家和严厉的管理者。费迪·鲁尔利亚努斯曾违反他的军令向敌发动进攻，尽管他最终击败了敌人，但帕庇里乌斯·库尔索尔对此十分恼怒，大发雷霆，只是由于公众的干预才没有将鲁利亚努斯正法。现在有一些资料指出，帕庇里乌斯第二次出任独裁官和第二次为他举行盛大的凯旋仪式是没有必要的。

CLW

参考：Broughton, T. R. S., and M. L. Patterson, Magistraters of the Roman Republic. London, 1951—1960.

Realencyclopadie fur klassischen Altertumwissenschaft.

帕普拉斯，阿纳斯塔西奥（Papoulas, Anastasios, 1859—1935 年） 希腊将军。参加主要战争：希腊-土耳其战争（1920—1922 年）；参加主要战役（战斗）：第一、第二次伊纳尼之战和萨卡里亚之战（皆在 1921 年）。

帕普拉斯生于 1859 年。青年时参政，因与康斯坦丁国王关系密切并支持他而出名。1920 年末康斯坦丁任命他指挥安纳托利亚的希腊军队。在第一次伊纳尼之战中（1921 年 1 月），他为加强希腊对安纳托利亚西部控制的攻势被土军阻止了。3 月 23 日当其集结到 10 万希军后再次发起进攻，但在第二次伊纳尼之战中（3 月 28—30 日）再次受阻。康斯坦丁国王亲自实施战场指挥，他仍留在战场上，参加了埃斯基谢希尔之战（8 月 16—17 日）和萨卡里亚之战（8 月 24 日—9 月 16 日）。在撤离阿菲永期间（8 月末—9 月 9 日）他设法保持一定的秩序，但仅能免于溃败。在共和国时期他反对君王制并大力支持维尼泽罗斯政府（1928—1933 年），1935 年 3 月他领导了一场支持维尼泽罗斯自由党的政变。被捕后被处死以示惩诫。

参考：Forster, Edward S., A Short History of Modern Greece, 1821—1940. London, 1941.

巴本海姆，哥特弗利德·亨利希伯爵（Pappenheim, Count Gottfried Heinrich, 1594—1632 年） 德意志将军。参加主要战争：三十年战争（1618—1648 年）；参加主要战役（战斗）：白山（布拉格附近的白山）之战（1620 年）、马德堡围城战、第一次布莱登菲尔德（莱比锡附近）之战（1631 年）、吕岑之战（1632 年）。

巴本海姆（1594 年 5 月 29 日）生于特罗伊希特林根，为拥有神圣罗马帝国主帅世职的家族中幼房宗支的后裔。出生后即为路德教派信徒，曾在阿尔特多夫（纽伦堡附近）大学和蒂宾根大学学习法律，本欲谋取外交职位，皈依天主教后参军。随约翰·采克拉斯·梯利伯爵的天主教同盟军队参加了白山之战（1620 年 11 月 8 日），并在作战中受重伤，显示出了勇气、干劲和超凡魅力。因其勇敢之名而被任为轻骑兵团团长（1623 年）。曾在伦巴第和格里松（格劳宾登）为西班牙军队作战（1624—1626 年）。后奉召至奥地利镇压上奥地利农民起义，他的镇压极其凶暴而残酷（1626 年秋）。他在沃尔夫塞格（兰巴赫附近）、格蒙登和弗克拉布鲁克打败农民军，号称杀人四万。奉命北上后，他轻取沃尔芬比特尔（1627 年）。因战功受封为帝国伯爵（1628 年）。与梯利一起围攻马德堡，凶猛地指挥了攻克该城的作战（1631 年 5 月 27 日），在随后的屠城中极其残忍。与瑞典国王古斯塔夫·阿道夫进行的第一次布莱登菲尔德之战（9 月 13 日）中作战凶猛，但战绩不佳。战斗后，巧妙地掩护了梯利的撤退，后在德意志北部进行独立作战，被华伦斯坦派往威斯特伐里亚和下莱茵地区，古斯塔夫转兵北上后被仓促召回。吕岑之战（1632 年 11 月 16 日）中，他到达战场后即受致命伤。一天后卒于莱比

锡（11 月 17 日）。

巴本海姆勇悍、鲁莽、粗心，常常抗命不遵，但由于取得了战功，这些缺点得到了容忍。他还极为残忍嗜杀，即使与特别残忍的战争人物相比也是如此。他是一位非常令人生畏的骑兵，尤其是轻骑兵的指挥官。其轻骑兵穿戴的漆成黑色的三节式铠甲至今被称为“巴本海姆甲”。

DLB

参考：Wedgwood, Cicely V., The Thirty Years War. 1938. Reprint, Garden City, N. Y., 1961.
ADB.
EA.
EB.

巴帕斯，鲁齐乌斯·埃米利乌斯（Papus, Lucius Aemilius, 活动于公元前 225—前 216 年） 罗马执政官。参加主要战争：高卢和利古利亚战争（公元前 225—公元前 222 年）；参加主要战役（战斗）：塔拉莫内之战（公元前 224 年）。

帕克，乔治·马歇尔（Parker, George Marshall,（1889—1968 年） 美国陆军上将。参加主要战争：侵略墨西哥(1916—1917 年)、第一次世界大战（1917—1918 年）、第二次世界大战（1941—1945 年）；参加主要战役（战斗）：吕宋防御战（1941—1942 年）。

帕克 1889 年 4 月 17 日生于洛瓦的萨卡城。1909 年毕业于沙特克学校。1910 年在第二十一步兵团被任命为陆军少尉。后担当不同的职位，包括在菲律宾、巴拿马运河区和墨西哥边界沿线等地的任职。1916 年 3 月 15 日至 1917 年 2 月 5 日，参加侵略墨西哥。一战中未参加战斗。1918 年提升为陆军少校。1923 年从指挥和参谋学院毕业，1925 年又毕业于陆军军事学院。1934 年晋升为陆军中校，1939 年升至陆军上校，1941 年 4 月为准将。1941 年秋，受命到菲律宾，指挥南部吕宋武装（包括第四十一和第五十一菲律宾陆军师，一个美国炮兵连）。珍珠港事件后不久被提升陆军少将，负责马尼拉南部和东部通道的防御。日本军队在吕宋东南登陆后，被调往巴丹，这里是麦克阿瑟选择的抵抗日本控制吕宋（12 月 24—25 日）的最后阵地。1942 年 1 月 7 日美军司令部迁至巴丹后，即指挥第二军，负责半岛东半部防御。1 月 9—26 日的初始阶段美菲防御部队被打退，日军推进到他们的主体阵地。但随后他们又重新组织并阻止了日本人的前进，迫使其 2 月 3 日中止攻击。帕克的作战计划因缺少装备而受到阻碍，特别是菲律宾部队，严重缺乏补给品。4 月 3—9 日，日本军队重新进攻的主要压力落在帕克的部队上。第二军崩溃，迫使吕宋武装司令爱德华·P. 金将军 4 月 9 日向日军投降。先后被拘留于日本在中国台湾和东北的战俘营，1945 年 8 月 18 日获得解放。不久返回美国。1946 年 9 月 30 日退役。1968 年 10 月 24 日卒于俄勒冈州的波特兰。

作为一位干练而机智指挥官，帕克利用最有限的资源迟滞日本占领菲律宾几乎达六个月之久。

KS

参考：Beck, John Jacob, MacArthur and WainWright. Albuquerque, N. M., 1974.
Morton, Louis, The United States Army in World War II: The War in the Pacific. The Fall of the Philippines. Washington, D. C., 1953.
Rutherford, Ward, The Fall of the Philippines. New York, 1971.
DAMB.

帕克，小西迪爵士（Parker, Sir Hyde, Jr. 1739—1807 年） 英国海军上将。参加主要战争：美国独立战争（1775—1783 年）、法国大革命战争（1792—1800 年）和拿破仑战争（1800—1815 年）；参加主要战役（战斗）：塔潘兹之战（1776 年）、长岛之战（1776 年）、萨瓦纳之战(1778 年)、多吉尔邦克之战（1781 年）、直布罗陀之战(1782 年)、土伦之战（1793 年）、热那亚之战（1795 年）、第一次哥本哈根之战（1801 年）。

帕克生于 1793 年，是老西迪·帕克爵士的第二子。年轻时便入伍海军，在他父亲的船上服役，1758 年提升为上尉后离开其父。1763 年升少校。七年战争后的 1766 年被派至加勒比海。此后在加勒比海和北美洲水域服役多年。1776 年 7 月 12—18 日，作为“长生鸟”号（40 门大炮）的船长，成功偷袭塔潘兹。后来的 8 月 27 日又参加了长岛之战。1778 年 11 月 27 日—12 月 29 日，护送准将阿契波德·坎伯尔至佐治亚的萨瓦纳，12 月 29 日攻克该城。1779 年因在塔潘兹的战功而授勋。1780 年他的船在古巴海岸沉没，他和他的水手同西班牙人作战，直至得到救援。1781 年 8 月 5 日，在他父亲的舰队中同由海军上将约翰·A. 佐特曼率领的荷兰护航舰队在多吉尔邦克作战。1782 年 10 月，在海军上将理查德·洛德·豪瓦的率领下参加救援直布罗陀守军的战斗。1793 年升少将。在 8 月 27 日—12 月 16 日的土伦之战中，隶属海军上将洛德·胡德。1794 年，参加科西嘉海岸的作战行动。1795 年升中将。在 3 月 14 日的第一次热那亚海战中（第二次在 7 月 13 日），在海军上将威廉·霍桑率领的舰队中参战。1796—1800 年，派赴牙买加海军基地。回英格兰后，于 1801 年指挥波罗的海舰队。该舰队是用于粉碎中立同盟的作战计划中武装力量的一部分。他以霍雷修纳尔逊为副手，驶向哥本哈根，但却不积极向前推进。但纳尔逊却没有服从帕克停止进攻的命令，率领由 12 艘舰船组成的特遣舰队，向哥本哈根发起进攻，并于 1801 年 4 月 2 日取得了巨大的胜利。帕克也因其犹豫不决和缺乏热情遭到批评，被解职，并由纳尔逊继任。卒于 1807 年 3 月 16 日。

帕克是一位勇敢有效的船长。在美国及法国大革命

战争期间表现出其才华和坚定性；但在波罗的海却表现欠佳。

DLB

参考：Boatner, Encyclopedia.
DNB.
EB.

帕克，彼得爵士（Parker, Sir Peter, 1721—1811 年） 英国海军上将。参加主要战争：奥地利王位继承战争（1740—1748 年）、七年战争（1756—1763 年）、美国独立战争（1775—1783 年）、法国大革命战争（1789—1800 年）；参加主要战役（战斗）：瓜德罗普与马提尼克之战（1759 年）、贝勒岛之战（1762 年）、苏利文岛（查尔斯顿附近）之战（1776 年）。

帕克生于 1721 年，十几岁时即参加海军。奥地利王位继承战争后期已是上校（1747 年）。一度退役领取半薪（1749—1755 年）。与法国的战争爆发后重返现役（1756 年）。参加了对瓜德罗普和马提尼克的进攻战（1759 年）。随乔治·凯佩尔将军参加了贝勒岛（基伯龙附近的贝勒岛）之战（1762 年）。再次退役领取半薪（1763—1773 年）期间受封为骑士（1772 年）。重返现役后任朴次茅斯警戒舰舰队司令（1773—1775 年）。授予准将后，他率舰队和部队从爱尔兰出发，前往参加亨利·克林顿爵士对查尔斯顿的远征（1776 年 5—7 月）。但他对苏利文岛进行的海上进攻被击退，几乎未给美军防御工事造成损失（6 月 28 日）。北返后，在纽约战役（8—9 月）期间支援地面作战，参加了克林顿旨在夺取罗得岛的纽波特的作战（12 月），这次作战获得了胜利。晋升少将（1777 年）后任驻牙买加部队的总司令（1777—1781 年）。此间晋升中将（1779 年）。曾在朴次茅斯任总司令（1793—1799 年）。卒于 1811 年。

Staff

参考：Boatner, Encyclopedia.
DNB.

帕尔马公爵，亚历山大·法尔奈泽（Parma, Alessandro Farnese, Duke of 1545—1592 年） 在西班牙的意大利将军及政治家。参加主要战争：塞浦路斯战争（1570—1573 年）、八十年战争（1567—1648 年）、“三亨利”战争（1585—1598 年）；参加主要战役（战斗）：里班图之战（1571 年）、杰姆布劳克斯之战（1578 年）、在尼德兰的数次包围战（1577—1592 年）。

帕尔马于 1545 年 8 月 27 日生于罗马，他是帕尔马公爵及皇帝查理五世亲生女儿之子。先被派至菲利普二世的宫廷服役，1556 年在布鲁塞尔，1559 年伴随宫廷成员赴西班牙。他与菲利普之同父异母兄弟奥地利的唐·约翰成为密友。1565 年，被派至由其母任摄政的尼德兰，在那里同葡萄牙的小玛丽亚结婚。此后返回帕尔马。被派至神圣同盟舰队，参加反土耳其的战争。1571 年 10 月 7 日在唐·约翰的领导下参加里班图之战，此战胜利结束后，仍留在舰队，于 1571—1574 年在地中海服役。1577 年在已任命为尼德兰总督的唐·纳翰身边服役。1578 年 1 月 31 日为夺取杰姆布劳克斯之战的胜利起了主要作用。11 月 1 日，在唐·约翰死后任尼德兰总督。此后，他一直担任该职直至去世。为保证《阿拉斯条约》执行，他于 1579 年使尼德兰的三个省摆脱了革命集团，使他们忠于西班牙。6 月攻占马斯特里赫特，1581 年 12 月攻克图尔奈。随后在 1582—1583 年同冒牌的法国弗朗索瓦公爵作战，取得成功。1584 年相继攻克根特、伊波尔和布雷格。1585 年 2 月 21 日，在流经安特卫普的一条小河上架桥，以封锁安特卫普，最终攻克该城。1586 年当其父死后继为帕尔马公爵。后同莱斯特伯爵作战。1587 年 8 月攻占斯鲁伊斯，但不久，由于国王菲利普二世提供一支军队，并于 1588 年将这支部队运过英吉利海峡投入战斗，从而阻止了帕尔马的攻击。7—8 月，由于阿尔梅达战败，使帕尔马得以向荷兰军发起进攻。不久，由于盖茨的亨利及国王亨利三世的相继被谋杀（分别在 1588 年 12 月 23 日及 1589 年 8 月 2 日）使法国政局恶化。1590 年，由于西班牙提供不了军费，他只得以自己的财物设法维持军队。8 月，率 15 000 人进入法国，以解被亨利四世包围的巴黎。10 月，撤至其冬营地，春天被迫同亨利和莫里斯两线作战。1591 年 6—12 月，阻止了莫里斯的进攻，但 12 月，国王菲利普命其解罗恩之围。1592 年 5 月，刚刚逃离国王亨利四世的包围圈，但不久的 1592 年 12 月 2—3 日的夜间，因伤卒于阿拉斯附近的圣瓦斯特修道院死去。

作为杰出的军事指挥员，帕尔马不仅在他那个时代是西班牙最好的指挥员，而且是当时西欧最优秀的指挥员之一。他不屈不挠，细心周到、足智多谋且远见卓识，这些品质使其能准确、快速地解决战斗。尽管他没有参加过多的作战行动，但在许多包围战中，却体现出他善于机动作战及使用计谋取胜的特点。除此之外，他还是一位外交和管理天才。

DLB

参考：Essen, L. van der, Alexandre Farnèse, prince de parme,
governeur général des Pays-Bas (1545—1592). 5 vols. Brussels, 1933—1937.
Fea, P., Alessandro Farnese, duca di Parma. Rome, 1896.
Mattingly, Garrett, The Armada. Boston, 1958.
EB.

帕尔梅尼奥（Parmenion，公元前 400—前 330 年） 马其顿将军。参加的主要战争：第三次神圣战争（公元前 355—前 346 年）、第四次神圣战争（公元前 339—前 338 年）、征服波斯（公元前 335—前 330 年）；参加的主要作战：喀罗尼亚之战（公元前 338 年）、格拉尼库斯之战（公

元前 334 年)。伊苏斯之战(公元前 333 年)、高加米拉之战(公元前 331 年)。

帕尔梅尼奥约公元前 400 年生于马其顿,是菲洛塔斯之子。公元前 356 年,由于战胜伊利里亚人而闻名。在菲利普二世发动的扩张战争中,特别是在第三次、第四次神圣战争中表现十分出色。公元前 346 年,作为马其顿代表团成员到雅典参加与雅典的和谈。公元前 342 年,率领一支军队到优卑亚以加强马其顿对该地区的控制。公元前 338 年参加了喀罗尼亚之战。公元前 336 年,奉菲利普之命,同阿敏塔斯和他的女婿阿塔卢斯前往小亚细亚进行远征亚洲的准备。公元前 336 年,在菲利普死后的一场争夺王位的角逐中,坚决拥立亚历山大。公元前 335 年返回马其顿。公元前 334 年随亚历山大远征亚洲。公元前 334 年 5 月在格拉尼库斯之战中,率领左翼骑兵部队,行动谨慎。在公元前 333 年 10 月的伊苏斯之战中,他是亚历山大的副帅,率领左翼的骑兵部队,并极力主张采取防守战略,但未获成功。在公元前 331 年 10 月 1 日的高加米拉会战中,帕尔梅尼奥率领的左翼骑兵与由波斯将军马扎伊乌斯率领的占有优势的军队交战,结果几乎是全军覆没,不得不向亚历山大求援。公元前 330 年,亚历山大穿过德兰吉亚那继续东进,把帕尔梅尼奥留在米堤亚任总督。同年 7 月亚历山大听说帕尔梅尼奥之子菲洛塔斯密谋反叛,将其子处死,并下令在埃克巴塔纳将帕尔梅尼奥杀死。

帕尔梅尼奥是一位出色、可靠的军人,也是一位优秀的陆军将军,但他不是一位善于变革的战略家。尽管其子菲洛塔斯的罪名可能成立,但是帕尔梅尼奥是否参与此事却不能确定。亚历山大下令将其杀害,也许是因为他对其子被杀之事所表现出的常人可以理解的强烈反应。

CLW and DLB

参考:Arrian, The Life of Alexander the Great.

Dodge, Theodore A., Alexander the Great. Boston, 1890.

Dupuy, Trevor N., The Military Life of Alexander the Great of Macedonia. New York, 1969.

EB.

OCD.

帕奇,亚历山大·麦克莱尔爵士(Patch, Alexauder McCarrell, Jr, 1889—1945 年) 美国陆军上将。参加主要战争:第一次世界大战(1917—1918 年)、第二次世界大战(1941—1945 年);参加主要战役(战斗):埃纳河-马恩河战役、圣米耶尔战役、默兹-阿尔贡战役(1918 年)、瓜达尔卡纳尔之役(1942—1943 年)、法国南部"龙骑兵"战役(1944 年)、阿尔萨斯之战(1944—1945 年)、德国-奥地利战役(1945 年)。

帕奇 1889 年 11 月 23 日生于亚利桑那州的瓦丘卡堡,在宾夕法尼亚长大并接受教育,1909—1913 年进入西点军校以前,在利哈伊大学学习一年。1916—1917 年在墨西哥边界服役任步兵少尉。1917 年 5 月 15 日提升为陆军上尉,不久即被派往法国。1918 年 4—10 月,在法国陆军机枪学校任指导。参加埃纳河-马恩河战役(7 月 18 日—8 月 5 日)、圣米耶尔之战(9 月 12—16 日)以及默兹-阿尔贡战役(9 月 26 日—11 月 11 日)。1918—1919 年回到美国前,在德国执行占领任务。1920 年 3 月 15 日军衔从陆军中校回复到陆军上尉。7 月 1 日提升为陆军少校。1920 年 9 月—1924 年 8 月间担任不同职位,大部分与训练和教育有关。1925 年在指挥和参谋学院以优异成绩毕业。1932 年 6 月毕业于陆军军事学院。1925—1928 年及 1932—1936 年,在弗吉尼亚斯汤顿军事学院任军事科学与战术教员。1935 年 8 月 1 日提升为陆军中校。1936 年 7 月—1939 年 3 月,为佐治亚州本宁堡步兵委员会成员,帮助发展和试验三三制师建制。后来在第二次世界大战中得到应用。1939 年 8 月提升为陆军上校,指挥第四十七步兵团,1941 年 8 月 4 日,升为准将,任南卡罗来纳州克罗夫特兵营步兵补充中心司令。1942 年 1 月末,同三三建制整编之后剩余的第二十六、三十三师混合部队一道被派往新喀里多尼亚。3 月 10 日提升为陆军少将。他的部队构成美洲师(美国在新喀里多尼亚的部队)的主体。12 月 9 日带领该师增援在瓜达尔卡纳尔岛上的海军陆战队第一师,并于 1942 年 12 月—1943 年 2 月 7 日指挥了该岛上的最后作战行动。1943 年 3 月召回美国,指挥第四军防区并参与部队训练。3 月被派往西西里,指挥第七集团军。在 8 月 15 日的"龙骑兵"行动中率该集团军攻入法国南部。8 月 18 日晋升为陆军中将。9 月 11 日在法国南部快速进击同在第戎的巴顿第三军会师。9 月 15 日,作为雅科布·L. 德弗斯的第六集团军群一部进军阿尔萨斯,11 月攻占施特拉斯堡。1945 年 1—2 月同德军反攻展开苦战并于 2 月将德军的科尔马突出部消灭。5 月 4 日带领部队通过德国南部攻入奥地利,在那里同马克·克拉克将军的第五集团军群在伯纳德山口会师。6 月被召回美国,接替指挥在得克斯萨姆休斯顿堡的第四集团军,并恢复部队训练职责。10 月受命到一特殊小组研究战后防御组织问题,直到他染患肺炎并于 1945 年 11 月 21 日在圣安东尼奥去世。

帕奇是大家公认的一位罕有的优秀部队训练者,同时又是一位精力充沛且关心下属的指挥官。

KS and DLB

参考:Cronin, Francis D., Under the Sourthern Cross: The Saga of the Americal Division. Washigton, D. C., 1951.

Patch, Alexander M., "Some Thoughts on Leadership," Military Review, Vol. XXII (December 1943).

Weigley, Russell F., Eisenhowers Lieutenants. Bloomington, Ind., 1981.

P

皮特，伦道夫·麦考尔（Pate, Randolph McCall, 1898—1961 年） 美国海军陆战队上将。参加主要战争：第二次世界大战（1941—1945 年）、朝鲜战争（1950—1953 年）；参加主要战役（战斗）：瓜达尔卡纳尔之战（1942—1943 年）、硫磺岛战役、冲绳战役（1945 年）、侵略朝鲜作战行动（1953 年）。

皮特 1898 年 2 月 11 日生于南卡罗来纳州罗亚尔港。1918 年参军。后进入弗吉尼亚军事学院。1921 年 6 月毕业后被委任为海军陆战队预备役少尉。9 月开始在海军陆战队服现役。1923—1924 年，在圣多明各（多米尼各共和国）执行远征任务。1926 年 9 月提升为中尉。1927—1929 年在中国远征军任职。1934 年 11 月提升为上尉，1938 年 10 月为少校。1939 年被任命为第一海军陆战师供给助理参谋长。1942 年 1 月升为中校。1942 年 8 月 19 日—1943 年 2 月 7 日随第一海军陆战师在瓜达尔卡纳尔岛作战。1943 年 12 月提升为上校。1945 年 2 月 19 日—3 月 24 日在硫磺岛和冲绳岛（1945 年 4 月 1 日—6 月 22 日）战役中任霍兰德·M. 史密斯的两栖作战部队代参谋长。二战后（1946 年 1 月）被任命为海军陆战队司令部预备役处处长。1947 年任华盛顿特区海军部首席委员会成员。1948 年任弗吉尼亚匡蒂科海军陆战队学校参谋长。1949 年 9 月晋升为准将。1950 年为海军陆战队训练中心领导。1951 年 7 月被调往联合参谋部办公室，任后勤计划联合参谋部代参谋长。1951 年 11 月任命为海军陆战队预备役司令。1952 年 8 月晋升为陆军少将。9 月任第二海军陆战师师长。1953 年 6—7 月在战争最后的阶段奉命前往朝鲜指挥第一海军陆战师。1954 年 5 月交出第一海军陆战师指挥权回到美国，7 月即被委任海军陆战队助理司令官和参谋长，晋升为陆军中将。1956 年 1 月 1 日升为陆军上将，任海军陆战队司令。1959 年 12 月 31 日退出现役。短暂的病痛之后即于 1961 年 7 月 31 日卒于马里兰州贝塞斯达美国海军医院，葬于阿灵顿国家公墓。

VBH

参考：U. S. Marine Corps Headquarters Biographical manuscript, January 1976.
WAMB.

帕特里克，梅森·马修斯（Patrick, Mason Mathews, 1863—1942 年） 美国陆军将军和空军将军。参加主要战争：第一次世界大战（1917—1918 年）。

帕特里克 1863 年 12 月 13 日生于西弗吉尼亚的路易斯堡，1886 年毕业于西点军校，分配在工兵部队任职。后入纽约州威利斯波因特（今托顿堡）工程运用学校学习，1889 年 7 月毕业后提升为中尉。1892—1895 年和 1903—1906 年在西点军校任教，其间参加了密西西比河的改造工程（1897—1901 年）。1904 年晋升少校，1907—1909 年任古巴远征军的主任工程师。1909—1912 年在弗吉尼亚州，1912—1916 年在密执安州实施河流和港口工程。1910 年 6 月晋升中校，1916 年 3 月在第一工兵团领上校衔，1916—1917 年在墨西哥边界地区任职。美国参加第一次世界大战后被派往法国，1917 年 8 月提升为准将，任运输部队主任工程师，美国远征军工兵司令（9 月）。1918 年 5 月潘兴将军任命其负责美国远征军的联合空中勤务，6 月晋升少将，其后一直负责空中勤务直到 1919 年 7 月返回美国。1920—1921 年仍担任工程部队的职务并任工程兵部队副司令。1921 年 10 月被任命为空中勤务部队副司令。任职内学会了飞行，并在俄亥俄州的赖特菲尔德建立试验设施。他还在得克萨斯州的圣安东尼奥建立一个大型训练中心，并主持完善作战条令，以及飞机设计工作。他是军事法庭审判他的前助手——威廉·“比利”·密契尔少将的陪审团成员（1924 年）。他和密契尔成功地将空中勤务部队改组成陆军航空兵（1926 年 7 月）。1927 年 12 月退役，1928 年出版了《美国空军》一书。1929—1933 年在哥伦比亚区任公共事务委员会委员。1942 年 1 月 29 日卒于首都华盛顿。

DLB

参考：WAMB.

帕特森，罗伯特（Patterson, Robert, 1792—1881 年） 美国将军。参加主要战争：1812 年的战争（1812—1815 年）、美墨战争（1846—1848 年）、美国内战（1861—1865 年）；参加主要战役（战斗）：卡罗戈尔多之战（1847 年）、牙莱帕之战（1847 年）。

帕特逊 1792 年 1 月 12 日生于爱尔兰的蒂龙郡的卡佩夫，是弗朗西斯·帕特逊之子。因卷入 1798 年的爱尔兰起义，其父携全家逃出爱尔兰，在美国的宾夕法尼亚东南定居。1812 年 10 月—1813 年 4 月，帕特森在宾夕法尼亚第二民兵团中相继任上尉、中校和上校。后转入正规军，曾暂任第二十二步兵团中的中尉，不久转入第三十二步兵团，不久提升为上尉。1815 年 6 月他离职，在费城作商人和厂主。在一次因州长选举而引发的战争即所谓的“大号铅弹战争”中（从 1838 年冬至 1839 年），指挥州民兵部队参战。1846 年 6 月升志愿役少将，指挥11 000名新征召的士兵。由于其充沛的精力和卓越的才能，将这支部队培养成能征善战的精锐部队。不久，令其向南进军，以便同温斯菲尔德·斯科特将军会合，他从马塔摩拉斯岛出发穿越维克多利亚至坦皮科，于 1847 年同斯科特会师。4 月 17—18 日，率一个师的兵力参加塞罗戈多之战，不几天，又攻占牙莱帕。当斯科特向墨西哥城进军时，帕特逊留守维拉克鲁兹地区，以保护美军的普埃布拉基地及维拉克鲁兹要塞免遭游击队及小股墨西哥正规军的进攻。战争结束后，他于 1848 年 2 月过起平民生活。他注入重资于南部的糖、棉庄园，与此同时，还极力改善通往费城的铁路和海上交通系统。1861 年 4 月 17 日，再次入伍，任志愿役少将，任期为三个月，指挥宾夕法尼亚、特拉华、马里兰、以

及华盛顿特区的军事部门，他将司令部置于马里兰的哈吉尔斯敦。肃清位于哈佩尔斯费里的南部同盟军队后，向南运动至施南多赫，驱散南部同盟军的计划，帕特森是支持的，因而引起华盛顿的不安，但他于6月17日轻而易举地拿下了哈佩尔斯费里，此后接到斯科特将军模棱两可的命令，令其将约瑟夫·埃·约翰斯顿将军的军队拖在峡谷之中，7月，他理解为应当谨慎小心而进军迟缓和犹豫。此后，因其过高估计约翰斯顿的实力并与其保持距离而未能阻止其与博雷加德在马纳萨斯会师。7月21日，由于南部同盟军援军及时赶到，从而使南军在第一次布尔溪之战中获胜。7月27日到帕特逊任期将近时，由于这次战役的失误而结束了他的现役军旅生涯。此后一直在宾夕法尼亚民兵中任军官，直至1867年。1881年8月7日卒于费城。

帕特逊是一位有才能、有天赋、有活力的管理者，他也是一位有才能和坚定信念的下属，但却不适宜独立作战。

KH and DLB

参考：General Scott and His Staff：Comprising Memoirs of Generals Scott，Twiggs，Smith，Quitman，Pillow，Lane，Cadwalader，Patterson，and Pierce，1848. Reprint，Freeport，N，Y.，1970.

Henry，Robert，Selph，The Story of the Mexican War. New York，1950.

Nevins，Allan，The War for the Union：The Improvised War 1861—1862. NewYork，1959.

巴顿，乔治·史密斯（Patton，George Smith，1885—1945年）
美国将军。参加的主要战争：侵略墨西哥（1916—1917年）、第一次世界大战（1917—1918年）、第二次世界大战（1941—1945）；参加主要战役（战斗）：圣米耶尔战役（1918年）、默兹-阿尔贡战役（1918年）、突尼斯战役（1942—1943年）、西西里战役（1944年）、法国北部战役（1944年）、突出部战役（1944—1945年）、德国战役（1945年）。

巴顿1885年11月11日生于在美国加利福尼亚州圣加利夫列尔的一个老弗吉尼亚军事世家。1904年在弗吉尼亚军事学院学习，后又于1905—1909年入西点就读。完成学业后，被授予骑兵少尉。随后他在陆军多个岗位上任过职，并因他的突出才能而赢得声誉。1912年入选美国军事五项队，并参加了当年在斯德哥尔摩举行的奥林匹克运动会。后又短暂地访问了法国索米尔骑兵学校。1913年，从堪萨斯州赖利堡骑兵勤务学校毕业，并留在学校当了三年的教官，撰写了《陆军佩刀手册》。1916年3月15日—1917年2月5日，跟随潘兴将军参加侵略墨西哥，并于1917年3月晋升上尉军衔。1917年11月有幸成为美军第一位接受坦克训练的军官，并在法朗格勒地区建立了美军远征军坦克部队。此后不久晋升临时中校军衔，后又晋升为临时上校军衔。1918年9月12—17日，组织并指挥第一坦克旅参加圣米耶尔战役，并在战斗中受了轻伤。随后又于9月26日—11月11日，参加默兹-阿尔贡进攻作战。第一次世界大战结束后，巴顿返回美国并恢复上尉军衔。1919年晋升少校。1919—1921年，在马里兰州的米德堡指挥第三〇四坦克旅，但不久缩编为一个坦克营。1921—1922年，他在驻弗吉尼亚州的迈尔堡第三骑兵团任职。1923年被选为指挥参谋学院的荣誉毕业生。1923—1927年进入参谋部工作。1928—1931年又返回骑兵部队任职。1932年入陆军军事学院学习。1934年，出任第三骑兵团参谋长，同时晋升为中校。1935—1938年，再次进入参谋部工作，并于1937年晋升为上校。1938年12月—1940年7月，巴顿出任第三骑兵团团长。1940年7—11月调任第二装甲旅旅长之职，10月2日晋升为临时陆军准将军衔，11月代理第二装甲师师长之职。1941年4月4日，授临时少将军衔，并正式出任第二装甲师师长。同年6月，参加了田纳西军事演习，7—9月参加得克萨斯-路易斯安那州演习，10—11月参加南卡罗来纳州演习。1941年1月15日升任第一装甲军军长。1942年3月26日—7月30日，担任加利福尼亚州沙漠训练中心的司令官。同年7月30日—8月21日，参与制定美军在法属北非登陆的“火炬”作战计划。1942年11月8日，指挥西线特谴部队在摩洛哥的萨菲-费达拉-盖尼特拉港一线登陆。1943年3月3日，接替弗雷登多将军指挥败退到卡塞林的第二军。3月12日晋升为临时中将。3月15日，他与英国将军发生了一次小的争吵。随后，出任经加强了的第一装甲军司令官，10月该军改编为第七集团军。7月10日—8月17日，指挥第七集团军参加西西里战役。1943年8月16日，因在某医院发生的“打耳光事件”，招致众多的来自各方面的批评和指责。1944年1月22日，他被派往英国。同年1月26日出任新组建的第三集团军司令官之职。7月6日，乘机飞抵法国。同年的整个夏天，指挥第三集团军从诺曼底海滩开始席卷整个法国北部。期间，他从1943年9月1日起被授予永久准将军衔。1944年8月16日，再次得到晋升——从当年9月2日开始升为永久少将军衔。从1944年12月16日—1945年1月，在德军发起的阿登反击作战中，巴顿率第三集团军沿德军进攻的垂直方向发起反击，直插德军的南侧，阻止了德军的进攻。1944年12月26日，他解救了被德军包围于巴斯托尼的美军。1945年1—3月，他率部向莱茵地区进军中受到了德军的激烈抵抗。同年3月22日，率部从奥彭海姆渡过莱茵河，4月进入德国腹地和巴伐利亚北部，5月5日，他的前锋部队进入林茨。在德国全部被盟军占领之前，他率部于5月6日攻占捷克斯洛伐克西部边境城市比尔森。由于他不加分辨地反对非纳粹化，导致他丢年掉了第三集团军司令官和巴伐利亚军事长官之职。10月他改任命为第十五集团军司令。同年12月9日在曼海姆附近，因车祸受重伤。1945年12月21日，卒于肺部感染和心率衰竭。

巴顿是一位极富有个性的军事将领。他的直言不讳的性格和近乎于天真的惹事生非，有时甚至还埋没了他的军事天才。他的充沛的精力，一次又一次向人们展示了一位不同寻常的装甲部队指挥官的能力和决断。

BRB

参考：Blumenson, Martin, The Patton Papers. 2 vols. Boston, 1972—1974.

Faargo, Ladislas, Patton: Ordeal and Triumph. New York, 1964.

Patton, George S., War as I Knew It. Boston, 1947.

保卢斯，弗里德里希·冯（Paulus, Friderich von, 1890—1957年） 纳粹德国陆军元帅。参加主要战争：第一次世界大战（1914—1918 年）、第二次世界大战（1939—1945 年）；参加主要战役（战斗）：边界战斗（1914 年）、马其顿战役（1915 年）、凡尔登之战（1916 年）、利斯河、圣康坦之战（1918 年）、波兰战役（1939 年）、法国和低地国家战役（1940 年）、"巴巴罗萨"行动（1941—1942 年）、第一次哈尔科夫之战（1942 年）、斯大林格勒战役（1942—1943 年）。

保卢斯 1890 年 9 月 23 日生于德国黑森的布赖泰瑙，一个学校管理人员的儿子。由于未能如愿成为帝国海军学员，便到马尔堡大学学习法律。1910 年 2 月作为军官学员加入第一一一步兵团。1912 年 7 月 4 日同爱列娜·罗塞蒂索利斯库结婚。在边界战斗中随团作为第七集团军之一部，1914 年 8—9 月参加在孚日山脉的作战行动。9—10 月马恩河会战后在阿拉斯周围参加战斗。但 11 月由于生病而被送回国内休养。1915 年返回部队，被派至"阿尔本军"任参谋军官，并在马其顿作战，提升为中尉。1916 年 2—11 月的凡尔登战役期间，在弗格里周围作战（6 月 23—30 日）。而后一直随"阿尔本军"留在该战区直到 1917 年 5 月撤回休整。参加了鲁登道夫的利斯河攻势（1918 年 4 月 9—17 日）、和英军索姆河一利斯河攻势以及圣康坦的战斗（8 月 22 日—9 月 4 日）。战争结束时，10—11 月保卢斯以陆军上尉衔随"阿尔本军"驻塞尔维亚。尽管《凡尔赛和约》对战败德国的军队实行限制，但保卢斯仍留在 10 万人的国防军中。1919—1921 年任斯图加特第十三步兵团连长，该团机枪连由隆美尔上尉指挥。1921—1933 年长期担任参谋职位，并于 1934—1935 年指挥一个摩托化营。1935 年任新建装甲兵司令部参谋长。1939 年升为少将并任赖歇瑙将军的第十集团军（后为第六集团军）参谋长。1939 年 9 月 1 日—10 月 5 日随第十集团军在波兰，改编后的第六集团军在荷兰、比利时（1940 年 5 月 10—28 日）作战。8—9 月参与计划流产的入侵英国"海狮"作战行动。任最高统帅部作战处副参谋长。他在制订 1940—1941 年入侵苏联的"巴巴罗萨"计划过程中担当重要角色。1941 年 4 月在北非作为最高统帅部代表会见隆美尔，并向上级报告说，如果不加以限制，隆美尔将需大批增援部队，这将削弱"巴巴罗萨"作战行动。1942 年 1 月当赖歇瑙获得提升之后，接替其任第六集团军司令之职。1942 年 2 月在第一次哈尔科夫战役中险胜苏军，6 月 28 日—8 月 23 日，作为德军 1942 年夏季攻势的一部分，带领第六集团军开向伏尔加河流域。8 月底到达斯大林格勒郊外并迅速与霍特将军的第四装甲集团军前锋会合，9 月 3 日转而向北直取该城。在以后的两个月里（9—11 月）缓慢推进到斯大林格勒市内，遭到崔可夫的第六十二集团军坚决而顽强地抵抗，同时受漫长而薄弱的补给线和恶劣天气的影响。到 10 月下旬止，崔可夫的部队仅保有该城的十分之一，整个城市化为一片废墟。由于增援和替补枯竭，德国军力匮乏，而崔可夫的部队却供应充足，有稳定充足的替补部队，并有伏尔加河东岸的炮火支援。11 月 19—23 日苏军反攻，迅速突破脆弱的罗马尼亚部队在斯大林格勒北面和南面的防御，包围第六集团军。保卢斯为苏军进攻之迅猛所震惊，未及反应便被分割包围，由于苏军迅速收缩包围圈，所有维持陆上联系的努力都归于失败。保卢斯更是受到部队缺乏运输力量的制约。为减少后勤需要的压力，9 月和 10 月第六集团军的大部分马匹被放走，因此其部队几乎不能动弹。这种状况也使其不能配合曼施泰因的第一五八装甲军的救援行动，12 月 19 日该部队被苏军阻在奇尔河。随着时间的推移，第六集团军的阵地越来越危急，戈林的空中补给的承诺大部分不能兑现。换来的仅是希特勒 1943 年 1 月 15 日授予的陆军元帅军衔和骑士十字级橡树叶勋章。1 月 24 日，最后一批德国伤员被从空中撤离，此时，第六集团军仅剩的几匹马被杀掉充饥。1943 年 2 月 2 日，当弹尽粮绝之时，保卢斯带领第六集团军91 000人向苏军投降。保卢斯被监禁在莫斯科，1953 年随另外 6000 名斯大林格勒战役的幸存者获释。他只被允许在德国东部居住，不久患上了恶性神经肌肉紊乱症。1957 年 2 月 1 日卒于得累斯顿的一个诊所里。

保卢斯是一位狡诈而又有一定能力的参谋军官，但其在纳粹德国的声望由于斯大林格勒的失败而大打折扣。他是"现场指挥官"，但是却无能为力。由于缺乏交通工具而部队几乎不能机动使得他的任何负隅顽抗的企图都流于破产。

DLB

参考：Craig, William, Enemy at the Gates. New York, 1973.

DiNardo, Richard L., Mechanized Juggernaut or Military Anachronism: Horses and the German Army in World War II. Westport, Conn., 1991.

Görlitz, Walter, Paulus and Stalingrad. London and New York, 1963.

Middlebrook, Martin, "Paulus,' in Hitlers Generals, ed. Correlli Barnett. New York and London,

1989.
Rotondo, Louis, ed., The Battle for Stalingrad. New York, 1989.

保罗，鲁·埃(Paulus, Lucius Aemilius,卒于公元前216年) 罗马执政官。参加的主要战争：第二次伊利里亚战争（公元前219—前218年）、第二次布匿战争（公元前219—前202年）；参加的主要战役（战斗）：坎尼之战（公元前216年）。

保罗是马·埃·保罗之子。公元前219年同马·李·萨利纳托尔一起当选为执政官；在第二次伊利里亚战争中与萨利纳托尔一起，奉命率军同法鲁斯的德米特里作战，他们两人迅速击败了德米特里并占领了法鲁斯。返回罗马时受到热烈欢迎。萨利纳托尔由于被指控为在作战中犯有劫掠罪而受到审判，保罗的名誉也因此受损。公元前218年做为罗马的使者被派往迦太基，递交敦促汉尼拔投降的最后通牒。公元前216年再次当选为执政官，可能是为了同鲁莽的盖·忒·瓦罗保持平衡。与瓦罗一起率军同迦太基军队对峙于坎尼地区，公元前216年8月2日，按惯例轮到瓦罗指挥军队，他率罗马军队向迦太基军发起攻击，双方在坎尼地区进行了一场大规模的会战，结果罗马军队全军覆没，保罗也在这一战中阵亡。

一般认为，保罗是一位能力出众和勇敢的军人，也是一位保守的贵族政治家。

CLW

参考：Broughton, T. R. S., and M. L. Patterson, Magistrates of the Roman Republic. London, 1951—1960.
Livy, History.
Polybius, Histories.
OCD.

保罗·"马其顿卡斯"，鲁·埃(Paulus Macedonicus, Lucius Aemilius,约公元前229—前160年) 罗马执政官。参加主要战争：征战西班牙（公元前190—前189年）、利古里亚战争（公元前182—前181年）、第三次马其顿战争（公元前172—前167年）；参加的主要战役（战斗）：皮德那之战（公元前168年）。

保罗是在坎尼之战中阵亡的鲁·埃·保罗之子。在第二次布匿战争后期他还很年轻时，可能就已经参军；公元前194年成为建造克罗托城（今克罗托内城）的专员，开始在历史上崭露头角。公元前190—前189年出任摄政官，负责管理远达西班牙地区（即南部、面朝非洲的沿海地区），在那里最初被西班牙的一些部落击败，但很快他又赢得了一次引人注目的胜利。公元前189—前188年，作为国家解决同叙利亚安条克三世的战争问题的专员，准备停止这场战争，双方实现和解，因此反对为盖．曼．瓦尔索举行凯旋仪式。公元前182年当选为执政官，率军在利古里亚同因加乌尼人进行了一场成功的作战，罗马为他举行了盛大的凯旋仪式。公元前171年由于财政混乱而受到三位西班牙前总督的指控。公元前168年再次当选为执政官，率军同马其顿国王菲利普五世的儿子佩尔修斯作战。公元前168年6月22日在皮德那地区遭到佩尔修斯的攻击，保罗最初未能阻止马其顿军队"法兰克斯"方阵的冲击，但不久当马其顿军队的方阵推进到起伏不平的地形时，开始变得混乱，前后脱节，左右失调，保罗抓住机会实施勇猛地反击，彻底冲垮了敌人，马其顿军队有四分之三被杀或被俘。公元前167年，根据他的委员会的决定，他将马其顿瓜分为四个从属于罗马的小王国，蹂躏了伊庇鲁斯地区（希腊的西北部地区），并迫使希腊的一些城邦让步。公元前166年返回罗马，由于他取得的这些胜利，罗马为他举行了盛大的凯旋仪式，并授予他"马其顿卡斯"（征服马其顿的人）称号。公元前166年当选为监察官，卒于公元前160年。

保罗是一位有为的、能力出众的管理者，也是一位足智多谋、坚定果断的将军，他还是一位欣赏希腊文化的有教养的罗马贵族。

CLW

参考：Broughton, T. R. S., and M. L. Patterson, Magistrates of the Roman Republic. London, 1951—1960.
Plutarch, "Aemilius," Parallel Lives.
EB.
OCD.

保萨尼阿斯(Pausanias 卒于约公元前470年) 斯巴达国王，参加主要战争：希腊-波斯战争（公元前499—前446年）；参加主要战役（战斗）：普拉台之战（公元前479年）。

保萨尼阿斯是克莱奥姆波洛图斯一世和其妻阿尔卡托娅之子，因而是阿吉亚德贵族的后裔。公元前480年继承父位，给李奥尼达之子普雷斯塔尔库斯当摄政，并于公元前479年7月在普拉台地区指挥同盟军希腊的军队打败了波斯薛西斯手下大将马尔多尼乌斯。公元前479—前478年，率领盟军舰队攻占塞浦路斯和拜占庭。在拜占庭采用波斯服饰和礼节，斯巴达人怀疑他有媚外行为，将他召回斯巴达，永远不再起用。公元前478年，宣布其叛国罪不成立，但并没有恢复其指挥权，他私自跑回拜占庭，并再次控制该地区。公元前477年，雅典人将其驱逐，他撤到科洛尼。再次被召回斯巴达，但他成功地阻止了让他受审的企图。仍与波斯国王保持联系，被人发现后，他躲入一个神庙，斯巴达人在神庙周围筑墙，把他活活困死（约公元前470或469年）。

保萨尼阿斯自傲且挥霍无度，是一位有才能的指挥官。他坚决反对雅典对爱琴海的统治。

CLW

参考：Herodotus, History.
Thucydides, History of the Peloponnesian War.
EB.
OCD.

皮尔逊，理查德爵士（Pearson, Sir Richard, 1731—1806） 英国海军军官。参加主要战争：七年战争（1756—1763年）、美国独立战争（1775—1783年）；参加主要战役（战斗）：孟加拉湾之战、内加帕塔姆（内加帕迪南）之战（1758年）、本地治理之战（1759年）、马尼拉之战（1762年）、弗兰伯勒黑德之战（1779年）。

皮尔逊（1731年）生于威斯特摩兰，后加入海军（1745年）。为效力于更有利可图的英国东印度公司而退役（1750年）。重返海军后被任命为上尉（1755年）。随乔治·波科克爵士、海军上将在印度海域服役时，参加了孟加拉湾之战（1758年4月21日）、内加帕塔姆之战（8月3日）和本地治理之战（1759年9月10日）。曾参加夺取马尼拉的战斗（1762年10月5日）。之后前往西印度群岛，任职于牙买加（1769—1773年）。晋升为上校（1773年）后，他率一支护航队到美国，在圣劳伦斯河编队中任职（1776—1778年）。担任“塞拉皮斯”号军舰（44门火炮）的舰长（1778年）后，在英格兰的弗兰伯勒黑德附近为一支商船队护航时，与隶属于约翰·保罗·琼斯的“博诺姆·理查德”号军舰（42门火炮）相遇（1779年9月23日），他将自己置于敌舰和其船队之间。皮尔逊较好地利用了火炮，但在激烈的近战后，他的军舰被俘。尽管受到军法审判，但他的作法受到赞许，并受封为骑士（1780年）。退役（1790年）之前一直在舰上任职。后被任命为格林尼治医院副院长（1800年）。卒于1806年。

Staff

参考：DNB.

彭布罗克伯爵，艾梅·德·瓦朗斯（Pembroke, Aymer de Valence, Earl of, 约1260—1324年） 英格兰贵族、军人。参加主要战争：苏格兰战争（1297—1323年）；参加主要战役（战斗）：梅斯文（也称里文）之战（1306年）、劳登山（艾尔郡）之战（1307年）、班诺克本之战（1314年）。

彭布罗克伯爵约生于1260年，威廉·德·瓦朗斯（亨利三世的同父异母兄弟）和韦林德·德·芒奇斯之女安塞尔姆伯爵的侄女琼的第三子。爱德华一世对苏格兰战争后期，他表现活跃，可能参加了1297年的斯特灵桥之战，以及1300年、1301年和1303年的入侵苏格兰。1306年6月19日拂晓，在梅斯文攻击苏格兰营地，打垮罗伯特·布鲁斯的军队。翌年，即1307年5月10日，在劳登山之战中，所部持械骑兵未能制服布鲁斯的徒步矛兵，布鲁斯报了一箭之仇。1311年抵制爱德华二世的宠臣皮尔斯·加弗斯顿的权势，支持约法爵士委员会。1312年大约在9月，朗卡斯特家族的托马斯派人将他保护下的加弗斯顿抓走并处决，此事使彭布罗克勉强成为爱德华二世的支持者。陪同爱德华救援斯特灵城堡，受挫。1314年6月24日在班诺克班之役中，指挥后卫师。返回英格兰后，权势越来越大。1318—1322年间的几年间，他实际上成为英格兰统治者。1322年3月朗卡斯特家族的托马斯受挫并在巴勒布里奇去世，标志着德斯彭瑟家族的崛起和他的势力的下降，尽管如此他仍于1323年与苏格兰人签定为期13年的停战协定。1324年出任英格兰驻法大使，卒于巴黎附近。

彭布罗克伯爵为人正直、富有才干和勇气，是贵族应领有适度权力政策的鼓吹者。

DLB

参考：Holmes, George, The Later Middle Ages, 1272—1435. New York, 1966.
Oman, Sir Charles W. C., The Art of War in the Middle Ages. 2 vols. London, 1924.
DNB.
EB.

彭德怀（P'eng Teh-huai〈Peng Dehuai〉, 1898—1974年） 中国元帅。参加主要战争：北伐战争（1926—1927年）、反“围剿”战争（1930—1934年）、抗日战争（1937—1945年）、国共战争（1945—1949年）、朝鲜战争（1950—1953年）。

彭德怀1898年生于湖南湘潭一个农民家庭，接受过有限的正规教育，后得以在湘军中谋到职位并且晋升较快。在北伐战争初期，在何键手下统率一个旅。蒋介石叛变革命并血腥屠杀共产党员和迫害国民党左翼后，彭德怀组织了一支8000人的军队，分成4个团，向南进入农村。1928年4月加入中国共产党。后来和毛泽东在井冈山会师，并且和滕代远留守后方指挥第五军，但不久便被迫撤退。1930年受命进攻长沙但希望得到工人的支持没能实现，被迫撤退。后同江西苏区军队汇合，抵御国民党的“围剿”战争。在长征期间指挥红三军团，经常担任先头任务。抗日战争期间，他任八路军副总司令，在指挥共产党军队插入日军战线后方中扮演了重要角色。国共战争期间，彭德怀指挥军队保卫延安，在面临国民党的一次军事进攻时选择了主动撤离延安而重组军队进攻胡宗南的供应线战术，迫使国民党军队撤退。在追击途中，被西北军阀的2万骑兵所阻，直到聂荣臻的增援才得以脱身。1948年4月重新占领延安，接着开始解放中国的西北地区，并在1949年解放了这一地区。朝鲜战争期间，彭德怀于1951年春任中国人民志愿军总司令兼政委，为“抗美援朝，保家卫国”立下了不朽功勋，被金日成授予“朝鲜民主主义共和国英雄”的光荣称号和勋章。他任此职一直到1954年任副总理兼国防部长之职。1955年彭德怀被授予中国人民解放军的元帅军衔。任国防部部长期间，他借鉴苏联模式建设中国

人民解放军，要求军队现代化。1959年公开批评毛泽东错误发动大跃进因而在农村产生的经济混乱。1959年9月17日在庐山会议上被撤销大部分职务，被迫退休，1965年任建设“大三线”的副总指挥。1966年以后的几年中一直被监禁，受到林彪、江青两个反革命集团的残酷迫害，遭到不公平的批判和处罚。1974年11月29日去世。

彭德怀以坦率和诚恳而闻名（没有其他人敢在庐山会议上批评毛泽东），是一位坚韧不屈、无私奉献的无产阶级战士和杰出的军事家，他坚决果断、精力充沛并且才能卓越。

PWK

参考：Salisbury, Harrison E., The Long March: The Untold Story. New York, 1985.

佩恩，威廉爵士（Penn, Sir William, 1621—1670年） 英国海军将领。参加主要战争：英国内战（1642—1651年）、第一次（1652—1654年）和第二次（1665—1667年）英荷战争；参加主要战役（战斗）：肯蒂什诺克（北福兰角）之战（1652年）、波特兰之战、加巴特浅滩（尼乌波特附近海域）之战、斯海弗宁恩之战（1653年）、牙买加之战（1655年）、洛斯托夫特之战（1665年）。

佩恩（1621年4月23日）生于弗里斯托尔，一位商船船长和海军舰长的儿子。内战期间支持国会，被授予海军少将衔（1647年）。因受控勾结国王查理一世而被捕，但不久后获释（1648年）。曾在地中海追击鲁珀特亲王统领的保皇派舰队（1651年）。与荷兰的战争爆发后被任命为著名的罗伯特·布莱克的副将（1652年7月）。随布莱克参加了肯蒂什诺克之战（10月8—9日），后又参加了为期三天的波特兰之战（1653年2月28日—3月2日）。随迪恩和蒙克参加了加巴德浅滩之战（6月2日—3日）和斯海弗宁恩之战（7月31日），因功被任命为海军统帅（12月）。其率舰队投靠查理二世的秘密企图被挫败（1654年）。任西印度群岛远征军的海军部队司令（1655年）时，他与陆军司令罗伯特·维纳布尔斯将军发生争执。他们的内讧导致了夺取圣多明各行动的失败。他们对牙买加的进攻虽然拙劣，但取得了胜利（5月）。回国后，他们双双被囚于伦敦塔（9月），但佩恩在一个月后获释（10月）。到爱尔兰后，佩恩继续与保皇党人相勾结。斯图亚特王朝复辟后，他受封为爵士（1660年6月）。第二次英荷战争爆发（1665年5月）后，他任约克公爵詹姆斯的舰队中的舰长，参加了激烈的洛斯托夫特之战（6月13日）。后退出现役，（1670年9月16日）卒于旺斯特德（今属伦敦）。

佩恩是一位有才干的海军指挥官，他唯一的一次独立指挥因其与维纳布尔斯的无谓争吵而受到玷污，结果双双蒙辱。他和迪恩及其他人一起合编了《战斗指南》。他那与其同名的儿子是贵格派教徒（大失其父所望），建立了宾夕法尼亚，这一殖民地的名称是查理国王为表彰这位海军将领的“声名和功绩”而以他的名字命名的。

DLB

参考：Penn, G., Memorials of the Professional Life and Times of Sir Willian Penn. 2 vols. London, 1833.

Powell, J. R., The Navy in the English Civil War. London, 1962.

EB.

佩珀雷尔，威廉爵士（Pepperell, Sir William, 1696—1759年） 美国殖民将军。参加主要战争：乔治国王的战争（1740—1748年）、法国和印第安人的战争（1754—1763年）；参加主要战役（战斗）：路易斯堡之战（1745年）。

佩珀雷尔（1696年6月27日）生于基特里（今缅因州境内，当时为马萨诸塞殖民地的一部分），为一位定居于新英格兰且生意兴隆的文德水手的儿子。曾是其父的助手，后成为名副其实的合伙人（1717年）。通过贸易、造船和土地投机而财富日增。他投身政治，被指定进入县议会（1727年），后又被其朋友贝尔彻县长任命为约克县民事法庭的首席法官（1730年）。同时，他参加民兵，并升任缅因团团长（1726年）。被威廉·雪莉总督任命为当地中将（1745年初）后，在雪莉的怂恿下率殖民地远征队前往进攻布雷顿角岛上的法军要塞——路易斯堡。在一支小型皇家海军舰队的护航下，他率4000人的殖民地部队到达新斯科舍的坎索附近（4月4日），但由于大雪和冰冻的影响，他几个星期后才将其部队登陆上岸（4月30日）。尽管他对路易斯堡的围攻没有成效，但法国守军在佩珀雷尔行将发起进攻时投降（6月16日）。因此战的胜利被封为男爵并授予上校军衔，还被授予在美洲招募一个正规团的权力。回到波士顿后退出商界（1746年），但仍然从政。他的团参加了尼亚加拉远征（1755年），当时他是少将、新英格兰地区的所有部队的司令。晋升中将（1759年2月20日），几个月后卒于基特里的家庭庄园（7月6日）。

佩珀雷尔是一位几乎没有战术和战略技巧的非职业军事活动者。他的成功是由于他具备其它优点，主要是：从各殖民地获得钱财和人员的非凡才能以及在其非常复杂的远征军内控制帮派主义和限制个人冲突的策略技巧。

Staff

参考：Fairchild, Byron, Messrs. William Pepperell: Merchants at Piscataqua. Ithaca, N. Y., 1954.

Leach, Douglas E., Arms for Empire: A Military History of the British Colonies in North America, 1607—1763. New York, 1973.

Pepperell, Sir William, The Pepperell Papers. Collections of the Massa-chusetts Historical Society. Sixth Series, Vol. X. Boston, 1899.

Rawlyk, G. A., Yankees at Louisbourg. Orono,

P

Me., 1967.

派尔希，亨利(Percy, Henry, 1342—1408 年) 诺森伯利亚第一伯爵。英格兰军人、贵族。参加的主要战争：诸侯战争（1388—1399 年）、派尔希反叛（1403—1408 年）；参加主要战役（战斗）：奥特本之战（1388 年）、霍尔米登山之战（1402 年）、什鲁斯伯里之战（1403 年）、布拉默姆沼地之战（利兹附近）（1408 年）。

派尔希生于英格兰中世纪最著名和最有影响的家族。他的始祖威廉·德·派尔希是诺曼底贵族，一直在征服者威廉一世身边效力。其曾祖父亨利第一获得诺森伯利亚的大片领地，因该领地紧靠苏格兰，故而派尔希家族的封地实际上成为抵抗苏格兰袭击的第一道防线，并由此结下了英格兰派尔希家族与苏格兰道格拉斯家族的世仇。其祖父亨利，于 1346 年 10 月 17 日在达勒姆附近的内维尔十字路口之战中击败苏格兰人。其父于是年的早些时候（8 月 26 日）参加克勒西之战。起初派尔希支持理查德二世，被封为诺森伯利亚第一伯爵、英格兰典礼官。在 1381 年的农民起义和 1387 年格洛斯特公爵反叛期间，他继续支持理查德二世。1388 年 8 月指挥军队在切维厄特丘陵的奥特本抗击道格拉斯伯爵詹姆斯领导的苏格兰军队入侵，尽管杀伤了道格拉斯，英格兰军队仍未幸免失败。理查德二世的专制打破了他的幻想，他和其子（亦称亨利，史称“急性者”，他成为莎士比亚名剧中的一个角色）转而支持理查德二世的堂兄弟亨利·博林布罗克，此人在 1399 年 8—9 月间曾推翻过理查德，并登上王位，称亨利四世。“急性者”亨利击退苏格兰军队袭击后进入诺森伯利亚，并于 1402 年 9 月 14 日在伍勒附近的霍米尔顿山击败道格拉斯长子阿奇博尔德的军队。他父子与亨利四世的争吵加剧，促使派尔希父子发动反对亨利四世的派尔希叛乱，叛乱始于 1403 年，止于 1408 年。1403 年 7 月 21 日在什鲁斯伯里之战中，“急性者”亨利被杀死。1404 年在他答应服从王权后，恢复了领地和头衔，但后来再次反叛，并在 1408 年进行的布拉默姆沼地之战中被杀死（1408 年）。其头衔和领地也因反叛而被没收，但八年之后，到亨利五世，又把头衔和领地授还其孙（也称亨利）。在以后的年代里，直到 1670 年其家族男性直系绝嗣为止，派尔希家族在英格兰风云变幻的历史中起到了积极的作用。之后派尔希家族按女系继续传递下去，并仍沿用派尔希姓，该家族繁衍直到现今，其间出现过特别是诺森伯利亚第二公爵休，他参加了美国独立战争。

PJC

参考：Saccio, Peter, Shakespeare's English Kings. New York, 1977.

EB.

EMH.

派尔希，休爵士(Percy, Sir Hugh, 1742—1817 年) 诺森伯利亚第二公爵，英国将军。参加主要战争：美国独立战争（1775—1783 年）；参加主要战役（战斗）：康科德（马萨诸塞）之战（1775 年）、长岛之战、华盛顿堡（纽约市境内）之战（1776 年）。

派尔希为国王乔治三世的私人朋友，1764 年任其副官。尽管他不赞同国王的政策，但仍志愿指挥北美部队，抵达波士顿时为准将（1774 年）。曾率救援部队使弗朗西斯·史密斯中校所部在康科德之战（1775 年 4 月 19 日）之后避免了突然性伤亡，长岛之战（1776 年 8 月 27 日）和华盛顿堡之战（11 月 16—18 日）中任师长。由于与豪将军不断发生分歧，不久被迫回到英国（1777 年 6 月）。后成为诺森伯利亚公爵（1786 年）。晋升为上将（1793 年）。此后除成为一位温和的农场主和地主外没有任何作为。

PJC

参考：Dupuy, Trevor N., and Gay M. Hammerman, People and Events of the American Revolution. New York and London, 1974.

Boatner, Encyclopedia.

佩尔狄卡斯(Perdiccas, 约公元前 365—前 321) 马其顿将军和摄政。参加主要战争：社会战争（公元前 336—前 335 年）、征服波斯（公元前 334—前 330 年）、入侵中亚（公元前 329—前 327 年）、“迪亚多奇”（继承者）战争（公元前 323—前 280 年）；参加主要战役（战斗）：掠夺底比斯（公元前 335 年）、格拉尼库斯之战（公元前 334 年）、伊苏斯之战（公元前 332 年）、高加米拉之战（公元前 331 年）。

佩尔狄卡斯是奥龙特斯之子，是奥莱斯提斯（位于希腊中、北部地区）王子的后代。公元前 335 年，在马其顿国王菲利普二世的军队中服役，在底比斯战役中战功卓著，引人注目。公元前 334 年，跟随亚历山大入侵波斯，最初担任骑兵指挥官，于公元前 330 年提升为亚历山大的私人护卫。公元前 327—前 324 年晋升为将军。公元前 323 年 6 月亚历山大死后，佩尔狄卡斯为亚历山大愚钝的兄弟菲利普三世摄政。公元前 322 年征服卡帕多细亚，并派其亲信欧米尼斯为卡帕多细亚总督，以阻止位于弗里吉亚的安提柯的入侵。但是，他想保持亚历山大王朝完整的愿望受到怀疑，这些人中不仅包括埃及的托勒密国王，而且还有核心人物克拉特罗斯和安提帕特。公元前 322 年当进攻埃及的托勒密时，还未渡过尼罗河就被哗变的军官杀死。

佩尔狄卡斯是一位英勇且有才能的指挥官，忠实地支持亚历山大。但由于傲慢和难以共事，最终导致失败。

CLW and DLB

参考：Appian, The Civil Wars.

Broughton, T. R. S., and M. L. Patterson, Magistrates of the Roman Republic. London, 1951—60.

Plutarch,"Sertorius,""Pompey,"Parallel Lives.
Sallust,Histories.
EB.
OCD.

伯里克利(Pericies,约公元前 495—前 429 年) 雅典将军和政治家。参加主要战争：第一次伯罗奔尼撒战争（公元前 460—前 445 年）和第二次伯罗奔尼撒战争（公元前 432—前 404 年）；参加主要战役（战斗）：泰那格拉之战（公元前 457 年）。

伯里克利约公元前 495 年出生于一个显赫而有权势的家庭，是克珊提波斯之子，同时也是民主改良者莱斯提尼的外孙。公元前 460 年中期，他担任民主派的领袖，积极主张对外实行军事扩张。公元前 462 年夏弹劾大将军西门坐失征服马其顿的良机，但没有胜诉。在所进行的战争中，最重要的是同柯林斯、爱吉那岛和斯巴达的战争。公元前 457 年，率领一支雅典军队在泰那格拉与斯巴达军队作战，尽管斯巴达军队取得胜利，但雅典军队在这次战斗中表现出色。同年占领爱吉那岛，修筑了连接雅典与其港口拜里厄斯的防御长城。公元前 455 年，指挥了纳帕克图斯（纳夫帕克托斯）外围和在阿卡尔那尼亚（希腊大陆西南部）地区的作战。公元前 454—前 448 年，在雅典与波斯的战争处于危急关头之时挽救了雅典。随后将提洛同盟变为雅典的附庸。公元前 447 年，在德尔斐外围作战。公元前 446 年，镇压了埃维亚人的一次反抗。公元前 446—前 445 年冬，议定了《三十年协议》，协议中确定了雅典对爱吉那、埃比亚和纳乌帕克图斯的统治权。公元前 445—前 435 年间，继续推行强权政治，培植殖民地势力和追捕政敌。公元前 441 年 9 月—前 440 年春，镇压了在塞莫斯岛的反抗。此时雅典财富剧增，影响和权力越来越大。公元前 432 年秋支持科赛拉岛（开尔基拉）同柯林斯作战。公元前 432 年，迫使在卡西提斯的柯林斯殖民地波提德亚拆除防御城墙，因此而挑起了雅典同斯巴达和柯林斯的战争。公元前 430 年，虽然他所采取的“陆上防御、海上进攻”的战略获得成功，但这年发生了一次大鼠疫，雅典民众不堪忍受战争的痛苦，要求罢免伯里克利的职务，结果他被免职，并处以罚款。公元前 429 年，再次当选为首席将军，卒于此后不久。

伯里克利不仅英俊潇洒、魅力超凡、才气横溢，而且技艺娴熟、残酷无情，是一位爱国政治家和天才战略家，修昔底德认为他能够领导雅典走向胜利。其继承者都不像他那样具有主见和判断力。他是一位艺术保护人、学者和索福克勒斯的朋友，在文化上的成就也很显著。

DLB

参考：Abbott,E.,Pericles and the Golden Age of Athens. London,1891.
Aristotle,Constitution of Athens and Politics.
Burns, Ardrew Robert, Pericles and Athens. Reprint,New York,1962.
Kagan,Donald W.,The Outbreak of the Peloponnesian War. Ithaca,N.Y.,1969. Reprint 1989.
——,The Archidamian War. Ithaca, N.Y.,1974. Reprint 1990.
Plutarch,"Pericles,"Parallel Lives.
Ste. Croix,Geoffrey E. M. de,The Outbreak of the Peloponnesian War. Ithaca,N.Y.,1971.
Thucydides,The Peloponnesian War.

佩里尼翁侯爵，多米尼克·凯瑟琳(Perignon, Dominique Catherine, Marquis of, 1754—1818 年) 法兰西帝国元帅。参加主要战争：法国大革命战争（1792—1799 年）和拿破仑战争（1800—1815 年）；参加主要战役（战斗）：弗格拉斯之战（1794 年）、诺维之战（1799 年）。

佩里尼翁 1754 年 5 月 31 日生于图卢兹附近的格里纳德，是约翰·贝尔纳·德·佩里尼翁之子。从小对军事有特殊的兴趣，并相应接受军事教育，1780 年在里昂守备营任中尉。1783 年入古因尼皇家手榴弹军。后转入国家自卫队并于 1789 年升中校。1791 年退出现役，到地方的立法议会任职，但发现他不适合该职，遂再次转入军界，到由杜戈米尔领导的东比利牛斯方面军任职。1793 年 9 月 18 日，在西班牙的罗西隆之战中负伤，因作战勇敢于同一天被提升为准将。三个月后的 12 月 23 日，升少将。在 1794 年 11 月 18 日的弗格拉斯之战中再次大显身手。此战中，当杜戈米尔被杀后，接任其职，从而导致了法军战胜西班牙军队，因为西班牙军队的士气受挫，弗格拉斯有良好供应的 9000 守卫部队于 11 月 24 日投降法国。佩里尼翁继续指挥东比利牛斯方面军，直至 1795 年 7 月 12 日《巴塞尔条约》的签订。此后，他被任命为驻马德里大使。1798 年，转入意大利方面军，在茹贝尔手下供职。1799 年 8 月 15 日，在诺维之战中，指挥该方面军左翼，头部受伤后被胜利的俄军俘虏。1800 年返回法国，1801 年拿破仑任命他为元老院议员，1802 年任元老院副主席。同年的 11 月 11 日，任命为赴比利牛斯代表团成员，以解决依《巴塞尔条约》确定的法国与西班牙的边界问题。1804 年 5 月 19 日，升法国元帅。1806 年任帕尔马及皮亚琴察总监。任该职直至 1808 年，是年被封为公爵，并被派往那不勒斯，接任茹贝尔的总督职位。此后，一直在那不勒斯，后来缪拉特企图以那不勒斯反对法国来同拿破仑对立，佩里尼翁便离开那不勒斯返法。1814 年拿破仑退位后，宣布忠于国王。拿破仑企图回法国后，受国王命令，率第十师阻止拿破仑返法，但他没有构成对拿破仑的任何有效阻击，后退役至其庄园。波旁王朝复辟后，于 1816 年 1 月 10 日任第一军区总督。他参加了对奈元帅审判的军事法庭，投票赞成处决奈元帅。1817 年被封为侯爵，1818 年 12 月 25 日卒于巴黎。

佩里尼翁是一位勇敢坚定的指挥员，在比利牛斯的作战中出色地展现了其卓越的才能和指挥艺术，但他的主要天赋还是在于管理，在这一领域，他游刃有余。

VBH

参考：Delderfield, R. F., Napoleons Marshals. Philadelphia, 1962.

Macdonnell, A, G., Napoleon and His Marshals. London, 1950.

Meeks, Edward, ed., Napoleon and the Marshals of the Empire. Reprint 2vols. in 1, Philadelphia, 1885.

Young, Brig. Gen. Peter, Napoieons Marshals. London, 1974.

皮尔庇那（Perperna Veiento, Marcus, 卒于公元前 72 年） 罗马军人和反叛者。参加主要战争：同苏拉的内战（公元前 82—前 77 年）、赛尔托里乌斯战争（公元前 80—前 72 年）；参加主要战役（战斗）：巴伦西亚（西班牙）之战，苏克罗（尤卡尔）之战、图里亚之战（公元前 75 年）。

皮尔庇那是马·皮尔庇那之子，与马略联合，是一名平民党成员。以马略的摄政官的身份管理西西里，公元前 88 年被庞培击败，被迫逃走。转而成为埃·李必达的特使，公元前 77 年当李必达失败之后他又逃往西班牙。到达西班牙后加入了昆·赛尔托里乌斯的军队，成为昆·赛尔托里乌斯帐下的一名高级参谋官员。跟随昆·赛尔托里乌斯在埃布罗河流域同庞培作战。巴伦西亚的作战，以及在苏克罗和图里亚河的作战，在这些作战中他的表现基本上是勇猛有余而智谋不足。公元前 74 年占领了加利西亚的卡勒斯城。阴谋策划反对昆·赛尔托里乌斯，使昆·赛尔托里乌斯面临着一场长期的战争，其权力和威望急剧下降，并于公元前 72 年将昆·赛尔托里乌斯谋杀。同庞培作战，被彻底击败，最终被俘并被处决。

皮尔庇那是一位志大才疏的人物，他的才能和忠诚都乏善可陈。

CLW

参考：Broughton, T. R. S., and M. L. Patterson, Magistrates of the Roman Republic. London, 1951—1960.

Plutarch, "Sertorius," "Pompey," Parallel Lives.

佩佩那·维彦托·马库斯（Perperna Veiento, marcus, 卒于公元前 72 年） 罗马军事家和起义者。参加主要战争：对苏拉的内战（公元前 82—前 77 年）、塞多留战争（公元前 80—前 72 年）；参加主要战役（战斗）：巴仑西亚（西班牙）战役、苏克罗（胡卡尔）战役、图里亚战役（公元前 75 年）。

佩佩拉为马库斯·佩佩那之子，支持保皇派或民众党派。他作为西西里的保皇派执政官，被庞培逐出，被迫逃亡（公元前 82 年）。他把遗产让与埃米留斯·李必达后，在李必达的未遂政变后逃到西班牙（公元前 77 年）。到西班牙后，他加入昆塔斯·塞多留的军队，成了高级参谋。他在埃布罗参加了对庞培的军事行动。他在巴伦西亚，以及苏克罗和图里亚河参加了战斗，全面显示他的能力和锐气超过了技巧。他攻取了加里西亚地区的盖尔斯（现代的波尔图附近，公元前 74 年）。因塞多留的权力和名望正在面临长期战争中衰退，他领导了反对塞多留的运动，并行刺了塞多留（公元前 72 年）。反对庞培的战斗一打响，他的战术就完全受制，被打败，俘获，并被处决。

佩佩拉是一位雄心超过才能与忠诚的人。

佩里，马修·卡尔布莱思（Perry, Matthew Calbraith, 1794—1858 年） 美国海军官员；参加主要战争：1812 年的战争（1812—1815 年）、阿尔及利亚战争（1815 年）、美墨战争（1846—1848 年）。

佩里 1794 年 4 月 10 日生于罗得岛州的罗克布鲁克，是奥利弗·哈扎德·佩里的弟弟。1809 年入海军任实习生，1809—1810 年在其兄长的船“复仇”号（12 门炮）上服役。1810—1812 年在约翰·罗格尔的“总统”号上服役。1813—1815 年在斯蒂文·迪凯特的“美利坚”号上任上尉。1815—1816 年，随迪凯特的远征军赴地中海，以征服巴巴拉海盗。此后，曾在几艘小船上服役以反对贩奴贸易，1820—1824 年在新建的西印度群岛基地同海盗作战。后护送殖民者赴非洲，1822 年建曼罗维亚，即利比里亚首都。作为上尉，他于 1825—1826 年在地中海巡弋的“南卡罗来纳”号（74 门炮）上服役，有时临时任船长，1826 年帮助签订第一次《美国-墨西哥条约》草案。在扩充海军时期，返回美国，1833—1843 年在纽约海军造船厂任职，最初任副指挥，后升任主官。任职期间，醉心于舰船蒸汽动力的发展，加强海军力量教育，同时建议海军部促成了查理·威尔克斯的探险远征（1833—1842 年）。1837 年 2 月升少校，1841 年 6 月升准将。1845 年，协助海军部长乔治·班克罗夫特为美海军学院制定了教学课程计划。1846 年在海军准将戴维·康纳手下，参加封锁墨西哥东海岸的作战。参加了几次攻占海岸线城镇的战斗，并率远征军上溯塔贝斯科河（10 月 23—26 日）。1847 年 3 月，当康纳离开后，佩里任舰队指挥，协助斯科特在维拉克鲁兹登陆，并克之（3 月 9—27 日）。4 月 18—22 日期间上行维纳兹科河，6 月 14—22 日又上行塔贝斯科河，相继摧毁了许多要塞和军需仓库。1848—1852 年在纽约帮助建设和管理当地的海上邮政。当他确认可以得到充足的船只后，接受了命其打开日本门户的任务，1852 年 11 月，他登上“密西西比”号快速舰，1853 年 5 月又集合了四艘舰船，组成了一个远航舰队，驶往日本，1853 年 7 月 8 日抵达东京湾，7 月 14 日，将总统的信件送给了日本政府的代

表。后驶往中国，7月17日抵中国，获准在当地越冬至第二年春天返回。冬天过后，佩里率大型的舰队重返日本，奉献了礼物，在大炮的威胁下，经三个星期的谈判(1854年3月3—31日)后，达成《神奈川条约》(日本本州岛东南部城镇)。该条约使美国在日本建立了代表处，允许美国帆船停泊于两个港口，并对沉没的美国船船员以人道主义的救援。回美国后，在海军部工作，后随弗朗西斯·L.霍克斯赴日本探险。1858年4月3日卒于纽约。

佩里是一位严厉、沉默寡言的官员，他以极大的精力倾注于他的工作，责任心极强。他虽然缺乏其兄长之气质，但由于他有一颗较为平和的心，这使他成为当时美国最杰出的海军官员。

DLB

参考:Barrows, Edward., M The Great Commodore: The Exploits of Matthew Calbraith Perry. Indianapolis, Ind., 1935.

Morison, Samuel Eliot, "Old Bruin": Commodore Matthew Calbraith Perry, 1794—1858. Boston, 1967.

Pineau, Roger, ed., The Japan Expedition: The Personal Journal of Commodore Matthew Calbraith Perry. Washington, D.C., 1968.

Walworty, Arthur C., Black Ships off Japan: The Story of the Japan Expedition. New York, 1946.

DAMB.

WAMB.

佩里，奥立弗·哈扎德(Perry, Oliver Hazard, 1785—1819年) 美国海军官员。参加主要战争：的黎波里战争(1801—1805年)、1812年的战争(1812—1815年)；参加主要战役(战斗)：伊利湖之战(1813年)。

佩里1785年8月23日生于罗得岛的罗克布鲁克，他是克里斯托福·R.佩里的长子。1799年4月参加海军，在其父"格里尼将军"号上任实习生。1802年升上尉。1802—1803年在地中海服役，同的黎波里海盗作战。1804—1806年在准将约翰·罗格尔手下指挥"鹦鹉螺"号(12门炮)。返回美国后的1807—1809年，依杰弗逊总统的海军建设计划，建造小火船，以加强海禁法案。1811年，指挥有12门炮的"复仇"号舰，在纽伯特港巡弋时，因大雾而沉没。受诉于军事法庭，后无罪释放。1812年6月，同英国的战争爆发后，指挥纽伯特港的火船舰队参战。1813年2月17日，受命赴伊利湖作战，隶属海军将领伊萨克·昌西。到达宾夕法尼亚的伊利后，发现那里没有美国船只以阻止英军对伊利湖的控制。尽管他缺少供应，特别是官员和船员严重不足，但到夏季，佩里已建造了9艘舰船，并配有545门大炮。5月27日，在昌西及上校温斯菲尔德·斯科特的率领下，参加了攻克乔治堡(安大略)的战斗。利用英军少校巴克莱6艘封锁舰队(64门炮)暂离伊利之机，率其帆船舰队于8月1—4日驶出伊利。寻歼巴克莱舰队，但最后决定攻打英军的马尔登基地。后与巴克莱在湖上遭遇，他在其旗舰"劳伦斯"号(20门炮)指挥作战，他打出旗语命"不要弃船"，此时，他的舰队的其它船只均远远地在后面。当时"劳伦斯"号处在英军绝对优势的火力包围之下，但英军打击不力，佩里遂乘小船驶回其舰队，将他们带至战场参加作战。9月10日，经激烈血腥的作战，巴克莱被彻底打败。他将捷报传于威廉·亨利·哈里逊，后者正在等待着作战的消息，期待着能获胜后，他们便可以向加拿大进军。佩里的捷报已变得十分闻名，他这样写道："我们已同敌人相遇，他们的舰队已归我们，两艘帆船，两艘两桅方帆帆船，一艘双桅纵帆船和一艘多帆单桅船。"佩里上岸后，随哈里逊参加10月5日的托马斯河之战，此战中他率领军队发起冲锋。1814年1月升少校，并得到国会的嘉奖。1816—1817年指挥有44门炮的快速舰"爪哇"号在地中海服役。服役期间，因一怒之下痛打少校约翰·希思而被军事法庭起诉和训斥。后任职外交使团团长赴年轻的委内瑞拉共和国，但在奥里诺科河染上黄热病，1819年8月23日卒于海上。

佩里是一位足智多谋、坚定和仪表堂堂的官员。当他夺取伊利湖之战的胜利的刚刚28岁。他在34岁时便去世，使美国海军的战史缺少了许多辉煌的篇章。

Staff

参考:Berton, Pierre, Flames Across the Border. Boston, 1981.

Dillon, Richard, We Have Met the Enemy. New York, 1978.

Dutton, Charles J., Oliver Hazard Perry. New York, 1935.

Millss, James C., Oliver Hazard Perry and the Battle of Lake Erie. Detroit, 1913.

佩尔修斯(Perseus,约公元前213—约前165年) 马其顿统治者。参加主要战争：第二次(公元前200—前197年)和第三次(公元前172—前167年)马其顿战争；参加主要战役(战斗)：库诺斯克法莱(狗头山)之战(公元前197年)、皮德那之战(公元前168年)。

佩尔修斯约生于公元前213年，是马其顿国王菲利普五世的长子，他母亲可能是阿各斯的普利克拉特里。十几岁就跟随他父亲同罗马军队作战，在公元前197年的库诺斯克法莱(狗头山)之战中表现非常突出。嫉妒其弟弟德米里斯的才能，从公元前184年起，就开始进行一些阴谋活动，想方设法除掉他，终于在公元前181年处死了德米里斯。公元前179年菲利普五世去世后，他成为马其顿国王。一上台，立即就开始在色雷斯、伊利里亚(今南斯拉夫)和希腊等地区扩大马其顿的势力。他在希腊的影响不断扩大，特别是他在公元前174

年同玻俄提亚（希腊的中、东部地区）签定了条约，这使柏加曼的欧米尼斯二世感到十分惊慌，立即采取措施，造成佩尔修斯与罗马之间的冲突。公元前172年，佩尔修斯不明智地企图刺杀欧米尼斯，这导致了同罗马的战争。尽管佩尔修斯在公元前171—前168年间沿着奥林匹斯山以南的边境地区抵住了罗马军队的进攻，但却没能平定伊利里亚热底乌斯的叛乱，这使他被迫分散其兵力，在不能有效地掩护马其顿军队翼侧的情况下，被迫同鲁·埃米利乌斯·保罗率领的罗马军队在皮德那地区进行作战。公元前168年6月22日，他与保罗在皮德那交战，他的方阵由于受到起伏不平的地形的影响而前后脱节，被罗马军队突破，遭到失败。逃往萨莫色雷斯，但是在公元前167年被俘，并被押往罗马，当保罗凯旋时，他被游街示众。公元前165年卒于流放地阿尔巴弗森斯（位于阿维佐附近）。

佩尔修斯是一位具有感召力的人物，一位能力出众、足智多谋的将军、统治者和外交家。他所实行的促使马其顿强大的政策，不可避免地要同罗马发生冲突，虽然他本人并不想发动战争；具有讽刺意味的是，本来他想使马其顿强大，其结果却反而断送了马其顿。波利比乌斯曾在多方面批评佩尔修斯，但这些指责并不完全属实（波利比乌斯，历史学家，曾写过《历史》一书，其中有对佩尔修斯的评论——译者注）。

CLW

参考：Appian, Macedonica.
Diodorus Siculus, History.
Livy, History.
Meloni, P., Perseo e la fine della monarchia Macedone. Turin, 1953.
Plutarch, "Aemilius Paulus," Parallel Lives.
Polybius, History.
Walbank, F. W., Philip V of Macedon. London, 1940.
EB.
OCD.

P

潘兴，约翰·约瑟夫（Pershing, John Joseph, 1860—1948年） 绰号“黑杰克”。美国五星上将。参加主要战争：美西战争（1898年）、侵略墨西哥（1916—1917年）和第一次世界大战（1914—1918年）；参加主要战役（战斗）：埃尔卡内战役（圣地亚哥附近，1898年）、默兹-阿尔贡战役（1918年）、圣米耶尔战役（1918年）和埃纳河-马恩河战役（1918年）。

潘兴1860年9月13日生于密苏里州的拉克利德，种植园工出身。1878—1882年，在学校教书。1882年5月进入西点军校。1886年6月毕业，被任命为第六骑兵团少尉。参加了在西南地区进行的几次攻击印第安人的战役。1890年12月28日，辅助捕杀翁迪德尼小规模作战后被驱散的印第安人。1891年9月—1895年9月，任内布拉斯加大学军官候补生的指挥官。1892年晋升中尉。1898年6月获得法学学位。1895年10月—1896年10月，服役于第十骑兵团（这个团由著名的布法罗军人组成），他从中获得“黑杰克”的昵称。1896年10月被选担任纳尔逊·A. 迈尔斯将军的副官。1897年6月—1898年4月，任西点军校战术科目的教官。后任第十骑兵团军需主任，参加了埃尔卡内战役（1898年7月1—3日）。在入侵古巴后患疟疾，康复后在陆军部短期任职（1898年8月）。1898年9月—1899年8月，任陆军部岛屿事务局局长。在自己的要求下，1899年9月被派往菲律宾。在棉兰老岛北部任职。1899年12月—1903年5月，镇压莫罗族起义，此举亦摧残了拉瑙湖（苏丹湖）附近的莫罗族抵抗力量，在此过程中表现出来的极大耐心和高效赢得交口赞誉。1905年1月25日与海伦·弗朗西斯·沃伦成婚，后返回华盛顿重任参谋工作。任驻日本武官及日俄战争（1905年3月5日—1906年9月）中的观察员。因为西奥多·罗斯福总统的垂青，他超越在其之前的862名军官，从上尉直接晋升至准将（1906年9月20日）。1906年12月—1908年6月，指挥驻麦金利堡（马尼拉附近）的一个旅。1908年7月—1909年2月，经海参崴和欧洲返回美国本土。1909年11月任菲律宾莫罗省的军事指挥官。任此职至1914年初，他对莫罗起义分子和激进分子发动了几场小规模战役，因为此，逐步恢复了当地的和平与秩序。1914年4月任旧金山第八旅旅长。墨西哥内战期间（1914年4月—1916年3月），被派往墨西哥边境。1916年3月9日，墨西哥的弗朗西斯科·维拉将军袭击了新墨西哥的哥伦布，导致17名平民死亡，因为此，威尔逊总统命令其武装干涉墨西哥，俘虏维拉（3月10日）。他率一支4800人的部队，追击维拉的军队达几近10个月之久，未果。在奉命班师之前（1917年1月27日），与维拉的追随者及墨西哥正规军队进行了小规模交战。1917年5月12日，被任命为美国侵略军司令，6月23日抵达法国。美军完成大规模集结（1917年8月—1918年10月）后，对法军进行指导，使美国远征军保持成为一支独立的战斗力量，指导进行了三次大规模的进攻战役：埃纳河-马恩河战役（1918年7月25日—8月2日）、圣米耶尔战役（9月12—17日）和决定性的默兹-阿尔贡战役（9月26日—11月11日）。1919年7月从法国返回后，任陆军总司令。未涉足政坛，1921年7月21日任参谋长。1924年9月13日退役，1931年出版其回忆录。1938年从一场重病中死里逃生，但健康状况日益恶化，1941年中期后一直住在陆军沃尔特·里德医院。1948年7月15日卒于平静的睡梦中。

潘兴是一位严格的纪律执行者，残酷而不容易接近。但他公平正直，是作战群体中的一位执着的组织者和一位有胆略的领导者。

DLB

参考：Boldhurst, Richard, Pipeclay and Drill. New

York, 1977.
O'Connor, Richard, Black Jack Pershing. New York, 1961.
Pershing, John Joseph, My Experiences in the World War. New York, 1931.
Smythe, Donald, Guerrilla Warrior, the Early Life of John J. Pershing. New York, 1973.
——, Pershing: General of the Armies. Bloomington, Ind., 1986.
Vandiver, Frank E., (John J. Pershing. Morristown, N.J., 1967.

佩提纳克斯，普卜利乌斯·爱尔维修（Pertinax, Publius Helvetius, 126—193 年） 罗马皇帝。参加的主要战争：多瑙河战争（166—179 年）。

佩提纳克斯 126 年 8 月 1 日生于利古里亚，他父亲是一位自由民（获得自由的奴隶）。曾在学校中任过教，而后参军，在叙利亚和不列颠服役，以及戍守莱茵河和多瑙河边境（约 150—169 年）。169—172 年间当马科曼尼人大举入侵时，他在作战中脱颖而出。享有元老院元老的权力和待遇，出任一个军团的指挥官。174 或 175 年，尽管他是一名执政官，然而在康茂德的清洗中，可能由于他出身低微而被赶出了领导人的行列。185—186 年，被派往不列颠平叛。192 年，第二次出任执政官和执掌军权的地方行政长官。192 年 12 月 31 日当康茂德被禁卫军谋杀以后，佩提纳克斯被元老院任命为皇帝。他所采取的恢复经济的手段极为严厉，既不受军队的欢迎，也遭到民众的反感，193 年 3 月 28 日，他被一伙哗变的士兵杀害。

佩提纳克斯是一位能力出众的军人，尽管他出身贫寒，但他能够通过努力不断上升，最后成为罗马的皇帝。在担任皇帝的短暂的时间里，他竭尽全力恢复罗马濒于崩溃的经济。所有的资料都认为，他是一位诚实、正直和高尚的人。他的继承者 S. 塞维鲁下令给他以最高的荣誉。

CLW

参考：Dio Cassius, Epitomes.
EB.
OCD.

斐迪南多·弗朗西斯科·德·阿瓦洛斯·佩斯卡拉侯爵（Ferdinando Francesco d'Avalos, Pescara, Marquis of, 1490—1525 年） 西班牙-那不勒斯将军。参加主要战争：神圣同盟战争（1510—1514 年）、第一次哈布斯堡-瓦卢瓦战争（1521—1525 年）；参加主要战役（战斗）：拉文纳战役（1512 年）、维琴察之战（1513 年）、拉比科卡（米兰附近）之战（1522 年）、塞西亚战役（1524 年）、帕维亚之战（1525 年）。

斐迪南多 1490 年生于那不勒斯，是佩斯卡拉的第一侯爵阿方索·德·阿瓦洛斯的长子。1509 年与维多利亚·科伦纳结婚。1511—1512 年效力于拉蒙·德·卡尔多纳的军队。1512 年 4 月 11 日，率领轻骑兵和火绳枪手在拉文纳作战，后来被加斯顿·德·富瓦率领的军队打败，斐迪南多在战斗中因负伤而被俘。后被赎回，回到了西班牙。1513 年 10 月 7 日，跟随卡尔多纳指挥部分军队在拉莫塔维琴察之战中击败了巴尔托洛梅奥·德·阿尔维亚诺领导的威尼斯军队。1514 年协助卡尔多纳攻占了帕多瓦。1521 年西班牙与法国重新交战，他于 1521 年秋至 1522 年夏，跟随普罗斯佩罗·科伦纳在米兰周围作战。1522 年 4 月 26 日西军取得在拉比科卡大捷。1523 年 12 月科伦纳死后，斐迪南多成为驻意大利神圣罗马帝国军队的名义指挥官。1524 年 4 月 3 日，他与查理·德·兰诺伊一道突袭博尼瓦特海军的海上兵营，在塞西亚彻底打败了他们。1524 年 6 月—10 月，他跟随兰诺伊和波旁的查理入侵普罗旺斯，未果。1525 年 2 月 24 日指挥西班牙步兵师在帕维亚战役中大获全胜。1525 年 12 月 2 日卒于米兰。在他死前的几个月里，他卷入亲法势力的阴谋反叛中，后他将这机密透露给西班牙政府。

斐迪南多忠诚、忠于职守，是西班牙的精英。同时，他还是位勇敢、有魄力的军事家。他所从事的活动大多是无私奉献的。另外，有些历史学家认为他还是位诗人。

DLB

参考：Giovio, Paolo, La Vita di Ferrando Davalo, marchese di Pescara. N.p., 1551.
Oman, Sir Charles W. C., The Art of War in the Sixteenth Century.
Tayler, Frederick Lewis. The Art of War in Italy, 1494—1529. Cambridge, 1921.

贝当，亨利·菲利普（Petain, Henri Philippe, 1856—1951 年） 法国元帅。参加主要战争：第一次世界大战（1914—1918 年）、第二次世界大战（1939—1945 年）；参加主要战役（战斗）：马恩河战役（1914 年）、阿拉斯战役（1915 年）、凡尔登战役（1916 年）。

贝当 1856 年 4 月 24 日生于法国加莱海峡省考奇拉退尔小镇一个农民家庭。1876 年通过圣西尔军校的考试并被委任至新组建的山地班班长。此后他晋升很慢。1900 年才升至少校军衔，指挥一个营。1906 年在国家射击学校任教官，他有关火力破坏效果的思想与福煦的全面进攻想法不相一致，因而未受到重视。1914 年 8 月“一战”爆发时为陆军上校并任第三十三团团长。8 月末，由于其对部队杰出的领导而被提升为准将。不久在马恩河会战（9 月 4—10 日）中又立战功，遂升任师长。10 月 25 日即晋升为第三十三军军长。1915 年 5 月 9—16 日，在阿尔萨斯攻势中，该集团军突破了德军固若金汤的防御。6 月受命指挥第二集团军。9 月 25 日—10 月 6 日，虽然他的进攻由于德军纵深防御而失败，但其炮

火准备使德军吃惊不小。随着德国在凡尔登初战告捷，1916年2月24日贝当因其声威被调至该地拦阻德军。他发现形势虽然严重但并不危急。他的防御口令是著名的“他们不会通过”。贝当严厉的领导，特别是其高压和紧张表面下的冷静，使部队得以在沉闷、残酷而血腥的战斗中展开防御。霞飞考虑到贝当的防御思想于5月1日调其取代卡利将军任中央集团军司令，由罗伦尔·奈维尔将军出任第二集团军司令。虽然与凡尔登战斗有了距离，但他已经拯救了这个要塞，并以尼维尔上司的身份继续施加影响。随着尼维尔1917年4月16—20日考虑已久的攻击战遭至惨败，5月15日贝当解除了他的职位从而使自己负责指挥所有法国前线军队。由于尼维尔进攻失败引发兵变，贝当严厉惩罚了魁首，但认为大部分叛乱者是由于“集体缺乏训练”的因素而非有计划的犯上。4月29日—5月20日着手缓和士兵的不平心理，改革伙食和休假制度。接着在充分准备的情况下连续发起几次有限的进攻使部队恢复了信心。1918年3月福煦被任命为盟军总司令后，贝当继续指挥法国军队，在西部前线最后一个月的艰苦战斗中发挥重要作用。而后准备埃纳河-马恩河（7—8月）和亚眠（8—9月）攻势。协助潘兴实施圣米耶尔（9月）和默兹-阿尔贡（9—11月）攻势。11月21日为其战时功勋而被授于法国元帅。1920年任最高军事委员会副主席。1922年1月为陆军总监。1931年1月1日辞去职务。1934年2—11月在加斯东·杜梅尔格临时政府内任陆军部长。随着1936年人民阵线在大选中获胜，贝当不再隐瞒自己对公民政治的强烈反感和对独裁政府的支持。1939年3月出任驻西班牙大使，1940年5月法国面临亡国时又被总理雷诺召回。6月16日由阿尔贝·勒布伦授命组织新政府，是6月22日同德国和6月24日同意大利投降谈判的全权政府首脑。7月10日新宪法颁布以前，维希国民议会授予其“紧急权力”，而后便与维希政府和投降派紧密联络在一起，年迈或许会阻碍他对一些事件的反应，特别是1942年11月德国占领维希之后。8月20日被德国人逮捕，先是送到贝尔福而后（9月）是德国锡格马林根。1945年4月回到法国后，被戴高乐（凡尔登战役时在其手下服役）临时政府以卖国投敌罪审判。8月15日被判死刑，但戴高乐将其减为终生监禁。最初囚禁于戴尔岛的一座要塞，并在此患病。1951年6月转往茹安维尔港的一幢别墅，7月23日卒于此地。

贝当是一位看似热情的爱国者，但却在纳粹德国人侵时葬送了法西兰，投靠纳粹，实行法西斯统治。尽管他出身卑微，但外表却是一副贵族派头，高高的个子，蛊惑人心的相貌和镇静冷漠的外表。他厌恶政客和议会政府。他的助手在他同纳粹妥协派亲近时告诉他说：“你为法国人考虑太多而对法兰西则不充分。”

DLB

参考：Barnett, Correlli, The Swordbearers. London, 1963.

Carreé, Henri, Les grandes heures du Général Pétain. Paris, 1952.

Horne, Alistair, The Price of Glory: Verdun, 1916. London, 1962.

Pétain, Henri Philippe, La bataille de Verdun. Paris, 1929.

Serrigny, General, Trente ans avec Pétain. Paris, 1959.

彼得一世（大帝）（Peter Ⅰ the Great, 1672—1725年） 俄国沙皇。参加主要战争：镇压禁卫军的叛乱（1682—1684年）、远征亚速（1695—1696年）、北方战争（1700—1721年）、俄国-土耳其战争（1710—1712年）；参加主要战役（战斗）：纳尔瓦之战（1700年）、波尔塔瓦之战（1709年）、普鲁特河之战（1711年）、汉科之战（1714年）。

彼得一世（1672年6月9日）生于莫斯科，沙皇费多尔三世阿列克谢耶维奇与其第二个妻子纳塔莉娅·基里诺夫娜·纳雷什金娜的儿子。其父死后称沙皇（1682年），但禁卫军（装备滑膛枪的警卫部队）叛乱迫使他与其智力迟钝的异母兄伊凡五世共同执政（7月5日），并由其姊索菲娅摄政。生活于莫斯科郊外的普列奥布拉任斯科耶（1682—1689年）期间，对西欧发生了兴趣，并组建了两个警卫团（普列奥布拉任斯克团和谢苗诺夫团）。彼得的警卫鲍里斯·戈利岑亲王发动反对索菲娅的政变（1689年8月）后，彼得控制了政权。巩固其政权和权威（1689—1695年）后，远征北海（1694—1695年），并从土耳其人手中夺取亚速（1695夏至1696年7月27日）。出游欧洲，主要是德意志、英格兰和荷兰（1697年3月—1698年8月），考察西方的科学和技术。获悉禁卫军再次叛乱（1698年夏）后仓猝回国。并予以残酷镇压。他还命令特权贵族剃除胡须，采用西方服饰（1698年）。他改革历法，征召32 000平民入伍，并和波兰与萨克森的奥古斯特二世结成反瑞典联盟（1699年11月）。进攻驻立沃尼亚的瑞典军（1700年8月），但在纳尔瓦之战（11月30日）中为瑞典的查理十二所败。其后十年的大部分时间他都是在战场上度过的，只在每年冬天几个月中返回莫斯科处理国内急务。建立了兵工厂、军事学校，编写了训练教材，并鼓励造船、贸易和工业生产。进攻英格利亚（列宁格勒地区），在那里，他的助手——陆军元帅舍列梅捷夫伯爵先后在埃雷斯特福（塔尔图附近）之战（1702年1月9日）和立沃尼亚的许默尔舒夫之战（7月29日）中打败了施利彭巴赫将军的小规模瑞典军队。夺取涅瓦河谷（12月）并建立了圣彼得堡（1703年5月16日）。成功地进行了纳尔瓦围城战（1704年6月12日—8月21日）。奥古斯特二世投降后，彼得提出与查理十二媾和，但查理一心复仇，故予以拒绝（1707—1708年）。面对查理的入侵军，他节节后撤（1708年），最后将其围困于波尔塔瓦附近的乌克兰中部地区（1708年冬至1709年春）。后在波尔塔瓦

决战（1709年7月8日）中打败查理并歼灭其军队。入侵土耳其人的摩尔多瓦（1711年3月），但在普鲁特河为土耳其军所败（7月），经谈判才得以逃脱（7月21日）。制定了由海军上将费多尔·阿普拉克辛约付诸实施的进攻计划，在汉科附近打败了瑞典海军上将埃伦斯克辛尔德的小型舰队（1714年7月7日），从而建立了俄国海军在波罗的海的霸权，通过《尼斯塔德条约》（新考蓬基，1721年8月30日）获得了立沃尼亚、埃斯托尼亚、英格利亚和卡累利阿南部（苏联卡累利阿共和国）等波罗的海地区。上尊号为沙皇（1721年11月2日），并在与波斯的一场短期战争（1722—1723年）中夺取杰尔宾特（属达吉斯坦）、拉什特和巴库。因从河中拯救溺水士兵引发的感冒卒于圣彼得堡（1725年2月8日）。

彼得一世身高1.98米，身材魁梧，风度翩翩。他富于才华、充满活力、处事果断。他的将才平平，然而他注意使各能干的陆海军将领向其进谏，并且他的组织和行政才能高超。死后给俄国留下了一支堪为海战的舰队和一支30多万人的能征惯战的军队。他创立了典型的专制俄国，可能是俄国最伟大的统治者。

DLB

参考：Grey, Ian, Peter the Great, Emperor of All Russia. London, 1968.

Klyuchevsky, Vasili, Peter the Great. Translated by Liliana Archibald. New York, 1961.

Sumner, Benedict H., Peter the Great and the Emergence of Russia. Reprint, New York, 1962.

佩德罗三世（Pedro〈Peter〉Ⅲ，1239—1285年） 阿拉贡国王。参加主要战争：西西里晚祷战争（1282—1302年）；参加主要战役（战斗）：赫罗纳之战（1285年）。

佩德罗三世生于1239年，是詹姆斯一世之子。娶霍亨斯陶芬王朝的西西里国王——曼弗雷德的女继承人康斯坦斯为妻（1262年），其父死后成为阿拉贡国王（1276年7月）。西西里人发动反对法国霸主的起义后，佩德罗在巴勒莫登陆，不顾教皇的反对，自称该岛的国王。其在西西里的野心不为阿拉贡所欢迎，贵族和一些城市结成的阿拉贡同盟在要求确认其传统权力并限制王权的同时，还迫使他授予他们若干特权。但其在西西里的大业取得了巨大的成功。被教皇马丁四世开除教籍。他曾成功地击退了法国国王菲利普三世对阿拉贡的入侵，在赫罗纳大败菲利普的军队，同时歼灭法国舰队于鲁杰迪劳里亚沿海（1285年）。卒于1285年11月。

佩德罗三世因身材高大、体格健壮而著称。“伟大的”这一外号是因他的这些特征而非其作为国王的才干而获得的。

DLB

参考：Runciman, Steven, The Sicilian Vespers: A History of the Mediterranean World in the Late Thirteenth Century. Cambridge, 1958.

Schniedman, Jerome L., The Rise of the Aragonese-Catalan Empire, 1200—1350. 2 vols. New York, 1979.

EB.

佩德罗四世（Pedro〈Peter〉Ⅳ，1319—1387年） 绰号“死板者”，阿拉贡国王。参加主要战争：与摩尔人的战争（1340—1344年）、卡斯蒂利亚战争（1357—1361年）；参加主要战役（战斗）：塔里法之战（1340年）、埃皮拉之战（1348年）。

佩德罗四世1319年9月5日生于巴拉格尔，国王阿方索四世和特利萨·德·恩特扎之子。1336年1月25日其父驾崩，加冕即阿拉贡王位。在卡斯蒂利亚的阿方索十一世与阿拉伯人的战争中，帮助阿方索十一世，并于1340年10月30日进行的塔里法之战中为基督教派获得胜利起到重要作用。继续与摩尔人作战，其间与马霍卡的詹姆斯三世发生争执，他遂征服了巴利阿里岛和鲁西荣（1343—1344年）。1347年难以驾驭的贵族们迫使他授予他们特许状，他集中力量在埃皮拉击败阿拉贡这些贵族组织的联军。之后，他残酷和彻底镇压反对派，并收回特许状。1353年他从热那亚夺取了撒丁，但在那里却发生了长期起义，他卷入进去，无奈只好逐渐在该岛上建立统治秩序。他参加对卡斯蒂利亚的残忍者佩德罗一世进行的一场长期战争（1357—1366年），在战争中他支持佩德罗一世的敌人——特拉斯塔马拉（在西班牙加利西亚地区）的亨利二世。战争结果，阿拉贡没有取得胜利，佩德罗也只是通过迪·盖克兰领导下的法国的雇佣军的帮助才避免了灾难。此后，在英法百年战争中，他推行中立政策，只是略微偏袒英国人。1377年征服西西里。1380年说服卡塔兰·阿尔莫格里斯承认他为雅典和纳克索斯公爵。1387年1月5日卒于巴塞罗那。

佩德罗四世是一位有才干的君主和善战的军人。他聪明、受过良好教育、有教养，但当其权力受到侵害时，他特别残酷，睚眦必报。

DLB

参考：Diccionario de historia de España.

EA.

EB.

佩特留拉，西蒙（Petlyura，Simon，1879—1926年） 乌克兰将军和政治家。参加主要战争：苏俄国内革命战争（1917—1922年）和苏俄-波兰战争（1919—1921年）。

彼得留拉1879年5月17日生于波尔塔瓦。他因自己的民族主义行为被学校开除。是乌克兰社会民主工人党的创建者之一（1905年）。在基辅（1905—1906年）和莫斯科（1912—1914年）出版社会主义周刊。第一次世界大战爆发时，加入军队，在奥地利前线服役，1917年3月成为军方代表进入乌克兰中央委员会。7月，成

P

为第一届中央政府中的国防部长。德军占领乌克兰期间（1918年2—11月），他在政治上的表现并不活跃。德军撤出后，他成为接管权力的五人理事会中的成员之一。11月末任乌克兰陆军总司令。1918—1919年，对撤退的德军发动了几次游击性作战。1919—1920年，击败了前来干涉的苏军。1920年4月与毕苏斯基的波兰政府签署条约。是年联合战役的失败使其蜇居华沙，后率其流亡政府赴法国。1926年5月25日在巴黎被一位谴责其曾在乌克兰实施的反犹太人大屠杀行为的沙洛姆·施瓦茨巴德暗杀身亡。

Staff

参考：Reshetar，John，The Ukrainian Revolution，1917—1920. Princeton，N.J.，1952.

Ukraine：A Concise Encyclopedia. Toronto，1964.

EB.

彼得拉斯，马可（Petreius，Marcus，约公元前110—公元前46年） 罗马将军。参加主要战争：卡蒂莱因叛乱（公元前63—前62年）、罗马内战（公元前50—前44年）；参加主要战役（战斗）：皮斯托里来（皮斯托亚）之战（公元前62年）、塔普沙斯之战（公元前46年）。

佩蒂格鲁，詹姆斯·约翰斯顿（Pettigrew，James Johnston，1828—1863年） 美国南部同盟将军。参加主要战争：美国内战（1861—1865年）；参加主要战役（战斗）：萨姆特堡之战（1861年）、七棵松之战（里士满附近，1862年）、葛底斯堡之战（1863年）和法灵沃特之战（1863年）。

菲利普（梅塔科米特）（Philip〈Metacomet〉，约1639—1676年） 美国万帕诺亚格印第安人的酋长。参加主要战争：菲利普王战争（1675—1678年）；参加主要战役（战斗）：布卢迪河之战、大沼泽之战（1675年）。

菲利普约1639年出生于马萨诸塞与罗得岛交界地区的万帕诺亚格部落，马萨索伊特之子、万苏塔（亚历山德拉）之弟。继万苏塔为头人，或酋长（1662年）。尽管他竭力保持其父建立的和平，但还是与殖民者发生了合用土地所有权方面的冲突。当殖民者因他玩弄阴谋对其处以罚款并命他解除其部落的武装时，他感到受辱，关系也进一步紧张。当他的三名勇士因杀死举报菲利普进行阴谋活动的举报人而被处死（1675年6月8日）后，战争宣告爆发。他争取了纳拉甘西特、尼普穆克、萨康尼特和波卡西特诸部落的支持，向由普利茅斯湾至康涅狄格河的整个边境地区的定居点发起进攻。印第安人在布卢迪河（马萨诸塞的迪尔菲尔德附近）打败了殖民者（9月18日），摧毁了12座城镇，给大量的城镇造成严重破坏，取得了初期的胜利。后在位于罗得岛州金斯顿附近的纳拉甘西特营地进行的大沼泽之战中遭到大败（12月19日），饱尝饥饿与损耗之苦。印第安人的进攻力量无援，开始成群接队地投降（1676年6月—7月）。尽管菲利普不是主要的军事统帅，但他因发动战争而受到指责。被出卖后，他受到搜捕，1676年8月12日被一名印第安搜捕者杀死于阿索万西特沼泽地其芒特霍普堡垒（罗得岛州的布里斯托尔附近）中。他的妻子和儿子被变卖为奴。1678年4月12日最终达成了和平。

菲利普是一位足智多谋、处事果断的领袖。尽管他不是伟大的军事家，但他却认为战争是对付白人侵犯的唯一选择。他的战争虽然曾使殖民者损失了9万多英镑，20座城镇非毁即破，500人丧生，但最后的失败却使新英格兰地区的所有印第安人的抵抗归于瓦解。

VBH

参考：Josephy，Alvin M.，Jr.，The Patriotic Chiefs. New York，1961.

Leach，Douglas Edward，Flintlock and Tomahawk：New England in King Philip's War. New York，1958.

菲利普二世（Philip Ⅱ，约1177—1208年） 德意志统治者。参加主要战争：德意志帝国内乱（1197—1214年）。

菲利普二世（Philip Ⅱ，约公元前383—前336年） 马其顿国王。参加主要战争：对外扩张（公元前359—前339年）、第三次（公元前355—前346年）和第四次（公元前339—前338年）神圣战争；参加主要战役（战斗）：沃罗之战（公元前352年）和喀罗尼亚（公元前338年）。

菲利普二世出生于公元前383年，是阿明塔斯三世之子。公元前367—前365年间在底比斯当人质，在那里他在伟大的底比斯将军伊巴密浓达的教导下学习战争艺术。公元前359年返回马其顿后，成为其年幼的侄子、佩季卡斯三世之子阿明塔斯的摄政王。公元前359—前356年他发动了一次军事攻势，巧妙地将外交手段与军事打击结合在一起，以保卫马其顿王国。击败了爱奥尼亚人，然后又击败了伊利里亚人。公元前357年占领雅典的殖民地安菲波利斯；公元前356年被拥立为国王。他开采潘加姆山中的金银矿藏，每年从那里得到1000塔兰特（近似于300万美元）作为国家的收入，使他积累起建立一支真正强大军队的资金。公元前360年占领波提德亚和皮得那港，紧接着占领米多尼，公元前354年在米多尼的战斗中一只眼睛受伤致残。在第三次神圣战争中，他向帖撒利和希腊中部的一些小国家挑战，经过短暂的对峙，菲利普在沃罗地区果断击败福基亚将军奥诺马巧斯，并于公元前352年当选为帖撒利联盟盟主。公元前352—前351年在温泉关受到联盟军队的阻击，他率军转向东北部去征服雅典的色雷斯联盟，然后平定了卡西提斯地区，并于公元前348年征服奥林图斯地区。公元前346年尽管与雅典讲和并成为德尔斐

联盟中的一员，但他仍继续使用外交手段和政治攻势以巩固马其顿在整个希腊地区的霸权。公元前 344—前 343 年成为帖撒利亚的统治者。公元前 342 年任命他的妹夫亚历山大为伊庇鲁斯的国王。公元前 340 年对拜占庭（君士坦丁堡）发动进攻，因而重新挑起与雅典的战争（雅典是拜占庭的盟国），公元前 339 年底比斯也加入反对菲利普的同盟。公元前 338 年秋在喀罗尼亚击溃一支雅典-底比斯军队，由此导致雅典同盟的崩溃，菲利普成为希腊中部联盟军队的盟主。公元前 338 年冬—前 337 年，得到了希腊反波斯同盟中除斯巴达以外的其它国家的普遍支持，呼吁在柯林斯组成泛希腊同盟。公元前 337 年冬至前 336 年菲利普当选为这个泛希腊同盟的霸主，并向波斯宣战。公元前 336 年春派遣 1 万人的先头部队向小亚细亚进军。公元前 336 年 7 月，菲利普二世在其女儿克娄巴特拉与伊庇鲁斯的亚历山大结婚的宴会上，被一个廷臣谋杀。

菲利普二世是一位非常勇敢、技艺超凡的将军，同时也是一位狡黠、灵敏的外交官，他是历史上最伟大的军事天才之一。他将攻城战术发展为一门学科，他儿子亚历山大率领进攻小亚细亚的那支部队是由他创建的，这是他一生中最大的功绩，特别是他建立重长矛步兵和重机动步兵。虽然时常贪图享乐和酒色，但他对希腊文化的传播非常关心。他理智且具有组织才能，集中了希腊人的智慧和才能。他帮助半希腊的马其顿国完全成为一个文明的希腊城邦。菲利普被奥林匹娅谋杀。据传说他与妻子、亚历山大大帝（菲利普的继任者）的母亲断绝了关系，但证据不足。

CLW and DLB

参考：Curteis, Artbur M., Rise of the Macedonian Empire. New York, 1886.

Tarn, William W., Alexander the Great. 2 vols. Cambridge, 1949.

Wust, Fritz R., Philipp II von Makedonien und Griechenland in den Jahren von 346 bis v. Ohr. Munich, 1988.

EB.

OCD.

菲利普五世（Philip Ⅴ，公元前 238—前 179 年） 马其顿国王。参加主要战争：社会战争（公元前 220—前 217 年）、第一次（公元前 215—前 205 年）和第二次（公元前 200—前 197 年）马其顿战争、与纳比斯的战争（公元前 195 年）、第一次叙利亚战争（公元前 192—前 189 年）；参加主要战役（战斗）：库诺斯克法莱之战（公元前 197 年）。

菲利普五世生于公元前 238 年，是德米特里二世与其妻子费西娅之子。公元前 229 年父王死后，他尚年幼，被继位者安提柯·杜尚收为养子。公元前 221 年夏，安提柯·多松死后才由他即位。公元前 220—前 217 年，由于支持希腊同盟与斯巴达、埃托利亚和伊利斯作战而闻名遐迩。公元前 218 年，为了维护国王的权威，处死了几位谋反的大臣；在法鲁斯（赫瓦尔）的德米特里的煽动下，他率军进攻罗马的附属国伊利里亚（今南斯拉夫），从而导致了与罗马之间的战争，这场战争主要作战都是由其盟国在希腊地区进行的；公元前 205 年，他在有利条件下结束了长达 10 年的战争，签订了《腓尼基和约》。公元前 201 年他开始向海上扩张，但其舰队在齐厄斯岛附近海域被罗得岛和柏加曼击败。公元前 200 年，由于菲利普的扩张政策，促使罗马元老院对其宣战，同时派遣一支部队到伊利里亚；在公元前 199 年的马其顿战役和公元前 198 年的帖撒利亚战役中，雅典人背弃了他的同盟。公元前 197 年在库诺斯克法莱决定性战役中，被梯·昆·弗拉米尼努斯率领的罗马军队击败。向罗马求和并给予赔偿，同时解散其舰队。数年后，公元前 195 年他援助罗马击败了斯巴达的纳比斯，并于公元前 192—前 189 年间支持罗马反对叙利亚的安条克大帝和其安托利亚同盟。作为回报，罗马免去了他尚需要交纳的贡品，并赦免和放回了人质。晚年致力于巩固马其顿王国，整顿财政，修筑道路，迁移人口，开发矿藏，并发行中央和地方货币。分别于公元前 184、183、181 年在其北方边界进行了三次抵抗外族入侵的作战。他的儿子德米特里由于实行亲罗马政策，从而引起其长子与德米特里之间的冲突，公元前 180 年菲利普下令处死德米特里。公元前 179 年正当菲利普准备去西北部进行另一次作战时，死于安菲波利斯。

菲利普五世是一位优秀的军事将领，也是一位深受爱戴的国王。他向南方的扩张政策缺乏计划性和明确目标，从而导致了与罗马之间的冲突。他的政策反复无常，缺乏连贯性。

CLW and DLB

参考：Livy, History.

Polybius, Histories.

Walbank, F. W., Philip V of Macedon. Cambridge, 1940.

菲利普二世·奥古斯特斯（Philip Ⅱ Augustus，1165—1223 年） 法国君主。参加主要战争：同英格兰的各次战争（1187—1190 年、1194—1199 年、1202—1208 年）；第三次十字军东侵（1189—1192 年）、同英格兰、日耳曼和佛兰德的战争（1213—1214 年）；参加主要战役（战斗）：弗雷特瓦勒（旺多姆附近）之战（1194 年）、库尔塞勒之战（1198 年）、加亚克堡（科德贝克附近）围城战（1203 年），布维纳（里尔附近）之战（1214 年）。

菲利普二世（1165 年 8 月 21 日）生于巴黎，路易七世的长子。其父身患不治之症后在朗斯加冕为王（1179 年 11 月 1 日）。为摆脱其香槟王朝的几位野心勃勃而又贪得无厌的叔父的控制，娶博杜安五世之女——埃诺的伊莎贝拉为妻（1180 年 4 月）。与英格兰的亨利

二世谈判达成了《日素尔条约》，重申其父1177年所达成的协定（6月28日）。路易七世去世（9月18日）后，菲利普成为名副其实的国王。再次平定香槟派和佛兰德的起义（1181—1185年）。支持英格兰亨利二世难以驯服的诸子进行反对乃父的叛乱（1187—1190年），因此获得了对金雀花王朝在法国领地的极大影响力。与亨利二世之子“狮心王”理查德一世联军进行第三次十字军东侵（1189年），但在抵达西西里后与他产生矛盾。菲利普参加了阿克雷（阿卡）围城战的序战（1191年6月），不久后染病并返回法国。他利用理查德进行十字军战争不在国内，后又在奥地利被囚（1991—1994年）这一段时间，吞并了其在欧洲大陆的一些领地。理查德获释（1194年）后，菲利普在多次战斗中败北，其中著名的战斗是弗雷特瓦勒之战（1194年7月）和库尔塞勒之战（1198年9月）。这场经常为谈判所中断的战争在理查德被杀（1199年4月）后结束。由于“失地王”约翰一世之侄布列塔尼的亚瑟更有权继承王位，约翰的继位并非理所当然。菲利普利用了这一点，根据《勒古勒条约》从他那里获得了若干让步（1200年5月）。与约翰进行时断时续的战争（1202—1208年）。这一次战争又经常夹杂着休战和谈判。菲利普劫掠了安茹王国的大片领土，夺取了加亚克堡大要塞（1203年9月），并蹂躏了诺曼底、曼因、图赖内、安茹和大半个普瓦图（1204—1205年）。尽管菲利普竭力扩大约翰与教皇英诺森三世之间的分歧（1212—1213年），但狡猾的约翰与英诺森言和，并组织联军进攻法国。约翰的军队入侵法国南部，但在罗什-欧-穆瓦纳贡捷堡附近被菲利普之子路易击败（1214年7月2日）。与此同时，从北方入侵法国的佛兰德和日耳曼大军在布维纳为菲利普所败（1214年7月27日）。菲利普在位晚年相对平静。卒于芒特（1223年7月14日）。

菲利普二世是一位具有杰出政治才能和巨大精力的君主，他在十几岁时就是一位谈判高手。他可能是那个时代最伟大的君主，极大地强化了法国的君主制度。

DLB

参考：Adouin, E., Essai sur larmée royale au temps du Philippe Auguste. Paris, 1913.

Cartellieri, A., Philipp II August….5 vols. Paris, 1899— 1922. Warren, W. J., King John. Berkeley, Calif., 1961.

EB.

菲利普四世(Philip Ⅳ, 1268—1314年) 绰号“美男子”。法国国王。参加主要战争：法国-英格兰战争（1294—1299年）、法国-佛兰德战争（1300—1304年）；参加主要战役（战斗）：蒙斯之战（1304年）。

菲利普四世1268年生于枫丹白露，国王菲利普三世的次子。1276年其长兄查理去世，获继承权。1285年10月5日继承父位。尽管他努力与阿拉贡保持和睦关系，但由于受长期绵延不断的西西里晚祷运动（1282—1302年）的影响，直到1295年才如愿以偿。在此之前他因与爱德华一世有封地之争，已于1294年入侵基恩，此时与英格兰国王爱德华一世交战正酣。到1296年他收复了被爱德华占有的大部分领土，然后又把目光转向佛兰德。入侵佛兰德，占领大部分主要城镇，迫使爱德华接受和约（1297—1299年）。之后不久，佛兰德人起义，1302年7月11日在库特赖（科特涅克）粉碎法国军队。无畏的菲利普又集结一支军队入侵佛兰德，1304年8月8日在海诺特地区的蒙斯之役中平息了起义者。尽管1305年6月他在维特附近迫使起义者接受刻苛的《阿蒂斯-奥恩和约》，抵抗法国统治的斗争依然很强大。1307年，着手镇压圣殿骑士团，在征得教皇支持后，1314年5月他设法将圣殿骑士团中的高级军官送上法庭，将他们定罪并烧死在火刑柱上。1314年10月29日卒于枫丹白露。

菲利普四世是一位老练、冷酷的政治家，其绰号主要因其相貌出众。在位期间，他曾实施几次货币改革，着力扩大议会的作用。

DLB

参考：Bloch, Marc, La France sous les derniers Capétiens. Paris, 1958.

Boutaric, E., La France sous Philippe le Bel, rev. ed. Paris, 1897.

EB.

菲利普·阿拉布，马可·尤利乌斯·V.(Philippus，卒于249年) 罗马皇帝。参加主要战争：波斯战争（231—233年）、戈狄安三世的波斯战争（243—244年）、加菩亚战争（248年）、哥特战争（249年）、罗马内战（248—249年）；参加主要战役（战斗）：维罗纳之战（249年）。

菲利普斯，威廉爵士(Phillips, Sir William, 约1731—1781年) 英国将军。参加主要战争：七年战争（1756—1763年）、美国独立战争（1775—1783年）；参加主要战役（战斗）：明登之战（1759年）、瓦尔堡之战（1760年）、萨拉托加（纽约州的斯凯勒维尔附近）之战（1777年）。

菲利普斯约生于1731年。后被任命为伍利奇的名誉军官候补生（1746年），次年成为烟火信号官，中尉军衔（1747年）。曾担任皇家炮兵团的军需官（1750年4月—1756年5月）。晋升为上尉并担任驻德意志的三连制炮兵旅旅长（1758年）。明登之战（1759年8月1日）和瓦尔堡之战（1760年7月30日）中以最快速度将大炮投入战斗，在大炮的使用上表现突出。先后晋升为中校（8月）和上校（1772年5月）。与伯戈因一起前往魁北克，时任当地少将（1776年5月）。指挥了圣约翰斯（魁北克的圣让）之战（7—12月）。伯戈因进攻佛蒙特和纽约（1777年夏）期间任副司令。他对其大炮的创造

性运用迫使美军撤出泰孔德罗加堡（7 月 2—5 日）。他在自由人农场之战（9 月 19 日）和比米斯高地之战（10 月 7 日，统称为萨拉托加之战）中表现突出。晋升少将后在伯戈因投降时被俘（10 月 17 日）。因傲慢狂妄和大吵大闹为看管者所知名。宣誓后释放至纽约（1779 年 11 月）。后被换回（1780 年 10 月）。率军前往罗得岛，企图阻止罗尚博与华盛顿会合（1781 年 3 月）。奉命南下袭击弗吉尼亚，在那里取得了一些胜利。因感染伤寒卒于彼得斯堡（5 月 13 日）。

Staff

参考：Boatner, Encyclopedia.
DNB.

菲洛皮门（Philopoemn，约公元前 252—前 182 年） 希腊将军。参加主要战争：斯巴达战争（公元前 223—前 221 年）、克里特岛战争（公元前 221—前 211 年）、第一次马其顿战争（公元前 215—前 205 年）、与内比斯的战争（公元前 195—前 192 年）和麦西尼叛乱（公元前 182 年）；参加主要战役（战斗）：塞尔拉西亚之战（公元前 222 年）、曼提尼亚之战（公元前 207 年）、麦西尼之战（公元前 202 年）、第基亚之战（公元前 201 年）、古齐姆（伊底翁）之战（公元前 193 年）。

菲洛皮门约于公元前 252 年出生于阿加特亚的米佳罗波里斯（位于伯罗奔尼撒中部地区）。公元前 223 年，当斯巴达的克莱奥梅尼三世发动进攻时，他率军巧妙地撤出该城。公元前 223—前 221 年，加入由马其顿的安提柯三世指挥的反斯巴达同盟。在公元前 222 年的塞尔拉西亚之战中，他在没有接到命令的情况下，抓住战机主动进攻，一举击败克莱奥梅尼，从而得到安提柯的赏识。在克里特充当雇佣军官约十年时间，支持马其顿。公元前 210 年返回阿卡亚，担任阿卡亚联盟联军的骑兵司令。公元前 209 年对骑兵进行改编和训练，在埃利亚边境大败埃托利亚人。公元前 208 年—前 207 年，担任阿卡亚联盟将军，采用马其顿的重型甲胄和方阵战术，在曼提尼亚地区击溃马坎义达斯率领的斯巴达军队。公元前 206、204 和 201 年，分别三次当选为阿卡亚盟军将领。公元前 202 年在麦西尼击败了斯巴达的内比斯，又于公元前 201 年取得了第基亚决定性海战的胜利。公元前 200—前 197 年，拒绝参加反罗马的第二次马其顿战争，返回克里特。公元前 193 年回阿卡亚后再次当选为盟军将军，并在古齐姆附近几乎全歼内比斯的斯巴达军队。遭到来自斯巴达的罗马将军梯·昆·弗拉米尼努斯的阻击。然而公元前 192 年他暗杀了内比斯，兼并斯巴达、麦西厄和埃利亚。公元前 191 年和 189 年分别两次当选为阿卡亚联军将军。公元前 198 年他对斯巴达进行惩罚（最著名的是废止《利库尔戈斯法典》），但此时斯巴达已成为罗马的保护国，因而受到罗马的指责。公元前 187 年和 183 年两次当选为将军。公元前 182 年，在与麦西尼叛军作战中阵亡。

菲洛皮门是才能卓著的将军，他勇敢善战，被公认为是继著名的亚历山大之后的最有才能的希腊指挥官。但作为政治家，他的视野狭窄，不能承认罗马统治地位这一客观事实。他对雅典所实行的政策，时常引起同罗马之间的摩擦。

CLW and DLB

参考：Errington, R., Philopoeman. Oxford, 1969.
Plutarch, "Flamininus," "Philopoemen." Parallel Lives.
Polybius, Histories.
EB.
OCD.

菲普斯，威廉爵士（Phips, Sir Wilhiam, 1651—1695 年） 英国北美殖民地的军人与政治家。参加主要战争：威廉国王的战争（1688—1697 年）；参加主要战役（战斗）：罗亚尔（新斯科舍的安纳波利斯罗亚尔）港之战（1690 年）。

菲普斯（1651 年 2 月 2 日）生于缅因（当时为马萨诸塞湾殖民地的一部分）的珀马奎德。十几岁时离家学习木工，后定居波士顿，在那里成为造船经纪人，曾任过小型近海船的船长。进行过多次搜寻沉船珠宝的航行，其中的一次在阿尔比马尔公爵的资助下获得成功（1686 年）。在伦敦和波士顿，他与英克里斯·马瑟和旧贵族一起反对爱德蒙·安德罗斯总督肇始于 1684 年的自治统治。自愿率远征军进攻新斯科舍的罗亚尔港法国人殖民点（1690 年 3 月）。他的舰队离开波士顿（4 月中旬）后，通过威吓使惊慌失措的法国守军投降（5 月 11 日）。成功地促成了旨在夺取加拿大的陆海联合进攻行动。他率 30 艘舰船和 2000 士兵启航进发魁北克（8 月）。地面部队司令菲茨-约翰·温斯罗普放弃了陆上入侵行动，菲普斯对魁北克防御工事无能为力，故回到波士顿（10 月）。不久后被英王任命为马萨诸塞的第一任皇家总督。尽管有马瑟的支持，但他的政治才干无法应付复杂的局势。他确曾竭力禁止风行于塞勒姆的巫术审判，主要的措施是规定不承认虚幻的“鬼怪式的”证据。前往英国向国王威廉三世述职（1694 年 11 月），后卒于伦敦（1695 年 2 月 13 日）。

菲普斯仪表威严、意志坚强，但缺乏军事才干，无法处理远非强制威吓所能济事的局势。尽管有马瑟的贤能辅佐，但由于比较缺少世故，他是失败的政治管理者。

Staff

参考：Barnes, V. F., "Phippius Maximus," New England Quarterly, Vol. I(1928).
——, "The Rise of William Phips," New England Quarterly, Vol. I (1928).
Mather, Cotton, The Life of Sir William Phips. Reprint, New York, 1971.

Thayer, Henry O., Sir William Phips. Portland, Me., 1911.
DAB.
DAMB.
WAMB.

福尔米翁(Phormio〈Phormion〉,约卒于公元前428年) 雅典海军统帅。参加主要战争：萨米亚战争（公元前440年）和伯罗奔尼撒战争（公元前432—前404年）；参加主要战役（战斗）：萨摩斯之战（公元前440年）、围攻波提德亚（公元前432—前431年）和卡尔西斯、纳夫珀克托斯之战（公元前429年）。

福尔米翁是阿索皮乌斯之子，其出生日期和早期情况不详。他是公元前440年率兵前往萨摩斯围城的将领之一。公元前434年雅典派他前往协助阿卡纳尼亚人（位于希腊西南部大陆）和安菲洛希亚人反对希腊西部地区的安希腊基亚（阿尔塔）。公元前432年后期被派往卡西提斯，当卡利亚斯死后，他率领援军到达波提德亚并领导了对该城邦的围攻战。公元前431—前430年结束对波提德亚的封锁，与马其顿的佩尔狄卡斯联合，同卡西提斯地区的其它移民作战。公元前430年后期，率20只战船封锁柯林斯的海湾入口港纳夫珀克托斯。公元前429年夏赢得了两次海战的胜利，在卡尔西斯战斗中，捕获斯巴达的47艘船只中的12艘，随后又击溃克尼莫斯的77艘船只组成的大型舰队。同年夏天奉雅典之令，在阿卡那尼亚地区组建盟军。公元前428年返回雅典。大概因侵吞公物而被处以罚款。公元前428年或427年，无声无息中去世。公元前427年夏，因为雅典需要福尔米翁家族的成员担任海军司令，所以他的儿子阿索皮乌斯应召率军增援阿卡那尼亚。

P

福尔米翁是一位才能卓著的海军司令，他所实施的战术巧妙而狡黠，在海战中取得决定性胜利。

CLW

参考：Thucydides, The Peloponnesian War.
EB.
OCD.

皮科洛米尼，奥塔维奥亲王(Piccolomini, Prince Ottavio, 1599或1600—1656年) 效力于神圣罗马帝国的意大利将军和政治家。参加主要战争：三十年战争（1618—1648年）、曼图亚继承战争（1628—1631年）；参加主要战役（战斗）：吕岑之战（1632年）、蒂永维尔之战（1639年）、第二次布莱登菲尔德（莱比锡附近）之战（1642年）。

皮科洛米尼1599年（或1600年）生于意大利比萨，显赫的锡耶纳家族中皮里分支的后裔。加入西班牙军队（1616年）。转入奥地利帝国军队后仍效力于哈布斯堡王朝。先后在意大利、波希米亚、匈牙利和德意志北部服役，与华伦斯坦交往甚厚（1627年后）。曼图亚继承战争初期任华伦斯坦的卫队长，后通过华伦斯坦的举荐升为独当一面的指挥官（1628年—1631年）。华伦斯坦重新出任帝国军队统帅（1632年）有他的一份功劳。吕岑之战（1632年11月16日）中他发起多次冲锋，身体七处负伤，几乎为帝国赢得了这场战斗，发挥了重要作用。次年（1633年），华伦斯坦将波希米亚和西里西亚的重要独立指挥权托付于皮科洛米尼。皮科洛米尼既在大多数问题上坚定支持华伦斯坦，又效忠于皇帝。在马蒂亚斯·加拉斯将军导致华伦斯坦逃离比尔森（1634年2月22日）并被杀于埃格尔（2月25日）的密谋中与加拉斯一起发挥过主要作用。赐封于波希米亚。他接替华伦斯坦职位的企图落空，这一职位归属了加拉斯。后离开奥地利军投效西班牙军队（1635年）。在荷兰与法军作战获大捷，于蒂翁维尔粉碎弗基耶尔侯爵率领的优势法军（1639年6月7日）。被菲利普四世赐封为阿马尔菲公爵。回到奥地利军，但他接替加拉斯的企图仍未实现。在利奥波特·威廉大公的挂名指挥下，参加了奥地利军战败的第二次布莱登菲尔德之战（1642年11月2日）。又转投西班牙军队，因其在尼德兰的战功而受赐甚丰。最后被任命为帝国的副统帅后，率军救援布拉格（1648年5月）。在战后裁撤和遣散波希米亚与德意志北部境内表面上是瑞典部队的工作中发挥了重要作用（1648—1650年）。率帝国代表团参加纽伦堡大会（1649年），他在那里的外交技巧给皇帝斐迪南三世留下了深刻印象，以致被册封为帝国亲王（1650年）。1656年8月卒于维也纳。

皮科洛米尼是一位勇敢且足智多谋的骑兵指挥官，老练、善于见风使舵的战术家和战略家。他在1648年布拉格保卫战的贡献（同时听任法军和瑞典军占领巴伐利亚）使帝国免于承受更加苛刻的和平条款，并冲淡了反哈布斯堡王朝军队的胜利。

DLB

参考：Elster, C., Piccolomini-Studien. N.p., 1911.
Wedgwood, Cicely V., The Thirty Years War. 1938. Reprint, Garden City, N.Y., 1961.
EB.

皮舍格吕，沙尔(Pichegru, Charles, 1761—1804年) 法国将军。参加主要战争：法国大革命战争（1792—1799年）；参加主要战役（战斗）：卡蒂隆（勒卡托）之战、卡托-康布雷（勒卡托）之战、库特赖（科特赖克）之战、鲁莱斯或鲁瑟拉勒之战、伊普尔（伊珀尔）围城战（1794年）、曼海姆之战、普费德斯海姆（沃尔姆斯附近）之战（1795年）。

皮舍格吕（1761年2月16日）生于弗朗什孔泰地区莱普朗什的一个农民家庭。就读于布列讷的方济各会学院。该学院改为军事学院后，他留校任数学教员。参加炮兵（1780年），晋升为军士长（1789年），后擢升为军官（1792年）。同年退役，投身于贝桑松地区的政治，

出乎意料地被选为一个志愿营的中校后，他被引荐于陆军部长诺埃尔·布朗特，并晋升为将军（1793 年 8 月）。他虽然没有经验，仍被任命为驻阿尔萨斯的莱茵军团司令（10 月）。与拉扎尔·奥什及其摩泽尔军团会合，他们在恺撒斯劳滕之战（11 月 28—30 日）败于不伦瑞克的普鲁士军队。重整旗鼓后，奥什和皮舍格吕在魏森堡（吉森附近）打败不伦瑞克和武尔姆泽尔的奥普联军（12 月 26 日）。次年，皮舍格吕被任命为北方军团司令，开始了佛兰德地区的作战（4 月）。皮舍格吕在卡蒂隆之战（4 月 17 日）和卡托-康布雷之战（4 月 26 日）被科堡亲王打败。但在第二场战斗中，皮舍格吕军给联军造成了重大伤亡。在库特赖打败克莱费特的一小支英奥联军（5 月 11 日），但在图尔奈之战（5 月 22 日）中第三次为科堡所败。鲁莱斯或鲁瑟拉勒之战（6 月 10 日）中险胜得到增援的克莱费特部队。围攻并夺取伊普尔（6 月 10—25 日），次月攻克安特卫普。与此同时，他的良师益友圣·茹斯特在"热月政变"中被杀（7 月），皮舍格吕到秋天才重上战场。先后越过冰封的马斯河和瓦尔河将奥军和英军分别赶向东部和北部。进入乌得勒支（1795 年 1 月 19 日）和阿姆斯特丹（1 月 20 日），有效地征服了荷兰。返回巴黎。在那里，国民公会将以民族英雄的礼遇欢迎他。镇压雅各宾派领导的"芽月十二日起义"（1795 年 4 月 1 日）时，他是镇压部队的司令。同年夏，就任莱茵暨摩泽尔军团司令，但他的作战却是一场灾难，这可能是受了其与流亡保皇派分子及英国政府的秘密约定的影响。攻克曼海姆（9 月 20 日），后遭到武尔姆泽尔的优势奥军的重创（10 月 18 日），又在普费德斯海姆为克莱费特的奥军所败（11 月 10 日），因而无法阻止武尔姆泽尔取得曼海姆围城战（10 月 19 日—11 月 22 日）的胜利。与奥军签订停战协定（12 月 31 日）后辞去职务（1796 年 3 月）。作为侏罗省代表被选入"五百人院"。任该院院长时，为右翼反对党领袖，并在果月十八日（1797 年 9 月 4 日）政变中被捕。被放逐圭亚那，他逃往荷兰地区（1798 年 6 月），后取道英国到达德意志。成为保皇党人后逃亡英国（1801 年）。后秘密返回法国（1804 年 1 月），与乔治·卡杜尔和密谋反对拿破仑的其他人取得了联系。被捕于巴黎（2 月 28 日）并受到监禁。后发现他被自己的围巾勒死于坦普尔监狱其囚室内（1804 年 4 月 5 日）。可能为自杀。

皮舍格吕是一位政治军人。在其早期生涯中，他是雅各宾派的宠儿。但 1794 年后逐渐疏远革命，而且其后来的活动显示出革命后初期法国政治生活中的阴谋家本质。他是一位才具平庸的指挥官，因而其军事生涯也是几度沉浮。

DLB

参考：Chandler, David G., Dictionary of the Napoleonic Wars. New York, 1979.

Michaud, Biographie universelle. Paris, 1889.

Phipps, Ramsay W., The Armies of the First French Republic and the Rise of the Marshals of Napoleon I. 5 vols. London, 1925. EB.

皮克，路易斯·A.（Pick, Lewis A, 1890—1956 年） 美国工程兵将军。参加主要战争：第一次世界大战（1917—1918 年）、第二次世界大战（1941—1945 年）；参加主要战役（战斗）：缅甸北部战役（1943—1945 年）。

皮克特，乔治·爱德华（Pickett, George Edward, 1825—1875 年） 美国南部同盟将军。参加主要战争：美墨战争（1846—1848 年）和美国内战（1861—1865 年）；参加主要战役（战斗）：维拉克鲁兹之战（1847 年）、康特雷拉斯之战和丘鲁布斯科之战（均在墨西哥城附近，1847 年）、查普尔特佩克之战（1847 年）、威廉斯堡之战（1862 年）、费尔奥克斯之战（1862 年）、七天之战（里士满附近，1862 年）、腓特烈堡之战（1862 年）、葛底斯堡之战（1863 年）、冷港之战（里士满附近，1864 年）、彼得斯堡之战（弗吉尼亚州，1864 年）和五岔口之战（1865 年）。

皮克特 1825 年 1 月 28 日出生于弗吉尼亚州的里士满，是亨利科县一个种植园主的儿子。短时间学习了一段法律后，于 1842 年进入西点军校，1846 年以全班 59 人倒数第一的成绩毕业，被任命为步兵少尉。墨西哥战争期间在温菲尔德·斯科特将军手下服役，参加了围攻维拉克鲁兹的战役（1847 年 3 月 9—27 日）。在康特雷拉斯和丘鲁布斯科战役（8 月 18—20 日）中，名誉晋升中尉。在攻陷查普尔特佩克的行动中（9 月 13 日）名声大噪，战斗中他第一个爬上胸墙扯下敌军旗帜，挂上自己团的旗帜，由此晋升为名誉上尉。1849—1856 年，在得克萨斯担负守卫要塞的任务。1855 年 3 月晋升上尉。在西北部任职，与英国在圣胡安岛发生边界争执，指挥占领了圣胡安岛（1859—1861 年）。他 6 月返回里士满，辞职加入联盟军。7 月 23 日被任命为上校。1862 年 1 月 14 日晋升准将。在威廉斯堡战役（5 月 4—5 日）、费尔奥克斯战役和七棵松战役（里士满附近，5 月 31 日—6 月 1 日）以及七天战役（6 月 27 日）期间的盖恩斯磨坊战役（里士满附近）中表现突出，七天战役中严重受伤。因伤休养了几个月，10 月 10 日晋升少将。在腓特烈堡战役中（12 月 13 日），指挥詹姆斯·朗斯特里特将军手下的一个师。1863 年 5 月参加萨福克战役。葛底斯堡战役中，他的师到达较晚，成了李将军进攻联邦军公墓山岭中央防线的主力，此战后来被誉为"皮克特冲锋"（7 月 3 日）。战斗中其部队遭受重大伤亡，因为此，他对李将军组织的这次代价惨重的攻击公开发难。指挥弗吉尼亚和北卡罗来纳战区，试图重新占领北卡罗来纳的新伯恩，告败（1864 年 2 月）。在彼得斯堡附近的百慕大，因为本杰明·巴特勒将军，前进受阻（4 月），而后被比·古·土·博勒加德接替。冷港战役中重返其原部队（6 月）。参加了彼得斯堡战役（6 月 15—18 日）。指

P

挥二个师进行了一次反击，迟滞了菲利普·亨·谢里登在丁迪威法院实施的进攻行动（1865 年 3 月 29—31 日）。五岔口战役中（4 月 1 日）被谢里登将军的再一次进攻彻底击败。4 月 9 日与李将军在阿波马托克投降。拒绝在埃及军队任准将，后以保险代理人为业赚取微薄的生活佣金。1875 年 7 月 30 日卒于弗吉尼亚州的诺福克。

皮克特尽管其受到作为游侠骑士而有的那种浪漫姿态的癖好的影响，但不失为一位颇有才能的旅指挥官，然而其作为一位军事家，他尽管英勇但却缺乏想象力。同时他也难以胜任指挥大部队，这一点五岔口战役就足以为证。

DR

参考：Freeman，Douglas Southall，Lees Lieutenants. 3 vols. New York，1942—1944.
Inman，Arthur C.，ed.，Soldier of the South：General Pick-ett's War Letters to His Wife. Boston and New York，1928.
Stewart，George R.，Pickett's Charge：A Micro-history of the Final Attack at Gettysburg，July 3，1863. Boston，1959.
Warner，Ezra，Generals in Gray. Baton Rouge，1978.
DAMB.
EB.
WAMB.

皮考特，奥古斯特·亨利·莫里哀（Picot，A.H. Marie，1756—1793 年） 法国将军。参加主要战争：法国大革命战争（1792—1799 年）；参加主要战役（战斗）：瓦尔米之战（1792 年）、热马普之战（1792 年）、尼尔威登（列日附近）之战（1793 年）。

皮克顿，托马斯爵士（Picton，Sir Thomas，1758—1815 年） 英国将军。参加主要战争：西印度群岛远征（1796 年）、拿破仑战争（1800—1815 年）；参加主要战役（战斗）：布萨卡之战（1810 年）、丰特斯-德奥尼奥罗之战（1811 年）、罗德里戈城及巴达霍斯包围战（1812 年）、维多利亚之战（1813 年）、奥瑟茨之战（1814 年）、图卢兹之战（1814 年）、奎特里巴拉斯之战（1815 年）、滑铁卢之战（1815 年）。

皮克顿于 1758 年生于彭布鲁克郡的波伊斯顿。1771 年加入第十二步兵团在直布罗陀参加第一次作战。1778 年升上尉，转入第七十五团。1783 年，第七十五团解散后，皮克顿领半薪赋闲。1794 年在赴西印度群岛远征军中任参谋长。1796 年在西印度群岛远征军中任少校。参加了 1797 年 2 月 18 日的特立尼达之战。1797—1801 年任特立尼达军事总督。后于 1801—1803 年任总督（准将衔）。1803 年 10 月，回英国，就其行政管理问题接受质询。1806 年被判有罪。1809 年第二次审讯后被改判无罪。1810 年任驻葡萄牙第三师师长，领少将衔。9 月 27 日，参加他的第一次重要战斗布萨卡之战，将马森纳追逐出葡萄牙。1811 年 5 月 3—5 日，参加丰特斯-德奥尼奥罗之战。1812 年 1 月 8—19 日，罗德里戈城之战中，任主攻，实施中央突破。4 月 6 日，强攻并席卷巴达霍斯，此战中负伤。8 月，因病返英国。1813 年重回西班牙后升中将。在 6 月 21 日的维多利亚之战中，他的师遭受重大伤亡，但最终粉碎了法军的右翼。1814 年入侵法国期间任主要角色。特别是在 2 月 27 日的奥瑟茨之战及 4 月 10 日的图卢兹之战中表现出色。1815 年百日王朝期间，任第五师师长。6 月 16 日，在奎特里巴拉斯之战中负伤，但仍然参加了 6 月 18 日的滑铁卢之战。此战中在率部反攻戴尔隆所部时被射中头部死亡。

皮克顿是一位充满勇气有独立见解的指挥员，也是一位严格的管理者。他在指挥作战时虽然得到尊敬，但却没有得到其属下的热爱。尽管他是一位冷漠孤僻的人，但仍是一位优秀的领导人和聪明、可靠的下属。

VBH

参考：Howarth，David，A Near Run Thing. London，1968.
Oman，Sir Charles W. C.，A History of the Peninsular War. 7 vols. Oxford，1902—1930.
Picton，Sir Thomas，Memoirs. Edited by H. B. Robinson. 2 vols. London，1836.

皮戈特，罗伯特爵士（Pigot，Sir Robert，1720—1796 年） 英国将军。参加主要战争：奥地利王位继承战争（1740—1748 年）、七年战争（1756—1763 年）、美国独立战争（1775—1783 年）；参加主要战役（战斗）：丰特努瓦（比利时的埃诺省境内）之战（1745 年）、邦克山（波士顿附近）之战（1775 年）、纽波特（罗得岛）之战（1778 年）。

皮戈特（1720 年）出生于贵族家庭。后参加陆军。参加的第一次作战是随第三十一步兵团进行的丰特努瓦之战（1745 年 5 月 10 日）。此后，随该团先后辗转于梅诺卡岛和苏格兰（1749—1752 年）。曾任第三十八步兵团中校（1754 年 10 月 1 日）。率该团前往美国（1774 年）。派该团的几个翼侧连前往列克星顿和康科德（1775 年 4 月 19 日），但皮戈特没有随连队亲往。在邦克山之战中指挥所属团和第四十三步兵团进攻棱堡，表现突出（6 月 17 日）。为表彰其功绩而被晋升为上校（12 月 11 日）。担任驻罗得岛的英国部队司令（1777 年）。其兄乔治（当时为马德拉斯总督）死后成为皮戈特第二男爵（5 月）。后晋升为少将（8 月 29 日）。在沙利文将军的陆军和德埃斯坦将军的舰队的进攻下，他顽强地进行了纽波特防御战（1778 年 7 月 29 日—8 月 31 日）。回到英国（1779 年）后晋升为中将（1782 年 11 月 20 日）。卒于 1796 年。

Staff

参考：Boatner，Encyclopedia.

DNB.
EB.

派克，泽布伦·曼戈梅里（Pike, Zebulon Montgomery, 1779—1813 年） 美国将军兼探险者。参加主要战争：1812 年的战争（1812—1814 年）；参加主要战役（战斗）：约克镇之战（1813 年）。

派克于 1779 年 1 月 5 日生于新泽西州的特伦顿，他是陆军官员之子。15 岁入伍，进其父所在的第二步兵团任军官候补生，1799 年 11 月升中尉。1815 年参加边界作战，隶属新任命为路易斯安那领地总督的詹姆斯·威金逊将军，以表明美国对密西西比河拥有主权。在探险时，他报告说（错误的）李赫湖是密西西比河的源头。他还劝说印第安领导人，让他们接受美国的统治，并警告英国人，说他们出现在领地上是对美国主权的侵犯。威金逊于 1806 年派遣派克去南方，以获取西班牙所属殖民地的情报，同时命其确定红河的源头。探险队迷失了方向，把大部时间花在翻越格兰德峰上面（后来称之派克峰），并在科罗拉多探险，探险队沿格兰德河进入西班牙殖民地，被西班牙人俘虏后于 1807 年押送圣菲。获释回美国后，受到起诉，后来陆军部长亨利·迪尔伯恩取消了对他的一切起诉。同英国战争爆发后，于 1812 年 7 月升第十五步兵团上校。后来的 1813 年 3 月升准将。1813 年 4 月 27 日，派克被迪尔伯恩将军选中，率部强攻上加拿大的约克镇。当他已打破该镇外围防线后，弹药库爆炸，当场炸死 100 名美国人，派克也受重伤。1813 年 4 月 27 日派克卒于美国“麦迪逊”号上。

ACD

参考：Berton, Pierre, Flames Across the Border. Boston, 1981.
Jacobs, James R. and Glenn Tucker, The War of 1812: A Compact History. NewYork, 1969.
DAMB.
WAMB.

皮洛，吉迪恩·约翰逊（Pillow, Gideon Johnson, 1806—1878 年） 美国南部同盟将军。参加主要战争：美墨战争（1846—1848 年）和美国内战（1861—1865 年）；参加主要战役（战斗）：塞罗戈多之战（在维拉克鲁兹和夏拉帕之间，1847 年）、查普尔特佩克之战（1847 年）、贝尔蒙特之战（密苏里州的东普雷里附近，1861 年）和唐奈尔森堡之战（1862 年）。

皮洛 1806 年 6 月 8 日生于田纳西州的威廉森县。进入纳什维尔大学学习。在哥伦比亚州和田纳西州从事律师业，与詹姆斯·诺·波克短期共事。支持波克参加 1844 年的总统竞选。美墨战争爆发后，被波克任命为志愿军准将（1846 年 7 月）。最初被派至墨西哥北部的扎卡里·泰勒将军的部队任职，后调至墨西哥中部的温菲尔德·斯科特将军的部队。在美军赢得胜利的塞罗戈多战役（1847 年 4 月 18 日）和查普尔特佩克战役（1847 年 9 月 13 日）中受伤。作为政治上的对手，他与斯科特将军冲突频繁，并在新奥尔良的《三角洲日报》上发表匿名信批评斯科特（1847 年 9 月）。经质询法庭调查其间的冲突，两人都被判无罪，战后，他继续操其法律业且在政坛表现活跃，1852 年帮助提名富兰克林·皮尔斯为总统候选人，1852 年和 1856 年他本人两次竞选副总统失败。不满自己在政界的无所作为，转而接受任命担任田纳西州临时部队的少将（1861 年 5 月）。1861 年 7 月，被任命为南部同盟军准将。贝尔蒙特战役中（密苏里州，1862 年 12 月 7 日），在莱奥达尼斯·波克将军手下供职。唐奈尔森堡战役中（1862 年 2 月），在约翰·布·弗洛伊德将军手下供职。当弗洛伊德将军放弃唐奈尔森堡时，他拒绝继任此指挥权，后此指挥权被转交给西蒙·B.巴克纳将军，在唐奈尔森堡向乌利斯·辛·格兰特将军投降之前（1862 年 2 月 16 日），与弗洛伊德逃离。因其所为，被取消指挥权，而后只任较低职位。战后一文不名，在孟斐斯重操律师业。1878 年 10 月 8 日卒于阿肯色州的赫勒纳。

ACD

参考：Warner, Ezra, Generals in Gray. Baton Rouge, 1964.
DAMB.
WAMB.

皮特凯恩，约翰（Pitcairn, John, 1722—1775 年） 英国陆军军官。参加主要战争：美国独立战争（1775—1783 年）；参加主要战役（战斗）：列克星顿-康科德之战、邦克山（波士顿附近）之战（1775 年）。

皮特凯恩 1722 年生于苏格兰的戴萨特，为牧师戴卫·皮特凯恩和凯瑟琳·汉密尔顿的儿子。进入皇家陆战队后被授予上尉（1756 年 6 月 8 日）。晋升为少校（1771 年 4 月 19 日）。娶伊丽莎白·达尔林普尔为妻。参加了配属于波士顿守军的陆战分队（1774 年）。和盖奇将军派遣的英军一起夺取并摧毁了美国起义者在康科德的武器与弹药库（1775 年 4 月 18 日）。任前卫队的指挥官并奉远征队司令——弗朗西斯·史密斯中校之命夺取康科德桥。他的部队与“列克星顿共同会”组织的美国“分秒必争人”民兵相遇。据他自称，他没有给其士兵下达射击命令。双方交火后，起义者溃散，英军继续向康科德前进。他们在康科德找到并摧毁了美国人尚未拆除的仓库。返回列克星顿途中，美国人的火枪射击使他的马受惊，他被迫徒步行军。参加了英军对邦克山发起的那场代价昂贵但最终取胜的进攻。他在进攻美军的棱堡时受致命伤（1775 年 6 月 17 日）。他被其子——一名陆战队的中尉——运到水边，后又移至位于北端角的一座房子中，盖奇将军派遣军医为其治疗，但他挽救皮特凯恩的努力未能见效。他先安葬于克里斯特教堂地下，后迁葬于伦敦。

P

皮特凯恩是一位善良和正派的军官，1774—1775 年期间，他是唯一受当地居民喜爱和信赖的驻波士顿英军军官，并为其士兵所热爱和崇敬。

VBH

参考：Boatner, Encyclopedia.
Malone, Dumas, ed., Dictionary of American Biography, Vol. VIII. New York, 1934.
Murdock, Harold, ed., The Nineteenth of April. Boston, 1927.
Pitcairn, Constance, The History of the Fife Pitcairns. Edinburgh, 1905.

皮特，威廉，查塔姆第一伯爵（Pitt, William, 1st Earl of Chatham, 1708—1778 年） 英国政治家。参加主要战争：七年战争（1756—1763 年）。

皮特（1708 年 11 月 15 日）生于威斯敏斯特，在七个子女中排行第四，为马德拉斯总督"宝石"托马斯·皮特之孙。就读于伊顿公学，并在牛津大学的特立尼达学院上学一年，一度困扰于持续的痛风，后在乌得勒支大学学习了几个月法律，其兄入赘颇有影响的利特尔顿家族（1728 年）——该家族与格伦维尔家族相关联——后，他也蒙恩承惠，被授予国王骑兵团（后称第一骑卫团）旗手之职（1731 年）。出任臭名昭著的老萨勒姆控制的选区选出的议员（1735 年）。并加入以科巴姆子爵和威尔士亲王为核心的反对党——辉格党。后为该亲王的侍从（1737 年），并极力反对沃尔波尔和卡特雷特的大陆政策，因擅长演说而出名。为此，沃尔波尔曾有著名的双关语："我们必须封住这位可怕的骑兵旗手的嘴"（"旗手"一词在英语中亦有"短号"之意，可引伸为"吹鼓手"，故一语双关——译者注；1741—1746 年）。被任命为爱尔兰副司库（1746 年 2 月）。后又就任历来都是肥缺的陆军军需总监一职（1746 年 4 月），他只领取职务薪金，故赢得公正与诚实的美名，但后因攻击政敌而被解职（1755 年）。被任命为陆军大臣（1756 年 11 月）后，他指导了所有的战争行动，着重关注对法国殖民地的作战和海上利益。资助普鲁士的腓特烈大帝，同时在欧洲大陆只保留一小支英军。他挑选了优秀的陆海军将领，并以其魄力和进取心激励军队。他的高压手段和西班牙的参加七年战争使他辞去了职务（1761 年 10 月），但仍留在下议院，抨击《巴黎条约》，认为其不足以成为英国的战果。支持美国殖民地人民反对格伦维尔的《印花税条例》（1766 年 1—6 月），并受乔治三世之托组成的新政府（1766 年 7 月）。同年底受封为查塔姆伯爵，但逐渐失去对其难以操纵的政府的控制。因精神失常而辞职（1768 年）。后任上院议员，对政府和个人控制且"腐败"的选区进行抨击（1770 年）。1771 年后偶尔参与政治，主要在乡村过着闲适的生活。卒于米德尔塞克斯的海斯（1778 年 5 月 11 日）。

皮特具有远见、智慧和极大政治技巧，但也冷漠、傲慢、孤僻。而且，他的政治作法时带派性。约翰·福布斯将军就"迪尤肯堡"改名为"匹兹堡"一事写信给这位首相时称："一定程度上，正是您的精神的鼓舞才使我们成为这一地区的主人。"他是当时英国最伟大的政务活动家，具有优秀的战略意识，在海上利益和殖民地方面尤其如此。

DLB

参考：Taylor, W. S., and J. H. Pringle, eds., Correspondence of William Pitt, Earl of Chatham. 4 vols. London, 1836—1840.
Tunnstall, W. C. B., William Pitt, Earl of Chatham. London, 1933.
Williams, Basil, The Life of William Pitt, Earl of Chatham. 2 vols. London, 1913.

皮埃尔·德·孟德斯鸠（Pierre de Montesquiou, 1645—1725 年） 法国元帅。参加主要战争：荷兰革命（1667—1668 年）、荷兰战争（1672—1678 年）、奥格斯堡同盟战争（1688—1697 年）、西班牙王位继承战争（1701—1713 年）；参加主要战役（战斗）：塞内夫之战（1674 年）、蒙特卡塞尔之战（1677 年）、弗勒吕斯之战（1690 年）、疏兹之战（1691 年）、斯滕凯尔克（位于比利时的埃诺省境内）之战（1692 年）、涅温登（列日附近）之战（1693 年）、拉米利兹（位于比利时布拉班特省境内）之战（1706 年）、奥登纳德之战（1708 年）、马尔普拉奎特（里尔附近）之战（1709 年）、迪奈恩之战（1712 年）。

皮埃尔生于 1645 年，是阿尔塔加纳的亨利·德·孟德斯鸠和让娜·德·加维夫妇之子。1660 年，给国王路易十四当侍从。1666 年，到滑膛枪连任军官候补生。在荷兰革命期间，参加了图尔奈、杜埃、斯卡尔普（位于加来海峡省）、里尔（以上均发生在 1667 年 7 月 8 日—8 月 28 日）、贝桑松（1668 年 2 月）、多勒等战役。1669 年，提升为少尉。1670 年晋升为大尉。1672 年 5—7 月，随法军侵入荷兰。因率军攻占乌得勒支省而扬名，1673 年被提升为中校。同年 6 月 5—30 日，参加了马斯特里赫特围攻战。1674 年 8 月 11 日，在塞内夫战斗中负伤。同年底，被提升为准将。1676 年，参加了攻取孔德和布尚的战役。1677 年 2 月 28—3 月 17 日，参加了瓦朗谢纳之战。在 4 月 11 日的蒙特卡塞尔之战中，率军打败了卢森堡公爵指挥的军队。4 月 18 日，皮埃尔以高超的指挥艺术攻取了康布雷。1678 年 3 月 13—26 日，占领了伊普雷。1683 年，晋升为步兵少将。1689 年，被任命为步兵总监。1690 年 7 月 1 日，率军取得弗勒吕斯大捷。1691 年 3 月 15—4 月 10 日，夺得蒙斯。同年 9 月 19 日，率军在疏兹取得小胜。1692 年 8 月 3 日，取得斯腾凯尔克之战胜利。1693 年 7 月 29 日，夺取涅温登（列日附近）。1694 年，坐阵指挥阿腊斯之战。同年被任命为法国步兵司令。1695 年，率军攻占了布鲁塞尔。1696 年，

晋升为中将。1703年参加了围攻托恩格里斯之战。1705年率军攻下迪斯特。1706年5月23日，指挥法国步兵夺得拉米利兹。1708年7月11日，占领奥登纳德。1709年5月15日，荣获法国元帅军衔。在该年9月11日马尔普拉奎特之战中，指挥法国右翼军队。1712年7月24日，再次指挥法国步兵取得迪奈恩之战胜利。8月14—9月8日，率军围攻杜埃。9月8日至10月4日，攻占了凯努。10月1—19日，又取得了布尚之战的胜利。1713年，率军战于佛兰德地区。1716—1721年，他执政布列塔尼。1720—1721年任朗格多克执政，并于1720年任职摄政委员会委员。1725年5月，卒于普莱西皮克特。

比埃尔英勇、果敢，是个能干的军事家和将领。但是他高超的指挥艺术和敏锐的判断力显露的时间过于短暂。大仲马著的《三个火枪手》小说就是以他为主人公，热情地讴歌了他的功绩。

AL

参考：Biographie universelle, 1811—1862.

Courcelles, Jean Baptiste de, Dictionnaire historique et biographique des généraux francais. 3 vols. Paris, 1820—1823.

Dictionnaire de biographie francaise, 1933—1979.

普利桑顿，阿尔弗雷德(Pleasanton, Alfred, 1824—1897年) 美国将军。参加主要战争：美墨战争（1846—1848年）、美国内战（1861—1865年）；参加主要战役（战斗）：帕洛阿尔托之战、雷萨卡-德拉帕尔马（两地均位于得克萨斯州的布朗斯维尔附近）之战（1846年）、南山（马里兰州）之战、安蒂特姆之战、腓特烈堡之战（1862年）、钱瑟勒斯维尔（腓特烈堡附近）之战、布兰迪车站（库尔佩珀附近）之战、葛底斯堡之战（1863年）、韦斯特波特（今属密苏里州堪萨斯市）之战（1864年）。

普利桑顿（1824年6月7日）生于华盛顿特区，毕业于西点军校后任职于第二骑兵团（1844年）。对墨西哥的战争中，因帕洛阿尔托之战（1846年5月8日）和雷萨卡德拉帕尔马之战（5月9日）的战功晋升为荣誉中尉。晋升中尉（1849年9月）后，他供职于西部边境；晋升上尉（1855年3月）后供职于驻圣路易斯的威廉·S. 哈尼上校的参谋机构，多次参加对印第安人的作战（1855—1861年）。率第二骑兵团从犹他州行军至华盛顿特区（1861年9月），后晋升为少校（1862年2月）。半岛战役（1862年4月—7月）期间表现突出，被擢升为志愿军准将（7月）。率骑兵师参加了南山之战（获得荣誉中校军衔，9月14日）、安蒂特姆之战（9月17日）和腓特烈堡之战（12月13日）。钱瑟勒斯维尔之战（1863年5月2日）中，他那巧妙的骑兵与炮兵屏护作战，掩护了霍华德将军的第十一军的撤退，并迟滞了杰克逊的推进。在布兰迪车站向J.E.B. 斯图亚特的骑兵发起突然袭击，并将其击退（6月9日）。晋升为志愿军少将（6月底）后，他指挥波托马克骑兵军参加了葛底斯堡之战（7月—3日），后被授予荣誉上校。调往密苏里州（1864年初）后，他在抵抗斯特林·普莱斯将军入侵该州的保卫战中发挥了重要作用（1864年10月）。在杰弗逊市周围的一系列战斗（10月8日—25日）中打败普莱斯。这一系列战斗的高潮是普莱桑顿取得胜利的韦斯特波特之战（10月23日）。晋升为荣誉准将和少将（1865年3月），但在内战结束后仍回复到其正规军的上尉军衔。他不愿听命于其战时的下属，后退役（1868年1月）。曾为纽约州的州内税收员，后担任税收专员（1870—1871年）。曾被任命为辛辛那提与特雷欧铁路的总经理（1872—1874年），后晋升为预备役少校（1888年10月）。（1897年2月17日）卒于华盛顿特区。

普莱桑顿是能干且足智多谋的骑兵指挥官，是联邦军中屈指可数的几名称职骑兵之一。

DLB

参考：Warner, Ezra, Generals in Blue. Baton Rouge, 1977.

WAMB.

普卢默第一子爵，赫伯特·查理·翁斯洛(Plumep, Herbert Charles Onslow, 1st Viscount, 1857—1932年) 英国陆军元帅。参加主要战争：镇压马赫迪起义（1883—1898年）、马塔贝莱战争（1896年）、第二次英布战争（1899—1902年）和第一次世界大战（1914—1918年）；参加主要战役（战斗）：围攻马弗京（在博普塔瓦纳的姆马巴托附近，1899—1900年）、第二次伊普尔之战（伊珀尔，1915年）、梅西纳里奇之战（伊珀尔，1917年）、第三次伊普尔之战（1917年）和利斯之战（1918年）。

普卢默生于1857年。毕业于伊顿公学，1876年进入约克和兰开斯军团。1882年任上尉。参加了加尼特·沃尔斯利爵士领导的一次流产的远征（1884年10月至1885年4月），此次远征的目的是援救在苏丹喀土穆的戈登。作为一位名誉中校，组建了一个山地步枪队，并指挥其参与进攻马塔贝莱的战役（1896年3—10月）。继续呆在南非，1889年组建了一个由津巴布韦人组成的山地步兵团。试图援救巴登-鲍埃尔被围在马弗京的部队。但在距此城5公里处被击败，损失惨重（1900年3月31日）。尽管遭至挫败，依然率其部队加入B. 马洪的救援纵队，部队汇合后于5月17日进入马弗京。此战后期，他率其中一支纵队追击畏缩在开普殖民地的狡猾的德·韦特（1901—1902年）。1900年，因其在战争中的成就晋升名誉上校。1902年晋升少将，指挥第一军第四旅。1904—1905年，任陆军军需总监和陆军委员会的第三军事成员。1908年晋升中将。第二次伊普尔战役期间（1915年4月22日—5月25日），指挥史密斯·多伦的第二集团军中的第五军，战斗中其部队抵抗住了德军的毒气攻击。是年后期指挥第二集团军，在伊普尔突出部驻

扎近两年之久。指导为进攻梅西讷而进行的战争准备工作，在德军战线下挖了 19 个坑道布雷，1917 年 6 月 7 日引爆。此举获得了表面上的成功，只在第一天的下午达到目的。随后发起了另一次进攻，旨在扩大狭窄的伊普尔突出部和减轻法军的压力（尼韦勒进攻行动失败后，法军陷入即将兵变和哗乱的状态）。起初与高夫的第五集团军共同发起攻击，但因其以细致、周密的行动享誉，后爵士道格拉斯·海格将军将整个战役的指挥权交给了他。第三次伊普尔战役，持续时间达几个月之久(7 月 27 日—11 月 10 日)。战役中尽管英军小有收获，但代价甚巨，而且因为泥泞和雨水，英军的行动受阻。奥德联军在卡波雷托战役（科巴里德，1917 年 10 月 24 日—11 月 12 日）获得胜利后，他赴意大利指挥英法联军和意大利远征军（11 月），任此职数月。返回佛兰德，再度指挥第二集团军至 1918 年末，在反击德军进攻利斯期间（4 月 9—24 日），名声大噪。任马耳他总督和总司令（1919—1925 年）之前，指挥驻扎莱茵的英军。1925 年任英驻巴勒斯坦的高级专员，在那里任职至 1928 年退役。卒于 1932 年。

普卢默与艾伦比和史密斯·多伦一样，是第一次世界大战期间英军最富才干的一位将领。他谨慎、卓有才华，是一位细致周密的筹划者。这一点，他在梅西讷取得的成功就足以为证，战斗中他以最小的伤亡和最快的速度达成了其目的。

BAR

参考：Buchan, John, A History of the Great War. 4 vols. Boston, 1923.
Falls, Cyril, The Great War. New York, 1959.
Pitt, Barrie, 1918: The Last Act. New York, 1962.
Who Was Who, 1929—1940. London, 1941.
DNB.

波克，利奥尼达斯（Polk, Leonidas, 1806—1864 年） 美国南部同盟将军。参加主要战争：美国内战（1861—1865 年）；参加主要战役（战斗）：贝尔蒙特之战（密苏里州的东普雷里附近，1861 年）、西洛之战（1862 年）、帕里维尔之战（肯塔基州，1862 年）、斯通河之战（1862 年）、奇克莫加之战（1863 年）和派恩山之战（佐治亚州的马里塔附近，1864 年）。

波克 1806 年 4 月 10 日生于北卡罗来纳州的罗利。1827 年毕业于西点军校，被派至炮兵部队任职。1827 年 12 月 1 日辞职进入弗吉尼亚州神学院。1830 年 4 月任新教圣公会牧师。1838 年 9 月在西南地区教会任职。1841 年 10 月—1861 年 6 月，在路易斯安那州任教职。1860 年 10 月 9 日在田纳西州的塞沃尼创办南方大学。1861 年 6 月任南部同盟军少将。密西西比河防御战中在 A.S. 约翰斯顿手下供职。11 月 7 日在贝尔蒙特击败格兰特。西洛战役中（1862 年 4 月 6—7 日），作为第一军军长而闻名。佩里维尔战役中（10 月 8 日），任布拉格的副手。晋升为中将（10 月 11—13 日）。向田纳西州撤退期间，指挥肯塔基和密西西比军团。斯通斯河战役(1862 年 12 月 31 日—1863 年 1 月 3 日）和奇克莫加战役（9 月 19—20 日）中，指挥第一军团。因不服从布拉格被剥夺指挥权（9 月 30 日）。11 月，看管来自维克斯堡和赫德林要塞（巴吞鲁日附近）的假释犯。1864 年 1 月指挥亚拉巴马、密西西比和东路易斯安那战区。1864 年 6 月 14 日在佐治亚州的马里塔附近的派恩山战役中被杀身亡。

波克是一位胜任的指挥官，虽没有卓越的军事才能，但深受部下的爱戴和同级指挥官的尊重。

VBH

参考：Polk, William M., Leonidas Polk, Bishop and General. 2 vols. New York, 1915.
Snow, Capt. William P., Lee and His Generals. New York, 1982.

波利佩孔（Polysperchon，活动于公元前 311—前 304 年） 马其顿将军。主要战争：侵略波斯的战争（公元前 334—前 330 年）、入侵中亚的战争（公元前 329—前 328 年）、入侵印度的战争（公元前 327—前 326 年）、“迪亚多奇”(继承者）战争（公元前 323—前 280 年）；主要战役：高加米拉（古代尼尼微附近）之战（公元前 331 年），迈加洛波利斯之战（公元前 318 年）。

波利佩孔生于马其顿，辛米亚斯之子。公元前 331 年 10 月 1 日，在高加米拉之战中指挥一个方阵并初露锋芒。在亚历山大大帝死后返回马其顿（公元前 323 年）。公元前 321 年拉米安战争中，单独执行安提帕特的命令，率军击溃了萨洛尼卡人。公元前 319 年，经安提帕特、佩迪卡斯和克拉特拉斯同意，任命为马其顿幼君的摄政官。虽然遭到安提柯和卡山得的抵制，他仍然一如既往地恢复了希腊诸城邦在公元前 323 年之前的自治状态。因没有把卡山得逐出本土，同时遭迈加洛波利斯的反击，于公元前 318 年战败，并被逐出马其顿，从而失去了对菲利普四世及其遗腹子亚历山大四世的控制。他遂恳请奥林匹娅斯（亚历山大大帝的母亲）帮助，她从伊庇鲁斯率领一支军队进驻马其顿，与波利佩孔一道下令处死菲利普四世及其妻子欧律狄斯，但亦因此失去民心（公元前 317—316 年)。公元前 316—前 309 年，他退守至柯林斯和西赛昂，先作为安提柯的同盟者，后又与卡山得结盟。他开始大力支持亚历山大大帝的养子赫尔克里斯，但从卡山得那里得到更高的酬报时又杀死了赫尔克里斯，此举导致他最终连柯林斯和西赛昂也失去了（公元前 309 年）。公元前 304 年为卡山得重新征服了伯罗奔尼撒人。

波利佩孔是一位称职的、较少野心和正直的军事家，但悲剧性的陷入了“迪亚多奇”（亚历山大大帝的继承者）复杂而殊死的战争、策划和密谋中。

庞培·马格努斯，格奈乌斯（大庞培）（Pompeius Magnus, Gnaeus〈Pompey the Great〉，公元前106—前48年） 罗马将军。参加主要战争：社会战争（公元前91—前88年）、罗马内战（公元前88—前82年）、赛尔托里乌斯战争（公元前80—前72年）、密斯立对堤战争（公元前75—前65年）、第三次奴隶战争（公元前73—前71年）、同海盗的战争（公元前67年）、罗马内战（公元前50—前44年）；参加主要战役（战斗）：利库斯（克尔基特）之战（公元前66年）、都拉基乌姆之战、法尔萨拉之战（公元前48年）。

庞培生于公元前106年，是格奈乌斯·庞培·斯特拉波之子。在社会战争期间他只有十多岁，就已经加入了他父亲的部队。在马略与苏拉的内战期间，他最初投身于秦那的民主事业（公元前84—前83年），后来在公元前83年又突然改变了立场，转而支持苏拉，并组建起三个军团以支持苏拉向罗马进军。同苏拉的养女艾米莉娅结婚，公元前81—前80年，奉苏拉之命率军攻占西西里岛和非洲；拒绝放弃军队的指挥权，但在公元前79年3月12日只身返回罗马庆祝胜利。苏拉死后，他奉元老院一个委员会的命令，率军镇压执政官M.A.李必达的叛乱（公元前78—前77年）。完成此项任务后，又奉第二个委员会的命令，率军前往西班牙征服Q.赛尔托里乌斯。直到赛尔托里乌斯被其部下昆·梅泰鲁斯·庇护谋杀以后，才结束了同塞多留的战争（公元前77—前72年）。公元前71年在第三次奴隶战争期间，他返回罗马，以帮助克拉苏镇压斯巴达克领导的奴隶起义。取得胜利之后，罗马为他举行了盛大的凯旋仪式，公元前70年，尽管他还很年轻，尚不够元老院成员的资格，但由于他在民众中获得了广泛的支持，因而当选为执政官。奉元老院一个委员会之命，率军镇压海盗，并得到授权，在三年内，他在地中海及其沿岸80公里以内的所有陆地范围内拥有至高无上的权威。公元前67年，庞培用难以置信的速度和效率，在六个月的时间内迅速清除了地中海的海盗。是年底，奉命代替L.L.卢库卢斯指挥罗马军队在东方同本都国王的密斯立对堤六世和亚美尼亚的堤格兰作战。公元前65年庞培组织了一次对敌的伏击战斗，彻底击垮了堤格兰的军队，并迫使堤格兰投降。公元前66—前62年，继续留在东方，巩固了罗马对小亚细亚的控制。公元前61年9月28—29日，庞培将其军队留在布伦底遏（今布林底西），只身返回罗马，接受了第三次为他举行的凯旋仪式。公元前61—前50年，作为一位政治家活跃于罗马的政坛，但由于人们普遍怀疑他有野心而遭孤立。公元前60年，为在罗马建立不必要的平衡，庞培与尤利乌斯·恺撒以及马·李·克拉苏一起担任罗马历史上的第一次“三头同盟”（即“前三雄”），三人划分了各自的管辖范围；公元前56年，与恺撒、克拉苏在卢卡会晤，以解决彼此之间的分歧。公元前55年与克拉苏一起第二次出任执政官。出任西班牙总督，并获得了五年的任期，但由于他的重建罗马的主张得到支持，并要求他返回罗马，于是他向西班牙派去了自己的代表，负责统治这一地区。公元前54年他的第四个妻子尤莉娅（恺撒的女儿）去世，公元前53年克拉苏也在卡雷阵亡，这促使庞培与恺撒之间的矛盾激化，成为对手。庞培开始成为“贵族党”和元老院立宪政体的拥护者。然而在公元前52年，庞培以罗马混乱状态与日俱增为借口，违反宪法，使自己成为罗马唯一的执政官。并于公元前50年将他对西班牙统治的任期时间又延长了超过五年的时间。对恺撒统治高卢地区感到不安，本来恺撒出任高卢总督任期截止于公元前49年3月1日，但在公元前50年9月2日，庞培及其同盟就说服元老院将恺撒召回，以防止恺撒拥兵自重而对元老院和政府不利；公元前49年1月11日，恺撒率军进入意大利，庞培偕同元老院大部分成员逃往布林底西，而后又于是年2月逃往伊利里亚（南斯拉夫）公元前49—前48年间，恺撒率军远征西班牙，尔后又避开了庞培海上的舰队，在伊利里亚登陆追击庞培。公元前48年春，庞培面对恺撒在都拉基乌姆地区的优势兵力，进行了广泛的机动，但却没能形成有利的态势。退往东部的法尔萨拉，在那里他本来作出了正确的判断，不同恺撒交战，但最终却听从了其部下的建议，利用其军队在数量上的优势，于公元前48年8月3日在法尔萨拉地区同恺撒进行了一场激烈的交战，结果其部队被击溃。逃离战场，赶到累斯博斯岛与其第五个妻子科尔妮莉娅会合，之后又逃往埃及。公元前48年9月28日，当他下船登岸之时被一名随从杀害。

庞培是一位杰出的统治者，年轻时具有很强的号召力，是一位足智多谋、意志坚强的军事指挥官。公元前50年夏他在对恺撒的作战中表现极差，战术呆板而又犹豫不决，这很可能是由于受一些疾病的影响。他名义上是国家立宪政体的捍卫者，但这只是为了政治上的需要，不久他就开始拥护实行独裁统治，成为他最初的支持者之敌。庞培与马略、苏拉和恺撒相同，是罗马共和国后期的四位伟大人物之一。

CLW and DLB

参考：Appian, The Civil Wars.
Caesar, Julius, De bello civili.
Cicero, Letters.
Plutarch, "Pompey," Parallel Lives.
Syme, Ronald, The Roman Revolution. Oxford, 1939.
Van Ooteghem, Jules, Pompee le Grand. Brussels, 1951.
EB.
OCD.

庞培·马格努斯，格奈乌斯（Pompeius Magnus, Gnaeus，约公元前78—前45年） 罗马将军。大庞培的儿子。参加主要战争：罗马内战（公元前50—前44年）；参加主要战

役（战斗）：蒙达之战（可能在西班牙北部的蒙蒂拉）（公元前 45 年）。

蓬佩尤斯，昆图斯（Pompeius, Quintus, 活动于公元前约 144—前 131 年） 罗马执政官。参加主要战争：卢西塔尼亚和克尔特伊比利亚人的战争（公元前 149—前 139 年）、努曼提亚战争（公元前 137—前 133 年）。

庞培·马格努斯·庇护（小庞培）（Pompeius Magnus Pius, Sextus, 约公元前 67—前 35 年） 罗马将军。参加主要战争：罗马内战（公元前 50—前 44 年）；"后三雄"战争（公元前 43—前 34 年）；参加主要战役（战斗）：塔普苏斯之战（公元前 46 年）、蒙达之战（公元前 45 年）、库迈之战、梅萨纳（梅西纳）之战、米拉之战（公元前 38 年）、瑙洛库斯之战（公元前 36 年）。

庞培·马格努斯·庇护是罗马大庞培和其妻穆西娅的幼子，是格奈乌斯·庞培的弟弟。公元前 48 年 8 月 9 日，其父在法尔萨拉斯被害后他逃往塞浦路斯，后又逃到非洲并加入了 M. 西庇阿和拉宾努斯的部队。公元前 46 年 2 月当恺撒在塔普苏斯之战中击败西庇阿和拉宾努斯之后，小庞培又逃往西班牙加入其兄弟的部队，继续与恺撒作战。公元前 45 年 3 月 17 日恺撒在蒙达之战取胜后，他移师西班牙南部继续与恺撒的总督 A. 波罗作战。恺撒被暗杀之后，小庞培与元老院和马克·安东尼讲和，公元前 43 年，率舰队攻占西西里。公元前 43—前 42 年为反对恺撒的流亡者提供避难所，并对意大利南部沿岸进行劫掠，切断罗马城的供给线，以饥饿威胁该城。公元前 41—前 40 年征服科西嘉和撒丁岛，第二次与"后三雄"达成米塞努姆协议：小庞培控制西西里、撒丁和阿卡亚等岛屿，同时解除对罗马城的封锁。该和平协议不久即遭破坏，公元前 39 年战争复起。公元前 38 年，屋大维占领了撒丁，但是小庞培在库迈、梅萨纳及米拉等地击败了屋大维的舰队。公元前 37 年，屋大维与安东尼达成布林底西协议：安东尼借给屋大维 120 条战船，换取屋大维的两个军团。公元前 36 年在瑙洛库斯小庞培被屋大维的朋友阿格里巴击溃，他逃往米提莱尼，并试图从该地逃到亚美尼亚。公元前 35 年，被米莱图斯擒获并处死。

小庞培具有军事才能并且精力充沛，他的失败主要是由于缺少强大后盾的支持。

CLW

参考：Appian, The Civil Wars.

Hadas, Moses, Sextus Pompey. New York, 1930.

Plutarch, "Antony," Parallel Lives.

波尼亚托夫斯基，约瑟夫·安东尼亲王（Poniatowski, Prince Jozef Antoni, 1762—1813 年） "波兰的拜亚尔"，波兰-法兰西帝国元帅。参加主要战争：第二次俄国-土耳其战争（1787—1792 年）、俄国入侵波兰战争（1792 年）、波兰内乱及俄国-普鲁士入侵波兰（1794—1795 年）、拿破仑战争（1800—1815 年）；参加主要战役（战斗）：华沙包围战（1794 年 4—8 月、8 月 26 日—9 月 6 日）、拉什因之战（1809 年）、克拉科夫之战（1809 年）、斯摩棱斯克之战（1812 年）、博罗迪诺之战（1812 年）、别列津纳之战（1812 年）、莱比锡之战（1813 年）。

波尼亚托夫斯基 1762 年 5 月 7 日生于维也纳，他是有很强军事背景的一波兰贵族的后裔。他的父亲名安德烈·波尼亚托夫斯基，是波兰亲王，同时是在奥地利军队服役的中将。他的母亲名特利莎·德·金斯基，是一位波兰女伯爵。他的叔叔施塔尼斯劳斯·奥古斯特为波兰国王。1778 年，波尼亚托夫斯基被任命为奥地利军队中尉。1788 年升龙骑兵上校兼奥皇约瑟夫二世的侍从副官。在 1787—1792 年期间的第二次俄国-土耳其战争中参加作战，后在萨瓦河战斗中负伤。此后在其叔父波兰国王的请求下，转入波兰军队。1792 年升中将，指挥波兰军队在乌克兰作战，以抵御入侵的俄军。当他叔父同意塔尔戈维加联盟后，辞去职务，返回维也纳。1794 年返回华沙。参加科斯西乌斯佐克的起义，在 4—8 月及 8 月 26 日—9 月 6 日的华沙包围战中表现出色。华沙投降后，他拒绝了叶卡捷林娜为其在俄国军队提供高官的允诺，转而退役回到其在华沙附近的庄园。1806 年他接受了由普鲁士国王任命的华沙总督职及波兰临时政府中的陆军部长职。在 1806 年战役中，普鲁士被打败，他遂指挥国家自卫队，1807 年早期，拿破仑任命他为在法国服役的第一波兰荣誉军团司令。1807 年，当华沙大公国建立后，由于他对皇帝（指拿破仑）的忠诚，而被任命为华沙大公国总司令。1809 年他率波兰军队同由斐迪南大公率领的奥地利入侵军队作战。1809 年 4 月 19 日，他仅率15 000人将 4 万奥军阻止于拉什因。此后不久，在戈拉（华沙附近），他突然进攻奥军一个师的兵力，击退奥军，并俘虏了 1500 人。随后继续进军，驱赶奥军，7 月攻克克拉科夫。返回华沙后，他开始筹建军队医院、炮兵及工程兵军校。1811 年，做为公使前往巴黎。在 1812 年的远征俄国战役中，他受命指挥第五军，该军由波兰人和萨克森人组成。在 8 月 7 日的斯摩棱斯克之战中，他任右翼，强攻该城，表现出色，9 月 7 日的博罗迪诺之战再任左翼，协助攻击俄军的左翼。在 11 月 27—29 日穿越别列津纳河后撤中负伤。1813 年 7 月，再次与皇帝会合，参加德国战役，任第八军军长。5 月 2 日参加吕岑之战，在 10 月 14 日即莱比锡之战的前一天负伤，莱比锡之战的第一天，他被授以元帅衔，在该城周围的残酷战斗中，他的 15 名参谋人员阵亡，他也再次负伤。皇帝命奈、麦克唐纳和亲王任后卫部队，当他企图控制埃尔斯特桥时，两次负伤，不久埃尔斯特桥被炸，他被困于莱比锡城。他骑马冲入河流企图逃跑，但他的马在爬陡岸时未能上去，反压在他身上，就这样，刚任命的元帅于 1813 年 10 月 19 日在埃尔斯特河被淹死。他的遗体从河中捞上来后被临时葬于莱比锡。11

月19日，在华沙的神圣十字教堂中，为他举行了隆重的追悼仪式。

波尼亚托夫斯基是一位勇敢无比的指挥官和深受波兰人民爱戴的英雄。拿破仑评价他为：“充满荣誉感和勇敢精神，具有高尚品质的人。”

VBH

参考：Chandler. David G., The Campaigns of Napoleon, New York, 1966.

——, Dictionary of the Napoleonic Wars. New York, 1979.

Delderfield, R. F., Napoleon's Marshals . New York, 1962.

Lawford, James, Napoleon, The Last Campaigns 1813—15. New York, 1979.

Meeks, Edward, ed., Napoleon and the Marshals of the Empire. Reprint(2 vols. in one), Philadelphia, 1885.

庞蒂亚克（Pontiac，约 1720—1769 年） 北美印第安奥塔瓦人的酋长。参加主要战争：庞蒂亚克起义（11763—1764 年）；参加主要战役（战斗）：底特律和皮特堡（匹兹堡）围城战、血腥桥（今底特律的一部分）之战、布希兰（珍妮特附近）之战（1763 年）。

庞蒂亚克约 1720 年生于莫米河（俄亥俄州西北部）畔的渥太华部落。后为印第安奥塔瓦人的酋长（1755 年）。作为法国人的长期盟友，他反对英军占领法国与印第安人的战争（1754—1763 年）期间获得的法国堡垒，英国人对西北诸部落的凌辱和不敬在印第安人中引起不满，当白人定居者侵占其土地时，这种不满迅速变成反抗。庞蒂亚克组成了一个驱逐英国殖民者的联盟，该联盟几乎包括整个阿巴拉契亚地区的所有部落（1762 年）。随后的作战即称为庞蒂亚克战争或庞蒂亚克起义（1763—1764 年）。庞蒂亚克的战略是同时进攻所有的英军堡垒，阻止守军进行相互支援，然后消灭得不到保护的各殖民据点。他的计划非常成功，16 个堡垒中，12 个被毁，大量的边境殖民据点被焚，救援部队不是被击退就是被歼灭，只有底特律、皮特堡和利戈尼尔堡得以幸存。庞蒂亚克亲自指挥了对底特律的突然进攻（1763 年 5 月 7 日），但他的计划早已泄露，故他企求的速胜变成了一场围城战（5 月 7 日—10 月 30 日）。他曾在血腥桥之战（7 月 31 日）击退了底特律殖民军的一次出击。亨利·布凯上校率领的一支解围部队在布希兰打败了这些印第安人（8 月 4—6 日），并解救了皮特堡和利戈尼尔堡之围。布凯指挥的第二次远征在俄亥俄打败了印第安人，并迫使他们求和（1764 年初）。尽管大多数部落投降，但庞蒂亚克和少数部落仍继续抵抗英军。由于未能获得足够的支援以再战，庞蒂亚克同意休战（1765 年），后在纽约的奥斯威戈签订了和约（1766 年 7 月 25 日）。他被受一位英国商人收买的一名伊利诺伊印第安人杀害于伊利诺伊的卡霍基亚（1769 年）。

庞蒂亚克是一位机智、聪明的指挥官，他的短暂起义是历史上组织得最好、最为成功的印第安人的起义之一。他对底特律长达六个月的围攻是印第安人领袖中空前绝后的战绩。

VBH

参考：Jacobs, Wilbur R., Wilderness Politics and Indian Gifts. Lincoln, Neb., 1950.

Parkman, Francis, The Conspiracy of Pontiac and the Indian War After the Conquest of Canada. Boston, 1870.

Peckham, Howard H., Pontiac and the Indian Uprising Reprint, New York, 1970.

庞蒂乌斯，加维斯（Pontius, Gavius，活动于公元前 321—前 316 年） 萨谟奈将军。参加主要战争：第二次萨谟奈战争（公元前 327—前 304 年）；参加主要战役（战斗）：考地安峡谷之战（公元前 321 年）。

波普，约翰（Pope, John，1822—1892 年） 美国将军。参加主要战争：美墨战争（1846—1848 年）和美国内战（1861—1865 年）；参加主要战役（战斗）：蒙特雷之战（墨西哥，1846 年）、布埃纳维斯塔之战（墨西哥萨尔蒂略附近，1847 年）、黑水之战（密苏里州的沃伦斯堡附近，1861 年）、十号岛之战（密苏里州的马德里附近的密西西比，1862 年）、第二次布尔溪之战（弗吉尼亚州的马纳萨斯，1862 年）和尚蒂伊之战（弗吉尼亚州，1862 年）。

波普 1822 年 3 月 16 日生于肯塔基州的路易斯维尔。1842 年毕业于西点军校，被派至测绘工兵部队任职。1842—1846 年，在佛罗里达州及其东北部地区任勘测员。随扎卡里·泰勒将军的部队参加墨西哥战争（1846—1848 年）。蒙特雷战役中（1846 年 9 月 20—24 日），晋升名誉中尉。布埃纳维斯塔战役中（1847 年 2 月 22—23 日），晋升名誉上尉。1849—1850 年，率领一支测量队在明尼苏达州勘测雷德河。担任新墨西哥战区的测绘总工程师（1851—1853 年）。先是在西部勘测，而后勘测太平洋海岸铁路（1853—1859 年）。1853 年 3 月任中尉。1857 年 7 月晋升上尉。1861 年 5 月任密苏里州弗雷蒙特志愿军准将。在密苏里州的黑水地区进行的战役中（12 月 18 日）取得了重大胜利，打败了斯特林·普莱斯将军，俘虏了 1300 名联盟军士兵，缴获了大量补给。1862 年 3 月晋升志愿军少将，担任密西西比军团司令官。平定了密西西比河一线的暴乱。包围和占领了密苏里州的新马德里（3 月 3—14 日）、10 号岛（4 月 7 日），最终使密西西比河畅通。参加哈勒克地区的柯林斯战役（密西西比州，5—6 月）。6 月被派往谢南多厄河谷动员新成立的弗吉尼亚军团。7 月任正规军准将。防守华盛顿州期间，他在马纳斯车站的补给仓库被杰克

逊将军推毁（8 月 27 日）。第二次布尔溪之战中（8 月 29—30 日），被杰克逊将军击败，退至华盛顿，途中于 9 月 1 日在尚蒂伊击退了杰克逊的进攻。9 月 5 日被解除指挥，其部队瓦解。调任西北战区司令官（可能是 1862—1864 年）。1865 年 1 月任密苏里师（后为战区）的指挥官。3 月晋升正规军名誉少将。1867 年在堪萨斯州的海斯修建海斯要塞。随后担任第三军区（1867—1868 年）、莱克斯战区（1868—1870 年）和密苏里战区（1870—1883 年）的司令官。1882 年 10 月晋升少将。1883—1886 年，任加利福尼亚战区司令和太平洋师的指挥官。1886 年 3 月退役。1892 年 9 月 23 日卒于俄亥俄州的桑达斯基。

波普是一位优秀的行政官员，其组织才能较战术水准要强得多。尽管他在密苏里战役中取胜，但其琐碎、傲慢和冲动的个性以及在第二次布尔溪之战中进行的不协调的进攻，使其丧失了更高的指挥权。不过，他对多个西部战区的指挥令人钦佩。

VBH

参考：Fiske，John，The Mississippi Valley in the Civil War . Boston，1900.

Gordon，George H.，History of the Campaign of the Army of Virginia-from Cedar Mountain to Alexandria，1862. Boston，1880.

Mills，Lewis Este，General Popes Virginia Campaign of 1862. Cincinnati，1870.

Ropes，John Codman，(The Army Under Pope). New York，1882.

波佩（Popé，卒于 1690 年） 南美普韦布洛印第安人的领袖。参加主要战争：普韦布洛人的起义（1680—1692 年）；参加主要战役（战斗）：圣菲之战（1680 年）。

波佩的出生日期不详，但为特瓦·圣·胡安普韦布洛部落（位于圣菲以北的格兰德河河谷）的成员。因领导反对西班牙迫害特瓦药民而首次成名，后被囚禁（1675 年）。获释后，他利用传统宗教和图腾召集军队，开始组织反对西班牙殖民当局的普韦布洛印第安人大起义。起义定于 1680 年 8 月 13 日举行，但波佩发现西班牙人已得知其计划后，提前了起义日期。起义开始（8 月 10 日）后，几乎所有的普韦布洛印第安人都参加了这一起义，并在最初几天中杀死了大约 500 名西班牙人。印第安人的初期胜利得益于该殖民地中西班牙世俗和宗教政权之间的内讧。波佩率 500 名勇士经过一场激烈的战斗在圣菲之战（8 月 14 日）中打败残存的西班牙人，并迫使其撤退。取得胜利后，普韦布洛印第安人拆除了从陶斯至伊斯莱塔的广大地区内带有西班牙占领和基督教的所有标志，在此后的 12 年（1680—1692 年）中生活在西班牙人到来之前其祖先的栖身之地。不幸的是，普韦布洛印第安人遭受了阿帕切人和犹他人的袭击、可怕的干旱以及波佩的独裁暴政。波佩死（1690 年）后，西班牙人重新开始其殖民征服，不久即完成了这一活动（1692 年）。在此前的 12 年中，普韦布洛的人口从约 3 万人减少到不足 3000 人。

DLB

参考：WAMB.

EB.

波特，戴维（Porter，David，1780—1843 年） 美国海军将领。参加主要战争：同法国的半官方战争（1798—1800 年）、的黎波里战争（1801—1805 年）、1812 年的战争（1812—1815 年）。

波特 1780 年 2 月 1 日生于马萨诸塞的波士顿，他是戴维·波特之子。后者曾在美国独立战争中指挥美国船参战。1796 年随其父至西印度群岛。在一次巡弋中，遭英舰追击，但波特得以逃脱，1798 年 1 月 16 日，在海军少校托马斯·特鲁克斯顿的有 38 门炮的快速舰“星座”号上任实习生。后在缴捕法国快速舰“起义”号（38 门炮）中立下功勋，1799 年 2 月 9 日，作为奖励，命他指挥“起义”号。10 月 9 日，升上尉。后被派至地中海，指挥有 12 门炮的“冒险”号，他在服役中表现出色。在的黎波里战争中，在有 38 门炮的“纽约”号上服役，此后，当“费城”号在的黎波里港外巡弋时被俘（1803 年 10 月 31 日）。在战争的其余时间均生活于监狱。获释后，于 1806 年 4 月升少校。1808—1809 年指挥新奥尔良海军基地。1811 年 7 月任有 32 门炮的“埃塞克斯”号舰长。此后从纽约出发，开始袭扰英国在南大西洋的贸易，曾俘获 9 艘英舰，其中包括 8 月 13 日在百慕大捕捉的英舰“警戒”号（16 门炮）。不久，返回费城，10 月再次出海，在霍恩角巡弋。1813—1814 年，在南太平洋同英军激战，使英军遭受 250 万美元的损失。1813 年 11 月 19 日，攻占马尔奎萨斯的努库西瓦，以作为他的前进基地，但国会以未予以承认。他缴获了许多英舰，将其中一艘给了他 20 岁的儿子海军候补生戴维·格·法腊格特，另一艘则送给了另一个在缅因州任上尉的儿子詹姆斯·M. 甘贝尔。甘贝尔带着其父送给他的“格林尼治”号（10 门炮）于 7 月 14 日缴获了有 22 门炮的“塞林伽巴丹”号。1814 年 2 月 28 日，波特在瓦尔帕拉伊索海岸被英舰“北美洲翁”号（36 门炮）及“小天使”号（20 门炮）咬住，波特打退了“小天使”号，但经五小时激战，不得不向火力范围更大的“北美洲翁”号投降。他最后发出的信息“我们虽然不幸，但我们不感到耻辱！”同年年底，获释后的波特返回华盛顿，在华盛顿-巴尔的摩战役中，及时参加了切萨皮克湖的作战。1815 年，任命为海军委员会成员，他在这一岗位服役了 12 年。考虑到他对陆上生活厌倦，遂于 1823 年 2 月，任命他为西印度群岛舰队司令。在他的命令下，蒸汽船“海鸥”号（3 门炮）成为第一次参加战斗的蒸汽船（用于反海盗）。追击海盗中，他的一个官员在西班牙海岸跟踪一个海盗嫌疑犯，被西班牙当局

以海盗嫌疑犯囚禁。波特威胁炮击西班牙港口，迫使西班牙人释放他的官员并赔礼（1824 年 11 月）。由于这次事件，波特被召回国内，被军事法庭起诉，有六个月时间被迫离开其职（1825 年）。波特由于这次伤害，辞去职务后，转在墨西哥海军中任总司令。遂于 1826 年 8 月向西班牙开战。最初取得一些成功，但因墨西哥政策的变化而受挫。1829 年波特离开墨西哥，受安得美国鲁·杰克逊总统派遣于 1830 年赴阿尔及尔，任总领事。1831 年被派至君士坦丁堡任临时代办。1841 年成为驻土耳其公使，1843 年 3 月 3 日，因黄热病卒于君士坦丁堡。

波特是一位出色的船员。他在南太平洋的战役是非凡的。波特是一位足智多谋、敬业、优秀的战术家。在任快速舰的舰长时他获得了几次荣誉称号。在他任海军委员会委员时，他首先提出同日本进行贸易的建议。

DLB

参考：Long, David F., Nothing Too Daring: A Biography of Commodore David Porter. Annapolis, Md., 1970.

Porter, David, Journal of a Cruise Made to the Pacific Ocean in the U. S. Frigate "Essex" in 1812—13—14. 2 vols. New York, 1815.

DAMB.

EB.

WAMB.

波特，戴维·狄克逊（Porter, David Dixon, 1813—1891 年）

美国海军上将。参加主要战争：美墨战争（1846—1848 年）和美国内战（1861—1865 年）；参加主要战役（战斗）：维拉克鲁斯之战（1847 年）、第二次塔巴斯科之战（1847 年）、圣菲利普和杰克逊要塞之战（在三角洲的新奥尔良下游，1863 年）、维克斯堡战役（1863 年）、雷德河战役（1864 年）和费希尔堡之战（北卡罗来纳州的威尔明顿附近，1864 年和 1865 年）。

波特 1813 年 6 月 8 日生于宾夕法尼亚州的切斯特，是海军上校戴维·波特十个孩子中的第三个，与戴维·格·法拉格特是同父异母兄弟。未受过良好的教育，1824 年随父乘装备有 28 门火炮的“约翰·亚当斯”号驱逐舰赴西印度群岛。1826 年 8 月当其父任西哥海军司令时，年轻的他成了墨兹西哥海军军官候补生。1828 年被西班牙人俘虏，被释放后于 1829 年 2 月成为美国海军军官候补生。最初服役在地中海。1836—1845 年，参与太平洋沿岸勘测。1841 年 2 月晋升上尉。1846 年被派至新奥尔良征募局。墨西哥战争爆发后，他在海军“烈性人”号蒸气舰上任职，保住了中尉的职位（1847 年 2 月）。1847 年 3 月作为海军准将马修·G. 佩里手下一个中队的一员，参加了炮击维拉克鲁兹的行动。仍在“烈性人”号舰任职，在第二次塔巴斯科战役中（6 月 14—22 日）表现突出，6 月 16 日他率领一支 70 人的队伍攻占了这座城的主要要塞。因其表现担任“烈性人”号船指挥官，他也受到佩里的高度称赞。再次奉派进行太平洋沿岸测绘和海军天文观测工作。因对海军生涯绝望，休了很长一段假，脱离海军改而指挥客船和货船（1849—1855 年）。重返海军，担任美国战舰“补给”号舰长，两次航行到地中海保护军队用于西南地区的骆驼（1855—1856 年）。任职于新罕布什尔州的朴次茅斯海军造船厂，再次处于辞职的边缘，当时他正指挥“保厄坦”号舰去援救皮肯斯堡（距弗吉尼亚州的彭萨科拉不远，1861 年 4 月）。8 月（也可能是 4 月）晋升中校，担负封锁海湾海岸的任务，并在西印度群岛搜寻“萨姆特”号商业快船。1861 年 11 月—1862 年 4 月，对新奥尔良实施了一次海上进攻性行动，推荐法拉格特接替其指挥。指挥一支有 20 艘摩托艇的小舰队，在攻占新奥良（4 月 27 日）以及圣菲利普和杰克逊要塞（4 月 29 日）的战役中发挥了重要作用。1862 年末参加了法拉格特指挥的对维克斯堡的作战行动。10 月晋升海军代理少将，管理 80 位高级军官，在伊利诺伊州的凯罗创办了一个造船厂，并建立了一支约有 80 艘船的江河部队，此举充分显示出其所具有的卓越组织才能。率其小舰队（密西西比中队）支援在阿肯色站的作战行动（1863 年 1 月 10—11 日）。组织了一次令人惊叹的夜间奔袭行动（维克斯堡下游，4 月 29 日）。掩护格兰特横渡密西西比河（4 月 30 日—5 月 1 日）。推进到雷德河（5 月 4—7 日）。将炮舰从密西西比州调至亚祖河上游，迫使南部同盟军放弃三艘未竣工的军舰和一个设备良好的船坞（5 月 13 日）。7 月 3 日接受国会对其攻占维克斯堡战功的嘉奖。支援了纳撒尼尔·普·班克斯将军组织进行的悲惨的雷德河战役（1864 年 3 月 12—5 月 13 日），只是因了约瑟夫·贝利上校令人惊叹的努力，其船只才得以逃离（5 月 2—13 日）。1864 年 10 月任北大西洋封锁中队的指挥官。组织 120 艘舰对北卡罗来纳州的费希尔堡，进行了大规模的炮击行动（12 月 24—25 日），但此举几乎就根本没有得到陆军指挥官本杰明·巴特勒将军的任何支援，因此撤回。在新的陆军指挥官阿尔弗雷德·H. 特里将军的支援下，他再一次进行了大规模的炮击（1865 年 1 月 13—15 日），经猛烈的炮击和地面攻击，他和特里将军占领了费希尔堡。1865 年 4 月，他将其炮舰中队调至弗吉尼亚州的詹姆斯河上游，迫使拉斐尔·塞姆斯将军的船只匆忙撤退。1865—1869 年，任海军学院院长。1866 年 7 月晋升海军中将。1869—1870 年，任海军部顾问，实际指挥舰队。海军上将法拉格特死后，晋升上将，成为海军高级将领。1877 年任调查委员会主席，服役至其于 1891 年 2 月 13 日卒于华盛顿。

波特身材矮小，一如其父，以其机智及对部属的宽容和对上司的批评而著称。他大胆、精力充沛且足智多谋，作为海军指挥官仅逊于法拉格特。

DLB

参考：Anderson, Bern, By Sea and by River: The Naval History of the Civil War. New York, 1961.

Milligan,John D.,Gunboats down the Mississippi. Annapolis,Md.,1965.
Reed, Rowena, Combined Operations in the Civil War. Annapolis,Md.,1978.
Soley,James,Admiral Porter. New York,1903.
West,Richard S.,Jr.,The Second Admiral:A Life of David Dixon Porter. New York,1937.

波特，菲茨·约翰(Porter,Fitz-John,1822—1901年) 美国将军。参加主要战争：美墨战争（1846—1848年）和美国内战（1861—1865年）。参加主要战斗：莫里诺德尔雷伊之战（墨西哥城附近，1847年）、查普尔特佩克之战（1847年）、梅卡尼克斯维尔之战（弗吉尼亚州，1862年）、盖恩斯磨坊之战（里士满附近，1862年）、马尔文山之战（1862年）和第二次布尔溪之战（弗吉尼亚州的马纳萨斯，1862年）。

波特1822年8月31日生于新罕布什尔州的朴次茅斯，是海军准将戴维·波特的外甥和上将戴维·D.波特的表兄弟。1845年他在全班45人中，以名列第八位的成绩毕业于西点军校，被派至炮兵部队任职。分配至第四炮兵团任职，参加了温菲尔德·斯科特将军指挥的在墨西哥中部地区进行的作战行动，因在莫里诺德尔雷伊战役（1847年9月8日）和查普尔特佩克战役（9月13日）中表现英勇，多次名誉晋升。战后返回西点军校任骑兵和炮兵教官（1849—1853年），后任院长副官（1853—1855年）。晋升上尉，在驻利文沃思要塞（堪萨斯州的利文沃思）的西部战区总部任助理副官长（1856年6月）。参加了A.S.约翰斯顿上校镇压犹他州摩门教徒的远征（1857—1858年）。得到一系列特别的委派，检查和整顿南卡罗来纳的查尔斯顿的港口防御，当得克萨斯退出联邦后，他将联邦军队从得克萨斯疏散出来，在宾夕法尼亚组建志愿军（1860—1861年）。1861年5月14日任第十五步兵团上校。5月17日晋升志愿军准将，同时任宾夕法尼亚战区参谋长（4—7月）。9月负责训练华盛顿地区附近的部队。成为乔治·布·麦克莱伦将军的密友。在赛米尔·彼·海因策耳曼的第三军团任师长，指挥了约克镇包围战（1862年4月4日—5月4日）。5月18日任第五军军长。由于麦克莱伦错误地将大部军队部署在奇克哈默尼河以北，其孤军作战，顽强抵抗李将军在梅卡尼克斯维尔实施的正面进攻（6月26日）。盖恩斯磨坊战役中得到新职位，是役他一直坚持到天黑。当防线被攻破后，他组织了一次成功、有序的撤退（6月27日）。在马尔文山战役中，在麦克莱伦不在的情况下，实施了正确的战术指挥，击退李将军的多次进攻，并令其遭到惨痛损失（7月1日）。晋升志愿军少将，7月4日晋升为正规军名誉准将。因第五军并入弗吉尼亚军团，他听命于约翰·波普将军的指挥（8月26日）。驻扎在联邦军战线的最左翼，第二次布尔溪之战中的第一天未采取任何行动（8月29日）。当天晚上，波普将军命令其迂回打出杰克逊将军的右民办和后方。考虑到其左翼附近有其它的同盟军部队（实际上，朗斯特里特将军的部队正在靠近），他向波普将军指出这一行动不可取。当波普将军生气地重复命令时，他执行了，第二天其部队及整个联邦军的翼侧受到朗斯特里特军团的重创（8月30日），且被击败。波普对他勉强执行其命令大发雷霆，为了给自己的失败找替罪羊，9月5日解除了他的指挥权。但因麦克莱伦将军，不久他就得以恢复指挥。9月17日率第五军参加安提塔姆战役，但却未投入战斗，随后于11月17日被解职。军事法庭对他违抗命令一事进行了审判（1863年1月21日），他被判有罪并被撤职。被贬至埃及军队中任指挥官，其有生之年的大部时间都在竭力为自己恢复名誉，一边做生意（1865—1871年，1875—1876年），一边谋求政治地位。由于国会的决议，其军衔得以恢复（1886年5月）。1901年5月21日卒于新泽西的莫里斯顿城。

波特是一位卓有天赋的军事家，也是一位优秀且富于创新精神的行政人员。他特别长于训练和组织大部队进行战斗。他是一位富有才能的防御指挥官，能充分利用地形。第二次布尔溪之战后，他受到的对待既是耻辱的，也是政治和军事迫害罪名昭著的实证，但其一些命运也是自己一手造成的，因为他公开发表称赞麦克莱伦和诋毁波普（称其为“一头驴”）的意见，才招致政治上的非难。

DLB

参考：Cox,Jacob D.,Second Battle of Bull Run as Connected with the Fitz-John Porter Case. Cincinnati, 1882.
Eisenschiml, Otto, The Celebrated Case of Fitz-John Porter: An American Dreyfuss Affair. Indianapolis and New York,1950.
Porter,Fitz-John,General Fitz-John Porter's Statement of the Services of the Fifth Army Corps, in 1862,in Northern Virginia. New York,1878.
DAMB.
EB.
WAMB.

波罗斯(Porus,活动时期公元前4世纪) 印度王公。参加主要战争：公元前327—前326年抵抗亚历山大入侵印度的战争。参加主要战役（战斗）：公元前326年的海达斯佩斯之战。

据来自希腊的资料记载，在公元前327年亚历山大三世入侵印度之前，波罗斯曾统治海达斯佩斯河与哲那布河之间的地区。公元前326年，亚历山大率3万大军入侵印度以帮助其盟友、波罗斯的对手塔克西勒斯。波罗斯认为亚历山大不会在印度洋季风期间采取行动，因而放松了警惕，而亚历山大正是五月采取行动，越过海达斯佩斯河，击败了波罗斯率领的3万人（包括许多大

象）的军队。与亚历山大讲和，亚历山大任命他为印度总督，他拥护亚历山大及其继承者，成为马其顿的臣藩。公元前 321 至前 315 年间被人暗杀。

印度史料中并没有发现关于波罗斯的记载，这也许是名字拼法错误造成。有一个长期生活在该地区的部落，也叫“波罗斯”（Purus），其部首领叫包拉瓦（Puras）。很可能波罗斯与包拉瓦是同一人。

DLB

参考：Arrianus Flavius Arrian, The Life of Alexander the Great.

Plutarch, “Alexander,” Parallel Lives.

EB.

波斯图穆斯（Postumus, Marcus Cassianus Latinius, 卒于 268 年） 罗马皇帝。参加主要战争：高卢叛乱（259—274 年）；参加主要战役（战斗）：摩根基阿克（美因茨）之战（268 年）。

波斯图穆斯是一位出身低微的军人，253—255 年间，是瓦勒里安在高卢地区的一名军官。可能一年或两年之后，他在加列努斯手下已经被提升为日耳曼一个省区的总督。奉命前往默西亚（保加利亚北部地区）平定茵格努乌斯的叛乱，在分配战利品的问题上，同执掌军权的地方行政长官西尔瓦诺斯发生争执。259 年，被他的军队拥立为皇帝，他率军攻克科隆，将西尔瓦诺斯和皇帝加列努斯的儿子萨罗尼努斯两人全部杀死。得到西班牙、不列颠以及高卢等地区的支持，控制了同日耳曼地区的边境线，阻止了蛮族的入侵。他有力地统治着他的首都特里尔及其周围地区，但却没有控制阿格里德库马特斯（大体位于现在的巴登-符滕堡），并因此而中断了同阿尔卑斯山以北的莱茵河与多瑙河之间的联系。268 年镇压了拉伊利安努斯在摩根基阿克（美因茨）发动的一次叛乱，占领了该城，但之后不久，他因阻止自己的部队抢劫，被一些心怀不满的士兵杀害。

SAS

参考：Jones, A. H. M., J. R. Martindale, and J. Morris, Prosopography of the Later Roman Empire I: 260—395. Cambridge, 1971.

EB.

OCD.

波将金，格列高利·亚历山德罗维奇亲王（Potemkin, Prince Gregori Aleksandrovich, 1739—1791 年） 俄国陆军元帅和政治活动家。参加主要战争：俄土战争（1768—1774 年，1787—1792 年）。

波将金（1739 年 9 月 24 日）生于白俄罗斯的奇泽沃，一波兰裔贵族的儿子。就读莫斯科大学后，他加入近卫军（1755 年）。曾参加使叶卡捷琳娜二世掌权的政变，并被赐予一小块封地（1762 年），在叶卡捷琳娜同土耳其的第一次战争（1769 年 10 月—1774 年 7 月）期间表现突出，成为叶卡捷琳娜的第五位面首（1774 年 3 月）。受封为陆军元帅，并被任命为俄军总司令和乌克兰总督。尽管其女皇面首的位置被扎瓦多夫斯基所取代（1776 年），但他仍得到她的友谊和信任。他制定了征服克里木的计划（1776 年）——该计划最终由苏沃洛夫实现（1783 年），并在巴尔干部署了一张消息灵通的间谍网。他将大部分时间和精力用于许多计划，包括对乌克兰的大规模殖民化和为叶卡捷琳娜的后代重谋拜占庭帝国的皇位。其更富于理性的计划包括进行军事改革和建立黑海舰队，该舰队有 15 艘战舰和 25 艘较小的舰只（1784—1787 年）。他为其新舰队在赫尔松建立了兵工厂（1778 年），在塞瓦斯托波尔建造了主要军港（1784 年）；而叶卡捷琳娜对俄国南部的巡幸使他个人大得其利，获得了“陶里（大不里士）亲王”的头衔（1787 年）。与土耳其的战争爆发后，军队的糟糕状况及其同样糟糕的表现几乎使他辞职，但女皇的支持使他得以留任。苏沃洛夫在金布恩（位于奥恰科夫对岸的第聂伯河河湾）获胜（1788 年）后，他信心增强并入侵摩尔多瓦，在那里包围并攻克了奥恰科夫（12 月 17 日）和宾杰里（1789 年初）。他又从其位于雅西的华丽王向德涅斯特河畔的土耳其军进行作战（1790 年），后回到圣彼得堡推翻了女皇的最后一位面首——普拉东·祖博夫。女皇命他返回雅西进行和谈。后卒于其首府之外的开阔平原（1791 年 10 月 16 日）。

波将金是一位不平凡的人，他奢靡、忠诚、慷慨且外貌迷人。他是一位能干而有活力的行政家，但通常志大才疏。他缺乏最高指挥官所必备的果断，不是有成就的指挥官，但因有叶卡捷琳娜的支持和苏沃洛夫的战场指挥，他取得了相当的成功。

DLB

参考：Adamczyk, Theresia, Furst G. A, Potemkin. N. p., 1936.

Soloveytich, G., Potemkin, 2d ed. N. p., 1949.

EB.

EMH.

鲍威尔，科林·卢德（Powell, Colin Luther, 生于 1937 年） 美国陆军上将。参加的主要战争：越南战争（1965—1973 年）、海湾战争（1991 年）。

鲍威尔 1937 年 4 月 5 日生于纽约市，是卢德和莫德·阿里埃尔·麦考伊·鲍威尔的儿子。1958 年毕业于纽约市立大学，并经过预备役军官训练团的训练后参军，任少尉军官。1959—1962 年在驻联邦德国美军中任排长和连长。1962—1963 年，在南越任南越政府军一个步兵营的顾问。1968—1970 年，在美国卷入越南战事最深的时候返回南越，任步兵营主任参谋兼第二十三步兵师（美军）助理参谋长。1971 年在乔治·华盛顿大学获商学硕士。1972—1973 年，被选入白宫，任总统办公室副主任

的特别助理。1973—1975年，晋升中校，任驻南朝鲜美军第三十二步兵师第一营营长。1976年6月毕业于国家军事学院。1976—1977年，任驻肯塔基州坎贝尔堡的第一〇一空降（空中突击）师第二旅上校旅长。1977年，回到华盛顿，在国防部长办公室任职。1979年担任过几个月的能源部长首席助理。1979—1981年，任国防部长高级军事助理。1981—1983年，任驻科罗拉多州卡森堡的第四机械化步兵师副师长。1983—1985年，回到华盛顿任国防部长卡斯珀·温伯格的高级军事顾问。1986—1987年，任驻西德的美军第五军军长。1987年，再度回到华盛顿，任里根总统的副安全事务助理。1987年12月—1989年1月，先后任里根总统和布什总统的国家安全事务助理。1989年10月1日，被布什总统选任为参谋长联席会议主席兼美军部队司令部司令。任职期间，在美国发动的反对巴拿马总统曼努埃尔·诺列加的作战行动（1989年12月，"正义事业"行动）中，以及在海湾战争（1991年1月17日—2月28日）中美国参与联合国反对萨达姆·侯赛因的作战行动等方面，都发挥了重要作用。

Staff

参考：Office of the Joint Chiefs of staff, biographical sketch/press release June 1991.
Who's Who in America; 1990—1991. New York, 1991.

普雷贝尔，爱德华(Preble, Edward, 1761—1807年) 美国海军将领。参加主要战争：美国独立战争（1775—1783年）、同法国的战争（1798—1800年）、的黎波里战争（1801—1805年）。

普雷贝尔1761年8月15日生于缅因州的波特兰，他是一位杰出的商人和政治家普雷贝尔的九个孩子中的第七子。1780年4月，在马萨诸塞海军快速舰"保卫者"号上任候补生。1781年被两艘英帆船捕获。获释后，于1782年任命为马萨诸塞海军"温思罗普"号上尉。此后主要同英国私人舰船作斗争，以保护美国的海上贸易，直至1783年4月战争结束。1785—1798年，曾在多艘商船上服役，虽然赢得了声望，但却没有挣多少钱。1794年，美国海军重建后，他于1798年4月9日获得了上尉衔军官，在同法国作战期间，他作为"采集者"号船长在西印度群岛海域巡逻。1799年5月15日升少校。指挥有32门炮的"埃塞克斯"号至爪哇，以护送美国的商人从东印度回家。1803年春，杰弗逊任命他为地中海舰队司令。1803年9月12日，乘"宪法"号（44门炮）抵达直布罗陀。在发现美国既同摩洛哥又同的黎波里作战后，10月12日迅速同摩洛哥达成和约。10月31日，美"费城"号搁浅并被对方俘获，普雷贝尔对此极为关切，他制定一个大胆的计划，命上尉斯蒂文·迪凯特偷袭的黎波里港，并将"费城"号烧毁（1804年2月16日）。他在的黎波里的其它作战，包括8月3日—9月3日的六次攻击行动战绩不佳。1804年9月9日，当准将赛米尔·巴尔伦率援军赶到时，普雷贝尔被代替，返回美国后，普雷贝身体健康日趋恶化，于1807年8月25日卒于波特兰。

普雷贝尔是一位勇于冒险的官员，他严厉暴躁的脾气同他严格的纪律一样出名。他对年轻的官员十分负责。他坚定不移地将他的一切贡献给了美国。

Staff

参考：Mckee, Christopher, Edward Preble: A Naval Biography, 1761—1807. Annapolis, Md., 1972.
Pratt, Fletcher, Preble's Boys: Commodore Preble and the Birth of American Sea Power. New York, 1950.
DAB.
DAMB.
WAMB.

普伦蒂斯，本杰明·梅伯里(Prentiss, Benjamin Mayberry, 1819—1901年) 美国将军。参加主要战争：美墨战争（1846—1848年）和美国内战（1861—1865年）；参加主要战役（战斗）：布埃纳维斯塔之战（1847年）、蔡恩山之战（密苏里州南部，1861年）、西洛之战（1862年）和赫勒纳之战（阿肯色州，1863年）。

比勒陀利乌斯，安德里斯·威尔赫姆斯·杰科布斯(Pretorius, Andries Wilhelmus Jacobus, 1798—1853年) 南非布尔将军和政治家。参加主要战争：布尔-祖鲁战争（1838—1840年）、纳塔尔地区的英布战争（1842年）、奥兰治河战争（1846—1850年）；参加主要战役（战斗）：血河之战（布卢德河，1838年）、康格拉之战（德班附近，1842年）、德班之战（1842年）、博姆普拉茨之战（霍普顿附近的山，1848年）。

比勒陀利乌斯1798年11月27日出生于开普殖民地的赫拉夫-里内附近。30年代中期曾访问纳塔尔，后率其家庭迁居纳塔尔（1838年9—11月）。作为开普殖民地的一个稍具知名度的人物，11月抵达纳塔尔后，被纳塔尔人民委员会选为司令官。祖鲁人国王丁冈杀害P.雷蒂夫以后，比勒陀利乌斯迅速组建了一支人数超过450人的山地步枪部队进攻丁冈（2月16日）。深入祖鲁腹地，沿血河占据有利地形（12月15日）。次日丁冈发起攻击，但两个小时的连续进攻只使他们向布尔人用货车围成的临时防御阵地前进了不足十米。当布尔发起突围行动时（12月16日），祖鲁部队在恐慌之中作鸟兽散。是役，祖鲁人死亡达3000人之多，而布尔人总共只有4个人受伤。这其中还包括比勒陀利乌斯本人在内。战斗持续了几个星期，在携约5000头牛返回之前，12月30日他焚烧丁冈在科伦索附近的埃姆贡德洛武牧场。被丁冈顽冥不化的态度激怒，指挥布尔人联合丁冈为人较为和善的兄弟姆潘德于1840年1月21日侵入祖

鲁兰。布尔人几乎没有进行作战，丁冈被姆潘德的祖鲁追随者击败。携近6000头牛班师，2月被贴切地命名为比斯特·科曼多。作为唯一一名公道且有才能的政治家，他将散布在纳塔尔的各个布尔居留地统一成一个联邦国家，但经常与人民委员会发生争吵。1842年春，英国试图将纳塔尔归为其王室殖民地。受此威胁，他聚集部队抗击英军，5月23日，击退对其康格拉营地发起夜间进攻的英军。5月24日在德班包围英军。当英军增援部队于6月26日到达后，撤退，默许英国对开普殖民地的统治。欲为布尔人伸冤，要求晤见开普殖民地总督，被断然拒绝（1847年10月）。奥兰治自由邦的哈利·史密斯爵士于1848年2月发表的宣言，激起他在大草原唤起和组织布尔人的抵抗。7月，他率一支部队占领布隆方丹。8月29日在布姆普拉茨被哈利·史密斯爵士击败，率其众多追随者穿越法尔河向北迁徙。他成为德兰士瓦的四个总指挥之一，也是波切夫斯特和勒斯滕堡周围的定居者的领导者。他实行较为温和的政策，1852年1月17日签署了《桑德河公约》（弗吉尼亚附近），使英国人承认德兰士瓦布尔人独立，还要求英国承认奥兰治河的布尔人的独立。这个目标直至他1853年7月23日卒于马加利斯堡（约翰内斯堡附近）后，于1854年2月才得以实现。

比勒陀利乌斯是一位天才的指挥官，也是一位优秀的战术家，他对布尔人的军事力量和能力了若指掌。作为一位政治家，他极为关注为布尔人谋取生活空间，且不受英国人干涉地统治他们。南非的比勒陀利亚即是以他的名字命名以示对他的尊敬。

DLB

参考：Morris, Donald, (The Washing of the Spears). New York, 1965.

Preller. G. S.. Andries Pretorius, 2nd ed. Capetown, 1940.

EB.

比勒陀利乌斯，马蒂纳斯·韦塞尔（Prtorius, Marthinus Wessel, 1819—1901年） 南非布尔将军和政治家。参加主要战争：第一次英布战争（1880—1881年）。

比勒陀利乌斯1819年9月17日生于好望角殖民地的赫拉夫-里内，是安德里斯·比勒陀利乌斯的长子。1853年承其父职，担任波切夫斯特鲁姆和吕斯滕堡的军队指挥官。1854年率领一支突击队袭击了德兰士瓦北部不驯服的头领马卡潘，取得一定成功。继续其父的努力统一布尔人，同时努力建立统一的德兰士瓦共和国，并与奥兰治自由邦联合。不幸的是，他缺乏其父的外交才能，而且专横的做法引起了其敏感同胞的反感和对抗。尽管他于1857年1月赢得了竞选担任德兰士瓦总统，但索特潘斯堡的布尔人却对此毫不理会，依然聚集在莱顿堡起义部队周围。他未被吓住，带了几个朋友到奥兰治自由邦，企图发动一次军事政变（4月）。6月被迫撤回，坚持努力，终被选为自由邦总统（1859年12月）。这次竞选的成功导致了德兰士瓦的动乱，约克斯拉德指责他接受自由邦总统之职的所为，违反了德兰士瓦宪法。9月对德兰士瓦进行了一次短暂的访问，但拒绝辞职。当德兰士瓦陷入一片混乱时，他辞去自由邦总统之职（1863年4月）。返回德兰士瓦，随着他再次竞选担任总统，其权随得以恢复（1864年5月）。随后，他创立了一个统一的德兰士瓦共和国，调整了财政金融和行政部门。尽管1869年第三次当选总统，但被迫辞职。因为公众对其统治、特别是对他与非洲种族在宝石矿藏地区发生的边界争执的处理的不满，因为这个地区是英国人用来调停布尔人的（1871年11月）。1877年当英国人吞并德兰士瓦后，他成为爱国的抵抗派首领。1880年1月被伯爵加尼特·沃尔斯利将军短期逮捕。他与皮特·朱伯特和保罗·克鲁格组成三头政治，对德兰士瓦起义进行政治上的领导，签署了恢复德兰士瓦独立的《比勒陀利亚协定》（1881年8月）。三人政治因克鲁格当选为第一任总统而告解散，退休（1883年5月）。1901年5月19日卒于波切夫斯鲁姆。

比勒陀利乌斯作为一位有一定才能的指挥官和政治家，缺乏其父所具有的外交才能和常识。尽管他对布尔人的权利和特权颇为敏感，但其不经意的傲慢行为让布尔人感到特别反感。

DLB

参考：Farwell, Byron, The Great Anglo-boer War. New York, 1976.

EB.

普雷沃，奥古斯丁（Prevost, Augustine, 1723—1786年） 在英军中服役的瑞士将军。参加主要战争：法国与印第安人的战争（1754—1763年）、美国独立战争（1775—1783年）；参加主要战役（战斗）：魁北克之战（1759年）、萨凡纳围城战（1779年）。

普雷沃（1723年）生于瑞士的日内瓦。其已知的最早军事活动是在北美洲服役于英国第六十步兵团或皇家美洲团（后来的国王皇家步枪队）。曾任第六十步兵团中的少校（1756年1月9日）。在魁北克之战或亚伯拉罕台地（今魁北克的一部分）之战（1759年9月13日）中受重伤，后晋升为中校（1761年）。独立战争爆发（1775年）后任驻东佛罗里达（不含狭长区域的佛罗里达州）的英军司令，后为南部战区的英军司令（1778年12月）。在一场短暂的围城战（1779年1月6—10日）后夺取了佐治亚的莫里斯堡。晋升为少将（2月）。从萨凡纳向查尔斯顿进军期间，在南卡罗来纳的库萨哈奇河打败了威廉·莫尔特里将军指挥的一小支北美独立部队（5月3日）。向查尔斯顿追击莫尔特里时，普雷沃被本杰明·林肯将军和卡季米尔·普瓦斯基将军指挥的人数占优势的美军击退。与海军上将德埃斯坦伯爵和林肯将军指挥的法-美联合围城部队进行作战，巧妙而成功地保卫

P

了萨凡纳（9月23日—10月13日）。这是其最后的重要军事活动。回到英国后死于那里（1786年）。他的儿子——乔治·普雷沃爵士也是一名英国陆军军官，曾在1812年的战争的初期赢得了极大的名声。

普雷特是一位娴熟的职业军人，在南方战区与经验较少的对手进行的作战中至少未曾失败过。他是包括布凯、哈尔迪曼、莫隆和瓦特维尔在内的、在北美为大不列颠做出突出贡献的一群瑞士侨民的代表。

CCJ

参考：Boatner, Encyclopedia.
Peckham, Howard H., The Toll of Independence. Chicago, 1974.
Ward, Christopher, The War of the Revolution, New York, 1952.

普莱斯，斯特林（Price, Sterling, 1809—1867年） 绰号“老奶头”，美国南部同盟将军。参加主要战争：美墨战争（1846—1848年）和美国内战（1861—1865年）；参加主要战役（战斗）：圣克鲁斯德·罗萨莱斯之战（1848年）、威尔逊里克之战（1861年）、皮岭之战（1862年）、艾尤卡之战和柯林斯之战（均在密西西比州，1862年）、赫勒纳之战和派因布拉夫之战（均在阿肯色，1863年）、詹金姆斯费里之战（阿肯色的坎登附近，1864年）、派勒特克诺伯之战（阿肯色州，1864年）和韦斯特波特之战（现是密苏里州堪萨斯城的一部分，1864年）。

普莱斯1809年9月20日生于弗吉尼亚州的爱德华王子县。1826—1827年，就学于汉普顿-悉尼学院。1831年前往密苏里州的查里顿县。1836—1838年和1840—1844年任州众议院议员。1844—1846年，在国会就职，1846年8月辞职参加墨西哥战争。在斯蒂芬·W. 卡尼的西部军团任职，提任密苏里州第二山地志愿团上校。当卡尼前往加利福尼亚时，他在新墨西哥州指挥。1847年7月晋升志愿军准将，任驻奇瓦瓦的军事长官。1848年3月16日在圣克鲁斯德罗萨莱斯（罗萨莱斯）战役中，打败了一支墨西哥军队。任密苏里州州长（1852—1856年）。1861年2月退出联邦军担任州众议院议长，导致了密苏里的中立。5月晋升少将，任州民兵组织的指挥官。率其州卫队加入麦克库洛赫的南部同盟正规军，在威尔逊克里克战役中（8月10日），击败莱昂的军队。9月12—20日，包围和占领了密苏里州的列克星顿。1862年2月撤至阿肯色州，在皮岭战役中被击退（3月7—8日）。4月晋升南部同盟军少将。参加了艾尤卡战役（9月19日）、柯林斯战役和密西西比战役（10月3日）。被重新召回阿肯色州，在赫勒纳战役（1863年7月4日）和派因布拉夫战役（10月25日）中被击败，被逐出小石城。雷德河战役期间（1864年3—5月）他阻止了联邦军的汇合，在詹金斯费里战役中采取了猛烈的进攻性行动（4月30日）。9月返回密苏里州，试图占领圣路易斯，但在派勒特克诺伯战役中被击退（9月27日）。10月8日在杰弗逊地区再次进行尝试，告败。在以韦斯特波特为目标的奔袭作战中（10月21—23日），被他赛·瑞·柯蒂斯和柯尔弗勒德·普莱曾顿指挥的联军击败。退却至得克萨斯，战争结束时到墨西哥。试图组织一支由反叛老兵组成的墨西哥侨民队的努力，因马克西米利安总统的倒台（1867年）而成为泡影。而后，返回圣路易斯，1867年9月29日卒于此地。

普莱斯是一位勇敢且坚定的指挥官，也是一位卓有才能的行政管理人员。他有一定的战略水平，但部队的数量并不占优，且总不够幸运。他深受部队的尊敬，也是密苏里的大众英雄。

VBH

参考：Castel, Alber E., General Sterling Price and the Civil War in the West. Baton Rouge, 1968.
Snow, Captain William P., Lee an His Generals. New York, 1932.

普赖默斯，马可·安东尼（Primus, Marcus Antonius, 作战活动的时间：61—69年） 罗马将军。参加的主要战争：继承者战争（68—69年）。参加的主要作战：第二次贝德里阿孔（位于克雷莫纳附近）之战（69年）。

普赖默斯生于图卢兹，其出身和早期经历不详；61年，因参与伪造一个遗嘱的阴谋活动而被流放。68年，被皇帝加尔巴召回，并奉命指挥在潘诺尼亚（匈牙利东部地区以及塞尔维亚北部地区）的军团。当维特利乌斯被其军团拥立为皇帝时，普赖默斯公开支持韦帕芗，并在潘诺尼亚和多瑙河的部队中集中起一支部队和一支由老兵组成的步兵部队，翻过尤里安阿尔卑斯山去意大利。公元69年10月，与维特利乌斯的部队相遇，并在第二次贝德里阿孔之战中击败了维特利乌斯。随后他的部队残暴地洗劫了克雷莫纳。之后率军向罗马进军，但是他来得太迟了，以致于没能挽救韦帕芗支持者的生命，早在这一年的12月20日，当朱庇特神庙被烧毁时，韦帕芗的支持者全部被杀害。在穆西安努斯到来之前，他始终控制着罗马，由于他为韦帕芗赢得了意大利而被授予了胜利勋章。退役，在图卢兹过着普通人的生活，幸福地生活了很长的时间。

普赖默斯是一位精力充沛的军人，由于他的能力和及时赶到了意大利，才使韦帕芗能够战胜所有的对手，登上罗马帝国的皇位，使罗马帝国避免了一场长期的内战。

CLW

参考：Suetonius, Domitian.
Tacitus, Histories.
OCD.

普里维茨，翁德·格拉夫龙，麦克斯·冯（Prittwitz, und Graffron, Max von, 1848—1917年） 德国将军。参加主要战争：第一次世界大战（1914—1918年）。

普里维茨生于 1848 年。作为一名年轻的军官，他参加了普法战争（1870 年 8 月—1871 年 2 月）。他认为自己晋升到高军衔不是因为自身拥有的天才（这是实话），而是因为其在宫廷中的关系特别是与德皇的关系所致，德皇喜欢听其笑话和淫秽的故事。第一次世界大战爆发时，他任将军和驻东普鲁士的第八集团军的司令官，当德国大军按施利芬计划全面进攻法国时，他奉命阻击两个俄国集团军的前进。作为一名谨慎的指挥官，他被第一军军长弗朗索瓦劝说攻击俄军驻古谢夫的第一集团军，因为第八集团军正受到一场不分胜负的战斗牵制（1914 年 8 月 20 日）。非常关注自己的形势，因为其后方正受到俄军第二集团军的威胁，他通过电话向总参谋长赫尔穆特·冯·毛奇（小毛奇）建议，向维斯瓦后方撤退。这一最终失败的劝告使得毛奇以兴登堡和鲁登道夫取代他和其参谋长瓦德西（8 月 22 日）。退役赋闲，卒于 1917 年。

DLB

参考：Showalter, Dennis E. Tannenberg: Clash of Empires. Hamden, Conn., 1991.
Tuchman, Barbara, The Guns of August. New York, 1962.

普罗布斯，M.A.（Probus, Marcus Aurelius, 232—282 年） 罗马皇帝。

普罗布斯生于 232 年，是巴尔干军队中一名军官的儿子，其早期经历不详。276 年出任东部地方行政长官，是年秋天，被拥立为皇帝，以反对弗洛里安。他的军队杀死了弗洛里安，普罗布斯成为罗马唯一的皇帝。将法兰克人、勃艮第人和莱吉安人赶出了高卢地区（大约相当于现在的法国），在这些作战中，他作为一名指挥官，表现出了巨大的个人英勇和值得注意的指挥技巧。不久他又率军在莱茵河边境地区作战，277 年率军入侵日耳曼地区，并最远推进到易北河一线。在阿格里德库马特斯北部边境的莱茵河到多瑙河之间地区（大体相当于从巴登至符滕堡之间），构筑了一道新的防御石墙。278 至 279 年间向东进军，镇压由篡权者萨图尼努斯发动的一次叛乱。而后在 280 年不得不匆忙赶回西方，以平定在高卢地区发生的由普罗克洛斯和博诺苏斯领导的一次叛乱。281 年底至 282 年初期间，当地方行政长官卡鲁斯被利西亚（腊埃提亚）的军队拥立为皇帝时，普罗布斯自己的部队由于早就对他严厉的纪律心怀不满，因此也乘机发动叛乱，将他杀死。

普罗布斯是一位值得注意的军人和统治者。他所组织的作战证明他是一位具有超凡能力和异常勇敢的将军。比较关心国家和人民的福利，当没有战争时，他将军队用于修建公共工程，例如铺设道路、修筑运河、疏通渠道等。一些资料证明他擅长于农艺学。据说他曾经仰天长叹、感慨万分："什么时候人们才能以犁代剑"。

CLW

参考：Groag, E., and A. Stein, Prosopographia Imperii Romani, 2d ed. Ber-lin, 1933.
EB.
OCD.

普罗科皮阿斯（Procopius，约 326—366 年） 罗马叛乱者。参加主要战争：尤里安的波斯战争（363—364 年）、普罗可皮亚斯叛乱（365—366 年）。

普罗卡拉斯（Proculus，卒于 282 年） 罗马反叛者。参加主要战争：阿勒曼尼人入侵（280 年）、与普罗旺斯的内战（230—282 年）；参加主要战役（战斗）：外高卢（法国中部和西北部）之战（280 年）、科隆之战（281 年）。

普罗法塔拉斯（Profuturus，约活动于 377 年） 罗马军官。参加主要战争：西哥特人入侵（377—383 年）；参加主要战役（战斗）：阿德萨里西亚（多布罗加附近）之战（377 年）。

普罗莫塔斯，普卜利乌斯·弗拉维（Promotus, Publius Flavius，卒于 391 年） 罗马执政官。参加主要战争：反马格努斯·马克西穆斯内战（387—388 年）。

托勒密一世（救星）（Ptolemy I Soter，约公元前 367—前 283 年） 在马其顿服役的希腊将军，后来成为埃及托勒密国王。参加主要战争：巩固战争（公元前 336—前 335 年）、征服波斯（公元前 334—前 330 年）、入侵中东（公元前 329—前 328 年）、入侵印度（公元前 328—前 327 年）、"迪亚多奇"（继承者）战争（公元前 323—前 281 年）；参加主要战役（战斗）：格拉尼卡斯之战（公元前 334 年）、伊苏斯之战（公元前 333 年）、阿贝拉-高加米拉平原（古尼尼微附近）之战（公元前 331 年）、海达斯佩斯（日伦河）之战（公元前 326 年）、加沙之战（公元前 312 年）。

托勒密约生于公元前 367 年，是马其顿贵族拉哥斯之子。青年时期是亚历山大大帝的朋友，巩固战争期间在亚历山大大帝的军队中服役。在征服波斯、入侵中东和印度的战争中，他始终在亚历山大身边服役，并参加了格拉尼库斯之战（公元前 334 年 5 月）、伊苏斯之战（公元前 333 年）、阿贝拉-高加米拉之战（公元前 331 年 10 月 1 日）和海达斯佩斯之战（公元前 326 年 5 月）。公元前 323 年 6 月亚历山大在巴比伦去世后，托勒密成为埃及总督。他牢牢地控制了埃及，同时还兼并了邻国昔兰尼加。公元前 322 年他擅自转移了给亚历山大送葬的队伍，将亚历山大的尸体安葬在孟斐斯。这一举动激怒了摄政王佩尔狄卡斯。佩尔狄卡斯开始侵入埃及，但其部队却被托勒密收买，公元前 321 年，佩尔狄卡斯在西奈被其部下谋杀。公元前 316 年托勒密加入卡山得和莱西马巧斯的反对安提柯一世的同盟。大约于公元前

P

313 年占领塞浦路斯。公元前 312 年在加沙击败安提柯一世的儿子德米特里，公元前 311 年与安提柯讲和。公元前 309 年再次发动战争，从海上突然袭击莱西亚和加里亚海岸（位于土耳其的西南部），公元前 308 年继续进攻阿卡亚，并占领柯林斯、西西昂和米佳拉。公元前 306 年，他兄弟美尼莱斯在塞浦路斯的萨拉米斯岛附近海域被德米特里的舰队击败，因此失掉塞浦路斯。公元前 306 年—前 305 年冬击退了安提柯对埃及的入侵，解救了罗得岛，然而公元前 304 年却遭到德米特里的围攻，罗得岛人为感激托勒密，封他以“救星”称号。公元前 302 年再次加入反对安提柯的联盟，并侵入巴勒斯坦，但当得到安提柯在安纳托利亚击败莱西马巧斯的假消息时，急于再次占领巴勒斯坦，但由于他的行动惹恼了盟国，盟国将巴勒斯坦交给了塞琉西。因此发生了托勒密和塞琉西之间长达十年的争夺巴勒斯坦地区的战争。公元前 285 年让位于自己的幼子托勒密二世，卒于公元前 283 年。

托勒密是亚历山大手下的一位能力超凡、足智多谋的将军，他证明了“继承者”在国家建设上的才能，他的注意力主要集中在埃及。他精明而又谨慎，使他在“继承者”战争的混乱局势中总是处于有利地位。他同时也是一个引人注目的艺术家和文学家，他记述了亚历山大作战的经历，为他身后的历史学家研究亚历山大提供了资料。

DLB

参考：Bevan, Edwyn, The House of Ptolemy: A History of Egypt Under the Ptolemaic Dynasty. Chicago, 1968.
Elgood, Percival George, The Ptolemies of Egypt. Bristol, 1938.
EB.
OCD.
See also histories of Alexander's campaigns.

普拉克西思二世（Pulakesin，卒于 642 年） 印度在德干地区的统治者。参加主要战争：同帕那瓦王朝的马亨德拉跋摩的战争（608—625 年）、同哈沙的战争（620 年）、同帕那瓦王朝的战争（625—630 年，640—642 年）、库波迦叛乱（630 年）；参加的主要作战：瓦塔皮（巴达密）之战（642 年）。

普拉克西思二世是遮娄其王朝创立者普拉克西思一世的孙子，其出生日期和早期经历不详。608 年登上王位，之后不久就卷入了同印度东南部地区的帕那瓦王朝的统治者马亨德拉跋摩的战争。609 年，获得了孟加拉湾出海口，但从此以后，在六年的战争中基本上没有取得什么进展。与此同时，他派出一支远征部队征讨德干地区的哈沙，但在 620 年被击退。625 年，马亨德拉跋摩去世，普拉克西思在同帕那瓦的战争中开始有所进展，逐步掌握了战争的主动权。对帕那瓦王国的领土鲸吞蚕食，使帕那瓦王国最后只剩下位于东海岩的一块小飞地，但是正当他准备彻底摧毁帕那瓦王国时，他的兄弟、维恩吉地区（基本上在安陀罗范围内）的总督库存波迦发动了一次叛乱。库存波迦建立起了东遮娄其王国，因此使帕那瓦王国得到了一个恢复的机会。642 年，普拉克西思二世同那罗希摩一世在遮娄其王国首都瓦塔皮城外进行了一次交战，普拉克西思兵败身亡。

普拉克西思二世是一位能力出众和坚决果断的将军和统治者，在他统治时期，遮其娄王国国力达到了其顶峰。

DLB

参考：EB.
EMB.

普瓦斯基，卡齐米茨伯爵（Pulaski，Count Kazimierz，1747—1779 年） 波兰和美国将军。参加主要战争：反俄起义（1768—1772 年）、美国独立战争（1775—1783 年）；参加主要战役（战斗）：别尔季切夫之战（1768 年）、兹瓦涅茨之战（1769 年）、布兰瓦恩之战、日耳曼敦（两地均位于宾夕法尼亚境内）之战（1777 年）、查尔斯顿围城战、萨凡纳围城战（1779 年）。

普瓦斯基（1747 年 3 月 4 日）生于马索维亚（华沙周围地区）的韦尼亚里，为后来成为巴尔同盟创始人之一的约瑟夫·普瓦斯基的次子。在别尔季切夫之战（1768 年春）中表现突出。在土耳其边境附近对入侵的俄军进行过成功的游击战。曾进行英勇的兹瓦涅茨和奥克皮·希维泰日·特罗日齐保卫战（1769 年）。占领筑垒的琴斯托霍瓦修道院（1770 年 9 月 10 日）后，他在喀尔巴阡山至波兹南的广大地区进行游击战。其随后对俄军进行的琴斯托霍瓦修道院保卫战使他享誉波兰和西欧。普鲁士和奥地利军队也入侵波兰（导致了对波兰的第一次瓜分）后，他逃亡萨克森（1772 年 5 月 31 日）。出游巴黎，后前往土耳其，试图供养一支波兰军队同俄军作战。但土耳其准备求和。由于其波兰的领地被没收，他回到巴黎后穷困潦倒。被引荐给本杰明·富兰克林（1776 年 12 月）后，他前往美国（1777 年春），携带富兰克林致华盛顿的推荐信抵达费城（6 月）。参加了布兰瓦恩之战（9 月 11 日），后晋升为准将和骑兵司令（9 月 15 日）。日耳曼敦之战（10 月 4 日）中仅发挥了微弱作用。他要求高级军衔，又不会说英语，还拒绝执行华盛顿的命令，这一切使他与其他波兰及美国军官之间产生了极大的不和。辞去骑兵司令职务（1778 年 3 月）。征召了一支骑、步兵混编的、被称作“普瓦斯基军团”的部队。这支部队的小埃格港之战（10 月 4—5 日）中遭英军突然进攻而失败。特拉华河上游作战之后，他奉命南下至卡罗来纳（1779 年 2 月）。到达后不久，他的部队在查尔斯顿附近再次战败（5 月 11—12 日）。萨凡纳围城战（9 月 23 日—10 月 18 日）期间，普瓦斯基在骑兵冲锋（10 月 9 日）中受致命伤。前往查尔斯顿途中

卒于美国“瓦斯普”号双桅船上（10月11日）。

普瓦斯基是一位英勇无畏的军人。与其在美国旅居时的军事活动相比，他在波兰的军事生涯更突出些。独立战争期间，他那动辄争吵的脾气和倨傲无礼的态度使他失去了人缘和信任，其军团的战绩也败多胜少。

CCJ and DLB

参考：Boatner，Encyclopedia.

Manning，Charles A.，Soldier of Liberty：Casimig Pulaski. New York，1945.

Wayda，Wladyslaw，Kazimierz Pulaski w Ameryce. Warsaw，1930.

DAB.

EB.

帕特南，伊斯拉埃尔（Putnam，Israel，1718—1790年） 绰号“老帕特”、“老狼套”、“革命的把犁人”。美国将军。参加主要战争：法国与印第安人的战争（1754—1763年）、庞蒂亚克战争（1763—1764年）、美国独立战争（1775—1783年）；参加主要战役（战斗）：克朗波因特之战（1755年）泰孔德罗加堡（1758年）进攻战（两者均位于纽约州）、蒙特利尔（1760年）之战、邦克山（波士顿附近，1775年）之战、波士顿围攻战（1775—1776年）、长岛（纽约）之战（1776年9月8日）。

威廉·帕特南1718年1月7日生于马萨诸塞州塞勒姆村，约翰逊爵士军中任上尉。后加入著名的罗伯特·罗杰斯的别动队，任少校（1758年3月）后参加了詹姆斯·阿伯克朗比爵士的那场半途而废的泰孔德罗加堡进攻战（1758年7月8日）。被印第安人俘获（8月），由于一位法国军官的及时干预才免去一死，后在交换俘虏时获释（11月）。杰弗里·安赫斯特勋爵攻夺泰孔德罗加堡（1759年6月—7月26日）期间为康涅狄格第四团中校，参加了安赫斯特对蒙特利尔的作战（1760年8—9月）。晋升为康涅狄格第一团上校后，在前往围攻哈瓦那（古巴的哈瓦那）的途中其船失事（1762年5月）。庞蒂亚克叛乱期间参加了旨在解除底特律之围的八个月战役（1764年），后退归于其康涅狄格的家场。18世纪70年代参加了“自由之子”组织，曾领导了地密西西比河上游地区的探险（1773年）。列克星顿与康科德之战后率康涅狄格民兵到达波士顿（1775年4月），后被任命为康涅狄格第三团上校（5月1日）。晋升为康涅狄格民兵的准将（6月）后，他率领美军参加了邦克山之战（6月17日）。战斗中，他可能告诉过士兵：“看见他们的白眼球后，你们再射击。”后晋升为大陆军的准将（6月19日），波士顿围城战（1775年4月—1776年3月17日）期间为中路部队指挥官，华盛顿到来之前曾短期提任司令（1776年4月7—13日）。接替驻长岛的苏利文职务（8月24日）后即到英军的进攻（8月27日），但他在向宾夕法尼亚的撤退（9—12月）中未发挥主要作用。指挥部队参加普林顿之战（1777年1—5月）后，他被任命为哈德逊高原的指挥官。亨利·克林顿爵士夺取其两座要塞（10月），故此名声下降。后几次提任后方地域勤务指挥官（1777年11月—1779年），因突然瘫痪而被迫退役（1779年12月）。1790年5月29日卒于康涅狄格州庞弗里特的家中。

帕特南强壮、勇敢、是一位有感召力的领导人，但由于缺乏正规的军事训练，其作为指挥官的才能有限。他正直，而且对敌友双方均施以人道，这使他成为一位受到热爱的民间英雄。

DLB

参考：Boatner，Encyclopedia.

Callahan，North，Connecticuts Revolutionary War Leaders. Chester，Conn.，1973.

Livingston，William F.，Israel Pioneer，Ranger，and Major-General，1718—1790. New York，1905.

DAMB.

WAMB.

普特尼克，拉多米尔（Putnik，Radomir，1847—1917年） 塞尔维亚将军。参加主要战争：塞尔维亚-土耳其战争（1876年）、俄国-土耳其战争（1877—1878年）、塞保战争（1885—1886年）、第一次巴尔干战争（1915—1913年）、第二次巴尔干战争（1913年）和第一次世界大战（1914—1918年）；参加主要战役（战斗）：阿莱克西纳茨之战（1876年）、朱尼斯之战（1876年）、斯利夫尼察之战（1885年）、皮罗特之战（1885年）、库马诺沃之战（1912年）、莫纳斯提尔之战（比托拉，1912年）、布雷尔加尼察河之战（1913年）、采尔山战（黑山，1914年）和科卢巴拉之战（1914年）。

普特尼克1847年1月24日生于克拉古耶瓦茨，是一名中学教员之子。受教育于塞尔维亚炮兵学校。1866年被任命为少尉。参加了塞尔维亚-土耳其战争（1876年6—11月），尽管塞尔维亚在阿莱克西纳茨（9月1日）和朱尼斯地区（10月29日）进行的战役中失利，但他却因此名声大噪。俄国-土耳其战争期间（1877年12月—1878年3月），参加了塞尔维亚对此战争的介入。在那场与保加利亚进行的不幸的战争中（1885年11月—1886年3月）任师参谋，这场战争中塞尔维亚在斯利夫尼察（11月17—19日）和皮罗特（11月26—27日）地区进行的战役中遭到更进一步的打击。1889年毕业于陆军参谋学院。稳步晋升至将军，1903年任参谋长。三度出任陆军大臣（1904—1905年，1906—1908年，1912年）。为了使塞尔维亚从此避免其早期岁月中所经历的创伤，他致力于提高塞尔维亚军队的职业技能，改善其训练和装备。第一次巴尔干战争爆发时（1912年10月），出任总司令。战争中其总司令之职对于塞尔维亚在库马诺沃赢得的胜利作用重大（10月24日）。他运用战术欺骗使土耳其人放弃在巴布纳通道的战术要点，后于11月5日在莫纳斯提尔大败土军，迫使土耳其几乎放

弃整个马其顿。他的指挥才干是塞尔维亚军队强攻驻扎布雷加尔尼察地区的保加利亚第三和第四集团军致胜的重要因素（1913 年 6 月末—7 月 10）。第一次世界大战爆发时，他正在奥地利的巴特格莱贝格接受治疗，他被护送至罗马马尼亚边境，从那他加速返回塞尔维亚（1914 年 7 月）。糟糕的身体状况使其只能限于呆在火车上按照地图指挥塞尔维亚军队作战。面对奥斯卡·波奥雷克指挥的装备精良、人数居多的奥军，8 月 16 日他在亚达尔河实施了猛烈的反击，并在一周之内（8 月 16—21 日）将奥军驱回至德里讷河的另一侧。9 月 6 日他发动一次有限的攻击，进入奥地利占领的波斯尼亚，但此举无碍奥地利这队越过德里讷河发动新一轮的进攻（9 月 7—8 日）。尽管进行了十天的苦战（9 月 8—17 日），但他未能攻占奥军的桥头堡。撤向贝尔格莱德西南地区的营地，但迫于奥军的第三次进攻（11 月 5—30 日），12 月 2 日放弃贝尔格莱德，有组织而缓慢地向南撤退，使奥军的战线拉得过长。他充分利用正好位于奥军前线后方的泛滥的科卢巴拉河，发动反击，再一次击退奥军（12 月 3—9 日），12 月 10 日重新收复贝尔格莱德。由于前线的平静持续了十个月，塞尔维亚军队的资源和补给日见其绌，无力抵抗德国第十一集团军、奥地利第三集团军和保加利亚第一及第二集团军共同发起的联合攻击（1915 年 10 月 7 日）。几周之内，塞尔维亚军队被赶入腹地。到 11 月末，他们开始穿越相距甚远的山脉，进行撤退。他乘轿车跨越山脉直至阿尔巴尼亚的疗养院（11 月 23 日—12 月）。其残部最后被英国海军收容和重新武装，疏散到科孚，因此，他 1916 年初被解除职务。后赴尼斯休养。1917 年 5 月 17 日卒于尼斯。

普特尼克作为一位著名的指挥官，足智多谋，意志坚定，具有清醒的战略眼光。他特别长于利用地形以求获得最佳作战效果，这一点无论进攻抑或防御都是如此。在其后来进行的战役中，因无法亲自勘察地形，故只能使用地图。塞尔维亚认为其 1914 年获得的胜利应归功于其将领和部队令人惊叹的英勇和顽强。

DLB

参考：Buchan, John, A History of the Great War. 4 vols. Boston, 1923.
Keegan, John, and Andrew Wheatcroft, Who's Who in Military History. New York, 1976.
EB.

披耶郑信（P'ya Tashin，卒于 1782 年） 有中国血统的暹罗（今泰国）将军和统治者。参加主要战争：缅甸战争（1760—1769 年）、柬埔寨境内与越南的战争（1770—1773 年）、再次爆发的缅甸战争（1775—1776 年）、入侵老挝（1778 年）；参加主要战役（战斗）：佛丕（碧武里）之战（1764 年）。

披耶郑信出生日期不详，是中国人和泰人通婚而生的后代。作为一名能征惯战的军人，他被置于泰族抵抗由国王雍笈牙领导的缅甸人侵的最前线（1760 年）。与缅甸的战争没有停止，而缅甸人对暹罗中部的入侵导致了古都阿育他亚（大城）的失陷和被毁（1767 年）。披耶郑信从缅甸人的包围圈中脱逃，并在北方招募了一支新军，他以这支军队将缅甸人赶出了暹罗中部，但他在进攻清迈时被击退（1767—1769 年）。与此同时，披耶郑信打败了两个争夺暹罗王位的对手，并通过不懈的努力重建了暹罗的秩序。在柬埔寨境内发起了一场战争，几经成败后，在那里扶立了一位新的顺从暹罗的傀儡国王（1770—1773 年）。进攻在清迈的缅甸军队，并将他们赶出了该国，最终统一了暹罗。后又击退了缅甸人的入侵（1776 年）。入侵老挝，并攻克万象（永珍），迫使该王国承认暹罗的宗主权（1778 年）。对越南的进一步干涉不得人心。披耶郑信经常出现神经错乱，于是其较有才干的将军之一——却克里领导了一场叛乱，披耶郑信被推翻，并在巷战中被杀。

披耶郑信是一位杰出的人物，他在暹罗被缅甸人和越南人包围的这一极其危险的时候保存了这个国家。

DLB

参考：EB.
EMH.

皮洛士（Pyrrhus，公元前 319—前 272 年） 古代希腊伊庇鲁斯国王。参加主要战争：反对德米特里的战争（公元前 295—前 284 年）、与罗马的战争（公元前 281—前 272，前 276—前 275 年）、与迦太基在西西里作战（公元前 278—前 276 年）；参加主要战役（战斗）：伊普苏斯之战（公元前 301 年）、赫拉克利亚（现在的塞瓦斯托波尔）之战（公元前 280 年）、阿斯库卢姆之战（公元前 279 年）、贝尼文托之战（公元前 275 年）。

皮洛士生于公元前 319 年，与马其顿国王亚历山大三世有亲缘关系。公元前 307 年 12 岁时即位为伊庇鲁斯国王，并与马其顿的德米特里一世结成联盟。公元前 302 年的一次暴乱逼迫他退位，他逃到亚洲。公元前 301 年加入德米特里和安提柯一世阵营，在伊普苏斯之战中同他们一起并肩作战。为履行德米特里和托勒密一世之间达成的协议，他被派往亚历山大当人质，在此成为托勒密的盟友。公元前 297 年，托勒密帮助他回国重新获得王权。起初，与其亲属尼奥普托勒穆斯二世分享王位，但不久即公元前 296 年，皮洛士就将其谋杀。公元前 295 年—285 年趁马其顿和希腊王室分争、其国内混乱之机，积极扩大自己的领地，并在希腊和马其顿中部地区进攻从前的盟友德米里特。公元前 281 年塔伦托姆请他协助对罗马作战，他率领25 000人和 20 头大象渡海至意大利，公元前 280 年，在赫拉克利亚之战中取得全面胜利，但所付出的代价太大，以至于在庆贺胜利时他说："如果再取得一次这样的胜利，我自己也将性命难保"，"皮洛士的胜利"一语由此成为代价惨重的代名词。他继续向罗马进军，但遇罗马及其同盟军的激烈抵

抗，被迫撤回意大利南部地区，并在此着手组建更大规模的军队。公元前 279 年，在阿斯库卢姆取得了另一场小胜，但在这次战斗皮洛士却负了重伤。公元前 278 年，攻取罗马的企图失败后，又跨海到西西里，从迦太基手中夺回了叙拉古。公元前 277—前 276 年，尽管取得了几场战斗的胜利，但仍未能把迦太基人从其占据的西西里中部和西部地区彻底驱逐。公元前 276 年，当迦太基和罗马结盟后，皮洛士返回意大利后抵御这一较大的威胁。公元前 275 年在贝内文托与由 M. C. 登塔图斯率领的罗马军队交战，被击败，作战中曾为之自豪的皮洛士军队的大象，受惊后掉回头在皮洛士的队伍中乱闯，给自己造成了极大的混乱。在遭受重大损失之后，皮洛士返回伊庇鲁斯，并断言："这里是罗马与迦太基作战的最好的战场。"公元前 274 年，打败了马其顿新统治者安提柯二世，并将其围 困在塞萨洛尼亚的港口之中，但他却放弃了新获得的马其顿的王位而去干涉希腊的内部事务。公元前 272 年向斯巴达大举进攻，企图收复克里奥尼姆斯，未能如愿，并于夜间在阿各斯街道的巷战中阵亡。

皮洛士是一位精明能干的领导者，他精力充沛、富有进取心和热情，是一位出色的战术家和战场指挥员，但是在战略运用方面略显不足，缺乏长远目标，据幸存的一些古代史料记载：他写了一本回忆录和几本有关战争艺术的著作。可惜的是均已失传。

DLB

参考：Gross, G. N., Epirus. London, 1932.
Lévèque, P., Pyrrhos. Paris, 1957.
Plutarch, "Pyrrhus," Parallel Lives.
EB.
OCD.

Q

匡特里尔，威廉·克拉克(Quantrill, William Clarke, 1837—1865 年) 美国南部同盟游击队领导者和歹徒。参加主要战争：美国内战（1861—1865 年）；参加主要战役(战斗)：列克星顿包围战（密苏里州，1861 年）、独立城之战（密苏里州，1862 年）和巴克斯特斯普林斯之战(1863 年)。

匡特里尔 1837 年 7 月 31 日生于俄亥俄州的多佛河(现多佛)。美国内战期间，在密苏里州和堪萨斯州领导一支南部同盟非正规部队。围攻列克星顿的行动中(1861 年 9 月)，在普赖斯·斯特林半军手下任职。参加了占领独立城的行动（1862 年 8 月 11 日）。尽管因此获得南部同盟军上尉的任命，但他与其说是战士倒不如说是歹徒。1863 年 8 月 21 日，他率 400 余人袭击了堪萨斯州的劳伦斯，残杀了 150 多名手无寸铁的平民，烧毁了这座城的大部。此后不久，他在巴克斯特斯普林斯击败了联邦军的先遣队，并处死了那些幸存者，包括非战斗人员（1863 年 10 月 6 日）。1865 年 5 月在肯塔基，在与联邦军交战中因伤致死。其游击队中包括一些臭名昭著的歹徒，如：弗兰克、杰西·詹姆斯、科尔·杨格以及按照传说还有贝尔·雪莉，其后被称作贝尔·斯塔尔。

ACD

参考：Edwards, John N., Noted Guerillas, or the Warfare of the Border. Dayton, Ohio, 1976.
Nichols, Alice, Bleeding Kansas. New York, 1954.
WAMB.

奎特曼，约翰·安东尼(Quitman, John Anthouy, 1798—1858 年) 美国将军及政治家。参加主要战争：美墨战争(1846—1848 年)；参加主要战役（战斗）：蒙特雷之战(1846 年)、1847 年的维拉克鲁兹之战、普埃布拉之战及查普尔特佩克之战。

奎特曼 1798 年 9 月 1 日生于纽约州的莱茵贝克，他是鲁瑟兰官员腓特烈·亨利·奎特曼之子，接受过良好的私人教育。1818 年，任命为宾夕法尼亚位于日耳曼敦的蒙特埃里学院英文副教授。1818 年秋迁往俄亥俄州，在那里研究法律，1821 年取得律师资格。11 月移至密西西比的纳齐兹。1827 年入选州立法局。1827—1835 年任州法院大法官。其中 1832 年任州宪法委员会主席。1835 年当选州上院主席。1835 年 12 月—1836 年 1 月临时任州长。后竞选美国国会议员失败，墨西哥得克萨斯“革命”后，组建了一个连开赴得克萨斯，返回后，于 1836 年任命为民兵准将。1841 年升少将。1846 年 7 月，当与墨西哥战争爆发后，被任命为志愿役准将，率部与扎卡里·泰勒的军队在墨西哥北部会师。参加蒙特雷之战，表现出色，9 月 21 日在攻打特尼利亚堡时起了主要作用，9 月 22—23 日又在该城进行激烈的巷战。后隶属温菲尔德·斯科特军队。1847 年 3 月 9—24 日，参加维拉克鲁兹包围战，5 月 15 日，在攻占普埃布拉时扮演主要角色，因此战，他被晋升荣誉少将衔。9 月 13 日，率所属师席卷墨西哥城外的查普尔特佩克。9 月 14 日，他不顾斯科特将军命他要小心谨慎的命令，进军至贝伦门，于黄昏时分率先进入墨西哥城。尽管如此，斯科特仍任命他为该城全权总督。1849 年返回密西西比，并当选州长。1850 年随纳尔西索·洛佩斯将军在未经政府同意的情况下远征古巴。后以破坏美国中立法而遭起诉，1851 年 2 月免去州长职。后来所有起诉均撤消。1854 年入选国会，两年后再次当选。1858 年 7 月 17 日卒于纳齐兹附近的家中。

奎特曼尽管出生于北方，但观点却倾向于南方。作为指挥员他是勇敢的，他关心下属，是一位胜任其职的战术指挥员。作为志愿役战士，他渴望证明志愿军同正规军一样稳定可靠。

DLB

参考：Bauer, K. Jack, The Mexican War, 1846—1848. New York, 1974.
Claiborne, J. F. H., Life and Correspondence of John A. Quitman. 2vols. New York, 1860.
DAMB.

WAMB.

古泰拜·伊本·穆斯林(Qutayba ibn Muslim,卒于715年)

阿拉伯倭马亚哈里发马利克和瓦利德手下的将军。参加主要战争：征服布哈拉、撒马尔罕和中亚塔什干等战争(705—715年)。

古泰拜的出生情况以及早年的生活经历无从考证。大约在705年，倭马亚哈里发阿卜杜拉·马利克和瓦利德先后任命古泰拜为波斯东北部呼罗珊省的埃米尔。古泰拜直接侍从于伊拉克总督赫贯吉·伊本·塔基夫，对他言听计从。古泰拜不仅从阿拉伯人当中招兵买马，还为自己招募了一支由波斯人组成的军队。他每到一处，都要宣扬自己的伊斯兰教信仰。古泰拜按照部落和伊斯兰教派别，把自己收编来的军队和土地划分开来，当各派发生矛盾时，他就使用由那些无信仰兵士组成的军队，以此来平衡伊斯兰各教派之间、各部落之间的矛盾。706—712年，古泰拜征服了布哈拉、撒马尔罕、卡瓦利兹姆、费尔干纳和塔什干。712—714年，古泰拜入侵中国新疆，深入到喀什。714—715年，古泰拜加重税收，增加军费开支，到处寻衅，发动战争，逐渐自高自大起来，从而促使自己的军队发生哗变。715年，古泰拜被自己部下推翻并杀死。

TM

参考：Shaban, M. A., Islamic History, A. D. 600—750(A. H. 132): A New interpretation. Cambridge, 1971.

Q

R

拉宾，伊萨克（Rabin, Yitzhak 〈Itzhak〉, 1922—1995 年） 以色列将军和政治家。参加的主要战争：巴勒斯坦战争（1948—1949 年）、"六五"战争（1967 年）。

拉宾 1922 年 3 月 1 日生于耶路撒冷，是俄罗斯犹太人移民的儿子。1941 年，在他十几岁的时候，就参加了犹太人地下武装组织"哈加纳"。1943 年转入"哈加纳"的精锐突击部队"帕尔马赫"。在独立战争期间，随"帕尔马赫"参战。1948 年 4 月—1949 年 1 月，在耶路撒冷走廊的战斗中任哈里尔旅旅长。1953 年进入英国坎伯雷参谋学院学习。1956—1959 年，任北部军区总司令。期间没有参加 1956 年 10—11 月的西奈战役。1959—1960 年，任人力部部长。1960—1964 年，任副总参谋长兼作战部长。1964 年任总参谋长。期间参加了"六五"战争，参与制定了以色列在这次冲突中（1967 年 6 月 5—10 日）取得胜利的战略，尤其是对制定西奈战役（6 月 5—8 日）的作战计划发挥了重要作用。1968 年退出军界。1968—1973 年任驻美大使。1973 年 12 月，以工党代表当选议员。1974 年 3—6 月，任劳工部部长。6 月 3 日，接替果尔达·梅厄任总理，成为第一位在以色列土生土长的政府领导人。1974—1975 年，在他执政的第一年，还兼任电讯部部长。1976 年 12 月，辞去总理职务，但在梅纳赫姆·贝京领导的利库德集团接管政权后仍任过渡政府首脑。1977 年 4 月任工党领袖。1984 年，在退休几年之后，又重返社会公共生活，出任民族联合政府的国防部长。1994 年 10 月获诺贝尔和平奖，1995 年被刺杀身亡。

DLB

参考：Dupuy, Trevor N., Elusive Victory: The Arab Israeli Wars, 1947—1974. Fairfax, Va., 1984.

Rabin, Yitzhak, The Rabin Memoirs. New York, 1979.

拉德茨基，约瑟夫·文塞斯拉斯，拉德茨伯爵（Radetzky, Josef Wenceslas, Count of Radetz, 1766—1858 年） 奥地利陆军元帅。参加主要战争：俄土战争（1787—1792 年）、法国大革命战争（1792—1799 年）和拿破仑战争（1800—1815 年）、意大利革命战争（1848—1849 年）；参加主要战役（战斗）：弗勒吕斯之战（1794 年）、阿斯派因-埃斯林之战（1809 年）、华沙之战（1809 年）、莱比锡之战（1813 年）、库斯托扎之战（1848 年）、纳瓦拉之战（1849 年）。

拉德茨基 1766 年 11 月 2 日生于波希米亚的特里贝尼斯（今属捷克）。1784 年入奥地利军队，1787 年升中尉。在 1787—1792 年同土耳其战争中，表现出色。1794 年 6 月 26 日，率骑兵成功地攻下弗勒吕斯，使其声望日增。1796—1797 年在意大利服役，同拿破仑作战。1805 年在查理大公手下服役，任少将。他参加了 1808 年 5 月 21—22 日的阿斯派因-埃斯林之战及 1809 年 7 月 5—6 日的华沙之战。1804—1811 年，作为总参谋长，尝试革新和重建奥地利军队。1813 年在波希米亚军队中服役，任奥地利元帅施瓦岑贝格的总参谋长。他协助制定了 1813 年莱比锡战役计划。在 1814—1815 年的维也纳会议中他是奥地利代表。经一段时期的半退休生活后，于 1813 年 12 月重入现役，任驻意大利奥军总司令。1836 年升元帅。退役后，于 1848 年被召入现役，以镇压意大利民族主义者的起义，7 月 24—25 日在库斯托扎打败意大利军队，将他们赶出伦巴第，并攻占米兰。在纳瓦拉之战中，再次打败意大利军队，迫使撒丁国王查理·阿尔贝特退位，从而迅速地镇压了起义（1848 年 3 月 23 日）。1850—1857 年任伦巴第一威尼斯总督。1858 年 1 月 5 日卒于米兰。

拉德茨基是一位讲求效率、有天分的指挥员。他还是一位优秀的管理者，并对奥地利军队进行了重要的改革。他的士兵亲切地称他为"大桶拉德茨基"。老约翰·施特劳斯还曾做《拉德茨基进行曲》以示纪念。

VBH

参考：Regele, o., Feldmarschall Radetzky. Vienna, 1957.

Schmall, Radetzky. Berlin, 1938.

Warner, p. , Napoleon's Enemies. London, 1976.

雷德福，阿瑟·威廉（Radford, Arthur William, 1896—1973） 美国海军上将。参加主要战争：第一次世界大战（1917—1918年）、第二次世界大战（1941—1945年）；参加主要战役（战斗）：吉尔伯特群岛战役（1943年）、硫磺岛战役、冲绳岛战役（1945年）。

雷德福1896年2月27日生于芝加哥。1916年毕业于海军军官学院。一战结束时在大西洋的"南卡罗来纳"号战列舰上服役。1919年提升为海军中尉。1920年在佛罗里达彭萨科完成海军飞行训练。1921—1923年被派往航空局任职。1923—1927年在战斗舰队中随海军航空兵部队先后在"阿洛斯图克"号、"科罗拉多"号、"宾夕法尼亚"号服役。1927—1929年在圣地亚哥海军航空基地任职。1929年临时指挥一次阿拉斯加航空勘查行动。1929年11月至1931年在"萨拉托加"号航空母舰上服役。1931—1932年任航空母舰司令雅纳上将的助手和旗舰助理舰长。1932—1935年又被派至航空局。1936年提升为海军中校。1936—1937年回到"萨拉托加"号上任赛恩上将的参谋。1937—1940年任西雅图海军航空基地司令。1940年5月至1941年5月为"约克镇"号航空母舰行政军官。8月11日负责指挥位于西印度群岛的特立尼达岛海军航空基地。12月为航空局航行训练中心主任。1942年1月2日被提升为海军上校。1943年4—6月在完成第二航母分舰队的临时任务之后，7月被提升为海军少将并担任第十一航母分舰队指挥官。1943年7—11月参加攻击吉尔伯特群岛和马绍尔群岛的作战。1943—1944年回到华盛顿，任海军作战部参谋。1944年11月又回到海上任第六航母分舰队司令。参加进攻硫磺岛（1945年1—3月）、冲绳岛（4—6月）和日本本土（6—8月）的空中战斗。9月为西雅图舰队航空司令。1946年1月升为海军中将并受命担任海军作战部副部长，负责航空事务。1947年3—12月，指挥第二特遣舰队。1948年1月提升为海军上将并被任命为海军作战部副部长。1949年5月任太平洋舰队总司令和太平洋托管地的高级专员，1949年10月3—27日同阿尔勒·贝克、弗罗斯特·谢尔曼等人一道卷入海军上将们反对统一防御建制、降低海军地位至非独立辅助军种计划的抗议行动。1953年6月被艾森豪威尔总统选中担任参谋长联席会议主席，1955年8月又被重新任命担当此职。1957年8月退役以后，雷德福任顾问并从事商业活动。1973年8月17日卒于华盛顿特区外的马里兰州贝塞斯达海军医院。

KS

参考：Coletta, Paolo E. , The United States Navy and Defense Unification, 1947—1953. Newark, Del. , 1980.

Jurika, stephen, Jr. , ed. , from pearl Harbor to vietnam: The memoirs of Admiral Arthur W. Radford. Stanford, calif, 1980.

Reynolds. clak G; Famous American Admirals. New York. 1978.

DAMB.

WAMB.

拉济耶夫斯基，阿列克谢·伊万诺维奇（Radzievskiy, Aleksei Ivanvich, 1911—1978年） 苏联陆军上将。参加主要战争：第二次世界大战（1941—1945年）。参加主要战斗：莫斯科保卫战（1941年）、斯大林格勒保卫战（1942年）、哈尔科夫、基辅之战（1943年）、日托米尔之战（1943—1944年）、维斯图拉河-奥得河之战（1944—1945年）、柏林之战（1945年）。

拉济耶夫斯基1911年8月13日生于乌克兰的乌曼。1929年被征召入红军。1931年毕业于红军指挥官骑兵学校。在任一个小骑兵部队指挥官后，1934年改任第十八山地骑兵师助理作战军官。1938年毕业于伏龙芝军事学院，后又于1941年毕业于伏罗希罗夫总参谋学院。二战期间，他连续担任参谋和指挥官职务，在莫斯科会战（1941年11—12月）、德国的斯大林格勒-高加索攻势（1942年6—11月）、哈尔科夫郊区战（1943年2—3月）、基辅之战（10—11月）和日托米尔之战（1943年12月—1944年1月）中表现出色。日托米尔之战中，提升为陆军少将，1944年2月被任命为第二坦克集团军参谋长，并保持这个职位直到战争结束。1944年春秋，在波兰中部的作战行动中担当主要角色，1944年12月—1945年2月在对德国的最后反攻中，于4月22日—5月2日指挥柏林战斗。战后拉济耶夫斯基指挥不同的坦克编队。历经十年（1959—1969年）。担任伏罗希洛夫军事学院代院长。在生命的最后十年里（1969—1978年），一直担任伏龙芝军事学院院长。战后的年月里，他写了大量的有关坦克作战的论文和著作，最著名的有《突破防线》和《坦克攻击》。一生获得许多勋章，包括苏联英雄勋章、两枚列宁勋章，六枚红旗勋章及其它。卒于1978年8月30日。

PM

雷德尔，埃里希（Reader, Erich, 1876—1960年） 纳粹德国海军元帅。参加主要战争：第一次世界大战（1914—1918年）、第二次世界大战（1939—1945年）。

雷德尔1876年4月14日生于汉堡附近万茨贝克的一个中产阶级家庭里。1894年参加海军并于1897年被任命为海军少尉。在第一次世界大战（1914—1918年）中，在多种舰队中任职并参与布雷计划和袭击英国海岸的行动。战后，继续留在海军并花费一些时间在档案馆，从而完成一部有关巡洋舰战争的著作。1925年被晋升为海军中将，1928年10月1日，提升为海军上将并被任命为海军总指挥。此后领导德国海军的现代化建设并开始了从由于受《凡尔赛和约》限制的适度海岸防御向令人震惊的"蓝色海洋"海军战略的转变。纳粹党上台执政使雷德尔的军衔升至首席上将，1935年被任命为海军总

R

司令。由于期望着纳粹党会支持一个重要的海军扩军方案，从而开始实施“E”计划。按照这个计划，到1944年或1945年前，德国将拥有一支包括6艘战列舰、3艘战斗巡洋舰、2艘航空母舰以及大量的巡洋舰和驱逐舰。然而由于1939年9月第二次世界大战的爆发，这些计划被大大阻止。与此同时，1939年4月1日，被提升为海军元帅，虽然他反对两线作战，但一直忠于希特勒。由于在战略上与其它纳粹领导人的争论，1943年1月30日被迫辞职，由卡尔·邓尼茨接替。1946年10月1日在纽伦堡国际军事法庭接受审判，被判终身监禁，但在九年以后，亦即1955年9月26日被释放。1960年9月6日卒于基尔。

作为一位有军国主义倾向的海军军官，雷德尔主持了20世纪二三十年代之交为《凡尔赛和约》所禁止的德国海军的扩军。他虽然欢迎希特勒上台，但常常不同意希特勒的战略安排。他因反对无限制潜艇战而被迫辞职，但他的回忆录中对自己战时的行为只是作了温文委婉的辩护。

参考：Hitler's High Seas Fleet. New York, 1973.

Raeder, Erich, My Life. 2 Vols. Annapolis, Md., 1960.

Wistrieh, Robert, Who's Who in Nazi Germany. New York, 1986.

拉格兰，菲茨罗伊·詹姆斯·亨利·萨默塞特，拉格兰第一男爵（Raglan, Fitzroy James Henry Somerset, First Baron Raglan, 1788—1855年） 英国陆军元帅。参加主要战争：拿破仑战争（1800—1815年）、克里木战争（1853—1856年）；参加主要战役（战斗）：罗里卡之战（1808年）、维梅鲁之战（1808年）、丰特斯-德奥尼奥罗之战（1811年）、巴达霍斯之战（1812年）、萨拉曼卡之战（1812年）、维多利亚之战（1813年）、毕加索之战（1813年）、内维尔之战（1813年）、图卢兹之战（1814年）、滑铁卢之战（1815年）、阿尔马之战（1854年）、巴拉克拉瓦之战（1854年）、因克尔曼之战（1854年）、塞瓦斯托波尔包围战（1854—1855年）。

拉格兰1788年9月30日生于格洛斯特郡的巴德明顿，他是毕奥福特五世公爵亨利之幼子，其母为海军上将埃德华·勃思卡温之女伊丽莎贝思·勃思卡温。1804年6月9日入第四轻骑兵团，1805年5月30日升中尉。1807年，随阿瑟·佩吉特爵士的外交使团前往君士坦丁堡。1808年5月8日被晋升上尉后，于8月转入第四十三步兵团。后入葡萄牙，任阿瑟·韦尔斯利爵士（即后来的惠灵顿公爵）的侍从副官，此后的40年，他与惠灵顿无论是在私人还是工作上一直保持着联系，8月21日参加罗里卡之战和维梅鲁之战。同韦尔斯利返回英国后不久，又于1809年，同他返回葡萄牙。1810年7月27—28日的塔拉维拉之战后，率分遣队回英国，参加9月27日的布萨卡之战，作战中负伤。1811年1月1日，任惠灵顿的军事秘书。1811年5月3—5日，因其在丰特斯-德奥尼奥罗之战中表现杰出，晋升荣誉少校，1812年4月27日晋升荣誉中校。此后，参加了半岛战争中所有的主要军事行动，包括1812年4月9日的巴达霍斯之战、7月22日的萨拉曼卡之战、1813年6月21日的维多利亚之战、10月7—9日的毕加索之战、11月10日的内维尔之战及1814年4月10日的图卢兹之战。1814年6月27日升上尉及霍斯卫队中校。后任驻巴黎全权大使，当1815年3月20日拿破仑快回巴黎时，离开巴黎，同惠灵顿在比利时会面。在1815年6月18日的滑铁卢战役中，被打断右臂。后任驻巴黎全权公使，直至联军从法国撤走（1815—1818年）。1818—1820年任地方议会议员。1823年随一代表团赴西班牙，以便预先阻止法国人的介入，但未获成功。1825年5月27日升少将。1826—1829年再次任地方议员，1827年1月22日，当惠灵顿任近卫军司令时，他任惠灵顿的军事秘书。此后任该职多年，1838年6月28日升中将，1852年9月14日，当惠灵顿去世后，他接任惠灵顿职务，两天后被封为拉格兰第一男爵。1852年10月24日授巴思大十字勋章。1854年3月27日，克里木战争期间，当英国对俄宣战后，他受命指挥东部英国远征军，以协助土耳其人作战。1854年5月在瓦尔纳登陆，但此时，俄军已不在保加利亚进行作战。6月20日，拉格兰晋升陆军元帅。9月14—18日，他率他的军队连同圣·阿尔诺将军的法国军队在塞瓦斯托波尔以北的卡拉米塔登陆。9月20日，在阿尔马之战中打败俄军，后又向塞瓦斯特波尔进军。由于供应问题及与法国盟军就指挥问题发生了一些小的争执（格拉兰由于在半岛战争中的习惯，经常称“法国人”为敌人），经一个月的围攻，塞瓦斯托波尔仍未能拿下。10月24日，在巴拉卡拉瓦之战中取胜，这次胜利尽管应部分归功于拉格兰天才的指挥，但主要是因为卡尔迪根勋爵不断解释拉格兰的命令“紧紧咬住敌轻型旅”，虽然结果不错，但也费了不少口舌。11月27日，在因克尔曼之战中，英军粉碎俄军的解援企图，这次作战以其混乱不堪而闻名，现在人们将这场作战命名为“士兵的白刃战”，以标识此战中指挥员已毫无作用。当联军强攻利旦时，拉格兰已因痢疾身体变得十分虚弱，1855年6月18日当马拉克夫雷多特被俄军攻克后，拉格兰更是急火攻心，此时英国国内也对他提出了批评。不久后，卒于1855年6月28日。

在半岛战争中，拉格兰是一位精力充沛才华卓越的年轻战士。到1850年中间，拉格兰已过了他的黄金时期，在克里木的表现不是十分杰出，但是英国军队中还没有一位曾经为主要在陆上作战进行过准备。因此从某些方面看来，他做得还是十分不错的。人们经常以英军在后勤及医疗保障方面的失败来批评拉格兰，但这些问题主要责任不在他。由于他得到其同僚极大的尊敬，因此，在克里木战争中，他被授以皇家骑兵卫队上校这一

荣誉职位。

DLB

参考：Woodham-Smith，Cecil，The Reason Why. New York，1950.
DNB.
EB.

拉尔，约翰·哥特利布（Rall，Johann Gottlieb，约 1720—1776 年） 在英军中服役的黑森陆军军官。参加主要战争：七年战争（1756—1763 年）、美国独立战争（1775—1783 年）；参加主要战役（战斗）：怀特普莱恩斯（纽约）之战、华盛顿堡（今属纽约市）之战、特伦顿之战（1776 年）。

拉尔约 1720 年生于黑森卡瑟尔。参加过七年战争（1756—1763 年）。叶卡捷琳娜大帝的第一次土耳其战争（1768—1774 年）期间在俄国陆军中服役。后指挥其为英国效力的团前往美洲（1776 年）。参加了怀特普莱恩斯之战（10 月 28 日）和华盛顿堡之战（11 月 16 日）。华盛顿对特伦顿发起突然进攻时，他是该城外围阵地上黑森守军的司令。在其后的短暂战斗（1776 年 12 月 26 日）中受致命伤。卒于次日。

Staff

参考：Boatner，Encyclopedia.

拉玛（却克里）（Ramai〈Chakra〉，卒于 1809 年） 暹罗君主。参加主要战争：缅甸战争（1785—1792 年）。

出生日期和早期活动不详，但曾是披耶郑信麾下的将军。当那位君主神经失常后，却克里废黜了他（披耶郑信在叛乱期间被杀），并建立了一个新王朝，即王位后称拉玛一世（1782 年）。他将都城从大城迁至曼谷，不久后卷入一场同缅甸的战争（1785 年）——这是两国间经常性边境冲突的一部分——并在抵抗缅甸人袭击和进攻中获胜。但他的主要精力是在内政和经济发展上。卒于 1809 年，卒时暹罗的政府强大而稳定。

拉玛一世建立的王朝至今仍统治着泰国。

DLB

参考：Wood，W，A. R.，A History of Siam. London，1923.
EB.
EMH.

拉玛·铁菩提二世（Rama T'ibodi Ⅱ，卒于 1529 年） 暹罗国王。参加主要战争：暹罗与清迈战争（约 1500—1530 年）；参加主要战役（战斗）：湄公河战役（约 1527 年）。

拉玛·铁菩提 1491 年成为阿瑜陀耶国王。1511 年，在国内接待了葡萄牙的第一位使者杜阿尔特·费南德斯，并与他签订了贸易协定，在暹罗口岸给予葡萄牙人一定的贸易权利。从 1520 年开始，陷入了与弱小的邻国清迈的长期争斗之中。尽管实力占优势，但并未掌握主动权。几次征讨，但收效甚微。这使他意识到军事体制存在着缺陷。于是，他调整军事体制，实行征兵制，建立地方武装，使军事力量大增。后来，在那空南帮附近的湄公河之战中打垮了清迈军队。约在 1527 年把清迈军队赶出了速古台王国。他卒于 1529 年。

DLB

参考：EMH.

兰曹，约翰·冯（Rantzau，Johann von，1492—1565 年） 丹麦将军和政治家。参加主要战争：丹麦战争（1523—1524 年）、镇压丹麦农民起义（1525 年、1534 年）、丹麦内战（1534—1536 年）；参加主要战役（战斗）：哥本哈根围攻战（1523—1524 年）、奥尔堡之战（1534 年）。

兰曹 1492 年 11 月 12 日生于施泰因堡一个没落的贵族家庭，是亨里克和奥伦加尔德·布赫瓦尔德·兰曹夫妇之子。1516—1517 年间，为了避免卷入当地骑士争斗，他远游至英格兰、西班牙、耶路撒冷、罗马、法国和德国。后来，被丹麦王叔石勒苏益格-荷尔斯泰因-哥特奥尔普公爵腓特烈任命为国王克里斯提安二世王室管家。1521 年，跟随腓特烈到了沃尔姆的赖兴施泰格和迪特。在那里，他皈依了路德教，并成为一名虔诚的新教徒。1523 年 4 月率领腓特烈的军队进入丹麦，废黜了无能的克里斯提安二世，辅佐腓特烈登上王位，即腓特烈一世。1523 年 6 月—1524 年 1 月 6 日，率军围攻并攻占了哥本哈根。翌年 4 月，率军镇压了斯科纳农民起义。1534 年 12 月 18 日，席卷了奥尔堡，从而平定了日德兰的农民起义。腓特烈去世后，爆发了王位争夺战，中间又掺杂着宗教纠纷。兰曹辅佐腓特烈的大儿子于 1543 年登上了国王的宝座，成为克里斯提安三世。1544 年，以石勒苏益格-荷尔斯泰因执政的身份促成弗伦斯堡协定。协定规定，克里斯提安三世统治丹麦，而他的弟弟约翰则掌管石勒苏益格-荷尔斯泰因。1565 年 12 月 12 日卒于布莱腾贝格。

兰曹是丹麦国王腓特烈一世和克里斯提安三世的得力助手和忠实大臣。

DLB

参考：ADB.
DBL.

兰曹，约西亚斯·冯（Rantzau，Josias von，1609—1650 年） 丹麦、荷兰、瑞典、日耳曼军人，后来的法国元帅。参加主要战争：三十年战争（1618—1648 年）；参加主要战役（战斗）：亨纳库尔之战（1642 年）、图特林根之战（1643 年）。

兰曹生于 1609 年，是约翰·冯·兰曹的曾孙。十四五岁时效力于拿骚的莫里斯的军队（约 1624 年）。后参加丹麦、瑞典和神圣罗马帝国的军队，后又投效瑞典军。加入法国军队后，以外表俊美以及战功和冒险的故事（或许常常夸大其辞）打动了路易十三的王廷。任驻沿莱茵河弗朗什孔泰地区和佛兰德地区的法军司令期间，因

R

勇敢、魄力和军事技巧而闻名。在亨纳库尔（康布雷附近）之战（1642年5月18日）中为西班牙军所俘。被换回后，他的军队在图特林根之战（1643年11月24日）又一次被俘。尽管有这些挫折，他还是被加封为法国元帅并被任命为新占领的敦刻尔克要塞总督（1645年6月30日）。后在首相马萨林的建议下被捕（1648年）。（1650年9月14日）卒于巴黎狱中。

兰曹在其戎马生涯中负伤60多处，丧失了一只眼睛、一只耳朵、一条腿和一只胳膊。他外表英俊、脾气急躁、作战勇敢，总之是一位能干的军人，但他在法军中生涯却是命运多蹇。

DLB

参考：ADB.

红云（Red Cloud，1822—1909年） 美国印第安苏族人酋长。参加主要战争：红云战争（1866—1868年）；参加主要战役（战斗）：费特曼之战（怀俄明州的斯达里附近，1866年）、海菲尔德之战（1867年）、车厢之战（怀俄明州的班纳附近，1867年）。

红云1822年生于内布拉斯加普拉特河的奥格拉拉苏族部落。作为一个勇敢的斗士，他在与其它部落进行的多次战事中（可能1840—1855年）赢得声望，并成为坏脸分会的首领。1860年成为奥格拉拉族的首领，他领导苏族及其夏族同盟反对帕特里克·E. 康纳的远征军侵入波德河地区，沿古老的博兹曼小道修建要塞和一条军队通行的道路（1865年7月）。因此路的修建将切断苏人的最佳猎狩场所，他强烈反对。两个美国谈判代表团被派来安抚他，未果。他率2000名勇士进行了一场被称作是红云战争的战役。包围了雷诺要塞（怀俄明的凯西附近）、菲尔卡尼要塞（怀俄明的班纳附近）及C.F. 史密斯要塞（蒙大拿的耶洛特尔德姆附近），并不断对其进行有力的攻击。其中最著名的有：1866年12月21日的费特曼之战，一场在菲尔卡尼要塞附近进行的战斗，战斗中威廉·费特曼率领的一支83人的部队大部被杀。海菲尔德战斗（1867年8月1日）以及8月2日的车厢战斗，被一支32人组成的装备有连发步枪的美国陆军部队击退。因无法完成道路的修建，美军便与苏族人签订了《拉腊米要塞条约》（1868年4月），他承诺不再进行战争，作为回应，美军放弃修建要塞，而北普拉特领地则更靠近白人辖区。在美驻军撤出前，要塞被烧毁（11月）。为履行不再进行战争的诺言，他没有参加1875—1877年的苏族人战争。1878年移居南达科他州的松岭居留地。后曾代表苏族人访问了华盛顿和其它几个大城市，为维护苏族人的利益而辛勤劳作。1881年被贬为首领，积极支持“幽灵舞蹈”运动（1889—1891年）直至其导致翁德迪尼战斗（1890年）。接受罗马天主教洗礼，其最后的一段时间，身体孱弱且双目失明。1909年12月10日卒于南达科他州的松岭。

红云是一位无所畏惧和富于才华的领导者，也是一位出色的战略家和战术家。因宣扬与白人和平共处而被其同胞视为懦夫，但他清醒地认识到，对印第安人而言，与白人进行的战斗永远都不可能拥有最后的胜利。他指出“你必须重新开始并抛弃父辈们的智慧”。他是四或五个最伟大的美国印第安人军事领导者之一。

VBH

参考：Britt, Albert, Great Indian Chiefs. New York, 1938.

Hyde, George E., Red Cloud's Folk: A History of the Oglala Sioux Indians. 1937 Reprint, Norman, Okla., 1976.

Olson, James C., Red Cloud and the Sioux Problem. Lincoln, Nebr., 1965.

Utley, Robert M., The Last Days of the Sioux Nation. New Haven, Conn., 1963.

DAMB.

WAMB.

里德，瓦尔特（Reed，Walter，1851—1902年） 美国军医。

里德1851年9月13日生于弗吉尼亚州的格洛斯特县。1870年毕业于贝尔维尤医学院。1875年以中尉军衔加入美国陆军医务队任助理军医。1893年晋升少校军医，任华盛顿陆军医学院的细菌学和病理学教授。1898年任伤寒起源调查委员会主席。后领导一个黄热病调查小组证明了卡洛斯·芬利关于黄热病是通过一种叫做带纹覆蚊的蚊子（后被称作埃及伊蚊）传播的理论（1900年6月—1901年2月），并以此在古巴和巴拿马帮助军队根除黄热病。1901年2月返回华盛顿，1902年11月22日卒于急性阑尾炎。

华盛顿的美国陆军医疗中心即以里德医生的姓氏命名。

DLB

参考：Andrews, Peter, In Honored Glory. New York, 1966.

Wood, L. N., Walter Reed, Doctor in Uniform. New York, 1943.

DAMB.

EB.

莱吉卢斯，鲁·埃（Regillus，Lucius Aemilius，作战时间：约公元前190—前189年） 罗马执政官。参加的主要战争：与叙利亚安条克三世的战争（公元前192—前188年）；参加主要战役（战斗）：欧莱米顿之战（在安塔尔雅东部、土耳其南部，公元前190年）和米翁尼苏斯（塞弗里西萨附近）之战（公元前190年）。

莱吉卢斯的出生及早期生涯不详，只知道他是马·埃·莱吉卢斯之子。作为执掌军队的执政官，奉命指挥驻爱琴海的罗马舰队（公元前190年）。在一支来自于罗得岛的小舰队的支援下，他在欧莱米顿击败了由以前的迦太

基将领汉尼拔（这是他第一次也是最后一次作为一名海军指挥官露面）指挥的一支叙利亚舰队（公元前190年）。是年后期在米翁尼苏斯消灭了另一支叙利亚舰队，使罗马控制了阿卡亚及其罗得岛人和柏加曼同盟。他许愿要为爱琴海的守护神建造一座寺庙，当其返回罗马后，他履行了自己的诺言。作为候选摄政官，率军取得了一次海上作战的胜利（公元前189年）。

CLW

参考：Appian，Syrica.
Broughton，T. R. S.，and M. L. Patterson，Magistrates of the Roman Republic. London，1951—1960.
EMH.

雷格拉斯，盖尤斯·阿（Regulus，Gaius Atilius，卒于公元前224年） 罗马执政官。参加主要战争：高卢人侵中意大利（公元前225—前222年）；参加主要战役（战斗）：塔拉莫内之战（公元前224年）。

雷古卢斯，马可·阿提琉斯（Regulus，Marcus Atilius，约卒于公元前250年） 罗马执政官。参加主要战争：吞并意大利战争（公元前272—前265年）和第一次布匿战争（公元前264—前241年）；参加主要战役（战斗）：布伦地逼（今布林底西）之战（公元前267年）、伊克诺穆斯（利卡塔附近）之战、阿迪斯（位于迦太基附近）之战（公元前256年）、突尼斯之战（公元前255年）。

雷古卢斯是马·阿提琉斯之子，其出生日期和早期经历不详。公元前267年，当选为执政官，同其副执政官J. 利波一起率军同萨伦提尼人作战，并占领了布林底西。公元前256年又一次当选为执政官，与曼利乌斯一起指挥罗马舰队，在伊克诺穆斯之战中击败了迦太基舰队。同年，雷古卢斯重整舰队，率领罗马军队进攻非洲，在迦太基附近登陆，占领突尼斯，并在迦太基附近的阿迪斯地区取得重大胜利。与迦太基开始和谈，并想在其任期内结束战争。他的指挥权不断扩大，但是其任期已满，以致和谈破裂。在突尼斯遭到了由斯巴达雇佣军将领克珊息甫率领的迦太基军队的突然袭击，公元前255年被击败并被俘虏。依照惯例，他作为交换战俘的人质被送到罗马，但遭到罗马元老院的拒绝，被迫返回迦太基，约卒于公元前250年。这种说法不一定准确，也无法证实，后人几乎都把雷古卢斯看成一位英雄人物。

DLB

参考：Broughton，T. R. S.，and M. L. Patterson，Magistrates of theRoman Republic. London，1951—1960.
Polybius，History.
EB.

里德，赛米尔·切斯特尔（Reid，Samuel Chester，1783—1861） 美国海军军官及私掠船船长。参加主要战争：同法国的战争（1798—1800年）、1812年的战争（1812—1815年）；参加主要战役（战斗）：法亚尔之战（1814年）。

里德1783年8月25日生于康涅狄格州的诺威奇。约1794年当他还是一个孩子时就出海了。1798年在同法国战争期间，被法国私掠船俘虏。被关押在圭德洛佩六个月。获释后加入海军，曾在托马斯·特鲁克斯顿的西印度舰队服役。后离开海军从事海上贸易，1803年任船长。1812年的战争中，任私掠船船长。1814年9月26日，在法亚尔港，他指挥“阿姆斯特朗将军”号私掠船（9门炮）。后遭英小型舰队跟踪，其中有“金雀花”号（74门炮）、“花州”号（38门炮）和“石竹”号（18门炮）。里德准备进攻英舰，当晚，英舰企图用小船将一队武装船员送上美舰甲板，被炮火击退。深夜，英军再次行动，在美国船甲板上经肉搏战，再次击退英军，但美船员损失也十分严重。第二天早晨，“石竹”号向美船开火，但遭美舰上19公斤的“长托姆”弹打击，被击退。由于担心英舰第三次强攻，里德弃船后烧掉“阿姆斯特朗将军”号，率其船员上岸，葡萄牙人阻止了英军对里德所部的进攻。英军2000人中伤亡300人，因此被迫滞留几天，以便整休，而里德的90名船员中仅有两人阵亡，7人负伤，他的行动，迟滞了英军对新奥尔良的进攻。回美国后成了民族英雄。1818年，他为美国设计了新的国旗。1843年他获得海军退休金，并获得舰船领航员职称。后在新泽西州的圣迪霍克建造了一艘轻型船。1861年1月28日卒于纽约。为纪念他在法亚尔的胜利，人们在法亚尔公园建立了“阿姆斯特朗将军”号的模型。每逢他作战的周年纪念，就有当地人在模型旁摆满鲜花。

Staff

参考：Pratt，Fletcher，Preble's Boys：Commodore Perry and the Birth of American Sea Power. New York，1950.
DAB.
WAMB.

R

连年坎普夫，帕维尔·卡尔洛维奇（PennenKampf，Pavel Karl-ovich，1854—1918年） 俄国将军。参加主要战争：日俄战争（1904—1905年）和第一次世界大战（1914—1918年）；参加主要战役（战斗）：斯塔鲁波伦之战（涅斯捷罗夫，1914年）、古谢夫之战（1914年）、马祖里湖区战役（1914年）和罗兹之战（1915年）。

连年坎普夫1854年生于一个巴尔干德裔家庭。后入伍成为一名骑兵军官。日俄战争期间，指挥驻中国东北的一个骑兵师，他曾一度发誓决不支援萨姆索诺夫将军的哥萨克骑兵，尽管再三重复的命令一再要求他这样做。与萨姆索诺夫将军可能爆发的著名的（但可能是假的）火车站争吵最终没有爆发，因为那时他正卧病在床。第一次世界大战爆发时（1914年7月），被任命指挥第一集团军。奉命从东部进入东普鲁士以和从西部进入的萨姆索诺夫将军的第二集团军汇合。他最早展开行动，起

初与德国第八集团军的大部相遇，8月17日在斯塔鲁波伦受到德军猛烈而又有力的牵制。8月20日在古谢夫与德军进行了一场未分胜负的战斗。因补给出现困难，他开始重新向西部和西南部地区缓慢进发。未能到达萨姆索诺夫将军的支援范围内，同时第二集团军亦在坦嫩贝格（斯滕巴尔克）受创（8月26—31日）。在马祖里湖区进行的第一次战役中（9月9—14日），被增援的第八集团军重创，只是因为采取了强有力的后方作战行动，才避免了萨姆索诺夫将军所遭到的灾难，但其部队依然受到严重打击。1915年，他和其部队在尼古拉大公的指挥下参加了罗兹战役。1915年任圣彼得堡（后命名为彼得格勒）总督。1916年在北部前线指挥。1918年被布尔什维克法庭判处死刑。

连年坎普夫只是一位平庸的军人。关于其指挥才能的众多记录显示，他经常在鲁莽和怯懦之间徘徊。换言之，这充其量也只能表示他谨慎甚或犹豫，实在与民间传说相去甚远。

DLB

参考：Buchan, John, A History of the Great War. 4 vols. Boston, 1923.

Golovin, Nikolai N., The Russian Campaign of 1914. Translated by Captain Muntz. Fort Leavenworth, Kans., 1933.

Showalter, Dennis E., Tannenberg: Clash of Empires. Hamden, Conn., 1991.

Tuchman, Barbara, The Guns of August. New York, 1962.

里维尔，保罗（Revere, Paul, 1735—1818年） 美国民族英雄和民兵指挥官。参加主要战争：法国与印第安人的战争（1754—1763年）、美国独立战争（1775—1783年）；参加主要战役（战斗）：克朗波因特之战（1756年）、罗得岛战役（1778年）、对佩诺布斯科特人的远征（1779年）。

里维尔（1735年1月1日）生于波士顿。法国与印第安人的战争（1754—1763年）之前，他是一名有成就的银匠和艺术家。在这场战争期间，他参加了克朗波因特战役（1756年8月—9月），时任炮兵中尉。参与“自由之子”组织，后组织并参加了“波士顿倾茶事件”（1773年）。被任命为大陆会议与马萨诸塞地方议会之间的信使（1774年）。曾骑马前往新罕布什尔的朴次茅斯（1774年12月），向爱国者们通报英国将军托马斯·盖奇夺取威廉与玛丽堡弹药库的计划。还骑马前往列克星顿（1775年4月18日）通知赛米尔·亚当斯和约翰·汉科克英国人将逮捕他们的方案。之后，他在威廉·道斯和赛米尔·普雷斯科特医生的随行下前往康科德，报告英军要夺取弹药库的企图。三人被一支英军巡逻队阻截。只有普雷斯科特到达康科德，后里维尔被任命为民兵少校（1776年）。曾参加未获胜利的、以罗得岛的纽波特之战（1778年8月29日）而告终的战役。同年秋晋升为中校，并任驻波士顿的三个炮兵连的指挥官。参加了半途而废的对佩诺布斯科特的远征。（1779年7—8月），在远征中被控违抗命令，行为不轨，懦弱畏缩。他被解除指挥权并受到监禁（1779年9月6日）。军事法庭的审判驳回了对他的所有指控。他重操银匠之业，并制造火药、钟表、火炮、铜板和船只的零配件。后曾帮助罗伯特·富尔顿研制其蒸汽船的锅炉。（1818年5月10日）卒于波士顿。

ACD

参考：Boatner, Encyclopedia.

Dupuy, Trevor N., and Gay M. Hammerman, People and Events of the American Revolution. New York, 1974.

Scheer, George F. and Hugh F. Rankin, Rebels and Redcoats. New York, 1957.

EB.

WAMB.

雷诺，约翰·富尔顿（Reynolds, John Fulton, 1820—1863年） 美国将军。参加主要战争：美墨战争（1846—1848年）、罗圭河探险（1856年）、美国内战（1861—1865年）；参加主要战役（战斗）：蒙特雷（墨西哥）之战（1846年）、布埃纳维斯塔（在墨西哥的萨尔蒂略附近，1847年）、梅卡尼克斯维尔（弗吉尼亚）之战（1862年）、盖恩斯磨坊之战（1862年）、第二次布尔溪（弗吉尼亚的马纳萨斯）之战（1862年）、腓特烈堡之战（1862年）、钱瑟勒斯维尔之战（1863年）、葛底斯堡之战（1863年）。

雷诺1820年9月20日生于宾夕法尼亚州的兰彻斯特。1841年从西点军校毕业后在炮兵中任职。此后大部分时间在南方服役，1846年当他刚刚提升为中尉后，便被派赴得克萨斯。5月3日，参加得克萨斯堡（即后来的布朗堡）及布朗斯维尔堡防御战。9月20—24日，在蒙特雷之战中荣誉晋升上尉，1847年2月22—23日在布埃纳维斯塔之中晋升荣誉少校。战争结束后，曾在东部及南部的许多要塞中服役，1855年3月升上尉。1856年在奥里根参加罗圭河探险队。1857—1858年在上校A.S.约翰斯顿的探险队中服役。返回后于1860年9月任命为西点军校军官候补生队队长。1861年5月晋升中校，受命组建第十四步兵团。8月，升志愿军准将，任宾夕法尼亚预备役部队指挥官。1862年5月任命为弗吉尼亚的腓特烈堡的军事主官。半岛战争期间，参加6月26日及6月27日的梅卡尼克斯维尔之战及盖恩斯磨坊之战，此战中被俘。8月获释，29—30日率一个师的兵力参加第二次布尔溪之战。当预计罗伯特·爱·李将军将发起进攻时，受州长要求，任宾夕法尼亚州民兵指挥。11月，升志愿军少将，后接任胡克任第一军军长，参加12月13日的腓特烈堡之战及1863年5月1—6日的钱瑟勒斯维

尔之战。6月下旬，做为波托马克方面军左翼（含第一、第三及第十一军）指挥员，受命攻占宾夕法尼亚的葛底斯堡。他冲到其军队的前方，遭到约翰·布福尔德将军骑兵师的重压后返回部队中，但后来又匆匆上了战场，在第二威斯康星团前面冲锋，1863年7月1日遭伏击阵亡。

KH

参考：Nichols, Edward J., Toward Gettysburg: A Biography of General John F. Reynolds. University Park, Penn., 1958.
Warner, Ezra, Generals in Blue. Baton Rouge, 1977.
WAMB.

里亚尔，菲尼亚斯（Riall, Phineas, 1775—1850年） 英国将军。参加主要战争：拿破仑战争（1800—1815年）、1812年的战争（1812—1815年）；参加主要战役（战斗）：奇帕瓦之战（1814年）、隆迪小道之战（1814年）。

里亚尔1775年12月15日生于爱尔兰的蒂波拉里郡的海伊伍德，他是菲尼亚斯·里亚尔及卡特琳·科德威尔·里亚尔的第三子。1794年1月31日，从第九十二步兵团购买了委任状，2月28日升中尉，3月31日升上尉，12月8日，在第一二八步兵团谋得一少校位置，但不久该团解散。里亚尔被遣送回家一段时间，直至1804年4月在第十五步兵团任少校。1800年1月1日，在晋升荣誉中校后，随部队于1805年赴西印度群岛参战。1809—1810年在将军乔治·罗克威思爵士手下任职，参加攻克马丁奎及奎达洛佩的战斗，作战中表现出色。1810年7月25日晋升荣誉上校，12月27日任第二十七步兵团中校。1813年6月4日晋升少将，9月被派至加拿大。在到达那里的第一个冬天，便率所部于12月30日火烧布法罗，以对美军摧毁安大略内瓦尔克的报复。1814年7月5日，在安大略的奇帕瓦克里克遭到杰科布·布朗将军的进攻，里亚尔在美军卓越战术的打击下惊慌失措，特别被温菲尔德·斯科特旅打得出其不意。由于美军着灰色制服（美西点军校军官候补生才穿这种制服），以至于英军误以为他们是民兵，当他发现美军在炮火之下从容不迫的前进时，里亚尔惊呼："我的上帝！他们全是正规军！"。里亚尔的2100名士兵被美4000军队打得落花流水，在遭受惨重损失后撤出战场。不久，在隆迪小道附近又发生了第二次激烈的战斗，在这次混乱残酷的夜战中，里亚尔受伤（后来因此而失去了一条手臂）并于7月25日被俘。1815年1月，战争结束后，里亚尔获释。1816年2月18日任格林纳达总督。1825年5月27日升中将，1841年11月23日升上将。1838年受荣誉勋章。1850年11月10日卒于巴黎。

里亚尔身材短小、粗壮、十分好斗，作为指挥员他十分冲动，但也善于激励其士兵奋勇拼杀。

DLB

参考：Berton, Pierre, Flames Across the Border. Boston, 1981.
DAMB.
DNB.
WAMB.

理查德一世（Richard Ⅰ, 1157—1199年） 绰号"狮心王"。英国金雀花（安茹）王朝国王。参加主要战争：反对亨利二世的叛乱（1173—1174年）、（1184—1188年）、第三次十字军东侵（1190—1192年）、与法国菲利普二世的战争（1194—1199年）；参加主要战役（战斗）：阿克雷（阿卡）围城战（1189—1191年）、墨西拿之战、艾尔苏夫（海尔兹利亚附近）之战（均为1191年）、日素尔之战（1197年）、沙吕围城战（1199年）。

理查德一世（生于1157年9月8日），是英格兰国王亨利二世与阿基坦（法国西南部）的埃莉亚诺所生的次子。领有阿基坦公国（1168年），不久又领有普瓦提埃公国（1172年）。参加其兄弟亨利和杰弗里反对其父的叛乱（1173—1174年）。理查德在其父第二次入侵阿基坦后投降。平定了难以数计的男爵叛乱（1175—1185年）。军事名声远播，这一名声因取得多次辉煌战绩，如攻克桑唐厄境内近乎固若金汤的塔耶堡，而更加大噪一时，由于他行事严厉，引起了加斯科涅人的反叛。其兄亨利暴死（1183年6月11日）后，他成为英格兰王位继承人。其父试图公正地分配自己的土地，要求理查德将阿基坦让与其幼弟约翰，理查德予以拒绝，并在其好友当时的法国国王菲利普二世·奥古斯特的援助下发动叛乱，且获得成功。亨利二世去世（1189年7月6日）后，理查德继称诺曼底公爵（7月20日）和英格兰国王（9月3日）。由于早已蓄谋进行十字军侵略战争，他征集了一支庞大的军队和舰队。为支付众多装备所需的资金，他变卖了其大部财产和特权批准书。他从英格兰渡海出发（9日）。当发现西西里人与之作对后，袭取了墨西拿（10月4日）。在西西里过冬，经常与其共同参加十字军的法王菲利普二世发生争执。与其它十字军围攻阿瓦雷（1191年6月8日）之前，他渡海侵占了塞浦路斯，将其作为基地。尽管英格兰、法国和日耳曼十字军之间的矛盾和不断争吵妨害了围城战，但理查德还是驱逐了萨拉丁的援军并夺占了该城（7月12日）。率领一支5万人的时分时合的十字军联军沿海岸南进至阿斯卡隆，成功地克服了沿途萨拉丁军队的袭扰（8月9日）。后突然回兵，并在艾尔素夫消灭了大部分萨拉丁的军队（9月7日），以伤亡700人的代价使敌损失7000人。在阿斯卡隆过冬。他向耶路撒冷的进军因萨拉丁的焦土政策和补给短缺而归于失败（1192年春）。经过几个月未决胜负的冲突，理查德与萨拉丁达成停战协议：基督教徒控制狭长的沿海地带，并拥有朝拜圣地的权力。之后前往英格兰（9月）。为了避开敌对的法国人，他沿亚德里亚海北上，但在海上失事并漂移到威尼斯附近海岸。由于与奥地利公爵里奥波德不和而化装潜行，在经过维也纳时（12月）被里奥波德俘获，并囚禁于多瑙河沿岸的迪施

伦泰因城堡（林茨以南）。后被交与皇帝亨利六世，先后囚禁于帝国的许多城堡。在预付了15万马克巨额赎金中的部分赎金后获释（1194年2月），返回英格兰。为巩固王位，举行了第二次加冕仪式（4月17日）。不久，将政事交与坎特伯雷大主教休伯特·瓦尔特，前往诺曼底与法国的菲利普进行了战争，战争因经常休战而时断时续。在塞纳河中的安德富沙洲（科德贝克附近）上修筑了著名的盖拉德堡（1196年）。在巴黎附近的日素尔，赢得了这场战争中唯一著名战斗的胜利（1197年）。当利摩日大主教拒绝上交当地一位农民挖掘的窖金时，理查德立即包围了他的城堡沙吕（1199年春）。他肩中弩箭受伤，后因伤口恶化而死（4月6日）。

理查德一世是一位有才能的军人，有人说他也许是爱德华一世之前西欧中世纪时期最优秀的统帅。他身高约1.83米，不仅是一位领袖，而且是一位令人生畏的强悍的勇士。不幸的是，他与国王的责任太不相称，其对英格兰的十年统治期内，在英格兰的时间不到六个月，也可能既冷漠又残酷。

DLB

参考：Appleby, John Tate, England Without Richard, 1189—1199. Ithaca, N.Y., 1965.
Norgate, Kate, Richard the Lion Heart. Reprint, New York, 1969.
Smail, R. C., Crusading Warfare, 1097—1193. Cambridge, 1956.
EB.

理查德三世（格洛斯特的理查德）（Richard Ⅲ〈Richard of Gloucester〉，1452—1485 年） 英格兰统治者。参加主要战争：红白玫瑰战争（1455—1485年）；参加主要战役（战斗）：巴讷特之战（1471年）、蒂克斯伯里之战（1471年）、博斯沃思原野之战（1485年）。

理查德三世1452年10月2日生于昂德尔附近的北安普顿郡的福瑟灵黑城堡，约克公爵理查德和塞西莉·内维尔第四子。1470年9月随其兄国王爱德华四世逃亡荷兰。翌年春即1471年3月，随其兄返回斯珀恩角附近的雷文斯珀。在1471年4月13日进行的巴讷特之战中指挥约克家族的先头部队（右翼）击败沃里克。5月4日在蒂克斯伯里之战中仍指挥先头部队再胜安茹的玛格丽特（兰开斯特家族实际上由萨默塞特伯爵爱德华·博福尔指挥）。在这些作战中他显示出超人的胆识和卓越的指挥才能。5月21日—5月22日夜发生谋杀亨利六世和其子爱德华案件，他受到牵连。此后不久，负责处死萨默塞特伯爵。1480年5月出任北方总督。1482年夏率军入侵苏格兰，目的是让阿尔巴尼公爵取代詹姆斯三世。跨过边境仅仅几天，苏格兰人在7月22日杀死詹姆斯三世，故他几乎没有遇到抵抗。北方之战实际上已取得胜利，所以当1483年4月9日爱德华四世去世后，他能够迅速回返，从爱德华四世的遗孀伍德威尔派手中夺取对其侄爱德华和理查德的控制权。接着于6月13日逮捕约克大主教托马斯·罗瑟拉姆、埃利主教约翰·莫顿和黑斯廷斯勋爵，并处死黑斯廷斯。在亨利·斯泰福和白金汉公爵的帮助下，6月26日宣布爱德华与伊丽莎白·伍德维尔的婚姻无效，他们的孩子，尤其是爱德华五世是非法的，由此他获得议会承认，夺取了王位。7月6日在威斯敏斯特即王位，几乎可以肯定，此后不久他让人谋杀了爱德华和理查德。粉碎在西部地区发生的由白金汉、考特尼和伍德维尔的残余势力发起的准备不周的反叛。11月2日处死白金汉。尽管他是一位有能力的统治者，并采取了合理的政策，但自1484年后期以后其声望日渐衰落。亨利·都铎在米尔福德·黑文登陆，导致兰开斯特（红玫瑰党人）则发难响应（1485年8月7日）。他集中一支大部队，但由于斯坦利的背叛和诺森伯利亚伯爵保持中立，1485年8月22月在博思沃思原野之战中被击败。最后他孤注一掷，在对都铎的卫队发起的猛烈冲击中阵亡。

在兰开斯特都铎时代的传说中，对理查德三世有许多恶言中伤，实际上他并不驼背，而且就那个时代标准而言，也算不上残酷。他是一位颇有能力的军人。作为统治者，他聪明、能干，只是野心勃勃。在位期间，致力于改进王国统治，但是其祖先的声誉又使这些措施无功而返。他的指挥艺术水平很高，但是当人们一想到他在博思沃斯原野之战中的表现时，他的指挥才能又往往不为人们看重。

DLB

参考：Gillingham, John, The Wars of the Roses. Baton Rouge, 1981.
Kendall, P.M., Richard the Third. London. 1955.
Ross, Charles, Richard Ⅲ. Berkeley, Calif., 1981.
EB.

里查森，罗伯特（Richardson, Robert, 1882—1954 年） 美国陆军上将。参加主要战争：镇压莫罗起义（1904—1905年）、第一次世界大战（1917—1918年）、第二次世界大战（1941—1945年）；参加主要战役（战斗）：科塔乌萨婆之战（1905年）、圣米耶尔战役、默兹-阿尔贡战役（1918年）、中太平洋战役（1943—1945年）。

里查森1882年10月27日生于南卡罗来纳州查尔斯顿，1900年7月入美国陆军军官学校。毕业后，1904年7月被委任为骑兵少尉。随第十四骑兵团在菲律宾群岛服役，并同莫雷斯在约洛作战，1905年1月7日在科塔乌萨婆战斗中负伤。1905—1906年随团回到美国，驻扎在旧金山的普雷西迪奥，1906年4月地震以后在旧金山执行戒严命令。1906—1911年在西点军校任教官，1911年又回到旧金山的陆军团。1911—1912年随团到菲律宾服役，1912—1917年又回到西点军校任教员。他的著作《西点军校》1917年出版。1917年12月1日到法国。1917—1919年任潘兴将军的参谋长，参与制订并参加了

圣米耶尔（1918年9月）和默兹-阿尔贡（9—11月）作战行动。1919年在和平委员会及占领军中暂时服务。1919年6月回到美国后，在华盛顿战争部总参谋处任职。1921年2月抵菲律宾，并于1921—1923年在马尼拉菲律宾作战司令部服役。1924—1926年到法国巴黎使馆任职，后来（1926—1928年）任驻罗马陆军武官。回国后即被暂时派到堪萨斯州赖利堡的第十三骑兵团。1928—1929年回到西点军官学校任行政官员，后（1929—1933年）任校长。1934年6月毕业于陆军军事学院，后（1934—1935年）在总参谋部军事情报处任职。1935—1938年指挥得克萨斯克拉克堡第五骑兵团。1938—1939年任得克萨斯布利斯堡第二骑兵旅旅长后改任骑兵学校校长。1940—1941年在布利斯堡指挥第一骑兵师。1941年任战争部公共关系局局长。1941—1943年在亚拉巴马州伯明翰指挥第七集团军。战争爆发后，里查森将军和其司令部即迁往加利福尼亚的圣何塞，在那里任西部防御指挥部北加利福亚防区指挥官，后（1943年）又将其第七集团军司令部迁到佛罗里达的约克桑维尔。1943年6月1日负责领导夏威夷部队，并任夏威夷总督。两个月后被任命为美国中太平洋战区陆军总司令。随着管理幅度的扩大，他成为美国部队在太平洋地区的总司令。在布克总医院诊断治疗后，1946年10月31日退役。1954年3月2日卒于去意大利罗马的访问途中。死后，1954年被追授为四星陆军上将。

里查森将军的经历尤其复杂而曲折，他的晋升、荣誉和任职都是他恪尽职守的回报。作为一位平静而不好出风头的人，他获得微辞仅仅由于1944年6月的塞班作战行动中，海军陆战队史密斯中将解除一位陆军师长职务后与他争执的结果。

***RCR*（*Robert C. Rithardson* Ⅲ）.**

参考：Richardson, R. C., West Point. New York, 1917.
USMA, Register of Graduates. West Point, N. Y., 1989.

黎塞留红衣主教和公爵，阿尔芒·让·杜·普莱西（Richelieu, Armand Jean du Plessis, Cardinal and Duke of, 1585—1642年） 法国元帅和教士。参加主要战争：三十年战争（1618—1648年）、胡格诺战争（1621—1629年）、英法战争（1626—1630年）、曼图亚继承战争（1628—1631年）。

黎塞留1585年9月9日生于巴黎，普瓦图省一没落贵族家庭的幼子。他原打算从戎，其兄死后为使家庭不失去传统的职位——吕松区主教，他仓促承袭了圣职。被亨利四世任命为那里的主教（1606年底），并在罗马就任圣职（1607年4月），后返回其小教区（1608年12月）。被普瓦图教士选入“三级会议”后前往巴黎出席会议（1614年10月）。会后，他留在巴黎，并通过王太后玛丽·德·美迪奇的影响担任国务大臣（1616年11月30日）。他此前已投入她的团体。他的朋友与恩主德安克尔元帅被暗杀（1617年4月24日）和玛丽·德·美迪奇暂时失势之后，他返任主教。玛丽和路易十三言归于好后，她对他进行栽培，确保其被教皇格列高利十五世加封为红衣主教（1622年9月5日）并进入国王委员会（1624年4月29日）。黎塞留因路易十三对其才能的欣赏而成为首相。三十年战争初期，他支持新教徒的事业，但后因胡格诺派再次起义（1626年），他将法军撤出具有战略意义的瓦尔泰利纳诸山口（科莫湖附近），并与西班牙进行和解（1626年）。指导了对拉罗谢尔和朗格多克地区胡格诺派的作战，后签订《阿莱斯条约》（1629年），剥夺了胡格诺派的政治和军事特权。曼图亚继承战争期间，他在皮内罗洛和卡萨莱（蒙费拉托地区的卡萨莱）派置守军，对西班牙军队关闭了瓦尔泰利纳山口，从而在意大利扩大了法国的影响，侵犯了哈布斯堡王朝的利益。同时，逐步与瑞典结成联盟，帮助古斯塔夫·阿道夫与波兰达成了一项协定（1628—1630年）。玛丽·德·美迪奇以及虔诚的天主教团派企图撤换他，但由于路易十三的支持，他未被撤职（1630年11月10—12日）。受封为黎塞留公爵（1631年8月）后，他通过《巴尔瓦乌德条约》（博莱什科维采附近）巩固了与古斯塔夫的联盟（1631年1月23日），并在古斯塔夫死于吕岑之战后与萨克森-魏玛的伯纳德结成联盟（1632年11月）。此后向伯纳德和瑞典人提供了钱财。神圣罗马帝国取得纳德林根之战（1634年9月6日）的胜利、萨克森和勃兰登堡背离帝国营垒后，黎塞留对西班牙宣战（1635年5月21日）。尽管法军的作战开始时仅偶尔取得胜利，但黎塞留清除无能将领的政策和法国的巨大资源使法国取得了最后胜利。他鼓励海外殖民、海外贸易和发展国内经济。他是艺术和教育的主要支持者，还通过皇家知识专利法获得了法兰西学院的合作（1635年）。因积劳成疾卒于其在巴黎的宫殿中（1642年12月4日）。

黎塞留因搜刮百姓、镇压起义在民众眼里是一个罪人，他也是一位聪明睿智、高瞻远瞩、知权达变而又冷酷无情的大臣，致力于增强法国的实力和国家权力。由于为外交事务，尤其是德意志境内的战争所缠身，他未能实施具有重大意义的国内改革，但他认识到了改革的作用。他是近代法国的缔造者之一。

DLB

参考：Auchinloss, Louis, Richelieu, New York, 1972.
Belloc, Hilaire, Richelieu. Paris, 1920.
Hanotaux, G., and A. de Caumont, Histoire du cardinal de Richelieu. 6 vols. in 7 parts. Paris, 1893—1947.
Richelieu, Armand Jean du Plessis, Cardinal and Duke of, Mémoires. Edited by Société de l'histoire de France. 10 vols. Paris, 1908—1931.
Wedgwood, Cicely V., Richelieu and the French Monarchy. New York, 1950.
——, The Thirty Years War. 1938. Reprint, Gar-

den, city, N. Y., 1961.

里奇芒伯爵，阿图尔·德·布列塔尼(Richmont, Arturde Bretagne, Count of, 1393—1458 年) 法国将领、布列塔尼自治领公爵。参加主要战争：英法百年战争（1337—1453 年）；参加主要战役（战斗）：阿金库尔（圣波勒附近）之战（1415 年）、帕泰之战（1429 年）、福尔米尼（巴约附近）之战（1450 年）。

里奇芒伯爵生于 1393 年，布列塔尼公爵约翰四世和纳瓦尔的让娜第三子，其父公爵约翰四世亦是里士满伯爵，其母让娜则是英王亨利四世后来的妻子。其父死后，其兄公爵约翰五世承位，尽管该遗产在 1399 年已由英王室占有，他仍接受里奇芒伯爵爵位。在 1410 年 1414 年法国内战期间，与阿马尼亚克派站在一边，并成为查理四世之子皇太子路易的密友。1415 年 10 月 29 日参加阿金库尔之役，负伤并被英军俘虏。在英国监禁五年。1420 年获释后，作为酬谢，他支持英国，劝说公爵约翰五世签署《特鲁瓦条约》，并得到伊夫里郡。1424 年底贝德福德的约翰公爵拒绝给予他高级指挥权，他转而效忠法国王室。1425 年 3 月 7 日擢升法国元帅。他热切献身于法国王室，劝说其兄改变立场，在他的劝说下，1427 年 10 月 7 日其兄与法国国王查理七世签署《索米尔条约》。由于他在战场上很少建树，加之 1427 年 9 月其兄约翰又与英格兰签署和约，故被逐出法国朝廷。参加贞德指挥的军队，1429 年 6 月 19 日与贞德并肩作战，取得帕泰之役的胜利。其竞争对手乔治·德·拉特雷穆瓦耶因之失宠，1435 年他应召返回宫廷任职，帮助调解法国与勃艮第之间的纠纷，促成双方签署《阿拉斯条约》，该条约使查理七世与勃艮第公爵结盟，使英国的希望破灭。1436 年 4 月着手从英国人手中收复巴黎，在尔后的八年时间里，他常常亲临战场，直到 1444 年 4 月 16 月双方签署《图尔停战协定》战争结束。1445 年 5 月参与制定著名的部队组织法。1449 年 9—10 月与其侄勃艮第公爵彼得二世联盟，征服诺曼底的几乎全部科唐坦半岛。翌年春率领部队抵御托马斯·基里尔爵士和马修·高米爵士的英国军队入侵。1450 年 4 月 15 日在巴约附近地区进行的福尔米尼决定性战斗中，率部及时赶到战场，在关键性时刻实施反击，歼灭了英国军队。彼得二世死后，他于 1457 年 9 月 22 日成为勃艮第公爵，但仅仅在位一年，卒于便于 1458 年 9 月 26 月。

里奇芒伯爵是一位相当有才干的战术家、战略家和外交家，无论是出于个人原因，还是出于国家主义原由，他效忠法国，使他在法国同英国斗争的关键时刻，把他的才能奉献给了法国。

DLB

参考：Burne, Alfred H., The Agincourt War. London, 1956.

Cosneau, Eugene, Le connetable de Richemont (Artur de Bretagne), 1393—1458. Paris, 1886.

Gruel, Guillaume, Chronique d'Arthur de Richemont. Edited by Achille Vavasseur. Paris, 1890. EB.

里希特霍芬，曼弗雷德·冯男爵(Richthofen, Baron Manfred von, 1892—1918 年) 绰号“红男爵”、“德国的红色骑士”。德国王牌飞行员、参加主要战争：第一次世界大战（1914—1918 年）；参加主要战役（战斗）：法国空战（1915—1918 年）。

里希特霍芬 1892 年 5 月 2 日生于布雷斯芬（弗罗茨瓦夫）的一个贵族家庭。先后就学于瓦尔斯塔特军事学院（莱格尼察附近）和利赫特菲尔德的皇家普鲁士军事学院。1911 年进入第一枪骑团，1912 年被任命为中尉。1915 年调到航空兵服役，在普鲁士前线驾驶轰炸机，直至被奥斯渥德·伯尔克选中加入一个新的战斗机中队，即第二中队（1916 年）。第一次机战获得胜利是在 1916 年 9 月 17 日。11 月 23 日获得他的第十一次机战胜利，击落英国王牌长机拉诺·霍克少校。1917 年 1 月 16 日任第十一中队中队长。这个中队因其飞行表演而名闻遐迩，所以如此命名是因为其绚丽的飞机色彩。4 月 7 日晋升上尉，1917 年 6 月 26 日指挥第一支独立的战斗机联队，即第一联队。受伤，7 月 6 日取得其第五十七次机战胜利，不久被击落。但很快恢复健康之后又返回部队（7 月 25 日）。当他击落第八十架敌机时，1918 年 4 月 21 日在索姆河被击落，机毁人亡。他究竟是被英国皇家空军的加拿大飞行员罗伊·布朗上尉击落还是被澳大利亚防空火力击落，一直颇有争议。

里希特霍芬喜幽居，不爱抛头露面，但媒介的宣传使他成为一位战争英雄。作为一位优秀的飞行员和射手，他保持有第一次世界大战中击落敌机 80 架的最高纪录。

VBH

参考：Campbell, C., Aces and Aircraft of World War I. New York, 1984.

Gibbons. F., The Red Knight of Germany. New York, 1964.

里希特霍芬，沃尔弗拉姆男爵(Richtofen, Baron Wolfram, 1895—1945 年) 纳粹德国陆军元帅、空军上将。参加主要战争：第一次世界大战（1914—1918 年）、西班牙内战（1936—1939 年）、第二次世界大战（1939—1945 年）。

里希特霍芬 1895 年 10 月 10 日生于西里西亚的巴尔道夫。1917 年从柏林-利赫特菲尔德军校毕业并加入空军部队。后来（1918 年）在里希特霍芬中队服役，该中队第一司令曾是他的亲戚，著名的“红男爵”曼弗雷德·冯·里希特霍芬。1919—1922 年学习工程并加入赖希斯瓦尔部队，参与非法的空军扩充计划。1929—1933 年在意大利德国总参谋部服役，后来（1933—1936 年）又在帝国空军部技术处任职。1936 年被任命为神鹰兵团参谋

长，在西班牙内战中前往援助西班牙反叛者，1938 年 9 月获提升为空军少将，最后以神鹰兵团司令结束其在西班牙的使命。1939 年 5 月回到德国，9 月被派往西部的一个空军部队。1940 年在法国和荷兰战役中，他因编队干练而大获成功，1940 年 5 月被提升为中将。1941—1942 年在苏联前线服役，1943 年 2 月晋升为元帅。1945 年在意大利指挥第四航空队，卒于 1945 年 7 月 12 日。

DLB

参考：Wistrich, Robert, Whos Who in Nazi Germany. New York, 1984.

李希米尔，F.（Ricimer, Flavius, 卒于 472 年） 罗马将军和政治家。参加主要战争：西哥特入侵西西里（456 年）、罗马内战（456、472 年）；参加主要战役（战斗）：阿格里真托之战（456 年）、普拉森夏（皮亚琴察）之战（456 年）、罗马之战（472 年）。

李希米尔的出生日期不详，但可以断定他是斯维比人酋长的儿子和西哥特的一位王子。他是后来成为皇帝的马约里安的朋友。456 年，在阿格里真托城外击退了一支西哥特舰队的入侵，并一直追击到科西嘉。是年晚些时候被任命为野战军队指挥官，456 年 10 月 17 日，在普拉森夏（皮亚琴察）地区率军击败了皇帝阿维图斯的军队，迫使他退位。457 年 2 月，被任命为最高军事长官，帮助马约里安获得了王位，并在 459 年被任命为执政官。不久同马约里安发生冲突，当这位皇帝从高卢地区返回时，李希米尔将他击败，废黜其王位，并将他处死（461 年 8 月）。是年 11 月，任命利比乌斯·塞维鲁为拉文纳的西罗马皇帝，并竭尽全力排斥其对手马塞卢斯和爱吉达乌斯两位将军，以达到控制整个意大利的目的。利比乌斯在 465 年 8 月去世后，东罗马皇帝利奥一世于 467 年 4 月任命安提米乌斯为西罗马皇帝，不久两位皇帝率领一支庞大的远征军同非洲的汪达尔人作战。这次作战失败，而安提米乌斯本人则因此而触怒了李希米尔。472 年，李希米尔将奥利布里乌斯扶上王位，并将安提米乌斯围困在罗马。是年 7 月 11 日，李希米尔的军队强攻下罗马城，并将安提米乌斯砍头示众。尽管他取得了最后的胜利，然而没过多久他本人也去世（472 年 8 月 18 日）。

DLB

参考：Bury, J. B., History of the Later Roman Empire from the Death of Theodosius I to the Death of Justinian. 2 vols. London, 1923.
Stein, Ernest, Historie de Bas-Empire. Brussels, 1959.
EB.
EMH.

里肯巴克，爱德华·维农（Rickenbacker, Edward Vernon, 1890—1973 年） 美国军官。参加主要战争：第一次世界大战（1914—1918 年）和第二次世界大战（1941—1945 年）；参加主要战役（战斗）：法国空战（1918 年）。

里肯巴克 1890 年 10 月 8 日生于俄亥俄州的哥伦布。曾是美国最著名的赛车手之一，1917 年以每小时 216 公里的时速创世界纪录。后入伍，成为潘兴将军参谋部中的一名中士驾驶员。1917 年 8 月调至在图尔的美国远征军（AEF）飞行训练中心。经战斗机训练后，1918 年 3 月 4 日被编入（准备参战的）第九十四飞行中队。4 月 29 日击落第一架敌机，到 5 月已击落 5 架敌机，成为一名王牌飞行员。6 月晋升小队指挥官，到 10 月已累计击落敌机 26 架，是美军在第一次世界大战中击落敌机最多的王牌飞行员。战后，经营自己的汽车公司，后进入卡迪拉克汽车公司。1932 年转至航空业，服务于美国航空公司和北美航空公司。1935 年 1 月 1 日进入东方航空公司，第一年任总工程师，后任董事会主席。作为陆军部长的特别代表短暂参加了第二次世界大战（1941—1945 年），在返回东方航空公司之前，对许多作战地区进行了视察旅行。卒于 1973 年。

里肯克是美国的空军英雄。其所为使第九十四飞行中队成为第一次世界大战期间美国最有名的陆军中队。战争结束后，他对航空业的爱好，激发了他将东方航空公司拓展成为全球最大的航空公司之一。

VBH

参考：Campbell, C., Aces and Aircraft of World War I. New York, 1984.
Rickenbacker, Edward V., Fighting the Flying Circus. New York, 1967.
Thayer, Lt. L., Americas First Eagles. San Jose, Cal., 1983.

李奇微，马修·B.（Ridgway, Matthew Bunker, 生于 1895 年） 美国将军。参加主要战争：第一次世界大战（1917—1918 年）、第二次世界大战（1941—1945 年）、朝鲜战争（1950—1953 年）；参加主要战役（战斗）：西西里战役、萨莱诺战役（1943 年）、诺曼底登陆战役（1944 年）、阿登战役（1944—1945 年）、进军德国战役（1945 年）、汉城战役（1951 年）。

李奇微 1895 年 3 月 3 日生于美国弗吉尼亚州门罗堡。1917 年从西点军校毕业后，入第三步兵边防哨所任职，直到第一次世界大战结束。1918 年 8 月晋升为上尉军衔，任团司令部直属连连长。1918 年 9 月重返西点军校，并被派往法国和西班牙任军事教官。1919 年 7 月，晋升为永久上尉军衔。1925 年从步兵学校毕业后，先后在中国、得克萨斯、尼加拉瓜、巴拿马运河区和菲律宾任职。1930 年完成了在步兵学校的高级课程。1932 年 10 月晋升为少校。1935 年毕业于指挥参谋学院，先后在第六军和芝加哥第二集团军任参谋。1937 年从陆军军事学院毕业后，先在旧金山第四集团军短暂的任职后，被调入美国陆军参谋部作战计划处。1940 年 7 月晋升为中

校军衔。1941年11月授予临时上校军衔。1942年1月晋升临时准将军衔。1942年3月任路易斯安那步兵第八十二师副师长，6月晋升为师长。8月负责监督第八十二步兵师改为第八十二空降师，晋升为临时少将军衔。1943年初随该师调往地中海。同年7月9—10日，该师部分部队在西西里实施作战。9月13日指挥该师一部参加萨勒诺战斗。根据D日作战计划，1944年6月6日随第八十二空降师在黎明前空降入法国境内。同年8月升任第十八空降兵团（由第八十二空降师和第一〇一空降师组成）司令官。同年9月指该军参加不成功的"花园"作战行动。1944年12月16日—1945年1月15日，他指挥该军在反击德军沿阿登山实施反攻的突出部战役中发挥了重要作用。1945年1—3月参加莱茵地区战斗。3—4月，参加鲁尔地区战役。6月晋升为中将军衔。1945年12月—1946年1月，临时负责指挥地中海战区。同年1月被派往联合国军事参谋委员会任职。1948年1月—1949年8月，任加勒比海地区防务司令。8月出任美陆军副参谋长。1950年12月23日，在中国人民志愿军发动反击和沃克将军阵亡后，李奇微接任在朝鲜作战的侵朝美军第八集团军司令职务。在面临中国人民志愿军大规模进攻下，他边组织部队进行艰难的退却，边对士气低落、纪律松迟、军心涣散的美军进行重组和恢复战斗力的工作，并在汉城以南120公里的地带，欲图阻止了中国人民志愿军的攻势。1951年1月25日，李奇微即开始向中国人民志愿军纵深发起凶猛的反击，并于3月14—15日重新攻占汉城。3月30日越过北纬38°线，4月22日停止了大规模的攻击作战。与此同时，4月11日，美国总统杜鲁门将麦克阿瑟撤职，并命李奇微接替其出任"联合国军"总司令和美远东驻军总司令之职。6月李奇微开始与中国和北朝鲜进行谈判。1952年5月，杜鲁门总统指派他接替艾森豪威尔将军出任北大西洋公约组织武装力量和驻欧美军总司令，同时晋升为上将军衔。他曾帮助过受麦卡锡议员无端、恶毒诬陷而残存下来的陆军同仁。后来李奇微与查理·威尔逊国防部长发生了严重冲突。因为此人主张削减常规力量，发展大规模报复性力量。1955年6月，李奇微退役。1956年，出版了他的回忆录《士兵》。随后他曾担任几家大贸易公司经理和执行总裁。

李奇微比较注重空降战。他是第八十二空降师首任师长，是第二次大战期间美国空降兵最高司令官。他认识到了"大规模报复战略"使美国也同时处于十分危险的境地。他和他的空降兵同行——加文和泰勒将军提出了对付低强度入侵的"灵活反应战略"。

KS and DLB

参考：Alberts, Robert C., "Profile of a Soldier: Matthew B. Ridgway," American Heritage, Vol.27(February 1976).

Ridgway, Matthew B., The Korean War. Garden City, N.Y., 1967.

——, Soldier: The Memoirs of Matthew B. Ridgway. New York, 1956.

DAMB.

WAMB.

里德泽尔，弗里德里希·阿道夫·冯男爵（Riedesel, Baron Friedrich Adolphus von, 1738—1800年） 在英军中服役的德国将军。参加主要战争：七年战争（1756—1763年）、美国独立战争（1775—1783年）；参加主要战役（战斗）：明登之战（1759年）、哈伯德顿（佛蒙特的普罗克托附近）之战、第一次萨拉托加（纽约的斯凯勒维尔）之战（1777年）。

里德泽尔（1738年）生于爱森纳赫，为一政府税官之子，普鲁士将军、斯德丁（什切青）总督冯·博克男爵之孙。里德泽尔在黑森卡瑟尔的马尔堡大学学习法律时即被授予该城市营中的军官候补生。后率一个日耳曼团前往英国效力于国王乔治二世（1756年）。次年返回欧洲大陆参加七年战争（1757年）。担任不伦瑞克公爵斐迪南的副官，但仍留在黑森军中。明登之战（1759年8月1日）中表现突出。率大约4300人的黑森部队效力于同起义的北美殖民地作战的英军（1776年1月）。到达魁北克（6月1日）后，参加了约翰·伯戈因将军沿尚普兰湖进行的进攻作战（1777年6—9月）。在哈伯德顿之战（7月7日）和第一次萨拉托加之战或自由人农场之战（9月17日）中表现出色。后与伯戈因的部队一起投降（10月17日）。与威廉·菲利普斯将军一起以美国将军本杰明·克林顿换回（1780年10月13日）。授予当地的中将军衔后，他被任命为长岛的司令。后被派往加拿大（1781年夏）。他接受了克林顿发起的又一场北方攻势（9月25日），但未积极应战。乘船从魁北克前往英国（1783年8月）。率其最初部队中剩下的2800人返回黑森。晋升为中将（1787年）。曾率部队进入荷兰南部支援在那里的荷兰联合省执政（1787—1793年）。后退休于其在卢特巴赫的家族城堡，但又应召返回现役不伦不伦瑞克城司令。任职期间卒于该城（1800年1月6—7日之交时刻）。

里德泽尔是一位能干而可信赖的军人，因对其亡妻——弗雷德里希·冯·马索的回忆录而闻名。其妻曾记述了携三个不满五岁的女儿（后又在美国生下两个女儿）随丈夫在北美的经历。回忆录名为《将军、里德泽尔男爵与其妻马索氏同往美国的航行及他们在该国旅居的书信和文件选录》。

DLB

参考：Boatner, Encyclopedia.

Eelking, Max von, Memoirs of Riedesel. 2 vols. Albany, N, Y., 1868.

罗伯茨，腓特烈·斯莱爵士，坎大哈的罗伯茨男爵，罗伯茨伯爵（Roberts, Sir Frederick Sleigh, Baron Roberts of Kan-

dahar, Earl Roberts, 1832—1914 年） 绰号“马尾”。英国陆军元帅。参加主要战争：镇压印度土兵起义（1857—1859 年）、乌姆贝拉远征（1863 年）、阿比西尼亚战争（1868 年）、卢夏远征（1871—1872 年）、第二次阿富汗战争（1878—1880 年）、第二次英布战争（1898—1902 年）；参加主要战役（战斗）：德里之战（1857 年）、第二次援救勒克瑙战斗（1857 年）、派瓦尔之战（开伯尔以西的山口，1878 年）、萨拉夏之战（喀布尔附近，1879 年）、舍普尔之战（1879 年）、坎大哈之战（1880 年），帕德伯格之战（金伯利附近，1900 年）和钻石山之战（比勒陀利亚附近，1900 年）。

罗伯茨 1832 年 9 月 30 日生于坎普尔，是爵士亚伯拉罕·罗伯茨将军最小的儿子。1851 年被派至孟加拉炮兵部队任职。1856 年被任命为陆军军需署署长的参谋。参与了镇压在旁遮普的镇压印度土兵起义（1857 年 4—7 月）、围攻德里（1857 年 6 月 8 日—9 月 20 日）及 11 月 16 日第二次援救勒克瑙战役中的主要行动。1858 年 1 月因在坎普尔附近的一次小规模战斗中表现英勇，被授于维多利亚女王十字勋章。离开本土后，回到印度，乌姆贝拉战役期间（1863 年 4—12 月），在远征军参谋部供职。远征阿比西尼亚（今埃塞俄比亚）期间（1867 年 10 月—1868 年 6 月），他在罗伯特·纳皮尔将军手下军需兵司令。纳皮尔派其携战役急件去伦敦。1871—1872 年，在阿萨姆南部的卢夏远征军任职，后任英驻孟加拉军需兵司令（1874—1877 年）。第二次阿富汗战争爆发前夕（1878 年 3 月），指挥在库拉姆（开伯尔山口以西河流）的旁遮普边境部队。他快速行军，将阿富汗人赶出其在派瓦尔的预设阵地（1878 年 12 月 2 日）。这次成功既导致了与雅库布可汗签订协定，也使路易·N. 卡瓦尼亚里少校作为英国居民在坎普尔的就职（1879 年 5 月 29 日）。当居民和其参谋被杀后（1879 年 9 月 5 日），他率其可资利用的部队急行军至喀布尔，在喀布尔城附近的萨拉夏岭击败了阿富汗军队（1879 年 10 月 6 日）。10 月 12 日进入喀布尔。因阿富汗宗族进行全面起义，他被迫在城外的舍普尔建立城堡营地（12 月）。他击退了阿富汗人的夜间进攻（12 月 22—23 日），驱散了包围者。迈温得灾难（格里什克附近，1880 年 7 月 27 日）和詹姆斯·普里姆罗斯将军的部队在坎大哈被阿富汗人包围后，奉唐纳德·斯图亚特中将之命，援救普里姆罗斯。他放弃所有的重型运输工具，攀越了 300 多座山，三个星期后于 8 月 31 日到达坎大哈。他在坎大哈战斗中（1880 年 9 月 1 日）打败了阿尤布汗，占领了其营地，从而有效地结束了战斗。当爵士乔治·科利将军 1881 年 2 月 27 日在马朱巴山（南非的沃尔克斯勒斯特附近）落败并战死后，他被调赴南非继任指挥，但到达之前，比勒陀利亚又作了一项安排（1881 年 4 月 5 日）。1881—1885 年，在印度指挥马德拉斯部队。1885 年任驻印度英军总司令，他提高了部队的训练效率和精神状态。1886 年指挥镇压了布尔马的匪徒。1892 年被封为坎大哈的罗伯茨男爵。1893 年返回英国。1895 年 5 月 25 日晋升陆军元帅，指挥在爱尔兰的部队。第二次英布战争最初阶段（1899 年 10—12 月）的行动受挫，后任驻南非英军总司令，霍雷修·基奇纳任其参谋长（1899 年 12 月 18 日）。他与基奇纳于 1900 年 1 月 10 日抵达开普敦，力使英军恢复元气。帕尔德堡战役中（1900 年 2 月 18—27 日），积极进攻，包围了皮特·克龙杰将军并令其投降，且将军队推进至奥兰治自由邦的心脏地带，3 月 13 日占领首都布隆方丹。5 月 31 日进至德兰士瓦，占领了约翰内斯堡。他联合布勒攻击了德兰士瓦的其它地区（6—8 月）。1900 年 12 月返回英国，被封为伯爵。1901—1904 年，任总司令。退役后致力于宣扬征募和鼓励射击。“一战”初期，访问了抵法不久的印度部队，但因患肺病 1914 年 11 月 1 日卒于圣奥梅尔。

罗伯茨是一位十足的职业军人，也是一位有才能的行政管理人员。他关心部属，总能以小的代价获取大的胜利。尽管很晚才晋升元帅，但不失为一位勇敢、有才能的指挥官。

DLB

参考：Farwell, Byron, Queen Victorias Little Wars. New York, 1972.

Forrest, Sir G. W., The Life of Lord Roberts. London, 1914.

Hensman, H., The Afghan War of 1879—80. London, 1881.

James, David, Lord Roberts. London, 1954.

Pakenham, Thomas, The Boer War. New York, 1979.

Roberts, Sir Frederick Sleigh, Earl, Forty-one Years in India. 2 vols. London, 1897.

——, Letters Written During the Indian Mutiny. London, 1924.

罗伯逊第一男爵，威廉·罗伯特爵士（Robertsom, Sir William Robert, First Baron, 1860—1933 年） 绰号“快活人”。英国陆军元帅。参加主要战争：吉德拉尔远征（1895 年）、第二次英布战争（1899—1902 年）和第一次世界大战（1914—1918 年）；参加主要战役（战斗）：吉德拉尔战役（1895 年）、马恩河战役（1914 年）和佛兰德战役（1914—1918 年）。

罗伯逊 1860 年 1 月 29 日生于林肯郡的韦尔本。是安·罗莎玛德·约翰逊和托马斯·查理·罗伯逊之子。1877 年 11 月入伍进入女王的第十六长矛骑兵团。稳步晋升，1885 年至军士长。受其部下的激励，1887 年通过一项考试，被任命为第三龙骑兵卫队的中尉，1888 年赴印度。他具有语言天才，精通乌尔都语、印地语、波斯语、普什图语和廓尔喀语，1892 年被任命为在西姆拉的情报处低级军官。在阿富汗前线从事情报工作，任吉德拉尔救援远征军的情报参谋（1895 年 3—4 月）。受伤，但极为

R

关注军队调遣，获优质服务勋章，住院期间晋升上尉。作为第一位上尉军衔的军官进入坎伯利参谋学院学习（1896—1897年）。在坎伯利参谋学院学习期间，成为G.F.R.哈德森中校的门徒。1899年12月被汉德逊选为在南非的罗伯茨的情报参谋。晋升少校后，1900年10月返回英国任职于陆军部。1901—1906年，任情报处外军科科长，进行了勤奋且卓有成效的工作，致力于改进其部门的工作。1903年晋升上校。获几个月半薪（1907年1—5月）后，成为在奥尔德肖特的霍拉斯·史密斯-多伦将军的军需署副署长。12月晋升准将，被其在陆军部情报处任职时的处长威廉·尼科尔森任命为坎伯利参谋学院院长，并被尼科尔森把军衔晋升至少将（1910年6月）。在参谋学院任职期间，他努力减低参谋课程的理论性，致力提高其操作性，这一切给那个时期在坎伯利参谋学院学习过的人留下了深刻的印象。1913年10月离开坎伯利参谋学院，任陆军部军训署署长。第一次世界大战初期（1914年8月—1915年1月），任英国远征军军需主任，这期间，他对德军所作的战前研究被证明极有价值。1915年1月继爵士阿奇博尔德·默里将军任英国远征军参谋长。任此职期间，对英国的战争行为提出了诸多关于改革和部队重组的建议。他是一名有责任感的"西方人"，反对进行达达尼尔战役。被封为高级巴思勋爵士，1915年12月继默里任帝国总参谋长。在西奈、非洲和美索不达米亚地区进行的战役中获得胜利，但在索姆河战役中伤亡惨重，尽管此战的失利与陆军大臣戴维·劳合·乔治颇有关联（1916年6月）。其西线战略与灵活的劳合·乔治意见相左，而引发了其间的冲突。在凡尔赛进行的一次意见极为激烈的指挥会议（1918年1月30日—2月2日）后，辞去帝国总参谋长之职，获得英军的东线指挥权，释放了有作用的人员以充实驻法国的军队。1918年6月成为英国本土军队的总司令，指挥莱茵占领区的英军（1919年4月—1920年3月）。1919年被封为男爵，1920年3月退出现役，晋升陆军元帅。著有两本回忆录，《从士兵到元帅》（1921年）和《军人和政治家1914—1918》（1926年）。1933年2月12日卒于伦敦。

罗伯逊聪明、机智，工作勤奋，是一位真正的职业军人。他是一位卓有才能的参谋，但其任帝国总参谋长期间顽固坚持西线战略的事实表明，他在方法上还存有一定的局限性。他是英军中唯一一位从士兵到元帅的军人，这一点在任何军队中都是罕见的。

DLB

参考：Robertson, Sir William, From Private to Field-Marshal. London, 1921.

——, Soldiers and Statesmen, 1914—1918. 2 vols. London, 1926.

DNB.

EB.

罗尚博伯爵，让·巴蒂斯特·多纳西安·德·维默（Rochambeau, Jean Baptiste Donatien de Vimeur, Count of, 1725—1807年） 法国元帅。参加主要战争：奥地利王位继承战争（1740—1748年）、七年战争（1756—1763年）、美国独立战争（1775—1783年）；参加主要战役（战斗）：劳菲尔德（马斯特里赫特附近）之战（1747年）、克雷菲尔德之战（1758年）、克洛斯坎普（坎普林特福特附近）之战（1760年）、约克镇围城战（1781年）。

罗尚博（1725年7月1日）生于旺多姆，系一贵族的第三子。曾在教会学校学习某一职业，其兄死后改变了这一职业。转而从军，在圣西蒙骑兵团中被授予军官候补生（1742年）。在波希米亚、巴伐利亚和莱茵河地区的历次作战（1743—1747年）中表现突出。在数位王子的鼓励下，他购买了拉·马尔什步兵团的上校团长职位（1747年3月）。率团参加了残酷的劳菲尔德之战（1747年7月2日），在战斗中受重伤。康复后参加了马斯特里赫特围城战（1748年4月15日—5月7日）。《艾克斯拉沙佩勒条约》（亚琛）签订（1748年10月18日）后，他回到旺多姆，在那里结婚，大部分时间在乡间过着闲适的生活，偶尔在守备部队中任职。七年战争（1756—1763年）之初重返现役，并参加了围困并攻克梅诺卡的战斗（1756年4月12日—5月28日）。在克雷菲尔德之战（1758年6月23日）和克洛斯特坎普之战（1760年10月16日）中表现突出。晋升准将后被任命为骑兵总监（1761年），进行了训练和战术改革。曾担任法国南部某军区的司令（1764—1776年）。后被任命为鲁西永自由城（普拉德附近）的行政长官（1776年）。被任命为派往北美洲的法国远征军中将司令，以支持美国独立战争（1780年）。尽管存在补给和运输量方面的困难，他还是在海军护航下率5500人启航出发（1780年5月1日）。抵达罗得岛的纽波特附近（7月11日）。他在那里扎下营地等待援兵（他未能得到）和更多的钱财——他的确得到了（1780年7月—1781年6月）。在封锁纽约州（1781年6—7月）的行动中与华盛顿会合。抢在德·格拉斯将军到达切萨皮克湾之前，罗尚博和华盛顿转兵向南，集中兵力进攻弗吉尼亚的康华里（8—9月）。他们包围约克镇（1781年9月28日），智胜康华里军并迫使其投降（1781年10月19日）。康华里的副手企图向其投降时，罗尚博将他引给华盛顿。获得大陆会议的嘉勉后，罗尚博在弗吉尼亚过冬，后返回罗得岛（1782年秋）。乘船回国，后在圣纳泽尔上陆（1783年2月）。先后担任皮卡第军区司令（1784—1788年）、阿尔萨斯军区司令（1789年）。被授予法国元帅（1791年12月）。后被任命为北方军团司令（1792年4月?），因未能阻止奥地利军的推进而辞去职务。"恐怖统治"期间曾遭短期监禁（1793年），后释放并获准退休。拿破仑对他优礼有加。1807年5月10日卒于其领地。

罗尚博是一位真正的职业军人，勇敢而能干。他机智、老练，是娴熟的行政家。所有这些才能使他在美国

独立战争期间非常胜任其任务。

DLB

参考：Blumenson, Martin, and James Stokesbury, "'Papa' Rochambeau: The Perfect Ally," Army, Vol. 25, No, 8(August 1975).

Rochambeau, Count of, Memoires militaires, historiques et politiques. Paris, 1809.

Weelen, J. E., Rochambeau, New York, 1965.

Whitridge, Arnold, Rochambeau. New York, 1965.

罗克韦尔，弗朗西斯·沃伦（Rockwell, Francis Warren, 1886—1979 年） 美国海军上将。参加主要战争：第一次世界大战（1917—1918 年）、第二次世界大战（1941—1945 年）；参加主要战役（战斗）：北大西洋运输战（1917—1918 年）、阿留申群岛战役（1942—1943 年）。

罗杰斯，约翰（Rodgers, John, 1772—1838 年） 美国海军军官。参加主要战争：同法国的半官方战争（1798—1800 年）、的黎波里战争（1801—1805 年）、1812 年的战争（1812—1815 年）。

罗杰斯于 1772 年 7 月 11 日生于马里兰的哈威勒德格拉斯，是美国独立战争的一名民兵上校之子。1787 年出海，20 岁时已拥有自己的船只并任船长，同欧洲开展贸易。1798 年，在托马斯·特拉克斯顿手下的“星座”号上任中尉。参加西印度群岛战争期间立功，特别在 1799 年 2 月 9 日缴捕法国“起义”号舰时立下战功。3 月，升少校，他是美国海军第一位从中尉升少校的军官。1802 年夏，赴地中海同的黎波里人作战，指挥有 28 门炮的“约翰·阿达马斯”号，当的黎波里的“梅舒达”号（20 门炮）企图溜进的黎波里港时，被缴捕（1803 年 5 月 12 日）。1803 年 6 月，作为准将临时指挥地中海舰队。1805 年 5 月接到正式任命。6 月 3—10 日，同的黎波里签订和约，9 月又同突尼斯结束战争。返美国后，任纽约海军基地司令（1807 年 7 月—1809 年 2 月）。后指挥本土舰队在“总统”号舰上巡弋于亨利角附近时（44 门炮），1811 年 5 月 16 日遭遇并打败了一大型战舰“小海峡”号（20 门炮）。“切萨皮克”号-“豹子”号事件后，他作为英雄返回美国。在 1812 年的战争期间，曾指挥舰队参加巡弋任务（1812—1813 年），但战绩不佳。1814 年 8 月，率小特遣分队在华盛顿防御。在 9 月 12—14 日的巴尔的摩防御战中荣立功勋。1815 年 2 月，同伊萨克·霍尔及戴维·波特一起任海军委员会委员。在该职上一直工作直至 1824 年任地中海舰队司令为止。1824—1827 年一直担任前职，其旗舰为有 74 门炮的“北卡罗来纳”号。返美国后，再次任海军委员会委员，直至于 1837 年 5 月 1 日因健康原因辞职。1838 年 8 月 1 日卒于费城。

罗杰斯是一位天才能干的指挥员，他纪律严明、方法灵活。在 1812 年期间，他的舰队作战思想大大超于他的时代及美国的能力。他同英国商船周旋时也获得一定成功，他迫使英国人将精力集中于他的身上，从而使美国商船得以从容不迫地返回家园。

DLB

参考：Eckert, Edward K., The Navy Department in the War of 1812. Gainesville, Fla., 1973.

Guttridge, Leonard F., and Jay D. Smith, The Commodores, The U. S. Navy in the Age of Sail. New York. 1969.

Paullin, Charles O., Commodore John Rodgers, Captain, Commodore, and Senior Officer of the American Navy, 1773—1838, a Biography. Cleveland, 1910.

DAMB.

WAMB.

罗得曼，托马斯·杰克逊（Rodman, Thomas Jackson, 1815—1871 年） 美国陆军军官，弹药专家。

罗德尼男爵，乔治·布里奇斯（Rodney, George Brydges, Baron, 1718—1792 年） 英国海军将领。参加主要战争：奥地利王位继承战争（1740—1748 年）、七年战争（1756—1763 年）、美国独立战争（1775—1783 年）；参加主要战役（战斗）：菲尼斯泰尔（布列塔尼西部）之战（1747 年）、路易斯堡之战（1758 年）、圣文森特角之战（1780 年）、圣岛（瓜德罗普的圣岛）之战（1782 年）。

罗德尼生于 1718 年 2 月，就读于哈罗学校，后被任命为“桑德兰”号军舰上的志愿兵（1732 年 6 月 21 日）。晋升为地中海舰队“海豚”号舰上的上尉（1739 年）。被任命为“普利茅斯”号小军舰的舰长（1742 年）。后为 60 门火炮的“鹰”号军舰舰长，率舰参加了爱德华·霍克将军指挥并获胜的菲尼斯泰尔附近的海战（1747 年 10 月 14 日）。任准将时被任命为纽芬兰总督兼总司令（1749 年）。回国后当选为来自柏索尔塔什的议员（1751 年）。参加对罗切福特的远征，任 74 门火炮的“都柏林”号舰舰长（1757 年）。随理查德·波斯卡温将军远征路易斯堡（1758 年 5 月 30 日—7 月 27 日），曾袭击诺曼底沿海，使许多收集用来入侵英国的法国舰船非毁即俘（1759—1760 年）。后任背风群岛基地司令（1761 年 10 月）。夺取了马蒂尼克（1762 年 2 月 12 日），接着在三个月的时间里连克圣卢西亚、格林纳达和圣文森特。加入海军上将乔治·波科克爵士的舰队，该舰队在一场围困战（6 月 20 日—8 月 10 日）后攻克哈瓦那。夺取法属诸岛后，罗德尼顿成富翁。回到英国后晋升为海军中将，并获得了议会的嘉勉（1763 年）。担任牙买加基地司令（1771—1774 年）。将钱财挥霍一空后，为躲避债务而逃亡法国（1774 年）。在一位朋友的帮助下，他偿还了债务并回到英国（1778 年）。被任命为背风群岛基地的总

R

司令（1779年底），后在赴任途中奉命解救直布罗陀之围。在菲尼斯泰尔角（西班牙）水域夺取了一支西班牙商船队及其6艘护航舰（1780年1月8日）。在圣文森特角附近的夜战（称作“月光”作战行动）中打败唐·胡安·德·兰加拉的西班牙舰队，西班牙的13艘军舰中被俘6艘，击沉1艘（1780年1月6日）。直布罗陀之围解除后，到达西印度群岛（3月底）。在马提尼克附近曾与吉尚伯爵吕克·于尔班·迪·布埃克将军的舰队进行了一次未分胜负的作战（4月17日）。次月又与吉尚两度交战。为防止预先得知的美法联军进攻，他率其舰队的一半全速开往纽约（9—12月）。夺取荷属圣尤斯塔蒂尤斯岛（1781年2月3日），后卷入关于在那里获得的赃物的诉讼案中。由于他的离职，法国的弗朗索瓦·J.P.德·格拉塞得以将赛米尔·胡德将军的舰队驱逐出罗亚尔堡（马提尼克，4月29日）。罗德尼返回英国耽搁了数月（1781年8月—1782年1月），不久，重掌指挥权（1782年2月19日）。在瓜德罗普和多米尼加之间进行一次初战后，罗德尼在同一海区找到了格拉塞，并在圣岛附近割裂其编队（4月12日），经过11个小时的战斗，击沉法舰1艘，俘获包括格拉塞旗舰“巴黎”号在内的6艘法舰。这是美国独立战争期间的最后一战，英国虽在陆上失败，却在海上获胜。罗德尼归国后成为英雄，获得了男爵之位和大笔退休金。1792年5月24日卒于伦敦。

罗德尼是一位非常勇敢且技艺高超的职业海军军人。他平时作战谨慎小心，一生中最大的胜利却由冒险而来。尽管他侥幸所得的钱财使他受到官兵的欢迎，本人也多次大发横财，但他仍然骄狂、自私、贪财。

DLB

参考：Hannay, D., Life of Lord Rodney. London, 1903.
McIntyre, Donald, Admiral Rodney, New York, 1963.
Mahan, Alfred Thayer, The Influence of Seapower upon History. Reprint, New York, 1957.
Spinney, D., Rodney. London, 1969.

R

罗杰一世(Roger I,卒于1101年) 西西里的诺曼人统治者。参加主要战争：征服西西里（1061—1091年）。参加主要战争：切拉米（尼科西亚附近）之战（1063年）、米西尔梅里（巴勒莫附近）之战（1068年）。

坦克雷德·德奥特维尔再婚所生的小儿子，因而罗杰是著名的罗伯特·圭斯卡德家族的幼子。在意大利南部与罗伯特会合（1057年），并帮助他将拜占庭人赶出了卡拉布里亚（1057—1060年）。受其兄派遣利用西西里的混乱形势，罗杰攻占了墨西拿，使诺曼人在该岛获得了立足点（1061年）。他依靠自己的谋略，谨小慎微，最终在切拉米之战（1063年）和米西尔梅里之战（1068年）中打败了在人数上占优势的当地穆斯林军队及其突尼斯盟军。当罗伯特的援军最终赶到时，他攻克了巴勒莫（1072年）。同年，他被封为西西里伯爵。罗伯特死（1085年）后，罗杰攻占了叙拉古（叙拉古斯，1086年）。攻占诺托（1091年）后他完成了对西西里的占领。当罗伯特之子——阿普利亚的罗杰公爵面临一场叛乱时，罗杰予他以决定性的支援，因此获得了罗伯特原先在西西里留给其本人的封地，罗杰自称西西里和卡拉布里亚大伯爵。他在西西里恢复天主教，教皇乌尔班二世因此任命他为驻西西里的教皇使节（1099年），但他对其臣民的其它宗教信仰一般都采取宽容的态度。卒于1101年6月22日。

罗杰有雄心大志，勇敢、果断而且能干，象其兄罗伯特一样，具有十一二世纪地中海世界中成长起来的政治冒险家的品质。作为一位将军，他又是一位天才的战术家，经常能以少胜多。作为一位战略家和政治家，他在40年的时间内把西西里从穆斯林的堡垒变成了意大利南部最强大的诺曼人的领土。

DLB

参考：Curtis, Edmund, Roger of Sicily and theNormans in Lower Italy, 1016—1154. New York, 1912.
Decarreaux, Jean, Normands, papes et moines: Cinquante ans de conquêtes et de politique religieuse en Italie meridionale et en Sicilie milieu de XeI siècle au debut du XIeI. Paris, 1974.
Norwich, John Julius, The Normans in the South, 1016—1130. London, 1967.
EB.

罗杰二世(Roger Ⅱ,1095—1154年) 西西里和那不勒斯的诺曼人国王。参加主要战争：远征马哈迪耶（1123年）、教皇战争（1127—1128年）、争夺南意大利的战争（1130—1139年）、与突尼斯的海战（1135—1148年）、拜占庭战争（1147—1149年）。

罗杰二世（1095年）生于西西里，伯爵罗杰一世和其第三位妻子阿代拉伊德之子。其父与其兄西蒙去世（分别为1101、1105年）后，罗杰袭封西西里伯爵和卡拉布亚伯爵，但1112年之前一直由其母摄政。他的第一次作战是攻取突尼斯沿海要塞马哈迪耶，但未获胜利（1123年）。阿普利亚公爵威廉死后无嗣，罗杰乘机说服萨莱诺（阿普利亚首府）人将该城割让与他，并在那里加冕为公爵（1127年）。教皇洪诺留二世派军攻打该地，但罗杰将其击败，并获得了授封公爵的仪式（1128年8月）。他支持反教皇的阿纳克莱图斯二世反对英诺森二世，这一支持使罗杰获得了授予包括几乎整个南意大利和西西里封地的仪式（1130年9月），罗杰因此在巴勒莫加冕为王（12月25日）。这一举措引发了一场同教皇英诺森二世、日耳曼皇帝洛泰尔二世、拜占庭皇帝约翰二世康尼纳斯、法国国王路易六世和商业共和国威尼斯与比萨联军的为期九年的战争（1130—1139年）。他在巴里击退洛泰尔的进攻，又在萨莱诺击退比萨人的攻击（1137年），成为这一战争的转折点。他俘获英诺森二世

(1139 年 7 月 22 日)，迫使其签订了承认罗杰为国王的和约（7 月 25 日）。与此同时，罗杰派遣其海军将领安条克（安塔基亚）的乔治对北非、科孚（克基拉）岛（占领）和希腊诸岛进行了一系列的袭击和征讨（1135—1148 年）。由于乔治和罗杰的努力，最终在从巴尔卡（阿尔马季）到凯鲁万的北部非洲建立起一块诺曼人的飞地（1146—1154 年）。罗杰派遣乔治率领舰队进攻拜占庭帝国（1147 年），洗劫了拜占庭帝国的雅典、底比斯（锡韦）和柯林斯（1147—1148 年）。之后，向君士坦丁堡城墙进军，在皇帝曼努埃尔的军队逼近时撤退（1149 年）。1154 年 2 月 26 日卒于巴勒莫。

罗杰是一位聪明过人、才能出众的君主，具有诺曼人的冒险精神。作为将军，他坚韧、果断、能干。但他在行政上取得的功绩更加辉煌，他建立的独特政府利用了其阿拉伯、意大利、希腊、法兰西和诺曼臣民的智慧。他扶持起来的文化活动开启了民族和文化溶合的过程。罗杰是艺术、科学和文学的倡导者，他对其臣民福祉的关心也是罕见的，在所有方面都是一位杰出的君主。

DLB

参考：Curtis, Edmund, Roger of Sicily and the Normans in Lower Italy, 1016—1154. New York, 1912.

Norwich, John Julius, The Kingdom in the Sun (1130—1194). London, 1976.

——, The Normans in the South, 1016—1130. London, 1967.

EB.

EMH.

罗杰斯，罗伯特（Rogers, Robert, 1731—1795 年） 美国殖民地时期的陆军军官。参加主要战争：与印第安人的战争（1754—1763 年）、美国独立战争（1775—1783 年）；参加主要战役（战斗）：乔治湖（纽约）之战（1755—1758 年）、泰孔德罗加之战、第二次克朗波因特（纽约）之战（1759 年）、蒙特利尔之战（1760 年）、怀特普莱恩斯（纽约）之战（1776 年）。

罗杰斯（1731 年 11 月 7 日）生于马萨诸塞的梅休因，长于新罕布什尔。受教育不多，但有多种经历，先后是猎人、探险者和边境居民。曾随威廉·约翰逊进行对克朗波因特的远征（1755 年 8—9 月），参加了乔治湖之战（9 月 8 日），因侦察有功而受赏识。晋升为上尉并任别动连连长（1756 年 3 月）。晋升少校后，他被任命为九个别动连的指挥官（1758 年）。随阿伯克朗比将军进行了对泰孔德罗加的作战。在对乔治湖附近斯诺肖山的战斗中，通过欺骗其印第安人对手才得以避免一场灾难（1758 年 3 月 13 日）。参加了杰弗里·安赫斯特将军夺取泰孔德罗加（1759 年 7 月 26 日）和克朗波因特（7 月 31 日）的作战。曾指挥旨在夺取与摧毁圣弗朗西斯（索雷尔附近的圣弗朗西斯）村（10 月 5 日）的艰难远征。第二年，威廉·哈维兰上校远征蒙特利尔时，他为远征队前卫指挥官，并亲眼目睹了该要塞的投降（1760 年 9 月 8 日）。法国与印第安人的战争结束时，罗杰斯以最著名和最传奇的殖民地军人而声威远播。罗杰斯战后在西部边境任职期间，政治才能缺乏、贪得无厌、弄虚作假，其政绩寥寥无几。庞蒂亚克起义期间在底特律解围战（1763 年 7 月）中表现良好。因其任米奇利麦基奈克堡司令（1767—1768 年）期间的活动在蒙特利尔被控通敌（1768 年 10 月），后无罪释放。前往英国谋求有利可图的职位，这一努力落空，后因负债而被投入监狱。回到美国，独立战争爆发后因怀疑其充当间谍被华盛顿逮捕（1775 年）。后脱逃，并招募了两个亲英的“女王别动连”。尽管参加了纽约战役，尤其是怀特普莱恩斯之战（1776 年 10 月 28 日），但他的战绩平平，并失去了指挥权。返回英国，生活穷困，后卒于伦敦（1795 年 5 月 18 日），死因不明。

罗杰斯是一位勇敢、能干和机智的侦察兵与特种作战兵指挥官，长于袭击和伏击。作为和平时期的行政官员，他不仅缺乏才干，而且贪婪、腐败。

DLB

参考：Armour, David A., ed., Treason at Michilimackinac: The Proceeding of a General Court Martial Held at Montreal in October 1768 for the Trial of Major Robert Rogers. Mackinac Island, Mich., 1967.

Cuneo, John R., Robert Rogers of the Rangers. New York, 1959.

Rogers, Robert, The Journals of Major Robert Rogers. Introduced by Howard H. Peckham. New York, 1961.

DAMB.

WAMB.

罗昂公爵，亨利·德·罗昂（Rohan, Henri de Rohan, Duke of, 1579—1638 年） 法国将军。参加主要战争：胡格诺战争（1615—1616 年，1625—1629 年）、三十年战争（1618—1648 年）；参加主要战役（战斗）：瓦尔特林（科莫湖附近）战役（1635—1636 年）、莱茵费尔登（瑞士）之战（1638 年）。

罗昂生于 1579 年，罗昂-日耶的勒内二世之子。后受封为罗昂公爵（1603 年），并娶叙利公爵之女——玛格丽特·德·贝蒂讷为妻（1605 年）。尽管与王室有密切的血缘关系，他还是毫不犹豫领导了反对玛丽·德·美第奇的胡格诺战争（1615—1616 年）。尽管他曾两次与路易十三的政府缔结条约（1623 年和 1626 年），但仍作为胡格诺派的主要将军之一参加战斗。他在法国南部的作战取得了极大的胜利（1625—1626 年，1627—1629 年），只是在达成《阿莱和约》（1629 年）后才放弃战斗。离开法国后在威尼斯生活过几年，于 1635 年返回法国。不久，他被授予旨在夺取瓦尔特林的远征军的指挥权。罗

R

昂利用其极大的魅力和对新教教义的虔诚，很快就赢得了瑞士居民的支持，并通过连续的四次战斗将西班牙人赶出了这一战略性谷地（1635 年）。由于企图与西班牙人谈判，瑞士人恼怒不已，他们驱逐了罗昂，自行与西班牙人达成了一项协定（1636 年）。在日内瓦停留后，他与莱茵地区的萨克森-魏玛的伯恩哈德合兵一处。在莱茵费尔登周围的战斗（1638 年 2 月 28 日—3 月 1 日）中受致命伤。卒于几星期后（4 月 13 日）。

DLB

参考：Wedgwood, Cicely V., The Thirty Years War. 1938. Reprint, Garden City, N.J., 1961.
EB.
EMH.

罗科索夫斯基，康斯坦丁·康士坦丁诺维奇（Rokossovski, Konstan Konstantinovich, 1896—1968 年） 苏联元帅。参加主要战争：第一次世界大战（1914—1918 年）、苏俄国内革命战争（1917—1919 年）、第二次世界大战（1939—1945 年）；参加主要战役（战斗）：莫斯科保卫战（1914—1942 年）、斯大林格勒（伏尔加格勒）保卫战（1942—1943 年）、库尔斯克之战（1943 年）、白俄罗斯之战（1944 年）、东普鲁士之战（1945 年）。

罗科索夫斯基 1896 年 12 月 8 日生于维利基耶，其父为铁路雇员，1900 年随家迁往华沙。1912—1914 年作石匠。1914 年征召进入沙俄帝国部队。在第五卡尔戈波尔骑兵团服役获低级军衔而未任职。1917 年自愿参加红色卫队，1918 年加入红军。1917 年被任命为卡尔戈波尔红色卫队骑兵分遣队代队长。在西伯利亚、蒙古和远东地区参加国内战争，最终获团长职。1919 年 11 月和 1921 年 6 月两次受伤。1925 年毕业于骑兵高级参谋军官进修班，1929 年又在伏龙芝军事学院高级参谋军官课程班修完毕业。1929—1930 年为独立骑兵旅旅长。1930—1937 年，历任师长和军长。1937 年 8 月被捕并被指控为波兰和日本间谍，但 1940 年春被释放。1941 年在苏德战争中，任第九机械化军军长。1941 年 12 月指挥第十六集团军保卫莫斯科，击退德国的进攻。1942 年 2 月负伤。1942 年 7 月指挥布良斯克方面军（苏联对集团军群的称法）。1942—1943 年在决定性击败德军的斯大林格勒保卫战中，指挥斯大林格勒（后改为顿河）方面军。1943 年 2 月受命指挥中央方面军（后改名为白俄罗斯第一方面军）。7 月配合打退德军对库尔斯克进攻。1944 年夏参加白俄罗斯攻势。1944 年 11 月将白俄罗斯第一方面军指挥权移交朱可夫。1945 年指挥白俄罗斯第二方面军取得东普鲁士和波美拉尼亚战斗的胜利。二战后，在波兰和苏联武装部队中担任高级职务，包括波兰和加里宁格勒地区苏军司令之职（1945—1949 年）。1949—1956 年任波兰部长会议代主席，后授波兰元帅衔任波兰国防部长。波兰“十月事件”后，被调回莫斯科。1956—1962 年任苏联国防部副部长。1968 年 8 月 3 日卒于莫斯科。

一位天才而能干的指挥官，其非凡的个人勇气，罗科索夫斯基在二战中作为重要的苏联军事领导人而显现出来。他身体强壮，有 1.83 米高。他祖籍波兰，但具有讽刺意义的是，红军 1944 年夏未能支持华沙起义，而当时他的部队正在波兰首都对面，却袖手旁观。

BRB

参考：Kardashov, B., Rokossovski. Moscow, 1980.
Keegan, John, ed., Who Was Who in World War II. New York, 1978.
Rokossovski, K., A Soldier's Duty Moscow, 1970.

罗兰（Roland〈Rodlandus, Rotholandus, Orlando, Hriotland〉，卒于 778 年） 加罗林王朝法兰克军事家。参加主要战争：法兰克征服西班牙北部战争（777—801 年）；参加主要战役（战斗）：朗塞瓦尔战役（778 年）。

罗兰最初是查理大帝军队中的一名骑士或侍从，后来成为查理大帝部下的一名高级将领。查理大帝从西班牙撤退时，罗兰指挥后卫部队。778 年 8 月 15 日，当部队穿过比利牛斯山时，断后的部队在朗塞瓦尔山口被占绝对优势的土著巴斯克人及阿拉伯联军包围，全军覆没。罗兰身陷重围，誓死不屈，成为虽败犹荣、英勇作战的典范。三个世纪后，著名的法语史诗《罗兰之歌》就是以这次事件为题材而写成的。现代学者研究了阿拉伯史记，认为设埋伏的可能是加斯科尼人，而不是巴斯克人或阿拉伯人，而罗兰可能是“布列塔尼边境的长官”，《罗兰之歌》里的叙述不足为凭。

DLB

参考：EB.
EMH.

罗尔夫（罗洛）（Rolf〈Rollo〉the Granger, 约 890—911 年） 北欧海盗头子、第一位诺曼底伯爵。参加主要战争：侵袭法兰克北部战争（896—911 年）。

罗尔夫的出生日期及家族情况不明，他最早被北欧海盗称作罗尔夫或赫罗尔夫，但人们经常用法兰克公文里的名字罗洛来称呼他。罗尔夫是一名北欧海盗头子，在 896—911 年这 15 年间里，他沿着法兰克北部海岸劫掠，到达了塞纳河流域。由于罗尔夫身材太高不能骑马，到任何地方去都得步行，所以人们就冠他以“行者罗尔夫”之称。后来，罗尔夫与查理三世签订了《圣·克莱尔-苏尔-埃普特条约》，因而得到了位于塞纳河河口的土地。为此，他成为基督教徒并被查理国王封臣。这块土地自从北欧人侵占了以后，逐渐形成了诺曼底公国。

DLB

参考：Beeler, John W., Warfare in Feudal Europe, 730—1200. Ithaca, N.Y., 1971.
EMH.

R

罗梅纳斯四世，第欧根尼（Romanus Ⅳ Diogenes，卒于 1072 年） 拜占庭皇帝。参加主要战争：佩彻涅格诸战争（1048—1054 年）、与艾勒卜·艾尔斯兰的塞尔柱突厥人的战争（1060—1071 年）、拜占庭内战（1071 年）；参加主要战役（战斗）：塞瓦斯提亚（锡瓦斯）之战（1068 年）、赫拉克利亚（埃雷利）之战（1069 年）、曼齐克特（马拉兹吉尔特）之战（1071 年）。

出生日期不详，但罗梅纳斯是卡帕多细亚（土耳其中部）一古老军事贵族家庭的后裔。君士坦丁九世杜卡斯在位（1042—1054 年）期间在与佩滕伊格进行的作战中崭露头角，赢得了忠诚与能干士兵的声誉。由于米哈伊·普西尔卢斯和欧多西皇后——君士坦丁九世的遗孀之间的发生宫廷斗争，为了挽救日益崩溃的军事形势和适应反对派寻求强有力领导的需要，他被宣布为皇帝（1068 年 1 月 1 日）。罗梅纳斯紧急招募了一支大部分为雇佣兵（佩彻涅格人、乌兹人、诺曼人等）组成的军队，并于同年冬与艾勒卜·艾尔斯兰指挥的塞尔柱突厥人进行了作战。他在塞瓦斯提亚击败艾勒卜（1068 年 12 月?）。入侵叙利亚，然后返回卡帕多细亚击退突厥人的进一步袭击。卡帕多细亚作战之后，罗梅纳斯在赫拉克利亚（1069 年 10 月?）再次击败艾勒卜。后因诺曼人正在进攻拜占庭在意大利的几个据点，他赶赴意大利（1070 年），但突厥人的再次入侵迫使他回到了小亚细亚。罗梅纳斯在埃尔祖鲁姆集结了一支大约45 000人的军队，东向进入亚美尼亚，他在那里包围并重新攻占了曼齐克特要塞（1071 年 5 月?）。由于其部属的背叛和动摇，罗梅纳斯在曼济克特附近遭到袭击。尽管他作战出色，还是被突厥人打败并俘获。这主要是由于安德罗尼柯·杜卡斯指挥的第二线部队未能给他以支援（8 月 19 日）。当这一灾难的消息到达君士坦丁堡时，约翰·杜卡斯将自己的侄子扶上王位，成为米哈伊七世（10 月 24 日）。同时，艾勒卜·艾尔斯兰在罗梅纳斯答应交纳贡赋和赎金后将其释放。罗梅纳斯归国后出现了一场内战。他给艾勒卜·艾尔斯兰送去一笔钱作为其良好的信誉的保证，之后，为消除帝国的进一步内战，他归顺了米哈伊七世。罗梅纳斯归顺后被弄瞎双眼，卒于 1072 年夏。

罗梅纳斯高尚、耿直、慷慨无私，是一位能干而足智多谋的统帅，天才的战术家和娴熟的战略家。如果他得到了即使是勉强足够的支持，他就能取得更多的胜利，但他却为对权力怀有野心的杜卡斯之流的不忠所打倒。

DLB

参考：Cahen，C.，“La campagne de Mantzikert d'apres les sources musulmanes，”Byzantion，Vol. IX（1934）.

Ostrogorsky，George，A History of the Byzantine State. Translated by Joan Hussey. New Brunswick，N.J.，1969.

EMH.

隆美尔，埃尔温·约翰内斯·欧根（Rommel，Erwin Johannes Eugen，1891—1944 年） 纳粹德国陆军元帅，绰号“沙漠之狐”。参加主要战争：第一次世界大战（1914—1918 年）、第二次世界大战（1939—1945 年）；参加主要战役（战斗）：德法比边境战役、马恩河战役（1914 年）、卡波雷托战役（1917 年）、德军入侵法国战役（1940 年）、北非战役（1941—1943 年）、诺曼底战役（1944 年）。

隆美尔 1891 年 11 月 15 日生于德国符滕堡州的海登海姆，其父是一位中学校长。1910 年 7 月，他抱着要作有远大志向军官的思想参军，入第一二四步兵团开始其军人生涯。1912 年 1 月，隆美尔被授予陆军中尉军衔。1914 年 3 月，调入一个地面炮兵团，但在第一次世界大战爆发后又重新回到第一二四步兵团。1914 年 9 月 24 日，参加德国入侵法国的战役，并在作战中受伤。在他第二次受伤痊愈之后，即被调入符滕堡山炮营，不久部队又调防到孚日山区。1917—1918 年，山炮营调往罗马尼亚前线，参加在罗马尼亚和意大利边境地区的作战行动。1917 年 10—11 月，在卡波雷托战役中，因其在作战中杰出的贡献而被德皇授予“十字功勋奖章”。在此次作战中，他大胆提出的“山地炮兵营渗透战术”得到了广泛的认同。卡波雷托战役后，调任作战参谋，直到战争结束。1918 年 11 月，他重新回到第一二四步兵团。1919 年，担任一警卫连连长。1921 年 1 月，又在斯图加特第十三步兵团担任连长。1929 年 10 月，隆美尔被派往得累斯顿步兵学校当教官。1937 年，他根据自己在第一次世界大战中的作战经验，出版了一部关于步兵战术的著作——《步兵进攻》。1935 年 10 月，他被提升为第十七步兵团一个轻步兵营的指挥官。1938 年 11 月，领导维也纳诺伊斯塔特军事学院。1938—1939 年，在纳粹德国吞并苏台德地区和攻占布拉格的作战行动中，隆美尔指挥元首警卫营，保卫希特勒的安全。随后被调入希特勒参谋本部，并在德军进攻波兰的战役中，负责希特勒的个人安全保卫工作。1940 年 2 月，隆美尔奉命担任第七装甲师师长。5—6 月，在德军入侵法兰西战役中扮演了重要角色。1941 年 2 月，隆美尔被调往非洲战场，指挥德军在利比亚的非洲军团。1941—1942 年，在北非，他指挥轴心国部队在著名的大规模装甲拉锯式战役中，两次将英国军队逐回埃及-昔兰尼加前线。他的军事指挥艺术在他的朋友和敌手之间同样赢得了声誉和尊重，并因此得到了“沙漠之狐”的绰号。1942 年 6 月，随着英军在托布鲁克的投降，隆美尔被希特勒晋升为陆军元帅。1942 年 10—11 月间，他指挥的非洲军团在决定性的阿拉曼战役中，被蒙哥马利将军指挥的英军击败。1943 年 3 月，他被从北非召回到意大利北部指挥 B 集团军群。1943 年 11 月，被派到西欧视察与英国相望的海岸防御工事。1944 年 1 月，担任德军在低地国家和法国北部的部队司令官。他主张以加固“大西洋壁垒”，来抗击盟国对欧洲大陆的进攻。1944 年 6 月，他指挥海峡沿岸的 B 集团军群抗击盟军的登陆。在他企图阻止盟军登

R

上海滩的行动失败后（失败的部分原因应归罪于希特勒拒绝隆美尔关于尽早将德军装甲部队前调并进入作战状态的建议），开始向在诺曼底建立滩头阵地的盟军部队发起反攻。1944年7月17日，隆美尔被盟军飞机击伤。因受牵于一桩刺杀希特勒的秘密计划，被迫在自尽和受审判间作出选择，1944年10月14日，隆美尔选择了前者——服毒自杀。

隆美尔是一位十分干练的战略家和战术家。他在北非的战绩为他在纳粹统治集团赢得了声誉。他是第二次世界大战中最有才干的将领之一。他死后希特勒为他举行了国葬，并谎称他死于受伤后的药物过敏。

BRB

参考：Collier, Richard, The War in the Desert. Alexandria, Va., 1977.

Douglas-Home, Charles, Rommel. New York, 1973.

Liddell Hart, B. H., ed., The Rommel Papers. Translated by Paul Findlay. New York, 1953.

Young. Desmond, Rommel, the Desert Fox. New York, 1951.

罗昂，阿尔勃莱希特·泰奥多尔·埃米尔，冯伯爵（Roon, Albrecht Theodor Emil, Count von, 1803—1879年） 普鲁士陆军元帅和政治家。

罗昂1803年4月30日出生于普勒沙根（科沃布热格附近），是一位普鲁士陆军军官之子。早年成为孤儿，由慈母般的祖母抚养，1816年成为军官候补生。1818年进入柏林军官学校学习，1821年被任命为军官。在柏林军事学院工作（1824—1827年），在团里服役一段时间后，调至克莱菲尔德的军参谋部（1832年）。出版了三卷本的《自然、国家和政治地理学教程》一书，最早意识到改革军队的必要。参加了威廉亲王（即后来的威廉一世）指挥对巴登起义的镇压（1848年）。作为此次战役的奖励，晋升少将（1856年）。1859年晋升中将，且成为军队改组委员会中的一员。他要求将服役时间提高到3年（其中炮兵和骑兵为4年）及扩编军队至20万人的建议极不得人心。尽管有威廉国王、赫尔穆特·冯·毛奇总参谋长以及上议院高级成员的支持，但其改革受到低级军官的反对。1859年12月5日取代冯·宁南担任处于危难之中的陆军部长，而奥托·冯·俾斯麦也因被任命为首相而走出绝境。尽管取得了这个胜利，但他却可能是普鲁士十年来最不受欢迎的人，直至其体制被普法战争（1870年8月—1871年1月）证明为正确的为止。1861年任海军部长。1871年因其贡献被封为伯爵。1873年1月晋升陆军元帅。11月9日以健康不佳为由辞职。1879年2月23日卒于柏林。

罗昂是一位高大强壮、富于进取的人，也是一位坚定的保守派人士。他与其说是战略家或是斗士，还不如说是天才的军事管理人员。俾斯麦出任首相使他拥有了有价值的政治伙伴。

DLB

参考：Denkwürdigkeiten aus dem Leben des… Grafen von Roon, 2d ed. 3 vols. Berlin, 1905.

Dupuy, Trevor N., A Genius for War: The German Army and General Staff, 1807—1945. Fairfax, Va., 1984.

Hübner, R., Albrecht von Roon. Berlin, 1933.

EB.

罗斯福，富兰克林·德拉诺（Roosevelt, Franklin Delano, 1882—1945年） 美国政治家。参加主要战争：第一次世界大战（1917—1918年）、第二次世界大战（1941—1945年）。

鲁特，艾利休（Root, Elihu, 1845—1937年） 美国政治家和外交家；参加主要战争：镇压菲律宾起义（1899—1902年）。

鲁特1845年2月15日生于纽约州的克林顿（尤蒂卡附近）。毕业于汉密尔顿学院（1864年）和纽约大学法学院（1867年）。西奥多·罗斯福任警察局长（1895—1897年）和州长（1899—1900年）期间，任其法律顾问。作为麦金利和罗斯福的内阁中的陆军部长（1899—1903年），他极力主张正确合理地管理古巴、波多黎各和菲律宾。创办了陆军参谋学院，并把总参谋部引进美国陆军。提倡进行军官轮流从事参谋和带兵工作，说服国会将国民警卫队纳入民兵组织。1905—1909年，任罗斯福内阁中的国务卿，1909—1915年，任来自纽约的共和党参议员。帮助创建永久的海牙国际法庭（1920—1921年）。1921年11月任华盛顿军备联合会委员。20年代，完成了几项外交使命。1937年2月7日卒于纽约城。

鲁特是一位天才的外交家和行政官员。其后半生一直致力于国际事务。

DLB

参考：Jessup, Philip C., Elihu Root. 2 vols. New York, 1938.

Leopold, Richard W., Elihu Root and the Conservative Tradition. New York, 1954.

Root, Elihu, Collected Speeches and Papers. Edited by Robert Bacon and James Brown Scott. 8 vols. New York, 1916—1925.

罗斯克兰斯，威廉·斯塔克（Rosecrans, William Starke, 1819—1898年） 绰号“老玫瑰”。美国将军。参加主要战争：美国内战（1861—1865年）；参加主要战役（战斗）：里奇山之战（西弗吉尼亚州的贝弗利附近，1861年）、卡尼菲科斯费里之战（弗吉尼亚州的高利布里奇附近，1861年）、艾尤卡之战和柯林斯之战（均在密西西比州，1862年）、斯通河之战（1863年）和奇克莫加之战（1863年）。

罗斯克兰斯1819年9月6日生于俄亥俄州的金斯敦。1842年毕业于西点军校，被派至工兵部队任职。被分配至弗吉尼亚州的汉普顿锚地修建要塞。1843—1847年，任西点军校军校教官。1854年4月辞去军职。1861年4月内战爆发时自愿担任麦克莱伦的副官。7月任俄亥俄州志愿军第二十三团上校，而后任正规军少将。7月任西弗吉尼亚战区司令。在里奇山战役（7月11日）和卡尼菲科斯费里战役（9月10日）中击败南方军，并把其赶出西弗吉尼亚州。1862年4月调至西部，在柯林斯战役期间（5—6月），指挥密西西比军团的左翼部队，6月继波普将军任此军团司令。在联邦军获胜的艾尤卡战役（9月19日）和柯林斯（10月3—4日）战役中，是格兰特手下最主要的战场指挥官，但在这两次战役中，他未能很好地执行格兰特将军的命令，以至于未能取得大规模胜利。10月晋升志愿军少将，任坎伯兰军团司令。斯通河战役中（12月31日—1863年1月3日），打败了布拉格。塔拉荷马战役（6—9月）中，他凭借机动战战胜布拉格，但在奇克莫加战役中（9月19—20日）被击败。他退至查塔努加，被格兰特解除职务（10月）。任密西西比战区司令（1863—1864年）。1864年12月他被派至辛辛那提听候命令。1865年3月晋升名誉为少将。1867年3月辞去军职。任墨西哥公使（1868—1869年）。参与在墨西哥州和加利福尼亚州的采矿行动（可能是1870—1880年）。1881—1885年，任来自加利福尼亚州的众议院议员。1885—1893年，任财政部注册局局长。1893年退休至加利福尼亚州。1898年3月11日卒于雷东多比奇。

罗斯克兰斯是一位聪明和卓有才华的指挥官和行政官员。其过分谨慎和拖拉的天性，使得格兰特在艾尤卡和柯林斯二次战役中未能取得大规模的胜利，他的懒惰也令自己只能对高级指挥权望而兴叹。 ***VBH***

参考：Lamers, William M., The Edge of Glory: A Biography of General William S. Rosecrans. New York, 1961.

Tucker, Glenn, Chickamauga: Bloody Battle in the West. Dayton, Ohio, 1972.

罗斯，罗伯特（Ross, Robert, 1766—1814年） 英国将军。参加主要战争：法国大革命战争（1792—1799年）、拿破仑战争（1800—1815年）、1812年的战争（1812—1815年）；参加主要战役（战斗）：克拉本旦之战（1799年）、亚历山大之战（1801年）、马伊达之战（1799年）、科伦纳之战（1809年）、瓦尔赫伦远征（1809年）、绍罗伦之战（1813年）、尼韦勒（贝央附近）之战（1813年）、奥尔泰兹之战（1814年）、布莱顿斯堡之战（1814年）、巴尔的摩之战（1814年）。

罗斯1766年末生于爱尔兰的罗斯特里弗尔，是大卫·罗斯少校之子。1784—1789年在都柏林特里尼蒂学院学习。1789年8月1日入第二十五步兵团。1791年7月13日在第七步兵枪团升中尉。1795年4月21日升上尉。12月任第十九步兵团第二营少校营长，1796年初，当第十九团裁减后领编外半薪。1799年8月6日到第二十步兵团任少校。随该团在荷兰服役，参加1799年9月10日的克拉本旦之战，作战中负伤。因在尼德兰表现突出，于1801年1月1日晋升名誉中校衔。后在亚历山大登陆，于1801年8月25日以钢铁般的意志席卷法军阵地。1803年9月任第二十步兵团团长。率该团于1805年11—12月参加詹姆斯·亨利·克雷格爵士赴那不勒斯的探险队，但毫无结果。后于1806年7月返回意大利本土，成为约翰·斯图亚特远征军之一部。在7月4日的马伊达之战中，罗斯勇敢而积极地从侧翼进攻内亚尔师，从而为英军夺取此战的胜利立下汗马功劳。8—9月，率其团参加毫无结果的瓦尔赫伦战役。后在爱尔兰用了近一年时间以重建他的团队、训练新兵。1810年7月25日，晋升名誉上校，该年年底成为国王侍从副官。1812年末率20步兵团开赴半岛，不久（1813年年初）指挥第四师步枪旅。6月4日升少将，但在6月21日的维多利亚之战中几乎没有参战。当苏尔特元帅企图救援纳瓦里的潘普洛纳时，罗斯参加了几次作战行动，其中著名的有7月26日的罗恩斯瓦勒斯之战及7月28日的绍罗伦之战。11月10日参加尼韦勒之战，1814年2月27日参加奥尔泰兹之战，作战中起领导作用，并受重伤。回英国后，受命组建一个旅，以便向美国东海岸进攻。1814年7月1日，率三个营的兵力（约2500人）随同海军上将亚历山大·F.T.柯克伦爵士的舰队开赴美国。这支军队总共由1个海军陆战队营和4个步兵营及3门火炮共4500人组成，他们于8月19日在马里兰的贝内迪克特登陆。罗斯决定先进攻首都，而后再攻打重要港口巴尔的摩。1814年8月24日，经布莱顿斯堡激战，打败美军一部。随后向华盛顿进军。8月27日，当英军决定后撤时，许多城市包括华盛顿已被烧毁。罗斯所部登船后又在北点登陆，9月11日，进攻巴尔的摩。9月12日，在戈德里伍德打败美军一部，此战中罗斯受致命伤而身亡，指挥进攻巴尔的摩的任务交于阿瑟·布莱克上校，9月13—14日，英军被阻于防御前沿，后炮击麦克亨利堡，失败后，英军于9月15日后撤。

罗斯是一位有才能的指挥员，在他手下服役的人均喜欢和尊敬他，他在华盛顿-巴尔的摩战役的表现得到了海军上将柯克伦和海军少将科克柏恩的称赞。

ACD and DLB

参考：Berton, Pierre, Flames Across the Border. Boston, 1981.

Jacobs, James R., and Glenn Tucker, The war of 1812: A Compact History. New York, 1969.

Keegan, John and Andrew Wheatcroft, Who's Who in Military History. NewYork, 1976.

DNB.

鲁弗斯，鲁齐乌斯·维布利乌斯（Rufus，Lucius Vibullius，活动于公元前56—前48年） 罗马将军。参加主要战争：罗马内战（公元前50—前44年）。

罗赫（沙哈·罗赫，沙哈鲁）（Rukh〈Shah Rukh，Shahrukh〉，卒于1447年） 波斯帖木儿帝国统治者。参加主要战争：帖木儿帝国继位战争（1405—1447年）。

沙哈鲁出生日期不详，帖木儿之子。帖木儿死后，他继承伊朗东部的统治权，其同父异母兄弟米兰沙则统治伊朗西部，其侄比尔·穆罕默德统治法尔斯（1405年）。他定都赫拉特，在帖木儿浩劫后，该城成为当时伊朗（今阿富汗）境内残存的很少的几个人口中心之一。他逐渐地将帖木儿帝国的南部一半领土逐渐纳入自己的统治之下。1407年米兰沙哈去世，对他的领土扩张更加有利，但是在首领卡拉·优素福（1388—1420年）及其继承人——其子亦思干答尔（1420—1438年）领导下的黑羊王朝势力正在崛起，他的企图受到阻挠。他成功地遏制了黑羊王朝的扩张，所获胜利使他足能确保对亚美尼亚和阿塞拜疆的控制（1410—1429年）。与帖木儿不同，沙哈鲁向世人证明自己是一位有才能的、谨慎的行政官员，他致力于恢复国家的繁荣及国内秩序。在赫拉特，他保护艺术和建筑业，使该城成为当时波斯的文化中心。罗赫卒于1447年，其子兀鲁伯继承其位。

沙哈鲁是一位有才能的将军，他之所以能控制波斯很大程度是因为他比其对手活的时间更长。他业已恢复的繁荣是短命的，其子继位后，这种繁荣随之结束。

DLB

参考：Sykes, Sir Percy, A History of Persia, 3d ed. 2 vols. London, 1958.
EB.
EMH.

龙德斯泰特，卡尔·鲁道夫·格尔德·冯（Rundstedt，Karl Rudolf Gerd von，1875—1953年） 人称"老绅士"，纳粹德国陆军元帅。参加主要战争：第一次世界大战（1914—1918年）、第二次世界大战（1939—1945年）；参加主要战役（战斗）：入侵波兰战役（1939年）、入侵法兰西战役（1940年）、入侵乌克兰战役和进攻基辅战斗（1941年）、诺曼底战役（1944年）、阿登反攻（1944—1945年）、莱茵战役（1945年）。

龙德斯泰特1875年12月12日生于阿舍斯莱本的一个老普鲁士军事家庭。1888—1895年就读于奥拉宁茨坦的军事学校。后又进入格罗斯利希菲尔德高级军事学校深造。毕业后分配入第三十三步兵团任职，授少尉军衔。1902年又入德国军事学院学习。1909年3月，在通过最后一个科目的考试后，以优异成绩毕业，晋升上尉军衔，调往德军总参谋部任职。1914年秋，调任第二十二预备役师参谋长。由于师长在1914年9月5—10日的马恩河战役中受重伤，他很快就接替师长之职。同年11月，晋升为少校军衔。在整个战争期间，他先后在不同的岗位上出任参谋之职，到战争结束已官至第十五军参谋长。1919年被挑选入战败德国新编国防军的4000名军官之一，同时晋升中校军衔。1920年10月调任第三骑兵师参谋长之职，晋升上校军衔。1925年调任第十八步团团长之职。1928年11月晋升少将军衔，并出任第二骑兵师师长。1929年晋升中将军衔。1932年10月任第一集团军群司令，晋升陆军上将。他是1934—1938年间被希特勒解职的德军领导层的主要成员，在1938年1—2月的"弗兰契-布隆贝格案"又受牵连。1938年10月，从上将军衔退役。1939年6月1日被希特勒重召入现役。在1940年5月10日—6月25日的荷兰战役和法兰西战役中，指挥德军南方集团军群。1940年8月19日，晋升为德国陆军元帅。从1941年6月22日—11月1日，在入侵苏联的"巴巴罗萨"行动、攻占乌克兰战役和向顿河进军的战役中，他一直指挥德军的南方集团军群。和以前一样，希特勒解除了他的职务，他则于1941年11月1日向希特勒交了辞呈，随后第二次退役。1942年3月被希特勒重召入现役，并出任西线德军总司令。随后又任西线B集团军群司令，其使命是准备抵御盟军从海上对西欧的入侵。随后，他主张组建一支强大的预备机械装甲力量来应付盟军的登陆，但遭到了隆美尔反对，因此于1944年7月6日再次被希特勒解除职务并退役。此后，被希特勒任命为军事荣法庭誉执行官，协助希氏本人处理参与"七二〇"刺杀希特勒的军官。1944年9月5日，第三次重召入现役，出任B集团军群的司令。1944年9月16日—1945年1月16日，指挥德军发起阿登反攻。1945年1月1日—3月10日，指挥德军防御莱茵地区。3月9日，因与希特勒就战争问题产生意见分歧而再遭解职，退役回到巴特尔茨。5月被美军俘虏。后被押往英国，囚禁三年（1945—1948年）。1953年2月24日卒于汉诺威。

龙德斯泰特是老一辈普鲁士军官的典范，因而他得到了"老绅士"的雅称。他处事冷静。他之所以成为一位突出的纳粹高级军事领导人，赖于他经过职业培训和有着较强的适应能力，以及他把战略与战术的结合。

DLB

参考：Blumentritt, Gunther, Von Rundstedt: The Soldier and the Man. English translation, London, 1952.
Keegan, John, Rundstedt. New York, 1974.
Ziemke, Earl F., "Rundstedt," in Hitlers Generals, Correlli Barnett, ed. New York, 1989.

鲁珀特亲王，莱茵的巴拉丁伯爵，巴伐利亚公爵（Rupert，Prince，Count Palatine of the Rhine，Duke of Bavaria，1619—1682年） 英国资产阶级革命时期保皇军总司令。参加主要战争：三十年战争（1618—1648年）、第一次英格兰内战（1642—1646年）、与议会的海战（1647—1653年）、第二次与第三次英荷战争（1665—1667年、

1672—1674年)；参加主要战役（战斗）：弗洛托之战（1638年）、埃奇希尔（班伯里附近）之战（1642年）、第一次纽伯里之战（1643年）、马斯顿荒原之战（1644年）、纳斯比之战（1645年）、洛斯托夫特之战（1665年）、四天海战（泰晤士河河口附近，1666年）、索尔湾（沼斯沃尔德湾）之战（1672年）、斯洪菲尔德浅滩（位于斯海尔德河河口）和泰瑟尔岛之战（1673年）。

鲁珀特（1619年11月28日）生于布拉格，选帝侯腓特烈五世和英格兰国王詹姆斯一世之女伊丽莎白的第三子。他在白山之战（1620年11月8日）——结束其父波希米亚"冬季国王"的短暂统治（1619年9月—1620年11月）的战斗——后惊慌失措的出逃途中几乎被遗弃。长于海牙其家族的贫困流亡朝廷中。随奥兰治的腓特烈·亨利亲王参加了莱茵斯贝格围城战（1630年）。任亲王侍卫队骑兵时参加了蒂勒蒙（蒂嫩）围城战（1635年）。出访过其舅父英国国王查理一世的朝廷（1635—1637年）。后随腓特烈·亨利参加了攻克布雷达的战斗（1637年10月20日），在一次进攻中曾编入乔治·蒙克连。为承袭伯爵职位，率骑兵团参加了对其兄查理·路易的运气乖蹇的远征，在弗洛托之战（1638年10月10日）中被帝国军队所擒，但查理·路易也是历尽艰辛才得以逃生。后严密而舒适地囚禁于奥地利林茨城堡（1638—1641年）。在里奥波德·威廉大公的怂恿下被皇帝斐迪南三世释放（1641年12月）。查理国王诺丁汉招募军队之前，他回到英格兰（1642年8月22日），被查理任命为骑兵统帅。在波伊克桥之战和后来的埃奇希尔之战（10月23日）以及伯明翰与利奇菲尔德之战（1643年4月初）中显示出骑兵指挥官的技巧。取得查尔格罗夫荒原（多尔切斯特附近）之战（6月18日）的胜利后，与拉尔夫·霍普顿爵士合兵夺取了布里斯托尔（1643年7月26日）。先后在沃尔德河畔的斯托之战（9月1日）和未分胜负的纽伯里之战（9月19日）中进攻埃塞克斯的军队。受封为坎伯兰公爵和霍尔德内斯伯爵（1644年1月24日）。诱歼梅尔德伦军并迫其投降，解除了纽瓦克之围（1644年3月20日）。乔治·戈林勋爵与其会合（6月15日）后，他北上解救约克并增援纽卡斯尔伯爵。在马斯顿荒原之战（1644年7月2日）中迎战列文勋爵、托马斯·费尔法克斯爵士和曼彻斯特伯爵指挥的苏格兰-议会军。数小时的激烈战斗之后，鲁珀特的劣势军队战败被歼。战斗后，他率几千骑兵抵达切斯特。参加了未分胜负的第二次纽伯里之战（1644年10月26日）。后被任命为整个国王军队的副统帅（1644年11月）。查理不采纳鲁珀特的建议，与费尔法克斯和克伦威尔优势的"新模范军"战于纳西比（1645年6月4日），作战中——尽管鲁珀特表现卓越——王室军队仍被歼。鲁珀特认为保皇党人在军事上已无药可救，并倡言议和。他进行了布里斯托尔保卫战，后被迫投降（8月18日—9月10日）。被国王解职（1645年9月）后，鲁珀特离开英国，加入法军并成为准将。在取胜的拉巴塞围城战中受伤（1647年）。与查理一世和解后成为保皇党人小型舰队的司令（1648年夏）。进行过一次漫长而冒险的海盗式航行（1649年1月），先到达金塞尔（爱尔兰），后在罗伯特·布莱克舰队的追逼下到达里斯本、卡塔赫纳（西班牙）和土伦（1649—1650年）。布莱克将其赶出地中海后，他前往亚速尔群岛和西印度群岛进行海盗活动。在加勒比海的作战中（1651—1652年）中，他损失了舰队的大部，其弟莫里斯也作战身亡（1652年9月14日）。他返回欧洲（1653年夏），但由于这次远征战绩寥寥，他与查理产生隔阂。他回到德意志，在那里有过多项发明，并与路德维希·冯·西根一起完善了金属版印刷术（1653—1660年）。斯图亚特王朝复辟后返回英国，受到查理二世的热烈欢迎（1660年10月）。第二次英荷战争爆发后被任命为海军司令（1665年5月），指挥前卫舰队参加了洛斯托夫特之战（1665年5月），并受轻伤。四天海战（1166年6月11—14日）中，他和他的舰队及时赶到，解救了蒙克的溃败舰队（1665年6月13日）。被德·勒伊特赶入泰晤士河后，蒙克和鲁珀特指挥了一次出击，在北福兰角之战（1666年7月25日）中击退了德·勒伊特。荷兰军队在梅韦河袭击期间（1667年6月17—22日），他指挥了两岸防御战，并击退了一场对阿普诺城堡（罗切斯特附近）的漫不经心的进攻。与荷兰再度进行的战争初期（1672年3—5月），他指挥一支小舰队，后在索尔湾之战（1672年6月7日）中增援约克公爵詹姆斯指挥的舰队。《宣誓法》颁布（1673年）后接替詹姆士担任舰队总司令。他指挥英法舰队虽敢于进取，但未得到其盟友的支持。在斯洪菲尔德浅滩附近痛击了荷兰海军（1673年6月7日），又在泰瑟尔岛海域再次痛击荷军（1673年8月21日），但两战均未能获得全胜。战争结束后退役（1674年），过着平静的生活，后因发烧猝死于威斯敏斯特（1682年11月29日）。

鲁珀特是一位勇敢、卓越而暴躁的骑兵指挥官。在英格兰内战中，因与其他保皇党军官关系不和，作战常常受挫。他还是一位凶猛、顽强的海军指挥官。他仅次于内战和英荷战争期间的主要军事人物克伦威尔。

DLB

参考：Bakshian, Aram, " Prince Rupert," History Today, Vol.21, No.10 (October 1971).

Cleugh, James, Prince Rupert. London, 1934.

Powell, J. R., and E. K. Timings, The Rupert and Monck Letterbook, 1666. London, 1969.

Rodgers, Hugh C. B., Battles and Generals of the Civil War, 1642—1651. London, 1968.

Warburton, Eliot, Memoirs of Prince Rupert and the Cavaliers. London, 1849.

Wedgwood, Cicely V., The Kings War, 1641—1647. London, 1958.

Young, Peter, and Richard Holmes, The English Civil War: A Miliary History of the Three Civil

R

Wars, 1642—1651. London, 1974.

鲁皮留斯，普卜利乌(Rupilius, Publius, 活动于公元前 132 年) 罗马执政官。参加主要战争：西西里战争（公元前 135—前 132 年)。

鲁普雷希特（鲁珀特），巴伐利亚王储(Ruppecht〈Rupert〉, Crown Prince of Bavaria, 1869—1955 年) 德国将军。参加主要战争：第一次世界大战（1914—1918 年）；参加主要战役（战斗）：边境（比利时和法国之间）战役（1914 年）和西线作战（1914—1918 年)。

鲁普雷希特 1869 年生于巴伐利亚，其父是巴伐利亚国王路易三世。接受过极好的教育，青年时代参加巴伐利亚陆军（巴伐利亚是德意志帝国中的自治王国)。1914 年第一次世界大战爆发时任巴伐利亚陆军——德军第六集团军司令。率部参加了边境交战，显示了卓越才能并取得极大成功，面对卡斯泰尔诺的第二集团军的防御取得了一些进展（8 月 14—25 日)。在“奔向大海”作战期间（9—11 月）及其后两年时间里继续在洛林指挥第六集团军。1917 年初被任命为北方集团军群司令，辖第二、第四、第六和第十七集团军。在第三次伊普尔之战(或称帕斯尚代尔之战，1917 年 7 月 31 日—12 月 7 日）和康布雷战役（11 月 20—30 日）中，全面指挥德军防御英军的进攻。其所辖集团军群发动了索姆河攻势（1918 年 3 月 21 日—4 月 4 日）和利斯河攻势（4 月 9—29 日)。其后至战争结束他仍担任该集团军群司令，在英军决定性的进攻面前，他熟练地指挥所部德军穿过比利时并实施退却战斗（1918 年 8—11 月)。战后退役，其后一直过着平静的生活，卒于 1955 年。

鲁普雷希特身材魁武、仪表堂堂且颇具风采。他无疑是德军三位主要的集团军群司令官（包括符滕堡的阿尔勃莱希特大公和帝国王储）中最有能力、最具职业经验的一位。

DLB

参考：Keegan, John, and Andrew Wheatcroft, Who's Who in Military History.

Tuchman, Barbara. The Guns of August. New York, 1962.

EMH.

留里克(Rurik〈Ryurik, Rorik〉, 约卒于 879 年) 瓦兰吉亚人，俄罗斯统治者。

留里克是罗斯（此时入侵东欧的诺曼人均被称为瓦兰吉亚人，他们在今俄罗斯土地上建立了瓦兰吉亚国家，以后斯拉夫化并扩张，形成基辅罗斯公国，即留里克王朝，是为俄罗斯历史上早期著名的政权——编者注）留里克王朝具有半神话色彩的创立者。他是北欧诺曼人首领，大约于 855 年，率领一支小部队侵入今俄罗斯的波罗的海岸，夺取了沃尔霍夫河的拉多加湖口的新拉多加城。过了一段时间，留里克率领军队沿沃尔霍夫河向南进军，夺取了诺夫哥罗德。留里克可能先是作为雇佣兵到达这里，但后来他夺取了政权。留里克大约于 879 年去世，把王位传给了亲属奥列格，最终留里克的儿子继承了奥莱格的王位。

据俄罗斯编年史记载，留里克是受诺夫哥罗德公爵的邀请，同部下到诺夫哥罗德帮助建立一个良好而稳定的政府的。不管留里克是怎么到的俄罗斯，他毕竟在俄罗斯为瓦兰吉亚国的出现奠定了基础。

DLB

参考：EB.

EMH.

鲁提留斯·鲁弗斯，普卜利乌斯(Rutilius Rufus, Publius, 约公元前 154—前 75 年) 罗马执政官。参加主要战争：努米底亚战争（公元前 134—前 132 年)、尤古尔塔战争（公元前 112—前 106 年)、基姆布利人战争（104—101 年)。

勒伊特，米歇尔·阿德里亚安佐恩·德(Ruyter, Michel Adriaanszoon de, 1607—1676 年) 荷兰海军将领。参加主要战争：三十年战争（1618—1648 年)、第一次、第二次和第三次英荷战争（1652—1654 年，1665—1667 年，1672—1674 年)、法国-荷兰战争（1672—1678 年）；参加主要战役（战斗)：圣文森特角之战（1641 年)、肯蒂什诺克（北福兰角）之战和邓肯内斯之战（1652 年)、斯海弗宁恩之战（1653 年)、四天海战、北福兰角（泰晤河河口）之战（1666 年)、梅德韦河袭击战（1667 年)、索尔湾（绍斯沃尔德湾）之战（1672 年)、斯洪菲尔德浅滩（位于斯海尔德河河口）之战、泰瑟尔岛之战（1673 年)、墨西拿之战（1676 年)。

勒伊特 1607 年 3 月生于弗拉兴（弗利辛恩)。曾以水手长侍僮（勤务员）的身份出海（约 1617 年)，到 1635 年升任商船船长。被任命为海军少将后，随一支舰队出援与西班牙军队作战的葡萄牙军队（1641 年)。在圣文森特角附近的战斗中立下战功（1641 年)，后回到商船队（1642 年)。曾多次同北非伊斯兰教国家的海盗作战（1642—1650 年)。与英国的战争爆发后，经劝说接受了正规海军的指挥职务（1652 年 7 月)，并在普利茅斯附近小胜乔治·艾斯丘的海峡舰队（8 月 26 日)。在科尔奈利斯·德·维特指挥的肯蒂什诺克之战（1652 年 9 月 28 日）和马丁·范·特龙普指挥的邓肯纳斯之战（1652 年 12 月 10 日）中立下大功。他还参加了波特兰之战（1653 年 2 月 13—20 日）和北福兰角之战（6 月 11 日)，其作为舰队指挥官的才能在作战中得到进一步承认。特龙普死于斯海弗宁恩之战（1653 年 8 月 10 日）后，德勒伊特晋升为海军中将，后进入阿姆斯特丹海军部（1653 年 11 月)。先后同法国海盗和地中海地区的北非伊斯兰教国家的海盗作战（1654—1659 年)。率荷兰舰队援助

与瑞典军队作战的丹麦军队，击退了封锁哥本哈根的瑞典舰队（1659年2月11日）。后运送丹麦盟军从日德兰前往菲英岛（11月），他们在菲英岛的尼堡之战（1659年2月11日）中粉碎了瑞典军。再次在地中海任职（1661—1664年）。为回击英军夺取新阿姆斯特丹（1664年9月7日），德·勒伊特奉命前往西非袭扰英军在那里的据点，攻取了几内亚沿海的科曼汀（加纳的索尔特庞德附近）。尔后，他前往加勒比海，但他在那里的作战不太成功，后返回荷兰（1665年底）。归国后被任命为荷兰海军司令，取代了科尔奈利斯·范·特龙普，这使他们之间的不和进一步恶化。他与“大退休金领取者”约翰·德·维特关系密切，荷兰海军因之得到增强。四天海战（1666年6月11—14日）中，他击退蒙克和鲁珀特指挥的英国海军的多次进攻，显示出战术技巧。蒙克7月从泰晤士河的出击使其措手不及，在北福兰角之战（1666年7月25日）遭受重大挫折。次年，他溯泰晤士河而上，沿途进行辉煌而大胆的袭击，直至距伦敦不到32公里处（1667年6月17—22日），夺取英国旗舰，为自己洗刷了战败之辱。这一战绩导致了《布雷达条约》的签订（1667年7月21日）。与英国和法国的战争再次爆发（1672年5月）后，德·勒伊特又被任命为司令。他在索尔湾锚地截住约克公爵詹姆斯统率的英法舰队，并予以重创（1672年6月7日），后在鲁珀特亲王的编队到来时被迫退却。平静了一段时间后，鲁珀特亲王在斯洪菲尔德浅滩附近海域向他发起进攻（1673年6月7日）。尽管鲁珀特占有火力优势，但仍被击退并受到一定损失。一星期后，德·勒伊特进攻鲁珀特并击沉其三艘军舰。鲁珀特在泰瑟尔岛附近再次进攻德·勒伊特舰队，但他未得到其法国盟军的充分支援。德·勒伊特打退了他的进攻，使其小有损失（1673年8月21日）。这次行动挫败了英法军队的海上入侵计划，并使荷兰海军完成了一次重要的归国护航任务。《威斯敏斯特条约》（1674年2月19日）结束这场对英战争后，德·勒伊特被派往地中海援助西班牙军同法军作战（1674年12月）。与杜肯的编队战于斯特龙博利岛附近（1676年1月8日），但由于没有发起进攻，故未获胜利。在奥古斯塔湾附近与杜肯再次进行的作战（1676年4月22日）中受伤，他的进攻在一场激烈的战斗之后被击退。1676年4月29日因伤卒于锡拉库萨。

德·勒伊特是荷兰最伟大的海军将领、优秀的水兵和勇敢顽强的战士。他利用优势舰队的弱点并将其打败的才能，在1665—1667年和1672—1674年的危机中是确保荷兰共和国生存的关键。

DLB

参考：Blok, P. J., Michiel Adrianszoon de Ruyter. Translated and abridged by G. J. Reyniar, n.p., 1933.

Mets, James Andrew, Naval Heroes of Holland. New York, 1902.

Vere, Francis, Salt in Their Blood: The Lives of Famous Dutch Admirals. London, 1955.

瑞安，约翰·迪尔（Ryan, John Dale, 1915—1983年） 美国空军上将。参加主要战争：第二次世界大战（1941—1945年）；参加主要战役（战斗）：对德国的战略轰炸（1943—1945年）。

瑞安1915年12月10日生于艾奥瓦州的切诺基。1938年6月毕业于西点军校。1939年在得克萨斯州凯利机场完成飞行训练后被派到航空部队，并一直呆在该基地任教练两年。1940年10月获晋升至中尉。1941年10月晋升为上尉。1942年1月—1943年担任得克萨斯州米德兰陆军飞行训练基地领导，帮助建立先进的轰炸机训练中心。1942年7月为中校。1943年8月—1944年在科罗拉多斯普林斯任第二航空队作战军官。在意大利指挥第二轰炸机群，参加对巴尔干和奥地利的空中袭击。1944年2月—1945年4月任第十五航空队大队长，1944年8月晋升为临时上校。在米德兰陆军航空兵基地短暂任职后，1945年6月—1946年，在得克萨斯兰道夫机场和沃思堡空中运输指挥部服役。1946年4—9月被分派至第五十八轰炸机大队，7月1—25日参加比基尼环礁原子弹爆炸试验。1946年9月—1948年成为得克萨斯州卡斯韦尔空军基地第八航空队作战军官。1948年8月—1952年其任新墨西哥州沃克空军基地第五〇九轰炸机联队司令，而后又指挥得克萨斯州比格斯空军基地第九十七轰炸机联队。1952年7月获上校永久军衔，9月升准将，1952年6月—1953年在得克萨斯州埃尔帕索比格斯指挥第八一〇航空师。1953年9月—1956年在卡斯韦尔指挥第十九航空师。1956年6月—1960年在内布拉斯加州奥弗塔空军基地司令部任职。1960年6月—1961年成为在西班牙托雷洪空军基地第十六航空队司令。1961年7月—1963年任洛杉矶巴克斯代尔空军基地第二航空队司令，而后（1963年8月—1964年）在华盛顿任空军总监。1964年8—11日任战略空军司令部副司令。1964年12月—1967年提升为上将并任战略空军司令部司令。1967年2月—1968年在夏威夷希卡姆空军基地任太平洋空军司令。1968年8月—1969年任空军副参谋长。1969年8月被任命为空军参谋长并一直任职到1973年8月1日退役。退役后回到得克萨斯州圣安东尼奥，1983年10月27日卒于拉克兰空军基地医院。

DLB

参考：Office of the Secretary of the Air Force, Office of Information typescript, April 1973 and October 1983.

WAMB.

R

S

萨比努斯，昆图斯·提塔利乌斯（Sabinus，Quintus Titurius，卒于公元前54年） 罗马将军。参加主要战争：高卢战争（公元前58—前51年）。

萨克维尔·杰曼，乔治子爵（乔治·杰曼勋爵）（Sackville Germain，George，Viscount〈Lord George Germain〉，1716—1785年） 英国将军和大臣。参加主要战争：奥地利王位继承战争（1740—1748年）、七年战争（1756—1763年）、美国独立战争（1775—1783年）；参加主要战役（战斗）：丰特努瓦（埃诺省境内）之战（1745年）、明登之战（1759年）。

萨克维尔（1716年1月26日）生于伦敦，多塞特第一公爵的第三子。就读于威斯敏斯特学校（1723—1731年）和都柏林的特里尼蒂学院（1731—1734年）。在爱尔兰军队凯斯卡特勋爵的第七骑兵团中被授予上尉（1737年7月），后为第二十八步兵团中校（1740年）。曾任议员（1741年）。奥地利王位继承战争期间统领所属团在丰特努瓦之战（1745年5月11日）中，他受伤被法军俘虏（曾在国王路易十五的营帐中疗伤），立下战功。晋升为上校（1746年4月9日），并在卡罗登之战（4月11日）后担任团长。调任第十二骑兵团团长（1749年11月）。其父第二次出任爱尔兰总督期间，他为执政并担任陆军大臣（1751—1756年）。晋升少将（1755年）后，萨克维尔在对圣马洛和康卡尔的中途夭折的远征中发挥了主要作用（1758年）。率英军前往汉诺威，加入不伦瑞克亲王斐迪南指挥的联军（1758年10月）。明登之战（1759年8月1日）指挥英国骑兵，但在受命后拒绝行动，声称给他的命令过于含混，以致使法军安然撤退。后应其本人之请进行的军事审判发现他"在任何军事职务上均不宜效力于国王陛下"（1760年）。这一判决记人其当时服现役的所有英军团队的档案。但这一以国王乔治二世名义进行的惩罚使萨克维尔赢得了某些民众的同情。在诺思勋爵的支持下再度从政。根据贝蒂·杰曼夫人的意愿，在继承其财产后获得了乔治·杰曼勋爵的称号（1770年）。任殖民地事务大臣（1775年11月10日）后，乔治勋爵在独立战争的大部分时期中负责制定英国的北美政策，因而对英国的战略失误负有部分而非全部的责任。他与豪、克林顿发生争执，尤其是与卡尔顿——他与卡尔顿有旧怨——进行争吵。他批准的1777年伯戈因战略计划导致了萨拉托加之战的失败，成为这场战争的转折点。受封为德雷顿的萨克维尔子爵（1782年2月）后，他退出公职（3月）。（1785年8月26日）卒于萨塞克斯的威斯汉（坦布里奇韦尔斯附近）。

萨克维尔是一位脾气暴戾且有时心胸偏狭的贵族。他在明登之战中的行为是不可宽恕的。由于军事法庭判定其怯战怕死，他后期实际指导英国对美洲要求独立者的战争，这一职位对他则尤为不幸。

Staff

参考：Boatner，Encyclopedia.
DNB.
EB.

萨德·伊本·阿比·瓦卡斯（Sa'd〈Saad〉ibn Abi Waqqas，约596—约660年） 阿拉伯将军。参加主要战争：麦地那-麦加战争（624—630年）、征服阿拉伯半岛的战争（631—633年）、征服美索不达米亚的战争（634—638年）；参加主要战役（战斗）：巴德尔（巴德胡奈因）战役（624年）、奥霍德战役（625年）、卡迭西亚（库法城附近）之战（634年）、贾卢拉战役（638年）。

萨德生于麦加一个古莱西族部落，是穆罕默德母亲的堂兄。615年左右，他皈依了伊斯兰教，是穆罕默德较早的追随者。622年，萨德移居麦地那。624年1月，他参加了巴德尔战役。625年1月，他参加了奥霍德战役。636年夏，因为萨德是有名的弓箭手，所以被选中率领一支军队与在美索不达米亚的波斯人作战，大约在

S

11月他率领4000人出发。12月，萨德在内志（今沙特境内）北部安营扎寨。636年冬—637年，尽管麦加为萨德派来了增援部队，但萨德仍积极从周围部落里征募兵士。637年春天，波斯国王叶德齐格尔德的信使被萨德拒之门外，所以叶德齐格尔德的大臣鲁斯特姆率领势力强大的波斯军队向幼发拉底河进军。叶德齐格尔德急于求战，命令小心谨慎的鲁斯特姆渡河进攻阿拉伯军队。阿拉伯军队有3万人，在人数上略逊于波斯军队，但基本上是势均力敌，因而他们进行的卡迭西亚战役持续了3天。637年3月，在这场激烈且充满血腥味的战斗中，鲁斯特姆在第三天早上阵亡。当阿拉伯人从叙利亚派出的6000名援兵到达时，阿拉伯人最终战胜了波斯人，取得了胜利。638年4月，萨德在赢得卡迭西亚战役胜利后，把部队开进美索不达米亚，占领了波斯人首都泰西封（伊拉克境内），并于12月在贾卢拉以迅雷不及掩耳之势击溃了叶德齐格尔德匆忙招募的新军。萨德打了这几场胜仗后，哈里发奥马尔就命令他驻扎在幼发拉底沙漠边的库法城，此后几年，萨德就一直呆在那里，是那里的总督和军队总指挥。642年，奥马尔解除了萨德的职务，萨德返回阿拉伯半岛，居住在麦加附近。后来，萨德和其他几位穆斯林领导人一起，按照奥马尔挑选继承人的遗嘱，推选奥斯曼继承哈里发职位。656年6月，尽管萨德不赞成反对奥斯曼，并与反对奥斯曼的人保持着距离，但他也没有尽力去抓谋杀奥斯曼的凶手。萨德卒于何年何月情况不详。

萨德是一位能干的军事指挥家，尽管他早年信奉伊斯兰教并同穆罕默德有着密切的联系，但后来却再也不是宗教狂热者。卡迭西亚战役中，萨德一直呆在战场后面的一个房屋顶上，这一举动遭到争议，这里面可能有三个原因：其一，萨德自称身体欠佳；其二是胆怯；其三是为了更好地掌握全局情况，指挥战斗。第一个和第三个原因最有可能。

DLB

参考：Glubb, John B., The Great Arab Conquests. 1963. London, 1980.
EMH.

西乡隆盛（Saigo, Takamori, 1827—1877年） “怪人”，日本陆军元帅。参加主要战争：复位战争（1868年）和萨摩暴动（1877年）；参加主要战役（战斗）：熊本要塞之战（1877年）和城山之战（鹿儿岛附近，1877年）。

西乡隆盛1827年12月7日出生于九州的鹿儿岛。因观念激进，年轻时两次被宗族流放，但在英军炮击鹿儿岛时（1863年9月15—16日）他及时返回。他在抗击幕府军的萨摩-长州联盟中起重要作用，这个联盟后来引发复位战争（1868年1—6月）。在这场推翻摇摇欲坠的幕府统治的斗争中，他因没有任何伤亡就占领东京（即幕府统治的首都）而名闻遐迩（4月）。加入了新的帝国政府，履行军事和行政双重职责。他对山县有朋的征募计划提供了有价值的支持。他于1871年组建了一支1万人的帝国卫队。1872年被晋升为陆军元帅，出任武装力量总司令。因不满政府的朝鲜政策，主张“征韩论”，懊恼于政府中的政治倒退，1873年辞官回鹿儿岛。创办了一所致力于继承古老的武士精神的学校，强调军事技能和勇于献身，赢得了许多不满现状的武士的积极支持，这些人对新政体下其社会地位和经济地位的受损忧虑重重。1876年作为一支9000人部队的首领，他领导了一次反抗中央政府的叛乱。1877年2月17日，他率部从鹿儿岛出发进攻熊本要塞。尽管他的部队装备有现代化的西方武器，并受过传统的剑道训练，但因缺乏弹药，对熊本要塞的围攻失败。4月14日他的部队被到达的帝国援军驱散，缓慢撤回鹿儿岛。艰难地穿越九州，最后到达鹿儿岛时只剩下不到1000人（9月1日）。在鹿儿岛以外的城山被包围，（9月14日）卒于最后一次突围行动。

西乡隆盛是一位富于才华的指挥官，但他后来的所为却与萨摩暴动中的思想和行动相矛盾。他鼓吹的武士道精神，尽管浪漫迷人，却遭到现代化军队带来的厄运，连他自己也未能幸免。

LH

参考：Buck, J. H., “The Satsuma Rebellion of 1877,” Monumenta Nipponica, 27(1973).
Morris, Ivan, The Nobility of Failure. New York, 1975.
Turnbull, Stephen R., The Book of the Samurai. New York, 1982.
EB.

西乡从道（Saigo, Tsugumichi, 1843—1902年） 日本陆军元帅，西乡隆盛的弟弟。参加主要战争：复位战争（1868年）、侵略中国台湾（1874年）和中日甲午战争（1894—1895年）。

圣克莱尔，阿瑟（St. Clair, Arthur, 1736—1818年） 美国将军。参加主要战争：与印第安人的战争（1754—1763年）、美国独立战争（1775—1783年）、与西北印第安人的战争（1790—1795年）；参加主要战役（战斗）：亚伯拉罕台地（今属魁北克市）之战（1759年）、三角城之战、特伦顿之战（1776年）、普林斯顿（新泽西）之战、泰孔德罗加之战、布兰瓦恩（宾夕法尼亚）之战（1777年）、蒙茅斯（新泽西的弗里霍尔德附近）之战（1778年）、沃巴什河（圣克莱尔战败，俄亥俄的里卡弗里堡附近）之战（1791年）。

圣克莱尔（1736年3月）生于苏格兰凯思尼斯地区的瑟索（有些资料记载为1743年）。年青时的经历和家世不明，但曾受过良好的教育，可能还上过爱丁堡大学。他以继承的财产在第六十步兵团，即皇家美洲团中购买了候补军官职位（1757年5月13日）。参加了杰弗

里·安赫斯特将军围困并攻克路易斯堡的作战（1758 年 5 月 30 日—7 月 27 日）。后晋升中尉（1759 年 4 月 17 日）。随詹姆斯·沃尔夫将军进行了对魁北克的作战（1759 年 6 月—9 月），此次作战以亚伯拉罕台地之战（9 月 13 日）而告终。退役后定居波士顿（1762 年 4 月）。后迁居宾夕法尼亚边境地区，在那里购买了 4000 公顷土地，从而成为颇有名望的人物，以正直、公正著称。宾夕法尼亚与弗吉尼亚发生领土纠纷（1772—1774 年）期间，他在维护宾夕法尼亚利益方面发挥了重要作用。曾为民兵团上校（1775 年 7 月），后被任命为大陆军宾夕法尼亚第二团团长（1776 年 1 月 3 日）。率团参加了战败的三角城之战（6 月 8 日）。晋升为准将（8 月 9 日）后，他在特拉华河畔加入华盛顿军（11 月）。特伦顿之战（12 月 26 日）和普林斯顿之战（1777 年 1 月 3 日）中任旅长。晋升为少将（2 月 19 日）。任泰孔德罗加堡司令时，为避免在那里被伯戈因将军的推进所包围，他撤出了该堡（7 月 6 日）。从而得以保存大部分兵力参加萨拉托加之战。大陆会议调查其撤出泰孔德罗加堡事件期间被解除指挥权。布兰瓦恩之战（9 月 11 日），他的坐骑曾中弹倒毙。在福吉谷冬休。后参加了蒙茅斯之战（1778 年 6 月 28 日）。军事法庭驳回了对他的所有指控，将其无罪开释（8 月）。参加了苏利文对易洛魁人的入侵作战（1779 年）。曾招募部队进行纽约战役（1781 年），后退役（1783 年 11 月 5 日）。一度为大陆会议的宾夕法尼亚代表（1785—1787 年）。被任命为西北地区的行政长官（1787 年 7 月）。将行政公署由玛丽埃塔迁至洛桑提维尔，后他为纪念华盛顿将该城改名为辛辛那提（1790 年）。边境地区的紧张局势导致了与印第安人的作战，之后乔赛亚·哈默上校在韦恩堡附近的莫米河畔被迈阿密印第安人打败（1790 年 10 月）。晋升为少将后，圣克莱尔奉命招募军队镇压印第安人（1791 年 5 月）。因补给不足且对边境战所知甚少，他的军队在沃巴什河上游的杰弗逊堡（俄亥俄的里卡弗里堡附近）以北其营地中受到突然袭击，遭到惨败（11 月 4 日）。后来的国会调查认为其没有过失。他辞去了军职，但仍留任西北地区行政长官，直到因反对俄亥俄设州而被托马斯·杰弗逊总统免职为止（1802 年 11 月 22 日）。退役于其在利戈尼尔谷地（宾夕法尼亚的拉特罗布附近）的农场。贫困中卒于格林斯堡（1818 年 8 月 31 日）。

圣莱克尔勇敢、诚实，是一位称职的准将，但缺乏担任能运筹帷幄的更高级指挥官所具备的想象力。他撤出泰孔德罗加堡这一常常受到指责的决策无疑是正确的，因为英军炮兵位于迪法恩斯山，取得居高临下之势。但问题是他是否应该弃守此山。他随后的周密撤离计划因下属的无能而受到破坏。他的专长是担任参谋军官，而且会成为可靠的参谋军官。

Staff

参考：Boatner, Encyclopedia.

Prucha, Francis Paul, The Sword of the Republic: The U. S. Army on the Frontier, 1783—1846. Bloomington, Ind., 1977.

Smith, William H., The Life and Public Services of Arthur St. Clair. 2 vols. Cincinnati, 1882.

DAMB.

WAMB.

圣西尔伯爵（后为侯爵），罗朗·戈温（Saint-Cyr, Laurent Gouvion, Count, Later Marquis of, 1764—1830 年） 法兰西帝国元帅。参加主要战争：法国大革命战争（1792—1799 年）和拿破仑战争（1800—1815 年）；参加主要战役（战斗）：美因茨之战（1795 年）、施特卡赫之战（1799 年）、诺维之战（1799 年）、英根之战（1800 年）、拜勃拉赫之战（1800 年）、海尔斯堡之战（1807 年）、罗萨斯之战（1808 年）、卡尔德迪之战（1808 年）、巴塞罗那之战（1808 年）、热那亚之战（1809 年）、普罗图斯克之战（1812 年）、得累斯顿之战（1813 年）。

圣西尔 1764 年 4 月 13 日生于图尔，是制革工厂主之子。法国大革命战争开始时，为巴黎的一位学艺术的学生，1792 年志愿入巴黎轻骑兵服役。他得到迅速提升。1792 年升上尉，任团参谋职。1793 年升少校，不久又升将军助理。1794 年相继升上校、准将和少将。他先参加了莱茵方面军的三次战役，后于 1795 年转入莱茵方面军和梅塞勒方面军。在 10 月 29 日的美因茨包围战中起了主要作用，此战后的 1796 年，他被授予军指挥权，组成穆拉将军的左翼。1798 年在布劳恩将军手下任职，在罗马服役。1799 年转入多瑙河方面军。在茹尔丹将军手下参加了 3 月 25 日的施特卡赫之战。后转入意大利方面军，在茹伯特将军及尚宾尼将军手下供职，在 8 月 15 日的诺维之战中指挥右翼，在此战中表现出色，被授予骑士荣誉勋章，并任热那亚总督。1800 年隶属穆罗的莱茵军，指挥中央部队。在 5 月 3 日的英根之战中，他及时赶到，从而赢得此战的胜利。在 5 月 9 日的拜勃拉赫之战中，再立新功，打败了卡里将军率领的奥地利军队。1800 年被拿破仑任命为议员，1801 年，任入侵葡萄牙军队总指挥。1801 年末—1803 年中，任法国驻葡萄牙大使，1803 年末，任那不勒斯军队司令，授中将衔。1804 年升上将。1805 年始，指挥布洛涅第一预备军，同年末，在意大利同查理大公作战，在 11 月 24 日的卡斯特尔弗朗科迪-威尼斯之战中俘虏罗昂将军整个一个军。1807 年他在苏尔特的第四军服役，参加了 6 月 10 日的海尔斯堡之战。1808 年被封为伯爵，被派至加泰罗尼亚，指挥一个军的兵力，以完成拿破仑的使命——保护巴塞罗那。为此，他于 11 月 7 日—12 月 5 日拿下罗萨斯，12 月 16 日夺取卡尔德迪之战的胜利，从而使巴塞罗那免除了威胁，此后，他取得了 12 月 21 日莫林斯德尔里之战的胜利，1809 年 2 月 17 日又在埃圭拉达之战中夺取了胜利，6 月 6 日包围热那亚。他本打算将热那亚守军困死城中，因此，耽误了许多时间，从而激怒了

拿破仑，遂于10月5日派奥热罗去接替他。对这件事圣西尔愤怒异常，以致于接替他的人还没有到，他便离开了西班牙。拿破仑遂将他流放至他的庄园。1811年，受命任议员，1812年入侵俄国，他被任命为第六军军长。在8月17—18日的普罗图斯克之战中，因乌迪诺负伤，他接任指挥，后在他自己也负伤的情况下，继续作战，最终取得了胜利。由于此战的胜利弥补了原来的过失，拿破仑遂于1812年8月27日提升他为元帅。10月8日，在俄军连续进攻他在普罗图斯克的阵营时，他的脚为流弹射中，被抬下战场。在10月18—20日的第二次普罗图斯克之战中，他被打败，被迫辞职。1813年在欧仁手下任职参加德国战役，后因斑疹伤寒再次离职。病愈后指挥第十四军兼任得累斯顿总督。8月26—27日在莱比锡之战中，他指挥拿破仑在得累斯顿的中路军队，坚守该城以对抗敌军包围，但最终于11月投降，作为33 000名守军的首领被押送至波希米亚遭监禁。1814年6月获释后投靠波旁王朝，路易十八封他为法国贵族。他没有参加滑铁卢之战，路易回朝后，任命他为陆军大臣兼第十二军区总督，1815年又任国会议员。1816年被授予圣路易斯大十字勋章兼第十五军区总督。1817年2—9月，任海军大臣兼殖民大臣。1817年9月—1819年11月再次任陆军大臣。在这一职位上，他工作十分出色，他担负了对法国24万军队的重建任务。1817年被封为侯爵。1819年退役后，撰写莱茵战役的回忆录，1829年此书出版，卒于1830年3月17日。他个人的回忆录则于1837年出版。

圣西尔是一位优秀的野战指挥员和战术家，在战斗中他表现出巨大的勇气和洞察力。在他担任陆军部长一职时，赢得了巨大的声望，许多人都读过他的莱茵战役回忆录，并给予其战争经历以较高的评价。他的主要缺点是对其下属缺乏激情，以及他不择手段地保全自己的荣誉的作风。

VH

参考：Delderfield, R, F., Napoleon's Marshals. Philadelphia, 1962.
Meeks, Edward, ed., Napoleon and the Marshals of the Empire. Reprint(2 vols, in one), Philadelphia, 1885.

圣莱杰，巴里(St. Leger, Barry, 1737—1789年) 英国陆军军官。参加主要战争：与印第安人的战争（1754—1763年）、美国独立战争（1775—1783年）；参加主要战役（战斗）：泰孔德罗加之战（1758年）、亚伯拉罕台地（今属魁北克市）之战（1759年）、对斯坦尼克斯堡（纽约的罗马）的远征（1777年）。

圣莱杰生于1737年，为胡格诺的后裔、多纳雷尔第四子爵之侄。曾在第二十六步兵团被授予旗手（1756年4月27日）。法国与印第安人的战争期间以一名善战的边境战士而闻名。在詹姆斯·阿伯克朗比将军对泰孔德罗加堡半途而废的进攻（1758年7月）和詹姆斯·沃尔夫将军对魁北克的成功作战（1759年7月—9月13日）期间，他的表现尤为引人注目。晋升为准校（1760年7月）。参加了攻克蒙特利尔的战斗（9月8日），后在第九十五步兵团中任少校（1762年8月16日）。任中校时，他指挥了对纽约的斯坦尼克斯堡的远征。这次远征被称为圣莱杰远征，是伯戈因在纽约的三面进攻作战（1777年6—9月）的组成部分，但该堡出乎意料的抵抗挫败了他的计划。晋升为上校（1780年）。曾指挥旨在俘获菲利普·斯凯勒的远征，未获成功。并与意欲重新归入大不列颠的佛蒙特持不同政见者进行过会晤（1781年）。后退出了陆军（1785年）。1789年卒于加拿大。

1776年，圣莱杰创立了“圣莱杰式赛马”，这是英格兰五种古典赛马中最早的一种。自此之后，每年9月在唐卡斯特都举行这种赛马。

Staff

参考：Boatner, Encyclopedia.
EB.

斋滕吉次(Saito, Yoshitsuyn, 1890—1944年) 日本陆军上将、军国主义者。参加主要战争：第二次世界大战（1941—1945年）；参加主要战役（战斗）：塞班岛之战（1944年）。

斋滕1890年生于东京。1912年毕业于陆军军官学校。被委任为骑兵军官，后来（1924年）毕业于陆军大学。1928年升任陆军少校。1932—1933年为骑兵首席监察团成员。1932年升任陆军中校。1933—1936年连续担任骑兵指挥员。1939年衔至陆军少将，1941—1944年任骑兵新马供给局局长。1944年在塞班指挥步兵第四十三师团，抵御了美军6月15日的进攻。斋滕对其部队提出了“著名”的最后训示：“我将用我的骨头组成太平洋的壁垒”。1944年7月12日在最后的负隅顽抗后自杀。

依其名声，斋滕是一位笨拙而毫无生气的骑兵军官，他或许从性情和资历方面都不适于守卫塞班。

MRP

S

酒井隆(Sakai, Takashi, 1887—1946年) 日本将军、战犯。参加主要战争：日本侵华战争（1937年—1945年）；参加主要战役（战斗）：侵占香港之战（1941年）。

坂本俊笃(Sakamoto, Toshiatsu, 1858—1941年) 日本海军上将。参加主要战争：中日甲午战争（1894—1895年）；参加主要战役（战斗）：鸭绿江之战（1890年）。

佐久间象山(Sakuma, Tsutomi, 1879—1910年) 日本海军军官。参加主要战争：日俄战争（1904—1905年）；参加主要战役（战斗）：对马海战（1905年）。

佐久间象山1879年生于福井。1901年毕业于海军大学。日俄战争期间（1904年2月—1905年9月），任

职于第十五鱼雷舰队。对马海战期间（1905 年 5 月 26 日），乘“笠城”号巡洋舰出航。1907 年任职于潜艇部队，任第六潜艇——一艘日本制造的荷兰式潜艇指挥官。1910 年 4 月 19 日其潜艇在内海训练时失事，大部分人员死亡。他的笔记本记录了后来援救潜艇的情况，详细分析了故障原因。当潜艇进水、死亡即将来临时，他写了封道歉信，对此次损失向日皇表示歉意。卒后，被传媒捧为“国家英雄”，被“视作勇气和坚定的象征”。

DE

樱井政三(Sakurai, Seizo, 1889—?) 日本陆军上将、军国主义者。参加主要战争：第二次世界大战（1941—1945 年）；参加主要战役（战斗）：缅甸战役（1942 年）、若开战役（1944 年）、锡当河战役（1945 年）。

樱井 1889 年生于山口县。1911 年毕业于陆军军官学校。1919 年又毕业于陆军大学。虽最初作为步兵军官而受训，他却致力于专门研究军事运输。1921—1924 年和 1929—1930 年为陆军总参谋部海上运输处成员。在此间（1924—1926 年）任法国驻扎官。1926 年晋升为陆军少校，1934 年升至陆军上校。1934—1936 年任团长。1938 年衔至陆军少将并被任命为陆军运输局高级参谋官。1938—1940 年任步兵旅团长。1940—1941 年任在华中的第十三军参谋长。1940 年提升为陆军中将。指挥第三十三师团，为 1942 年 1 月日军侵略缅甸的先锋。1943—1944 年任陆军总参谋部机械化作战处处长。回到缅甸任驻缅甸东南的第二十八军军长。1944 年 1 月为配合在英帕尔和科希马远北地带的主攻而在若开地区展开牵制行动。由于其部队陷入群山和缅甸低地沼泽之中，再加上疾病、饥饿和游击队袭击，损失惨重。1945 年 3—4 月，他策划并指挥了横渡锡当河之战。当 8 月战争结束时，其残部失散于缅甸东南一带。

MRP

参考：Allen, Louis, Sittang: The Last Battle. New York, 1973.

萨拉丁(Saladin, 1138—1193 年) 埃及将军与统治者。参加主要战争：埃及战争（1164—1168 年）、征服叙利亚（1174—1186 年）、“圣战”（1187—1192 年）；参加主要战役（战斗）：开罗之战（1167 年）、海廷（加利利海以西）之战（1187 年）、艾尔苏夫（海尔兹利亚附近）之战（1191 年）。

萨拉丁（意为“信仰的荣誉”）生于 1138 年，阿尤布之子。阿尤布是著名的反十字军斗士努尔丁军中的一名库尔德族士兵。萨拉丁年青时曾参加其叔父希尔古哈对埃及的征服战争（1164—1168 年）。对十字军的多次远侵进行反击作战。在开罗之战（1167 年 4 月 11 日）中表现出众，该战斗中，耶路撒冷国王阿马尔里克一世率领的十字军协助大臣沙瓦尔打败了希尔古哈。虽然希尔古哈未能将十字军驱逐出开罗，但十字军也未能在亚历山德里亚迫使萨拉丁投降，最后双方都同意撤出该国，只在开罗保留基督教驻军。开罗发生暴乱后，阿马尔里克返回埃及（1168 年下半年），希尔古哈也返回埃及，并在萨拉丁的协助下将基督教徒逐出埃及（1169 年 1 月）。希尔古哈死后，萨拉丁担任埃及大臣，从此成为该国的实际统治者（3 月）。开始巩固其领地，并按照努尔丁的坚决要求废除了法蒂玛王朝的哈里发、创建了阿尤布王朝（1171 年）。尽管萨拉丁在理论上受努尔丁的控制，但他实际推行其自己的政策。由于他反对将军队提供给努尔丁进行作战，他们之间遂发生分裂。这一分裂直到努尔丁去世（1174 年）方告终结。定都开罗后，萨拉丁建立了强大的陆军和海军，并复兴了埃及的经济。他坚韧不拔地工作，并运用外交和军事力量，逐渐控制了叙利亚和包括阿勒颇、大马士革、摩苏尔和伊尔比德诸城在内的部分伊拉克（1174—1186 年）。当黎凡特的大部分内陆地区处于其控制之下时，萨拉丁做好了与十字军诸国的战争准备，并宣布对它们进行“圣战”（1187 年）。包围了太巴列（6 月），在海廷之战中彻底打败了十字军的援军（7 月 4 日）。这场战斗胜利后，他横扫整个巴勒斯坦，夺取了太巴烈、阿斯卡隆、阿克雷（阿卡）和其它城市，后又包围并攻取了耶路撒冷（9 月 20 日—10 月 2 日），但未能夺取提尔（苏尔）。与此同时，他的胜利引起了西欧、南欧封建主的第三次十字军东侵。许多新生的基督教军队抵达巴勒斯坦，他们包围了阿克雷（1189 年 8 月）。萨拉丁对围城的十字军进行反击，并与之进行了多次小规模作战。“狮心王”理查德一世到来后不久，重振旗鼓的十字军迫使该城投降（1191 年 7 月 12 日），从而结束了该城近两年的抵抗。理查德的十字军向南进军阿斯卡隆时，萨拉丁对十字军进行反击，但由于理查德进行了周密而有效的准备，收效甚微。萨拉丁在艾尔苏夫遭受惨败（9 月 7 日）。当时，理查德的重装骑兵截住了他的轻骑射手并将其打败。这一挫折没有动摇萨拉丁的信心。他成功地阻止了理查德对耶路撒冷的围困（1191—1192 年）。这两个统治者签订停战协定（1192 年 9 月 2 日），承认萨拉丁对包括耶路撒冷在内的内陆的统治。返回大马士革，他在那里突然染病后去世（1193 年 3 月 4 日）。

萨拉丁是一位杰出的人物，天才的战略家、行政家和组织家。理查德一世在战术上高他一筹，但理查德的军事才能也未能战胜萨拉丁周密的战略计划和有效的谋略运用。他虽然是一位虔诚的穆斯林，但他不因宗教观而影响其政治信念和政策。他的宏大气魄甚至令欧洲人肃然起敬。在埃及创建了阿尤布王朝，其诸子及后裔在那里统治了许多年。

DLB

参考：Ehrenkreutz, Andrew S., Saladin. Albany, 1972.
Gibb, Hamilton A. R., Life of Saladin, from The Works of 'Imad ad-Din and Baha ad-Din. New

York, 1973.

Hindley, Geoffrey, Saladin. New York, 1976.

Rosebault, Charles J., Saladin, Prince of Chivalry. New York, 1930.

Runciman, Steven, A History of the Crusades, 3 vols. Cambridge, 1951—1954.

Smail, R. C., Crusading Warfare, 1097—1193. Cambridge, 1956.

尼古拉·冯，扎尔姆伯爵(Nicholas Von, Salm, 1459—1530年) 神圣罗马帝国军队中的德国籍将领。参加主要战争：奥地利-瑞士战争（1499年）、奥地利-威尼斯战争（1514年）、土耳其战争（1526—1534年）；参加主要战役（战斗）：康斯坦茨之战（1499年）、斯蒂维耶雷堡之战（1514年）、托考伊之战（1527年）、维也纳之战（1529年）。

尼古拉·冯生于1459年，是约翰·冯·扎尔姆的儿子。1483年参加奥地利大公阿尔贝特的军队。1499年5月11日，在康斯坦茨之战中奥地利赢得了胜利。尼古拉·冯因战功卓著而开始崭露头角。1514年7月12日，他率军在斯蒂维耶雷堡大胜威尼斯军队而威名远扬。1522年，他挥师施蒂里亚州。1527年6月，勃兰登堡-阿尔马查尔侯爵卡什米尔身患疾病。尼古拉·冯接替了他指挥驻匈牙利神圣罗马帝国的军队。9月26—27日，在托考伊打败了叛国者约翰·扎波略指挥的军队。9月23日—10月15日间，尼古拉·冯与奥地利元帅威廉·冯·罗根道夫一起率领16 000名正规军（包括500匹马）和5000名民兵在威尼斯抵御由苏莱曼一世指挥的近10万名土耳其军队的进攻。9月29日、10月2日、10月8日尼古拉曾三次率军反击。10月10日、10月13—14日夜间，他辅助罗根道夫指挥军队打退了土耳其军队两次强大的进攻。由于奥地利军队的顽强抵抗，再加上天气将入冬，所以迫使苏莱曼不得不于10月15日撤围威尼斯。1530年5月4日，卒于威尼斯。

尼古拉·冯是一位意志果断、精力充沛、勇敢坚强的指挥家。16世纪20年代，他在匈牙利和奥地利战场上所取得的成就在当时来讲，是超乎寻常的。

DLB

参考：Oman, Sir Charles W. C., The Art of War in the Sixteenth Century. New York, 1937.

ADB.

卢多维科，萨卢佐侯爵(Ludovico, Saluzzo, Marquis of, 卒于1504年) 法国军队中的意大利籍将领。参加主要战争：那不勒斯战争（1499—1503年）；参加主要战役（战斗）：加里利亚诺河（位于意大利中部）之战（1503年）。

卢多维科是意大利西北部边远地区的一名贵族。曾效力于法国的查理八世和路易十二两代君王。曼图亚侯爵贡扎加回乡养病后，他接替了其职位，负责指挥意大利南部的法国军队。1503年他率领法军和贡萨洛·德·科尔多瓦指挥的西班牙军队在加里利亚诺河两岸对峙三个月。随着时间的推移，卢多维科变得粗心大意。12月29日，科尔多瓦乘恶劣天气发起突然袭击，大败法军。卢多维科率部分军队突围，绕道进入加埃塔，但是不久（1504年1月1日）被迫投降。此后，他率败军撤向热那亚。在那里他染上疟疾，部队严重减员。大约卒于1504年2月。

CCJ

参考：Oman, Sir Charles W. C., The Art of War in the Sixteenth Century. New York, 1937.

Taylor, Frederick Lewis, The Art of War in Italy, 1494—1529. Cambridge, 1921.

沙尔沙，赫尔曼·冯(Salza, Hermann von, 约1170—1239年) 日耳曼十字军成员。参加主要战争：第五次十字军东侵（1218—1221年）、第六次十字军东侵（1228—1229年）；参加主要战役（战斗）：艾什蒙运河（埃勒曼苏拉附近）之战（1221年）。

沙尔沙约生于1170年，图林根的兰根沙尔沙家族后裔。早年加入条顿骑士团，可能曾经历从移民互助团体到骑士团的转变（1198年）。被任命为“大长老”（1210年）后，他与巴伐利亚公爵路易率大队骑士团及盟军支援埃及境内的第五次十字军东侵（1221年），但他的军队和部分十字军在企图渡过艾什蒙运河时战败，被迫投降。后帮助协调了丹麦国王瓦尔德马二世和什末林伯爵亨利一世之间的关系，因此增加帝国在易北河下游的领土和帝国在丹麦的影响力（1225年）。马索维亚（波兰东部地区）公爵康拉德一世将库尔姆（海乌姆诺）省作为答谢其帮助反对普鲁人的礼物赠送与他（1226年）。还参加了腓特烈二世的第六次十字军东侵（1228—1229年）。1230年促成了腓特烈二世和教皇格列高利九世之间达成《圣杰尔马诺条约》的谈判和这一年下半年他们在阿纳尼进行的面对面的会晤。1239年3月19日卒于阿普利亚的巴勒塔。

DLB

参考：Koch, A., Hermann von Salza, Meister des Deutschen Ordens. Leipzig, 1985.

Ostwald, Paul, Das werk des Deutschen Ritterorderns in Preussen. Berlin, 1926.

EB.

鲛岛重雄(Samejima, Shigco, 1849—1928年) 日本将军。参加主要战争：侵略台湾（1874年）、萨摩暴动（1877年）、中日甲午战争（1894—1895年）、日俄战争（1904—1905年）；参加主要战役（战斗）：围攻旅顺港（1904—1905年）、奉天之战（1905年）。

S

鲛岛知重(Samejima,Tomoshige,1889—1966年) 日本海军上将、军国主义者。参加主要战争：第二次世界大战（1941—1945年)；参加主要战役（战斗)：侵略上海战役（1932年)、北所罗门群岛之战（1943—1944年)。

萨莫里·杜尔(Samori Toure,约1835—1900年) 几内亚抗法民族英雄和军事家。参加主要战争：征服康康（1879年)、与法国的冲突（1883—1885年)、与锡卡索人的战争（1887年）和与法国的战争（1889—1898年)。

萨莫里约1835年生于几内亚萨纳卡罗附近（贝拉以北的久拉河或是曼丁科河畔）的一个商人家庭。1868年成为一名军人，自封为宗族领袖或阿尔马尼。他组织了一支装备有现代火炮的军队，自封为比桑杜古首领。15年以后，他在这个处于尼日尔河上游东岸的国家建立了组织高效的政府。19世纪80年代初，他的统治领域东自上沃尔特（几内亚西北）向西绵延至福塔贾隆。1883年法国占领巴马科（今马里）后，他与之有几次目的不太明确的冲突（1884—1885年)。1886年与法国人签署了《比桑杜古条约》(康康东南约55公里处)，同意以尼日尔河为西部国界并接受法国的“保护”。1887—1888年，在法国人的支持帮助下，对锡卡索（今马里以北地区）发动了一场战役。1891年与法国再开战端。1893年被法国军队逐出苏丹后，他沿今象牙海岸东北的巴卡拉，建立其新王国。1892—1895年，其部队进入塞拉利昂和加纳，沿路宣传革命。1896年他率部队向东北行军，直逼布基纳法索。进入莱拉巴洛比和黑沃尔特河的洛比和塞努弗地区，其部队驻扎在达尔萨拉米（博博迪乌拉索西约20公里处，1897年5—7月)。包围和攻占了努穆达拉（7—8月初)，但迫于法军追击，撤离。经过了象牙海岸西北的孔城（1897年末）和处于象牙海岸-加纳边境的邦杜库（1898年中期)。1898年9月29日在象牙海岸盖楞乌的卡瓦利河上游被亨利上尉指挥的法军俘虏。被流放至加蓬奥果韦河的恩乔莱岛，卒于1900年6月2日。

萨莫里作为一位领导者，具有不容置疑的才能，人们为了纪念他，在几内亚首都科纳克里建有他的陵园。

DLB

参考：Imperato, Pascal James, Historical Dictionary of Mali. Metuchen, N.J., 1977.
McFarland, Daniel Miles, Historical Dictionary of Upper volta. Metuchen, N.j., 1978.
EB.
EMH.

桑普森，威廉·托马斯(Sampson, William Thomas, 1840—1902年) 美国海军上将。参加主要战争：美国内战（1861—1865年）和美西战争（1898年)；参加主要战役（战斗)：查尔斯顿之战（1865年）和圣地亚哥之战（1898年)。

桑普森1840年2月9日生于纽约州的帕尔迈拉。1861年以全班27人名列第一的成绩毕业于海军学院。先后在华盛顿海军造船厂和“波卡洪特斯”号军舰任职（4—5月)。1861年6月—1862年3月，服役于驻墨西哥湾的美国“波托马克”号军舰。1862年晋升上尉，任战时设在罗得岛纽波特的海军学院教官。1864年任“波卡洪特斯”号铁甲舰副舰长。1865年1月当“波卡洪特斯”号舰触雷沉入查尔斯顿港时，因表现冷而受褒奖。尽管受到战后军人军衔普遍下降的影响，但仍于1866年7月晋升为少校。1865—1867年，在海军欧洲中队的“科罗拉多”号螺旋桨护卫舰任职。1868—1871年，任海军学院新设立的物理和化学部主任。1871—1874年，再次在欧洲水域就职。1874年8月晋升中校。1874—1878年，返回海军学院就职。1879—1882年，任亚洲中队的“斯瓦图拉”号舰舰长。1882—1884年，任海军天文台台长助理。1884—1886年，任军械部门检测员和罗得岛纽波特的鱼雷发射阵位的指挥员，积极倡导组建海军作战学院。1886—1890年，任海军学院教务长。1889年3月晋升上校。1890—1893年，任美国“圣弗朗西斯科”号舰舰长。1893—1899年，任军械署署长，改进了射击训练，采用了无烟火药，并进行了其它几项技术革新。任美国“艾奥瓦”号舰舰长，成为北大西洋中队的高级指挥官。1898年春任美国“海洋”号军舰在哈瓦那港失踪案调查委员会主席。美西战争爆发前夜，晋升少将，任北大西洋舰队司令，他的军旗挂上了美国“纽约”号军舰（1898年4月21日)。为与温菲尔德·斯科特·施莱准将的微妙关系所累，因斯科特的军衔比他高，却又需听命于他。因为此，将西班牙船封锁在古巴以及奉塞尔维腊海军上将之命寻找西班牙海军中队的努力未果（4—5月)。搜寻中，5月12日炮击了圣胡安。5月28日，施莱发现塞尔维腊中队在圣地亚哥港后，他封锁了圣地亚哥港。6月3日，他在狭窄的航道入口沉入一条船，欲以此封锁港口，但未能奏效。6月6日对圣地亚哥的炮击也收效甚微。7月3日，当塞尔维腊的中队组织一次绝望的突围时，他正与谢夫特将军（包围圣地亚哥美军地面部队总司令）在锡沃内附近晤面，因此未能赶上参加开始阶段的战斗行动，后来他登上“纽约”号舰追击快速逃逸的西班牙舰只。他行动正确，经过四个小时的追击作战，最后消灭了西班牙舰队（7月3日)，因此获得赞誉。此战之胜，与其部队的训练有素、部署良好以及他正确的作战命令密切相关，也因为旗舰参加了最后的战斗行动。然而施莱却认为胜利应归功于他，因为是他指挥了开始阶段的作战行动，两人后来一直为此相互争执不休。9—12月，任美驻古巴的三个行政长官之一。1899年3月晋升少将。3—10月，再任北大西洋中队司令。1899年10月—1901年10月，管理波斯顿海军造船厂。1902年2月退出海军现役。1902年5月6日卒于华盛顿。

桑普森作为一位能干的指挥官，享有极好的名望。

他天资聪明，公平且诚实。他早期对装甲、射击和技术革新所产生的兴趣使其后来成为最有成就的海军军官之一。他后半生因与施莱争论不休而身心憔悴。

DLB and TM

参考：Azoy, A. C. M., Signal 250! The Sea Fight off Santiago. New York, 1964.
Reynolds, Clark G., Famous American Admirals. New York, 1973.
U.S. Navy Department, Record of Proceedings of a Court of Inquiry in the Case of Rear Admiral Winfield S. Schley, U.S. Navy... September 12, 1901. Washington, D.C., 1902.
West, Richard, Admirals of the American Empire. New York, 1948.
DAMB.
WAMB.

萨姆索诺夫，亚历山大·瓦西里耶维奇（Samsonov, Aleksandr Vasilievich, 1859—1914 年） 俄国将军。参加主要战争：俄国-土耳其战争（1877—1878 年）、日俄战争（1904—1905 年）和第一次世界大战（1914—1918 年）；参加主要战役（战斗）：坦嫩贝格之战（斯滕巴尔布，1914 年）。

萨姆索诺夫生于 1859 年。毕业于圣彼得堡（原列宁格勒）的骑兵学校。俄国-土耳其战争期间（1877 年 4 月—1878 年 3 月），参加其第一次战斗。1884 年毕业于参谋学院，进入总参谋部。1896—1904 年，任圣彼得堡骑兵学校校长，当时军衔为上校。1902 年晋升准将。日俄战争期间（1904 年 2 月—1905 年 9 月）。指挥西伯利亚哥萨克骑兵师中的乌苏里山地旅。1909 年任顿河哥萨克的首领。1910—1914 年，任土耳其斯坦（后被分为好几个苏维埃共和国）总督和此地区军队的总司令。任驻波兰纳雷夫河沿岸的第二集团军司令，第一次世界大战爆发近两周后才到任（1914 年 8 月 12 日）。尽管对军队和地形都很陌生，但奉命从南部侵入东普鲁士，以期与其强劲的对手连年坎普夫指挥的从东部进入的第一集团军会合。其行动受阻，因为缺乏足够的参谋人员、炮兵弹药和用以运输的动物，而且其大部军队由后备役军人匆匆组建，缺乏训练和凝聚力。奉命迅速深入东普鲁士，却对连年坎普夫古谢夫战役后的突然停止行进始料不及（8 月 20 日）。其部队令人震惊的通讯状况和情报能力，使对其发起集中攻击的德第八集团军感到惊奇（8 月 24—25 日）。坦嫩贝格战役中（8 月 26—31 日），其第八军和第九军被德军包围，另三个军（第一、四、十三军）遭重创，其部队因此瓦解。当他意识到其部队遭到的灾难性损失后，与后方联系并骑马实施指挥。后撤中自杀（8 月 30 日），后未能找到其尸体。

萨姆索诺夫是一位有能力的旅级和师级指挥官，也是一位以“友善和单纯”的人。作为一位军人，他的勇敢无可置疑，然而指挥大兵团作战却显得经验不足，尽管其战场指挥受到俄军令人悲哀的战前准备的严重影响。

DLB

参考：Golovin, Nikolai N., The Russian Campaign of 1914. Translated by Captain Muntz. Fort Leavenworth, Kans., 1933.
Tuchman, Barbara, The Guns of August. New York, 1962.
EB.

萨摩陀罗笈多（Samudragupya，卒于 380 年） 印度统治者。参加主要战争：笈多帝国在印度北部地区的扩张（335—375 年）。

萨摩陀罗笈多是笈多王朝创立者旃陀罗笈多一世与梨车族公主库马拉德维的儿子，其出生日期不详。在其所有的兄弟中，萨摩陀罗笈多受到其父旃陀罗笈多的特别宠爱，因而被选为王位继承人。在他统治初期（约 330—335 年），曾不得不镇压一些叛乱。他的帝国本来位于恒河下游（大体为现在的孟加拉国）与现在的安拉阿巴德之间地区，他决定向外扩张其领土，并开始了一系列的征服作战。通过征战，使其势力范围渗透到印度南部地区其它一些小国的领土之中，在那里他击败了帕那瓦国王毗湿奴戈培，推翻了其它一些小国的国王，当他们交纳了贡品并表示愿意效忠之后，他又恢复了他们的王位。随着其征战规模的不断扩大，印度北部地区的一些统治者纷纷垮台，领土被吞并。萨摩陀罗笈多卒于 380 年。去世时，其王国几乎包括整个恒河流域，并使东孟加拉、旁遮普东部地区和部分拉贾斯坦的各族统治者臣服。

DLB

参考：Mookerji, R. K., The Gupta Empire. New Delhi, 1948.
EB.
EMH.

S

桑德威奇，爱德华·蒙塔古第一伯爵（Sandwich, Edward Montagu, 1st Eart of, 1625—1672 年） 英国海军将领。参加主要战争：英国内战（1642—1651 年）、第二次（1665—1667 年）和第三次（1672—1674 年）英荷战争。参加主要战役（战斗）：马斯顿荒原之战（1644 年）、纳西比之战（1645 年）、洛斯托夫特之战（1665 年）、索尔湾（绍斯沃尔德湾）之战（1672 年）。

桑德威奇（1625 年 7 月 7 日）生于北安普顿郡的巴恩韦尔（昂德尔附近），悉尼·蒙塔古爵士之子。第一次内战爆发（1642 年 8 月）后，他为国会招募了一个团，并参加马斯顿荒原之战（1644 年 7 月 2 日）、纳西比之战（1645 年 6 月 14 日）和布里斯托尔围城战（1645 年 8 月—9 月 10 日）。曾被选为亨廷顿郡的议员（1645—

1648年)。尽管与奥利弗·克伦威尔有朋友之谊，但在政治上几乎没有发挥作用。被任命为国务委员会委员(1653年)，后为财政委员会委员(1654年)。被任命为海军统领(1656年)后，与罗伯特·布莱克共同进行指挥。奉理查德·克伦威尔之命，率舰队前往丹麦(1659年4月)，理查德·克伦威尔被废黜(5月)后返回英国并辞去职务。后又被任命为海军统领(1660年2月)，在对共和派舰队的清洗中发挥了重要作用，为国王查理二世保存了这支舰队，后护送他从荷兰前往英国(1660年3—5月)。因效劳之功受封为桑德威奇伯爵，加封骑士和海军副统帅(7月)。布拉干萨的卡特琳嫁与查理二世后，他处理了作为其嫁妆的丹吉尔归属英国统治的移交事务(1660年秋)。洛斯托夫特之战(1665年6月13日)中，他出色地指挥了隶属于约克公爵詹姆斯(后来的詹姆斯二世)的一支编队。詹姆斯去职后他继任舰队司令(7月)。他俘获了几艘荷兰东印度公司的船只，后又未经皇室批准私分战利品，故被免除职务(11月)。被派往马德里任大使(1666年)，筹划了与西班牙的商业条约(1667年5月)。曾担任西班牙和葡萄牙之间的调停人，帮助筹划了《里斯本条约》(1668年2月)。与荷兰的第三次战争爆发后，他再次在詹姆斯麾下指挥一支编队参加了索尔湾之战，在作战中发挥了突出的作用。其军舰“皇家詹姆斯”号起火后身亡(1672年6月7日)。

桑德威奇是一位野心勃勃、投机钻营的指挥官，他能干、勇敢，还显示出外交家的才华。

DLB

参考：Harris, F. R., The Life of Edward Montagu. 2 vols. London, 1912.

Riddell, Edwin, ed., Lives of the Stuart Age. New York, 1976.

Tedder, A. W., The Navy of the Restoration from the Death of Cromwell to the Peace of Breda. Cambridge, 1916.

圣马丁，何塞·德(San Martin, Jose de, 1778—1850年) 拉丁美洲将军和政治家。参加主要战争：拿破仑战争(1800—1815年)、拉丁美洲独立战争(1810—1824年)；参加主要战役(战斗)：查卡布科之战(1817年)、坎查-拉亚达及麦波之战(1818年)。

圣马丁1778年2月25日生于阿根廷约帕亚的一个西班牙贵族家庭。1785年回到西班牙，1790年入西班牙军队，到1812年他已升中校衔。1808—1812年，在西班牙同法军作战，得知阿根廷独立运动开始后，辞去职务回到阿根廷，但他发现当时阿根廷的政治局势十分混乱，独立运动也没有领导。1813—1814年在阿根廷西部的蒙多扎附近建立了一个基地，训练一支小型军队，计划以智利为基地，进而解放秘鲁。随着1816年7月9日阿根廷宣布独立，他率其军队(3000步兵，700匹马，21门大炮)于1817年1月24日—2月8日从洛斯帕图及乌斯帕拉塔口穿越安第斯山脉。2月12—13日在查卡布科打败一支西班牙小部队，2月15日占领圣地亚哥。这一城市的名字由圣马丁的朋友及盟友、智利政治领导人贝尔纳多·奥希金斯所取。1818年初，同西班牙进行了一场不分胜负的战役，直至由马里亚诺·奥索里奥将军率领的西班牙殖民军队从秘鲁赶到局势才恶化。1818年3月16日，在坎查-拉亚达之战中，被奥索里奥打败，后来圣马丁重新组织起军队，于4月5日反攻麦波，以很小的代价击退奥索里奥军队。由于没有制海权，从而不能进入秘鲁，圣马丁遂全力支持托马斯·科克伦的海上作战。随着1820年7月9日攻克利马，1821年9月21日卡尔劳投降后，秘鲁宣布独立。由于无力使秘鲁中部高原地区的西班牙军队屈服，遂转而寻求西蒙·玻利瓦尔的支援，于1822年7月26—27日同玻利瓦尔在赤道瓜亚基尔会晤。尽管对这次会晤的详细情况至今仍一无所知，但很明显圣马丁被解职，9月，他便向秘鲁国会提出了辞呈。退役后，他流亡比利时，后又至巴黎，最终又到了滨海布洛涅，1850年8月17日卒于那里。

圣马丁是一位忠诚的阿根廷爱国者，坚决的立宪政体支持者。尽管他没有玻利瓦尔有名，圣马丁仍不失为一位经验丰富的战士，作为战略家、战术家及管理者，他有足够的军事天赋。他是一位沉默寡言、坚忍克己、毫不利己的人。

DLB

参考：Metford, J. C., San Martín, the Liberator. London, 1950.

Mitre, B., Historia de San Martín y de la emancipación sudamericana. 4vols. N, p., 1890.

Rojas, R., San Martín, Knight of the Andes. N, p,. 1945

San Martín, José de, Correspondencia. N. p., 1925.

佐野忠义(Sano, Tadayoshi, 1889—1945年) 日本陆军中将、军国主义者。参加主要战争：第二次世界大战(1941—1945年)；参加主要战役(战斗)：侵略香港之战(1941年)、苏门答腊之战(1942年)、瓜达尔卡纳尔之战(1942—1943年)。

佐野1889年生于冈山县。1911年毕业于陆军军官学校。1914年毕业于炮兵和工程兵学校。1922年毕业于陆军大学。1926年晋升陆军少校。1927—1928年任英国驻扎官。1935年升为陆军上校。1935—1937年任团长。1938年提升为陆军少将。1938—1940年任旅团长。1940—1941年任野战炮兵学校校长。后领导第三十八步兵师团，是1941年12月8—25日侵占香港的主力。1942年2月在南苏门答腊征服战中担当主要角色。1942年10月派往瓜达尔卡纳尔增援那里垂死挣扎的日军。1943年2月1—7日，他指挥下的残余兵力开始撤离。1944年9月任第三十四集团军司令。1945年1月被派往

侵华日军，不久后死去。

MRP

圣安纳，安东尼奥·洛佩斯·德(Santa Anna, Antonio Lopez de, 1794—1876 年) 墨西哥将军及政治家。参加主要战争：第二次墨西哥独立战争（1821 年）、得克萨斯独立战争（1835—1836 年）、美墨战争（1846—1848 年）；参加主要战役（战斗）：坦皮科之战（1829 年）、阿拉莫之战（1836 年）、圣西辛托河之战（1836 年）、维拉克鲁兹之战（1838 年）、布埃纳维斯塔之战（在墨西哥的萨尔蒂略附近，1847 年）、塞罗戈多之战（1847 年）、查普特佩克之战（1847 年）、墨西哥城之战（1847 年）。

圣安纳 1794 年 2 月 21 日生于维拉克鲁兹省的克萨拉帕，他的父亲是一名西班牙政府的小官员。1810 年 16 岁时入西班牙军队，任军官候补生。在北部边界参加了镇压印第安人的作战。在 1821 年 1—2 月墨西哥独立战争期间，支持奥西斯丁·德·伊图尔拜德同西班牙作战。后来的 1823 年 3 月，又协助推翻了伊图尔拜德。1828 年他支持文森特·瓜利罗任总统。1829 年 9 月 1 日在坦皮科之战中，打败了企图征服墨西哥的西班牙军队，从而赢得了巨大的声望，他成了家喻户晓的"坦皮科英雄"。1832 年，支持阿纳斯塔西奥·布斯塔蒙特推翻前总统，1833 年当选为总统，自己执政。由于国内动荡不安，在得克萨斯的美国人乘机于 1835 年 6 月宣布得克萨斯脱离墨西哥"独立"。圣安纳率军穿越格兰德河平息独立运动。在圣安东尼奥，他于 1836 年 2 月 23 日—3 月 6 日包围并席卷了阿拉莫，将守军除一人之外悉数歼灭。向得克萨斯中部挺进中的 4 月 21 日，在圣辛托被萨姆·豪斯顿打败被俘。作为囚犯他被迫签订了条约承认得克萨斯独立。他被送往华盛顿，在那里得到安德鲁·杰克逊总统的接见。返回墨西哥后退役，后返回现役，于 1838 年 4 月—1839 年 3 月在维拉克鲁兹同法军作战，击退了法军的进攻，但却失去了一条腿。1841 年他再次控制了总统权利，1844 年被推翻。1846—1848 年同美国进行战争期间，再次被召回，指挥墨西哥军队同美军作战。但是作战失利，1847 年 2 月 23 日在布埃纳维斯塔被打败，4 月 18 日又在塞罗戈多被打败，9 月 13—14 日再败于查普特佩克-墨西哥城。遭此厄运后，他又于 1847 年秋再度流亡。他的余生就是在流亡中度过的，其间，周期性地返回墨西哥企图重获权利。1874 年他获准返回墨西哥，这位后来一贫如洗、双目失明的老人于 1876 年 6 月 21 日卒于墨西哥城。

PJC

参考：Caldicott, Wilfred H., Santa Anna: The Story of an Enigma Who Once Was Mexico. Norman, Okla., 1936.

Eisenhower, John, So Far from God. New York, 1989.

Singletary, Otis A., The Mexican War, Chicago, 1960.

EB.

阿尔瓦·德·巴桑，圣克鲁兹侯爵(Alvaro de Bazan, 1526—1588 年) 西班牙海军将领。参加主要战争：第四次哈布斯堡-瓦卢瓦战争（1524—1544 年）、神圣同盟战争（1570—1573 年）、葡萄牙战争（1580—1583 年）、英国-西班牙战争（1587—1588 年）；参加主要战役（战斗）：奥兰之战（1563 年）、勒班陀（位于柯林斯峡谷和帕特雷峡谷之间的狭长地带）之战（1571 年）、特塞拉之战（1582 年）、圣米格尔之战（1583 年）。

巴桑 1526 年 12 月 12 日生于格拉纳达一个海军军官家庭。年轻时就加入海军。1544 年在反对法国的战争中扬名。1554 年，他率一支分舰队围剿阿尔及利亚海盗。1562 年被任命为直布罗陀市终身市长，并负责领导指挥那里的海军部队。1563 年，率军成功地防御哈桑哈里发军队对奥兰的攻击。1568 年提升为那不勒斯海军司令。1569 年，被封为圣克鲁兹侯爵。1571 年 10 月 7 日奉神圣同盟命令制定了著名的勒班陀海战行动方案，并负责指挥后卫分舰队 30 艘战船。在作战中，他抓住有利时机发起反攻，打击阿里的侧翼土耳其舰队，而安德烈亚·多里亚指挥的土军舰队则从神圣同盟军队左翼溜走，从而在精神上战胜敌人。激战中，他的旗舰俘获了阿里的旗舰。1572 年夏天，他设计攻占了哈马特海湾。1580 年他按照国王菲利普二世的旨意，率舰队援助阿尔瓦公爵征服了葡萄牙。1582 年，他指挥军队打败了由菲利普·斯特罗齐领导的支援据守在亚速尔群岛特塞拉的安东尼奥军的法国军队。巴桑军队的舰船几乎都是以其天赋设计建造出来的。1583 年，在圣米格尔海战中，他率军打败了由艾尔马·德·沙托指挥的另一支法国舰队，并处死所有战俘。1583—1587 年间，西班牙政府任命他为舰队上将司令，奉国王菲利普二世之命，率军将英国军队拒之于国门外。1587 年初，被任命为无畏舰队司令。此后，他精心准备远征，但因缺乏军费，未能成行。由于 1587 年 5—6 月间，英国德雷克的军队袭击了加的斯和其它几个港口，打破了巴桑精心准备的远征计划。他竭尽全力消除重大损失，重整旗鼓，准备再战。但此时他突患重病，于 1588 年 2 月 9 日卒于里斯本。

巴桑是一位出色的海军将领。他精通战术，具有天才的制定作战计划能力。另外，他还具有杰出的领导管理才能，是菲利普二世最得力的将领。他成功地将地中海海战引向到大西洋海域，显示了其非凡的军事谋略。

DLB

参考：Altoguirre y Duvale, Angel, Don Alvaro de Bazan. Madrid, 1888.

Beeching, Jack, The Galleys at Lepanto. New York, 1982.

Fernandez Duro, C., La Armada Invencible. 2 vols. Madrid, 1884— 1885.

Mattingly, Garrett, The Armada. New York, 1959.

佐武义重（Satake, Yoshishige, 1547—1612 年） 日本将军。参加主要战争：统一战争（1550—1615 年）；参加主要战役（战斗）：芦屋之战（1576 年）、对北条的防御战（1581 年）、北条-伊达之战（1585 年）。

佐武 1547 年生于显赫家族。作为土浦藩主，他积极扩大对相邻地区的控制，并因此于 1581 年和 1585 年分别与北条家族和可怕的伊达发生冲突。后来的一次会战，佐武控制了附近的葛岛地区。1590 年退隐并将领导权传于儿子义信。虽然义信由于在关原战役中保持中立而犯了错误并因此丢掉三个地区，但义重的影响力仍使他得以保有贫穷孤立的秋田领地。卒于 1612 年。

LH

参考：Papinot, E., Historical and Geographical Dictionary of Japan. Yokohama. 1910.

佐藤贤了（Sato Kenryo, 1895—1975 年） 日本将军、甲级战犯。参加主要战争：日本侵华战争（1937—1945 年）。

佐藤弘次郎（Sato Kojiro, 1862—1927 年） 日本将军。参加主要战争：日俄战争（1904—1905 年）；参加主要战役（战斗）：围攻旅顺港（1904—1905 年）。

佐藤幸德（Sato, Kofoku1, 1893—1959 年） 日本陆军上将、军国主义者。参加主要战争：同苏联的边界战争（1938—1939 年）、第二次世界大战（1941—1945 年）；参加主要战役（战斗）：张鼓峰之战（1938 年）、诺门坎（贝加尔湖附近）之战（1939 年）、英帕尔-科希马之战（1944 年）。

佐滕 1893 年生于山形县。1913 年毕业于陆军军官学校，1921 年毕业于陆军大学。1928 年提升为陆军少校。1930—1931 年在陆军总参谋部服役。1937 年升任陆军上校。1937—1938 年任团长。在 1938 年 7 月 11 日—8 月 10 日张鼓峰边界冲突期间领导冒险的对苏军阵地的夜间袭击。后提升为陆军少将，领导一个加强步兵旅。次年（1939 年 5—8 月）在诺门坎同苏联红军作战。1942 年提升为陆军中将。1943 年在缅甸服役任第三十一步兵师师长。1944 年 3—7 月，参与攻击英帕尔和科希马。但在第一次的努力被击退且损失惨重时，就拒绝再发动对英军阵地的再一次进攻。1944—1945 年间，分别在缅甸、爪哇以及本土连续担任副参谋长职务。卒于 1959 年。

MRP

参考：Coox, Alvin D., "Maverick General of Imperial Japan," Army, July 1945.

佐滕哲太郎（Sato, Tetsutaro, 1866—1942 年） 日本海军将官和军事理论家。参加主要战争：中日甲午战争（1894—1895 年）和日俄战争（1904—1905 年）；参加主要战役（战斗）：鸭绿江之战（1894 年）、蔚山之战（1904 年）和对马海战（1905 年）。

佐滕哲太郎 1866 年生于鹤冈，即现在的山形县。1887 年毕业于海军学校。中日甲午战争期间，作为“赤城”号战舰的领航员，参加了鸭绿江之战，受伤（1894 年 9 月 17 日）。1896—1897 年，在海军部海军事务局局长山本权兵卫手下任职，工作卓有成效。1899—1902 年，被派往美国研究海军战略。返回日本，就任海军大学教官时，其《帝国的防御》一书杀青。此书是日本第一本系统阐述海军事务的书，它鼓吹大海军的思想，并认为海军应成为国家力量和安全的基础（1903—1904 年）。日俄战争期间，在上村彦之丞中将手下任第二舰队参谋，乘“出云”号旗舰参加了蔚山海战（1904 年 8 月 14 日）和对马海战（1905 年 5 月 26 日）。1905—1906 年，短时间指挥“辰太”号炮舰。1906—1908 年，在海军大学先为高级学员，后任教官。1907 年晋升上校。定期出版其对早期生涯的阐述和回顾的言论，其中以《海军防御的历史》（1907 年）、《帝国防御的历史》（1908 年）和《帝国防御简史》（1912 年）最引人注目。这些著作，连同其在海军部所作的政策评论，在以科隆布和马汉理论为模型的基础上，将海军战略理论更向前推进了一步，然而这些理论仅限于日本的历史和地理条件，故带有相当的局限性。他呼吁日本海军从东扩张至西印度群岛。而对当时的假想敌人美国，他则主张日本应保持一支主力舰占 70% 的海军力量。1912 年晋升少将。1908—1914 年，在海军担任更高的职务，这期间也曾任职于海军大学。1915 年任海军副总参谋长。1915—1920 年，任海军大学校长。1916 年晋升中将，离开海军大学，指挥一个重要港口舞鹤港（1920—1921 年），在被任命为上议院议员（1934 年）之前，只担任较低职务（1922 年）。卒于 1942 年。

退役后，佐滕哲太郎反对二三十年代日本实施的限制海军条约。

DE

沙特，阿卜杜拉·阿齐兹·伊本，阿卜杜拉·拉赫曼·伊本，费萨尔·伊本·图尔基，阿卜杜拉·伊本·穆罕默德·沙特·伊本（Sa'ud, 'Abdal-'Aziz ibn-'Abdal-Rahman ibn Faisal ibn Turki 'abd Allah ibn Muhammad al Sa'ud ibn，约 1880—1953 年） 沙特阿拉伯王国开国君主。参加主要战争：征服内志（1900—1906 年）、征服西阿拉伯（1906—1919 年）、征服汉志省（希贾兹省，1919—1925 年）和沙特-也门战争（1934 年）；参加主要战役（战斗）：攻占利雅得（1902 年）、布凯里耶之战（1904 年）、劳扎特穆安那之战（1906 年）、图赖拜之战（1919 年）、吉达之战（1925 年）和麦地那之战（1925 年）。

阿卜杜拉·阿齐兹约 1880 年生于奈季德南部的利雅得，是阿卜杜拉·拉赫曼之子，是瓦哈比宗派创建者的

S

后裔及埃米尔。在拉什迪占领军到达时，与其父逃出利雅得（1891 年），在科威特过了几年流亡生活。决意恢复其家族领地，率一支由 40 名勇士组成的部队离开科威特，开始其战役。尽管他抵达利雅得时已有 200 多名追随者，但他仅率一支精选的 15 人组成的小队伍就占领了利雅得（1902 年 1 月 15 日）。他以利雅得为基地，继续占领内志（中沙特阿拉伯）的其它地区（1902—1906 年）。在布凯里耶战役中（1904 年），他彻底击垮了人数占优并得到八个土耳其步兵营加强的拉什迪军队。1906 年，其部队在劳扎特穆安那杀死了拉什迪首领。他对阿拉伯长期的政治混乱和无休止的内战极为关注，实行了一项大的计划以保证其继续对阿拉伯进行政治统治。其计划由两部分组成，其一是恢复其家族曾与逊尼派伊斯兰的瓦哈比宗派建立的古老联系，其二是建立了一个政治-宗教组织——兄弟会。另外，为使一支有纪律的部队具有一个核心，他使用兄弟会在适宜的地区建立贝都因人农业居民地，并注意在贝都因人中倡导国家意识。他使用其新组建的军队，在将土耳其人逐出哈萨的过程中获得巨大成功，也因为此，他已日益接近波斯湾（1913 年）。到第一次世界大战爆发时，他已成为阿拉伯的主要统治者之一，然而被其对手，麦加的哈希姆派的侯赛因谢里夫与英国人结成的联盟挫败。他接受担任受英国保护的统治者（以波斯湾为模型），从英国获得武器和按月领取补贴，作为回报，他抛弃了侯赛因，并骚扰土耳其联盟中的拉什迪。1918 年第一次世界大战结束后，他的兄弟会部队在图赖拜战役中（1919 年）击败了侯赛因的部队，并乘胜蹂躏哈利和拉什迪的其它地区（1921—1922 年）。他利用此胜利自封为奈季德的苏丹（1922 年）。英国试图通过在科威特进行会谈来平息侯赛因和他之间的冲突，未果（1923 年）。1924 年 9 月，兄弟会对汉志省发动了一次进攻。10 月，侯赛因退位以让其儿子阿里继任，但哈希姆派的地位却已摇摇欲坠。1925 年 12 月 5 日，他的部队包围和占领了麦地那，阿里实施了有组织的最后抵抗，但因被长时间围攻（1924 年 12 月—1925 年 12 月 23 日）而以吉达沦陷告终，阿里被迫于 12 月 19 日退位。1926 年 1 月 8 日自封为统一希贾兹和奈季德及其属地的苏丹，但费了将近五年的时间才获得一些大国的承认（1926—1931 年）。1929—1930 年，镇压了兄弟会叛乱，1932 年 9 月自封为沙特阿拉伯王国的国王。与也门的边境纷争及也门的进攻性政策，导致了为期七周的沙特-也门战争，他轻松赢得了这次战争的胜利（1934 年）。他的和平计划极为温和，对其统治领域的异族残部，他实行了宽大怀柔的政策。他把 60 年的石油采购权让与后来的阿拉伯-美国石油公司（1933 年），此举使他获得稳步增长的石油税收，他以此办学，修建铁路和其他现代化设施。1945 年成为阿拉伯联盟的共同创立者之一。1953 年 11 月 9 日卒于麦加附近。

花了 20 多年的时间才实现了其统一沙特阿拉伯的宿愿，当然他也因此而名闻遐迩。可以说，这个成功，不仅应归功于他对军事力量和政治影响的运用，还因为他在倡导一种新的国家精神方面颇有建树。他是一位宽厚的领导者，也是一位有才华的战术家和天才的战略家。

DLB

参考：Philby, H. St. J. B., Arabia. London, 1930.
Rihani, A., Ibn Sa'oud of Arabia. London, 1928.
Van der Meulen, D., The Wells of Ibn Saud. N. p., 1952.
EB.
EMH.

萨克森伯爵，赫尔曼·莫里斯（Saxe, Hermann Maurice, Count de, 1696—1750 年） 萨克森籍的法国元帅。参加主要战争：北方战争（1700—1721 年）、西班牙王位继承战争（1701—1714 年）、奥地利-土耳其战争（1716—1718 年）、波兰王位继承战争（1733—1738 年）、奥地利王位继承战争（1740—1748 年）；参加主要战役（战斗）：马尔普拉凯（里尔附近）之战（1709 年）、贝尔格莱德之战（1717 年）、丰特努瓦（埃诺省境内）之战（1745 年）、罗库尔之战（1746 年）、劳菲尔德（马斯特里赫特附近）之战（1747 年）。

萨克森（1696 年）生于萨克森，萨克森选帝侯兼波兰国王“强人”奥古斯都二世的最年长的私生子，其母为奥罗拉·冯·柯尼希斯马克。奥古斯都待他不薄，12 岁时将其定为萨克森步兵团的军官候补生。1709 年的佛兰德战役期间效力于马尔波罗和欧根亲王麾下，并随其团参加了马尔普拉凯之战（1709 年 9 月 11 日），作战中对大屠杀留下深刻印象。被其父册封为萨克森伯爵（1711 年）。对波美拉尼亚（波兰北部）境内的瑞典军作战（1711—1712 年），并参加了施特拉尔松德围城战（1712 年）。期间晋升为骑兵上校。退出现役（1713 年）后娶了一位十几岁的女继承人。后加入奥地利军（1717 年），贝尔格莱德围城战（1717 年 6 月 29 日—8 月 18 日）中再次效力于欧根亲王麾下。欧根获得贝尔格莱德大捷期间，他几乎命丧于土耳其骑兵之手（1717 年 8 月 16 日）。《帕萨罗维茨条约》（波扎雷瓦茨）结束这场战争（1718 年 7 月 21 日）之前，他一直效力于奥地利军队。之后，他回到得累斯顿。由于他已耗空了其年少妻子的财产，其父为他购买了在法军中效力的一个日耳曼团的上校职位（1719 年）。他对该团的运用很快就使他赢得了法国王室的赞赏，并晋升为少将（1720 年）。随后的几年（1720—1725 年），他厮混于宫女之间，同时研究兵法。库尔兰公爵一位空缺时，他是竞争该爵位的候选人之一（1725 年）。初期获得成功，曾短期执政（1726—1727 年），后因未能抗住对其统治的广泛反对而返回巴黎（1727 年）。患病的短时间中，他撰写了《我的梦想》一书（1732 年）。该书在其死后出版。其父的去世（1733 年 2 月 1 日）引发了波兰王位继承战争

(1733—1738 年)。萨克森参加法军同其过去的老师——欧根亲王和其唯一合法的兄弟——"懦弱者"腓特烈·奥古斯都二世作战。其最辉煌的战绩是在伯威克公爵指挥的菲利普斯堡围城战（1734 年 5 月 25 日—7 月 27 日）中成功地指挥了掩护部队，在作战中挫败了欧根亲王的解围企图。他因这一战功晋升中将（1736 年），并得到路易十五的情妇蓬巴杜夫人的青睐。奥地利王位继承战争（1740—1743 年）爆发后，萨克森随弗朗西斯·M. 德·布罗伊元帅的法国"志愿"军入侵上奥地利（1741 年 7—9 月）和波希米亚（1741 年 10—11 月），以支持巴伐利亚的查理·阿尔贝特。萨克森夜取布拉格（1741 年 11 月 19 日），之后又保持了得胜之军的秩序，因而名声大噪。第二年春，他通过一场短期围城战（1742 年 4 月 7—20 日）夺取了埃格尔要塞，但后在奥地利军的压力下被迫撤退。他获准告假以要求袭封库尔兰公爵，但未能成功。返回军队后晋升为法国元帅（1743 年 3 月 26 日）。他深深卷入了支持查理·爱德华·斯图亚特亲王在苏格兰的事业（1743 年春—1744 年春）的计划，但法国舰队在敦刻尔克沿海的失事使这些计划付之东流。法国对奥地利宣战（1744 年 4 月）后，他被任命为驻佛兰德主力军的司令（6—7 月），但国王路易十五的患病使法军停止了进一步作战（1744 年 8 月底）。第二年的初春，他赶赴佛兰德并围攻图尔奈（1745 年 4 月 25 日—6 月 9 日）。坎伯兰公爵的军队匆忙赴援该城，但萨克森以炮火和步枪火力阻止了先期获胜的联军步兵的攻击，后以英勇的合成兵种的反击将其击退，在丰特努瓦打败这支军队（1745 年 5 月 11 日）。尽管萨克森曾因浮肿而囿于担架之上，但在反击时却骑马亲自指挥。接着，他攻克图尔奈（1745 年 6 月 19 日）并成功地包围了奥斯坦德（8 月 8—24 日），从而征服了大半个佛兰德。次年，他在洛林迎战比坎伯兰更高明的对手查理。与查理战于罗库尔并打败查理（1746 年 10 月 11 日）之前，他围攻并夺取布鲁塞尔（1746 年 2 月 7 日—20 日）。攻克安特卫普（5 月 31 日）。之后，萨克森入侵荷兰，遭到由坎伯兰和奥兰治亲王指挥并得到英国援军加强的联合军队的抵抗。他在劳菲尔德向他们发起进攻，并在一场伤亡惨重的拉锯式混战之后突破联军中路（1747 年 7 月 2 日）。这一胜利使他孤立了马斯特里赫特——次年他成功地包围了该城（1748 年 4 月 15 日—5 月 7 日），并晋升为自维拉尔之后的第一位大元帅。不久后退居于路易十五酬赠的钱博德堡。在萨克森"会晤"由 8 名女演员组成的戏班子后卒于该堡（1750 年 11 月 30 日），死亡证明书的结论是"纵欲过度"。

萨克森是著名的野战指挥官，他敢于进攻，敢于冒险而且福星高照。其战略精妙、有效，战术因地制宜。他的著作与其将才齐名。在其《我的梦想》一书中，他强调在假设的全兵种编组中使用轻步兵和炮兵。这种编组正是拿破仑军队的雏型。萨克森的某些观点虽然古怪且不切实际，但却反映了他对军事改革的探索。

DLB

参考：Auvergne, E. B. F. d', The Prodigal Marshal. N. p., 1931.

Blumenson, Martin, and James L. Stokesbury, "Maverick in Warfare's Formal Age", Army, Vol. XXI, No. 4 (April 1971).

Pichat, H., La campagne du maréchal de Saxe dans les Flanders … suiviedune correspondance inédite de Maurice de Saxe pendant cette campagne. Paris, 1909.

Saxe, Count Maurice de, Lettres et mémoires choisis. Paris, 1874.

——, Mes réveries. Paris, 1757 (Reprint, 1877).

White, John Manchip, Marshal of France: The Life and Times of Maurice de Saxe. Chicago, 1962.

斯卡普拉，普卜利乌斯·奥斯托利乌斯（Scapula, Publius Ostorius, 约卒于 52 年） 罗马执政官。参加主要战争：征服不列颠（43—60 年）。

夏恩霍斯特，格尔哈德·约翰·戴维·冯伯爵（Scharmhorst, Count Gerhard Johann David von, 1755—1813 年） 普鲁士将军。参加主要战争：法国大革命战争（1792—1799 年）与拿破仑战争（1800—1815 年）；参加主要战役（战斗）：翁斯科特之战（1793 年）、耶拿-奥尔施塔特（魏玛附近）之战（1806 年）、埃劳（巴格拉季奥诺夫斯克）之战（1807 年）、吕岑之战（1813 年）。

夏恩霍斯特 1755 年 11 月 12 日生于博德瑙（汉诺威附近）。后在汉诺威军中任职（1788 年），并担任炮兵教官。他帮助撰写并出版了一本军官手册和一本战场军用袖珍手册（1792 年）。在驻荷兰的约克公爵指挥下参加了翁斯科特之战（1793 年 9 月 8 日）和梅嫩（科特赖克附近）之战（1794 年 4 月 27 日—30 日）。后发表了梅嫩防御战和革命战争中法军取胜原因的研究论文。晋升少校后调入汉诺威陆军参谋部（1796—1801 年）。后以中校军衔加入普鲁士陆军（1801 年 6 月），并被普鲁士国王封为贵族。出任柏林军事学院教官（卡尔·冯·克劳塞维茨为其学生之一）兼王太子的私人老师（1802—1804 年）。后担任副军需官和第三旅旅长（1804 年 3 月—1805 年）。被任命为不伦瑞克公爵的参谋长（1805—1806 年），参加了奥尔施塔特之战（1806 年 10 月 14 日），并在战斗中受伤。在拉特考（吕贝克附近）之战（11 月 7 日）中与布吕歇尔一起被俘，但被换回并与普鲁士部队一起参加了埃劳之战（1807 年 2 月 7—8 日）。后晋升为少将（7 月），并被任命为陆军大臣兼总参谋长（1808 年 3 月 1 日）。在职期间，他在格奈泽瑙和其他人的协助下开始重建普鲁士军队。他们力图创建一支由精干而有效的参谋机构指导的国家军队。拿破仑禁止外国人加入普鲁士军队的敕令（1810 年 9 月 26 日）迫使他

S

离开了普鲁士，他过着半退役的生活并撰写了一本轻火器条令。1812年，他重新得到启用，并被任命为布吕歇尔的参谋长。在德意志境内的战役期间，他参加了吕岑之战（5月2日），并在战斗中负伤。后被派往布拉格参加使奥地利投入战争的谈判，但因伤发卒于1813年6月8日。

夏恩霍斯特是一位优秀的参谋军官和杰出的行政家。他的著作和改革对重建普鲁士军队和以民族自豪感教育这支军队发挥了作用。他的努力极大地影响了其后的军事发展。

VBH

参考：Dupuy, Col. Trevor N., Genius for War. Fairfax, Va., 1985.

Görlitz, W., Der Deutsche Generalstab. Frankfurt, 1952.

Lehmann, M., Scharnhorst. 2 vols. Leipzig, 1886.

Shanahan, W., Prussian Military Reforms, 1788—1813. New York, 1945.

谢尔，莱茵哈德（Scheer, Reinhard, 1863—1928年） 德国海军上将。参加主要战争：第一次世界大战（1914—1918年）；参加主要战役（战斗）：日德兰海战（1916年）。

谢尔生于1863年。很年轻时就进入德国海军。1910年成为冯·霍尔登道夫海军上将指挥的公海舰队的参谋长。德国海军第一次世界大战期间在黑尔戈兰湾（1914年8月28日）和多格浅滩（1915年1月24日）失利后，他被任命取代胡果·冯·波尔海军上将任公海舰队司令官（1916年1月18日）。与冯·法肯海恩将军合作试图打破西线停滞不前的状况，奉命进行了一次大规模的舰队突围，以打破英军的封锁。经过一场夜间混战，德军舰队返回港口。战斗中，其舰队被击毁1艘老式的战舰、1艘战斗巡洋舰、4艘轻型巡洋舰，另有5艘受损。英军则被击毁3艘战斗巡洋舰、3艘铁甲巡洋舰，另有8艘受损。在日德兰海战中，德军获得战术上胜利，而英军则获得战略上胜利，因为整个战场态势并未发生变化，德军继续被英军封锁，其舰只仅仅限于在海岸附近的水域游弋。他后来想打破海军处于被动局面，但收效甚微，因此远海舰队的士气也开始逐渐下降（1917—1918年）。战争结束之前，欲进行一次决定性突围，但此举在受共产主义思想影响的水兵中引发了一场起义（1918年11月2日）。战争结束后不久退役。卒于1928年。

谢尔是一位卓有能力的指挥官，但并非独一无二。他在日德兰海战中表现出的勇敢、进取和富于竞争，对德军当时战略形势的改变却毫无作用。

DLB

参考：Hayes, Grace P., World War Ⅰ: A Compact History. New York, 1972.

Hoehing, A. A., The Great War at Sea. New York, 1965.

Irving, John, The Smoke Screen of Jutland. London, 1966.

施莱，温菲尔德·斯科特（Schley, Winfield Scott, 1839—1909年） 美国海军上将。参加主要战争：美国内战（1861—1865年）、侵略朝鲜（1871年）和美西战争（1898年）；参加主要战役（战斗）：圣地亚哥之战（1898年）。

施莱1839年10月9日生于马里兰州的腓特烈县。1860年毕业于海军学院。随美国"尼亚加拉"号军舰在太平洋短期巡航后，1861年加入美国"波托马克"号军舰的西海湾封锁中队。在墨西哥湾海岸水域的小船只战斗中表现出色，成名于莫比尔湾附近的战斗。1862年7月晋升上尉。1862—1864年，在法拉格特中队任"威诺纳"号军舰副舰长。1864—1866年，在太平洋参加了美国内战后期的作战行动。1866年7月晋升少校。1866—1869年，执教于海军学院。1869—1873年，在亚洲中队的美国"比尼西亚"号军舰任职。参加了侵略和占领朝鲜汉江要塞的行动（1871年6月10—11日）。再任海军学院教官（1873—1876年）。1874年晋升中校。1876—1879年，任巴西中队"埃塞科斯"号军舰舰长。1879—1883年，任波士顿灯塔检查员。率三艘舰远征北冰洋，营救1881年失踪的阿道弗斯·W.格里利上尉及其随从人员（1883—1884年）。1884年6月22日在埃尔斯米尔岛的开普萨宾找到格里利上尉和其他六个幸存者。1884—1889年，任征募和装备署署长。1888年晋升上校。1889年7月—1892年，指挥美国"巴尔的摩"号军舰，在处于国内动乱期间的智利水域进行的海战中名声大噪。1895—1897年，任美国"纽约"号军舰舰长。1897—1898年，任灯塔委员会主席。1898年2月晋升海军准将。美西战争爆发前（3月18日），任弗吉尼亚汉普顿锚地的飞行中队司令，奉命听从军衔比他低的威廉·托·桑普森准将的指挥。5月18—26日，在西恩富戈斯和圣地亚哥巡逻，寻找西班牙海军上将塞尔维腊的中队。奉桑普森将军之命封锁圣地亚哥港（5—7月）。7月3日当塞尔维腊突围圣地亚哥港时，因桑普森不在，他进行了战术指挥。旗舰美国"布鲁克林"号领头攻击西班牙船只之前，距西班牙船只较远，但他没有下达命令，结果形势十分混乱。他与桑普森展开了一场公开的激烈争论，焦点在于此战的胜利应归功于谁以及他在圣地亚哥湾战斗之前和战斗初期所起的作用。1899年3月与桑普森一起晋升海军少将。任南大西洋中队司令至退役（1899年—1901年10月）。继续与桑普森进行激烈且纠缠不清的争论，他求助于质询法庭，尽管乔治·杜威海军上将是法庭法官，且是少数倾向于他的人之一，但法庭依然认为他犹豫、拖拉且缺乏进取。多数人的报告是由罗斯福总统签署的。他在回忆录《旗帜下的四十五年》（1904年出版）一书中对自己的所为进行了辩护。

1909 年 10 月 2 日卒于纽约城。

施莱与西班牙人进行的战斗行动，尽管被视为过于谨慎，且受到储存过量的煤的干扰，但其早期生涯足以证明他是一位机智、判断正确的军官。圣地亚哥战斗中对“布鲁克林”号军舰的指挥最初虽有一点混乱，但此战也显示出他在战斗中的冷静和良好的战术意识。

DLB

参考：Azoy, A. C. M., Signal 250! The Sea Fight off Santiago. New York, 1964.

Reynolds, Clark G., Famous American Admirals. New York, 1978.

Schley, Winfield Scott, Forty-five Years Under the Flag. New York, 1904.

West, Richard S., Jr., Admirals of the American Empire. New York, 1948.

DAMB.

WAMB.

施利芬，冯，阿尔弗雷德伯爵（Schlieffen, Count Alfred von, 1833—1913 年） 德国陆军元帅。参加主要战争：普鲁士-奥地利战争（1860 年）和普法战争（1870—1871 年）；参加主要战役（战斗）：克尼格雷茨之战（或称萨多瓦，1860 年）。

施利芬 1833 年 2 月 28 日生于柏林，是一位普鲁士陆军军官之子。最初专攻法律，后从军，1853 年作为一名服役期限为一年的志愿者加入第二禁卫枪骑团。1854 年 12 月调服正规军，并被任命为少尉。1858—1861 年，在军事学院学习，1865 年毕业后加入总参谋部。普奥战争（即六周战争）期间，任职于普鲁士阿尔贝特亲王的参谋部，参加了克尼格雷茨战役（1860 年 7 月 3 日）。普法战争期间，任职于梅克伦堡-什未林第八军腓特烈二世的参谋部，后任第一禁卫枪骑团团长（1876—1884 年）。1884 年任总参谋部军事史处处长。1886 年晋升少将。1888 年 12 月 4 日晋升中将，任陆军军需总监和副总参谋长。1891 年 2 月 9 日继阿尔弗雷德·冯·瓦德西任总参谋长。任总参谋长达 15 年之久，直至其于 1906 年 1 月 1 日退役。1893 年 1 月 17 日晋升为地面部队司令。任总参谋长期间，研究了与法国和俄国两线同时作战中的战略问题。因俄国不可能很快击败，于是他计划集中德军主力进攻法国，快速席卷比利时，包围法军左翼，而后在巴黎附近的决战中将法军歼灭。退役后，继续完善其计划，进一步加强右翼力量，其计划经常被引用。1911 年晋升陆军元帅。卒于 1913 年 1 月 4 日。

施利芬自其妻 1872 年死后，变得冷漠和孤寂，经常讥讽同事，但一直致力于尽可能完满地解决德国面临的两线作战的难题。他是一位卓越的战略家，尽管对战争伦理漠不关心，但研究问题的方法却符合科学规律。他的计划经常受到批评，因为其计划似乎流于刻板、忽略政治因素且对 20 世纪初的后勤保障能力估计不够现实。

DLB

参考：Dupuy, Trevor N., A Genius for War: The German Army and General Staff, 1807—1945. Fairfax, Va., 1985.

Groener, Wilhelm, The Testament of Count Schlieffen. Transla- ted by W. P. Papenfoth. Carlisle, Pa., 1983.

Rothenburg, Gunther E., “Moltke, Schlieffen, and the Doctrine of Strategic Envelopment,” in Peter Paret et al., eds., Makers of Modern Strategy. Princeton, N. J., 1986.

Schlieffen, Count Alfred von, Gesammelte Schriften. 2 vols. Berlin, 1913.

斯科菲尔德，约翰·麦卡利斯特（Schofield, John McAllister, 1831—1906 年） 美国将军。参加主要战争：美国内战（1861—1865 年）；参加主要战役（战斗）：威尔逊克里克之战（1861 年）、巴泽兹鲁斯特之战（1864 年）、雷萨卡之战（1864 年）、达拉斯之战（1864 年）、凯纳索山之战（1864 年）、查特胡奇河之战（均在北乔治亚，1864 年）、亚特兰大之战（1864 年）、富兰克林之战（1864 年）、纳什维尔之战（1864 年），威尔明顿之战（1865 年）、金斯敦之战（1865 年）和戈尔兹伯勒之战（均在北卡罗来纳州，1865 年）。

斯科菲尔德 1831 年生于纽约州，在伊利诺伊州度过青年时代。1853 年以全班 52 人名列第七位的成绩毕业于西点军校。最初在佛罗里达州和西点军校任职，1860 年辞去军职在圣路易斯的华盛顿大学教授物理学。任此职至密苏里州处于退出联邦的紧张状态。在威尔逊克里克战役中（1861 年 8 月 10 日），任密苏里州第一炮兵团少校。尽管联邦军遭到失败，但他仍获得荣誉奖章。1861 年 11 月晋升志愿军和密苏里州民兵组织名誉准将。1861—1864 年，在堪萨斯-密苏里地区任几个不同战区的司令。任俄亥俄战区司令和第十三军军长。亚特兰大战役中（1864 年）并入威·托·谢尔曼的军团。富兰克林战役和纳什维尔战役中，听命于托马斯指挥，迟滞了胡德向北的行动（11—12 月）。他识破了胡德在斯普林山（田纳西，11 月 29 日）所设的拙劣圈套，在富兰克林战役巧妙地进行防御，予胡德以重创（11 月 30 日）。重返托马斯军团，参加了纳什维尔战役（12 月 15—16 日）。奉命率部队登陆新近开放的北卡罗来纳的威尔明顿港。1865 年 2 月任北卡罗来纳战区最高指挥官，听命于谢尔曼指挥。向西部行军至敌对地区与谢尔曼会合于戈尔兹伯勒（3 月 23 日）。奉谢尔曼之命继续向北前进，直至约瑟夫·埃·约翰斯顿将军投降（4 月 26 日）。战后接受秘密使命通报拿破仑三世美国强烈反对墨西哥的马克西米利安的立场。在约翰逊总统被弹劾的困难时期，任陆军部长。因为西点军校的困难，1876—1881 年，任西点军校教务长。1888 年继菲利普·谢里登将军任陆军司令

至1895年退役。1906年3月4日卒于佛罗里达的圣奥古斯丁。

斯科菲尔德是一位彻底的职业军人，也是一位优秀的军长。然而其管理能力却对他的事业有所影响。他被有些人视为美国陆军历史上和平时期最杰出的总司令。

RCA

参考：Boatner, Mark M., Ⅲ, The Civil War Dictionary. New York, 1959.

Foote, Shelby, The Civil War: A Narrative. New York, 1958.

DAMB.

WAMB.

斯科姆贝尔格，查理·德，哈鲁恩公爵（Schomberg, Charles de, Duke of Hallu-in, 1601—1656年） 法国元帅。参加主要战争：镇压胡格诺派起义（1624—1628年）、三十年战争（1618—1648年）；参加主要战役（战斗）：围攻拉鲁赫勒（1627—1628年）。

斯科姆贝尔格，弗里德里希·赫尔曼（腓特烈·阿尔芒），斯科姆贝尔格公爵（Schomberg, Friedrich Hermann 〈Frederic Armand〉, Duke of Schomberg, 1615—1690年） 法国元帅与英国将军。参加主要战争：三十年战争（1618—1648年）、法国-西班牙战争（1635—1659年）、西班牙-葡萄牙战争（1661—1668年）、荷兰战争（1672—1679年）、奥格斯堡同盟战争（1688—1697年）；参加主要战役（战斗）：阿尔梅希勒（什特雷莫什附近）之战（1663年）、蒙蒂斯克拉鲁斯-维索萨镇之战（1665年）、卡里克弗格斯之战（1689年）、博因河之战（1690年）。

斯科姆贝尔格（1615年12月6日）生于海德堡，汉斯·迈因哈德·冯·斯科姆贝尔格和达得利第五勋爵之女安妮·萨顿的儿子。接受过包括选帝侯腓特烈五世在内的众多家族朋友的教育。他的军事生涯是从服役于奥兰治亲王腓特烈·亨利的荷兰军队开始的，后转投瑞典军（约1634年）和法军（1635年）。曾短期退役，归返位于莱茵河畔盖森海姆的家族庄园。再次加入荷兰军队（1639年），并在三十年战争结束后一直留在荷兰军中（1650年）。又回到法军，以志愿者的身份加入蒂雷纳的部队（1652年5月）。随蒂雷纳参加了后期的法国-西班牙战争（1653—1659年）。被路易十四派往葡萄牙，担任表面上中立的特别军事顾问，以反对西班牙对该国的侵略。先后从奥地利的唐·胡安二世和卡拉塞纳侯爵在阿尔梅希勒之战（1663年6月8日）和维索萨镇或蒙蒂斯克拉鲁斯之战（1665年6月17日）中取得对西班牙军队的辉煌胜利，为维护葡萄牙的独立做出了贡献。战后，他参与废黜了在位的软弱国王阿方索六世，拥立王弟多唐·佩德罗（彼得，1668年）。返回法国后，入籍成为法国臣民。应查理二世之邀访问英格兰，被任命为鲁珀特亲王的副将，按预先计划入侵荷兰（1673年）。不久后返回法国，与路易十四一起参加了马斯特里赫特围城战（6月）。指挥了未获成功的法国对加泰罗尼亚的入侵（1674年）。他在夺取贝勒加德后受封为法国元帅（1675年7月30日）。《南特敕令》的撤销使他退出了法军。后成为勃兰登堡选帝侯军队中的统帅（1687年）。在奥兰治的威廉军队中任普鲁士部队的指挥官兼威廉的对英格兰远征军副司令（1688年秋）。威廉加冕为威廉三世国王后，他受封为公爵并被任命为总军械官。率一支小部队前往爱尔兰（1689年8月），攻克卡里克弗格斯（9月）。中止邓多克的作战（10月11月）后，第二年春再次发起作战，并在威廉三世的军队到来后与之会合。尽管他不同意威廉的博恩河之战计划，但他还是执行了这一计划，并任中路军指挥官，率部挺进博恩河进行强渡。爱尔兰的詹姆斯党骑兵进行的反击一度使其部队队形出现混乱，在竭力重整队伍时被杀（1690年7月1日）。

斯科姆贝尔格是一位能干的军人，他对新教教义的虔敬使天主教法国丧失了他的报效。尽管他进行的爱尔兰作战常常受到批评，但在所给兵力微弱的情况下，他也是无能为力。而且，他在威廉大军到达之前一直支撑着皇家的事业。

DLB

参考：Boulger, D. C., The Battle of the Boyne. London, 1911.

Kane, Richard, The Campaigns of King William and Queen Anne. London, 1745.

EB.

斯凯勒，菲利普·约翰（Schuyler, Philip John, 1733—1804年） 美国将军。参加主要战争：法国与印第安人的战争（1754—1763年）、美国独立战争（1775—1783年）；参加主要战役（战斗）：乔治湖之战（1755年）、泰孔德罗加之战、弗龙特纳克堡（安大略的金斯顿）之战（1758年）、入侵加拿大（1775—1776年）、伯戈因的攻势作战（1777年）。

斯凯勒（1733年11月22日）生于纽约州阿尔巴尼的一个荷兰人家庭，为该家庭移居美国的第五代后裔，约翰内斯·斯凯勒和科妮莉亚·范·科特兰特的长子。其父——先后为市参议员、商人和印第安人专员——去世时，他尚年幼（1741年）。由于受过良好的教育，他在英军中被授予上尉军衔（1754年）。远征克朗波因特（1755年）期间，他招募了一个连并率该连听命于威廉·约翰逊将军。参加了乔治湖之战（9月8日），并护送法国战俘抵达阿尔巴尼。娶卡特琳·范·伦塞拉尔为妻（9月17日）。爱德华堡之战（1755—1756年）中任兵站站长。后辞去职务，但因向英军提供补给，其丰厚的收入未尝中断（1757年）。返回现役后任少校副军需官（1758年）。参加了对泰孔德罗加的灾难性作战（7月8日）。弗龙特纳克堡陷落时他在布拉德斯特里特的部队

中。调至阿尔巴尼后，负责供给安赫斯特将军的部队（1759—1760 年）。战役期间晋升为上校（1759 年）。为结算陆军部帐目与布拉德斯特里特上校一起前往英国（1761 年 2 月）。在英期间研究了英国的运输方法。其父的庄园问题解决后，他继承了一个庞大的农商企业（1763 年）。被选入地方议会，是一名热忱的爱国者，但反对诸如“自由之子”这样的激进团体（1768 年）。被大陆会议任命为军衔仅次于华盛顿的四少将之一（1775 年 6 月 15 日），任北方战区司令期间，尽管新英格兰地区的供应三心二意，他仍然补充了战区军队并保障了供应。组织并在初期指挥了对加拿大的远征（1775 年秋），后因患风湿病将指挥权移交于理查德·蒙哥马利将军（1776 年初）。尽管美军最初的胜利是其后勤技巧的结果，但他还是因该作战的最后失败而受到责难。由于新英格兰人的这一责难及其他抱怨，大陆会议正式对他进行了谴责，其战区的独立指挥权也归于霍雷修·盖茨将军（1777 年 3 月）。他对这些指责的成功辩驳使国会取消了谴责，召回了盖茨（5 月）。获得指挥权后，斯凯勒发现军队士气低落，但他仍成功而巧妙地指导了迟滞伯戈因将军的远征军的战役，对打败英军发挥了主要作用。但是，由于在战役期间丢失了泰孔德罗加，大陆会议再次以盖茨将军取代了他（8 月 4 日）。应其本人的一再要求，就不胜任职务进行了军事审判，被体面地宣布无罪（1778 年 10 月）。后辞去职务（1779 年 4 月 19 日）。继续在印第安人事务专员委员会中任职，主要负责遏制与易洛魁人接壤地区出现边境战的威胁。第三次出任大陆会议的纽约州代表（1779—1780 年）。在总部任委员会主席期间，曾协助华盛顿重编军区、开展与法国远征部队的合作（1780 年 4 月 13 日—8 月 11 日）。后仍担任公职，任纽约州参议员（1780—1798 年）。因健康恶化而退休（1798 年）。晚年一直生活于阿尔巴尼，卒于 1804 年 11 月 16 日。

斯凯勒是一位杰出的后勤专家、老练的商人、能干的将军和忠诚的公职人员。他在所从事的岗位上无不出类拔萃，为其州和国家奉献才智，显示出爱国热情。他晚年是其婿亚历山大·汉密尔顿的坚决支持者。

VBH

参考：Boatner, Encyclopedia.

Bush, Martin A., A Revolutionary Engima: A Reappraisal of General Philip Schuyler of New York. Port Washington, N.Y., 1967.

Malone, Dumas, ed., Dictionary of American Biography, Vol. Ⅷ. New York, 1935.

Rossie, Jonathan G., The Politics of Command in the American Revolution. Syracuse, N.Y., 1975.

DAMB.

施瓦岑贝格亲王，卡尔·菲利普（Schwarzenberg, Karl Philip, Prince of, 1771—1820 年） 奥地利陆军元帅。参加主要战争：奥地利-土耳其战争（1787—1791 年）、法国大革命战争（1792—1799 年）和拿破仑战争（1800—1815 年）；参加主要战役（战斗）：坎布雷西斯之战（1794 年）、安贝格之战（1796 年）、维尔茨堡之战（1796 年）、霍恩林登（在慕尼黑附近）之战（1800 年）、乌尔姆之战（1805 年）、华沙之战（1809 年）、得累斯顿之战（1813 年）、莱比锡之战（1813 年）、奥尔河畔巴尔之战（1814 年）、阿尔西之战（1814 年）。

施瓦岑贝格于 1771 年 4 月 15 日生于维也纳的一个贵族家庭。1788 年入伍至帝国骑兵部队，在 1787—1791 年的土耳其战争中表现杰出。1792 年升少校，后转入尼德兰，1794 年 4 月 26 日在坎布雷西斯之战中率部成功地发起冲锋，从而为他赢得了声望。1796 年 8 月 24 日的安贝格之战及 10 月 3 日的维尔茨堡之战中提升为少将。1799 年升中将，指挥一个师的兵力。1800 年 12 月 3 日参加霍恩林登之战，此战中他指挥后卫部队，掩护右翼军队的后撤。1805 年 10 月 17—20 日参加乌尔姆之战，是少数逃脱被俘厄运者中的一个。1806—1809 年任驻圣彼得堡大使，后及时赶回参加 1809 年 7 月 5—6 日的华沙之战。10 月 19 日的《斯科布伦和约》签订之后，他被派至巴黎，就玛丽亚·路易莎嫁于拿破仑之事同拿破仑商谈。拿破仑很器重他的天赋，委以统帅奥地利军之重任以便准备入侵俄国。由于他卓越的机动，使奥地利军大部免遭被歼厄运。1813 年，他被提升为元帅，任第六次反法联盟总司令。8 月 26—27 日，在得累斯顿被拿破仑打败，但率领联军夺取了 10 月 16—19 日的莱比锡战役的胜利。在 1814 年入侵法国的战役中，他指挥波希米亚军队，夺取了一系列具有决定性意义的胜利。其中有 2 月 26—27 日的奥布河畔巴尔之战、3 月 3—4 日的洛布里塞尔之战及 3 月 20—21 日的阿尔西之战。在百日王朝期间，他指挥奥地利军队，但当他得知法军在 1815 年 6 月 18 日滑铁卢战败后，便停止了进军。在 1814 年 6 月—1820 年 7 月任奥地利皇家军事委员会主席，后因中风于 1820 年 10 月 15 日卒于莱比锡。

施瓦岑贝格智勇双全，具有极好的天赋，对战略也有深刻的理解。尽管第六次反法联盟军队中关系异常错综复杂，但他克服了主要障碍，从而保持了联盟的团结以完成他们共同的事业：打败拿破仑。

VBH

参考：Craig, Gordon, Problems of Coalition Warfare: The Military Alliance Against Napoleon, 1813—1814. Colorado Springs, 1965.

Warner, Pnilip, Napoleon's Enemies. London, 1976.

施瓦茨科普夫，H. 诺曼（Schwarzkopf, H. Norman, 生于 1934 年） 美国陆军上将。参加主要战争：入侵越南战争（1965—1973 年）、入侵格林纳达（1983 年）、海湾战争（1991 年）。

施瓦茨科普夫 1934 年 8 月 22 日生于新泽西州特伦

顿，是 H. 诺曼和鲁斯·鲍曼·施瓦茨科普夫的儿子。1956 年 6 月毕业于美国西点军校，被授予步兵少尉军衔。后曾两次赴南越执行任务。第一次是在南越军空降师中任特遣部队顾问，第二次是任美军步兵第二十三师第六团第一营营长。1974—1976 年，晋升上校，任驻阿拉斯加州理查德森堡第一七二步兵旅旅长。1976—1978 年，任驻华盛顿州路易斯堡第九步兵师第一旅旅长。1978—1980 年，任驻夏威夷史密斯堡美国太平洋司令部作战计划处副处长。1980—1982 年，任驻西德第八机械化步兵师副师长。1982—1983 年，在主管人事的国防部副部长办公室任军队人事管理副主任。1983—1985 年，晋升少将并任驻佐治亚州斯图尔特堡第二十四机械化步兵师师长。期间于 1983 年 10 月 25—30 日，任执行入侵格林纳达任务的联合特遣队副总司令。1985—1986 年任华盛顿美国陆军部主管计划与作战的副参谋长帮办。1986—1987 年，晋升中将，任驻华盛顿州路易斯堡第一军军长。1987—1988 年，回华盛顿任陆军部主管计划与作战的副参谋长。后出任美军中央总部司令，晋升上将。1990 年 8 月 2 日，伊拉克入侵科威特后，负责指挥美国的军事行动。出任多国部队司令，“沙漠风暴”行动总指挥。1991 年 1 月 17 日—2 月 28 日，在海湾战争期间，指挥美军和多国部队作战。2 月 23—26 日，指挥了美军自 1945 年以来最大规模的机械化作战，取得了辉煌的胜利，在 100 小时内歼灭了科威特境内和伊拉克东南部的伊拉克军队。1991 年 7 月退役。

Staff

参考：U. S. Army Central Command, biographical sketch/press release, July 1991.
Who's who in America, 1990—1991. New York, 1991.

西庇阿·埃米利亚努斯·阿非利加·米诺尔·努曼提努斯，普卜利乌斯·科尔奈利乌斯(Scipio Aemilianus Africanus Minor Numantinus, Publius Cornelius, 约公元前 184—前 129 年) 罗马执政官和将军。参加主要战争：第三次马其顿战争（公元前 172—前 167 年）、凯尔特伊比利亚战争（公元前 151—前 150 年）、第三次布匿战争（公元前 149—前 146 年）、努曼提亚战争（公元前 137—前 133 年）；参加主要战役（战斗）：彼得那之战（公元前 168 年）、迦太基围城战（公元前 149—前 146 年）、努曼提亚（索里亚附近）围城战（公元前 134—前 133 年）。

西庇阿生于公元前 185 与 183 年之间，鲁齐乌斯·埃米里乌斯·帕乌卢斯（大西庇阿之养子）及其妻帕庇里娅之子。曾随其父的军队参加了罗马人大胜马其顿的柏修斯的皮德那之战（公元前 168 年 6 月 22 日）。后被 P. 科尔尼里乌斯·西庇阿·阿非利加的长子收养，并改用其名。他年青时是阿卡亚历史学家波利比阿的朋友，后者记录了其早期生活。罗马军队在西班牙屡次失败后，他自愿前往该地担任军事保民官。他的正直和诚实给厌倦了罗马人背信弃义的西班牙各部落以良好印象（公元前 151—前 150 年）。出使努米底亚国王马西尼萨时，他曾应迦太基人之邀调停他们与马西尼萨之间的纠纷，但收效甚微（公元前 150 年）。第三次布匿战争初期任军事保民官期间表现突出（公元前 149 年）。他根据马西尼萨的要求，将努米底亚（大致相当于阿尔及利亚）一分为三（公元前 148 年）。返回罗马竞选保民官，通过公民的特别投票当选为执政官，并被授予非洲的军权（公元前 147 年）。曾以宏伟的气魄发起迦太基围城战，从陆上和海上进行进攻，并在激烈的巷战后夺取这座满目疮痍的城市（公元前 146 年）。他平毁了该城，将所剩无几的幸存者变为奴隶。返回罗马之前，他设置了阿非利加行省。他在罗马举行凯旋仪式并获得“阿非利加西庇阿”的荣誉称号。曾担任监察官（公元前 142—前 141 年）和驻罗马东部盟国的使节（公元前 140—前 139 年）。回到罗马后，他检举 L. 奥雷利阿·科塔儿犯有勒索罪（公元前 138 年）。日益恶化的西班牙军事形势使得他在特许后当选为执政官（公元前 134 年）。被授予西班牙的指挥权后，他在军队中严申纪律，并以其惯常的魄力向努米底亚及其盟国开进。一场艰难的围城战后，他迫使努米底亚投降，摧毁了该城（公元前 134—前 133 年）。返回罗马后再次举行凯旋仪式，又获得“努曼提努斯”的荣誉称号。尽管他似乎支持过其妹夫提比略·革拉古的某些计划，但他反对革拉古超越宪法的做法。卒于发表关于农业政策重要演说的前夕（公元前 129 年）。

西庇阿是一位娴熟、充满魄力、勇敢且足智多谋的统帅，他恪守信用，令人耳目一新。作为政治家，他成绩寥寥，未能找到解决共和国日益增多的问题的方法。他周围的一群朋友被称为“西庇阿圈子”，这些人包括波利比乌斯、特伦斯、拉埃利乌斯和其他著名文人。

CLW and DLB

参考：Astin, A. E., Scipio Aemilianus. Oxford, 1967.
Broughton, T. R. S., and M. L. Patterson, Magistrates of the Roman Republic. London, 1951——60. $
EB.
OCD.

西庇阿，P.C. (Scipio, Publius Cometius, 约卒于公元前 211 年) 罗马将军，参加主要战争：第二次布匿战争（公元前 219—前 202 年）；参加主要战役（战斗）：提西努斯（提契诺）和特里比亚之战（公元前 218 年）、伊比拉之战（公元前 215 年）、萨干坦之战（公元前 212 年），上倍提斯（瓜达尔基塞维尔）之战（公元前 211 年）

西庇阿的出生日期和早期经历不详，只知道他是西庇阿·卡尔夫乌斯的兄弟和阿非利加西庇阿的父亲。公元前 218 年，西庇阿当选为执政官。率领一支部队经海路开往南高卢，以阻止汉尼拔向罗马进军，但由于到达的时间太晚，因而没能同汉尼拔相遇。返回意大利，又

派他的兄弟格奈乌斯率其部队开往西班牙，以同迦太基军作战。在意大利组建远征军，并指挥鲁·曼利乌斯的部队开往波河附近地区截击汉尼拔，但在提西努斯（提契诺）之战（是年11月）中并被击败，他本人也身负重伤。反对他的同僚T. 赛姆普罗尼乌·龙古斯的错误战略，但由于其伤势尚未痊愈，因而没能阻止森波厄斯在是年12月的特里比亚之战的失败。公元前215年，会同格奈乌斯，击败了哈斯德鲁拔·巴卡，公元前217年，奉命与其在西班牙的兄弟合兵一处，并负责指挥一支在西班牙海域的罗马舰队。公元前215年，同格奈乌斯一起在埃布罗河附近的伊比拉进行了一次成功的作战，粉碎了哈斯德鲁拔突围进入意大利的企图。公元前213年，派遣使者谒见努米底亚国王薛法克斯，公元前212年率军占领了萨干坦。公元前211年在上倍提斯（今瓜达尔基塞维尔河地区），他将其部队兵分三路，分别抗击迦太基的三支合围部队，最后兵败阵亡。

西庇阿是一位有洞察力的战略家和才能出众、足智多谋的指挥官，他的阵亡对罗马是一次重大打击。

CLW

参考：Livy, History.
Polybius, History.
OCD.

大"阿非利加"西庇阿，P.C.（Scipio Africanus Major, Publius Cornelius，约公元前236—前184年） 罗马执政官和将军。参加主要战争：第二次布匿战争（公元前219—前202年）、同安提柯三世的叙利亚战争（公元前192—前188年）；参加主要战役（战斗）：提契诺之战（公元前218年）、坎尼（坎纳）之战（公元前216年）、倍库拉之战（公元前208年）、伊利帕（位于塞维利亚北部地区）之战（公元前206年）、康皮马格尼之战（公元前203年）、扎马（战场位置不确切，可能在凯鲁亚北部地区）之战（公元前202年）。

大"阿非利加"西庇阿约生于公元前236年或前235年，是P.C. 西庇阿与其妻子庞波尼娅的儿子。公元前218年11月的提契诺之战是他参加的第一次作战，据说在这次作战中他救了他父亲的性命。在公元前216年8月的坎尼之战中表现非常勇敢。坎尼之战之后他名声大震，他在这次作战中的行为以及所做出的贡献已是家喻户晓，倍受称赞，因而在公元前213年，没有履行必要的法律程序，就被任命为掌管军权的执政官，负责指挥罗马在西班牙地区的军队。在西班牙，他重新整组了罗马军队，并在公元前208年的倍库拉之战中，击败了哈斯德鲁拔·巴卡。在哈斯德鲁拔离开西班牙前往意大利增援汉尼拔以后，西庇阿开始逐步从马戈和哈斯德鲁拔·吉斯科的手中，夺取了对西班牙的控制权（公元前208—前206年）。公元前206年，西庇阿只率领48 000人马，同马戈和哈斯德鲁拔·吉斯科的7万人联合部队在伊利帕地区进行了一场交战，最终战胜其对手，并进而控制了整个西班牙地区。公元前205年，返回意大利，被选为执政官。尽管遭到一些元老院成员的反对，但他最终还是决定率军入侵非洲。公元前204年，率领35 000人马在非洲的乌提卡（今布夏特尔堡）登陆，并开始围攻乌提卡。没能攻克乌提卡，又返回海边安营扎寨，不久从其营地主动出击，火烧哈斯德鲁拔·吉斯科和他的努米底亚盟友薛法克斯的营地（公元前203年）。公元前203年秋天，继续率军在康皮马格尼地区作战，击败了由哈斯德鲁拔和薛法克斯率领的另一支军队。由于他所取得的这些胜利，促使汉尼拔被从意大利战场上召回，并受到其迦太基国内对手的指责。公元前202年，西庇阿在扎马之战中战胜了汉尼拔刚刚组建起来的一支新军，结束了第二次布匿战争。公元前200年，率军返回，罗马为他举行了一个盛大的凯旋仪式，并授予他"阿非利加西庇阿"的荣誉称号，以庆祝胜利。公元前199年，当选为监察官，位居元老院首席。由于他位高权重，拥有崇高的荣誉，因而遭到元老院的一些成员的嫉妒。公元前194年第二次出任执政官，他所实行的亲希腊的政策受到指责。公元前190年在同叙利亚的安提柯三世战争期间，他担任一支部队的特使，归他那位平庸的兄弟鲁齐乌斯指挥，在此期间，他积极鼓动民众支持他的政治主张。与鲁齐乌斯一起，不久就将安提柯从希腊的国土上赶了出去，并横穿亚洲，但是不久后西庇阿生病，军队的指挥权落入了能力出众的格·多米齐乌斯的手中，这一年12月，西庇阿在马尼萨之战中，为罗马赢得了关键性的胜利。西庇阿同安提柯之间的友谊，为元老院的一些人提供了口实，他和鲁齐乌斯都受到了元老院的审判，但后来发现他的所作所为是清白无辜的。西庇阿退出政坛。卒于公元前184或183年。

大"阿非利加"西庇阿是罗马历史上最值得注意的人物之一。即使是在当时，西庇阿的事迹也具有传奇色彩，他勇敢、大胆、具有领袖人物的超凡魅力和坚定的信仰，热爱希腊文化。他的战略和战术技巧是杰出的，毫无疑问，他的战争艺术是从其伟大的对手汉尼拔那里学来的。然而，他却算不上一位"比拿破仑更伟大的人物"，甚至也无法同汉尼拔相比，尽管他的一位狂热的崇拜者曾经这样认为（英国的利德尔·哈特曾在1926年写过《"阿非利加"西庇阿：一个比拿破仑更伟大的人》一书——译者注）。

CLW and DLB

参考：Liddell Hart, Basil H., A Greater Than Napoleon: Scipio Africanus. London, 1926.
Livy, History.
Polybius, History.
Scullard, H. H., Scipio Africanus: Soldier and Politician. Ithaca, N.Y., 1970.
——, Scipio Africanus in the Second Punic War. Cambridge, Mass., 1930.

西庇阿·阿斯拉提卡斯，A.A.L.C.（Scipio Aslaticus, Asiagenus, Asiagenes, Lucius Cornelius, 作战活动时间：公元前 207—前 184 年） 罗马执政官和将军。参加主要战争：第二次布匿战争（公元前 219—前 202 年）、同叙利亚安提柯三世的战争（公元前 192—前 188 年）；参加主要战役（战斗）：温泉关之战（公元前 191 年）、马格尼西亚（马尼萨）之战（公元前 190 年）。

西庇阿·阿斯拉提卡斯是著名的大西庇阿的弟弟，在第二次布匿战争的最后几年中（公元前 207—前 202 年），曾担任他哥哥的特使，参加过公元前 206 年的伊利帕（塞维利亚北部地区）之战、公元前 203 年的康皮马格尼之战以及公元前 202 年的扎马之战（其战场可能位于凯鲁亚北部地区）。公元前 192 年，跟随执政官 M.A. 格拉波里奥前往希腊同安提柯三世及其埃托利亚联盟作战。公元前 191 年，参加了在温泉关地区进行的一次夜战。公元前 190 年，当选为执政官，这在很大程度上是由于他的哥哥大西庇阿同意做他的特使。公元前 190 年，率领一支罗马军队进入亚洲，是年 12 月在马格尼西亚地区，对安提柯的军队实施了一次致命的攻击。公元前 188 年返回，罗马为他举行了盛大的凯旋仪式。公元前 187 年，与其哥哥大西庇阿都受到指控，被认为曾利用同叙利亚战争之机侵吞国家财物，但是这些指控后来均被大西庇阿驳回。公元前 184 年企图担任监察官，但没有成功。国家给他提供的马匹被心存怨恨、任职成功的监察官卡托拉走。

西庇阿·阿斯拉提卡斯的能力一般，却是他那位光彩照人的哥哥大西庇阿的一位可靠的助手，并通过他那著名的家庭关系爬上了高位。在他哥哥大西庇阿生病期间，他曾赢得了马格尼西亚之战的胜利，但这并不是他的功劳，而主要是由于他有一位能力出众的下级格·多米齐乌斯。

CLW

参考：Scullard, H. H., Scipio Africanus: Soldier and Politician. Ithaca, N. Y., 1970.
OCD.

西庇阿·艾辛纳（Scipio Asina, 活动于公元前 260—前 254 年） 罗马执政官。参加主要战争：第一次布匿战争（公元前 264—前 241 年）；参加主要战役（战斗）：利帕拉之战（前公元 260 年）、德雷帕农角之战（公元前 254 年）。

西庇阿·巴巴图斯（Scipio Barbatus, 活动于约公元前 304—前 280 年） 罗马执政官。参加主要战争：第二次萨谟奈战争（公元前 298—前 290 年）、埃特鲁斯坎-高卢叛乱（公元前 285—前 282 年）；参加主要战役（战斗）：沃拉特拉之战（公元前 298 年）、阿奎洛尼亚之战（公元前 293 年）。

西庇阿·卡尔夫乌斯，G.C.（Scipo Calvus, Gnaeus Cornelius, 卒于公元前 211 年） 罗马执政官。参加的主要战争：因苏布雷人战争（公元前 225—前 222 年）、第二次布匿战争（公元前 219—前 202 年）；参加主要战役（战斗）：克拉斯提第乌姆（位于卡斯特吉奥附近）之战（公元前 222 年）、埃布罗河之战（公元前 217 年）、伊比拉之战（公元前 215 年）、伊罗尔西（位于西班牙的迦太基城附近）之战（公元前 211 年）。

西庇阿·卡尔夫乌斯是西庇阿·巴巴图斯的孙子，其出生日期不详。同 M.C. 马塞卢斯一起当选为执政官。公元前 222 年他们两人在克拉斯提第乌姆之战中，击败了高卢的因苏布雷部落。公元前 218 年，担任他兄弟大西庇阿的特使，率军沿高卢南部海岸进入西班牙，向迦太基在西班牙的阵地发动攻势。他最终完全控制了海岸，第二年（公元前 217 年）他在埃布罗河独立指挥了一次海上作战，取得了引人注目的胜利。他兄弟西庇阿到来之后，西庇阿·卡尔夫乌斯继续保留对陆军的指挥权，而 P.C. 西庇阿则负责指挥舰队。公元前 215 年，他们两人紧密配合，在伊比拉附近击败了哈斯德鲁拔·巴卡。率军继续推进，公元前 212 年围攻并占领萨贡托。但是在公元前 211 年，当 P.C. 西庇阿在上倍提斯流域分兵迎战三路集中的迦太基军队时，P.C. 西庇阿首先兵败被杀，紧接着西庇阿·卡尔夫乌斯也在伊罗尔西之战中战败并阵亡。

CLW

参考：Broughton, T. R. S., and M. L. Patterson, Magistrates of the Roman Republic. London, 1951—1960.
Livy, History.
Polybius, History.
OCD.

斯科特，休·伦诺克斯（Scott, Hugh Lenox 1853—1934 年） 美国将军。参加主要战争：与印第安人的战争（1876—1892 年）、美西战争（1898 年）和第一次世界大战（1914—1918 年）。

斯科特 1853 年 9 月 22 日生于肯塔基州的丹维尔。他由其在新泽西州普林斯顿的慈母般的祖母抚养成人。1876 年毕业于美国海军学院。参加了镇压苏族、内兹佩斯和夏延印第安人的战役。1892 年成为新组建的美国第七骑兵团的 L 连的第一任连长。这支部队完全由凯厄瓦、科曼奇和阿帕奇印第安人组成。杰罗尼莫的追随者被拘押期间（1894—1897 年）管理在俄克拉何马希尔堡的军事监狱。1897 年在史密斯学会中的美国国立人类文化研究所供职，主要工作是翻译印第安人的符号语言（1897—1898 年）。美西战争爆发时（1898 年），被任命为第一军中的第二师和第三师的副官长助理。1899 年被任命为古巴哈瓦那战区的副官长。1900 年 5 月被派至古巴军区（后为战区）。1903 年任菲律宾苏禄群岛的军事

S

总督。1906 年任西点军校教务长。1911 年 8 月成为美国第三骑兵团指挥官。晋升准将，任第二骑兵旅旅长。镇压印第安人的几次起义后，他开始引人注意，被任命为陆军参谋长（1914 年 11 月 16 日—1917 年 9 月 21 日）。1916 年 2—3 月，暂时任陆军部长。退役后再返军队，1917 年 9 月任新泽西州迪克斯基地（今迪克斯堡）的第七十八师师长。1917 年 12 月—1918 年 3 月，任迪克斯基地指挥官。退役后成为印第安人专员委员会中的一员(1919 年 5 月—1929 年)。同时兼任新泽西州公路委员会主席（1923—1933 年）。1934 年 4 月 30 日卒于华盛顿。

LAS

参考：Bell, William Gardner, Commanding Generals and Chiefs of Staff, 1775—1983. Washington D. C.: U.S. Army Center of Military History, 1983.

Scott, Hugh L., Some Memories of a Soldier. New York, 1928.

DAMB.

WAMB.

斯科特，温菲尔德(Scott, Winfield, 1786—1866 年) 绰号“吹毛求疵的老家伙”，美国将军。参加主要战争：1812 年的战争（1812—1815 年）、第二次西米诺尔战争(1835—1841 年)、阿鲁图斯克战争（1838 年）、美墨战争（1846—1848 年）、美国内战（1861—1865 年）；参加主要战役（战斗）：昆士顿（安大略）之战（1812 年）、奇珀瓦（在安大略的尼亚加拉附近）之战（1814 年）、隆迪小道（在安大略的尼亚加拉附近）之战（1814 年）、维拉克鲁兹之战（1847 年）、塞罗戈多之战（1847 年）、康特雷拉斯之战（1847 年）、丘鲁布斯科（在墨西哥城附近）之战（1847 年）、查普尔特佩克（在墨西哥城附近）之战（1847 年）。

斯科特于 1786 年 6 月 13 日生于弗吉尼亚的匹兹堡。1805 年曾暂入威廉和玛丽学校就读，后自己研究学习法律。“切萨皮克-利奥波得”事件后于 1807 年夏入当地骑兵部队。在向杰弗逊总统提出个人申请后，于 1808 年 5 月被任命为轻炮兵上尉，派至新奥尔良。由于对他的上司詹姆斯·威金逊将军有不礼貌的言行，1809—1810 年被闲置起来。1811—1812 年仍回新奥尔良，后返回华盛顿，1812 年 7 月升中校。1812 年 10 月入斯蒂芬·冯·伦塞勒尔将军在尼亚加拉的军队，10 月 13 日率一小部志愿军参加昆士顿之战。此战中被俘。获释后升上校，1813 年 3 月成为亨利·迪尔伯恩的副官。5 月 27 日，制定计划并率部强攻乔治堡（安大略）成功，此战中得到海军准将奥立夫·哈扎德·佩里的强力支持，斯科特负伤。痊愈后赴任，10 月随同威金逊向蒙特利尔进军。1813 年 11 月 11 日，在克莱斯勒农场作战。1814 年 3 月升准将，在布法罗组织训练。后同雅科布·布朗将军在尼亚加拉会师，7 月 3 日，率所属旅开进加拿大，1814 年 7 月 5 日获奇珀瓦大捷。1814 年 7 月 5 日，在隆迪小道之战中第二次负伤，他成了民族英雄，并被提升为少将。后赴边界，对威廉·H. 温德尔在巴登堡的作战结果提出质询。后加紧编撰陆军第一本训练大纲，同时为战后军队的削减作准备。1815 年任命为北部军队司令官。此后曾两次赴欧洲考察，以研究那里的军事发展状况。1828 年 2 月，当雅科布·布朗将军去世后，亚历山大·麦肯勃接受其职，而没有提升斯科特，斯科特提出辞呈，遭拒绝。1829 年任命为东部师指挥员。1832 年 7 月，率部开赴威斯康星州，参加黑鹰战争，但由于流行性霍乱而耽误了行程，等赶到那里时，战争已结束，1832 年 9 月 21 日，参加谈判，与印第安人达成《阿姆斯特朗条约》。1832 年年末，受杰克逊总统派遣，赴南卡罗来纳州，以监察务里弗尔的动态。他十分出色地完成了他的任务，在没有引起当地不安的情况下，加强了查尔斯顿的防御力量。后被派至佛罗里达，以便镇压西米诺尔人，但当他于 1836 年 2 月抵达圣奥古斯丁时，他的军队因缺乏供给、新兵未经训练以及下属互不合作而遭受极大损失。后来由托马斯·S. 杰塞普接任其职。1837 年推翻了所有对他的指控。1838 年 1 月—5 月（?），被派至缅因州，解决与英国发生的边界争执即所谓的“阿鲁斯图克战争”，由于外交努力，避免了战争的全面爆发。1838 年夏至秋，受命监督切诺基人的迁移，这次迁移是将切诺基人从佐治亚、南卡罗来纳及田纳西强行迁出。1839 年 1 月，当边界局势再度恶化后，被派至缅因州，经与新不伦瑞克总督谈判解决了问题。1841 年 7 月 5 日，当麦肯勃去世后，接任其职并被授永久少将衔。1846 年，美墨战争爆发后，支持扎卡里·泰勒将军在得克萨斯及墨西哥北部的作战，此后，他认为泰勒的努力白费功夫。后来，他提出一个从海岸出发向墨西哥城进军的计划，事实证明，这一计划是波克总统为限制泰勒的声望而提出的。经认真的准备，斯科特于 1847 年 3 月 9 日在维拉克鲁兹登陆，3 月 27 日，该城被侵占。4 月 8 日向内地进军，4 月 8 日，经侧翼机动作战，在塞罗戈多击溃圣安纳庞大的军队。5 月 15 日侵占普埃布拉，从 5 月 15—8 月 7 日，在该地等待援军和供给。8 月 7 日，向墨西哥城进军。同他的普埃布拉基地几乎完全断绝的联系。在康特雷拉斯及丘鲁布斯科（8 月 19—20 日）之战中，打败圣安纳，将圣安纳赶入城中。8 月 25 日—9 月 6 日，因和谈而停止进攻。9 月 8 日在莫里诺德尔里(在墨西哥城附近）及查普尔特佩克（9 月 13 日）打败墨西哥军队。9 月 14 日侵占墨西哥城，此后任该城军事总督，直至 1848 年 4 月 22 日返回美国。后遭指控，说他作战不力，但被全部撤销。他的声望日增，但在 1848 年推举辉格党总统候选人时，败于扎卡里·泰勒。1852 年再次以辉格党总统候选人参加竞选，但败于富兰克林·皮尔斯。1855 年 2 月升中将。1859 年 9 月，被派前去解决墨西哥及美国就圣胡安岛的主权而引发的争执，1860 年 10 月返回东部地区以准备应付可能爆发的战争。1861 年 1 月，将其司令部移至华盛顿特区，但由于年事

已高，遂于1861年11月退役，将权力交于麦克莱伦。1866年5月29日卒于纽约的西点。

斯科特是一位勇敢、充满智谋、精力充沛的官员。他是一位非凡的战略家，有着不同凡响能力的外交家和称职的战术家。他的"长蛇计划"是一位伟大的战略计划，其基本思想是为了达到使南部屈服的目的，应封锁和攻占密西西比河谷地区。这一计划最初未被重视，后终被采用。他的绰号"吹毛求疵的老家伙"则是因为他坚持其军队应有良好的举止而得来的。

DLB

参考：Elliot, Charles Winslow, Winfield Scott: The Soldier and the Man. NewYork, 1937.

Henry, Ralph S., The Story of the Mexican War. Indianapolis and NewYork, 1950.

Jenkins, John S., The Generals of the Last War with Britain. Auburn, Conn., 1849.

Peterson, Charles J., The Military Heroes of the War of 1812, with a Narrative of the War. Philadelphia, 1849.

斯克拉克斯(Scylax, 活动于公元前516—前509年) 希腊海员。

塞巴斯堤安(Sebastian, 卒于378年) 罗马将军。参加主要战争：尤里安的波斯战争（363年）、西哥特战争（377—378年）；参加主要战役（战斗）：马里查河之战（378年）、阿德里安堡（埃第尔尼）之战（378年）。

塞巴斯堤安的出生时间和早期经历不详。356年，被任命为埃及的地方军事指挥官。358年12月，他作为一名摩尼教徒，支持B.乔治奥斯反对阿塔纳修斯，迫使阿塔纳修斯的追随者离开亚历山大城。363年初被提升为将军，在罗马皇帝尤里安与波斯战争期间，会同朴克壁指挥一支罗马军队。在底格里斯之战中尽管其主要任务是保护罗马军队的侧翼，但在作战中由于一些下级军官的反对，他没能积极及时地支援其余的罗马军队。363年夏尤里安去世以后，他参加了由约维安领导的撤退。368年，负责指挥意大利和伊利里亚军团，而后在375年又获得了潘诺尼亚（匈牙利东部以及塞尔维亚北部地区）军团的指挥权。瓦伦提尼安一世去世后，瓦伦提尼安的继承人格累细安深知塞巴斯堤安德高望重，深怕他被拥立为皇帝而威胁到自己的统治，因此将他调离意大利。后来被格累细安的副皇帝华伦斯任命为步兵总管（相当于步兵总指挥官，或野战元帅），在378年7—8月，率领罗马军队同西哥特人作战，在作战的初期取得了一些胜利，特别是在马里查河之战中表现突出。在378年9月9日的阿德里安堡之战中，他是华伦斯麾下的一员战将，在这一次灾难性的会战中，他与华伦斯都被杀害。

塞巴斯堤安是一位能力出众、足智多谋的将军，大多数资料都表明他是一位沉着冷静和德高望重的人物。

CLW

参考：Ammianus Marcellinus, History.

Realencyclopädie für der classischen Altertumwissenschaft.

泽克特，汉斯·冯(Seeckt, Hans von, 1866—1936年) 德国将军。参加主要战争：第一次世界大战（1914—1918年）；参加主要战役（战斗）：戈尔利采-塔尔诺夫之战（1915年）和塞尔维亚之战（1915年）。

泽克特1866年4月22日生于石勒苏益格。1885年作为军官候补生进入皇家亚历山大掷弹兵团。1897年进入柏林的军事学院学习，1899年进入德国总参谋部。1913年被任命驻柏林的第三军中校参谋长，任此职至第一次世界大战爆发（1914年8月）。1915年1月27日晋升上校，任奥古斯特·冯·麦肯森将军的集团军参谋长。任此职时，被晋升少将，在筹划和组织实施成功的戈尔利采-塔尔诺夫战役中（5月2日—6月27日），扮演了重要角色。10月6日—11月24日，在麦肯森指挥下入侵和占领塞尔维亚。1916年6月，任奥匈联军驻俄罗斯南部的第十二军团的参谋长。1917年被派往土耳其，任土耳其陆军参谋长。第一次世界大战结束后（1918年11月），他返回德国，被晋升为中将，担任总参谋部解散之前的最后一任总参谋长（1919年7月7—15日）。10月11日任有实权的陆军参谋长。任此职时，他毫不掩饰地表现出对君主政治的同情和对魏玛共和国的厌恶。镇压了在图林根、萨克森、汉堡和鲁尔地区爆发的共产党威胁要起义的事件（1920年），尽管其对希特勒同情，还是对希特勒1923年11月在慕尼黑上演一出"啤酒店爆炸案"的闹剧采取了防范措施。因给被废黜的国王之子威廉亲王提供军事职位和承认军官中曾有斗殴行为，1926年10月8日被解除职位。1930年竞选成为议员，与纳粹交往过于密切。1934年5月被派往中国担任蒋介石国民党政府的军事顾问，对促进中国国民党军队的现代化有一定作用。他的建议对国民党军队发动的旨在进攻江西红军而进行的第五次反共"围剿"（1933年12月—1934年9月）颇有价值，但这次战役结果却引发了史诗般的红军长征。1935年3月返回德国。1936年12月29日卒于柏林。

泽克特目空一切，为人冷漠，让人难以接近。在任有实权的陆军参谋长期间，他在使自己或军官集团与魏玛共和国和解的问题上没有作出任何努力。面对30年代后期日本对中国发动的侵略，他曾训练过中国国民党军队。

DLB

参考：Dupuy, Trevor N., A Genius for War: The German Army and General Staff, 1807—1945. Fairfax, Va., 1984.

Seeckt, Hans von, The Future of the German Em-

pire. New York, 1930.
Wistrich, Robert, Whos Who in the Third Reich. New York, 1984.
EB.

塞扬纳斯，鲁齐乌斯·埃里乌斯(Sejanus, Lucius Aelius, 约公元前 18 年—公元 31 年) 罗马执政官。参加主要战争：潘诺尼亚政变（14 年）。

辛格·翁德·埃特林(Senger Und Eterlin, 1891—1963 年) 纳粹德国陆军上将。参加主要战争：第一次世界大战（1914—1918 年）、第二次世界大战（1939—1945 年）；参加主要战役（战斗）：法国战役（1940 年）、斯大林格勒战役（1942—1943 年）、撒丁战役、科西嘉战役（1943 年）、卡西诺修道院之战（1943—1944 年）、托斯卡纳之战（1944 年）、意大利北部战役（1944—1945 年）。

辛格 1891 年 9 月 4 月生于瓦尔茨胡特，一个公务员的儿子。1911 年参军，1912—1914 年在牛津大学学习。一战爆发时从预备役征召入伍，1917 年被委派至野战炮兵部队。是德国战后国防军陆军中少数几个表现非凡的预备役军官之一。1921 年进入汉诺威骑兵学校并通过总参谋部军官考试。然由于年龄超过 30 岁而未获得在总参谋部的职位。随着德国军队的扩充，1934 年总参谋部空缺开放，辛格受命到柏林。在参谋部本部对作战部队进行四年的巡回视察后，1938 年回到指挥岗位。1940 年在法国指挥一个旅。后担任同罗马的联络员。1942 年作为陆军少将被派往东部前线指挥第十七装甲师，在那里试图解救斯大林格勒之围但未获成功。1943 年提升为陆军中将。后派往西西里充任同意大利的联络官。意大利发动反战革命时，辛格成功地使德国部队从撒丁岛（1943 年 9 月）和科西嘉岛（1943 年 10 月）撤退。1943 年 11 月接替胡贝将军为第十四装甲军军长。1943 年 11 月—1944 年 5 月防卫罗马南部卡西诺修道院地区。1944 年 6 月在盟军攻击罗马的一次引人注目的行动中，他成功地调转他的装甲军斜插亚平宁山区，增援溃败的第十四集团军。1944 年 10 月由于第十四集团军司令有病在身而在亚平宁北部负责临时指挥该部队。在意大利崩溃后，他于 1945 年 5 月 4 日即代表德国 E 集团军群在意大利向盟军投降。1946 年至 1948 年 5 月被囚于英国格拉摩根战俘营，后回到德国。1952 年成为联邦德国南方电台军事记者。1963 年 1 月 4 日卒于布赖斯高地区的弗赖堡。

辛格对纳粹政策的反对使得他从未得到过希特勒的完全信任，因此，他从来没有单独指挥过一位野战集团军（虽然他确实能够）。他战后的自传悟性非凡而又发人深思。

ACD

参考：Barnett, Correlli, ed., Hitlers Generals. London, 1989.
Dupuy, Trevor N., A Genius for War. New York, 1977.
Fisher, Ernest F., Cassino to the Alps. U. S. Army in World War Ⅱ series, Washington, D. C., 1977.
Senger und Etterlin, F. R. T. von, Neither Fear nor Hope. New York, 1964.
Who's Who in Germany and Austria. Washington, D. C., 1947.

僧格林沁(Seng-Kuo-Lin-Ch'in, 卒于 1865 年) 中国清朝蒙古族将军。参加主要战争：镇压太平天国起义（1850—1864 年）、镇压捻军起义（1853—1868 年）、第二次鸦片战争（1858—1860 年）。

僧格林沁是蒙古科尔沁旗人。继父职指挥清旗军。袭封郡王。作为一名勇敢的骑兵，他在镇压西北边境游民的行动中获得令人生畏的名声。1853 年，奉命保卫北京，抵抗太平天国北伐军的进攻，他集结了优势兵力，迫使太平天国将领李开芳和林凤祥退出天津一带。1855 年打败了他们的部队。此战的胜利使他成为清军正规军中的重要将领。1858 年 5 月第二次鸦片战争爆发时，被任命为东北地区军队的总兵。他加强了天津附近的大沽口炮台的防务，使英法联军的进攻付出高昂代价却无功而返（1859 年 6 月）。他的部队尽管人数占优但装备极差，面对英法联军的再次进攻被迫撤退。在八里桥战斗中（北京附近，1860 年 9 月），英法联军付出甚高代价才打败了他。尽管此战失败导致北京沦陷清政府的被迫妥协，但他依然受宠幸。指挥清军镇压中国北方的捻军起义。他像惯常一样指挥战斗，包围了起义地区，击败了张乐行手下的捻军主力部队（1863 年）。尽管这次战斗获得胜利，但捻军发动了又一次反击，1865 年他在一次小规模战斗中阵亡。

僧格林沁是旧的清朝军事体系的最生动的体现。因为旗军日益衰弱，因此当他死后，朝廷就只能依赖于各省的力量。

PWK

参考：Chiang, Siang-teh, The Nien Rebellion. Seattle, Wash., 1954.
Hurd, Douglas, The Arrow War: An Anglo-Chinese Confusion, 1856—1860. New York, 1968.
Michael, Franz, "Military Organization and the Power Struct-ure of China during the Taiping Rebellion," Pacific Historical Review, Vol. ⅩⅧ (1949).
Teng, Ssu-yü, New Light on the History of the Taiping Rebellion. Cambridge, Mass., 1950.
——, The Nien Army and Their Guerrilla Warfare, 1851—1868. Paris, 1961.

塞多留，奎因图斯(Sertorius, Quintus, 约公元前 125—前 72 年) 罗马将军。参加主要战争：基姆布利战争（公元前 105—前 101 年）、社会战争（公元前 91 年—前 88 年）、与苏拉的内战（公元前 88—前 82 年）、塞尔托里亚战争（公元前 80 年—前 72 年）；参加主要战役（战斗）：阿奎（艾克森普罗劳斯）之战（公元前 102）、巴伊提斯河之战（公元前 80 年）、萨贡托之战（公元前 74 年）。

塞多留于公元前 125 年生于萨宾的诺尔西亚。最初是以法官和演说家而出名。公元前 102 年在阿奎之战中，他是马略手下的一名指挥官，英勇善战，表现出色。公元前 97—前 93 年在西班牙服役数年。公元前 91 年，任意大利北部高卢地区的财务官。公元前 91—前 88 年在社会战争期间，为罗马组建了一支军队。公元前 88 年，由于苏拉阻止其成为保民官，这使塞多留更加坚定了加入马略派的决心，尽管此时，他仍是一名温和主义派的成员。公元前 83 年在出任西班牙任执政官之前，抵制苏拉的政策。公元前 82 年当苏拉向他进攻时，他退居非洲，并于非洲取得胜利，占领丁吉斯（丹尔）城。公元前 81—前 80 年，应伊比利亚的请求，率领一支叛军重返西班牙。不久组建了一个马略派的流亡政府，由于他对当地人民很宽厚，获得了伊比利亚的广泛支持。公元前 80 年，在巴伊提斯河击败当地总督鲁·弗菲第亚斯。公元前 80—前 78 年，把 Q. 采齐利乌斯驱逐出了卢西塔尼亚。在军事上不断取得胜利的同时，他还组建了一个稳定的受欢迎的政府，创建了一个由 300 名成员构成的元老院，为西班牙部族首领的子女们开办了一个学校，对一般民众采取宽善的政策，根据当地习俗，一头小白鹿时刻伴陪着他，这头白鹿是当地人送给他的礼物，象征着狄安娜女神（月亮和狩猎女神）带给他的祝福，同时也毫无疑问地增加了当地部落对他的热情支持。公元前 78—前 72 年，他控制了西班牙。公元前 77 年由 M.P. 文托率领的一大批流亡的罗马人加入了他的政府。成功地抵御了由庞培和 Q. 米特拉斯·庇护发动的进攻。公元前 77—前 74 年，在萨贡托附近给庞培了一次沉重的打击。公元前 74—前 72 年，他周围的一些持不同政见者在文托率领下密谋策反，公元前 72 年，塞多留在一次宴会上被文托谋杀。

塞多留英勇、忠诚、善良，作为一位将军，他的军事才能在庞培之上。他的指挥才能和领导才能十分出色，是一位战术和战略家，并且也是一位有才能的管理者，是他在罗马边界地区建立起唯一的罗马殖民政府。

CLW and DLB

参考：Appian, The Civil Wars.
Broughton, T, R. S., and M. L. Patterson, Magistrates of the Roman Republic. London, 1951—60.
Plutarch, "Sertorius," "Pompey," Parallel Lives.
Sallust, Histories.
EB.
OCD.

塞律里埃，让·马蒂约·菲利贝尔伯爵(Serurier, Count Jean Mathieu Philibert, 1742—1819 年) 法兰西帝国元帅。参加主要战争：七年战争（1756—1763 年）、法国大革命战争（1792—1799 年）；参加主要战役（战斗）：瓦尔堡之战（1760 年）、第一次洛阿诺之战（1795 年）、切瓦之战、蒙多维之战、博尔盖托之战、曼图亚（曼托瓦）围困战（1796 年）、皮亚韦河之战、塔利亚门托之战（1797 年）、韦尔代里奥（位于阿迪杰河畔）之战（1799 年）。

塞律里埃 1742 年 12 月 8 日生于里昂的一个小贵族家庭。曾被授予里昂民兵中的中尉（1755 年），后转入正规军参加了汉诺威战役（1759 年）。在德意志作战时为马扎林步兵团中的军官候补生，在瓦尔堡之战（1760 年 7 月 31 日）中颚部受伤。参加了葡萄牙境内的作战（1762 年），后晋升为博塞团中的中尉（1767 年）。曾调往科西嘉守备部队中任职（1770—1774 年），回到法国后晋升为上尉并受封为圣路易骑士（1782 年）。法国革命后晋升为中校，忠于新政权。被派往佩皮尼昂任守备部队军官（1791 年），次年指挥了对保皇派支持者的作战。后其本人也被怀疑为保皇分子，被解除指挥权，但由于巴拉斯的影响被恢复职务（1792 年），不久晋升为准将（1793 年）。之后调至意大利军团，在那里晋升为少将（1795 年 6 月）。随马森纳参加了第一次洛阿诺之战（1795 年 11 月 22—24 日），并在切瓦之战（1796 年 4 月 16—17 日）中将皮蒙特军赶出阵地，直捣其营地，掳获了大量的大炮和俘虏，表现突出。蒙多维之战（4 月 21 日）中他再次击败皮蒙特军。该战促成了《凯拉斯科停战协定》（萨维利亚诺附近）的签订（1796 年 4 月 28 日），法国遂得以控制皮蒙特。之后，他参加了博尔盖托之战（5 月 30 日）和曼图 亚围困战（6 月 4 日—7 月 31 日）。患病后他临时辞去指挥权，担任里窝那行政长官。于 12 月（1796 年）返任军职后，在拉费窝里塔打败奥地利军（1797 年 1 月 16 日），并在曼图亚接受了武尔姆泽尔的投降（2 月 2 日）。随拿破仑参加了塔利亚门托之战（3 月 16 日），后再次染病并与手中从查理亲王手中的奥地利军旗一起被送回法国。返回意大利后，他被任命为威尼斯和卢卡的总督（1797 年 8 月—1798 年），并在莫罗的意大利军团中任左翼部队司令。集结于阿迪杰河河畔期间，遭到苏沃洛夫优势部队的进攻和包围，并被迫在韦尔代里奥投降（1799 年 4 月 26 日）。获释后即参加了雾月十八日政变（11 月 9—10 日），为此被拿破仑任命为上议员，后当选为上院副议长（1802 年），1804 年 4 月被任命为“荣军院”院长之前一直在该机构中任职。5 月，受封为帝国元帅。受封为伯爵（1808 年），之后担任巴黎国民自卫军司令（1809 年）。联军逼近巴黎（1814 年 3 月 13 日）之前仍为“荣军院”院长。下令销毁缴获并收藏于“荣军院”的 1400 多面军

旗后辞去了职务。先后被国王路易十八（1814 年）和拿破仑（1815 年）册封为贵族。1819 年 12 月 21 日卒于巴黎。

塞律里埃是一位勇敢、诚实的指挥官，但他的军事生涯因灾祸和身体虚弱而受到妨碍。他是一位优秀的行政官员。他作战勇猛和正直、忠诚的人格为人所钦佩和景仰。

VBH

参考：Delderfield, R. F., Napoleons Marshals. Philadelphia, 1962.

Macdonnell, A. G., Napoleon and His Marshals. London, 1950.

Meeks, Edward, ed., Napoleon and the Marshals of the Empire. Reprint(2 vols. in one), Philadelphia, 1885.

Young, Brig. Gen. Peter, Napoleon's Marshals. London, 1974.

塞尔维琉斯·格米努斯（Serrilius Geminus, Gnaeus, 卒于公元前 216 年） 罗马执政官。

塞尔维琉斯·格米努斯是普·塞尔维琉斯·格米努斯之子。公元前 217 年初当选为执政官，是年 3 月，他直接指挥军队在阿里米努姆（今里米尼）周围地区同汉尼拔作战。是年 4 月，他的同事 G. 弗拉米尼亚斯在特拉西梅诺湖之战中战死，5 月，费边·马克西姆又被任命为独裁官，之后，塞尔维琉斯·格米努斯负责指挥罗马舰队，其主要任务是沿海岸防御和进攻撒丁、科西嘉以及非洲海岸。是年 11 月，恢复对军队的指挥权。公元前 216 年 3—5 月间被任命为执掌军权的执政官，同汉尼拔的军队在阿普利亚地区进行了一场小规模的交战。在公元前 216 年 8 月 2 日的坎尼（坎纳）之战中，他指挥罗马防线的中央部队，在此战中被杀。

CLW

参考：Broughton, T. R. S., and M. L. Patterson, The Magistrates of the Roman Republic. London, 1951—1960.

Polybius, Histories.

塞堤维乌斯·土尔西乌斯（Servius Tulcius, 约卒于公元前 535 年） 罗马统治者。被其女婿和继承者塔库尼乌斯·修帕巴斯杀害（公元前 535—前 534 年）。

塞堤一世（Seti, 约卒于公元前 1299 年） 埃及国王。参加主要战争：巴勒斯坦战争（公元前 1316—前 1313 年）、入侵叙利亚（公元前 1311—前 1309 年）；参加主要战役（战斗）：贝桑之战（公元前 1315 年）。

塞堤一世的出生日期不详。是埃及第十九王朝的缔造者、法老拉美西斯一世之子。拉美西斯一世去世两年之后，塞堤一世登上王位（公元前 1317 年）。即位后重组军队，不久便向巴勒斯坦地区许多小国的联盟宣战，并于公元前 1315 年在加利利的贝桑之战中击败这一联盟，成为这一地区的霸主。公元前 1311—前 1309 年，继续向北扩张到叙利亚南部，叙利亚各省向他进贡杉木，腓尼基南部的各城邦也纷纷称臣。后来又沿欧朗提斯河流域与赫梯人发生冲突。公元前 1309 年与赫梯人议和，此后转入国内事务及发展经济。卒于公元前 1299 年。

DLB

参考：Faulkner, Raymond, "Egyptian Military Organization," Journal of Egyptian Archaeology, Vol. XXXIX(1953).

Petrie, William M. F., A History of Egypt. 3 vols. London, 1902— 1905.

EB.

EMH.

塞塔提腊（Sett'at'irat, 1534—1571 年） 老挝南掌国国王。参加主要战争：老挝与阿瑜陀耶的战争（1558 年）、老挝与缅甸战争（1564—1575 年）。

塞塔提腊出生年月不详。1547 年成为老挝国王。他继承前任的衣钵，陷入了与邻里姊妹国泰国的阿瑜陀耶和清迈的斗争。1558 年他率军侵入阿瑜陀耶，但遇到缅甸国王莽应龙的军队的抵抗，并被逐出，从此对莽应龙恨之入骨。在他统治期间的大部分时间是与缅甸交战。1562 年缅甸侵犯老挝，并迅速地吞并全国。他领导老挝人坚定地进行游击战争，并于 1563 年解放了祖国。两国交战一直持续到塞塔提腊死亡的 1571 年。1574—1575 年间缅甸最终征服了老挝。

Staff

参考：EB.

EMH.

塞维鲁·庇护·佩提纳克斯（Severus Sepimius, 〈Septimius Severus〉, 146—211 年） 罗马皇帝。参加主要战争：继承人战争（193—197 年）、安息（帕提亚）战争（195—202 年）、喀里多尼亚战争（208—210 年）；参加的主要战役（战斗）：第二次伊苏斯之战（194 年）、卢格敦（里昂）之战（197 年）。

塞维鲁·庇护·佩提纳克斯 146 年 4 月 11 日，生于非洲大列普提斯（今勒布达）一个骑士阶层的家庭。除他的母语外，他还学习了拉丁语，但在其整个生活中，他都保持着非洲口音。二世纪 60 年代中期，被送往罗马学习法律。172 年，被皇帝马可·奥勒良任命为西班牙巴伊提斯地区的军事度支官（会计官）。174 年，皇帝对巴伊提斯的管理感到非常满意，并认为这一地区已经安定，于是他又将塞维鲁派往撒丁担任度支官，不久任命塞维鲁为特使，出任非洲的摄政官。塞维鲁以后又担任了一系列国家和军队的职务，179 年前后，升为在叙利

亚的一个军团的指挥官。186 年，担任卢格杜南西斯高卢（位于法国中部和西北部地区）总督，189 年，又出任西西里的执政官。190 年，被任命为候补执政官，后来接任执政官，直到期满。191 年，成为潘诺尼亚（位于匈牙利东部和塞尔维亚北部地区）总督。当得知皇帝康茂德在 193 年 3 月 23 日被禁卫军谋杀的消息以后，答应了他的部队让他担任皇帝的要求，并立即集中起他的所有部队向罗马进发，以为皇帝康茂德报仇。到达罗马后发现篡权者尤里安纳斯已经被盼望他到来的元老院处死。解散并放逐了反复无常的禁卫军，组织起一支新的帝国军团。C.P. 尼格尔也想争夺帝位，这一年的 7 月份，塞维鲁率军离开罗马前往东方迎战尼格尔。初战击败了尼格尔的部队，而后又在第二次伊苏斯之战（194 年）中击败了尼格尔及其主力部队。尼格尔试图逃往安提克（安塔基亚），但被俘处杀死。又用两年时间，镇压了一些起义和暴动，并率军沿东部边境作战（194—196 年）。195 年，率领一支远征队征讨安息（帕提亚）。196 年，围攻并劫掠了拜占庭。196 年尽管东方的局势仍不稳定，但塞维鲁不得不率军返回，以对付不列颠特使克洛狄乌斯·阿尔比努斯发动的叛乱。在向西方进发的途中路过罗马时，他积极采取抚慰政策，以保证获得法律上的支持。197 年 2 月 19 日，与阿尔比努斯在卢格敦（里昂）附近相遇，经过一场激烈、残酷的战斗，击败了阿尔比努斯。而后返回罗马，对那些曾经支持过其对手的元老院成员进行起诉和清洗，并冷落或羞辱剩余的其他人。202 年，重新同安息（帕提亚）开战，收复了美索不达米亚，但是在另一些方面却限制了他的成功，最终双方实现和平。202—208 年，他在罗马居住了几年，牢牢地控制着实质上是一个军事机构的政府。208—210 年，前往不列颠，同苏格兰人和皮克特人进行了一场代价惨重的战争，双方未分胜负。211 年 2 月 4 日，卒于约克。

塞维鲁·庇护·佩提纳克斯是一位精力充沛、勇于进取和具有较高军事天赋的军人，是一位能力出众的战术家、战略家和统治者。他也是一位心胸狭窄、报复心理严重的人物，因为他曾粗暴地对待元老院，因此其后来的声誉受到损害。他深刻认识到军队的重要性，在这一点上，他远远地超过大多数其他皇帝，在他去世时还念念不忘地告诫他的儿子们："可以蔑视所有的人，但要使军队富裕"。

CLW and DLB

参考：Birley, A., Septimius Severus: African Emperor. New York, 1971.
Dio Cassius, History.
Herodian, History.
Planauer, M., Life and Reign of the Emperor Septimius Sevcerus. Oxford, 1918.

西摩，爱德华·霍伯特（Seymour, Edward Hobart, 1840—1929 年） 英国海军军官。参加主要战争：克里木战争（1854—1857 年）、第二次鸦片战争（1856—1860 年）和镇压义和团运动（1900—1901 年）；参加主要战役（战斗）："亚罗"号事件（1856 年）和大沽要塞之战（1860 年）。

西摩 1840 年 4 月 30 日生于沃里克郡的金瓦敦（奥尔斯特附近）。1852 年进入皇家海军学院学习。作为军官候补生参加了侵略中国的第二次鸦片战争（1856—1860 年），在"亚罗"号事件中出名，此事件是因中国常规检查中国商船"亚罗"号而致（1856 年 10 月）。因中暑 1858 年返回英国。1859 年晋升大副。1860 年返回中国领上尉衔，参加了与法国共同进行的进攻大沽炮台的侵略行动（1860 年 8—9 月）。指挥"水手"号进攻珠江沿岸。1862 年参加镇压太平天国运动。1866 年晋升中校。1870 年在刚果作战，指挥英国皇家海军"轰鸣"号舰，战斗中左腿受伤。1882—1885 年，任"不屈"号舰舰长。1889 年任侵华英军总司令。义和团运动爆发时，在八国联军失败后的一次"救援"行动中，负责输送英军和部分美军登陆天津港。1901 年 3 月晋升海军上将。1905 年 2 月领海军元帅衔。

ACD

参考：DNB.

斯福尔萨，弗朗西斯科，米兰公爵（Sforza, Francesco, Duke of Milan, 1401—1466 年） 意大利雇佣兵队长。参加主要战争：那不勒斯内战（1414—1442 年）、米兰-威尼斯战争（1423—1450 年）；参加主要战役（战斗）：阿奎拉之战（1424 年）、马洛多之战（松奇诺附近）（1427 年）、安吉亚里之战（1440 年）、卡拉瓦焦之战（特雷维廖附近）（1448 年）。

斯福尔萨 1401 年 7 月 23 日生于圣米尼亚托，雇佣兵队长穆齐奥·阿滕多洛·斯福尔萨和其长期情妇露西娅·特雷加尼的长子。受教育于费拉拉侯爵尼科洛·德·埃斯特的著名宫廷。少年时代便进入父亲军中服役。1424 年 1 月 3 日在部队强渡佩斯卡拉河时，穆齐奥不幸死亡，经雇主、王后乔安娜恩准，他接管了军队指挥权。1424 年 4 月在阿奎拉附近发起攻击，击败布拉乔·达·蒙托内军队，杀死蒙托内。尔后到米兰，作为卡洛·马拉泰斯塔的主要副手之一参加 1427 年 10 月 11 日的马洛多之战，战斗中被弗朗西斯科·布桑奈·卡尔马尼约拉的胜利之师威尼斯军队俘虏。此后 20 年的大部分时间里，他在米兰和威尼斯供职，其间曾与菲利普·马里亚·维斯康蒂公爵统治的米兰作战，他的战术似乎越来越奇妙。与米兰作战取得显著战绩。1439 年夏攻克维罗纳。1440 年 6 月 29 日在托斯卡纳的安吉亚里地区击败尼科洛·皮奇尼诺的入侵军队。1440 年 7 月后期救援布雷西亚。1441 年夏与菲利普·马里亚之女比昂卡结婚。1447 年 8 月 13 日菲利普·马里亚·维斯康蒂去世，他成为为米兰而战的主要人物（1447—1450 年）。1448 年 7 月 29 日在卡拉瓦焦击

S

败入侵的威尼斯军队，为独立而战的安布罗斯共和国也因之获得拯救。为实现自己的目标，他未履行臣属义务，1449年秋包围米兰，并于1450年2月26日以公爵身份耀武扬威地进入这座城市。他恰当而温和地治理米兰。1454年4月9日在科西莫·戴伊·梅迪契的帮助下签署《洛迪和约》。1466年3月8日卒于米兰。

斯福尔萨是一位才略过人的将军，但处事老道、机诈、处变不惊。他攫取米兰公爵之位在15世纪米兰政治中被看作是最不道德的事例。

DLB

参考：Ady, C. M., History of Milan under the Sforza. London, 1907.

Collinson-Morley, L. M., The Story of the Sforzas. London, 1932.

Mallett, Michael E., Mercenaries and Their Masters. London, 1974.

Trease, Geoffrey, The Condottieri. New York, 1971.

谢夫特，威廉·鲁夫斯（Shafter, William Rufus, 1835—1906年） 美国将军。参加主要战争：美国内战（1861—1865年）、西南印第安人战役（1874—1875年）和美西战争（1898年）；参加主要战役（战斗）：博尔斯布拉夫之战（弗吉尼亚州的利斯堡附近，1861年）、费尔奥克斯（或七棵松之战，里士满附近；1862年）、汤普森车站之战（田纳西州的斯普林希尔附近，1863年）、纳什维尔之战（1864年）和圣地亚哥战役（1898年）。

谢夫特1835年10月16日生于密歇根州的盖尔斯堡。入伍进入密歇根第七步兵团前（1861年8月）在学校教书。10月21日参加了弗吉尼亚州的博尔斯布拉夫战斗。在半岛战役特别是在费尔奥克斯战役或七棵松战役中出名（1862年5月31日）。1862年9月任密歇根州第十九步兵团少校。1863年3月9日在汤普森车站战役中被俘。5月经交换战俘返回，7月晋升中校。1864年4月任科罗拉多州第十七步兵团上校，率此团参加了纳什维尔战役（12月15—16日），1865年3月晋升志愿军名誉准将。1867年1月加入正规军，任第四十一步兵团中校。两个月后，因为他在五年前的费尔奥克斯战役的出色表现，晋升名誉上校。1869年4月调至第二十四步兵团（陆军四个黑人步兵团之一），在边境任职多年。1874年8月—1875年4月，在得克萨斯州对基奥尔、科曼切和夏延等印第安人进行了一场战役。1879年3月晋升第一步兵团上校。1897年5月晋升准将，任加利福尼亚战区司令。美西战争爆发时（1898年5月），任志愿军少将，被派至佛罗里达州的坦帕。他针对古巴组建了一支远征部队。6月14日指挥有15 000人的第五军乘船赴古巴，6月22日开始在锡沃内登陆（圣地亚哥附近）。舆论认为他体重136公斤，从体能上讲不适合战场指挥，应将圣地亚哥附近的战场指挥权转交其精力更充沛的部下，这一指控是不公平的。他本来就是个脾气粗暴、举止怪异的人，逢此充满敌意的舆论报道就更加怒发冲冠。7月17日接受古巴人在圣地亚哥的投降。那封著名的签名请愿信，指责其部队状态欠佳，这封信发表并由莱奥纳德·伍德上校和西奥多·罗斯福中校转交他后，引发了一场大的争论。8月8—25日，他组织第五军25 000名左右的伤病员乘船赴长岛医疗营地，到达后引起强烈抗议。10月任东部战区司令，不久调任加利福尼亚和哥伦比亚战区司令。1899年10月16日辞去正规军之职，但保留志愿军军衔至1901年6月30日。7月1日任退役名册上的少将。退役至加利福尼亚州贝克斯菲尔德农场，卒于1906年11月12日。

谢夫特是美国内战期间一位卓越的军事家，他在西南边境任职过程中表现非凡。尽管他指挥第五军在美西战争中的作战行动多次受到指责，但其实在那种情况下，他已做到别人所能做到的一切，因为美国陆军对1898年的战争实在毫无准备。

DLB

参考：Holbrook, Stewart H., Lost Men of American History. New York, 1946.

Trask, David F., The War with Spain in 1898. New York, 1981.

DAMB.

WAMB.

沙卡（查卡）（Shaka〈Chaka〉，约1787—1828年） 祖鲁首领。参加主要战争：丁吉斯韦约战争（1810—1818年）、祖鲁人的扩张战争（1818—1828年）。

沙卡约生于1787年，他的生父是祖鲁首领森赞加克那，他的母亲是兰格尼首领之女南迪。由于他是私生子，加上他的母亲与人私通，因此其童年十分不幸，更由于被迫从一个部落迁至另一个部落而雪上加霜。他和他的母亲最后定居在姆泰特瓦，在丁吉斯维约统治的早期，沙卡长大成人。1810年入姆泰特瓦军队，不久便崭露头角。他摒弃了轻型投掷标枪，代之以重型投掷矛，同时还引进了一整套以快速机动、包围和突然进攻为基础的战术。这些发明使班图战争起了革命性的变化，战斗变得异常残酷，作战结果不分胜负的情况也几乎没有了。1811—1817年，他率领姆泰特瓦军队战胜了许多对手，在丁吉斯维约的支持下，当其生父于1816年死后，他成了祖鲁首领。随后对祖鲁军队进行改革，然后利用他的新军队于1816年夏—秋之季兼并了兰格尼部落和布特莱茨部落，到1817年年初，他的祖鲁军队武士已达2000人。1817年和1819年，他两次打败恩兑兑，彻底摧毁了他的力量，并兼并了他的余部。沙卡部落的扩张主要依靠对战败部落的兼并吸收，他们不是与祖鲁结盟——而是同化为祖鲁人了。到1826—1827年，从斯威士以南至乌姆济姆库卢河之间的广大地区的每个部落都被沙卡摧毁或被迫向其称臣纳贡。1827年10月10—11

日，他的母亲南迪死后，他的统治变得越来越残暴，1828年9月22日，沙卡被他的同宗兄弟丁安及姆兰加纳谋杀。

沙卡是一位军事天才，仅仅花费了十年时间他便将仅有1500人的祖鲁小部落扩展成有25万人的大部落。他的军事系统在死后50年仍得以存在。作战中他是辉煌和可畏的，平时他却是残暴和贪婪的。

DLB

参考：Krige, Eileen Jensen, The Social System of the Zulus. Pieter maritzburg, 1957.

Morris, Donald R., The Washing of the Spears. New York, 1965.

Osei, Gabriel Kingsley, Shaka the Great, King of the Zulus. London, 1971.

Ritter, Edward A., Shaka Zulu, the Rise of the Zulu Empire. London, 1957.

沙普尔二世（大帝）(Shapur Ⅱ The Great, 310—379年) 波斯统治者。参加主要战争：波斯-罗马战争（337—350年、358—364年、373—377年）、西徐亚边境战争（349—358年）、征服亚美尼亚（364—373年）；参加主要战役（战斗）：围攻尼西比斯（穆萨伊宾，337年、344年、349年）、辛加拉（辛加尔）之战（344或348年）、围攻阿米达（今迪亚尔巴克尔，358年）、泰西封之战（363年）。

沙普尔生于310年，是波斯皇帝荷尔米兹德二世的第四个儿子。荷尔米兹德去世后，波斯的一些贵族杀死了其长子，刺瞎了其次子，又监禁了他的第三个儿子，这样沙普尔就成为波斯的国王。328年，率领一支军队，战胜了来自阿拉伯半岛的入侵者特哈依尔。335年前后，君士坦丁在罗马把基督教定为国教，不知出于什么原因，沙普尔立即做出反应进行反击，他模仿君士坦丁的做法，把琐罗亚斯德教（拜火教）定为波斯国教，并突然开始迫害波斯的基督教徒。337年，率军围攻尼西比斯，拉开了同罗马战争的帷幕，但这次围攻受挫。344年和349年，又对尼西比斯进行了两次围攻，也均被击退。与攻城战相比，沙普尔更擅长于野战，而且在同罗马进行的大多数野战中，他都赢得了胜利，只是在344年（或348年）进行的辛加拉之战中，他却遭到失败。尽管他想全力以赴赢得同罗马的战争，但其东北部边境地区却不安定，经常迫使他不得不顾及这一地区。350年，暂停同罗马的战争，转而在呼罗珊地区同西徐亚人进行了一系列的作战（349—358年）。对徐西亚人的战争胜利后，沙普尔将其注意力又转向罗马。358年，沙普尔又率军围攻罗马的阿米达要塞，并最终攻克了这一要塞，但由于他付出的代价太大，以至于丧失了继续进攻的能力，不得不暂停作战。359年，继续率军进攻，攻克了辛加拉和贝扎波德（位于穆斯霍拉附近），但是这些成功却导致了尤里安的入侵（362—363年）。363年，沙普尔在首都泰西封被击败，并且其首都被烧毁，遭到奇耻大辱后沙普尔不屈不挠，继续向尤里安的继承者佐维亚复仇，并在364年迫使佐维亚投降，将亚述有争议的边境地区割让给波斯，并放弃亚美尼亚。沙普尔而后进军亚美尼亚，通过阴谋手段，俘虏了亚美尼亚国王阿萨息斯三世，并将他监禁在苏撒（苏什）。沙普尔试图使刚刚开始信仰基督教的亚美尼亚人改信琐罗亚斯德教（拜火教），激起了强烈的反抗，罗马人乘机利用秘密途径，积极支持亚美尼亚境内的一个反抗波斯统治的集团。373年，当沙普尔得知罗马支持亚美尼亚人反抗波斯统治的消息以后，再次向罗马宣战，但是在战争初期被击败。尽管波斯军队最终在战场上取得了一系列非决定性的胜利，占据了主导地位，但沙普尔认识到，波斯帝国在同有善战传统的罗马的战争中，很难取得决定性的胜利，因此在377年同意双方谈判议和。379年沙普尔去世，在他去世时，亚美尼亚的大部领土、罗马所属的美索不达米亚都划进了波斯的版图，波斯的东北部边境也向外推进了许多。

沙普尔是一位精力充沛、积极进取和能力出众的军人，他将波斯的萨珊王朝发展到了鼎盛时期，但是他所采取的同罗马敌对的政策，导致了以后同罗马的战争，最终严重削弱了波斯的力量。

DLB

参考：Christensen, A., L'Iran sous les Sassanides. Copenhagen, 1944.

Gagé, Jean, La montée des Sassanides. Paris, 1964.

Nöldeke, T., Geschichte der Perser und Araber zur zeit der Sasaniden. Berlin, 1879.

Sykes, Sir Percy, A History of Persia. 2 vols. 2d ed., London, 1921.

EB.

EMH.

沙龙，阿里尔(Sharon, Ariel, 生于1928年) 以色列政治家、将军。参加主要战争：第一次中东战争（1948—1949年）、西奈战争（1956年）、“六五”战争（1967年）、十月战争（1973年）、以色列入侵黎巴嫩战争（1982年）；参加主要战役（战斗）：米特拉山隘之战（1956年）、阿布·阿吉拉（阿布·阿韦吉拉）之战（1973年）、以色列横渡运河（在哈姆沙附近）战役（1973年）、黎巴嫩战役（1982年）。

沙龙1928年生于以色列，少年时期（1942年）加入“哈加纳”，1946年成为犹太定居点警察中的一名教官。1948年5月作为“哈加纳”亚历山大德罗尼第三旅中的一名排长参加独立战争，后担任旅情报官，并于1949年初升任连级指挥员。1949—1950年担任第三旅侦察部队指挥官。1951—1952年先后担任中、北部战区情报官。1952—1953年在耶路撒冷希伯来大学学习。1953—1957年间受命组建指挥著名的“一〇一部队”，

S

担负反恐怖重任。在1956年11月的西奈战争期间，他指挥二〇二空降旅受命率先实施机动突击（10月29—31日）。为攻占米特拉山隘，其部一营先头部队于10月29日空降至预定地域。10月31日，在抵达围困山隘的位置后，沙龙率部转而向南发动攻势，同第九旅西奈南端位于沙姆埃尔夏克的以色列海军部队合兵一处。战争结束后，入英国坎伯利参谋学院学习。1958年回国后，任总参谋部训练部教官。1958—1962年任步兵学校校长。1962—1964年任预备装甲旅旅长。1964—1966年任北部军区参谋长。1966—1967年任以色列国防军训部部长。1967年6月5—9日的“六五”战争期间，沙龙指挥西奈方面以军三个装甲师之一，迅速攻克埃军重兵驻守的阿布·阿吉拉要塞（6月5日）后，转而南下纳哈尔，然后向西直插米特拉山隘，同阿弗拉罕·约菲师一部会合。1969—1970年，沙龙指挥了与埃及的消耗战。1973年6月退出现役。同年10月6日十月战争爆发后，又匆忙受命指挥西奈方向的一个装甲师，参加了阻止埃及人第二阶段攻势的作战行动（10月7—8日）。在“中国农场”之战（10月16—17日）和跨越运河突入埃及的行动（10月17—19日）中，沙龙率领所部屡立战功。随后他对伊斯梅利亚的进攻却因埃及人的顽强抵抗而未果。十月战争后，沙龙再次退出现役，进入政界，并于1973年9月参与创建“利库德集团”。1973—1974年和1977年，他两次当选为国会议员。1975—1977年出任总理安全事务顾问。1977—1981年担任农业部部长，主管建立犹太定居点事务。1981—1983年担任以色列国防部长，并在此期间策划并指挥了入侵黎巴嫩南部（1982年6月8—12日）和围攻贝鲁特（6月15日—8月12目）的行动。部分是由于公众的批评，但主要是由于1982年9月发生的血洗萨布拉和夏蒂拉难民营事件，沙龙被迫辞去国防部长职务，但仍是内阁的要员（1983—1984年）。1984年改任商业和工业部部长。1990年改任住房部部长。

沙龙是一位敢作敢为的指挥官，他在中东连绵不断的战争中所取得的战绩与他那桀骜不驯的性格以及他敢于公然抗拒与其意见相左的上级命令的逆反行为同样出名（也许更出名）。此外，他也是一位以色列右翼民族主义团体的著名代言人。

DLB

参考：Dupuy, Trevor N., Elusive Victory: The Arab-Israeli Wars, 1947—1974. Fairfax, Va., 1984.

Dupuy, Trevor N., and Paul Martell, Flawed Victory: The Arab-Israeli Conflict and the 1982 War in Lebanon. Fairfax, Va., 1986.

EB.

EMH.

小谢泼德，勒缪尔·考尼克（Sheperd, Lemuel Cornick, Jr., 1896—1990年） 美国海军陆战队上将。参加主要战争：第一次世界大战（1917—1918年）、第二次世界大战（1941—1945年）、朝鲜战争（1950—1953年）；参加主要战役（战斗）：贝洛林苑（蒂耶里堡附近）、埃纳河-马恩河战役、圣米耶尔战役、默兹-阿尔贡战役（1918年）、开普格洛斯特之战（1943—1944年）、关岛战役（1944年）、冲绳岛战役（1945年）、仁川之战（1950年）。

小谢泼德1896年2月10日生于弗吉尼亚州诺福克。1917年毕业于弗吉尼亚军校。被委任为海军陆战队少尉。1917年6月奉命到法国。同年8月提升为陆军中尉。在贝洛林苑（1918年6月4日）、埃纳河-马恩河（7月18日—8月20日）、圣米耶尔（9月12—16日）、默兹-阿尔贡（9月26—11月11日）战役中随第二陆军师第五海军陆战团作战。7月提升为陆军上尉。1919年执行占领任务后返回国内。1920—1922年在“内华达”号和“爱达荷”号战列舰上服役。1925—1927年任职于诺福克的海军陆战队兵营。1927—1929年随第四海军陆战团在中国服役。1930年在匡蒂科海军陆战学校修完野战军官课程后毕业。1930—1934年在海地服役。1932年4月提升为陆军少校，1935年7月升陆军中校。1934—1936年在海军陆战学校任职。1937年从海军军事学院毕业后，在海军舰队指挥第五海军陆战团一个营。1939—1942年分派至海军陆战学校期间，1940年8月升为上校。1942年3月任第九海军陆战团团长。1943年1月任亚历山大将军在瓜达尔卡纳尔的第一海军陆战师副师长。7月提升为准将。12月26日参加海军陆战第一师在开普格洛斯特的登陆作战。1944年4月负责指挥临时第一海军陆战旅。7月21—8月10日率领该部队袭击关岛。9月晋升陆军少将和第六海军陆战师师长，参加冲绳战斗（1945年4月1日—6月22日）。1946年11月—1948年4月任海军陆战队副司令官和参谋长。1948—1950年任美国海军陆战学校校长。1950年6月提升为中将，负责指挥在太平洋的海军陆战队。9月15日，作为道格拉斯·麦克阿瑟将军在侵略朝鲜战争中仁川登陆战的幕僚，为其出谋划策。是登陆后最早飞进金浦机场的美国人之一。1952年1月任海军陆战队司令官，军衔升至上将。担任这一职务直到1956年1月退役。是年还被任命为美洲国家防御委员会主席。在永久退役之前，1956—1957年暂返现役。1990年8月6日卒于加利福尼亚拉霍亚。

KS

参考：Current Biography, 1952.

EB.

WAMB.

谢尔·阿里汗（Sher Ali Khan, 1825—1879年） 阿富汗统治者。参加主要战争：第二次阿富汗战争（1878—1881年）；参加主要战役（战斗）：派瓦尔山口之战（开普尔西出口，1878年）。

谢尔·阿里汗1825年生于喀布尔，是多斯特·穆罕默

德汗的第三个儿子。父亲死后，他抓住机会自封为阿富汗的埃米尔（1863 年 6 月 9 日）。尽管其父已授命他为继承人，但他并不满足于此，积极努力改善对国家的控制颇为脆弱的状况，经过几年的时间，他建立起牢固的统治（1863—1868 年）。虽然最初与英国人的关系尚好，但边界谈判和几次小规模的冲突破坏了这种友谊（1869—1872 年）。他顽固支持俄国的态度以及英国驻印度政府在西北边境重新推行殖民侵略政策导致了第二次阿富汗战争。1878 年 11 月 21 日英军侵入阿富汗，他的部队在派瓦尔山口战役被英军击败（12 月 2 日）。他让自己的儿子阿古柏（雅各布）汗接替自己，并催促马萨尔·谢里夫向俄国求援。遭俄国人拒绝，对此不悦，因焦虑和过分操劳而积劳成疾，1879 年 2 月 2 日卒于马萨尔。

DLB

参考：EB.

EMH.

舍尔沙（Sher Shah，约 1472—1545 年） 阿富汗突厥将军，北印度国王。参加主要战争：舍尔汗暴动（1537—1539 年）、征服德里战争（1539—1540 年）、征服马尔瓦和美华尔（乌贾因和乔德普尔周围地区，1541—1545 年）；参加主要战役（战斗）：恰翁沙之战（1539 年）、卡瑙杰之战（1540 年）、围攻卡宁贾（孟加拉东南部）战役（1545 年）。

舍尔沙约 1472 年生于寒微的阿富汗突厥人之家。成年时代的大部分生活经历不详。后投奔莫卧儿君主胡马雍。大概 1535 年被提升为比哈尔执政。尽管年事已高，但仍雄心勃勃。1537 年率军吞并了孟加拉（大致今孟加拉国地区），将其置于自己的统治之下。不久起来反叛胡马雍。后为在北印度召集不满莫卧儿王朝统治的阿富汗突厥贵族，以此为据点，先是以巧妙的游击战与莫卧儿王朝对抗，随着力量的聚集，发展到 1537—1539 年公开与莫卧儿王朝对阵。1539 年他率军在恰翁沙战役中击溃了胡马雍军队，并派兵向西北追击莫卧儿军队至恒河流域。1540 年在卡瑙杰之战中再次击败胡马雍军队，并将其驱赶到伊朗境内。1540—1541 年，在德里称王，并着手巩固统治。1541—1545 年，他向南部扩张进入德干，征服了马尔瓦和美华尔。此间，他能干且英明，建立了一支健全的常备军队，并致力于许多项意义深远的政府机构改革。1545 年在围攻卡宁贾的战斗中，卒于一次偶然的弹药库爆炸事件。

舍尔沙不仅是一位机智、精力旺盛、能干的将军，而且还是位天才的管理者和杰出的统治者。他非凡的成就都是在 68—73 岁间取得的。

DLB

参考：Prasad，Ishwari，The Life and Times of Humayun. N.P.，1955.

EB.

EMH.

谢里敦，菲利普·亨利（Sheridan，Philip Henry，1831—1888 年） 绰号“小菲利”。美国将军。参加主要战争：美国内战（1861—1865 年）、印第安人的战争（1865—1900 年）；参加主要战役（战斗）：布恩维尔之战（密西西比州，1862 年）、佩里维尔之战（肯塔基州，1862 年）、斯通斯河之战（1862 年）、奇克莫加之战（1863 年）、查塔努加之战（1863 年）、荒原之战（拉皮丹河南部，1864 年）、斯波齐尔韦尼亚郡府之战（1864 年）、冷港之战（里士满附近，1864 年）、温彻斯特之战（弗吉尼亚州）、费希尔山之战（温彻斯特南部，1864 年）和锡达克拉克之战（弗吉尼亚州的斯特拉斯堡附近，1864 年）。

谢里敦 1831 年 3 月 6 日生于纽约州的奥尔巴尼，是爱尔兰后裔。1853 年毕业于西点军校。在和印第安人战争中，在得克萨斯第一步兵团和奥兰治第四步兵团任职。1861 年 3 月晋升中尉，5 月领上尉衔。参加了柯林斯（密西西比）战役（1862 年）。5 月任密歇根州第二骑兵团上校。在袭击密西西比州布恩维尔的战斗（7 月 1 日）中出名，任北方联邦志愿军准将。作为俄亥俄军团第十一师的指挥官，他在比尔指挥的佩里维尔战役（10 月 8 日）和罗斯克兰斯指挥的斯通斯河战役（1862 年 12 月 31 日—1863 年 1 月 3 日）中表现杰出。1863 年（实际是 1862 年 12 月 31 日）晋升为志愿军少将。塔拉霍马战役（1863 年）中在坎伯兰军团任职。奇克莫加战役（9 月 19—20 日）中，指挥第十军支援托马斯的行动，后掩护其撤退，并成功地袭击了米申里奇。1864 年 4 月任波托马克军团骑兵司令。在格兰特指挥下，参加了荒原战役（5 月 5—6 日）和斯波齐尔韦尼亚郡府战役（5 月 8—18 日）。在随后的战斗中，他对敌实施了袭击，摧毁南部同盟军大批辎重和车辆，在托德斯塔夫恩战役（斯波齐尔韦尼亚附近，5 月 7 日）和耶洛塔夫恩战役（5 月 11 日）中击败了斯图尔特。在向夏洛特维尔附近的铁路线机动的过程中，与南部同盟军在豪斯夏普（汉诺威附近，5 月 28 日）和特雷维连车站（路易斯安那附近，6 月 11—12 日）交战。8 月任驻谢南多厄联邦军司令。在谢南多厄地区组织了一次精彩的战役，在温彻斯特战役（9 月 19 日）和费希尔山战役（9 月 22 日）中击败南部同盟军。摧毁了峡谷，使之不为南部同盟军所用。可能是 9 月晋升正规军准将。锡达克拉克战役（10 月 19 日）中，因为他不在营地，部队突遭袭击。尽管处在 32 公里之外，但他骑马疾驰战场，重整部队，击退了敌人。11 月 8 日晋升正规军少将。1865 年 2 月受到国会表扬。从温彻斯特抄袭彼得斯堡（2 月 27 日—3 月 24 日），期间与格兰特会合。3 月 31 日在丁威迪郡府击退敌人，4 月 1 日转向费尔奥克斯李将军的翼侧，4 月 6 日在塞勒克里克（法默维尔附近）俘虏李将军的后方卫队，在阿波马托克斯切断李军退路，4 月 9 日李将军投降。1865 年 5 月—1867 年 3 月，任海湾军区司令。1867

年3月任第五军区司令，9月任密西西比战区司令。1868—1869年，在俄克拉何马州的沃希托河谷攻击印第安人部落，最后发展为在比奇岛（科罗拉多的雷附近，1868年11月）和沃希托河（12月）的战斗。1869年建立沃希托营地（今锡尔堡）。3月晋升中将，任密苏里军区司令。普法战争期间（1870—1871年），任美军与普军的联络官。1876—1877年，攻击了南部平原的印第安人，1876年6月25日在小比格霍恩击败卡斯特。1878年任西部和西南部军区司令。1883年11月晋升陆军上将，1888年6月领四星上将衔。1888年8月5日卒于马萨诸塞州的朗奎特（新贝德福德附近）。

谢里敦聪明、多谋且进取心强。虽然不是一位伟大的战略家，却是一位优秀的战术家。他的个性深受其部下的喜爱，也赢得上司的尊重。他生性直率，直言不讳，其评论足以为证：一是"不携食物于身，即使乌鸦也决不可能从温彻斯特飞抵斯汤顿"；二是"如果地狱和得克萨斯归我所有，我将出租得克萨斯，住在地狱"。

VBH

参考：Davies, Henry E., General Sheridan. New York, 1895.

Hergesheimer, Joseph, Sheridan: A Military Narrative. Boston, 1931.

McClellan, Joseph, Notes on the Personal Memoire of P.H. Sheridan. St. Paul, Minn., 1888.

Sheridan, Philip H., Personal Memoirs. 2 vols. New York, 1888.

谢尔曼，弗洛斯特·派西沃（Sherman Forrest Percival, 1896—1951年） 美国海军上将。参加主要战争：第一次世界大战（1917—1918年）、第二次世界大战（1941—1945年）；参加主要战役（战斗）：所罗门群岛战役（1942—1943年）、吉尔伯特之战（1943年）、马里亚纳群岛战役、特鲁克岛袭击战（1944年）、硫磺岛战役、冲绳岛战役（1945年）。

谢尔曼1896年10月30日生于新罕布什尔州的梅里马克。1914年受命到麻省理工学院学习。1917年6月28日在班内199名学生中以第二名的成绩毕业并被委任为海军少尉。"一战"中在欧洲附近海面服役。1922年在彭萨科拉完成战斗训练，1923—1924年在"阿鲁斯图克"号上第二战斗队服役。1924—1926年回到彭萨科拉任教练。1927年从海军军事学院毕业。1927—1930年在"列克星顿"号和"萨拉托加"号航空母舰上服役。1930—1931年任教于海军军官学院。1932—1933年指挥第一战斗队以前，曾于1931年5月—1932年6月间回到"萨拉托加"航母上任航空部队司令参谋。1933年6月—1936年6月领导军火局航空军火处工作。1936—1937年在"兰杰"号舰上服役，1937—1940年2月连续担任参谋职务。1940年2月—1942年2月在参谋长联席会议办公室战争计划处任职期间，参加1941年8月的大西洋会议。在司令部任参谋职后，被委任为美舰长，指挥"大黄蜂"号航母。在"大黄蜂"号1942年9月15日在所罗门群岛被日本潜艇攻击而沉没后，谢尔曼成为托尔斯上将（太平洋舰队空军司令）的参谋长。1943年4月提升为海军少将，任太平洋舰队和太平洋战区司令尼米兹的副参谋长。在多次主要作战行动的策划中，他都担任很有意义的角色，包括1944年2月在加罗林群岛对特鲁克的空中打击、1945年2—3月和1945年4—6月攻击硫磺岛和冲绳岛的战斗。1945年9月2日参加在东京湾的日本投降仪式，10月指挥第一航母舰队。12月提升为海军中将，并任海军作战部副部长。以此身份在促使1947年《国家安全法案》的出台和1945—1947年武装部队的统一中担当主要角色。1948年1月—1949年11月任美国地中海海军司令，6月改名为第六舰队。1949年11月以海军上将军衔任海军作战部部长，1951年7月22日在意大利那不勒斯参加欧洲防御会议时去世。

作为最年轻的海军作战部长，谢尔曼是一位天才而高效的参谋和策划者。同诺斯塔德将军一起，他还是1947年《国家安全法案》的主要起草人。

DLB

参考：Navy Office of Information, Internal Relations Division typescript, January 28, 1965.

WAMB.

谢尔曼，腓特烈·卡尔（Sherman, Frederick Carl, 1888—1957年） 美国海军上将。参加主要战争：第一次世界大战（1917—1918年）、第二次世界大战（1941—1945年）；参加主要战役（战斗）：珊瑚海之战（1942年）、莱特湾之战（1944年）、硫磺岛战役、冲绳岛战役（1945年）。

谢尔曼1888年5月27日生于密歇根州的胡朗港，1910年毕业于海军军官学院。先后在"蒙大拿"号、"俄亥俄"号、"马里兰"号战列舰上服役。1914年到潜艇供应舰"夏延"号报到，接受潜艇训练（1914—1915年）。1916—1919年先后指挥潜艇"H-2"号和"O-7"号。1920—1940年以西海岸为基地，连续担任海上和岸上职务。1924—1925年和1939—1940年两次入海军军事学院学习。1938年6月提升为海军上校。1938—1939年在运河区科科索洛指挥第三巡逻队。1940年6月任"列克星顿"号航母舰长，执行对拉包尔（1942年2月）、莱城和萨拉马瓦（3月）的早期作战任务。5月5—6日参加珊瑚海战斗，"列克星顿"号被击沉。5月提升为海军少将。夏天，任金上将的副参谋长。10月返回太平洋指挥第十六特遣队，后又指挥包括"企业"号航母在内的第二航母编队。参加援助所罗门群岛战役后，1943年7月指挥以"萨拉托加"号航母为主的第一航母编队，开展对拉包尔的空中攻击，并支援布干维尔登陆（11月1日）和塔拉瓦-贝提欧登陆（11月20—23日）作战。1944年3—8月指挥西海岸空军部队。回到

海上任以“埃萨克斯”号航母为主的第一航母编队和特遣部队司令。10 月 24—26 日参加莱特湾海战。1945 年 2—3 月和 4—6 月参加硫磺岛和冲绳岛登陆战。7 月作为海军中将，指挥第一快速航母特遣舰队和第五十八特遣队。8—9 月占领日本期间仍任原职。1946 年 1—9 月任第五舰队司令。1947 年 3 月退出海军现役。1950 年出版《作战指挥》。卒于 1957 年 7 月 27 日。

KS

参考：Reynolds, Clark G., Famous American Admirals. New York, 1978.

Sherman, Frederick C., Combat Command: The American Aircraft Carriers in the Pacific War. New York, 1950.

谢尔曼，威廉·T.（Sherman, William Tecumseh, 1820—1891 年） 绰号“卡姆普”和“比利大叔”。美国五星上将。参加主要战争：第二次西米诺尔战争（1835—1843 年）、美墨战争（1846—1848 年）和美国内战（1861—1865 年）；参加主要战役（战斗）：第一次布尔溪之战（弗吉尼亚州的马纳萨斯，1861 年）、西洛之战（1862 年）、奇克索布拉夫斯之战（维克斯堡以北，1862 年）、维克斯堡之战（1863 年）、杰克逊之战（密西西比州，1863 年）、查特努加之战（1863 年）、凯纳索山之战（弗吉尼亚州的玛丽埃塔附近，1864 年）、皮奇特里克里克之战（亚特兰大州东北，1864 年）、亚特兰大之战（1864 年）和哥伦比亚之战（南卡罗来纳州，1865 年）。

谢尔曼 1820 年 2 月 8 日生于俄亥俄州的兰开斯特，是俄亥俄州高等法院一位法官的儿子。1840 年毕业于西点军校，任职于炮兵部队。在佛罗里达州参加了抗击西米诺尔人的作战行动，1841 年 11 月晋升上尉。墨西哥战争期间任职于斯蒂芬·卡尼的参谋部（1846—1847 年）。在加利福尼亚州任行政官员，直至加利福尼亚州加入北方联邦（1848 年）。1850 年 9 月任负责粮秣工作的上尉。1853 年辞去军职开办公司。1857 年公司破产后，他到堪萨斯州的利文沃思堡做律师。1859 年 10 月—1861 年 1 月，任亚历山德里亚军事学院（后为路易斯安那州立大学）院长。1861 年 5 月重返军队，任第十三步兵团上校。在第一次布尔溪之战（7 月 21 日）中任旅指挥官。8 月任志愿军准将，10 月任肯塔基州联邦军指挥官。11 月调至西部战区。1862 年 2 月任格兰特田纳西军团的师指挥官，他在西洛战役（4 月 6—7 日）中名声大噪。5 月任志愿军少将。参加了柯林斯战役（密西西比州，5—6 月）和强攻维克斯堡的初始战斗行动，但部队的运输工具经常受骚扰。奇克索布拉夫斯战斗（12 月 29 日）的失败使得他晋升受阻。被约翰·A. 麦克莱伦替代，后指挥密西西比军团的第八军，1863 年 1 月 11 日他率此部队占领阿肯色波斯特。调任指挥田纳西军团第八军，支援格兰特在维克斯堡的作战行动（1—7 月），5 月 14 日占领杰克逊。7 月任正规军准将，援救罗斯克兰斯被包围在查塔努加的军队，10 月继格兰特任田纳西军团司令。支援托马斯的坎伯兰军团，率联邦军左翼部队参加了查塔努加战役（11 月 24—25 日）。12 月援救被包围在诺克斯维尔的伯恩赛德。1864 年 3 月任密西西比军区司令，此军区包括坎伯兰、田纳西和俄亥俄三个军团。整顿他的部队（约 10 万人），为配合格兰特进攻弗吉尼亚，强攻亚特兰大（5 月 4 日）。他率部在 74 小时内向前推进了 160 公里，追击在他前方的约翰斯顿，进行了多尔顿战役（佐治亚州，5 月 8—12 日）、雷萨卡战役（卡尔洪附近，5 月 13—16 日）、纽霍普教堂战役（马里塔附近，5 月 24—28 日）和达拉斯战役（马里塔附近，5 月 25—28 日）。尽管在凯纳索山战役（6 月 27 日）中被击败，但他在皮奇特里克里克战役（7 月 20 日）和以斯拉教堂战役（亚特兰大州西北，7 月 28 日）中击败了胡德，并于 9 月 2 日占领亚特兰大。焚烧了这座城后，他开始了著名的进军大海行动（11 月 16 日），其行动造成的破坏区域长达 106 公里。11 月 21 日占领萨凡纳。1865 年 2 月 1 日对南北卡罗来纳进行了一次强攻，2 月 17 日占领了南卡罗来纳州的哥伦比亚，此城后来被焚毁（他为此受到谴责，而退却的叛乱部队实应对此事负责）。在本顿维尔（北卡罗来纳的牛顿格罗夫附近，3 月 19—20 日），他抵抗了约·埃·约翰斯顿的一次令人惊奇的攻击。占领罗利（4 月 13 日）后，他在北卡罗来纳州的达勒姆车站附近接受约翰斯顿的投降（4 月 26）。6 月任密苏里军区司令，1866 年 6 月晋升中将。率外交使团赴墨西哥，未能完成外交使命（1866 年）。1869 年 11 月—1883 年 3 月，晋升上将，任陆军总司令。1875 年出版了自己的回忆录。1880 年 8 月 11 日在俄亥俄的哥伦布作了一次的著名演讲，题为《战争是地狱》。在堪萨斯州的利文沃思堡建立训练中心。1884 年 2 月退役。他不屑从政，拒绝担任共和党的总统候选人（1884 年），1891 年 2 月 14 日卒于纽约城。

谢尔曼是一位聪明、进取心强且有丰富想象力的指挥官和行政官员。作为一位追求完美的军人，他着力提高部队的训练和技术水平并大胆预言，自动武器的发展和应用将缩短战争周期，因为战斗已不需要人们付出太长的时间。在佐治亚战役期间，他使用了现代“全面战争”的概念，在美国对此概念的运用他是第一人，不过他也因此招致许多批评。1944 年 12 月恢复陆军五星上将军衔，他也是最后一位荣获此衔的军官。

VBH

参考：Lewis, Lloyd, Sherman, Fighting Prophet. New York, 1932.

Liddell Hart, Sir Basil H., Sherman: Soldier, Realist, American. New York, 1929.

Sherman, William T., Memoirs. 2 vols. New York, 1875.

Walters, John B., Merchant of Terror: General Sherman and Total War. Indianapolis, 1973.

S

柴田胜家(Shibata,Katsuie,1522—1583年) 日本将军。参加主要战争：统一战争（1550—1615年）；参加主要战役（战斗）：岐阜之战（1567年）、长筱之战（1575年）、能登之战（1582年）。

柴田胜家1522年生于名古屋附近，织田家族一个仆人的儿子。1557年加入织田信长所部后，很快便在不断的战斗中作为一个能干的指挥和织田主要部下之一而崭露头角。1560年7月同今川作战。1575年6月在长筱指挥织田部队左路，击败健田。1575—1576年和1580年分别在越前和加贺参加对佛教徒僧侣的战役。1682年在能登作战，6月21日当得知织田被谋杀后，便带兵挺进。使其极度烦恼的是，在7月4日丰臣秀吉击败并杀了凶手之后他才赶到。柴田胜家同丰臣秀吉的竞争演变为公开的战争，并在1583年6月的战斗中被击败。退至其城堡，在点烧整座城堡后，与妻子一同自杀。

柴田胜家是能干而勇敢的将军，值得一提的还有他与德川的妹妹结了婚，其长女嫁给了丰臣秀吉，最小的三女儿嫁给了德川家康的三儿子。

LH

参考：Dening, Walter, The Life of Toyotomi Hideyoshi. London, 1930.

Elison, George, and Bardwell K. Smith. eds., Warlords, Artists and Commoners. Honolulu, 1981.

Sadler, A. L., The Maker of Modern Japan: A Life of Tokugawa Ieyasu. London, 1937.

Sansom, George, A History of Japan, 1334—1615. Stanford, Calif., 1961.

柴山矢八(Shibayama, Yahachi, 1850—1924年) 日本海军上将。参加主要战争：复位战争（1868年）、中日甲午战争（1894—1895年）和日俄战争（1904—1905年）。

秦始皇（嬴政）(Shih Huang-Ti, 公元前259—前210年) 中国秦朝皇帝。参加主要战争：统一中国（公元前247—前210年）。

秦始皇生于公元前259年，名义上是秦庄襄王的儿子，但实质上是秦国宰相吕不韦之子（此说在学术上尚无定论，仅供参考——编者注），其名字叫嬴政。公元前247年成为秦国国王，并开始实行军事扩张政策。他的军队的基本力量是强大的重骑兵部队，公元前247—前222年间，他率领这支军队，同中国的其他诸侯国，以及入侵中国北方的匈奴和大月氏人进行了长达四分之一世纪的战争，进行了一系列作战，最终完全控制了现今中国的绝大部分地区。公元前222—前221年建立了秦王朝，宣布自己为中国的皇帝，称为“始皇帝”（意为中国的第一个皇帝），据信英文“China”（中国）即源于“Ch'in”（秦）这一朝代名。在他的决策和指导下，实施了对匈奴的作战，而后沿着北部边境建造了一条防御城墙，将原来在战国时期各个诸侯国分散建造的城墙连接起来，组成一条完整的“长城”。除此之外，秦始皇统治时期还十分重视发展国内经济，这主要得益于其宰相李斯。当时所采取的政策主要包括修筑道路和运河、统一货币、度量衡和文字，以及进行行政和法律改革等。秦始皇残酷地对待政治上的反对者及推行愚民政策（焚书、坑儒）。卒于公元前210年。

秦始皇统一了中国，并建立了中华帝国体制，这种体制一直延续了长达两千多年的时间，尽管这期间几经修改，但其基本的体系一直保留到1911年。他是一位精力充沛、勇于进取、足智多谋的军事家，也是一位能力出众的统治者，但有些粗鲁、残忍和心术不正，并受迷信的影响。

DLB

参考：Bodde, Derk, China's First Unifier: A Study of the Chin Dynasty as Seen in the Life of Li Ssu (280? —208 B.C.). Leiden and Brill, 1938.

Chavannes, E., Les Mémoires historiques de Sse-ma Tsien. 5 vols. 1895—1905. Paris, 1967.

EB.

史可法(Shih Ko-fa, 1601—1645年) 中国明朝政治家、将军。参加主要战争：抵抗满族的征服（1618—1659年）。

史可法是河南祥符人，生于公元1601年，接受过传统教育，并在科举考试中中进士。后升任明朝南京的兵部尚书。明朝都城北京先后落入李自成和满族贵族之手（1644年5月）后，他奉命率一支小部队前往扬州。清朝兵临扬州城下后，史可法在主城墙被突破之前坚守了七天。他曾试图自杀，但为部将所止，后被俘（1645年5月）。清朝统治者仰慕其才，竭力劝其归顺。史可法坚定忠于明朝，不为清朝统治者的利诱所动，后被处死（1645年夏）。

PWK

参考：Michael, Franz, The Origins of Manchu Rule in China. Baltimore, Md., 1942.

石达开(Shih Ta-Kai, 1831—1863年) 中国清朝农民起义将领。参加主要战争：太平天国起义（1850—1863年）；参加主要战役（战斗）：大渡河之战（1863年）。

石达开1831年生于广西客家的一个富裕家庭，接受传统的教育，但未通过科举考试。他背叛家庭，参加了尚处萌芽状态的太平天国运动（1850年前），1851年被封为翼王。在向南京进发和占领南京（1853年）的过程中，在杨秀清的手下指挥一个纵队。1853—1856年，对西部的朝廷军队发动了一场非决定性的战役。韦昌辉诛杀杨秀清之后，他返回南京，抗议韦昌辉对杨秀清部下进行的大规模的残酷屠杀（1856年秋）。当韦昌辉杀其全家作为回应时，他回师南京，到达南京时却已发现韦昌辉的人头被挂在城门的一根长矛上。1856—1857年，任太平天国“电师通军主将义王”，提理政务。因对太

平天国的内讧深感失望，率 20 万名部下离开南京开赴西部。其足迹踏遍了中国的西部，又拥有了许多新的追随者，但一直未建立起一个新的大本营（1857—1863 年）。经常被朝廷军队袭击，其日渐衰竭的军队最终在四川的大渡河陷入绝境。几次突围失败以后，他被俘。1863 年末在成都就义。

石达开是最受爱戴的太平天国运动领袖，他富有才干，足智多谋。即使最后时刻对太平天国运动丧失信心，他也拒绝向朝廷乞怜。

PWK

参考：Michael, Franz, The Taiping Rebellion: History and Documents, Vol. Ⅱ. Seattle, 1971.
Michael, Franz, and Chang Chang-li, The Taiping Rebellion: History and Documents, Vol. Ⅰ. Seattle, 1966.
Teng, Ssu-yü, New Light on the History of the Taiping Rebellion. Cambridge, Mass., 1950.

岛田繁太郎（Shimada, Shigetaro, 1883—?） 日本海军上将、军国主义者。参加主要战争：第二次世界大战（1941—1945 年）。

岛村早男（Shimanura, Hayao, 1858—1923 年） 日本海军上将。参加主要战争：中日甲午战争（1894—1895 年）和日俄战争（1904—1905 年）；参加主要战役（战斗）：鸭绿江之战（1894 年）和对马海战（1905 年）。

岛村早男 1858 年生于土佐，即现在的高知县。1880 年毕业于海军大学。作为一名低级军官，他获选担任参谋工作。1888—1891 年，在英国学习，任皇家海军舰队的观察员。中日甲午战争期间（1894 年 8 月—1895 年 4 月），任常备舰队参谋。随“松岛”号巡洋舰参加了鸭绿江海战，战斗中受伤（1894 年 9 月 17 日）。战后担任了一系列的参谋之职，义和团运动期间（1900—1901 年），指挥“须磨”号巡洋舰及海军陆战队侵占天津。日俄战争爆发时（1904 年初），晋升海军少将。任第一舰队司令官。在对马海战中，乘“岩手”号巡洋舰指挥第二舰队中的第二战斗分遣队（1905 年 5 月 26 日）。1908—1909 年，任海军大学校长。1914—1920 年，任海军总参谋长。1915 年晋升海军上将。卒于 1923 年，死后被追授为海军大将。

岛村早男是现代日本海军主要战略家之一。

岛津义广（Shimazu, Yoshiliro, 1535—1619 年） 日本将军。参加主要战争：统一战争（1550—1615 年）、侵略朝鲜战争（1592—1598 年）；参加主要战役（战斗）：关原之战（1600 年）。

岛津 1535 年生于九州南部。1555—1586 年与其兄长岛津喜寿在其家族征服九州过程中并肩作战。1587 年成功地阻止了丰臣秀吉初始的进攻。后丰臣秀吉以压倒兵力最终击溃岛津家族，但却允许他们保有自己的领地，并迫使其兄退役，让义广替之，以使岛津家族支持丰臣势力。1598 年夏丰臣秀吉入侵朝鲜期间领导一个陆军师团，表现勇敢。1600 年 10 月 21 日在关原之战中同德川家康作战，当德川获胜后，被迫将家族领导权交与儿子。卒于 1619 年。

LH

参考：Dening, Walter, The Life of Toyotomi Hideyoshi. London, 1930.
Hall, John W., and Marius B. Jensen, eds., Studies in the Institutional History of Early Modern Japan. Princeton, N.J., 1968.
Sadler, A. L., The Maker of Modern Japan: The Life of Tokugawa Ieyasu. London, 1937.

岛津喜寿（Shimazu, Yoshihisa, 1533—1611 年） 日本将军。参加主要战争：统一战争（1550—1615 年）。

盐泽弘一（Shiozawa, Koichi, 1881—1943 年） 日本海军上将、军国主义者。参加主要战争：日本侵华战争（1931—1932 年）；参加主要战役（战斗）：侵略上海之战（1932 年）。

白川义则（Shirakawa, Yoshinori, 1868—1932 年） 日本将军、军国主义者。参加主要战争：中日甲午战争（1894—1895 年）、日俄战争（1904—1905 年）。

肖特，瓦尔特·坎伯尔（Short, Walter Campbell, 1880—1949 年） 美国陆军上将。参加主要战争：墨西哥侵略战争（1916—1917 年）、第一次世界大战（1917—1918 年）、第二次世界大战（1941—1945 年）；参加主要战役（战斗）：埃纳河-马恩河战役、圣米耶尔战役、默兹-阿尔贡战役（1918 年）、珍珠港战役（1941 年）。

肖特 1880 年 3 月 30 日生于伊利诺伊州菲莫尔（拉姆齐附近）。1901 年毕业于伊里诺伊大学。1902 年 3 月委任为陆军少尉。在西南战区服役几年后，于 1907 年提升为陆军中尉并奉命去菲律宾服役。1913 年进入俄克拉何马州锡尔堡步兵射击学校之前，在阿拉斯加服役。1916 年 3 月—1917 年 2 月参加潘兴将军的墨西哥侵略军。1916 年 7 月提升为陆军上尉。1917 年 7 月受命随第一陆军师到法国。在潘兴将军的司令部担任参谋职务。后任第三集团军参谋长。参加埃纳河-马恩河（1918 年 7 月 18 日—8 月 5 日）、圣米耶尔（9 月 12—16 日）、默兹-阿尔贡（9 月 26 日—11 月 11 日）作战行动。1919 年回到美国之前晋升临时陆军少校。1919—1921 年在利文沃思堡参谋和指挥学院任教官期间，提升为陆军少校（1920 年）。1922 年出版教材《机枪的使用》。1923 年晋升为陆军中校。1925 年毕业于陆军军事学院。1925—1928 年在波多黎各第六十五步兵团服役。1928—1930 年

S

回到利文沃思堡继续任教官。1930—1934 年在陆军部印度事务局任职。1934 年提升为陆军上校。1934—1936 年在杰弗逊兵营（圣路易斯）指挥第六步兵团。1936 年任本宁堡（佐治亚州）步兵学校助理校长。12 月提升为准将。1937 年在纽约指挥第一陆军师的一个旅。1938 年 7 月—1940 年 10 月指挥第一陆军师。1940 年军事演习时指挥一个临时军。1940 年 11 月提升为陆军少将，指挥第一军。1941 年 1 月负责夏威夷战区事务，2 月提升为临时陆军中将。1941 年 12 月 7 日珍珠港突袭战不久即调离指挥岗位。由于罗伯特调查团有关他和基梅尔海军上将缺乏判断、玩忽职守的报告，1942 年 2 月 28 日奉命退役。后来在 1946 年著名的议会联合调查委员会的报告中，免除了对他的指责，但却维持他们在判断上犯了严重错误的结论。1942—1946 年在福特汽车公司工作直到健康状况恶化才退职。1949 年 9 月 3 日卒于得克萨斯的达拉斯。

作为一位有相当能力的参谋和行政军官，肖特更多的是在于外表而不是实质方面给人以深刻印象。虽然在某种程度上是由于华盛顿指令而为敌所乘，但他在夏威夷的防御准备显然也是不充分的。

KS amd DLB

参考：Beard, Charles A., President Roosevelt and the Coming of War, 1941. New Haven, Conn., 1948.

Melosi, Martin V., The Shadow of Pearl Harbor: Political Controversy over the Surprise Attack, 1941—1946. College Station, Tex., 1977.

Prange, Gordon, At Dawn We Slept. New York, 1981.

U. S. Congress, Report of the Joint Committee on the Pearl Harbor Attack. Washington, D. C., 1946.

肖普，戴维·门罗（Shoup, David Monroe, 1904—1983 年） 美国海军陆战队上将。参加主要战争：第二次世界大战（1941—1945 年）；参加主要战役（战斗）：塔拉瓦之战（1943 年）、塞班之战、提尼安岛之战（1944 年）。

肖普 1904 年 12 月 30 日生于印第安纳州巴特尔格朗德。从德波维大学毕业之后，1926 年 6 月被委任为海军陆战队少尉。在此后的 15 年里，他在不同的职位上任职，包括在“马里兰”号战列舰服役（1929—1931 年）、1934 年 11 月—1936 年 6 月随第四海军陆战团在北京和上海、1937 年 7 月—1940 年 6 月在弗吉尼亚州匡蒂科海军陆战队学校学习和任教，以及 1941 年 5 月随第六海军陆战团在冰岛等。1941 年 4 月升任陆军少校，10 月第一海军陆战旅在冰岛组建时任指挥官，1942 年 2 月为该旅第二营营长。3 月该旅解散后，7 月成为第二海军陆战师助理作战和训练官，8 月被晋升为陆军中校。1942 年 9 月—1943 年 11 月在新西兰任第二海军陆战师三号长官（作战和训练官）。1942 年 10 月第十七集团军在瓜达尔卡纳尔反攻期间及 1943 年 7 月 2 日—8 月 25 日在新佐治亚的攻击行动中，肖普先后随第一海军陆战师和第四十三步兵师作为观察员亲临战场。1943 年 11 月提升为上校，11 月 20—24 日在血腥的塔拉瓦袭击战中任第二海军陆战团指挥官（增援部队），后来因为在这场艰苦战斗中的英勇表现和领导才能而获国会荣誉勋章。1943 年 12 月任第二海军陆战师参谋长，参加 1943 年 6 月 15 日—7 月 13 日和 7 月 21 日—8 月 10 日夺取塞班及提尼安的战斗。1944 年 10 月—1947 年返回美国并任职于海军陆战队司令部。1947 年 6 月—1949 年任太平洋海军陆战队勤务司令部司令，后于 1949 年 6 月—1950 年任第一海军陆战师参谋长。1950 年 6 月—1952 年任匡蒂科海军基础学校校长。1952 年 4 月—1953 年任海军陆战司令部代理财务部长，后升为财务部长（1953 年 7 月—1956 年）。1955 年 9 月提升为少将。1956 年 5—9 月任新兵训练首席监察官。1957 年 6 月—1958 年在加利福尼亚彭得尔顿兵营指挥第一海军陆战师，1958 年 3 月—1959 年在冲绳领导第三海军陆战师。1958 年 10—11 月临时担任南卡罗来纳州帕里斯岛海军陆战队新兵训练基地司令，1959 年 11 月提升为中将，并被任命为海军陆战队参谋长。1960 年 1 月离开参谋长职任海军陆战队司令，直到退役。1963 年 12 月退役到弗吉尼亚的阿灵顿，卒于 1983 年 1 月 3 日。

DLB

参考：Marine Corps Headquarters biographical typescript, early 1964, provided by Marine Corps Historical Center.

WAMB.

肖维尔，克劳兹利（克劳迪斯利）爵士（Shovell 〈shovel〉, Sir Cloudesley〈Clowdisley〉, 1650—1707 年） 英国海军将领。参加主要战争：第二次（1665—1667 年）与第三次（1672—1674 年）英荷战争、奥格斯堡同盟战争（1689—1697 年）、西班牙王位继承战争（1701—1714 年）；参加主要战役（战斗）：班特里湾之战（1689 年）、拉乌格（巴夫勒尔附近海域）之战（1692 年）、维哥之战（1702 年）、直布罗陀之战（1704 年）。

肖维尔（1650 年 11 月 25 日）生于诺福克的科克索普（布莱克尼附近）。后在其亲属——克里斯托弗·米恩斯爵士的照料下出海（1664 年）。洛斯托夫特之战（1665 年 6 月 13 日）中表现突出，曾泅水为两艘英国军舰传递信息（这一故事可能不足为信）。他钻研航海知识，获得快速晋升。晋升为约翰·马尔波罗爵士麾下的上尉（1674 年）后，曾烧毁位于的黎波利城墙下的四艘海盗战船。在地中海地区服役多年（1674—1688 年），后参加了班特里湾之战（1689 年 5 月 10 日），时任有 70 门大炮的“埃德加”号军舰舰长。不久后因功受封为骑士，曾护送国王威廉三世从英格兰前往爱尔兰（1690 年 3 月）。同年底被任命为海军蓝舰队少将。晋升为红舰队少将（1692 年）后供职于拉塞尔爵士的海峡舰队。拉乌

格之战（1692 年 5 月 29 日）中，他率所部小型舰队通过法军编队的空隙，以这一机动破坏了图尔维尔将军的队形。拉塞尔退役后，他与基利格鲁将军和拉尔夫·德拉瓦尔将军一起共同指挥海峡舰队。随爵士、乔治·鲁克将军在维哥湾参加了夺取西班牙珠宝船队的作战（1702 年 10 月 14 日），后将俘获的珠宝运往英国。协助鲁克进行了短暂并取得胜利的直布罗陀围城战（1704 年 7 月 31 日—8 月 28 日）。后升任地中海舰队总司令，为围攻并夺取巴塞罗那的作战（1705 年 9 月 18 日—10 月 6 日）提供了海上支援。率海军部队参加对土伦的远征未获成功（1707 年 10 月）。之后，他的旗舰"联盟"号在锡利群岛附近失事，全体舰员丧生（1707 年 10 月 22 日）。第二天他的尸体漂至岸边，后葬于伦敦威斯敏斯特教堂。

肖维尔是一位富有经验和冒险精神的海军指挥官，也是一位杰出的部将。他在支援巴塞罗那围城战中的行动显示出灵活性和进攻性。

DLB

参考：Cooke, J. H., Shipwreck of Sir Cloudesley Shovel. Gloucester, 1883.

Life and Glorious Actions of Sir Cloudesley Shovel. London, 1707.

施拉普奈尔，亨利（Shrapnel, Henry, 1761—1842 年） 英国将军。参加主要战争：法国大革命战争（1792—1799 年）、拿破仑战争（1800—1815 年）；参加主要战役（战斗）：敦刻尔克围城战（1793 年）。

施拉普奈尔（1761 年 6 月 3 日）生于威尔特郡埃文河畔的布拉德福德，为扎卡赖什·施拉普奈尔的唯一存活的小儿子。在皇家炮兵中被授予少尉（1779 年 7 月 9 日）。服役于纽芬兰（1780—1784 年）期间晋升为中尉（1781 年 12 月）。回到英国后，开始进行炮兵弹药的试验，最后发明了以其名字命名的一种爆炸炮弹。后服役于直布罗陀（1787—1791 年）和西印度群岛（1791—1793 年），此后在佛兰德效力于约克公爵麾下，并在敦刻尔克围城战（9 月）中负伤。从荷兰回国后，逐级从上尉（1795 年 10 月）、少校（1803 年 11 月）晋升为中校（1804 年 7 月）。后两次晋升是英军采用了他二十年来研制出的球形霰弹的结果。1804 年底，他被任命为驻伍利奇炮兵的副总监，并在那里工作多年，完善其炮弹和改进其它炮兵发明，先后晋升为上校（1813 年 6 月）和少将（1819 年 8 月），但其他荣誉却姗姗来迟，在经济拮据并提醒他人其大部分研制经费均出自其本人之后仅获得每年 1200 英镑的津贴（1814 年）。他退出现役（1825 年 7 月 29 日），但在退役军官名单上名列中将军衔（1837 年 1 月）。卒于其在南安普顿的家中（1842 年 3 月 13 日）。

施拉普奈尔的爆炸霰弹——亦称施拉普内尔榴霰弹——是一项杰出的发明，它爆炸时弹片散布范围广，对开阔地形上的列队部队特别具有杀伤力。他从不认为他因发明而受到了应得的奖励。未能受封为贵族是他死前的一大憾事。

DLB

参考：DNB.

EMH.

施鲁兹伯里第一伯爵，约翰·塔波特（Shrewsbury, John Talbot, 1st Earl of, 约 1384—1453 年） 英格兰军人。参加主要战争：欧文·格兰道尔起义（1400—1413 年）、英法百年战争（1337—1453 年）；参加的主要战役（战斗）：帕泰之战（1429 年），卡斯蒂永之战（多尔多涅，1453 年）。

施鲁兹伯里第一伯爵是塔波特第四勋爵理查德和布莱克默斯特兰奇最后一代勋爵之女继承人安卡里特的次子，在威尔士服役，参加镇压 1400—1413 年间爆发的欧文·格兰道尔起义，特别是在 1404 年之后，他极可能参加了对莫蒂默和诺森伯利亚伯爵的作战。亨利四世死，其子亨利五世即位后，代理爱尔兰总督，并在那里任职五年（1414—1419 年）。后来被派往法国，成为英法百年战争后期英格兰军队的主要将领之一。在 1424 年 8 月 17 日进行的韦尔讷伊之战中崭露头角。其后出任爱尔兰首席法官。其间，他哥哥的女儿去世，他于 1421 年成为塔波特和斯特兰奇男爵。1426 年重返法国，参加 1428 年 10 月 12 日—1429 年 5 月 7 日的奥尔良围攻战，未获成功。1429 年 6 月 19 日所率领的数量较小的军队，连同约翰·法斯托尔夫的部队在帕泰为贞德的军队击溃，他本人亦被俘。1429—1433 年度过四年监禁生活。人们认为，他获释是因为他发誓不再武装反对法王，以后也决不披坚执锐。1433 年与其第二个妻子沃里克伯爵理查德·波香之女玛格丽特结婚。尽管军队数量不足，1435 年他仍攻克了博韦，并授封博韦伯爵。1435 年参加在巴黎外围进行的圣伯尼防御战。1436 年镇压科德贝克周围地区发生的起义。因此功绩，英格兰国王亨利四世任命他为法国元帅。在其后五年时间里，他以强有力的作战，指挥日益衰落的军队坚守英格兰在法国的阵地（1436—1442 年）。1437 年在勒克罗图瓦附近击败勃艮第军队，1440 年侵占阿夫勒尔。1442 年 5 月间回返英格兰期间，被封为萨洛普（或称施鲁兹伯里伯爵）。1443 年冬部队内部发生骚乱（可能是兵变），被迫撤围迪耶普。1445—1447 年再度出任爱尔兰代理总督。1449 年协助防守鲁昂，抵抗法军进攻，并于此间被俘。1449—1450 年间，被作为人质监禁在法国。1452 年夏奉命指挥救援加斯科涅的远征。1452 年 10 月在梅多克地区登陆，至 1453 年夏初，他不仅侵占了波尔多，而且也侵占了弗龙萨克（利布尔讷附近）。被围的卡斯蒂永城求援，他挥师前往救援。仓促率骑兵和先头部队前进，不待炮兵和步兵赶到即于 1453 年 7 月 17 日对筑有防御工事的法军阵地发起进攻，他及所率的部队大多阵亡。此次失败标

S

志着英格兰对基恩统治的终结。

施鲁兹伯里伯爵是一位勇敢、富有活力和进攻精神的军人，他善于组织指挥小规模袭击、围攻和突击行动，但是他没有能力驾驭大规模作战。

DLB

参考：Burne, Alfred H., The Agincourt War. London, 1956.

Oman, Sir Charles W. C., The Art of War in the Middle Ages. 2 vols. London, 1924.

Talbot, Hugh, The English Achilles: An Account of the Life and Campaigns of John Talbot, 1st Earl of Shrewsbury(1383—1453). London, 1981.

Vale, Malcolm Graham Allan, English Gascony, 1399—1453. London, 1970.

希伯特，富兰克林·卡明斯（Sibert, Franklin Cummings, 1891—?） 美国将军。参加主要战争：第二次世界大战（1941—1945年）；参加主要战役（战斗）：第一次缅甸战役（1941—1942年）、新几内亚战役（1943—1944年）、菲律宾战役（1945年）。

西姆科，约翰·格雷夫斯（Simcoe, John Graves, 1752—1806年） 英国将军。参加主要战争：美国独立战争（1775—1783年）；参加主要战役（战斗）：布兰瓦恩（宾夕法尼亚）之战（1777年）、蒙茅斯（新泽西的弗里霍尔德附近）之战（1778年）、波因特夫福克斯（福克尤宁附近）之战、斯潘塞斯塔弗恩（威廉斯堡以西）之战、约克镇之战（1781年）。

西姆科（1752年2月25日）生于北安普顿郡的科特斯托克（昂德尔附近），一位阵亡于魁北克之战（1759年）的海军上校的儿子。在第七十一步兵团中被授予军官候补生（1771年）之前曾就学于埃克塞特、伊顿和牛津。后随其团到达波士顿（1775年），同年底晋升为第四十步兵团上尉。布兰瓦恩之战（1777年9月11日）中受重伤。晋升为少校后被任命为“女王巡逻队”（一支由骑兵和步兵混编而成的亲英部队）的队长（10月15日）。指挥巡逻队在宾夕法尼亚和新泽西进行了一系列作战（1778年春）。参加了蒙茅斯战役（6月），晋升为“当地军衔”的中校。率部参加了攻占斯托尼波因特（纽约）和弗普兰克斯波因特（与斯托尼波因特隔哈德逊河相望）的战斗（1779年6月1日）。在一次袭击战后返回新泽西的萨默塞特县城途中遇伏击受伤并被俘（10月17日）。换回（12月31日）后与本尼迪克特·阿诺德一起被派往南方的弗吉尼亚（1780年）。他在那里的作战非常成功：在里士满打败了民兵（1781年1月5日）；在查尔斯市之战（1月8日）、彼得斯堡之战（4月25日）中获胜；还在波因特夫福克斯成功地袭击了施托伊本的部队（6月5日）；后又在斯潘塞斯塔弗恩之战（6月26日）中获胜。约克镇围城战（9月28日—10月19日）期间，他担任驻约克河北岸的格洛斯特的部队指挥官。晋升为上校（12月19日）。后退隐于英国多年。被任命为上加拿大（安大略）的第一副总督（1791年）。就职（1792年7月）后一直任职到被任命为圣多明各的少将司令（1796年10月3日）。返回英国（1797年7月），后晋升为中将（1798年10月3日）。担任普利茅斯司令以防备法军的入侵（1801年）。被派往印度出任总司令（1806年）。转赴里斯本执行外交使命时，患病归国，1806年10月26日卒于埃克塞特。

西姆科是能干而勇敢的突击兵指挥官，曾获得相当的胜利，弗吉尼亚战役中尤为如此。他在上加拿大的任职——其标志是以过激言词攻击美国——总体上是有所作为的，并表现出了殖民者的本质。他在圣多明各的任职也取得了显著的成就。他改革了当地的行政并成功地进行了一场战役。

Staff

参考：Boatner, Encyclopedia.

Cruikshank, E. A., ed., Correspondence of John Graves Simcoe. 5 vols. London, 1923—1931.

Riddell, W. R., Life of John Graves Simcoe. London, 1926.

Simcoe, John Graves. Military Journal of the Operations of the Queen's Rangers. 1787. Reprint, London, 1844.

DNB.

EB.

希姆奈尔，兰伯特（Simnel, Lambert, 约1476—1534年） 英国王位觊觎者。参加主要战争：红白玫瑰战争（1455—1487年）；参加主要战役（战斗）：塔兰托突袭（1487年）。

辛普森，威廉·胡德（Simpson, William Hood, 1888—1980年） 美国陆军上将。参加主要战争：第一次世界大战（1917—1918年）、第二次世界大战（1941—1945年）；参加主要战役（战斗）：圣米耶尔战役、默兹-阿尔贡战役、布勒斯特战役（1944年）、齐格菲防线（西线壁垒）战役（1944—1945年）、莱茵战役、鲁尔战役（1945年）。

辛普森1888年5月19日生于得克萨斯州的韦瑟福德。1909年作为步兵少尉毕业于西点军校。1910—1912年在菲律宾第六步兵团服役。在旧金山任职以后，1916年3月—1917年2月参加潘兴将军的墨西哥侵略军。1917年5月提升为陆军上尉。一战中在第三十三陆军师服役，晋升为临时陆军中校和师参谋长，并于1918年9月12—16日在圣米耶尔、9月26日—11月11日在默兹-阿尔贡战役中参战。结束占领任务后回到格兰特兵营（伊利诺伊州罗克福德）任第六陆军师参谋长。1920年6月恢复陆军上尉衔后随即被提升为陆军少校。1920—

1922年在战争部任职。1924年在本宁堡步兵学校毕业，1925年毕业于莱文沃思堡指挥和参谋学院。1925—1927年在第十二步兵团指挥一个营。1927—1928年进入陆军军事学院学习。1928—1932年在总参谋部任职。1932—1936年在加利福尼亚的波马那学院后备役军官训练团任职。1934年10月提升为陆军中校。1936—1940年在陆军军事学院任教官。1938年9月升陆军上校。1940年8—10月在得克萨斯指挥第九步兵团。10月提升为准将并任第二陆军师的副师长。1941年9月作为陆军少将，指挥第三十五步兵师（1941—1942年）。1942年5—7月在南卡罗来纳指挥第三十陆军师。9月被任命为新编第十二军军长。1943年10月升为陆军中将。1944年1月在西海岸指挥第四集团军，并随之迁往得克萨斯和他的参谋一道去英国组织第八集团军。5月又被改编为第九集团军，9月5日即作为布莱德雷的第十二集团军群的一部分在布勒斯特参加战斗。9月20日布勒斯特陷落，他的部队即被调往东部齐格菲防线地区，并参加了1944年10—12月的艰苦战斗。1945年1—3月莱茵地区部分肃清后，3月24日辛普森和第九集团军横渡莱茵河，向鲁尔北部而后是南部和东部挺进，4月1日同合围鲁尔的霍奇斯第一集团军会合。4月12日，第九集团军部队成为第一支横渡易北河的美国部队。6月执行短暂的占领任务后回到美国。7月带领一个使团到中国。10月在田纳西指挥第二集团军，1946年6月一道转至巴尔的摩。11月退役，但在1954年7月退役名单上晋升为陆军上将。1980年8月15日卒于得克萨斯的圣安东尼奥。

作为一位能干而可信赖的指挥官，辛普森带领他的部队作为蒙哥马利陆军元帅的第二十一集团军群一部通过齐格菲防线，1944年11月16日—12月15日在施特根森林进行了一场最艰难困苦的战斗。

KS

参考：Current Biography, 1945.

WAMB.

西蒙斯，威廉·索登（Sims, William Sowden, 1858—1936年） 美国海军上将。参加主要战争：第一次世界大战（1917—1918年）。

西蒙斯1858年10月15日生于安大略的霍普港，其父亲为美国人。1872年随其家庭迁至宾夕法尼亚州。1880年毕业于海军学院。1880—1897年，几乎连续不断地在大西洋、太平洋和亚洲水域任职。1897—1900年，任驻巴黎和圣彼得堡的海军武官。美西战争期间（1898年4—10月），在欧洲开展情报活动。1900年11月向美国"肯塔基"号舰报告其在亚洲水域的活动。在那，他学到了英国海军上校R.N.佩思·斯科特提出的一项能提高火炮射击精度的新的"连续射击"的方法，为此致函技术上与其唱反调的罗斯福总统，建议美军亦采取这种方法（1901年）。从远东返回美国本土后，1902年11月任负责火炮射击训练的少校监督员。任此职时，他几乎创造了一个奇迹，将美国的大口径火炮的发射时间从5分钟减至30秒，并提高了其射击精度。他作为日俄战争的观察员向华盛顿提交的报告，显示出他对以装甲装备而成的现代火炮和炮舰对小型舰只的攻击效能以及其他相关事务产生了极大的兴趣（1904—1908年）。1907年7月晋升中校。11月被任命为罗斯福总统的海军副官。1909年3月—1911年3月，指挥美国"明尼苏达"号舰。1911年3月晋升上校，成为海军军事学院的一名教官（1911—1913年）。1913—1915年，指挥大西洋鱼雷纵队。为驱逐舰创立了一套战术理论。1915年11月—1917年1月，指挥美国"内华达"号舰，1916年3月奉命视察其指挥的舰只。1917年1—3月，任海军军事学院院长和第二海军军区司令官。当与德国的战争已成为不可避免时，晋升海军少将（时间从1916年8月算起）。1917年3月接受一项特别的使命，携急件赴伦敦。与德国的海战爆发时，他在伦敦，指挥从英国基地发起进攻的所有美国驱逐舰、供应船和辅助舰只（4月）。5月晋升海军中将，6月被授予在欧洲水域作战的美国海军指挥官。他不辞辛苦地与英国海军部合作，保护盟军舰只，并在对德国海军中央力量进行的海战中保持了强有力的美军存在。1918年12月晋升上将。返回美国，战后复转为少将衔。1919年4月再任海军参谋学院院长。其战后对海军的评论，无助于其与受国会委员会支持的一个强劲对手之争，也未能捐弃其与海军部长约瑟夫·丹尼斯之间的旧怨（1920—1921年）。1922年10月以海军少将衔退役。仍任有关海军事务的发言人。1930年6月晋升退役军官名册上的海军上将。他极力主张建立海军航空兵，甚至说战列舰已经过时。1936年9月28日卒于波斯顿。

西蒙斯是一位卓越而又敏锐且目光远大的海军军官，他的衣冠楚楚和镇定自若，常常给人以精力旺盛的印象。但象许多具有奉献精神的改革家一样，他的狂妄自大常让其上司老羞成怒，但他在使海军成为一支现代作战力量方面却表现得极为无能。他顽固和好战的天性有时亦让其失去政治上的支持。

DLB

参考：Daniels, Josephus, The Wilson Era: Years of War and After, 1917—1923. Chapel Hill, N. C., 1946.

Dorwart, Jeffrey M., The Office of Naval Intelligence: The Birth of Americas First Intelligence Agency, 1882—1918. Annapolis, Md., 1979.

Morison, Elting E., Admiral Sims and the Modern American Navy. Boston, 1942.

Reynolds, Clark G., Famous American Admirals. New York, 1978.

Sims, William S., and Burton J. Hendrick, The Victory at Sea. New York, 1920.

DAMB.

WAMB.

坐牛(Sitting Bull，约 1831—1890 年) 绰号“神圣的射击架”。美国印第安洪克帕帕苏人领袖和巫医。参加主要战争：苏人战争（1862—1868 年)、苏人和北方夏延人战争（1875—1877 年)；参加主要战役（战斗)：基尔迪尔山之战（1864 年）和小比格霍恩之战（蒙大拿州的加里欧文附近，1876 年)。

坐牛约 1831 年生于南达科他州格兰德里弗地区的特顿印第安苏人族洪克帕帕部落。是一个叫跳牛的富裕首领之子。10 岁就成为一名著名的猎手，14 岁成为勇士。当他加入“强心勇士分会”并成为其首领后，就更加声名鹊起（约 1856 年)。参加了明尼苏达起义（1862 年 8 月—1863 年)，后在北达科他基尔迪尔山攻击阿尔弗雷德·萨利将军的远征部队（1864 年 7 月 28 日)。1866 任北方狩猎苏族首领。1868 年通过签署《拉勒米堡协议》与美国人和解。1874 年抗击了受白人保护的神圣的布莱克山人的淘金潮。任苏人、夏延人、阿拉帕霍人驻蒙大拿人联合营地的作战委员会的最高领导者。作为巫医，他没有参加小比格霍恩的战斗（1876 年 6 月 25 日)，但未放弃“行医”（据印第安人言，是因为他才赢得了胜利)。小比格霍恩的大营地分化瓦解后，为避免可能招致的报复，他率其部落赴加拿大（1877 年 5 月)。因饥馑和疾病，他又率部落余部返回美国，1881 年 7 月率 170 名左右的随从人员在北达科他的布福德堡投降（尤宁集堡附近)。被监禁在南达科他州的兰德尔堡（皮克斯顿附近，1881—1883 年)。1883 年 5 月转至立石保留地（南达科他的耶茨堡附近)。1885—1886 年，为反抗美国的文化侵略，保护传统的苏人文化，参加了布法罗比尔的西大荒演出。支持狂热的“幽灵舞蹈”起义(1889—890 年)。因被白人视为潜在的威胁，他被囚禁在南达科他格兰德河附近的家中。1890 年 12 月 15 日在一次营救行动中，他与其两个儿子被印第安人警察杀死后，被焚于南达科他州的莫布里奇。

坐牛是一位勇敢、坚定、聪明的领导者，被其随从视为具有神秘主义色彩的圣人。作为一位巫医，他同时也被视为一位苏人领袖，他拥有的权力既令人尊重也让人生畏。

VBH

参考：Burdick, Usher L., The Last Days of Sitting Bull. Baltimore, 1941.

Johnson, W. Fletcher, Red Record of the Sioux: Life of Sitting Bull and History of the Indian War of 1890—1891. Edgewood, S.D., 1891.

Vestal, Stanley, Sitting Bull: Champion of the Sioux. Boston, 1932.

DAMB.

WAMB.

斯凯旁，菲利普(Skippon, Philip, 约 1600—1660 年) 英国军事家。参加主要战争：三十年战争（1618—1648 年)、英国内战（1642—1646 年)；参加主要战役（战斗)：布雷达之战（1625 年)、第二次布雷达之战（1636—1637 年)、特伦汉姆格林之战（1642 年)、第一次纽伯里之战(1643 年)、第二次纽伯里之战（1644 年)、纳斯比之战(1645 年)。

斯科尔策尼，奥托(Skorzeny, Otto, 1908—1975 年) 绰号“疤脸”。纳粹德国党卫军军官。参加主要战争：第二次世界大战（1939—1945 年)；参加主要战役（战斗)：法国和低地国家战役（1940 年)、巴尔干、苏联战役(1941 年)、意大利突击队作战行动（1943 年)、匈牙利、法国战役（1944 年)、德国战役（1945 年)。

斯科尔策尼 1908 年 6 月 12 日生于维也纳，一个工程师的儿子。1926 年进入维也纳大学学习工程学。加入决斗社并在 14 次决斗中获“荣誉之疤”，以致以后美军送其绰号为“疤脸”。后一直从事自己的机械生意直到 1938 年 3 月 11—12 日奥地利被第三帝国吞并。因为年龄偏大而被纳粹空军拒绝接受，便加入第一党卫军师。后转入第二党卫军师。1940 年 5—6 月在法国和荷兰的纳粹军队中服役。作为陆军中尉参加 1941 年 4—5 月、6 月入侵巴尔干、苏联的战斗。冬天，在苏联严重受伤而送回德国。1942 年恢复之后被派往莱布施塔达特的供给仓库。1943 年 4 月 18 日提升为预备役陆军上尉并任新组建突击队队长。很快，他从党卫军、空军和其他特种部队中招募志愿者，组建了两个营的拥有高度技能且熟练掌握欧洲主要语言的突击部队。该部队于 1943 年 9 月 12 日从阿布鲁齐山脉大萨索山高原的一个旅馆里救出了被废黜的意大利独裁者墨索里尼。在这次行动中，斯科尔策尼带领一个 90 人的突击队，乘滑翔机在高原顶部着陆，只用四分钟，不费一枪一弹即救出墨索里尼。墨索里尼的重新掌权确保了意大利北部与德国的联盟。正由于这次成功，斯科尔策尼被提升为陆军少校，并由希特勒许诺在第一前线都建立一个突击队营。绑架亨利·贝当元帅的计划取消了，绑架铁托的行动也由于一个陆军集团军司令的不予配合而流产。为了阻止匈牙利摄政霍尔蒂海军上将使其军队向苏联投降，1944 年 10 月 15 日他领导了一次袭击行动（“米老鼠”作战行动)，绑架了霍尔蒂的儿子米洛斯。虽然行动成功，但袭击并未改变霍尔蒂的计划，10 月 16 日进行再次出击，抓获了摄政本人，从而使一个亲纳粹政府得以建立，对匈牙利的控制得到保证，斯科尔策尼也因此获提升至陆军中校。后被派往西部前线，作为阿登攻击战的一部分组织“神鹰”行动。计划带领像美国部队那样训练和装备的讲英语的突击队，穿过美军防线去夺取并占领默兹河桥梁这一对德国胜利至关重要的目标。虽然未能夺取大桥，但这些突击队的阴谋破坏却在美军中造成巨大混乱，特别是 1944 年 12 月 16—19 日最初几天的战斗，这种混乱阻

碍了正常的作战行动。1945 年 1 月该部队残余转入正规步兵，斯科尔策尼被派去建造和保卫奥德河桥头堡。指挥15 000人的混合多国部队，直到 2 月 28 日被接替。转回到西部前线，3 月其多瑙河“蛙人”特种部队试图破坏雷马根桥而未获成功。后被派往奥地利组织残余部队防御所谓奥地利和巴伐利亚之间的阿尔派恩，但当他听说战争结束时，5 月 19 日即在萨尔茨堡向美军投降。1947 年在达豪因战争罪行而受到审判，所有指控因其狡诈开脱都被宣告无罪，但却未获释放。1948 年 7 月 27 日逃跑到贝希特斯加登，移居西班牙并成立自己的工程公司，成为西班牙最成功的外国人之一。他还建立并指挥一个地下网络帮助党卫队员从欧洲逃往北非和南美。在战后国际新法西斯主义暗流的逆动中起了一定作用。1970 年 10 月接受脊椎外科手术摘除肿瘤，从此腰部以下瘫痪。1975 年 7 月 5 日卒于马德里。

斯科尔策尼是一位凶残、狡诈、工于心计的纳粹指挥官。在没有先前军事经验的情况下，他集结、训练并领导了一位法西斯突击队，其臭名昭著的战斗行动为德国的战争助纣为虐。他因无耻的绑架、颠覆、渗透行动而获得“欧洲最危险的人”这一恶名。

VBH

参考：Hale，Robert，Skorzenys Special Missions. London，1957.

Skorzeny，Otto，Geheimkommando Skorzeny. Hamburg，1950.

Whiting，Charles，Skorzeny. New York，1972.

Wistrich，Robert，Whos Who in Nazi Germany. New York，1984.

斯莱瑟，约翰爵士（Slessor，Sir John，1897—1979 年） 英国空军元帅。参加主要战争：第一次世界大战（1914—1918 年）、第二次世界大战（1939—1945 年）；参加主要战役：大西洋之战（1940—1945 年）、意大利战役（1943—1945 年）、法国南部战役（1944 年）。

斯莱瑟 1897 年 6 月 3 日生于印度拉尼凯德，在英国接受教育并于 1915 年 6 月加入皇家飞行大队任飞行军官。1915—1917 年作为飞行员在埃及和苏丹服役，1917 年 5 月—1918 年 6 月在法国。1918 年 6—9 月在英格兰接受训练任务，1919 年末临时离开现役但 1920 年 2 月又回到皇家空军。1920—1922 年在印度服役之后，返回英国并担任不同的职位。此间他成为特兰查德的信徒和空中战略作战理论的积极倡导者，1936 年出版《空中力量和陆军部队》。1935—1937 年指挥空军大队协助英军在瓦济里斯坦（勒兹默格）周围地区作战。1937 年回到英国时，被任命为空军部计划处处长，1939 年提升为空军准将，并于 1940 年访问美国。1941 年 4 月提升为空军少将，指挥第五轰炸大队。1942 年 4 月担当新职任空军参谋部负责政策的助理参谋长。1943 年 2 月晋升空军中将并任空军海岸司令部总司令。在此职位上，对德潜艇作战中担当重要角色，特别是在比斯开湾之战（5 月）中，水面舰只和飞机的联合行动共击沉 38 艘德国潜艇。1944 年 1 月任地中海皇家空军总司令和地中海盟国空军副总司令。1944 年 8 月在进攻法国南部的“龙骑兵”行动中起主要作用。1945 年 3 月回到英国，1946 年被提升为空军上将。1948—1950 年任帝国国防学院院长。1950 年晋升皇家空军元帅，1950—1953 年继特德之后任空军参谋部参谋长。1953 年退出现役，卒于 1979 年 7 月 12 日。

富有魅力，意志坚定且才智非凡的斯莱瑟是二战中英国最优秀的空军指挥之一。虽然他应对皇家空军早期对陆军和海军的支持乏力而承担一些责任，但在海岸司令部指挥反潜作战中，这一过失得到了弥补。

DLB

参考：Slessor，John C.，Air Power and Armies. London，1936.

——，The Central Blue. London，1956.

Tunney，Christopher，Biographical Dictionary of World War Ⅱ. New York，1972.

DNB.

EB.

斯利姆，威廉·约瑟夫爵士（Slim，Sir William Joseph，1891—1970 年） 绰号“比尔大伯”，“斯利姆大伯”。英国陆军元帅。参加主要战争：第一次世界大战（1914—1918 年）、第二次世界大战（1939—1945 年）；参加主要战役（战斗）：美索不达米亚、加利波利之战（1915—1916 年）、厄立特里亚（埃塞俄比亚）之战（1940 年）、缅甸之战（1942 年）、若开（缅甸海岸地区）之战（1943 年）、英帕尔-科希马之战（1944 年）、缅甸战役（1944—1945 年）。

斯利姆 1891 年 8 月 6 日生于布里斯托尔市附近，约翰·斯利姆之子。1907 年 9 月入爱德华国王学校读书，在那里加入军官训练团。1909—1910 年担任初级学校教师工作。1912 年曾任银行职员，并设法继续留在伯明翰大学的军官训练团。一次大战前夕他正在德国休假，就在宣战之前回到国内，1914 年 8 月 22 日被任命为皇家沃威克郡步兵团第九营陆军少尉。1914 年 12 月参与镇压了一个短命兵变。1915 年 7 月 13 日—8 月 8 日随团参加加利波利战役，1915 年 8 月 8 日负伤。1916 年回到现役，4 月到法国担任原职。回到第九营并被提升为临时陆军上尉。1916 年 11 月又到美索不达米亚担任原职。1916 年 12 月 10 日—1917 年 3 月 11 日在莫德向巴格达进军的过程中参加多次会战。由于在第一次受伤以后没有官方证明能胜任军职而被作为伤残人员派往印度。1917 年 11 月临时在总参谋部任作战参谋，1918 年 11 月任临时陆军少校和情报参谋。1919 年 5 月 31 日据他自己申请而被任命为印度陆军上尉，而后（1920 年 3 月 27 日）到廓尔喀步枪队任职，在加利波里战役中第一次认

识到该部队的价值。1924年休假回到英国并在此遇见了其未来的妻子——艾琳·罗伯特森。回到印度以后,1925年5月通过了参谋学院的入学考试,1926年1月结婚,2月便开始了他在奎达的学习。1929年2月—1933年12月在陆军司令部服役,而后(1934年1月—1936年末)在坎伯利帝国参谋学院任教官。1937年在帝国国防学院任职并于1938年被提升为陆军中校。1938年初又回到印度,1938年4月20日进入贝尔高姆高级军官学校。1938年中期至1939年4月在亚三指挥廓尔喀(即尼泊尔)部队。直到他以准将军衔回贝尔高姆任学校校长职务。1939年9月23日指挥第十印度旅并开始对其进行摩托化和沙漠作战训练,后被作为第五印度师的一部分而派往东非,1940年8月2日到达苏丹港。1940年11月,由于空中支援不足和缺乏侦察而在加拉巴特苏丹人营区被击退。后继续交战并取得一连串的胜利,但1941年1月末在意军炮火进攻中负伤。2月经开罗回到印度进行康复疗养。1941年5月15日在伊拉克指挥第十印度师并于7月初夺取巴格达。7月2日以小股后勤部队开往叙利亚攻取代尔祖尔。8月25日进攻伊朗打开对苏联的供给线。1942年3月转调印度,3月15日在卑廖指挥第一新缅甸军(第十七印度和缅甸师)。进行了有效的阻滞战役,但其部队已打得阵容混乱,装备短缺且史迪威指挥下的中国远征军援助也有限,以至于无法长期坚守。3月20日—4月28日斯利姆的临时部队逐渐被逐出缅甸,最后下令在马尼格布尔的英帕尔横渡钦敦江撤退。尽管恶劣的天气和精力充沛的日军追击,但至5月11日之前仍成功完成撤退。1942年6—12月指导印度防御并负责“撤离印度”战役期间(8—9月)的秩序。1943年2—4月在若开攻击战失败后,4月14日斯利姆指挥第四军并将其撤出。1943年10月16日代替吉法德任东方兵团司令。这支部队很快改为第十四集团军,在斯利姆非凡和具有感召力的领导下,该兵团成为一支战斗实力非同寻常的军事力量。斯利姆借助于一个简易计划和对日本军力的准确判断,阻止了日本在若开(1944年2月)和英帕尔-科希马(3月6日—7月15日)的进攻,尽管起初日军取得了相当的成功。而后(1944年7—12月)指挥解放缅甸北部战役,在史迪威的中美联军和温盖特的“亲迪队”的英帕尔-科希马战斗之前已经打响。1944年12月—1945年3月指挥英军发起攻击,1945年3月20日夺取曼德勒。通过3月4日派出一部向南夺取关键交通和通讯枢纽密支拉,打乱了日军的防御。这次作战地形复杂,只有在周密计划和空军支持的情况下才能展开。而后斯利姆迅速沿伊洛瓦底江和锡当河谷向南推进,在5月雨季之前夺取仰光。其部队1945年4月30日—5月1日到达勃固并同第十五集团军(当天在此登陆)一道进入仰光。因此,7月1日被任命为陆军上将,并于8月16日担任东南亚盟军陆军总司令。8—11月参与在马来亚和印度尼西亚的媾和与接受日本投降活动。1946年4月1日—1948年任帝国国防学院院长。1948年11月1日任帝国总参谋部参谋长。1949年1月4日提升为陆军元帅。1952年4月30日—1960年1月26日任澳大利亚总督,并出版回忆录《转败为胜》(1956年4月)。回到英国后从事慈善和商业活动。1963—1964年任温莎城堡副总督和警察局副局长,而后(1964—1970年)任总督兼警察局长。由于健康原因退休后不久(1970年12月14日)卒于伦敦。

斯利姆是一位卓越的指挥官,冷静、灵活、悟性很高而又精力充沛。他是二战期间英国最优秀的野战指挥官之一。作为一位出色的将官,他成功的原因部分在于能够指导和激励广大士兵和军官。

DLB

参考:Calvert, Michael, Slim. New York, 1973.

Evans, Sir Geoffrey, Slim as Military Commander. London, 1969.

Kirby, S. W., supervising ed., The War Against Japan. 5 vols. London, 1956—1969. Part of History of the Second World War; United Kingdom Military Series.

Slim, Field Marshal the Viscount William J., Defeat into Victory. London, 1956.

——, Unofficial History. London, 1959.

斯洛特,约翰·德拉克(Sloat, John Drake, 1781—1867年)

美国海军上将。参加主要战争:同法国的战争(1798—1800年)、1812年的战争(1812—1815年)、美墨战争(1846—1848年)。

斯洛特1781年7月26日生于纽约州的戈舍恩。1780年2月任海军军校学员。1798—1800年同法国作战期间,在海军准将托马斯·特拉克斯顿的旗舰“总统”号(44门炮)上服役。1801年因海军削减而在商船上服役。在1801—1812年期间,作为商船船长取得了一些成功。1812年1月,同英国战争爆发后,被任命为船长。此后在斯蒂文·迪凯特指挥的“美利坚”号上服役,参加著名的同英舰“马其顿人”号的作战(1812年10月25日)。1813年7月升上尉。1815—1816年赴法国。1816—1821年在纽约和朴次茅斯服役。1821—1822年在太平洋中队服役,1822—1823年在南美洲海岸服役。1823—1824年,指挥“逆戟鲸”号在温德瓦尔德群岛剿灭海盗。1826年晋升中校。1837年3月升上校。1840—1844年任朴次茅斯造船厂厂长。1844年8月任太平洋舰队司令。1845年11月—1846年6月巡弋于墨西哥西海岸。同墨西哥战争爆发后,受命北上至加利福尼亚。在得到确切开战消息之前,已于5月16日在格兰德河一线同墨西哥军队作战。6月7日,率舰队驶往蒙特来(加利福尼亚),7月2日到达目的地。他将一部分军事力量投送上岸,以攻占蒙特来,7月7日占领加利福尼亚。后又派部队攻占圣弗朗西斯科,并将他的军事行动通告约翰·查·弗里芒特上尉。当弗里芒特到达蒙特来后,斯

洛特免去他的职务。并拒绝接受他的临时“加利福尼亚营”。因健康恶化，斯洛特的职务于7月23日被准将罗伯特·斯托克顿接任，他于11月返回华盛顿。1851—1855年在新泽西州的霍布肯建造修理局任局长。1855年9月被列入预备役名单，1861年列入退役名单。1862年7月被提升为准将，1866年7月提升为少将。1867年11月卒于纽约州的斯特顿岛。

尽管斯洛特的海军生涯很长，但他最辉煌的时刻是在墨西哥战争期间，尽管他身体不好，也有犹豫不决的名声，但他却迅速机动并坚决夺取了加利福尼亚北部及中部的控制权。

Staff

参考：Reynolds, Clark G., Famous American Admirals. New York, 1978.

Sherman, Edwin Allen, The Life of the Late Rear-Admiral John Drake Sloat of the United States Navy... Oakland, Calif., 1902.

WAMB.

斯罗卡姆，亨利·沃纳（Slocum，Henry Warner，1827—1894年） 美国将军。参加主要战争：美国内战（1861—1865年）；参加主要战役（战斗）：第一次布尔溪之战（弗吉尼亚州的马纳萨斯，1861年）、约克镇之战（1862年）、七天战役（里士满附近，1862年）、第二次布尔溪之战（1862年）、南山之战（马里兰州，1862年）、安蒂特姆之战（1862年）、钱瑟勒斯维尔之战（腓特烈堡附近，1863年）、葛底斯堡之战（1863年）、查塔努加之战（1863年）、亚特兰大之战（1869年）和卡罗来纳战役（1865年）。

斯罗卡姆1827年9月24日生于纽约州的德尔亥。1852年毕业于西点军校，被派至炮兵部队任职。1853年驻佛罗里达州和南卡罗来纳州。1855年3月晋升中尉。1856年10月辞去军职，从事法律工作。1858年获得律师资格，从业于纽约州的锡拉丘兹。1859年竞选进入州议会，并任民兵上校。1861年5月任志愿军纽约第二十七步兵团上校。7月21日率此团参加第一次布尔溪之战。8月晋升志愿军准将。半岛战役期间，任旅指挥官。参加了围攻约克镇和弗吉尼亚西点的作战行动（1862年4月4日—5月4日）。在盖恩斯磨坊战役（6月27日）和整个七天战役期间，指挥一个师，其作战行动在马尔文山战役（7月1日）中达到了极致。七月晋升志愿军少将，在第二次布尔溪之战（8月29—30日）、南山战役（9月14日）和安提塔姆战役（9月17日）中任师指挥官。10月任第七军军长。在钱瑟勒斯维尔战役中（1863年5月1—6日），发挥了重要作用。葛底斯堡战役中（7月1—3日），在乔治·C. 米德将军到达以前，作为高级战场指挥官，他指挥右翼部队。9月奉派联合奥利弗·O. 霍华德的第六军支援查塔努加战役中威廉·S. 罗斯克兰斯将军的坎伯兰军团。1864年4月任维克斯堡战区司令。7月取代约瑟夫·胡克将军任第二十军（由第六军和第七军合并而成）军长。参加了威廉·T. 谢尔曼将军指挥的亚特兰大战役。其部队重组成为佐治亚军团（含第十四军和第二十军），在“奔向大海”行动（9—12月）和卡罗来纳战役（1865年2—3月）中，成为威廉·T. 谢尔曼将军的左翼部队。任密西西比战区司令（4—9月）。1866年9月辞去军职，在纽约州的布鲁克林重操旧业。1868年和1870年两次竞选进入国会。1882年第三次竞选进入国会。1894年4月14日卒于纽约城。

斯罗卡姆无论作为指挥官或行政官员，都极富能力，而且值得信赖。他参加了整个1863年在弗吉尼亚地区进行的所有重要战役。在谢尔曼指挥的佐治亚战役和卡罗来纳战役中，他发挥了重要的作用。

VBH

参考：Slocum, Charles Elihu, The Life and Services of Major General Henry Warner Slocum. Toledo, 1913.

Warner, Ezra, Generals in Blue. Baton Rouge, 1917.

WAMB.

史密斯，查理·布拉德福德（Smith, Charles Bradford，生于1916年） 美国陆军上将。参加主要战争：第二次世界大战（1941—1945年）、朝鲜战争（1950—1953年）；参加主要战役（战斗）：瓜达尔卡纳尔之战（1942—1943年）、关岛之战（1944年）、乌山、釜山外围战（1950年）。

史密斯1916年生于新泽西州的兰伯特维尔，1939年毕业于西点军校。日本1941年12月7日袭击珍珠港时，他在乌山的斯科菲尔德兵营任第三十五步兵营D连连长。1942年任第二十五步兵师作训处副处长（训练、计划以及作战行动军官）。1943年1—3月在瓜达尔卡纳尔指挥第二十五师第三十五步兵营。1943年3月—1944年6月回到师参谋部任职。1945年毕业于指挥和参谋学院。1946年又从陆军和海军参谋学院毕业。1946—1949年任职于陆军总参谋部情报处。作为陆军中校和第二十四师第二十一步兵团第一营的指挥官，受命组织史密斯特遣队（只有两个步兵连和一个炮兵连），1950年7月5日在朝鲜乌山附近采取行动阻止北朝鲜的前进未果。由于为南朝鲜联军所抛弃，史密斯特遣部队被包围，仓惶丢下重型武器设备才得以徒步逃掉。史密斯参加了8月5日—9月15日的釜山周围防御战和9—11月向北朝鲜的进攻。1951—1952年被分派至陆军野战部队。1953年在弗吉尼亚的诺福克毕业于武装部队参谋学院。1954年在驻南部欧洲的盟军司令部情报处任职。1957—1961年在第三步兵师担当不同职位。1962—1964年衔至准将，任第二军参谋长。1964—1965年任第五步兵师助理师长。1965年退役。

KS

参考：Detzer，David，Thunder of the Captains. New York，1977.
U. S. Army，Center of Military History Biographical files. Washington，D. C.

史密斯，弗朗西斯（Smith，Francis，1723—1791 年） 英国将军。参加主要战争：美国独立战争（1775—1783 年）；参加主要战役（战斗）：列克星顿与康科德之战（1775 年）、长岛之战（1776 年）、纽波特（罗得岛）之战（1778 年）。

史密斯生于 1723 年。在皇家火枪团中被授予中尉军衔（1741 年 4 月 25 日）。在第十步兵团中晋升为上尉（1747 年 6 月 23 日）后，曾晋升为该团荣誉中校（1762 年 1 月 16 日）。次月正式晋升为中校，五年后率第十步兵团前往北美洲（1767 年）。晋升为荣誉上校（1774 年 9 月 8 日），成为波士顿守军的高级军官，指挥英军偷袭位于列克星顿和康科德的民兵弹药库（1775 年 4 月 19 日），并在康科德城外的菲斯克山受伤。年底前晋升为上校，并被任命为国王的副官。任当地准将时，在多尔切斯特高地（今属波士顿）之战（1776 年 2 月 14 日）中行动迟缓，在长岛之战（1776 年 8 月 27 日）和纽波特之战（1778 年 7 月 29 日—8 月 31 日）中任旅长时战绩平平。返回英国后先后晋升为少将（1779 年）和中将（1787 年）。卒于 1791 年。

根据大多数文献记载，史密斯总体上是一位才能平庸的军官，在战场上反应迟钝而且优柔寡断。

Staff

参考：Boatner，Encyclopedia.

史密斯，亨利·乔治·威克林爵士（Smith，Sir Henry George Wakelyn，1787—1860 年） 英国将军。参加主要战争：拿破仑战争（1800—1815 年）、远征布宜诺斯艾利斯（1806 年）、1812 年战争（1812—1815 年）、瓜廖尔战役（1843 年）、第一次锡克战争（1845—1846 年）、奥兰治河战争（1848 年）；参加主要战役（战斗）：科伦纳之战（1809 年）、萨拉曼卡之战（1812 年）、维多利亚之战（1813 年）、图卢兹之战（1814 年）、布莱顿斯堡之战（1814 年）、滑铁卢战役（1815 年）、1845 年的穆德吉之战及费罗兹沙之战、1846 年的阿里瓦尔及索布劳恩之战、1848 年的布姆普拉茨之战。

史密斯 1787 年 6 月 28 日生于坎布里奇郡的怀特勒塞，是外科医生约翰·史密斯之子。先接受私人教育，1805 年入伍。1806 年 6 月在布宜诺斯艾利斯首次参加作战。1808 年 11 月—1814 年 4 月，在西班牙和葡萄牙服役，其上司是摩尔和惠灵顿。此间先后参加了 1809 年 1 月 6 日的科伦纳之战、1812 年 7 月 22 日的萨拉曼卡之战、1813 年 6 月 21 日的维多利亚之战及 1814 年 4 月 10 日的图卢兹之战。1812 年同一西班牙女子结婚，该女子名胡安·玛丽亚·德·洛斯·多洛里斯·德·利沃恩，他的妻子伴随他参加了 1812 年以后所有战役。后志愿赴美国作战，8 月 24 日参加布莱顿斯堡之战。8 月 24—25 日，他目睹了火烧华盛顿，这次行动正如他所言“使我们十分恐怖，这与惠灵顿公爵在法国南部的人道主义完全不同”。12 月，与美国休战后，返回欧洲。1815 年 6 月 18 日，任一个旅的副官参加滑铁卢战役。此后一直生活在英国，直至 1828 年被派至好望角。1834—1836 年同南非说班图语的卡菲尔人作战。此间的 1835 年，被任命为昆阿地莱德省总督。他随即开始恢复该省的秩序，他的权力得到了布尔人和非洲黑人的共同支持。后被解职，他的离开，造成了“布尔人大迁移”。不久，任命为英驻印度军队将军助理，1843 年的瓜廖尔战役中，在其上司休·高夫将军指挥下，表现杰出，从而被授予荣誉勋章。此后仍在高夫的指挥下，率一个师的兵力参加了 1845 年 12 月 18 日的穆德吉之战及 12 月 21—22 日的费罗兹沙之战，作战中再次表现出色。独立指挥作战期间，于 1846 年 1 月 28 日在苏特耶河的阿里瓦尔镇压了一支锡克武装。后再次与高夫会师，在 2 月 10 日的索布劳恩之战中扮演主要角色。由于他在阿里瓦尔的不凡战绩，得到国会的通令嘉奖，并授予他男爵称号。1847 年再次被派往南非，任好望角殖民地总督。在率远征军镇压布尔人在奥兰河沿岸地区的起义期间，于 1848 年 8 月 29 日在布姆普拉茨打败由安德里斯·普雷托留斯率领的军队。同科萨人的战争再次爆发后，他没有得到英国本土充分的支持，1852 年科萨人即将臣服之前被召回国内。回国后在军队中担任了许多职务，1860 年 10 月 12 日卒于伦敦。

史密斯是一位天赋极高，足智多谋的指挥官。尽管他在印度取得的战功是令人瞩目的，但他更大的战绩则是他在南非取得的，在那里，当他及他的妻子离开南非后，许多城镇均以他们的名字命名，如哈里史密斯、奥兰治自由州、莱迪史密斯、纳塔尔。如果他能从英国获得更大的支援的话，他可能会取得更大的成绩，因为他不仅懂得他要做什么及如何做，而且部分当地人及布尔人也信任他。

DLB

参考：Bruce，George，Six Battles for India：The Anglo-Sikh Wars，1845—1846，1848—1849. London，1969.
Featherstone，Donald，At Them with the Bayonet! The First Sikh War. London，1968.
Morris，Donald R.，The Washing of the Spears. New York，1965.
DNB.
EB.

史密斯，霍兰德·麦克蒂尔（Smith，Holland Mctyeire，1882—1967 年） 绰号“嚎叫疯子”，美国海军陆战队上将。参

加主要战争：第一次世界大战（1917—1918 年）、第二次世界大战（1941—1945 年）；参加主要战役（战斗）：埃纳河-马恩河战役、圣米耶尔战役、默兹-阿尔贡战役（1918 年）、塔拉瓦之战（1943 年）、夸贾林岛之战、埃尼威托克之战、塞班之战、关岛之战和提尼安岛之战（1944 年）、硫磺岛和冲绳之战（1945 年）。

史密斯 1882 年 4 月 20 日生于亚拉巴马州锡尔。1901 年毕业于亚拉巴马专科学院。1903 年在亚拉巴马大学获法学学位。经两年的法律工作之后，1905 年 3 月被委任为海军陆战队少尉。先后于 1906—1908 年在菲律宾、1909—1910 年在巴拿巴、1912—1914 年又在菲律宾、1916—1917 年在多米尼加共和国服役。这一时期，被提升为上尉并获得“嚎叫疯子”的绰号，1917 年 6 月随第五海军陆战团到法国，后成为第四海军陆战旅副官。1918 年 7 月被派至第一军参谋部，参加埃纳河-马恩河（7 月 25 日—8 月 2 日）、圣米耶尔（9 月 12—17 日）和默兹-阿尔贡（10 月 4 日—11 月 11 日）攻击战，后任第三集团军参谋直到战争结束。结束占领任务后，1921 年从海军军事学院毕业，1921—1923 年在海军计划办公室服役。1924—1925 年、1925—1926 年分别任海地海军陆战旅和第一海军陆战旅参谋长。1927—1931 年在费城海军造船厂服役，1931—1933 年任战斗部队司令部参谋。1933 年晋升为上校并于 1934—1939 年连续担任参谋和指挥职务。1937—1939 年任作战和训练领导期间，提升为准将（1938 年）。1939 年 4 月，被任命为海军陆战队司令官托马斯·胡尔库姆上将的助理，帮助发展两栖作战新技术和装备。1939 年 9 月任第一海军陆战旅旅长，后（1941 年 5 月）该旅成为第一海军陆战师。1941 年 2 月提升为少将。后被派至大西洋舰队两栖作战部队，同理查德·特纳海军上将一起创建战备部队。1942 年 9 月又转向西部组织太平洋舰队两栖作战部队。1943 年 11 月 20—23 日策划并领导了对塔拉瓦的入侵。作为第五两栖军军长。他亲自带领部队登陆。后又计划并指挥了对夸贾林岛（1944 年 1 月 31 日—2 月 5 日）和埃尼威托克（2 月 18—23 日）的成功袭击。升任中将，计划并指挥了对塞班（6 月 15 日—7 月 12 日）、关岛（7 月 21 日—8 月 10 日）和提尼安（7 月 24 日—8 月 1 日）的入侵。当 6 月 24 日塞班战斗中解除第二十七步兵师师长拉尔夫·史密斯少将的职务时，引起了不小的争论。这个事件暴露了攻击性海军陆战队作战模式与陆军更为温和的策略方法的分歧。1944 年 7 月指挥太平洋舰队海军陆战队，继续策划并领导 1945 年 2 月 9 日—3 月 24 日对硫磺岛和 4 月 1 日—6 月 21 日对冲绳岛的进攻。1945 年 7 月被任命为加利福尼亚彭得尔顿训练中心司令。1946 年 8 月退出现役并提升为上将。1949 年出版其战时经历实录《珊瑚与黄铜》。1967 年 1 月 12 日卒于圣地亚哥。

史密斯是现代两栖作战的创始人之一，并与麦克阿瑟将军一道是最早的实践者。他是一位精力充沛而受欢迎的领导者，并以性情暴躁、喜好争吵而著名。是二战中美国较为多姿多彩的战地指挥官之一。

DLB

参考：Morison，Samuel Eliot，History of United Naval Operations in World War Ⅱ. 15 vols. Boston，1947—1962.

Smith，Holland M.，and Percy Finch，Coral and Brass. New York，1949.

史密斯，朱利安（Smith，Julian，1885—1975） 美国海军陆战队将军。参加主要战争：第二次世界大战（1941—1945 年）；参加主要战役（战斗）：塔拉瓦之战（1943 年）。

史密斯 1885 年生于马里兰州埃尔克顿。1909 年毕业于特拉华大学并进入海军陆战队。1914 年 4—10 月参加占领维拉克鲁兹的战役。此后在海外及美国担任不同的职务。1928 年毕业于莱文沃思堡指挥和参谋学院。1930—1933 年在尼加拉瓜服役。1936 年提升为准将。1938—1941 年在伦敦美国大使馆任海军武官。1942 年回到美国并提升为少将。任北卡罗来纳海军训练学校校长。1943 年 11 月 20—23 日在吉尔伯特的贝提欧环礁袭击战中指挥第二陆战师和第三两栖作战部队。1944 年任舰队陆战队司令部太平洋部司令。回到美国任南卡罗来纳帕里什岛海军基地司令。1946 年以中将军衔退役。卒于 1975 年。

KS

参考：Kane，Robert J.，A Brief History of the 2d Marines. Washington，D.C.，1969.

Schuon，Karl，U.S. Marine Corps Biographical dictionary. New York，1963.

史密斯，奥利弗·普雷因斯（Smith，Oliver prince，1893—？） 美国海军陆战队上将。参加主要战争：第一次世界大战（1917—1918 年）、第二次世界大战（1941—1945 年）、朝鲜战争（1950—1953 年）；参加主要战役（战斗）：塔拉塞亚（1944 年）、佩莱利乌岛之战（1944 年）、冲绳战役（1945 年）、硫磺岛战役（1945 年）、长津水库之战（1950 年）。

史密斯 1893 年 10 月 26 日生于得克萨斯州门纳德。迁到加利福尼亚以后，1912—1916 年在伯克利以半工半读的方式，就读于加利福尼亚大学。作为后备军官训练团学员，1917 年 5 月 4 日被委任为陆军预备役少尉。派往关岛并转至海军陆战队，1919 年 5 月在大马岛马林兵营服役。1921—1924 年在美舰“得克萨斯”号上指挥海军陆战分遣队。1924—1928 年在华盛顿海军陆战队司令部人事处任职。1928—1931 年为海地国防司令官的助理参谋长。1931—1932 年入乔治亚本宁堡步兵学校学习。1932—1933 年在匡蒂科海军陆战队学校连长课程班任教官。1934—1936 年任驻巴黎助理海军武官，在法国期间

S

学习法国高级参谋学院课程并被提升为少校，1936—1939 年回到美国在匡蒂科讲授两栖作战课程。1938 年升任中校。1939 年 7 月在圣地亚哥任海军舰队陆战指挥官。1940 年 6 月指挥第六海军陆战团第一营。1941 年 5 月—1942 年 3 月随团在冰岛服役。1942 年 4 月—1944 年 1 月回到华盛顿在海军陆战队计划与政策处任行政官员。1944 年 1 月加入在新不列颠的第一海军陆战师。3 月 1 日任第五团团长。3 月 6 日策划并实施夺取维劳梅兹半岛塔拉塞亚的登陆。4 月升为准将并任代师长。策划该师的佩莱利乌岛登陆，并在 9 月 15 日第一天的进攻中直接指挥作战。11 月被任命为西蒙将军的第十集团军海军陆战队代参谋长。1945 年 4 月 1 日—6 月 22 日整个冲绳战役中都担任该职。7 月任匡蒂科海军陆战学校校长。1948 年 4 月作为少将被任命为海军陆战队副司令和参谋长。1950 年 7 月，朝鲜战争爆发后，在加利福尼亚彭得尔顿兵营指挥第一海军陆战师。史密斯同詹姆斯少将一起针对仁川登陆的技术困难制定计划，并于 9 月 15 日具体指挥作战行动。9 月 25 日参加了在南朝鲜首都汉城的战斗。10 月 26 日随师转向元山朝鲜东海岸。10—11 月，由长津水库直指鸭绿江向北挺进。11 月 2 日被中国的反攻所败，11 月 27 日—12 月 3 日仲冬，在与中国人民志愿军八个师的追逐战中被迫经长津水库和哈加鲁瑞（水库附近）到兴南仓皇撤退，从而成为海军陆战队的“传奇”作战行动。在战斗中，史密斯宣称：“混账撤退，我们只是在向另一个方向进攻”。虽然事后他否认曾这样说。1951 年 2 月继续指挥第一海军陆战师，作为第六十军的一部分参加“联合国军”的反攻。在离开朝鲜之前（2 月 24 日—3 月 5 日）临时指挥第六十军。4 月被派往彭得尔顿兵营，1953 年 7 月提升为中将并指挥大西洋舰队海军陆战队（1953 年 7 月—1955 年 9 月）。9 月 1 日退出现役。

DLB and KS

参考：Heinl, Robert D., Jr., Victory at High Tide: The Inchon-Seoul Campaign. Philadelphia, 1968.

Montross, Lynn, et al., U. S. Marine Operations in Korea. 5vols. Washington, D. C., 1954—1972.

Rawlins, Eugene W., Marines and Helicopters, 1942—1962. Washington, D. C., 1976.

Schuon, Karl, U. S. Marine Corps Biographical dictionary. New York, 1963.

Shaw, Henry I., et al., History of U. S. Marine Corps Operations in World War Ⅱ. 5 vols. Washington, D. C., 1958—1971.

DAMB.

WAMB.

S

史密斯，波希费尔·弗拉泽尔（Smith, Persifor Frazer, 1798—1858 年） 美国将军。参加主要战争：第二次西米诺尔战争（1835—1843 年）、美墨战争（1846—1848 年）；参加主要战役（战斗）：蒙特雷（墨西哥）之战（1846 年）、康特雷拉斯之战（1847 年）、贝伦门之战（1847 年）。

史密斯 1798 年 11 月 16 日生于费城。1815 年从新泽西学院毕业后研究法律。1819 年定居新奥尔良，成为一名成功的律师和政治家。1836—1838 年任州民兵将军助理，组建一个志愿军团以参加西米诺尔战争，获上校衔。作为民兵上校，在扎卡里·泰勒将军手下参加 1846 年 9 月 10—14 日的蒙特雷之战，因在该战中表现杰出而晋升荣誉准将。后隶属斯科特将军，率三个旅参加 1847 年 8 月 20 日的康特雷拉斯之战，打败了一支墨西哥大军。9 月 13 日，随约翰·奎特曼将军攻打贝伦门。1848 年 5 月，在他任第二师师长兼任维拉克鲁兹军事主官期间，负责军队的运输。1849—1850 年，升荣誉少将后指挥太平洋师。1850—1856 年，任得克萨斯军区司令。1856 年以准将衔在圣路易任西部军区司令员。1858 年 4 月任犹他州军区司令员，此后组建镇压摩门教徒的远征军，1858 年 5 月 17 日卒于堪萨斯的利文沃思堡。

Staff

参考：DAB.

WAMB.

史密斯，拉尔夫·考贝特（Smith, Ralph Corbetl, 1893—?） 美国陆军上将。参加主要战争：第一次世界大战（1917—1918 年）、第二次世界大战（1941—1945 年）；参加主要战役（战斗）：埃纳河-马恩河战役、圣米耶尔战役、默兹-阿尔贡战役（1918 年）、迈金（布塔里塔里）之战（1943 年）、埃尼威托克之战（1944 年）。

史密斯 1893 年生于内布拉斯加州奥马哈。1916 年被任命陆军少尉。在法国服役，参加了 1918 年 7 月 18 日—8 月 5 日的埃纳河-马恩河、9 月 12—16 日的圣米耶尔和 9 月 26 日—11 月 11 日的默兹-阿尔贡攻击战。1919 年回到美国在科罗拉多州获理学学士学位。1920—1923 年在美国陆军军官学校任教官。1928 年毕业于指挥和参谋学校。1930—1934 年在该校任教员。1938—1942 年供职于华盛顿陆军参谋部军事情报部门。1942 年被任命为第二十七步兵师师长。其师先后参与了突袭吉尔伯特的迈金岛（1943 年 11 月 20 日）和马绍尔群岛的埃尼威托克（1944 年 2 月 18—23 日）的战斗。6 月 15 日—7 月 12 日指挥全师参加塞班战斗。由于海军陆战队的霍拉德将军不满意第二十七师的进展，6 月 24 日免去史密斯将军的指挥权，再加上海陆军的战术分歧，引起激烈的争论，1945 年 7 月 15 日—8 月 30 日在夏威夷短暂担任第九十八师师长，随后成为驻巴黎陆军武官。

KS

参考：Sweetman, Jack, American Naval History. Annapolis, Md., 1984.

U. S. Army, Center of Military History Biographical Files (last updated 1945 for Smity, R. C.).

Washington, D. C.

史密斯，萨缪尔（Smith, Samuel, 1752—1839 年） 美国将军。参加主要战争：美国独立战争（1775—1783 年）、1812年的战争（1812—1815 年）；参加主要战役（战斗）：米夫林堡之战（费城附近，1777 年）、巴尔的摩防御战（1814 年）。

史密斯，瓦尔特·比德尔（Smith, Walter Bedell, 1895—1961 年） 绰号"大槌"。美国陆军上将。参加主要战争：第一次世界大战（1917—1918 年）、第二次世界大战（1941—1945 年）；参加主要战役（战斗）：埃纳河-马恩河战役（1918 年）。

史密斯 1895 年 10 月 5 日生于印第安纳州印第安纳波利斯。1911 年加入印第安纳州国民警卫队。1913 年升为上士。1917 年 8 月从国民警卫队入后备军官训练团学习，11 月在第三十九步兵团获得预备役少尉后，1918 年 4 月被派往法国。8 月在埃纳河-马恩河会战中严重受伤，转回国后，9 月升为陆军中尉，1918—1920 年到华盛顿的陆军情报局任职。1920 年 7 月获正规部队委任的陆军中尉衔。1920—1925 年在中西部连续担任参谋职务。1925 年受命到战争部预算局。1929 年 9 月升为陆军上尉。1929—1931 年在菲律宾服役。1932 年从本宁堡步兵学校毕业并于 1932—1933 年留在该校担任教练。1935 年毕业于指挥和参谋学院。1935—1936 年又回到步兵学院任教。1937 年从陆军军事学院毕业并又在步兵学院服务，在那里结识了乔治·马歇尔将军。1939 年 1 月提升为陆军少校，当年后来被派往总参谋部。随着战争的迫近，1941 年 4 月被提升为陆军中校，7 月为陆军上校。8 月受命任总参谋部秘书，1942 年 2 月提升为准将并任命为美英联合参谋部和共同委员会秘书。在战略决策的关键时期他克尽职守。9 月成为艾森豪威尔的参谋长。11 月在北非战役中提升为陆军少将。1944 年 1 月任盟军远征军最高司令部参谋长时晋升陆军中将。该职位是司令部最高行政长官和在欧洲西部联合作战的高级决策者之一。作为艾森豪威尔的代表，他同意大利（1943 年 9 月 3 日）和德国（1945 年 5 月 7 日）签署投降协议。1946 年 2 月当他被任命为驻莫斯科大使前，一直留任在原职到 1945 年 12 月。先后参与同保加利亚、罗马尼亚、芬兰、匈牙利和意大利的和平条约谈判。1950 年回到美国指挥在纽约的加弗纳斯岛的第一集团军，并出版《我在莫斯科的三年》。1950 年 9 月受命担任中央情报局副局长。1951 年 7 月提升为陆军上将。1953 年 2 月被艾森豪威尔总统任命为杜勒斯的副国务卿。作为美国代表团团长参加中南半岛的日内瓦会议。1954 年退职退役从事商务活动。1961 年 8 月 9 日卒于华盛顿特区。

作为一位言行粗鲁、简洁而富有个性的人，他很少有亲密朋友。他勤奋、严肃而忠诚，是成功的外交官和行政官员，他在战时的迅速提升不仅仅由于自己的能力，还由于有艾森豪威尔和马歇尔的赏识。

KS and DLB

参考：Eisenhower, Dwight D., Crusade in Europe. Carden City, N. Y., 1948.

Pogue, Forrest C., George C. Marshall: Ordeal and Hope, 1939—1942. New York, 1961.

Smith, Walter Bedell, My Three Years in Moscow. Philadelphia, 1950.

DAMB.

EB.

WAMB.

史密斯，威廉·悉尼爵士（Smith, Sir William Sidney, 1764—1840 年） 英国海军上将。参加主要战争：美国独立战争（1775—1783 年）、法国大革命战争（1792—1799 年）、拿破仑战争（1800—1815 年）；参加主要战役（战斗）：圣文森特（向风群岛）之战（1780 年）、圣基茨（背风群岛）之战、圣岛（瓜德罗普的圣岛）之战（1782 年）、斯文斯克松德（芬兰的科特卡附近水域）之战（1790 年）、阿卡围困战（1799 年）。

史密斯（1764 年 6 月 21 日）生于伦敦，一卫队军官之子。在"托特斯"号军需舰上加入海军（1777 年 6 月），后随"独角兽"号军舰（20 门火炮）参加了美国沿海的作战（1778 年 1 月—1779 年 9 月）。随乔治·罗德尼将军的旗舰"桑德韦奇"号参加了圣文森特之战——"月光海战"（1780 年 1 月 16 日）和西印度群岛的三场非决定性交战（4 月 17 日、5 月 15 日和 19 日）。晋升为"阿尔希德"号军舰上的上尉（9 月）后，参加了切萨皮克湾或弗吉尼亚角之战（1781 年 9 月 5—9 日）。随胡德将军参加了圣基茨岛周围的作战（1782 年 1 月）和圣岛之战（4 月 12 日）。返回英国（1783 年），并在法国生活 2 年（1785—1787 年）后，他游历了直布罗陀和摩洛哥（1787—1788 年 5 月）。告假六个月前往瑞典（1788 年 7 月）。后又在归国之前要求延长一年假期（1789 年 7 月）。史密斯回国时随身带回了英国驻斯德哥尔摩大使的公函和国王古斯塔夫三世的信件，但他非正当行使外交使节职能招致了英国政府对其所作所为的冷遇，他们还拒绝了其在瑞典海军中任职的要求。后返回瑞典，并以志愿者的身份参加了波罗的海的对俄海战。尽管他的职位不定且名分不清，但他却给瑞典以宝贵的帮助，协助他们进行了雷瓦尔海战（6 月 1 日）、维堡海战（7 月 13 日）和斯文斯克松德（芬兰的科特卡附近水域）海战（7 月 9 日）。其中，斯文斯克松德海战瑞典取得了大捷。返回英国（8 月）后被授予瑞典骑士。在黎凡特时与法国的战争爆发（1793 年），他雇了一艘小船归国，后在土伦附近加入胡德将军的舰队。在土伦，他志愿纵火焚烧遗弃于港内的法国军舰（1793 年 12 月 19 日），后奉命携带胡德的公函返回英国。受领"宝石"号护卫舰和一支位于法国北部沿海由小舰艇组成的舰队后，他在那

里袭扰法国海岸，阻止其沿海贸易（1795—1796 年）。曾在勒阿弗尔附近俘获了一艘法国私掠船及其船员，但该船在上游漂流时其本人却被俘获（1796 年 4 月 18 日）。在法国囚禁了二年，后在法国同情者的帮助下脱逃（1798 年 4 月），被任命为“泰格里”号（80 门火炮）军舰舰长（5 月）。被派往地中海，拥有进行半独立指挥的广泛授权（1798 年 10 月）。他（经常地）越权并侵犯纳尔逊作为埃及水域海军司令的权力。尽管如此，他还是积极帮助了抵抗拿破仑·波拿巴围困的阿卡保卫战（1799 年 3 月 17 日—5 月 20 日），在关键时刻登陆了一群武装水兵使守军得到加强，（5 月 8 日）。由于在阿卡的战绩，他得到了议会的褒奖和一大笔奖金，但他又一次越权签订了遭英国政府否决的《埃尔阿里什协定》（1800 年 1 月 24 日）。当选为罗彻斯特选区的议员（1802 年）后，曾在佛兰德和荷兰沿海任基思勋爵麾下的小型编队的司令（1803—1805 年）。晋升少将（1805 年 11 月 9 日）后被再次派往地中海（1806 年 1 月）。科林伍德将军派其进攻那不勒斯和西西里岛沿海。他在那里进行了一场英勇战役，以许多小型战斗支持反法游击队（5—8 月）。随海军上将约翰·T. 达克沃思爵士参加了伊斯坦布尔的示威（1807 年 2—3 月）。在里斯本附近任小型舰队司令期间曾安排过葡萄牙王室的出逃（1807 年 11 月）。出任巴西基地司令（1808 年 2 月—1809 年 7 月）后，因与英国驻该地的大使发生争吵而被召回，但事后表明这一事件并非他的过失。晋升中将（1810 年 7 月）后，他担任地中海舰队爱德华·佩留爵士的副司令（1812 年 7 月—1814 年 3 月），后因身体欠佳回到英国。1815 年 6 月他在布鲁塞尔，在滑铁卢战场会晤了惠灵顿，向他表示祝贺（6 月 18 日）。晋升上将（1821 年）后，晚年大部分时间生活于巴黎。1840 年 5 月 26 日卒于该城。

史密斯无疑是拿破仑时代比较富于传奇色彩的英国海军指挥官之一。他虚荣、刚愎自用且不断越权。另一方面，他又勇敢、充满生机，乐于采纳经验更丰富者的意见，慷慨无私，性格温和。他以骑士自居，亦似乎有骑士之风。

DLB

参考：Barrow, Sir J., Life of Admiral Sir W. S. Smith. 2 vols. London, 1848.
DNB.
EB.

史密斯-多伦，霍拉斯·诺克伍德爵士（Smith-Dorrien，Sir Horace Lockwood，1858—1930 年） 英国将军。参加主要战争：祖鲁战争（1879 年）、镇压埃及起义（1882 年）、马赫迪战争（1883—1898 年）、第二次英布战争（1899—1902 年）和第一次世界大战（1914—1918 年）；参加主要战役（战斗）：伊桑德尔瓦纳之战（邓迪附近，1879 年）、吉尼斯之战（1885 年）、恩图曼之战（1898 年）、佩尔德堡之战（金伯利附近，1900 年）、勒卡托之战（1914 年）、第一次伊普尔之战（1914 年）和东非战役（1915—1916 年）。

史密斯-多伦 1858 年 5 月 26 日生于哈尔斯福特，是一位物理学家之子。受教育于哈罗公学和桑德伍斯特公学。1877 年 1 月作为第九十五步兵团的一名中尉在公报上记载。祖鲁战争期间（1879 年 1—8 月），参加平生第一次战斗行动。在灾难性的伊桑德尔瓦纳战役（1 月 22 日）中他是五个幸免于难的军官之一。参加了切姆斯福德指挥的第二次进军祖鲁的行动。7 月 4 日在乌伦迪地区作战。帕夏阿拉比起义期间（1882 年），被派赴埃及。在亚历山大城外进行了几次小规模的非决定性的作战。随团调防印度，因膝盖受伤被送回英国本土（1883 年）。1884 年返回战场，在伊夫林·伍德爵士指挥的埃及军队中就职。吉尼斯战役中（在凯尔迈和库尔提之间的尼罗附近，1885 年 12 月 30 日）指挥埃及骑兵部队。1887—1888 年，在参谋学院学习。1889 年再入其在印度的团队。在勒克瑙战役中和温巴拉战役（又作安贝拉，在马拉根德附近）中，他任参谋之职，参加了对西北边境的提拉赫（白沙瓦西南地区）进行的远征（1897—1898 年）。在启程返回英国本土时，被霍雷修·基奇纳将军召回埃及（1898 年 6 月）。恩图曼战役中（9 月 2 日），指挥第十三苏丹营。在与法军少校 J. B. 马尔尚进行的决战行动中（11 月），指挥基奇纳的警卫队赴法绍达（科多克）。1899 年 11 月被派率团赴南非。在佩尔德堡战役中（1900 年 2 月 18 日），指挥第二十九旅，是役使他名声大噪。后参加进军比勒陀利亚的行动（2—3 月）。对布尔指挥官德韦特和博萨发动进攻。1901 年晋升少将，被派至印度任殖民地军队副官长。1903 年 3 月，指挥驻奎达的第四师，对部队的福利进行了几项改革，并因此赢得了士兵的称道。1907 年 12 月—1911 年，在奥尔德肖特指挥。1912 年调至索尔兹伯里实施南线指挥。他制定了招募计划，致力于扩编本土军以此为爆发的欧洲战争提供大规模的军队。1914 年 8 月 17 日，调任法国，任爵士约翰·弗伦奇指挥的英国远征军的第三军军长。其部队在蒙斯酷战中损失惨重（8 月 25 日）。撤退中受到德军的巨大压力，被选在勒卡托地区对德军进行阻击作战（8 月 26—27 日）。再一次受伤，尽管面临被包围的危险，但却组织了著名而又艰苦的后方作战。他率其部队参加了马恩河战役（9 月 4—9 日）以及整个“奔向大海”行动（9—10 月）和第一次伊普尔战役（10 月 30 日—11 月 24 日）。1915 年初，被擢升指挥第二集团军。与弗伦奇将军在采取行动一事上严重失和。对弗伦奇在第二次伊普尔战役中（1915 年 4 月 22—27 日）不愿进行战术撤退感到痛苦，为此向法国递交一封很长的批评信。在后来的矛盾中，他主动提出辞呈，5 月 6 日返回英国。6—11 月，指挥第二集团军。1915 年 12 月被派往东非指挥对德军的作战行动。染肺病，被送回英国本土，直至战争结束（1918 年 12 月）一直未能康复。

1918 年 9 月—1923 年，任直布罗陀总督。退役后，遭遇一起严重的车祸（1930 年 8 月 11 日）。未能苏醒，第二天卒于医院（8 月 12 日）。

史密斯-多伦是一位具有奉献精神的运动员和骑师。作为指挥官，他卓有才华、足智多谋且关心部下。他在勒卡托战役中的表现极佳。其后来受到的弗伦奇的对待，使得英国在第一次世界大战初期丧失了一位最优秀的战场指挥官。

DLB

参考：Edmonds, J. E., ed., History of the Great War. Military Operations, France and Belgium. 1914. and 1915. London, 1922—1927.

Morris, Donald R., The Washing of the Spears. New York, 1965.

Pakenham, Thomas, The Boer War. New York, 1979.

Smith-Dorrien, Sir Horace Lockwood, Memories of Forty-Eight Years Service. London, 1925.

DNB.

斯马茨，简·克里斯蒂安（Smuts, Jan Christian, 1870—1950 年） 绰号“聪明的詹妮”、“詹妮叔叔”。布尔将军，英国陆军元帅和政治家。参加主要战争：第二次英布战争（1899—1902 年）；参加主要战役（战斗）：比勒陀利亚之战（1900 年）、戴蒙德山之战（比勒陀利亚附近，1900 年）、努伊特赫达赫（米德尔堡附近）-马加利斯堡之战（克鲁格斯多普附近，1900 年）、英德方丹之战（约翰内斯堡附近，1901 年）、埃兰兹里沃波特之战（位于塔卡斯塔德和斯坦斯堡之间，1901 年）和围攻乌基普（1902 年）。

斯马茨 1870 年 9 月 24 日生于开普殖民地的西里比克（马姆斯伯里附近）附近。1894 年毕业于剑桥大学神学院。1895 年进入中殿法学协会，并获得律师资格。作为塞西尔·罗得斯的支持者返回南非，在开普敦开业做律师。对詹姆森袭击（1895 年 12 月 29 日—1896 年 1 月 2 日）感到震惊，因此改变了对保罗·克鲁格和阿非利堪人的忠诚。1897 年赴德兰士瓦的约翰内斯堡，翌年 6 月出任国家检查官。任职德兰士瓦政府至比勒陀利亚战役爆发（1900 年 6 月 5 日），成为一名将军。参加了戴蒙德山战斗（6 月 11—12 日），在努伊特赫达赫和马加利斯堡战斗中（12 月 13 日），与德拉雷伊联合指挥布尔人进攻。1901 年 1 月 31 日占领德兰士瓦的英德方丹，屠杀了当地大批居民。决定进攻开普殖民地，希望发动开普殖民地的布尔人进行起义（6 月），9 月 3 日进抵开普殖民地。9 月 17 日在埃兰兹里沃波特战役中歼灭殖民军第十七长矛骑兵团，随后被其他的英国军队紧逼，但却几乎没有得到开普布尔人的支持和帮助。包围了处于西开普的乌基普（1902 年 4 月 4 日—5 月 3 日）。参加了弗里尼欣和谈（5 月 15—31 日），1902 年 5 月 31 日签署了《弗里尼欣协议》。作为博塔政治上的亲密盟友，当博塔 1907 年 3 月就任德兰士瓦殖民地总理时，他担任国务大臣。后任《南非联邦宪法》的主要制定者（1908 年 10 月—1909 年 5 月），此宪法颁布执行于 1910 年 5 月 31 日。1914 年 9—12 月，镇压了由克里斯蒂安·德·韦特领导的布尔人反英起义。率南非军队占领德国人控制的西南非（今纳米比亚，1915 年 2 月—7 月 9 日）。1916 年 2 月在东非指挥攻击保罗·冯·莱托-福尔贝克的作战行动，是年占领了德国人控制的东非（坦桑尼亚）大部分地区，但消灭保罗·冯·莱托-福尔贝克部队的努力未获成功。1917 年 3 月赴伦敦参与进行作战决策，成为内阁大臣和枢密顾问官。尽管斯马茨的居留地仍在索取德国的战争赔偿，但他依然签署了《凡尔赛和约》（1919 年 6 月）。1919 年 8 月博塔死后出任首相，但他的政党在 1924 年的竞选中失败，斯马茨因此退休赋闲了几年。1934 年重返政坛，任 J.B.M. 赫尔佐格联合政府中的副首相。政府在第二次世界大战中由于对是否保持中立态度的问题上产生分歧而解体后，1939 年 9 月 5 日出任首相，指导南非进行战争准备，1941 年晋升英国陆军元帅。1945 年作为英国代表出席旧金山会议，帮助制定联合国宪章。1948 年被丹尼尔·F. 马兰的民主主义政党击败，他只在议会中保有一个席位。1950 年 9 月 11 日卒于比勒陀利亚。

斯马茨作为一位游击领导者，不但适应性强，富有才干且组织高效，也乐于与部下打成一片。作为一位政治家，他聪明能干，目光远大。尽管未能击败保罗·冯·莱托-福尔贝克，但他赋予英军在东非的战争准备以活力。他宽广的视野和对英联邦的支持，既使自己失去了处在农村的阿非利堪人的支持，也促使了马兰的民主主义党的崛起。

DLB

参考：Farwell, Byron, The Great Anglo-Boer War. New York, 1976.

Hancock, W. K., Smuts. Vol. Ⅰ: The Sanguine Years, 1870—1919. Cambridge, Eng., 1962.

Hancock, W. K., and J. van der Poel, eds., Selections from the Smuts Papers. Cambridge, Eng., 1968.

Pakenham, Thomas, The Boer War. New York, 1979.

Smuts, J. C., Jan Christian Smuts. London, 1952.

史迈斯，亚历山大（Smyth, Alexander, 1765—1830 年） 美国将军。参加主要战争：1812 年的战争（1812—1815 年）；参加主要战役（战斗）：昆斯敦（安大略）之战（1812 年）。

萨默维尔，布勒豪·贝克（Somervell, Brehon Burke, 1892—

1955 年） 美国陆军上将。参加主要战争：镇压墨西哥革命（1916—1917 年）、第一次世界大战（1917—1918 年）、第二次世界大战（1941—1945 年）。

萨默维尔 1892 年 5 月 9 日生于阿肯色州小石城，1914 年毕业于西点军校，在 160 名学员的班级中名列第六。授予工程兵少尉军衔。1916 年 3 月 15 日—1917 年 2 月 5 日在与墨西哥的边界争端爆发后，在得克萨斯做勘察工作，参加潘兴将军的侵略墨西哥军。1917 年 8 月升为临时陆军少校并被派往法国，在那里建造军需库和其他设施。1918 年 11 月—1919 年 5 月任第八十九陆军师参谋，1919 年 5 月—1920 年 10 月任占领军助理参谋长。回到美国，1921 年毕业于贝尔沃堡工程兵学校，1925 年毕业于利文沃思堡指挥和参谋学院，1926 年又从陆军军事学院毕业。1933—1934 年从特基经济调查回来后，1935 年获得提升至陆军中校。1935—1936 年指导佛罗里达行船运河的建设，1936 年 8 月，被任命为纽约行政官员，负责工程项目行政工作。在该职位的四年中，他监督了拉瓜迪亚机场、大量的公路、公园和操场的建设。1940 年 11 月被召回现役任首席监察官，12 月被任命为军需部队建设处主任。指导建造营房、营地和其他军事设施，提升为准将后（1941 年 11 月），被任命为供给助理参谋长。陆军整编之后，1942 年 3 月升为陆军中将并任陆军勤务与供给司令部司令，担负军需品的接收、盘存和分发职责。虽然 1943 年 3 月该部门整编为陆军勤务部队，萨默维尔仍留任司令，指挥庞大的美军后勤系统，直到 1946 年 1 月退出现役。后在考培尔公司任职，1948 年在退役名单上升为陆军上将。1955 年 2 月 13 日患心脏病卒于佛罗里达州奥卡拉。

萨默维尔的经历极不平凡，担当了包括民用和军事的诸多职位。作为一位真正的天才管理者，他鼓励下属的速度与效率，力主为保证按时完成工作而减少环节，缩短官僚程序。他在美军供给方面的成就，为第二次世界大战盟军的胜利作出了重要的贡献。

DLB

参考：Millet, John D., The United States Army in World War Ⅱ. The Organization and Role of the Army Service Forces. Washington, D.C., 1954.

Ruppenthal, Roland G., The United States Army in World War Ⅱ. Logistical Support of the Armies. 2 vols. Washington, D.C., 1953—1959.

DAMB.

WAMB.

萨默维尔，詹姆斯·弗纳斯爵士（Somerville, Sir James Fownes, 1882—1949 年） 英国海军元帅。参加主要战争：第一次世界大战（1914—1918 年）、第二次世界大战（1939—1945 年）；参加主要战役（战斗）：达达尼尔海峡（恰纳卡莱海峡）之战（1915 年）、凯比尔港之战（1940 年）、印度洋之战（1942 年）。

萨默维尔 1882 年 7 月 17 日生于萨里郡的韦布里奇，1897 年作为"不列颠尼亚"号军舰上的学员加入海军。1904 年成为海军上尉并被训练成鱼雷和无线电专家。奉命到位于维尔农的皇家海军鱼雷学校，帮助发展长距离连续波段无线电通信（1912 年）。一战中，作为舰队的无线电军官曾连续为五个海军上将服务，由于 1915 年 2—4 月在达达尼尔海峡军事行动中的出色表现，12 月晋升至海军中校。1921 年 12 月晋升海军上校，1925—1927 年领导海军总司令部的信号部门工作。1929—1931 年成为帝国国防学院的领导成员，1932 年 10 月被提升为朴次茅斯皇家海军兵营海军准将。1933 年任海军少将，很快（1934 年）就成为海军总司令部人事部门领导。1936—1938 年，指挥地中海驱逐舰分遣舰队，并在 1937 年被提升为海军中将。1938 年 7 月，任东印度群岛英军海陆空军总司令，1939 年 4 月因结核病而退役还乡。虽然很快康复，但直到 1939 年 4 月战争爆发，海军才同意他返回现役。在从事一段雷达的设计制造工作之后，1940 年 5 月 28 日—6 月 4 日敦刻尔克大撤退期间在拉姆齐元帅的参谋部服役，6 月下旬在直布罗陀负责指挥 H 部队，7 月份他受命确保在奥兰或凯比尔港的法国舰队不落入敌人手中。当法国海军上将司令拒绝英国提出的任何选择时，1940 年 7 月 3 日，萨默维尔下令炮轰在凯比尔港的法国地中海舰队战舰。多次护航去马耳他，并在 1941 年 2 月 9 日展开一系列对热那亚和里窝那的冒险海空轰炸。他率领 H 舰队，包括"皇家方舟"号航空母舰，同德国的"俾斯麦"号战列舰进行对抗，在 5 月 24—28 日间击沉该艘德舰的战斗中作出主要贡献。1942 年 3 月，任东方舰队总司令，在南云忠一的日军航母舰队袭击印度洋上安达曼群岛之前到达东方水域。由于处于严重劣势，萨默维尔尽量避免水面交战，但 4 月 2—8 日还是在锡兰（斯里兰卡）和东印度以外水域与日军进行了几场伤亡惨重的海空战斗。在东方舰队一直任职到 1944 年 8 月，10 月份出任海军总司令部在华盛顿的代表。1945 年 5 月提升为海军上将，12 月回到英国，不久即退休回到萨默塞特，那里有他的家庭地产。卒于 1949 年 3 月 19 日。

作为一位能干的海军指挥官，萨默维尔拥有高效、敬业、勤奋的品质以及永不消退的幽默感。他无畏、率直、雄辩，在华盛顿任职期间同美国合作者关系融洽。他还以敏锐的智力而出名，并以善讲故事而获得声望。

DLB

参考：Keegan, John, Who was who in Wwll. New York, 1972.

Tunney, Christopher, Bicgraphical Dictionary of world warll. New York, 1972.

DNB.

桑尼·阿里·贝尔（Sonni Ali Ber〈Sunni Ali〉，卒于 1492 年） 非洲桑海帝国统治者。参加主要战争：征服廷巴克图

(通布图)(1468 年)、征服迭内(1466—1473 年)、与莫西人之战(1469—1470 年,1478—1480 年,1483 年,1488 年)

桑尼·阿里·贝尔生日期及早期生平不详。1464 年即桑海国王位,是第十九世索尼皇帝和第三十六位君主。1466 年与巴尼河沿岸富有的贸易城市迭内开始长期的争斗。廷克巴图的首领们邀请他把该城从图阿雷格的统治下解救出来,他包围了该城,然后残酷地洗劫了这座伟大城市,屠杀成千上万的居民(1468 年)。1469—1470 年在尼日尔河曲南方西部上沃尔特河高地,他首次对莫西人发起攻势。经过号称六年围攻战,方于 1473 年攻克迭内。屡次对其临近部落和城邦发动进攻,侵吞业已衰落的马里皇帝的大部分国土。征服贝宁-尼日尔边境登迪的富拉尼,但未能使中部上沃尔特河的莫西人屈服(1478—1479 年)。1480 年挫败了一个较大莫西人部落对沃尔特(西部上沃尔特河)发动的袭击。多次成功地击退图阿雷格的袭击,并对他们回之以几次惩罚性作战。对莫西人发动一次较大规模的远征,并在科比(西部上沃尔特河)之战中获胜(1483 年)。之后于 1488 年再次远征,但未取得什么战果。他的作战在战略上强调机动,在战术上重视发挥骑兵的突击作用。1492 年秋,在与富拉尼进行的一次作战之后班师途中,横渡一小溪时溺水而亡。

桑尼·阿里·贝尔(该名意为"伟大的阿里")在阿拉伯历史上一直被视为是一位声名狼藉、贪婪的暴君。这或许是由于其统治期间,曾将伊斯兰教仪式与"异教"的非洲宗教习俗"异端"地结合起来,引起了穆斯林的反感。不过,他采取的这项政策在当时有助于维持城市穆斯林商人与他们赖以生存的"异教"的畜牧者之间的有益联合。

DLB

参考:Chu, Daniel, and Elliot Skinner, A Glorious Age in Africa: The Story of Three Great African Empires. Garden City, N. Y., 1965.

Imperato, Pascal James, Historical Dictionary of Mali. Metuchen, N.J., 1977.

Rouch, Jean, Contribution à l'histoire des Songhay. Dakar: Institute Français dAfrique Noire (IFAN), 1953.

EB.

EMH.

苏比兹公爵,邦雅曼·德·罗昂(Soubise, Benjamin de Rohan, Duke of, 约 1589—1642 年) 法国胡格诺派的指挥官。参加主要战争:八十年战争(1567—1648 年)、胡格诺战争(1624—1629 年);参加主要战役(战斗):布拉韦河之战(1625 年)、拉罗谢尔围城战(1627—1628 年)。

苏比兹约生于 1589 年,卡特琳·德·帕尔特奈之子、亨利·德·罗昂之弟。十几岁时即加入拿骚的莫里斯军,并与荷兰军队一起同西班牙人作战多年(1605—1609 年)。17 世纪 20 年代初期法国境内的胡格诺派动乱期间,他与其兄一起反对国王路易十三和首相黎塞留。当公开的起义爆发后,苏比兹就任海上和法国西部地区的胡格诺派部队司令。进攻位于洛里昂附近布拉韦河河湾的国王舰队时获得大胜,进占罗什福尔附近的奥莱龙(1625 年春一夏)。但同年晚些时候在拉罗谢尔附近海域被海军上将、蒙莫朗西公爵的舰队打败(1625 年秋)。指挥了拉罗谢尔保卫战(1627—1628 年),后在不得不投降时逃往英国(1628 年 9 月)。1642 年卒于伦敦。

DLB

参考:Pagès, P., and V. L. Tapié, La naissance du grand siècle, 1610—1661. Paris, 1948.

Tapié, V. L., La France de Louis XIII et de Richelieu. Paris, 1952.

EB.

苏比兹亲王,沙尔·德·罗昂(Soubise, Charles de Rohan, Prince of, 1715—1787 年) 法国元帅。参加主要战争:奥地利王位继承战争(1740—1748 年)、七年战争(1756—1763 年);参加主要战役(战斗):丰特努瓦之战(1745 年)、罗斯巴赫之战(1757 年)、松德斯豪森之战、卢特贝格之战(1758 年)、韦灵豪森之战(1761 年)。

苏比兹生于巴黎,名门贵族的后裔,国王路易十五的宠臣和密友。奥地利王位继承战争期间陪同路易进行德意志和佛兰德战役(1744—1745 年)时首次参加军事活动。曾参加莱茵战役(1744 年 4—8 月)和丰特努瓦之战(1745 年 5 月 10 日)。随萨克森的元帅在荷兰参加过有限的作战(1746—1748 年)。战争结束(1748 年 10 月)后重为廷臣。七年战争爆发(1756 年 5 月)后不久,通过国王路易的情妇——蓬帕杜夫人的影响,获得了一支24 000人的小规模法军司令一职。苏比兹和萨克森希尔堡德豪森伯爵指挥的约16 000人奥地利军在罗斯巴赫之战(1757 年 11 月 5 日)中惨败于普鲁士国王腓特烈·威廉二世(腓特烈大帝)及其22 000人的军队之手。他虽有此惨败,仍被封为法国元帅(1758 年)。同年底在松德斯豪森之战和卢特贝格之战中取得小规模但却著名的胜利,为自己挽回了面子。被任命为准备入侵英国的法军司令(1759 年),后又重回德意志进行作战,并在韦灵豪森之战中再获胜利(1761 年)。战争结束(1763 年 2 月)后,他重新过着廷臣的生活。1787 年 7 月 4 日卒于巴黎。

苏比兹是一位才能中上的军人。他在罗斯巴赫之战中无法与腓特烈抗衡。其贵族血统和在宫廷中的职位是他显赫一时的原因。

DLB

参考:EB.

S

EMH.

苏尔特，尼古拉·让·德·迪乌，达尔马提亚公爵（Soult, Nicolas Jean de Dieu, Duke of Dalmatia, 1769—1851 年）“铁腕人物”，法国军队的“最受尊敬的老人”，法兰西帝国大元帅。参加主要战争：法国大革命战争（1792—1799 年）和拿破仑战争（1800—1815 年）；参加主要战役（战斗）：弗勒吕斯之战（1794 年）、施特卡赫之战（1799 年）、苏黎世之战（1799 年）、奥斯特利茨之战（1805 年）、耶拿之战（1806 年）、埃劳之战（1807 年）、1809 年的科伦纳之战、波尔图之战及奥卡纳之战、1812 年的阿尔布拉之战、1811—1812 年的卡迪兹包围战、1813 年的包岑之战、1815 年的滑铁卢之战。

苏尔特 1769 年 3 月 29 日生于圣-阿曼-德-贝斯蒂德，他是法律公证人简·苏尔特之子，其母名玛丽·格林内尔。其父死后，于 1785 年 4 月 16 日加入波旁王朝军队。苏尔特镇定自若的特点以及对工作极其负责的态度赢得了其同事的普遍赞誉，因而提升很快。1791 年升掷弹兵中尉，1793 年升上尉，任步兵机动战术教官。后在梅塞勒军中任茹尔丹副官，1793 年率部强攻奥军驻在马瑟尔的营地，这是他的第一次作战。1794 年 1 月 29 日升上校，在 1794 年 6 月 26 日的弗勒吕斯之战中任勒费夫尔的参谋长。作战中，以其冷静和身先士卒而闻名，因此 1794 年 11 月又升为准将，在 1795—1797 年间，继续任勒费夫尔的参谋长，1799 年 4 月升少将，当勒费夫尔受伤后，任该师的师长。在 1799 年 6 月 4—7 日及 9 月 26 日的苏黎世之战中，在马森纳指挥下表现出色，充分展示了其军事天赋。1800 年，随马森纳赴意大利方面军任职，升中将。在热那亚包围战中，于 4 月 13 日率部突击蒙特克里图，右腿负伤后被奥军俘虏。1800 年 6 月 14 日，马伦哥大捷后，获释，返回法国疗伤。后被任命为皮蒙特军队指挥，平息奥斯塔起义后，恢复了该地区的秩序。1801 年，任命为塔兰图及奥特兰图占领军指挥官，1802 年又任命为执政卫队四上将之一。由于卫队在纪律和训练方面的卓越表现，拿破仑于 1803 年任命他为圣奥默尔驻军总指挥。1804 年 5 月 19 日升法兰西帝国元帅。1805 年指挥第四军参加乌尔姆之战，12 月 2 日又转战奥斯特利茨，率部向普拉岑发起强攻，由于其卓越的指挥艺术，拿破仑称赞他为“欧洲最好的战术家”。在 1806 年 10 月 14 日的耶拿之战中，他率法军右翼，他的作战成功 对于整个战役胜利起了主要作用。1807 年 2 月 7—8 日的埃劳之战中，他指挥左翼，依他的建议，拿破仑没有撤退，而是坚守阵地，夜晚，当俄军后撤后，拿破仑任命他为战场总指挥，在 1807 年 6 月 10 日的没有决定意义的海尔斯堡之战中，他的军队遭受重大伤亡，但也为 1807 年 6 月 16 日攻占卡尼戈斯堡打下了基础。1808 年 6 月封为达尔马提亚公爵，并受命指挥第二军，随同拿破仑开赴西班牙。1809 年 1 月 16 日，他率部将摩尔将军率领的英军追至科伦纳，当英军从海上逃跑之后，他率部入侵葡萄牙。他本打算夺取西班牙王位，但在 5 月 12 日的波尔图之战中，他的希望被打破了，此战中，他遭到韦尔斯利（即后来的惠灵顿公爵）的沉重打击。在 11 月 9 日的奥科纳之战中，他挽回了部分名誉，此战中，他摧毁了位于中央的西班牙军队，俘虏了15 000名士兵。1810 年，入侵安达卢西亚，1811 年 3 月 11 日拿下巴达霍斯。他拒绝支援马森纳进攻特拉斯维德拉斯防线，而马尔蒙也允许他在安达卢西亚聚敛了大笔财富。他企图打破英军对巴达霍斯的包围，但 1812 年 7 月 22 日受挫于阿尔布拉，1812 年 7 月 22 日，当法军战败于萨拉曼卡后，苏尔特放弃了安达卢西亚，向北撤退，攻占马德里。9 月 19 日—10 月 22 日，当惠灵顿在布尔戈斯包围战中受挫后，向葡萄牙方向后撤，苏尔特遂追击惠灵顿，但不久，接到命令，让他接受德国的帝国卫队指挥官之职。1813 年 5 月 20—21 日，他参加了包岑之战，不久的 6 月 12 日，又命他回西班牙，以指挥那里的原残余部队。此后的十个月期间，他参加了比利牛斯战役，发起了一系列作战，但均行动缓慢，以致 1814 年 4 月，他在图卢兹战败，英军遂开始入侵法国。1814 年 12 月 3 日—1815 年 3 月 11 日任波旁王朝陆军部长期间，仍然忠于拿破仑。拿破仑复辟后，任北方方面军总参谋长，参加滑铁卢战役。滑铁卢之战后，于 1816 年 1 月被流放至本土塞尔多夫，直至 1819 年被召回法国。1820 年恢复其元帅军阶。1830—1834 年任陆军部长，1838 年作为法国代表，入伦敦，参加维多利亚女王的加冕典礼。在这里同他的老对手惠灵顿见面，惠灵顿握着他的手说：“我终于见到你了!”。1839 年任外交部长，后两度出任内阁总理（1832—1834 年和 1840—1847 年），1840—1845 年，他再度出任陆军部长。1840 年，当拿破仑的遗体从圣赫勒拿岛运回巴黎残废军人纪念碑时，他最后一次瞻仰了拿破仑的遗容。1847 年 9 月 15 日，退休后，他接受了他的最后的荣誉——成为法国历史上仅有的四个大元帅之一。1851 年 11 月 26 日卒于苏尔特堡。

苏尔特是一位优秀的战术家和称职的战略家。他还是一位卓越的训练专家和管理者。如果在滑铁卢之战中他任步兵指挥员而不是参谋长的话，可能会更好地发挥他的作用。在危机中，他能高瞻远瞩、镇定自若，并能迅速果断地提出对策。他的错误是政治投机、贪财，以致于拒不离开安达卢西亚。尽管在同惠灵顿作战中因行动迟缓而被打败，但他仍是皇帝拿破仑在西班牙作战中最好的指挥官，而且如果在 1813 年以前，他能被授予更高的指挥权的话，战果会更佳。在其后来为法兰西服务期间，他得到了法国人的厚爱，甚至以前的敌人也敬重他。

VBH

参考：Chandler, David G., The Campaigns of Napoleon. New York, 1966.

——, Dictionary of the Napoleonic Wars. New

York, 1979.
Delderfield, R., F., Napoleon's Marshals. New York, 1962.
Esposito, Brig. Gen. Vincent J., A Military History and Atlas of the Napoleonic Wars. New York, 1974.
Humble, Richard, Napoleons Peninsular Marshals. New York, 1974.
Meeks, Edward, ed., Napoleon and the Marshals of the Empire. Reprint (2vols. in one), Philadelphia, 1885.

斯巴达克(Spartacus,约卒于公元前 71 年) 罗马的角斗士起义领袖。参加主要战争：斯巴达克大起义（公元前73—前 71 年)。

斯巴达克生于色雷斯，出生日期不详。加入军队，大概由于在反罗马的战斗中被擒后卖为奴隶。公元前 73 年率领 70 多名同伴冲出加菩亚的角斗士学校，逃到维苏威山，发动了一场奴隶起义。采用灵活的游击战术，连续两次击败前来“围剿”的罗马官军，占领了南意大利的大部分地区。起义部队发展到 9 万多人，其中大部分是逃亡奴隶。公元前 72 年，部队向北部的南高卢挺进，计划在离开意大利边境之后解散队伍，让士兵们各自返回家园，但这些士兵拒绝离开意大利，于是他又回师卢卡尼亚，准备越过海峡进驻西西里，但未获成功。由于起义军内部发生分裂，斯巴达克的部队在意大利西南部中了埋伏，遭罗马军队围攻。公元前 71 年被击败，斯巴达克及其许多士兵均被克拉苏率领的罗马官军杀害。

斯巴达克是一位足智多谋、勇敢善战的领袖，他的起义具有革命和反抗压迫的性质。

CLW

参考: Appian, The Civil Wars.
Plutarch, "Crassus," "Pompey," Parallel Lives.
EB.
OCD.

施佩，马克西米连·冯伯爵(Spee, Count Maximilian von, 1861—1914 年) 德国海军上将。参加主要战争：第一次世界大战（1914—1918 年)；参加主要战役（战斗)：智利之战（1914 年）和福克兰之战（1914 年)。

施佩 1861 年 6 月 22 日生于哥本哈根。青少年时代，便加入德国海军（1878 年)。1887—1888 年，任德国喀麦隆港指挥官。1908 年任北海军区参谋长。1912 年末任包括“香霍斯特”号、“基内塞劳”号铁甲巡洋舰和“埃姆登”号、“莱比锡”号和“纽伦堡”号等铁甲巡洋舰的德国海军亚洲殖民侵略军中队的司令官。此殖民侵略军中队的基地设在中国胶东半岛的青岛，第一次世界大战爆发时（1914 年 7 月)，他和两艘铁甲巡洋舰在波纳佩。8 月 6 日“莱比锡”号、8 月 12 日“埃姆登”号两艘轻型巡洋舰分别加入其行列。他派“埃姆登”号舰袭击航行于印度洋的商船。率舰队向东航行赴南美，偶尔停顿袭击盟国港口并且补给燃料煤，10 月 2 日抵达东岛。途中得到“得累斯顿”号轻型巡洋舰的增援。他在智利的科罗内尔上游打败了由爵士克里斯托弗·克罗多克海军上将指挥的一支英国海军中队，在一小时之内击沉了其“好运”号和“豪茅斯”号两艘铁甲舰（11 月 1 日)。11 月 26 日奉命回国，他领队进发福克兰群岛欲袭击当地的装煤站和无线电站。他离开斯坦利，但却对爵士多佛顿·斯顿迪海军上将指挥的一支令人生畏的英国海军中队感到震惊；这支中队包括令人生畏的新的战斗舰“无敌”号和“坚定”号。在随后的奔袭作战中，他试图以铁甲舰掩护轻型舰撤退，但德军除“得累斯顿”号，几乎所有的舰只都被击沉，人员伤亡极为惨重，他本人和两个儿子——奥托和汉斯也在战斗中身亡（12 月 8 日)。

DLB

参考: Corbett, Sir Julian S., Naval Operation, Vol. Ⅰ of 5. London, 1920.
Hoehling, A. A., The Great War at Sea. New York, 1965.

斯派达尔，汉斯(Speidel, Hans, 1897—1987 年) 纳粹德国陆军上将。参加主要战争：第一次世界大战（1914—1918 年)、第二次世界大战（1939—1945 年)；参加主要战役（战斗)：诺曼底战役（1944 年)。

斯派达尔 1897 年 10 月 28 日生于符滕堡的马青根。1914 年从学校出来就直接参军，一战中（1914—1918 年）在西部前线服现役。20 世纪二三十年代一直呆在凡尔赛的德国军队中。二战爆发以后，1940 年 6 月 14 日被任命为驻巴黎军事首脑斯蒂普纳格尔将军的参谋长，一直到 1942 年。1944 年 1 月任驻扎在法国北部和低地国家的 B 集团军群司令埃尔温·隆美尔的参谋长。同隆美尔一道认为战争败局已定，便竭力劝说希特勒及柏林的高级领导最好是与盟军谈判。当这些努力失败时，他便转向密谋推翻希特勒，5 月份安排斯蒂尔普纳格尔会见隆美尔并说服隆美尔帮助实现这个计划，以获得他对政变的有条件的支持。但说服龙德斯泰特的努力未能成功，再加上 6 月 6 日盟军进攻诺曼底，不得不改变计划，导致 7 月 20 日施陶芬贝格刺杀希特勒未能成功。斯派达尔在该事件的余波中逃避牵连，但在 8 月 25 日，因拒绝摧毁在前进中盟军必经道路上的巴黎而被捕。在盖世太保广泛的讯问中，他隐瞒了自己在密谋中充当的角色，1944 年 9 月被荣誉法院宣告无罪。虽然如此，仍被监禁，1945 年 2 月逃跑，并一直隐藏到 1945 年 5 月 7 日德国宣布投降。1949 年出版了《1944 年入侵：隆美尔和帝国的崩溃》，该书包括了对纳粹领导人的袭击和军队中反纳粹计划的详细情节。后来 1953 年成为联邦德国

第一任总理的军事顾问，再一次被授于陆军上将。他代表本国参加北约，于1957年4月—1963年9月任在中欧的北约武装部队司令。1959年11月任联邦国防部陆军部部长，直到1964年3月21日退休为止。此后，他住在蒂宾根，继续他的学术研究和军事写作。卒于1987年。

尽管斯派达尔1914—1944年间在德国军队中有不凡的经历，但他的声望来自于他作为军中计划反对希特勒的唯一主要幸存者，以及战后他代表联邦德国军方的活动。他在战后联邦德国军队的发展中扮演了主要角色。

DLB

参考：Speidel, Hans, Invasion 1944. English edition. Chicago, 1950.
Tunney, Christopher, Biographical Dictionary of World War Ⅱ. New York, 1972.
Wistrich, Robert, Whos Who in Nazi Germany. New York, 1984.

斯普拉格，克利夫顿·阿尔贝特·F.（Sprague, Clifton Albert Furlow, 1896—1955 年） 美国海军上将。参加主要战争：第一次世界大战（1917—1918年）、第二次世界大战（1941—1945年）；参加主要战役（战斗）：菲律宾海之战、莱特湾之战、塞迈尔之战（1944年）。

斯普拉格1896年1月8日生于马萨诸塞州多切斯特（今波斯顿一部分）。1917年毕业于海军军官学院。1917年6月—1919年10月在地中海的美舰“威灵”号上服役。经过一段岸上工作之后，1920年在彭萨科拉海军航空基地通过飞行训练。1922—1923年在西海岸“怀特”号飞艇供应船上服役。1926—1928年在汉普顿罗兹海军航空基地为海军航空母舰改进降落拦阻装置。1928—1929年在“列克星顿”号航母上任助理飞行军官。1931—1933年在美舰“怀特”号上指挥第一巡逻中队巡游在圣地亚哥运河区以及珍珠港。1934—1936年对在汉普顿罗兹的海军航空基地再一次巡回视察后，帮助装备“约克镇”号航母，并于1937—1939年任其航空指挥官。1939—1941年受命指挥辅助部队，包括1941年12月7日在珍珠港的“唐吉尔”号美舰。1942年6月—1943年3月任海湾前线司令詹姆斯·考夫曼海军上将的参谋长。1943年4—10月在指挥西雅图海军航空基地之后，11月他率“黄蜂”号航母出海，参加1944年5月的对威克岛和马库斯岛的攻击、6月在塞班作战行动及6月19—21日的菲律宾海战斗。8月提升为海军少将，任第二十五航母分舰队司令。而后（10月）在进攻莱特湾的战役中指挥塔菲第三特混部队，该部队包括6艘护航航母、3艘驱逐舰和3艘驱逐护卫舰。10月24—25日夜，日本中部舰队航行至圣贝纳迪诺海峡时，斯普拉格发现其舰队全部位于日战列舰和重型巡洋舰以及在莱特湾的美国庞大航母和辅助舰队之间，随即同日舰展开殊死的追逐战。斯普拉格的猛烈抵抗使日本海军上将确信，他们面对的是哈尔西的快速航母舰队，从而导致日军10月25日的败退。1945年2月斯普拉格成为第二十六航母分遣队司令。在5月中旬前往“泰孔德罗加”号航母指挥第二航母分遣队之前，他全面参与了袭击硫磺岛和冲绳岛的战役。作为联合特遣舰队海军航空兵大队司令，他在1946年夏的太平洋比其尼岛原子弹爆炸试验中担当关键性角色。1946—1948年任科珀斯克里斯蒂湾海军航空训练基地司令。1948—1949年在地中海“基萨奇”号航母上指挥第六航母分遣队。后负责第十七海军战区和阿拉斯加海边界的事务直到1951年12月退役。1955年4月1日卒于圣地亚哥。

KS

参考：Reynolds, Clark G., Famous American Admirals. New York, 1978.
WAMB.

斯普拉格，托马斯·L.（Sprague, Thomas Lamison, 1894—1972 年） 美国海军上将。参加主要战争：第一次世界大战（1917—1918年）、第二次世界大战（1941—1945年）；参加主要战役（战斗）：莫罗泰之战、关岛之战、莱特湾之战（1944年）、冲绳战役（1945年）。

斯普拉格1894年10月2日生于俄亥俄州莱马，同克利夫顿·斯普拉格没有联系，虽然他们在安纳波利斯是同班同学。1917年毕业于海军军官学院。1917年6月—1918年4月在美舰“克利夫兰”号上承担大西洋运输任务。短期岸上工作后，7月协助考察美驱逐舰“蒙哥马利”号，并在舰上服役执行反潜巡逻任务。后来（1920年1—11月）成为该舰舰长。在彭萨科拉海军航空站接受飞行训练后，1921—1923年任太平洋航空兵司令H.V.巴特勒海军上将的参谋。1923—1926年在彭萨科拉任职以后，1926—1928年在“马里兰”号战列舰上的第一观察中队任职。1928—1931年在圣地亚哥海军航空站服役。1931—1932年指挥第六侦察中队。1933—1934年临时任费城飞机制造厂航空引擎实验室领导。1935—1936年在“萨拉托加”号航母上任航空军官。1937—1940年作为海军空中训练的管理者回到彭萨科拉。1940—1941年任大西洋作中立巡逻的美航母“兰吉尔”号的行政官员。参与视察“查吉尔”号护航航母，并于1942年2—12月在切萨皮克的军事演习中指挥该舰。1943年担任参谋职务后于8月被委任为航母舰长，1944年1—2月参与袭击特鲁克。6月提升为海军少将。指挥第二十二航母分遣队，执行袭击关岛（7—8月）和莫罗泰岛（9月）的掩护任务。10月24—25日，在莱特湾战斗中指挥“塔菲一号”特遣分队。短期任太平洋航母训练教官后，斯普拉格1945年4—6月带领第三航母舰队离开冲绳。在7—8月对日本的最后空中行动中，指挥第三八·一特遣部队。1946—1949年任海军人事局副局长、局长。1949年8月提升为海军中将。10月任太平洋舰队空军司令一直到1952年4月退役。1956—1957

年临时返回现役就美国海军基地的地位问题同菲律宾政府谈判。卒于 1972 年 9 月 17 日。

KS

参考：Reynolds，Clark G.，Famous American Admirals. New York，1978.

斯普鲁恩斯，雷蒙德·埃姆斯（Spruance，Raymond Ames，1886—1969 年） 美国海军上将。参加主要战争：第二次世界大战（1941—1945 年）；参加主要战役（战斗）：中途岛海战（1942 年）、菲律宾海之战（1944 年）。

斯普鲁恩斯 1886 年 7 月 3 日生于马里兰州巴尔的摩，在新泽西和印第安纳长大。1904—1906 年在美国海军军官学院学习，后（1906 年 6 月—1907 年）在"艾奥瓦"号战列舰上服役。1907 年 12 月 16 日—1909 年 2 月 22 日大怀特舰队环球巡航时在"明尼苏达"号战列舰上服役，授海军少尉衔。1909—1914 年在其他许多战舰任职并指挥"班布里奇"号驱逐舰。帮助装备"宾夕法尼亚"号战列舰，1914—1916 年在此舰服役。1916—1919 年在纽约海军基地任职，1919—1921 年参与装备了"阿鲁沃德"号驱逐舰后指挥该舰。1921 年临时指挥"皮尔舍沃尔"号驱逐舰，1921—1924 年被派往海军工程局任职。1924—1925 年任驻欧洲美国海军司令的参谋，1926—1927 年进入海军军事学院学习。1927—1929 年被分派至海军情报局任职并于 1929 年提升为海军中校。1931—1932 年间任教于海军军事学院，此前（1929—1931 年）在"密西西比"号战列舰上服役。1932 年 6 月提升为海军上校，1933—1935 年任侦察舰队司令参谋。1935—1938 年又入海军军事学院任教，而后指挥"密西西比"号战列舰（1938—1939 年）直到 1939 年 12 月晋升为海军少将。1940 年 2 月—1941 年 11 月负责指挥第十海军战区（波多黎各的圣胡安港），其中 1941 年 7—8 月临时指挥加勒比海前线。11 月受命指挥太平洋舰队第五巡洋舰分遣队，在 1942 年 4 月詹姆斯·杜立特上校突袭东京期间，担任"大黄蜂"号航母的护航任务。1942 年 6 月 3—6 日，代替因病不能胜任的哈尔西，于弗兰克·J. 弗莱彻海军少将麾下在残酷的中途岛海战中指挥美国舰队，其旗舰"约克镇"号航母在 6 月 4 日空袭中遭到破坏，但很快被抢修。斯普鲁恩斯率自己的航母舰队，"企业"号和"大黄蜂"号，横冲直闯，其俯冲轰炸机击沉四艘日本航空母舰，粉碎了日本夺取中途岛的企图。此后被任命为尼米兹的参谋长，1942 年 9 月任太平洋舰队和太平洋战区美军副司令。1943 年 5 月提升为海军中将，接着任太平洋战区和舰队司令，8 月改称第五舰队。1943 年 11 月 20—23 日指挥吉尔伯特群岛战役，进攻塔拉瓦岛和马金岛。而后在马绍尔群岛战役中（1944 年 1 月 31 日—2 月 23 日）进攻埃尼威托克和夸贾林岛，2 月 17—18 日进攻特鲁克岛。同月提升为海军上将。1944 年 3—6 月指挥舰队向西向北推进，攻击日本海军基地，并于 6—8 月进至马里亚纳群岛。1944 年 6 月 19—20 日，在菲律宾战斗中决定性地击败小泽治三郎海军中将的舰队，有效地摧毁了日本的舰载航空兵。斯普鲁恩斯继续指挥海军舰队进攻并夺取硫磺岛（1945 年 2 月 9 日—3 月 24 日）和冲绳岛（1945 年 4 月 1 日—6 月 21 日）。2 月 16—17 日和 25 日还指挥米切尔的第五十八特遣舰队，对日本本土发起第一次航母攻击。1945 年夏参与制定进攻日本本土的计划。1945 年 11—12 月临时继任尼米兹的太平洋舰队司令，后来担任海军军事学院院长，直到 1948 年 7 月退役。1952—1955 年任美驻菲律宾大使。1969 年 12 月 13 日卒于加利福尼亚州佩布尔比奇。

沉默而又谦逊的斯普鲁恩斯是一位高效的舰队指挥官，在情势紧张下从容不迫。他性格谨慎，但有时吹毛求疵，渴望以最小的代价达到自己的目的。他不如性格更华而不实的同僚哈尔西上将那样闻名，但他是一位更好的司令官。

DLB

参考：Buell，Thomas B.，The Quiet Warrior：A Biography of Admiral Raymond A. Spruance. Boston，1974.

Forrestel，Edmund P.，Raymond A. Spruance，USN：A Study in Command. Washington，D. C.，1966.

Morison，Samuel Eliot，History of United States Naval Operations in World War Ⅱ. 15 vols. Boston，1947—1962.

Reynolds，Clark G.，Famous American Admirals. New York，1978.

约瑟夫·维萨里昂诺维奇·斯大林（Stalin，Josef Vissarionovich，1879—1953 年） 苏联大元帅。参加主要战争：苏俄国内革命战争（1917—1922 年）、第二次世界大战（1939—1945 年）。

斯大林 1879 年 12 月 21 日生于格鲁吉亚哥里市，是贫苦农民的儿子。1894 年秋入格鲁吉亚第比利斯东正教中学学习。1899 年由于受马克思主义和格鲁吉亚民族主义的影响，未能毕业即被开除。此后热心投身革命，成为《火星报》上列宁和普列汉诺夫革命观点的拥护者。1902 年 4 月—1903 年被沙皇政府逮捕并监禁。后被流放到西伯利亚，1904 年初暗中返回到格鲁吉亚。在社会民主党内部布尔什维克与孟什维克的争论中，他站在布尔什维克一边。他在 1905 年革命中并不引人注目，但他组织了游击队并通过袭击沙俄银行为革命建立了基金。1905 年在芬兰坦佩雷党的会议上第一次见到列宁并于 1906—1907 年在伦敦和斯德哥尔摩会议上进入党的委员会，并在土地革命问题上有革命的见解。此后在巴库领导布尔什维克组织。1906—1912 年期间经常被捕，并流放，但都巧妙地脱离虎口并回到巴库。1912 年布尔什维克与孟什维克最后决裂后，他进入布尔什维克中央委员会，1913 年开始使用"斯大林"（钢铁之人）这一笔名。

短暂出访后在回圣彼得堡途中被捕并于1913—1917年被流放到北西伯利亚的图鲁汉斯克。在1917年革命期间（3—11月），他在7月混乱以后安排列宁前往国外后，随即领导召开党的第六次代表会议（布拉格）。1917年11月当选为全俄中央执行委员会委员及民族事务人民委员。组织斯大林格勒（今伏尔加格勒）保卫战（1918年夏—秋）和彼得格勒（原列宁格勒，1919年5月）防御。1919年10月参加奥廖尔防御，同邓尼金的部队作战。1920年随布琼尼的骑兵部队一同向利沃夫进发。1921年2月在托洛茨基不知晓的情况下促动布尔什维克进入格鲁吉亚。在1922年4月第十一次党的代表会议上，被推选为党中央总书记，放弃了其他的职务。这样，他就全面领导了党的组织。1923年支持加米涅夫和季诺维也夫反对托洛茨基，然后（1925—1927年）又支持布哈林和其他党的温和派反对昔日的联盟。击败托洛茨基和加米涅夫、季诺维也夫后，1928—1929年他转向布哈林和其他温和派，遂推行农业和工业集体化政策。这些政策导致大批小农业资本家（或拥有土地的业主）被放逐和1929—1936年苏联工业的快速发展。由于顾虑到日益增长的德国和意大利法西斯主义，1935—1938年他试图与西方欧洲民主国家结为联盟，组成所谓的联合阵线，并于1936—1939年支持西班牙的民主事业。苦于缺乏军队的政治保证，又担心图哈切夫斯基领导的军队职业化改革，1936—1939年便领导了扩大化的肃反运动，错误地打击了陆军和海军的许多高级军官和老布尔什维克。1939年8月23日与希特勒纳粹德国签订《苏德互不侵犯条约》。11月30日入侵芬兰，到1940年3月12日付出了很高的代价才使芬兰投降。尽管有英国的警告和其情报部门的消息，但1941年6月22日还是对希特勒的闪电式入侵感到措手不及。由于部队因“肃反”而被严重削弱，再加上正在重新组合，早期的抵抗极为乏力，但到秋天便坚强起来。1941年7—11月斯大林通过使整个工厂（连同他们的工人）迁往西伯利亚和中亚地区而保护起苏联许多关键性工业，以空间赢得时间；以激情唤起苏联人的爱国主义精神和反侵略的传统来组织民众。由于在武器质量上与德军相去甚远（特别是在坦克方面），他便力求在数量和人数上压倒他们。到1942年中期，他发现他们的一些将军诸如朱可夫和科涅夫才华超群，能够经常取胜，故信心更为增强。在1943年的德黑兰会议上，推动西方盟国尽快开辟第二战场以缓解苏军的压力。1943—1945年的一系列胜利和向西义无反顾地进攻，使得在有关战后问题的雅尔塔会议（1945年1月）和波茨坦会议（1945年7—8月）上，斯大林和苏联处于强有力的地位。1945—1946年运用苏联陆军以压倒优势推动了东欧和大部分巴尔干国家的独立并在那里建立与苏联类似的政体（1945—1948年）。1947—1953年将苏军德国占领区转为苏联托管地，并指导重整军备。从二战中就开始助长个人崇拜，越来越多地宣传自己。1953年3月5日在克里姆林宫卒于脑溢血。

斯大林无疑是一位能力非凡的军事家和政治家。他在使苏联成为一流强国方面做了许多工作，并且改写了战后欧洲版图。在二战期间，他为苏联的战争努力起到了无可替代的核心领导作用。

DLB

参考：Deutscher, I., Stalin: A Political Biography. London, 1949.

Hyde, H. Montgomery, Stalin. New York, 1972.

Souvarine, B., Stalin: A Critical Survey of Bolshevism. London, 1939.

Ulam, Alan B., Stalin. New York, 1973.

斯坦德利，威廉·哈里逊（Standley, William·Harrison, 1872—1963年） 美国海军上将。参加主要战争：镇压菲律宾起义（1899—1902年）、第二次世界大战（1941—1945年）。

斯坦德利1872年12月18日生于加利福尼亚州尤凯亚。1895年6月毕业于海军军官学院。经过在护卫巡洋舰“奥林匹亚”号上两年的海上服役之后，1897年被委任为海军少尉。1898年4—12月美西战争中未能参战。1899年4月11日在“约克镇”号炮艇上收到一封表扬他在菲律宾巴莱尔侦察行动的信。以后的17年里，斯坦德利担任不同的海上和岸上职务，包括1904—1906年10月在图图伊拉岛和萨摩亚的巡回游弋。提升为海军中校，1915年5月—1916年10月指挥“约克镇”号，而后1916年10月—1919年7月任海军军官学院校长助理。1919年升为海军上校并任“弗吉尼亚”号战列舰舰长（1919—1920年）。后（1920—1921年）进入海军军事学院学习。1921年7月—1923年6月任战列舰队总司令助理参谋长。直到1926年2月1日任海军作战部长办公室战争计划处处长。1926年2月—1927年10月指挥“加利福尼亚”号战列舰，1927年11月提升为海军少将之后，1927年11月—1928年5月任舰队训练处领导。1928年5月—1930年9月任海军作战部长助理。1930年10月—1931年12月任作舰队驱逐舰舰长，而后指挥巡洋舰并担任美国舰队巡洋舰舰队司令（1931年12月16日）。1932年1月提升为海军中将。1933年6月8日被任命为战列作战舰队司令，5月20日升为海军上将。1933年7月1日受命担任海军作战部部长直到1937年1月1日退役。在海军作战部的任职期间，1935年12月—1936年3月参加伦敦海军会议并代表美国签署《伦敦海军协定》。1941年2月又应召服现役，2—9月在生产管理计划委员会办公室任海军代表。1942年1月参加罗伯特调查团，调查珍珠港事件。1942年2月—1943年10月任驻苏联大使。1944年3月再次应召服现役，1944年至1945年8月31日在海军部战略军种办公室任职。1963年10月25日卒于加利福尼亚州圣地亚哥。

DLB

参考：Navy Office of Information, Internal Relations Division manuscript, October 29, 1963.
WAMB.

施陶芬贝格，克鲁斯·菲利普伯爵（Stauffenberg, Count Klaus Philip, 1907—1944年） 纳粹德国军人。参加主要战争：第二次世界大战（1939—1945年）；参加主要战役（战斗）：波兰战役（1939年）、法国战役（1940年）、"巴巴罗萨"行动（1941—1942年）、苏联南部（斯大林格勒）战役（1942—1943年）、北非战役（1941—1943年）。

施陶芬贝格1907年生于德国南部符滕堡一个古老而著名的军人家族，是格奈泽瑙的重外孙。19岁时作为军官学员参军。10年后，1936年被选为作战部军官。被其同时期人认为是才智卓越的人（年轻时受过抒情诗人斯蒂凡·乔治的影响），1938年作为总参谋部军官而有无限的前途并在作战部中崭露头角。1939—1940年的二战初期，他作为参谋军官随第六装甲师在波兰和法国作战而获得荣誉。转到东部前线后，他开始为德国侵略苏联的暴行和1942年在斯大林格勒的灾难所醒悟。一纸请求，1943年初便被派往北非。4月在突尼斯受重伤，失去左眼、右手以及左手的两个手指。在德国养伤康复的过程中，他决定参加刺杀阿道夫·希特勒的计划，大部分是在他的领导下，这次行动以1944年7月20日在东普鲁士拉斯滕堡希特勒司令部爆炸事件的流产而告终，希特勒只受轻伤。施陶芬贝格当晚在柏林就被行刑队杀害。他的死标志着希特勒报复计划的开始，此后共有7000多人被捕，5000人被处决。

PJC

参考：Shirer, William L., The Rise and Fall of the Third Reich. New York, 1960.
Speer, Albert, Inside the Third Reich. New York, 1970.

施托伊本，弗里德里希·威廉·冯男爵（Steuben, Baron Friedrich Wilhelm von, 1730—1794年） 效力于美军的德意志军官。参加主要战争：七年战争（1756—1763年）、美国独立战争（1775—1783年）；参加主要战役（战斗）：蒙茅斯（新泽西的弗里霍尔德附近）之战（1778年）、约克镇围城战（1781年）。

施托伊本（1730年9月17日）生于普鲁士的马德堡，军事世家的后裔，其野心勃勃的祖父曾在姓名中加一"冯"（Von）字以冒充贵族。后加入普鲁士军队（1747年）。七年战争期间在步兵部队中任参谋军官。调往腓特烈大帝参谋部之前曾执行过秘密外交任务（1757—1763年）。任上尉时退役，后成为霍亨索伦-海辛根小王廷中的侍臣（1764—1771年）。为筹款与亲王（当时采用化名）一起出游法国（1771—1775年）。筹款失败后，他们返回德意志，在那里，施托伊本为寻求可偿还债务的职业，不情愿地离开了王廷（1775年）。他先后试图加入法国、奥地利和巴登军队，但均告失败（1776—1777年），后返回法国希望投效美军（1777年夏），他携法国陆军大臣圣热尔曼的担保书和本杰明·富兰克林将其作为"普鲁士国王军队中将"致华盛顿的推荐信从马赛乘船出发（9月26日），后抵达新罕布什尔的朴次茅斯（12月1日）。当时位于约克（宾夕法尼亚）的大陆会议接受了其志愿服役的要求（2月5日）。在福吉谷加入华盛顿的军队（2月23日）。在纳撒内尔·格林和亚历山大·汉密尔顿的帮助下，他起草了训练大纲并获得华盛顿的批准。施托伊本首先建立了一个100人的示范连，接着开始复训华盛顿的正规部队。他的训练方法迅速在全军推广。由于存在着不懂英语、法语也知之甚少的语言障碍，他通过翻译表达自己的思想，并以人格和决心的力量将美军训练至适应战场要求的程度。被大陆会议任命为少将总监（5月）。其努力的结果得到显现：巴伦山（宾夕法尼亚的诺里斯敦附近）之战（5月20日）和蒙茅斯之战（6月28日）中，大陆军训练有素、纪律严明；蒙茅斯之战中，施托伊本对稳定美军的最后一道防线做出了贡献。同年冬（1778年与1779年之交的冬季），施托伊本撰写了《合众军队的队列与纪律条令》，该条令此后30多年一直是美军的基本训练教材。后与纳撒内尔·格林一起南下，但因招募军队和筹措给养而滞留于弗吉尼亚（1780年春）。他在那里的任职期间未能全部获得成功，但组织了抵御贝奈狄克特·阿诺德在沿海一带袭扰的当地保卫战（1780年夏至1781年4月）。因病将指挥权移交给拉斐特（6月19日），后于约克镇之战前重返军队（9月），并在该战（9月28日—10月19日）中任华盛顿3个师的师长之一。协助进行了大陆军的复员工作。竭力谋求边境地区英军据点的投降，但未获成功（1783年春至8月），之后光荣退伍（1784年3月24日）。退归纽约北部，但由于奢侈浪费和经营无方，他不久即负债6万美元。新的美国政府给予的退休金和汉密尔顿及其他人安排的对其庄园的"友好"抵押使他免致贫困。退休期间仍关心所在国的军事事务，敦促创立军事学院和采用瑞士式的民兵体制作为小型职业化军队的补充。1794年11月28日卒于纽约州雷姆森附近他的农场。

尽管施托伊本的证书是大肆虚构的，但他仍是独立战争期间投身于美国爱国事业的贡献最大和最重要的外国志愿者之一，他认为必须使刻板的普鲁士训练和复杂严厉的纪律适应于美国志愿者的需要与性质。他的这一认识惊世骇俗，显示出最杰出的思想灵活性。无论是战争期间还是战后，他都受到其部属的爱戴。

Staff

参考：Boathner, Encyclopedia. Busch, Noel F., Winter Quarters: George Washington and the Continental Army at Valley Forge. New York, 1974.
Palmer, John McAuley, General von Steuben .

S

New Haven, Conn., 1937.
Riling, Joseph R., Baron von Steuben and His Regulations. Including a Complete Facsimile of the Original Regulations for the Order and Discipline of the Troops of the United States. Philadelphia, 1966.
DAMB.
EB.
WAMB.

斯图亚特，亚历山大(Stewart〈Stuart〉, Alexander, 约 1737—1794 年) 英国将军。参加主要战争：美国独立战争（1775—1783 年）；参加主要战役（战斗）：尤托斯普林斯（南卡罗来纳的尤托维尔附近）之战（1781 年）。

斯图亚特约生于 1737 年，以第三十七步兵团的军官候补生加入英国陆军（1755 年 4 月 8 日）。后一直在该团服役，直至晋升为第三步兵团（"巴弗斯"团）中校（1775 年 7 月 7 日）。派往美国后，他抵达查尔斯顿（1781 年 6 月 4 日），并接替罗顿勋爵担任南卡罗来纳殖民地奥兰治堡的野战部队指挥官。任期内率英军参加了尤托斯普林斯之战。作战中，英军受到纳撒内尔·格林将军的美军部队的进攻。开始时，英军败退。斯图亚特重整旗鼓并发起反击，美军溃败（9 月 8 日）。后指挥了查尔斯顿防卫战，晋升为上校（1782 年 5 月 16 日）。回到英国后晋升为少将（1790 年 4 月 25 日）。卒于 1794 年。

Staff

参考：Boatner, Encyclopedia.

斯图亚特，查理(Stewart, Charles, 1778—1869 年) 美国海军将领。参加主要战争：同法国的半官方战争（1798—1800 年）、的黎波里战争（1801—1805 年）、1812 年的战争（1812—1815 年）。

斯图亚特于 1778 年 7 月 28 日生于费城。1791 年随一商船出海。不久便指挥自己的船独立出海了。1798 年 3 月在海军中任上尉。在准将约翰·巴里指挥的"美利坚"号（44 门炮）上服役，参加西印度群岛的战斗。1800 年 7 月，指挥"实验"号，9 月便率该船在圭德洛佩附近捕捉法私船和"德塞阿米斯"号，10 月捕捉"迪亚那"号，并夺回了几艘被缴的美国商船。1802 年，作为"星座"号舰（36 门炮）上尉，随海军准将里查德·莫里斯的舰队驶往的黎波里，以加强对该港的封锁。返家途中又折回，于 1803—1805 年指挥"塞壬"号，隶属爱德华·普拉贝尔，1804 年 2 月 16 日，掩护斯蒂芬·迪凯特偷袭的黎波里港。1805 年 9 月，指挥"埃塞克斯"号，在约翰·罗杰斯麾下，参加突尼斯作战。1806 年 4 月升少校。1806—1807 年，在纽约造船厂服役，以监造用于近海作战的炮艇。1808—1812 年离开现役任商船船长，同英国战争爆发后应召入伍，1812 年 6 月 21 日—8 月 29 日指挥有 16 门炮的"百眼巨人"号和有 18 门炮的"大黄蜂"号，隶属约翰·罗杰斯舰队。当远征西印度群岛计划被取消后，他于 12 月任"星座"号指挥。当"星座"号被封锁在诺尔福尔克附近后，斯图亚特被派至波士顿，指挥有 44 门炮的"宪法"号，率该舰两次出击英商船（1813 年 12 月—1814 年 4 月，1814 年 12 月—1815 年 4 月）。在第二次巡弋中，他同"青色"号（34 门炮）和"地中海东风"号（20 门炮）遭遇，他通过机动作战以几乎同样的方法捕获两舰，此事发生在 1815 年 2 月 20 日。他带着"青色"号返回波士顿，而且"地中海东风"号也在返美途中，他因此而成为英雄。1816—1820 年他在旗舰"富兰克林"号（74 门炮）上指挥大西洋舰队。1820—1824 年，仍乘"富兰克林"号开赴太平洋，指挥那里的舰队。1829 年任船务检查总长。1830—1834 年任海军委员会委员。1838—1841 年、1846 年、1854—1861 年任费城造船厂厂长。1842—1843 年任本土海防舰队司令。1859 年 4 月提升为资深海军将官的特别军衔。1861 年 12 月退出现役，1862 年 7 月在退役名单中被提升为少将。1869 年 11 月 6 日卒于新泽西州的博登敦。与他同名的他的孙子就是爱尔兰著名的民族主义政治家查理·斯图亚特·帕涅尔。

Staff

参考：Reynolds, Clark G., Famous American Admirals. New York, 1978.
DAB.
WAMB.

斯提利科，弗拉维(Stilicho, Flavius, 约 355—408 年) 罗马-汪达尔将军。参加主要战争：罗马内战和同蛮族的战争；参加主要战役（战斗）：阿奎利亚（现在的阿格拉尔）之战（394 年）、波伦提亚（托伦提诺附近的皮亚琴察）之战（402 年）、维罗纳之战（403 年）。

斯提利科的父亲是一位汪达尔人，在 364—378 年间曾服务于罗马皇帝华伦斯，他的母亲是一位罗马贵族妇女。斯提利科年轻时就加入罗马军队，到 383 年已成为骑兵统帅。383 年作为罗马使者前往波斯，回来后同狄奥多西的侄女塞莱娜结婚。385—394 年间，曾在罗马的色雷斯、不列颠和日耳曼部队中服役，并取得了引人注目的成功。395 年狄奥多西去世后，斯提利科开始辅佐其继承人阿喀丢和洪诺留，395 年 11 月，斯提利科可能策划刺杀了其竞争对手弗·鲁弗努斯。396—400 年间，他努力安抚伟大的哥特人首领阿拉里克。401 年底，正当他在利西亚（腊埃提亚）和诺里库姆（奥地利东部地区）抵抗拉达加修斯的汪达尔人时，阿拉里克率军突然入侵意大利，使他措手不及，但他迅速返回，并于 402 年 2 月底，解救了被阿拉里克围攻的城市米兰。追击阿拉里克，402 年 4 月 6 日，在波伦提亚地区经过艰苦奋战，击败了阿拉里克的军队。402 年夏天，经过谈判，阿拉里克同意撤出意大利。403 年夏天，粉碎了阿拉里

克对维罗纳的又一次进攻。再次同阿拉里克进行停战谈判。406年8月23日，在其匈奴和阿兰人同盟的支援下击败并处死了拉达加修斯。由于斯提利科对阿拉里克实行绥靖政策，使洪诺留十分恼怒，并怀疑他谋反，于408年8月22日在拉文纳下令将他处死。

斯提利科是一位能力出众和具有天才的将军，也是一位有野心的阴谋家，他对阿拉里克所采取的绥靖政策，其目的是想能同哥特结成同盟，但这种政策是危险的，也是枉费心机的。

DLB

参考：Bury, J. B., History of the Later Roman Empire from the Death of Theodosius I to the Death of Justinian. 2 vols. New York, 1958.

史迪威，约瑟夫·瓦伦（Stilwell Joseph Warren，1883—1946年） 美国陆军上将。参加主要战争：莫罗海盗剿灭战（1902—1906年）、第一次世界大战（1917—1918年）、第二次世界大战（1941—1945年）；参加主要战役（战斗）：默兹-阿尔贡战役（1918年）、缅甸之战（1942年）、密支那之战（1944年）。

史迪威1883年3月19日生于佛罗里达州帕拉特卡，但在纽约扬克长大。1900年7月进入西点军校，1904年6月毕业并被委任为步兵少尉。他请求到菲律宾服役，被派往第十二步兵团。1905年2—4月在萨马岛与反叛的普利扬纳斯作战，后（1906年2月）受命返回西点军校任外语教员。1906年3月—1911年1月，在西点军校服务四年，教授历史、战术和训练运动员。1910年10月同温尼弗雷德·史密斯结婚，1911年1月返回菲律宾。1911年3月提升为陆军中尉，1911—1913年驻扎马尼拉期间，曾于1911年11月23日—12月9日短暂访问中国。1913年8月—1916年5月，重又回西点军校担任语言教员。1916年9月提升为陆军上尉，1917年7月进一步升任临时陆军少校之后，任第八十陆军师旅长副官。1918年1月到达法国任情报军官。3月20日—4月28日，被分派至凡尔登附近的第十七军，后在（9月26日—11月11日）默兹-阿尔贡战役中任迪克曼的第五军负责情报的代参谋长。1918年9月11日提升为临时陆军中校，1918年10月，晋升临时陆军上校。1918年11月—1919年5月，执行占领任务，后（1919年8月6日）被派往中国作语言翻译官。在那里服役四年（一直到1923年7月），1921—1922年监督山西铁路建设并与基督将军冯玉祥交上朋友。1923—1924年和1925—1926年分别入本宁堡步兵学校和莱文沃思堡指挥和总参学院学习。1926年8月又被派回中国任天津第十五步兵团营长，在那里与乔治·C. 马歇尔相遇。1928年3月被提升为陆军中校。1929年7月在马歇尔的鼓动下任步兵学校战术部主任至1933年5月。1933—1935年临时担任第九军预备役训练指挥官。1935年1月被任命为驻华使馆陆军武官，7月7日到北京。1935年8月1日提升为上校。在其武官任期内，他在中国广泛游历，并密切观察日军侵华战争情况。1939年5月4日在回国途中被提升准将。1939年9月指挥第二陆军师第三旅，并参加1940年1月第三集团军演习。1940年5月在著名的路易斯安那-得克萨斯军事演习中指挥攻击的“红”军，他以快速的调遣和出乎意料的机动而赢得声望。1940年7月1日在加利福尼亚奥得堡指挥新组建的第七陆军师并于1940年9月提升为临时陆军少将。1941年7月因其演示的高超技能而被授权指挥第三军。1942年1月提升为陆军中将，并受命指挥中国-缅甸-印度战区美国陆军部队。带领一个参谋小组飞往重庆，在那里见到了蒋介石。1942年3月6日获准指挥中国驻缅甸部队。3月11日随中国1个陆军师到达缅甸，后增加到9个。尽管有能力和决心，但由于缺乏供给，再加上来自蒋的矛盾命令，他还是不能任意行动。5月11—30日被迫带领中国军队离开缅甸退到印度。5月20日到达英帕尔，但有一个中国师在8月才到达勒多。缅甸失败后，1943年1—2月在印度他用美国标准集中训练和装备了3个中国师，并监管对昆明的空中补给线的创建。1943年7月在蒙巴顿麾下任中缅印战区最高盟军司令。1944年3—8月，说服英国和中国部队参加萨尔温江-密支那-莫冈攻击战，夺取密支那（8月3日）解放了缅甸北部。1944年8月7日提升为临时陆军上将，但尽管取得这些成功，他与蒋的关系却进一步恶化了，特别是在日本1944年6—10月在桂林的攻击战之后。1944年10月19日在蒋的一再要求下，罗斯福总统将他召回美国。1945年1月23日任陆军地面部队司令并荣获功勋高级奖章（1945年2月10日）。巴克纳将军阵亡后，6月23日接替其在冲绳的第十集团军指挥权，9月2日参加在东京湾的日本投降仪式。第十集团军结束占领任务奉调回国，10月史迪威任战争装备局局长。1946年1月任第六集团军和西部防御司令部司令，1946年7月参与在比基尼环礁的原子弹爆炸试验。1946年10月12日经过短暂的医院治疗后，在旧金山卒于胃癌和肝癌。在此前一天，根据他的最后愿望，被授予战斗步兵徽章。

史迪威脾气固执，有时暴躁，不苟言笑。他是一位有悟性、有远见的战略家，一位灵活、革新的战术家。他精力充沛，在下属中鼓励创造精神。他还对其部队的福利表现出深刻的关注。

DLB

参考：Romanus, Charles, and Riley Sunderland, Stilwell's Command Problems. Washington, D. C., 1956.

——, Stilwell's Mission to China. Washington, D. C., 1953.

——, Time Runs Out in CBI. Washington, D. C, 1959.

Stilwell, Joseph W., History of the CBI Theater, 21 May 1942 to 25 October 1945. National Archives, Washington, D. C., Modern Military Records Divi-

S

sion.

——, The Stilwell Papers. Edited by Theodore White. New York, 1948.

Tuchman, Barbara, Stilwell and the American Experience in Chiha, 1911—45. New York. 1970

斯托克顿，罗伯特·菲尔德（Stockton, Robert Field, 1795—1866 年） 美国海军官员。参加主要战争：1812 年的战争（1812—1815 年）、阿尔及利亚战争（1815 年）、美墨战争（1846—1848 年）。

斯托克顿 1795 年 8 月 20 日生于新泽西州的普林斯顿，他是签署《独立宣言》者理查德·斯托克顿的孙子。1808—1810 年入新泽西学院学习。1811 年 9 月 5 日任见习军官。1812 年 6—8 月，在由约翰·罗杰斯准将率领的“总统”号（44 门炮）舰上服役。在 1814 年 8—9 月的华盛顿及巴尔的摩周围战役中，任罗杰斯副官。12 月 9 日升上尉。1815 年 5 月乘“盖里耶”号（44 门炮）驶往地中海。后转入“烈女”号服役，6 月 17—19 日参加了捕捉两艘阿尔及利亚战舰的战斗。1816 年仍在地中海上服役于“华盛顿”号（74 门炮），后于 1817—1820 年转入“伊利”号服役，1819 年 7 月升任“伊利”号舰长。1821—1822 年同贩卖黑奴的海盗作战。1822—1823 年及 1826—1828 年在南部海岸巡弋。1823—1826 年及 1828—1838 年，斯托克顿领半薪在商船上服役。1830 年得到升迁。作为杰克逊总统的朋友，斯托克顿返回现役，任“俄亥俄”号船长，于 1838—1839 年在地中海服役。1839 年在英国学习蒸汽船知识。1839 年 3 月（?）升少校。返回美国后，建议建造蒸汽船，1839—1844 年组织建造美国第一艘蒸汽舰“普林斯顿”号。1844 年 2 月 28 日组织“普林斯顿”号下水试航中，他设计制造的 12 英寸口径炮爆炸，造成 8 亡 9 伤的惨剧，其中有许多要员，斯托克顿自己也负伤。1845 年受命执行国会兼并得克萨斯的计划。他指挥太平洋舰队在霍恩角周围巡弋，等到 1846 年 7 月 15 日他到达蒙特雷时，海军准将斯洛特已于一个星期前开始了战斗。8 月 4 日攻占圣巴巴拉，8 月 6 日攻占圣佩德罗，8 月 13 日攻占洛杉矶。最后一战得到了约翰·C. 弗雷蒙特的协助。后宣告加利福尼亚为美国的领土，8 月 17 日自命为加利福尼亚州长。9—10 月，他还在北方时，墨西哥皇家军队已攻占了南卡罗来纳州的许多城镇。12 月，派军队赴南方，以帮助斯蒂芬·W. 卡尼将军夺回失地。1847 年 1 月 10 日，同卡尼在圣地亚哥会师后夺回洛杉矶。同卡尼就加利福尼亚应归两人谁管理问题发生争吵，由于他模糊不清的任命同卡尼清楚的任命形成鲜明对照，因此，最后卡尼登上州长位。秋天，斯托克顿返回东海岸。1850 年 5 月从海军退役。1851 年 3 月—1853 年 1 月曾在上院任议员，他极力提出要取消海军中的鞭刑并增强海港的防御能力。1866 年 10 月 7 日卒于新泽西州的普林斯顿。

斯托克顿是一位充满活力、智力超群和自信的官员，但他没有优秀的战略头脑，不幸的是他还是一位骄傲自大和缺乏灵活性的人。

Staff

参考：Bauer, K, Jack., Surfboats and Horse Marines. Annapolis, 1969.

DAB.

DAMB.

WAMB.

斯特拉特梅耶，乔治·爱德华（Stratemeyer, George Edward, 1890—1969 年） 美国空军将军。参加主要战争：第二次世界大战（1944—1945 年）、朝鲜战争（1950—1953 年）；参加主要战役（战斗）：中缅印空中战役（1942—1945 年）。

斯图亚特，詹姆斯·埃维尔·布朗（Stuart, James Ewell Brown, 1833—1864 年） 昵称“杰布”。美国南部同盟将军。参加主要战争：美国内战（1861—1865 年）；参加主要战役（战斗）：第一次布尔溪之战（弗吉尼亚州的马纳萨斯，1861 年）、德兰尼斯维尔之战（1861 年）、费尔奥克斯之战（里士满附近，1862 年）、七天战役（里士满附近，1862 年）、第二次布尔溪之战（1862 年）、安蒂特姆之战（1862 年）、腓特烈堡之战（1862 年）、钱瑟勒斯维尔之战（腓特烈堡附近，1863 年）、布兰迪车站之战（库尔佩珀附近，1863 年）、托德斯塔夫恩之战（斯波齐尔韦尼亚附近，1864 年）和耶洛塔夫恩之战（1864 年）。

斯图亚特 1833 年 2 月 6 日生于弗吉尼亚州的帕特里克县。1854 年毕业于西点军校，被派至骑兵步枪队任职。1854—1860 年，随第一骑兵团在得克萨斯州和堪萨斯州服役。1855 年晋升中尉。在占领哈佩尔斯费里的约翰·布朗的行动中任李将军的副官（1859 年 10 月）。1861 年 4 月晋升上尉。5 月辞职加入南部同盟军，任弗吉尼亚步兵中校和骑兵上尉。7 月晋升上校，任弗吉尼亚第一骑兵团团长。在第一次布尔溪之战中名声大噪（7 月 21 日）。9 月晋升准将，在德兰尼斯维尔战役中（12 月 20 日）被爱德华·奥德击败。参加了威廉斯堡战役（1862 年 5 月 5 日）。因在费尔奥克斯战役（5 月 31 日）中表现英勇受嘉奖。率 1200 名骑兵绕麦克莱伦的波托马克军团侦察一周（6 月 12—15 日）。七天战役期间（6 月 26 日—7 月 2 日），骚扰麦克莱伦的后卫部队。7 月晋升少将，任北弗吉尼亚军团的骑兵司令。他成功地袭击了波普在卡特利车站的司令部（沃伦顿附近，8 月 22 日）和在马纳萨斯接合部的后勤补给基地（8 月 27 日）。在第二次布尔溪之战中（8 月 29—30 日）支援杰克逊。他在南山战役（马里兰，9 月 14 日）和安蒂特姆战役（9 月 17 日）中的表现极佳。袭击了宾夕法尼亚，缴获大量马匹，并占领钱佩尔斯堡（10 月）。在腓特烈堡战役中（12 月 13 日）指挥右翼部队。1863 年 5 月 2

S

日对钱瑟勒斯维尔进行了一次侦察，了解到胡克将军的右翼比较薄弱。因杰克逊和希尔受伤，暂时指挥第二军。与普赖森顿在布兰迪车站进行的骑兵战不分胜负（6月9日）。葛底斯堡战役期间再次袭击了宾夕法尼亚，但未能给李将军提供有关联邦军行动的情报。7月3日与联邦军骑兵部队在葛底斯堡交战。10月19日在弗吉尼亚的巴克兰磨坊（沃伦顿附近）的一次小规模战斗中击败联邦军的骑兵部队。为阻止联邦军侧翼部队进军斯波齐尔韦尼亚，5月7日和11日与谢里登在托德斯塔夫恩和耶洛塔夫恩地区交战，在耶洛塔夫恩地区进行的战斗中严重受伤。1864年5月12日卒于里士满。

斯图亚特是一位勇敢、富于想象、足智多谋的指挥官，更是一位杰出的骑兵将领，其聪明和光彩享誉部队。他被称作是李将军的“眼睛”和“耳朵”。

VBH

参考：Blackford, W. W., War Years with Jeb Stuart. New York, 1945.

Davis, Burke, Jeb Stuart, the Last Cavalier. New York, 1957.

McClellan, H. B., The Life and Campaigns of Major General J.E.B. Stuart. Boston, 1885.

斯图登特，库尔特（Student, Kurt, 1890—1978年） 纳粹德国将军。参加主要战争：第一次世界大战（1914—1918年）、第二次世界大战（1939—1945年）；参加主要战役（战斗）：东、西两线的空战（1915—1918年）、荷兰战役（1940年）、克里特之战（1941年）、意大利战役（1943—1944年）、法国战役、荷兰战役（1944年）、德国战役（1944年，19455年）。

斯图登特1890年5月12日生于勃兰登堡比克霍尔兹的一个普鲁士上层家庭。1905—1908年在利赫特菲尔德军官候补学校接受教育。1909年成为格拉夫·约克·冯·瓦·耶格尔营一名军官。1910年入但泽（格但斯克）军事学院学习。1911年在奥特尔斯堡（什奇特诺）服役。1913年志愿进入约翰尼斯霍尔飞行学校学习，并成为一名合格的飞行员。一战爆发后被派往东线作战（1914年8月）。1915年以上尉军衔调转西部前线。1917年负伤。战后（1920—1928年）在飞行中心办公室任职。1921年在一次滑翔机事故中颅骨破裂。1923年任空中技术主任。1928年转入第二步兵团服役。1929年升少校和营指挥官。1932年任空中技术训练学校校长。1933年1月希特勒上台后开始了新的扩军计划，斯图登特被晋升中校。入新建的德国空军服役，负责研究新的空战技术和训练飞行员任务。1935年晋升上校，负责空军的武器和装备改进。他对伞降产生浓厚兴趣并访问了苏联伞兵学校。作为飞行学校监察长（1937年），他重点关注斯滕达尔伞兵训练学校事务。晋升少将后指挥第七空降师，并将空降兵发展成为空军的一兵种。通过高标准的训练和发展新式装备，他将伞兵改造成一支德国国防军的精锐力量。虽然该部队在1939年的波兰战役中未投入使用，但斯图登特在参加战前的一次敌后侦察时几乎被俘。在1940年5月10日发起低地国家战役期间，他的部队表现卓越，不仅突如其来地攻占了比利时埃本-埃玛尔要塞，还抢占了比利时、荷兰境内的重要机场和桥梁，遂被提为中将，并亲自指挥了攻占鹿特丹的战斗，直至5月14日头部被一名狙击手重创才离开前线。9月又返回前线并指挥第十一空降军。1941年5月20—28日，他坐镇雅典指挥了克里特岛空降战役。虽然取得了成功，但由于伤亡惨重（6000人伤亡），希特勒由此而禁止任何进一步的大规模空降作战。1943年5月，他的空降军受命赴意大利防守罗马，其一部参与了党卫军上校斯科尔策尼9月19日指挥的从格兰萨索高原营救墨索里尼的行动。后一部调往法国南锡扩充编制，另一部于1944年3月编入在意大利和苏联作战的德国陆军。在诺曼底战役期间（6月）指挥空降集团军（第一和第二空降军）。9月晋升上将，并指挥作为莫德尔B集团军群之一部的第一空降集团军，受命防守阿尔贝特运河。9月17—26日，在荷兰参加堵截盟军“花园”空降作战的行动。11月10日受命指挥新组建的H集团军群。一度曾放弃该职，但不久又重掌权柄并对盟军的莱茵河桥头堡发起了一次不成功的攻势（1945年3月）。后转任位于梅克伦堡的奥德河集团军群司令，但不久在苏军的强大压力下被迫后退。1945年4月下旬在石勒苏益格-荷尔斯泰因州被英军俘获并监禁。1948年获得自由，后一直平静地生活在联邦德国的莱姆戈，卒于1978年7月1日。

斯图登特是一位狡诈善变、精力充沛的指挥官。他创造了一支精锐的战斗武装，但他所希望的实施大规模空降战役的计划却由于希特勒的反对而未能实现。

VBH

参考：Edwards, Roger, German Airborne Troops. London, 1973.

Farrar-Hockley, A. H., Studrent. New York, 1973.

Heydte, Freiherr Friedrich-August von der, Daedelus Returned. London, 1958.

Pissin, W., Die Eroberung der Insel Kreta durch deutsche Fallschirmjäger und Luftlandetruppen im Jahre 1941. London, 1941.

速不台（Subotai，约1176—1248年） 绰号“把阿秃尔”（勇士），中国元朝蒙古族将军。参加主要战争：征服花剌子模（1218—1224年）、征服罗斯（1221—1242年）、征服金国（1231—1234年）、入侵欧洲（1237—1242年）；参加主要战役（战斗）：皮尔凡（加兹尼西北）之战、印度河之战（1221年）、加尔加河之战（1223年）、开封之战（1232—1233年）、蒂萨河之战（1241年）。

速不台约生于1176年，年青时加入蒙古军队，由于战功卓著不久即晋升为将军。入侵花剌子模帝国（大致

在今乌兹别克、伊朗和土库曼境内）期间首次担任统帅（1219年）。他在与同行将军哲别那颜追击花剌子模皇帝穆罕默德时（1200—1220年）获得了巨大胜利。参加过皮尔凡之战和印度河之战（1221年）。后在翻越高加索山脉和横扫罗斯的扩张袭击中任哲别的副手。越阿塞拜疆进军，在亚美尼亚过冬（1221—1222年）。之后，侵入亚美尼亚，并击败准备进行第五次十字军东侵的格鲁吉亚大军（1222年）。然后，速不台与哲别进军罗斯，打败库曼人，直捣热那亚人的要塞苏达克，之后在黑海过冬（1222—1223年）。尽管敌人在人数上占据了二比一以上的优势，他们还是在顿河支流加尔加河（卡利米乌斯河，日丹诺夫附近）打败了加里奇大公姆斯季斯拉夫率领的8万人的罗斯-库曼联军（1223年）。虽然哲别在归国途中去世，但速不台将军队带回了蒙古（1224年），并参加了成吉思汗对西夏和金国的最后作战（1226—1227年）。后来，多次发生王朝内争。但成吉思汗的四子拖雷死（1232）后，速不台重新返回战场，并在长达一年的围困战（1232—1233年）之后夺取了金国的都城开封（当时称为汴京）。不久，他征服了残存的金国（1233—1234年）。虽然，名义上拨都是窝阔台汗（成吉思汗的继承人）派遣西征欧洲的15万军队的统帅，但速不台奉命同行担任高级军事顾问和实际上的统帅（1235年）。速不台很快就征服了罗斯诸公国（1237年冬—1238年），此后在罗斯南部驻留了两年，一面巩固其控制，一面整军向欧洲推进（1238—1240年）。当速不台军横渡第聂伯河（1240年11月），基辅大公拒绝投降时，他猛攻并摧毁了该城（12月6日）。他将其军分为四路，遣主力成三个兵团进入匈牙利。与此同时海都（窝阔台之孙）率2万人进军波兰。海都军在莱格尼察歼灭西里西亚亲王亨利的波兰-日耳曼军队（1241年4月9日）。几天后，速不台在布达东北160公里的蒂萨河打败匈牙利国王贝罗四世的军队（1241年4月11日）。同年夏，速不台巩固蒙古对匈牙利和东欧其他地区的控制，准备在秋季入侵中欧。就在蒙古军前往意大利北部的途中，突然传来窝阔台汗驾崩的消息，诸将及所部军队奉命返回哈拉和林以选立新汗（12月27日）。速不台不情愿地返回蒙古，1248年卒于蒙古。

速不台被普遍地认为是成吉思汗部属中最能干和最具才华的将领，他勇敢、多谋、果断、精力充沛，充分发挥了蒙古军队速度、机动和耐劳的优势。

DLB

参考：Bachfeld, Georg, Die Mongolen in Polen, Schliessen, Bohmen und Mahren. Innsbruck, 1889.

Dupuy, Trevor N., The Military Life of Genghis, Khan of Khans. New York, 1970.

Phillips, Eustace Dockray, The Mongols. New York, 1969.

Saunders, John J., The History of the Mongol Conquests. London, 1971.

Strakosch-Grassman, G., Der Einfall der Mongolen in Mittel-Europa in dem Jahren 1241und 1242. Innsbruck, 1893.

EMH.

苏舍，路易·加布里埃尔，阿尔布菲拉公爵（Suchet, Louis Gabriel, Duke of Albufera, 1770—1826年） 法兰西帝国元帅。参加主要战争：法国大革命战争（1792—1799年）和拿破仑战争（1800—1815年）；参加主要战役（战斗）：土伦之战（1793年）、劳诺之战（1795年）、1796年的迪戈、洛迪、洛那图、斯蒂维耶雷堡及阿克雷之战、利沃里之战（1797年）、埃格纳之战（1797年）、诺维之战（1799年）、乌尔姆之战（1805年）、霍拉布伦之战（1805年）、奥斯特利茨之战（1805年）、萨尔菲尔德之战、耶拿之战及普图斯克之战（1806年）、奥斯特罗伦卡之战（1807年）、萨拉戈萨之战（1808年）、塔拉格纳之战（1811年）、瓦伦西亚之战（1812年）、莫林德里之战（1814年）。

苏舍于1770年3月2日生于里昂。他是丝绸厂厂主皮埃尔·苏里之子。1791年参加国家自卫队骑兵，1793年9月20日升任第四志愿营中校。率该营参加土伦包围战，在土伦第一次与拿破仑相遇，也是在这里，他活捉英将奥哈拉。后转入意大利方面军，参加1795年11月22—24日的劳纳之战。1796年，先后参加了4月14—15日的迪戈之战，5月10日的洛迪之战、8月2—5日的洛那图之战及8月5日斯蒂维耶雷堡之战，负伤痊愈后，仍然以不屈不挠的精神参加了11月15—17日的阿克雷之战。由于在上述作战中表现出色而被提升为上校。1797年1月14日参加利沃里之战，在纽马克附近第二次负伤。他的才能被发现后，被任命为布劳恩将军的参谋长，于1797—1798年在瑞士作战，1798年3月升准将。1799年，升少将，任意大利方面军参谋长。在8月15日的诺维之战中在茹贝尔的手下供职，1800年3月7日，又在马森纳部指挥三个师的兵力。由于他指挥三个师时得心应手，因而为其赢得了更大的声望，他在瓦尔（尼斯附近）一线防御时，同优势兵力的敌人作战，赢得了当时的陆军部长卡诺的称赞："他是新的塞莫皮莱"。12月20日，在通过明西奥时，他主动"循着炮声前进"，由于他的及时赶到参战，从而使杜邦的师免遭全歼的厄运。1801年，他被任命为巴杜亚总督兼步兵总监，1803年指挥第四师在布洛涅扎营，1804年荣获大戈登荣誉勋章。在1805年的战役中，在苏尔特的第四军服役，任朗恩第五军第四师师长。朗恩对苏舍的勇气颇为赞赏，事实证明，朗恩的看法是完全有根据的，苏舍以其极大的勇气率领他的师参加了10月20日的乌尔姆之战、11月16日的霍拉布伦之战及12月2日的奥斯特利茨之战。1806年，他的师在10月10日的萨尔菲尔德之战任先锋，他以娴熟的机动战，摧毁了路易亲王所

S

率领的奥地利军队。在10月14日的耶拿之战中，他将敌军赶出其在兰德格拉芬堡的基地，从而为后续部队打通了进军的通路，拿破仑对此评价到："他打开了战场的大门"。在12月26日的普图斯克之战及1807年2月16日的奥斯特罗伦卡之战中，他的师荣获"善战师"的美名。1807年，他继马森纳任第五军军长。1808年被封为帝国公爵，派至西班牙，在那里，成为拿破仑最好的将军。1808—1809年他在加泰罗尼亚建立了基地，并参加了萨拉戈萨包围战。1809年4月，接替朱诺任第三军军长，并成为阿拉贡总督。他公正、严格地对待当地居民，他是一个成功的管理者。他迅速平息了布莱克起义，6月15日在玛丽亚打败布莱克，6月18日，在贝尔赫特再败之。1810年他发起一场战役，以平息埃布罗谷的骚乱。尽管他未能拿下瓦伦西亚，但却在5月陷勒里克，6月占特尔图萨，6月28日又占领了塔拉戈纳。由于这些战功，1811年7月8日被授予元帅。10月1日，在普埃布拉再次打败布莱克，但在10月25日包围萨干图时负伤，最后，他终于在1812年1月9日拿下瓦伦西亚，同月被封为阿尔布菲拉公爵。1813年在卡斯特拉被默里打败，但8月，他终将被围困于塔拉格纳的守军解救出来。11月，封为加泰罗尼亚总督，并接替贝西埃尔任帝国近卫军上将。1814年1月15日，他在莫林斯德里夺取了他在西班牙的最后一次胜利，此后因西班牙到处都在同法国人作战而被迫放弃加泰罗尼亚。返回法国后，任命为南部军队总司令。拿破仑退位后，他服务于路易十八，被封为法国贵族，授圣路易勋章，兼腾思及第十五军区总督。拿破仑返法后，他指挥第七军，同阿尔卑斯军作战，开始战绩颇佳，后被迫于1815年7月同奥地利军队签订休战条约。因为他再次为拿破仑效力，所以国王路易十八取消了他的贵族资格，一直生活在不被重用的地位，1819年，他的贵族地位重新得以恢复。1926年，卒于圣约瑟夫的沙托。

苏舍是一位优秀的野战指挥员，他敢于冒险、智力超群且勇气可嘉，由于这些特点，使其得到了迅速提升。他的管理天才也是同样闻名的，他曾成功地担任了阿拉贡和加泰罗尼亚总督便说明了这一点。他在西班牙的表现无人能比。他是唯一一位在西班牙接受元帅权杖的将军。拿破仑对他评价很高："如果我有两个像苏舍这样的元帅，我将不仅征服西班牙，而且还可永远占有西班牙！"

VBH

参考：Delderfield, R. F., Napoleons Marshals. Philadelphia, 1962.

Humble, Richard, Napoleons Peninsular Marshals. New York, 1974.

Meeks, Edward, ed., Napoleon and the Marshals of the Empire. Reprint(2vols. in one), Philadelphia, 1885.

尾高龟藏(Suetaka, Kamezo, 1884—1955年) 日本将军、军国主义者。参加主要战争：日俄边境冲突（1938—1939年）、日本侵华战争（1937—1945年）；参加主要战役（战斗）：张鼓峰之战（1938年）。

苏埃托尼乌斯·帕乌利努斯，盖尤斯(Suetonius Paulinus, Gaius, 作战时间为41—69年) 罗马执政官。参加主要战争：征服不列颠（45—60年）、罗马内战（68—69年）；参加主要战役（战斗）：第一次贝德里阿孔（位于克雷莫纳附近）之战（69年）。

苏埃托尼乌斯·帕乌利努斯的出生和早期经历不详。41年他担任地方总督之后，率军同毛里塔尼亚人作战，成为跨过阿特拉斯山脉的第一位罗马人。42年，被任命为候补执政官（填补执政官的空缺）。58—61年，担任不列颠总督，61年率军向德鲁伊特在莫纳（盎格鲁）的伊斯勒的堡垒进军，但被布狄卡的叛乱搞得措手不及。61年，他放弃了伦丁尼（今伦敦）和维鲁拉米翁（圣阿尔班斯）去同他的部队会合，并在现在的陶塞斯特尔附近地区击败了布狄卡。尽管他取得了这些胜利，但却因为在平定这些叛乱时所使用的手段极端残酷而被召回了罗马。同塞尔苏斯一起，劝说皇帝奥托不要急于同维特利乌斯的军队交战，而如果一旦必须交战，则应智取而不应强攻，但是他们的劝告无效，69年4月17日，奥托的部队在第一次贝德里阿孔之战中被维特利乌斯彻底击败。之后，苏埃托尼乌斯·帕乌利努斯被维特利乌斯逮捕，他为了逃脱迫害，宣称奥托之所以失败，是因为自己（帕乌利努斯）已经背叛了奥托。

CLW

参考：Tacitus, History.

OCD.

叙弗朗·圣特罗佩，皮埃尔·安德烈·德(Suffren Saint-Tropez, Pierre Andre de, 1729—1788年) 法国海军中将。参加主要战争：奥地利王位继承战争（1740—1748年）、七年战争（1756—1763年）、美国独立战争（1775—1783年）、第二次迈索尔战争（1780—1783年）；参加主要战役（战斗）：普拉亚港之战（1781年）、马德拉斯之战、第一次亭可马里之战、第一次古德洛尔之战、第二次亭可马里之战（1782年）、第二次古德洛尔之战（1783年）。

叙弗朗（1729年7月17日）生于普鲁旺斯地区艾克斯的圣卡纳特堡，圣特罗佩侯爵的小儿子。加入法国海军时为"坚固"号军舰的军官候补生（1743年10月）。参加灾难性的布雷顿角远征（1746年）之前，曾参加过土伦之战（1744年2月11日），并在西印度群岛服役（1745年）。第二次菲尼斯特雷角之战（1747年10月25日）中被俘，后加入马耳他骑士团（1748年）。七年战争开始（1756年）后重新加入法军，并以上尉军衔随奥古斯丁·德·拉·加利索尼埃尔将军参加了与约翰·宾

将军的梅诺卡之战（1756年5月20日）。后晋升为上校，在拉各斯之战（1759年8月18日）中被俘。《巴黎条约》签订（1763年）后再次加入马耳他骑士团，并指挥三桅帆船“卡梅莱昂”号同巴巴里海盗作战（1763—1767年）。进行过骑士团的“卡尔弗恩”作战行动（即要求每名骑士参加的对穆斯林军队的海上作战，1767—1771年），从骑士晋升为指挥官，并被推举担任高级而俸禄优厚的职务。为学习战术与机动，他加入了法军建立的训练与示范舰队（1771—1778年），并因驾驶其军舰的技艺和干劲而受到褒奖。随夏尔·埃克托尔·德埃斯坦将军征战于北美和加勒比水域（1778年7月—1779年11月），在罗得岛的纽波特附近的作战（1778年8月5—11日）中表现突出，并在“凡塔斯克”号军舰（64门火炮）上指挥德埃斯坦的舰队同约·拜伦将军战于格林纳达附近（1779年7月6日）。他对德埃斯坦优柔寡断的指挥的不满已是众所周知，但那位将军并未因此而不推荐叙弗朗升迁担任独立指挥职务。在大西洋舰队任“泽莱”号军舰（74门火炮）舰长（1780年），后被升为五艘军舰组成的舰队司令，前往好望角援助荷兰军队然后开赴印度。他和德·格拉塞的舰队一起离开布勒斯特（1781年3月22日），不久后南下。尽管只有两名舰长支持他，他仍然在佛得角的普拉亚港奇袭了乔治·约翰斯顿准将率领的前往好望角的英国舰队，并予敌以重创（1781年4月16日）。他接着增援了好望角的荷兰军队（1781年6月），然后到达毛里求斯（法属岛屿），在那里与德奥弗雷斯将军的拥有六艘军舰的舰队会合（1781年10月25日）。会合后的舰队前往孟加拉湾（12月17日）。德奥弗雷斯去世（1782年2月9日）后，叙弗朗以准将军衔接管指挥。到达马德拉斯沿海（2月15日）后不久在其附近险胜数量稍占劣势的爱德华·休斯少将的舰队（2月17日）。在亭可马里附近再败休斯（4月12日），但在古德洛尔沿海受到休斯的攻击并遭重创（7月6日）。经过一场十分短暂的围攻战（8月25—31日），他夺取并占领了亭可马里军港。再次在亭可马里沿海进攻休斯（1782年9月3日），但由于部属不执行命令，与胜利失之交臂。在苏门答腊岛的亚琴（班达亚齐）躲避季风、进行舰只维修（1782年11月2日—12月20日）。1783年1月8日返回印度水域，他和休斯都得到了增援。尽管在装备上处于劣势，但为了解除英军对古德洛尔的包围，叙弗朗在该城沿海向休斯发起第四次进攻（1783年6月20日），后被迫撤往马德拉斯。战争结束（7月8日）后双方未再交战，他几乎无所事事。返回法国途中，他在开普敦受到几位英国舰长的致敬，这使他快慰不已。抵达法国之前已晋升为海军少将，并在离开马耳他骑士团期间被选为骑士团的“大法官”（高级军官）。回国后国王路易十六为他特设了第四副海军大臣这一职位。1788年12月8日就任驻泊于布列斯特的舰队司令前夕卒于该地。公开的死因是中风，但其贴身侍仆后来却声称：叙弗朗因与米尔普瓦亲王决斗受伤而亡。此前，他曾以渎职罪解除了亲王两名亲戚的职务，而恢复他们职务的要求遭到叙弗朗的断然拒绝，亲王对此大为恼怒。

叙弗朗无疑是十八世纪法国最伟大的海军指挥官。他刚烈、勇敢、坚韧，具有优秀的战术和战略天赋。他的受挫是因为部属不予合作、厌于听命，而形成这一问题的原因可能是其本人缺乏耐心、脾气暴躁。

DLB

参考：Cunat, Charles, Histoire du Bailli de Suffren. Paris, 1852.

Mahan, Alfred Thayer, The Influence of Seapower upon History. Reprint. NewYork, 1957.

Mores, M. , ed. , Journal de bord du baille de Suffren dans l'Inde. N. p. , 1888.

Richmond, Sir W. H. , The Navy in India, 1763—1783. London, 1931.

杉山元（Sugiyama, Hajime, 1880—1945年） 日本陆军元帅、军国主义者。参加主要战争：日俄战争（1904—1905年）、日本侵华战争（1937—1945年）、第二次世界大战（1941—1945年）。

杉山1880年生于福冈县。1900年毕业于陆军军官学校，1910年毕业于陆军大学。1913年提升为陆军少校。1913—1915年任营长。1915—1918年任印度驻扎官。1918—1920年指挥第二空军大队。1920—1922年任陆军总参谋部驻国际联盟的空军代表。1921年提升为陆军上校。1922—1923年任军事事务处处长。1925年提升为陆军少将。1926—1927年独立负责国际联盟事务。1928—1930年作为战争部军事事务局局长，成为军队核心领导成员之一。1930—1932年任第十二陆军师师长。1933—1934年任陆军航空兵司令。1934—1936年任总参谋部副参谋长，同时兼任陆军大学校长。在1936年2月少壮派军官叛乱造成混乱时，他帮助恢复军中秩序。1936—1937年任陆军教育首席监察官。1937年提升为陆军上将，1937—1938年任陆军部长。在日本侵华战争期间，狂热鼓吹法西斯军国主义政策。1938—1939年任侵华日军华北军司令，后来（1940—1944年）回到日本任总参谋长。1943年提升为陆军元帅。作为总参谋长，杉山元承担策划日军与美国交战的任务。1944年初期，由于在太平洋的军事战略失败而被东条英机解职。后又任陆军教育首席监察官。当1944年7月东条英机被罢黜时成为陆相。1945年被任命为第一集团军司令，负责本土防御。1945年9月在日本投降后自杀。

MRP

苏莱曼一世（Suleyman Ⅰ, 1494—1566年） 奥斯曼帝国苏丹，素有“佼佼者”或“立法者”之称。参加主要战争：匈牙利战争（1521—1533年）、征服罗得岛战争（1522年）、波斯战争（1526—1555年）、威尼斯战争（1537—

S

1539年)、奥地利战争(1537—1544年)、与奥地利和匈牙利的战争(1566年);参加主要战役(战斗):围攻罗得岛之战(1522年)、莫哈奇之战(1526年)、维也纳围攻战(1529年)、锡盖特瓦堡之战(1566年)。

苏莱曼生于1494年,是谢里姆一世之子。1520年继位。尽管对其称谓众说不一,但一般以苏莱曼一世著称。1521年5月,率军征战匈牙利南部。7月8日夺得沙博克,8月29日占领贝尔格莱德。1522年,发动攻击罗得岛之战,7月28日—12月20日久攻不下。12月21日—1523年1月1日亲自参加和守军圣约翰医院骑士团及其支持者的谈判。1525年1月,镇压君士坦丁堡近卫军步兵哗变。而后,重新发起对匈牙利的侵略。1526年5月,侵入匈牙利。7月27日占领了彼得罗瓦拉丁,8月29日在多瑙河流域的莫哈奇平原与匈牙利大军遭遇,苏莱曼以炮兵和高超的战术歼灭了匈牙利重骑兵。9月10日乘胜占领了布达。三年后即1529年经匈牙利向维也纳发动攻势。9月23—27日围攻该城,由于恶劣天气推迟了攻城时间。入冬后,10月14—15日苏莱曼下令撤围。1532年,再次在匈牙利向维也纳发动攻势,但8—9月间,为了避开神圣罗马帝国军队的锋芒,苏莱曼率军取道德拉瓦河流域转而攻击冈斯,未果。此后近十年中,苏莱曼转变征服目标,向波斯发动了攻击。1534年侵入美索不达米亚,占领了巴格达。随后在1535年1月1日,塔赫马斯普率军收复了大不里士。1535年5—6月间,苏莱曼率军从巴格达出发,向北再次出击,攻破大不里士,而后回师君士坦丁堡。1538年,苏莱曼统军袭入波斯,但收获甚微。1541年,苏莱曼进军征服匈牙利,将这个动摇不定的国家置于奥斯曼帝国统治之下。为报1542年斐迪南侵占匈牙利的一箭之仇,他于1543年向奥地利进军,8月经多瑙河流域夺得赫兰,9月攻入施图尔韦森堡。1544年,与斐迪南签订和约。1545—1549年、1552—1555年,苏莱曼曾两度征战波斯,巩固了对埃尔祖鲁姆、埃里温、凡城、大不里士和格鲁吉亚的统治。战争遂以1555年双方达成《阿马西来和约》而宣告结束。1559年,在其皇子们争夺太子位的斗争中,苏莱曼支持谢里姆(素有“酒鬼”之称)反对巴耶塞特,并帮助谢里姆将巴耶塞特置于死地。1562年,与斐迪南签订停战协议。但是在1566年,与奥地利和匈牙利的战争重新爆发,苏莱曼率军侵入两国。他原本计划围攻维也纳,但在攻击锡盖特瓦堡城时(8月5日—9月8日),被米克洛斯·兹里尼指挥的驻军顽强抵抗所牵制。在该城守军投降之前的前三天即1566年9月5日,苏莱曼卒于军帐中。

苏莱曼是奥斯曼帝国最伟大的统治者。他大胆、精力充沛且意志坚定,通晓何时减少损失,何时谈判议和。是位杰出的军事统帅。同时,他又是位著名的领导管理者,以“立法者”而著称,为艺术和科学的发展提供了有利的条件。总之,他是16世纪最杰出的统治者,在他的领导下奥斯曼成为世界上强大的帝国。

DLB

参考:Braudel, Fernand, The Mediterranean and the Mediterranean World in the Age of Philip Ⅱ, 1966. Translated by Sian Reynolds. 2 vols. New York, 1973.

Lybyer, Albert Howe, The Government of the Turkish Empire in the Time of Suleiman the Magnificent. Cambridge, Mass., 1913.

Oman, Sir Charles W. C., The Art of War in the Sixteenth Century. New York, 1937.

Süleyman-name[Chronicle of Suleiman]. An account of the major events of the reign, in several versions, the earliest 1558.

Wittek, Paul, The Rise of the Ottoman Empire. London, 1938.

苏拉,L.C.L.(Sulla, Lucius Corue lius,公元前138—前78年) 罗马帝国将军和政治家。参加主要战争:尤古尔塔战争(公元前112—前105年)、同辛布莱人和条顿人的战争(公元前105—前101年)、社会战争(公元前91—前88年)、第一次密斯立对堤战争(公元前89—前84年)和罗马内战(公元前88—前82年);参加主要战役(战斗):亚奎绥克斯太(埃克斯昂普罗旺斯)之战(公元前102年)、喀罗尼亚之战(公元前86年)、奥尔科梅努斯之战(公元前85年)和科林尼门(现在位于罗马城边缘)之战(公元前83年)。

苏拉公元前138年生于一个古老但并不显赫的贵族家庭,年青时是有名的纨绔子弟。公元前107年任会计官,在盖·马略指挥下参加在非洲进攻努米底亚国王尤古尔塔的战争。公元前105年用计生擒尤古尔塔,从而一鸣惊人。尽管因此结束了战争,但却遭到马略的嫉妒。在公元前105—前101年的战争中,他成为马略的幕僚,同辛布莱人和条顿人作战。公元前102—前101年参加了亚奎绥斯太之战和维尔塞利之战。公元前93年任执政官,公元前92年任西利西亚(今土耳其南部)地区总督,确保阿里奥波扎尼斯在卡帕多细亚(位于土耳其中部)重建王位,在公元前91—前88年的社会(同盟者)战争期间返回意大利作战,并于公元前89年率军围攻波姆皮伊,占领了该城。公元前88年任执政官,负责指挥对小亚细亚本部(在黑海海岸的南部地区)王国密斯立对堤六世的反击。当苏拉率领其第六军团向罗马挺进并占领罗马城时,马略在其支持者M.S.鲁弗斯的帮助下,两人联合取代了苏拉的职位,结果苏拉杀了鲁弗斯,并将马略放逐他乡。侵入希腊,到公元前87年春控制了希腊大部分地区。公元前86年经过长期围攻占领雅典,然后(可能是公元前86年夏)在喀罗尼亚击溃本都将军阿奇罗斯的主力部队。公元前85年在奥尔秋梅努斯再次击溃阿奇罗斯并侵入小亚细亚。未与另一支罗马部队的将军G.F.菲姆波里亚协商,便与

密斯立对堤在赫勒旁海峡的达尔达努斯会晤。公元前 83 年率军返回意大利，在布伦地遏（布林底西）扎营，同马·李·克拉苏和格·庞培的军队会合。公元前 83 年秋在加普亚附近的提卡塔山击败执政官盖·诺尔巴努斯，并在附近地区过冬。公元前 82 年春从北部向罗马城挺进，在科林尼门之战中击败马略及其萨谟奈同盟，然后到达罗马外围。公元前 82—前 81 年任独裁官，公元前 80 年同时担任终身独裁官和执政官，在此期间进行了许多改革，增强了罗马元老院和司法机构的权威，加大了保民官的权力，并将其所属旧部的老兵强行安置到意大利。公元前 79 年突然宣布退位，公元前 78 年卒于卡帕尼亚自己的庄园中。

苏拉是一位才能非凡的军人，同时也是一位英明而有开拓精神的战术家。他是“共和国体制的捍卫者”和马略的主要对手。他的独裁政府很残酷，但与马略相比要好一些。他所制定的改革政策只保持了不到十年的时间。

DLB

参考：Appian, The Civil Wars.

Lanzani, Carolina, Lucio Cornelia Silla dittatore. Milan, 1936.

Plutarch, “Marius,” “Sulla,” Parallel Lives.

Syme, Sir Ronald, The Roman Revolution. London, 1939.

苏利文，约翰（Sullivan, John, 1740—1795 年） 美国将军。参加主要战争：美国独立战争（1775—1783 年）；参加主要战役（战斗）：威廉与玛丽堡（新罕布什尔的朴次茅斯）之战（1774 年）、三角城之战、长岛之战、特伦顿之战（1776 年）、普林斯顿之战、斯塔顿岛之战、布兰瓦恩之战、日耳曼敦（两地均位于宾夕法尼亚）之战（1777 年）、纽波特（罗得岛）之战（1778 年）、苏利文的远征（纽约州北部地区）（1779 年）。

苏利文（1740 年 2 月 17 日）生于新罕布什尔的萨默斯沃思，爱尔兰移民后裔。后在达勒姆从事法律工作，并被任命为新罕布什尔民兵的少校（1772 年）。曾任第一次大陆会议代表（1774 年 9—11 月）。参加过攻占威廉与玛丽堡的战斗（1774 年 12 月 14 日）。出席了第二次大陆会议（1775 年 5 月）。被授予准将（1775 年 6 月）。随华盛顿进行了波士顿围城战，后在北方部队战败于魁北克（1775 年 12 月 31 日）后调往该部队。三角城之战（1776 年 6 月 8 日）被彻底击败后，苏利文从加拿大退至纽约的克朗波因特。其职务被霍雷修·盖茨所代（1776 年 7 月）。苏利文打算退役，但在大陆会议代表的劝说下留在军中。被派往长岛，后被英军俘获（1776 年 8 月 27 日）。苏利文充当英军使者，向大陆会议传送了英军要求和谈（1776 年 9 月 11 日）的信息。和谈毫无结果，后来他与理查德·普雷斯科特将军作为双方俘虏进行了交换（1776 年 8 月 25 日）。美军进攻特伦顿（1776 年 12 月 25 日）时任右翼部队指挥官。参加了普林斯顿之战（1777 年 1 月 3 日），但对美军的胜利未做出重大贡献。指挥了对斯塔顿岛的袭击（1777 年 8 月 21—22 日），未获成功。在美军战败的布兰瓦恩之战（1777 年 9 月 11 日）中任右翼部队指挥官，后又在未获胜的日耳曼敦进攻战（1777 年 10 月 4 日）中任右翼部队指挥官。福吉谷冬休后，苏利文被任命为罗得岛司令。法美联军实施的进攻纽波特之役（1778 年 7 月 29 日—8 月 3 日）因协同不力和天气恶劣归于失败。被选为进攻位于宾夕法尼亚和纽约西部的亲英派部队和易洛魁人的远征军（远征后以其名字命名）司令。这次远征（1779 年 5—11 月）尽管在军事上未决胜负，但摧毁了易洛魁诸部落的实力——虽然此后多年他们仍活跃于边境地区。苏利文自称身体不适，辞去了任职（1779 年 11 月 30 日）。1795 年 1 月 23 日去世前在新罕布什尔担任过多种职务。

苏利文算不上一位伟大的将军，因为在他参加的大多数战斗中，美军非败即挫。但他赢得并保持了对作战与指挥均具敏锐判断力的华盛顿的信任。而且，他对易洛魁人的作战总体上是成功的。与众多更能干的同期人相比，他的军事生涯明显未受到政治争论的影响。

ACD

参考：Boatner, Encyclopedia.

Dupuy, Trevor N., and Gay M. Hammerman, People and Events of the American Revolution. New York, 1974.

DAMB.

WAMB.

苏尔坦，丹尼尔·依索姆（Sultan, Daniel Isom, 1885—1947 年） 美国陆军上将。参加主要战争：第一次世界大战（1917—1918 年）、第二次世界大战（1941—1945 年）；参加主要战役（战斗）：缅甸北部战役（1944—1945 年）。

苏尔坦 1885 年 12 月 9 日生于密西西比州牛津。1901—1903 年，就读于密西西比大学，1907 年在西点军校以工程兵少尉衔毕业。在利文沃思堡和华盛顿特区服役后，1910 年毕业于工程兵学校，提升为中尉。1912—1916 年在西点军校任教期间，1914 年 2 月提升为陆军上尉。一战中（1916—1918 年）驻菲律宾，参与构建科雷希多岛上的防御工事。1917 年 5 月提升为驻军少校，8 月为临时中校。回到美国后（1918—1922 年）被派至总参谋部，1919 年短暂到德国执行占领任务。1924 年从指挥和参谋学院毕业。1923—1925 年在佐治亚州萨凡纳任区域工程兵。1926 年毕业于陆军军事学院。1926—1929 年，在河港工程委员会任职。1929—1931 年在尼加拉瓜指挥陆军部队。1930 年 10 月升任陆军中校。1932—1934 年为伊利诺伊州库克县（芝加哥地区）土木工程管理者。1934—1938 年为哥伦比亚地区工程委员会委员。

1935年10月升为陆军上校。1938年8月指挥第二工程兵团。12月提升为准将。1939年6月—1941年3月在夏威夷斯科菲尔德兵营指挥第二十二步兵旅。1941年3月指挥夏威夷陆军师。4月暂提为陆军少将派往密西西比指挥第三十八师。1942年4—12月指挥第七军。1943年1月在中国-缅甸-印度战区受命接替史迪威将军，主要负责建立到中国的补给线——著名的滇缅公路。1944年9月提为临时陆军中将。自从10月在魏德迈将军领导下中国被隔绝分离，史迪威作为印度-缅甸战区的美国司令取得了成功。1944年11月—1945年4月，在缅甸北部指挥两个中国军和英国第三十六师，支持斯利姆向南部深入进军。1945年3月7日中国第一军夺取腊戍后，4—6月他所属5个中国陆军师奉蒋介石之命回中国，他于7月回到美国。8月获得史无前例的杰出服务勋章。1947年1月14日卒于华盛顿特区。

苏尔坦是一位地地道道的工程师和一位默默无闻的军事能手。他在科罗希多岛上的防御工事虽被放弃但却从未被突破。他还是一位称职的战斗指挥官和理论学家。他通过北部缅甸崎岖的丛林地区向中国进行陆上运送补给品的努力是计划、管理和决策上的不平凡的例子。他以其正直和忠诚而著名。

KS

参考：Anders, Leslie, Ledo-Road: General Joseph W. Stilwell's Highway to China. Norman, Okla., 1976.

Current Biography, 1945.

New York Times obituary, January 15, 1947.

WAMB.

萨默罗尔，查理·佩洛特(Summerall, Charles Pelot, 1867—1955年) 美国将军。参加主要战争：美西战争（1898年)、镇压菲律宾起义（1899—1902年)、镇压义和团运动（1900—1901年）和第一次世界大战（1914—1918年)；参加主要战役（战斗）：北京之战（1900年)、康蒂尼战役（1918年)、埃纳河-马恩河战役（1918年)、圣米耶尔战役（1918年）和默兹-阿尔贡战役（1918年)。

萨默罗尔1867年3月4日生于佛罗里达州的湖城。1882—1885年，在波特军事学院学习。1885—1888年在佛罗里达州教书。1892年毕业于西点军校，在步兵部队任职。1893年3月调至炮兵部队任职。美西战争期间（1898年)，任海湾战区司令官亚历山大·彭林顿将军的副官。在镇压菲律宾起义的早期阶段（1899—1900年)，指挥一个炮兵连。义和团运动期间（1900—1901年)，任驻雷利的炮兵连主任参谋。在侵略北京的战役中（1900年)，因提供了有效的炮火支援而名声大噪。1901年7月晋升上尉。1902年调至阿拉斯加的苏厄德堡。1905—1911年，执教于西点军校。1911年3月晋升少校。1912年指挥得克萨斯州第三野战炮兵团的一个营。1913—1917年，执教于陆军作战学院。同时从事国民卫队的炮兵训练工作，1916年6月晋升中校，1917年5月晋升上校。1917年在亚拉巴马和加利福尼亚就炮兵训练基地进行选址和商议购买工作。4—6月，成为访问法国和英国的一个军事委员会中的一员。8月晋升临时准将。9月任第四十二彩虹师的第六十七野战炮兵旅旅长。率此部队抵达法国后，成为第一步兵师第一炮兵旅旅长（1917年10月)。1918年5月28日参加康蒂尼战役。6月晋升临时少将，7月指挥第一步兵师。率其第一师参加了整个马恩河战役（7月18—8月5日)、圣米耶尔战役（9月12—16日）和默兹-阿尔贡战役（9月26日—11月11日)。他在默兹-阿尔贡战役中期于10月被晋升指挥第五军。随后在占领期间，指挥第五军（1918年11月—1919年2月)、第十一军（1919年2—4月）和第六军（4—6月)。建议美国外交使团参加凡尔赛和谈。返回美国，指挥驻肯塔基州的第一师（9月)。1920年4月晋升永久少将。1926年11月—1930年11月，以法定的上将衔任陆军参谋长。1931年3月以上将衔退役。1931—1953年6月，任驻南卡罗来纳州查尔斯顿的筑城军事学院院长。1955年5月14日卒于华盛顿。

萨默罗尔是一位有能力、彻底且卓越的炮兵指挥官。第一次世界大战期间，他改进了旧的炮兵射击方法，提出了一种以近战炮兵火力支援步兵作战的新方法。他的直瞄射击理论，最初提出于1918年的法国，这种理论成为20世纪30年代美国陆军重新估价炮兵作用的基础，并使美军的炮兵部队在第二次世界大战中较之其他国家的炮兵部队处于遥遥领先的地位。在1918年法国进行的战役中，他被证明是一位优秀的师和军级指挥官。然而其任陆军参谋长期间的表现却是有争议的。一方面，他作为一位保守的军人，对发展陆军航空兵的支持程度，达不到陆军航空飞行员所期望的那样；另一方面，他又鼓励为实现陆军及其航空兵的现代化进行改革和研究。如果他出生在另一个时代，并且得到其他机会，他今天就会成为美国军事史上最伟大的两三个将军之一。

DLB

参考：Harbord, J, G., The American Army in France, 1917—1919. Boston, 1936.

Pratt, Fletcher, Eleven Generals: Studies in American Com-mand. New York, 1949.

Vandiver, Frank E., Black Jack: The Life and Times of John J. Pershing. College Station, Texas, 1977.

DAMB.

WAMB.

萨姆纳，埃德温·沃斯(Summer, Edwin Vose, 1797—1863年) 绰号“牛头”。美国将军。参加主要战争：黑鹰战争（1832年）和美墨战争（1846—1848年)；参加主要战役（战斗）：塞罗戈多之战（维拉克鲁兹和夏拉帕之

S

间，1847 年)、莫里诺德里之战（墨西哥城附近，1847 年)、费尔奥克斯之战（1862 年)、七天战役（都在里士满附近，1862 年)、安蒂特姆之战（1862 年）和腓特烈堡之战（1862 年)。

萨姆纳 1797 年 1 月 30 日生于马萨诸塞州的波士顿。1819 年 3 月任第二骑兵团少尉。1823 年 1 月被晋升为中尉。参加了黑鹰战争（1832 年 4—8 月)。1833 年 3 月晋升为第一龙骑兵团上尉。1838 年任费城卡莱尔营地骑兵训练学校校长。1846 年 6 月晋升第二龙骑兵团少校。墨西哥战争期间在温菲尔德·斯科特手下任职。短时间指挥了骑兵步枪队（即后来的第三骑兵团)。塞罗戈多战役中，他带伤指挥战斗，因此名誉晋升中校（1847 年 4 月 18 日)。因在莫里诺德里战斗中（9 月 8 日）表现出色，名誉晋升上校。1848 年 7 月晋升第一龙骑兵团中校。1851—1853 年，任新墨西哥战区司令。1851 年在新墨西哥州修建尤宁堡（瓦根芒德附近)。1852 年任新墨西哥州州长。1854 年被派往欧洲学习骑兵技术。1855 年 3 月任第一龙骑兵团上校。1856 年任利文沃思堡司令官，对堪萨斯自由土壤党的自由言论进行了压制。1858 年任西部战区司令。1861 年 3 月他指挥总统候选人林肯的军事卫队从伊利诺伊州的斯普林菲尔德赴华盛顿。3 月晋升准将，任太平洋战区司令。1862 年调任波托马克军团第二军军长。参加了半岛战役，享誉费尔奥克斯战役（5 月 31 日）和七天战役（6 月 26 日—7 月 2 日)。7 月晋升志愿军准将。安蒂特姆战役中受伤（9 月 17 日)。腓特烈堡战役中在伯恩赛德手下指挥右翼大型师（第二军和第六军，12 月 13 日)。要求免去自己的职务。1863 年 3 月 21 日卒于纽约州的锡拉丘兹，即他赴任密西西比战区司令的途中。

萨姆纳是一位富有能力的指挥官，也是一位经验丰富的行政官员。

VBH

参考：Stanley, F., E. V. Summer, Major General, United States Army (1797—1863). Borger, Tex., 1969.

Warner, Ezra, Generals in Blue. Baton Rouge, 1977.

S

萨姆特，托马斯（Sumter, Thomas, 1734—1832 年） 绰号“卡罗来纳斗鸡”。美国将军。参加主要战争：法国与印第安人的战争（1754—1763 年)、美国独立战争（1775—1783 年)；参加主要战役（战斗)：莫农加希拉河（布拉多克之败，匹兹堡附近）之战（1755 年)、菲兴克里克（南卡罗来纳的兰开斯特附近）之战、菲什丹福德（南卡罗来纳的切斯特附近）之战、布莱克斯托克斯（温斯伯勒以北）之战（1780 年)、九十六城之战、昆拜布里奇（查尔斯顿附近）之战（1781 年)。

萨姆特 1734 年 8 月 14 日生于弗吉尼亚的汉诺威县，威尔士移民后裔。参加法国与印第安人的战争，并经历过莫农加希拉河畔的布拉多克之败（1755 年 7 月 9 日)。对切诺基人的战役中为中士（1762 年)。任马上巡逻队上尉，后为第二步枪团中校（1776 年 3 月)。曾同切诺基人作战，并在佐治亚和佛罗里达短期任职。后退役（1778 年 9 月 19 日)。其家为英军所毁后，他招募民兵进行游击战争。在威廉逊种植园获首次胜利（1780 年 7 月 12 日)，但在落基山（南卡罗来纳的杰弗逊附近）被击败（8 月 1 日)。获胜于汉因罗克（贝休恩附近，8 月 6 日)，却在菲兴克里克之战（8 月 18 日）中遭塔尔顿重创。晋升为南卡罗来纳民兵准将（10 月 6 日)。参加了菲什登福德之战（11 月 9 日)，后在布莱克斯托克斯之战（11 月 20 日）中受重伤。因作战顽强而获“斗鸡”之绰号。指挥了破坏英军交通线的作战，但未获成功（1781 年 2—3 月)。夺取了奥兰治堡（南卡罗来纳，5 月 11 日)，但实施所谓的《萨姆特法》——以亲英分子的财产支付其民兵工资的方法——使其名声受损。对九十六城之战（5 月 22 日—6 月 19 日）和昆拜布里奇之战（7 月 17 日）的失败负有主要责任。因受伤和劳累退居北卡罗来纳。获得南卡罗来纳议会金质勋章和国会的嘉勉（1781 年 1 月 13 日)。担任杰克逊伯勒议会的参议员（1782 年 1 月 8 日)，后辞去职务（2 月)。任国会众议院议员（1789—1793 年、1797—1801 年）和参议院议员（1801—1810 年)。后退职（1810 年 12 月)。被南卡罗来纳议会授予终身延缓偿债权（1827 年)。1832 年 6 月 1 日卒于斯泰特堡（萨姆特附近）家中，是最后去世的独立战争中的将军。

萨姆特是一位富于想象力而且英勇无畏的指挥官，他的战略和战术技巧寥寥无几，但他的顽强给人以深刻印象，康华里称他为“我们在该国的最大烦恼”。

VBH

参考：Gregorie, Anne King, Thomas Sumter. Columbia, S.C., 1931.

McCrady, Edward, The History of South Carolina in the Revolution, 1775—1780. New York, 1901.

孙传芳（Sun Chuan-feng, 1885—1935 年） 中华民国时期军阀。参加主要战争：辛亥革命（1911 年)、中国内战（1916—1926 年)、北伐战争（1926—1927 年)；参加主要战役（战斗)：镇压南昌起义（1927 年)。

宋哲元（Sung Che-yüen, 1885—1940 年） 中国将军。参加主要战争：北伐战争（1926—1927 年)、“围剿”战争（1930—1935 年)、抗日战争（1937—1940 年)。

孙子（Sun Tzu, 作战时间：约公元前 500 年） 中国战国时代齐国将军和军事理论家。

孙子在公元前 500 年前后生活于齐国（基本位于现在的山东省境内)，是齐王手下的一位将军。他撰写的《孙子兵法》一书，是迄今为止我们所知的世界上最早

的一本有关战略和军事理论方面的论著。他强调突然性、机动性、灵活性和兵不厌诈。《孙子兵法》文字很少，只有13篇，但直到现在它还是一本有关中国战争的手册，毛泽东的《论持久战》一书，就是从《孙子兵法》中获得大量启发的。

DLB

参考：Sun Tzu, The Art of War. Translated by Samuel B. Griffith. Oxford, 1963.

苏雷纳斯（Surenas，参加作战的时间：约公元前54—前53年） 安息（帕提亚）将军。参加主要战争：同克拉苏的战争（公元前54—前53年）；参加主要战役（战斗）：卡里（卡尔亥）之战（公元前53年）。

苏雷纳斯的出生日期和早期经历不详，他很可能出生于安息（帕提亚）的贵族家庭。公元前55年，他就已经是国王奥罗德斯手下的主要战将，并在塞琉基亚（位于巴格达附近）地区击败了奥罗德斯的主要竞争对手密斯立对提。安息（帕提亚）国内的混乱，使罗马帝国感到有机可乘，公元前54年，罗马借口支持密斯立对提，派马·李·克拉苏率军入侵帕提亚。克拉苏跨过幼发拉底河不久，苏雷纳斯就率领一支庞大的骑兵部队将其包围，并用弓箭袭击罗马军队，当其前排士兵的弓箭射完以后，后排的士兵立即上来补充，原来位于前排的士兵退回后方，装满弓箭以后再替换前排的士兵，继续射击，这样周而复始，不间断地射击罗马军队。一支由骑兵和轻步兵组成的罗马小部队试图突出重围，向安息的军队发动了一次进攻，但这支小部队同其主力间的联系很快被切断，并被团团围住，最后被彻底歼灭。当夜色降临之时，克拉苏企图撤退，苏雷纳斯紧追不舍。第二天双方进行谈判时，苏雷纳斯杀死了克拉苏。公元前53年，罗马军队继续撤退，苏雷纳斯继续率军对其进行袭扰，到罗马军队退回本土时，苏雷纳斯已经俘虏了1万名罗马士兵、杀死了24 000人。克拉苏原来率领39 000人入侵安息，最后只有5000名幸存者回到罗马。尽管苏雷纳斯取得了这次重大的胜利，但由于其功高震主，安息国王奥罗德斯感觉到他对自己已经形成了威胁，因此下令将其处死。

DLB

参考：Plutarch, "Crassus," Parallel Lives.
EB.
EMH.

苏耶跋摩一世（Suryavarman Ⅰ，约980—1050年） 柬埔寨统治者。参加主要战争：柬埔寨内战（1002—1012年）、向北扩张战争（约1015—1025年）。

苏耶跋摩1002年即位。即位后的10年中一直与宣称拥有王位的诸政敌进行战争，获得最后胜利。他将注意力转向北方，进行了一系列的远征（约1015—1025年），控制了北至老挝中部的琅勃拉邦的湄公河流域。

DLB

参考：EMH.

苏耶跋摩二世（Suryavarman Ⅱ，约1085—1150年） 柬埔寨统治者。参加主要战争：入侵占婆和安南（1130—1132年）、与占婆的战争（1145—1147年）、征服泰族诸国（1130—1150年）。

苏耶跋摩出生日期不详。1113年即位。指挥了对占婆（安南以南的古王国）和安南的入侵（1130—1132年）。虽然得到了占婆的一些支援，但未能征服安南，后从两国撤兵（1132年）。他向西进行了多次作战，一路势如破竹，逐渐征服了远达缅甸山地的泰族诸小国（11世纪30—40年代）。第二次入侵占婆（1145年）并取得较大胜利，征服整个占婆。不幸的是，他和他的军队被一场民众起义（1148—1149年）所驱逐。卒于1150年。

DLB

参考：EMH.

苏沃洛夫伯爵，亚历山大·瓦西里耶维奇（苏沃洛夫-勒姆尼克伯爵，意大利亲王）（Suvorov, Alexander Vasilievich, Count〈Count Suvorov-Rimniksky, Prince Italisky〉，1729—1800年） 俄国元帅。参加主要战争：七年战争（1756—1763年）、波兰内战（1768—1776年）、第一次俄土战争（1768—1774年）、第二次俄土战争（1787—1790年）、镇压波兰起义（1793—1794年）、第二次同盟战争（1798—1800年）；参加主要战役（战斗）：科兹卢贾（舒门附近）之战（1774年）、金布恩（位于奥恰科夫对岸的第聂伯河河湾）之战（1787年）、福克沙尼之战、勒姆尼克之战（1789年）、华沙之战（1794年）、特雷比亚河之战、诺维之战（1799年）。

苏沃洛夫（1729年11月24日）生于莫斯科，其父为陆军军官、陆军战争学院的成员。年幼时参军，可能为近卫团士兵（约1745年）。1751年升为军士。由于其致力于改革的父亲与其同僚军官们极不融洽，小苏沃洛夫的职位晋升缓慢。其战斗生涯开始于七年战争（1756—1763年），并显示出胆略、主动和自信。晋升为苏兹达尔步兵团上校（1762年）后，他简化部队的训练，增加部队的工资和给养，提高了部队的速度与耐力。波兰内战期间，他袭取了克拉科夫（1768年），因功晋升准将。多次指挥了对巴尔同盟的波兰军队的英勇作战（1771—1772年），在几次小型战斗中打败其野战部队，攻克了克拉科夫（1772年2月18日）及其城堡（4月23日）。夺取琴斯托霍瓦，从而平息了巴尔同盟的起义（1772年8月）。被派往巴尔干半岛后，他打败了土耳其对赫尔绍瓦要塞的进攻（1773年9月14日）。拔除了多瑙河沿岸的多个土耳其据点（1774年春），并在科兹卢贾（或科斯卢茨斯基）之战（1774年6月19日）中打败阿卜德-鲁扎卡帕夏率领的极为优势的军队，因而

S

名声大噪。奉命镇压普加乔夫农民起义（1774—1775年）。后入赘具有政治实力的哥利岑家族（1775年?），但这一联姻是不幸的。入侵并占领克里木（1776年），扶立了俄国的傀儡汗。第二次俄国-土耳其战争爆发后，苏沃洛夫在海岸要塞金布恩打退了土耳其的两次海上进攻，保卫了该要塞（1787年9—10月）。参加了获胜的霍切姆（霍京）围城战（1788年7月2日—9月19日）并袭取了奥恰科夫（1788年12月17日）。与奥地利将军萨克森-科堡亲王约西亚斯会师后，在福克沙尼之战（1789年8月1日）中进攻了奥斯曼帕夏率领的土耳其军队，后又在勒姆尼克河之战（1789年9月22日）中将尤素福帕夏的主力赶出其营地，破坏了土耳其军的进攻计划，并缴获其给养和大量的火炮。因这一战功受封为勒姆尼克伯爵。袭取了土耳其的伊兹密尔要塞（1790年12月22日），屠杀了大部分守城官兵。为此，他最终晋升为元帅（1791年?）。从土耳其边境率俄军同科希丘什科的起义军作战（1794年）。在布列斯特-立托夫斯克（布列斯特）附近的两场战斗（1794年9月15日、19日）中打败了谢拉夫斯基的小部队，后夺取该城。得到增援后进逼华沙，在科贝乌卡之战（10月23日）中重创莫克罗诺夫斯基的部队。袭取华沙的郊城普拉加（1794年11月4日），屠杀了全城军民，威逼华沙投降。尽管取得这些胜利，苏沃洛夫还是在古怪的沙皇保罗三世的授意下被迫退役。保罗三世既不喜欢他，也不喜欢他的军事改革。后重新启用出任驻意大利的俄奥联军司令（1799年初），在克雷的马纳诺（维罗纳自由镇附近）之战（1799年4月5日）中战胜谢勒后抵达意大利。苏沃洛夫就职后，显示出非凡的勇气，横渡阿迪杰河，使莫罗接战于卡萨诺达达（特雷维廖附近，1799年4月27日），打败并瓦解其部队。得胜后进入米兰（4月28日）。占领都灵，并开始征召意大利部队、清剿法国守军（5—6月），但他的努力因奥地利的政治干涉而受到阻挠。曾受到莫罗军和麦克唐纳军的夹击（6月），但苏沃洛夫迅即做出反应，集中兵力对付麦克唐纳。在激烈的特雷比亚河之战（6月17—19日）中歼灭其军，将莫罗赶回热那亚，莫罗在那里与麦克唐纳及其军队会合。在诺维（卡尔皮附近）之战（8月15日）中大败莫罗的继任者巴·卡·茹贝尔将军，向热那亚追击法军。由于得知尚皮奥内军通过塞尼斯山口进入意大利的消息，他停止追击，但苏沃洛夫对这一动向的反应被取消了，他奉命进入瑞士以支援苏黎世附近的里姆斯基-科尔萨科夫军（9月）。苏沃洛夫杀出圣哥达山口后，却得知里姆斯基-科尔萨科夫两天前在苏黎世被马森纳打败（9月25日），他被迫进行从格拉鲁斯到位于莱茵河上游的伊兰茨这一艰难而危险的行军。同年被授俄国大元帅称号，并奉召回国。沙皇保罗解除了他的指挥权（1800年1月21日），他被蒙羞带辱地召回圣彼得堡，并被剥夺爵位。他忧疾交加，1800年5月18日卒于圣彼得堡。

苏沃洛夫是一位杰出的指挥官，富于传奇色彩且性格怪僻。他勇敢、机智，敢于进攻，勇于冒险，是一位老练的战术家和战略家。以长途、快速的行军和突然袭击而闻名。由于他以律己之心律人，故深受士卒喜爱。

DLB

参考：Anthing, F., History of the Campaigns of Count Alexander Suvorov Rymnikski.. 2 vols. English translation of Versuch einer Kriegsgeschichte des Grafen Suvorow: N. p., 1799.

Blease, W. L., Suvorof. N. p., 1920.

Fuchs, G. von, ed., Suvorows Korrespondenz, 1799. N. p., 1835.

Longworth. P., The Art of Victory: The Life and Achievements of Generalissimo Suvorov, 1729—1800. London, 1965.

Nostitz, F. A., Der Westfeldzug Suvorovs in der offentlichen Meinung Englands. Wiesbaden, 1976.

Osipov, K., Alexander Suvorov: A Biography. N. p., 1944.

Reding-Biberegg, R. "Der Zug Suivoroffs durch die Schweiz," Der Geschichtsfreund Vol. L(1895).

粟裕(Su Yu, 1907—1984年) 中国人民解放军高级将领，军事家。参加主要战争：第一至第五次反"围剿"战争（1930—1934年）、抗日战争（1937—1945年）、国共战争（1945—1949年）；参加主要战役（战斗）：南昌起义（1927年）、湘南起义（1928年）、孟良崮战役（1947年）、淮海战役（1948年）。

粟裕1907年生于湖南会同县。曾就读于湖南第二师范学校。1926年加入中国共产主义青年团，1927年转入中国共产党。同年参加南昌起义。1928年参加湘南起义，后随朱德、陈毅转战至井冈山。历任第十二军连长、营长、支队长，第六十四师师长、中国工农红军第四军参谋长、第七军团参谋长，参加了历次反"围剿"战争。1934年参与指挥红军北上抗日先遣队转战闽浙赣皖。后任挺进师师长、闽浙军区司令员，在浙南坚持了三年游击战争。抗日战争时期，任新四军第二支队副司令员，先遣支队司令员，江南指挥部、苏北指挥部副指挥，第一师师长兼政委，苏中、苏浙区党委书记，苏中军区、苏浙军区司令员兼政委，参与开辟和发展苏南、苏中、苏浙抗日根据地的斗争。国共战争时期，任华中军区副司令员，华中野战军司令员。1947年1月起，任华东野战军副司令员、代司令员和代政委，曾指挥苏中、豫东、济南等战役，参与组织宿北、莱芜、孟良崮、淮海、渡江、上海等战役。1948年11月，作为淮海战役总前委成员，参与指挥淮海战役。1949年1月，任中国人民解放军第三野战军副司令员，华东军区副司令员。中华人民共和国成立后，历任解放军副总参谋长、总参谋长，国防部副部长，军事科学院副院长、第

一政委，中共中央军委常委。1955 年被授予大将军衔。是第一、二、三届国防委员会委员，中共第七届中央候补委员，中共第八至十一届中央委员。1982 年被选为中共中央顾问委员会常委。曾当选为第五届全国人大常委会副委员长。1984 年 2 月 5 日病逝于北京。

铃木贯太郎（Suzuki，Kantaro，1868—1948 年） 日本海军上将和政治家、军国主义者。参加主要战争：中日甲午战争（1894—1895 年）和日俄战争（1904—1905 年）；参加主要战役（战斗）：威海之战（1895 年）、黄海海战（1904 年）和对马海战（1905 年）。

铃木贯太郎 1868 年生于和泉藩的富士（大阪附近）的一个富足家庭。在千叶县长大。1883 年毕业于群马县中学，短时间在东京的金洞海军学校学习（1883 年）。1887 年毕业于海军大学。1889 年被任命为少尉。在“高雄”号巡洋舰服役，当时的舰长是山本权兵卫（1889—1890 年），进入“仁艺”号训练舰上的鱼雷学校学习（1890—1891 年），开始了其作为鱼雷专家的漫长岁月。1892 年晋升上尉。1893—1894 年，指挥横须贺中队中的一艘鱼雷艇。中日甲午战争期间（1894 年 8 月—1895 年 4 月），指挥对马中队中的一艘鱼雷艇，最初是在海峡巡逻。威海海战期间，对中国海军基地发起了夜间攻击（1895 年 2 月 2—12 日）。战后连续指挥了“海门”号炮舰和“比睿”号、“金洞”号铁甲舰（1895—1897 年）。1898 年毕业于海军大学。1898—1899 年，任职于海军总参谋部。1899—1901 年，任职于海军部。1901—1904 年，旅行至德国求学。1903 年晋升为中校。返回日本，黄海海战中（1904 年 8 月 10 日），任“春日”号铁甲舰副舰长。对马海战中（1905 年 5 月 26 日），指挥第二舰队第二战斗分队中的第五驱逐小舰队参加作战行动，可能击沉了“纳凡林”号战列舰。1905—1908 年，执教于海军大学，这期间以日本最杰出的鱼雷战术家闻名。1907 年晋升为上校。指挥“明石”号巡洋舰（1908—1909 年）和“宗谷”号巡洋舰（1909—1910 年）。1910—1911 年，任鱼雷学校校长。指挥战列舰“敷岛”号（1911—1912 年）和“筑波”号战列巡洋舰（1912—1913 年）。1913 年晋升为海军少将。1914—1917 年，任海军次官。1918—1920 年，任海军大学校长。1923 年指挥了一系列的舰队和海军基地，并晋升为海军上将。指挥联合舰队（1924—1925 年）后，任海军总参谋长（1925—1929 年）。1929—1936 年，改服预备役，任侍从长和枢密顾问官。他在被封为男爵后不久，在“二二六”少壮派军官政变中受伤（1936 年 2 月 26 日）。任枢密院副议长（1940—1944 年）和议长（1944—1945 年）。1945 年 4 月带着日本民众要求日本“打到底”的请求就任首相，但不久就举行和平谈判。日本投降时（1945 年 8 月 15 日），率其内阁辞职。安然经受了陆军军官发动的几次政变事件。1945—1946 年，再任枢密院议长。卒于 1948 年。

铃木贯太郎是一位沉默寡言的人，也是一位保守而又生性暴烈的军国主义者。

DE

参考：Butow, R. J. C., Japans Decision to Surrender. Stanford, Calif., 1954.

Kase, T., Journey to the Missouri. New Haven, Conn., 1950.

铃木桂二（Suzuki, Keiji, 1897—1967 年） 日本将军、军国主义者。参加主要战争：第二次世界大战（1941—1945 年）；参加主要战役（战斗）：缅甸战役（1941—1942 年）。

铃木庄六（Suzuki, Souoku, 1865—1940 年） 日本陆军上将。参加主要战争：中日甲午战争（1894—1895 年）、镇压义和团运动（1900—1901 年）、日俄战争（1904—1905 年）、西伯利亚远征（1918—1922 年）。

铃木宗作（Suzuki, Sosakn, 1891—1945 年） 日本陆军上将、军国主义者。参加主要战争：日本侵华战争（1937—1945 年）、第二次世界大战（1941—1945 年）；参加主要战役（战斗）：马来半岛战役（1941—1942 年）、莱特之战（1944 年）。

铃木 1891 年生于爱知县。1912 年毕业于陆军军官学校，1919 年毕业于陆军大学。1922—1925 年在德国任驻扎官。1927 年提升为陆军少校。1928—1931 年任职于陆军部军事事务处。1933—1935 年在侵华日军关东军服役作参谋军官。1935 年提升为陆军上校。1935—1937 年任团长。1938 年升至陆军少将。1938—1939 年任侵华日军华中军副总参谋长。1941 年 12 月 8 日—1942 年 2 月 15 日作为山下奉文陆军上将领导下的第二十五集团军参谋长参加成功的马来半岛-新加坡战役。1943—1944 年在军事运输系统担任一系列行政职位。1944 年中期任菲律宾南部第三十五集团军司令，司令部在宿务。由于美军 10 月 20 日在莱特湾登陆，遂派 45 000 兵力去莱特，但美军优越的空中和地面力量使日军的防御失败，10 月—12 月 25 日，投入到莱特的日军全军覆没。他集中大量的残余部队（约两个师）在棉兰老岛进行负隅顽抗。1945 年 4 月美军登陆，不久在战斗中丧生。

MRP

斯威夫特，因尼斯·帕麦尔（Swift, Innis Palmer, 1882—1953 年） 美国陆军上将。参加主要战争：侵略墨西哥战争（1916—1917 年）、第一次世界大战（1917—1918 年）、第二次世界大战（1941—1945 年）；参加主要战役（战斗）：新几内亚之战（1942—1944 年）、阿德默勒尔蒂群岛之战（1944 年）、吕宋之战（1945 年）。

斯威夫特 1882 年生于怀俄明州拉勒米堡，埃本·斯威夫特的儿子。1904 年毕业于西点军校。1916 年 3 月—

S

1917年2月参加侵略墨西哥战争，在潘兴将军手下服役。1918年8—11月，在驻法国的第八十六陆军师服役但没参加任何战斗。1934—1938年在西点军校任兵法教官。到二战爆发时（1941年4月19日）被提升为陆军少将，指挥第一骑兵师。1943年7月作为第六集团军一部开往太平洋地区。1944年2月28—3月30日在阿德默勒尔蒂群岛（马努斯岛东海岸以远）战役中夺取洛斯内格罗斯岛，8月被任命为第六集团军第一特种部队指挥官，1945年1月9日在吕宋岛的林加延湾登陆。1—7月，横扫北部吕宋，在战斗高峰时，斯威夫特指挥六个师作战（第六、第二十五、第三十二、第三十三和第四十步兵师以及第一骑兵师）。后继续在吕宋指挥同在北部中部吕宋的日军残余部队作战，直到8月15日战争结束。1946年从部队退役。1953年11月3日卒于心脏病。

KS

参考：New York Times obituary，November 4，1953.

斯威英，约瑟夫·梅（Swing，Joseph May，1894—1984年）

美国将军。参加主要战争：第一次世界大战（1917—1918年）、第二次世界大战（1941—1945年）；参加主要战役（战斗）：默兹-阿尔贡战役（1918年）、菲律宾战役（1945年）。

S

T

白羽宫崎（Tachibana，Koichiro，1861—1929 年） 日本将军。参加主要战争：中日甲午战争（1894—1895 年）和日俄战争（1904—1905 年）；参加主要战役（战斗）：围攻阿瑟港（1904—1905 年）和沈阳之战（1905 年）。

白羽宫崎 1861 年生于福冈（位于九州）。1883 年毕业于军事学院。1889 年毕业于陆军大学。参加了中日甲午战争（1894 年 8 月—1895 年 4 月）。1895—1899 年，他旅行至奥地利-匈牙利求学。1902—1903 年，在中国任军阀袁世凯的军事顾问。围攻阿瑟港（1904 年 5 月—1905 年 1 月 2 日）和沈阳战役（1905 年 2 月 21 日—3 月 10 日）中，他任野津道贯的第四军的助理参谋长。1905 年 9 月参加朴次茅斯和平谈判。1905—1906 年，任驻美国武官。1909 年晋升少将。1912—1918 年，在朝鲜担任几项高级职务。1919—1921 年，任粤军指挥官。1921—1922 年，指挥西伯利亚远征中的海参崴远征军。

白羽宫崎是一位对亚洲事务极为熟悉的军官，也是著名的粤军的第一位指挥官。海参崴远征军卷入塞尔维亚纠纷四年后，他将其从西伯利亚撤出（1922 年 8—10 月）。

LH

戴笠（Tai Li，1896—1946 年） 中国国民党将领、特务头子。参加主要战争：北伐战争（1926—1927 年）、五次"围剿"战争（1930—1934 年）、抗日战争（1937—1945 年）。

戴笠 1896 年生于浙江省。曾入黄埔军校学习，毕业时参加国民党军队，曾任蒋介石的侍从副官，后提升至将官军衔。1938 年受命领导国民党的情报和秘密警察组织，只听命于蒋介石。这些机构以搜捕、恫吓、暗杀共产党人和其他一些国内民主人士而闻名。他们因臭名昭著的手段而被约瑟夫·史迪威将军称为"蒋介石的盖世太保"。1943—1945 年和美国海军合作建立中美特种技术合作所。战时与南京汪伪政府和日占区的某些组织都保持密切联系。1946 年 3 月戴笠在一次飞机失事中丧生。

PWK

宋太祖（赵匡胤）（T'ai-Tsu〈Chao K'uang-yin〉，927—976 年） 中国北宋开国皇帝。参加主要战争：五代时期的战争（907—959 年）、建立宋朝的战争（960—976 年）。

927 年，赵匡胤生于后周，是游民和唐朝贵族的后代。他受过良好的系统教育，进入后周军队后，很快崛起。959 年，赵匡胤升任将军，后来任殿前都点检，即后周宫廷禁卫队头领，最后任归德军节度使，掌握兵权，部下有很多高级将领。赵匡胤之所以能飞黄腾达，主要靠的是虚心好学和廉洁的好名声，而不是自己卓越的战略指挥才能。960 年，赵匡胤发动"陈桥兵变"，废黜当时的幼帝。因而赵匡胤自称为帝，即宋太祖，国号宋。此后，宋太祖着手统一中国，他用各个击破的战略，对付割据政权。960—963 年，赵匡胤征服长江中游地区。964—965 年，取四川。966—971 年，得广东。972—975 年，攻取安徽、江西和湖南。976 年，他开始征服江苏、浙江。宋太祖为了削弱禁军将领和藩镇的兵权，陆续派文臣带京官衔外出，代军人掌握地方行政权，并另遣使臣分掌地方财政，加强中央集权。他的后代以此政策又统治了一个半世纪。卒于 976 年。

宋太祖是位机巧善变、感觉敏锐的政治家，并且很俭朴，具有学者风度。尽管宋太祖年轻时是一位能干的将领，但他当上皇帝后，很少指挥军队作战。

PWK

明太祖（朱元璋）（T'ai-Tsu〈Chu Yuan-chang〉，1328—1398 年） 中国明朝开国皇帝。参加主要战争：反抗元朝统治的农民起义（1356—1388 年）；参加主要战役（战斗）：南京之战（1356 年）、鄱阳湖之战（1363 年）。

朱元璋 1328 年生于安徽省一个贫苦农家。1344 年成为孤儿，出家为小僧。在寺庙学了些文化，五年后寺庙由于无法维持遣散寺庙中的弟子，之后几年里他到处乞讨（亦有一些史料称：1349—1352 年，他参加了义军或当了山大王）。1352 年参加郭子兴领导的反抗元朝统

治的红巾军。提升很快，1355年郭子兴去世后，继任指挥义军。在扩充了自己的力量后，1356年从元军手中夺取了位于长江下游的南京城。为强化南京城防，建筑高达19米，绵延32公里的城墙，然后以坚固的南京城为依托向外扩张，很快控制了长江流域的许多地区。同竞争对手张士诚领导的起义军吴军及陈友谅领导的起义军汉军作战。1363年9月在鄱阳湖水战中击败了陈友谅军队，尔后转而对付张士诚，经过几年战斗，于1367年击败张士诚。在完全控制长江流域后，挥师北进，将元朝统治者逐出北京，并于1368年在南京称帝，庙号太祖。继续实施强有力的作战，并常亲自督师征战，将中国其余疆土逐渐纳入自己的控制之下，1369年收复东部蒙古，翌年即1370年以突然攻击打败元朝残存势力。1371年收复四川，接着于1372年收复甘肃，之后在1381—1382年最后收复云南。虽然自1382年后他不再亲征，但他仍遣将征战，1388年明军在乌尔逊河的贝加尔湖继续打击元朝残存势力。1398年卒于南京。

朱元璋在中国历史上著名的人物中也许是长相最丑的人，但他是一位真正的军事天才，无论是陆战或水战都是卓越的战略家和战术家。他精明、善于计算，且冷酷无情，是一位具有极强能力和治国天赋的异常能干的君主。尽管他猜疑有文化的人，但是他仍慷慨地扶持教育、文学和艺术，并致力于恢复遭到战争破坏的中国经济。

PWK and DLB

参考：Farmer, E. L., Early Ming Government. Cambridge, Mass., 1976.
Hucker, Charles O., The Ming Dynasty: Its Origins and Evolving Institutions. AnnArbor, Mich., 1978.
——The Traditional Chinese State in Ming Times. New York, 1969.

平清盛（Taira, Kiyomori, 1118—1181年） 日本将军。参加主要战争：保元之乱（1156年）、平治之乱（1159年）、鹿谷之乱（1177年）、源平战争（1180—1185年）。

平清盛生于1118年，生身父母不详，为桓武天皇后裔的武士阶层成员平忠盛家所收养。在导致公开战争的平氏与源氏冲突中崭露头角（1156年）。在所谓的保元之乱中，清盛率平氏军队与源氏家族作战并将其打败，使自己成为日本最重要的军事首领。平治之乱期间再次取得的胜利进一步巩固了权力（1159年）。任参议大臣并升至最高官位（1167年）。开始将平氏家族成员安插到当时保留给王族的政府职位上。这一政策引起了不满，于是他镇压了藤原家族的叛乱（鹿谷之乱，1177年）。率军进攻京都，企图对皇宫周围的其他反平氏阴谋进行先发制人的打击，但未获成功。放逐引退的后白河天皇，撤换了大量政府官员，并迫使高仓天皇禅位于其两岁的儿子（平清盛之外孙）安德。又镇压了以仁王领导的并得到源氏家族支持的叛乱（1180年）。以仁王被杀，其追随者在宇治河被平氏军队打败（1180年）。平清盛于次年去世（1181年），其家族在坛之浦（下关附近）之战中被推翻。同时，这一战斗也使源平战争宣告结束（1185年4月）。

平清盛是一位性格坚强的人，他果断、冷酷且野心勃勃。他宽恕了源氏诸子，使得他们最后打败了平氏集团，这对其继承者们来说是不幸的。

LH

参考：Murakmai Hyoe and Thomas J. Harper, eds., Great Historical Figures of Japan. Tokyo, 1979.
Sansom, George B., A History of Japan to 1334. Stanford, Calif., 1958. Shinoda Minoru, The founding of the Kamakura Shogunate, 1180—1185. New York, 1960.

平将门（Taira, Masakado〈Soma Shojiro〉, 卒于940年） 日本叛乱首领。参加主要战争：天溪叛乱（940年）。

平将门是本州东部中心地区日立省的一名武士和地主。他想得到检非违使这一职位，因为检非违使有逮捕和判刑的权力，其命令如同皇帝命令一样令人生畏。935年，当平将门没得到这个官位时，他就起来叛乱，开始向近邻扩张自己的势力，进攻并杀了叔叔。尽管帝国多次企图使平将门屈服，但他依然保持着独立，并于936年，打败了另一个叔叔率领的军队。平将门最终于940年1月，宣告另立朝廷，自己为新皇帝。日本帝国统治者派兵去征服平将门，平将门被打败，到处逃窜，被追击了13天，最后逃到海滩上，战斗到最后一刻，于3月中箭身亡。

LH

参考：Papinot, E., Historical and Geographical Dictionary of Japan. Yokohama, 1910.
Sansom, George B., A History of Japan to 1334. Stanford, Calif, 1958.

平宗盛（Taira, Munemori, 1147—1185年） 日本将军。参加主要战争：源平战争（1180—1185年）；参加主要战役（战斗）：一谷（姬路附近）之战（1184年）、屋岛（高松）之战、坛之浦（下关附近）之战（1185年）。

平宗盛生于1147年，平清盛之子。其父死（1181年）后成为平氏集团领袖。平氏军队在京都附近的作战中失败后，他携幼小的安德天皇撤往四国岛，并在屋岛建立大本营（1184年）。由于得知源氏家族发生分裂的谣言，他集结了一支军队返回本州，但在一谷遭到源氏集团的将军源义经和源赖范的毁灭性打击（1184年3月）。次年（1185年）初在屋岛遭到攻击，平宗盛仓皇率众登船逃离。在源义经舰队的追击下，他的部队向西逃跑但被追及，在那场著名而又残酷的坛之浦之战（1185年4月25日）中被歼灭。平氏集团的许多武士战死或自杀，平清盛的遗孀情子抱安德天皇投入大海，双

双溺死。平宗盛在战斗中被生擒。同年末被源氏集团处死。

LH

参考：Sansom，George B.，A History of Japan to 1334. Stanford，Calif，. 1958.

Shinoda Minoru，The Founding of the Kamakura Shogunate，1180—1185. New York，1960.

高木宋吉(Takagi，Sokichi，1893—?) 日本海军上将。参加主要战争：第二次世界大战（1941—1945 年）。

高木 1893 年生于熊本县。1915 年毕业于海军军官学校。1922 年毕业于航海学院，1927 年从海军大学毕业，同年提升为海军少校。1927—1930 年在法国常驻任职。1930—1932 年任海军大臣的私人秘书。1933—1936 年在海军大学任教并做部队长。1939 年升任海军上校，1939—1942 年成为海军部科研处处长。其与一些主要人物如木藤侯爵和西园寺王公等的政治联系及正在发展中的与知识界的关系，使得他常常远远超过本职工作而成为海军的政治“灵魂”。他反对同美交战的决定。也正由于他的这种观点，1942 年被调往舞鹤海军基地任参谋长。1943 年提升为海军少将。因为他掌握海军秘书档案材料，1943 年 9 月海军大臣岛田请他开展太平洋战争教训的研究。他的研究，由于引用了战斗实证材料、本土情况及当时海军损失程度，大大超出了岛田初始交予的任务。他的研究结论是：日本不得不尽快寻求妥协和平，东条政体必须终结。由于担心引起反应，高木没有向岛田呈送此报告，但却转而策划了一个刺杀东条的流产计划。1944—1945 年，作为海军大学研究部门的成员，受到海军大臣米内的支持，他又起草了一份绝密的有关使日本解脱出太平洋战争最好途径的报告。在战争临近结束时，他已开始与部分反战的官员一起为此而工作。

作为一位善于思考的官员。高木是日本海军首要的智囊人物。在他对日本政策的态度方面，和他的德国同代人卡纳里斯巧妙地从内部破坏纳粹独裁统治一样，从内部反对日本的战争政策。

MRP

参考：Butow，Robert C.，Japan's Decision to Surrender. Stanford，Calif.，1954.

高木赳夫(Takagi，Takeo，1892—1944 年) 日本海军上将、军国主义者。参加主要战争：第二次世界大战（1941—1945 年）；参加主要战役（战斗）：入侵菲律宾之战（1941—1942 年）、爪哇海之战（1942 年）、塞班之战（1944 年）。

高木赳夫 1892 年生于福岛县，1912 年毕业于海军军官学校。后来（1918 年）毕业于鱼雷学校。由于精通鱼雷及水下作战，1921—1927 年间担任多艘潜艇指挥官。1922 年在潜艇学校任教员。1923 年提升为海军少校，1933—1934 年、1936—1937 年任多艘巡洋舰指挥官和一艘战列舰舰长职。1938 年为海军少将并任第二舰队总参谋长。1939 年任海军总参谋部情报处处长。1941 年 9 月任第五舰队司令，组织指挥 1941 年 12 月 10—31 日对入侵菲律宾的增援兵力和整个入侵爪哇的特遣舰队。1942 年 2 月 27 日，被多尔曼海军上将指挥下的美国、英国、荷兰、澳大利亚联合巡洋舰及驱逐舰队击败。同年 5 月提升为海军中将，率领航母特遣舰队攻击莫尔兹比港。但中途被弗莱彻海军上将的以“列克星顿”号和“约克镇”号航母为首的第十七特遣舰队拦截于珊瑚海域，在接下来的战斗中，他的两艘航母遭到损坏，但 5 月 7—8 日其指挥的火力击沉了“列克星顿”号，重创了“约克镇”号。高木赳夫的上级井上海军上将，为日军的损失感到惊慌，命令放弃攻击莫尔兹比港。高木赳夫后来（1943 年 6 月）担任基地在马里亚纳群岛的第六潜艇舰队司令。1944 年 6 月 15—7 月 12 日美海军陆战队登陆之后在塞班战役中被击毙。

MRP

参考：Dull，Paul S.，A Battle History of the Imperial Japanese Navy（1941—1945）. Annapolis，Md.，1978.

Morison，Samuel Eliot，History of United States Naval Operations in World War Ⅱ. Vol. Ⅲ：The Rising Sun in the Pacific，1931—April 1942，1950；Vol. Ⅳ：Coral Sea，Midway，and Submarine Actions，May 1942—August 1942，1951.

高桥揖保(Takahashi，Ibo，1888—1947 年) 日本海军上将、军国主义者。参加主要战争：第二次世界大战（1941—1945 年）；参加主要战役（战斗）：入侵东印度群岛（1942 年）、爪哇海战（1942 年）。

财部彪(Takarabe，Takeshi，1867—1949 年) 日本海军上将。参加主要战争：中日甲午战争（1894—1895 年）、日俄战争（1904—1905 年）。

武田胜赖(Takeda，Katsuyori，1546—1582 年) 日本将军。武田信玄之子。参加主要战争：统一战争（1550—1615 年）；参加主要战役（战斗）：长崎之战（1575 年）。

武田信玄(Takeda Shingen，1521—1573 年) 参加主要战争：日本统一之战（1550—1615 年）、与上杉谦信的战争（1547—1573 年）；参加主要战役（战斗）：川中岛（长野附近）战役（1553—1564 年）、兴津之战（1568 年）、三方原（滨松附近）之战（1572 年）。

武田信玄生于 1521 年，是武田信虎的长子。由于他父亲立他弟弟为太子，为此 1541 年他赶出其父，成为武田家族的首领，从此开始了其动荡的一生。他继承了父亲在信浓和飞驒县（高山周围地区）扩张土地的策略，同实力强大的越后县（佐渡岛对面）年轻领主上杉谦信

T

抗衡。他与上杉谦信的争斗持续了近三十年（1547—1573年）。1553—1564年，双方交战于川中岛，结果不分胜负。在1561年的一次战斗中，8000多名武士战死，武田信玄本人也负了伤。1568年信玄率军进攻弱小的今川家族，将其逐出骏河县。后来北条家族从东部入侵信玄的地盘，他的军队败退下来。此次失败，使他开始信佛，由于他的名字众人皆知，为隐蔽取佛号为“信玄”，但这并没有动摇他的地位。1572年，他担心织田信长势力日益增大，对己产生威胁，想取道织田的同盟者德川家康势力区打击织田。于是向德川发动了猛烈的攻势，结果大败人数众多的德川军队。但他未能扩大战果。第二年初（1573年）去世。据传说他是在围攻野田城堡战斗中头部中弹而死的。

武田信玄是日本战国时期（1467—1573年）强悍而令人生畏的人物之一。他不仅作战勇敢（尽管一些作者否认此观点），而且还擅于笼络人心。他是一位有能力但又残酷无情的统治者，一旦得势，立即变得残忍和好战。同时，他还是诗人和书法家。他与上杉谦信的长期争战牵制住了他的力量，否则他有实力统一日本。

LH

参考：Dening, Walter, The Life of Toyotomi Hideyoshi. London, 1930.

Murukami Hyoe and Thomas J. Harper, eds., Great Historical Figures of Japan. Tokyo, 1979.

Sadler, A. L., The Maker of Modern Japan: The Life of Tokugawa Ieyasu. London, 1937.

塔尔，以色列（Tai, Israel, 1924年生） 昵称“塔立克”，以色列陆军将领。参加主要战争：第二次世界大战（1939—1945年）、巴勒斯坦战争（1948—1949年）、西奈-苏伊士战争（1956年）、“六五”战争（1967年）、十月战争（1973年）；参加主要战役（战斗）：西部沙漠战斗（1942—1943年）、意大利战役（1943—1945年）、中巴勒斯坦和耶路撒冷之战（1948年）、西奈战役（1956年）、西奈战役（1967）年。

塔尔1924年生于巴勒斯坦。1942年，自愿加入英军服役，开始了其军事生涯。1942—1943年，随犹太旅在西部沙漠作战。1944—1945年，随该旅在意大利北部作战。1946年，回到巴勒斯坦，任犹太复国主义地下武装“哈加纳”的机枪教官。1947年秋—1949年3月，在巴勒斯坦战争中，先在中部地区作战的吉瓦提旅（第五旅）中任排长，后又在奥迪德旅（第九旅）中任连长。1948年夏，被派往捷克斯洛伐克，为装备不足的以色列军队押运至关重要的武器。后在敌对行动结束前回到以色列，参加了北部和南部地区的零星战斗。战后在吉瓦提旅中任营长。1955年任以色列国防军军官学校校长。1956年西奈战争期间，在10月30日对阿布奥格拉发动的首次进攻失利后，塔尔接替什穆埃尔·古迪尔上校任第十步兵旅旅长，并在10月31日—11月1日率部参加了后来在该地区的战斗。战后任装甲旅旅长，后又任装甲部队副司令。1946年，在耶路撒冷大学学成毕业后，任装甲部队司令。1967年6月5—10日，在“六五”战争中指挥装甲师特遣队。6月5—6日，攻破拉法和埃及第七步兵师阵地，占领阿里什。6月7—8日，经罗曼尼推进到苏伊士运河边的坎塔拉。1969年，离开装甲部队司令的岗位，领导“战车”式坦克研制计划，同时任国防部长的计划参谋。在任计划参谋期间，在消耗战争（1968—1970年）中发挥了重要作用，曾极力反对沿苏伊士运河修建巴列夫防线，但未成功。1972年1月，大卫·埃利埃泽少将任参谋长时，塔尔成为他的副手，任作战参谋长。在整个十月战争（1973年10月6—24日）中一直担任此职。1973年11月—1975年11月30日，任南方军区司令。后又再度领导“战车”式坦克计划，成为该计划的主要推进者。1976年以来，他担任的官方职务一直是国防部长助理。

塔尔是一位有才干的坦克指挥官，在领导装甲部队期间对以色列军队产生深刻影响。十月战争前，他准确地估计到了阿拉伯方面的企图，不幸的是基本上没有引起重视。他在研制先进的“战车”式主战坦克方面所起的作用，也显示出他作为技术专家和组织管理者的才能。

AA

参考：Dupuy, T. N., Elusive Victory: The ArabIsraeli Wars, 1947—1975. New York, 1978.

Herzog, Chaim, The War of Atonement. Jerusalem, 1980.

帖木儿（跛子帖木儿）（Tamerlae 〈Timurelenk, Timurthe Lane〉, 1336—1405年） “大帝”。鞑靼蒙古统治者，帖木儿帝国创建者。参加主要战争：征服河中地区（乌兹别克共和国东部，1364—1370年）、鞑靼-花剌子模战争（1370—1380年）、征服波斯（1381—1387年），鞑靼-脱脱米失战争（1385—1386年、1388—1395年）、入侵钦察汗国（1390—1391年）、征服美索不达米亚和格鲁吉亚（1393—1395年）、入侵印度（1398—1399年）、入侵叙利亚（1400年）、入侵安纳托利亚（1402年）；参加主要战役（战斗）：锡尔达里亚之战（1389年）、根杜尔察之战（位置不详，1391年）、捷列克之战（1395年）、巴尼伯德之战（1398年）、安哥拉（安卡拉）之战（1402年）。

帖木儿1336年生于凯什（沙赫里萨布兹）。其祖先不详，不过，帖木儿极可能是鞑靼人，而且可以肯定其父曾是一位较小的可汗。到1357年他大概已是一位有名的武士和将军。1361年成为喀什噶尔（在喀什的枢府）的秃鲁黑铁木儿可汗的大臣。1364—1370年在征服河中地区中离职，参加其兄弟阿米尔·侯赛因的军队。1370—1380年参加对花剌子模和贾剌哈（大致在塔吉克共和国境内）实施的一系列战役，将其征服，并占领喀什（1380年）。1381年入侵波斯，攻占赫拉特。1382—1385

年席卷呼罗珊和波斯东部全境。1385—1386 年击退他的前保护国首领脱脱米失指挥下的钦察汗军队入侵，与此同时，在 1386—1387 年征服法尔斯、亚美尼亚、阿塞拜疆和伊拉克。1388 年脱脱米失再次入侵，他避开敌军，以强行军返回撒马尔罕。1389 年 11—12 月在锡尔达尼亚之战中挫败脱脱米失另一支入侵军队。1390 年侵入钦察汗国。1391 年在根杜尔察（哈萨克大平原的里海北部某地）经三天血战再败脱脱米失，波斯发生叛乱，他回师镇压。1392 年在设拉子平息反叛的沙赫·曼苏尔。1393—1394 着手再次征服亚美尼亚、阿塞拜疆和法尔斯，其间于 1393 年攻克巴格达。1395 年征服美索不达米亚和格鲁吉亚。1395 年回师对付脱脱米失第三次入侵，是年后期在捷列克之战中大败脱脱米失，帖木儿怒不可遏，洗劫钦察汗国南部和乌克兰全境，兵锋直指莫斯科，屠杀他捕获到的所有蒙古人（1396 年）。1396—1397 年返回波斯，镇压再起的反叛。入侵印度，跃过兴都库什山（1396 年 9 月），与主力在拉合尔会师。侵入印度德里，洗劫村庄，并于 1398 年 12 月 17 日在巴尼伯德之战中歼灭德里苏丹马哈茂德·秃鲁黑的军队。攻占并洗劫德里，屠杀数万人，实际上已把该城夷为平地。以强攻夺占密拉特，尔后回师撤至旁遮普（1399 年 3 月）。侵入叙利亚，在 1400 年 10 月 30 日的阿勒颇之战中，歼灭马穆鲁克军队，之后攻占并血腥洗劫阿勒颇和大马士革。作为对反叛者的惩罚，他屠杀平民，之后攻占巴格达，并将该城夷为平地（1401 年）。1402 年侵入安纳托利亚，1402 年 7 月 20 日在安哥拉外围击溃了苏丹巴耶塞特一世的奥斯曼土耳其军队。从罗待斯骑士团手中夺占士麦那（伊兹密尔），迫使埃及苏丹和拜占庭皇帝约翰一世纳贡。1404 年返回撒马尔罕，准备远征中国。1405 年 1 月 19 日卒于奥特拉尔（奇姆肯特附近）。

帖木儿是一位杰出的战术家，他果敢，敢冒风险，并且为人贪婪狡诈、残暴不仁、嗜杀成性。但他缺乏成为一位真正帝国缔造者的战略眼光和政治洞察力。他实施征战是一系列旨在掠夺的极为凶狠残暴的突袭。

DLB

参考：Ahmad ibn Muhammad, ibn Arab'shah, Timur the Great Amir. Translated by J. H. Saunders, London. 1963.

'Ala-ed-Din 'Ata-Malik Juvaaini, The History of the World Conqueror. Translated by J. A. Boyle. 2 vols. Cambridge, Mass., 1958.

Alexandrescu-Dersea, M. N., La campagne de Timur en Anatolie(1402). London, 1977.

多门二郎（Tamon, Jiro, 1878—1934 年） 日本将军、军国主义者。参加主要战争：日俄战争（1904—1905 年）、西伯利亚远征（1918—1922 年）、侵略中国东北（1931—1932 年）；参加主要战役（战斗）：吉林之战（1931 年）。

田村（Tamura Iyoto, 1854—1903 年） 日本将军。参加主要战争：中日甲午战争（1894—1895 年）。

田村麻吕（Tamuramaro, Sakamoue, 在世时期 780—806 年） 日本将军。参加主要战争：与本州岛北部的阿依努人进行的一系列战役（780—800 年）。

田村麻吕的出生日期及早期生活经历无从考证。日本军队在本州岛北部与阿依务土著人进行的边境战役中，几次失利。于是，皇帝官务在 786 年左右任命田村麻吕为最高统帅，去征服这些未“开化”的民族。田村麻吕对本州北部的阿依务人进行了多次远征，在 15 年的时间内，使日本边境地区的拓荒者到达了津经海峡，但本州境内仍有几处山脉被阿依务人牢牢地占据着。田村麻吕所取得的胜利一方面是他改进了军队组织和管理方法的结果。另一方面，他把征募来的农民补充到职业武士部队里边，很快增强了战斗力，而这些农民大多数是贵族和部落首领的随从和家臣。

尽管田村麻吕的军队改革使日本征服了本州北部，但在另一方面，却加速了日本封建制度的兴起和帝国权力的崩溃。

DLB

参考：Nachod, Oskar, Geshichte von Japan. 2 vols. Gotha, 1906—1930.

Reischauer, Robert K. and Jean, Early Japanese History. 2 vols. New York, 1937.

EB.

田中义一（Tanaka, Giichi, 1863—1929 年） 日本将军和政治家、军国主义者。参加主要战争：中日甲午战争（1894—1895 年）和日俄战争（1904—1905 年）。

田中来藏（Tanaka, Raizo, 1892—1969 年） 日本海军上将、军国主义者。参加主要战争：第二次世界大战（1941—1945 年）；参加主要战役（战斗）：爪哇海战役、中途岛战役、东所罗门群岛战役、瓜达尔卡纳尔战役（1942 年）。

田中 1892 年生于山口县。1913 年从海军军官学校毕业。经过初期的鱼雷专业训练后，1920 年毕业于鱼雷学校。1925—1927 年又作为海军少校返回鱼雷学校任教官。1930—1935 年担任多艘驱逐舰舰长。1935 年为海军上校。1937—1938 年负责指挥一个驱逐舰中队。1939—1941 年任战列舰司令。1941 年 9 月作为海军少将任驱逐舰第二中队司令，在菲律宾登陆战役（1941 年 12 月）和荷属东印度支那登陆战役（1942 年 1—2 月）中，负责海上入侵运输船的护航任务。在 2 月 27 日的爪哇海战斗中任掩护兵力总司令，7 月负责部队运输船的护航以确保按时袭击中途岛。在 1942 年 8 月 23—25 日东所罗门群岛之战中指挥特遣舰队运送到瓜达尔卡纳尔的增援兵力，但美国的空袭使他被迫放弃这种努力。在接下来

的几个月里，他指挥大量驱逐护航舰、运输舰给在高压下的日本瓜达尔卡纳尔守军运送兵力和补给品。他极力主张放弃该岛，但未获成功。在日本海军对抗亨德森·菲尔德时期，他运送第三十八陆军师去瓜达尔卡纳尔的努力也毫无结果。他的包括11艘驱逐舰和11艘高速运输船的护航舰队，在美军11月14日的空袭中被击沉6艘，另有一艘遭到损坏，10 000人部队中只有2000兵力在瓜达尔卡纳尔登陆。这个月的后来田中带领8艘驱逐舰正撞上怀特上将指挥下的第六七·四特遣舰队（该舰队包括4艘重型和1艘轻型巡洋舰，6艘驱逐舰）离开塔萨法龙加点，虽然“高波”号被美军炮火击沉，但田中的鱼雷火力则抓住时机在11月30日击沉美舰“北安普顿”号，重创“明尼安波利斯”号和“新奥尔良”号。由于经常严厉批评所罗门群岛战役的策略，他被解除司令职务送回本土在海军总参谋部服役。在日本指挥一个海军陆战旅，后来（1943年）在缅甸领导一个海军基地。1944年升至海军中将，但已不再进一步担任海上实职，1945年战争结束时退役。卒于1969年。

MRP

参考：Morison, Samuel Eliot, History of United States Naval Operations in World War Ⅱ. Vol. Ⅲ: The Rising Sun in the Pacific, 1931—April 1942; Vol. Ⅴ: The Struggle for Guadalcanal, August 1942—1943. Boston, 1950.

Tanaka, Raizo, "The Struggle for Guadalcanal", The Japanese Navy in World War Ⅱ. Edited by Raymond O' Connor. Annapolis, Md., 1971.

田中隆吉（Tanaka, Ryukichi, 1893—?） 日本少将、军国主义者。参加主要战争：日本侵华战争（1937—1945年）。

田中新一（Tanaka, Shinichi, 1893—?） 日本陆军上将、军国主义者。参加主要战争：第二次世界大战（1941—1945年）；参加主要战役（战斗）：缅甸北部战役（1943—1944年）、密支那、莫冈山谷之战（1944年）、密铁拉之战（1945年）。

田中新一1893年生于北海道。1913毕业于陆军军官学校，1923年毕业于陆军大学，1928年为陆军少校。1928—1931年在苏联常驻任军官职务。1932—1933年任侵华日军关东军的参谋军官。1936、1937—1939年领导陆军部军事事务部门工作。在这个职位上，他是炮制“大东亚共荣圈”法西斯主义集团的高级领导成员，1937年夏天，敦促全面侵华战争。1939年为少将。在1940—1942年转任陆军总参谋部作战部长之前，曾于1939—1940年作暂时的蒙古驻军参谋长。1941年夏幕后全力推动突袭苏联计划，后流产。秋巡回视察印度支那半岛（中南半岛），为日本全面侵略东南亚作准备。1942—1943年任东南方面军的参谋长，为日军在东南亚的主要指挥官。1943年成为陆军中将，1943—1944年任驻缅甸第十八师师长。1944年率部在缅甸北部激战，其在1—2月的作战有效地迟滞了胡冈谷地的陷落。3月3—7日几乎在迈昆（孟关）被包围。3月28—4月1日，他的两个团在夏杜苏遭重创，且战且退。5月17日—8月3日，所属师之余部顽固据守战略重镇密支那，但仍未能阻止中国第二十二和三十八师5月—6月26日进取莫冈谷地。到8月底，负隅顽抗的第十八师团被实际上歼灭，1944—1945年他转升为缅甸方面军参谋长。作为实际上的陆军司令对抗英国陆军上将斯利姆向曼德勒的推进，但在斯利姆的优势兵力面前，他的顽抗终于破产，尽管如此，1945年3月15—31日在密支那的白热化战斗中至少表现出一定的战术水平。战争结束时在本土作战区域任指挥参谋官。

作为一位有一定才干的军事指挥员，在缅甸战役处于低潮的岁月里，田中新一可谓是最顽固的侵略军头目。

MRP

参考：FellowesGordon, Ian, The Battle for NawSeng's Kingdom: General Stilwell's North Burma Campaign and Its Aftermath. London, 1971.

Hunter, Charles Newton, Galahad. San Antonio, Texas, 1963.

Ogburn, Charlton, The Marauders. New York, 1959.

田中静市（Tanaka Shizuichi, 1887—1945年） 日本陆军上将、军国主义者。参加主要战争：第二次世界大战（1941—1945年）。

田中静市1887年生于兵库县。1907年毕业于陆军军官学校。1917年毕业于陆军大学。1919—1922年任驻英国武官并在牛津研究学习。1926—1930年短暂地担任团长之职。1930—1934年任驻美利坚合众国陆军武官。在回日本途中被提升为陆军少将，1935—1936年任第五步兵旅旅长。1938—1939年、1940—1941年任关东宪兵总司令。1939—1940年任第十三步兵师师长。1941—1942年任东部军司令。1942—1943年指挥在菲律宾的第十四集团军。1943年衔至陆军上将。1944—1945年任陆军大学校长。1945年3—8月，任第十二方面军（本州岛中部东京周围）和东部地区部队司令。当日本谈判寻求投降时，针对狂热的少壮派军官决定推翻天皇决定的政变采取初步行动，加以镇压。日本投降后即自杀身亡。

MRP

参考：Brooks, Lester, Behind Japan's Surrender: The Sceret Struggle That Ended an Empire. New York, 1968.

坦克雷德（Tancred, 卒于1112年） 十字军军官，安条克摄政，加利利亲王。参加主要战争：第一次十字军东侵（1096—1099年）、黎凡特边境战争；参加主要战役（战斗）：安条克（安塔基亚）围城战（1097—1098年、

1098 年)、耶路撒冷围城战、阿什凯隆(阿斯卡隆)之战(1099 年)。

坦克雷德的出生日期不详。随其叔父塔兰托公爵博希蒙德一世参加十字军,并一起到达君士坦丁堡(1096 年)。拒绝向拜占庭皇帝阿历克塞宣誓效忠(1097 年春),但在十字军侵占尼西亚(伊兹尼克)之后,他妥协了(6 月?)。他在赫拉克利亚(埃雷利,托罗斯山附近)离开十字军主力,前往奇里乞亚(土耳其南部),在那里成为托罗斯山脉的山大王。由于洛林的鲍德温的优势部队的驱赶,他来到平原地区并夺取了阿达纳和马尼斯特拉(杰伊汉附近)。于安条克以北与主力会合后,在围攻与夺取该城(1097 年 10 月 21 日—1098 年 6 月 3 日)和防御科尔博加(1098 年 6 月 5—28 日)的成功作战中发挥了主要作用。参加了围攻与夺取耶路撒冷(1099 年 6 月 9 日—7 月 18 日)的作战,在阿斯卡隆之战(8 月 12 日)中取得了对埃及人的胜利。后被布永的戈弗雷封为加利利亲王。曾竭力阻止洛林的鲍德温在戈弗雷死(1100 年)后继承其王位。那一年的下半年,他前往安条克为博希蒙德摄理政务。此前博希蒙德被穆斯林所获。摄政期间,他夺回了奇里乞亚诸城(1101 年)并重占了劳迪塞亚(拉塔基亚,1103 年)。参加了博希蒙德和鲍德温对哈龙(哈兰)的远征,这次远征以卡雷之战(1104 年)的失败和鲍德温的被俘而告终。坦克雷德接管了鲍德温的埃德萨(乌尔法)国家,并在博希蒙德前往欧洲求援(1105 年)期间统治着安条克公国。与其穆斯林诸邻国进行过多次艰苦卓绝的战争,攻占了阿帕梅亚(1106 年)。后再次夺占了拜占庭的奇里乞亚和劳迪塞亚(1107 年)。鲍德温获释后,历尽艰难才得以说服他归还埃德萨(1108—1109 年)。卒于 1112 年。

DLB

参考:Krey, August Charles, ed. and tr., The First Crusade, the Accounts of Eye-witnesses and Participants. Princeton, N.J., 1921.

Nicholson, Robert Lawrence, Tancred: A Study of His Career and Work. Chicago, 1940.

Runciman, Steven, A History of the Crusades. 3 vols. Cambridge, 1951—1954.

Setton, Kenneth Meyer, ed., A History of the Crusades. 4vols. to date. Madison, Wis., 1955—1977.

Smail, R. C., Crusading Warfare, 1097—1193. Cambridge, 1956.

坦克雷德(Tancred,卒于 1194 年) 西西里统治者。参加主要战争:与亨利六世的战争(1191—1194 年)。

坦克雷德的出生日期不详,罗杰的私生子。罗杰为国王罗杰二世的长子。坦克雷德继威廉二世之位成为西西里国王(1190 年)。他得到法官马修·达耶洛和大多数王室官员的支持,但大多数贵族支持罗杰之女康斯坦斯及其夫亨利六世皇帝对王位的要求。尽管坦克雷德是一位能干的战士,但由于诸男爵普遍对其表示冷漠和不满,"狮心王"理查德一世亦在墨西拿与之作对,其权位一直不稳。亨利召集联盟并说服教皇塞莱斯坦三世加冕其为诺曼人的皇帝(1191 年 4 月 14 日)。亨利未能攻取那不勒斯(8 月),但在西西里王国北部留下了强大的驻军。坦克雷德也与教皇结盟,并避免了阿普利亚诸男爵的进攻(1192—1193 年)。在其子罗杰去世的几天后卒于巴勒莫(1194 年 2 月 20 日),亨利六世遂得以顺利继位。

TM

参考:Columbia Encyclopedia.

EB.

EMH.

谷干城(TANI, Tateki,1837—1911 年) 日本将军。参加主要战争:复位战争(1868 年)、侵略台湾(1874 年)和萨摩暴动(1877 年)。

坦提亚·多比(Tani Topi,约 1810—1859 年) 印度土兵起义领袖。参加主要战争:印度土兵起义(1857—1858 年);参加主要战役(战斗):比图尔之战(坎普尔附近,1857 年)、第二次和第三次坎普尔之战(1857 年)、围攻占西堡(1858 年)和瓜寥尔之战(1858 年)。

坦提亚·多比约生于 1810 年。是纳那·萨希布看重的马拉塔文人雅士。印度土兵起义初期,受纳那·萨希布之命组建部队(1857 年)。他以"坦提亚·多比"作为化名。他是 1857 年 6 月 27 日进行的坎普尔大事件的领导者之一。在比图尔构筑了良好的防御阵地,但被亨利·哈弗洛克爵士领导的英国军队逐出(8 月 16 日)。第二次坎普尔战役中(11 月 27—28 日),击败了查尔斯·阿什·温德姆将军。第三次坎普尔战役中,被科林·坎贝尔爵士指挥的英军反击行动击败,12 月 6 日率部逃窜。与占西拉尼一起逃往占西堡,并在那隐蔽起来,但他们及其部队被休·罗斯爵士包围(1858 年 3 月 21 日)。坦提亚设法逃出,并匆忙纠集了一支 2 万人的部队,准备援救占西堡。当英军先发制人攻击城墙缺口时,及时赶回(3 月 30 日)。尽管对罗斯进行了强有力的攻击,但依然没有逃脱失败的厄运,其部队在一系列交战中被驱散(3 月 31 日—4 月 1 日)。撤至卡加比,与拉尼会合。5 月 6 日向贡杰进军,遭至罗斯强攻。在卡加比重组部队,当英军向卡加比进军时,对罗斯的部队发动了一次强烈的进攻,但再一次被击败(5 月 22—23 日)。他和拉尼以及纳那·萨希布会聚戈巴尔布尔,商定对马哈拉贾·杜拉特·拉奥·辛迪加发起攻击,以期战胜他那支 2000 人的部队。罗斯行军迅速,与他们遭遇,在开塔基塞莱打败了叛乱人员,战斗中拉尼致死。当起义部队第二天在瓜寥尔被击败后,他率一支小部队逃往拉杰布达纳(6 月 18 日)。自 1858 年 6 月—1859 年 2 月的 8 个月中,他使英军尾追的足迹踏遍整个中印度,在他再一次逃向丛林之

前，偶尔驻足与英军交战。最后其部队日益衰弱，他也被纳尔沃尔的拉詹出卖。1859 年 4 月 18 日被捕遇害。

坦提亚作为最有能力的印度土兵起义领袖，也是唯一一位具有真正军事才能的人。作为一位指挥官，他精力充沛，足智多谋，坚定顽强且智慧过人。他在拉杰布达纳指挥的半游击性战役，可谓军事统帅的经典之作。

DLB

参考：Hibbert，Christopher，The Great Mutiny. New York，1978.

EB.

谭政（Tan Zheng，1906—1988 年） 中国人民解放军高级将领，军事家。参加主要战争：抗日战争（1937—1945 年）、国共战争（1945—1949 年）；参加主要战役（战斗）：秋收起义（1927 年）、长征途中诸战斗（1934—1935 年）、辽沈战役（1948 年）、平津战役（1949 年）。

谭政原名世名，号举安，1906 年生于湖南湘乡县。1927 年 2 月在国民革命军第二方面军总指挥部特务营任文书、书记。同年 9 月参加湘赣边秋收起义，10 月加入中国共产党。历任中国工农红军第四军第三十一团秘书、中国工农红军第四军前敌委员会秘书、军政治部训练部长、第十二军、二十二军政治部主任、第一师代政委、第一军团政治部组织部长等职。参加了长征。抗日战争时期，任八路军后方政治部主任、中央军委总政治部副主任、陕甘宁晋绥联防军副政委兼政治部主任、留守兵团政治部主任。1944 年 4 月，受中共中央委托，在中共西北局高级干部会议上作了《关于军队政治工作问题》的报告，总结了军队政治工作基本经验。1946 年后，任东北民主联军政治部主任、第四野战军副政委兼政治部主任等职。领导了辽沈、平津和解放中南诸重要战役中的政治工作。新中国成立后，任中南军区第三政委，政治部副主任、主任，国防部副部长，中共中央军委常委。1955 年被授予大将军衔。是中共第七届中央候补委员，第八届中央委员、中央书记处书记。是第一、二届国防委员会委员。1961 年受林彪陷害，曾被撤销了中央军委常委、中央书记处书记等职务。1965 年 11 月任福建省副省长。1975 年 8 月起任中共中央军委顾问。1979 年 3 月中共中央、中央军委予以平反。1988 年 11 月 6 日病逝于北京。

塔里克·伊本·齐亚德（Ttrik ibn Ziyad，活动时期 711—712 年） 阿拉伯将军。参加主要战争：征服西班牙的战争（711—712 年）；参加主要战役（战斗）：瓜达莱特战役（711 年）。

塔里克的出生日期不详。708—711 年，塔里克参加了阿拉伯军队劫掠阿尔及利亚和摩洛哥的行动。711 年 5 月，他率领 7000 人从摩洛哥到西班牙，在一个后来以他名字格贝尔·埃尔·塔里克命名的地方登陆，这个地方后来被称作直布罗陀。塔里克向北进军，搜寻西哥特人的部队，在麦地那锡多尼亚附近的瓜达莱特河一带发现了他们，尽管这时塔里克的部队已增援到12 000人，但却远远少于国王罗德里戈率领的 9 万西哥特人。由于西哥特人内部意见不一、背信弃义以及互相拆台、搞阴谋诡计，因而矛盾重重。罗德里戈在战斗正在进行的时候逃跑，渡河过程中被水冲走。西哥特人群龙无首，乱作一团，于 711 年 7 月 19 日向阿拉伯人投降。塔里克继续向北，8 月左右，在埃西哈打败了西哥特人另一支部队。大约于 9 月，占领了西哥特人的首都托莱多。第二年，塔里克转过头来指挥穆萨·伊本·努沙尔作战，穆萨于 712 年彻底征服了西班牙。

DLB

参考：Glubb，Sir John Bagot，The Empire of the Arabs. Englewood Cliffs，N.J.，1967.

Shaban，M.A.，Islamic History，A.D. 600—750：A New Interpretation. Cambridge，1971.

EMH.

塔尔顿，巴纳斯特（Tarleton，Banastre，1754—1833 年） 绰号“血腥的班恩”。英国将军。参加主要战争：美国独立战争（1775—1783 年）；参加主要战役（战斗）：蒙茅斯（新泽西的弗里霍尔德附近）之战（1778 年）、蒙克斯科纳之战、利纳德斯费里（沿海附近的桑蒂河畔）之战、瓦克斯霍斯（南卡罗来纳的兰开斯特附近）之战、卡姆登（南卡罗来纳）之战、菲兴克里克（兰开斯特附近）之战（均在 1780 年）、考彭斯之战、吉尔福德县城之战、约克镇之战（均在 1781 年）。

塔尔顿 1754 年 8 月 21 日生于利物浦，一位后来成为利物浦市长的富商之子。就学于利物浦和牛津大学。后为国王骑卫队中的旗手（1775 年 4 月 20 日）。志愿到美洲服役。抵达开普菲尔即参加了亨利·克林顿爵士的查尔斯顿远征（1776 年 5 月 3 日）。分配到第十六轻骑兵团后，他在巴斯金里奇之战（12 月 13 日）中协助俘获了查理·李将军。晋升为第十六轻骑兵团上尉和准少校（1777 年 1 月）。改任第七十九步兵团上尉（1778 年 1 月 8 日），后为“英国支队”的中校司令。在蒙茅斯之战（6 月 28 日）中表现突出。指挥了对庞德里奇（纽约的基斯科山附近）的袭击，未获成功（1779 年 7 月 2 日）。查尔斯顿之战中隶属克林顿部队，在比斯种植园取得胜利（1780 年 3 月 23 日），但在拉特利奇种植园（两处均位于查尔斯顿附近）被击退（3 月 26 日）。之后，他在蒙克斯科纳（4 月 14 日）、利纳德斯费里（5 月 6 日）和瓦克斯霍斯（5 月 29 日）取得了一系列胜利。在后一场战斗中，他的部队刺死了准备投降的美军士兵，从而留下了“血腥的班恩”的绰号和“塔尔顿的宽恕”这一“典故”。卡姆登之战（8 月 16 日）后，他在菲兴克里克歼灭了萨姆特指挥的撤退部队（8 月 18 日）。一场小病后，他追击马里恩未获战果，后参加了布莱克斯托克斯（温斯伯勒附近）之战（11 月 20 日）。因考彭斯之战

(1781年1月17日)大败于摩根,他提交了辞呈,但未获批准。率部参加了塔伦特斯塔弗恩(北卡罗来纳的戴维森附近,今诺曼湖)之战(2月1日)、韦策尔斯米尔(吉尔福德县城附近)之战(3月6日)和吉尔福德县城之战(3月15日),作战中两次负伤。指挥了对夏洛茨维尔的袭击(6月4日)和对弗吉尼亚全境的未获胜的袭击(7月9—24日),15天中后撤了650公里。在约克镇围城战(5月—10月17日)期间,他在格洛斯特进行了其最后一次作战(10月3日)。在约克镇被俘,获释后返回英国(1782年)。任骑兵团中校(12月25日)。退职领取半薪(1783年10月24日)。曾几度担任议员(1790—1806年),期间晋升为上校(1790年11月18日)和少将(1794年10月3日),短期供职于葡萄牙(1798年),担任科克军区司令(1803年9月25日)。后任伯威克与霍利岛行政官(1808年2月23日)。晋升为上将(1812年1月21日),受封为男爵(1815年11月6日)。1820年5月20日获骑士勋章。卒于1833年1月25日。

塔尔顿是一位强悍而有魄力的指挥官。他是杰出的骑兵军官,驻美英军中他的马刀劈砍术堪称精湛,性格残忍、野蛮、冷酷。他在美国人心目中臭名昭著。

VBH

参考:Bass, Robert D., Green Dragoon. Columbia, S.C., 1973.

Tarleton, Banastre, A History of the Campaigns of 1780 and 1781, in the Southern Provinces of North America. London, 1787. Reprint, 1968.

台儿马锡林(Tarmashirin,活动于1320—1330年) 蒙古统治者。参加主要战争:入侵印度(1325—1326年)。

立川(Tatekawa, Yoshitsugu, 1880—1945年) 日本将军。参加主要战争:日俄战争(1904—1905年)、侵略中国东北(1931—1932年)。

巽尚文(Tatsumi, Naobumi, 1845—1907年) 日本将军、军国主义者。参加主要战争:复位战争(1868年)、萨摩暴动(1877年)、中日甲午战争(1894—1895年)、日俄战争(1904—1905年);参加主要战役(战斗):平壤之战(1894年)、奉天之战(1905年)。

泰勒,马克斯韦尔·D.(Taylor, Maxwell·D., 1901—1987年) 美国陆军上将和政客。参加主要战争:第二次世界大战(1941—1945年)、朝鲜战争(1950—1953年);参加主要战斗:西西里战役(1943年)、诺曼底登陆战役、"花园"作战行动(1944年)、阿登攻击战(1944—1945年)。

泰勒1901年8月26日生于密苏里州基斯维尔镇,1922年在西点军校以班上第四名的成绩毕业。被委派至工程兵部队,1926年转到野战炮兵部队之前,在工程兵学校学习并在马里兰州和夏威夷服役。1927年派到巴黎学习法语。1928—1932年回到西点军校教授法语和西班牙语。1932—1933年进入俄克拉何马州锡尔堡野战炮兵学校。1935年毕业于堪萨斯州利文沃思堡指挥和参谋学院。后被派至美驻日本大使馆学习日语。1937年末暂任驻北京助理陆军武官。1939—1940年入陆军军事学院学习。1940年任一个拉丁美洲调查团成员,研究局部防御的必要性。1940年—1941年6月指挥第二步兵师第十二野战炮兵营。1941年7月任总参谋长助理秘书。12月提升为临时陆军中校。1942年7月作为陆军上校任李奇微将军的八十二步兵师参谋长,后很快改为第八十二空降师。在布拉格堡的第八十二空降师遂又增补伞兵部队并分为两个师,即第八十二和第一〇一师时,泰勒仍和李奇微及八十二师呆在一起。12月升为临时准将。1943年3月随八十二师到北非,并帮助策划7月10日倒霉的西西里空降登陆。7月10日—8月17日在西西里战役中指挥炮兵部队。9月带领一个冒险的调查团到德国防线后的罗马以确定在罗马空降着陆行动的可行性。他的反对报告导致这个想法被取消。为意大利占领后盟军管制委员会美国高级成员。1944年3月受命到英国指挥第一〇一空降师,准备进攻法国。6月5—6日夜,该师空降到诺曼底犹他滩后面。6月12日夺取卡朗唐。在英国休整以后,9月17日泰勒和第一〇一师在艾恩德霍芬周围降落,"市场-花园"战斗期间,作为布勒顿的第一联合空降集团军的一部分。9月17—26日,虽然第一〇一师达到了其大部分目标,但拙劣的计划和错误的情报再加上德军顽强的抵抗,使得盟军未能夺取阿纳姆和莱茵河桥。当12月16日德军在阿登发动反攻时,泰勒正在华盛顿讨论空降师的重组问题,他的部队在12月19—26日巴斯尼防御中,在没有他领导的情况下,进行了史诗般的战斗。12月27日回到欧洲后,泰勒于1945年1月5日带领一〇一师扫荡德军突出部阵地。1945年1—3月,打通阿尔萨斯和莱茵。1945年5月7日又通过德国南部和巴伐利亚到达贝希特斯加登。1945—1949年,被任命为西点军校校长,改进课程设置并使其现代化。1949年1月任美国驻欧部队参谋长。9月任驻柏林美军司令。1951年8月为陆军代参谋长。1953年2月,继詹姆斯·范弗立特将军后任在朝鲜的第八集团军司令,1953年7月28日指挥作战直到停战。1954年11月提升为陆军上将并任驻远东部队总司令。1955年6月30日继李奇微将军后任陆军参谋长,直到1959年7月退役。这一时期,他开展了一场雄辩有力但收效甚微的言辞斗争,反对艾森豪威尔政府以牺牲常规兵力,特别是陆军地面部队为代价的"大规模报复战略"。1959年出版《不可靠的鼓吹》,强烈攻击大规模报复战略的说教。1961年任墨西哥光电公司董事长。1961年任林肯艺术演出中心主任。泰勒主张的"灵活反应战略"受到肯尼迪政府的注意,1961年4月末被召请回现役,负责调查猪湾作战失

败的情况。1962年10月1日接替莱布尼兹将军任参谋长联席会议主席。古巴导弹危机中（10月22日—11月2日），力主进行空中打击，铲除苏联导弹基地。作为参谋长联席会议主席在制定美国南越双重战略中扮演关键角色：主张将在南越镇压反叛和对北方进行空中和海上打击结合起来。1964年6月离开参谋长联席会议接替亨利·C. 劳奇任驻南越大使。年末退职担任约翰逊总统的特别顾问。1966—1969年1月同时担任国防分析研究会主席。1972年退役，出版回忆录《剑与犁》。1987年4月9日卒于华盛顿特区。

泰勒是美国20世纪最主要的军人政客之一。一位天才而又凶狠的作战指挥官，对于认为是关键的问题，他还是一位雄辩的斗士。在很大程度上他是一直主导美国战略安排的“灵活反应战略”的创建者。在泰勒的观点中，一支部队的凝聚力、训练和士气是比它的完美的武器技术更重要的因素。他认为同等强大的核战争是不可想象也是不可能的，所以对等的常规力量仍需保持。

KS and DLB

参考：Halberstam, David, The Best and the Brightest. New York, 1969.

Ridgway, Matthew B., Soldier. New York, 1956.

Tavlor, Maxwell D., Swords and Plowshares. New York, 1972.

——, The Uncertain Trumpet. New York, 1960.

Current Biography.

DAMB.

WAMB.

泰勒，理查德（Taylor, Richard, 1826—1879年） 美国南部同盟将军。参加主要战争：美墨战争（1846—1848年）、美国内战（1861—1865年）；参加主要战役（战斗）：帕洛阿尔托之战（1846年）、雷萨卡-德拉帕尔马之战（1846年）、麦克多维尔（弗吉尼亚）之战、弗兰特罗亚尔之战、温彻斯特（弗吉尼亚）之战、七天战役（在雷蒙特附近；均在1862年）、1864年的萨比尼十字路（路易斯安那的曼斯菲尔德）之战、普里桑特山（路易斯安那）之战（均在1864年）。

T

泰勒1826年1月27日生于肯塔基州的路易斯维尔，是扎卡里·泰勒之子。在国外长大，受教育于苏格兰和法国。1845年从亚勒学校毕业前曾就读于哈瓦尔德。1846年5月8日，随其父参加帕洛阿尔托之战及5月9日的雷萨卡-德拉帕尔马之战。1848—1849年，在其密西西比庄园中生活。后在路易斯安那州经营产糖农场。1856—1861年，以民主党党员入州立法院。1861年1月，出席路易斯安那独立会议。后任第九路易斯安那步兵团上校。7月到弗吉尼亚，由于未能及时抵达目的地，从而没有参加7月22日的第一次布尔溪之战。10月升准将。在谢南多厄河谷战役中，在托马斯·杰克逊（绰号“石壁”）将军手下参加了1862年5月8日的麦克多维尔之战、5月23日的弗兰特罗亚尔之战及5月25日的第一次温彻斯特之战。后与李将军所部在雷蒙德附近会师，参加6月25日—7月1日的七天战斗。7月升少将。后被派至西路易斯安那区任指挥员。尽管他经常生病，仍组建了一支可观的军事力量，并设法使美国的许多州置于南部同盟控制之下，他还袭击联邦的许多据点，并将本杰明·巴特勒将军所部压退至新奥尔良。1863年7月4日，当维克斯堡陷落后，他与东部的联系被切断，但在1864年春的红河战役中，他打退了纳撒尼尔·普·班克斯将军的进攻。4月8日，在萨比尼十字路之战中再次打退班克斯将军，但在4月9日进攻联邦军在普里桑特的阵地时，被击退。后同埃德蒙·吉尔拜·史密斯发生争执，转任密西西比军区司令员，后退休回家。8月，再次被起用，升中将衔，任东路易斯安那、密西西比及亚拉巴马军区司令。1865年1月他接收了胡德的田纳西方面军，但其大部于2月转属卡罗来纳的约翰斯顿将军指挥。5月4日，率部向爱德华·R.S. 坎拜将军投降，他是密西西比东部最后一支向联邦投降的南部同盟军。战争结束后，生活在新奥尔良和纽约，于1879年出版了《毁灭与重建》一书。1879年4月12日卒于纽约。

因泰勒是杰弗逊·戴维斯的姐夫，因而许多官员对早期提升泰勒为准将提出了批评，但事实证明泰勒并未让人失望。他是一位优秀的野战指挥员和天才的管理者和组织者。他在红河战役中同班克斯将军的作战可能是他同最困难的对手所进行的战斗，但他取得了成功。

参考：Taylor, Richard, Destruction DLB and Reconstruction: Personal Experiences of the Late War. Reprint, New York, 1883.

WAMB.

泰勒，扎卡里（Taylor, Zachary, 1784—1850年） 美国陆军少将和总统。参加主要战争：同特库姆塞的战争（1811年）、1812年的战争（1812—1815年）、黑鹰战争（1832年）、第二次西米诺尔战争（1835—1842年）、美墨战争（1846—1848年）；参加主要战役（战斗）：哈里林堡之战（1812年）、克里迪特岛之战（1814年）、巴德阿克斯河之战（1832年）、奥基乔比湖之战（1837年）、帕洛阿尔托之战（1846年）、雷萨卡-德拉帕尔马之战（1846年）、蒙特雷之战（1846年）、布埃纳维斯塔之战（1847年）。

泰勒1784年11月24日生于弗吉尼亚州的奥兰治县。在肯塔基的路易斯维尔附近长大。曾接受短暂正规教育，1806年在短期参加志愿军后，于1808年入第七步兵团升中尉。1810年升上尉，在威廉·亨利·哈里逊将军手下任职，1811年同特库姆塞的西北印第安人作战。1812年9月4日，在哈里森防御战中因其作战勇敢而升为临时少校。此后继续在边界服役，1814年5月升少校。此后，率探险队顺行密西西比河，为表明对该河拥有主权，途中建立约翰逊堡，此后的9月5—6日被印第

安人阻于克里迪特岛。战后军队削减，泰勒于1815年6月降至上尉，1816年经其朋友麦迪逊总统的举荐，恢复其少校衔。1817—1819年，任格林湾守备第三团团长职，后在温尼贝格堡服役。1819年4月升中校。后转入路易斯安那州，1822年建杰瑟普堡。1829—1832年在斯内林堡建立基地，以监督印第安人。升任第一步兵团上校，在亨利·阿特金森将军率领下同黑鹰军队作战。1832年8月2日，在巴德阿克斯之战中立功。1837年7月，受命赴佛罗里达，指挥一野战部队同塞朱诺尔人作战。将塞朱诺尔人引入奥基乔比湖作战，获大胜。1838年升准将。由于无能，结束战争，遂于1840年4月自动辞职。1841年5月，在路易斯安那服役后，在史密斯堡指挥西部师。1845年5月，得克萨斯局势恶化后，受命在杰瑟普堡组建一支野部队。1845年6月，得克萨斯被兼并后，受命赴得克萨斯，10月他在克尔普斯克里斯蒂建立军营，有4000人驻扎，其中包括志愿骑兵及少量得克萨斯人。1846年2月，奉命赴利奥格兰德（墨西哥人宣称对其拥有主权）。他在伊莎贝尔堡建立基地，其前进基地则建在得克萨斯堡。4月25日，布朗堡附近的一场小战斗标志着战争的开始。在帕洛阿尔托，他顶住了两倍于己的墨西哥军队的进攻，5月8日，败之（墨西哥军队有4000人，由马里诺·阿利斯塔指挥）。第二天，他在雷萨-卡德拉帕尔马再次打败阿利斯塔。5月18日占领马塔摩拉斯。7月升少将，利奥格兰德军司令。9月率6200人穿越格兰德河向蒙特雷进军。他以两路强攻重点设防的蒙特雷，9月21—22日，该城7000士兵请降，9月24日签订和约，依约，墨军撤出要塞，泰勒进驻该城。但波克对该条约并不满意，命令泰勒继续向墨西哥进军。9月中旬，泰勒攻占萨尔蒂略，1846年冬—1847年向温菲尔德·斯科特将军提出申请，要求得到4000正规军和4000志愿军，以便向墨西哥腹地进军。但没有得到满意的结果，此后，他率领其缺乏训练的4600名士兵，于1847年2月开始其勇敢的进军墨西哥的行动。2月21日，与圣安纳将军的15 000人在布埃纳维斯塔遭遇，泰勒拒绝了投降的要求，2月21—22日，经两天激战，打退墨西哥军队的进攻。由于此战的胜利，在1848年6月费城的辉格党的会议上，他成了辉格党的总统候选人，其票数优于亨利·克莱、丹尼尔·韦伯斯特和斯科特将军。在总统竞选中，他以163票比127票当选。于1849年3月任总统，此前，他的政治经验几乎没有。执政期间，同南方领导人就他的政策发生激烈冲突，其政策的要点是，承认各州均为联邦的一个部分，而不管该州的奴隶是否是自由的。后来，其内阁的三位官员发生丑闻，他被此事纠缠。1850年7月9日独立纪念日时卒于中暑。

作为指挥员，他勇气可嘉且足智多谋，他以其谦逊和不做作而赢得了其属下的尊重。做为政治领导人，他是一位绝对的国家主义者，因而被南方政治家的分裂倾向所困扰。

DLB

参考：Bauner, K. Jack, The Mexican War, 1846—1848. New York, 1974.

Bixby, William K., ed, Letters of Zachary Taylor, from the Battle-fields of the Mexican War. Reprint, New York. 1970.

Dyer, Brainerd, Zachary Taylor. Baton Rouge, 1946.

Hamilton, Holman, Zachary Taylor. 2 vols., 1941—1951. Reprint: Hamden, Conn., 1966.

Singletary. Otis, The Mexican War. Chicago, 1960.

蒂坎塞（Tecumseh，约1768—1813年） 美国肖尼族印第安人首领。参加主要战争：美国独立战争（1775—1783年）、西北部印第安战争（1790—1795年和1811年）、1812年的战争（1812—1815年）；参加主要战役（战斗）：弗伦蒂姆贝尔之战（1794年）、蒂普卡诺之战（1811年）、蒙高加（在底特律附近）之战（1812年）、托马斯（在安大略的伦敦附近）之战（1813年）。

蒂坎塞1768年3月可能生于肖尼族的小村庄皮库阿，其父为肖尼族，其母为克里克族。在邓莫尔勋爵战争中，其父于1774年10月在弗吉尼亚西部的波音特普里桑特被杀死，蒂坎塞遂被布拉克弗施族首领收养，在1780—1783年间的独立战争中，屡屡反击进犯的白人殖民者。1790年9月—1795年8月，在西北部印第安战争中，率领其部落参战，1794年8月20日，在弗伦蒂姆贝尔被安东尼·威尼将军打败。战争结束后的1795年8月，拒绝签订将印第安土地卖给白人的《格林维尔条约》（在印第安纳州）。1808年移至印第安领地，定居于威巴希河地区。后在他的鼓动下，与其兄弟“先知者”组成联合部落，共同反对白人的扩张。不久他在艾奥瓦、纽约及东南部活动，以便使各部族团结起来，但消除部落间积世的猜疑和仇恨是十分困难的事。蒂坎塞清楚地意识到印第安人所面临的威胁，但其他部族却没有警觉。当他极力躲避白人所设的圈套的时候，他的兄弟“先知者”却不听蒂坎塞的屡屡劝阻，于1811年11月7日向俄亥俄由威廉·亨利·哈里逊率领的美国白人军队驻扎在蒂普卡诺附近的营地发起进攻。“先知者”被打败，印第安村庄被烧毁，印第安联盟瓦解。蒂坎塞返回后率其部落逃至加拿大，1812年6月美国同英国的1812年的战争爆发后，加入到英军行列。8月，在底特律战役中，他指挥由一部分白人和印第安人组成的军队在底特律附近的蒙高加作战。8月9日，升任英军准将。1813年4—8月，在亨利·普罗克特将军指挥下，参加梅杰斯堡包围战（在俄亥俄州）和施蒂芬森之战。9月，任后卫部队指挥，负责掩护英军撤至加拿大。后率其部族士兵随同普罗克特的正规军同哈里逊激战于托马斯，1813年10月5日兵败阵亡。

蒂坎塞是一位智勇双全、多谋善断的指挥员和统治

者。他得到了其人民的爱戴，其他印第安部落也十分尊敬他。他是一位天才的战术家，特别擅长使用计谋。最著名的是他可能十分厌恶酷刑和残忍，这是因为他自己厌恶流血。他的善辩才能及其动人的声音同他在战斗中的技巧与勇敢一样具有传奇色彩。他将其辩论才能与天赋同“先知者”的神秘主义相结合，以便将印第安部落联合起来共同反对白人的入侵，但没有成功。

VBH

参考：Raymond, Ethel T., Tecumseh. Toronto, 1915.

Tucker, Glenn, Tecumseh: Vision of Glory. Indianapolis. 1956.

Wilson, William E., Shooting Star: The Story of Tecumseh. NewYork, 1942.

特德，阿瑟·威廉爵士（Tedder, Sir Arthur Williams, 1890—1967 年） 英国元帅。参加主要战争：第二次世界大战（1939—1945 年）；参加主要战斗：阿拉曼之战（1942 年）、突尼斯战役、西西里战役（1943 年）、诺曼底登陆战役（1944 年）。

特德 1890 年生于苏格兰格伦吉思，1913 年被委派至陆军部队之前在剑桥大学马格达琳学院学习。一战中在法国服役，1916 年调往皇家陆军飞行队，1919 年获永久皇家空军任命。1934—1936 年任训练指挥官，1936—1938 年任远东空军司令。1938 年被任命为空军部研究与发展局局长，后来（1940 年夏）任中东空军副司令。1941 年被任命为中东空军总司令，曾因为丘吉尔认为他过于愤世嫉俗而差点被解职，只是由于奥金莱克的支持而得以保全职位。他集中有限的资源攻击关键性军事目标，到 1942 年春逐渐取得了该地区的制空权。1942 年 10 月 23 日—11 月 4 日对蒙哥马利在阿拉曼的攻击战提供空中支援。1943 年 1 月 14—23 日卡萨布兰卡会议之后任盟军空军司令。1—5 月和 7—8 月在突尼斯和西西里战役中指挥空中作战。这些作战以特德、艾森豪威尔以及后来的亚历山大实现的陆、海、空整体作战而著名。1944 年任盟国远征军最高副司令，并在计划“D 日”进攻（“霸王”行动）的过程中担当主要角色。规划并成功地实施空中阻滞战役，使德国援军无法前往诺曼底滩头阵地。1944 年 11 月替代利让-马勒任战术空军司令，1945 年 5 月 8 日在柏林代表艾森豪威尔在德国投降正式文件上签字。1946 年获男爵爵位并于 1946—1950 年任空军参谋部总参谋长。卒于 1967 年。

作为一位优秀的战略家，特德还是一位头脑认真、有条不紊的计划者和技能高超的管理人员。从机会与经历上看，他是一位默默无闻的司令官，尽量避免出风头。艾森豪威尔称他为“我们时代少数几个伟大的军事领袖之一”。

DLB

参考：Tedder, Sir Arthur W., With Prejudice: The War Memoirs of Marshal of the Royal Air Force Lord Tedder. Boston, 1966.

特格特霍夫，威廉·冯伯爵（Tegtthoff, Count Wilhelm von, 1827—1871 年） 奥地利元帅。参加主要战争：奥普战争中与丹麦人进行的作战（1864 年）和七周战争（1866 年）；参加主要战斗：黑尔戈兰之战（1864 年）和维斯之战（1866 年）。

特格特霍夫 1827 年 12 月 23 日生于施蒂里亚的马里博尔，是卡尔·冯·特格特霍夫少将之子。1845 年 7 月 23 日作为海军军官候补生进入威尼斯的海军学院学习。意大利革命的初始阶段在威尼斯（1848—1849 年）。1849 年 4 月 16 日被任命为前线战舰上的一名海军少尉。参加了奥地利军队对威尼斯的封锁（5 月—8 月 24 日）。1851 年 6 月 16 日晋升上尉，翌年 11 月 16 日晋升少校。在海军服役近 10 年后，1857 年 12 月成为一名参谋。1860 年 4 月 27 日晋升中校。担任了 18 个月的舰长（1861 年 11 月 23 日），翌年初被提名任黎凡特中队司令官（1862 年 1 月）。与丹麦的战争爆发时（1864 年 2 月），转而指挥一支小中队，被派往北海帮助力量极为薄弱的普鲁士舰队抵御令人生畏的丹麦海军。5 月 9 日在黑尔戈兰附近击败了一支力量强大的丹麦海军中队，尽管战斗中其旗舰“施瓦岑贝格”号铁甲驱逐舰被击中 93 次，但此举打破了丹麦人对易北河和威悉河的封锁。晋升少将，与意大利的战争爆发时（1866 年 5 月 9 日），任奥地利舰队司令。尽管意大利舰队既新又庞大（舰船之比为 33 比 29），且装备有较多的重武器（火炮之比为 695 比 525），但他赢得了主动，在对意大利驻安科纳的基地实施侦察的基础上，机动战胜了对手（6 月 27 日）。意大利因其地面部队在战争的第一周（6 月 20—27 日）被击败，故欲赢得一场胜利，派其舰队进攻维斯岛上的奥军要塞，此岛距斯波莱托附近的达尔马提亚海岸不远（7 月 16 日）。他在海上游弋以期与意大利人交战（7 月 19 日）。上午八点与敌遭遇，径直冲向敌中央战线。他本希望以勇猛的冲击来弥补自己劣势装备的不足，然而意大利炮火造成的巨大烟雾使得他不损丝毫就穿过了意大利人的防线。很快他调转船头，再次发起攻击。在随后的混战中，两艘意大利铁甲舰起火，另外好几艘遭重创。他的旗舰“埃泽佐戈·斐迪南德·马克斯”号，猛击意大利旗舰“意大利”号铁甲驱逐舰，使其沉没，意大利人遭此重创后弃战（7 月 20 日）。胜利返回在波拉的基地，尽管是役获得胜利，但仍无助于奥地利逃脱失败的厄运。突然患病，1871 年 4 月 7 日卒于的里雅斯特。

特格特霍夫作为 19 世纪来的一位杰出的海军指挥官，他足智多谋、精力充沛。他赢得黑尔戈兰之战胜利和成为舰队司令时年仅 35 岁。在维斯所取得的胜利，与其说是他先进的战术所致，倒不如归功于他大胆、果敢的指挥艺术。

DLB

参考：Attlmayr, Ferdinand Ritter von, Dre Krieg in dre

Adria im Jahre 1866. Pola, 1896.
Crousse, Franz, La lutte dans la mer Adriatique en 1866:
Bataille de Lissa. Brussels, 1891.
Sokol, Anthony, The Imperial and Royal Austro-Hungarian Navy. Annapolis, Md., 1968.
ADB.
EMH.

寺内寿一(Terauchi, Hisaichi, 1879—1946 年) 日本陆军大将、军国主义者、战犯。参加主要战争：日俄战争(1904—1905 年)、日本侵华战争（1937—1945 年)；参加主要战役（战斗)：北平（北京）和张家口战役（1937年)。

寺内 1879 年生于山口县，陆军大将寺内正毅伯爵之子。1899 年毕业于陆军军官学校。1904 年 2 月—1905 年 9 月在日俄战争中参加战斗。1909 年毕业于陆军大学，以后（1911 年）提升为陆军少校进入陆军总参谋部。1911—1913 年，任驻维也纳助理陆军武官，1913—1914 年在德国开展陆军研究。1919 年提升为陆军上校并得到男爵爵位，1919—1922 年任团长。1922—1924 年任帝国警卫师团参谋长，后来提升为陆军少将。1924—1926 年指挥一个步兵旅。1927—1929 年在侵略朝鲜驻军服役任参谋长。1929 年衔至陆军中将。1930—1932 年任第五师师长，1932—1934 年任第一师师长。1934—1937 年作为陆军大臣，以他不喜欢来自政治领导人的“自由主义”干预而著名，在议会的议员席上与一个他认为曾有辱军队的议员的一次臭名昭著的争论中表露出以上的态度。1937 年为陆军教育首席监察官。1937—1938 年任侵华日军华北方面军司令。7—8 月指挥侵华日军在北平-汉口地区的侵略战，后于 9—11 月攻击张家口和太原周围地区。1941—1945 年作为南方军总司令，他是日本陆军在东南亚和东印度支那地带开展行动的总指挥。1945 年 8 月其司令部在西贡（胡志明市）脱离他的指挥，以后被囚于马来亚，1946 年 6 月在新加坡狱中卒于脑溢血。

MRP

寺内正毅(Terauchi, Makakata, 1852—1919 年) 绰号“棍棒将军”。日本陆军元帅。参加主要战争：复位战争(1868 年)、萨摩暴动（1877 年)、中日甲午战争(1894—1895 年)和日俄战争（1904—1905 年)。

寺内正毅 1852 年生于歌田藩。被长州藩的寺内家族抚养。复位战争期间（1868 年 1—6 月)，服役于长州派部队。1870 年进入新帝国陆军任中士。1871 年被晋升为中尉。萨摩暴动期间（1877 年 2—9 月)，在田原坂战斗(鹿儿岛附近）中严重受伤，以至于从此无法使用武器。他担任了一系列参谋和训练职务，军衔稳步晋升，于 1894 年升至少将。中日甲午战争期间（1894 年 8 月—1895 年 4 月)，任职于联合参谋部。1902—1911 年，任陆相。任此职时指导了日俄战争（1904—1905 年）中日军的作战行动和吞并朝鲜的行动（1910 年)。1910—1915 年，任日本驻朝鲜总督，侵夺了朝鲜的主权，对其实行军事控制。1916 年 5 月晋升陆军元帅。10 月出任首相至 1918 年“米骚动”辞职。卒于 1919 年。

寺内正毅作为一位有雄心的军官，也是一位有才干的政治家。但他厚颜无耻地支持军队中占优势的长州集团，并残酷地吞并、劫掠朝鲜。

LH

参考:Hackett, Roger F., Yamagata Aritomo in the Rise of Modern Japan, 1838—1922. Cambridge, Mass., 1971.
Warner, Peggy and Denis, The Tide at Sunrise: A History of the Russo-Japanese War, 1904—1905. New York, 1974.

泰米斯托克利斯(Themistocles,约公元前 514—约前 449 年) 希腊（雅典）舰队司令和政治家。参加主要战争：希腊-波斯战争（公元前 481—前 479 年)。参加的主要战役(战斗)：阿忒米西翁之战、萨拉米（比雷埃夫斯港外的一个海岛）之战（公元前 480 年)。

泰米斯托克利斯约于公元前 514 年生于雅典，他的父亲是涅奥克勒斯，母亲是卡里亚人，也可能是色雷斯人，其家境并不富裕。泰米斯托克利斯的早期大部分经历不详。公元前 492 年参加了马拉松会战，在这次作战中，他可能曾经为他的部队出谋划策，大约也是在这一时期，他成为雅典九执政官之一（公元前 493—前 492 年)。公元前 489 年米太雅得去世以后，他与其竞争对手亚里斯泰迪兹一起，成为雅典的政治军事领导人。支持实行强硬的海上政策，以应付来自埃吉那（今埃伊纳）和波斯的威胁。公元前 483—前 482 年期间，雅典在劳里厄姆（拉夫里翁）地区意外发现了一个银矿，泰米斯托克利斯将因此而得到的资金，全部集中起来使用，大力制造船只，共筹措到 100 艘有三层桨的战船。公元前 481 年波斯的薛西斯再次发动战争时，泰米斯托克利斯已经是希腊同盟的一位主要领导人。公元前 480 年 8 月(?)，率军在阿忒米西翁地区同波斯军队进行了一场非决定性的作战，表现非常出色。据说，在同波斯军队决战之前，占卜显示的结果是让雅典人“相信木墙”，泰米斯托克利斯认为这是德尔菲神（即阿波罗神）启发雅典人要利用其舰队战胜敌人。因此他决定并说服雅典人放弃雅典城，退往萨拉米岛，同时派人给薛西斯送去了一封假信，说雅典人已经怯战。如果波斯军队发动进攻，雅典人将准备投降，以诱使波斯军队贸然发动进攻。公元前 480 年 9 月（?）率其舰队在萨拉米岛附近同波斯军队进行了一场规模巨大的海战，最终彻底击败了波斯军队，泰米斯托克利斯凯旋。这次作战之后，他于公元前 480—前 477 年帮助重建雅典城，修复了城墙，并对原来

T

的城墙进行扩建，使其一直延续到新的港口比雷埃夫斯。之后他开始变得骄傲专横和居功自傲，并心安理得地接受其官员的贿赂，因此大约于公元前 474 年被流放。逃往波斯，在那里受到热情款待，后来定居于马格尼西亚（在芒德莱斯）。大约公元前 449 年约 65 岁时卒于那里，有资料说其遗骸后来移葬于阿提卡。

泰米斯托克利斯是一位敢作敢为和有远大目光的政治家，也是一位有洞察力、事业心和足智多谋的海军战略家和战术家。他的骄傲自满和贪婪（可能与他低贱的出身有关）导致了他的堕落。

DLB

参考：Herotodus, Histories.
Plutarch, "Themistocles," Parallel Lives.
Wecklein, N., Uber Themistocles. N. p., 1892.

斯奥博尔德，罗伯特·阿尔弗雷德（Theobald, Robert Alfred, 1884—1957 年） 美国海军上将。参加主要战争：第一次世界大战（1917—1918 年）、第二次世界大战（1941—1945 年）；参加主要战斗（战役）：阿留申战役（1942—1943 年）。

狄奥多里克一世（大帝）（Theodoric, the Great, 约 454—526 年） 意大利的东哥特人首领和统治者。参加主要战争：争夺东哥特王位（476—484 年）、入侵色雷斯（485—486 年）、征服意大利（488—493 年）、同拜占庭帝国的战争（508 年）；参加主要战役（战斗）：夕米南（斯伦斯卡米特洛维卡）之战（489 年）、索恩提乌斯（伊桑佐）之战（489 年）、维罗纳之战（489 年）、法恩扎之战（490 年）、围攻拉文纳（490—493 年）、穆尔古斯（摩拉瓦）之战（508 年）。

狄奥多里克约 454 年生于潘诺尼亚地区（匈牙利西部及塞尔维亚北部地区），是东哥特三个副皇帝之一狄奥德米尔的儿子。461—471 年，曾作为人质被送往罗马帝国在君士坦丁堡的宫廷之中，在那里他住了十年时间。回到其父亲的身边不久，就秘密率军进攻萨尔马希亚人，蹂躏了他们的城市辛吉都努姆（贝尔格莱德）。他父亲去世（474 年）后，他卷入了一场长期的争夺东哥特王位的斗争，其对手是与他同名的狄奥多里克·斯特拉波，双方的斗争经常激化，甚至不时地诉诸武力。由于罗马皇帝芝诺的干预，这场斗争被暂时阻止。481 年，斯特拉波去世，484 年，狄奥多里克谋杀了斯特拉波的继承人，成为东哥特无可争议的领导人，并在今南斯拉夫和保加利亚地区定居。485—486 年，同芝诺发生争执，率军侵入色雷斯。芝诺通过允诺让他统治意大利（事实上芝诺没有这个权力，因为当时意大利并不在芝诺的统治范围之内）来阻止他的入侵，并任命他为意大利总督。488 年，狄奥多里克率领其大部分民众，可能有 15 万人，其中包括四五万名战士，离开了巴尔干地区。489 年春天，率军在夕米南突破了格庇迪人的抵抗。489 年 8 月，率军翻过尤里安地区的阿尔卑斯山进入意大利境内。489 年 8 月 28 日，在索恩提乌斯（伊松佐）河击败了奥多亚克。继续率军挺进，于 9 月 30 日在维罗纳再次击败奥多亚克。奥多亚克退往城防坚固的拉文纳城。490 年春天，奥多亚克从南部地区得到了增援力量，突破了拉文纳城的重围，并在法恩扎之战中击败狄奥多里克。但是狄奥多里克又将他赶回了拉文纳城，而后开始组织围攻该城，最终于 493 年 2 月 26 日，攻陷该城。是年 3 月 15 日，他杀死了已经投降的奥多亚克，并巩固了对意大利的控制。狄奥多里克是一个非凡的、值得称赞的统治者，他尽可能地保护古典文明，鼓励学习，并注意遏制旧城市官僚政治的贪婪和腐败，以及克服本民族的自由散漫习气。在他统治期间，意大利在一定程度上实现了和平，出现前所未有的繁荣。508 年，狄奥多里克发动了一场同拜占庭帝国的短暂的战争，在穆尔古斯赢得了一次小规模作战的胜利，但是不久双方又恢复了和平。狄奥多里克将东哥特的影响扩大到普罗旺斯（今法国的一个省份）。在西班牙的摇摇欲坠的西哥特王国承认他的霸主地位。到他去世时，几乎重新建立起古老的西罗马帝国，实现查士丁尼重新统一罗马帝国的夙愿。526 年 8 月 30 日去世，不幸的是，由于他的去世，他所建立的王国也没能幸存下来。

狄奥多里克是一位才智非凡而有争议的的人物，他经常是粗鲁和残暴的。例如他曾处死了奥多亚克、博埃齐和西马库斯，这充分地表现出他的残暴和野蛮。他也是一位精力充沛、勇于进取的统治者，对宗教信仰的态度比较宽容，他有很高的管理技巧和处理问题的能力，他是最伟大的罗马化“蛮族”国王。

DLB

参考：Cassiodorus, Variae(state papers).
Hodgkins, Thomas. Italy and Her Invaders. Vol. Ⅲ. London, 1885.
——, Theodoric the Goth. London and New York, 1891.
EB.
EMH.

狄奥多西（Theodosius, 卒于 376 年） 罗马将军。参加主要战争：皮克特人入侵不列颠（368—369 年）；弗尔穆斯在毛里塔尼亚（摩洛哥以及阿尔及利亚部分地区）的叛乱（371—372 年）。

狄奥多西的出生日期、出身以及早期经历不详。他第一次在历史上出现是作为一名重要的将军，被罗马皇帝瓦伦提尼安派往不列颠去抵御在撒克逊海盗支持下的皮克特人的一次入侵。这是一项艰巨的任务，但是他经过精心策划和组织，进行了两次作战，既打败了皮克特人，也击退了撒克逊人，同时，不但恢复了边境的安定，也稳定了社会秩序。368—369 年期间，他的那位名字也叫狄奥多西的儿子，一直是他的得力助手。371 年，又

被派往毛里塔尼亚，镇压柏柏尔人首领弗尔穆斯在那里发动的一次叛乱。371—372年，经过一场暂短高效的作战，他击败了弗尔穆斯，最后以弗尔穆斯自杀身亡而结束了这场战争；尽管他取得了这些成就，但却在376年被处决，这可能是嫉妒成性、生性多疑的皇帝华伦斯的命令。

DLB

参考：EB.
EMH.

狄奥多西一世（大帝）（Theodosius Flaavius, the Great，约346—395年） 罗马皇帝。参加主要战争：同马克西姆的内战（387—388年）；阿波加斯特和犹金叛乱（392—394年）；参加主要战役（战斗）：萨瓦（萨韦）之战（388年）、阿奎利亚和弗里吉都斯（维帕科，位于戈里齐亚附近）之战（394年）。

狄奥多西约346年生于西班牙，他父亲与他同名，是瓦伦提尼安的一名将军。368年，同他父亲一起在不列颠服役。374年，率军将萨尔马特人赶出了默西亚（保加利亚北部地区）。376年，在他父亲被处决以后，狄奥多西返回其出生地，在阿德里安堡会战之前，一直在那里过着平静的生活。378年8月（?），由于罗马在阿德里安堡会战中失利，格累细安（格拉提安）要求狄奥多西出山，与他一起承担管理罗马帝国的重任。378年的9—12月间，狄奥多西再次击败萨尔马特人。379年1月19日，狄奥多西在夕米南（斯伦斯卡米特洛维卡）被任命为奥古斯都，负责统治整个东罗马帝国以及伊利里亚（南斯拉夫）的部分领土。定都于塞萨洛尼卡（今塞萨洛尼基）。重组其军队，之后率军沿多瑙河对哥特人侵者进行了一系列小规模的作战，迫使一些哥特部落归降。382—383年，逐步在色雷斯和默西亚恢复了秩序，并说服大批哥特人（有的资料说有4万人之多）加入他的军队，成为其同盟军。383年，由于马克·马克西姆在不列颠发动叛乱，格累细安被谋杀，狄奥多西被迫接受篡权者马克西姆为他的副皇帝，并任命他的儿子阿喀丢为奥古斯都。387年当马克西姆企图侵占意大利时，狄奥多西向他宣战，双方的战争在388年7月28日的伊利里亚的萨韦河之战中达到了高潮，狄奥多西彻底击败了马克西姆。389年，在罗马庆祝胜利，并将罗马帝国的西部领土交给瓦伦提尼安二世统治。389—391年期间，他仍然留在意大利以改革、整顿其政府机构。返回东罗马，不久后他得知将军阿波加斯特已经谋杀了瓦伦提尼安二世，并将语法学家尤金扶上西罗马王位，于是又于392年5月15日再次进军意大利。率军进入意大利，其军队由大量的哥特人组成，其中包括后来的哥特人首领阿拉里克。狄奥多西与阿波加斯特和犹金在阿奎利亚附近的弗里吉都斯河相遇。初战受挫，但当天夜晚他就重新集合起部队，并进行整顿。在第二天的作战中，他与其能力出众的汪达尔人将军斯提利科击溃了阿波加斯特的部队，促使西罗马军队的士兵杀死了犹金（394年9月5—6日）。使罗马重获统一，在他影响下，他的儿子洪诺留被扶上皇位，并指定斯提利科辅佐。而后返回米兰，395年1月17日卒于浮肿病。

狄奥多西是一位能力出众、足智多谋的统治者，用当时的标准来衡量，他可谓是一位天才将领。他是最后一位主张统一控制东、西罗马的历史人物。在狄奥多西统治时期，使罗马帝国在其晚期渡过了一段暂短和谐的黄金时代。

DLB

参考：Bury, J. B., A History of the Later Romain Empire from the Death of Theodosius I to the Death of Justnian. 2 vols. London, 1923.
Stein, Ernest, Geschichte des spatromischen Reiches I: Vom romischen zum byzantinischen Staate(284—476). 2 vols. Vienna, 1928. French translation, 2 vols., Paris, 1959.

蒂尔曼，约翰·阿道夫男爵（Thielmann, Baron Johann Adolf，1765—1824年） 在普鲁士服役的萨克森将军。参加主要战争：法国大革命战争（1792—1799年）、拿破仑战争（1800—1815年）；参加主要战役（战斗）：耶拿之战（1806年）、弗里德兰之战（1807年）、博罗迪诺之战（1812年）、阿尔滕堡之战（1813年）、利尼之战（1815年）、瓦夫尔之战（1815年）。

蒂尔曼1765年生于得累斯顿。1782年加入萨克森骑兵。在大革命战争中同法军作战。1806年10月14日在普鲁士军队中参加耶拿之战。后来的1807年3月18日—5月27日参加但泽保卫战。6月14日参加灾难性的弗里德兰之战。升上校后，于1809年同进入萨克森的奥地利军队作战。同年升少将，不久的1810年升中将。指挥萨克森重骑兵旅参加1812年9月7日的博罗迪诺之战。由于他的杰出表现牵制了拿破仑的行动，此后不久，被萨克森国王封为男爵。1813年初，指挥萨克森师防守托尔高要塞。后受命归属拿破仑，遭到他的拒绝，5月12日投奔联盟军队。9月28日在阿本斯堡打败利菲布法利-德斯诺伊茨。第二年（1814年），指挥萨克森军转战于荷兰及比利时。在百日王朝期间，指挥第三军，隶属布吕歇尔之普鲁士军队。在1815年6月16日的利尼之战中，尽管他的军队遭重创，仍率余部赶至瓦夫尔，在那里咬住了格鲁希军队，从而使另三个军得以集中力量于拿破仑之右侧，发起滑铁卢战役。后来在明斯特及科布伦茨指挥一个军，卒于1824年。

DLB

参考：Chandler, David, Dictionary of the Napoleonic Wars. New York, 1979.
Von Petersdorf, General Johann Adolf Freiherr von Thielmann. Leipzig, 1894.
EB.

T

托马斯，乔治·亨利（Thomas, George Henry, 1816—1870 年） 绰号“齐卡摩加岩石”，美国将军。参加主要战争：第二次西米诺尔战争（1835—1843 年）、美墨战争（1846—1848 年）、美国内战（1861—1865 年）；参加主要战役（战斗）：雷萨-卡德拉帕尔马（在布朗斯维尔附近）之战（1846 年）、蒙特雷（墨西哥）之战（1846 年）、布埃纳维斯塔（萨尔蒂略附近）之战（1847 年）、米尔斯布林（肯塔基州的蒙蒂斯洛附近）之战（1862 年）、西洛之战（1862 年）、佩里维尔（肯塔基）之战（1862 年）、斯涌斯河之战（1863 年）、奇克莫加之战（1863 年）、查塔努加之战（1863 年）、皮奇特里克里克（亚特兰大东北）之战（1864 年）、纳斯维尔之战（1864 年）。

托马斯 1816 年 7 月 31 日生于弗吉尼亚州的南安普顿县。1840 年从西点军校毕业后，在炮兵中服役。1841 年提升为名誉中尉，此前在佛罗里达参加 1835—1843 年的西米诺尔战争。1844 年升中尉。1845 年及墨西哥战争期间，在扎卡里·泰勒所属炮兵部队中服役。1846 年 5 月 9 日，参加雷萨-卡德拉帕尔马之战。在 9 月 20—24 日的蒙特雷之战中任临时上尉，1847 年 2 月 22—23 日的布埃纳维斯塔之战中任临时少校。1849—1851 年返回佛罗里达，1853 年任上尉。1851—1854 年在西点军校任教官。1854 年随第三炮兵团在加利福尼亚州及亚利桑那州作战。1855 年 5 月在第二骑兵团中任少校。1855—1860 年在得克萨斯州服役。5 月任第二骑兵团上校。8 月，升志愿军准将。11 月指挥俄亥俄方面军第一师。内战爆发后，1862 年 1 月 19 日在肯塔基的米尔斯布林赢得其首次胜利。4 月 6—7 日在西洛参战，升志愿军少将。1862 年 10 月 3—4 日，在克柯林斯（密西西比）之战中指挥哈勒克之右翼，6 月转至俄亥俄军队。10 月 8 日，参加佩里维尔之战，任副指挥。后指挥坎伯兰陆军第十四军。参加 1863 年 12 月 31 日—1 月 3 日的斯涌斯河之战，表现出色。1863 年参加图拉赫马之战。9 月 19—20 日在后方防御战的出色表现，当罗塞克兰军余部被消灭后，获得了“齐卡摩加岩石”的绰号。10 月任正规军准将，指挥坎伯兰陆军，协助友军夺取 11 月 24—25 日的查塔努加大捷。1864 年 5—8 月，参加亚特兰大战役，任谢尔曼副官。7 月 20 日，在进攻皮奇特里克里克时其部队任主攻。后被派至纳淮尔，保护该城及其供应线。12 月 15—16 日，他集中兵力摧毁了南部同盟胡德军队，这是这场战争中霍德失败最彻底的一次战役。由于这次胜利，托马斯被提升为正规军少将，并得到国会的嘉奖。后任田纳西州的军区司令，直至 1865 年内战结束。1865—1869 年任田纳西州及坎伯兰军区司令。1869 年任太平洋区司令，直至 1870 年 3 月 28 日卒于圣弗朗西斯科。

托马斯是一位勇敢出色的指挥员和管理者，他的士兵深爱着他，亲昵地称他为“老爸”，以盛赞他从不标榜自己的许多胜利及对个人荣辱的淡泊。他的许多战绩经常被忽视，以便有力地提携其同僚。

VBH

参考：Cleaves, Freeman, Rock of Chickamauga: The Life of General George H. Thomas. Norman, Okla., 1948.

Johnson, Richard W., Memoir of General George H. Thomas. Philadelphia, 1881.

Mckinney, Francis F., Education in Violence: The Life of George H. Thomas and the History of the Army of the Cumberland. Detroit, 1961.

汤普逊，威廉（Thompson, William, 1736—1781 年） 美国将军。参加主要战争：法国与印第安人的战争（1754—1763 年）、美国独立战争（1775—1783 年）；参加主要战役（战斗）：波士顿围城战（1775—1776 年）、三角城之战（1776 年）。

汤普森 1736 年生于爱尔兰，后移居美洲并定居于宾夕法尼亚的卡莱尔，法国与印第安人的战争期间，他为民兵连上尉，参加了约翰·阿姆斯特朗上校对基坦宁的远征（1756 年 9 月）。美国独立战争之前的几年中任职于当地的通信与安全委员会。邦克山之战（1775 年 6 月 18 日）的消息传来后，他被任命为宾夕法尼亚第二团的上校。后该团编入大陆军，改称大陆军第一步兵团（8 月）。他率该团参加了波士顿围城战（1775 年 5 月—1776 年 3 月 17 日）。曾击退英军在莱奇米尔波因特（查尔斯河北岸，今属波士顿市）的登陆（1775 年 11 月 9 日），并在围城战结束后晋升为准将（1776 年 3 月）。奉命率 2000 人的部队前往加拿大增援（4 月），接替患病的乔治·托马斯担任北方部队司令，但其指挥权后被约翰·苏利文所代（6 月初）。向三角城开进，并进攻那里的英国守军（6 月 7 日），但由于向导的叛变，兼之守军的实力出乎预料，最后失败，汤普逊被俘（6 月 8 日）。2 个月后获假释，4 年多后才被换回（6 月 8 日）。因被解除现役而感到恼怒，公开与议员托马斯·麦克基因争吵，并在诽谤案中败诉于麦克基因。1781 年 9 月 3 日前卒于卡莱尔。

汤普逊尽管脾气暴躁，但他是一位具有进取心和才华的指挥官。

Staff

参考：Boatner, Encyclopedia.

DAB.

WAMB.

修昔底德（Thucydides, 约公元前 456—前 400 年） 雅典将军、舰队指挥官和历史学家。参加主要战争：伯罗奔尼撒战争（公元前 431—前 404 年）。

修昔底德约公元前 456 年出生于雅典，是奥罗洛斯之子和雅典将军米太雅得的亲属。公元前 431 年，当伯罗奔尼撒战争爆发时，他可能参加了初期一些作战，但在公元前 430—前 427 年染上鼠疫。公元前 424 年，当选

为十大将军之一，奉命指挥色雷斯海域舰队，基地设在萨索斯。未能守住安菲波利斯城，被斯巴达将军布拉斯达斯攻占了该城。由于此次严重失败，他被以救援不力的罪名被撤职并遭流放。在流放期间开始专心研究并编写战争史。公元前404年战争结束后回到雅典。大约卒于公元前400年，没能完成他的著作。

修昔底德作为一名将军是完全胜任的，但不幸的是，遇上了斯巴达最优秀的将军布拉西达斯。修昔底德是第一个科学地反映历史的历史学家。与其前辈希腊史作者希罗多德不同的是，他着重描述和精确说明发生战争的可能性。他的《伯罗奔尼撒战争史》一书写得非常详实，他在写作时力求能反应历史的本来面目，期望为后人提供一部信史。为此目的他进行了广泛调查，寻找当事者和见证人，并尽可能对调查材料进行完整系统地整理，再充实其著作。被流放给了他旅游及与外国人交谈的机会，为他的写作创造了重要的条件。在其著作中不仅描述了战争事件的本身，而且还研究了各个国家及其统治者的特征。在其书的最后部分有些自相矛盾的地方，这表明他去世时还没来得及完成全书的写作。后来希腊的历史学家色诺芬给予他很大帮助，续编了修昔底德的著作。

RRB

参考：Bury, J. B., The Ancient Greek Historians. New York, 1957.

Gomme, Arnold W., Historical Commentary on Thucydides. 4 vols. Oxford, 1945—1956.

Grant, Michael, The Ancient Historians. New York, 1970.

Hunter, Virginia J., Thucydides, the Artful Reporter. Toronto, 1973.

Thucydides, History of the Peloponnesian War. Translated by Rex Warner. 1954. Reprint, Baltimore, Md., 1968.

图尔恩，亨利希·马蒂亚斯伯爵（Thurn, Count Heinrich Matthias, 1567—1640年） 波希米亚国务活动家和将军。参加主要战争：三十年战争（1618—1648年）；参加主要战役（战斗）：白山（布拉格附近的白山）之战（1620年）、第一次布莱登菲尔德（莱比锡附近）之战（1631年）、施泰瑙之战（1633年）。

图尔恩（1567年2月24日）生于波希米亚地主家庭。后成为波希米亚新教徒领袖。曾反对奥地利的斐迪南为波希米亚的储君（1617—1618年）。“布拉格掷出窗外事件”（波希米亚人将两名帝国密探从王宫窗户扔到两层楼下的粪堆上，他们的起义从此开始）和其后反对帝国及哈布斯堡王朝的波希米亚当局的政变（1618年5月22日）的策划者之一。由于不愿成为独立后波希米亚的国家首脑，他后来将王位让与选帝侯腓特烈五世。腓特烈五世不明智地接受了王位。他还是一名颇有经验的战士，曾将帝国军队清除出摩拉维亚（1619年春—夏），后向维也纳进军，但被击退。参加了布拉格外围的白山之战（1620年11月8日）。波希米亚在战斗中失败后与腓特烈一起出逃。在西里西亚流亡多年，后又公开活动，率一支小型瑞典部队参加了第一次布莱登菲尔德之战（1631年9月18日）。在施泰瑙遭到华伦斯坦的突然袭击并与其守军一起被俘（1633年10月）。获释后定居爱沙尼亚（1635年），1640年7月28日卒于该地。

图尔恩颇为狡猾且相当剽悍，脾气暴烈又傲慢专横，对其外交与军事才能盲目自大。其追随者或支持者喜爱他的人寥寥无几。

DLB

参考：Wedgwood, Cicely V., The Thirty Years War. 1938. Reprint, Garden City, N.Y., 1961.

ADB.

EA.

图特摩斯三世（Thutmose Ⅲ，约卒于公元前1449年） 古埃及第十八王朝法老。参加主要战争：镇压叙利亚叛乱（公元前1470—前1469年）；参加主要战役（战斗）：美吉多之战（公元前1469年）。

图特摩斯三世约生于公元前1495年，是图特摩斯二世与其小妾所生之子。公元前1491年，当他父亲去世时，他还是个孩子，因此，他的继母赫石蒲秀王后掌握了埃及的统治权。公元前1472年，赫石蒲秀去世后，图特摩斯继位。这时叙利亚卡叠什地区的喜克索斯人首领联合一些地方部落反叛，图特摩斯率领一支约1万人的部队迅速进入巴勒斯坦中部，于公元前1469年，在卡军尔山区附近的美吉多与反叛军交战，并将其击溃。美吉多之战是历史上第一次有文字记载的作战。图特摩斯在此后的30年中，经历了17次作战，征服了巴勒斯坦、叙利亚和现代土耳其的大部分地区。他还从尼罗河远征努比亚。在休战期间，他证明了自己是位精力充沛、才能出众的统治者，他利用战争中得到的战利品和俘虏建造圣殿和改造城市，并且在他统治时期，以和平和公正而著称。他把利文地区附近他的一些附属国的儿童送往埃及当人质，并对他们进行严格的教育，以使其能尊重法老的权力并为其效忠。卒于公元前1449年，在位时间长达54年之久。

图特摩斯是古埃及最伟大的法老，是一位技能超高、才能卓著的将军，也是一位有能力的统治者。

DLB

参考：Montet, Pierre, Lives of the Pharaohs. London, 1968.

Petrie, William M. F., A History of Egypt. 3vols. London, 1902—1905.

Steindorff, George, and Keith C. Seele, When Egypt Ruled the East. Chicago, 1957.

EB.

EMH.

提比略·克劳狄乌斯·尼禄·恺撒（Tiberius Claudius Nero Caesar，公元前42年—公元37年） 罗马皇帝。参加主要战争：日耳曼境内诸战役（公元前22—前6年）、日耳曼叛乱（5—9年）。

提比略（公元前42年11月16日）生于罗马，尤利乌斯·恺撒之子和同名者。其母后嫁与屋大维（即后来的奥古斯都，公元前38年）。提比略与其弟德鲁苏斯均成为奥古斯都的继子。18岁时成为财政官（公元前24年），后奉奥古斯都之命率军前往亚美尼亚，在那里扶植罗马人的傀儡国王（公元前20年）。曾任外高卢（大致相当于今法国）总督（公元前19—前18年）。与其弟德鲁苏斯一起被派往日耳曼征服黑森林地区（巴登-符滕堡西部）的各部落（公元前15年）。29岁时首次担任执政官（公元前13年）。他对潘诺尼亚人发起多次作战均获胜利（公元前12—前9年）。被迫与第一位妻子离婚并和奥古斯都的女儿尤利娅结婚（公元前11年）。德鲁苏斯暴死（公元前9年）后，他在莱茵河与易北河之间的日耳曼地区进行作战（公元前8—前7年），后与奥古斯都进行密切联合。由于受到尤利娅恶意中伤行为的困扰，他勉强获得奥古斯都的批准，归隐于罗得岛，在那里过着平静、忏悔的隐居生活（公元前6—前5年）。7年后，他返回罗马（1—2年），并在阿格里巴诸子、奥古斯都诸孙死（分别为2年和4年）后成为奥古斯都的当然继承人之一。他重返日耳曼战场，发起多次作战，获得胜利，但作战规模很小（3—5年）。指挥了反对马罗博都人联邦的战争，并在四场辉煌的战役中显示了技巧（5—9年）。具有讽刺意义的是，其最大的一场胜利——征服远达易北河的日耳曼——被亚美尼亚人的叛乱和P.昆提比略·瓦鲁斯在条顿贝热沃德的三个军团的覆灭（9月9日?）而抹杀。他在奥古斯都晚年承担了日益增多的政务（11—14年）。奥古斯都死后即位（14年）。他始终保持着勤奋工作和进行贤明统治，但由于缺少朋友，他对阴谋和背叛日益恐惧。其在位后令人忧郁的叛变事件层出不穷，充满血腥。卒于37年，皇位归属其侄盖尔马尼库斯的第三子——一位人称“卡利古拉”的年青人。

提比略是一位才能卓异的军事家和行政家，他恭谨、顽强、勤奋。因沉着冷静和高深莫测而闻名，受到广泛尊敬但不被人喜爱。其统治后期有关奢靡、淫荡和丑恶的——也许是无中生有的——传闻广为人知，这一切加上历史学家塔西佗的不公正批评歪曲了对其统治的认识。他无疑是罗马最伟大的统帅之一。

DLB

参考：Baker, George Philip, Tiberius Caesar. Reprint, New York, 1967.

Marsha, Frank Burr, The Reign of Tiberius. reprint, New York, 1959.

Suetonius, Lives of the Twelve Caesars.

Tacitus, Histories.

EB.

提革拉-帕拉萨（图库勒提-帕勒-埃-萨拉）（Tiglath-Pileser〈Tukulti-pal-E-sarra〉，鼎盛时期是公元前1120—前1093年） 亚述国王。

提革拉-帕拉萨的出生日期不详，但为阿舒尔-里斯-伊西之子。后成为国王（约公元前1116年），不久即获得“伟大的征服者”的声誉。他的第一场战争征服了此前曾蹂躏过幼发拉底河上游一些亚述省份的摩斯奇人，接着征服了科马吉尼（托罗斯山脉与幼发拉底河之间地区，今土耳其东南部），之后入侵卡帕多恰（土耳其中部），驱逐了赫梯人。其后，他袭入北方的库尔德山脉（公元前1115—前1112年）。他进攻卡帕多恰境内的科马纳（具体位置不详），并在其修筑以保卫新征服领土的城堡内留下大量记述其战功的铜盘（公元前1111年）。后来，他又发动对位于叙利亚北部阿拉米人的作战。曾三次进军远至底格里斯河源头地区（公元前1110—前1100年）。卒于约公元前1093年。

提革拉-帕拉萨是一位富于魄力、雷厉风行的国王。他的名字的意思是“我的秘密是埃-萨拉（英-阿里斯提神）之子”。他的战役常常获得成功，同时获得了战利品并增长其政权的实力，还控制了从波斯和安那托利亚西部至地中海的贸易线——这是巨大财富的来源。他还是著名的建筑家，曾修复阿舒尔（阿什舒拉）与赫达德的庙宇和其他建筑。

DLB

参考：Olmstead, Arthur T., History of Assyria. Reprint, Chicago, 1975.

Smith, Sidney, Early History of Assyria to 1000 B.C. London, 1968.

提革拉·帕拉萨三世（Tiglath-Pileser Ⅲ，活动期公元前745—前727年） 亚述国王。

提革拉·帕拉萨三世的出生日期不详，系阿德尼拉列三世之子。曾任卡拉赫总督。继位后不断发动对外扩张战争，征服了叙利亚、腓尼基，攻占了两河流域，建立了强大的亚述帝国，并建立常备军和工兵部队。

提格兰（迪克兰）（Tigranes〈Dikran〉，约公元前140—前55年） 亚美尼亚国王。参加主要战争：与罗马的战争（公元前93—前92年）、与塞琉西的战争（公元前83年）、叙利亚、乞里奇亚和埃及境内的战争（公元前78—前70年）、与罗马的战争（公元前69—前66年）、第三次密斯立对堤战争（公元前75—前65年）；参加主要战役（战斗）：提格拉诺索塔（锡尔特）之战（公元前69年）、阿尔塔哈特（阿尔塔沙特）之战（公元前68年）。

提格兰约生于公元前140年，为阿尔塔夏建立的王

朝成员——阿塔瓦斯德斯的儿子或侄子。年青时他是安息的密斯立对堤二世朝廷的人质，通过向安息人割让与米堤亚（伊朗中部）接壤的土地而获得自由。即王位（公元前95或前94年）后不久即开始扩张其王国。他废黜了索非尼（迪亚巴克尔周围地区）的国王，并兼并了该王国（公元前93年）。通过其女儿克娄巴特拉和本都的密斯立对堤六世·尤帕托尔的联姻与其结成联盟。进攻卡帕多恰（土耳其中部），但他的入侵被当时驻那里的罗马总督苏拉所击退（公元前93—前92年）。他支持密斯立对堤同罗马的第一场战争（公元前89—前84年），但未发挥积极作用。密斯立对堤二世死后，安息衰落，他遂与该国开战（公元前88年）。他征服大半个米堤亚和美索不达米亚北部，并接受了阿特罗帕提尼（伊朗的阿塞拜疆省）、戈尔德耶尼（凡湖以南地区）、阿迪亚贝尼（埃尔比勒周围地区）、和奥斯罗耶尼（乌尔法周围地区）的臣服（公元前88—前84年）。入侵叙利亚并打败塞琉西人（公元前83年）。苏拉死后，他占领了大半个卡帕多恰（公元前78年）。提格兰接着再度入侵叙利亚，后又入侵奇里乞亚（土耳其南部），在那里摧毁了索利城（塔尔苏斯附近）。他还与克利奥帕特拉·塞莱尼进行了一场战争。在底格里斯以东建立新都——提格拉诺索塔。他将很多希腊人迁至亚美尼亚，又将数个阿拉伯部落迁入美索不达米亚。他那日益增长的实力和对罗马势力范围的吞食导致了与罗马的战争。鲁齐乌斯·李锡尼·鲁库鲁斯率一支小型罗马军队进入提格兰的王国，并在提格拉诺索塔将其击败（公元前69年10月6日），在亚美尼亚东北部的阿尔塔哈特再败提格兰（公元前68年9月）。鲁库鲁斯的应召返国给了提格兰和密斯立对堤人以喘息之机，但与其同名的提格兰之子发动了叛乱。其子向安息人寻求庇护，后率弗拉特斯三世派遣的安息军队归国。尽管老提格兰悬赏寻求小提格兰的首级，但他在格奈乌斯·庞培入侵亚美尼亚后投降（公元前66年）。庞培对这位老国王优礼有加，允许他保留王位，并将小提格兰带到罗马——后来也死于那里。提格兰于公元前56或55年死于国王任上，其子阿塔瓦斯德斯继位。

提格兰是一位富于魄力和谋略的君主和能干的统帅。其亚美尼亚王国在鼎盛时期是西亚最强大的国家，但他那半野蛮的庞大军队不敌鲁库鲁斯的将略和纪律更严明的罗马人。

DLB

参考：Appian, Syrica, Mithradatica.
Plutarch, " Lucullus.""Pompey," " Sulla," Parallel Lives.
EB.
EMH.

梯利，约翰·采克拉斯伯爵（Tilly, Count Johan Tserclaes, 1559—1632年） 效力于巴伐利亚军队的弗莱芒籍将军。参加主要战争：八十年战争（1567—1648年）、法国-西班牙战争（1589—1598年）、三十年战争（1618—1648年）；参加主要战役（战斗）：伊夫里之战（1590年）、白山（布拉格附近的白山）之战（1620年）、明戈尔斯海姆（盖默斯海姆对岸）之战、温普芬之战、赫希斯特之战（1622年）、施塔特隆之战（1623年）、卢特（萨尔茨吉特附近）之战（1626年）、第一次布莱登菲尔德（莱比锡附近）之战（1631年）、莱希河之战（1632年）。

梯利1559年2月生于热纳普（尼维勒附近）附近的梯利堡。接受过严格的耶稣会教育。加入帕尔马公爵军队，为军官候补生（约1574年）。参加了帕尔马对安特卫普的长期围攻，后夺取该城（1585年8月17日）。曾参加伊夫里之战（1590年3月10日），后任丹城（梅斯河畔）与洛林境内维勒弗朗什的行政长官（1591—1594年）。离开西班牙军前往匈牙利，与土耳其军队进行作战（1600—1608年），担任过奥地利军队中瓦隆团的上校（1602年）。曾被任命为炮兵统领（1604年）。次年晋升为陆军元帅（1605年）。后离开奥地利军参加天主教同盟盟主——巴伐利亚的马克西米利安的军队（1610年）。率同盟军进入波希米亚（1620年7月），白山之战（1620年11月8日）中对打败波希米亚的新教徒作出了贡献。明戈尔斯海姆之战（1622年4月27日）败于恩斯特·冯·曼斯菲尔德。他与冈萨雷斯·德·科尔多瓦指挥的西班牙部队联合，在温普芬之战（5月6日）中打败巴登-杜拉赫的乔治·腓特烈。转兵北上期间，在赫希斯特重创不伦瑞克的克里斯提安的纪律败坏的军队（6月20日），为此受封为伯爵。他未能阻止克里斯提安与曼斯菲尔德部队的联合。经11星期的围攻，他夺取了海德堡（9月19日）。再败克里斯提安于施塔特隆（1623年8月6日），后又在卢特大胜丹麦国王克里斯提安四世（1626年8月24日—27日）。围攻并夺取马德堡（5月20日），因其后对该城进行惨无人道的洗劫而臭名昭著。布莱登菲尔德之战（1631年9月17日）中，在一场恶战之后被古斯塔夫·阿道夫的瑞典军队打败。退入巴伐利亚，在企图坚守莱希河渡口、抵抗古斯塔夫进攻的战斗（1632年4月5—16日）中受重伤。因伤卒于因戈尔施塔特（4月30日）。

梯利是三十年战争中第四或第五位的伟大将军之一，他勇敢、果断，是娴熟的战略家和战术家。1632年春，他之所以未能阻止对巴伐利亚的入侵，是因为华伦斯坦固执己见，古斯塔夫技高一筹，他本人没有任何失误。他虔信宗教，人称"挂甲的修道士"。

DLB

参考：Klopp, O., Tilly im dreissig jahrigen Kriege. Stuttgart, 1861.
Wedgwood, Cicely V., The Thirty Years War. 1938. Reprint, Garden City, N.Y., 1961.
ADB.
EB.

铁木辛哥，谢苗·康斯坦丁诺维奇(Timoshenok, Semen Konstantinovich, 1895—1970 年) 苏联元帅。参加主要战争：第一次世界大战（1914—1918 年）、苏俄国内革命战争（1917—1922 年）、苏俄-波兰战争（1919—1920 年）、苏芬战争（1939—1940 年）、第二次世界大战（1939—1945 年）；参加主要战役（战斗）：沃罗涅日之战（1919 年）、克里木战役（1920 年）、卡累利阿战役（芬兰）、维普里（维堡）之战（1939—1942 年）、斯摩棱斯克、顿河畔罗斯托夫之战（1941 年）、第二次哈尔科夫、斯大林格勒保卫战（伏尔加格勒，1942 年）、里加之战（1944 年）。

铁木辛哥 1895 年 2 月 8 日生于比萨拉比亚地区富尔曼卡镇。作为一个农民，一战中被征召入伍，在骑兵部队中任机枪手。1918 年初加入红军，8 月成为克里木第一骑兵团团长。从库班河撤退到伏尔加格勒，并在 10 月该城防御中与伏罗希洛夫第十集团军并肩战斗。12 月任第二独立骑兵旅旅长，后于 1919 年初被编入布琼尼骑兵军。1919 年 11 月作为第六骑兵师夺取沃罗涅日并于 1920 年初在南方与邓尼金的部队作战。5—7 月与波兰人短暂战斗。1920 年秋任第四骑兵师师长，被派往乌克兰南部和克里木同弗兰格尔的志愿军对抗。并与乌克兰无政府主义者游击武装作战。国内战争结束后，铁木辛哥指挥一个骑兵军。进入红军高级陆军政治学院（1922 年、1927 年）和列宁军官学校指挥官课程班（1930 年）学习。1935 年 9 月成为白俄罗斯和基辅军区副司令。1938 年 2 月任基辅军区司令，斯大林“肃反”运动中，被控为“人民的敌人”，但 1938 年春因赫鲁晓夫的举证而被救起。1939 年为党的中央委员会成员。1939 年 9 月指挥占领波兰苏区。1940 年 1 月受命向北指挥卡累利阿方面军主力参加俄芬（冬季）战争，他重组部队（第七和第十三集团军），2 月 1 日发起一场成功的攻击，从而攻陷维普里（3 月 1 日）并使战争得以结束（3 月 12 日）。1940 年 5 月继伏罗希洛夫后任国防人民委员，但他为战争而作的努力被斯大林不惊动德国的愿望和“肃反”扩大化的后果所阻碍。后又试图准备抵抗德国 1941 年 6 月 22 日将发起的进攻，但收效甚微。7 月 3 月任西方方面军司令，后又改名为西部战区。在斯摩棱斯克周围展开抵抗，但 7 月 10—20 日他的 42 个陆军师被击溃。9 月 13 日代替布琼尼任西南方面军司令，11 月 25—30 日指挥反攻夺回罗斯托夫，1942 年 5 月 12 日开始指挥重新夺取哈尔科夫的战斗，但未能阻止德军的反攻，5 月 22 日第六、第五十九以及第九集团军之一部被包围。6 月在德军的夏季攻势下使部队向东撤退，7 月 12—18 日短暂担任斯大林格勒方面军司令之后，被任命为在苏军最高统帅部大本营的斯大林个人代表。1943 年 3—6 日在列宁格勒方面军代表最高统帅部大本营，6 月又被派往北高加索方面军。1944 年 2 月为波罗的海方面军最高统帅部大本营代表，监督攻取里加的努力尝试。当 6 月计划失败时，他被调往乌克兰。1944 年 7 月—1945 年 5 月，参与策划并指挥苏军在匈牙利和罗马尼亚的作战行动。战后，1952—1960 年，铁木辛哥为白俄罗斯和乌拉尔领导，并在中央委员会和白俄罗斯最高苏维埃主席团任职。1960 年 3 月被任命为国防部总监组总监，从而离开他在白俄罗斯的职位。1970 年 3 月 31 日在莫斯科去世，并被隆重埋葬在克里姆林红场下。

在苏俄国内革命战争期间就与斯大林和布琼尼是老同事的铁木辛哥，为斯大林赢得冬季战争的胜利做出很大贡献。二战中他的领导职务记载不甚清楚，但他必须对 1942 年 5 月第一次哈尔科夫和 1944 年在里加的失败承担责任。战后，他从未有过曾在 1939—1941 年时那样的影响力，但在去世时，却获得了不少荣誉，包括五枚列宁勋章和五枚红旗勋章。

DLB

参考：Mehring, Walter, Timoshenko, Marshal of the Red Army. New York, 1942.

Seaton, Albert, Stalin as Military Commander. New York, 1976.

Wieczynski, Joseph, ed., The Modern Encyclopedia of Russian and Soviet History. 51 vols. Gulf Breeze, Florida, 1976—1989.

Zhukov, Georgi, Marshal Zhukov's Greatest Battles. New York, 1969.

提皮茨，阿尔弗雷德·冯(Tirpitz, Alfred von, 1849—1930 年) 德国海军上将。

提皮茨 1849 年 5 月 10 日生于勃兰登堡的科斯琴。1865 年进入海军。到 19 世纪 80 年代，他已成为德国海军的主要鱼雷专家。1892—1896 年，任海军参谋长，进入海军高级指挥层。1896—1897 年，短时间指挥远东巡洋舰队。1897 年 6 月 16 日出任海军大臣。当时，德国海军只是一支近海防御力量，在这方面与瑞典和丹麦相似，或比他们稍强。他决意为德国创建一支真正的远洋舰队。1898 年的海军法（他组织发起的）要求组建一支舰队，这支舰队包括 17 艘战列舰、9 艘大型及 26 艘小型巡洋舰和其它小舰只。这个规模的建设计划使德国舰队将与法国相比肩，并对英国产生了有力的挑战。随后的海军法要求进一步发展德国海军，此举甚至使得英国在皇家海军舰艇“无畏”号战舰下水后，也只短时间暂缓发展海军力量（1906 年）。第一次世界大战爆发时，其不懈的努力得到了德皇威廉二世的全力支持，他计划使德国海军仅逊于英国，使德国海军达到拥有 13 艘战列舰、5 艘战列巡洋舰、22 艘老式战列舰、32 艘巡洋舰、144 艘驱逐舰和 30 艘潜艇的规模（1914 年）。但德国主要是个内陆国家，而当第一次世界大战于 1914 年爆发时，他却未能获得其创建的舰队的指挥权。尽管其最初倡导的加强建造潜艇的所为曾一度导致英国经济濒临崩溃，但他却无权参与研究潜艇的部署，恼怒之下愤而辞职（1916 年 3 月 16 日）。战后，作为保守的德国国家人

民党中的一员在国会中任职（1924—1928 年）。1925 年，他劝说固执的保罗·冯·兴登堡接受魏玛共和国总统之职。1930 年 3 月 6 日卒于伊本豪森。

提皮茨作为一位冷酷和狡诈的领导者，他也是一位忠实的军国主义者，作为德国远洋舰队之父，他当之无愧。

DLB

参考：Tirpitz, Alfred von, Errinerungen. Berlin, 1919.
——，My Memoirs. 2 vols. New York, 1919.
Trotha, Adolf von, Tirpitz. Berlin, 1932.

特拉斯，穆斯塔法（Tlass, Mustafa，生于 1932 年） 叙利亚将军。参加主要战争："六五"战争（1967 年）、十月战争（1973 年）。

陶德尔·马拉（Todar Malla，卒于 1589 年） 印度将军。参加主要战争：阿克巴的战争（1556—1603 年）。

图勒本，弗兰茨·爱德华·伊万诺维奇伯爵（Todleben, Count Franz Eduard Ivanovich, 1818—1884 年） 俄国将军。参加主要战争：占领达吉斯坦（1838—1852 年）、克里木战争（1853—1856 年）和俄国-土耳其战争（1877—1878 年）；参加主要战役（战斗）：塞瓦斯托波尔之战（1853—1855 年）和普列文之战（1877 年）。

图勒本 1818 年 5 月 20 日生于库尔兰的叶尔加瓦。进入圣彼得堡的工程兵学校学习，1836 年被任命为工兵军官。作为一名上尉，参加了在高加索地区进行的攻击强悍的穆斯林首领沙米尔（绰号"达吉斯坦之狮"）的作战行动（1848—1850 年）。在克里木战争初始阶段，参与围攻锡利斯特拉（1853 年）。围攻奏效后，调至克里木地区。尽管他只是一名低级军官，但塞瓦斯托波尔要塞司令颇为赏识其才，他建议要塞司令沉船封锁港口，并把舰船的火力转向海岸。在陆地，他指挥部队快速设障和修建胸墙，如此，当法英联军对要塞实施包围时（1854 年 9 月 26 日—10 月 8 日），要塞的防务已大为增强。他认为要塞不应仅限于作为进行战术防御的阵地，而应继续加修塞瓦斯托波尔要塞的防御工事，以应付敌人新的进攻。因伤致残，1855 年 6 月 20 日被疏散送往后方。几个星期后要塞失陷（9 月 8 日）。1860 年被任命为尼古拉斯大公的特别助理。晋升上将，出任工兵司令。俄国-土耳其战争期间，当围攻普列文的战役发起后，被召至前线（1877 年）。9—10 月，指导修建能切断土耳其人与其要塞联系的阵地，12 月 10 日迫使土耳其人投降。随后包围和占领了土耳其人在保加利亚的几个要塞（1877 年 12 月—1878 年 1 月）。短时间担任俄罗斯陆军总司令（1878 年 2—3 月）。被封为伯爵，任敖德萨总督。后任维尔纳总督（1880—1883 年）。1884 年 7 月 1 日卒于德国美因河畔法兰克福附近的巴特索德。

DLB

参考：EB.

东乡平太郎（Togo, Heihachiro, 1848—1934 年） 日本海军元帅。参加主要战争：与英国的冲突（1863 年）、复位战争（1866—1868 年）、中日甲午战争（1894—1895 年）和日俄战争（1904—1905 年）；参加主要战役（战斗）：鹿儿岛之战（1863 年）、淡路之战（1868 年）、鸭绿江之战（1894 年）、阿瑟港之战（1904 年）、黄海海战（1904 年）和对马海战（1905 年）。

东乡平太郎 1848 年生于萨摩，即现在的鹿儿岛。15 岁时就参加抗击英国炮击鹿儿岛的防御战（1863 年 8 月 15—16 日）。1866 年进入萨摩领地海军，在导致德川幕府将军统治被推翻的复位战争期间，任萨摩"春日"号军舰的射击军官，参加了在淡路岛上游进行的作战行动（1868 年 3 月）。1869 年在北海道的函馆作战，抗击榛本武扬流产的叛乱。1871 年作为军官候补生进入新帝国海军。是年后期作为海军学员被派往英国，在皇家海军舰艇"伍斯特"号舰上训练，这艘舰也是泰晤士航海训练学院的一部分（1871—1875 年）。1875 年作为一名普通的海员乘"汉普郡"号帆船进行环球航行。1875—1876 年，在剑桥大学学习数学。1876—1878 年，在希尔内斯监察"扶桑"号铁甲舰的建造。在返回日本之前于 1878 年晋升上尉。1878—1894 年，在远海服役。1893 年因健康状况不佳几乎退出海军现役。在侵华的甲午战争即将爆发时，指挥"浪速"号巡洋舰，1894 年 8 月 25 日在黄海发现挂英国国旗的"高升"号运输船将中国士兵运往朝鲜时，将其偷袭击沉。1894 年 9 月 17 日参加鸭绿江海战，其船只是坪井海军上将的飞行中队中的最后一艘船。1895 年晋升海军少将。1895—1903 年，担任一系列岸上职务。日俄战争爆发时，其冷静、幸运和广为人知的能力，使其从低级军官中脱颖而出，成为联合舰队的指挥官。1904 年 2 月 8 日，指导了对阿瑟港进行的几次攻击，后封锁了俄国这个重要的要塞和基地。8 月 10 日当海军上将维特盖夫特的阿瑟港中队突围进入黄海时，击败了它。1905 年 5 月 27 日在对马海峡，从他的旗舰"三笠"号上的飞行驾驶台上对联合舰队实施指挥，机动其舰队横穿成"T"字型的俄国舰只。他片面而又决定性的胜利最终导致战争的结束。作为一名"国家英雄"和国际知名人物，他名声大噪，1905—1909 年，任海军总参谋长。1907 年被封为伯爵。尽管他早已退役，但 1913 年仍被重新起用并晋升为海军元帅。在其后来岁月中担任了一系列荣誉职务，1934 年被封为侯爵。卒于 1934 年末。

东乡平太郎是日本才能卓越的海军将军，也是日本现代军事领导者之一。他还是一位有才干的行政管理人员。

DE

参考：Falk, Edwin K., Togo and the Rise of Japanese Sea Power. New York, 1936.

T

Ogasawara, Nagayo, Life of Admiral Togo. Tokyo, 1934.

东条英机(Jojo, Hideki, 1884—1948 年) 日本陆军上将、首相、甲级战犯。参加主要战争：日本侵华战争（1937—1945 年）、第二次世界大战（1941—1945 年）。

东条英机 1884 年 12 月 30 日生于岩手县，军人东条英二的儿子。1905 年毕业于陆军军官学校。1905—1909 年间连续担任团部参谋职。1915 年毕业于陆军大学。1919—1921 年任驻柏林助理陆军武官时，提升为陆军少校（1920 年），1921—1922 年任驻德国的武官。1924 年提升为陆军中校。1928—1929 年任陆军部动员计划局局长。1929 年升至陆军上校。1929—1931 年任团长。1931—1933 年领导陆军总参谋部组织和动员署工作。1933 年衔至少将。1934 年 11 月在一场由极端主义军校学员发动的流产政变——陆军军官学校事件期间，任该校代理校长。1934—1935 年指挥一个步兵旅。1935—1937 年任关东军宪兵司令官，这是一个通向更高权力与威望的阶梯性职位。1936 年衔至陆军中将。1937—1938 年任关东军参谋长。1937 年 8 月，指挥侵略中国的察哈尔战役（张家口周围地区），这是他唯一的战斗实践。1938—1941 年为陆军次官兼任航空本部长。东条英机站在军队中亲德轴心的侵略扩张集团最前沿。1941 年升至陆军上将，10 月由于木藤的推荐而被选为首相。他在对外政策问题上强硬且好战，从而导致与美国最终发生冲突。作为一个战时首相，他同时兼任外交、教育、通产以及内政等部门长官。1944 年 2—7 月也担任过临时陆军总参谋长职务。但随着 7 月 12 日塞班的战败，再加上暴露出来的日军日益恶化的状况，他被赶下政坛，列入预备役人员名单。日本投降之后，他导演了一场拙劣的自杀。1947—1948 年受到审判并被定为甲级战犯。1948 年被绞死。

东条英机在早期危机时刻以他的所谓官僚式效率而出名，美国人普遍认为他是日本的希特勒。在现实中，他是一位缺乏想像力、目光狭窄的官僚，当他失去政府同僚的信任时便被不费力气地赶下台去。作为战时领导，他短视并且像许多日本战略家一样，没能认识中华民族同仇敌忾的强大力量以及美国的强大国力能够支持长期的战争，更没有认识到正义必然战胜邪恶这一千古不变的真理。

MRP

参考：Butow, Robert J. C., Tojo and the Coming of War. Princeton, N.J., 1961

Coox, Alvin C., Tojo. New Tork, 1975.

德川秀忠(Tokugawa, Hidetada, 1579—1632 年) 日本将军。德川家康的第三子；参加主要战争：统一战争（1550—1615 年）；参加主要战役（战斗）：围攻上田要塞（1600 年）、围攻大阪要塞（1614—1615 年）。

德川家康(Tokugawa, Ieyasu, 1542—1616 年) 日本武将和政治家。参加主要战争：日本统一战争（1550—1615 年）；参加主要战役（战斗）：桶狭间（安城附近）之战（1560 年）、姊川（琵琶湖的长滨附近）之战（1570 年）、三方原（滨松附近）之战（1572 年）、长久之战（1575 年）、关东（位于东京平原）战役（1590 年）、关原战役（1600 年）、大孤城围攻战（1614—1615 年）。

德川家康 1542 年生于一个名为松平的武士家庭，其家庭统治着一个小县城（三河县，今爱知县）。在统一日本战争中，家族之间长期争斗，竞相称王。在这种社会环境中，德川的青少年时代是被作当人质度过的。他长期跟随着今川义元的军队，充当人质。1560 年 7 月桶狭间一战，今川义元身亡，他才得以逃脱。1561 年他最终摆脱今川家族奴役，与尾张国年轻领主织田信长结盟，开始巩固世袭封地，并扩张势力。1566 年，其势力已足够强大，以至于朝廷重新封赐他家族称号德川，足见朝廷对其重视程度。1567 年，他与武田信玄联手击败今川氏，瓜分了其封地。此后，他与织田信长再次结盟，于 1570 年在姊川之战中击败敌手。第二年，武田信玄借助其原有联盟力量试图突破德川家康势力区打击织田信长，于 1572 年在三方原击败德川军队。武田信玄死（1572 年）后，他刚愎自用的儿子高田在 1575 年 6 月率军攻打长久城，战斗中德川协助织田信长打败了高田，取得了决定性胜利。织田信长遇刺身亡后（1582 年 6 月 21 日），德川反对丰臣秀吉主张立织田信长的儿子信男为嗣（1583 年），由此两人明争暗斗，终于引发了战争（1584 年）。1584 年夏天，德川与丰臣秀吉交锋，双方都付出了高昂的代价。后来两人都意识到这样下去会两败俱伤，为此于 1586 年，两个联手征服了关东平原的封建领主。此后，德川家康定都渔村江户（今东京），并在那里建立了大本营。1592 年至 1593 年，丰臣秀吉发动侵略朝鲜战争，德川没有参加，但是提供了军队。1598 年丰臣秀吉死后，德川被任命为秀吉幼子秀次的五位"奉行"之一，并开始着手准备主宰日本的最后战争。1600 年 9—10 月，德川家康与本州南部和西部反对他的领主联盟交战，德川占领了关原地区，诱使反对联盟向他进攻。10 月 21 日，经过一整天的血战，除贺古家族中途投降调转枪口外，其余各领主均被彻底打败，德川大获全胜，从而成为日本无可争议的主宰。自此，他重组政府，重用那些忠诚于他的武士和大名，并有效地防止了他的敌人对领土的侵蚀。1603 年，日本天皇任命他为幕府将军。1605 年德川家康告退，由其子秀忠继任，但仍负责一定的政府事务。1614 年 12 月—1615 年 1 月围攻大阪城第一阶段，德川家康还指挥两支部队中的一支作战。1615 年 5—6 月的第二阶段作战中，德川家康基本上没有参与指挥，结果攻下该城。卒于 1616 年。

德川家康精明、坚韧、富有忍耐精神，最终建立日本最强大的封建政权，使它从 1603 年延伸到 1868 年长

达两个半世纪之久。他的部属敬重他，也忠诚于他。他在封建政体大动荡时期，表现出高超的政治技巧。从日本统一这段历史来看，他和织田信长一样，无疑是杰出的军事统帅之一。

LH

参考：Dening, Walter, The Life of Toyotomi Hideyoshi. London, 1930.

Elison, George, and Bardwell L. Smith, eds., Warlords, Artists and Commoners. Honolulu, 1968.

Hall, John W., Government and Local Power in Japan, 500—1700. Princeton, N.J., 1966.

Sadler, A. L., The Maker of Modern Japan: The Life of Tokugawa Ieyasu. London, 1937. Sansom, George B., A History of Japan, 1334—1615. Stanford, Calif., 1961.

Turnbull, Stephen, Battles of the Samurai. New York, 1987.

富纲负俊(Tomioka, Sadatoshi, 1897—1970 年) 日本海军上将、军国主义者。参加主要战争：第二次世界大战(1941—1945 年)。

托佩特·Y. 卡瓦伯罗，胡安·包蒂斯塔(Topete Y Carballo, Juan Bautista, 1821—1885 年) 西班牙元帅和政治家。参加主要战争：第一次卡洛斯之战（1834—1839 年)、与摩洛哥进行的战争（1859 年)、与智利和秘鲁进行的战争（1864—1866 年）和西班牙革命（1868 年)；参加主要战役（战斗)：智利之战（1866 年）和卡亚俄（秘鲁）之战（1866 年)。

托佩特·Y. 卡瓦伯罗 1821 年 5 月 24 日生于墨西哥，其父及祖父皆为西班牙元帅。1838 年加入西班牙海军。在翌年进行的一次半途而废的远征中名声大噪，这次远征的目的在于攻击一艘卡洛斯舰船。1843 年被任命为海军军官学校学员。1845 年晋升上尉。在西印度群岛任职三年，铲除了当地的黑奴交易。1857 年晋升中校。在与摩洛哥进行的短暂的战争期间，任本土舰队参谋长(1859 年)。任加的斯卡拉拉兵工厂厂长。被选为议会副议长，加入弗朗西斯科·塞拉诺的联邦自由党。1865 年被派往太平洋任“布兰卡”号舰舰长，参加了努涅斯海军上将对智利和秘鲁的远征。参加了炮击瓦尔帕莱索(1866 年 3 月 31 日）和卡亚俄（5 月 2 日)，战斗中严重受伤。返回西班牙后，任加的斯要塞指挥官。策划推翻波旁家族，废黜伊莎贝拉女王。将几个被流放的领导者置于加的斯舰队的保护下，此举赢得了要塞、当地居民及加的斯政府的支持（1868 年 9 月 18 日)。进军马德里，任临时军事政府中的海军大臣。1869 年 2 月竞选进入议会，尽管反对竞选国王加冕，但仍在萨伏依阿马多斯一世国王的政府中担任了几个内阁职务（1871—1873 年)。因遭短命的共和党政府的迫害（1873—1874 年)，再次担任塞拉诺内阁中的海军大臣（1874 年)。阿方索十二国王登基后，保持对政治的疏远态度，但接受了海军委员会主席之职（1877 年)。以终身贵族的身份任职于参议院至其 1885 年 10 月 29 日卒于马德里。

DLB

参考：EB.

EMH.

托林顿，阿瑟·赫伯特，伯爵(Torrington, Arthur Herbert, Earl of, 1647—1716 年) 英国海军上将。参加主要战争：第二次（1665—1667 年）和第三次（1672—1674 年）英荷战争、奥格斯堡同盟战争（1688—1697 年)；参加主要战役（战斗)：索尔湾（绍斯沃尔德湾）之战（1672 年)、斯洪菲尔德浅滩（位于斯海尔德河河口）之战(1673 年)、班特里湾之战（1689 年)、比奇角之战(1690 年)。

托林顿生于 1647 年是古老的威尔士边境家族的后裔。16 岁参加海军，后被任命为皇家海军“彭布罗克”号军舰舰长（1666 年 11 月 8 日)。曾随托马斯·阿林爵士和爱德华·斯普拉格爵士对阿尔及利亚海盗作战(1669—1672 年)，参加过抵抗摩洛哥进攻的丹吉尔保卫战。率“无畏”号军舰参加了索尔湾之战（1672 年 5 月 28 日)，斯洪菲尔德浅滩之战（1673 年 5 月 28 日）中受伤。后再次在地中海任职（1678—1683 年)。因在政治上坚定支持国王而被任命为海军少将和法官（1684 年 2 月 3 日)。当选为多佛尔地区的国会议员（1685 年)。因拒绝支持废除《宣誓法》，被国王詹姆斯二世解除职务(1686 年 3 月)。与奥兰治的威廉取得联系，并给他带去了要求其继承英国王位的邀请信（1688 年)。由于他的影响，“光荣革命”期间（1688 年 11 月—1689 年 2 月 13 日）英国舰队保持中立。被任命为海军部委员兼海峡舰队总司令（3 月 8 日)，后受封为托林顿伯爵（6 月 11 日)。在班特里贝海战中与沙托-勒诺将军的法国舰队进行了一次未分胜负的战斗（7 月 1 日)。未能阻止法军登陆爱尔兰。他既受到内阁作战命令的妨碍，又担心舰队的糟糕状况，故在比奇角附近海域对德·图维尔将军的优势法国舰队发起了一场没有把握的进攻，被击退，军舰损失了五分之一（1690 年 6 月 30 日)。后退入泰晤士河避战。受到军法审判后被无罪开释。他拒绝再次任职，后退居并卒于其封地（1716 年 4 月 14 日)。

托林顿是一位能干、顽强的指挥官，同时也十分谨慎。比奇角之战中，他出乎意料地缺乏主动性。他是采用“既有舰队”概念的第一位海军指挥官，也是这一术语的倡行者。

DLB

参考：Riddell, Edwin, ed., Lives of the Stuart Age. New York, 1978.

Tedder, A. W., The Navy of Restoration... Cambridge, 1916.

DNB

EB.

托尔斯顿森，伦纳尔特，奥尔托拉伯爵(Torstensson, Lennart, Count of Ortola, 1603—1651 年) 瑞典陆军元帅。参加主要战争：瑞典-波兰战争（1617—1629 年）、德意志三十年战争（1618—1648 年）；参加主要战役（战斗）：布莱登菲尔德（莱比锡附近）之战（1613 年）、莱希河之战（1632 年）、维特施托克之战（1636 年）、开姆尼茨（卡尔·马克思城）之战（1637 年）、第二次布莱登菲尔德之战（1642 年）、于特博格（维滕贝格附近）之战（1644 年）、扬科（塔博尔附近）之战（1645 年）。

托尔斯顿森（1603 年 8 月 17 日）生于西哥德兰省的福什滕纳，埃尔夫什堡司令官托尔斯滕·伦纳尔特森之子。15 岁时成为古斯塔夫·阿道夫的听差，可能随这位国王参加了其在波兰立沃尼亚的作战（1621—1623 年）。由于在立沃尼亚显示出来的大器早成，他受遣师从于在荷兰的拿骚的莫里斯（1624—1626 年）。后随古斯塔夫二世参加了普鲁士-波兰诸战役（1627 年 5 月—1629 年 10 月），再次表现不俗。被任命为瑞典陆军的第一个炮兵团（由 6 个连组成）团长，时年 27 岁（1629 年底）。托尔斯顿森率炮兵参加了瑞典对德意志的入侵（1630 年）。布莱登菲尔德之战（1631 年 9 月 17 日）中，他指挥的炮兵充分显示出高敌一筹的机动性和火力。他还在莱希河渡河作战（1632 年 4 月 15—16 日）中发挥了重大作用，他对火炮的部署不仅迷惑了梯利，而且为渡河作战提供了掩护火力。托尔斯顿松参加了进攻神圣罗马帝国军队统帅华伦斯坦掘壕大营的阿尔特韦斯泰（纽伦堡附近）之战（1632 年 9 月 3—4 日），但地形阻止了他对火炮的有效部署，并在国王附近的作战中被俘。他在因戈尔施塔特被囚禁了近一年，换俘（1633 年 8 月）后回到瑞典，后娶女男爵贝娅塔·德·拉·加尔迪为妻。成为瑞典军队总司令约翰·巴纳的参谋长后，在巴纳的东德意志战役（1635 年 8—11 月）中首次担任该职，故可能参加了巴纳取得胜利的德米茨之战（1635 年 10 月 22 日）和屈里茨之战（1635 年 12 月 17 日）。维特施托克之战（1636 年 10 月 4 日）中，他起到了显著而卓越的作用。巴纳在这一战斗中以高昂的代价战胜了梅尔希奥尔·冯·哈茨费尔特伯爵的奥地利-萨克森联军。后来，他和巴纳各统一军，他们的军队一起占领了勃兰登堡并威逼萨克森（1637 年春）。托尔斯顿森还在 1638 年的艰难且近乎灾难性的波美拉尼亚战役中多次立下突出战功，并在巴纳袭入波希米亚之前在巴纳取得小胜的开姆尼茨之战（1639 年 4 月 14 日）中发挥了重要作用。1640 年的那个没有战事的季节之后，托尔斯顿森因病返回瑞典（1641 年 1 月），在瑞典当选为议员。巴纳去世（1641 年 5 月 20 日）后，托尔斯顿森晋升为陆军元帅（1641 年 8 月 31 日），并被勉强任命为驻德意志瑞典军队的统帅和波美拉尼亚总督（1641 年 11 月）。他入侵萨克森并包围了莱比锡，但在里奥波德·威廉大公和皮科洛米尼的军队逼近时撤退（1642 年 11 月 1 日）。次日，他发起进攻，几乎全歼这支帝国军队（第二次布莱登菲尔德之战，1642 年 11 月 2 日）。第二年，他入侵波希米亚和摩拉维亚，未受到帝国军队有意义的阻挠。丹麦与瑞典的战争爆发后，他奉召北上（1643 年），入侵丹麦，越过丹麦防御，侵占了荷尔斯泰因（日德兰半岛南部地区）。第二年，托尔斯滕松智胜马蒂亚斯·加拉斯的丹麦军和帝国军队，将这些奥地利人赶入波希米亚，在于特博格之战（1644 年 11 月 23 日）中打败布律埃的丹麦军队。他进军布拉格（1645 年初），被梅尔希奥尔·冯·哈茨费尔特的帝国军队截于扬科。在随后的战斗中，托尔斯顿森歼灭哈茨费尔特军（1645 年 3 月 6 日）。其后来向维也纳的进军因其盟友——特兰西瓦尼亚的乔治一世·拉科西的背信弃义而受挫。这使得他的军队相对薄弱而无法继续进攻，后撤入波希米亚。由于身患痛风之症，他辞去指挥权，将其交给卡尔·古斯塔夫·冯·弗兰格尔并返回瑞典（1645 年 12 月）。受封为奥尔托拉的托尔斯顿森伯爵（1647 年）并担任瑞典西部总督（1648—1651 年）。卒于斯德哥尔摩（1651 年 4 月 7 日），葬于里达尔霍尔姆斯许卡。

托尔斯顿森是三十年战争中瑞典最伟大的指挥官之一。尽管他具有相当高的战略才能，但他作为战术家的技巧，尤其是对炮兵的运用，比其战略才能更胜一筹。

DLB

参考：
Cust, Sir Edward, Lives of the Warriors of the Thirty Years' War. London, 1865.

De Peyster, John Watts, History of the Life of Leonhardt Torstensson. Poughkeepsie, 1855.

Feil, J., Torstensson Before Vienna. Translated by John Watts De Peyster. New York, 1885.

Tingsten, Lars Herman, Faltmarskalkarna Johan Baner och Lennart Torstensson. Stockholm, 1932.

汤森德，查尔斯·维尔·法勒斯爵士(Townshend, Sir Charles Vere Ferrers, 1861—1924 年) 英国殖民将军。参加主要战争：马赫迪战争（1883—1898 年）、第二次英布战争（1899—1902 年）和第一次世界大战（1914—1918 年）；参加主要战役（战斗）：阿布克里之战（迈泰迈附近，1885 年）、古巴特之战（1885 年）、吉德拉尔之战（1895 年）、阿特巴拉河之战（189 年）、恩图曼之战（1898 年）、舍伊巴之战（巴士拉附近的舒艾巴，1915 年）和围攻库特-阿马拉（库特，1915—1916 年）。

汤森德生于 1861 年，是汤森德第一侯爵的长孙。1881 年被派至皇家海军陆战队轻步兵部队服役。他参加了沃尔斯利指挥的流产的援救苏丹喀土穆的远征行动（1884 年 10 月—1885 年 1 月）。阿布克里战役中（1885 年 1 月 17 日）和古巴特战役中（2 月?）在斯图亚特手下任职。1886 年调至印度军队。1892 年晋升上尉。西北

边境战况不利期间（1895 年 3 月 5 日—4 月 20 日），在吉德拉尔防御战中名声大噪。1898 年，在基奇纳指挥的尼罗战役中指挥一个由苏丹人组成的营。参加了阿特巴拉河战役（4 月 8 日）和恩图曼战役（9 月 2 日）。第二次英布战争期间（1899 年 11 月—1902 年 5 月），短期在南非指挥。在英国和印度担任了几个职务及驻法国武官一年后，1911 年晋升少将。1914 年 8 月第一次世界大战爆发时，在拉瓦尔品第。被派往美索不达米亚，1914 年 12 月参与攻占古尔奈的作战行动。1915 年 4 月 12 日在舍伊巴战役中指挥第六师。5 月 31 日向上游机动，6 月 3 日占领阿马拉。英军巩固其既得成果（7—9 月）后，开始了新一轮的攻势行动，他率驻上游的第六师于 9 月 28 日攻占库特-阿马拉。他继续向巴格达进军，但因缺乏补给和增援，在阿齐济耶滞留达六周之久。在没有增援力量但得到补给的情况下，他重新开始进军（11 月 11 日）。12 月被努尔丁指挥的力量强大得多的土耳其军队驱回。撤退，在库特-阿马拉建立一个防御阵地，将骑兵和所有伤病员送回下游。驻有其 9000 名士兵的要塞不久于 12 月 9 日被包围。土耳其军队成功地阻击了英军对要塞的三次救援行动。因补给耗尽，且大部士兵非伤即病，他被迫于 1916 年 4 月 29 日投降。他个人得到善待，但其部下却缺乏良好的医疗条件和足够的食物。一年后被土耳其人释放，任英国政府的使节（1917 年）。返回英国后，公众和舆论对其对部下的漠不关心表现出极大的愤怒。再也没有得到指挥权。卒于 1924 年。

汤森德直至吉德拉尔战一役才开始崭露锋芒。他在美索不达米亚进行的作战行动是可以肯定的，但舆论对其不关心处于苦难中的部下的批评也是正确的。不过，即便按照英国陆军的标准，他也是一位古怪的人。

DLB

参考：
Farwell, Byron, Queen Victoria's Little Wars. New York, 1972.

Hayes, Grace P., World War Ⅰ: A Compact History. New York, 1972.

DNB.

丰田副武（Toyoda, Soema, 1885—1957 年） 日本海军上将、战犯。参加主要战争：第二次世界大战（1941—1945 年）。

丰田副武 1885 年生于大分县。1905 年毕业于海军军官学校。1911 年毕业于海军射击学校，1913 年在此任教。后又在海军大学毕业。1917 年升至海军少校。1919—1922 年在英国任驻扎官。1925 年升至海军上校并作海军大学教员。1930—1931 年指挥一艘巡洋舰和一艘战列舰。1932 年任海军军令部第二班班长。1933—1935 年历任联合舰队参谋长、海军教育局课长等职。1935 年升至海军中将并任海军军务局局长。1937 年任南海托管地第四舰队司令。1939 年任海军舰政本部长。1941 年升至海军上将。1941—1943 年连续担任基地司令。1944 年 5 月被任命为联合舰队司令。他确信使战争遭至惨败的因素可以通过与美国舰队的一次战斗机会而反转过来。这导致了 1944 年 6 月 19—20 日的菲律宾海战斗以及日本航空母舰实质性的毁灭。担任海军总参谋部参谋长时，他坚持 1944 年 10 月 24—25 日在莱特湾对美军全力攻击，结果日本海军剩余力量也遭到毁灭。由于日本军事情况恶化，丰田副武和阿南惟几、梅津美治郎争论起是否将战争进行到底，最后同意只有在帝国的高压下才停止战斗。1945—1948 年作为战犯被宣判有罪并投入监狱。卒于 1957 年。

MRP

参考：
Dull, Paul S., A Battle History of the Imperial Japanese Navy (1941—1945). Annapolis, Md., 1978.

Morison, Samuel Eliot, History of United States Naval Operations in World War Ⅱ. Ⅲ: The Rising Sun in the Pacific, 1931—April 1942. Ⅷ: New Guinea and the Marianas, March 1944—August 1944. Ⅻ: leyte, June 1944—January 1945. Boston, 1950—1958.

丰臣秀吉（Toyotomi, Hideyoshi, 约 1536—1598 年） 日本武将。参加主要战争：统一战争（1550—1615 年）；参加主要战役（战斗）：桶狭间（安城附近）之战（1560 年）、稻川之战、姊川（琵琶湖的长滨附近）之战（1570 年）、长岛之战（1575 年）、山崎（在大阪和京都之间）之战（1582 年）、志津竹（长滨附近）之战（1583 年）、小牧战役（1584 年）、四国岛战役（1585 年）、九州岛战役（1586 年）、关东（位于东京平原）战役（1590 年）、侵略朝鲜战争（1592—1593 年和 1597—1598 年）。

丰臣秀吉约 1536 年生于尾张国（名古屋附近）一个姓木下的农民家庭。少年时给骏国（清水附近）的大名当侍从，不久又投奔了织田信长。织田赏识秀吉的天资，同时 1560 年 6 月秀吉又取得桶狭间捷报，所以织田有意多提拔他。1567 年，织田在稻川之战中夺取了西都城堡，而秀吉在此役中功劳最大，因此开始崭露锋芒。后来，他参加了多次重大战斗，表现出色，因而得到封地，成为近江国（琵琶湖附近）的领主。1575 年 6 月，他跟随织田参加了著名的长岛战役，这是织田指挥的最后一次战斗。1582 年 7 月 21 日，当他正在率军围攻高松时，他得知织田被其家臣明智光秀刺死。随后他率军向南，于 7 月 4 日在山崎击败并杀死叛臣光秀，为织田报了仇。在织田的主要家臣会议中，他力主以信长之孙为织田家的后嗣，反对拥立信长的第三个儿子。此后丰臣秀吉开始了统一全国的战争。1583 年，在志津竹织田打败了对手柴田。1584 年初，当秀吉调集部队围攻柴田的都城时，柴田自杀死亡。秀吉与其最强大的对手德川家康对阵于小牧数月不下，遂于 1584 年 7 月停战签订和约，他任统摄大权的关白一职，并赐姓丰臣。从此，他成了日

本实际上的执掌者。1584—1585 年，为了巩固手中权力，他消除了一宗佛教派势力。1585 年，他挥师四国岛，征服了一个大名。1586—1587 年，他发动了九州岛战役。尽管其军队庞大，但只取得了一般性的胜利。1588 年他颁布了《剑枪法令》，禁止平民、武士和大名持有武器，拆毁各地不必要的城堡，鼓励武士加入世袭军人的行列。1590 年，在德川家康的支持下，秀吉消灭了本州岛中北部的北条氏势力，统一了全国。为了缓解流浪武士不稳定的情绪，解决就业问题，1592—1593 年间，他发动了侵朝战争，转移人们对国内问题的注意力。侵朝战争之初，日本取得了一定的胜利，但中国明军的介入，阻止了日军的推进，最终迫使其撤退。此后，双方进行和谈，但秀吉野心不死，继续招兵买马，扩充军力，致使和谈破裂，1597—1598 年间，他发动了第二次侵朝战争，但仍未达到目的。自此以后，他的精力开始逐步减退，也可能是得了精神错乱症，但是仍过问国事。1598 年 9 月，秀吉突然死亡。他所建的五人摄政委员会只存在了两年多就被取缔了。

在 16 世纪的日本，最著名的历史人物是由丰臣秀吉、织田信长和德川家康平分秋色。丰臣秀吉从一个农民发展为日本实质上的统治者，这在现代文明诞生之前，在任何国家都是少见的，特别是在中世纪的日本社会等级分明的情况，更是罕见。尽管其貌不扬，但是他诡计多端、意志顽强，且有些固执。他不仅是一介武夫，而且是个精力极为充沛的、能力非凡的政治人物。他执政时，部分地促进了艺术的发展，鼓励著名的艺术家和建筑家百山（1573—1603 年）努力形成并发展自己的风格。其晚年由于急于解决国内不稳定状况，导致其错误决策，变得愚笨和更加残暴了。

LH

参考：Dening, Walter, The Life of Toyotomi Hideyoshi. London, 1930.

Elison, George, and Bardwell L. Smith, eds., Warlords, Artists and Commoners. Honolulu, 1981.

Hall, John W., Government and Local Power in Japan, 500—1700. Princeton, N.J., 1966.

Murukami Hyoe and Thomas J. Harper, Great Historical Figures of Japan. Toky, 1981.

图拉真(Trajan Marcur Ulpius Traianus, 53—117 年) 罗马皇帝。参加主要战争：历次达西亚战争（101—107 年）、东方战争（113—117 年）。

图拉真 53 年生于西班牙塞维利亚附近的伊塔利卡，其父亲曾经是韦帕芗手下的一名将军和执政官。在 78—88 年的 10 年时间里担任军事保民官，其中有段时间跟随他父亲在叙利亚服役。担任在西班牙的一个军团的指挥官。88—89 年，按照皇帝图密善的命令，率领其部队同安东尼·萨土尔尼努斯作战，并取得胜利。91 年，再度出任执政官。96 年，被涅尔瓦任命为上日耳曼地区（尤拉山脉与孚日山脉之间地区）总督。97 年 10 月 27 日，皇帝涅尔瓦在内乱外患交迫的情况下，宣布图拉真为其继承人。98 年 1 月底继涅尔瓦登基成为罗马皇帝。98—99 年，对莱茵河和多瑙河边境进行了一次大范围的视察。达西亚王国（大体位于现在的罗马尼亚）是一个独立的山地国家，其国王德卡布鲁斯夜郎自大，时常与罗马发生冲突，101—102 年，图拉真率军击败了德卡布鲁斯。105—106 年，德卡布鲁斯又发动了一次叛乱，图拉真率军征讨，将达西亚入侵者赶出了默西亚（保加利亚北部地区），又经过一场艰苦的作战，占领了达西亚首都萨米泽杰图萨（卢戈日）。107 年，吞并了达西亚。与此同时，他在 106 年曾吞并了阿拉伯半岛的佩特拉（西奈，位于约旦北部地区）。113—114 年，当帕提亚（安息）国王科斯洛厄斯将他自己的代理人扶上亚美尼亚的王位时，图拉真立即做出强烈反应，率领一支大军东进，横扫亚美尼亚和美索不达米亚。而后于 114—115 年又率军南下，占领了泰西封城，再顺底格里斯河航行到波斯湾。115 年，科斯洛厄斯重新组建一支战斗力更强大的新的军队，再次发动进攻，将罗马的守备部队赶出了美索不达米亚北部地区，正在返回罗马途中的图拉真立即停止前进，又返回东方，116 年，对安息（帕提亚）的军队进行了强有力的反击，将科斯洛厄斯赶出了美索不达米亚。翌年年初他身染重病，准备返回罗马。指定其亲属阿德里安为其继承人。117 年 8 月 8 日，图拉真卒于西利西亚（位于土耳其南部地区）的塞利努斯（位于德米尔塔斯）。

图拉真是罗马最有能力的皇帝之一。作为军人，他具有相当高超的军事素养，十分热爱这一职业，而且精力充沛、勇于进取、机智灵活，是一位能力出众、足智多谋的指挥官。作为统治者和管理者，他公正诚实、和蔼仁慈，并同元老院保持着良好的合作关系。他对发展意大利的经济和文化也做出了巨大的贡献。由于他作为统治者在各个方面都表现出了超凡的才能，因此被授予“最高尚的人”的称号，但直到 114 年他才接受了这一荣誉。

DLB

参考：Henderson, Bernard William, Five Roman Emperors: Vespasian, Titus, Domitian, Nerva, Trajan, A. D. 69—117. Cambridge, 1927.

Lepper, F. A., Trajan's Parthian War. Oxford, 1948.

Rossi, Lino, Trajan's Column and the Dacian Wars. Ithaca, N. Y., 1971.

EB.

OCD.

特拉维斯，威廉·巴雷特(Travis, William Barret, 1809—1836 年) 美国冒险家。参加主要战争：得克萨斯独立战争（1835—1836 年）；参加主要战役（战斗）：阿拉莫之战

(1836 年)。

特伦查德第一子爵，休·蒙塔古(Trenchard, Hugh Montague, 1st Viscount, 1873—1956 年) 绰号“呼啸”、“皇家空军之父”。英国空军元帅；参加主要战争：第二次英布战争（1899—1902 年）和第一次世界大战（1914—1918 年）。

特伦查德 1873 年 2 月 3 日生于萨默塞特郡的汤顿。早年欲加入海军和进入伍利奇军事工程学院的愿望未能实现。1893 年经第三次努力才通过民兵组织考试。参加了第二次英布战争（1899—1902 年）及在尼日利亚的作战行动（1902—1904 年），但不为人所知。在一个朋友的建议下开始学习飞行，加入早期的皇家航空队。1913 年任中央飞行学校校长。第一次世界大战期间，担任皇家航空队司令，他提倡进攻，并促进空军成为独立的军种。1918 年 1 月任第一任空军参谋长。1918 年 4 月辞职，但丘吉尔 1919 年 2 月 15 日任空军部长时，被丘吉尔召回，并被封为从男爵。1927 年成为皇家空军的第一位元帅，任空军参谋长至 1929 年退役。1930 年被封为男爵。1931—1935 年，任大都会警察局局长。1936 年被封为子爵。1936—1953 年，任联合非洲公司董事长。1956 年 2 月 10 日卒于伦敦。

特伦查德的眼界和行政才能在其领导皇家航空队和皇家空军时得到了最为充分的体现。他不是理论家，但对皇家空军的参谋部和支援系统贡献极大。

DLB

参考:Boyle, Andrew, (Trenchard). London, 1962.
Raleigh, Sir Walter, and H. A. Jones, The War in the Air. 6vols. London, 1922—1937.

特龙普，科尔奈利斯·范(Tromp, Cornelis van, 1629—1691 年) 荷兰海军中将。参加主要战争：第一次（1652—1654 年）、第二次（1665—1667 年）和第三次（1672—1674 年）英荷战争、荷兰与法国的战争（1672—1678 年）；参加主要战役（战斗）：里窝那之战（1653 年）、洛斯托夫特之战（1665 年）、四天海战（泰晤士河河口附近，1666 年）、斯洪菲尔德浅滩（位于斯海尔德河河口）之战（1673 年）、亚斯蒙德（位于吕根岛）之战（1676 年）。

特龙普（1629 年 9 月 9 日）生于鹿特丹，海军舰长马尔滕·范·特龙普的次子。年青时即出过海，并参加了对北非伊斯兰教海盗的作战（1648 年），因功晋升为上校（1649 年）。随加伦的远征军前往地中海（1652—1653 年）。在里窝那附近海域与英国海军进行的作战（1653 年 3 月 13 日）中，加伦战死。之后，特龙普接任这支舰队的司令并晋升为少将。在与北非伊斯兰教海盗的作战中再立战功。曾随奥普丹的舰队进行对瑞典军队的哥本哈根解围战（1658 年 10 月 29 日和 1659 年 2 月 11 日）。后率一支小部队返回地中海，但仅获几场小胜（1663 年）。第二次英荷战争爆发后，特龙普重返海军，率一支小舰队随奥普丹将军参加了残酷的洛斯托夫特之战（1665 年 6 月 13 日），并在奥普丹战死后掩护这支荷兰舰队的部分军舰后撤。其对手米海尔·德·勒伊特从西印度群岛返回之前，他一直担任内河舰队司令。勒伊特返回后，他被迫将司令职务交给这位资深的海军将领（1666 年初）。随勒伊特参加了四天海战（1666 年 6 月 11—14 日），在荷兰海军战胜蒙克的这场来之不易的作战中做出了贡献。由于他在荷兰军战败的北福兰角海战（1666 年 8 月 5 日）中被误认为不予合作，勒伊特怒火中烧，特龙普也愤而辞职。他拒绝了加入法军的动议，后在第三次英荷战争前夕经奥兰治的威廉三世的斡旋才与勒伊特进行和解（1672 年）。官复原职后，参加了斯洪菲尔德运河之战（1673 年 6 月 7 日和 14 日），指挥卓越、强劲。《威斯敏斯特条约》签订（1674 年 2 月 19 日）后，他袭扰法国的沿海运输，后进入地中海同骑士团作战。回国后受到谴责，但在英国受到国王查理二世的热情接待。后被任命为荷兰的海军中将，及荷兰丹麦联合舰队总司令，奉命北上帮助丹麦军队同瑞典和法国军队作战。他率 17 艘军舰，借助尼尔斯·尤尔的支援，在厄兰之战（1676 年 6 月 1 日）中战胜了瑞典海军。返回荷兰任海军要职之前，特龙普短期投效过勃兰登堡的选帝侯。晋升为荷兰的海军副统帅（1691 年初），但他病魔缠身，不久后卒于阿姆斯特丹（1691 年 5 月 29 日）。

科尔奈利斯·范·特龙普不是像其父那样的海军指挥官，他的军事生涯因与勒伊特无休无止的争吵而受到损害。但他是一位能干的部将，勇敢而顽强，常常是独当一面的优秀指挥官。

DLB

参考:Mets, James Andrew, Naval Heroes of Holland. New York, 1902.
Vere, Francis, Salt in Their Blood: The Lives of the Famous Dutch Admirals. London, 1955.

特龙普，马尔滕·哈珀特松·范(Tromp, Maarten Harpertzoon van, 1597—1653 年) 荷兰海军中将。参加主要战争：三十年战争（1618—1648 年）、第一次英荷战争（1652—1654 年）；参加主要战役（战斗）：唐斯（北、南福兰角之间）之战（1639 年）、邓杰内斯之战（1652 年）、波特兰（两地均位于英格兰）之战（1653 年）、加巴德浅滩（比利时的尼乌波特附近海域）之战（1653 年）、斯海弗宁恩之战（1653 年）。

特龙普生于布里勒，是海军军官之子。8 岁时出海前往西印度群岛。后为英国私掠船所擒（约 1609 年），其父被害，其本人被囚禁两年。加入荷兰海军（1617 年），不久后参加了对北非伊斯兰教海盗的惩罚性远征。加入荷兰商船队（1619 年）后，再次为海盗所擒（1621—1622 年）。返回荷兰重新加入海军，并晋升为上

T

校舰长（1624 年）。在与西班牙再度爆发的战争（1621—1648 年）中，特龙普的技巧和能力受到许多人的赏识，被任命为舰队司令的旗舰舰长（1629 年）。可能参加了荷兰海军取得胜利的斯洛克河之战（1631 年），后因与新任舰队司令多普不和而辞去职务。被任命为默兹河舰队的装备局长（1636 年），多普辞职后被任命为荷兰海军的副司令（1637 年）。成功地指挥了对敦刻尔克私掠船队的惩罚性袭击，并在那里歼灭了一支西班牙小型舰队（1639 年 2 月）。唐斯之战（1639 年 10 月 21 日）中击败安东尼奥·德·奥肯多的西班牙-葡萄牙舰队，全歼其优势舰队，俘获其护航的运输船队。因这一胜利被法国国王路易十三册封为贵族（1640 年）。查理一世将女儿嫁与奥兰治的威廉二世后也册封特龙普为爵士（1642 年）。多次进行对海盗的作战，其中包括与孔代率领的法国部队一起对敦刻尔克的联合作战，后夺取该城（1646 年 9 月 7 日—10 月 11 日）。尽管特龙普提出过警告，但由于没有真正的海上威胁，荷兰海军开始衰败（1646—1651 年）。当新的来自于英国的海上商业威胁出现后，他才得以实施改革和重整装备（1651 年）。在古德温沙洲（迪尔斯附近海域）之战（1652 年 5 月 29 日）中打退布莱克的进攻，但损失了两艘军舰。因不与布莱克交战其职曾短期为维特所代（7—8 月）。后返回海上，在邓杰内斯打败布莱克的优势兵力（1652 年 12 月 10 日），并将其赶入泰晤士河。连续三天在波特兰附近海域挫败了布莱克破坏其护航的企图（1653 年 2 月 28 日—3 月 2 日）。尽管损失了 4 艘军舰和约 25 艘商船，但他完成了护航任务。他在加巴德浅滩与迪恩和蒙克进行了一场未分胜负的战斗，布莱克率援军到来后，荷兰军被击退，损失惨重（1653 年 6 月 12 日）。突破了英军封锁，但在斯海弗宁恩附近水域被蒙克拖入战斗（1653 年 8 月 10 日）。交战以特龙普的旗舰为中心，进行得十分激烈，他被步枪击中身亡，后荷军失败，损失军舰约 20 艘。特龙普受到英雄般的祭奠，葬于代尔夫特，后为彰其功绩在那里树立了一座纪念碑。

特龙普是一位极其能干的水兵，舰际近距离作战的大师。他的失败是由于英军的装备和战术更为先进。

DLB

参考：Geyl, Peter, The Netherlands in the Seventeenth Century. 2 parts. New York, 1964.
Mets, James Andrew, Naval Heroes of Holland. New York, 1902.
Vere, Francis, Salt in Their Blood: The Lives of the Famous Dutch Admi-rals. London, 1955.

托洛茨基，列昂（Trotzky, Leon, 1879—1940 年） 绰号“俄国革命中的卡诺”。苏联革命家和政治家。参加主要战争：第一次世界大战（1914—1918 年）、苏俄国内革命战争（1917—1921 年）、苏俄-波兰战争（1919—1920 年）。

托洛茨基 1879 年生于基洛沃格勒的一个中产阶级犹太家庭。可能 1898 年毕业于敖德萨大学。不久，他作为一名革命分子被逮捕，并被流放至西伯利亚。1902 年以署名为“列昂·托洛茨基”的假护照逃至英国，后一直使用此名。1902—1905 年，在伦敦会晤了列宁和普列汉诺夫，并向《红星报》投稿。返回俄国参加 1905 年的起义。被逮捕、流放至托博尔斯克，后逃至维也纳。作为记者，他四处旅行（1905—1917 年）。1912—1913 年，任驻土耳其的战地记者。1916 年被驱逐出法国后，曾在纽约短期生活。1917 年在列宁返回俄国后，他不久亦抵达俄国。在十月革命中扮演了重要角色（11 月 7 日），后任外交人民委员。任与德国和谈的苏俄首席代表，面对苛刻的德国谈判条件，其“不战，不和”的政策未能得逞，这导致苏联后来被迫接受条件更为苛刻的《布列斯特-立托夫斯克和约》（1918 年 3 月 3 日）。1918 年任军事人民委员，负责组建、装备和训练红军。利用红军所处的中央地位及其对铁路网的运用击败了入侵的高尔察克的西伯利亚军队（1919 年 6—7 月）和邓尼金的南方军队（10—11 月）。托洛茨基在对波兰反革命势力的进攻（这是列宁的命令，尽管他本人反对）时遭到失败（1920 年 5—8 月），最后在南乌克兰和克里木被弗兰格尔击败（10—11 月）。他主张将红军发展成为一支国家民兵组织，而非一支职业军队，这使他在政治上遭到挫败，1923 年，其职务被伏龙芝取代。就任几个较为低级的职位后，因“反党行为”于 1927 年 11 月被逐出共产党。1928 年 1 月被流放至苏联本土的土耳其斯坦。1929 年他被流放至土耳其。后居住于挪威（1936 年—1937 年 6 月）和墨西哥（1937—1940 年）。1940 年 8 月 20 日被暗杀致重伤，卒于翌日。

托洛茨基从一位记者和革命者成长为一位著名的组织者和行政管理者，显示了其卓越的才华。他将红军从一支由穷苦工人组成的民兵组织改造成为一支高效、充满活力的战斗部队。而且，他在招用沙皇军官任红军指挥官方面有一定收效。他乘火车到前线视察，其携带的军需品及奖励、惩处措施对提高士气发挥了重要作用。

DLB

参考：Chamberlin, William H., (The Russian Revolution, 1917—1921). New York, 1935.
Trotsky, Leon, (The History of the Russian Revolution). English tranlation. 3 vols. in one, New York, 1937.
——, (My Life). New York, 1930.
White, D. F., (The Growth of the Red Army). Princeton, N.J., 1943.

特鲁布里奇，查理·托马斯爵士（Troubridge, Sir Ernest Charles Thomas, 1862—1926 年） 英国海军上将。参加主要战争：第一次世界大战（1914—1918 年）；参加主要战役（战斗）：追击格本。

特鲁布里奇生于1862年。他年轻时加入海军。1913年在第一次世界大战爆发前夕，他获得晋升，指挥在地中海的英国铁甲巡洋舰中队。第一次世界大战爆发时，他奉命率领一支由4艘巡洋舰组成的舰队，其中每艘巡洋舰均装备有一门口径为9.2英寸（23.37厘米）的主炮、排水量为14 000吨，前往拦截德国的战列巡洋舰“格本”号及其轻型巡洋护航舰“布雷斯劳”号，但却被指示，如果对方占有绝对优势，则避免与德军发生冲突。他仅仅跟踪但是没有靠近这两艘德国舰只，认为“格本”号上是11英寸口径的火炮。他允许德军舰只逃入爱琴海，驶抵伊斯坦布尔。其所为后被一个军事法庭判决无罪。1916年春，他担负一项赴塞尔维亚的海军使命，指导将塞尔维亚部队和难民从阿尔巴尼亚港口疏散出来。是年后期，他被晋升为海军中将。1919年被晋升为海军上将。卒于1926年。

特鲁布里奇年轻时，以海军最英俊的军官而著名。他是一位卓有才华的参谋和一位严格的海员，受到海军大臣温斯顿·丘吉尔的赏识。

DLB

参考：Hayes，Grace P.，(World War Ⅰ：A Compact History). New York，1972.
Tuchman，Barbara，(The Guns of August). New York，1962.
DNB.
WBD.

小特拉斯科特，卢西安·金（Truscott，Lucian King，Jr.，1895—1965年） 美国陆军上将。参加主要战争：第一次世界大战（1917—1918年）、第二次世界大战（1941—1945年）；参加主要战役（战斗）：迪耶普之战（1942年）、北非战役（1942—1943年）、突尼斯战役（1943年）、意大利南部战役（1943—1944年）、法国南部战役（1944年）、波河河谷之战（1945年）。

特拉斯科特1895年1月9日生于得克萨斯州查特菲尔德（科西卡纳附近）。后在那里和俄克拉何马长大，1911—1917年在俄克拉何马州任教。1917年4月美国参加第一次世界大战即被征召入伍。8月通过了军官训练，获骑兵预备役少尉。1920年驻夏威夷（1919—1921年）时，提升为陆军上尉。1922—1925年随第一骑兵团驻亚利桑那。从堪萨斯州赖利堡骑兵学校毕业后，被提升为陆军少校。1926—1931年在骑兵学校任教。1931—1934年在第三骑兵团服役。1936年提升为陆军中校并从指挥和参谋学院毕业。在该校任教以后，1940年9月被分派至第十三装甲团。1941年7月到华盛顿路易斯堡的第九军参谋部任参谋。1941年12月升为临时陆军上校。1942年5月晋升临时陆军准将。受命到路易·蒙巴顿勋爵麾下的盟军联合作战参谋部并指挥英国突击队的作战行动。3—8月，运用类似办法招募并训练一部突击队员，发展起一支坚韧而又高度机动的突击队。1942年8月19日带领该队第一次在迪耶普实施主要作战行动，虽然从总体上，整个战斗遭到惨败，但他们勇敢作战，赢得声誉。10月提升为陆军少将，参加“火炬”行动，11月8日带领特遣部队夺取摩洛哥利奥特港（盖尼特拉）。1943年3月指挥第三步兵师以前，临时被任命为艾森豪威尔将军战地副指挥官。7月10—8月17日西西里战役期间指挥第三陆军师，后来（9月18日）带领该师登陆增援盟军在萨勒诺的滩头阵地。10—12月参加沃尔图诺河战役。1944年1月22日发起其第四次水陆两栖袭击，带领第三师在安齐奥登陆。2月在安齐奥滩头阵地继约翰·F.鲁卡斯将军任第六军军长。5月23日—6月4日参加安齐奥滩头突破战和夺取罗马的战斗。其第六军（包括第三、第三十六和第四十五师）调转到亚历山大·M.帕奇将军的第七集团军用以进攻法国南部。自8月15日起在法国里韦拉、圣德罗佩和圣拉斐尔附近（8月15—28日）的两星期战役中，指挥追击并歼灭法国南部大部分德军机动部队，缴获1300门大炮，俘虏32 000人，在仅伤亡7200人的代价下向前推进280公里。9月提升陆军中将，直到12月调往指挥在意大利的第五集团军止，一直留在第六军。1945年4月14日，在他的指挥下，第五集团军作为马克·克拉克将军第十五集团军群的一部，发起对波河河谷的最后攻击。4月20日突破德军前线，21日攻占博洛尼亚向北横渡波河直取热那亚和亚历山大。当10月第五集团军按兵不动时，特拉斯科特代替巴顿在巴伐利亚任第三集团军司令。1946年5月回到美国。1947年10月从部队退役。1951年5月被任命为美国驻西德高级代表。1951年出版《指挥使命》，7月在退役名单上被提升为陆军上将。1965年9月12日卒于华盛顿特区。

作为第二次世界大战中美国最优秀的战斗指挥官，特拉斯科特是一位意志坚韧且好战的军人，自信而果断。他不仅能迅速发现需要做什么，而且马上动手去达成目标，坦诚、直率和有力的领导为他赢得了下属乃至上司的尊敬。他的著作《指挥使命》，是用英文描述二战的最好的自传之一。

KS and DLB

参考：Blumenson，Martin，Anzio：The Gamble That Failed. Philadelphia，1963.
Clark，Mark W.，Calculated Risk. New York，1950.
Truscott，Lucian K.，Jr.，Command Missions：A Personal Story. New York，1954.
DAMB.
WAMB.

特拉克斯顿，托马斯（Truxtun，Thomas，1755—1822年） 美国海军军官；参加主要战争：美国独立战争（1775—1783年）、同法国的半官方战争（1798—1800年）。

特拉克斯顿1755年2月17日生于纽约州长岛的亨

普斯特得。12 岁出海，15 岁选入皇家海军。他的能力得到了英舰“慎重”号（有 64 门炮）舰长的重视，被任命为助手并选拔为候补军官，但他拒绝接受。在朋友的帮助下，特拉克斯顿逃出皇家海军。后在商船服役，20 岁时任“安德鲁·考德威尔”号船长。不久，特拉克斯顿开始准备起义反对英军，他将军火运入费城，但 1775 年下半年，他的船只在里海的圣卡茨附近被英舰“阿尔格斯”号捕获。1776 年夏，他返回费城。任命为私人船“议会”号上尉，他在古巴海岸捕捉了几艘英船。他又返回海上，曾在一系列船上任船长，包括“独立”号和“贸易”号，他缴获了许多战利品，并将许多货物带至殖民地。战争结束后的 1783—1795 年，仍在商船上服役，指挥几位东印第安人。1798 年 6 月 4 日被任命为新建美国海军的六位上校之一，指挥有 36 门炮的“星座”号以便同法国进行不宣而战的半官方战争。在率领几艘小船巡弋于加勒比海时，在圣凯茨俘获了 40 门炮的法国快速舰“起义”号。第二年，仍在加勒比海巡弋时，发现了法国有 50 门大炮的快速舰“复仇”号，经一天的努力于 1800 年 2 月 1 日咬住该舰，在四个小时的炮战中，法舰至少有两次向他降旗投降，但因烟雾和天暗，均没有看见，当他最后一门炮停火后，法舰才得以设法逃脱。“星座”号已不能追击，因为其主桅已断。1800 年夏至 1801 年 5 月，乘“总统”号（44 门炮）继续在西印度群岛水域巡弋。5 月返回美国后，升任舰队准将，以便同巴巴里海盗作战。不知是误解还是政治上的阴谋，当特拉克斯顿抱怨他的旗舰“切萨皮克”号上缺少一位舰长时，他便被解职了。他先生活在珀斯安博伊，1806 年后生活在费城，1816—1819 年仍在海军中服役，任费城行政司法长官。1822 年 5 月 5 日卒于费城。

特拉克斯顿是一位有进取心的天才海军指挥官，他是运用舰对舰战术的高手。他甚至在同绝对优势的敌人作战时，也表现出其坚定、顽强的信念和必胜的决心。

Staff

参考：Allen, Gardner W., Our Naval War with France. Boston, 1909.

Clark, William B., Ben Franklin's Privateers: A Naval Epic of the American Revolution. Baton Rouge, 1956.

Ferguson, Eugene S., Truxtun of the Constellation: The Life of Commodore Thomas Truxtun, U. S. Navy, 1775—1826. Baltimore, 1956.

Nash, Howard P., The Forgotten Wars: The Role of the U. S. Navy in the Quasi War with France and the Barbary Wars, 1789—1805. New York, 1968.

特赖恩，威廉（Tryon, William, 1729—1788 年） 英国将军和政治家。参加主要战争：美国独立战争（1775—1783 年）；参加主要战役（战斗）：阿拉曼斯（位于北卡罗来纳的伯灵顿附近）之战（1771 年）、丹伯里袭击战（1777 年）、康涅狄格沿海袭击战（1779 年）。

特赖恩（1729 年）生于英格兰的萨里。曾在第一团步兵警卫中任职（1751 年）。大概是通过其妻与希尔斯伯勒勋爵的关系，他被任命为北卡罗来纳的副总督（1764 年），在阿瑟·多布斯总督死后晋升总督（1765 年 3 月）。他积极支持《印花税条例》（1765 年），但当殖民地人骚扰并威胁皇家官员时，他除了暗示应派遣军队外即束手无策。边远地区“调整派”的叛乱者发动骚乱，抗议不公正税收时，他有所作为，在阿拉曼斯河打败了他们（1771 年 5 月 16 日）。根据其盼望已久的愿望，他调任纽约总督，乘船到达那里接替邓莫尔勋爵（7 月）。不久即卷入了与新罕布什尔和印第安人的边境冲突以及土地问题之中，后前往英国陈述其困难（1774 年 4 月—1775 年 7 月）。美国独立战争爆发后返回纽约，被迫在一艘英国军舰上避难（10 月），直到英军夺取纽约（1776 年夏）。获准统领亲英部队（1777 年）后，特赖恩指挥了对康涅狄格的丹伯里（1777 年 4 月）和纽约的大陆村（皮克斯基尔附近，10 月 9 日）的袭击。因此战立功而晋升为当地的少将并被任命为第七十步兵团的上校团长（1778 年）。再次指挥袭击康涅狄格沿海（1779 年 7 月），后因健康不佳被迫辞职，并乘船前往英国（1780 年 9 月 4 日）。晋升为中将（1782 年）。卒于 1788 年 1 月 27 日。

特赖恩是一位能干、足智多谋的行政家，也有一定的军事指挥才能，但在独立战争期间其维持现状的作法对英国殖民事业无所作为。

Staff

参考：Boatner, Encyclopedia.

Haywood, Marshall D., Governor William Tryon and His Administration inthe Province of North Carolina. Raleigh, N. C., 1903.

DAB.

蔡锷（Ts'ai o, 1882—1916 年） 中国近代军事家。参加主要战争：中国旧民主主义革命（1911—1916 年）。

蔡锷 1882 年生于湖南省宝庆府（今邵阳市）。师从革命的资产阶级民族主义者梁启超。进入清朝末期的新军，得到快速提升。1911 年任协统（相当于旅长）和云南讲武堂的教官，那时，朱德即是其中的一个学生。作为一位有才华的指挥官——云南都督，他支持发动“二次革命”（1913 年）。被袁世凯诱至北京，并被囚禁。1915 年 11 月逃出，绕道日本和越南返回云南。他组建了一支 1 万人（包括朱德）的护国军，阻止袁世凯复辟帝制（12 月）。12 月 25 日宣布云南独立。他很快得到两广（广东、广西）的呼应。袁世凯因两位高级将领段祺瑞和冯国璋拒绝进攻蔡锷（1916 年 1 月），被迫放弃其称帝的主张。后任四川省督军（1916 年 6 月）。因病赴日本就医，不治逝世。

PWK

参考：Ch'en，Jerome，(Yuan Shih-k'ai，1859—1916). Stanford，Calif.，1916.

曹锟(Ts'ao K'un，1862—1938 年) 中华民国时期北洋军阀首领。参加主要战争：中国旧民主主义革命（1911—1916 年）和中国内战（1916—1926 年）。

曹锟系直隶天津人，他曾是一名布匹商贩，因经济窘迫加入清朝帝国军队。作为一名有发展前途的战士，他被送往北洋武备学堂学习。被任命为军官，并被派至袁世凯的北洋军。1906 年在北京附近继段祺瑞任第三镇统制（相当于师长）。1911—1912 年，他支持袁世凯称帝。袁世凯于 1916 年 6 月 6 日死后，他任直隶督军。支持冯国璋将中国置于北洋军阀集团统治之下（1916—1917 年）。他放弃冯国璋的事业，转而帮助段祺瑞推翻临时复辟的溥仪（1917 年 7 月 1—12 日）。1918 年 8 月，他反对段祺瑞提出的为获得外国财政援助而有名无实地参加第一次世界大战的主张。他的背信弃义（还有冯国璋对段祺瑞的进攻计划的反对）使得北洋军阀集团瓦解（9—10 月），分裂成为规模较小的段祺瑞的皖系和直系，此举亦使得段祺瑞辞职（11 月 22 日）。他放弃其部队的指挥权，但继续担任直隶督军，直至其于 1923 年 10 月通过公开行贿获得总统之职。他不体面的竞选活动使得整个中国陷入一片混战，激起朝野的极大愤怒，而他也只是因为得到其以前的部下军阀吴佩孚的支持才得以保全其徒有虚名的权力。当吴佩孚的部下冯玉祥 1924 年 10 月 23 日发动北京政变时，他被囚禁，因其答应退休才被释放。卒于 1938 年。

PWK

曹操(Ts'ao T'sao，155—220 年) 中国三国时期将军及政治家。参加主要战争：汉朝末期战争（198—220 年）；参加主要战役（战斗）：官渡之战（河南省中牟县）、赤壁之战（战场位于长江流域的湖北省境内，208 年）。

曹操 155 年生于一个宫廷官员家庭，受到了良好的教育。汉朝末期，以孝廉推举为郎，始入仕途，并担任一个地区的军事将领，成功地阻止了黄巾起义军对他所在地区的进攻。因为他在镇压黄巾起义中的功劳，成为东汉的丞相。当时皇帝实质上只是一个傀儡，他“挟天子以令诸侯”，平定了中国北方的战乱地区，在 198—206 年间，成为中国长江以北地区的实质统治者。开始向长江以南进军，但在 208 年的赤壁之战中，被孙权和刘备击败。216 年，被汉帝封为魏王，继续控制着中国的北方地区，因此开始了中国历史上的三国时期，即魏国、蜀汉和吴国。曹操卒于 220 年，将王位传于他的儿子曹丕。曹丕后来废黜了汉朝的最后一位皇帝。

曹操是一位具有严厉和苛刻性格的人，他的生活习惯稳健而有节制，也是一位优秀的诗人和弓箭手。作为一位将军，他以出奇的计谋、在危急关头沉着冷静和善于用人而著称，他写了一本兵书，在中国《三国演义》这本小说中，他被描写成一个反面角色。

PWK

参考：Fand，A.，The Chronicle of the Three Kingdoms (220—265). 2 vols. Cambridge，Mass.，1962—1965.

曾国藩(Tseng Kuo-feng，1811—1872 年) 中国清朝湘军将领。参加主要战争：镇压太平天国起义（1850—1864 年）和镇压捻军起义（1851—1868 年）。

曾国藩 1811 年生于湖南湘乡的一个乡绅家庭。受传统教育，1838 年通过科举考试成为进士。进入朝廷机构，爬升很快，1849 年成为年轻的吏部侍郎。以吏部侍郎被派至湖南组建团练，以抗击太平天国进行的革命行为（1852 年）。他采取明朝名将戚继光的治军方法，组建了一支由当地民兵组成的灌输以“忠君”思想的力量，后以此为基础组成了有 500 名士兵、180 名雇佣人员的部队以及一支有 5000 人和约 240 艘舢板船的水师，都装备有现代化的西方武器。尽管急躁而又有点神经质的清王朝政府再三督促他对太平天国运动采取行动，但他一直按兵不动，直到他安定湖南及完成其部队的训练和作战准备后，才在长沙附近对太平天国采取了第一次行动，告败。对此他极为沮丧，欲自杀未遂，被其部下救下。1854 年 5 月 1 日其水师在湘潭取得了一次胜利，10 月占领武昌（湖北）。其后向江西进发的行动被太平军打败，1855 年 4 月太平军重占武昌。随后的一段时间，他除保住自己的职位外，几乎一无所为（1855—1857 年）。1860 年任两江总督，被授予管理厘金以为自己的作战行动筹措资金。到 1860 年，其湘军人数已超过 12 万人，由一批著名的将领指挥，其中有李鸿章和左宗棠。1861 年中期，在安徽祁门的作战行动再一次受挫。然而，他并不罢休，他包围了太平天国占领的地区，对起义将领采取了残酷的镇压行动。他因此而获得诸多殊荣（1861—1862 年）。指挥围攻并攻陷了太平天国首都天京（即今南京，1863 年后期—1864 年 7 月 19 日）。因为是役的胜利以及俘虏忠王李秀成，官至一品。因湘军被清政府视为潜在的威胁，他提议解散湘军（8 月）。秋，被派至北方镇压回民起义，几乎未有胜绩。1866 年被解职，任直隶（河北）总督，进行洋务运动，在将西方的技术移植到中国文化方面小有成就。作为洋务运动的最初倡导者之一，在上海修建了能建造几艘现代化船只的江南制造局（1865—1872 年）。被派至调查天津发生的教案，建议对涉及此事的清朝官员予以严惩，加之残民媚外，受到舆论的谴责（1871 年）。调至南京任两江总督。1872 年卒于南京。

曾国藩是中国 19 世纪最著名的人物之一，集学者、官员和军人于一身。他以其对朝廷的忠诚和工作勤勉而在当时获得广泛赞誉。他在较长时期中一直处于极其有利的地位，却因过于保守，故其致力于中国现代化的努力极为有限，以致于未见长效。尽管湘军挽救了清廷，

T

但它也成为1890—1930年地方军阀部队崛起的先例。

PWK and DLB

参考：Ch'en, Gideon, Tseng Kuo-fan: Pioneer Promoter of the Steam- ship in China. Peking, 1935.
Chiang, Siang-tseh, (The Nien Rebellion). Seattle, 1954.
Hail, William J., Tseng Kuo-fan and Taiping. New York, 1964.
Michael, Franz, "Military Organization and the Power Structure of China During the Taiping Rebellion," Pacific Historical Review, vol. XVIII (1940).
Porter, Jonathan, Tseng Kuo-fan's Private Bureaucracy. Berkeley, Calif., 1972.
Wilhelm, Hellmut, "The Background of Tseng Kuo-fan's Ideology," Asiatische Studien, Vol. 3, Nos. 3-4 (1949).

左宗棠(Tso Tsung-t'ang, 1812—1885年) 中国清朝湘军将领。参加主要战争：镇压太平天国起义（1850—1864年）、镇压捻军起义（1851—1868年）、镇压回民起义（1867—1873年）和收复新疆（1874—1878年）。

左宗棠1812年生于湖南湘阴的一个举人家庭。接受了传统教育，于1832年成为举人，从而踏上其平步青云之路。1853年加入曾国藩的湘军镇压太平天国运动。1860年任将军，实施半独立的指挥，获巨大胜利。1862年出任浙江巡抚，负责进攻这个大部分为太平天国控制的省份，以归辖朝廷。他积极活动，不久于1864年将省内太平天国运动镇压。同时被任命为闽浙总督（1863年）。在福州建设了一个现代化的兵工厂和船坞。1866年被封为侯爵。1867年任西北的陕甘总督，奉命镇压在此地区的回民起义群众。在执行此命令之前，又被派参加镇压回民起义者的最后的作战行动（1867—1868年8月）。1868年秋，他仿效曾国藩组建湘军的做法，组建了一支地方部队。创建了高效的后勤保障体系，经过五年的艰苦努力镇压了回民起义（1868—1873年）。战斗胜利后，率部队进军被叛乱的封建主阿古柏占领的新疆。此时朝廷支持李鸿章和支持他的两派就军事政策展开了一场激烈的论战。李鸿章主张创建现代海军和一项海洋政策，他则认为应收复新疆并把乘乱入侵的沙俄赶出伊犁。结果左宗棠的同盟获胜（1875年4月）。在发起攻击之前，他进行了精心的策划（1876年3月）。他常赴距其最近的营地达三个月行军路程之遥的地方进行作战，征服了浩罕国入侵者，击败了其领导者阿古柏（1877年5月）。1878年恢复了清政府对新疆和伊犁的统治。这个成功也有助于清朝就收复伊犁的大部分地区而与沙俄进行的谈判（1881年）。1882年任两江总督。中法战争期间（1883—1885年），被任命为内阁大学士（1884年）。1885年卒于福州。

左宗棠是一位能干的学者型管理者，在制定后勤保障计划方面更有特别的天才。他在清朝西北和四川进行的远距离作战可与同时期欧洲军队的作战行动相提并论。他惊人的意志也同样让人叹为观止，因为很多战事期间，他正饱受痢疾和疟疾复发之苦。与李鸿章和曾国藩一样，他也是一位洋务运动的倡导者。

PWK

参考：Ch'en, Gideon, Tso Tsung-t'ang, Pioneer Promoter of the Modern Dockyard and the Woolen Mill in China. Peking, 1938.
Chu, Wen-djang, (The Moslem Rebellion in Northwest China, 1862—1878: A Study of Government Minority Policy. The Hague, 1966.
Hsu, Immanuel C. Y., "The Great Policy Debate in China, 1874: Maritime Defense vs. Frontier Defense,"Harvard Journal of Asian Studies, Vol. 25 (1965).
EB.

坪井三藏(Tsuboi, Kozo, 1843—1898年) 日本海军中将。参加主要战争：外国侵犯（1863—1864年）、中日甲午战争（1894—1895年）；参加主要战役（战斗）：下关之战（1864年）和鸭绿江之战（1894年）。

坪井三藏1839年生于长州（现山口县）。盟军炮击下关期间（1864年9月5—8日），参加战斗。是年末加入长州海军部队。后任职于"轨外丸"号舰（1864—1865年）。1865年在长州海军学校学习英文和航海。供职于长州的五条舰上（1866—1868年）。复位战争期间，帮助运送部队至濑户内海（1868年1—6月）。1871年被任命为新帝国海军中尉。1871年乘美国海军远东中队旗舰"科罗拉多"号进行训练。在中队司令约翰·罗杰斯海军少将的倡议下，进入哥伦比亚大学学习海军技术（1872—1874年）。坪井三藏学成返回日本后担任了数艘舰只的舰长（1874—1884年）。任若干个岸上行政职务（1884—1894年）。中日甲午战争爆发时（1894年8月），任常备舰队司令，率素以凶悍著称的飞行中队在鸭绿江战役中猛攻清朝（9月17日），亦因此名声大噪，战后于1895年4月被封为男爵。1898年任横须贺海军基地司令时因癌症而亡。

DE

参考：Volpicelli, Zenone, (The China-Japan War). London, 1896.

土桥(Tsuchihashi, Yuitsu, 1891—?) 日本将军、军国主义者。参加主要战争：日本侵华战争（1937—1945年）、第二次世界大战（1941—1945年）；参加主要战役（战斗）：吕宋之战（1941—1942年）。

土谷满治(Tsuchiya, Mitsuharu, 1848—1920年) 日本将军。

T

军。参加主要战争：佐贺叛乱（1873 年）、萨摩暴动（1877 年）、日俄战争（1904—1905 年）；参加主要战斗（战役）：围攻旅顺港（1904—1905 年）。

杜文秀（Tu Wen-hsiu，1823—1873 年） 中国清朝回民起义领导者。参加主要战争：云南回民起义（1855—1873 年）。

杜文秀的出身微贱，是中国西南省分云南的回民起义领导者。尽管这次起义因矿产所有权而起，但其根源在于云南的封建统治者对回民社团的长期迫害。他很快占领了云南的大理，并自封为一个新的王国的总统兵马大元帅和苏丹苏莱曼。当地部队对他无能为力，满族总督因此自杀。到 1868 年他已控制 53 个城市，掌握有一支人数约为 36 万人的部队。其成功，源于朝廷无暇顾及他，而将主要注意力放在更为严重的太平天国起义和西北回民起义上，直至 1864 年镇压了太平天国起义和 1868 年夏镇压了西北回民起义后，清政府才得以派遣大部队进赴云南。尽管他进行了巧妙的防御，但无济于力量的日益消蚀（1869—1872 年）。濒临绝望之际，派其义子刘道衡“求援英法”，未果（1872 年）。绝望之中，他杀死了全家，当大理落入朝廷军队手中之前，他服毒自杀（1872 年 12 月）。

PWK

参考：Wang, Shu-huai, Hsien-T'ung YÜn-nan Hui-min shih-pien. The Yunnan Muslim Rebellion During the Hsien-feng and T'ung- chih Periods. Taipei, 1968.

段祺瑞（Tuan Ch'i-jui，1865—1936 年） 中国北洋军阀皖系首领。参加主要战争：中国辛亥革命及内战（1911—1926 年）。

段祺瑞 1865 年生于安徽省合肥。他受的是传统教育，笃信佛教。毕业于北洋武备学堂，参加了中日甲午战争（1894 年 8 月—1895 年 4 月）。作为低级军官，他加入了袁世凯的北洋军。与袁世凯的养女成婚。他曾一度指挥北洋军 6 个师中的 3 个。他也是在要求清朝皇帝退位的请愿书上的签名者之一（1912 年 1 月）。9 月，袁世凯成为中华民国总统后，他历任北京政府陆军总长、参谋总长、国务总理。在镇压二次革命的过程中（1913 年 7—9 月），发挥了重要作用。反对袁世凯称帝，明确拒绝指挥部队进攻蔡锷的护国军（1916 年 1 月）。袁世凯死后（6 月 6 日），他担任总统黎元洪内阁中的国务总理。三次任此职，时间达两年之久（1916—1918 年）。他希望将中国统一在北洋将领的统治之下，当其第三次就任总理之职时（1918 年 6 月），他对德宣战（1918 年 8 月），以期从盟军处获得重新装备军队的费用，编练“参战军”（后改为“西北边防军”）。他占领了云南，但在分发奖赏时，曹锟（第三师师长）没有得到，因此导致北洋集团的分裂瓦解，也使得其自己的皖军只保持有人数极少的部队。他创建西北军的努力因为其部队被曹锟、冯玉祥及其门徒吴佩孚击败而告结束（1920 年 7 月）。他被迫逃至天津以求日本方面的庇护。冯玉祥把吴佩孚逐出北京（1924 年 10 月 23 日）后，他于 11 月 4 日返回北京，但被迫在是年末宣布下野。1926 年屠杀北京爱国群众，造成了“三一八惨案”，4 月，被冯玉祥驱逐下台。卒于 1936 年。

段祺瑞是一位见风使舵、冷酷无情的领导者，由于缺乏与其他军阀的个人关系，也因为其支持者们相对缺乏部队，加之视野极为有限，他终未能成大气候。

PWK

参考：MacKinnon, Stephen R., "The Peiyang Army, Yuan Shih-K'ai, and the Origins of Modern Chinese Warlordism," The Journal of Asian Studies, Vol. XXIII, No. 3 (May 1973).

Wright, Mary, ed., China in Revolution: The First Phase, 1900—1913. New Haven, Conn., 1968.

图哈切夫斯基，米哈伊尔·尼古拉耶维奇（Tukhachevsky, Mikhail Nikolaevich，1893—1937 年） 苏联元帅和军事理论家。参加主要战争：第一次世界大战（1914—1918 年）和苏俄-波兰战争（1920 年）；参加主要战役（战斗）：华沙之战（1920 年）。

图哈切夫斯基 1893 年生于斯摩棱斯克附近，就学于侍卫军和亚历山大军事学院。1914 年开始服役，但他不久于 1915 年被俘。他多次试图逃跑，但直至 1917 年 11 月才得以返回俄国，开始服役于苏维埃政权。指挥第一军进攻高尔察克将军统率的白军，后指挥第八集团军和第五集团军进攻高尔察克和邓尼金。1920 年 4 月被赋予在西线的更高指挥权，指挥对波尔人发动的攻击。尽管在波兰峡谷被击败（1920 年 8 月 16—25 日），但他仍保留了红军的高级指挥权，1921 年 3 月镇压了喀琅施塔得的水手叛乱。1926 年任参谋长。对苏联发展现代化的正规部队起到了重大作用，任副国防人民委员，但不久于 1927 年失宠。1931 年被重新召回担任苏联红军军械装备部部长。他创建了红军最早的机械化部队，这一所为在组建了四个坦克军后达到了顶点（1936—1937 年）。尽管 1934 年当选共产党中央委员会委员，但因其沙皇渊源和独立的倾向，不为斯大林所信任。被指控阴谋勾结德国，1937 年春被内务部逮捕。因所谓从事间谍活动和叛国行为被秘密审判，处死（1937 年 6 月 12 日），成为肃反扩大化中的第一个受害者。

图哈切夫斯基是一位爱国者，他加入布尔什维克以恢复俄罗斯的强大。他是大规模机械化战争的鼻祖。苏联曾在 1938—1941 年期间，抛弃了其创立的坦克军编制，但在 1942 年又将其恢复并用于装甲部队。作为一位战略家，他对进攻和机动部队的渗透作战功不可没。

DLB

T

参考：Erickson, John, The Soviet High Command. New York and London, 1962.
Garthoff, Raymond, Soviet Military Doctrine. Santa Monica, Calif., 1954.
Nikulin, Lev, Tukhachevskii: biograficheskii ocherk (Tukha-chevski: Biographical Sketch). Moscow, 1964.
Tukhachevsky, Mikhail N., Novyye voprosy voiny (New Problems in Warfare). 3 vols. Moscow, 1931—1932.

董福祥（Tung Fu-hsiang，1839—1908 年） 中国清朝起义将领。参加主要战争：捻军起义（1862 年）和义和团运动（1900—1901 年）。

董福祥 1839 年生于一个回民家庭。1862 年，参加中国西北省分陕西和甘肃地区的回民起义，很快在起义军中升至将领。朝廷将领左宗棠招安时，他率部投降朝廷。获得将领职位，后又升至提督，在直隶（河北）作战，以帮助朝廷中的保守派（1889—1900 年）。董福祥具有极强的民族自尊心，痛恨外国殖民侵略者，支持义和团，1900 年 6 月指挥其部队杀死日本大使馆书记生杉山彬。后指挥清军、义和团和其他非正规军包围了驻北京的外国使馆达 55 天（6 月 20 日—8 月 14 日）。两次批准休战以供给被围困的西方人以食物（6 月 20 日，7 月 2 日），在面临被迫投降的危险时刻及时撤离。当八国联军攻陷北京时（8 月 14 日），他率15 000人护送慈禧太后及溃逃的朝廷政府撤至西安。清政府与八国联军议和后，秘密商议处置义和团的草案时，因其对朝廷的忠心，朝廷最初想保他，未果，被迫妥协革除其职务，令其赋闲江苏（1900 年 12 月 3 日）。卒于 1908 年。

PWK

参考：Fleming, Peter, (The Siege at Peking). New York, 1959.
Purcell, Victor C., (The Boxer Uprising). Cambridge, 1963.
T'an, Chester C., (The Boxer Catastrophe). New York, 1955.
Wu Yung, (The Flight of an Empress). New Haven, Conn., 1936.

坦纳尔，威廉·亨利（Tunner, William Henry，1906—1983 年） 美国空军上将。参加主要战争：第二次世界大战（1941—1945 年）、侵略朝鲜战争（1950—1953 年）。

坦纳尔 1906 年生于新泽西州罗塞尔。1928 年毕业于西点军校。1929 年成为一名飞行员。二战爆发时被任命为空中运输司令部航运处指挥官，1942 年 1 月架机飞往欧洲。1943 年提升为准将。1943—1945 年任空运司令部印度——中国处处长，负责经过“驼峰”从印度到中国的空中补给线。战后回到美国，1946—1948 年任空运司令部大陆处而后是大西洋处处长。作为少将和军事空中运输司令部副司令，1948 年 6 月 26 日—1949 年 5 月 12 日被临时派往柏林负责空中大规模运输。1950 年 6 月 25 日，朝鲜战争爆发时，他被派往日本负责作战货运司令部（1950—1952 年），将飞机及补给品送交在朝鲜的美军和所谓联合国军。1952 年短期任空中物资司令部司令。1952—1957 年任美军驻欧洲空军司令。1958—1960 年任军事空中运输司令部司令。1960 年退休。1983 年 4 月 6 日卒于弗吉尼亚的格洛斯特。

KS

参考：Dupr'e, U. S. A. F. Biographical Dictionary.

蒂雷纳子爵，亨利·德·拉·图尔·多韦尔尼（Turenne, Henri de la Tour d'Auvergne, Viscount of，1611—1675 年） 法国元帅。参加主要战争：三十年战争（1618—1648 年）、法国-西班牙战争（1635—1659 年）、投石党之乱（1648—1653 年）、遗产继承战（1666—1668 年）、与荷兰战争（1672—1678 年）；参加主要战役（战斗）：弗赖堡（巴登-符腾堡）之战（1644 年）、楚斯马斯豪森（奥格斯堡附近）之战（1648 年）、勒泰勒之战（1650 年）、日安之战（1652 年）、敦刻尔克之战（1658 年）、辛斯海姆之战、恩茨海姆（施特拉斯堡附近）之战、米卢斯之战（1674 年）、蒂尔凯姆之战（1675 年）。

蒂雷纳 1611 年 9 月 11 日生于色当，布永公爵亨利和拿骚的伊丽莎白的儿子，拿骚的莫里斯的外甥。皈依新教后，对军事和恺撒与亚历山大大帝的业绩感兴趣。其父死后在其舅父的军队中任列兵（1625 年）。在布瓦勒达克（斯海尔托亨博斯）围城战中表现突出（1626 年）。莫里斯死后被拿骚的腓特烈·亨利晋升为上尉（1627 年）。加入法军后任步兵团团长（1630 年），先后在绍姆贝格和拉福斯的麾下同西班牙人作战（1630—1634 年）。成功地指挥了对拉莫特要塞的进攻战（1634 年），因功晋升为准将。从瓦莱塔的红衣主教参加了未取胜的莱茵河战役（1635 年）。随德·盖布里昂增援围攻布赖萨赫的伯恩哈特军（1638 年 8 月 5 日），伯恩哈特迫降该城（1638 年 12 月 17 日）之前一直随掩护部队行动。曾随哈尔科特公爵供职于意大利（1639—1641 年），参加了卡萨莱（卡萨莱-蒙费拉托）之战（1640 年 4 月 29 日）和随后的都灵之战。由于其兄参与森-马尔密谋集团，他丧失了领地（1642 年），但被马萨林加封为法国元帅（1643 年 11 月 16 日），并在德意志军团战败于图特林根（1643 年 11 月 24 日）后受命指挥与重建该军团。渡过莱茵河（1644 年 5 月）后入侵黑森林地区（巴登-符滕堡州西部），后因面临默西的优势兵力而撤往布赖萨赫（1644 年 6 月）。与孔代的香槟军团会师于布赖萨赫。他协助孔代进行反攻和弗赖堡之战（1644 年 8 月 3—9 日）。次年，他率德意志军团进入弗兰科尼亚，在梅尔根海姆受到默西的突然袭击并战败（糟糕的梅尔根海姆之战，1645 年 5 月 2 日）。撤往黑森，在那里收集

残部并将黑森的小型军队编入其军团。孔代率香槟军团到来后，他们入侵巴伐利亚，并在激烈的阿勒海姆（讷德林根附近）之战（1645 年 8 月 3 日）中打败默西。默西在该战中阵亡。之后，他们被利里奥波德大公逼退至菲利普斯堡。孔代回国。第二年，蒂雷纳在吉森（兰城）附近与弗兰格尔的瑞典军联兵（1646 年 8 月 10 日）。他们一起入侵并劫掠了巴伐利亚（9—11 月），迫使巴伐利亚签订了《乌尔姆休战协定》（1647 年 3 月 14 日）。平定了魏玛部队中的兵变，击退西班牙军队在卢森堡境内的进攻（1647 年 5 月）。与弗兰格尔一起再次入侵巴伐利亚，在楚斯马斯豪森的一场后卫战中打败并击杀梅兰德（1648 年 5 月 17 日）。投石党之乱（1649 年 1—2 月）中曾支持反叛的巴黎议会，后被迫逃亡荷兰。第二次投石党之乱期间就任叛乱者的军事指挥官（1650 年 1 月 18 日），而动乱中，他的朋友孔代和其他亲王却遭到囚禁。与西班牙联兵后率军解救勒泰勒之围，但他的部队在尚布兰（勒泰勒附近）几乎被舒瓦瑟尔所歼（1650 年 10 月 15 日）。诸亲王获释后，他回到巴黎（1651 年 2 月 15 日）。尽管保皇党人四分五裂，但他仍在孔代叛乱期间和第三次（西班牙）投石党之乱爆发后支持路易十四及其后来对马萨林的重新启用（1651 年 9—11 月）。与孔代战于卢瓦尔河谷，并在日安之战（1652 年 4 月 7 日）和圣安托万或圣但尼港（巴黎郊外）之战（7 月 5 日）中将其打败，从而在奥克坎库尔元帅的协助下实际结束了这场内战。次年，他进行了一场大获全胜的战役，阻止了孔代的入侵。夺取斯特奈，败西班牙军于阿拉斯（1654 年 8 月 25 日），之后攻克三城，次年又夺三城。后与拉费尔特元帅一起围攻瓦朗谢讷，但为孔代所败（1656 年 7 月 16 日）。进攻康布雷的行动受挫于孔代（1657 年夏），但在英军支援下攻克马尔迪克（敦刻尔克附近，秋）。围攻敦刻尔克（1658 年 5 月），在迪纳（敦刻尔克附近）大败奥地利的唐·胡安和孔代率领的援军（1658 年 6 月 14 日），因而确保了敦刻尔克的攻取和这场战争的胜利结束（《比利牛斯条约》，1659 年 11 月 7 日）。路易十四晋封蒂雷纳为大元帅（1660 年 4 月 4 日），援予其节制其他各元帅的权力。遗产继承战争期间为入侵佛兰德的实际统帅，路易十四为名义上的统帅（1667 年春）。其妻死后放弃新教，虔诚皈依天主教。率莱茵河左岸的法军进行了三国同盟战争的第一场战役（1672 年）。后率其小部队渡过莱茵河，智胜蒙蒂库科利和勃兰登堡的腓特烈·威廉的军队，并通过《瓦西姆条约》使后者退出反法同盟（1673 年 6 月 6 日）。由于卢瓦拒绝增援，他被赶过莱茵河（秋）。奉命对洛林的查理和布农维尔的优势部队作战以保卫阿尔萨斯（1674 年）。他在一场先发制人的进攻后渡过莱茵河，并在辛斯海姆之战（1674 年 6 月 16 日）中打败洛林和埃内亚·西尔维亚·卡普拉拉。沿莱茵河进行深远机动后，蒂雷纳夺取施特拉斯堡（9 月 24 日），并在一次大胆的侧翼行军后于恩茨海姆以巨大代价取得对布农维勒军的战术胜利（1674 年 10 月 4 日）。重组军队后，他利用孚日山脉屏护其快速机动，向获得增援的联军发动了一场突然性的冬季战役（12 月），在米卢斯打败布农维尔（12 月 29 日）。在蒂尔凯姆再次向布农维尔发起有力进攻（1675 年 1 月 5 日），并歼灭敌军，从而解放了阿尔萨斯，圆满结束了这场辉煌的战役。他使蒙蒂库科利无法靠近施特拉斯堡，并在萨斯巴赫（施特拉斯堡附近）将其打败（1675 年 7 月 27 日），后在进行勘察时为炮弹击亡。他的去世受到沉痛哀悼。

蒂雷纳是杰出的战略家和战术家，受到其官兵的热爱和尊敬。他堪称当时水平最高的职业军人。

DLB

参考：Cust, Sir E., Lives of the Warriors of the 17th Century. London, 1867.

Hardy de Perini, E., Turenne et Condé. Paris, 1907.

Picayet, C. G., Les dernières années de Turenne 1660—1675. Paris, 1919.

Ramsay, Andrew Michael, Histoire d'Henri de la Tour Auvergne. Vicomte de Turenne. 2 vols. Paris, 1735.

Sauliol, Rene, Turenne: la campagne en Alsace de 1674. Paris, 1924.

Weygand, Gen. Maxime, Turenne, Marshal of France. Translated by George R. Ives. Boston, 1930.

特纳，雷蒙德·凯利（Turner, Richmond Kelly, 1885—1961 年） 美国海军上将。参加主要战争：第一次世界大战（1917—1918 年）、第二次世界大战（1941—1945 年）；参加主要战役（战斗）：萨沃岛之战（1942 年）、瓜达尔卡纳尔（所罗门群岛）之战（1942—1943 年）、中所罗门群岛之战、马金岛（布塔拉塔拉）-塔利瓦之战（1943 年）、马绍尔群岛之战、马里亚纳群岛之战（1944 年）、硫磺岛战役、冲绳战役（1945 年）。

特纳 1885 年 5 月 27 日生于俄勒冈州波特兰。1908 年在海军军官学院班里 201 名学员中，以第五名的成绩毕业。1910 年 6 月在他第一次巡航结束后，被委任为海军少尉。早期在巡洋舰和驱逐舰上服役后，1915—1916 年进入海军兵工学校学习。1916 年 6 月—1919 年 9 月任四艘战列舰的射击军官，包括“宾夕法尼亚”号战列舰。1917 年 1 月被提升海军上尉。12 月，升海军少校。1919—1922 年在华盛顿海军基地任军火设计军官。1923—1924 年在大西洋的战列舰上服役。1924—1925 年在太平洋指挥“梅莱因”号战舰。1925 年 6 月晋升为海军中校。1925—1926 年任兵工局设计处和炮塔与机械处处长。1927 年在彭萨科拉获飞行员资格。1928—1929 年在美军亚洲舰队指挥舰队航空中队。1929—1931 年担任岸上职务任航空局计划处处长。1932 年在日内瓦会议上

任总委员会技术航空顾问。1933—1934 年在“萨拉托加”号航空母舰上作行政军官。1934—1935 年任该舰战斗运输队指挥官和亨利·V. 巴特勒将军的参谋长。1935 年 7 月开始在海军军事学院学习时，提升为海军上校。毕业之后留在该校任参谋部战略处处长（1936—1938 年）。后决定回到部队，不愿继续作航空兵，1938—1940 年在两大洋指挥美舰“阿斯托里亚”号。1940 年 10 月被任为海军部作战计划处处长。1941 年 1 月晋升海军准将。随着美国参加第二次世界大战，12 月兼舰队司令厄内斯特·J. 金的助理参谋长。由于对早期太平洋海军计划作出极大的贡献，1942 年 7 月 18 日被任命为南太平洋两栖作战部队司令。8 月在瓜达尔卡纳尔和图拉吉岛登陆战斗中担当主要角色。虽然身为战场总指挥官，但并不对 8 月 9 日萨沃岛海域灾难性的黎明前水面之战负有责任。1943 年 1—6 月继续指挥美军进攻所罗门群岛，向北推移，直指新乔治亚。后提升为太平洋两栖作战部队总司令，负责计划在马金岛和塔利瓦岛（11 月 20—23 日）、夸贾林岛（1944 年 1 月 31 日—2 月 5 日）和埃尼威托克岛（2 月 18—23 日）的登陆作战。策划并指挥了塞班（6 月 15 日—7 月 12 日）、关岛（7 月 21 日—8 月 10 日）和提尼安岛攻击战，同年晋升海军中将。在硫磺岛袭击战中，1945 年 2 月 19 日，特纳指挥拥有 495 艘战舰的两栖进攻部队。稍后又负责指挥冲绳岛的登陆作战（4 月 1 日—6 月 22 日）。此次战斗遭到了日军长期、顽强的抵抗，共计 15 艘军舰沉没和更多的舰只遭到破坏。在攻取冲绳之前，5 月 24 日特纳被提升为海军上将并已开始计划“奥林匹克”作战行动，准备 11 月初进攻九州岛。9 月 2 日作为太平洋战区的盟军代表参加在东京湾的接受日本投降仪式。后任联合国军事委员会海军代表直到 1947 年 7 月 1 日退役。1961 年 2 月 12 日卒于加利福尼亚蒙特雷。

特纳精力充沛、意志坚定、工作勤奋、正直无私，无论给下属或上司都留下了深刻的印象。他是一位成功的计划者，机智而干练，直接负责美国两栖部队在中太平洋的大部分成功作战。另一方面，由于作战指挥的疲劳与责任，对人也显得易怒而急躁，但这不能与其智力相提并论。

KS and DLB

参考：Dyer, George C., The Amphibians Came to Conquer: The Story of Admiral Richmond Kelly Turner. 2 vols. Washington, D. C., 1972.
Morison, Samuel Eliot, History of United States Naval Operations in World War Ⅱ. Ⅴ: The Struggle for Guadalcanal, August 1942—1943. ⅩⅣ: Victory in the Pacific, 1945. Boston, 1950—1961.
DAMB.
WAMB.

特威格斯，戴维·艾曼努埃（Twiggs, Daivid Emanuel, 1790—1862 年） 美国南部同盟将军。参加主要战争：1812 年的战争（1812—1815 年）、第一次西米诺尔战争（1817—1818 年）、美西战争（1846—1848 年）、美国内战（1861—1865 年）；参加主要战役（战斗）：帕洛阿尔托之战（1846 年）、雷萨卡-德拉帕尔马之战（1846 年）、塞罗戈多之战（1847 年）。

特温宁，纳坦·法腊格特（Twining, Nathan Farragut, 1897—1982 年） 美国空军上将。参加主要战争：侵略墨西哥（1916—1917 年）、第一次世界大战（1917—1918 年）、第二次世界大战（1941—1945 年）；参加主要战役（战斗）：瓜达尔卡纳尔（所罗门群岛）之战（1942—1943 年）、北所罗门群岛之战（1943—1944 年）、对德国的战略轰炸（1943—1945 年）、对日本的战略轰炸（1944—1945 年）。

特温宁 1897 年 10 月 11 日生于威斯康星州门罗。后在那里和俄勒冈州波特兰长大。1916 年参加俄勒冈州国民警卫队，1917 年进入西点军校前在墨西哥前线服役。1918 年 11 月完成短期战时课程后便被委任为步兵少尉。1918—1919 年在德国执行了几个月的占领任务，回到美国进入本宁堡步兵学校学习（1919—1920 年）。1923—1924 年进入在布鲁克斯飞行基地（得克萨斯州圣安东尼奥）的初级飞行学校。1926 年正式转入航空部队，1929—1930 年在马奇飞行基地（加利福尼亚州里弗赛德附近）任教。1930—1932 年随第十八驱逐机群在夏威夷斯科菲尔德兵营服役。1932—1935 年随第三攻击机群在得克萨斯服役之后，1935 年 8 月被提升为上尉。1936 年毕业于航空兵战术学院。1937 年又从利文沃思堡指挥和参谋学院毕业。1937—1940 年驻扎在邓肯飞行基地（圣安东尼奥附近）。1940 年 8 月升为陆军少校。1940—1942 年被派任航空兵总部参谋。1942 年 8 月，作为准将，成为在南太平洋的陆军航空兵参谋长。1943 年 1 月就任在南太平洋新喀里多尼亚的新编第十三航空队司令。2 月提升为临时少将。1942—1943 年为瓜达尔卡纳尔、中所罗门群岛、蒙达和布干维尔作战行动提供空中支持。1944 年 1 月转调第十五航空队，并代替詹姆斯·杜立特将军指挥在地中海的盟军战略航空兵部队。在意大利南部作战时，其轰炸机为在意大利的盟军地面部队提供了极大帮助，并从战略上打击在德国、奥地利和巴尔干的目标，其中最著名的当数对罗马尼亚油田的袭击。8 月 15 日，为进攻法国南部提供空中保护。1945 年 5 月被召回华盛顿。6 月提升为临时中将。8 月代替莱梅将军任第二十航空队司令。在此职位上，他开展了对日最后阶段的战略轰炸，包括 8 月 6 日在广岛和 8 月 9 日在长崎的空投原子弹任务。10 月，回到美国。12 月在赖特飞行基地的空中物资司令部任司令。1947 年 9 月转入独立的空军，11 月任在查理森堡的阿拉斯加联合司令部司令。1950 年 5 月晋升上将并任空军副参谋长。1953 年 6 月继范登堡将军后任空军参谋长。1957 年 8 月被艾森豪威尔

总统任命为参谋长联席会议主席。1960 年 9 月从此职和空军中退役。以后进入商界任豪尔特、莱因哈特和温斯顿出版公司副董事长。卒于 1982 年 3 月 29 日。

KS

参考：Current Biography 1953.
Dupré，U. S. A. F. Biographical Dictionary.

蒂龙第三伯爵，休·奥尼尔（Tyrone，Hugh O'Neill，3rd Earl of，约 1545—1616 年） 爱尔兰酋长与将军。参加主要战争：爱尔兰起义（1595 年，1598—1603 年）；参加主要战役（战斗）：耶洛福德（阿马附近）之战（1598 年）、金塞尔之战（1603 年）。

蒂龙第一伯爵康·奥尼尔的私生子——邓坎南第一男爵马修·奥尼尔的次子（约生于 1545 年）。其父被杀后，他被送至英格兰（1559 年），其兄被杀后成为邓坎南第三男爵。从英格兰返回爱尔兰，并在英格兰的帮助下获得了其祖父康的领地（1568 年）。第一位妻子去世（1591 年 1 月）后，奥尼尔与驻爱尔兰的前英军统帅尼古拉斯·巴格纳尔爵士之女——梅布尔一起私奔。取代特洛·奥尼尔担任奥尼尔部落的酋长（1593 年）。领导了一次取得成功的反对英国政策的起义（1595 年）。他不惧威慑，再次发动起义（1598 年春一夏），在耶洛福德伏击了尼古拉斯·巴格纳尔爵士的军队（8 月），取得大捷。得到 4000 名西班牙部队的增援后，他和多尼戈尔的休·罗·奥当奈尔被芒乔伊勋爵败于金塞尔（1601 年 12 月 24 日）。由于起义军已成乌合之众，奥尼尔最后向英军投降（1603 年 3 月 30 日）。尽管受到国王詹姆斯一世的厚待，他仍然不满并逃往西班牙（1607 年）。船只失事于荷兰后，他在罗马流亡度过其余生，并卒于那里（1616 年 7 月 20 日）。

蒂龙是一位聪明、能干的领袖和指挥官，因对追随者具有超凡魅力的驾驭才能而闻名。他对其政治环境的永不满足是爱尔兰境内令人感到极为棘手的原因。

DLB

参考：Falls，Cyril B.，Elizabeth's Irish Wars. London，1950.
Hoffman，Ann，ed.，Lives of the Tudor Age. New York，1977.
DNB.
EB.

T

U

上田健一（Ueda，Kenkichi，1875—1962 年） 日本陆军上将、军国主义者。参加主要战争：西伯利亚远征（1918—1922 年）、侵略中国东北（1931—1932 年）、日苏边界冲突（1938—1939 年）；参加主要战役（战斗）：侵略上海之战（1932 年）、诺门坎（贝加尔湖附近）之战（1939 年）。

上田健一 1875 年生于大阪。1898 年毕业于陆军军事学校。1908 年又毕业于陆军大学。1918—1919 年在西伯利亚远征军中服役任参谋官。1919 年提升为陆军上校。1923—1924 年任团长。1924 年提升为陆军少将。1924—1925 年任骑兵旅旅长。1928 年升至陆军中将。1929—1930 年指挥日本侵华陆军。1932 年 2—4 月，在日本入侵上海的行动中领导第九师团首当其冲。5 月在击毙白川义则（上海侵略军司令）的炸弹爆炸中失去一条腿。1933—1934 年任陆军总参谋部副总参谋长。1935 年衔至陆军上将。后指挥关东军，并在这个职位上支持鲁莽的激进分子以及好战的参谋和陆军中的校级军官，从而导致了 1939 年 5—8 月在诺门坎与苏军爆发激烈的战斗。1939 年由于其继续支持关东军的少壮军官而被东京参谋本部免职。退出公务后卒于 1962 年。

MRP

U

上原勇作（Uehara，Yusaku，1856—1933 年） 日本陆军元帅。参加主要战争：中日甲午战争（1894—1895 年）、日俄战争（1904—1905 年）。

上原勇作 1856 年生于日向，即现在的宫崎。1879 年毕业于军事学院，后被派至工兵部队任职。1881—1885 年，在法国学习。随陆军部队参加了中日甲午战争（1894 年 8 月—1895 年 4 月），但未参加大的作战行动。1900 年晋升少将。围攻旅顺港期间（1904 年 6 月—1905 年 1 月），任野津贯道将军的参谋长。1912 年任陆相，后其辞职导致了西园寺政府的垮台，这也为军方控制后来的政府开创了先例。1915 年任教育总监。1915—1924 年，任陆军参谋总长。对军队拒不执行政府命令，拒绝撤出西伯利亚负主要责任（1919—1922 年）。1925 年晋升陆军元帅。作为一位负责军队事务的议员，他轻视技术上的革新，而强调对部队进行精神训练。他创立的派别，后来成为 20 世纪三十年代荒木贞夫的“帝国之路”派。卒于 1933 年。

LH

上杉秋贞（Uesugi Akisada，1454—1510 年） 日本将军。参加主要战争：上杉家族战争（1462—1505 年）、越后叛乱（1507—1510 年）。

上杉景胜（Uesugi，Kagekatsu，1555—1623 年） 日本将军。参加主要战争：统一战争（1550—1615 年）、上杉家族的战争（1578—1579 年）；参加主要战役（战斗）：大阪围城战（1614—1615 年）。

上杉景胜生于 1555 年，上杉谦信之侄。谦信死后，其在本州西北部的广大领地由养子景虎和景胜承袭（1578 年）。景胜进攻并战胜景虎，从而获得全部领地（1579 年）。与谦信反对织田信长的做法相反，他支持织田信长，信长遇刺（1582 年 6 月 21 日）后，效忠于信长的继承人丰臣秀吉（1585 年）。曾为丰臣秀吉侵略朝鲜提供军队，但未亲赴战场（1592 年）。被秀吉任命为其年幼之子秀赖的五辅臣之一（1598 年）。秀吉死后，景胜与另 3 名贵族一起反对德川家康，但在战斗发生后，其打击敌人后方的计划被家康的北部盟友所挫败（1600 年秋）。他受到惩罚，被迁往遥远的封邑，薪俸削减四分之三。后以德川家族的藩臣身份参加了大阪围城战（1614 年 12 月—1615 年 6 月）。卒于 1623 年。

LH

参考：Dening，Walter，The Life of Toyotomi Hideyoshi. London，1930.

Sadler，A. L.，The Maker of Modern Japan：the

Life of Tokugawa Ieyasu. London，1937.
Sansom，George B.，A History of Japan，1334—1615. Stanford，Calif.，1961.

上杉谦信（Uesugi，Kenshin，1530—1578 年） 日本武将。参加主要战争：日本统一战争（1550—1615 年）、与武田信玄战争（1547—1564 年）；参加主要战役（战斗）：川中岛（长野附近）之战（1553 年、1555 年、1558 年、1561 年和 1564 年）、围攻沼田、小田原战役（1560 年）。

上杉谦信 1530 年出生在越后国（新周围地区），是尾为景的第三个儿子。尾为景推翻了越后原来的统治者，成为后起的领主。1543 年在家臣们的支持下，上杉谦信摆脱了他软弱无能的哥哥管制，并迫使他姐夫也驯服于他。1543—1550 年间，尽管年轻，但他励精图治，扩大了统治范围，远达领县以至于佐渡岛。1547 年他卷入了与疯狂、令人生畏的武田信玄的长年争战中。在以后的 17 年里（1564 年结束），他们之间在川中岛至少进行了五次交战，但没有决出胜负，其中 1561 年的战斗是最残酷的一次。1552 年他为被驱逐出关东平原的上杉宪政提供避难。1560 年，他以上杉家族的名义，率军开进关东（东京平原），与上杉家族的敌人对阵，并首战告捷，但翌年（1561 年）的第二次交战则以失败告终。他用计使得上杉宪政收他为养子，取名"上杉"，并冠以关东管领之职。那年底，他参加了剃度，取了一个众人皆知的象和尚一样的名字"谦信"。1573 年他的宿敌武田信玄去世。1575 年打败了信玄的继承人，此后，他把下一个目标对准了织田信长。1577 年他联合两个强大的佛教组织本州西部的毛利氏家族，共同抗衡织田信长，但是由于天气恶劣而延误了战机。1578 年春，他未来得及再次发动攻击就去世了。

上杉谦信是日本战国时期最具风采的人物之一。他是一位虔诚的佛教徒，终生未婚、无子。他的骑士精神和令人钦佩的墨守佛规的言行与他战争中残忍的行为和蔑视敌手的封建诸侯形象形成强烈的反差。

LH

参考：Papinot，E.，Historical and Geographical Dictionary of Japan. Yokohama，1910.
Sansom，George B.，A History of Japan，1334—1615. Stanford，Calif.，1961.

上杉宪实（Uesugi，Norizane〈Norizane Yamanouchi Uesugi〉，卒于 1445 年） 参加主要战争：永亨之乱（1438 年）。

上杉宪实出生和早期生平不详。年轻时即成为日本东部一个武士家族的著名首领。其舅足利持氏反对足利义教就任征夷大将军，他试图说服持氏，持氏便包围了他的城堡，由于此时南朝从吉野川派出一支佯动兵力，敌对遂暂时停止（1430 年）。1438 年持氏再次发动攻击，他组织抵抗，直到征夷大将军派出的援军到达。1439 年击败持氏，迫其自杀。任关东管领（东京平原），直到 1445 年他去世时他几乎完全控制着该地区，他死后，其子孙统治该地区几达一个世纪。

上杉宪实是一位足智多谋、勇敢善战的军人、政治家。他也是一位著名的文学和艺术保护人。他于 1439 年重新组建了正面临走下坡路的足利学院，并对该院图书馆建设出力不少。

LH

参考：Grossberg，Kenneth A.，Japan's Renaissance. Cambridge，Mass.，1981.
Sansom，George B.，A History of Japan，1334—1615. Stanford，Calif.，1961.

宇恒缠（Ugaki，Matome，1890—1945 年） 日本海军上将。参加主要战争：第二次世界大战（1941—1945 年）；参加主要战役（战斗）：莱特湾之战（1944 年）。

宇恒缠 1890 年生于冈山县。1912 年毕业于海军军官学校。1924 年从海军大学毕业时被提升为海军少校。1928—1930 年任在德国的驻扎官，提升为海军上校。1932—1935 年返回海军大学任教练。1935—1936 年在联合舰队任参谋职。1936—1937 年指挥一艘巡洋舰，1937—1938 年又任一战列舰舰长。1938 年衔至海军少将。1941—1943 年任联合舰队司令山本五十六的参谋长。提升为海军中将，1944 年 10 月 24—25 日的莱特湾战斗中在栗田麾下指挥战列舰第一分遣队。在 10 月 24 日锡布延海和萨马岛以外海域（25 日）的行动中担当主要角色。1945 年 6 月被任命为九州岛第五空军大队司令，指挥在九州岛的所有海军航空兵。1945 年 8 月 14 日当收到天皇的投降诏书时，他脱去军服上的金色绶带，率机离开大分空军基地进行了最后一场对美国舰队的"神风"突击。飞机全部失踪，既未抵达目标，也没有其他解释。

MRP

参考：Morison，Samuel Eliot，History of United States Naval Operations in World War Ⅱ. Ⅷ：New Guinea and the Marianas. March 1944—August 1944. Ⅻ：Leyte，June 1944— January 1945. ⅩⅣ：Victory in the Pacific. Boston，1954—1960.

宇喜田秀家（Ukita，Hideie，1574—1665 年） 日本将军和贵族。参加主要战争：统一战争（1550—1615 年）、侵略朝鲜战争（1592—1598 年）；参加主要战役（战斗）：九州岛津战役（1587 年）、小田原城堡周围战（1590 年）、关原之战、伏见之战（1600 年）。

宇喜田秀家生于 1574 年，著名的军人宇喜田尚家的儿子。父亲去世时他仅有 8 岁，但 1582 年织田信长确认他为父亲肥沃领地的藩主。织田信长遭暗杀后，成为丰臣秀吉的养子和受监护人。丰臣秀吉待他慷慨而大度，他则从其领地提供部队为丰臣秀吉而战。1587 年第一次亲自参加在九州对岛津家族的艰苦战役。1590 年围攻小

田原城堡。1592—1593年在第一次入侵朝鲜战争中指挥一个分遣队。1597—1698年第二次入侵朝鲜战争提供军队但未亲自参战。1598年被选为丰臣秀吉幼子秀赖五个摄政之一。为反对德川家康，秀家在关原带领部队作战，但于1600年10月21日和其联盟一起被彻底击败。逃往九州并被剥夺领地，放逐到八丈岛，在那里活到90多岁。

LH

参考：Hall，John W.，Government and Local Power in Japan，500—1700. Princeton，N.J.，1966.
Sansom，George B.，A History of Japan，1334—1615. Stanford，Calif.，1961.

宇喜田尚家（Ukita，Naoie，1530—1582年） 日本将军。参加主要战争：统一战争（1550—1615年）；参加主要战役（战斗）：龟山城堡之战（1559年）、对三村的战斗（1566年、1567年）、天上山城堡之战（1577年）。

宇喜田生于1530年。年青时是浦上宗景的一个小家臣，东备前的领主。作为一个无畏的武士和天生的领导者，地位稳步上升。1559年攻取龟山城堡，平定那里强大家臣的叛乱，而后作为奖赏受领该城堡。1566年、1567年分别阻止了对美作和备前的进攻。1568年击败藩臣敌人的侵犯。后入侵备中（备前之西），1573年最终夺取冈山城堡，并扩展成为新的作战基地。1574—1576年同本州岛西部的强大藩主结为联盟，征服备中，将其西半部划进自己的领地。以对继承权的争执为借口，他攻击敌手并消灭了他们，将整个备前归为自己领地。1582年死后，其年少的儿子秀家继承其遗业。

LH

参考：Hall，John W.，Government and Local Power in Japan，500—1700. Princeton，N，J.，1966.

乌马黛维（Umadevi，约1150—1218年） 印度迈索尔地区的统治者与将军。

约生于1150年，后成为曷萨拉王朝国王贝拉拉二世的王妃之一（约1172年）。她至少两次率军与曷萨拉王朝的敌人——杰勒格尤亚人作战，使国王贝拉拉得以履行国王的其他职责。她在曷萨拉王朝对格利亚尼（比德尔附近）杰勒尤亚人的征服（1190年）中作出了杰出贡献。后根据印度的风俗，甘愿火焚以殉其夫（1218年）。

TM

参考：Derrett，J. D. M.，The Hoysalas. London，1957.
Sheik Ali，Dr. B.，ed.，The Hoysala Dynasty. Mysore，1977.

梅津美治郎（Umezu，Yoshijiro，1882—1949年） 日本陆军上将、甲级战犯。参加主要战争：日俄战争（1904—1905年）、第二次世界大战（1941—1945年）。

梅津美治郎1882年生于大分县。1903年毕业于陆军军官学校。在1904年2月—1905年9月的日俄战争期间作为下级军官参战。1911年从陆军大学毕业。1913—1914年在德国任常驻军官，后（1914—1917年）转至丹麦。1918年为陆军少校。1919—1921年任驻瑞士伯尔尼陆军武官。1921—1923年为陆军总参谋部成员。1923—1924年任职于陆军部军事事务局。1924年提升为陆军上校，1924—1926年任团长。1926—1928年回到总参谋部任军务局军事课长。提升为陆军少将，1930—1931年指挥一个步兵旅。1931—1933年任总参谋本部总务部长。1934—1935年任侵华日军司令，1935年7月迫使中国国民党政府达成《何梅协定》，重建有利于日本的华北政治军事新秩序。1935—1936年任第二步兵师师长。1936年2月26日，在少壮军官叛乱引起的反响中被任命为陆军省次官。和石原莞尔一起，成为20世纪三十年代末日本法西斯军队中最有影响力的军官。1938—1939年任第一集团军司令。1939年5—8月在诺门坎（贝加尔湖附近）与苏联的冲突以后成为关东军司令（1939—1942年）。1940年提升为陆军上将。1943—1945年任参谋总长。9月2日，在东京湾的美国“密苏里”号军舰日本投降仪式上为日本军方主要代表。战后，受审并作为甲级战犯被判无期徒刑，在一年后的1949年因癌症卒于狱中。

梅津美治郎作为一位奸诈阴沉、诡计多端、喜好攻击的军官，其影响在东京最高指挥中心的奸诈虚伪和派系倾轧的氛围中受到抵消。

MRP

厄普顿，埃默里（Upton，Emory，1839—1881年） 美国陆军军官和军事理论家。参加主要战争：美国内战（1861—1865年）；参加主要战斗：第一次布尔溪之战（弗吉尼亚州的马纳萨斯，1861年）、半岛战役（里士满附近，1862年）、拉帕汉诺克车站之战（弗吉尼亚州的雷明顿附近，1863年）、斯波齐尔韦尼亚之战（1864年）、温切斯特之战（1864年）、塞尔马之战（亚拉巴马州，1865年）。

厄普顿1839年8月27日生于纽约州的巴达维里附近。1855—1857年，在奥柏林学院学习。1861年5月以名列全班45人第八位的成绩毕业于西点军校。被派至炮兵部队任职，很快晋升中尉，第一次布尔溪之战中受伤（7月21日）。伤愈后在整个半岛战役期间指挥炮兵团第二营D炮兵连（1862年4—6月）。马里兰战役期间，指挥第四军第一师的炮兵队（9月4—17日）。担心被派至西点军校任教官，不过最后还是保住了纽约第一二一步兵团上校的职位。率此团参加腓特烈堡战役中的小规模战斗（12月13日）。参加了钱瑟勒斯维尔战役中的作战行动（1863年5月1—6日）。葛底斯堡战役中，指挥第四军第一师第二旅（7月1—3日）。在拉帕汉诺克车站战役中名声大噪，是役俘敌1600人，缴获2000套武器装备和8面军旗。11月7日在破坏南部同盟军的

一个桥头堡的作战行动中攻占敌一座浮桥。斯波齐尔韦尼亚战役中，他对缪尔舒（今布卢迪安格尔）的精心筹划和准确攻击极为成功，但因缺乏援救被迫撤退（1864年5月10日）。奥佩昆战役中（温切斯特附近），指挥第四军的第一师，但9月19日严重受伤。12月13日返回部队任志愿军少将。塞尔马战役中指挥第四骑兵师，在强攻此城的战斗中发挥了重要作用（1865年4月2日）。任正规军的名誉中将，指挥科罗拉多军区（1865年8月—1866年4月）。转为正规军第四炮兵团上尉后，1866年7月28日晋升第二十五步兵团中校。1867年出版了《步兵战术的新体系》一书，此书分析了内战期间战场火力日益增强对军队的影响及其对策。1869年3月15日调至第十八步兵团。被威廉·蒂·谢尔曼将军任命为西点军校学员指挥官和战术教官（1870年7月），这与其出版的书有一定的关系。1875年6月被任命为一个三人委员会的成员之一，这个委员会由舍曼领导，主要任务是调查欧洲和亚洲的军事组织。他对普鲁士军队印象颇深，回国后于1878年出版了《亚洲和欧洲的军队》一书，要求对美国陆军进行进一步的改革。任弗吉尼亚门罗堡炮兵射击学校教务长（1877年3月—1880年7月）。1880年7月指挥驻扎旧金山普雷西迪奥的第四炮兵团。撰写了另一本书，题为《美国自1775年的军事政策》，但日益严重和痛苦的头痛，可能因为脑肿瘤，迫使其放弃工作。1881年3月14日辞去军职，第二天（即3月15日）自杀。

厄普顿作为军人，聪明、灵敏而且勇敢，他也是一个理解力出众和知识渊博的军事事务和军事理论方面的专家。他对内战期间与南部同盟军作战的指挥程序的不满，也成为其寻找解决办法、锐意改革的动因所在。他倾向于以一支四人组成的小组作为战术机动的基本单位，还认为一个团应含有三个营。他强调的军队在和平时期就应做好战争准备，这一理论尽管极为重要，但迫于当时的政治气氛，没有得到承认（虽然其理论与华盛顿主张的“维护和平”的感情完全一致）。他主张美军应借鉴普鲁士军官体系，使任何一支部队面临大规模冲突时都能快速扩编。他还指出美国共和党政府通过削弱国家战备来迎合民众。其观点被错误地理解为请求减少政治因素对军事政策的影响。其加强战备的强烈呼吁，只是在其死后，才对1870—1898年期间的小部队有一定影响，而当陆军部队艾利修·鲁特以其最后一本书的手稿作为1903—1904年美军改革的依据时，他的观点才开始广为人知。

DLB

参考：Ambrose, Stephen E., Upton and the Army. Baton Rouge, 1964.

Cooling, Benjamin Franklin, "The Missing Chapters of Emory Upton: A Note," Military Affairs, Vol. 37 (February 1973).

Michie, Peter Smith, Life and Letters of General Emory Upton. New York, 1885.

Weigley, Russell F., Towards an American Army: Military Thought from Washington to Marshall. New York, 1963.

DAMB.

WAMB.

瓜生外吉（Uriu Sotoki Chi，1857—1937年） 日本海军上将。参加主要战争：日俄战争（1904—1905年）；参加主要战役（战斗）：蔚山之战（1904年）、仁川之战（1904年）、对马海战（1905年）。

牛岛满（Ushijima, Mitsara, 1887—1945年） 日本陆军上将、法西斯主义头目。参加主要战争：西伯利亚远征（1918—1922年）、第二次世界大战（1941—1945年）；参加主要战役（战斗）：缅甸之战（1942年）、冲绳岛战役（1945年）。

牛岛1887年生于鹿尔岛县。1908年和1918年分别毕业于陆军军官学校和陆军大学。1918—1919年在西伯利亚远征军中任参谋官。1920—1924年任步兵学校教官。1924年为陆军少校，1932年升至陆军上校。1932—1933年任户山陆军学校校长。1936—1937年任团长。1937年升至陆军中将、第十一陆军师师长。1942年1—5月参加缅甸战役。1942—1943年回到日本任陆军军官学校校长。1943年8月被任命为驻冲绳岛的第三十二集团军司令。制定岛屿防御计划，在南部艰难构筑防御工事——著名的“首里地区防线”。1945年4月1日—6月22日指挥冲绳岛日军与美国第十集团军作战。6月21日，因防御失败，与其参谋长雨宫中将一道自杀。

MRP

参考：Belote, James and William, Typhoon of Steel: The Battle for Okinawa. New York, 1970.

丑六纯（Ushiroku Jun, 1884—?） 日本将军；参加主要战争：第二次世界大战（1941—1945年）；参加主要战役（战斗）：侵略中国东北战役（1945年）。

乌宗·哈桑（Uzun Hasan, 约1420—约1478年） 伊朗突厥人白羊王朝国王。

乌宗·哈桑约1420年生于土库曼白羊王朝统治家族。掌管王国后，为控制波斯东部，率领王国军队与帖木儿的继承人和对手黑羊王朝展开一系列战争（1453—1478年）。1461年入侵安纳托利亚，后被征服者穆罕默德二世的军队击退。

Staff

参考：EMH.

U

V

瓦尔迪维亚，佩德罗·德（Valdivia, Pedro de, 1497—1553 年） 西班牙军人和冒险家、殖民主义者。参加主要战争：与秘鲁人和智利印第安人的殖民战争（1534—1554 年）；参加主要战役（战斗）：拉斯萨利纳斯战役（1538 年）、哈基哈瓜纳之战（1548 年）、图卡佩尔角之战（1553 年）。

瓦尔迪维亚 1497 年生于埃斯特雷马杜拉的比利亚努埃瓦德拉塞伦纳。先在意大利效力于西班牙军队。1534 年到委内瑞拉加入弗朗西斯科·皮萨罗的部队。1537 年他率军征战获胜，取得相当于陆军上校的职位。1538 年 4 月在拉斯萨利纳斯战役中援助皮萨罗战胜了迪埃哥·阿尔马格罗军队。后带领 150 名士兵和 8000 名印第安人进行了长期的斗争。1541 年 2 月 12 日，率军在智利圣地亚哥战胜一支印第安军队，而后在那建立新城。1543 年 12 月援军的来到，使其对智利的统治得到巩固。1544 年 9 月建立了瓦尔帕莱索城。1546 年，率军在智利南部与阿劳坎印第安人交战。1547 年秘鲁支持佩德罗·德·拉加斯卡反抗冈萨雷斯·皮萨罗的暴动。1548 年他们并肩战斗在哈基哈瓜纳，在那里战胜了皮萨罗。后返回智利，建立了康塞普西翁、瓦尔的维亚和其他一些城镇（1550—1552 年）。1553 年 12 月 25 日，在智利中部的图卡佩尔与阿劳坎印第安人作战时阵亡。

瓦尔迪维亚作战机智，但很残忍，是典型的殖民征服者。

DLB

参考：Cunninghame Grahame, R. B., Pedro de Valdivia, Conqueror of Chile, 1541—1810. London, 1926.
Diccionario de historia de España.
EB.
EMH.

旺达姆，多米尼克·约瑟夫·利尼，乌内贝格伯爵（Vandamme, Dominique Joseph Rene, Count of Unebourg, 1770—1830 年） 法国将军。参加主要战争：法国大革命战争（1792—1799 年）、拿破仑战争（1800—1815 年）；参加主要战役（战斗）：翁斯科特之战（1793 年）、施托卡赫之战（1799 年）、贝尔根（1799 年）、阿尔克马尔之战（1799 年）、奥斯特里茨之战（1805 年）、马德堡包围战（1806 年）、华沙之战（1809 年）、得累斯顿之战（1813 年）、库尔姆之战（1813 年）、利尼之战（1815 年）、瓦夫尔之战（1815 年）。

旺达姆 1770 年 11 月 5 日生于法国凯瑟尔。1786 年入志愿团。1788 年在马丁奎服役。返回法国后入大革命军队，于 1791 年组建了一个轻步兵连，即“旺达姆轻步兵连”。1791—1793 年在比利时及荷兰作战。1793 年 9 月 8 日，参加翁斯科特之战。1794 年升准将，在穆罗手下参加尼德兰的作战，1795 年又在莱茵河流域作战。6—9 月，因其掠夺财物而被停职，恢复职权后在英格兰军团服役，后转入莱茵军团，1799 年 2 月升少将。3 月 25 日在圣西尔指挥下参加施托卡赫之战。返回荷兰后在布劳恩手下参加 9 月 19 日的贝尔根之战及 10 月 18 日的阿尔克马尔之战。后再次回到莱茵军团，于 1800 年 5 月 3 日参加第二次施托卡赫之战。后因经济问题被召回法国。1803—1805 年，在圣奥默尔军营服役，先在苏尔特继而是麦克唐纳手下供职。在 1805 年的战役中，他指挥第四军的一个师参加了 12 月 2 日的奥斯特利茨战役，作战中表现出色。在 1806 年的战役中，他指挥奈军的维尔滕堡军队，参加了 10 月 20 日—11 月 11 日对马德堡的包围战及 11 月 18 日—12 月 2 日的戈劳高之战。后在第十一军中服役，隶属日罗姆·波拿巴亲王，参加了 1806 年 12 月 6 日—1807 年 1 月 1 日对布雷斯劳的包围战。约 1807—1809 年，负责管理利勒和勃洛涅。1808 年封为乌内贝格伯爵。在 1809 年的战役中，参加了 4 月 20 日的阿本斯堡之战、4 月 2 日的兰茨胡特之战及 7 月 5—6 日的华沙之战。1809—1812 年返回勃洛涅。在 1812 年的俄国战役中，指挥第八军，隶属日罗姆·波拿巴亲王。战

役早期，因掠夺行为再次受控，7月被解职。第二年，临时在达武手下参加了1813年5—7月的汉堡之战。8月26—27日转战得累斯顿。后率第一军追击被打败的联盟军队，但在库尔姆被围，于8月29—30日被迫投降。成为沙皇亚历山大一世的阶下囚后，被控有抢劫罪，他反驳道："到现在为止我从未被控有杀父罪!"（亚历山大一直对此疑心重重）。后被遣返法国，但拒绝他进入巴黎，1814年路易十八将他流放至凯瑟尔，百日王朝时，他再次投奔拿破仑，1815年6月2日封为法国贵族，并指挥第三军，隶属格鲁希。参加了6月16日的利尼之战及6月18—19日的瓦夫尔之战。在向洛里河撤退中，指挥后卫部队。1816年波旁王朝第二次复辟后，被囚禁然后被流放。他一直生活在美国，直至1819年12月获准返回法国。1825年获准享受退役待遇。1830年7月15日卒于凯瑟尔。

旺达姆是一位智勇双全的指挥员。他办事迅速、精力充沛，但也有些鲁莽。他也是一位纪律严明的管理者，他得到了其法国和德国士兵的普遍喜爱。他的军事才能是无可挑剔的，因此他的上级在起用他时，不得不谅解他的粗鲁行为、偶而不服从命令及掠夺财物的嗜好。

VBH

参考：Six, G., Dictionnaire biographique des generaux et amiraux francais de la Revolution et de l'Empire (1792—1814). Paris, 1934—1938.

范德格里夫特，亚历山大·A.（Vandegrift, Alexander A, 1887—1973年） 美国海军陆战队上将。参加主要战争：韦拉克鲁斯远征（1914年）、入侵海地战争（1915—1934年）、第二次世界大战（1941—1945年）；参加主要战役（战斗）：科约特佩之战（1912年）、瓜达尔卡纳尔之战（1942—1943年）、布干维尔岛之战（1943年）。

范德格里夫特1887年3月13日生于弗吉尼亚州夏洛茨维尔。1906—1908年在弗吉尼亚大学学习。1908年入海军陆战队。1909年1月22日获陆军少尉衔，以后的15年里大部分在加勒比海地区。1912年8—11月参加尼加拉瓜军事行动和著名的科约特佩战斗（10月2—4日）。1914年4月在墨西哥，1915年7—11月在海地服役。1916—1918年、1919—1923年两次在海地警察部队任职。1923—1926年在弗吉尼亚州匡蒂科任参谋职，并完成陆军军官课程（1926年）。1927年5月—1928年在巴特勒将军指挥下的中国远征海军陆战队服役。1928—1933年回到华盛顿在联邦协调服务部任职，负责军需物资的采购工作和防止多重配给。1933—1935年为东海岸远征军司令查理莱曼将军的人事官，参与撰写《登陆作战实战教材》，其中的两栖作战理论在第二次世界大战的太平洋战场得到应用。1935—1937年再到中国，指挥美国海军陆战队保卫在北平（北京）的大使馆。1937—1941年在华盛顿任海军陆战队司令托马斯将军的秘书和助理。1940年提升为准将。1941年11月被派到北卡罗来纳州新河的第一海军陆战师。1942年3月任该师师长。6月受命去南太平洋。8月7日在美军第一次两栖攻击战中，带领该师在图拉吉岛和瓜达尔卡纳尔岛登陆。很快便控制了图拉吉岛，但在瓜达尔卡纳尔岛的战斗则进展缓慢。在日军优势兵力抵抗下，第一陆战师面对后勤和海军支持的不足，仍拼死作战，8—12月间打退日军多次进攻。12月9日第二海军陆战师和第二十五美国陆军步兵师接替其防线。在1943年11月进攻布干维尔岛之前，第一海军陆战师被撤到布里斯班休整。根据安排，他应回美国任海军陆战队司令，但由于海军陆战第一军军长查理·巴雷特将军的突然死亡而被推迟。11月11日在布干维尔岛奥古斯塔皇后湾登陆地指挥第一军。1944年1月回到美国继托马斯任海军陆战队司令。1945年4月提升为陆军上将，是现役海军陆战队中获得该衔的第一人。在他领导下海军陆战队扩大到50万人之众。战后负责军人复员工作。1947年12月31日退出现役。热衷于旅游和慈善事业。1973年5月5日卒于马里兰州贝塞斯达。

范德格里夫特是一位机智、能干而又战斗经验丰富的海军陆战队军人。他的声誉与瓜达尔卡纳尔的顽强防御共存。虽然面临疾病的困扰和艰苦的生存条件再加上敌人的进攻和不断地海空轰炸，但他和第一海军陆战师保住了阵地，为美国在战争中赢得了第一场成功的阵地防御战。

KS and DLB

参考：Asprey, Robert B., and Alexander Archer Vandegrift, Once a Marine: The Memoirs of General A. A. Vandegrift, USMC. New York, 1964.
Foster, John T., Guadalcanal General: The Story of A. A. Vandegrift, U. S. M. C. New York, 1966.
Criffith, Samuel B., The Battle for Guadalcanal. Philadelphia, 1962.
Schuon, Karl, U. S. Marine Corps Biographical Dictionary. New York, 1963.
U. S. Marine Corps, Historical Branch, G—3., History of U. S. Marine Corps Operations in World War Ⅱ. Vol. Ⅰ: Pearl Harbor to Guadalcanal. Washington, D. C., 1958.
DAMB.
WAMB.

范登堡，豪特·圣福特（Vandenburg, Hoyt Sanford, 1899—1954年） 美国空军上将。参加主要战争：第二次世界大战（1941—1945年）、朝鲜战争（1950—1953年）；参加主要战役（战斗）：北非战役（1942—1943年）、法国北部战役（1944年）、德国战役（1944—1945年）。

范登堡1899年1月24日生于威斯康星州密尔沃基，是参议员阿瑟·H. 范登堡的侄子。1923年毕业于西点军校。从得克萨斯州布鲁克斯和凯利飞行基地（圣安东尼

奥附近）飞行学校毕业后，1924 年被分派至第三攻击机群，而后参与先遣攻击飞行。1927 年 10 月在马奇飞行基地（现在的加利福尼亚里弗赛德马奇空军基地）航空兵初级飞行学校任飞行教官。1928 年 8 月提升为陆军中尉。1929 年 5 月加入在夏威夷惠勒飞行基地的第六驱逐机中队。11 月负责指挥该中队。1931 年 9 月回到美国大陆，在得克萨斯州兰道夫飞行基地（新布劳恩费尔斯附近）任教官（1931—1935 年）。1935 年毕业于航空兵战术学校。1936 年又从利文沃思堡指挥和参谋学院毕业。1936—1938 年回到战术学校任教练。1939 年毕业于陆军军事学院。派往阿诺德麾下的航空兵司令部战争计划处任职。1941 年 7 月升任陆军少校，11 月 5 日升陆军中校，1942 年 1 月 27 日升陆军上校，被任命为新组建的航空兵参谋部作战和训练军官。1942 年 8 月任詹姆斯·H. 杜立特将军的第十二航空队参谋长。1942 年 11 月在组织计划美国航空兵进攻北非的精心之作中表现出色。12 月晋升陆军准将。1943 年 3 月任西北非战略航空兵参谋长（仍在杜立特麾下）。3—8 月参加在突尼斯、西西里、撒丁和意大利南部空中作战任务。8 月回到华盛顿任航空兵参谋部副参谋长。9 月，同 W.A. 哈里门和约翰·R. 迪恩将军一道组成代表团到苏联为对轴心国东欧目标的穿梭轰炸安排基地。12 月返回航空兵司令部为进攻法国制订计划。1944 年 3 月晋升少将。作为盟军远征航空兵司令空军上将特拉福特·利-马洛里爵士的代表，参加艾森豪威尔的参谋班子。诺曼底登陆之后，7 月被乔治马歇尔将军选中指挥第九航空队，为布莱德雷的第十二集团军群提供空中支援。1945 年 3 月，因其在此职位上的出色表现而获晋升中将。5 月德国投降之后回到华盛顿。7 月被任命为陆军航空兵副总参谋长。1946 年 1 月受命担任陆军总参谋部情报处处长。6 月任职中央情报局局长。1947 年 9 月任新独立的空军副参谋长。1948 年 7 月继卡尔·斯帕茨将军后任空军参谋长。担当此职经过了危机时期的柏林空中运输补给（1948 年 6 月—1949 年 5 月）和朝鲜战争（1950 年 6 月—1953 年 7 月）。1953 年 6 月从空军退役。1954 年 4 月 2 日因癌症卒于华盛顿特区沃尔特里得医院。

作为一位能力非凡而又善于随机应变的空军指挥官，范登堡作为空军参谋长的任职使他成为真正的新军种的缔造者。他对美国空军作为一种威慑攻击手段的支持，使得该军种在财政紧缩和资源有限的时期内得以保存下来。

KS

参考：Arnold, Henry H., Global Mission. New York, 1963.

Craven, Wesley Frank, and James Lee Cate, Eds., The Army Air Forces in World War Ⅱ. 7 vols. Chicago, 1948—1958.

Futrell, Frank B., The United States Air Force in Korea, 1950— 1953. New York, 1961.

DAMB.

WAMB.

范·多恩伯爵（Van Dorn, Earl, 1820—1863 年） 美国南部同盟将军。参加主要战争：美墨战争（1846—1848 年）和美国内战（1861—1865 年）；参加主要战役（战斗）：塞罗戈多之战（维拉克鲁兹和夏拉帕之间，1847 年）、孔特雷拉斯之战（墨西哥附近，1847 年）、丘鲁布斯科之战（墨西哥附近，1847 年）、贝伦盖特之战（墨西哥附近，1847 年）、皮岭之战（1862 年）、柯林斯之战（密西西比州，1862 年）、富兰克林之战（田纳西州，1863 年）。

范·多恩 1820 年 9 月 17 日生于密西西比的吉布森堡附近。1842 年毕业于西点军校，被派至步兵部队任职。在攻占得克萨斯期间（1845—1846 年），参加第七步兵团的作战行动。在得克萨斯要塞（布朗斯维尔的布朗要塞），参加了墨西哥战争初期的作战行动（1846 年 5 月—1847 年 1 月）。调至温菲尔德·斯科特将军的部队。1847 年 3 月晋升中尉。因其在塞罗戈多战役（4 月 18 日）和孔特雷拉斯战役以及丘鲁布斯科战役（8 月 19—20 日）中的英勇表现，荣誉晋升上尉和少校。在强攻墨西哥城的贝伦盖特的作战行动中受伤（9 月 14 日）。先后担任密西西比州的帕斯卡古拉军事收容所的秘书和司库（1852—1855 年）。晋升第二炮兵团上尉，参加了在得克萨斯和印第安人群居地进攻印第安人的行动，几次受伤。1860 年 6 月晋升少校。1861 年 1 月辞职，被任命为密西西比州部队的准将。2 月继杰弗逊·戴维斯任州民兵部队的少将。3 月被任命为南部同盟军上校，指挥得克萨斯志愿军的一支纵队。戴维·E. 特威格斯投降后，接管联邦军队，在得克萨斯宣布就职（4—5 月）。6 月晋升准将，9 月晋升少将。1862 年 1 月任外密西西比战区司令官，他和斯特林·普赖斯将军的密苏里志愿军在阿肯色的皮岭或埃尔克霍塔文西北被塞米尔·R. 柯蒂斯的军团击败。是年后期他被解除职务，被泰奥菲鲁斯·霍姆斯取代，他被派加入田纳西州布拉克斯顿·布拉格将军的部队，后重获指挥权，指挥密西西比州的南部同盟军。10 月 3 日，他对罗斯克兰斯将军在密西西比柯林斯的部队的进攻被击败。在哈奇河战役中（柯林斯附近），他的部队几乎被斯蒂芬·哈尔巴特和爱德华·O.C. 奥德将军指挥的联邦军牵着鼻子走（10 月 5 日）。10 月 20 日袭击了霍利斯普林斯（密西西比州），占领了联邦军一个大的补给仓库，迫使格兰特放弃对维克斯堡的第一次行动。1863 年 4 月 10 日与戈登·格兰其在田纳西州的富兰克林进行了一场小规模战斗。5 月 8 日，被一个潜伏在其田纳西斯普林山总部的敌人枪杀身亡。

范·多恩积极进取、勇敢而且精力充沛，但缺乏作为高级指挥官所应有的天才。

DLB

参考：Hartje, Robert G., Van Dorn: The Life and Times of a Confed erate General. Nashville, Tenn.,

1967.

WAMB.

范佛里特，詹姆斯·奥尔沃德(Vanfleet,James Alward,生于1892年) 美国陆军上将。参加主要战争：第一次世界大战（1917—1918年)、第二次世界大战（1941—1945年)、朝鲜战争（1950—1953年)；参加主要战役（战斗)：默兹-阿尔贡战役（1918年)、诺曼底登陆战役(1944年)、阿登反攻（1944—1945年)、莱茵兰之战(1945年)、侵略朝鲜的诸战役（1951—1953年)。

范佛里特1892年3月19日生于新泽西州科特斯维尔（靠近纽约市)。1915年毕业于西点军校，是德怀特·D. 艾森豪威尔和奥马尔·N. 布莱德雷的同学。毕业后在步兵中任职。第一次世界大战中在第六师服役。1918年7月任第十七机枪营营长。1918年9月26日—11月11日，参加了默兹-阿尔贡攻势，11月初在战斗中负伤。后在德国执行占领任务。1919年6月回国。1920—1925年，在几所大学任预备役军官训练团教官，其中包括佛罗里达大学，他还在那里担任过足球教练。1925—1927年，在驻巴拿马第四十二步兵师中任营长。1927—1928年，在本宁堡步兵学校任教。1929年，在步兵学校完成了高等课程的学习。1929—1933年，回佛罗里达大学任预备役军官训练团教官。1933—1935年，在驻缅因州第五步兵师中服役。1936年，晋升中校，赴圣地亚哥培训预备役军人。1939—1941年，在本宁堡第二十九步兵师中服役。1941—1944年7月，任第四步兵师第八步兵团团长。1944年6月6日，指挥第八步兵团在犹他海滩登陆。6月22—27日，在夺占瑟堡的战斗中战功显赫，获多枚勋章并晋升准将。1944年7—9月，任第二步兵师副师长。8月—9月18日，率部参加了布勒斯特包围战。10月，任巴顿的第三集团军第九十步兵师师长。11月，晋升少将。11月率该师参加了梅斯附近的战斗。1944年12月16日—1945年1月15日，参加了布尔格之战。1945年2—3月，任驻英国第十三军军长。3—4月，在从雷马根桥头堡突围并攻入德国中部的战斗中，任第一集团军第三军军长。后率该军在德国执行占领任务并一同回国。1946年2月，任驻纽约州第二勤务司令部司令。6月，任第一集团军副司令。1947年12月，任美驻欧洲司令部副总参谋长。1948年2月，晋升中将，被杜鲁门总统任命为驻希腊和土耳其美国军事顾问团团长。在希腊内战（1946年5月—1949年10月）中，指导希腊政府军的训练、组织及与共产党军队作战中的战术运用。1950—1951年，仍留驻希腊和土耳其。1951年4月11日，接替马休·B. 李奇微将军任驻朝鲜第八集团军司令。4月22日—5月20日，阻止了共产党军队的攻势。后发动反攻，恢复了“联合国军”的阵地。他担负的作战任务艰巨，每当停战谈判开始时又常常受挫。他也经常公开表露这种情绪。1953年2月，其职务由马克斯威尔·D. 泰勒接任。3月，退出现役。1961—1962年，曾任国防部长罗伯特·S. 麦克纳马拉的游击战顾问。

范佛里特是一位有才干和进取心的指挥官。他从上校迅速晋升到上将，以及他获得的众多战斗勋章，表明他具备作战指挥官的才能。他在朝鲜指挥作战时因浪费弹药而遭到强烈批评。他对有限战争的束缚感到灰心，希望进行更大规模的战争，因而与上级不时发生意见冲突。

KS

参考：Cole,Hugh M., The United States Army in World War Ⅱ: European Theater of Operations. The Lorraine Campaign. Washington,D.C.,1950.

Hermes,Walter G.,The United States Army in the Korean War: Truce Tent and Fighting Front. Washington,D.C.,1966.

Reess,David,Korea: The Limited War. New York, 1964.

DAMB.

WAMB.

范·伦塞勒，斯蒂芬(Van Rensselaer, Stephen,1764—1839年) 美国将军和政治家。参加主要战争：1812年的战争；参加主要战役（战斗)：昆士顿之战（安大略，1812年)。

范·伦塞勒1764年11月1日生于纽约城一个富裕的荷兰裔庄园主家庭。1782年毕业于哈佛大学。是纽约州最有钱的农场主之一。作为联邦制的拥护者，涉足州政坛，供职于立法机关（1789—1796年)，后任副州长(1795年，1798—1801年)。在这个时期，他在民兵部队的军衔方面得到的晋升很快，1786年晋升少校，1788年晋升上校，1801年晋升少将。尽管缺乏实战经验，但1812年的战争爆发时（6月)，被任命防守纽约的北部边境。10月在纽约州的刘易斯顿招集了2300名民兵和900名正规军，并做好了入侵加拿大的准备。他组织的横渡昆士顿尼加拉河的行动，最初较为成功，但因部队力量单薄和民兵拒不离开美国，最后导致300人亡和1000人被俘（1812年10月13日)。随后因挫败和痛苦辞职。重返政坛，任职于众议院（1822—1829年)。他非常关注运河的开发和利用，同时成为纽约大学董事（1819—1834年)。1824年，他在纽约州的特洛伊创办一所学校，后成为伦塞勒专科学院。1839年1月26日卒于奥尔巴尼。

Staff

参考：Bernard, Daniel D., A Discourse on the Life, Services and Character of Stephen Van Rensselaer. Albany, N.Y., 1839.

Fink, William Bertrand, Stephen Van Rensselaer: The Last Patroon. Ann Arbor, Mich., 1963.

DAB.

DAMB.

WAMB.

华西列夫斯基，亚历山大·米哈伊洛维奇（Vasilevski, Aleksander Mikh-ailovich, 1895—1977 年） 苏联元帅。参加主要战争：第一次世界大战（1914—1918 年）、苏俄国内革命战争（1917—1922 年）、第二次世界大战（1939—1945 年）；参加主要战役（战斗）：斯大林格勒保卫战（伏尔加格勒，1942 年）、库尔斯克会战（1943 年）、克里木和波罗的海沿岸战役（1944 年）、东普鲁士战役（1945 年）。

华西列夫斯基 1895 年 9 月 17 日生于新波克罗夫斯科耶乡村（今伊契诺沃州），是一个牧师之子。接受神学教育，但 1915 年参加了俄国军队并在 1918 年加入红军之前参加第一次世界大战。国内战争末期升任步兵团长并一直服现役。1937 年毕业于总参军事学院。二战中以一个卓越的计划者而获得声誉。除了担任总参谋部副总参谋长和总参谋长、副国防人民委员外，他还参与战场指挥。协调斯大林格勒防御（1942 年 8—11 月）以及随后苏军反攻中的诸军兵种作战。（1942 年 11 月—1943 年 3 月）。7 月在库尔斯克协调沃罗涅日方面军和斯捷普方面军解放顿巴斯地区（顿河下游南岸）。1944 年 4 月 7—30 日协调指挥乌克兰第四方面军和黑海舰队解放克里木。作为总参谋长，在 6 月 22 日—7 月 10 日苏联摧毁德国“中央”集团军群的夏季攻势中扮演主要角色。1945 年 1 月 1 日—2 月 15 日他用协同进攻的办法攻克东普鲁士。2—5 月在欧洲战争最后一个月里担任白俄罗斯第三方面军司令。6 月，作为苏军在远东的最高司令，指挥部队在中国东北对日作战（8 月 9—15 日）。1946 年任总参谋长和国防部第一副部长。1949 年任装甲兵部部长。1950—1957 年任陆军部长和国防部副部长。曾因健康问题离开职位，1959—1961 年又回到国防部。卒于 1977 年 12 月 5 日。

作为一位能力非凡的野战指挥官和参谋军官，华西列夫斯基的天才是多次大型战斗中的重要财富。他以出色组织多个方面军、诸多兵种协同作战而闻名。

DLB

参考：Erickson, John, The Road to Berlin. New York, 1984.

Wieczynski, Joseph L., The Modern Encyclopedia of Russian and Soviet Military History. 51 vols. Gulf Breeze, Fla., 1976— 1989.

V

瓦斯托侯爵，阿方索·德阿瓦洛斯（Vasto, Alfonso d'Avalos, Marquis of, 1502—1546 年） 西班牙将军。参加主要战争，第一次（1521—1526 年）、第二次（1526—1530 年）和第三次（1536—1544 年）哈布斯堡-瓦卢瓦战争；参加主要战斗：帕维亚之战（1525 年）、切雷索莱（切雷索莱阿尔巴）之战（1544 年）。

瓦斯托（1502 年）生于那不勒斯，为西班牙贵族后裔。年青时曾指挥 3000 名步兵组成的前卫和 500 名轻骑兵组成的先锋队参加了西班牙-神圣罗马帝国取得巨大胜利的帕维亚之战（1525 年 2 月 24 日）。他的步兵率先进攻，他的先锋队在一堵园墙为其他部队打开了通过的缺口。后来，他的火枪兵击退了瑞士步兵的进攻，阻止了其对战线中部受到极大压力的法国骑兵的救援。后与土耳其人进行作战（1532 年）。参加了查理五世对突尼斯的成功远征（1535 年 6 月—7 月）。被任命为米兰总督（1537 年）后，他对那里的西班牙行政进行改革。切雷索莱之战中，他率18 000名步兵和 1000 名骑兵组成的意大利-西班牙-日耳曼军队进攻昂吉安公爵弗朗索瓦·德·波旁率领的人数稍占劣势（13 000名步兵和 2000 名骑兵）的法军，但遭到大败，伤亡和被俘者达半数（1544 年 4 月 4 日）。卒于 1546 年。

瓦斯托是一位能干的战士，他英勇而富于谋略。由于缺少骑兵，兼之部分步兵的素质低劣，他在切雷索莱进行作战是一个错误。

CCJ

参考：Diccionario de historia de Espana.

Oman, Sir Charles W. C., The Art of War in the Sixteenth Century. New York, 1937.

Taylor, Frederick Lewis, The Art of War in Italy, 1494—1529. Cambridge, 1921.

沃邦，塞巴斯提安·勒普雷特尔·德（Vauban, Sebastien le Prestre de, 1633—1707 年） 法国元帅。参加主要战争：投石党之乱（1648—1653 年）、法西战争（1635—1659 年）、遗产继承战争（1667—1668 年）、与荷兰的战争（1672—1678 年）、奥格斯堡同盟战争（1688—1697 年）、西班牙王位继承战争（1701—1713 年）。

沃邦（1633 年）生于勃艮第的圣莱热-德富日雷。后在附近的瑟米尔-昂诺克西奥接受过非正规教育。投石党之乱期间在孔代的军队中为军官候补生（1651 年）。被王室赦免后加入法军（1653 年）。在法国主要军事工程师尼古拉斯·德·克莱韦勒爵士麾下服役时表现出色，并被任命为“国王的工程师”（1655 年）。在克莱韦勒的指导下进行过边境要塞的改进和重建（1659—1667 年）。在短暂的遗产继承战争（1667—1668 年）期间表现突出。被卢瓦任命为其部门内负责所有工程事务的局长。与荷兰的战争期间参与多次围城战，其中著名的有：马斯特里赫特围城战（1673 年 6 月 5—30 日）、瓦朗谢纳围城战（1677 年 2 月 29 日—3 月 17 日）和伊普尔（伊珀尔）围城战（1678 年 3 月 13—26 日）。他在这些围城战中之所以屡获成功，是因为他科学地改进了围城技术——采用一系列平行堑壕在敌方炮兵火力之下向要塞推进。他在构筑萨尔路易要塞时实行其改进后的“第二体系”，利用塔楼和半独立的棱堡构成一个纵深防御体系，以取代早期由棱堡墙和幕墙组成的“第一体系”。后在奥格斯堡同盟战争期间，运用改进后的攻城技术成功地进

行了多次围城战，包括蒙斯围城战（1691年3月15日—4月10日）、那慕尔围城战（1692年5月26日—7月1日）和阿特围城战（1697年5月15日—6月5日）。阿特之战因他运用了炮兵跳弹射击而闻名。《赖斯韦克条约》签订（1697年9月）后，他从事要塞的改进和重建工作。采用扩大其纵深防御的构想，发展出要塞构筑的“第三体系”。晋升为法国元帅即标志着其现役军事生涯的结束（1703年1月14日）。去世（1707年3月30日）前一直进行著述。

沃邦是一流的军人工程师。其使法国边境防御工事体系化的努力显示出清晰的战略意识。他的新式而富于想象力的要塞不仅是战略上的屏障，而且也是陆军进行野战的基地。其攻城措施和对炮兵的富于想象力的运用同样丰富了战争艺术的宝库。他也许是历史上最伟大的军事工程师。他著述甚丰，内容涉及军事和非军事的众多领域，如：《论堑壕》、《论要塞的进攻》和《国王的什一税计划》。《国王的什一税计划》是评述法国税收制度的优秀著作，被路易十五所禁止，它是早期数据分析的代表作。

DLB

参考：Bloomfield, Reginald, Sébastien le Prestre de Vauban, 1633—1707. London, 1938.

Guerlac, Henry, “Vauban: The Impact of Science on War,” in Peter Poret, ed., Makers of Modern Strategy. Princeton, N.J., 1986.

Rochas d'Aiglun, Albert de, Vauban, sa famille et ses écrits, ses oisivetés et sa correspondance. 2 vols. Paris, 1910.

Vauban, Mémoire pour servir àl'instruction dans la conduite des sieges. N.p., 1740.

维尔琴盖托里克斯(Vercingetorix,约卒于公元前45年) 高卢人反罗马起义的领袖。参加主要战争：反抗恺撒统治高卢的战争（公元前58—前51年）；参加主要战役（战斗）：围攻阿瓦里克（今布尔日）和盖尔哥维亚（位于克勒蒙佛兰德附近）之战、韦格安尼之战、围攻阿莱细亚（公元前52年）。

维尔琴盖托里克斯的出生时间不详，只知道他是居住在高卢中部地区的阿维尔尼人酋长之子。公元前53年初冬，恺撒离开高卢返回意大利，而罗马在高卢的绝大部分部队都四散分布在高卢北部地区，维尔琴盖托里克斯乘机在切那布姆（今奥尔良）举兵起义。依照罗马的模式，建立起一支庞大的军队，不久就把它训练成一支高卢人前所未有的正规化军队。恺撒从意大利返回后发现，高卢军队已经切断了他与其军团之间的联系。恺撒突破了高卢军队的封锁同其部队会合，并再次占领了切那布姆（奥尔良）。维尔琴盖托里克斯放弃同罗马直接对抗的战术，转而采用游击战法，公元前52年2月，当罗马军队围攻阿瓦里克（今布尔日）要塞时，维尔琴盖托里克斯率军不断袭扰恺撒的军队，并蹂躏罗马军队进攻路线上的土地，以破坏罗马军队的后勤供给。维尔琴盖托里克斯没能解阿瓦里克之围，这座要塞在这一年的3月份被罗马军队攻陷。恺撒而后继续推进，于是年的四五月份，率军开始围攻阿维尔尼人的首府盖尔哥维亚。由于盖尔哥维亚的防御十分坚固，再加上维尔琴盖托里克斯实行“焦土战术”，将城外的田野全部烧光，罗马军队的后勤供应严重不足，因此恺撒没能攻克盖尔哥维亚。维尔琴盖托里克斯将恺撒从高卢中部地区驱赶出去之后，又集中了一支8万步兵、15 000骑兵的部队，企图封锁罗马军队从索恩河流域沿韦格安尼河进入塞纳的通路。当罗马骑兵驱逐了已占领阵地的高卢骑兵之后，维尔琴盖托里克斯在这场大规模作战中失利，并退回了防御坚固、建于山巅之上的要塞阿莱细亚。在那里，很快被恺撒的5万多名罗马军队重重包围。维尔琴盖托里克斯以及他的军队全部被赶到了要塞的城墙以内，恺撒开始组织围攻。向其兄弟部落求救，一些高卢人组成了一支救援部队，但是却没有统一的指挥。这一年的7—10月(?)，恺撒构筑的攻城对外防御线击退了救援部队，而维尔琴盖托里克斯的部队由于受饥饿的影响，也没能突破恺撒的围攻。最后突围的企图也归于失败，维尔琴盖托里克斯被迫投降。被关押了几年后，大约公元前45年当恺撒举行盛大凯旋仪式时，将他游行示众，接着在罗马处决了他。

DLB

参考：Caesar, Julius, De bello gallico.

Dupuy, Trevor N., The Military Life of Julius Caesar: Imperator. New York, 1969.

韦帕芗，梯特·弗拉维(Vespasianus, Titus Flavius〈Vespasian〉,公元9—79年) 罗马皇帝，参加的主要战争：征服不列颠（43—60年）、镇压犹太人起义（公元66—70年）、四皇帝之战（68—69年）。

韦帕芗9年11月18日生于意大利的莱阿特（位于里伊提附近）。年轻时参加军队，在色雷斯服役，而后在克里特和昔兰尼加任会计官。在三十年代，他在日耳曼地区脱颖而出，不断上升，先任民政官，而后又出任执政官。43—44年期间，在奥·普劳提乌斯手下指挥在不列颠的第二军团，在那里他攻陷了怀特岛，并推进到今萨默塞特的边缘。51年，曾一度出任执政官。63年，被派往非洲任总督。同尼禄一起到希腊旅行。66年底，被派往巴勒斯坦，指挥军队同约旦的犹太起义者作战。尽管起义者（其中包括犹太人历史学家弗·约瑟夫）在约塔帕塔（位于拿撒勒附近）对罗马军队进行了顽强的抵抗，但是他不久就控制了这个国家的大部分地区，并在他到达后的两年时间内（69年底），解除了起义者对耶路撒冷的围攻。与此同时尼禄去世（68年底），罗马帝国的大部分地区都承认S.S.加尔巴为皇帝，但是不久他被反复无常的禁卫军谋杀，而皇位的一个竞争对手、在日耳

曼地区的指挥官 A. 维特利乌斯被禁卫军扶上皇位（69年初期）。随后韦帕芗被在埃及的军队和他自己在约旦的军队拥立为皇帝（公元 69 年 7 月），尽管维特利乌斯在罗马控制了皇位，并且得到了他原来在日耳曼地区的军队的支持，但是他不久就获得了在巴尔干和在伊里利亚的军队的支持。是年的 10 月份，韦帕芗留下了他在东方的军队，由其子提图斯指挥，他本人则前往意大利，而多瑙河军团在他的支持者和同盟安东尼·普里穆斯率领下，进入意大利，并在第二次贝德里阿孔（在克雷莫纳附近地区）战斗中，击败了维特利乌斯。这时韦帕芗进入罗马，维特利乌斯被清除，罗马被控制在韦帕芗的军队手中（70 年初期）。70 年提图斯占领了耶路撒冷，在 69—70 年间又镇压了克·西维利斯率领的巴塔维人的起义，他重新在深受战争和内部反抗之苦的帝国内建立了和平。他是一个有能力的和足智多谋的国家统治者，恢复了国家繁荣，并且加强了军队的纪律。卒于 79 年。

韦帕芗具有受人尊重的性格，毫无疑问，他是罗马帝国最伟大的皇帝之一。他朴实无华、诚恳正直、工作努力勤奋。他把来自于公众的税收，全部用之于民。他对各种评论和批评的态度也非常宽容，并且在广场建设了一些漂亮的建筑物，他是一位真正有作为的统治者，把发展福利作为其目标，并把他的这种统治特性传给了他的两个儿子提图斯和图密善。

DLB

参考：Henderson, Bernard William, Five Roman Emperors: Vespasian, Titus, Domitian, Nerva, Trajan, A. D. 69—117. Cambridge, England, 1927.

Suetonius, Lives of the Twelve Caesars.

EB.

OCD.

维克多-佩兰，克劳德，贝卢诺公爵（Victor-Perrin, Claude, Duke of Belluno, 1764—1841 年） 法兰西帝国元帅。参加主要战争：法国大革命战争（1792—1799 年）、拿破仑战争（1800—1815 年）；参加主要战役（战斗）：土伦之战（1793 年）、迪戈之战（1796 年）、洛纳托之战（1796 年）、利沃里之战（1797 年）、特雷比亚之战（1799 年）、蒙特贝洛之战（1800 年）、马伦哥之战（1800 年）、萨尔菲尔德之战（1806 年）、耶拿之战（1806 年）、普乌图斯克之战（1806 年）、弗里德兰之战（1807 年）、索莫谢拉之战（1808 年）、麦德林之战（1809 年）、塔拉韦拉之战（1809 年）、巴罗萨之战（1811 年）、别列津纳之战（1812 年）、得累斯顿之战（1813 年）、莱比锡之战（1814 年）、布列讷堡之战（1814 年）、拉罗西里之战（1814 年）、克拉奥讷之战（1814 年）。

维克多 1764 年 12 月 7 日生于洛林省的拉马尔齐，是公证人沙尔·佩兰之子。1781 年入炮兵，任鼓手。购买委任状后转入国家自卫队任手榴弹兵。入志愿军队后，迅速升迁，1792 年 9 月 15 日，选入布歇斯-杜-罗尼志愿第二营，领中校衔。后转入意大利军团服役，在 1793 年 9 月 7 日—12 月 19 日的土伦包围战中，于 12 月 17 日强攻小直布罗陀，受重伤。1793 年 12 月 20 日，升临时准将。1794—1795 年在东比利牛斯军团中服役。后再次转入意大利军团。参加了 1796 年 4 月 14—15 日的迪戈之战、5 月 30 日的勃尔赫托之战、8 月 2—5 日的洛纳托之战、9 月 4 日的罗维里多之战及 9 月 15 日的圣吉尔吉之战，最后一次作战中负伤。在任临时少将时，参加了 1797 年 1 月 14 日的利沃里之战、1 月 16 日的拉法沃利塔之战及 2 月 9 日的安科纳之战，作战中表现不俗。3 月 10 日，拿破仑正式授予他少将衔，命其指挥第十二师。后仍在意大利服役，在 1799 年 6 月 17—19 日的特雷比亚之战中负伤。1800 年 6 月 9 日参加蒙特贝洛之战，6 月 4 日又转战于马伦哥。1800—1804 年，指挥驻尼德兰法国占领军。1803 年任命为路易斯安那上将，但他从未到任。1805 年任丹麦大臣。在任朗思参谋长手下服役期间，参加了 1806 年 10 月 10 日的萨尔菲尔德之战、10 月 14 日的耶拿之战、10 月 25 日的西班多之战及 12 月 26 日的普乌图斯克之战。1807 年 1 月任第十军军长。1 月，在斯德丁附近被俘，2 月 7—8 日的埃劳之战结束后，经交换战俘而获释。6 月 5 日，当第一军军长贝尔纳多特负伤后，维克多接替他任该职。6 月 14 日，在弗里德兰之战中表现出色。7 月 13 日授法兰西元帅衔，并任普鲁士及柏林总督。1808 年 9 月，被封为贝卢诺公爵。作为第一军军长被派到西班牙。11 月 10—11 日，在埃斯皮诺萨之战中打败布莱克。11 月 30 日参加索莫谢拉口之战。1809 年 3 月 29 日，在麦德林之战中击退西班牙库埃斯塔军队。但在 7 月 28 日的塔拉韦塔之战中，被韦尔斯利打败，1811 年 3 月 5 日，在巴罗萨之战再败于托马斯·格莱安爵士。1810 年 2 月 5 日—1812 年 8 月 24 日对卡迪兹的包围战也以失败而终。被召回法国后，指挥第十一军，以准备入侵俄国。在从莫斯科后撤中，任后卫部队，11 月 27—29 日穿越别列津纳河之战中表现杰出。在 1813 年的德国战役中，指挥第二军，在 8 月 26—27 日的得累斯顿之战及 10 月 16—19 日的莱比锡之战中有杰出的表现。在法国战役期间，他以异常英勇的精神参加了 1814 年 1 月 29 日的布列讷堡之战及 2 月 1 日的拉罗西之战。但在 2 月 17 日争夺蒙特里桥控制权时失败，拿破仑解了他的职，但几乎立即被任命为帝国卫队的两个师的指挥员，直至 3 月 7 日在克拉奥讷之战中受重伤而止。在百日王朝期间，他仍忠于波旁王朝，因此，1815 年他被封为法国贵族，并任皇家卫队少将。1815 年 12 月，他参加审讯元帅奈的军事法庭，投票赞成处决奈。1816 年，任第十六军区司令。1821 年任陆军大臣兼第十六、第十七及第十九军区司令。在 1823 年入侵西班牙期间继续任陆军大臣。后被任命为国务大臣及国会议员。1828 年，任军事委员会主席。1830 年革命后，不再忠于波旁王朝，1841 年 3 月 1 日卒于巴黎。

维克多是一位精力充沛、勇敢善战的指挥员和卓越的战术家。尽管他勇敢善战，但在西班牙独立指挥作战时却没有成功。他还是一位纪律严明颇有才华的管理者。

VBH

参考：Delderfield，R. F.，Napoleon's Marshals，Philadelphia，1962.

Humble，Richard，Napoleon's Peninsular Marshals. New York，1974.

Macdonnell. A. G.，Napoleon and His Marshals. London，1950.

Meeks，Edward，ed.，Napoleon and the Marshals of the Empire. Reprint（2vols. in one）. Philadelphia，1885.

Young，Brig. Gen. Peter，Napoleon's Marshals. London，1974.

维拉尔，克劳德·路易·埃克托尔公爵（Villars，Duke Claude Louis Hector，1653—1734年） 法国元帅。参加主要战争：荷兰战争（1672—1678年）、奥格斯堡同盟战争（1688—1697年）、西班牙王位继承战争（1701—1714年）、波兰王位继承战争（1734年）；参加主要战役（战斗）：辛谢姆之战（1674年）、蒙特卡瑟尔（卡瑟尔附近）之战（1677年）、豪尔卡尼和莫哈奇之战（1687年）、弗勒吕斯之战（1690年）、斯滕凯尔克（比利时的埃塔省境内）之战（1692年）、内尔温登（列日附近）之战（1693年）、弗里德林根（位于巴塞尔以北的莱茵河畔）之战（1702年）、蒙德京根之战、赫希施塔特之战（1703年）、马尔普拉凯（里尔附近）之战（1709年）、德南之战（1712年）。

维拉尔（1653年5月8日）生于穆兰。后参加侍从队（1670年），次年加入陆军（1671年）。荷兰战争期间任轻骑兵指挥官，表现突出，参加了马斯特里赫围城战（1673年6月5—30日）。在蒂雷纳指挥下参加了辛谢姆之战（1674年6月16日），在孔代指挥下参加了塞内夫之战（8月28日）。同年底担任骑兵团团长，时年21岁。由于大权在握的陆军大臣卢瓦的反对，他的升迁停滞了多年。后服役于佛兰德（1674—1677年），并在卢森堡指挥下参加了蒙特卡瑟尔（卡瑟尔附近）之战（1677年4月11日）。荷兰战争之后，奥格斯堡同盟战争之前，维拉尔曾执行过驻巴伐利亚宫廷的使命，在那里作为巴伐利亚选帝侯的朋友参加了莫哈奇附近洛林的查理战胜土耳其军队的豪尔卡尼之战（1687年8月12日）。回到法国后晋升为准将。出任驻佛兰德的卢森堡元帅军的骑兵司令（1690年）。在弗勒吕斯之战（1690年7月1日）、斯滕凯尔克之战（1692年8月3日）和内尔温登之战（1693年7月29日）中表现突出。奥格斯堡同盟战争接近尾声时被派往维也纳任大使。西班牙王位继承战争期间重返军队（1701年）。在弗里德林根之战中打败巴登的路易（1702年10月14日）。受封为元帅（10月20日）。经过短期围困（1703年2月25日—3月9日）攻克凯尔。在巴伐利亚选帝侯麦克斯·艾曼努埃尔的协助下，他在多瑙河上游谷地发动了一次战役。在蒙德京根之战（1703年7月31日）中击退巴登的路易对奥格斯堡的进攻。之后，他与巴伐利亚选帝侯一起转兵进攻施蒂鲁姆将军，并在赫希施塔特之战（9月20日）中歼灭其军。选帝侯拒绝进军维也纳，这使维拉尔非常恼怒，以致辞职返回法国。为阻挡联军的入侵，他应召统帅驻佛兰德的大军（1709年）。在激烈的马尔普拉凯之战（9月11日）中，他为马尔波罗和欧根亲王击败，并受重伤。他确切地向路易十四报告说："如果再给陛下的敌人这样一个胜利能使上帝感到高兴，那他们就被歼灭了。"之后，维拉尔以两年的时间（1709—1711年）修筑了"无与伦比的"施托尔霍夫堡垒防线（从那慕尔至海岸附近的蒙特勒伊）。马尔波罗被召回后，维拉尔在德南之战（1712年7月24日）和弗赖堡（巴登-符滕堡）之战（1713年9月22日—11月16日）中打败欧根，后与欧根亲王谈判达成了《拉施塔特和约》（1714年3月）。此后20年中为法国的主要政治家之一。波兰王位继承战争前夕晋封为大元帅（1733年10月18日）。维拉尔充满干劲和魄力地赢得了这一战争，战胜米兰军并夺取了诺瓦拉、托尔托纳和米兰（1734年6月17日）。卒于都灵。

维拉尔虽然自负、狂妄而且浮夸，但仍然是一位英勇而能干的指挥官，他富于魄力，干劲十足、足智多谋。尽管在马尔普拉凯之战中败北，但他对这一战斗的指挥是巧妙的。

DLB

参考：Nouvelle biographie générale. 66 vols. Paris，1865—1866.

EB.

维尔纳夫，皮埃尔·沙尔·让·巴蒂斯特·西尔韦斯特尔·德（Villeneuve，Pierre Charles Jean Baptiste Silvestre de，1763—1806年） 法国海军上将。参加主要战争：法国大革命战争（1792—1799年）、拿破仑战争（1800—1815年）；参加主要战役（战斗）：尼罗之战（1798年）、特拉法尔加角之战（1805年）。

维尔纳夫1763年12月31日生于普罗旺斯的瓦伦索勒。1779年，他15岁时入海军任军官候补生。在1775—1783年美国独立战争期间，在美国海域服役，表现出色。大革命后，由于许多保皇党分子离职，因此他得到迅速提升，1793年升任少校。1796年升海军少将。1798年5月19日—7月1日，在海军上将布鲁埃斯的率领下，维尔纳夫乘其有86门炮的旗舰"纪尧姆特尔"号驶往埃及。在尼罗河惨败中，只有维尔纳夫的"纪尧姆特尔"号及有78门炮的"杰尼留克斯"号设法逃脱了纳尔逊的攻击逃回法国（8月1日）。此后他抛弃舰队一事遭到激烈批评，但拿破仑后来说，维尔纳夫唯一所犯的错误是他不应参战不久便抛弃舰队。后指挥法国地中海

舰队。1804 年 11 月被纳尔逊封锁于土伦。逃避开英舰的封锁后，在大西洋同一支西班牙舰队会师，然后驶往西印度群岛。1805 年 4—5 月，遭纳尔逊追击。6—7 月当他再度穿越大西洋时，又一次遭纳尔逊追击。1805 年 7 月 22 日，在费尔罗海域同罗伯特·考尔德爵士进行了一场混战后，率法西舰队驶往卡迪兹。他接到命令，让他返回地中海。当他得知另一个官员将要取代他时，维尔纳夫于 9 月 27 日启航，部分原因是担心拿破仑指责他胆小。10 月 21 日在特拉法尔加角遭纳尔逊截击，由于纳尔逊杰出的战术的运用，维尔纳夫舰队被打败，他的 37 艘法国和西班牙舰损失了 18 艘。此战中维尔纳夫被俘，押送英国，不久获释。返回法国后的 1806 年 4 月 22 日卒于伦内斯。

维尔纳夫好逞匹夫之勇，他在特拉法尔加角的战败应归咎于他对拿破仑计划的不信任、极力想保存他的舰队以及在纳尔逊辉煌的战略战术面前的惊慌失措。

DLB

参考：Corbett，Sir Julian S.，The Campaign of Trafalgar. London，1910.

Nouvelle biographie générale. 66 vols，Paris，1865—1866.

Warner，Oliver，The Battle of the Nile. London，1960.

维勒鲁瓦公爵，弗朗索瓦·德·纳夫维尔（Villeroi，Francois de Neufville，Duke of，1644—1730 年） 法国元帅。参加主要战争：奥托曼战争（1662—1664 年）、遗产继承战争（1667—1668 年）、与荷兰战争（1672—1678 年）、奥格斯堡同盟战争（1688—1697 年）、西班牙王位继承战争（1701—1714 年）；参加主要战役（战斗）：拉布/圣哥特哈德之战（1664 年）、恩宰姆（施特拉斯堡附近）之战、米尔豪森之战（1674 年）、蒂尔凯姆之战（1675 年）、基亚里之战（1701 年）、克雷莫纳之战（1702 年）、拉米伊（比利时的布拉班特省境内）之战（1706 年）。

维勒鲁瓦生于 1644 年，是元帅、国王路易十四的总督——维勒鲁瓦侯爵尼古拉斯·德·纳夫维尔之子。由于长于宫廷，与国王路易十四结下友谊。参加的第一次战斗是拉布（圣哥特哈德或圣戈特哈德大教堂）之战（1644 年 8 月 1 日）。曾在佛兰德参加了遗产继承战争。后又参加了与荷兰的战争和奥格斯堡同盟战争中的许多战役。授予准将后，阿尔萨斯战役期间在蒂雷纳统领下参加了恩宰姆之战（1674 年 10 月 4 日）、米尔豪森之战（12 月 20 日）和蒂尔凯姆之战（1675 年 1 月 5 日），作战中表现突出。后晋升为中将（1675 年 2 月 25 日）和元帅（1693 年 3 月 2 日）。卢森堡公爵去世后成为在佛兰德地区与威廉三世国王作战的法军司令（1695 年 1 月）。后被英荷联军的机动作战所败（1696 年）。西班牙王位继承战争之初（1701 年），他就任驻意大利的法军司令。在基亚里之战（9 月 1 日）中被欧根亲王打败。撤往克雷莫纳后，在欧根对该城的突然袭击战（1702 年 2 月 1 日）中被擒。被换回后，他帮助挫败了马尔波罗在佛兰德地区的作战行动（1703 年 6—10 月）。两年后，其互不关联的作战再次阻碍了马尔波罗的行动（1705 年）。维勒鲁瓦进行运动以堵截马尔波罗向那慕尔推进（1706 年 4—5 月），但在拉米伊战败，其部队被逐出战场，溃不成军（5 月 25 日）。尽管路易十四对他安慰有加，但他此后未再担任指挥官，以一名廷臣终了余生。与路易一直保持着私交。1730 年 7 月 18 日卒于巴黎。

维勒鲁瓦是一位油滑的廷臣，英勇而豪侠的战士。作为一位指挥官，他的才干无法与其同代人维拉尔和布夫莱尔相提并论。

DLB

参考：Nouvelle biographie generale. 66 vols. Paris，1865—1866.

EB.

沃格尔·冯·法尔肯施坦，恩斯特·爱德华（Vogel Von Falckenstein，Ernst Eduard，1797—1885 年） 普鲁士将军。参加主要战争：拿破仑战争（1800—1815 年）、德意志-丹麦战争（1864 年）、奥普战争（或七周战争）（1866 年）和普法战争（1870—1871 年）；参加主要战役（战斗）：马恩河畔维特里之战（1814 年）和朗根萨尔策之战（1866 年）。

沃格尔 1797 年 1 月 5 日生于布雷斯劳。1813 年 12 月 8 日入伍任少尉。参加了在法国的 1814 年战役。1821 年 3 月 30 日晋升中尉。调至陆军军械局三年（1822—1825 年）。1827 年任职于陆军总参谋部达六个月。1829 年 10 月 12 日晋升上尉，任一个掷弹兵团的连指挥官。1841 年 3 月 26 日晋升少校。1843 年 3 月 22 日成为掷弹兵团的营指挥官。柏林骚乱期间（1848 年 3 月 15—31 日），受伤。8 月 24 日被任命指挥警卫步兵营。1849 年 11 月 9 日晋升中校。1850 年 5 月 4 日被任命为柏林的第三军团总参谋长。1855 年 5 月 10 日任第五步兵旅旅长，6 月 12 日任第三警卫步兵旅旅长。1856 年 4 月 10 日任柏林国防部陆军行政局局长。1858 年 7 月 3 日任第五师师长。1858 年 11 月 22 日晋升中将。1861 年曾任几个月的柏林陆军第三军代理军长。任第二警卫师师长（1863 年 6 月 29 日—12 月 9 日）。任石勒苏益格-荷尔斯泰因远征军总参谋长（1863—1864 年）。后任日德兰半岛的军事总督（1864 年 8—10 月）。1864 年 11 月 21 日任驻蒙斯特陆军第五军军长。1865 年 6 月 8 日被晋升为步兵上将。与奥地利及南部德意志的战争爆发时（1866 年 6 月 16 日），被任命为南德意志普鲁士陆军总司令。入侵萨克森，在朗根萨尔策迫使汉诺威地区的军队投降（6 月 27—29 日）。7 月 1 日被任命为主力军总参谋长，7 月 19 日任波希米亚总督。10 月 30 日任柯尼希贝格的第一军司令官。1868 年 8 月 4 日要求将自己置于后备军官名册内。普法战争爆发时（1870 年 7 月 15 日），被任命为北

德意志海岸军事区总督。当一本鼓吹清除德意志贵族的小册子出版后，他将社会民主党人拘押在吕岑。这些人被释放后，对他进行了起诉，一位普鲁士法庭判决这些社会民主党人胜诉。他不得不为此进行赔偿并支付法庭费用。1871 年 4 月被置于预备军军官名册。1873 年 12 月 27 日退出现役。1885 年 4 月 6 日卒于勃兰登堡的德尔齐希。

DLB

参考：ADB.

W

和知鹰二(Wachi, Takaji, 1891—?) 日本陆军上将、战犯。参加主要战争：侵略中国东北战争（1931—1932 年）、日本侵华战争（1937—1945 年）、第二次世界大战（1941—1945 年）。

和知 1891 年生于广岛县。1914 年毕业于陆军军官学校。1922 年从陆军大学毕业以后，成为中国事务专家。1924—1927 年为陆军参谋本部中国处的一员。1928—1929 年任侵华日军济南陆军武官，1929 年提升为陆军少校。在 1931 年 9 月—1932 年 2 月侵略中国东北的战争中任关东军参谋军官。1932—1934 年任侵华日军广州陆军武官，后来（1935—1936 年）任侵华日军太原特务组织头目。1936—1938 年在天津任侵华日军团长期间提升为陆军上校。作为法西斯军国主义的陆军校级军官之一，参与制造了 1937 年 7 月 7 日卢沟桥事变。事件发生以后，便爆发了日本全面侵华战争。1938—1939 年他在中国台湾和大陆部队的特务机构中担当许多职务。1939—1940 年任侵华日军参谋，1940 年提升为陆军少将。1942—1943 年任驻菲律宾第十四集团军参谋长，1943 年升为陆军中将。1943—1945 年被任命为南部方面军副参谋长。1945 年 8 月任侵华日军第一六四师师长，1945—1950 年因战争罪被监禁。

MRP

瓦格纳，阿瑟·诺克伍德(Wagner, Arthur Lockwood, 1853—1905 年) 美国将军和军事理论家。参加主要战争：镇压印第安人战争（1867—1890 年）、美西战争（1898—1899 年）和镇压菲律宾起义（1899—1902 年）；参加主要战役（战斗）：苏人战役（1876—1877 年）、圣地亚哥之战（1898 年）和波多黎各之战（1898 年）。

瓦格纳 1853 年 3 月 16 日生于渥太华。以几乎名列全班最末位的成绩毕业于西点军校，被派至步兵部队任职（1875 年）。在西部平原和山地攻击苏族人（1867—1877 年）、内兹帕斯人（1877 年）和乌乔斯人（1881 年）。在路易斯安那州立大学和东佛罗里达学院任军事科学和战术教授期间，开始涉足军事教育。撰写了一本得到兵役机构协会高度称赞的专著，即《美国的军事需要和满足需要的最佳方法》（1884 年），因为此，其作为一名军事学者开始名声鹊起。1885 年他被派至步兵和骑兵学校所在地，堪萨斯州的利文沃斯堡，应校长之邀，担任战术和军事艺术科目的助教。也正是因为他在利文沃思堡的任职，才使得这所学校成为一所职业训练学校，他为学校制定了永久的规章制度和计划（1888 年）。撰写了几本重要的教科书：《克尼格雷茨战役》（1889 年）、《信息与安全》（1893 年）与《组织体制和战术》（1895 年）。1892 年晋升上尉，1894 年被任命为军事艺术系主任。1896 年晋升少校，调至陆军部副官长办公室，主管一个叫做军事情报处的情报部门。后在古巴任职于亨利·劳顿将军的参谋部（1898 年 6—7 月）。美西战争期间，在波多黎各纳尔逊·A. 迈尔斯的参谋部任职（7—8 月）。短时间任达科他战区副官长。1899 年 12 月调至菲律宾，期间曾任一系列的职务并晋升上校。返回美国后任芝加哥莱克斯战区副官长（1902—1904 年）。被任命为新成立的校址在华盛顿营地（今莱斯雷麦克奈尔堡附近）的陆军作战学院的参谋人员。1905 年 6 月 17 日卒于北卡罗来纳州的阿什维尔，同一天晋升少将。

ACD

参考：Nenninger, Timothy K., The Leavenworth Schools and the Old Army: Education, Professionalism, and the Officer Corps of the U.S. Army, 1881—1918. Westport, Conn., 1978.

Wagner, Authur L., The Campaign of Koniggratz. Leavenworth, Kans., 1889.

——, Organization and Tactics. Kansas City, Mo., 1895.

——, The Service of Security and Information, 4th ed. Kansas City, Mo., 1896.

W

DAMB.
WAMB.

韦因怀特(Wainwright,1883—1953年) 美国陆军上将。参加主要战争：第一次世界大战（1917—1918年）、第二次世界大战（1941—1945年）；参加主要战役（战斗）：圣米耶尔之战、默兹-阿尔贡之战（1918年）、北部吕宋之战（1941年）、巴丹之战（1941—1942年）、科雷希多岛之战（1942年）。

韦因怀特1883年8月23日生于华盛顿沃拉沃拉，是内战时期一个海军军官的孙子，一个边疆骑兵军官的儿子。1906年毕业于西点军校并派至骑兵部队。在得克萨斯的第一骑兵团服役，后随部队开往菲律宾，1908—1910年在霍洛岛上同海盗作战。1912年为陆军中尉。1916年毕业于骑兵学校。同年后期提升为陆军上尉。当美国参加第一次世界大战时，被提升为临时野战炮兵少校。1917年在纽约普拉茨堡军官训练营服役。1918年2月随第七十六陆军师到法国。在伊普尔（伊珀尔）附近同英国人一道执行特遣任务。后派任第八十二陆军师助理参谋长。随部队参加圣米耶尔（9月12—16日）和默兹-阿尔贡（9月26日—11月11日）攻击战。1918年11月—1920年10月，在德国随第三集团军执行占领任务。当回到美国时，又恢复了他固定的陆军上尉军衔，但11月很快便提升为陆军少校。1920—1921年在堪萨斯州赖利堡骑兵学校任教官，1921年又任第三步兵师参谋长。1921—1923年在陆军部服役。1923—1925年在第三骑兵团。1925—1928年又回到战争部。1929年提升为陆军中校。1931年毕业于莱文沃思堡指挥和参谋学院。1934年又从陆军军事学院毕业。1934—1936年任骑兵学校校长期间，1935年提升为陆军上校。1936—1938年指挥第三骑兵团。1938年提升为临时准将并指挥第一骑兵旅。1940年9月提升为陆军少将被派往菲律宾指挥菲律宾陆军师。1941年9月任麦克阿瑟手下的高级野战指挥官。12月22—31日在迟滞日军林加延湾登陆的作战行动中，指挥北部吕宋军队（包括第十一、二十一、七十一和第九十一菲律宾陆军师和美国第二十六骑兵团）。1941年12月30—1940年1月他成功的撤离战使得美国和菲律宾军队得以退却巴丹。1月10—25日被日军第一次攻击逐出巴丹北部，1月26日—2月23日和麦克阿瑟打退了日军的第二次进攻。1942年3月当麦克阿瑟受命去澳大利亚时，被提升为陆军中将并任美驻菲律宾部队司令。虽然他的部队依然士气高昂，但糟糕的供给状况削弱了他们的战斗力，以至于4月3日在日军的重新进攻下驻巴丹部队被迫于4月9日投降。5月6日，日军在科雷希多岛的成功袭击也迫使韦因怀特投降，至此，美国在菲律宾的抵抗告终。他被送往在菲律宾、台湾而后在中国东北的战俘营。韦因怀特在囚禁期间被粗暴对待，但他完整地保持了自己的尊严。他担心会因投降而蒙羞，但1945年8月被苏军解放时欣然惊诧于自己是一个战争英雄。参加在东京湾“密苏里”号战舰上的受降仪式，9月2日评论说“我上次参加投降仪式时是战败的一方。”获得荣誉勋章，1946年在得克萨斯指挥第四集团军。1947年8月从部队退役。1953年9月2日卒于得克萨斯州圣安东尼奥。

作为一位能干而又机智的军人，韦因怀特在菲律宾防御中，应与麦克阿瑟分享荣誉。他是那种在孤立无援的情况下立场坚定的英勇军人的象征。

KS and DLB

参考：Beck, John J., MacArthur and Wainwright: Sacrifice of the Philippines. Albuquerque, N.M., 1974.
Miller, Ernest M., Bataan Uncensored. Long Prairie, Minn., 1949.
Morton, Louis B., The Fall of the Philippines. History of the United States Army in World War Ⅱ: The War in the Pacific. Washington, D.C., 1953.
Wainwright, Jonathan M., and Robert Considine, General Wainwright's Story. Reprint, Westport, Conn., 1973.
DAMB.
WAMB.

瓦德西，阿尔弗雷德·冯伯爵(Waldersee, Count Alfred von, 1832—1904年) 德国陆军元帅、侵华德军头目。参加主要战争：普法战争（1870—1871年）、镇压义和团运动（1900—1901年）。

瓦德西生于1832年。七周战争期间（1866年6—8月），加入普鲁士总参谋部。任驻巴黎武官，因其简明的报告而引起总参谋长毛奇的重视，1869年被任命为普鲁士威廉国王的副官。随着普法战争（1870—1871年）的爆发，其报告的准确性得以证实，这使得他的权威得到进一步的提高。1871年任巴黎军事管制政府总督的参谋长。1882年任毛奇统率的德意志总参谋部的副总参谋长。他鼓吹对俄罗斯进行一场“预防性”战争，也因为此，获得德皇威廉二世的青睐。1888年继毛奇任总参谋长。他反对观点与德皇相左的提尔皮茨海军计划。1891年2月9日被阿尔弗雷德·冯·施利芬取代，他后指挥一个军。晋升陆军元帅，指挥侵占北京的八国联军援救被义和团包围的使馆（1900年夏）。他到达太晚，未能参加激烈的战斗（9月12日），后在北京城附近指挥了近36次残酷报复性的小规模作战（1900年9月—1901年5月），扩大了侵略范围。返回德国，卒于1904年。

瓦德西是一位有一定能力的武夫，也是一位狡猾多谋的参谋，但其才干无论是与毛奇抑或施利芬相比都相形见绌。他嗜好阴谋且骄傲自大，这也使得他在总参谋长的职位上只能是个匆匆过客。

DLB

参考：Dupuy, Trevor N., A Genius for War: The German Army and General Staff, 1807—1945. Fairfax,

W

Va., 1984.

Goerlitz, Walter, Der Deutsche Generalstab. Frankfurt a. M., 1952. Waldersee, Alfred von, (Diaries). Berlin, 1928.

沃克，弗兰克·罗宾逊(Walker, Frank Robinson, 1899—1976年) 美国海军上将。参加主要战争：第二次世界大战（1941—1945年）；参加主要战役（战斗）：珍珠港事件（1941年）、萨沃岛之战（1942年）、所罗门群岛战役（1942—1943年）。

沃克1899年生于亚拉巴马的弗洛伦斯，1922年毕业于海军军官学校。20世纪二三十年代在不同的职位上服役，所指挥的“帕得森”号战舰是1941年12月7日日本偷袭珍珠港时出港并执行任务的少数战舰之一。1942年初，被派任在西南太平洋地区的第八驱逐舰队司令，领导他的舰队作为8月7日瓜达尔卡纳尔和图拉吉岛登陆掩护力量的一部分。8月8—9日夜，参加了损失惨重的萨沃岛之战，日本人在那里击沉了一艘澳大利亚和三艘美国巡洋舰而日方却毫无损伤。所罗门群岛战役中，指挥第四驱逐舰中队，其中以韦拉拉韦拉岛战斗最为著名。1943年10月6—7日夜，他的6艘驱逐舰未能阻止9艘日本驱逐舰和12艘小型战舰将600名韦拉拉韦拉岛的日本驻军撤离。1944年被任命为罗斯福基地和在加利福尼亚的圣佩德罗（现在洛杉矶的一部分）小型战舰训练中心司令，战争结束以后，1946年指挥“阿斯托利亚”航母。1947年奉命到船舶组织委员会，后到海军部海军管理委员会任职。1952年退休，卒于1976年。

KS

参考：Shipmate obituary notice(December 1976).

U.S. Naval Historical Center Biographical File(updated 1947).

沃克，华尔顿·哈里斯(Walker, Walton Harris, 1889—1950年) 美国陆军上将。参加主要战争：第一次世界大战（1917—1918年）、第二次世界大战（1941—1945年）、侵略朝鲜战争（1950—1953年）；参加主要战斗：圣米耶尔战役、默兹-阿尔贡战役（1918年）、法国北部诺曼底登陆战役（1944年）、莱茵（德国）之战（1945年）、釜山周围保卫战、“联合国军”反攻（1950年）。

沃克1889年12月3日生于得克萨斯州。1907—1908年进入弗吉尼亚军事协会。1912年毕业于西点军校并被委任为步兵少尉。1914年4月30日—11月23日参与占领维拉克鲁兹。1916年7月为陆军中尉，1917年5月升为陆军上尉。1918年4月同第五陆军师第十三机枪营一道到法国。6月提升为临时陆军少校。在圣米耶尔（9月12—16日）和默兹-阿尔贡（9月26日—11月11日）攻击战中带领部队艰苦战斗。1919年6月在执行任务时升任临时陆军上校。1919年末，在回到美国时，又恢复他固定的上尉军衔。1920年7月在锡尔堡毕业于野战炮兵学校，毕业后升任陆军少校。1920—1922年在本宁堡步兵学校任教练。1923年在本宁堡高级课程班毕业。1923—1925年在西点军校任战术教官。1926年毕业于指挥和参谋学院。后在弗吉尼亚莫罗堡海岸炮兵学校任教。1930—1933年随第十五步兵团在中国天津驻扎。1935年8月升为陆军中校。1936年毕业于陆军战争学院。1937年8月—1940年12月分派到总参谋部战争计划处。1941年2—7月作为临时陆军上校在路易斯安那指挥第三十六步兵团。紧接着提升为准将，7月任第三装甲旅旅长。1942年1月指挥第三装甲师。2月提升为陆军少将，9月在加利福尼亚州扬军营接管第四装甲军并被任命为沙漠训练中心首脑。1943年4月带领第四装甲军到肯塔基州坎贝尔军营（霍普金斯维尔附近），在10月该部队被重组为第二十军时，奉命于1944年2月开往英国。7月，作为巴顿将军的第三集团军之一部，率领第二十军在法国登陆。在横贯法国北部进军中扬名。第二十军也因其前进的速度而以“幽灵军”出名，只是由于缺乏燃料9月15日在梅斯受阻。1944年12月—1945年1月当巴顿带领第三集团军之大部（第三和十二军）向北在阿登山脉阻击德军反攻时，沃克受领了掩护第三集团军先前阵地的令人生畏的任务。领导第二十军通过齐格菲防线（西线壁垒，2月8日—3月5日），3月6—21日抵达于莱茵河。3月22日横渡莱茵河并通过德国中部。4月25日直插向东南渡过多瑙河进入奥地利。4月9日在途中解放了布痕瓦尔德集中营（魏玛附近）。5月提升为陆军中将。6月在得克萨斯州达拉斯接管第八预备役集团军指挥部。1946年6月指挥第五集团军，司令部在芝加哥。1948年9月转往日本指挥第八集团军，该集团军是麦克阿瑟远东指挥部地面武装的组成部分。1950年6月25日朝鲜战争爆发后，7月13日沃克即将司令部迁往朝鲜并负责指挥幸存的南朝鲜部队。由于美国军力不足，再加上南朝鲜部队士气低沉和缺乏重型装备，因此，沃克在朝鲜东南部保持釜山周围225公里的战斗是艰苦而疲惫的。尽管来自北朝鲜压力很大，8月5日—9月15日沃克还是狡猾地调遣预备队并挫败了北朝鲜的所有进攻。9月15日从外沿向北进攻，与在仁川登陆的第十军一致行动。9月26日与第十军会合后，向北侵占元山（10月10日）和平壤（10月19日），在北朝鲜西半部进行作战，由于担心侧翼和中国人民志愿军的潜在还击，沃克小心前进。11月25日，在面对中国人民志愿军的猛烈进攻时被迫后撤，12月5日放弃平壤。1950年12月23日正当他试图在北纬38°线附近建立新的防线时，在汉城北部一次吉普车事故中丧生。

作为一位强悍无畏的野战军官，沃克更为出名的是其充沛的精力和鲜明的个性而不是其战术才能方面。身为一位装甲兵指挥官，他失之于好逞匹夫之勇。

KS and DLB

参考：Eisenhower, John, The Bitter Woods. New York, 1969.

W

Heller, Francis H., ed., The Korean War: A 25—Year Retrospective. Lawrence, Kans., 1977.

Ridgway, Matthew B., The Korean War. Garden City, N. Y., 1967.

DAMB.

WAMB.

华莱士，威廉爵士(Wallace, Sir William, 约 1270—1305 年) 苏格兰游击队首领、民族英雄和将军。参加主要战争：苏格兰-英格兰诸战争（1290—1314 年）；参加主要战役（战斗）：斯特灵之战（1297 年）、福尔柯克之战（1298 年）。

华莱士（约 1270 年）生于伦弗鲁郡，马尔科姆·华莱士爵士之子。寄养于斯特灵郡其舅父家族中。年青时在一次激烈争辩后因杀死一名英格兰人而被放逐（约 1292 年）。他与一小群人啸聚山林，并率领他们多次进攻英格兰人。英格兰爱德华一世国王征服苏格兰、成为苏格兰的封建领主后，华莱士即为反对英格兰统治的领袖（1296 年）。当亨利·派尔爵士和罗伯特·克利福德爵士率领的英格兰军队在欧文向华莱士逼近时，他的贵族支持者们抛弃了他（1297 年 7 月）。他向北撤退，集结了一支军队，并围攻邓迪堡（8 月）。沃里克伯爵率领的英格兰援军逼近时，华莱士在敌人援军横渡斯特灵附近的福思河时进攻并击溃了这支军队（1297 年 9 月 11 日）。在实际上将英格兰军队逐出苏格兰之后，华莱士指挥了一次大袭击，攻人英格兰北部，劫掠了南达纽卡斯尔的英格兰国土（1297 年 7 月）。被选为苏格兰王国的监护人（12 月）后，他进行贤明而又良好的统治，使四分五裂的国家重新归为统一。爱德华一世国王从佛兰德返回并率25 000人的军队入侵苏格兰时，为使英格兰军队得不到补给，华莱士先行撤退，并坚壁清野（1298 年 6 月）。由于补给短缺，爱德华打算撤退。就在这时，他使苏格兰人在福尔柯克卷入战斗。一场激烈、艰苦的作战——其标志是爱德华对弓弩手的有效使用——之后，苏格兰军队战败（7 月 22 日）。华莱士缓缓北撤，辞去监护人职位，并返军游击英格兰军队（1298—1304 年）。在此期间，为了寻求对其事业的援助，他显然到过法国。也许是由于叛徒的出卖，他在罗布罗伊斯顿（格拉斯哥附近）被俘（1305 年 8 月 5 日），向南押送至伦敦。被控叛国罪。他不是爱德华国王的臣民，因而不可能对其犯下叛国罪。尽管他的这些辩护是正当的，他还是被判有罪并被处死（8 月 23 日）。

华莱士的大部分历史被传说和传奇故事弄得含糊不清。显而易见，他是一位能干而聪明的领袖，足智多谋、果敢善断、英勇无畏。他在斯特灵之战中恰到好处的进攻，抓住了英格兰军队在一座狭窄桥梁上渡河时兵力分散、出现混乱的机会，显示了其相当的战术才华。

DLB

参考：DNB.

EB.

华伦斯坦，阿尔贝特·奥伊泽比乌斯·冯，弗里德兰与梅克伦堡公爵，萨冈亲王(Wallenstein, Albert Eusebius von, Duke of Friedland and Mecklenburg, Prince of Sagan (Zagan), 1583—1634 年) 波希米亚籍神圣罗马帝国统帅、奥地利将军。参加主要战争：奥土战争 1593—1606 年)、与威尼斯的战争（1615—1617 年)、围攻格拉迪斯卡（1617—1619 年)、三十年战争（1618—1648 年)；参加主要战役（战斗）：德绍桥之战（1626 年)、阿尔特韦斯特（纽伦堡附近）之战、吕岑之战（1632 年)、施泰瑙之战（1633 年)。

华伦斯坦（1583 年 9 月 24 日）生于波希米亚的赫尔曼尼斯（赫拉德茨-克拉洛韦附近）。父母双亡后就读于奥尔米茨（奥洛穆茨）的贵族教会学院。曾短期入阿尔特多夫大学学习，但由于行为不端被迫离校（1599 年）。求学于博洛尼亚和帕多瓦时，曾遍游南欧和西欧。在匈牙利加入皇帝鲁道夫二世的军队，并在格兰（埃斯泰尔戈姆）围城战（1604 年 9 月 19 日—10 月 10 日）中表现突出。返回波希米亚，娶寡妇柳克丽霞·冯·韦克科夫为妻（1609 年）。其妻死后继承其摩尔维亚的领地（1614 年）。与威尼斯的战争（1615—1617 年）期间，他招募并指挥 200 名骑兵参加了格拉迪斯卡围城战。三十年战争爆发时，他拒绝了波希米亚起义者的求和倡议（1618 年）。后携财产逃亡维也纳招募了一个胸甲兵团。在与加布里埃尔·贝特伦（贝特伦·加博尔）的作战中表现卓越。新教徒在白山（别拉山，位于布拉格附近）之战（1620 年 11 月 8 日）中失败后，他在摩拉维亚和波希米亚获得了大片领地。受封为帝国第一位拥有王权的伯爵（1622 年)，后晋封亲王（1623 年）。娶富裕的女继承人伊莎贝拉·卡塔琳娜·哈拉茜为妻（1623 年）。继续在摩拉维亚与贝特伦作战（1623—1624 年）。受封为弗里德兰（此名由其领地的合称而来）公爵（1624 年）。丹麦干涉前夕，奉皇帝斐迪南二世之命招募一支军队（1625 年 4 月）。后在德绍桥之战（1626 年 4 月 25 日）中打败恩斯特·冯·曼斯菲尔德。曼斯菲尔德死后，他转兵北上与刚刚在洛特之战中打败克利斯提安四世的梯利会合（8 月）。他们一起将克利斯提安赶入日德兰半岛，并迫使丹麦退出战争（1627 年）。由于这些军功，他受封为萨冈公爵（后来为亲王）。后又获得了梅克伦堡公爵领地（1628 年）。他征服德意志北部的行动因波罗的海城市施特拉松德出乎意料的抵抗而受挫（1629 年 2 月 24 日—8 月 4 日）。华伦斯坦以掠获物和自己领地的收益供养其庞大的军队，只执行其愿意执行的帝国命令，实际上已经独立。斐迪南不得已解除了他的总司令职务（1630 年 8 月）。他隐居其弗里德兰公爵领地。瑞典国王古斯塔夫·阿道夫对德意志的入侵和瑞典军队在第一次布莱登菲尔德（莱比锡附近）之战（1631 年 9 月 17 日）中对梯利的胜利迫使皇帝重新启用华伦斯坦（1632 年春）。他将萨

克森军逐出波希米亚，并堵住了瑞典军向纽伦堡的进军（1632年7月—8月）。在阿尔特韦斯特之战（1632年9月3—4日）中顶住了古斯塔夫对其堑壕营地的进攻。后北上入侵萨克森（1632年9月底—10月底）。古斯塔夫迫使他在吕岑交战。作战中古斯塔夫战死，但华伦斯坦在一场漫长而艰苦的战斗之后被迫后撤（1632年9月16日）。撤至波希米亚过冬。由于他正在进行背离帝国事业并企图将其后的和约强加于皇帝斐迪南的谈判，第二年他消极作战（1633年）。但斐迪南秘密解除了华伦斯坦的指挥权（1634年1月24日），并公布其犯有独一无二的罪状——高等叛国罪（2月18日）。由于患病和听信其占星术家建议而一直消极无为的华伦斯坦从比尔森逃往埃格尔，意欲与瑞典军相勾结。忠于皇帝的埃格尔守军军官将他和他的军官杀死（1634年2月25日）。

华伦斯坦是帝国政治当局的忠诚支持者，但他不赞成重建宗教霸权。他是帝国最优秀的将军，但缺乏古斯塔夫那样的战略和战术技巧。他狡诈、顽强而且富于谋略。他利用其领地支持其大规模战争的行为显示出卓越的行政才能。

DLB

参考：Mann，Golo，Wallenstein：His Life Narrated. Translated by Charles Kessler. New York，1977.
Ranke，Leopold von，Geschichte Wallensteins. Berlin，1869.
Watson，Francis，Wallenstein：Soldier Under Saturn. Bath，England，1969.
Wedgwood，Cicely V.，The Thirty Years War. 1938. Reprint，Garden City，N.Y.，1961.

沃勒，威廉爵士（Waller，Sir William，约1597—1668年） 英格兰将军。参加主要战争：三十年战争（1618—1648年）、第一次英格兰内战（1642—1646年）；参加主要战役（战斗）：埃奇丘陵（班伯里附近）之战（1642年）、里普菲尔德（肯特郡的迪尔附近）之战、兰斯当丘陵（巴斯附近）之战。朗德威草原（迪韦奇斯附近）之战（1643年）、奥尔顿之战（1643年）与切里顿之战（1644年）（两地均位于汉普郡境内）、克罗普雷迪桥之战、第二次纽伯里之战（1644年）。

沃勒约1597年生于德文县，该县首席治安官托马斯·沃勒爵士之子。就学于牛津的马格德林学院，后在格雷氏法律协会学习法律。曾随霍勒斯·维尔爵士参加了对巴拉丁的远征（1620—1622年）。从欧洲大陆回国后在德文县过着悠闲自在的生活。内战爆发后，他支持国会，并从乔治·戈林爵士手中夺取了朴次茅斯（1642年9月）。埃奇丘陵之战（10月23日）中为骑兵团长。后被任命为塞文河谷地区的少将。在南威尔士多次获胜，赢得“征服者威廉”的雅号。里普菲尔德之战（1643年4月）中败于莫里斯亲王。重振部队后，他攻克了赫里福德（4月底）。兰斯当丘陵之战（7月3日）中与其故交拉尔夫·霍普顿爵士战成平局。在迪韦奇斯，他包围并打败了保皇党人的步兵和炮兵（骑兵脱逃）。莫里斯亲王返回后在朗德威草原大胜沃勒（7月13日）。沃勒招募了一支新军，这支新军主要由民军组成，缺乏其老部队的纪律性和凝聚力（9—10月）。奥尔顿之战（12月）中，他奇袭了霍普顿军一部，并夺回阿伦德尔城堡（1644年1月）。在切里顿之战（3月29日）中打败霍普顿和福斯伯爵。克罗普雷迪桥之战（6月27日）中，他对查理一世率领的保皇派大军的进攻被击退。第二次纽伯里之战中，他通过巧妙的侧翼机动雪了上次战败之耻。该战中，查理侥幸免于战败（10月21日）。由于部队状态不佳，未能解救汤顿之围（1645年2月），不久后，他辞去指挥权。此前，他曾提出过一个建议，该建议后来促成了“新模范军”的建立（1644年7月2日）。离开军队后在国会任职两年（1646—1648年）。由于反对克伦威尔的政策和军队的宗教服饰，他在“普莱德清洗”期间被捕（1648年12月6日）。不久后获释，但后又两次被捕（1658年3月、8月）。参与了支持查理二世复辟的谈判（1659年）。曾参加“代表国会”（1659—1660年）。卒于1668年9月19日。

沃勒秉性正直，受人尊敬，是国会军中最能干的将军之一。双方军队都普遍尊称其为“最好的战场转换者和选择者”。

DLB

参考：Riddell，Edwin，ed.，Lives of the Stuart Age. New York，1976.
Rogers，H. C. B.，Battles and Generals of the Civil Wars，1642—1651. London，1968.
Wedgwood，Cicely V.，The Kings War. Reprint，London，1968.
EB.

王真（Wang Chen，卒于1449年） 中国明朝将军。参加主要战争：明朝对蒙古族的战争（1410—1449年）。

王树声（Wang Shusheng，1905—1974年） 中国人民解放军高级将领，军事家。参加主要战争：反“围剿”战争（1930—1934年）、抗日战争（1937—1945年）、国共战争（1945—1949年）；参加主要战役（战斗）：黄麻起义（1927年）、长征途中诸战斗（1935年）。

王树声原名宏信，1905年生于湖北麻城县。1926年加入中国共产党。1927年曾在麻城县破寨岗宣传革命思想，并指挥农民自卫军和上万名农民抗击地主武装的进攻。随后又参加黄麻起义，任中国工农革命军鄂东军分队长，后又担任中国工农红军第四军大队长、支队长、团长。1931年任红军第四方面军第十一师师长。参与创建鄂豫皖苏区和反“围剿”斗争。1933年任红军第三十一军军长，次年任红军第四方面军副总指挥，参与创建川陕苏区，指挥反“围剿”作战。1935年参加红军二万

五千里长征。抗日战争爆发后历任晋冀豫军区副司令员、代司令员，太行军区副司令员、河南军区司令员。国共战争时期，任中原军区副司令员、第一纵队司令员兼政委、鄂西北军区司令员、鄂豫军区司令员等职。中华人民共和国成立后，任湖北军区副司令员、司令员，中南军区副司令员，国防部副部长，军事科学院副院长、第二政委。1955 年被授予大将军衔。是第一、二、三届国防委员会委员，中共第八、九、十届中央委员。1974 年 1 月 7 日病逝于北京。

王允初(Wang Yun-chu，1154—1214 年) 中国宋朝文官和将军。参加主要战争：宋金战争（1161—1216 年）；参加主要战役（战斗）：德安围城战（1206 年）。

王允初生于 1154 年，受过传统教育，后在科举考试中及第。因政绩突出被任命为德安通判。任上，他遭逢了 10 万人的金军围城（1206 年）。尽管仅有 400 名守军，但王允初从人口约为35 000人的德安府城招募了 5600 名民军以保卫该城。他筹集大量给养，毁坏周围的一切有用之物，甚至在井中投了毒。他善于创新且随机应变，将盲人和陶瓮组成探音装置以侦测金军的穴道情况。他将实际的作战交与士兵和民军，自己处理府城的行政、激励坚持抵抗。金军撤围前，德安坚守了 108 天之久。王允初的坚决抗击成为后来宋代将军勇略、机智和指挥的楷模。围城战后，他又从事民政。卒于 1214 年。

PWK

完颜阿骨打(Wan-Yen A-ku-ta，1068—1123 年) 女真统治者。参加主要战争：女真族金国的兴起（1114—1123 年）、与辽的战争（1122—1123 年）、对宋的战争（1123—1211 年）。

完颜阿骨打（生于约 1068 年）是东北北部一女真部落酋长之子。继其父为该部落酋长。与邻近部落结成联盟后，领导了一场反对辽王国勒索贡物的战争（1114 年），他迅速获得胜利，于次年自称金朝皇帝，是为金太祖（1115 年）。其反辽的成功使他与辽的另一敌人——宋王朝——结为联盟（1120 年），在宋朝的部分支援下，打败了辽国，并占其首都北京（1122 年）。完颜阿骨打对宋朝的军事无能极为蔑视，以致败盟而转攻宋朝（1123 年）。尽管他于同年死去，但他的继任者们仍继续对宋朝北部发动进攻，直至他们被成吉思汗的蒙古族人征服为止（1211—1234 年）。

PWK

参考：Wittfogel, K. A., and Feng Chia-sheng, History of Chinese Society: Liao (907—1125). Philadelphia, 1949.

沃德，阿蒂马斯(Ward，Artemas，1727—1800 年) 美国将军。参加主要战争：法国与印第安人的战争（1754—1763 年）、美国独立战争（1775—1783 年）；参加主要战役（战斗）：泰孔德罗加之战（1758 年）、波士顿围城战（1775—1776 年）、邦克山（波士顿附近）之战（1775 年）。

沃德（1727 年）生于马萨诸塞的什鲁斯伯里，毕业于哈佛学院（1748 年）。法国与印第安人的战争中任民兵上校。曾参加泰孔德罗加堡之战（1758 年 7 月 8 日）。担任过马萨诸塞部队的将军和总司令（1775 年 5 月 19 日）。后任高级少将，军衔仅次于华盛顿（6 月 17 日）。在华盛顿接替其指挥（1775 年 7 月 3 日）前指挥过波士顿围城战（1775 年 4 月 19 日—1776 年 3 月 17 日）。据信——有一定的夸张——他曾在其位于剑桥的司令部指挥了邦克山之战（6 月 17 日）。先后被解除华盛顿的副司令（1776 年 4 月 23 日）和东部战区司令（1777 年 3 月 20 日）的职务。一度供职于马萨诸塞执行委员会（1778—1780 年）。曾为大陆会议代表（1780—1781 年）。后被选为议员（1791—1795 年）。曾任民事诉讼法院首席法官（1775—1798 年）。因病退休（1798 年）。1800 年 10 月 28 日卒于麻痹症。

沃德是一位聪明、能干的行政家。尽管不被华盛顿所倚重，但他在华盛顿到来之前的波士顿之战中使军队团结一致是值得称颂的。

VBH

参考：Billias, George Allen, George Washingtons Generals. New York, 1964.

Martyn, Charles, The Life of Artemas Ward, the First Commander in Chief of the American Revolution. Reprint, Port Washington, N. Y., 1970.

沃里克伯爵，理查德·奈维尔(Warwick，Richard Neville，Earl of，1428—1471 年) "拥立国王者"。英格兰贵族、将军。参加主要战争：红白玫瑰战争（1455—1487 年）；参加主要战役（战斗）：第一次圣奥尔本斯之战（1455 年）、北安普顿之战（1460 年）、第二次圣奥尔本斯之战（1461 年）、陶顿（塔德卡斯特附近）之战（1460 年）、巴讷特之战（1471 年）。

沃里克伯爵生于 1428 年 11 月 22 日，索尔兹伯里伯爵理查德·奈维尔和托马斯·蒙塔丘特之女艾丽丝之长子。因其妻安娜是沃里克公爵和伯爵亨利·比彻姆之姊及共同继承人，故他于 1450 年授封沃里克伯爵。1453 年同父一起支持约克公爵理查德。1455 年拿起武器站在理查德一边，反对亨利六世和萨默塞特公爵。1455 年 5 月 22 日在圣奥尔本斯之战中，他突破朗卡斯特派的防御，攻入圣奥尔本斯，赢得盛名。1455 年 8 月出任加来统领。1458 年在没有得到政府财政补贴的情况下，为支持加来的行政开销，从事劫掠对方商船活动。1459 年 8 月在英格兰登陆，帮助约克的理查德抓获亨利国王。是年 10 月 12 日，部属在拉德洛背叛、逃亡，他只好与约克的长子爱德华（后来的国王爱德华四世）避难加来。1460 年 5 月在爱尔兰找到约克。返回加来后，于同年 6 月末同爱

德华在肯特登陆。7月2日攻克伦敦，之后挥师北进，7月大约在10日，在北安普顿击败并俘获国王亨利。他希望幕后掌权，故阻止约克的理查德即王位（9月），10月31日他左右议会选举，让亨利六世保留王位，约克改为继承人。12月30日其父和约克的理查德均在韦克菲尔德战死。他试图阻止朗卡斯特派向伦敦进军，但在第二次圣奥尔本斯之战中败北，此战，朗卡斯特派再俘国王亨利六世（1461年2月17日）。匆忙挥师西进，与约克之子爱德华部会合。之后共同挥师东进，进占伦敦，3月4日爱德华即王位，称爱德华四世。3月19日他站在国王爱德华一边参加陶顿之战，再胜朗卡斯特派。亨利六世和其妻安茹的玛格丽特逃脱。在此后的几年里，沃里克在英格兰北部享有大权。他以损害派尔西父子的利益，逐渐加强约克派的势力（1461—1464年）。由于他拥有巨大的影响力，1465年其弟乔治当上了约克大主教，然而1464年5月爱德华四世与伊丽莎白·伍德维尔结婚，标志着他的影响力开始下降。他渴望保持幕后掌握王权的角色，于是挑动克拉伦斯的乔治反叛，但结果反叛以失败而告终（1469年7月）。接着在林肯郡发动又一次反叛亦告失败（1470年2—3月），4月间他被迫与克拉伦斯逃往法国。6月，与玛格丽特议和，并得到法王路易十一世的支持。9月末，他同克拉伦斯重返英格兰，向伦敦进军，推翻爱德华，恢复了亨利的王位（10月）。1471年3月爱德华在雷文斯珀（今不存，原先在斯珀恩角附近）登陆，他颇为震惊，爱德华计谋上胜他一筹，4月11日进入伦敦。他匆忙南进，在巴纳特赶上爱德华，但在随之而来的战斗中兵败身亡（1471年4月14日）。

沃里克伯爵是当时英格兰最有能力的外交家和政治家之一，也是当时王国内最大的地主（1461年后）。他作战勇敢，但他既不是一位精通战术的战术家，也不是精通战略的战略家。但他善于把王室内的争吵从一方转移到另一方，以改变权力的平衡，他的这种无与伦比的技能后来为其赢得“拥立国王者”的绰号。

DLB

参考：Gillingham, John, The Wars of the Roses. Baton Rouge, 1981.

Kendall, Paul Murray, Warwick the Kingmaker. London, 1957.

Oman, Sir Charles W. C., Warwick the Kingmaker. London, 1891.

DNB.

EB.

W

华盛顿，乔治（Washington, George, 1732—1799年） 美国将军和政治家。参加主要战争：法国与印第安人的战争（1754—1763年）、美国独立战争（1775—1783年）；参加主要战役（战斗）：尼塞西蒂堡之战（1754年）、莫农加希拉（匹兹堡附近）之战（1755年）、波士顿之战（1775—1776年）、哈勒姆高地（今属纽约市）之战、怀特普莱恩斯之战、特伦顿之战（1776年）、普林斯顿（新泽西）之战、布兰瓦恩之战、日耳曼敦（两地均位于宾夕法尼亚）之战（1777年）、蒙茅斯（新泽西的弗里霍尔德附近）之战（1778年）、约克镇之战（1781年）。

华盛顿1732年2月22日生于弗吉尼亚的威斯特摩兰县，奥古斯丁与玛丽·鲍尔·华盛顿夫妇的小儿子。其父死（1743年4月12日）后，他受到其长兄劳伦斯周到而仁爱的监护。曾断断续续地上过学，后成为库尔佩珀县的助理测量员（1748年）和测量员（1749—1751年）。与劳伦斯一起游历过巴巴多斯（1751年）。劳伦斯与其女萨拉先后去世（1752年7月、9月）后，他继承了其兄的富裕庄园——芒特弗农庄园。被任命为弗吉尼亚南部的民兵少校长官（1752年11月），后为北内克地区（介于拉帕汉诺克河与波托马克河之间）和东海岸地区的长官（1753年）。罗伯特·丁威迪总督曾派他执行查明俄亥俄谷地法国军事活动的危险任务（1753年10月31日至1754年1月16日）。指挥民兵远征迪尤肯堡（匹兹堡），开始时获胜（4—6月），他因此晋升为上校，后被法军赶回到尼塞西蒂堡并被迫投降（1754年）。回到弗吉尼亚后成为英雄。以当地的上校军衔担任爱德华·布拉多克将军的副官（1755年3月）。随布拉多克的部队进军迪尤肯堡（5—7月）。尽管生病高烧，华盛顿仍英勇地参加了灾难性的莫农加希拉伏击战（1755年7月9日），他的沉着冷静和果断行动使幸存者得以撤退。就任弗吉尼亚民兵司令（8月）后，为行政管理和边境防御而操劳（1755—1757年）。随约翰·福布斯将军参加了获得胜利的向迪尤肯堡的进军（1758年7—11月）。被选入伯吉西斯议会，并在退役（1758年12月）之前晋升为荣誉准将。与马萨·丹德里奇·卡斯蒂斯结为伉俪（1759年1月6日）。任费尔法克斯县的治安官（1760—1774年），过着闲适的农场主生活。第一届弗吉尼亚地方议会的重要人物（1774年8月），第一届大陆会议的弗吉尼亚七代表之一（1774年9月）、第二届大陆会议的代表（1775年5月）。北美独立战争爆发后，被大陆会议任命为将军，为封锁波士顿的反叛者军队指挥官（6月15日）。在剑桥正式就任殖民地民兵总司令（1775年7月3日），努力而巧妙地鼓起了这支军队的士气。为建立居高临下对准波士顿市的炮兵阵地，他占领了多切西特高地（今波士顿的一部分，1776年3月4日）。他运用亨利·诺克斯从泰孔德罗加堡运来的大炮迫使豪撤离波士顿（3月17日）。他的纽约市保卫战（1776年8—11月）因部队缺乏训练、地形不利、下级军官指挥不当、其本人缺乏相应经验而受挫，但长岛的撤离（8月29—30日）、哈勒姆高地的迟滞作战（9月16日）和怀特普莱恩斯的迟滞作战（10月28日）都进行得很巧妙。后经新泽西撤入宾夕法尼亚（11月）。特伦顿之战（1776年12月25日—26日）中越过特拉华河向黑森部队发起突然进攻。避开康华里军的同时，他在普林斯顿击溃英军

三个团（1777年1月3日）。后撤往莫里斯敦进行冬休（1月6日）。得知柏高英计划从加拿大入侵哈德逊谷地后，他认为入侵军不会得到海军支援（1777年初）。故派其大部分精兵强将北上抵抗柏高英，本人迎战驻于新泽西的豪。他避开了豪在新泽西的逼战行动（5—7月）。在布兰瓦恩河被豪打败（1777年9月11日），但撤退有条不紊。其对日耳曼敦的袭击（10月4日）因大雾和计划过于繁琐而归于失败。与此同时，其在北方的战略获得成功，柏高英在萨拉托加向盖茨投降（10月17日）。在福吉谷进行冬休，以坚定的决心和意志使衣衫褴褛的大陆军团结在一起（1777年11月—1778年4月）。平定了"康韦事件"——旨在以盖茨取代其指挥的阴谋（1777年11—12月）。尾追克林顿从费城的撤退，在与克林顿进行的蒙茅斯之战（1778年6月28日）中未分胜负——查理·李将军的迁延使作战的完全胜利付诸东流。盖茨——被大陆会议任命为南方战区司令（1780年）——在卡姆登之战（8月16日）中大败后，大陆会议要求华盛顿挽回败局。在进行佯动后，他派纳撒内尔·格林前往南方（1780年10月22日）。与罗尚博一起制定了约克镇战役计划（1781年5月21日）。组织并指挥了法美联军向约克镇的机动（8月21日—9月26日）。迫使康华里投降（10月19日）。后北返再次封锁纽约（1781年11月），平息了纽堡（纽约）大本营的骚乱（1783年2—3月）。克林顿撤离后进入纽约市（1783年11月25日）。在弗劳恩西斯旅馆与其最亲密的军官们告别（12月4日）后，南下回到其芒特弗农的家中，并向国会辞去了职务，后在安那波利斯任议员（12月23日）。他促进各殖民地之间进行更加密切的合作，促成了弗吉尼亚-马里兰联邦的建立（1785年3月），该联邦后又衍生出《安那波利斯协定》（1786年9月）。主持了在费城的制宪大会（1787年）。全票当选为第一任美利坚合众国总统（1789年2月），在纽约市举行了就职典礼（4月30日），后再度当选（1792年）。拒绝第三次就任总统，并退隐芒特弗农（1797年3月）。与法国的危机期间曾被任命为总司令（1798年7月4日），任期短暂。因严重的喉炎并发症卒于家中（1799年12月14日）。

华盛顿身材高大、仪表堂堂，处变不惊、决策果断。他没有受过正统的军事教育，因而不是一名正统的18世纪将军，但这却使他的思维甚少受军事教条的束缚。他是杰出的战略家和虽是自学而成却不失为优秀的战术家。他经常被不公正地被贬为一位军事指挥官，事实上他是美国历史上最伟大的将军之一。华盛顿还是一位出色的演说家和真正的国务活动家。他恪守文官统治和法律条文，摒弃了他的某些军官使其成为军事独裁者的企图。

DLB

参考：Bill，Alfred H.，Campaign of Princeton，1776—1777. Princeton，N.J.，1940.

Dupuy，R. Ernest and Trevor N，Dupuy，The Compact History of the Revolutionary War. New York，1963.

Dupuy，Trevor N.，The Military Life of George Washington. New York，1969.

Freeman，Douglas Southall，George Washington：A Biography. 7 vols. New York，1947—1952.

Frothingham，Thomas G.，George Washington，Commander in Chief. N. p.，1930.

华盛顿，威廉（Washington，William，1752—1810年） 美国将军。参加主要战争：美国独立战争（1775—1783年）；参加主要战役（战斗）：布鲁克林之战、特伦顿之战（1776年）、蒙克斯科纳之战、利纳德斯费里（南卡罗来纳的詹姆斯敦附近）之战、鲁吉利斯米尔斯（南卡罗来纳的卡姆登附近）之战（1780年）、考彭斯之战、吉尔福德县城之战、霍布柯克斯山（卡姆登附近）之战、尤托斯普林斯（尤托维尔附近）之战（1781年）。

华盛顿（1752年）生于弗吉尼亚的斯特拉福德县，乔治·华盛顿的堂弟。独立战争爆发时，他正在学习以便谋取牧师之职。后被授予大陆军弗吉尼亚第三团上尉（1776年2月25日）。参加过布鲁克林之战，在作战中受重伤（8月27—28日）。在特伦顿之战（12月26日）中表现突出，他俘获了一个黑森炮兵连，并再次受伤。被授予大陆军第四骑兵团少校（1777年1月27日）。在第三骑兵团晋升为中校（1778年11月20日）。曾奉命增援卡罗来纳的美军（1779年底—1780年初）。他与塔赖顿的亲英骑兵进行过多次作战（1780年3月）。在蒙克斯科纳之战（4月14日）中受到奇袭并溃败，利纳德斯费里之战（5月6日）中再次战败。鲁吉利斯米尔斯之战（12月4日）中协助丹尼尔·摩尔根将军俘获了一支亲英部队。摩尔根获得胜利的考彭斯之战中他发挥了重要作用。作战中，他的骑兵在关键时刻打击了塔赖顿的侧翼，其本人与塔赖顿进行了著名的遭遇战，双双负伤（1781年1月17日）。供职于纳撒内尔·格林将军麾下时，他在著名的吉尔福德县城之战（3月15日）、霍布柯克斯山之战（4月25日）和尤托斯普林斯之战（9月8日）中再立战功，并在尤托斯普林斯之战中被俘。战后与其妻——他在查尔斯顿被囚时结识并结婚——定居于查尔斯顿附近。后供职于州立法机构。曾在地方军队中被授予准将。这支军队是因可能与法国进行战争而招募的（1799年）。1810年3月6日卒于查尔斯顿。

华盛顿是一位心胸开阔、乐观豁达的实干家，豪放勇敢的战斗指挥官。他的军纪失之松弛，结果在离敌不远时多次遭到不应有的突然袭击。

DLB

参考：Boatner，Encyclopedin.

WAMB.

韦维尔第一公爵，阿奇博尔德·派西沃（Wavell，Archibald Percival，1st Earl，1883—1950年） 英国陆军元帅。参加

主要战争：第二次安格洛英布战争（1899—1902 年）、第一次世界大战（1914—1918 年）、第二次世界大战（1939—1945 年）；参加主要战役（战斗）：第三次加沙之战、交道站战役（1917 年）、美吉多之战（1918 年）、东利比亚、埃塞俄比亚之战（1940—1941 年）。

韦维尔 1883 年 5 月 5 日生于科尔切斯特。在温彻斯特接受教育。追随他的父亲加入著名的布莱克沃奇步兵团（第四十二苏格兰高地兵团）。英布战争的最后几个月里，在南非服役。后又在印度服役。一战中他在佛兰德参加战斗，但 1917 年随艾伦比元帅转战埃及和巴勒斯坦。10 月 31 日和 11 月 13—14 日在第三次加沙和交道站战役中任艾伦比的参谋军官。12 月 9 日参加艾伦比进攻耶路撒冷的作战。1918 年 9 月 19—21 日在美吉多服役，是公认的部队训练的天才。20 世纪二三十年代担当不同的职位。1939 年 7 月被派往指挥英军在中东的部队。1940 年 12 月 9 日—1941 年 3 月在埃及和东利比亚理查德·奥康瑙对鲁道夫·格拉齐奥元帅的意大利第十军壮观的反击战中负责计划和后勤支援。3 月 7—27 日被迫暂停作战而随部队派到希腊的威尔逊将军麾下。4 月 6—30 日英军兵力不足以抵挡德军对希腊的迅捷侵占。6 月 15—17 日他在西部沙漠对隆美尔发起的“战斧”行动以失败而告终。而与此同时 1 月 24 日—5 月 18 日其麾下的另一支部队却占领了意属东非，包括埃塞俄比亚，并于 5 月 2—30 日迅速进攻伊拉克，推翻亲德国政府。随后（6 月 8 日）又成功攻击维希法国部队守卫下的叙利亚。在供给、兵员以及装备等普遍短缺的情况下，韦维尔的成功是显著的。然而，丘吉尔却因其在西部沙漠的失败迁怒于他，7 月 1 日以克劳德奥金莱克爵士将其替下。7 月 2 日作为总司令被派往印度，后来（1942 年 1 月 15 日）被任命为统帅美英荷澳军队的西南太平洋盟军最高司令部司令官，努力阻止日军沿马来亚到新几内亚一线的前进。2 月 15 日新加坡陷落，日军摧毁了该地区的盟军海军力量从而导致 1 月 25 日该司令部的解散。韦维尔回到印度后组织防御日军可能的进攻，并准备解放缅甸。1942 年 12 月—1943 年 3 月，他对若开（缅甸海岸地区）的进攻因陷入沼泽和日本的顽抗而停滞，并最终（1943 年 3—5 月）被日军的反攻赶回。在此期间（1 月），韦维尔被提升为陆军元帅。6 月被任命为印度总督，这是一个难度较大的政治职位，但他却能应付自如。他对 1943 年孟加拉饥荒的反应适时而机敏，其殖民“功绩”使得其继任者路易·蒙巴顿勋爵得以应付自如。1947 年 2 月退役回到英格兰，1950 年 5 月 24 日卒于伦敦。

沉默寡言，待人忠诚而又性情温和，韦维尔被认为是比丘吉尔和许多其他的将军要更好的将军。他被期望在资源完全不足的情况下取得更大的成功，故部分失利是情有可原的。他是一位文笔相当娴熟的著作者，写出一些著名的军事历史书籍，包括《巴勒斯坦战役》，此书详述了隆美尔与其在沙漠中的战斗情形，文笔如诗一样优美。1944 年他把自己喜欢的诗人的诗编辑成集——冠名为《别人的花》。

DLB

参考：Connell, John, Wavell: Soldier and Scholar. New York, 1964.

Keegan, John, Who Was Who in World War Ⅱ. New York, 1978.

Tunney, Christopher, Biographical Dictionary of World War Ⅱ. New York, 1972.

Wavell, Archibald Percival, The Good Soldier. London, 1948.

——, Soldiers and Soldiering. London, 1953.

EB.

韦恩，安东尼（Wayen, Anthony, 1745—1796 年） 外号“疯狂的安东尼”。美国将军。参加主要战争：美国独立战争（1775—1783 年）、镇压西北印第安人的反抗（1790—1794 年）；参加主要战役（战斗）：三角城之战（1776 年）、布兰瓦恩之战、帕奥利之战、日耳曼敦（三地均位于宾夕法尼亚）之战（1777 年）、蒙茅斯（新泽西的弗里霍尔德附近）之战（1778 年）、斯托尼波因特（纽约）之战（1779 年）、布尔斯费里（新泽西的霍博肯附近）之战（1780 年）、格林斯普林（詹姆斯敦岛附近）之战、约克镇之战（1781 年）、福伦廷伯斯（俄亥俄的莫米附近）之战（1794 年）。

韦恩（1745 年 1 月 1 日）生于宾夕法尼亚州切斯特县的韦恩斯伯勒，爱尔兰移民伊萨克·韦恩之子。曾在新斯科舍任测量员和土地管理员（1765 年）。后经营其父的制革厂（1767—1774 年）。被选入宾夕法尼亚议会并兼公共安全委员会委员（1774—1775 年）。辞去职位后招募了一个志愿兵团（1775 年 9 月）。后被任命为宾夕法尼亚第四营上校（1776 年 1 月 3 日）。参加了对加拿大的远征，并在三角城之战（6 月 8 日）中受伤。担任泰孔德罗加堡准将司令（1777 年 2 月 21 日）。布兰瓦恩之战（9 月 11 日）中任宾夕法尼亚部队指挥官。在对其帕奥利营地的夜间进攻中遭到突然袭击并战败（9 月 21 日）后，他要求进行军事审判，审判宣布其无玩忽职守罪。参加了日耳曼敦之战（10 月 4 日），作战中受轻伤。后在福吉谷冬休（1777—1778 年）。蒙茅斯之战（1778 年 6 月 28 日）中，他指挥了开始的进攻，后在中路防御英军的反击。指挥夺取斯托尼波因特的富于戏剧性的夜间进攻（1779 年 7 月 16 日）时赢得了声誉。战斗后，一名逃兵给他取了“疯狂的安东尼”这一外号。在哈德逊河下游地区指挥作战（1780 年）期间，败于布尔斯费里之战（7 月 20—21 日）。得知阿诺德叛变后，他赶赴西点进行防御。曾平息宾夕法尼亚部队的哗变（1781 年 1 月 1—10 日）。与拉斐特军一起在弗吉尼亚作战期间，他在格林斯普林之战（7 月 6 日）中被一支占有绝对数量优势的英军打败，几乎被歼。参加了约克镇之战（5—10 月 17 日）。奉命加入格林的部队后，他成功地指挥了对

克里克人和切诺基人的镇压（1782 年 1—7 月）。晋升为荣誉少将（1783 年 9 月 30 日）。后退役（11 月 3 日）务农。担任宾夕法尼亚议会的切斯特县代表（1784—1785 年）。被选为国会的佐治亚州议员（1791 年 3 月 4 日），但由于选举舞弊和定居地不当，他的席位被宣布无效（3 月 21 日）。后任驻西北地区部队的少将总司令（1792 年 3 月 5 日），参加了对西北印第安人的镇压（1790—1794 年）。在福伦廷伯斯之战（1794 年 8 月 20 日）中凶狠地打败印第安人，从而签订了《格林维尔条约》，使大半个俄亥俄开拓为定居地（1795 年）。接受了大湖区英军诸堡垒的弃让（1796 年）。1796 年 12 月 15 日在普斯克岛卒于暴病。

韦恩是一位剽悍、聪明、娴熟的指挥官。他指挥沉着、富于智谋，作战凶狠、凌厉，这一切使他成为美国早期第一流的将军之一。任行政官员和战场指挥官时，他都赢得了华盛顿的尊敬。

VBH

参考：Boyd, Thomas, Mad Anthony Wayne. New York, 1929.

Stille, Charles J., Major-General Anthony Wayne and the Pennsylvania Line in the Continental Army. Philadelphia, 1893.

Wildes, Harry Emerson, Anthony Wayne: Trouble Shooter of the American Revolution. New York, 1941.

魏德迈，阿伯特·科迪（Wedemeyer, Albert Coady, 1896—1990 年） 美国陆军上将。参加主要战争：第二次世界大战（1941—1945 年）。

魏德迈 1896 年 7 月 9 日生于内布拉斯加州奥哈马。1919 年毕业于西点军校。1920 年 2 月提升为陆军中尉。1921 年毕业于本宁堡步兵学校。在本宁堡第二十九步兵团两年以后，1923—1925 年、1932—1934 年在菲律宾，1925—1927 年在中国天津，1927—1932 年在美国连续担任步兵指挥官和参谋职务。1935 年提升为陆军上尉。1936 年毕业于指挥与参谋学院。1936—1938 年进入德国军事学院学习。1938—1940 年回到美国本宁堡进一步任职。1940 年 7 月提升为陆军少校。1941 年 5 月加入德怀特·D. 艾森豪威尔领导下的战争计划办公室。是 12 月 7 日战争爆发时实施的一系列新战争计划的主要制订者。9 月提升为临时陆军中校，1942 年 2 月又升为临时陆军上校。6 月在新建立的作战行动处任助手。同时服务于综合战略委员会，并作为乔治·马歇尔将军的代表参加主要的盟军联席战略会议。1943 年 9 月提升为陆军少将。10 月在东南亚最高盟军司令海军上将路易斯·蒙巴顿勋爵麾下任副参谋长。应约瑟夫·史迪威将军的召请于 1944 年 10 月被任命为中国战区司令部和蒋介石的参谋长。在这个职位上，与尖酸的史迪威相比，他与蒋的关系处理得更好。1945 年 1 月被提升为陆军中将。1946 年 5 月离开中国，1946 年 6 月—1947 年回到美国指挥第二集团军。在这个联位上时，被国务卿乔治·C. 马歇尔派往中国领导一个为期两个月的形势调查团。1947 年 7 月 8 日，最终的报告预测了共产党将在中国取得胜利，但该报告却被国务院以“太敏感”为由而压制下来。1947 年 10 月—1948 年 11 月任总参谋部计划和作战行动部主任。1951 年 7 月在旧金山（圣弗朗西斯科）指挥第六集团军直到退役。1954 年在退役名单上被提升为陆军上将。他在许多公司的董事会任职。也积极参与公共政治活动，是 1952 年罗伯特·塔夫脱总统竞选班子的关键人物。此后，为保守的共和党人就军事和对外政策问题提供咨询。

魏德迈身材高大，给人印象深刻。他平静而性情温和，在中国的任职对弥补史迪威造成的与蒋的隔阂大有裨益。马歇尔欣赏他的策略、才智、精力和正确的战略判断。尽管他显然同情国家主义者，但在二战后（1945 年 8—10 月）利用美国军队和资源加速国民党军抢占华北时，试图避免与解放军的任何武装冲突。这表明他的政治判断力不亚于其军事才能。

KS and DLB

参考：U.S. Department of State, United States Relations with China, With Special Reference to the Period 1944—1949. Washington, D.C., 1949.

Wedemeyer, Albert C., Wedemeyer Reports! New York, 1958.

DAMB.

WAMB.

韦昌辉（Wei Chang-hui，约 1823—1856 年） 中国清朝起义将领。参加主要战争：太平天国运动（1850—1856 年）。

韦昌辉系广西桂平人，原籍广州。作为广西壮族中的一员，他是一个富裕的乡绅和小业主，1850 年率其宗族参加太平天国。1851 年被太平天国运动的领袖洪秀全任命为北王。1853 年在向南京进发的过程中指挥后卫部队，是年后期，参与攻克南京。1853—1856 年，指挥南京周围的部队。1856 年夏奉杨秀清之命离开江西保卫南京。9 月当杨秀清发动政变欲控制太平天国时，韦昌辉被洪秀全召回南京以控制局势。他返回南京后，不仅杀死了杨秀清及其部下 2 万人（一说 4 万余人），且企图通过这次屠杀废黜洪秀全，夺取太平天国的领导权。11 月被洪秀全逮捕处死。

韦昌辉是一位能干且足智多谋的指挥官，但他的不忠削弱了太平天国运动的力量。

PWK

参考：Michael, Franz, and Cheng Chung-li, The Taiping Rebellion: History and Documents. 2 vols. Seattle, 1966.

Teng, Ssu-yü, New Light on the History of the Taiping Rebellion. Cambridge, Mass., 1950.

卫青(Wei Ching ,卒于公元前 106 年) 中国西汉将军。参加主要战争：汉朝-匈奴战争（公元前 140—前 80 年）。

卫青出身贫族，是一位皇妃的亲戚，因而在汉武帝的朝廷中极受礼遇。他第一次作战主要是指挥反击匈奴的四路大军之一的 1 万骑兵部队（公元前 130 年）。前 128 年，他率 3 万人离开长城后，与李息率领的相同数量的部队会合，后他们一起俘获数千人而归（公元前 128 年）。接着，他又与李息一起成功地进行了一次战役，结果收复了相当于今内蒙古的地区（公元前 127 年）。后指挥 10 万人的军队深入牧区 1100 公里，俘获 15 000人（公元前 124 年）。次年初，他指挥了同一远征军，仅俘获 3000 人，但其后的袭击使匈奴伤亡16 000人（公元前 123 年）。曾与霍去病的部队协同作战，俘获 19 000匈奴人（公元前 119 年），并给汉朝北部边境带来了数十年和平（公元前 119 年），卒于公元前 106 年。

卫青是汉朝战绩最显赫的将军之一。他的战役是多次大的袭击，目的是打破匈奴人的平衡并阻止他们对汉朝的袭击。

PWK

参考：Pan Ku, The History of the Former Han Dynasty. Translated and edited by Homer H. Dubs. Reprint, Ithaca, N. Y., 1971.

卫立煌(Wei Li-huang, 1897—1960 年) 中国国民党将领。参加主要战争：北伐战争（1926—1927 年）、"围剿"战争（1930—1935 年）、抗日战争（1937—1945 年）、国共战争（1945—1949 年）。

卫立煌生于 1896 年，在本世纪 20 年代初期加入了国民党，参加了以统一全国为目的的北伐战争（1926 年 7 月—1927 年 6 月）。曾参加了蒋介石的"围剿"战争。有"百胜王"的绰号。在抗日战争前期他指挥第二战区，其进攻性的领导使他成为当时中国最得力的指挥官之一。后被派往中国南部取代陈诚担任 10 万远征军的司令，协助史迪威在缅甸的进攻。和他的其他同僚们不一样的是，他同美国人合作得很好。1944 年 5 月 11 日开始攻入云南南部。经过艰苦的战斗后（7 月—9 月 15 日）收复了腾冲。尽管遇到很大阻力，最终于 1945 年 1 月 27 日在宛町与在缅甸的中国军队汇合。抗日战争结束后，被召回北方再次取代陈诚，担任驻东北三省"剿匪"总司令（1948 年）。随着辽宁锦州的失陷，东北的国民党军队同中国其他地方的陆上联系被切断。卫立煌计划向南发动反攻以期重新夺取锦州，但被蒋介石制止，在沈阳解放前夕被解职，1949 年出走香港。1955 年返回大陆，历任中国人民政治协商会议全国委员会常务委员、第二届全国人大代表、国防委员会副主席，1960 年 1 月 17 日病逝于北京。

PWK

惠灵顿第一公爵，阿瑟·韦尔斯利(Wellington, Arthur Wellesley, 1st Duke of, 1769—1852 年) 绰号"铁公爵"，英国陆军元帅。参加主要战争：第四次迈索尔战争（1799 年）、拿破仑战争（1800—1815 年）、第二次马拉地战争（1803—1805 年）；参加主要战役（战斗）：西林格帕塔姆之战（1799 年）、阿萨耶之战（1803 年）、维梅鲁之战（1808 年）、波尔图之战（1809—1810 年）、塔拉维拉之战（1809—1810 年）、特拉斯维得拉斯之战（1809—1810 年）、布萨卡之战（1810 年）、韦特斯-德奥尼奥罗之战（1811 年）、罗得里戈城之战（1812 年）、巴达霍斯之战（1812 年）、萨拉曼卡之战（1812 年）、维多利亚之战（1813 年）、比利牛斯之战（1813 年）、图卢兹之战（1814 年）、卡特勒布拉之战（1815 年）、滑铁卢之战（1815 年）。

惠灵顿于 1769 年 5 月 1 日（?）生于都柏林，他是加勒特·韦尔斯利的第五子，其父为莫尔宁顿第一伯爵。在埃顿接受教育，后曾在位于安吉尔斯的法国军校中短期学习。1787 年 3 月 7 日入英军第七十三团服役。1793 年 9 月 30 日，通过购买得中校衔，指挥步兵第三十三团。1790 年因家庭原因，曾在爱尔兰议会任职。1793—1795 年率团在尼德兰同约克公爵作战，取得了很大的成功。1793 年 9 月 8 日参加翁斯科特之战。在佛兰德战役期间，指挥后方保卫旅，1794 年秋撤至汉诺威。由于在其军队中不得人心，遂转觅他职，1795 年 5 月，转在坎登勋爵手下任职。1796 年，随军队赴印度。由于他的兄长理查德·韦尔斯利任印度总督，他行军打仗的条件得到了改善。1799 年 5 月，在同迈索尔苏丹作战中，指挥两路大军之一路，横扫西林格帕塔姆，迈索尔首领提普·萨希布被杀。此战后，因功被任命为西林戈帕塔姆总督。在 1803 年第二次马拉地战争的德干战役中，指挥英军及联邦军队。1803 年 3 月 20 日攻克普尼，8 月 11 日又攻占阿罕默德那加尔。在 9 月 23 日阿萨耶代价高昂的酷战中，打败辛迪西亚的马拉地军队。11 月 29 日，在阿拉干再败辛迪西亚，12 月 15 日席卷瓜廖尔，从而顺利结束战役，为韦尔斯利赢得了声望。1805 年 9 月返回英格兰，被尊称为"印度兵将军"。1805 年 12 月任国会议员。4 月 10 日，同凯瑟琳·帕金汉结婚。此后一个时期转入政界，曾任爱尔兰事务大臣。1807 年 7—9 月，随远征军赴丹麦，8 月 29 日，在科杰打败丹麦军队。1808 年 7—8 月，率一小部队开赴葡萄牙。8 月 21 日，在维梅鲁打败朱诺，但由于他谨慎小心的上级霍·达尔林普尔爵士的到来，阻碍了他取得更大的胜利。惠灵顿异常沮丧，遂辞职，仍去担任爱尔兰事务大臣。1809 年 4 月，被派至葡萄牙指挥残余的英军。在得到援军后，于 5 月 12 日在波尔图打败苏尔特。6 月侵入西班牙，在 7 月 27—28 日的塔拉维拉之战中，将将打败维克多及国王约瑟夫，迫使他们撤至马德里。1809 年 9 月，因功被封为惠灵顿子爵，但在里斯本仍然面临着优势兵力敌人的压力，遂于 1809 年冬—1810 年，建立三座要塞，从而形成了特拉斯-维德拉斯防线。1810 年 7—10 月，他阻止了马塞纳

W

进攻势头，9月27日，在撤至特拉斯-维德拉斯防线前，将法军迟滞于布萨卡。马森纳撤退以后，惠灵顿于1810年12月—1811年12月，在沿葡萄牙边界地区发起战役。1811年5月5日，在韦特斯-德奥尼奥罗之战中打败马塞纳的庞大军队。1812年早期，惠灵顿发起进攻，1月7—20日包围并攻克了罗得里戈城，3月17日—4月9日，又攻占巴达霍斯，从而打通了向马德里进军的通路。2月封为惠灵顿伯爵。7月22日在萨拉曼卡打退马尔蒙军，8月12日攻占马德里。10月被封为侯爵，以奖励他的战功。9月19日—10月21日包围布尔戈斯，未能取得成功，11月，被迫撤至罗得里戈城。1813年3月，指挥西班牙北部联军。5月17日再克马德里，6月21日在维多利亚击溃国王约瑟夫小股部队。在7月25日—8月2日的比利牛斯战役中，经六次作战，打败苏尔特。7月9日—9月7日，协助包围并攻占圣塞贝斯蒂安，随后进入法国。10月7—9日在比达索及拉胡尼取得小胜。12月经一段时间的休整后再次进军，在12月9—13日的贝央附近取得了几次胜利。1813年升元帅。1814年2月27日，在奥瑟兹再次击退苏尔特，4月10日，在激烈的图卢兹之战中将苏尔特赶出图卢兹。1814年5月因功被封为惠灵顿公爵。1814年8月—1815年1月，任英国驻法国大使。1月—2月，在维也纳会议上取代卡斯尔里的地位。1815年3月，拿破仑返法后，惠灵顿又回到佛兰德，指挥英荷联军，以便对抗法国，同布吕歇尔率领的普鲁士军队协同作战。由于对拿破仑入侵比利时毫无准备，当奈向奎特里布拉斯进攻时不得不回避，但仍然损失严重。在6月18日滑铁卢之战中，仍然避免同法军主力直接单独作战，直至布吕歇尔的普鲁士的军队抵达战场后，才同其联合将拿破仑赶出战场。1815—1818年，指挥联军攻占了法国北部。返回法国后进入政界（1818—1846年）。1818年任军械主任将军。1822—1826年作为英国大使参加维也纳会议。1826年任俄国大使。1827年1月，约克公爵去世后，接任其职。但当1827年4月坎宁任首相时，辞去了一切职务。1828年1月任首相。他由于强烈反对议会改革，而于1830年11月15日落选。1834年11月—1835年4月，任皮尔内阁的外交大臣。1842年再度出任外交大臣。1846年6月，皮尔落选后退休。1848年镇压宪章运动。1852年9月14日卒于肯特的魏玛卡斯特尔。

惠灵顿是一位英勇的战略家和游刃有余的战术家。在作战和危机中，他无畏、冷静。他认为阿萨耶之战是他的杰作。尽管许多英国人坚持认为滑铁卢之战是他最伟大的胜利，但若没有普鲁士军队的及时赶到，他已处于失败的边缘。作为政治家，他是一位实用主义者，1830年，他坚决反对议会改革，是因为他认为这是通往共和制的唯一道路的第一步。

DLB

参考：Davies, G., Wellington and His Army. London, 1954.

Gurwood, ed., Wellington Dispatches, 1799—1818. 8 vols. London. 1844—1847.

Longford, Elizabeth, Wellington: The Years of the Sword; Pillar of State. 2 vols. London, 1969—1972.

Napier, Sir W. F. C., History of the War in the Peninsula and in the South of France from 1807 to 1814. 6 vols. 1828—1840.

Oman, Sir Charles W. C., A History of the Peninsular War. 7 vols. London, 1902—1930.

——, Wellington's Army, 1809—1814. London, 1912.

温洛克，约翰勋爵（Wenlock, John, Lord, 约1425—1471年） 英国贵族和军事家。参加主要战争：红白玫瑰战争（1455—1487年）；参加主要战役（战斗）：蒂克斯伯里之战（1471年）。

威斯特摩兰，威廉·蔡尔兹（Westmoreland William Childs, 生于1914年） 美国陆军上将；参加主要战争：第二次世界大战（1941—1945年）、朝鲜战争（1950—1953年）、越南战争（1964—1972年）；参加主要战役（战斗）：突尼斯战役（1942—1943年）、诺曼底-法国北部战役（1944年）、莱茵兰战役（1944—1945年）、鲁尔战役（1945年）、新春攻势（顺化、西贡、中央高地和溪山等地的战斗，1968年）。

威斯特摩兰1914年3月26日生于南卡罗来纳州斯帕坦堡县，是一位纺织工厂主的儿子。1931年在要塞军事学院学习。1932年进入西点军校学习。1936年从西点军校毕业，在炮兵部队中任职。1941年12月8日美国参加第二次世界大战前，先后在俄克拉何马、夏威夷和北卡罗来纳等地服役。1942年4月，晋升少校。在突尼斯战役（1942年11月8日—1943年5月3日）和西西里战役（1943年7月9日—8月17日）中任炮兵营长。1943年2月14—22日，在卡塞林关隘之战中战功显赫。1944年6月10日，随第九步兵师在诺曼底登陆。7月，晋升上校，任师参谋长。1944年7月—1945年5月，随第九步兵师经法国北部突入德国，推进到易北河。1945—1946年，任第六十步兵团团长，在德国执行占领任务。1946年1—3月，在第七十一步兵师任职。后完成了跳伞训练。任第五〇四空降步兵团团长。1947年8月—1950年，任第八十二空降师参谋长。1950—1952年，在指挥与参谋学院和陆军军事学院任教。1952年8月，在朝鲜指挥第一八七空降团。11月晋升准将。1953—1958年，在陆军参谋部工作数年。1956年12月晋升少将，任陆军参谋部秘书。1958年4月—1960年7月，任驻肯塔基州和田纳西州交界处坎贝尔堡的第一〇一空降师师长。1960—1963年，任美国西点军校校长。期间竭力争取将学员队的规模扩大一倍。1963年，晋升

中将，回坎贝尔堡任第十八空降军军长。1964年6月，接替保罗·D. 马金将军任美国驻越南军事援助司令部司令。8月，晋升上将。此后数年一直留在越南。1965年7月，开始指挥美国地面部队支撑摇摇欲坠的南越政府。后来，他指挥由美军、南越军和盟国军队组成的50万人的部队，与行踪不定的越共及其北越盟友的军队展开一场残酷的消耗战争。尽管在1968年1—4月北越发动的新春攻势中，他指挥的美军和南越军队使共产党部队遭到挫折，但在这场久拖不决的战争中，北越的实力仍不断得到增强，大大削弱了美国公众对战争的支持，迫使林登·约翰逊总统决定着手使美军退出这场战争。1968年7月，奉命任陆军参谋长，其在东南亚的职务由克赖顿·W. 艾布拉姆斯将军接任。到1972年7月退役前，一直担任陆军参谋长职务。后卷入持续不断的关于美国在越南的作用问题的公众辩论。1974年出版了回忆录《一个军人的报告》。1986年，因哥伦比亚广播公司的新闻报道说他和他的参谋人员在越南战争中伪造对敌人实力和伤亡的估计数字，以恶毒诽谤罪对哥伦比亚广播公司提出诉讼。

威斯特摩兰忍受了对他指挥越南战争的严厉批评。他是一位有才干者，也是一位循规蹈矩的武夫。他与足智多谋、随机应变的游击队对手（据说他们从其支持者苏联那里得到了沃克间谍家族提供的解除了密码的情报）进行的消耗战没有取得什么胜利。这种结局充分表明美国政府和武装部队不了解越南的形势，也没有针对这种形势作出反应。作为指挥官，威斯特摩兰个人同样也没能做到这一点。

DLB

参考：Ferguson, F. B., Westmoreland: The Inevitable General. Boston, 1968.
Halbertstam, David, The Best and the Brightest. New York, 1972.
Westmoreland, William C., A Soldier Reports. New York, 1974.
DAMB.
WAMB.

魏冈，马克西姆（Weygand, Maxime, 1867—1965年） 法国陆军上将。参加主要战争：第一次世界大战（1914—1918年）、苏俄-波兰战争（1920年）、第二次世界大战（1939—1945年）；参加主要战役（战斗）：西线战役（1914—1918年）、华沙战役（1920年）、法兰西战役（1940年）。

魏冈1867年1月21日生于比利时布鲁塞尔。1886—1888年在圣西尔军校接受军事教育，并以很高的荣誉毕业。而后在索姆尔骑兵学校学习并任教。1913年8月获得福煦将军的赏识，任命其担任洛林第二十军参谋长。1914年8月14—28日前线战斗中同福煦并肩作战。当8月28日福煦负责指挥新第九集团军时，魏冈亦随其担任参谋长。1915年—1916年12月当福煦担任北部集团军群司令时，魏冈乃任其参谋长职。1917年5月15日—1918年3月，福煦被总统若尔日·克列孟梭任命为国防部总参谋长时，魏冈仍是其主要助手。当1918年3月26日—5月8日克列孟梭任命福煦为盟军总司令时，又选择魏冈作参谋长。在1920年4—10月苏俄-波兰战争期间魏冈带领法国军事代表团帮助波兰对抗苏俄。7月到达波兰，正是图哈切夫斯基的进攻达到高潮之时。他在8月16—25日毕苏斯基的成功冒险反击中发挥重要作用。1920年末回到法国。1923—1924年任驻叙利亚总督。1930—1931年任法国总参谋部参谋长。1930年12月使法国和平时代20个步兵师中的7个实现摩托化。1931—1935年继任贝当为最高军事委员会副主席和陆军总监。在此职位上，为实现法军的机械化起了重要作用。1932年建立新型骑兵师，将一个装甲汽车机械化旅（半履带摩托化骑兵）和两个骑兵旅组合在一起。1933年5月30日使兰斯第四骑兵师实现机械化，该师包括240辆装甲汽车、4个机械化步兵营以及辅助部队。1935年1月21日在他68岁生日时退出现役。1940年5月19—20日又受惊慌失措的政府召请代替犹豫不决和效率低下的莫里斯·甘末林作为战场最高指挥官并任总参谋长之职。虽然他表现出充沛的精力和信心，但仍无法扭转战局。此时正当德军横扫海峡沿岸地区。魏冈建议有条件投降，遂被贝当接受。结果，第三共和国在一个多月后（6月21日）向德军投降。1941年12月获得养老金，并第二次退役回到其在格拉斯的庄园生活。1942年11月初盟军北非登陆时，他试图飞去与他们会合，但被德军捕获并监禁在奥地利。1945年5月5日战争结束时被美军救出，他飞往巴黎但又遭戴高乐政府的逮捕。1948年，魏冈"恢复名誉"，被宣布无罪释放，之后平静地过着退休生活并大量著书。1965年1月28日，在他98岁生日后一周卒于巴黎。

魏冈是一位能干、机智、经验丰富而又精力充沛的军人。尽管时局已不可收拾，但在1940年5月22日—6月21日法兰西之战的第二阶段中，他还是尽了最大的努力。正如戴高乐所言："当5月20日魏冈接掌最高指挥权时，无疑已经太晚了。法兰西战斗的败局已定。"

DLB

参考：Bankowitz, Philip C. F., Maxime Weygand and Civil-Military Relations in Modern France. Cambrigde, Mass., 1967.
Bond, Brian, and Martin Alexander. "Liddel-Hart and de Gaulle: The Doctrines of Limited Liability and Mobile Defense," in Makers of Modern Strategy from Machiavelli to the Nuclear Age, Peter Paret, ed. Princeton, N. J., 1986.
Clarke, Jeffrey. Military Technology in Republican France; The Evolution of the French Armored Force, 1917—1940. Ann Arbor, Mich., 1970.

Paoli, Françoise-André. LArmée Française de 1919 à 1939. 4 vols. Vincennes, 1970—1977.
Weygand, Maxime. Foch. Paris, 1947.
——. Memoirs. 3 vols. Paris, 1950—1957.
EB.

维莱-尼古拉乌，巴莱里亚诺，特内里费侯爵（Weyley Y Nicolau，Valeriano，Marquis of Tenerife，1838—1930 年） 西班牙将军。参加主要战争：古巴十年战争（1868—1878 年）、第二次卡洛斯战争（1873—1876 年）、古巴革命（1895—1898 年）。

维莱-尼古拉乌 1838 年生于帕尔马的一个普鲁士商家庭。毕业于托莱多军事学院。后以一名中尉的身份进入参谋学院，以全班第一名的成绩毕业。作为一名中校，他在西班牙对圣多明各（多米尼加共和国）的作战行动中（1863—1865 年），名声大噪。因镇压古巴起义者（1868—1872 年）而更加声名遐迩。返回西班牙后，晋升准将，参加了攻击卡洛斯人的作战行动（1874—1875 年）。1876 年晋升少将。1877 年进入参议院，被封为特内里费侯爵。1878—1883 年，任加那利群岛总督。1883—1888 年，任巴利阿群岛总督。被派往菲律宾，严厉且强硬地镇压了棉兰老岛及其他地区的加罗林起义者（1888—1902 年）。返回西班牙后，指挥驻纳瓦尔的第六军，镇压了巴斯克省和纳瓦尔的骚乱（1892—1893 年）。任巴塞罗那总督，对无政府主义分子和社会主义分子感到恐惧（1893 年—1896 年 1 月）。返回古巴，被保守大臣安东尼奥·卡诺瓦斯·德尔·卡斯蒂略任命为总督。残暴镇压了古巴起义者，将大多数平民逐进“重聚居地”以平息乡村的骚乱。这在美国引起了广泛的愤怒，迫于此，西班牙政府于 1897 年 10 月将其召回。在西班牙，其政治野心在政治动荡期间大有用武之地，具有了广泛的影响力。被任命为总部设在马德里的新卡斯蒂利亚总督，此举导致了一场内阁危机（1900 年）。三任陆军部长（1901—1902 年，1905 年，1906—1907 年）。在巴塞罗那镇压了自由思想家费雷尔·瓜尔迪亚的追随者引发的起义（1907 年，1909 年）。1910 年进入最高作战委员会，1910 年和 1925 年分别出版了关于其在古巴和菲律宾作战经历的回忆录。卒于 1930 年 10 月 20 日。

维莱-尼古拉乌是一位精力充沛且卓有才干的指挥官，但他残暴且野心勃勃。他热衷于追求自己信奉的事业，这种热情使得他严厉且粗暴，其极端的个性有碍于西班牙在古巴的利益。

TM

参考：Columbia Encyclopedia.
Retana y Gamboa, W, E., Mando del General Weyler en Filipinas. N.p., n.d.
Weyler y Nicolau, Valeriano, Mi mando en Cuba. Madrid, 1910.
——, Valor de la hiatoria en el arte milita. Madrid, 1925.
EB.
WBD.

惠勒，约瑟夫（Wheeler，Joseph，1836—1906 年） 绰号“好斗的乔”。美国南部同盟将领，中将。参加主要战争：美国内战（1861—1865 年）和美西战争（1898 年）；参加主要战役（战斗）：西洛之战（1862 年）、佩里维尔之战（肯塔基州，1862 年）、斯通斯河之战（1862—1863 年）、奇克莫加之战（1863 年）、查塔努加之战（1863 年）、灵戈尔德之战（乔治亚，1863 年）、亚特兰大战役（1864 年）、乔治亚战役（1864 年）、本顿维尔之战（南卡罗来纳州的牛顿格罗夫附近，1865 年）、拉斯瓜西马斯之战（1898 年）。

惠勒 1836 年 9 月 10 日生于佐治亚州的奥古斯塔，是威廉·赫尔将军之子。在康涅狄格州长大。1859 年毕业于西点军校。从宾夕法尼亚州的卡莱尔骑兵学校毕业后，1860 年被派至新墨西哥州的山地步枪队任职。在与印第安人进行的一次小规模作战中获得“好斗的乔”的昵称。当乔治亚脱离联邦时（1861 年 1 月），辞职。4 月接受乔治亚炮兵部队的中尉之职。被派至佛罗里达州的巴兰卡斯堡（离彭萨科拉不远），得到有影响力的亚拉巴马州军官的尊重，受其举荐，9 月任亚拉巴马第十九团上校。在布拉克斯顿·布拉格将军手下任职，西洛战役中名声大噪（1862 年 4 月 6—7 日），很快擢升指挥一个旅。参加了布拉格和柯尔比·史密斯将军指挥的一系列侵入田纳西州和肯塔基州的不成功的袭击（8—9 月）。参加了佩里维尔战役（10 月 8 日）。是役结束后，指挥骑兵后卫部队，允许南部同盟军在丝毫不损的情况下撤离。10 月下旬，晋升准将。斯通斯河战役中（1862 年 12 月 31 日—1863 年 1 月 3 日），迟滞了罗斯克兰斯将军的进攻行动。1 月晋升少将。参加奇克莫加战役（9 月 18—20 日）。罗斯克兰斯在奇克莫加被包围后，他率一支强大的骑兵部队侵袭中田纳西，破坏联邦军的铁路线和补给仓库。在围攻诺克斯维尔的作战行动中与朗斯特里特合作（11 月 4 日—12 月 23 日），但未果。米申里奇战役后，掩护布拉格从查塔努加撤退（11 月 25 日）。在帕特里克·克利伯恩将军指挥下在灵戈尔德地区作战（11 月 27 日）。谢尔曼进军亚特兰大期间（1864 年 5—8 月），在攻击石人联邦骑兵的作战行动中表现活跃。谢尔曼进军塞阿期间，其部队是唯一一支有组织进行抵抗的南部同盟军部队，也因为此，其部队的损失也相对减少了一些（11 月 15 日—12 月 8 日）。1865 年 2 月晋升中将。在约瑟夫·埃·约翰斯顿指挥下在北卡罗来纳进攻谢尔曼，参加了本顿维尔战役（3 月 19—20 日）。在亚特兰大附近掩护杰弗逊·戴维斯的作战行动中被俘（1865 年 5 月）。被拘留两个月后获得释放，四处漂泊一阵后定居新奥尔良州从事商业。1868 年到亚拉巴马州的惠勒。涉足政界前任律师。竞选进入国会，第一次任期期满两个月后

(1883 年 1 月)，又七次当选议员，任职情况良好直至其辞职（1900 年 4 月)。被擢升为筹款委员会主席，这使他跻身政界名人之列，成为民族调停的象征。美西战争爆发时，申请入伍服役，被麦金利总统任命为志愿军少将。他急欲获得南方的支持，以使这场战争成为整个国家的使命。指挥驻古巴总司令谢夫特将军的第三军的骑兵师（大部分为步兵)，未经许可便进攻了拉斯瓜西马斯，获得成功（1898 年 6 月 24 日)。参加了对圣胡安山的全面进攻（圣地亚哥附近，7 月 1 日)。据说在后来的行动中，当西班牙落败时，他兴奋得大叫："孩子们，冲啊！该死的北方佬又该东奔西逃了。"这些话亲切可爱，却错用了南北战争时期的口号。战争结束后，他领导在纽约州的蒙托克点陆军疗养院。短时间在菲律宾指挥一个旅，镇压当地人民起义（1899 年 8 月—1900 年 1 月)。退出志愿军，1900 年 6 月被任命为正规军准将。任莱克斯战区司令官至其退役（1900 年 9 月)。1906 年 1 月 25 日卒于纽约的布鲁克林。

惠勒虽是一位能干且足智多谋的骑兵指挥官，但缺乏福雷斯特和斯图亚特的资质，也缺乏他们独立组织作战的才能，不过这一切都为他的敬业精神所弥补。他积极进取，意志坚定，不失为一位出色的后方指挥官。

DLB

参考：Cousmas, Graham A., An Army for Empire: The United States Army in the Spanish American War. Columbia, Mo., 1971.
Dubose, John W., General Joseph Wheeler and the Army of Tennessee. New York, 1912.
Dyer, John P., "Fightin' Joe" Wheeler. Baton Rouge, 1941.
Lee, Fitzhugh, and Joseph Wheeler, Cuba's Struggle Against Spain. New York, 1899.
DAMB.
WAMB.

怀特，乔治·斯图亚特爵士（White, Sir George Stuart, 1835—1912 年） 英国陆军元帅。参加主要战争：镇压印度土兵起义（1857—1858 年)、第二次阿富汗战争（1878—1880 年)、第三次缅甸战争（1887 年)、吉德拉尔远征（1895 年)、蒂拉赫之战（1897 年）和第二次英布战争（1899—1902 年)；参加主要战役（战斗)：萨拉夏之战（喀布尔附近，1879 年)、埃兰兹拉赫特之战（莱迪史密斯附近，1899 年)、莫德斯普鲁特之战（1899 年）和围攻莱迪史密斯（1899—1900 年)。

怀特 1835 年 7 月 6 日出于爱尔兰的安特里姆郡。从桑德赫斯特学院毕业后，进入因尼斯基灵团（1853 年)。印度土兵起义期间（1857 年 5 月—1858 年 6 月)，在印度服役。第二次阿富汗战争期间，在萨拉夏战斗中（1879 年 10 月 6 日)，第二次指挥戈登第九十二高原部队。第二次缅甸战争期间（1885 年 11 月—1887 年)，在罗伯茨勋爵手下任职。罗伯茨离去后，他指挥镇压了当地的土匪帮（1887 年)。1889 年晋升少将。1893 年继罗伯茨勋爵任驻印度英军总司令。指挥吉德拉尔远征（1895 年 3—4 月）和蒂拉赫战役（白沙瓦西南地区，1897 年 9 月—1898 年 3 月)。1898 年返回英国任军需署署长。当受到南非地区布尔人的战争威胁时，他被派指挥驻纳塔尔的英国军队（1899 年 9 月)。10 月 7 日抵达德班。置雷德弗斯·布勒爵士的命令于不顾，将纳塔尔的防区向北扩展至图盖拉河以北的崎岖山区。其部队在塔拉纳地区赢得一场代价惨重的胜利（邓迪附近，10 月 20 日)，10 月 21 日在埃兰兹拉赫特再一次取得胜利。随后迫于布尔人的进攻，后撤。在莱迪史密斯集中力量进攻布尔人，被击败（10 月 30 日)。其大部军队在莱迪史密斯被包围，他顽强抵抗固守阵地，直至布勒发起第四次攻击试图解围莱迪史密斯为止（1900 年 2 月 27 日)。返回英国，被视为莱迪史密斯防御战的英雄，尽管他自己都认为不能胜任将军之职。1900—1904 年，任直布罗陀总督。1903 年晋升陆军元帅。1912 年 6 月 24 日卒于伦敦。

怀特是一位勇敢的军人，但作为纳塔尔地区进攻顽强而又机智的布尔人的英军指挥官，不免老矣（当时已 64 岁)。战斗中他低估了布尔人的能力和力量，如同其他诸多英军将领一样。

BRB

参考：Coates, J. F. G., Sir George White. London, 1900.
Farwell, Byron, The Great Anglo-Boer War. New York, 1977.
Pakenham, Thomas, The Boer War. New York, 1979.
EB.
EMH.

怀特，托马斯·德雷瑟（White, Thomas Dresser, 1901—1965 年） 美国空军上将。参加主要战争：第二次世界大战（1941—1945 年)；参加主要战役（战斗)：菲律宾之战（1944—1945 年)、新几内亚之战（1944—1945 年)、婆罗洲战役（1945 年)。

怀特 1901 年 8 月 6 日生于明尼苏达州沃克。1920 年 7 月 2 日毕业于西点军校。被委派至步兵团任职，从佐治亚州本宁堡步兵学校毕业后，1921—1924 年在巴拿马服役。后在得克萨斯布鲁克斯和凯利基地完成飞行训练，1925 年 9 月被分配到华盛顿特区伯灵基地第九十九监测中队。1927—1931 年在北京美国大使馆服役。1931—1934 年回到华盛顿在航空兵司令部任参谋职。1934 年 2 月—1935 年任驻莫斯科助理陆军武官，负责航空兵事务。1935 年 8 月晋升陆军上尉，1935—1937 年在罗马（负责希腊和意大利两国）担任类似职责。1938 年 5 月从亚拉巴马州马克斯韦尔航空兵战术学校毕业，1938—

W

1939年又进入堪萨斯州利文沃斯堡指挥和参谋学院学习。1939年5月提升为陆军少校并分至华盛顿航空兵总部办公室任职。1940年4月—1942年3月任驻巴西大使馆武官。1941年7月提升为陆军中校后，8月被任命为美国陆军航空兵驻巴西代表团团长。1942年3月被提升为陆军上校并被派在佛罗里达迪尔基地的第三航空队任参谋。11月晋升为准将成为第三航空队参谋长。1944年1—9月任美国陆军航空兵情报助理参谋长。1944年9月—1945年6月获得一作战职位——第十三航空兵队副司令。在新几内亚（1944年3—8月）、莱特湾（1944年10—12月）、吕宋（1945年1—9月）和婆罗洲（1945年5—8月）战役的空战中担当主要角色。1945年6月任第七航空队司令，并随之从马里亚纳群岛迁至冲绳，参加对日的最后空战。1946年1月随第七航空队回到夏威夷。7月提升为陆军少将。1946年10月—1947年任太平洋空军参谋长。1948年10月初召回华盛顿在航空兵部长办公室任参谋职，直到1950年5月作为联合战略调查委员会空军成员调转到参谋长联席会议为止。1951年2月在空军司令部任计划处处长，1951年7月提升为中将并任空军代参谋长（负责作战）。1953年6月晋升上将军衔并被任命为空军副总参谋长。从1957年7月直到1961年7月退役任空军参谋长，主持美国战略导弹计划的早期发展。1965年12月22日卒于华盛顿特区。

DLB

参考：Department of the Air Force, Office of Information Services(Public Information Division), typescript, 1959—1965.

WAMB.

威廉王储（Wilhelm, Crown Prince, 1882—1951年） 德国将军。参加主要战争：第一次世界大战（1914—1918年）；参加主要战役（战斗）：边境之战（比利时和法国之间，1914年）、马恩河战役（1914年）、香槟之战（1915年）、凡尔登之战（1916年）、舍曼代达姆岭之战（克拉奥讷附近公路，1917年）、德军进攻（1914年）和协约军反攻（1918年）。

威廉王储1882年生于波茨坦，是德皇威廉二世的长子。1900年在第一步兵卫队服役。拥护德国的激进的军国主义团体。因与其父亲就骷髅头轻骑兵发生争执被剥夺指挥权（1913年）。重新得到其父的信任，第一次世界大战爆发时指挥第五军。尽管他本人缺乏指挥大规模部队的经验，但他有一个极为出色的参谋部，在边境作战中（1914年8月14—25日）取得一定的胜绩。马恩河战役中（9月5—9日），其部队只发挥了较小的作用。1915年晋升指挥西线的中央集团军群。任此职时，在香槟战役中指挥抗击法军的进攻（1915年）。他对法肯海恩指挥的对凡尔登的进攻行动（1916年2月21—12月）进行了全面的作战指导。德军发动的五次大规模进攻战役中，有四次都至少有其部分军队参加。其集团军群也参加了默兹-阿尔贡进攻战役最后阶段的作战行动（1918年）。停战之前，与其父逃往荷兰（11月9日）。12月1日放弃王位继承权。1923年在朋友的帮助下潜回德国，他不顾协约国军的关注，进行了一些政治活动。支持纳粹，鼓励柏林投希特勒的票（1932年）。1933年进入党卫军。1944年从奥莱希尼察到波茨坦。第二次世界大战结束时，逃至巴伐利亚，被法军俘虏。1951年7月20日卒于符滕堡的黑兴根。

威廉王储的体格瘦小，但具有一定的艺术天才（他的小提琴拉得很好，而且是一位戏剧爱好者）。他的生活因为与其粗鲁的父亲的紧张关系而引人注目。或许是对他年轻时所被灌输的黩武精神的反击（他七岁时就被任命为下士），他一生中有过无数次的恋情。尽管如此，他也不是一个徒有其名的人。

DLB

参考：Horne, Alistair, The Price of Glory: Verdun 1916. New York, 1962.

Tuchman, Barbara, The Guns of August. New York, 1962.

Wilhelm, Crown Prince, Erinnerungen. Stuttgart, 1922.

EB.

威尔克斯，查尔斯（Wilkes, Charles, 1798—1877年） 美国海军军官和探险家；参加主要战争：美国内战（1861—1865年）；参加主要战役（战斗）：南太平洋和南极洲科学考察（1838—1842年）和“特伦特”号事件（1861年）。

威尔克斯1798年3月3日生于纽约城。他起初在商船谋职。1818年1月加入海军任军官候补生。1838年晋升上尉，负责管理华盛顿的海图和仪器仓库。被选率一支科学探险队赴南极，1838年8月率六艘船从弗吉尼亚的汉普顿启航。探险队访问了南太平洋的几个岛国，1839年12月从澳大利亚的悉尼港出发赴南极洲。通过南极洲的过程中，几次观测到陆地，这是世界上最早观察到的南极大陆。后向北航行，分别驻斐济岛（1840年5—8月）和夏威夷岛（1840年10月—1841年4月），考察了北美海岸。1842年6月经火奴鲁鲁（檀香山）、马尼拉、开普敦和巴西返回纽约。返回后不久，他因对船员的处罚不当，受到海军部长的公开指责及军事法庭的审判。自返回美国后至内战爆发，他集中精力撰写探险的综合报告。这期间，1843年晋升中校，1855年晋升上校。美国内战爆发时，被任命为“圣贾辛托”号舰舰长。当他在古巴哈瓦那得知有两个南部同盟特派员詹姆斯·M. 梅森和约翰·斯莱德尔将要乘英国“特伦特”号邮轮经巴哈马海峡赴欧洲时，拦截了“特伦特”号邮轮，逮捕了那两个南部同盟特派员（1861年11月8日），并把他们带到波士顿。尽管此举得到北方民众的支持，但导致了与英国的严重摩擦，英国甚至以战争相威胁。后林

肯总统下令释放梅森和斯莱德尔，并允许他们继续赴欧洲。1862 年 7 月晋升海军准将，指挥詹姆斯河纵队，后调至波托马克纵队（1862 年 9 月），晋升代理少将。1864 年 3 月再次受到军事法庭的审判，因为其对海军部长发表贬损性意见和违抗使命。1864 年 4 月被判有罪，停职三年。后被约翰逊总统减免至一年（1866 年 7 月）。同年晋升海军少将。因探险考察之需继续工作。1877 年 2 月 8 日卒于华盛顿。

ACD

参考：Ferris, Norman B., The Trent Affair: A Diplomatic Crisis. Knoxville, Tenn., 1977.

Morgan, William James, et al., eds., Autobiography of Rear Admiral Charles Wilkes, U. S. Navy, 1798—1877. Washington, D. C., 1978.

Tyler, David B., The Wilkes Expedition. Philadelphia, 1968.

DAMB.

WAMB.

威金逊，詹姆斯（Wilkinson, James, 1757—1825 年） 美国将军、双重间谍。参加主要战争：独立战争（1775—1783 年）、镇压西北印第安人的战争（1790 年）、1812 年的战争（1812—1815 年）；参加主要战役（战斗）：魁北克之战（1775 年）、弗兰蒂米贝尔之战（1794 年）、克里斯莱农场之战（1813 年）、拉克莱山之战（1814 年）。

威金逊于 1757 年生于马里兰州的麦查尼克斯维尔。当独立战争（1775 年春）爆发时，他还在费城学习医学。9 月 9 日，参军入汤普森宾夕法尼亚来复枪营。后在加拿大参加贝奈狄克特·阿尔诺德的作战，1775 年 12 月 3 日参加魁北克之战。第二年，仍在北部边界地区服役，1776 年 3 月晋升上尉。7 月 20 日升少校。12 月 13 日转至霍雷修·盖茨的司令部任参谋，1777 年 1 月 12 日升中校，1777 年 5 月 24 日又任北方军区的将军助理。7 月 5 日参加蒂康德罗加周围的战斗，9 月 15 日参加第一次萨拉特加之战。受戈茨派遣向国会传送捷报，他在路途耽误不少时日，直至 11 月 3 日国会才知晓。11 月 6 日，在戈茨的请荐下，准备升任他为名誉准将，但由于上次他在路上的耽搁小事却引起了激烈争议，使他不得不临时在战争委员会任职，直至 1778 年 3 月才得到正式任命。1779 年 7 月 24 日，任军需总监，因帐目不清而辞职。战争结束后的 1783—1791 年去西部地区的肯塔基，从事贸易工作，后入政界，说服西班牙人向美国人开放密西西比河，以便进行贸易往来，同时，他以欺骗手法获得西班牙人驻肯塔基代理人之职。商场上失败后，他在军队谋得了中校衔，于 1791 年 10 月 22 日任第二步兵团团长。1792—1794 年任安东尼·威尼将军副手，参加镇压印第安人的战争，1794 年 8 月 20 日，参加弗兰蒂米贝尔之战。1792 年 3 月 5 日，晋升准将后，于 1796 年接任死去的威尼将军的职务。1800 年，从西班牙人处支取年薪，成为“第十三号情报员”，但同时又从事反西班牙人的工作。1803 年任路易斯安那州州长时，同阿伦·布尔密谋反叛，但由于担心事情败露，遂在阿伦·布尔前往新奥尔良以便控制那里的途中，向杰弗逊总统告发此事。在继而进行的审讯中，他免于被起诉，但由于他继续为恶及同布尔的联系，于 1809 年再次受国会调查，1811 年又受军事法庭起诉，不过这两次均判他无罪。1812 年回新奥尔良指挥作战。1813 年 4 月，攻占西班牙属西佛罗里达的莫比尔和查尔洛特堡。后被召至北方指挥格里特湖上的战斗。晋升上将后，将其司令部移至萨基特港（8 月）。指挥远征军顺圣劳伦斯河而下，至蒙特利尔，他的指挥十分糟糕，11 月 11 日，当他还在他的船上时，他的军队便在克里斯莱农场被打败。12 月，进入其普拉茨堡（纽约州）附近的冬营地，第二年春天的 3 月 30 日，当他率部攻打拉克莱山时，仅仅 200 名加拿大守军便打败了他。此次再次以酗酒及玩忽职守而被军事法庭起诉，但再次逃避了惩罚。1815 年 6 月 15 日退出现役，后前往新奥尔良，1815—1821 年一直在那里生活。后到墨西哥城，1825 年 12 月 8 日卒于那里。

威金逊是所有美国军人中最寡廉鲜耻的卑劣之徒。他热衷于进行毫无希望的反叛，同时还是一个酒鬼。他也曾为领取外国人的薪水而成为外国代理人。他腐化、贪婪而且虚伪。他以其无数次逃避法律制裁而闻名。对他，家喻户晓的是“他是一位从未打过一次胜仗但从没有在军事法庭上失过手的将军”。

DLB

参考：Abernethy, Thomas Perkins, The Burr Conspiracy. New York, 1954.

Boatner, Encyclopedia.

Hay, Thomas Robson, and M. R. Werner, The Admirable Trumpeter: A Biography of General James Wilkinson. Garden City, N. Y., 1941.

Jacobs James Ripley, Tarnished Warrior: Major-General James Wilkinson. New York, 1933.

Shreve, Royal O., The Finished Scoundrel: General James Wilkinson. Indianapolis, 1933.

Wilkinson, James, Memoires of My Career. 3 vols. Philadelphia, 1816.

DAMB.

WAMB.

威金逊，T. 斯塔克（Wilkinson, Thoodore Stark, 1888—1946 年） 美国海军中将。参加主要战争：维拉克鲁兹远征（1914 年）、第一次世界大战（1917—1918 年）、第二次世界大战（1941—1945 年）；参加主要战斗：韦拉湾之战（1943 年）、布干维尔岛之战（1943—1944 年）、佩莱利乌岛、乌利西、莱特之战（1944 年）、吕宋之战（1945 年）。

威金逊 1888 年 12 月 22 日生于马里兰州安纳波利

W

斯。1909年毕业于海军学院。1911年被委任为海军少尉。1914年4月21日占领维拉克鲁兹期间，带领登陆队夺取海关办公大楼，并因此英勇行为获荣誉勋章。一战中（1917—1918年），被派遣至兵工局任职，帮助改进完善布置在北海水域的反潜水雷。19世纪20年代连续担任例行职务，1931—1934年任军事委员会秘书。1937年提升为海军上校，1941年指挥“密西西比”号战列舰，10月被任命为海军情报室主任，负责搜集（而非散布）日本战争企图的材料。11月提升为海军少将。1942年8月—1943年1月指挥第二战列舰分舰队。1943年1月，受命担任哈尔西所属南太平洋舰队副司令。在中所罗门群岛战役中他一直担任此职。7月代替凯利·特纳任第三两栖作战部队司令。8月6—7日夜，他指挥下的驱逐舰队取得韦拉湾作战的胜利，领导8月15日的韦拉韦拉岛登陆和8—10月该岛周围的海军作战行动。11月1日协助范德格里夫特第一陆战军所属部队在布干维尔登陆。1944年9月15日和9月23日指挥对佩莱利乌岛和乌利西的袭击。10月20日，他完成了机智的重新部署，以支援约翰·霍奇斯的海军第二十四军在杜拉格（中东部莱特）登陆。不久便被提升为海军中将，1945年1月9日面对守岛日军的负隅顽抗和“神风”队员的攻击，支援瓦特将军的第六集团军在吕宋林加延湾登陆。9月其两栖登陆舰队运载埃克伯格的第八集团军登陆日本执行占领任务。1946年1月受命到参谋长联席会议联合战略调查委员会任职。1946年2月21日在弗吉尼亚诺福克的一次车祸中溺水身亡。

KS

参考：Schuon, Karl, U.S. Navy Biographical Dictionary.
WAMB.

征服者威廉一世（私生子威廉）（William Ⅰ, the Conqueror 〈William the Bastard〉, 1027—1087年） 盎格鲁-诺曼统治者。参加主要战争：平定诺曼诸男爵的叛乱（1035—1047年）、与法国亨利一世时断时续的战争（1053—1058年）、诺曼征服英格兰的战争（1066—1070年）；参加主要战役（战斗）：*瓦尔-莱-迪内*（卡昂附近）之战（1047年）、莫特梅之战（1054）、*瓦拉维尔*（卡堡附近）之战（1058年）、黑斯廷斯之战（1066年）。

威廉生于1027年（也可能为1028年），诺曼底公爵“魔鬼”罗伯特的私生子，其母阿尔莱塔为法莱斯一位制革匠的女儿（但这一点现有争议）。被诺曼男爵承认为罗伯特的继承人（1034年）。罗伯特在前住耶路撒冷朝圣途中死去，他的死引发了一场大规模的男爵叛乱（1035年）。威廉仅在法国国王亨利一世的帮助下，获得了对诺曼公国的控制。他在击败这些男爵的瓦尔-莱-迪内之战（1047年）中得到了亨利提供的援助，由此建立了统治。参加了亨利进攻其近邻安茹伯爵杰弗里·马尔泰尔的战争，夺回边境要塞阿朗松（1048年）并攻克栋夫龙（1049年）。曾拜访其表兄英格兰国王忏悔者爱德华，可能从爱德华处得到了继他成为英格兰国王的承诺（1051年）。为了巩固其对英格兰王位的要求，他置教皇的教令于不顾，娶阿尔弗雷德大帝的后裔、佛兰德的玛蒂尔达为妻（1053年）。这一联姻引起了法国亨利的警觉。他与安茹的乔治·马尔泰尔结盟入侵诺曼底。威廉在莫特梅打败了联盟军的第一次入侵（1054年）。4年后，法军后卫在瓦拉维尔渡河时，他将其歼灭，从而粉碎了联盟军的第二次入侵（1058年）。在伯爵赫伯特二世死后兼并了曼因（1062年）。利用韦塞克斯伯爵哈罗德·戈德温松来访的机会，获得了在爱德华死后支持威廉要求英格兰王位的承诺（1046年）。但爱德华去世（1066年1月6日）后不久，韦塞克斯伯爵即被加冕为国王哈罗德二世。威廉决定通过武力实现其要求。尽管他的伯爵们普遍表示冷淡，但他还是分别通过威胁和利诱获得了他们的支持。他与哈罗德的弟弟托斯蒂吉和挪威的哈拉德·哈德拉达结盟，还获得了教皇亚历山大二世的支持和皇帝亨利二世的中立。他募集了一支约3万人的军队，其中许多人是为劫掠致富、在英格兰得到封地这一前景所吸引的雇佣兵和志愿兵，渡海在韦塞克斯的佩文西登陆（9月28日），这一天是哈罗德二世在斯坦福布里奇打败哈拉德和托斯蒂吉（9月25日）之后的第三天。威廉颇费了一番周折才使其七拼八凑的军队聚集起来，幸运的是，威廉在行将耗竭金钱之前与哈罗德及其撒克逊人军队在黑斯廷斯（森拉克）相遇（10月14日）。尽管诺曼人占有人数、武器和训练上的优势，但威廉的第一次冲击还是被击退，而且其左翼骑兵的溃败使其军队惊慌失措。在亲自对其军队进行紧急整顿后，威廉对因追击溃逃的诺曼人而出现部伍不整的撒克逊军右翼发起了一次反击，恢复了战场形势。战斗持续了好几个小时，但诺曼人在哈罗德受伤（以前的看法是眼睛中箭，现在一位曾修缮著名的巴约壁画的修缮者则认为是受到了创口伤）之前几乎没有对萨克逊人的防线产生大的影响。萨克逊民军逃亡，只有哈罗德的扈从（出身豪门的侍卫）围聚在其尸体四周，他们中的大多数人死在最后一道围桩工事。威廉直取伦敦，并在威斯敏斯特加冕为王（1066年12月25日），标志着征服英格兰。后几年的大部分时间中，他一直从事平定撒克逊人和诺曼人的叛乱。觉醒者赫里沃德领导的诺森伯利亚境内的起义是一次最严重的威胁。赫里沃德自称西撒克逊王族的末代后裔埃德加·阿瑟林，并得到了丹麦的斯韦恩·埃斯特里特森的支持，后者派出了奥斯比厄因伯爵率领的舰队（1069年）。威廉仓促北行，将丹麦人赶回其军舰上，并将撒克逊人封锁于约克，撒克逊人投降。尽管威廉向北劫掠了远至达勒姆的英格兰，但他对待叛乱者却是宽容的。到1071年，英格兰王国基本上归于平静。入侵苏格兰，迫使马尔科姆国王纳贡（1071年）。返回法国以收复曼因，该地四年前（1069年）即发生了叛乱（1073年）。威廉最大的功绩与其在英格兰境内的政府和行政有关，在那里，他以采邑赏赐其支持者，因此强行推行了欧洲大陆的封建制度。

W

他还保留了盎格鲁-撒克逊的当地制度，使之成为其贵族贪婪和独立的制约因素。为有助于控制其王国，尤其是王国的财政，他诏令编辑《末日裁判书》（1086 年），这是一本记载耕地面积、牲畜、佃户、磨坊等内容的特殊的帐册。威廉在最后几年中不断与其桀骜不驯的儿子罗伯特发生分歧（1077—1082 年），并与法国国王菲利普发生战争（1076 年、1087 年）。在与菲利普发生战争期间，威廉在一次骑马事故中受重伤，1087 年 9 月 9 日卒于卢昂。

威廉是中世纪史上最杰出的人物之一，他高大魁伟、风度翩翩，是一位才华卓越、精力充沛、足智多谋的将军。其最大声誉在于其作为行政家的才能。尽管威廉的临时政策常常自私得冷酷和无情，但他是一位性格温和、真正虔诚的人，他实行教士措施，这些措施大为闻名。英格兰的诺曼人政权是其无与伦比的功绩。

DLB and RGS

参考：Ashlry, Maurice, The Life and Times of William Ⅰ. London, 1973.

Barlow, Frank, William Ⅰ and the Norman Conquest. London, 1964.

Douglas, David C., William the Conqueror: The Norman Impact upon England. Berkeley, California, 1964.

Hollister, Charles Warren, The Military Organization of Norman England. Oxford, 1965.

Lemmon, C. H., The Field of Hastings. St. Leonards on the Sea, 1969.

Stenton, Frank, William the Conqueror and the Rule of the Normans. New York, 1967.

Walker, David, William the Conqueror. Oxford, 1968.

威廉二世·鲁弗斯（William Ⅱ Rufus, 1056—1100 年） 盎格鲁-诺曼统治者。

威廉生于 1056 年，征服者威廉一世的第三子。其兄罗伯特反叛威廉一世（1077—1082）期间，与其父一起同罗伯特作战。继其父成为英格兰国王（1087 年）。并在威斯敏斯特加冕（9 月 26 日）。而罗伯特承袭了诺曼底。统治期间不断与诸男爵发生争执，并继续与罗伯特进行作战。罗伯特作为威廉一世健在的长子，对英格兰和诺曼底都提出了要求。威廉两次入侵诺曼底（1089—1094 年），最终获得了对它的控制。罗伯特在参加十字军东侵（1096 年）之前将诺曼底抵押给了他。威廉接着收复曼因（1098—1099 年）并开始了夺取韦欣（韦尔农周围地区）的作战。同去狩猎的一位猎手在新森林用箭射中了他——可能是无意地——他被杀身亡（1100 年 8 月 2 日）。附近的威廉之弟听到这一消息，极为镇定地保护了温彻斯特的王家国库。后来有数人因此而被控告，但无一人受到审判。

威廉面色红润，故有“红脸”之绰号。尽管他有乃父的体格和能力，但其人品却很像其绰号贴切的祖父——“魔鬼”罗伯特。威廉经常采用不太合法的方法为其在欧陆的作战聚敛金钱。他是一位聪明人，但由于其一生名声极臭，以致温彻斯特的牧师拒绝为其尸体涂油，而为尸体涂油是猝死后的惯常仪式。

DLB and RGS

参考：Freeman, Edward A., The Reign of William Rufus and the Accession of Henry Ⅰ. 2 vols. Oxford, 1882.

Poole, H. L., From Domesday Book to Magna Carta. Oxford, 1965.

EB.

英格兰和奥兰治王朝的威廉三世（William Ⅲ of England and the House of Orange, 1650—1702 年） 荷兰将军与政治家、英格兰、苏格兰和爱尔兰统治者。参加主要战争：英荷战争（1672—1674 年）、荷兰与法国的战争（1672—1678 年）、“光荣革命”（1688 年）、奥格斯堡同盟战争（1688—1697 年）、正义战争（1689—1690 年）；参加主要战役（战斗）：瑟内夫之战（1674 年）、蒙特卡塞勒之战（1677 年）、圣但尼（蒙斯附近）之战（1678 年）、博因河之战（1690 年）、斯滕凯尔克（比利时的埃诺省境内）之战（1692 年）、内尔温登（列日附近）之战（1693 年）、那慕尔围城战（1695 年）。

威廉（1650 年 11 月 4 日）生于海牙，为其父——奥兰治亲王威廉二世的遗腹子。其父失败的政变引起了共和国的反击，他因此被剥夺了荷兰执政的职位（1654 年）。他先由其母玛丽（英格兰国王查理一世之女）抚养，后由其祖母——索尔姆斯-布劳恩斯菲尔德女伯爵阿马莉亚抚养。就读于莱顿大学（1660—1664 年）。英格兰国王查理二世复辟和荷兰在第二次英荷战争（1665—1667 年）中战败后，其名望和地位得到改善。第三次英荷战争爆发后，面对英法联军对荷兰的入侵，他被任命为荷兰执政和终身统帅（1672 年 7 月 8 日）。他发挥才能，不久就以新的精神唤起了荷兰人的抵抗。由于力量悬殊，他被迫始终保持守势，但他在外交上发起攻势，争取奥地利和勃兰登堡作为盟国（1672 年 10 月），后又争取了西班牙（1673 年 8 月）和丹麦（10 月）。英格兰退出战争（1674 年 2 月）后，他冒险进行堂堂之阵的作战，结果在塞内夫被孔代击败（8 月 11 日）。他企图解救圣奥梅尔之围，但在蒙特卡塞勒之战（1677 年 4 月 11 日）中为奥尔良公爵菲利普所败。圣但尼之战（1678 年 8 月 14 日）中对卢森堡的进攻也同样未获成功。在此期间，他通过与玛丽·斯图亚特结婚（1677 年 11 月）加强了与英国的联系。玛丽·斯图亚特是约克公爵詹姆斯的长女、当时的英国国王查理二世的侄女和他自己的表妹。《奈梅亨条约》签订（1678 年 8 月 10 日）后，威廉考虑到法国路易十四的实力和野心，竭力拼凑反对他的联盟，

最后形成了“奥格斯堡同盟”(1686年)。又考虑到英格兰国王詹姆斯二世倾向天主教和亲法的趋势，他以新教教义和君主立宪制的提倡者身份要求继承英格兰王位，同时在詹姆斯政敌的邀请下登陆于托贝(11月5日)。之后，进军伦敦，夺取了政权，并从议会取得了王位(1689年2月13日)。4月11日正式加冕为英格兰和苏格兰国王。前往爱尔兰打败詹姆斯党人的部队及其在当地的法国盟军(1690年3月)。在博因河之战(7月11日)中打败詹姆斯。与法国的战争爆发后，他前往佛兰德统帅在那里的联盟军队，但未能阻止蒙斯的陷落(1691年4月)。由于未能防止那慕尔的陷落(1692年7月1日)，他进一步受挫，在斯滕凯尔克之战(8月3日)中被卢森堡打败。次年在内尔温登再败于卢森堡(1693年7月29日)后，为免一败涂地，他进行了一次巧妙的撤退。他在包围并夺回那慕尔(1695年7月1日—9月6日)之前一直未能取得陆战的优势。第二年的大部分时间里他在佛兰德均无所作为(1696年)，后接受了《奈梅亨条约》(1697年9月20日—10月30日)。其余下岁月中的大部分时间都是在英格兰度过的。在那里，他的冷漠和孤僻使他几乎不近人情。西班牙的查理二世去世(1700年11月)后，威廉加速了与法国重新开战的准备，但在战争爆发前因胸膜炎卒于伦敦(1702年3月8日)。其妻玛丽之妹——安娜继承其王位。

威廉的确不招人喜欢，由于童年时代极为混乱，成人后性格变得沉默少言，内向孤僻，且明显地郁郁寡欢。他在英格兰从未受到真正的欢迎，只是被认为与詹姆斯相比少令人生厌些罢了。在作战方面，他长于计划，是内行的战略家，却是外行的战术家。他夺取战斗胜利(仅获得一次战斗，即博因河之战的胜利)的本领远不及其撤退的本领。

DLB

参考:Baxter, Stephen B., William Ⅲ and the Defense of European Liberty,1650—1702. New York, 1969.

Bowen, Marjorie, William, Prince of Orange, 1650—1673. London and New York, 1928.

Japiske, N., Prins Willem Ⅲ, de Stadtholder-Koning. 2 vols. Amsterdam,1930—1933.

Ogg, David, Europe in the Seventeenth Century. Oxford, 1955.

EB.

沉默的威廉，拿骚伯爵和奥兰治亲王(William, the Silent, Count of Nassan and Prince of Orange,1533—1584年)

荷兰将军和政治家；参加主要战争：八十年战争(1567—1648年)；参加主要战役(战斗)：若杜瓦涅之战(1568年)、蒙斯援救战(1572年)、莱顿援救战(1574年)。

威廉1533年4月25日生于迪伦堡，是拿骚伯爵威廉和施托尔贝格的尤丽亚娜夫妇之子，在兄弟五人中排行老大。作为尼德兰最富有的贵族家庭之一的继承人，他的成长和所受的教育与众不同。后来受宠于查理五世。1559年，查理五世之子即西班牙的菲利普二世推举他为布鲁塞尔议院议员，并任其为荷兰、泽西和乌得勒支总督。菲利普二世执政初期，威廉是反对其独断专行统治的领导者之一。他从来不是一个虔诚的天主教徒。他与尼德兰的新教过从甚密。菲利普二世把西班牙的天主教徒赶到尼德兰的强硬作法，增大了其与威廉的分歧。尽管如此，威廉仍不支持暴力反抗，直至被剥夺了政治权力，1567年逃到其在德国的领地拿骚。1568年1—4月，他在德国组织了一支军队。5月派其弟拿骚-迪茨的路易进军尼德兰，以使祖国摆脱阿尔瓦公爵的残暴统治。5月23日路易在海利赫莱取得大捷，但在7月21日的耶明根(即埃姆登附近的耶姆古姆)之战中却败北。10月威廉亲率一支军队向佛兰德的东南部进军，阿尔瓦公爵以机动战胜了他。10月20日威廉的后卫队突击攻占了若杜瓦涅。11月威廉率军撤退。1570年他与法国胡格诺派取得联系，但与他们联手共同抗击西班牙人的愿望却破灭，因为1572年8月23—24日法国爆发了圣巴托罗缪惨案。不久，“海上乞丐”船队攻占了荷兰的布里勒，接着又在那里举事。荷兰和泽兰两省都请求威廉回国出任联合省总督。1573年，他率军到联合省与起义军会合。不久，他又加入了那里的加尔文派教会。后来莱顿被围困，他几次努力解救均失利。但他仍想方设法营救，终于于1574年9—10月使其摆脱了长达一年之久的围困。1576年11月8日，《根特条约》签订，旷日持久的争斗终于结束。于是，尼德兰各省代表组成了一个关系微妙的联合组织。威廉是以一个加尔文派联合主义者身份参加并成为领袖的。但不幸的是，天主教派联合主义者和加尔文分裂分子将其软禁了起来。此时威廉意识到，只要帕尔马公爵亚历山大·法尔奈泽统治着南方各省，尼德兰的统一就不可能实现。1584年7月9日，在德尔夫特威廉被菲利普二世派遣的布尔戈尼刺客巴尔塔扎尔·赫兰尔德射中身亡。

威廉做为现代荷兰之父，以朴素、自信、实干而著称。他为人和蔼、友善且仁慈，自然反对菲利普的恐怖统治和强硬的宗教政策。作为一位政治家，他坚定、忍耐、机智、果敢且品质高尚。这些对他的军事指挥大有裨益。

DLB

参考:Geyl, Pieter, The Revolt of the Netherlands,1559—1609. New York,1958.

Motley, John Lothrop, The Rise of the Dutch Republic. 5 vols. Reprint, New York,1973.

Wedgwood, Cicely V. William the Silent: William of Nassau, Prince of Orange, 1533—1584. New Haven, Conn.,1944.

EB.

“坏人”威廉一世(William Ⅰ the Bad,1130—1166 年) 西西里与那不勒斯的诺曼人国王。参加主要战争：贵族叛乱（1154—1160 年）、拜占庭战争（1155—1158 年）；参加主要战斗：布林底西之战、巴里之战（156 年）。

威廉（约生于 1130 年）国王罗杰二世的长子。其父死（1154 年）后为国王。即位之初将大部分行政权交给其父的主要大臣——巴里的马约内。应付了教皇阿德里安四世——他尚未承认威廉为国王——煽动的贵族的叛乱和拜占庭对阿普利亚的入侵（1155 年）。他亲临战阵，并在布林底西打败了拜占庭军队和舰队（1156 年 5 月 28 日），不久后收复巴里。威廉利用这些胜利与阿德里安在贝内文托言和（6 月 18 日），后又与拜占庭人言和(1158 年)。尽管取得了这些胜利，但诺曼人在突尼斯和阿尔及利亚的占领地丧失于阿尔摩哈德人（1147—1160 年)。马约内——他在巴勒莫被杀（1160 年 10 月）——对这一切负有主要责任。这一事件标志着出现了民众支持威廉的浪潮。他利用这一点平定了多次叛乱，并建立了其对西西里和南意大利的统治。他支持教皇反对德意志皇帝，并派出卫队以确保亚历山大三世在罗马加冕的安全（1116 年 11 月)。不久后去世（1166 年 5 月 7 日)。

威廉与其父——杰出的罗杰——相比被称为坏人。他并非一位坏国王，只是由于才能平庸与其父相形见绌而已。

DLB

参考：Norwich, John Julius, The Kingdom in the Sun (1130—1194) . London,1976.
EB.

“好人”威廉二世(William Ⅱ,1153—1189 年) 西西里与那不勒斯的诺曼人国王。参加主要战争：对非洲和埃及的历次远侵（1170—1177 年)、拜占庭战争（1185—1189 年)；参加主要战役（战斗)：亚历山大（伊斯坎德里耶）之战（1177 年)、都拉斯之战、斯特鲁马河之战（1185 年)。

威廉二世（生于 1153 年)，威廉一世之子，罗杰二世之孙。其父去世（1166 年 5 月 7 日）后继位，其母纳瓦拉的玛格丽特摄政。开始，政权操于首相、佩尔什的斯蒂芬之手（1166—1168 年)，后落入巴勒莫大主教沃尔特·奥普哈米尔和副首相马修·德阿耶洛之手。他将大部分行政权交与各大臣，继续推行其父支持教皇并秘密支持伦巴第联盟诸城市反对德意志皇帝巴巴罗萨一世的政策。为收复诺曼人在北非的占领地，他多次率军远征，但在对阿尔莫哈德人的作战中战绩寥寥。他娶英格兰国王亨利二世之女琼为妻（1177 年 2 月)，订立了以下规定：如果他死后无嗣，其王位传与其姑母，即嫁与腓特烈一世之子亨利（后来的亨利四世皇帝）的康斯坦斯(1177 年)。威廉后来对亚历山大的远侵为萨拉丁的快速反应所挫败，诺曼人被迫仓促撤退（1177 年)。曼努埃尔·康尼努斯的去世刺激威廉重新实施诺曼人以前对拜占庭帝国的图谋。他在伊庇鲁斯登陆并侵夺了都拉斯(1185 年 6 月 11 日)，之后继续进军夺取了塞萨洛尼基(8 月)。由于他在斯特鲁马河之战（9 月 7 日）中败北，向君士坦丁堡的进军受阻。威廉在撤退中放弃了塞萨洛尼基。后来，他与伊萨克·康尼努斯言和（1189 年)。与此同时，威廉似乎一直在准备进行对“圣地”的第三次东侵，其海军将领马加里托率领的舰队控制着东地中海，防止萨拉丁夺取的黎波里和黎巴嫩（1188 年)。威廉卒于 1189 年 11 月，死后无嗣。因此，日耳曼人进入了南意大利。

威廉二世是一位英勇而精力充沛的勇士和国王，一位能干的统帅，但他安排其姑母继承他的王位导致了诺曼人的政权在南意大利的覆灭。

DLB

参考：Norwich, John Julius, The Kingdom in the Sun (1130—1194). London,1976.
EB.

威尔逊，亨利·休斯爵士(Wilson, Sir Henry Hughes,1864—1922 年) 英国陆军元帅。参加主要战争：第三次缅甸战争（1885—1886 年)、第二次英布战争（1899—1902 年)、第一次世界大战（1914—1918 年)。

威尔逊 1864 年 3 月 5 日生于爱尔兰朗福德县的埃奇蒙茨沃思。受教育于莫尔伯勒和桑德赫斯特。1884 年被派至步枪旅任职。第一次参加实际作战行动是在第三次缅甸战争期间（1885 年 11 月—1886 年 1 月）的缅甸。1899 年任奥尔德肖特的一个旅的少校，随利特尔顿将军赴南非，在布勒将军手下任职，参加了其进行的援救莱迪史密斯的作战行动（科伦索附近，1899 年 12 月 15 日)、斯皮恩阔普战役（1900 年 1 月 23 日)、维拉克鲁兹战役（均在莱迪史密斯附近，2 月 5 日）以及决定性的图盖拉战役（2 月 17—18 日)。战争结束前（1901 年)，返回英国本土。进入陆军部，为英军侵入大陆地区作准备。1906—1910 年，任坎伯利参谋学院院长期间，与其对手，法国的福煦建立了亲密的工作关系。1910—1914 年，他担任军事行动的指导者，在与德国的战争爆发时，将英军投送到法国作战作了建设性的准备。1911 年 8 月的阿盖迪尔危机使他的计划获得内阁的支持。1914 年 8 月在法国任副参谋长，在使英国远征军指挥官约翰·弗兰奇爵士与法国的霞飞联合进行马恩河反击的作战行动中，起到了至关重要的作用。后担任在法国的司令部中英军的主要联络官。1917 年随阿尔弗雷德·米尔纳爵士的使团赴苏俄，后作为协约国最高作战委员会中的英国军方代表前往凡尔赛（11 月)。1918 年 2 月任帝国总参谋长，支持劳埃德·乔治提出的在法国实施联合指挥的提议，并提出由其朋友福煦担任司令官。1919 年晋升陆军元帅，并被封为从男爵。1922 年离职。作为爱尔兰北唐中的一员进入议会，继续反对政府的爱尔兰政策，此举使其任总参谋长的最后两年处于极为不利的境况，鼓吹对爱尔

兰的独立采取强硬的态度。1922年6月22日，在其住宅门前的石阶上被两名新芬党（爱尔兰共和军）成员刺杀身亡。

威尔逊身材颀长，极富幽默。他以精力充沛和热情著称。尽管对公众不能支持其观点而焦虑不安，但他平静地劝说英国军界和政界，使其认识到：与德军进行作战，英法建立一种亲密的合作关系不可或缺。

DLB

参考：Callwell, Sir Charles E., Field Marshal Sir Henry Wilson: His Life and Diaries. New York, 1927.

Tuchman, Barbara, The Guns of August. New York, 1962.

EB.

威尔逊，亨利·梅特兰（Wilson, Henry Maitland, 1881—1964年） 绰号"巨人"，英国陆军元帅。参加主要战争：第二次英布战争（1899—1901年）、第一次世界大战（1914—1918年）、第二次世界大战（1939—1945年）；参加主要战役（战斗）：利比亚战役（1940—1945年）。

威尔逊1881年9月5日生于伦敦。在伊顿和桑德赫斯特接受教育。1901—1902年在英布战争的后期首次参战。而后参加第一次世界大战。1939年9月二战爆发时被派入埃及任总指挥。为1940年12月在埃及西部对意军的奥康纳反攻参与了许多策划工作。1941年3月7—27日，被韦维尔派去指挥开往希腊的四个陆军师的英国远征军。虽然受到来自上级命令的影响，4月6—27日他还是成功指挥了一次撤退作战，从而使英军伤亡减至最小限度。在德国空中攻击不断地侵扰下，4月21—30日他成功地将其57 000部队中的43 000人从比雷埃夫斯和伯罗奔尼撒半岛的港口拯救出来。一直深得韦维尔的信任，5月2—30日又被派往伊拉克指挥阻止那里的亲德政变。在6月8日—7月12日间威尔逊从伊拉克继续指挥对法国勒旺岛（叙利亚和黎巴嫩）的三路袭击，该岛有被维希政府所控制并有被用作德军基地的危险。次年（1942年），被任命为波斯-伊拉克战区和在同一地区的第九集团军司令。在此一直任职到亚历山大成为艾森豪威尔的代表，后继任其中东总司令职位（1943年1月）之后的3月份。1944年1月替代艾森豪威尔任盟军地中海战区总司令，并总体执掌在意大利的作战行动（虽然主要的决定权属于亚历山大指挥第十五集团军）。11月，约翰·迪尔爵士死后，被派往华盛顿负责驻美英国联合参谋长联合会议。以此身份，1945年他参加了最后战时会议——1月的雅尔塔会议和7月的波茨坦会议。1946年获男爵爵位，1947年从联合参谋长联席会议和陆军退役。他的著作《海外八年（1939—1947）》于1950年出版。1964年12月31日卒于白金汉郡艾尔斯伯里。

威尔逊身材高大，诚恳而友善，以其想象中的大象外形而获得绰号。作为指挥官，他聪明、灵活而机智。在希腊、伊拉克和叙利亚的复杂情况下应付自如，表现出良好的外交敏感，从而对其后来在地中海和华盛顿的工作大有裨益。

DLB

参考：Barclay, Cyril N., Against Great Odds. London, 1956.

Cruickshank, Charles, Greece, 1940—1941. London, 1976.

Keegan, John, Who Was Who in World War Ⅱ. New York, 1972.

Tunney, Christopher, Biographical Dictionary of world Ⅱ. New York, 1972

Wilson, Henry Maitland, Eight Years Overseas, 1939—1947. Lokdon, 1950

EB

威尔逊，詹姆斯·哈里逊（Wilson, James Harrison, 1837—1925年） 美国将军。参加主要战争：美国内战（1861—1865年）、美西战争（1898年）、镇压义和团运动（1902年）；参加主要战役（战斗）：罗亚尔港之战（南卡罗来纳州，1861年）、南山之战（马里兰州，1862年）、安蒂特姆之战（1862年）、维克斯堡之战（1863年）、查塔鲁加之战（1863年）、耶洛塔夫恩之战（1864年）、彼得斯堡之战（1864年）、温彻斯特之战（均在弗吉尼亚州，1864年）、富兰克林之战（田纳西州，1864年）、纳什维尔之战（1864年）、埃比尼泽教堂之战（亚拉巴马州的普兰茨维尔附近，1865年）、塞尔瓦之战（亚拉巴马州，1865年）、梅肯之战（佐治亚州，1865年）、北京之战（1900年）。

威尔逊1837年9月2日生于伊利诺伊州的肖尼城附近。1860年毕业于西点军校，后被派至测绘工兵部队任职。1861年9月被晋升为中尉，远征罗亚尔港（11月7日）和围攻普拉斯基堡（萨凡纳，1862年3月—4月11日）期间，任总测绘师。作为志愿人员参加了乔治·B.麦克莱伦军团进行的南山战役（9月14日）和安蒂特姆战役（9月17日）。晋升志愿军中校，11月调至田纳西军团任乌利斯·辛·格兰特将军的总工程师。1863年5月任监察主任。参加了围攻维克斯堡的作战行动（1863年5月19日—7月4日）。10月晋升志愿军准将，查塔鲁加战役期间（11月25日），参加了米申里奇地区的作战行动。援救诺克斯维尔的行动中（12月初），任总工程师。1864年1月任陆军部骑兵局局长。他把斯宾塞卡宾枪作为骑兵部队的标准作战武器，并进行了其他几项必需的改革。4月任菲利普·亨·谢里敦骑兵军的第三师师长。率部队向荒原进军（4—5月）。耶洛塔夫恩战役中（5月11日）名声大噪。6月帮助实施围攻彼得斯堡，但在里姆车站（彼得斯堡附近，6月22日）受挫。随谢里敦将军进入谢南多厄峡谷，9月19日参加温彻斯特战役。10月晋升为志愿军名誉少将，任谢尔曼将军骑兵部队的司令官，派一个师支援谢尔曼强攻萨凡纳的作战行动，同

时自己则率其他部队参加斯普林希尔战役（田纳西州，11月29日）和富兰克林战役（11月30日），以支援乔治·H. 托马斯将军抵御胡德和福雷斯特保卫田纳西的行动。纳什维尔战役中（12月15—16日），对重创胡德的军队起到了重要的作用。晋升名誉准将，后晋升正规军名誉少将（1865年3月）。率14 000人对亚拉巴马州和佐治亚州实施了一次辉煌的袭击，战斗中俘虏了近7000名南部同盟军、近300门火炮和大量轻武器、弹药及其他物资。4月1日在埃比尼泽教堂击败福雷斯特，4月2日强攻亚拉巴马的塞尔纳。4月12日占领蒙哥马利，16日攻占佐治亚州的哥伦布和梅肯。5月晋升志愿军少将。5月10日他指挥的部队在佐治亚州的欧文维尔附近俘虏南部同盟总统杰弗逊·戴维斯。1866年1月辞去志愿军之职，7月被任命为第三十五步兵团中校。美西战争爆发时（1898年4月），要求服役志愿军，5月被任命为志愿军少将和第四军军长。因这个军从未组建，波多黎各战役中（7月），指挥纳尔逊·A. 迈尔斯将军第一军的第一师。后任第一军军长，就职于古巴侵略军，任马坦萨斯和圣克拉拉地区的指挥官。战后军衔降至志愿军准将（1899年4月）。侵略北京期间（1900年6—8月），任阿德纳·R. 查菲将军副手。因国会的特别法令，1901年2月晋升正规军准将，不久于3月退役。1915年3月晋升退役军官名册上的少将。1925年2月23日卒于位于特拉华威尔明顿的家中。

威尔逊是一位聪明、充满活力、富有才华的指挥官和行政官员。他不仅是位技术娴熟的工程师，也是一位极为出色的骑兵指挥官，还是一名著名的作家，其撰写的题为《在古老的旗帜下》的回忆录，当属有关内战的佳作之一。他视骑兵为机动的突击部队，他认为这支部队既可使用卡宾枪进行徒步作战，亦可实施机动攻击敌人的侧翼和后方。

VBH

参考：Jones, James P., Yankee Blitzkrieg: Wilson's Raid Through Alabama and Georgia. Athens, Ga., 1976.

Longacre, Edward G., From Union Stars to Top Hat: A Biography of the Extraordinary General James Harrison Wilson. Harrisburg, Pa., 1972.

Starr, Stephen Z., The Union Cavalry in the Civil War. 2 vols. Baton Rouge, 1979—1981.

Warner, Ezra, Generals in Blue. Baton Rouge, 1977.

Wilson, James Harrison, Under the Old Flag. 2 vols. New York, 1912.

DAMB.

WAMB.

温德尔，威廉·亨利（Winder, William Henry, 1775—1824年） 美国将军。参加主要战争：1812年的战争（1812—1815年）；参加主要战斗（战役）：斯托尼克里克（安大略的汉密尔顿）之战（1813年）、巴登堡之战（1814年）。

温德尔1775年2月18日生于马里兰的萨默塞特县。在宾夕法尼亚大学受教育，后移至巴尔的摩，1802年从事法律事务。1812年3月，在第十四步兵团任中校。6月在该团升上校。受命赴北方边界，他率部于11月28日偷袭安大略。1813年3月升准将，参加5月27日攻占乔治堡的战斗。6月6日，在斯托尼克里克遭英军进攻，混乱中被俘。获释后于1814年5月任督军和将军助理。后任命为马里兰及弗吉尼亚军区的指挥，他紧急征召了一支军事力量，以阻止罗伯特·罗斯将军向华盛顿特区的进军，但在巴登堡之战不久，他的民兵便四散逃奔，8月24日，他弱小的正规军和水手小分队也被打败。他随即帮助华盛顿后撤，后来他坚持认为对于后撤他是无罪的。1815年6月光荣退役。他转而从事法律事务，1824年5月24日卒于巴尔的摩。

Staff

参考：Coles, Harry L., The War of 1812. Chicago, 1968.

Williams, John S., History of the Invasion and Capture of Washington. New York, 1857.

DAB.

WAMB.

温盖特，奥迪·查理（Wingate, Orde Charles, 1903—1944年） 英国陆军上将。参加主要战争：镇压巴勒斯坦阿拉伯人起义战争（1936—1939年）、第二次世界大战（1939—1945年）；参加主要战役（战斗）：东非战役（1941年）、缅甸战役（1943—1945年）。

温盖特1903年2月26日生于印度纳伊特尔，是一个十分严谨的陆军军官的儿子。在查特豪斯伍利奇皇家陆军军官学校接受教育。1923年被委任为炮兵少尉，1928—1933年间在苏丹服役。1936—1939年在巴勒斯坦担任犹太殖民警察局顾问，并在游击和平叛战争中帮助伊扎克·萨德哈和其他人组建并训练特种夜战中队（后成为“派尔马契”）。由于他对犹太复国运动的狂热支持而被解职，回到英国在防空部队服役。1940年10月在苏丹协助埃塞俄比亚民族主义者，1941年1—5月在一系列驰名的成功作战中他集结并领导一个游击队，但由于其干预当地政治还是被解职并降为陆军少校。疲惫和疟疾使其情绪更加低落，1941年6月在埃及企图自杀。在英国康复后，1942年5月被韦维尔将军召回印度组织在缅甸的纵深渗透作战。1943年2—6月，组织并领导一个纵深渗透部队（第七十七旅或“亲迪队”）依靠徒步前进和空中支持在日本防线之后开展袭扰战役。因其成功而被提升为代理陆军上将，第二年他又计划了一个类似的战斗。在美国第一号空中突击队的协助下，组织第三印度步兵师（相当于5个旅的特种部队）开展大规模纵深作战。1944年2月发动进攻，通过空运插入4个旅，

另一个步行抵达。1944 年 3 月 25 日在敌后视察“亲迪队”后的返回途中，在亚三上空飞机坠毁而身亡。尽管许多有利的宣传，但这些作战代价太大，英军伤亡惨重且成效甚微。

多姿多彩、感召力强且行为怪癖的温盖特直到今天都是一位有争议的人物。一位非正规部队的天才指挥官，有创造力且精力充沛，他还以言行粗鲁目中无人著名。他轻视参谋军官，无战事时缺乏耐心，时常顶撞上司。他的思想被认为（但不准确）影响了 1944 年 7 月—1945 年 5 月法国在奠边府的作战。

DLB

参考：Bidwell, Shelford, The Chindit War. New York, 1979.

Calvert, Michael, Prisoners of Hope. London, 1952.

Masters, John, The Road Past Mandalay. London, 1961.

Slim, William, Defeat into Victory. London, 1956.

Sykes, Christopher, Orde Wingate. London, 1959.

Tulloch, Derek, Wingate in Peace and War. London, 1972.

维特根施泰因，路德维希·阿道夫·彼得，塞因-维特根施泰因-路德维希堡亲王（Wittgenstein, Ludwig Adolf Peter, Prince of Sayn Wittgenstein-Ludwigsburg, 1769—1843 年） 俄国陆军元帅。参加主要战争：入侵波兰（1794—1795 年）、拿破仑战争（1800—1815 年）、同瑞典的战争（1808—1809 年）、同土耳其的战争（1828—1829 年）；参加主要战役（战斗）：奥斯特利茨之战（1805 年）、吕岑之战（1813 年）、包岑之战（1813 年）、莱比锡之战（1813 年）、奥布河畔巴尔之战（1814 年）。

维特根施泰因生于 1769 年，他是在俄国军队服役的普鲁士将军之子。1794—1795 年，参加入侵波兰的战争。1805 年 12 月 2 日参加奥斯特利茨之战，在 1809 年俄国同瑞典的战争中，在芬兰作战。在 1812 年抗击法国入侵俄国战役中，在圣彼得堡指挥第一军防御。在法军已撤过别列津纳河后，仍烧毁了别列津纳桥，从而招致批评。在 1813 年的德国战役中任俄军总司令，参加了 5 月 2 日的吕岑之战、5 月 20—21 日的包岑之战及 10 月 16—19 日的莱比锡之战。在入侵法国期间，参加 1814 年 2 月 27 日的奥布河畔巴尔之战，负伤。1825 年升元帅。1828 年同土耳其作战不久因健康原因退休。卒于 1843 年。

维特根施泰因是一位勇敢和富有挑战精神的指挥员，但他是一位效率不高的管理者，他还缺乏战略和战术头脑。

VBH

参考：Buturlin, Dimitri P., Histoire militaire de la campagne de Russe en 1812. 2 vols. St. Petersburg, 1824.

Clausewitz, Karl von., La campagne de 1812 en Russe. Paris, 1900.

Lawford, James. Napoleon, the Last Campaigns, 1813—15. New York, 1979.

维茨列本，埃尔温·冯（Witzleben, Erwin von, 1881—1944 年） 德国陆军元帅。参加主要战争：第一次世界大战（1914—1918 年）、第二次世界大战（1939—1945 年）；参加主要战役（战斗）：波兰战役（1939 年）、法国和低地国家战役（1940 年）。

维茨列本 1881 年 12 月 4 日生于布雷斯劳（弗罗茨瓦夫）。一战中被委任为陆军军官，在西部前线服役。希特勒上台以后，1933 年受命担任柏林军区司令。1934 年 2 月 1 日很快便晋升为陆军少将，12 月 1 日晋升中将。1935 年调转第三防区并任第三军军长。1936 年 10 月 1 日提升为陆军上将。1939 年 9 月 1 日入侵波兰前，被任命为在西部前线的第一集团军司令。11 月 1 日提升为陆军大将。1940 年 5 月 10 日—6 月 25 日在法国战役中指挥第一集团军表现非凡。1940 年 7 月 19 日作为对其在法国战绩的奖赏被晋升为陆军元帅。1940 年 10 月 26 日被任命为 D 集团军群司令。1941 年 5 月 1 日—1942 年 3 月 15 日任在法国的西方集团军群总司令。从 1936 年开始就是反希特勒活动的积极分子，如果密谋成功，在新体制下他将被提名担任德国军队总司令。当 1944 年 7 月 20 日计划失败时，他被人出卖，第二天即被捕。8 月 7 日被纳粹军事法院审判并认定有罪，判处死刑。之后囚禁在柏林监狱的地下室，被用钢琴线悬挂在一个肉钩之上，1944 年 8 月 8 日被残忍绞勒致死。

一位尚称有才干的司令官，维茨列本虽然以牺牲自己生命的决心来反抗希特勒的暴政，但仍因其思虑欠周密而功亏一篑。

VBH

参考：Manvell, Robert, The Conspirators: 20th July 1944. New York, 1971.

Muller, Klaus-Jurgen, “Witzleben, StÜlpnagel, and Speidel,” in

Hitler's Generals, Correlli Barnett, ed. New York, 1989.

Wistrich, Robert, Who's Who in Nazi Germany. New York, 1982.

沃尔夫，詹姆斯（Wolfe, James, 1727—1759 年） 英国将军。参加主要战争：奥地利王位继承战争（1740—1748 年）、詹姆斯党起义（1745—1746 年）、法国与印第安人的战争（1754—1763 年）；参加主要战役（战斗）：代廷根（罗伊特林根）之战（1743 年）、福尔柯克之战、卡罗登之战（1746 年）、劳菲尔德（马斯特里赫特附近）之战（1747 年）、路易斯堡围城战（1758 年）、魁北克围

W

城战、亚伯拉罕台地（今属魁北克市）之战（1759 年）。

沃尔夫（1727 年 1 月 2 日）生于肯特郡的韦斯特勒姆，爱德华·沃尔夫中校之长子。曾就读于韦斯特勒姆和格林威治学校。少年时不顾身体羸弱决意从军。被任命为其陆战团少尉（1741 年 11 月 3 日）。后调任第十二步兵团旗手并前往佛兰德（1742 年 3 月 27 日）。代廷根之战（1743 年 6 月 27 日）中为团代理副官。福尔柯克之战（1746 年 1 月 17 日）和卡罗登之战中（4 月 16 日）为准少校。返回荷兰后，在劳菲尔德之战（1747 年 7 月 2 日）中受伤。后任第二十步兵团少校（1748—1749 年）。曾在苏格兰南部的守备部队中任职（1749—1757 年）。在英军半途而废的对罗什福尔-叙尔-梅尔（法国的罗什福尔）的远征（1757 年 9 月 20—30 日）中任军需官。因能力和贡献晋升为名誉上校。他在这次作战中的表现受到纽卡斯尔的指责，对此，国王乔治二世予以著名的反驳："他疯了吗？我倒希望他咬上我的某些将军。"对路易斯堡的远征（1758 年 6 月 30 日—7 月 27 日）中被任命为著名的杰弗里·安赫斯特爵士军中的旅长。回到英国后，皮特委任他为远征魁北克的 9000 人的部队司令，并被晋升为当地少将（1759 年 2 月）。在魁北克下游登岸（6 月 26 日）后，沃尔夫对该城发动第一次进攻。但被击退，损失惨重（7 月 31 日）。在与各旅长商讨后，他在该城上游 2 公里处登岸，并率 5 个营攀岩登上亚伯拉罕台地。蒙卡尔姆侯爵在遭到袭击后，被迫仓猝发起反击，被沃尔夫的部队轻易击败。不幸的是，沃尔夫恰恰在法军退却时受伤，卒于不久后（1759 年 9 月 13 日）。

沃尔夫高大、瘦弱、满头红发，是一位富于生机和才干的指挥官，赢得了包括坎伯兰公爵和安赫斯特在内的上司的赞赏，魁北克外围获胜时刻的早夭（32 岁）使他成为具有相当影响的传奇人物，也使英军失去了一位主要的天才。

RGS and DLB

参考：Parkman, Francis, Montcalm and Wolfe. 2 vols, New York, 1885.

Stacey, C. P., Quebec 1759: The Siege and the Battle. New York, 1959.

Waught. T., James Wolfe: Man and Soldier. Montreal, 1928.

Wilson, Beckles, The Life and Letters of James Wolfe. London, 1909.

Wright, Robert, The Life of Major-General James Wolfe Founded on Original Documents and Illustrated by His Correspondence. London, 1864.

DAMB.

EB.

沃尔斯利第一子爵，加尼特·约瑟夫爵士（Wolseley, Sir Garnet Joseph, 1st Viscount, 1833—1913 年） 绰号"我们唯一的将军"。英国陆军元帅。参加主要战争：第二次缅甸战争（1852—1853 年）、克里木战争（1853—1856 年）、镇压印度土兵起义（1857—1858 年）、第二次鸦片战争（1859—1860 年）、镇压第一次里尔起义（1869—1870 年）、阿散蒂战争（1873—1874 年）、祖鲁战争（1879 年）、镇压埃及起义（1882 年）和第一次马赫迪战争（1883—1885 年）；参加主要战役（战斗）：勒克瑙之战（1857 年和 1858 年）、大沽堡之战（1860 年）、库马西之战（1874 年）和泰勒凯比尔之战（1882 年）。

沃尔斯利 1833 年 6 月 4 日生于都柏林附近的戈尔登布里奇，是一位小业主之子。其父是一名退役的陆军军官，在他七岁时去世，受教育于都柏林寄宿学校。崇尚其父的职业，1852 年 3 月被任命第十二步兵团少尉，这一职位并非买得。旋即调至驻印度的第八十步兵团，在这个团里他几乎无所事事。及时赶到东部参加了第二次缅甸战争，战斗中大腿被石弹击中受伤，被作为伤员送回英国本土。重返爱尔兰后他被晋升为中尉，调至第九十轻步兵团。1854 年秋，随部队赴克里木，不久被任命为助理工程师。被晋升为上尉，1855 年 8 月在战斗中严重受伤，一只眼睛失明。1855 秋再一次任轻步兵师参谋。1856 年秋返回英国。1857 年 4 月随部队侵略中国，在新加坡附近船只失事。1857 年 10 月被派往印度参与镇压印度土兵起义。在第二次援救勒克瑙（11 月 16 日）和最终占领这座城市（1858 年 3 月 16 日）的行动中名声大噪，因其表现晋升名誉少校和中校。在霍普·格兰特爵士的参谋部任军需局局长助理帮办。任此职至印度土兵起义被镇压和被推迟的对中国的侵略期间（1860 年 5 月 13 日—10 月 18 日）。1861 年任驻加拿大的军需局局长助理。1865 年晋升上校。1870 年 5—10 月，率远征军成功地镇压了在马尼托巴的路易·里尔及其混血种起义分子（温尼伯）。1870 年 8 月 24 日不流血就再一次占领了加里费要塞，并以此镇压了起义。虽是作为一名年轻的"英雄"返回英国，然而因为其出版的一本题为《军人手册》的书（1869 年）批评了陆军及其行政管理，所以尽管功勋卓著，也未能得到妥善安置。爱德华·卡德威尔将其从被人忘却的境地中解救出来，1871 年 5 月被任命为陆军部副官署副署长，以协助卡德威尔执行陆军改革计划。1873 年 8 月赴西非镇压阿散蒂人，被赋予政治和军事双重权力。只带了 35 个精选的军官（其后被称为阿散蒂或沃尔斯利集团）抵达西非（1873 年 10 月），很快组建了一支由当地居民组成的部队，并在布勒赫修建了前进基地。其战争准备细致周密且全面，因此，在随后的战役中损失减少。1873 年 12 月下旬，率一支 2500 人的部队向内陆进军，1874 年 1 月末在阿莫福尔击败阿散蒂人。1874 年 2 月 4 日焚烧了阿散蒂首都库马西。获优厚奖赏，被传媒捧为名将并晋升少将。1875 年任纳塔尔总督和最高指挥官，整顿了当地混乱的形势。1878—1879 年任英国第一位驻塞浦路斯的高级官员，赛德尔瓦纳突遭灾祸（1879 年 6 月）后，被派至南非。切尔姆斯福德在乌伦迪取得胜利前抵达纳塔尔（6 月末），战斗结束后继续留

在此地，指挥平定祖鲁兰及签署和平协议。1880年5月返回英国，被任命为军需署署长。1882年任副官长，艾哈迈德·阿拉比起义期间（1882年2—9月），指挥赴埃及的远征军，1882年9月13日在泰勒凯比尔赢得决定性的胜利。因此胜利晋升准将，封为男爵。远征至尼罗援救被围困在喀土穆的戈登（1884年10月—1885年1月），但其军队在喀土穆失陷两天后的1月28日才到。返回英国，出任驻爱尔兰英军司令（1890—1894年）前被封为子爵。1894年晋升陆军元帅，翌年出任总司令。指导为英布战争（1898—1901年）而进行的动员工作，当罗伯茨勋爵1900年11月从南非返回后辞职让其继任。其后来的岁月，包括任总司令期间，为极差的记忆力所扰，这或许是因为阿尔兹海默氏病所致。1913年3月26日平静地卒于法国的芒通。

沃尔斯利聪明、灵敏、富于能力但又虚荣、自大。作为英国民众心目中的"我们唯一的将军"，他具有很高的知名度，但遭到威廉·S.吉尔伯特的诋毁，吉尔伯特曾在彭赞斯非法广播中发表有一篇题为《一个现代少将的真正面目》的文章大肆攻击沃尔斯利。他是一位细心且目光远大的指挥官，也是一位卓有能力的改革家和行政官员。其《军人手册》一书成为英军作战原则的模式保持了多年。他指挥的阿散蒂战役，迅速、高效，堪称战争史上的经典之作。

DLB

参考：Arthur, Sir George, Life and Letters of Lord and Lady Wolseley. London, 1912.

Bond, Brian, ed., Victorian Military Campaigns. New York, 1967.

Farwell, Byron, Eminent Victorian Soldiers. New York, 1985.

Lehmann, Joseph H., All Sir Garnet. London, 1964.

Morris, Donald, The Washing of the Spears. New York, 1967.

Wolseley, Sir Garnet J., The Soldiers's Pocket-Book for Field Service. 3d ed. London, 1874.

——, The Story of a Soldiers's Life. London, 1903.

伍德，亨利·伊夫林爵士（Wood, Sir Henry Evelyn, 1838—1919年） 英国陆军元帅。参加主要战争：克里木战争（1853—1856年）、镇压印度土兵起义（1857—1858年）、第二次阿散蒂战争（1873—1874年）、第九次卡弗战争（1877—1878年）、祖鲁战争（1879年）和镇压埃及人民起义（1882年）；参加主要战役（战斗）：英克曼之战（1854年）、坎布拉和乌伦迪之战（1879年）和泰勒凯比尔之战（1882年）。

伍德1838年2月9日生于埃塞克斯的克雷兴，因为一次冤枉的禁闭逃离莫尔伯勒学院，以军官候补生的身份加入皇家海军（1852年3月）。随海军陆军战队驻扎克里木，参加了英克曼战斗（1854年11月5日）。在进攻里丹的行动中（1855年6月17—18日），手臂受伤，为此被送回英国。接受第十三轻骑兵团骑兵之职。伤愈后，欲再次赴克里木，但因伤寒和肺病病倒在斯库台，直至克里木战争结束后才得以康复。调至第十七骑兵团，1857年10月乘船赴印度。1858—1859年，参加处理印度土兵起义带来的灾祸和混乱。1850年12月夜袭匪徒的营地，战斗中率非正规军骑兵团中的15人击溃一帮80人的强盗，因为此获得维多利亚十字勋章。从印度返回后，任职于爱尔兰和奥尔肖特。调离第十七骑兵团至第七十三步兵团。经几次频繁的调动，进入参谋学院，1873年任第九十轻步兵团中校。被韦尔斯利挑选参加阿散蒂战役（1873年秋），组建和指挥一个由当地部队组成的团，1874年2月初在一次小规模战斗中严重受伤，但数日即重返战场。返回英国，1874年完成自1871年起的法律学习，获律师资格。切尔姆斯福德第一次侵入祖鲁期间（1879年1月），返回非洲，指挥基地设在纳塔尔乌得勒支的侧翼纵队。成功地抵抗了祖鲁人对其设在坎布拉营地的攻击（1879年3月29日）。切尔姆斯福德第二次入侵期间（6—7月），指挥飞行纵队在乌伦迪地区作战（1879年7月4日）。战斗结束之前，返回英国接受几项殊誉，旋即重返南非。科利在马朱巴山被击败（1881年2月26日）后，奉伦敦之命，他与德兰士瓦的布尔人签署停战协议（1881年3月21日）。晋升少将，在查塔姆地区任指挥，韦尔斯利进行埃及战役期间（1882年8—9月），任旅指挥官。后参加不成功的喀土穆救援戈登的行动（1883—1884年）。继续在埃及，任驻埃及英军上将（1884—1886年），1886年返回英国，出任几项行政职务。1893年任军需署署长。1897年任副官长。重建陆军的输送体系以便达成快速动员（1899年）。1903年4月8日晋升陆军元帅。退役后致力于提高国土军队的战斗力。卒于1919年12月2日。

伍德多使用其中间名字——伊夫林。尽管其有着病态的疑病症倾向，频繁患病且多有变故（其在战斗中，不是患病，就是因伤需恢复，或者干脆两者兼备），但他依然不失为一位精力充沛、卓有才干的指挥官。他后期在英国的表现（1886—1903年），足以证明他进行行政管理和锐意改革的能力和足智多谋。与罗伯茨和韦尔斯利一样，他也是19世纪末最有才能的英军将领之一。

DLB

参考：Farwell, Byron, Eminent Victorian Soldiers. New York, 1985.

Morris, Donald, R., The Washing of the Spears. New York, 1965.

Wood, Sir Henry Evelyn, From Midshipman to Field Marshal. 2 vols. London, 1906.

——, Winnowed Memories. London, 1917.

伍德，列奥纳尔(Wood，Leonard，1860—1927 年) 美国将军。参加主要战争：阿帕奇战争（1885—1886 年）、美西战争（1898 年）和第一次世界大战（1917—1918 年）；参加主要战斗：拉斯瓜西马斯之战（1898 年）和圣胡安山之战（圣地亚哥附近，1898 年）。

伍德 1860 年 10 月 9 日生于新罕布什尔州的温彻斯特。1884 年毕业于哈佛医学院。在波士顿短暂行医。1885 年 6 月被任命为代理助理外科医生和陆军少尉。1886 年 1 月晋升中尉，任助理外科医生，参加了旨在镇压阿帕奇人的远征（5—9 月），占领了杰罗尼莫。继续在陆军任职，1891 年 1 月晋升上尉。驻扎华盛顿期间，任克利夫兰总统的白宫医生（1895 年），麦金利入主白宫（1897 年 3 月）后，继续任此职。与海军助理部长西奥多尔·罗斯福私交甚笃，与其合作招募了志愿军第一骑兵团，以备美西战争之用（1898 年 5 月）。当这个骑兵团家喻户晓时，出任志愿军上校，并指挥这个团。6 月率此团赴古巴。拉斯瓜西马斯战斗中（6 月 24 日）指挥第一骑兵团。随后调任约瑟夫·惠勒将军的骑兵师第二骑兵旅的指挥官（此旅包括第一志愿团、第一和第十骑兵团）。率第二旅参加了圣胡安山战斗（7 月 1 日）以及为攻占圣地亚哥（7 月 17 日）而进行的一些作战行动。7 月初晋升准将，7 月 18 日被任命为圣地亚哥总督。当他就任周围省总督时（10 月），致力于改善环境，恢复公共秩序，继续执行其既定政策。尽管 12 月被晋升少将，但战后的降衔使其再次成为准将（1899 年 4 月）。12 月晋升少将，任古巴总督。任此职期间，修建道路、学校，配备现代化的交通工具，建立警察局，改善通信状况。他与威廉·C. 戈格斯少将亲密合作，改善环境。颁布了一套新的宪法和法律准则，将执行权力移交新当选的总统托马斯·埃斯特拉达·帕尔马（1899 年 5 月 20 日）。1900 年 2 月任正规军准将。对德国军队进行了一次考察后，被派往菲律宾（1903 年 3 月）。菲律宾起义最为激烈期间，出任莫罗省总督（8 月）。1906 年 4 月任驻马尼拉的菲律宾战区司令。返回美国后于 1908 年 11 月任东部军区司令。1910 年 4 月任陆军参谋长，但未立即到职，直至完成一项赴阿根廷的特别外交使命为止。任陆军参谋长期间，与陆军部各局的首脑特别是副官长弗雷德·C. 安斯沃思少将进行了多次艰苦的斗争。1914 年 4 月再任东部战区司令官。第一次世界大战在欧洲爆发后，成为一名直言不讳的强调战备的鼓吹者。他在纽约普拉茨堡建立民兵训练基地的所为招致了陆军部的极大不满（1915 年夏），但美国参加一次世界大战前夕已有超过 4 万人的青年人在普拉茨堡和其他类似的基地受过训。他尽管是陆军高级军官，但战时未被赋予较高的指挥权，仅指挥堪萨斯州芬斯顿兵营（现为赖利堡的一部分）的第八十九步兵师（1918 年 4—6 月）。后训练赴法国的其他部队。1919 年 1 月任芝加哥的中央战区司令官，翌年成为共和党的总统候选人。以 10 票之差输给沃伦·哈丁。完成哈丁总统赋予的一项赴菲律宾的使命后就任宾夕法尼亚大学校长，1921 年任菲律宾总司令，任此职至 1927 年 8 月 7 日，其完成一项大脑肿瘤手术后，卒于波斯顿。

伍德积极进取，目光远大且正直，但并不容易相处。他在五年内发生的变化（1898—1903 年），即从一位医生到一位军人，从一位上尉到一位准将，在军内外招致极大的不满和敌意。他任陆军参谋长期间所进行的改革，有助于把总参谋部的思想引入美国军队。他在普拉茨堡所作的努力，尽管孤立，但后来成为后备军官训练团的雏形，对美国在第一次世界大战中的战争准备贡献极大。毫无疑问，他是最伟大的美国将领之一。

DLB

参考：Hagedorn，Hermann，Leonard Wood：A Biography. 2 vols. New York，1931.

Lane，Jack C.，Armed Progressive：Leonard Wood. San Rafael，Calif.，1978.

DAMB.

EB.

WAMB.

伍耳，约翰·埃利斯(Wool，John Ellis，1784—1869 年) 美国将军。参加主要战争：1812 年的战争（1812—1815 年）、美墨战争（1846—1848 年）和美国内战（1861—1865 年）；参加主要战斗：昆士顿之战（安大略，1812 年）、普拉茨堡之战（1814 年）和比尤纳维斯塔之战（萨尔蒂约附近，1847 年）。

伍耳 1784 年 2 月 29 日生于纽约州的纽堡，在特洛伊长大。为抗击英军组建了一支志愿军连，1812 年 4 月任第十三步兵团上尉。昆士顿高地战役中名声大噪，10 月 13 日在战斗中受伤。1813 年 4 月晋升少校。普拉茨堡战役期间（1814 年 9 月 11 日），在亚历山大·麦科布将军手下任职，因其在战斗中的英勇表现，晋升名誉中校。1812 年的战争结束后继续在此部队任职，1815 年 5 月调至第六步兵团。晋升上校，1816 年 4 月任陆军监察长，任此职至 1841 年。任上校十年后于 1826 年晋升准将，协助温菲尔德·斯科特将军将切诺基人从北卡罗来纳迁移至印第安人地区（1836 年）。1841 年晋升准将，美墨战争爆发时（1846 年 6 月），奉命训练志愿军。经过六个月的努力，他将一支12 000人的部队集中组织，输送给泰勒将军。8 月率 2500 人抵圣安东尼奥。9 月赴奇瓦瓦城，得知放弃奇瓦瓦后（12 月），与泰勒将军会合于萨尔蒂约。继泰勒将军指挥比尤纳维斯塔战役（1847 年 2 月 23—24 日），战斗中指挥中央师，对是役的胜利贡献极大。晋升名誉少将。1848 年 7 月返回特洛伊。1848—1853 年，任东部军区司令。1853 年 10 月出任东部战区司令。调任太平洋战区司令（1854—1857 年），指挥进行了亚基马战争（沿鲁日河的奥兰治西南地区，1856 年 7—10 月）。1857 年复任东部战区司令。及时增援弗吉尼亚州的门罗堡，保住了联邦军的重要战略位置（1861 年 4 月）。1861 年 8 月任弗吉尼亚战区司令，翌年 5 月晋升

少将。1862 年 6 月任巴尔的摩中部战区司令，1863 年 1 月再任东部战区司令。8 月退役。1869 年 11 月 10 日卒于纽约州的特洛伊。

伍耳精力充沛，具有奉献精神，在美国进行的三次重大战争中起到了重大作用。作为监察长，他促进了炮兵的现代化，在执行各种不同的任务中表现出的才能，仅逊于温菲尔德·斯科特。

Staff

参考：Bauer, K. Jack, The Mexican War, 1846—1848. New York, 1974.
Boatner, Dictionary.
Hinton, Harwood P., "The Military Career of John Ellis Wood, 1812—1863." Unpubl. Ph. D. dissertation, University of Wisconsin, 1960.
DAB.
DAMB.
WAMB.

沃思，威廉·詹金斯（Worth, William Jenkins, 1794—1849 年） 美国将军。参加主要战争：1812 年的战争（1812—1815 年）、美墨战争（1846—1848 年）；参加主要战役（战斗）：齐帕瓦之战（1814 年）、隆迪小道之战（1814 年）、帕洛阿尔托之战（1846 年）、雷萨卡-德拉帕尔马之战（1846 年）、蒙特雷（墨西哥）之战（1846 年）、维拉克鲁兹之战、塞罗戈多之战、康特雷拉斯之战、丘鲁布斯科之战、莫里诺德里之战、墨西哥城之战（均在 1847 年）。

沃思于 1794 年 1 月 3 日生于纽约州的哈得逊。1813 年任第二十三步兵团中尉。1813—1814 年在摩尔根·路易斯及温菲尔德·斯科特将军的司令部任参谋。1814 年 7 月 5 日，因在奇佩瓦之战中作战勇敢而晋升荣誉上尉衔。在 7 月 25 日的隆迪小道之战中，再次以其勇敢而荣誉晋升，这次作战中受重伤，以致于终生残废。1820—1828 年在西点军校任军官候补生队队长，1824 年因出色的服役而晋升荣誉中校衔。1832 年升少校，1838 年升上校。在 1841—1842 年第二次西米诺尔战争的最后阶段率野战部队参战。由于他成功地结束了战争，于 1842 年晋升荣誉准将衔。后同泰勒将军所部会师于得克萨斯边界，参加了 1846 年 5 月 8—9 日的帕洛阿尔托之战及雷萨卡-德拉帕尔马之战，作战中表现出色。因 9 月 20—24 日的蒙特雷之战中表现勇敢，晋升荣誉少将衔，此战中，他率部于战役的最后一天任主攻。后转入斯科特部，指挥一个师的兵力参加 1847 年 3 月 9—23 日的维拉克鲁兹包围战，4 月 18 日又转战塞罗戈多。8 月 19—20 日攻占康特雷拉斯和丘鲁布斯科，9 月 8 日转战莫里诺德里，9 月 13—14 日在向墨西哥城发起最后强攻时，控制圣科斯梅门。在进行莫里诺德里之战时，与斯科特发生争执，以阴谋反对斯科特而被起诉，1848 年早期，军事法庭经审理免去对他的一切不实之控。1848 年 11 月，任得克萨斯卫戍军司令。1849 年 5 月 7 日因霍乱卒于圣安东尼奥。

沃思是一位自负和有野心的官员，他也是一位勇敢、坚决的指挥员。由于他经常与温菲尔德·斯科特争吵，从而对双方的军事生涯均留下了污点。

Staff

参考：Prucha, Francis Paul, The Sword of the Republic. Bloomington, Ind., 1977.
DAB.
WAMB.

弗兰格尔，卡尔·古斯塔夫·冯（Wrangel, Karl Gustav von, 1613—1676 年） 瑞典陆军大元帅和海军上将。参加主要战争：三十年战争（1618—1648 年）、第一次北方战争（1655—1660 年）、与荷兰的战争（1672—1679 年）；参加主要战役（战斗）：费马恩岛之战（1644 年）、楚斯马斯豪森（奥格斯堡附近）之战（1648 年）、华沙之战（1656 年）。

弗兰格尔（1613 年 12 月 23 日）生于乌普萨拉，赫尔曼·冯·弗兰格尔元帅之子。早年即参加瑞典陆军。在德意志境内任骑兵上尉时表现突出（1634 年）。在巴纳和托尔斯顿森部队期间先后晋升为上校（1637 年）和少将（1639 年）。被任命为瑞典舰队司令（1644 年 7 月）后，他在荷兰舰队的支援下于费马恩岛附近海域歼灭丹麦舰队（1644 年 10 月 24 日）。托尔斯顿森辞职后，他作为瑞典军队总司令统领德意志境内的瑞典军队（1645 年 12 月）；之后，他晋升为陆军元帅（1646 年 4 月 28 日）。与蒂雷纳会师于吉森（吉森-韦茨拉尔或兰城，1646 年 8 月 10 日）后，劫掠了巴伐利亚（1646 年 9—11 月），迫使马克西米利安请和（1647 年 3 月）。袭扰波希米亚（1647 年春—秋）未获成功，后退至波罗的海沿岸。在黑森境内与蒂雷纳再次联兵（1648 年 5 月）后入侵奥地利。蒂雷纳和弗兰格尔在楚斯马斯豪森之战（1648 年 5 月 19 日）中歼灭了彼得·梅兰德元帅的后卫，梅兰德在战斗中受致命伤。第一次北方战争爆发后，弗兰格尔为瑞典舰队司令（1655 年 7 月—11 月）。后陪同查理十世返回波兰（1656 年 1 月）。在国王查理十世及其盟友普鲁士选侯腓特烈·威廉的观战下，他率瑞典军队取得了华沙之战（1656 年 7 月 28—30 日）的胜利。入侵日德兰半岛（1657 年夏）之前被任命为海军上将（1656 年 12 月 11 日）。攻取腓特烈·斯奥德（10 月 24 日），次年夺取克龙堡（1658 年 1—2 月），但他的舰队在哥本哈根附近海域被奥普丹的荷兰-丹麦舰队歼灭（1658 年 11 月 8 日）。被任命为丹麦附庸国的将军和瑞典王国大元帅（1664 年），并为查理十一世的摄政团成员（1660—1672 年）。其同父异母弟瓦尔德马·冯·弗兰格尔战败于费尔贝林（1675 年 6 月 28 日）后奉召回国（1675 年 7 月）。此前，他一直统帅德意志境内的瑞典军队。1676 年 7 月 5 日卒于吕根岛。

弗兰格尔是一位具有才能和魄力的统帅，集陆战海

W

战技能于一身，但他在德意志境内的最后作战因身体多病而受挫。

DLB

参考：Wedgwood, Cicely V., The Thirty Years War. 1938. Reprint, Garden City, N.Y., 1961.
EMH.

弗兰格尔，彼得·尼古拉耶维奇（Wrangel, Pyotr Nikolaevich, 1878—1928年） 沙俄将军。参加主要战争：俄日战争（1904—1905年）、第一次世界大战（1914—1918年）、苏俄内战（1917—1922年）；参加主要战役（战斗）：东普鲁士之战（1914年）、克伦斯基之战或第二次布鲁西洛夫之战（1917年）、察里津（伏尔加格勒）-萨拉托夫之战（1919年）、南乌克兰-克里木之战（1919年）。

弗兰格尔1878年8月15日生于圣彼得堡（原列宁格勒）的一个瑞典裔的贵族家庭。1901年毕业于一所技术院校，获得采矿工程学学位。加入部队，在沙皇卫队任职几年。1904年离开部队接受在东西伯利亚的一个工程师职位。日俄战争中被派至一个哥萨克团任职，期间名声大噪。重新加入沙皇卫队，进入总参谋学院。第一次世界大战初期（1914年8—9月），任职于东普鲁士，指挥一个骑兵中队。1916年在加利西亚指挥一个哥萨克团。在被称作是克伦斯基进攻战役期间（1917年7月1—20日），任少将，指挥科尔尼洛夫将军第八集团军中的第七骑兵师。科尔尼洛夫集团试图推翻临时政府的图谋（9月9—14日）被挫败后，辞职，居于雅尔塔。十月革命后，1918年8月加入邓尼金将军的白军，任中将，指挥一个师。在北高加索地区作战，秋季对红军采取了极其凶残的行动。当邓尼金1919年1月自封为俄罗斯南部武装力量司令时，他被任命为志愿军司令官。尽管染斑疹伤寒，但他直至春天才离职，6月17日率军占领了察里津。萨拉托夫战役（11月）败北和邓尼金对莫斯科的进攻失败后，他试图重组哈尔科夫附近的白军。在邓尼金的要求下（1920年2月），他辞职，在伊斯坦布尔过着流亡生活。4月在邓尼金辞职后返回，指挥南俄武装力量，尽管此时白军已被赶进克里木地区。因红军部队有别的任务，他便利用此间隙将南俄武装力量扩至4万人，并向东进军，占领陶里德（克里米亚和南乌克兰，6月）。他扩大战果，侵入库班哥萨克地区（高加索），但遭重创（8月）。他对占领陶里德进行了徒劳无益的尝试（10月），11月初，其部队被赶回克拉斯诺彼列科普斯克。他意识到战争即将结束，便率部逃向国外，在其本人11月14日登上塞瓦斯托波尔港的“科尔尼洛夫将军”号巡洋舰之前，他已将146 000名残部大致疏散完毕。后来，他创建了一个反布尔什维克老兵集团，即“俄国军人同盟会”。接受比利时采矿工程师之职，但当他1928年4月25日赴任时，突然卒于布鲁塞尔。

弗兰格尔是一位具有很强煽动力和一定指挥才能的军官，他身材高大，声音宏亮，具有很强的蛊惑力。他也残暴、自大，而且虚荣。1920年他在苏俄南部进行的战役并不成功，但在当时的情况下，即使天才也无法挽回反布尔什维克分子的败局。

DLB

参考：Denikin, A., The White Army. Hattiesburg, Miss., 1973.
Kenez, Peter, Civil War In South Russia, 1919—1920: The Defeat of the Whites. Berkeley, 1977.
Mawdsley, Evan, The Russian Civil War. Boston, 1987.
Wieczynski, Joseph L., The Modern Encyclopedia of Russian and Soviet History. 51 vols. Gulf Breeze, Fla., 1976—1989.
Wrangel, Pyotr N., Always with Honor. New York, 1957. (English edition of Vospominaniia 〈Memoirs〉, edited by P. N. Wrangel.)

弗雷德，卡尔·菲利普·冯亲王（Wrede, Prince Karl Philipp Von, 1767—1838年） 巴伐利亚陆军元帅。参加主要战争：法国大革命战争（1792—1799年）、拿破仑战争（1800—1815年）；参加主要战役（战斗）：霍恩林登（慕尼黑附近）之战（1800年）、华沙之战（1809年）、汉瑙之战（1813年）、拉罗西里之战（1814年）、奥布河畔巴尔之战（1814年）、阿尔西之战（1814年）。

弗雷德1767年4月29日生于海尔德堡。1795年在巴伐利亚军队中任上校。1799年组建志愿军为奥地利干涉法国大革命服役。1800年12月3日，在霍恩林登之战中，指挥奥地利旅掩护部队后撤。1801年在巴伐利亚军队中升中将。在1805年的奥斯特利茨战役中，随贝尔纳多特第一军为法军作战。1806年在日罗姆·波拿巴的领导下同普鲁士作战。在1809年的奥地利战役中，他指挥一个师，隶属勒费夫尔之第七军，后又转属马尔蒙之第十一军参加7月5—6日的华沙之战。1812年入侵俄国期间，隶属圣西尔之第六军。1813年，在莱茵河流域指挥巴伐利亚军队为法国而战，但在10月16—19日拿破仑在莱比锡战败后，投奔反法联盟军。10月30日，在汉瑙之战中被拿破仑打败，受重伤。在1814年的法国战役中，先后参加了2月1日的拉罗西里之战、2月27日的奥布河畔巴尔之战及3月20—21日的阿尔西之战。1814年11月1日—1815年6月9日，在维也纳会议中作为巴伐利亚代表。1815年被封为亲王，升为元帅。1822年任巴伐利亚军队总司令兼最高军事委员会主席。其余生投身政界，1838年12月12日卒于奥格斯堡。

弗雷德勇敢、富有野心、精力充沛且极端的自负。他是一位优秀的战术家但却是糟糕的战略家。拿破仑曾评价他说：“我能使他成为伯爵，但我无法使他成为将军。”

VBH

参考：Allgemeine deutsche Biographie, vol 45. Leipzig.

1900
Friederich, Rudolf, Die Befreiungskriege 1813—1815. 4 vols. Berlin, 1911—1913.
Heilmann, Johann, Feldmarschall Fürst Wrede. Leipzig, 1881.

莱特，霍雷修·古弗尼尔（Wright, Horatio Gouverneur, 1820—1899 年） 美国将军。参加主要战争：美国内战（1861—1865 年）；参加主要战役（战斗）：第一次布尔溪之战（弗吉尼亚州的马纳萨斯，1861 年）、罗亚尔港之战（南卡罗来纳州，1861 年）、佛罗里达海岸之战（1862 年）、迈尔溪之战（拉皮丹河南部，1863 年）、荒原之战（拉皮丹河南部，1864 年）、斯波齐尔韦尼亚之战（1864 年）、冷港之战（里士满附近，1864 年）、谢南多厄之战（1864 年）、锡达克里克之战（弗吉尼亚州的斯特拉斯堡附近，1864 年）、彼得斯堡之战（弗吉尼亚州，1865 年）、塞勒克里克之战（弗吉尼亚州的法姆维尔附近，1865 年）。

莱特 1820 年 3 月 6 日生于康涅狄格州的克林顿。1841 年毕业于西点军校，任职于工兵部队。1856 年任总工程师约瑟夫·G. 托滕上校的副官。内战爆发时（1861 年 4 月 20 日），参与破坏诺福克海军造船厂，战斗中被俘，后被释放。开始在华盛顿周围修建要塞。第一次布尔溪之战中（1861 年 7 月 21 日），任赛米尔·P. 海因策尔曼将军的第三师的总工程师。8 月晋升工兵部队少校。9 月被晋升为志愿军准将，11 月任托马斯·威·谢尔曼将军指挥的攻击南卡罗来纳的罗亚尔港远征部队的总工程师。他指挥陆军部队攻击佛罗里达海岸沿线的杰克逊维尔、圣奥古斯丁及其他地区（1862 年 2—6 月）。任俄亥俄战区司令和新成立的俄亥俄军团司令（1862 年 8 月—1863 年 3 月）。1863 年指挥波托马克军团约翰·塞奇威克将军的第四军中的一个师。11 月参加迈尔溪战役。指挥他的师参加了荒原战役（1864 年 5 月 5—6 日）。当塞奇威克将军在斯波齐尔韦尼亚战役中战死后（5 月 9 日），指挥第四军。冷港战役中（6 月 3—12 日），继续指挥第四军，1864 年 5 月 12 日晋升志愿军少将，晋升正规军名誉上校。他指挥的第四军被部署在华盛顿，保护首都免遭朱巴尔·厄尔利的袭击（7 月 11—12 日）。随菲利普·亨·谢里敦将军参加其指挥的谢南多厄战役（8 月 7 日—10 月），在谢里敦将军到达锡达克里克之前，指挥其部队进行了锡达克里克战役（10 月 19 日）。第四军第一个突破彼得斯堡的防御（1865 年 4 月 2 日），随后参加了塞勒克里克战役（1865 年 4 月 6 日），是役俘虏了一大批联盟军，包括理查德·S. 埃维尔将军。不久因其在彼得斯堡战役中的贡献，晋升正规军名誉少将。内战结束后任得克萨斯战区司令（1865 年 7 月—1866 年 8 月）。在退出志愿军之前于 1865 年 11 月晋升工兵中校。他参与了几项巨大的工程建筑，包括纽约的布鲁克林桥和华盛顿的纪念碑。1879 年 3 月晋升上校，6 月被任命为总工程师，军衔晋升至准将。1884 年 3 月以准将衔退役。1899 年 7 月 2 日卒于华盛顿。

ACD

参考：Boatner, Encyclopedia.
Warner, Ezra J., Generals in Blue. Baton Rouge, 1964.
WAMB.

吴起（Wu Ch'i, 约公元前 440—前 381 年） 中国战国时期将军和政治家。参加主要战争：战国诸侯混战（公元前 450—前 222 年）。

吴起约公元前 440 年生于魏国（今山西南部）。齐鲁战争时他投奔到鲁国服役。因其妻是齐国人，故鲁君心存疑忌，吴起杀妻以表心迹，遂官至鲁军大司马。后投奔吴国、魏国，但受冷遇，又转投楚国（公元前 387 年），极尽忠诚事从楚悼王，当悼王去世时，吴起伏尸痛哭，为乱箭射死（公元前 381 年）。

吴起不仅是一位天才的战略家，并且是一位杰出的战术家。他的军事思想（即《吴起兵法》）在其死后方被整理编撰，堪与著名的《孙子兵法》比肩，世称"孙吴"。

吴佩孚（Wu P'ei-fu, 1874—1939 年） 中国北洋直系军阀。参加主要战争：辛亥革命及其他战争（1911—1916 年）、中国内战（1916—1927 年）。

吴佩孚 1874 年生于一个贫寒的家庭。尽管他受传统教育后通过了秀才考试，但未能得到任用，也未能继续其学业。他以个人身份参加袁世凯的北洋军，经过在北洋讲武堂（天津附近）的学习后成为一名军官。中国辛亥革命爆发后（1911 年 10 月），他成为第三镇（相当于师）长曹锟（后来的中华民国总统）的管带，并被晋升指挥这个镇的炮兵旅。因对曹锟忠心不二，1917 年被晋升为第三师师长。他对曹锟一直保持忠心，即便曹锟对其已无利可言甚至曹锟被迫退出政府（1924 年）。作为第三师师长，在总理段祺瑞进攻湖南军阀的战斗中，他遭受段祺瑞的巨大压力（1918 年），最后以自己的撤退来结束战斗（1920 年）。继续猛击段祺瑞，将北洋军阀分解成段祺瑞的皖系和力量更为强大的直系（1921 年）。击溃奉系军阀张作霖。在第一次直奉战争中（1922 年），占据中国的北方地区。此时，他已控制位于中原地区的五个省。1923 年残酷镇压京汉铁路工人运动，制造了震惊中外的"二七惨案"。尽管有英国人的财政援助，但在第二次直奉大战中（1924 年），还是被张作霖、冯玉祥和阎锡山组成的联盟逐出原占领地区。重组部队后，对冯玉祥发动了更为残暴的攻击，使冯玉祥不得不寻求与中国南方的国民党的合作结盟。1926 年，当其部队正陷入北方军阀的混战之中时，中国革命力量发动著名的北伐战争，进击了他的后方（1926 年 5 月）。他急速赶往南方，在汀泗桥（武昌附近）的战斗中被国民党将领李

宗仁击败（10 月）。他通过阻止部队逃跑和杀死九个营和团的指挥官来纠集部队。但其地位摇摇欲坠，逃至四川依附地方军阀杨森等。1939 年卒。

PWK

吴三桂（Wu San-kuei，1612—1678 年） 中国明朝将领、清朝藩王和叛乱领袖。参加主要战争：清朝统一中国（1615—1660 年）、三藩之乱（1673—1681 年）。

吴三桂 1612 年生于辽东的一个地主家庭，后在明朝的武举考试中中进士并任军队军官。因才能出众而迅速升迁，这无疑也得益于其父迁任京师（北京）卫军指挥使。任参将时，他和他的部队被派往增援洪承畴统领的在东北与满族人作战的明朝守军（1640 年），参加了那场导致锦州（辽宁锦州）失守，洪承畴败降的灾难性战役。但他的表现受到承认，并晋升为辽东总兵、受封为平西伯。任至关重要的山海关 8 万守军总兵官（1644 年 4 月）后，他奉诏入京同李自成起义军作战，但在他到达之前该城已为李自成所克。在明王朝国家灭亡、其父被李自成所囚的情况下，吴三桂不从李自成的招降。相反，他投靠了清朝摄政王多尔衮。在李自成军队被歼的山海关之战（5 月 27 日）中发挥了重要作用。吴三桂因此受封为平西王并升任军队的大将军。挥军西南追击李自成军，后设伏将其击败（1645 年 10 月）。参加了清朝平定南方的作战。在中国西南同忠于明朝的军队作战，将南明桂王赶入缅甸境内（1659 年）。因功除授为云南总督，拥有自己的官僚体制和军队，还控制着辖区的财政。当清朝的康熙皇帝要求其归藩（1673 年）时，他和其他两位藩王耿精忠与尚之信一起发动叛乱，并建立新王朝（12 月 28 日）。尽管他们的军队不久即占据了华南，但吴三桂未能迅速向北出动其军队和其同盟军以打败华北的清军。虽然他支持了几年（1674—1678 年），但他死后叛乱即土崩瓦解（1678 年）。三年后，云南平定。

吴三桂身材高大、精力充沛、狡诈善变，是一位强有力的战场指挥官，还以深藏不露和冷若冰霜的自我控制而闻名。他那著名的三藩之乱几乎推翻了新建立的清王朝。

PWK

参考：Hummel，Arthur W.，Eminent Chinese of the Ch'ing Period. Washington，D.C.，1944.

武尔姆泽尔，达哥贝尔特·济格蒙德伯爵（Wurmser，Count Dagobert Sigismond，1724—1797 年） 奥地利将军。参加主要战争：七年战争（1756—1763 年）、法国大革命战争（1792—1799 年）；参加主要战役（战斗）：美因茨围城战（1793 年）、斯蒂维耶雷堡之战、巴萨诺（巴萨诺-德尔格拉帕）之战（1796 年）、曼图亚（曼托瓦）之战（1797 年）。

武尔姆泽尔（1724 年 5 月 7 日）生于施特拉斯堡。曾短期在法国陆军中服役（1745—1747 年），后转入奥地利军队（1750 年）。七年战争中表现突出。晋升中将（1778 年）。参加过美因茨围城战（1793 年 4 月 10 日—7 月 23 日）。担任过莱茵军团司令（1795 年）。曾从法军手中夺回曼海姆（10 月 18 日—11 月 22 日）。后任意大利军团司令并解除了曼图亚之围（1796 年 7 月 31 日）。在斯蒂维耶雷堡之战（8 月 5 日）和巴萨诺之战（9 月 8 日）中败于拿破仑，并被迫进入曼图亚。后放弃其军和曼图亚（1797 年 2 月 2 日）。（1797 年 8 月 21 日）卒于维也纳。

武尔姆泽尔勇敢且具有干劲，是一位鼓舞人心的领导人，但战略和战术才能寥寥无几。不过，拿破仑对他的评价是："他未曾停止过显示坚贞和勇气，而历史将记录这一切。"

VBH

参考：Bouvier，Felix，Bonaparte en Italie，1796. Paris，1899.

Clausewitz，Karl von，La campagne de 1796 en Italie. Paris，1899.

符滕堡公爵，阿尔勃莱希特·马里亚·亚历山大·菲利普·约瑟夫（Württemberg，Albrecht Maria Alexander Philipp Joseph，Duke of，1865—1939 年） 德国陆军元帅。参加主要战争：第一次世界大战（1914—1918 年）；参加主要战役（战斗）：边境之战（法国与比利时之间，1914 年）。

符滕堡公爵生于 1865 年。1884—1885 年，在蒂宾根大学学习。1885 年进入符滕堡德国军队中的一个自治的军事机构。指挥骑兵团和掷弹兵团后，晋升中将。1896 年指挥波茨坦的第四骑兵卫队旅。1906 年指挥在卡塞尔的第六军。1908 年指挥在斯图加特的第十三军。1913 年 4 月 1 日晋升第六集团军总监。是年秋，他被晋升为上将。第一次世界大战爆发时（1914 年 8 月），指挥西线的第四集团军。边境战役期间（8 月 20—25 日），在阿登战役中名声大噪。在随后的两周内，其部队向凡尔登以西和以南进军，但因德军在马恩河战败（9 月 4—10 日），被迫返回。有一段时间，他指挥的作战地区相当平静。1917 年 2 月 25 日，晋升陆军元帅，被任命为阿尔勃莱希特大公集团军群的司令。这支部队包括 A 集团和 B 集团，总部设在斯特拉斯堡，后 C 集团亦加入进来。战争结束后，他于 1919 年退出现役。当最后一任国王死后，成为符滕堡王族家产的继承人。卒于 1939 年。

PDM

参考：NDB.

汉武帝（刘彻）（Wu Ti〈Liu Ch'e〉，公元前 156—前 87 年） 外号"尚武皇帝"。中国西汉皇帝。参加主要战争：汉朝-匈奴的战争（公元前 140—前 80 年）、平定南越国（公元前 112—前 109 年）、侵略朝鲜（公元前 108 年）。

汉武帝约公元前156年生于皇家，名刘彻。公元前141年即汉帝国皇位。由于匈奴游牧民族不断从今蒙古地区袭入华北，且造成重大损失，武帝准备以自己的远征反击这些劫掠。他建立了庞大的牧马场，为这些人数常常多达50万人的骑兵部队提供坐骑。从公元前130—前119年，武帝指导了反击匈奴的一系列战役，派遣庞大的部队深入他们的领地进行袭击，以打破他们的平衡，并打乱这些游牧民族对中原的袭击。这些远征由他的善战的将军诸如卫青、霍去病和李广利等进行了有力的领导，主要表现在参谋工作、编组和后勤计划方面取得了重大成绩。河西、代北战役（公元前121—前119年）打击了这些游牧民族的政权，并给北方边境带来了多年的和平。武帝发起了统一长江以南的中国的作战（公元前112年），并在其后的四年平定了华南和越南北部。经过短期休整，他再次发动了一系列的作战，包括一次两路部队的两栖作战，这次作战统一了东北并征服了高丽（公元前108年）。他派遣李广利将军征服了大宛（公元前104—前102年），并派遣远征军在后一个十年进入帝国的边境地区。武帝在位的最后三年致力于加强经济和恢复军事行动造成的创伤。在其进行军事行动的岁月里，他下令从人口密集的华东迁移成千上万的农民至人口稀少的西北边境地区，在那里他们实行“军屯”和“民屯”，保卫了边境地区并加强了汉族文化在这些地区的传播。在位54年后去世（约公元前87年）。

汉武帝聪明、勤奋，学识渊博，通常御驾亲征，是一位能干的将军。他还是一位具有杰出才能的政治家。他选拔有才能的文职官员组成一个中央集权式行政机构为以后的古代中国政府树立了典范。他还以脾气暴躁而闻名，奖励有战功的将军，但不久又严惩战败的将军，常常处死特别不幸或无能的人。

PWK

参考：Pan Ku, The History of the Former Han Dynasty. 3 vols. Translated and edited by Homer H. Dubs. Reprint, Ithaca, N.Y., 1971.

晋武帝（司马炎）(Wu Ti, 卒于290年) 中国曹魏将军和西晋皇帝。参加的主要战争：征服蜀国（260—263年）；晋国崛起（265—270年）、统一中国（270—280年）。

司马炎生于230年以前，其家庭是中国北方地区的一个非常显赫的家族。年轻时他就参加了魏国（位于中国的黄河流域，是汉朝崩溃时建立起来的三个国家之一）的军队。他的那位伟大的父亲司马昭作为魏国的将军，率领魏军在四川同蜀汉的军队作战，并以征服公孙渊的辽东王国而享有盛誉。司马炎继承他父亲的遗志，当时魏国自身已经开始衰落，司马炎于265年夺取了王位，自立为皇帝，建立了晋王朝。经过几年准备，于280年向位于中国东南部地区的吴国（其主要地区在中国现在的广东省以及长江流域）发动进攻，并一举灭亡了吴国，因此中国的领土再次得到统一。在他以后的统治期内，主要精力都用来管理这个帝国，但当他在290年去世以后，他的继承人却无力再保持这个国家的统一。

DLB

参考：Eberhard, W., Conquerors and Rulers, Social Forces in Medieval China. 2d. ed. Leiden, 1965.
Fang, A., The Chronicle of the Three Kingdoms (A.D. 220—265). 2 vols.
Cambridge, Mass., 1962—1965.

小怀亚特，托马斯爵士(Wyatt, Sir Thomas, 大约1519—1554年) 英国军事家和新派贵族。参加主要战争：第四次哈布斯堡-瓦卢瓦战争（1542—1544年）、怀亚特起义（1554年）；参加主要战役（战斗）：布洛涅之战（1544年）。

小怀亚特约生于1519年，是诗人政治家怀亚特·托马斯爵士的长子。1543年父亲去世后继承父位，执掌肯特的阿林顿城堡和博克斯利（梅德斯通附近）。1543年由于参与伦敦街头暴动而与萨里伯爵一起被短期收审。1544年7月19日—9月14日在国王亨利八世领导下参加围攻布洛涅的战役。在欧洲大陆服役一段时间后，1550年返回英格兰。后来，参与反对英格兰女王玛丽嫁给西班牙的菲利普（后来的国王菲利普二世）的行动。1554年1月，他和其他一些同谋者开始起来反对女王玛丽。1月26日他发动起义占领了罗彻斯特，并在那里发表了声明。1月27—28日，被派去镇压起义的由司法长官阿伯加文尼伯爵领导的当地军队和诺福克公爵率领的伦敦民兵队的分遣队一样，有的投奔于他，有的被遣散。这些举动惊动了女王玛丽内阁委员会，于是请求与他谈判。1月29—2月2日，双方进行了谈判。向前推进过程中，由于劳师远征，军队战斗力急剧下降，同时补给不及，第二天（2月7日）向保皇军队投降。3月15日，他受审后被判死罪。女王坚持对其处以死刑，认为他信仰新教的妹妹伊丽莎白也负有连带责任。1554年4月11日，当他走向断头台时，伊丽莎白被判无罪。怀亚特最终被处死。

怀亚特的起义几乎震撼了伦敦的统治，但是由于其根深蒂固，最终没能动摇它。他的失败在于他犹豫不决，假如他在1554年1月30日或31日进军伦敦城，他的所有愿望也许都会成为现实。

DLB

参考：Fletcher, Anthony, Tudor Rebellions, 2d ed. London, 1979.
Holinshed, Richard. Chronicles.
Loades, D. M., Two Tudor Conspiracies. Cambridge, 1965.
Prescott, H. F. M., Mary Tudor, 2d. ed. London, 1952.

X

色诺芬(Xenophon,公元前430—前355年) 希腊军事家和历史学家。参加主要战争：远征（入侵波斯帝国及随后的撤退）（公元前401年—前400年）；参加主要战役(战斗)：库那克萨（巴格达以西）之战（公元前401年)。

色诺芬生于公元前430年。作为富有的贵族土地拥有者格拉鲁斯之子，色诺芬在伯罗奔尼撒战争中在雅典长大，无疑亲历了这场长期冲突的后期阶段。受其师苏格拉底的影响，在阿吉纽赛群岛海战失利后渐渐被民主政治感悟。可能在公元前404年—前401年，他开始撰写《希腊史》，但不久应波斯王小居鲁士之邀离开雅典，加入小居鲁士反叛其兄阿尔塔薛西斯二世的军队。在公元前401年双方在巴比伦附近的库那克萨进行了一次大会战，小居鲁士被杀，其军队彻底溃败，色诺芬同10 000—12 000人的希腊分遣队大部（主要是斯巴达人）死里逃生。其头领在穿越波斯时的一次叛乱中被杀后，色诺芬被推举为将领。在随后五个月的行军中，他们历经了难以想象的困难才到达黑海岸边，其间，不仅要翻越土耳其山脉，而且不断受到希腊殖民地特拉普佐斯(今土耳其特拉布宗省）当地部落的不断骚扰。色诺芬后来在其著作《远征记》中记述了这一壮举。之后，先是在色雷斯效忠于当地国王苏索斯，继之又转入斯巴达军中服役，并随军参加了在亚洲的几次会战（公元前399—前394年)。后伴随国王阿革西拉乌斯一同返回斯巴达，并由国家出资为其在西西鲁斯购置一块庄园。在那里他完成了《远征记》和其他几部主要作品。公元前371年，斯巴达在勒克特拉之战失利后色诺芬离开庄园，随后几年在柯林斯居住。可能于公元前365年返回雅典，在离世前不久完成了其著作《希腊史》。

色诺芬是一位具有相当技术和能力的职业骑兵，在远征中又表现出了潜在的将才。但作为一位历史学家，他的作品缺乏可靠性。虽然《远征记》为其赢得了一定声望，但《希腊史》却因他过多加入自己的政治观点和使用大量的不可靠资料而价值大跌。此外，他还著有涉及农业管理、狩猎、马术、专制统治以及骑兵军官的职责等方面的作品。作为一个旧式学校培养出来的有产贵族，色诺芬钦佩斯巴达人和他们的政体。

RRB

参考：Bury, J, B., The Ancient Greek Historians. New York, 1957.

Grant, Michael, The Ancient Historians. New York, 1970.

Xenophon, A History of My Times (Hellenica). Translated by Rex Warner. New York, 1966.

——, The Persian Expedition (Anabasis). Translated by Rex Warner. New York, 1972.

萧劲光(Xiao Jinguang,1903—1989年) 中国人民解放军高级将领，军事家。参加主要战争：北伐战争（1925年)、抗日战争（1937—1945年)、国共战争（1945—1949年)。

萧劲光1903年生于湖南长沙市。1920年加入中国共产主义青年团。1921年赴莫斯科入东方大学学习，其间在初级军事学校学习一年。1922年转入中国共产党。1924年回国后到安源路矿领导工人运动。1925年冬任国民革命军第二军第六师党代表，参加北伐战争。1927年再次赴苏联，进入列宁格勒军政学院学习。1930年回国后到中央苏区，历任闽粤赣军区参谋长兼政治部主任，中央军事政治学校校长，中国工农红军第五军团政委，建（宁）黎（川）泰（宁）警备区司令员兼第十一军政委，闽赣军区司令员兼第七军团政委。1934年参加长征，后任中国工农红军第三军团参谋长。到陕北后任陕甘宁军事部长兼第二十九军军长，中央革命军事委员会参谋长。抗日战争时期，任八路军后方总留守处主任，留守兵团司令员，陕甘宁晋绥联防军副司令员。国共战争时期，任东北民主联军副总司令兼参谋长，曾兼南满

军区司令员，东北野战军第四兵团司令员。参加平津战役后，任第四野战军十二兵团司令员兼政委，湖南军区司令员。率所部参加渡江、衡宝等战役。新中国成立后，奉命组建海军，1950—1980年任海军司令员。1954年起任国防部副部长。1955年被授予大将军衔。是第一、二、三届国防委员会委员，第五届全国人大常委会副委员长，中共第七届中央候补委员、第八届至第十一届中央委员。1982年当选为中共中央顾问委员会常委。1989年9月29日病逝于北京。

许光达（Xu Guangda，1908—1969年） 中国人民解放军高级将领，军事家。参加主要战争：北伐战争（1926年）、反“围剿”战争（1930—1932年）、抗日战争（1937—1945年）、国共战争（1945—1949年）；参加主要战役（战斗）：南昌起义（1927年）、沙家店战役（1947年）、延清战役（1947年）、宜川战役（1947年）。

许光达原名德华，1908年生于湖南长沙市。1925年加入中国共产主义青年团，同年转入中国共产党。1926年入黄埔军校学习。1927年在国民革命军第四军炮兵营任见习排长，后在宁都加入南昌起义部队，任排长、代理连长。1929年到洪湖苏区，后任中国工农红军第六军参谋长、第十七师政委和师长。1932年作战负伤后赴苏联治疗，曾入国际列宁主义学院和东方大学学习。1937年抗战全面爆发后回国，任抗日军政大学总校训练部长、教育长、第三分校校长。1941年任中央军委参谋部长，兼延安交通司令、防空司令、卫戍司令。后任八路军第一二〇师独立第二旅旅长兼晋绥军区第二分区司令员。国共战争初期，任晋绥军区第三纵队司令员，率部西渡黄河后，参加了沙家店、延清、宜川等战役。1949年任第一野战军第三军军长、第二兵团司令员。中华人民共和国成立后受命组建装甲兵，1950年任装甲兵司令员，后兼坦克学校校长和装甲兵学院院长。1955年被授予大将军衔。1959年任国防部副部长。是第一、二、三届国防委员会委员，中共第八届中央委员。1969年病逝于北京。

徐海东（Xu Haidong，1900—1970年） 中国人民解放军高级将领，军事家。参加主要战争：北伐战争（1926年）、反“围剿”战争（1930—1935年）、抗日战争（1937—1945年）、国共战争（1945—1949年）；参加主要战役（战斗）：黄麻起义（1927年）、劳山战役（1935年），直罗镇、东征、西征、山城堡战役（1935年）、平型关战役（1938年）、反“九路围攻”（1938年）、町店战斗（1938年）、周家岗战斗（1939年）。

、徐海东1900年生于湖北黄陂徐家窑（今属大悟）。1925年加入中国共产党。1926年入国民革命军第四军任代理排长，参加北伐战争。1927年参加黄麻起义，先后任中共区委书记，黄陂县赤卫军大队长，中国工农红军营长、团长、师长。中国工农红军第四方面军主力离开鄂豫皖苏区后，任中国工农红军第二十五军、第二十八军副军长、军长，率部在鄂东北、皖西坚持游击战争。1934年冬与程子华、吴焕先率中国工农红军第二十五军作战略转移，创建鄂豫陕苏区。1935年任中国工农红军第十五军团团长，指挥劳山战役，配合中央红军的北上。后又率部参加直罗镇战役和东征、西征、山城堡战役。1936年任中共革命军事委员会委员。抗日战争初期，任八路军第一一五师第三四四旅旅长，参加了平型关战役和晋东南反“九路围攻”，指挥了町店等战斗，取得了重大胜利。1939年到华中，任新四军江北指挥部副指挥兼四支队司令员，指挥周家岗战斗，取得皖东反“扫荡”的胜利。1940年患重病后，曾随军指挥作战。中华人民共和国成立后，任人民革命军事委员会委员。是中共第八、九届中央委员，第一、二、三届国防委员会委员。1955年被授予大将军衔。文化大革命中遭林彪、江青迫害，于1970年3月25日逝世。

Y

亚吉·西亚因（亚格西·西亚因，巴格西·西阿因）（Yagi Siyan Ⅰ〈Yaghi Siyan, Baghi Sian〉,卒于 1098 年） 塞尔柱统治者。参加主要战争：第一次十字军东侵（1097—1099 年）；参加主要战役（战斗）：安条克（安塔基亚）围城战（1097—1098 年）。

亚吉·西亚因的出生日期不详，为马利克沙之子和塞尔柱突厥国的缔造者——艾勒卜·艾尔斯兰之孙。十字军在前往圣地途中进攻安条克（1097 年 10 月 21 日），他是该城及其周围地区的总督。十字军攻破城墙（1098 年五月初）之前他一直巧妙而又能动地指挥着该城保卫战；之后，在位于安条克城东南的锡尔皮尤斯山城堡中坚持战斗。就在他企图从十字军防线中突围时被一位亚美尼亚人杀死（6 月 3 日）。

PDM

参考:Bouchier, E. S., A Short History of Antioch. London, 1921.

山田乙三(Yamada,Otozo,1881—1965 年) 日本陆军上将、战犯。参加主要战争：日本侵华战争（1937—1945 年）、第二次世界大战（1941—1945 年）；参加主要战役（战斗）：侵略中国东北战役（1945 年）。

山田乙三 1881 年出生于长野县，1903 年毕业于陆军军官学校并被任命为骑兵军官。1912 年从陆军大学毕业后，1914—1922 年在骑兵学校任教练。1922—1926 年任骑兵团长期间晋升为陆军上校（1925 年）。后来（1926—1927 年）任侵朝日军参谋长。1930—1931 年任骑兵学校训练旅旅长，而后（1931—1932 年）指挥一个骑兵旅。1933—1934 年任陆军参谋本部通信课长。1935—1937 年任陆军军官学校校长。1937—1938 年在侵华时在东北指挥第十二陆军师，后来（1938—1939 年）前去指挥华中派遣军。1939—1941 年任陆军教育总监，1940 年提升为陆军上将。1944 年被任命为关东军司令，1945 年 8 月 9—15 日担当几乎没有取胜可能的阻止苏联反攻的任务。1945—1956 年被苏联军队作为战犯而监禁，1965 年卒于日本。

山鹿素行(Yamaga, Soko ,1622—1685 年) 日本军人与哲学家。

山鹿素行生于 1622 年。作为一名武士——近代日本世袭军人阶层的成员，他关心和平时期各藩国武士的地位。他撰写了其主要军事著作《武经要录》，该书讨论了武士阶层的伦理观和道德观，认为：“武士的职责在于：反映其自身的生活地位；忠诚地履行对其主人——如果有主人的话——的义务；忠于朋友、不负自身职位的正当所得；从根本上恪尽职守”。素行还强调儒家的尽忠思想，认为天皇是日本国民的效忠中心。这与当时官方的非儒家思想背道而驰，招致了德川幕府官员们的反对，并遭到囚禁（1666—1676 年）。去世（1685 年）前，他广收门徒，其观点为后来日本的武士（及浪人）奉为圭臬，并演化出“武士道精神”这一畸形思想；对前复辟时期（1853—1868 年）的激进民族主义思想家如吉田松阴（1831—1860 年），以及现代日本的极端民族主义者和法西斯军国主义者影响深远。

LH

参考:Sansom, George B., A History of Japan, 1615—1867. Stanford ,Calif., 1963.
Tsunoda Ryusaku et al., comp., Sources of Japanese Tradition. New York, 1958.

山县有朋(Yamagata, Aritomo, 1838—1922 年) 日本陆军元帅。参加主要战争：四方边境战争（1866 年）、复位战争（1868 年）、萨摩暴动（1877 年）、中日甲午战争（1894—1895 年）、日俄战争（1904—1905 年）。

山县有朋 1838 年生于乌，是一位藩主之子。毕业于吉田松荫的激进的松荫学校，在四方边境战争（1866 年 7—10 月）和复位战争（1868 年 1—6 月）中名声大噪。

1869年与西乡从道赴欧洲和美洲。1870年返回日本，任兵部少辅。1871年晋升兵部大辅，其权力不断扩大。1873年1月推行征兵制，是年后期任陆军卿。作为中将和陆军卿，他指挥政府军镇压了萨摩暴动（1877年2月21日—9月24日）。1878年他创建了陆军参谋本部，并任第一任部长。1881—1886年，任内务相。自欧洲考察（1888—1889年）返回后，短时间任首相（1890年）。中日甲午战争期间（1894年8月—1895年4月），在朝鲜指挥第一集团军，后因重病离职（1894年12月）。康复后，他出任处理战争遗留问题的陆相，代表日本出席了沙皇尼古拉二世在圣彼得堡的加冕典礼（1896年）。1898年被晋升为陆军元帅，再任首相（1898—1900年）。他通过颁布一项规定来进一步扩大武装力量的自治权，这项规定要求武装力量中的陆、海相须由服现役的将领或军官担任（1900年）。日俄战争爆发时（1904年2月），他再任陆军参谋部长，这期间他进行了卓有成效的工作，直至战争结束（1905年9月）。退出公共事业，但依然保持有重大的影响力，这主要是因为其在枢密院的同僚及其作为资深政治家的身份。1907年他被封为亲王。伊藤博文死后（1909年），他的权力得到进一步扩大。1922年卒于日本。

作为一位具有非凡能力的人，山县有朋有着巨大的个人影响力，他运用这种影响力建立起一种德国式的军事领导方式，即陆、海相管理政府，参谋本部负责作战。他也使军事完全脱离民间的控制，在日本最重要的22年中，他的领导发挥了重要作用。这22年中，日本进行了几次重要的改革，一次是在大规模的国内暴乱期间，另两次是在与外国进行战争期间。山县有朋严肃阴沉，令人望而生畏。作为日军现代陆军体系的创始人，在日本军界较受尊重。

LH

参考：Craig, Albert M., Choshu in the Meiji Restoration. Cambridge, Mass., 1967.

Hackett, Roger F., Yamagata Aritomo and the Rise of Modern Japan, 1838—1922. Cambridge, Mass., 1971.

Norman, E. Herbert, Soldier and Peasant in Japan: The Origins of Conscription. Institute for Pacific Relation, 1943.

Volpicelli, Zenone, The China-Japan War. London, 1896.

Warner, Denis and Peggy, The Tide at Sunrise: A History of the Russo-Japanese War, 1904—1905. New York, 1974.

EB.

山口多门（Yamaguchi, Tamon, 1892—1942年） 日本海军上将、军国主义者。参加主要战争：第二次世界大战（1941—1945年）；参加主要战役（战斗）：偷袭珍珠港（1941年）、印度洋行动、中途岛之战（1942年）。

山口1892年生于岛根县。1912年毕业于海军军官学校。1918年作为高级海军上尉被派往海军部队，1919年将作为赔偿条款一部分的德国潜艇舰队日本份额带回本土。1921—1923年在美国普林斯顿大学毕业，1924年又入日本海军大学学习。1927年成为海军参谋本部的一员，1928年被提升为海军中校，1929—1930年派至驻伦敦海军会议的日本代表团。1932年提升为海军上校，1934—1937年任驻华盛顿特区海军武官，1938—1940年任第五舰队参谋长。1940年升至海军少将并被任命为第二航母舰队司令，参与1941年12月7日对珍珠港的偷袭以及1942年4月4—9日在印度洋上的海军行动。1942年6月4日，在中途岛海战中由于其旗舰被美国飞机击沉而丧生。

参考：Fuchida Mitsuo, With C. H. Kawakami and Roger Pineau, Midway, the Battle that Doomed Japan: The Japanese Navy's Story.

Annapolis, Md., 1955.

山枝元直（Yamaji, Motoharu, 1841—1897年） 日本将军。参加主要战争：复位战争（1868年）、萨摩暴动（1877年）和中日甲午战争（1894—1895年）。

山枝元直1841年生于四国岛的土佐采邑，即现在的高知县。复位战争期间（1868年1—6月），率宗族部队抗击幕府军。1871年进入新帝国军队，任少校，作为旅参谋在萨摩暴动期间（1877年2—9月）名声大噪。1881年晋升少将，指挥熊本和大阪的驻军。后晋升中将，中日甲午战争期间指挥第一师。1894年10月24日—11月19日，在阿瑟港作战。1894年10月—1895年1月，在中国东北作战。卒于1897年。

山枝元直作为第一师师长，成就辉煌。他也是明治时代初期日本最优秀的战场指挥官之一。

LH

参考：Volpicelli, Zenone, The China-Japan War. London, 1896.

山本权兵卫（Yamamoto, Gonnohyoe, 1852—1933年） 日本元帅。参加主要战争：鹿儿岛战争（1863年）和复位战争（1868年）。

山本权兵卫生于萨摩（今鹿儿岛县）。英军炮击鹿儿岛时（1863年8月15—16日），他参加与英军进行的作战行动。加入萨摩第八步枪团，参加了复位战争中的鸟羽、伏见战斗和八播战斗，以及在越后（环绕新三乌的地区）进行的作战（1868年1—6月）。后于1869年5月在北海道的函馆作战。在东京预备学校的学习结束后，1870年进入海军学校。1874年毕业。随德国海军进行赴欧洲和南美的训练巡航（1877—1878年）。作为一名初级军官，他从中获得了相当丰富的航海经验，也从训练中获益，这有助于他撰写，后成为部队通用的新的炮兵

教材。任副舰长，率“浪速”号巡洋舰从新堡（美国）启航赴日本（1885—1886 年）。作为海军大臣桦山的随从出访美国、欧洲（1887—1888 年）。任“高雄”号巡洋舰舰长，接受了一项与在汉城的袁世凯有关的秘密任务（1890 年）。翌年任海相副官。在西乡从道的帮助下，成为海军的真正领导者（可能 1892 年）。在海军中积极倡导改革精神，清除军官集团中的无能之辈，终止了萨摩居民的特权，建立了一个与陆军大抵相似的海军参谋本部（1893 年）。中日甲午战争期间（1894 年 8 月—1895 年 4 月），推行进攻战略。1895 年晋升海军少将。1898 年晋升海军中将，出任海相。成功地从议会中获取一笔巨额的海军拨款，鼓吹海军和海上力量优势论，认为其作为国家力量的基础，高于陆军。反对日、英结成同盟（1902 年），是年被封为男爵。1904 年晋升海军上将。1906 年离开海军部。1907 年封为伯爵。出任首相（1913—1914 年），因维克斯-西门子武器丑闻辞职，尽管他本人与此事无关。1923 年任地震内阁首相，1924 年 1 月因涉嫌谋杀王储再一次辞职。退出社会生活，卒于 1933 年。

山本权兵卫作为日本海军的创建者，在许多方面堪与日本陆军的创建者山县有朋相提并论。

DE

山本五十六（Yamamoto, Lsoroku, 1884—1943 年） 日本海军上将、军国主义魁首。参加主要战争：日俄战争（1904—1905 年）、第二次世界大战（1941—1945 年）；参加主要战役（战斗）：津岛之战（1905 年）、中途岛海战（1942 年）。

山本五十六 1884 年生于新潟县，被山本家族收养并继承他们的姓氏。1904 年毕业于海军军官学校，1905 年 5 月 26 日在津岛战斗中负伤，以至后来几乎因为身体的伤残（他的左手失去两指）而被解职。战后担当许多舰上任务，1908 年毕业于鱼雷学校。1911 年毕业于海军大学，在进入海军射击学校以后，同年（1911 年）成为教练。1915 年提升为海军少校，1916 年修完海军大学的高级课程而成为第二舰队参谋官。1919—1921 年在哈佛大学学习，1921—1923 年回到日本在海军军事学院任教。1923 年提升为海军上校，1923—1924 年作为海军上将助理在美国和欧洲巡回视察，回国以后，1924—1925 年任霞浦海军航空站的代司令。1925—1928 年为驻华盛顿特区的海军武官，1928—1929 年任“赤城”号航母舰长，后来（1929 年）提升为海军少将。1930—1933 年任海军工艺课长，1933—1934 年指挥海军航空兵第一大队。1934 年提升为海军中将。1934—1935 年领导参加伦敦裁军预备会议的日本代表团。尽管他个人保留关于日本坚持与英国及美国海军力量对等的意见，但拒绝任何 1922 年华盛顿海军条约所确立比率的进一步扩大，这有助于日后日本废止条约的安排。1935 年任海军航空司令，主张以航空母舰作为海军主要攻击武器。1936—1939 年任海相，同温和主义者一起牵制极端主义者的观点和政策。同时（1938 年）兼任海军航空兵总司令职。1939 年从这两个职位调任联合舰队司令，准备对英国特别是对美国的战争。由于能清醒地认识到美国拥有的强大工业力量，因此对日本在长期战争中的最后胜利不抱幻想。作为一个根深蒂固的冒险军国主义者，他觉得对在珍珠港的美国舰队和海军基地以出其不意的攻击将有助于日本获得谈判下的和平。虽然，山本五十六在日本海军早期在珍珠港（1941 年 12 月 7 日）、东南亚（1942 年 1—3 月）以及印度洋（4 月 1—9 日）的成功中应获很多“荣誉”，但在中途岛海战（6 月 4 日）的大灾难中亦应受到谴责，由于日军自身极端复杂的计划和混淆的军事目标再加上美国情报妙计使得日本海军遭受重创。所罗门群岛战役中他的战略安排也不容乐观，拒绝了发挥其优势而采用一点一滴的零碎战法。1943 年 4 月 18 日在肖特兰岛视察日本军力时其座机在布干维尔附近被美国战斗机击中而丧生。

MRP

参考：Davis, Burke, Get Yamamoto. New York, 1969.

Dull, Paul S., A Battle History of the Imperial Japanese Navy. Annapolis, Md., 1978.

Hiroyuki, Agawa, The Reluctant Admiral: Yamamoto and the Imperial Navy. Translated by John Bester. Annapolis, Md., 1979.

Potter, John Deane, Admiral of the Pacific: The Life of Yamamoto. London, 1965.

山名宗全（持丰）（Yamana, Sozen〈Mochitoyo〉, 1404—1473 年） “红和尚”。日本武将。参加主要战争：应仁之乱（1467—1477 年）。

山名宗全 1404 年生于本州岛南部三省世袭的封建贵族之家，当时名叫山名持丰。1441 年步入佛门为僧，取教名宗全，并以此名传世。同年稍后参加袭击赤松家族的军事行动，并在白滨摧毁其城堡，由此把四分之一的播磨之地并入自己的封地。利用足利家族内部发生争当征夷大将军继承权的内讧，他决定利用此机会对付强大的竞争对手细川胜元，遂于 1467 年参加应仁之乱（以它开始的时期命名）。尽管山名宗全和细川胜元均死于 1473 年，因之而发生的这场战争却极大地蹂躏了都城，并延续了十年之久。

LH

参考：Varley, H. Paul. The Onin War. New York, 1973.

山梨半造（Yamanashi Hanzo, 1864—1944 年） 日本上将。参加主要战争：中日甲午战争（1894—1895 年）、日俄战争（1904—1905 年）和第一次世界大战（1914—1918 年）；参加主要战役（战斗）：青岛之战（1914 年）。

山梨半造 1864 年生于金山的农民家庭。1886 年毕业于军事学院。1892 年毕业于陆军大学。甲午战争期间

(1894年8月—1895年4月)，任排长。日俄战争期间(1904年2月—1905年9月)，作为一名参谋随奥保巩的第二集团军参战。参加了在中国东北地区爆发的大规模日俄战争(1904年8月—1905年3月)。1911年晋升少将。第一次世界大战初期(1914年8月23日—11月7日)，在围攻和占领被德国殖民者控制的中国青岛港的战役中担任第十八独立师的参谋长。1916年晋升中将。1918年任陆军次官。1921年晋升上将，担任了两年的陆相(1921—1923年)。在随后的东京地震大灾难期间，指挥关东地区戒严司令部。1927—1929年，任朝鲜总督。卒于1944年。

山梨半造是一位有一定能力但却没有什么性格的人。他任陆相和朝鲜总督时期都曾受到丑闻的影响。作为一位具有奉献精神的保守人士，他对于日本军队在第一次世界大战期间避免以欧洲经验为基础进行大规模部队重组方面发挥了重大作用，但这却阻碍了日军的现代化建设。

LH

山下原太郎(Yamashita, Gentaro, 1863—1931年) 日本海军上将。参加主要战争：中日甲午战争(1894—1895年)、日俄战争(1904—1905年)。

山下原太郎1863年出生于米泽，今山形县。1879年毕业于海军大学。1886年他被任命为海军少尉。中日甲午战争期间(1894年8月—1895年4月)，他任横须贺海军基地的参谋。1896—1899年，他在英国监督舰只的建造。1899年任"和泉"号巡洋舰副舰长。1899—1900年任"笠置"巡洋舰副舰长。义和团运动期间(1900年7月—1901年3月)，指挥在天津的日本侵华海军部队。完成在香港和烟台(1903年)的特别使命后，于是年后期被晋升为上校。日俄战争期间(1904年2月—1905年9月)，在帝国司令部进行作战计划工作。1906年指挥巡洋舰"岩手"号。1906—1909年，担任了一系列参谋职务。1908年晋升少将。1913年晋升中将。1914—1915年，任海军副总参谋长。1917—1919年，指挥第一舰队，其间于1918年晋升海军上将，同时担任联合舰队司令官(1918年9—10月，1919年6—10月)。后任海军总参谋长(1920年12月—1925年4月)。担任了三年荣誉和礼仪职务(1925—1928年)后，第二次转服预备役。1928年被封为伯爵。卒于1931年。

山下奉文(Yamashita, Tomoyuki, 1888—1946年) 绰号"马来之虎"。日本陆军上将、战犯。参加主要战争：第二次世界大战(1941—1945年)；参加主要战役：马来亚-新加坡之战(1941—1942年)、吕宋岛之战(1945年)。

山下奉文1888年生于高知县，1906年毕业于陆军军官学校。1916年毕业于陆军大学，在那里接受步兵指挥训练，1918年被分派至陆军参谋本部情报局德国处。分别于1919—1921年，1921—1922年在伯尔尼和德国任使馆武官。此后1922年升任陆军少校。1925年升任陆军中校，1927—1929年回到欧洲在维也纳同时也在布达佩斯任陆军武官。1929年回到日本时晋升陆军上校，1929—1930年任职于中央兵工局军事科研处。1930—1932年任团长，1932—1934年任陆军省军事课长。1935—1936年任陆军省军事科研局军事科研处处长。此时，山下奉文是荒木贞夫一派有影响力的人物，也是荒木的亲密朋友。由于同情少壮派军官的极端民族主义观点，起初似乎支持他们1936年2月28日的叛乱，充作他们与陆军中央指挥的联络员，但后来又转而反对他们。正由于他的这些举动，在一周的叛乱期间被派往朝鲜作旅长(1936—1937年)。1937年提升为陆军中将，1937—1939年任侵华日军华北方面军参谋长，1939—1940年指挥第四师。1940—1941年任陆军航空总监兼航空本部长，1940年4月一段时间里也任赴德国和意大利的陆军航空观察团团长。1941年被任命为关东军司令，11月调任二十五集团军司令。在这个职位上，12月8—10日，率军入侵马来亚，指挥日本军队进攻英联邦军，打下马来半岛并因此赢得了"马来之虎"的绰号。虽然在数量上以1比2处于劣势，1942年2月15日山下奉文仍把英军赶回新加坡。由于长期与东条英机不和，1942年7月调任侵华日军中国东北第一方面军司令。1943年升至陆军上将，调回主战场，任第十四方面军司令，负责菲律宾的防御，同时(2—4月)派任菖蒲集团军群司令，防御吕宋北部。美国军队10月20日在莱特登陆仅一周之前他才到达马尼拉，几乎不能对莱特战斗发挥作用。面对1945年1月9日美军在林加延湾的登陆，他的吕宋防御紧张而有方寸，但2—4月还是被赶进了吕宋北部山区。1945年9月3日日本宣布投降，1946年因认定他过度增兵和1945年早期开展马尼拉最后防御的责任而受到审判。1946年2月23日被宣布犯有战争罪并处死。

MRP

参考：Barker, A. J., Yamashita, London, 1973.

Kenworthy, A. S., The Tiger of Malaya. New York, 1953.

Potter, John Deane, A Soldier Must Hang. London, 1963.

Reel, A. F., The Case of General Yamashita. Chicago, 1949.

山屋他人(Yamaya, Tanin, 1866—1940年) 日本海军上将。参加主要战争：中日甲午战争(1894—1895年)、日俄战争(1904—1905年)；参加主要战役(战斗)：黄海海战(1904年)和对马海战(1905年)。

山屋他人1866年出生于盛冈，今岩手县的一部分。他1886年毕业于海军大学。他完成在法国的特别使命后(1891年)，成为运输船"西京丸"号的导航员。海军总参谋长后来正是通过这艘船视察鸭绿江海战的(1894年9月17日)。中日甲午战争结束后进入海军大学学习

(1896—1897年)。1898—1902年，任此大学教官，他作为一名具有创造性的战术家而负盛名。1899年晋升海军中校。在日俄战争期间（1904年2月—1905年9月）中的黄海海战中（1904年8月10日）指挥"秋津洲"号巡洋舰。不久晋升上校，在对马海战中（1905年5月26日）指挥"笠置"号巡洋舰。战后担任了一系列不同的舰队指挥和参谋职务，1909年晋升少将。两次担任海军大学校长之职（1909—1911年，1913年）。第一次世界大战爆发的最初几个月中，指挥第一南方中队搜寻在南太平洋航行的德国战舰（1914年10—12月）。1915—1918年，任海军副总参谋长。1919年晋升海军上将，1919—1920年，指挥联合舰队。1922年退出现役。卒于1940年。

柳川平助(Yanagawa,Heisuke,1879—1945年) 日本陆军上将、侵华日军头目。参加主要战争：日俄战争（1904—1905年）、日本侵华战争（1937—1945年）；参加主要战斗：南京大屠杀（1937年）、杭州湾登陆之战（1939年）。

柳川平助1879年生于长崎县。1901年毕业于陆军军官学校并被编入骑兵。1904年2月—1945年9月日俄战争中在中国东北服役。1912年毕业于陆军大学。1915—1918年在大学任教官。1918—1920年作为中国北洋军阀政府军事顾问被派往北平陆军参谋学院。1920年在参谋学院任教以后，被派任陆军参谋本部驻国际联盟（在欧洲）代表（1920—1923年）。1923年为陆军上校，1923—1925年任团长。1925—1927年任陆军参谋本部课长。1927年作为陆军少将指挥一个骑兵旅（1927—1929年），曾率部侵占中国山东（1927年）。以后（1929—1930年）任骑兵学校校长。1930—1931年作骑兵首席监察官。1931年提升为陆军中将。1932—1934年任陆军副部长职后，1934—1935年指挥第一陆军师。1935—1936年任侵华日军台湾占领军司令。1936年被列入预备役名单以前，被派至陆军总参谋部。1937—1938年被重新起用服现役任侵华的第十军司令官。与朝香宫鸠彦一道对1937年12月南京陷落后的日军制造的惨绝人寰的暴行负直接责任。1939年末指挥侵华日军在杭州登陆。后很快便退役，1945年死去。

MBP

参考：Dorn, Frand, The Sino-Japanese War, 1937—41. New York,1974

杨坚(Yang Chien,卒于604年) 中国隋朝皇帝。参加主要战争：建立隋朝的战争（581—600年）。

杨坚的出生日期不详，只知是个贵族，从军于中国北部的北周军队，袭父爵为隋国公。577年，杨坚率领军队灭北齐，为北周统一了中国北方。580年，北周皇帝去世，杨坚拥立了一个七岁男孩为帝，他任丞相。581年，废幼帝自立，建立隋朝。几个月后，设计谋害了幼帝。589年，杨坚指挥大军（保守估计有50万兵士）打败了中国南部的陈朝，从而统一了整个中国，这是自后汉灭亡之后中国首次被统一起来。582—603年，杨坚与西突厥进行了一系列的战役，取得了巨大的胜利，迫使他们投降称臣，把中国人的影响扩大到中亚地区。598年，杨坚指挥远侵朝鲜受挫，但他却在朝鲜北部建立起了牢固的控制权。604年，杨坚被儿子杨广谋杀。

杨坚诡计多端、暴虐、残酷无耻。他是一位杰出的将军和具有非凡才能的政治家。杨坚在位期间，推行均田制，扩大垦田面积，免除盐酒商税，搜查隐漏农户，重编户籍，使封建国家管辖的人丁数字大增，此举削弱了豪强势力，保证了国家财政收入。杨坚重修了长城，开始开凿著名的大运河工程。

PWK

参考：Wright, A.F., The Sui Dynasty. New York, 1978.

杨秀清(Yang, Hsiu-ch'ing, 约1820—1856年) 中国清朝农民起义将领。参加主要战争：太平天国起义（1850—1864年）；参加主要战斗：永安之战（1852年）、武汉之战（1853年）和南京之战（1853年）。

杨秀清约1820年生于广西的一个农民家庭。他受过一些正规教育，早期曾当过佣人和半官方政府的职员。后开始自己的事业，做木炭生意并经营一个苦力运输组织。1848年加入拜上帝会。因能假托"天父上帝"下凡，很快在这个半基督教的革命团体崭露头角。1851年12月被太平天国运动的领导者洪秀全封为东王。在永安被朝廷军队包围，计划和组织了一次极为成功的突围（1852年3月3日）。向北沿长江而下，因缺乏大炮未能占领桂林和长沙。12月13日在岳阳缴获一个巨大的兵工厂，因为这个成功，1853年1月占领长江中游的武汉。向东行军占领南京（3月19—21日）。为治理太平天国，致力于制定新的法律和制度。击败欲重占南京的朝廷军队后（1856年3月），其雄心大略和骄傲自大恶性膨胀。洪秀全要求北王韦昌辉粉碎杨秀清的篡权活动。1856年9月2日，韦昌辉在南京屠杀了杨秀清及其部下2万多人。

杨秀清作为一位指挥官和领导者，其才能无可争议。他精力充沛、魅力超凡。作为一位颇有才能的战略家，他缺乏政治上的盟友，同时他也太关注自己的权力，以致于无法为太平天国运动作出与其能力相吻合的贡献。

PWK

参考：Michael, Franz, The Taiping Rebellion: History and Documents, Vols. Ⅱ. Seattle, 1971.

Michael, Franz, and Chang Chung-li, The Taiping Rebellion: History and Documents, Vols. Ⅰ. Seattle, 1966.

Teng, Ssu-yü, New Light on the History of the Taiping Re-b ellion. Cambridge, Mass., 1950.

Y

杨虎城(Yang Hu-Cheng,1892—1949 年) 中国国民党爱国将领。参加主要战争：中国内战（1916—1927 年）、北伐战争（1926—1927 年）、"围剿"战争（1930—1935 年）。

杨虎城 1892 年生于陕西蒲城。由一名军人逐渐成为一位受人爱戴的将军，并于 1926 年控制了陕西省的大部。1927 年参加国民革命军，1929 年任国民党第十七路军总指挥。中共立稳延安后，杨虎城受命与张学良及其东北军合兵进攻共产党的这个后方基地。张杨被红军的英勇抗日作战感动，后均被共产党说服以响应全国人民联合起来共同抗日。鉴于张杨对红军迟迟不采取行动，1936 年 12 月初蒋介石亲临西安督战。在蒋拒绝联共抗日建立联合阵线的建议后，张杨发起了"西安事变"。后来蒋介石改变主意同意了他们的建议，张杨这才将其释放，1937 年 12 月，杨在南昌被蒋介石囚禁。在此以后的 13 年中杨虎城一直被监禁，直至 1949 年 9 月国民党兵败溃逃时，杨虎城被蒋介石下令杀害于四川重庆戴公祠。

PWK

隋炀帝(Yang Ti,卒于 618 年) 中国隋朝皇帝。参加主要战争：隋朝扩张战争（582—614 年）。

隋炀帝是隋朝的创立者杨坚的儿子。589 年，他参加了征服中国南部的战争，后来坐镇扬州（当时称江都），管辖着南部地区。604 年，隋炀帝杀了父亲，夺得帝位，继续奉行其父的政策。605 年，隋炀帝指挥一支军队进攻越南，降服大部分北部地区。607—608 年，他迫使 120 万人从事无偿劳役，修筑和扩建长城。610 年，他的军队征服了台湾，并知台湾诸事。612 年，隋炀帝派大军（号称 113 万人）去征服朝鲜，但遭失败。接着又于第二年，即 613 年，进攻朝鲜，却因国内各地叛乱中途而废。614 年，他第三次入侵朝鲜，降服了高句丽（朝鲜南部）王国。这时，突厥游牧族人从中亚入侵中国西部，隋炀帝率领大批人马进行抵御，但在雁门（山西附近的长城）被打败。615 年，据说隋炀帝赔了大笔款项才从包围中逃了出来。隋炀帝征敛苛虐，兵役繁重，人民受到深重灾难，各地农民不断起义，迫使隋炀帝于 616 年移都洛阳。后来他又回到他最早的基地扬州，整日花天酒地。618 年，隋炀帝被杀。

隋炀帝是一位好战的统治者，在这一点上同他的父亲一样。他不停地征战及修筑浩大的工程使得社会动荡不安，最终导致了隋朝的灭亡。

PWK

参考:Wright, A.F., The Sui dynasty. New York, 1978.

亚努谢耶维奇，尼古拉·尼古拉耶维奇(Yanushkevich, Nikolai Nikolaevich, 1868—1918 年) 俄国将军。参加主要战争：第一次世界大战（1914—1918 年）。

亚努谢耶维奇生于 1868 年，年轻时入伍。在国防部担任了几年的一系列参谋和行政管理职务后，尽管没有一点部队指挥的经验，但他于 1910 年被任命为总参谋学院的军事管理教授。1913 年任总参谋学院院长，他把自己的晋升归功于喜欢他的庇护人——沙皇尼古拉二世。1914 年 3 月被任命为大公尼古拉的参谋长。尽管他缺乏真正的军事才能和经验，但这并不影响大公尼古拉对他的垂青。当尼古拉大公被派往高加索地区时，他也陪同前往（1915 年 8 月 12 日）。1918 年在不为人知的情况下卒于高加索。

WO

参考:Knox, Sir Alfred, (With the Russian Army, 1914—1917). N.p., n.d.

矢岛陆夫(Yashiro, Rokuro, 1860—1930 年) 日本海军上将。参加主要战争：中日甲午战争（1894—1895 年）、日俄战争（1904—1905 年）；参加主要战役（战斗）：鸭绿江之战（1894 年）、黄海海战（1904 年）、对马海战（1905 年）。

矢岛陆夫生于犬山，即现在的爱知县。1881 年毕业于海军大学。1881—1893 年，在海军任参谋等职。鸭绿江海战中（1894 年 9 月 17 日），在"高千穗"号巡洋舰任分队军官。1895 年任职于"吉野"号巡洋舰。1895—1896 年，任驻圣彼得堡海军武官。1896 年晋升中校。1897 年晋升上校。1899—1900 年，短时间任职于海军总参谋部。1901 年毕业于海军大学，晋升上校。日俄战争期间（1904 年 2 月—1905 年 9 月），他指挥铁甲舰"吾妻"号在仁川上游进攻俄国的巡洋舰"瓦亚戈"号和炮舰"科尔伊茨"号（1904 年 2 月 9 日）。8 月 10 日参加黄海海战。1905 年 5 月 26 日参加对马海战。作为一名头脑冷静和聪明的作战指挥官，他具有相当的知名度。1905—1907 年，任驻柏林的海军武官。1907 年晋升少将。1908—1913 年，指挥一系列的基地和舰队。西门子-维克斯丑闻后，因其无污点记录和与政治无关的事业，1914 年 4 月被任命为海相。他对被驱逐的海军上将山本权兵卫负责，并结束了萨摩海军将领统治海军的历史。因为率直的本性和未能与政治家建立起加圆滑的关系，1915 年 4 月被迫辞职。1915—1917 年，指挥第二舰队，其间于 1916 年被封为男爵。1917—1918 年，指挥佐世保海军基地。1918 年晋升海军上将。1919 年进入预备役军官名册。卒于 1930 年。

DE

叶剑英(Ye Jianying, 1897—1986 年) 中国元帅和政治家。参加主要战争：北伐战争（1926—1927 年）、反"围剿"战争（1931—1934 年）、抗日战争（1937—1945 年）、国共战争（1945—1949 年）。

叶剑英生于广东省梅县，1919 年从云南军事学校毕业。1919—1921 年在法国学习。回国后任地方行政官员，1922 年同时加入国民党和共产党。1924 年成为国民党黄埔军校教员中一位资历较高的战术教官，同周恩来交往密切。在北伐时期（1926 年 7 月—1927 年 6 月）先

是一位师级指挥官继之任第四军参谋长。当蒋介石背叛了国民党左派和共产党后，加入反蒋行列，参加了南昌起义（1927 年 8 月）和广州起义（12 月 11—15 日）。1929—1931 年在莫斯科中山大学学习。返回中国后，在策划反击蒋介石“围剿”中共江西苏维埃政权时起到了重要作用。1934 年 10 月—1936 年 10 月参加了声势宏大的长征。后来在以张学良和杨虎城释放蒋介石为结果的西安谈判中（1936 年 12 月）协助周恩来。1937—1940 年任八路军参谋长。1940—1945 年在周恩来率领的对重庆国民政府联络小组中任首席军事代表。当内战再次爆发时，1945 年 11 月他再次担任以前的职务——中国共产党中央军委副总参谋长。在 1945—1949 年帮助策划随后的四年解放战争中中共几次重要的进攻。中华人民共和国建立后他被任命为北京市市长（1949 年 9 月），同时担任华南军区司令（1949—1955 年）。任命为中国十大元帅之一（1955 年）。因一系列重要的行政职务很大程度放弃了军事职务，直到 1971 年他取代声名扫地的林彪担任国防部长。在文化大革命后期开始恢复武装部队的士气和团结统一工作。1978 年任中央军委副主席和人大常委会委员长。他支持改革和现代化的总方针，支持邓小平的尝试和努力。病逝于 1986 年 10 月 22 日。

叶挺（Ye Ting，1896—1946 年） 中国将军。参加主要战争：北伐战争（1926—1927 年）、反“围剿”战争（1930—1935 年）、抗日战争（1937—1945 年）。

叶挺系广东惠阳人。保定军校毕业。1922 年任孙中山的卫队团营长。1924 年加入中国共产党。1925 年任国民革命军第四军独立团团长。北伐战争初期已任第二十四师师长，这使叶挺赢得了“北伐名将”的美誉。国民党左右两派分裂后，叶挺和大部分第四军军官一样，对武汉的左派较为接近。国民党反动派破坏国共合作后，他带领队伍来到南昌，在 1927 年 8 月 1 日的南昌起义中扮演了重要角色。在参加了广州起义后来到香港，在那里默默无闻地生活了十年，直到 1937 年抗日战争爆发和抗日联合阵线建立。叶挺集中共产党分散在南方的兵力以建立一支新队伍，创建了新四军并把它由 1938 年的 1 万人扩展到 1941 年的45 000人。叶挺受命北上，蒋介石发动了“皖南事变”把新四军分割开来，并趁机进攻江南的部队，扣押了叶挺。1946 年被释放回共产党所在地延安，途中座机失事，不幸牺牲。

PWK

阎锡山（Yen Hai-Shan，1883—1960 年） 中国军阀。参加主要战争：中国辛亥革命及内战（1911—1926 年）、北伐战争（1926—1927 年）、抗日战争（1937—1945 年）、国共战争（1945—1949 年）。

阎锡山 1883 年生于山西省的五台县。在太原的山西武备学堂学习。毕业后，在清朝末年（1904 年）加入了太原有革命倾向的组织。1908—1911 年在日本士官学校学习，并同几个同盟会领导人保持联系。当革命爆发时（1911 年 10 月）在太原卫戍部队中任团级长官。他率队支持革命，1912 年当袁世凯势力逐渐上升时表示拥护，被任命为山西都督。1915 年当袁世凯已日暮穷途时他投机地离开了袁世凯，加入了段祺瑞总理的皖系，同时，取得了山西省长的职务。完全控制了山西，他便有了一个牢固的权力基地；段祺端失势后（1918 年）他一会儿支持吴佩孚，一会儿支持冯玉祥，后投靠张作霖（东北军阀，人称“老帅”），1926 年帮助奉系把冯玉祥驱逐出北部平原。当北伐军逼进北京时又投入国民党集团，统率着国民党第三集团军（1927 年 9 月—1928 年 6 月）。蒋以平津卫戍部队总司令等职务作为酬报，1930 年参加了冯玉祥和汪精卫的反蒋战争以失败告终（1930 年）。兵败后逃到大连，但是不到 6 个月又返回并重新控制了山西（1931 年）。一直封建割据式地统治着山西直到 1937 年 7 月日军侵入中国。1937—1938 年顽强抵挡日军进攻。在以后的僵持时期，他采取多种反动、两面手法，企图维护自己的统治。日军投降后，他留下了日军一个整军（大约有 4 个师）并借助他们的力量（1945—1949 年）。当 1949 年 4 月太原最终被解放后，他逃到广州，后来逃至台湾，1960 年卒于台湾。

阎锡山是一位独裁者，但在他的领地里他却有一些开明之举，鼓励现代化、工业化以及教育。他手下的军队从未有过内部反叛的情况，其部队一直对他“忠心耿耿”，这在军阀中几乎是独一无二的。

PWK

李舜臣（Yi Sun Shin，1545—1598 年） 朝鲜海军将领。参加主要战争：朝鲜反抗日本入侵的壬辰卫国战争（1592—1598 年）；参加主要战役（战斗）：玉浦、唐浦、第一次唐项浦、闲山岛和釜山之战（1592 年）、第二次唐项浦之战（1594 年）、眠梁之战（1597 年）、露梁海战（1598 年）。

李舜臣生年和早期活动不详。日本侵略朝鲜的前一年即 1591 年的 2 月，担任了全罗左道水军节度使，加紧赶建新战船。1592 年 4 月当日军渡过对马海峡登陆朝鲜时，李舜臣率领水军夹击日军，结果日军遭重创。在 5 月 4 日的战斗中，尽管日军在人数上占优势，但是李舜臣率领水军临危不惧，他用 85 艘战船采取运动战打击日军。这 85 艘战船包括 24 艘帆船、15 艘侦察船和数十艘军用快速渔船。5 月 7 日的玉浦水战中，他率朝鲜水军俘获和重创日军 26 艘战船。5 月 9 日的清津浦附近水域战斗中，朝鲜水军又击沉日军 16 艘战船。之后，得胜回到丽水基地。修整后，5 月 29 日他令包括有 2 艘铁甲船和 24 艘龟船在内的 26 艘船留守丽水，率其余船只全部出战，以运动战攻击驻泗川的日军船中队。5 月 30 日到达泗川港时，发现日本军队已有准备。李舜臣假令撤退，引诱日军 12 艘快船追击。当日军追到港外时，他指挥朝鲜水军以特别灵活的龟船率先杀了个回马枪。6 月 2 日

得知20多支日军战船驶出唐浦，他率朝鲜水军出击，经过激战，取得大捷。此后，津乡水军增援李舜臣，使其水军扩大到51艘战船。7月4日，李舜臣率水军伏击从唐项浦港突围的日军一支海军中队，将其大部击沉。6月10日，他率军回到丽水港。这些胜利（合称唐浦战役）震惊了日军侵朝头目丰臣秀吉，他命令本土一些将领率军增援侵朝日军，以便保持日本与朝鲜的交通线畅通。7月7日，李舜臣率领全罗左道和眠梁联合水军55艘战船从丽水机动到唐浦，发现一支拥有70艘战船的日本海军驻扎在庆奈梁。7月8日他派5艘船进入港内诱敌攻击。日军冲出港口，对朝军穷追不舍，不知不觉进入朝军在开阔海域埋伏的月牙形阵地。经过一场激战，李舜臣俘获日军战船12艘，击沉40多艘，剩下的败进金海港。7月10日，李舜臣在安洛浦与另一支有40艘船的日军遭遇，本想诱伏，但未成功。他借助远距离水下爆破，挫败了日军的进攻，后来发生混战，朝军重创并俘获30艘日军战船，击溃其余的日军战船。7月12日，他率军撤至闲山岛一带。8月1日，得到增援部队，使其战船增加到拥有74艘帆船和92艘小船。此后三周里，他修船练兵。8月24日，李舜臣率军从釜山港外海域向港内日军发起攻击。尽管港内日军有500艘左右船只，但大约只有100多艘主力战舰。由于李舜臣的威名令日军闻风丧胆，所以许多日军水兵宁愿当岸上炮兵，也不敢上船，以此希望用岸上大炮来击退朝军。因此，8月26日李舜臣率军大胆发动进攻，击沉、缴获和重创日军几乎100艘船，并于夜幕降临时撤出战斗。由于朝军军事上的胜利，使日军撤到釜山附近一个滩头岛上，并于1593年开始谈判。但是，李舜臣并未忘记继续备战。他利用谈判停战间歇，训练水手，增制改建战船。到1594年他的水军已拥有35 000名水手，250艘战船和250艘小船。1594年3月3—4日，在唐项浦一系列战斗中，他率水军发起攻势，击沉日军31艘舰船。自此，日军高挂海上免战牌，不敢与朝鲜水军交火。1596年，日朝和谈破裂，战火再起。至1597年初，日本不断增援侵朝日军，使之达到15万人。日军向朝军及其盟友明朝军队发动强大攻势，并诱使李舜臣及其水军落入伏击圈。李舜臣察觉到敌人的阴谋，拒绝执行皇帝出击的命令，因而1597年春季被解职。1597年7月4日他的后任袁俊投入除12艘战舰外朝鲜全部水军力量，向釜山发起攻击，以逐出日军，但结果损失惨重，他本人牺牲。后来李舜臣官复原职。8月，他将12艘战舰编成一个中队，在一系列海上小战中取得多次胜利。12月16日在眠梁海战中，李舜臣利用涨潮时机，率领他的12艘战船中队全力投入战斗，敌军以130艘小船参战。双方苦战一段时间后，李舜臣率军设法先重创日军一艘旗舰，使日军大混。乘日军想在落潮时逃离之机，朝军击沉和俘获日军30艘战舰。此后十四个月中，日军在海上避而不战，李舜臣利用这段时间在明朝的援助下重新组建了水军，使其水军力量达到500艘战船（其中大部分舰船是中国援助的）。1598年11月，李舜臣乘坐一艘龟船，指挥朝鲜水军在露梁海域向日本舰队发起攻击，大败日军，朝鲜方面损失了200多艘舰船。不幸的是，在18日的战斗中，李舜臣乘坐的龟船中炮起火，他壮烈殉国。

李舜臣是位令朝鲜人民钦佩的民族英雄。正是他的不辞辛劳的努力，才使得朝鲜从日本的侵略中解放出来。他大胆、英勇、创新，是历史上最伟大的海军将领之一。他通晓天文地理，以其聪明才智战胜了敌人。但是，他的辉煌业绩在西方却鲜为人知。

DLB

参考：Jho, Sung-do, Yi Sun-Shin: A National Hero of Korea. Chinhac, 1970.

Jo, Bok, Research on the Military History of Lee Soon Shin. Seoul, 1964.

Park, Jae Kyu, "History of Naval Warfare Between Korea and Japan in the 1590s, with Special Reference to Admiral Lee Soon Shin's Fleet Operations," Acta No. 5, I. C. M. H. Bucharest, 1981.

横山静夫（Yokoyama, Shizuo, 1890—1961年） 日本陆军上将、战犯。参加主要战争：第二次世界大战（1941—1945年）；参加主要战役（战斗）：吕宋之战（1945年）。

横山1890年生于福冈县。1912年毕业于陆军军官学校。1925年从陆军大学毕业后，1928年提升为陆军少校。1929年派往朝鲜陆军司令部任参谋官。1932年升至陆军中校，1932—1935年在陆军和海军总参谋部服役三年。1934年到欧洲作巡回视察。回到日本后，1935—1937年任关东军铁路防区司令。在1939年提升为陆军少将以前，1938年任过短暂的团长职。1939—1942年作过多任铁路系统领导职务。1941年升至陆军中将。1942—1944年被任命为第八陆军师师长。1944年指挥新保兵团，负责南部吕宋的防御。1945年1月被任命为第四十一集团军司令侵占马尼拉。2月3日—3月4日指挥马尼拉防御对抗美军第六和第八集团军。战争结束后，他受到审判并作为战犯且由于他所指挥下的部队在马尼拉战斗中所犯暴行而被判有罪。1948—1953年被囚于须贺山监狱。卒于1961年。

MRP

参考：Smith, Robert Ross, Triumph in the Philippines. U. S. Army in World War Ⅱ: The War in the Pacific. Washington, D. C., 1968.

米内光政（Yonal, Mitsumasa, 1880—1948年） 日本海军上将。

米内光政1880年生于岩手县，1901年毕业于海军大学。经过初期的射击专门训练后，1914—1917年任在俄国的武官，后来（1919年）成为海军总参谋部的一员。1920—1922年在柏林任武官。1923—1926年连续担任多艘战舰舰长职务，后来（1930年）提升为海军中

将，1930—1936年指挥联合舰队以后，1937—1939年任海相，也就在这个职位上他领导一场与激进派和少壮派军官的极端主义政策的斗争。1940年1月被编入预备人员名单，1—7月被邀请担任首相，但由于他对动议中的日本与德国和意大利联盟持敌视态度而面临着来自军方的强烈反对。这种争端使得他的内阁下台。后来（1944年）他又被邀请与小矶国昭共同组阁，同时在其政府中担任海相。1945年再次任铃木贯太郎政府的海相，在那时他倡导考虑结束战争。战后，在东京战犯审判中他出庭充当重要的辩护证人。卒于1948年。

MRP

参考：Asada Sadao, "The Japanese Navy and the United States," Pearl Harbor as History: Japanese-American Relations, 1931—1941. New York, 1973.

约克·冯·瓦滕堡，约翰·大卫·路德维希伯爵（Yorck von Wartenburg, Count Johann Davis Ludwig, 1759—1830年） 普鲁士陆军元帅。参加主要战争：荷兰-英国战争（1780—1784年）、入侵波兰（1792—1794年）、拿破仑战争（1800—1815年）；参加主要战役（战斗）：什切科齐内之战（1792年）、耶拿-奥尔施塔特之战（1806年）、卢卑克之战（1806年）、里加之战（1812年）、包岑之战（1813年）、莱比锡之战（1813年）、蒙米赖之战（1814年）、莱昂之战（1814年）。

约克1759年9月6日生于波茨坦，是英国人的后裔。1772年入普鲁士军队。1779年因不服命令而退伍。1781年加入荷兰军队，任上尉，在英荷战争期间，在荷属东印度作战。返回普鲁士后，于1785年入伍至普鲁士军队。后在波兰作战，参加了1792年6月6日的什切科齐内之战及夏季的科拉克夫包围战。1794年随部队入侵波兰。1799年任轻步兵团团长期间，他是第一位重视战术的普鲁士官员。1805年指挥一个步兵旅。1806年10月14日在耶拿之战中任后卫部队指挥。11月7日，在卢卑克之战中负重伤被俘。1807年7月7—9日的《蒂尔西特和约》后被释放。在重建普鲁士军队中发挥了主要作用，后升少将，指挥西普鲁士旅，后大约于1810年，被任命为轻步兵总监。1812年在随法军入侵俄国时，任"大军队"中普鲁士军军长。7月24—12月18日被阻于里加。在遭到克劳塞维茨（当时是俄国军官）的追击后，他放弃了战斗，经谈判达成《陶罗根条约》，依约，普鲁士军队保持中立。这一条约后遭到国王腓特烈·威廉的正式拒绝，但约克却因此闻名于普鲁士，因为这一条约被认为是摆脱法国统治的第一步。《卡里茨条约》签订后，国王原谅了约克的行为，依约，普鲁士与俄国结盟组成第六次反法同盟（1813年2月28日）。在德国战役中，他率部参加了1813年5月20—21日的包岑之战、8月26日的卡茨巴赫之战、10月4日的瓦滕堡之战及10月16—19日的莱比锡之战。在法国战役阶段，参加了1814年2月11日的蒙米赖之战及3月9—10日的莱昂之战。3月31日他胜利开进巴黎，为其军事生涯写下了辉煌的一页。由于他杰出的表现，1814年被封为瓦滕堡伯爵。1821年提升为元帅。后来接受了国王的礼物克莱恩-奥尔斯庄园（在布列斯劳附近），1830年10月4日卒于他的庄园。

约克是一位有才华的官员和管理者。依《陶罗根条约》，他坚决将他的军团从法国人手中带出来，从而为普鲁士的独立作出了重要贡献。

VBH

参考：Droysen, Leben des G. F. M. Grafen Yorck von Wartenburg. Berlin, 1851.

Naso, E. von, "Yorck," Deutscher Soldatenkalendar, 1959.

Paret, P., Yorck and the Era of Prussian Reform. Princeton, N. J, 1966.

Seydlitz, Tagebuch des Preussischen Armee Korps 1812. N. p., 1823.

约克公爵，理查德（York, Richard, Duke of, 1411—1460年） 英国军人、政治家。参加的主要战争：英法百年战争（1337—1453年）、红白玫瑰战争（1455—1487年）；参加主要战役（战斗）：第一次圣奥尔本斯之战（1455年）、威克菲尔德之战（1460年）

约克公爵生于1411年，剑桥伯爵理查德和安妮·莫蒂默之子，约克公爵埃德蒙·兰利之孙。1436—1439年，任英国王驻法国的代理官员。1440—1443年任诺曼底和驻法国陆军中将及代理总督。大约在1440年与威斯特摩兰伯爵拉尔夫·奈维尔之女塞西莉·奈维尔结婚。因支持约翰·博福尔被解除在法国之职。当时，王室欠他几达3万英镑（1446年）。1450年7—9月任爱尔兰代理总督。1452年初撵走萨默塞特伯爵亨利·博福尔的企图失败，此举使其倍受萨默塞特党人羞辱。1452—1453年与沃里克伯爵结盟，1454年3月25日—1455年1月初国王亨利六世精神失常他任王国摄政。亨利六世健康复元后，他即招募一支军队以重新恢复自己的政治势力，并挥师南进伦敦。1455年5月22日进行的第一次圣奥尔本斯之战中，他打败朗卡斯特家族军队，杀死萨默塞特和诺森伯利亚伯爵克利福德，俘虏亨利六世。为此他获得了第二次摄政权力，持续时间从1455年11月19日—1456年2月25日止，其间遭到亨利六世的王后安茹的玛格丽特的强烈反对。1459年秋一场新的战争刚开始，他的对手便首先在谋略上胜他及其支持者一筹，尽管如此，在1460年间他还是取得一些胜利。1460年12月30日在威克菲尔德之战中，因遭到伏击或是内部背叛而死，也可能两者原因都有。

约克公爵是一位有颇有才干的行政官员，野心勃勃、意志坚定。不幸的是他的对手亨利六世不够强大，故未能更好地发挥他的天才。他的长子后来成为国王爱德华六世，而其第四子、即与其同名的儿子则成为国王理查

德三世。

DLB

参考：Gilingham, John, The Wars of the Roses. Baton Rouge, 1981.
Holmes, George. The Later Middle Ages. New York, 1968.
Myers. A. R., England in the Late Middle Ages. New York, 1979.

约克与阿尔巴尼公爵，腓特烈·奥古斯特斯（York and Albany, Frederick Augustus, Duke of, 1763—1827 年） 英国元帅。参加主要战争：法国大革命战争（1792—1799 年）和拿破仑战争（1800—1815 年）；参加主要战役（战斗）：翁斯科特之战（1793 年）、维莱昂库沙之战、图尔宽之战、图尔奈之战（1794 年）、贝尔根之战、滨海埃赫蒙德之战、卡斯特里克姆之战（1799 年）。

约克（1763 年 8 月 16 日）生于圣詹姆斯宫。国王乔治三世与王后夏洛蒂的次子。先后受封为巴思（1767 年）和加特骑士（1771 年）。就读于基尤学校，童年时代与其兄乔治形影不离。被宣布为英军上校（1780 年 11 月 1 日）后，求学于汉诺威（1781—1782 年），在那里结识了普鲁士的腓特烈大帝。任第二骑兵团上校（1782 年 3 月 23 日），不久即晋升为少将（11 月 20 日）和中将（1784 年 10 月 27 日）。受封为约克与阿尔巴尼公爵（1784 年 11 月 27 日）。在伦敦的政治和社交中发挥着重大却相对次要的作用（1787—1792 年）。在柏林与普鲁士国王腓特烈·威廉二世的长女夏洛蒂·乌尔丽卡·凯瑟琳结婚（1791 年 9 月 29 日），但这对新人不久后分离。与法国的战争爆发后，国王坚持让他担任前往佛兰德的英国军队司令。公爵不是一名有才干的指挥官，但他处事谨慎，并得到了优秀参谋机构和普遍能干的下级军官们的襄助。他夺取了瓦朗谢纳（1793 年 7 月 26 日），后在翁斯科特之战（9 月 6 日）中，其荷兰、英国、汉诺威和奥地利部队混合而成的军队几乎被乌沙尔的法军打败，被迫解除敦刻尔克之围。次年，他进行了更加广泛的作战，他的部队——联军的组成部分——在维莱昂库沙被法军打败（1794 年 4 月 24 日）。皮舍格吕在图尔宽附近多次进攻联军（5 月 10 日、14 日和 18 日），其最后一次进攻将英军极为狼狈地赶出了战场，约克几乎被擒。4 天后，他帮助顶住了皮舍格吕在图尔奈的又一次进攻（5 月 22 日）。被法军赶入荷兰后，约克的军队在荷兰过冬，备尝物资匮乏之苦，并因疾病和天气遭受了重大损失（1794 年 10 月—1795 年 3 月）。在此期间，约克返回英国（12 月初）；虽然在比利时迭遭失败，仍晋升为元帅（1795 年 2 月 18 日）。被任命为英军总司令以接替即将退役的杰弗里·安赫斯特将军（1798 年 4 月 3 日）。抵达荷兰指挥驻荷兰的英俄联军（1799 年 8 月）。在贝尔根之战（9 月 16 日）中被布劳恩将军指挥的法国荷兰军团打败。在滨海埃赫蒙德（阿尔克马尔）之战中（10 月 2 日）勉强获胜。后在卡斯特里克姆再次败北（10 月 6 日）。这些战斗使英俄联军被围于荷兰的狭窄半岛。约克接受了《阿尔克马尔协定》（10 月 17—18 日），根据这一协定，联军可以离开荷兰，但必须释放 4000 名法国战俘。回到英国后，约克开始在军队中进行重大改革，他逐步、认真、谨慎地改进军官队伍；支持约翰·穆尔爵士的轻型部队训练计划，该计划最后为英国培养出了优秀的轻型步兵团（1803—1809 年）。因其情妇玛丽·安妮·克拉克夫人的活动——玛丽收受了企求迅速升迁的军官们的钱财——而被迫辞职（1809 年 3 月 18 日）。辞职后仍留服现役。患浮肿病（1826 年 7 月）后卒于伦敦（1827 年 1 月 19 日）。

尽管约克公爵受过良好的军事教育，但他任战场指挥官期间从未获得过胜利，但从改革方面看，他的总司令任职是英国的幸运。他的功绩在其有生之年得到承认，英国议会曾两次投票对他的改革表示嘉勉（1814 年 7 月，1815 年 7 月）。

DLB

参考：Burne, A, H., The Noble Duke of York: The Military Life of Frederick, Duke of York and Albany. London and New York, 1949.
Phipps, Col. Ramsay Weston, The Armies of the First French Republic and the Rise of the Marshals of Napoleon Ⅰ. 5 vols. Oxford, 1926—1939.
DNB.

袁世凯（Yuan Shih-k'ai, 1859—1916 年） 中国北洋军阀首领和政治野心家。参加主要战争：中日甲午战争（1894—1895 年）、镇压义和团运动（1900—1901 年）、中国革命（1911—1917 年）。

袁世凯生于 1859 年。早年投靠淮军吴长庆，捐得同知衔。他曾跟从李鸿章。李鸿章 1868 年镇压了回民起义，后制定了中国北方的军事和外交政策。作为李鸿章的部下，他在朝鲜指挥一个旅，制止了日本人发动的政变。为此，他被任命为中国驻朝鲜通商大臣。在中日关系极为紧张的时候（1885—1894 年），他致力于保持中国与朝鲜的友谊。因中国在中日甲午战争（1894 年 8 月—1895 年 4 月）中战败，他回国。被李鸿章任命在直隶省组建、训练和指挥后被称作是"新建陆军"的一支西式军队。出卖光绪皇帝的改革（6—9 月），1898 年 9 月 21 日倒向慈禧太后的反动军队。尽管他时任山东巡抚，且受反对光绪皇帝的慈禧太后的支持，但他率其部队残酷镇压义和团运动（1900 年）。在他背叛慈禧太后的帝国政府时，"新建陆军"对他的支持使其保住了对山东的统治和控制。李鸿章死后，他在保留自身既有军事指挥权的同时，继任了李鸿章在政府中的职位（1901 年）。逐渐成为北洋军阀的首领。他日益膨胀的权力引起朝廷中很多人的警惕，因其对手蒙古族将领铁良的从中作梗，他被解除指挥权，被调至北京担任军机大臣、外务部尚

Y

书（实际权限降低，1907 年）。慈禧驾崩两年后，尽管他掌握对北洋军的实际控制权，他还是被罢免（1909 年 1 月 2 日）。武昌起义（湖北，1911 年 10 月 10 日）后，他于 1911 年 10 月 27 日被任命为内阁总理大臣。11 月 1 日出任总理。清帝退位后（1912 年 2 月 12 日），也迫使临时总统孙中山辞职（4 月 1 日）。后他担任临时大总统，在任职四年的期间，他玩弄权术，致力于建立独裁体制，但他从军队和民众中得到的这方面的支持极为有限。1913 年夏，他镇压了由孙中山、黄兴和其他人在南方发动的“讨袁军”的起义。1915 年他宣布国民党为非法组织，撕去了其立法政府的假面纱。他认为君主制是保证国家统一的唯一途径，因此寻求这方面的支持（1915 年 5 月至秋）。1915 年 12 月宣布改次年为洪宪元年，准备即帝位。这一举动引发了全国范围的强烈反对和声讨，各个省都拒绝接受再次实行君主制，并发动了讨袁的护国战争。1916 年 3 月 22 日，他被迫宣布取消帝制。众叛亲离，即便被他的亲信、支持者及其同盟舍弃，但他对自己的最后的一点权力还念念不忘。1916 年 6 月 6 日，因尿毒症卒于北京。

袁世凯是清王朝最后 20 年中的一位著名人物，他是一位有能力的军人和一位诡计多端且狡黠的政治野心家。但他也残暴、富有野心而且毫无原则。

PWK

参考：Chen，Jerome，Yüan Shih-kai，1859—1916．Stanford，Calif．，1961．

Hsu，Immanuel C．Y．，The Rise of Modern China，2d．ed．New York，1977．

Liang，Chintung，The Chinese Revolution of 1911．New York，1962．

MacKinnon，Stephen R．，“The Peiyang Army，Yüan Shih-kai，and the Origins of Modern Chinese Warlordism，” The Journal of Asian Studies，Vol．XXXII，No．3（May 1971）．

Wright，Mary C．，ed．，China in Revolution：The First Phase，1900—1913．New Haven，Conn．，1968．

尤登里奇，尼古拉·尼古拉耶维奇（Yudenich，Nikolai Nikolaevich，1862—1933 年） 俄国将军。参加主要战争：日俄战争（1904 年—1905 年）、第一次世界大战（1914—1918 年）和苏俄内战（1918—1922 年）。

尤登里奇生于 1862 年 7 月 18 日。尚处青少年时代便加入海军（1879 年）。在总参谋部任职多年（1882—1902 年）。晋升上校，俄日战争期间（1904 年 2 月—1905 年 9 月）指挥一个团。1905 年晋升上将。1907 年任助理参谋长、军务总监。1913 年任参谋长。第一次世界大战爆发时（1914 年 8 月），指挥土耳其斯坦第二军，后指挥整个高加索前线部队直至尼古拉大公到达（1915 年）。1917 年 3 月再获此地的指挥权。这里因军队弥漫的革命情绪瓦解，军事行动已成为不可避免。他率领一支反布什维克军队进攻圣彼得堡（1919 年 5 至 9 月），失败后，退役。卒于 1933 年。

Staff

参考：EB．

岳飞（Yueh Fei，1104—1142 年） 中国宋朝将军。参加主要战争：宋金诸战争（1123—1141 年）。

岳飞生于 1104 年，出身寒门，参加宋朝军队，充任普通步卒。北方沦陷于女真族的金国（1126 年）。他完全是因为能力和才华卓越而升任高级将领。他是要求收复北方失地的主战派，指挥了许多著名的对金战役并获得胜利，其最大的战绩是 1141 年的郾城战役。他利用中原和北方民众的广泛支援几乎收复了北方。这时，由于以宰相秦桧为首的主和派获胜，他被解除兵权并奉命回到都城临安（杭州）。他以“莫须有”之罪名被投入监狱，并与其子一起在狱中被害。

PWK

参考：Harlez，Charles Joseph de，trans．，Lhistoire de l’empire de Kin ou empire dor．Louvain，1887．

夕日光江（Yuhi，Mitsue，1860—1940 年） 日本上将。参加主要战争：中日甲午战争（1894—1895 年）、日俄战争（1904—1905 年）。

夕日光江 1860 年生于土佐，即现在四国的高知县。1882 年毕业于军事学院。1891 年毕业于陆军大学，在中日甲午战争（1894 年 8 月—1895 年 4 月）和镇压义和团运动（1900 年 6 月—1901 年 4 月）期间任参谋。日俄战争期间（1904 年 2 月—1905 年 9 月），任第二集团军指挥官奥保巩的参谋部上校。1907 年晋升少将，任陆军总参谋部作战课长，任奥保巩的副手。1914 年晋升中将，任陆军大学校长，后连续指挥第十五师和近卫师。1918 年作为塞尔维亚远征军的参谋长赴塞尔维亚，1919 年晋升上将。1919—1922 年，指挥在青岛的侵华日军警卫部队。1923 年退役。卒于 1940 年。

尽管夕日光江的个性腼腆不善交际，他却深受陆军元帅奥保巩和其他高级陆军将领的信任。

LH

永乐帝（朱棣，明成祖）（Yung-Lo〈Chu Ti，Ch’eng Tsui〉，1356—1424 年） 明朝皇帝。参加的主要战争：明朝-蒙古战争（1410—1424 年）。

永乐帝生于 1356 年，明朝开国皇帝明太祖朱元璋第四子。1370 年受封燕王。其长兄朱标去世后，朱标之子朱允炆被指定为皇太孙（1392 年）。他和其他另外两位兄弟便积极筹划僭取皇位。1398 年太祖朱元璋驾崩之前，授予他很大兵权和地方权力，目的是让他支持朱允炆，但当朱允炆即皇帝位为惠帝后提议削藩，削减其权力时，他起兵反叛。1399 年从王府治所北京出征，挥师

南进，直指明朝国都南京。在中国北部经过三年战斗后，他于1402年攻克南京城，屠杀其侄惠帝的近臣，当年自立为帝，称成祖，但通常称其年号永乐（1403年）。即位后，他推行强力的扩张政策，指派著名的航海太监郑和连续实施大规模的航海远行（1405—1433年），1407年组织军队远征安南，之后到1431年又控制了中南半岛大部分地区。担忧蒙古的威胁，1410年他连续对蒙古用兵，屡次派遣军队出长城进攻他们，并拆散他们之间尚未形成的联盟。为使军队更靠近蒙古，1421年将都城由南京迁至北京。1422年动用了235 000人和117 500辆辎重车辆渡过克鲁伦河发起第三次远征。1424年卒于北京。

永乐帝是一位有才干、精力充沛的君主，在1399—1402年间爆发的内战中，他凭着自己的军事才能登上了皇位，但此后，他很少再亲征。统治期间，他组织编写了《永乐大典》（1403—1408年），该书实际上是一部涵盖所有学科的提纲性巨著，此外还于1422年在北京建成了被称为紫禁城的综合性宫殿。他在位时期是明王朝统治的鼎盛时期。

PWK

参考：Farmer, E. L., Early Ming Government. Cambridge, Mass., 1976.

Hucker, C. O., The Ming Dynasty: Its Origins and Evolving Institutions. Anne Arbor, Mich., 1978.

Serruyys, H., Sino-Jurced Relations During the Yung-lo Period(1403—1424). Wiesbaden, 1955.

EB.

Z

贾恩·扎莫伊斯基(Zamojski, Jan, 1541—1605 年) 波兰将军、学者和政治家。参加主要战争：波兰同俄国的立沃尼亚战争（1597—1582 年）、波兰内战（1587—1588 年）、波兰同俄国和土耳其的边界冲突（1595—1605 年）；参加主要战役（战斗）：贝奇纳战役（1588 年）、特戈维什特之战（1600 年）。

扎莫伊斯基 1541 年生于海乌姆，是海乌姆庄主斯坦尼斯拉夫·扎莫伊斯基和安娜·赫布腾娜夫妇之子。曾在巴黎大学、斯特拉斯堡大学和帕多瓦大学学习。1563 年，在他担任帕多瓦大学校长期间，发表了著名的《论罗马议会》一书。1565 年他以常任学者和律师的身份回到了波兰，担任国王西吉斯蒙德二世的秘书，从此开始步入政界，并领导政府机构改革。1572 年西吉斯蒙德死后，他支持瓦卢瓦的亨利为选帝侯（后来成为法国国王亨利三世）。当亨利于 1574 年 6 月 18 日突然离开波兰时，他转而支持斯蒂凡·巴托里，反对神圣罗马帝国皇帝马克西米利安二世，并帮助巴托里当选为波兰国王（1575 年 11 月）。1576 年 5 月 1 日，巴托里登基，扎莫伊斯基被任命为首相。四年后（1580 年）即任波军统帅。从此他竭尽全力辅助巴托里在立沃尼亚的作战从而大败沙皇伊凡四世。1586 年巴托里卒。在王位继承问题上他反对哈布斯堡选帝侯马克西米利安大公，努力促成西吉斯蒙德三世（瑞典国王）当选，使西吉斯蒙德三世于 1587 年 7 月 9 日登上波兰国王的宝座。后来，马克西米利安及其追随者妄图篡夺王位。但扎莫伊斯基率军于 1588 年 1 月 24 日在贝奇纳之战中打跨了俄军，并将马克西米利安俘获。尽管西吉斯蒙德三世保住了王位，但他并不信任扎莫伊斯基，他们之间因政见分歧而产生冲突。在以后的 17 年里波兰政治危机四起。其间，扎莫伊斯基统领 8000 名经历丰富的老兵成功地平息了反波兰的摩尔多瓦暴乱，并择选亲信乔治·莫西拉为该地区执政。回师途中，在塞科拉成功地摆脱了鞑靼人的围攻（1596 年）。1600 年 10 月 20 日，在特戈维什特战胜了瓦拉几亚和摩尔多瓦的勇敢的米哈伊，恢复了波兰的东南边界。作为一位谨慎的政治家，他不赞成波兰参加与土耳其的长期作战（1593—1606 年）。1605 年他极力反对西吉斯蒙德改革政体。1605 年 6 月 3 日突然卒于扎莫希奇。

扎莫伊斯基是波兰历史上最伟大的人物之一。年青时代他是一位杰出的学者和律师。中年时期他是精明强干、很有影响的政治家。在他人生的最后 20 年中他是一位勇敢的、机智的军事家。

DLB

参考：The Cambridge History of Poland. 2 vols. London, 1941—1950.
EB.

萨帕塔，埃米利亚诺(Zapata, Emiliano, 1877〈?〉—1914 年) 墨西哥革命将领。参加主要战争：墨西哥革命（1911—1914 年）。

萨帕塔是莫雷洛斯州的一个小庄园主，早期作为一个革命者并以此享誉。后被总统波菲里奥·迪亚斯囚禁。在墨西哥革命（1911—1914 年）开始阶段，他把革命引向莫雷洛斯。尽管波菲里奥·迪亚斯总统的权力被弗朗西斯科·马德罗取代，但他继续反对新政府，他认为新政府不会实行允诺的土地改革。后又反对总统维多利亚诺·韦尔塔的政府，与其对手贝努斯蒂亚诺·卡兰萨将军绝交后，他曾一度与潘乔·比利亚合作。他 1915 年与比利亚断交，但又继续反对卡兰萨。革命期间，他设法控制了整个莫雷洛斯和邻近几个州的部分地区，但其继后的努力未能成功。1914 年 4 月 10 日他被帕布洛·冈萨雷斯的手下谋害，帕布洛·冈萨雷斯是卡兰萨的一个盟友。

ACD

参考：Womack, John Jr., Zapata and the Mexican Revolution. New York, 1968.
EB.

张云逸(Zhang Yunyi, 1892—1974 年) 中国人民解放军高级将领，军事家。参加主要战争：北伐战争（1926—

1927年)、反“围剿”战争(1931—1934年)、抗日战争(1937—1945年)、国共战争(1945—1949年);参加主要战役(战斗):百色起义(1929年)、长征诸战斗(1935—1936年)。

张云逸1892年生于广东文昌县(今属海南省)。1908年入广东陆军小学堂。1917年于广东陆军速成学校毕业。曾加入中国同盟会和中国国民党,参加过辛亥革命和讨袁护法战争,在粤军中历任排长、连长、营长、旅长。1926年加入中国共产党。参加北伐战争,在国民革命军张发奎部任师参谋长。1927年大革命失败后,在广州、香港从事共产党的秘密工作。1929年到俞作柏、李明瑞的广西省政府中任警备第四大队大队长,参与领导百色起义,创建右江苏区,任中国工农红军第七军军长、参谋长。后参与指挥所部转战于桂黔湘粤赣边,1931年与中央红军会合。同年冬任中革军委副参谋长兼作战局长。1933年任粤赣军区司令员,后任红军总司令部兼第一方面军司令部副参谋长和作战部长,参加了长征。1936年12月任中革军委委员。抗日战争初期,任新四军参谋长兼第三支队司令员、江北指挥部指挥。1941年皖南事变后,任新四军副军长兼第二师师长。国共战争时期,任新四军兼山东军区副司令员,华东军区副司令员兼山东军区司令员,华东军政大学校长。新中国成立后,任中共广西省委书记,广西省人民政府主席,广西军区司令员兼政委,中共中央华南分局第二书记,华南军区副司令员,中南行政委员会副主席,中共中央监察委员会副书记。1955年被授予大将军衔。是第一、二、三届国防委员会委员,中共第七、八、九、十届中央委员。1974年11月19日在北京逝世。

日林斯基,雅可夫·格里戈里耶维奇(Zhilinsky, Yakov Gregorievich, 1853—1918年) 沙俄将军. 参加主要战争:日俄战争(1904—1905年)、第一次世界大战(1914—1918年);参加主要战役(战斗):东普鲁士之战(1914年)。

日林斯基生于1853年。加入俄国陆军,成为一名骑兵军官。日俄战争期间(1904年2月—1905年9月),任俄国驻远东总督阿列克谢耶夫海军上将的司令部参谋长。任此职时,他向法国轻率许诺:若与德国中央集团爆发战斗,俄军只需15天的动员便可投入战斗。这一诺言造成极大的问题,因为俄军的计划过于乐观,从动员到投入战斗,俄军其实需要20天的周期。他为自己的愚蠢行为付出了高昂的代价。1914年3月他被任命为华沙军区司令官。第一次世界大战爆发后,俄国军队从波兰对东普鲁士发起进攻的战斗准备极不充分,而且装备极差。他没有采取任何步骤来促使自己指挥的两支部队的合作与协调,第一集团军从东面接近东普鲁士,第二集团军则从南面接近东普鲁士。为此,俄军在坦嫩贝格(斯滕巴尔克,8月26—31日)和第一次马祖里湖战役中遭至决定性的失败,他对此事件负主要责任。1914年被解除指挥权,被派往法国担任俄国最高统帅部驻巴黎的联络官,直至俄军彻底失败(1917—1918年)。战后无声无息地死去。

WO

参考:Dubrorolsky, Sergei, “La mobilisation de l'armée russe en 1914,” Revue d'histoire de la guerre, 1923.

Golovin, Nikolai, The Russian Campaign of 1914. Translated by Captain Muntz, A. G. S. Fort Leavenworth, Kans., 1932.

周恩来(Zhou Enlai, 1898—1976年) 中国革命家、军事家、政治家和外交家。参加主要战争:东征战争(1925年)、反“围剿”战争(1931—1934年)、抗日战争(1937—1945年)、国共战争(1945—1949年)。

周恩来字翔宇。原籍浙江绍兴,1898年3月5日生于江苏淮安。1917年秋从南开学校毕业后,东渡日本留学。1919年回国,在天津参加五四运动,是天津学生运动的领导人之一。同年9月,和邓颖超、郭隆真等人发起组织觉悟社,11月,赴法国勤工俭学。1921年初,加入巴黎共产主义小组,任中国社会主义青年团旅欧支部书记。次年夏,经中国共产党中央批准为中共党员。1924年8月回国,任中共广东区委员会委员长、中共广东区委常委兼军事部长。10月,参加平定商团叛乱。11月,任黄埔军校政治部主任。1925年2月,参与领导军校学生军进行第一次东征。同年任国民革命军第一军第一师党代表兼第一军政治部主任,并率部参加第二次东征,其后,曾一度担任国民革命军第一军副党代表。1926年冬到上海,任中共中央军事委员会书记兼中共江浙区委军事委员会书记,1927年3月,参与领导上海工人举行的第三次武装起义。1927年,当选为中共中央委员和中央政治局委员,任中央军委书记和中共中央秘书长、五人中共中央临时政治局常务委员会委员。同年,任中共前敌委员会书记,参与领导八一南昌起义。1928年,当选为中共中央政治局委员和政治局常委,并在上海从事共产党的地下工作,任中共中央组织部部长和中央军委书记。1931年起,任中共苏区中央局书记、中国工农红军总政委兼第一方面军总政委、中央革命军事委员会副主席等职。1933年和朱德一起领导和指挥红军粉碎了国民党的第四次“围剿”。在1935年1月的遵义会议上,坚决支持毛泽东的正确路线,对确立毛泽东在红军和党中央的领导地位起到了重要作用,同时,他亦被确定为中央三人军事领导小组成员。1936年12月率中共中央代表团驻西安,和平解决西安事变,为实现国共两党“停止内战,一致抗日”作出了重要贡献。抗日战争爆发后,在中共中央政治局洛川会议上被推选为中央军委副主席,正确贯彻以游击战争为主体的战略方针,为开辟华北持久抗战的局面作了巨大的努力。此后,担任中共中央长江局委员兼宣传部长和军事部长、中共中

央南方局书记、国民政府军事委员会政治部副部长等职。代表中共长期在国民党政府所在地南京、武汉和重庆进行统一战线工作。坚定地执行中共中央关于抗日民族统一战线的方针，坚持国共合作，反对分裂倒退，广泛团结爱国民主党派、进步知识分子、爱国人士和国际友好人士，为反对反共逆流和妥协投降倾向进行了英勇的斗争。1943 年 8 月回延安参加整风运动。1945 年出席中共第七次全国代表大会，作了题为《论统一战线》的报告，继续当选为中共中央委员、中共中央政治局委员和中央书记处书记，继续担任中共中央军委副主席。1945 年 8 月，陪同毛泽东赴重庆同蒋介石进行谈判，并代表中国共产党在《双十协定》上签字。同年 12 月，率中共代表团参加在重庆召开的政治协商会议。1946 年 1 月，又代表中国共产党与美国及国民党代表进行谈判，签订了《关于停止国内冲突的命令和声明》。1946 年后，任中共中央军委副主席兼代理总参谋长。中华人民共和国成立后，兼任过外交部长、中共中央军委副主席，一直担任政府总理，任政协第一届全国委员会副主席，第二、三届全国委员会主席。在中国共产党第八、九、十届一中全会上，均当选为中共中央政治局委员和政治局常务委员；在第八届和第十届一中全会上，均当选为中共中央副主席。1976 年 1 月 8 日在北京逝世。

朱可夫，格奥尔基·康斯坦丁诺维奇（Zhukov, Georgi Konstantinovech, 1896—1974 年） 苏联元帅。参加主要战争：第一次世界大战（1914—1918 年）、苏俄国内革命战争（1918—1922 年）、中国东北边界冲突（1938—1939 年）、第二次世界大战（1939—1945 年）；参加主要战役（战斗）：哈勒欣河（贝尔湖附近）之战（1939 年）、列宁格勒防御战（1941 年）、莫斯科保卫战（1941 年）、斯大林格勒（伏尔加格勒）保卫战（1942—1943 年）、库尔斯克战役（1943 年）、白俄罗斯战役（1944 年）、柏林之战（1945 年）。

朱可夫 1896 年生于卡卢加省斯特列尔科夫卡一个农民家庭，距莫斯科东约 96 公里。1908 年为毛皮商学徒。1915 年征召入帝俄军队。作为未任命的军官在不同的骑兵部队服役，包括诺夫哥罗德骑兵部队。因作战勇敢而荣获两枚圣乔治勋章。1918 年 10 月参加红军。在苏俄国内革命战争期间在第一骑兵团指挥一个骑兵中队。1920 年毕业于陆军低级军官学校。1925 年进入中级骑兵军官课程班学习。作为苏联与魏玛共和国秘密合作的一部分，他秘密到德国军事学院学习军事科学。1928—1931 年在伏龙芝军事学院学习。1938 年被任命为白俄罗斯军区副司令。在斯大林肃反运动中，批评大清洗，最后由于一个行政错误才得以幸免。1939 年 7—8 月作为苏联第一集团军群司令，在哈勒欣河诺门坎附近决定性击败日军第六集团军。1939 年任基辅军区副司令，1940 年任司令。1941 年 6 月德国入侵苏联后，8 月参加斯摩棱斯克防御作战未能成功。1941 年 9—10 月作为列宁格勒方面军（列宁格勒集团军群）司令，组织列宁格勒防御。1941—1942 年在击退德军进攻莫斯科的会战中指挥西方方面军（集团军群）。此后战争中担任不同的重要参谋和野战指挥职务，包括白俄罗斯第一方面军司令职。他所参与计划或指挥的主要作战行动包括：斯大林格勒保卫战（1942—1943 年）、库尔斯克战役（1943 年 7 月）、白俄罗斯进攻战（1944 年夏）和攻克柏林的战役（1945 年）。1945 年 5 月 8 日作为苏联代表接受纳粹德国的投降。1945 年 5 月—1946 年 3 月负责德国苏占区军事行政工作。以后在苏联连续担任军区领导职务，其中包括敖德萨军区，直到 1953 年斯大林去世。1953 年 3 月为国防部第一副部长，1955 年 2 月任国防部长。1957 年 10 月被解职并退役。病逝于 1974 年 6 月 18 日。

作为一位强有力、拥有伟大战术和战略才能的人物，朱可夫是二战中苏联杰出的将军。他的成就使得他在苏联倍受拥戴，以至于他的上司，斯大林和赫鲁晓夫都感觉在战后时代里他将是潜在威胁。故尽量降低其在战争中的作用，仅短时期委派他到重要位置。尽管做出了这些降低其威望的努力，但出版的许多著作中已澄清和记载下来的历史事实，包括许多朱可夫 60 年代自己写的论文和书籍，都有力地证明了他在苏联击败法西斯德国过程中的特殊领导地位。

BRB

参考：Keegan, John, ed., Who Was Who in World War Ⅱ. New York, 1978.

Seaton, Albert, The Russo-German War, 1941—45. New York, 1970.

Tunney, Christopher, A Biographical Dictionary of World War Ⅱ. New York, 1972.

Zhukov, Georgi K., Marshal Zhukov's Greatest Battles. Translated by Theodore Shabad. London. 1969.

齐滕，汉斯·恩斯特·卡尔·冯伯爵（Zieten, Count Hans Ernst Karl von, 1770—1848 年） 普鲁士陆军元帅。参加主要战争：法国大革命战争（1792—1799 年）、拿破仑战争（1800—1815 年）；参加主要战役（战斗）：耶拿-奥尔施塔特之战（1806 年）、库尔姆之战（1813 年）、莱比锡大战（1813 年）、沃尚（在蒙米赖附近）之战（1814 年）、利尼之战（1815 年）、滑铁卢之战（1815 年）。

齐滕生于 1770 年。年轻时入普鲁士军队。1806 年 10 月 14 日，作为王后的龙骑兵官员参加耶拿-奥尔施塔特之战。率一个隶属克莱斯特军的旅参加 1813 年 8 月 30 日的库尔姆之战及 10 月 16—19 日的莱比锡大战，作战中表现出色。在 1814 年 2 月 14 日的沃尚之战中担任克莱斯特军的先锋。在上述战役的后期几乎未见参战。1815 年滑铁卢战役之前，指挥弗勒吕斯及查勒罗附近的第一军计32 000人，6 月 12—13 日，他的骑兵最先与拿破仑的军队交火。在利尼之战中，率部坚守该村东部及

南部的前沿阵地，6月16日，进行一整天的激战。6月18日下午6:30，他的军队到达法军的东北侧。由于面临齐滕进攻的威胁，促使绝望中的拿破仑投入了他最后的预备队，企图打破惠灵顿防线。拿破仑退位后的1815—1816年，齐滕任普鲁士驻法国占领军总司令。后任西里西亚将军。1832年升元帅，卒于1848年。

齐滕是一位才华卓越、足智多谋的将军。在滑铁卢战役前，他在利尼败于敌手，但在滑铁卢勇夺胜利，表现卓越。

DLB

参考：Friederich, Rudolf, Die Befreiungskriege 1813—1815.4 vols. Berlin,1911—1913.

齐滕，汉斯·约阿西姆·冯（Zieten, Hans Joachim von, 1698—1786年） 普鲁士将军。参加主要战争：波兰王位继承战争（1733—1738年）、第一次西里西亚战争（1740—1742年）、第二次西里西亚战争（1744—1745年）、七年战争（1756—1763年）；参加主要战役（战斗）：罗特施洛斯之战（1741年）、霍恩弗里德贝格（斯切戈姆附近的栋布罗梅日）之战、卡托利施-亨纳斯多夫（卢班附近）之战（1745年）、布拉格之战、科林之战、布雷斯劳之战、洛伊滕（弗罗茨瓦夫附近的卢蒂尼亚）之战（1757年）、霍赫基希（勒包附近）之战（1758年）、利格尼茨（莱格尼察）之战、图尔高之战（1760年）。

齐滕（1698年5月14日）生于武斯特劳（新鲁平附近）。16岁时随其邻居布科夫的冯·施文德将军作战，任志愿兵下士（1715年）。晋升为少尉（1720年），后退役（1724年7月28日），在武特诺夫骑兵团被授予中尉（1724年8月1日）。后因与营长在服役条令方面发生分歧被开除出该团。在招募于波茨坦并由冯·布登布罗克指挥的一个志愿轻骑兵连中任中尉。招募两个连后，他晋升为上尉并担任连长（1731年7月1日）。1735年春，他率一个利托夫与柏林轻骑兵混编连参加波兰王位继承战争（1733—1738年）。战争期间他师从他十分崇拜的奥地利中校冯·巴兰尼亚学习骑兵战术。因指挥有方而晋升少校（1736年1月29日）。第一次西里西亚战争（1740—1742年，1740—1748年的奥地利王位继承战争的组成部分）期间，他显示出骑兵军官的才能。晋升为中校。几天后，他在罗特施洛斯之战中发挥了突出作用，俘获了其从前的老师巴兰尼亚。因作战中的表现晋升上校（1741年6月22日）并担任轻骑兵团团长（6月24日）。后晋升为少将（10月3日）。第二次西里西亚战争（1744—1745年）期间，他再次显示了其技艺，对取得霍恩弗里德贝格之战（1745年6月4日）和卡托利施-亨纳斯多夫之战（11月23日）的胜利做出了重要贡献，并在后一场战争中大腿负伤。晋升为中将（1756年8月12日），并在七年战争（1756—1763年）之初的入侵萨克森期间被任命为前卫部队司令。在布拉格之战（1757年5月6日）和使他头部负伤的科林之战（5月18日）中立下战功。被派往西里西亚，隶属于贝沃恩公爵。布雷斯劳之战（11月22日）惨败后，他接替贝沃恩统领其军。撤回军队并将其交给进行帕尔霍维茨（普罗霍维采）之战（12月2日）的国王腓特烈二世。洛伊滕之战（12月5日）中，他指挥了决定性的冲锋，将奥地利骑兵赶出了战场，但未能满足腓特烈的要求进行更远的追击。在波希米亚边境冬休期间，他重编了自己的团，之后被腓特烈召回到战争中。不幸的霍赫基希之战（1758年10月14日）期间，他为军队打开了一条生路，后临时在亨利希亲王部队中任职（1759年）。在利格尼茨之战（1760年8月15日）中发挥了重要作用，该战之后，腓特烈将他擢升为骑兵主帅。图尔高之战（11月3日）中，他进攻奥军后方，虽然遭到迟滞，但最终为腓特烈赢得了这一天的胜利，获得了腓特烈的永久感激。参加了西里西亚境内的作战（1761年）和其最后的一次作战行动——夺取施韦德尼茨（希维德尼察）要塞的战斗（1762年10月9日）。后被任命为骑兵总监（1763年）。娶25岁的黑德·维希·冯·普拉滕为继室（1764年8月24日）。向腓特烈请缨参加那场几乎兵不血刃的同奥地利进行的巴伐利亚王位继承战争（1777—17779年5月），但由于年龄原因被婉拒（1778年）。1786年1月27日卒于柏林。

齐滕是一位勇敢、坦率、天才的骑兵指挥官。他的才能受到军队和腓特烈的钦服和尊敬。

VBH

参考：Duffy, Christopher, The Military Life of Frederick the Great. New York,1986.

Dupuy, Trevor N., The Military Life of Frederick the Great of Prussia. NewYork,1969.

Möller-Witten, H., "General der Kavallerie Hans Joachim von Ziethen," Deutscher Soldatenkalendar,1954.

ADB.

齐斯卡，约翰（Ziska〈Zizka〉, Jan〈Johan, John〉, 约1376—1421年） 捷克胡斯派将军。参加的主要战争：胡斯-德意志战争（1419年—1436年）、胡斯内战（1423—1434年）；参加主要战役（战斗）：苏多梅日采之战（塔博尔以北）（1419年）、维特科夫山之战（1420年）、卢蒂茨之战（1421年）、第一次库腾贝格（库特纳霍拉）之战（1421年）、第二次库腾贝格之战（1422年）、涅梅茨凯（哈夫利奇库夫）布罗德之战（1422年）、霍日采之战（1423年）、斯特拉夫卡之战（1423年），斯卡利察之战（1424年）、马莱绍夫（库特纳-霍拉）之战（1424年）。

齐斯卡约1376年生于波希米亚的特罗诺夫（某些记载说他较此要早15年）。年轻时和国王瓦茨拉夫四世宫廷有来往，曾任王后索菲亚的管家。1380—1419年，在瓦茨拉夫麾下参加平息频繁发生的内乱，在战斗中一目失明。他虽然已是一名久经沙场的战士，但他在国内享

有声望是在瓦茨拉夫死后（1419 年）。神圣罗马帝国皇帝西吉斯蒙德与布拉格的市民达成停战协定后，齐斯卡抵达位于布拉格南部的塔博尔，与胡司派的先头部队会合（1419 年大约在 5 月）。在塔博尔，他帮助胡司派中更为激进、强调公有制的人建立军事组织，并成为民众首领之一。布拉格市民呼吁帮助抵抗西吉斯蒙德的围城军队，他即于 1420 年 7 月 20 日率领塔博尔派军队在布拉格郊区维特科夫山挫败西吉斯蒙德对塔博尔派阵地的进攻。获胜并解除布拉格之围后，与塔博尔派人返回基地。翌年，即 1421 年 6 月 1 日，在恰斯拉夫召开有波希米亚人和摩尔维亚教徒各阶层人士参加的会议上，当选临时政府成员。在同年随后进行的战役中，攻克卢蒂茨城堡，在库腾贝格击败德意志军队，不幸在拉比围攻战中又失另一目（1421 年）。尽管双目完全失明，他仍坚持指挥塔博尔军队作战，并于 1422 年 1 月 6 日在第二次内博维德·库腾贝格之战中，击败西吉斯蒙德的军队。几天后即 1 月 10 日，又在涅梅茨凯布罗德之战获重大胜利。1423 年胡司运动派发生分裂，他与塔博尔派站在一边，4 月 27 日在霍日采粉碎了更温和的圣杯派和布拉格人的联军。经过短暂的休战之后，他于 8 月 4 日在斯特拉夫卡再败圣杯派。当塔博尔派取得上述胜利后，9 月入侵匈牙利，尽管初期取得一些成功，但他未能打破西吉斯蒙德对该国的控制，10 月间又返回波希米亚。胡司派之间的内讧再起，1424 年 1 月 6 日和 6 月 7 日率领塔博尔派分别赢得斯卡利察之役和马莱绍夫之战。9 月初他乘胜进军布拉格，但由于塔博尔派与圣杯派间缔结了和平协定，他的进军因而终止。先前的对手又联合起来，目标是将西吉斯蒙德的支持者全部逐出摩尔维亚，此间齐斯卡被拥立担任指挥。当他指挥部队向边境推进时，染上鼠疫，1424 年 10 月 11 日卒于普日比斯拉夫。

齐斯卡大概是捷克历史上最非凡的人物。他是一位英勇果敢的勇士，是天才的战略家、机智的战术家、富有革新精神。他为塔博尔派创建的作战方法的核心是“车阵”，它由一系列装有弓弩和轻型火炮的坚固木质马车联接成阵，车与车间部署长矛兵、持枪兵和弓弩手，这一战法构成了独特的坚固阵地，凭借这一战法他一再挫败西吉斯蒙德的骑士团。虽然防御成功后通常为及时的反攻创造了条件，但该体制在战术上必然属防御性的，然而，齐斯卡的辉煌声名很大程度上恰恰是因为他将战术上的防御与战役上的进攻密切结合起来。

TM and DLB

参考：Denis, Ernest, Hus et la guerre des Hussites. Paris, 1930.

Heymann, Frederick Gotthold, John Zizka and the Hussite Revolution. New York, 1969.

Kaminsky, Howard, A History of the Hussite Revolution. Berkeley, Calif., 1967.

Macek, Josef, The Hussite Movement in Bohemia. Translated by Vilem Fried and Ian Milner. 1958. Reprint, London, 1965.

EB.

EMH.

佐利科弗尔，费里克斯·柯克（Zollcoffer, Felix Kirk, 1812—1861 年） 美国内战期间南部同盟将军。参加主要战争：第二次西米诺尔战争（1836—1842 年）和美国内战（1861—1865 年）；参加主要战斗：野猫营地之战（肯塔基州的伦敦附近，1861 年）和菲兴克里克之战（肯塔基州的萨默塞特附近，1862 年）。

佐利科弗尔 1812 年 5 月 19 日生于田纳西州的莫里县，从事新闻业之前在杰克逊学院学习（1828 年）。最初在诺克斯维尔做新闻出版物印刷商，1835 年成为政治出版物印刷商。作为一名中尉，参加了第二次西米诺尔战争，从中获得诸多军事经验（1836—1838 年）。返回田纳西进入政界，1841 年任检察总长。1845—1849 年，任州副官长和审计官。1849—1852 年，就职州议会，后作为辉格党成员进入国会（1853 年 3 月—1859 年 3 月）。作为一名温和的南方人，他支持约翰·贝尔组成的联和党（1860 年），1861 年 2 月出席了在华盛顿召开的和平会谈。内战爆发时（4 月），宣布加入南部同盟，7 月被任命为准将，指挥东田纳西地区。10 月 19 日在野猫营地遭至一次小的挫败，后在米尔斯普斯（肯塔基州的蒙蒂塞洛附近）修建战术据点，以封锁坎伯兰隘口。乔治·克里滕登接任此地区的指挥权后，奉命进攻菲兴克里克附近的联邦军阵地。1862 年 1 月 19 日在一次小规模战斗中身亡。

DR

参考：Warner, Ezra, Generals in Gray. Baton Rouge, 1978.

DAB.

WAMB.

米克洛什·兹里尼（Zrinyi, Miklós, 1508—1566 年） 匈牙利军队领袖。参加主要战争：土耳其战争（1526—1532 年、1536—1544 年、1551—1562 年、1566—1568 年）；参加主要战役（战斗）：围攻维也纳之战（1529 年）、围攻佩斯（布达佩斯）之战（1542 年）、援助锡盖特瓦堡之战（1556 年）、希克洛什之战和围攻锡盖特瓦堡战役（1566 年）。

兹里尼生于 1508 年，是米克洛什·兹里尼伯爵之子。1529 年 9 月 27 日—10 月 15 日参加了尼古拉斯·冯·扎尔姆伯爵领导的围攻维也纳战役。在反对土耳其的战争中崭露锋芒。1539 年 10 月 27 日当匈牙利的叛徒约翰·卡茨阿纳规劝其投向土耳其时，他在科斯塔伊尼察将这个卖国贼秘密处决。随后在 1542 年被任命为克罗地亚总督。1542 年 9 月 26 日—10 月 5 日，率军围攻佩斯。1566 年 7 月 22 日，率领锡盖特瓦堡的援军协同帕拉蒂·卡拉斯蒂作战。1566 年 7 月底，匈土战争重起。当苏莱曼率领

强大的军队向北移动直逼维也纳时，他从土耳其军队侧翼发起攻击，在希克洛什把土耳其军队切成几块。这一举动激动了苏莱曼，他决心攻打兹里尼在锡盖特瓦堡的要塞，于是派9万名士兵和300门大炮围攻锡盖特瓦堡。8月1日—9月7日，兹里尼率领守备部队在极其险恶的条件下坚守了一个多月。当土耳其军队炮火将城墙轰塌时，他放弃了这个外围要塞。9月8日守军在几乎弹尽粮绝的情况下，他率军做最后一次突击，战死在阵地前沿。土耳其军队突入城中，守军将最后一个弹药库引爆，与敌军同归于尽。具有讽刺意义的是苏莱曼已于两天前（9月6日）去世。不久，土耳其军队撤退。

兹里尼是位勇敢、机智、不屈不挠的军事家。他在1566年的举动也许使维也纳摆脱了一场灾难，牵制了土耳其军队。他的同名孙子、著名诗人政治家米克洛什·兹里尼编著了壮美的叙事诗来纪念他的功绩。

DLB

参考：Oman, Sir Charles W, C., The Art of War in the Sixteenth Century. New York, 1937.
ADB.
AE.

祖拜尔·伊本·奥万（Zubayr Ibn al-Awwam，卒于655年） 阿拉伯将军。参加主要战争：麦加与麦地那之间的战争（624—630年）、征服埃及的战争（639—642年）、与阿里进行的内战（656—657年）；参加主要战役（战斗）：巴德尔（巴德胡奈因）之战（624年）、奥霍德（麦地那西北面的奥霍德山）战役（625年）、赫利奥波利斯战役（640年）、埃及巴比伦堡要塞攻坚战（640—641年）、查梅尔（巴士拉附近）之战（656年）。

祖拜尔生于麦加，是穆罕默德妻子的侄子。他是古莱西部落的成员，也是先知穆罕默德早期的志同道合者。大约在622年7月，祖拜尔踏着穆罕默德的足迹，流亡麦地那。624年1月，祖拜尔与穆斯林一起在巴德尔与麦加人作战，又于625年1月，进行奥霍德山战役。630年1月，祖拜尔率领穆罕默德三支大军中的一支，胜利进军麦加，最终夺取了这座城市。此后，大约在630—640年，祖拜尔隐退了一段时间，几乎不参与任何军务，但仍活跃在穆斯林政治舞台上。640年5—6月，祖拜尔受命率领援军前往埃及，增援阿慕尔·伊本·阿绥。同年7月，他与阿绥一起在赫利奥波利斯战役中，打败了拜占庭人。祖拜尔其后又于640年9月至641年4月，参加了阿绥包围埃及中部巴比伦堡罗马人要塞的战斗，641年4月9日，祖拜尔率突击队爬到了要塞的城墙上，从而使要塞警卫部队投降，结束了战斗。642—643年，祖拜尔可能参加了阿斯西征利比亚的战役，占领了特里波利。之后，祖拜尔返回麦加，并一直居住在那里，直到644年11月3日，哈里发欧麦尔遭暗杀，受了致命伤为止。欧麦尔临终前，指定祖拜尔、先知穆罕默德的养子阿里·伊本·阿比·塔伊布、奥斯曼·伊本·阿凡、萨阿德·伊本·阿比·瓦卡斯和阿卜杜拉·拉赫曼·伊本·奥夫为他挑选继承人。同年11月6日，这些人选中了奥斯曼这位优柔寡断、没有力量的老年人当哈里发。由于奥斯曼昏庸无能，贝尼·奥马尔部落再也不能忍受下去。祖拜尔和其他穆斯林领导人开始寻找新的继承人。结果，656年6月17日，一伙年轻人受阿里支使，把这位年老的哈里发包围在其房子里，其中一些人闯了进去，并杀死了他。尽管祖拜尔后来默认了这次行动，对谋杀者低调处理，但是，当阿里于6月23日成为哈里发时，祖拜尔却很恼火。656年11月，祖拜尔参加了穆罕默德遗孀阿以莎和奥斯曼·伊本·塔尔哈的队伍，反叛了阿里，要求严惩谋害哈里发奥斯曼的凶手。阿里聚集了一支军队，向祖拜尔等人进攻。双方都是急性子的年轻人，拒绝和谈，结果第二天就在巴士拉外进行了一场战斗。656年12月，在这场阿以莎发起的查梅尔战斗中，阿里的力量取得了胜利，祖拜尔被杀。

祖拜尔是先知穆罕默德最早的志同道合者之一，他经常扮演着援助者的角色，是一位勇敢的将领和能干的统治者。他的儿子阿卜杜拉·伊本·祖拜尔于683年成为哈里发。

DLB

参考：Butler, Alfred J., The Arab Conquest of Egypt and the Last Thirty Years of the Roman Dominion. Reprint, New york, 1973.
Glubb, Sir John Bagot, The Great Arab Conquests. Reprint, London, 1980.
A New Interpretation. Cambridege, 1971
Siddiqi, Amir Hassan, Heroes of Islam. Karachi, 1965.
——, Muslim Generals. Karachi, 1971.
Wellhausen, Julius, The Arab Kingdom and Its Fall. Translated by Margaret G. Weir. Reprint, Totowa, N. J., 1973.

朱姆瓦尔特，埃尔莫·拉塞尔（Zumwalt, Elmo Russell, 1920—?） 美国海军上将。参加主要战争：第二次世界大战（1939—1945年）、朝鲜战争（1950—1953年）、越南战争（1964—1973年）；参加主要战斗：莱特湾之战（1944年）。

朱姆瓦尔特1920年11月29日生于圣弗朗西斯科，1939年入海军军官学校。1942年6月19日，修完缩短了的战时计划课程而毕业，被任命为海军少尉。二战中，在太平洋的海外驱逐舰队上服役，并于1944年10月25日在夺取莱特湾的战斗中由于作为海军上尉指挥“鲁滨逊”号驱逐舰甲板上的出色作战而获铜质勋章。战后的1946—1948年又继续在驱逐舰上服役。1950年4月任海军少校，1950—1951年3月，被任命为“蒂利斯”驱逐舰护卫舰队指挥。1951—1952年6月，成为“威斯康星”号战列舰甲板导航官，参加了朝鲜战争。1953年6月毕

业于海军军事学院。1953—1955 年 6 月在海军人事局任职。1955 年 7 月—1957 年 7 月，又被安排随“阿诺德·伊斯贝尔”号驱逐舰加入第七舰队。1957—1959 年，又回到人事局。后来被派去参与“戴维”计划，1959 年 8 月在巴斯建造炼铁厂作为建造导弹舰船的首批项目。1959 年 12 月—1961 年 6 月，指挥“戴维”计划并成为主要负责人。1961 年 7 月，提升为海军上校，1961—1962 年进入国家军事学院学习。1962—1963 年在国防助理秘书办公室服役（负责国际安全事务）。1963 年 12 月—1965 年 6 月，任行政助理和海军部长高级助手。升任海军上将后，1965 年 7 月—1966 年 8 月，被派任第七分遣舰队（巡洋舰-驱逐舰联合舰队）司令。1966—1968 年 8 月，调至海军总作战部长办公室，在那里他建立并领导了一个新的系统分析部门。1968 年 9 月—1970 年 4 月越南战争中任侵越美军海军司令。1970 年 4 月被任命为海军作战部长，1970 年 7 月 1 日到华盛顿特区就任新职。作为海军作战部长，朱姆瓦尔特作出了普遍而严肃地努力，成功地提高了军队士气并拓展了海军有关个人自由和新兵情绪表达的渠道和实践，相当大程度上是通过他著名的《朱姆瓦尔特方案》。1974 年 7 月 1 日退出现役。1976 年在弗吉尼亚作为共和党人与哈里·拜尔德的竞争未能成功。后来经营他自己在弗吉尼亚北部的咨询公司，并在许多公司的董事会和商业协会中任职。

朱姆瓦尔特在越南战争中服役时的冷酷性一面就是对药剂橙的使用，根据他的命令，喷洒药剂橙旨在清除湄公河沿岸的植被。这件事不仅给越南人民留下无穷灾难，也使他的儿子，当时正在越南部队里服役的埃尔蒙因此死于癌症。

DLB

参考：U. S. Navy biographical typescript, no date (C. 1975).

Zumwalt, Adm. Elmo R. (ret.), My Father, My Son. New York, 1986.

——, On Watch: A Memoir. New York, 1976.

WAMB.

笔 画 索 引

一 画

二 画

三 画

四 画

五 画

六　画

七 画

八画

九　画

十　画

十一画

十二画

十三画

十四画

十五画

十六画

十七画

十八画

致 谢

经过艰苦的翻译、审校和编辑工作，终于使《哈珀-柯林斯世界军事历史全书》和《哈珀-柯林斯世界军事人物全书》与读者见面了。

在本书的编辑出版过程中，参加各项工作的人员付出了大量辛勤的劳动，他们是：参与审校工作的余吉孝先生、王川先生及谢伟良先生，以及二书的工作人员李稷、罗威、向丽、沈华、郑雪娟、洪楚瑶、谭羡文、杨丽珊、谢昌华、刁俊锋、李俊民、郭志雄、梁健莹、张晖、何炳威、杜敏、刘军、刘正文等人。

峭岩先生、谢钢先生、朱辉军先生及李江南先生为二书的编辑出版，提供了帮助及许多宝贵的意见。

谨向参加二书出版工作的人员，包括做了工作而未列其名的人士，致以诚挚的谢意！

出版者

1998 年 8 月